内モンゴル自治区の文化大革命　7

モンゴル人ジェノサイドに関する基礎資料(7)

— 民族自決と民族問題 —

楊　海　英　編

風　響　社

2015

表紙解説：「女の魔王ウラーン（烏蘭）を打倒せよ」と気勢をあげる紅衛兵たち。ウラーンは仲間のモンゴル
　　　　人たちを粛清して中国に忠誠をつくしたが、それでも虐待から免れることはなかった。『井崗山』
　　　　1967年7月9日より。本書639頁参照。

Cultural Revolution in Inner Mongolia 7

Documents Related to the Mongolian Genocide
During the Cultural Revolution in Inner Mongolia(7)

—Self-determination and The Question of Nationhood—

Edited by
Yang Haiying

Fukyosha Publishing, Inc. Tokyo
2015

目　次

第一部　民族自決と民族問題に関する資料解説

一　**従来の研究が明かす謀略と犠牲** ………………………………………… 1
　第一次資料 ……………………………………………………………………… 1
　虐殺の国際的背景 ……………………………………………………………… 2
　虐殺中に暴露された自決の理論 ……………………………………………… 3
　虐殺と自治権の剥奪 …………………………………………………………… 3
　モンゴル人政治家を倒す深慮遠謀 …………………………………………… 4
　謀略に嵌められたモンゴル人たち …………………………………………… 5
　日本の支配を受け継ぐ中国人統治者 ………………………………………… 6
　中国政府と中国人からの白羽の矢 …………………………………………… 7

二　**オルドスからの狼煙** ……………………………………………………… 8
　東部モンゴル人の口 …………………………………………………………… 8
　モンゴル人からの批判のポイント …………………………………………… 9
　政治的な死刑判決の性質 …………………………………………………… 11
　モンゴル人大漢族主義者？ ………………………………………………… 12
　主流になれなかった中国人延安派 ………………………………………… 13
　反大漢族主義をめぐる闘争 ………………………………………………… 13
　人民群衆の分裂 ……………………………………………………………… 14
　打倒された「反ウラーンフーの積極分子」………………………………… 15
　守られた反ウラーンフーのモンゴル人三書記 …………………………… 16
　共産党史の闇の発見 ………………………………………………………… 18
　諸刃の民族政策 ……………………………………………………………… 19
　最初から存在した民族間の対立 …………………………………………… 20
　暴露される文革前の動き …………………………………………………… 21
　日本とモンゴルという「罪」……………………………………………… 21
　日本よりも危険な「高崗残党」…………………………………………… 22
　多重の罪と延安派の底力 …………………………………………………… 24
　延安派を断罪する方式 ……………………………………………………… 25
　共産党史と民族問題の絡み合い …………………………………………… 26

三　**延安派を襲う「青い都」の赤い嵐** …………………………………… 27
　打倒されるウラーンフー・ファミリー …………………………………… 27
　周恩来の煽動 ………………………………………………………………… 28
　子を批判して親を打倒する ………………………………………………… 29
　モンゴルの近代的な文藝を断罪するわけ ………………………………… 30

チンギス・ハーンを称賛した落水狗 ……………………………… 33

憎悪を煽動する下品な攻撃 …………………………………………… 34

中国人の孫悟空とモンゴル人の白骨精 …………………………… 35

延安派が植えた「毒草」の性質 …………………………………… 36

トゥメトの少壮派 …………………………………………………… 39

紅衛兵が暴く国家の偽善 …………………………………………… 40

母国語を忘れた民族分裂主義者 …………………………………… 40

「雲」一族の受難と東部出身者への波及 ………………………… 41

王公の姫を抜擢した「罪」 ………………………………………… 42

粗野な「美」と「修正主義の汚点」 ……………………………… 43

民族問題の現れ方と断罪の仕方 …………………………………… 44

漢奸と不純な異性関係 ……………………………………………… 45

生来の権利と虐殺 …………………………………………………… 45

東部出身の延安派の運命 …………………………………………… 46

四 「二つの顔を持つ連中」（双面料） ……………………………… 47

4.1 破壊された文藝界 ………………………………………… 47

「二つの顔を持つ連中」（双面料） ……………………………… 47

「遊牧民の息子」は反革命的 ……………………………………… 48

中国人の不満 ………………………………………………………… 49

モンゴル人ショーロホフ …………………………………………… 50

江青夫人の講話に基づく断罪 ……………………………………… 51

聖地をめぐる民族間紛争 …………………………………………… 52

剥奪された「騎士の栄誉」 ………………………………………… 53

文化的ジェノサイド ………………………………………………… 54

罪証となる映画のセリフ …………………………………………… 55

母国語で同胞と語らい合った「罪」 ……………………………… 55

中国を祖国とみなさなかった親日反漢の詩人 ………………… 56

キリング・フィールドと化した文藝界 ………………………… 58

4.2 「二つの顔を持つ」政治家たち ……………………………… 59

揪みだされたモンゴル人政治家 …………………………………… 60

矛先は内モンゴル人民革命党へ …………………………………… 60

虐殺のための世論形成 ……………………………………………… 61

草原に響く「殺せ」の怒号 ………………………………………… 62

売国の「罪証」 ……………………………………………………… 63

文明間の衝突を演じた原罪 ………………………………………… 64

否定された民族自決の歴史 ………………………………………… 64

モンゴル人エリートの全滅 ………………………………………… 65

共産主義思想に反対したチンギス・ハーン …………………… 66

ジェノサイドの推進力 ……………………………………………… 67

篡奪されたモンゴル人の歴史 …………………………………………… 68

五 「日本刀を吊るした偽満洲国の奴ら」 …………………………………………… 69

５．１ ナンバー・スリーの重要性 ……………………………………………… 69

法網から漏れた大物の民族分裂主義者 ……………………………… 69

近代的な語彙の問題と同化政策 ……………………………………… 70

「モンゴル人の口」の意義 …………………………………………… 71

「中国人」を自称させられるという侮辱 …………………………… 72

「先進的な漢族」に反対した「罪」 ………………………………… 73

嫌悪感の醸成 …………………………………………………………… 74

西部から東部へ広がる災難 …………………………………………… 75

「封建社会の文人」も民族分裂主義者 ……………………………… 76

「叛国事件」の再清算 ………………………………………………… 76

ペンを持った民族主義者 ……………………………………………… 77

反右派闘争時の原罪 …………………………………………………… 77

中国が嫌いなのは草原の息吹と「北」という方角 ………………… 78

暴力の自慢 ……………………………………………………………… 79

民族全体を虐殺するための世論形成 ………………………………… 80

社会主義制度をめぐる対立 …………………………………………… 81

５．２ トグスの背後のハーフンガ ……………………………………………… 82

周恩来に叱咤されたハーフンガ ……………………………………… 82

狙われた「社会的な基盤」と民族文学 ……………………………… 84

中国人にモンゴル語学習を強制した「罪」 ………………………… 86

ハーフンガと民族分裂主義者のブラック・ライン ………………… 86

一僕二主のトグスの存在価値 ………………………………………… 87

刀を手に、馬を駆ってでる紅衛兵 …………………………………… 89

とどめを刺された内モンゴル人民革命党 …………………………… 90

記録として残る強制的な自白 ………………………………………… 91

「孫悟空」からの暴力と江青夫人の激励 …………………………… 91

出版会に植えた毒草 …………………………………………………… 93

チンギス・ハーンの歴史は「反革命の歴史」 ……………………… 94

５．３ 「決死隊員」の発見 ……………………………………………………… 95

「日本とモンゴル修正主義国家の二重のスパイ」 ………………… 95

嘘を拒否した「スパイ」 ……………………………………………… 96

警句の内容を自覚した中国人 ………………………………………… 97

モンゴル人の祖国はどこ？ …………………………………………… 97

「民族分裂主義の基地」のあり方 …………………………………… 98

「チンギス・ハーンの亡霊にすがった」罪 ………………………… 99

公文書と日記 …………………………………………………………… 99

ふたたび問われるモンゴル人の祖国の問題 ……………………… 100

殺害された「古参の民族分裂主義分子」 …………………………………………… 101

「日本の悪魔どもに恭順だった」スパイ ……………………………………………… 102

「中国人民に対して罪を犯した」対外活動 ………………………………………… 103

中国人の太陽神を攻撃したモンゴル人 …………………………………………… 104

チンギス・ハーンと賊ガルブセンゲ ……………………………………………… 104

日本の「奴隷」となった医学者 …………………………………………………… 106

日本語の本を読む民族分裂主義者 ………………………………………………… 107

「落水狗のモンゴル人」 …………………………………………………………… 107

一掃されたモンゴル人学長たち …………………………………………………… 108

鮮血の代償と歴史の真相 …………………………………………………………… 109

仲間を中国人に売り渡す …………………………………………………………… 110

歴史と文化財を共有した罪 ………………………………………………………… 111

政府の陰謀に抵抗したダウール人 ………………………………………………… 111

ダウール人も日本とソ連のスパイ ………………………………………………… 113

六　黄河の怒涛 …………………………………………………………………… 113

ウラーンフーを批判した「日本の走狗」 ………………………………………… 113

毛沢東との理論的な対立 …………………………………………………………… 114

「民族間紛争を煽った叛国の心」 ………………………………………………… 115

モンゴル人の抗弁は無用 …………………………………………………………… 116

「漢奸」裁判 ………………………………………………………………………… 117

モンゴル人に「媚びる漢人は万死に値する」 …………………………………… 117

自治区における中国人の位置づけ ………………………………………………… 118

参考文献 ……………………………………………………………………………… 120

本書所収資料の出典 ………………………………………………………………… 123

第二部　民族自決と民族問題に関する資料群

資料一　前門飯店会議の荒波と陝西省北部の「高崗反党集団」

1．伊盟盟委书记暴彦巴图同志大会发言记录
（1966年6月27日）・・ 131

2．暴彦巴图同志与郝、田宗派集团斗争的回顾
（1967年6月12日）・・ 141

3．呼和浩特八个总部赴伊联合调查团关于伊盟问题的调查报告
（1967年9月7日）・・ 151

4．华北局、内蒙党委负责同志关于暴彦巴图问题的谈话、指示
（1966年）・・・ 155

5．『中国共产党中央委员会关于无产阶级文化大革命的决定』"六版材料"是刺破伊盟盟委
资产阶级反动路线的一把尖刀
（1967年2月15日）・・・ 168

6．伊盟联委『破私立公』・『财贸前线』战斗队关于暴彦巴图同志问题的严正声明
（1967年6月1日）・・ 174

7．关于暴彦巴图同志问题的声明
（1967年6月4日）・・ 176

8．我们的观点，五一六东方红公社
（1967年6月8日）・・ 178

9．关于暴彦巴图几个问题的调查报告
（1967年6月21日）・・・ 180

10．"造反团"从一月份到二月末控制我的详细经过及以后情况，暴彦巴图
（1967年6月20日）・・・ 196

11．关于伊盟两派组织简况和两条路线的斗争
（1967年7月10日）・・・ 208

12．郝记"造反一、二团"赴呼揪暴彦巴图是一个大阴谋
（1967年7月10日）・・・ 235

13．郝、田反党宗派集团配合乌兰夫黑帮进行罪恶活动的又一例证—揭露郝文广在暴彦巴图
问题上"真打假保"的丑恶面貌
（1967年7月11日）・・・ 242

14．暴彦巴图黑话录（第一辑）
（1967年8月2日）・・ 251

15．彻底铲除高岗余党（第一辑）
（1967年8月10日）・・・ 263

16．鄂尔多斯高原上的阶级大搏斗—高岗、乌兰夫阴魂不散，造反派浴血奋战
（1967年8月22日）・・・ 302

17．从盟常委会记录看郝、田打暴阴谋
（1967年9月）・・・ 304

18. 高岗阴魂未散
   （1967年9月21日）······ 313

19. 高岗、乌兰夫反党言论集（之一）
   （1967年10月20日）······ 327

20. 习仲勋贾拓夫反党言论集（之一）
   （1967年10月26日）······ 361

21. 乌兰夫在伊盟的罪行，彻底铲除高岗余党（第二集）
   （1967年11月1日）······ 374

22. 关于暴彦巴图问题的揭发，杨达赖
   （1968年元月25日）······ 416

23. 关于暴彦巴图进联委后问题的点滴，康骏
   （1968年1月20日）······ 426

24, 暴彦巴图在文化大革命中的活动，吴占东
   （1968年2月5日）······ 430

25. 彻底同暴、杨、康、李，吴决裂，尹又伊
   （1968年2月8日）······ 437

26. 暴彦巴图是武斗的总指挥，刘琮
   （1968年1月3日）······ 448

27. 北京活动过程和组织系统，吴占东
   （1968年元月24日）······ 451

28. 彻底批判中国赫鲁晓夫及其在伊盟代理人在农牧业生产上推行反革命修正主义路线的罪行
   （1968年3月27日）······ 481

29. 坚决揪出反党反社会主义的巴图巴根
   （1966年10月15日）······ 485

资料二　延安派に对する攻撃

1. 抗议！为什么不让我们声讨布赫？
   （1967年5月9日）······ 487

2. 大好形式激斗志，红色狂飙卷长风
   （1967年12月2日）······ 488

3. 打倒活阎王布赫
   （1967年12月2日）······ 489

4. 批倒批臭内蒙古文艺界头号走资派布赫
   （1968年6月10日）······ 491

5. 布赫填家庭出身
   （1968年6月10日）······ 492

6. 文艺界主战场首战告捷
   （1968年9月5日）······ 493

7．发挥文斗的巨大威力
（1968年9月5日）……………………………………………………… 494

8．坚决打倒布赫，剥开布赫的狼皮
（1968年9月11日）…………………………………………………… 495

9．文艺界再次批斗头号敌人布赫
（1968年9月18日）…………………………………………………… 510

10．乌布之流的"蒙派京剧论"可以休矣
（1968年9月18日）…………………………………………………… 511

11．打倒内蒙文艺界头号走资派布赫，乌兰夫反革命"宫廷政变"的开场锣鼓
（1968年9月18日）…………………………………………………… 512

12．白骨精珠岚罪该万死
（1968年6月22日）…………………………………………………… 513

13．打倒为乌兰夫翻案的力沙克
（1968年4月17日）…………………………………………………… 514

14．一株鼓吹乌兰夫反革命思想的大毒草，评反动电影『鄂尔多斯风暴』
（1967年12月13日）………………………………………………… 516

15．云照光是乌兰夫反党叛国集团的死党分子
（1968年2月24日）…………………………………………………… 517

16．彻底批判修正主义毒草影片『鄂尔多斯风暴』
（1968年3月22日）…………………………………………………… 519

17．『文艺战鼓』
（1968年3月）………………………………………………………… 520

18．把云志厚揪出来示众
（1968年元月27日）………………………………………………… 574

19．彻底清算反革命修正主义，民族分裂主义分子云治安的滔天罪行
（1968年3月19日）…………………………………………………… 575

20．反革命修正主义分子高敬亭是"当代王爷"乌兰夫在呼市推行民族分裂主义路线的黑干将
（1968年4月30日）…………………………………………………… 589

21．彻底肃清乌兰夫及其在内蒙电业系统的代理人寒峰等一小撮反革命修正主义分子在内蒙电业推行反革命修正主义路线的滔天罪行
（1968年3月）………………………………………………………… 597

22．内蒙古党委庆祝自治区成立二十周年筹委会暨办公室五个月工作的大事记（陈炳宇第三批材料）
（1967年9月20日）…………………………………………………… 613

23．陈炳宇是乌兰夫的死党分子
（1968年7月19日）…………………………………………………… 618

24．陈炳宇是乌兰夫的死党分子（续）
（1968年8月1日）…………………………………………………… 619

25．打倒反革命修正主义，民族分裂主义分子李贵；打倒三反分子，乌兰夫死党分子陈炳宇
（1968年9月15日）…………………………………………………… 620

26．『革命大批判简报』第12期

（1970年7月28日）……………………………………………… 622

27．『革命大批判简报』第13期，呼和浩特市革命委员会革命大批判组，册子

（1970年8月4日）……………………………………………… 633

28．打倒女魔王—乌兰

（1967年7月9日）……………………………………………… 638

29．内蒙女魔王乌兰就擒记

（1967年7月9日）……………………………………………… 639

資料三　東西融合の「二つの顔を持つ連中」（双面料）への理論的攻撃

1．彻底清算乌兰夫反党集团破坏京剧革命的滔天罪行

（1967年8月）…………………………………………………… 641

2．『静静的顿河』与『茫茫的草原』

（1967年11月29日）…………………………………………… 661

3．『大批判』

（1967年12月）………………………………………………… 663

4．『批臭玛拉沁夫黑话』

（1968年7月15日）…………………………………………… 706

5．打倒内蒙肖洛霍夫—玛拉沁夫

（1968年7月19日）…………………………………………… 726

6．把纳·赛音朝克图揪出来示众

（1967年11月15日）…………………………………………… 727

7．为通福之流翻案就是为乌兰夫翻案

（1968年5月10日）…………………………………………… 729

8．王再天同志也不能发展到同党同人民相对抗的地步

（1967年10月15日）…………………………………………… 733

9．王再天包庇反动的"内人党"罪该万死

（1968年1月18日）…………………………………………… 737

10．『打倒内蒙古的陶铸—王再天』

（1968年1月18日）…………………………………………… 744

11．关于打倒乌兰夫叛国集团干将王再天的联合声明

（1968年1月24日）…………………………………………… 791

12．『打倒反革命修正主义民族分裂主义分子王再天』

（1968年1月27日）…………………………………………… 793

13．警惕呀，毒蛇还没有冻僵呢！

（1968年2月3日）……………………………………………… 801

14．王再天明里是人暗里是鬼

（1968年2月10日）…………………………………………… 803

15．王再天是"乌家王朝"在文教界最大的黑后台
（1968年2月15日）……………………………………………………… 804

16．打倒丧权辱国的败类王再天；王再天是乌兰夫的死党
（1968年2月8日）…………………………………………………………… 805

17．打倒反革命修正主义民族分裂主义分子王再天
（1968年2月28日）……………………………………………………… 813

18．打倒反革命修正主义分子王再天
（1968年3月8日）…………………………………………………………… 814

19．打倒反革命修正主义民族分裂主义分子王再天（续）
（1968年3月14日）……………………………………………………… 816

20．王再天之流迫害李旭同志的铁证
（1968年3月21日）……………………………………………………… 817

21．王再天包庇坏人反党叛国罪责难逃
（1968年3月13日）……………………………………………………… 819

資料四「日本刀を吊るした奴ら」と「漢奸」への攻撃

1．哈丰阿的死党，漏网乌兰夫分子，反革命修正主义分子，民族分裂主义分子，特古斯
（1967年11月27日）…………………………………………………… 821

2．哈丰阿的死党，漏网乌兰夫分子，反革命修正主义分子，民族分裂主义分子，特古斯
（1967年11月27日）…………………………………………………… 823

3．哈丰阿的死党，漏网乌兰夫分子，反革命修正主义分子，民族分裂主义分子，特古斯
（1967年11月28日）…………………………………………………… 825

4．批斗反革命修正主义分子民族分裂主义分子特古斯大会专刊，1
（1967年11月？）……………………………………………………… 827

5．批斗反革命修正主义分子民族分裂主义分子特古斯大会专刊，2
（1967年11月？）……………………………………………………… 855

6．反革命修正主义分子民族分裂主义分子特古斯的罪行
（1967年12月15日）…………………………………………………… 881

7．把特古斯揪出来示众
（1967年12月16日）…………………………………………………… 885

8．乌家王朝毒害青少年的阎王殿
（1967年12月18日）…………………………………………………… 887

9．斗臭斗倒特古斯，特古斯和他的叛国文学，看！特古斯把持下的"乌兰巴托分社"
（1967年12月19日）…………………………………………………… 909

10．打倒特古斯，揪尽乌兰夫残当余孽
（1967年12月20日）…………………………………………………… 912

11．"蒙汉简通"是反革命修正主义民族分裂主义的教育方针
（1967年12月22日）…………………………………………………… 913

12. 彻底摧毁乌兰夫—哈风阿—特古斯黑线

　　（1967年12月25日）……………………………………………………… 917

13. 彻底批判反革命修正主义，民族分裂主义分子特古斯在教育界的罪行

　　（1967年12月25日）……………………………………………………… 920

14. 通过哈丰阿的部分罪恶史透视他的反动本质

　　（1967年12月28日）……………………………………………………… 936

15. 揪特古斯专号

　　（1967年12月）…………………………………………………………… 941

16. 特古斯对一九五八年教育大革命的一次疯狂的大反扑

　　（1967年末？）…………………………………………………………… 964

17. 哈丰阿是个什么东西，特古斯反动的政治生涯

　　（1968年1月8日）………………………………………………………… 970

18. 特古斯论特古斯

　　（1968年1月15日）……………………………………………………… 971

19. 特古斯论特古斯（续）

　　（1968年1月17日）……………………………………………………… 973

20. 旧宣传部—旧教育厅是推销刘邓陆乌哈的反革命修正主义，民族分裂主义教育路线的黑店，必须彻底砸烂！。

　　（1968年春？）…………………………………………………………… 974

21. 『出版战线』讨特专号

　　（1968年1月）…………………………………………………………… 982

22. 『打倒索特纳木』

　　（1968年4月1日）………………………………………………………… 1018

23. 打倒王再天、戈瓦，揪尽乌兰夫残党余孽；乌兰夫王朝的教育大臣—戈瓦

　　（1968年1月28日）……………………………………………………… 1041

24. 彻底砸烂乌兰夫推行民族分裂主义的黑基地—蒙专

　　（1968年2月6日）………………………………………………………… 1044

25. 彻底清算反革命修正主义，民族分裂主义分子戈瓦在教育出版社所犯下的滔天罪行

　　（1968年4月9日）………………………………………………………… 1045

26. 彻底清算乌兰夫教育大臣戈瓦在教育界的滔天罪行

　　（1968年6月17日）……………………………………………………… 1056

27. 彻底清算戈瓦在教育出版社的滔天罪行

　　（1968年7月6日）………………………………………………………… 1064

28. 揪斗老牌民族分裂主义分子，日本、苏、蒙修特务嘎儒步僧格大会发言专辑

　　（1968年1月）…………………………………………………………… 1065

29. 王再天包庇嘎儒布僧格罪责难逃

　　（1968年2月14日）……………………………………………………… 1093

30. 嘎儒布僧格罪恶史

　　（1968年8月24日）……………………………………………………… 1094

31. 打倒三反分子胡尔钦！

   （1968年元月15日）··· 1109

32. 痛打落水狗特木尔巴根—兼驳特木尔巴根的翻案书

   （1967年12月31日）··· 1127

33. 揪出乌、哈、特死党分子巴图示众

   （1968年1月10日）··· 1133

34. 巴图与哈丰阿的丑史一段，巴图与文艺黑线

   （1968年3月6日）··· 1134

35. 打倒清格尔泰

   （1968年6月24日）··· 1141

36. 严正警告巴哲反革命一伙

   （1968年7月22日）··· 1143

37. 看额尔敦陶克陶的反党叛国罪行

   （1968年5月22日）··· 1145

38. 打倒安自治—初揭老牌民族分裂主义分子安自治的罪恶事实

   （1968年3月18日）··· 1146

39. 打倒巴盟党内最大的走资本主义道路的当权派，乌兰夫的代理人巴图巴根（材料汇编一）

   （1967年9月）··· 1166

40. 打倒巴盟党内最大的走资本主义道路的当权派，乌兰夫的代理人—巴图巴根（材料汇编二）

   （1967年10月）··· 1202

41. 反革命修正主义民族分裂主义分子李贵罪行选编

   （1968年7月23日）··· 1218

42. 李贵疯狂反对毛泽东思想破坏活学活用毛主席著作群众运动罪该万死

   （1968年7月28日）··· 1232

第一部　民族自決と民族問題に関する資料解説

第一部　民族自決と民族問題に関する資料解説

一　従来の研究が明かす謀略と犠牲

　中国文化大革命は「20世紀の十大歴史事件」のひとつにカウントされている。

　中国文化大革命中にモンゴル人大量虐殺運動が発動された。中国政府と中国人すなわち漢民族による一方的な殺戮だった。虐殺の規模は大きく、全自治区の津々浦々にまで及んだ。虐殺の期間もまた長く、およそ10年間つづいた。モンゴル人は逃げるところもなく、長期間にわたって政治的に虐待されてきたのである。

　大量虐殺の規模については諸説がある。操作された、中国政府の控えめな公式見解によると、346,000人が逮捕され、27,900人が殺害され、120,000人に身体障害が残ったという［郝維民　1991:313-314］。中国政府の「善意的」な公式見解を信じて計算してみよう。当時のモンゴル人の人口は150万人弱だったので、少なくともひとつの世帯にひとりが逮捕され、50人にひとりが殺される、という徹底ぶりである。

　もちろん、「控えめな」中国政府と中国人のずさんな統計を信じる人間は誰もいない。1980年代初頭に独自に調査をおこなった欧米の研究者たちは、犠牲者は100,000人に達すると見積もっている［Jankowiak　1988:276；Sneath　1994:422］。あるモンゴル人のジャーナリストは、直接殺害された者と、暴力が原因で後日に亡くなった者、いわゆる「遅れた死」を含めると、モンゴル人の犠牲者数は300,000人にのぼる、との調査結果を公表している［Shirabjamsu　2006:44］。さまざまな学説があるのは、この大量虐殺運動の全容がまだ解明されていない実状を

現している。モンゴル人は、この政治運動をジェノサイドだと理解している。

第一次資料

　モンゴル人たちは、自らの現代史を中国と関連して考えるときに、真先に思い浮かべるのがほかでもない中国文化大革命中の大量虐殺である。言い換えれば、中国政府と中国人による一方的な大量虐殺が20世紀モンゴル史を一言で概括できる代名詞となっている。そのため、私が日本語で書いた最初の本、『チンギス・ハーンの末裔―現代中国を生きた王女スチンカンル』［1995］も中国文化大革命がいかに普通のモンゴル人たちを巻きこんだかを描いている。その後、私は持続的に中国文化大革命に関する第一次資料を集めつづけ、2009年から年に一冊のペースで公刊してきた。『内モンゴル自治区の文化大革命―モンゴル人ジェノサイドに関する基礎資料』シリーズの各巻の内容は以下の通りである。

1．モンゴル人ジェノサイドに関する基礎資料１―滕海清将軍の講話を中心に
2．モンゴル人ジェノサイドに関する基礎資料２―内モンゴル人民革命党粛清事件
3．モンゴル人ジェノサイドに関する基礎資料３―打倒ウラーンフー（烏蘭夫）
4．モンゴル人ジェノサイドに関する基礎資料４―毒草とされた民族自決の理論
5．モンゴル人ジェノサイドに関する基礎資料５―被害者報告書（１）
6．モンゴル人ジェノサイドに関する基礎資料６―被害者報告書（２）

私が上で示したような段取りで第一次資
料を編集したのは、次のような理由による。
中国人の毛沢東と周恩来の指令を受けて内
モンゴル自治区に入り、現場でモンゴル人
を殺戮していたのは、「中国人民の子弟から
なり、中国人民に熱愛されていた中国人民
解放軍」で、その最高司令官は滕海清だっ
たからである。南中国の安徽省出身の滕海
清がどのようにモンゴル人を批判し、軍隊
と一般の中国人を煽動した上で、組織的に
殺戮していったかをまず第一巻で述べてい
る。滕海清将軍は積極的に講話を発表して
殺戮を主導していった。彼が私たちに残し
た講話は、いわば中国政府の最高権力機構
を代弁する貴重な資料である。

虐殺の国際的背景

　ではなぜ、モンゴル人たちは中国政府と
中国人たちによって殺されなければならな
かったのだろうか。何の根拠もなく「文明
人」を自称する中国人も彼らが信じる大義
名分がなければ簡単に他の民族を殺戮の対
象にしないはずである。モンゴル人は近代
に入ってからずっと中国からの分離独立を
望んでいた。これは、民族の宿願でありつ
づけた。民族の独立を実現するためには、
ロシアも日本も味方になりうる、とモンゴ
ル人ナショナリストたちは判断した。かく
して、モンゴル高原の北半分はロシア人の
力を借りて独立し、後にモンゴル人民共和
国を創設した。南の半分は日本人と組んで
1932年に満洲国を建設した。日本が敗退し
て1945年に列島にもどると、モンゴル人た
ちは当然、同胞のモンゴル人民共和国との
統一合併を求めた。しかし、モンゴル人が
ひとりも参加していない「ヤルタ協定」が
南モンゴルを中国人の中華民国に売り渡し
た。

　モンゴル人民共和国の同胞たちと統一し
たいと主張したグループは主として旧満洲

国のモンゴル人たちと徳王を指導者とする
モンゴル自治邦（蒙疆政権）のモンゴル人た
ちからなる。彼らは日本統治時代に日本型
の近代文明の洗礼と薫陶を受けて育った知
識人であるが、無学な中国人から「日本刀
を吊るした奴ら（挎洋刀的）」と蔑称された。
一方、「ヤルタ協定」の厳しい内容を受け入
れて、中国内でソ連型の高度の自治を獲得
しようと主張するグループもあった。こち
らは主として南モンゴル西部のトゥメト出
身のモンゴル人たちである。彼らは共産主
義の大本営モスクワで学んだエリートたち
であるが、中国共産党の割拠地延安にもし
ばらく滞在していた。したがって、彼らは
また「延安派」と呼ばれる。

　二つのモンゴル人グループにひとつの接
点があった。それは、彼らは等しく1925年
10月に成立した、モンゴル人の民族主義の
政党、内モンゴル人民革命党の党員だった
という共通点である。内モンゴル人民革命
党はコミンテルンの指導を受けていたので、
モスクワとソ連からの指令に忠実だった。
同胞との統一合併を優先すべきか、それと
も現実的に中国人との共生を選ぶか、とい
う熾烈な闘争を経て、二つのグループは合
流した。そして、全モンゴル人の力を結集
して、1947年５月に内モンゴル自治政府は
成立した。中華人民共和国の出現より二年
半も前の壮挙である。モンゴル人は中国人
よりも先にソ連型の社会主義制度を実現さ
せていたのである。

　中国人たちはモンゴル人の近現代史を建
国後17年間の歳月が経ってから再清算した。
「日本刀を吊るした奴ら」にしても、「延安
派」にしても、すべて「民族分裂主義者で、
偉大な祖国から独立しようとした醜悪な歴
史を有する」と因縁を付けられた。どちら
も虐殺の対象となったのである。このよう
なプロセスを反映する資料集として、『内モ
ンゴル人民革命党粛清事件』[2010]、『打倒

ウラーンフー（烏蘭夫）』［2011a］を公表した。

虐殺中に暴露された自決の理論

　ウラーンフーはまず彼自身の名前が冠された「ウラーンフー反党叛国集団」のボスとされて、文化大革命が発動される直前に粛清された。ここから、彼とともに割拠地の延安に滞在していたモンゴル人たちもほぼ全員政治的な権力を奪われた。やがて、「日本刀を吊るした奴ら」からなる内モンゴル人民革命党の指導者も実はウラーンフーだったと政府によって判断されると、この二つのグループすなわち「ウラーンフー反党叛国集団」と内モンゴル人民革命党は同一の「民族分裂主義者集団」とされた。その際に、ウラーンフーが以前から思い描いていた「中華民主連邦」内での高度の自治像が証拠とされた。彼の独自の思想と理論は「毒草」とされて批判された。皮肉にも彼の著作類は「毒草」とされてはじめてモンゴル人と中国人たちに広く読まれるようになった。『モンゴル人ジェノサイドに関する基礎資料4―毒草とされた民族自決の理論』［楊　2012］は文化大革命中に封印が解かれた彼独自の著作群を網羅している。文化大革命が終了し、ウラーンフーがふたたび「中国の党と国家の指導者」とされた後に、彼の著作も権威ある政府系出版社から刊行されるようになった。しかし、オリジナルの「毒草」内にあった「民族自決」や「高度の自治」、そして「中華民主連邦」といった重要な表現と概念はすべて「区域自治」と「共産党指導下の国家」に改竄された。あたかもモンゴル人の指導者は最初から中国人の国家を熱愛し、喜んで中国人の支配下に入ろうとしていた、無能な輩のように矮小化されている［楊　2013b］。

　ウラーンフーが粛清され、彼の同胞たちが大量虐殺の対象とされた背景には、国際関係もあった。中ソ対立である。ソ連とその「子分のモンゴル人民共和国」軍の侵攻を本気で想定していた中国政府は、いざ事態が悪化した場合には、内モンゴル自治区のモンゴル人たちはたぶん中国人と中国政府を愛さないだろうと客観的に判断していた。モンゴル人には「前科」があるからだ。1945年8月にソ・モ聯合軍が満洲国と徳王のモンゴル自治邦領に入って同胞のモンゴル人を解放したときに、モンゴル人はその歴史的出来事を民族統一の機会だと捉えていたからである。建国後の政策的な失敗を自覚していた中国政府は、未然の防止策として、ジェノサイドを発動して、モンゴル人のエリートたちを一掃したのである［楊 2009a, b, c］。

虐殺と自治権の剥奪

　大量虐殺を経て生き残ったモンゴル人たちは、政府主導の「名誉回復」の作業を利用して、文化大革命の歴史を振り返った［楊 2013a, 2014a］。1978年からのことである。中国政府は内モンゴル自治区で展開されたモンゴル人ジェノサイドの全責任を毛沢東の未亡人をトップとする「四人組」と林彪将軍に帰して清算した。実際、江青夫人も林彪将軍も講話のなかでは数回くらい内モンゴル自治区に触れただけである。

　虐殺すべきモンゴル人のリストを作成したのもモンゴル人の作家だとでっちあげられ、その作家はスケープゴートにされた。いわば、中国人によるモンゴル人ジェノサイドを「モンゴル人同士の内紛劇」にすり替えた。虐殺の先鋒をつとめた中国人は道徳的な調停役に変わった。国内諸民族の不満を抑えきれなくなったので、名誉回復と同時にベトナムに侵攻し、「打倒民族分裂主義者」のスローガンを「打倒ベトナム」に変更した。これが、中国流のジェノサイドに対する善後措置だった。私が公開した2

冊の「被害者報告書」は、それぞれ人民公社の一般農民と内モンゴル軍区の将校たちからなる。人民公社の農民はウラーンフーの故郷である西部のトゥメト地域に住み、解放軍の将校たちは旧満洲国や蒙疆政権領内のモンゴル人たちからなる。共産党が「解放区」と称賛する西部と「偽満洲国」、「偽蒙疆政権」と蔑称する地域にそれぞれ暮らすモンゴル人たちの悲惨な運命を語る第一次資料群である。中国政府と中国人が推進する大量虐殺を経て、モンゴル人農民は先祖代々から住んできた土地を失い、侵略者の中国人農民に大半を占領された。モンゴル人将校は軍権を永遠に喪失し、独自の軍隊も解散された。中国政府と中国人たちがどんなにモンゴル人を虐待し、抑圧しても、同胞を暴力から守る武装力がなくなったのである。ここから、あらゆる権利を喪失した有名無実な「区域自治」が定着して今日に至る。

モンゴル人政治家を倒す深慮遠謀

内モンゴル自治区の最高指導者のウラーンフーは1966年5月1日に北京に呼ばれて失脚した。5月22日から開かれた中国共産党華北局会議に参加していた彼は、7月25日にすべての権力を剥奪され、罪を断定する宣言文が政府によって公布された。この時点で彼の正式の肩書は以下の通りである。

内モンゴル自治区党委員会書記
内モンゴル自治区人民政府主席
内モンゴル軍区司令官兼政治委員
内モンゴル大学学長
中華人民共和国党中央政治局候補委員
中国共産党華北局第二書記
中華人民共和国国務院副総理
中華人民共和国国防委員会委員
中華人民共和国国家民族事務委員会主任

上で示したように、彼は内モンゴル自治区における自治の実践者だけでなく、中国における少数民族の自治政策のシンボルでもあった。

華北局会議は北京市内の前門飯店というホテルで開かれていたので、「前門飯店会議」とも呼ばれる。内モンゴル自治区から選ばれた「左派幹部」たちと党中央の指導者たち計146人からなる前門飯店華北局会議で、真先にウラーンフーに批判の矛先を向けたのは自治区東部出身者らだった。いわば、「日本刀を吊るした奴ら」が「根本から紅い延安派」を批判する構図だった。これは何も中国政府と中国人たちが日本統治時代に育った、日本型の近代的な素養を持つ優雅なモンゴル人を愛し、自らの「革命根拠地の延安」で「育成」した「粗野な革命派」を切り捨てたことを意味しない。単なる陰謀である。東部出身者の不満を使って、西部出身者を打倒し、そして返る刀で東部モンゴル人を倒すという一石二鳥の策略だった。その背景と大まかな展開は次の通りである。

ウラーンフーのあらゆる自治政策は1964年あたりから大きく頓挫しはじめた。遊牧と農耕が混在する自治区において、彼はあいかわらず経済重視の政策を推進しようとしていたが、中国政府は人民の暮らしよりも階級闘争に力を入れるように変わった。中央政府の指導方針は大漢族主義の横行である、とウラーンフーの目に映った。自治区の実状を無視した大漢族主義的な政策を実行しようとしているのは中国人だけでなく、モンゴル人もいる、と彼は理解した。大漢族主義思想を持つモンゴル人は東部出身者からなる。満洲国時代に育った彼らには先天的な「対日協力の烙印」が背中に焼かれている以上、西部出身者よりも党と中央政府に忠誠を尽くす必要があった。あくまでも独自の民族政策を優先したいウラーンフーにとって、信頼できるのはもはや自分たち延安派しかいなかった。彼は1966年1月に一部の東部出身者を更迭し、代わりに西部出身者を充てる人事を決断した。自治区党委員会の代理常務委員会の設置である。13人代理常務委員会のなかでモンゴル人は9人で、そのうちの6人が西部出身者だった。のこり4人は中国人だったが、彼らもウラーンフーの「反大漢族主義」の理解者だった。この代理常務委員会の設置は、東部出身者の不満を買い、火種が埋めこまれた［楊　2011a:16-22］。

　中国政府は用意周到にウラーンフーを粛清した。早くも1964年から彼に関する情報を集め、大勢の密告者をその身辺に配置した。分厚い「証拠」が突き付けられたウラーンフーは以下のような「罪」を認めざるを得なかった。

　1．代理常務委員会の設置は、独立王国を創るためのクーデターである。
　2．「三・五宣言」を配布し、チンギス・ハーンの栄光を称えた。
　3．大漢族主義に反対するキャンペーンをすすめ、中国人幹部らを孤立させた。
　4．民族分裂運動を推進した。

　これらはすべて政治家としてのウラーンフーを死のどん底に陥れるのに充分な「理屈」であるが、その最大の「証拠」はやはり、「ウラーンフーはモンゴル人だったからだ」［楊　2011a:22-29］。

謀略に嵌められたモンゴル人たち

　中国政府と中国人たちの謀略行使に担ぎ出された東部出身のモンゴル人はボインバト（暴彦巴図、イケジョー盟第一書記）とゴンボジャブ（高万宝札宝、シリーンゴル盟第一書記）、バトバガナ（巴図巴根、バヤンノール盟書記）、王再天（Namjilsereng）らだった。彼らは中国政府があらかじめ定めた断罪のラインに沿うようにウラーンフーの具体的な

「罪証」を並べて批判の波を一段と高めた［楊　2011a:19］。ウラーンフーと彼の同郷の支持者たち、それに「延安派」と目された中国人の幹部たちは軒並み失脚していった。賢明な東部出身者たちのなかには政府の陰謀に気づいた者もいたが、もはや時勢を挽回できる力もなくなっていた。中国共産党華北局は会議と並行して、管轄内の北京市と河北省、それに山西省などから300人の中国人幹部を内モンゴル自治区の各地と各機関に派遣して、権力を完全に奪った。自治区南部の集寧市に駐屯していた騎兵第五師団も武装解除され、中央政府と北京軍区の直接的なコントロール下に置かれた。ここから、内モンゴル自治区の中国文化大革命は少しずつ、着実にモンゴル人をキリング・フィールドに追いこむ方向へと突き進んでいったのである。

　前門飯店華北局会議において、モンゴル人の最高指導者を打倒するのに急先鋒をつとめたボインバトは、内モンゴル自治区における中国文化大革命研究において、欠かすことのできない重要な人物のひとりである。特に、運動の初期の展開はボインバトを軸にしていたといえるくらいである。

　では、ボインバトとはいかなる人物であろうか。1998年に斉鳳元という人物が内モンゴル自治区イケジョー盟党委員会と政府、それに政治協商委員会の奇忠義（Erdenibolud）副主席らの支持を得て、『大沙漠に心を寄せるボインバト』（情糸大漠的暴彦巴図）という本を上梓した。ボインバトがオルドス沙漠での仕事に全力をささげてきた功績を称える、官製の宣伝本である。また、ボインバト自身も2006年に『大沙漠のなかの小さな足跡』（大漠微踪）という回想録を残している。以下では斉鳳元の宣伝本とボインバトの回想録のなかにある、本書と関連する部分だけを要約しておきたい。

　ボインバトは1922年1月にジョソト盟ハラ

チン左翼旗の桃花池村に生まれた。ここは現在、ハラチン・モンゴル族自治県を形成している。もともとは南モンゴル西部で遊牧していたトゥメト・モンゴルの一部だったが、のちに東部へ移動したことから、「東トゥメト」とも呼ばれている［斉鳳元　1998：1；暴彦巴図　2006：1］。ボインバトが前門飯店華北局会議で批判したウラーンフーもトゥメトの出身で、東へ行かずに、ずっと西部に留まったグループの一員である。

　ボインバトの故郷は清朝末期から中国人農民の侵略を受けて貧困の一途をたどった。1891年に勃発した中国人の反乱組織である金丹道は各地でモンゴル人を大量虐殺し、その歴史の記憶が鮮明に残る地域にボインバトは生まれた。「（中国人が）すすめた韃靼人殺しの運動を経て、モンゴル人が漢民族と通婚することはなかった」、とボインバトは書いている［暴彦巴図　2006：9］。中国人はモンゴル人を「韃靼人」と蔑称し、「韃靼人殺しの運動」で、モンゴル人の草原が奪われていった。ボインバトは幼少のときに私塾に通い、熱河省の承徳中学を経て、1942年に満洲国の法政大学経済学部に入学した。彼の第一志望は満洲建国大学で、法政大学は第二志望校だった。大学在学中は『チンギス・ハーン遠征歌』を歌い、終生の友であるゴンブジャブ（官布扎布）とジャラガルに出会う。この三人はのちにホルチン右翼前旗で民族主義的な運動をリードし、「右翼前旗の三傑」と呼ばれるようになる［斉鳳元　1998：5-15；暴彦巴図　2006：21-24］。『チンギス・ハーン遠征歌』は古くからハラチン・モンゴルの間で伝承されていた歌だとされている。満洲国時代にはさらに日本語の歌詞も作られ、「モンゴル復興」という至上命題を掲げる熱血青年たちを鼓舞した名曲である。ボインバトも例外ではなかった。

日本の支配を受け継ぐ中国人統治者

　日本が満洲から敗退する前の1945年4月に法政大学を卒業したボインバトは王爺廟（現ウラーンホト市）にある興安総省の人事課に職を得た。日本人がモンゴル人の草原からいなくなった秋の10月5日には、彼は内モンゴル人民革命青年同盟の有力なメンバーになり、故郷のホルチン右翼前旗に赴任した［斉鳳元　1998：16；暴彦巴図　2006：40］。このときの内モンゴル人民革命青年同盟は内モンゴル人民革命党の下位組織であったが、ともに東モンゴル人民自治政府の建立に尽力していた。内モンゴル人民革命党は同胞のモンゴル人民共和国との統一合併を求めていたが、「ヤルタ協定」で南モンゴルが中華民国に売り渡された結果、独自の自治政府を設置する方向に舵を切っていた。ソ連の手引きで満洲に進軍してきた中国共産党は少しずつ東モンゴル人民自治政府を乗っ取り、内モンゴル人民革命党を解散し、青年同盟を自らの傘下に組み替えた。南モンゴルに侵入していた中国人農民にモンゴル人の草原を分け与えるために、中国共産党は熾烈な土地改革を実施した。かつての日本統治時代の有力者たちを「日本の協力者」として処刑し、モンゴル人の土地を奪っていった。

　ボインバトも中国共産党の土地改革に参加し、抵抗するモンゴル人たちを容赦なく鎮圧した。しかし、中国共産党の過激な土地改革はモンゴル人の強い不満を買っている事実にも気づいたボインバトとジャラガルらは「党中央と毛沢東主席」に進言し、より穏便な「三不両利政策」に変更していった、と斉鳳元は書いている［斉鳳元　1998：25-26］。結論を先に示しておくが、「三不両利政策」は毛沢東の党中央とまったく無関係である。「三不両利政策」はモンゴル人の指導者ウラーンフーが南モンゴルの実情に沿うようにして制定した政策であるが、ボインバトとジャラガルは確かに提案者であった[暴彦巴図 2006:42-43；楊 2011b:131-132]。ボインバトが提案した相手をウラーンフーとせずに、「党中央と毛沢東」だとしている改竄方法からみると、文化大革命が終わった後も、ボインバトとウラーンフーは和解していなかったことが分かる。

中国政府と中国人からの白羽の矢

　若くして中共ホルチン右翼前旗書記となったボインバトは1956年３月に西へ移動し、オルドス高原にあるイケジョー盟党委員会書記として転勤した。着任後まもなく、陰暦の５月に開催されるチンギス・ハーン祭祀にも参加し、積極的に人脈を作った。ウラーンフーの同郷トゥメト出身者たちには「延安派」の光背があっても、彼らは少数派だった。近代的な知識を有する人材は東部出身者が圧倒的に多かった。だから、ボインバトは東のホルチン草原から西のオルドス高原に赴任してきたのである。

　ときの中国は牧畜民の財産である家畜を没収して公有化し、草原を国有化するという急進的な合作化運動をすすめていたが、ボインバトは実状に合った穏便な政策を実施したという。1958年から人民公社が導入された際も、彼は慎重だった。オルドス高原に入植していた中国人農民は現地の生態を無視して草原を開墾しようとしていたのに対し、ボインバトは「開墾禁止、牧場保護」の政策を制定し、農民らを開墾に適した地域に移住させた［斉鳳元 1998:29,31,37-38,54,74-75；暴彦巴図 2006:64-78］。詳しくは後に述べるが、文化大革命が発動された直後、上で述べた政策はすべて「ウラーンフーの政策」だとされ、ボインバトはむしろそれを否定する側だった、と当時の資料は語っている。

　ボインバトは1966年５月16日から９名の幹部たちを連れてオルドスから北京市に入り、中国共産党主催の前門飯店華北局会議に参加した。北京へ出発する前のボインバトはウーシン旗のウーシンジョー人民公社で社会主義教育運動すなわち「四清運動」に参加していた。10人の代表のうちの７人も各旗の「四清前線」にいた。華北局の会議の内容についても、何ら詳しい指示はなかった。オルドスのイケジョー盟からの10人は以下の通りである［斉鳳元 1998:110,247］。この10人のうちの数人はその後の内モンゴル自治区の文化大革命の進展においても、重要な役割を果たし続けるので、以下のように掲げておく。

　　共産党イケジョー盟書記ボインバト
　　共産党イケジョー盟書記兼副盟長の郝文広（中国人）
　　イケジョー盟副盟長の呉占東（モンゴル人）
　　イケジョー盟党宣伝部副部長のトトクチン（陶特格琪）
　　イケジョー盟公安処処長の張青雲（中国人）
　　エジンホロー旗第一書記のマンダフ
　　ダラト旗旗長のゲレルト
　　東勝県党書記の郭治祥（中国人）
　　ウーシン旗副旗長の包栄（モンゴル人）
　　海勃湾市副市長の唐宝山（モンゴル人）

　前門飯店華北局会議は内モンゴル自治区の最高指導者のウラーンフーを粛清する会議だったが、ボインバトが反ウラーンフーの先鋒を担った事実については、斉鳳元は一切、触れていない。別の人物、すなわち自治区書記処書記だった王鐸の著書『五十春秋』を引用する形で、ボインバトの活動を取りあげている。王鐸は、「私と劉景平、墨志清、ボインバトの発言はウラーンフーを庇っているとされた。右傾発言だと批判された」、と書いている［王鐸 1992:496］。斉鳳元は意図的にボインバトの前門飯店での活動を避けようとしていることが明かである。

ボインバト自身は次のように回想している［暴彦巴図　2006：83-84］。

　　前門飯店会議の際に、私は党内闘争の習慣にしたがって、発言しただけだった。しかし、私の発言は歪曲されて利用された。私は何と、反ウラーンフーの英雄に仕立てられてしまった。私はただ、1966年4月に開かれた自治区党委員会の席上において、ウラーンフーがおこなった反大漢族主義の発言について、少し意見を述べたたけである。しかも、ウラーンフーの発言の性質を（反革命的だとか）断定するような趣旨もなかった。他人の批判を繰り返しただけだった。後になって、私も分かった。前門飯店会議において、ウラーンフーを批判した最初のモンゴル人は私だったので、どのように弁明しようと、利用される運命だった。モンゴル人だったから、私は。

　「前門飯店会議から帰ってきてから、私は二度とウラーンフーについて発言しなかった」、とボインバトはいう。それでも、「ボインバトは前門飯店会議において、ウラーンフーに反旗を立てた左派だ」と称賛されるようになった。そして、予想外のことに、地元のオルドスでは逆に早くも6月20日に「ボインバトこそウラーンフーの黒い手先だ」と題する壁新聞が貼りだされていた［斉鳳元　1998：248-249］。誰が、どういう目的でこのような壁新聞をオルドスで公開したのか。そもそも、ウラーンフーが北京で吊し上げられたとの情報もどのようなルートでオルドスに伝わったのだろうか。これらの謎についても、これから示す資料が詳細を物語っている。

二　オルドスからの狼煙

　中国文化大革命は、内モンゴル自治区の最高指導者のウラーンフーの打倒からはじまった。ウラーンフーに批判の罵声を最初に浴びせたモンゴル人政治家は、オルドスにあるイケジョー盟書記のボインバトだった。東部出身のボインバトが西部のウラーンフーを攻撃するという政治的な構図である。西部のモンゴル人政治家が追放された後、東部のモンゴル人たちも生き残れなくなり、最終的には中国政府と中国人たちに大量虐殺されたのである。

　では、北京市内の前門飯店でボインバト書記はどのような発言をして、それまでの上司のウラーンフーに矛先を向けたのだろうか。この問題は、今日までの文化大革命研究が解明してこなかった謎のひとつである。

東部モンゴル人の口

　中共中央華北局工作会議の秘書処は、ボインバトの発言を書きとって、大会記録の『簡報』に載せていた。たとえば、1966年6月27日の秘書処は、一週間前すなわち6月20日午後のボインバトの発言を次のように記している。題して、『イケジョー盟党委員会書記のボインバト同志の発言記録』である（資料一：1）。

　　彭真と羅瑞卿、陸定一と楊尚昆の問題に関する党中央から出された決定を私は完全に支持する。これは、毛沢東思想の偉大な勝利である。……ここ数日間に出てきた資料から、ウラーンフーをボスとする連中は内モンゴル自治区を邪悪な道に引きずりこもうとしていることが証明された。彼らには計画的で、綱領を有し、実行性のある陰謀があった、と断定できよう。

ボインバトはこのように切りだしている。舌鋒は鋭く、攻撃的な言葉が多く用いられているのが特徴的である。ボインバトの発言は二つの部分からなる。まず、第一部分の内容は以下のようになっている。

ウラーンフーは1966年4月に開かれた自治区共産党常務委員会拡大会議を利用して反党活動をおこなった。民族問題ばかりを強調し、毛沢東思想を学習しようとする政治運動の障害を作った。「ウラーンフーの側近」で、西部出身の雲北峰は大胆にも東部出身のモンゴル人の呉涛と王再天にも大漢族主義思想がある、と会議で話した。また、もうひとりの「側近」の李貴（中国人）は日本統治時代の「土地奉上」政策について「無知な発言」をした。彼はなんと「日本統治時代にすでに土地奉上政策を実施し、モンゴルの王が土地を世襲的に所有する制度もなくなった」と説明していた。李貴は日本の鬼ども（日本鬼子）を称賛しているようなものだ。

ボインバトの上での批判の主旨は、ウラーンフーが地元トゥメトのモンゴル人を優遇し、東部を冷遇している、と言わんとしている。日本統治時代の「土地奉上」（蒙地奉上ともいう）政策を持ちだしたのも、そのためである。これには、次のような歴史的な経緯がある。

モンゴルの草原は歴史的に「天の賜物」だと遊牧民たちは理解してきた。万人に平等で利用する権利があるが、その管理権はチンギス・ハーンの直系子孫である旗の王にある、と清朝期から定められてきた。日本は満洲国時代にモンゴル人の草原を「土地」として天皇に奉上するという形式で国有化を図った。モンゴル人の草原も満洲国の国有地となったわけである。一度国有化

された土地を「解放された人民に平等に」分け与えようとして、南モンゴルの東部すなわち旧満洲国領内では土地改革が実行された。土地改革を経て、侵略してきた中国人たちもモンゴル人の草原を手に入れることができたのである。これが、満洲国の公有化政策の上ですすめられた自治区東部の土地改革である。

西部は異なる。中国人農民が多数、入植していたとはいえ、土地は一度も公有化されることなく、ずっとモンゴル人に共有される形で中華人民共和国時代を迎えた。当然、土地を侵略者の中国人たちにも分割しようとしたときにモンゴル人たちは抵抗した。西部においては、これは初めて公有化される試行で、満洲国のような経験はなかった。くわえて、モンゴル人は中国人よりも貧しく、均等に土地を分割すると、余計に貧困化がすすむ恐れがあった。そこで、ウラーンフーはモンゴル人の抵抗を和らげ、かつモンゴル人の一層の貧困化をも未然に防ぐという二つの目的から、「モンゴル人に少し多めに土地を分け与える」政策を断行した。彼のこの政策は一部の中国人と東部出身のモンゴル人幹部たちの不満を招いた［楊　2012:106-109；2013b:184-186］。「西部モンゴル人を優遇している」というイメージが作られたのである。中国人たちは、自分たちは後から来たにすぎないし、先住民に敬意をはらい、先住民の権利を確保すべきだとは絶対に考えようとしない。東部出身のモンゴル人たちも中国共産党に対する不満をシンプルにウラーンフーにぶつけている印象である。

モンゴル人からの批判のポイント

　ボインバトはつづける。

　　ウラーンフーがすすめた反大漢族主義のキャンペーンはひとつの陰謀であ

る。……彼は共産党華北局に不満だった。華北局は内モンゴルの実情に理解がなく、大漢族主義的だ、とウラーンフーは話していた。彼の意を汲んだ雲北峰もわがオルドスにやってきて、イケジョー盟の生産高が低いのも大漢族主義がのさばっているからだと発言していた。……

　ウラーンフーは何故こんなことをするのだろうか。ソ連修正主義とモンゴル人民共和国の修正主義者たちがいつも中国は漢人の国だと非難して、少数民族と漢族との関係を離間させようとしているのではないか。モンゴル人民共和国の指導者ツェデンバルも内外モンゴルの合併を呼びかけている。ウラーンフーも彼に呼応しているのではないか。あなたたちには密約があるのだろう。……

　三五宣言を印刷して配ったのも、クーデターのためだろう。

　中国共産党華北局書記処の記録を事実だとみるならば、ボインバトの発言はウラーンフーの政治生命を剥奪するのに充分すぎるほどの威力を有していた。反大漢族主義云々は軽く、実際は「三五宣言」の印刷配布こそが問題視されていた。ボインバトは臭覚が鋭く、みごとに中国政府と中国人たちの要望に応えている。もっとも、華北局書記処の記録もボインバトと無関係に偽造された可能性も否定できない。ボインバトが実際に発言したかどうか、また彼の人柄も別として、華北局書記処がタイプした「発言録」が重要である。では、「三五宣言」とは何で、どうして問題になるのかを簡単に述べておく必要がある。

　ウラーンフーは1966年1月27日から何回かに分けて毛澤東の「三五宣言」を印刷して自治区の幹部たちに配った。この宣言は1935年に「中華ソヴィエト政府の対内モンゴル人民宣言書」との題で公布された。中国南部から長逃して内モンゴルに隣接する陝西省北部の延安に辿りついた直後の宣言である。宣言書内の主な内容は以下の通りである［毛澤東文献資料研究会　1970：16-17］。

　内モンゴルのモンゴル人たちはわれわれとともに、われわれの共通の敵である日本帝国主義と蒋介石と戦おう。われわれとともに闘ってはじめて、チンギス・ハーン時代からの栄光をたもつことができて、民族滅亡の結末を避けることができよう。そして、民族を復興させ、トルコやポーランド、それにウクライナやコーカサスの諸民族のように独立と自由を獲得できよう。……内モンゴルのモンゴル人には自分たちの政府を創り、他の民族と連邦を結成する権利がある。

　毛澤東はこのように独立と自由こそ「チンギス・ハーン時代からの栄光」を維持する手段だ、と慇懃にモンゴル人にリップサービスをしている。弱小の紅軍を率いて南国から内モンゴルに近い陝西省北部に逃亡してきたばかりで、遊牧民が日本軍とともに攻めてくるのではないか、という恐怖心からモンゴル人に媚びていた。毛澤東はさらに中国人軍閥に占領された土地をモンゴル人に返還させよう、とも「三五宣言」で明言していた。

　ウラーンフーも毛澤東が謀略のために「三五宣言」を出したと分かっていても、「内モンゴルの領土的統一」にそれを利用した。領土的統一は、「中国に分割されて統治されてきた歴史」への反抗であると同時に、再度、分割されないようにとの戦略的な布石でもある。モンゴル人の領土は大きいほど中国人の侵略に抵抗できる、と彼は理解していた。ウラーンフーは毛澤東の「三五宣言」を法的な根拠にして隣接する諸省や自治区に占領されたモンゴル人の草原を取り戻そうとしたが、中国人たちからは彼の主たる意図は宣言書内の独立と連邦制云々にあるのではないかと疑われた［楊 2013b: 168-170］。

政治的な死刑判決の性質

　ボインバトはつづいて「ウラーンフーの間違いの性質」について分析を加えている（資料一：1 , p5）。

　　　ウラーンフーの間違いは個別の仕事上の問題ではない。認識の問題でもない。彼の間違いは毛主席と党中央に反対し、毛沢東思想に反対し、プロレタリア独裁に反対するという、大きな問題である。国際的には帝国主義と修正主義と反革命主義に呼応し、国内的には反動派と極悪分子、それに右派らに呼応するためである。

　ふたたび指摘しておくが、ボインバトの口を借りた華北局の政治的な断定は致命的である。ここに至って、モンゴル人の最高指導者には政治的な死刑判決が下された、と理解していい。これらの断罪は、約一カ月後の7月27日に毛沢東と党中央に出した華北局の「ウラーンフーの間違い問題に関する報告」とほぼ同じである。前門飯店華北局会議は長く、「慎重」にウラーンフーの「間違い問題」について検討したとパフォーマンスしているが、実際は会議が開催される前から内容はすでに内定されていたことが分かる。

　ボインバトが実際に話したかどうかは分からないが、華北局が用いた「ボインバトの口」からはウラーンフーの地元トゥメト旗の事例が挙げられている。トゥメトのモンゴル人は合作化（公有化）によって生活レベルが低下し、「共産党の工作隊は日本の悪魔どもよりもひどい」と話していた事実がある、と批判する。「ウラーンフーよ、お前は内モンゴルの人民を資本主義の道に引きずりこもうとしている」、と断じている（資料一：1 , p6）。

　「首謀者は誰だ」

　との問いかけがボインバトの口から出た。「ウラーンフーは当然、首謀者であるし、李貴と浩帆、奎壁（Urtunasutu）とジヤータイ、雲北峰もリーダーだ。彼らはみな反大漢族主義のやり手だ」、と断罪している。反大漢族主義のキャンペーンに中国政府と中国人たちは強烈な反感を示している。そもそも、「大漢族主義と地方民族主義の双方に反対しなければならない、それも主として大漢族主義に反対しなければならない」と提唱したのはほかでもない毛沢東である。しかし、それはあくまでもパフォーマンスにすぎず、「他の諸民族よりも優れている」と信じこんでいる中国人たちは一度も自分たちに「大漢族主義」があるとは絶対に認めようとしなかった。モンゴル人のウラーンフーは大胆にも、天真爛漫にも中国人のパフォーマンスを信じただけでなく、実際に政治運動を通してそれを一掃しようとしたために、粛清されたのである。これが、中国流少数民族政策の本質である。華北局前門飯店会議のポイントもここにある。

　「ウラーンフーよ、お前はここ数年もう牧畜地区にも行かなくなったし、モンゴル人のミルク・ティーの味も忘れただろう」

　とボインバトの口は最後にこのように自民族の最高指導者を侮辱している。ボインバトの口から出た批判はまったく当たらない。ウラーンフーは1965年秋から複数回にわたってトゥメト地域に調査に行っていた［楊 2011a：276-277］。ウラーンフーは前門飯店会議で失脚し、それから故郷の内モンゴルに短期間帰るのは、11年後のことである［楊　2013b：272］。この11年間にわたる中国政府による幽閉生活のなかで、彼は確かに故郷のミルク・ティーから遠ざかっていたのである。

モンゴル人大漢族主義者？

　ボインバトは北京の前門飯店会議においてウラーンフーを批判したが、オルドスに戻ったあとは、たちまち地元の「革命的群衆」から攻撃された。「ボインバトこそがウラーンフーの黒い手先だ」と断罪された。誰が、どのようにボインバト攻撃をしかけたかはのちにまた詳述するが、それでも彼はフフホト市にある自治区の上級機関に守られて難を乗り切った。前門飯店会議から約一年後の1967年6月12日にボインバトは「紅衛兵の小将たちとの談話」（資料一：2）を実施し、自らと「郝文広、田万生集団との闘争史」をふりかえった。

　郝文広と田万生は陝西省北部出身の中国人で、「ウラーンフーをボスとする延安派」のメンバーとされていた人たちである。彼らが前門飯店開会中にオルドスにいる親戚や部下たちに指示して、ボインバト攻撃を用意していたのである。

　「私は以前に間違いを犯してしまい、党と人民群衆に申し訳ない。……これからは毛沢東思想の偉大な赤旗を高く掲げて、毛主席の著作をしっかりと学びながら脱骨換胎して自己改造をし、同志の皆さんとともに毛主席の革命的な路線を守るために戦う」

　とボインバトは紅衛兵たちを前にして決心している。彼の発言を要約すると、以下のようになる。

　　私は1956年にイケジョー盟に赴任してきた。当時の書記は趙会山で、私は副書記だった。私はすぐに気付いた。

イケジョー盟は封建的な風俗習慣が濃厚に残っているのではないか。アルビンバヤル（王悦豊）は党員にして盟長であるが、牧畜地域に行ったときに、若い人たちが彼にお辞儀をしないと、怒る。盟長の彼の悪影響で、牧畜地域の風俗習慣は人民を毒害していた。

　まもなく1956年の陰暦5月15日にチンギス・ハーン祭祀[1]に参加した。チンギス・ハーン祭祀のときもアルビンバヤル盟長は率先してチンギス・ハーン祭殿に向かってお辞儀しているのではないか。共産党員がこんな馬鹿なことをやるなんて信じられない。祭殿の近くの招待所に泊まったアルビンバヤルとバヤンドルジ（馬富綱）はさらに酒を飲んで醜態をさらしていた。（祭祀が終わって）盟政府に帰ってから、私は趙会山にアルビンバヤルらの問題を話したが、「注意する」と話しただけで終わった。……

　私はまた1963年にエジンホロー旗に調査に行ったが、エジンホロー人民公社の秘書王勤安は中国語ができるのに、私に対してモンゴル語で返事していた。これらの問題もすべてアルビンバヤルと関係がある。

　上での発言からみると、ボインバトは過激な中国共産党員としてオルドスに着任してきていたことが分かる。彼はアルビンバヤルやバヤンドルジなど地元出身のモンゴル人幹部たちを「封建的」とみて嫌っている。モンゴル人であるにもかかわらず、中国語で話すのを「進歩的」だと当時のボインバトはそのように信じこんでいた証拠で

---

[1] オルドスで古くからおこなわれてきたチンギス・ハーン祭祀については、楊海英著『チンギス・ハーン祭祀―試みとしての歴史人類学的再構成』（2005）に詳しい記述がある。

ある。母国語のモンゴル語を疎かにして中国語を優先する人物をウラーンフーは「モンゴル人でも大漢族主義的な思想を持つ者だ」と批判していた。ボインバトはこの点でもウラーンフーと対立していた可能性がある。

主流になれなかった中国人延安派

つづいてボインバトはまた郝文広と田万生、白漢臣と閻耀先といった中国人の幹部を批判している。ここで少し、複雑な人間関係を整理しておこう。

アルビンバヤルとバヤンドルジは地元出身のモンゴル人幹部で、共産党の紅軍が長逃して陝西省北部の延安に到着したときから毛沢東らと接触していた。彼らは共産主義者というよりも、地元オルドス高原の利益を優先する民族主義者だった。

郝文広と田万生、それに白漢臣といった陝西省北部出身の中国人たちは早くからオルドスで革命活動をし、アルビンバヤルたちとも親しかった。郝文広と田万生、それに白漢臣は中国人すなわち漢族であっても、延安に落ちてきた毛沢東ら南方出身者とは異なるグループに属し、「陝北邦」（陝西省北部組）のメンバーたちである。この「陝北邦」は、歴史的にはオルドス・モンゴルとの交流が長く、共産党の南方出身者を「南蛮子」（ナンマンツ）と呼んで、折り合いが悪かった。「陝北邦」ももちろんオルドス・モンゴル人の草原を占領し、オルドスまで入植したいとの野望を持っていたが、当時はまだ力の面でモンゴル人に及ばなかった。陝西省北部における共産党の権力がすべて逃亡してきた毛沢東ら南方出身者たちに握られると、「陝北邦」とオルドス・モンゴル人有力者たちとの結束は以前よりも強まった。中華人民共和国建国後になると、毛沢東ら南方出身者たちはすべて北京に入城して偉くなったが、「陝北邦」はあいかわらず黄土高原の

田舎に取り残された。「革命根拠地の延安」とは名ばかりで、忘却された存在となった陝西省北部出身の中国人たちは、進出先のオルドスでモンゴル人との共生を求めていた。オルドスでの地位を保つためにも、彼らはより穏便な政策を取らざるを得なかった。陝西省北部出身の中国人たちは延安派のウラーンフーに親近感を感じ、かつ忠誠を示してきた。こうした行動が、内モンゴル自治区の東部からやってきたボインバトの目には、「封建的、保守的」に見えたのである。

人民公社の公有化が1958年に導入されたときに、モンゴルのチベット仏教の寺院は破壊され、女性たちの民族衣装や装飾品も没収された。これに対し、アルビンバヤルは激怒していたし、中国人の趙会山や郝文広と田万生、それに白漢臣も同調したという。1963年に政府が「民族分裂主義と修正主義に反対するキャンペーン」をすすめた際も、閻耀先らは「オルドスに民族分裂的な活動はない」と話して抵抗した。「アルビンバヤルは赤裸々に王公貴族と搾取階級の牧主の利益を守ろうとするし、田万生と郝文広らは上手に階級闘争に反対している」、とボインバトは話す。アルビンバヤルはまた生き残ったオルドスの王公たち、たとえば郡王旗の王エルデニボルト（奇忠義）とウーシン旗の王ユンルンノルブ（奇世英）らを擁護し、「党を貶した」とボインバトいう。

反大漢族主義をめぐる闘争

ボインバトの話によると、中国共産党華北局は1964年から解学恭書記らを内モンゴル自治区に派遣してウラーンフーに関する資料を収集しはじめたという。これに気付いたウラーンフーも1965年7月から閻耀先と雲祥生らを転勤させて自陣を補強しだした。そして、1966年3月にはウラーンフーはまた側近の雲北峰をオルドスに派遣して

13

ボインバトの仕事ぶりを調べさせた。ボインバトは語る（資料一：2, p5-6）。

1966年4月26日と27日に、内モンゴル自治区党委員会の席上において、ウラーンフーは悪意で以て反大漢族主義のキャンペーンをはじめた。彼は、各盟や市の書記たちに彼の推進する反大漢族主義のキャンペーンを支持するよう呼びかけていた。私は彼の陰謀に気づき、「イケジョー盟の民族関係にどんな問題があるのか、まだ分からない」と返事して反論した。すると、会議の休憩時間に（ウラーンフーの側近である）クイピイ（奎壁、ウルトナスト）がやってきて、「ボインバトさん、あなたに問題があるとみんな話している」と圧力をかけてきた。

その後、雲北峰がオルドスに来て一カ月間も滞在した。彼と一緒来ていたマンダフも「イケジョー盟の生産活動がすすんでいないのは、大漢族主義がのさばっているからだろう」と私にいうが、私は否定した。これも実はウラーンフーの見方だったのである。……

昨年の前門飯店会議の際も、郝文広はウラーンフーを批判するのに熱心ではなかった。しかし、彼は北京から帰ってきてからやたらと熱心になった。……郝文広の妻劉桂潔と閻耀先の妻馬玉華らが私を誣告しようとしていたことは、早くから分かっていた。1966年7月に北京からオルドスに戻ると、郝文広の妻はもう壁新聞を貼りだして「ボインバトは野心家だ」と批判していたので、郝文広の陰謀だとすぐ分かった。案の定、北京前門飯店会議から帰ってきてまもなく、私と呉占東（モンゴル人）はもう批判された。これはウラーンフーのブラック・グループの謀略だ。とい

うのは、私と呉占東が前門飯店会議でウラーンフーの問題を暴露したからである。

華北局前門飯店会議にオルドスからの参加者は10人だ。積極的にウラーンフーを批判したのは呉占東とマンダフ、ゲレルトだ。旗と県レベルの幹部たちのなかでもっとも早くウラーンフーを批判した人たちである。その次は東勝県の副書記の郭治祥だが、帰ってきたら、全員、郝文広に打倒された。

このように、ボインバトは自分自身と前門飯店会議でウラーンフーを批判した幹部たちがオルドスに帰還したあとに郝文広ら陝西省北部出身者たちによって一時的に追放された経験を回顧している。彼が紅衛兵たちに1966年から1967年6月までの文化大革命の推移をふりかえっているのは、激しい政治闘争を潜りぬいて部分的に復活できたからである。

人民群衆の分裂

死活の闘争はまだつづく。オルドス地域における文化大革命が複雑化し、ある意味では内モンゴル自治区の政治闘争のセンターの様相を呈していた。それは、文化大革命の初期において、中国政府は主としてウラーンフーを首領とする西部出身のモンゴル人幹部たちを粛清しようとしていたからである。そのため、自治区全体もオルドスでの政治闘争に注目しなければならなかった。ここでまず1967年9月22日に『工人戦報』第三十、三十一合併号に掲載された「フフホト市八つの造反組織総部がイケジョー盟に派遣した調査団の報告書」を紹介したい。この報告書はオルドスにおける各種の群衆組織が造反と保守の陣営に鮮明に分かれたあとに書いたものであり、当時の状況が分かりやすく整理されている（資料一：3）。

「フフホト市八つの造反組織総部がイケ
ジョー盟に派遣した調査団の報告書」によ
ると、1966年9月22日前は、イケジョー盟
共産党委員会常務副書記の楊ダライ（達頼）
と副書記の康駿らが「盟委員会文革弁公室」
を成していた。9月22日以降に内モンゴル
自治区党委員会が正式に「イケジョー盟の
文革指導組」の成立を許可したが、組長は
山西省から来た劉忠で、副組長は楊ダライ
と康駿で、メンバーには郝文広と劉雄仁ら
が加わり、計七人からなる組織だった。11
月になると、郝文広のグループは「オルド
ス革命造反聯絡総部」（略してオルドス）を形
成し、ボインバトを擁護する楊ダライと康
駿らの人たちは「イケジョー盟革命造反聯
絡委員会」（略して聯委）を作った（資料一：
3，p5）。どちらも「革命造反」を標榜して
いるが、一般的に「オルドス」は急進的な
造反派で、「聯委」は保守派と理解されてい
た。文化大革命の初期において、オルドス
地域のすべての人たちがこの二つの組織の
どちらかを支持するかの態度を表明しなけ
ればならなかった。わが家では父親が「聯
委」で、母親が「オルドス」派だったので
ある。

「革命造反派」が「オルドス」と「聯委」
に分かれた最大の原因は、ボインバトを暴
力的に闘争するかどうかだった。郝文広の
「オルドス」は「ボインバトこそウラーン
フーの黒い手先だ」として1966年8月から
壁新聞を貼りだして批判していたが、楊ダ
ライらの「聯委」は「ボインバトは前門飯
店会議でウラーンフーと戦ったし、ウラー
ンフー陣営の者ではない」と擁護した。楊
ダライと康駿たちは自治区党委員会の王鐸
と王逸倫らと連携し、さらには内モンゴル
軍区ともつながっていた。いわばウラー
ンフーが失脚したあとの自治区の指導体制側
のメンバーだった。内モンゴル軍区は文化
大革命の最初の段階で師範学院大学などの

大学生の造反派を射殺するなど厳しい弾圧
体制を敷いていたので、「路線的な間違いを
犯した」と1967年4月に党中央から批判さ
れるようになる。ここから造反派の正統性
が確立されるが、ウラーンフーと同じく延
安派に属す中国人の郝文広らがオルドスで
造反派を形成して、反ウラーンフーの先鋒
をつとめたボインバトら東部出身のモンゴ
ル人を逆に打倒したプロセスが、政治闘争
の複雑性を物語っている。

打倒された「反ウラーンフーの積極分子」

保守派の「聯委」は1966年8月10日に『ウ
ラーンフー反党集団の黒い手先はイケジョー
盟まで伸びている』という壁新聞を書き、
中国人の田万生を批判した（資料一：3，p5-
6）。陝西省北部出身の田万生は1940年代か
らオルドス西部のウーシン旗あたりで活動
していたし、中国人の延安派の代表格のひ
とりである。「聯委」は早くから陝西省北部
出身で、延安派に属す者たちにターゲット
を当てている。「聯委」側の白銀柱はまた
『イケジョー盟書記ボインバト同志問題の真
相』を10回にわたって編集して配布し、ボ
インバトこそ「反ウラーンフーの積極分子」
だと庇った。白銀柱は1964年に大学を卒業
した者で、イケジョー盟第一中学校の代理
書記だった。オルドスに駐屯する人民解放
軍も「聯委」側と連携していたが、「聯委」
と「オルドス」はそれぞれの支持者たちを
擁して大規模な「武闘」をくりひろげてい
た。

中国の政治運動は一種の巨大なミキサー
のようにあらゆる人物を巻きこむ。まもな
く反ウラーンフーのボインバトも、延安派
にして造反派を逸早く作った郝文広もその
仲間の田万生とともに「郝・田宗派」を形
成したと批判された。造反派の立場に立つ
『工人戦報』は最後に次のような結論を出し
ている。ボインバトは絶対に打倒しなけれ

15

ばならない人物である。彼には次のような
「罪」がある。

　一、偉大な毛主席を攻撃した。
　二、「ウラーンフーこそが民族の指導者
　　　であり、民族問題でも発言権がある」
　　　と話して、ウラーンフーの思想を宣
　　　伝した。
　三、大躍進政策と人民公社化政策に反
　　　対した。
　四、生産請負制を推進し、資本主義政
　　　策を実施した。
　五、ウラーンフーの意向に沿って、民
　　　族分裂主義者の金漢高と楊ダライら
　　　を抜擢して重用した。
　六、「文化大革命はモンゴル人ばかりを
　　　打倒している」と発言していた。
　報告書は最後に結論を示している（資料
一：3，p8）。

　前門飯店会議においても、ボインバ
トは最初から「積極的」ではなかった。
ウラーンフーの問題が暴露され、もう
守りきれないとみた彼が「積極的」に
なっただけである。……彼はウラーン
フーが打倒されたあとも、ウラーンフー
のいないウラーンフーの政策を実施し
ていた。
　ボインバトが共産党と社会主義に反
対するのは偶然ではない。搾取階級出
身の彼は必然的に反党反社会主義にな
らなければならなかった。彼は地主の
家に生まれ、その父親も土地改革の運
動中に農民に殺された。彼の四番目の
伯父は日本統治時代に旗公署の役人を
つとめていたし、彼本人も偽満洲国の
法政大学を出ているし、日本の奴隷化
教育を受けている。興安省人事課に勤
務し、ハーフンガの内モンゴル人民革
命青年同盟（団）に入って、独立運動
をやっていた。……ボインバトこそが

イケジョーにおけるウラーンフーの代
理人であり、頑迷な反革命修正主義者
であるので、絶対に打倒しなければな
らない。

　以上が造反派新聞の見解であるが、内モ
ンゴル自治区における文化大革命の全体的
な方向を示す論文でもある。以後、ボイン
バトのようなモンゴル人たちはその方向で
粛清されたし、中国人の延安派もまた政治
闘争の犠牲になっていった。

守られた反ウラーンフーのモンゴル人三書記
　運動の詳しいプロセスを成す個々の資料
をみてみよう。
　ボインバトを擁護する「聯委」側が編集
した「ボインバト同志に関する華北局・内
モンゴル党委員会の指導者の同志たちの談
話と指示（コメント）」（資料一：4）は1966年
7月15日から1967年2月16日までの高錦明
や雷代夫らの言葉を網羅している。それら
によると、ウラーンフーは以前に側近でトゥ
メト出身のモンゴル人の陳炳宇をオルドス
に派遣してボインバトの問題を調べて、余
所へ転勤させる準備をしていたという。前
門飯店会議が終わったあとの1966年8月に
は雷代夫がオルドスにやってきて、ボイン
バトはウラーンフーの陣営に属す者ではな
い、とイケジョー盟の幹部たちを説得して
いた。しかし、イケジョー盟ではすでに郝
文広のグループが「ボインバトこそウラー
ンフーの黒い手先だ」とする主旨の壁新聞
を貼りだしていた。1966年9月20日、イケ
ジョー盟第一中学校の学生たちは盟委員会
に闖入してボインバトを引きずりだして批
判闘争しようとしたが、ここでも自治区党
委員会の高錦明らが指示を出して阻止した。
21日の早朝、自治区党委員会はたてつづけ
に二通の電報をオルドスに打って、ボイン
バトを暴力的に闘争するのを阻止したが、

批判することはもはや止められなくなった。
「ボインバトを闘争しよう」とするオルドスの「革命的な学生と政府直属機関の幹部たち」を前にして、高錦明は1966年11月12日に次のような主旨を話した。

　10日、毛主席はまた天安門で革命的な紅衛兵に接見した。その際に華北局の李雪峰は陶鋳に内モンゴルの状況を報告した。陶鋳は「内モンゴルは問題だ。漢族（チャイニーズ）の幹部たちは立ち上がらなければならない。さもないと、間違いを犯す」と話した。……ボインバトとシリーンゴル盟のゴンブジャブ書記にも間違いはある。ひどい間違いでもある。ただ、彼らはウラーンフーの黒い手先ではない。……

　毛主席と党中央の民族政策を守らなければならない。わが共産党には民族政策があり、国民党と日本帝国主義、それに満洲人の清朝にだって民族政策はある。間違いを犯した少数民族出身の幹部たちに対しても大胆に批判し、闘争しなければならない。……

　内モンゴル自治区は真先にウラーンフーを抓みだした。ウラーンフーが反大漢族主義の旗を掲げて民族分裂の活動をし、反党反社会主義をやっていたからだ。……

　内モンゴル自治区の９つの盟と市の書記のなかで、ボインバトとシリーンゴル盟のゴンブジャブ、バヤンノール盟のバトバガナら三人はウラーンフーの黒いグループのメンバーではない。少数民族の幹部たちを次からつぎへと打倒してはいけない。

　高錦明の講話から読みとらなければならないのは、逆の事実である。「漢族（チャイニーズ）の幹部たちが立ち上がって、次からつぎへとモンゴ

ル人の幹部たちを打倒していた」事実である。内モンゴル党委員会の王宏烈もまた10月３日に「イケジョー盟のボインバトとバヤンノール盟のバドバガナ、シリーンゴル盟のゴンボジャブはウラーンフーの黒い手先ではない」と革命群衆を説得している。バトバガナ書記については、本書の最後に触れる。

　ボインバトは1966年11月３日から自治区の首府フフホト市で「自治区三級幹部会議」に参加していた。ところが、19日の早朝、「イケジョー盟紅色革命造反団の630人の革命的同志たち」がフフホト市に乱入し、ボインバトを拉致して、トラックに載せてオルドスに帰った。ボインバトは前門飯店会議でウラーンフーを批判して文化大革命発動に賛同する立場を取ったものの、オルドスに帰ってくると、地元イケジョー盟の文革指導組には彼の名前はなかった。郝文広を中心に、ほとんど陝西省北部出身の中国人たちで固められた文革指導組である。中国人延安派たちは露骨に「反ウラーンフーの積極分子ボインバト」を外したのである。指導組のこうした構成に対して、自治区の指導者たちも問題だとは分かっていながらも、特に有効な対策がとれなかった。

　「聯委」の白銀柱たちが10回にわたって『イケジョー盟書記ボインバト同志問題の真相』を編集して「オルドス」側に反論したことはすでに述べた。そのうち1967年２月15日に書かれた第６回目の文章は、反ボインバトの指導者たちは山西省から来た劉忠と地元の劉雄仁だとしている。ボインバトに「間違いがあっても、毛主席の革命路線を固く守っているから、批判に値しない」と主張している（資料一：５）。「聯委」はさらに1967年６月１日に「ボインバト同志の問題に関する厳正な声明」を発した（資料一：６）。「ボインバト同志はウラーンフーの反党集団と前門飯店会議で戦った。郝文広

と田万生こそがイケジョー盟におけるウラーンフーの決死隊員で、ボインバト同志は彼らと戦った革命派だ」と弁じた。オルドスの財貿学校の「財貿前線」と師範学校の「投槍兵団」、「11・3遵義兵団」などの紅衛兵組織はボインバトを支持していたことが分かった。

共産党史の闇の発見

中国人の延安派たちをウラーンフーと結びつけるだけでは、火力が足りなかった。内モンゴル自治区の著名な中国人の造反派領袖の高樹華が1967年6月下旬にオルドスを訪れて、郝文広に面会していた。「あなたはウラーンフーと関係があったのか」、と高樹華が尋ねると、「それはあったさ。関係がなければ、ウラーンフーは私なんかを抜擢するか」と大胆な発言をしていた［高樹華　程鉄軍　2007:269-270］。

中国人の延安派たちがボインバトこそが「ウラーンフーの黒い手先」だと主張しているので、ボインバトを擁護する「聯委」は1967年6月4日に新しい、致命的な攻撃の材料を発見した。「高崗反党集団」である。「郝文広と田万生はウラーンフーの反党集団の成員であるばかりでなく、高崗反党集団のメンバーでもある」、と断じた（資料一:7）。陝西省北部出身で、オルドスに来ていた中国人の幹部たちを「高崗反党集団のメンバーだ」と断罪した批判文は、私が収集した資料群のなかでは、これが一番、早いのではないか。以後、ウラーンフーとともに延安で暮らしていた陝西省北部出身の中国人幹部たちも「ウラーンフーの反党集団と高崗反党集団の二重のメンバー」とのレッテルが貼られて粛清されるので、「聯委」側の攻撃は実に巧妙であった。

高崗は1905年に陝西省北部の横山県に生まれ、中国共産党の「陝西省北部の革命根拠地」を創建した主要な人物のひとりであ

る。1935年9月に毛沢東の紅軍が南部中国から長逃して陝西省北部の山村を自らの巣窟に改造すると、たちまち地元で人気の高い劉志丹を粛清して権力を簒奪した。紅軍は南中国を出発したときは30万人だったが、陝西省北部の延安に到着した際にはわずか3万人程度に減少していた。劉志丹は毛沢東に暗殺された、と地元では今でもそのように固く信じられているが、共産党内部の南方系と陝西省北部出身者との間で熾烈な権力闘争は長く続いた。そうしたなかでかろうじて生き残ったのが高崗と習仲勲の二人である。高崗は毛沢東に忠誠な態度を示してきたが、それでも政権獲得後の1954年に自殺に追いこまれた。罪名は「ソ連に通じて毛沢東と劉少奇に反対したこと」だった。習仲勲の方は1962年に粛清され、文化大革命中に批判闘争された［馬畏安　2006；李建彤　2007；陳大蒙　劉史　2008温相2008］。

「反党集団を結成して偉大な領袖の毛沢東に反対した罪」で歴史の彼方に葬り去られた高崗は間違いなく陝西省北部の共産党の割拠地を守り、拡大させた人物である。しかし、彼とその同志たちが南方系の毛沢東らによって追放された以上、郝文広と田万生ら末端の幹部たちも尻尾を巻いてオルドスのような僻地で息をひそめて暮らすしかなかった。高崗にはモンゴル人のウラーンフーとともに延安民族学院で仕事をしていた過去もある。高崗が粛清された以上、陝西省北部出身者たちにとって、モンゴル人のウラーンフーはいわば最高位の保護者だった。中国共産党内の南方出身者たちもウラーンフーと高崗との親密な関係を知っていたが、まだモンゴル人指導者層を打倒する気配がなかった時代、内モンゴル自治区は間違いなく陝西省北部出身たちの大本営だった。高崗の「罪」は未だに「平反」（名誉回復）されていない以上、文化大革命までの

陝西省北部出身者たちは余計に慎重に慎重を重ねて、高崗というタブーには絶対に触れようとせずに生きていたのである。高崗の自殺は毛沢東と劉少奇らが一方的に主導した粛清劇だと分かっていても、党と国家のあらゆる権力が「南蛮子」に掌握されている以上、どうしようもなかった[2]。したがって、内モンゴル自治区における文化大革命の展開のなかで、「聯委」側が「高崗反党集団」を武器として持ちだした戦略はみごとに成功した。

諸刃の民族政策

「聯委」側は積極的にビラを配って、「ボインバト同志は反ウラーンフーの革命幹部で、郝文広と田万生こそウラーンフーの黒い手先だ」と宣伝した（資料一：8）。「聯委」側はまた1967年5月23日から26人からなる調査隊を東勝県とエジンホロー旗、ハンギン旗、オトク旗、そしてフルンボイル盟に派遣して、「オルドス」側から突き付けられた「ボインバトの問題」について調査をおこない、「ボインバトのいくつかの問題に関する報告」を6月21日に提出した（資料一：9）。報告書はまず、ボインバトは「ウラーンフーの黒い手先ではない」し、「反共産党にして反社会主義、そして反毛沢東の三反分子でもない」と結論づけている。具体的には前門飯店会議でウラーンフーを痛烈に批判したことがあり、1962年に「マルクスとレーニンの理論には予見性があるが、毛

---

[2] 『讀賣新聞』（2014年2月27日・朝刊）の報道によると、今の習近平政権は陝西省北部出身の元共産党高官たちの子弟からなる「太子党」のネットワークを重視しているという。2013年10月15日に北京の人民大会堂で開かれた「習仲勲生誕100周年記念座談会」の席上で、90歳に達する高崗の未亡人も列席し、高崗の名誉回復を求めているという。中国共産党内部の権力交替の構図からみると、陝西省北部出身者が国家と党の最高ポストに就くのが、習近平が最初となる。

主席にはない」と発言したとされる問題も証言がなりたたないとしている。「毛主席はもうご高齢だ」との発言もなかったし、「搾取階級を重視した」とされることも実は他の幹部の行為だと弁明している。報告書にはさら王振栄とハンギン旗の旗長であるアムルリングイ（奇治民）、白慶元、唐占海、黄鳳岐ら8人の証言を添付している。これらの証言のなかで、アムルリングイはきわめて重要な人物である。

アムルリングイこと奇治民はウーシン旗出身の延安派幹部で、ハンギン旗の旗長だった1965年10月にヤスト人民公社の中国人農民500戸を水利灌漑が可能な黄河沿岸に移住させた。のちに移民を実施したアムルリングイは文化大革命中の1969年1月23日に「モンゴル人を優遇して中国人を迫害した」と批判されて殺害された［楊　2009c：90-120］。郝文広らの「オルドス」側は「ハンギン旗が中国人を移住させたのはボインバトの指示があったからだ」と批判していた。「搾取階級を優遇した」とか、「モンゴル人を優遇して中国人を差別した」とかの誣告と非難は互いを陥れる口実となっていたのである。実際、農耕を営む中国人農民たちは水のないヤスト人民公社よりも灌漑ができる黄河沿岸を好んでいたし、移住後も豊かになっていた。ハンギン旗だけでなく、南モンゴル全体において、モンゴル人たちは好意から中国人の難民を受け入れて定住させたにもかかわらず、中国人たちは躊躇せずにモンゴル人を虐殺した。恩を仇で返すのは、内モンゴルに侵略してきた中国人の民族性である。

ボインバトは「オルドス」側の「革命的な群衆」たちに拉致され、暴力をうけた。彼は脱出後の1967年4月30日と6月20日に「私が造反団に1月末から2月末にかけて拉致監禁されたプロセス」を書いて詳細を明らかにした（資料一：10）。「私は1月18日に

ハンギン旗の移民たちに拉致された」、とボインバトはいう。1月23日にはボインバトとアムルリングイの二人が「移民を迫害した罪」で批判闘争された。1月25日には新建人民公社で、26日は人民公社の本部で、27日はブグトというところで暴力をうける。「重犯のボインバトは人気が高く」、あらゆる造反組織が先を争うようにして彼を奪って批判闘争しようとしていた。彼はその後ウーシン旗と包頭市を転々とし、トイレの掃除を命じられたり、家宅捜査をうけたりした。「5月15日の夜11時に、造反団星星之火の紅衛兵たちが私を連行した。深夜12時から翌朝の8時まで闘争大会が開かれた。ウラーンフーの黒い手先は誰だと聞かれたが、私は郝文広と田万生だと答えた」、と回想する。このように、「ウラーンフーの黒い手先」とされたボインバトは逆に中国人の延安派幹部たちこそがそれにあたる、と抗弁している。「ウラーンフーの黒い手先」は相手を刺す鋭利な政治的な武器と化していたのである。

最初から存在した民族間の対立

「オルドス」側の「総指揮部・ボインバトと楊ダライ、康駿と李子川を揪みだす兵団」は1967年7月10日に「イケジョー盟における両派の組織状況と二つの路線闘争」という報告書をまとめて、自らの造反行動を正統だと体系的に標榜した（資料一：11）。報告書はいう。

　　　イケジョー盟の無産階級文化大革命は1966年6月からスタートし、1967年7月に至るまで、一年余りが経った。この一年間は4段階に分けられよう。1966年6月10日からまず大いに意見を述べる運動（鳴放）からはじまり、問題を暴露し（掲発）、そして司令部を砲撃した。10月から12月末にかけてはブル

ジョアの反動路線を批判した。1967年1月には奪権闘争をくりひろげ、2月から7月の間は資本主義を復活させようとする勢力と闘争した（復辟与反復辟）。

では、「造反と保守の両派の間の路線闘争はどこから由来しているのだろうか」、と報告書は自問して論を展開する。

1966年6月4日にイケジョー盟党委員会は楊ダライと康駿らの主催の下で、「イケジョー盟党委員会文革指導組」を形成した。これには北京前門飯店会議でウラーンフー批判の先鋒をつとめたボインバトが入っていなかった。盟政府所在地の東勝にある中学校の生徒たちが壁新聞を貼りだしたりして、北京と同じような熱気に包まれた。6月20日、のちに「オルドス」側のメンバーとなる谷加堂と劉鳳陸らが盟書記ボインバトを批判する最初の壁新聞を披露した。楊ダライら政府幹部は北京やフフホト市と同じように工作組を中学校や各種の機関に派遣して政府主導の文化大革命をリードしようとした。しかし、北京では劉少奇が各大学に工作組を派遣した行為は学生を鎮圧したとされて失脚させられたのと同じように、イケジョー盟でも楊ダライらは保守派とされ、「ウラーンフーの黒い手先のボインバトを守っている」と批判された。このとき、人民解放軍も当然のように政府側の幹部たちと同じ立場を表明していた。ボインバトを庇おうとする勢力は「ボインバトはウラーンフーの黒い手先ではないし、中国人がモンゴル人を迫害しているような構図を作ってはいけない」と主張した。このように、文化大革命はオルドスのような自治区の末端レベルにおいても、最初から中国人とモンゴル人との対立の形式で進行していた事実が明らかである。

オルドスの最初の「革命組織」は11月5

日に成立した「毛沢東思想を守る戦闘隊」
(捍衛毛沢東思想戦闘隊)で、のちに膨れ上がっ
て「イケジョー盟紅色革命造反団」となり、
フフホト市に闖入して会議に参加していた
ボインバトを捕まえて拉致監禁したグルー
プである。その傘下には「永紅」と「井崗
山」、「衛東彪」、「伏虎」など10いくつもの
「戦闘隊」があり、「オルドス無産階級革命
造反聯合総指揮部」という統一会派を結成
したのは1967年1月25日だった(資料一:11,
p6-7)。ちなみに「衛東彪」とは「毛沢東と
林彪を衛る」との意味である。これに対し、
ボインバトを擁護する「聯委」側は1966年
11月11日に成立した「紅色戦闘隊」からス
タートしている。さまざまな組織を糾合し
て「イケジョー盟無産階級革命造反聯合委
員会」と名乗ったのは1967年1月23日の夜
だった。「オルドス」側は「聯委」を「保守
派」だと批判している。「オルドス」側に属
する「オルドス紅衛兵」は1967年1月23日
にボインバトら16人の保守派を吊るしあげ
て闘争したことで、武力衝突も拡大し、双
方に怪我人がでた。ここまでの文化大革命
の広がりは首都北京と何ら変わりはない。
換言すれば、首都とまったく同じような政
治運動が地方の津々浦々まで徹底されてい
たと指摘できよう。

暴露される文革前の動き

　やがて北京前門飯店会議が開かれる前の
政治的な動きもみえてきた。「聯委」側に属
す「中共イケジョー盟党委員会機関紅旗革
命造反総部」が1967年7月10日に書いた「郝
文広グループの〈造反一、二団〉がフフホ
ト市に赴いてボインバトを拉致した陰謀」
(資料一:12)は、文化大革命発動前の目まぐ
るしい動きを整理している。「聯委」側もこ
の時期になってやっと以前の動きに気付い
たのである。それによると、早くも1966年
4月に郝文広の妻劉桂潔はフフホト市に入

り、ウラーンフーと同じトゥメト出身の李
振華の夫人を通して、ボインバトを密告し
たという。田万生と閻耀先、それに張如崗
らも同様な行動を取った。すべて延安派で
ある。7月中旬、北京前門飯店会議に参加
していた閻耀先からの手紙がオルドスの関
係者に届き、まもなく劉桂潔らは「反革命
修正主義者ボインバトの罪を暴露する」、「政
治的な野心家のボインバト」という壁新聞
を貼りだした。このとき、ボインバトは北
京でウラーンフー批判の急先鋒に仕立てら
れていたが、地元ではすでに彼自身が「ウ
ラーンフーの黒いグループに属す者」とさ
れていたのは、過酷な政治闘争の皮肉な結
末であるとしかいいようがない。「ボインバ
トは狡い奴だ。北京から戻る前に彼を倒さ
なければならない」、とオルドスの中国人幹
部たちは迅速に動いた。翌7月11日に「聯
委」側の「イケジョー盟東勝中等学校紅衛
兵革命造反総司令部とイケジョー盟無産階
級革命造反聯合委員会」が出した「郝文広・
田万生集団がウラーンフーのブラック・グ
ループ(黒幇)と結託した罪証」(資料一:13)
もほぼ同様の内幕を暴露している。

　ボインバトを守ろうとする人たちと、彼
を断罪しようとする郝文広と田万生ら、双
方ともハンギン旗に住む中国人農民を黄河
沿岸に移住させた行為を「反漢族の民族分
裂主義的政策だ」と表現して、相手側がそ
の政策を実施したと罵倒し合っている。実
際は彼らが協同してすすめた政策であるに
もかかわらず、その政策を「反漢族の民族
分裂主義的行動」と表現している事実から、
内モンゴル自治区の地方レベルの人たちも
最初から文化大革命は民族問題の性質を帯
びていた側面をしっかりと認識していたこ
とが分かる。

日本とモンゴルという「罪」

　造反と保守の両派が鋭利な批判文章を用

意して相互を攻撃したのも、北京と同じである。「オルドス」側が1967年8月2日に出した「ボインバトのブラック・スピーチ集」（資料一：14）はまずボインバトの出身と「階級的な身分」を詳しく羅列し、如何に「党中央と毛主席、社会主義に反対する言論をしてきたか」を罪証として列挙している。

　　ボインバトは日本の偽満洲国の法政大学を卒業し、日本の天皇に忠誠を尽くしていた。卒業後も偽満洲国の中央職員訓練所で研修し、ファシズム当局に派遣されて、外国へ観光に行ったこともある。帰国後は興安総省の人事科につとめ、日本の偽満洲国の協和会にも参加した。1945年に日本が投降した後の二カ月間の行動は不明だ。その後はハーフンガに追随してジャラガルとゴンブジャブらと結託してホルチン右翼前旗自治政府を作り、反動的な内モンゴル人民革命青年同盟ホルチン右翼前旗の内防科長のポストに就いた。それだけではなく、彼はまた反動組織の「興蒙会」にも加わった。……その後はウラーンフーにみそめられて、「ウラーンフーの八大青年」のひとりとなった。……前門飯店会議のとき、風向きが変わったとみた彼は机を叩いたり、大声で怒鳴ったりして反ウラーンフーの急先鋒を演じたりしたが、それは革命の左派を騙すための演技にすぎなかった。

　つづいて批判文は、ボインバトはずっとモンゴル人搾取階級の利益を優先し、プロレタリアート独裁を否定する政策を実施してきたと断罪する。ボインバトはまた「その主人のウラーンフーに習って中国人すなわち漢族を馬鹿にした」という。

　　陝西省の楡林地域は貧しいところだ。

楡林の漢族の連中は冬になると１、２キロのタバコの葉っぱを持って出かける。オルドスにやってきてタバコの葉っぱをモンゴル人に売りながら、モンゴル人を騙す。「サンバイノー（こんにちは）」しか言えない彼らが、モンゴル人の家を三カ月間も回っているうちに一冬を過ごす。モンゴル人の食糧をただで食べて一冬を過ごす。
　　牧畜地域では外から来た人に戸籍を与えてはいけない。外から来た者は全員が漢族ではないか。

　これらはボインバトが1962年と1965年5月に話したことだとされている。ボインバトの発言の内容は事実である。私も子どもの頃はオルドスにいた。陝西省からの中国人たちはモンゴル人社会に接待（もてなし）の文化があるのを知っている。そのため、モンゴル人社会に来たら、ただで飲み食いできる。彼らは大挙してモンゴル人の家庭にやってきて、転々と回って過ごし、腹一杯食べて、数カ月間過ごしてから貧しい故郷に帰っていった。
　「今回の運動はモンゴル人ばかりを迫害している」
　とボインバトは文化大革命がはじまった直後に楊ダライにこぼしていた。もちろん、これは「無産階級文化大革命を否定する発言」として重い罪となった。ボインバトは中国人の高錦明と李雪峰らに唆されて前門飯店会議で確かにウラーンフーを批判した。彼がウラーンフーに突き付けた「罪」がそのまま自身に及んだところに、中国の政治運動の過酷さが認められよう。

日本よりも危険な「高崗残党」

　造反派の「オルドス」がボインバトの日本統治時代の経歴を問題視しているのに対し、保守派の「聯委」は、郝文広らは「高崗の残党だ」と反撃してきた。どちらも歴史を持ちだして相手を攻撃しているところが特徴的である。1967年8月10日に印刷された「高崗の残党を徹底的に除去しよう」（資料一：15）は「オルドス」と「フフホト市大学中等専門学校紅衛兵革命造反第三司令部」（略して呼三司）、天津紅代会南開大学八一八火炬縦隊が合同で編集したものである。資料は語る。

偉大な無産階級文化大革命のなかで、内モンゴルのイケジョー盟の大勢の紅衛兵たちと無産階級の革命造反派たちは毛沢東思想の旗を高く掲げて、万難を排して郝文広（盟の副書記兼副盟長、盟公署党組織委員会書記）と田万生（盟の副書記、内モンゴルの監査委員会委員、全国人民代表大会委員）、白漢臣（盟の党常務委員会委員、統一戦線部長）をボスとする反党集団を揪みだした。これは、毛沢東思想の勝利であり、人民に喜ばれた快挙である。

イケジョー盟の郝・田・白反党集団は高崗の残党であり、ウラーンフーの代理人でもある。彼らと高崗反党集団やウラーンフー反党集団との汚い関係は長い。イケジョー盟の南西部は陝西省北部の三辺地域、横山地域と隣接しており、高崗とその徒党たちはすでに1935年からこれらの地域で活動していた。

1935年冬、高崗と田万生ら7人からなる臨時の工作組は陝西省北部からオルドス南部のオトク旗とウーシン旗に入り、「内モンゴル工作委員会」を作った。高崗が主任に、趙通儒が秘書長に、田万生が「ウーシン県ソヴィエト」の主席にそれぞれなった。1937年に「内モンゴル工作委員会」は「少数民族委員会」に名を変えたが、高崗は主任に変

わり、李維漢が書記となった。それ以降、1945年に高崗が中国西北部を離れるまで、イケジョー盟の仕事はすべて彼の指導下にあった。

オルドスはまたウラーンフーの活動の拠点でありつづけた。彼の巣窟でもあった。1938年にウラーンフーは新編第三師団とともにオルドスのトーリムに入り、この軍の政治委員やイケジョー盟と綏遠省軍政委員（主任は趙通儒）などを歴任した。

高崗とウラーンフーがオルドスで活動していた頃に、自らの側近たちを育てた。郝文広は、高崗の残党である趙通儒が育てた者で、延安民族学院でウラーンフーと王鐸の弟子となったし、ウラーンフーの妻雲麗文とも同窓生である。田万生は高崗と義兄弟の契りを交わしており、親友である。白漢臣は高崗と同郷にして同窓生で、その上で義兄弟の契りを結んでいる。彼らは高崗反党集団の主要なメンバーである。

1938年からオルドスにいた高崗とウラーンフーの残党たちは互いに結託し合い、決死隊を形成した。高崗が打倒された後、その残党はすべてウラーンフーの門下に入った。

このように、毛沢東と抗争した高崗は容易にモンゴル人の指導者であるウラーンフーと結びつけられた。ウラーンフーの故郷である南モンゴルのトゥメトが陝西省北部と隣接し、ともに延安で活動し、そして恐らくは二人ともソ連に憧れていたからである。

中国人の白漢臣はいつも、「高崗は陝西省革命根拠地の創始者だ」と宣伝していたという。「高崗同志は党中央の食糧政策に不満だった。党中央に意見を述べただけだったが、毛主席から功名のためだと批判されて、反党分子にされてしまった。高崗は圧力を

受けて、睡眠薬を飲んで亡くなったのだ」、とも話していた。「毛主席は笑いながら高崗に薬を渡した。高崗が家に帰ってその薬を飲んだら、死んじまった」、と毛沢東が直接、高崗を殺害したような話を白漢臣は1962年にしていたという。

　白漢臣はまた、「高崗は功績が大きい。毛主席の紅軍が陝西省北部に来たとき、高崗と彼が創った根拠地がなかったら、全滅しているよ」とも語ったという。私も子どもの頃から経験しているが、高崗や劉志丹など陝西省北部出身者の歴史はずっとタブーであった。そのタブーを公然と打ち破り、しかも高崗らの功績を口にした白漢臣らは当然、打倒される運命にあった。毛沢東ら中国南部出身の共産党主流派からすれば、高崗の歴史はある意味で「日本の偽満洲国」の存在よりも危険だった。日本と「偽満洲国」は共産党によって追放された対象とされていたが、高崗の粛清は党内の不名誉な政治闘争史を意味しているので、決して人民にみせられる内容ではなかったのである。したがって、ボインバトを守る「聯委」側の反撃は破壊力が大きかったのである。

多重の罪と延安派の底力

　高崗反党集団に習仲勲という男がいた。今の習近平総書記の父親で、一時は国務院副総理をつとめていた。習仲勲もまたウラーンフーと親しかったとされる。習仲勲はウラーンフーの息子の仲人であり、ともに反党活動をおこなっていたという（資料一：15, p5）。1965年6月に山西省の太原市で共産党華北局会議が開かれた後、ウラーンフーは「私は民族問題で孤立してきた。これからは延安民族学院の卒業生を使うしかない」と発言し、ますます高崗反動集団と「固く結託」しはじめた、と批判する。このように、文化大革命が発動された最初の段階で、内モンゴル自治区では西部出身のモ

ンゴル人高官たちが真っ先に粛清された。彼らは延安で一時暮らしていた過去があったため、陝西省北部出身で、中国共産党内の非主流派の「高崗反党集団と連携した罪」も冠された。多重な「罪」を用意することで、二度と政界に戻れないよう徹底した戦略がうかがえる。この時期、共産党中央に協力していた内モンゴル自治区東部出身のモンゴル人高官たちもやがては「対日協力」と「分離独立」という二重の「罪」で惨殺されていく結末をまだ予想していなかったかもしれない。オルドスでの造反と保守の両派は天津からの紅衛兵たちの報道によって、全国的にも知られるようになった（資料一：16）。

　「聯委」側は1969年9月に「イケジョー盟党委員会記録から郝文広と田万生らの陰謀をみる」（資料一：17）を公開した。これは、イケジョー盟党委員会内部にいたボインバトを擁護する人たちが共産党会議の内部記録を公にすることで、造反派を撃退しようとした策略である。「郝文広と田万生は高崗の残党で、ウラーンフーのイケジョー盟における代理人でもある。彼らは長い歳月のなかで古参の右派と大物の裏切り者、封建的な王公、そして反党分子からなる反党集団だ。この反党集団は実質的にはウラーンフーがオルドスに設置したブラック司令部だ」、と記録集は断罪する。この「反党集団はボインバト同志を打倒しようとしているだけでなく、さらに大勢の革命的な同志たちをも死に追いやろうとしている」、と危機感を顕わにしている。

　党委員会の記録集によると、1966年8月15日に開かれた会議の席上で、中国人の田万生と劉雄仁らは「ボインバトが文革指導組に入るのに断固反対する」と強く主張した。イケジョー盟文革指導組の実権を掌握することで、北京前門飯店会議から戻ったボインバトを不利な立場に立たせた。盟党

委員会だけでなく、オルドスの各旗や県の文革指導組もほとんど陝西省北部出身の幹部たちや彼らと付き合いの長い地元のモンゴル人たちが占めるようになった。かくして、南モンゴル東部から西部オルドスに赴任してきたボインバトは、運動の初期において完全に包囲されていたことが分かる。延安派の底力である。

延安派を断罪する方式

「聯委」側は体系的に延安派に反撃していった。中国共産党内部の政治闘争史が武器となるのを彼らも熟知していたので、例の高崗を墓のなかから蘇らせた。1967年9月21日に出された「高崗の陰湿な魂は未だ消えず」は、「聯委紅総司の専ら高崗の残党を揪みだす連絡センター」が書いた批判文である（資料一：18）。

「オルドスはもはや高崗の残党の巣窟になってしまった」

と批判文は冒頭で書いている。「毛主席は北京入りしてから、延安をすっかり忘れた」、と「高崗の残党の趙通儒」は1956年に話して「偉大な領袖を攻撃した」と断罪する。高崗の「罪」はソ連のトロツキーやブハーリンほどは重くないにもかかわらず、毛沢東に粛清されたのは不公平だともこぼしていたそうだ。高崗の義兄弟の田万生もまた「劉志丹と高崗の死に対して、陝西省北部の人民は不満だ」と周辺に語っていた。「地主出身の郝文広は1962年に反動的な漢詩を書いて、毛主席の人民公社を悪意で以て攻撃した」、とも書いている（資料一：18, p5）。

ボインバト側の「聯委」が1967年10月20日に編集した「高崗とウラーンフーの反党言論集」は第一部分が「高崗の反党言論」で、第二部分が「ウラーンフーの反党言論集」である（資料一：19）。高崗の「劉志丹は共産党西北根拠地の創始者だ」との発言が問題視されている。ウラーンフーの場合だ

と、彼が以前に「チンギス・ハーンの子孫たちは連携し合おう」とか、「大漢族主義に反対し、民族の自決を獲得しよう」などと主張していたことが「反党の証拠」だと断じられている。すべて中国共産党自身が唱えながらも、建国後にはいとも簡単に翻意したスローガンばかりである。「習仲勲と賈拓夫の反党言論集」もまた陝西省北部出身者の過去を批判している（資料一：20）。

「聯委」側の攻撃は続く。彼らが11月1日に出した「ウラーンフーのイケジョー盟における罪行」は「高崗の残党を徹底的に駆除しよう」とする資料集の続編である（資料一：21）。「罪行」は以下の通りである。

ウラーンフーは内モンゴル自治区における最大の走資派であり、現代のチンギス・ハーンでもある。彼は民族主義の外套をまとった狼である。……ウラーンフーは一度も革命をやったことがない。彼は日和見主義者にして裏切り者だ。……

高崗は共産党西北局の書記だった時代から毛主席に反対する路線を歩んだ。……高崗が延安民族学院の学院長だった頃に、ウラーンフーは同学院の教育長だった。延安民族学院にいた雲北峰と浩帆、ウラーン（本書表紙写真）、雲曙璧、雲曙芬、雲麗文、キョールゲン（克力更）、寒峰、李振華、郝文広らは全員大モンゴル帝国を創るためのメンバーたちだ。……1945年以降に高崗が東北局の書記になり、ウラーンフーはモンゴル民族の指導者にそれぞれなった。二人は結託し合って内モンゴルで「搾取階級を闘争しない、その財産を分けない、階級的な身分を画定しない」という三不政策を実施した。……

1961年には習仲勲が西北へ行こうとしてフフホト市に立ち寄った際に、ウ

ラーンフーは宴会を開いて接待した。習仲勲が北京に戻ってからもウラーンフーの問題を党中央に報告しなかった。ウラーンフーもまた北京に行くと、習仲勲の家に行き、飲み食いをした。

　ボインバトを守ろうとする人たちも1968年に入ると、次第に弱っていった。彼の同志である楊ダライは1968年1月25日に「ボインバトの問題を暴露する」（資料一:22）という一文を書かされた。これは、「紅色政権の自治区革命員会」への態度表明である。楊ダライの文は、ボインバトは北京前門飯店会議が開かれた1966年5月から「革命的な左派を自認し、文革の指導権を握ろうとしていた」、と批判する。彼はウラーンフーを批判したものの、オルドスに戻ると自分の経歴が革命群衆たちに問題視されているのに困惑し、早速モンゴル人幹部たちだけと相談し、「群衆の壁新聞はモンゴル人だけを攻撃している」と発言した。

　中国共産党華北局は前門飯店会議の閉幕後にひきつづき北京で東方飯店会議を招集した。ウラーンフーを追放した高錦明と権星垣らはボインバト支持を鮮明にし、彼と対立する郝文広は間違いを犯したと結論づけた。しかし、北京からオルドスに帰ると、中国人の幹部たちは郝文広側に、モンゴル人幹部たちはボインバトと楊ダライ側にそれぞれ立った。このように、ボインバトは文化大革命が発動された際の北京前門飯店会議ではモンゴル人の最高指導者のウラーンフーの「反大漢族主義と民族分裂主義」を批判したものの、のちに彼を守り通そうとした人たちはモンゴル人で、逆にウラーンフー打倒に不平不満を持っていた人たちには陝西省北部出身の中国人幹部たちが大勢いた事実は、民族問題の複雑さを雄弁に物語っている。楊ダライはいかなる状況の下で、どれだけ真意を書いたのかも不明で

あるが、強制された可能性が高いのはほぼ間違いない。

共産党史と民族問題の絡み合い

　楊ダライの回想より少し前の1968年1月20日には、ボインバトの陣営にいた康駿もまた「ボインバトのいくつかの問題点」（資料一:23）を書いた。「ボインバトには地方民族主義の思想がある」と批判し、1966年8月には「今回の運動はまず私を倒そうとしている。それからあなたたちも免れない」とモンゴル人幹部の黄鳳岐とアムルリングイにボインバトは話した。造反派に拉致監禁された後に「聯委」側の建物に移り住んでからも、各旗のモンゴル人たちと交流し、「牧畜地域からのモンゴル人とはモンゴル語で話していた」と康駿は証言する。このように、母国語のモンゴル語を話すのも「地方民族主義の思想」を持つ証拠とされたのである。モンゴル人も母国語を放棄して、先進的な「中国語」を使わなければならなかったのである。

　風向きが変わり、自治区の上層部もそろそろ自分を見放すだろうとみたボインバトは側近の呉占東を北京に派遣して、直接中央の意図を探ろうとしていた。こうした行動もまたすべて「罪」となり、呉占東も自らの「北京での活動」を自白させられた（資料一:24）。つづいて親友の尹又伊も自分が如何に「ボインバトの謀略的な活動に加わったか」を文章化した（資料一:25）。さらにもうひとりの「元同志の劉琮」もオルドスで発生した武力衝突の黒幕もボインバトだと「告白」している（資料一:26）。ボインバトを擁護する「聯委」の主要な幹部で、モンゴル人の呉占東が1968年1月12日と1月22日、それに1月25日から27日にかけて書かされた複数の「自白書」は、オルドス地域イケジョー盟の幹部たちが如何に密接に北京の政局と連動していたかを示す資料であ

る。南中国出身の毛沢東の党中央が陝西省北部出身の高崗と劉志丹らを「反革命分子」と断定していた意思は固い、との雰囲気を北京で察知した呉占東は、郝文広と田万生らを高崗のグループと結びつけるようボインバト側に伝えていた（資料一：27）。中国共産党内部の過去の政治闘争がみごとに民族問題と連動した形となっている。ボインバトはもはや「革命的な左派」として生き残れなくなった。1968年3月27日、造反派の「オルドス」は「イケジョー盟における中国のフルシチョフの代理人が牧畜生産活動において犯した反革命修正主義の罪行を徹底的に批判せよ」との文章（資料一：28）を公表し、「ボインバトこそ忠実にウラーンフーの三不両利政策を実施し、社会主義化に反対した」、と断じた。このように、ボインバトが自民族の最高指導者のウラーンフーを真先に批判してまで中国共産党に忠誠な態度を示しても、彼が同胞のモンゴル人たちとモンゴル語で話し合ったりしただけで、「地方民族主義的な思想がある」と断罪されている。いわば、文化大革命中にモンゴル人が造反と保守のどちらの陣営に立とうとも、「民族主義的な思想を持つ」との一言でいつでも粛清される立場に立たされていたのである。

　北京の前門飯店会議でウラーンフーを批判したのはオルドスのイケジョー盟書記のボインバトだけではない。黄河を隔ててオルドスと隣り合うバヤンノール盟書記のバトバガナも同調した。彼もボインバトとほぼ同じ運命をたどった。早くも1966年7月に「バトバガナとは何者ぞや」という壁新聞が彼の治下のバヤンノール盟臨河市内に貼り出された。1966年10月15日になると、「反党反社会主義分子のバトバガナを揪みだせ」（資料一：29）との壁新聞が出回った。書き手は地元高校の紅衛兵たちであるが、背後にはもちろん中国全土の政治闘争があったのである。バトバガナに対する中国政府と中国人たちからの攻撃については、本書の後半に再度、詳しく取り上げる。

三　延安派を襲う「青い都」の赤い嵐

　舞台を自治区の首府フフホト市に移そう。フフホトとは、モンゴル語で「青い都」の意である。

打倒されるウラーンフー・ファミリー

　中国の首都北京では1966年6月1日に政府新聞『人民日報』が「すべての妖怪変化を一掃しよう」（横掃一切牛鬼蛇神）という社説を掲載して文化大革命発動の気焔をあげた。同じ日の午後に北京大学の聶元梓ら七人が連名で書いた壁新聞も「全国初のマルクス・レーニン主義の大字報」としてテレビとラジオで放送された。これらの党中央からの号砲を受けて、内モンゴル自治区では早くも6月3日に師範学院大学の高樹華ら四人が壁新聞を貼りだして北京に呼応した［楊　2011a：324］。北京もフフホトも、壁新聞の矛先は「走資派」とされる幹部たちだったが、毛沢東にはもっと深遠な戦略があったのをまだ誰も知らない。

　北京では劉少奇と鄧小平たちが工作組を各大学に派遣して文化大革命運動を従来の政治運動同様に政府主導でリードしようとしていたのと同じように、内モンゴル自治区でもウラーンフーの長男ブヘ（布赫）をはじめとする文革指導小組は工作組を各大学に回した。工作組は共産党の既得権益者たちの利益を守ろうとしているのではないか、とみた学生たちは抵抗をはじめた。ウラーンフーが北京の前門飯店会議で粛清されたとの情報が内モンゴル自治区に伝わると、6月18日にブヘの文革指導小組の組長のポストは早速、剥奪された［楊　2011a：328］。
ここから、ウラーンフーのファミリーと彼
を中心とする延安派たちは一掃されるコー
スをたどる。８月17日、林学院大学と文化
芸術聯合会（略して文聯）の「革命的な群衆」
たちはウラーンフーの長男ブへの夫人、ジュ
ランチチク（珠嵐其其格）を「揪みだして闘
争」した［楊　2011a：342］。いうまでもな
く、「揪み出して闘争する」ことは、暴力を
加えて人格を凌辱することを指す。中国人
たちが最も得意とする行動である。まもな
く、ウラーンフーの夫人雲麗文も「現代の
西太后」として打倒された。ウラーンフー
は「現代の殿様」（当代王爺）や「第二のチ
ンギス・ハーン」と批判された。モンゴル
や中央ユーラシア諸民族の英雄であるチン
ギス・ハーンも「封建的な領主」だと貶さ
れていたからである。モンゴル人の歴史は
完全に否定され、肯定すべきところは何ひ
とつなかった。暮れの12月６日にはジュラ
ンチチクはふたたび暴力を受けた。彼女は
自身に冠された「罪は成立しないし、拉致
監禁も党と国家の法律に違反する」と抗議
したものの、逆に何倍もリンチされた［楊
2011a：380］。

周恩来の煽動

　乱立する各種の「革命的な群衆組織」は
どちらも自らこそが真の造反派だと自称し、
対立する陣営を保守派だと批判した。1967
年２月５日正午12時15分に、内モンゴル軍
区の正門前で抗議活動をおこなっていた師
範学院大学の中国人学生の韓桐を解放軍の
将校が射殺した［楊　2011a：443］。解放軍
はそれまでに自治区の中国人幹部たちを擁
護する態度を示していたので、保守派だと
学生たちから罵倒されていた。死者が出た
ことで双方の対立は深まり、北京に赴いて
党中央に直訴した。周恩来総理らは複数回
にわたって造反と保守派たちに面会し、最

終的には1967年４月13日に「中共中央の内
モンゴル問題を処理する決定」を出した。
八項目からなっていたので、「紅い八カ条」
とも呼ばれた。内モンゴル自治区に駐屯す
る解放軍は「左派を支持する運動のなかで
誤りを犯したため」、軍事管制が導入され
た。周恩来は何回も群衆組織と大学生たち
に向かって、「内モンゴルが混乱に陥ったの
はウラーンフーがいたからだ。根はすべて
ウラーンフーにある。矛先をウラーンフー
に向けよう」とくりかえし悪質な煽動をした。
　中国人の周恩来が品格のない言葉で以て
モンゴル人の指導者ウラーンフーを批判し、
中国人の「走資派への憎しみ」をモンゴル
人に転換させようとしていた事実は、中国
政府が編集して発行した『内モンゴル問題
を処理するための党中央の文件（公文書）と
指導者たちの講話集』に詳しく載っている
［中央関於処理内蒙問題的有関文件和中央負
責同志講話滙編　1967］。このように、内モ
ンゴル自治区でも北京と同じように、一般
的な「革命群衆」の関心は「走資派」の打
倒にあった。自治区であるゆえに、たしか
にその「走資派」の一部はモンゴル人だっ
た。しかし、自治区とはいえ、実態はとっ
くに中国人たちがあらゆる機関内でモンゴ
ル人以上に実権を掌握していたので、「走資
派」も中国人とモンゴル人の双方からなっ
ていたはずである。しかし、周恩来のよう
な党中央の指導者たちがくりかえし「問題
の根はウラーンフーにある」とか、「ウラー
ンフーの存在が内モンゴル混乱の原因だ」
とモンゴル人の指導者を断罪すると、運動
の流れは至極自然にモンゴル人打倒、全モ
ンゴル人粛清とモンゴル人大量虐殺へと発
展していった。したがって、結論を先に示
すと、内モンゴル自治区におけるモンゴル
人大量虐殺は北京当局の周恩来が発令した
と断定できる。周恩来はむろん、「中国人民
の偉大な領袖毛沢東」の指示にしたがって

いたのである。この点を研究者たちと読者たちは見落としてはいけないのである。モンゴル人ジェノサイドという人道に対する犯罪に責任を負わなければならないのは、ほかでもない周恩来である。

子を批判して親を打倒する

1967年5月9日、著名な造反派「魯迅兵団」に属する「内モンゴル人民出版社紅旗戦闘縦隊」は一枚の壁新聞を貼りだした。「抗議する！何故、ブへを闘争できないのか」と題するこの壁新聞は、ウラーンフーの長男ブへを「揪みだして闘争せよ」と強く主張している（資料二：1）。

> ブへを討伐し、出版社における彼のブラック・ルーツ（黒根子）を掘り起こすのはわれわれの革命的な要求である。この権利は毛主席が私たちにくださったものだ。フフホト第三司令部（呼三司）を代表とする造反派が戦って獲得した権利だ。

「内モンゴル人民出版社紅旗戦闘縦隊」はブへを暴力的に闘争しようとしていたのに対し、政府系の工作組はブへを守ろうとしている、と壁新聞は書いている。壁新聞は最後に、「ウラーンフーが文化芸術の領域に差し伸べてきた黒い手先を断ち切り、その修正主義の根本を掘り起こさないかぎり、われわれは絶対にあきらめない」、と締めくくっている。

中国では政治家が失脚すると、その家族と親友たちも全員連座する伝統がある。昔も今も、基本的に変わらない。上で示した壁新聞は、モンゴル人の最高指導者のウラーンフーが中国当局によって粛清された事実を受けて、内モンゴル自治区でも彼の家族と友人や部下たちが倒されていくプロセスを物語っている。

呼三司と略称される内モンゴル自治区の造反派は、その名を中国全土に轟かせていた。呼三司の機関紙は『呼三司』で、のちに『紅衛兵』に改名する。この『呼三司』は1967年12月2日発行の第46期に「素晴らしい形勢に乗って闘志を燃やし、赤い嵐で長空を席巻しよう」と題する社説を載せた（資料二：2）。社説はブへを「ウラーンフーの皇太子」と表現した上で、「ウラーンフーのブラック・ルーツを掘り起こし、その大小さまざまな残党グループや反党叛国集団を一掃しよう。ソ連とモンゴル修正主義者集団のスパイどもを殲滅しよう」、と呼びかけている。ブへは内モンゴル自治区党委員会の文化委員会の主任をつとめていたので、ブへを打倒しないかぎり、文化芸術界の文化大革命はありえない、と論じている。ブへを批判するのは表層で、造反派の真意もウラーンフーにある。「ウラーンフーこそが民族問題を利用して階級闘争を隠蔽し、反大漢族主義の旗を掲げてスパイどもを集めて反党叛国の活動をくりひろげた」、と断罪している。

「生きている閻魔大王のブへを打倒せよ」と『呼三司』は長い論文を載せている（資料二：3）。「生きている閻魔大王（活閻王）」や「ウラーンフーの犬のような皇太子（狗太子）」などは、独特な社会主義風の中国語である。中国文化のコンテクストのなかで、閻魔大王と狗は極悪な存在だとされている。伝統的な「巨悪」を新しい共産主義のイデオロギー上の「悪」と結びつけることで、分かりやすい形で中国人民の憎しみを喚起している。このようなユニークな中国語を研究者たちはナチス・ドイツ流の言語と併せて、「20世紀独特な政治言語」と呼んでいる［吉越 2005：25］。

「ウラーンフーの犬のような皇太子」ブへには「民族分裂主義の文藝路線を制定した罪」と「資本主義の自由化を招いた罪」、そして「有名なスパイどもを集めてその父親ウラーンフーが準備するクーデターの急先鋒をつとめた罪」がある、と『呼三司』は批判する。本人の経歴を歴史的に遡って探すのは、中国政府と中国人の得意技である。『呼三司』はまずブヘが1945年にウラーンハダ（赤峰）で「赤峰自治学院」を創ったときから「文藝工作団」を設置して「民族分裂的な活動をすすめてきた」と述べる。中国共産党は結党当初からプロパガンダを重視し、具体的には文藝工作団や歌舞団のような団体を組織して、歌や踊り、そして演劇といった分かりやすい形で宣伝工作をしてきた。こうした工作は無学の中国人農民への効果も功を奏し、国共内戦を勝ち取った。ブヘはその父親のウラーンフーの指導下で、親中国共産党的な宣伝工作を主導してきた。具体的には同胞のモンゴル人民共和国との統一よりも、中国のなかでソ連型の高度の自治を目指すという理念だった［楊　2013b］。しかし、ウラーンフーの理念と努力はことごとく中国人たちに裏切られ、有名無実の区域自治だけが諸民族に与えられたのは周知の事実である。「ブヘは何と、馬獲り竿（ウールガ）と鋤をマークとした反動的な旗を立てて、民族分裂主義者たちを糾合した」、と『呼三司』はいう。「馬獲り竿と鋤」を交叉させたマークは1946年1月に王爺廟で成立した内モンゴル人民革命党の「東モンゴル人民自治政府」の旗である［木倫　2001:64］。1947年5月1日にウラーンフーが内モンゴル自治政府を建立した際も会場にその旗が掲げられていた。その歴史が「民族分裂的行為」とされたのである。

モンゴルの近代的な文藝を断罪するわけ

ブヘは「ウラーンフーの反動的な思想を鼓吹するために、『雲澤行進曲』や『内モンゴル青年行進曲』、『内モンゴル騎兵行進曲』、『モンゴル舞踊』のような歌とダンスを創作した」、と『呼三司』は批判する。上で挙げた歌やダンスは日本風の近代的なメロディーをモンゴルの伝統的な歌曲と併せた、軽快なリズムで、典型的な社会主義のプロパガンダ風の文藝作品である。そうした洗練された近代モンゴル文化が、すべて「賊たるウラーンフーがモンゴル独立国を創るための道具だ」、と中国人たちは罵倒する。

19世紀後半に書かれたモンゴル語の小説も受難した。インジャーナシの『青史演義』と『一層楼』、そして『泣紅亭』である。これらの「封建社会の残滓のような小説もすべてブヘの主導で出版された」。ブヘはまた作家のマルチンフー（写真1）の「毒草のような小説」『茫々たる草原』（茫々的草原。写真2）を公刊し、『ダナバル』や『チンギス・ハーン遠征曲』のような「反動的な歌」をヒットさせた。彫刻家にして内モンゴル博物館館長の文浩に「犬のような形をしたウラーンフーの頭を彫刻させた」と中国人たちは憤慨している。

そもそもブヘがリードして創造した内モンゴルの社会主義のプロパガンダ文藝には中国的な色彩は薄かった。ブヘが抜擢したダンサーの賈作光は「偽満洲国の芸術家」で、日本型の近代文藝の実践者だった。「蒙奸セーラシ」が歌う『チンギス・ハーン遠征曲』もモンゴルのハラチン部の古い民謡を日本風に洗練化させたもので、日本語の歌詞まで再創作されていた［飯塚　1976:284-285；小長谷　2013:441］。「文明人」を自称する中国人から「野蛮人」とみなされるモンゴル人たちが洗練した社会主義の近代文化を創出しているのに、共産党は激怒していたことが、『呼三司』の論調から読み取れる。そのため、中国人たちは「ブヘを地獄の最下層に蹴り落とそう」、と結論している。

内モンゴル自治区宣伝教育関係の造反派たちが編集し発行していた『新文化』は1968

写真1　作家のマルチンフー。『玛拉沁夫研究選集』内蒙古人民出版社、1984年より

年6月10日に「内モンゴル文藝界の走資派のトップ、ブヘを打倒し、その名誉を剥奪せよ」との批判文を掲載した。私が「打倒し、その名誉を剥奪せよ」と日本語訳したオリジナルは「批倒批臭」である。「批臭」は直訳すれば、「臭くなるまで批判せよ」との意味である。社会主義のプロレタリアートたちは、ブルジョアジーたちが愛用する香水や化粧品は「腐敗のシンボル」だと断罪していた。その代り、労働人民が働いて流す汗も本当は良い匂いで、「香水と化粧水も実際は臭いものだ」、と独特の嗅覚理論を創出していた。『新文化』との新聞の名称も1919年5月4日に勃発した「封建社会を粉

写真2　1958年に人民文学出版社から出された『茫々たる草原』。草原を征く騎兵隊が表紙を飾った。

砕するための新文化運動」[ラナ・ミッター2012]を猿真似した行為にすぎない。批判文はいう。

　　ウラーンフー反党叛国集団の嫡系幹部で、彼の犬のような皇太子ブヘは、老犬ウラーンフー自らが権力を乱用して抜擢したものである。彼は1946年から1954年までは自治区文藝工作団の副団長と団長、それに党支部書記などを歴任した。1954年から1966年までは自治区文化局第一副局長、文化芸術聯合会主任兼党書記となった。1966年初めにウラーンフーがクーデターを準備しだした時期にはまた文化委員会主任と自治区党委員会代理常務委員に任命された。……彼は文藝を反革命の道具として使い、ウラーンフー反党叛国集団が資本主義を復活させ、祖国を分裂させて大モンゴル帝国を建立するのに世論工作をすすめた。

『新文化』が列挙する具体的な「罪証」は先に紹介した『呼三司』とほぼ同じである。『雲澤行進曲』や『内モンゴル騎兵行進曲』、それに『内モンゴル青年行進曲』といった歌とモンゴルの舞踊、そして小説『茫々たる草原』、『騎士の栄誉』などである。1949年から1966年までにモンゴル人たちが創作した歌曲と書いた小説と詩歌などの中で、免れた作品は皆無に近い。このような「毒草のごとき文藝作品」を創りだすのに、ブヘは意図的に「モンゴル復興を夢みる民族分裂主義者たち」を要所に任命し、高給を与えてきた、と批判する。

チンギス・ハーンを称賛した落水狗
　いざ、誰かに政治的な問題があると発覚すると、中国政府と中国人たちは必ずその人物の家庭的な背景を探る。『新文化』もまた「ブヘの家庭とその出身」との短い文章を載せている（資料二：5）。ブヘは「その曾祖父は太平天国の農民運動を鎮圧した死刑執行人で、祖父は悪徳地主だった。……それにもかかわらず本人はその搾取階級の出身を隠し、革命的な家庭に生まれたと偽ってきた」、と批判する。紅衛兵新聞の『新文化』の編集は実に巧妙である。このブヘの家庭的な背景を罵倒する文章の隣には「ウラーンフーと鄧拓、そしてセーラシ」という一文を並べている。鄧拓は馬南邨というペンネームで「資本主義の文藝路線に沿って悪意で以て社会主義の暗黒な一面を極端に誇張した罪」で、文化大革命開始早々に毛沢東によって自殺に追いこまれた作家である。その鄧拓が1964年に内モンゴル自治区に来たとき、ウラーンフーとブヘはセーラシを呼んで彼に『チンギス・ハーン遠征曲』を馬頭琴で演奏させた。この「反動的な芸人のセーラシは以前に日本の侵略者の悪魔どものためにも『チンギス・ハーン遠征曲』を弾いたことがある」、と批判する。

　　ウラーンフーはこのように話していた。「チンギス・ハーンの遠征により、モンゴルは大きくなった。チンギス・ハーンもその前半生においては、民族の統一のために外敵の侵略に抵抗して、消すことのできない功績を立てた。チンギス・ハーンが全モンゴル民族を統一したので、遊牧という経済を基盤とした封建国家が建立できた。彼の偉大な貢献をモンゴル民族は絶対に忘れやしない」、という。ウラーンフーはこのように封建社会の人物を称賛するために、いつもセーラシに『チンギス・ハーン遠征曲』を演奏させていた。

セーラシの演奏を聴いた鄧拓が「英雄の子孫たちも涙で襟を濡らすことなかれ」と

揮毫したので、「ウラーンフーも鄧拓も、セーラシもブヘもみな同じ穴の貉だ」と批判する。

1968年9月5日づけの『新文化』は、モンゴル人を迫害した出来事に関する多くの記録を残した（資料二：6）。『新文化』によると、1968年8月17日の午後に自治区文化局の「革命的な群衆」たちとその他の「革命派戦友たち」が協同で「内モンゴル自治区文藝界のトップの走資派」であるブヘを「徹底的に闘争した」という。つづいて21日の午後と22日の午後にも「ブヘに対して猛攻撃を加え、白兵戦のように、銃剣に血を浴びせた」という。「反革命修正主義分子にして、民族分裂主義者のブヘはなかなかその罪を認めようとしなかったが、事情を知る者に出てきてもらい、面と向かって証言させたら、やつは殴られて水に落ちた犬（落水狗）のように革命の審判を受けた」、という。すべて文化大革命時代に創成された激しい政治用語であり、それ自体が鋭利な武器となっているのが特徴的である。

同じ『新文化』の第四版には内モンゴル自治区文化局の作戦組が書いた「文闘の巨大な威力を発揮しよう—私たちがブヘを批判闘争した経験」という文を載せて、上で触れた8月17日の批判闘争大会の詳細を伝えている。それによると、闘争大会は「一人がまず総攻撃をしかけ、それから証人たちが暴露する。つづいて当事者が登場して真相を語り、最後には妖怪変化が本来の姿を現す」、という。実際に証人をつとめた者の名前も複数あり、群衆は包頭鉄鋼コンビナートと包頭第二冶金公司の経験を生かしたという。この二つの工場は当時、モンゴル人虐殺の「先進的な企業」と謳歌されていたので、暴力の激烈さを容易に想像できよう。

「ブヘとはモンゴル語で堅牢との意だ。これは、彼の犬のような父親ウラーンフーが自らの路線を継承させるために付けた名前だ」、と同じ『新文化』の「〈皇太子〉現形記」はいう。ブヘは幼少のときから勉学に関心がなく、ひたすら道楽に明け暮れていた人物だとしている。中国では一旦「悪人」だと陥れられると、絶対にその人物は生まれたときからずっと「悪行を働いてきた」と経歴まで書き直される。「革命的群衆たちは80枚もの風刺漫画を描いた」としており、そのうちの2点が『新文化』の紙面を飾った。同じ漫画でも日本とは異なり、中国文化大革命中の漫画は「階級の敵を打倒する武器」だったのである。

憎悪を煽動する下品な攻撃

中国政府の指示を受けた内モンゴル自治区革命委員会は1968年1月6日から18日にかけて、第二回全体拡大委員会を開いて、正式に「ウラーンフーの黒い路線に属す者を抉りだして粛清し、その毒害を一掃する」（挖粛）という運動を開始していた［楊2009a：141-188］。ここから、中国人たちはさまざまな「抉りだして粛清する組織」（挖粛組織）を結成した。各組織はすべて政府と連携し、政府の意図に沿った新聞と雑誌を編集して配布していた。世論を喚起して、「人民の海」の戦争を実施するためである。たとえば、9月11日に印刷された『挖粛戦報』第6号は「ブヘを徹底的に打倒し、その狼の外套を剥がそう」という特集を組んだ。文章は南モンゴルに侵略してきた中国人たちが最も喜ぶ芸能作品の漫才形式（対口詞・三句半）を利用している（資料二：8）。漫才は以下のようになっている。

甲：ブヘとは誰だい？

乙：ウラーンフー反党叛国集団の闇将軍さ！

甲：そいつは何をしでかした？

乙：あいつは大漢族主義に反対しよう

と話しているぞ！
　……
　甲：クーデターじゃないか?!
　乙：美しい祖国を分裂させようとして
　　　いるよ！

　この冊子にはまた寸劇の脚本がある。こ
こではブヘ自身も「大モンゴル帝国の皇太
子」として登場し、「皇太子妃殿下のジュラ
ンチチク」と「反中国の言動をくりかえす」。
そして、編集者の中国人たちは「寸劇では
モンゴルの民謡を皮肉として使おう」、と書
いている。以下はブヘのセリフである。

　ブヘ：父ちゃんのウラーンフーが
　クーデターを起こしてくれたら、俺は
　皇太子さ。中国のブドウよりもソ連の
　方が美味しい。父ちゃんがモンゴルの
　ハーンになったら、俺は皇太子さ。ジュ
　ランチチクも皇太子妃だ。二人で楽し
　く寝よう。……

　このように、寸劇は無学で無教養な中国
人たちにも分かりやすいように、下品で粗
野な言葉を多用している。ウラーンフーと
その息子を醜悪に描くことでモンゴル人へ
の憎しみを煽っている。
　1968年9月18日づけの『新文化』紙は「9
月5日の午後に革命的群衆はふたたび文藝
界のトップの敵ブヘを闘争した。工人毛沢
東思想宣伝隊も加わった」とのニュースを
伝えている（資料二：9）。工人毛沢東思想宣
伝隊は学生からなる造反派と異なり、身体
的に筋骨隆々な人物たちからなる。工人の
登場で、モンゴル人たちに対する暴力は青
年学生たちより遥かにエスカレートしてい
た、と実際に凌辱を受けた人たちが証言し
ている［楊　2009c：37-38；76］。『新文化』
も、批判闘争の会場から「ウラーンフーを
打倒せよ」、「ブヘを打倒せよ」のようなシュ

プレヒコールが上がると、「ブヘは恐怖に陥
り、顔色は土色に変わり果て、全身の震え
が止まらなかった。彼はこのように醜態を
さらした」、と暴力を称賛している。

中国人の孫悟空とモンゴル人の白骨精

　「毛沢東の良い学生江青」夫人は文化大革
命前から「革命的な現代京劇」を用いて「封
建主義と資本主義、それに修正主義と戦っ
ていた」。内モンゴル自治区ではウラーン
フーとその息子のブヘが「モンゴル流京劇
（蒙派）を制作して民族分裂主義の活動を推
進し、祖国の統一を破壊した」、と『新文
化』はひきつづき批判する。「モンゴル流京
劇」の典型的な実例のひとつに、『巴林怒火』
が挙げられている（資料二：10）。
　「ブヘは内モンゴル文藝界の最大の走資派
だ」、と『新文化』はさらに内モンゴル博物
館における展示を分析してウラーンフー父
子を追い詰める。二点の辛辣な漫画を添え
た上で、『新文化』は内モンゴル博物館の展
示は「ウラーンフーが自治区成立20周年を
利用して反革命のクーデターを起こすため
の世論工作だった」という。具体的には「毛
主席は一度も内モンゴルに来たことがない
と話してその写真を展示から外して」、代わ
りにウラーンフーらトゥメト出身のウルト
ナストとジヤータイらが1924年に北京のモ
ンゴル・チベット学校時代に共産党に入っ
たという展示、1935年にトゥメト地域で地
下潜伏中の写真、日中戦争中に傳作義の秘
書になって「革命を裏切った行為」などの
品々が陳列されたという。批判文はまたウ
ラーンフーとブヘ父子が1930年代に共産党
の「根拠地延安」で「腐敗した生活を送っ
ていた」と歴史を遡って二人の私生活を暴
露している。具体的にはブヘが「ブルジョ
アジーの女と恋愛していた」ことと、ウラー
ンフーも「妻の雲亭を捨てて、若い雲麗文
と付き合っていた」事例を並べている。二

人がいた「延安民族学院は高崗の巣窟」だと付け加えるのを忘れていなかった（資料二：11）。

毛沢東の江青夫人が「革命の旗手」であるならば、モンゴル人のウラーンフーとブヘ父子の夫人たちは「反革命の旗手」でなければならない。『新文化』新聞もこのような軸でモンゴル人への攻撃の勢いを強めていく。1968年6月22日に、この戦闘的な新聞は攻撃の矛先をブヘの夫人ジュランチチクに向けた。

「反革命修正主義分子にして民族分裂主義者のジュランチチクは内モンゴル文化芸術聯合会の副主任で、彼女は悪徳地主の腐敗しきったお嬢様だ。彼女はその姉夫婦に育てられたが、義理の兄は偽満洲国の軍官だった」、と『新文化』は論じる（資料二：12）。「ジュランチチクは白骨精だ」、と中国人たちは書いている。白骨精は『西遊記』に登場する悪女である。毛沢東は当時、紅衛兵たちを孫悟空に譬えて、白骨精のような走資派を鎮圧せよと造反精神を鼓舞していた。内モンゴル自治区でもモンゴル人のジュランチチクは格好のいい材料として孫悟空の敵、白骨精に選ばれたのである。彼女の指揮下の「内モンゴル文化芸術聯合会にはひとつの反党叛国の集団があり、その主要なメンバーはナ・サインチョクト（写真3）とマルチンフー、オドセル、それにチョクトナランである」、という。そのうちの「ナ・サインチョクトは日本とモンゴル修正主義国家のスパイだったにもかかわらず、ジュランチチクが彼を偉大な詩人に仕立てあげた」。「作家のマルチンフーは丁玲の弟子で、ショーロホフの家来だ」。ジュランチチクはマルチンフーと「結託し合って、『草原の晨曲』という叛国文学を創作した」。「白骨精のジュランチチクはモンゴル人民共和国の文藝作品を神聖視し」、外国の文藝的な手法で「義父ウラーンフーをチンギス・ハーン

の後継者として描いた」。

紅衛兵たちが発行していた『呼三司』も負けないくらいにモンゴル人批判の論陣を張った。1968年4月17日づけの『呼三司』は斉声喚（「一斉に喚起する」との意）とのペンネームでウラーンフーのもうひとりの息子リーシャークを打倒せよ、との文を載せた（資料二：13）。ウラーンフーの長男ブヘは「反動的なウラーンフーのモンゴル帝国の皇太子で、三男のリーシャークは三太子だ」、と批判文はまず位置づける。リーシャクはソ連に留学してレアアースの精錬技術を学んでいたが、ウラーンフーの「政治的な謀略」により、テムールバガナが学長をつとめる師範学院大学にロシア語講師として赴任した。そこから、リーシャークは1963年に「反大漢族主義の名の下で、漢族を排除し、帝国主義と修正主義国家がすすめる反中華の勢力と結託した」。「少数民族の幹部と漢族の幹部とのあいだにもしトラブルが起こったら、漢族が主な責任を取らなければならない。少数民族は弱い立場にあるからだ、とリーシャクーは話していた」、と『新文化』は批判する。リーシャークの夫人楊珍雲は習仲勲の義理の娘だったことも罪となっている。今の習近平主席の父親習仲勲も陝西省北部出身者からなる「高崗派の一員」だったことは、すでに述べた。

延安派が植えた「毒草」の性質

造反した中国人たちは延安派が創作した文藝作品をターゲットに定めた。トゥメト地域出身で、延安民族学院で学んだことのある雲照光と彼が書いた『オルドスの嵐』という小説である。小説は映画にもなっていたので、『呼三司』は1967年12月13日に「ウラーンフーの反革命的な思想を鼓吹する大毒草—反動映画『オルドスの嵐』を評す」という攻撃的な文を載せた（資料二：14）。近代に入ってから、一般的に南モンゴルの東

写真3　日本に留学し、モンゴル人民共和国に滞在したことのある詩人ナ・サインチョクト。
Na. Sayinchogtu-yin Sigümjitü Namtar, Alus-un Bar-a Keblel-ün Qoriy-a, 2008より

部すなわち満洲国領内と徳王のモンゴル自治邦政府管轄圏内は日本型の近代教育が発達し、対照的に西部の綏遠省内のオルドスとトゥメトには近代的な教育上の実践が限られていたので、知識人も東部モンゴル人の方が圧倒的に多かった[3]。雲照光は数少ない西部出身の知識人のひとりであった。ウラーンフーの側近でもあった彼は当然、西部地域におけるモンゴル人たちの近代的な革命運動を南モンゴル全体の中心軸として描いていた。南モンゴルの西部の革命こそが進歩的な運動で、東部は「偽満洲国」や「偽モンゴル聯盟（モンゴル自治邦）自治政府」の運動だった、とシンプルに区分していた。それでも、中国人たちは満足しなかった。『呼三司』は次のように批判する。

「反革命の修正主義分子のウラーンフーは独立の王国」を創る」ために、歴史を歪曲して『トクトの歌』や『ガーダーメイリン』、それに『オルドスの嵐』のような映画を創作した。そのなかでも、特に雲照光の『オルドスの嵐』は毒草である。では、「毒草」である理由はどこにあるのか。『呼三司』はつづる。中国人たちは次のように「毒草」を理解している。

『オルドスの嵐』は1926年からオルドス高原で発生した「シニ・ラマことウルジージャラガルにリードされた、散漫な大衆運動ドゴイランを描いている」。指導者のウルジージャラガルは出身こそ貧乏だが、のちに旗の王（ジャサク）の役人になっているので、彼の行動は革命というよりも、実際は封建社会の延命を図ったものである。しかし、ウラーンフーはウルジージャラガルを「共産主義の革命家」だと謳歌した。雲照光は小説のなかで、ウルジージャラガルが北京

のモンゴル・チベット学校に行って、バトという人物と知り合うことを描いている。このバトはその後オルドスに行き、ウルジージャラガルの軍内の共産党代表になって、革命を指導する[4]。これは、まちがいなくウラーンフーを称賛していることだ。「モンゴル・チベット学校は内モンゴルにおける革命の揺籃だというウラーンフーの反動的な思想を具現したものである」という。

『呼三司』は分析する。「漢人に草原を売り渡したモンゴルの王に反対したウルジージャラガル」の行為を雲照光は称賛しているが、その最大の目的は反漢だ。封建社会の漢人と社会主義の漢人を区別していない。社会主義になっても、まだ「漢人に草原を売り渡した行為に反対しよう」と叫ぶ狙いはどこにあるのか。1958年に共産党中央はフルンボイルで400万畝の「荒地」を開墾して祖国の食糧問題を解決しようとした。しかし、ウラーンフーは「草原を開墾するのは軍閥の張作霖のやりかただ」とか、「漢人が増えたら、よそ者が権力を握ってしまう」とか話して、草原の開墾に抵抗した。その結果、1962年にはなんと「荒地」の開墾もウラーンフーによって中止に追いこまれてしまった。このように、近代史上の漢人による草原開墾に反対した映画を作ることによって、現在の草原開墾を止めてしまった、と『呼三司』は結論を出している。

上で示した中国人たちのこの短い文章は、近現代における南モンゴルの民族問題を高度に要約している、といえる。中国人はモ

---

[3] 西部のオルドスとトゥメト地域で僅かにみられた近代的な教育はカトリック教会が主導したものである。中国人の中華民国政府による教育上の実践は限られていた。

---

[4] 雲照光の小説では北京のモンゴル・チベット学校を出たバトというモンゴル人がオルドスの革命をリードすることになっているが、実際はのちに中国共産党の圧力で書き直しを迫られて、中国人がモンゴル人の革命を指導するように改編させられている。内モンゴル自治区だけでなく、中国の周縁部に住むあらゆる少数民族の革命運動が、中国人に指導されて初めて成功する、という政策で書かれた事実の実例である。

ンゴル人の草原の生態的な環境を一切考慮せずに「荒地」だと位置づけて開墾したい。モンゴル人は開墾が環境破壊をもたらすとしてあの手この手で抵抗した。中国の共産党政府はモンゴル人の抵抗運動を「部分的には進歩的な反封建社会の側面もあり、中国革命の一部である」と認定しながらも、内心では軍閥の張作霖以上に草原を開墾したいと思っていた。封建社会の搾取階級であろうと、社会主義の漢人であろうと、草原は一度開墾されるとたちまち沙漠になってしまうという科学的な思考はできないのである。中国人すなわち漢人たちの思考停止により、南モンゴルの民族問題は常に草原開墾を中心に勃発し、解決の見通しがたたないまま今日に至っている。

トゥメトの少壮派

　雲照光への批判は続く。内モンゴル自治区師範学院の東方紅縦隊（略して東縦）が編集して発行していた『東方紅』は1968年2月24日に「雲照光はウラーンフー反党叛国集団の決死隊員（死党分子）だ」との批判文を掲載した（資料二：15）。批判文によると、雲照光をはじめ、ウラーンフーの息子ブヘ、浩帆、チョルモン、雲世英、陳炳宇、趙戈鋭、李貴、雲成烈、高茂などは全員、「クーデターを企むウラーンフー王朝の少壮派」だという。このなかで、ただひとり、李貴は中国人で、ほかはすべてトゥメト地域出身のモンゴル人である（李貴については、本書の最後に触れている）。

　批判文は「トゥメトの少壮派」を以下のように攻撃している。ウラーンフーは「第二のチンギス・ハーンとなって大モンゴル帝国を再建する目的で革命の陣営に潜りこんだ」。1939年にウルトナスト（奎壁）がトゥメト地域から少年雲照光らを延安まで送りとどけたのも、そうした目標を実現するためである。雲照光らはウラーンフーだけで

なく、高崗の影響も受けた。雲照光はずっと内モンゴル軍区の政治部の要職についていたが、1965年2月26日にウルトナストがウラーンフーに手紙を書いて、「長期的な戦略から、後継者を育成する必要がある」として、雲照光を1966年春に除隊させた。雲照光は『オルドスの嵐』のような脚本を書いて、ウラーンフーの「功績」を称賛し、反大漢族主義のキャンペーンを推進してきた。1966年4月になり、共産党華北局の解学恭書記らがウラーンフーの反大漢族主義キャンペーンを問題視しはじめると、雲照光はまた赤峰軍分区副参謀長の雲成烈と「結託」した。前門飯店会議でウラーンフーが打倒されると、雲成烈は雲照光に「トゥメトのモンゴル人は頑張ろう。革命は反復するものさ、農村に行ってゲリラでも何でもやろうじゃないか」との伝言をそのボスのウラーンフーに伝えさせた。このように、「クーデターの推進役」のひとりに作家の雲照光が認定されたのである。

　労働者たちの『工人風雷』（副刊）は1968年3月22日に「ブラック・ゴーストの雲照光を揪みだして、彼の大毒草『オルドスの嵐』を批判せよ」と呼びかけて、批判文を載せた（資料二：16）。批判文はいう。

　雲照光の『オルドスの嵐』は「ウラーンフーの叛国文学の典型的な作品だ」としてから、1962年に映画化された目的を中国人たちは分析している。映画は「民族主義者のウルジージャラガルを共産主義者として描き、モンゴル人はみんな家族のようなものだ」という反動的なスローガンを打ちだした。しかも、「オルドス・モンゴルは苦難のなかにいる」と話して、わが国の現状を風刺した。その目的は「モンゴル人たちを糾合して中国人を追いだそうとしていることだ」。たとえ、映画は1930年代の事実を反映していただけであっても、「モンゴル人は苦難のなかにいる」というようなセリフに

中国人たちは敏感だった。中国人たちも実際はモンゴル人たちが自分たちによって抑圧されているという実態に気づいていたのである。だから、文藝作品中の表現も気に入らなかったのである。

紅衛兵が暴く国家の偽善

　新聞だけではない。呼三司は1968年３月に『文藝戦鼓』という雑誌で雲照光とその作品を批判する特集を組んだ。「党内に潜りこんだブルジョアジーの代表的な人物、……フルシチョフのような人物はわれわれの身辺で眠っている」、という毛沢東の語録を巻頭に載せた『文藝戦鼓』は『オルドスの嵐』を批判する部分と、雲照光の経歴上の「汚点」を並べるパーツからなっている（資料二：17）。

　「大毒草たる『オルドスの嵐』は1926年にイケジョー盟のウーシン旗で発生した円陣運動〔ドゴイラン〕を背景に、シニ・ラマことウルジージャラガルをモデルに、プロレタリアートの革命思想を受け入れた、いわゆる英雄を描いている」、と批判者は断罪する。ここでまず強調しておきたいが、「蛮勇を振るうことしか知らない少数民族を中国人が指導してはじめて真の革命家に成長していく」という物語は、中国共産党が建国以来にずっと堅持してきた文藝政策である。文化大革命中は『オルドスの嵐』のような作品は批判され、否定されたが、文化大革命が部分的に否定された後は、ふたたび元の路線に戻っている。というのも、少数民族は常に中国人に指導される立場に立たなければならないからである［楊　2009c：172-173］。

　「内モンゴル人民革命党の指導下に入ったドゴイランはモンゴル民族の独立を求め、満蒙はシナに非ずという反動的なスローガンを掲げていた」、と呼三司の紅衛兵は問題の核心をついている。ドゴイランの指導者のウルジージャラガルは1925年にウラーンバートルでモンゴル人民革命党に入り、翌年から「モンゴルはずっと独立国だった」と主張し、「統一したモンゴル」の実現を目標にしていた、という。ここでも再度指摘しておかねばならないが、文化大革命期を除いて、中国は一貫してウルジージャラガルを「愛国家」に、ドゴイラン運動を「中国革命の一部」として位置づけてきたが、紅衛兵たちはやはりそうした国家側の偽善に遠慮しなかったのである。紅衛兵が批判していることこそが、事実である。紅衛兵のいう通りで、「ウルジージャラガルは反封建の英雄でもなければ、中国共産党の指導もうけていない。彼は正真正銘の内モンゴル人民革命党の党員だったのである」。

　雲照光は最初、ウルジージャラガルと北京のモンゴル・チベット学校との関係を描き、ウラーンフーたちの指導を唱えたかったが、修正を命じられた。そこで、雲照光は劉洪涛という中国人を登場させて、モンゴル人の革命を指導させるストーリーを創作した。問題は、この劉洪涛も初稿では高洪涛との名だったし、彼の出身地も陝西省北部の横山だったという。これは、「反革命分子の高崗ではないか」、と紅衛兵は喝破する。紅衛兵の眼光は鋭い。ウルジージャラガルのドゴイランはことあるごとに「草原の開墾に反対してきた」が、それもウラーンフーが「偉大な領袖で、太陽のように赤い毛沢東主席が1958年からフルンボイル草原を開墾しようとすることに反対するための世論作りにすぎない」、と批判する。

母国語を忘れた民族分裂主義者

　批判文はさらに『オルドスの嵐』のなかの具体的な登場人物たちを現実の「ウラーンフー反党叛国集団」内のメンバーらと照合し、いかに「延安派の功績を鼓吹」してきたかを列挙している。主人公のウルジージャラガルは強烈な「反漢の思想」を抱いていた。では何故、このような人物を主人公に据えたのか。それは、「ウラーンフー自身も同様な思想を持ち、モンゴル帝国を再建して、第二のチンギス・ハーンになろうとしていたからである」、と紅衛兵は分析している（資料二：17, p14）。「反大漢族主義のキャンペーンをすすめていたウラーンフー」は、側近中の側近の雲照光を抜擢した。その雲照光はさらに「王再天やトグス」のような「日本刀を吊るした奴らとも結託していた」、と『文藝戦鼓』は目を光らせている。こうした指摘により、「延安派」を殲滅した後には東部の「偽満洲国の日本刀を吊るした奴ら」に照準を当てようという狙いがみえてきた。

　「反漢族にして民族分裂の活動」をするために、ウラーンフーと雲照光らは「チンギス・ハーンの幽霊にすがった」、と中国人の批判者は理解している（資料二：17, p31-32）。

　　内モンゴルの民族分裂主義者たちは以前から内モンゴルを祖国の大家庭から分裂させようとしてきた。彼らは狂ったように何と「長城をモンゴルと漢族の境界にしよう」と主張した。雲照光もそのようなひとりだ。……（内モンゴルの）トゥメト旗の土地は全部モンゴル人のもので、漢族のものではない、と雲照光は話していた。……

　　雲照光はまたモンゴル修正主義国家のスパイどもや、叛国分子らと結託し、ウラーンフーの指示の下で、言語の統一をすすめた。わが国は早くから民族団結に有害なキリル文字モンゴル語の使用を禁止していたにもかかわらず、雲照光はそれに不満だった。……彼はモンゴル語の勉強に熱心で、自分を例にして、「モンゴル人としてモンゴル語が話せないのは、一生の苦痛だ。モンゴル語を学んで、真のモンゴル人にな

ろう」と話していた。

　ウラーンフーや雲照光のようなトゥメト出身者の多くは母国語を忘却していた。モンゴル語が話せなかった者ほど、母国語の復活に熱心だった。こうした文化重視の政策が民族分裂的な活動だと中国人の目には映っていたのである。母国語を捨てて、中国語を操るようになれば、「進歩的にして愛国的だ」と中国人は思いこんでいるのである。

「雲」一族の受難と東部出身者への波及

　延安派の受難は続く。1968年1月10日、内モンゴル図書館の「革命的な群衆たち」が「現代の殿様たるウラーンフーの決死隊員の雲志厚を揪み出した」、と『聯合戦報』は1月27日に伝えている（資料二：18）。「悪人である雲志厚はウラーンフーの悪魔のような女房（女妖婆）雲麗文の甥」だ、と中国人たちはモンゴル人の親戚関係に注目している。中国では一旦政治家が悪人だとして打倒されると、本人とその親族もすべて「悪者だった」と遡って批判する。雲志厚も当然、「早くも1940年代から中国共産党を貶す詩文を創っていた」し、「男女関係も乱れていた」ことになっている。シリーンゴル盟につとめていた頃から、「農業の合作化は民族間関係を無視している」とか、「共産党の合作化政策は極左政策だ」と話して公然と党の政策に反対していたという。雲志厚はまた「ウラーンフーが揪みだされたことを少数民族の災難のはじまりだ」と主張して、文化大革命の発動に反対した。彼は、「ウラーンフーを打倒しようとするのは陰謀だ。モンゴル人と中国人の矛盾、西部のモンゴル人と東部のモンゴル人との矛盾を激化させようとしている」、と誤った観点を広げていた、という。このように、雲志厚の事例から分かるように、モンゴルの有識者たち

41

は最初から中国共産党の手法を明察していたといえよう。

　雲という姓を持つ者はほぼ全員、中国人に狙われた。雲志厚の次は雲治安だ。1968年３月19日、「フフホト市革命造反聯絡総部とフフホト市人民委員会東方紅戦闘縦隊」が合同で「反革命修正主義分子、民族分裂主義者の雲治安の滔天の罪を徹底的に清算せよ」との冊子を印刷して配布した（資料二：19）。この時点で、延安派に対して「民族分裂主義」という激しい言葉を用いている事実は、暗に東部出身のモンゴル人たちもやがては一掃される運命にあるということを示唆している。というのも、延安派には「民族分裂の実績」がないのを中国人たちも分かっていた。真の「民族分裂的な活動」、すなわち日本が南モンゴルから撤退した後にモンゴル人民共和国との統一合併を求めたのは「偽満洲国」と「偽蒙疆政権」のモンゴル人たちだったからである。放っておいても、「日本刀を吊るした東モンゴルの奴ら」は逃げられないと余裕のある中国人たちは悠々自適に延安派を以下のように玩んだ（資料二：19, p1-5）。

　　　　雲治安は正真正銘の反革命修正主義者にして民族分裂主義者だ。……1965年、ウラーンフーが彼をフフホト市党委員会書記兼副市長に任命して、党の権力を簒奪した。雲治安は李貴と陳炳宇らとともにウラーンフーの決死隊を形成し、分裂活動を展開した。……
　　　　雲治安はフフホト市民族工作会議の席上で、「ウラーンフーは内モンゴルの創始者で、モンゴル民族の領袖だ。ウラーンフーがいなければ、今日の内モンゴルもない」、と話した。……また、「内モンゴルの土地はモンゴル人のもので、漢族はモンゴル人の土地を奪った」と主張した。「漢人はモンゴル人を抑圧

している。だから、民族政策もモンゴル人を守らなければならない。モンゴル人こそが内モンゴル自治区の主人公で、漢人は他所から来たにすぎない」、とも話して偉大な領袖の毛沢東主席を悪意で以て攻撃した。

　「雲治安は口を開くとすぐにモンゴル人云々と話して、民族分裂主義を広げた」。たとえば、トゥメト地域にあった「喇嘛営」や「班定営」、それに「章蓋営」のようなモンゴル語の地名を中国語のものに変えるのにも反対した。このように、モンゴル人たちが少しでも正当な権利を唱えただけで、たちまち「民族分裂主義者」として粛清されていた実態が浮かび上がってくる。この点は、現在も基本的に変わっていないのである。

王公の姫を抜擢した「罪」

　やがて、1968年４月10日になると、中国人たちはもうひとりのトゥメト地域のモンゴル人幹部の高敬亭を「現代の殿様たるウラーンフーの闇将軍（黒幹将）だ」と認定した（資料二：20）。フフホト市党委員会書記だった高敬亭は市郊外の仕事を担当していたので、「郊外において、ウラーンフーの修正主義路線を推しすすめた」と断罪された。外来の中国人たちからすると、高敬亭がフフホト市郊外の桃花公社と黄合少公社、それに東黄合少公社でモンゴル人たちを幹部に任命したのは、「地主と富農、それに右派と悪人どもの勢力を温存して、将来にウラーンフーの独立王国を建設するための下準備だった」という。中国人たちは他所からの植民者であっても、モンゴル人以上の権益を手に入れようと常に夢想していたから、このように批判する。というのも、文化大革命が中国人に有利な環境をもたらしたからである。ウラーンフーが1965年からの「四

清運動」中に「反大漢族のキャンペーン」を主導したときに、高敬亭は年末あたりから李貴書記と陳炳宇市長らとともにフフホト市とその郊外でも「大漢族主義を批判した」という。「牧畜地域のモンゴル人たちが首府のフフホト市に来ると、モンゴル語が大切にされていない実状をみてがっかりする。モンゴル人は親しみと温かさをフフホト市から感じ取れない」、と高敬亭は話してモンゴル語学習に力を入れていたのも、罪となっている。モンゴル人の故郷に闖入してきた中国人たちが、先住民の母国語に敬意を払おうとしなかったことの証拠である。

内モンゴル自治区の「四清運動」（社会主義教育運動）の前線では熾烈な闘争がくりひろげられていた。中国全土では「政治と経済、思想と組織の四つを清理する」運動であっても、内モンゴル自治区ではウラーンフーの指示で「政治と経済、思想と組織の四つの領域における大漢族主義の思想を清理する」形式で進行中だった。中国人たちはウラーンフーに抵抗し、モンゴル人たちは逆に強力にすすめて有名無実の自治権限を死守しようとしていた。したがって、「四清工作団」の幹部に誰を任命するかも死活の問題だった。高敬亭は奇林（琳）花というモンゴル人女性を「四清工作団委員」に抜擢した政策も、中国人たちの恨みを買っていた。

　　この奇林花という女は封建的な王公貴族の末裔で、公主である。彼女の兄はわれわれの偉大な領袖の毛沢東主席を暗殺しようと企てた暴漢で、すでに処刑されている。彼女の夫はウラーンフーの従兄弟で、悪名高き叛国の大盗賊の雲北峰だ。このような女スパイが高敬亭に選ばれていた。

奇林花が「王公貴族の公主」で、雲北峰の夫人である以外はすべて中国人たちがでっちあげた嘘である。このような嘘がモンゴル人ジェノサイドの正当な理由となっていたのである[5]。

粗野な「美」と「修正主義の汚点」

「まず、われわれの偉大な領袖毛沢東主席の長寿を祈ろう。毛主席は最も赤い、最も赤い（最紅最紅的）太陽である。そして、林彪副主席の健康を祈ろう」。モンゴル人を「封建社会の王公貴族」だと批判しながら、自分たちもまるで歴代の王朝の臣民たちのように個人の健康と万歳を祈願してから、中国人たちの攻撃の対象は自治区の各業界へと拡大していった。

次のターゲットは電力業界の寒峰だった。トゥメト出身のモンゴル人で、電力関係の責任者だった（資料二：21）。

「電力工業は国民経済の動脈で、工業の命である」、と中国人たちはまず位置づけてから、この重要な業界の最高責任者に寒峰がウラーンフーに任命された「謀略と罪を暴露」している。寒峰は「経済的な側面からウラーンフーの反党叛国の民族分裂活動を支えてきた」、と中国人たちは指摘する。具体的な「事実」として、自治区西部のウダ（烏達）地区と東部ジョーウダ盟の電気を隣接の寧夏回族自治区や東北各省に供給しようとしなかったことが挙げられている。また、ウラーンフーの故郷トゥメト地域に投資を増やして、電力網を整備したのも、「分裂活動の拠点を充実させるためだった」、と批判する。「先進的な中国人の経験を学ぼうとせずに、ひたすらソ連修正主義者の技術を盲信した」のも、大罪となっている。

周知のように、「文明人」の中国人は衛生に無関心なだけでなく、汚い行為を美とす

---

[5] 奇琳花については、拙著『墓標なき草原』（下）に詳しい記述がある（楊　2009c：3-43）。

る価値観を有する。衛生観念の欠如は主として トイレの劣悪、ごみの散乱と唾を吐く行為に代表されているのは、世界に知られている事実である［楊 2013c：108-137］。文化大革命中はこうした世界と逆行する行為は「プロレタリアートの美」として称賛されていた。当然、モンゴル人の寒峰が電力工場で清掃活動を重視した取り組みも、「ソ連修正義者の方法」として貶された。このように、政治的な思想と信念だけでなく、日常の美的な意識に至るまで、モンゴル人と中国人はまったく異なる価値観を有していたのである。

民族問題の現れ方と断罪の仕方

　内モンゴル自治区は1947年5月1日に成立した内モンゴル自治政府から発展してきている。この自治区は1967年で「20歳」になる予定だったし、創立者のウラーンフーも1966年で還暦に達していた。彼は自分自身と自治区の節目の年に記念活動をおこなって自治の成功を標榜すると同時に、中国人によって奪われた権益を獲得しようと努力していた［楊 2012：84］。そのため、ウラーンフーの指揮下のモンゴル人たちは1965年11月22日に「自治区成立20周年記念準備委員会」を組織して、祝賀活動を用意しはじめていた。祝賀行事の舞台はフフホト市なので、しごく自然に市長の陳炳宇がその責任者となった。陳炳宇市長が陣頭指揮した祝賀活動の準備はすべて「自治区成立20周年に合わせてクーデターを起こす行為」とされた（資料二：22）。中国人たちからなる「フフホト市政府機関東方紅縦隊」は1967年9月20日に「内モンゴル自治区党委員会・自治区成立20周年記念準備委員会の大事記」という資料をまとめて、陳炳宇市長の「罪」を時系列に並べた。

　この「大事記」によると、記念行事の集会は3,000人から3,500人からなる予定で、

参加者には「モンゴル・ナイフ」（蒙古刀）を配ることになっていた。準備活動の一環として1966年1月から『ウーシンジョー』や『草原の民兵』といった映画を作成したが、モンゴル的な情緒を強調した、分裂主義の「毒草」だったという。そのうちの『ウーシンジョー』は、ウラーンフーが創設した社会主義のモデル、「牧区大寨ウーシンジョー」のことである。オルドス高原のウーシン旗にある人民公社で、牧草を植えて沙漠化の防止に成功したというモデルである。毛沢東が推進してきた「農業大寨」と並んで、全国的に知られていた模範であるが、牧畜と沙漠化防止を強調していた性質から、中国人が理想とする農耕化政策に反対するための策略ではないか、と疑われていた面もある［楊 2012：87-90；2013b：147-150］。陳炳宇らが撮影させた『ウーシンジョー』も当然、同じような理由で断罪されたのである。

　中国人たちは、「モンゴル人は立ち遅れた民族で、先進的な労働者には不向きだ」として、モンゴル人を差別していた。そのため、包頭市にある包頭鉄鋼コンビナートも地元のモンゴル人を採用せずに山西省などから中国人たちを連れてきて工場に就職させていた。ウラーンフーはこうした中国人のやり方を批判し、『包頭鉄鋼コンビナートの人たち』（包鋼人）という映画を作らせて人々に問題の所在を認識させようと教育に力を入れていた［楊 2011a：58-59］。陳炳宇市長も1966年3月29日から市の幹部たちを集めて討論させ、最終的に5月2日に『包頭鉄鋼コンビナートの人たち』を端的に『民族問題』と改名させた。民族問題は、労働者にモンゴル人と中国人のどちらを採用するかという形で現れる、という趣旨の作品だった。もちろん、こうした改名行為も「民族分裂的な活動」の証拠とされたのである。

漢奸と不純な異性関係

　陳炳宇の「罪」はまだある。1968年7月19日と8月1日に『聯合戦報』は「陳炳宇はウラーンフーの決死隊員だ」との批判文を二回に分けて載せた（資料二：23, 24）。書き手はフフホト市人民委員会の「東方紅縦隊」である。ここでは、モンゴル人の「陳炳宇は修正主義分子にして民族分裂主義者で、しかも、蒋介石の忠実な家来だ」と認定されている。陳炳宇は李貴と曹文玉、雲治安、張露らと「結託して、猛烈な勢いで反大漢族主義をすすめ、フフホト市でもモンゴル人幹部は漢族に排斥されている、と話した」という。陳炳宇の能力を高く評価していたウラーンフーは自治区成立20周年記念行事が終わった暁には、自身は主として党務に専念し、行政の仕事を逐次陳炳宇に移管して、後継者として育てる予定だったという。このように、ウラーンフーだろうが、彼の部下たちのモンゴル人だろうが、反大漢族主義を唱えたことと、モンゴル人たちは中国人に抑圧されていると理解していた人たちは例外なく、中国人たちに目の仇とされていたことが分かる。「大漢族主義と地方民族主義の双方に反対する」と毛沢東らがもっともらしい政策を標榜していても、それはあくまでもジェスチャーにすぎなかったのである。

　陳炳宇が反大漢族主義のキャンペーンを推進した際の有力なパートナーは、李貴だった。中国人たちは、モンゴル人の立場に理解を示す李貴を「漢奸」とみなす。文化大革命が発動される前から、内モンゴル自治区における民族問題の原因は主として大漢族主義が横行しているからだ、と喝破したただひとりの中国人が、李貴である。ウラーンフーはそのような有能で、かつ少数民族の置かれている立場に共感を抱く李貴を抜擢して、フフホト市党委員会の第一書記に1964年8月に任命した。李貴は陳炳宇や雲治安らと相談の上、1965年12月に「フフホト市民族工作会議」を開いて、「民族政策をしっかりと実施すれば、すべての問題が解決できる」というきわめて健全な施政方針を打ちだしていた。こうした行動が中国人たちの怒りを買ったのである。あらゆる群衆組織を糾合した「フフホト市大会戦総指揮部」が1968年9月15日に印刷して配布した資料に、李貴は激しく攻撃されている（資料二：25）。

　中国人たちは陳炳宇の履歴を暴露している。それによると、陳炳宇は1934年に国民党が設置した中央政治学校モンゴル・チベット分校に入り、国民党員となっていた。1937年に「日本帝国主義者たちが中国に侵略してくると、陳炳宇はまた大蒙奸の徳王の蒙疆政権に参加して、匪賊どもの軍隊に任官した」という。その後は共産党の延安に赴くものの、「革命の根拠地で専ら女を追っかけていた」。男女関係にルーズで、「日本のスパイやモンゴル人民共和国のスパイどもと関係していた女と親しかった」、と批判する。いざ、政治的な問題が発覚すると、「不純な」異性関係も絶対に暴露されるのは中国の特徴である。

生来の権利と虐殺

　モンゴル人大量虐殺運動が少しずつ収束に向かっていた1969年7月に、中国政府は自治区の領土を分割した上で、軍事管制下に置いた。そして、生き残った人たちに対して再教育を実施するために、自治区の幹部たち約8,000人を1970年1月から河北省の唐山市に監禁した。唐山市では、「内モンゴル人民革命党粛清運動は、目的は正しいが、ややややりすぎた」との共産党中央からの指示にしたがって、徹底的な「再教育」が押し付けられた。これは、モンゴル人ジェノサイドそのものが正しいが、粛清すべき人数を増やしてしまったとの意味である［楊

2009c：78-83]。中国人に強要された「再教育」はひきつづきモンゴル人のウラーンフーとその部下たちの「罪」を暴露しては、批判するのに集中した。モンゴル人たちを殺してから、さらにその虐殺の原因は「モンゴル人が悪いからだ」との政治的な手法である。こうしたなか、1970年7月28日にフフホト市革命委員会革命大批判組が編集して発行していた『革命大批判簡報』の第12期は、「陳炳宇の罪を体系的に並べる」特集を組んだ（資料二：26）。モンゴル人大量虐殺中に現れた既往の批判文と比較すると、新しい「事実」はない。ただ、その「罪状の性質を理論的に分析し、さらに細かい事例を補填している」ところに変化と特徴がある。たとえば、中国人たちは以下のような例を挙げている。

フフホト市建設局が公園に毛沢東語録の石碑を建てようとしたら、陳炳宇は反対した。「公園はみんなが遊ぶ場所で、若者がデートするところだ。政治的な標語やスローガンはない方がいい」、と話して、人民が毛沢東思想を学ぶチャンスを奪った、と断罪する。

「フフホト市の土地はモンゴル人のもので、中国人は後から来たものだ」とか、「中華民国はモンゴル人の土地所有権を認めなかったが、日本は認めていた」とかのように話していたのも、「民族間の団結を破壊した罪」とされた。このように、少しでもモンゴル人生来の権益を歴史と政策に基づいて主張すると、たちまち中国人たちに恨まれていた事実が浮かび上がってくる。1970年8月4日づけの『革命大批判簡報』第13期はまた、「陳炳宇が教育界で犯した罪」を列挙している（資料二：27）。

東部出身の延安派の運命

ウラーンという女性がいた。彼女は南モンゴル東部ハラチン地域の出身であるが、満洲国で暮らすことなく、後に延安に赴いて「抗日陣営」に加わった。南モンゴル西部トゥメト出身者と結婚し、珍しい「東部出身の延安派」だったから、ユニークな存在だったのである。彼女は中国共産党の幹部として東モンゴルに派遣されたときは、苛烈な「平和的な土地改革」を実施した。「対日協力者」とされるモンゴル人たちを容赦なく処刑して中国共産党への忠誠を示していた。そのような彼女にも中国人たちは免罪符を与えなかった。文化大革命期になると、彼女もまた民族分裂主義者とされて、暴力を受けた。民族分裂主義者とされるのは、この時代のモンゴル人たちが必然的に辿らなければならない運命だからである。1967年7月9日、内モンゴル自治区軽工業化工系統の造反派中国人たちは『井崗山』という新聞に「打倒女魔王―ウラーン」という批判文を掲載して、彼女に政治的な死刑判決を下した（資料二：28）。彼女は自治区軽工業庁の副庁長だったからである。『井崗山』はまた一枚の写真を載せている。首に「女魔王：烏蘭」という看板を吊るされたウラーンは、二人の凛々しい女の紅衛兵に抑えられて、腰を曲げて立っている（表紙写真）。

ウラーンは1967年4月から北京に「逃亡」し、10歳になる子どもと一緒にひっそりと暮らしていた。中国人の紅衛兵たちは綿密な内偵を続けた結果、彼女の住所を突きとめて、1967年6月7日に「逮捕」し、翌朝6時18分にフフホト市駅に護送してきた。「ウラーンが投降しなければ、彼女を滅亡させよう」、と中国人たちは彼女に暴力を加えた。彼女はその後、長期間の強制労働を命じられ、言葉で言い表せないほどの虐待を受けた。結局、文化大革命中に受けた虐待が原因で、1987年に亡くなった。彼女の親友で、ウラーンフーの妹の雲清は、次のように回想する［阿木蘭　2004：265-277]。

1986年4月に、私は北京の首都病院に入院中のウラーンを見舞った。彼女はとても強い女性で、簡単には泣かない人だった。私が病室に入るなり、彼女は私をぎゅっと抱きしめて、涙がこぼれた。「あなたと会うのも、これが最後だろう」と話した。彼女は足の骨がガンに犯されていた。文化大革命中に殴られた足である。……一年後、彼女は亡くなった。

モンゴルの東部に生まれ、日本の統治に不満だったモンゴル人たちは共産党の延安を目指していた。そのようなモンゴル人たちは「抗日の英雄」として、ほかの「日本刀を吊るしたモンゴル人たち」を軽蔑し、中国人たちに協力した。しかし、それでも、最終的には民族分裂主義者として暴力を受け、殺害されたのである。西部の「延安派」だろうが、東部の「偽満洲国の日本刀を吊るした奴ら」だろうが、モンゴル人たちに生き残る路は用意されていなかったのである。

では、「日本刀を吊るした奴ら」はまた、どのように批判され、断頭台に追いやられていったのだろうか。

四 「二つの顔を持つ連中」（双面料）

文藝は、社会主義のプロパガンダの道具である。共産党の正統性を謳歌するためにだけ、文藝作品は作られる。中国と内モンゴル自治区も例外ではない。1947年5月に内モンゴル自治政府が成立して以来、さまざまな文藝作品が舞台に運ばれた。2年半後に中国人の中華人民共和国が現れると、どちらも社会主義制度を称賛してきた文藝作品ではあっても、モンゴル人と中国人と

のあいだに大きな溝が横たわり、次第に衝突していった。そして、文化大革命期に入ると、モンゴル人の文藝作品への批判と断罪は、大量虐殺の環境づくりの一環と化していった。

4.1 破壊された文藝界

「二つの顔を持つ連中」（双面料）

自治区が成立した後、文藝戦線をリードしてきたのはほとんどが近代的な教育を受けた、東部出身の知的なモンゴル人だった。西部出身は、トゥメトの雲照光くらいだった。彼らは東部の出身であっても、東部の「偽満洲国時代とそれ以降の自決の歴史」を正面から事実に即して描くことは決して許されなかった。満洲国時代にモンゴル人たちは平和に暮らしていたこと、自治を実践しながらも常に中国からの独立の機会をうかがっていたこと、そして日本が撤退した後は千載一遇のチャンスだとみてモンゴル人民共和国との統一合併を求めたことなど、民族自決の真の歴史は闇に葬られていた。否定された東部の民族自決史に代わって正統史観となったのは、西部のウラーンフー一派による中国領内での自治史である。内モンゴルの革命をリードしてきたのは西のトゥメト出身者で、中国を熱愛し、中国人との共存を選んだとのフィクションである。しかし、筆が取れるのは東部出身者だけである。ここから、東部出身のモンゴル人たちが不本意ながらも西部出身のモンゴル人の革命を正統史観として描き、敵の中国と中国人を愛するという虚偽と偽善を賛美する文藝作品が量産されることとなった。

東部出身のモンゴル人知識人が西部出身者と中国人の中国革命を宣伝する。このアンビバレンスに活かされたモンゴル人たちを文化大革命前後では、「二つの顔をもつ連中」（双面料）と呼ばれていた。知識人もい

れば、政治家もいた。

1967年8月、内モンゴル大学の「井崗山八・五戦団」と自治区文化芸術聯合会の「翻江倒海縦隊」が合同で『文藝戦鼓』という雑誌を創刊した（資料三：1）。ここから、「二つの顔を連中」への批判の怒涛が上がった。雑誌はまず内モンゴル自治区における京劇作品を批判し、「ウラーンフー反党叛国集団」が主導してきた文藝作品は例外なく「独立王国」と「民族分裂活動」をすすめるための道具だった、と断罪された。

『文藝戦鼓』誌はいう。「毛主席の好い学生にして京劇革命の旗手である江青同志は、偉大な領袖毛主席の指示にしたがって、京劇革命の旗を掲げて、大勢の京劇関係者たちを率いて封建的な堡塁に突撃していった」。しかし、内モンゴル自治区の京劇界は頑迷に抵抗し、あいかわらず「ウラーンフーの民族分裂活動のための世論づくりに徹した」。

　　ウラーンフーはある座談会で話した。（京劇の脚本は）モンゴルと漢族との紛争を取りあげるかどうか。私は取り上げなければならないと思う。紛争の話がなければ、中身も面白くないからだ。……こうした指示の下で、『巴林怒火』と『哈拉嘎廟の戦闘』、『気壮山河』、『後方前線』のような大毒草が生まれたのである。

『巴林怒火』と『哈拉嘎廟の戦闘』は「モンゴル的な色彩が強く」、中国人がモンゴル人の革命を指導するという内容が入っていなかったのが問題とされた。『気壮山河』は、中国人の革命家の王若飛とウラーンフーとの友情をテーマにしている。もちろん、ウラーンフーは実名ではなく、ダンセンという名で登場する。中国人であっても、王若飛は「モンゴル人が中国人に抑圧されている」と認識し、民族自決を標榜した「中華

ソヴィエト政府の対内モンゴル人民宣言書」（三五宣言）に即して民族問題を解決すべきだと唱えていたという。ウラーンフーが王若飛と自分の化身ダンセンを京劇として描いて演じさせたのは、『三五宣言』内の内容、すなわち「モンゴル人とウイグル人、それにチベット人は独立する権限を有し、あるいは中華民主連邦を構成する」との内容を宣伝しようとしている、と中国人たちに映ったのである。このように、中国人たちが最も危惧していたのは、過去に共産党自身が民族自決の理論を振りかざしていたことである。

「遊牧民の息子」は反革命的

　「二つの顔を持つ連中」の代表格は、作家のマルチンフーである。「遊牧民の息子」を意味するマルチンフーとのペンネームには、社会主義の内モンゴル自治区の文壇を代表する人物だ、との意味合いが含蓄されていた。「遊牧民の息子」が「赤い息子」の指導の下で民族の自治を獲得して幸せに暮らしている、という理想的な自治区像が描かれてきたのである。もちろん、前提は中国人が「無知蒙昧なモンゴル人の革命を指導」して「多民族の幸せな大家庭に迎え入れた」ことであった。この創られた、フィクションと装飾だらけの「遊牧民の息子」と「赤い息子」の合作を中国人たちは建国後17年間経ってから、容赦なく地面に叩きつけて、死刑判決を下した。

　すでに触れたように、マルチンフーの代表作は『茫々たる草原』である。「『茫々たる草原』は、ウラーンフーの民族分裂主義路線を標榜するためのモニュメントである」、と『文藝戦鼓』は批判する（資料三：1, p21-28）。

　批判文の内容に入る前に、まずマルチンフー自身が『茫々たる草原』の創作過程をどのように振り返っているかを紹介してお

きたい。2004年から中国の権威ある出版社、人民文学出版社は1950年代の「著名な小説」の復刻をはじめ、そのなかに『茫々たる草原』も入っている。復刻版の「あとがき」に、マルチンフーは次のように書いている。『茫々たる草原』は自身が内モンゴル自治区のチャハル草原のある旗につとめていたころの1954年から執筆を開始したものである。創作は順調で、1957年に上巻が出版されたときは、「新中国の最初のモンゴル人民の解放を描いた作品」とされ、自治区成立10周年の文藝賞を授けられた。1959年秋には32万字からなる下巻も完成したが、不運にもそのときからマルチンフーは右派とされ、著作も「民族分裂主義を鼓吹した修正主義の大毒草」とされた。文化大革命が勃発した後、マルチンフーは「内モンゴル文藝界のナンバー・ツーの敵人」とされ、下巻の原稿も没収されて紛失した。ジェノサイドの嵐が過ぎ去った後にふたたび創作をはじめ、1979年5月に下巻を書き終える［瑪拉沁夫　2005：383-386］。2005年には上下二巻の形で『茫々たる草原』が再度読者たちの目の前に並べられたが、モンゴル人たちはやはり上巻のほうを好む。中国政府と中国人たちにさんざん批判されたからである。批判されたところに真実が含まれていたからである。たとえその真実もすでに共産党の宣伝部門と検閲機関の厳しいチェックを経て、「先進的な中国人が後進的なモンゴル人の革命を指導する」と変質してしまったとしても、好きである。

　　解放戦争の初期に、茫々たるチャハル草原に住む千万ものモンゴル人たちは屈辱と貧困のどん底で喘いでいた。（国民党の）反動的な統治を受けていたモンゴル人たちは民族解放の路を探し求めていた。本書は、チャハル草原に誕生した騎兵たちを描いている。

　上は『茫々たる草原』の上巻の「内容紹介」である［瑪拉沁夫　1980（1958）］。物語よりも共産党の宣伝を突出させた作品であるが、それでも中国人たちは不満だった。

中国人の不満

　『文藝戦報』の批判をみてみよう。「私の本は、モンゴル民族が茫々たる草原で民族解放の路を探し求めてさまよい、誰についていくべきかの問題を描いている」、とマルチンフーは話していたそうだ。作家のこの発言が問題だ、と中国人たちはいう。「誰についていくか」の問題は、モンゴル人民共和国との民族の統一合併か、中国人の中国に留まるかの選択である。日本が1945年8月にモンゴル草原から撤退した後の現代史の展開を指している。小説『茫々たる草原』の主人公はチャハルのモンゴル人青年ティムール[6]で、漠然とモンゴル復興の夢を抱いていたが、革命の最終的な目標が分からなかった。そこへ、女性共産党員のソロンが登場し、「帝国主義と大漢族主義、それに封建主義という三つの勢力を追い払ってはじめて、真の民族解放が実現できる」と諭す。

　中国人たちは物語のこのような設定に強烈な不満を噴出させた。まず、モンゴル人の主人公が反大漢族主義を革命の目標に設定しているからである。共産党も最初は「国民党の反動的な大漢族主義に反対する」のには寛容的だったが、内心は不愉快だった。「立ち遅れた少数民族」に「先進的な漢族」は反対されたくなかった。さらに、共産党の化身であるソロンがモンゴル人だったのも、従来から堅く守られてきた「中国人が少数民族の革命を指導する」という図式から逸脱している。では何故、このような描

────────────

[6] 小説の主人公の名はチンギス・ハーンの本名テムージンと、その後継者でティムール帝国を築きあげた男を思わせる。モンゴル人の大好きな名前であるが、中国人の耳には心地よく響かない。

き方をマルチンフーは取ったのだろうか。批判文は分析している（資料三：1, p25）。

　『茫々たる草原』がこんなに大胆にも内モンゴルの民主革命の性質を歪曲しているのは、偶然ではない。早くも1945年に内モンゴル自治区運動聯合会が成立したころ、ウラーンフー賊（烏賊）は「チンギス・ハーンの旗の下で結束しよう」と呼びかけていた。「チンギス・ハーンの子孫たちは祖先の名誉のために戦い、民族解放を獲得しよう」と叫んでいた。ウラーンフー賊はこのように民族分裂活動をすすめてきたし、小説『茫々たる草原』もまたその民族分裂活動の推進に犬馬の労を尽くした。

　「ウラーンフー賊はかつて内モンゴルの革命を三つの段階に分けていた。自治運動期からはじまり、自治政府期を経て自由連邦期に入る、というビジョンだった」。このように、中国人たちが問題視しているのは、ウラーンフーの民族自決の思想である。この批判から、ウラーンフーは自らの革命的活動を自治運動と位置づけ、1947年5月に自治政府を建立してから、将来は自由連邦の一構成員となる自決像を描いていたことが分かる。マルチンフー批判の真意も彼個人に対するものではなく、モンゴル民族全体の自決運動を否定し封殺するためである。

モンゴル人ショーロホフ
　マルチンフーの『茫々たる草原』は「晴れて」中国全国の「60冊の大毒草のひとつ」に選ばれた。中国人たちは以下のようにモンゴル人の文藝思想を完全に抹殺してみせた［内蒙古哲里木盟　1968：38-39］。

　　（小説のなかで、搾取階級の）大牧主のチムドのセリフである。「青いモンゴル

は必ず復興する。私たちも祖先のように、われわれの馬蹄をアジアに轟かせよう」。このような目的から、彼らは「純モンゴル人の軍隊」を創り、漢族（チャイニーズ）のコントロールを受けようとしなかった。

　このように、文化大革命期の中国人たちはやはり素直に本音を吐露していた。少数民族が独自の軍隊を擁してはいけないし、必ず中国人のコントロールを受けなければならない。自治とか自決はすべて便宜的な嘘だった、という真実である。
　誰かの政治思想を敵視すると、必ずその背景を掘りだそうと中国人たちは努力する。「このマルチンフーという奴は、ショーロホフの奴隷で、ウラーンフーのペットだ」、と中国人たちは批判する。1967年11月29日づけの『呼三司』は「『静かなドン』と『茫々たる草原』」という批判文を掲載して、「国際的な視野に立って」、モンゴル人の作家を侮辱した。その主旨は以下の通りである（資料三：2）。

　『静かなドン』はソ連の十月革命前後のドン河沿いのコサックの生活を描いている。しかし、ショーロホフはその反動的な本性からコサック社会内部の階級的な矛盾を描こうとしなかった。ショーロホフはタタール人の村を搾取と抑圧のない極楽世界のように描写している。彼はこのように武装闘争で政権を建てたソヴィエトを貶した。……
　『茫々たる草原』も「帝国主義と大漢族主義、それに封建主義」に反対するための民族解放の闘争を謳歌し、偉大な中国革命がチャハル草原の平穏な生活を破壊した、と共産党を悪意で以て攻撃している。……マルチンフーもモンゴル人の集落を搾取と抑圧のない世界として描写している。彼の小説のな

かの反動的な搾取階級もみな牧畜民に優しい人物として登場する。モンゴル人たちは階級を超えて相思相愛し、中国人の紅軍には何ら愛情を示さない。……

ショーロホフは「コサック独立自治」という反動的な政治原理を訴えていたし、マルチンフーもまた「モンゴル復興」を自らの主人公たちに叫ばせている。……マルチンフーはこのような反革命の小説を書いて、ウラーンフーがチンギス・ハーンのような大モンゴル帝国を創るのに貢献しようとしていたのである。

以上のような本音を中国人たちが表出したのを決して過去の文化大革命期のことだけだと理解してはいけない。他民族に強烈な不信の視線を浴びせ、あらゆる活動を「民族分裂」的だと理解するのは中国人の基本的な思考パターンである。

江青夫人の講話に基づく断罪

内モンゴル自治区文藝界の群衆たちが結成した「ウラーンフーを批判闘争する連絡センター」は1967年冬の12月に『大批判』雑誌に「内モンゴルの反動的な文藝作品を批判する特集」を組んだ（資料三：3）。『大批判』の編集者たちはまず3ページにわたって、毛沢東が1942年に発表した「延安の文藝座談会における講話」を抜粋して巻頭に載せ、それから江青夫人が1964年と1965年に音楽関係者たちに出した指示を掲載している。目的ははっきりしている。「内モンゴルの文藝界は毛主席とその好い学生である江青夫人の指示を無視してきた」、と断罪するためである。

「われわれは文藝問題においても、二つの路線間の闘争をしなければならない」、と毛主席は強調していたが、工農兵の大衆はそ

の通りにしてこなかった、と江青夫人はいう。彼女は楽器の弾き方からはじまって、革命的な京劇の創作方針に至るまで、実に全般的に文藝前線において、如何に階級闘争を展開すべきかを実に詳しく伝授している。毛沢東と江青夫人の思想を基準とするならば、モンゴル人のウラーンフーたちは「滔天の罪を犯した」、と中国人たちは論じている。ウラーンフーの長男の夫人ジュランチクをはじめ、マルチンフーとオドセル（写真4）らの作品をターゲットにしている。

大野心家のウラーンフーは文藝についてはまったく無知である。しかし、文藝界は重要な世論形成の陣地であることを彼は知っている。反革命のクーデターを起こすのに、文藝界で世論工作をしなければならないからである。……ウラーンフーに宣告しよう。お前の罪悪に満ちた目的は実現しない！毛沢東思想で武装した工農兵は目を光らせているし、心底から分かっているからだ。お前の民族分裂主義の思想を‼

上はある中国人の解放軍兵士が書いた批判文である。次の批判の相手はジュランチクである。中国人たちは彼女を「内モンゴル文藝界の女の魔王」だとし、彼女が創った映画を例外なく民族分裂主義的とする一方で、その私生活も「腐敗しきっていた」と断じる。「ジュランチクは地主階級の臭いお嬢様だ。現代の殿様たるウラーンフーの息子ブへの懐に転がりこんだときから、反共産党的な活動を展開してきた」、と中国人は指摘する。ほぼ同じような批判文は、ウラーンフーの夫人雲麗文に対しても使われていた［楊　2011a：45-47］。失脚した政治家の夫人が「腐敗しきっていた」以外に、中国人は何も発見できないのである。

写真4　作家オドセル。敖徳斯爾著『歳月』内蒙古人民出版社、2003年より

聖地をめぐる民族間紛争

　内モンゴル大学の「崢嶸歳月戦闘隊」と「為人民服務戦闘隊」は合同でマルチンフーとジュランチクを結びつけて批判した。二人が制作した映画『草原の晨曲』は「ウラーンフー王朝の反動的な代表作だ」と断じられた（資料三：3, p20-26）。

　『草原の晨曲』はいままでに批判されたことのない毒草である。この作品は修正主義と民族分裂主義の思想を広げ、文藝界におけるウラーンフーのブルジョア民族政策をすすめ、毛主席の民族政策と対抗した。……

　『草原の晨曲』はバヤン・オボー鉱山

の開発を題材にしている。日本統治時代にモンゴルと漢族の人民たちは鉱山を守り通した。人民政権が成立してから開発しようとしたとき、鉱山は誰のものかという問題にぶつかった。……

憲法に書いてあるのではないか。西のヒマラヤから東の大興安嶺まで、南の海南島から北のゴビ沙漠まですべて中華民族のものだ。しかし、『草原の晨曲』はモンゴル人たちの口を借りて、「バヤン・オボーは私たちのものだ」とか、「私たちの聖山だ」とか強調している。……この問題に関して、ウラーンフーも単刀直入で「バヤン・オボーは私たちのものだ」と話していた。早くも1948年に、彼は「内モンゴルの土地はモンゴル民族全体が共有するものだ」と宣言していた。このように話す彼こそが、民族主義の禍根である。

映画『草原の晨曲』は社会主義中国が樹立した後、遊牧民のモンゴル人たちは如何に「先進的な労働者階級」に脱皮していくかを描いている。その過程で、開発の対象とされた包頭市郊外のバヤン・オボー鉱山の所属をめぐって、モンゴル人と中国人は激しく対立した。バヤン・オボーとは「豊かな聖地」との意で、モンゴル人たちが古くから祭ってきた聖なる場所だった。日本統治時代もその周辺の鉱物を掘ろうとしたが、抵抗されて実現しなかった。中華人民共和国になってから、土地と鉱山は公有化されて「国家のもの」、「中華民族全体のもの」とされたが、モンゴル人の目にはどうしても「国家」や「中華民族」は中国人すなわち漢族にみえる。こうした実際に存在した民族間の紛争を映画は取り上げ、「日本統治時代に教育を受けたモンゴル人は悪者」で、「新中国の誕生後に労働者となったモンゴル人は進歩的な青年」という善悪二分法

の構図で物語を織りなしている。いわば、典型的なプロパガンダ作品で、中国人たちは例外なく「先進的な文明人」として登場する。それでも、中国人たちは不満だったことが、上で例示した文章に現れている。

「『草原の晨曲』が描いているウラーンチャブ草原には階級間の闘争がみられない」、と中国人たちは問題視し、モンゴル社会を美化しすぎたと批判する。そのような平和な草原に中国人たちは入植してくる。

「どっと一気に何万人もの漢族たちがやってきて、私たちの放牧地を占拠したので、聖なる山の神様も怒っている」

と、このようなセリフが映画のなかにあったことも、民族主義思想の反映だという。映画とはいえ、『草原の晨曲』内の登場人物たちは中国に占領された地域に暮らすモンゴル人たちの気持ちを素直に代弁していた。素直に代弁していても、最終的には中国共産党に説得されて、「民族主義的思想を放棄して祖国中国を愛し、民族団結を支持する人物に成長していく」というストーリーである。それでも、中国人たちは喜ばなかった。モンゴル人たちが最初からもろ手を挙げて中国人たちの侵略を称賛し、涙を流して歓迎していれば満足しただろう。

剥奪された「騎士の栄誉」

批判すべき「民族分裂の文藝作品」はほかにもある。ウラーンフーの息子ブヘが指導して制作したオペラ『青山の烈火』も否定された。青山とは、フフホト市の北部、トゥメト地域の東を走る陰山山脈の一部である。ウラーンフーとその部下たちはこの青山を根拠地に赤馬に跨ってゲリラを組織して抗日活動を展開した、という物語である。しかし、このオペラは「中国人の先進性」と中国共産党による「正しい指導」を描かなかったことで批判された。「ウラーンフーは以前から共産党を盟友とみなしただ

けで、共産党の指導を受け入れようとしなかった。こうしたウラーンフーの実際の姿をオペラは表している」、と批判者は書いている。「ウラーンフーはフルシチョフのような野心家だ。彼はずっと大モンゴル帝国を復活させて、自身が大ハーンになりたかった」、と中国人たちは指摘する。

「民族分裂活動」を着実にすすめ、「大モンゴル帝国を復活」させるには、軍隊の掌握が不可欠である。「ウラーンフーはその黒い手先を軍隊にも伸ばしていた。彼が軍隊内に射こんだ毒矢は、映画『騎士の栄誉』である」、と今度は別の作品が受難した。作家のオドセルが創作した『騎士の栄誉』である。

『騎士の栄誉』も社会主義中国のイデオロギーを忠実に具現化したプロパガンダ作品である。モンゴル人からなる騎兵連隊（団）の連隊長イデルは「ただモンゴル族と漢族の違いだけは知っていたが、共産党と国民党を区別できない、粗野な人物」だった。そのような「思想を持たないイデルはもっぱら大漢族主義に反対し、民族の独立を夢みていた」。そこへ、中国人の陳勇という八路軍の幹部がやってきて啓蒙活動をおこない、みごとにイデルと彼の指揮する騎士団を共産主義の思想で武装された「革命の軍隊」に改編する、という話である。しかし、それでも、中国人たちは映画のなかの「民族主義的なセリフ」や「階級闘争のない、平和な草原」に不満だった。中国人たちは次のように怒号を発している (資料三：3, p33)。

何が反大漢族主義だ。何が民族独立だ。何がモンゴルのためだ。すべてウラーンフーがすすめる民族分裂主義的活動のためではないか。

このように、かつては「国民党の反動的な大漢族主義には反対」してもよかったが、もはやそのようなジェスチャーも必要性がなくなったのである。自治云々も全部嘘にすぎず、何もかもモンゴル人を騙して、南モンゴルを占領するための手段だったと宣言しているような批判である。いや、批判ではなく、素直な心情吐露である。

文化的ジェノサイド

以上のように心底の本音を体系的に披露した中国人たちは最後にモンゴル人が書いた「毒草群」を列挙して、『大批判』誌の最後を飾った。以下はモンゴル人たちの「毒草群」である。

マルチンフーの著作：『茫々たる草原』、『春色に満ちた草原』(満眼春色的草原、短編小説)、『歌声』(短編小説)、『琴声』(短篇小説)、『草原の晨曲』(映画脚本、ジュランチチクと共作)。

オドセルの著作：『騎士の栄誉』(映画脚本)、『ダナバル』(劇の脚本、チムドルジと共作)、『アルマスの歌』(短編小説、後に映画脚本に改編)、『エイジ・ノール』(エッセイ集)。

ジャルガフーの作品：『紅路』(小説、後に劇に改編)。このほか、京劇『気概、山河を凌駕する』(気壮山河、石万英作)、ガンジョールジャブの歌劇『ウラーンポー』、詩人ナ・サインチョクトの『ウラーンバートル讃歌』と『タシケントの呼び掛け』、『ヘルメット犬の飯茶碗』、『富士山讃歌』、『草原、私の故郷』などである。

このように、モンゴル人の文藝作品はほぼ例外なくすべて否定された。ここまで徹底的にモンゴル人の作品を断罪している事実から考えると、やはり中国人たちは中国からモンゴル人とその文化を根こそぎ一掃しようとしていた狙いがはっきりとみえてくる。モンゴル人なき内モンゴル自治区を中国人たちは実現させたかったのである。血腥い殺戮と同時並行していたのは、文化的ジェノサイドである。

罪証となる映画のセリフ

マルチンフーの災難はまだ終わらない。1968年夏の7月15日に、中国人たちは『マルチンフーのブラック・スピーチを批判せよ』という冊子を印刷して配布した。「文藝戦線」における各種の群衆組織が合同で出したもので、マルチンフーが話したことと彼の日記、それに小説とエッセイ内のセリフを網羅している。「実際」にマルチンフーの口から発せられた言葉と文藝作品内のセリフをすべて本人の罪証としているのである。この断罪方法は異常な威力を発揮した（資料三：4）。

　　マルチンフーは中国のフルシチョフたる劉少奇と、現代の殿様たるウラーンフーの文藝界における喇叭手だ。（ウラーンフーの息子）ブヘをボスとする内モンゴル文藝界の反党叛国集団の急先鋒だ。彼は内モンゴルのショーロホフで、正真正銘の反革命修正主義者にして民族分裂主義者である。……彼はブヘとジュランチクク、ナ・サインチョクト（詩人）、それにチョクトナラン（劇作家）らと結託して叛国の作品をでっちあげ、ソ連とモンゴル修正主義者国家と接触し、毛沢東思想を悪意で以て攻撃した。

では、具体的に例示されている「罪証」をみてみよう。

「雲澤同志、早くお目にかかりたい」（1948年の日記）

「モンゴル人のなかにも悪人はいるが、どちらかというと、漢人のほうが悪人は多い」（文化大革命中の発言）

「おれはモンゴル人だ。モンゴル人が以前のように、羊のように他人に好き勝手に殺されてたまるか。モンゴルは復興しなければならない」（小説『茫々たる草原』内のセリフ）

「私はモンゴル人だ。銃を手にして立ち上がったのは、モンゴルの一ためだ」（小説『茫々たる草原』内のセリフ）

「私はモンゴル人だ。草原から絶対に出て行かない」（小説『茫々たる草原』内のセリフ）

「父は馬を放牧していた。父はガーダーメイリンとともに立ちあがって草原の開墾に反対し、一緒に戦死した。父が戦死した後、乗っていた斑模様の馬が帰ってきた」（エッセイ集『春色に満ちた草原』内の一文）

以上のように、日常的な会話を小説やエッセイ内の文と故意に同列にあつかって、断罪している。要するに、モンゴル人の口から出たとされるすべての言葉が罪とされていたのである。

マルチンフーはまた、「タシケントの葡萄のほうが新疆のよりも美味しい」と話したそうだ。1964年に新疆ウイグル自治区の作家が「ソ連修正主義国家へ逃亡した」にもかかわらず、マルチンフーはなんとソ連のウズベキスタン共和国の首都タシケントを称賛していた。このように、イデオロギーの面でも、中国はモンゴル人やウイグル人たちに絶対的な忠誠を強制しようとしてきたのである。

母国語で同胞と語らい合った「罪」

「内モンゴルのショーロホフであるマルチンフーを打倒せよ」

と自治区宣伝部の群衆たちが編集する『新文化』は1968年7月19日に「革命の大批判文」を載せた（資料三：5）。マルチンフーは自治区の最高責任者のウラーンフーとモンゴル人民共和国の指導者ツェデンバルがすすめる「内外モンゴルの統一合併の陰謀」に文藝界から協力したとされる。その「罪証」は以下のようになっている。

　　マルチンフーは文藝界におけるウラーンフーの密使として、何回もモンゴル修正主義国家のスパイ文人たちと接触し、内外モンゴルの統一合併について謀略的な活動をおこなった。1957年にモンゴル修正主義国家を訪問したとき、彼は同国の中央委員候補で、作家協会の書記ダ・センゲと結託した。そのとき、センゲは次のように話した。「(内モンゴルの詩人)ナ・サインチョクトの戦前の作品は火薬の匂いを帯びていたし、モンゴル人民共和国で暮らしていたころの作品には愛がこめられていた。しかし、内モンゴルに帰った後の作品には火薬の匂いも愛もない」。センゲはナ・サインチョクトに火薬の匂いを帯びた詩を書かせて偉大な中国を攻撃させようとしている。だから、ナ・サインチョクトは内外モンゴルの統一合併を美化した『ウラーンバートル讃歌』や『自由』のような詩を創作した。……

1958年にマルチンフーは（ソ連の）タシケントで開かれた会議に参加した。そこで彼とナ・サインチョクトはモンゴル修正主義国家の文人ツェ・ダムディンスレンが主催したレセプションに出席し、ソ連修正主義のブリヤート・モンゴルの作家やカルムイク・モンゴルの作家たちとモンゴル語で一晩中話し合った。彼らは中華人民共和国を転覆しようとしていた。……

モンゴル修正主義国家の作家協会の書記センゲが1957年にわが国の青島に来たとき、マルチンフーはつきっきりで一緒に行動した。マルチンフーはその際に新疆ウイグル自治区のモンゴル族自治州の州長ドルジをセンゲに引き合わせた。ドルジ州長は新疆に戻ってからまもなく修正主義国家へ逃亡した。

このように、モンゴル人の作家が同胞たちと母国語で語らいあったことが批判され

ている。ここで強調しておきたいが、上で例示したような批判は決して文化大革命期特有の現象ではない。現在においても、中国人たちはまったく同じような視線でモンゴル人たちを監視しつづけているのである。ひとりでも中国人がいれば、モンゴル人同士でも絶対に中国語で話さないと、民族分裂主義的な思想を持っていると疑われる。他民族を信用せず謀略の目でみるのが中国人の特徴である。

中国を祖国とみなさなかった親日反漢の詩人

マルチンフーが受難していたのとほぼ同じ時期に、もうひとりのモンゴル人詩人がすでに中国人たちからの攻撃に曝されていた。ナ・サインチョクトである。「ウラーンフーの反党集団のメンバーから『内モンゴルの民族詩人』と讃えられていたナ・サインチョクトという奴は何ぞや！」という鋭い批判文が1967年11月15日に『呼三司』に載った。ここで、中国人たちはモンゴルの「民族詩人」を徹底的に侮辱してみせた（資料三：6）。

　　ナ・サインチョクトは日寇の奴隷だ。……1937年、ナ・サインチョクトは沸騰するほどの民族熱と「素晴らしいモンゴル語の語学力（りょく）」からチャハルの封建的な王公たちに見いだされて日本留学に送りだされた。そのときから、彼の親日反漢にして祖国を裏切る反動的な生涯ははじまった。日本にいる間は、彼はきわめて反動的な作品、『沙漠の故郷』と『心の友』（心侶）などを発表して日本帝国主義の文化と衛生を謳歌し、中国人を殺害する日本のファシズムの軍隊を称賛した。彼は日本の悪魔ども（日本鬼子（リーベングイツ））の武士道精神のシンボルである富士山を賛美し、徳王と日本の悪魔どもが提唱する「大

モンゴル主義」に賛同して、「チンギス・ハーンから受け継いだ血が沸いている」と書いた。日本帝国主義と封建的な王公たちが支配するチャハル草原を幸せで、極楽世界のように美化した。……

　このようなナ・サインチョクトはすぐさま日本の悪魔どもに重用された。1941年に彼は日本の陸軍に呼ばれて、直接的に反ソ、反共、中国侵略に加担した。反革命の宣伝工作をするために、東京帝国大学の服部（四郎）教授の通訳となり、陸軍の宣伝誌『フロント』をモンゴル語に訳し、「皇軍不敗」を宣伝した。

　中国人たちが上で例示したことは、ほぼすべてが事実である。これは、中国人たちが驚くほどの情報収集の能力を持っていたことの証拠でもある。ナ・サインチョクトが実際に日本軍の『フロント』をモンゴル語に翻訳していたことは、島根県立大学の井上治教授によって解明されている［井上2005：11-34］。中国人たちは、政府の档案館（公文書館）のなかの極秘資料を用いて、モンゴル人ジェノサイドに利用していたのである。批判文の続きをみてみよう。

　1945年前後になると、日本の悪魔どもの失敗がみえてきて、徳王の偽蒙疆政権も揺らぎはじめた。ナ・サインチョクトも反革命的な「モンゴル民族の復興」のために周到な準備をした。彼は徳王に追随しながらも、別の反革命組織の「モンゴル青年党」を組織した。1945年7月、ナ・サインチョクトは古参の民族分裂主義者のブレンサイン（すでに逮捕）と日本のスパイであるデレゲルチョクト、ゴンブジャブ（徳王の秘書でアメリカに逃亡）ら20数名の命知らず

の連中とともにスニト右旗で秘密集会を開いた。彼らは「希望は外モンゴルにあり、内外モンゴルの統一合併のために戦おう」と計画し、モンゴル軍を迎える準備をしていた。……

　ナ・サインチョクトはその後実際にチャハル盟まで行って、モンゴル軍を出迎えて、祖国の裏切り者となった。彼はまた各地を走り回って、徳王の役人から新しい主人の家来となった。徳王政権の役人たち20数名を掻き集めて代表団を作って、ドロン・ノールに駐屯するモンゴル軍側の代表ラハムジャブを訪ねて、媚びを売った。……そして、『私たちは救われた』という詩を書いてモンゴル軍を褒め称えた。彼はこのようにして抗日戦争の勝利権をモンゴル軍に帰したのである。……しかし、9月になって、モンゴル軍が撤退することになると、彼の「内外モンゴル合併」の幻想も破れたので、ラハムジャブを頼ってウラーンバートルに逃げ、完全に裏切り者となったのである。

　では、中国と中国人を「裏切った」ナ・サインチョクトのどんな詩作が問題だったのだろうか。中国人たちは次の詩文を「罪証」にしている。

南と北
あらゆるモンゴル人に知られている
黄金色のトゥラ河は輝いている。
いにしえからのモンゴル人の心は
トゥラ河に流れている。
ここはモンゴル人の新しい都だ
その名をウラーンバートルという。

　このように、「モンゴル人の首都ウラーンバートル」との表現が気に入らなかった。ナ・サインチョクトはその後1947年11月に

57

自治政府が成立した南モンゴルに戻り、ウラーンフーの下で、ウラーンホト市にあった『内モンゴル日報』社につとめ、「民族分裂主義者のテムールバガナとエルデニトクトフらと結託し、モンゴル修正主義国家に情報を提供しつづけた」という。

ナ・サインチョクトはまたその「黒い手先」を言語界にも伸ばして、中国語からの外来語の借用に反対した。具体的には「祖国」を意味するモンゴル語をeke orunとし、どうしてもeke ulusを使おうとしなかった。eke orunはもともと「故国」や「故郷」を指し、モンゴル人民共和国で定着した表現である。一方、中国では1963年からソ連とモンゴル人民共和国を修正主義国家だと批判し出したことで、「母国」を意味するeke ulusを使うよう強制された。eke ulusを用いることで、モンゴル人の「祖国」はあくまでも中国だとの思想を叩きこもうとしていた。eke orunは国家を凌駕した概念で、モンゴリア全土をカバーする言葉である。モンゴル人の領土eke orunが二つの国家に分断されていても、モンゴルはひとつの不可分の民族である、との哲学が含蓄された言葉である。ここに、中国人たちは噛みついたのである。ここでも、私は再度、強調しておきたい。上で示したモンゴル人と中国人との対立は決して1960年代特有のものではない。現在も続く闘争である。

キリング・フィールドと化した文藝界

詩人の次は作曲家だ。『新文化』は1968年5月10日にトゥンプ（通福）というダウール・モンゴル人を批判の断頭台に追い上げた（資料三：7）。

　　　トゥンプは日本帝国主義の犬のような奴隷だ。だから、彼はウラーンフーの反党叛国集団の作曲家になって、民族分裂の活動をおこなってきた。彼は

ブレンサインらとともに統一党を作って、祖国を分裂させようとしていた。

いわゆる「統一党」とはまったく存在しなかった組織で、中国政府がモンゴル人を大量虐殺するために、事前準備の一環として1964年に摘発した「モンゴル人からなる分裂主義集団」で、トゥンプはその「ボス」だとされていた［楊　2009b：xxvii；2009c：62-64］。トゥンプの仲間として、『新文化』は自治区党委員会宣伝部副部長のトグスをはじめ、知識人のオセル、バトドルジ、ダムリン、ダワー、アルス、エンヘセン、ゴンボドルジ、金紹良らを挙げている。

作曲家の音楽界だけでなく、「美術陣地」もまた「ウラーンフーの反党叛国に占領された」、と中国人たちは主張する。モンゴルには、チンギス・ハーンの母親が五人の息子たちを集めて、それぞれ一本ずつ矢を渡して折らせたという物語がある。一本の矢は簡単に折れたが、束ねられた五本の矢は折れなかった、という話を画家たちは描いた。しかし、「この絵はモンゴル人同士を団結させて、狭隘な民族主義思想を強固にしてから偉大な中国共産党と対立させるためだ」、と断罪された。また、白い駿馬が狼と戦う『自衛』という絵画も「反漢排外」だと解釈された。草原で狼と遭遇した馬は果敢に立ち向かう、という民話はモンゴルの各地にある。恐らく、モンゴル人は誰も狼を漢族に譬えなかったものの、中国人たちは実に変幻自在に解釈して、モンゴル人たちをキリング・フィールドに駆り立てていったのである。

文化財の収集と博物館展示においても、モンゴル人たちは「罪を犯した」。ウラーンフーの意図を汲んだ内モンゴル博物館の文浩館長は各地を歩き回ってモンゴル最後の大ハーン、リクダン・ハーンをはじめ、ジュンガル・ハーン国のガルダン・ハーン、近

現代に入ってからのダムディンスレンとガーダーメイリン、シニ・ラマ（ウルジージャラガル）、ワンダンニマらに関する文物を集めてきて、博物館内で展示した。そのような展示の内容に中国人たちは不満だった。

　　シニ・ラマは内モンゴル人民革命党のボスで、封建社会の上層階級のラマだ。……ワンダンニマも内モンゴル人民革命党の党員だ。トクトフは裏切り者だし、ダムディンスレンは野心家にして陰謀に長けている。ガーダーメイリンは封建的な王公の奴隷だ。こんな悪人どもに関する文化財を文浩は集めてきたのである。……彼はウラーンフーと王再天の指示で、1964年に何とオルドスのウーシン旗にあるガルート・スメ寺を自治区の文化財に認定した。この寺はシニ・ラマとワンダンニマ、それに文浩たちが民族分裂活動を展開させた拠点である。

　もはや、批判されずに残るモンゴル人はひとりもおらず、否定されないモンゴル文化はひとつもない。ジェノサイドの環境はこのように確実に整えられていったのである。『新文化』は最後に「自治区文藝界における輝かしい戦果」を誇示してみせた。「1967年11月以来、すでに212名もの走資派と叛徒、スパイ、それに民族分裂主義者どもを揪み出した」、という「戦果」である。

　　昨年11月12日に江青同志が発表した講話は、文藝界における階級の敵人に対する総攻撃を命じる号令である。自治区文藝界の革命的な群衆たちも江青同志の講話に励まされて戦馬を駆って突進し、ウラーンフーの反革命の文藝界における反革命の勢力とその社会的な基盤を一掃した。……民族分裂主義

者とスパイどもは歌舞団のボインバトとデブシフー、ミンタイ、賈作光、ウルナー、トゥンプ、ハジャブ、ボインデレゲル、文化芸術聯合会のナ・サインチョクトとムンヘボイン、マルチンフー、京劇団のドンライ、電影（映画）学校の張西と図書館の任以恵と白瑩、オペラ団のエンヘセンとゴンボドルジ、新華書店の杜国璋、文化局の金起先、席宣政などである。

　このように、「ウラーンフーのブラック・ラインを抉りだして、その毒害を一掃する運動は勝利の新段階に入った」、と中国人たちは自信満々にジェノサイドを推進していたのである。

　上で示したように文藝界におけるモンゴル人たちを批判してから、『新文化』は次のように締めくくった。「敵どもから目を離すな！彼らとの闘争はこれからだ」、という。モンゴル人知識人たちはほぼ全員倒されたが、ウラーンフーの息子の嫁ジュランチクは反省文を書こうとせずに、「首を斬られても、私は罪を認めない」と抵抗しているそうだ。ほかに作家のマルチンフーとオドセル、ジャラガーフー、劇作家のチョクトナランなど、まだその「反動的な雑誌『花の原野』と『草原』を陣地に革命を破壊しようとしている」、と中国人たちも闘志満々である。

4.2　「二つの顔を持つ」政治家たち

　中国人たちはずっと「協力的なモンゴル人」を探し求めていた。「モンゴル人協力者」たちもしばらく利用された後は簡単に捨てられた。「夷を以て夷を制す」謀略の一環である。「モンゴル人協力者」もまた「二つの顔を持つ連中」のなかから選ばれた。自治区党委員会書記処書記の王再天（ナムジャルスレン）と宣伝部副部長のトグスである。

揪みだされたモンゴル人政治家

　王再天は前門飯店会議で東部出身者として、「西部のトゥメト地域出身者を優遇したウラーンフーを猛烈に批判した功績」があった［啓之　2010：107］。それでも、彼は中国人たちの信頼を得られず、1967年11月1日に自治区革命委員会が成立したときも、革命委員会のメンバーにはなれなかった。トグスは文化大革命前から「反ウラーンフー的」だと中国人たちに認められて、宣伝部門の造反派組織「魯迅兵団」の顧問に任命されていた。彼は毛沢東の直々の許可によって、革命委員会の委員に名を連ねていた［高樹華　程鉄軍　2007：290；楊　2009b：154-160］。二人のモンゴル人政治家のうち、トグスは1967年11月24日の夜に「揪みだされた」。まもなく王再天も「革命の陣営に最も深く潜伏していた敵」として、1968年1月28日に摘発された。ここから、モンゴル人ジェノサイドはひとつのピークを迎えた。

　トグスと王再天が逮捕されたことで、南モンゴル東部出身者たち、すなわち「内モンゴル人民革命党の指導者ハーフンガの一派」の受難が正式にはじまったことを意味している［高樹華　程鉄軍　2007：299, 331］。ここから、「ウラーンフーの黒いラインに属す者たちと内モンゴル人民革命党員たちは実は同じ組織で、どちらの最高責任者もウラーンフーだ」との断罪がスタートした。西部も東部も、モンゴル人だったら、全員が中国政府と中国人にとっては「民族分裂主義者」となったのである。

矛先は内モンゴル人民革命党へ

　第一次資料は語る。早くも1967年10月15日の段階で、まだ自治区革命委員会も成立していなかった時期に、内モンゴル農牧学院の「革命烈火紅衛兵」と「東方紅紅衛兵」、それに「東方紅戦闘隊」が連名で「王再天同志は党と人民と対立するのか」というビ

ラを配布して批判の先陣を張っていた（資料三：8）。この農牧学院には王再天の息子も在学していた。

　「王再天先生は敵と味方を混同しているのではないか」

　と紅衛兵たちは鋭い。ウラーンフーの息子ブヘを庇った発言が引き金となっている。「ブヘは大人しい人だ。彼は共産党に抵抗していない」、と王再天は以前に話したことがあるという。このように、モンゴル人の政治家が別のモンゴル人に対して正当評価しただけで、「同じ一味」だとされる社会の実態である。

　中国政府と共産党によって高度に組織された各種の造反派たちは決して無謀な行動を取らない。事前に綿密な計画を練りあげて、周到な世論を作ってから、相手のモンゴル人たちを撲滅する。王再天を逮捕するときも例外ではなかった。彼が捕まる10日前の1968年1月18日に、呼三司グループに属す内モンゴル医学院の大学生たちからなる「東方紅紅衛兵総部」は「反党的な内モンゴル人民革命党を庇う王再天の罪は万死に値する」との批判文を掲示した[7]（資料三：9）。「モンゴル人反革命分子を庇う」と同類とされるが、「反動的な内モンゴル人民革命党を庇護した」となると、やがては本人もその一員とされるのは、時間の問題だった。批判文はいう。

　　かつての一時期に目立っていた内モンゴル人民革命党はいまや犬の糞よりも臭い存在となった。これは、毛沢東思想の勝利である。
　　臭い組織の内モンゴル人民革命党は古参の民族分裂主義者のハーフンガと

---

[7] 医学院紅衛兵の批判文は六回目となっていることから、実際はもっと早い時期から王再天を粛清しようと動いていた、とみて間違いがなかろう。

トグスらが創った、反党にして反人民で、内外モンゴルの統一合併を鼓吹する民族分裂主義の反革命団体である。この党は1946年2月に解散したことになっているが、共産党と人民を敵視する思想を放棄していなかった。……1946年4月3日以降、ハーフンガとトグスらは「現代の殿様」たるウラーンフーによって共産党内に迎え入れられた。ここから、彼らは共産党の外套をまといながらも内モンゴル人民革命党の未完成の目標を実現させようと分裂活動を展開した。長い間、内モンゴル人民革命党がプロレタリアート専制と共産党と国家による制裁を受けていなかったのは、王再天によって守られていたからである。王再天も反革命の修正主義分子にして民族分裂主義者で、反動的な軍閥である。

王再天は自治区公安部長、公安庁長、自治区政府副主席兼党書記処書記といった重要なポストを歴任していたので、権力で以て民族分裂の活動を翳から支えてきた、と中国人たちはみている。では、王再天は具体的にどんな「反動的な人物たちを庇ってきた」のだろうか。

虐殺のための世論形成

まず、トグスである。トグスは1957年に言語学者のエルデニトクトフ（写真5）らとともに「内外モンゴル名詞術語統一委員会」（四三人委員会ともいう）を組織して、「われれの首都はウラーンバートル」だとの「反動的な思想を広げた」という。

次は内モンゴル医学院の学院長のムレンと衛生庁の副庁長のイダガスレン、内モンゴル自治区人民委員会副秘書長のガルブセンゲ、内モンゴル賓館（ゲストハウス）のボインブヘなどである。これらの人物は「みな民族分裂主義

者にして日本とモンゴル修正主義国家のスパイである」。「日本の協和会の会員で、日本のスパイであるテンヘ」も含まれる。「民族分裂主義者政党の内モンゴル人民革命党の黒幕はほかでもない王再天だ」、と紅衛兵たちは結論を出している。

内モンゴル自治区革命委員会は1968年4月26日に毛沢東と共産党中央委員会に「内モンゴル人民革命党の叛国事件」を報告し、7月には自治区革命委員会第三回拡大会議を開いて内モンゴル人民革命党の性質について議論し合った。そして、7月20日には正式に「内モンゴル人民革命党に関する処理意見」が採択されて、大量虐殺も正当化されたのである［楊　2010a］。こうしたその後の経緯と照らし合わせてみると、モンゴル人ジェノサイドの世論作りは早くも1968年1月からはじまっていた、と断定してよかろう。この1月の段階での断罪方式と7月20日に出された正式の公文書の内容がほぼ一致しているからである。

モンゴル人の王再天を批判するか否かは、単なる一個人の問題ではない。中国人たちは王再天をめぐる攻防を次のように定義した。

　　1966年は普通の年ではない。1966年は、世界の革命的人民の導師で、われわれの偉大な領袖の毛主席が世界を震撼させる文化大革命を発動した年である。……あなたは革命派か。ならば、毛主席がおっしゃる通りに、「恐れずに皇帝を馬から引きずり下ろせ」との精神でウラーンフー反党叛国集団を打ちのめそう。お前がもし反革命派ならば、（王再天のように）ウラーンフーを庇うだろう。

このように、中華思想に基づいて毛沢東を「世界の革命的な人民の導師」だと自己

写真5　言語学者のエルデニトクトフ（前列中央。前列右端は詩人のナ・サインチョクト）。1953年に『毛沢東選集』のモンゴル語訳に携わっていた頃に、北京で撮った一枚。*Erdenitoghtaqu*, 1, Öbür Mongghol-un Soyul-un Keblel-ün Qoriy-a, 2010年より

称賛する中国人たちは、モンゴル人同士がお互いに連携するのを防ごうとしていたのである。

草原に響く「殺せ」の怒号

　王再天を「揪みだす」のに、急先鋒を演じたのは呼三司系統に属す内モンゴル医学院の「東方紅公社」と「東方紅紅衛兵総部」である。この二つの組織は1968年1月18日に『内モンゴルの陶鋳たる王再天を打倒せよ』との冊子を印刷して配布した。冊子の表紙では王再天の再という字を逆さまに書いて、打倒した実態を紙面上においても演じてみせている（資料三：10）。資料は流麗な文章からはじまる。

　「千里の草原を駿馬は疾駆し、青山の麓か

ら殺せとの怒号が聞こえてくる」、と医学院の中国人たちは声明を発している。もちろん、これは「モンゴル人を殺せ」との声明文である。冊子によると、「我慢できなくなった」医学院の紅衛兵たちは1月18日の夜に王再天とその夫人で、医学院の党書記になっていた張暉を逮捕して監禁した。医学院が熱心だったのは、夫人張暉がこの大学につとめていたからである。翌19日には夫婦を批判闘争大会に連行して立たせた。今日の私たちに伝わる「王再天を批判闘争する写真」もそのときの様子を記録したものである（資料三：10, p5）。王再天は「大悪人にして大牧主、そして大軍閥だ」と断罪されている。王再天は北京の前門飯店会議では「ちょっとだけウラーンフーを批判す

るふりをみせたが、実際にウルトナスト（奎
壁）を揪みだしたら、モンゴル人ばかりが
やられている」と発言していたのも、「罪」
となっている。では、王再天とは、いかな
る「悪人」だろうか。紅衛兵たちが暴露し
た真相は以下の通りである。

　　王再天はまた王興山、王雲武、ナム
　ジャルスレンという。1907年に遼寧省
　の遼源県鄭家屯の大地主の家、犬が棲
　むような洞穴のなかに生まれた。祖父
　母とともに1,500畝もの土地を擁し、
　1,000頭以上もの家畜を持っていた。
　……王再天の最初の妻は、旗の王府
　（ジャサク家）の役人の娘だった。……
　彼は7歳のときから反動軍閥の教育を
　受けて育ち、17歳になると、国民党が
　東北で作った訓導処に入って、反革命
　分子の蒋介石の胸に飛びこんだ。

王再天は1936年に共産党員になり、ウラー
ンフーの指導下で王爺廟に創立された内モ
ンゴル自治政府の公安部長のポストについ
た。1946年から「平和的な土地改革」がは
じまると、王再天の家族も「地主」に認定
されて、「土地」などの財産も没収され、家
族も漏れなく暴力を受けた。しかし、公安
部長だった王再天に守られて、「人民による
制裁」も免れたという。

売国の「罪証」
　長い間、公安と検察、それに対外交流な
どを管轄し、自治区政府常務副主席兼共産
党政法委員会書記のポストに就いていた王
再天はその「権力を乱用して数々の民族分
裂活動者たちを庇ってきた」という。中国
人たちは具体的な例を挙げている。
　まず、1957年に王再天はウラーンフーと
トグスらとともに、「内外モンゴル名詞術語
統一委員会」（四三人委員会）を組織し、「ソ

連修正主義国家のキリル文字を内モンゴル
に導入した」。1963年には、内モンゴル自治
区外事弁公室副主任で、「民族分裂主義者に
して内モンゴル人民革命党の党員である ガ
ルブセンゲが勝手に3万頭もの家畜を放牧
できる草原をモンゴル修正主義国家に割譲
した」。中国と外国との領土の確定作業にお
いて、「無原則にモンゴル修正主義国家に譲
歩した」ガルブセンゲを王再天は庇いつづ
けた。1962年11月1日の夜、シリーンゴル
盟の副盟長ソンドゥイと裁判所の副所長ナ
ムジャルポンスク、軍分区副司令官のトク
トらが「秘密の集会」を開いた。三人は「モ
ンゴル人は同化されてしまい、子供たちは
モンゴル語も話せなくなった」とか、「ス
ターリンさえいなければ、内外モンゴルは
とっくに統一されているし、ブリヤートだっ
てモンゴル人だ」とかのように、「反革命の
言論をくりひろげた」。しかし、王再天は
「彼らは考えていることを話しただけで、実
際に政治団体を作ったわけではない」とし
て見逃した。この1962年冬にシリーンゴル
盟で発生した「秘密集会」はまた「ト・ナ・
ソン事件」といい、のちにモンゴル人大量
虐殺運動の口実となっていったのである。
王再天も「事件」に善処しなかったとの口
実で、批判されたのである。
　王再天への断罪は続く。「王再天はウラー
ンフー反党叛国集団の番頭だ」、と中国人た
ちは話して、「証拠」を示している（資料
三：10, p16-22, 37）。ウラーンフーはとにかく
モンゴル語の学習を強調していたが、王再
天もその殿様たるウラーンフーに倣って、
「モンゴル語教育を強化して、民族の文化を
復興させよう」と演説したことがある。中
国語から新しい言葉を借りようとせずに、
「モンゴル修正主義国家のウラーン・ティア
タルという表現を愛した」。ウラーン・ティ
アタルとは「赤い劇場」との意味である。
同胞の国からの、同胞たちとまったく同じ

63

言葉を愛する行為はすべて「毛主席に抵抗した罪」である。

文明間の衝突を演じた原罪

　王再天はまたウラーンフー同様に牧畜地域に暮らすモンゴル人社会では階層がなく、階級を区分する必要もないとして、階級闘争論を学ぼうとしなかった。彼はまた「俺はモンゴル人だ」と話して、党中央が1962年にフルンボイル盟の嶺北草原を開墾するのに「頑迷に抵抗した」。

　　1962年6月に開かれた自治区人民委員会第20回拡大会議の席上で、王再天はウラーンフーを前にして演説した。「フルンボイル盟の嶺北草原は確かに黒土に覆われている。分厚くみえるかもしれないが、開墾したら、次の年にはもう沙漠になる。これを国家農耕部は知らないかもしれないが、われわれは知っている。以前に日本の悪魔どもあそこを開墾したかったが、モンゴル人に反対されてできなかった。この経緯については、ボインマンダフ老とハーフンガ主席は知っているはずだ」、という。みてください。王再天は何と、私たちの党中央を日本の悪魔どもと並列しているのではないか！

　「民族分裂活動」の中味もいろいろあるが、何よりも先鋭化していたのはやはり、草原開墾である。中国人は草原を荒地だとみて開墾して農耕を広げ、「立ち遅れた蒙古人を文明的な農民に改造しよう」とする。これに対し、モンゴル人たちは沙漠化を防止しようとして伝統と環境を守ろうとする。この文明間の衝突が民族間紛争の形で現れ、ジェノサイドの発動原因となったのである。王再天もウラーンフーもこのような壮大な文明間の衝突の主人公たちだったのである。

この文明間の衝突は、未解決のまま今日まで続いている。今後も続くに違いない。

　王再天は確かにウラーンフーに重用され、抜擢されつづけてきた。1947年5月に成立した内モンゴル自治政府の公安部長に任命されたのを起点に、その後は内モンゴル軍区の副司令官となり、司令官ウラーンフーの後継者とまで目された。ウラーンフーと同じ庭に住み、延安派の側近たちの嫉妬を買っていた。そのような王再天は1966年5月の北京前門飯店会議で「ウラーンフーを軽く批判するふりをしただけで病気と称して会議から離脱した」。そして、「あなた（すなわちウラーンフー）が今日、こんなひどい目に遭わされたのも、私たちのいうことを聞かなかったからではないか」と恨み節を披露した、と中国人たちは批判する。このように、中国人たちからすれば、南モンゴル東部出身の王再天は確かに「延安派よりもウラーンフーに忠誠を尽くした、二つの顔を持つ連中（双面料）」であろう。

否定された民族自決の歴史

　「王再天は内モンゴル人民革命党の黒幕だ」、と中国人たちはモンゴル人の歴史に斬りこむ。個人を粛清しただけでは満足せずに、その「社会的な基盤」の破壊こそが最終的な目標である。したがって、1946年2月に解散したはずの内モンゴル人民革命党も「実際は地下に潜伏して活動を続けてきたし、そのボスのハーフンガとトグスらを共産党に無理矢理に入れたのも、ウラーンフーと王再天だ」、と批判文は分析している（資料三：10, p25-26）。

　日本が敗退した後、内モンゴル自治区公安庁は過去を清算するために、『内モンゴルにおける党派と日本のスパイ組織に関する資料』を編集したことがある。林立していた各種の団体の性質を分析し、日本統治時代の影響を一掃するためである。ウラーンフーと王再天は、モンゴル人たちは自民族を愛するためにさまざまな組織を結成して活動したとし、決して「無原則に日本帝国主義に協力した」わけではない、と結論づけていた。ところが、こうした結果に中国人たちは当然、大いに不満だった。「さまざまな団体に入ったモンゴル人たちはみな民族分裂主義者だし、その多くを王再天が共産党に入れたのは、ひきつづき分裂活動をするためだ」、と解釈された。たとえば、本書の冒頭で詳しく描いたオルドスのイケジョー盟の書記ボインバトもそのようなひとりだとされている。「ボインバトは反動的な内モンゴル人民革命党の中堅で、日本のスパイで、古参の民族分裂主義者だ。しかし、このような人物を王再天は庇いつづけてきた」、という（資料三：10、p33）。このように、モンゴル人たちが歩んできた近現代の歴史を中国人たちは全面的に否定しようとしていたのである。

　1968年1月24日、内モンゴル大学の紅衛兵たちからなる26もの団体が合同で「ウラーンフー反党叛国集団の中堅である王再天を打倒する声明」を発表した（資料三：11）。「内モンゴルの文化大革命はハーフンガとトグス、それに王再天たちを揪みだしたことで、勝利を得た」との宣言である。自治区の社会全体では「ウラーンフーとハーフンガ、それにトグスと王再天の家来どもをみつけ、学内においては牙含章と副学長のバトらをやっつけよう」、と学生たちは決心している。副学長のバトがどのように闘争されたかについて、後にまた述べる。

モンゴル人エリートの全滅

　大学生たちの燃える闘志に比べると、内モンゴル人民委員会弁公室の「紅旗」グループはもっと円熟した戦略を持って、モンゴル人の王再天を大量虐殺運動に利用した。「反革命修正主義分子の王再天を打倒せよ」

という1968年1月27日づけの冊子は、政治に慣れた中国人たちの老練な文章からなっている（資料三：12）。

　　現在、内モンゴル自治区は全国と同じように素晴らしい情勢下にある。プロレタリアートたちと革命的な群衆たちは毛主席の偉大な戦略にしたがって、ウラーンフーの残党どもと戦っている。人民の戦争により、反革命修正主義分子のトグスとムレン（医学院長）、ガルブセンゲ（自治区人民委員会副秘書長、外事弁公室副主任）たちとその背後の黒幕である王再天を揪みだした。これは、毛沢東思想の勝利である！

　上で示した文章は決して単なる政治的なスローガンではない。毛沢東の直接的な指示により、人海戦術（人民戦争）でモンゴル人のエリートたちがその最高指導者のウラーンフーとともに一網打尽にされた結果が例示された文章である。批判文は「証拠」として、王再天をトップとするモンゴル人「反革命分子たち」の組織図を挙げている。公安庁のビリクバートルと雲世英、潘啓哲、最高裁判所のテムールバガナと王一民、最高検察院の張如崗と王建奎、人民委員会弁公室の魯志浩とガルブセンゲ、民政庁のウリトなどである。「証拠」に依拠してジェノサイドを組織的に推進していたことを物語る資料である。

　モンゴル人たちは目にみえる形で粛清されていった。世間でも「モンゴル人ばかりがやられている」（尽打蒙古人）という見方が広がっていった。中国人たちはそのような大衆からの批判に反論するために、「革命家」（フビスガルト）というペンネームで「〈モンゴル人ばかりがやられている〉説は、謬論である」との文を1968年2月3日に『呼三司』に載せた（資料三：13）。

65

みろ！彼らはどんなモンゴル人か！どんな少数民族の幹部か。彼らはウラーンフーとウルトナスト（奎璧）とジヤータイではないか。彼らはハーフンガに代表される古参の民族分裂主義者たちではないか。……彼らも確かにモンゴル人だが、しかし、彼らはモンゴル民族のなかの悪人どもで、あらゆる民族の敵人である。

「モンゴル人ばかりがやられている」との見解が人々の間で広まりつつあったとしても、中国人たちは怖くない。モンゴル人たちの抵抗よりも、「王再天のような革命の陣営内に潜りこんで、裏から民族分裂主義者たちを庇護する敵をみつけよう」とひきつづき虐殺運動を一層、推進していった（資料三：14）。ウラーンフーが打倒されたら、必ず「ウラーンフーをボスとする反党叛国集団」も受難するし、王再天が「揪みだされたら」、絶対に彼の「各界に分布する家来ども」も逃げられなくなる。これは、中国という国家における政治闘争の一般的な展開方式である。

共産主義思想に反対したチンギス・ハーン
まず、文化教育界におけるモンゴル人たちの粛清をみてみよう（資料三：15）。内モンゴル自治区教育庁の「険峰[8]」と「硬骨頭」、それに「紅色風暴」という群衆組織が『教育戦鼓』に1968年2月15日に載せた文である。

　　王再天はウラーンフー反党叛国集団の中堅で、大軍閥で、大蒙奸である。彼は資本主義を復活させようとして、内モンゴルを祖国から分裂させようと

してきた。内外モンゴルを合併させるために、彼は20数年にわたって、ウラーンフーとハーフンガらとともに文化教育界で数々の悪行をはたらいてきた。……

祖国を分裂させるために、ウラーンフーと王再天らは1954年に甘粛省からチンギス・ハーン陵を移動させた。その際に、王再天は自ら主任となって、30数人からなる代表団を作ってチンギス・ハーン陵を運んできた。……その後、オルドスのチンギス・ハーン陵に高さ2.76メートル、広さ1.95メートルのチンギス・ハーン像を建てて、まわりに壁画を描いた。「チンギス・ハーンが諸民族と諸部族を統合し、一致団結して狩猟と遊牧を改良して先進的な技術を導入して、外敵の侵略を撃退した」、という内容である。……

同士の皆様、みてみなさい。ウラーンフーと王再天らはこのようにチンギス・ハーンの屍体を使って、800年も前の思想で以て共産主義に抵抗しようとしている。これは、彼らも大モンゴル帝国を再建しようとしていることの証拠である。……

王再天はまたハーフンガとともに、ことあるごとに「蒙漢兼通」を強調して、モンゴル語教育を強化しようとした。彼は何と、「交通を管轄する警察もモンゴル語を学びなさい。みんなモンゴル語を勉強すれば、10年後の自治区はジュネーブのような（多言語社会になる）」と話していた。……王再天はまた「モンゴル語専科学校には500万人ものモンゴル人たちの共産主義文化を発展させる義務がある」と演説した。同志の皆様、内モンゴルの1,300万人の人民のなかのモンゴル人は200万人で、全世界のモンゴル人人口が500万人になる。

---

[8] 険峰とは、毛沢東の漢詩「無限の風光、険峰に在り」から取ったものである。

王再天が500万人云々と話すのは、「チンギス・ハーンのモンゴル」を復活させたいからだ。

このように、モンゴル人の政治家が母国語教育を重視したこと、民族の開祖を神聖視したことが「祖国を分裂させた証拠」とされている。このことは、中国人たちはモンゴル人に「祖国は中国で、モンゴル人の開祖もチンギス・ハーンではない」という理念を強制しようとしていた事実の現れである。大量虐殺と同時に、熾烈な文化的ジェノサイドも進行していたのである。

フフホト市革命造反聯絡総部が発行する『聯合戦報』は1968年2月8日づけの表紙を毛沢東の肖像画で飾った。『聯合戦報』によると、1968年2月6日、「民族分裂主義者王再天の反革命修正主義の罪を暴露する大会」が内モンゴル自治区政府人民委員会の大ホールで開かれたという。大会には王再天と夫人の張暉のほかにトグスとムレン医学院長、衛生庁副庁長のイダガスレンら「馬鹿な連中」（混蛋）も「揪みだされていた」という。モンゴル人たちを暴力的に闘争する様子はラジオ放送を用いて全自治区に伝えられた。「奴らは反大漢族をすすめ、中国の権益を無視して、大モンゴル帝国を復活させようとしている」、と中国人たちの怒号が冬のフフホト市の空に鳴り響いていた（資料三：16）。

ジェノサイドの推進力

日本が1945年8月以降に南モンゴルから撤退した後、満洲国とモンゴル自治邦（蒙疆政権）のモンゴル人エリートたちの一部がモンゴル人民共和国の諜報員になった［伊河　烏雲　納日松　2007：193-195］。当時、内外モンゴルは統一合併される、と南北モンゴルの人たちは誰もそう信じて疑わなかったので、喜んで世界革命の一環としてモンゴル人民共和国に協力した。しかし、『ヤルタ協定』により、モンゴル人の領土の一部が中国に占領されることになったものの、内モンゴルのモンゴル人たちとモンゴル人民共和国との緊密な行き来はまだつづいていた。たとえば、国民党政府軍からの攻撃を受けたウラーンフーと王再天らは1946年秋に家族をモンゴル人民共和国に避難させていた。1947年10月には、ウラーンフーと王再天たちがハーフンガの忠実な部下である郝永芳（ラクシャンビリク）に守られて大興安嶺南麓のアルシャンからモンゴル人民共和国に入国している。モンゴル人民共和国はさまざまな形で同胞たちの対国民党の闘争を支援していたし、中国共産党もそれを活用していた。しかし、後日になって、モンゴル人民共和国と交流していた人たちは例外なく「民族分裂主義者」とされた。『聯合戦報』も1957年にウラーンチャブ盟の副盟長のワンチンはまだモンゴル人民共和国の公安関係者と接触していたと批判する。また、1950年代にモンゴル人民共和国側が200名あまりの「逃亡犯」を中国に強制送還してきたが、自治区側は彼らを「制裁せずに辺境地帯に住まわせた」。これらもすべて王再天が庇っていたからだという。いわゆる「逃亡犯」たちとは、内外モンゴルの統一合併がソ連によって阻止された後に、中国の一部になるのを拒絶してモンゴル人民共和国に亡命した人たちのことである。

『聯合戦報』はまた「内モンゴル自治区革命的人民に告げる書」という宣言文を掲載した。宣言書は「この王再天が」（這個王再天、還是這個王再天）という言葉をくりかえし使い、殺気に充ちた批判文をモンゴル人たちに浴びせた。

この王再天が、権力を乱用して反大漢族主義の運動をすすめた。この王再天が、民族分裂主義の活動を展開した。この王再天が、祖国を転覆しようとしている。ウラーンフーはすでに打倒されて地面に転がっているので、この王再天の死期も近い！

　鋭利な文章はジェノサイド推進の促進力となる。このような文章を熟読した中国人たちはモンゴル人の故郷をキリング・フィールドに変えていったのである。『聯合戦報』はまた王再天がウラーンフーやモンゴル人民共和国の指導者ツェデンバルらとともに撮った写真を何枚も証拠として掲載して、「修正主義国家に媚びを売り、反党叛国集団を結成した事実」を示した。「私たちは档案館内の資料に依拠して反革命分子たちを批判している」、と中国人たちは宣言している。中国人たちの世論作りのための行動もすべて政府の指示の下で推進されていたのである。中国では、政府の正式の認可がない限り、档案館に入ることすらできないからである。

簒奪されたモンゴル人の歴史

　『聯合戦報』は1968年３月14日にも前号につづいて王再天をやり玉にあげた。王再天の問題は彼個人にとどまらずに、南モンゴルのモンゴル人たちの近代革命の性質をどのように位置づけるかに関わっている。中国政府の意図を汲んで、中国人は次のように主張する（資料三：19）。

　　内モンゴル自治区は偉大な中華人民共和国の不可分の神聖な領土である。内モンゴル人民の歴史も、国内外の階級の敵と闘った、階級闘争の歴史である。

　南モンゴルが中国の領土とされたのは、1945年に大国同士で結ばれた『ヤルタ協定』の結果である。モンゴル人は誰ひとりとして、ヤルタの密室会談に参加していなかっ

た。モンゴル人が19世紀後半からずっと実現しようとして奮闘してきた歴史、すなわち中国人を草原から排除して、中国から独立しようという理念に基づく歴史が、階級闘争の歴史に置き換えられた。百歩譲って、たとえ、モンゴル人の歴史が階級闘争の歴史であったとしても、モンゴル草原を開墾して、モンゴル人を貧困のどん底に追いこんだのは中国人である。中国人がモンゴル民族を搾取し、抑圧してきたという階級闘争の歴史である。共産主義に憧れていたモンゴル人の民族主義者たちもモンゴル民族の衰退の原因は中国人による支配にあると分かっていたので、「階級闘争もつまるところ民族間の闘争である」と主張した［楊2013b］。毛沢東はこれとまったく反対に「民族問題もつまるところ、階級闘争である」と唱えていたので、モンゴル人と中国人との対立は避けられなかったのである。それは、革命の性質をめぐる対立だったからである。

　王再天は以前にモンゴル人民共和国を1951年７に訪問したときに、モンゴル服を贈られたので、それを纏って写真を撮ったことがある。中国人たちはその写真を1968年３月21日づけの『聯合戦報』に掲載して、×印を付けた。そして、李旭昇という人物を登場させて、王再天がいかに中国人たちを排斥してきたかを立証しようとしている（資料三：20）。「共産党の延安の精神ではなく、偽満洲国の精神に王再天は憧れていた」、と批判する。

　「王再天の最大の罪は、内モンゴル人民革命党を庇ったことだ」、と紅衛兵たちの『呼三司』は1968年３月13日[9]にこのように断罪した。「解放した初期において、わが内モン

---

[9] 『呼三司』は第三版の日付を1968年３月９日とし、第四版を1968年３月13日としている。これは、第三版の日付が誤植である。

ゴル自治区の東部において、日本と偽満洲国の勢力が強かった。ソ連とモンゴル人民共和国のスパイどもと民族分裂主義者たちが結託し合って、内外モンゴルの合併をすすめた」、と『呼三司』は論評する。ここに至って、中国政府と中国人たちの目的はみごとに達成できた。「根本から紅い延安派」を粛清したし、「東部出身でありながらも、延安派に追随した、二つの顔を持つ連中」も打倒できた。虐殺の矛先はいよいよ東部の「日本刀を吊るした奴ら」に向けられるようになった。「古参の民族分裂主義者たちはトグスとテムールバガナ、ウリト、ドグルジャブ、ウルジーナラン、ゴーシンサイ、ウルジーオチルなどである」、と具体的な名前も網羅された。以下では、「日本刀を吊るした奴ら」が如何にジェノサイドのギロチン台に追いやられたかが主題となってくる。

五 「日本刀を吊るした偽満洲国の奴ら」

モンゴル人を粛清して虐殺する運動はついに南モンゴル東部出身者たちを呑みこむまでに発展してきた。いわゆる「日本刀を吊るした奴ら」を一掃するキャンペーンである。東部出身者たちの失脚は1967年11月24日夜に、自治区党委員会宣伝部副部長にして、造反派の魯迅兵団の顧問であるトグスが「揪みだされた」ことからスタートしている。

5.1 ナンバー・スリーの重要性

法網から漏れた大物の民族分裂主義者
トグスが打倒されて3日後の11月27日に、内モンゴル語言委員会（略して語委）の『東方紅』誌が「トグスを討つ特集号・一」を

出した。「トグスはハーフンガの決死隊員にして、法網から漏れたウラーンフーの反党叛国集団の一員で、反革命修正主義分子にして民族分裂主義者だ」と断罪された（資料四：1）。以下はその具体的な「罪状」である。

1945年8月15日以降に、ハーフンガが蒙奸と日本のスパイども、王公と牧主、地主と匪賊のボスたちを糾合して「内モンゴル人民革命党」の黒い旗を立てた。この党は徹底的に反動的な民族主義者集団で、叛国組織である。この党は中国共産党の指導を完全に拒否し、内モンゴルを祖国の大家庭から分裂させて、外モンゴルと統一させようとするものである。トグスは、この党の青年部部長と内モンゴル青年同盟の総書記、機関新聞の総編集長などを担当した。「内モンゴル人民革命党」の臨時綱領と青年同盟の歌も彼が創作したものだ。青年同盟の歌も中国共産党の指導を否定し、モンゴル修正主義者たちを謳歌し、民族分裂を鼓吹したものである。

1945年の9月から10月にかけて、「内モンゴル人民革命党」はまた内外モンゴルの合併を求める署名運動をすすめ、10月にはハーフンガが代表団を率いてモンゴル人民共和国に入って叛国活動をおこなった。ハーフンガの留守中に王爺廟（現ウラーンホト）で署名運動を陣頭指揮していたのは、トグスである。1946年2月、モンゴル人民共和国から帰ったハーフンガは王爺廟で「東モンゴル人民自治政府」を建てようとして、国民党の支持を得ようと画策した。大物のスパイであるアチンガーの紹介により、ハーフンガは2月に長春で国民党東北行営副主任の董彦平と国民党興

安省省長の呉煥章に会ったが、彼らの傍には常にトグスがいて、政治的な取引に参加していた。……その後、トグスはまたモンゴル人民共和国へ逃亡しようとしたが、ハイラルでわが方に拘留された。1947年5月1日、(内モンゴル自治政府が成立した際に) 新しい主人のウラーンフーに追随するようになった。

結末を先に述べておくが、ここから、トグスの「民族分裂主義的な活動」に関する多くの「罪状」が暴露されるが、基本的に上で述べた軸を中心に広がっていく。中国政府と中国人たちは「打倒ウラーンフーとハーフンガ、トグス」(打倒烏・哈・特)をモンゴル人粛清運動の主戦場とするが、彼ら三人の「決死隊員」たちの「罪」もまたほぼ上で示した活動と連動するようになる。

近代的な語彙の問題と同化政策

「トグスを討つ特集号・二」は同じ日に発行されているので、「東方紅」に属す中国人群衆たちの強烈な憤怒を感じることができる。「特集号・二」は主として1957年以降の「罪状」を列挙している。具体的には1957年に「内モンゴル歴史言語研究所」を設置して、各地から「反革命分子ども」を集めたこと、モンゴル人民共和国と「名詞術語統一委員会」を組織して議論した際に、無原則に「モンゴル修正主義国家にしたがった」ことなどが挙げられている (資料四:2)。

1959年、トグスの画策により、第二回モンゴル語工作会議が開かれた。この会議は党中央が1958年に全国少数民族言語文学討論会と出版会を開催したときの決定を無視した。党中央はすでに、民族の言語と文学の名を借りて漢族に反対したり、漢族を排斥したりしてはいけないと呼びかけていた。また、

「一に発掘、二に創作、三に借用」との運動に対しても批判的だった。しかし、トグスは叛国分子どもと妖怪変化どもを結集して共産党を攻撃した。

モンゴル語やウイグル語などに新時代に相応しい新しい語彙がないときには、第一に古典から発掘し、次には創作する。それでも適切な言葉がみつからない場合は、モンゴル人とウイグル人が発音しやすいヨーロッパ系の諸言語から借用したいとモンゴル人たちは考えていた。近代化はすべて西洋から由来していたからである。しかし、中国人たちは自分たちの言葉と文化がもっとも優れていると盲信していたので、モンゴル人たちにもそれを強要していたのである。ここから、両者の衝突ははじまっていたのである [楊　2013b:112-114]。

『東方紅』の特集号はトグスの名前を逆さまに「特早斯」と書いて表示していた。11月28日の「トグスを討つ特集号・三」はひきつづき彼とそのカウントパートナーで、言語学者のエルデニトクトフを批判した (資料四:3)。

1962年、民族言語と文学、それに民族教育会議が開かれた。トグスはここでエルデニトクトフと結託して『言語文学工作条例』と『名詞術語の実施方法』、それに『モンゴル語を学習し使用する方法』などをでっちあげた。モンゴル語の使用の面で、頑迷にウラーンフーの反革命修正主義と民族分裂の路線をすすめた。モンゴル語を学ぶ者に対して物質の面で奨励し、内外モンゴルが合併して大モンゴル共和国を創るのに言語の面から支援した。この会議の席上で、トグスとエルデニトクトフは中国語から借用していた「公社」をネグデルに変え、「幹部」をカートルに

改編した。しかも、モンゴル人はみんなネグデルとカートルの方が好きだと話し、実に悪意に満ちたスピーチだった。

上での批判から分かるのは、中国政府と中国人たちは中国語の語彙を大量に他民族の言語に注ぎこんで、同化させようとしていた事実である。もし、同胞たちと同じような、しかも発音しやすいヨーロッパ起源の言葉を選んだら、もうすでに「民族分裂的な証拠」だとされていた。自らの言語を学び、発展させることが「民族分裂的」だと断罪されている以上、残された路は同化以外に何もない。これが、中国政府と中国人たちが標榜する自治の実態である。

「モンゴル人の口」の意義

1967年暮れの12月に、「フフホト市黒い手先を専門的に揪みだす連絡センター」と「内モンゴルの叛国集団を揪みだす連絡センター」が合同で『反革命修正主義分子にして民族分裂主義者のトグスを批判闘争する大会の特集』を印刷して配布した。筋骨隆々の中国人の紅衛兵が『毛沢東選集』を片手に、モンゴル人のトグスを拳で叩き倒すシーンを表紙に描いた冊子内には、鋭利な文章が並んでいる（資料四：4）。

冊子によると、1967年11月25日と12月2日に、二度にわたってフフホト市内で「反革命修正主義分子にして民族分裂主義者のトグスを批判闘争する大会」が開催されたという。主催者は呼三司系統の紅衛兵で、メイン会場は内モンゴル人民委員会礼堂（ホール）で、分会場は紅色劇場と東方紅影院、人民劇場、工人文化宮、内モンゴル党委員会礼堂、『内モンゴル日報』礼堂、それに内モンゴル体育館などに設けられた。大会の参加者は22,000人で、会議の様子はラジオ中継で全自治区に伝えられた。「閻魔大王のトグス」

を真中に、「ウラーンフーの代理人の王逸倫と王鐸」、「日本とモンゴル修正主義者のスパイにして民族分裂主義者であるハーフンガ」、「現代の殿様ウラーンフーの犬のような息子のブヘとその臭い妻のジュランチク」、「民族分裂主義者で、言語学者のエルデニトクトフと医学院長のムレン」らも彼のまわりに立たせた。一同はみな首から「罪」が書かれた看板をぶら下げていた。

賢い中国人たちは、「中国人がモンゴル人を迫害している」という事実を巧みに隠蔽するために、積極的にモンゴル人を利用した。モンゴル人の口から他のモンゴル人を批判する言葉を吐かせて、いざ後日に問題になっても、「モンゴル人同士の内紛」だとするためである。この点については、中国政府の情報機関の最高責任者の康生はくりかえし指示していた［楊 2009a：41］。トグスたちを批判闘争する大会でも「モンゴル人がモンゴル人を批判する」一幕が演じられた。ラシという人物は以下のように原稿を読みあげた。彼はまず、「われわれ各民族が敬愛するもっとも偉大で、もっとも紅い、もっとも紅い（最紅最紅的）、太陽のような毛主席の万寿無疆を祈ろう。毛主席万歳！」と叫んでいる。これは当時、形式化したスローガンである。

トグスの父親は李青龍という。日本帝国主義がわが東北を占領していた14年の間、李青龍は日本人の悪魔どもとハーフンガらとともにモンゴルと漢族（チャイニーズ）の人民を搾取していた。トグスの一家は罪を犯したので、ホルチン左翼中旗の貧しいモンゴル人と漢族は彼らを恨んでいた。トグスの伯父の李天覇には女性をレイプした罪があったので、貧下中農の各民族の人民たちは錐（きり）を使って彼を刺し殺した。しかし、李青龍はトグスに守られて、土地改革から逃れた。

上の文章はひとつの事実を現している。中国共産党が満洲など南モンゴルの東部地域を占領してから、モンゴル人のエリートたちに「対日協力者」とのレッテルを貼り付けて処刑した。放牧地を持つモンゴル人をことごとく「搾取階級の地主」だと認定してからその草原を奪って侵略者の中国人農民に分け与えた。残忍な方法でモンゴル人を殺害して、恐怖による統治を敷いたのである［楊　2009b:261-263；フスレ　2006:32］。ラシは中国人の指令を機械的にくりかえす。

トグスは1942年に父親の李青龍とハーフンガ、それに日本の悪魔どもによって偽満洲国の建国大学に送られて、「一層の研鑽」を期待された。偽満洲国の建国大学は日本帝国主義がファシズムの徒党を育成するための教育機関で、その学長は売国奴の漢奸にして戦犯であり、偽満洲国国務院総理の張景恵である。

トグスもハーフンガや日本の悪魔どものような主人たちの期待を裏切らなかった。彼は在学中から「興蒙党」を組織していた。この時期の内モンゴル西部にはまた「チンギス・ハーン党」が現れていた。どちらも「チンギス・ハーンの子孫は連携し、モンゴルを復興させ、モンゴルを統一させよう」と叫んでいた。「内外モンゴルを統一合併し、モンゴルを復興させよう」とは反動的なスローガンである。

日本帝国主義が投降した後、「内モンゴル人民革命党は地下に潜伏せよ」とのモンゴル修正主義者たちの指令を受けたトグスとハーフンガらは新たに別の「新内モンゴル人民革命党」を組織した。……「新内モンゴル人民革命党」の綱領はトグスがモンゴル語で書いた

もので、彼自身がまたそれを中国語に翻訳している。この黒い綱領のなかで、彼らは公然と内外モンゴルの合併を求め、偉大な中国共産党と偉大な領袖毛主席の指導を拒否している。彼らはモンゴル修正主義国家の人民革命党の指導こそ受け入れるものの、「内モンゴルにはプロレタリアートがないから、共産党を組織できないし、中国共産党の指導も受け入れられない」と頑迷に抵抗した。

ラシに語らせている中国人たちは大きな嘘をついている。内モンゴル人民革命党に地下への潜伏を命じたのはコミンテルンで、しかもそれは満洲事変後のことである。1968年7月20日に内モンゴル自治区革命委員会は公文書を出して、1947年の内モンゴル自治政府成立後に「地下活動」を開始したとされる内モンゴル人民革命党を「新内モンゴル人民革命党」だとみなすようになるが、実際は1925年に成立時の党員と、日本敗戦後の党員たちをいっしょくたにして粛清していたのである。ラシの口から出た上の言葉には、中国人たちの本音が現れている。

「中国人」を自称させられるという侮辱

トグスは1947年に自治政府ができた前後からハーフンガを離れて、「新しい主人のウラーンフーに鞍替えした」、と中国人たちは分析している（資料四：4，p4）。このときから、「ウラーンフーとハーフンガ、それにトグスのような汚い連中は結託し、自治を実現し、自決を獲得しよう」との「反動的なスローガン」を掲げるようになった、と中国政府と中国人たちは断じている。

トグスという馬鹿（特古斯這個混蛋）は、ウラーンフーに紹介されて共産党に入った。しかし、共産党員になって

72

も、この馬鹿は中国を祖国だと認めようとしなかった。彼はある日、ウラーンホトの街のなかを歩いていたら、「おい、お前は何人だ」と人に聞かれたそうだ。トグスはなかなか答えられなかった。しばらくしてから、自分はもう共産党員だから、仕方なく「中国」と返事したそうだ。

モンゴル人にとって、自分を「中国人」だと言わされるほど侮辱的ことはない［ハンギン　1977：18-19］。現在においても、南モンゴルのモンゴル人たちは「国籍は中国だが、自分はモンゴル人だ」との信念を有している。トグスも例外ではなかった。しかし、こうした認識は、中国人からすると、民族分裂的な思想のようにみえる。

「先進的な漢族」に反対した「罪」

モンゴル人たちが自らを中国人だと思わないのは「民族分裂主義的な思想」であるが、中国と中国人たちの「先進性」を認めようとしないところは、「大罪」である。中国人たちはひきつづきラシの口を借りている（資料四：4, p5）。

1957年9月、周恩来総理は青島会議で少数民族の言語政策について、重要な指示を出した。しかし、トグスらは、表向きは周総理の指示にしたがうふりをしながらも、裏では抵抗していた。キリル文字でモンゴル語を表記することこそ中止したものの、外来語の借用の面ではあいかわらず謀略をくりひろげた。共産党中央は「中国語から新しい言葉を借用することは、少数民族の言語が発展していく必然的な趨勢である」と公文書で通達していたにもかかわらず、トグスとエルデニトクトフらは公然と抵抗していた。……彼らは一

に発掘、二に創作、三に借用との反動的な政策を制定して、モンゴル語の古い言葉は利用するものの、中国語を使おうとしない。新たに創作はするものの、中国語を使おうとしない。修正主義国家のロシア語とモンゴル語の単語を借りるものの、中国語を使おうとしない。みてみなさい。偉大な祖国を分裂させ、先進的な漢族(チャイニーズ)の兄貴に反対する罪はここまで来ている。

中国政府と中国人たちがとにかく言いたかったのは、「偉大な政府と先進的な漢族(チャイニーズ)」である。中国人は無原則に「先進的な人たち」だから、「無知蒙昧」なモンゴル人たちに反対されるのは、それ自体が反動的だとの論理である。

トグスが副部長をつとめる宣伝部は以前に雑誌の発行を管轄していた。『モンゴル語文と歴史』誌はモンゴル人民共和国で出版された『わが国における新しい外来語の解釈』という本の内容を紹介したことがある。その際に、モンゴル人民共和国は「わが国」の範囲を「南は万里の長城に至り、北はバイカル湖までである。東は黒龍江からはじまり、西は青海高原に到達する」と定義していた。中国政府と中国人たちはこの「わが国」の定義は「モンゴルは古くから中国とは別の国家だとの理論」や「満蒙はシナではない」という日本の理論と同じだ、と批判する。

トグスに統率された宣伝部がマルチンフーの小説『茫々たる草原』などを出版したのも民族分裂主義の思想の現れだとし、学術論文にもそうした「反動的な思想」が満ち溢れていたという。たとえば、1959年にイドヘシグと黄方敬の二人が書いた「中国の旧民主主義時期におけるモンゴル人民の反帝国反封建主義運動」との論文は、「漢族(チャイニーズ)はモンゴル人を殺害していた。その漢族は中

国の支配民族のひとつであるので、反帝国反封建主義の闘争も常に反漢の形で噴出していた」と表現したのが問題だと批判する。たとえそれが「旧民主主義期」の闘争であっても、「漢族がモンゴル人を殺した」とか、「モンゴル人は反漢した」とかは禁句でなければならなかったのである。こうしたラインに沿って、『人民の英雄マクサルジャブの略伝』や『ガーダーメイリンの物語』、『トクトの事績』、ひいては『モンゴル秘史』の出版まで、すべてが「祖国を分裂させ、内外モンゴルを合併させようとする世論工作だ」と全面的に否定された。一言で総括すると、1947年5月に内モンゴル自治政府が成立してからの政策と実践が全部、中国と中国人に犯罪していたこととされたのである。ここまで来ると、モンゴル人に対しては何をしてもいいという風潮は定着し、大量虐殺の大義名分も成立したことになる。

しかし、それでも、中国人たちは満足しない。「トグス治下」の『内モンゴル日報』はまた「モンゴル人と中国人は言語が異なるので、別々に軍隊を作るべきだ」と主張し、「中国人がモンゴル人の草原を占領したために、災難をもたらした」と書いたという。『内モンゴル日報』はまた丑年すなわち1913年に中国軍が南モンゴルに侵入して各地で虐殺をはたらいた事実を紹介したことと、「モンゴル人民共和国のスパイであるマニジャブ」がウラーンバートルを称賛する詩を掲載したことなども、「凶悪な犯罪」として挙げられている。上で示した「凶悪な犯罪」が発生しても、トグスは何と「モンゴル人民共和国は内モンゴルより早く革命を成功させているし、われわれは同じ民族だから、モンゴル人民共和国に憧れるのも当然のことだ」と話したそうだ。「修正主義のモンゴル人民共和国を批判せずに、逆にひたすら漢族がモンゴル人を抑圧してきた歴史を大げさに強調した」トグスを中国政府と中国人たちは許せるわけがなかった。

嫌悪感の醸成

前出のラシにつづいて、『内モンゴル日報』の「黒い手先を揪みだす東方紅総部」の喬形と、「内モンゴル大学の井崗山『文藝戦鼓』編集部と「文藝界におけるウラーンフーを揪みだす連絡センター」、「『花の原野』をぶち壊す連絡センター」などの代表の張志成らも発言した。張志成はまずトグスの部下である作家のオドセルが1961年にオペラ『ダナバル』を書いて、内モンゴル人民革命党の軍隊を賛美した「罪」を列挙している。内モンゴル人民革命党の軍隊は日本帝国主義に協力したファシズムの軍隊であり、褒め称えるに値するものではない、と中国人は断じる。つづいて、張志成はまたモンゴル語の雑誌『花の原野』に掲載されたオドセルの詩歌「ねじ」の「反動的な内容」を示している。

> もともと兄弟だったツェデンバルとウラーンフーは
> 最後のねじを回しこんだ。
> 幸せな太陽は昇り
> 私たちの友情は鋼のように強固になった。

このように「犬のようなツェデンバル」と「現代の殿様たるウラーンフー」をあたかも「二つの国家の元首のように並べて謳歌した」のが罪となっている。またオドセルの『黄金の鷹の讃歌』という詩のなかの「勇猛な鷹は、草原の栄誉である」との一句に対し、中国人たちは「何が草原の栄誉だ？」とすこぶる感情的な嫌悪感をモンゴルの詩人に向けて発散している。単純な嫌悪感を全面的に醸しだすことで、モンゴル民族全体が中国人に嫌われているという雰囲気を作りだしている。嫌悪感に包まれたなかで、大量虐殺は進行する。

西部から東部へ広がる災難

内モンゴル大学の「井崗山・八一戦闘隊」の張忠の批判は重要である。彼が1967年12月2日の時点でトグスとウラーンフー、それにハーフンガらを断罪した内容は、半年後の1968年7月20日に内モンゴル自治区革命委員会から出された「内モンゴル人民革命党に関する処理意見」とみごとに一致しているからである。言い換えれば、中国政府と中国人たちはすでに1967年末の段階で内モンゴル人民革命党こそモンゴル人たちの「民族分裂の組織」だと明確に認識していたのである。ここから、すでに大量虐殺の準備は開始されていたのである。張忠のスピーチである（資料四：4, p18）。

　　一年間にわたる文化大革命の猛烈な衝撃により、ウラーンフーの反革命修正主義と民族分裂主義の黒い文化路線はすでに瓦解し、崩壊した。ブヘとジュランチク、それにマルチンフーのような文藝界の悪人どもは揉みだされた。これは、プロレタリアートの革命派と若き紅衛兵たちの偉大な勝利だし、無敵の毛沢東思想の勝利である。

　　しかし、内モンゴルの文藝界はウラーンフーとブヘの部下たちだけからなっていない。もうひとつのグループがある。……この黒い集団は、闇のグループを形成しており（黒人馬、暗班子）、マルクス・レーニン主義の外套をまとって、共産党員の看板を掲げているが、彼らは実は反革命活動をおこなう内モンゴル人民革命党員である。彼らのボスは民族分裂主義者分子のハーフンガの決死隊員で、トグスである。

張忠はこのように巧みに中国政府の方針にしたがって、中国人たちの関心を西部のウラーンフーの故郷トゥメトから東部のハーフンガとトグスの草原へと導いている。西部出身の延安派から東部の者からなる内モンゴル人民革命党員へと矛先を変えている。張忠はつづいて「共産党内に潜りこんだ民族分裂主義者たち」の名を挙げている。

内モンゴル大学の副学長、バト
内モンゴル師範学院の学院長兼書記、
　テムールバガナ
内モンゴル医学院長、ムレン
内モンゴル農牧学院長、ゴンガー
内モンゴル工学院教授、アチンガー
内モンゴル自治区衛生庁副庁長、
　イダガスレン
内モンゴル自治区ラジオ放送局長、
　ナンルブ
内モンゴル言語文学研究所所長、
　エルデニトクト
内モンゴル歴史学会副主席、イドヘシグ
内モンゴル文化芸術聯合会、詩人
　ナ・サインチョクト
内モンゴル歌舞芸術院、賈作光
内モンゴル人民出版社、ソドナム
内モンゴル美術協会、ゴンブ
内モンゴル博物館、文浩

以上、賈作光ひとりだけが中国人で、ほかはすべてモンゴル人である。賈作光は満洲国で芸術を学び、ウラーンフーに重用されていた。このような「反革命の民族分裂主義分子」たちにコントロールされた文藝界からは良い作品はひとつも創作されていないという。

　　内モンゴルの文藝界からプロレタリアートに奉仕する作品が生まれるわけがない。工農兵へ奉仕する社会主義の芸術作品が誕生するわけがない。あるのはソ連修正主義国家のショーロホフ

75

の『静かなドン』の丸写しであるマルチンフーの『茫々たる草原』ではないか。あるのは、日本とモンゴル修正主義国家の二重のスパイであるナ・サインチョクトの『富士山讃歌』と『ウラーンバートル讃歌』、それに『タシクルガンからの呼びかけ』ではないか。

このような反革命の民族分裂主義的な作品により、「内モンゴルの草原には毒草が生い茂り、大地には毒汁が染みこんでいる」と中国政府と中国人たちは理解している。トグスとハーフンガの内モンゴル人民革命党、それにウラーンフーの反党叛国集団を一掃しない限り、偉大な祖国は「危険な状態」から脱出できない、と煽っている。

「封建社会の文人」も民族分裂主義者

内モンゴル語文委員会『東方紅』の段凱英は、19世紀の清朝末期に活躍したモンゴルの文人インジャーナシを取りあげ、トグスと結びつけて批判した（資料四：4, p22-23）。

インジャーナシはモンゴルの近代史に現れた封建的な貴族文人である。彼はモンゴルの封建的な支配階級の立場に立ち、空想に基づいてチンギス・ハーンを賛美し、「満蒙は中国ではない」や「モンゴルは一貫して独立国だった」との反動的な謬論を宣伝した。大モンゴル帝国の再建を夢み、元朝の繁栄（盛世）を復活させようと目論んだ。彼は多くの毒草のような作品を通してモンゴルと漢族人民との団結を破壊し、悪意で以て労働人民を誹謗中傷した。封建社会の道徳と人物を謳歌したインジャーナシは古参の民族分裂主義者である。

このような19世紀の「古参の民族分裂主

義者」の小説『青史演義』や『一層楼』をトグスは1956年から刊行しはじめただけでなく、1959年にウラーンバートルで開かれた「世界モンゴル言語文学文字研究大会」で「インジャーナシとその作品について」と題する論文まで発表していた。「封建社会のインジャーナシと現代のトグスは、反漢と満蒙非中国論の面でまったく同じ思想を有していた」と中国人たちは非難する。

「叛国事件」の再清算

中国人たちは最後に師範学院附属中学校のテゲシェというモンゴル人を利用して、トグスが具体的に如何に叛国分子たちを庇ってきたのかについて、実例を出して断罪した（資料四：4, p25-26）。

わが師範学院附属中学校の1962年に卒業予定の学生マンドグチは、1962年6月24日に師範学院物理学部のひとりの学生とともに祖国を裏切って敵国に投降しようとした。二人がシリーンゴル盟の東ウジムチン旗サマイ公社まで逃亡し、中国とモンゴル人民共和国との国境まで50キロくらいのところで人民解放軍に逮捕された。……しかし、この事件は反革命修正主義分子にして民族分裂主義者のトグスによって不問にされた。

マンドグチと一緒に逃亡しようとしたのは、内モンゴル人民革命党の指導者テムールバガナの息子ブレンバトと、師範学院物理学部のウネンボインら四人だった。トグスは自分が内モンゴルとモンゴル人民共和国との統一合併が絶望的になった直後の1946年に「ハイラル経由で逃亡」しようとした過去を思いだして、学生たちをなだめた。そして、「叛国事件」としてではなく、単なる思想的な問題として穏便に処理した。

中国では一度「政治的な誤りを犯したら」、二度と正常な生活が送れなくなるほどの厳しい処罰制度がある。トグスは中国の慣例を破って温和な措置を取ったために、学生たちもその後大学に進学していった。しかし、文化大革命が勃発すると、学生たちとトグスはふたたび罰せられる対象となった。すでに吉林大学に入っていたブレンバトは内モンゴルに連れ戻され、睾丸が破壊されるなどの暴行を受けて殺害された［楊2009b：147-149］。「トグスはモンゴルと漢族人民の敵だ」、と批判者たちは最後に締めくくった。

ペンを持った民族主義者

トグスを批判闘争する特集号は二冊からなる。二冊目は四篇の論文から構成されており、まず『内モンゴル日報』の呉先覚が1940年代にトグスが主催していた二つの新聞、『群衆報』と『自治報』を詳細に分析して、その「罪」を暴いている（資料四：5）。「銃を持った敵人がわれわれに消滅された後も、銃を持たない敵人はまだ存在する」との毛沢東語録を冒頭に掲げてから、「トグスはまさに銃を持たない、ペンを手にした民族分裂主義者だ」、と位置づけている。

「トグスとハーフンガは内モンゴル人民革命党内の左派を自認して、1946年あたりからウラーンフーに投降したのである」、と批判文は語りだす。この内モンゴル人民革命党はトグスの指導の下で、『群衆報』と『自治報』で「無数の反動的な文章」を書いて広げた。彼らは中国共産党の指導を受け入れようとせずに、単なる「連携の対象」とみなした。偉大な領袖毛沢東を先生呼ばわりして、敬意を払わなかった。内モンゴル人民革命党が憧れていたのは修正主義国家のモンゴル人民革命党とソ連で、なんと「私たちは外モンゴルの路を歩み、最終的には統一されたモンゴル人民共和国を実現させ

るために戦う」との文章まで掲載した、と過去に1946年11月19日に発行した新聞を問題視している。

1946年11月19日の新聞には「内モンゴル人民革命青年同盟から東モンゴルの青年たちに告げる書」を掲載していた。青年同盟が成立一周年を迎えた時期で、民族自決の文章を載せるのは、トグスの当然の責務だった。彼が書いた文章のなかに「われわれはチンギス・ハーンの子孫で、チョイバルサンの兄弟である」との一句があった。「封建社会のチンギス・ハーン」を持ちだし、「修正主義国家の指導者チョイバルサン」を兄弟だと称したのが罪とされたのである。この批判文は内モンゴル人民革命党が発行していた新聞内の文章の断片を問題視することで、きたる将来において、同党を民族分裂主義者集団だと認定するための世論作りをしている。

反右派闘争時の原罪

トグスの経歴と歴史に対する清算はさらにすすむ。つづく内モンゴル大学の「井崗山・八一戦闘隊」の張忠は1957年から発動された反右派闘争中のトグスの「反革命の言動」を列挙している（資料四：5, p6-11）。「妖怪変化どもはどんなに華麗な外套をまとっても、革命の大きな潮流のなかで絶対にその原形は暴かれる」、と張忠は冒頭で論じてから、トグスの「罪」を詳しく述べている。以下は張忠の発言の要約である。

内モンゴル自治区においても、毛沢東が知識人たちに向かって「意見があれば出しなさい」と呼びかけたのを受けて、「右派どもと民族分裂主義者たちは狂ったように反大漢族主義を唱えだした」という。まず、1957年3月に『内モンゴル日報』の記者チンダマニが「政府はもっとモンゴルの民族的な特徴に考慮するよう」と発言したのをトグスは擁護した。その後、5月11日に「モ

ンゴル語文工作組」会議が招集され、自治区の最高責任者のウラーンフーも出席した会場で内モンゴル人民出版社社長のトブシンが自治区における言語使用の実態について発言した。ウラーンフーはトブシンの発言を聞いてから、「われわれは以前から大漢族主義の同化に反対してきたし、今日においても反対するし、今後もひきつづき反対する。永遠に反対する」と力強く支持した。

　モンゴル人たちは、中国人の知識人たちが少数民族を未開人としてあつかうのを大漢族主義の現れだと理解していた。たとえば、師範学院の中国人たちは壁新聞を書いて、「モンゴル人は家畜だ」と表現し、モンゴル人の足を牛やラクダの蹄の形で描写して侮辱していた。モンゴル人たちは数々の実例を挙げて大漢族主義は実際に横行しているし、反右派闘争も自治区では反大漢族主義を軸に展開すべきだと主張した。中国政府は自治を標榜しながらも実際は少数民族側が少しでも正当な意見を述べただけですぐさま「狭隘な民族主義」として弾圧してきた、とトグスも当時主張していた。「自治区の権力はすべて中国人の書記に握られている」とか、「共産党は漢族の党だ」とかのように、モンゴル人たちは発言していた。このような意見に対して、反右派闘争が勃発した当初は、自治区最高責任者のウラーンフーも党宣伝部副部長のトグスも積極的に耳を傾け、改善する姿勢をみせていたのである。しかし、すべては毛沢東の「陽謀」だった。意見を話した者は党と政府の転覆を企んだ右派だと政府によって認定されると、自治区でもチンダマニとトブシンらは極右とされた［楊　2009b:82-166；2011b:73-119］。トグスの「罪」は、毛沢東の北京政府から右派どもを一掃せよとの命令が出された後に、チンダマニとトブシンを「表面上は軽く批判しただけで、実際には守り通した」ことだ、と張忠ら中国人たちは見抜いていた。

中国が嫌いなのは草原の息吹と「北」という方角

　すでに触れたように、ウラーンフー指導下の内モンゴル自治区は新しい事実を表現する外来語を「一に発掘、二に創作、三に借用」との原則で創出していた。宣伝部副部長のトグスと部下で言語学者のエルデニトクトフらが先頭に立って、新生の自治区の新事実をソ連とモンゴル人民共和国の基準で表現していた。しかし、中国政府と中国人たちはそれが気に入らなかった。内モンゴル言語工作委員会のチュハは新しい事実を披露している。1964年、ウラーンフーは北京からトグスに電話をかけた。人民公社の「公社」と「幹部」という二つの言葉をそれぞれネグデルとカートルから「公社」と「幹部」に変えるようとの指示だった。北京当局からの圧力にウラーンフーも屈していたのである。しかし、トグスは「中国語からの借用は言語の実践と合わない」との理由を挙げて、『毛沢東選集』内の表現だけを改編して、モンゴル語の新聞では「ひきつづきソ連修正主義者のロシア語とモンゴル修正主義者の言葉を使った」のである（資料四：5，p14）。

　モンゴルは文学が好きな民族である。古くから数多くの英雄叙事詩が誕生したし、内モンゴル自治区が成立した後も、無数の新時代のイデオロギーに合致した作品が創作された。社会主義思想に包まれた文藝作品の中味には、草原の息吹も含蓄されていた。中国人たちはそのステップの雰囲気が嫌いだった。内モンゴル大学井崗山の程道宏は以下のようにトグスと彼の仲間のモンゴル人を批判する。「彼らの反党叛国の道具は反動的な雑誌の『モンゴル言語文学と歴史』、『花の原野』、それに旧『内モンゴル日報』である」、と程道宏は話す。詩人のナ・

サインチョクトはまた「ウ・チョルモン」とのペンネームを使っていた。「ウ・チョルモン」とは、「ウラーンバートルの一番星との意味で、彼は自分を中国人だと思っていなかった」と断罪する。モンゴル人が中国人ではないのは自明のことであるが、それが罪となっているのである。

バイガルという作家は『孤独な白い仔ラクダ』という物語を発表したことがある。「白い仔ラクダは沙漠を越え、ゴビを歩き、山々を過ぎて北へ走り、母ラクダを探し求めた」との表現がバイガルの物語のなかにあった。「北はどこだ？母親はいずこにいる？修正主義国家ではないか」、と中国人たちは目を光らせて批判した。バイガルだけでなく、作家のオドセルの『アルマスの歌』のなかにも主人公が北に向かって歩くシーンがあったが、それも「民族分裂的」とされた。このように、同胞の国が北にあっただけで、北という方角まで大量虐殺の口実となったのである。

バヤンノール盟は歌舞劇『ハリブーの伝説』を演じたことがある。歌舞劇のなかに「モンゴル人たちはもともと幸せに暮らしていたが、悪魔によって分断され、南北二つに分断された」との台詞があった。当然、こちらも「民族分裂の確証」とされた。トグスの宣伝部はまた1957年と1962年に二度にわたって英雄叙事詩『チンギス・ハーンの二頭の駿馬』を出版した。叙事詩は、主人公である二頭の馬がアルタイ山地に奔走して自由に暮らすという物語からなるし、モンゴル人民共和国の作家ダムディンスレンも注釈を加えていた。こうした古い叙事詩内の詩文も、アルタイ山地がモンゴル人民共和国の西部にあることから、「修正主義国家に逃亡して自由気ままに暮らそうとしている」と歪曲された。オドセルの『ダナバル』と雲照光の『オルドスの嵐』も勿論、断罪から免れない。すべてトグスたちの民族分裂的な活動の「道具」となる運命である。

暴力の自慢

文学作品だけではない。内モンゴル医学院の「東方紅公社」の堯喜樹は「医学界にはトグスとイダガスレン、それにムレンからなる反革命集団がある」と題する批判文を寄せた。三人とも1946年3月1日に結成された「新内モンゴル人民革命党の幹部」で、ずっとモンゴル修正主義国家に投降する活動をしてきたという。というのは、自治区衛生庁の副庁長のイダガスレンは「偉大な中国共産党に恨みを持っている」からだという（資料四：5, p21）。

悪魔のような地主階級出身のイダガスレンは共産党と毛主席に恨みを持っている。土地改革のときに彼の家族2人をわが共産党が処刑したし、ほかの家族5人も怒りに満ちた人民大衆が殺したからである。「共産党が大衆運動を発動しなければ、わが家があんなに多くの家族を失うこともない」、とイダガスレンは話していた。

素直な中国人たちはこのように自らの暴力を自慢している。中国人たちにはモンゴル人を大量に虐殺する権利が政府によって付与されているが、モンゴル人にはそれに対する不満を吐露する権利が与えられていない。これが、自治区の実態だったのである。当然、トグスとイダガスレンもそうした実態を改善しようと努力してきたが、その努力がまた新しい罪となったわけである。

トグスに対する批判は内モンゴル自治区の各界へと広がっていく。1967年12月15日、造反した労働者たちが発行する『工人風雷』はきわめて戦略的な記事で紙面を飾った。トグス個人の経歴を「内モンゴル人民革命党の醜悪の歴史」と結び付けて両者の「罪」を処断した（資料四：6）。

　　内モンゴル自治区革命委員会の成立は、わが自治区におけるプロレタリアート文化大革命が新たな段階に達したことを意味している。中国のフルシチョフ劉少奇の内モンゴルにおける代理人であるウラーンフーの政権は倒され、毛主席を指導者とする無産階級の司令部が設置された。

トグスは当初、「新生の紅色政権」の革命委員会に近い人物とされていたが、最終的には「左派陣営に潜りこんだ黒い手先」とされて、「揪みだされた」。「トグスは共産党内に20数年間も潜伏していた修正主義分子にして民族分裂主義者で、ウラーンフーとハーフンガの決死隊員だ」、と「フフホト市革命造反派からなる黒い手先を揪みだす連絡センター」（呼和浩特誌革命造反派専揪黒手聯絡站）は『工人風雷』で論じている。

民族全体を虐殺するための世論形成
　労働者たちはトグスの「罪」を「言語」と「出版」、それに「新聞雑誌」という三つの分野に分けて断じている。そして、こうした「罪に満ちた活動」ができたのは、トグス個人の力ではなく、背後に「醜悪な内モンゴル人民革命党」が存在する、と打倒すべき対象をモンゴル人の組織へと拡大していっている。『工人風雷』は論ずる。

　　内モンゴル人民革命党の前身は内モンゴル国民党だ。内モンゴル国民党は1925年10月に張家口で成立し、その指導者はバヤンタイ（白雲梯）とメルセイ（郭道甫）だ。この党は封建的な大地主と牧主、それに王公貴族からなり、反革命の雑煮のような組織だ。党首のバ

ヤンタイは蔣介石の忠実な走狗で、人民と敵対する国民党の決死隊員だ。1927年に蔣介石が反革命のクーデターを起こした際にバヤンタイも見初められて国民党の中央委員になった。同年、内モンゴル国民党がウラーンバートルで第二回党大会を開き、党名を内モンゴル人民革命党に変えた。内モンゴルにプロレタリアートは存在しないとして、中国共産党の指導も受け入れないし、モンゴル人民共和国の（政権党）であるモンゴル人民革命党との一致を考えて改名したのである。

「内モンゴル人民革命党の醜悪な歴史」はこのようにはじまる。上で示した文章のポイントは「内モンゴルにプロレタリアートは存在しないとして、共産党の指導も受け入れないし、モンゴル人民共和国の（政権党）であるモンゴル人民革命党との一致」との三点にある。『工人風雷』の断罪もこの三点に注視している。

　無数の事実から分かるのは、内モンゴル人民革命党は、実際はモンゴル人民革命党がわが国の北部に置いた一支部である。この党の唯一の目標と全活動は中国共産党に反対し、内モンゴルを祖国の大家庭から分裂される謀略をすすめ、内外モンゴルを合併させることである。

くりかえし強調するが、中国政府が正式に内モンゴル人民革命党に関する公式な見解を出して、その性質を「民族分裂的」だと断じたのは1968年7月20日である。半年も前の『工人風雷』の論文はそうした政府からの正式な判断の前奏曲となっている事実から、中国人たちは着実に大量虐殺を組織的にすすめるための世論作形成を推進し

ていたことが分かる。大量虐殺のターゲットも個々人ではなく、組織としての内モンゴル人民革命党へと広げていったのである。そういう意味で、『工人風雷』に掲載された「内モンゴル人民革命党の醜悪な歴史」は、モンゴル人ジェノサイドの発動に大きな役割を果たした論文だといえよう。

内モンゴル人民革命党は「日本のスパイどもとモンゴル修正主義国家のスパイどもからなっていた」が、1947年4月3日に熱河省の承徳において、ウラーンフーの率いていた内モンゴル自治運動聯合会とハーフンガが会談した際に、東西の「悪人ども」が合流してひとつになった、と中国人たちは分析する。それ以来、「民族分裂主義者集団のボス」はウラーンフーとなり、ひきつづき反漢の目標に即して活動してきた、と断定されている。証拠は内モンゴル人民革命党が配布してきた公文書のなかにある。たとえば、1945年8月18日に内モンゴル人民革命党は『内モンゴル人民解放宣言』を公布していた。そのなかの文言である。

内モンゴルは、内モンゴル人民革命党の指示にしたがい、ソ連とモンゴル人民共和国の指導を受け入れてモンゴル人民共和国の一部となってはじめて、解放が完成となる。

上の宣言だけでなく、1945年9月14日にも「わが内モンゴル人民革命党はずっとソ連とモンゴル人民革命党の指導を受けてきたし、いま内モンゴルの200万人もの人民群衆はモンゴル人民共和国への合併を求めているので、われわれも積極的に努力する」、と対外関係における政策を披露していた。これらはすべて「分裂活動をおこなってきた確固たる罪証」である。

社会主義制度をめぐる対立

粛清すべき内モンゴル人民革命党の主要な党員たちの罪行を詳しく例示する必要が出てきた。そのため、内モンゴル大学のキャンパス内の第11号棟に編集部を置く『呼三司』は1967年12月16日に「トグスを揪みだして大衆にみせつけよう」と題する文を載せた（資料四：7）。「トグスはウラーンフー反党叛国集団の中堅であり、ハーフンガの決死隊員でもあり、反革命分子にして民族分裂主義者だ」、と認定している。このように、トグス個人を攻撃すれば、必然的に西部出身のウラーンフーと東部のハーフンガの二人を連結できる。内モンゴル自治運動聯合会を率いてきたウラーンフーと内モンゴル人民革命党指導者のハーフンガが「結託」していたら、モンゴル人のすべての民族自決の組織を一網打尽に処すことも可能となるし、エリート階層の全滅も確実に実現できるからである。1947年5月頃からハーフンガを離れてウラーンフーに追随するようになったトグスの背中には、全モンゴル人の粛清という重い荷物が載せられたのである。「小さいときから日本のファシズム流教育を受けて育ったトグスには六つの大罪」があった、と『呼三司』は指摘する。

1．民族分裂をすすめるための世論を形成した。たとえば、毛主席は「民族問題もつまるところ階級闘争だ」と論じたのに、トグスはなんと「民族問題と階級問題は関連性があっても、別々の課題だ」と話して偉大な領袖の理論を否定していたという。

2．ソ連とモンゴル修正主義国家を称賛した。「われわれモンゴルは同じ民族である。モンゴル人民共和国の方が先に社会主義国家を創成したのだから、向こうに憧れるのは当然だ」とトグスは演説したことがあるのも、「罪」となっている。

81

３．ソ連が「反華活動」を展開していた
1961年前後に、トグスも人民公社制度
を「批判」したという。大規模な公有
化制度で人民の生活レベルが悪化した
ので、「モンゴル人にトウモロコシ(bidegün
sir-a）を食わせるなんて、とんでもな
い」と発言していた。遊牧生活を営み、
乳製品に慣れ親しんできたモンゴル人
たちはトウモロコシを家畜の飼料だと
みなす。中国全国で3,000万人が餓死し
ていたころの感想である。これも、罪
となっている。

４．多数の「反漢にして民族分裂の文藝
作品」を刊行したことである。年代記
『蒙古源流』と19世紀末の小説家イン
ジャーナシの『青史演義』をはじめ、
モンゴル民族の小説と詩歌はすべて「分
裂主義の匂いがぷんぷんする作品」だ
と貶されている。

５．小中学校で使う教科書も1963年まで
「モンゴル修正主義国家」のものを無批
判的に導入してきた。内モンゴルの学
生たちもなんと「修正主義国家の山や
河を自国のものだと間違って覚えてし
まっている」と分析している。

６．毛主席の階級闘争の理論を否定し、
牧畜地域において、階級の区分を画定
しなかった。

このように、自治区の最高指導者のウラー
ンフーだけでなく、トグスのような党宣伝
部副部長のような幹部に至るまで、モンゴ
ル人の知識人たちはあらゆる面で中国人が
目指す社会主義制度と理論的に対立してい
たことが分かる。共産主義の大本営のモス
クワで学んでいたことと、日本語によるマ
ルクス・レーニンの著作を熟読していたモ
ンゴル人知識人たちの自負が背景にあった
のである。

5.2　トグスの背後のハーフンガ

周恩来に叱咤されたハーフンガ

トグスは「揪みだされる」前に造反派の
魯迅兵団の顧問をつとめていた。1967年12
月18日、魯迅兵団に属する教育庁の中国人
たちは『ウラーンフー王朝は青少年を迫害
する閻魔殿だ』と題する冊子を印刷して広
げた（資料四：8）。冊子のサブタイトルは
「反革命修正主義分子のウラーンフーとハー
フンガ、トグスと石琳、それに韓明の教育
界における罪行を批判する」とあるが、主
要なターゲットはハーフンガである。内モ
ンゴル自治区で発動されたジェノサイドに
ついて、中国側も多くの公的な資料を残し
た。そのなかには内モンゴル人民革命党の
「第二のボスであるハーフンガ」に関する資
料はきわめて少ない。私も粛清されたモン
ゴル人たちに関する資料を持続的に収集し、
ウラーンフーをめぐる資料集は二冊公開し
た［楊　2011a, 2012］し、本書ではトグス
たちを批判した文章を網羅しているが、ハー
フンガを取りあげたものはなかなかみつか
らない。したがって、主としてハーフンガ
を批判しながら、同時にトグスの「罪」を
並べた『ウラーンフー王朝は青少年を迫害
する閻魔殿だ』は、貴重な資料である。

『ウラーンフー王朝は青少年を迫害する閻
魔殿だ』は10のパーツからなる。「1947年5
月1日に内モンゴル自治区政府[10]は成立し
た。ウラーンフーは自治区人民政府の主席
の要職を簒奪し、古参の民族分裂主義者に
して日本とモンゴル修正主義国家のスパイ、
内モンゴル人民革命党の党首であるハーフ
ンガは自治区人民政府の副主席のポストに
就いた」、と批判文ははじまる。文章が伝え
ようとしているのは、西部出身のウラーン
フーの延安派も東部のハーフンガの内モン

---

[10]　正確には「内モンゴル自治政府」である。

ゴル人民革命党も実はひとつの組織で、「民族分裂主義者集団」だということである。どちらも純粋にモンゴル人からなっていたので、モンゴル民族全体が打倒の対象となっているのは、自明のことである。では、10部からなる「罪」の中味をみてみよう。

　1．ブルジョアジーの旧教育体制を維持した。政治に無関心で、ひたすら勉強する生徒を育成した。

　2．ソ連修正主義国家の教育制度を導入し推進した。自治区政府は何回も調査団をハルピンなどロシア人の多い都市に派遣して、ソ連人の学校での教育経験を導入した。ソ連の制度を無批判に導入して定着させ、モンゴル人民共和国の教育方針にしたがった。

　3．民族分裂主義者たちからなる内モンゴル人民革命党の党員たちを大量に教育界に就職させた。文史研究会にはサンジェイジャブと「偽満洲国」駐日大使館員のウユンダライと役人のリンチンメデグを入れた。モンゴル語研究会にはエルデニトクトフとバビリグ、アサラトを就職させた。ハイラル市第一中学校にはアチンガーを副校長に任命したし、ジャランアイル（扎蘭屯）師範学校の教導主任に金雲橋を任じ、ウラーンホト市第二中学校はナムサライを採用した、という。このように、粛清すべきモンゴル人のエリートたちは首府のフフホト市だけでなく、地方都市へと確実に拡大していっている実態が反映されている。

　4．内外モンゴルで使用する文字を統一させた陰謀がある。早くも1948年からウラーンフーとハーフンガの二人は「モンゴル修正主義国家のスパイであるエルデニトクトフを使って、チチハル市でキリル文字モンゴル語研究室を組織して反革命の活動をおこなった」とい

う。二人は「キリル文字は反封建社会で、革命者の文字だ」と称賛していた。その後、中華人民共和国が成立した後に、モンゴル人たちは異なる国家に暮らしていても、言語の面で統一しよう、とウラーンフーとハーフンガは結託し、「綿密な謀略」を立てて、キリル文字を自治区に導入した。たとえば、1955年から自治区の教育庁が率先して「キリル文字訓練班」を組織して教師たちに「修正主義国家の文字を教えた」。1956年上半期になると、なんと473人もの教師たちが研修を終えていたという。ウラーンフーとハーフンガはまたソ連の言語学者たちを招いて講座を開き講演させた。最後には、1957年夏に周恩来総理が青島で「ウラーンフーとハーフンガを厳しく叱咤した後に、二人はやっと不承不承にキリル文字をすすめる罪悪に満ちた活動を止めた」という。キリル文字の教育を受けたモンゴル人たちはその後、ほぼ全員が「モンゴル修正主義国家のスパイ」とされて粛清されるのである。

　5．自治区の教育界を「修正主義の本店ウラーンバートルの支店に変えた」。「大野心家のウラーンフー」は早くも1946年に、「私たちはモンゴル文化を発展させるためにモンゴル語教育を普及させる。外モンゴルの先進的な文化を導入し、その書籍を翻訳する」と話していたのが、「罪」となっている。ハーフンガも1951年にモンゴル人民共和国に留学していた息子のチョイジンジャブを呼び戻して教科書編纂委員会に就職させた。「モンゴル修正主義国家」から帰ってきたナムジンセワン、詩人のナ・サインチョクト、ハイラルのブレンサイン、「日本のスパイであるダランタイ」らが一緒になって「無数の修正主義国

83

家の毒草を翻訳して導入し、青少年に有毒な教育を実施した」。その結果、内モンゴルの青少年や教師たちは、「経済の面では中国の方がすぐれているかもしれないが、政治と文化の面ではモンゴル人民共和国に遠く及ばない」との「反革命的な思想」を抱くようになったという。

6．「叛国的な文化交流」をおこなった。ウラーンフーとハーフンガ、それにトグスの三人は1951年に20人の留学生を「モンゴル修正主義者国家」に派遣し、その後も持続的に若者たちを留学させた。

派遣した留学生はみな狭隘な民族主義者たちだ。1957年にチョイバルサン大学に留学していた女は、右派の妹だ。彼女は何と不遜にも「私はチョイバルサンを熱愛しているが、毛沢東には何の感情もない」という反動的な思想の持主だった。彼女はモンゴル人民共和国の男と恋愛し、勝手に向こうでスポーツをした。外モンゴルの連中まで彼女を自分たちの仲間だと認めるようになっていた。彼女は国際関係にきわめて悪い影響を与えたので、帰国させた。

このように、モンゴル人が同胞同士で恋愛しあうのも、叛国行為とされている。嘘でも中国を祖国だと「熱愛」し、日常生活のなかでも中国(シナ)を愛さなければならないという強制である。征服し虐殺しようとする民族の女性たちの性を完全にコントロールしようという植民地支配の思想である。

7．共産党の対知識人の政策を実施しなかった。

8．ウラーンフーとハーフンガは「少数民族の自治区は特殊だ」と主張し、中国の内地との差異をことさらに強調し、共産党の政策を実行に移そうとしな

かった。「蒙漢兼通」という「反動的な政策」を打ちだし、モンゴル語教育を重視した。トグスはウラーンフーとハーフンガ二人の「民族分裂主義的政策」を具体的に全自治区で実施した。

9．ソ連修正主義の教育政策を無批判に導入し、知識偏重型の学校を設置した。

10．劉少奇の教育政策を実施した。

上で列挙した10点の「罪行」は重複している部分もあるが、最大のポイントはやはりモンゴル人民共和国との交流をすすめ、キリル文字を共有するなど、「文化の面での統一」を計ろうとしたことである。同じ民族が国境を凌駕して行き来するのを、中国政府も中国人たちは喜ばなかったのである。

狙われた「社会的な基盤」と民族文学

中国政府の情報機関のトップ、康生は1967年10月28日にひとつの指示を出していた、と『新文化』は12月19日に伝えている。康生の言葉は以下の通りである。

ウラーンフーに対する内モンゴルの闘争はまだ不十分だ。ウラーンフーの罪を系統的に暴露していないから、彼はまだ快適に暮らしている。政治と経済、思想と理論の面からウラーンフーを徹底的に、不名誉になるまでやっつけよう（搞臭）。警戒しなさい。内モンゴルにはソ連とモンゴル修正主義国家のスパイと漢奸、日本のスパイ、傅作義の家来どもがいる。ウラーンフーの部下もいる。複雑だ。

『新文化』紙は康生の指示を最上段に掲げて、その下に「トグスを打倒し、不名誉になるまで批判せよ（闘臭闘倒特古斯）」との社説を載せた（資料四：9）。

トグスの反党叛国の経歴ははっきり

している。抗日戦争中に彼は日本の悪魔どもが作った建国大学に入って、反革命の技を学んだ。1945年には内モンゴル人民革命党に参加し、この悪党の執行委員と青年部長、青年同盟の書記を歴任した。内モンゴルを祖国から分裂させようとする活動をし、共産党の指導に反対した。内モンゴルが解放された後はまたウラーンフーの陣営に鞍替えをした。……いま、トグスは揪みだされたが、まだ彼の名誉を剥奪していない。トグスの指導下にあったウラーンフーの文藝界における部下たちは粛清されていない。

このように、『新文化』の社説は直截的にウラーンフーとトグスの「社会的な基盤」を「挟りだして粛清しよう」と呼びかけている。いうまでもなく、「社会的な基盤」とは、モンゴル人全員を指している。殺気立った社説を読んだ中国人たちは強烈な憎しみを無辜な先住民のモンゴル人たちに向けて発散していくのである。

12月19日づけの『新文化』はまた「トグスと彼の叛国文学」と「みよ！トグスの支配下のウラーンバートル分社」という二篇の論文を載せているが、前者の方は「資料四：4」内の張志成の文をほぼ丸写ししている。造反派たちも新しい「事実」を発見できなくなった状況にあるのが分かる。それでも、以下の文は独特である。

　こんなことがある。モンゴル修正主義国家から『アジア各国名作選』という本が出版された。この本のなかで、モンゴル修正主義者たちは何とナ・サインチョクトの国籍を「内モンゴル」とし、他のわが国の作家たちの所属を「中国」と表現した。これは、内モンゴルを独立国家としてあつかっている実

例である。

　実に細かいところにまで批判者の目は行き届いていた。「みよ！トグスの支配下のウラーンバートル分社」はまた内モンゴル自治区から出された『民間の口頭文学』という本のなかの民謡を分析している。民謡の歌詞は以下のようになっている。

　昇った太陽は草原の燈籠だ、
　毛沢東同志はわれわれ大衆の燈籠だ
　紅い太陽は山野を照らす燈籠だ、
　ウラーンフー主席は私たちの燈籠だ

　上の歌詞は「偉大な毛主席を単に同志と呼ばわりし、賊たるウラーンフーを主席と呼んだ」ことが大罪となったのである。チンギス・ハーンに関する著書と論文の出版、年代記『蒙古源流』の再版、仏教の説話『シデイトフール物語』の整理など、すべては「内モンゴルがモンゴル修正主義国家を模倣した罪」とされている。「統計によると、内モンゴルの出版社は250種の外国の図書を刊行したが、そのうちモンゴル修正主義国家のものが140種で、ソ連修正主義者のものが97種だ」と具体的な数字で「罪証」を挙げている。

　自治区の各種群衆組織と内モンゴル軍区の解放軍たちが合同でトグスを批判する大会を冬に何回も開催した、と1967年12月20日づけの『呼三司』は報道している。「トグスを揪みだして、ウラーンフーとハーフンガの残党を一掃せよ」と会議の主催者は呼びかけている。「注意しなさい。これからは隠れている民族分裂主義者どもを揪りださなければならない」、と人民解放軍の代表は会議で発言した。「隠れている民族分裂主義者ども」が「社会基盤」のなかにいるのは、中国人たちにとって分かりきった事実である。全モンゴル人を虐殺の対象とする世論

85

作りはこのようなプロセスを経て、できあがったのである。

中国人にモンゴル語学習を強制した「罪」

「蒙漢兼通」は反革命修正主義にして民族分裂主義思想に基づく教育方針だ、と1967年12月22日に自治区教育庁の造反派組織が批判文を書いて公開した（資料四：11）。中国政府も中国人たちもモンゴル語は「立ち遅れた野蛮人の言語」で、学ぶに値しない言葉だと理解していた。しかし、「反革命分子のウラーンフーとハーフンガ、それにトグスは何と蒙漢兼通こそが人民に奉仕する唯一の道だ」として、中国人にモンゴル語学習を強制した。この点が、大きな反発を買っていたのである。何の根拠もなく自分たちを世界で最も優秀な民族で、自文化を世界最高のものと盲信する人たちに少数民族の言語を学ばせたことは、ただ単に単純な反感を招いていた。しかし、賢い中国人たちは単純な反感を隠して、ひたすらマルクス・レーニン主義の言葉でモンゴル人の政治家たちを断罪した。批判文は続く。

　　蒙漢兼通も何にも新しい現象ではない。ウラーンフーが掲げるほかの反革命の看板と同様に、帝国主義と修正主義国家、それに反革命陣営から拾ってきた道具にすぎない。大蒙奸の徳王デムチュクドンロプも、ハーフンガも、封建社会の生き残りのボインマンダフもみんな封建社会の民族主義の文人インジャーナシをもちあげて、蒙漢兼通のモデルとして称賛していたではないか。トグスが蒙漢兼通の政策をすすめたのも、ウラーンフーとハーフンガの民族分裂活動を推進し、かつ、後継者を育てるだめだ。

　　蒙漢兼通の政策は内モンゴル自治区に20年間にわたって施行されてきたので、大勢の民族分裂主義者が育成された、と中国人の批判者たちはみている。これも、モンゴル人全員を粛清するための世論作りである。

ハーフンガと民族分裂主義のブラック・ライン

「内モンゴル自治区には一本のブラック・ラインがある。それは、ウラーンフーからハーフンガへ、そしてトグスにまでつながる黒い路線だ」、と教育界の造反派たちが出している『教育戦鼓』は1967年12月25日にそう断じた（資料四：12）。

　　ウラーンフーの反革命の王朝内で、トグスは教育界に蟠踞する大将だ。トグスとウラーンフーのほかにもうひとりの元帥がいる。それは国賊にして蒙奸で、スパイにして古参の民族分裂主義者で、悪名高いハーフンガである。ウラーンフーからハーフンガへ、そしてトグスに至るという民族分裂主義のブラック・ラインだ。

　ブラック・ラインに属するモンゴル人たちは師範学院大学のテムーメバガナと医学院のムレン、内モンゴル大学のバト、それに農牧学院のグンガー、言語学者のエルデニトクトフ、『内モンゴ日報』社のマニジャブ、作家のナ・サインチョクト、出版社のソドナム、体育委員会のボイン（包彦）などだという。

　では、ブラック・ラインをどのように殲滅すればいいのか。まずは「ハーフンガをみせしめにしよう」と『教育戦鼓』は主張している。『教育戦鼓』によると、ハーフンガはすでにこの時点で北京からフフホト市に連れもどされて、「批判闘争を受けて三カ月以上も経つ」という。他の批判文と同様に、批判文はハーフンガの経歴を示して断罪している。その内容は以下の通りである。

「ハーフンガの父は滕海山といい、悪徳の搾取階級だった」。「搾取階級の家庭」に生まれたハーフンガは1929年、旗の支配者であるダルハン親王の推薦で瀋陽にある蒙旗師範学校に入り、「親日分子のメルセイ（郭道甫）の高弟」となった。ここから、「ハーフンガは日本帝国主義が宣伝するパン・モンゴリズムの毒汁を吸うようになった」。1931年には「日本の走狗であるガンジョールジャブや韓色旺、包善一らとともに、関東軍の直接的な指令と援助を受けてモンゴル独立を画策し、モンゴル自治軍を組織した」。その後はさらに「偽満洲国駐日大使館訓練部長」などを歴任し、数々の「罪」を犯した。日本が撤退した後はモンゴル人民共和国との統一合併を「夢想」し、「民族分裂活動」をずっとすすめてきた、という。ほとんどが事実ではあるが、モンゴル人にとっては民族自決の歴史であるが、中国政府と中国人からは「偉大な祖国を裏切った行為だ」と批判されている。

中華人民共和国が成立した後に、ウラーンフーによってすべてを剥奪されたハーフンガは何ら実権のない閑職についていた。しかし、1954年にウラーンフーがモンゴル人民共和国の党大会に参加して帰国し、自治区においてもキリル文字を普及させようとの政策を出すと、二人は「急速に結託するようになった」、と内モンゴル言語委員会と内モンゴル哲学社会科学研究所の「東方紅」が批判する。批判者は1956年1月17日にハーフンガから言語学者のチンゲルタイに出した手紙を証拠としている。

　　チンゲルタイ同志へ：
　指導者たちと責任ある同志たちおよび言語学者たちの間で、なるべく早くモンゴル語を統一させようという意見が出されている、と聞いた。これはいいことだ。最高指導者（ウラーンフー）

もハルハ方言を基礎にモンゴル語を統一させようと考えているらしいが、貴殿もその点を把握してください。
　モンゴル民族は全国で150万人しかいないし、モンゴル人民共和国と合わせてもたったの250万人だ。したがって、可能なかぎり、言語の統一を急がなければならない。では、どこの方言を基礎に標準語を作るべきか。東部をベースにしたら、西部は反対するだろう。逆も同じだろう。やはり、（中央の）ハルハ方言を基準に標準語としよう。数年も経てば、内外モンゴルの統一した言語は形成される。……全モンゴル民族の言語統一を考える際に、何があっても、モンゴル人民共和国が私たち（内モンゴル自治区）にしたがう必要はない。

　このように、ハーフンガはウラーンフーの言語統一の政策を支持し、実行に移そうとしただけでなく、モンゴル人民共和国の中央部で話されているハルハ方言を標準語としようとの提案にも賛成し、言語学者たちが無用な論争をしないようにと手紙を書いていたのである。言語の統一により、交流もスムーズにすすむと、「民族分裂活動の危険度も高まる」とみた中国政府と中国人は当然、モンゴル人たちの政策に反対した。なお、言語学者のチンゲルタイについては、後に触れる。

一僕二主のトグスの存在価値
　造反派の「魯迅兵団」は1967年12月27日にふたたびトグスを批判する冊子を印刷して人民大衆に配った（資料四：13）。新しい事実はほとんどないが、批判の口調は強まる一方である。「反革命修正主義分子にして、民族分裂主義者のトグスはウラーンフー反党叛国集団の忠実な一員であるだけでない。

彼はまた反動的な内モンゴル人民革命党の
ボス、ハーフンガの決死隊員で、一僕二主
の人物だ」、という。ハーフンガは10数年間
にわたって自治区教育庁の庁長をつとめてい
ていた時代に、トグスはその助手を担当し、
後にウラーンフーの陣営に「鞍替え」した。
このように、トグスが「光栄にも」ナン
バー・スリーの「重犯」に「昇進」できた
のは、彼を攻撃対象とすれば、西部のウラー
ンフーと東部のハーフンガという「二主」
を結びつけることができるし、全モンゴル
人のさまざまな自決団体をひとまとめにし
て「ウラーンフーの反党叛国集団すなわち
反動的な内モンゴル人民革命党」と断定で
きるからである。ここに、「一僕二主」のト
グスの存在価値が認められよう。そして、
教育界を執拗に攻めれば、「古参の民族分裂
主義者たちが育成した後継者たちも抉りだ
される」し、全モンゴル人を殲滅できるか
らである。ここに、中国政府と中国人たち
の巧妙な謀略が隠されていたのである。そ
のため、教育界の災難はまだまだ続く。

教育庁の『ブラック・ラインをぶっ壊す
連絡センター』(砸黒線聯絡站) は1967年12月
28日に発行した『教育風雷』第八期に「ハー
フンガの罪悪史を通して、その反動的な本
質を見抜こう」という文を載せた (資料
四：14)。文中には「一僕二主」の「主人」の
ひとり、ハーフンガの経歴が整理されてい
るが、中国人たちはきわめて論理的にモン
ゴル人の政治家たちの過去を掘り起こそう
としている。

偉大な領袖の毛主席は次のように私
たちを指導した。「国民党がどんな政党
かを知りたければ、その過去をみれば
現在が分かる。その現在をみれば、将
来が分かる」。日本のスパイにして大蒙
奸で、古参の反革命修正者、民族分裂
主義者のハーフンガは1947年から1961

年まで長く内モンゴル自治区の文教部
長と教育庁長をつとめてきた。彼はそ
のボスのウラーンフーの指示にしたがっ
て、反毛沢東思想と反共、反人民の罪
に満ちた活動をしてきた。

上の文からは、ハーフンガの「過去が分
かれば、その現在と将来も分かる」という
断罪方式である。では、ハーフンガの「過
去」とは如何なるものなのかをみてみよ
う。

日本のスパイにして大蒙奸で、反革
命修正主義分子、民族分裂主義者のハー
フンガはまたの名を滕継文といい、ジェ
リム盟ホルチン左翼中旗の者で、悪徳
の大牧主の家庭に生まれた。その父親
の滕海山も罪が大きく、北覇天と称さ
れるほど人民を抑圧していた。1933年
にハーフンガがモンゴル自治軍を組織
した際に、父親の滕海山は自治軍の旅
団長だった。村人の李忠魁を日本のス
パイだとして銃殺した。……1948年に
土地改革がはじまり、共産党の赤い太
陽が内モンゴル草原を照らすようにな
ると、滕海山は怖くなって外モンゴル
へ逃げようとした。

批判文はつづいてモンゴル自治軍は瀋陽
にあった蒙旗師範学校の生徒たちと「日本
の走狗にして戦犯であるガンジョールジャ
ブとジョンジョールジャブ兄弟、それに日
本に留学して、日本のスパイになったモン
ゴル人たちからなる反革命の軍隊だ」と
解釈している。この「反革命の軍は大勢の
チャイニーズ
中国人人民を殺害した」と煽っている。
ハーフンガは1932年あたりから興安南省
の王爺廟に駐屯する関東軍特務機関長の金
川耕作と親しくなり、まもなく「偽満洲国
駐日大使館」に転出した。あるとき、ハー

フンガとコミンテルンやモンゴル人民共和国との関係が日本側に知られたが、それも金川耕作の斡旋で不問にされた。こうして「日本に恩義を感じたハーフンガは日本帝国主義の忠実な走狗に変身した」、と中国人たちは説いている。

1939年のノモンハン戦争を経て、翌年には「偽満洲国」とモンゴル人民共和国が国境線を引き直した。このとき、ハーフンガは満洲国の主席代表として交渉にあたり、モンゴル人民共和国に有利になるようことをすすめた。そのため、モンゴル人民共和国から信頼されたハーフンガは1943年にも「修正主義者たちと接触し、緊密に結託しあった」。日本が去っていった後、ハーフンガは以前にもましてモンゴル人民共和国に「媚びを売って統一合併を求めた」。「統一合併が失敗に終わると、彼はまたソ連のような連邦制を中国で実施しようとした」。

客観的にみて、中国政府と中国人たちが指摘することも事実に近い。事実だからこそ、モンゴル人たちが現在と将来にまた「民族分裂的な活動」を展開するのを阻止しようとして、大量虐殺が断行されたのである。虐殺は正義なる革命だと中国人たちは政府を信じて行動していたのである。

刀を手に、馬を駆ってでる紅衛兵

「一僕二主」の主人たるウラーンフーとハーフンガが完全に打倒された以上、トグスに関する断罪も一段と強められた。1967年の暮れにフフホト市教育革命連絡センターに属する諸団体が合同で『教育革命』誌に「トグスを揪みだす特集号」を編集した（資料四:15）。特集は6篇の批判文からなる。

　　紅い太陽が照らす内モンゴルの草原
　に赤旗がはためいている。……偉大な
　領袖毛沢東の指示にしたがい、プロレ
　タリアートの革命派たちは馬を駆って、

刀を手にしてウラーンフーの反党叛国集団の陣営に斬りこんだ。呼三司の革命的な若将軍たちは一騎当千し、文藝界におけるウラーンフーとハーフンガの決死隊員トグスを揪みだした。……

上は特集号の巻頭を飾った論評である。特集はまた自治区の各地から聞こえてくる「文化大革命は少数民族出身の幹部たちばかり狙って排除している」との声を押さえこもうとしている。そのために、再三にわたってトグスをウラーンフーとハーフンガと結びつけて、過去の歴史を攻撃する。攻撃する度に、「罪の度合い」も深刻となっていく。たとえば、論評は、1946年4月3日にウラーンフーの自治運動聯合会とハーフンガの東モンゴル人民自治政府が熱河省の承徳で会って開催した会議を「民族分裂的活動の目標を定めた」会合だとし、実質的には「自由連邦運動」を開始した、と批判する。ハーフンガはモンゴル人民共和国との統一合併を理想としていたのに対し、ウラーンフーは中華民主連邦の建立を目指していたが、どちらも民族分裂主義的だと断じられたのである。

「トグスは、教育界におけるウラーンフーの反革命修正主義と民族分裂主義思想の制定者であり、推進者だ」、と特集号に文を寄せた東暁と方剛はいう。これは、自治区の「反革命修正主義と民族分裂主義者集団のボスはウラーンフー」だが、各界にはその「子分」がいる、との論法である。教育界においても、階級闘争は存在する、と毛沢東は主張したのに対し、ウラーンフーとトグスはそれを否定してモンゴル語教育だけに力を入れたという。また、各種の学校にも党委員会があって、思想教育の強化にあたっていたが、ウラーンフーとトグスはそうした制度に熱心ではなかった。1961年から中ソ対立が激しくなっても、ウラーンフーとトグスはソ連を批判しようとしなかった。「モンゴル人たちは親ソ派だ」、と中国人たちに映っていた事実が現れている。

　内モンゴルのモンゴル人をどのように位置づけるのか。これは、現在も未解決の問題である。師範学院の東方紅縦隊に属す内モンゴル教育出版社の中国人たちは以下のようにモンゴル人の心情を侮辱している（資料四：15, p10）。

　　　内モンゴルのモンゴル族はモンゴル人民共和国のモンゴル族とは、確かに同じ民族である。しかし、内モンゴルのモンゴル族は偉大な領袖毛主席と偉大な中国共産党の指導により、全国人民とともに反米と反日、そして反蒋介石の革命闘争に勝ち、全国人民と運命共同体となったのである。

　さすがに同じ民族であるという史実は否定されていない。否定していないから、モンゴル人たちが同胞の国に憧れ、同胞の国から先進的な文化を学ぼうとした行動もすべて民族分裂主義的な活動とされている。ウラーンフーとトグスが「大量にモンゴル修正主義国家の教科書をそのまま導入して使ったこと」と、「キリル文字を導入し、名詞と術語の統一を図ったことが鉄の如き反革命の証拠だ」と中国人たちは気焔をあげる。モンゴル人民共和国の経験を導入したことだけでなく、現場の実態に即した教育の実践なども「反革命の民族分裂主義的活動」だと論じられている（資料四：16）。

とどめを刺された内モンゴル人民革命党

　ウラーンフーとトグスがさまざまな場で発言した言葉尻をとらえて歪曲しても、限界がある。中国政府と中国人はもっと体系的にモンゴル民族全体にとどめを刺したいのである。そのためには、モンゴル人の組織を狙わなければならない。内モンゴル人民革命党である。内モンゴル人民革命党がウラーンフーとトグスを動かしている、と特集号は断じている（資料四：15, p17-21）。

　「内モンゴル人民革命党は蒙奸と日本のスパイからなる」、と中国人たちは書いている。このような「醜悪な組織」をウラーンフーとトグスはずっと庇ってきた。1956年7月、二人は「内モンゴル人民革命党の情況について」との公文書を配布した。公文書は、内モンゴル人民革命党の反漢と排漢の「罪悪」を「反民族間の抑圧」に変えて、その「民族分裂主義的な活動を隠蔽した」という。こうした攻撃の手法をみていると、やがて1968年7月から「内モンゴル人民革命党員を抉りだして粛清する運動」の発動は、避けることのできなかった惨禍であることが分かる。

　内モンゴル人民革命党に及んだ場合、必然的にその創始者のひとりのハーフンガを巻きこむ。『新文化』は1968年1月8日に火薬の匂いがぷんぷんとする文章、「ハーフンガとはどんな奴か」を掲載した（資料四：17）。

　　　このハーフンガは、1929年に瀋陽にあった蒙旗師範学校に入り、日本の走狗にして大民族分裂主義者であるメルセイ（郭道甫）の弟子となった。……

　　　このハーフンガは、1931年に日本帝国主義者どもがわが国の東北を占領した際に、親日分子で大戦犯であるガンジョールジャブとともに、関東軍の画策にしたがって、モンゴル自治軍を作った。……

　　　このハーフンガは、1945年に日本帝国主義が崩壊したあとに、新内モンゴル人民革命党を組織した。

　　　やはりこのハーフンガが、1946年に

ウラーンフーと劉春[11]によって共産党に入れられ、以前にもまして民族分裂的な活動を押しすすめるようになった。……

ここでまず注目しなければならないのは、中国政府と中国人たちの攻撃方法である。くりかえし「このハーフンガは」とのクリシェを用いて憎しみを喚起しているのである。

記録として残る強制的な自白

中国政府と中国人たちのモンゴル人を侮辱する方法は実に豊富多彩である。たとえば、労働者たちの新聞『工人風雷』は1968年1月15日と17日に、二回連続して「トグスがトグス自身を論じる」という長い文を掲載した（資料四：18、19）。この文章はトグスの強制的な自白からなる。編集者の内モンゴル語文委員会「東方紅」は次のように書いている。

> 最近、われわれは複数回にわたってトグスに自白させた。その自白文を編集して、「トグスがトグス自身を論じる」とのタイトルをつけた。われわれは一字一句もオリジナルを変えていない。

では、トグスはどのように自分の「罪」を認めさせられたのだろうか。

> 私は1947年3月からウラーンフーを崇拝するようになった。彼は共産党の中央委員候補であるだけでなく、モン

ゴル人民共和国ともつながっているし、コミンテルンの活動家でもあるからだ。建国後にはまた国家民族事務委員会主任になったし、彼の話していることも国の民族政策になっていた。……いくつかの少数民族地域では問題が発生していたが、内モンゴルだけは平穏で何も起こっていないので、ウラーンフーの政策が正しいと思った。

> 私はまたモンゴル人民共和国の政策は先進的だと思っていた。ソ連の先進的な政策を自国の民族文化と結びつけたところがすすんでいる。内外モンゴルは同じ民族だから、モンゴル人民共和国の文化を学び、導入するのは当然のことだと思い、向こうの教科書を使った。これも、私たちの自治区にプラスになるからだ。1957年に私が自治区党委員会の宣伝部に赴任してから、ウラーンフーが推進していたモンゴル人民共和国との間で名詞と術語を統一しようとの政策に賛成した。……

> 1962年にウラーンフーはフルンボイル盟に赴き、大規模な牧場を閉鎖させた。政府の賓館（ゲスト・ハウス）を牧畜民の招待所に変えたりして、物資の供給を改善した。牧畜地域の実態を熟知し、牧畜民の心が分かるウラーンフーを私はもっと崇拝するようになった。……

「モンゴル人自身がその罪を認めた」、と上のような強制的な自白を新聞に掲載すると、「罪」の信憑性も強まるし、一般的な中国人群衆の憎しみも増大する。粛清すべきモンゴル人たちへの攻撃も一段と苛烈になる。

「孫悟空」からの暴力と江青夫人の激励

トグスの元上司のハーフンガは長く教育庁につとめていた。そのため、中国政府と

---

[11] 劉春は江西省出身の中国人で、ウラーンフーの監視係で、ハーフンガの内モンゴル人民革命党を解散に追いこんだ急先鋒である。1966年5月に開催された北京前門飯店会議ではまた反ウラーンフーの先頭に立っていたが、まもなく劉少奇の一派とされて粛清されたので、『新文化』の執筆者たちに批判されている。

中国人たちは今度、1968年2月2日にトグスの宣伝部とハーフンガの教育庁の間に「ブラック・ライン」が存在すると批判しだした（資料四：20）。毛沢東は当時、造反派たちの暴力行為を「天宮で暴れた孫悟空」に譬えていた。内モンゴル自治区教育庁の「革命造反戦闘隊」もまた孫悟空を自認してモンゴル人たちに暴力の棍棒を振り下ろした。「モンゴル語は、ソ連の先進的な経験を学ぶ便利な道具だ」、とハーフンガとトグスらが主張していたことが真っ先に中国人たちの怒りを買っている。自分自身を世界で最も先進的だと盲信している中国人たちだから、他人に先進性があるとは絶対に認めたがらないので、暴力の行使につながる。モンゴル人たちが自らの自治区において、「学校の民族化」と「教師の民族化」、「教育の民族化」を求めた政策はすべて「毛沢東思想に反対し、封建的な地主と牧主、王公貴族のためのものだ」と断罪された。こうした批判には、モンゴル人たちが最初から母国語を放棄して、完全に「先進的な中国語を学んでいれば」、中国政府も安心し、中国人たちも喜んでいたとの本音が現れている。自治なんか、所詮は看板にすぎなかったのに、それを本気で信じたモンゴル人たちはやはり、純朴すぎたのである。大量虐殺を招いた原因もここにある。

　毛沢東の中国政府が奨励する「孫悟空のように造反した」中国人たちは1968年1月にモンゴル人の出版界に突入した。出版界は無数のモンゴル語の出版物を公開して、民族全体の分裂主義的な活動を煽動した巣窟であるからだ。内モンゴル大学の井崗山と内モンゴル人民出版社の「一〇一総部」など「内モンゴル出版界における大批判連絡センター」が合同で出した『出版戦線』も「トグスを討つ特集号」を組み、印刷し配布した（資料四：21）。特集は江青夫人の講話を巻頭に飾り、9篇の批判文を収録して

いる。そのうちの1篇は上で取り上げた「トグスがトグス自身を論じる」の簡略版である。まず、江青夫人が1967年11月9日と12日の夜におこなった重要な講話をみてみよう。

　　みなさんに申し訳ない、と私は思っている。ここのところ、同志のみなさんの意見を聞く機会がなかったからである。……一部の地方は乱れているが、淀んでいる水のように静かなところもまたある。……乱れた方がいい。敵を混乱させよう。敵を混乱させよう‼敵に対しては、一心不乱に、適確に、猛烈（穏・準・狠）に打撃を与えよう。

　江青夫人の講話に励まされた出版界の中国人は次のように論評した。

　　内モンゴルの文化界は革命の嵐を惹き起こしている。これは内モンゴルにおけるプロレタリアート革命の発展であり、ウラーンフーの反党叛国集団に対する無産階級革命派からの第三次の総攻撃である。今回の総攻撃は、江青同志が最近、北京でおこなった講話の精神に鼓舞されたものである。敵を混乱させよう！敵を混乱させよう‼ウラーンフーによって革命の隊伍のなかに潜らせた連中を全員、揪みだそう。トグスのようなウラーンフーの残党を徹底的に駆除しよう！

　上の文章は、モンゴル人大量虐殺運動は決してひとりやふたりの中国人、あるいは特定の団体が暴走した結果ではない事実を雄弁に物語っている。毛沢東の指示を江青夫人は分かりやすく説明し、そして中国人たちが組織的に、業界ごとにモンゴル人たちを「徹底的に駆除」していったプロセス

を証明している文書である。

出版界に植えた毒草

「毛沢東思想の偉大な赤旗は永遠に内モンゴルのあらゆる領土を占領する」、と中国政府と中国人たちは宣言してから、具体的な事実の発見に入っている。事実に基づいて、「文化大革命はモンゴル人ばかりを狙って粛清している」とか、「トグスが倒されたら、他のモンゴル人幹部たちも免れない」とかの見方を否定しようとしている（資料四：21, p6）。

「内モンゴル人民出版社は成立して以来、２億冊もの本を出したが、毛主席の宝のような著作（宝書^{パオシュ}）は全体の一パーセントにも達していない。しかし、ウラーンフーの文章はすべて収録されている」

と中国政府と中国人たちは問題視している。中国では、出版社は現在までずっと党委員会宣伝部の管轄下に置かれてきた。トグスが自治区の宣伝部副部長だったために、「偉大な領袖毛沢東の著作」を排斥する結果となった、と批判者たちは唱えている。

モンゴル人を粛清するのに、中国政府と中国人たちは1962年に北京で起こった「反党事件」を利用した。陝西省北部出身の革命家劉志丹の弟の夫人で、作家の李建彤は小説『劉志丹』を仕上げた。しかし、まだ公開もしていなかった段階で、毛沢東ら党中央委員会の注意を引いた。1962年９月に開かれた共産党第八回総会の第10回全体会議の席上で、「小説を利用して反党活動を展開するのは、新しい発明だ」と毛沢東は発言した。ここから、かろうじて残っていた陝西省北部派の習仲勲（現党書記の習近平の父）らも軒並み失脚して行った［李建彤2007］。内モンゴルの出版界の群衆たちもまず、上の毛沢東の語録を利用して、トグスの主導で出版した数々のモンゴル語出版物に照準を定めた。具体的には以下の通りである。

「モンゴル修正主義国家のボス」のツェデンバルの『モンゴル人民革命党30年史』と『チョイバルサンの偉業と生活』

「モンゴルの修正主義分子」ジャラガルジャブの『民族問題に関するマルクス・レーニン主義のいくつかの問題』

「モンゴル修正主義分子たち」の『ダムディンスレン伝』、『トクト伝』、『マクサルジャブ伝』、『モンゴル革命史』、『ウイグル簡史』、ツェ・ダムディンスレン著『モンゴル語の改革に関する問題』と『モンゴル語辞典』、『新しいモンゴル語正字法』などである。

上はすべて「修正主義の毒草」であるにもかかわらず、トグスは次のように「自慢していた」という。

　　過去10数年の間で、私たちはモンゴルの古典文学と民間の文学的作品35種類を整理して、24万４千冊出版した。以前はなかなか出版できなくて、手写本の形で伝わっていた民話や口頭伝承も活字となった。

民族文化を発展させ、保護しようとする政策は「毒草を植えた」行動だと解釈された。証拠は当然、小説や伝奇類のなかにある。

　　大毒草の『剛毅な英雄^{ハタン・バートル}ダムディンスレン』の文をみろ。「内モンゴルを漢人たちの植民地から解放しよう。血肉を分かち合った外モンゴルと合併させて、統一国家を創ろう」と白い紙に黒いインクで書いているのではないか。

このように中国政府と中国人たちは怒りを爆発させている。

93

チンギス・ハーンの歴史は「反革命の歴史」

トグスの受難はまだ終わらない。つづいて、中国政府と中国人たちは内モンゴルの歴史学界に攻めこんだ。

　　　内モンゴルの歴史学界も、彼らが反革命修正主義と民族分裂主義思想を醸成する重要な陣地である。叛徒とスパイどもを決死隊員として集めて学界を占領し、モンゴル史を研究する名目で祖国を分裂させようとする歴史観を作った。

周知のように、中国において、歴史観は政治的なイデオロギーそのものを指す。内モンゴルの歴史上、民族間の矛盾（紛争）が主流を成してきたので、帝国主義と大漢族主義の抑圧からの解放をモンゴル族はずっと追い求めてきた、とウラーンフーは主張していた。そのため、内モンゴルの歴史学界もまた「ウラーンフーとハーフンガの反動的な歴史観に基づいて、全モンゴル民族の連携と統一、そして独立という反革命の歴史研究」をつづけてきた、と中国人たちは怒る。「内モンゴルは清朝の植民地だった、モンゴル人と漢人との矛盾こそが主要な社会問題だった」とするウラーンフーとハーフンガの見解がモンゴルの歴史学界を動かしていた、と批判する。

トグスは1946年から『内モンゴル自治報』や『群衆報』といった新聞紙上で「ソ連とモンゴル修正主義国家の大毒草で、パン・モンゴリズムの歴史観を具現した『モンゴル人民共和国通史』を印刷して配布した」、という。中華人民共和国が成立してからも、「内モンゴルは中国の古くからの領土ではなくて、1644年に清朝に征服されてからのことにすぎないと鼓吹していた」とされる。ことあるごとにチンギス・ハーンとリクダン・ハーンを称賛したのも罪となっている。

1962年はチンギス・ハーン生誕800周年にあたる。内モンゴル自治区もモンゴル人民共和国も盛大な記念行事を催す準備をしていたが、ソ連の圧力をうけて、ウラーンバートルの政治家たちは屈服せざるをえなかった。中ソ対立の時期だったので、中国政府と中国人たちは逆にこれをソ連への反撃のチャンスと捉えて、チンギス・ハーンを「中華民族の英雄」だとしてモンゴル人から誘拐した。ウラーンバートルでは何の記念行事もなかったのに対し、内モンゴル自治区はオルドス高原にあるチンギス・ハーンの祭殿で集会を開き、フフホト市で歴史学界主催のシンポジウムも開催された。北京の中国人たちは13世紀のチンギス・ハーンを愛していたのではなく、モスクワのロシア人政治家を嫌がらせるためだった。

しかし、文化大革命になると、中国政府と中国人たちは掌を変えたように、「モンゴル人たちは1962年からチンギス・ハーンを称賛して、民族分裂の道を歩もうとした」、と批判する。その時々の政治状況に併せて、何とでも歴史を変幻自在に解釈できるのは、中国人たちの得意の技である。

古代史にとどまらず、現代史はさらに「反革命的だ」とされた。ハーフンガが1958年に余元盦に書かせた『内モンゴル歴史概要』は「パン・モンゴリズム史観を宣伝し、近代に入ってから、帝国主義者たちと結託した活動をすべて自治や独立だと改竄している」、と批判する。トグスの宣伝部が審査して1962年に出版を許可した『トクトフの伝奇』も「トクトフが如何に反漢族の活動をすすめたかに重点を置いている」と問題視している。

「同志の皆様、これだけの反革命史観の本が出版されている。何という恐ろしい光景だろう」

と最後に批判文は中国人読者たちの憎しみを喚起して、一層の暴力を促している。

ウラーンフーとハーフンガに次いで、三番目の「重犯トグス」を中国政府と中国人たちは上で例示したように批判して、大量虐殺の世論を形成していった。読者には注意していただきたいが、こうした批判と断罪は決して文化大革命中にだけ発生した特異な現象ではない。現在においても、モンゴル人たちが少しでも独自の歴史観を示したり、生来の自治権を主張したりすると、たちまち1960年代とまったく同じようなレッテルを貼られて逮捕されているのである。そういう意味で、文化大革命は少数民族地域からまったく収束していないのが事実である。

5.3 「決死隊員」の発見

「罪悪に充ちた活動をするトグス」は、ひとりではない。彼には忠実な「決死隊員」（死党）たちがいた。言語学者のエルデニトクトフと内モンゴル人民出版社社長のソドナムである（資料四：21, p31-32）。批判特集によると、エルデニトクトフは「日本帝国主義が設置した興安学院を卒業し、日本の忠実な奴隷になった者だ」という。彼は「大東亜優秀青年」に選ばれて、三回も日本を訪問し、「日本人のように振る舞っていた」ことが、中国人たちに嫌われていたのである。

「日本とモンゴル修正主義国家の二重のスパイ」

では、ソドナムはまた、如何なる人物で、どのような「民族分裂的な活動」をおこなってきたのだろうか。「内モンゴル人民出版社101総部」に属す「海燕」と「前哨」という二つの団体が1968年4月1日に編集して印刷した『打倒ソドナム』（打倒索特納木）に詳細な情報がある（資料四：22）。

旧内モンゴル文化局党委員会のメンバーで、文化局副局長、内モンゴル人

民出版社社長のソドナムジャムソ（以下ソドナムと略す）は、わたしたちの党と政府内に潜りこんだブルジョアジーの代表で、反革命修正主義分子にして民族分裂主義者で、日本帝国主義の忠実な走狗にしてソ連とモンゴル修正主義国家のスパイである。彼はウラーンフー反党叛国集団内の猛将のひとりだ。

ソドナムは「図書を出版して民族分裂的な活動をすすめた」、と中国政府と中国人たちは端的に論破する。批判者たちによると、ソドナムはチャハル盟ミンガン（明安）旗の「搾取階級の家庭」に生まれ、北京のモンゴル・チベット（蒙蔵）学校で学んだ後に、「日本帝国主義の懐に身を投じた」。徳王の蒙疆政権の行政院長をつとめたジョドバジャブや呉鶴齢[12]の秘書を担当していたが、「日本帝国主義に見初められて」、早稲田大学で一年間研修したことがある。帰国後にはミンガン旗の総務課長のポストに就き、やがて旗長の病死にともない、旗長代理になった。

ソドナムは「日本の支持の下で」、1942年に「反動的な蒙奸」からなる「チャハル盟モンゴル青年同盟」を組織した。この組織は「チンギス・ハーンの子孫たちは日本の援助をいただいて、一致団結してモンゴルを復興させよう」との目標を掲げていたが、「実質上は日本のスパイ組織興亜同盟の一支部だった」、と断じられている。

日本が南モンゴルから撤退した後、ソドナムは「日本とモンゴル修正主義国家のスパイであるララワ・ラマ」という人物や詩人のナ・サインチョクトとともにドロン・

---

[12] 呉鶴齢はハラチン右旗出身のラマジャブ（呉鳳鳴）の長男である。清朝末期にモンゴル人を大量虐殺する中国人の金丹道の乱のときに、ラマジャブは軍を組織してハラチンの半分を守り通したことで、モンゴル人に絶大な人気を誇っていた。呉鶴齢もその父親の精神を受け継ぎ、20世紀前半の民族自決運動に参加した［札奇斯欽　1985：25］。

ノールに駐屯するソ連・モンゴル人民共和国の軍隊と会い、そのときから「修正主義国家モンゴル人民共和国のスパイに変身し、諜報活動を1967年までつづけていた」。このような「スパイ」をウラーンフーは1945年11月から重用し、内モンゴル自治運動聯合会執行委員会の常務委員兼青年部長に任命した。「ソドナムの奴は、ウラーンフーに抜擢されて、出世街道を走りつづけた」、と中国人たちは批判する。

ソドナムはまた1961年に「民族分裂主義者のウラーンフーとハーフンガ、ブレンサイン、通福、エルデニビリグらとともに、反革命の秘密組織の民族統一党を作った」、と批判文はいう。この「民族統一党」はまた「統一党」と略称され、文化大革命が発動される前に、ウラーンフーが最高責任者をつとめる自治区で摘発された「民族分裂主義の組織」のひとつとされる。文化大革命の予行演習であるが、数百人の知識人たちが逮捕されていた［楊　2009b：xxvii］。ここに至って、統一党にウラーンフーとハーフンガも入っていたという断罪は、モンゴル民族全体が中国政府と中国人の敵だ、と宣言したような性質を持つ。

嘘を拒否した「スパイ」

もう少し具体的にソドナム社長の「民族分裂的な活動」を例示してみよう。

まず、内モンゴル人民出版社は2億冊もの本を印刷したが、「偉大な領袖毛沢東の雄大な著作は1958年までにたったの3万2,900冊しか出していない。それなのに、統一党のメンバーのひとりバボドルジが整理した民間の詩人モーオヒンの作品まで出版された」、という。

ソドナム社長の内モンゴル人民出版社とモンゴル人民共和国との人的往来と文化交流もすべて「スパイ同士の結託」だと解釈する。1956年に、モンゴル人民共和国の学者ツェ・ダムディンスレンがフフホト市を訪れて、「モンゴル語の改革について」とのタイトルで講演会を開いた。その際に、「なんとあいつは、現代モンゴル語をハルハ方言に基づいて統一させようと話していた」と中国人たちは不満である。ダムディンスレンはオルドスにあるチンギス・ハーンの祭殿に参拝し、「多くの文化財を盗んだ」。それもまたソドナムが「盗ませた」という。実際は、モンゴル人たちがチンギス・ハーン祭祀に関する手写本を研究者に提供しただけのことであった。

1957年にモンゴル人民共和国の舞踏専門家のドーラムソロンがフフホト市を訪問し、詩人のナ・サインチョクトとソドナムは宴会を開いて迎えた。酒がすすみ、話が盛り上がって感涙を流した。それもまた「祖国を売り渡すための涙だ」と批判する。ソドナムはまた「ソ連修正主義分子の作家コングロフ」の作品、『黄金の草原』や『アンガラ河の砦』、『草原の歌手』を出版した。英雄叙事詩『ハーン・ハラングイ』を整理して公開したことで、「封建社会の残滓を広げた」。

「内モンゴルは植民地だ。帝国主義と大漢族主義がモンゴル人を抑圧し、モンゴル人の資源を略奪して、植民地統治をすすめてきた」、と内モンゴル自治区の最高指導者のウラーンフーは1948年7月に話していた。ソドナムはウラーンフーのこの「反革命の講話」に沿って、「内モンゴルは中国の一部ではなく、内モンゴルのモンゴル人も中国の一民族ではない」という反動的な思想を持つ本を出版しつづけてきたという。「内モンゴルのモンゴル人は中国の一民族にすぎないにもかかわらず、偉大な中国共産党が内モンゴルを解放した歴史を無視した」、と中国政府と中国人は書いている。「ソドナムは専らソ連とモンゴル人民共和国の軍隊による解放を謳歌している」。「内モンゴルはすでに中国共産党によって解放されていたのだから、何のために自治する必要があるのだ」、と中国人たちは真っ赤な嘘をついてから、自治を否定しようという本音を露わにしている。中国政府と中国人たちは最低限の歴史的な事実、すなわちソ連とモンゴル人民共和国聯合軍による解放という事実まで抹消したい。そして、自治なんか、まったく必要ではない、中国人すなわち漢族（チャイニーズ）がすでにモンゴル人たちを解放したではないか、と主張しているのである。ここに、中国政府と中国人たちの本音がある。中国政府と中国人たちから突き付けられた嘘をモンゴル人たちは拒否したので、ジェノサイドが発動されたのである。

　　　　チンギス・ハーンなんか、13世紀の僵屍（ミイラ）だ。しかし、ウラーンフーと彼の支配下の内モンゴル自治区政府はずっとチンギス・ハーンというミイラを活用して、大モンゴル帝国を復活させようとしてきた。

　中国政府と中国人は上のように話して、ソドナムが主導して出版させた『モンゴル秘史』や小説『青史演義』、叙事詩『チンギス・ハーンの二頭の駿馬』、年代記『水晶鑑（ボロル・トリ）』の内容を批判する。小説『青史演義』には性の描写もあった。「あまりにも露骨に青年男女の性生活を描いているので、社会主義の出版社から出すには不適切な小説だ」、と中国人たちは書いている。あたかも中国人は性の営みと無関係な、高貴な人種のような振る舞いである。

警句の内容を自覚した中国人
　それだけではない。1956年にナ・サインチョクトとエルデニトクトフが編集して出した『モンゴル族の諺』も受難した。
　「自由のない幸福よりも、自由のある不幸

がいい」
　「自らの意思で飲んだ水は、他人の意思で飲まされたバターよりも美味しい」
　「笑って頭を撫でてくる人は、あなたの首を狙っている」
　以上のような諺や警句が問題視された。中国には自由がなく、モンゴル人民共和国にはある、といわんとしているだろう、と中国人たちは疑う。「中国人は満面の笑みを湛えて草原に現れたが、実はモンゴル人を殺してその故郷を占領したい」、との事実を風刺したのではないか、と中国人たちは理解している。こうした警戒は、実際に中国人たちがモンゴル人の故郷を植民地にし、モンゴル人に何ら自治権が与えられていないことから不満が蓄積されているという事実を把握していた実態を表している。利口な中国人たちはモンゴル人側に不満があっても、決してそれを吐露させたくはなかったし、ましてや問題を解決しようという意図は少しもなかったのである。これが、中国政府と中国人たちの少数民族観である。

モンゴル人の祖国はどこ？
　1968年1月28日、『教育戦鼓』はガワー（戈瓦）という人物を批判する記事を掲載した。「ガワーは王再天とともにウラーンフーの残党だ」と新聞は冒頭の社説で論じる（資料四：23）。

　　　　ウラーンフーの残党どもを殲滅する戦いははじまった。公安と検察、それに法律界における走資派のトップで、反革命修正主義分子の王再天と、教育界におけるウラーンフーの代理人であるガワーが掴みだされた。ガワーは民族分裂主義の急先鋒だ。

　中国人たちの批判文はここでも王再天を「二つの顔をもつ連中」（双面料）と表現して

いる。そして、「ウラーンフーの反革命陣営はトゥメト出身者の嫡系であるウルトナスト（奎璧）やジヤータイ、ブヘとチョルモンと、抗日戦争の勝利後に受け入れたハーフンガとトグスに代表される内モンゴル人民革命党員たちからなる。王再天はこの二つのグループの双方とも結びついている、二つの顔を持つ連中だ」、という。

『教育戦鼓』に文章を載せた内モンゴル師範学院の「東方紅縦隊」によると、ガワーは「搾取階級の出身」で、日本統治時代には興蒙党に参加し、「日本帝国主義の力で大モンゴル帝国の復興を夢みていた」。1957年に「ハーフンガの後継者として」、教育庁の副庁長と党委員会副書記に就任している。それ以来、ガワーは「ウラーンフー王朝の教育大臣として民族分裂的な活動を展開してきた」。反右派闘争のとき、ガワーは「自治区に何の自治権もない」、と話して「偉大な共産党の民族政策を貶した」。そして、ガワーは1957年2月17日に次のように師範学院の学院長テムールバガナに「放言」した。

　　おれはいまモンゴル人民共和国に行けなくても、定年したら絶対に行く。定年しても行かせてもらえないなら、死んだら遺骨だけでもモンゴル人民共和国へ運んでもらう。

このように、ガワーもまた国籍は中国であっても、モンゴル人の祖国はあくまでもモンゴル人民共和国だと固く信じていた気骨ある人物だったことが分かる。

「民族分裂主義の基地」のあり方
ガワーの教育庁には、「ウラーンフーの民族分裂主義的思想を押しすすめる黒い基地」があった。内モンゴル・モンゴル語文専科学校（略して蒙専）である。教育庁の副庁長だったガワーは誰よりも熱心にモンゴル語文専科学校の充実化に取り組んだのも、大勢の「民族分裂主義者たちを育成するためだ」、と批判する。その断罪の方式は以下の通りである（資料四：24）。

まず、モンゴル語文専科学校の歴代の校長はすべて内モンゴル人民革命党党員だったという。初代学長は「古参の民族分裂主義者のトグス」で、二代目は崔宝で、三代目は内モンゴル人民革命青年団員にして「日本とモンゴル修正主義国家のスパイであるサインウルジー」で、四代目は「チンギス・ハーン党の党員で、内外モンゴルの合併を求める署名運動の推進者で、のちに自殺者したフチン（呼群）」だった。

次に、教師陣もすべて反党叛国の分子だという。「モンゴル修正主義国家のスパイ」たるナ・サインチョクト、右派アサラト、民族分裂主義者のロブサンとナドムド、反動的な学術権威のチンゲルタイ、蒙奸徳王の息子ガルスン、ハーフンガの息子チョイジンジャブなどである。

第三に、ガワーはモンゴル語文専科学校を利用して、反大漢族主義の世論を形成した。1957年にモンゴル語文専科学校の「右派ども」がふたたび内外モンゴルの合併を求める発言をしたとき、ガワーは教育庁副庁長として阻止しなかった。1962年にガワーは何と、「フフホト市のモンゴル人たちは同化されているので、モンゴル人と漢人は分かれて居住すべきだ」と話していた。

中国人たちは1月24日に内モンゴル党委員会の大ホールで教育庁副庁長のガワーを批判闘争する大会を開いて、上で例示した「罪」を認めるよう怒号を上げ、暴力を存分に振るった。中国政府と中国人たちからすれば、モンゴル人たちが独自の教育機関を持つこと自体が許せない現象だったのである。

「チンギス・ハーンの亡霊にすがった」罪

「宜将剰勇追窮寇、不可姑名学覇王」は毛沢東の漢詩である。内モンゴル教育出版社の中国人たちは毛の漢詩のなかの字句を取って、「追窮寇戦闘隊」という造反派組織を結成した。「追窮寇戦闘隊」は1968年4月9日に「教育出版社におけるガワーの反革命修正主義と民族分裂主義の罪行を暴く」という断罪の冊子を印刷して配布した（資料四：25）。

内モンゴル教育出版社は1960年に創立して以来、「教育大綱」や教科書、課外教材など各種の出版物を通して、ウラーンフーが資本主義を復活させ、民族分裂的な活動をすすめるのに尽力した。社会主義の教育の陣地をウラーンフーの反党叛国の黒い基地に作り変えた。その黒い基地の指揮者はほかでもなく、ガワーである。

ガワーはまず、「教育大綱」にウラーンフーが提唱していた「蒙漢兼通」政策を書きこんだ。それから、教科書のなかに多数の「修正主義のモンゴル人民共和国の文学作品」を入れた。1963年になって、中ソ対立が激しくなると、「モンゴル修正主義国家の作品が掲載できなくなると、ガワーは祖先の亡霊にすがった」。チンギス・ハーンと「封建社会の文人インジャーナシ」という「亡霊」である。

ガワーが選んだ教材はとんでもない内容である。実例を挙げてみよう。『モンゴル秘史』には「アルンゴワ母の教え」という話がある。アルンゴワ母の息子たちはお互いに仲が悪かった。ある日、アルンゴワ母は彼らに一本ずつ矢を渡して折らせた。簡単に折れた。今度は矢を5本ずつ渡してまた折らせ

たが、誰も折れなかった。そこで、アルンゴワ母は息子たちを諭した。「あなたたちはみな私のお腹から生まれた。ひとりずつばらばらだったら、敵にやられてしまう。みんなで団結していれば、誰にも負けない」。これは、モンゴルの古い教えだが、ガワーはこの古い話を使って、モンゴル人たちは共通の祖先から生まれ、分離できない、ということを言わんとしている。……ガワーは封建社会の遺訓を使って、チンギス・ハーンの子孫たちの団結を呼びかけ、内外モンゴルの合併を促そうとしている。

『モンゴル秘史』内の「五本の矢の教え」は、モンゴル人に人気のある話である。ガワーがそれを教科書に書きこむよう指示するのも庁長としてはしごく当然のことである。しかし、たとえ古い年代記のなかの話であっても、モンゴル人たちがそれについて語らいあったりしても、たちまち「民族分裂的だ」と断罪されてしまっていたのである。もし「内モンゴルのモンゴル人とモンゴル人民共和国のモンゴル人は別々の民族で、別々のチンギス・ハーンを祖先としていた」と嘘をついて中国政府に尻尾を振っていれば、中国人たちも大喜びをしたにちがいない。問題は、歴史を改竄してまで中国に媚びなかったので、大規模なジェノサイドが実施されたのである。これが、大量虐殺の歴史的原因のひとつである。

公文書と日記

夏になった。自治区の首府フフホト市の教職員代表大会は1968年6月17日に『教育戦鼓』に「ガワーを討つ特集号」（討戈専号）を組んだ（資料四：26）。特集はまず「ウラーンフー王朝の教育大臣ガワーを打倒し、その名誉が地に落ちるまで批判せよ」（批倒批

臭）と呼びかけてから、1957年2月17日から1964年8月末までの「罪行」を時系列的に詳しく列挙している。総量は8頁に及び、政府公文書と師範学院の学院長テムールバガナの日記を証拠として使っているのが特徴的である。公文書は、政府の許可がない限り閲覧できない。テムールバガナはすでに中国人たちに打倒されていたので、その日記も没収されていたのである。公文書と日記を用いているので、中国人たちが暴露したことは、事実だとみてよかろう。1957年5月5日のテムールバガナの日記である。

　　みんな酒を飲んで、相当に酔っぱらった。ガワーと私はモンゴル人民共和国からの専門家の部屋に行き、しばらく話をした。私は数日前にスレンジャブの詩を朗誦したときの心情が甦り、専門家の方も同感だという。われわれモンゴル人の知識人たちは共通の心情を抱いている。

　独立と合併が失敗し、中国の二等市民に堕ちたモンゴル人に何の自治権もない現実を、ガワーとテムールバガナ、それにモンゴル人民共和国からの専門家たちは共有していたことが記録されている。当然、それは許されることではない、と中国人たちは怒る。反右派闘争も毛沢東と政府の謀略だと分かり、トブシンやチンダマニのような大勢の同志たちを失った1958年2月3日、ガワー副庁長はまたテムールバガナ学院長と会って、悲しみを語らい合った。このとき、ガワーはすっかり自信喪失していた、とテムールバガナの日記は伝えている。

　ガワーの罪は「修正主義のモンゴル人民共和国」を称賛したことにもある。1958年12月10日から翌年の1月2日まで、ガワー副庁長はウラーンバートルを訪問し、教育について視察した。彼は帰郷後にウラーン

バートルでの礼遇ぶりや同国の学生たちが近代的な洗練された環境のなかで勉強し、すくすくと育っている現状を詳細にウラーンフーに報告した。それが、「修正主義を礼賛し、わが国を貶した行為」だと認定された。このように、中国人たちはやはり、他人や他国が自分たちより優れているという現実を素直に受け入れることのできない人々であることが分かる。他人や他国を正当評価する人物は常に政治的に断罪される危険性が中国にある。今日においても、その点は変わらない。

ふたたび問われるモンゴル人の祖国の問題
　中国国内の政治情勢は段々と厳しくなるにもかかわらず、ガワーの「反革命の言論」は逆に「猖獗」してくる。1963年8月13日、ガワー副庁長は中学と高校、それに師範学校のモンゴル語教師たちを集めた研修会で次のような主旨を発言して教師たちに考えるよう促した。

　　モンゴル人の祖国はひとつか、それとも二つか。歴史的には、大モンゴル帝国は今日のモンゴル人民共和国から勃興しているし、モンゴルはずっと統一された民族であった。
　　共産党は漢人の政党である。日本人が去ってから、共産党がやってきたが、姑が変わったようなものだ。
　　やはり、内外モンゴルが合併されていたら良かった。自治は独立に遠く及ばない。自治区と国との関係はどのようにあるべきか。いまの自治は形式的なものにすぎないし、実際は大漢族主義の支配下にある。内モンゴル自治区は歴史上にあったモンゴル人の領土の極一部だ。中国は自治区を作ったが、それは分割統治のためだ。
　　中国は漢人の祖国で、モンゴル人民

共和国こそわれわれの祖国だ。いま、中ソ対立により、中国はモンゴル人民共和国を批判しているが、私たちモンゴル人はこうした批判で傷ついている。モンゴル語も大切されていないし、モンゴル人もやがて同化されるだろう。

ガワーが話した内容はどれも事実であるが、中国においては、すべて「れっきとした民族分裂の罪証」となる。彼は上で示したように講演する前の7月27日に自治区の最高指導者のウラーンフーに呼ばれていた。ウラーンフーはそのときにガワーにモンゴル語教育の強化を指示していた。当然、ガワーの大胆な発言はウラーンフーに支持された行動だと中国政府と中国人たちは理解した。『教育戦鼓』は7月6日に前掲の「資料四：25」を再録して、批判の勢いを補強した（資料四：27）。

殺害された「古参の民族分裂主義分子」

1969年1月5日、ひとりモンゴル人が中国人たちに殺害された。ガルブセンゲである。彼の死について、文化大革命研究者のアルタンデレイヘイは次のように伝えている［阿拉騰徳力海　1999：109-110］。

「抉りだして粛清する戦士」（挖粛戦士）の臧海賢と呉春舫ら10数人はガルブセンゲを内モンゴル人民革命党の中央執行委員兼秘書長だとみて、11日間に13回暴力を振るった。腰を曲げさせてから殴る蹴るの方法で虐待し、髪の毛をむしりとり、ビンタをくりかえした。手と足をぐるぐると縛ってから冬の冷たいコンクリートの床の上に9時間も放置した。食べ物と水を一切与えず、「地面に倒してから、さらに足で踏みつけよう」、という毛沢東の語録通りにリンチしつづけた。ガルブセンゲを凌辱

していた人たちのなかには2人の漢人（チャイニーズ）の女も加わっていた。こうして、ガルブセンゲは気を失ったが、それでも解放軍の軍事管理小組のメンバーたちは軍靴で彼の胸を蹴ったり、棍棒を口のなかに入れたりした。ガルブセンゲは結局、全身から出血し、意識不明となった。

これが、ガルブセンゲが殺害された経緯である。では、何故、中国人たちはこのようにモンゴル人のガルブセンゲを重犯としてあつかい、殺したのだろうか。内モンゴル人民委員会機関の「叛国集団を揪みだす連絡センター」（揪叛国集団聯絡站）が1968年1月に編集して印刷した冊子に彼の「罪状」が詳しく並べられている（資料四：28）。ガルブセンゲが中国人たちに殺害される一年前に作られた資料である。

冊子のタイトルは「古参の民族分裂主義分子で、日本とソ連、それにモンゴル修正主義国家のスパイであるガルブセンゲを批判闘争する大会における発言集」である。冊子の「まえがき」は以下のようになっている。

ガルブセンゲとはどんな奴か？彼は日本帝国主義の忠実な走狗である。彼は内モンゴル人民革命党の中堅にして、日本とソ連、それにモンゴル修正主義国家のスパイだ。無数の罪を犯したこいつをウラーンフーと王再天らは庇いつづけてきたので、人民による裁判を今日までに受けていないどころか、かえって出世して内モンゴル人民委員会副秘書長兼外事弁公室副主任、語文委員会副主任の要職に就いた。彼は20数年間にわたって毛沢東思想に反対し、ウラーンフーがすすめる祖国を分裂させる活動に参加して、党と人民に多大

101

な罪を犯した。……

1968年1月24日に内モンゴル人民委員会機関の「叛国集団を揪みだす連絡センター」と計画委員会の「黒い手先を揪みだす連絡センター」が合同で古参の民族分裂主義分子にして日本とソ連、それにモンゴル修正主義国家のスパイであるガルブセンゲを批判闘争する大会を開いた。これは素晴らしい大会で、プロレタリアートの威風を高め、敵の勢いを圧倒した。

このように、冊子は批判大会後に併せて編集されたものであることが分かる。「古参の民族分裂主義者」云々はすべてのモンゴル人エリートたちに冠されていた罪名で、「日本とソ連、それにモンゴル修正主義国家のスパイだ」というレッテルの方が特徴的である。というのも、ガルブセンゲはずっと情報関係の仕事に携わってきたからである。

　　ガルブセンゲは日本帝国主義の時代に出世していたし、ハーフンガの東モンゴル人民自治政府の時代にも偉くなっていた。そして、ウラーンフーの王朝内でも昇進していた。

中国政府と中国人たちはまず「順調に出世街道」を歩んできたガルブセンゲをこのように分析している。

「日本の悪魔どもに恭順だった」スパイ

批判者たちが政府档案から集めてきた資料によると、ガルブセンゲは「封建的な地主の家庭」に生まれ、1936年9月に満洲国陸軍興安軍官学校に入り、「日本の特務である日高と志岐らの門下生となった」。「ガルブセンゲは日本人の主人たちに恭順だったので、日本人の悪魔どもから可愛がられて

いた」という。

1940年7月、ガルブセンゲは陸軍興安軍官学校から卒業した。成績が優秀だったため、「傀儡皇帝の溥儀」が彼に懐中時計を恩賜として授けた。彼は「日本のために新兵を訓練し、要塞を作って、無数の同胞たちを殺害した」。「日本の悪魔ども」に信頼されたガルブセンゲは選ばれて1942年9月に日本陸軍士官学校に留学した。日本にいる間のガルブセンゲは満洲国駐日大使館につとめていたハーフンガと「結託して興蒙団を作って、民族主義の勢力を拡大した。日本の陸軍士官学校もそれを知っていたが、特に取り締まることはなかった」。

1944年春、ガルブセンゲは優秀な成績で日本の陸軍士官学校から卒業した。ここで彼はまた日本の天皇からも恩賜として懐中時計を与えられた。彼は傀儡皇帝の溥儀と日本の天皇の恩義を忘れずに、1966年に文化大革命がはじまるまで、ずっとその二つの懐中時計を肌身離さず愛用していた。毛主席は「世界には訳のわからない愛なんてない。愛にはそれなりの理屈がある」とおっしゃった。ガルブセンゲはこのように中国人民の鮮血で両の手を染めた溥儀と日本の天皇から与えられた時計を愛用していた事実は、彼が売国奴であることの鉄の如き証明ではないか。

ガルブセンゲは1944年4月に帰国して長春にもどり、満洲国軍事部情報科にしばらく勤務してから、母校の興安軍官学校の中尉区隊長として任官した。「興安軍官学校では、彼は日高清と張ニマ、ドグルジャブらと結託していた」という。ドグルジャブと日高清は校附室につとめ、張ニマは少年科第三連の上尉連長だった［満洲国軍刊行委員会　1970：792；楊　2014b：80-81］。ガル

102

ブセンゲは「いつも王爺廟に駐屯する五三部隊の松浦部隊長と部隊付の志岐、張ニマとドグルジャブと反ソの秘密集会を開いていた」、と批判者はいう。すべては政府の档案から書き写してきた証拠である。

「中国人民に対して罪を犯した」対外活動

　日本が撤退した後、ガルブセンゲらは「毛主席が指導してきた中国人民の抗日の果実を盗んだ」、と中国人たちは書いている。内モンゴル人民革命党員のハーフンガとアスガン、張ニマとドグルジャブ、それにガルブセンゲらは「祖国の統一を破壊し、民族を分裂させよう」として内外モンゴルの合併をすすめた。「祖国の分裂を図ったことは、人民に対する二度目の犯罪だ」、と断罪されている。ガルブセンゲは情報関係者だったネットワークを活用してモンゴル人民共和国の諜報員であるバンザラクチと緊密に連絡し合い、1945年冬にハーフンガたちがウラーンバートルを訪問した際も同行していた。

　「嗅覚の鋭いガルブセンゲ」は、内外モンゴルの統一合併が不可能だと知ると、1946年９月に中国共産党に潜りこみ、翌1947年５月１日あたりから「一僕二主」の立場を取るようになった。つまり、旧主のハーフンガを離れてウラーンフーの下僕になったという。

　中華人民共和国になっても、ガルブセンゲは「中国人民に対して、罪を犯しつづけた」。内モンゴル人民委員会の外事弁公室の「毛沢東思想戦闘隊」は、対外活動におけるガルブセンゲの「罪行」を例示した（資料四：28, p9-13）。「1956年から1964年に至るまでの８年間で、ガルブセンゲは日本とソ連、それにモンゴル修正主義国家のスパイとして対外活動で罪を犯した」。以下は具体的な「証拠」である。

　1956年に「ソ連のスパイ」が学者だと称して内モンゴル自治区に来たときに、外事弁公室副主任のガルブセンゲは彼に100冊もの本を贈呈して、「情報を漏らした」。同じ年にある「日本人のスパイ」がやってきた際も、彼をハーフンガに会見させるなどして便宜を図った。批判する中国人たちは「日本人スパイ」の名前を示していない。

　モンゴル人民共和国は1957年４月から準備して、1959年２月にフフホト市に総領事館を設置した。内モンゴル自治区人民委員会の外事処も同じ時期に満洲里からフフホト市に移ってきた。「外事処の処長となったガルブセンゲは総領事館の館員たちと結託し、内外モンゴルの統一合併をすすめるための謀略活動を展開した」、と中国人たちはみている。総領事館の館員たちは漢人には冷淡で、モンゴル人に親切だったことも証拠だとされている。

　モンゴル人民共和国の総領事ダシは1957年にシリーンゴル盟を視察し、モンゴル人たちが中国に同化されていると発言し、外交官の自分も中国の公安関係者に監視されている、と不満を表明した。しかし、ガルブセンゲはダシ総領事を擁護した。同じ年の６月にガルブセンゲはまたダシ総領事とともにオルドス高原にあるチンギス・ハーンの祭殿を訪れて参拝した。二人は一緒に羊の丸煮の供物を献上し、「チンギス・ハーンはわがモンゴル民族の共通の祖先だ」と話していた。こうした行為をみた中国政府と中国人たちは、「共産党員として、大奴隷主にして大封建主義分子のチンギス・ハーンを共通の祖先とみなすことは論外だ」、と指摘する。このように、中国政府と中国人たちはモンゴル人たちが異なる国家に暮らしていても、チンギス・ハーンを民族の共通の祖先と認識することに危機感を抱いてきたことが分かる。この点は、現在も変わらない。

　内モンゴル自治区とモンゴル人民共和国

103

は陸続きでつながっている。というよりもモンゴル人たちが歴史的にずっと住んできた領土が他人によって無理矢理に線引きされ、分断されたのである。政治的に国境線が引かれても、家畜群は勝手に移動して越境する。1958年1月、モンゴル人民共和国ドルヌート県の家畜2万頭が吹雪に煽られて内モンゴル自治区側に入った。双方は条約にしたがって処理したが、ガルブセンゲは「勝手にわが国の良い草原を修正主義国家に提供し、家畜を全部返してしまった」。1963年に両国が国境線を画定しようとしたときも、ガルブセンゲは「国境沿いの314号界碑付近の領土をモンゴル人民共和国に譲った」。このように、ガルブセンゲは「中国の利益を修正主義国家に売り渡した売国奴」だとされている。

中国人の太陽神を攻撃したモンゴル人

　文化大革命運動が近づいてくる。1964年から社会主義教育運動（四清運動）がはじまったときに、ガルブセンゲはフルンボイル盟の西シンバルガ旗と東シンバルガ旗で現地調査をしていた。彼は「毛主席の階級闘争論を宣伝しないで、終始にわたって現地の民族分裂主義者たちを庇いつづけた」、と内モンゴル人民委員会の「ブラック・ラインを抉りだして粛清する紅旗弁公室」の中国人たちは報告している。モンゴル社会には階級が存在しないので、搾取階級を暴力的に闘争したり、彼らの財産を没収したりしてはいけない、というウラーンフーの「三不両利政策」をガルブセンゲもまた忠実に執行していたのが、「罪」となったのである。

　「ガルブセンゲは、中国人民が心から崇める偉大な紅い太陽の毛主席を攻撃した」、と断罪されている。

　　　1962年、毛主席は（避暑地の）北戴河で会議を招集し、天才的に、創造的に新しい理論を出した。資本主義から共産主義への過渡期においては、プロレタリアートとブルジョアジーとの階級闘争が存在するし、社会主義と資本主義との路線闘争も存続する、との理論である。これは、マルクス・レーニン主義に対する毛主席の偉大な貢献である。しかし、ガルブセンゲは何と悪意を以て「北戴河の会議は国際情勢を見誤っている」と自治区の局長級会議で発言して、毛主席を侮辱した。……われわれの心のなかの最も紅い、最も紅い太陽（最紅最紅的紅太陽）である毛主席を攻撃する奴は、万死に値する。

　中国人の太陽神である毛沢東を攻撃したことも一因となり、モンゴル人のガルブセンゲは惨殺されたことは、前に触れた。

チンギス・ハーンと賊ガルブセンゲ

　内モンゴル自治区人民委員会の「文教弁公室の紅旗戦闘隊」はガルブセンゲが「文化教育界ではたらいた罪」を並べている（資料四：28, p23-27）。具体的には1957年にオルドスにあるチンギス・ハーンの祭殿内に壁画を描いた事実を取りあげている。ガルブセンゲも参画して完成した、チンギス・ハーンの生涯を描写した壁画には以下のように「罪」がある、と中国人たちは論じている。

　　壁画はチンギス・ハーンによる統一を称賛した。チンギス・ハーン時代のモンゴル人たちは幸せだった、と謳歌している。チンギス・ハーンを礼賛することで、偉大な社会主義を貶し、民族間の団結を破壊しようとしている。……昔のチンギス・ハーンはすなわち今日のウラーンフーだ。ウラーンフーも「チンギス・ハーンの子孫たちは団

結しよう」と話していたし、ウラーン
フーもまたチョイバルサンと団結してい
た。チンギス・ハーンがモンゴルを統一
させた功績こそが、ウラーンフーの夢
だったのではないか。

　客観的にみて、中国政府と中国人たちの
見解は正しいといえよう。研究者の指摘通
り、ナショナリストたちはみな栄光の歴史
を復活させようと努力する［アンダーソン
2012:131、vi］。モンゴル人エリートたち
の思想も世界のアナーキストや民族主義者
たちと大差ない。大国同士の謀略による産
物、「ヤルタ協定」でモンゴル民族の統一合
併こそ失敗したものの、チョイバルサンが
モンゴル人民共和国を、ウラーンフーが内
モンゴル自治区をそれぞれにリードしてい
ても、共通の祖先と共通の歴史を共有する
という思想は消えない。消えないから、中
国政府と中国人たちに敵視され、大量虐殺
の口実とされたのである。
　問題はガルブセンゲひとりだけでは終わ
らせないで、必ずほかにも「徒党」がいる
と連座制を取るのが中国流の政治闘争であ
る。「ガルブセンゲを庇いつづけてきたのは、
二つの顔を持つ連中の王再天だ」、と『呼三
司』は1968年2月14日に長い批判文を載せ
た（資料四:29）。夏の8月24日になると、ガ
ルブセンゲに対する批判は一段と激しくな
り、網羅された「罪」も格段と詳細になっ
た（資料四:30）。11頁にも及ぶ長大な資料は
政府が厳密に保管していた档案を活用して
書かれたものである。資料は語る。

　賊ガルブセンゲは、1919年に吉林省
双遼県柳条溝屯の大地主の家庭に生ま
れた。祖先三代にわたって地主で、4,000
畝余もの土地と群を成す家畜を所有し
ていた。雇人も常時20〜30人はいたし、
私兵も養って、人民を搾取していた。

……
　興安軍官学校を出た後、賊ガルブセ
ンゲは通遼の銭家店に駐屯する興安軍
騎兵団で見習をし、機関銃中隊の中尉
小隊長となった。そして、1942年10月
に日本軍の177部隊に入って、3カ月間
ファシズムの訓練を受けた。
　賊ガルブセンゲは金川耕作特務機関
長に見初められて、1942年に日本に送
られている。神奈川県にある陸軍士官
学校の留日満生隊にいた頃は日本人に
媚びを売り、可愛がられていた。1943
年には留日満生隊の中隊長で、スパイ
でもある江波少佐の支持の下で、16名
からなる勇士団というスパイ組織を作
り、8月には富士山の麓で訓練をした。

　批判文は「賊ガルブセンゲ」が一貫して
情報畑を歩いてきた経歴から、最初は日本
のスパイとなり、国際情勢の変化にしたが
って次にはモンゴル人民共和国とソ連のス
パイとなって、1966年まで活動してきた、と
書いている。日本側とモンゴル人民共和国、
それにソ連側のカウンターパートナーたち
の名前もすべて具体的に示されているので、
政府の档案とガルブセンゲ本人の自白に依
拠して作成されたとみてよかろう。実際、
20世紀のモンゴル人たちは中国からの独立
を獲得しようとして日本やロシアの力を借
りようとした。日本が敗退した後は、ソ連
が唯一の後ろ盾となった。同胞の国、モン
ゴル人民共和国との統一は不可能だとスタ
ーリンのソ連にそう宣告された後は、共産主
義者を標榜する中国人たちを信じるしかな
かった。しかし、日本を利用した歴史も、
ソ連やモンゴル人民共和国と共闘した過去
も断罪されてしまうと、もはや逃げる道は
残されていなかった。俎上の魚となって、
中国政府と中国人たちによって好き勝手に
解体される運命しかなかったのである。ガ

105

ルブセンゲが辿った一生がモンゴル人たちの悲劇を物語っている。

日本の「奴隷」となった医学者

1968年1月15日、内モンゴル自治区政府の宣伝と教育関係の配下にあった「直属機関魯迅兵団」と「衛生総部」、「内モンゴル衛生庁318兵団」が合同で「三反分子のホルチンを打倒せよ」という冊子を印刷した（資料四：31）。冊子の「まえがき」である。

　　　わが自治区の衛生戦線の革命派たちは毛沢東思想の偉大な紅旗を高く掲げて、現代の殿様たるウラーンフーの忠実な部下で、衛生部門における走資派のホルチンを揪みだした。これは、毛沢東思想の勝利である。

では、ホルチンとはいかなる人物なのか。中国人たちはいう。「ホルチン、男、モンゴル人で、52歳。1916年にウラーンチャブ盟ウラト西公旗のメルゲン・スメ寺の出身で、18歳から反動的な生涯を歩んできた」、という。彼の名は正式にはホルチンビリクである。

メルゲン・スメ寺は全モンゴルにその名を知られた名刹である。ほとんどの寺院の僧侶たちがチベット語で経典を読むのに対して、メルゲン・スメ寺だけがチベット語の経典を積極的にモンゴル語に翻訳して、モンゴル語で読誦してきた歴史を持つ。モンゴル語で読まないかぎり、モンゴル人信者も仏教の神髄は分からないとみて、仏教のモンゴル化につとめてきた寺院である。当然、メルゲン・スメ寺の僧侶たちもモンゴル人たちから篤く尊敬されていた。ホルチンは、このような文化的な精神性がきわめて濃厚な草原に生まれ育ったのである。

批判文によると、ホルチンは1934年8月に三公小学校を卒業して、包頭に置かれていた国民党中央政治学校包頭分校に入った。この政治学校の校長は「罪深い蒋介石」だったので、ホルチンは「蒋介石の寵児」だとされた。

包頭をはじめ南モンゴルの西部はのちに徳王のモンゴル自治邦（蒙疆政権）の治下にあった。ホルチンは政治学校から卒業してからは、徳王政権がベーレン・スメ寺（百霊廟）に設置した学院で教え、徳王の信頼を得ていたので、1937年4月に選ばれて日本に留学した。日本では善隣高商特設予科で一年間日本語を学んでから陸軍士官学校を志望したが、途中で意思が変わって、医学を勉強した。1942年9月に帰国したときに、「ホルチンはすでに完全に日本のファシズムを身に付けて、日本の奴隷になっていた」、と中国人たちは断じている。

日本滞在中のホルチンは、「大蒙奸のハーフンガが作った反動組織の留日同郷会に加わり、日本のスパイで、鉄血団分子のデレゲルチョクトと結託していた」。1945年5月、ホルチンはまたデレゲルチョクトをボスとする「内モンゴル青年革命党」の党員となった。「内モンゴル青年革命党」の武装部長は日本の陸軍士官学校を出たゴンブという尉官だった。「解放後、ホルチンは日本のスパイであるデレゲルチョクトを庇いつづけ、中医研究所のモンゴル医学の通訳に任命した」、という。

ホルチンは特に「日本帝国主義者から学んだ医術を使って、蒙奸と日本人に奉仕していた」。1943年には日本が作った『チンギス・ハーン』という映画の通訳を担当し、同年5月には「偽蒙疆政権の医学代表団を引率して東京に行き、東亜医学会に参加して、反革命の活動を展開した」。「ホルチンは常に医者の白衣をまとって、徳王と日本のために反革命の活動をすすめてきた」、と中国人たちは断罪する。

日本語の本を読む民族分裂主義者

　日本の敗退がはじまった1945年8月、ホルチンはまた先頭に立って、モンゴル自治邦政権の高等法院（裁判所）院長のボインダライ、同政権駐日大使のテゲシブヤン（王宗絡）、交通部長のムゲデンボー、経済部長のジャラガルらとともに「内モンゴル民族解放委員会」を組織した。9月29日、「内モンゴル民族解放委員会」は徳王の宮殿が置かれていたウンドゥル・スメで内モンゴル人民共和国臨時政府の樹立を高らかに宣言した。ホルチンは臨時政府の執行委員兼内政部副部長となった。モンゴル人たちが民族の自決を目指して設置した人民共和国臨時政府を中国政府と中国人たちは「徳王のいない徳王政権で、実質上は日本のスパイと蒙奸からなる反革命政府だ」、と位置づけている。

　内モンゴル共和国臨時政府もハーフンガの内モンゴル人民革命党政権と同様に、同胞の国、モンゴル人民共和国との統一合併を熱望していた。しかし、大国同士で勝手に結んだ「ヤルタ協定」で統一が阻止されると、南下して内モンゴルを解放したモンゴル人民共和国の軍隊も撤退せざるを得なくなった。1949年秋、モンゴル人民共和国軍のある中校から別れを告げられると、ホルチンは「私もモンゴル人民共和国に近い北部国境付近で活動する」と約束した。二人はその後、無線で連絡し合っていた。1958年、モンゴル人民共和国の国会代表団の秘書長ジンバがホルチンと会い、「チョイバルサン元帥にはまだ内外モンゴルを統一する意思がある」と伝えていた。

　ホルチンは1959年から自治区の衛生庁の庁長兼党委員会書記となり、「ウラーンフー王朝の衛生大臣として、忠実に民族分裂の活動をすすめた」。包正とイダガスレンら日本統治時代に育った知識人を大量に医学界に採用したのが、その証拠だとされている。

「人間は、ふだんからどんな本を読んでいるかをみれば、その性格も分かる。ホルチンはいつも日本語の『蒙古踏破記』や『蒙古と青藏』を読んでいるので、その反革命の本性も分かるだろう」、と中国人たちは怒っている。

　「もはや我慢も限界だ、ホルチンに死を」、と批判文は最後に締めくくる。私が別の医学者から聞いた証言によると、ホルチンは中国人たちからリンチされていた時期にはすでにひどい気管支炎と肺炎を患っていた。それでも、長期間にわたって暴力を振るわれて殺害された。亡くなった後、中国人たちは「ホルチンは毒を仰いで自殺した」とのデマを広げた［楊　2009b：186］。

「落水狗のモンゴル人」

　「知識界の牙城は大学だ」、と判断した中国人たちは自治区の各大学につとめるモンゴル人たちに猛攻撃の照準をあてた。1967年12月23日、各大学の中国人教職員と学生たちを中心に、師範学院の副学院長兼書記のテムールバガナ、内モンゴル大学副学長のバト、農牧学院長のゴンガー、医学院長のムレン、教師のサインウルジーらを暴力的に批判闘争する大会を開いた。大会の後の12月31日に、自治区教育庁の「ブラック・ラインを打ち壊す連絡センター」（砸黒線聯絡站）は『教育風雷』誌の第九期に「水に落ちた犬（落水狗）、テムールバガナを痛打せよ」との特集を組んだ。モンゴルを代表する知識人は「水に落ちた犬」とされたのである（資料四：32）。

　　元内モンゴル師範学院党委員会書記兼教育庁副庁長で、古参の民族分裂主義者のテムールバガナは早くも1964年から革命的な群衆たちから問題視されていた。しかし、彼はウラーンフーをボスとする反党叛国集団のトグスらに

107

守られて、何ら処分を受けずに今日に至った。

上の批判文から読み取れるのは、モンゴル人の知識人たちは実は文化大革命前の1964年あたりから少しずつ粛清されていたという事実である。批判文内の記述はモンゴル人たちがいうところの、「文化大革命的な政治手法は1964年から」との見解と一致する［楊 2009b：230-232］。特集記事によると、中国人たちはテムールバガナの日記を没収して、その「民族分裂的な内容」を分析していたという。テムールバガナはこのようなやり方に反発していた。

　　私は民族分裂的な活動を一度もしたことはない。私の日記のなかの誤った記述やふだんの仕事のなかで犯したミスを利用して、事実を歪曲して政治的に断罪している。何の根拠もなく、私に反党、反社会主義の民族分裂主義分子のレッテルを貼っている。

しかし、「証拠」はある、と中国人たちは反論する。日記のなかには、モンゴル人民共和国をモンゴル民族の祖国とみなす記述があるのではないか。また、「私はモンゴル人であることを誇りに思う。歴史を誇りに思うと同時に、現状を悲しんでいる」と書いている。「ある民族が他国において、どんなに平等な地位を与えられたとしても、独立国には及ばない」ともあった。どれも、「確固たる民族分裂主義的な思想だ」と認定されている。

一掃されたモンゴル人学長たち

「ウラーンフーとハーフンガ、それにトグスの決死隊員であるバトを揪みだして見世物にせよ」、と内モンゴル大学の「井崗山八一戦闘隊」は1968年1月10日に『教育戦鼓』紙上でそう呼びかける（資料四：33）。バトの「罪」は以下の通りである。

ゴルロス前旗に生まれたバトは、1942年に「日本のファシストたちが作った偽満洲国の新京工業大学」に入った。彼はそのときから「日本の走狗にして大蒙奸であるハーフンガに追随して、モンゴル復興という反動的なスローガンを掲げて、トグスらとともに日本のスパイとなった」。日本が満洲から去った後、バトはハーフンガから指示されて、内外モンゴルを合併させようと活動した。「ヤルタ協定」で統一の情勢が不利だと分かると、モンゴル人民共和国の軍人たちから示唆されたバトは、トグスとともに「悪名高い署名運動」を展開して、「民族分裂の活動の先頭に立っていた」。

中華人民共和国になった後に、トグスらは、内モンゴル大学は重要な世論形成の陣地だと分かり、バトを副学長兼党委員会副書記に任命した。バトは「民族分裂主義者にしてモンゴル修正主義国家のスパイ」であるブレンサインを講師として採用した。また、彼が教えた学生のプルブーは1962年にフルンボイル草原から外国へ逃亡した。1964年になると、「バトはさらに作家のオドセルとマルチンフー、詩人のナ・サインチョクトらを庇って、社会主義教育運動を乗りきった」。マルチンフーの名作『茫々たる草原』を絶賛していたのも、バトの「罪」だと中国人たちいう。批判文はバトなど各大学の学長らを一カ所に集めて暴力を加えた行為を次のように位置づけている。

　　テムールバガナとバト、ゴンガーとムレン、サインウルジーと呼群らを批判闘争した大会の開催により、われわれは運動をウラーンフーとハーフンガ、それにトグスからなるブラック・ライン（黒線）を打ち壊す運動と結合できた。テムールバガナとバト、ゴンガーとムレン、サインウルジーと呼群らが如何にウラーンフーとハーフンガ、それにトグスから具体的な指示を受けていたかの事実が明らかになった。彼らが協同してすすめてきた反革命修正主義と民族分裂活動の実態も明らかになった。

上が、モンゴル人の知識人たちを一掃する大会の狙いだったのである。部下にリンチを加えれば、その上司の「罪」を吐く。上司の「罪」が確定すれば、「落水した走狗」どもの運命も決まる。すべて中国独自の断罪方式である。もはや、モンゴル人たちに逃げる道は用意されていなかったのである。

鮮血の代償と歴史の真相

内モンゴル大学の造反派組織で、「ブラック・ラインに属す者を抉りだして粛清する連絡センター」は「バト専案組」を作った。専案組とは、「反党叛国の案件を専門的に取り調べる組」の略称である。「バト専案組」は1968年3月8日、すなわち国際婦人デーに「バトとハーフンガの醜悪な関係史」という文を公開した（資料四：34）。バトを内モンゴル人民革命党に入党させたのは、ほかでもない同党の最高責任者のハーフンガだった。ハーフンガとトグスは1942年から若きバトを知っていたが、バトがそのずば抜けた能力を発揮したのは、日本が敗退した後の1945年8月15日の直後だった。批判文はいう。

バトらは内モンゴルを祖国の大家庭から分裂させようと企んでいた。モンゴル人民共和国の軍隊が中国に入ったと聞くや否や、バトの奴は早速、韓国盛とともにジャラン・アイル（扎蘭屯）からハイラルに行き、モンゴル軍の中校と会って、内外モンゴルの統一合併

を要請した。モンゴル軍の中校から指示を受けたバトはただちにウラーンホト（王爺廟）に走り、ハーフンガに会った。「内外モンゴルの統一は民意にかかっている」というモンゴル軍側の意図をハーフンガに伝えた。「あなたは実に良いニュースを持ってきた」とハーフンガは大いに喜び、そこから悪名高い「内外モンゴルの統一合併を求める署名運動」を開始したのである。その後、バトはまたハーフンガの命令にしたがって故郷のゴルロス前旗にもどり、反動的な上層人員のトテケチらと結託して反革命の武装勢力を作った。同年12月、バトはハーフンガに追随して長春に入り、ソ連軍の少校であるサンジェイに会った。サンジェイはブリヤート・モンゴル人で、内外モンゴルの統一合併を強く支持する人物だった。1957年に至るまで、サンジェイはまだハーフンガと結託していた。

日本が敗退した後の内外モンゴルの統一合併を目指す運動にバトが深く関与していた事実が暴露されている。くりかえし指摘するが、こうした歴史は文化大革命発動までは極秘とされていた。あたかもモンゴル人たちは最初から中国を熱愛し、中国人との共生を選んだ無能な輩のように各種の教科書やメディアは宣伝していた。しかし、ここに至って、実はまったく別の真相があったと明るみになっている。これも、政府が保管していた極秘の档案類を造反派の中国人たちに提供しないかぎりは、日の目をみることは絶対にできない資料類である。モンゴル人たちは中国政府と中国人たちに断罪され、大量虐殺されるという鮮血の代償を払って、歴史の真相に接することができたのである。

仲間を中国人に売り渡す

　内モンゴル大学の受難もまた続く。大学講師で、言語学者の「チンゲルタイを摘みだせ」、と内モンゴル大学「井崗山」は1968年6月24日に『全無敵』という雑誌に批判文を載せた。チンゲルタイは「人類の害虫」だとされている（資料四：35）。

　　チンゲルタイはウラーンフー反党叛国集団の青写真を作った人物のひとりで、クーデターの推進者でもある。……チンゲルタイはまず徳王に追随して日本のファシストたちに跪拝した。それからまた大蒙奸のハーフンガに一時したがい、最終的には現代の殿様のウラーンフーの陣営に加わり、親日反漢（チャイニーズ）、反党叛国の大モンゴル帝国の復活を目指して活動してきた。……このようなチンゲルタイがもし死んだふりをするならば、遠慮せずに極楽浄土へと彼を送ってやろう！

　「極楽浄土へと彼を送ってやろう！」、と上の謄写版の文章は明らかに暴力を喚起している。チンゲルタイはウラーンフーがすすめてきた「内外モンゴルの言語の面での統一」政策の立案者のひとりとされた。ここから、内モンゴル大学のモンゴル語科の出番が求められた。モンゴル人の大学生たちに「政治的な立場を示せ」との利剣が首につきつけられたのである。もし、父祖や同じ民族の先学たちの思想に共鳴したら、たちまち粛清される運命にあった。モンゴル人大学生たちも中国政府と中国人に忠誠を誓って、仲間を売り渡さなければならなかった。内モンゴル大学モンゴル語科の学生たちは以下のような文を書かされた。

　　チンゲルタイは16歳から蒙奸の徳王の傘下に入り、呉鶴齢の保護下で日本

に留学した。抗日戦争に参加せずに日本に行ったのである。日本ではまた「モンゴル同郷会」に参加し、帰国後には裏切り者の孔飛の紹介で革命の隊伍に潜りこんで、ウラーンフーの私設秘書となった。ウラーンフーがキリル文字を内モンゴルに導入した際に彼はハーフンガとともに「文字改革委員会」の副主任になった。彼はそのときからウラーンフーとあばた顔のエルデニトクトフ、それにハーフンガと結託して内外モンゴルの文字統一のために犬馬の労を尽くしてきた。

　内モンゴルとモンゴル人民共和国は同じ民族で、同胞同士である。同胞同士で近代化の道を歩もうとして名詞と術語を統一させようとしていた事実が、モンゴル人たちの口から批判されたことになる。モンゴル人の「反党叛国の罪」はモンゴル人の口で暴露される、という中国政府と中国人たちの陰険な政治的な手法である。これによって、中国政府と中国人たちは正義の行動をしている、と表明しているのである。

　文化大革命の嵐が内モンゴル大学を席巻した歴史を語るときに、バト副学長の経験を書かざるを得ない。バト副学長は1968年4月から自由を失っていた。内モンゴル軍区政治部副主任のボインジャブが4月24日から連続18時間にわたって拷問にかけられて、バトら30数人を「民族分裂主義者のメンバー」として自白したからである［図們祝東力　1995：141］。夏の7月22日に、内モンゴル大学「八一戦闘隊」は「バトとジェブ（哲博）のグループに警告を発する」との批判文を配布した（資料四：36）。

　　内モンゴル大学の創立以来の10年の歴史は、階級闘争の歴史である。二つの階級間の闘争は非常に激烈である。

早くも創立当初から、ウラーンフーとハーフンガ、それにトグスらは大学を反党叛国の基地にしようとしてバトとジェブ、それにトブシンのような奴らを配置した。これは、偶然のことではない。

内モンゴル大学は1957年に創設され、ウラーンフー自身が学長を兼ねていたが、実務はバトやトブシンら東部出身の知識人たちに任せていた。東西の地域間の対立を凌駕して自治区を発展させようとした布陣である。そのことが、中国政府と中国人たちの目には、「ウラーンフーには明暗二つの陣営、すなわち西の延安派と東の偽満洲国の内モンゴル人民革命党派だ」と映ったのである。そして、どちらも実質上のボスはウラーンフーだとされたのである。

歴史と文化財を共有した罪
　中国人たちは実に細かい事例を発掘して、モンゴル人たちの罪証だと認定した。「事実」に即して民族分裂主義者たちを一掃している、との姿勢である。1968年5月22日、『新文化』は「テムールダシ事件と『アルタン・ハン伝』紛失事件からエルデニトクトフの反党叛国の罪行をみよう」との文を公表した（資料四：37）。以下はその一部である。

　　1956年、国際的に修正主義思想が氾濫していた頃に、ひとりの神妙な人物がモンゴル修正主義国家からこっそりと祖国の北部辺境の内モンゴル自治区に潜伏してきた。テムールダシである。このテムールダシは、もともとはチャハル盟鑲黄旗の出身で、徳王に追随して日本帝国主義の走狗になり、偽蒙疆政権の印刷廠の廠長をつとめていた。日本のファシズム制度が崩壊すると、彼は人民の制裁を畏れてモンゴル修正

主義国家に逃亡した。今度またモンゴル修正主義国家の指令で潜りこんできたのである。……このテムールダシは実はモンゴル修正主義国家のスパイである。

　内モンゴル自治区に帰ってきたテムールダシを言語学者で語文委員会の責任者だったエルデニトクトフは臨時の職員として採用し、モンゴル語の古典や写本類の整理を依頼した。テムールダシは駐フフホト市のモンゴル人民共和国の総領事館の外交官たちと頻繁に接触していたとされ、1959年にモンゴル人民共和国の著名な学者のナチュクドルジが内モンゴルを訪問した際に、年代記の『アルタン・ハン伝』や『白史』などを渡したという。これが、「わが国の文化財の紛失事件」である。研究者同士が行き来し、モンゴル民族として共有してきた年代記を閲覧していたことが、「中国の文化財を盗んだ」と批判されたのである。モンゴル民族の文化財が中国政府に略奪されただけでなく、研究者の研究活動がスパイ行為だと歪曲されたのである。

政府の陰謀に抵抗したダウール人
　モンゴルはその内部にさまざまなサブ・グループを抱えている、多様性に富んだ民族である。今日のダウール族はもともとダウール・モンゴルと称していたユニークなグループのひとつだったが、のちに中国政府によって独自の民族に識別された。内モンゴル人民革命党の創始者のメルセイをはじめ、大勢の民族主義者たちがダウール・モンゴルと自称していた。中国政府と中国人たちはモンゴルの民族主義的な思想を削ぎ落とす目的から、ダウール・モンゴルを単独の民族に認定して、モンゴル全体を分断させた。こうした政府の陰謀に抵抗していた人たちがいた。文化大革命になると、

111

すでに「ダウール族」になっていた人たち
もまたモンゴル人とともに粛清され、虐殺
された。安自治もそのようなひとりである。

1968年3月18日、内モンゴル文化局の「毛
沢東思想学習小組」と「一部の革命的な群
衆」たちは「安自治を打倒せよ」との冊子
を刷って、公布した。達筆の謄写版である
(資料四：38)。「ウラーンフーのブラック・ラ
インに属す者どもを抉りだし、その毒害を
一掃する運動のなかで、内モンゴル文化局
の革命的な群衆たちは古参の民族分裂主義
者の安自治を揪みだした。これは、素晴ら
しい革命的な行動である」、と批判文ははじ
まる。

安自治はダウール族だ。1929年に生
まれ、偽満洲国の興安軍官学校で日本
帝国主義の訓練を受けていた。日本が
投降した後は、1945年11月に大蒙奸に
して大物スパイのハーフンガとポンス
クに追随して、王爺廟ことウラーンホ
トの内防隊に入った。1946年にはフラ
ルキという地において内モンゴル自衛
軍第五師団の教導団に入隊し、戦士か
ら小隊長を経て、ウラーンフーが校長
兼政治委員をつとめる内モンゴル軍政
大学に入学した。区隊長と隊長を歴任
し、内モンゴル人民革命青年団の団員
でもある。……1950年には革命青年団
のフルンボイル盟書記となり、1954年
から「中ソ友好協会」の副秘書長兼「抗
米援朝分会」副秘書長となった。1955
年からはまた内モンゴル党委員会の国
際活動指導委員会副秘書長と対外交際
処副処長になり、対外活動に加わって、
三回も外国を訪問し、ウラーンフーと
ハーフンガのために反党叛国の活動を
くりひろげた。ウラーンフーが1965年
からクーデターの準備をはじめたとき
には彼を内モンゴル芸術院院長兼書記

に任命し、ウラーンフーとハーフンガ
の世論陣地のボスとして、党の文藝と
財政、文化の権力を簒奪した。

以上が安自治の「反革命的な略歴」であ
る。

安自治は他のすべてのモンゴル人たちと
同じように、「悪意で以て共産党の対少数民
族政策を攻撃した」という。たとえば、1957
年2月15日には「内モンゴルには民族問題
が存在している。少数民族はまったく大事
にされていない。中国語ができないモンゴ
ル人には何の仕事も回ってこないし、同化
されている」と発言し、中国人を内モンゴ
ルに移民させる政策にも反対していた。

1955年から共産党中央がダウールという
エスニック・グループに調査団を派遣して
民族として認定しようとした動きにも安自
治は反対した。安自治らの抵抗も無駄に終
わり、共産党中央が1956年に正式に内モン
ゴル自治区東部のフルンボイル盟のなかで、
「モリンダワー・ダウール族の自治旗」を設
置した。自治旗の範囲を画定しようとした
際には安自治はまた「大ダウール族自治州」
を作ろうとした。自治州は自治旗よりも範
囲が大きいからである。安自治は狭い自治
旗という設定に不満で、「ウラーンフーやジ
ヤータイらと結託して、フルンボイルと隣
接する黒龍江省の広大な領土を略奪して内
モンゴルの領土とし、大モンゴル帝国の版
図を拡大しようとした」、という。ダウール
人は内モンゴル自治区東部のフルンボイル
盟だけでなく、隣接の黒龍江省にも分布し
ていた。政府が新たにダウールをひとつの
民族として認定するならば、小さな自治旗
ではなく、民族全体をカバーしたより大き
い自治州のほうがいい、と安自治は主張し
た。ダウールはもともとモンゴルのなかの
一サブ・グループであるので、自治州も当
然内モンゴル自治区の管轄下に入るべきで

ある。このような正統な主張が、「大モンゴル帝国の版図開拓」の罪とされたのである。

ダウール人も日本とソ連のスパイ

「安自治はまたスパイでもあった」、と中国人たちは断罪する。「早くも1941年の偽満洲国時代に、大蒙奸たちは民族と祖国を裏切り、黒龍江省のダウール人たちをフルンボイルのモリンダワー地域へ移住させようとしていた。これは、反動的な移民だ」、とダウール人の移住を日本統治時代の政策と結びつける。1945年に日本が撤退した後には「ソ連修正主義者たちと内モンゴル人民革命党がまた五つの旗からなる聯合自治州を作った。ダウール族の共和国を設置してから、最終的には内外モンゴルを合併させようとした動きだった」、とも批判する。「民族と祖国を裏切る行動」に安自治は関与していた。このように、モンゴル内部のサブ・グループが日本統治時代とその後に取った独自の民族自決の行動がすべて「祖国を裏切った罪」だと歪曲されている。

安自治は「内モンゴル中ソ友好協会」の副秘書長の立場を「悪用して、ソ連修正主義者たちに情報を提供しつづけてきた」とされる。たとえば、1956年にモスクワ大学地理学部の某教授が内モンゴル自治区を訪れた際に、安自治はハーフンガの指示通りに、地図と人口調査の結果、民族の構成、公有化の進捗状況に関するデータを「媚びるような笑顔をして渡した」という。1965年12月にフフホト市で「ダウール族言語文化研究会」が開催された際も、「ソ連のスパイであるトダイェワを招待し、民族分裂的な活動をすすめた」と断じている。中国とソ連との関係が悪化したことも、モンゴル人たちが粛清される口実に利用されていたのである。というのも、同胞の国、モンゴル人民共和国はソ連と特別な関係にあったからである。安自治は上で挙げたさまざま

な「罪」を冠されて、1969年に中国人たちに殺害された。39歳だった。

六　黄河の怒涛

「日本刀をぶら下げた奴ら」は自治区の首府フフホト市だけでなく、各地の末端の行政組織にも分布していた。なにしろ、満洲国時代とモンゴル自治邦（蒙疆政権）時代に育った人材が最も近代的な知識と素養を身に付けていたし、彼ら以外に人材らしい人材はいなかったのである。文化大革命の狼煙はオルドス高原から燃え上がり、いわゆる延安派たちを呑みこんでいってから、東部の「日本刀をぶら下げた奴ら」を倒していった。やがて、巨大なミキサーのように全自治区のあらゆるモンゴル人エリートたちを巻きこんでいくのである。

ウラーンフーを批判した「日本の走狗」

内モンゴル自治区西部、黄河の北側にバヤンノール盟があった。盟の共産党委員会の第一書記はバトバガナという男で、彼もまた「日本統治時代に育てられた日本帝国主義の走狗」だったし、オルドスのボインバトとともにウラーンフーに抜擢され、重用されてきた人物だった。そして、ボインバトと同様に北京の前門飯店で開かれた華北局会議の席上で、「反ウラーンフーの立場を表明した」ひとりでもあった。いわば、中国共産党が推進してきた「先に西部出身の延安派を打倒し、返す刀で偽満洲国の東部出身者たちを粛清する」謀略にまんまとはまった人物だったのである。当然、彼の命運もまた謀略の進展によって尽きたのである。

1967年9月、「バヤンノール盟東方紅革命造反聯合総指揮部のバトバガナを揪みだし

113

て批判闘争する連絡センター」は、「バヤンノール盟における党内最大の走資派にして実権派でもあるバトバガナを打倒せよ（一）」という冊子を印刷して公表した（資料四：39）。32頁もある長大な冊子にはバトバガナの「罪状」を五つの部分に分けて書いてある。

　まず、「バトバガナは狂ったように毛主席と毛沢東思想に反対した」。

　「民族問題について深い造詣があるマルクス・レーニン主義者は、ウラーンフーだけだ。バヤンノール盟ではバトバガナだけだろう」、とモンゴル人たちはそう話していた。バトバガナは1955年2月にウラーンフーによって派遣されてきた当初から「偉大な領袖の毛主席を眼中においていなかった」、と中国人たちは攻撃する。バヤンノール盟は黄河の沿岸にあるので、中国人たちはその灌漑の利を求めて19世紀末から侵略してきていた。現地の先住民であるモンゴル人たちは黄河沿岸の水草豊かな草原から追いだされただけでなく、1950年代になると、黄河から遠く離れた地域にまで中国人の植民地村落が点在するようになった。バトバガナは「バヤンノール盟の民族間の紛争は農民と牧畜民の衝突から来ている」と発言し、その解決に取り組んでいた。彼のこうした政策もウラーンフーがかねてから主張する「農業と牧畜業の矛盾は、実際は民族間の矛盾である」との理論と一致する。ウラーンフーもバトバガナも毛沢東がいうところの「民族間の闘争もつまるところ、階級闘争だ」との観点と抵触していたことになる。この点を中国政府と中国人たちは特に問題視していたのである。

　つぎに、ウラーンフーに追随して、修正主義の幹部路線を歩んだ。

　「ウラーンフーは社会主義と毛沢東思想に反対し、民族分裂活動をおこない、祖国の統一を破壊してモンゴル王国を創ろうとした。バトバガナはウラーンフーの黒幇集団

の中堅である」、と中国人たちは認識している。

　ウラーンフーは毛沢東が1935年にモンゴル人たちに向けて配布した「三五宣言」の内容を重視していた。中国人の軍閥によって占領されたモンゴル人の草原を一日も早くモンゴル人たちに返還すべきだ、と毛沢東は書いていた。もちろん、毛沢東の宣言もモンゴル人たちを自らの陣営に留めておくための策略にすぎなかった。中華人民共和国が成立すると、南国出身の中国人たちはとっくに北のモンゴル草原での約束を忘れて北京に入城していた。しかし、モンゴル人たちは忘却しなかった。というのは、中国人の軍閥は消滅されたが、軍閥が占領していた草原はまだモンゴル人の手元に返ってこなかった。それどころか、一般の中国人たちはむしろ国民党時代よりも大量に草原に侵略してくるように変わったのである。バトバガナはウラーンフーの指示もあって、西のアラシャン地域のエチナ旗とアラシャン旗、バヤンホト、バヤンゴル（磴口）などの地域を交渉によって、甘粛省から内モンゴル自治区に編入したのである。これらの地域に住むモンゴル人たちも以前から自治区の一員になりたいと強く求めていたからである。このことが、「バトバガナはウラーンフー王朝の版図を拡大させようと犬馬の労を尽くした罪」となったのである。

　中国では政治家を倒すのに女性関係がよく利用される。バトバガナもウラーンフーが1960年にバヤンノール盟を視察に訪れた際に、「7,500元もの大金を使って贅沢な仮面舞踏会を催し、百里香という名の売春婦を提供した」、と書いている。

毛沢東との理論的な対立

　第三に、理論的に民族分裂と叛国行動をおこなった。

　ウラーンフーはかつて「社会主義になっ

ても、漢族が貧しいモンゴル人の貧農と中農を搾取し抑圧している」と発言していた。これを聞いたバトバガナはただちに「バヤンノール盟においても、民族問題が存在しており、漢族がモンゴル人を抑圧している」と話したという。

中国政府と中国人たちのこの批判はきわめて重要である。「偉大な領袖毛沢東」は「民族問題もつまるところ階級間の闘争である」との理論を出していた。もし毛沢東思想に沿ってウラーンフーとバトバガナの見解を解釈すると、「漢族がモンゴル族を搾取し抑圧している」ことになる。毛沢東の見方こそ内モンゴル自治区の現状を現しているし、ウラーンフーとバトバガナもそれが分かっていたし、かつ解決しようとしているところが問題である。中国人たちはモンゴル人を搾取し抑圧できている既得利益を手放したくなかったからである。

ウラーンフーは中国の限られた対少数民族政策を武器にしてあの手この手でモンゴル人の生来の利益を確保しようとして、1965年あたりから「反大漢族主義」のキャンペーンを開始していた。大漢族主義が横行しているから、対少数民族政策が実行できないとみていた。バトバガナもウラーンフーの指示通りに、バヤンノール盟で同様な政策を実施した。草原を開墾して沙漠化をもたらすこと、モンゴル文化が衰退し、伝統的な乳製品も食べられなくなったことなど、原因はすべてモンゴル人に自治権が付与されていない点にある、と主張していた。これが、民族分裂の罪証とされたのである。

「共産党の政策は日本帝国主義と国民党よりもひどいのではないか」、と大胆にも発言したモンゴル人幹部がいた。その幹部はまた「政権を取る前の共産党員は親切で態度も優しかったが、建国後は冷淡になり、いまやモンゴル人を敵視するようにまで変わった」、と1962年4月に不満をこぼしていた。

このような「悪意で以て偉大な共産党を批判した人物をバトバガナは庇いつづけた」。

「民族間紛争を煽った叛国の心」

上で述べたように、自治区最西端のアラシャン地域は中華民国時代に分割統治されて、中国人の甘粛省に支配されていた。ウラーンフーとバトバガナの努力によって内モンゴル自治区に編入されてからも、モンゴル人と中国人との衝突は続いていた。中国人たちは勝手に草原に闖入して開墾し、植民村落を開拓しつづけていたからである。1964年4月15日、モンゴル人民共和国と隣接するアラシャン右旗の北部、ノルガイ地域で武力紛争が発生した。モンゴル人たちは侵略してきた中国人を二人射殺し、集団で山岳に入り、越境の勢いを見せていた。バトバガナ書記はウラーンフーの側近であるウルトナスト（奎壁）とともに事件の処理にあたり、甘粛省側が求める「殺人犯のブレントグの引き渡し」に応じなかった。バトバガナは当時、次のように発言していた。

わが牧畜民の抵抗は素晴らしい。甘粛省の奴らはモンゴル人の草原を占領して数十年も経つし、牧畜民の天幕を壊して、モンゴル人たちを追いだした。その惨状をみれば、もはや我慢できない。

バトバガナはこのように話して、「民族間の紛争を煽った」とされる。中国人たちはとにかくモンゴル人を追放して草原を開墾したいし、モンゴル人たちは必死になって抵抗しつづける。これは、19世紀末から全モンゴル人地域で展開されてきた不変の歴史である。ウラーンフーもバトバガナも解決したかったが、逆にその努力が民族分裂的活動とされたので、民族問題は21世紀の今日においてもまだ続いているのである。

「バトバガナには叛国の心があった」、と中国人たちはみている。1959年9月にバトバガナは前出のガルブセンゲ自治区外事弁公室副主任とともに、親友のブへらとモンゴル人民共和国のウムヌ・ゴビ県を訪問した。ウムヌ・ゴビ県の人民革命党書記のニャンブーは自ら飛行機を操縦してウラーンバートルに飛び、ツェデンバルと会見させた。翌60年7月から8月にかけて、ニャンブーが内モンゴル自治区のバヤンノール盟を訪問した。バトバガナの側近のゴンブは、「うちの徳王はモンゴル人民共和国の独立を祈願して辮髪を切った」エピソードをニャンブーに語って聞かせていた。徳王は清朝が崩壊した後もずっと辮髪を残しつづけたことは有名な事実である。日本が敗退し、モンゴル人民共和国の軍隊が南モンゴルを解放したときに、彼はやっと辮髪を切ったのである。これで同じ民族がひとつになれる、と信じたからであろう。バトバガナのまわりのモンゴル人たちはまた「モンゴル人民共和国に着いたら、実家に帰ったような感じがする」とも話していた。これらはすべて「叛国の心情」の表出である。

中ソ対立にともない、中国とモンゴル人民共和国との対立も激しさを増してくる。内モンゴル自治区のモンゴル人たちの立場も次第に微妙になってくる。中国人の国と同胞の国のどちらに忠誠を尽くすかが求められるようになってきた。1962年5月、バトバガナはブへやボイン、富殊烈らが秘密の会合をくりかえし、「内モンゴルでは抑圧されているので、モンゴル人民共和国に行きたい」ともらしていた。翌1963年4月29日と5月にも、ブへとボインらはモンゴル人民共和国に移住しようと話し合った。この時期、中国とモンゴル人民共和国との国境はまだ画定されていなかったが、バトバガナは国境画定会議の交渉のなかで「中国を裏切って、モンゴル人民共和国に有利に

なるよう祖国の領土を割譲した」とされている。

モンゴル人の抗弁は無用

第四に、階級闘争を否定し、社会主義革命に反対した。ウラーンフーの政策を忠実に執行していたバトバガナはバヤンノール盟のモンゴル人社会内において、階級の画定作業をすすめなかった。モンゴル人「搾取階級」の利益を優先し、階級間の闘争よりも、モンゴル人と中国人との間に存在する民族間の対立こそが重要な課題だという「反動的な政策」を実施してきたという。この批判から、バトバガナもウラーンフーと同様に、侵略してきた中国人の抑圧から先住民のモンゴル人の利益を守ろうとしていたことが分かる。

文化大革命が発動されると、バトバガナは「造反のふりをして、資本主義の復活を目論んだ」、と中国人たちは彼の五番目の「罪」を例示する。

オルドスのボインバトと同じように、バトバガナも北京の前門飯店会議でウラーンフーを批判し、造反の立場を示した。しかし、彼も北京から地元のバヤンノール盟に戻るや否や、たちまち中国人たちに打倒された。「ウラーンフーを批判するふりをして、自らの汚い過去を隠そうとしている」とみられたからである。バトバガナは弁明すればするほど、その説明に矛盾が露呈してくる。何よりもウラーンフーの政策を忠実に実行してきた人物だから、彼のいかなる抗弁にも中国人たちは聴く耳を持たなかったのである。1967年10月になると、中国人たちはさらに彼が過去に政府の会議でおこなった演説集をみつけて、そのなかの断片的な言葉を「反党叛国の証拠だ」と認定した（資料四：40）。かくして、バトバガナを批判する中国政府と中国人たちの壁新聞はバヤンノール盟を覆い隠すほどになった。時代は

外来の中国人が先住民のモンゴル人をいつでも好きなように大量虐殺できるような転換期に突入したのである。

「漢奸」裁判

中国人でありながら、先住民のモンゴル人に敬意を示し、政府の対少数民族政策を着実にすすめようとしたごく少数の人たちがいた。李貴はそのようなひとりである。モンゴル人たちは李貴のような中国人を「星群のなかの月」（odun daturakhi sar-a）だと呼ぶ。いわば、ひとりしかいないとの意である。しかし、中国政府と中国人たちは李貴を「モンゴル人に媚びた漢奸」だと批判する。文化大革命中の内モンゴル自治区において、「反革命修正主義にして民族分裂分子」とのレッテルを貼られて粛清された中国人政治家は、李貴がもっとも有名である。では、李貴とはどんな人物で、どのように「漢奸として民族分裂的な活動」をくりひろげてきたのだろうか。

1968年7月23日、「フフホト市革命委員会大会戦指揮部」が「反革命修正主義にして民族分裂主義分子の李貴の罪行に関する資料選」を印刷して公布した（資料四：41）。槍のように鋭利な万年筆が李貴の胸を刺し通す風刺画がこの冊子の表紙を飾り、暴力を嗜好する雰囲気を前面に演出している（本書裏表紙参照）。

資料によると、李貴は1915年11月にウラーンチャブ盟固陽県の地主階級の家庭の四男として生まれた。父親は「反動的な国民軍の軍官」だった。1931年、小学校五年生だった李貴は「犬よりも質の悪い蒋介石の国民党に入り」、後に1937年8月には傅作義の第七集団軍の軍政処で訓練をうけた。「1938年には共産党員となったが、あいかわらずマージャンに興じたり、売春したりしていた」という。1947年から中国共産党は各地で地主階級を殺害する土地改革を実施

していたが、李貴は「地主階級に同情していた」。

社会主義時代になると、1957年から李貴はウラーンフーによって自治区林業管理局の書記兼局長に抜擢された。彼はこの時期から「その主人のウラーンフーの意に即して、反革命の民族分裂主義の政策を押しすすめた」。1964年8月になると、ウラーンフーは李貴の才能を認めて、足元のフフホト市党委員会の第一書記に任命し、側近の陳炳宇とともに民族政策が着実に執行されるよう指示した。

ウラーンフーの意図を汲んだ李貴はモンゴル人幹部を抜擢し、「元国民党員」も含めた幹部42名を連れてフフホト市に乗りこんできた。彼はまず何よりもモンゴル語の学習を重視した。何と「自治区である以上、みなモンゴル語を話すのは必要最低限の条件だ」として、幹部たちに「モンゴル語の習得を強制した」。それだけではない。「小学生たちにも週に2～3時間のモンゴル語の授業を設けて、毛主席の著作を学ぶ機会を奪った」。

モンゴル人に「媚びる漢人は万死に値する」

中国政府は1965年8月から社会主義教育運動を発動し、階級間の闘争を強調していた。しかし、ウラーンフーは自治区における対少数民族政策が順調にすすまないのは、中国人たちが大漢族主義的な思想を持っているからだ、と理解していた。そのため、「反大漢族主義」こそが自治区における社会主義教育運動の主要な任務だと位置づけた。党中央の政策が「ウラーンフーによって歪曲」された、と中国政府と中国人たちにはそう映った。李貴はウラーンフーの指示にしたがって、以下のように発言していた。

　私たちのフフホト市は二、三百年も前からモンゴル人の土地だ。いま、こ

こに漢族がいるのも少しずつ入りこんできただけだ。私たち漢人は他所から来たにすぎないし、私たちの祖先もモンゴル人に敬意を示さなかったので、モンゴル人たちもみな逃げてしまった。たとえば、トゥメト旗は歴史上ずっとモンゴル人と漢人との紛争が激しかったところである。漢人が政権を握ってきたので、少数民族は抑圧されていた。だから、モンゴル人たちは漢人をみて怖がる。……

　漢族出身の人は少数民族出身者を理解しなければならない。これは、感情の問題だ。男が女を理解するのは難しいだろうが、女が男を理解するのもまた困難だろう。だから、少数民族の人たちも漢族は理解しにくいと思っている。共産党の対少数民族政策もどんなものなのか、まだモンゴル人たちは躊躇してみている。

　このように、李貴は分かりやすい比喩を使って、先住民には敬意をはらい、そして対少数民族政策を堅実的にすすめようと中国人の幹部たちに呼びかけていた。こうした良識的な行動が「民族分裂の罪証」となったのである。「野蛮人にして立ち遅れた少数民族の言語」を学ぶなんて、中国人の人生哲学にはまったくない概念である。そのため、「李貴は狂ったように毛沢東思想に反対したので、万死に値する」、と中国人の労働者たちに断罪されたのである（資料四：42）。

自治区における中国人の位置づけ

　内モンゴル自治区における文化大革命中の大量虐殺はジェノサイドである、と私たちモンゴル人は理解している。こうした主張は、「大量虐殺の被害者のなかに中国人すなわち漢族がいなかった」ことを決して意味しない。少数ながら、中国人たちも殺害

された。注意しなければならない事実は、上で紹介した李貴のような中国人に冠された罪もまた「民族分裂主義者」だということである。これは、「漢族でありながら漢族を裏切った漢奸だ」ということを社会主義流の言葉で表現しただけである。もし、正義に基づいて他民族に理解を示せば、たちまち漢奸すなわち民族分裂主義者とされる危険性が常にある事実と真実を物語った事例である。内モンゴル自治区において、少数の中国人たちも批判され、殺害された。ただ、そのような中国人たちの受難の性質は万里の長城以南の中国本土と根本的に違うのを認識しなければならない。さもなければ、「内モンゴル自治区でも、中国人たちもモンゴル人たちと同様に虐殺された」と主張し、ジェノサイドの性質をすり替えてしまう危険性がある。

　中国政府は内地における文化大革命を確実に推進するために、「反修正主義の前哨基地」である内モンゴル自治区における辺境防衛を固める必要があった。背後の地に異民族が陣取っていては安心できない。その異民族の一部は「革命根拠地」の延安に滞在していたとはいえ、ボスのウラーンフーはモスクワで訓練をうけているので、中国人たちよりも自身を真正な国際共産主義者だとみていたし、彼の同胞であるモンゴル人たちも同様な認識を有していた。しかも、延安派は毛沢東ら南国出身者が追放した陝西省北部出身の「高崗反党集団と結託していた」。かくして、大量粛清の砲声はまず延安派の拠点たるオルドス高原から打ち上げられた。

　延安派は「根本から紅い」と自負しても、人材はやはり「偽満洲国」出身者が圧倒的な多数を占める。「日本帝国主義の走狗」だったモンゴル人たちはすべてウラーンフーに「懐柔」されていた。東部出身でありながら、西部のウラーンフーの下に結集した「二

つの顔を持つ連中」が次のターゲットにな
る。そして、最終的には「日本刀を吊るし
た奴ら」からなる東部のエリートたちも倒
されていく。文化大革命が終了を宣言され
ると、モンゴル人たちが歴史的にずっと住
みつづいてきた地域にはもはや自己主張で
きる人材は残されていなかった。良識ある
中国人も完全に消された。唯一、モンゴル
人を敵視し、差別する中国人たちが正統な
支配者として残ったのである。こうして、
内モンゴル自治区における民族問題は永遠
に解決できない構造が作られてしまったの
である。

参考文献

中国語文献

阿拉騰徳力海

　　1999　『内蒙古挖粛災難実録』私家版。

阿木蘭

　　2004　『雲清文集』呼和浩特：内蒙古人民出版社。

暴彦巴図

　　2006　『大漠微踪』北京：中国三峡出版社。

陳大蒙　劉史

　　2008　『落井下石—重審高崗案』香港：明鏡出版社。

高樹華　程鉄軍

　　2007　『内蒙文革風雷——一個造反派領袖的口述史』香港：明鏡出版社。

郝維民

　　1991　『内蒙古自治区史』呼和浩特：内蒙古大学出版社。

李建彤

　　2007　『反党小説《劉志丹》案実録』香港：星克爾出版有限公司。

瑪拉沁夫

　　1980（1958）『茫々的草原』（上）北京：人民文学出版社。

　　2005　『茫々的草原』（上・下）北京：人民文学出版社。

馬畏安

　　2006　『高崗饒漱石事件始末』北京：当代中国出版社。

木倫

　　2001　『我這大半輩子』私家版。

内蒙古哲里木盟

　　1968　『六十部小説毒在哪里?』通遼：内蒙古哲里木第三司令部翻印。

斉鳳元

　　1998　『情糸大漠的暴彦巴図』呼和浩特：内蒙古人民出版社。

啓之

　　2010　『内蒙文革実録—「民族分裂」与「挖粛」運動』香港：天行健出版社。

図們　祝東力

　　1995　『康生与内人党冤案』北京：中共中央党校出版社。

王鐸

　　1992　『五十春秋—我做民族工作的経歴』呼和浩特：内蒙古人民出版社。

温相

　　2008　『高層恩怨与習仲勲』香港：明鏡出版社。

伊河　烏雲　納日松

　　2007　『往事如煙—都固爾扎布回憶録』呼和浩特：内蒙古大学出版社。

『中央関於処理内蒙問題的有関文件和中央負責同志講話滙編』1967　呼和浩特革命造反聯絡総部。

札奇斯欽

1985 『我所知道的徳王和当時的内蒙古(一)』東京外国語大学アジア・アフリカ言語文化研究所。

日本語文献

アンダーソン・ベネディクト

2012 『三つの旗のもとに―アナーキズムと反植民地主義的想像力』東京：NTT出版。

飯塚浩二

1976 『飯塚浩二著作集　10　満蒙紀行』東京：平凡社。

井上治

2005 「『FRONT』モンゴル語版をめぐって」江口真理子編『戦時下、対東アジア戦略と広告宣伝』科研報告書。

小長谷有紀

2013 「チンギス・ハーン崇拝の近代的起源―日本とモンゴルの応答関係」『国立民族学博物館研究報告』37巻4号、pp441。

ハンギン・ゴムボジャブ

1977 「日本の敗戦と徳王」『月刊　シルクロード』七月号、pp16-23。

フスレ

2006 「内モンゴルにおける土地政策の変遷について（1946-49）―〈土地改革〉の展開を中心に」『学苑』第791。

満洲国軍刊行委員会

1970 『満洲国軍』東京：蘭星会

毛澤東文献資料研究会

1970 『毛沢東集』（第五巻）東京：北望社。

楊海英

1995 『チンギス・ハーンの末裔―現代中国を生きた王女スチンカンル』（新間聡と共著）東京：草思社。

2005 『チンギス・ハーン祭祀―試みとしての歴史人類学的再構成』東京：風響社。

2009a 『モンゴル人ジェノサイドに関する基礎資料（1）―滕海清将軍の講話を中心に』（内モンゴル自治区の文化大革命1）東京：風響社。

2009b 『墓標なき草原（上)』東京：岩波書店。

2009c 『墓標なき草原（下)』東京：岩波書店。

2010a 『モンゴル人ジェノサイドに関する基礎資料（2）―内モンゴル人民革命党粛清事件』（内モンゴル自治区の文化大革命2）東京：風響社。

2011a 『モンゴル人ジェノサイドに関する基礎資料（3）―打倒ウラーンフー（烏蘭夫)』（内モンゴル自治区の文化大革命3）東京：風響社。

2011b 『続　墓標なき草原』東京：岩波書店。

2012 『モンゴル人ジェノサイドに関する基礎資料4―毒草とされた民族自決の理論』東京：風響社。

2013a 『モンゴル人ジェノサイドに関する基礎資料5―被害者報告書1』（内モンゴル自治

区の文化大革命5）東京：風響社。

2013b『中国とモンゴルのはざまで—ウラーンフーの実らなかった民族自決の夢』東京：岩波書店。

2013c『植民地としてのモンゴル—中国の官制ナショナリズムと革命思想』東京：勉誠出版。

2014a『モンゴル人ジェノサイドに関する基礎資料6—被害者報告書2』(内モンゴル自治区の文化大革命6）東京：風響社。

2014b『チベットに舞う日本刀—モンゴル騎兵の現代史』東京：文藝春秋。

吉越弘泰

2005 『威風と頽唐—中国文化大革命の政治言語』東京：太田出版。

ラナ・ミッター

2012 『五四運動の残響—20世紀中国と近代世界』(吉澤誠一郎訳）東京：岩波書店。

Jankowiak, William

1988 The Last Hurraah? Political Protest in Inner Mongolia. *The Australian Journal of Chinese Affairs,* 19/20:269-288.

Sirabjamsu, Gha.

2006 *Sirabjamsu-yin Jokiyal-un Sungghumal,* a Private edition.

Sneath, David

1994 The Impact of the Chinese Cultural Revolution in China on the Mongolians of Inner Mongolia. *Modern Asian Studies,* 28:409-430.

本書所収資料の出典

資料一 前門飯店会議の荒波と陝西省北部の「高崗反党集団」

1. 伊盟盟委书记暴彦巴图同志大会发言记录，中共中央华北局工作会议秘书处，1966年6月27日，册子，19.7cm×26.9cm。
2. 暴彦巴图同志与郝、田宗派集团斗争的回顾，1967年6月12日，册子，19.8cm×27.5cm。
3. 呼和浩特八个总部赴伊联合调查团关于伊盟问题的调查报告，1967年9月7日，内蒙古东方红工人革命造反总司令部主办『工人战报』，27.3cm×39.1cm。
4. 华北局、内蒙党委负责同志关于暴彦巴图问题的谈话、指示、册子，19.4cm×27.1cm。
5. 『中国共产党中央委员会关于无产阶级文化大革命的决定』"六版材料"是刺破伊盟盟委资产阶级反动路线的一把尖刀，1967年2月15日，册子，19.6cm×27.0cm。
6. 伊盟联委『破私立公』·『财贸前线』战斗队关于暴彦巴图同志问题的严正声明，1967年6月1日，19.0cm×27.1cm。
7. 关于暴彦巴图同志问题的声明，伊盟东胜中等学校红卫兵革命造反总司令部，伊盟东胜无产阶级革命造反联合委员会，1967年6月4日，19.2cm×27.0cm。
8. 我们的观点，五一六东方红公社，1967年6月8日，19.1cm27.3cm。
9. 关于暴彦巴图几个问题的调查报告，『专题调查队』，1967年6月21日，19.9cm×27.5cm。
10. "造反团"从一月份到二月末控制我的详细经过及以后情况，暴彦巴图，1967年6月20日，册子，19.9cm×27.1cm。
11. 关于伊盟两派组织简况和两条路线的斗争，鄂尔多斯总指挥部揪暴、杨、康、李兵团，1967年7月10日，册子，21.7cm×29.2cm。
12. 郝记"造反一、二团"赴呼揪暴彦巴图是一个大阴谋，中共伊盟盟委机关红旗革命造反总部，1967年7月10日，册子，19.8cm×26.7cm。
13. 郝、田反党宗派集团配合乌兰夫黑帮进行罪恶活动的又一例证—揭露郝文广在暴彦巴图问题上"真打假保"的丑恶面貌，伊盟东胜中等学校红卫兵革命造反总司令部，伊盟东胜无产阶级革命造反联合委员会，1967年7月11日，19.7cm×27.2cm。
14. 暴彦巴图黑话录（第一辑），鄂尔多斯『揪暴、杨、康、李兵团』红革会赴伊毛泽东思想宣传队返包联络站翻印，1967年8月2日，册子，18.7cm×26.0cm。
15. 彻底铲除高崗余党（第一辑），天津红代会南开大学八一八火炬纵队，内蒙古呼三司医学院东方红公社专揪高崗漏网分子联络站，内蒙古伊盟红总司联委『专揪高崗余党联络站』，1967年8月10日，册子，19.0cm×26.0cm。
16. 鄂尔多斯高原上的阶级大搏斗—高崗、乌兰夫阴魂不散，造反派浴血奋战，天津红代会南开大学八一八红色造反团伊盟问题观察员，1967年8月22日，19.8cm×27.2cm。
17. 从盟常委会记录看郝、田打暴阴谋，内蒙古伊盟联委红总司，1967年9月，册子，19.5cm×27.0cm。
18. 高崗阴魂未散，内蒙古伊盟联委红总司『专揪高崗余党联络站』，1967年9月21日，册子，20.1cm×27.4cm。
19. 高崗、乌兰夫反党言论集（之一），伊盟红总司，伊盟联委资料组，1967年10月20日，册子，19.3cm×26.0cm。

20. 习仲勋贾拓夫反党言论集（之一），伊盟红总司，伊盟联委资料组，1967年10月26日，册子，19.2cm×26.8cm。

21. 乌兰夫在伊盟的罪行，彻底铲除高岗余党（第二集），内蒙古自治区伊克昭盟联委，内蒙伊盟伊金霍洛旗联总『斗批乌兰夫联络站』，呼三司内蒙古大学井冈山『斗批乌兰夫联络站』，1967年11月1日，册子，18.9cm×25.6cm。

22. 关于暴彦巴图问题的揭发，杨达赖，1968年元月25日，册子，20.1cm×27.1cm。

23. 关于暴彦巴图进联委后问题的点滴，康骏，1968年1月20日，册子，20.0cm×27.2cm。

24. 暴彦巴图在文化大革命中的活动，吴占东，1968年2月5日，册子，20.4cm×27.6cm。

25. 彻底同暴、杨、康、李，吴决裂，尹又伊，1968年2月8日，册子，19.6cm×26.9cm。

26. 暴彦巴图是武斗的总指挥，刘琼，1968年1月3日，册子，19.3cm×27.0cm。

27. 北京活动过程和组织系统，吴占东，1968年元月24日，册子，20.0cm×27.8cm。

28. 彻底批判中国赫鲁晓夫及其在伊盟代理人在农牧业生产上推行反革命修正主义路线的罪行，1968年3月27日，册子，19.5cm×26.9cm。

29. 坚决揪出反党反社会主义的巴图巴根，红旗中学高十七班红卫兵翻印整理，1966年10月15日，20.1cm×27.2cm。

資料二　延安派に対する攻撃

1. 抗议！为什么不让我们声讨布赫？鲁迅兵团文化总部，内蒙古人民出版社红旗战斗纵队，1967年5月9日，27.9cm×38.5cm。

2. 大好形式激斗志，红色狂飙卷长风，内蒙古呼和浩特市红卫兵第三司令部，『呼三司』第46期，1967年12月2日，28.1cm×39.2cm。

3. 打倒活阎王布赫，内蒙古呼和浩特市红卫兵第三司令部，『呼三司』第46期，1967年12月2日，28.1cm×39.2cm。

4. 批倒批臭内蒙古文艺界头号走资派布赫，内蒙古宣教口文化战线新文化编辑部，『新文化』第33期，1968年6月10日，27.7cm×39.7cm。

5. 布赫填家庭出身，内蒙古宣教口文化战线新文化编辑部，『新文化』第33期，1968年6月10日，27.7cm×39.7cm。

6. 文艺界主战场首战告捷，内蒙古宣教口『文化战线』新文化编辑部，新文化第47期，1968年9月5日，27.4cm×38.7cm。

7. 发挥文斗的巨大威力，内蒙古宣教口『文化战线』新文化编辑部，新文化第47期，1968年9月5日，27.4cm×38.7cm。

8. 坚决打倒布赫，剥开布赫的狼皮，『文化战线』内蒙古文联『5.23』大联合总部及革命群众编『挖肃战报』6，1968年9月11日，册子，19.1cm×26.8cm。

9. 文艺界再次批斗头号敌人布赫，内蒙古宣教口文化战线新文化编辑部，新文化第48期，1968年9月18日，27.5cm×39.1cm。

10. 乌布之流的"蒙派京剧论"可以休矣，内蒙古宣教口文化战线新文化编辑部，新文化第48期，1968年9月18日，27.5cm×39.1cm。

11. 打倒内蒙文艺界头号走资派布赫，乌兰夫反革命"宫廷政变"的开场锣鼓，内蒙古宣教口文化战线新文化编辑部，新文化第48期，1968年9月18日，27.5cm×39.1cm。

12. 白骨精珠岚罪该万死,『内蒙古宣教口文化战线』新文化编辑部,新文化第35期,1968年6月22日,27.8cm×39.1cm。

13. 打倒为乌兰夫翻案的力沙克,内蒙古呼和浩特市红卫兵第三司令部,『呼三司』第85期,1968年4月17日,27.6cm×40.1cm。

14. 一株鼓吹乌兰夫反革命思想的大毒草,评反动电影『鄂尔多斯风暴』,内蒙古呼和浩特市红卫兵第三司令部,『呼三司』第49期,1967年12月13日,28.3cm×39.1cm。

15. 云照光是乌兰夫反党叛国集团的死党分子,内蒙古师院『东纵』『东方红』编辑部,『东方红』第37期,1968年2月24日,27.5cm×39.1cm。

16. 彻底批判修正主义毒草影片『鄂尔多斯风暴』,呼市工代会主办『工人风雷』(副刊),第二期,1968年3月22日,27.2cm×39.0cm。

17. 『文艺战鼓』,呼三司内蒙古大学井冈山『文艺战鼓』编辑部,第7期,1968年3月,册子,18.9cm×26.0cm。

18. 把云志厚揪出来示众,呼和浩特联络总部『联合战报』,创刊号,1968年元月27日,27.3cm×38.8cm。

19. 彻底清算反革命修正主义,民族分裂主义分子云治安的滔天罪行,呼和浩特革命造反联络总部,呼市人委机关东方红战斗纵队批斗云治安专案组,1968年3月19日,册子,18.9cm×26.2cm。

20. 反革命修正主义分子高敬亭是"当代王爷"乌兰夫在呼市推行民族分裂主义路线的黑干将,呼和浩特原市委机关『红色造反总部』,册子,1968年4月30日,19.0cm×26.0cm。

21. 彻底肃清乌兰夫及其在内蒙电业系统的代理人寒峰等一小撮反革命修正主义分子在内蒙电业推行反革命修正主义路线的滔天罪行,内蒙电业革命造反总部,册子,1968年3月,19.7cm×27.0cm。

22. 内蒙古党委庆祝自治区成立二十周年筹委会暨办公室五个月工作的大事记(陈炳宇第三批材料),呼和浩特市市委机关东方红纵队,册子,1967年9月20日,20.0cm×27.4cm。

23. 陈炳宇是乌兰夫的死党分子,呼和浩特群众专政总指挥部『联合战报』,第30期,1968年7月19日,27.4cm×39.4cm。

24. 陈炳宇是乌兰夫的死党分子(续),呼和浩特群众专政总指挥部『联合战报』,第32期,1968年8月1日,27.3cm×39.2cm。

25. 打倒反革命修正主义,民族分裂主义分子李贵;打倒三反分子,乌兰夫死党分子陈炳宇,呼市大会战总挥部宣传组印,1968年9月15日,38.8cm×55.5cm。

26. 『革命大批判简报』第12期,呼和浩特市革命委员会革命大批判组,册子,1970年7月28日,18.9cm×25.9cm。

27. 『革命大批判简报』第13期,呼和浩特市革命委员会革命大批判组,册子,1970年8月4日,19.1cm×26.2cm。

28. 打倒女魔王—乌兰,内蒙古轻化工系统『井冈三』报编辑部第12期,1967年7月9日,27.1cm×40.0cm。

29. 内蒙女魔王乌兰就擒记,内蒙古轻化工系统『井冈三』报编辑部第12期,1967年7月9日,27.1cm×40.0cm。

資料三　東西融合の「二つの顔を持つ連中」(双面料)への理論的攻撃

1. 彻底清算乌兰夫反党集团破坏京剧革命的滔天罪行，呼三司内蒙古大学井冈山"八・五"战团，内蒙古文联"翻江倒海"纵队，『文艺战鼓』编辑部，『文艺战鼓』创刊号，册子，1967年8月，19.0cm×26.1cm。

2. 『静静的顿河』与『茫茫的草原』，内蒙古呼和浩特市红卫兵第三司令部，『呼三司』第45期，1967年11月29日，28.2cm×39.3cm。

3. 『大批判』，内蒙古文艺界斗批乌兰夫联络站，『大批判』第6期，1967年12月，册子，18.6cm×26.0cm。

4. 『批臭玛拉沁夫黑话』，『文艺战线』内蒙古文联『5.23』大联总及革命群众编，1968年7月15日，册子，26.1cm×18.2cm。

5. 打倒内蒙肖洛霍夫—玛拉沁夫，内蒙古宣教口『文化战线』新文化编辑部，『新文化』第39期，1968年7月19日，27.4cm×39.4cm。

6. 把纳・赛音朝克图揪出来示众，内蒙古呼和浩特市红卫兵第三司令部，『呼三司』第41期，1967年11月15日，28.0cm×39.4cm。

7. 为通福之流翻案就是为乌兰夫翻案，内蒙古宣教口『文化战线』新文化编辑部，『新文化』第28期，1968年5月10日，27.4cm×38.8cm。

8. 王再天同志也不能发展到同党同人民相对抗的地步，内蒙古农牧学院，1967年10月15日，粉红色册子，19.2cm×26.2cm。

9. 王再天包庇反动的"内人党"罪该万死，呼三司内蒙古医学院东方红公社，东方红红卫兵总部，1968年1月18日，册子，19.5cm×27.0cm。

10. 『打倒内蒙古的陶铸—王再天』，呼三司内蒙古医学院东方红公社，东方红红卫兵总部，1968年1月18日，册子，18.7cm×26.2cm。

11. 关于打倒乌兰夫叛国集团干将王再天的联合声明，内蒙古大学井冈山，1968年1月24日，19.5cm×27.5cm。

12. 『打倒反革命修正主义民族分裂主义分子王再天』，内蒙古人委办公厅『红旗』，1968年1月27日，册子，18.5cm×26.0cm。

13. 警惕呀，毒蛇还没有冻僵呢！内蒙古呼和浩特市红卫兵第三司令部，『呼三司』第65期，1968年2月3日，28.0cm×39.5cm。

14. 王再天明里是人暗里是鬼，内蒙古呼和浩特市红卫兵第三司令部，『呼三司』第67期，1968年2月10日，28.2cm×39.3cm。

15. 王再天是"乌家王朝"在文教界最大的黑后台，呼和浩特革命教职工『教育战鼓』编辑部，『教育战鼓』。第8期，1968年2月15日，27.4cm×39.4cm。

16. 打倒丧权辱国的败类王再天；王再天是乌兰夫的死党，呼和浩特造反总部『联合战报』，第2期，1968年2月8日，27.5cm×39.2cm。

17. 打倒反革命修正主义民族分裂主义分子王再天，呼和浩特造反联络总部『联合战报』，第6期，1968年2月28日，27.0cm×38.9cm。

18. 打倒反革命修正主义分子王再天，呼和浩特革命造反联络总部『联合战报』，第8期，1968年3月8日，27.1cm×38.6cm。

19. 打倒反革命修正主义民族分裂主义分子王再天(续)，呼和浩特革命造反联络总部『联合战報』，第9期，1968年3月14日，27.0cm×38.8cm。

20．王再天之流迫害李旭同志的铁证，呼和浩特革命造反联络总部『联合战报』，第10期，1968年3月21日，27.2cm×39.0cm。

21．王再天包庇坏人反党叛国罪责难逃，内蒙古呼和浩特市红卫兵第三司令部，『呼三司』第75期，1968年3月13日，27.3cm×39.0cm。

資料四 「日本刀を吊るした奴ら」と「漢奸」への攻撃

1．哈丰阿的死党，漏网乌兰夫分子，反革命修正主义分子，民族分裂主义分子，特古斯，内蒙古语委『东方红』第28起，讨特专号(一)，1967年11月27日，19.6cm×27.3cm。

2．哈丰阿的死党，漏网乌兰夫分子，反革命修正主义分子，民族分裂主义分子，特古斯，内蒙古语委『东方红』第28起，讨特专号(二)，1967年11月27日，19.5cm×27.9cm。

3．哈丰阿的死党，漏网乌兰夫分子，反革命修正主义分子，民族分裂主义分子，特古斯，内蒙古语委『东方红』第28起，讨特专号(三)，1967年11月28日，18.8cm×26.2cm。

4．批斗反革命修正主义分子民族分裂主义分子特古斯大会专刊，1，呼和浩特专揪黑手联络站，内蒙古揪国集团联络站，册子，18.7cm×26.3cm。

5．批斗反革命修正主义分子民族分裂主义分子特古斯大会专刊，2，呼和浩特专揪黑手联络站，内蒙古揪国集团联络站，册子，18.8cm×26.3cm。

6．反革命修正主义分子民族分裂主义分子特古斯的罪行，呼和浩特工代会主办『工人风雷』，第七期，1967年12月15日，27.1cm×39.0cm。

7．把特古斯揪出来示众，内蒙古呼和浩特市红卫兵第三司令部，『呼三司』第50期，1967年12月16日，28.1cm×39.4cm。

8．乌家王朝毒害青少年的阎王殿，内蒙古宣教口鲁迅兵团教育厅联委会，1967年12月18日，册子，18.6cm×25.7cm。

9．斗臭斗倒特古斯，特古斯和他的叛国文学，看！特古斯把持下的"乌兰巴托分社"，内蒙古宣教口『文化战线』新文化编辑部，『新文化』第12期，1967年12月19日，27.6cm×39.5cm。

10．打倒特古斯，揪尽乌兰夫残当余孽，内蒙古呼和浩特市红卫兵第三司令部，『呼三司』第51期，1967年12月20日，28.0cm×39.5cm。

11．"蒙汉简通"是反革命修正主义民族分裂主义的教育方针，教育厅联委，1967年12月22日，19.4cm×27.3cm。

12．彻底摧毁乌兰夫—哈风阿—特古斯黑线，呼和浩特革命教职工代表大会『教育战鼓』编辑部，『教育战鼓』，第2期，1967年12月25日，26.9cm×38.9cm。

13．彻底批判反革命修正主义，民族分裂主义分子特古斯在教育界的罪行，鲁迅兵团教育厅联委会，1967年12月25日，册子，18.8cm×25.7cm。

14．通过哈丰阿的部分罪恶史透视他的反动本质，内蒙古教育厅『砸黑线』联络站，『教育风雷』，第8期，1967年12月28日，册子，19.6cm×27.4cm。

15．揪特古斯专号，内蒙古呼和浩特教育革命联络站『教育革命』编辑部，『教育革命』，增刊，1967年12月，册子，18.6cm×26.1cm。

16．特古斯对一九五八年教育大革命的一次疯狂的大反扑，教育厅联，册子，18.4cm×26.4cm。

17. 哈丰阿是个什么东西，特古斯反动的政治生涯，内蒙古宣教口新文化编辑部，『新文化』第14期，1968年1月8日，27.4cm×38.7cm。

18. 特古斯论特古斯，呼和浩特工代会主办『工人风雷』，第9期，1968年1月15日，27.5cm×39.3cm。

19. 特古斯论特古斯（续），呼和浩特工代会主办『工人风雷』，第10期，1968年1月17日，26.9cm×39.2cm。

20. 旧宣传部—旧教育厅是推销刘邓陆乌哈的反革命修正主义，民族分裂主义教育路线的黑店，必须彻底砸烂！教育厅『革命造反』，册子，19.8cm×27.0cm。

21. 『出版战线』，内蒙古出版界大批判联络站，内蒙古大学井冈山，内蒙古人民出版社"一〇一"总部，讨特专号，1968年1月，册子，18.6cm×26.1cm。

22. 『打倒索特纳木』，内蒙古人民出版社101总部，1968年4月1日，册子，19.9cm×27.8cm。

23. 打倒王再天、戈瓦，揪尽乌兰夫残党余孽；乌兰夫王朝的教育大臣—戈瓦，呼和浩特革命教职工代表大会『教育战鼓』编辑部，『教育战鼓』。第6期，1968年1月28日，27.2cm×39.1cm。

24. 彻底砸烂乌兰夫推行民族分裂主义的黑基地—蒙专，呼和浩特革命教职工代表大会『教育战鼓』编辑部，『教育战鼓』。第7期，1968年2月6日，27.6cm×39.0cm。

25. 彻底清算反革命修正主义，民族分裂主义分子戈瓦在教育出版社所犯下的滔天罪行，内蒙古教育出版社『追穷寇』战斗队，『追穷寇』第六期，1968年4月9日，册子，19.8cm×27.3cm。

26. 彻底清算乌兰夫教育大臣戈瓦在教育界的滔天罪行，呼和浩特革命教职工代表大会『教育战鼓』编辑部，『教育战鼓』，第22期，1968年6月17日，27.1cm×39.0cm。

27. 彻底清算戈瓦在教育出版社的滔天罪行，呼和浩特教代会『教育战鼓』编辑部，『教育战鼓』，第24期，1968年7月6日，27.5cm×39.0cm。

28. 揪斗老牌民族分裂主义分子，日本、苏、蒙修特务嘎儒步僧格大会发言专辑，内蒙古人委机关揪叛国集团联络站，1968年1月，册子，18.8cm×26.0cm。

29. 王再天包庇嘎儒布僧格罪责难逃，内蒙古呼和浩特市红卫兵第三司令部，『呼三司』第68期，1968年2月14日，28.0cm×39.2cm。

30. 嘎儒布僧格罪恶史，1968年8月24日，册子，19.9cm×27.4cm。

31. 打倒三反分子胡尔钦！内蒙古自治区直属机关宣教口『鲁迅兵团』，『卫生总部』，内蒙古卫生厅『318兵团』，1968年元月15日，册子，19.5cm×27.4cm。

32. 痛打落水狗特木尔巴根—兼驳特木尔巴根的翻案书，内蒙古教育厅『砸黑线』联络站，『教育风雷』第九期，1967年12月31日，册子，20.7cm×27.4cm。

33. 揪出乌、哈、特死党分子巴图示众，呼和浩特革命教职工代表会『教育战鼓』编辑部，『教育战鼓』，第4期，1968年1月10日，27.5cm×39.3cm。

34. 巴图与哈丰阿的丑史一段，巴图与文艺黑线，挖黑线联络站巴图专案组『纪念三八』，1968年3月6日，册子，20.2cm×27.8cm。

35. 打倒清格尔泰，内蒙古大学井冈山门合联络站，揪清联络站『全无敌』(揪清专号)，1968年6月24日，27.9cm×39.6cm。

36. 严正警告巴哲反革命一伙，"八一"战斗队，1968年7月22日，19.6cm×27.4cm。

37. 看额尔敦陶克陶的反党叛国罪行，内蒙古宣教口『新文化』编辑部，『新文化』第29期，

1968年5月22日，27.2cm×38.3cm。

38. 打倒安自治—初揭老牌民族分裂主义分子安自治的罪恶事实，内蒙古文化局『毛泽东思想学习小组』及部分革命群众，1968年3月18日，册子，20.1cm×27.1cm。

39. 打倒巴盟党内最大的走资本主义道路的当权派，乌兰夫的代理人巴图巴根（材料汇编一），巴盟东方红革命造反联合总部，揪斗巴图巴根联络总站，1967年9月，册子，18.7cm×26.0cm。

40. 打倒巴盟党内最大的走资本主义道路的当权派，乌兰夫的代理人—巴图巴根（材料汇编二），巴盟东方红革命造反联合总部，揪斗巴图巴根联络总站，红司专揭老底联络站，1967年10月，册子，19.5cm×26.1cm。

41. 反革命修正主义民族分裂主义分子李贵罪行选编，呼和浩特革命委员会大会战指挥部材料组，1968年7月23日，册子，18.7cm×26.0cm。

42. 李贵疯狂反对毛泽东思想破坏活学活用毛主席著作群众运动罪该万死，呼和浩特工代会『工人风雷』，第30期，1968年7月28日，27.0cm×39.4cm。

第二部　民族自決と民族問題に関する資料群

資料一
前門飯店会議の荒波と陝西省北部の「高崗反党集団」

最 高 指 示

什么人站在革命人民方面，他就是革命派。什么人站在帝国主义封建主义官僚资本主义方面，他就是反革命派。什么人只是口头上站在革命人民方面而在行动上则另是一样，他就是一个口头革命派，如果不但在口头上而且在行动上也站在革命人民方面，他就是一个完全的革命派。

※ ※ ※ ※ ※

伊盟盟委书记暴彦巴图同志大会发言记录

（1966年6月20日下午）

我完全拥护中央关于彭真、罗瑞卿、陆定一、杨尚昆等问题的决定。这是毛泽东思想的伟大胜利，通过学习中央的通知和批判五人小组的提纲，眼睛亮了，嗅觉灵了，信心足了，深深地体会到毛主席是英明的、伟大的。完全证明了毛泽东思想是战无不胜的。

这些天来，根据会上揭发的大量材料，证明以乌兰夫为首的一伙人，在一段时间内，把自治区党委引上了邪路。可以肯定，这是一个有计划、有纲领、有阵地、有步骤的大阴谋。

（一）

一、首先，谈谈乌兰夫是怎样利用四月常委扩大会议进行反党的。这次会议的特点是通过呼市问题，土族问题，王铎问题。恶毒地攻击左派，支持右派。方法是会内会外结合，一组二组结合，采取打一批，拉一批人的手法，给进一步篡党制造舆论。杭州会议，天津会议，邯郸会议是叫我们突出政治，大学毛主席著作，搞好四清。但是会上突出了民族问题，没有学半篇毛主席著作，不是讨论如何搞好四清，而是搅混四清。这个调子是乌兰夫定的。开始第一组的会议不活跃，听王铎威介绍二组的经验。什么经验，就是恶毒地攻击。在乌兰夫的策划下，许多人早就有了准备。比如云北峰那些人。云北峰的发言，是一次恶毒地向党

~1~

进攻。那样的发言，一般群众也听得出来，是反党言论，是造谣，是污蔑。乌兰夫过去在会上，听到别人有不同言论，马上就顶回去。但这次会上，一次也没吭声，一言也未反驳，而且听起来很得意。从这个问题起，我开始对乌兰夫产生了怀疑。会上公开点了××、权星垣、王再天的名字，他们都成了大汉族主义，成了攻击的对象。高锦明同志在场，未公开点名，实际也戴上了大汉族主义的帽子。这些人勤勤恳恳，在民族工作多年，却成了大汉族主义、反党；有些人长期不工作，如奎璧、吉雅泰，却成了正确路线。我们几个盟委的同志私下议论，感到这个会味道不对，太不象话了。总之，这个会挑拨民族关系，干部关系，大造流言蜚语，造成思想混乱。有些人跃武扬威，如李贵，以民族问题专家自居，指责别人不懂区域自治。你懂，你懂什么？我引用你一段话，你说："日本统治时期搞了土地奉上，取缔了王爷世袭的土地所有制，土地成为公有"。这简直是胡说八道。按李贵的观点，那不是王爷自动退出历史午台吗？日本鬼子也不是干了一场革命吗！为了给他们自己反大汉族主义找根据，他们不惜为日本帝国主义、王公贵族作辩护师。由此可见，修正主义是不择手段的。我们和日本帝国主义、王公贵族是敌我矛盾，而土族的自留地问题是人民内部矛盾。怎么能用敌人的理论来为解决人民内部矛盾找根据呢？

这次会上，放了这么多毒，而乌兰夫却说：六天鸣放，有许多意见是对的，尽管刮大风也免不了带一些砂子。又说：可惜未辩明是非。就是一些砂子吗？还想怎么辩明是非呢？大概再辩就是把你们攻击的那些人开除党籍，下监入狱吧！有的人从来不发言，这次会上下午都参加，鸣放时非常积极。一讨论四清干脆就不参加，进刺蔴洞去了。有人说，这次会议不是突出政治。我说，是突出政治。毛主席说，一切阶级斗争都是政治斗争，不突出无产阶级政治，就必然突出资产阶级政治。这次会议是典型的突出资产阶级政治的会议。是资产阶级自由化，是放毒，只許资产阶级放，不許无产阶级放，不許无产阶级反击资产阶级。李贵可以大放厥詞，云北峰可以恶毒地攻击党。高錦明同志同："好人养活灰人，汉人养活蒙人，这話是什么人説的？"当場就被他们一伙人頂了回来。这和彭真等资产阶级权威、大党閥有什么两样！现在知道，会议中学兼同志去了，传达了雪峰的意见，但会上一字未露。为什么不向我们传达雪峰同志的意见，就軍搞的黑槐能上会议简报，而华北局的指示上不了我们的桌面。这对我们教育很深，使我们体会到所謂"在眞理面前人人平等"是完全騙人的鬼話。这次会议是怎么筹划的，应该交待。

二、反大汉族主义是个大阴謀。以土旗、呼市为据点，推向全区，这不是个别地区的問題了，已經上了工作安排，队报、《实践》批轉呼市的文件，办公厅星夜給各盟打电話捕办。究竟誰是大汉族主义，就土旗是大汉族主义，土旗书記、旗长都是蒙古人，土旗归乌盟管，乌盟归内蒙管，乌兰夫是内蒙的第一书記，主席，誰是大汉族主义？呼市赵女霖是，他不过是市里的第二书記，你是自治区的第一书記，而且已經夺了他的权么，呼市的大汉族主义怎么能推向全区呢？个别人有点，部分干部有点思想残余，成不了什么气候。很清楚，就是指向内蒙党委革命左派，指向华北局，党中央。乌兰夫經常流露对华北局不满，觉得华北局不了解内蒙情况，意思是説华北局有大汉族主义。在自治区搞反大汉族主义还不算，对各盟市各个击破，先抓呼、包二市，对我们那儿，云北峰揚信説伊盟生产上不去，主要是大汉族主义作怪，叫我们也限上。在四月常委扩大会上，我发言之前，李璧对我説：你你还没发言？給我暗示。我发言中未上他的圈套，发言以后，李璧很严肃地对我説："伊盟对你有不少意见，你作风很不民主。"看来，誰不跟你们反大汉族主义，誰就是大汉族主义。

大家想一想，乌兰夫这样搞是适应什么人的需要呢？苏修、蒙修造謡説中国是汉人的国家，要挑拨少数民族反华反汉，泽登巴尔叫嚷内外蒙合并，

～3～

你在內蒙反大汉族主义，是不谋而合，还是早有密约？这是值得我们考虑的问题。

在这里还可以看出，乌兰夫的无产阶级感情那里去了。××（吴涛）、再天、星垣同志和你一起工作多年，现在在养病，你乘人之危，突然袭击，给他们戴上种种帽子，居心何在？过去乌兰夫说，汉人不安心内蒙工作，现在看是想用各种帽子，把这些同志赶走。乌兰夫这一套作法，我觉得是个立场问题。没有国家的政治、经济、军事、文化各方面的帮助能行吗？否定汉族同志在内蒙的工作，就是否定汉族对少数民族的帮助，否定国家对自治区的帮助。否定这些，究竟是想干什么？无非是挑拨民族关系，想搞分裂。

三、印发三五年宣言是别有用心的，是给搞政变、搞分裂制造舆论，找根据。还抓了个赵军垫背，太恶劣。你是第一书记，批文件还找别人写条子干什么。心怀鬼胎么！

四、用种种办法反对四清。用生产，用民族问题冲击四清；在牧区采取拖延的手法阻碍四清。反对在牧区原原本本地宣传十条决定，反对牧区划阶级。现在看来，在牧区划阶级是早就该搞的了，广大贫苦牧民有强烈的要求。我们在乌审召搞点，20天就划完了，贫苦牧民很高兴。有个牧民说：原来说依靠贫苦牧民和不富裕牧民，我心里很没底，说我富嘛还不富，说我贫嘛还有几只羊，这一划是清清楚楚的了。可见，乌兰夫以稳为幌子，推迟和反对划阶级，至少不是反映贫苦牧民的意见，起了保护牧主，上层喇嘛的作用，不叫贫苦牧民和不富裕牧民当家作主。

五、组织上搞宗派主义。同志们讲的很多了。上半年来，实际上已经搞了政变，专了我们的政。凡是反对和不同意乌兰夫意见的人，都受到了排斥和打击。跟上他走的或是想利用他捞点资本的人，都成了好干部。如李贵、云北峰、姚玉光这些人在广大干部中早就很臭，却成了乌兰夫的红人。这完全违背了党的干部政策，以资产阶级的利己主义为出发点，以反不反大汉族主义为标准。谁不反大汉族主义，就划成三类干部，加以打击。任人为亲，玩弄拳术。半年来，基本上完成了党委办公厅的改组，成立了代常委，变成了修正主义，已经搞了政变。

（二）

错误性质是什么？乌兰夫的错误，不是个别工作问题，也不是认识问题，而是大是大非问题，是反对毛主席、党中央，是反对毛泽东思想，反对无产阶级专政，在国际上是适应帝、修、反的需要，在国内适应地富反、坏、右的需要。中央和毛主席强调阶级斗争，乌兰夫强调民族斗争；中央和毛主席强调备战反修，乌兰夫强调反大汉族主义；"二十三"条强调抓党内走资本主义道路的当权派，要挖根子，乌兰夫强调大抓狠抓民族问题，一抓到底！中央强调以阶级斗争促生产，乌兰夫强调全力抗旱，并把自然灾害造成的牲畜死亡的罪名加在四清身上。乌兰夫等人对挖根子很敏感，一提土旗的根子，在内蒙党委就大发雷，觉得竟有人敢在太岁头上动土，大逆不道。

我们是共产党人，你知道不是根子，怕什么？是根子，就让人家挖嘛。这里是用什么态度对待群众运动的问题。现在看乌兰夫是猜得很准。原来说"土旗工作搞不好的根子是乌兰夫"的揭发是正确的。

他们提出反大汉族主义的"实际"是什么呢？就是因为："有人说土旗是三多一硬：干部多、土匪多、告状的多，根子硬。"（见简报二十七）从此得出结论说："民族问题是阶级斗争的实质。""离开了民族问题的具体事实，空谈阶级斗争，实际是一句空话。""合作化了……蒙古人的生活水平下降了，有的蒙古人要分队，旗县委"搞愚民政策"不同意分。（见简报九号）于是蒙古人说"拿上金碗讨饭吃。"（见简报三十二号）谁有金碗？土旗的贫下中农有金碗吗？你们大反合作化，诬蔑人民公社，唯恐个体经济断根子，说什么"土旗二十一户单干的，穷人只一户，也在

～5～

前年入了社。"（见简报九号）请看他们为此该有多么伤心啊！于是他们坚持要反大汉族主义，因为"大汉族主义又是客观存在，而且是主要的，甚至小孩子也有大汉族主义。"（简报十一号）

原来他们所谓的这些"实际"，是"损害了"过一个好大年"卖了二十亩地"的好生活的人的利益。请问，贫下中农有几个二十亩地呀！能够卖上二十亩地过一个好大年的人是什么阶级的人？不打自招。赵维新旗识鲜明，他公开为富农女人被工作队叫去汇报工作队鸣不平。他认为共产党的工作队不如日本鬼子。这样以来，不是清清楚楚地看出你们高喊对大汉族主义给以"控诉"，究竟适应了什么人的需要么。还不是适应那些"富农女人"，能卖上二十亩地过上一个好大年的人和渴望单干人的需要吗？

以上这些就是你们所说的实际吧，如果有谁不从你们的所谓实际出发，那谁就是大汉族主义，那就是大逆不道，那就应该划为"三类干部"（简报二十九号）给予打击。

反大汉族主义的打手们在研究了这些"实际"以后，下决心要在民族问题上踏出自己的脚来。于是乌兰夫在国内替地、富、反、坏、右反攻倒算，在国际上配合帝修，搞反华大合唱。乌兰夫放弃备战、放弃反修；苏修大叫中国是大汉族统治，乌兰夫大叫反大汉族主义；苏修大叫内外蒙合并，乌兰夫大量印发35年宣言。因此，乌兰夫的错误不是一般性的错误，而是反中央、反毛主席、反社会主义，民族分裂修正主义错误，是按照阶级敌人的需要把内蒙人民引向资本主义道路的大阴谋。

在执行政策上标新立异。农业本来有八字宪法，又搞个水肥土种机林草；商业，把社会主义的商业说成是大盛魁。财办的一位负责干部还提出为摘掉大盛魁的帽子而奋斗。大盛魁是什么？就是在草地剥削蒙古族劳动人民的资本家。社会主义的商业是会这样的么？工业上说手无寸铁，那么大的包钢在那？怎么能说手无寸铁呢！工业上以稳宽长的幌子，阻挠社会主义革命。四清，毛主席指定了六条标准，乌兰夫又加上了民族问题，说什么"只有运动中自始至终地狠抓民族问题，民族地区的四清才能搞深搞透，才能保证运动达到高标准"。只有民族问题么，六条标准就没有了。这不是明目张胆地反对毛泽东思想吗？

（三）

谁是主谋？有人说，乌兰夫的错误可能出于用人不当，上了坏人的当，或者是什么一时糊涂，或者不了解情况。我体乌兰夫是主谋，他不是上当，而是自觉的。排斥其他书记，改组办公厅帮助李贵夺呼市的权，别人能办得了吗？这能说是上别人的当吗？为什么乡华老战友的话不听，对李贵、浩帆这些坏人的话却言听计从呢？奎璧、吉雅泰也不是盲从，也是领头的。奎璧很积极么！李贵、云北峰、赵维新的言论，实际上是乌兰夫言论的翻版或加工。所以说，乌兰夫是自觉的排斥左派，起用右派。因为推行修正主义路线，好同志碍他们的事，所以用坏人；接近坏人不是认不清的问题，而是气味相投。

乌兰夫犯这样严重的错误，是有其历史和思想根源的。

1.长期脱离实际，脱离群众。自治区成立近20年，特别是近年来很少接近工农（牧）兵群众，高高在上，养尊处优，没听说住过帐间、蒙古包、贫下中农家。生活作风、行动都很特殊，使人见而生畏。我在内蒙开会，乌兰夫参加，我总是尽可能地少说话。和干部、群众的关系，是猫鼠关系，躲着走。和干部、群众关系搞得这么紧张，怎么能不犯错误。

2.自高自大、偷天功为己功。把自己摆在不适当的位置上。自治区的解放是谁的功？是毛主席，是中国人民解放军，好象立下了十次功劳，念念不忘。这个功劳绝对不能记在你的帐上。这个功劳怎么能记在你的帐上？乌兰夫常说内蒙十次合并，那是中央对少数民族的关怀，你自己能并吗？建設也是这样，没有中央正确领导，没有汉族帮助，政治、经济、文化能有这样大的发展吗？怎么能把这些功劳都归于你。从来喜欢听别人歌功颂德，有功归己，有错归人，功利熏心，丝毫没有无产阶级感情。我就怨了好多年气，伊盟开荒是你指定开的，可是后来你不认帐，硬说是××和伊盟的责任。

乌兰夫、奎璧和言雅泰在内蒙多年，实际工作是别人做，官都是你们当。算一算乌兰夫、奎璧、言雅泰都有多少职务？××、权星垣等同志在内蒙辛辛苦苦工作多年，居然都成了大汉族主义了。有功者罚，有过者奖，这还不够，还要借庆祝自治区二十周年的机会，又要给你们大大地歌功颂德。

我看认真粉碎乌兰夫的反党反社会主义的阴谋，把自治区各族干部共产主义思想大大提高一步，来迎接二十周年，才是真值得的。

8.有人说，乌兰夫是不彻底的无产阶级革命家。什么不彻底的无阶级革命家呀？不彻底也是无产阶级革命家，我说就是彻头彻尾的资产阶级民族主义者，他的资产阶级立场根本没有得到改造。在民主主义革命阶段，还可以跟上党走，到社会主义革命深入了，革命革到他头上了，资产阶级恶性暴发，就迫不及待的打出了民族主义的黑旗。回想起来，华北局对内蒙的批评是中肯的。因为乌兰夫以民主革命的思想指导社会主义革命，所以社会主义革命的大旗举不起来，用各种办法反对四清。毛主席教导我们："不断革命论和革命发展阶段论相结合"。只要革命继续向前发展，乌兰夫的这些思想就是障碍，不推倒这个野心家，内蒙革命就无法前进。

毛主席在藏都会议上讲到："……不要一定是本省人执政，不管那里人——南方或北方，这族或那族，只问那个有没有共产主义？共产主义有多少？这一点要向少数民族讲清楚。"根据毛主席的教导，首先应不管什么人，什么民族出身，应看他执行的是什么路线，执行毛主席的路线就拥

~8~

护，不执行毛主席的路线就反对。衡量的标准不应该是什么民族，而应该是毛泽东思想。毛主席说：地方要，但不要主义。乌兰夫不仅要了地方，还架没不大，不仅要了主义，还要搞独立。

4.典型的一言堂。本来很少深入实际，却把自己装成民族问题权威，牧区工作专家。许多会议开的死气沉沉，就是因为你讲一句，乌兰夫挿十句，很少让人顺利地把话说完。乌兰夫这些年没去牧区，奶茶怎么的你知道吗？评工记分怎么搞你懂不懂？你脱实际是从那来的，毫不接受别人的批评，谁一提意见就怀恨在心。六四年三千会，我只提了一句无所谓的一句意见，乌在总结时就大发雷霆。

总之，乌兰夫的这些问题，是社会主义革命深入以后，国内阶级斗争和国际上阶级斗争在党内的反映，是配合彭、罗、陆、杨向党进攻，是民族问题上的一条大黑线。揭发出乌兰夫等人反党黑帮，是毛泽东思想的伟大胜利，是毛主席又一次在紧要关头拯救了内蒙的革命，也是一次最重要的备战。否则，在自治区心脏安上一颗定时炸弹，真正打起仗来，局面是不堪设想的。要求同志们彻底揭发，也要求乌兰夫彻底检查交代，认真地改正错误，回到党的路线上来，首先要把态度摆正。现在已不是什么路线"性"的错误了，比之彭罗有过之而无不及。你以为大家揭发你揭得不对，"出了毛病"，其实不是大家出了毛病，而是你搞民族分裂把自己放在敌我矛盾里去了。到六月四日，你还认为矛头指的不对。现在又经过十九天了，还讲路线性的错误？应该认识到是原则错误，是方向、路线错误，而不是什么"性"的错误了。

我们小二口同志一致要求，一定要彻底揭发批判，不获全胜，决不收兵。这是内蒙古自治区头等重大的政治。不解决好这个问题，内蒙古社会主义革命和社会主义建设将要受严重的损失。

~3~

我们必须高举毛泽东思想伟大红旗，保卫党中央，保卫毛主席，捍卫毛泽东思想。和以乌兰夫为首的反党黑帮斗争到底！

（中共中央华北局工作会议秘书处　１９６６年６月２７日）

（此件系奎璧巴图同志一九六六年六月二十日在华北局前门饭店会议上斗争乌兰夫的发言记录稿）

～１０～

暴彦巴图同志与祁、田宗派集团斗争的回顾
（一九六七年六月十二日和红卫兵小将谈话记录）

红卫兵问：請老暴同志談伊盟盟委的两条道路、两条路綫的斗争可以吗？

暴：可以。

紅卫兵小将们：你们支持我站出来革命、揭伊盟盟委阶级斗争的盖子，我很感激。

我首先要説的是，我过去犯有严重的错误，我是有辜于党和人民群众对我的委托的。

文化革命开始我很不理解，精神状态不振，革命群众批判斗争我是完全应該的，希望继续揭发批判斗争我的错误，帮助我革命，我决心正视错误，认识错误。高举毛泽东思想伟大紅旗，活学活用毛主席著作，脱胎换骨地改造自己。和同志们一道为維护毛主席的革命路綫而斗争到底。

下边我談談伊盟盟委內部的阶级斗争情况。难免有错误和片面的地方，請同志们批评指正。

我是一九五六年調来伊盟的，当时赵会山任书记，我任付书记。开始突出地感到，伊盟封建东西保留得很多，有不少地方是原封未动。王悅丰是个党員盟长，到牧区青年人見到不給他磕头他就駡街。在王悅丰等人的影响下牧区落后的东西还继续为害人民。

一九五六年我刚来不久就遇到古历五月十五日成陵大祭。在成陵大祭时我发现王悅丰盟长在大庭广众之下，带头給成陵磕头。当时我看了既奇怪又生气。奇怪的是王悅丰是共产党員还干这些事情。生气的是住在招待所的王悅丰、馬富刚酗酒吵架影响很坏。

回来以后我給赵会山提出意见"王悅丰这些人的行为很不象話！"赵説："批评批评罢。"可是后来从未见誰对此提出过批评。

1

来伊盟后盟委分工叫我分管牧区工作。到了牧区发现牧主喇嘛基本上未动。威风不倒，从其他旗调来的一些蒙族干部看不惯，对上层人物扣的紧一些就遭到反对。为此有的同志除没有得到支持，反而受到了处分。回到盟委反映过这些问题时，白汉臣就经常说"牧区慢慢来，不能随便破坏党的民族政策。"特别是对喇嘛问题他们很敏感。群众拆了破烂不堪的庙。盟长亲自出马干涉。一九五八年大跃进、公社化强调牧区修棚搭圈，杭旗伊克乌素公社群众起来，拆庙搬神象，用木材搞了棚圈。马富刚坐汽车亲自去"纠偏"。相反地上层分子、反动牧主破坏生产压迫剥削群众他们却无动于衷。总的是以强调"统战政策"之名只统不战，压抑群众起来革命。

五六年时伊盟的王爷们都安排在盟、旗里。盟里有奇忠义、奇世英、奇福海……杭锦旗、扎萨克旗等都是王爷、协理任旗长，逢年过节旗委书记要向王爷拜年。马富刚等人去杭锦旗一定要拜访王爷。阎耀先带砖茶去拜访。我去杭旗，有人动员我去拜访王爷，我看不惯没有去。

总之，伊盟牧区从政治上、经济上、思想上，王爷、牧主喇嘛等剥削阶层那一套基本上完整的保存下来，建国十八年来没有触动这些反动阶级。

一直到一九五八年全区执行了三不政策（不分、不斗、不划阶级）伊盟完整地执行了三不政策。反动阶层威风凛凛，广大贫苦牧民和不富裕牧民抬不起头来。牧区不进行革命，严重阻碍生产力的解放。五八年前地质队进来搞勘探，王公牧主反动上层造谣"汉人进来把蒙古人的宝取去了！"等等。

到一九五八年大跃进把毛主席的声音带下去，第一次组织牧民群众开展大鸣大放大辩论，针对反动阶层的造谣中伤，抓活思想，号召学习主席著作（当时很不普遍，只搞了点，如乌审旗图克公社）这样打击了反动气焰，压倒了一些阴风，紧接着搞了公社化。以前只有百分之十的初级合作化，经过一个月实现了公社化。

伊盟的"老干部"赵会山、田万生、郝文广、白汉臣都是从牧区过来的从一九五六年到一九六五年沒有人到牧区蹲过一个礼拜。田万生經常回三段地探望他的狐朋狗友牧主小刀劳岱等坏蛋，而对贫苦牧民，視而不見，他们是代表什么阶级的感情是很清楚的。他们借口不会說蒙話不搞牧区的革命，实际是有意包庇封建王公牧主、上层喇嘛。

现在可以証明田万生的"紅色种子"等所謂"革命"回忆录就是投靠反动上层的自白书。他们在民主革命阶段同牧区反动阶级結成联盟，在社会主义革命阶段仍然和牧区的反动阶级勾勾搭搭，怎么能在牧区搞革命呢？一九六三年在牧区开展四清、双反（反民族分裂、反修）閻耀先就提出他不同意，說伊盟牧区沒有民族分裂。当时在鄂旗苏米图公社就发现有人准备叛国投敌。霍洛公社成陵附近有个在盟报社工作的干部叫王勤学一九五八年划为右派，現实表現很坏。民族分裂分子旧仕官保镇当霍洛区的区长，猖狂向党进攻，一九五八年周明同志来伊盟到霍洛公社，当时公社只有一个秘书叫王勤安（王勤学的弟弟）我用汉話问情况，他用蒙語回答我，硬是不用汉話（实际上他汉話說的很好）。王悅丰一年几次去成陵。这样的事情发生在成陵周围不能不說和王悅丰等人沒有直接关系。

一九五八年胡昭衡来伊盟，一天在赵会山办公室王悅丰大发雷霆"为什么拆庙，喇嘛沒法过！为什么把蒙古人的头带沒收了（首饰珠子）脑袋都黑了！？"我說"那有什么关系，应該看主流，何必大惊小怪。"胡昭衡說"可能有些毛病，将来可以糾正。"由于破了旧风俗，触动了上层利益，王悅丰跳出来翁翁叫，表現了极端不满，这是明目張胆的反扑，对这样严重的问题，赵会山、田万生、郝文广、閻耀先等人置若罔闻，沒有作过一次批评，而革命风暴中出一点微不足道的小偏差，就大叫"遭得很"，可见他们滚到什么地方去了。

王悅丰、馬富纲和我早在牧区合作化时期就作对了。因为我对他们的反动的东西看不惯进行斗争抵制，他们自然要敌視我的。这种矛盾主要是从牧区工作上引起的。一九六〇年前我分工牧区，牧区所有制的变革触动了王悦丰、马富纲他们本人以及他们代表的王公牧主、上层喇嘛的利益，他们起来拼命反对是不奇怪的。

一九六〇年后同田万生的斗争突出了，一九六〇年五月赵会山调走，我任第一书记，工作从牧区转到全盘，特别是重点放在农村。当时粮食紧张，不能不抓农业。工作转移，盟委内斗争锋芒也转移了。

王悦丰赤裸裸地为王公牧主宗教上层辩护，田万生、郝文广比王悦丰有"水平"，斗争很隐蔽。

一九六〇年后的斗争是紧紧围绕着无产阶级专政问题进行的。

伊盟的民主革命十分不彻底：准、达东三个旗县虽然搞过土改，但是比较粗造，漏网地富不少；鄂、杭、乌、伊四个旗基本没有进行过土改，而是经过减租反霸，改造落后乡等办法分配了地主的土地和富农的多余土地。民主革命不彻底，反映在社会主义革命和社会主义建设方面就是阻力很大。实践告诉我们民主革命遗留问题，是社会主义革命的隐患，这个问题不解决是不行的。毛主席一再教导我们要抓阶级和阶级斗争问题。一九六〇年毛主席又提出搞"五个月革命"。"五个月革命"在伊盟起了重大的作用，把民主革命不彻底的盖子揭开了。从人们的认识上来说这是一个重大的进步，因为毕竟开始知道我们伊盟有这么一个民主革命不彻底的问题。于是盟委就着手研究这个问题，在研究复议阶段、解决民主革命不彻底的问题中，首先遇到的就是田万生等人的反抗。他们首先是制造舆论，说什么"农区半农半牧区雇工不算剥削呀！"、"三段地的地富是我们共产党帮助发展起来的"、"三段地等老区的地富对我们有功，我们不能过河拆桥呀！"请同志们看一看，这是一些什么论调，和刘少奇的剥削有理一样。我当时对牧工不算剥削有意见。我说"马克思主义没有那么一条'雇牧工不算剥削'，农区雇牧工不算剥削，牧区算不算？如果牧区雇牧工也不算剥削，那牧区就有阶级了。"有些同志也起来反对他们的剥削有理的罪恶活动。郝文广这个狐狸，从来不正面表态的，他明明是和田万生一鼻孔出气，却装的一本正经。去年在批判我时他说了实话。他说："暴彦巴图武断，不经内蒙、华北局批准，就说牧区雇牧工算剥削。"並说："说老田是地下盟委这是对老同志们有看法的。"意思是我排挤打击了田万生。这实际上是暗示郝文广自己在王治堂问题上是同意田万生的意见的。田万生、白汉臣之流在造舆论之后就迫不及待赤膊上阵，把五个月革命中在伊金霍洛旗部分公社、乌审旗河南公社、鄂旗城川、三段地公社划出的一些地富都给"纠了偏"他们还大肆造谣说"六一年非正常死亡人口多，就是因为多划了地主、富农"，为此还专门召开电话会议，大放其毒。这样就把五个月革命的成果叫他们一风吹光了。

上述这些问题，大概触怒了田万生这个"老革命"，感到暴彦巴图一上任就和他过不去了，其实五个月革命完全不是我的功劳，这是毛泽东思想的伟大胜利，从我个人来讲根本不理解毛主席提出的五个月革命的伟大意义。可是就连这一点前进，田万生之流也是不允许的。于是他就感到政权的重要了，一九六一年夏季，郝文广从海市调回盟委（这是王铎的提意，说赵会山调内蒙了，要把郝文广调回盟委），住在三楼客房，我在一天晚饭后去看郝，一推门见郝、田坐在纱发上促膝谈心。我一进去就不说话了。三个人默默相观了一阵之后，郝文广开口了，他以质对的口气问我"为什么支部讨论田万生、白汉臣的历史问题？"我当时表示"如果真有人敢那样作的话一定严肃处理。"后来叫李秀平同志一查，证明纯属造谣惑众，实际是想以此来搞我一下。郝文广又说"总务科对田万生很不尊重，因为总务科长为什么骂田万生的老婆？（事实是田的老婆挑大山药张科长说，大娘不要挑，大家都挑我们不好处理）田万生的儿媳种两棵葫芦，让人拔了，田病了要汽车总务科不给"这事发生在划阶级以后，是一个信号。

这年黄巨俊来伊盟，一天找我诚恳地批评我说，对一些老干部的毛病为什么不加批评帮助，冯子谅养尊处优、不做工作。我说"我在这方面确有错误，不过我年轻资历短，说了人家也不听，老口多作些工作要比我的作用好"。黄就找田万生，大概批评了他："你要在老干部中多做工作，多帮助嘛"。从黄那里回来后就气势凶凶的说："我怎么不帮助你啦！"我当时为什么那样说田呢？因为六〇年六一年那时有很多人到田万生那里吹冷风，可是田万生从未向盟委反映过，也没见他在什么会议上批评过干部中的错误思想。

一九六二年盟委开展批评与自我批评，田对我的仇视更露骨了，他明目张胆地捏造说"你排挤我，打击我。"、"气得我说不出话。"这次会议开的很紧张，可是阎耀先和稀泥说了一些无关痛痒的话，只有赵锦璧批评田万生说这是错误的。这次会议以无结果而告终，因为多数人都不说话。

一九六〇年国家经济暂时困难时期，田万生等人热衷于种自留地，除在盟委院内大种外，还发展到东胜烈士塔。为了种自留地他们不惜砍伐掉辛辛苦苦培植起来的树木。不仅如此还发展到霸占一般干部的土地的程度，大约在六〇年或六一年田万生把盟委××已种上的地毁了后据为己有，于是在干部中就议论说盟委书记们种的地既多又好，过几年得搞土改呀。我把群众的反映在机关干部大会上说了一下，意思是引起大家的注意。不料这句话，触动了田万生等人的痛处，到处对我进行攻击。文化革命中作为我"排挤老干部"的一条罪状。

一九六〇年到六二年田万生育二百以上的肥猪四口，当时一般干部的粮食是比较紧张的。而田万生却能"肥猪满圈"，可见他的灵魂深处是什么样的"老革命"了。

田万生有个亲属一九六二年或六三年住在他家近三个月，一天突然劳动处旺布给我打电话，说田让他们把田的亲属介绍到建筑公司安排工作。

当时搞精简还没有结束，田是精简小组负责人，这样搞让下边怎么执行，我阻止了他的这种行为。在文化革命中这也是我打击田万生的罪状之一。

一九六一年以来田的精神不振。六三年下半年正式提出休息。盟委办公室请他开会，在沙发上坐一个半小时，喊叫累倒了，可是当他看山西梆子时坐三、四个小时没有问题，只要十三红出场，田万生几乎场场不啦。至于打扑克、打麻将一坐七八小时没有问题，病到哪里去了？对他的这些问题，我有我的看法，思想支配行动，既有看法，在言论行动上不会没有表现，这当然要引起他们的反对，于是就逐步酝酿想法对付我，搞掉我。这就是田万生和郝文广促膝谈心的政治原因。为了进一步造成事实，他们背着盟委作了不少文章，好象把中央规定的关于安置老弱残的问题视为我们独创，郝文广曾有所指的对我说过"火烧庆功楼"的故事，我当时是马大哈，不理解，一笑置之。文化工命运动中把安置老弱残的问题端出来大喊大叫大作文章，做具体工作的孟芹（人事付处长）介绍了事实真象，结果把孟视为现行反革命，几乎置于死地，实际是对安置老弱的报复。

一九六三年六月召开的全盟民族工作会议上几个王爷站出大放毒企图反攻倒算。王悦丰一马当先为王爷大帮腔。郡王旗王爷奇忠义要王府，王悦丰说"应该给，所有权是人家的"，有几个反动民族上层攻击党的民族政策，散布敌视党的谎言。王悦丰说"解放以后蒙古人的生活下降了"、"有不少蒙古人被迫搬上家走了"。把这个问题端在盟委常委会上来了，我在会上严厉地批评了王悦丰，许多常委装好人，不吭声。民族工作会议上我指名反攻了乌审旗王爷奇世英，不指名地回击了其余几个反动王爷。对奇忠义的反攻倒算行为，还责成统战部召开政协委员会，专门搞了三四个月。这对王悦丰等人也有共鸣。

一九六四年社会主义革命深入了，革命的烈火烧到了伊盟，把那些明显的坏人坏事暴露出来了，这就是处理了康恩源、周海则、王治堂康思源是田万生的老同乡、老部下，这个人一贯流氓成性奸污妇女。每次下乡，人还没有回来检举信就回来了，但长期处理不了。一九六四年在乌审旗河南公社搞四清，调戏奸污十几个妇女，破坏军婚，给现役军人家属怀上娃娃，处理后田万生等人怀恨在心，这次文化大革命运动中田万生等人为康减冤叫屈，企图为其翻案。

王治堂是田万生、白汉臣的老友，乌审旗人事科长，六四年在乌审旗河南公社搞四清，工作队一进村群众就说"看工作队能不能解决问题，就看工作队能不能把王治堂的富农成份定下来。"经查证王治堂确系富农，工作队要划，王子义反对，到盟委汇报，我和杨达赖同志支持工作队，田万生跳出来对抗，给王子义说了几句话，王回去就不执行盟委的决定。一九六四年内蒙上纲会上揭发了王治堂事件，我指出老田在划阶级问题上背后活动，这是不是"地下盟委"。文化革命中把"地下盟委"一事给我算作一大罪状。

周海则是高岗在伊盟的残渣余孽之一，是田万生的帮会成员。这个坏蛋无恶不作。一九六四年鄂旗白彦淖公社四清中这个坏家伙的马脚有所暴露。旗监委干部吴满天给我汇报说周敲诈勒索人民的万斤粮、万斤草，到处奸淫妇女横行霸道，政治陷害，打击报复，随便放枪打死农民的家禽家畜等等。要他写材料，他说我可不敢，这人不好惹。一九六四年夏季去呼市开会我向乌兰夫汇报了周海则的问题，想望得到支持好作处理，当时乌兰夫听了笑了，说这个人我认识，乌这样表态，叫我怎样处理呢？冬季内蒙三干会上纲时我给乌兰夫提了意见"对待周海则问题很不严肃"，总结时乌兰夫大发雷霆，把我整了一顿。1964年内蒙三干会是在华北局解学恭同志和内蒙党委高锦明、权星垣等革命领导同志主持下开的，是一次革命的会议，在那次会的支持下把周海则、廉恩源、王治堂的问题在盟里当时阻力较小的情况下处理了。周海则华北局点了名，内蒙搞了新生恶霸地主周海则的展览。这个问题当时虽然处理了，但是这里潜伏着更大的斗争。因为都牵连着田万生等人。周是田万生等人的生死之交，在困难时期给田万生等人献礼，把周处理了对田怎能没有切肤之痛呢？田万生不满意自然会引起郝文广、闫耀先等人的共鸣，因此，我在盟委内就成了少数，是比较孤立的。加上闫耀先的岳父马东鲁六四年给几个小孩投毒逮捕后不承认释放了，闫调走时对此很不满意，曾在会议上公开说有人和他过不去，在文化大革命一开始，闫耀先又给盟检察院付检察长刘言太来信说有人跟他过不去，搞他岳父是想对他进行政治陷害有人审查他的历史。这样与郝田闫的斗争更尖锐化了。

一九六五年夏我与闫耀先去呼市开会，有一天闫耀先跟我讲："主席夫人（云丽文）找我谈话了"，我问你们是什么关系，闫说是同学。

一九六五年七月下令调闫耀先，闫走时据说田万生给闫哭鼻子，他们议论的是什么可想而知。年底又把云祥生也调了。一九六六年三、四月乌兰夫及其黑帮成员先后派云北峰、赵方玉等三次来伊盟搜集我的材料，这就不难理解了。很明显，社会主义革命深入了，乌兰夫不好混了，郝、田之流也不好混了，他们为了维护他们的反动统治，同流合污就很自然了。

一九六六年四月二十六、七日乌兰夫在内蒙党委会议上大放其毒，企图掀起反大汉族主义的黑风，要各盟市委书记支持他反大汉族主义，我有所觉察，说"伊盟民族工作上存在什么问题我还没弄清"，以此抵

5

制他。休息时奎壁眼我出来对我说："暴彦巴图，你的问题很多，伊盟有人反映你的问题"，我意识到这是给我施加压力。也意识到是谁向他"反映"了问题。

云北峰来伊盟活动了一个时期走后，随同他的满达呼向我讲：云北峰说伊盟生产落后就是大汉族主义作怪，我反对了他的说法，向满叙述了伊盟的情况。四月会上才证实此话来自乌兰夫。

郝、田之流在文化革命一开始，矛头指向我是有原因的，地冻三尺不是一日之寒。

为什么田万生有意见，只对郝文广讲呢？他们早就有预谋酝酿。一九六五年一天郝文广突然问我：伊盟和呼盟的干部比，那个好团结？

去年到北京第二次开会郝文广当高锦明同志的面讲："老暴，你对田万生等人是有看法的。"郝在华北局斗争乌兰夫及李振华不积极，回来就活跃了。现在许多事实证明他积极策划了保护田万生等一小撮坏蛋的阴谋。六六年五月正平（包荣文的爱人）同志和我说："可得小心郝文广，他要整你"。她说她听说刘桂洁（郝文广的妻子）与马玉华（周耀先的老婆）策划要告我的状。七月开会回来郝文广的老婆写大字报说我是政治野心家，一看就意识到这是郝文广的吉意，只是郝文广很隐蔽就是了。从北京回来，把我和吴占东就搞臭了。这是乌兰夫黑帮布置的，因我和吴占东在华北局会议上积极揭发了乌兰夫。

华北局会议伊盟去了十个人，斗争乌兰夫最积极的是吴占东、满达呼、格日勒图，旗县干部中他们是最早揭发乌兰夫问题的，简报上登了他们的发言。其次是郝治祥（东胜县委付书记），回来以后这些人都被打倒了。最消沉的是郝文广，一件事也没有揭发，斗争李振华更是一言不发，却成了"左派书记"。

总之，郝、田宗派反党集团是由来已久的，文化革命中他们的原形毕露了。

1967年9月22日　　工人战报　　·5·

阶级斗争，一些阶级胜利了，一些阶级消灭了。这就是历史，这就是几千年的文明史。
拿这个观点解释历史的就叫历史的唯物主义，站在这个观点的反面的是历史的唯心主义。

呼和浩特八个总部赴伊联合调查团
关于伊盟问题的调查报告

今年5月以来，呼和浩特革命造反派对伊盟两派斗争的认识发生了分歧。有的支持"鄂尔多斯"，有的支持"联委"，也有的至今未表态。我们工总司、农总司、红色建筑、轻化系统318、内蒙计划东方红、内蒙财贸东方红、呼市财贸东方红、呼市工会东方红八个总部，根据毛主席"没有调查就没有发言权"的教导，经过协商，决定派出22人组成赴伊联合调查团，对伊盟问题进行了调查。调查团伊盟之行历时21天，听了双方的介绍，看了双方的有关资料，对若干基层组织和个人进行了典型调查，并对有关领导干部做了了解、谈话。现将调查的情况和我们的看法汇报如下。

（一）伊盟无产阶级文化大革命的概况

《解放军报》1967年2月6日社论指出："在两条路线的斗争中，一个地区，一个单位，不管有多少组织，归根到底就是两派。一个站在以毛主席为代表的无产阶级革命路线一边，一个站在资产阶级反动路线一边，一个要把社会主义革命进行到底，一个要保存资本主义的旧秩序，一个要'革'，一个要'保'，这就是两条路线斗争的实质"。

一、四个阶段和两派组织简况

伊盟无产阶级文化大革命从1966年6月开始到目前为止，大致可分四个阶段。

第一阶段，从1966年6月至10月为执行资产阶级反动路线和抵制资产阶级反动路线阶段。9月22日以前，以盟委常务付书记杨达赖和付书记康骏为首组成盟文革办公室领导文化大革命。这期间，盟委书记暴彦巴图和付书记郝文广，在8月上旬参加华北会议，8月份还参加了内蒙党委工作会议。9月22日内蒙党委批准成立盟委文革领导小组领导文化大革命。文革领导小组共七人组成，组长刘忠（8月下旬调来伊盟），付组长杨达赖、康骏，成员有郝文广、刘雄仁、李振中、冯志德。各基层单位的文化革命由上级指定的领导小组或派出的工作组领导，《十六条》公布以后又由选举的文革领导。

第二阶段，从1966年11月至1967年1月为批判资产阶级反动路线阶段。在"一月革命风暴"中，鄂尔多斯先夺了权，接着，联委也夺权，两派斗争进一步尖锐化。

第三阶段，从1967年2月至4月13日《八条》下达为资本主义复辟和反复辟阶段。在此阶段，伊盟军分区不折不扣地执行了黄厚、王良太的黑指示，杨达赖、康骏之流同王治伦、王锋串通一气，操纵联委，大搞资本主义复辟，这时，打倒高锦明、镇压呼三司成了他们上下勾结，共同"战斗"的目标。呼三司同呼炮、半命的鄂尔多斯打成反革命组织，进行残酷镇压，疯狂地夺了68个单位的权。

第四阶段，从1967年4月13日《八条》下达至今。这期间，鄂尔多斯坚决贯彻《八条》，恢复和发展组织，全面进行反复辟，展开革命的大批判运动，联委则是对《八条》大造舆论，继续攻击鄂尔多斯，对军分区和内蒙筹备小组施加压力，企图负隅顽抗。目前，两派处于"备战"状态。

两派的组织简况：

鄂尔多斯革命造反派联络总部（通称"造反团"），由伊盟、东胜县共19个司令部组成，共四千余人。

伊盟革命造反联络委员会（简称"联委"），由盟联委会、伊盟东胜红卫兵革命造反总司令部部、东胜县联委会三大组织共26个司令部组成，近七千人。

二、究竟是谁执行了资产阶级反动路线

伊盟在运动初期资产阶级反动路线是极为严重的。仅盟级单位，如果把被贴大字报的人都计在内，受害者达1200余人（按联委介绍是900余人）。如果只算被打成反革命或有组织、有领导地进行围攻批斗的，亦达131人（不包括运输公司），其中被打成反革命的18人，被组围攻的113人。这在不到两万人口的东胜，是多么严重的资产阶级反动路线呵！那么，究竟是谁执行了资产阶级反动路线呢？

鄂尔多斯说，执行资产阶级反动路线的总根是盟委领导文化大革命的当权派，主要是刘忠、杨达赖、康骏。这种认识是符合实际的。

但联委却把执行资产阶级反动路线的责任主要放在郝文广身上（当然，郝也是执行了资产阶级反动路线的，应当受到批判）。可是，对于运动初期主持盟委文革办公室、后来又担任盟委文革领导小组付组长的杨达赖、康骏，不仅无所指责而且为之辩解。他们说："杨达赖同志是受排挤的，是被某些人推出来的挡箭牌……"。据我们调查，事实上，杨达赖、康骏是顽固地执行了资产阶级反动路线的。运动一开始，他们就不让揭发盟委的问题，说什么"暴彦巴图是内部矛盾"，"伊盟工作还搞得不错嘛"。当群众纷纷起来紧紧抓住暴彦巴图时，他们又要"把斗争矛头引出去"。实践证明，他们也确实把斗争矛头转移到了群众身上，杨达赖心怀鬼胎地指示"上下左右都可以贴大字报"，"不划任何框框"，康骏紧跟着布置"把左派队伍赶快组织起来"。工作组，正是杨达赖、康骏等人主持下派出的，"重点人"整理黑材料和打人，是杨达赖、康骏等人指示下搞的。工作组大搞群众，大整群众的黑材料，进行左、中、右排队，准备向群众进攻。例如：盟贸易、服务公司仅有317人，被排成"暗专"对象的62人（除一两个科级干部外均属一般群众），排成"右派"的51人，且且不让交流情况，不让写大字报。这些客观事实，是任何人也否认不了的。

杨达赖、康骏等人正象《十六条》指出的一样："……他们采用转移目标、颠倒黑白的手段，企图把运动引向邪路。"他们这样做的目的，就是要打击革命群众，把刚刚点燃的无产阶级文化大革命的熊熊烈火扑灭下去，保住盟委，保护一小撮走资本主义道路当权派，保护暴彦巴图，也保护他们自己。

以上不难看出，杨达赖和康骏是执行资产阶级反动路线的真正罪魁祸首。联委有偷天换日的本领，也改变不了铁一般的事实。

除为杨达赖、康骏辩解外，联委还有个说法：他们"受害者多，文革成员少"。言外之意，有了这两条，他们一定是造反派了。据我们调查，这种说法，纯属欺人之谈。

联委"文革成员少"吗？盟委文革领导小组、运动初期的工作组、运动初期盟委单位指定的领导小组、《十六条》公布后基层单位选举的文革等五种文革组织的成员总共555人（可能少数人前后有重复），现在是联委观点的276人（占49.7%），鄂尔多斯观点的271人（占48.8%），尚未表态的8人（占1.5%）。其中，联委观点的还有三多：盟委文革成员多（4人，占57.1%，其中包括杨达赖和康骏）；工作组成员多（27人，占62.8%）；运动初期指定的领导小组成员多（111人，占56.6%）。事实很清楚，联委"文革成员少"并不少。何况，文革成员多少，并不能完全决定他是不是造反派。

联委"受害者多"吗？被打成反革命和被组围攻的131人（不包括运输公司）中，站在鄂尔多斯的67人（占51.1%），站在联委的55人（占42%），处于中间的9人（占6.9%）。联委"受害者多"的论调可以休矣。

如果包括运输公司（这个单位运动初期被党支部书记以大字报或口头点名的143人，现站在联委的100人，鄂尔多斯的27人，中间的16人），可以说联委受害者多。受害者应该是造反精神强，但是受害者不一定都是造反派。是不是造反派，要看他在整个运动发展过程站在那条路线上。联委把他所属的运输公司"方向盘"战斗队，当作一张最迷惑人的王牌。"方向盘"战斗队的受害者可谓多矣，但是在联委的蒙蔽下，三月资本主义复辟以前，就跟上联委转化为保守派，《八条》下达至今，更发展成武斗健将，破坏"抓革命促生产"的典型。难道这样的组织，也能叫造反派吗？

综上所述，现在，联委替站在自己一边的、执行资产阶级反动路线的罪魁祸首杨达赖、康骏开脱罪责，吹嘘自己"文革成员少，受害者多"，无非是要混淆视听，欺骗群众，把自己打扮成造反派，把鄂尔多斯贬为保守派。这根本不是实事求是的态度，纯属造谣惑众。

三、批判资产阶级反动路线的特点和两派的形成

伊盟批判资产阶级反动路线有两个明显的特点。

第一个特点，批判资产阶级反动路线，主要是围绕着暴彦巴图问题进行的。在运动初期群众起来给暴彦巴图贴了几张大字报，而在八月份盟委就千方百计策划保暴。包括刘忠、杨达赖、郝文广、康骏在内的盟委领导人亲赴各线，到处游说，大压群众，竭力保暴。他们说"暴在前门饭店会议（十月份盟委决定的各口领导小组）上斗争乌兰夫是坚决的，暴不是乌兰夫黑线上的人……"等等。在8月初盟委召开的23级党员干部会上有些人反对这种论调而出现了分歧。一部分的坚持揪暴，有的坚决保暴。实际上，这就是后来分成鄂尔多斯和联委两派的由来。当时，保暴的理由是，盟委保暴是执行内蒙党委的指示，反对内蒙党委就是反对党；揪暴的则认为，不管是内蒙党委还是盟委，不让揭发批判暴彦巴图，统统都是不相信群众，必须坚决反对。由于这两种观点的对立和斗争，在批判资产阶级反动路线以来，揪暴的一派，就把斗争矛头紧紧对准盟委和内蒙党委；保暴的一派则说"内蒙党委不是乌兰夫时代的党委了，我们应当完全信赖"，这当然就批判不得了。

考察揪暴与保暴的问题，还需要注意很出名的两件事：

其一，张加峰8月10日题为《乌兰夫反党集团的黑手伸到了伊盟》的大字报。联委说，这是伊盟第一张革命的大字报。据我们了解，这张大字报是用转移目标的方法来保暴。这张大字报写于23级党员会议期间，其内容是说乌兰夫的黑手伸到了田万生等人头上。当时，正

（下转六版）

·6· 工 人 战 报 1967年9月22日

（上接五版）

是群众集中力量揪身，而盟委一些负责人极力鼓吹保暴的时候。为什么不迟不早，在这个时候抛出这张大字报呢？结论只有一个：这张大字报是在保暴势力操纵下出现的，是同暴彦巴图、杨达赖等人有密切关系的。暴彦巴图在八月中旬一次会上很不满地说过：张加峰的大字报贴出以后反映不强烈。显然，张加峰的这张大字报，是保暴势力第一次公开的嚣试。

其二，白银柱十月初的报告。联委说，这个报告打破沉默局面，推动了伊盟的文化大革命。据我们了解，这个报告，实质上是保暴势力的宣言书。1966年10月份，正当全国革命造反派向刘、邓资产阶级反动路线展开猛烈进攻之际，白银柱从串连途中回到伊盟，在杨达赖等人支持下，到处做报告，"介绍外地革命经验"。在报告中，白银柱把"敢"字当头的革命闯将称之为"假左派"、"泄私愤"，他还提出了对当权派"揭也可以，保也无罪"的论调和誓当"无产阶级保皇派"的口号。果然，过了不久，白银柱抛出了为暴彦巴图鸣不平的十二问的传单，题为《究竟为什么？》。随后，白银柱等人炮制的《关于伊盟盟委书记暴彦巴图问题的真相》共十版材料 又抛出来，为暴涂脂抹粉。这一切，是联委从胎里就保暴的铁证。

第二个特点，批判的不彻底。在基层各单位，对本单位执行的资产阶级反动路线，没有认真批判。在社会上，鄂尔多斯主要批判盟委、内蒙党委的保暴问题。而联委则是把有的旗县和基层单位的群众拉上来在社会上批判，或者批判盟委但不触及保暴这个要害问题。实际是借批判为名，招摇撞骗，达到其提高身价，阻挠鄂尔多斯的行动，拉拢群众，保护暴、杨、康之目的。因此，到目前为止，在伊盟，资产阶级反动路线的流毒远未肃清，不少受害者至今没有真正平反。不妨举几例说明。

例一：一中教师常敏康，因给校长郭兴提意见，1966年6月9日郭兴就操纵12个学生写大字报把常敏康、张玉源、吴云波打成"三家村"，组织全校大会斗争。盟委的康骏对此讚不绝口，不仅组织参观，而且企图登报推广。对这样的问题，至今未做认真批判，更未彻底平反。

例二：师范学校教师袁志忠，运动开始就被打成反革命，组织几千人大会斗争。直到今年4月才在200人的会上草草宣布平反，而这种平反还是在本人上告内蒙、中央之后不得已而为之。

例三：交通局家属杨玉珍，运动初期在干人大会上被斗，以后只告诉她平反了。盟委自己的话说："不平反倒好，一平反使我更难受，黑材料不交给我，后台也不揪出来，所以平反后我哭了好几天"。

这样的例子是不少的。

由于以上原因，在批判资产阶级反动路线过程中形成的鄂尔多斯和联委这两派也有两个特点：

一是，在暴彦巴图问题上，一个要革，一个要保。这是两派从始至今的根本分歧。

二是，两派的形成，都是以干部队伍为基础，以社会影响为单位。其主要是：盟委干部中的群众组织对暴彦巴图问题的分歧从机关发展到社会以后，基层单位的群众组织包括学生组织在内，跟着分别站队，逐步形成两大组织。

四、通过几个典型事件来看谁真正是批判资产阶级反动路线？是谁对资产阶级反动路线假批判，真保护

在两派斗争过程中，关于暴彦巴图参加内蒙三干会问题、保刘少奇问题和一·七事件，双方都认为是典型的事件。我们就一一分析一下这几个事件。

（1）关于暴彦巴图参加内蒙三干会问题

暴彦巴图是运动初期被群众揪出来的黑帮，不管定没定三反分子，反正群众给他贴了几千张大字报（其中也有许多是现在站在联委的人贴的），揭露了他大量反党、反社会主义反毛主席的言行，问题极其严重。1966年11月份内蒙党委决定让暴参加内蒙三干会。

群众认为这是给群众运动泼冷水，因此不满。革命群众组成"红色革命造反团"要把暴从三干会上揪回来，这是合情合理的革命行动。但保暴的一派就贴大字报，发传单，大肆叫嚷："暴彦巴图同志一没撤职，二没罢官，现是盟委第一书记，参加内蒙三干会是理所当然的。"当"造反团"把暴揪回伊盟后，内蒙党委打电报让把暴送回三干会。保暴的一派，遵照内蒙党委指示，把暴又送回了三干会。内蒙党委在暴彦巴图问题上，一直是执行着一条资产阶级反动路线。为此，"造反团"再去造内蒙党委的反。这时，保暴的一派又说什么"暴彦巴图同志参加三干会是华北局批准的，陶铸点了头的"。当"造反团"写信质问陶铸时，他们又说什么"陶铸是党中央四号人物，反对陶铸就是反党，相信陶铸就是相信党"。从这个事件中，谁革，谁保，不就很清楚了吗？

（2）关于保刘少奇问题

1966年10月全国在京革命师生在北京体育场召开誓师大会，彻底批判资产阶级反动路线，将无产阶级文化大革命进行到底。这时，社会上已经公开批判刘、邓路线了。11月末内蒙师院东纵派人到伊盟串连，并在一些会议上和贴大字报介绍对刘少奇的批判情况。这种革命行动却遭到联委的大肆攻击，他们说什么"刘少奇同志的问题是人民内部矛盾，反对刘少奇就是把矛头对准党中央，刘少奇同志的问题在党的八届十一中全会上就解决了了。"这时（1966年12月）他们还不让批判刘少奇，还怕群众了解刘少奇问题的实际情况。可是，到今年二月以后他们又一反常态，说什么当时不了解情况，东胜地处偏僻，通信不便，可是到呼三司有抵触情绪，凡是呼三司提出的问题就要反对，所以才对刘少奇讲了那样的话。这是不能自圆其说的。我们知道去年12月份刘少奇的资产阶级反动路线在全国范围内开始受到猛烈批判，他们这种说法，只能欺骗自己。不过，从这里也可以看清他们的本来面目，就是善于在这样反复的变化中随风转变。当高锦明执行资产阶级反动路线，主张保暴时，他们说："相信高锦明就是相信内蒙党委"，"相信内蒙党委就是相信党"，可是，高锦明站出来支持呼三司以后，他们又要出：打倒高锦明。甚至对他们竭力保的暴彦巴图，在三月资本主义复辟时，为了适应当时的需要，也口头上也喊出：打倒暴彦巴图。他们口口声声说他们是造反派，但是造反精神究竟表现在那里，我们还没有发现。

（3）一·七事件的真象

联委最爱宣扬一·七事件，把一·七事件当做批判资产阶级反动路线的重要证明，似乎离开一·七事件就无法说明他们是批判资产阶级反动路线出身的。但一·七事件能不能替联委说话呢？不妨先看真象，再下结论。

伊盟盟委为了继续压制群众，抵制批判资产阶级反动路线，冲击文化大革命，定于1966年12月20日至1967年1月9日召开盟学代会。会前发了紧急通知：在会议期间不要到会场和代表住地串连，不要散发有关文化大革命中互相争论的传单，不要干扰会议。并宝日勒代同志的发言排在第27位。这个会是盟委不相群众的表现，是盟委继续执行资产阶级反动路线的反映。为此，鄂尔多斯一再造反，要求盟委收回原通知，把学代会和文化大革命紧密结合起来。但学代会的领导者康骏拒不接受。这时又鄂尔多斯进行围攻，提出大标语说什么"造学代会的反就是造毛泽东思想的反"。到了1月5日鄂尔多斯要求盟委安排时间，召开全盟有线广播大会，康骏等人在学代会议上执行的资产阶级反动路线进行批判。联委为了阻止鄂尔多斯的批判，把伊金霍洛旗医院的资产阶级反动路线执行者拿到盟里来，要求盟委安排全盟有线广播批判。他们这个要求 正中盟委一些负责人的意，于是，由盟委办公室发出通知，让联委在一月七、八日两天全盟有线广播大会。鄂尔多斯的要求被否决了，这就使鄂尔多斯不得不造盟委的反。1月6日晚他们找到康骏等人造反，至深夜仍未得到解决，到了7日凌晨鄂尔多斯只好采取行动，占领了三会场。盟委的一些负责人又出面协商，打算让双方各占一个会场，都不搞有线广播。正在商量过程中，联委通过他们在邮电局的人挂上线，有线广播大会

开始了。鄂尔多斯的一部分群众很气愤，就到了邮电局，有个工人李振升要拿上钳子上电杆切线，被联委的七、八个人拉下来打倒在地。结果是，联委的广播大会按期开了两天，鄂尔多斯连一天也没有开，批判了伊旗医院，保护了盟委。事后，联委还到内蒙党委片面反映情况，内蒙党委发电报说：鄂尔多斯的行动是破坏文化大革命的反革命行为。以上就是一·七事件的全部真象。

从上说明，盟委让联委开两天会批判伊旗医院的资产阶级反动路线的实质，就是不让鄂尔多斯批判盟委在学代会问题上的资产阶级反动路线，等到把时间拖到9日学代会一散，代表各奔前程，你再批判也没有什么意义了。对于盟委耍的这种阴谋，鄂尔多斯毅然造反是理所应当的。

事实说明，联委想借一·七事件把自己装扮成造反者，那是办不到的。恰恰相反，客观事实证明，在一·七事件中联委是一个保皇的角色。

我们从四个方面了解了伊盟文化大革命的概况。从中可以看出：

联委始终是保暴彦巴图的，保盟委的资产阶级反动路线的，因此，他的斗争矛头总是对准鄂尔多斯。他自己的发展史客观地表明他是一个保守组织。虽然他用各种手段蒙蔽了一部分运动初期的受害者，但是这并不能改变他"保"的本质。

鄂尔多斯把斗争矛头紧紧对准暴彦巴图等党内一小撮走资本主义道路当权派，坚决批判资产阶级反动路线，尽管他在斗争过程中有这样那样的缺点、错误，但是他的大方向始终是正确的，是革命造反派。

（二）伊盟三月夺权是资本主义复辟

毛主席教导我们："混进党里、政府里、军队里和各种文化界里的资产阶级代表人物，是一批反革命的修正主义分子，一旦时机成熟，他们就会要夺取政权，由无产阶级专政变为资产阶级专政。"

一、三月夺权情况

伊盟的夺权也和呼市一样，是在王一伦、王铎、王良太、黄厚之流的黑指示之下，自上而下地进行的。所不同之处，一是时间比呼市晚。二是夺权范围比呼市广。例如：工人工作的权，售货组长、做豆付组长、修表组长的权都属于夺的范围。这在呼市还是少见的。除此以外，还有如下三个特点：

（1）上海"一月风暴"以后，中央号召要把党内走资本主义道路当权派把持的一切大权夺回到 无产阶级手里来。在伊盟则 不是这样。根据联委介绍，88个盟级单位夺了68个单位的权，因夺权要处分的77人，占当权派总人数73%。其中，走资派只20人，占26%，那就是说74%不是走资派也被夺了权，受了处分。

（2）夺不同观点的权。如：粮食局对待有联委观点的两个局长，一是照常工作，一是三结合对象，但六个非联委观点科长级干部则成了主要夺权对象，四个停职反省，二个扭送公安局。

（3）夺权以外援为主，军队持枪支持两个观点的人分站左、右两边，点名示众后下令右边鄂尔多斯观点的人向前五步走，走到左边联委队伍的，就叫"回到毛主席的革命路线"，不走过去的就叫"顽固分子"，对他们"教育"的方法是打示示众或扭送公安处。

二、三月夺权是资本主义复辟

联委认为：（1）伊盟三月夺权有"特殊性"，不是资本主义复辟，而是犯了机会主义的错误；（2）确实夺了走资派的权，并说，"这样说是符合实际的"，"不相信可以到基层去看一看"。

联委的这种论点完全是欺人之谈。我们这样说，有如下理由：

（1）从上面联委自己的统计数字中可以看出，他们打的走资派只占被夺权对象的26%，而74%并不是走资派。这样联委自己就把自己"符合实际"的说法驳倒了。

（下转七版）

1967年9月22日　　　　　　　　　　工 人 战 报　　　　　　　　　　·7·

（上接六版）

（2）根据联委介绍："在夺权前反对了高锦明和呼三司"，"打击面宽"，"扭送了一些一般群众的"，因此，客观上卷入了反革命复辟逆流。

这里需要指出的是："反对高锦明"，是因为高锦明站到毛主席革命路线这一边，支持了革命派呼三司；而在高锦明执行资产阶级反动路线时，联委曾是坚决支持的。"反对呼三司"，说：以呼三司誓死捍卫毛主席的革命路线。说："打击面宽"倒是句老实话，但是与实际情况出入很大。实际情况是：整个"鄂尔多斯"被搞垮，对造反派围攻，围攻，无所不用其极，一片白色恐怖，完全是资产阶级专政，使造反派有家归不得，只好离乡背井逃到呼市和北京坚持斗争。毛主席教导我们说："我们是马克思主义者，马克思主义叫我们看问题不要从抽象的定义出发，而要从客观存在的事实出发。"伊盟三月夺权的事实证明，并不仅仅是什么"客观上卷入了反革命复辟逆流"，而是联委及其指挥者一贯仇视无产阶级革命派，死保资本主义旧秩序的本性发展的必然结果。

（3）联委的夺权完全是在王逸伦、王铎、王良太、黄厚之流的操纵下进行的。大规模夺权是在内蒙军区三千会后干的。如果康駢、金汉文之流是革命派，为什么和反革命派坐在一起，在刘昌等下开会策划复辟资本主义竟没有一点反感，而是不折不扣地执行会议的黑指示？联委为什么也没有一点反感和抵制，而是拍手叫好，坚决贯彻？为什么？联委对这些问题不了解，只能要花招。

（4）顽固坚持资产阶级反动路线的杨达赖、康駢、金汉文之流，在三月夺权中被联委封为"左派领导"，有的并保送参加了内蒙军区三千会。在三月夺权时不夺他们的权，还是可以理解的，但是到了今天，王良太、王逸伦已被捕数月之后，而联委仍然要把联委为"左派"，加以保护，这就无法理解了。对于这样的问题联委无法回答，也不敢回答。

（5）衡量伊盟三月夺权是不是资本主义复辟的关键，是要看受什么人夺权。谁夺权？夺了权谁上台？伊盟三月夺权的事实雄辩地证明，联委夺权是在王逸伦、王铎、王良太、黄厚之流指示下干的，是以王逸伦、王铎、王良太、黄厚之流搞资本主义复辟而夺权的，因此，不可能不是全区自上而下地资本主义复辟逆流的一个组成部分，夺权以后把那些暴彦巴图的同党，顽固坚持资产阶级反动路线而其本质是走资本主义道路的杨达赖、康駢之流扶持上台。这不是资本主义复辟是什么？

联委硬着头皮不承认资本主义复辟，实际上漏洞百出，自己也不得不承认"犯了机会主义的错误"。什么叫机会主义的错误？机会主义的错误，不管是右的或"左"的都是方向、路线的错误，是根本立场问题。

三、《八条》下达后的情况

在中央关于处理内蒙问题八条决定下达后，联委的所做所为，也完全说明了他是一个地地道道的保守组织。党、政、财、文大权操在保守势力手中，要干什么？毫无疑问，扶持走资派上台，复辟资本主义。

（1）联委对八条是阳奉阴违

根据联委介绍："从《八条》下达那天起，我们就坚定不移地执行"，"4月14日做了《八条》精神的传达，15日文件到，16日开了七、八千人的庆祝会"。因为，《八条》对我们有利，为什么我们不拥护呢？请看事实：

①联委主要负责人，暴彦巴图之流的铁杆保皇党，1964年大学毕业生，1966年伊盟一代代支书、文革三人核心组成员、定案组长白银柱，四月十五日在工人俱乐部传达《八条》时说："呼三司冲击内蒙军区是错误的，联委反对呼三司、打高锦明是对的"。

②5月2日呼三司宣传队在盟招待所宣传《八条》，联委医药公司"多壮志"战斗队队长带头狂叫"别听他的，他是放毒"。4月18日中央文革《三条》用飞机在伊盟散发，他们说是"撒下细菌来了"。

③4月中旬一中联委成员组成"血战到底兵团"发表声明和决心书，表示"死不投降"。4月16日一中八一红卫兵贴出大字报宣称"反对呼三司一千个没错，一万个没错"。

5月中旬师范学校113宣传队在准旗贴出"打倒高锦明"的大标语。

④6月2日白银柱说："呼三司混进了许多不纯分子，来伊盟的工学院等大专院校学生都是混进三司的坏分子"。这种论调与呼市"无产者"对呼三司的攻击一模一样，只是晚说几天而已。

够了，呼市"无耻者"的种种谣传，无不在东胜街头出现，这里无法全部例举。仅就这些，足以表明联委对待八条是阳奉阴违，手法"高明"，联委背后定有"高参"。

（2）联委砸"革委会"问题

联委声称自己砸了"革委会"是为了拥护八条。我们说不是，联委砸"革委会"是联委日暮途穷的表现。《八条》下达后，联委极力宣传"三月夺权好得很"！"谁要反对三月夺权谁就是反对解放军，就是反对毛主席"。可是，6月13日（八条下达已两个月）军分区奉"滕办"的命令撤出"支左"后，联委又使出他们"善变"的技能，自己砸了"革委会"，并且宣布三月夺权"在客观上配合了'三王一黄'的资本主义复辟逆流"，声称要"消除三月资本主义复辟的流毒"，但是同时又继续大讲伊盟三月夺权不是资本主义复辟的"特殊性"。你看他，多么自相矛盾，多么空虚！联委确有"高明"的军师，可是对这样的问题，却不能自圆其说。

（3）联委无视中央通知、通令，大搞经济主义

①凡被拉到东胜的联委观点的农牧民均以好吃好待，吃了饭"先记帐，秋天再算"，病了吃药不要钱。

②6月初医药公司补发14个月奖金3060元，平均每人55.65元。综合公司补发12个月奖金，每人得52元。

木材公司补发14个月奖金，每人得49元。

6月22日贸易公司动用销货款1428元补发综合奖，付食品加工厂也动用销货款补发奖金，平均每人分得54元。

③联委以上访、外调、反映情况为名，仅6月3日和5日（内蒙工会大楼攻克不久）两个下午就提取旅费达11843元。

联委搞经济主义的目的是拉拢群众，破坏经济计划，以便负隅顽抗。

（4）联委挑动农牧民进城，破坏"抓革命促生产"

①据统计，仅7月3日至9日联委即从东胜县罕台、羊场壕、塔拉豪、泊江海子等四个公社调来农民425人，参加武斗。

②联委的主力之一运输公司"方向盘"，为配合东胜地区武斗，据不完全统计，7月3日至7月7日全盟全线客、货运车辆几乎全部停驶，部分用于拉运农民进城，东胜通往杭锦旗、鄂旗、乌审旗的客车至今不畅通，旅客反映很大。

③有些商品运到东胜后不入库却拉入联委院内"备战"，破坏市场供应。

（5）联委会蓄意挑起武斗的阴谋必须揭穿

我代表团仅在东胜半月，就有下列事件发生：

①8月9日"方向盘"无理扣压、殴打乘客——鄂旗三司红卫兵四人。

②8月12日"方向盘"、"师范113"配合伊金霍洛旗联委截车殴打、绑架呼三司教育革命调查组以及师院东纵同学龙和等六人。

③8月18日冲击鄂尔多斯游斗队伍，打伤数人。

④8月19日武斗县武装部孟宪伦同志，毒打鄂尔多斯观点农民康进才。

⑤8月21日无理撕毁一中井岗山宣传画，并围打井岗山战士一名。

⑥8月23日撕毁鄂尔多斯批判刘少奇的大字报，挑起武斗流血事件。

上述六起事件，除一、两起我调查团人员在事后察看伤情并进行现场了解外，其余四起我调查团人员均是目击者。不妨谈上一、二个事件。

其一，8月18日双方都游行，我们亲眼看到，联委把鄂尔多斯队伍中最后两个人举打脚踢一番，可是马上就有人喊"他们打了我们"，"汽车上有石头"。此时鄂尔多斯队伍中的两辆汽车早已远远地在前面了，我们听了不禁发笑。

其二，8月19日听说农民和联委的100多人造东胜县武装部长孟宪伦的反（孟在八条下来后很快招出来支持鄂尔多斯）。我们给联委打电话要求他们做工作，按内蒙筹备小组关于对待军事机关的"紧急电报"精神执行。而联委答复是："造反有理，我们认为应该造，如果你们愿意看现场，可以自己去，我们不去"。据此，我们前往现场。刚一进院，正碰上从斗争室把孟宪伦之类的一个人来，举打脚踢，把人打翻在地，几乎丢命。可能发现了我们在一边站着，这才有个人喊"要文斗，不要武斗"，把人拉开。但把被打者拖到院外路上又追上人毒打，在我们的同志出面调解之后，此人才得活命。

后来，我们访问了被打者。他是一个农民叫康进才，1960年军转，因生活困难，老婆离婚，到县里要补助，住在武装部。听到院里热闹，从屋里出来，看到孟宪伦满口流血，就说了句"有血"，被认定是鄂尔多斯观点，拉出毒打，几乎革命。孟宪伦后来又被弄到军分区。军分区给农民做了工作，按照中央指示精神选派代表解决问题。正这时三个联委的人又冲进屋里来，挑动农民闹事，结果，至深夜四点方才结束。

从这二件事看来，是谁挑动农民进城，制造事端，挑起武斗，不就很清楚了吗？

联委现在正做两手准备，一手大造舆论，争做革命派，一手制造事端，挑起武斗，给筹备小组施加压力。最近联委把党校，变成了"内蒙工会大楼"，墙内有深沟，墙上有铁丝网，院内室内有石头、木棒和各种兵器，可谓"森严壁垒"。

据报道，联委下令准备一个月的用粮，并每人准备一件武器，还备有炸药。联委的康效去罕台公社布置，让联委观点的，每个大队出十人进东胜，多者不限，不许集体去，任务是"备战"。

联委蓄意制造事端，挑起武斗的目的是很清楚的，那就是制造紧张空气，迫使革命群众不敢揭发闹事，企图以武力压服鄂尔多斯，并给内蒙筹备小组施加压力。这个阴谋必须揭穿。

（6）矛头指向内蒙筹备小组

有事实可以做证：

①8月20日左右东胜街头贴出署名"一个真正的革命战士"给滕海青、吴涛的信。其中写道：要在自己头脑中树立"滕海青精神，吴涛思想"，随后联委就大肆张贴"树立滕海青精神，吴涛思想是反毛泽东思想的！"大标语。

此事，实际是军分区有一个干部给滕海青、吴涛写的信，被邮局私拆，篡改内容而抄成大字报。这是联委以贼喊捉贼的手法，阴图制造借口，攻击滕海青、吴涛同志，搞垮内蒙古筹备小组。

②海勃湾市革命委员会因故推迟成立，联委紧紧抓住这个机会，追不及待地露出他们勾结海市老保"海五红"的真实面目，大肆张贴"坚决粉碎海市八月资本主义复辟逆流"，"打倒三反分子刘华波"（刘是结合的领导干部），"揪出刘华波的黑后台"等大标语，这也是指向内蒙筹备小组的。

《八条》下达后，联委的种种阴谋和破坏活动，事实俱在，铁证如山。现在，联委不仅是地地道道的保守派，而且在步呼市"无产者"、"红色工人"的后尘，向着反革命派发展。

（三）关于当权派的一些问题

《伟大的历史文件》一文指出："毛主席
（下转八版）

·8· 工人战报 1967年9月22日

（上接七版）

告诉我们，无产阶级专政条件下革命的主要对象是混入无产阶级专政机构内部的资产阶级代表人物，是党内一小撮走资本主义道路的当权派"。

一、暴彦巴图是什么人

暴彦巴图是伊盟两派斗争的中心问题，一个要保，一个要革。联委说暴是好干部，无产阶级司令部的人，坚决要保；鄂尔多斯则认为暴是乌兰夫在伊盟的代理人，必须打倒。

那么，暴究竟是什么人？应不应该打倒？是不是乌兰夫的代理人？经过调查，我们认为，暴是我区党内最大的走资本主义道路当权派和"当代王爷"乌兰夫在伊盟一个地道道的干将。他的反党、反社会主义、反毛泽东思想言行是极其严重的。主要的是：

（1）直接攻击毛主席，大反毛泽东思想

正当我们国家受到帝、修、反的攻击时，暴配合这种攻击，大肆攻击毛主席，说什么"毛主席年纪大了，领导得不好"，"毛主席老了，君特吉（蒙语：糊涂了）"，"毛主席老了，不行了，现在经济困难，生活搞得不好，现在这个责任就落在我们身上了"，"这几年出了这么多乱子，应该由谁负责……"等等，恶毒之极，是可忍，孰不可忍？对于干部，应不应该打倒的根本标征，就是看他拥护不拥护毛主席，执行不执行毛主席的革命路线。从暴的上述谰语，就完全应该打倒而且必须打倒，更不是什么"好干部"，更不是什么"材料不足"。

（2）大棒乌兰夫，贯彻"乌兰夫思想"

暴反对毛主席，反对毛泽东思想，而把乌兰夫捧为"权威"，说什么"乌兰夫是民族的领袖"，"在民族问题上最有发言权的就是乌兰夫"，"谁讲话也不如乌兰夫解决问题"。因此对乌兰夫的黑指示无不积极执行，对乌兰夫思想"无不大力推销，真不愧为乌兰夫的"有为干将"。

例如：1963年在伊盟的旗、县（市）委书记工作会议上，他就直言不讳地说"以乌兰夫同志的报告为指导思想的红线"，并且号召"必须认真反复学习乌兰夫同志的报告，以武装思想，提高认识，增强免疫力，防止上当"。需要指出的是只有毛泽东思想才是我们一切工作的指导思想，只有用毛泽东思想武装我们的头脑，才能增强免疫力。而暴在这里所说的恰恰相反，那么他要免什么疫？怕上什么当？不是一清二楚吗？他的用心之毒，一目了然。这样的人不打倒，留有何用！

（3）恶毒击攻三面红旗

党的八届十一中全会公报指出："我国广大的人民群众和干部总是坚定地相信总路线、大跃进、人民公社三面红旗是正确的"。暴彦巴图却大唱反调，攻击三面红旗，说什么"要把三面红旗当做历史的阶段来总结，建设社会主义的总路线不如一化三改总路线，人民公社不如高级社"，"这几年大跃进是自己用炸弹把自己炸掉了"。还说什么"刘主席说，大跃进成绩与缺点是'三七'、'对半'、'四六'、'倒四六'，我们这里最多顶上个'倒二八'等等。这是反革命咀脸的大暴露。

（4）推行包产到户，发展资本主义

暴说："核算单位越小越好，公社化不如高级社，为了较好地恢复生产，包产到户是最好的办法"。

当包产到户受到批判后，暴仍然顽固坚持，说什么"过去批评包产到户是错误的，但是有些地方还得实行包产到户，并强调"咱们搞一两户试试看"。他还组织准旗魏家公社亲自指挥，说什么"最近报纸上不是批判包产到户很厉害吗，你们可以改个名字，叫包产到次"。并心怀鬼胎地说："如果有人问你们，可不要说是我书记说的"。此外，暴在自留畜问题上，在管理牲畜的"奖"、"赔"问题上，"创造"了不少有利于发展资本主义的东西。

在他这种思想的指导下，资本主义势力发展，社会主义的集体经济遭到破坏。以牧业为例，集体畜与自留畜的比例变化是：

项目	全盟			达旗		
	1962年	1963年	升降	1962年	1963年	升降
自留畜	17.82%	22.68%	+4.88%	32.91%	41.39%	+8.48%
集体畜	80.37%	75.68%	-4.62%	66.47%	59.52%	-8.55%

项目	树林召公社			白泥井公社		
	1962年（头）	1963年（头）	升降	1962年（头）	1963年（头）	升降
自留畜	17,696	23,286	+31.98%	7,824	11,583	+48.07%
集体畜	15,960	15,650	-20%	7,913	7,882	-0.39%

由于个体经济的发展，出现了两极分化，剥削现象也出现了。比如，鄂旗156户牧民，就偏短工211人。

（5）招降纳叛，结党营私，纠集反革命修正主义集团

暴极力反对毛主席，抵毁毛泽东思想，宣传"乌兰夫思想"，复辟资本主义，深受乌兰夫器重。1956年提任为伊盟付书记后，4年即1960年又被提任为第一书记。暴也领受乌兰夫的圣旨，进一步扩大势力，纠集反革命政变集团，1964年，随着乌兰夫为内蒙成立黑代委者后，暴也在伊盟搞了8个黑代常委，将民族分裂主义分子金汉高、杨达赖提拔到重要领导岗位上，所用的代常委绝大多数是他的得力干将，进一步控制了伊盟的大权。

1965年暴在乌兰夫的指示下，又借精简为名积极成立了五大委。所有这些组织调整，都是乌兰夫政变阴谋在伊盟的体现。五大委的主要负责人几乎都是暴的亲信。

（6）顽固地对抗文化大革命

暴彦巴图在文化大革命开始后，就被群众揪了出来。但是他负隅顽抗，散布流言蜚语，说什么"光整几个蒙古人行吗"？"本来还要检查，已经藏上黑帮帽子了，我就不检查它"等等对抗文化大革命，对抗革命群众。他在党内党外紧密策划后，纠集了一些保皇势力，公开反对揭发他的典型人物，就是联委的主要负责人白景桂。

暴彦巴图从始至今疯级这股保皇势力，他自己就直言不讳的讲"我是联委的后台，我说什么他们都听"。暴于6月初，也就是《八条》下达一个多月以后，竟公开亮相站在联委一边，从后台操纵变成前台指挥。伊盟文化大革命屡遭挫折，其基本原因就在这里。联委说，他们是批判资产阶级反动路线起家的，这纯粹是偏人的鬼话。他们是暴彦巴图反革命修正主义集团的卸用工具，时至今日他们仍旧抱着暴的大腿不放，甘当暴等一小撮的保皇小丑。

总之，暴彦巴图的反革命罪行是罄竹难书的，必须打倒暴彦巴图！

联委积极宣扬，暴在华北局会议上揭发乌兰夫积极，因此打不倒。事实是最有说服力的。暴彦巴图并非一开始就积极，而是乌兰夫问题的性质已暴露之时才"积极"起来了。但是他的揭发拒不涉及伊盟问题。相反的，回来以后却宣传"伊盟没有斗争对象"等等烂调。从这里可以看出暴所谓的"积极"因素究竟是什么？

就算暴揭乌是"积极"的，那么，群众根据他一向的所作所为，揭发了他那么多严重问题，他在文化大革命中的表现又是如何呢？他不但不检查认罪，而且对抗文化大革命，镇压革命群众，把革命组织打成反革命，妄图实行没有乌兰夫的乌兰夫路线。难道能相信这样的人会真的揭乌积极吗？还不应该打倒吗？

暴彦巴图之所以反党反社会主义、反毛主席，并不是偶然的，是由其自身的阶级本性决定的。他出身于地主家庭，其父在土改时被农会斗死，其四叔在日伪时在旗公署委任官，其本人毕业于日伪法政大学，并到日伪"中央职员训练所"深造，之后被任命为兴安省人事科属官，深受地主阶级教育和日伪的奴化教育。东北解放后，追随哈丰阿等人组织西科前旗自治政府任内防科长和内蒙古革命青年团本部负责人，妄图搞"独立"，只是由于共产党的多方工作，并进行了剧烈的斗争之后，他才于1946年投机混入革命队伍，并受到乌兰夫的重用，于1947年就被提拔为旗委书记。长期以来，暴在乌兰夫手下工作，很能体会"乌兰夫思想"，是乌兰夫搞民族分裂和独立王国的得力助手。因此他对毛主席和共产党的攻击，是在"乌兰夫思想"的指导下进行的，也是有其长期的思想根源的。

二、郝文广的问题

据现有材料看，郝文广是有严重问题的。按鄂尔多斯的说法，郝也是"暴修司令部"的人，在文化大革命中他一直保暴而不揭发暴的问题，到今年二月经过鄂尔多斯的批判才交待了保暴的内幕，站在鄂尔多斯一边，但这种站法是有其个人野心的。联委正是在郝交待了保暴内幕以后，第二天就开始打郝的。先是打倒"反革命两面派郝文广"，在四月以后又提出，打倒"郝、田反党宗派集团"，到六月以后变成为打倒"郝、田反党宗派叛徒集团"。这一点，不能不说联委在暴彦巴图的指示下做对了。因为，在文化大革命搞了一年之后，联委准算是有斗争对象。但是，必须看到，联委打郝文广的实质是企图借此搞垮鄂尔多斯，并继续保暴。可惜，这是亦不到的。因为第一，郝文广的问题，不论是不是集团，只要郝是三反分子就应该打倒。但是，把"二月黑风"时站在鄂尔多斯一边的郝文广打倒，这无损于鄂尔多斯一根毫毛。相反地，若把联委搞了一年并封为"无产阶级司令部的好干部"暴彦巴图打倒，联委就必然是暴的殉葬品。第二，暴彦巴图罪行累累，一定要打倒。

三、关于刘忠

刘忠是1966年8月下旬调到伊盟的，曾任盟委文革组长，执行了资产阶级反动路线。但在批判、斗争当中勇于认识和改正自己的错误，特别在关键时刻用自己的行动表明，回到了毛主席的革命路线上来，坚定地支持造反派，是一个革命领导干部，应该支持。

（四）结论

毛主席说："一切结论产生于调查情况的末尾，而不是在它的先头"。经过我们调查，得出了如下的几点结论。

（1）"鄂尔多斯"虽然有这样那样的缺点和错误，但是他们的大方向始终是正确的。他们的缺点和错误是在大风大浪中发生的，也一定能在大风大浪中得到克服和改正。他们是伊盟真正的革命造反派，一定能在毛主席革命路线的光辉照耀下取得最后胜利！

（2）"联委会"始终保暴，保内蒙党委及盟委的资产阶级反动路线，甚至反对革命造反派对刘少奇的批判。他们什么都"保"，就是不保卫毛主席的革命路线。在三月资本主义复辟逆流中，他们又充当了王逸伦、王铎及其在伊盟的代理人的打手，疯狂镇压革命群众。中央关于处理内蒙问题的《八条》决定下达后，他们继续搞经济主义，大搞经济主义，策划武斗，破坏"抓革命、促生产"，妄图负隅顽抗。因此，是地地道道的保守组织，是暴彦巴图的御林军。"联委会"中广大受蒙蔽的群众应该迷途知返，迅速回到毛主席的革命路线上来，大造暴彦巴图的反，大造"联委会"少数坏头头的反。

（3）暴彦巴图及其同伙是乌兰夫在伊盟的代理人，是顽固不化的反革命修正主义分子，必须坚决打倒。

（4）以"鄂尔多斯"为代表的革命群众组织应当高举毛泽东思想伟大红旗，集中火力，狠批内蒙的赫鲁晓夫以及他的徒子徒孙乌兰夫、王逸伦、王铎、暴彦巴图等一小撮坏蛋，把他们批深、批透、批倒，批臭，并在大批判中做好广大受蒙蔽的群众的政治思想工作，逐步搞好革命的大联合。

（5）伊盟军分区虽然在前一段支左工作中犯了方向、路线错误。但是，我们坚信，毛主席缔造和领导的、林付主席指挥的中国人民解放军一定会在毛主席革命路线的指引下，迅速改正错误，支持真正的革命左派组织。

1967年9月7日

华北局、内蒙党委负责同志
关于暴彦巴图问题的谈话、指示（摘录）

（一）
高锦明同志谈话

一九六六年七月十五日高锦明同志在华北局会议内蒙古组全体会议上的发言中说：

"（乌兰夫）在伊盟和锡盟上颠复活动，派人去搜集盟委书记的材料，比方陈炳宇同志就派人去调查暴彦巴图同志的材料，还已经考虑谁去代替暴彦巴图。"

（二）
雷代夫同志的谈话

一、一九六六年八月，雷代夫同志来伊盟后，曾先后在盟常委会和局长长以上干部会议上讲过关于暴彦巴图的问题，大意是：

(1)暴不是乌兰夫黑线上的人。

(2)在华北局会议上，暴斗争乌兰夫是积极的。

(3)根据伊盟已揭发出的材料，暴还不是四类干部。

二、八月下旬，盟运输公司的部分职工，到盟委要把暴拉出去进行斗争，要给暴戴纸帽子。雷代夫同志向群众作了艰巨的工作，向群众说明：暴彦巴图不是四类干部。

（三）
高锦明、权星垣、雷代夫同志指示

一九六六年九月二十日，盟一中学生到盟委，要把暴彦巴图拉出去进行斗争，盟委请示内蒙党委。高锦明、权星垣、雷代夫等同志，曾分别通过秘书以及本人多次给刘忠、康骏打电话，作指示。大意是：盟常委和文革领导小组全体同志要出来做工作，无论如何，不要让暴彦巴图拉到街上去，要向群众讲清：暴的性质未定，大家可以揭发、批判，但不要上街。 （一）

（四）

内蒙党委的两封特急提前电报

一九六六年九月二十日晚至二十一日晨，盟一中学生要包围盟委，坚持要拉暴出去进行斗争，刘忠电话向内蒙党委请示后，内蒙党委于九月二十日上午接连打来两封特急提前电报：

一、伊盟盟委：

二十一日早晨，接到刘忠同志关于学生要斗暴彦巴图的电话请示。自治区党委立即进行了研究。我们认为暴彦巴图是犯有许多错误的，但从目前揭发出来的材料看，他还不是黑帮，所以不应该拿到学生中去斗争。盟委要坚决地、坚定地在学生中进行耐心地说服教育工作。他的问题，可以在盟直属机关一定范围内进行检查、揭发、批判。这一点，也要向机关干部讲清，在机关干部中做些工作，使他们认真的确实的掌握斗争大方向。在向学生说服教育的时候，要注意对学生这种革命精神表示欢迎，绝对不能采取对立态度，一定要坚持向学生说服教育的方法，说明根据目前揭发的材料看，暴彦巴图不是黑帮，他的问题可在机关革命干部帮助下搞清，相信机关革命干部会做到这一点的。革命学生对暴彦巴图同志有意见，可用小字报、大字报形式进行揭发，革命学生主要是把本学校的文化革命搞好。

为了满足学生对暴彦巴图同志的错误进行批判，可以在暴检查时，吸收少数革命学生代表参加。

希望盟委按此精神办理。如有不同意见，望提出。

中共内蒙古自治区委员会

一九六六年九月二十一日

二、伊盟盟委：

你们的请示悉。关于学生要斗争党内走资本主义道路的当权派，这种革命精神我们表示欢迎。暴彦巴图同志是有许多错误的，但从目前揭发的材料看，他还不是黑帮。他的错误可以在盟直属机关一定范围内进行检查和批判，相信机关革命干部一定能把他的问题搞清的。暴彦巴图同志是盟委主要负责人，在他检查时，可以吸收革命学生代表参加，并听取他们的批评。革命师生主要是把本单位的文化大革命搞好，也要相信盟直属机关革命干部也会把盟级的革命搞好。学生对暴彦巴图同志的错误可以用大字报、小字报进行揭发，这样更有利于揭深揭透暴彦巴图同志的错误。

中共内蒙古自治区委员会

一九六六年九月二十一日上午

（五）

高锦明同志谈话

一九六六年十一月十二日，高锦明同志在对伊、锡盟革命师生和内蒙直属机关部分职工的讲话中说：

什么人能参加这次三干会？范围是旗县委以上部分干部。条件，临结束会议（指高在北京参加的会议）时，向中央请示过，会议成员的原则，临回前一天（十月二十九日晚十一点至十二点）向陶 ╳ 请示了，主要是对蒙族干部提出了一个原则：肯定是黑帮的不参加，撤职停职的不参加，犯有严重错误的可以参加。陶 ╳ 同意这个原则。他说："要让他们听到毛主席和党中央的声音，受到教育，改正错误，我们要警惕大汉族主义。"我们提出了名单，陶 ╳ 说："名单由华北局研究确定。"在华北局已确定了名单，并发了通知。听到说伊盟和锡盟的革命师生要来呼市，我们向中央和华北局发了两个电报。前天（十日）毛主席在天安门上又一次接见了革命师生。华北局李雪峰同志向陶 ╳ 汇报了这个情况，陶 ╳ 说，这是个问题，特别是汉族干部要挺身而出，不然要犯严重错误。"我们及时向中央、华北局打了电报。你们不信，可以到中央、华北局去查。

为什么让他们参加会议，是正确的还是错误的？有利于革命还是不利于革命？暴彦巴图、高万宝扎布是有错误的，有的是严重的错误，同志们揭发批判，应该欢迎。我们批判斗争是革命的行为。但从现在掌握的材料看，暴彦巴图、高万宝扎布不是乌兰夫的黑帮，这一点可以完全排除。允许有自己的不同观点和意见，可以保留。不是乌兰夫黑帮，不等于没有错误。是不是所有严重错误的，就是敌人，需要考虑、分析。在性质未定之前，不能按黑帮对待。要让他们参加这次三干会。当然，允许同志们说他是反党反社会主义的，也允许说不是。是黑帮，你就说对了；不是黑帮，你说了也没有错，你是革命的嘛！都要求百分之百的准确，不可能，这样就不会有群众运动。参加三干会，让他们接受教育，有改正错误的机会，改正了错误，对革命有利。这次中央工作会议，是毛主席亲自主持的。

另外，不能不注意毛主席和党中央的民族政策。我们党有我们党的民族政策，国民党有国民党的民族政策，日本帝国主义、满清也有他们的民族政策。对犯有错误的少数民族干部，要放手批评、批判、斗争，但我们必须站在党的民族政策的立场上。在这场斗争中，我们一定要掌握党的民族政策。

我们不能忘记毛主席的教导，分清人民内部矛盾和敌我矛盾，注意贯彻党的民族政策，对少数民族干部的处理，要更加慎重。但并不是说有错误不批评、不批判、不斗争。内蒙第一个被揪出的就是乌兰夫，乌兰夫是打着反对大汉族主义的幌子搞民族分裂，反党反社会主义，不是乌兰夫黑帮，不能划进去，不能扩大。陶××说：要警惕大汉族主义，如果不注意，让大汉族主义抬了头，就给乌兰夫增加了政治资本。我们要给犯错误的同志改正的机会，决不能堵住口子，要给他们一条改正错误的路，给他们改正错误的机会。九个盟市委书记中，有三个蒙族书记不是乌兰夫黑帮，不能把少数民族干部层层打下去。不这样，发展下去，就会给文化大革命抹黑。从眼前看，还是看不出来，从长远看，对革命有好处。让他们参加会，是应该的，对他们是有好处的。争取一切机会，使他们改正错误。是不是符合毛泽东思想，同志们可以批判。

（六）

华北局任凤恩同志谈话

一九六六年十一月三十日刘永祥等八人就暴彦巴图的问题走访了华北局接待站，任凤恩同志在回答问题中说：

1.暴彦巴图不是乌兰夫黑线上的人。

2.暴在批判斗争乌兰夫的会议上，斗争很坚决、很积极。

3.组织上（华北局）认为暴彦巴图同志几年来为伊盟人民做了很多工作，成绩是很大的，但也犯了错误，所以组织上认为暴是一个有错误的好干部。这是组织上的意见，不是我个人的看法。

4.应该让暴参加内蒙三干会，使他能真正从思想上解决问题，消除顾虑，以便更好地参加无产阶级文化大革命。

（七）

内蒙党委王宏烈同志谈话

十月三日红卫中学高仲荣等同志，就伊盟文化大革命中的问题，访问了内蒙党委文革办公室负责人、文革成员王宏烈同志，王宏烈在回答问题中说：

伊盟的暴彦巴图、巴盟的巴图巴根、昭盟的周明，在和乌兰夫的斗争中表现很不错，根据我们掌握的情况，暴已经是被乌兰夫准备搞掉的人。暴的问题和乌兰夫是另一回事儿。

在批判乌兰夫以前，乌兰夫还派人到伊盟调查暴的情况。据我们了解，暴彦巴图不是和乌兰夫黑帮有联系的。他有错误那是他个人的问题。当然他执行了乌兰夫的一些政策，那是因为乌兰夫是内蒙党委第一书记，他是伊盟第一书记，不执行不行。

（八）

内蒙党委王宏烈同志谈话

一九六六年十一月十五日郝生明等四人，就伊盟问题走访了内蒙党委文革办公室负责人王宏烈同志，现将走访记录摘录如下：

问：有人说："暴彦巴图是乌兰夫在伊盟的一只黑手"。你对这个问题有何看法？

王答：从现在的材料中还没有发现这个问题。

问：你有何根据，能否谈一谈？

王答：揭发乌兰夫这条黑线是从北京会上开始的。是他的黑线就得有人来安排。但从浩凡、陈炳宇、赵方玉等人交待的问题中没有暴彦巴图，同时乌兰夫的交代中也没有暴彦巴图。所以暴彦巴图不是乌兰夫黑线上的。

问：有人说："暴彦巴图斗争乌兰夫的革命性和积极性必须肯定"，你的看法怎样？

王答：那是对的。

问：乌兰夫是不是派人调查过暴彦巴图的情况，并准备把暴彦巴图搞掉，是不是这样？

王答：派赵方玉去过。了解的结果是：暴彦巴图对乌兰夫来说，不是得心应手。从浩凡交代材料中谈出乌兰夫要把暴彦巴图调出去，打算调到包钢，还是那儿。

问：暴彦巴图是不是内蒙党委指名参加三干会的？

王答：参加的情况是这样：暴彦巴图、巴图巴根等都有问题，但他们都是盟委第一书记、民族干部，又请示过中央，陶 × 说："这个问题早给你们说过了，没问题，要注意民族干部，具体人你们定。"后来华北局也同意参加。当时在会上就考虑到有些人来开会，群众要来揪，怎么办？会后请示中央，回答是："那中央直接给发通知。"（指中央发的关于支持三干会的文件）。这次三干会是批判资产阶级反动路线，他们参加有好处。这些人长期看不到文件，参加不上会；这次会上通过学习、讨论，对将来检查、交代自己的问题有好处，另外也给他们一个教育改造的机会。

（九）

康修民同志谈话

一九六六年十二月七日康修民同志在接见杭、乌旗调查组的讲话说：

暴彦巴图本身是犯有严重错误的人，让他参加这次三干会，听到党中央的教导，听到毛主席的教导，以提高他的觉悟，改正错误，那是有好处的。他及灵魂深处嘛！当然在一次会议上就改造好了，没有那么简单。但对改造是有利的。包括我自己在内，活一辈子，搞一辈子革命，就得改造一辈子思想。那么从暴彦巴图来讲，听到毛主席的声音会起相当作用，而这种作用不但反映在当前。

在三干会期间，伊盟来了一部分同志，要把暴彦巴图从三干会中揪走，不同意他参加三干会。发生这个问题后，牵连到对待少数民族一些负责干部的问题。中央和华北局一再嘱咐，在文化大革命中要继续贯彻民族政策。发生这些问题后，区党委随时向华北局、中央作了请示。在天安门上华北局负责同志又向陶 X 请示了这个问题，这次不光是原则了，具体在这个会上要揪这么几个人嘛，陶 X 答复说："要叫他参加三干会，应告诉内蒙区党委，你们汉族干部要挺身而出，站出来作说服工作，不然要犯严重错误。"

至于暴彦巴图的问题，群众中（看法）也不一致，不但分析问题不一致，而原始材料事实也不一致。有许多问题没有落实。所以，区党委不能肯定他的性质，不能肯定怎么办，先按人民内部矛盾对待，帮助他改，这样不束缚大家手脚，大家可以揭露、批判嘛！有一些人不同意这三个人（指暴彦巴图、高万宝扎布、巴图巴根）参加三干会，我们是不赞成的。培养一个少数民族干部不容易，如果这三个盟委书记都不能参加三干会，都打倒，我们搞了，盟也搞，旗县也搞，这么搞下去，我们民族政策怎么执行呢？

另外，有一个地方同样两个书记，一个汉族干部，一个少数民族干部，这个汉族干部犯得错误不大，这个少数民族干部犯得错误严重，有人要打倒这个少数民族干部，而这个汉族干部挺身而出说："要打，你们打倒我吧！错误是我犯的。"为什么这样呢？因为培养一个少数民族干部不容易呀！何况暴的问题没定，所以我们不能不同意他参加三干会。暴彦巴图揪不揪不仅是他一个人的问题，而是关系到体现党的民族政策问题。中央在那么忙的情况下，还要那么恳切地说："你们汉族干部要挺身而出，不然要犯严重错误。"

那天他们（指伊盟造反团）要揪暴，我对暴说："老暴，你不要走你参加三干会是中央批准的。"我再三给他们解释，他们不听，要拉走，我说："你们把暴带走是违背中央指示的。"但是还没解决问题，拥在门口上又说。后来把暴带到招待所，第二天带到伊盟去了。这样做是不妥当的，就是在这种情况下，内蒙区党委发了电报，为的是叫伊盟群众知道区党委是什么主张，说服揪暴的同志，让他回来参加三干会。我们打电报不是挑动群众斗群众，而是为了阐明我们的观点。没有挑动群众斗群众的含义，也不应当发生群众斗群众。至于发生了，也不能看作是发电报造成的。当然发电报也有一点小毛病，如电报上提到二十名干部把暴拉走，写的不恰当，因实际不是二十名，而是百余人把暴从宾馆揪到招待所，再三说服，说服不了，后来知道已经走了。在这种情况下，调查组的同志们如果认为我说得对，应当维护党的民族政策，和我们共同做好工作。当然要独立思考，一时说服不了，是另一回事，但民族政策要执行，执行当中区党委不会让步。

（十）

内蒙党委的两封电报

一、"造反团"把暴彦巴图从内蒙三干会上揪出呼市后，内蒙党委给

（四）

伊盟盟委的特急提前电报：

中共伊盟盟委：

暴彦巴图同志参加自治区党委三干会期间，在11月19日早晨，伊盟和乌审、伊金霍洛旗二十名干部，未經区党委同意，将暴用汽車拉走。自治区党委认为这是不对的。暴彦巴图同志确实犯有严重错误，我们完全支持同志们对他进行揭发、批判，促使暴认识和改正错误。党的组織、革命干部、革命师生应該給暴以认识、改正错误的机会，暴参加三干会有利于促使他提高觉悟、改正错误的。

盟委要挺身而出，讲明党的政策，向有关单位的革命干部和革命师生进行工作。在做好政治思想工作的基础上，說服拉走暴彦巴图同志的干部，使暴回来继续参加三干会。

进行这一工作要严格防止群众斗群众的現象发生。請盟委将自治区党委的这一意见轉告有关单位的革命干部和革命师生。

中共內蒙古自治区委員会

一九六六年十一月二十日

二、十一月二十日的电报发来之后，"造反团"不服，又到內蒙党委造反，說他们拉走暴的不是二十人，而是600余人等等。于是內蒙党委又发来第二封电报：

中共伊盟盟委：

自治区党委认为暴彦巴图同志参加三干会是应該的。

伊盟紅色革命造反团的同志革命积极性很高，大方向是正确的。该团630名革命同志从三干会把暴彦巴图揪回去，自治区党委十一月二十日给伊盟盟委电报是错误的。现在决定撤回原电报。

本电报在十一月二十日的电报传达的范圍内进行传达。

中共內蒙古自治区委員会

一九六六年十二月十六日

（十一）

高锦明、权星垣、李质、雷代夫等同志谈话

一九六七年二月十六日，郝文广进行了他执行资产阶级反动路线的所谓检查。检查中谈了一九六六年八月中旬华北局会议上高锦明等同志关于暴彦巴图问题对他的谈话。现摘录如下：

汇报（指郝向高锦明等同志汇报伊盟文化大革命情况）完后，在坐的内蒙党委的人们，都没有表示什么态度。后来我接着提了两个问题，一个就是我们伊盟文化革命领导小组，内蒙党委还没有批回去，是盟委领导的，还没有专人负责领导，这个意见我们给内蒙党委报上去了，还没有批回去。提的第二个问题就是要求内蒙党委派工作组到伊盟来，指导伊盟的文化大革命，主要是提了这么两个问题。当我提到领导小组没有批回来的时候，高锦明在那里坐着，一听到这个一拍手站起来说："你们盟委报了三个意见不统一，你叫内蒙党委怎么批？你们有什么意见要讲，把你们的观点都讲清楚？"高锦明站起来声音很高，很严厉的就批评，就讲这个事情，后来就指住我叫我讲，说："郝文广你有什么意见，有什么观点，摆清楚！你们两个都讲！"让我摆，当时我说让暴彦巴图讲，我说我不了解，他有什么意见让他讲。暴彦巴图说："我不讲。"我说："我也不讲。"后来不知谁在中间插了一句话，说叫暴彦巴图先讲。这时高锦明去接一个电话，权星垣在场。暴彦巴图就讲了，暴彦巴图讲的原话我没记下来，他讲的中心意思我记了一下，不是他的原话。原话那天晚上内蒙党委有两个记录，他们在场，将来可以查那个。我主要记他发言的几个要点，主要意思。他发言的一个内容说：伊盟文化革命情况他不清楚，就是二十三级党员会议情况，他也不清楚，因为他没有什么权力领导。第二个说盟委报出去的领导小组成员的人有问题。盟委向内蒙党委报出去的领导小组人员名单有三个意见，都没有提到暴彦巴图，而其中提到了田万生，所以在这个问题上他有意见。第三个意思说：同志们给他揭发问题，是声讨他，他突出的举

了那么两个例子。就在二十三级会议上，盟委有两个同志，在一千人的大会上，念了两个大字报，一个是第三期简报问题，一个就是向华北局报他的材料问题。说这两张大字报实际上是声讨他，使他不能工作。这是他讲的一个意思。再一个是说：郝文广的大字报很少，就那么几张，而他的大字报很多，都是他的大字报。这是他讲的一个内容。再一个意思讲的是：对乌兰夫黑帮不感兴趣。这个话就是这么说的。从那儿证明呢？这就是说云北峯到伊盟的活动。办公室张嘉峯、高光镜对这字贴了一张大字报。人们对这个反映不强烈，就是对乌兰夫黑帮不感兴趣。还有那么两个人他也提了一下。说这两个人和乌兰夫黑帮来往很多，不就这个就是说不感兴趣……同时他说：刘雄仁给他贴了一张大字报，就是张仁毅的死是和他有关系的，说这是政治陷害。再一个他到底和乌兰夫有没有联系，有没有问题，说我没有站出来，在二十三级干部会议上给大家做解释说明这个问题。这是他说的一个内容。再一个他说了一下他自己的问题。他说他的问题从大字报揭发出来的，无非就是排挤打击老干部的问题，处理老舅真的问题，使用干部问题，说在四清中间他捂了一些好人好事，就这么几个问题。这就揪住不放，就是大家只能给他揭发问题，不能给别人揭发问题。这就是他的一段发言。他讲了以后，我讲我的意见，我讲吴彦巴图犯有严重错误，一个是在阶级斗争问题上有严重错误，一个是对待干部、干部路线上有错误，一个就是一言堂，严重的一言堂，不民主。因为我当时只从大字报上片片断断地看到那么一些，当时我就讲了这么些意见。那天晚上，从十点到十二点，大概就是我们两个讲了，他一趟，我一趟，高锦明批评一趟，就是这么个场面。我讲完以后，雷代夫讲了，雷代夫说的话不多，雷代夫说："郝文广想当组长，自己为什么不抢（提）呢？是不是自己活动的（着）要当组长？团万生几年不工作，为什么又把他抬出来？对吴彦巴图有意见，为什么不当面谈？自己是不是有阴谋？"他讲了以后，周明说了一句话："为什么吴彦巴图的大字报那么多，误他人的就很少？"这个话说

（六）

完后，别的人再没有发言。这时高锦明打完电话回来了，问："他们两个讲完了没有？"权星垣说："讲完了。他们两个都讲了自己的意见了。"这就再没有谈下去。第二天下午，我又和暴彦巴图一起交谈，回去怎么办，内蒙党委有批评，后来两个人交换了个意见，晚上就再找内蒙党委的负责人，把这个情况汇报清楚，看内蒙党委有什么指示。我记得在十八号晚上也是11点多钟，到一个会议室，高锦明、权星垣、李质、雷代夫、毕力格巴图尔这些人在座。还有些谁，记不清楚了。这天晚上我们是去听他们的意见。去了以后，包头来电话，又把高锦明叫上走了。高锦明不在场，在座的其他几个人就开始讲话了。李质说："你们伊盟被黑帮统治着，是什么原因？有远因，有近因。云北峰去，这是近因。现在的主流不是革命的。为什么呢？没有反乌兰夫的人，矛头、重点没有指向乌兰夫黑手伸下来的那些人身上。现在要向乌兰夫黑帮开火，然后才能解决其他人的问题。先不向乌兰夫开火，而向暴彦巴图开火，是不革命的，这是一条总则。"他讲的那些话很长，我听着这是重点，就把它记下了，有点连贯不起来，但从这几句话里可以理解这个意思了。接着他又说："在运动中不要有私心杂念，现在是不是有些人被私心杂念掩蔽着？不改变这种情况，运动是不好掌握的。"雷代夫讲了，说："暴彦巴图应当领导文化革命运动，他现在不是黑帮，伊盟盟委同意不同意，郝文广同意不同意，应当提出来向区党委反映。但是没有向上反映，这是不对的。伊盟过去有没有地下盟委不了解，不过这种做法是不对的，没有坚持原则。在伊盟的黑帮，一种是和乌兰夫有联系的，一种是没有联系的，首先应当解决这些问题。"毕力格巴图尔说了："暴彦巴图不是黑帮，不是当前革命的对象，郝文广是采取和稀泥，还是说了不当的话？过去不清楚，现在应当清楚。田万生参加领导小组是不对的，有些人以《倚》老卖老，摆老资格。在文化大革命中革命的人没有选上，不做工作的人选上了是错误的。"权星垣讲话了："郝文广是原则错误。暴彦巴图在华北局会议上表现是最积极的，但是不在群众中公开讲，而是默许。你在华北局会议上不积极，回去很积极，抬出一个田万生。自己有责任有能力把这个局面扭转过来，而没有扭转过来，这是不对的，有错误的！回去盟委会上重新讨论领导小组人员名单。有人揭发乌兰夫的问题，而采取压制的办法，为什么不做处理？盟委为什么无动于衷？康骏也不让参加领导小组，为什么？"这时，他转过去对暴彦巴图说："暴彦巴图同志要敢于领导。做检查的问题盟委研究确定。暴彦巴图的检查是在大范围、小范围，那个范围要盟委决定。"这几个人物的讲话，大概就是这个。他们讲完以后，暴彦巴图说了这么一句话："这一次运动中间，要把老同志的盖子揭开。"

要充分运用大字报、大辩论这些形式，进行大鸣大放，以便群众阐明正确的观点，批判错误的意见，揭露一切牛鬼蛇神。这样才能使广大群众在斗争中提高觉悟，增长才干，辩明是非，分清敌我。

《中国共产党中央委员会关于无产阶级文化大革命的决定》

"六版材料"是剥破伊盟盟委
资产阶级反动路线的一把尖刀

"六版材料"，即《关于伊盟盟委书记暴彦巴图同志问题的真象》问世以来，一时震动全盟，众说纷云。广大革命群众认为它是坚持摆事实、讲道理、以理服人的好材料，而极少数别有用心的人，却吓得浑身发抖，脸色发黄，攻击谩骂，不遗余力。某些不明真象的同志，颇有莫衷一是之感，为正视听、明真象，对它有进一步说明的必要。

一、"六版材料"的产生背景及其形成经过

自从无产阶级文化大革命开始以来，在中共伊盟盟委一小撮走资本主义道路的当权派和坚持资产阶级反动路线的顽固分子的操纵下，长期压制群众，压制民主，不许开展大辩论。广大革命群众给暴彦巴图贴了不少大字报，他们从来不依靠和发动群众，进行查证核实。可是从九月初到十月中旬，却先后抛出了关于暴彦巴图的四次整理材料，而且每次都标明是"查证落实"的。现在我们就来看看是怎样查证落实的吧：

在这四稿材料中，一至二稿根本没有经过群众讨论，三稿只让盟委机关群众讨论了一个下午和一个晚上。在讨论中有些当权派，亲临会场散布愚弄群众的言论。比如，盟委常委、盟委文革小组成员、盟委机关文革委员会主任刘雄仁说："这些材料都是经过查证落实的，证明材料还有（作手势）这么一塔塔，你们不相信，就查去嘛！"又如盟委监委副书记苏凤耀就："这些材料都是经过再三查证落实的，有人证、物证，铁证如山，暴彦巴图不承认，是他的态度顽固。同志们！你们不相信是你们不相信的问题，但事实还是事实。"尽管如此，群众还是遵照毛主席的"实事求是"

的数 导提出許多意見，說明材料在不少重大问题上，与事实有出入，有些问题责任不对号，有些问题性质论断不准确。但是盟委和盟文革小组内一小撮坚持执行资产阶级反动路綫的人，根本不听群众意見，而怕露了馅，慌慌張張把討论停下来，就又抛出第四稿。这是个按反党、反社会主义、反毛泽东思想的性质定了案的材料。这个材料十月十五日出籠，十月廿一日便急忙各文上报内蒙古党委审批。这里有几个问题需要指出：

第一，第四稿的所謂证明材料，盟文革小组副组长楊达賴同志、成员李振中、馮志德同志直到现在还未让他们过目。

第二，第四稿是以盟文革小组的名义发出的，但是，未經文革小组集体研究审定，只是事前传閱了一下底稿。楊达賴同志虽然看了底稿，批注了一些不同意見，但是未被采纳。李振中同志则干脆被剥夺了审閱权利。

第三，第四稿是用盟委名义各文上报的，但是各文內容与全会討论情况根本不相符合。

全委会討论沒有形成一致意見。有的认为暴彥巴圖的问题是属于四类的；有的认为错誤严重介乎三、四类之間；有的认为三类；有的沒有表示态度。可是在上报各文中，盟委副书记、盟文革小组组长刘忠和刘雄仁竟歪曲事实，篡改为：一致认为暴的问题是严重的，既有方向性和路綫性的错誤，也有反党、反社会主义的错誤，必須在较大范围内对其进行批判斗爭，等等。

这实际上就是要求上级党委按四类审批。

这些別有用心的家伙就是这样欺上瞞下、盗用革命群众和盟委的名义，以四类定案上报了第四稿企图借上级党委批准的合法依据压服群众，封住群众的咀巴，以达到他们蓄谋已久的不可告人的目的。

由此可見，暴彥巴圖的一至四稿材料，完全是一小撮別有用心的家伙一手泡制出来的，是地地道道的资产阶级反动路綫的产物。

以上所述，就是"六版材料"的产生背景。那么"六版材料"是怎样成的呢？

十一月三日，暴彦巴图根据上级党委的决定，盟委的同意和盟委机关群众讨论通过，出席了内蒙古党委召开的三干会。此间，这一小撮人当面不说，背后捣鬼，不几天便煽动起乌、伊、杭数百名不明真象的群众去呼揪暴，并以所谓"伊盟红色造反团"的名义，将那个未经群众辩论落实的第四稿，改头换面，换上个"暴彦巴图反革命罪行"的标题，在呼市大量散发。在这种情况下，我们根据中央关于支持各级党委开好三干会的通过精神，为了支持内蒙古党委开好三干会；为了捍卫十六条，同资产阶级反动路线作斗争，我们本着实事求是，对党对人民负责的精神，将十月廿六日开始以来贴出的一部分辩论性的大字报（在这以前根本没有这种大字报）汇集起来编成《关于伊盟盟委书记暴彦巴图同志问题的真象》传单，于是"六版材料"便于去年十一月十一日正式问世了。这个经过充分说明，我们的传单是针对坚持资产阶级反动路线的家伙，压制大辩论而来的，是针对他们关门泡制的按四类定案上报的第四稿材料而来的，是针对所谓"伊盟红色造反团"一小撮人在呼市大量散发未经辩论落实的第四稿的翻版而来的。因此说"六版材料"是广大革命群众强烈要求大辩论的产物，是揭露盟委资产阶级反动路线的产物。这个材料揭开了我盟无产阶级文化大革命中大辩论的序幕；是刺向我盟资产阶级反动路线的一把尖刀。因此，那一小撮顽固坚持资产阶级反动路线的家伙，对"六版材料"大肆诬蔑攻击是不足为怪的。他们攻击得越凶，越说明我们完全做对了！

二、在聒噪的诬蔑攻击声中，有不少奇谈怪论本来不值一驳，但是为正视听，拣其主要的给以驳斥。

（一）驳所谓"评功摆好"

由党内一小撮走资本主义道路的当权派和坚持资产阶级反动路线的顽固分子操纵的御用保皇组织"造反团"，大嚷大叫，说"六版材料"是为暴"评功摆好"。同志们！一九六四年春季，盟级机关曾经开展过一次，

· 2 ·

评功摆好"运动。在那个运动中，对任何人，都是只讲好的，不讲缺点，只摆功，不提过，其实质是取消阶级斗争，所以受到批判，随即停止。"六版材料"是这样的吗？不是，绝对不是！因为我们在"六版材料"的前言中，首先肯定暴彦巴图是有严重错误的，而对于暴彦巴图第四稿材料中属实的问题又丝毫未予辩解，只是针对其中假象和张冠李戴的问题，用事实作了揭露。它的针对性是鲜明的。这怎能叫做"评功摆好"呢？难道遵照毛主席的"摆事实、讲道理，以理服人"的教导，按十六条办事也不对了吗？真是岂有此理！

(二)驳"翻案"论

由党内一小撮走资本主义道路的当权派和坚持资产阶级反动路线的顽固分子操纵的御用保皇组织"造反团"，还大嚷大叫说什么"六版材料是给暴彦巴图翻案"。大家都知道，暴彦巴图的问题至今尚未经广大革命群众核实定案，所谓"翻案"，岂不是无稽之谈、荒诞可笑？如果指的是翻他们幕后指挥者定的案，我们就这个案完全应该翻，不翻这个案，毛主席的革命路线、中央十六条就无法正确贯彻执行，这一小撮坏家伙就会在资产阶级反动路线的保护下蒙混过关。而对暴彦巴图的问题，也就不可能由于广大革命群众给他作出以事实为依据，以政策为准绳的名符其实的落实定案。难道这个由一小撮人定的假案还不应该翻吗？你们敢说按四类给暴彦巴图定案的第四稿材料中没有虚假吗？

(三)驳所谓"为时过早"论

由党内一小撮走资本主义道路的当权派和坚持资产阶级反动路线的顽固分子操纵的"造反团"还歪曲事实，颠倒黑白地大嚷大叫，说什么："现在还是揭发阶段，你们出六版材料，是给群众泼冷水，出得太早了"。这纯粹是造谣惑众。前面我们已经讲了，"六版材料"是在十一月中旬问世的，早在十月九日，盟委会专门召开会议，讨论过暴彦巴图问题的性质（未形成统一意见），廿二日便把未经群众辩论落实的第四稿，款上骗下，上报内蒙古党委；廿五日又迫不及待地派出盟委机关文革委员会副主任委员李建华等五人前往内蒙党委催批。试问：这还叫做"揭发阶段"吗？再说，毛主席亲自主持制定的十六条，也没说大辩论要放到落实定案以后再去开展呀！某的一、二、三稿发下以后，我们没有及时用大字报、传单进行辩论，直到第四稿出来，並在"造反团"的后台给按四类定案上报以后才有这个"六版材料"问世，说实在的，是迟了而不是早了。如果"造反团"尊重事实，真想按十六条办事的話，就应該向真理低头，向毛泽东思想低头。

事实和真理是掩盖不了的！你们企图以这些謬论为依据，给我们扣上保皇派的帽子，那是白日作梦，痴心妄想！相反，这只会更进一步暴露你们贼喊捉贼的伎俩。

三、"造反团"的幕后指挥者为什么对六版材料怕的要死呢？这是因为：

（一）"六版材料"完全是坚持摆事实，讲道理的。它有理有据，弹不虚发，这对那些惯于弄虚作假的人是当头一棒。这一棒打的准，打的狠，打的他们团团转，愤慨之余，竟不择手段大刮經济主义妖风，煽动乌审旗的一部分不明真象的牧民来东胜保駕，威逼盟委追查"六版材料"的編輯人員，盟公安处长張青云还亲自出馬三番五次的明追暗查。他们对真象驳不倒，推不翻，只好使出最后一招：以权势压人，企图收拾編輯人員。

（二）"六版材料"戳穿了一小撮别有用心者的黃粱美梦，揭露了他们的阴谋詭計。运动开始，这些家伙曾梦想魚目混珠，打别人，保自己，打一些，保一批，把一场捍卫党中央、捍卫毛主席、捍卫毛泽东思想、捍卫无产阶级专政的伟大的无产阶级文化大革命运动，妄图引上搞宗派斗争的歧途。他们利令智昏，竟忘了用毛泽东思想武装起来的革命群众是能够"上九天揽月，下五洋捉鱼"的；是一小撮别有用心的人吓不倒和騙不了的！尽管他们百般压制、誣蔑和誣蔑，但是，他们的阴谋詭計是永远不会得逞的，广大革命群众终久要把他们揪出来的！

（三）"六版材料"是向我盟资产阶级反动路綫发动攻击的进軍号。那些顽固坚持资产阶级反动路线的家伙惯用的"只許洲官放火，不許百姓点灯"的霸道，被冲破了。他们划的框框，定的調子，搞的一言堂，统统被"六版材料"踢翻了，所以他们便把"六版材料"视为洪水猛兽，恨之入骨，狂吠不止！

"造反团"一撮人及其后台老板们，正告你们，你们恨也好，骂也好，这统统就是蜀犬吠日，无济于事。大鸣大放大字报大辩论是十六条明文规定了的，是党中央和伟大领袖毛主席赋予我们革命群众的民主权利，现在你们还想继续压制无产阶级专政条件下的大民主，还想继续維护资产阶级反动路线的统治，这真是蝤蜉撼大树，可笑不自量！今后，我们还要更进一步地发扬无产阶级专政条件下的大民主，充分运用大鸣大放大字报大辩论这些有力武器，向一小撮走资本主义道路的当权派和坚持资产阶级反动路线的顽固分子，以及一切牛鬼蛇神发动猛攻，坚决把无产阶级文化大革命进行到底！

彻底粉碎资产阶级的反动路线！

打倒党内一小撮走资本主义道路的当权派！

打倒坚持资产阶级反动路线的顽固分子！

敌人不投降，就叫他灭亡！

以毛主席为代表的无产阶级革命路线胜利万岁！

无产阶级文化大革命万岁！

无产阶级专政万岁！

战无不胜的毛泽东思想万岁！

伟大的中国共产党万岁！

我们伟大的领袖毛主席万岁！万岁！万万岁！

《关于伊盟盟委书记暴彦巴图同志问题的真象》编辑组

一九六七年二月十五日

最 高 指 示

我们必须坚持真理，而真理必须旗帜鲜明。

× × ×

必须善于识别干部。不但要看干部的一时一事，而且要看干部的全部历史和全部工作，这是识别干部的主要方法。

× × ×

伊盟联委《破私立公》《财贸前线》战斗队

关于暴彦巴图同志问题的
严 正 声 明

一、在近一年的无产阶级文化大革命中，广大革命群众运用四大，对暴彦巴图同志的问题，进行了广泛深入地揭发和认真地落实，我们认为暴不是"三反分子"，不是乌兰夫在伊盟的代理人。暴在运动初期坚定地站在毛主席革命路线一边，在华北局前门饭店会议上，同乌兰夫反党集团进行了比较坚决的斗争。我们全体战士坚决支持暴彦巴图同志站出来革命。

二、暴彦巴图同志自调来我盟工作十多年来，同伊盟郝、田反革命宗派集团进行了针锋相对的斗争。諸如处理康恩源、周海则、王治堂等问题就是最好的事实。由于暴基本上坚持了党的政策原则，触动了这个反革命宗派集团利益，因而他们对暴恨之入骨，置于死地而后快。

三、暴彦巴图同志在我盟文化大革命一开始，就遭到了以郝、田为首的一小撮反革命宗派集团的迫害。他们实行高压政策，只許"一言堂"，不許大民主，打击一大片，保护一小撮，把暴打成了"反革命修正主义分子"，以保护他们一小撮反革命宗派集团的统治，完成乌兰夫没有完成的任务，妄图在伊盟全面复辟资本主义。

四、郝文广、田万生等一小撮混蛋，多年来打着"紅旗"反紅旗，盘踞要职，以"老革命"自居，結党营私，互相包庇，排斥异己。結成了死党，把伊盟搞成了一个水泼不进，针扎不入的独立王国，铁的事实证明他们是伊盟地地道道的走资本主义道路的当权派，乌兰夫在伊盟的忠实走卒。这个反革命宗派集团在文化大革命运动中，以极"左"的面目出现，把斗争矛头指向革命领导干部和广大革命群众，使运动走向歧途。但是，我们革命造反派在阶级斗争的大风浪中得到了很好的锻炼。我们已经看准了目标，认清了方向，郝、田等一小撮就是我们不共戴天的敌人。我们已经铁了心，誓与郝、田等一小撮坏蛋血战到底，不把他们打倒，死不瞑目。

五、对暴彦巴图同志犯过的错误，特别是某些严重错误，我们应当严肃对待，必须进一步进行批判。那些别有用心的坏蛋，想从中捞取半根稻草都是徒劳的。

六、"联委会"某些负责人和站出来的某些领导干部，三月份以来，在暴彦巴图同志的问题上，一度受内蒙地区反革命逆流的影响，犯了机会主义的错误，压制了革命造反派。对这一错误，必须严肃对待，坚决纠正。

七、伊克昭盟分区支左工作是正确的，支持了真正的革命造反派，支左的大方向必须肯定。但是，在对待暴彦巴图同志的问题上，受了内蒙地区反革命逆流的影响，作出了错误的判断，对此，军分区个别领导人对暴的问题应当重新认识。

八、"敢有豺狼擒虎豹，更无豪杰怕熊罴"。伊盟新师范《投枪》兵团11·3造反兵团等红卫兵小将，在运动的关键时刻，挺身而出，支持暴彦巴图同志起来闹革命，这种无所畏惧的革命造反精神，是我们学习的榜样。我们要同你们坚定地团结在一起、战斗在一起、胜利在一起。

坚决支持暴彦巴图同志站出来革命！

打倒刘、邓陶！打倒乌兰夫！打倒王逸伦、王铎！

打倒乌兰夫在伊盟的代理人郝、田反革命宗派集团，解放全伊盟！

敌人不投降就叫它灭亡！

坚决把无产阶级文化大革命进行到底！

不折不扣地贯彻执行中共中央关于处理内蒙问题的决定！

向中国人民解放军学习！向中国人民解放军致敬！

伟大的中国人民解放军万岁！

学习呼三司革命造反精神！

伟大的中国共产党万岁！

用鲜血和生命保卫党中央！用鲜血生命保卫毛主席！

伟大的领袖毛主席万岁！万岁！万万岁！

一九六七年六月一日

最　高　指　示

共产党人必须随时准备坚持真理，因为任何真理都是符合于人民利益的；共产党人必须随时准备修正错误，因为任何错误都是不符合于人民利益的。

× 　 × 　 ×

我们必须坚持真理，而真理必须旗帜鲜明。

× 　 × 　 ×

关于暴彦巴图同志问题的声明

一、无产阶级文化大革命开始以后，广大革命群众揭发暴彦巴图同志的问题，批判暴彦巴图同志的错误，是正确的，是完全应该的。因此，我联委会方面的革命群众、革命干部和红卫兵小将，对暴彦巴图同志的问题进行了积极地、毫无保留揭发和批判；对暴彦巴图同志的错误，进行了严肃的、坚决的斗争。但是，以滕文广、田万生这些高岗反党集团、乌兰夫反党集团漏网分子为首的伊盟反党宗派集团，为了维持他们在伊盟的统治，进一步篡夺伊盟的党政大权，把伊盟完全变为他们的独立王国，于是，耍花招，弄诡计，利用他们篡夺的文化大革命领导权，实行"上打一个暴彦巴图，下打一大片，从而保护他们一小撮"的阴谋。他们提出伊盟文化大革命的大方向，就是暴彦巴图。千方百计地妄将暴彦巴图同志打成"三反分子"，而对革命群众揪乌兰夫伸到伊盟的黑手和揭发他们一小撮人的问题，则百般打击、拼命压制。我联委会方面的广大革命群众，看穿了他们的这一阴谋，向他们进行了不调合的斗争。

二、暴彦巴图同志在过去工作中是有错误的，并且有些错误是比较严重的。但是，暴彦巴图并不是刘、邓——乌兰夫黑司令部里的人。暴彦巴图同志在伊盟工作的过程中，是与高岗反党集团、乌兰夫反党集团在伊盟的代理人——滕文广、田万生之流进行了斗争的。特别是在这次文化大革命初期，暴彦巴图同志又是站在毛主席的革命路线上，同内蒙古党委的……领导干部高锦明等同志一起，向内蒙古党内最大的走资本主义道路当权派乌兰夫反党集团进行了坚决地、积极的斗争。毛主席说："必须善于识别干部。不但要看干部的一时一事，而且要看干部的全部历史和全部工作，这是识别干部的主要方法。"根据毛主席的教导，对暴彦巴图同志进行全面的衡量，我们认为暴彦巴图同志不是"三反分子"。

三、三月分以来，内蒙古党内最大的走资本主义道路当权派乌兰夫的代理人王逸伦、王铎等一小撮人，掀起了一股资本主义复辟的反革命逆流，实行白色恐怖，残酷打击呼三司等革命造反派组织和站在革命造反派一边的革命领导干部高锦明等同志，并得到了内蒙军区个别领导人的支持。

我们出于对中国人民解放军的无限热爱和高度信任，对两个阶级、两条道路、两条路线斗争在军队内部的反映认识不足，在没有全面调查研究，没有弄清事实真象的情况下，就片面的相信了内蒙古军区传单中所说的"高锦明是反革命修正主义分子"的话，将暴彦巴图同志当成"高锦明黑线上的人"，采取了不够实事求是的态度，打了暴彦巴图同志，剥夺了其站出来革命的权利和机会，因而在客观上迎合了内蒙的资本主义反革命逆流，这是极其严重的错误。

四、现在，我们坚决支持暴彦巴图同志站出来革命。支持暴彦巴图同志站在革命造反派一边，彻底批判刘、邓资产阶级反动路线，彻底摧毁高岗反党集团、乌兰夫反党集团在伊盟的黑分店。至于暴彦巴图同志有过的错误，应该在斗争中进一步检查交代，接受革命群众的批判。

彻底粉碎资本主义复辟的反革命逆流！

无产阶级文化大革命万岁！

以毛主席为代表的无产阶级革命路线胜利万岁！

中国共产党万岁！

伟大的领袖毛主席万岁！万岁！万万岁！

伊盟东胜中等学校红卫兵革命造反总司令部
伊盟无产阶级革命造反联合委员会
一九六七年六月四日

我 们 的 观 点

毛主席说："我们共产党人从来不隐瞒自己的政治主张。"又说："我们必须坚持真理，而真理必须旗帜鲜明。我们共产党人，从来就为隐瞒自己的观点是可耻的。"根据这一教导我们进行了调查研究，科学面对事实的辩论确定了我们的观点：

一、（略）

二、（略）

三、（略）

四、坚决执行毛主席的干部政策，彻底批判在干部问题上"打击一大片，保护一小撮"的资产阶级反动路线。我们要敢于打击走资本主义道路的一小撮，还要敢于解放一大批坚持社会主义道路的革命领导干部。白庆元、格尔勒图就目前所揭发证实的问题看不是"三反"分子，特别是格尔勒图，文化大革命一开始就同乌兰夫黑势力作斗争，去年华北局前门饭店会议上和高锦明、暴彦巴图等革命领导干部首先站出来揭发了乌兰夫反对阶级斗争、大搞民族分裂活动的罪恶事实，打响了敢向乌兰夫斗争的第一炮。因此不仅不应该打倒而应该坚决地支持格尔勒图站出来革命，支持暴彦巴图同志站出来革命。三月反革命逆流正是从上到下企图打倒高锦明、暴彦巴图、格尔勒图等反乌兰夫的革命领导干部，扶持王逸伦等大大小小的乌兰夫代理人登台表演，复辟乌兰夫的反革命统治。我们必须识破阶级敌人的阴谋，彻底和以粉碎。

五、盟联委会是伊盟真正的革命组织，它的斗争矛头指向了乌兰夫在伊盟的反动势力——郝田反党宗派集团。所以尽管它在夺权中犯了许多错误，但其大方向始终是正确的。我们坚决支持联委会，支持暴彦巴图站出来革命的行动。我们认为革命要靠毛泽东思想，靠革命群众高度的觉悟。外援是欢迎的，但不能躺在外援身上搞革命。我们要本着就地闹革命的精神，在对刘少奇、乌兰夫大批判的同时，集中力量搞好本地区本单位的文化大革命，反对外地任何群众组织来达旗召兵买马，更反对他们调所属下人马到理室进行打、砸、抢、抄、抓。

六、（哗）一一

‧‧‧‧‧‧‧‧‧‧‧‧

坚决贯彻中共中央关于处理内蒙问题的决定！

打倒刘少奇！打倒邓小平！打倒陶铸！

打倒乌兰夫！打倒王铎、王逸伦！

打倒刘占江！打倒李质山！打倒牛维凡！揪出黑后台！

打倒旗常委一小撮走资本主义道路的当权派！

旗常委必须大乱！

达旗必须大乱！

向呼三司学习！向呼三司致敬！

坚持筹委会的大方向是正确的！

支持筹委会！支持蒙汉巴图站出来革命的行动！

支持与乌兰夫黑势力坚决斗争的格尔勒图站出来革命！

各‧二〇都犯了方向性路线性错误！

彻底粉碎资本主义反革命逆流！

无产阶级文化大革命万岁！

中国人民解放军万岁！

中国共产党万岁！

伟大的领袖毛主席万岁！万岁！万万岁！

五‧一六东方红公社

67‧6‧8‧

（说明：原始证据在第二阶段第一部分）

一-9

关于暴彦巴图几个主要问题的调查报告

（主　件）

《专题调查队》

一九六七年六月二十一日

最 高 指 示

你对于那个问题不能解决么？那末，你就去调查那个问题的现状和它的历史吧！你完完全全调查明白了，你对那个问题就有解决的办法了。一切结论产生于调查情况的末尾，而不是在它的先头。只有蠢人，才是他一个人，或者邀集一堆人，不作调查，而只是冥思苦索地"想办法"，"打主意"。须知这是一定不能想出什么好办法，打出什么好主意的。

必须善于识别干部。不但要看干部的一时一事，而且要看干部的全部历史和全部工作，这是识别干部的主要方法。

×　　×　　×　　×

关于暴彦巴图同志几个主要问题调查报告（主件）
（初　稿）

前　言

暴彦巴图的问题，自伊盟无产阶级文化大革命开始以来，一直是两个阶级、两条道路、两条路线斗争的一个焦点，是人们普遍注意的一个中心。

我们联委方面的群众，对暴的问题采取了严肃认真的态度，坚决主张把暴的问题交给广大群众，全面地、彻底地、实事求是地揭发批判；在此基础上广泛展开大辩论。最后以事实为依据，以党的政策为准绳，恰当地做出决定。坚决反对一小撮别有用心的和自封左派的人关起门来运动群众。为了进一步搞清问题的真象，5月23日联委方面成立了26位同志的专题调查队（其中革命小将23人），分别在东胜、伊旗、杭旗、鄂旗、呼盟等八处，再次进行了查对。现将查明的几个主要问题

—1—

报告如下：

一、暴彦巴图是否是乌兰夫黑线上的人？

对于这个问题，我们查了五方面的资料：

1.一九六六年三月份乌兰夫派云北峯来伊盟活动，如在一次会议上提出乌审召的草粮、树"三结合"圈子显不出多少牧区大寨的特点等问题，来试探暴彦巴图同志。结果碰了暴的钉子，事后云找了田万生和白汉臣进行密谈（杨达赖等知道）。

2.一九六六年八月份内奸文功特务黑帮分子云北峯的交待材料里说，乌兰夫让陈炳宇搜集暴的问题，意思是把暴调走或者搞掉（见云北峯8月份交待的第十次和十二次材料）。

3.一九六六年八月分，十一月分一中、师范、盟委等单位的同志分别向雷代夫同志进行了解，同时还走访了华北局任凤恩同志，他们都说，暴不是乌兰夫线上的人。

4.从高锦明一九六六年七月十五日在华北局会议内蒙古小组全体会上的发言中看，暴彦巴图同志确实不是乌兰夫得心应手的干部。高锦明同志说："乌兰夫在伊盟、锡盟搞颠复活动，派人去搜集盟委书记的材料。比方陈炳宇同志就派人调查暴彦巴图同志的材料，还已考虑谁去代替暴彦巴图同志。（见高锦明讲话记录）

5.在华北局会议上，暴斗乌兰夫很积极、很坚决。见：(1)1966年7月15日华北局内蒙小组会议上的发言；(2)1966年雷代夫同志在伊盟处局长会议上的讲话记录；(3)1966年11月30日刘承祥等同志走访华北局接待站的记录。（已发传单）。

二、就暴的本身问题来看，他是否够三反分子？我们查对了下面六方面的问题：

(一) 所谓反对党中央、反对毛主席。

1.四搞中写到："一九六二年，暴彦巴图在内蒙党校学习时，一天

休息时对奇治民说："马克思、列宁伟大，能预料多年的问题，毛主席就不行。"（杭族委书记奇治民证明）

对于这个问题，奇治民证明的原文是这样："我在62年内蒙党校学习时，有一次休息时间，我们几个人闲谈的过程中，暴彦巴图说：'马克思列宁主义预见性强，他或是毛主席就不行，但后来的一句话我记不清了，我听下的意思是那样的。上面的这句话不是他的原话，是我听下的意思是这样。"

当时在场的旗（县）委书记还有白庆元、杨悦、赵锦玺、黄凤岐、王言荣等人，经查对，这些同志均未听到。（见大字报传单第一、二辑）

2.四稿中写到："暴彦巴图在内蒙党校学习时，一天暴与王振荣由二楼向三楼走时，在楼梯上对王说：'毛主席年龄大了，领导的不好。'"

这个问题前后共索取过四次证明，第一次由伊族旗委×××同志询问，寄给盟文史。第二次又派人索取，王振荣表示不打证明，并说，在鸣放期间我本着毛老师'知无不言，言无不尽，言者无罪，闻者足戒，有则改之，无则加勉'的教导，我听到的，看到的，想到的，感觉到的都可以写，证明不能打，等等。后来不知怎样取上的。在索取到的第三次证明里，据我们了解只有"毛主席年龄大了"这句话，另加"言外之意是领导的不好"。

其中还有一次证明如下：（十月一日王振荣写的证明）

关于给暴彦巴图同志在大字报鸣放的二个具体问题，是这样的。我记下在1962年在内蒙党校学习时，在讨论休息时，从二楼学习讨论室出来，往三楼楼顶上走的时候，暴彦巴图和我说：一化三改总路线和现在的总路线，那个好。我当时不理解是什么意思，是指什么而言，就走开了。

另外，对暴彦巴图说：毛主席老了，我当时也没理会其意思，就又走开了。

—3—

我对上述问题，在大字报上鸣放中，写的是他对总路线和毛主席的攻击。这要他本人考虑是什么意思。

（注：以后均按取证明人的意图写成了四稿中所证明的内容）

（二）所谓恶毒地攻击三面红旗，瓦解社会主义集体经济。

１、四稿里写到："一九六二年，暴彦巴图在内蒙党校学习时对王振荣说'鼓足干劲，力争上游，多快好省地建设社会主义总路线，不如一化三改的总路线，人民公社不如高级社'。"

（详见６月２日王振荣的证明）

２、四稿里写到："一九六三年，暴彦巴图在党校学习时，内蒙党校为了扭转部分学员对三面红旗的错误看法，于七月五日组织了一个盟市委书记、厅局长等人参加的小型辅导会，党校副校长叶林同志辅导不到十分钟，暴便站起来提出一连串的质问，并对三面红旗，特别是大跃进，进行了恶毒的攻击，最后结论说：'这几年大跃进，是自己用炸弹把自己炸烂了'。"（内蒙党校张斌）

据我们了解，材料整理的与事实不相符：(1)时间不是七月五日，而是七月七日；(2)不是辅导会，而是讨论会；(3)揭发人说是大意，而不是原话。内蒙党校叶林同志对这个问题不作证明。(当时不做记录有"三不"政策)。

（三）所谓反对阶级斗争。

１、四稿里写到："在国家经济困难时期，暴彦巴图让商业局李玉鹏同志代他出售旧皮大衣一件，除用１５１元从外贸买回一件皮大衣外，尽挣１２０元。在检查时他含糊其词地说：'我卖了一件皮大衣，卖了一百多元，又买了一件，花了一百多元'。就这样混过去了。"

真实情况是：李玉鹏代售的，实卖了三百多元，给了暴一百八十元，其余的钱那去了？很清楚。

２、四稿里写到："一九六三年暴在达旗三顷地搞四清试点，以建立阶级档案为名，搞全民鉴定，十六岁以上的社员人人过关，大反了群众，转移了斗争大方向，保护了四不清干部。"

这个问题也有据可查。一九六三年七月二十九日华北局搞了《关于在农村建立阶级档案指示》的初稿，并制定了表格，表格的第二栏就是"本人的政治表现"。同年同月三十一日李雪峯向主席和中央的报告里也报告了建立阶级档案问题。全民鉴定恐怕是从这里引出来的吧。怎能就是暴彦巴图以建立阶级档案为名，反群众，保护四不清干部呢？

2.四稿里写到："一九六二年七月杭旗旗长（伪 西官府）色登道尔吉向旗委提出：要修理王爷的貝林庙，要念经，要跳鬼，还要十个喇嘛，其中有五名是提名要的（两名疑为反动），经向暴彦巴图请示，暴说：'盖庙、念经是风俗习惯问题，要逐步扭转。'"

经查明，这个问题实际上是閻耀先搞的。当色提出此问题时，閻和杭旗副旗长高忠山去色登道尔吉家一趟。閻说："老汉念经磕头是精神治疗，吃药是内心治病，为老汉多活一点。"当 經奇治民、高忠山、郑和等负责人研究决定给五名喇嘛。实际上給了三个。

（见杭旗委统战部赛西雅图证明）

(四)所谓反对无产阶级专政。

1.四稿里写到："郝增俊（横侯小土匪队 里的文书，剿共义勇军大队长，国民党区党部书记、伪镇长、联保办公室督导员、伪连长、伪副官），一贯与人民为敌，盟委批准給戴反革命分子帽子，放到农村监督劳动，暴便說什么：'是否全真实，需要再次查对。'不让公安部门执行盟委决定。"

经查明，这个问题是一九六五年五月三日盟委常委会上决定給郝戴上反革命分子帽子，后来郝有意见，找了云祥生。八月二十五日常委会上认为问题复杂，暂不研究。而不是暴彦巴图不让执行盟委决定。

2.四稿里写到："暴对统战人士只讲团结，不讲斗争"、"团结为主，搞好关系，改进工作"。

这本是李维汉的货。一九六五年一月份全国人民代表大会上公布了

—5—

李维汉的错误，暴讲这个问题是在一九六二年十月份统战工作会议上讲的。因此是执行上的错误。

3.四稿里写到："暴彦巴图为右派喊冤叫屈，他说：'从全国情况来看，过去四年中对右派分子太严厉、太紧张、太粗糙，……一般是划的宽，处理严，劳动多，教育少。……这不是教育改造右派，而是人格的挖苦，不能服人，争取不了多数……对他们要宽大，给他们安慰……'。"

上面这段话不是暴彦巴图的，而是陈××在一九六一年九月十一日上午在改造右派工作会议上讲的（基本上是陈的原话）。

据我们了解，当时盟里也成立了改造右派小组，田万生任组长，白汉臣任副组长。给右派平反，都是通过他们提出，其中十一名是提交常委讨论的。平反后群众意见较大的有郝玉智、王守业、刘格新、李涛，其中刘格新又是刘雄仁在海市亲自主持平的。因此，都推在暴身上是极不公平的。

(五)所谓组织上执行修正主义干部路线，排挤老干部问题。

据我们调查，暴彦巴图在用干部上存在着重才轻德的问题，这是不突出无产阶级政治的表现，是有其错误的。但具体到四稿中写到的某些干部的提拔，真实情况是这样：

郎增德：一九六三年度由赵怀斌提出，常委讨论决定。一九六六年提农委副主任是组织部提交常委讨论的。那时高锦武早已写了退休申请，而不是暴排挤他不给他安排工作。

陶特格其：一九六〇年书记处会议上由田万生提出提副部长（当时未发现隐瞒成分问题）。

殷福成：赵会山在时提起的。

旺布：一九六三年十二月份二十三次常委会上由金汉文提出讨论通过的。一九六六年提副秘书长是组织部提出讨论通过的。

对这些干部的提拔暴有责任，但不能全记在他的帐上。

—6—

田万生、白汉臣免职问题是一九六四年在内蒙开三干会时常委们研究决定的当时内蒙党委组织部副部长刘耿、组织处处长阿令格提出让以暴彦巴图名义附一封信（华北局的汪浩也在场）。

（六）所谓搞民族分裂活动，破坏民族团结。

四稿里写到："暴彦巴图借移民之名，行民族分裂之实。"

据我们了解，移民闲地，是由内蒙提出，又经内蒙、盟、旗、社各组织共同讨论决定的，并得到内蒙党委的大力支持。

一九六五年八月十一日至十八日由闫耀先、王悦半主持召开西三旗牧区三干会，研究了移民闲地问题（自治区副主席朋斯克也参加了），会上闫耀先提出从亚什图公社移到沿河五百户，当时奇治民同意了，旗经讨论也同意移五百户。

会议进行期间闫把讨论情况用电话向暴作过汇报，暴指示说："解决游牧的态度要坚决，具体步骤可分批进行。

一九六六年三月一日至五日由马富纲在鄂旗主持召开的西三旗委书记、旗长等人参加的抗灾保畜会议，华北局的张三斋、内蒙财办的云宁程和黑帮分子云北峯也参加了。会上云北峯大肆扇风点火，说什么"伊盟存在着严重的大民族主义，并恶毒地攻击伊盟不执行内蒙指示……今后谁在开荒，谁就是陈长捷路綫、景叶秀路綫……。"

三月间，黑帮分子云北峯从乌旗回来盟委参加汇报时，他再次提出解决鄂、杭的移民问题。当时暴彦巴图同志顶了云北峯，他说："你不要管我们，我们的事我们自己会做，你把钱拿来，我们自己会安排。"

从移民前前后后的情况里能的出暴搞民族分裂的结论吗？不能。

三、我们对暴彦巴图同志的看法：

从上述问题的调查结果来看，我们认为暴彦巴图同志绝非"三反分子"，而是犯有严重错误的干部。盟无产阶级文化大革一开始，郝、田反党宗派集团就对暴彦巴图同志进行政治迫害，一心想打倒暴彦巴图同志，蓄意达到保护自己之目的。

这实际上是扶殖伊盟的保守势力、扶殖反党宗派集团势力，给乌兰夫增加政治资本。对此，我们坚决反对。坚决主张按照《十六条》办事。

打倒乌兰夫！

打倒王逸伦、王鐸！

打倒黄厚、王良太！

打倒郝、田反党宗派叛徒集团！

无产阶级文化大革命万岁！

毛主席的革命路綫胜利万岁！

毛主席万岁！万岁！万万岁！

"专题调查队"
1967年6月6日

—8—

关于暴彦巴图几个主要问题的调查报告

（主　件）

《专题调查队》

一九六七年六月二十一日

最 高 指 示

共产党人必须随时准备坚持真理，因为任何真理都是符合于人民利益的；共产党人必须随时准备修正错误，因为任何错误都是不符合于人民利益的。

× × × ×

各 种 证 明
（附 件）
对揭暴彦巴图问题的否定声明

我原对揭发暴彦巴图对毛主席和三面红旗的意见，因时隔五年多了，对他的原意原话，都记不清了，原大字报底稿初稿，是凭着回忆写起来的，这就不免有忆错之处。我本对底稿初稿，还在思考过程，就在资产阶级反动路线猖狂进攻下，被人夺走。后一次一次诱迫我写证明，落实口供。欲使我再不得改变。因此，声明否定。不能作为定案材料，过去所写的一切证明，全部声明无效。为此，我把原来揭发经过和原因简单说明如下：

1.在去年盟无产阶级文化大革命开始，我是很不理解的，更加在资产阶级反动路线猖狂进攻下，形成黑云压城城欲摧之势，我也就一时回忆了暴的问题。本着"知无不言，言无不尽，言者无罪，闻者足戒"、"有则改之，无则加勉"的态度，写了大字报底稿初稿。

2.在去年八月二十六日伊旗揪我时，我手拿着上述底稿初稿，向盟委走的路上，有人从我手中将底稿初稿夺走，一直未交回。

3.我被揪来伊旗后，残遭资产阶级反动路线的迫害和打击下，有不少人走访，并要我写了证明，因我本对此事，时期太长记不清，更加被资产阶级反动路线迫害和打击下，那时神经已失去正常活动能力，前后所写证明不能一致。这首先是我的底稿初稿，本是凭着回忆写起后，就被夺走。这实际就剥夺了我防止忆错，欲思考修正的余地。其次在后来写证明的过程中，我曾也想到对他的原意原话记不清，所以在去年10月

—1—

初写出的一次证明是：暴和我说：一化三改总路线和现在的总路线，那个好。我当时没理解是什么意思，是指什么而言，就走开了。再次，后来要我写证明的，我就顶着不写。就赵学苏来后，拿出被夺走的底稿初稿，读给我听，并让我看后，说我前次写的不对，让我与底稿初稿写成一致的。当时说本不愿写。后魏中业来了告我说，大意是这是你态度的改变，你不要怕。这实际是对我的一次诱迫。就在这次，还让我写上：我上一次写的证明，因思想考虑自己的问题，当时在大字报的原句原话记不太清，所以可以此为准，这次我听了原大字报写的原稿，所以可以上述为准。同时魏中业还说，你可留下底稿，谁来也这样说好了（大意）。

这实是，落实口供，再不让改变，最大约在赵学苏来的前后不久，旗委黄进旺写一证明，同时在取材料时，魏中业也在场，以问我的口气说，大意是，我们对你没压力吧？在当时被他们摧残下，我也只好说没压力，我实际我心上存在着千斤压力。

以后来多次来走访的人，我都照上述一致的说法谈过。这完全是因受资产阶级反动路线的迫害和打击，曾因错一个字，连续弯腰站，拳打脚踢，严刑拷打在十个钟头以上，所以再不敢改变。但是，我当那时内心中想到，在毛主席英明领导下，说真实话的时候，终会到来。

这实际是一次一次迫着我，要我与原底稿初稿写成一致的，利用软硬兼施，并要我再不得改变口供和证明。此事本来时隔五年多了，记得不清，对底稿初稿正在思考过程就被人夺走，一直未交，所以这绝不能算我成熟肯定的揭发意见。对此问题的形成，完全是在内蒙王逸伦、王铎掌权时期由资产阶级反动路线的迫害和打击下，在伊旗近一百天中，私设拘留所，私设公堂，严刑拷打，刑法有十多种，诱迫等手段多种多样，残酷斗争无情打击下，所造成的，今天我要坚定不移地站到以毛主席为代表的革命路线上来。与广大工农兵群众，和革命知识分子，革命干部站在一起，坚决反对和揭露资产阶级反动路线的罪行。一定要按林副主席教导：既要作为一份革命力量，又要不断地作为革命的对象。

口号（略）

王　振　荣
1967·6·2

十月一日王振荣写的证明

（一）

关于给暴彦巴图同志在大字报鸣放的二个具体问题，是这样的。

我记下在１９６２年，在內蒙党校学习时，在討论休息时，从二楼学习討论时出来，往三楼楼顶上走的时候，暴彦巴图和我說：一化三改总路綫和现在的总路綫，那个好。我当时沒理解是什么意思，是指什么而言，就走开了。

另外，（对）暴彦巴图說：毛主席老了，我当时也沒理会其意思，就又走开了。

我对上述问题，在大字报鸣放中，写的是他对总路綫和毛主席的攻击。这要他本人考虑是什么意思。

（注：以后均按取证明人的意图写成了四篇中所证明的內容）

王　振　荣
１９６６．１０．１

黄进旺、魏中业向王振荣路实的口供

前后共写了四次，其中有一次写的有出入，和原来实际考察不完全符合。本来暴彦巴图同志是一次說的，结果写成两次。这是因我来伊盟交待问题时，一时记不清，因自己那时正交待问题，思想也不集中，所以写错了。

我上一次写的证明，因思想考虑自己问题，当时大字报写的原句原话，记不太清，所以可以此为准，这次我听了原大字报写的原稿，所以可以上述为准。（这是向王振荣要的口供）

王　振　荣
１９６６．１０．３１日

关于暴彦巴图问题证明材料

暴彦巴图說：我在１９６２年內蒙党校学习时，有一次休息时间，我们几个人閒談的过程中，暴彦巴图說："马克思列宁主义预见性强，他或是毛主席预见性就不行，但后来的一句话我是记不清了，但我听下的意思是那样的，上面說的这句话不是他的原话，是我听到的意思是这样。

特 此 证 明

奇 治 民
1967·5·31号

证 明

关于１９６２年在内蒙古党校学习时，据说 暴彦巴图说过"马克思主义伟大，能预料很多年的问题，毛主席就不行"的话"毛主席年龄大了，领导的不好""苏联修正主义不好有饭吃，我们马列主义好没饭吃"的三句话，他说没说，我是没有听到，在会上我没有听到，但是给别人说我不知道。

白 庆 元
1967年6月8日

关于对暴彦巴图在移民问题的证明

６５年１０月初，暴彦巴图和王玉珍来杭委检查核实工作时，旗委在常委会上汇报了亚石圐公社移民工作，原来在召旗西三旗三干会上决定亚石圐公社共一千真户，移五百户，同时我们汇报了移民吃粮食是否按３６０斤供应，当时我们汇报后，暴同意，并认为杭锦旗组织移民方向是正确的，同时他说有水利条件的地方游牧也是允许的。

在６５年１１月份盟委召开各县委书记会议时，暴彦巴图说鄂、杭旗主攻水的方向是沿滩。因此在移民问题的方向上，暴彦巴图是同意的具体移民工作上主要是我主持进行。

特 此 证 明

奇 治 民
1967·6·3日

证 明

６５年１０月初暴彦巴图来杭锦旗检查抗灾保畜，同同暴一起来的还有盟畜牧局王玉珍，一天在旗常委会议上，奇治民向暴汇报了杭锦旗移民问题，提出了要钱要汽车，暴当即站起来很暴躁地批评奇治民说："你们对这样大的一件大事为什么事前不向盟委汇报，现在出了问题又找到盟委了呢？这是一种什么态度，盟委没讨论，我现在解决不了这个问题。"停顿一会儿后，暴又说："你们要迁移是否搞成建制迁移，这

—4—

样搞的好处是：将来四清有许多问题好解决，干部问题也好解决，地富也应该搞迁移嘛，把农民移走，把地主留下，熟悉情况的都迁走，正是对地富的照顾，把他们也一起迁下去，便利于监督。至于存在的问题，你们向盟委请示再说，我这里不能答复。"

以上是我的记忆，原话可能有出入，但意思不错。请向王玉珍同志再了解一下。

詹 占 海

一九六七年六月二日

关于暴彦巴图七千人会议上的言论证明

在1962年中央召开的七千人大会时，在小组会上讨论刘少奇的报告第一稿时暴彦巴图发言时说过，这几年总感到中央的政策不稳，左比右好，这句话在会议中间说的。

特 此 证 明

黄 凤 岐

1967·6·1号

证 明

1962年秋季，我下乡工作返回来后，在旗发电厂前面遇到旗委副书记高中山时他说："老根（政协办公室主任根东同志）和你谈了吗？"我说没谈。他又说："我和盟闫书记（闫耀先）去老旗长（色登道尔计）那儿走一趟，老旗长提出贝林庙念经磕头，要喇嘛呢？"闫书记答应说："老汉念经磕头精神治病，医院吃药是内心治病，为老汉多活一点。"色提出要十个以上喇嘛，旗委主要领导人奇治民、高中山和郑和等人，经研究决定为五名以上喇嘛。我都考虑后不同意，以数顶住给安排了三个喇嘛，其中色提出的三人，二名是反动的喇嘛，一个是参加过青海叛乱的。

中共杭锦旗委统战部赛西雅图

1967年3月12日

在移民问题上暴彦巴图同志与云北峯的斗争

1966年3月1日——5日，由马富纲在鄂旗主持召开的西三旗旗委书记、旗长和华北局张山斋、内蒙财办的云宁程和黑帮分子云北峯等人参加的抗灾保畜会议，黑帮分子云北峯在会议上，大肆煽风点火说什么伊盟存在严重的大汉族主义，并恶毒地攻击伊盟不执行内蒙指示，批评伊盟不执行内蒙决定，这个家伙给伊盟扣了一大堆帽子后，就对与会的同志们施加压力，他露骨地说："今后谁要再开荒谁就是陈长捷路线，景叶秀路线……。"我们认为他的压力也是移民提前和加快的一个原因之一。难道这些也都是暴的个人意见？"

1966年3月间，在盟委常委会上，黑帮分子云北峯从乌审旗回来盟委参加汇报时，他再次提出叶盟要解决鄂、杭两旗的移民用地问题，参加常委会议的同志们，你们不会忘记吧，云北峯在这次会议上指手划脚的叫我们这样，叫我们那样，暴彦巴图同志当时就把他的意见顶了回去，就在会议争论激烈的时候，暴对云说："你不要管我们，我们的事我们自己会做，你把钱拿来，我们自己会安排。"

宋文广、马德荣

1966·12·2日

"造反团"从一月份到
二月末控制我的详细经过及以后情况

一月十八日杭旗移民代表把我和康骏同志揪走,当天夜里到锡尼镇住在旗招待所。我和几个移民住一个房间,康骏和白凤岐、高子玉住一个房间。住两天以后,康骏先去移民区了,我继续住在招待所,大致是于1月23日移民主持开批判我和奇治民的大会那天,我从会场回来见到郭振范同志和韩金城同志,他们说造反团又来两个汽车来要我。晚饭后果然开来两辆汽车(69车)当夜杭旗革命群众集结了很多人和造反团的人辩论了一夜。据说造反团的人要把我揪回东胜,杭旗群众则坚决不答应,一定要揪到移民区。这样双方坚持了很长时间,据说以后造反团的要开车回东胜,而杭旗群众则坚决不同意开车。夜里我听见在大门上喊"下定决心,不怕牺牲,排除万难,去争取胜利。"次日晨移民带上我登车要走时我看见造反团的两辆小车还停在大门口,人都在车上坐着,我看见罗谦探出头来,另一个车是谁的我没看清,究竟去了些谁,我也没看清楚。

我是一月二十五日到查汉伯新建公社的,二十六日在公社所在地开了一个批判斗争我和奇治民的大会,二十七日乘胶车从公社去补谷退。我们走到渡口堂东边时后边又开来两辆小汽车,建设公社书记杨占山(原在杭旗公安局工作)和来的苗秀鉴(其他人我不认识)说了一些话(我没听见)公社几个干部就坐上一辆小车向补谷退开走了。而另一辆车则开回三盛公方面去了。

二十八日在补谷退开了一个批判斗争大会,会后社员叫我到东村住,我把行李刚放到家里又叫我到西村住,东村到西村有三里多路,我扛着行李到了西村,才看见气车在那里等着,我一等就叫我上车(这辆是罗谦开的一辆新车,不是盟委的车),我问苗秀鉴叫我去那儿?苗答:盟委叫你回去。移民四个同志同车送我回来。我给他们说"盟委白凤岐同志和我一起来的，要走应当告诉他和他一起走。"而造反团的人坚决不同意，这样我走了，白凤岐同志还不知道。车上除苗秀峯外，还有一人我不认识，看样子象个警察（穿的是兰色大衣）。到查汉伯建设公社所在地时，另一辆小车正在那里等候，苗秀峯下车换乘另一辆小车去了。两辆车开到三盛公时已经是天黑了。我们在三盛公吃了饭以后就八点多了。待出发时我发现还有一辆大汽车。大车上也坐满了人。夜十二时左右到五原招待所住了一宿。在五原看见另一辆小车象公署小惠的，大车是袁继祥开的。车上坐的人除四个移民外我就认识苗秀峯和薛进义（歌午团的）两人。

二十九日晨不知是谁在招待所我们住的房间说另一辆小车已去包头抓康骏去了。

我们的车在近中午12时才开的（罗谦的车）。到包头以后从昆区轻召君坟过河，路过解放碑一直没上公路，从乎台沟经高头窑回到东胜。到东胜时已经是晚八时了。车先开到公程公司停了一阵，又开回政治学校又停了一阵，上来一个大个子干部（以后认识是贸易公司的孙国祥）把车又领到原商业局院。我们五个人（四个移民代表）下车后由孙国祥给送来面条吃了之后，又领到贸易公司仓库警卫室住下了。到仓库以后他们几次找移民代表谈话。从代表的表情上看出，造反团要代表把我交给造反团，而代表则坚持把我交给盟委。

一月三十日晨造反团就强行把我拉走（移民如何表示的我就不知道了）戴上牌子到体育场开了斗争大会，斗完把人们都拉到政治学校，其他人都走了，就把我留下，叫我住在九号房间，日夜有三至五名红卫兵看守。我当时因为弯腰过度，七八天未直起腰来。请医生给我吃了跌打丸，擦了樟脑酒。二月一日到六日由我家里给我送饭。其间造反团，又在公署礼堂开了两次斗争大会。还在一个夜里开了十几个人的小会斗争。最后由张锦和二完小四个教师共五、六个人一直搞到一点多才睡觉。大

• 2 •

约在二月二日或三日建筑公司的工人给我说要救我回去。以后就没消息了。

这一段到我住的房里来过的人有刘斐然（没說什么）、張锦等人。他们白天叫我写检查，因为那一段我身体很不好，也沒写出什么来，以后他们就拉上我到处跑，也就顾不上叫我写检討了。在这一段他们拿走了我去杭锦旗时在稿纸上记录的记事。内容主要是杭旗几次斗争会上群众对我的揭发批判。事后我几次向他们（張锦）索要，他们都说以后给我。但至今还未归还我，不知是什么意思。

从二月六日起进入了秘密控制阶段。二月六日这天白天我一个人在政治学校九号房间坐着（值班人员不知去那里了），突然由李瑞丰、張勳清同志等二、三十人引着郝文广进来，一进门就有人叫我跟上他们走，我说："我不能走，因为造反团的人不叫走，你们要拉走的话，应该找造反团的人说。"这样，同志们也就不叫我走了，出去找造反团的人去了，大约找了五、六分钟，才把張锦找来，以后又见孙国祥也来了，逐渐人多了起来，双方进行了辩论。正激烈时，造反团的人把我拉到六号房间去了。

二月六日下午吃晚饭后，我家送饭的人还没走，造反团的人就说："八一家又来捣乱啦！"我住的房门前（九号房间）已见有十几人站在那里，但没有行动。我家送饭人走后造反团的人就到我房间来了十几个人，顶门的顶门，堂窗的堂窗。气氛很紧张。不多时就听见外边由师范学校的冯希贤同志宣布了三条（赵怀斌好象也說了几句什么话，但我沒听见）。于是就听见双方在门前挤来挤去。大约到了十二时左右"八一"方面自动撤走了。造反团正在集合时，由張锦进来叫我跟他们走，張锦并把他的大衣和帽子给我，把我的大衣和帽子留下。由張基林、王荣胜和二中一个蒙古学生领上我从六号房的西侧钻过蓠墙，跳过几道土墙，到了供水站门口，我在那里看见了宫承云正在回家。也看到造反团的五、六个人从政治学校出来向东去。一个人走过十几步以后说"好象暴彦巴图！"另一个人反驳说"暴彦巴图穿的白檀皮袄吗，刚才那人穿的不象。"因为他们已把我乔装了起来，他们就不认识了。之后，他们又拐弯抹角返回了农水局院里，进了食堂，有一名自称挺张的炊事员把我让到他的宿舍里。张基林、王永胜先后都走了，只剩下二中那位学生（以后我认识这位学生叫色令道尔计）看守。过了大约一个多小时，那位炊事员不见人回来，他又出去找人去了，大约过了两个多小时，张、王二人才回来，领上我继续向东走，路过二中、牛奶坊到了率五店食品加工厂门口时，见到孙国祥（贸易公司的）一个人站在那里，进院后见一个转业军人把我一个人领回他的宿舍，家里只有一个人睡着，主人自我介绍说他叫吴林，炕上睡的是他的弟弟。过了不久，张、王、色三人也扣门而进。这样在这个小房内我们挤了四个人（吴林在办公室了）。十日晨天还未亮吴林就把我叫起来大小便。之后他把尿壶送进来把他弟弟叫走（二中那个学生也走了。）就把门反锁了。这一天我们三个人（张基林、王永胜和我）在小房内睡了一天，下午快天黑时吃了一顿羊肉米饭，午后张基林从门口探出头去叫院里的小孩儿发现了，那个小孩要上扣门要进来，吴海（吴林的弟弟）不叫进来，纠缠了好长时间，那个小男孩才走去。晚饭后天黑了王永胜走了。吴林把我、张基林、吴海三个人安排睡下以后他又去办公室了。大约半夜里十二时左右有人扣门，张基林醒来后问什么人就给开了门。那人进来以后问了一声吴林以后就出去了。张基林大概觉得被人家发现了，立刻把吴林找来，并找来一名工人一名干部和张基林三个人领上我跳河沟向山沟走去。大约走了一个多小时到了一个姓石的蒙古人家（这是女主人自己说的他们是费人）。那家人男人不在，女人很恐慌（因为造反团的人不给人家说明情况）。进屋以后，女主人认识了食品加工厂那位干部才平静了下来。他们好象在等什么人的指示，可是

· 4 ·

过了好久，也不见人来。食品加工厂那位干部又走了，前后大约过了三个小时左右来了两个人（一个是刘高保的大儿子"来存"，另一个人我没看清是谁。）于是我们又向东胜走，三转两转回到院里一看原来又回到政治学校，但房间已由前排倒到后排的十一号了。看守人员换成工程队的工人了，一切闲人都不得进，我也只能在夜里或一早才能出去大小便。负责看守我的工程公司人员是由一个姓王的小个子师付负责。还有姓名的普通工人有李昌盛、张润根（这两位工人都从他们家里给我拿过饭，所以我问了他们的名字）两位同志还有些徒工。大概在二月八日那天张锦叫我交出办公室的钥匙，我提出要交钥匙必须我回家去取。他坚持不同意叫我回去。最后我写信他们去取来了，张锦拿回钥匙以后还叫我看了看证实一下是不是我的。（门上的钥匙早在二月一、二日就叫白银虎拿走了）。这天张锦在我那个房间和工人闲谈时透露一句说"我知道郝文广在那里，就是不能说。"他还说马丕峰的女儿找过马丕峰吧（我推测马丕峰那天也由他们保护起来了）工人们还说起会出到了工程公司。在作检查。就在八日、九日这两天，工程公司的李昌盛和张润根同志都给谈了他们不了解情况，对我的问题也不了解，造反团的行动，也是由几个领导人说了算，他们是普通工人跟上人家走的。

二月九日夜十一时左右由工程公司那位姓王的等五、六个人又把我从政治学校领到工程公司一个房间里，时间不长，他们又把我领到政治学校，原因是另一派人发现了。过了不久又把我领到工程公司木材加工厂的值班室呆了两个小时左右。工人们（大约有七、八个人）在那里议论郝文广在那儿怎样叫另一派人发现啦，他们的经理怎样出来说服啦。另外，还议论说把暴书记（他们是这样称呼的）"拉来拉去不好吧，我们是不是提出来谁斗谁拿去，不斗就叫人家回家。"（对拉来拉去不满），有人说总指挥部已经给"八一"家提出来了，"八一"家不干。在木材加工厂原来打算来汽车把我拉走，以后又变了，仍把我领回政治学校。说不走了。我上炕躺下不到三十分钟，又把我叫起来，这次张基林跟我说要去包头。我说去包头作什么？他说：住几天旅馆。我说那要告诉我家里，不然他们不知道我的下落，会影响不好。张说：我们已经留下人告诉你家里人。（以后了解他们根本没告诉我家里人指明我的去向）我这时很就心他们干出一些坏事，但也无法只好跟上他们走。大约在凌晨三时左右从西开过一辆小卓。（畜牧局的小卓）卓上坐了张锦、林春海、张基林，还有工程公司两名学徒（一名姓李）和我。卓从西向东开去，经过发电厂门前又向西拐，又从运输公司那条大路开上包东公路。但在飞机场北面下了沟。走了好长一段时间我觉得走的不对了。走了近三个小时，到了一个有电灯的地方停了下来。我一看原来是到了高头窑（因为走错了路误了时间）司机下去找来一个人又坐上卓，我以为到什么地方去呢？结果汽卓下到沟里停了下来。只叫我和张基林两人由煤矿那个人领着，回到他们的造反团办公室。以后那位姓李徒工也来了。我们三个人（张、李和我）在这儿吃了两顿饭，睡了一天觉。这已经是二月十日了。十日晚上八时左右我们又上了汽卓。这回汽卓又换成公署小恵的卓了。还有另外一个司机。卓上的人也换成李建华和乌审旗的一个干部。这样卓上就是两个司机和张、李、我等共七人。这一夜走了达旗的西柳沟、路过吴四圪堵。召君故到了包头。在包头昆区没停卓又向西开。途中张基林几次下卓不知询问什么。到白音花时已是十一日凌晨四时左右才在一个小店住下。他们几个人议论说另一辆小卓已经在前边走了。我们早晨八点以后起了床。我打算在那里给家里邮一封信，但没有信封，又觉得他们不会允许。就和乌审旗那位干部谈了起来，我问他是那里的，他说是乌审旗的。姓张。我说我们要到那里去？"他说："旗里两派斗争很激烈，互不相让，所以把你请到乌审旗去。"（这时房里就我们两）之后，我又问张基林我们去那儿？他说"我也不知道。"我说那谁知道？他说"前边有一辆小卓已到五原"。果然当我们这天十二时到五原招待所时已有一辆小卓停在那里（我没记住牌号），当我休息了一阵再看时，那辆小车已开走了，所以，都谁在车上我没见到。这天我们住在五原。十二日早饭后汽车开到五原车站，我和张、李、小李四人到车站旅馆休息，汽车已经开走。下午乘火车向西行。我问李建华到什么地方，他说到海渤湾。到了临河车站，那位乌旅姓张的干部上了火车，和我们坐在一个车厢里，我又在其他人不在时问张。张说："我们到石咀山下车。"十二日下午九时左右到了石咀山，我们住在旅馆。十三日晨吃过早饭以后，就不见了张基林，在十时左右见张回来了，叫我们马上出发。过了黄河对岸见我们昨天坐的那辆车已停在河边。车里就是那两位司机。我们乘车向鄂旅进发。路过鄂旅时没走中心街，在东街急驶而过。路上没停，没吃饭。到乌旅沙如拉劳国克大队已是下午五时了，乌旅那个干部叫把车停下来叫我到大队房里休息，正近开小队干部会议，人们进来看我。（我估计认识我的人不少）这时一个队干部叫道："张井前（旁人发音不正，以后我问才知道这个人叫张振金）长途电话。"原来停车的目的在于打电话。打完电话就开车了。距达布禅镇还有一里左右的地方有两个人在那里等车。汽车停下后他们叫人合计了一下就叫我下车。由那两个人和张基林领我到了乌寨子"八一"牧场的一个饲养员房子住下，晚饭后张基林走了。牧场有五、六个人看守，我都不认识。从他们的谈话中我认识了额尔德尼（旗委干部）。他们打扑克，我睡下了。在夜里十时许，听外边有敲锣打鼓喊口号声，他们把我急促地叫了起来，领上就跑，这时喊口号的人已经近在咫尺。但我们还是跑掉了。在沙里走了近一个小时，他们把我领到一个牧工家里呆了一个多小时。回顾草滩上到处手电闪晃，似到处找人。领我走的那两位青年人更慌了。倒了两处人家才停下来。以后才知道原来是他们自己发生了"误会"。牧场领导上把我留在场子里住，没告诉群众，群众只知道来了个领导干部住下了，要造反，就由一些青年人干起来了，结果与一个需要"保密"的领导干部不能造反，于是他……

• 7 •

们向群众不知撒了多少谎话，这一场"误会"才收场。我又被送回原地睡了一宿，听那些看守人员议论，旗造反团的曹书记（据说是旗委的什么干部）叫他再倒地方，他们再三说明情况以后才罢休。

十四日晨六时就把我叫起来由领尔德尼和另外一个人领着我，还拉了一头毛驴（他们叫我骑我没骑），从旗所在地的北边绕了一个大圈子，走了近两个小时才上公路（去河南公社的公路），不久小汽车开来（仍是由公署小惠开着），车上坐着李建华、王金宝（旗医院大夫）、查汉巴巴（旗委干部）和四捆行李。我们的车很快到了纳尼河公社，在公社的一角停了车，查汉巴巴下车去时间不长，领来一个人，拿了一些馒头，一只绵羊坐上车又向南开，走了一段李建华等下车议论了一阵，结果把我们送在一个光滩上下了车，他们又雇两头毛驴把我们的行李驮上继续向南行，我们又走了两个小时左右才到了目的地，纳尼河公社虎豹湾大队和叶乌素小队队长何某家住下。

我们下车等驴驮子的时候我问李建华说"你们这样把我搬来搬去究竟是为了什么？"李说"你这些日子，不了解外边的情况。"我说是不了解情况。他说"八一家要对你暗下毒手，再把责任推给我们，所以我们这是保护你。"我说：难道你们这样做法就安全吗？他说安全。我表示怀疑。

在向和叶乌素走的过程中我和公社那个干部走在前面，我才知道他是公社武装部长刘应山同志。我问他认识我不？他说："认识"。我问他"知道我来吗？"他说"不知道"。他说公社社长告诉他，旗里来电话说"有一个病人要来你公社，找一个安静的地方休息几天，要给吃好，休息好，保证安全。"武装部长根据这个"指示"办事，把我领到五队队长何起发家住下了。（这个地方是牧场，共有三户人家，且住在沙里，来往人很少）到了住地群众问我们是干什么的时，李建华、查汉巴巴等人回答说："我们是外地人要去河南公社走到这里病了，要休息几天。"

·8·

何队长家人口多住了两天不行，又移到何的岳父边怀公家住了五天。住在这里没什么事整天就是吃饭睡觉。住到第五天上查汉巴巴也不满了，他说旗里叫他来时也没告诉他是谁来就告诉他下去住几天，乍一见面还没认识是我。他对李建华的作风（老爷式的指挥他们，毫不采纳别人的意见）很不满，他家就住在陕利公社距我们住地方仅四十里路，他已计划好以回家探家之名回旗里问个究竟。为什么长期把暴彦巴图扣在这里（这是查汉巴巴在背地里给我讲的。）我趁机和查说：我出来家里不知下落，你是否给旗武装部打个电话，就说我在这里。（因已回来未打电话）这样我们在这个地方共住了七宿在二月二十一日下午四时多罗谦的卓在公社武装部长的响导之下开到了我们住地。罗委边保子也去了。五时左右从该地出发八时半到了旗里，旗里的人都下了卓，加了油，我们又开卓了，卓上坐的有边保子、李建华和我。我曾问过边保子你们都谁来了？他说刘兴也来了，但我没见到。汽卓开出旗里不到半个小时卓就停了下来，罗谦在修卓。不多时后边又来了个罗马尼亚进口小卓。汽卓停下后罗谦说坏了一个零件，于是他们就把我和李建华叫到另一个卓上就走了。这个卓坐的人因为天黑我都没有看清是谁，卓象是水利局那部卓。卓到东胜时从运输公司那条公路一直开到东胜县人委那里才拐弯儿向军分区方向走，且过了军分区到李五店附近才又折回到政治学校的。到政治学校又住到十一号房间。我因为长期在外虱子很多，要求他们从我家里给拿上衬衣换一换，但终未得到满足。二十三日开了有线广播斗争大会以后我家里去人才换了衣服。二十三日这天夜里又说叫我回家呀，但不久来了两个呼三司的人调查内蒙林学院齐振荣的历史问题。

这天夜里我睡到零点又被人叫起来，张锦对我说"乌审旗要斗争你，你还得去。"不久，罗谦把卓开来，卓上已经坐着六个人，有刘兴，其余的都不认识。以后弄清有两名是二中的学生，一名是杭旗的叫斗令。

·9·

还有两名女的，到乌旗才知道他们的家都在乌旗住，但不知其名。车由政治学校开出，到公安处门前停了一阵，由那里上来一人（象是刘兴从公安处出来的）。我们的车在早上八时到了达镇，把我领到旗委的一间客房里由原乌审召公社武装部长看守。以后又因为另一派人也要我，把我又领到烈士塔的办公室里。这天下午就开了斗争会。会后住在招待所。次日上午又叫我去八一牧场（后寨子）开了个斗争大会，二十五日下午旗里斗争大会继续开会。晚八时公署小惠的汽车又来了，车上坐着林春海，把我拉上十一时到了乌审召公社，二十六日乌审召开了一天斗争大会。这天晚上睡到夜一点半把我叫起来坐乌审旗的车（小惠的车已开走）回东胜。车上计有林春海、陈振义、额尔德尼、原乌审召武装部长和另外不认识的一人。到东胜又是早上六点多了。回来后又到十一号房间，发现云占魁、郄绳华、谷加堂等人都住在十一号房间，八时前他们都起床去礼堂开会去了。我上午休息，下午三时放我回家。

1967年4月30日

·10·

二月二十八日造反团盟委纵队宣布叫我劳动改造。二十八日、三月一日我掏了厕所。

三月二日联委会把我揪到党校。当晚开了个小型批判会议。决定叫我写检查。到三月五日写完叫段存仁拿走。

三月六日联委已发出海报说要在礼堂斗争我。早晨群众已经都在党校院里集合，突然听军事接管公安处。因此斗争会停开，下午叫我回家。

三月八日造反团星星之火红卫兵在礼堂召开大会斗争我。这天夜里住在二中，同学们叫我揭盟委阶级斗争盖子。

三月九日二中同学叫我写检查材料。下午他们正在往家送时联委会在路上把我从二中同学那里强行拉走，当夜住在党校。

三月十日、十一日，联委会开全盟有线广播大会斗我。

三月十七日，盟委支队张勋清宣布我和田万生、马丞鉴、陶特格其从即日起每天半天参加劳动，半天学习，并制订了几条纪律。

三月二十七日上午盟委各部、委、室、群众团体大会，暴、田、马、陶在菜园子劳动。由格日勒图将陶特格其叫去夺权。

四月六日，造反团星星之火红卫兵到我家造反，查问我家有没有电话机。我说：在春节前军分区已经拿走（我当时已被杭旌揪走）此后再没安过。

四月十日、十二日、十七日或十八日联委会三次斗争暴、郝、田，我都赔斗了。（郝系缺席斗争）

四月二十七日，星星之火红卫兵把我揪到二中交代问题。造反团负责人张锦参加。主要核对(1)最近联委会给你安电话没有？(2)是否准备在五五月上班(3)与乌旗武装部有没有联系？(4)联委会把你拉去（指三月二日到六日）都跟你说了些什么？

五月四日，下午二时造反团将我揪到礼堂，开大会准备斗争暴、康、李，结果康、李都没抓去，就斗了我一人。在一个半人发言后，大会主席宣布把会场转移到建筑公司去开。因之红卫兵把我押送到建筑公司和气象局之间站了二、三十分钟以后就叫我回家了。

五月八日（或九日）一中八一红卫兵将我揪去叫解答问题，搞了录音（医学院小刘同志参加），九日放回家。

五月十五日，夜十一时造反团星星之火红卫兵将我揪去，从十二时到次日八时开了斗争会，叫我交代乌兰夫黑手伸到了谁头上？我说伸到了郝、田头上。

五月十七日中午造反团井岗山将我叫到原阎耀先的宿舍去由田崇君审问：(1)乌兰夫的代理人是谁？(2)你在三月份贴过大字报没有？

暴彦巴图

1967年6月20日

××××××××××××××××××××××××××××

关于伊盟两派组织简况和两条路线的斗争

××××××××××××××××××××××××××××

鄂尔多斯总指挥部

揪暴、杨、康、李兵团

一九六七年七月十日

目　　录

一、分歧从何而来 …………………………… 1

二、两个组织的形成和发展 …………………… 6

三、在批判反动路线中的激烈斗争 …………… 10

四、一月革命风暴中的斗争 …………………… 16

五、资本主义复辟和反复辟的斗争 …………… 19

六、伊盟联委会是对抗党中央，破坏中央八条
    决定的罪魁祸首。………………………… 23

最 高 指 示

"搬起石头打自己的脚"，这是中国人形容某些蠢人的行为的一句俗话。各国反动派也就是这样的一批蠢人。他们对于革命人民所作的种种迫害，归根结底，只能促进人民的更广泛更剧烈的革命。

关于伊盟两派组织简况和两条路线的斗争

伊盟的无产阶级文化大革命，从一九六六年六月开始至一九六七年七月，搞了一年之久，从已走过的路子看，大体可分四个段落；即1966年6月10日初主要是鸣放、揭发问题，炮打司令部；10月中旬至12月末主要是批判资产阶级反动路线；1967年1月间主要是夺权斗争；2月至7月主要是资本主义复辟和反复辟的斗争。现将鄂尔多斯造反派和伊盟联委的斗争情况，简要介绍如下：

一、分歧从何而来。

伊盟无产阶级文化大革命，一开始就存在着两条路线的斗争。运动初期的主要分歧是：

1.一个要把矛头指向群众，一个要炮轰当权派。六月四日，在盟委付书记杨达赖、康骏的主持下，成立了盟委文革办公室，盟级机关、学校从此开始学习文件。六月九日，伊盟一中曾梅庆等十二名同学给常敏康、张玉勤、吴云波三名教员贴出一张大字报。这张大字报，很快就被康骏利用了。他说："一中十二名同学的大字报，是革命的大字报，很好，可以整理登报"。开了群众斗群众的先例。并派报社付总编张光鹏、王允仲去整理，后因文办意见不一，没有登报。

杨达赖、康骏等人，为了更进一步把斗争矛头指向革命群众，还在各种会议上做了部署。六月二十九日，杨达赖在党委口动员会上说：在大鸣、大放的问题上，不要有框框，不管什么人，不管什么问题，敞开

一1一

放。"七月六日，杨达赖又佈置："可以做些重点人的材料准备，搞一些声讨，一般干部中的重点人，也可搞大字报选编。"在一次工作组长会上，杨达赖又说："政策现在可以不讲，要讲粗讲，不要细讲。"康睦还强调说：要求把左派馬上組織起来，有几个組織几个，要很快进行左、中、右排队，右派有多少，算多少，不能有框框。就是在康睦、杨达赖的精心策划下，挑起了一场群众之間的大混战。运动初期，群众相互贴大字报的波及面达4239人，占参加运动总人数的37%，杨、康的追随者，就这样把矛头从当权派转向了群众。

但是，少数敢想、敢闯的革命派（现大部份在鄂尔多斯）贴出大字报，反对杨达赖挑动群众斗群众的做法，并且坚决向当权派猛烈开火。六月十一日，二中丁桂等人給校长金岗贴出了第一张大字报，打开了炮轰当权派的局面。与此同时，盟委机关从揭报社、宣传部的問題开始，一直揪到盟委书記头上，六月二十日，谷加堂、刘凤陛、包佐民等同志給暴彦巴图贴出了第一張大字报，打乱了杨达赖、康睦整群众的計划，揭开了炮轰盟委当权派的序幕。

2—一个要派工作组鎮压群众运动，一个要赶工作组自己閙革命。正当革命群众冲破种种阻力，炮轰司令部的时候，杨达赖、康睦等一小撮人慌了手脚，从六月下旬开始，先后急急忙忙給九个重点单位派出了工作组，鎮压群众运动。工作组进点前，康睦佈置说："抽的同志都是左派，能承担了責任的人，你們要活学活用主席著作，把运动引向正規。"这批工作組的人选，大部份是联委会的干将，工作組一进点，就把斗爭矛头从当权派身上转移出去，指向了革命群众。如伊一中工作組长奇珍（机关党委书記、联委干将），一进学校就說："我們是毛主席派来的，是盟委选拔的左派，你們要相信我們。以此压制群众，并整理了黑材料，搞了左、中、右排队。二中工作組长王智慧（文教政治部付主任、联委后台之一），进校就说："金岗（校长）问题不六，应当上下左右一齐开炮，横扫一切牛鬼蛇神。"把矛头指向了给金岗贴大字报的四名教员。报社工作组长郭振范（盟委办公室付主任、联委干将），一进报社就保付总编李子野。张光鹏，打击革命群众。贸易公司工作组长张贵山（商业局付局长、联委干将）刚一进点就威胁群众说："现在有些人热衷于联名写大字报，咱的一枪打错了怎么办。"

工作组帮助当权派镇压群众运动，很快就引起了革命派的反对。七月十七日，二中教员于永发、宝音等同志给王智慧工作组贴出了第一张大字报，赶工作组出校。王智慧看到大字报后还说："我们是盟委派来的工作组，给我们贴大字报是对盟委的态度问题。"八月一日，一中周德玉等同学又给奇珍工作组贴出大字报，奇威胁说："我们不是左派，党就不派我们来了，你们反对我们，就是不相信党。"八月三日，一中革命学生要批判工作组，但被麻骏阻止。当贸易公司工作组被迫撤走时，党支部付书记吴昌雪（联委干将）还召开了欢送大会，他说："工作组成绩是肯定的，没有很好地发动群众是因为时间短，工作组辛苦了，加班加点整理了很多材料（註：整理了八个一般群众的黑材料）后来，造反派撤工作组检查，他们百般阻挠，不让批判。

八月二十二日，内蒙古党委派来了雷代夫等三同志（实际是变相工作组），名为了解伊盟情况，实则是保暴彦巴图。当韩明、李建华等同志给雷代夫贴出第一张大字报后，暴、杨的追随者却说："你们贴大字报，是想赶走雷代夫，不相信内蒙古党委。"

3一个要保盟委当权派过关，一个要大揭盖子，揪出走资本主义道路的当权派。

八月三日至十四日，盟委召开了二十三级以上党员干部会议。会上，以暴彦巴图为首的一小撮人，大肆活动，几个书记互封左派，妄图转

—3—

移斗争目标。暴说：在华北局会议上，伊、巴两盟没有斗争对象。杨达赖说：衡量一个地区领导干部好坏，有三条标准，一看组织群众学习主席著作怎样；二看四清搞得怎样；三看生产搞得怎样。这几条伊盟不是搞得不错嘛。那么，暴彦巴图是个什么人，你们就会得出结论。暴说：康畯是受乌兰夫排挤的，被调出来的大汗族主义书记。康说：暴彦巴图同志不是乌兰夫黑线上的，不要形成汗人整蒙人。郝文广说：暴彦巴图反乌兰夫很积极，是左派。请看，他们围绕着书记之间的问题，官官相护，互封左派，保盟委、保自己，压制群众揭发问题。暴、杨的保皇派，也跟着唱这个调子，胡说什么伊盟问题不大，暴彦巴图是有错误的好干部。他们疯狂地打击给盟委当权派贴大字报的革命群众，甚至给那些敢于斗争的同志扣上："政治扒手、伸手派、牛鬼蛇神、黑党员"等大帽子，进行政治迫害。

八月十四日至二十日，暴彦巴图、郝文广参加了内蒙古党委在华北局召开的会议。内蒙古党委给郝文广布置了保暴任务，回来后就有计划，有组织的进行活动。八月二十日，暴彦巴图主持书记会议，会上，郝文广传达了内蒙古党委的保暴指示。根据暴彦巴图意见，决定由郝文广、康畯、赵怀斌做汗族干部的工作，暴、杨做蒙族干部的工作，转移斗争目标。八月二十一日，郝、康、赵召开了十九名汉族干部会议，郝文广又一次强调暴彦巴图是左派，康畯强调不要形成汗人整蒙人。晚间，暴彦巴图又主持书记会议，吸收分区司令员包盛标，付政委陈维舟参加，通过讨论议定了"不准群众查盟委文件"，"调正文办工作人员"等五点黑计划。八月二十二日，付盟长吴占东跳出来威胁说：暴彦巴图同志是内部问题如果以黑邦打，我就不参加会议了。

炮打司令部就遇到了更大的阻力。这种阻力主要是来自那些混进党内走资本主义道路的当权派。同时，也来自旧的社会习惯势力。

当权派的压制，保皇派的充当，进一步激起了革命派的斗志，促使我们更加猛烈地向盟委开炮。为此，刘斐然、张基林等八同志，先后相继贴出了"这是什么问题"、"揭穿暴彦巴图放的烟幕弹"，"暴彦巴图活动鬼享记"、"康骏同志在搞什么"、"郝文广为什么不让查文件"、"杨达赖，你究竟扮演的什么角色"的大字报。揭露了盟委几个当权派破坏文化大革命的阴谋，批駁了保皇派的謬論。

八月十八日起至十月初止，盟委召开了全委扩大会議，把处级以上当权派集中起来开会，炮打司令部。由于他们封鎖会議消息，使一些有严重問題的人借机逃避羣众斗爭。为此，郭建华等同志连續贴出把前盟长王悦丰、付盟长馬富綱清除出党的大字报。九月十三日，組織部长白布和（联委会后台）急忙解釋說：在民族干部中，王悦丰革命到底的思想是比較堅定的，王有生活作风問題，是个帮助教育問題。接着全志忠等十三同志贴出了"必須猛烈进攻敌人"的大字报，造了盟委全委会的反，把付盟长馬富綱赶出了全委会議。在此期間，羣众自发把逃避运动的金汗文从烏审旗反动喇嘛家里揪回，让其参加运动。經过斗爭迫使盟委把会議簡报发到了盟委机关各小組。

九月十九日，一中红卫兵到盟委造反，要羣众揭发暴彦巴图等人的材料，康骏、杨达赖堅持不給。杨怕羣众揪暴，将暴藏到了机密部位档案館。

九月二十三日，红卫兵小将把付盟长奇志义（反动王爷）等二十多个走資本主义道路的当权派揪出去遊了街。

九月二十七日，盟委机关干部和暴彦巴图核对材料，暴的态度不老实，引起羣众不滿。由盟委机关革命羣众配合红卫兵把暴揪出去遊了街。

这些造反行动，在社会上引起了强烈的反映，革命派說好得很，保守派說糟得很。他们誣蔑九月二十三日红卫兵小将的革命行动是"人为的恐怖"。还'出大字报說：暴彦巴图是不是黑帮，如果不是为什么揪

—5—

214

暴游街，叫他游街，这个行动是指向了谁？指向黑邦，还是指向革命？指向暴本人，还是指向共产党？

就在这时，白银柱从外地串连回来，做了一个报告。提出了誓死当"无产阶级保皇派"的口号，创造了对当权派"揭也可以，保也无罪"的谬论。白银柱的报告，说出了暴、杨、康、李等一小撮人想说而不敢说的话，干出了他们想干而不敢干的事。因此，受到了以杨达赖为首的一伙人的赞扬。他们连续给白银柱安排报告会，并且为之录音。盟委办公室的秘书、科长、干事推上录音机，到处播送。在盟委支持下，白银柱的这个报告，可谓红极一时，在东胜地区做到了家喻户晓。杨达赖、康骏对白银柱报告的重视程度，远远超过了中央的重要指示，从此，盟委的保守派便选中了这个保皇小丑，在暴、杨的扶持下，白银柱很快就成了伊盟文化大革命中赫赫有名的大人物了。

白银柱的报告，是右倾机会主义的代表作，革命派坚决反对，保守派热烈赞扬。这种分歧的实质是，革命派的造反精神和党内走资本主义道路当权派，资产阶级保皇派的根本对立，是毛主席的革命路线和资产阶级反动路线的根本对立。这种立场、观点上的分歧，就是伊盟两派形成的根本原因。

二 两个组织的形成和发展。

伊盟第一个革命群众组织，是总指挥部方面，盟委机关少数派，于十一月五日成立的《捍卫毛泽东思想战斗队》。经过串连，于十一月八日，组成赴呼揪暴的《伊盟红色革命造反团》。举起了革命造反大旗，吹响了向资产阶级反动路线进攻的进军号。在呼市，大造了内蒙党委资产阶级反动路线的反；从三干会上揪出三反分子暴彦巴图。在东胜地区，冲破了关着门搞革命的旧框框，迫使各种名样的人物，在两条路线斗争中亮出了自己的观点，由机关、学校内部，走上社会，汇集成革与保的两大派。接着，各机关中支持总指挥部的革命群众，先后成立了《永红》、《井岗山》、《卫东彪》、《伏虎》等十多个战斗队，于十一月末，这些战斗队成立了《无产阶级革命造反联合战斗队》。十二月十八日，战斗队已经发展到卅多个，统一组成了《鄂尔多斯无产阶级革命造反司令部》几个中学的部分红卫兵，组成《鄂尔多斯红卫兵革命造反司令部》，之后又成立了《鄂尔多斯工人革命造反司令部》。于六七年元月二十五日，为了适应斗争的需要，三个司令部组成联合组织，即《鄂尔多斯无产阶级革命造反联合总指挥部》。

联委会的第一个组织，是十一月十一日成立的《红色战斗团》。这个组织成立的目的是：反对从三干会上揪妻布巴图，保内蒙党委的资产阶级反动路线。斗争的矛头指向《红色革命造反团》的革命群众。十二月五日，以盟委办公室、盟委宣传部、党校、报社、一中、师范等单位为核心，组成《红卫战斗纵队司令部》。红卫兵方面，成立了跨行业的《八一红卫兵总部》。六七年元月二十三日深夜，为了夺权，把《红卫战斗纵队司令部》改称《伊盟无产阶级革命造反联合委员会》。

从两派组织状况看，其成员的主要特点是：

鄂尔多斯方面，绝大部份是运动中敢想、敢说、敢斗争、敢造反的革命干部，革命师生、革命工人。其中：有一部份是过去受走资本主义道路当权派排挤的人，以及运动初期因给领导贴大字报受资产阶级反动路线迫害的人。如二中星星之火、一中井岗山、卫校长征、师范东纵等红卫兵组织，以及气象东方红纵队、报社卫东彪、盟委纵队、建工造反司令部等战斗组织，其主要成员多数是属于上述情况，有些单位从开始到目前为止，一直是受压抑的少数派。

鄂尔多斯造反派，两次被打成了反革命。一是因造盟委学代会的反，在康骏、杨达赖的精心策划下，借所谓的"一·七"事件，被打成了反革

—7—

命。二是这次资本主义复辟中，被暴、杨、康、李等一小撮坏蛋打成了"右派组织"。因此，鄂尔多斯所属组织的成员，都是三月资本主义反革命复辟的受害者。

伊盟联委会人员组成状况是：

1.有各种严重问题的当权派，为了保住他们自己，所以都加入了以保皇起家的联委会。

现任书记、盟长十一人，站在联委会一方的八人。运动中被揭发出重大问题的七人，其中：两人已被打倒，四人是搞资本主义复辟的急先锋；处级以上干部站在联委会方面的七十二人，运动中被群众揭发出重大政治历史问题和重大现实问题的四十三人，占72人的59%。）

2.执行资产阶级反动路线的顽固分子和运动初期（六至八月间的杨、康御用文革、工作组时多数成员，都是联委会干将和要员。

康、杨派出的工作组成员，共四十三人：站到联委一方的二十七人，占62.8%，其中：工作组长十三人，站在联委的九人，都是干将。初期的御用文革：共196人，联委方面的111人，占56.6%，总指挥部方面的79人，占40.3%。未表态的6人。

3.运动一开始，各单位都有一批保守人物，他们保本单位的当权派、保党支部、保杨、康的御用文革、保工作组。两派组织形成时，这些人追随他们所保护的当权派，同时加入了联委会。在盟级机关共有十四个单位是这样，如：盟委办公室、盟委宣传部、党校、报社编辑部、畜牧处、外贸处、物资局、气象局、贸易公司、财办、财贸政治部、粮食局、一中、师范。这里，举几个单位的实际情况来说明。

盟委办公室共有十四人，主任刘凤翔有重大政治历史问题，一九六四年在内蒙党委反右上纲会上，被大会赶回伊盟，从运动开始到现在，办公室对刘凤翔没做任何触动。对盟委书记，他们也极少写大字报。两

—8—

大派形成时，这个单位成了联委会的骨干組織之一，由主任到打字员，都在联委担任了重要的角色。

盟委宣傳部有两名付部长，一个是混入党内的阶級异己分子。一个是参加工作后，帮助其地主分子的父亲捆绑我基层干部的复仇分子。运动中，宣傳部是下保部长、中保书記、上保刘、邓、陶的典型单位，也是联委会核心組織之一，有的担任了联委的重要职务。多数都是联委会的写手。

报社編輯部，共有二十七人。第一付总編李子明、第二付总編張兆鵬，是地地道道的修正主义分子，是暴、楊、康、李的红人。这个編輯部，是給暴彥巴图等一小撮坏蛋歌功頌德，树碑立傳的急先鋒。臭名昭著的十四大版材料，有他們的大量“杰作”。評功摆好的五号（即五輯）大字报傳单，完全出自他們之手。两派形成时，两个付总編，率二十四名編輯及职员加入了联委会（共二十六人）。联委会散发的反动傳单，大都出自报社編輯部。

师范学校的校长黄曙华（盟委付书記楊达賴的老婆）。伪少尉軍官出身，官僚地主的女儿。是暴、楊、康、李的死党。在黄的統治、蒙蔽之下，白色恐怖前，这个学校的全部教师、职工和絶大部分学生，都参加了联委会，并且是著名打手队。

气象局局长、党支部书記刘琮，公然提出“我們的党支部是久經考驗的，完全能夠領导好运动。不相信党支部，就是不相信党中央。”把給刘琮提意見的六名羣众，全部打成反革命，进行了殘酷的围攻和斗爭。两个組織形成时，刘琮及其打手，全部站到了联委会。刘琮因鎮压羣众有功，被联委任为作战部顾問。

联委会还是地、富、反、坏、牛鬼蛇神的黑窝。許多有重大政治历史問題，重大現实問題的人，以及社会上的牛鬼蛇神，都紛紛要求加入联委会。暴、杨、康、李为了扩大保守势力，也就来者不拒，全部收罗起来。东胜城关镇的《老愚公战斗队》，共有卅五人，有各种问题的二十八人。其中按公安六条规定，不允许参加群众组织的就有九人。据调查，联委会成员中被公安六条规定，不允许参加群众组织的共有２００多人。

暴、杨、康、李等一小撮党内走资本主义道路当权派，就是这样发展壮大他们的组织的。这是联委会，沿着刘、邓路线越滑越远，大方向始终搞错的真正原因。

三、在批判反动路线中的激烈斗争。

总指挥部成立的第一个组织，是为了向资产阶级反动路线开火，揪出党内走资本主义道路的当权派。

联委会成立的第一个组织，是为了保党内走资本主义道路的当权派，保资产阶级反动路线。

两大联合组织成立后，仍然是一个要革，一个要保，总指挥部所有的较大的革命行动，都遭到联委会的反对和破坏。联委会从成立起斗争矛头一直是指向革命群众，千方百计想搞垮总指挥部，以达到他们保护党内一小撮走资本主义道路当权派的目的。

现将几个关键时刻，所发生的主要事件，简要介绍如下：

⒈总指挥部，根据炮击司令部阶段，群众揭发鸣放的材料，对当权派的问题，分别作了查证核实，揪出以暴彦巴图为首的十六名党内走资本主义道路的当权派，并把他们撤了职，罢了官，对暴彦巴图和盟委几个当权派的材料，经过多次查证整理。而联委会却急急忙忙抛出给暴彦巴图评功摆好的十四大版材料，即《关于伊盟盟委书记暴彦巴图同志同周的资象》以及歌功颂德的《大字报传单》（共五辑）。在十月间，就散发了"暴彦巴图同志是无产阶级当权派"的传单，还叫嚷说："暴彦巴图同志的材料有水分！"暴彦巴图同志的查证材料，是反动路线的产物。企图以此压低

暴彦巴图罪恶的分量，从而保住一小撮反革命修正主义分子。

2.正在刚要批判资产阶级反动路线的时候，十一月一日，内蒙党委通知暴彦巴图去参加自治区的三干会。

总指挥部方面认为：内蒙党委，把与我们党有杀父仇、阶级恨，恶毒地攻击三面红旗，疯狂地攻击我们伟大领袖毛主席的暴彦巴图揪上三干会，是资产阶级反动路线的表现，所以组成《伊盟红色造反团》，到呼市从三干会上揪出三反分子暴彦巴图，造了内蒙党委反动路线的反，散发了"必须彻底砸烂内蒙党委某些领导人在伊盟问题上所执行的反动路线"的传单（十一月十五日）。

联委会的头头们说："暴彦巴图同志参加三干会，是内蒙党委决定的，伊盟盟委同意的，完全合乎组织原则。""暴彦巴图同志一没撤职，二没罢官，完全有权利出席三干会。"于是在十一月十日深夜，在盟委组织部付部长白布和，盟委办公室主任刘凤翔，付主任卢选仲等人的煽动下，组织了《红色战斗团》，到呼市与《红色造反团》的群众辩论，搞乱，阻碍造反团揪暴，保护内蒙党委的反动路线。他们还在达旗煽动起一份所谓十八万人对造反团的抗议电。"坚决抗议造反团揪暴"的行动。

暴彦巴图被揪回伊盟之后，内蒙党委给伊盟盟委发出指责《红色造反团》的电报，要求在做好工作的基础上，让暴彦巴图重返三干会。

总指挥部认为内蒙党委的电报，是对革命群众的打击，是挑动群众斗争群众的棍子，是资产阶级反动路线的继续，所以再次赴呼造反，经说理辩论，内蒙党委承认了错误，作了收回那分电报的决定。

联委会的要员说："内蒙党委不是乌兰夫时代的内蒙党委了，我们应当完全信赖。""内蒙党委电报是正确的"，"造反团的作法，是破坏民主集中制，违背组织原则"的错误于是，在都文广、杨达赖，康骏

—11—

等人的支持下，继续召开了"同一观点人"的会议。对造反团大肆攻击和謾駡。"抗議造反团破坏內蒙党委决定的行动"，"坚决拥护內蒙党委的电報。""坚决拥护暴彦巴图同志重返三千会"，"造反团滚出东胜去"等大幅标語，貼滿大街小巷。于十一月二十五日凌晨，把暴彦巴图送返三千会。

3.紅色造反团在呼揪暴造反期間。內蒙領导人說："暴彦巴图同志的参加三千会，是华北局批准的，陶鑄同志点头的。"造反团于十一月十八日，派出赴京小組，造了华北局的反。幷向陶鑄送交了书面抗議。联委会中的干将胡說什么"陶鑄同志是四号人物，可以代表党中央。"康駿于十一月二十四日也帮腔說："造反团的同志乱怀疑，对陶鑄同志也不信任，这是不对的。"

4.在十二月黑风中，总指揮部坚决揭露刘、邓反党罪行，向刘、邓黑风作不調和的斗爭。联委会死保刘、邓，大刮黑风。

十一月二十日，十二月二日，造反派协助师院《东縱》赴伊串連队，召开了兩次串連大会，揭露了刘、邓反党、反社会主义、反毛泽东思想的罪行，介紹了內蒙党委反动路綫的表現。幷且張貼、散发了有关的大字報和傳单。把首都的，外地的斗爭情況介紹給伊盟的革命羣众，本来是件大好事。但是，暴、楊、康、李操縱的联委会（当时叫紅卫縱队）却对此恨之入骨。他們組織《孺子牛》、《从头越》、《风雷激》、《追穷寇》、《延河》、《經风雨》、《挺进》等十多个战斗队，大量張貼散发大字報和傳单，围攻《东縱》串連队和伊盟造反派。他們放肆地把中国的赫魯晓夫和偉大的領袖毛主席平列起来，胡說什么"……你們把刘少奇同志說成与敌人无异，这种宣傳的用意何在？是把矛头指向刘少奇同志，还是指向以毛主席为代表的党中央。""你們講刘少奇是党內走資本主义道路的当权派，修正主义等等，……其用意是恶毒的。企图勾起全盟人民对毛主席的怀疑赶快收起你们的咀吧！"还攻击对刘、邓罪恶的揭露是"硬把刘少奇同志从以毛主席为代表的党中央往外拉，他们反对批判刘、邓的黑风，一直刮到十二月底。

5.总指挥部积极批判伊盟盟委的资产阶级反动路线，联委会千方百计的予以抵制和破坏拼命保护盟委的反动组织。

十二月六日，十二月十二日，总指挥部召开了两次批判伊盟盟委资产阶级反动路线大会。控诉了杨达赖、康骏指派官办文革，派遣御用工作组，挑动群众混战，把大批群众打成反革命　等滔天罪恶；也揭露、批判了郝文广、杨达赖、康骏等几个付书记，保党内一小撮走资本主义道路当权派的言行；还痛斥了暴彦巴图自己保自己的阴谋活动；《东纵》串连队的同学，揭露了杨达赖、康骏、推崇一中代理支书白银柱串连报告的阴谋。这些控诉和揭露，刺痛了杨、康等一小撮顽固执行反动路线的当权派，也触怒了联委会中的头目，他们唆使联委会打手郝占海（其父四清中畏罪自杀）闯上主席台，踢板橙抢喇叭，大喊"今天的会议开的不好"，六日的大会，被破坏的不能正常进行，十二日的会议，他们又挑动一部分学生，以要求安排发言为名，在后台吵嚷，捣乱一个来小时，严重的破坏了大会的秩序。

十二月十三日，联委会的前身《红卫纵队》，也召开了所謂批判盟委反动路线的群众大会。其矛头又是指向了总指挥部，明目张胆地为盟委执行反动路线的领导人作辩护。联委会所属《从头越》战斗队代表×××，在大会发言时，公开为把群众打成反革命的罪魁祸首杨达赖作辩解。他说："杨达赖同志是受排挤的，是所謂的保皇派，是被某些人推出来的挡箭牌。……"还有人说："暴彦巴图是被斗对象，批判暴是转移斗争大方向。"联委会的主要负责人苏春光的发言，基本調子是替以暴彦巴图为首的一小撮反革命修正主义分子喊寃叫屈。把给暴彦巴图等一小撮人写大字报的

必 ... 了，都当成反动路线点名批判，說他們給暴貼大字报"起了定調子、划框框"的作用。公开否定总指挥部六日、十二日两次大会的积极作用，把执行反动路線严重的郝、楊、康保了下来。

〈……文化大革命进入緊張阶段，伊盟盟委决定于六六年十二月廿日、召开全盟二届学代大会，于十二月十六日，盟委发出"关于开好全盟学代会的緊急通知"，在通知中规定："……在会議期間，不要到会坊和代表 ... 散发有关文化大革命中互相辩論的傳单和闡述各种观点，不要进行申辯，不要干扰会議，总指挥部认为：盟委的緊急通知，是资产階級反动路線的又一次大暴露，所以连續到盟委造反三次，要求盟委收回通知，把学代会与文化大革命結合起来，幷向羣众作出检查。学代会的領导者 ... 康駿固执已見，拒不承訊錯誤，幷指俟联委会出面对总指揮部进行攻击，他們說："造学代会的反，就是造毛澤东思想的反。"大量張貼了"誰破坏学代会就 ... 烂誰的狗头。""造反团破坏学代会罪責难逃。"等攻击造反团的大幅标語。他們还在学代会上煽动一部分代表，站出来"擁护"盟委的决定，与总指揮部作对。致使总指揮部三次造反未得到解决，在忍无可忍的情况下，于十二月卅一日，派出代表到內蒙党委反映了伊盟学代会的情况，內蒙党委当卽作了批复："伊盟盟委关于学代会的緊急通知，把学代会与文化大革命分隔开来是资产階級反动路線的表現应將通知收回，幷作深刻检查。"

总指揮部赴呼代表，于六七年元月三日，把內蒙党委的批复精神傳回东胜，用大字报轉抄公布于众，幷貼出"康駿在学代会上执行的反动路線必須检查"，"学代会必須和文化大革命緊密結合"等大幅标語。幷普向盟委提出：給安排有綫广播大会，批判康駿，在学代会上执行的反动路線。康駿及联委会中的一小撮人，为了繼續推行反动路線，他們策划出一个"批下保上"的阴謀，把伊金霍洛旗医院（科級单位）的反

—14—

动路线，搬到了东庄，决定于七、八两日，由联委会召开全盟有线广播大会，批判伊旗医院的反动路线，以此对抗内蒙党委的批复。

康骏等人的阴谋活动，激起指挥部方面广大革命群众的愤怒，于六日晚再去盟委造反。由于康、杨顽固坚持其反动立场，一手策划挑动起所谓的一、七事件，把总指挥部负责人姜永厚，總务工人李振升，打成现行反革命。资本主义复辟中，他们又把李振升同志隔离软禁。并且攻击迫害其家属，造成李振升受人流言死亡，害的李振升同志家破人亡。

暴、杨、康、李及联委会中的一小撮人，还施展了不少卑鄙的手段，用以掩盖他们保反动路线，保党内走资本主义道路的当权派的丑恶嘴脸。

一个是"打下保上"。在炮击司令部阶段，他们千方百计把斗争矛头指向革命群众，在批判反动路线时，又是眼睛向下，把矛头指向群众。对来自上边的反动路线则大保特保。干着代着观点"批下保上"的丑恶勾当。和他们观点不同的，抓住不放。与他们观点相同的，不仅不批判而且反对别人批判。如：气象局长刘琼、一中代支书白银柱，师范御用文草成员冯希贤、贸易公司文书刘效光，付经理号占元，以及派往一中的工作组长奇珍、二中工作组长平营慧，贸易公司工作组长张贵山等人，都是推行反动路线的急先锋，杨、康镇压群众的帮凶。联委会对他们从不批判，而且请到联委大院保护起来，分别给安排了要职。

什么叫做"以夺权为纲"呢。

事实表明，暴、杨、康、李及联委会的一小撮人，自去年十月下旬以后，在两条路线的大搏斗中，是一直死保反动路线的，由刘、邓、陶一直保到基层文革，一直是想搞垮总指挥部，以达到他们顺顺利利地保住以暴彦巴图为首的一小撮坏蛋的目的。而他们却恬不知耻的说是"批判反动路线起家的"。纯属自欺欺人的鬼话。

四、一月革命风暴中的斗争。

上海一月革命风暴传来，总指挥部立即开展了夺权斗争。

一月十六日，鄂尔多斯红卫兵等三个革命造反司令部封闭了鄂尔多斯报社编辑部。宣布报社长期以来，在隐瞒富农成份、混入党内的阶级异巳分子陶特格其，反革命修正主义分子李子野等一小撮坏人的控制下，顽固地推行着一条修正主义的办报路线，忠实地，积极地执行了反革命修正主义分子陆定一、周杨的黑指示，贩卖了大量的修正主义黑货。他们公然宣称，要把鄂尔多斯报办成象"北京晚报"那样具有独特风格的小报。在文化大革命中该报又充当了盟委推行资产阶级反动路线的工具，为暴彦巴图修正主义集团歌功颂德，树碑立传，公开和毛主席的革命路线唱对台戏。因此，我们砸烂了这个资产阶级的喉舌，夺回了这个宣传阵地，办起了新生的"红色电讯"。

一月十九日，伊盟联委会搞了一个所谓的报社革命造反委员会，发表声明说：鄂尔多斯红卫兵等司令部，封闭报社犯了方向、路线错误。妄图向革命派反扑，但被革命群众很快就击退了。

一月二十三日上午，鄂尔多斯红卫兵等三个革命造反司令部，发出第一号夺权通令：宣布夺了以暴彦巴图为首的一小撮走资本主义道路当权派的权，并在公署礼堂斗争了十六个大坏蛋。

革命派的夺权斗争，给暴彦巴图修正主义集团敲响了丧钟。伊盟联委看到形势不妙，怕其主子失去党、政、财、文大权，于一月二十三日深夜，采取突然袭击的办法，封闭了盟委和公署两座大楼，宣布了所谓夺取盟委、公署一切大权的通告。在通告中，根本不敢触及以暴彦巴图为首的一小撮坏蛋的半根毫毛。只是笼统的说：盟委不高举毛泽东思想伟大红旗，不突出政治，运动中执行资产阶级反动路线，因而夺权。他们这种"假夺权、真保皇"的两面手法，立即就遭到了革命派的坚决反对。因而被迫继续发出四号通令，前后矛盾百出，机会主义十足，充分暴露了保皇小丑的咀脸。

一月二十五日，鄂尔多斯红卫兵司令部，师院东纵、包头分院红旗赴伊串连队等十五个革命造反组织，发出紧急通电，彻底揭露了伊盟联委"假造反、真保权"的反动本质。接着，总指挥部宣布了第二号夺权通告，并在那些需要夺权的基层单位，进一步展开了夺权斗争。

一月夺权斗争，迫使大部份当权派亮相，两条道路的斗争更加尖锐了，两个阶级的障线更加清楚了。二月二日，鄂尔多斯总指挥部召开了革命派联合誓师大会，以白海喜、王汉清为代表的十八名处级干部，公开发表声明，支持鄂尔多斯造反派。二月五日，伊盟联委也召开了联合誓师大会，把反革命修正主义分子李子野请上了主席台。会上盟计划政治部主任李守文代表五十二名处级干部亮相，表示支持联委。但是做贼心虚，不敢公布亮相干部名单。总指挥部夺权，联委会就搞反夺权。总指挥部搞革命的大联合，联委会则搞乌七八糟的大凑合。他们总是站在资产阶级的反动立场上，对抗革命派的革命行动。

五、资本主义复辟和反复辟的斗争。

二月以来，乌兰夫的代理人王逸伦、王铎，在内蒙古掀起了一股自上而下的资本主义复辟反革命逆流。在全区两个阶级、两条道路大决战

—17—

的关键时刻，暴、杨、康、李操纵下的伊盟联委会，忠实地、积极地充当了王逸伦反革命政变的御用工具。而总指挥部却坚定地站到了毛主席的革命路线一边，和党内一小撮走资本主义道路的当权派进行了坚决的斗争。

　　烏兰夫、王逸伦在伊盟的代理人，暴、杨、康、李等一小撮坏蛋，经过精心策划，大搞了反革命政变。内蒙古"二、五"事件发生后，总指挥部立即致电、派人声援呼三司。暴、杨、康、李等一小撮混蛋，却指使其御用核心组织——红卫战斗纵队司令部上阵，于二月六日发表了一篇题为"誰反对中国人民解放军，就砸烂他的狗头"的文章，杀气腾腾，公然诬蔑呼三司是反革命组织，说什么：在反革命这一点上，造反团和呼三司可以说是：志同道合"了。并且开动一切宣传机器，大造舆论，除了大量散发，广播内蒙军区和呼市无产者、红卫军、工农兵的反动传单外，伊盟联委还发表了大量的反动文章。恶毒攻击呼三司和区党委的革命领导干部。在此期间，盟委常务付书記刘忠同志和康骏交换意见，刘說："咱们研究一下，看支持那一派"。康說："用不着研究，自己看那边对，就站到那边"，盛气凌人地拒绝了刘忠同志的帮助。接着，这伙混蛋就把斗争矛头指向站到毛主席革命路線上的刘忠同志，通过所謂的"冲击内蒙古军区"、"红旗军、"彭建忠"、"江涛"等事件，顛倒黑白，打击刘忠。他們把刘忠揪到联委会，三番五次进行圍攻斗争。为了搞臭坚决支持区党委革命領导干部，坚决支持呼三司，坚决支持造反团的刘忠，扫除其反革命复辟的障碍，他們还給刘忠同志加了許多莫須有的罪名，誣蔑刘忠同志是红旗军的后台，镇压軍众运动揪罪魁祸首，将在体育场召开羣众大会，声討斗爭，进行政治陷害。二月中旬，軍分区司令员包盛标和刘忠談話，提出两点要求：(1)軍区接管了內蒙古日报，盟委可召开个羣众大会庆祝。(2)呼三司和造反团攻击解放軍，你們是不是把呼三司联絡站赶走。并威胁說："羣众反映你是造反团的后台，造反团配合呼三司攻击解放軍，我們忍无可忍"等。包援出的你点要求，都被刘忠和总指掉部拒绝了。

二月二十五日，高锦明同志从北京给刘忠同志打来电话，了解盟委几个书記站队情况，并指示让支持造反派的书記出席内蒙古军区召开的三干会。刘忠原原本本把高锦明同志的意见，傳达給康骏和赵怀斌。經研究决定，让赵怀斌参加。刘忠还善意地給康骏轉达了高锦明同志的意见，要求盟委书記坚决站在造反派一边。但康骏却不满的說："不能跟他跑了，现在还是独立思考吧"！随后军分区給刘忠打电話，不同意赵怀斌参加内蒙軍区的三干会，于是就按分区意見，让康骏、金汉文参加了这个黑会。

三月一日，內蒙古軍区三干会开幕。康骏、金汉文参加了內蒙地下黑司令诸和"紅卫軍"、"无产者"、"工农兵"举行的反革命遊行大会，伊盟联委险掌报以特大好消息在头版报到。接着，康骏就給其黑伙伴李正东打来电話，准备向革命派夺权，鎮压革命軍众。三月二日，李正东在旗、县长会議上宣布：支持造反团和呼三司的人，不能参加抓草命、促生产的大会。三月五日，康骏指示联委說：呼三司是反革命組織，你們要很快动员红卫兵，闆上几辆汽车，把呼三司联络站赶走。伊盟联委当即发出了驅逐令，把联络站人員押送到了黄河畔。暴、楊、康、李几个坏蛋，經过密謀策划，在伊克昭軍分区支持下，便开始了反革命夺权。从三月六日至二十七日，在盟級机关夺了六十八个单位的权，实行資产阶级专政，残酷鎮压革命軍众，把造反团的三千多名軍众打成了"右派"、"反革命"，強迫自首，請罪圍攻、斗争。特別严重的是，把許多致于斗争，給走資本主义道路当权派贴大字报，揭发問题的革命闖将关进了監獄。誰反对暴彦巴图修正主义集团，就对誰进行疯狂的阶級报复，如盟委刘雯然、駱基林、姜永厚等同志，因运动中造了暴、楊、康等一小撮人的反，統統被打成"反革命"，捏造罪名，把刘雯然同志扣捕起来，抄家、陷害。牧区大票——乌审召宝日勒代同志，因揭发了暴彦巴图的反党罪行，在学代会上反对康、杨执行的资产阶级反动路线，就被他们打成了反革命修正主义分子。组织群众多次围攻斗争。这伙坏蛋为了给其主子王逸伦、王铎的反革命登基捧场，康骏、杨达赖、金汉文、李正东四人，于三月十七日发表了一篇题为"造反团为什么——反常态由打倒高锦明到投靠高锦明"的反革命宣言书，恶毒地攻击造反团投靠了高锦明——呼三司反革命黑窝。是物以类聚，人以群分的反革命等。就在王逸伦、王铎准备登基的前一天，这伙坏蛋得意忘形的向全国发出了通缉刘忠、郝文广的命令。宣布刘忠、郝文广是高锦明黑线上的反革命修正主义分子。三月十九日，他们召开了庆祝夺权胜利大会，康骏在会上说："高锦明等一小撮反革命分子，不甘心自己的失败，妄图向革命人民反扑，如果他们胆敢反夺权，我们就要坚决镇压，对他们实行无产阶级专政"。直到三月三十日，他们还发出通告宣布：内蒙古党委的重要通告（十个不准），是高锦明等一小撮反革命分子精心炮制出来的，是向革命派的反扑，一律无效。全区的无产阶级革命派，坚决拥护内蒙党委十条重要通告，而伊盟联委却恨之入骨。他们的反革命本质，不是暴露的很清楚了吗？

2，伊盟联委是黄厚、王良太的别动队。是死保带枪杆子的刘、邓反动路线的黑窝。"二、五"事件发生后，内蒙古地下黑司令部发出镇压呼三司的三条命令。总指挥部坚决反对，宣布这三条对革命造反派无效。而伊盟联委则立即广播，并且大量翻印散发，他们以拥护解放军为名，挑拨造反派和解放军的关系，聚机兴风作浪，打击以呼三司为代表的革命派。在大街、小巷贴出了"谁反对刘昌，就砸烂谁的狗头"，"反对刘昌，就是反对解放军"的大幅标语。二月十六日，周总理发出了停止扩大事态的四点指示，总指挥部坚决贯彻执行。但联委仍继续扩大事态，二月廿日还在街头张贴军区攻击呼三司的通告。新疆串连战士江湾撕掉这张通告，被他们认为破坏军令的反革命，揪斗到了众众众。在众本主义会脖中，把江涛扣捕起来，坐牢四十天，至今不给平反。内蒙军区三千会后，他们又向革命派宣布四项请罪条件：(1)承认呼三司是被一小撮反革命分子操纵的；(2)承认呼三司诬蔑了毛主席亲手缔造的中国人民解放军，破坏了解放军的声誉；(3)承认呼三司冲击内蒙军区是反革命行为；(4)向毛主席写请罪书。采用种种卑鄙手段，强迫鄂尔多斯造反派的战士请罪，要尽花招，分化、瓦解革命群众组织。

内蒙地下黑司令部的黑指示，是伊盟联委的行动纲领。他们到处吹捧内蒙古军区的反党集团造谣造到了中央军委头上。这伙混蛋发表了大量的反革命文章，大造反革命舆论顽固地执行带枪杆子的刘、邓反动路线提出了"反对联委会，就是反对解放军、反对毛主席"的口号，疯狂迫害革命群众。三月十九日，伊克昭军分区公然宣布总指挥部是右派组织，他们拼凑的所谓"三结合"革命委员会，竟把鄂尔多斯的一些战斗队宣布为"反动组织"，勒令解散。私设公堂，随意抓人打人，他们在白色恐怖中所犯下的滔天罪行，罄竹难书。

3.伊盟联委会和呼市"红卫军"、"无产者"、"工农兵"互相勾结，狼狈为奸，自上而下打击以呼三司为代表的革命派。在一月间，伊盟联委就和呼市红卫军搭了勾，联委外貌东方红飙队，就是内蒙联工红卫军在伊盟的一个别动队。二月以来，联委所属组织，通过各口和内蒙红卫军相互勾结，电话、电报、书信往来频繁，红卫军的大量反动传单，都是通过联委会在伊盟翻印散发的。保守派夺了内蒙古日报的权，伊盟联委于二月十八日致电祝贺，表示要和"无产者"团结在一起，战斗在一起，胜利在一起，四月二日，农牧学院红卫军张振贵还给县联委的海燕战斗队去信，大肆攻击呼三司。中央八条决定公布后，联委还请"无产者"在东胜到处做报告。直到六月十四日，联委砸公安处时，枪树清的红卫军头目肖继成，还参加了这场武斗。

二月五日，韩桐烈士牺牲，伊盟联委恶毒诬蔑，比红卫军有过之而无不及，联委的头子白银柱说：韩桐替法西斯卖力，死的比狗毛还轻。在大街小巷贴满了"青松不老用火烧，三司不倒连根刨"、"坚决斩断呼三司伸向伊盟的黑手"、"呼三司——造反团——红旗军是三家村黑店""呼三司和造反团是一对难兄难弟"的大幅标语。二月十五日，联委会召开四千余人的集会，抗议呼三司冲击内蒙军区，并发出通电，声讨呼三司。在资本主义复辟中，他们说造反团和呼三司穿的一条裤子，恶毒攻击，疯狂镇压。现在说造反团是红卫军的同盟军，又要把造反团和红卫军拉在一条线上，再一次打成反革命。其颠倒黑白之能事，实在令人气愤。

暴、杨、康、李操纵下的联委会，对鄂尔多斯革命派的种种迫害，只能激起我们对阶级敌人的愤恨，丝毫动摇不了我们革命到底的决心。在白色恐怖的日子里，鄂尔多斯革命派含着泪给韩桐烈士送花圈，不顾迫害，在大街小巷贴出了"一个韩桐倒下去，千万个韩桐站起来"、"青松不老，三司不倒"、"誓死与呼三司团结在一起，战斗在一起，胜利在一起""用鲜血和生命保卫毛主席的革命路线"、"用鲜血和生命保卫毛主席"、"毛主席呀！毛主席！我们日日夜夜想念你"、"下定决心，不怕牺牲，排除万难，去争取胜利"的大幅标语。二中《星星之火》，一中《井冈山》，卫校《长征司令部》的小将，在白色恐怖期间，质问、揭露暴、杨、康、李的大字报，一直没有间断。黑司令部强迫写请罪书时，我们的红卫兵就写出"因没把暴、杨打倒，特向毛主席请罪"的大字报，断然拒绝了黑司令部的无理要求。反革命的大抢权中，又写出"这是为什么"的大字报痛斥了反革命三结合的丑恶行径。总指挥部的负责人，有的在被捕前夕，还在写揭露暴、杨、康、李罪恶活动的传单。在白色恐怖中，大批同志被捕入狱，或者被扣在联委会软禁、拘留。他们在威逼审讯下，一直坚持着不屈不挠的斗争，因此，又增加了一条"不服改造"的罪名，有的还给带上撬铸。但是，也没从造反派战士身上捞去半点油水。伊盟联委控制交通运输，到处抓人打人，我们冒着随时被捕的危险，派出代表跋山涉水赴京上访，一次又一次地把王逸伦及其代理人在伊盟搞资本主义反革命复辟的罪恶事实，送给了区党委和呼三司的代表。把毛主席的声音，及时地传到了鄂尔多斯高原。在内蒙古向何处去的问题上，鄂尔多斯革命派坚定不移地站到了毛主席的革命路线一边，和暴、权、庭、李等一小撮坏蛋，进行了不调和的斗争。

四月二日，鄂尔多斯以刘忠为首的二十五人写出大字报：声明伊盟三月夺权，是资本主义反革命复辟。一针见血地击中了暴、权、庭、李等一小撮反革命修正主义分子的要害，他们恨得要命，于是伊盟联委会便开动一切宣传机器，诬蔑这张大字报是反革命的宣言书。提出"三月夺权好得很"，"谁反对三月夺权，谁就是反革命"的反动口号。资本主义复辟和反复辟的斗争，在全盟范围内进一步展开了。

六、伊盟联委会是对抗党中央、破坏中央八条决定的罪魁祸首。

四月十三日，中央公布了关于处理内蒙问题的八条决定。鄂尔多斯革命派含着激动的热泪，不断高呼毛主席万岁、万岁、万万岁！并且连夜集会游行，欢呼八条决定。而伊盟联委会则怕得要死，迟迟不向群众传达。接着就散布说"中央八条毛主席没签字，不知从哪来的"，八条决定是指呼市、内蒙古军区支左工作犯了错误，但是，功大过小。"联委的大方向始终是正确的，伊克昭军分区支持了真正的左派。""八条也不一定，"红卫军"、"无产者"那么多群众给弄成保守派，那能依他。"

四月十四日，伊盟联委还请"无产者"王东胜做报告，介绍呼市情况，恶毒攻击呼三司。他们和呼市老保紧密配合，提出了"血战到底"

的口号，组织了血战到底兵团，公开对抗中央八条决定。

四月十八日，中央派飞机送来"中央文革全军文革"三条指示。总指挥部立即集会游行，坚决拥护三条指示。伊盟联委会则胡说什么："文件没盖公章，不能相信"，并且组织学生拿着扫帚，围攻鄂尔多斯的游行队伍，以示横扫一切牛鬼蛇神。

四月二十一日，呼市三司赴伊毛泽东思想宣传队到达东胜。晚间，总指挥部在体育场举行欢迎大会。伊盟联委所属红卫兵，闯入会场进行捣乱，抛石头打于三司战友。会后，他们组织了小股队伍游行。高呼"打倒高锦明、打倒吴涛，呼三司滚回去，不要救世主"等反动口号。

四月二十二日，伊盟联委组织学生游行，把矛头直接对准了呼三司，打出了"血战到底"的反革命大旗。

五月一日，在伊盟联委会的游行队伍中，阶级复仇分子李子川，公开喊出"打倒毛泽东"的反革命口号，当即被革命派揪出，公安部门依法拘留了这个反革命分子。

五月二日，伊盟联委会煽动大批群众，围攻呼三司毛泽东思想宣传队，抢走了照相机、书包、材料等。

五月四日，伊盟联委揪走了资本主义复辟的急先锋李正东，破坏了鄂尔多斯总指挥部召开的控诉大会，挑起了大规模的武斗，制造了反革命流血事件。从此，伊盟联委会便大肆进行打、砸、抢、抄、抓，公开破坏中央八条决定，直至目前为止，这股黑风还在继续发展据不完全统计他们连续制造了打、砸、抢、抓事件2000次左右打造反派战士近千人次其中重伤29人砸了鄂尔多斯星星之火井冈山伊盟东风卫戍长征等红卫兵总部和公安南卫队队检察院伏虎战斗队破坏了报社印刷厂、氮磷缩印室的机器，至今不能投入生产。六月以来，大搞经济主义，中断交通运输，煽动农民进城，拦路打劫，破坏抓革命，促生产的方针。

—2——

五月二十日左右，伊盟联委配合黄厚、王民义之流所搞的赴京上访，在内部散发了很多反动传单，公然诬蔑康生同志、滕海清司令员是挑动群众斗群众的罪魁祸首，是造谣司令员。五月二十四日，他们以宣传毛泽东思想为名，派人到淮旗硫磺厂贴出了"打倒高锦明"的大幅标语，五月二十八日，呼市工会大楼还广播了伊盟联委财贸干校一个战斗队的反革命稿件。这些铁的罪证，他们是无法抵赖的。

内蒙地下黑司令部被揪出后，他们怕得要死，一方面在内部毁灭罪证，另一方面派出大批人马到呼、包二市进行活动。造谣惑众，给鄂尔多斯总指挥部加了许多莫须有的罪名，妄图把水搅浑，在造反派内部挑起内战，从中渔利。

目前，伊盟的资本主义反革命复辟还未击退，暴、杨、康、李等一小撮坏蛋，仍然控制着党、政、财、文大权。他们一面高喊拥护中央八条决定，另一方面继续镇压鄂尔多斯造反派。运动初期镇压群众的罪魁祸首，三月资本主义复辟的急先锋杨达赖、康敏等人，都被伊盟联委保护起来，还称之为"左派书记"。伊盟党内大大小小的走资本主义道路的当权派，搞资本主义复辟的急先锋，统统被伊盟联委封为革命领导干部，死保起来，调动大批人马为其服务，不让革命群众批判。我们呼吁全区的革命派，密切注意伊盟事态发展，有些别有用心的人，妄图从伊盟问题上打开缺口，否认内蒙古自上而下的资本主义反革命复辟，从而为全区的老保翻案。不管遇到多大的狂风巨浪，鄂尔多斯造反派将一如既往，坚定不移地站到毛主席的革命路线一边，坚决拥护中央八条决定，誓死保卫毛主席的革命路线，誓死保卫毛主席。

我们心中最红最红的红太阳毛主席万岁、万岁、万万岁！

鄂尔多斯揪暴·杨·康·李兵团

一九六七年七月十日

一一12

郝記"造反一、二团"赴呼揪暴彦巴图是一个大阴謀

郝、田反党宗派集团为了保护他们自己，繼續维护其在伊盟的統治地位。处心积虑地、积极地配合乌兰夫黑帮，妄图一举打掉暴彦巴图，达到他们蓄謀巳久的卑鄙目的。

运动前，他们就上下串通，大搞阴謀活动；运动一开始，就把斗爭鋒芒指向暴彦巴图，以极左的面目出現。采取先法治人的手段，他们就成了当然的"左派"。去年十一月上旬赴呼揪暴就是他们有計划、有組织一手策划的。而"鄂尔多斯总指揮部"說什么"我们是揪暴起家的""揪暴是群众自发的"等等。这純碎是騙人的鬼話。实际上他们完全充当了郝、田反党宗派集团的御用工具和打手。下面就把他们在运动前后部份阴謀活动的事实，列举如下，供革命造反派战友们分析研究。

一、三至七月上下串通，为搞掉暴彦巴图做舆論准备。

1.从六六年三月至五月，黑帮分子云北峯、潮洛蒙、陈炳字派来的赵方玉。曾先后到伊盟搜集暴彦巴图的材料，想把暴撤換。搞伊盟的顚复活动。

2.四月中旬，郝文广老婆刘桂洁。前往呼市找李振华告暴彦巴图的状。当时李不在，刘桂洁便由李树林（赵公山老婆）陪仝。单独和万桂华（李振华老婆）进行了一次密談。后又返回来到包头崑都崙区。在郝文广授意下（郝正在包头开工业会議），刘桂洁又写了一份材料交給李振华。据和刘桂洁仝在盟計委工作的×××揭发。刘桂洁告状回来后，有一次在办公室，曾得意忘形地說："⋯⋯坏事变成好事了，暴彦巴图在伊盟呆不长了⋯⋯"。

3.在包头工业会議期間，几年不做工作的田万生，特派高錦武（盟水利处付处长、高崗赤卫队长）、苏凤耀（盟委监委付书記、田的老友）二人，以去海市为名，到包头与李振华接触。　　　　·1·

4.郝文广参加包头会議結束后，回到海市对别人說："振华和我說，他要来看一看，你们要向他汇报"。

5.五月二十日，康駿仝志去北京看病路过集宁下車，烏盟付書記郝秀山（黑帮分子）向康說："閻耀先来了后正在搞暴彥巴图，說他排挤老干部。"还說："这不是光伊盟的一两个人，据了解內蒙也是鬧暴彥巴图，暴彥巴图在伊盟呆不长了。"

6.六月下旬，閻耀先老婆馬玉华在呼市向×××、×××透露曾找黑帮分子張如崗告暴彥巴图的状。她說："張如崗很支持，准备給解决，問我有沒有人敢站出来作証，我說有。張如崗叫我写了一份材料。……"，馬玉华还流露，張如崗听了她反映的情况，"批評閻耀先說，这样的問題，为什么不早反映？"

7.六月十日，郝文广老婆刘桂洁，給邓小平写信告状，其中談到有人（指暴彥巴图）"利用权威，排斥我的爱人……"信中还要求派人来伊盟进行调查。

8.七月中旬，盟农机处处长苗子秀向×××等人透露，閻耀先在华北局前門飯店会議期間，曾給馬玉华（閻的老婆）来信，馬玉华看过后，就把信給了刘桂洁（疑是郝文广仝时給刘桂洁的）。信內說华北局会議期間，"暴彥巴图已經肯定是烏兰夫黑綫上的。"刘桂洁看信后第二、三天，就突然先后抛出两張題为《揭开反革命修正主义暴彥巴图的画皮》、《政治野心家——暴彥巴图》的大字报。大字报贴出不几天，有一次晚間刘桂洁去問×××："我給暴彥巴图写了两張大字报，不能把老郝（文广）揪住吧？"在此仝时，苗子秀还曾对别人說："我们到过刘桂洁家里，看了那封信，刘桂洁給暴写了两張大字报貼在公署，写的很好……刘桂洁是好仝志，敢說敢干，真是大快人心……"还說："暴彥巴图这个人很狡猾，应該在回来以前就把他搞奥，不然这个人回来就不好办了。"

· 2 ·

二、八至十月，集中火力打暴彦巴图。

1.华北局召开的北京前門飯店会議結束后，郝文广回到盟里，就一变斗争乌兰夫黑帮时那种消極、沉悶态度，馬上活跃起来，千方百計地篡夺文化大革命的領导权。几次常委会討論文革組成人員时，郝、田、赵等人互封"左派"，互相推荐，露骨地把暴彦巴图排斥在外。八月五日，二十三級党員干部大会傳达华北局会議精神的第三天，郝文广迫不及待地签发第三期簡报，內容主要是苗子秀、高錦武、苏凤耀等十六名处局长联名写的一張大字报，要求郝、田、赵等九人組成文革領导小組。因意見不一致，給內蒙党委报了三个名単，党委无法批示，推迟了一段时間，郝文广在一次常委会上大发牢騷地說："为什么不批呀？批了后如果发現有右派，还可以撤下去嘛！"

2.八月十三日，內蒙党委决定暴彦巴图、郝文广去北京参加会議。当天下午盟委几个书記进行了研究，全意內蒙党委决定，全时还分析了群众会不会阻拦暴去开会，郝文广表示："拦的可能性不大，最好走前不要让群众知道。"但晚十时左右，郝文广突然带着他姪女婿、盟委組织部付部长、文革办公室付主任云占魁去找康駿，借汇报工作的名义，几次向康駿提出："暴彦巴图去开会，群众有意見，是誰决定的？如暴走群众就要拦車！"坚持不让暴走。当时康駿虽一再解释，云占魁仍强加反对。郝文广這时却坐在一旁，根本不表示什么态度。云占魁得知暴彦巴图去华北局开会的消息，肯定是郝文广透露的，这实际上是借云占魁之口，达到不让暴去参加会議的目的。

3.八月下旬，盟委全委会开始不久，在田万生的策划下，盟运輸公司总支付书記翟振双，带領一些群众，做了两頂紙帽，到盟委大楼門前要冲入楼內拉出暴彦巴图戴高帽游街。雷代夫仝志再三劝阻，而郝文广却視而不見，更不向群众进行說服工作。 ·3·

4. 八月底，盟妇联付主任赵学苏，到郝文广家里打听消息。赵问："郝书记，你为什么不让老干部给暴彦巴图提意见，是不是怕对你不利？"郝文广没有回答，只是笑了笑。赵又问："你对暴的态度怎样？"郝文广说："这回还能饶了他！"

5. 九月初，郝文广送杭锦旗委书记奇治民回旗接受革命群众的揭发批判。郝文广回来后就在会上大肆宣扬，说杭旗移民问题"是反汉排外民族分裂的严重问题。"郝文广更十分积极地从杭旗亲自带回奇治民揭发暴彦巴图问题的证明材料，交给盟文办。

6. 九月二十七日，盟委全委扩大会议上正与暴彦巴图核对材料，盟委农牧部干部张基林突然站起来要揪暴去游街，康骏仝志劝阻不听，刘雄仁主持会议，郝文广坐在一旁，但他们袖手旁观，一言不发。实际上下面有人早给张基林作了布置。

7. 十月六日晚上，由刘雄仁（盟委常委、监委书记、盟文革成员、盟委机关文革主任）召开了一个部份干部参加的会议。会上刘雄仁说："经过几个月的运动，仝志们对暴的问题揭发不少，经我们核对核实，材料已经全部落实，我现在把底子交给大家，暴的问题是很严重，是反党反社会主义的民族分裂主义分子。杭旗的移民问题更说明了他是民族分裂主义分子。材料已经给内蒙报了，还未批回来，但是经我们研究，先搞批判，首先在盟委全体干部会上进行批判，然后在盟级全体党员干部会上批判，批判时要以四类批判，要提高到原则高度上。内蒙未批前，我们不好进行斗争，先叫作批判，一批回来就斗。……"会上农委主任屈勳玉说："如果有五类干部的话，暴彦巴图五类也够了。我在报纸上看了李贵的材料后，跟暴一对比，暴的问题比他严重。这次我们进行批判，实际上就斗了，批判跟斗不好分。语气重一点，提高到原则上不是就斗了吗？就是不说'斗'而已。有人说，我们几个老干部起来搞暴

· 4 ·

彦巴图，不管别人怎么說，暴是反党分子，我们有决心斗倒他。"

8．十月十八日，郝文广在盟委全委扩大会議印发《第六十三期簡报》末頁空白处，以运动"进行的方法"为題，亲笔写下："①集中力量搞暴的問題，其他人不作檢查；②等暴彦巴图的审批，搞各口的問題；③等暴彦巴图的审批，其他书記作檢查。"郝文广提出的这个运动进行的方法，就是明目張胆打暴、保自己、保田万生等人过关的罪証。

三、十一月揪暴，是郝、田反党宗派集团一手策划的。

1．内蒙三干会前，中央就发电通知，大体内容是：在中央会議后，各省市、自治区党委立即召开省、地、县三級干部会議，要向有关人员讲清楚三干会的重要性，取得他们的支持，以便集中力量开好三干会。这个通知一直压到十一月二十五日才向群众传达。

2．十月底，内蒙党委通知召开三級干部会議，盟委討論决定让暴彦巴图、刘忠、赵怀斌三人出席。会后刘忠还打电話問内蒙古党委負責全志暴去不去。答复是必須来。十一月二日晚，刘雄仁亲自主持召开了盟委机关全体干部职工大会，征求大家对暴彦巴图全志参加这次会議的意见。問大家全意不全意？当时，絕大多数全志異口全声表示"全意！"原来持有不全意见的全志，当場沒有一个人表示不全意见。於是，这次会議很快就結束了。当晚便有人到次牧口发动群众拦車。第二天早上只来了一人未拦成。

3．十一月六日，盟公安处付处长張德才、秘书科长苗秀峯全乘公安处小汽車到伊金霍洛旗后，張留下，苗前往烏审旗与公安局民警白藏銳（烏审旗造反团的負責人）进行策划。当晚，郝文广主持召开各旗县电話会議，名义上是对当时烏、伊、杭旗部份群众要赴呼揪暴一事进行說服工作，但实际上，郝文广並无絲毫誠意，而是装样子，走过場。会上有意让王子义发言借于煽风点火，发动群众。

· 5 ·

5.十一月八日，盟公署秘书长郭建勋的儿子郭长征给杭锦旗打电话，分别煽动不明真象的农牧民、机关干部、红卫兵脱离生产、工作岗位，去内蒙三干会上揪暴彦巴图。八日乌审旗来盟四辆汽车，约一百五十人，伊旗两辆汽车约七十人，九日伊旗来盟四辆汽车，约一百三十人，杭锦旗来盟四辆汽车，约一百六十人。经与盟委机关刘斐然（农牧部秘书）、张基林（农牧部干部）联系策划后，又串通盟直属机关干部、学生约一百一十人。以上共约六百二十人组成"造反团"，先后乘十七辆汽车到包头，转乘火车去呼和浩特。八日晚上，郝文广在盟级机关局处长以上紧急会议上，假惺惺地让局处长们去做劝阻工作，而他倒躺在一边，次日未等天亮两个旗的群众就坐车开赴内蒙。

　十一月十日，盟级机关部份相全观点的群众，由于已经发现郝、田一小撮人的阴谋活动，感到万分愤慨。当晚八百多人聚集在人民礼堂开大会，强烈要求郝文广、×××出面说明揪暴的真实情况。他们对革命群众这种革命行动怕得要死，慌慌忙忙，藏起来不见群众。郝××和公安处长、文革办公室主任张××在公安处密谋后，指使公安处某科长打开武器库拿出六支五〇式冲锋枪，压满子弹，准备镇压革命造反派群众，还指派科长、干事十余人携枪到礼堂和街上严密监视。

6.十一月二十二日，内蒙党委给盟委发来电报："暴彦巴图全志参加自治区党委三干会时，在十一月十九日早晨，伊盟乌旗、伊金霍洛旗二十多名干部，未经区党委全意将暴用汽车拉走，自治区党委认为这是不对的。暴确实犯有严重错误，我们完全支持全志们揭发批判，党的组织和革命师生应给暴的认识错误、改正错误的机会，暴参加三干会有利于促使他改正错误。

盟委要挺身而出，讲明党的政策，向有关单位的革命群众在做好思想政治工作的基础上，说服拉走暴的干部，使暴回来继续参加三干会。

·6·

进行这一工作要防止群众斗争群众，請盟委把自治区党委的意见轉告革命的师生•"

7.十一月二十三日，盟师范、卫校紅卫兵送暴赴呼途中，被康駿仝志劝回，但大部份群众纷纷集会，强烈要求送暴重返三干会。二十四日下午群众代表与"造反团"負責人面商，希望能仝他们取得一致意见，又被拒絶。当晚一千多名群众在人民礼堂集会，闡明了观点，热烈拥护自治区党委决定，支持暴重返三干会。二十五日动身，二十六日抵呼，将暴交予党委。郭以青仝志接见时讲話大意是："首先欢迎你们的到来，你们这种作法是对的。是按內蒙古自治区党委的决定作的。我们始終是仝意暴彦巴图仝志参加三干会的，因为这是根据华北局和中央精神决定的。我们打的特急提前电报，决不是让群众斗群众。是有根有据的，由几位书記坐在一起，共仝討論后才发电报的，我们的观点是对的。他们不仝意可以給他们作工作，来揪暴彦巴图仝志的絶大部份群众是革命的。暴彦巴图的性质未定，现在还不能当黑帮处理。还是我们的仝志，我们应該对他負責。"

8.十一月二十五日，烏审旗二次揪暴的"紅色造反团"在駐旗联絡員王子义（原烏审旗委第一书記，现任盟貧协付主任）的亲自策划下，共四十多人組成，由前烏审旗委付书記，现"八一"牧場书記錢玉宝带領，乘两辆汽車来到东胜，当晚住在盟招待所，次日下午先到烈士塔以悼念烈士为名，公开宣称伊盟是我们这些老干部（指田万生、郝文广、王悦半等人）打下的天下，我们要保护老干部，随即来盟委二楼会議室造反，高喊"保护老干部"等口号。当晚郝文广对烏旗来人說："你们不要去揪暴彦巴图了，去造內蒙党委的反我仝意。"結果二十七日，包括原一团留守人員共九十七人，乘三部汽車开往包头。盟委給带了錢一千七百二十元，粮票一千斤。

中共伊盟盟委机关紅旗革命造反总部

1967年7月10日　　•7•

最 高 指 示

阳奉阴违，口是心非，当面说得好听，背后又在搞鬼，这就是两面派行为的表现。

※ ※ ※

……要特别警惕象赫鲁晓夫那样的个人野心家和阴谋家，防止这样的坏人篡夺党和国家的各级领导。

郝、田反党宗派集团配合乌兰夫黑帮进行罪恶活动的又一例証
——揭露郝文广在暴彦巴图问题上"真打假保"的丑恶面目

郝文广这个钻进党内的野心家、阴谋家、伪君子，文化大革命以前，就积极配合乌兰夫黑帮，将其打击锋芒一直指向近些年受乌兰夫排斥的革命领导干部暴彦巴图。特别自一九六六年五月华北局召开的北京前门饭店会议及八月十六日在北京东方饭店召开的内蒙党委会议以来，其用心更加阴险，手段更加狡猾。郝文广表面上以保暴为幌子，实际却干着一连串"真打假保"的勾当，适足以暴露出他是一个典型的赫鲁晓夫式的两面派。

暴、郝之间的矛盾，是大是大非问题，是伊盟党内存在已久的两种思想、两条道路、两条路线斗争的集中反映。为揭露郝文广在暴彦巴图问题上"真打假保"的丑恶面目，现将初步整理的部分事实，按时间顺序公布如下：

1、一九六六年四月，黑帮分子李振华在包头主持召开全区工业会议前夕，李振华亲自吩咐秘书王广存专门给伊盟盟委打电话，一定要郝文广参加。郝文广参加会议期间，曾单独同李振华住在青山区小宾馆，行踪诡密，勾勾搭搭了一月之久。在此前后，还出现下列种种情况：

（1）从六六年三月至五月，黑帮分子云北峯、潮洛蒙，以及陈炳宇派

·1·

来的赵方玉，曾先后到伊盟搜集暴彦巴图的材料，想把暴彦巴图撤换，搞伊盟的颠复活动。当时郝文广是积极的配合者。

⑵四月中旬，郝文广老婆刘桂洁，前往呼市找李振华告暴彦巴图的状。当时李不在，刘桂洁便由李树林（黑帮分子赵会山老婆）陪同，单独和万桂华（李振华老婆）进行了一次密谈。后又返回来到包头昆都崙区，在郝文广授意下，刘桂洁又写了一份材料交给李振华。据和刘桂洁同在盟計委工作的徐××揭发，刘桂洁告状回来后，有一次在办公室曾得意忘形地說："……坏事变成好事了，暴彦巴图在伊盟呆不长了……"

⑶在包头工业会議期間，郝文广的老友田万生，特派高錦武、苏凤耀二人，以去海市为名，到包头与李振华接触。高、苏去后，李振华对他們很关心，亲自打招呼安排食宿，並同郝文广一起，与他們密談了半天。

⑷包头会議结束以后，郝文广回到海勃灣曾对别人說："振华和我說，他要来看一看，你們要向他汇报。"

⑸五月廿日，康骏同志去北京看病，路过集宁下車，伪盟副书記郝秀山向康骏說："閻耀先来了后正在搞暴彦巴图，說他排挤老干部。"还說："这不光是伊盟的一两个人，据了解，内蒙也是閙暴彦巴图，暴彦巴图在伊盟呆不长了。"

⑹閻耀先向乌兰夫、奎璧、云丽文也反映过暴彦巴图的問题。

⑺六月下旬，閻耀先老婆馬玉华，在呼市向黑帮分子張如崗告暴彦巴图期間，曾向辛××、吉××透露："張如崗很支持，准备給解决，問我有没有人敢出来作証，我說有。張如崗叫我写个材料……"馬玉华还透露，張如崗听了她反映的情况，"批評閻耀先說，这样的問题，为什么不早反映？"

⑻六月十日，郝文广老婆刘桂洁，給邓小平写信告状，其中談到有

·2·

人（指暴彦巴图）"利用权威，排斥我的受人……"信中还要求派人来伊盟进行调查。

2.据盟农机处副处长苗子秀交待："去年运动开始后，郝瑞堂等人提出先打暴……但也有人提出把杨达赖、吴占东也搞一下。……有一次，郝文广书記见到我說：'老苗，我的意见先不要把矛头指向杨达赖、吴占东，你們研究一下，看怎么办好。'郝书記分头做了这方面的工作，我們商量后，認为先搞暴对。"

3.七月中旬，盟农机处处长苗子秀向王××等人透露，阎耀先在华北局前門飯店会議期間，曾給馬玉华（阎耀先老婆）来信，馬玉华看过后，就把信給了刘桂洁（疑是郝文广同时給刘桂洁的）。信內說华北局会議期間，"暴彦巴图已經肯定是烏兰夫黑綫上的"。刘桂洁看信后第二、三天，就突然抛出一張题为《政治野心家——暴彦巴图》的大字报。大字报貼出不几天，有一次晚間刘桂洁去問刘保国："我給暴彦巴图写了一張大字报，不能把老郝（文广）揪住吧？"在此同时，苗子秀还曾对别人說："我們到过刘桂洁家里，看了那封信，刘桂洁給暴写了一張大字报貼在公署，写得很好……刘桂洁是个好同志敢說敢干,眞是大快人心……"还說："暴彦巴图这个人很狡猾，应該在回来以前就把他搞臭，不然这个人回来就不好办了。"

4.七月底，华北局召开的北京前門飯店会議結束后，郝文广回到盟里，就一变斗争烏兰夫黑帮时那种消极、沉閜态度，馬上活跃起来，千方百計地篡夺文化大革命的領导权。

5.七月卅一日，盟委第卅三次常委会議研究盟文化革命領导小組成員时，郝文广、赵怀斌极力主張把多年不干工作、养尊处优的田万生抬出来，却将暴彦巴图同志排斥在外。在討論文革組长时，郝文广、赵怀斌之流还一唱一和地互封"左派"，互相提名挂帅。赵說："以老郝为首組成五到七人。"郝說："搞五个人，由老赵挂帅。"当时杨达赖同

·3·

志提出暴彥巴图也应該参加。郝文广对暴在前門飯店会議上的表現本来很清楚，他不但不在会上作任何表示，反而急忙站起来說："我同意老赵的意見"，实际上是阻撓暴参加。就在这以前的七月廿六日，赵怀斌到内蒙党委参观大字报时，在呼市市委还对康骏說过："叫田万生負責領导文化大革命。"

6.八月五日，廿三級以上党員干部大会傳达华北局会議精神的第三天，郝文广迫不及待地要签发会議《簡报》第三期。内容主要是由苗子秀、高錦武、苏凤耀等十六名局处写的一張大字报，要求郝文广、田万生、赵怀斌、包盛标、刘雄仁、郝瑞堂、郭建勋、云占魁、楊宝山等九人出面，組成盟文革領导小組。其中提名郝文广为組长，田万生、赵怀斌为副組长。

7.八月十一日，康骏从呼市剛回到盟里，有一次刘保国問郝文广："康骏是怎么回来的？"郝回答："不知道。"接着郝又說："老暴問题严重，老康有活动。"因为康骏回来后，說过"暴彥巴图不是乌兰夫黑綫上的，不要形成汉人整蒙人"的話，所以才引起郝文广对康不滿。

8.八月十二日，在廿三級以上党員干部会議上，暴主持会議，郝作总結发言。会前，郝文广以有事商量为借口，非让康骏上主席台不可。康上去后，就有人从旁遞过一把反暴的条子。接着，韩明（后为造反团干将）又与郝文广交头接耳，随即就向康骏提出要在会上宣讀一張大字报，康一人不好决定，便征求郝文广意見，郝說可以宣讀。宣讀結果，内容却完全是煽动声討、反暴的。

9.八月十三日，内蒙党委决定暴彥巴图、郝文广去北京参加会議。当天下午盟委几个书記进行了研究，同意内蒙党委决定，同时还分析了羣众会不会阻挡暴去开会，郝文广表示："挡的可能性不大，最好走前不要让羣众知道。"但晚十时左右，郝文广突然带着他姪女壻、盟委組織部副部长、文革办公室副主任云占魁去找康骏，借汇报工作的名义，

·5·

几次向康骏提出："暴彦巴图去开会，群众有意见，是谁决定的？如果暴走群众就要拦阻！"坚持不让暴走。当时康骏虽一再解释，云占魁仍强加反对。郝文广这时却坐在一旁，根本不表示什么态度。云占魁得知暴去开会的消息，是郝文广透露的，这实际是借云占魁之口，达到不让暴去参加会议的目的。

10.八月二十日，盟运输公司党总支副书记瞿振双，在郝文广老友田万生的策动下，带领一些群众，做了五朵大红花，敲锣打鼓地到盟委大楼门前，请郝文广、田万生、刘雄仁、郭建勋等人站出来，领导文化大革命。

11.八月二十日，暴彦巴图、郝文广从北京开会回到盟里，当晚就在康骏办公室，召集暴、郝、杨、赵、康开会，由暴、郝传达了高锦明、权星垣、李质、雷代夫等同志对郝文广的批评，以及对伊盟文化大革命的看法，指出："暴彦巴图同志斗争乌兰夫是很积极的"，"伊盟被一些黑帮统治着，有远因和近因……"，等等。会上，郝文广表示要想尽一切办法，用尽一切力量，扭转伊盟不抓乌兰夫黑手的局面。但实际正是相反，郝文广暗地一直在干着打暴、保自己、保田万生等一小撮人的勾当。

12.八月二十一日，经盟委研究确定，由郝文广、康骏、赵怀斌主持，召开了一个有张青云、曾富业、李玉鹏等十九人参加的部分处局长会议，传达华北局会议精神。郝文广在前一天晚上表示在会上自己要尽力去做工作，但在开会时却讲得最少。他在简短的传达中只点了几句："暴彦巴图在华北局会议上是站出来最早的，不是乌兰夫黑线上的……"应付了事。

13.八月二十二日，内蒙党委雷代夫同志来伊盟了解文化大革命运动的情况。二十三日上午，盟委召开盟、旗一些领导干部会议，会上，雷代夫同志传达了八月上旬召开的华北局会议精神，其中谈到暴彦巴图

·5·

同志在北京前门饭店会议上的表现，指出暴不是第四种人，应该参加盟文革领导小组。就因为雷代夫同志讲了这些话，便遭到一部分处局长干部的围攻，郝文广对此却不作声色，也不表示任何态度。

14. 八月下旬，郝文广在刘忠办公室讨论掌握斗争大方向时说："两个多月来我一直想这个问题，老暴这个问题方向对不对？究竟是四类还是三类，是不是三类？"

15. 八月底，盟妇联副主任赵学苏，到郝文广家里打听消息。赵问："郝书记，你为什么不让老干部给暴彦巴图提意见，是不是怕对你不利？"郝文广没有回答，只是笑了笑。赵又问："你对暴的态度怎样？"郝文广说："这回还能饶过他！"

16. 八月底，盟委全委会开始不久，盟运输公司党总支副书记瞿振双，带领一些群众，做了两顶纸帽，到盟委大楼门前，要冲入楼内拉出暴彦巴图戴高帽游街。雷代夫同志再三劝阻，而郝文广对此却视而不见，更不向群众进行说服工作。

17. 九月初，郝文广送杭旗旗委书记奇治民回旗接受广大革命群众的批评。郝文广回来后就在会上大肆宣扬，说杭旗移民问题"是反汉排外、民族分裂的严重问题"。郝文广还十分积极地从杭旗亲自带回奇治民揭发暴彦巴图问题的证明材料，交给盟文办。

18. 九月十一日，盟委常委再次讨论盟文革领导小组的组成名单，因为上次讨论时意见不一致，给内蒙党委上报了三个名单，内蒙党委无法批示，拖延了一些时间，郝文广便为此在会上大发牢骚地说："为什么不批呀？批了后如果发现有右派，还可以撤下去嘛！"

19. 九月二十三日，盟一中部分红卫兵包围盟委大楼，要盟委交出暴彦巴图进行斗争和戴高帽游街，当时有的同志请郝文广出面做工作，他却推诿说："我怎么做呢？你们去找刘忠、康骏吧。"这天刘、康都不在，有的同志又问郝该怎么办，他还是不理不睬，最后竟躲到盟委三

· 6 ·

楼楼顶上不下来。

20. 九月廿七日，盟委全委扩大会议上正与暴彦巴图同志核对材料，盟委农牧部干部張基林突然站起来要揪暴去游街，康骏同志劝阻不听，郝文广当时也在場，但他袖手旁观，一言不发。

21. 十月七日左右，盟委在討論《关于暴彦巴图反党反社会主义反毛澤东思想的材料》第三稿时，郝文广唯恐暴打不倒，便有意篡改和加重一些問題的性質。如在三稿开头部分，在他亲笔修改中加上了"阶级异己分子"；在杭旗移民問題上，本来是他自己的問題，在修改时也顛倒黑白地給暴加上"杭旗移民是反汉排外，民族分裂，制造民族矛盾"的罪名。

22. 十月九日，盟委全委扩大会議在議論暴彦巴图問題的性質时，金汉文同志剛进会議室坐下，郝文广便对金說："大家正在发言，老暴問題严重，是几类需好好考虑。"在发言中，郝文广表示是三类，会后却又向金汉文、李正东同志說："老暴的問題严重呀，严重！"金、李問郝为什么要在会議上表示三类？郝說："那你让我咋說呀，我有我的打算。"

23. 十月十八日，郝文广在盟委全委扩大会議印发的《簡报》第六十三期末頁空白处，以运动"进行的方法"为題，亲笔写下："1.集中力量搞暴的問題，其他人不作檢查；2.等暴彦巴图的审批，搞各个口的問題；3.等暴彦巴图的审批，其他书記作檢查。"郝文广提出的这个运动进行的方法，分明是打暴，保自己、保田万生等人过关。

24. 十月二十三日，康骏同志去参加绛县现場会因延期中途返回，当天在盟委刘忠办公室（郝文广及其他几个书記也在座）闲談时提到：在火車上听說北京給李雪峯贴大字报很多，內蒙給王铎执行資产阶級反动路綫贴的大字报也很多。並提議在一起研究一下盟委执行反动路綫方面有哪些表现。康骏同志話音剛落，郝文广便馬上問刘忠、康骏："你們說高錦明对暴彦巴图这个問題，不是定的調調框框？"晚上，郝文广回到公署又給吴占东同志說："在北京給李雪峯貼的大字报巳經上街了……毛主席批評了李雪峯……"又說："高錦明与包头八。一八事件有关系，高錦明犯了严重錯誤，你看內蒙党委是不是給暴彦巴图划框框、定調調？"郝文广所以要散布这些言論，並一再提出暴彦巴图問題，其目的显然是，因为高錦明同志在华北局会議期間批評了他，借机在干部中发泄对高錦明同志的不滿，否定高錦明等同志对暴彦巴图的看法。

25. 十一月三日，內蒙党委通知暴彦巴图、刘忠、赵怀斌三人到呼市参加內蒙党委召开的三干会。鉴于暴彦巴图同志参加会議会有阻力，故再次通知盟委对持有不同意見的人应尽量做好說服工作。十一月六日晚，郝文广主持召开各旗县电話会議，名义上是对当时乌、伊、杭等旗县部分羣众要赴呼揪暴一事进行說服工作，但实际上，郝文广並无絲毫誠意，而是装样子，走过場，並借此煽风点火，发动羣众。

26. 十一月八日，乌、伊两旗造反一团約三百八十余人，乘坐汽車来到东胜赴呼揪暴。当天晚上，郝文广在盟級机关处局长緊急会議上，假惺惺地让处局长們去做劝阻工作，而他倒躱在一边，結果由于說服工作做得不好，次日未等天亮，两个旗的羣众就原車开赴內蒙。

27. 十一月八日，乌审旗以王子义为首，发动一些羣众来东胜，住在盟师範学校，赴呼揪暴；十日，杭旗也来部分羣众要去呼市。楊达賴事先与郝文广約定好一同去师範学校进行說服工作，但郝文广却一直躱在自己办公室，經楊达賴同志一再催促，才勉強去了，但两旗赴呼羣众早巳乘車出发。

28. 十一月二十六日，乌审旗二次揪暴的紅色造反二团及伊旗部分青年学生来东胜，住在盟招待所。盟委研究确定由郝文广、金汉文、柔喬放、張青云四人去做解释工作。郝文广去了不但没有进行劝阻，反而煽风点火的說："你們不要揪暴彦巴图了，造內蒙的反我同意。"

·8·

29. 一九六七年一月，杭旗移民来盟里造反，郝文广对康骏同志说："移民大方向是正确的，谁知暴彦巴图和奇治民怎么搞的？"郝文广所以说移民大方向是对的，是因为移民问题正是他同内蒙古自治区副主席朋斯克和阎耀先，一九六五年在西三旗干部会议上研究确定的。而移民中出了问题，他却把民族分裂的罪名加到暴的头上。早在一九六六年九月，盟委全委扩大会议上，郝文广还说过："移民政策是对的，但象现在这样移是错误的。这么重大的问题盟委不知道，我是不知道。"就在讲了这话不久，又派盟抗办副主任赵国义，到杭旗煽动大量移民返回梁外，故意扩大移民问题，为打倒暴彦巴图制造所谓反汉排外的新罪证。

30. 一月十七日，伊盟"八一"红卫兵要把刘忠、杨达赖、郝文广拉到内蒙党委解决"一〇七事件"问题，郝文广当时坚决不走。晚上，郝文广听说杭旗移民要拉暴彦巴图到旗里斗争，于是又马上要卓去追刘忠。他到呼市后，还故意向"八一"红卫兵说是康骏叫他去的。郝文广这样做的目的，一是逃避做移民工作的责任，再是达到打暴的目的。

31. 一月下旬，乌兰夫代理人王逸伦成立了黑司令部，赵会山是其中主要成员之一。郝文广就在一月二十四日前往呼市，携同赵怀斌、马丕举、张育云三人，到赵会山家里进行反革命串连。二月二日，郝文广前脚回到东胜，赵会山紧跟着赶来伊盟，两人在盟建筑公司密谋策划七、八天时间。赵会山刚离开东胜，郝文广就抛出了攻击高锦明、权星垣、李质、雷代夫等同志的所谓保暴的"自我检查"。在检查中，郝文广一面攻击高锦明等同志在华北局会议期间对他的批评，企图摘掉伸手派的帽子；一面借反高锦明等同志之机，打倒暴彦巴图。

伊盟东胜中等学校红卫兵革命造反总司令部

伊盟无产阶级革命造反联合委员会

一九六七年七月十一日

一-14

暴彦巴图黑話录

（第一輯）

目 录

（一）暴彦巴图家世和出身	1
（二）暴彦巴图黑話录	2
一、反对党中央反对毛主席	2
二、反对学习毛主席著作	2
三、恶毒地攻击三面紅旗	3
四、鼓吹包产到戶，为复辟資本主义鳴鑼开道	3
五、取消阶級斗爭，反对无产阶級专政	4
六、挑撥民族关系，大搞民族分裂	7
七、反对突出无产阶級政治	8
八、在干部問題上的言論	9
九、破坏无产阶級文化大革命	9

鄂尔多斯《揪暴、楊、康、李兵团》

紅革会赴伊毛泽东思想宣傳队返包联絡站翻印

1967年8月2日

最 高 指 示

混进党里，政府里，军队里和各种文化界的资产阶级代表人物，是一批反革命的修正主义分子，一旦时机成熟，他们就会要夺取政权，由无产阶级专政变为资产阶级专政。

我们现在思想战线上的一个重要任务，就是要开展对于修正主义的批判。

打倒反革命修正主义分子暴彦巴图

反革命修正主义分子暴彦巴图（伊盟盟委書記），在文化大革命中，被革命群众揪了出来，这是毛主席的革命路线的胜利。但是，暴彦巴图的死党，操縱着保守組織联委会，給暴彦巴图大肆歌功頌德，树碑立傳，企图抵銷暴彦巴图的罪恶，以达到保住伊盟以暴彦巴图为首的一小撮党內走資本主义道路当权派的目的。

暴彦巴图是个什么人？应不应当打倒，需要由他本人的罪恶来决定。现在，把暴彦巴图反党、反社会主义、反毛泽东思想的部分言論，摘录公布。請革命群众鉴别之。

（一）暴彦巴图的家世和出身

暴彦巴图，男，４６岁，蒙族，辽宁省略喇沁左翼蒙古自治县平房子公社，桃花大队人。

暴彦巴图的父亲暴文，吸毒酷赌，是一个精于盘剥，魚肉农民的吸血鬼，地头蛇，是罪恶累累的地主分子，土改时被斗死在农会。暴的二叔、三叔，从小当了喇嘛，是吸食劳动人民血汗的寄生虫，暴彦巴图的四叔暴賚是地主阶级分子，当过伪旗公署的委任官。暴母也是地主分子，曾以太夫人的身分，長期跟着暴彦巴图养尊处优。暴弟妻是全国战犯之一，伊盟伪警备司令奇勇泉的女儿。暴的嬸母、嫂子、妻子、弟妻都是地主阶級的金枝玉叶。

暴氏一家集中了地主、神权、小官僚三股黑势力。在旧社会他们凭着这三股恶势力，霸占了大量土地，每年雇長工四到五人，农忙时还雇用大量零工，每年净收粮食二百多石（每担５００斤）。为了保护其搜刮来的劳动人民血汗，鎭压群众，暴家养私枪三支（两長一短），遇有事故，讓長工替他们卖命。

暴彦巴图就是在这样黑窝里成长起来的黑货，从小深受日伪奴化教育。毕业于日伪法政大学，由于他效忠于日本皇君，所以毕业后，被选送日伪中央职員訓練所深造，之后，又被法西斯当局派往国外观光，回国后被委为兴安总省人事科屬官（省科級），曾入过日伪"协和会"，４５年日本投降后，有两个多月一段历史不清。后追随哈丰阿，伙同杰尔格勒、官布扎布，組織科右前旗自治政府，暴当上了內防科長（即反动专政机关）和蒙古人民革命青年团科右前旗本部負責人之一。据揭发組織过反动組織"兴蒙会"１９４６年春，由于內部派系斗争激烈，在形势逼迫下，混进了革命队伍。参加工作后，長期隐瞒了屬官头衔，１９６０年提拔第一書記后才向王鐸个别交待了加入"协和会"的反动政治身分，但沒有交待活动情况。因其有一套投机、混世本領，便深受乌兰夫的器重。成了乌兰夫的赫赫有名的八大青年之一。１９４７年就爬上了旗委書記的宝座，繼而盟委秘書長，盟委常委，盟委書記，盟委第一書記。乌兰夫政变前，內定暴彦巴图为包鋼書記或付書記，为了便于工作幷兼任包头市委書記，真是节节高升，青云

1

直上。暴彦巴图也就深感乌兰夫的知遇之恩，把乌兰夫推崇为"蒙古族的領袖，民族问题的权威"，高喊过"乌兰夫万岁"（見暴个人檢查），乌兰夫的"指示、报告"，都被暴彦巴图当作"指导思想、紅线"去坚决貫彻执行，所以乌兰夫的民族分裂主义，修正主义的黑貨，被暴彦巴图全部所繼承直到１９６６年前門飯店会議前夕，还指示他的干將刘凤翔，在乌审召公社收集，准备，反大汗族主义的材料，到北京后，还批評抵制他这种作法的××同志"太驕傲了"，善于投机取巧的暴彦巴图，在前門飯店会議期間，見风头不对，于是掩起搞民族分裂的狐狸尾巴，变成了敢于拍桌子，高嗓門，斗爭乌兰夫的"积极分子"，撈到了"暴彦巴图同志斗爭乌兰夫的积极性必須肯定"的金字招牌。騙取了"左派"的标签。

（二）暴彦巴图黑話录

一、反对党中央反对毛主席

林付主席指出："毛主席比馬克思、恩格斯、列宁、斯大林高明得多，毛主席在全国全世界有最高的威望，是最卓越偉大的人物。"而暴彦巴图却瘋狂地攻击咒罵我們偉大領袖毛主席和以毛主席为首的党中央：

（１）"馬克思、列宁偉大，能予料很多年的問題，毛主席就不行"。

（２）"毛主席年紀大了，領导的不好"。

（３）"毛主席老了，糊塗了"。（註：根据証明毛主席老了是用汗語說的，糊塗了是蒙語說的"君特吉"）。（６２年）

（４）××同志說："现在比起５９、６０年已經好得多了，再过一个时期会更好的，到那时候东西多了。排队呀，走后門呀，也不会再出现了"。暴接着說："看掌舵的吧，掌舵的是个大問題，今后能把舵掌稳啦，那就不会再出现了"。（６１年冬）

（５）"毛主席老了，不行了，现在經济很困难，生产搞的不好，现在这責任就落在我們身上了"。（６２）

（６）"毛主席老了，对下边情況了解不够，工作不如过去了，造成这些困难，要我們做几年工作才能恢复。"

（７）"近几年来中央的政策不够稳，总感觉左比右好"。

（８）"咱們党的政策历来就是左的，工作中左比右强，右了犯錯誤，左了不要紧。你工作几十年，还沒有这个体会？"

（９）"苏联修正主义，它有飯吃，我們馬列主义沒飯吃"。（６２年）

二、反对学习毛主席著作

林彪同志說："毛泽东思想是当代馬克思列宁主义的頂峰"。"对待毛泽东思想的态度，是檢驗眞革命和假革命，革命和反革命的試金石"。又号召："要把老三篇做为座右銘来学"。

暴彦巴图和国內外一切阶級敌人一样极端仇视毛泽东思想。反对群众学习老三篇。

（1）"你們尽在《老三篇》上打圈子，沒意思，不如学习哲学。"

（2）"你們老是学习《老三篇》不行，要好好学习哲学著作，要提高方式方法"。

（3）"你們烏审召人很笨，你們光学《老三篇》不行，就講愚公、愚公、牛馬一样出死力干么？你們要多学点哲学，学会巧干"。

（4）"学愚公移山应該一分为二，但是学了也有好处，也有坏处，好处学了干劲大，坏处看你們很劳累，放下那么多牲畜不用，你們到东胜是騎羊到东胜还是坐汽車到东胜呀。"

（5）"只是把主席的原話記一記有啥用，毛主席著作一本本有嘛，記它干啥，应該变成自己的話記上。"

（6）"你們尽把毛主席的原話都抄写上了，那还不如把毛主席的話剪下来貼上去，你們今后应該用自己的話写文章。"

（7）"你們作学习主席著作笔記时，不要記主席語录，而要記与毛主席語录相同意义的詞句。""你們不需要摘录毛主席的語录詞句，作記录时要自己編写。"（66年在烏审召四清中的言論）

三、惡毒地攻击三面紅旗

八届十一中全会公报指出："近四年来，我国人民在以毛泽东同志为首的中国共产党的領导下，在党的鼓足干劲，力爭上游，多快好省地建設社会主义总路线的指引下，展开了阶級斗爭、生产斗爭、科学实驗三大革命运动，取得了偉大胜利。人民公社得到了进一步巩固和发展。全国到处是一片热气騰騰的景象，正在出现新的躍进局面。"而站在反动立場上的暴彦巴图狗胆包天，惡毒攻击全面否定三面紅旗：

（1）"鼓足干劲，力爭上游，多快好省地建設社会主义总路线，不如一化三改的总路线，人民公社不如高級社。"

（2）"大躍进以来，幷沒有躍进。大煉鋼鉄、食堂化，造成了很大损失。"

（3）"大躍进什么呀？連飯都沒有吃的啦！"

（4）"这几年大躍进，是自己用炸彈把自己炸爛了。"（62年）

（5）"生产队規模越小越好，公社化不如初級社。"（62年在內蒙党校学习时）

（6）"公社化以来农民的生产情緒不高，干起活来不起劲。公社化不如高級社，高級社不如初級社，初級社不如互助組。"

四、鼓吹包产到戶，为复辟资本主义鳴鑼开道

毛主席說："无产阶級要按照自己的世界观改造世界，资产阶級也要按照自己的世

3

界观改造世界。在这一方面，社会主义和资本主义之間誰胜誰負的問題还沒有眞正解決。"

暴彦巴图就是按照资产阶级的世界观，积极鼓吹包产到户，为复辟资本主义鳴鑼开道：

① "过去批評包产到戶是錯誤的，但現在有的地方还得搞包产到戶，特别是分散的地方，伊盟有 5——10% 的地区要走这条路。否則就要影响劳动生产力。"（61年在旗县委宣傳部長会議上講話）

② "現在以生产队包产，但光生产队不行，队下要划小組，包产到小組，有极个别地区，如孤老旦上一戶，它与其他处、交通极不方便，我主張包产到戶，他偷粮食，你也沒那么多偵察員，不管誰批判包产到戶，这里只有包产到戶才是好办法。"

③ "社会主义的集体所有制，有手工业生产方式，苏联是机械化生产方式，但都是社会主义性質，只不过我們低級，美国生产集体化了，但所有制不是社会主义性質的。我們个别地区包产到戶，所有制未变，只是生产方法变了。这是什么主义呢？这是社会主义，多打粮食就是好办法。"（61年在盟党校作的报告）。

④ "大牧畜可以包产到戶飼养，生下头一个騾子，先給个人，第二个再归集体。"（61年）

⑤ "就象魏家峁、德胜西等分散地区，可以把土地、耕畜、农具撥給社員經营，讓他上交固定的粮食。"（62年在准旗公社書記会議上講話）

⑥ "波兰农业集体化的比例低，粮食过关比那个国家都好。"

⑦ "在承認集体所有制的前提下，可以采取多种办法，在伊盟可以包产到戶。为了較快恢复生产，包产到戶是最好办法。"（62年）

⑧ 在調整核算单位时，暴彦巴图把包产到戶問题提到常委会議上討論，当时有人反对。暴說："內蒙已經点头，盟委为什么不执行，这是解决粮食問题的好办法。"他不願多数同志的反对，一意坚持推行包产到戶，还說什么 "咱們搞一两戶試試看，要接受大躍进的教訓，我們在大躍进上吃了亏。"

⑨ "社員种点自留地（社員私自多种的地）打下的粮食讓他們吃了就行了，你們沒有本事領导社員生产，社員种点自留地打下的粮食还要給人家頂口粮！？"

五、取消阶級斗爭，反对无产阶級專政

毛主席說："阶級斗爭，一些阶級胜利了，一些阶級消灭了。这就是历史，这就是几千年的文明史。"又說："对反动派及其帮兇实行专政，实行独裁，压迫这些人，只許他們規規矩矩，不許他們乱說乱动。"

毛主席指出："这場斗爭是重新教育人的斗爭，是重新組織革命的阶級队伍向着正在对我們猖狂进攻的资本主义势力和封建势力作尖銳的針鋒相对的斗爭。"

4

暴彦巴图却疯狂地反对阶级斗争，反对无产阶级专政。

①"你們公安处关于清理家屬中五类分子的报告，盟委批轉了（批轉时暴不在），这个文件下去牵动很大，有些人有意見，楊达頼、吴占东对我反映过，这一問題很难处理，你們要把这个文件收回去。……"（註：因暴、吴、楊家里都窝藏四类分子）。（６２年对盟公安处張青云同志說）

②"对那些年岁比較大的四类分子，就不一定評审了，六、七十岁老头老婆們，評不評也快該死了，所以，評不評也沒有什么作用。"（63年在盟党校给四清队員作报告）

③"地主富农做了好事，也可以在地富反坏分子会議上表揚，总不能一見面就訓話吧！那样关系就会越来越远。"（64年在杭旗吉尔格朗图公社干部会議上講話）

④杭旗四十里梁公社書記赵安正向暴介紹公社情況时談到独貴加汗食堂服务員王荣华是摘帽子富农分子，暴說："不要紧，旧知識分子都有些污点，你們要大胆使用这些人"。拜亲自收集了王的材料当好人好事在盟级机关大肆宣揚說："这个人的服务态度很好，对顧客很殷勤，你要抽烟他馬上就給划火柴……"。之后还指示秘書写稿在党报上宣揚一番。

⑤一个貧协組長因評审四类分子受到了暴的訓斥："你的性子太急，不給人家考虑的时間就叫談，談！他怎么談？那玩艺儿还行！你这个人打在一斤上高了，打在斤一两上低了。……有好的給他提好的，有坏的給他提坏的，对地主我們是从思想上瓦解，地主也要給出路，我們社会还要消灭阶级，不能老子地主，儿子地主，老是地主。……"（'65年四清中批評基层干部）

⑥"你們宣傳馬克思列宁主义，他們跳他們的鬼（指喇嘛），在牧区这也是一种娱乐活动，这有什么矛盾呢？"（62年去杭旗檢查工作对公社書記說）

⑦61年鄂旗布拉格公社搞新三反試点时，經和旗委研究，决定結合进行社会改革，把查出来的反革命分子，有罪恶活动的牧主分子和其它坏分子公布于众，交給群众监督改造。工作人員汇报时遭到暴的反对。他說："上级沒有指示，这是誰叫你們搞的？这是个重大政策問題。"当有人說："公安厅有指示"。暴又說："这种作法不妥当。"

⑧"我們对喇嘛卡的紧了一些，所以宗教活动不敢搞了，也就无人送东西了，所以喇嘛也就产生了困难，对他們寬一些有好处。"（61年在統战工作会議）

⑨"为改进我們与資产阶级的关系，緩和他們跟不上的紧張，我們必須反求諸己，以往我們工作中，过高的要求了改造的一面，对他們关心不够。有个别地区和单位，也承認搞好关系加强团結的必要，但在实际行动中不能付諸实现，虽安排了职务，也只是摆摆样子，讓人家坐冷板橙，甚至借机把人家当包袱甩出去。要使他們心情舒暢，精神愉快，必須从改进我們的思想作风做起。"（61年統战工作会議上总結发言）

⑩63年，暴在盟师范学校召开了所謂"五老庆功会"。給五名資产阶级反动教师庆功（其中：历史反革命，伪县党部書記長一人；地主分子一人；特务分子一人；地主兼資本家一人；国民党員、中統特嫌分子一人）。暴亲手給他們发奖，同桌共餐，合影留

5

念，还指示校长、教师为这五个坏蛋题词，詞曰："豪情正熾、为国育才"。会后，参观了"五老"中地主分子×××的家史展覽，听了地主分子的家史介紹。

⑪"……对一些中上层人士要作工作，在生活上給予照顧，特别是对大喇嘛，叫公社、大队主动的給他們安排生活。"（62年政协会上講話）。

⑫"在統战工作中最中心的問題是与党外人士的合作共事关系問題，有些单位这方面作的不够好，有严重的'卸包袱'思想，党內借故排挤党外人士。"

⑬1962年开政协会时，暴听到一些統战人士叫苦之后，就批評文卫系統的党員領導干部說："你們当校長的，医院院長的，沒有本領就不要瞎指揮，要好好听人家的（人家是指統战对象），不懂就向人家学，不要胡闹。"

⑭"右派和劳改犯不同，劳改犯是对他們的寬大处理。右派不是政治犯，是讓他們在劳动鍛錬中改造自己，对他們的劳动改造，粗糙的方式是不对的，不要讓他們劳动了，讓他們休息一下"。

⑮"57年对右派大反一下是对的，现在要大联合一下。右派中有一批专家，都是我們的宝貝，要讓他們工作。"

（16）"从全国情况来看，过去四年中对右派分子太严厉、太紧张、太粗糙，从我盟有些地区来看，对右派分子改造工作上也存在一些問題，一般是划的寬，处理严，劳动多，教育少……对右派分子乱行处罰现象更为普遍，如杭旗、伊一中、师范等单位讓右派經常掏厕所进行处罰，这样办法教育右派，不能爭取人心，得不到社会同情，这不是教育改造右派，而是人格的挖苦，不能服人，爭取不了多数右派回到拥护党、拥护社会主义方面来，把他們当劳改犯处理，是得不到爭取改造的目的。因此要立即轉过来，对他們要寬大，給他們安慰……"。（61年統战工作会議上报告）

⑰1964年初宣傳十条决定时，暴彥巴图不抓阶級斗争，大搞合二而一的評功摆好，他說："现在問題是，把一切坏的，反面的东西搞掉或者即將搞掉，要把好的正面的东西树立起来，这就叫有破有立。只有这样，才不会只是消极的反对，而且有积极的提倡。"他所謂的积极的提倡是合二而一，評功摆好，他說："不管什么人，做了好事我們就表揚，假定一个人有卅个缺点，他做了一件好事就表揚，他由于受了表揚，就会去做第二件、第三件，一年內他做上廿五件好事，那么他只剩五个缺点，他就可以变成一个好社員，好干部"。

⑱64年在达旗搞四清暴对别人說："农村的事情嘛！就那么一回事，糊里糊塗的搞一搞就算了，要詳細搞，一年也搞不完。"

⑲"全民大鑑定是建国以来具有历史意义的一件大事"。（他所謂的全民大鑑定就是通过填写阶級成分登記表，对十六岁以上的社員进行鑑定，大整群众）。（附件二）（63年达旗四清試点中）

⑳"你們这样处理干部还受得了嗎？內蒙三干会上綱的劲头还沒有轉过来。老赵

（指赵怀斌）你以后要注意，下面报法办，你就給开除，他們报开除，你就給留察，他們报留察，你就給警告，他們报警告，干脆不給处分"。

（21）"牧区阶級队伍要組織，但不要划阶級成分。对牧主也要貫彻重在表現的政策"：（对牧区四清試点的意見）

（22）"今天講第一个十条，就是十大綱領，什么叫綱領，比如飼养員同志拉牛、拉馬，不能拉尾巴，要拉牛头上的疆繩，这根疆繩就是綱。"（64年冬对裕太奎大队貧下中农講話）

（23）"主要揭生产落后的盖子，干部不抓生产比貪污几百元还严重的多，生产落后就是阶級斗爭和两条道路斗爭。"（65年十二月四清工作团队員会議）

（24）"搞阶級斗爭不能影响生产，要和生产錯开，不能同时搞，要有利于生产，两大斗爭是两大車輪，缺一不可"。

六、挑撥民族关系，大搞民族分裂

毛主席說："民族斗爭，說到底是一个阶級斗爭問題。"又說："究竟吃民族主义的飯，还是吃共产主义的飯？首先应当吃共产主义的飯；地方要，但不要主义。"

暴彥巴图积极追随烏兰夫，挑撥民族关系，大搞民族分裂，反对毛主席的民族政策。

① "与会同志，要以烏兰夫同志的报告为指导思想，以內蒙民族工作会議精神为紅綫，指导开好会議。"

② "我們必須認眞学习烏兰夫同志的报告，以武装思想，提高認識，增强免疫力，防止上当。"（63年民族工作会議总結报告）

③ "烏兰夫是蒙古族的領袖，在民族問題上，是全国最有发言权的权威。"

④ "在講明来意中，主要講毛主席在决定結束語里的一段話，还要加上烏兰夫同志最近对盟市委书記的講話。"（在烏审召四清工作会議上講話）。

⑤ "牧民很老实，吃一点亏也不說話，有誰为牧民說話呢？" "盟級机关，关心牧民的沒有几个人？"（66年与揚达賴、王玉珍談話）

⑥ "牧区建設，是靠人家（指汉人）还是靠自己，烏审召解决这个問題是靠自己，用自己的双手去改造沙漠。靠誰的問題，有这么个意思，是靠牧民自己，还是靠楡林人，过去盖房子楡林人，剪羊毛楡林人，赶毡子楡林人，楡林是地名，換句話說就是汉人……楡林在旧社会很苦，糠菜半年粮，有好多楡林人，一到冬天拿上三斤旱烟，領上一个候小子，在伊盟地区轉上三个月，把这三斤旱烟卖完了，他們爷两肚子渡过去了，第二年春天回去了。他到这干什么？到牧民家里住下，会說几句蒙古話——賽拜努，搗一搗炒米，搕点沙蒿，吃上一頓飯第二天走了。因为盖房子，剪毛都是楡林人，所以这个問題也是革命，靠楡林人还是靠自己。"（65年5月对区內参观团介紹烏审召經驗）

⑦ "在三大革命中，坚决貫彻党的民族政策，进一步巩固和发展民族团結和祖国統一的政治、經济、文化三个基础。"幷說："要踏出自己的道路"（66年3月全盟工交

7

259

財貿文卫五好职工代表会上报告）

⑧ "两种都提，既反大汉族主义，也反地方民族主义，具体一些，解决三个基础，即政治、經济、文化三个基础。"（66年4月22日討論学习毛主席著作决定的发言）

⑨ "在牧区不要給外来人下戶，外来人是汉人……，人多了就要吃飯，吃飯就要种地，种地就要开荒，现在鄂尔多斯草原就剩鄂、杭两个地方了。"

⑩ "在牧区严禁开荒，严禁移入人口，牧民搬家不要限制，主要限制汉人，把草場保护下来。"（62年盟委扩大会議）

⑪65年暴彦巴图积极主張把乌审旗的三个半农半牧公社划为六个（蒙汉分家）。暴說："这样划有好处，就是有些汉人想多占蒙人的土地，杭錦旗都已划分了，你們为什么还不划分，是不是想多佔蒙人的一点便宜？"

⑫ "西三旗革命化的根本問題是如何貫彻以牧为主"，"各級思想革命化要搞到底，把主要矛盾抓住，我看西三旗的主要矛盾是游农。"

⑬把民族問題做为四清运动的重要內容之一，暴从乌兰夫四月反党黑会上，打电話指示盟委社办，狠抓民族問題，因此，社教通訊上发表了反大汉族主义的文章。

⑭ "汇报工作，总結工作，不談民族就是大汉族主义。不搞民族問題怎能建設內蒙古？怎能在內蒙古工作？"

暴彦巴图大造了民族分裂的輿論之后，就提出 "农牧分社（蒙汉分社）" "牧区一亩旱地不种"，一年批准杭錦旗開地40万亩等行动措施，大量逼移汉人，造成死亡11人的严重恶果（另有附件）。

七、反对突出无产阶級政治

毛主席教导我們："政治工作是一切經济工作的生命线。在社会經济制度发生根本变革的时期，尤其是这样。"

暴彦巴图明目張胆地篡改党的政策，否認毛主席关于阶级、阶级矛盾、阶级斗爭的学說。反对政治掛帅，篡改四个第一。

① "千条万条，增加牲畜第一条"。

② "农区以草木西掛帅，天然草場以宁条掛帅"。

③ "人的因素第一，种树第一，浇水第一，护林第一"。（63年三干会总结）

④ "最好的政治是用专业体现出来的，只要在党的领导下，搞好专业就是政治"。

⑤ "学生成績好，就是政治掛帅好，学生的政治学习，作几个政治报告就行了，毛选也只是选上几篇学习学习就行了。"

⑥ "我盟农牧业发展是緩慢的，落后的，主要矛盾是三多三少，即地多粮少，风多树少，畜多草少……許多事实証明，种树、种草、基本田，是改变伊盟自然面貌，发展农牧业生产的核心和关鍵。"（65年盟委三干会总結报告）

8

八、在干部問題上的言論

毛主席說："我們民族历史中从来就有两个对立的路线：一个是'任人唯賢'的路线；一个是'任人唯亲'的路线。前者是正派的路线，后者是不正派的路线。"

暴彥巴图不是用阶级分析使用对待干部，而是从地区、新老决定干部好或坏。完全違背了毛主席的教导。

①"在精神狀态方面，主要有以下几个問題：1.因循守旧，固步自封。……这种思想在部分本地干部中表現比較突出。2.中游思想，滿足現狀……这种思想在来自陕北、晋西北的部分干部中，反映的比較多些。3.条件論，缺乏信心……这种思想在来自內地和东北的部分干部中，表現的較多。"

②"干部有三怕思想（怕苦、怕累、怕革命），三保哲学（保级、保职、保命），三老工作方法（凭老本吃飯，靠老經驗办事，按老办法工作）有些干部，飽食終日无所用心，吃薪水，熬寿祿，貪安逸，图享受。（65年）

③"伊盟老干部多，不好对付"。"老干部的脑子都生銹了，伊盟干部参加革命早是光荣的，但现在講起来却是臭的"。（63年五反中）

④"伊盟的三个干部交流外地的一个，因为伊盟的干部沒人要"。（66年內蒙党委扩大会期間）

⑤"你們对干部要有压力，比如快馬放在滩里，讓牠快跑，在跑的最快的时候，趁势把尾巴一撒，'拍'一下就牽倒了"。（66年乌审召四清时对包荣講）

⑥为了甩掉包袱暴彥巴图竟然提出用"快刀斬乱麻"的口号，要求大刀闊斧进行处理。

九、破坏无产阶級文化大革命

十六条指出："有些单位是被一些混进党內的走資本主义道路的当权派把持者。这些当权派极端害怕群众揭露他們,因而找各种借口压制群众运动。"

运动一开始，暴彥巴图十分害怕群众揭露他的反党罪恶活动，当他感到真混不下去的时候，就进一步要阴謀，放暗箭，造謠言，顛倒黑白，混淆革命与反革命的界限，挑动群众斗群众，轉移斗争大方向。

①"在华北局会议上，伊、巴盟沒有斗爭对象"（言外之意，我暴彥巴图不是斗争对象）（66年8月傳达华北局会議精神）。

②"我原来打算認真檢查，但黑帮帽子已經戴上了，所以我就不打算檢查了，怎么办就怎么办吧。"

"对我揭发的問題带有声討性的，我的大字报很多。"

③"老楊，这次运动只整几个蒙人行嗎？"

9

④对鄂旗委書記黄鳳歧說："我知道他們要打倒我。……还有一張大字报說以我为首和一批旗委書記是黑帮。"

⑤对烏审旗旗委書記嘎尔迪，盟委統战部付部長白文智等說："群众对我的意見是云北峰煽动起来的，现在准备把我搞臭。除我和陶特格其、吴占东外，别人再无問題？"

⑥对抗錦旗委書記奇治民說："群众的意見集中到我和楊达賴、吴占东身上了，在下面有你和黄鳳歧，可能有人来活动，你就装不懂。"

⑦对盟委付書記金汉文說："我来伊盟整十年，从来沒向內蒙党委反映过一个人，而现在有人反映我……我也要采取主动，爭取主动。"

鄂尔多斯《揪暴、楊、康、李兵团》

１９６７年７月２４日

```
一-15
```

彻 底 剷 除 高 崗 余 党

（第一集）

天津紅代会南开大学八一八火炬纵队

內蒙古呼三司医学院东方紅公社专揪高崗漏网分子联絡站

內蒙古伊盟 紅总司 《专揪高崗余党联絡站》
　　　　　 联　委

一 九 六 七 年 八 月 十 日

最 高 指 示

混进党里、政府里、軍队里和各种文化界的資产阶级代表 人物，是一批反革命的修正主义分子，一旦时机成熟，他们就会要夺取政权，由无产阶级专政变为资产阶级专政。 这 些人物， 有些已被我们識破了，有些则还没有被識破， 有些正在受到我们信用， 被培养为 我们的接班人， 例如赫鲁晓夫那样的人物， 他們現在正 睡在我们身旁，各级党委必须充分注意这一点。

×　　　　×　　　　×

帝国主义者和国內反动派决不甘心于他们的失 败， 他 们还要作最后的挣扎。在全国平定以后， 他们也还会以各种方式从 事 破坏和搞乱，他們将每日每时企图在中国复辟。

×　　　　×　　　　×

人民靠我們去組织。 中国的反动分子， 靠我们組 织起人民去把他打倒。凡是反动的东西， 你不打， 他就不倒。 这也和扫地一样，扫帚不到，灰尘照例不会自己跑掉。

×　　　　×　　　　×

你们要关心国家大事，要把无产阶级文化大革命进行到底。

目　　录

前　　言

（一）疯狂地攻击辱骂我們最最敬爱的伟大領袖毛主席，肆无忌惮地为高崗翻案

（二）乌兰夫反党集团的忠实爪牙

（三）疯狂地反对我們最最敬爱的伟大領袖毛主席，反对光焰无际的毛泽东思想

（四）攻击社会主义制度，攻击三面紅旗

（五）反对无产阶級专政，抹煞阶級斗爭，包庇地、富、反、坏、右

（六）敲詐勒索人民的吸血鬼，地主阶級的孝子賢孙
　　　卑鄙肮脏的灵魂，腐化頹废的生活

（七）疯狂反对毛主席的革命路线，頑固地推行資产阶级反动路线，企图扼杀文化大
　　　革命

（八）附件

一、高崗、乌兰夫的代理人——伊盟郝、田、白反党集团的自白书

二、高崗、乌夫兰、习仲勋与高崗分子张秀山、赵通儒之間的黑信

1.关于安排赵通儒"养病"問題高崗給张秀山的信

2.一九六二年六月乌兰夫接到赵通儒的信后給习仲勋的信

3.习仲勋接到乌兰夫和赵通儒的信后給陕西省民政厅长楊伯伦的信

4.陕西省民政厅接到习仲勋指示給赵通儒提高生活待遇的信后向省委的报告（略）

5.一九六二年五月赵通儒給乌兰夫的信（略）

6.一九六二年六月赵通儒給习仲勋的信（略）

三、高崗分子赵通儒与伊盟郝、田、白反党集团之間的黑信

1.一九五九年二月七日高崗分子赵通儒給郝文广等人的黑信（略）

2.一九六二年十月十二日高崗分子赵通儒給郝、田、白等人的黑信（略）

3.一九六四年六月廿八日高崗分子赵通儒給郝文广、王悦丰、陛济米图的黑信（略）

4.一九六七年六月十四日高崗分子赵通儒給郝、田等人的黑信

前　　　言

千鈞霹靂开新宇，万里东风扫残云。

在伟大的无产阶级文化大革命中，內蒙古伊克昭盟广大红卫兵小将和无产阶級革命造反派，高举战无不胜的毛泽东思想的伟大紅旗，下定决心，排除万难，揪出了伊盟以郝文广（盟委副书記兼副盟长、盟公署党组书記）、田万生（盟委副书記、內蒙古监委委員、全国人民代表大会代表）、白汉臣（盟委常委、統战部长）为首的反党集团。这是毛泽东思想的伟大胜利，是一件大快人心的好事！

伊盟的郝、田、白反党集团是高崗余党，是乌兰夫的代理人。他们和高崗反党集团、和乌兰夫反党集团的黑关系是由来已久的。

伊盟的西南部，与陕北的三边、横山一带相毗邻。从一九三五年起，高崗及其同党就在这一带活动。

一九三五年冬，高崗、田万生等七人组成临时工作组从陕北来到伊盟西南部的鄂托克旗、乌审旗一带。不久，成立蒙古工作委員会，高崗任主任，赵通儒任秘书长，田万生任乌审县苏維埃主席。一九三七年蒙古工作委員会改为少数民族工作委員会，高崗任主任，罗迈（李維汉）任书記。此后，一直到一九四五年高崗离开西北前，伊盟的工作一直是在高崗的直接领导之下。

伊盟也是解放前乌兰夫长期活动的据点。是乌兰夫在內蒙西部地区的老窝之一。

一九三八年乌兰夫随伪蒙古新三师进驻伊盟鄂旗的桃力民，任政治部主任，以后又曾在伊盟任綏蒙军政委員会委員（主任是赵通儒）等职。

高崗、乌兰夫在伊盟活动期間，都曾在伊盟培植和安插了他们的大批党羽。郝文广（高崗分子赵通儒一手培植的亲信、接班人；后經赵送进延安民族学院学习，成为乌兰夫、王鐸等人的得意門生，乌兰夫老婆云丽文的同班同学）、田万生（高崗的拜把兄弟、老部下、亲信）、白汉臣（高崗的同乡、同学、拜把兄弟、亲信）等人，便都是其中有代表性的人物。

自一九三八年起，在伊盟的高崗党羽和乌兰夫党羽，就长期在一起鬼混，互相勾結，狼狽为奸，結成了死党。在高崗反党集团被打倒之后，高崗余党便完全投靠到了乌兰夫的門下。

几十年来，他们在伊盟所犯下的罪行，罄竹难书。在民主革命时期，他们頑固地对抗毛主席的革命路线，忠实地执行王明、高崗的机会主义投降主义路线。向王公貴族卑躬屈膝，与地主、富农、牧主、大边商等剝削阶级的人物誓盟結拜。认敌为友、认贼作父。（詳見附件一）給党的事业造成不可估量的损失。解放以后，他们则貪天之功据为己有，以"伊盟的革命創始人"、"功臣"、"元老"自居。在伊盟大搞独立王国，招降納叛，結党营私，称王称霸，无法无天。特别是在国家经济暂时困难时期，当国内外反动派向我們党、我們伟大领袖毛主席和伟大的毛泽东思想发起猖狂进攻的时候，郝、田、白反党集团迫不急待地破門而出，甚囂尘上，与国外的帝修反相呼应、与社会上的牛鬼蛇神相勾結，向以毛主席为首的党中央、向社会主义制度、向光焰无际的毛泽东思想，发动了猖狂进攻，肆无忌惮地辱罵、攻击我們最最敬爱的伟大領袖毛主席，赤裸裸地为高崗翻案；彻头彻尾地执行烏兰夫的修正主义路线；在无产阶級文化大革命中，郝、田、白反党集团，更加凶象毕露，他們一开始就篡夺了文化大革命的領导权，实行資产階級专政，頑固地推行資产階級反动路线，顛倒是非，混淆黑白，围剿革命派，压制不同意見，实行白色恐怖，自以为得意，长資产階級的威风，灭无产階級的志气，极力抗拒毛主席的革命路线，妄图扼杀文化大革命，以达到保住他們在伊盟的統治地位，保住伊盟这个独立王国的罪恶目的。

第一部分：疯狂地攻击辱骂我們最最敬爱的偉大領袖毛主席，肆无忌憚地为高崗翻案。

毛主席教导我們說："帝国主义者和国內反动派决不甘心于他們的失败，他們还要做最后的掙扎。在全国平定以后，他們也还会以各种方式从事破坏和搗乱，他們将每日每时企图在中国复辟。"

伊盟的高崗余党郝、田、白反党集团正是这样。他們的主子高崗反党集团被打倒之后，他們一直不甘心于失败，一直与中央的及其它省市的高崗分子上勾下連，猖狂活动，明目张胆地为高崗翻案。

毛主席教导我們："凡是要推翻一个政权，总要先造成輿論，总要先做意識形态方面的工作。革命的階級是这样，反革命的階級也是这样。"伊盟高崗党羽的一系列罪恶活动，再一次活生生地証实了伟大領袖的英明論断。

郝、田、白反党集团为高崗翻案的主要罪恶活动如下：

（一）通过写《革命斗爭史》、《回忆录》等形式，为高崗及其同党歌功頌德、树碑立传，要人們永远"紀念"高崗，学习他的"献身的精神"。

1.一九六〇年，在郝、田、白等主持下所編写的《伊克昭盟革命斗爭史》上写道："伊盟的革命活动正式开始是一九三五年春，……当时派高崗、李占胜、高义德、曹动之、田万生等同志组成临时工作组，以赤源县长城区为根据地，以边客的身分，采取了行商的办法，深入到蒙地与蒙古人民特别是上层蒙古王公贵族、官吏，通过交朋友、結拜識，建立关系，从而达到了解情况，建立群众基础和工作基础"。"一九三六年春高崗决定在烏审旗成立烏审县，让田万生同志为县长（苏区主席）、赵××（卽赵通儒）为书記。"

2.一九六五年八月，田万生在《回忆录》中說："一九三五年高崗派我們来牧区开辟工作，当时叫长城特区，我是下普通区的主席。那时我們在史家湾开会，有李占胜、高崗（当时叫他高麻子）等六、七人叩头捏香拜把子……""当时高崗指示我們新区政策是'通过上层，深入下层，保护王爷，共同抗日'。不通过上层站不住脚。"

3.郝、田、白集团成员、伊盟人民銀行副行长鲁富业在一九六六年清明节口述記录成的《伊盟革命斗爭史》中說："伊盟是一块烽火連年烈火般的疆場，出现过不少英雄人物。""伊盟的十五年是比较残酷的，……从一九三六年开辟伊盟工作时到三八年是一段，有一个蒙古工作委員会，主要是地下工作，高崗是蒙古委員会的主任。……对外名义是联絡参謀处，赵通儒負責，高增培是秘书。有一个抗日联絡委員会。那时有个新三师，政治部主任是烏兰夫。""今天是清明节，大家都来紀念，紀念他們献出了宝貴的生命，要求永远学习他們献身的精神，永远活在我們心上。"（詳見附件一）

（二）散布了大量为高崗翻案、誣蔑謾駡党中央和我們最偉大的領袖毛主席的极其恶毒的言論。例如：

1.宣揚"高崗是陝北革命的創始人"。一九六二年白汉臣对××說："三段地是伊盟革命的創始根据地，我和田老汉（田万生）就是在高崗同志的亲自指揮下在那里建立了伊盟的革命根据地，……三段地人民对高崗和我們是有深厚的阶级感情。"又說："高崗是为陝北人民益而走向了叛党道路。不过他死也是光荣的。說起高崗的功劳眞不小，你們这些青年一代一步登天，不知革命和今天的幸福生活是怎样来的。高崗是陝北革命的創始人，国民党統治时期，毛主席在南方开展不了工作，以后来到陝北找到高崗，在延安建立了革命根据地，从那时候起，中国的革命才扎下了根，直到全国解放，取得了今天的胜利。"又說："高崗同志犯錯誤，主要是对中央关于粮食、棉布实行統购統銷不滿，向中央提出建議，毛主席认为他是爭名利，爭位子，所以中央对高崗按叛党分子处理了。高崗在政治压力的情况下，吃了安眠葯中毒牺牲。"

2.吹噓高崗在陝北威望高，說打倒了高崗陝北很多人不服。

一九六四年冬季，田万生和白汉臣对人讲刘志丹三打横山的故事，其中对高崗大加吹捧和歌頌。如說："高崗身体挺結实，那个人挺有才干的。""……老乡們还挺称贊高政委的能够深入群众。""高崗是有很大功劳的，现在說犯了錯誤，陝北老乡还是不忘高崗的。影响最深了，有的人还不服。"

一九六四年冬，田万生在給×××等讲"革命斗爭故事"时說："高崗以前和刘志丹一起工作，很有功劳，以后犯了錯誤，在獄中自杀了。他的死在陝北引起很大反应，陝北人民很多不服，为高崗不平，中央費了很大劲，做了好多工作，才把事平下去。"

一九五九年彭德怀被处理后，白汉臣对人說："高崗犯錯誤不要死的話，中央会給他飯吃和給他一个地区，如要回陝北的話，仍然威信很高的。高崗本来有功嘛！毛主席带上軍队长征，如果沒有陝北根据地和高崗，他們連脚也站不住。"

一九六三年机关开展"五反"运动时，白汉臣在統战部办公室談起四二年延安整风，說："高崗当时是中央負責人，又是西北局的书記，說了話誰敢不听！毛主席到陝北后，离开高崗不說話。"幷說："毛主席还說他在陝北威信还不如高崗呢！"

一九六三年白汉臣到烏审旗下乡时对人說："毛主席（长征）未上来以前，派来个特委郭洪涛，把刘志丹和高崗可整上啦，把刘志丹押了禁閉，这样就鬧成南方北方人之間的矛盾。毛主席上来才放了刘志丹，放出来就带上軍队打仗牺牲了。高崗犯錯誤主要是驕傲和反刘少奇。过去人們常說刘志丹、高司令（高崗）創造陝甘宁，在陝北的威信可高啦！"

3.吹捧高崗"对伊盟的发展有很大貢献"。

一九六六年文化大革命前夕，田万生对人說："过去高崗对伊盟是很重视的，給了很多支援，对伊盟的发展有很大貢献……"。

白汉臣也經常在統战部吹捧高崗对伊盟的功劳。說："高崗、习仲勛那时候对伊盟工作可重视啦，高崗来伊盟三段地几次給蒙旗送枪支、大烟等物资来拉关系。高崗和习仲勛

4

是西北的要人。"等等。

4．诬蔑毛主席和党中央害死了高崗。

一九六二年白汉臣的妹夫对人说："你說高崗是怎么死的？"接着又说："高崗的哥哥在北京，高崗的嫂子去北京找高崗的哥哥，返回时經过东胜，在白汉臣家住了几天。听她說高崗是这样死的：高崗住在一个房間里，外边有警卫看着，高崗也不吃飯，晚間也睡不着觉，喊叫着要見毛主席。警卫沒办法，就找毛主席談了这情况，毛主席听了哈哈地笑了，毛主席給拿出了一包药片，交給警卫說：你回去把这药叫他吃了，就睡着了。高崗吃了药片之后就死了。"

郝、田、白反党集团成员，盟計划委員会副主任段振江的老婆对人说："高崗是一心为革命的，把全部家产卖光搞了革命，后来不知高崗搞什么工作叫一伙南方人給提了一圪堵（很多的意思）意見，高崗自己不承认，这些南方人硬給定上，后来高崗就不听說了。"

白汉臣的弟弟对人说："我哥哥和高崗的关系誰也比不上……高崗是被中央一些人逼死的。"

5．恶毒地攻击伟大領袖毛主席"进了中南海忘了延安。"

郝、田、白反党集团成员、盟文教卫生委員会主任楊德明对人说："赵通儒来了……說毛主席进了中南海，就把延安忘了。"

白汉臣的儿子白进光（盟工交委員会主任、盟委代常委）对人说："赵通儒来东胜，我們跟他閑談，这个人說起话来，起初还沒什么，话一长，他就激动起来了，就开始骂毛主席，鬧得我們很别扭，走也不是，在也不是。"

一九六六年春，伊盟公署人事处副处长孟芹向郝文广汇报安置老弱残干部时，提到田万生、高錦武（高崗的警卫队长、现任伊盟水利处副处长）等对此有意見，郝文广借题发揮，讲了明朝朱元璋"火烧庆功楼"的故事。說什么："明朝有一个皇帝，文武大臣和他一起打下天下，他做皇帝后，文武大臣有意見，皇帝无能解决，就想了一条計策，有一天把文武大臣传到竹楼上，設宴招待，他派人放火把竹楼点着了，这叫火烧庆功楼。"借此恶毒地攻击党中央和我們最伟大的領袖毛主席，为高崗反党集团的复灭鸣不平。

6．說高崗犯的主要错誤是反对刘少奇。

一九六七年六月十七日在郝、田、白反党集团操纵的御用組織——鄂尔多斯总指揮部所召开的战斗队队长会議上，总指揮部常委××說（当时郝文广也在場）："高崗在陕北和伊盟干的是革命工作，根本沒犯过错誤，高崗是到了东北后，生活腐化，犯的主要错誤是反对刘少奇。"

（三）对高崗分子等視若神明，亲如手足；上勾下連，狼狈为奸。

高崗分子赵通儒（曾历任高崗的秘书，伊盟工委书記，陕甘宁边区民族事务委員会主任，最高人民检察署西北署秘书长等职）在高崗被打倒后，疯狂地为高崗翻案，恶毒地辱骂党中央、辱骂我們最伟大的領袖毛主席。誹謗我党是"結党营私，不顾人民疾苦"的"派别組織"。在赵所写的《致中南海当局的公开信》上，公然辱骂我們最伟大的領袖毛主席是"站在人民头上的人"，"不要自以为椅子坐稳了"。并說什么"党中央尽是江南人"，"沒有别的人参加点缀門面"。由于赵疯狂反党、反毛主席，故于一九五四年經中共中央批准，开除其党籍。后又被遣回其家乡子长县。赵回子长后，毫无认罪悔改之意，仍以編写"党史"、"革命斗爭故事"为名，继續进行反党活动，为高崗翻案，在赵写的《陝北党史》、《子长烈士略传》等毒品中，把自己写成西北地区最早的馬列主义传播者和西北党組織的創始人，大肆吹捧高崗及其同党。把西北的党組織說成是"西北党"，与党中央分割开来，幷狂妄宣揚"陝北的革命拯救了党中央"，說什么"沒有瓦窰堡就沒有中南海。"幷四处活动，狂妄地把自己封为"革命导師。"

赵与乌兰夫、习仲勋等关系密切，常有书信往来。一九六二年赵給乌兰夫、习仲勋同时分別写信，要求提高生活待遇。信中滿紙皆是对党、对社会主义制度、对毛泽东思想的誣蔑謾罵。乌兰夫见信后，立卽亲自写信与习仲勋串通，又由习仲勋亲自写信給陝西民政厅长楊伯伦，指示：給赵提高生活待遇。习仲勋在该信中亲暱地称赵通儒为"同志"（詳见附件二）。

在高饒反党集团被揭露前夕，高崗也曾亲自写信給张秀山（高崗分子），让其安排赵通儒的"养病"問題（见附件二）。乌兰夫、习仲勋等对赵通儒的关怀，完全是继承了高崗的意旨。如果再联系起乌兰夫与习仲勋之間的亲密关系（如乌的儿媳妇是习仲勋給介绍的，习仲勋的問題被揭露后，曾密找乌兰夫进行活动等）来看，足见，乌兰夫原来就是高崗反党集团的成員。

高崗、乌兰夫、赵通儒和伊盟的郝文广、田万生、白汉臣等人是同党。一九五九年春节赵以治病为名前往北京，找乌兰夫、安子文、胡乔木、习仲勋、賈拓夫等进行反革命大串連，特地繞道伊盟，与田万生、郝文广、白汉臣等共相謀划。郝、田、白等对赵待如上宾，奉若神明，大設筵席，大办舞会。仅招待就花费一百余元，全部由公家报銷。赵与郝、田、白等密謀策划十余日方去。临別又合影留念。在此期間，赵强奸了同行的姑娘尉迟利侠。当尉迟利侠揭发控告后，郝、田、白等又指使他們所把持的伊盟公安处对赵进行包庇（见附件三）。一九六一年，赵又一次到伊盟活动。郝、田、白反党集团，照样优礼有加。为支持其反党活动，批了公款五百元，拟置办物資相送。后感此举太露骨，乃改由伊盟高崗余党众人捐款相助。計共捐集二百余元。其中郝文广一人就捐出四十元。赵与郝、田、白之間，更是书信頻传。信中毒言滿紙，黑話連篇。直至今年六月十四日，赵还有信致郝、田諸人。猖狂地为乌兰夫鳴冤叫屈，恶毒地辱罵我們最伟大的領袖毛主席。說什么"七大选他（指乌兰夫）为中委，沒毛批准、审查，不可能。……听說他搞'独立王国'，我依过去的情况，估計他不敢、不能反毛反中央……"。（詳见附件三）

高崗的党羽之所以在伊盟如此猖狂，如此肆无忌憚，一是因为他們一直掌握着伊盟的党政大权，一直苦心经营着伊盟这个独立王国；二是因为乌兰夫也是高崗的党羽，对他們吹捧高崗和給高崗翻案的活动，不但默許，幷且給予鼓励和支持。因此，在高崗反党集团被打倒后的十几年間，高崗的阴魂在伊盟一直不散，高崗的余毒一直沒有肃清。在伊盟，尤其是在过去高崗等人活动过的乌审旗、鄂托克旗一带，一些人对高崗及其同党不但不恨，反而经常作为英雄人物传頌贊揚，对高崗的被打倒，表示惋惜。（据調查，陝北一带也存在着类似情况）如說什么："高崗了解我們……""陝北就出了这个人（指高崗），可是现在也不行了。""不但一个高崗倒了，所有陝北的干部(指职位高的)都受害了。""高崗挺好，在陝北革命有功，可惜犯錯誤了。"甚至說："过去高崗反对刘少奇，现在刘少奇有問題倒了，說明高崗是对的。现在应该有几个爭气的儿孙起来替高崗翻案，也使儿孙們有个好的出路。"等等。

第二部分：乌兰夫反党集团的忠实爪牙

郝、田、白反党集团既是高岗余党又是乌兰夫反党集团的忠实爪牙，是乌兰夫反党集团在伊盟的代理人。多年来，他们将乌兰夫奉若神明，忠实地执行了乌兰夫及其反党集团的反革命修正主义路线，和乌兰夫反党集团中的一帮黑干将关系十分亲密。特别是在这次文化大革命中，他们更加充当了乌兰夫反党集团在伊盟进行反革命复辟的急先锋。

（一）乌兰夫曾是延安民族学院负责人，郝文广是这个学院的学生。乌兰夫对他亲手培养的学生是非常器重的。一九六五年六月，乌兰夫在华北局召开的太原会议上，就向王铎透露过，说他自己"在民族问题上很感孤立，回去后要重用延安民族学院的学生。"太原会议结束后，乌兰夫为推行其蓄谋已久的破坏祖国统一、搞独立王国的民族分裂主义，以实现反革命政变，就按照策划好的阴谋，通过建立代常委、五大委，把他在延安民族学院的学生和其他亲信一个个安插到重要岗位上。当时在伊盟的延安民族学院的学生有郝文广、阎耀先、云祥生三人。时隔不久，一九六五年八月，阎耀先就被调往战略上具有重要地位的乌盟，去"加强"那里的工作，接着又调走云祥生，提任内蒙民族事务委员会副主任兼党组书记。剩下的郝文广，论其资历、能力以及和乌兰夫反党集团的关系，都比阎耀先、云祥生等胜过一筹，再加上有田万生、白汉臣等对他的支持，在伊盟有他雄厚的地方势力，于是，郝文广自然就成为乌兰夫反党集团留在伊盟实现资本主义复辟的得力干将了。

（二）郝、田、白反党集团与乌兰夫反党集团的核心人物李振华、云北峰、浩帆、韩是今、阎耀先、云祥生等人（这些人都是从伊盟调出去的）关系十分密切。而郝文广、阎耀先又是乌兰夫老婆云丽文的同班同学。一九六五年八月，阎耀先曾得意洋洋地说："今年春天我去内蒙开会，云丽文曾找我谈过干部问题"。阎耀先调离伊盟时，郝文广和阎耀先曾在鄂托克旗进行密谈。此外，郝文广还善于使用"夫人外交"。每逢他的老婆到呼市，都要到李振华等人家里，登门拜访，巴结奉迎。

（三）郝、田、白反党集团对乌兰夫无限崇拜，把乌兰夫的黑话奉若圣旨，忠实地执行了乌兰夫及其反党集团的反革命修正主义路线。例如：

1.乌兰夫打着王明《三五宣言》的旗号，大肆歪曲、篡改、反对毛主席关于民族问题的理论、政策，另打旗号、自立体系，树起反党反社会主义反毛泽东思想的民族分裂主义黑旗，恬不知耻地把自己标榜为一贯正确的党的"化身"的时候，郝、田、白反党集团也极力进行配合，对乌兰夫大加吹捧。郝文广对人说："民族政策看执行谁的，以乌兰夫同志为首的民族政策是真正代表毛主席的民族政策。"王子义（原乌审旗委书记）则说："乌兰夫主席说：'要把民族问题放在首要问题上。'，'乌兰夫指示的三个基础非常重要。尤其对蒙古语文学习要加强。学不学蒙古语文是愿意不愿意在民族地区工作的问题'。'必须按照乌兰夫关于加强培养当地干部和民族干部（的指示做）。'"等等。

2.一九六三年，乌兰夫的丞相奎壁亲自指示郝文广，搜集伊盟历史上反大汉族主义的重大事件史料，为乌兰夫制造民族分裂、实现反革命政变提供历史依据。郝文广领到黑指示，视如圣旨，连忙搜集整理，迅速送了上去。

3.乌兰夫提出在牧区实行"稳、宽、长"政策，郝、田、白集团，则尽心竭力加以推行，极力反对在牧区划清阶级陣营，对牧主、喇嘛，封建上层妥协投降、百般包庇。

如此事例，举不胜举。

（四）一九六六年四月，郝文广一反常规，不带秘书单身前往包头，参加黑帮分子李振华亲自主持召开的全区工业会議，也是黑帮分子李贵在包头大搞反大汉族主义、大放其毒的一次黑会。会議期间，其它盟市委书記都住在昆都仑区，唯有郝文广与李振华二人，在青山区宾館单独另开房間，朝夕与共，勾勾搭搭，时达一月之久。包头会議結束回盟后，郝文广又去华北局开会，临行还特意告訴其他人說："振华和我說，他要来看一看，你們要准备向他汇报。"后因乌兰夫反党集团被揭露，李振华的反革命串連方未实现。

在李振华、郝文广等在包头开会期间，田万生还特派其亲信高××和苏××以去海勃湾市为名，到包头与李振华接头。与此同时，郝文广的老婆刘桂洁，在郝文广的唆使下，也跑到包头找李振华告盟委书記暴彦巴图的状。

（五）一九六六年三月，乌兰夫黑帮分子云北峰到伊盟找田万生、白汉臣等进行反革命串連；四月份乌兰夫黑帮分子陈炳宇又派赵芳玉到伊盟了解老干部对暴彦巴图的意见；五月份，乌兰夫黑帮分子朝洛蒙又专門到伊盟进行活动。在文化大革命的前夕，乌兰夫黑帮的干将們为什么如此頻繁地到伊盟与郝、田、白集团进行活动？在黑帮分子云北峰的检查交待中已揭开了这一黑幕。他說："我到伊盟，名义上是帮助解决农牧調整问题，实际上是披着乌兰夫的民族主义，在伊盟搞了一段民族分裂活动。搜集了暴彦巴图的材料，想把暴彦巴图撤换，搞伊盟的顚复活动。"乌兰夫在他一九六六年七月二十六日的检查交待中也供认："伊盟、錫盟也准备派人去抓民族问题，陈炳宇主动地派人搜集两个盟委书記的材料，給調换作准备。"

（六）一九六六年五月，在华北局召开的前門飯店会議上，可以更加看清郝文广之流与乌兰夫反党集团的黑关系。会上，在批判斗爭乌兰夫时，郝文广沉默寡言，坐立不安，既不揭发，也不进行批判。当乌兰夫以反党分子被斗爭了十多天时，他还說乌兰夫是"思想认識问题。"后来看到大局已定，在参加会議人員紛紛要求大会发言的情况下，郝文广才勉强写了个书面批判材料，寥寥数頁（內容都是别人的话），应付了事。在揭发斗爭乌兰夫反党集团主将李贵、墨志清的会上，郝文广同样不积极，不主动。当到了批判斗爭黑帮分子李振华时，郝文广则更是忧心忡忡，一言不发。

（七）郝、田、白反党集团不仅在組織上和乌兰夫反党集团有着千絲万縷的联系，最为根本的是，在政治上最忠实最坚决地貫彻执行了刘、邓、乌兰夫反革命修正主义路线，疯狂反对光焰无际的毛泽东思想，恶毒地攻击社会主义制度、三面紅旗，竭力宣揚阶級斗爭熄灭論、猖獗反对无产阶级专政，等等（在以下各部分分别揭发）。

（八）在文化大革命中，郝、田、白反党集团更积极地充当了乌兰夫反党集团在伊盟进行反革命复辟的急先鋒。（詳见后述）

以上可见，郝、田、白反党集团，和乌兰夫反党集团的黑关系是极其深厚的，他們是乌兰夫反党集团設在伊盟的一个黑分店。乌兰夫反党集团被打倒了，他們絕对不会甘心于失败。如果不把他們彻底挖掉，彻底摧毁，则必然对革命事业是一大患，是一定时炸弹。一有机会，他們就必将如同他們为高崗反党集团翻案一样，为乌兰夫反党集团翻案。

第三部分：疯狂地反对我们最最敬爱的伟大領袖毛主席，反对光焰无际的毛泽东思想

郝、田、白反党集团和一切反动阶級一样，对我们最最敬爱的伟大領袖毛主席和光焰无际的毛泽东思想，怀着刻骨的仇恨，一有机会，他们就大放其毒。用尽恶毒的語言，对我们伟大領袖毛主席和光焰无际的毛泽东思想进行誣蔑、詛咒、謾罵和攻击。是可忍，孰不可忍！

（一）郝、田、白反党集团的一伙混蛋們，根本不把毛主席著作视为最高指示，尤其是一些"元老派"更为典型，根本不学习毛主席著作。例如：

1.一九六七年二月二十日下午反党集团头目田万生向革命群众检查交待时，紅卫兵小将让他在检查前先任选五条毛主席語录背誦，他仅仅选背了三条，还全都背错了。当問他"老三篇"是哪几篇，他回答說："老愚公"、"白求恩大夫"、"为人民的服务"。

2.一九六五年上級发来廿本《毛主席語录》，这是干部职工求之不得的宝书。盟委办公室为了照顾书記，优先給田万生登門送去一本。当送书的同志向他要六角五分錢时，他却說："語录的内容毛选四卷中都有了，我不要。"

3.反党集团的另一"元老"盟长王悅丰，直到一九六七年四月还翻遍"毛选"一至四卷找不到"老三篇"。

4.反党集团重要成員之一的高錦武，一九六七年二月在会上給职工干部讲話中居然說："毛主席說：'龙生龙，凤生凤，老鼠生儿打地洞。'"当有人糾正說："那不是毛主席讲的。"高还坚持說："是。是毛主席最近讲的嘛！"

5.白汉臣的儿子白进光（盟工交政治部主任、盟委代常委）对古书极感兴趣，当有人劝他多讀毛主席著作时，他說："我这（讀古书）也是学习，了解中国历史对当前工作同样有好处，你們整天学毛选，学了不用也是一样。"

（二）千方百計地反对群众学习毛主席著作。

郝、田、白反党集团挖空心思，利用各种借口反对群众学习毛主席著作。把广大群众轰轰烈烈的学习毛主席著作运动，誣之为"忽視自觉自願原則"、"强迫命令"、"庸俗化"、"形式主义"、"摆样子"、"随大流"等等。略举几例，可见其用心何其毒也！

1.反党集团头目郝文广，一貫以各种借口反对广大群众学习毛主席著作。例如：

（甲）一九六四年五月廿一日郝在笔記上写道：目前干部和群众学习毛主席著作流于形式，表现在以下几个方面：

①忽視自觉自願原則，有些单位不顾客观条件，规定参加学习人数在什么时間內达到80～90％以上。甚至提出人人讀毛选的口号。

（乙）一九六四年十二月六日郝又在笔記上写道：学习毛主席著作存在的几个問題：

1.忽視自願原則，有形式主义和变相强迫命令。表现在：

①硬性下达学习人数指标；②开展学习竞赛，作为"五好"內容之一；③乱提口号造成压力。提出学不学主席著作是革命不革命的問題；④許多人随大流而来，学习的目的不明确。

2.乱联系实际，或生搬硬套，把主席著作庸俗化。

3.要求过急，忽視劳逸結合，增加了負担。

4.只求数量，不求效果。

5.走过场，摆样子。

6.忽視因地、因事、因人置宜的原則。

（丙）一九六四年郝文广在海勃湾四清工作团一次会議上，听了石灰石矿学习主席著作情况汇报后說："学习那么多，太多了。"在場同志当卽反駁說："毛主席著作学得越多越好。"郝却說："不一定，学多了影响工作。"

（丁）郝文广不但反对群众学习毛主席著作，而且公开打击学习毛主席著作的积极分子。他在海勃湾市主持四清期間，公然支持其亲戚代兰特拉矿党总支书記王凤岐的老婆白桂英（家属指导員）百般刁难和打击出席盟和內蒙的学习毛主席著作积极分子韓占荣。市委曾两次派出工作组进行調查了解，幷多次开会研究，认为必須及时处理。而郝却顛倒黑白地說："这是婆婆媽媽的問題，何必小題大作！"还批評市委和市委工作组，就白桂英和韓占荣之間的問題"是妇女們互相猜忌，互相怀疑，检查一下就算了，不是什么了不起的問題。""不要在这些問題上糾纒不休"等等。这样，問題不但没有得到解决，反而更加助长了白桂英的气焰，她在群众中揚言："你們能把我怎么样，市委工作組又能把我怎么样？"

2.反党集团重要成员王子义，反对学习毛主席著作的反动言行更加典型，更加露骨。例如：

（甲）一九六〇年前，烏审旗旗委規定了一个学习制度：每星期用两个半天学习毛主席著作和中央文件。一九六〇年五月王子义从杭錦旗調到烏审旗来担任第一书記后，就把这个学习制度給取消了。幷强調說："工作生产这样忙，还学习？！"

（乙）以"地区特殊論"来拼命反对广大群众学习毛主席著作。說："学习毛主席著作，要結合地区实际情况，我們地区分散，文化低，学不好。……毛主席的书是理論很深的书，不好懂。"

（丙）一九六五年六月三日，在巴图湾一次干部会議上訓斥队干說："社員有很多不願学习毛主席著作，你們强調人家学习是錯誤的。"又說："社会主义主要是搞好生产，生产好了一切都好了。如果社員餓着肚子，思想就一定不会好的。"

（丁）一九六三年××同志建議在烏审旗掀起活学活用毛主席著作群众运动的新高潮。王子义却說："图克公社学习了好几年毛主席著作，牲畜倒减了17％，其它公社沒学习毛主席著作，牲畜都增加了。"

（戊）一九六四年王子义对旗委宣传部××說："你們不要搞农牧民活学活用毛主席著作运动，图克搞学习，生产下降了。"又說："今后不要在群众中提倡学习毛主席著作。"

（己）牧区大寨烏审召出现后，为牧区活学活用毛主席著作树立了一面紅旗。王子义对此非但不支持，不推广，反而說："它要走图克的道路呀！"意思是：图克搞学习毛主席著作，生产下降了，烏审召这样大搞学习毛主席著作，生产也要下降呀。

（庚）一九六五年旗委干部×××下乡回来給王子义汇报群众学习毛主席著作情况时，王說："好好抓生产，再不要經常搞这些，把群众搞累了，影响了生产，那就麻煩了！"

10

（辛）一九六五年十一月，旗委宣传部××同志提出要求旗常委开会研究学习毛主席著作，王說："上級要求让領导干部学习四篇哲学，我学了，但有些用不上。"

（壬）王在烏审旗工作五、六年，从来不抓学习毛主席著作这一根本大計。宣传部門要召开学习毛主席著作会議，王则以"沒有錢。"来抵制、刁难，致使会議开不成。

3.反党集团"元老"王悦丰则公开宣揚說："革命主要凭一顆心，不在你学不学毛主席著作。"

4.反党集团成員屈勛玉（盟农委主任、党委书記）、白进光（盟工交政治部主任、盟委代常委，白汉臣的儿子）等也极力反对群众学习毛主席著作；

（甲）一九六六年二月海勃湾召开全盟工交系統政工现場会。同志們把每天早晨的时間安排为学习毛主席著作和大办好人好事。白进光发现后，大为恼火，說："誰出的坏点子？我們任务是开会，不要搞这些。"

（乙）白进光对林彪同志提出的"毛主席的話一句頂一万句"这句話非常反感，諷刺說："毛主席的話一句頂一万句，哪有这么个提法哩，誰給衡量的？"

（丙）一九六五年十二月屈勛玉对抗灾办公室的人說："主席著作应該学习，可是工作得作好。不能因为学习影响了工作。抗办的工作就是特殊的工作，忙了就工作，不忙了就学一下。"

（丁）一九六六年六月，在盟气象预报工作会議上，群众学习毛主席語录，屈勛玉說："那是赶时髦！"

（三）肉麻地吹捧刘修及其同伙；恶毒地攻击我們最最敬爱的伟大領袖毛主席

1.郝文广之流一九六二年在中央七千人大会上听了党內最大的走资本主义道路当权派刘少奇的报告，如获至宝，回来以后，对刘修的报告大肆吹捧，竭力贊揚，对毛主席和党中央肆无忌憚地进行攻击；

（甲）一九六二年三月廿七日郝文广在笔記上写下了他听了刘修报告后的感想：

"使人听了以后觉得很舒服，自己所要說的一些話，报告里都說到了，似乎自己再沒有什么可說的了。"

（乙）一九六二年三月廿七日郝文广"关于海勃湾市传达情况汇报提綱"中写道：

这几年，同志們之間的語言并不完全一致，各有各的看法，但是又不敢互相交换，怕抓辮子，怕斗爭，所以就'察彥（顏）观色''順水推舟'，对一些事情不敢提出反对意見。形式上語言是一致的，实际上語言是不完全一致的。听了这个报告（按：指刘少奇在七千人大会上的报告）以后，才觉得語言从思想深处一致起来了，上下之間的气才完全通了，有一个共同的語言了，有些同志被批判，受过处分，几年来的冤枉气沒有机会出，现在能有机会出气了，有好（几）位同志伤心地落了淚。有些同志这几年来是积极地工作，现在发生了許多問題，受到了人們的批評、指責，不知是什么原因，也有一股气，沒处去出，这次也有机会讲自己的意見了。"

（丙）一九六二年四月三日郝文广在笔記上写道："对中央文件（按：刘少奇在七千人大会上的报告）的認識：

1.是个实事求是的报告；

2.是个加强民主集中制的报告；

3.是个恢复和发揚优良传統的报告；

4.是个心情舒畅再鼓干劲的报告。

（丁）王子义在中央七千人大会上听了刘修的报告，回到旗里以后，也大放其毒。一九六二年二月廿八日，他在乌审旗全委扩大会议上，根据刘修黑报告的精神，作了大肆攻击三面红旗的黑报告。说什么："我们大家对旗委一直对中央所有的心里话，肚子里的气还没有全部地、彻底地、毫无保留地放出来。所以这次会，叫得更具体一点，就是个出气会。"

（戊）一九六七年五月，文化大革命已经进行了将近一年，党内最大的走资本主义道路当权派刘少奇的滔天罪行已是全党共诛、全国共讨；可是王子义老混蛋提起刘少奇却仍然亲如爹娘，口口声声"少奇，少奇"的亲切称呼，当革命群众义愤填膺地质问他："刘少奇有没有错？刘少奇是个什么人？"王居然回答说："我还不知道！"这些家伙就居然疯狂到这种程度！

2.一九六二年，由刘、邓批转了陈云的那个臭名昭著的右倾机会主义的经济报告。这个报告诋毁、攻击我们伟大领袖毛主席当时关于政治、经济形势的英明论断，用心十分恶毒。而郝文广却恶毒的幸灾乐祸地说："中央搞乱了，陈云出来收拾摊子来了。"

3.一九六二年三月，郝文广配合国内外帝修反的反华大合唱，写了反党、反社会主义、反毛泽东思想的黑诗：

随　　笔　　　　　　1962年3.24.下午

吃了几年糊涂饭；	吃穿日用大紧张；
说了几年糊涂话；	生命财产大损失；
干了几年糊涂事；	社会残疾大增加；
遭了几年糊涂灾。	人民群众大不满。
弄虚作假无人问；	"物极必反"世上有；
称王称霸无人管；	"回头是岸"世上见；
流离失所无人安；	"广开言路"世上行；
死鬼遍野无人喊。	"实事求是"世上证。

（又一首）

千错万错，	千因万因，
所有制改变。	骄傲自满病。
不该过急过快！	不该今日重犯！

偶　　书　　　　　　1962.3.28下午

我为真理，	为了真理，
真理为我；	在所不惜！

4.一九六二年七月，郝文广与×××在北京参加华北局召开的精简工作会議，一天晚上，看了京剧《霸王別姬》，他对霸王唱詞"天亡我也，非战之故也"，很是欣尝。从剧場一回到宿舍便对×××說："霸王本来自己犯了錯誤，陷入重圍，四面楚歌，直到被迫走上自杀的地步，还說不是他的錯誤，而是天要灭他"。接着就借古諷今地发泄出自己內心的怨恨来，他說："全国这几年的經济困难还不是这样，本来是自己工作上犯了錯誤，还硬說是自然灾害造成的。"指桑駡槐地攻击我們最最敬爱的伟大領袖毛主席。

5.一九六二年王子义在报告中不但恶毒地攻击大跃进，而且把他攻击的所謂大跃进的缺点錯誤，都归罪于党中央，甚至推在毛主席身上。他狂妄地說："这些錯誤的发生，对一个作为馬克思列宁主义武裝起来的政党，和作为他的一个成員来說，都是不应該的。也是党的原則不允許的。那怕錯誤再小些，也是严重的。动机再純，也是不能原諒的。"

6.反党集团成員屈勛玉則更加露骨地攻击說："五九年全党反右倾，結果是右倾帽子滿天飞，压得人抬不起头来。反右倾的結果是'左'上加'左'，使'左'倾思想在党內占了統治地位。全党的反右倾实际上是反对实事求是，反对老实人。反右倾斗爭采取了类似王明路线的残酷斗爭，无情打击，主观主义流行全党。"

7.屈勛玉居然狗胆包天地狂妄叫嚣："应該撤換犯錯誤的党的主要領导人。"

第四部分：攻击社会主义制度，攻击三面红旗

我們最最敬爱的伟大領袖毛主席教导我們："……这 种 人 不 喜欢我們这个无产阶級专政的国家，他們留恋旧社会。一遇机会，他們就会兴风作浪，想要推翻共产党，恢复旧中国。这是在无产阶級和资产阶級两条路线，社会主义和资本主义两条路线中间，頑固地要走后一条路线的人。……。这种人在政治界、工商界、文化敎育界、科学技术界、宗敎界里都有，这是一些极端反动的人。"伊盟以郝文广为首 的 一 小 撮 高 崗 余党，就是这样一些反动的家伙。毛主席的話，就是对他們的真实写照。他們极端仇恨社会主义，极端仇恨伟大的三面紅旗。提起社会主义，提起三面紅旗，他們就駡街，就歇斯底里大发作。可是，他們对资本主义，对剝削制度，却是奉若神明，无时无刻不在梦想复辟资本主义。非但如此，他們还疯狂地为封建主义招魂，大叫集体不如单干好，"靠集体餓肚皮"，竭力推行"包产到戶"，他們甚至丧心病狂地为地主阶級鳴冤叫屈，說什么："我們现在的社会，还不如旧社会的地主，地主还让长工吃飽。我过去給地主攪长工就能吃飽，而现在就不让农民吃飽"。如此等等，完全暴露了伊盟高崗余党、烏兰夫代理人一小撮坏蛋們的反动面目。

郝、田、白反党集团这方面的反动言論书不胜书，为了节省篇幅，仅将郝文广、王子义、馬丕峰（反党集团重要成員、盟农牧政治部主任、盟委常委）等人的黑話輯录如下：

一、郝文广的黑話：

1."在 各 項 政 策貫彻执行中，也确实是发生了一些严重的缺点和錯誤，給三面紅旗图(涂)上了一些烏（污）点，使得三面紅旗不那么鲜艳。在过去两三年中，給我們的經驗敎訓也是深刻的，直接的，最主要是很大程度盲目性……。懂得了按客观规律去办事情。这是个极为重要的思想收获。"

（1962.1.4，郝文广亲笔起草的形势报告提綱）

2.“生产任务几年来一直是过重的,沒有根据实际情况具体安排,引起了連鎖反应。”

（1962年郝文广在海勃湾党代会上的讲話）

3.“这几年往往是只給任务,不給东西,也不交給实现任务的方法,而限于空談。”

（1962年郝文广在海勃湾党代会上的讲話）

4.“有相当数量的双革工作,是失敗的,不仅沒有促进生产,反而严重地妨碍了生产,群众中造成了不良的影响。”

（1962年郝文广在海勃湾党代会上的讲話）

5.“几年来对調查研究工作,仅限于口头上說,沒有真正深入到基层,作一些实事求是的調查工作,……这就情况不了解,政策势必犯错誤。”

（1962年郝文广在海勃湾党代会上的讲話）

6.“我們几年来偏重安排生产,制定計劃、开展一个运动,不是經过充分的討論,經过試点去进行,而是一声号令,命令行事,因而許多事情办的不仅沒有群众基础,反而遭到群众的反对。”

（1962年郝文广在海勃湾党代会上的讲話）

7.“有些建設搞过了头,带来的一个突出問題人员增加过多。在建設过程中带有不少盲目性。建設战线拉的太长,有些重点摆的不突出。在城鎮工作和企业管理的某些方面,不同程度上违犯了生产关系一定要适合生产力和按劳分配的原则。”

（1962.11.22郝文广在工业部长会議上的总結发言提綱）

8.“我們的错誤不是在于不办的事情不应該办,而是在于过了头,把工业和各项事业办得多了,离开了农业所能提供的商品粮、劳动力、購买力、原料和运輸力的可能条件,結果造成城鎮人口多了,供应人口多了,比例有失調。”（同上）

9.“主观急于求成的主观主义思想在作怪,沒有很好地考虑客观实际可能。”

（摘自1962年郝文广在海勃湾党代会上的讲話）

10.“在最近这个时期中,确实感到有些歪风,有些不妥当的作法,有些唯心想法,有五八年重新出现的苗头。”

（1964.6.12郝文广笔記）

11.“四年来我們有些什么缺点错誤和經驗教訓?

缺点错誤:任务过重、战线过长、两种所有制的混淆、生产上工作上瞎指挥风。”

（1960.3.22郝文广笔記）

12.“这几年实际上是打长线战,消耗了物力、财力、人力、效果不大,有些是无效劳动。”

（1962年郝文广在海勃湾党代会上的讲話）

13.“这几年来的损失:一是农村生产力大大的下降了;二是工业上办了很多工厂,投資都大,有数量,沒有质量,有很多工厂中途停下来了。”

（1962.3.19上午,郝文广笔記）

14.“在大跃进中,一部分妇女子宫下垂,一部分妇女残废了,造成家庭不和,现在他們生活无着。”

（同上）

15.“在1957年以前,第一个五年計划时期沒有提大跃进,工农业发展的很好,1958年以后,提出大跃进反而各方面都紧张了。不能說是跃进,因此不提大跃进是否可以。”

14

（1962.3.27郝文广笔記）

16．"提过一些不适当的政治口号，例如"千厂旗"、"万厂盟"、"滚珠化"、"大办土化肥"。1960年扎旗会議上又不适当的提出了大办的口号，机械工业、石油工业。"

（1962.4.2郝文广笔記）

17．"这几年我們的根本性錯誤是在生产关系方面改变的多,在生产力方面注意的不够。"

（1960.9.29郝文广笔記）

18．"有人說人民公社办早了，迟办几年是不是可以？迟办几年那也可以……。"

（同上）

19．"（人民公社）现在还有一些问题，"一大二公"还看的不十分明显。"

（1962年郝文广在海勃湾党代会上的讲話）

20．"全国粮食很紧张，連肚子也吃不飽。农村到处鬧单干，我看只有单干，粮食問题才能解决。……。"

（同上）

21．"现在粮食很紧张，中央提出保命第一。有些省四、五千万人库存的粮食只等于伊盟的库存。"

（1961.4郝文广在桌子山矿务局党委会上的发言）

22．"耽心我們国家的存亡。在国际上修正主义和帝国主义反对我們，在国內我們又向农民加重征购，使农村很紧张，长期下去国家就危险了。"

（1962.3.19郝文广笔記）

23．"职工明拿、暗偷，财产损失的很严重,物资收支沒有手續，'国家的油到处流'，'好象破产地主'。"

（1962.3.6郝文广笔記）

24．"目前市场：一多是票子多了,两少是财政收入少了,商品少了；一涨是物价上涨。"

（1961.10.5郝文广笔記）

25．"日用生活品沒有保证和付食品压的很紧。"

（同上）

26．"彻底揭露了财政工作上几年来的錯誤。形成了鈔票发多,通貨膨胀。库存物资大大减少了。农业工业生产几年来沒发展反而下降了。"

（同上）

27．"工业生产問题：

（1）几年来在方针上有問题（如农牧业生产服务方针），手工业沒有加强，反而削弱了。现在要加强。

（2）只求数量，沒有注意质量。

（3）目前工业問题：

甲：大精减。

乙：改变体制，改为集体所有制，改为旗县管。

丙：公社手工业全部轉为亦工亦农。自負盈亏。"

（1962.4.5郝文广笔記）

28．"根据伊盟地区工业水平，一般地都应当实行計件工資。凡是能实行計件工資，应当实行計件工資的一律实行計件工資，沒有实行計件工資的尽快改行計件工資。凡是不能实行計件工資的，尽快的实行奖励工資，那种仍然維持原工資制度，不願改变工資制度的思想是錯誤的，不利于当前形势。"

（1962.11.22郝文广在工业部长会議上的总結发言提綱）

二、王子义的黑話：

1．"大跃进搞穷了，好多事情办坏了。"

（1960年王子义在烏审旗的报告）

2．"自大跃进以来，我們确确实实出现了不少的缺点錯誤。特别是有好多的事情，是聪明人不做的，我們作了，如地冻三尺搞深松（翻）；有好多話，是聪明人不說的，我們說了，如亩产万斤、几万斤，所以我們大跃进当中好多的事情是蛮干；好多的話是胡說；有好多的事情是胡里胡涂对待的，如大鸣大放大辯論；也有些問題是馬馬虎虎过来了，如公社体制問題。正因为我們胡涂了一个时期，办了一些蠢事，所以也冤枉了不少好人，受了不少冤枉气。"

（1962年，王子义在七千人大会上听了刘少奇的黑指示后在烏审旗作的报告）

3．"从全国来說，三七开，即三成錯誤，七成成績。但具体到每个地区，有四六的，有对半的，有倒四六，甚至倒三七。"

（同上）

4．"工业方面我什么也看不见，……大办厂子起些破坏作用，大炼鋼鉄是国家賠了，个人都发了。""麻黄素厂是浪费了"，"小型水利起了相反的作用，……納林河和阿刀亥水坝，确实是劳民伤财的事情"，"工具改革不但沒有起到作用，反而破坏了工具。""不适当的改良（牲畜），特别（使）馬子下降……不改良能活100个已（一）改良却（只）能活20％左右"。"改良羊是嘴慢、肚大、走不动"。

（同上）

5．"（大跃进中）广大社員常年突击劳动，一年四季沒有休正时間，沒有奔头，厌倦劳动。影响了社員身体健康，特别对一些妇女社員影响更大。据初步統計，全旗七千多名妇女劳动中，約有一千四百多名患有子官脱垂和其它妇女病（其中大部分是大跃进当中得的病），这也在一定程度上挫伤了群众的劳动热情。"

（同上）

6．"强調了高速度，忽略了按比例，片面的实行了全面大跃进,各行各业都要大办……形成跃进面寬。特别是工业和水利建設战线拉的更长，用工最多，发展过猛过快。"

（同上）

7．"三面紅旗可以举两面。人民公社这面紅旗是要举的，总路线这面紅旗也是要举的，至于大跃进么，不举也可以。因为总路线本身就是多快好省，多快好省就是大跃进的意思。因此，大跃进这面紅旗可以不举。"

（1962.8王子义在中小学教师会議上的讲話）

8．"总路线应結合我們这里实际情况貫彻执行。不适合的就不能貫彻。"

（1962.9烏审旗党代会議前討論政治报告时王子义发言）

9．"三級所有队为基础……摊子摆得过大……。"

16

（王子义于1960.12.18在旗三干会上的报告）

10．"看中央情况，今年下来，可能要单干。"

（1962年王子义談話）

11．"强調了大集体，忽略了小自由；强調了集体的，忽略了小自由。……"，"它不僅給經济建設上造成很大創伤，带来很大灾难，而且在政治上，也受到很大損失。"

（1962年王子义在七千人大会上听了刘少奇的黑指示后，在乌审旗的报告）

12．"个人生活解决，（要）八仙过海，各显其能。"

（王子义在各种会議上多次强調）

13．"从大局来看是大好形势。从存在的問題严重性来看，从局部来看，形势不大好，有的甚至很不好。因此，农牧业第一線劳力减少，耕畜减少，車辆减少，生产力有相当程度的削弱。有的队粮食减产，土地荒蕪，耕畜死亡，生产关系和生产力受到一定程度的破坏，……"正如乌兰夫书記說："总起来說大局很好，但是問題不少"。

（1960·12·18王子义在乌审旗三干会的总結报告）

14．"现在农民生活还不如过去給地主攬长工吃的飽"。

（1962·2·28王子义在乌审旗全委扩大会議上的报告）

15．"在我們党內外干部中和广大群众中，有相当一部分人，对我們領导、对我們党的某些方針政策，是极为不滿的，但是敢怒不敢言，只是在悶气，工作生产表现得很不积极，对集体事业不关心，使生产力受到破坏，生产水平連續下降，比利（例）失調，物资紧张，全国形势变坏"。

（1962年王子义在七千人大会上听了刘少奇的报告后，回到乌审旗做的报告）

16．"当然，三年的特大自然灾害，也是事实。但是具体到各地区，不是占主要的，也不是普遍的，人为的灾害是普遍的。……"

（同上）

17．"……我們过去沒有把心里話說完，肚子里的气沒有出尽，連我在內都有顾虑。特別是有些問題的看法，都等待中央开口。……所以，我們也只好硬着头皮和干部、群众这样讲。本来連自己也不服气，怎么能說服群众呢？所以，这样提出的结果，只能引起干部和群众說我們还是不实事求是。……"

（同上）

三、馬丕峰的黑話：

1．"狗日的！大跃进死了这么多人，为什么不給公布？！不給全国人民告訴？！我在旧社会当长工时，也沒受过餓，也沒餓死人，现在却死了这么多人！……"

（1962年馬丕峰看了中央发来的一个文件后，勃然大怒，破口大罵。）

2．"你說大跃进好？！市场上有死汉毵也搶着买"。

"大跃进使有些地方的生产遭到毁灭性的破坏，如同杀鸡取蛋"。

"大跃进是小娃娃穿大人鞋，跋拉呱，跋拉呱，鞋也跋拉烂了，娃娃也累死了。"

（馬丕峰經常在群众中这样恶毒地攻击大跃进）

3．"写材料要打破老框框，有些人一开头就是三面紅旗照耀呀，总路線光輝呀，写这些沒用。不要說寡話，老乡說甚你写甚，不要老是戴旧帽帽。"

（1962年春，馬丕峰对写調查材料的××同志的指令）

4．馬丕峰把統購統銷政策視为眼中釘、肉中刺，逢人便罵："他媽的↓伊盟这个地方向来不缺肉，一統购肉也吃不上，一月给上一、二斤頂毬甚↓連点眼也不够↓"还說："……商业局沒毬本事，不給供应，人家买点又不叫，自己給自己带上籠嘴↓"

5．馬丕峰看見內蒙古日报上登載收了多少白条鸡，他便怒不可遏地罵道："白条鸡都收了，明年白条鸡还下不下了？↓"馬丕峰还咒罵商业部門是："狗逮耗子——多管閑事↓"，"狗日的↓宁放臭了也不給人吃↓"等等。

6．"官逼民反，民不得不反，现在造反不和以前一样。街上的盲流就是逼反的"。

（1961·7馬丕峰在伊盟党校的报告）

7．"粮食增加沒增加，人們的肚子知道。你說粮食增加了，人們会用肚子质問你。人家吃不飽，肚子呱呱叫，你說粮食增加了，誰信毬你那一套？"

（1962年馬丕峰在伊盟党校的讲話）

8．"现在同旧社会差不多，旧社会往死餓人，现在也餓死不少人。說老实話，我們现在的社会，还不如旧社会的地主，地主还让长工吃飽。我过去给地主攬长工就能吃飽，而现在就不让农民吃飽"。

（1962年馬丕峰在內蒙党校学习时，一次討論会上的发言）

9．1962年春，有人問馬丕峰："物資特殊供应本合理不合理？"馬丕峰答："现在的社会，还有什么合理不合理的？閉着眼睛干吧↓"

10．"人民生活为什么这么紧张？就是因为人民公社过早了，条件不成熟"。

"人民公社就象那克郎子猪，架子是搭起来了，就是缺搭干哩↓"

（馬丕峰經常这样放毒，以詆毁人民公社的光輝）

11．"集体就是不如单干优越，自留地白留地的庄禾长的就好，集体的地就不行，再过两年，我看連毬草也不长了"。

（1961年馬丕峰到紅海子、納林、馬栅等地視察一圈后的口头結論）

12．"对社員多种的白、自留地，不要掘的那么紧，因为社員也就是指（靠）种地过生活，凭辛苦多种一、二亩地，不算意气。多种嘛，就让多种去"。"有人說，社員經营三自留是資本主义自发傾向，我认为不是"。"我认为包产到戶促进生产，多打粮食"。

（1961·5馬丕峰在大树湾小学对社队干部的讲話）

13．"远看五三、四年，近看自留地，集体就是沒人心疼……"

（1961、7，馬丕峰給盟党校学員的报告）

14．"生产单位太大了，生产跟不上，就象娃娃穿上大人鞋，特拉呱，特拉呱，跟不上去。"

（1961年一次电話会議上馬丕峰讲話）

15．"大队有大中小，小一点比較好"。"脚生产，腰分配，有矛盾，下放到膝盖，社員生产积极性提高了，好管理"。

（1961年馬丕峰在一次旗县长会議上的讲話）。

16．当准旗汇报有一个老子領着三个小子组成一个"生产队"时，馬丕峰說："不要管，老子小子就不革命了？""同姓队也可以搞"他还指示各旗县說："好好把包产到戶搞一搞，看看哪个小队包产到戶好些，哪个有利"。"咋打粮多就咋来"。

（1961年馬丕峰在一次汇报会議上的指示）

18

17. "山葯大包干各地可以試一試，或推行給社員，撥給山葯地，收多收少，分配单位再不給分配；生产队专种上交部份。达旗經驗証明，这样做，不仅可以节省集体肥料、集体用工，也能够避免損失和偷摸。群众很欢迎，而且可以大量节省土地"。

（1961.1.12馬丕峰在全盟农牧部长会議上的总結发言）

18. "老×下去这几天，写的材料很好，我們也应該下去調查，好好研究一下包产到戶問題"。

（1962年馬丕峰对农牧部的指示）

19. "你們不信？！合作化后，粮食产量就是少了"。"包产到戶是有好处的……"。

（1962.8旗县长会議上馬丕峰讲話）

20. "有的基层干部，对发展了的这部分（自留地）害怕，有的地方要辯論，要沒收，这不对"。

（1961.6.24盟委农牧部电話会議上馬丕峰的指示）

21. "这几年把农民卡死了，惹下农民不得了，要扩大一下三自留，不然就要餓肚皮。

（1962年春馬丕峰在达旗农村工作时的謬論）

22. "不要限制！靠集体餓肚皮，人家自己搞一点，你們又害眼紅！不要眼紅人家那点东西，农民嘛，餓肚子了，多种了一点，你們就看见群众那一点东西啦？收回来，惹下群众，生产怎么办"？"哪个朝代也不要多惹人，惹下人就是麻煩，人家东山阳婆背在西山，辛辛苦苦掏几亩地，你硬摳住不让，硬要收归集体，他就沒心肠給集体干"。"今后社員多掏一、二亩自留地，咱們农牧部不要硬扣卡"，"社員可以撥自留沙、自留山、自留碱地，让他們种紅柳、种黄芪、种草。不要把社員卡死，社員生产的东西也在社会上。达旗有那么多碱地，可以給社員撥些"。"对社員不要卡的太死，让他們在房前房后种点旱烟地，省得把葫芦叶子当旱烟抽"。

（1962年馬丕峰在达旗旗委召开的下乡干部会上的讲話）

23. "你們好好种，机关也可以搞三級所有，集体种、科室种、个人也种，反正是見縫插針，寸土必爭"。"商业局处理三类畜时，你們也可以喂上几只"。"社員养、干部也养，大家一起养，把伊盟变成个羊世界"。

（1962年馬丕峰散布的言論）

24. 1966年3月份，有人向馬丕峰反映說："杭旗有些干部搞自留畜，并且让集体代放，这是个問題"。馬丕峰便說："不要听他們那一套，人家发展了些自留畜，就眼紅了，总想摳卡摳卡"。

第五部分：反对无产阶级专政，抹煞阶级斗争，
包庇地、富、反、坏、右

毛主席教导我們說："阶级斗争，一些阶级胜利了，一些阶级消灭了。这就是历史，这就是几千年的文明史。""千万不要忘記阶级和阶級斗争。"又說："……这一場斗争，是一場阶级斗争，是过去十年社会主义革命过程中資产阶级与无产阶级两大对抗阶级的生死斗争的继續。"

郝文广、田万生、白汉臣等一小撮人中，有的人本来就是阶级异己分子，有的人早就

是叛徒，有的人则坚持剥削阶级立場，一貫反动。这一小撮人即使在民主革命阶段，也不是什么革命者，而是地地道道的一伙反革命。

他們十分害怕和仇視毛主席对于阶级和阶級斗爭所闡述的光輝眞理。他們在力所能及的范围內，拚命反对毛主席，反对毛主席的革命路线，妄图抹煞阶級斗爭，处心积虑，千方百計地要变无产阶级专政为資产阶级专政。

无数鉄的事实証明，郝文广、田万生等一小撮人，是伊盟地、富、反、坏、右，一切牛鬼蛇神的总后台，总根子；是伊盟党內走資派阴謀实现資本主义复辟的主帅和头目。他們罪恶滔天，早該千刀万剐！

一、反对无产阶级专政，抹煞阶级斗爭

（一）伊盟高崗余党、郝、田、白反党集团的总头目郝文广，在反对无产阶级专政，抹煞阶级斗爭方面，有着一套系统的反革命綱領。这个綱領集中表现在他在一九六一年九月二十九日写的"党的統战工作精神"一文中。他在这篇文章中公开喧叫說："当前的阶級斗爭虽然紧张，但主要是人民內部矛盾。""当前统一战线的工作方針应当是十二字。我們的策略是'以緩和对紧张'。""为了我們和他們合作，他們和我們合作……要他們革命不能总是打、斗、挤、压"。"世界观的改造是长期的，当前主要是六条标准的改造。这几年斗爭的多了，团結少了。""对資产阶级人物的安排問題，已安排的不要輕易变动，未安排的要作安排，表现好的应当提拔"。

一九六五年，郝文广又妄图以生产来冲击四清，取消阶级斗爭。他在一九六五年八月九日印发的伊盟抗旱生产救灾簡报第一期中，以威胁的口气警告党說："如果我們现在还搞四清，不轉到抗旱、生产备荒上来，那么，就会脫离实际，脫离群众。"

（二）郝、田、白反党集团的又一个总头目，老反革命分子田万生从他混进革命队伍的第一天起，就是一个忠实执行高崗投降主义路线，唯恐阶级敌人受到革命浪潮冲击的大坏蛋。解放后，这个老坏蛋一貫利用他自我吹嘘的"伊盟革命創始人"的身分，散布反革命言論，为阶级敌人涂脂抹粉，向无产阶级专政猖狂进攻。

一九六〇年，田万生在全盟统战工作会議上作了个总結发言。在这个发言里，田万生为阶级敌人大放烟幕，大放暗箭，猖狂反对无产阶级专政。田万生說："从目前来看，还看不出資产阶级向党、向工人阶級象五七年那样猖狂进攻之势"。"我盟当前阶級关系仍然是处于'低一陣'，而不是'高一陣'。""从工人阶級和民族資产阶级的关系来看，是看不出有进攻的情况（的）。为什么敌人有小抬头，而民族資产阶级沒有进攻呢？这是因为敌我矛盾和工人阶級与民族資产阶级的矛盾，这是两类不同性质的矛盾，这两类旣有联系，又有区別"。"现在我們所說的紧张（按：指阶级斗爭），正是跟不上的紧张"。"我們不采取以紧张对紧张的办法，而要采取緩和其紧张的策略"。

一九六一年，在盟委召开的旗、县委书記和整社工作团长会議上，田万生竭力抵制、破坏民主补課，反对划阶级。他說："鄂旗三段地是一九三六年解放的，是老区。那里的大戶对革命是有功的。在定成份时要适当照顾一下，要不，就会說我們共产党过河拆桥"。同年五月，又托金汉文同志捎話給鄂旗旗委說："溫家、項家、傅家、閻家等六大戶在一九三六年編騎兵連时，动員过他們的馬子，一九四〇年以后，这些大戶还拿出过枪，对我們开展工作有貢献。你告訴旗委很好考虑这些"。

（三）田万生一九六二年夏，回到三段地看望了他的狐朋狗友后，对三段地公社书記

20

×××作过两次"指示"。

第一次"指示"說："我到了溫四家（溫是富农分子，伪保长，国民党情报員），他們对你有意见。溫四给敌人送过几次信，不是什么情报員。要是敌人抓住你，叫你送信能不送？他还给我們做过一些工作，不够富农。还有王树堂（地主分子，伪保长，国民党員，现实有反动言論），听說你們对他三天一审查，两天一評审，和四类分子放在一起不妥当，要区别对待。当保长是给咱們当的，过去给我們办过事儿，有功。"当公社书記×××向他汇报了王树堂旣是地主分子又是反革命分子，现实又有反动言論时，田万生又說："不管够几个分子，你們以后也要考虑。"×××又向田汇报了这个家伙曾誣蔑我党的肃反政策是"圪溜棍打平地"（按：誣蔑肃反有輕有重，不公道，冤屈太多）。抱怨国民党沒有把共产党消灭掉，說国民党的政策是雷声大，雨滴小等等时，田万生說："噢！那也对的嘛！"

两天后，又对×××作第二次"指示"。田万生說："你們三段地有些老汉（卽田的狐朋狗友們）要对他們照顾，到七、八月杀上几只羊，一家給上几斤肉或者請来吃頓飯，叫他們欢喜欢喜"。又說："你是外地干部，不了解本地情况，不能光听旁人的話。那些保长不管十年八年的，还有那些地主，实际上都是給咱們当的。"

（四）白汉臣是老牌高崗反党集团漏网分子，伊盟头号大叛徒，郝、田、白反党集团中的又一大头目。

一九五二年到一九五三年間，白汉臣在杭錦旗搞民主改革，忠实执行了烏兰夫"不分，不斗，不划阶级"的修正主义路线。他把許多牧主、土豪請来大摆酒宴，戴紅布条，却美其名曰："和談磋商"。得到了烏兰夫黑帮干将李振华的高度贊揚，称之为"有独創精神"，被封为"土改专家"。

一九六一年五个月革命时期，伊旗划出一百多戶地主富农。白汉臣大为不滿，叫嚷道："哪有那么多地富！政权在我們手里，划那么多敌人干啥？少一个敌人总比多一个敌人好！"說了不算，又立卽伙同田万生亲往伊旗，指令旗委"不要批下去"。紅海子公社划出的几十戶地富，被白汉臣、田万生全部平反，一风吹了个精光。

反革命分子楊天民、黄喇嘛刚刚释放出獄，白汉臣就拉他們当政协委員或人民代表，并亲自出馬，替他們解决选民証問題。派出所提出不同意见后，白汉臣公然叫囂："統战嘛，你們和我們是反对的，你們要战，我們要統。"

（五）王子义是郝、田、白反党集团安在旗县的第一号大干将。他跟王逸伦是結拜兄弟，又是白汉臣的侄女婿。

王子义一貫主張在牧区长期实行"不斗，不分，不划阶级"和所謂"稳、寬、长"的方針。是烏兰夫政治路线的最忠实的执行者。

一九六〇年王刚到烏审旗时，就大肆叫囂："对民族上层和統战人士要寬一些，从政治到经济上照顾他們，使他們有职、有权。"

二、包庇地、富、反、坏、右，支持牛鬼蛇神

（一）在郝文广的大黑伞下：

1.解放后，郝文广担任了达旗旗委书記。为了巩固地位，实现篡党篡政的野心。郝文广大肆搜罗他的狐朋狗友，亲信、党羽，把他們安插在区委书記或者区长等重要崗位上培植起他的反革命势力来。被郝文广包庇重用的有：刘尙清，原是地主管家兼伪自卫队分队

长，被任为盐店区委书記。刘俊峰，原是国民党营长，被任为元宝湾区委书記。寶文林，原是国民党自卫大队的大队长，被任为哈拉泡子区委书記。王启惠，是地主分子，被任为树林召区委书記。尚登云，是河套中美合作訓练班軍統特务，被任为吉格斯太区委书記。楊白晋，曾在王爷的部下当兵，国民党員，一九五〇年还搶过人，被任为馬場壕区委书記。杜生貴，是个土匪，被任为烏兰包太区委书記。王治兴，伪乡长，地主分子，被任为哈拉泡子区长。一九五三年，郝文广調离达旗。一九五五年肃反，这些人中的大部才被处理。其中的楊白晋則迟至一九六六年四清时才被处理。

2.一九五九年四月至一九六一年五月，郝文广任海勃湾市委书記兼卓子山矿务局党委书記，继續結党营私，包庇重用有严重政治历史問題的坏人。如：土匪头子吳凤，被任为党总支书記，土建处副处长。国民党保安司令、中校主任李伯泉，被任为财务科副科长。国民党少校軍官李青科被任为总务科长。中統特务，国民党区分部书記兰怀璧，被任为科长等等。一九六五——一九六六年四清运动中，有人曾提出，对这样严重的組織不純問題，应严肃处理。郝文广却利用其工作团团长兼政委的身分，以种种借口推卸責任，继續包庇。

3.郝文广的亲属、朋友，大多数是地、富、反、坏、右分子。但是，郝文广却一貫利用职权，对他們加以包庇和支持。例如：

①郝增俊，是郝文广的叔伯哥哥。解放前当过剷共义勇軍大队长，国民党区党部书記，伪滿联保办公处督导員，伊盟大土匪头子楊候小的警卫、大土匪头子郎四儿的上尉副官。郝文广却把这样一个一貫与人民为敌的反革命哥哥带在身边，后又削尖脑袋挤进盟政协，当上了駐会委員，保护起来。

②刘靜軒，国民党員。解放前任过国民党区长、大队长、营长、上校参議、軍法处长、县长、包头国民抗敌自卫团总司令等伪职。郝文广和刘是老朋友，不仅为刘說情落戶，送錢送粮票，积极安排工作，还指使和支持刘靜軒大写反党小說，配合烏兰夫、习仲勛等反党分子用小說反党的阴謀活动。已写成的小說叫《不为名利的拐老刘》，全稿約六、七万字。大肆宣揚"陝北功臣"和韓是今、薛向晨、郝文广等反党分子和叛徒。为他們篡党篡政大捞政治資本。

③郝文奎，郝文广的哥哥，不法地主分子。曾伙同当地其他几个地主分子张三、张椎則、高毛鎖、刘金駒、徐大等坏蛋，拉攏一些社、队和旗里的干部，捏造种种事实，陷害生产大队长楊噢特恒。郝文广于一九五七年回家一次，大力支持地主哥哥的不法活动，直接給杭錦旗公安局长和哈劳柴登公社党委书記伊日比斯打电話，勒令說："你們哈劳柴登公社第五大队队长楊噢特恒是个有問題的人，要处理！"后卽将楊划为坏分子。楊噢特恒几次上訴，公社党委經过反复调查，向旗里报告了群众不同意将楊划为坏分子的强烈反应。在郝文广的压力下，旗里竟然拒絕重新处理。楊受迫害过重，精神失常，于一九六〇年上吊自杀。而不法地主分子郝文奎等因有郝文广庇护撑腰，一直逍遙法外，继續为非作歹。

楊噢特恒自杀事件，是郝文广支持地主分子疯狂进行阶级报复的严重反革命事件。

此外，郝文广还包庇作恶多端、流氓成性的侄儿、坏分子郝明义；右派分子、侄儿郝明智；貪污犯、三哥郝三維；不法地主分子、二哥郝二維；老朋友、地主分子李飞雄、楊力格；吸毒販毒犯坏分子乔德元等多人。

（二）活阎王田万生是地、富、反、坏的黑后台：

田万生本人就是漏划地主分子，人称"鄂尔多斯高原上的活阎王"。由于田万生窃踞要职，主管党群政法部门多年，又披着"老党员"、"老干部"、"元老"、"功臣"等外衣，所以，田万生的狐朋狗友、地富反坏亲属，统统在他那里得到了保护。

1.反革命杀人犯田治满是田万生的本家。该犯曾于一九三一年至一九三五年在陕西省横山县石湾伪民团（反共别动队）当兵，经常四出杀人放火。一九三五年正月十八日，田治满随同伪团长陈国栋袭击红军，窜犯靖边县梁崖寨子村。我革命群众、贫农黄根底被田犯捆在树上严刑酷打后，又由田犯用大刀惨加杀害。一九四七年，田治满被当地群众捉拿归案，田万生闻讯，以三段地伊盟工委名义，向靖边县将田犯要出，给自己当了警卫。一九五〇年镇反时，田万生给田治满二两大烟，几百斤粮食，放跑了他。一九五六年，在田万生保护下，田犯混入革命队伍，后又混入党内，当了鄂托克旗食品公司经理。

一九五八年，田治满因事去横山，被当地革命同志认出，写了检举信。鄂旗肃反办公室接信后，经过调查，证据确凿，正要依法严办，田万生又赶紧跳出来竭力包庇："田治满是有功的，应该功过相抵，功大于过，不能处理的重了"。鄂旗委在田万生的儿子田继林的操纵下，根据田万生的旨意，决定"免于一切处分"。一九六三年，田万生又公然作出书面证明，亲笔写道："田治满杀人是由陈国栋指示将一个群众杀死，……此事要由陈国栋负责的。田治满是没有责任的。……田治满自参加革命工作后，给党和人民做了好多有利革命有利人民的事，对党和人民贡献是不少的。"就这样，罪大恶极的反革命杀人犯田治满在田万生的包庇纵容下，不但逍遥法外，而且还以"老革命"自居，到处招摇撞骗，横行不法，至今没有受到法律制裁。

2.反革命分子杨文会，是田万生的亲家。其父大地主杨三珠又是田的结盟兄弟。杨文会是大特务韩裕如、国民党鄂旗旗党部书记高亚东的心腹干将。一九四七年二月，杨文会扣捕我共产党员、战士二十多人，杀害了二人。同年三月又扣捕群众二十多人，杨文会对他的主子韩裕如说："这些人最坏，杀奇司令（奇恩成）就是这些家伙干的"。因此，韩当场下令杀害八人，其余的人被押给马鸿逵匪部。同年初，我分队长杨初同志带领五人回到三段地，杨文会密告韩裕如，没收我枪械三支，并由杨文会亲自将我分队长杨初同志押送到反革命头目高亚东手里。

对于这样一个罪恶滔天的反革命分子，田万生却千方百计加以包庇，把杨安插在准格尔旗硫磺矿工作。肃反运动中，杨被清查出来，矿党委准备处理。杨文会跑到东胜向田万生求救，田万生就颠倒黑白，出证明包庇说："我知道没有什么问题……我二次解放鄂旗时，杨又和我们去的工作人员接触，并掩护协作（助）我做了一些工作，表现积极。"矿党委五人小组坚持原则决定逮捕法办。旗五人小组决定开除回农村监督生产。杨被开除后，找田万生帮助，田万生就通过盟委五人小组给杨翻了案。并把杨文会安排在鄂旗人委工作，后又调国营树园当了主任。

3.张子英是田万生的亲表弟，大土豪出身。一九三五年靖边农民革命运动中，打死了他的恶霸父亲。张子英立刻拉来国民党段宝山匪军进行疯狂镇压，杀死了我农民群众曹驴贴。一九四八年，张子英畏罪投奔田万生，给田万生"种地"，潜藏下来。一九五〇年，田万生把张子英安排在哈木太当了会计，一九五一年，通过民政科长陈宝喜，把张塞进教育部门，到吉拉完小当了教师。同年，田万生又让其二儿子与张子英的女儿结婚，亲上加亲，关系更为密切。一九五三年夏，田万生由鄂旗调到盟里当书记后，一九五四年张子英才被捕法办。

4.叛徒赵俭是田万生的外甥。一九四七年三月被敌军逮捕后，曾叛变自首，出卖过伊盟工委。解放后，田万生利用鄂托克旗旗委书记的职权，对赵俭百般庇护。不仅不予处理，反将赵安排在鄂旗公安局工作。一九六二年，田又伙同盟委组织部长赵怀斌，将赵俭先后提任为乌旗、抗旗公安局副局长和抗旗人事科长，予以重用。

5.高岗的警卫队长、新生恶霸地主分子周海则是田万生的同党、老朋友。周海则从一九五二年至一九六四年雇长工四人，累计达十七年另八个月，其中最长的达十一年之久，大肆经营庄园和放牧。为了扩展庄园，逼得三户贫农社员离乡背井，迁居别地。自留地和水井被周海则强行占去。此外，还以"老干部"为资本，敲诈勒索，侵占集体经济；投机倒把，接受贿赂；敌我不分，迷信鬼神，咒骂中央；吸食毒品，奸污妇女，是个典型的恶霸，群众恨之入骨。一九六四年反右上纲时，在华北局和内蒙党委的有力支持下，经过群众揭发斗争，依法逮捕。但田万生对此大为不满，多次为周鸣不平。说："周海则过去有功"。"周海则的问题毕竟是人民内部问题，不该那样处理"。在田万生及其同党的抵制和阻挠下，周海则案件长期拖下来，不予判刑。至今仍是临时关押，在狱中享受特殊优待。

田万生除包庇以上几个地富反坏分子外，还包庇有叛徒、反革命分子姚生祥，叛徒高谦，反动牧主小刀劳代，漏划右派分子、反动艺人张玉玲，蜕化变质分子康思源等多人。

（三）大干将王子义，专包牛鬼蛇神

1.一九五一年，王子义在杭锦旗任组织部长时，将杭旗国民党头子巴图敖其尔派来打入我革命队伍的十六个特务，保送进绥远省民干校学习。镇反运动中，经我侦查，破获此案。十六名特务大部被我镇压，或判刑，或开除，分别作了处理。只有赵振才（地主成分）、李廷贞（坏分子）、奇承业（富农成分）三人被王子义包庇下来，并在以后均被王子义提拔重用，分别任为副区长、人事科副科长和旗委宣传部副部长。一九五九年，更被提为旗委委员。其中奇、李二人都在一九五二年由王子义介绍入党。一九六四年反右上纲，王子义仍为这三人担保说："他们的问题基本弄清了，没什么问题。"文化大革命开始后，经过再次查实，赵、李、奇三人确系巴图敖其尔派进来的特务。赵振才则已于二月十九日畏罪自杀。

2.王子义调到乌审旗后，伙同田、白包庇漏划富农分子王治堂，让王当了人事科长。又替右派分子那森敖其尔平反，使那森气焰更为嚣张（那森敖其尔当过国民党区分部委员，王爷的公安局长、秘书长、西官府等职，整整干了三十年反革命和特务活动，民愤极大）。

3.一九六一年五个月革命中，乌旗查出的漏划五类分子如巴音柴达木的土匪纪狮子等四人，漏划富农分子邓占英等，在旗委审批时，都被王子义以种种借口，加以否定。

对河南公社的反革命案件，巴图湾的反革命集团案件，桃利的反革命集团案件，王子义都是很清楚的。但他都采取了大事化小，小事化了的手段，压了下去。特别是巴图湾集团，是为高岗翻案的有政治阴谋的反革命集团，但因为那里是王子义的家乡，亲朋故旧多，王子义就只按拜把子的落后集团做了处理。

（四）老叛徒白汉臣、老右派马丕峰紧跟郝、田充当地富反坏右的代理人

24

1.乌审旗王爷奇世英，解放前杀害过我革命干部，血债累累。解放后，仍然坚持反动立场。乌审旗委准备开除处理。白汉臣因与奇父老王爷是結拜弟兄，赶紧出来援救，将奇調到盟政协担任驻会委员。幷由二十一級提为十七級，还经常给予补助。为了掩飾自己包庇的罪行，白又欲盖弥彰地到处散布輿論，說什么"他这样生活慣了，該咱多照顾些吧！"

盟晋剧团副团长张玉玲（艺名十三紅），原是土匪头子鄂友三的姘妇。一九六二年，张玉玲大叫大嚷："要杀盟委书記"、"共产党是个毬！""共产党員連我脚板子也不如"、"×你共产党的祖宗"等等。幷且勾結牛鬼蛇神百般打击党員和积极分子。白汉臣却十分宠爱这样一个反动透頂的坏家伙。有一次，张玉玲装出哭哭啼啼的样子說自己"生活困难"，向白汉臣提出要享受盟委书記一級的待遇。白汉臣回答說："灰女子，有我老汉在，就有你一碗饭吃。"后来就伙同田万生指使有关部門把张玉玲提升为十七級，享受特需供应。群众一致认为张玉玲是个右派分子，材料整理上报后，白汉臣看了說："鬧这干啥？这都是些艺人嘛！"一手包庇过关。

此外，白汉臣还包庇乌兰夫、吉雅泰在伪蒙藏学校的同学、血債累累的反革命分子黄維世。把黄安插在盟政协当驻会委员，坐享清福，逃避制裁。包庇自己的亲戚地主分子李七，替李七設法在东胜下戶，让李七住在白的儿子盟經委主任白进光家中养尊处优。一九六一年接受高崗分子习仲勋的亲笔指示，为右派分子李涛平反，并給安排了工作。等等。

2.馬丕峰是个十年一貫制的老右派分子，郝、田、白反党集团中的核心人物之一。是个为地富反坏右翻案的专家。

一九六二年，馬丕峰趁着国內外阶級敌人向党疯狂进攻之机，跳出来为农牧系统的右派分子大举翻案。他一面和乌兰夫黑帮分子閻耀先謀划决定：第一、把农牧系统的右派分子全部从劳动敎养場調回，一律摘掉右派帽子。第二、把这些右派分子大部留在盟級单位工作，尽量不放到基层。第三、恢复原职原級。一面在群众中大造輿論，替右派子喊冤叫屈。馬丕峰說："这些右派是哪里来的？怎么当了右派？""这些人到底够不够右派，还不一定。我看不一定那样严重！""这些人都是从旧社会的农牧学院毕业的，有经验，有技术，有本事，不給他们摘了帽子，叫人家怎么安心工作？我們不能用着就管，用不着就一脚踢开！"当群众提出反对意見时，馬丕峰这个混蛋勃然大怒，拍案訓斥道："人家有技术，你有啦？！党員不进步，还不让人家进步？！"结果，有八名右派分子給全部平反翻案，恢复原职原級，并全部留在盟級机关工作。

馬丕峰除了自己干坏事，还一貫紧随郝、田、白几个反党头目，在盟委常委会上通同一气，互相配合，参与了众多的包庇地、富、反、坏、右的重大案件。

第六部分：敲诈勒索人民的吸血鬼、地主阶级的孝子贤孙、卑鄙肮脏的灵魂、腐化颓废的生活

郝、田、白反党集团，既是一帮极端反动的政治投机家、野心家，又是一伙敲詐勒索人民的吸血鬼、地主阶级的孝子賢孙，在生活上，则是一伙腐化堕落的流氓市儈。他們的灵魂无比肮脏卑鄙，內心极度空虛无聊。略举几例，可足見其为何等货色！

（一）郝文广：出身于地主家庭，长期欺騙党欺騙组织，把自己的成分降低一格，隐瞞为富农。是一个典型的地主阶级的孝子賢孙，銅臭侵透了灵魂的市儈小人。

早在十几年前，郝文广就利用职权，对他的地主家庭百般进行包庇，他的家原在杭錦旗亚色图公社居住，一九五二年，听到当地要进行土改，就把他的地主家庭迁往哈劳柴登，以逃避斗争。一九五四年，亚色图群众又把他家揪回去，划定了成分。为逃避管制，于一九六四年九月，又把家迁到东胜。就这样，終于逃避了人民群众对他地主家庭的监督改造。不仅如此，郝文广还长期对他的地主分子母亲极表孝心。一九六一年，当我国国民經济暫时困难时候，郝文广对人民群众的生活漫不关心，而对他的地主家庭却时刻念念在怀，他不仅常坐公家小汽車专程前去杭錦旗探望他的地主母亲，还經常托人到他家里探望，說什么群众对他母亲"管得太严"呀，"生活很苦"呀，"沒有粮食吃"呀，等等。一九六三年这个地主婆死了，为了等郝文广回家，竟把尸体停放了四十多天。在埋葬这个地主婆之前，郝文广又专門坐着公家小汽車，东奔西跑，料理丧事。就在他母亲死去前的一九六二年夏季，郝文广还专門坐着公家小汽車回家一趟，給这个地主婆看坟地，相风水。

在个人生活上，郝文广更是卑鄙的无耻之徒。郝文广的前妻张柳叶，是个勤劳的农村妇女，郝文广参加革命后搞地下工作时期，张柳叶曾不顾生命危险，对他进行长期掩护，被弄得家破人亡。但是，郝文广在解放后却喜新厌旧，抛弃了张柳叶，另找新欢。郝文广唯利是图，損人利己，見便宜就占，見油水就捞。一九六二年五月，郝文广又从海勃湾調回盟委工作（一九五九至一九六二年五月郝是副盟长兼海市第一书記在海市工作了四年）但他的工資关系一直推到年底才轉回来。其原因是：海勃湾是十一类工資区，另有百分之八的地区补贴，东胜是七类工資区，沒有地区补贴，每月差额三十三元六角，仅七个月就貪污工資差额二百三十余元。在国家經济暫时困难时期，郝文广还利用职权，多吃多占副食品，多占的山葯吃不了，他指使他的老婆刘桂洁，把大山葯挑出来自用，小的拿到市场上高价出售。一九六一年，郝文广以六十九元从外貿处买了一件皮夹克，穿了一个时期，又以七十元轉卖給另一个同志，能剝削一元就剝削一元。郝文广本不吸烟，但在經济困难时期，对他的特需供应香烟，也买回来高价出售，或頂娘姆工資。更加卑鄙的是，郝文广連对其娘姆也是百般克扣，每逢公出开会，就借口少做一个人的飯，扣娘姆工資二元。孩子打了一个炉盘，也把帐算在娘姆身上，扣去工資八角。郝在海市工作时，还曾与食品公司伴喂了一口小猪，以后猪病死了，就毫不讲理的叫公司赔了半个大猪的肉。如此等等，不胜枚举。

（二）田万生：田是怀着发家致富的私欲钻进革命队伍的。自一九三五年随高崗来伊盟三段地后，即与当地地主、富农、大边商、牧主、王公貴族打得火热。吸鴉片、嫖女人，过着荒淫无耻的生活。幷且招伙計、雇长工，盘剝劳动人民。从一九四四年至一九五三年，除一九四八年、一九四九年因胡宗南进攻，撤退回陝北，未雇工剝削外，整整八年，一直靠吸吮貧苦农民血汗过活。一九四八年农民馬表出一千四百斤糜子向申济米园（当地民族上层，田万生的老相好），租种了田万生南撤撂下的土地，一九四九年秋田万生威逼农民馬表說："你们霸了我的土地，我的亲戚要种，你们还不叫种，爵你十石糜子！"（每石合七百斤）。事后馬表求情于申济米图，申說："地不是你们霸的，是我給你们拨的，现在权在人家手里，罰就是个罰，不过我給老田說上一下，少出上两石。"馬表只好将仅有的二千一百斤粮食全部給了田万生，才算了事。

田万生用剝削来的人民的血汗，在三段地修建了十間房子的大院落，置碾、磨各一盘。解放后将房屋、碾、磨交給其侄子田继承继續收租（每月每間一元五角），直到一九六六年八月，文化大革命开始三个月后，見势不妙，方才罢手。

一九四七年田万生南撤时，把一个小猪儿子寄放在农民孙树枝家里喂养，后小猪死了，田回来后硬說孙家杀了他一口大猪，威逼孙树枝給他賠一口大猪，后經多方求情，孙以二百八十斤粮食买了一口猪賠給田万生才算罢休。

一九四七年春，农民张二用二斗糜子和田万生的长工狄銀太换了二斗糜子籽，田返回后硬說张二借了他一石八斗糜子籽（合1260斤），张二屈服于田的官大势大，只好含冤白白送給了田家1260斤糜子。

在国家暫时經济困难时期，田万生則大走后門，大种自留地，大养肥猪。种自留地，不但在盟委院里种，并且跑到盟委院外去种，甚至仗着权势，将一般干部开下的地强行侵占。

近几年来，田万生一直借口有病，不上班，不工作，可是对种自留地、养肥猪等却兴致勃勃。除此之外，便是打扑克、耍紙牌、打麻将、看旧戏。田万生出于他地主阶級沒落頹废的感情，对宣传毛泽东思想、歌頌党、歌頌社会主义的现代戏剧、电影不感兴趣，从来不看，对反映封建地主阶級帝王将相、才子佳人的神鬼戏、淫秽戏則极有兴趣，无限欣賞。在他的支持、慫恿、宣揚和指使下，一九六一年到一九六四年，伊盟晋剧团上演了《海瑞》以及中央早已明令禁演的《紅霞关》、《狐狸缘》等五十多本大毒草。每逢演出，他必去看，場場不拉。在看了歌頌包公的戏以后，他到处宣揚說：“应当向包文正学习”。“包文正能深入群众进行調查研究”。“包文正有辯証唯物主义观点。”等等。一九六三年他还亲自点名要晋剧团演出了极其齷齪淫秽的坏戏《狸猫换太子》，連演八本。看完后他兴高彩烈地对晋剧团的人說：“实在好。我看这戏花了四元！”

（三）白汉臣：自混入革命后，卽与高崗、赵通儒、田万生等一起，走上层路线，与地主、富农、牧主、大边商、王公貴族同流合污。吃喝嫖賭，无所不为。

一九四六年白汉臣被国民党二十二軍逮捕入獄。白貪生怕死，为保全一条狗命，屈膝投降，作了可耻的叛徒。除向敌人供认自己是共产党員、地下工作者，是横山、响水、波罗等三地的总領导的身份，供出横山有多少解放軍等重要情报外，并写了自首书：

“我因一时不愼，被别人煽动，因而参加了共产党，受（上）了人家的当，現在蒙政府释放回家，我願和共产党断絕关系，安分守己，作一个良好国民。”

一九五〇年，白汉臣任烏审旗旗委书記。烏审旗旗长旺楚克，抽取全旗每只羊二两酥油公开剝削劳动人民，并私分了沒收反革命分子奇玉山的财产。白不但不加制止，反而支持，纵容，从中揩油。解放初期，白汉臣曾販卖大烟、土布、并接受边商賄賂金戒指、栽絨毯等貴重物品。一九五二年三反时，曾給白当众警告处分，后在郝文广、田万生等人的庇护下又給平了反。文化大革命开始后，陕西米脂县的革命群众抄了白汉臣的老家，抄出白洋583块，金戒指12个，金条一根，金鐲子一只，金砖两块，金鏈子一条，散碎銀器合計20多两，还有青市布6匹，土布4匹，棉絮42斤，等等。这足以說明，白汉臣和田万生一样，是一个剝削劳动人民的吸血鬼！

解放以后，白一直倚老卖老，高官厚祿，养尊处优。近几年則借口有病，对工作更加不聞不問，完全迷恋于享乐生活。和田万生一样，整天是打扑克、玩紙牌、看旧戏。一九六二年，白带上秘书，专程到烏审旗河南公社一带探亲看友，拜訪其老姘头。仅河南公社就有他六、七个姘头。他都一个个看到了。每到一家都恬不知耻地說：“我老了，辞老呀！咱們老伙計了一趟，你們对我的貢献很大。"每家还要送給几十元或百多元錢。另外，白还千方百計地为小儿子安排了工作，娶了媳妇，聘了閨女，并給女儿、媳妇都找到了工作。事后，欣然自慰地說："一切准备好了，就是老板（老婆）发愁沒人要了！"

这个老混蛋的灵魂，就是如此的卑鄙、肮脏！

（四）王悦丰：是一个典型的封建王公在党內的代理人。王原是乌审旗王爷反动軍队中的一个大队长，从一九三六年以后，开始和赵通儒、田万生等在一起鬼混。吃喝嫖賭，抽大烟，无所不为。解放后，生活上仍一直糜烂透頂。抽大烟一直到一九五三年才被迫戒掉；男女作风問題，却有增无减。和反革命分子黄喇嘛的老婆，常年明鋪暗盖；下乡便和牧民乱搞，住招待所，則强奸誘奸女服务員。王已是年近七十的老混蛋，却經常依仗权势，采用极其卑鄙下流的手段，奸污年輕的姑娘。因此人称他"老毛驴"、"王毛驴"。平常，他居然經常不以为耻，反以为荣地宣揚："男女作风問題嘛！一男一女互相接触，必然会发生关系！""如今我戒了大烟，吃了养阴葯海馬什么的，一吃葯我的身子就发胖，一发胖就不由自主了！"

直到文化大革命中，这个老毛驴的兽性仍然不加收歛。就在一九六七年五月，有一天，年輕妇女××到他家去，請求他給调工作，他当卽无耻地說："你那点工作問題好办，咱俩来一下子（指发生两性关系）……"并动手动脚下流地說："我什么也不爱，就爱那个，我对那件事（指男女关系）最喜欢……""我以后給你买块新手表！"等等，还拿出五块錢来进行引誘。

王悦丰视"四旧"如至宝。誰要触动"四旧"，他便暴跳如雷。每逢下乡，他必带"三件宝"：吃"五叉"（整羊）的刀子、喝奶茶的銀碗、玉石鼻烟壶。年輕牧民見了他，要跪拜、磕头。

王悦丰对封建帝王成吉思汗崇拜得五体投地。每年祭成陵，他都亲自主祭，杀牛宰羊，大摆供席，并由他亲自带头烧香、磕头、献哈达……鬧得乌烟瘴气。

为了給自己和老婆准备后事，就在文化大革命前夕，花了很多的錢，用貴重的木料，做了两口蒙古式的油漆描花棺材。

如此等等，举不胜举。

（五）反党集团成員冯子諒（盟公署民政处处长、政法口文革成員）一九六四年写了一首自白詩：

饮食随口所欲，　　　　　　　　学习随心所欲，

工作随我所欲，　　　　　　　　悠哉，悠哉，不甚其乐！

这正是給郝、田、白反党集团中很多人作了眞实的写照。

第七部分：頑固地推行資产阶级反动路綫，疯狂反对
毛主席的革命路綫，企图扼杀文化大革命

无产阶级文化大革命开展以来，伊盟地区两个阶级、两条道路、两条路线的斗爭愈益复杂、尖銳、激烈、日趋白热化。

毛主席教导我們說："各种剥削阶级的代表人物，当着他們处在不利情况的时候，为了保护他們现在的生存，以利将来的发展，他們往往采取以攻为守的策略。"

28

郝、田、白反党集团正是这样，当他们看到他们的第二个主子乌兰夫又和他们的前一个主子高崗一样，得到了可耻的結局，便予感到自己的末日也已經来临，內心充滿恐惧和仇恨。为了配合乌兰夫残余势力给其主子进行反攻倒算，郝文广一九六六年七月从北京回到盟里，馬上就一反在前門飯店会議上斗爭乌兰夫反党集团时一言不发之姿态，大为活跃起来，与其反党宗派集团的伙計們，密謀策划，四处活动，网罗人馬，搜集打手，拼凑御用工具，向毛主席革命路线发起猖狂进攻。

（一）篡夺文化大革命的領导权，拼凑御用工具：

郝、田、白反党集团，为把伊盟的文化大革命运动置于他們的控制之下，扑灭广大群众的革命烈火，运动开始就极力篡夺文化大革命的領导权。这时，从一九六二年以来一直以养病为名，不工作、不上班的田万生，又跳了出来，大肆活动，其反党集团的嘍囉們，则打出"老干部正确"、"老干部对革命有功"、"老干部是左派"、"对待老干部的态度是立場問題"的旗号，为扶郝、田等人上台大造舆論。与此同时，又集合其卵翼下的一部分处局长干部和不明眞象的群众，提名单，发呼吁，要郝文广、田万生等上台領导文化大革命。郝文广、田万生则一明一暗进行活动，指使其爪牙运輸公司副书記翟振双、水利处副处长高錦武等，蒙蔽一批群众，敲鑼打鼓地到盟委給他們戴大紅花，請他們登台。在盟委常委会上，他們则互相吹捧，互相举荐，幷向內蒙党委提名单，打电报，以施加压力，催上边审批。与此同时，又把他們的亲信楊德明、云占魁等先后安排在盟文革办公室任正副主任，把持办事机构。各口的文革負責人也都安插了他們的亲信。郝文广还亲自操纵东胜运輸公司和伊金霍洛、烏审、东胜等旗县，在那里分别建立了他們推行资产阶級反动路线的"据点"，从而自上而下地抓攬了文化大革命的領导权。

在篡夺文化大革命領导权的同时，他們又在各单位糾集党羽、网罗打手，幷大排左、中、右。利用他們所糾集的党羽、打手和被他們蒙蔽的部分群众，搞起了他們推行资产阶級反动路线的御用工具——"官办文革"、和官封"左派"、"积极分子"队伍。"官办文革"的負責人都是他們的心复亲信。

（二）疯狂推行资产阶級反动路线：

毛主席在《炮打司令部》的大字报中說："……站在反动的资产阶級立場上，实行资产阶級专政，将无产阶級轰轰烈烈的文化大革命运动打下去，顚倒是非，混淆黑白，围剿革命派，压制不同意见，实行白色恐怖，自以为得意，长资产阶級的威风，灭无产阶級的志气，又何其毒也！"

郝、田、白反党集团正是这样。当大权抓攬到手，御用工具拼凑已就，他們便开始疯狂地推行资产阶級反动路线，实行了一套"上打一个、下打一大片、保护一小撮"的反革命策略。

1.上打一个暴彦巴图。盟委书記暴彦巴图，自一九五六年从內蒙古东部区調到伊盟后，一直向郝、田、白反党集团进行了坚决的斗爭，特别是近年来又向乌兰夫及其反党集团进行了坚决的斗爭。在一九六六年五月的北京前門飯店会議上，是內蒙各盟市书記中斗爭乌兰夫最坚决的一个。因此，郝、田、白反党集团一直对暴彦巴图恨之入骨。在运动一开始，暴彦巴图刚开完前門飯店会議回到伊盟，就被他們以迅雷不及掩耳之势打成了"黑帮"。为了打暴彦巴图，提出"暴彦巴图就是伊盟文化革命的大方向，伊盟文化革命的大方向就是暴彦巴图"，"暴彦巴图不是黑帮，伊盟就沒有黑帮了"等口号。企图将暴彦巴图同志抛出来作为他们的"替罪羊"，收到既除掉他们的心腹之患，又为高岗翻案、替乌兰夫反党集团进行反攻倒算，并保佳他们自己的几重目的。

2.下打一大片。以"横扫牛鬼蛇神"为名，将大批革命群众打成"右派"、"反革命"、"黑帮爪牙"、"黑线人物"等等。全盟盟级机关、学校、工厂、企事业单位共有干部、职工、学生六千余人，被他们打成"反革命"、"右派"的就有四百余人。他们利用"官办文革"、"官封左派"，以致专政工具，大整革命群众的黑材料，大搞白色恐怖、采用秘密侦察、监督囚禁、残酷武斗等种种手段，对革命派进行野蛮地围剿和镇压。

3.为了压制革命群众起来对他们进行揭发斗争，他们大造反革命舆论，颠倒黑白，混淆是非，提出什么"坚决保护老干部"、"谁给田万生等老干部提意见，不是反革命才日毬怪哩！"等口号。特别是对广大革命群众起来揪高岗余党、揪乌兰夫伸到伊盟的黑手，更是百般阻挠和压制。盟委办公室一般干部张嘉峰、高光银等同志，在一九六六年八月初写出了全盟第一张揪乌兰夫黑手的大字报《乌兰夫反党集团的黑手伸到了伊盟》，立即遭到他们疯狂地围攻和打击，被骂为"转移视线"，"别有用心"，以致被划为"右派"，列入公安处的黑名单。

（三）竭力抵制、破坏、镇压革命造反派批判反动路线：

一九六六年十月以后，随着全国对刘、邓反动路线的大批判，伊盟广大革命群众也终于冲破郝、田、白反党集团设置的罗网，对他们疯狂推行资产阶级反动路线及其犯下的种种罪行，进行无情地控诉和批判，砸毁了他们的"官办文革"。这时，他们则更加凶相毕露，大骂革命群众批判和控诉反动路线是"资产阶级向无产阶级进攻"，"右派翻天"，"牛鬼蛇神出笼了"，"要向盟委讨还血债"，"资产阶级知识分子整老干部"，"长了敌人的志气，灭了左派的威风"等等；并将他们原来"官办文革"、官封"左派"、"积极分子"队伍中的人马，改旗换号，变为仍然由他们直接操纵的御用组织（初为"鄂尔多斯无产阶级革命造反司令部"等几个组织，后改为"鄂尔多斯联合总指挥部"）。对我革命造反派批判反动路线进行疯狂地抵制和破坏。如一九六七年一月七日我联委会所属"八一"红卫兵等革命组织批判反动路线时，他们砸会场，挑起武斗，制造了轰动全盟的"一·七事件"。并且，又派人到旗县、公社进行反革命串连，大刮经济主义的黑风，煽动大批不明真象的农民，牧民组成所谓"贫下中农造反师"进城，对革命造反派批判反动路线进行抵制、捣乱、破坏。更为严重的是，郝、田、白之流，还直接指使他们所把持的专政工具伊盟公安处对革命造反派进行镇压。如一九六七年元月二十七日，在郝文广、赵怀斌等人亲自策划下，搞了二百七十四人的黑名单，随后，又公然篡改中央"公安六条"，搞了一个"黑五条"，将矛头完全对准革命造反派组织"联委会"。与此同时，则大造舆论，大骂联委会"是牛鬼蛇神的黑窝"，"是牛鬼蛇神的大本营"，"是中美合作所"、"是当代白公馆"、"是地富反坏右的防空洞"等等。随后，则开始动手，于二月二十五日，制造假案，逮捕了"八一"红卫兵负责人、革命教师彭建中同志，揭开了对革命造反派进行大镇压的序幕。

（四）与乌兰夫的代理人王逸伦黑司令部互相勾结、狼狈为奸：

在运用各种手段对盟内革命造反派进行疯狂镇压的同时，他们又与内蒙的乌兰夫代理人进行明来暗往的勾搭。一九六六年一月，王逸伦组成了在内蒙进行资本主义复辟的黑司令部，赵会山（原伊盟盟委书记、郝、田、白反党集团的老知交）是其中主要干将之一。

30

一月下旬，郝文广等则跑到呼市，与赵会山进行勾结，并领取王逸伦的黑指示。郝文广在呼市看到内蒙党委书记高锦明、权星垣等同志被游了街，错误的估计了形势，以为坚决向乌兰夫作斗争的高锦明、权星垣等同志要被打倒了，为乌兰夫翻案的时机要到了，于是就匆匆忙忙回到东胜，接着，二月三日，赵会山也风尘扑扑地赶到伊盟。赵在伊盟与郝、田、白等密谋策划一旬之久，随后即抛出了一个为郝、田、白反党集团御用组织总指挥部制造的"一·七事件"翻案的所谓"检查"，继之郝文广也抛出了一个所谓"自我检查"，将矛头完全指向高锦明、权星垣、李质、雷代夫等同志。控诉和揭发他们是如何如何"保了暴彦巴图"。与此同时，他们所有宣传机器，大喊："打倒高锦明！""揪回雷代夫！""砸烂高锦明的××！"真是杀气腾腾，甚嚣尘上！

（五）垂死挣扎，疯狂反扑：

在批判反动路线的同时，我革命造反派集中力量狠揪伊盟的高岗余党和乌兰夫在伊盟的代理人，郝、田、白反党集团怕得要死。为了欺骗群众，混淆视听，他们大放厥词。说什么："伊盟根本没有什么高岗余党"呀，"高岗已经死了十几年了，那里还有什么高岗余党"呀，"郝文广、田万生、白汉臣等和高岗只是一般的工作关系，根本不是高岗余党"呀，"高岗在陕北和伊盟做的都是革命工作，根本没有犯错误，高岗犯错误是到了东北……犯的主要错误是反对刘少奇"呀，等等。可是，卑鄙的谎言终究掩盖不了铁的事实。联委会所挖出的证明郝、田、白反党集团是高岗余党，乌兰夫代理人的材料，越来越多，真是铁证如山！于是，他们更加恐慌万状了。他们为了作垂死的挣扎，便狗急跳墙，孤注一掷，开始了以百倍的疯狂，向革命造反派进行新的反扑。他们从农村、牧区、矿区调集大批不明真象的农民、牧民、工人，离开生产岗位到东胜，进行武斗，进行打、砸、抢。他们针对所抢去的我联委会的材料，肆无忌惮地搞假证据，为高岗余党进行辩护和翻案。他们并把高岗及其同党过去进行活动的地区，严密地加以控制，不许我们和外地的革命造反派前去进行调查，对前去调查的人员拦路进行抓、打、抢，对当地群众进行威胁利诱，不许揭发。……总之，他们要扼杀毛主席的革命路线，扼杀伊盟的文化大革命！

最伟大的领袖毛主席教导我们："捣乱，失败，再捣乱，再失败，直至灭亡——这就是帝国主义和世界上一切反动派对待人民事业的逻辑，他们决不会违背这个逻辑的。"

伊盟的郝、田、白反党集团正是这样。他们是"决不会放下屠刀，也决不能成佛"的。

"宜将剩勇追穷寇，不可沽名学霸王。"

不管郝、田、白反党集团多么疯狂，多么嚣张，我们无产阶级革命造反派和红卫兵小将，也决不会向他们屈服，我们决心要用鲜血和生命保卫毛主席，用鲜血和生命保卫毛主席的革命路线。我们要"下定决心，不怕牺牲，排除万难，去争取胜利。"不把高岗余党和乌兰夫反党集团在伊盟的黑分店——郝、田、白反党集团彻底揪出来、彻底搞毁，我们誓不罢休，死不瞑目！

附　件

（一）高岗、乌兰夫的代理人——伊盟郝、田、白 反党集团的自白书

按：以郝文广、田万生、白汉臣为首的伊盟反党集团是高崗、乌兰夫两个大反党集团党羽。

以伟大領袖毛主席为首的党中央处理高、饒反党集团后，郝、田、白反党集团兎死狐悲，用編写《伊克昭盟革命斗爭》，《回忆录》等手段，极力为高崗及其盟兄盟弟歌功頌德、树碑立传，狂妄地与党中央唱对台戏，明目张胆地为高崗翻案。

1.革命回忆录片断

我是在一九三三年参加工作。一九三四年刘志丹組織紅三团来靖边。一九三五年高崗派我們来牧区开辟工作，当时叫长城特区，我是下普通区的主席。那时，我們在史家湾开会，有李占胜、高崗（当时叫他高麻子）等六、七叩头担香拜把子（当时还約定有奇国賢台吉，因他去北京学习沒結成）后成立了烏审县苏維埃，受陕西省委領导（三五年前叫特委）。徐海东在一九三五年八月从南方来西北逮捕了刘志丹等人，說因为路线走的与中央不同。以后毛主席来了，将刘志丹等人放出，并請吃飯，可是被扣同志不吃，刘志丹带头赴宴吃，大家才吃开，刘志丹表現特別好。

当时高崗指示我們新区政策是"通过上层、深入下层、保护王爷、共同抗日"。不通过上层站不住脚。赵亮（地下工作者）給毛罗长本大喇嘛当徒弟，才站住脚。牧民們說："官府还与紅軍来往，我們怕什么？"于是就与我們接近起来。

烏审旗分东西烏审，东烏审有王爷。全旗軍队一共有一个营四个连。我們蒙古工作委員会在一九三五年成立，同年八月成立游击队，初都是汉族，以后有蒙族参加。当时不让蒙族参加战斗，以保护蒙族力量，以后我領一批蒙族去延安学习半月，毛主席与朱总司令接見，給一批枪。牧民林白彦老了，将枪交回說："这枪是紅軍給我的，我老了，不打猎了，我交給你們。"

有天，我遇上国民党反动派滿永茂的軍队，要捉我。正遇奇国賢騎馬来了，他說："拜老，我不叫你給放牛了，跟上我走吧！"我装成給奇放牛的脫险，避去迫害。奇国賢比较进步，以后被陈长捷給枪毙了。

一九三六年冬省委叫送王宝山等二十多位同志到延安，叫王悅丰去送（給了些大烟土），从此王悅丰就参加了革命。以后我們成立一个团，奇金山为团长，王悅丰为副团长。与二十六师打仗时，王悅丰兄弟被打死，"三·二六"事变后，东西烏审分裂。同年打城川。一九三六年轉到城川陶力庙（烏素加汗）后住寨子。

当时主要通过从上到下拜把子，搞统战。与张世华打仗时，我拿七百两大烟土到奇达山王爷府，并送他一捆宣传品，讲了两种民族政策，此人较可以。他女婿态度不好，問我完了到那里去？我說朝东走，出門后就向西而去。

田万生

一九六五年八月

2. 红色的种子

——鄂尔多斯草原的第一支游击队

一九三五年我们从陕西靖边来到鄂尔多斯。当时，因为人生地生，又加上从边区跑来的逃亡地主的造谣，所以刚开辟工作时，很难接近牧民。我们只好先通过边商去接近蒙古上层，然后再逐步深入基层群众。按計划我们和西乌审的"台吉"奇国贤协理插香拜了把子，通过这个关系接近了牧民巴彦尔、蒙达赖、吱莎扎木素、毛罗长木素等人，向他们宣传了席尼喇嘛革命的意义、革命的道理和党的民族政策，他们很快地就接受了。这样一传十，十传百的西乌审的牧民差不多都和我们有了关系。在王爷的軍队里我们又发展了一个连。通过送礼的形式，暗地里给这个连装备了一挺机枪、八支花腿冲鋒枪。群众发动起来了，我们可以在牧区到处活动了。

那年六月初九，舍利庙跳鬼，赶会的人来了很多，这可是一个宣传的好机会，我们就利用这一天进行了公开的宣传，组織了群众。为了避免和国民党正面冲突，下午我们就离开了会场。第二天，陕甘宁边区蒙古工作委员会派赵通儒带着三十多支"六五"步枪赶到舍利庙，赵通儒一时大意，毫不警惕地找到西乌审的军队，把枪交給了我们那个连。这一来不要紧，给我们工作带来了不少的麻烦。这件事被东乌审的納宋德力格尔营长知道了，就来和西乌审要这批枪，士兵们不给，结果造成了个僵局，后經赵某出头百般劝說，才算了事。納宋德力格尔把这件事报告给乌审王爷，王爷很不高兴，不过当面又不好說什么，就把这件事压下了。納宋德力格尔領兵离开舍利庙，回到花尔滩。赵通儒来到巴图湾，把这件事讲了一下，也回边区去了。事后为了这場纠紛，险些沒送掉我们八个同志的性命。

有一天，我们的一个游击小队，由李登山同志带領到了花尔滩的哈彦尔乌素活动，被地主发现告给了納宋德力格尔。納宋德力格尔正想找机会报复我们一下呢，就在当天夜里，他们包围了这支游击小队，把我们游击队的八个同志全部扣捕了。納宋德力格尔本想把我们的队员送到王爷府去的，路經博浪特洛亥的时候却被国民党"肃反委员会"的特务石作其知道了。石作其这个家伙唆使納宋德力格尔把我们的游击队员送到榆林，于是，納宋德力格尔就派了六个士兵，押送李登山等八个同志离开博浪特洛亥。李登山等八个同志被反捆着双手走在前面，六个蒙古兵騎着马跟在后面。一路上除了沙梁就是沙窝，太阳一出来，上面烤着下面蒸着，热得要命。当天中午到了旧庙湾，旧庙湾离前面的巴拉素只有二十几里了，那里住着国民党的一个连。如果现在不想办法，到了巴拉素就麻烦了。李登山看了看走在身边的同志，便停下脚步，轉身向騎在馬上的蒙古兵說："天太热了，给我們弄口水喝再走吧"。几个蒙古兵一听到水，也就觉得干喝的难受了。进了村子找了一戶老乡家，六个蒙古兵下马，卸下鞍縷，把马放了出去，忙叫老乡給他们做飯吃。李登山同志也和老乡要了口水喝。这一上午就象光着脚走在热鍋上一样，我们的同志实在有些累，喝罢水躺到炕上就睡了，李登山同志也眯起眼睛靠着墙假装打起瞌睡。这几个蒙古兵一看我们的游击队员都睡下了，外边放了个哨兵，也就放心大胆地把枪往墙角里一戳，倒在炕上睡起大觉来。李登山同志看看那几个蒙古兵都睡着了，听了听外面，沒有什么动静，这才用力把捆着双手的绳子在墙上狠狠地蹭了两下，绳子蹭开了，他刚想站起来，就听外边响起脚步声，他又把手倒背在后面，靠着墙打起瞌睡来。原来进来的是一个老乡，看了看躺在炕上的蒙古兵，转身又出去了。隔了不大一会儿，那个老乡又进来两三次，可能是饭已經做好了，进来叫这几个蒙古兵吃飯的，一看他们正睡得香甜，沒敢叫，轉了几圈又出去了。情况紧急，再迟就要誤事了。李登山同志用脚踢醒了身边的一个人，忙把绳子解开，两个人使了个眼色，猛地跳下地，一个人搶到墙角操起一支枪来做警戒，另一个人操起一张铁锹，手起锹落，五下子結果了五个敌人的性命。外面那个哨兵听到喊声，不知发生了什么事情，刚想往屋里跑，腿还沒跨进屋門，就被一枪給撂倒了。八个人繳获了六支枪，四匹馬——因为那两匹馬跑得太远了，来不及去抓。这支从虎口里脱险的游击队两个人騎上一匹馬，立即离开了巴拉素，整跑了一天一夜，才回到边区。

納宋德力格尔因为扣捕过我们的游击队員，感到不好和我们接触了；我们就說这件事和他的关系不大，主要是国民党特务石作其搞的鬼。想尽办法来緩和彼此間的关系。

一九三六年春天。我们又和西烏审河北区的队伍里的奇勤、古禅毕力格、烏德尔、何三栓建立了关系。这时烏审旗王爷也有些着慌了，告訴我们再不要給他的軍队送枪了，并且想要扣扑奇勤、何三栓等人。奇勤他們在王爷的軍队里不能再活动了，后来也跑到长城区，从此之后在鄂尔多斯大草原上，就出现了一支蒙古族游击队。

这一支游击小队一开始活动，就接二連三地打了好几个漂亮仗。在小里河川的油房头，配合红二团和二、三、七支队打败了国民党的一个团，这个小队受到了上級的表揚和奖励，得到了一面紅旗，蒙古族游击队的名声很快地就传开了。烏审旗王爷听到以后，想要把这个小队要回去。为了便于开辟工作，我们和王爷做了一项协定：我们把这些同志送回去，王爷必須予以保障，不得迫害他们。王爷同意了。这支游击小队回到王爷的軍队之后，王爷又派来了他的第七連連长金格吉申，我領他到了定边，商談了以后来往的問题，回去的时候又送給他們一些他們最喜爱的"双花馬"牌的步枪。王爷給我們又写来了一封信，說：我们是邻居，你們要多帮助我們蒙古民族，有什么事最好暗地来往，千万不要叫国民党知道了。自此以后，王爷和我们基本上保持了正常的关系。

一九三七年正月，我们又組織起六十多个蒙古族牧民。由我带領到了延安，见了毛主席和朱总司令。主席和总司令跟牧民們一一地握了手，請牧民吃了飯，又送了每人一支步枪。毛主席說，这些蒙古同志是我們革命的宝貝，要好好地照顾这些同志。牧民們受了很大的鼓舞，当时每个人都有滿肚子話想和毛主席說，但又不知从何說起，誰也不想离开毛主席。这些牧民在延安学习了半个月，才回到伊克昭盟来。这时蒙古族游击队发展的就更快了。紅色的种子在鄂尔多斯大草原上扎了根，革命的势力一天天大起来。

田万生 ——本文抄自革命回忆录《在艰苦的岁月里》
內蒙古人民出版社1962年版

按：下面这篇讲話是魯富业（伊盟人民银行副行长，郝、田、白反党集团的追随者）在一九六六年四月五日（清明节）向盟银行全体干部讲伊盟革命史的原始記录。更为露骨的是，烏兰夫反党集团被揪出后，在一九六六年十一月，魯富业为了宣传郝、田、白反党集团制造的"老干部正确"、"保护老干部"的輿論，将前面同样內容的讲話，又向全体干部重复了一遍。这实质上是为烏兰夫摆功，为烏兰夫鳴不平，向文化大革命进行猖狂地反扑。

3. 伊盟革命斗爭史（讲话纪要）

今天清明节，大家都来紀念，紀念他們献出了宝貴的生命，要求永远学习他們献身的精神，永远活在我們心上。全国都是这样，同志們要我讲，我只好把伊盟的革命經历讲一讲。

从一九三六年参加工作至一九五〇年，十五年来未离开伊盟，五一年到內蒙，六二年又回来，在伊盟前后二十年，時間长，有些事情記的也不那么清楚，讲是为了大家知道伊盟是个什么样的地方，怎样来的。

伊盟的十五年是比較残酷的，概括的讲，从三六年到五〇年，从一九三六年开辟伊盟工作时到三八年是一段，有一个蒙古工作委员会，主要是地下工作，高崗是蒙古委員会的主任，那时正是打土豪分田地的时候，給了一些蒙古同志一些錢，托开展西乌审工作。三八年成立了一騎兵团和一个工作队，在鄂旗科班庙。冬騎兵团去后留下一个班，在乌素加汗，母虎稍、母肯淖，利用統一战线做工作。对外名义是联絡参謀处，赵通儒負責，高增培是秘书。有一个抗日联絡委員会，那时有个新三师。政治部主任是乌兰夫。四〇年成立了騎三連，后来又調来步一連，站不住脚后又退回张家畔，編为騎兵团，团长是康建民，后来又編为騎兵旅，开到大青山，又轉到地方（乌审旗），到四五年伊盟又設立了伊盟办事处，高增培是秘书。四六年又和横山讲統一战线，赵通儒被敌人利誘被捕。从四七年开到馬庄县，由警卫排編为警卫队，正訓后，四八年二月到准旗，四八年三月三日打神山。到五〇年到乌审旗的桃利，安子解、张世华这些土匪才被消灭。

伊盟是一块烽火連年烈火般的疆場，出现过不少英雄人物。烈士塔有个什尼喇嘛（卽乌力吉）在和国民党作战爭的有奇国賢、沙王蒙汉各族人民用鲜血换来的。

伊盟虽然日本人沒佔多少地方，但伊盟人民沒有过平安日子，国民党把延安包围的严严实实的，这些部队大大小小不断地进犯边区和伊盟，企图挑起民族不和，把蒙古灭掉。西部两次比較大的战斗，一是巴兎湾、二是大石砭。

鲁富业　　　　　　　一九六六年四月五日清明节

按：郝文广、田万生、白汉臣等一小撮人主持編写的《伊克昭盟革命斗爭史》，歌頌、吹捧高崗、乌兰夫、李維汉，宣揚王明路线，极力为高崗翻案。

4. 《伊克昭盟革命斗爭史》摘抄

"伊盟的革命活动正式开始是一九三五年春，开展蒙地工作起初是先从政治活动着手。故当时派高崗、李吕胜、高义德、曹动芝、田万生等同志組成临时工作組，以赤原县长城区为根据地，以边客的身份，采取了行商的办法，深入到蒙地与蒙古人民，特别是中上层蒙古王公貴族，官吏，通过交朋友，拜拜識（把子），建立关系，从而达到了解情况，建立群众基础和工作基层。……如果将紅軍直接开进蒙地，王公們也要反对"。

"一九三六年春，高崗决定在乌审旗成立乌审县，让田万生同志为县长，（苏区主席）赵××为书記（卽赵通儒），在此期間田万生同志于二月間又和乌审旗西官府上层分子奇国賢认識結为拜識，（但乌审县的建制被党中央发现后认为是錯誤的，便将高崗調边区，随将乌审县撤銷了），因而对继續开展蒙地工作奠定基础"。

"七月間，于定边县成立少数民族工作委員会，由罗迈（李維汉）同志兼任书記。

……八月成立烏审旗工作委員会，张兴感同志任书記，九月成立鄂托克旗工委，穆生发同志任书記。一九三七年高崗調回延安后，白如冰接任了书記，这时田万生同志已与烏审王爷接見，相认为朋友。"

"当时鄂托克旗主要敌人是伪保安司令张文軒把持主要势力，所以在一九三九年五月間，田万生同志亦与其建立了关系，从而允許了我軍之活动"。

奇金山"于一九四四年八月間和烏兰夫同志一同回到了烏审旗，这时已解放了鄂托克旗城川，三段地和烏审旗河南区。于一九四五年初在城川成立了城川办事处、赵通儒任书記。……一九四六年九月間，起义軍王鎮子叛变革命，将我們城川办事处书記赵通儒，烏审旗书記白汉臣等同志作了扣押。"

一九六○年八月

（二）高崗、烏兰夫、习仲勋与高崗分子张秀山、赵通儒之间的黑信

1.关于安排赵通儒"养病"問題

高崗給张秀山（高崗分子）的信

秀山同志：

赵通儒的神精病很严重（按：其实赵根本沒有神精病），收到他的来信，附来三支香（按：三支香是誓盟結拜的标志。凡以香作为信物寄示对方者，即表示莫叛誓盟之义），轉你一看。

不知东北或大連有无神精病院，如有，煩你介绍他去，如无是否設法送他回西北，請考虑。

敬礼

高　崗　　　　十二月七日

2.一九六二年六月

烏兰夫接到赵通儒的信后給习仲勋的信：

仲勋同志：

赵通儒給我来信，让我轉告你帮助他解决些困难，现将原信轉去，請你处理。

专此

敬礼

烏兰夫　　　　六月十六日

3.一九六二年六月

习仲勋接到烏兰夫和赵通儒的信后給陕西省民政厅长楊伯伦的信：

伯伦同志：

赵通儒同志給我和烏兰夫付总理信各一件，談及生活艰难，要求解决。这位同志不管他思想如何落后，而生活上还是应当照顾，請你商省委可否将其现有生活费（101.5元）适当提高，以資經常补助。可否这样做，請根据实际情况酌予处理。

附上信二件，希查收。

敬礼

习仲勋　　　　六月二十六日

陕西省民政厅接到习仲勋指示給赵通儒提高生活待遇的信后，向省委写的报告：

李书記、并省委組織部：

36

赵通儒同志的处理去年十一月經請示你和省委組織部同意每月按十七級发給生活费，回家养老。回去前赵提出衣服、被褥破烂需要补充，**我們与有关单位联系补助了棉花七斤布三丈六尺**，今年元月廿八日我厅派专人专車将其送回子长县，由該县按月规定发給生活费，幷在日常生活上給以适当照顾。**最近本人又給烏兰夫付总理和习付总理去信反映他的**生活艰难要求恢复原来的工资級别，习付总理将信轉給我們，幷指示：商請省委可否将其原有生活费101.5元适当提高。我們意見拟将就有执行的十七級改为十四級，工资标准卽每月发給141.5元生活费，幷請子长县在吃粮和某些物質上酌情予以照顾。是否妥当請**核示**。

现将原信及习副总理和烏兰夫副总理的批示一幷照抄附后：
一、赵給烏兰夫副总理的信及烏兰夫給习副总理的便笺。
二、赵給习副总理的信及习副总理給楊伯伦厅长的批示。

民政厅党組　　　1962年 7 月19日

（三）高崗分子赵通儒与伊盟郝、田、白反党集团之间的黑信

1. 一九五九年二月七日高崗分子赵通儒給郝文广等人的黑信（略）
2. 一九六二年十月十二日，高崗分子赵通儒給郝、田、白等人的黑信（略）
3. 一九六四年六月二十八日高崗分子赵通儒給郝文广等人的黑信（略）
4. 一九六七年六月十四日高崗分子赵通儒給郝、田等人的黑信。

悦丰、万生、文广、伊盟各同志：

你处的文化大革命如何？您們好吧？子长的大字报說："中央明令公布烏兰夫等的問**題**"，內情如何，我不知。可能受了刘少奇、邓小平、彭眞的拉扯。烏兰夫到延安得拜見毛主席，毛主席提拔他，信任他，中央党校亲自整风（毛四三年亲任中央党校校长）教育他，七大选他为中委，**涤**毛批准，审查，不可能。日本投降后，毛任命他当綏远主席，受降。听說他搞"独立王国"，我依过去的情况，估計他不敢、不能反毛反中央，一九五九年至今的十年中，我不知他們的情况。

另有內蒙王逸伦等鎭压青年的大字报，我也很吃惊。辛亥革命后，国民党，有些人坐官，当老爷，孙中山开除他們，重組国民党，改为中华革命党。一九二七年，大革命胜利，蒋介石反共，独吞革命胜利果实。近年，和平，刘邓搞修正主义，企图把党国拉向資本主义道路，毛主席又一次发动文化大革命，挽救了中国革命。

伊盟青年张效毛，王貴，来我处。希望您們以"当官""当老爷"为戒，同青年們合作，助他們！老年人要死亡，斯大林早也說过。毛主席早教导大家"将来是青年的"。将**来**，要以现在开始啊！

我只是"病""穷"二字。請抽暇接見青年們，多同他們谈心。

毛主席說："不对的意見，允許人家說完！"

老革命，老紅军，老八路，要坚持相信青年，自己在青年时代不能为所欲为，記得嗎？不能自負，不能空談。要实做！

　　　祝你們好！

　　　代問代轉諸友好！！

赵通儒（手章）　　　1967年 6 月14日

按语：东总通过自己编印的传单、广播、小报散布了大量的地区特殊论，大呼大叫伊盟没有复辟。这里我们选择了东总翻印的天津南开大学的一个叫做伊盟问题观察员的文章，这篇文章，东总曾于九月份连续播送了好多天。

鄂尔多斯高原上的阶级大搏斗

——高岗、乌兰夫阴魂不散造反派浴血奋战

国际悲歌歌一曲，狂飙为我从天落。

群魔乱舞，狂飙猛进，一个要复辟，一个要反复辟；一个要资本主义，一个要社会主义——一场两个阶级的搏斗，大斯杀、大决战正在内蒙伊盟鄂尔多斯高原上如火如荼地进行！

揭开战幕的一角就可以看到，在一派血战腥膻风中，以伊盟联委为首的革命造反派横枪跃马，奔走呼号，力挽狂澜，同高岗余党、乌兰夫的代理人浴血奋战！

…………

（三）虎踞龙盘今胜昔，天翻地复慨而慷。

伊盟联委在1967年3月夺了郝、田反革命修正主义集团的权在内蒙问题上犯了方向性的错误。

于是，复辟和反复辟斗争便以更 错综复杂的形式出现在鄂尔多斯高原上。

郝、田反革命修正主义集团及其御用组织四月份以来，打着反复辟

·8·

的旗号，大反革命领导干部暴彦巴图同志，死保郝文广、田万生等一撮新老修正主义者，实行资本主义复辟，举红旗的人一度犯了错误，走了弯路，反红旗的人打着"红旗"大喊粉碎伊盟的资本主义复辟的反革命逆流——这就是伊盟矛盾的特殊性，伊盟阶级斗争的特殊形式。

………………

1.为了保护伊盟的资产阶级司令部，一些奇谈怪论应用产生了。

伊盟联委三月份搞了资本主义复辟了"，"伊盟联委挂到了王铎、王逸伦的火车头上不可能通向社会主义"。果真是这样吗？伊盟联委三月份重点打击了郝、田反党集团，打击了伊盟走资派，走资派下台，造反派上台，伊盟资本主义复辟的阶级基础是什么？内因是什么？难道是革命群众吗？马克恩说："革命是历史前进的火车头"。林彪同志说："用毛泽东思想武装起来的人民革命是历史前进的火车头。"上述谬论的炮制者，你们不觉得你们犯了历史唯心主义的错误吗！？你们不觉得自己反毛泽东思想反得太明显了吗？！

………………

2.最近又出现了一种奇怪的逻辑推理：

前提是：打倒郝、田（联委打的对象，鄂尔多斯保的对象），支持暴彦巴图（联委保的对象，鄂尔多斯打的对象）。这（只）是打着一面红旗（但它只是现象）

它的结论是：鄂尔多斯是"造反派（因为保皇有功）；伊盟联委是（保守派"（因为造反有罪）。这是反红旗（这才是他的本质）………

伊盟向何处去？内蒙向何处去？？内蒙的无产阶级文化大革命向何处去？？？历史向人们提出了一个又一个重大课题。你怎样思考？你怎样回答？？你怎样实践？？？

天津红代会南升大学八一八红色造反团伊盟问题观察员
·9· 67·8·22达旗东方红战报编辑部翻印9月5日

从盟常委会记录、
看郝、田打敤阴谋

一、郝、田、白反党集团篡夺文化
　　革命领导权

二、郝、田、白反党集团把敤沛巴
　　图同志打成黑帮

联委
内蒙古伊盟　　1967年9月
红总司

最 高 指 示

混进党里、政府里、军队里和各种文化界的资产阶级代表人物，是一批反革命的修正主义分子，一旦时机成熟，他们就会要夺取政权，由无产阶级专政变为资产阶级专政。

目 录

一、郝、田、白反党集团篡夺文化革命领导权

1. 第36次：郝、田夺取盟委大权
2. 第37次：郝、田夺取盟文革领导权
3. 第40次：郝、田不准砲打资产阶级司令部
4. 第42次：郝、田夺取文化革命领导权
5. 第45次：郝、田把黑手伸向旗县
6. 第50次：郝、田夺权双簧

二、郝、田、白反党集团把暴彦巴图同志打成黑帮

7. 第53次：郝、田策划加紧打暴
8. 第54次：郝、田的大方向就是暴彦巴图
9. 第55次：郝、田打暴是为乌兰夫复仇
10. 第65次：郝、田决定上报打倒暴彦巴图的四稿材料
11. 第66次：郝、田决定集中火力，高速度地打倒暴彦巴图
12. 第67次：打暴阴谋败露，郝、田压制民主

按 语

高岗余党、乌兰夫在伊盟的代理人郝文广、田万生长期盘踞在伊盟，纠集一小撮老右派、大叛徒、封建王公、反党分子，形成一个根深蒂固的反党集团。这个反党集团与乌兰夫黑帮紧密勾结，实为乌兰夫黑司令部设在伊盟的黑分店。

暴彦巴图同志自一九五六年调到伊盟后，一直坚持同郝、田反党集团进行斗争，并对乌兰夫的修正主义路线有所抵制。尤其是一九六四年以来，暴同乌兰夫黑帮进行了不调和的斗争。在一九六六年华北局召开的北京前门饭店会议上，暴彦巴图无情地揭露和批判了乌兰夫的三反罪行。因而，乌兰夫同伙及郝、田之流便把暴彦巴图同志视为眼中钉，肉中刺，千方百计地想把他拔掉。

文化大革命一开始，郝、田反党集团便倾巢出动，上窜下跳，要阴谋、放暗箭、造谣言，一面大造打暴保郝、田的反革命舆论，一面篡夺文化大革命的领导权，丧心病狂地推行"上打一个（暴彦巴图），下打一大片（革命群众），保护一小撮（郝、田反党集团）"的资产阶级反动路线，妄图一举将暴彦巴图同志置于死地，从而为乌兰夫报仇雪恨，完成乌兰夫没有完成的颠复伊盟无产阶级政权的罪恶计划。下面摘出的伊盟盟委常委会议记录，就是高岗余党、乌兰夫在伊盟的代理人郝、田反党集团继承乌兰夫黑钵，策划打暴阴谋的真实记载。

郝文广—— 盟委付书记、公署付盟长。　田万生—— 盟委付书记

暴彦巴图—— 盟委书记。　　　　　白汉臣—— 盟委常委，统战部长

常委会议记录摘抄

一、郝、田夺取监委大权：

1966年8月12日　　　　（36次）

郝荻巴图主持会议，讨论传达华北局会议精神。

田万生："以前我是休息了，以后同志们让我参加会。看到领导上去弱。又取领导又不敢领导。党群口同志让我参加讨论，监委开会又让我参加。以前据说我休息，职全免了，但也没有人给我提，我现在参加会是内定让参加还是监委让参加，因此，我对情况不了解。监委暂由老郝、老赵来领导。"

二、郝、田夺取文革领导权：

1966年8月15日　　　　（37次）

赵怀斌主持：研究文革领导。

田万生："总的领导由郝文广。""杨达赖组织几人抓生产。"

刘雄仁："田万生群众要求参加。""郝参加肯定领导不好，群众发动不起。""我坚决不同意郝荻巴图领导这个运动。"

赵怀斌："老田参加领导组。"

田万生："我应该积极参加这场伟大的运动，我并不怕参加领导小组所行，不参加也不行。我从小向来不在职位问题上计较。"

赵怀斌："这个时期，田书记、刘雄仁可以多出面领导。"

三、郝、田不准炮打资产阶级司令部

1966年8月23日　　　　（40次）

郝荻巴图主持：

郝荻巴图："炮打司令部，而司令部主要是常委以上和付部长……"

刘雄仁："不要提炮打司令部啦，群众有意见。这是反革命口号！"

·2·

四、郝、田夺取文化革命领导权：

1966年8月27日　　　　　（42次）

额尔巴图主持：　　研究常委分工。

郝文广："文化革命领导组由刘　忠、康　骏、刘雄仁管，同意老额可暂不参加。……生产由老杨、老柔分管。"

赵怀斌："文化革命领导组，文广、康骏、刘　忠、刘雄仁同志分管。"

田万生："额现在情况，不参加了，将来是什么问题会闹清的，其他我同意。"

雷代夫："文化革命领导小组，现在你们提的连一个蒙族也没有。"

五、郝、田把黑手伸向旗县：

1966年9月11日　　　　　（45次）

郝文广主持：

郝文广汇报杭锦旗移民问题，汇报他在杭锦旗决定"吴占栋、郝开泉等五人组成领导小组抓文化大革命。""杭旗要求派人抓文化大革命，盟委应派联络员。"

田万生："乌旗都要王子义领导运动，首先要解决这个问题，就得解决领导问题。要分两条战线，盟委要派些人，到下面了解情况，旗县里也要搞联络员，乌旗要王子义，杭旗要鲁富业。"

郝文广："让老额再作一次检查，检查后，再考虑会议的开法。……老额检查完了认定性质上报内委。""我到杭旗后开了两次会，刚才电话上说，效果还很好。"

田万生："刘　忠、康　骏、郝文广、刘雄仁、冯丕基、郭建勋、郝瑞堂七人。""额尔巴图抓生产。"

冯丕基："田万生要参加，那怕当个名义也可以。"

六、郝、田夺权双簧：

· · · · · ·

刘　忠主持：　　讨论大方向。

赵怀斌："重点是抓住了暴彦巴图。"

刘　忠："重点打对了，咱们就集中打，有错误的就更正，没错的点火。"

马丕鉴："方向是对头的，从盟说重点是暴。"

九、郝、田打暴是为乌兰夫复仇：

1966年9月25日　　　（55次）

继54次会议：

郝文广："对暴的问题，暴认为对他的大字报多，但并不是难为他，而且有事实。""移民问题是方向性的问题。""同志们揭的大字报还是事实，不是难为他，有炮弹（赵：有事实、有根据、大事大非）再过一段看的就更清楚了。"

郝文广："暴在华北局反乌兰夫很积极，回来揭他的问题，这个帐另算，各算各的，伊盟的在伊盟算。"

刘雄仁："暴彦巴图想去华北局露一手，搞政治投机。"

马丕鉴："调去包钢更重要，不是给书记就是厂长，不能说调个位置就不是黑帮了，没问题。"

刘　忠："我说他（指暴）聪明，是资产阶级聪明。"

田万生："暴是死鸟顶巧。"

十、郝、田决定上报打倒暴彦巴图的四稿材料

1966年10月18日　　　（65次）

刘　忠主持：　研究暴彦巴图的问题。

刘　忠："暴的问题都该让报，报什么？让批什么？我们提出批准批判斗争，看大家意见怎样？"

田万生："可以加上这几个字。"

刘雄仁："我和刘忠同志研究了一下报上去。"

郝文广："行"。

十一、郝、田决定集中火力、高速度地打倒恭彦巴图：

1966年10月20日 （66次）

刘 忠主持： 研究解决恭彦巴图问题的方法。

刘 忠："怎么搞咱们先拿个意见。"

郝文广："把恭的问题很快搞下来，告一段落，好让其他几个人再作检查。"

刘雄仁："今天的会把原计划打乱了，可以重新研究，其他几个同志晚检查，恭彦巴图的问题继续进行。""是否集中搞一个礼拜，把恭的问题搞清了，就好转了，大家就会没意见了。""这次运动从干部中看来，暴露了一下，干部思想比较混乱的。"

李振中："从楼下群众情绪看，辩论劲头还不小。……大家认为材料（指"四稿"）有水份，我也有感觉。如统战工作，他（恭）说：'统战工作主要是斗争。'这报给内蒙有问题，统战工作就是有团结有斗争。几年来就强调不左不右，提法对主席思想有违背的。……'合作共事'，也批评了一顿，'长期共存'主席著作里有，内蒙也有指示。我看有水份。""前段没有分歧，一种意见，总的我同意辩论，常委会一决定，个别人一商量，下面有意见。"

刘雄仁："集中力量打歼灭战，明天下午检查，五天就解决问题了，我意抓紧时间，不要再拖。"

郝文广："盟委机关提出先辩论后检查，我的意见是先检查后辩论。""老恭会不会提出，党员大会批判还不如在千人大会上作检查。"

刘忠："专业组（指专门整理恭的问题的专业组）提个名单，有十来个人就行了。"

郝文广："有一个专门班子好。"

·6·

常委会最后意见，抽如下几个人组成：

政法口：齐学斌（按：三反分子，郝、田、白反党集团大将）

财贸口：鲁宝业（按：叛党漏网分子，郝、田、白反党集团大将）

农牧口：庶勒玉（按：三反分子，郝、田、白反党集团大将）

党群口：郝瑞堂、于世武等。（郝、田、白的忠实走卒）

按此次会议可以看出：

1、郝文广、刘雄仁竭力主张集中力量搞垮一个人。

2、只成立搞垮的专业组，对郝、田的问题如何整理上报，只字不提。

3、田万生参加了这次会议，同意建专业组。

　　十二、打垮阴谋败露，郝、田压制民主：

　　　1966年10月25日　　　（67次）

　刘　忠主持：

刘　忠："今天讨论一下垮彦巴图的检查。"

白汉臣："检讨检讨就行了，检讨到明年也不行，能定就定。"

刘雄仁："我认为垮的检查不如前几次，越检查越不如，……干部政策一滑而过，说都是常委研究的，说了一下免田万生、刘雄仁付县长的理，但为什么没检查。"

田万生："老垮的检查我听了四次了，……我也有一个感觉，一次不如一次。……不老实，诚恳，而是抱一个蒙哄过关的态度。""我意把下面的思想统一起来（李振中：看法问题。）就是应把看法拿出来（李：不辩论闹不成）""就是应很好研究一下，是看法问题，就是的对，还是下面的对，……同志们就怀疑。"

李振中："下一步还应放开，让群众辩论，该查实的查实，该校对的校对，群众有的有怀疑，批判一顿有问题。"

·7·

杨达颜："来了几个人……他们说现在不能先批判暴，还得继续批判反动路线。""让大家辩论，真理越辩越明，真理往往在少数人手里。"

郝文广："第一部分本人不承认，别人有检举，我们怎么对待？一个就是相信检举材料，一个就是再和本人核对。"

杨达颜："郝增俊问题，原来是对郝文广有过反映，对我也有过反映，我们都是回避，郝增俊是云祥生手上搞的。"

可以看出：

1、群众开始敢讲不同意见了，对郝、田、白集团的盟委所抛出的四稿开始怀疑，开始识破上打一个暴的阴谋。

2、郝、田、白急忙定，不想让辩，还想唱一个调。

3、不批判反动路线。

•8•

一--18

高岗阴魂未散

内蒙古高岗余党为高岗疯狂翻案罪行初揭

一、说黑话，写黑诗，
　　贼心不死 ------- 1

二、编黑史，写黑传，
　　扬幡招魂 ------- 7

内蒙古伊盟联委《专揪高岗余党》联络站·
　　　　红总司
　　　　1967·9·21

最高指示

他们在由资本主义到社会主义的过渡时期中，站在资产阶级立场阴谋破坏无产阶级专政，分裂共产党，在党内组织派别，散布他们的影响，涣散无产阶级先锋队，另立他们的机会主义的党。这个集团的主要成分，原是高岗阴谋反党集团的重要成员，就是明证据之一。……

……他们现在的反社会主义的纲领，就是反对大跃进，反对人民公社。

"攻击一点或几点，尽量夸大，不及其余。"…… 一九五三年高岗，饶漱石反党联盟用的也是这种方法。

帝国主义和国内反动派决不甘心于他们的失败，他们还要作最后的挣扎。在全国平定以后，他们也还会以各种方式从事破坏和捣乱，他们将每日每时企图在中国复辟。这是必然的，毫无疑义的，我们务必不要松懈自己的警惕性。

高 岗 阴 魂 未 散 ！
——内蒙古高岗余党为高岗疯狂翻案罪行初揭

无产阶级文化大革命，在古老的鄂尔多斯高原上燃起了熊熊烈火！战斗在高原上的无产阶级革命派，高举毛泽东思想伟大红旗，高唱造反有理的战歌，向着党内走资本主义道路的当权派发起了猛烈的进攻。真是纵横驰骋，所向披靡，翻江倒海，惊天动地！直杀得那一小撮走资派，人仰马翻，胆战心惊，狼奔豕突，惶恐万状。捷报频传声中，三十多年来一直隐藏在党的队伍中，盘踞在伊盟高原上的高岗余党，被揪出来了！

这一伙高岗的死党，高岗在伊盟时，紧跟高岗大搞投降叛卖的罪恶勾当，把伊盟变成他们反党反革命的老窝。高岗死后，痛哭流涕，如丧考妣，大肆进行各种阴谋活动，又把伊盟变成他们为高岗疯狂翻案的黑据点。

就是这一伙亡命之徒，对高岗竭尽歌功颂德、涂金饰彩之能事，把高岗尊为领袖，敬若神明，替他传经写史，树碑立传，简直捧上了天，对我们心中最红最红的红太阳、伟大的领袖毛主席却矛头直接，咬牙切齿，用尽一切恶毒的语言，进行疯狂的咒骂和攻击。他们完完全全是一伙阴险毒辣的反革命黑帮，凶恶狰狞的野兽，万恶不赦的匪徒。

高岗狗命呜呼以后，，高岗余党曾经多次纠集力量为高岗翻案。《刘志丹》反革命案件就是其中突出的一例。然而伊盟高岗余党为高岗翻案却具有特别的疯狂性。他们明目张胆，赤膊上阵，杀气腾腾，凶相毕露。在全国也属罕见。

一、说黑话，写黑诗，贼心歹毒。

请看这伙高岗余党为高岗翻案的黑话有多么恶毒、疯狂：

伊盟盟委第一任书记、高岗死党赵通儒，一九五四年被开除党籍，后又回原籍管制劳动，但仍经常来伊盟东胜和××高树分子进行反革命

·i·

串连。一谈起话来，就大骂毛主席。有一次，竟恶狠狠地骂"毛主席进了中南海，就把延安忘了。"一九五六年，赵通儒公然为高岗喊冤叫屈，大叫："高岗在党内争权夺利，似乎还未至托洛茨基、布哈林、张国焘那样。即使如托、布、张，也只能是在东北，也不一定是在各大区一模一样。"狂妄地提出："不够犯法程度，不予给法律处理。不够党处理程度，不予党纪论处。"更为恶毒的是，赵通儒紧接着向我们的伟大领袖毛主席发起疯狂攻击，狂吠："中国之大，吃什么饭的人也应有；否则，显得中国共产主义的肚量不大，马列主义到了中国就内容贫乏。"

一九六四年，赵通儒跟伊旗歌剧团合影，亲笔在相片上题词，自封为"革命导师"。真乃狗胆包天。

伊盟盟委副书记、高岗的拜把兄弟田万生，外号叫"鄂尔多斯高原上的活阎王"。这个老混蛋经常向群众宣讲高岗的"英雄"故事，说："高岗，身体挺结实。那个人挺有材干的。""老乡们还挺称赞高政委的能够深入群众。""过去高岗对伊盟是很重视的，给了很多支援，对伊盟的发展有很大贡献。"一九六四年冬，田万生对一些青年恶意煽动说："高岗以前和刘志丹一起工作，很有功劳。以后犯了错误，就在狱中自杀了。他的死在陕北引起很大反应，陕北人民很多不服，为高岗不平。中央费了很大劲，做了好多工作，才把事平下去。"

老叛徒白双臣（原任伊盟副盟长，现任伊盟盟委常委委员、统战部长）和高岗同乡，又是自小同学，对高岗一直怀有深厚的感情，十分尊崇。经常借谈论过去的情况，为高岗翻案，攻击我们的伟大领袖毛主席。

一九五九年，彭德怀在庐山阴谋篡党失败后白双臣又想起了高岗的下场，愤愤地对人说："高岗本来有功嘛！毛主席带上军队长征，如果没有陕北根据地和高岗，他们连脚也站不住。"

一九六一年，白汉臣对人說："三段地是伊盟革命的创始根据地。我和田老汉（指田万生）就是在高岗同志的亲自指挥下，在那里建立了伊盟的革命根据地。三段地人民对高岗和我们是有深厚的阶级感情的。"又說"說起高岗的功劳真不小……高岗是陕北革命的创始人，国民党统治时期，毛主席在南方开展不了工作，以后来到陕北找到高岗，在延安建立了革命根据地。从那时候起，中国的革命才扎下了根，直到全国解放取得了今天的胜利。"

高岗坚持反党立场，自绝于人民，他的死是十分可耻的。可是白汉臣十分悲伤，念念不忘为高岗扬幡招魂，大唱赞美诗。一九六一年十一月，白汉臣直着脖子声嘶力竭地喊叫道："高岗是为陕北人民利益而走向了叛党道路，不过他死也是光荣的。"

一九六三年，白汉臣借机放毒："高岗当时是中央负责人，又是西北局的书记，說了话誰敢不听？毛主席到陕北后离开高岗不讲话。"又說："毛主席还說他在陕北威信还不如高岗呢！"

白汉臣把高岗如此美化了以后还觉不够，又进一步蛊惑人心地說："高岗、习仲勋那时候对伊盟工作可重视啦。高岗来伊盟三段地几次给蒙旗送枪枝，大烟等物资来拉关系。高岗和习仲勋是西北的要人。"，"过去人们常說：刘志丹、高司令，创造陕甘宁。 在陕北的威信可高啦！"

白汉臣自己猖狂放毒不算还指使其家族在群众中绘声绘影地散布流言蜚语，說"高岗是中央一些领导人逼死的。"他的家族对人们說："高岗是从小参加工作，把全部家产卖光搞了革命。后来不知高岗搞什么工作，叫一伙南方人给提了一圪塔（按：一大溜的意思）意见，高岗自己不承认，这些南方人硬给定上。后来……大概是自杀了。""你說高岗是怎么死的？……高岗住在一个房间里，外边有警卫看着，高岗也不吃饭，晚间也睡不着觉，喊叫着要见毛主席。警卫没法，就找毛主席說

· 3 ·

317

了此情况。毛主席哈哈地笑了，当时拿出一包药片，交给警卫說：你回去把这药片让他吃上，就睡着了。"结果高岗吃了药片后就死了。"

白汉臣的儿子白进光，是盟委代常委、工交政治部主任。一九六六年，有一次他香到同志们写的总结里提到"毛主席的话一句顶一万句"立即勃然大怒，恶狠狠地骂道："哪有这个提法？誰给衡量的？"提起笔来就给抹掉。

一九六六年清明节，伊盟高岗余党重要成员、伊盟人民银行副行长曾富业在干部会上借纪念烈士为名，大谈高岗在伊盟的经历和"贡献"把高岗、赵通儒等反党分子一律算为"英雄人物"要大家"永远学习他们献身的精神"，让他们"永远活在我们心上。"

伊盟高岗余党的总头目郝文广，出身大地主，人称"郝五员外"。是赵通儒一手栽培提拔起来的反革命接班人。一九四〇年，郝文广随赵通儒等去延安，进了延安民族学院，直接投在高岗、乌兰夫门下为徒。成了高、乌二贼的亲传嫡系，就更加得到高岗反党集团和乌兰夫黑帮的青睐。从此崭露头角，飞黄腾达，爬上了伊盟盟委副书记兼副盟长的职位。这个坏蛋素以阴险狡猾、忠于高、乌著称。僭居高位，执掌大权后，就得到伊盟高岗余党的一致拥戴，成了他们当然的头目。伊盟高岗余党正是在他一手策划，直接指挥下，干下罄竹难书的反毛主席，反党反革命的罪恶勾当的。

就是这个伊盟高岗余党的总头目，在高岗被打倒后，一直心怀深仇大恨，暗中磨刀霍霍，窥测方向，准备大干一场。

一九六二年，郝文广以为时机已到，立即跳了出来，配合国内外阶级敌人和党内最大的一小撮走资本主义道路的当权派刘少奇、邓小平之流，煽阴风，点邪火，向毛主席射出一支支毒箭，梦想实现反革命复辟，为他死去的主子复仇。

他在参加中共七千人大会时，一方面对刘修报告击节赞赏，连连喝采：

• 4 •

"使人听了以后觉得很舒服，自己所要說的一些話，报告里都說到了，似乎自己再沒有什么可說的了。"欢呼："1.是个实事求是的报告；2.是个加強民主集中制的报告；3.是个恢复和发展优良传統的报告；4.是个心情舒畅再鼓干劲的报告。"狂热地进行吹捧。一方面在看了京剧"霸王别姬"后，馬上借題发揮，含沙射影地攻击毛主席說："霸王本来自己犯了錯誤，陷入重围，四面楚歌，直到被迫走上自杀的地步，还說不是他的錯誤，而是天要灭他。"說完，还怕别人領会不了，又說："全国这几年困难还不是这样？本来是自己工作上犯了錯誤，还硬說是自然灾害造成的。"其愛憎是何等分明，用心是何等恶毒啊！

为了倾泻他对毛主席的刻骨仇恨，这个反革命头目，干脆撕去了伪装，在笔記本上写下了几首黑詩，向毛主席发出了疯狂的号叫。

一九六二年三月二十四日到二十八日，短短四、五天内，郝文广连續写了三首黑詩：

第一首是：

> 吃了几年糊涂飯，
> 說了几年糊涂話，
> 干了几年糊涂事，
> 遭了几年糊涂灾。

> 吃穿日用大緊張，
> 生命财产大損失，
> 社会殘疾大增加，
> 人民羣众大不滿。

> 弄虚作假无人問，
> 称王称霸无人管，

·5·

流离失所兀人安，

死鬼遍野兀人喊。

"物极必反"世上有，

"回头是岸"世上見，

"广开言路"世上行，

"实事求是"世上証。

第二首是：

千错万错，

所有制改变，

不該过急过快！

千因万因，

驕傲自满病，

不該今日重犯！

第三首是：

我为眞理，

眞理为我。

为了眞理，

在所不惜！

这个罪該万死的高崗余党、烏賊頑逆，尽然自不量力，杀气騰騰，要"在所不惜"了，眞是好大狗胆！

这些黑詩，充分說明了在邓文广的阴暗心灵深处，对毛主席，对大跃進，怀有无比深刻的仇恨。

·6·

一九六六年春，郝文广见中央指示安置老弱残干部，又想起了他死去的主子高岗。悲从衷来，恨由心起，马上借古讽今，对人们讲了个"朱元璋火烧庆功楼"的故事。

郝文广讲道："明朝有个皇帝，文武大臣和他一起打下天下。他做皇帝后，文武大臣有意见，皇帝无能解决，就想了一条计策。有一天，把文武大臣传在竹楼上，设宴招待，他（却）派人放火把竹楼烧着了。这叫火烧庆功楼。"

郝文广的手法同"三家村"黑店的惯技完全一样。在所谓"故事"的掩盖下，矛头直指我们的伟大领袖毛主席，对毛主席发出了极其疯狂恶毒的诽谤和诅咒。

二、编黑史，写黑传，扬幡招魂。

伊盟高岗余党除了说黑话，写黑诗向毛主席和党进行疯狂进攻外，还大张旗鼓编写反革命"党史"、"回忆录"和"小说"之类，为高岗招魂，替自己立传，大造反革命复辟舆论。

赵通儒在他写的《陕北党史》、《子长烈士略传》中，狂妄地把自己写成西北地区最早的马列主义传播者和西北党组织的创始人、内蒙早期革命领导人等等。大肆吹捧高岗及其同党，并把西北的党组织说成是"西北党"，与党中央分割开来。尤其险恶的是，赵通儒篡改历史，放肆地攻击毛主席英明正确的领导，竟在《陕北党史》里叫嚣什么"没有瓦窑堡就没有革命的胜利"，"陕北的革命拯救了党中央"等等。

郝文广在写反革命"党史"的活动中特别卖劲。他一方面领受新主子乌兰夫的黑旨，亲自搜集编纂伊盟"三·二六"事件史料，供乌兰夫搞民族分裂作炮弹；一方面又积极组织人力撰写为旧主子高岗及其同党涂脂抹粉，歌功颂德，为高岗大肆翻案的"党史"、"小说"。

一九五七年春，郝文广让曾任国民党上校参议、军法处长、县长等职，有严重罪行的历史反革命分子刘静轩给当过地下交通员的刘启成写自传体小说。实际是借小说为高岗及其同党树碑立传。刘静轩当时在达旗农村管制劳动，郝文广亲自向达旗公安局负责人指令，准予刘迁居东胜。又送钱和粮票给刘，让刘为他安心写"传"。后又把刘介绍到石油厂工作。并进一步想把刘放进盟政协。因刘投机倒把，此事未遂。一九六四年春，刘静轩将"小说"写好，郝文广亲自审阅。因为这部"小说"大肆吹捧"陕北功臣"，竭力粉饰美化高岗党羽韩是今、叛徒薛向晨（现在押）和郝文广等坏蛋。郝文广"审阅"后，不胜欣喜，赞不绝口说："这个历史很有参考价值。"立即为刘积极钻营出版。

一九六三年，伊盟文联成立。郝文广赶紧插进黑手，抓住文联，布置了为他写反革命"党史"的任务。从此以后，只要一见文联同志，郝贼就再三查询，百般督促。一九六五年夏，郝文广催促文联编写《伊盟革命文史资料》，特别吩咐说："要抓紧一些。可以找找赵通儒，他前几天还给我来过一封信。"后又专门去文联开会，介绍了一大堆"老干部"的名字，要他们去访问，搜集资料。文化大革命开始后，郝贼心还不死，急如星火地到文联来催逼说："如果拖延久了，那些老干部一死，任务就完不成了。"好一个"任务完不成了"！郝文广唯恐高岗余党孽种断根，谬理失传，完不成反党反革命大业，用心恶毒真可谓无以复加！

就是在郝文广策划和督促下编写出的一部分《伊盟革命斗争史》中，大肆美化宣扬了高岗的投降叛卖活动，大肆标榜鼓吹赫鲁少奇的活命哲学和叛徒哲学。在这个没有写完的"党史"里，口口声声高岗如何如何，高岗怎样怎样，俨然只有高岗才是他们的领袖。而他们自己也成了伊盟革命的创始人，是殊勋盖世的大功臣。就是没有毛主席的英明领导，没有毛主席的革命路线！

这部"斗争史"，白纸黑字，铁证如山，记下了郝文广及其同伙向毛主席和毛主席的革命路线进行"斗争"的滔天罪行！

高崗的生死兄弟田万生，贼心不死，一马当先，在一九五九年就写出了一篇"回忆录"，不知羞耻地题名《红色的种子》。大吹特吹他们在高崗领导下，如何"接近蒙古上层"，如何"和西乌审的'台吉'奇国贤协理插香拜了把子"又如何"通过送礼的形式"送给王爷"一挺机枪，八支花腿冲锋枪"。把向王爷军官纳宋德力格尔乞降讨饶，为纳扣捕我方游击战士开脱罪责，说成是"统战"的需要，目的是为了"想尽办法来缓和彼此间的关系。"甚至把为了讨王爷的欢心，遣人带枪送给王爷一支游击队的叛卖勾当，也美化成"为了便于开辟工作。"王爷胃口未足，田万生等"又送给他们一些他们最喜爱的'双花马'牌步枪"也装点成礼尚往来。还沾沾自喜，以为立下了大功劳。大书特书"自此以后，王爷和我们基本上保持了'正常'的关系。"呸！好一个"红色的种子"！中国革命若是这样"红"下去，茫茫神州早就遍插白旗，沉沦苦海了。田万生是想让人民被敌人斩尽杀绝，让鲜血染红整个祖国。这是一粒道道地地的黑色的种子。是为王明投降主义路线，为替少奇叛徒哲学大喊大叫的大毒草，也是为高崗翻案的大毒草！

这篇毒草在乌兰夫黑帮的支持下，一九六〇年收入《英雄篇章》。一九六二年又收入该书再版时改名的《在艰苦的岁月里》。流毒极广，影响极坏！

此外，田万生还写过很多反革命的"回忆录"片断，为高崗树碑立传。例如，一九六五年八月写的一篇里，田万生狂叫道："一九三五年，高崗派我们来牧区开辟工作。当时叫长城特区，我是下晋通区的主席。那时，我们在史家湾开会，有孛占庄、高崗（当时叫他高麻子）等六、七人叩头程香拜把子。""当时高崗指示我们新区政策是'通过上层，碳入下层，保护王爷，共同抗日'。"

高崗这条政策是高崗贯彻执行王明、刘少奇的彻头彻尾投降叛卖路线的罪证。老反革命田万生，过去为之百般讴歌赞颂，直到文化大

· 9 ·

革命运动中，还想方设法替高岗辩护。一九六七年七月，伊盟革命造反派红卫兵小将斗争田贼时，田贼竟恬狂狡辩："这个方针在当时是很正确的。"效忠高岗，死不悔悟，完全是花岗岩脑袋！

高岗反党集团被打倒已经十几年了。但是，凡是了解伊盟高岗余党为高岗疯狂翻案情况的人，谁能不为之惊讶和愤恨呢？一个高岗死了，许多个高岗的余党却狡猾地逃脱法网，隐藏各地，猖狂活动。高岗的阴魂正附在郝、田、白之流的身上，继续反毛主席，反党、反革命！

郝、田、白之流的黑话、黑诗、黑传、黑史，在群众中已经产生了极其严重的恶劣影响。在伊盟，尤其是在高岗等人活动过的乌审旗、鄂托克旗一带，许多群众被蒙蔽。有一些人不但不痛恨高岗及其同党，反而把高岗及其同党当做英雄和功臣加以赞扬和传颂。他们说："高岗了解我们。""陕北就出了这个人（指高岗），可是现在也不行了。""高岗挺好，在陕北有功，可惜犯错误了。"一九六七年七月，甚至有人说："过去高岗反对刘少奇，现在刘少奇有问题倒了，说明高岗是对的。现在应该有几个争气的儿孙起来替高岗翻案，也使儿孙们有个好的出路。'等等。这是多么触目惊心的事实啊！

无产阶级文化大革命运动开始后，伊盟高岗余党垂死挣扎，操纵受蒙蔽的群众，组织御用保皇组织"鄂尔多斯总指挥部"，对抗革命，保护自己，犯下了擢发难书的罪行。为了欺骗群众，他们在今年六月中旬还狗胆包天，公然为高岗评功摆好，大嚷大叫："高岗在陕北和伊盟干的是革命工作，根本没犯过错误。高岗是到了东北后，生活腐化，犯的主要错误是反对刘少奇。"

伊盟高岗余党为高岗疯狂翻案的事实，千真万确地证实了毛主席的英明论断："帝国主义者和国内反动派决不甘心于他们的失败，他们还要做最后的挣扎。在全国平定以后，他们也还会以各种方式从事破坏和捣乱，他们将每日每时企图在中国复辟。这是必然的，毫无疑义的，我们务必不要松懈自己的警惕性。"

高岗反毛主席，反党，反革命，落了个可耻的悲惨的下场；伊盟高岗余党郝、田、台之流，步高岗后尘，为高岗招魂，他们的命运决不会比主子更好！

彻底砸烂高岗在伊盟的余党！

彻底肃清高岗在伊盟的流毒！

内蒙古伊盟联委

《专揪高岗余党》联络站

一九六七年九月二十一日

勘 误 表
高岗阴魂未散
—— 内蒙古高岗余党为高岗疯狂翻案罪行初揭

1、第2页倒数第三行倒数第十字缺一逗号。

　"失败后白汉臣"改为"失败后，白汉臣"

2、第5页第十行第四字"泻"改为"洩"。

3、第6页倒数第四行第十八字"尽然"改为"竟然"。

4、第7页第二行第十字"丧"改为"中"，应是"悲从中来"。

5、第10页第十五行末"好的出路"后再加一引号。

6、第10页倒数第八行第十一字"书"改为"散"。

一-19

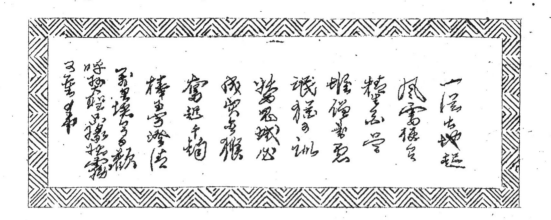

高岗乌兰夫反党言论集
（之一）

伊盟红总司、
伊盟联委资料组

1967·10·20·

目　　录

第一部分：高岗反党言论

（1）前言 ——————————— 1

（2）反党言论 ——————————— 2—5

（3）向刘丹学习 ——————————— 6—7

（4）"五一"施政纲领的解积 ——————— 8—10

第二部分：乌兰夫反党言论

（1）前言 ——————————— 11—12

（2）纪念蒙古民族的先祖——成吉思汗 —— 13—15

（3）东方各民族反法西斯代表大会的
前夜蒙古代表乌兰夫先生 ———— 15—17

（4）内蒙古代表会议宣言略文 ——— 17—18

（5）内蒙古代表大会上
墨洋主席的政治报告 ——————— 19—20

（6）乌兰夫代表的发言 —————— 21—23

（7）内蒙古自治运动中的两条道路
——墨洋主席政治报告厂史内为摘要——23—24

附录：

内蒙古自治政府施政纲领和组织大纲——25—29

第一部份

高崗反黨言論

前　言

　　毛主席指示："混进党里、政府里、军队里和各种文化界的资产阶级代表人物，是一批反革命的修正主义分子，一旦时机成熟，他们就会要夺取政权，由无产阶级专政变为资产阶级专政。这些人物，有些已被我们识破了，有些则还没有被识破，有些正在受到我们信用，被培养为我们的接班人，例如赫鲁晓夫那样的人物，他们现睡在我们身旁，各级党委必须充分注意这一点。"

　　高岗就是混进我们党里、政府里的资产阶级代表人物。他虽已死，但他的阴魂未散，其残渣余孽至今还在鄂尔多斯高原上，干着反党、反社会主义、反毛泽东思想的勾当。继续与人民为敌。

　　在这次史无前例的无产阶级文化大革命运动中，我国亿万革命群众，奋起战无不胜的毛泽东思想千钧棒，口诛笔伐，对党内一小撮最大的走资本主义道路的当权派，发起了猛烈的总攻击。在这同时，我们对反党分子高岗在伊盟隐藏下来的残渣余孽，必须进行彻底的剷除。让光焰无际的毛泽东思想普照鄂尔多斯高原。

　　伊盟的郝、田、白反党宗派叛徒集团，就是高岗的余党，是乌夫的代理人，他们和高岗反党集团，和乌兰夫反党集团的黑关系是由来已久的。不仅有着思想上的联系，而且从组织上示有密切的联系。

但是，郝、田、白反党集团这一小撮坏家伙们胡说什么，高岗在西北搞领导工作时，是正确的。并说什么，他犯错误是因为反对刘少奇和在东北局工作时的个人生活作风问题而造成的。这是明目张胆地为高岗翻案。

为了把高岗反党集团在伊盟隐藏下来的郝、田、白一小撮坏家伙彻底揭深揭透，批倒批臭，肃清高岗在伊盟的流毒，我伊盟联在内尚台医学院东方红三团的同志们热情协助下，从全国各地所调查来的部分高岗在西北、东北局工作时期的反党反毛泽东思想的言论，正理摘编，印发出来，供无产阶级革命派的同志们共诛之，共讨之之用。以后有关材料还将陆续发表。

331

反党份子——高岗
言论摘录

另外还有一种女同志，念了几年书，读了几本马列主义，就以为自己是搞政治的，是一个马列主义者，不是纺线生产的。但实际上，她们是非马列主义者，她们不知道马列主义在今天的边区就是发展生产，假如离开了生产，还有什么马列主义呢？

在《延安边区一级"三八"妇女纪念节大会上的讲话》
摘自一九四四年三月十日《解放日报》

苏联十月革命以后，大家都住洋房子，吃面包，男女一样平等，就是因为苏联的生产大发展，妇女的经济地位都提高了。

在延安边区一级"三八"妇女纪念节大会上的讲话
摘自一九四四年三月十日《解放日报》

中国共产党从诞生之日起，就把废除不平等条约以求中国之独立解放，做为自己的奋斗目标。廿年来曾为此艰苦奋斗，牺牲流血。我西北的党，远在大革命时代就开始领导人民进行反对列强在中国之特权的斗争，过去西北人民对于不平等条约感得所最亲恶身受的，就是内地外国教会的种种非法压迫。

《庆祝废除不平等条约的感言》
摘自一九四三年二月七日《解放日报》

什么是民主？民主头一条就是要农民手头里多有些小米，就是要老百姓可以吃得好，穿得好。

《边区党高干会胜利闭幕》
摘自一九四三年一月卅一日《解放日报》

那素是蒙古民族不可多得的人材，他坚持抗日、坚持团结。他从实际经验中相信了共产党，找到了蒙古民族解放的道路，他一贯反对大汉族主义政策，反对国民党特务机关在蒙人中所进行的反共欺骗宣传，他号召蒙人坚决抗日并与坚决领导抗日的共产党八路军紧密合作边区真诚合作，这是那素委员政治上最伟大的地方。

《完成那素未竟的事业》
摘自一九四三年八月九日《解放日报》

在西北党与群众领袖高岗、刘志丹等同志领导下，组织反帝同盟军，边区党与革命运动才得到新的发展基础。……边区党内最有威信的老干部张秀山（按：三反分子）、习仲勋（按：三反分子）、马文瑞（按：三反分子）、张邦英、刘景范、霍维德、王世泰、贺晋年等同志。

边区高干会上林正人作整党报告时的摘录
摘自一九四三年一月廿一日《解放日报》

高岗同志对西北情形熟悉到那样的如数家珍，对于决定政策那样的稳重而有创造性，对于革命的利益和党的原则又是那样坚生的忠诚，对于犯错误的同志也抱着那样治病救人的精神，这些都使人觉得，西北老百姓拥戴他做领袖，亲热的喊他做"我们的高司令"。
……。边区党从民国廿七年五月由高岗同志领导，克服了抗战后存在过一个时期的统一战线政策上的右倾和干部政策上的宗派主义以后，政治路线、组织路线都是正确的，是与党中央路线符合的，党内也没有产生过其他的错误路线。

摘自一九四三年一月廿一日《解放日报》报道
边区高干会上高岗同志总结过去历史教训一文

我们的合作社是可以自由入股自由退股的，农民入一千两千，商人地主入三万五万，都是一个社员，民主的合理的分红，但是不论你入多少，你都不能操纵这个合作社。为了彻底打败日本帝国主义，我们和各阶层团结一致，只要不是搞封建剥削，搞高利贷，搞投机生意，不论是地主、商人、农民的资本，都可以自由的入进来，目的是建立民主的经济，人民大众的经济。

高岗在西北局招待合作社主任大会上的讲话
摘自一九四四年七月二日《解放日报》

往年我们派工作团下乡，去年没有，工作反而做得好，老百姓很满意，这是由于政府抓住了为人民谋物质利益及发展生产的中心一环。

摘自高岗《赞扬边府一年来工作》一文 一九四四年
二月九日《解放日报》

——3——

由于边区经济的蒸蒸日上，提高了各阶层人民的团结程度和抗战情绪，增加了他们对克服困难、迎接胜利的信心和建国途径的认识，以上这些便是今天边区发展生产的宝贵收获。谁都不会否认，边区的建设条件比全国其他地区，是要困难的多。边区地广人稀，素以贫瘠著称，然而今天能丰衣足食，欣欣向荣。假若大后方其他地区，能够利用他比较优越的条件，采取我们在边区已经行之有效的发展生产的办法，那末大后方目前经济的枯竭、民主痛苦和民气消沉的难题，当可迎刃而解。因此，我们边区发展生产的方针是确是值得友党人士的参考的。

边区发展生产，究竟依靠些什么力量呢？我们的回答很简单，就是依靠人民的力量，而人民力量之所以能够充分发挥，就是因为边区真正实行了民主政治。

《进一步发展生产纪念七七抗战六周年》
摘自一九四三年七月六日《解放日报》

边区的建设成绩，表现孙中山先生的三民主义和国民政府的抗日建国纲领只有在边区和其他抗日根据地认真地实行了，而其实行的结果，使得像边区这样一个比较落后的地区，一跃而为丰衣足食的乐土；边区的建设成绩，指出了建立三民主义共和国，使全国人民享受自由幸福的光明前途。

《进一步发展生产纪念七七抗战六周年》
摘自一九四三年七月六日《解放日报》

我们现在吃得好，穿得暖，去年一周只吃一次肉，今年一周能吃七次肉。现在大家都穿上新棉衣。这就是丰衣足食。这是什么人搞的，就是这些劳动英雄们手里舞着锄头、斧头、鞭子、剪刀创造出来的。离开了他们，便没有丰衣足食。离开了他们，就不能生活。他们有本领、有办法，人数又这么多。离开了他们，便没有社会，便没有国家。

《高岗同志在边区劳动英雄代表大会与生
产展览会开幕典礼上的讲话》
摘自一九四三年十月廿七日《解放日报》

高岗主席继指出，为了使会议能很好地反映群众意见，人民代表应基本上按产业与行业选举，决不能以街道为基本单位选举。少数没有一定行业的，可由政府聘请若干代表（如每区一个）。

《高岗在东北市县长联席会上总结城市首
次代表会议经验》
摘自一九四九年十一月卅日《解放日报》

……。第二要掌握人民民主统一战线政策，仔细分析阶级动态。例如此次各地人民代表会议中，工人阶级能体会到自己的领导地位，团结了农民、学生、自由职业者与资本家；而资本家感觉订算体会同志，出纷纷投资扩大生产，提高了经营的积极性，同时会上也反映了他们不同的要求，以及对过去不合理制度的某些留恋。因之，既要反对关门主义与不民主的作风，又要反对无原则迁就。

《高岗在东北市县长联席会上总结城市首
　次代表会议经验》
摘自一九四九年十一月卅日《群众日报》

　　我们在边区内部积极进行了生产与教育，使民众安居乐业，以日益坚强的信心和力量，支持前方。我们一向是主张团结抗战的，从未想到内战，可是现在竟有这样的事情，一批一批的部队由河防前线调回来要发动进攻边区。

《高岗同志：号召边区人民及党员干部保
　卫边区！保卫共产党！》
摘自《解放日报》一九四三年七月十日

— 5 —

向刘志丹同志学习

代论　　　　高岗

刘志丹同志逝去七年了，我和志丹同志前后共患难十年。志丹同志忠心耿耿，艰险备尝，为党为国，十二年如一日，其革命毅力和伟大气魄，至今回忆，犹历·在眼前。

志丹同志是陕西保安人。于民国十三年加入社会主义青年团，十四年春转入中国共产党，毕业于黄埔军官学校。大革命时代，曾任国民革命军第四路军政治处长，积极参加了反北洋军阀的战争。大革命失败后，在白色恐怖下，奔走于鄂皖陕诸省，屡谋起义。民国十七年，与唐澍、谢子长诸同志，共同组织了陕西省渭华起义。同年在保安团聚革命力量，打击了贪官劣绅。「九一八」事变起，志丹同志鉴于民族危急，和谢子长诸组织西北反帝同盟军(后改编为中国工农红军陕甘游击支队)。民国二十一年初，迤立红二十六军，因遭叛徒杜衡陷害，于廿二年夏，全军败于终南山地带，旋与王世泰同志诸数人化装潜回陕甘边，重新恢复并扩大红二十六军，组织陕北、关中、陕甘边三路游击队，更加推动了土地革命，迤立了苏维埃政权，创造了陕甘边苏区，先后粉碎陕甘宁晋绥五省反革命军队的「围剿」。志丹同志被公认为西北党和西北人民最好的领袖。他是陕甘苏区和红军的创造者。他深谙战争的艺术，特别擅长于运动战和游击战争，是西北党的军事家。

民国廿五年，志丹同志奉党中央命令，率部东征，北击蒋阎，由神府渡河南下，击败了黄河两岸阻挡红军抗日前进道路的军队不下数十营团，威声大震。不幸于同年四月中旬，志丹同志在猛攻三交坚固工事的战役中负伤阵亡。志丹同志之死，实是我西北党的重大损失。

志丹同志在十余年奋斗史中，曾经屡次失败，然而他一心为党为国，从不灰心。记得志渭华起义失败于华山终南山地带时，反革命势力顿形猖獗，到处屠杀工农青年，一些未经过实际锻炼的知识份子，灰心动摇以至于投降反革命，而当时志丹同志诸，不屈不挠，继续与反革命作无情的斗争。记得民国十九年，志丹同志在邻县曾遭军阀苏雨生逮捕，在反动的法庭上，志丹同志坚持革命气节，抗拒反革命的审判。当他被严刑拷打，逼供里专到底有多少共产党员时，志丹同志顽强的回答道：「只有我一个」。反革命把他加上重钉囚禁于监狱，当我去探问时，他笑着说：「坐监狱诸于休息罢了」。在监狱中，他仍暗中策动同志继续革命工作。当反革命一度判决枪毙他的时候，他毫无畏惧，并委托同志说：「你告诉高岗……我遭毒手，要死就死，绝不会连累任何同志，叫他们自己小心」。我还记得在准备打击张廷芝时，志丹同志把全付精力贯注于争取战争的胜利，路过家门而不入。我还记得当反革命把志丹同志全家搞毁的时候，志丹同志闻讯后毫无动于中。这种公而忘私，对党对革命无限忠诚的气慨，是我们永远不会忘怀的！

志丹同志不仅对党对革命无限忠诚，而且与广大群众有着最密切的联系。他善于接近群众，关心群众的利益，倾听群众的呼声，合理解决群众的迫切要求。因为他在　　　　众中流行最宽广的威令

：「咱们的老刘」。在革命战争时期，西北人民遇刘老丹部队到来，纷纷开门迎接，慰问备至。老丹同志还善于同士兵打成一片。他经常找士兵谈话，关心他们的生活，体贴他们的情绪，兵士们对他毫无隔膜，称他为「我们的老刘」。老丹同志的无数逸事至今十传百、百传千地流传于陕甘宁民间，就充分表明了老丹同志与群众的联系密切，达到何种程度！

老丹同志是西北党的主要领导人，他一贯地代表着西北党的正确路线。他曾经反对叛徒杜衡的「左」右倾机会主义。大革命失败后，西北城市青年学生的革命斗争，曾经打尚在喊口号、贴标语、闹学潮、游行示威等。伤害的斗争形式上面，而不知深入农村组织武装力量，于是一批一批的青年学生被反革命屠杀监禁。老丹同志当时批评这种斗争方式说：「这等于尚有人何哂嘛跪求佈施。」老丹同志之所以这样批评当时旧的斗争方式，因为他从多次失败与胜利的战斗中，逐渐体验到了枪杆子和农民结合起来这一奥理。他认为：中国革命的成功要靠枪杆子，枪杆子要靠农民。因此他号召同志们到农村中去，到军队中去，西北党内曾经有人反对老同，说老丹同志这一主张是「机会主义」。事实证明：老丹同志的方向是正确的。老丹同志的方是西北人民的方向。而反对老丹同志这一方向的，恰恰就是真正的机会主义者，后来这些人中的多数都成了革命的叛徒。

老丹同志常就学于陕西榆林中学，品学兼备，毕业时考第一、二名，深为师生器重。后毕业于黄埔军官学校，考第五名。他的智力胜人，善文能武，具有丰富的社会经验和革命斗争的智识，但他从来没有自骄过。他虚心向群众学，眼睛向下，因此他的工作就是脚踏实地，埋头苦干，实事求是，不尚空谈；为人则沉默寡言，长于思致；对待干部大公无私，克己待人，豪爽，诚恳，坦白。

当老丹同志临死时，还给我留下一个深刻的印象，即老丹同志艰苦的精神。他除遗给我们的革命财产——边区而外，自己只剩下一个破被袱，一身破大衣，一个纸烟盒子，六根纸烟和几份被翻得烂熟了的党内文件。老丹同志一生为党为革命奋斗，从不想到个人利益。他不计较职位的高低，工作的轻重，党派他做任何工作，无不赴汤蹈火以完成任务。他胸襟宽大，坦白自如，大公无私，遵守党的铁的纪律，是我党坚强的布尔塞维克干部。

老丹同志逝去七年了，今天纪念老丹同志，我们要向老丹同志学习：学习老丹同志对党对革命的无限忠诚；学习他再接再厉百折不回的革命毅力；学习他眼睛向下，实事求是的工作作风；学习他同群众密切的联系；学习他的艰苦和遵守党纪的模范。

老丹同志逝去七年了。我们承承老丹同志的遗志建设边区，坚持抗战，巩固与发展了我们的革命事业。老丹同志虽然死了，然而老丹同志生前的战友和全党同志及西千百万人民仍继续着他的事业。

老丹同志精神不死！

向老丹同志学习！

高崗同志关于五一施政纲领的解释

（十一月十五日在边区参议会上讲）

各位参议员！

现在我代表中共西北中央局向本届参议会提议，按大家采取中共边区中央局在今年五月一日所发布的二十一条纲领的陕甘宁边区的施政纲领。我不予再把它逐条解释，因为从发布的时候到现在已有半年多，各位参议员对它的内容已很熟悉，同时国内外各处对它都表示了很大的注意。我在这里讲到下面几个主要问题，也就是对于这个纲领颁布后各界人士提出的一些意见和问题加以解答。

首先，我要说为什么我们提出这个施政纲领，它的基本精神在什么地方？他的基本精神说来很简单，只有七个字，就是「团结，抗战，救中国」。我们看一看中国近数十年的历史上教训了我们，在国家民族危难，要是全国各党派，各阶级，各阶层，各民族团结得好就有出路，如果分裂就没有出路。我们看，当第一次大革命的时候，全国团结，所得到的是北伐胜利，就有力量摧毁北洋军阀的统治，收复过武汉九江的租界，而团结破裂的时候呢？所得到的是东北四省被日本帝国主义夺去，日本在华北的特殊化基础的建立，以至日本这一次进攻中国，使我们民族遭受了千古未有的磨难！我敢说，假如我们全国在当时一直团结下去，有很强大的力量，中国就不会到现在这样。所幸在「七七」芦沟桥事变后我们全国各党派各阶级各民族又能团结起来，以此坚持了五年的抗战，从新奠定了民族解放的基础。由此可见，团结和分裂，利害是很分明的！所以我们的施政纲领开头就主张团结才能战胜日本帝国主义，这是第一点。

第二点，这个施政纲领是经过我党二十多年的斗争经验，探讨总结而制定的。中国的大部份地区，至今还是半封建的殖民地半殖民地，在这样一个半殖民地半封建性的国家里面，大地主大资产阶级既是屈指可数，无产阶级也不过是几百万，但是中国有四万。五千万人口，其中的绝大多数乃是农民和中小资产阶级。所以我们党的领袖毛泽东同志指出，中国社会是两头小中间大，中国现阶段的革命，既不是无产阶级进行社会主义革命，也不是某一阶级某一党派的独裁，而是实行真正的民主，大家来赶跑日本，大家来治理国家。同时由于中国长期受着帝国主义侵略干涉和统治，由于中国的政治经济落后等许多条件，又决定了中国的革命是长期的，日本帝国主义不是一两天就可以赶出去的，全国民主化的实现，也不是一下子就能做到。正因为这样，就需要全中国的人民长期的团结，才能完成这个任务。这是共产党从二十年斗争经验中得出的结论。无论什么人物，要想违反这个结论来做事，都一定是行不通的。我们共产党一定要坚持这个方针，无论什么阻碍什么波折，都不能使我们动摇的。

有些人说，施政纲领好是好，怕只是口头上宣传号召的东西吧。我可以代表中共西北中央局郑重宣布，我们共产党不但要宣传这个纲领，而且更重要的是要坚决实践这个纲领。我们共产党一向最反对的就是言不顾行，行不顾言。那么——

第二个问题就是，用什么方法保证这个施政纲领的实现呢？我以为，为要保证这个纲领的实现，首先就要保证政权三三制。谁都知道，一切实际政治的中心问题，就是政权的问题。我们要澈底的实现团结抗战，要真正的实现施纲领，就要作到政权三三制，要大家都来参加政权，而不是一意孤行，把持包办。三三制政权，就是在政权机关中，共产党员佔三分之一，其他党派及无党派人士佔三分之二。共产党所以採取这种政策，显然决不是请几党人士来装门面，而是真正的要共产党外的人士有实际作事的权力。中国是这样大，这样後来的国家，有这样多的人口，共产党员才五十万，共产党无论如何是不能够包办的。全国的人才多的很，不跟他们进来实际管理政权是要不得的，共产党决不这样作。谁要是这样作了，谁要是一意孤行把持包办了，谁就不是真正的共产党。

三三制规定共产党佔三分之一，各党各派及无党派人士佔三分之二，这是不是在法律上的规定呢？不是的。如果共产党做事不好，在选举时，老百姓可能不选一个共产党员，反过来说，老百姓也可能选很多的共产党员。不过如果共产党员选过多，党可以决定党员退面，让而位置给其他党派或无党无派的人士。

今后政权三三制究竟怎样作事呢？共产党的斗争批评党外人士挠不惯，那么应该怎样呢？我们说大家众事，大家负责任，大家都各有自己的意见，也可能发生争执，因为党派不同，地区不同，民族不同，习惯不同，自然会各有不同的主张。那就要有意见大家共同讨论，共同商劳。假使有意见闷在心里不讲出来，问题不能解决的。所以党外人士要敢于提问题，敢于讨论、辩论，而共产党员则应该虚心倾听旁人的意见，竭力注意不要乱用党内的工作方式来对待旁人，使旁人感到拘束。只要是为了抗战，为了民主，为了边区的进步，在这样的总的原则下，我相信没有解决不了的问题。不管是个人生活一方面，政治方面，或者其他各方面的问题都可以解决的。

为要保证实现施政领纲，还要保证各级参议会确实成为一个有力的机关而不是请客吃饭的摆设。它是超乎政府之上的机关，它有选举、罢免、创制、複决之权。比如有的参议员讲某些区里的工作人员作风不好，强迫命令，不民主，把持包办，要私情，这样不称职的人，参议会可以罢免他。参议会还有检查督促政府的权利。检查政府对议会的决议究是不是执行了，执行的程度怎样，参议会的一切决议，政府必须完全的实行。

现在在各级政府的工作人员里面，不管是共产党的也好，国民党的也好，其他各党各派无党无派的也好，有没有缺点呢？诚然，如各位参议员在昨天的质问中所讲的，缺点错误是有的。我今天代表共产党来向大家声明，假使各级政府机关里工作的共产党员有疏忽职守违犯法令的，不仅可由各级参议会弹劾罢免，不仅可以由各级政府机关和司法机关惩戒处分，而且大家还可以向共产党的各级地方党部告发，还可以直接向西北局乃至共产党中央告发，由党给以党纪的制裁，因为施政纲领是共产党提出的，如果共产党不遵守，还教谁来遵守？所以那些贪污、腐化、不称职、要私情的共产党员，应该受党纪和法纪的双重制裁。

在这次参议会上，各位参议员已经提出政府检查工作不够，对各种干部的了解不清楚，因此形成上下不通的现象。并且提出了各种检查工作的制度办法，这都是很好的，可以作为我们检查工作的根据。这个问题林主席已经讲过了。

为要保证施政纲领的实现，还要各方面合作。我们党内有人还保留着「关门主义」的恶习，不善于与党外人士合作，这是我们必须负责努力纠正的。但是这种毛病可能一下子还不易完全克服，还希望各抗日党派、各阶层的人士大家来多多批评，帮助这部份党员的转变，指出我们一切不好的地方。只有大家推诚合作，共同努力奋斗，互相检查、督促，施政纲领才能完全实现。

最后，我讲几个具体的问题：

关于土地的问题。没有分配的土地怎么办？我们党主张没有分配的土地谁的就是谁的，一方面交租交息，一方面减租减息。早已分配过的土地也是不动，维持现状。只有这样，才是真正对双方有利的办法。

关于负担的问题，如果因为过去是富农，今天就要他负担多些，这是要不得的。我们主张除了极少数最贫苦的人民不负担外，百分之八十以上的人民都要负担，钱多的多出，钱少的少出，使负担合理公平。如有要私情不公平的事情，大家应该揭发纠正。

还有一个问题，非共产党人士到政府工作时待遇的问题。有人问，像共产党员一样一月三五块钱津贴，怎么能够养家呢？到政府工作，还能不能请假回去，能不能有交际的余暇呢？我们主张政府工作人员采取薪水制度，保证他和他的家庭的生活能够维持。至于其他一切私生活上的自由，只要不十分妨害政府的工作，政府都一概不加干涉。

总之，共产党的基本立场，就是要团结全民族的力量打日本，一切问题，都以团结的利害为依归。整个施政纲领的立场，就是要加紧团结。我现在正式向大家提出这个加紧团结的纲领，请全体参政员讨论，希望大家能够通过它作为全边区政府与人民共同奋斗的方针。

第二部份

乌兰夫反党言论

最　高　指　示

凡是错误的思想，凡是毒草，凡是牛鬼蛇神，都应该进行批判，决不能让他们自由泛滥。

※　　　※　　　※　　　※

前　言

当代王爷乌兰夫，是混进党内的一个最大的民族分裂主义者，是成吉思汗的孝子贤孙，是内蒙古牛鬼蛇神的总后台。为了彻底撕破乌兰夫反革命画皮，我们从各地报纸上查阅了他在民主革命时期，特别在内蒙古自治区成立前后公开发表过的文章。从这些文章中，我们可以看出，乌兰夫在历史上就不是一个马列主义者，而是一个彻头彻尾的民族主义者。他把毛主席认为："只识弯弓射大雕"的成吉思汗，吹捧到九天之上，信奉得五体投地。把这个大侵略者、大野心家誉为"蒙古民族的先祖"，为其歌功颂德，树碑立传。说什么"成吉思汗的丰功伟业，重要的是团结和统一了蒙古民族，使蒙古民族在四周强大的敌人的侵略和压力迫下，得以解放和向前发展"。公然叫嚷要蒙古民族"做成吉思汗的优秀子孙"，发扬成吉思汗的民族精神。由此可见，乌兰夫之目的还不是要搞独立王国，想成为当代的成吉思汗吗？乌贼的用心何其毒也！因此，乌兰夫搞民族分裂并不是偶然的，是有其深远的历史根源和思想根源的。

从这里也可以看出：乌兰夫这个反党野心家，根本不承认党的领导，把中国共产党和我们伟大领袖反看作是朋友，置于"团结""帮助""依赖"之地位。和党的关系称作是"联合中共"的关系。而对一贯骑在人民头上作威作福的王公贵族、牧主却视为圣人，认为他们是"真正为着蒙古民族的"，百般加以保护。可见，乌兰夫是内蒙古牛鬼蛇神的总后台，资本主义复辟的总根子。

从这里还看出：这个从未经过艰苦的革命战争生活考验的政治野心

—11—

家乌兰夫，怎样贪天之功据为已有。鼓吹说他在一九二五年以前就开始了革命事业，"少年时代是在暴风雨中过去的"，"我与蒙古民族的解放事业结在一起"，从欧洲回国后"立即发动对日军事斗争"。请看，他已把民族解放事业的功勋和抗日军事力量的组织毫无羞耻地记在自己的功劳簿上了。

诸如以上的一些问题，还有很多，需我们无产阶级革命造反派用战无不胜的毛泽东思想，认真地加以研究，深刻地、有力地进行批判，为了便于同志们分析、批判，在此，我们将原文翻印成册，公布于众。

—————— 编 者

紀念蒙古民族的先祖——成吉思汗

乌兰夫

廿成吉思汗的树旗,每一个蒙古节日,当此节日午时举行最隆重的仪式祝紀念。古历三月一日,是我们蒙古民族世世代代不忘以举行最隆重的仪式祝紀念。

成吉思汗的丰功伟业,蓋他团结了蒙古民族,使蒙古民族在强睹和压迫下,得以解放和向前发展。他那悔的伟大精神,异使弱小的民族,一变而为威震寰宇的强大民族的重要因素。继续这种的传统,是我们每一个成吉思汗的子孙在今天日抗战中应有的精神。蒙古民族的亲蜜团结,以及整个中华民族的亲密团结,这是打御敌人日本法西斯,争取各民族解放的正确道路。

追溯国民党第一次全国代表大会,由于孙中山先生主张实行国内各民族一律平等,民族自决的民族政策,当时蒙古胞的革命运动得以蓬勃的发展。

但自一九二七年以后,这种政策却被大汗族主义所代替,临于千万蒙胞于风化道在之下,一直到抗战后,还影响到蒙古民族的团结抗日。这是非常不幸的。

敌战区的蒙胞在日寇近迫和收捕下,正过着非人的生活。敌烧烧杀的政策正在到处进行,大批的知极书都在思想罪名下被逮捕枪杀。在经济上敌人抢淌了粮食和牛毛,甚至少人倾为俘脱的牲畜,过去有完牲救千次者,现每家又浮超过一百。特别是捐税剥削竟然下数十种。什么地方牧、地租税、鸦比税、烟草税、门牌捐、户口捐、家畜捐、屠宰税、猪烟税、人口税、临察税、水草税、保甲团牧、青年业年团牧、灯捐、车捐、飞机捐、商捐牧、山寨牛习粮、税谷粮古名目繁多,又可枚举。以上只是每一个蒙民所必出者,而在商业上则更有营业捐、许可税、执照税、烟酒税、印花税、特目贷、筑城修路费甘额外负担。因而大部蒙民均皆破产,流离失所、死亡事日增。此外,日寇还在内蒙一带强拉壮丁,例如在土默特旗、王华突兄村的二十六户蒙民中竟无一专事业并之人。

其次,在伊克盟一路蒙古胞虽未直接遭受日寇蹂躏,但他们在大汗族主义政策之下,生活并比较敌战区好多少。现在的伊盟已为抗战前敲两样,过去牛羊马驼的牲畜曾遍地皆是,现则又见踪迹,过去沙甘水草遍地皆绿,现则被毁以烧光(做燃料)秋收了一望无际赤裸千里的荒漠戈壁。过去由于沙苗的使用，风沙很小，在播种一次即可，现则风沙漫天，在播种大麦一次，被风吹走打坏或淹埋，必须种二次以上才能种成。过去蒙古人习惯，死马、死骆驼闲非会受饿饿人吃，马鞍非会饿死不卖，但现在他们以遭又以死马充饥，卖马鞍者更比比皆是。牲畜大批地被征发或死亡，使河套动力减少，耕地日积日益缩小，如杰老鱼地民王老七，从前种地七十晌，现减为十二晌，人民生活苦不堪言。因而最近在民间正流传着一句"死留骆驼、明汉千里"的悽惨话。但虽在这种情况下，统治者尤倡议于牧业生产的牧民使征耕地三十万顷，粮个三万石。并派兵围攻围守委员汉王府，激起了三百年来未有的伊盟事变。大汗旗主义者又叔叔谥围拮心民众加抗地，相又的都公开的或蛮秘的逮捕和屠杀和披抗日的蒙籍青年，计先后遭其毒手者，有马子春、贺香遠、朱贺夫、纯松令诸人，并强迫将蒙人部队调三师山伊盟抗日前线，调至廿肃后方，以至发生连发而中途解散。

但是，在边区，在共产党领导下的蒙抗日民主根据地，我们蒙人却享受着最大的民主自由，在其团结平等的民族政策下，首先在政治上，我们蒙胞代表参加了各级政府及蒙政机关，可以自由的发表自己的意见，去文化上说，来边区民族学院求学的蒙籍青年，以叔研究自己民族问题，而且提起学习自己的语言文字，以

增强其民族意识，提高其文化水平。在延安并召集蒙古文化促进会，进行蒙古罕汗盖的徽、沙古文化陈列馆等，去做蒙汗文化交流的工作。在生活习惯上，蒙古人的一切地域风习在这里都受到特别的尊重，延安并设有在乎的成吉思罕纪念堂，每年举行着纪念仪式。在经济上，很多灾荒的蒙人到边区来以从。在边区政府的帮助下，由于自己的勤劳，很快的上升为富裕或富招的中农，扣三四的比孙毛尔，到边区二年，即由一无所有的人变成富裕的农民，且被选为三边的劳动英雄。此外，在晋绥抗日根据地，特别是大青山蒙古民族众多的地方，共产党领导下的八路军，不仅帮助蒙民建立了自己的抗日政权，而且帮助他们建立了自己的抗日武装——大青山蒙民游击队。这支队伍，纵横驰骋于自己的土地上，与八路军并肩战斗抗日寇，创造了无数次辉煌的战果，捍卫了自己的民族和土地，而它的创造人乌力图、云风英诸同志，更在不屈不挠的解放战争中英勇殉国。

从以上的事实看来了无疑的证明了蒙古民族的解放道路，将依靠在蒙胞和共产党的团结与互相信赖上了。正像那贵烈生生临终时所说的："中国共产党及其领袖毛泽东先生，中共领导下的八路军和陕甘宁边区，是唯一能帮扶和帮助我们蒙古民族解放的力量。因为他们是真正的一切被压迫民族和人民族利益的先进斗争的力量。共产党奋斗的方向，是全

中国人民奋斗的方向。也就是真正解放蒙古民族的唯一方向。」

现在国内正在酝酿着实行宪政和民主，我们蒙古同胞和全国人民一样，也为此迫切要求，特别是国内民族问题上，要实行宪政。首先应该纠正新大汉族主义的同化政策，实行孙中山先生国内各民族一律平等，及民族自决自治的民族政策，以团结若干被压迫民族，共同争取解放。又撤，一切宪政及民主权都是骗人的把戏。

抗战的最后胜利在即，我们蒙古同胞热烈的希望全国各界都联系起来的团结起来，实行正确的民族政策，共同战胜日寇。

当此纪念成吉思汗之日，我们更希望全体成吉思汗的子孙，承继和发扬我们先祖团结御侮、励精图治，必拼必搏，誓死不屈的尚武 英勇精神，坚决战胜日寇，、为蒙古民族、中华民族的彻底解放而奋斗。

（原载解放日报民国卅三年四月十四日）

◀ 东方各民族 ▶

反法西斯代表大会的前夜

蒙古民族代表

乌蔺夫先生

林朗

蒙古民族首席代表乌兰夫先生，当时的身材，结实而细瘦的体格，从那堆风尘的脸孔上，可以想见他受方锻炼过的一位蒙古来客。

两人匆宾主坐下，他劈头就对我说：「我为蒙古民族解放运动搞在一起，岁蹉已卅十七年，回忆艰苦，犹似昨天的事，而未来的道路，或许还很长远，着我求他也将像就在明天。」

我凝他这几句深刻的话而

坠入遐想之中，围味的着六道：「你是一位何文化教育的蒙古人吗！我愿意知道你的少年时代。」

「少年时代吗？哈！哈！在暴风雨中过去了！一九二五年前，是北平蒙藏学院的学生，那时候，狂热的追逐在民族运动和学生运动的浪潮中；后来在内蒙工作；九一八特从欧洲回到祖国，正当抗日风潮军时代我们立即动发对日军事斗争。」

—15—

「在蒙古王公的带领的蒙古人民中。密勾发动乎么斗争吗？」我问。

他温文的微笑了，把语气和神态都带着些微的激放：「成吉思汗威仰于孙，是勇于战胜的民族……过去和现在又风了。」

突然，外间传进嘈恳求雪些的响声。一群敌人的飞机，正在俯冲的盘据。

他蒙然地说，敌机共着我们谈话的苦水呢！我在想着：他会对汗人和蒙人这一场亲热的谈话你你不想呢？要是它知道的话。

他开始，大声读下来：「一九三六年四月百灵庙的改正，一千多名蒙古牙队，一百廿位蒙古青年，在察挺步和我的领导下，教毖改正了，要求退到大青山……，可是雪先生我干牺牲了，然而他的事业并未中断，……」

「七七事变哟，蒙古的上下层看到日本武力远逊于中国霸踪张威势，于是对于日本收着难以抗拒的」连「信，认为只有亲口才是也踏，必须指出，这仅仅是一种迷信。」

「反正敌人似颁了影响尔和毁这的大部，辩好面目，才业华露无遗。一似措了许多辨产，表面是由「的蒙疆自治政府」征收，实然都入口人腰色，这在蒙人是闷若观火的。还石抓捕出了，更引教蒙民极大反恐。因为蒙民搬收，行业莫纳，敌人又敲搜少强扯，所以毋闷汽车辖中寻察，……再如征收地亩，敌逃构女甘都是

日常地恨的起因。」

说到这里，他改换了愤怒的口气，激然地说：「——以致引起蒙民对目改变的态度，和对中国的希望，希望和汗族团结起来！」

「这次甘大为国际民族的关闭持，他们非常喜欢！」他加重地说。

我问他对大会的意见如何？

他沉思一下，诚恳地答道：「很复杂，又很简单，我们要抓住它的症结研连。我以为大会应加强对他们的辅助，在文化上有计划的去援助他们，组级工作团，这是一方面，而更更要的一方面，在于催促政府迅速文系具体的蒙政策，是不甘的打日本的民族政策，这种政策，孙中山先生讲过一次了。此外还该用蒙文把这次大会的惰形印发成书，向内外蒙宣传。要加强对蒙古联络，使之成为反法西搿的一个主要支部。

他又提到内外蒙的关系，关于内蒙的解放运动，均会得到外蒙的帮助。譬如现在，他们的衣饰都喜欢外蒙的出品，因为其颜色和尺寸上对他们很合适，自然他们要常常这样想：为什么外蒙能做到这样呢？

在这一殷欢快的谈话中，忽然引起他极紧的隐痛：「可惜大汉族主义的执行者，还是机捆的坚指旧见，这是促成团捐的一个阻碍。例如绥远国军，在一次俘虏了三百多名蒙古的牙，他们是怎样处置的呢？——会说汉话的释放，不会说

汉奸的牺牲！结果是四分之三的被牺牲！」

我想摸摸他的悲伤，于是改变话题来问他：「你们那位蒙古的汪精卫怎样呢？」

「德王吗？每况愈下了！——首先我要说到德王是怎样起家的。从根源上说，还是由于中国政府民族政策的失当，边防执政者的无能，造成了蒙古老百姓苦痛无出路的现象。而德王心怀大志，广放好官，恰恰利用了这个机会，骗得蒙民的信仰，可是他终于露出狐狸尾巴来了，他们看出德王只是日本人剥削蒙民的工具，就劝他们向德王说：『你走错路了！』后来就失望地说：『有王爷也一样，没王爷也一样！』」

他深深的吸了一口气，向我说：「你看德王多么可怜！七七事变时，他拥有九师之众，后来蒙古人大批逃跑，日本人又不给补充，现在只剩一个半师了！」

「这样看来，敌人会改变它对蒙古的政策吗？」

他摇一摇头：「不会的，阴谋永无止境！现在德王已成为日人的掌中物，而对伊盟和阿拉善旗，敌人正虎视眈眈呢。」

这时敌机已隐没无声了，兴致勃勃的谈话似乎永无止境，但时时被他人来请示工作或商量问题而打断。他是民族学院的教育长，周围团结着若干民族的优秀分子，学院共只一百多学生，这次蒙人代表团共八人组成。

我见他这样忙碌又不好意思告别。我们一起走着，在窑洞前，在山道间，看他和学生——蒙古人、汉人、华侨、藏人、苗人、夷人，……都带着微笑望着他，他们对他像对一个家长和保护者似的亲爱和尊敬。

内蒙古人民代表会议宣言略文

（新华社东北五月二十一日电）（迟到）内蒙古人民代表会议已于四月二十九日胜利闭幕，大会通过「内蒙古人民代表会议宣言」，「内蒙古自治政府施政纲领」及蒙古自治政府暂行组织大纲等三文件，现将宣言略文，发表于下：

回顾「八一五」以来，内蒙古人民深切热烈期望从此以后不再受帝国主义与大汉族主义的压迫，能够获得平等自由与民族自治，并能够在将来实现孙中山先生所主张的中国境内各民族之自决权。不幸美蒋反动派竟然违反民意，撕毁政协决议，疯狂挑起内战，并在伪国大与伪宪法中，根本否定国内少数民族的自治权利。到现在，被内蒙古已解放的地区被反动派侵估了，被侵估区的蒙古人民××(不满叛乱政)都遭受到残无人道的摧残。无救的蒙古人民是在蒋介石的屠杀政策下，被新的死了，广大肥美的草原被烧成了荒芜。但是内蒙古民族并不灰心，为了自己的民族解放，一年以来，我们仍然坚持并发展了自治运动坚持并发展了自卫斗争。这期间，我们又但组织了内蒙古人民武装卫军，盟旗建立了民主政村，普遍提高了人民的政治觉悟。改善了蒙汗间的关系，又改善了人民的经济生活与文化生活。内蒙古的百万大々之一致，使此次召开人民代表会议。具备着充分的条件。此次大会，是于四月二十三日至二十九日在王爷庙举行的，共到五十个盟及区外若干旗人民代表三百九十八人。可谓内蒙古民族历史上空前的一次盛会。大会是根据孙中山先生的主张。毛泽东先生的民族政策及政治协商会议的精神，接受了内蒙古(不清)人民的公意同要求而召开的。大会决定于五月一日成立内蒙古自治政村。这是我们内蒙古民族数百年求的一件最大的喜事，这说明了我们已经获得了斗争的初步胜利。

因为国际和平民族运动日益强大，中国人民自卫解放战争开始转入攻势。并将继续取得胜利的趋势，我们认为这对于内蒙古民族自治事业，是一个极大的鼓动。我们愿对内蒙古自治政村的基本施政纲领与重要方针，判重宣告与国人。

第一、内蒙古自治政村，

是内蒙古民族省所属联合内蒙区域内各民族，实行高度区域性自治的地方民主联合政府。并非独立自治政府，它是中华民族的组成部分。

第二、团结内蒙古区域内的蒙汗回拉我族，并联合一切赞助内蒙古自治的民主派派及中国域内各民族，彻底粉碎美蒋反动派的进攻，争取内蒙古民族和中国各民族的彻底解放。内蒙古自治区域内各民族一律平等，建立紧密合众、团结互助的新民族关系。

第三、确保人民身体、宗教、信仰、集会、结社甘者顺自由，切及内蒙人民，色括农民、牧人、工人、地主、工商业额、喇嘛、以及过我主公甘的人权、财权，均受到自治政府的保障，惟对于蒙奸、汉奸、卖国贼甘民族败类，归无惧政城都，则必受到内蒙古人民及政府法律的制裁。

第四、对现在荷伪区蒙古同胞的悲惨的境迂反抗若蒋暴政的英勇斗争，寄以无限的同情，并尽一切可能极愀支援。此次代表会议，荷伪区蒙古同胞因路甘关系所阻，遣减代表未致尚火，深以必憾。代表会议决定，自治政府必项随时听取荷伪区同胞的意见，接受共要求，并在各种政策上照顾共利益，在内蒙古临贴委员会议反各治政府委员中均保留适当的名额，热烈期待荷伪区各地蒙古同胞来共同参加伟大的内蒙古民族自治反解放运动。以上四条举歉，其它均详见内蒙古自治政府施政纲领反政府组我大纲，敬望全国各场反各民族予内蒙古自治府成立之后本着亲密团结共求解放的精神予以指教反给持衫之政。（民国卅六年四月廿九日）

内蒙人民代表大会上
云泽主席政治报告〔摘要〕

「继承卅余年革命运动经验，在一年来自治运动的胜利基础上，争取内蒙民族民主的解放。」这是云泽主席在内蒙人民代表会议第二日所作政治报告的总的纲领。云主席的报告长达两万言，共分三个部分，即自治运动的回顾，一年来的蒙联会和今后的工作任务。

云主席首称：「内蒙自治运动从一开始就存在着两条路线的分歧，这两条道路一为以云梯为首的必救上层分子的投降道路，一为广大人民群众的解放道路。廿余年来的内蒙革命运动史，可以说都贯串着这样两条道路的斗争。」他继即列举许多史实，来说明两条道路的发展，并归纳出相异的六个不同的特点：「(一)前者是站在大汉族主义与帝国主义的怀抱里，求得个人利益，出卖民族与人民利益；后者有坚强的民族与人民的立场，对敌人又抱任何幻想，要求取坚决的斗争。(二)前者又主张发动人民，谓将群众，又主张组织群众，因两使民族解放运动空洞无力，无法持久；后者主张实行民主，一切依靠人民群众。□而对于各所采取团结的方针。(三)前者待着武装，成为灭救人在迫害救人的工具，又与民族敌人进行斗争；后者从革命一方面，就把武装斗争着作对敌的主要斗争武式。(四)前者妥愿与敌人妥协，也不愿与真正

锦助蒙古民族的朋友携手；后者从开始到现在，都坚决主张团结全民族，联合中共和一切民主势力，联合全国各族人民。(五)前者抹煞民族做人来统治人民；后者是蒙古人民自己管理自己，实行民族自治。(六)前者又额人民痛苦，尚人民横取剥削；后者主张改善人民生活，减轻人民负担。」至此云主席特别着重的指出：「两条道路虽存在着原则上的区别，但凡参加自治运动的个人，如果真心为民族，即使开始走了错误道路，必要被争过来。反之，即使一时混进了革命阵营，将来必会滚出去的。」

关于一年来的蒙联会工作，云主席也作了重要的总结。□为内蒙政会继承着人民群众的解放道路。在总的路线方针上是正确的，因而所获得成绩亦很大，这些成绩主要表现选拔军队、发动群众、政造政权、改善人民生活和培养大批的青年干部上，而首次这成东西蒙的统一，则更是三百余年来的一件大事。云主席谈到今后的工作任务，他说：「这次代表会议总的任务，要争取蒙古民族民主解放，必根据人民普遍要求，适应国诸政势，在一年来的胜利基础上，着手组织内蒙自治政府。」·自治政府的成立，是否即意味着内蒙革

肩任等的业已完成呢？"罗主席
这样发问。然后又着重问道："但
不，这又是斗争的初次胜利果实
，伟大的斗争尚正在开始。摆在
前面的还有一段异常艰苦的路程
。抵有再接再厉。必懈不怠。才
能渡过难关，迎接光明。"他就
下列几个主要问题，加以阐述，
认为这是自治政府成立后就要着
手进行的工作任务：其一为坚持
内蒙古民族自卫与解放战争，争
取胜利。罗主席这样煽动大家：
"这费关系着内蒙古民族存亡绝续
的问题，又助成粉碎蒋贼的进攻
，叫一年来自治运动的成果，决
俟付诸流水，无法保挡，政府格

同样也要关怀着全中国人民
命运的问题。

救正文民族的死亡；其二、努力

生产，改善人民生活，渡过灾
荒；其三为继续培养干部。确
实发展文教、卫生等事业；其
四则为加强内外两大民族间的
团结。联合中共和全国民主党
派、民主人士。粉碎蒋介石挑
拨离间的阴谋。对于这一点，
罗主席特别强调说明："在今
天争取自卫与解放战争胜利的
紧要关头。具具有特别重大的
意义。"

最后罗主席以充沛无限的
胜利的信念，这样激励着大众
："新的内蒙古已在向我们着
手了！我们为着现在的荣誉，
父母、兄弟、妻子和万代子孙
的幸福。排除万难，酵出一切
力量，奋勇的前进，胜利将永
远属于我们。"全体代表
对于罗主席这一具有历史意义
的报告都极同情与拥护，热烈
的掌声久贴的响彻着正片的会场。

（此文原载东北日报民国三十六年五月七日）

（上接24页）
自己管理自己，而又联合中共和一切民主势力的。这种主张和少数上
层份子的投降道路是存在着原则上的区别。
内蒙自治运动中的两条道路，是这样采取着两种不同的办法，而
其结果则完全是两样的。因此摆在今天内蒙古人民面前，究竟该选择
那一条道路，已经是十分清楚的了，这难道还有什么疑义吗。

（此文原载东北日报民国三十六年五月七日）

烏蘭夫代表的發言

主席，各位代表：

我对周总理的政府工作报告完全同意并衷心拥护。

内蒙古自治区在中央人民政府领导下推行了区域自治。蒙族人民同各民族人民一样实现了当家作主的权利，加强了民族团结，培养了大批民族干部，较顺利地开展了各项工作，获得了良好的成就。我们根据自治区的特点和各民族人民的要求，进行了土地改革和其他必要的社会改革，恢复、发展了各项生产。全区地方国营工业总产值如以一九四九年基数为一百，到一九五二年已增加为五百一十六，按照今年计划将增至一千三百二十二。全区粮食产量一九五三年已超过解放前最高年产量百分之二十五，今年粮食产量估计可达三百三十五万多公噸。全区牲畜头数以一九四九年基数为一百，到一九五三年即增加为二百一十三。今年牲畜数估计可达一千八百六十多万头，如果同一九四七年内蒙古自治区人民政府成立时比较，已增加一倍半。森林工业木材採伐量以一九四九年基数为一百，到一九五三年已增加为六百六十。国营的和合作社的商业网已遍佈到广大的农村和牧区。随着生产的恢复和发展，人民的文化卫生事业也有了显著的发展。一九五三年全区共有初等学校学生五十九万多人，较一九四九年增加百分之九十五；中等学校学生三万三千三百九十二人，较一九四九年增加百分之二百三十八；过去没有高等学校，现在已有高等学校两所，学生八百五十四人。经过积极防治鼠疫和其他疾病，並在大部分牧区普遍地进行防治梅毒后，牧区人口已经停止下降並开始上升，呈现出人畜两旺欣欣向荣的新气象。内蒙古人民政治、经济、文化生活的显著改善，充分地证明了民族区域自治的优越性，它確是解决我国民族问题的钥匙。

在国家进入有计划的经济建设时期，内蒙古自治区已由推行区域自治为重点进入了进一步建设自治区为重点的新时期。今后内蒙古自治区的基本任务是：根据国家在过渡时期的总任务，按照自治区的具体情况和特点，逐步地进行社会主义建设和社会主义改造事业。

在农业区已经建立了国营农场四十处，拖拉机站一处，並大力地发展了农业生产互助合作组织。全区已建立起农业生产合作社一千三百二十六个，予计一九五五年春将发展到六千个，各种互助组现有十一万八千多个，组织起来的农户佔总农户的百分之七十左右。

内蒙古畜牧业的恢复和发展，是贯彻了自由放牧，不斗不分，不划阶级，牧主牧工两利等政策。经过增畜保畜的各种具体措施，发展了畜牧业，提高了牧民的觉悟，我们已经有了条件，通过互助合作的道路，稳步地有计划地对畜牧业实行社会主义改造。现在全区已经建立了国营牧场十七处，牧民的各种互助合作组织已有四千九百六十多个，並试办了三个牧业生产合作社。今后我们的继续通过互助合作的道路，进行深入的细緻的各种工作。我们深信可以在一个相当长的时期内，把现在这种个体的游牧的落后的畜牧业，发展、改造成为社会主义的畜牧经济。

—21—

过去，由于反动统治阶级实行民族压迫政策，因而造成农业区同牧业区、农民同牧民在土地问题上和农牧业生产上的纠纷和矛盾。在推行区域自治和社会主义改造过程中，我们组织了农业区与牧业区的相互支援，组织了农牧业生产相结合的互助组与生产合作社，这样做的结果，农业区与牧业区以及农牧业生产之间就由过去的矛盾变成了相互支援的关系，蒙汉两族人民同其他兄弟民族人民的经济利益也在自愿互利的基础上结合起来。在互助合作新的生产关系的实际生活中，我们深切地体验到各民族人民团结互助共同发展的重要意义，从而促进和加强了各民族人民平等友爱、互相帮助、共同发展、亲密团结的新的民族关系。

今后，随着牧业区经济的发展，通过国营与合作社商业，首先建立以贸易为主的初级市场，使其逐渐形成为政治、经济、文化的综合中心点——草原上的城镇，这样就会更加促进牧区经济的发展，逐渐改变草原的落后面貌。

包头钢铁工业基地的建设是国家实行社会主义工业化的重大措施之一。为了服务于国家的重点建设，我们大力发展了建筑材料等工业，我们还要动员巨大的力量来努力支援。在矿区附近的群众已表现了他们积极支援祖国工业建设的热忱。他们热心地报矿，帮助钻探队解决用水、住宿等困难。今后我们将继续以这种爱国主义精神教育人民，全力支援包头钢铁工业基地的建设。

内蒙古自治区的建立和发展，是中国共产党和毛主席的民族政策的光辉胜利，是汉族人民的帮助和全区各民族人民兄弟般的互助合作努力奋斗所得到的成绩。但是，我们在工作中仍然存在着不少缺点和错误需要努力克服。

首先是对于民族政策的宣传教育还不深入。在有些汉族干部中还残存着大民族主义的错误思想情绪，表现为忽视民族语文工作和民族形式，在帮助培养少数民族干部方面缺乏耐心。也有些少数民族干部残存着地方民族主义的错误思想情绪，不了解汉族人民的帮助是少数民族各种事业发展的重要保证。

其次是内蒙古工作领导上存在一般化现象，忽视自治区的具体特点。如对我区耕作粗放的农业生产进行技术改进、提高单位面积产量注意不够；在牧业生产中满足于牲畜头数的平均增加，没有抓紧牛马等大牲畜的繁殖工作；在防止自然灾害方面，只满足于一些打草储草的报告数字，没有抓紧领导建立饲料基地；在国营商业和合作社商业方面，只满足于经营数量的增加，对于按照农牧民的生产需要积极供应生产资料和有计划地建立农村、牧区初级市场的工作还缺少切实的调查研究。

最后就是在自治区领导机关中存在有程度不同的官僚主义现象，工作布置后缺乏及时的检查和总结，一般号召多，具体指导差，这就不可免地滋长了基层干部中的强迫命令作风。

为了克服缺点，改进工作，我们今后将努力学习，防止骄傲，虚心学习各地区的工作经验，经常开展批评与自我批评，诚心诚意地听取人民群众的批评。

—22—

我们对于中央人民政府的领导和关怀是十分满意的，但是也还感觉有的部门过去对我们的工作督促检查较少，因此，对内蒙古的情况了解不深。如自治机关的编制问题，就长时间得不到适当解决。今后我们需要多向中央各部门反映具体情况，并请中央各部门多到下面检查工作。

我们这次大会已圆满地制定了中华人民共和国宪法，这是使我国逐步实现国家的社会主义工业化和逐步完成社会主义改造、把我国建设成为一个伟大的社会主义国家的重大保证。今后我们一定要切实遵守宪法，紧密团结各民族人民，在中国共产党、毛主席和中央人民政府领导下，在国家过渡时期总任务的光辉照耀下，高度发挥全自治区各民族人民的爱国主义热情和积极性，为解放台湾，为共同建设我们伟大祖国而奋斗。

（此文原载人民日报 1954年9月25日）

内蒙自治運動中的兩條道路

—— 雲澤主席政治報告歷史部份摘要

内蒙自治运动的发展，不是一帆风顺的，它从一开始就存在着两条道路的分歧，而且到现在，这一分歧也仍然是存在着。

所谓两条道路，简单说来：一条是少数上层份子的投降道路；另一条就是广大人民群众的解放道路。前者是反革命的；后者是革命的。

少数上层份子的投降道路，以白云梯、德王为其代表人物，这些人儘管在口头上也说为蒙古民族，实质上所做的，是无一不违反着整个民族的利益，请看下面事实：

当一九二五年，全国革命形势发展成为高潮时，白云梯等抱着幻想，为着做革命的"官"，也都混进到革命队伍里来了，而且高唱"革命"，又是那么地激烈，但曾几何时，大革命一失败，幻想毁灭了，他们就都滚出了革命阵营，并且出卖起昔日的同志来了。宁夏步兵芽一团是他拱手交给当时的反革命的，内有二、三百人的军政干部学校，是他命令解散的，有些地方的农牧民会也是他强迫取消的，李裕智等优秀人物，是被他残杀了的。正因为如此，所以他才能博得蒋介石的欢心，又在其主子的卵翼下做了大官。

一九三三年，德王在百灵庙的自治运动，同样幻想着不经过人民斗争，祇要由内蒙上层向蒋介石摇尾乞怜，就可得到恩赐，结果是恰恰相反，当时南京政府所回答的八条件，较之他们原来所提出的八条件还不如，以后几经折衡，当然作了某些修改，却又指派了一个何应

—23—

354

软跑来当蒙地指导长官，高踞在所有蒙古人民的头上。及至一九三五年，日寇进一步向察绥侵犯。德王又醉心于日本的所谓"自治"，而甘心去上钓饵，成为蒙古民族最大的罪人。

在白云梯完全背叛革命以后，和德王"自治"运动以前，还有两件事实：一为吴鹤龄等率领的南京代表请愿团，幻想用请愿方式获得"自治"，所得回答是热察绥三特别区域取消，一律改建为行省；一为九一八事变后，以甘珠尔扎布为首组成的内蒙古自治军，妄想在日本操纵下能得到"自治"，所得回答是自治军的被改编，领导者反成了日寇统治东蒙的帮凶。

从以上事实，可以看出少数上层份子所走的道路，完全是投在大汉族主义与帝国主义的怀抱里，求得个人利益，出卖民族与人民利益的道路。他们不主张发动群众，害怕群众起来对他们不利，因而也就使自治运动显得无力与无法持久。他们曾掌握了武装，不与民族敌人进行斗争，祇便之成为少数人的工具，他们是不顾人民的疾苦，依靠敌人来统治人民，始终也不顾与真正蒙古民族的朋友携手的。

与此相反的，是广大人民群众的解放道路，这是一条以农民、牧民、青年知识分子为基础所组成的阵线，同样包括着真正赞助自治的王公，喇嘛等各个阶层，他们是真正为着蒙古民族的。二十多年来，向着民族敌人曾经作过一些串的斗争。在斗争中，有许多英勇的战士是光荣地倒下去了，如蒙古青年优秀领袖多松年于一九二六牺牲于张垣，东科中旗疾疴梅仁为反对垦殖举行武装暴动，于一年前惨遭李守信的杀害等，都是较为显著的一些事实，但是战士们的鲜血并没有白流，在民族敌人严苛镇压下，革命活动虽然屡遭挫折，也并没有被镇压下去。大革命失败，一部分指导上层是叛变了，但大多数青年还是继续坚持着斗争，一九三七年，伊盟锡尼喇嘛领导下的"独贵龙"运动，可以说正是大规模的反抗当时统治者的一种运动，是具有着极其深刻的社会意义的。

锡尼喇嘛"独贵龙"运动在在内蒙，就某种程度来说，是应该和广叶暴动为中国大革命退兵一战的意义相似的。自此以后，整个内蒙的革命斗争形势，是处于一种低潮，从表面上来看，轰烈的斗争是没有了，实际上秘密的斗争是仍在继续着，只是采取着不同的方式，并等待时机。而时机一到，公开的斗争就又爆发了出来。

试举数例：在东蒙，九一八以后蒙曼旗八仙洞曾掀起了反抗日本的放荒地暴动；在西蒙，一九三三年，抗日同盟军时代所组成的蒙古军队，早配合着吉鸿昌率领上的军队，解放过重镇多伦，接着于一九三五年，在百灵庙又爆发了广大的抗日兵变，予当时气焰嚣张的日本帝国主义以重大的威胁。而自"七七"事变后，在八路军的帮助下，这一革命斗争又更加发展了。当时大青山地区所发展的游击战争，是极为普遍的，在伊克昭盟所进行的抗日运动，亦是极其广泛的。当然日寇投降时，东蒙青年蒙军起义响应外蒙军，也是值得一书的事情。

所有这些，说明着一个什么问题呢？它说明着广大人民群众所走的道路，是有着坚强的民族与人民立场，对敌人不抱任何幻想的，是一切依靠群众，而对于各阶层采取民主团结的方针的，是把武装斗争看作对敌的一种主要斗争形式的，是关心人民的痛苦，主张蒙古人民

（下接20页）

—二十—

附录
内蒙古自治政府施政纲领和组织大纲

〔按〕由当代王爷乌兰夫亲自领导制定的内蒙古自治政府施政纲领和组织大纲，经我们初步查阅是反违毛泽东思想的。如在施政纲领中规定所有内蒙古人民（农人、牧人、工人、知识分子、军人、公务人员、技术人员、自由职业者、地主、牧主、工商业家、喇嘛以及以前的王公）的人权、财权、均受到自治政府的保障。在这里，他首先把人民的敌人、地主、牧主、王公贵族也化在人民的范围以内，混淆了敌我界限，而且，把毛主席在一九四七年二月一日在《迎接中国革命的新高潮》一文中所指示的"在彻底实现耕者有其田的制度以后，解放区人民的私有财产权仍将受到保障"的前提给砍掉了。为保障地主、牧主、王公贵族的私有财产不得侵犯，制定了法律依据，从经济基础上保护了反动势力。

此外，在施政纲领中，毫无条件地规定："凡内蒙古人民年满十八岁以上，不分阶级、性别……均有选举与被选举权。还规定："欢迎一切热心蒙古民族自治解放事业的各阶层人士参加内蒙古自治工作"。而毛主席在同年二月份明确指示："除汉奸分子和反对人民利益而为人民所痛恨的反动分子外，一切公民不分阶级、男女、信仰，都有选举权和被选举权"。还指示："解放区在坚决地毫不犹豫地实现耕者有其田的条件下，"三三制"的政策仍然不变。乌兰夫的规定与毛主席的指示相对照，似是而非，均抽去了革命的前提条件，使纲领成为王宫贵族，地主、牧主专的保护伞，从政治上保护了反动势力。

此外，施政纲领和组织大纲，是否请示过中央批准，如请示过的话，又是由谁批准的问题，尚待查清。现仅将原文公佈于众，供革命的同志们进一步分析，研究，深入批判。

——编者，

内蒙古自治政府施政綱領

—— 内蒙古人民代表會議通過 ——

一、内蒙古自治政府係本内蒙古民族全体人民的公意与要求根据孙中山先生"中国境内各民族一律平等""承认中国以内各民族之自决权"中国共产党领袖毛泽东先生论联合政府中的少数民族政策的主张及政治协商会议决议的精神而成立。

二、内蒙古自治政府是内蒙古蒙古民族各阶层联合内蒙古区域内各民族实行高度自治的区域性的民主政府。

三、内蒙古自治政府，以内蒙古各盟（包括盟内旗县市）旗为自治区域，是中华民国的组成部份。

四、内蒙古自治区域内的蒙汉回等各民族，一致团结起来，坚决粉碎帝国主义者及封建买办法西斯大汉族主义者对内蒙古民族及各民族人民的侵略压迫，并联合全中国一切赞助内蒙古自治的民主党派及各民族各阶层人民为实现内蒙民族澈底解放而奋斗。

五、内蒙古自治区域内蒙汉回等各民族一律平等，建立各民族间的亲密合作团结互助的新民族关係，消除一切民族间的隔阂与成见，各民族互相尊重风俗习惯历史文化宗教信仰语言文字，各民族自由发扬本民族的优良历史文化与革命传统，自由发展本民族的经济生活，共同建设新内蒙古。

六、内蒙古自治政府确保人民享有身体、思想、宗教、信仰、言论、出版、集会、结社、居住、迁移、通讯之自由，所有内蒙古人民（农人、牧人、工人、知识份子、军人、公务人员、技术人员、自由职业者、地主、牧主、工商业家、喇嘛以及以前的等王公）的人权财权，均受到自治政府的保障。对蒙汉卖国贼等民族败类，如无悔改诚意，则应受到内蒙古自治政府法律之制裁。

七、凡内蒙古人民年十八岁以上，不分阶级、性别、民族、信仰、文化程度，除撤夺公民权及精神病者外，均有选举权与被选举权。

八、内蒙古自治政府以民主集中制为组织原则，以内蒙古人民所选举之内蒙古参议会为权力机关，参议会选举内蒙古自治政府委员及政府主席副主席，在参议会闭会期间，自治政府为最高行政机关。自治政府以下之各级政府，由各级人民代表大会选举之。人民有罢免其代表及参议员之权，任何公务人员如有不忠于人民利益的行为，人民有控诉之权。

九、建设与发展内蒙古人民自卫军。人民自卫军必须忠于民族、忠于人民，拥护政府，进守政府法令，必须加强团结，提高觉悟，严整纪律，保卫民族与人民的利益，坚决粉碎大汉族主义者的侵略，争取自卫战争胜利。政府必须爱护军队，保障兵源与供给，优待军属烈属，抚卹伤亡，政府与军队协力发展人民自卫武装，共同肃清土匪奸细，保护交通安全社会秩序。

十、保护蒙古民族土地所有权之完整，保护牧场，保护自治区域内其他民族之土地现有权利。对罪大恶极的蒙奸恶霸的土地财产予以没收，分给无地及少地的农民及贫民，合理解决蒙汉土地关系问题，实行减租坤资与互助运动，改善人民经济生活。

十一、提倡劳动，奖励劳动英雄，发展生产，在农业区应改良农作法，奖励植棉。在畜牧区应改善饲养法，提倡打井储草，发展毛织皮革等手工业。组织运输採矿，提倡造林，施行有计划的採伐。建设道路通讯邮电各业，恢复驿站。组织运输合作社，调剂日用品。保障公务人员、教员、技术人员、医生、文艺工作者等的生活。提倡机关学校军队的劳动生产，减轻人民的负担。整理财政，建立合理税收制度，废止差役，厉行节约，严惩贪污。建立内蒙古银行，发行货币，发展商业贸易，取缔奸商。

十二、普及国民教育，坤设学校，开办内蒙古军政大学及各种技术学校，培养人材，推广蒙文报纸及书籍，研究蒙古历史，各蒙古学校普及蒙文教科书，发展蒙古文化，坤进医疗卫生防疫及兽医设备，为贫苦人民免费治疗。禁业种吸鸦片，减少疾病与死亡。禁止堕胎，奖励生育，生养子女四人以上者给以各种奖励，坤加内蒙古人口。

十三、实行信教自由与政教分立，保护庙产，奖励喇嘛自愿投资经营农工商业与各种合作企业，奖励喇嘛自愿入学参加劳动与行医。

十四、爱护与教育青年，培养青年干部，帮助贫苦青年入学，发展青年组织。

十五、保证妇女在政治经济文化教育社会上的平等，提倡婚姻自主及一夫一妻制度，禁止买卖婚烟奴蓄纳妾童养媳等一切不良制度。

十六、欢迎一切热心蒙古民族自治解放企业的各民族各阶层人士参加内蒙古自治工作。

十七、援助蒋占区蒙古人民反对大汉族主义民族压迫及蒋家暴政的一切斗争。

（此文原载东北日报民国三十六年五月二十八日）

内蒙古自治政府暂行组织大纲

（内蒙古人民代表会议通过）

第一章　总则

第一条　本大纲根据内蒙古人民代表会议通过之施政纲领制定之。

第二章　内蒙临时参议会

第二条　内蒙古自治区域内，以内蒙古参议会为权力机关。参议会由内内古蒙古民族人民及其他民族人民选举之。参议会闭会期间，以内蒙古自治政府为最高行政机关。

第三条　本届内蒙古人民代表会议选出临时参议员之名额为九十九名至一百二十一名，其中应包括多名额之汉回各民族参议员。临时参议会选出正付议长及驻会参议员共九名至十一名，驻会参议员对临时参议会负完全责任。

第四条　临时参议会参议员任期为三年，但随正式参议会之产生得延长或缩短其任期。

第五条　临时参议会每年召开一次，由驻会参议员召集之。临时参议会闭会期间，由驻会参议员执行左列任务：

一、监督政府执行内蒙古人民代表会议通过之政府施政纲领与决议及临时参议会之决议。

二、与各参议员保持经常连络。

三、准备正式内蒙古参议会之选举事宜。

四、办理召集参议会临时会议事宜。

第六条　临时参议会之临时会议，由于政府提议经驻会参议员通过时或由参议员三分之一以上请求时，得由驻会参议员召集之。

第三章　内蒙古自治政府

第七条　内蒙古自治政府为内蒙古最高行政机关，由临时参议会选举政府主席，付主席及政府委员共十九名至二十一名组织之，任期为三年，但随正式参议会之产生得延长或缩短其任期，自治政府对临时参议会负完全责任。

第八条　内蒙古自治政府在不抵触中华民国民主联合政府法令范围内得制定公布单行法。

第九条　自治政府主席因故不能执行职务时，由付主席代理其职务，正付主席均因故不能执行职务时，由所指定之政府委员代理职务。

第十条　自治政府置下列各厅部会，组织条例另定之：

1. 办公厅
2. 民政部
3. 军事部
4. 财政经济部

5、文化教育部

6、公安部

7、民族委员会

8、参事厅

第十一条　各厅部会分别置厅长部长委员长各一人，由政府主席从政府委员中任命之。各厅部会得分置付厅长、付部长、付委员长及民族委员若干名，由主席任命之。

第十二条　自治政府统一发布命令，由主席付主席签署，与各厅部会所主管事项有关者，得由各厅部长委员长付署。

第四章　法院

第十三条　自治政府置最高法院分院以下各级法院依法律审判民刑案件，组织条例另定之，法院长由自治政府任命之。

第五章　地方制度

第十四条　自治政府以下地方行政区划为三级制：一盟、二旗县市、三努图克苏木街村，其名称及区划另定之。

第十五条　各级地方行政区域之权力机关为各级代表大会，组织条例另定之。

第十六条　各级地方政府均为民选而由自治政府加委，努图克苏木街村长由各旗县政府加委，各级政府组织条例另定之。

第六章　附则

第十七条　组织大纲经内蒙古人民代表会议通过后施行之，其解释权利属于内蒙古自治政府。

第十八条　组织大纲之修改权属于内蒙古临时参议会。

（此文原载东北日报民国三十六年五月二十九日）

一-20

习仲勋贾拓夫
反党言论集
（之一）

伊盟红总司、
伊盟联委资料组
1967·10·26·

目　　　录

第一部分：
　　　习仲勋反党言论
第二部分：
　　(1)贾拓夫反党言论
　　(2)邓素海勋盖另地自民族
　　　　解放道路

前　　言

"钟山风雨起苍黄、百万雄师过大江"。

我们伟大领袖毛主席亲自发动和领导的无产阶级文化大革命，正拘着正进入两个阶级、两条道路决战的关键时刻，我狄要、红卫兵的广大革命小将和革命造反派，已掀起轰轰烈烈的革命大军。口诛笔伐，对党内头号走资本主义道路当权派，发起了猛烈的进攻战。在这风暴中，我们为了肃清南边了刘邓反党集团在伊盟的流毒。并把乌、乌兰夫在伊盟的代理人柳、同反党集团洲湖、全中、干净必撒净。我伊盟狄要、红卫兵同，在内蒙古医学院东方红三团的同志们热情帮助下。从全国各地府调查来的部分刘邓反党集团的黑线干将习仲勋、在拓关内蒙北地区工作期的反党反毛泽东思想的反动言论。心理摘播，印发战友，供无产阶级革命派的同志们共诛之、共讨之。以后如有材料，我们将要陆续奉赠。

编　者

我们伟大领袖毛　主　席
教导我们说：

混进党里、政府里、军队里和各种文化界的资产阶级代表人物，是一批反革命的修正主义分子，一旦时机成熟，他们就要夺取政权，由无产阶级专政变为资产阶级专政。这些人物，有些已被我们识破了，有些则还没有被识破，有些正在受到我们信用，被培养为我们的接班人，例如赫鲁晓夫那样的人物，他们现在睡在我们的身旁，各级党委必须充分注意这一点。

要特别警惕像赫鲁晓夫那样的个人野心家和阴谋家，防止这样的坏人篡夺党和国家的各级领导。

摘自《关于赫鲁晓夫的假共产主义及其在世界历史上的教训》。

凡是错误的思想、凡是毒草、凡是牛鬼蛇神，都应进行批判，决不能让它们自由泛滥。

——在中国共产党全国宣传工作会议上的讲话。

单纯的战争观点和政治的观点，只有反历史才能进行考查，只有战略观点才能进行战术。

——关心群众生活·注意工作方法

第 一 部 分

习仲勋反党言论

习仲勋反党言论集

庆贺边区群众报週年〔节录〕

这个报纸是边区群众公共的好报纸。谁也欢迎它，谁也爱读它。

这个报纸要好々办下去。现在中国和平拖法贴棚开始了，这个报纸提照什么方针来办呢？边区的方针是挥换慢々团结，好々生产，和一切反动主势力作斗争，迎该一个更群众的、更巩固的边区，这个报纸的方针也老这样。

—— 摘自"边区群众报" 302 期
民国三十五年四月七日

加强巩固人民的革命大团结
贯沏共纲领建设大西北〔节录〕

我们要做的事情很多，任务繁重，困难也很大。但是依靠我们团结，就完全有法克服一切困难快将我们所担负的工作。

各位非党的委员先生们，各位各界人士们，大家都知道目前是人民々主专政的新时代，除开特务反动分子以外的一切人，都要当团结争取，实行民主会议，进这人民々主的新中国。

—— 摘自"群众日报"（陕北版）
一九五〇年一月十七日

将新区农村工作提高一步

要办一个广泛的农村统一战线。依靠贫农，团结中农，争取和联合农村知识分子，及一切赞助我们合作的开明人士。我们打成的反革土匪、反动分子和大恶霸。

对过去为恶的人员，也主要是从政治上揭发 罪行和错误，进行批评教育工作，而不可轻率去没收经济上的浅薄。

还要采取正确的斗争方法。群众斗争大会，是要组织和教育群众生这种大会上，揭发、揭诉反动势力和反动分子的若种罪行。宣传人民政府的政策，以扫除旧的反动统治所披的政治影响，伸张革命的正气。在这种会上，党全可以为斫械斗争者进行辩护，重要的组织教育群众善于进行斫理斗争，以使真理愈辩愈明，事实愈辩愈浅。……

对于武闹枪支，除土匪、反动分子、大恶城分子之枪支坚决收支外，一般民间枪支，包括地主枪支在内，一律不收，亦不进行登记，待深入发动群众后，挤过谈判放收办法，特为当地群众自卫武装。……

奖励生产，提倡劳动。发展生产，使群众生活过好，这是革纲的根本问题。任何地方的工作，一开始都要注意这个问题，凡能够组织群众进行生产的机装，都不要放过。发动群众斗争报闹结果，都要引导到恢复和发展生产的阶段上去。斗争所冷的经济利益，也要用在发利生产上。罗兰波微现像。

　　— 摘自"群众日报"（陕北版）
　　　一九五〇年一月五日

习仲勋同志总结
绥德义远土改指出
把党的政策和具体环境结合
当前群运必须是土改生产与民主结合的运动

　　经过土地革命和深入减租斗争的老区，中农一般的巳成了真正的基本群众，因勤劳生产的领伸收大部上升为中农。班在的领伸农中，部匀是由于潜的地火、地运、地坏、生产工具掀全、人口必来增加甚然困，而来的恢快发展。一部匀是由于通过寇稿或病死亡而不降的，另一部分则是因不劳正业而领游的，有些是由地主富农下降而来的。在这样的乡村，党全撇开中农，光找领伸，而且要立劳入中我最密的火敌人，就容可几个又挑唠子斯此葳。

　　　— 摘自晋绥日报　民国卅七年二月九日

依靠工人阶级 做好城市工作

　　私营工厂和其他工商业的改革，也必须发动工人群众起来帮助资本家改革。这就要具体实现工人阶级对私营企业的领导。

　　时刻关心工人的生活。工人觉悟状、贡献大了会时，他们生活的确很艰苦，不能忽视。因此，我们要具体解决工人各种迫切困难问题，不解决。就会脱离工人群众。城市建设必须首先为生产和工人服务。我们要从实际生活中关心工人。千万不要忽略工人生活中的小问题，经常这些问题，就是党和人民政府联系工人群众，吸引他们前进的重要问题。

　　　　　　—— 摘自陕西日报　一九五一年六月十日

反对官僚主义、命令主义

　　报喜为什么比报忧？这因为我们党内讲真话的人还少，讲假话的人多。这又可分为两种人了一种是专门报喜不报忧的人，他们对上级常笑喉声吹气，困难摆义。生怕加重自己的负担，粮食问题就其一例。另一种人是专门报喜不报忧的他背着一切荣誉都踌，骄傲自满，沉溺在盲目乐观的情绪中。看到下边的只报喜，都信以为真，对报上报，看到下边的只报喜，因此不怀疑，压下不管。

　　　　　　—— 摘自群众日报（陕北版）
　　　　　　　　一九五〇年六月十日

第二部分

賈拓夫
反党言论

贾拓夫言论集

贾拓夫同志检讨西北财经工作

在过去的生产运动中缺乏阶级路线，如农业中提倡英满仓方向，但没有认真帮助广大贫雇农生产，农贷也大多未放到贫雇农手中，个别区根本未放下去，忽视扶助雇贫农家庭手工付业生产，而偏重扶助富农甚至地主的工厂、作坊或运输业。贸易公司的批发，实际上也是帮助了富有者。在劳模运动中，雇贫农当选英雄者很少，证明这一运动与雇贫农联系很弱。在负担上，也有农重商轻贫重富轻的偏向。接着，拓夫同志分析产生这种偏向的根源，是财经干卫成份不纯及缺乏为广大贫苦工农群众服务的思想。财经干卫，特别是公营商店，混进不少地主富农及旧商人甚至反革命分子，因而各种各样非无产阶级思想，在这一时期就大易的发生与蔓延起来了。拓夫同志向我检讨说：「我虽然兆西身于地主富农阶级，但也接受了他们思想的影响，并在长期和平环境中，摸糊了自己的阶级观点，同时在思想方法上，这一期间实际工作的效践，也证明还有主观主义的毛病和守旧经践，犯了保守倾向，这证明我虽经过长期工作、正风和七大教育，但还没有学好，要觉悟到了毛主席的小学生何也不易。」他接着检讨自己领导作风上有官僚主义、自由主义的毛病，未能快速使用干卫，及时解决问题，以致发展到严重程度。如少数人民假公济私，混水摸鱼，贪污腐化，及战斗初期某些干卫惊惶失措，丢失公粮及大批物资等错误。拓夫同志进一步检讨财经卫门与党的关系时，认为有对党闹独立的倾向，他并向我检讨说：「有时党的意见不适合我自己的兴趣，我就认为行不通，而加以抵抗，这种态度，其实际就是脱离党的领导的倾向，其结果便是损失党与人民的利益。」他表明今后决心全心全意为人民服务，坚决贯彻党对财经工作的方针政策，克服一切困难，以争取解放西北战争的胜利。

摘自《晋绥日报》
民国卅七年一月十二日

在西北工会工作会议上

贾拓夫主任总结报告

（一）关门主义具体的表现在什么地方呢？根据这次会议检讨和各方面反映，可以指出如下各点：

（1）最后还有两怕，一怕特务混入，二怕成份复杂，对特务提防这是对的，但一定要知道特务在工人中是个别的或极少数的，

那素滴勒盖与蒙古民族解放道路　贾拓夫

—— 为追悼那素先生逝去而作 ——

伊盟蒙古民族的重要领袖之一，陕甘宁边区政府委员那素滴勒盖先生，不幸于七月卅一日下午四时半病逝于延安蒙古文化促进会。当他临终前半小时，我去看他，他还伸出颤抖的手和我握手，问我：『高岗同志没有来吗？』我告诉他：『高岗同志今天主持一个会议，会毕就会来看你的。』他听了这话，在暗淡无光的脸上，微现愉快神情，我知他虽在病中，仍极关怀蒙古及边区事情，故将最近时局对他说了几句，他频频向我点头，我看他已至最后不能支持的时候了，就问他还有什么话要说？他说：『我是不能活了，前几天我准备在报上发表的那些意见，我死之后，就可以当作我的遗言』。接着又说：『蒙古人的苦难还长着呢，高司令是知道我们蒙古人的，有他在·····有共产党八路军·····』这时他已气喘的不能说下去了，我极力用话安慰他，但没有片刻就溘然长逝了，令人万分悲痛和悼惜！

那素先生是伊盟乌审旗人，生于苦难深重的蒙族，长与穷困交迫的家庭，幼年时即有志革命，积极参加政治活动，初在乌审旗政府任职，尝联络有志之士，从事革命宣传，后来协助石尼喇嘛发动蒙族革命起义，外而反对压迫蒙人的汉族军阀，内而反对阻碍进步的黑暗势力，推动蒙人革命觉悟醒，走上民族解放斗争的道路。此后，那素先生即被蒙人推戴为统率蒙族武装的营长，成为蒙人公认的领袖。陕北创造苏区期间，那素先生寄予极大的同情，尝与高岗同志等深相结识，咸认共产党和红军为蒙族解放之救星。抗战军兴，那素先生率丁参加抗战，反对德王投敌的行为，坚持蒙汉团结御侮，使伊盟得免于日寇蹂躏。一九四〇年来延安，于次年边区第二届参议会选为政府委员，两年来对蒙汉团结抗战事业，多所供献，且于公暇参加生产运动，教导蒙族青年，不幸一病不起，与世长辞，诚可痛惜！

那素先生为人俭朴，忠诚贯注，品学兼优，文武全才，论文则精通蒙文，博览群书，论武则深明韬略，诚为半生，为蒙人中不可多得之人才，他的死不仅是蒙族解放中的大损失，而且是中国抗战中的大损失。那素先生一生为抗日为蒙古民族解放而奋斗，至死不渝，他所走的道路，是蒙古民族解放唯一正确的道路。

蒙古民族为什么陷入如此衰弱贫困和奴役的深渊？谁是蒙古民族灾难的造成者？那素先生对此知之甚深，他知道侵佔内蒙土地屠杀内蒙人民陷内蒙人民于亡国奴命运的是日寇，『日寇是我们最大的敌人，不打倒日寇，蒙古民族必然要灭亡』（那素遗言）；他知道实行大汉族主义压迫阻碍蒙古民族抗日觉醒削弱蒙古民族抗日力量的是国民党反动派，『国民党内的反动派，历来实行大汉族主义政策，压迫我们蒙古人，不反对国民党内的反动派，蒙古民族永远不会翻身』（同上）他知道帮助日寇侵略帮助大汉族主义统治虐害自己同胞的是蒙族内部的蒙奸，『甘心认贼作父出卖民族利益的蒙奸，我全体蒙胞，更应坚决反对之！』（同上）因此，他就知道蒙古民族要得到解放，首先必须加抗战以反对日寇，打倒蒙古及中华各民族共同敌人；同时必须加强团结以反对国民党反动派大汉族主义压迫政策，取消蒙古民族解放道路中的阻碍，必须提高自党以反对蒙奸，肃清蒙古民族内部的害虫。证明他是坚决抗日与为民族解放而奋斗的战士。

蒙古民族与中华各民族应多团结呢？还是应多分裂？这是蒙古及中华民族能否解放的中心关键。应当记着，从满清政府到国民党反动派，历来都是分割蒙古民族，制造彼此倾轧，羁縻上层，愚化下层，想使蒙古民族永远在不团结不统一状态下，任其宰割，而日日寇则更以千方百计来分化蒙古民族，挑拨蒙汉团结。那素先生早已洞悉此种奸谋，深以蒙古民族及中国各民族不团结为忧，因而不断的号召蒙古内部团结，并号召蒙汉团结抗日，他认定只有团结才能抗日图存，分裂必然要招致灭亡，他在临终遗言中说：『团结才有力量，分裂定会灭亡，我希望内蒙各族蒙胞，从今以后，要除成见，服从大义，不分上下，不分疆界，在沙盟长领导下，把内蒙各族完全统一起来，形成一条坚固的革命阵营来和蒙古民族的敌人斗争。』此次闻悉国民党反动派在伊盟之倒行逆施，如撤退河防部队准备进攻陕甘宁边区之事实，曾使他义愤填胸，忧郁成疾，其为团结抗日之忠诚可知矣。

中国政治发展的道路，应当是民主的道路？还是专制的道路？那素先生对此问题也有很明确的认识，他是富于民主思想的，他反对腐朽的专制政治，主张激底的民主改革，他积极帮助共产党三三制的民主政权，并亲身参加陕甘宁边区的民主政治建设。他反对过份的封建剥削，主张发展经济和改善人民生活，并亲自领导蒙民参加边区为达到丰衣足食的生产运动。他反对大汉族主义者历来加诸蒙古民族的反动的教育政策，主张建设民族的和抗战的文化教育，并亲身参与民族学院的教育实施，以民族的和民主的思想教育蒙古青年。这些都可证明那素先生不仅是一个坚决的抗日战士，而且是一个彻底的民主主义的战士。

抗战与民族解放事业，依靠谁来完成？依靠少数英豪杰还是依靠广大人民？那素先生是完全明白这个问题的。他是蒙族劳动人民的子弟，他和劳动人民永远在一起，并为他们的利益进行不疲倦的斗争，他深知一个民族的力量就是劳动人民。如果不发动广大劳动人民起来，这个民族的命运就是不可挽救的，他在参与石尼喇嘛领导蒙民革命起义时，就坚决站在人民当中，他把蒙古民族解放，寄托于劳动人民身上，他不像有些在政治舞台上活动的蒙古人物，当他们为人民推戴而获得一定政治地位的时候，他们就抛弃了人民，进行自己升官发财的勾当，甚至背叛人民干出出卖民族利益的罪行。他所以有独特的政治远见和为尚人一贯爱戴，其根源就在于他们坚定的劳动人民的立场，而他最伟大的地方也就在这里。

谁能够告诉尚古民族解放的正确道路？谁是尚古民族真正的朋友和解放者？尚古民族几十年来曾想对此问题获得解决，但许多人却错走了道路，有些人受日寇和尚的欺骗，误以为日寇可以给尚古人一些好处，但实际却证明，日寇是尚古民族的死对头，陷内尚几十万人民于水深火热之中的正是日寇，又有些人以为国民党可以帮助尚古，他们曾企盼在国民党那里得到一点什么，然而却实际证明国民党反动派给他们的是无止境的勒索压迫和屠杀，是大汉族主义压迫的继续和加强；历史实践证明，能够告诉尚古民族解放的正确道路并真正帮助其实现的，只有无产阶级政党——中国共产党，而那素先生是深刻懂得这个真理的，他从长期实践和历史经验中深刻认识到，共产党和八路军是真正为一切被压迫民族和人民利益而奋斗的，他深信共产党指示的道路是抗战胜利和解放尚古民族唯一正确的道路，由于他亲眼看见和亲身体验到共产党、八路军及陕甘宁边区是如何真诚的帮助了尚古民族及其他少数民族，更坚强了他此种信念。他说：「中国共产党及其领袖毛泽东先生，中共领导下的八路军和陕甘宁边区，是唯一能够指导和帮助我们尚古民族解放的力量，因为他们是真正为一切被压迫民族和人民谋利益的先进革命力量，共产党奋斗的方向，是全中国人民奋斗的方向，也就是真正解放尚古民族的唯一方向」（那素遗言）因此，他坚决反对国民党特务机关在尚古进行的一切反共阴谋，积极主张尚古民族应当与共产党、八路军及陕甘宁边区联合抗日，并号召尚古人民按照共产党所指示的道路坚持奋斗。最后他更亲身来到边区参加边区民主政权工作，以推进尚汉团结抗战事业。

坚主抗日，坚主团结，坚主民主，坚主依靠人民，和坚主联合共产党，这就是那素先生进步的革命思想和一生政治活动的方向，他代表了尚古民族的觉醒，他是尚古民族解放的旗帜，他今天虽然死了，但我们相信他的精神将永远活在尚古人民的心中，尚古民族将依照那素先生所指示的道路迈进，以至取得尚古民族和中华民族的解放。

一-21

乌兰夫在伊盟的罪行

《彻底剷除高崗余党》第二集

内 蒙 古 自 治 区 伊 克 昭 盟 联 委
内蒙伊盟伊金霍洛旗联总《斗批乌蘭夫联絡站》
呼三司内蒙古大学井岡山《斗批乌蘭夫联絡站》

一九六七年十一月一日

最 高 指 示

过去说他们好象是一批明火执仗的革命党，不对了，他们的人大都是有严重问题的。他们的基本队伍，或是帝国主义国民党的特务，或是托洛茨基分子，或是反动军官，或是共产党的叛徒，由这些人做骨干组成了一个暗藏在革命阵营的反革命派别，一个地下的独立王国。

以伪装出现的反革命分子，他们给人以假象，而将其真象荫蔽着。但是他们既要反革命，就不可能将其真象荫蔽得十分彻底。

阶级斗争，一些阶级胜利了，一些阶级消灭了。这就是历史，这就是几千年的文明史。拿这个观点解释历史的就叫做历史的唯物主义，站在这个观点的反面的是历史的唯心主义。

民族斗争，说到底，是一个阶级斗争问题。

蒙汉两族要密切合作，要相信马克思主义，……不一定是本省人执政，不管那里人——南方或北方，这族或那族，只问那个有没有共产主义？共产主义有多少？这一点要向少数民族讲清楚。

究竟是吃民族主义的饭，还是吃共产主义的饭？吃地方主义的饭，还是吃共产主义的饭？首先应当吃共产主义的饭，地方要，但不要主义。

人民靠我们去组织。中国的反动分子，靠我们组织起人民去把他打倒。凡是反动的东西，你不打，他就不倒。这也和扫地一样，扫帚不到，灰尘照例不会自己跑掉。

你们要关心国家大事，要把无产阶级文化大革命进行到底。

★　　　　★　　　　★

党内走资本主义道路当权派乌兰夫的问题，要在内蒙公开揭露。

《中共中央关于处理内蒙问题的决定》

目 录

序 言

一、乌兰夫是高、饶反党集团中的漏网分子…………1

附件一：赵通儒一九六五年十一月三日给乌兰夫的黑信………6

附件二：×××揭发乌兰夫与习仲勋的黑关系………………7

二、当代王爷乌兰夫与伪新三师……………8

附件一：乌兰夫对伪新三师的无耻吹捧………16

附件二：×××谈伪新三师片断………………18

附件三：伊盟人民对伪新三师的控诉…………18

三、成吉思汗的孝子贤孙——乌兰夫……………21

附件一：乌兰夫：《纪念蒙古民族的先躯——成吉思汗》………27

附件二：一九五四年乌兰夫参加成吉思汗大祭时在欢迎

会上的讲话………………………28

附件三：一九五四年乌兰夫在伊盟伊金霍洛成吉思汗大祭时

主祭并献祭礼的报道………………29

附件四：通讯：《来到伊金霍洛的人们》………29

附件五：《我区各族人民在伊金霍洛举行大会

纪念成吉思汗诞生八百周年》………29

四、彻底粉碎乌兰夫在伊盟的反革命颠复阴谋………30

附页：乌兰夫罪行照片十二幅………………34

序　言

　　內蒙古自治区党內最大的走資本主义道路的当权派，当代的"成吉思汗"，披着民族外衣的野心狼——烏兰夫，是一个十恶不赦的反革命修正主义分子、民族分裂主义分子，是中国赫魯曉夫的一員得力干將，是刘邓黑司令部埋在祖国北疆的一颗定时炸彈。这个封建王公貴族、地主、牧主、資产阶級在党內的忠实代理人，長期以来，打着"紅旗"反紅旗，把內蒙古当成他反党、反社会主义、反毛泽东思想的独立王国，他利用职权，独断专行，称王称霸，狗胆包天地与毛主席及以毛主席为代表的无产阶級司令部分庭抗礼。他結党營私、招降納叛，阴謀篡党、篡政、篡軍，复辟資本主义，妄图把內蒙古从偉大祖国大家庭中分裂出去。烏兰夫罪行累累，罄竹难書！

　　《中共中央关于处理內蒙問題的决定》中指出："党內走資本主义道路当权派烏兰夫的問題，要在內蒙公开揭露。"我們坚决响应党中央、毛主席的偉大号召，撕破烏兰夫的画皮，把他的反革命嘴臉暴露在光天化日之下。

　　烏兰夫从来就不是一个革命者，他在民主革命时期的所作所为，足以說明是一个老机会主义者和叛徒。烏兰夫在伊盟活动期間，积极推行王明的右傾机会主义路线，忠实执行高崗的"通过上层，深入下层，保护王爷，共同抗日"的反革命方針，同高崗等狼狽为奸，极力討好王公貴族，投机鈷营，出卖革命。一九五四年，高崗反党集团被揭露以后，烏兰夫还長期与高崗的党徒习仲勳等勾勾搭搭。历史可以作証，烏兰夫不折不扣的是高崗反党集团中的漏网分子和大阴謀家。

　　烏兰夫在国民党新三师的一段活动，充分暴露了他是国民党反动派的奴才。他厚顏无恥地顛倒历史，吹噓自己在新三师是干了一段了不起的"地下工作"，完全是混淆黑白。其实，他在伪新三师中的活动，不过是在国民党反动派軍队里发展个人势力、为实现个人野心的一次尝試而已。

　　从烏兰夫历来对成吉思汗的頌揚中，足可以看出他是王公贵族和地主、資产阶級的代理人。他多次鼓吹"要做成吉思汗的优秀子孙"，便是他公开背叛无产阶級革命和无产阶級专政的宣言。解放后，他不惜揮耗巨款，迁移成吉思汗灵柩，修建成吉思汗陵园，搞大祭，兜售王明等炮制的"三五宣言"，保护王公贵族，欺騙群众，掩蓋阶級矛盾，挑撥民族关系，制造民族分裂，破坏祖国統一，图謀复辟資本主义。这恰好暴露出他是野心勃勃的民族分裂主义分子，是帝国主义、现代修正主义的走狗。

　　他長期以来，招降納叛，結党营私，在篡夺內蒙古的大权的同时，也在伊盟进行顛覆活动，足見他是一个赫魯曉夫式的人物。他在伊盟和在延安的活动期間，拉攏和培植了一批亲信和爪牙，这些人，在一九六六年他准备搞触目惊心的反革命政变以前，都被他提到关键崗位。并且，他多次派亲信到伊盟与其代理人郝、朋、白反党集团勾結，阴謀整掉伊盟的革命領导干部，篡夺伊盟的領导权。鉄証如山，他是中国赫魯曉夫大搞資

1

本主义复辟在内蒙的代理人，是埋在祖国北疆的一颗定时炸弹。

在毛主席亲自发动和领导的这场史无前例的、震撼世界的无产阶级文化大革命中，摧毁了以中国赫鲁晓夫为首的资产阶级司令部，揪出了反革命修正主义分子、民族分裂主义分子乌兰夫，挖出了这颗埋在祖国北疆的定时炸弹，巩固了无产阶级专政，加强了民族团结，这是毛泽东思想的伟大胜利，是毛主席的无产阶级革命路线的伟大胜利。

我们就"伊盟联委"等革命组织所揭发的乌兰夫的几个方面的罪行，合作汇编成这本《乌兰夫在伊盟的罪行》（《彻底铲除高岗余党》第二集），供革命的同志们作批判参考之用。事实上，这些问题，不只是乌兰夫在伊盟犯下的罪行，也是他对全区各族人民犯下的罪行，也是他对我们伟大的社会主义祖国犯下的罪行。现在我们必须乘胜追击，痛打落水狗，彻底对他进行清算！

我们希望全区无产阶级革命派，积极响应毛主席"要斗私、批修"的伟大号召，牢记毛主席"宜将剩勇追穷寇，不可沽名学霸王"的伟大教导，在狠批中国赫鲁晓夫的同时，从各地区、各行业、各部门广泛深入地揭露乌兰夫的罪行，并挖出乌兰夫的代理人，把这个无产阶级的叛徒，各族人民的死敌，中国赫鲁晓夫在内蒙的代理人，帝国主义和现代修正主义的走狗，从政治上、思想上、理论上揭深、揭透，批倒、批臭，叫他永世不得翻身！如果不批倒、批臭乌兰夫，就不能肃清中国赫鲁晓夫反革命修正主义分子在内蒙的流毒。如果我们掉以轻心，以为乌兰夫已成为死老虎了，放松了对他的揭露和批判，就象高岗余党在高岗被揭露以后，多年为高岗翻案一样，乌兰夫的爪牙也会在适当的气候下为他喊冤，为他翻案，那时，这个老反革命就要向革命人民反扑过来。这是千万千万要警惕的啊！

无产阶级革命派联合起来，坚决执行毛主席的无产阶级革命路线，紧跟毛主席的伟大战略部署，大树特树毛泽东思想的绝对权威，将无产阶级文化大革命进行到底！

编　者

一九六七年十一月一日

乌兰夫是高、饶反党集团中的漏网分子

毛泽东思想是照妖鏡，历史是見証人；乌兰夫这个反党老手，不仅是高崗余党，而且是高、饶反党集团中的主要成員。一对野心家，两个阴謀家，反党篡位的"事业"早已把他們联在一起。但是高、乌两帮合伙反党的由历，至今还沒有被人們彻底揭穿。現就讓我們揭开其內幕，公諸于世。

高、乌合流

高崗、乌兰夫这两个大野心家，反革命修正主义分子，早在三十年前就將他們的黑手伸进了鄂尔多斯高原，并在这里，同流合污，狼狽为奸，結成死党。

一九三五年冬，高崗与他的同伙，組成了一个七人临时工作組，来伊盟鄂托克旗、乌审旗一带活动，一九三六年成立了蒙古工作委員会，高崗任主任，赵通儒（当时中共北方局刘少奇委派西北苏区的特派員，又是高崗、习仲勋拈香結拜的盟兄弟，第一任伊盟工委書記，一九五四年高崗問題被揭露，赵因反党被开除出党，現管制）任秘書長，直到一九四五年伊盟地区的工作，始終在高崗把持之下。高崗調任东北局后，习仲勋繼任西北局書記，仍然將伊盟控制在高家的手里。

在高崗集团进入伊盟的第三年——一九三八年，乌兰夫随同伪国民党新三师也来到伊盟的赤芴图、桃力民一带駐营，不久乌賊这个野心家就和当时伊盟工委的赵通儒拉上了关系。这两个坏蛋臭味相投，来往无間，結成一对双生的莫逆之交。这样乌賊就自然成了高家王朝的門生。緊接着通过赵賊的牵线，乌賊和高崗以及延安的于若飞（大叛徒，当时是中央联絡部長）、洛甫（張聞天，当时党中央書記处負責人）就更緊密地勾結在一起了。于一九三九年×月，高崗受他的黑上司的密旨，把乌兰夫召到延安，参加了党的重要会議，企图把乌賊塞进中央机关。

高崗当时是西北局書記，他上有張聞天的庇护，下有赵通儒、楊一沬等安插在伊盟工委的亲信，又物色到乌兰夫这样一个得力的寵儿，更感到好將他的黑手伸長到整个內蒙，推行其反党、反毛主席的罪恶阴謀，实现其个人野心目的了，眞是喜不自胜。而乌賊找到了高崗这样一个靠山，夢寐以求的独霸內蒙的野心目的，也好似降临于眼前。于是乌賊就：①勾結伊盟工委書記赵通儒、楊一沬（后任伊盟工委書記，現叛党）与他的死党白海峰（伪新三师师長，叛徒）、紀松林（伪新三师一团团長，叛徒）、紀貞甫等人組織了一个綏蒙軍政委員会，企图控制党政軍大权。②进一步扩充他的党羽，为他統治內蒙古，实现成吉思汗式的大蒙古帝国准备組織基础。一时，伪新三师的"地下党"达到了极盛的时期，組織膨涨，人数增多达到一百余人，把一群官僚政客、特务、兵痞流氓等狐朋狗友都相繼拉入他那个"地下党"內，眞是混蛋透頂。

1

高岗的门生，王明路线的叭儿狗

乌贼得到高岗宠爱后，对其黑主子的圣旨自然是忠实效劳。王明、张闻天在一九三五年假借中央名义提出的那个臭名远扬的《中华苏维埃中央政府对内蒙古人民宣言书》（即"三五宣言"）就是高岗、乌兰夫对抗毛主席革命路线的共同纲领，就是他们同流合污的思想基础。高岗进入伊盟后，秉承王明路线，炮制了一个十六字政策，即"通过上层，深入下层，保护王爷，共同抗日"，并指示其奴仆乌兰夫、赵通儒执行。对这个《宣言》和政策，王公贵族皆大喜欢，而乌贼更是那个《三五宣言》的崇拜者。因为《三五宣言》正符合他独霸内蒙古的狼子野心。因此高、乌一班狗党，对《三五宣言》和高岗的"十六字方针"如获至宝，他们高举"一切经过统一战线"的大黑旗，与毛主席革命路线分庭抗礼。在地方工作上他们走的是地富路线，损害的是群众利益。为了求得狐朋狗友的欢心，奴颜卑膝，一屁股蹲在反动阶级的椅子上，把大地主、反动政客扶上政治台阶，对蒋介石媚弱尽瘁。这里只列举几件事，就可看出他们的叛徒嘴脸。

①组织地主武装，建立地主政权。在一九三八年乌贼指使他手下得力干将齐希古（伪新三师政治部科长，特务，乌贼"地下党员"）伙同赵通儒等人，在伊盟桃力民组织了一个所谓抗日自卫团和抗敌后援委员会，请大恶霸越兆仁当了自卫团的司令员，大地主杭寿春当了抗敌后援委员会的主任，王树斌当了副主任。他们和这些地头蛇勾结起来，实行封建地主专政，美其名曰抗日，实际是祸国殃民。

②王公贵族的座上客，蒋介石的走卒。一九三九年蒋贼撕掉了抗日的伪装，露出了他的穷凶极恶的反共嘴脸，乌贼便马上应声而起，和白海峰、纪贞甫等人合伙办了一个所谓军政干部训练班。在伪部队中挑选了一批兵痞流氓，在当地招收了一部分蒙古族青年，聘请了张再义等特务分子训练，名为给共产党培养干部，实为蒋介石反动派培养了几百名反共军政干部，甚至把他的"地下党员"塞峰也送到胡宗南的西安游击队训练班受训。由于乌贼为国民党反动派作出"特殊的贡献"，很快便得到国民党军政匪特要员的欢心和反动政府的嘉奖，授予伪新三师国民党特别党部总干事之职。在伪新三师里，乌贼整天和特务分子吴月清、张再义等人泡在一起。在蒋贼反共最紧张的一九四〇年，乌贼受任参加了国民党第八战区司令部在后套召开的伪"政工"会议。回到伪新三师后，还津津有味地向他的狐朋狗友大吹大擂，炫耀自己，于是乌贼身价倍增，在伪新三师里，无论什么国民党党务会议也少不了他参加（乌当时是伪师部代理政治部主任），活活露出一副大叛徒的奴才像。

③一九四一年，蒋介石命令胡宗南派遣何文丁部队（二十六师）进驻桃力民，把伪新三师调往甘肃整编，在这一关键时刻，摆在部队面前只有两条路，一条是"遵令"调走，一条是起义投诚，开赴抗日前线。白海峰、乌兰夫正在举棋不定，乌贼向其主子高岗请示，而高岗得知后，同张闻天商量，决定将奴仆乌兰夫调回延安，把部队送给敌人整编。乌贼向高岗领受旨意后，马上向他的党徒交代工作，大作动员，服从调走

的命令，說什么"部队里的党員一律跟部队走，一个也不許留，否則我們的人再往里打就不容易了"；"这是上級的决定，一切抗日，不能破坏統一战线，要服从上級决定"；又說："我的名声大，随部队走有生命危險，要离开部队，以后我要派人和你們联系"等等。烏賊就是如此忠实地执行了他的主子高崗的旨意！此后，桃力民抗日自卫团和抗敵后援委員会，这个打着抗日招牌的反共反人民的組織，反共气焰更加囂張。可是解放后，烏賊却一直拚命地宣揚他在伊克昭盟如何建立"根据地"，如何"保卫伊盟"，眞是厚顏无耻之极！

投 机 钻 营， 青 云 直 上

烏賊在其主子的保护下，和他的党徒克力更、寒峰离开了伪新三师，逃回延安。回到延安后，中央正籌建民族学院，高崗当时任民族学院院長，遂將烏兰夫提为民族学院敎育長，王鐸提为副敎育長。这样高崗集团便把烏兰夫这个无产階級革命的死敌，安插在中央机关，为复辟資本主义埋下了一顆定时炸彈。

在民族学院工作期間，烏賊利用这个据点，在組織上招降納叛、結党营私，网罗培植了一大批忠实党羽，諸如云北峰、浩帆、烏兰、云曙芬、云曙璧、云丽文、克力更、寒峰、李振华、郝文广之流，作为其实现大蒙古帝国的干部基础。在政治上提出一套所謂內蒙的建党、建軍、建政理論，野心勃勃，不可一世，正在准备复兴大蒙古帝国之际，中央通知烏兰夫去高級党校整风学习，烏賊感到有碍其野心实现，赶快鼓动手下党徒云北峰、克力更等人，大肆美化烏賊工作如何有成績，要求中央把烏留下。这就是历史上那个臭名远揚的"挽烏运动"。此后，烏賊溜须拍馬，瞒天过海，混水摸鱼，使尽渾身的力气往上爬。一九四五年春天，党的第七次全国代表大会即將召开，烏賊这个政治野心家，便想从七大上打主意，撈一筆政治資本，千方百計，想方設法混入大会。可是他又不是大会代表，投机成性的烏賊，經过赵通儒的活动，巴結上了当时西北局組織部副部長，高崗黑干將馬文瑞。在馬面前他搖尾乞憐，低声下气，苦苦哀求說："馬部長，七大就要开了，咳咳！你看我又不是代表，我想旁听，受受敎育，你看行不行……"。烏賊这套本領也算过硬，終于买通了馬文瑞。馬当时便向中央組織部長、大党閥彭眞請示，胡謅了一通。物以类聚。彭眞这个大叛徒看上了烏兰夫，便告訴馬文瑞，同意讓烏兰夫列席旁听，烏賊就这样混入"七大"。烏兰夫抱上彭眞这条黑腿，混入大会，便分外卖力地打着紅旗反紅旗。他在大会上装腔作势，作了一个发言，把自己梳装打扮一番，說成是少数民族的当然代表，撈住了一根又粗又大的政治稻草，幷得到主子高崗、彭眞的垂青，于是乎就青云直上，爬上了中央候补委員的职务。

由一个普通干部，混入七大，进而騙取了中央候补委員的头銜，这是烏賊政治生涯中一个重大的关鍵，也是烏、高、彭奴主黑关系的一个大暴露，从此烏賊打着"中央候补委員"的招牌，借着黑主子高崗、彭眞之流的庇护，招搖撞騙，东撈西扒，以至独霸一方，当上了內蒙土皇帝。

3

宣扬个人，搞独立王国

乌贼在篡夺了内蒙的党政军大权后，在党内最大走资派刘少奇的庇护下，同高岗进一步加紧勾结，大搞民族分裂，大搞独立王国。一九四五年高岗调任东北局书记后，而乌兰夫骗取了党的信任，以内蒙"民族领袖"自居，也随之前去内蒙东三盟开始了他搞独立王国的阴谋活动。东三盟的工作，当时属于东北局管辖，这样高、乌两个大野心家就又凑合在一起，勾结得更加紧密了。

一九四七年乌贼借内蒙东三盟土改纠偏，提出了一套牧区不分、不斗、不划阶级的"三不"政策。这一套修正主义政策提出后，马上得到了高岗和刘少奇的批准。此后乌贼一直抱着这条反革命圣经不放。

一九四八年八月三日，高、乌二人合谋召开了一次内蒙干部会议，在会上，两个大野心家肆无忌惮地互相吹捧。高岗在这个会上的讲话，是一株反党、反毛主席、反毛泽东思想、大搞民族分裂的大毒草。

其一、讲话大肆吹捧乌兰夫，把乌贼打扮成什么"革命领袖"，说什么"在多年曲折的斗争的过程中，内蒙人民找到了他们自己真正的革命领袖——云泽同志。内蒙任何一个假仁假义的封建上层人物在云主席的革命立场、光荣历史和工作成效的面前，迅速失去其影响。"又说："相信内蒙党和自治政府，在云主席领导之下，全体党员紧紧团结在云主席的周围，定能够克服困难，胜利前进。"全篇讲话突出乌兰夫，敌视我们伟大领袖毛主席，真是罪该万死。

其二、讲话大谈内蒙党，内蒙军队，内蒙党的政策，说什么"内蒙人民的自尊心自信心，现在空前提高了，历史造成的蒙汉民族隔阂和对立，也在逐步消除"，"这是内蒙有历史意义的胜利，这是内蒙人民、内蒙军队、内蒙共产党英勇奋斗得来的胜利"。还说什么"相信内蒙党和自治政府在云主席领导之下……"等，从根本上否定党中央、毛主席的领导作用，是彻头彻尾反党、反毛主席，分裂祖国的背叛行为。

其三、讲话把内蒙古的解放，内蒙古自治政府的成立，不是归结于中国共产党和我们伟大领袖毛主席领导的结果，而是把主要功绩，归结于苏联和蒙古。说什么"这主要是由于苏联、外蒙与中国人民解放军的积极帮助的结果。……没有苏联和外蒙出兵，日本帝国主义能不能迅速打垮？东北和内蒙能不能迅速解放？显然是不可能的。"

反革命大串连，为高岗招魂

大量事实说明，高岗是乌兰夫的盟主，而乌兰夫一直把高岗当成他的祖师爷，乌兰夫是高岗忠实的追随者。在高、饶反党集团被揭露后，乌贼这个大坏蛋，暗中和习仲勋勾结，与高岗一伙党徒串通一气，为高岗招魂翻案。

一九六一年，习仲勋西北之行，中央并没有让习到内蒙，但习途经呼和浩特，乌兰夫大摆宴席招待，习回到北京向中央报告工作，却丝毫未提到内蒙问题，这就充分暴露了他們进行反革命大串連的嘴臉。

此外，烏、习在北京相邻居住，往来甚密。习对烏兰夫的臭老婆及其孩子格外关心照顧，經常請烏的子女吃飯、遊玩，关系异乎寻常。

一九六〇×月×日，习仲勋突然讓他的秘書×××，同他去民委汪鋒家里吃飯，去后烏兰夫、賀龙也在汪的家中，彼此傾心吐胆，私下議論，行动十分詭秘。

一九六七年，紅卫兵在高崗反党集团的反党分子賈拓夫家中，搜查出一張烏兰夫在一九四七年五月一日与哈丰阿、奎璧三人（背景衬有国民党青天白日国旗）半身像片，这說明烏兰夫和賈拓夫早有密謀往来。

一九五九年以来，高崗反党分子赵通儒与烏兰夫、习仲勋書信往来十分頻繁，暗中傳播反党言論。一九六二年五、六月間，赵通儒先后給烏兰夫、习仲勋各去信一封，信中除提出給他解决生活困难外，大量发泄反党情緒，而烏賊閱信后，連忙轉給习仲勋。习仲勋立即給陝西省民政厅厅長楊伯倫写信，指示給正在管制中的赵通儒提高生活費（每月达一百四十元之巨），优待其死党。

一九六四年，包头×××回陝北，赵通儒又亲筆給烏兰夫捎信，并附有他全家合影照片。

一九六五年赵通儒給烏兰夫写信，明目張胆地支持烏兰夫反大汉族主義，挑撥民族关系，信中說：“一九四四年奇金山死（奇是統战人士，当时任烏旗騎兵团長）有些人主張曹劼芝代奇（曹当时任烏旗工委書記是汉族干部）我阻止，批評那是大汉族主義。現在沒有大汉族主義了（嗎）？我看未必”。又說：“內蒙剧团到汉人地区，不敢唱蒙歌，說蒙話，称人‘巴格舍’都弄下問題，是否大汉族主義作怪，你知道嗎。”等等。

一九六六年烏兰夫民族分裂集团被揭露后，赵通儒于一九六七年六月十四日給伊盟高崗余党、烏兰夫代理人郝文广、田万生等人写信，极力为烏賊喊寃叫屈，招魂翻案。信中說：“七大选他（指烏兰夫）为中委，沒毛批准审查，不可能……。听說他搞独立王国，我依过去的情况，估計他不敢，不能反毛，反中央……。”又于本年八月赵通儒通过他的侄儿赵××周遊陝西、甘肃、新疆等地与他的狐朋狗友互通情报，妄图繼續搞反党活动。他侄儿赵××在串連中給赵賊写信說：“吳恩农同志讓我写信，向你問好。他到內蒙去，內蒙的老同志都很对你关心，希望你好好修（休）养，有困难請你努力克服，据說內蒙同志为你也受了一点批評。”总之，这种种明来暗往的勾当，足以証明他們思想是共鳴的，行动是一致的。

结　　　语

大量的事实証明，烏兰夫就是高、饶反党集团中的一个漏网分子。烏賊这个化装成美女的毒蛇，几十年一直把自己打扮成“老革命”，骨子里却干着反党、反社会主义、反毛泽东思想的罪恶勾当。烏賊所以能長期埋伏在党內，丧心病狂地进行反党活动，就是由于高崗，由于党內最大走資本主义道路当权派刘少奇包庇的结果。一九五四年揭发出高、饒反党集团，一九五九年揭发彭德怀反党集团；一九六二年揭发出习仲勋反党集团，乌兰夫这个反共老手，狡猾隐蔽，一一地蒙混过关，而且继续进行反党活动，直至发展到图谋政变，分裂祖国的地步，应该说这是高、饒反党联盟事件的继续和发展。

然而就在他们自以为得计，登台表演的时候，用毛泽东思想武装起来的革命造反派，把他们一个一个地揪出来了，乌贼这个老反革命终于在广众面前现了原形，这是战无不胜的毛泽东思想的伟大胜利。

"宜将剩勇追穷寇，不可沽名学霸王。"

我们要高举毛泽东思想伟大红旗，彻底肃清高、乌在内蒙所散布的流毒，将无产阶级文化大革命进行到底。

附件1:

赵通儒一九六五年十一月三日给乌兰夫的黑信

………

一九三六年毛主席、党中央决定"蒙人治蒙"、"蒙事蒙管"代替了"赤化蒙古"。三十年来"蒙人治蒙"发展为"民族自治"，不赤化而把内蒙同全国走上一致的社会主义建设大道了。这种殊途同归，是主观、教条、宗派、经验主义能办到的吗？尤其二、三百年蒙古上下吸鸦片之恶习已扫除，岂枪砲之力所能及？毛之这一方针，通过什么人，什么形式贯彻，您比别人当更清楚。

乌兰夫主任：写这信，请您耐心看下去，看完并能有复。

（一）先谈谈蒙古人解放斗争。辛亥以前，有些蒙古人同孙中山有往来，看中山全集，可知。十月革命后，外蒙独立后，苏联司外蒙，曾助内蒙不少。只一九二四年到一九二七年，热、察、绥，皆有蒙古国民革命军。枪支，皆为苏联的水联珠。乌审席尼喇嘛为第十二团。鄂托章文轩是一九二八年后才得军权者。伊盟七旗由苏联、外蒙返回，一九二七年至一九三一年被各旗王公诱杀者近千人。杭锦阿王，杀得最多，所杀不只该旗，各旗皆有。其他各旗皆本旗。李大钊、党中央，经冯玉祥引去，其先，其后，为数很多。

陕北党从一九二五年起，已派人入蒙地。苏联党在清党时，损伤多少蒙古人，大约您知道一些。从一九三六年，毛主席、周付主席、张闻天派人做蒙古工作，計蒙人、汉人在千余人以上，而今，留得不到二十人。开小差、叛变、落伍占百分之六十，死亡占百分之三十。现有干部皆所余及一九四四年起参加者。您记得吗？三八年，有要蒙旅在山西，我建议经毛批准，李富春付总理批准，您们到伊盟、到神府。白海峰允保証您的安全，所以三八、三九年才許您留在該部。当时的紀松林已早不在，白也已在解放后去世。新三师的高级干部，留在你处的也只克力更数人而已。咱们那个军政委员会的人，白、紀氏二人，已不在人世了。您記得神木？左协中，当时何为人？三九年至四八年，左协中还不及三八年，更坏，更反革命。四九年左协中并非起义，没处逃，附不入蒋胡帮内也。

左协中解放后，一九五二年返贩大烟、贩黄金，养留用旧人。至死，还未将所包庇的反革命特务，向党坦白、交出。陕西，一些人，却醉了，迷了，有了左协中，官职到手，满足了，反而認为我不如左协中了。从一九四九年，有些人依左协中升职，保位，所以对我歧视。到一九六四年，怕揭发与左勾搭，包庇左，被揭发。来个先下手，乘自己当权，对我放冷箭，打猛棍。事出有因，查有确据，李甫仁死，我給坆上添土，左恨我，我报告省委，不理。一九四四年，奇金山死，有些人主張曹动芝代奇，我阻止，批評那是大汉族主义。现在，沒有大汉族主义了？我看未必。一九四六年至一九五〇年为使王悦丰戒烟，給他一人一千多两大烟，他果于一九五二年后戒了。为使其他人戒烟，月給六两者，不只三人五人。延安，为給蒙古、回民学生改善伙食，每月另給三担（千斤）

小麦，您該未忘吧？如果不是大青山給鴉片，民族学院能否支持，这您应不忘。

（二）您到延安之后，高崗不信任您，我要您任民委付主任，他不許。若果不是您以联共党史找凱丰，自己去拜見毛主席，何能到党校？何能参加七大，您还不知七大代表要您及选您为中委，我們如何从暗中、背后为您向別人宣傳而牺牲自己的权利。（註：高崗不信任烏是謊言）

（三）一九五〇年起，西北，有些人阻止我到內蒙来。一九五九年因故，到伊盟又被引回陝西。五九年到六一年，更被阻不能来。六二年因病回子長用热炕治疗。六四年夏因病，因生小孩未能同×××来。去冬、今春、今夏、今秋要来內蒙，仍受阻。

（四）从一九五二年五三年起，西北有一股暗流。同邓宝珊、左協中，互相捧拍，互相勾搭。矇哄中央，矇哄干部，矇哄群众，把邓、左同我的敌对矛盾，用我的的一些病态掩蓋起来。用种种武断，散布我不及邓、左，为他們包庇邓、左作遮掩。

邓、左用"电刑"加我之病，由誰負責？此案怎結？药費，生活費得多少？用多少年月，由誰負責？怎开支？只是推、拖或顧左右而言他。

从一九四九年到一九五二年，对我用何名？任何職？受何种待遇，未明確解決，只是一日說一日。一九五三年，工作一年，一九五四年至今，既不允退休，又未允轉业、复員，有时关心一下，有时又抛在九霄云外，毛主席、党中央的方針、政策是"治病救人""救死扶伤""革命人道主义""誰是革命敌人？誰是朋友？"二十三条，明白宣示要解決"当权派"的胡作非为为主。各种文告，有錯、改、平反，但到我身上，却大非所示文言。

（五）最近給中央政治局、中央監委写一申訴，根据党章已寄去。但，由于快六十岁了，家中被敌人搶过五次，去年初生一小女，既勞又病，又天冷了，不知您能用什么办法救助一下。向監委、政治局平反，根据党章恢复党籍。用什么方式救一下目前眉急。待中監委处理。

一九三五年，有在北京的書物，尚未找回。一九四九年在北京遗失的衣物，也未找。一九四六年至一九四九年被敌伤害成特等残废，此种証件、残废金，尚未領。舍弟及家母的烈士証，尚未領。家母的烈士恤金，在交涉中。我二弟一九三六年內战中为共同抗日、停止內战工作而牺牲。他們八人牺牲給抗日，解放战争留下宝貴的經驗教訓。

（六）为什么个別、具体問題，不采取具体做法。一九三八年，咱們在神木城内，左協中发覺咱們的工作布置沒？他們当时破坏到咱們的工作沒？当时，他提旅長，未得美、日、蒋的直接援助。一九四六年到一九四八年則大不同。一九四九年起义后并未將所留用之旧人及蒋美特务关系交出。許多人偏袒左協中，对否？

蒙古剧团到汉人地区，不敢唱蒙歌，說蒙話，称人"巴格舍"都弄下問題，是否大汉族主义作怪？您知道嗎？

布　礼

赵　通　儒
1965·11　3·

附件2：

×××揭发烏兰夫与习仲勳的黑关系

內蒙党委書記烏兰夫在北京和习住在紧鄰，习对烏的老婆、孩子很照顧，請烏的子女吃飯、游玩。

一九五八年（实际是一九六一年）习西北之行，中央并沒有讓他去內蒙。习也去了，但回到北京給中央的报告中，却不提內蒙的問題。一九五九年习會帮助內蒙解決有关財金和建筑物等問題。

一九六〇年有一次习突然讓我跟他一起去民委汪鋒那里吃牛肉泡饃。习故意步行前往，表示事忙迟到，当时有賀龙、烏兰夫、汪鋒等人，行动特殊，不象一般請客吃飯。

7

当代王爷乌兰夫与伪新三师

——乌蘭夫抗日时期罪惡史之一

前　言

我們最敬爱的偉大領袖毛主席亲自发动和領导的史无前例的无产阶級大革命，把盘踞在內蒙古的以乌兰夫为首的一小撮反党分子揪出来了。这是一件大快人心的好事！乌夫兰反党集团是无产阶級的兇惡敌人，他们为了实现复辟資本主义 搞独立 王国的美夢，肆意篡改历史，不遺余力地美化伪新三师，把地地道道的国民党部队——伪新三师标榜为"抗日旗帜"，把乌兰夫在伪新三师的反革命历史，篡改为革命的历史，肆无忌憚地把乌兰夫这个反革命修正主义分子，民族分裂主义分子，各族人民的大叛徒，打扮成"老革命"、"蒙古族人民的偉大領袖"。瘋狂地反党、反社会主义、反毛泽东思想。为其阴謀篡党、篡政、篡軍，分裂祖国統一，大作反革命的興論准备。是可忍，孰不可忍！

今天，我們必須堅决彻底地把乌兰夫顛倒的历史再顛倒过来！把乌兰夫在抗日时期的罪惡史拿出来示众！

烏　賊　同　党　的　大　聚　扰

"七·七"事变前夕，日寇野心勃勃，欲吞綏蒙，进而灭亡全中国，蔣匪帮屈辱退讓，拱手讓出大好河山，而蒙奸德王尤甚之，竟然引狼入室，認賊作父，成了日本帝国主义的忠实走狗。但是在我們偉大的領袖毛主席和中国共产党的領导下，紅軍長征取得最后胜利，党所領导的全国人民的抗日救亡运动蓬勃发展。毛主席說："在日本炸彈的威力圈及于全中国的时候，在斗爭改变常态而突然以汹涌的陣勢向前推进的时候，敌人的营壘是会发生破裂的。"在全国人民抗日 救亡运动的高潮中，"百灵庙暴 动"的发生，就是反映着反动派內部这种破裂的最初演示。云繼先（烏兰夫妹夫）、朱实夫等一伙野心家，本是蒙奸德王的忠实走狗，后因未得重用，反受排挤，发生了日益尖銳的內部矛盾。盘踞在內蒙古西部地区的傅作义集团，为了扩大地盘，巩固自己的統治，利用蒙奸德王的內部矛盾，积极支持云、朱等人，于一九三六年初策划了一次暴动——"百灵庙兵变"。事变后云繼先、朱实夫带領蒙奸德王保安总队八百余人离开了百灵庙，屯兵毕克齐。傅作义对这支拉出来的部队强行改编后，收容为自己的所屬力量。一九三六年秋，云繼先这个喝兵血的流氓惡棍，貪汚軍餉二万余元，使領导集团內部爭权夺利的矛盾发展到更加尖銳的程度，不久便挑起了飢兵譁变，云繼先被打死，士兵百 余人逃散，三百余人投降蒙奸德王，剩余三百余人在朱实夫带領之下，离毕克齐进駐归綏（呼

8

和浩特）。这支刚刚建立的傅作义新军，不到半年就土崩瓦解了。

朱实夫这个野心家，收容了三百余人进驻归绥后，一心谋图重整旗鼓，扩大实力，独霸一方。但是由于譚变以后，傅作义不再拨付军费，使这支保留下来的三百余人的残部，面临着无援无济即将解体的危机。朱实夫为保存这批"力量"，以图日后发展，不惜倾家荡产，把自己搜刮而来的款、物尽数投入（大洋七百元、金、銀、手飾若干）维持残部生活。"物以类聚，人以群分。"白海峰乘此之机，积极串通朱实夫、乌兰夫，依仗国民党反动大军阀、日本帝国主义的走狗何应欽的支持，摆脱了无依无靠即将散伙的危机。从此，白、朱、乌便張起反动的民族主义旗帜，依靠从蒙奸德王分裂出来的王公貴族、兵痞、恶棍，繼續网罗民族败类，糾集狐朋狗友，招兵买馬，极力发展这个反动集团的势力，经过一番紧張的扩充和筹划，于一九三七年初宣告成立了伪蒙旗保安总队，这就是伪新編第三师的根基。

白、朱、乌一伙叛徒同出一轍，都是为着一个宗旨——发展自己的实力，将来独霸內蒙古，建立"大蒙古帝国"，可謂志同道合。因而乌贼很得白海峰器重，一到伪蒙旗保安总队就当上了少校科长，不久又晋升为中校科长。从此乌贼便成了谋图分裂祖国統一，响往建立"大蒙古帝国"的一员能欺善騙的头目之一。

伪蒙旗保安总队共有五百余人，設有司令部、政訓处、軍訓处、参謀部等机构，下有两个大队。主要头目有：

总队长：白海峰（伪新三师师長）。黄埔军校第一期毕业生，国民党党员，复兴社分子，留苏学生（与乌贼留苏相識），大革命时期混入党內，不久叛变投敌，是何应欽的忠实走狗，军统特务头子戴笠的朋友，国民党中央委员。他的一生是死心踏地的反党反人民的一生。

軍訓处主任、兼第二大队队長：朱实夫（伪新三师副师長，兼第二团团長）。黄埔军校第四期学生、国民党党员、留苏学生（乌贼留苏同学）大革命时期混入党內，不久叛变自首，是个出卖同志的叛徒。在蒋介石掀起反共高潮中，充当了鎮压革命的馬前卒。

政訓处長：紀貞甫（伪新三师政治部主任）。国民党军统特务分子，复兴社分子，經常往返重庆、西安、武汉等地，干着反共反人民的罪恶活动。是个吃喝嫖賭抽大烟的流氓恶棍，一九四九年全国解放前夕，跟随蒋介石逃往台湾。

政訓处科长：云泽（乌兰夫，伪新三师政治部代主任）。大革命时期混进共产党，曾受叛徒瞿秋白训导，学了一套贩卖投机的本领，回国后叛变自首，并充当了国民党特务机关的情报员。一九三七年以欺騙手段重新混入党內。自称是伪新三师"地下党"总負責人。留苏前参加国民党，是国民党伪新三师特別党部总干事。

軍訓处科长：云蔚（伪新三师骑兵連連長，后提升团長）。是个吃喝嫖賭抽大烟，喝兵血、搜民財的流氓恶棍，云丽文的三叔。曾入乌記"地下党"。解放后与乌贼、奎贼（奎璧曾在保安总队任政訓处干事）关系甚密，被拉入党內，窃踞了重要职位，现为黑帮分子。

9

紀松林：（伪保安总队第一大队队长，以后是伪新三师第七团团长），蒋介石講武学堂学员，国民党党员，留苏学生，早期混进共产党内，不久成了可耻的叛徒。曾是乌記"地下党"負责人之一。

这伙野心勃勃的叛徒、特务、流氓惡棍汇攏在一起，也算是一批"力量"，他們在网罗民族败类，社会渣滓的基础上，建立了伪蒙族保安总队。随后又在抗日高潮中，投民族危机之机，建立了伪蒙族独立旅，狂热地发展自己的实力，挖空心思，不择手段地經营着"大蒙古帝国"的奠基石——"蒙古族的軍队"。

伪蒙旗独立旅的建立

一九三七年秋，日寇的铁蹄踏入了綏远省，白、朱、紀、乌这群号称成吉思汗的子孙，不遗余力地干着继承成吉思汗"光荣"，妄图建立"大蒙古帝国"的野心家，中国各族人民的大叛徒，丝毫没有抗日之念，在日寇侵入归綏前夕，他们为了保存实力，惟恐与日寇遭遇，提前撤离守地，急急向后逃窜。他們路經固阳、包头，南渡黄河，到了伊盟达拉特旗展且召附近。白等一伙認为北有黄河天險，日寇短时不会进击，决定在此停留几日，稍加喘息，再行南逃。当地王爷（康王）得知此信，惟恐这支残兵危害自己利益，便立即带領騎兵把白部包围驅其出境。这伙在抗日前线一枪未放，望风而逃的稀泥软蛋，被康王騎兵的突然袭击吓得惊恐万状，不知所措。白等一伙为了逃命，糾集战无不败的全部人馬，鳴砲突圍，康王听到砲声未敢冲击，白部乘机窜出重圍。康王騎兵见白部官兵急于逃命，所带物資尽全扔下不願，便阻击一陣放其南窜，脱离达旗之境。

在展且召突圍中朱实夫中彈受伤，少数残兵被击毙，沿途掠夺的粮食、衣服等全部丢弃，被康王所得。所以，这支潰不成軍、給养丢失一空的亡命之徒，在向陕西府谷南窜时，更加穷凶恶极，奸淫搶掠，无恶不作，其所經之地几乎无不被搶劫一空。他們的罪恶与其他国民党反动軍队相比，有过之而无不及。（这些罪恶就是政訓处中校科長乌兰夫的"功績"）

一九三七年十一月，白部官兵逃到了远离华北抗日前线的陕西府谷哈拉寨。在潰逃中，再未遭遇任何激战，但千里之行疲于逃命，已使这伙土匪狼狈不堪。白等一伙野心家在逃跑途中，仍然不忘扩大实力，沿途收容了一批吃粮当兵的社会渣滓，兵員人数大有增加，造成了軍需給养无法解决，恶习遍于全軍，加之領导集团内部勾心斗角，矛盾重重，使这群七零八落的乌合之众，面临着孤軍无援，土崩瓦解，各奔前程的局面。这时，以白海峰为首召集了一次旅、团長官会議（乌兰夫当时是会議的主要决策者之一），索性抛弃一切伪装，公开打起对外妥协投降，对内反共反人民的旗帜，决定投靠人民公敌蒋介石，会后便由旅長白海峰，政治部主任紀貞甫同赴重庆，投靠国民党流亡政府，白走后由亲信紀松林代理旅長、云泽（乌兰夫）代理政治部主任。乌兰夫这个无限效忠国民党的奴才，在得知八路軍一二〇师駐地鄰近哈拉寨后，便急急忙忙攛去欺騙，說他在留苏回国以后，党的关系一直在外蒙，现在失去联系急需与国内党組織取得联系。幷說他在蒙族保安总队以中校科長职务作掩护，从事党的工作，发展了不少党員，已控制了該部队行动，等等。以此 赚取了我一二〇师的信任， 供給了白 部一些物資，使得烏賊在白海峰面前立下了一次雪中送炭的汗馬功勞，为其升官发財又舖了一层堅实的阶梯。同時，烏賊通过一二〇师与中共 西北局取得了联系， 經原西北 局李登澄（現任西北局农工部長）赚取了党的組織关係，弁隱瞞了早在一九三二年叛变投敌的罪恶历史，重新混入党內。

經过一番奔波，这支一潰千里的恐日部队不仅稳定下来了，而且有很大发展。他們招收了一批流亡青年学生，又收容了一批新兵，兵員人数增至八百有余。白、朱、紀、烏一伙热衷于发展实力的野心家，原来沒有抗日之念，現在一如既往，抗日只是这伙政治投机分子用来欺騙人民，发展反动集团势力，实現个人野心的手段。他們在哈拉寨打着抗日招牌，大吹大擂进行了风行一时的欺騙宣傳，赚取了抗日的美名和資助。巩固和扩大了部队以后，对日采取不抵抗方针的本質便彻底暴露无遺了，这支用人民血汗壮大发展起来的軍队，不是人民的軍队，是地地道道的国民党軍队。

他們在养精蓄銳以后，不但沒有开赴抗日前线，反而繼續后撤逃跑。一九三八年一月撤离哈拉寨，退至山西河曲。白、朱、紀、烏之流依仗打着 抗日招牌撈来的資本，封官加赏，宣告了伪蒙旗独立旅正式成立。

蔣家王朝的看門狗

白海峰到了重庆，以叛徒效忠主子的殷勤，换得了人民公敌蔣介石的欢心及其卖国政府应許撥付軍餉，补給枪支彈药，弁由伪国防部正式收容为国民党中央軍，授令駐防伊盟。从此伪蒙族独立旅即以后扩編的伪新三师，便成了蔣家王朝的看門狗。

一九三八年六、七月間，白海峰結束了重庆之行，帶着蔣介石反共反人民的旨意和伪国防部指定駐防伊盟的命令，返回旅部所在地神木。这个蔣介石的忠实奴才，回来以后一絲不苟地执行了蔣介石反共反人民的旨意，随之便將从重庆帶来的国民党特务包景华安插在参謀部任参謀长，其他三个相跟而来的軍就特务，也被塞入政治部任科长、干事等要职。不久，国民党的組織便在旅、团、营各級机构中建立起来了。使这支反动的軍队又增添了一股反动骨干，从而变得更加反动了。

对伪国防部指定駐防伊盟一令，白、朱、紀、烏一伙忠实走狗，遵循蔣介石对日不抵抗，对解放区严加封鎖的意旨，根据当时伊盟沿河地区已被日寇侵占，准格尔旗大营盘一带也有日寇进击的情况，于一九三八年下半年撤离神木，开赴当时日寇兵力远远不及的大后方、我陕甘宁边区的东北前沿——扎莎克旗。他們选择扎莎克旗和鄂托克旗东部作为基地，以发展实力为宗旨，提出了"扩大部队，巩固部队"的方针；以封鎖解放区为主要任务，忠实地执行着蔣介石反共反人民的政策。事实非常清楚，这个所謂的駐防，矛头不是指向日寇，而是指向中国人民的抗日基地——中国共产党領导的解放区。

一九三九年至一九四一年，在蔣介石掀起的反共高潮中，白、朱、紀、烏这群效忠国民党的哈巴狗，在蒙族首創国民党組織，白海峰被推为主任特派員，弁呈請蔣介石批准。烏兰夫也官运亨通，当上了"国民党新三师特别党部"总干事。这支反动軍队颇頻

11

向我八路军挑衅，有意制造摩擦，妄图破坏抗日民族统一战线。干了这些滔天罪行以后，还惟恐所行不力。他们为了更残酷地镇压革命，开办了军政训练班，积极培植反动的军政骨干，为伪中央成都军官学校和胡宗南在西安开办的"七分校"输送反共爪牙。乌兰夫就是这个训练班的主要头目之一。他为蒋介石反共反人民卖尽了力气，立下了汗马功劳。

抗日无能，害民得力

伪新三师进驻伊盟扎莎克旗以后，不是改善人民生活，而是照旧压榨人民，使人民呻吟痛苦，无力抗日。白、朱、纪、乌一伙野心勃勃的实力迷，为了进一步发展自己势力，提出了"扩大部队，巩固部队"的方针。他们不惜置伊盟人民于水深火热之中，抓丁要粮，疯狂搜刮民脂民膏，极力扩充人马，积蓄物力、财力，不择手段地残害和盘剥着伊盟人民。

以白海峰为首的领导集团一到伊盟，便与当地王公贵族、地主、牧主互相勾结，狼狈为奸，残酷镇压革命，合伙榨取人民血汗。乌兰夫就是残害伊盟人民的罪魁之一。他到伊盟以后，以政治部主任的身份不止一次地进出沙王府和图王府，与反动王爷秘密勾结，多次密谈，极力宣扬和贩卖民族分裂主义黑货，无条件地迎合上层反动统治集团的利益，为王公贵族、地主、牧主奴役和榨取人民血汗出谋划策，为伪蒙旗独立旅分享盘剥所得，进行讨价还价。他是残酷榨取伊盟人民血汗的策划者和参与者。在扎莎克旗和鄂托克旗东部，不足三万人口地区内，伪蒙旗独立旅（以后是伪新三师），每年通过沙王和图王向人民掠夺的粮食，达百万斤之多，每人平均负担三十多斤，每户百余斤。除了要粮以外，还要宰牛杀羊，要马要骆驼，抓差服役，农牧民所有物品，他们几乎无所不抢。这一伙创子手，为了把一个骑兵连扩大为一个骑兵团，一次就向农民抢劫好马240匹，为了驼运物资把扎莎克旗全部骆驼抢光，以至断了种。他为了扩充兵员，大量抓丁，被抓来的贫苦农牧民阶级兄弟，因为忍受不了饥饿和毒打，大批逃跑。这些逃出的阶级兄弟，被抓回以后，便遭残害，有的割耳朵，有的枪毙，有的活埋。有一次共跑了十二个人，抓回后统统枪毙。据一个团统计，一年就杀害了三十三人。这伙抗日无能，害民得力的土匪，逼得农牧民妻离子散、离乡背景、啼饥号寒。人民中流传着"老西军走了新三师来，压得老百姓活不出来。"的歌谣，可见白、纪、朱、乌一伙罪恶之大，真是罄竹难书！

伪新三师是一支野蛮的土匪，真可谓头顶长疮，脚底流脓，坏到底了。当官的每月薪饷大洋几十几百，还要敲榨勒索民财，贪污军饷，克扣士兵。白海峰这个中将师长还兼营行商，是个资本雄厚的大边客；政治部科长齐希古是个大强盗，他与乌贼以抗敌后援会的名义，在桃力民设了一个关卡，专门抢劫甘肃、宁夏到包头的客商，仅两年时间，他们就截获150个骆驼队，抢掠敲榨的物资占过往商人所带商品的百分之五十。有一次他们抢劫甘肃商人89个骆驼垛子布疋、绸缎，齐希古一人吞食17垛子；乌兰夫是个大刽子手，经常吃空额，甚至不择手段地利用抗日名义，搜刮民财，贪污渔利。一九三

12

九年,乌贼以抗敌后援会的名义,组织了一次大规模的"缉私"活动,他从中贪污五千多元。类似上述营私舞弊,大发其财的人,几乎大小官员人人皆是。

当官的大发国难之财,过着吃喝嫖赌、抽大烟的糜烂生活,当兵的每月只给几个大洋的生活费。他们是一群穷凶极恶,奸淫抢掠,兽性难移,无恶不作的恶狼。人民中流传着:"好马骑不成,好婆姨娶不成","新三师是老百姓的害,不是抓鸡就是捞白菜"的民谣,可见这伙匪兵淫乱和抢掠的程度已为极甚。农民把经过重重盘剥和抢掠所剩无几的粮食,不敢放在家里,偷偷埋在野外,就是这样有的还被匪兵挖出抢走。家里养的鸡、猪、羊抓住就宰,口说照付官价,几十斤重的猪、羊抢去,好的只付一、两块钱,否则便是一文不给。有的农牧民找其上司讲理,非得仗义,反遭毒打,那有人民讲理之处?有一次匪兵到台盖什里老贫农刘安安家要草料,用髒鞭杆在刘家的菜缸里乱搅,老汉说:"老先生,你们把菜捞走了,连菜汤也不让我们喝了。……"没等老人说完,伪兵便打,老人仇恨积在心头,奋起反抗,全家老小和伪兵大干交手仗,伪兵狼狈逃走。次日便叫来二十几个匪徒,开枪把刘家大儿子打死,其余三人被打伤。这群大小强盗、流氓恶棍对伊盟人民就是如此残害屠戮!

伪新三师对人民凶残如狼,对日寇却恐惧万分,一再退让,以至投降,一九三八年至一九四一年,他们蛰居抗日后方,从未主动对日寇采取任何战斗行动。一九三九年曾派一个骑兵连开赴达拉特旗新城抗日前线,时隔不久便全连人马投降了日寇,受到轰动包头全城的夹道欢迎。这次投降事件的发生是与伪新三师内部有着密切联系的,连长云璧瑶是乌兰夫、纪松林的亲信,他在投降日寇时带走了全连人马,只留该连指导员寒峰(乌兰夫亲信,现为黑帮分子),一人重返伪新三师。乌兰夫、寒峰、纪松林等人,以及师长白海峰,为了拉条皇军的内线,以求将来皇军得势之时好有后路,所以不但对云璧瑶叛国投降敌事件默默不语,而且,给云照发薪饷,对其妻格外照顾,关心备至。由此可见,伪新三师不仅是地地道道的国民党军队,而且是随时准备投降日寇的。

一九四○年,在毛主席、党中央亲自领导的人民革命战争的严重打击下,日寇已经无力再作大规模的军事进攻,因而敌我形势已处在战略相持阶段。伪新三师一伙善于投机的领导集团,为了捞取抗日的美名,在日寇已无进攻能力的情况下,派出了一个团到达拉特旗新城一带驻防,时间不长,由于领导集团内部争权夺利,发生内讧,便又撤了回来。同年国民党一〇一师在达旗阻击日寇,这伙废物以一个师的兵力对付日寇一个团仍感不敢对手,四处告急求援,伪新三师见有利可图,便派了一个营去支援。这次总算不错,放了几枪、几炮,抢了一些面粉,从而受到蒋介石的嘉奖。这就是伪新三师唯一的"光荣"的"抗日功绩"。

乌记 "地下党"

乌兰夫是托洛斯基分子和大叛徒瞿秋白的忠实门徒,他十分狡猾,善于投机,是个地地道道的反革命两面派。一九三二年在蒋介石的屠刀下叛变投敌，成了可耻的叛徒、国民党特务机关的情报员，干着反共反人民的罪恶勾当。"双十二"事变以后，蒋介石在全国人民强烈要求停止內战，一致对外的压力下，不得不暂时收敛一下张牙舞爪、穷凶极恶的反共嘴脸。于是乌兰夫这个反革命两面派见有机可乘，为实现"大蒙古帝国"的野心，大作組織准备，招降納叛，張罗建立"共产党"的組織。

一九三七年乌贼混进伪蒙旗保安总队以后，首先把大叛徒白海峰、朱实夫、紀松林等人拉入同伙，并以这四个叛徒为核心，收罗一批特务、兵痞、流氓，拼凑了一个挂着共产党招牌的乌記"地下党"，并打着这面破旗，到处招搖撞騙。一九三七年底，由于日寇进攻，伪蒙旗保安总队一潰千里，跑到陝西哈拉寨。乌贼这个能欺善騙的大叛徒，与中共西北局取得了联系，拉上了党的关系。这个'地下黑党'入党手續簡便，随便說一声或写个紙条就算正式入党了。；什么叛徒、特务、伪軍官、大地主、大官僚等都成为"地下党"吸收的对象，大拉裙帶关系，且以士旗蒙族居多；奋斗目标是坐汽車，住洋房，吃好的；"地下黑党"名为地下，实则公开，除士兵不清楚以外，伪軍官无一不知。

一九三八年四、五月間，乌贼随伪蒙旗独立旅到了神木，很快又和伊盟工委赵通儒（高崗反党集团的骨干分子，現被管制）拉上了关系。这两个坏蛋同出一轍，臭味相投，都是托洛斯基分子的徒子徒孙，見了以后格外亲热。不久赵通儒又把乌贼介紹給高崗、洛甫（張聞天，当时在党中央工作）等人，这伙混进党的中央領导机构中的托派分子和反党分子，对乌兰夫非常贊識，倍加重用，不久便被召回延安参加党的重要会議。乌贼在延安亲受高崗反党集团的密旨，返回伊盟与反党分子赵通儒紧密合作，肆无忌憚地干着反党、反毛泽东思想的罪恶勾当，忠实地执行着高崗反党集团的"通过上层，深入下层，保护王爷，共同抗日"的投降主义总方針和王明的"一切經过統一战线"的投降主义路线。

在高崗反党集团的支持下，使乌贼一手培植起来的"地下黑党"取得了合法地位。从此，野心勃勃的反革命两面派乌兰夫，便更加热衷于发展"地下党"的势力，为其在伪新三师爭权夺利和在高崗反党集团面前討封受賞，大作組織准备。这个"地下党"曾盛极一时地进行了一次大发展，人数大增，弄得乌贼連准确数字也掌握不到，只好以百八十个来概括，其成员之复杂，更是无法分类，叛徒、特务、官僚、地主、流氓、恶棍、土豪、劣绅，五花八門，无奇不有。乌贼搞"地下党"的宗旨是：招降納叛，結党营私，大搞政治投机，拉着共产党的关系，干着效忠国民党的勾当，看风使舵，唯利是图。他把国民党中統、軍統特务拉入"地下党"內，討了个国民党伪新三师特别党部总干事的职位。"地下党"总头目兼国民党部总干事，这个独特的一体化，也美其名曰"国共合作"。

乌贼在伪新三师开展的所謂抗日宣傳，大肆吹捧蒋介石的所謂"全国精神总动员""是我們委員长叫咱們每一个人从良心上抗战"，还說什么"无論怎样反共也不能讓日本横行到底"等等，其眞心反共，无限效忠蒋介石，美化国民党的丑恶嘴脸，不打自招地暴露无遺了。

14

乌贼"地下党"与伊盟工委的关系十分密切，他们打着"国共合作"的招牌，把伪新三师的高级军官、特务以及赵通儒的拜把弟兄，地主、牧主、士豪之类的"人物"，常常请到八路军骑兵团的驻地，一起聚餐，往来频繁，亲密无间，亲如手足。随着"友谊"关系的发展，继乌贼与伊盟工委的坏蛋赵通儒、杨一沫等紧密勾结，极力推行"通过上层，深入下层，保护王爷，共同抗日"的投降主义总方针，不久这伙坏蛋又与伪新三师的白海峰、纪贞甫、纪松林等叛徒、特务串通一气，组成伊盟五人绥蒙军政委员会，打着抗日的招牌，极力发展反共反人民的地主武装，镇压革命群众，妄图独霸伊盟，与此同时，乌贼又指使齐希古伙同赵通儒及大地主、地头蛇杭寿春组成桃力民抗敌后援会，向人民横征暴敛、敲诈勒索，刮尽了民脂民膏，对伊盟人民犯下了滔天罪行。

一九四一年，中国人民在战无不胜的毛泽东思想指导下，由中国共产党领导的人民抗日战争进入了一个新阶段，日寇被淹没在人民战争的汪洋大海之中，面临着灭顶之灾。隐居抗日大后方的蒋介石，见此形势，如坐针毡。他对人民力量的蓬勃发展恐惧万分，恨之入骨，竟冒天下之大不韪，置抗日民族统一战线于不顾，掀起了反共反人民的高潮，纠集数十万匪军杀气腾腾地把解放区团团包围，肆意进攻，妄图消灭共产党、八路军，破坏抗日战争。伪国防部在蒋介石掀起的反共高潮中，为更好地控制伪新三师，立即发出命令，调往甘肃进行整训。对于整训一令，当时在伪新三师内部引起了广泛反映，首先是士兵由于多是伊盟或乌盟人，他们不愿远离乡土西调，领导集团内部一些成员也曾表示"整训"不是好事，不愿赴甘肃，白海峰当时处于犹豫不决之境，在这紧急关头，根据当时士兵情绪和领导集团内部的不同反映，通过宣传鼓动工作，是有条件把这支部队拉向左转，就地靠拢八路军的，但是忠实执行高岗反党集团和王明投降主义路线的叛徒乌兰夫，此时却一言不发，对争取和分化这支部队的工作一点也没有作。最后，伪新三师经反动军阀胡宗南匪部清洗改编为整编骑二旅，充当了蒋介石进攻解放区的急先锋。

乌贼在伪新三师撤离伊盟时，惟恐蒋介石不会赏脸，便急急忙忙向其主子高岗求救，经精心策划，乘伪新三师西调之机，假借上级党组织名义，以"乌兰夫同志身份已暴露，不宜留在部队工作"为名，"调乌兰夫回延安"。随后，乌贼便向他的"地下党"宣佈"撤走后党组织解散，不能以党员身份互相接头，不能活动，可以以交朋友的方式活动。""队伍里的党员一律限部队走，一个也不许留下，否则我们的人再往里打就不容易了。"并假借上级党组织名义说："这是上级决定，一切抗日，不能破坏统一战线，要服从上级决定。"最后又进行欺骗说："我走后，很快派人和你们联系……"等等。就这样乌贼为他的"地下党"唱完了葬歌。除了两个从延安派来的同志未听乌贼鬼骗外，其余的全部按照他的意旨，去充当蒋介石反共反人民的工具了。

乌贼草草处理了脱身的事宜以后，惟恐逃跑途中不安全，便找赵通儒为他保驾。赵便毛其拜把弟兄乌审旗反动王爷奇玉山（蒋介石干儿子，解放后被镇压）派兵护送，乌贼才带着老婆孩子一齐溜出伪新三师。这个对共产党充满了仇恨的叛徒、反革命分子，对延安当时在蒋介石反动派经济封锁之下，物资供应困难的艰苦生活环境望而生畏，根本无意去延安，他决定背向延安往家里逃。临行前派专人回家探听情况，带回来的是

15

"无论如何不能回来"的丧讯，这时乌贼在走投无路的情况下，才不得不倒转军头奔赴延安。这就是乌贼离开伪新三师的真实情况。解放后，他说什么"工作需要"撤回延安等等，统统是颠倒黑白的鬼话。

乌兰夫在伪新三师的历史是地地道道的反革命历史。解放以后，这个人民公敌，肆无忌惮地篡改历史，说什么："百灵庙兵变"是"乌兰夫同志亲自指挥"的"打响华北抗日第一枪"的"伟大历史事件"；"由于乌兰夫在新三师开展工作，使一支敌人的军队，变成了一支积极抗日的力量"；"新三师在抗日战争中保卫了伊盟"等等，不一而足，都是十足的弥天大谎。更为猖狂的是，这个各族人民的大叛徒，民族分裂主义分子，反革命修正主义分子，竟然把他在伊盟与反革命分子合伙残酷镇压革命的遗物，搬进内蒙博物馆大加展示，把这些沾满革命人民鲜血的罪证，说成是"乌兰夫同志在伊盟搞地下工作时的遗留文物。"乌贼反党集团为了阴谋篡党、篡政、篡军，分裂祖国统一，如此篡改历史，是可忍，孰不可忍!?"金猴奋起千钧棒，玉宇澄清万里埃。"在伟大的无产阶级文化大革命中，让我们高举毛泽东思想伟大红旗，打一场大批判的人民战争，彻底揭露和批判乌贼的反革命历史，清算他的滔天罪行，把乌兰夫这个反革命修正主义分子斗倒、斗垮、斗臭，叫他永世不得翻身！

后　记

一九四一年，伪新三师被反动军阀清洗改编为骑二旅以后，这支匪军更加法西斯化了。一九四三年参加了镇压甘肃榆中县农民革命运动。一九四七年进犯我西北解放区，被我英勇的人民解放军痛击，丧失了主力，残部在我解放战争进入全面大反攻阶段后期，蒋家王朝即将土崩瓦解之时，向我军缴械投降。

一九四一年，乌贼逃回延安后，在高岗、张闻天的庇护下，混进党中央机关。初任延安民族学院教务长，一九四五年，乌贼在高岗反党集团的支持下混进去，"七大"并窃取了中共中央候补委员的职位，成了高岗反党集团打入中央机构的一员得力干将。

附件1：

乌兰夫对伪新三师的无耻吹捧

按：乌兰夫集团这伙无产阶级的凶恶敌人，正如毛主席所指出的那样："他们有长期的阶级斗争经验"。为了实现复辟资本主义搞独立王国的美梦，他们不遗余力地美化伪新三师，自我吹嘘，疯狂地作反革命的舆论准备。

我们把乌贼在一九六四年二月十一日对《内蒙古革命史》编写组同志所讲的吹捧伪新三师的部分黑话公布于此，把他的丑恶嘴脸拿出来示众！乌贼的这篇黑话，虽然字数不多，但却恶毒至极。其要害是反对毛主席和中国共产党，为国民党反动派涂脂抹粉，为自己歌功颂德，为复辟资本主义作舆论准备。我们必须予以彻底批判。为了使读者更清

16

晰地看清乌贼的丑恶本质，我们在适当的地方加了评注，以供参考。

"新三师成立以后，保卫了伊盟，……作用是很大的。"

（评注：党和毛主席领导的我八路军指战员，在抗日战争中发动群众，武装群众，坚持抗日民族统一战线，打退了日伪的多次进攻，粉碎了蒋匪——包括伪新三师——的蓄意挑衅，这才是真正地保卫了伊盟。而伪新三师专横拔扈，横征暴敛，奸淫抢夺，对伊盟人民犯下了滔天的罪行。）

"新三师在伊盟，继承了百灵庙的精神，又把抗日的旗帜树立起来了，稳住了伊盟的上层。"

"新三师是很厉害的。那时国民党军队还没有火炮。日本人的坦克、装甲车又没有办法冲进伊盟沙窝里去。因此，几次打了日本兵。郭长青的部队，还有什么自卫军等等，这些国民党军队，日本兵一来他就跑了，日本兵一走，他又来了，老百姓很讨厌国民党军队。是新三师保卫的伊盟。新三师也有错误，譬如统战政策上犯了错误，杀了一个小王子，使上层对新三师很害怕。""日本进攻伊盟四、五次都把他打垮了。"

"新三师和八路军配合在抗日战争里，为了保卫伊克昭盟，起了一定作用。"

（评注：把反动的伪新三师打扮成抗日英雄，也仍然掩盖不了他的反革命实质。伪新三师就是地地道道的国民党反动军队，它用它的罪恶行动作了最好的说明。乌贼贪天之功，据为己有，把打退日寇四、五次进攻伊盟的功劳记在伪新三师的帐上，把与日寇无一交锋，在日寇的淫威下一溃千里的反动部队美化成"很厉害的"抗日部队，何其卑鄙！又何其毒也！）

"新三师名义上是国民党的，实际上是在党的领导下的。有百八十个党员，成立党务委员会，总书记是我。是和延安直接联系的。新三师的干部都是党员，团长王云龙……等。克力更、寒峰、乌兰都在那里，克力更是指导员。我就在那里做政治工作，军事干部，政治干部，我都训练。我们还在伊金霍洛搞了一块小根据地。在那里，基层工作做得很彻底，在哈拉寨时碰到甘泗淇，他说这一手抓得不错。一抓军队，国民党也就不敢抓我了。毛主席说要注意抓军队，正确。我在绥远时国民党通辑过六、七次。当时日本在各盟旗都设有顾问，就在于新三师驻在伊盟，伊盟各旗都没有日本的顾问。"

"如何搞民族武装，如何发展党员，如果过去在伊盟即有搞根据地的思想，那么到了延安以后，进一步学习毛主席著作，这思想就更加明确了。"

（评注：这完全是乌贼的黑话。什么"成立党务委员会"，"做政治工作"，"搞了一小块根据地"，"搞民族武装"等等，统统是反语。是乌贼的"高级黑话"，是乌贼招降纳叛，大搞民族分裂的自白书，也是他推行反党活动的铁证。你看他手舞足蹈自吹自擂，竟达到得意忘形的地步。最后终于原形毕露，呲着毒牙，吐着毒液，向我们的伟大领袖毛主席进攻。是可忍，孰不可忍！）

"白海峰在共产党这方面是动摇的，但在抗战上是积极的。并且不能说白海峰反动。那时我们都在新三师，他都知道。国民党拍电报通知他说：'云时雨（即乌兰夫——

17

編者）是共产党员，要抓他正法'。还拿这个电报条子給我看过，說'这不是胡扯嗎?'幷把国民党顶回去了。他参加过'六大'，新三师时还沒有恢复党籍，是动摇的，不可靠的，但动摇就有争取的可能。他不是乌兰夫，而是白海峰，但确实也掩护了我們。"

"后来新三师离开伊盟是另一回事。那与当时的右傾机会主义有关。我們撤了出来，国民党就把白海峰拿了去了。但是国民党不信任他，把他搞垮了。国民党把新三师調到西安，把白海峰起家的两个嫡系团調走，給了胡宗南手下的两个团。結果和日本人一打，垮了，白海峰就成了光杆司令，跑了。"

（評注：白海峰是共产党的叛徒，是何应欽、戴笠的走狗；他又是国民党中央委員，伪蒙党务主任特派員，三青团蒙旗支团干事長，复兴社分子，說这样的人不反动，与赫修說肯尼迪"关心和平"有何区别？白海峰又是乌贼"地下党"的負責人、后台老板，和乌贼是一丘之貉。过去白海峰包庇乌贼理所当然，今天乌贼美化白海峰也不奇怪——叛徒就是包庇叛徒。）

"我是一九四一年回的延安。回延安一方面是自己学习一下，整理一下，一方面是培养干部。自一九二九年回来，十三年了。李振华、寒峰、克力更、乌兰等都是从新三师走的。"

（評注：乌贼作贼心虛，极力掩飾他执行老机会主义分子王明投降主义路线的罪行。毛主席說："我們的方針是統--战线中的独立自主，旣統一又独立。"乌贼却对抗毛主席的指示，在伪新三师里与白海峰等狼狽为奸，作尽坏事，最后只得灰溜溜地逃了出来。然而历史的审判是无情的，乌贼想逃是逃不掉的，今天，亿万革命人民就將庄严地审判乌贼的滔天罪行。）

附件2:

×××談伪新三师片断

伊盟独立队即新編第三师，是国民党的一支部队，我们有十多个党員，在里边工作，师長白海峰，系地下党員，但不堅决。乌兰夫是該师政治部組織科長，具体負責地下党的工作，党的关系直接归中央联絡部王若飞領导。

这支部队国民党要調甘肃整編，乌兰夫同我商量过，当时提出两条意見，一是調走，二是拉一部分队伍到延安，打电話請示高崗，經高崗与洛甫（張聞天）商量，决定把乌調出（乌身份已公开），部队讓国民党調走，現在看来……。

附件3:

伊盟人民对伪新三师的控訴

（貧、下中农座談会发言摘要）

伪新三师在抗日战爭时期，隐居抗日大后方——伊盟扎莎克旗。他們对日寇的侵略恐惧万分，一再退讓以至投降；对伊盟人民却凶残如狼，横征暴敛，奸淫搶掠，无恶不作。这支国民党匪军，对伊盟人民的残害，达到了登峰造极的地步！

现將我們調查的部分材料公布于众，請革命造反派的同志們一閱，从而进一步了解烏賊吹嘘的伪新三师究竟是一支什么样的軍队。

伊盟扎莎克旗赤勞图一帶是伪新三师最早的盤踞点，这里的群众受害最深，当时流傳着："新三师是地方害，不是抓鷄就是撈白菜。""耕牛养不成，好馬騎不成，好婆姨娶不成，好房住不成，粮草放不成。""官发、民穷、兵討吃，死的是兵，苦的是老百姓，好活的是当官的。"等等民謠。

下面是貧下中农控訴伪新三师罪行座談会的发言摘要：

貧农王成亮（共产党員）說""那时我是一个攬長工的。伪新三师一来，百姓遭殃，强占民房，强欺民女，无恶不作。至今流傳着'伪新三师是地方害，不是抓鷄就是撈白菜。'有百分之三十的戶被迫四处逃亡，跑到鄂托克、杭錦旗去生活。伪新三师是'刮地穷'，他們燒炭不去拉，尽砍沙蒿燒，住了几年把赤勞图、阿魯图周圍的沙蒿砍完燒尽，你們看，四面梁上光秃秃的。植被遭受破坏，草地被破坏，牧业不能发展，耕地沙化，农业不能发展，旧社会的苦，咱一輩子也忘不了啊！"

貧农白俊子（六十一岁）說："有一次伪新三师的一个兵，去刘安安（貧农）家糟踏人家，刘家不讓，一家子跟这个兵动手打起来。后来这个兵又領来二十几个兵，把刘家大儿子打死，三个人被打伤。"

貧农高文海說："伪新三师，那是一摸胡子、二瞪眼的兵，方圓三十里以內的人，据我知道的沒有揍过打的人沒几个。女人有点顏色，都是人家的，男人就是給人家放馬。有个貧农的女儿，被一个姓金的排長霸占着，后来被拐走卖了，他們眞是吃人的活閻王。"

下中农杜兴旺說："伪新三师在我們这个地方住了三年多，把这里的沙蒿掏的沒剩一根，树砍的沒剩一棵，每年不管收成好坏，都得給粮食草料，穷人沒有不受难的。""有一次一个連長喝醉了酒把我的三个缸、一口鍋給砸爛了。"

貧农楊启世等四位老人說："伪新三师尽是些爬皮、二流子，强欺民女，要錢、抽大煙，打老百姓，搶东西，尽是些害人精。""老百姓应差无穷尽，羊、馬、驴、牛想什么时候赶，就什么时候赶，不管你在耕地还是送粪，庄稼荒了也得去应差。走在路上的人被抓住也得去应差，我給新三师抓去好多次，有一次去后套給他們拉粮，一路上挨了不知多少馬棒，一个劲地叫你快走，牲口累死了，他們就在路上搶老百姓的牲口套上再走，穷人的牲口不知道叫这群士匪搶走了多少？！"

"伪新三师的兵是小搶，官是大搶。有一次匪兵截回两个小商販，一个叫李茂，一个叫王黄狗，东西被搶个光，人还得挨槍子，李茂这个小商当时就被活活打死。第一团有一次截回甘肃客商的八、九十个駱駝，只放了三个拉駱駝的人，货物和牲口都給扣下，当官的分了。"

"伪新三师来扎薩克旗时只有六、七百人，后来又抓了不少新兵，新来的兵不給发枪，不給发饷，有的还整天挨打，他們受不下去，就是个逃跑，沒跑出虎口被抓回来的，有的割耳朵，有的活埋，有的枪毙。唉！看了这些真是太惨了。"

紅庆河公社貧农社員張侯良、康有海說：

"新三师驻在我們这里时，官僚、地主、牧主、保、甲长都很得势，就是穷人受压迫，吃沒吃的，穿沒穿的，害得穷人活不出去。新三师来了我們穷人遭了难，在地里耕地匪兵叫你去应差拉粮、拉草，就得卸下牛具赶紧去，稍迟一会儿就是一頓馬棒打得你头晕眼花。有一次我被抓去应差，腿都走腫了，走也走不动了，他們不但不放我回家，还要打着我繼續走。唉！那时人还不如牲口好活呢！"

"新三师当官的报空额吃兵饷，每年把四十岁以下的老百姓叫去，换上軍装点名充数。有的老百姓不会立正和起步走，馬棒就在身上头上乱打，穷人的苦真是无穷尽啊！"

"新三师政治部有个叫云泽的，他們撒过傳单，宣傳打日本，可是，他們驻下只顧害老百姓，三年連一次仗也沒打过。当时云泽整天帶着一个女的（云丽文）在人少的地方轉，不知說些什么。"

阿魯图貧农社員王成亮說："伪新三师在这里把老百姓糟踏苦了，穷人成年累月給他們应差，耕畜不是搶去杀吃了，就是給新三师駄东西，穷人春天尖地（耕地）、种地沒有牲口，找他們去要回应差的牲口，不但不給反而打罵，以后誰也不敢去了。"

"老百姓应差不尽，房子被强占，牛羊被搶去，老婆也被跨走，逼得穷人走投无路，到处逃难，我們这个地方就有三、四十戶穷人家，他們实在活不下去了，只好迁到鄂托克旗、乌审旗去給地主扛长工，这都是伪新三师逼走的啊！"

成吉思汗的孝子賢孙——乌兰夫

反革命修正主义分子、民族分裂主义分子乌兰夫,为了实现建立"大蒙古帝国"的罪恶目的,打着民族分裂主义的破旗,几十年来,他借成吉思汗的幽灵,到处招降納叛,网罗牛鬼蛇神,大树个人"权威",一心想当今日的"成吉思汗"。在反党分子高崗、張聞天的支持下,他窃取了內蒙古党、政、軍大权以后,又与中国的赫鲁晓夫紧密勾结,极力推行反革命修正主义路线,到处安插亲信,設立黑店,在組織上和輿論上大作复辟封建主义和資本主义的准备,妄图一旦时机成熟,通过政变把內蒙古从祖国大家庭中分裂出去,实现其夢寐以求的建立"乌家王朝"的目的。伊盟的成吉思汗陵就是乌賊为复辟封建主义、資本主义,大搞民族分裂活动制造輿論的基地。他在这里肆无忌惮地进行反党、反社会主义、反毛泽东思想的罪恶活动,流毒极为深广,必须彻底清算。

借尸还魂,搞"独立王国"

据历史記載,成吉思汗虽有一定的历史作用,但他是中国历史上最大的牧主和奴隶主,是一个最大的野心家和侵略者。他曾經侵略过欧亚两洲的各弱小民族,所到之处实行搶光、杀光、燒光的"三光"政策,使劳动人民 无法生存。《元史 》中有这样 的記載:"杀戮殆尽,骸骨遍野","十年兵火万民愁,千万中无一二留","无限蒼生臨白刃,几多华屋变青灰"。这些話深刻地描繪出成吉思汗的残暴历史和当时社会的悲惨情景。

对于成吉思汗这个历史人物,我們偉大領袖毛主席早已作过英明的定論:"一代天驕,成吉思汗,只識弯弓射大雕"。可是內蒙党內最大的走資派乌兰夫,出于他的反动阶級本質和个人野心,公然和我們偉大領袖毛主席大唱反調,把 成吉思汗 这个 大野心家,大侵略者,吹捧到九天之上,倍加頌揚。

历史上国內外反动派都想利用成吉思汗的阴魂,愚弄和統治蒙古人民。二十世紀三十年代,日本帝国主义侵佔我国东北領土以后,为了巩固他对蒙古族人民的統治,曾在乌兰浩特修建了一座"成吉思汗庙",大量印发成吉思汗的画像,散播蒙、日是一个祖宗的謊言,妄图制造民族分裂,达到灭亡中国的目的。国民党反动派为了巩固他們的統治,同 样 利 用 成 吉 思 汗这具僵尸,压迫和奴役蒙古族劳动人民。一九三九年五月,伪"綏远盟旗自治指导長官公署"发出《为迁移成吉思汗陵告同胞書》称:"沙王到重庆請求中央政府,为避免成吉思汗陵被敌伪偷盗和敌机轟炸,經中央政府批准,幷派大臣亲自移陵,迁往安全地帶,望广大同胞深刻理解,一心一意团結起来,共同战斗,完成兴国重任,安慰我們的祖先。"幷以邓宝珊 匪军为主,由白海峰的伪新三师配 合武裝护送,將成吉思汗陵迁往甘肃省兴隆山。全国解放前夕,我英勇的中国人民解放軍逼近西北战场时,国民党反动派又于一九四九年,把成吉思汗陵迁往青海省湟中县塔尔寺。

乌兰夫和国內外的阶級敌人是一丘之貉,他頌揚成吉思汗的唯一宗旨,就是为了在

21

內蒙古实现封建主义和資本主义的統治，分裂祖国統一，建立"大蒙古帝国"。一九三九年，烏兰夫在伪新三师任政治部代理主任，駐防伊盟扎莎克旗，成陵南迁时，烏賊惟恐失掉成吉思汗的幽灵——建立"大蒙古帝国"的"法宝"，在起灵前，积极勾結沙王，派遣特务分子高××跟随灵柩，并面授密旨："你要切記蒙古人的利益，站稳蒙古族的立場，將来对你有好处的……。"事后，烏賊又向王公貴族許愿，說什么"將来一定要把成陵再迁回来。"

一九四一年，烏兰夫在反党分子高崗、張閩天的包庇下，混入了党中央領导机关，此后在他们的支持下，于一九四四年四月十四日在延安筹措了一次祭奠成吉思汗大会。烏賊精心炮制了一篇祭詞：《紀念蒙古民族的先祖——成吉思汗》，这是一株彻头彻尾的反党、反毛泽东思想的大毒草。

其一，大肆美化成吉思汗，为成吉思汗歌功頌德，为成吉思汗树碑立傳。鼓吹成吉思汗的"丰功偉业"，說什么："团結和統一了蒙古民族，使蒙古民族在四周强大敌人的侵略和压迫下，得以解放和向前发展，他那种反抗侵略，团結御侮的偉大精神，是使弱小的蒙古民族一变而为威震寰宇的强大民族的重要因素。"

其二，煽惑蒙古民族学习、繼承、发揚成吉思汗的民族精神，做成吉思汗的子孙。說什么："在延安有成吉思汗图書館，并建有庄严的成吉思汗紀念堂，每年举行着紀念仪式。"又說："繼續这种光輝的傳統，是我們每一个成吉思汗的子孙，在今天对日抗战中应有的精神"，"当此紀念成吉思汗之日，我們更希望全体成吉思汗的子孙，繼承和发揚我們先祖团結御侮、励精图治、不折不撓、誓死不屈的英勇尚武精神"。而把中国共产党和我們偉大領袖毛主席置于"团結"、"帮助"、"依賴"之地位。

这篇講話是烏賊大搞民族分裂活动，妄图建立"大蒙古帝国"的自白書。它借反大汉族主义为名，划出了民族分裂的版图，要走資本主义的道路，要搞独立王国，要当今日的"成吉思汗"，烏賊的用心何其毒也。

垒坟設殿，建立反革命基地

全国解放以后，烏兰夫打着反动的民族主义黑旗，更加露骨的在成陵問題上大作文章，他披着馬列主义的外衣，极力推行反革命修正主义路綫，为建立"合法"的反革命基地，烏賊在一九五三年十二月，以"伊盟蒙族人民的請求"为借口，騙取中央的同意，成立了一个"迁陵委員会"。并撥出巨額經費，派出克力更等三十多人的迎陵代表团，于一九五四年三月十五日乘专車前往青海省塔尔寺进行迎陵活动。他们到达目的地后，举行了规模空前的起灵大祭，大搞封建迷信活动，对当地的汉、蒙、藏、哈等兄弟民族影响极坏。同年三月廿九日成陵运經呼市，在車站，由烏兰夫的得力干將孔飞等四百余人，举行了長达两个小时的隆重途祭仪式。在移到伊盟境內的时候，由反动上层鄂齐尔呼雅克图調来百里以外的农牧民，夾道叩迎，并在前伊盟人民政府院內途祭后，送往伊金霍洛，以祭奠形式就陵于原地。

成吉思汗陵移至伊金霍洛后，仍用原来的三座蒙古毡包。烏兰夫感到很不滿意，認为很不孝敬。于是就做出了重建成陵的决定。为了显露他对成吉思汗的虔诚，乌兰夫于一九五四年三月廿一日，不远千里，一路风尘来到了伊金霍洛，隆重祭奠后，亲手拿锹，在旧陵园正北的甘德尔敖包梁上破土奠基，栽上石椿，上书"成吉思汗陵奠基纪"八个蒙、汉大字。乌贼回到呼市后，还成立了以杨植霖等人为首的"新建成吉思汗陵园委员会"，并利用职权，从中央民族事务委员会事业费中，两次拨出巨额经费，作为建陵费用。建陵"圣旨"传到伊盟后，由王公贵族的代理人王悦丰等人承受了建陵"大业"，由一九五五年春开工，至一九五六年五月竣工，终于建立起一座中外罕见的死人宫殿。当时一些乌兰夫黑帮分子，毫不掩饰地形容成吉思汗陵说："象一只雄鹰正在展翅飞翔"。这句黑话道破了乌兰夫反党集团向往复活成吉思汗阴魂，建立"大蒙古帝国"的狼子野心。同年五月十五日举行了盛大的落成典礼大会，由前内蒙副主席、民族分裂主义分子哈丰阿受乌兰夫的旨意亲自出席了落成典礼，讲了话，剪了彩。为了祭成之便，（实际是搞反革命活动之便）成陵还设有"成陵办事处"，专设守陵人员六名。

整个成陵分为正殿和配殿两大部分，正殿高25米，配殿高16米。正殿和配殿从外表看象三座蒙古包，金黄色的琉璃瓦屋顶，深蓝色的琉璃瓦屋檐（琉璃瓦都是从北京以每块一元二角买来的），朱红色的铜环大门，淡黄色的八角墙，檐下是游廊曲栏，青石栏杆。正殿分祭宫和寝宫，从正门而入跨进祭宫，迎面就是成吉思汗的巨幅画象，身背宝剑，手执令牌，给人以阴森恐怖之感。象前摆有各种祭具。八根朱红色大柱立于祭殿之中。继续向北走便是寝宫，并排着三顶蒙古包式的黄色绸帐（灵包）。西配殿内陈列着成吉思汗生前作战用的各种仿制的刀、矛、宝剑和马鞍。

反革命修正主义分子乌兰夫新建成陵后，为了进一步美化陵园，就指使他在伊盟的代理人郝、田反党集团的主要干将王悦丰、马富纲等一伙阶级异己分子负责，每年付出大批投资，动员成千民工，在陵园四周栽满杨柳、松柏，陵园内种满奇花异草。

成吉思汗的祭奠，习惯于每年古历三月廿一日。乌兰夫把成陵移到伊盟后，通过什么"调查研究"又改为古历五月十五日，定成不可违误的"法定"祭奠日。

祭成活动，本是历史上遗留下来的封建迷信残余，随着人民觉悟不断提高，完全可以放弃。一九六三年社教运动中，群众就提出不搞祭成大会的建议。一九六六年无产阶级文化大革命前夕，群众又提出不搞祭成大会的强烈要求，但是反革命修正主义分子、民族分裂主义分子乌兰夫，无论如何也不肯放弃这个与国内外阶级敌人进行反革命串连的机会，指使其在伊盟的代理人郝广文、田万主、王悦丰、马富纲之流，利用他们窃踞的大权，把群众的革命积极性压了下去。更为严重的是乌贼为了使这个反革命基地取得"合法"化，把祭奠活动列为自治区政府的一项不可缺少的工作。

揭穿阴谋，清算罪行

反革命修正主义分子乌兰夫，把成吉思汗陵移到伊盟后，在牛鬼蛇神中确实建立了他个人的"权威"。于是，他就感到有机可乘，有利可图。进而利用成陵大造反革命舆论，大搞反革命串连，在政治上、经济上、文化上向党向社会主义发起了猖狂进攻。

（一）把成吉思汗美化成"英雄"，把自己打扮成成吉思汗的化身。借尸还魂，大树特树个人反动"权威"。

乌贼把成陵迁到伊盟后，利用"內蒙古日报"、"內蒙古人民广播电台"、"鄂尔多斯报"和历史研究等思想陣地，大肆宣扬"先祖——成吉思汗"，为他自己塗脂抹粉。从一九五四年到一九六六年中每年都要报导一次关于祭奠成吉思汗的消息。成吉思汗的"丰功偉績"，乌兰夫的"重大功劳"，以及一些牛鬼蛇神的来往活动、講話內容等都要进行报导。在移陵过程中报导什么："乌兰夫主席是內蒙古人民的偉大領袖"，有些人大呼特呼"乌兰夫万岁"，"发揚和繼承成吉思汗的光荣傳統"等。一九五四年四月廿四日"內蒙古日报"报导："成吉思汗大祭典礼，昨日正午于伊盟伊金霍洛隆重举行，相繼大祭，……主祭人內蒙古自治区人民政府主席乌兰夫，陪祭人內蒙协商委员会副主席×××，伊盟盟長鄂齐尔呼雅克图和中央民委代表莎空了，华北行政委员会民委代表胡思等就位后，大祭在悠揚的乐声中隆重开始。……由主祭人乌兰夫主席献哈达、奶酒、果点、花圈后礼成……。"同一天又报导："接着乌兰夫主席在雷鳴般的掌声中講話……"等等。

一九六二年，成吉思汗八百周年大祭时，反革命修正主义分子乌兰夫把反动学术"权威"翁独健、馬長寿、金燦然、黄靜濤等集中在成陵，通过祭成活动，研究什么"历史"，給成吉思汗和乌兰夫歌功頌德，在內蒙大树"乌兰夫思想"，与战无不胜的毛泽东思想唱对台戏，在乌兰夫的爪牙黄靜濤所写的《內蒙古发展概述》一書中說："蒙古族人民，热爱自己的民族，热爱本族的历史，也热爱自己的祖国，而憎恨那些民族主义和殖民主义者。蒙古族人民过去多少年的斗爭历史，完全証明这一論断的适应。內蒙古人民虽在异族长期反劲統治下，仍然未曾屈服于暴力之下，他们仍然全力的持着自己全族的自豪心、全族的风俗习慣、"民族情感"，幷力图建立自己的自由的生活。事实証明帝国主义与大民族主义者的統治，幷没有消灭內蒙古人民的共同性格"等。

一九六四年，为了配合伊盟的祭成活动，乌兰夫的爪牙朝洛蒙等人，受反革命修正主义分子李維汉、吳晗之意，要在北京召开关于成吉思汗問題的"学术討論会"，幷准备在中央的报紙上开設专栏。当他们的阴謀破产后，他就在呼市召开一百多人的紀念成吉思汗"学术討論会"，专門研究乌兰夫如何繼承成吉思汗"大业"的問題。同时又組織大批人員专为成吉思汗拍电影、画宣傳画、大搞展览，为乌兰夫繼承成吉思汗"事业"立下了汗馬功劳，对人民犯下了不可饒恕的罪行。

乌贼在伊盟的代理人郝、田之流的主要干將王悦丰、馬富綱、反动王爷奇忠义等人是乌贼的忠实爪牙，反劲至极。王悦丰在一次祭成講話中，一开始就說："今天是成吉思汗的大祭日，八百年前成吉思汗团结蒙古民族，与外来的民族压迫者进行了坚决的斗爭，从而使我们摆脱了当时的压迫和奴役。那么我们做为成吉思汗的后代，就应該学习成吉思汗的团结一致，反抗外来压迫的精神，做好当前的工作，以实际行动来祭奠成吉

24

思汗。"马富纲的反动题词里写到："伊盟的蒙古民族团结起来，为我们的民族利益而奋斗"等。

（二）在成吉思汗幽魂面前，同国内外阶级敌人结成"神圣同盟"，为反革命复辟创造社会基础。

第一、一九六三年乌贼特邀藏族人民的败类、叛国投敌分子、反动宗教上层人物的总代表班禅额尔德尼来伊盟伊金霍洛，以宗教迷信作掩护，企图搞反革命串连。当时由于他们的反动本质已暴露，其政治野心未能得逞。

第二、乌贼通过他的黑关系，从苏修和蒙修先后请来几批修正主义头目。这就是一九五六年来的苏修所谓"历史专家"德涅可夫和以策·达木丁苏荣为首的蒙修所谓"文化代表团"，一九五七年来的蒙修所谓"总领事"查·达西为首的"中蒙友好代表团"等。这些家伙来到伊旗后，通过成陵，搞了不少反革命活动。有的是专门奉承成吉思汗和乌兰夫，给他们涂脂抹粉；有的是大讲特讲蒙修的生活方式，妄图腐蚀伟大的中国人民；有的挑拨民族关系，搞民族分裂活动；有的是抄写、拍照历史资料，搞特务情报活动。他们都是乌兰夫叛国投敌的黑伙伴，是为乌兰夫搞"大蒙古帝国"，摇旗呐喊的头面人物。

第三、乌贼从中央和华北局请来有关方面的人物，让他们参加了祭成大会，讲了话，其中有中央民委代表莎空了，华北局民委代表胡恩等人，为自己涂脂抹粉。

第四、乌贼派出他的大量爪牙，通过祭成，大搞反革命串连。一九五六年有老牌民族分裂主义分子哈丰阿，党内奸细朋斯克，一九六二年有政治扒手王铎、反动上层鄂齐尔呼雅克图，以及嘎日布泰格等人专程前来成陵，通过祭奠，利用讲坛，大肆贩卖反党、反社会主义、反毛泽东思想的黑货，并勾结他们在伊盟的代理人郝、田之流的干将王悦丰、马富纲等人，广泛拜访当地的王公贵族和民族宗教上层，地主、牧主的代表人物，甚至他们竟请瑶日葛根（葛根：即活佛）、乌兰葛根（法太，参加过西藏叛乱）到成陵作主祭人，进行反革命活动。

（三）散播封建主义和修正主义思想，愚昧和毒害群众

乌贼把成陵移到伊盟后，一年一次的祭奠，均是采取旧俗形式，活佛喇嘛封建上层，各旗县市派代表都要到成陵参加祭奠。王公贵族的代理人王悦丰、马富纲，反动王爷奇忠义等人，往往都是主祭人，他们崇拜成吉思汗，迷信成吉思汗，跪拜下叩，五体投地，磕头祈祷。

其次还要供奉大量的祭品，每年的祭品有绵羊74只，奶酒1874斤，酸奶子50斤，白面200斤，各种糖10斤，核桃10斤，大米3斗，红枣3斗，还有红布，点长明灯（长年不熄）用酥油、胡油等不计其数。

25

又按成吉思汗矛从虎年算起，每隔13年轮祭一次的历史习惯，把成吉思汗的矛拉到各旗、县、市进行一次轮祭，让群众强迫接受迷信，向群众化布施，要金银财宝，要牛马驼羊，影响极坏。

此外在祭奠活动中，内蒙"歌舞团"、"实验剧团"、"体育队"、伊盟戏剧、电影、马戏等文艺团体以及相声演员、说唱艺人等，曾先后到成陵作配合，为贯彻乌兰夫的反革命修正主义"文艺路线"，专门去成陵，大量散布修正主义黑货。

（四）挥金如土供祖先，投机倒把交易所

乌贼在移陵、建陵以及在反革命串连中耗费了不少的国家资金。

第一、一九五四年接陵时花了几十万元，建陵时用了一百二十万元。

第二、六名守陵人员的平均固定工资每人每月不下四十元。接近于大专毕业生的待遇。

第三、每年修补成陵费均在一万元左右，不足部分由三级拨款解决。

第四、祭成经费每年一万多元，祭品中每次都有名目繁多的工农牧业产品，缺一不可。

第五、每年拨出一定数量的祭成招待费，让一些牛鬼蛇神任意挥霍劳动人民的血汗。为准备招待班禅额尔德尼一次就浪费六万多元。

第六、牧区本来产粮不多，但每年在祭成上用去的粮食是惊人的，其中绝大部分还是大米、白面。

第七、在成陵大会上每年举办一次物资交流大会，实际上是为祭成大会服务的，所交流的商品不是足够供应农牧业生产资料，而是大量的饮食服务业。特别是那些没有改造好的投机商，趁机大搞投机倒把活动，破坏社会主义制度下的集市贸易。地、富、反、坏、右也兴风作浪，大量宰杀牲畜，砍伐树木，倒卖粮食，破坏集体经济，挖社会主义的墙角。

×　　　　×　　　　×　　　　×

反革命修正主义分子乌兰夫所吹捧的成灵究竟是个什么样的货色呢？伟大的无产阶级文化大革命象一声春雷，打开了成灵的秘密。所谓的成吉思汗灵箱里根本没有成吉思汗的骨灰，而是破毛毡、破羊皮塞满了灵箱。特别令人气愤的是，竟把一枚国民党的"青天白日"证章印模用破绸子包装在箱内。在成陵殿内还发现叛国投敌分子班禅额尔德尼送的两面锦旗，蒙奸德王等人送的一座马鞍，杭旗王爷太太送的装饰品等。从日本帝国主义者，国民党反动派，封建王公，到反革命修正主义分子乌兰夫，就是用这些垃圾来愚弄劳动人民，为实现他们的政治目的大搞阴谋活动的。

反革命修正主义分子乌兰夫通过成陵，反对光焰无际的毛泽东思想，反对光荣伟大正确的中国共产党，反对无比优越的社会主义制度。他把成陵变成牛鬼蛇神活动的一个中心据点，变成制造反革命舆论，进行反革命串连的场所，变成"乌氏王朝"复辟封建主义、资本主义、修正主义的一个策源地。他在成陵上的罪恶是不可饶恕的，伊盟人民必须向反革命修正主义分子乌兰夫彻底清算这一笔帐。

26

附件: 1

紀念蒙古民族的先祖——成吉思汗

［烏蘭夫于一九四四年四月十四日在延安祭奠
成吉思汗的講話（摘要）］

古历三月廿一日，是成吉思汗的例祭，我們每一个蒙古同胞，当此节日，无不欢欣鼓舞，以最隆重的仪式举行纪念。

成吉思汗的丰功偉业，重要的是他团結和統一了蒙古民族，使蒙古民族在四周强大敌人的侵略和压迫下，得以解放和向前发展。他那种反抗侵略，团結御侮的偉大精神，实是使弱小的蒙古民族，一变而为威震寰宇的强大民族的重要因素。繼續这种光荣的傳統，是我們每一个成吉思汗的子孙在今天对日抗战中应有的精神。蒙古民族的亲密团結，以及整个中华各民族的亲密团結，这是打倒共同的敌人日本法西斯，争取各民族彻底解放的正确道路。

追溯国民党第一次全国代表大会时，由于孙中山先生主張实行国內各民族一律平等和民族自决的民族政策，当时蒙胞的革命运动得以蓬勃的发展。但自一九二七年以后，这种政策却为大汉族主义所代替，复陷千万蒙胞于同化高压之下。直至抗战后，还影响到蒙古民族的团結抗日，这是非常不幸的。

……

其次，在伊克昭盟一带蒙古同胞虽未直接遭受日寇蹂躏，但他們在大汉族主义政策之下，生活并不較敌占区好多少，现在的伊盟已与抗战前截然两样，过去牛羊馬駝的牲畜群曾遍地皆是，现则不见踪跡；过去沙蒿水草遍地青綠，现则被軍队燒火（作燃料），形成了一望无际、赤沙千里的荒凉景象。过去由于沙蒿的作用，风沙很小，庄稼种一次即可，现则风沙满天，庄稼种下去一次次被沙石打坏或掩埋，必須种三次以上才能种成。过去蒙人习俗，死馬、死骆驼肉非至要饿死人时不吃，馬鞍非至餓死不卖，但现在他們不得不以死馬充飢，卖馬鞍者更比比皆是。牲畜大批的被征走或死亡，使得劳动力減少，耕地面积日益縮小，如赤劳图蒙民王老七，从前种地七十垧，现减为十二垧，人民生活苦不堪言。因而最近在民間正流傳着一句"死骨載道，明沙千里"的悽惨話。但虽在这种情况下，統治者还向不从事农业生产的蒙民强征耕地三十万頃，粮食三万石，并派兵圍攻国府委員沙王府，激起了三百年来未有的伊盟事变。大汉族主义者不仅不能团結蒙民参加抗战，相反的却公开的或秘密的逮捕或屠杀积极抗日的蒙籍青年，計先后遭其毒手者，有馬子喜、賀肯寿、朱实夫、紀松龄等人。并强迫将蒙人部队新三师由伊盟

27

抗日前线，調至甘肃省后方，以致发生譁变而中途解散。

但是，在边区，在共产党領导下的各抗日民主根据地，我們蒙人却享受着最大的民主自由，在其团結平等的民族政策下，首先在政治待遇上，我們蒙胞代表参加了各級政府及参議机关，可以自由的发表自己的意見；在文化上說，来边区民族学院求学的蒙籍青年，不仅研究自己民族問題，而且提倡学习自己的語言文字，以坚强其民族意識，提高其文化水平。在延安并有蒙古文化促进会、成吉思汗图書館、蒙古文化陈列館等，专作蒙汉文化交流的工作。在生活习慣上，蒙古人的一切宗教风习，在这里都受到特别的尊重，延安并建有庄严的成吉思汗紀念堂，每年举行着紀念仪式。在經济上，很多赤貧的蒙人到边区来不久，在边区政府的帮助下，由于自己的勤劳，很快的上升为富农或富裕中农，如三边蒙民孙毛尔，到边区二年，即由一无所有的人变成富裕的农民，且被选为三边的劳动英雄。此外，在敌后抗日根据地，特别是大青山蒙古民族众多的地方，共产党領导下的八路軍，不仅帮助蒙民建立了自己的抗日政权，而且帮助他們成立了自己的抗日武装——大青山蒙民游击队。这支队伍，縱横馳騁于自己的土地上，与八路軍并肩作战反抗日寇，創造了无数辉煌的战績，捍卫了自己的民族和土地，而它的創造人麦力更、高凤英諸同志，更在不屈不撓的解放战爭中英勇殉国。

……

当此紀念成吉思汗之日，我們更希望全体成吉思汗的子孙，繼承和发展我們先祖团結御侮，励精图治，不折不撓，誓死不屈的英勇尚武精神，坚决反对日寇，为蒙古民族、中华民族的彻底解放而奋斗。

附件: 2

一九五四年烏兰夫参加成吉思汗大祭时在欢迎会上的講話

〈原载一九五四年四月廿四日內蒙古日报〉

〔本报伊金霍洛电〕参加成吉思汗大祭的各族人民，于四月二十三日上午举行盛大集会，欢迎了以烏兰夫主席为首的內蒙古自治区人民政府祭成陵代表团和中央民族事务委員会、华北行政委員会事务委員会的代表。

……

接着，烏兰夫主席在雷鳴般的鼓掌声中講話。他首先指出了今年大祭不同于往年的意义。他說："……在今年大祭的同时，还举行兴建成吉思汗新陵园的奠基礼。"……"中华人民共和国成立之后，永远結束了中国历史上民族压迫制度，成为中国各族人民友爱合作的大家庭。"……最后，烏兰夫主席嘱告大家說："……努力发展自治区的各项建設，逐步提高各族人民的物質与文化生活水平，消除民族間在历史上遺留下来的事实上的不平等，逐步改善旧的民族为社会主义的民族，与祖国各族人民共同过渡到社会主义。"

28

附件：3

一九五四年乌兰夫在伊盟伊金霍洛成吉思汗大祭时
主 祭 并 献 祭 礼 的 报 道
〈原载一九五四年四月二十四日內蒙古日报〉

〔本报伊金霍洛电〕成吉思汗大祭典礼，昨日正午于伊克昭盟伊金霍洛隆重举行，相繼大祭，又举行新建成陵破土奠基仪式。

……。十二时半在热烈的掌声中以乌兰夫主席为首的祭成陵代表团步入了会場。主祭人內蒙古自治区人民政府主席乌兰夫……。由乌兰夫主席献"哈达"、奶酒、菓点、花圈后礼成。祭后乌兰夫主席和各位代表晉謁了成吉思汗及其各位夫人的灵柩。随即赴新建成陵地址举行破土奠基仪式，由乌兰夫主 席亲自破土埋 下基石。至此大 祭礼成結束。

附件：4

通訊： 来 到 伊 金 霍 洛 的 人 們
〈原载一九五四年四月二十七日內蒙古日报〉

……。

十点鐘了，刮了一早上的东北风停止了，太阳在鄂尔多斯高原上散放着春天的美丽的光茫……。

十点半鐘，代表們和內蒙古人民敬爱的領袖乌兰夫主席到来了。……会上乌兰夫主席和代表們与伊克昭盟的蒙古人民见了面，乌兰夫主席和中央、华北的代表們，先后对这里的人民講了話。他们的話句句都打动了听众的心，鑽进了心灵的深处。……兴建新的成吉思汗陵园……洗刷掉我們蒙古民族的耻辱，这些话该有多么快心啊！……它将滋养这里的人們，在他們身上化成一种新的力量。

……乌兰夫主席亲自揮动鉄鍬，一鍬一鍬把基石碑培起来。这每一鍬土都是蒙古人民胜利的土，是成吉思汗七百年以后的后繼子孙亲手添起来的土。不久的将来，将在这里出现一座瑰丽辉煌的巨大陵宅，永远永远象征內蒙古民族的胜利。

附件：5

我区各族人民在伊金霍洛举行大会
紀念成吉思汗誕生八百周年
〈原载一九六二年六月十八日內蒙古日报〉

〔本报伊金霍洛电〕……

內蒙古党委書記王鐸，內蒙古自治区副主席朋斯克，內蒙古自治区民族事务委員会主任鄂其尔呼雅克图，伊克昭盟盟委副書記閻耀先，伊克昭盟副盟長馬富綱等同志参加了紀念大会。参加大会的还有，翁独健、馬長寿、金灿然、陶克陶等历史学家。

……。

彻底粉碎乌兰夫在伊盟的反革命颠复阴谋

一

反革命修正主义分子、民族分裂主义分子乌兰夫，为了实现分裂祖国，建立"大蒙古帝国"，复辟封建主义、资本主义的罪恶目的，多年来一直在积极策划，暗中准备。社会主义教育运动开始以后，乌兰夫眼见阴谋即将败露，更急剧地进行各项准备工作。他在各盟的反革命颠覆活动，就是在这个形势下加紧推行的。

伊克昭盟，是乌兰夫发迹起家的地方。作为他进身之阶的伪新三师曾长期驻扎伊盟，由此，乌兰夫和伊盟的高阔党羽、王公牧主、地富绅商勾结起来，成为死党，把伊盟变成了培植势力，输送反革命骨干的一块根据地。现在揪出的乌兰夫反革命集团的重要成员王铎、李振华、云北峰、浩帆、云向生、赵会山、刘璧、阎耀先以及云照光、克力更、韩是今、寨峰、赵戈锐、云曙芬、乌兰等人，无一不是出自伊盟。

乌兰夫借成吉思汗的幽灵，高喊："保存成吉思汗的光荣"、"继承成吉思汗精神"，要"不愧为成吉思汗优秀子孙"，大搞民族分裂活动，其据点也在伊盟。一九五四年，乌兰夫在伊盟伊金霍洛亲自执锹铲土，奠埋基石，大建成吉思汗陵墓。把伊盟"成陵"作为宣扬自己，鼓吹分裂、勾结蒙修的一个黑据点。

所以，伊盟在乌兰夫反革命政变阴谋中，具有特别重要的意义。

一九六六年初，乌兰夫在一次会议上情不自禁地高呼："伊盟是内蒙的战略要地"，"准族是山区，出粮、出煤，是打游击的好地方。"十足暴露了他的鬼蜮心理。

但是，伊盟以盟委书记暴彦巴图同志为首的革命领导干部和广大革命群众对乌兰夫的反党反革命行径予以坚决抵制，坚决揭露。这就使乌兰夫如临深谷，如坐针毡，日夜放心不下，处心积虑要把伊盟的革命政权全部篡夺到手，把伊盟的无产阶级革命派打下去。于是，一场惊心动魄的反革命颠覆活动，复辟与反复辟的殊死斗争，在伊盟空前激烈地展开了。到无产阶级文化大革命开始后，这场斗争就达到了顶峰。

二

一九五六年，暴彦巴图同志从内蒙东部调来伊盟任盟委副书记，一九六〇年任盟委书记。暴彦巴图同志从参加革命以来，在许多重大历史关头，都是站在毛主席的革命路线一边。在伊盟，他同乌兰夫代理人郝文广（盟委副书记）、田万生（盟委副书记）、白汉臣（盟委统战部长）反党集团在一系列重大问题上进行了不调和的斗争，从一九六四年起，对乌兰夫又有所斗争，到一九六六年四月的内蒙古党委常委扩大会议上和一九六六年五月的华北局前门饭店会议上复同乌兰夫进行了面对面的坚决斗争。在伊盟的领

30

导干部中，暴彦巴图同志是毛泽东思想伟大红旗举得比较高，注意突出政治，有革命干劲，能深入群众的一个。因此，乌兰夫把暴彦巴图等同志视为在伊盟推行反革命修正主义、民族分裂主义路线的重要障碍，到处搜集材料，蓄意把他們打下去。

这个"打暴"阴谋是乌兰夫早就策划，并由他的代理人郝、田、白反党集团在伊盟就地配合的。乌兰夫于一九六六年七月二十六日的检查交待中供認："伊、錫盟也准备派人去抓民族問題，陈炳宇主动地派人搜集两个盟委書記的材料，給调换作准备。"一九六五年八月，黑帮分子閻耀先（原伊盟盟委副書記，现乌盟盟委副書記）曾得意洋洋地透露："今年春天我去內蒙开会，乌兰夫夫人云丽文曾找我談过干部問題。"郝文广则通过"夫人外交"，指使老婆刘桂洁到閻耀先、李振华家頻繁串連，大搞幕后活动。閻耀先在华北局会議期間，曾給馬玉华（閻的老婆）来信，馬看过后，就把信給了刘桂洁，信內說"暴彦巴图已經肯定是乌兰夫黑线上的"，刘看后如获至宝，立即抛出了一张题为《政治野心家——暴彦巴图》的大字报，顛倒是非地向暴彦巴图发起了攻击。刘桂洁为了帮助其夫搞倒暴彦巴图，还曾給邓小平写信告状，說什么暴"利用权威，排斥我的愛人"，信中还要求邓賊派人到伊盟調查。

一九六六年一月，黑帮分子云向生（內蒙民委副主任兼党組書記）加緊活动，和奎璧、陈炳宇、浩帆、朝洛蒙、云北峰、云世英等密謀后，又与浩帆、云世英、李貴等在新城宾舘召开秘密黑会，研究夺取伊盟的党、政大权，阴謀搞掉暴彦巴图，全力配合內蒙全区性的反革命复辟。会后并立即进行了部署。

一九六六年三月至五月，黑帮分子云北峰、赵方玉、朝洛蒙秉承乌兰夫的旨意先后赴伊活动。云北峰交待說："我到伊盟，名义上帮助解决农牧調整問題，实际上是披着乌兰夫的民族主义外衣，在伊盟搞了一段民族分裂活动，搜集了暴彦巴图的材料，想把暴彦巴图撤换，搞伊盟的颠覆活动。"

云北峰等赴伊之行，郝文广是早就知道并积极配合的。当时郝文广正在包头与李振华一起开会，二人行迹詭秘，往来頻繁。包头会議结束后，郝文广回到海勃湾市曾对人說："振华和我說，他要来看一看，你們要向他汇报。"

云北峰等到伊盟之后，通过田万生、白汉臣、王悦丰等反党集团的主要成员搜集了暴彦巴图的"材料"，完成了在伊盟复辟的准备工作。

一九六六年四月底，当乌兰夫在內蒙党委会議上大放其毒，煽动反大汉族主义黑风，遭到暴彦巴图同志坚决抵制后，奎璧就跳出来威胁道："暴彦巴图，你的問題很多，伊盟有人反映你的問題！"可見，乌兰夫黑帮在伊盟要搞掉暴彦巴图是上下串通，預謀已久的。

这一阴謀从乌盟盟委副書記郝秀山口中也得到証实。一九六六年五月廿日，康駿同志去京看病，路經集宁，郝秀山对康駿同志說："閻耀先来了后正在搞暴彦巴图，說他排挤老干部。"还說："这不是伊盟的一两个人，据了解，內蒙也是閙暴彦巴图，暴彦巴图在伊盟呆不長了。"

31

三

偉大的領袖毛主席亲自点燃了无产阶级文化大革命的熊熊烈火，乌兰夫黑帮的反动統治被砸了个稀巴爛，在华北局会議上郝文广眼看他的主子被揪了出来，心痛如絞，对勇于和乌贼斗爭的暴彥巴图同志更是恨之入骨，蓄謀报复。回到盟里便施展慣用的两面派手法，明里不动声色，暗中組織人馬，千方百計地繼續乌兰夫所未完成的"打暴"任务，妄图巩固伊盟陣地，保护住郝、田、白反党集团中的那些所謂"老干部"，为乌兰夫保存一块东山再起的立足之地。于是，郝、田、白反党集团中的大小干將都一反养尊处优之常态，紛紛活躍起来，四出奔走，到处串連。

盟农机处副处長苗子秀交代說："去年运动开始后，郝瑞堂等人提出先打暴……但也有人提出把楊达賴、吳占东也搞一下……有一次，郝文广書記见到我說：'老苗，我的意見先不要把矛头指向楊达賴、吳占东，你們研究一下，看怎么办好。'郝書記分头做了这方面的工作，我們商量后，認为先搞暴对。"

八月，一切准备就緖。田万生气势汹汹地叫道："我在两个月以前就准备好了，要和暴彥巴图辯到底！"郝文广当赵学苏（盟妇联副主任）問他"你对暴的态度怎样？"时，由不住踌躇滿志地答道："这回还能饒了他！"王悦丰公开地叫嚷："暴彥巴图到伊盟是来了解我們来了！""暴彥巴图，我已經反对四、五年了。"

十月十八日，郝文广在《大字报选編》第六十三期上亲筆批示："集中力量搞暴的問題，其他人不作檢查。"

正是在郝、田、白反党集团的一手策划下，伊盟无产阶级文化大革命一开始就被定下了"暴彥巴图就是大方向，大方向就是暴彥巴图"的調子。

郝文广等人为了搞掉暴彥巴图，在文化大革命一开始，就搶先上陣篡夺文化大革命的領导权。几次盟委常委討論文革組成人員时，郝文广、田万生、赵怀斌等人都互封"左派"，互相推荐，把暴彥巴图同志排斥在外。他們采取先发制人的手段，甚至不等暴彥巴图同志由北京返盟就想把他搞臭。郝、田手下大將苗子秀献策說："暴彥巴图这个人很狡猾，应该在回来以前就把他搞臭，不然这个人回来就不好办了。"

为了搞倒暴彥巴图，他們采取了种种阴險毒辣、卑劣无耻的手段。

他們把自己过去工作中的錯誤完全推給暴彥巴图同志，嫁祸于人。比如，杭錦旗移民問題本来是郝文广与閻耀先的問題，郝文广一面推說："移民政策是对的，但象现在这样移是錯誤的。这么重大的問題，盟委不知道。我是不知道。"就在說了这话不久，他却又指派盟抗办副主任赵××去杭錦旗煽动大量移民返回梁外，故意扩大移民問題；一面竟亲自出馬从杭錦旗带回奇治民揭发暴的"証明材料"，幷亲筆修改暴的材料，給暴横加"杭旗移民是反汉排外，民族分裂，制造民族矛盾"的罪名。他在人前伪善地表白，說暴是"三类"，背后却說暴的問題"严重啊，严重！""这一回还能饒了他？"幷在暴的材料上加上"阶級异己分子"的帽子，等等。要尽了反革命两面派的手法。

32

他們还利用黑帮分子提供假証，对暴彦巴图同志进行政治陷害。比如，黑帮分子云向生就是应郝、田、白反党集团之需，一个連一个地抛出了大量的"檢举"、"控告""証明"，极尽誣陷之能事。此外，他們还凭空捏造，无中生有，給暴彦巴图同志加上种种莫須有的罪名。如造謠說："暴彦巴图因包荣同志不反大汉族主义而批評說，你太驕傲了"；誣蔑暴彦巴图同志在华北局会議期間对别人說："斗爭不斗爭乌兰夫，关系到今后的提拔、使用問題。"企图以此否定暴彦巴图同志斗爭乌兰夫的积极性，以达其搞臭暴彦巴图同志的目的，其狼子野心，昭然若揭！

鉄的事实表明，乌兰夫黑帮人还在，心不死，他們并不甘心自己的失败，仍在利用种种可能，打击革命派，妄图搞垮无产阶級司令部，随时随地伺机报复，以浅心头之恨。

在伊盟"打暴"完全是乌兰夫黑帮策划的反革命顚覆活动，也是乌兰夫整个"宫廷政变"阴謀的一个組成部份。

四

伊盟的无产阶級革命造反派在毛泽东思想的光輝照耀下，識破了乌兰夫黑帮及其在伊盟的代理人郝、田、白反党集团的罪恶阴謀，冲破层层險阻，战胜种种困难，终于粉碎了乌兰夫黑帮在伊盟的反革命复辟。

现在，郝、田、白之流已經彻底暴露在光天化日之下，落到"老鼠过街，人人喊打"的境地。然而，他們的反动势力并未清除，一小撮鉄杆保皇分子正在繼承他們"打暴"的衣鉢，繼續蒙蔽其御用組織"鄂尔多斯总指揮部"的群众，以极左的面目出现，怀疑一切，打倒一切（十三个副盟長以上干部完全打倒），公开对抗毛主席的干部路线。他們顚倒黑白，捏造事实，妄图把革命領导干部暴彦巴图同志拉下馬，繼續完成乌兰夫、郝文广所未完成的任务，实现没有乌兰夫的乌兰夫复辟。为了掩盖他們自己，他們极力否定乌兰夫在伊盟搞攻变的滔天罪行，公开为乌兰夫辯护，还硬把暴彦巴图同志拉上乌兰夫黑线，說什么暴彦巴图是乌兰夫代理人。对一小撮鉄杆保皇分子所玩弄的新阴謀，凡革命造反派同志不能不提高革命警惕！

以毛主席为首的无产阶級司令部决不允許被动搖！忠实于无产阶級司令部的革命干部我們就是保定了，我們要坚决、彻底地粉碎乌兰夫黑帮通过"打暴"在伊盟实现反革命复辟的大阴謀！

附頁：烏蘭夫罪行照片十二幅

↑烏蘭夫在伊盟与国民党新編騎兵第三師合影。
內蒙古魯迅兵团博物館
《只爭朝夕》战斗队供稿

↑烏蘭夫于一九五四年在伊盟伊金霍洛祭成吉思汗大会上講話。

←一九五四年在伊盟伊金霍洛新建成吉思汗陵时，烏蘭夫亲自持鍬埋《成吉思汗陵奠基記》石碑。

↑这是乌兰夫在"成陵"大祭时,给成吉思汗灵献羊背子(供品)的情景。

↑这是乌兰夫在伊盟的封建王公贵族的代理人,伊盟公署盟长王悦丰(中)在给成吉思汗陵献哈达叩头的情景。

←苏修"历史专家"德涅可夫（中）借来伊盟参观成吉思汗陵之名进行活动。图为参观"成陵"后与乌兰夫在伊盟的代理人、伊盟公署盟长王悦丰、（左）副盟长马富纲（右）合影。

→哲布僧丹巴是一个蒙古宗教大头子——胡特格图。从1691年开始，他与满清政府相勾结，疯狂压榨蒙古族人民。从而得到满清政府的赏识，除了在宗教上他仍然是"胡特格图"外，在政治上特给他省一级俸禄，鼓励他进一步统治蒙古族人民。

哲布僧丹巴是一个被蒙修捧上天去的政教合一的大魔王。乌兰夫百般崇拜他，将他的铜像用绸缎包住，装在成吉思汗的灵柩里，以实现"内外蒙合并"、建立"大蒙古帝国"的阴谋。

←一九五七年蒙修「历史专家」（中间一人）借来伊盟参观成吉思汗陵之名；进行民族分裂活动。图为参观后在「成陵」前与陪同人员合影。

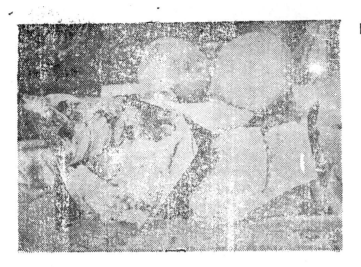

←被乌兰夫奉若神明的成吉思汗灵柩里，根本没有成吉思汗的骨灰，原来灵柩里装的尽是些烂毡片，皮条、羊毛、两个圆棉花包等杂物。乌兰夫就是用这些破烂来欺骗蒙族人民，建立「大蒙古帝国」的。

↑乌兰夫复辟资本主义的野心已久，竟将国民党党徽珍藏在成吉思汗的灵柩里。

←乌兰夫在成吉思汗陵的大祭会上大搞牛鬼蛇神活动，跳神跳鬼，愚弄人民。

一-22

关于对暴彦巴图问题的揭发

根据我的记忆，对暴彦巴图在文化大革命中的罪恶活动按时间先后揭发于下，供领导和革命造反派参考。

第一部份：文化大革命运动初期

一、华北局前门饭店会议

一九六六年四月份原内蒙党委召开了四月全委扩大会议。这就是乌兰夫反革命政变进入高潮的一次会议我盟参加这次会议有暴彦巴图和赵怀斌。这次会议还没有结束，就通知在北京前门饭店召开华北局会议。因此，内蒙四月会议还没有结束，就参加了华北局的会议。我盟参加华北局会议的人很多，因为我当时在南干渠搞水利不在家，如何研究的我不太清楚。在记忆中参加会议的人，盟里有暴彦巴图、郝文广、吴占东、陶特格其、张青云等人。各旗县市参加会议的人有：达旗格尔图，伊旗滿达呼；东胜郭治祥，鄂旗黄风岐；乌旗宝音等人。在整个华北会议期间与家里没有来往，但是中间有两件事情：

(一)陶特格其参加会议，群众有意见，我下乡回来知道后也有意见。因为陶特格其的问题，根据盟委查处办公室的反映，我亲自给暴彦巴图作过报告，并提出这个人不老实，同时已决定交给盟委机关支部进行检查批判。在这种情况下，又让参加会议显然是错误的。为此，给华北局发过一次电报，中心是陶不能参加华北会议，勒令陶很快回盟参加文化大革命。

(二)发出电报后，没有回音，群众意见越来越大，因此，又由康俊同志，给华北局打过一次长途电话。中心也是让陶很快回来参加文化大革命。但是，康俊同志 找来了谁，还谈过些什么，我就不知道了。

陶特格其隐瞒成份，并把地主分子王相（其父）先安排在卫校做饭，精简后又安排在医药公司当警卫。尤其严重的是还作为毛著学习的积极分

· 1 ·

子 ，在鄂尔多斯报上登报表扬，而这个稿件陶特格其还亲自进行过审查。这些情况暴彦巴图是清楚的，吴占东也是清楚的。特别是暴彦巴图明知有问题，还积极让参加会议，而是几次提出意见都不听，这是地地道道的包庇行为。

二、华北局会议后回盟的活动

暴彦巴图在七月下旬回盟后，看到对他的大字报多表现压力很大。而他不是站在正确的立场上，欢迎群众的革命行动，而是积极活动转移方向，搞私人拉拢保护自己。

(1)积极宣传华北会议期间伊盟组的活动情况，说"伊盟组是站出来比较早的一个组"，"大会还发了通报""郝文广在华北会议期间一言不发回来活跃了"。还吹嘘他如何和高锦明、郭以青等同志一齐斗争。说华北会议期间，把他当作"左派"看的等等， 回来后大字报出乎我意料之外的多"长期养病不做工作的人有功了，积极工作的人有罪了"等等。这实际上是积极散布他的工作是积极的，在华北会议期间是"左派"，因此不应整我，而应整别人，并一直来拉拢人，也蒙蔽群众。

(2)篡夺文革领导权，参加华北会议的人在七日回来，在八月初就连续研究了两次文革小组的问题。在第一次会议上争执很大，多数人不同意暴彦巴图参加文革领导小组，当时只有我一人提出暴彦巴图参加领导小组，有错误在斗争中检查改正，这也受了暴彦巴图所散布的影响。第二次研究时还请了军分区的负责同志参加，这次会议暴就是想得到军分区同志的支持，取得多数，以他为首组成文革领导小组，夺取文革领导权。但是由于多数人仍然不同意，文革领导小组也就没有组织起来，暴彦巴图的企图也就没有得逞。

(3)在八月初盟里召开23级党员干部会议，各旗县市的书记也大都参加了会议。就在这个会议之初，暴彦巴图积极活动，搞私人拉拢，散布流言蜚语，要阴谋放暗箭，他先后找了黄风歧、奇治民等人，散布什么现在连动搞在暴彦巴图、杨达赖、吴占东头上了，旗里还有黄风歧、奇治民等人。这一方面是造谣言其实盟里重点是暴彦巴图，而黄、奇的问题，根本没有涉及。另方面实质是搞民族分裂活动，他企图拉拢的几个人都是民族干部。他还对我议论刘雄仁的大字报说："按这个大字报的意思就是整几个蒙人。

三、华北局东方饭店会议

这次会议在八月中旬召开，参加会议的有暴彦巴图、郝文广二人。据说在这个会议上高锦明、权星垣、李质、雷代夫都发言批评郝文广伸手，田万生不能参加文革领导，并指出，伊盟文化大革命是黑帮统治了。还说暴彦巴图应参加文化革命的领导，也指出打暴是不对的。这次会议是支持了暴彦巴图，打了郝文广。据说郝文广在会议上还承认了错误，並答应回来积极工作改变这个局面。所以这次会议回来后，暴彦巴图的劲就更足了，活动也就更积极了。

(1)回来后当天晚上就召开了书记会议，传达了东方饭店会议精神，这时暴彦巴图很激动，好象受了委屈的样子，一再表示坚决贯彻，这个精神实质上是反动路线的产物，因此就带回一个保暴彦巴图的精神来。

(2)第二天晚上又研究如何贯彻的问题，确定了召开一次权族处局长会议，並大体点了十多人的名字。这个会议就是保暴彦巴图扭转斗争方向，从指向暴彦巴图到转向田万生等人。这个会议确定由郝文广、赵怀斌、康俊负责进行。会议上暴彦巴图还亲自提出，由杨达赖召开一次爱族处局长会议，一方面是多数人未表态，另方面我考虑不好开，所以这个会议就没有开。

·3·

我认为东方饭店会议上对伊盟的一些问题是错误的。中心是贯彻了一个保暴的精神，执行了一条刘邓资产阶级反动路线。

四、红卫兵揪暴，彦巴图

在九月份红卫兵在盟委造反，揪斗暴彦巴图，而我们却执行了资产阶级反动路线，不仅为自己怕，也为暴彦巴图怕。因此站在群众的对立面，群众要揪暴而我们极力躲藏，最后怕揪走送到了档案楼内。暴彦巴图更是怕的要死，不敢出来。在九月下旬，红卫兵揪出去游了街。回来后暴彦巴图还委屈的掉了眼泪。过了不久就出来一张四人化名的大字报，为暴彦巴图游街鸣不平。

五参加内蒙三干会被揪问题

暴彦巴图参加三干会，引起了广大革命群众的不满，于是就引起了揪暴的群众运动。十一月中旬将暴揪回了东胜。根据内蒙古党委的一个错误电报，还让作好工作再送去。但是工作还未作，就被一些群众给送走了，而暴彦巴图也就跟上走了，这明明是我根愿意走的，结果只好由康俊同志由准旗追回来。另外，暴彦巴图在这期间，除对革命群众没有正确的态度之外，就是在同志之间也流露不满情绪。

(1)对康俊说："我不好工作了，你们看谁能当你们谁当吧！"这明显的是以为有谁要抢权。

(2)暴彦巴图到处乱窜，群众有反映，刘忠同志要他不要乱窜，群众有意见。而暴彦巴图却说："刘忠剥夺了我的行动自由"！表示很不满意。

第二部份，暴彦巴图在联委的活动

暴彦巴图从67年6月中旬住进联委大院，到十月中旬离开联委。在这个时期联委的活动以他为中心，而联委的许多重大活动都与他有直接关系。

一、暴彦巴图从住进联委大院就把自己打扮成受害者，是一个当然的革命领导干部，伊盟的无产阶级司令部是以他为首的。在这种思想指导下，联委出来的大批文章，都说打暴是一个阴谋，打暴是为了保别人，暴彦巴图与郝田的斗争，暴彦巴图与乌兰夫的斗争都是坚决的，形成一篇暴彦巴图的"光荣"斗争史，许多重大文章都离不开暴彦巴图。因此给人一种极其深刻的印象，就是联委为了暴彦巴图而奋斗。这是从暴彦巴图进入联委以后的一个重大变化。

二、互相吹捧，突出个人。

从暴彦巴图进入联委，到离开联委的四个月中，联委召开的许多大中型会议，这些会议上没有一次不是暴彦巴图来临指导和讲话，或者是由郭云龙帮讲。郭云龙的讲话，从来都是高台暴彦巴图。如"以暴彦巴图为首"，"暴彦巴图的指示是正确的"，"暴彦巴图如何与郝田斗争"，"暴彦巴图如何与乌兰夫斗争"等等，都是暴彦巴图的所谓光荣的斗争史，这就大大抬高了暴彦巴图的身价，也大大地蒙蔽了群众，使群众看到的都是暴彦巴图的所谓光荣斗争史，而暴彦巴图对于这种作法，自以为得意，笑在脸上，喜在心间，毫不听人们的忠告，以致联委就出现了"紧跟老暴志不移，青松不老，老暴不倒"。这就是互相吹捧，暴彦巴图突出个人的严重恶果。

三、暴彦巴图进入联委后，就独揽了各种大权，也严密了各种机构。我们发现暴彦巴图在外边积极活动要进联委，五月份曾通过郭云龙给我和康俊捎话要和我们面谈一次，当时我们拒绝了。而联委内部以郭云龙为首的一批人，也积极活动要支持暴彦巴图。在联委上层看来，支持暴彦巴图的立场已经定了，在这种情况下，我和康俊研究决定直接给队员讲话，摆观点，基本观点是打暴旗帜不变，有人提出支持暴彦巴图，这要调查然后

· 5 ·

再定。如果盲目支持，要考虑另站队，当时我主要考虑对这个人没有把握，不能轻易支持。但是，由于支持暴彦巴图的势力大，我们的讲话根本没有起作用。因而在六月中旬暴彦巴图就进入联委，作为所谓的革命领导干部正式支持了。一始暴彦巴图就变成一个红人，而且一贴联委大院内贴满了针对我和庭俊的大字报，说为对暴彦巴图的态度是错误的。直到去年10月份，郭云龙还公开讲，有人打暴就是为了当第一书记，而暴彦巴图在一次会议上，也提出质问，是否在支持我的问题上有人要另打旗号？从此在联委大院内就出现了支持暴彦巴图、吴占东、郭云龙的大幅标语，也有大幅标语说："郭云龙是真正的革命领导干部"。而以后也确实形成以暴、吴、郭为核心的联委领导。例如：派吴占东到北京活动，並设点长住北京活动，带什么任务，如何活动？以及活动情况我都不知道。据我了解北京来往是单线活动，直接找暴彦巴图和郭云龙。我记得郭云龙有过一次北京的长途电话。

四、暴彦巴图反对红色政权 踞实难逃。首先在北京设点的问题，如果说这个就是为了给中央反映情况，那么反映情况本身没有问题。问题是在于把内蒙筹备小组置于什么地位，相信还是不相信，这是对红色政权的态度问题。如果对内蒙筹备小组是相信的，伊盟问题在内蒙就可以解决，正因为对内蒙筹备小组不相信不信任才要在北京设点，並派出付盟长级干部长住北京活动，这是很清楚的问题。

其次是海市革命委员会的成立，内蒙筹备小组也批准，而暴彦巴图在一次队员大会上公开站出来讲："我看海市成立革命委员会条件不成熟，"並讲了所谓的三条理由：一条是海市文化大革命的时间短，乱的不够；一条是阶级斗争的盖子揭的还不彻或没完全揭开；一条是在棍棒下解决的问题。

· 6 ·

暴彦巴图这样一讲，广大受蒙蔽的群众就信以为真，出现了各种各样的奇谈怪论，说什么伊盟有几大怪：海市革命委员会成立的快等等，一时发胜街头就刮起一股公开反对海市革命委员会成立的黑风，而这股黑风的总后台就是暴彦巴图。过了几天看见不行，内部意见还不同，又在运输公司礼堂召开了一次队长会议，暴彦巴图又讲对海市问题我们应该保持沉默，意思是想收收场，但是，火既然已经点起来了，那样容易就收场了吗？结果流毒很广，直到今天联委的队员中对海市革委会都没有一个正确的态度。所有暴彦巴图这些讲词，据我了解很少与别人研究。

五、暴彦巴图与各旗县的一些负责人的活动也是严守机密的。在七、八月我在联委院内见过伊旗满达呼、达旗格勒图、东胜郭治祥、赵锦喜等人，并在一间房里开会，这个会议没有让我和康俊参加，研究什么事后也未谈。这就可能暴彦巴图召集的受害的领导干部会议。

同时，为了推广达旗"农民联络站"的经验，由暴彦巴图亲自主持召开了驻联委各旗县联络员会议，要各旗县都采用这个形式，把农民争取过来，把农村阵地巩固起来，为此还专门召开大会，成立东胜农民联络总站，暴彦巴图亲自讲话。实际暴要搞一个农村包围城市的活动。

六、我在联委院内从康俊手里看过一份膝。吴首长在军分区科以上干部会议上的讲话材料，康俊从什么地方搞到的我不清楚。这个材料暴彦巴图也看过。他对这个精神开始表示支持，因为开始议论中是支持暴彦巴图，康、杨、李是检查批判，看来他是很高兴。但过了几天，态度又变了，是因为根据这个精神暴彦巴图要交给"鄂尔多斯"揭发批判，所以，又说不能接受，要积极反映情况，争取这个方案拿不出来。

另外，暴彦巴图在联委大院是坐上客，他房间里住的人还负有保护他的责任。有时晚上在院内窜窜后边也跟着一个人，唯恐这个"老暴"发生了问题，而暴彦巴图则自以为得意，好象理所应得。

第三部份，在呼市的活动

一、我们走呼市是座的联委小车，到包头后我们几人商量都同意从乌盟后山走，即经固阳和武川到呼市，看看乌盟后山的生产情况。在这个路途上有两件事情：

(1)路经达旗"东纵"时，我们进去休息了一个多小时，中间暴彦巴图和白庆元、格尔勒图在一个房间开了半个多小时会议，究竟还有谁参加，研究些什么问题我不知道。

(2)到包头后，有一个或者二个人，（名不记）从包头坐大车去了呼市，暴彦巴图安排他们去呼后，把吴占东（已从北京去到呼市）和在晚上从乌盟来呼市的康俊等人都找上。来呼市——武川的公路上碰头。根据这个安排我们在11时多，在呼——武公路上与吴、康碰了头。想交换一下调来我们的原因是什么？结果谁也不摸底，于是简单谈了一下就各回原处了，并且约定在摸了情况之后，再碰一次头。

二、我们去呼市新城宾馆的第三、四天，吴占东、尹又伊等人去过一趟（喝了点酒），这次去的人还有孙兆文、周泉等人。对于我们调来这还是不摸底，也无从谈起，周泉讲了"可能要召开九大""毛主席在考虑党组织的问题了"等，因为人比较多，所以也没多谈。中间暴彦巴图一再强调吴占东再去北京，早去北京，积极的反映情况，之后不久，吴占东就可能去北京了。

三、到呼和浩特宾馆的问题

(1)大约在十二月上旬的一天下午快开饭时，暴彦巴图和金汉文以上街吃饭为名在医学院找过一趟吴占东，他们研究过一些什么问题，回来也没讲。他们去医学院正在闲谈中了解的。

· 6 ·

(2)去呼和浩特宾館后我們住西楼，代表住北楼，暴彦巴图有时在下午，有时在晚上去过北楼联委代表住处三、四趟，有时我看見在北楼了，有时回来时也說去北楼看了看代表。其中有些什么活动不知道。

(3)在呼和浩特宾館期間，有巴盟的一个干部（东部蒙族）找过他三四趟，从談話中听，他是巴盟唯一支持巴图巴根的人，暴彦巴图在談話中也流露出巴盟有什么宗派等話。这个接触和談話，我一直感到不很正常。

四、和联委代表接触問題

我看到联委代表中来的比較多的是胡康有、郝成之，还有陈忠、赵貴財也来，支持代表中孙兆文、張克儉有时也来。在这段暴彦巴图很喜欢和他們談，有时很晚，致使影响我們休息与影响我們考虑检查，有时侯我們无奈何找一个二楼的閱覽室写材料，有时出去帮助服务員擦地板。因此，有时也听到一些，有时也听不到。就我所感到的是：

(1)暴彦巴图想积极依靠联委的代表查清他的历史問題，特别是給郝成之談的最多也最長，也提供綫索，指点他們进行調查，实际也通过他們作了些調查，也听到一些調查結果。並指点他們很快往上送材料。

(2)不知他从那里知道在北京的联委工作人員对北京軍区的工作不力，内蒙問題也基本是北京軍区管。因此，他再三强調让加强对北京軍区的工作，要积极給北京軍区送材料、反映情況等等。

(3)指点代表积极的写信、写报告，送給內蒙筹备小組常委以至北京軍区、中央文革，有时也看到个别向上写的报告。

(4)打听消息，問長問短，我記得暴彦巴图写了一个檢查材料交給了会务組，他也向代表打听对他的检查有什么反映。

五、听到的一些言论

(1)对康修民同志有意見，訊为康修民同志的派性严重，特别是在高錦明同志第一次講話后，康修民同志有一次講話，他說这是扶持一派压制一派。

(2)他说内蒙革命委员会内部对伊盟问题有不同看法，具说高锦明、权星垣同志不说话，可能是民主作风有问题。这实质是指滕、吴首长的所谓作风不民主而言。

(3)暴彦巴图对刘忠同志的态度也是很清楚的。在联委大院群众中经常听到什么刘忠水平低，学刘忠讲话的习惯，而暴彦巴图对这些问题也是随声附和。在呼市有时听到沧州消息说刘忠回不来了，当时暴也表示很满意。从这里可以看出，暴对揪走刘忠是同意的。

(4)暴彦巴图积极主动布置发表暴彦巴图的材料。例如，布置联委大院贴出他在华北局会议上的发言，还在战报上登过。还把他被鄂尔多斯控制的一段写成材料也在联委大院内贴出，有的战报也登过。积极的给自己评功功摆好，甚至　不择手段到控告革命群众的地步。

杨 达 颢

1968年元月25日

一--23

关于暴彦巴图进联委后问题的点滴

暴彦巴图是于一九六七年五月中旬（或下旬），由内蒙医学院的几名同学送到联委的。住了四、五天之后，我和杨达赖及一部分群众提出意见，后被医学院同学又将暴送往内蒙，住于医学院。后因医学院内部有分歧，于六月初将暴拉回。不久，联委召开群众大会，暴正式表态支持联委。暴到联委后，根据我所知道的有如下一些问题：

一、吹捧自己，蒙蔽群众，为保自己过关。暴到联委后，在干部和群众中到处吹捧他是正确的。他经常讲的是：我在运动中既没反动路线，又没卷入三月逆流。打倒我的话，辰骏、杨达赖也得倒。又说：伊盟两个司令部，如果郝文广是资产阶级司令部的，那我就是无产阶级司令部的；如我是资产阶级司令部的，郝文广就是无产阶级司令部的。并要整理材料小组（由吴占东、刘凤祥负责）的人，到处收集给暴评功摆好的材料，让印传单，贴大字报。暴在这些问题上都是自作安排。如张贴暴在华北前门饭店会议上的发言；华北局鲁凤仪关于暴彦巴图的看法；等，均是暴亲自授意的。在暴的自吹自擂之下，确实蒙蔽了联委不少的人，到处为他奔波。鄂尔多斯搞一个打倒暴的材料，暴就让联委搞材料的人，为其搞一个反证材料。

二、暴彦巴图是有地方民族主义的错误。在文化革命运动中整的暴彦巴图的四版材料中，有不少是从他的讲话中摘录下来的，其中有不少是执行党的民族政策方面的问题。这些无须我再讲了。我在这里专谈一下暴在干部上的问题。暴在一九六六年春（三、四月间），曾给我讲过对干部的看法和打算，他说：准备让杨达赖任盟公署监长，仍兼盟委副书记；黄凤岐（鄂旗书记）提盟委副书记；对奇治民（杭旗书记）评价也是好的。一九六六年八月间，暴彦巴图在盟委全委扩大会议期间，用

·11·

民族主义的言词来煽动几个民族干部，对黄凤岐、奇治民等人说：这次运动是整我，然后就是你们。并告黄、奇，有人可能找你们，什么也不要给谈。此话被黄、奇在会上当场贴大字报揭露了。六六年三月间暴对黄、奇如此看重，七、八月份因黄、奇揭了暴的阴谋活动，从暴于去年六月进联委后，听到他几次提到黄、奇，说法都是很坏的。另一个是乌旗的包荣，一九六六年春我去乌审召，暴也在，他对包荣的评价也并不坏，可是现在对包荣评价很坏。再如公安处张青云，一九六六年四、五月曾在盟委会上提出讨论，决定要张去达旗任书记（作为培养盟委书记的对象，到旗县锻炼二、三年），暴是主导提议者，不久文化革命开始，张青云后又站到鄂尔多斯，从此，暴对张的看法简直坏透了。我上面说的意思是，暴看干部的标准不是以毛泽东思想为标准，而是以他为标准，即谁听命于他，谁就是好干部，昨日还夸奖准备提拔的人，一反暴马上来个一百八十度的大转弯。

又如对盟委宣传部陶特格其的成份问题。一九六六年三、四月间盟委常委会上，我和另外几个委员提出坚决处理，而暴以陶不少人有意见，须进一步查证落实。结果不了了之。实际是暴对陶的问题进行了包庇。在盟级单位中，重用了一部分问题不少的民族干部。如林国梁、鄥增保、图布升宝等人。

三、对金汉文的看法。暴彦巴图进驻联委一直到去年十二月二十九内蒙革命委员会关于伊盟问题的决定止，常讲"金汉文是个好同志"。去年三月去内蒙开黑会，有我，有金汉文，三月资本主义复辟有我，也有金汉文。但暴在联委大小场合中，凡提到三月逆流，总是点我而不点金。更主要的是在去年十一月二十日以后，吴锦明同志接见伊盟代表时指出金汉文是走资派后，他仍同金汉文到呼市新城东风园下饭馆两次，并在最后一次吃完饭后同金汉文到医学院吴占东处谈了二小时多。也就

·12·

在高锦明同志宣布金是走资派后，暴仍说：金是个好人。而金汉文则说：定我走资派是因为鄂尔多斯方面的当权派都打倒了，联委方面不点一个压不倒联委。金汉文的这个谬论，当即遭到我反驳，但暴对此并未表态。后来因暴同金汉文下饭馆问题，我曾提醒他注意，也许是由於这个缘故，以后才听到他说什么：按金过去的表现和思想体系，应该站到郝文广那边，谁知他站到联委。似乎他对金过去就了解，可走到联委后至今一直未揭出金的什么问题。显然是一种包庇。

四、在对待海市革命委员会的问题上。暴对海三司和刘华波一直有不同的看法。暴自称他了解海市问题，他是支持刘长斌等人的，更不赞成立 海市革命委员会。因此，他在联委召开的群众大会上公开讲："现在决定成立海市革命委员会时机不成熟，也是不慎重。在一些小范围中讲的就更露骨，说这种做法是错误的。他曾亲自车批联委给内蒙筹备小组关于不要成立海市革命委员会的一份坊碍电报。这个报是不同意发的，上面写了：应该相信海市革命群众，应该相信内蒙革命委员会，我们因不了解，不要管。最后还是暴叫发走了。在暴的影响下，联委一部分学生、群众贴标语大反海市革委会。

在联委一部分学生中贴标语说：滕海清精神、吴涛思想算老几，康修民的要害在于修字等标语时，当时我和杨达赖批评过这种错误作法，但暴对这些学生则说：蛋求事，小意思，群众嘛！实际是助长了这种错误，把革命引到歧途上去了。

五、派吴占东去北京。不相信内蒙革命委员会对伊盟问题能作出公正的，即符合毛泽东思想标准的处理决定。吴去北京，是未同我商量过的，走后我走知道的。但到北京后两地的联系，大部是通过暴直接搞的。一般性的问题，如中央文革有人看了我们的材料，支持联委等，也给我谈，但很多是不了解的。究竟搞了些什么，要暴自己交待。

13

六、转移一些重要材料，暴是知道的，是否由他亲自安排，不得而知。如郝文广的笔记，还有一些重要原始调查材料，当我问到要看一下或呼市来些进行调查的造反派要看时，暴说不在了，有的在准旗乡下，有的在北京。总之他知道。这些都未让我知道。

七、在联委院内按专线电话，进行窃听。直到现在我不知是谁出的主意，奇珍直接管此事，也是从杨达赖口中听到的。是否暴彦巴图知道，弄不清楚。

八、暴在联委同旗县的一些人个别地多次地谈话，其中有乌审旗的格尔地，达旗的格尔图，鄂旗的乌力吉仓等到内蒙也多接触过旗县的人，有些牧区去的人是用蒙语交谈，同海市韩占荣领的几个人也谈过。因同暴交谈期间，我迴避他们，我离开了住屋，所以有些内容不知。

九、关于刘忠被揪走的问题。可以肯定一点，如果没有联委在呼市的配合，是揪不走的。联委早知道沧州来人揪刘忠，联委在呼的一些代表中，是赞同这种做法的，这个意思曾由胡康友和呼市支持联委的一些学生中给暴、杨、康、金透露过，当时我表示：联委不要管这事，刘忠究竟在沧州有什么问题，沧州群众自己会解决，联委参与对联委不利。而暴是支持由沧州群众揪的，他对此曾打听过几次，凡有从沧州回来的人，暴都很有兴趣同他们打问情况。后来刘被揪走，问题闹的复杂了，我有一次谈起，刘忠在的话，对解决伊盟问题有好处，走了反而麻烦了。暴又表示刘忠不应揪走，又迎他回来。这话不是他的真实思想。

以上问题，仅是我所知道的点滴材料，回忆整理的。我相信联委广大群众会起来揭发的，任何人的问题也是包不住的。

一月十日我给伊盟筹备小组写了同样一份材料，因没留底子，这次写的可能比上次想的完整一些，特此说明。

康　骏
一九六八年一月二十日

暴彦巴图在文化大革命中的活动

（一）从运动初期到《红纵》成立

(1)在北京前門飯店开会期間的活动：

给廣俊（？）打电話說："文化大革命要深入一步，不能只是搞一般性的声討，要結合本地区本部門情况揭发問題"，"楊德明本身有些問題，他搞盟委文办主任不合适。"

暴于会議进入后期的一天，給我說："东胜来信，要陶特格其回去，我看会議快結束了，等开完了一起回去吧，我給上面汇报了这个情况，上面也同意。"

会議临近結束的前几天，暴找我談了一次話。主要是談我参加了会議，思想上有何变化。我把思想上的收获說了一下。暴問我："伊盟参加会議的是不是都是"左"派？"我說："沒有右派吧，可能有中間派。"暴未表态。接着我問："伊盟黑帮可能是誰？"暴說："揭发着看吧，王悦丰、馬富綱这些人是有严重問題的"。

过了一天，暴又找郝文广談話，暴召集伊盟出席会議的人员开会，部署返盟后的任务，其中講到："回去搞两个月文化大革命，然后繼續搞四清"

(2)暴返盟后見到对他的大字报多，别人的大字报少很懊火。我到暴的办公室，向他說明我要到卜江海子东胜四清总团，把四清結尾工作作一料理。我談完工作后，問暴"大字报是否全看了"？說："看了一下"我又問："檢查准备的怎么样？"暴憤怒地說："他們要把我打成黑帮，我干脆不檢查，如果不按黑帮打，当然要檢查了"。說着就离座向門外走（当时己下班），我亦同其下楼。在楼第上，我說："还是应当檢查，只有檢查才能主动。"暴說："逐步檢查吧。"

·15·

(3)二十三级党员干部会议期间（我没有参加这个会议，当时已到东胜县四清总团，会议结束后才回来）据说，找旗委书记、盟委机关的一些干部，积极活动，企图从当权派到群众找一批保自己的力量。据说这个期间，暴和盟委办公室的人员谈的较多。

暴、郝于前年八月份从北京《东方饭店》开会返盟之当日，郝文广到我宿舍去找我。晚饭后我到郝文广宿舍问其找我作什么？郝吞吞吐吐的谈了一些情况。因在卜江海子时看到人民日报道"八一八"毛主席第一次接见全国各地红卫兵时，名单排列有变化。所以，我先问郝："刘少奇是否有问题？"郝说："就是，主要是对待群众问题。"接着郝又说："盟级机关的运动，是不是有点不健康？从前段情况看，把矛头指向老暴，这可能是有问题的"。再问其究竟，郝就不深谈了。

我从郝返盟之当日就去找我，并透露了一些重要问题分析，估计此次会议上面可能对伊盟问题有所涉及。第二天我去暴家找到了暴，问会议情况如何？暴就把会上批评郝文广、田万生要上台是不正常现象，暴不是黑帮，雷代夫要来伊盟以及要郝文广回来保暴等问题说了一番。暴说应当好好做工作，让他们明白上面的意图。暴还给我说："你应当做一做郝文广的工作"。第二天，我就在盟委（扩大）会议政法小组会议上发表了保暴的言论。

暴把《东方饭店》会议情况，一回来就传达给杨达赖，并给盟委办公室的一些人员进行传播。

(5)一九六六年十月份，原内蒙党委三干会议结束，暴回到东胜后，和他所接触的人宣传："六版材料在三干会上散发以后影响很大，有的人说材料写得好"。暴还说："巴盟、锡盟是一派，伊盟形势比巴、锡盟好，出现了两派，有争论。"此后，保暴的材料又继续出了十版，成了十六版。

(6)在这个时期，暴对其所能接触到的人，积极宣传了打倒郝田的舆论，說："郝文广是两面派"、"田万生以伊盟革命創始人自居，实际上代代表守旧势力。"並說："陝北老干部闊宗派"。暴还說有人要打倒他是发洩私憤，伊盟有一股守旧势力等等。

（二）从《紅縱》成立到住入《联委》大院之前活动

(1)《紅縱》成立后，暴是积极支持的，繼續給《紅縱》的人宣傳郝田的問題，要《紅縱》把矛头集中指向郝田。

(2)当白銀柱明确的站出来保暴以后，暴說："白銀柱敢于造反"，"白銀柱有水平。"《紅縱》成立，白成为政委。

(3)給《紅縱》及后来的《联委》的人員經常說："紅縱或联委造反精神不夠。""紅卫兵小将嘛，允許犯錯誤，允許改正錯誤。"

(4)"1·7"事件发生后，暴給《紅縱》的人說："烏審旂、杭錦旂的問題也应当抓，那里的反动路綫肯定不亚于伊旂"。

(5)暴让《紅縱》、《联委》很快斗他，据說暴还說过："你們就是造反精神不行，就按三反分子斗我嘛"当联委于三月份把暴斗了几次，並让其劳动后，暴說："联委把我斗死也甘心情愿"。

(6)呼市支持伊盟联委的群众組織的人和联委观点的学生訪問暴的过程中，問暴夠几类时，暴說："虛心一点說三类，不虛心一点是二类"。

(7)三月夺权以前，暴被《鄂尔多斯》革命造反派从乡下拉回到东胜以后，給凡是到他宿舍的队員都訴述他在乡下被斗争的情况。我去了后也給我訴述。

(8)据說三月夺权以后，联委观点的一些人經常去暴家訪問。暴反复献計让联委抓郝田的問題。

（三）住入《联委》大院以后的活动：

(1)从組織上加强联委，暴一住入联委大院以后，就一再强調： 联委的造反精神不夠，不如《造反团》有造反精神"《联委》常委水平不

·17·

高。领导不力，应当改革""联委应当加强领导"等等。起初他支持《1·3》改革《联委》，因为联委组织系统中的多数人持反对态度，他怕队伍分裂，所以又转而督促《联委》在组织上进行了调整和加强。如：

1·《联委》在原有常委和委员的基础上，新增一批常委和委员，对个别常委和委员又作调配。

2·《联委》各个部门新增和调配了一部分人员并新增设了一些机构，如宣传部（原为组）联络部（原为站，设部后仍存在了一个时期）保卫部等。

3·暴亲自插手筹建《专揪高岗余党联络站》，亲自修改该站的通告，并指示："要把通告散发到全国各地去"，企图以之扩大《联委》的政治影响。

4·积极支持把站在联委方面的当权派分配到《联委》各个部门和《联委》各司令部当参谋。

5·暴积极主张、支持《联委》派出了一批人员长驻呼市、北京向上反映情况。以后先赴康俊去乌盟住在集宁指挥《联委》在呼市和北京的人，向内蒙革委筹备小组和中央文革反映情况，并赴康到呼找内蒙筹备小组成员进行检查和反映伊盟情况。后康俊未能去，就派我到北京指挥坐镇，赴尹又伊、杜凤华等到呼市坐镇指挥，任命刘保国任驻西安调查组组长。刘去了后才又撤回来。

6·暴亲自抓《联委》方面当权派的工作。

(2)从斗争思想上指导《联委》

1·暴积极主张《联委》通过办毛泽东思想学习班，借"斗私批修"之名，坚定联委观点。

2·暴住进《联委》后，多次用《联委》造反精神不够"，"不如造反团"一类的话，鼓动联委无所顾忌地横冲直撞。

3·暴特别强调要《联委》抓郝、田问题，并献计让上高岗余党、乌兰夫代理人、封建王公代理人的纲。当时暴认为只要是抓住并抓准了郝田问题

·18·

，联委就能站住脚，他自己也能站住脚。

4．暴积极主张、支持《联委》及各司令部撒开人马，广为调查，占有材料，并美其名曰："放手发动群众，打人民战争么，让群众自己教育自己，自己解放自己"。于是联委及各司令部派出大批人员外调，加上一些学生自己找到线索外出调查。由于人多又无计划，浪费了相当的人力、物力。据说，外出搞调查的学生借款额相当可观。

5．经常强调《联委》队员要加强"三性"，防止极"左"右思想，实际是以之从思想上和组织巩固联委的队伍。

6．暴力主加强资料班子，经常去资料组鼓动说："《联委》的一些文章写的不错，有人材"。并亲自指示："写文章要注意短小精干、文字简练，向上送的材料更要注意短小、文字简练"同时也让《联委》各司令部也加强资料工作。

7．暴积极主张、催促《联委》在东盟、各旗县、呼、包及北京等地造舆论，要联委大量散发《彻底剿除高岗余党》（第一集）及有关材料，暴讯为该份材料不错，让继续出第二、三集。

8．要伊盟《联委》及各旗县市联委向内蒙革命委员会、北京军区、中央文革积极反映情况。

9．要《联委》和呼市、北京的群众组织联系挂勾，并主张呼市支持伊盟联委的群众的代表人物，经常来伊盟配合盟联委及各旗县市联委进行活动，以宣传鼓气，保住联委势力。

10．暴积极支持和催促盟《联委》和各旗县市联委经常联系，从组织上思想上联成一片。从去年6月份开始，各旗县联委不断在东胜建立了联络站，让联委向各旗县发材料、传单，宣传联委观点，支持联委向各旗县派人进行活动。

(3)对谈判之谋：

1．強調抓綱：郝田等是烏兰夫代理人、高崗余党、封建王公代理人。

2．《联委》揪出了烏兰夫代理人、高崗余党是造反派，《鄂尔多斯》保了郝田是老保。

3．三月逆流問題要具体分析：在內蒙問題上站錯了队，《八条》挽救了联委；在伊盟夺权中整了群众，但是夺了郝田及其勢力的权，是对的。联委在談判桌上要进行檢查。

4．支持《联委》派人到河北滄州专区調查刘忠同志的材料，並联絡滄州群众的人来伊揪刘，希望把刘忠同志調回滄州。

5．要求和支持《联委》积极向內蒙革命委員会、北京軍区、中央文革反映情况，以配合談判。

6．积极主張将有关高崗的材料在呼市、东胜广泛散发，以配合談判。7．让《联委》把原始旁証材料集中到呼市，以备核实材料、問題。

8．暴訊为孙兆文水平高，要白銀柱等在談判期間和孙經常研究問題。

(4)积极主張、支持派一批人到呼市、北京活动（以前有关交代中已談判，此处从略）

(5)支持《海五紅》反《海三司》及海市革命委員会

据說，在海市革命委員会将要成立的时候，有人建議給內蒙革委会和海市革命委員会发电报表示支持暴却借口說：“不了解海市的具体情况，不能表态。”可是相反却支持《海五紅》派人到山西长治市調查刘华波同志的材料，並說过：“刘华波有問題，可以搞”。延訊为韓占荣在文化大革命中表现好，支持韓等《海五紅》的人到呼市、北京上訪反映情况。又說：“千奋勇等是好干部，不能把海市的干部都打倒了”。让《联委》給《海五紅》以經济贅助。（其他的从略）

(6)支持各旗县《联委》所保的当权派，打击革命領导干部

1·暴认为凡是站在联委方面的旗县当权派就是好的，就是以前认为不怎么的也认为在文化大革命中表现好；凡是站在《鄂尔多斯》方面的就是不好的或在文化大革命中表现不好。就是原来认为好的，若站在鄂尔多斯方面，就成为表现不好的了。

2·给题《联委》和乌审旗《联委》的煽动说："乌审旗是在各旗县中宗派最典型的个旗和题里的情况差不多。暴还说过："包柴水平不高、骄傲"。

3·我在北京期间，据说各旗县《联委》方面的主要当权派，如准旗的杨悦、达旗的白庆元、伊旗的浦达呼，鄂旗的乌力吉仓，乌审旗的戍尔迪都曾先后来东胜在《联委》大院住过。据我分析、考虑暴会和这些人研究策划各旗县情况、问题和活动的。

(7)《联委》所行之经济主义，暴是会知道的，或者决策者，或者是支持者，或知而默认之。

(8)暴进住《联委》之后，对历次武斗情况是知道的，《联委》负责武斗的具体部署会给暴汇报的。

(9)《联委》指派人偷听《鄂尔多斯》革命造反派的电话，这件事暴县彦巴图是知道的。

(10) 据说《联委》向《鄂尔多斯》革命造反派各组织派遣了一部份队员进行反间和情况活动，具体策划和部署者是会给暴汇报情况的。

(11)《联委》解放了一批运动初期被打倒了的当权派，而且有的住入联委大院参与了具体工作。又使用了一批有严重政治历史问题的人，暴是知道情况的，是他支持和默认的。

(12)《联委》和陕西省榆林专区的《二缸》及甘肃省《红革联》有联系，暴是知道这个情况的。

吴占东　68·2·5·

彻底同暴、杨、康、李、吴决裂

我是一个犯了严重的方向路线错误的干部，在文化大革命中，站在资产阶级反动路线一边，追随暴、杨、康、李、吴长期对抗毛主席的革命路线，上窜下跳，充当了他们的工具，充当了死保反革命分子暴彦巴图的急先锋。通过学习和造反派同志们的帮助，我认识到自己错误的严重性，因此，我再不能一错再错下去了。我要坚决站出来，彻底同暴、杨、康、李、吴决裂。除了我自己的错误，继续向广大群众进行深刻的检查以外，现就我知道的暴、杨、康、李、吴在联委的活动，揭发如下，供同志们分析。

一、约在四月份（八条是否下来不记得了），为了稳住联委阵角，统一认识，由杨达赖、康骏分别向各口处局长及司令部负责人做形势报告。财贸口是杨达赖去的，李正东陪同。地点在医药公司会议室。我记得主要讲了以下几个内容：(1)伊盟三月夺权基本是正确的，停联反省不能算作打击面；(2)伊盟不等于内蒙，造反团和呼三司有联系也有区别，造反团不等呼三司；(3)对刘忠等二十五人大字报应进行反击。李正东还补充说：要进行针锋相对的斗争。从此以后，在联委内部就定了"伊盟特殊论"的调子。康骏怎样讲的，我没有听到。

二、六月份暴彦巴图亮相后，曾不止一次地同杨、康、李、吴等以闲谈的方式，说过要做最坏的准备，要抽一批人员出去活动。我记得暴说过："老吴可以到北京去，老康也可以出去，不要都在东胜，东胜不是重点。"当时联委要印一批材料，找不到印刷厂，康说过："我到局盟去，一面印材料，一面在那里了解情况，写些材料"以后还派盟委的干部（名字不知道）去过局盟进行联系。但由于联委内部也搞逆流，因此没有行动。

三、为了做最坏的准备，联委会转移过资金。这项工作我没有参加，据段存仁等谈，在六月份，由暴、杨、康、金、李、吴等决定，把一万元左右转到了北京，防备以后到北京告状使用。李正东在五月份"抢人"事件以后一直说有病，李携带资金去北京看病。呆了不久就回老家去了，一直在十月份才叫回东胜。此事，段存仁最了解。

四、七月份内蒙军区召开伊盟分区科长以上干部会议，决定要支持鄂尔多斯。大体是四条意见，其中提到打倒郝、田，支持暴彦巴图，解散联委等。联委群众听到后，十分混乱。晚上召开了部分处局长及常委会议。参加人员二十人左右，其中有：暴彦巴图、柔儒放、李守文、奇珍、焦建民、尹又伊、郭云龙、李子野、刘凤翔、马良尧、王兆林、孟金智等。会上李子野表示同意内蒙意见，他认为再不采取什么措施，否则就要犯错误。其他人员不同意（我发表意见也是不同意），理由是：内蒙决定把底子交了，联委打的对，保的对，为什么要解散。多数人的意见是要顶住，并提出不少加强工作的意见。我记得我还说过：这样顶住暴有二次被打倒的可能。暴说：打就打倒嘛！暴彦巴图最后归纳大家意见时说：应该简单归纳几个字好记，是不是归纳为稳、准、巧、狠四个字。大意就是：稳是稳住阵角，巩固队伍，不要反对；准是继续对准郝、田；巧是讲求斗争策略，不能蛮干；狠是狠抓大方向，不搞小动作。这一意见，我记下来，第二天由王兆林向队长以上作了部署。这就叫"四字斗争策略"。

五、七月份，我和胡康有在呼市。在东胜，联委和海三司发生了冲突。一天晚上暴彦巴图亲自给胡康有和我打电话，他说的大意是：鄂尔多斯从海市调来大批人员攻打联委，情况很紧急，要向内蒙反映，他们为什么不采取措施，这是对郝、田的态度问题。接电话后，由胡康有等半夜去内蒙筹备小组进行了反映。并且在呼人员决定由周维先起草发出

"十万火急呼吁书"。当时在呼市的还有杜凤华、苏汉源等。

六、八月上旬，联委收到一份陈维舟同志从内蒙回来传达报告记录稿，主要内容是内蒙军区意见要求转变态度。（这份材料来源我不知道），此材料是暴彦巴图给我的，他说："找一个人抄一下，转给老吴一份。"我找芦选仲照抄了一份。此时一中教师刘永福回北京去托他给吴占东带去。

过了几天，"方向盘"张壮鑫要到北京问我去不去，我说我也去，我们两　准备到北京去，临走时我们问过暴、杨、康等有什么事。暴说过：去了跟老吴具体研究吧，编写的材料要尽快的印出来。到了北京住在文化部招待所，见到了白锐柱、刘永福、王子俊，以后苏春光也去了。还有几个学生、老师。苏春光住在他姐姐家，白锐柱可能在他弟弟家住。我们去了把东胜情况给他们介绍了一下，并告诉他们要很快的把"高岗余党第一案"印出来。当时决定分头去办，由吴在家负责编写材料，向中央写报告，由我和何学勤负责联系印刷厂；苏春光联系闹纸张；由刘永福、白锐柱负责走访中央文革。搞了几天，这些事情都办完了。由家中的人起草了一个向中央的报告，内容我没有看过，大体意思就是根据陈维舟的报告进行了反映。以后吴占东对我说："那个报告不应该报，是错误的，可能把乱子出下了，我　反红色政权就看那个报告吧，反正责任是我的了。"这时才引起我对那个报告的重视。我一共在北京住了将近十天时间，临回时，在一起研究回去怎么办。第二次研究白锐柱没有来。总的提出几点意见是：继续抓高岗余党，抓郝、田，加强具体工作，巩固队伍，要解放思想，不要怕，要敢于斗争，敢于胜利；加强旗县工作，全盟最好能够联合起来；加强西北的调查工作；各司令部最好能调一至二人来京学习　　。吴还说："伊盟高岗余党铁证如山，要向上反映，如果中央、内蒙承认了，联委就立于不败之地，就是立了大功。这要和队员讲清楚，要上纲。"苏春光还提出最好叫物资局来一个人带上介绍好联系用纸问题。第二天我要回来时，白锁柱去了，征求他的意见，我和吴把昨天的几条意见向他说了以后，白说（大意）："没有什么意见，我想在公检法问题上干一下，现在中央提出要砸烂公、检、法，公检法是鄂尔多斯的支柱，打掉公、检法，就大势已去。"我问："怎样搞法？"白说："向公安处要黑名单，不给就造反，冲公安处，他们势必要镇压，这样事情就闹大了，可以从公安处打开个缺口。"我说："老白这个意见风险太大，恐怕没人去做。"吴占东说："这要很好的研究，老白这个意见叫家中研究去吧。"（这里有人谈到夺取枪支问题，我想不是这一次，可能是另一次会议，我没有参加过）。当晚我起身回到呼市，见到杜凤华、周维先、赵柱才等同志，我把北京的一些意见讲了一下，把白锁柱的意见也讲了，以后周维先对我说：老白那个意见不行，不能那样干，回东胜就不要讲了，传出去影响不好。我回来后再没有讲过白锁柱的意见。

在北京期间，一次有吴占东、白锁柱、苏春光和我一起去游泳，他去游泳（我不会游，在池边看衣服）。回来时到北海公园喝茶，谈到过海勃湾问题，我说刘长斌打不倒，海市要打倒看乔正秀、唐宝山吧。吴说：刘长斌可能成为全盟顶的最硬的干部。白说：我们应该支持海五红必要时以我的名义发表声明支持五红。这些事情，只是议论了一番，回东胜后，我没有讲过。

七、联委内部处局长参加工作，是从五月份以来逐步充实进去的。在联委主要坐阵的是姜彦巴图、吴占东。物达赖、康骏虽然因逆流错误不大出头露面，但实际上仍然是核心领导。当时联委的策略是：凡犯过逆流错误法令过的干部不要出头露面。

吴占东在未到北京之前，主要是在负责资料工作，及时所报的材料一般都经过吴的审阅。从五月份以来参加工作的处局长近三十人，分布在各部门，有的到外地。据我了解的有：政治部：白布和、李谈中；红卫兵和队员工作：郭云龙；宣传部：高辅友、包景文、李政；联络部（包括旗县工作）：焦建民；作战部：刘琼搞了一段，以后有图布信宝；保卫部：奇珍；资料组：刘凤翔；动态组（向呼市反映情况）：白文智；抓叛联络站：李守文；揪乌兰夫余党联络站：梁高放、张胜甲；揪郝文广联络站：尹又伊、郭谈范、刘孝先。以后李子野去写过材料；后勤部：先后有过刘扬梭、孙林芳等人，抓生产：王玉珍。

参加过外调工作有：刘徐国、张成业、刘孝先、魏增垒、李文华、李守文、杜凤华、赵世杰。

在外地联络人员有：呼市尹又伊。杜凤华、苏汉源、李文华都搞过一段。在北京有吴占东，八月份以后又增加了苏汉源。

从六月份以来到呼市做过串连活动的有：尹又伊、杜凤华、苏汉源、申福、高玉先等人。

八、大约在六月份，一次我去了杨达赖的住处（康骏是否在不记得）上边可能有孟金智、王兆林等（不太确实）闲谈。我记得在谈到图布信宝时，杨达赖说过这样的话（大意不是原话）：图布信宝历史上就那么一个问题，已经做了结论了，这个人还有些办法，拿回来帮助你们做些工作，我看没有什么问题。以后图布信宝到了铁委。可见包庇图布信宝的就是杨达赖。

九、六月份，由我、杜凤华等到呼市准备向内蒙汇报，带的汇报提纲，就是吴占东修改的，有的部分还是他亲自写的，临走时用几个抄写下来。去呼市串连、汇报，基本上是按照这个提纲的。

十、可能是九月份，在铁委院内开会时，我看卫校一个学生，我问他：多时不见，你那里去啦？他悄悄对我说："我到石家庄去调查康修民的材料去了。"我说:"誰让你去的?"他说:"我自己要去的。"我说:你的材料呢?他说:我交給郭云龙了。我说:这些事少闹,康修民问题主要靠呼市造反派,我们搞不合适。我返回呼市后,在市委招待所突然进来一个人要找联委的人,问我是石家庄的,这时我们才知道卫校这个学生又去了石家庄。当即胡旅有打电话叫赶快回来。这件事,我一直闹不清楚是誰让去的,我只能提供線索,请认真查清,这也涉及到整理康修民材料、大反红色政权问题。

十一、保暴彦巴图问题,不是偶然的,在內蒙就有人散布打不倒。在两派谈判开始以后,我听到代表说:"一天王再天到宾館开会,旧呼三司支持联委的代表在问王再天,原话是:问:你认为郝文广是什么人?答:是三反分子。问:有何根据?答:有詩为证。问:你认为暴彦巴图是什么人?答:有严重错誤,反正不是三反分子。这个对话,以后传回了东胜,以此,在家徹群众。

十二、在谈判开始以后,大約九月份,暴、物、康 等还在东胜。一天胡旅有对我说:会务組老要同他談,暴彦巴图繼续住在联委大院支持一方是严重的错误,现在鄂尔多斯也打郝、田,說明纠正了自己的错誤,暴彦巴图对此,应当有所表示。胡說:看意思是让暴表态支持鄂尔多斯。我捎上这个意見回东胜和暴讲了,暴說:我要慎重考虑,我不能輕易表态。一直没有表态。在这不久,还拿着一本乌盟許集山同志三月份错誤的检查。在联委到处和人說:"这叫什么检查,簡直是奥馬自己,一錢不值,这种干部两面三刀,不是好干部,咱们不能这样做。"一方面表白自己,攏絡人心,一方面对抗上级。

十三、在大树湾王茂生事件发生后,康修民同志提出要惩办凶手。联委院内很多学生造反要坐上五辆汽車造康的反。赵桂才、胡旅有做工作不让去,大家争吵不息。在人群 中暴彦巴图也給群众讲不要去,但其中有一句话有问题，他说：内蒙如果有坏人，让他暴露出来再揪他也不晚，为什么现在非去不可呢？这实际上是煽动学生对抗内蒙筹备小组。后来胡庶有传达了内蒙电话指示后，才平息下来。

十四、据说在谈判开始以后，为加强领导，在东胜的局处长以上干部还组织过核心领导小组，具体是那些人，我不清楚，听说可能有栾富放、郭云龙、李政、焦建民等加上几个书记，由暴彦巴图坐阵，研究形势，出谋划策。（这件事，我了解不确实，请向别人查对）。

十五、十月初，我正在呼市，谈判中双方各自汇报了一轮，会上康诊民同志指出要各自作自我批评，意思是不让联委再发言了。这时代表中有人提出要叫吴占东回呼市商量。先给去了电话，吴来电话说："不要失去信心，一定要胜利的思想有了，前一定能够胜利的思想不足，要向上反映情况，争取把话讲完。"

吴占东未回来之前，先派回一中张老师回呼安排住宿。十月九日吴正式回来，当吴从北京动身后，来电话的暗号是："这里一万份材料已在九十次列车发运，请到站查接。"吴从预先定好的白塔车站下车，然后坐车到郊区张秀的亲戚家吃了一顿饭（怕白天被发现），然后回到医学院，同吴一同回呼市的还有苏汉源。晚上白纯杜、胡庶有、周维先等部分代表去了吴的住处，交谈了谈判情况。吴听了情况后说："前一段谈判失策了，被动了，应当先讲大方向，先讲高岗余党、郝、田问题，接着讲鄂尔多斯是御用组织，最后讲暴彦巴图问题。"又说："一定要把话讲完，要写报告要求，要去人要求，好话坏话都讲完啦！只要要求还是可以发言的。"第二天吴就开始紧张准备发言的稿子。

这时东胜，队员中有些紧张，对联委不利的消息很多，吴说："谈判还没有完，言还没有发完哪，应回去给家中讲清楚，不要受小道消息干扰，要讲清楚。"一方面决定派我回东胜把这些意见转告家中常委做

· 28 ·

好队员工作，一方面还向北京去电话，叫北京以向中央文革反映情况，要求发言。我回东胜后把这些意见向常委及干部们讲了。

十六、我回东胜不几天，一天晚上我进去欧治部宿舍的屋子里一伙人正在开会，其中有暴、杨、金、李、郭云龙、柴鹏放、李守文、李汝中、白文智、焦建民等二十多人。我问干什么，其中有人说，坐下参加吧！正在讨论内蒙来电调 他们去呼市。这次会已经有几个人讲过了，我进去正是郭云龙发言，主要是分析这次调去形势怎么样，谈的很乱，你一言，我一语，总的认为调去情况不一定坏，可能叫亮相支持鄂尔多斯，有的还谈到可能同郝、田还有一场斗争。最后暴彦巴图说："去了再说吧，看上面怎么安排吧，家中老柴、老郭你们抓一下。"当晚他们一起喝酒到二、三点钟，究竟谈了些什么，我回家去了。

当晚会议完了后，有人提议叫我也去一下，看一看情况，我下去又找了李文华，第二天我和李文华随同他们一起去了呼市。

十七、辰骏这时不在东胜，前几天已经去了乌盟，当天晚上由盟委干部给乌盟打电话叫辰骏第二天直接到呼市。这时吴占东仍在呼市。为了能互相见面，让薛进义从包头坐火车先到呼市，用小车把辰骏、吴占东接出来，在呼市北郊见了面。一起来的人很多，其中有胡庚有。

在汽车上谈了一会话后，就回城里各去各的住处去了。谈话的大致情况是：首先吴占东介绍了北京情况（大意）是：现在北京是大联合高潮，从中央文革接待站的态度看，伊盟也是大联合前途两派谁也吃不掉谁。当面主要是抓紧反映情况，谈判中是有些被动。你们这次来，可能要求亮相支持鄂尔多斯，从当前情况新情看，应该支持。暴彦巴图还让辰骏说一说。辰骏说：到乌盟也没了解到什么情况，乌盟叔单一次见了高锦明、权星垣等同志，随便问了一下伊盟问题，人家说：绝对保密，因此再没有问。暴彦巴图说：反正现在情况不清楚，来了看一看再说吧，老吴还是回北京去，然后很快返回东胜，家中没有人。再就是闲谈了一些话，我记不清了。请问李文华同志了解一下。

十八、暴、杨、康、金来呼市两三天以后，一天上午，于冰去小宾馆看暴、杨、康、金。当时暴让于冰给东胜打电话，大意是：叫李正东带领处局长到鄂尔多斯报到作检查。继续在在联委院内要犯大错误。下午东胜连续给呼市打电话，不同意这种作法，就是出卖群众，搞垮联委。吴占东听到这些情况后，说："这样大的问题处理的太轻率，暴彦巴图感情又冲动了。"晚上吴占东和我就去了小宾馆。吴一见暴就说："你今天打电话是错误的，你不考虑联委那么多的群众，你这样做是搞垮联委。"暴作解释，承认他考虑问题不周到。当晚回了医学院，又让李庭华向东胜打电话，处局长暂不要出去，等谈判有了结果再说。

这一天晚上主要是暴彦巴图介绍了他和吴涛的对话，还有张魁和暴、康的谈话，这些对话，吴占东还记在纸上，我记得大概意思如下：

吴涛同志和暴的对话：吴问：你来了（走上去握手）。暴答：来好几天了，我有错误，我要很好的检查。吴：有错误检查嘛，回到毛主席的革命路线上来嘛。暴：我其他不担心，就是怕郝、田打不倒。吴：田万生不是来了嘛，现在还那有保那、田的。暴：伊盟的问题什么时候解决？吴：快了，最后还说可能叫你学习学习。

张魁同暴、康的谈话大意是：张魁对康骏说：你不要以为你到伊盟才犯错误，你在乌盟也要犯错误，三月份你们也不算一笔帐，三司站的些什么人，红卫军站的些什么人。高锦明同志你不知道，我们这些人你也不知道，伊盟暴彦巴图你也不知道。去年八月在北京就明确了嘛。三月份你是打他，他怎么就成了封建王公的代理人呢？

张魁对暴说：你一屁股坐在联委大院，使两派群众闹的很对立，这是严重的错误。联委给我的印象是保，要保你就保到底，而三月份又打，

·30·

如果不是揪郝、田，联委这个组织八条下来后早垮了。暴说：鄂尔多斯是御用组织呀。张睿说：御用也是上层少数人嘛。鄂尔多斯打、砸、抢、抄是有的。

对于上面这些对话，吴占东说："这些话看来暴、康问题不大，检查错误后还可能结合，特别是康很有可能。虽然有批评，但是爱护的批评。只要干部能结合，联委又是革命组织，联委就没有失败。

暴又说了他准备检查，着重从三个问题检查。一是亮相后坐在联委支持一方压制一方是错误的；二是我包庇三月逆流及杨、康、金、李；第三我没有记住。暴还说，要给联委群众做工作，我们再不能支持一方了，思想上要有这个准备，并告诉吴从北京还是很快回东胜去。

当天晚上回到医学院，吴占东说到叫我再回东胜一趟，他说：这些对话可以告诉家里，调子就是这样了。第二天，我就返回东胜，任务是传达上述对话，我回来后，在联委常委及处局长会上讲过上面那些对话和吴占东的一些意见。（对下面讲时没有讲同谁的对话）

十九、大约在十一月下旬鄂尔多斯代表同志找康骏谈话要他站出来同暴、杨划清界限。当时在呼市社会上也传出康骏有结合的可能。一天我去暴、杨、康住处，谈到这个问题，康说：结合我不可能，我也不愿意结合，我主要是检查错误，结合了困难很大。暴彦巴图说：结合老康好呀！应该支持嘛！我们几个是支持他结合，如果老康结合了，他又是资本主义复辟的急先锋，那其他人的问题就好办了，那三月逆流也就旦掌了。我们是支持他站过去。这些话同样也给代表们说过，我也把这些话同其他人讲过。

二十、记得在一次同暴、杨、康的谈话中，我说：现在做检查，还不如原来不亮相就好了。暴彦巴图说：过去就过去了，不过我对前一段亮相支持联委不后悔，反正郝、田要打倒。这里边也有我们一份成绩。

他这些话，实际上是继续拢络人心，蒙蔽群众，继续对抗内蒙革命委员会。

二十一、十一月底，我同刘兴、薛进义三人一起去北京临走时，带了内大孙兆文写的一份向中央的报告。去了北京住在工农旅店，见到吴占东，又由苏汉源用毛笔把孙兆文的报告抄出去报到中央文革。这次去主要是刘兴走访中央文革。据刘兴谈，中央接待站说，伊盟两派都来过，我们都没有说过他们的坏话，让他们联合起来。联委是犯了严重错误，鄂尔多斯保赦、田也是错误的。刘兴问暴彦巴图时，答复是：就是打不倒现在也不能结合。这样问题清楚了，我住了三四天就回来了，吴占东也要回来，并托我约好在旗下营下车接他。

吴占东二次回呼市，随同他的还是苏汉源。这时谈判已基本结束，等待上边决定。吴来了后，暴彦巴图、金汉文见过一次，一次暴、金上街吃饭，碰到很多人，一起到了医学院见到吴占东，这次人很多，我觉得没有谈些什么，坐了一会就走了。至此，一直没有接触。一、两天以后就是高锦明同志第一次讲话。当晚由代表郝诚之去吴住处念了讲话记录。第二天听了录音。当时在医学院有吴占东、苏汉源和我一些人一起分析形势，总的认为高锦明同志讲话在组织上肯定了鄂尔多斯，而在政治上肯定了联委，今后的斗争对联委有利。因此，应该拥护，并把分析意见由资料组的人记去转告代表，并让李庭华电告东胜应积极拥护，不要反对。当时认为谈判就是这个调子了，于是才返回东胜。

尹　又　伊

二月八日

—-26

暴彦巴图是武斗的总指挥

——摘自刘琛六八年一月三日交待材料

八、呼三司来东胜后，七月初的一场大武斗的問題：

（一）总的部署即按方案（方案附后）进行外，又从伊旗調来400—500人布暑在师范学校，他们的任务：(1)堵住盟商业局西面那个十字路口；(2)是直攻鄂尔多斯总部，县联委还調进了农民。

（对这场武斗建立了临时最高总指挥部，暴彦巴图掛帅，任总指挥，郭云龙任付指挥，在作战部坐陣指挥。……政治思想工作，杨达赖掛帅。

（三）后勤由金讽文掛帅。

这个总安按是在31号房由暴彦巴图和常委们召开的……。

（四）在作战部討論，怎么对付从呼市調来推土机和拖拉机时，王光林說用炸葯炸，郭云龙說对，我說等你到跟前，这头也让你砸啦。郭云龙說：咱们有电发火的，事先把它包好，通上电綫，等推土机、拖拉机和大批队伍冲来时，一接电就行啦。当时也記不清是誰說的，誰会装呀？我說，我会。这就又談到从哪儿鬧雷管去呢？郭云龙說：我们那仓庫有的是。他又說：取炸葯，得有个单位請領，錢可暂不給，我可以批。这时，誰也不說話，我說我写。当时我就写了一个条子，郭云龙签了字，郭云龙就叫刘耀开上物資局的汽車从仓庫里拉了6箱炸葯，200个雷管，雷管交給了我，我交給了"管天队"的陈忠 和白铎保存起来。这时我想，这样干是会大批死人的，心里害怕。等了一会，郭云龙从作战部来到后面找到我說，这样做是危险的，将来死了人受不了，我說：我正想这个問題呢，这个干不得，送吧，这就又把炸葯和雷管送回去了。

十、在六月份，杨达赖把我找去又专門研究过，想法装配小型报話机的，这个东西是一旦邮电局通联委綫路断了后好与各点联系。我說行。临走时說一定要找絕对可靠的。

十一、杨达顺还给我说："老刘，你在联委院里找一个绝对保密可靠的地方，老贾安个电话了解鄂尔多斯打电话的情况便于对付他们，我就和项进红（邮电局线路股的查线员）在联委院里找地方，结果都不保密，后奇珍帮助他们找，安在什么地方，还是没有安呢，我不清楚，我只见贾和奇珍常在一起。

另：联委还通过小杨（是邮电局的机务员，在联委广播室工作）和马（值班长）在邮电局里在鄂尔多斯打电话时，偷着录下来，拿到联委听。谁给他们布署的不清楚，我分析，可能是杨达顺。

……

十四、联委是支持"海五红"反对海三司和内蒙、海市红色政权的，我看过孙光文一个关于海市调查报告，也听过刘忠祥介绍，他就向银柱在呼市也表示同意，联委应表态，插手海市问题搞乱了他，联委有"海五红"调查刘华被的材料，这个了解较详细的是那又伊。

在支持"海五红"上，联委在后期给过经济援助，具体数字我不了解，例如"海五红的人来了"，给他们解决吃饭钱、路费等，饭钱是联委直接给的，路费是××借给的，这个民局暴、杨、康（金）都知道。

十七、联委大院的围墙、铁丝网、瞭望台和墙内沟、照明等都是我设计，并指挥着干的，大概开支大几千元，铁丝网2吨，木料两汽车，大门还有土坯、砖和工钱等。这都通过给党校搞修缮费的方法解决的，具体经手人是孙林方和党校的赵科长，这是杨、康、李和联委常委批准的。

附件：联委的整个作战方案（刘琼的交待材料）
七、联委的整个作战方案：
第一方案是我提出的：即以联委大院为核心，西面是方向益为据点，这个以工交总属各司令部坐居控制，北面是县联委（即县人民委员会大院），南面　即商业局大院，由财贸司令部负责，西北面（即公署楼），由计划、政法、卫校负责，裹北面即一中由八一总部负责，东南面，即财贸干校，由二中、农牧负责，再南面物资局，也是一个小点，由物资局、机械厂、医疗器械等单位负责，联委由113、新师范和文卫等单位负责。这样分布，既保证联委大院的绝对安全，又不被鄂尔多斯个个吃掉。

第二个方案是图布信宝提出制定的，这个修正方案除撤出财贸干校那一个据点，把二中合并到公署大楼，其余均未变动，根据这个布署还给制了街道图。

根据这个方案，若鄂尔多斯来砸联委时，方向盆、是联委、盟商业局从本住地出动进行外面的包围，公署大楼上，除留一部保证一、二中安全，通过一、二中堵住十字大街，他们任务是东至服务大楼，西至盟商业局，和全部控制住联委东西那个小巷子外，其余拉出配合县邮电局，控制邮电局那条街，重点堵住通联委那条小街，这种部署是先把鄂尔多斯放过来，然后从外面包围住，里外加音，有来无还。

这个作战方案还规定了紧急集合信号，一从播音室的喇叭上通知；二摇警报器；三放炮为了使各司部听得准，我从气象局用汽车拉防电用的大炮；四，指挥信号，除电话指挥外，还从气象局拉来土火箭，若听到炮声后看到火箭直线上升，就是联委有情报，若看到火箭指向那个方向，各据点就抽出队伍打向那个方向，若看到连续几个火箭都直线东南方，就是包围鄂尔多斯总部。在七月分，把管天队调进联委大院的主要任务就是担任放炮和放火箭讯号的。

刘　琮

一九六八年二月三日

一--27

北京活动过程和组织系统

一九六七年六月下旬，暴彦巴图等和《联委》的头头决定往呼市和呼京派一批力量，到北京的具体任务是向中央文革反映伊盟情况，和北京的革命群众组织取联系挂勾，了解毛主席最新指示，党中央新精神和全国形势。我当时要求派当权派去，他们派我去往北京。原拟先去呼市再赴京，但又怕黄河渡口被发现，所以，决定越过榆林，山西去北京。

七月二日零时乘卡斯六十九汽車，偕同杨啸林占海何学勤等人从东胜出发，下午三时许到了榆林。本拟于榆住宿，但因在饭馆被《鄂尔多斯》的队长发现，于是饭后又慌忙出发。次日到府谷住在山西保德县，等了两天汽車，第三日乘汽車到杨坊口。在杨坊口碰见李正东从北京返其原籍。在旅馆我向李反映了东胜的情况，我们李交待了同《联委》去京人员在和平里接待站和文化部宿舍接头问题。六日改乘火車途经太原，石家庄等地于七日抵京。

在京期间，先后住宿于文化部宿舍，文化部第二轻工业部联合招待所、长征、反修、立新等馆和通县等郊区。

七月二十日以前和在京人员接头，听取汇报并将去的材料，让学生送给中央文革。二十日以后组织在京人员继续反映情况和联系挂勾等活动。十月上旬在呼人员给我打电话说，该判对《联委》不利，问题可能基本定了，让我返呼商量对策。我到呼市去了一趟又返京，十一月下旬包京返呼，十二月上旬包呼返东胜。

《联委》在京活动的组织叶反映情况小组。我去之后直接座算指

·1·

451

理。校内资料又与有丽、校清、思乡门、刘永福、王子俊、赵经德等…调查，编印材料）九月份以前还有刘秀英、曰治爱、李贵华等几个学生。九、十月份又去了葛士鹏、张世越、笪广林等几个干部。另外，张弼、赵讯求、张荣文等住了一至二个月。有些送材料等流动人员一般都逗留一遇或一旬左右。当权派中尹又伊苏汉元等去当了一般参谋。

《联委》的头头住报桂、胡康有、马良光、王兆林、苏春光、汤希贤以及内蒙医东方红公社的周全（路经北京回家）和海五红的韩占荣等也都先后去京寻找接过头。在我离京返盟时，葛士鹏、张世越、刘永福、笪广林等仍留在北京活动。王子俊住在文化部活动（同时保管材料）。

人员分工是干部侧重于反映情况，了解毛主席最新指示，党中央新精神（和机关革命群众要材料、传单）学生侧重于联系挂勾，走访中央文革接待站和到各学校问革命群众组织要毛主席最新指示、党中央新指示、首长讲话、和誊写大字报上公布的毛主席最新指示、中央首长讲话等。赵喜增等两个学生专门调查高岗的问题。赵喜增等和北工大，钢院东方红》、师大《井岗山》等革命群众组织联合出刊揭发批判高岗反党罪行的小册子。以扩大影响为《联委》捞取政治资本。

绑架刘忠同志的真象

为了继续压制、打击《鄂尔多斯》革命造反派群众，继续死保暴、杨、康、李、金和我，继续维护三月资本主义复辟反革命逆流，《联委》中的一些人很早就在活动攻击刘忠同志。六七年六、七月间，《联委》驻呼联络站就曾派严××、周××等到沧洲以调查为名，实际是煽动沧州的群众起来来揪刘忠同志，(暴扬康和我都是支持这个行动的)，八、九月份又派人去过一次，十月份刘忠同志被绑架到沧州之后又派人去沧州活动过一次。他们带来一些材料，我看了认为打不倒，问他们还有别的材料没有？他们说还有，正在调查。我想要《联委》在家人反把从沧州搞来的关于刘忠同志的材料跟台沧州的人连续送给中央文革和北京重区，并让张××等和学生们向中央文革多次反映了刘忠同志在伊盟执行资产阶级反动整线的问题。

六七年十月上旬，《联委》在呼谈判代表给北京打电话说谈判对《联委》很不利，可能基本定了，让我返呼商量对策。我到呼市住在医学院宿舍楼上，先后和包反柱，胡××，周××，内大孙××，反党权派尹又伊对抗制定了如下方案：①积极争取发言，把逼说完了；②向中央文革，向内蒙古革命委员会反映情况，送材料，重点是：树暴；反映刘忠同志应调回沧州；《鄂尔多斯》是保皇御用组织；③《联委》驻呼联络站给沧州打电话把刘忠同志要回去。包反柱等主张采取绑架刘忠同志。我劝尹又伊说过，我不同意偷揪刘忠同志。我主张通过正常途径调回沧州去。因为偷揪的非常手段，对树暴不利，我说走刘忠调不走，可提出暴、刘都树起来。我在呼时，没有专门讨论这个问题。

我谈了一下意见，就返回北京。我去北京后听说，沧州来了一些人住在第一招待所，位银柱等密谋之后，派了《联委》笙××和时市《联委》的几个学生，带上师院《东纵》的袖章，伪装成内蒙革命委员会筹备小组干部处的工作人员，用找刘志同志开会的借口，把刘志同志从新城实馆骗出来，塞上《联委》的小车，绑架到位苍车並交给沧州来的人，经大同、太原、石家庄、保定等地回到沧州。后来《联委》又去人参加了批斗刘志同志的活动。还录了音。并向中央文革反映了刘志同志的情况。

绑架刘志同志，据说是位银柱直接搞的。聂、杨、康也一定知道並参与策划。

一九六八年九月十二日

我和包良柱在北京及江巴锡木的罪恶活动

一九六七年八月十日左右，包良柱从呼市到了北京，以后不久刘志祥、周全也到了北京。（尹又伊是先去的）。包良柱先在文化部宿舍住了一、两天，就搬到反修旅馆住宿。包良柱去北京是观察形势，准备大干。包良柱到北京后，我陪他到《东方红》、清华、北大等院校串连、看大字报。

有一天上午，包良柱到文化部宿舍我住的房间，和我反尹又伊等谈论形势时，包良柱提出几个问题：①《联委》的斗争要提高一步，不仅要抓高尚余彪、乌兰夫代理人郝、田，而且要直接抓高尚、乌兰夫本人的问题；②毛主席最新指示："公、检、法要彻底革命"。我们应彻底砸烂公、检、法；③海市成立革命委员会条件不成熟，没有搞四大，内蒙革命委员会等鱼小组批准海市成立革命委员会，我们就要求伊旗也成立革命委员会。当时，我反尹又伊、胡康有等在座的人都表示同意包良柱提出的这几个问题。

在谈论形势时，包良柱谈呼市的情况时说："现在时间很平静，不搞大批判，不轰轰烈烈，批判乌兰夫搞得不好；内蒙革命委员会等鱼小组对伊盟情况了解的不透，对伊盟问题很多就是以三月逆流为唯一标准一刀割，这是形而上学的看问题的方法，不是具体问题，具体分析我也说过这面，内大孙兆文六月份来伊盟时也说过这面）。包良柱说：以三月逆流一刀割的方法，是不合马列主义毛泽东思想的，不是马列主义、毛泽东思想看问题的方法。特别是康修民站在造反团立场上，滕海育先听一面之词；呼市地区需要乱一乱。我们应研究全国形势，

·5·

李批出了烙表派。给潘复生写了一封信，写得很好。内蒙革命委员会筹备小组对《联委》的革命群众采取压的态度，会出现山西晋中地区的局面。现在呼市也需要出现烙表派。潘复生、张日清都可以烙表，给滕海青谁不能提个意见？"

周全在这文前来同我反映了又伊盟郭桂等人谈论中，讲得也谈到全国出现了烙表派的问题，并说要解放思想，要干，要在呼市好好地批判另一大的问题等。

白良柱还说过："内蒙革命委员会筹备小组以三月逆流为唯一的标准一刀割伊盟问题，是怕全区右保翻天。"呼市支持《联委》的一些革命群众也接受同意这一说法，要在呼市造这个舆论。并大造烙表派的舆论。

在谈论造舆论时，关国章把很快把《联委》和南大《八·一八》火炬战斗队、内医《揪高尚潜网分子联络站》合刊的《彻底判破高岗余党》（第一集）在北京、呼市、包头、东胜、西安、甘市（后来送去）大量散发。在呼市由呼市支持《联委》的革命群众组织造舆论："内蒙筹备小组不能以三月逆流为唯一标准一刀割伊盟问题，伊盟《联委》揪出高岗余党是革命造反派等。

白良柱要求《联委》在京人员积极向中央文革反映情况。我们便开始把从呼市送来的关于内蒙革命委员会筹备小组的材料，向中央文革递送。韩桐写了一封信，并把滕兵团长和康修民同志对伊盟军分区科以上干部讲话稿附上。"信中批责所说对两派组织的认定是错误的，形而上学的，荒谬绝伦的，不符合毛泽东思想的。并说我们有充分根据说他们是（捉滕寨）哪个司令部的。"（我又记得像是说我们有充分根据乌兰夫（夫是哪个夫记不清的，）立在北京、明内、包头正在批乌兰夫发了康修民同志的材料。这句话记得不准。）

何来听曾凤仪同志说："中央对内蒙筹备小组的工作是比较满意的，应该拥护、依靠、支持内蒙筹备小组解决伊盟问题，有意见可以反映，但不能炮轰"，于是又改变策略，以较温和的态度或正面向上反映情况。同时《联委》站好联总并让好市支持《联委》的群众组织——内大、内医等配合《联委》向上反映情况。周全路经北京回家时向中央文革送过一个报告。内容记得主要是谈了伊盟情况，说伊盟问题复杂，不能三月逆流为唯一标准一刀剖，希望中央重视等。

谈起在家庄揪康修民同志的问题时，我反包民柱、尹又伊等人都表示同意，明知中央已经点名支持康修民同志，但在感情上却希望把他揪走或搞倒。内大孙兆文给内蒙革命委员会和中央文革写信时，经常讲康修民同志的问题。

当时我反包、尹等议定：东胜应好好搞大批判，加强调查研究，并往西支派一个工作组，抓彭、高、习的问题，由刘领同负责，后因《联委》在东胜的头头反有反态说为没有必要才没有派出去。

白银柱提出来的三个问题，在爱民旅社专门给学生讲了一次，并进行了议论。参加者有我反包银柱、闭××、王××、党×、要××、赵××等十来个人。白银柱提出："要彻底砸烂公、检、法，方戈是群众痕管。"其实这样做是针对内蒙革命委员会筹备小组的。白银柱说："冲了公安处，看内蒙表什么态。如果支持，就继续干下去，扰公安处的枪，如果压，事态就会扩大，象山西晋中事件一样，把矛头上交，到中央告状。"还说："冲的死人就死了。"具体怎样行动，白向《八一》

《……》法的学生院，我还让《联委》表态，这次住院儿，就又补充讲了一下，主要是讲了抓高岗、乌兰夫的问题，向内蒙革委会筹备小组反映。"彻底砸烂公监法的问题也讲了，但未讲抢枪问题。回呼杜区时区，过了一、二天我考虑"砸烂公监法的行动是个大问题，论军胜捅定不敢乱搞这个行动。

关于伊盟公监法的问题，还派刘永福和学生到公安部反映过。听到政法公社去内蒙的人在呼市发表声明支持《联委》后，苏春光、冯希贤(？)等政法公社找过来内蒙的人。政法公社的人在呼活动期间，呼市联络站和政法公社联系过，这和政法公社来伊盟有关系。我从呼返京后，据说我在呼期间，《联委》在京人反让政法公社送过材料。

暴、杨、康、李和我一直是支持《海五红》反《海三司》和革命委员会的。五六月份康立来呼胜找杨达稷谈过话。据说暴彦已图世说过："刘华没可以搞，不好些"特别是八月份内蒙革委筹备小组要批准成立海市革委员会前夕，他们给海五红拨经费数千元，支持《海五红》大反革命领导干部刘华波同志，并扬言要揪刘华波的黑后台"。我认为就是揪胜司令员反和家修兵同志，据了解到，《海五红》在海市问题上要搞两个行动：① 调查刘华波同志的问题。《海五红》艾玉清、王××等人到山西大沧市调查刘华波同志的问题，并向山西省革命委员会做了反映，艾玉清到北京先住在北京，后住在西郊。我是支持他们向中央文革送材料，反映情况的，还派张世熊去帮助整理过刘华波同志的材料，然后由艾送到中央文革接待站华北组；② 揪倒《海五红》砸革命委员会（这是我从北京回来以后所得到的）对《海五红》这两个行动，《联委》都是支持并参与策划的。回反杜也主张砸掉海市革命委员会并进行了策划部署，海市革命委员会成立对《联委》不利，因此，就支持策划《海五红》把海市革命委员会砸掉。据说以前，《海五红》的头头们在巴盟开过会，把在呼市和海市的《海五红》顽固派揪合在一起，准备去砸海市革命委员会。结果失败了。关于成立海市革命委员会的问题，康修民同志曾说过："成功有成功的经验，失败有失败的经验。"联委支持策划揪刘华波、砸海市革命委员会，就是为了证明内蒙革命委员会筹备小组在海市问题上取得"失败的经验"《海五红》砸海市革命委员会的企图至今未放弃。《海五红》到处有人，东胜、时市，据说甘肃也有，我走出《联委》大院前见《海五红》韩达荣等还住在《联委》大院内。

包银柱等在北京到处串连，串连来一批人在东胜发表声明给内蒙革命委员会筹备小组施加压力。包银柱去地院"东方红"给对外作战部和北京参加"彻底粉碎彭、高、饶反党集团罪行联络站"的单位及一些省市驻在那里的人讲了一次伊盟情况。到会的关是十几个单位，锡盟徐明扬派还有人参加。杨啸、刘家福等也去讲过一次。过了几天，长征旅社突然来了一个自称华建驻海市工程队的张连顺的找我，说他和胡××已经串连好了三十多个人要到东胜、海市去。其中有东北、海南、北京、安徽等地的，还有石家庄燎地狂人公社一个姓姜的。要求给介绍情况。我也去呆了不大一会儿。当日由张顺连、党×给办了火车票。办票时，胡造了一些姓名，以《联委》在京人员返家的名义骗得了几十张火车票。路途吃、住、旅费、防寒衣服等全是由《联委》开销，关花了五、六百元。到《联委》以后，所发的声明还是《联委》给写的。返回北京时《联委》派张世继送的（旅途车船旅费等也是《联委》创干，（连在朱胜的仪式，下旗县去的旅费又花了二千多元）这些人究竟是哪个单位的，是什么身份，都弄不清。他们走的时候了十件大衣，到了北京要时，不但不给，态度还很生硬。次日张××等到巨家庄要时，一个人也没有找到。后来"11·3"的杨××和"八一"的一个学生到巨家庄往国防军卫兵并要大衣时，正当两派武斗严重，没有敢要。

所有这些我是支持的，这是我的罪。这些事情滕、杨、康也是支持的。

联委大反乌审旗革命委员会的内幕

一九六七年十二月下旬，内蒙古自治区革命委员会批准乌审旗革命委员会）成立之际，乌旗旗委来了很多人，即原旗委办公室主任×××，原旗人委办公室主任那森巨彦带领，要上呼市北京告状。《联委》头头和当权派开会研究，表示支持，希望争两派协商、谈判，以求平等联合。孟金锁说："支持你们告状，反映，支持你们干！"

我是支持反映情况的。而砸会场问题思想上是不同意的，所以没有表态。

乌审旗革命委员会成立前夕，《联委》头头反当权派开会研究要不要砸会场问题，一部分主张砸，一部分人不同意，《八一》的极板主张砸，彭建商通力主张要砸。原计划砸，朱胜500人，鄂旗去500人，乌旗下面集中了1000多人，《联委》去汽车接。

上午散会后，我心里很不踏实，就问郭云龙："老郭！你说砸乌审旗革命委员会是什么行动……"

自呼返东胜以来的活动

我67年12月5日由呼市回到东胜，迄至68年元月4日到鄂尔多斯革命派方面报到。在这一段联委的主要活动是针对谈判情况继续蒙蔽队员和扶内蒙革命委员会，可是公开却美其名曰"稳定队员思想和向上反映情况。我和並在《联委》方面的其它当权派都是支持这些活动的。

"红九条"下达前《联委》方面队员思想很混乱，白良柱怕《联委》垮台，不断从呼市捎运和派人协助在东胜的常委继续蒙蔽队员。我回到东胜不久参加了一次当权派会议。该次会议由李正东主持。参加的有傅放、郭云龙、李守文、焦建民、包布和、李正中、尹又伊、杜凤华、奇珍（？）等。议题主要是对内所谓对谈判的建议和队员思想工作，结合着也谈到了谈判形势。我们认为谈判形势对联委的是肯定了三股黑势力。暴杨康打下倒，两派都是革命群众组织；不利的是暴杨康回就上不去，没身就联委大刀向正确。所以要继续向上反映情况，干扰内蒙古革命委员会的既定方案。同时议定对谈判的建议为：

①力争在决定上肯定三股黑势力是《联委》揪出来的；②两派平等联合（平等出代表参加革委等备小组）；③支持完全暴杨康；④联委扮判了反攻盖秋。对于队员，要给分析形势，根据包银柱的意见经常反复地讲三股黑势力是《联委》揪出来的，暴杨康打不倒，两派都是革命群众组织，继续揪三股黑势力和郝田死党。所以前途是光明的。这些问题是共同谈的，我也讲了。

12月中旬，我参加了部分常委召开的一个小会。常委有工兆林、孟金智、段存仁，另外还有夏日。当权派有郭立龙、桑培旗、李守文。我又提出积极反映以下几方面的内容：①《联委》揪三股黑势力情况，②把新近调查的暴彦巴图的情况向内蒙革命委员会反映，③两派想实平等联合。此外据彬委们谈论，还要向各旗县派一些队员，协助各旗县《联委》稳定队员思想，并且还要给旗县低状资助。

在《联委》财贸司令部也参加过一次会议，参加人员有王兆林、孟金智、段存仁、屈祥华、章壮田、李守文、杜凤华、苏汉加等十来个人。内容是研究通过给队员作报告的提纲，就是上边两次会议上定下的调子。提纲是杜凤华起草的。12月下旬又有一次通知我到财贸司令部参加会议，参加会议的有孟金智（主持会）、王兆林、段存仁、章壮晶、屈祥华、郭立龙、奇珍、庞建民等十多个人，会议快结束了我才去坐了一会，没有发言。孟金智布置让分头召集人研究只文问题。孟金智召集研究联络工作，王兆林召集研究队员思想工作，另庞有召集研究文攻武卫。

关于反映情况，有一个时期联委派常委、队员代表到呼市要求谈判代表积极反映情况，从呼市向北京也派了人反映情况，除了让联委及所属各司令部不断反映文外，还鼓动驻在联委的各旗县联委联络站也反映，并整理报送两派当权派、两派想实和三月逆流情况等方面的材料。于是东胜在呼谈判代表不断地向内蒙革命委员会、北京军区和中央文革写信、打电报。主要内容还是联委揪出了三股黑势力应予肯定，暴杨康应结合、两派平等联合等等。

内蒙批准多审旗革命委员会成立的消息传来后，多旗联委要到呼市、北京去告状。伊盟联委大力支持，我也支持。多审旗联委在东胜联络站召集上访人员开会，叫我去参加。我说："不能提出反对成立革委会的口号，但情况可以反映：①要求双方协商；②要求在大联合的基础上成立革命委员会；③个别人如果有问题可以反映情况。"消息传下去以后，鄂旗也派人到呼市向内蒙革命委员会反映情况，要求研究成立鄂旗革命委员会问题，伊旗也派人往呼市反映情况。我走出联委大院的当时，还见到tow 在多审旗联委方面的当权派原旗委办公室主任纳木吉拉、原旗人委办公室主任纳素巴音，在联委院内走动。另外海市老保"五红"也有一批人去年十二月底又住进联委大院，据说也要让到呼市活动去。

"红九条"公布后，呼市支持联委的革命群众组织的人给联委提出几点建议，即"要联委表示积极拥护贯彻红九条，检查三月逆流错误；防止板"左"板右情绪，稳定队员思想，加强组织领导；狠揪三股黑势力和叛徒死党。"白银柱谈判结束回到东胜来后，直至全力抓安定人心的工作，频频召开队员会、队长会、各司令部负责人会、班委会等各种会议，企图继续蒙蔽群众，欺骗群众，以巩固他的队伍。还听到白银柱和联委大院中的一些队员（联委工作人员）的谈论中声言要加强联委的组织领导及各个部门的工作，还准备大干。

去年十二月份，联委又派出一批外调人员对吴、杨、康的情况进行调查。目的是为你吴杨康找依据。对此我也是支持的。

联委对今后斗争的方针是以守为攻，把当权派放出去（说当权派住到联委大院控了联委，也控了当权派），再加上联委的检查补清原脱三月逆流。"鄂尔多斯"如把联委放出去的当权派都打倒了，就要犯错误。即使大联合了，也要狠抓三股黑势力和叛徒死党。

（根据美占东九月十二日与十四日两次交待材料整理）

鄂尔多斯游龙东纵
一九六八年九月二十二日

伊盟《联委》的新部署

我正出《联委》大院，同《鄂尔多斯》革命造反派展别之前，《联委》尚未具体研究今后的部署，因一部分代表未回来，包族桂刚刚回来，忙于抓稳定队伍思想。因此，这个材料是根据三方面的情况写的。一是我反其他一些当权派平时谈充的，二是事委们谈充的，三是根据《联委》过去情况的分析。

《联委》在当前一个时期的总的策略题目是"以守为攻"。

(一)、调整指挥系统，增强部门工作。

①《联委》上层新增一部分事委和委反。可就从这对你关和已初初期的受害者中选择。《联委》每逢形势对其不利时，这是明哲采反的一个型关措施。

②加强各司令部的领导派挂于。各司令部都有《联委》的事委，并新增一部分成反。司令部下面的组织要此美雄而规票。

③《联委》各部门进行调整，增配一部分工作人员。在过去的部

·14·

改成几个办公室或组，或部，或同时并存。我从北京回来后，听说已建立几个办公室，未详询分工及名称。

④重新调配资料班子。继续编印材料，造舆论，搞政治资本。

⑤常委分头把口。分管《联委》各部门工作和各司令部。过去基本上亦如此。

（二）、巩固队伍。

思想上继续灌输：打对了保对了的思想。

①《联委》揪出了三股黑势力，对伊盟和全区文化大革命作出了贡献，上面肯定了《联委》的大方向。因此，当老保也是光荣的。

②暴杨康打不倒。他们虽有错误，甚至是严重错误，但他们是属于无产阶级司令部的人，终究会树起来的。

③两派都是革命群众组织。《联委》在三月犯了严重错误，但揪住了三股黑势力，是不就打成老保组织的。《鄂尔多斯》三月份站对了，但她保郝田，同样是犯了严重错误。《鄂尔多斯》今后若不揪郝田死党，剁除三股黑势力，她就在政治上处于被动地位，《联委》就相对地在政治上处于主动地位。

④《联委》受害者多，是批判资产阶级反动路线起家的。在对待伊盟资产阶级黑司令赵就这个问题上，《联委》是革的，《鄂尔多斯》是保的。

⑤中央文革、北京军区、内蒙革命委员会对《联委》的情况有了解，打不成老保。

总之，灌输打对了保对了的思想，说《联委》的路越走越宽，前途是光明的，道路是曲折的。打对了你对了，就站立在毛主席革命路线一边，就是斗争大方向正确。

组织上除全面巩固队伍外，重点抓几个司令部为核心力量。

①工人组织以《方向盘》为核心巩固其他组织。

②机关干部职工组织以《八·八》为核心巩固其他组织。

③学生组织以《八·一》为核心巩固其他组织。

据《联委》大院内的常委议论，要继续在《联委》大院内常驻一部分队伍。一些常委仍住在《联委》大院内同各司令部联系和指挥各司令部的活动。《联委》各部门和资料组的大部分人员住在大院，同各司令部有关的资料，也各司令部包己组织人力进行搞写。过去也是这样搞的，这次可能在整个组织的调整过程中要进行调整各各一部分人员。

〈三〉作战部署

①造舆论。

宣传红九条（实际上是以实用主义思想对待红九条，以派性为标准进行宣传，借宣传红九条宣扬《联委》观点，扩大政治影响。）

三股黑势力是《联委》揪出来的。

郝田势力未除尽，继续抓郝田势力（实际矛头是对准《鄂尔多斯》革命造反派的）

"肃清三月逆流"（目的是为将来在政治上取得主动权；实际上联委是肃不清三月逆流的，是起码上层是办不到的。）

②摆脱三月逆流。

限制夺权派目的一是遏制三月逆流，把夺权派住在《联委》大院，脱了《联委》群众；二是《鄂水电师》若把逼在《联委》方面的夺权派全部打倒，就犯了打击一大片的错误，在政治上就处于被动地位，而《联委》就可以籍此在政治上取得主动权。若《鄂水电师》不打击一大片，《联委》也遏制了三月逆流。所以放出夺权派是有"一箭双雕"之企图，或起码也可获"一箭单雕"。当然放夺权派出于形势所迫也是一个重要因素。

批判聂、钧、東、孚。其目的有二，一是遏制三月逆流，二是为重建聂、钧、東、孚取得政治资本。

权重，陈立复出，保委的议论也要慎重。有望常委匦议论要三月夺权拥护的伪革委上任也要慎重（这个问题因议论是一些队反提出来的。）

① 抓三反复辟势力把郭田死党。

在遏制三月逆流的同时抓，遏制了三月逆流后，狠抓。

① 要行大联合。联合了以后继续斗争。抓郭田死党；抓《鄂水电师》革命造反派方面的一些在运动初期执行过反动路线我的夺权派；辩党对郭、田准革徒保问题。

① 武斗要处于劣势。《联委》关关们在议论中拉队反说：不要主动挑斗，要主动反击，准主动挑起武斗准反击。

① 不得上反映情况，反映也是反映执行红九条的情况。（根据联军已立的情况分析，可能处不到得上反映情况，不告状。）

① 追求捕聂聚、钧、東、孚的问题，企图至是《鄂水电师》革命逼反我的材料，为重建聂東孚寻找根源。也红九条受有公布之前，已

垂派出去一部分人进行调查。

⑤继续同各旗（县）联委密切联系，既会，继续保住《联委》在各旗（县）的势力。

伊盟联委》同各旗（县）《联委》近来胜联卷站研究、策划作战部署。

伊盟《联委》向各旗（县）派一部分人，既会各旗（县）《联委》进行活动。

伊盟《联委》向各旗（县）散发材料、传单宣传《联委》观点，扩大政治影响。

各旗（县）《联委》继续在伊盟《联委》大院内住一部分人，以同伊盟联委》取得密切联系。

吴占东

一九六八年九月二十七日

我在北京活动的补充交代

①一九六七年八月下旬，《联委》班呼联叱亚，会《联委》在北京的人力主思范，让包银柱、朗庶有返回呼市，参加协商会谈会议。包银柱临走之前同我及朗庶有、刘来福、王国义（去京送材料并推包退区时）王子俊等商议谈判对策。经议论，确定在谈判会上主要谈三个问题：高岗余党、乌兰夫代理人郝团的问题；两派起来，《鄂尔多斯》保了郝团是保守派，《联委》揪了郝团是造反派，树彰初衷。

谈判对策时，我提出："针锋相对，抓住本质，反发制人。"包银柱不同意，说要"后发制人"。结果把两种对策都带到了呼市，班就联委参加会谈代表的意见是两种对策亮合起来。包银柱提出：在北京秋揪有中夹反映情况，串连一扣群众组织的人刘伊里发表声明支持《联委》配合谈判，（给内蒙革命委员会筹备小组施加压力）。

谈判开始以后，我还给《联委》谈判代表提出："如果郝团打倒了，暴彦巴图树起来了，两派就应谈联合，如果内蒙革命委员会筹备小组做出这样的决定，就要坚决拥护。"意见传到呼市后，包银柱等说我右倾，提出的问题是修正主义的。

为了配合谈判，医学院"东方红"三团的李世文（谈判代表）等三人（两个中学生女系谈判代表）于11月上旬到北京向中央文革和北京军区反映情况，说"康修所同志在会谈会上支一派压一派"；要求抓刘志同志调回沧州，"树暴彦巴图"，反映"两派情况"等。他们到京后先住在反修旅馆，后往到立新旅馆。他们见到我后说："联委还没有全面发言，据说可能让发言。康修民不好好研联委的发言。"并说：联委、包括柱反代表让联委在京人反拒联委谈判代表的发言稿都送到中央文革和北京军区，重点反映树彪把刘志调回沧州的问题。"他们还说他们在北京住一、二天就到沧州调查刘志同志的问题，以配合沧州的向中央文革、北京军区和河溪革命委员会反映情况。我表示也要想给联委在京人反核反映情况，并说："根据刘志现有材料，再没有重大问题，是打不倒的。"他们说："到沧州以后调查了解吧！"他们在京住两三天，到中央文革和北京军区跑了几趟就到沧州去了。直到我离京时仍在沧州活动。他们到沧州后，我就没法在京人反，根据沧州的材料，配合沧州的人日头和邝匠向中央文革、北京军区反映了河志同志在伊盟执行了资产阶级反动路线，沧州有严重问题，应当调回沧州去的问题。

关于谈判问题，晁杨康，联委的头头们也经常研究。晁、杨、康秋被主张把《鄂尔多斯》革命造反派打成老保，把革命领导干部刘志揪回沧州去。

②我在北京活动期间，和东胜、呼市联系，一是通过彭运联系，一是送材料的人传送情况和材料。所传送情况及材料，除前交待的外，还有：毛主席的最新指示，中央首长讲话，北京大批判、大联合、三结合的情况，载有批判反党小说《刘志丹》、批判彭高饶反党集团文章的一些小报，大批判资料，联委在京列印的材料等。另外还有顾昭传送过耋凤仪的一些建议，如：要及时把把毛主席的最新指示、中央首长讲话传回去，紧跟毛主席的伟大部署，牢牢掌握斗争大方向；办

毛泽东思想学习班；揪出高岗余党、乌兰夫代理人和田的问题；主动提出大联合，争取主动地位，要拥护、相信、依靠、支持内蒙革委筹备小组解决伊盟问题，不能把矛头指向筹备小组；防止极"左"极右思潮，不能受全国性派势思潮的影响，不应和"东联"挂勾，不应该让他们出代表，并说北京"抓负联络站"就不要"东联"，要时时站在"政策和策略是党的生命；在北京可以反映情况，但是根本点应当是把希望放到呼市，拥护、相信、依靠、支持内蒙革委筹备小组解决伊盟问题。我返呼前一次见到叠时，他说："当权派应当到群众中去经风雨，见世面，打倒就打倒嘛，要解放思想，死了范谟，把坏事变成好事。"等等。这虽有的是给我说的，有的是给其他队反说的。走访中央文革的一些情况也经常向东胜、呼市传送。

我和暴通过两次电话。一次是8月份在反修旅馆打的。我讲了×××的基本观点是对的，不应当压，否则会出对立面。暴说："应该注意这个问题，红卫兵小将嘛，可以理解，当权派就是立场问题了。"另一次是九月份在长征旅社打的，我把当时北京大联合的情况、中央首长讲话作了简要反映。我说："革命大联合势在必行，要很快造舆论。"并把当时北京进行革命大联合的情况也简要的说了一下，把北京街头张贴的有关大联合的一些大幅标语口号传给了暴。暴好象没有说什么重要问题，只是寒喧了几句。

在国庆期间，联委给北京打去电话，说是北京传去消息，康办秘书要接见联委在京人员，催问是否接见，说暴反联委要在京人员很快要求接见，反映伊盟情况。当时对在京人员还有所责怪。其实北京并没有传回这类消息，后来才闹清是北京范李胜打电话时说世给军去只见范李才的康办工作人员打电话的问题，听电话的误传了情况。

八月份从呼市送去滕吴首长和康修民同志给伊盟军分区干部讲话稿以后不久，范李队员说：立权派和联委对抗过讲话，多数人对讲话对两派起教的认识不同意，认为是错误的，不符合毛泽东思想的，不能把联委上层型来打成老保。他们还捎去暴的话，说这是"移花接木"。当时我说过："移什么花，接什么本？联委的花移给造反团的木还行吗？"去人还说暴反少数立权派说："如果有策略就立接受。"这时，送去的讲话稿已送给中央文革，在场的队员听了反议论了一顿什么叫"移花接木"等闲话。

九月份暴和杨康反联委给联委在京人员捎去话，说他们对社会上并队和本单位并队问题理解不少，让就这个问题走访中央文革接待站。一次走访时回答说："小局服从大局，当然也不能忽略小局的问题。"又一次据接待人员说："小局要服从大局，各个地区情况不同，要具体分析，要从当地实际出发。"当时走访人员把这类话传了回去，断章取义，作为散布"特殊论"的依据。

③海市革命委员会成立前后，联委反立权派议论纷纷，一部分人反对的情绪激烈，我和在京人员也说过海市成立革命委员会条件不成熟，如果成立就不表态。当时何东胜打电话问联委持什么态度？回答说不表态，持中立态度。后来从呼市去的人也说：杨康反联委说是不了解海市情况，不表态。实际不支持就是反对，根本没有中间道路。事实上联委和"海五红"早有勾结。"海五红"在呼浩动人员住在联

委壮呼联爸並，和呼市"东联"勾结"二手反红色政权"……方面的当权派佈意吉亚、李贵廷、乔豪等从海市到忻方佳剷联委大院和裴、杨、康、李取得联系并得到他们勾联委头头的支持被披物资助，然后再到呼市、北京、山西等地活动，我在北京期间见到过艾玉清、王××、韩立荣、高峰。我支持他们向中央文革、北京军区反映情况，并派人帮助整理过材料。据说沈北文等到海市进行了调查之后，也大放厥词说："海市没有怎么搞四大，简直是搞了枫棒政策。"这对"海玉红"反红色政权活动也起了推波助浪的作用。据说裴一方面说是持中立态度，一方面对他说："刘华波有问题"，"刘华波不好，可以搞叭！""千世勇是好干部，海渤海的干部不能都打倒！（后一句我也说过，其他一些当权派也说过。）

我从北京动身返呼的头几天，鄂旗联委的朱嘉林等两个人到北京专门反映鄂旗斗争情况，住在前门外的一个旅馆里。我在立新旅馆见到过他们。他们和谈了情况，我问他们询问了当权派站队情况反西部几个公社的情况，并问他们建议：一般斗争中央不管，要他们到呼市向内蒙革命委员会反映。他们说呼市已有人在反映。

④我在京组织印出了《彻底到除高岗余党》（第一集）后，据说裴说："这个材料搞得不错，抓紧散发，要继续编印。"赵列求（摘帽子右派）写了两个材料：《高岗在内蒙的大投降，大叛变》《高岗余党疯狂为高岗翻案》，裴也说写得不错，让在北京或呼市很快翻印，在呼市、东胜广为散发，以扩大联委的政治影响，增加联委在谈判桌上的资本。

我到北京以后，住到八月份准备回来，但牛野、杨、康硬不让走，说让我继续住在北京反映情况，待伊盟大局基本定了以后再回来，所以我住到了十一月份。

（据艾占荣九月22日和26日的交代综合整理）

~~~~~~~~~~~~~~~~~~~~~~~~~~~~~~~

伊盟《联委》在北京存款和存粮票情况

去年六月份（？）《联委》在北京存款一万元，存粮票一万斤（精确数不知）。因为我未参与《联委》的整个财经支付问题，所以，到北京过了一段时间，才听到在京有款、粮票储备。但未问清是以何账户存入何处银行。此款及粮票未动用。据说，这笔款和粮票，于年前已取回东胜。

在北京存款存粮票的决策者，李正东是其中之一，暴、杨、康、李、金可能都知道，或参与决策。

存款存粮票的目的，是为《联委》失败后到齐世行告状等逃跑备用财资。

在呼市也存过一部分钱，据说是几千元。

我在访京期间，《联委》布置江生五千元（使用印材料经费）我分用了三千余元（印材料二千余元，外调人员及往家人邮寄又一些四百元）我走还有一千余元，据说准备用于《联委》赵喜增等印发批高的反党靠行材料之经费用，不知是否已用及用了多少。

我虽然不是参与在外储存款这的决策者，但我是支持在外储存经费的。当时也是散布过言论。

·24·

以外他们还谈足录、杨康、李和死反《联委》头头，对抗红八条内蒙革委和准备把《郭尔多斯》革命造反派镇压打成"反革命"的罪行之一。

吴丘东
一九六八年元月二十五日

我从北京到呼市活动的交代

一九六七年十月上旬，《联委》驻呼联络站，给联委在京人员打去电话，说谈判形势对《联委》不利，让我返呼市商议对策。接到电话之后，和《联委》在京人员（苏汉元、杨蛹、王子俊、何学勤等）简单商议了一番，就和苏汉元、王国义、张正亚等人一同到了呼市，和苏汉元住到医学院宿舍三楼上。（当晚见到包银柱、胡康有、孙兆文和当权派尹又伊以反盟团委的李文华等人。他们把情况反映了一下，说造反团谈了二十多个小时，联委谈了不到十个小时，最近没有谈的迹象，谈也是样子，盘子可能基本定了；造反团在呼市有很多人，有好几辆大小汽车，可能准备抓人；《联委》代表反队员情绪很高，把谈判情况已向东胜告知，让录、杨、康、李和《联委》研究对策等。当晚简要谈论了谈判问题。重点谈论了对东胜工作的建议和大联合的具体条件。

对东胜工作提出了几条：① 继续抓大批判；② 办毛主席著作学习班，斗私批修；③ 抓国队反思想，防止极"左"极右思想。"左"了就走向反面，包联反工，右了就当逍遥派易于被造反团瓦解；④ 加强喉舌工作，经常发材料、传单，派人下去，宣传联委观点。并提出《联委》不能取胜的阻力是郝包郝、田及其势力，不是郝包内蒙古革委筹备小组，不能死矛头抵向筹备小组。要队员明确这个问题。

关于大联合的条件，经议论提出：①在伟大的毛泽东思想原则基础上，在大方向一致的原则下实行革命的大联合；②打倒郝、田；③树彦彦巴图、杨达赖、康骏；④给三月受害者和运动初期受害者平反。

第二天和第三天，利用谈判代表休息时间，又继续研究了谈判问题。经研究议定了几条。首先要把希望寄托在呼市谈判上，不能寄托到北京的情况反映上面，(这个问题上有意见分歧，我主张寄托到谈判上，但反柱主张寄托到北京，这次也未完全统一)树立在谈判桌上一定要胜利和一定能够胜利的信心；要上纲：郝田是高岗余党、乌兰夫代理人。议定的具体问题是：①积极争取发言，打通渠道；②向内蒙革命委员会、会务组要求发言并送材料，反映情况；③给中央文革送材料(当时确定主要是发言稿)，反映情况，要求发言。当时，支持《联委》的呼市群众组织来代表，向中央文革写信，打专报，反映过要发言问题。说康修民同志支一派压一派不让《联委》发言等；④继续检查，争取主动；⑤加强资料工作，写简短的材料向内蒙革命委员会和中央文革送(主要整理压缩发言稿)。

发言重点是：①高岗余党、乌兰夫代理人郝、田的问题；②两派组织，《鄂尔多斯》保了郝田是御用保皇组织，《联委》揪住了郝田是造反派。攻《鄂尔多斯》造反派的根本目的，是要把《鄂尔多斯》革命造反派打成老保，但当时从全局形势看程，一般不定老保，所以，当时确定攻击的目的是最后达到平席(平等出代表参加革命委员会)；

③树森、杨、康。在树森的问题上，据说以前呼市支持《联委》的群众组织的人提出要上树：《鄂尔多斯》反树森是为高岗、多兰夫反革命代理人复仇；④继续反映刘忠同志的情况，要求把刘忠同志弄回沧州。理由是：在伊盟执行了反动路线；怀疑刘在沧州有问题，《联委》不了解刘的全部情况。所以，要立即回沧州接受广大革命群众的审查。为了配合，《联委》驻呼联络站给沧州写了信，要催沧州革命群众组织的人来内蒙把刘忠同志弄回沧州。

研究以后，我准备回东胜。但是住在反其他一些人旅馆上不好走，趁不用回去了，可再到北京反映一下情况，从山西回东胜。当时回患感冒又住了一星期左右，于二十日左右退回到北京。

我到呼市研究策划谈判对象等问题时，前后所步地的人是：尹又伊、苏汉元（到呼这次回回东胜）、孙水文、李文华等，其他一些代表未见到过。

暴、杨、康、金到呼市的消息，是头一、二天得知的。暴、杨金到包头后，就派人乘火车到呼市，与《联委》驻呼联络站联系，要同我见面，约定在呼市到固阳的公路上会面。傍晚时分尹又伊、苏康有、薛××还有两个学生和我到大青山下回等候，后把尉腋（康头一天回到多塱）从牵并接来把住了暴、杨等。他们乘坐两辆车，暴、杨、康、金，尹又伊，胡凉有，孙水文和我到一个车上，谈了不到一个小时。他们打听北京有什么消息。我讲了立时听到的消息：①毛主席最新指示，一般不定老保，不定准是造反派准是老保；②现在是要实现革命的大联合，三结合，大批判，建立新政权建立新秩序，逐步走上立、治、建设；团解放干部，据说条件成熟的形成只要解放第一把手。上海关于解放干部的工作做得好。我又把为家大联合的情况反街上的大批判专栏已经拆除、团本单位进行斗、批、改的情况作了介绍。接着猜测了调付节郑以上的人来诉干什么。有的说是"斗私，批修"班队冻租，有的说准该对的题等，暴彦巴图说这些可能都有。暴彦巴图还说看这个情况问题快要定了，并让我侭快回北京，和鲁凤仪谈一谈，看看凤仪还有什么意见（我到北家以后，听说鲁凤仪有些迴避，所以未去找）该反映的情况反映一下侭快回东胜。

第二次见面是在新城宾馆，和第一次相隔一、二日。我和于又伊、胡家有，周全等生小享到了新城宾馆，暴、杨、康、金的宿舍。去之后，暴彦巴图先谈了见到了吴涛政委的情况。暴说他见到了吴涛政委，提出把心那田势力除不尽，吴涛政委说："要相信《鄂尔多斯》的革命群众吧。"暴又说了他见到了锡盟的高才宝扎布和昭盟的周明情况。暴把他及高才宝扎布介绍了各自在前段文化大革命中的情况的谈话情况对了一番，开说高才宝扎布谋锡盟的徐明捱造反派头之）认为伊盟《联委》是标准的老侭，暴给高才宝扎布介绍了联委》是造反派。暴说见了昭盟的周明，也是互相介绍情况，然后把伊盟《联委》是造反派的问题，进行了宣传。暴说完后。共同议论了一顿树干部的问题，说和暴、杨、康。康说希望把他调到其他地区去，康还说到要树威。在谈论过程中，我把在呼已经研究提出的对谈判的对策向他们作了反映，他们都没有表示异议。暴说主要是抓郝、田的问题。谈话中他们问到过沧州是否来人了（暴或杨）。还说刘恶同志见了他们不说话，高傲的样子。

周全在议论过程中没有说话，最后他说了几个问题①现在是逐步走上建立新政权建立新秩序期间；②全国所有大、中学校都反谋闹革命了③第三个五年计划是建立在大打的基础上，听说大打可能提前了④你们认为正确的就坚持干，不正确的就检查。

第三次是在新城宾馆南楼。有一天，听到暴彦巴图让《联委》办公室的丁冰毡来胜打电话，要李正来把並在《联委》方面的当权派领们到《鄂尔多斯》去报到。当时，《联委》反胜呼联爸站的人员，谈判代表都不同意这样做。说匹投降主义等。

并让我问这个问题，究竟是后回事情。所以，第二（或等三）天我和尹又伊等到新城宾馆南枝见到暴、杨、金（康骏回勾盟）.我把《联委》反《联委》在呼人员反映何他们作了反映。我说这样会影响队反情绪，不利于谈判。群众说这样做是投降主义。我还说过:你们住在这里，他们在来胜报到，如果要报到，我跑在前面不去报到孙怎回事情!?" 暴说反正要考虑这个问题，争花一顿，也没有得出什么统一的看法。这个问题争先后，暴、杨等又谈了顿他们的检查问题。记得暴彦巴图准备的检查反说是坐到《联委》大院使两派对立平重化，没有说服《鄂尔多斯》打郝田等，根本不提打击、镇压《鄂尔多斯》革命造反派的问题，也末谈及方向路线问题。暴还谈到，他见了张彬，说就批评了他和康波，张说《联委》一直给他保的印象、三月份搞实用主义机会主义等。暴又把《联委》是造反派、《鄂尔多斯》是你守源同说宣传了一番。这次暴又催我:"再了要花拉了，快一点走吧。"

于十一月下旬，我从北京返回呼市，依然住到医学院宿舍三楼上。这次来访了位银柱、胡庚有、王子明、张嘉峰等部分代表。这次到呼市除谈论了暴彦巴图的问题应当继续调查外，再没有研究其他问题。等待听消息和回东胜。我到呼市就听到不久内蒙革命委员会可能接见双方代表的消息。

于十一月三十日晚饭后，暴、金到医学院宿舍楼我住的房间，坐了近一个小时。主要的是谈论猜测了当天内蒙革命委员会接见双方代表时可能讲些什么问题。（中间暴、金吃了一顿饭）当时还有尹又伊、苏汉元、林章侦、林孝先、周正和等。

暴彦巴图走了以后，郝××来我住房间谈了高锦明同志在接见双方代表会议上的讲话论点。

十二月五（或六）日从呼市回到东胜。

吴占东
一九六八年元月廿四日

最 高 指 示

领导我们事业的核心力量是中国共产党。指导我们思想的理论基础是马克思列宁主义。

我们现在思想战线上的一个重要任务，就是要开展对于修正主义的批判。

不破不立。破，就是批判，就是革命。破就是讲道理，讲道理就是立，破字当头，立也就在其中了。

× × ×

彻底批判中国赫鲁晓夫及其在伊盟代理人在农牧业生产上推行的反革命修正主义路线的滔天罪行

无产阶级革命派的战友们、革命的同志们：

春风劲吹，战鼓隆隆。我盟广大的无产阶级革命派和各族革命人民，在取得无产阶级文化大革命的决定性胜利之后，紧跟毛主席的伟大战略部署，在新的一年里，为夺取无产阶级文化大革命的全面胜利奋勇前进！

我盟在学习推广乌审召全面落实毛主席最新指示现场会议和各旗县、市四干会的推动下，大办特办办好各种类型的毛泽东思想学习班，到目前为止，全盟共办学习班5544个，参加人数136,486人。伟大的毛泽东思想从来没有象今天这样大传播，大普及。广大革命群众，对伟大领袖毛主席无限热爱，无限信仰，无限崇拜，无限忠诚。通过学习班学习，促进了人的思想革命化，有力地推动了革命的大联合，革命的三结合和各单位，各部门的斗批改。各级红色政权象雨后春笋般的建立起来。春季农牧业生产正在形成空前未有的高潮。在这样大好形势下，让我们共同敬祝当代的列宁，世界革命人民的导师，我们心中最红最红的红太阳毛主席万寿无疆！万寿无疆！万寿无疆！！！敬祝伟大领袖毛主席的亲密战友林彪同志身体健康！永远健康！！永远健康！！！

—1—

无产阶级革命派的战友们，革命的同志们：毛主席教导我们："对于农村的阵地，社会主义如果不去占领，资本主义就必然会去占领。"进一步深入地批判中国赫鲁晓夫在农村、牧区方面的反革命修正主义路线，肃清其流毒，是当前农村、牧区无产阶级文化大革命的一个重大的战斗任务。中国赫鲁晓夫及其在伊盟的代理人暴彦巴图，长期以来在农村、牧区竭力抵制毛主席的无产阶级革命路线，疯狂推行反革命修正主义、民族分裂主义路线，企图在伊盟实现资本主义复辟的美梦。

伊盟党内头号走资派暴彦巴图，秉承其主子刘少奇、乌兰夫的旨意，首先大搞民族分裂活动，竭力主张蒙汉分社，他不顾广大农牧民群众和基层干部的反对，将杭旗、乌旗的六个半农半牧公社，强行分为七个牧业公社和六个农业公社。杭旗三个半农半牧公社，在1962年分社前，蒙汉社员紧密团结，农牧业生产都有很大发展，每年平均给国家上交粮食七百多万斤，牲畜纯增12%。蒙汉分社后，严重地影响了农牧民团结，农牧纠纷不断发生，粮食减产，每年平均只能给国家上交粮食五百二十万斤，牲畜纯增不到2%。在无产阶级文化大革命中，广大农牧民群众彻底批判了中国赫鲁晓夫及其在伊盟的代理人暴彦巴图所推行的民族分裂主义路线，经杭旗革命委员会批准，巴拉亥公社和呼和木独公社已正式合并，宣告了中国赫鲁晓夫及其在伊盟的代理人暴彦巴图所推行的民族分裂主义路线的彻底破产。

毛主席教导我们说："政治是统帅，是灵魂"。"政治工作是一切经济工作的生命线"。伊盟党内最大走资派暴彦巴图却反其道而行之，在农村拼命鼓吹"三自一包"，"包产到户"，在牧区积极推行"三不两利"和"稳、长、宽"的反革命修正主义路线，大搞反革命经济主义，企图把我盟农村牧区引向资本主义的邪路。毛主席教导我们："凡是要推翻一个政权，总是先造成舆论，革命的阶级是这样，反革命的阶级也是这样。"伊盟党内最大走资派暴彦巴图，为在伊盟实现资本主义复辟，千方百计地破坏人民公社集体经济，大挖社会主义集体经济墙角，为资本主义复辟大开方便之门。中国赫鲁晓夫刘少奇提出"包产到户"的黑纲后暴彦巴图紧紧跟上，为他的主子摇旗呐喊，说什么"我们个别地区包产到户，所有制未变，只是生产方法变了，这是什么主义呢？这是社会主义，多打粮食就是好办法。"当广大贫下中农和革命干部起来反对时，就是这个暴彦巴图又进行疯狂地反扑说："过去批评包产到户是错误的，但现在有的地方还得搞包产到户，特别是分散的地方，伊盟有5—10%的地方要走这条路，否则就要影响劳动生产力。"由于暴彦巴图竭力推行，在农业生产上首先实行了山药包产到户，大量发展自留地，仅一九六一年到一九六二年间，全盟自留地由193677亩剧增到287687亩，增加48%，由于自留地的增多，与集体生产发生争水争肥，争劳力的现象严重了，严重地破坏了集体经济的巩固和发展。不仅如此，伊盟党内头号走资派还大搞耕畜包户喂养，有的连车辆农具也包户使用，富裕中农捡走了自己入社的大骡、大马，准备单干，贫下中农想拉点烧炭也没有牲畜、车辆。

伊盟党内最大走资派暴彦巴图，竭力反对牧区社会主义改造，保护牧主经济，长期贯彻"不分、不斗、不划阶级"和"稳、长、宽"的反革命投降主义路线，实行"草坊、畜群、牧工三不动"政策，使牧主继续占据着优越的牧坊和优质的畜群；他们规定了"牧区自留畜，入社牲畜多者多留，少者少留，有什么牲畜留什么牲畜，没有的不留"等反革命黑规定，使牧主的自留畜远远超过了贫苦牧民的自留畜。他们为了在牧区全面复辟资本主义，在牧区竭力推行"包畜到群"，并制定了瓦解集体经济的"四四二"奖励制和"二三五"赔产制，严重地破坏了牧区社会主义集体经济，资本主义经济迅速发展，两极分化十分严重。据杭锦旗阿劳柴登公社毫庆河大队调查，一九六二年共产马驹子三十四匹，按"四四二"奖励制分配，大小畜相顶后，除四匹瓦种畜留集体外，其余三十匹全奖给了牧工还不够，又把六一年产下的二岁马驹子补奖了十匹，这样牲畜头数虽有增

—3—

加，但集体马子当年纯减20%乌审旗乌审召公社在乌兰夫提出的"三不两利"投降主义政策庇护下，反动牧主德木楚克仍是牧场付场长，他家包放双羊，除有大量牧业收入外，每年还获有152.70元的利息。由于乌兰夫和伊盟头号走资派暴彦巴图强行推行"两定一奖"和"四四二"的修正主义政策，乌审旗乌审召公社据1964年一年，就有229人获得奖金3802元乌审召公社察汉营大队牧工仁庆扎木苏受了这种修正主义政策的毒害，在过去几年里，为了获得奖金，每逢牧业年终普查，便虚报牲畜头数。在这次学习班中，他愤怒控诉了内蒙党内最大走资派及其在伊盟代理人暴彦巴图给他的毒害，决心今后一定按毛主席的教导办事。

无产阶级革命派的战友们，革命的同志们："宜将乘勇追穷寇，不可沽名学霸王。"我们一定更高举起革命大批判的旗帜，用战无不胜的毛泽东思想彻底批判中国赫鲁晓夫"当代王爷"乌兰夫和伊盟头号走资派暴彦巴图在我盟农村牧区所推行的反革命修正主义，民族分裂主义路线，肃清其流毒，把农村、牧区的无产阶级文化大革命进行到底，让毛泽东思想的伟大红旗在我盟农村牧区高高飘扬！永远飘扬！最后让我们高呼：

打倒刘、邓、陶！

打倒乌兰夫！打倒三王--黄！

打倒暴彦巴图！打倒郝田令王马！

毛主席的无产阶级革命路线胜利万岁！

无产阶级文化大革命全面胜利万岁！

伟大的中国人民解放军万岁！

伟大领袖毛主席万岁！万岁！！万万岁！！！

一九六八年三月二十七日

坚决揪出反党反社会主义的巴图巴根！

前言：

《大有调查的头，于彻底迎个

所有材料将分期和革命群众见面。

《坚决揪出反党反社会主义的巴图巴根！》共分五个部分揭发批判，

（一）抗拒反对文化大革命运动

（1）巴图巴根破坏文化大革命运动罪行之一：

热锅上的蚂蚁

免扩大事态。请看：心中没愧，为何如此匆忙？！

记上他们的名字

还在常委紧急会议未开之前，巴图巴根指示□□×××等人马上组织一批力量，把大字报逐张抄下，狗别强调：要把名字都记下来，这些大字报和名单至今还存在盟委文化革命办公室里，这不是黑账是什么？！

查正幕后策划者

事情发生后，巴并没有把学生张贴大字报看作是一次取于革命的行动，而是极力想从中找正策划者，在紧急常委会前后，×××反复表示这次事件幕后有人策划，巴断言：这人就是范腾波，并在会前找来×××和×××了解范的情况。

先下手为强

范腾波在一中时的革命行动，深得一中革命师生赞许，这从他们在十月□□□告状时，的大字报里强烈地反应出来了，巴图巴根所以对范不污，还因范当日去华北局令□□□整理出他七级党员干部会上揭了他几个问题。当巴得知范当刘去刘公室的前面，请注意，巴是夜间十材料马上给内蒙党委发电报，想走在范的前面，请注意，巴是夜间十二点多了。这些事巴处理后，回到自己的办公室，有人发现，他并未睡觉，而是熄灯静坐。不言而喻，他又在要阴谋了。

[待续]

红旗中学

高十七班

红卫兵　翻印整理

一九六六年十月十五日

486

資料二　延安派に対する攻撃

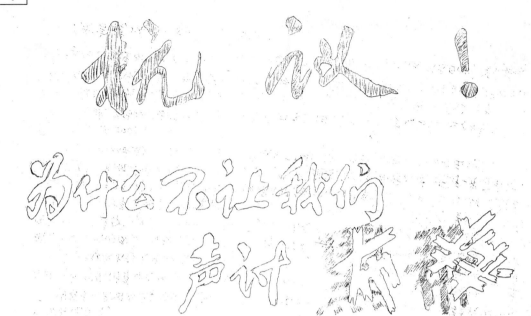

抗议！
为什么不让我们声讨布赫

五月六日鲁迅兵团文化总部决定于五月九日斗争内蒙文艺界头号走资本主义道路当权派、反革命修正主义分子布赫，内蒙古人民出版社《海燕》兵团不愿发言，而我们《红旗》战斗纵队要求控诉这个三反分子在出版社犯下的滔天罪行，文化总部也同意了。

但是在五月八日晚审查发言稿时，总P特地把《海燕》的队长李跃先、队员龙洞请来，以各种……上一些"为布赫开脱"、"包庇布赫"、"是大毒草"等莫须有的罪名，不允许我们在文……次的大会上声讨布赫，自己不声讨，又不让别人声讨，这是什么行为，究竟谁包庇布赫，不是昭然若揭了吗？虽经我们在会上提出强烈抗议，总P开森等同志以所谓"顾全大局"剥夺我们的发言权。之后，我们又两次派人与总部据理力争，仍被拒绝。声讨布赫和控布赫在出版社的黑根子，是我们的革命要求，这个权利是毛主席给我们的，是全市以三司为代表的革命反派坚持斗争得来的，谁也不能剥夺！我们向文化总P提出最强烈的抗议！并拒绝参加大会，仅派两名观察员。

内蒙古人民出版社革命群众，在文化系统是起来造党内一小撮走资本主义道路当权派的反最早的一个。我们的革命行动，使得布赫胆战心惊，指挥他在出版社的代理人——王英镇压，一计不成又生一计，派出强大的工作组再来镇压，还是没有顶住，布赫的干老子王逸伦再派工作组镇压，我《红旗》队的成员从运动以来因与王英、布赫工作组、王逸伦工作组作坚决斗争，而受压制，有的还被打成"反革命"，批判资产阶级反动路线时，再度被王逸伦工作组操纵一P分人也就是《海燕兵团》（原名《捍卫队》）要提我们的"右派"。王逸伦等搞资本主义复辟时期，重新被打成"反革命"，我们与乌兰夫在内蒙的黑线有着刻骨的阶级仇恨，连累布赫等多年在出版社制造资本主义复辟舆论，新仇旧恨，集结在我们的心头，这笔帐一定要清算，对布赫的滔天罪行一定要声讨！

因为我们从运动一开始就抓准了布赫这条黑线，所以来自各方面的阻力与压力特别大，一直到现在仍然如此。

文化系统，包括我们出版社是党的重要的宣传阵地，是资本主义复辟与社会主义反复辟的斗争之地，阶级斗争特别尖锐是必然的。我们呼吁一切革命造反派的战友们，密切注视文化系统阶级斗争的发展，百倍提高警惕，我们愿意和文化系统的革命造反派团结在一起，斗争在一起，决心把乌兰夫伸进文化领域里的一切黑手里不的修正主义根子统统控出来，清除出去，不达目的，誓不罢休！

（发言稿以大字报…贴在党内）

鲁迅兵团 文化总P
内蒙古人民出版社红旗战斗纵队
67.5.9

毛主席语录

运动在发展中,又有新的东西在前头,新东西是层出不穷的。研究这个运动的全面及其发展,是我们要时刻注意的课题。

内蒙古呼和浩特市　　　一九六七年十二月二日
红卫兵第三司令部　　　第 46 期

大好形势激斗志,红色狂飚卷长空

· 本报编辑部 ·

呼和浩特市的无产阶级文化大革命,和全国一样,形势大好。形势大好的主要标志,就是群众充分发动起来了。他们砺兵秣马,决心把乌兰夫的残余党羽和大大小小的反党叛国集团、苏修、蒙修特务彻底揪尽,促成大批判、大斗争的新高潮。他们策马挥戈,首先捅破了内蒙文艺界的沉闷局面,一潭死水的文艺界,"乱"起来了,而且主即波及内蒙古意识形态的各个领域,继而波及其它各条战线。一场向中国赫鲁晓夫在内蒙的代理人乌兰夫反革命修正主义、民族分裂主义集团的大规模的总攻击开始了,运动正向纵深发展,形势好得很啊,而且越来越好,越来越好!

当前呼市出现的这场斗争,实质上仍然是内蒙古两个阶级、两条道路、两条路线斗争的继续。斗争的焦点仍然是一个"权"字,是一场巩固红色政权和颠复红色政权的严重斗争。一个"权"字触动了社会上的各条神经、社会上各派势力和各种政治力量,它们必然要来取这样和那样的形式伸过手来,围绕着这个"权"字进行表演。因此,我们更需要保持清醒的头脑和正确的方向,不能只抓一些个别问题,而必须"全盘地系统地抓起来"。这就是说,要紧紧抓住两个阶级、两条道路、两条路线斗争的核心——政权问题,来展开这场斗争。我们不仅要抓那些跳到台前来兴风作浪的妖魔鬼怪,更重要的是要千方百计去揪出那些操纵这些妖魔鬼怪的老妖精,彻底摧毁乌

兰夫暗中所设置的那条黑线,把他们把持的领导权夺回来。

我们所面对的敌人具有长期阶级斗争经验,他们是狡猾的、阴险的。他们"呼风唤雨,推涛作浪,或策划于密室,或点火于基层,上下串连,八方呼应",紧张活动,垂死挣扎。我们特别要警惕他们继续演出乌兰夫的拿手好戏——利用"民族问题"来转移我们的斗争目标,分裂我们的阶级队伍,打乱我们的战略部署。我们一定要把他们打出"民族主义"这块阵地。

思想文化领域内的大揭露、大批判,是无产阶级文化大革命的深入发展。它不可避免地要受到乌兰夫的忠实党羽、御用反动文人的疯狂抵制和旧的社会习惯势力的干扰。过去多年来积极替乌兰夫大肆放毒,而现在对中央却摆冷不紧、对内蒙古党委消极冷淡的《内蒙古日报》,尤其是它的副刊,为什么而今却噤若寒蝉?向乌兰夫的皇太子布赫一手经营的整个文化系统,树大、枝多、根深,而今仍有些单位竟风吹树不动。还有那么几个地方已经成了黑线人物的防空洞、避风港,而今竟摆出个"事不关己"的态度,这岂不发人深醒吗?这场斗争对我们每个人都是一个新的考验,对"十七年"的态度,这是新条件下,衡量将无产阶级文化大革命进行到底的无产阶级革命派与革命的同路人的一个重要标志。毛主席教导我们:"革命时期情况的变化是很急速的,如果革命党人的认识不能随之而急遽变化,就不能引导革命走向胜利。"

对这场群众的大发动、大揭露、大批判,决心把无产阶级文化大革命进行到底的革命派拍手称快,积极投入,站在最前面。但是我们队伍中某些半载子革命派,面对这样一派大好形势,却忧虑无穷,他们或者害怕这种革命的"乱",不敢进一步发动群众,想收束运动,或者看到某种势力乘机活动,怕被牵涉到里面犯错误,而不敢参加这场大搏斗,凡此种种,都是进一步发动群众的阻力。而我们的阶级敌人则怕得要死,恨得要命,阴谋扼杀。对群众的态度,这是革命、不革命和反革命的分水岭。

让我们遵照伟大领袖毛主席的教导,相信群众,依靠群众,放手发动群众,打一场真正的人民战争。

横扫乌兰夫反动势力的红色狂飚已经从天而落,让我们伸开双臂欢迎它吧!

以北京军区学代会为榜样开好呼三司学代会

（本报讯）在战无不胜的毛泽东思想光辉照耀下,在伟大领袖毛主席和他的亲密战友林彪副主席的亲切关怀下,中国人民解放军北京军区,召开了学习毛主席著作积极分子代表大会。这次大会是对全体指战员和广大民兵在无产阶级文化大革命中,活学活用毛主席著作的一次大检阅、大总结,是成功的大会、胜利的大会。它把活学活用毛主席著作推向一个更广泛、更深入的新阶段。

战斗在我区"三支"、"两军"第一线的驻内蒙部队的代表和内蒙古军区代表红色造反团参加这次大会,并介绍了学习经验。

十一月三十日上午,呼三司召开了"学习北京军区学代会的经验,办好呼三司学代会"的座谈会。

到会的有各学校总部的负责人和呼三司常委,座谈会特邀请了北京军区驻内蒙部队刘部长作北京军区学代会传达报告。当刘部长讲到我们心中最红最红的红太阳、我们最最敬爱的伟大领袖毛主席和我们的副统帅,林副主席接见了到会的全体代表,并同代表们合影留念时,全体革命

小将群情激奋,不断振臂高呼:"毛主席万岁!万万岁!"大家沉浸在一片激动、幸福、欢乐的气氛中。

刘部长继续说,"在会议中伯达同志,谢副总理作了重要指示;杨代总长出席了闭幕式。各总部的首长都出席了这次大会,北京军区党委亲自主持。大会得到了中央和地方各级首长的关怀,得到了全国全军广大的工农兵和红卫兵小将的极大重视。"

"大会开的既严肃而又活泼,活动既有意义而又紧张,形式新颖,大、中、小会相结合,取得了十分丰富的经验。"

刘部长接着指出,"召开这次大会的意义是为了大树特树毛主席的绝对权威,大树特树毛泽东思想的绝对权威,大树特树林副主席的崇高威望。这次大会是一个动员的大会,总结的大会。也是一个最热情的歌颂毛泽东思想的大会。它给全军、全国树立了很好的样板,对全国大学特学毛主席著作是一个具大的推动力。"

刘部长在谈到怎样开好这样的学习会中说:"开好这样的学习主席著作大会,最根本的一条

就是高举毛泽东思想伟大红旗,以'斗私,批修'为纲,来处理、解决一切问题,达到'三个大树'的目的,而不是为了比高低、争荣誉,搞派性。只有这样,才能把毛泽东思想真正学到手,把大会办成毛泽东思想的大学校。"

刘部长为呼三司开好学代会提出了宝贵的建议。他说:"要开好这样的学代会,必须以'斗私,批修'为纲,毛泽东思想挂帅。要各级领导,亲自抓,发现、培养有生力量,准备工作要扎实,可以先发一个通知,发动群众,要多谈意义,学习北京军区学代会的经验。"

刘部长讲完后,在热烈的掌声中,呼三司小将给刘部长带上了鲜红的《红卫兵》袖章。

最后,呼三司红代会常委雷善元同志作了发言。他代表呼三司全体与会小将对刘部长的讲话表示衷心的感谢。

他还指出,办好呼三司学代会是当前工作中的一项主要任务。全市五十八所学校要把它放在首要地位,为了开好这次大会,希各总部都要作好充分准备。

最后,座谈会在热烈的掌声中结束。

·4·　呼三司　1967年12月2日

把文艺界文化大革命进行到底

打倒活閻王布赫

《文艺战鼓》编辑部

在史无前例的无产阶级文化大革命中，统治內蒙文艺界二十年的活閻王布赫被揪出来了，这是毛主席革命路线的伟大胜利。

就是这个乌兰夫的狗太子，长期以来疯狂抵制毛主席的革命文艺路线，大肆兜售乌兰夫民族分裂文艺、周扬修正主义文艺黑货。把內蒙文艺界变成中国赫鲁晓夫及其在內蒙的代理人乌兰夫反党、叛国、复辟资本主义的大本营。

布赫的罪恶罄竹难书，必须彻底批倒斗臭让他永世不得翻身！

民族分裂主义文艺路线的炮制者

一九四五年，以“年轻的老革命”自居的布赫，在赤峯自治学院拉起一帮人，建立所谓“文艺工作团”，开始了其反革命的文艺活动生涯。从此，他打着套马杆加锄头图样的反动旗号，拚命聚集民族分裂的基干力量，炮制了一条又粗又长的民族分裂主义文艺黑线。

在文工团期间，布赫就丧心病狂地叫嚣：“沒有本领就是把讲话（指《在延安文艺座谈会上的讲话》）背熟也不行。”矛头公然指向光焰无际的毛泽东文艺思想。同时，他拚命反对“政治标准第一，艺术标准第二”的政治原则，说什么“就两分钟的节目，能表现多少政治？能给人以美的享受就达到目的了。”一九四八年，布赫又与大右派周戈狼狈为奸，明目张胆地反对毛主席关于普及与提高关系的英明论断，挑起“大米高粱”之爭。恶毒地攻击坚持革命文艺路线的同志，“只让蒙古人吃高粱米，是对蒙古人的诬蔑。”

与此同时，布赫上窜下跳，与其狐群狗党周戈、贾作光之流带着“云泽文工团”，抬着乌贼的巨幅狗像，大肆炮制演出吹捧成吉思汗，鼓吹“乌兰夫思想”的剧目、歌曲乃至午蹈。一时鼓吹乌兰夫及“乌兰夫思想”的《云泽之歌》、《内蒙青年进行曲》、《内蒙骑兵进行曲》、《血案》、《蒙古舞》等，纷纷出笼，充斥舞台，为乌兰夫民族分裂主义文艺路线提供了作品依据。

经过一九四五年至一九六五年二十年时间，这条文艺黑线在三反分子布赫手里逐渐臻于系统。形成了为乌贼民族分裂活动鸣锣开道的反革命文艺理论体系。

布赫挥舞着两把刀子，五面黑旗，疯狂地向毛主席革命文艺路线挑战，为乌兰夫叛党、叛国民族分裂摇旗呐喊。

两把刀子。其一曰：“学不学蒙文蒙语是革命不革命的問题。”其二曰“我们的剧本就这么一条线，反大汉族主义……。”

五面破旗。一曰“文艺为少数民族服务”。二曰“文艺从内蒙实际出发”。三曰“现代民族”的“现代”文化艺术“水平”。四曰“统一的民族文化”。五曰“民族特点，地区特色”。

其实布赫的两把刀子就是布赫噬向毛著学习运动和民族团结的两只大狼牙。而五面破旗则是为乌贼大搞“蒙古独立国”招摇撞骗的反革命文艺纲领。什么“文艺为少数民族服务”！明明是周扬全民文艺论的“蒙文版”。什么“文艺从內蒙古实际出发”！明明是从乌兰夫反革命需要出发。什么“现代民族”“现代水平”！明明是中国赫鲁晓夫从西方世界拾来的破烂。什么“统一的民族文化”！明明是臭名昭著的“內外蒙合并”“三统一”之“文化统一。”什么“民族特点，地区特色”！明明是“民族分裂”的特点。这里，布赫凶神恶煞般地掄起板斧，砍向毛泽东文艺思想，公开为鼓吹民族分裂的文学艺术作品设计兰图，发放通行证，是可忍孰不可忍！

三反分子布赫的民族分裂文艺纲领必须彻底砸烂。

资产阶级自由化的祸根

布赫恶毒地歪曲党的“百花齐放，百家争鸣”的方针，提出所谓“三自”论：即文艺要“自由竞赛”，学术要“自由讨论”，创作题材和形式要由“作者自己决定，并向社会自负其責”。而这“三自”归结为一句，就是提倡搞民族分裂的反革命“自由”。

就是这个布赫，公开压制革命群众对大毒草《茫茫的草原》的批判，说什么“不能公开批判”。

就是这个布赫，于一九六一年假借“内部观摩”，为鬼戏和色情戏《杀子报》、《大劈棺》、《钟馗嫁妹》大开绿灯。

就是这个布赫，在內蒙第二次文代会上，把封建文化遗孽《青史演义》、《一层楼》、《泣红亭》吹捧成“先进的社会主义文化的一部分”。

就是这个布赫，在一九六二年“三独会演”上大放厥词，胡扯什么“对于文艺遗产，首先应当学习，”“不懂就沒有资格批判和改编。”

就是这个布赫，赤膊上阵，亲自组织什么“为后代造福”的抢死挖旧的挖掘二人台传统剧目工作队，编定了一本攻击无产阶级专政，散布色情毒素的《二人台传统剧目汇编》。

就是这个布赫，强迫演员拜喇嘛为师，大学其喇嘛教驱魔术“跳鬼”以及巫婆的“萨满”。并想拍成电影永世流传。

就是这个布赫，专门组织美术工作者临摹、搜集喇嘛庙的图案，王公的服饰，将其视为“国宝”、“家珍”。

就是这个布赫，为《茫茫的草原》、《达那巴拉》、《猎人与金絲鸟》、《乌兰保》乃至《成吉思汗出征曲》发放通行证。

还是这个布赫，在一九六三年毛主席的文艺批示下达后，仍然纵容艺术团体大演帝王将相、才子佳人。而这类毒草竟占演出剧目百分之八十五以上。

更是这个布赫，频频发信，约请反动戏剧权威尚小云授教于青年演员，并给大汉奸李万春开设讲坛，大放其毒。

至此布赫的“三自”论是什么货色？他是那个阶级的代言人，不是昭然若揭了吗？

“三名三高”的推行者

布赫为了造就一支为乌家王朝反革命政治服务的文化别动队，拚命用金钱名利拉攏一帮“作家”、“艺术家”。他对那些叛徒、流氓、遗老遗少、文贼文盗大搞物质刺激，巧立名目，大肆推行周扬“三名”主义、“三高”政策。大右派李万春工资高达一千二百元，而一个普通演员月工资才三十元。尤为耸人听闻的是，一九六一年，布赫指示个别调级，反动文人色拉西竟连升四级，纯增薪八十四元。至于有些人在国内外出了“名”，布赫便给其破格提薪。鼓吹什么“这是特殊的高级知识分子，就应该有特殊的待遇”，“內蒙有许多知名作家和艺术家，可是连一个座软臥的都沒有，叫人家看起来多不好”等等。

布赫还公开主张培养“尖子”，胡扯什么“在一个文艺团体內，如果有名演员，是大家的光荣”，××演出得了金质奖章，他竟然厚颜无耻地说：“一个人一辈子做一件这样的事就行了，这就是本事，就是贡献，就是光荣。”而××在外演出得奖后归来，布赫专门为之摆宴接风，会上她只演出了几分钟，布赫便亲自送去八十元酬金，眞是混帐至极。

至于所谓評奖，则更是名目繁多，什么创作奖、演出奖、导演奖、搜集遗产奖、献宝奖、美术奖，不一而足。大毒草《茫茫的草原》还未出笼，便受奖八百元。而文浩雕乌兰夫狗头象有功，受奖额竟达三千二百五十四元。

同时，他还经常选送“尖子”到北京、上海、乃至国外深造，竭力培养特权阶层、精神贵族，培养民族分裂主义、修正主义的吹鼓手，组织其反革命的文艺基干队伍。

招降纳叛，结党营私

布赫曾胡说什么“要干淨的，蒙古族中作家、艺术家就沒有了，蒙族烧的就是牛粪，牛奶里还能沒粪渣？”

这句话是反革命修正主义分子布赫招降纳叛反革命心声的自然流露。

（下轉第三版）

地址：内蒙古大学十一号楼　电話：四八〇七　（零售每份二分）

1967年12月2日　　　呼三司　　　·3·

砸烂文科修正主义教育制度

内大中文系62级全体学生

毛主席说："我们的教育方针，应该使受教育者在德育、智育、体育几方面都得到发展，成为有社会主义觉悟的有文化的劳动者。"

可是旧的大学文科究竟要把我们培养成什么人！让事实回答吧！

我们进校不久，专业的负责人就向我们讲，大学文科，是培养文官和秀才的。可是培养那个阶级的文官、秀才呢？

只要对我们的教学实践稍做了解，就会明白，他们培养的是不折不扣的资产阶级"文官"与"秀才"。在专业里，资产阶级知识分子和有严重历史問題的人统治了我们的讲台。除了竭尽全力地向学生灌输封、资、修一套，毒害青年，他们的那种资产阶级生活方式，也无时无处不在对我们的同学起着潜移默化的腐蚀作用。他们歧视、排挤工农出身的学生，只重视一些出身不好的业务"尖子"。在"因人施教"的黑旗下面，贯彻资本主义国家的"天才教育"。有的教师把他所偏爱的学生叫到家里吃偏饭，向他们传授资产阶级的人生观和治学方法，有些教师专门刁难因基础差学习费力的工农同学，当上课铃声一响，他匆匆走上讲台，双脚还没有站稳，就已经把他所看不上的同学叫起来，要他回答問題之类的问题，正当我们掀起大学雷锋的群众运动时，他却大讲"祭十二郎文"之类，在几百人的大课堂上，把那种封建官僚的腐朽、没落、忧伤、凄凉的感情发挥的淋漓尽致！剑拔弩张，针锋相对，这分明是争夺青年的战场。

为了毒害青年，中国赫鲁晓夫在我校的代理人还别出心裁地从招生到毕业分配都想出一整套办法。他们亲自到阅卷中宣扬："如果你有这几篇古文，写不好文章，打我的屁股！"这些家伙更身体力行，现身说法，在全校师生都参加的报告会上背诵汪精卫的电文。在招生过程中，他们卑鄙藉口要把那些出身不好的人收进来，把许多工农学生压下去。在毕业生毕业典礼上，他们又实行了按分数的排队领文凭的办法，"尖子"们昂首挺胸，走在前面，而工农同学却跟在后头。课堂上理直气壮的是"尖子"，作业上大加表扬的是"尖子"，毕业后留校的是"尖子"，报刊上发表文章的还是"尖子"，而工农同学，却如同做错事的童养媳，"进退无颜仪"。有的资产阶级教授就公然叫嚣："在几届学生中只要培养出一个天才来就行了！"请看，在他们眼里，那里还有工农同学的地位，在这种空气中，那里还有工农同学的好过！

就这样，中国的赫鲁晓夫、旧中宣部、旧高教部的阎罗们以及他们在我校的代理人，把"尖子"当作鲁迅杂文中描写过的那种胸前挂着知识阶层徽号的头羊，他们脖子上挂着"名"和"利"的铃铛，带领着成千上万的青年学生走上资本主义复辟的屠场。就这样，旧的教育制度依靠分数作为束缚学生的紧箍，"太公钓鱼，愿者上钩"，一旦把你的头放进这个紧箍里，一个本来敢革命敢造反的青年人，就变得驯服异常，乖乖地听任资产阶级教授们牵着鼻子走路了！

那些时候，一天清早起来，大家都忙着背俄语单词，背古文、古诗，就是没有人背毛主席语录。上课记笔记，课后对笔记，考试背笔记，考试过后，就把笔记忘个干干净净！笔记本来是些无用有害的东西，然而就是这些东西，为了显得深奥些，资产阶级教授之流还竭力把它搞得五花八门，让你摸不清，记不住。每年如此周而复始，循环反复，吞去了我们多少青春，虚掷了我们多少精力！可是比起身体的摧残更令人痛心的却是思想的资产阶级化。诸如不关心政治、成名成家、资产阶级情调，成了普遍性的病症，至于黑修养的毒害，更是泛滥成灾。在这种土壤和温度下，有人政治上蜕化了，生活上腐化了，有人竟把"一边读红楼梦、一边拉风匣做饭"当做终生的最高理想。

这套旧文科教育究竟培养什么人，难道还不是一清二楚了吗？什么"文官"、"秀才"？完全是十足的脱离工农、凌驾于工农群众之上的精神贵族，十足的复辟资本主义的驯服工具。

整整几年的青春岁月！如果是努力学习毛泽东思想，用毛泽东思想改造世界观，用毛泽东思想去认识和改造客观世界，方向对头，步子稳健，我们将攀登多少无产阶级革命阵地上的高峰？我们将能够掌握多少"团结人民、教育人民、打击敌人、消灭敌人的有力武器"！如果不是中国赫鲁晓夫们的腐蚀毒害，在阶级斗争的风雨里，在我们中间将成长出多少雷锋、王杰式的全心全意为人民服务的青年，将锻炼出多少能够坚守无产阶级阵地的无畏战士？每想到这些，我们都无比激奋，无比痛恨，我们真想把中国的赫鲁晓夫揪到跟前，用铁拳擂碎他的脑袋！

就在我们上大学的第五个年头，毛主席亲自发动和领导的无产阶级文化大革命爆发了！革命风暴席卷全国，中国的赫鲁晓夫垮台了！旧中宣部、旧高教部垮台了！旧教育制度的崩溃之势已是大势所趋。千千万万青年学生起来造反了！我们伟大领袖毛主席发表了"五七"指示，为无产阶级教育制度画出了一幅崭新的兰图。毛主席说："学生也是这样，以学为主，兼学别样，即不但学文，也要学工、学农、学军，也要批判资产阶级。学制要缩短，教育要革命，资产阶级知识分子统治我们学校的现象，再也不能继续下去了。"毛主席的话打开了我们的心窍，使我们看到了一个崭新的世界！然而，正如主席所说："社会主义制度的建立给我们开辟了一条到达理想境界的道路，而理想境界的实现还要靠我们的辛勤劳动。"在我们前进的道路上还会遇到来自各方面的阻力，但是，我们只要紧跟毛主席的战略部署，以"斗私，批修"为纲，一定会在旧教育制度的废墟上，建起一个崭新的无产阶级教育制度。让我们以斗私批修的辉煌战果来迎接她吧！让所有在校的战友和未来的无产阶级的大学生们和我们共同欢呼：毛主席的无产阶级革命教育路线胜利万岁！

打 倒 活 阎 王 布 赫

（上接第四版）

布赫经常标榜，文工团是老母鸡。其言外之意即内蒙文工团的蛋都下到了文艺界。事实上，布赫从一开始混入文艺界就把"云泽文工团"变成其招降纳叛，结党营私的工具。就在那个时候，布赫一伙右派踢戈拉入党内，一手把伪编影小丑贾作光捧为"舞蹈专家"，加以重用。而蒙奸艺人色拉西之流也被吸收到文艺队伍之内，纵容其大唱《成吉思汗出征曲》之类的反动歌曲。二十年来"云泽文工团的老人"遍布七盟二市的内蒙直属文艺界，搞成了针插不进，水泼不进的独立王国。例如呼市文化局、艺校、歌舞团、京剧团、电影发行公司、民族实验歌剧团、内蒙古图书馆、包头文联等单位的"走资派"、博物馆的"走资派"文浩、文联"走资派"珠岚、玛拉沁夫、孟和博颜、贾作光等等都是布赫、云泽文工团的黑线人物。而布赫正是凭借这些狐群狗党，控制内蒙文艺界，统治内蒙文艺界，称霸内蒙文艺界。

布赫用人唯亲，重用其爪牙，撒出黑线，罗织黑网，分兵把口，各占要津，把内蒙文艺界搞成了"乌家天下"。

布赫还借口"一个名演员，一个名作家，还不是党员，工作不方便，也不好意思"。借口"出国需要"、"进京需要"、"接待外宾需要"、"入党后再教育"等等，强令文化系统各级党组织，给他的一批亲信、干将披上共产党员的外衣。

他把那些不齿于人类的狗屎堆拉入党内，什么蒙修的情报员纳·赛，叛徒、民族分裂主义分子哈扎布等等都成了红得发紫的党员作家、党员歌唱家。

一九六五年，乌兰夫宫廷政变前夕，布赫又借机排斥异己。文教卫生系统厅局级干部二十八名中，在清洗之例的就有十七名。与此同时，布赫则以提拔新生力量为名，大量安插民族分裂主义分子，大搞其宫廷政变的组织准备。

这样，内蒙文艺界就成了布赫死党横行霸道的场所。成了乌家王朝的"一统天下"。

乌兰夫宫廷政变的急先锋

"内蒙二十周年文艺献礼"是乌兰夫大搞蒙古独立国的前奏曲。而布赫正是这个所谓"献礼"活动的台前指挥。

布赫伙同其爪牙，大搞什么"献礼计划"，多次作"报告"、开"座谈会"、"个别谈话"，对改编《包钢人》的电影文学剧本竟然"指示"七次之多，软硬兼施，逼调剧作人员大上其"大反大汉族主义黑纲"。而且还亲自上阵，编拟提纲，大造反革命舆论，声言要把"一切工具、一切地方都占领"。

布赫疯狂叫嚣："乌兰牧骑是毛泽东思想与内蒙实际相结合的产物。"又说，"现在我们应该走在前面，揭开新的矛盾"，并诱导创作人员说："大胆写矛盾，错了也不扣你们民族分裂的帽子。"企图将献礼搞成吹捧乌兰夫、鼓吹民族分裂的丑剧。让毒草《红路》、《青山烈火》、《气壮山河》、《民族問題》、《哲里木人》等大批出笼。

更恶毒的是，布赫把他审定的作品称为"教材"，声称要让这些"教材"，去"启发每个人都考虑不反大汉族主义，就不行"等等，企图煽动反动的民族主义情绪。挑起民族矛盾，以达到他们破坏祖国统一的可耻目的。

二十周年文艺献礼作品都是布赫疯狂推行民族分裂主义的产物，必须彻底砸烂。

布赫的罪恶决不只此，他不仅公开对抗毛主席的指示，破坏、扼杀文艺整风，炮制《内蒙文艺六十条》以及《进一步加强民族文化工作报告》等反革命文艺黑纲领。并带头炮制《王文焕》、《乌日吉的生日》等大毒草。无产阶级文化大革命开始后，布赫又煽阴风，点鬼火，企图挽救乌家王朝的灭亡。

但是，曾几何时，无产阶级文化大革命的洪涛巨澜摧毁了乌家独立王朝，揪出了反革命修正主义分子"活阎王"布赫。布赫偕同其爪牙只落得一个老鼠过街，人人喊打的可耻下场。

反革命修正主义分子布赫已经被革命造反派揪出来了，但是，这个乌兰夫的"五虎上将"还远远没有批倒斗臭！让我们奋起毛泽东思想的千钧棒，冲破阻力，不把"活阎王"布赫打入十八层地狱誓不罢休！

一九六八年六月十日　　　　敬祝毛主席万寿无疆！

深入持久地开展革命大批判

批倒批臭内蒙古文艺界头号走资派布赫

《文化战线》内蒙古文化局《革命造反联合总部》

乌兰夫反党叛国集团的嫡系干将布赫，是"当代王爷"乌兰夫的狗头太子。他在其狗老子乌兰夫的亲手栽培下，平步青云，飞黄腾达，一九四六年—一九五四年任内蒙古文工团副团长、团长、党支部书记。一九五四年至一九六六年任内蒙古文化局第一副局长、文联主任、兼党组书记。一九六六年初在乌兰夫阴谋实现"宫廷政变"之时，又担任黑内蒙文委主任兼党委书记，旧内蒙古党委黑代常委等要职。

"凡是要推翻一个政权，总要先造成舆论，总要先做意识形态方面的工作。革命的阶级是这样，反革命的阶级也是这样。"二十多年来，布赫一直把持着内蒙古文艺界，死死地控制着内蒙文艺界的一切党政财文大权，利用各种文化艺术工具，为乌兰夫反党叛国集团复辟资本主义、分裂祖国统一、建立"大蒙古帝国"的阴谋活动，大造反革命舆论，把内蒙文艺界变成了乌兰夫反党叛国、复辟资本主义的黑据点。布赫成了内蒙文艺界的"活阎王"和头号走资派。

布赫对党、对人民、对祖国犯下的滔天罪行必须彻底清算，流毒必须彻底肃清。

从"大米高粱"之争开始

被"当代王爷"乌兰夫安插在内蒙文艺职的布赫，从他登上反革命政治舞台开始，就疯狂攻击毛主席的革命文艺路线。他一方面从早年起就打着"套马杆子加锄头"的反动旗号，嚷着"在云泽（即乌兰夫）的旗帜下前进"的反动口号，带着"云泽文工团"，抬着乌贼的巨幅狗头象，大肆泡制吹捧成吉思汗、鼓吹"乌兰夫思想"的《云泽之歌》《内蒙青年进行曲》《内蒙骑兵进行曲》《血泉》《蒙古舞》等毒草节目；另一方面，丧心病狂地攻击我们伟大领袖毛主席的光辉著作《在延安文艺座谈会上的讲话》，为无产阶级政治服务的方向。

远在二十年前即一九四八年布赫把持文工团时，他就明目张胆地反对毛主席关于普及与提高的英明论断，挑起"大米高粱"之争，恶毒攻击坚持毛主席革命文艺路线的同志，"只让蒙古人吃高粱米是对蒙古人的诬蔑"。此后，他一贯反对毛主席的革命文艺路线：他叫说什么："就两分钟的节目，能表现多少政治？能给人以美的享受就达到目的了。""没有政治内容的作品，也可以收到政治效果。""一个好的演员，是用声音和演唱感动人的。"与毛主席提出的"政治标准第一，艺术标准第二"原则大唱反调；他叫嚷，文艺"应从各方面反映社会生活，满足群众多方面的要求。"妄图否定文艺为工农兵服务的根本方向；他提倡所谓的"无害作品"，说这种作品"能提高欣赏水平和审美能力"；他认为文艺为无产阶级的政治服务是勉强，说什么："反映当代人民生活有困难，可不必勉强。"更恶毒的是，他公然篡改和歪曲最高指示，把毛主席提出的区别香花和毒草的六条政治标准，解释为"前半句（即有"利于……"），是最高标准，后半句（即"不利于……"）是最低标准。"

一条黑线的形成

布赫在攻击毛主席文艺思想的同时，进一步公开诬蔑毛主席"对民族问题只有政策，没有理论"，公开鼓吹"民族问题是内蒙古最大的政治，最大的业务"，公开宣称"内蒙古地区特殊，特殊的地区就得另搞一套。"并在此基础上抛出了"内蒙古的文艺，要面向内蒙古，要反映内蒙古实际"的反革命修正主义、民族分裂毛义的文艺路线。在这条又粗又长的黑线下，他绞尽脑汁，搜索枯肠，恶狠狠地亮出了五把毒刀：一曰"文艺为少数民族服务"；二曰"文艺要从内蒙古的实际出发"；三曰"体现现代民族的现代文化艺术水平"；四曰"统一的民族文化"；五曰"民族特点和地区特点"。

抛出了一条黑线，亮出了五把毒刀，形成了一条完整的反革命修正主义、民族分裂主义的内蒙古文艺黑线。这条文艺黑线的要害是为颠覆无产阶级专政、反党叛国作舆论准备。他推行的这一条文艺黑线的实质是中国赫鲁晓夫刘少奇、周扬之流修正主义的"全民文艺"的翻版，是乌兰夫的"内外蒙合并""三统一"的"文化统一"的具体化。

四个毒招的用处

三反分子布赫为了全面推行他的反革命修正主义、民族分裂主义的文艺黑线，便肆无忌惮地象疯狗一样反对文艺工作者学习我们伟大领袖毛主席的光辉著作。布赫反对学习毛主席著作有四个毒招。他到处散布说："搞专业创作，需要很多专门知识，根据创作干部的情况，缺什么学什么，要多多学，才能把创作搞好。"这是布赫反对学习毛主席著作的第一毒招。他使用的第二毒招是："学不学蒙文蒙语是革命不革命的问题"，以党纲、学纲的形式，强调文艺工作者放弃迫切需要学习毛主席著作的强烈愿望，而陷入乌兰夫、布赫一小撮民族分裂的死胡同。他使用的第三毒招是：公开诬蔑学习毛主席著作的讨论会是："犯自由主义场所"；公开咒骂响应毛主席党中央的号召，积极向王杰同志学习的文艺工作者是"语言的巨人，行动的小人"。第四毒招是：利用职权，强行明文规定用七分时间学习业务，三分时间学习毛主席著作。

"三自论"的提出

布赫对毛主席的在文艺为工农兵服务、为无产阶级政治服务的方向下，实行"百花齐放、百家争鸣"的方针，进行歪曲和诬蔑。他恶毒地抽掉这一政策的无产阶级内容，贩卖资产阶级自由化的黑货。

他提出了所谓"三自论"，即："文艺要自由竞赛""学术要自由讨论"创作题材和形式要由"作者自己决定，并向社会自负其责"。布赫的反革命"三自论"，乃是射向无产阶级专政的又一支毒箭。他大喊特喊的自由，说穿了就是搞民族分裂、复辟资本主义的反革命"自由"。

在他的煽动下，文化艺术领域内真是群魔乱舞，毒草丛生。特别是在我国三年自然灾害，经济时困难，国内外阶级敌人疯狂反华反共，攻击三面红旗，诬蔑社会主义制度，妄图颠复无产阶级专政的时候，布赫更是大开杀机，牛鬼蛇神鼓嗓而起，纷纷出笼。反党反社会主义反毛泽东思想的毒草《茫茫的草原》《草原晨曲》《走西口》《卖碗》《骑士的荣誉》《雪中之花》《胡日勒巴特尔》《阿力玛斯之歌》《严峻的岁月》《额吉淖尔》《乌兰保》《猎人与金丝鸟》等等等等，接二连三地抛了出来。在戏剧舞台上，三十年代的代表作《雷雨》、封资修的戏曲《薛刚反唐》《哭宫》《海瑞背纤》《气壮山河》《达那巴拉》《王昭君》《金鹰》等等竟相上演，竟连中央早已禁演的反动色情戏，鬼戏，连《杀子报》、《大劈棺》等等也死灰复燃。在布赫把持控制下的出版发行部门，通过他在这些单位安插的一小撮党内走资派，在疯狂抵制印制、出版箱发行我们心中最红最红的红太阳的光辉著作的同时，而大量抛售黑《修养》以及什么《青史演义》《一层楼》《蒙古秘史》等黑书。

一个黑纲领的出笼

一九六一年反革命修正主义分子周扬，秉承中国赫鲁晓夫刘少奇的旨意，在京召开黑会，泡制了一个全面攻击毛泽东思想、抵制毛主席革命文艺路线的文艺黑纲领《文艺十条》（后改为《文艺八条》）。布赫参加完这次黑会回到内蒙后，就秉承乌兰夫的黑旨意，在黑《文艺十条》的基础上，亲自主持泡制了一个《内蒙文艺六十条》（后定稿时归纳为《内蒙文艺六条》）。这是一株彻头彻尾的反党反社会主义反毛泽东思想的大毒草，是一个地地道道的反革命修正主义、民族分裂主义的文艺黑纲领。布赫泡制的《内蒙文艺六十条》，批起修字号"全民文艺"黑旗，丧心病狂地把封建主义、资本主义的腐朽文化吹嘘为"创作的源泉"，反对毛主席关于"推陈出新"的指示。

这个文艺黑纲领是三反分子布赫从一九四六年以来的二十多年中，积极推行刘少奇的反革命修正主义路线和乌兰夫的民族分裂主义路线的系统总结，是布赫反党反社会主义反毛泽东思想的又一铁证。

"民族党""文化党"的筹建

二十年来，布赫为了完成其狗老子乌兰夫阴谋反党叛国的罪恶目的，忠实地推行了一条反革命修正主义、民族分裂主义的组织路线、建党路线。在这条路线下他收罗各种反革命势力，作为内蒙文艺的骨干，为乌兰夫阴谋实现"大蒙古帝国"服务。

布赫在文艺界的组织路线和干部标准是：有"复兴蒙古大志"的蒙古人，土默特族蒙古人，赤峰民族学院的人，以及他把持下的老"文工团"的"黑蛋"。以这些人为核心，推行"三名三高"政策，对整个内蒙文艺队伍实行和平演变；对叛徒、特务、反动文人、旧艺人从政治上到生活上全面包下来的，其中不少坏蛋被布赫拉入党内。

内蒙文化局，这个布赫亲自挂帅的内蒙文艺界资产阶级司令部的拼凑组成就是一个典型例证。文化局党组自一九五三年建立以来，经布赫精心挑选的党组成员达十五名。这些党组成员中大部分都是特务、叛徒、走资派、民族分裂主义分子和坏分子。

内蒙文艺界的活阎王布赫忠实推行反革命修正主义、民族分裂主义的组织路线，就是要阴谋篡改中国共产党的性质，建立一个"民族党""文化党"。

"宫廷政变"的急先锋

乌兰夫反党叛国集团从一九六五年着手实行反革命的"宫廷政变"。布赫被乌兰夫任命为内蒙古党委代常委、文委主任兼党委书记。他借庆祝自治区成立二十周年名为，开动一切文艺宣传机器，为乌兰夫集团"宫廷政变"大造反革命舆论。

布赫一手操持下的二十周年献礼节目是些什么货色呢？在出版方面，有布赫本人的反动《论文集》、和为乌兰夫反党叛国集团歌功颂德的《革命故事集》等百余种书刊；在电影方面，有恶毒地反汉排汉、煽动民族分裂的《包钢人》（后改名为《民族问题》）和为乌兰夫的"三基论"作形象宣传的《皆里木人》等；在歌舞方面，有篡改历史、塑造乌贼"伟大形象"的大型歌舞、小型歌舞等十五个晚会节目；在摄影方面，有专门表现乌贼的所谓东林、西铁、南农、北牧四季生活的《大型画册》等；在美术、展览方面，有规模庞大，备有九个乌兰夫狗形象的"自治区二十周年成就展览会"。

以上事实充分说明：乌兰夫的死党分子布赫为他老子建立"蒙古大帝国"而阴谋实现"宫廷政变"，真是效尽了犬马之劳。

然而"宫廷政变"还未来得及实现，无产阶级文化大革命汹涌澎湃的红色怒涛，就冲垮了乌家王朝，把乌兰夫反党叛国集团和他的嫡系干将，内蒙文艺界的活阎王布赫从阴暗角落里冲刷出来，布赫只落得一个老鼠过街，人人喊打的可耻下场。

批倒批臭内蒙古文艺界头号走资派布赫！

二-5

·4· 敬祝毛主席万寿无疆！ 一九六八年六月十日

宣教口动态

《文化战线》举办学习班

"办学习班，是个好办法，很多问题可以在学习班得到解决。"在解放军支左人员的帮助下，《文化战线》于六月五日正式开学，举办第一期毛泽东思想学习班。这期学习班采取学习文件、联系实际、分析当前无产阶级文化大革命形势为指针，讨论并于六月五日召开了正式开学典礼会。

通过学习文件精神，理论联系实际，分析当前文艺界的斗争，解决两个问题：一、用文艺批判毛主席批示的斗争精神，向阶级敌人发动猛攻，进一步挖出一切可以团结的力量，稳、准、狠地打击一小撮的阶级敌人。二、以毛主席的一段最新指示，严格按照毛主席的水平，牢牢掌握斗争大方向，提高政策思想水平。别的两类不同性质的矛盾，在一切斗争中都要区别对待，本着一分为二的进行分析。

这期学习班的除《文化战线》所属基层组织的群众代表。参加这期学习班的勤务员，还吸收了没有参加《文化战线》的群众代表。在六月五日的学习班开学典礼上，内蒙革委会文教组负责人王金保同志到会作了重要指示。

《教育战线》批斗戈瓦

六月六日下午，由《教育战线》、《红旗》等单位联合召开了"彻底清算乌兰夫大会"。语录革命群众、林学院革命造反团集团在教育界的代理人戈瓦为参加《砸黑线》和《陰峰》大会受害者的反革命翻案阴谋，剝去戈瓦是"乌兰夫反党叛国集团在教育界的代理人戈瓦"，大量事实揭穿了戈瓦的反革命面目。参加大会的还有内蒙革委会王金保同志。大会在毛泽东思想的原则基础上实现了革命大联合，并举行了庆祝大会。

点放到农村去 卫生部门组成下乡医疗队

遵照毛主席"把医疗卫生的重点放到农村去"的伟大号召，卫生部门的广大群众积极响应毛主席的指示，彻底改变卫生部门过去只为少数人服务的老爷作风，面向农村，面向工农兵。为五亿多农民服务。最近，《卫生战线》和其它革命群众组织已抽调一批人员，组成《六·二六》下乡医疗队，预計于本月中旬出发。

内蒙体委实行军事接管

遵照中共中央、国务院、中央军委、中央文革五月十二日命令，内蒙体委、《体育战线》坚决贯彻执行中央《体育战线》和中国人民解放军对内蒙体委实行军事接管的命令，以令以来的，革命派和中国人民解放军对内蒙体委实行军事接管。内蒙体委、《体育战线》热烈欢呼中央"五·一二"最近命令，革命群众和中国人民解放军军事接管委员会的领导下，更高地举起大办毛泽东思想伟大红旗，坚决贯彻中央欣欣鼓舞地学习和革命群众和中国人民解放军军事接管委员会，彻底揭开体育界接管的"五·一二"志昂扬，他们纷纷表示，最近命令《井冈山》、广大无产阶级革命派在军事接管委员会的领导下，更高地大力办好毛泽东思想体育学习班，全面彻底胜利，坚决贯彻中央军事接管委员会，彻底砸烂修正主义体育大批判推向新高潮，夺取无产阶级文化大革命的全面彻底胜利。

布赫填家庭出身

·批乌兵·

当代王爷乌兰夫的狗头太子布赫在填写履历表"家庭出身"一栏时，前后共换过四个花样。

一九三九年，他跟着狗老子初去延安混入革命队伍时，将家庭出身填为"革命家庭"。

但是他做贼心虚，怕地近人熟露了马脚，后来就改成"小土地出租者"。

他感到"小土地出租者"毕竟是块黑招牌，不太光彩，在一九六五年又改为"富裕中农"。

这个反动的家伙填完一想：我老子正搞宫庭政变，黑五委即将成立，那时，我不但是"皇太子"，而且是"乌家王朝"的一个要员，我填个什么，谁也不敢怠。于是他一挥笔，将"富裕中农"四个字抹掉，最后改为"革命干部"。为了伪造历史，自圆其说，他又在后面附了一个说明。现将"说明"录在下面：

"家庭出身一项，过去曾填为：革命家庭(干部)、小土地出租者等字样，现在看来都不确切，现在改为革命干部。去年了解时，根据我老家土改计划的成份是富裕中农。

我八岁时便到呼市上学，离开老家(农村)，靠父亲工资生活，供我上学，那时父亲已参加革命工作，十四岁时我去了延安。过去填家庭成份是按老家经济情况填写的，有时按父亲成份填写。一九三九年，家里雇长工一个人种地。一九三九年前后，因父亲、叔父都参加革命，祖父年迈，不能劳动。我当时十二、三岁，半读书半参加劳动。

我祖父一人，日本人烧掉我们全家房屋以后，老人一直着流涙生活，原有地早被别人使用。于一九四六年病故。

布赫
一九六五年六月十七日

布赫的家庭出身到底是怎样的呢？不妨给大家介绍一下。

他的曾祖父是一个镇压太平天国农民运动的创手手。他的祖父是一个恶霸地主，占土地六百余亩，使用长工七八个，住着四合院，牛马成群，还雇有家庭教师，当时可算得上是塔布一带数一数二的富豪。直到布赫出生之后，全家仍以剝削为生。至于他的狗老子乌兰夫，则根本不是什么"革命干部"，而是一个地地道道的假革命，老反革命。他早年投靠刘少奇、高岗、张闻天之流，后来向敌人屈膝投降，又混上了反动军队的"秘书"、"少校科长"、"师政治部代主任"和伪《国民日报》的记者等头衔，是一个灵魂极端丑恶的叛徒。

布赫肆无忌惮地篡改家庭出身一事，不单单说明他隐瞒事实、骗取职位的卑鄙灵魂，更主要的是暴露了他美化地主阶级和反动老子的阴谋：在布赫的心目中，他的恶霸地主爷爷成了"一直过着流涙生活"的"老人"，他的叛徒特务老子成了"参加革命工作"的"革命干部"。

请看，布赫填写家庭出身这一件"小事"，多么深刻地勾划出布赫的丑恶心理。

乌兰夫—邓拓—色拉西

·倚天剑·

色拉西是被乌兰夫捧为内蒙文艺界"三宝"中的"一宝"，"擅长"用马头琴演奏《成吉思汗出征歌》。据乌兰夫的狗头太子布赫之流给色拉西编写的《小传》中說，色拉西"不管在何处"，他"始终如一地、严肃地演奏着"这支歌，即使是在日本鬼子把他请到日本录音的时候。

色拉西除了给日本鬼子演奏反动的《成吉思汗出征歌》之外，还公然污蔑伟大的肃反运动。然而就是这么一个不齿于人类的狗屎堆，乌兰夫却偏要把他打扮成一个具有絕妙的艺术技巧和非凡的艺术天才的蒙古族民间艺术权威，一捧再捧。奥妙在哪里呢？

乌兰夫曾经叫嚷过："成吉思汗远征后，蒙古势力扩大。""成吉思汗前期为了民族统一和反抗异族侵略，曾建立了不可磨灭的功绩。""因为成吉思汗实现了全蒙古统一，在游牧的经济基础上建立起封建国家，就使他的英雄事迹在广大的蒙古人民心目中直到现在还留有深刻的印象和对他的敬仰。"乌兰夫如此吹捧封建阶级的代表人物成吉思汗，正好暴露了他的野心。而色拉西经常演奏《成吉思汗出征歌》也正"說"出了乌兰夫的心里话。怪不得乌兰夫如此卖力地吹捧色拉西这个反动艺人呢！

无独有偶。对色拉西大肆吹捧的人中间，还有一个，就是"三家村"黑掌柜邓拓。邓拓一九六四年来内蒙时，到内蒙艺校去看演出，其中就有老混蛋色拉西的马头琴独奏。据说，色拉西又演奏了《成吉思汗出征歌》。当場陪邓拓观看演出的艺校走资派并沒有告诉他演奏得是什么歌。可是，老反革命邓拓凭着他的反革命嗅觉却也听懂了色拉西从马头琴中传达出来的反动心声，于是题了黑诗一首：

雄浑苍劲马头琴，
激励斗争必心胜。
往日凄情俱已矣，
英豪儿女莫沾襟。

乌兰夫之流一看象邓拓这样的"权威"也"激励"他们这伙成吉思汗的"英豪儿女"，自然欢喜若狂，随即在他们把持的专门发表叛国文学的《草原》上予以发表，而且在版面设计上竟然超过了毛主席詩词。

毛主席說："世界上决没有无缘无故的爱，也没有无缘无故的恨。"乌兰夫如此爱色拉西，就是因为色拉西这个反动家伙能用《成吉思汗出征歌》之类的反动东西为乌兰夫反党叛国活动服务的缘故。

新文化

内蒙古宣教口《文化战线》新文化编辑部

第四十七期　　一九六八年九月五日

再接再厉 乘胜前进

文艺界召开向主要敌人发动总攻击誓师大会
大会战指挥部宣读第一号动员令 王金保同志会上讲话

本报讯 八月二十一日下午，内蒙古文艺界大会战总指挥部主持召开了"内蒙古文艺界向以布赫为首的主要阶级敌人发动总攻击誓师大会"。内蒙古文艺界广大无产阶级革命派和革命群众怀着对伟大领袖毛主席无限热爱的无产阶级感情和对以布赫为首的一小撮阶级敌人的刻骨仇恨，纷纷冒雨赶到电影宫，参加誓师大会，迎接大会战高潮的胜利到来。

自治区革命委员会常委、内蒙古文艺界大会战指挥部总指挥王金保同志出席了大会，参加大会的还有呼和浩特工代会的同志和呼三司革命小将们。

大会战总指挥部副总指挥何健雄同志在会上宣读了总指挥部第一号动员令。动员令首先充分肯定了当前内蒙古文艺界大会战的大好形势，同时就打好目前展开的这场革命大会战，将"挖庙"斗争进行到底，要求全体指战员：一、紧跟我们伟大领袖毛主席的伟大战略部署，全面落实毛主席一系列最新指示；二、彻底批判资产阶级"多中心论即无中心论"的反动思潮，紧紧地团结在以毛主席为首、林副主席为副的无产阶级司令部的周围，统一意志，统一步伐，统一行动；三、加强领导班子思想革命化，放手发动群众，组织起一支浩浩荡荡的革命大军；四、正确贯彻我们伟大领袖毛主席历来关于对敌斗争的一系列方针政策。做好知情人的发动工作，把主要敌人最大限度地孤立起来；五、深入持久地开展革命大批判，充分运用和发展包钢、二冶的先进经验，把内蒙古文艺界以布赫为代表的一小撮最危险的阶级敌人批深批透，斗倒斗臭，夺取无产阶级文化大革命的全面胜利。

接着，大会战主战场内蒙古文化局和两翼战场歌舞团、文联的无产阶级革命派代表相继发言，他们表示坚决拥护大会战指挥部第一号动员令，决心在内蒙古革命委员会的领导下，在大会战指挥部的直接指挥下，团结对敌，向内蒙古文艺界的活阎王布赫为首的一小撮最危险的阶级敌人猛烈开火，把布赫推行的反革命修正主义、民族分裂主义文艺黑线从思想上、政治上、组织上彻底揭露、批倒、批臭，把无产阶级文化大革命进行到底。

在与无产阶级革命派和广大革命群众共同学习了毛主席最新指示"我国有七亿人口，工人阶级是领导阶级。要充分发挥工人阶级在文化大革命中和一切工作中的领导作用。工人阶级也应当在斗争中不断提高自己的政治觉悟"之后，呼和浩特文化大革命的主力军，工人阶级代表——呼和浩特工代会的同志讲话。他代表工代会和十万工人阶级坚决支持这个总攻击誓师大会。他说：我们工人阶级誓作文艺界无产阶级革命派和革命群众的坚强后盾，誓作毛主席革命文艺路线的坚强捍卫者。我们一定要与革命的文艺战士团结在一起、战斗在一起，夺回被乌兰夫、布赫之流所控制的文艺阵地。把内蒙古文艺界办成红彤彤的毛泽东思想大学校。工代会代表发言之后，大会执行主席宣布，工人毛泽东思想宣传队介入文艺界革命大会战，这时，全场一片欢腾，爆发出雷鸣般的掌声。

文艺界主战场首战告捷

在文艺界革命大会战从两翼胜利打响之后

本报讯 在毛主席一系列最新指示的鼓舞下，在文艺界大会战从两翼胜利打响之后，主战场内蒙古文化局的无产阶级革命派和广大革命群众急起直追，迎头赶上，于本月十七日下午胜利地召开了《彻底批判内蒙古文艺界头号走资派布赫大会》，旗开得胜，首战告捷！

十七日下午，文化局无产阶级革命派和广大革命群众来自兄弟单位的革命战友，同仇敌忾，斗志昂扬，愤怒声讨了内蒙古文艺界头号走资派、乌兰夫反党叛国集团的嫡系头干将布赫，全面、彻底地揭露、批判和清算他在混入革命队伍二十多年来，紧跟其黑主子乌兰夫，在内蒙古文艺界招降纳叛、结党营私、包庇叛徒、特务，同罗牛鬼蛇神，干尽了分裂祖国统一、破坏民族团结等反党叛国活动的滔天罪行。

战斗即将打响。革命群众激动地一遍又一遍地高声朗读着英明统帅毛主席伟大教导：

"人民靠我们去组织，中国的反动分子，靠我们组织起人民去把他打倒。……"

"混进党里、政府里、军队里和各种文化界的资产阶级代表人物，是一批反革命的修正主义分子，一旦时机成熟，他们就会要夺取政权，由无产阶级专政变为资产阶级专政。……"

"无产阶级文化大革命，实质上是在社会主义条件下无产阶级反对资产阶级和一切剥削阶级的政治大革命，是中国共产党及其领导下的广大革命人民群众和国民党反动派长期斗争的继续，是无产阶级和资产阶级阶级斗争的继续。"

战斗打响了。在一片愤怒的口号声中，反革命修正主义分子布赫被革命群众揪到了受审台上。

大会通过革命群众与知情人相结合的办法，与反革命修正主义、民族分裂主义分子布赫展开了面对面的斗争。一些过去跟着乌兰夫、布赫之流干过一些坏事，而犯有严重错误的干部，积极要求自我革命，主动站来当面揭发布赫过去所作、策划他们所干的许多罪恶勾当。他们以自身参与过的许多活生生的事实，深刻地揭露了布赫等一小撮文艺界走资派的反革命狰狞面目。在铁的事实面前，在人证物证俱在的情况下，大坏蛋布赫，虽一再抵赖狡辩，但终于如落水之狗一般，不得不颤抖垂下他那罪恶的狗头，俯首听命于革命群众的专政。

斗争从始至终，充满着浓烈地战斗气氛。用毛泽东思想武装起来的文化局革命群众胜利地打响了大会战主战场的第一炮。这一场短兵相接、刺刀见红的战斗，大长了革命群众的志气，大灭了阶级敌人的威风，从而给主战场的大会战打开了一个胜利的战斗局面。

又讯 二十二日下午，大会指挥部在歌舞团大礼堂召开了声势浩大的《彻底批判内蒙古文艺界党内最大的走资派布赫》现场会议。文艺系统十七个单位，以及教育、卫生系统的一千多名革命群众参加了大会。

前来参加大会的各族翻身群众义愤填膺，愤怒声讨了乌兰夫反党叛国集团的死党分子、反革命修正主义、民族分裂主义分子布赫的滔天罪行。

反革命修正主义、民族分裂主义分子布赫又一次地被揪上了受审台，俯首垂耳地接受革命群众的批判。

呼钢工人以工人阶级大无畏的革命气概参加了战斗。工人代表同志指出，布赫等文艺界的一小撮走资派们，妄图利用他们所把持的内蒙古文艺界这块舆论阵地，为他们"乌家王朝"复辟资本主义的罪恶阴谋开辟道路，这是我们工人阶级绝对不允许的。他表示，在这次文艺界大会战中，工人阶级一定要做革命群众的坚强后盾，要充分发挥工人阶级的领导作用。

最后王金保同志做了重要讲话。他讲了当前内蒙古文艺界大好形势后，希望文艺界无产阶级革命派在大会战中根据文艺界的特点，把文艺形式的大批判搞起来，彻底批判反动的"多中心论"，自觉地与工农兵相结合，打好革命大会战，夺取无产阶级文化大革命的全面胜利。

下午六时，大会在高昂的《大海航行靠舵手》的歌声中胜利结束。

〔短评〕 第一炮打得好！

主战场的第一炮打响了。

这一炮打得好。

这一炮打得稳，打得狠，打得准，打出了新水平。

这一炮打得好，首先好在驻文化局的毛主席的宣传队和联络总部的一贯的教导，认真落实毛主席的一系列最新指示，真正打了一场上下、内外紧密结合的人民战争。

创造了好经验，打出了新水平。

这一炮打得好，好在打响之前，文化局的宣传队和联络总部，曾经过了一个多月的认真努力，组织群众反复地学习毛主席一系列最新指示，仔细领会毛主席一贯的教导，彻底地放下了包袱，发动了群众，调动了各阶层的积极性，使人人都成为批判家，个个都举手上阵杀敌。群众鼓了劲，在学习和斗争中，提高了阶级斗争和路线斗争的觉悟，狠狠批、猛猛批，因而能够在战斗中发挥了人民战争的强大威力。

其次，这第一炮的胜利打响是与深入细致的了知情人的工作分不开的。

在这次战斗中，知情人发挥了一定的作用。一部分干部积极站出来对布赫这样内蒙古文艺界最危险的敌人做面对面的斗争，揭露、批判了布赫之流的罪恶行径，又锻炼、考验了他们自己，从而能够使他们在与群众的共同战斗中，得到群众的考察、识别和谅解，逐步地被解放出来。

第三，这一炮打得好，还在于它生动地体现了毛主席一贯的战略战术思想，分化、瓦解和孤立了一小撮最主要、最危险的敌人，使布赫这样内蒙古文艺界的头号敌人，完全陷入孤立、绝望的落水狗的境地，从而达到了使他们真正被彻底打倒、打垮、打臭的目的。

在战线上考察和识别干部，在斗争中解放干部，这是文化局革命群众，在斗争中，提供的一条很好的经验。很值得各兄弟单位学习和推广。

文化局革命派为主战场胜利地打响了第一炮。可以相信，文化局的无产阶级革命派和广大革命群众，一定会在这一个胜利的战斗局面之下，打出更新的水平，创造更多、更好的经验，在大会战中建立更大的功勋。

第四版　敬祝伟大领袖毛主席万寿无疆　一九六八年九月五日

发挥文斗的巨大威力

我们是如何开好批斗布赫大会的?

经验介绍

最近,在文艺界革命大会战的主战场——内蒙文化局,对内蒙文艺界的头号败类、活阎王布赫,进行了一场短兵相接的战斗,充分发挥文斗的威力,收到了良好的效果,将斗争艺术大大地提高了一步。

文化局的革命造反派学习了包钢、二冶等单位的先进经验,事先做了充分的材料准备和细致的发动群众的工作。发动群众的主要关键,就是狠抓毛主席著作的活学活用,特别是狠抓毛主席一系列最新指示的学习。同时不断学习内蒙革委会关于抓好斗争大会战的各项指示和滕海清同志的历次讲话,使群众认识大会战对于夺取文化大革命全面胜利的重要意义,经过发动,群众的斗争觉悟提高了,积极性高涨了,几天之内,写的写、画的画,还纷纷报名在大会战批斗会上发言。

在发动群众的同时,又对知情人作了政治思想工作。知情人大部份是过去的中上层干部,大部分由于跟着布赫干了坏事或本人有错误言行而被群众揪了出来。他们对布赫的事情上是恨布赫的,同时,有的是忠实执行者和干将,因此他们的心理是矛盾的,既愿站起来揭发布赫,争取将功折罪,又怕揭发出来之后,自己再多一项罪状。根据这个特点,文化局《联合总部》和驻军毛泽东思想宣传队首先给这些人办了一次

短期的毛泽东思想训练班,让他们带着这个问题学习毛主席著作;同时交待党的政策,指明出路。学习当中,他们当中的大部份都痛哭流涕,认识到自己对党对毛主席犯了罪,愿意跟布赫和乌兰夫反革命叛国集团划清界限,下定决心,对布赫进行大量的揭发,并表示愿意在大会上当面对面的揭发和对证。通过知情人的揭发,给革命群众提供了充足的子弹,再经过调查核实,基本上完成了材料准备。

批斗大会是在八月十七日举行的。由于充分发动了群众,做好了知情人的工作,完成了材料准备,又采取了"一人总政、知情人揭发、当事人作证、牛鬼蛇神现身说法、革命群众批判"等方式穿插进行,使整个批斗大会开得生动活泼,火力猛烈,达到了打击敌人、教育群众的效果。

布赫这个有名的狡猾家伙,刚进入会场的时候,不怎么在乎的,似乎认为革命群众揭发不出什么新问题。由于革命群众事先掌握并核实了大量的材料,又在总政、揭发、作证、现身说法、群众批判这几个环节之间配合得紧凑有力,使布赫想推也推不了,想逃也逃不脱,在事实面前,只有低头认罪。例如,民族分裂主义分子安××在头些年受到"撤消党的一切职务"的处分,布赫为了包庇这个家伙,竟又叫他在下次时担任大队书记等党内职务。布赫不承认,说:"这件

事我不知道",安××本人站出来说:"你知道,你事先就告诉我下去要担任大队的书记!"另一个知情人又立刻站起来作证说:"安××当了书记后,是我向你亲自汇报的!"又例如布赫千方百计地包庇重用大戏霸、大汉奸、大右派李万春,强迫东风京剧团的革命群众选李当团长,同意给李每月一千元的高薪。布赫又抵赖,说他不知道,并故意装糊涂,说:"选李万春的事我不知道,我记的选的是李庆春吧?"知情人刘××立刻站出来作证说:"你不但知道,你还叫我把东风京剧团的党员叫到局里来开会,在你亲自讲话中,命令这些党员回去作群众的工作,要保证李万春当选为团长。这个会我也参加了,你还狡辩!"这个时候,革命群众虽然没有动他一指头,没有搞低头弯腰"喷气式"那一套,但是狡猾的布赫却在事实面前哑口无言对答,汗流浃背,刚入场时那种故作镇静的神气,一变而为狼狈不堪,更使他就自动低下了他的狗头。

经过这场有组织、有准备的战斗,革命群众深深体会到毛主席的教导"用文斗,不用武斗"和林副主席"武斗只能触及皮肉,文斗才能触及灵魂"的重要性。体会到:只要真理在手,文斗威力无穷。只有文斗,也就是最大限度的发动群众,充分掌握材料,打人民战争,才能把敌人揭得、揭透、斗倒、批臭。

(《文化战线》内蒙文化局《联合总部》作战组)

(上接第二版)
经过紧张严肃的整风,大家一致认识到电影公司的走资派的锡永、牧人就是国民党,就是乌兰夫,布赫安插在电影公司的代理人。黑高参、坏头头贾××、娅茹就是他们在电影公司的第二套黑班子。他们这一小撮混蛋,与我们不共戴天,是无产阶级专政的死敌。我们一定要高举毛泽东思想伟大红旗,把这一小撮阶级敌人坚决斗倒、斗臭!

(三)摆观点　亮思想　自己教育自己
在毛泽东思想的指引下,在支左解放军同志的帮助和群众的督促下,经过深刻的阶级教育,大联委的头头们思想觉悟得到很大的提高,他主动大胆地摆出自己的观点,亮出自己的思想,整风会形成一派自己教育自己的浓厚空气。
犯有严重"三右"错误的一个头头说:"我原来认为

编者按:内蒙古文艺界党内最大的走资本主义道路当权派,前文化局党组书记,文联主任,乌影黑文委主任布赫,是乌兰夫的狗儿子,因为乌兰夫曾当内蒙的"当代王爷",因此布赫就有"皇太子"之称。

这位"皇太子"是个什么玩艺儿?他"在位"的时候曾自吹"从小参加劳动""从小参加革命""从延安出来的"老革命"。现在,我们就剥开他的画皮,看看他的真面目吧!

一、老反革命的崽子
地主少爷的童年

布赫是内蒙古文艺界头号走资派。"布赫"是蒙语"坚固"之意。他的狗老子为了让他继承父业,永不衰败,给他取了这个名字;现在,他狗老子垮了台,他什么也没继承上,倒成了个"顽固不化"的走资派,落得个遗臭万年。布赫过去常说,他"出身贫寒",没有"童年乐",自小"参加劳动","参加革命";后来填履历表时,填的也是"富裕中农""革命家庭"。事实真是这样的吗?

布赫于一九二六年生在呼和浩特郊区塔布子村的一个姓云的家里。布赫的曾祖父是一个镇压太平天国农民运动的刽子手。其祖父是一个恶霸地主,霸占土地六百余亩,家里雇有教师,使用长工七八个,住着四合院,牛马成群,可算得上是塔布子一带数一数二的大富豪。直到布赫出生之后,全家仍以剥削为生,过着寄生虫的生活。他老子就是乌兰夫,因为乌兰夫搞反共叛国活动,在内蒙策划宫庭政变,想当"当代王爷",因此,布赫就成了"太子"。众所周知,乌兰夫早年投机革命,随后向敌人屈膝投降,当了反动军

对方就是整我的,是想从我身上打开缺口,然后一个个把我们从大联委中踢出去,把我们组织吃掉。让我们检讨、没门! 说实话,你们给我时间准备,我却去逛大街,时时准备和你们干"! 解放军同志的再三启发和同志们的热情帮助,使我认识了自己犯错误的思想根源和阶级根源。同志们对我长说尖锐批评不是个人攻击,政治陷害,而是要把我从犯错误的泥坑中拉出来。挖肃运动中,我帮了敌人的忙,给群众组织带来损失,对毛主席的革命路线犯了罪,真使我感到痛心啊。"其他犯有三右错误的同志,都感动的热泪盈眶,坚决表示要在电影公司广大群众中检查自己的错误。

头头带动了群众。一个被人们称为资产阶级派性最强的同志说:"我参加了几次会没有发言,是以为这次整风是要把我们的头头从大联委踢出去的,现在我才认识到,同志们的批评是为了帮助他。"他深有感概地对

自己组织的头头说:"你犯了重病,重病必须下重药才能治好,你要好好考虑考虑同志们的意见。"

几天的整风,整出了联合,整出了团结。同志们沉浸在热烈的气氛中。千言万语,说不完知心话,真是"河深海深不如阶级友爱深"。一位同志病了,同志们牺牲休息时间都去探望,当他看到和自己二年来不说话的同志也来看他时,激动地久久说不出话来。

几天的整风,使大家心明眼亮,千笔账,万笔账,都算在了阶级敌人身上。整风过程中,大家同仇敌忾,批判揭发了贾××、娅茹破坏电影公司文化大革命,挑动群众斗群众,制造两派群众组织长期分裂的罪行。

这次整风,是一个新的开端。我们将戒骄戒躁,不断提高阶级斗争和路线斗争觉悟,不断巩固团结,紧跟无产阶级司令部,一道,在文艺界大会战中夺取新胜利,建立新的功勋。

阀的作义的秘书,《民国日报》的记者,国民党少校科长,伪军队政治代表主任,等等。之后又以其惯用的伎俩,投靠反革命修正主义分子高岗、张闻天之流;在这一小撮坏蛋的包庇怂恿下,上蹿下跳,骗取了党内外要职,进行反党反人民反毛泽东思想的罪恶活动凡几十年。

请看,明明是个地主家庭,哪里是什么"富裕中农?"明明是老反革命的狗崽子,哪里是什么"革命家庭"的子弟?

布赫出生以后,就成了云家的一颗掌上"明珠"。自幼便娇生惯养,好逸恶劳,真可谓饭来伸手,水来张口,冬棉夏纱,四季饱暖。这个地主崽子,六、七岁就进了私塾堂,开始接受孔孟之流封建"王道"的说教。八岁又依仗其狗老子乌兰夫的钱势,进归绥城(今呼和浩特)住了一所"洋学堂"。当时乌兰夫就在该校任教,布赫挂着"乌公子"的招牌,接受如何升官发财,怎样才能骑在劳动人民头上作威作福的启蒙教育。直到高小,直到日本鬼子进犯,布赫为了保其狗命的安全,才溜回家乡塔布子。

布赫在童年时享尽了地主少爷的"童年乐",他的所谓"从小就是劳动者"、"从小就是革命的"等等一派胡言,都是骗人的鬼话。如果说他从小就是一个四体不勤,五谷不分,清高自满,游手好闲的小少爷,再加上小老鼠、见敌人就哭的怕死鬼,这才是布赫童年的真实写照。 (未完待续)

乌王爷为慈禧设法提薪,
皇太子为老婆捞取薪金;

云泽裙带长又宽,
提儿拉女坐高官。

布赫胯下携珠岚,
顺着黑藤急步攀。

有其徒必有其师,
大太子步其狗父后尘。

打倒布赫 诗画配

最高指示

要扫除一切害人虫，
全无敌！

要 目

坚决打倒布赫！（对口词）
剥开布赫的狼皮（三句半）

挖肃战报 6

1968
9.11

《文化战线》内蒙古文联《5.23》大联合总部及革命群众编

打倒布赫

1=A　2/4　激忿、有力地

大批判　烈火熊熊燃烧，　　大会战高潮
刘少奇是国民党的总代表，　乌兰夫是牛鬼蛇神
大批判烈火燃燃烧，　　　　大会战高潮

掀起怒涛；　集中火力罗
黑保镖。　　布赫是火艺罗
掀起怒涛；　集中火力
　　　　　　集中目标，雕
　　　　　　座集中目山，雕
　　　　　　集中目标，
ff

坚决把布赫打倒！　　　坚决把布赫
坚决彻底地他们全干掉！　坚决彻底把他们布赫

　　　　　┌结尾口号┐
打倒！　　打倒刘少奇！打倒乌兰夫！
全干掉！
打倒！

打倒布赫！打倒布赫！打倒布赫！

坚决打倒布赫！ （对口詞）

合：打倒布赫！
　　打倒布赫！

甲：布赫

乙：——乌兰夫反党叛国的黑干将！

甲：布赫

乙：——内蒙文艺界的活阎王！

甲：布赫

乙：——牛鬼蛇神的总后台！

甲：布赫

乙：——文艺界最凶恶的豺狼！

甲：布赫这个大坏蛋，

乙：　是一颗定时炸弹！

甲：布赫这个大坏蛋，

乙：大搞宫廷政变，

甲："二十周年"
　　他登台表演，

乙：跟随当代王爷乌兰夫！

甲：反党叛国想变天！

乙：他赤膊上阵，
　　口吐狂言，

甲：大造反革命舆理，

乙：炮制一支支毒箭，

甲：为资本主义鸣锣开道，

乙：为当代王爷树碑立传，

甲：他扬言大反"大汉族主义，

乙：让人人看了戏"浑身出汗"

合：——真他妈罪恶滔天！
　　　罪恶滔天！

甲：他胡说乌兰夫霸占的土默川

乙：是什么内蒙的"延安"！

合：——真他妈狗胆包天！
　　　狗胆包天！

甲：他嚷叫一切"作品"
　　必须有"民族特点！"

乙：——真他妈狡猾阴险！
　　　实在阴险！

甲：什么"民族特点"？

乙：就是要大搞宫廷政变，

合：分裂祖国的大好河山！

甲：能不能让他的阴谋得逞？

乙：——不能，不能！

合：——千个不能！
　　　——万个不能！
　　　永远不能！

甲：革命的同志们，

乙：拿起笔，拿起枪！

合：打倒布赫活阎王！
　　铲除一切野心狼！
甲：打倒布赫！
乙：打倒布赫！
甲：打倒乌兰夫的黑干将，
乙：批臭反动的黑思想，
合：把叛国集团彻底埋葬，
　　坚决消灭光！

甲：誓死保卫毛主席，
乙：誓死保卫党中央，
合：誓死保卫毛主席，
　　誓死保卫党中央。
甲：紧跟毛主席永远干革命，
乙：保卫社会主义江山万年长！

剥开布赫的狠皮

（三句半）（四人表演）

咱四个战友台前站，
合计一下咋参战，
口诛笔伐打布赫，
三句半。
文艺界开展大会战，
战鼓隆隆震云天，
布赫之流吓破胆，
快完蛋。

布赫黑肠黑心肝，
紧跟乌贼团团转，

反党叛国二十年，
卖命干。
乌兰夫要登基坐殿，
狗太子布赫遵命照办，
纠集一批乌龟王八蛋，
摇旗呐喊。
反革命舆论走在先，
假借庆祝二十周年，
乌贼大做黑报告，
五个半天。
自吹自擂吐狂言，
牛皮吹了一连串，

攻击伟大领袖毛主席，
罪恶滔天！
布赫如法炮制翻版，
1965年12月28日这一天，
对创作人员大讲黑话，
堕沫飞溅。

什么"乌兰夫对创作很重视，
"大庆祝就是大示威一番"，
"演出让人看了出汗，"
明目张胆！
把毒草当作黑样板，
给创作人员硬灌，
戏剧水平要超过《金鹰》，
黑话连篇。

搞了个大型记录片，
"三个基础"是黑线，
孔拉嘎呼苦钻研，
磨破笔尖。

大型歌舞是重点，
贾作光闻听不怠慢，
为乌贼叛国上黑纲，
树碑立传。

"中间人物不要避免"
"正面人物也有缺点"，
布赫谨蒇工袋兵，
狗胆包天。
为了把主子黑意图体现，
布赫说"创作组要派指导员"
贾作光、宝音达来和琼兰……
一群混蛋。

布赫的报告居心阴险，
声嘶力竭丑事俱全，
为了资本主义复辟，
宫廷政变。

文化大革命烈火熊熊点燃，
伟大领袖毛主席英明远见，
看透刘邓陶、乌布的狼子野心，
坚决全歼！

打 倒 活 閻 王 布 赫 （对口词）

当代王爷要坐皇位子，
二十周年择定了日子。

东窜西跳到处钻经子。

跟兵蟹将出动一窝子，
无人无马撒开了蹄子。

他丧心病狂放起狗胆子，
和毛主席司令部唱反调子。

那扬王爷有位大太子，
是内蒙文艺界的黑头子。

毛泽东思想是我们的命根子，
他却要突出乌兰夫一家子。

他领着琪兰这臭妖婆子，
带着瑞拉沁夫一群王八羔子。

他叫人专拍反动片子，
歌颂他的狗老子。

打起文艺献礼的幌子，
摆开了反党叛国的摊子。

《气壮山河》演了一阵子，
忽然要了个鬼点子。

他一爪抓笔杆子，
一心抢印把子。

生怕不识他狗父子，
责令主角要挑高个子。

抱着扬王爷的牌子，
从外地请来些骗子。

二

胡说蒙古人喜欢结盟的聚于黍子，
石光华是农牧林结合的好样子。

配上《云泽文工团》老班子，

要《包钢人》写蒙汉矛盾，
散播民族分裂的种子。

《红路》叫嚣赶尽内蒙的蛮子，
喊"乌兰夫万岁"狗大的胆子。

他手捧"三个基础"念本子，
他高唱"民族文化"监调子。

打着成吉思汗的旗子，
开动乌兰夫汗的车子。

为复辟资本主义喊破了嗓子，
颠覆无产阶级专政他开路子。

宫廷政变一吹哨子，
布赫跳上了黑常委的椅子。

他刚要午动指挥棒子，
文化大革命揪住他的脖子。

高举毛泽东思想伟大红旗，
广大群众兜出了他的黑底子。

打倒了他的狗老子，
挖出狼心狗肺黑肠子。

揪出了他的黑班子，
斩断了他的魔爪子。

揭开了"阎王殿"的黑盖子，
砸烂了"皇太子"的黑顶子。

痛打这落水的狗崽子，
彻底埋葬他一辈子。

坚决打倒文艺界头号敌人周扬
（演唱、活报）

朗诵：

东风浩荡，

战旗飘扬。

一轮红日照全球，

万里长空春雷响。

毛主席点燃起文化大革命的烈火，

毛主席的声音在五湖四海激荡：

最高指示：混进党里、政府里、军队里和各种文化界的资产阶级代表
人物，是一批反革命的修正主义分子，一旦时机成熟，他们就会

要夺取政权，由无产阶级专政变为资产阶级专政。"

最高指示："高举无产阶级文化革命的大旗，彻底揭露那批反党反社
会主义的所谓'学术权威'的资产阶级反动立场，彻底批判学术
界、教育界、新闻界、文艺界、出版界的资产阶级反动思想，夺

取在这些文化领域中的领导权。而要做到这一点必须同时批判混
进党里、政府里、军队里、和文化领域的各界里的资产阶级代表
人物"。

毛主席的声音，

最宏大，

最响亮，

是最高的权威，

是最大的力量。

字字是真理，

三

一句顶一万句。

像灿烂的太阳光辉辐射，

像喷出火山口炽热的岩浆，

像东海的波涛奔流万里，

像进军的号角震撼山冈。

这是伟大导师的教诲，

这是伟大领袖的期望，

这是伟大统帅的命令，

这是伟大舵手领航。

文化大革命的烈火，

燃遍了全中国，

万里征烟动地来，

山青水秀海天朗。

七亿舜尧，

向反动派造反有理，

高举毛泽东思想伟大红旗，

杀上对敌斗争的战场！

打倒中国赫鲁晓夫，

打倒特务、叛徒、顽固不化的走资派，

将修正主义的社会支柱埋葬，

打倒"当代王爷"高兰夫！

打倒王一伦、王绎！

把牛鬼蛇神统统扫光！

四

最高指示："无产阶级文化大革命，实质上是在社会主义条件下，无产

阶级反对资产阶级和一切剥削阶级的政治大革命，是中国共产党及

其领导下的广大革命人民群众和国民党反动派长期斗争的继续，是
无产阶级和资产阶级阶级斗争的继续。"

内蒙文化界

有个活阎王，

就是驴头太子布赫！

就是狗头太子布赫！

驴头太岁！

狗头太子！

不管什么反正是吃人的豺狼！

他是刘少奇在内蒙文化界的黑司令，

他是乌兰夫反党叛国集团的黑干将，

他是国民党反动派的孝子贤孙，

他是乌兰夫的死党！

反动"民族文化"的黑旗，

是他同妖婆珠兰亲手缝制；

臭名昭著的叛国文学，

是他带领御用文人亲自开创；

把乌贼吹捧成"领袖"的靡叫歌，

就是他自编、自拉、自唱；

从乌兰浩特到张家口，

就是他高举着乌贼的狗头象。

就是他，结党营私，招降纳叛，

就是他，收罗特务、叛徒、蒙奸、军阀、王公、牧主、乌龟王八、虾
兵蟹将、地痞流氓！

就是他为乌兰夫宫廷政变大造舆论，

就是他，大搞封、资、修文化得意洋洋。

封建住尸成吉思汗，

是他上阵的挡箭牌；

尹湛纳希、陶格陶乎、嘎达梅林，

是他分裂祖国冲锋的黑旗。

他是蒙修淖尔基八儿的走狗，

他是美帝怀抱中娇爱的儿郎。

这傢伙，一輩子无恶不做，

一贯地反党反社会主义，

反对光焰无际的毛泽东思想！

乌兰夫宫廷政变是他亲手策划，

要把他拉到光天化日之下打的脊梁！

快 板：

我布藏，有靠山，

刘少奇是我的老祖先，

还有狗父乌兰夫，

所以才贼胆敢包天。

我这个乌龟加上一小谤王八蛋，

统治内蒙文艺界二十年。

统治文艺界二十年，

罪恶滔天数不完，

乌兰夫阴谋搞政变，

建立帝国称"可汗"，

我想当个皇太子，

黄袍加身坐宝殿。

黑文委，我掌大权，

胡作非为、毫无忌惮，

组织安排有陈炳宇，

制造舆论我当先。

搞复辟，我有手段，

假意纪念自治区成立二十周年，

集合喽啰挥笔杆，

紧锣密鼓敌待发，

借口献礼射毒箭，

把"三个基础"往外搬，

还有什么：

"反映内蒙实质""揭露民族矛盾""踏出自己一条路"只嫌得，

妖风四处臭气薰天。

什么电影、戏剧、小说、美术，

什么雕塑、摄影、文集、展览，

所有的文艺形式全利用，

使出吃奶的力气嘶声喊。

为乌贼，树碑立传，

为蒙修，传导热线，

反党叛国搞分裂，

这是我布骈的黑心肝。

五　　哎呀呀……

中国的葡萄没有苏修的甜，

投靠苏修和蒙修，

我狗父不日便要当"可汗"。

我老婆叫琳兰，

当今皇妃加凤冠，

再不必心猿意马病缠身，

再不用怀抱琵琶半遮面，

咱今天，有把的烧饼拿在手，

单等着腥风黑雾把天变！

咱二人，高枕无忧且睡觉，

明日请功把身手显……。

群众唱毛主席诗，怒斥布贼：

一从大地起风雷，便有精生白骨堆。僧是愚氓犹可训，妖为鬼蜮必成灾。金猴奋起千钧棒，玉宇澄清万里埃。今日欢呼孙大圣，只缘妖雾又重来。

快　板：

耳边只听响咚咚，

梦中当作礼炮声，

哎呀天，哎呀地，

宫廷政变成了功！

揉揉眼睛往下看（雾白：咦？老琳呵，你是咋了？）

却原来老婆琳兰在地下哼，

黄粱一枕王妃梦，

一头摔个倒栽葱；

群众唱：（用蒙古族说书调，讽刺地）

革命群庭扫妖氛，

金书四卷耀日月，

最高指示叱风云。

刘狗鸟贼完了蛋，

布赫珠兰怎招魂？

叛国未遂身先败，

王八鸟龟泪沾襟。

带领群众高呼口号："打倒刘少奇！打倒乌兰夫！打倒布赫、珠兰！玛拉沁夫！坚决打倒文化界活阎王布赫！"

朗　诵：

无产阶级文化大革命，

是社会主义反修防修经验的结晶，

是马列主义理论的新发展，

为世界革命开辟光辉里程。

广大无产阶级革命派，

对毛主席无限忠诚、永远忠诚，

对毛泽东思想无限信仰、坚决服从，

对毛主席的革命路线舍敢捍卫、身体力行。

毛主席挥手，

天舒地展，草木葱茏，

毛主席挥手，

六

山河锦绣，莽绿花红，

紧跟毛主席伟大战略部署，

从胜利走向胜利，

高举毛泽东思想伟大红旗，

不断革命，永远革命！

群众唱毛主席诗：

钟山风雨起苍黄，

百万雄师过大江。

虎踞龙盘今胜昔，

天翻地覆慨而慷。

宜将剩勇追穷寇，

不可沽名学霸王。

天若有情天亦老，

人间正道是沧桑。

完

热烈欢迎工人阶级占领文艺阵地

我国有七亿人口，工人阶级是领导阶级。要充分发挥工人阶级在文化大革命中和一切工作中的领导作用，工人阶级也应当在斗争中不断提高自己的政治觉悟。

毛泽东

社论

一支浩浩荡荡的产业工人大军有领导、有步骤地开进文艺界，领导并永远占领文化阵地，这是人类历史上前所未有的伟大创举，是无产阶级文化大革命新的里程碑。伟大领袖毛主席发出的这一最新战斗号令大长了工人阶级和广大无产阶级革命派的志气，大灭了资产阶级和一切阶级敌人的威风。文艺界真正的无产阶级革命派最最热烈欢呼毛主席的伟大战略部署，最最坚决地执行毛主席的最新指示，最最热烈欢迎工人阶级占领文艺阵地！

"在现在的世界上，一切文化或文学艺术都是属于一定的阶级，属于一定的政治路线的。"无数铁铸的历史事实雄辩地证明了毛主席这一英明论断。谁掌握了文艺阵地的领导权，谁就使文艺为其政治路线服务。自人类进入阶级社会以来，文化领域的大权一直操在那些压迫、奴役劳动人民的魔鬼们的手中，为皇帝、奴隶主、地主、资本家愚弄和剥削广大人民服务。解放十几年来，中国赫鲁晓夫在文艺界的代理人陆定一、周扬之流的反革命修正主义文艺黑线专了我们的政，在全国文艺阵地放出一大批毒草，为中国赫鲁晓夫复辟资本主义大造反革命舆论。内蒙古文艺界二十年来被"当代王爷"乌兰夫及其死党分子布赫等一小撮牛鬼蛇神控制着，推行反革命修正主义、民族分裂主义文艺黑线，使整个内蒙古文艺界变成了群魔乱舞、牛鬼蛇神恣意横行的"裴多菲俱乐部"。他们利用叛国文学疯狂进行反党叛国的罪恶活动，把文艺界变成针插不进，水泼不进的"独立王国"。无产阶级不夺取这个阵地能行吗？现在，工人宣传队进驻文艺界就是要夺取这个阵地，就是要使文艺为无产阶级政治服务。

文艺界是知识分子成堆的地方。大多数知识分子还是能够改造的，正如伟大领袖毛主席所说的那样："从旧学校培养的学生，多数或大多数是能够同工农兵结合的，由工农兵给他们以再教育，彻底改变旧思想。"但是，在这场文化大革命进入关键时刻，他们中间有的人盲行不一致，对党的政策抱阳奉阴违的态度；有的人大搞"多中心即无中心论"，热衷于打内战，而不顾全革命大局；有的人抓住革命群众的缺点、错误无限上纲，在一些枝节问题上纠缠不休；有的人在斗私批修中不是抱着治病救人的态度，而是想把对方一棍子打死；还有的人煞费苦心、挖肠刮肚地寻来整对方的材料，在所谓自我批评中含沙射影地攻击对方，借以发泄私愤，干扰斗争大方向。这些现象说明，知识分子中确有一小部人脱离工农群众太远，这种知识分子极坏的风气必须在工人阶级领导下予以彻底扫荡。

毛主席最近教导我们："我国有七亿人口，工人阶级是领导阶级。要充分发挥工人阶级在文化大革命中和一切工作中的领导作用"。工人阶级领导占领文艺阵地的时候已经到了，资产阶级知识分子曾经统治文艺界的现象再也不能继续下去了。

工人阶级进驻文艺界，受到文艺界决心把文化大革命进行到底的积极分子和愿意同工农兵相结合的绝大多数革命同志的衷心欢迎，他们表示，要在工人阶级的领导下，打好革命大会战，认真搞好斗批改。

但是，总有那么几个人，对于工人阶级领导文艺界斗批改抱着怀疑或不满的态度。有人重弹"外行不能领导内行"的滥调，说什么"工人不懂文艺"。这与"工人不懂教育"是一个调子。这些人说的"文艺"是些什么玩艺？不外乎是封、资、修那一套。对这样的破烂玩艺，工人阶级早就讨厌透了。我们需要的是无产阶级文艺，工人阶级最懂无产阶级的文艺，只有在工人阶级的领导下才能创造无产阶级革命的文艺，才能彻底把封、资、修的东西赶下舞台。

还有极个别的顽固分子不搞无产阶级文艺，不搞斗、批、改，而是大肆渲染"斗、批、走"。想当初，乌兰夫死党分子、资产阶级反

（下转第二版）

简讯

自治区文艺界大会战总指挥部主办的《批判文艺界头号敌人布赫罪行展览》，将于九月中旬，在呼市新城展览馆正式展出。

工人宣传队参加大会 王金保同志作重要讲话

文艺界再次批斗头号敌人布赫

愤怒声讨布赫在"二十周年建设成就展览"中的罪行

本报讯 九月五日下午，正在革命大会战中全力以赴深挖细批一小撮阶级敌人的内蒙古文艺界无产阶级革命派和广大革命群众，再次聚集在"文化大院"，愤怒批斗内蒙古文艺界头号敌人布赫，深刻揭发批判布赫秉承其狗老子、"当代王爷"乌兰夫的旨意，在炮制"二十周年建设成就展览"过程中犯下的滔天罪行，使大战场的战斗进一步向纵深方面发展，并再一次告捷。

根据毛主席最新指示，响应无产阶级司令部的号召而进入内蒙古京剧团、内蒙古东风京剧团、内蒙古歌舞团、内蒙古歌剧团、内蒙古艺校、内蒙古电影学校等单位领导文艺界斗批改的工人毛泽东思想宣传队，参加了今天的批斗大会。宣传队的工人同志个个精神抖擞，斗志昂扬，显示出工人阶级掌管文艺大权的英雄气概，受到与会革命群众的热烈欢迎，全场不断高呼："向工人阶级学习！向工人阶级致敬！""毛主席万岁！万万岁！"等口号。

批斗会上，布赫老贼虽然百般狡赖，但在铁的事实面前，不得不低头认罪，老实交待自己的一些罪行。会场上不断发出"打倒乌兰夫！""打倒布赫！""砸烂二十周年黑展览！"等口号，在众拳怒指之下，布赫面色如土，恐惧万状，浑身发抖，狼狈不堪。批斗会大长了广大革命文艺战士的志气，大灭了阶级敌人的威风。

内蒙古革委会常委、文教组负责人、文艺界大会战总指挥王金保同志以及其他负责同志出席了大会。王金保同志并就文艺界运动的形势、当前社会的动态、毛泽东思想宣传队进驻文艺界之后的反映以及文艺界精简机构等问题作了重要讲话。王金保同志指出：工人阶级进驻文艺界之后，文艺界出现了新的面貌，革命形势越来越好；他要求文艺界的革命群众要虚心向工人阶级学习，老老实实接受工人阶级的领导，对有的单位顽敌人散布的流言蜚语提出严重警告。王金保同志号召文艺界无产阶级革命派和广大革命群众在工人阶级领导下，把大会战进行到底，彻底完成斗批改的艰巨任务。

第四十八期　一九六八年九月十八日
内蒙古宣教口文化战线新文化编辑部

新文化

一九六八年九月十八日　　　　庆祝伟大领袖毛主席万寿无疆　　　　第三版

在革命大会战中围歼主要敌人

乌布之流的"蒙派京剧論"可以休矣

内蒙古京剧团革命委员会

毛主席的好学生，文化大革命的伟大旗手江青同志，对北京京剧团的同志們說："你們不要以为我是在这里搞戏，我是在同封建主义、資本主义、修正主义战斗！"在两个阶级、两条道路、两条路綫的斗争中，戏剧阵地，一直是十分重要的战场。

中国赫鲁晓夫在内蒙古的代理人、"当代王爷"乌兰夫，积极追随中国赫鲁晓夫，拣起反革命修正主义的破烂，修修补补，挂上"民族"的幌子，揚言要在内蒙搞什么"蒙派京剧"。

乌兰夫不只一次地下达黑指示，説什么内蒙古地区的京剧团应"从内蒙古实际出发"，"多上演反映内蒙古人民生活和斗爭"的"独特剧目"。内蒙古文艺界党内头号走资派布赫，在一次会議上也直言不諱地叫嚣說："京剧既然有'海派'，为什么不可以创造出'蒙派'呢？"内蒙古京剧团党内走资派东来按照其主子乌兰夫、布赫之流的腔調，更加露骨地說："京剧团在演出剧目上，要有'共性'，就是排全国普遍上演的剧目；还要有它的'特性'，就是要体现出'民族特点、地区特点'的京剧。"由此，就有了所謂"蒙派京剧"論。"蒙派京剧"有两张迷人的画皮：

一曰"蒙派京剧"从内蒙古实际出发，体現了"民族特点、地区特点"。

毛主席教导我們說："**领导我們事业的核心力量是中国共产党。指导我們思想的理論基础是馬克思列宁主义。**"在我們伟大的社会主义祖国，不論哪一个民族，共同的思想就是馬克思列宁主义、毛泽东思想；共同的道路就是社会主义、共产主义。作为观念形态的文学艺术亦不例外。乌兰夫、布赫之流所謂的"内蒙古实际"、"民族特点、地区特点"，戳穿了，就是"内蒙古的革命斗争、阶级斗争、生产斗争有自已的道路"，反对和取消把毛泽东思想作为一切工作的指导思想，妄图以反动的资产阶级狭隘民族主义取代光焰无际的毛泽东思想；抵制和摆脱以毛主席为首、林彪副主席为副的无产阶级司令部的领导，使祖国的内蒙古变成乌兰夫反党叛国集团把持下的针插不进、水泼不进的"独立王国"，从而在内蒙古全面复辟资本主义。狼子野心何其毒也！

二曰"蒙派京剧""反映内蒙古人民生活和斗爭"，"为内蒙古服务"。

毛主席教导我們說："**民族斗爭，說到底，是一个阶级斗爭問題。**"在阶级完全消灭之前，任何民族都是由不同的阶级組成的，任何民族内部都存在着阶级、阶级矛盾和阶级斗争。因此，只有具体的阶级要求和阶級利益，根本不存在什么抽象的民族要求和民族利益。汉族内部的貧下中农同地主，蒙古族内部的貧牧和不富牧同牧主，能有共同的要求和利益嗎？絕对沒有！他們是剝削与被剝削、压迫与被压迫、統治与被統治的对立的阶级。乌兰夫、布赫之流所謂的"为内蒙古服务"的实质，就是要維护一小撮王公贵族、牧主的利益，为乌兰夫反党叛国集团及其社会基础服务。

撕破"蒙派京剧"論的这两张画皮，它的

反动本质便赤裸裸地暴露在光天化日之下。很清楚，所謂"蒙派京剧"，就是乌兰夫反党叛国集团妄图把内蒙京剧界变成推行反革命修正主义、民族分裂主义"全民文艺"的一支"别动队"，使京剧艺术成为宣揚乌兰夫反党叛国集团及依附于他們的王公贵族、牧主、蒙奸的利益，直接为乌兰夫反党叛国集团反党反社会主义反毛泽东思想的反革命政治路綫服务，为"乌家王朝"破坏祖国統一，复辟资本主义大造反革命奥論。"蒙派京剧"的反动实质，說穿了就是对抗江青同志所开创的革命京剧。

自一九六一年以来，乌兰夫反党叛国集团通过安插在文艺界的代理人布赫、东来之流，除了大演特演帝王将相、才子佳人之外，还兴师动众大抓"蒙派京剧"的创作和演出。他們苦心經营，为"蒙派京剧"树立的第一个黑样板就是《巴林怒火》。

该剧以描写农民暴动为幌子，恶毒地污蔑革命群众运动，大肆丑化貧下中牧的形象；反对党的领导，美化、歌頌蒙古族封建統治阶级。含沙射影地咒骂我們伟大的社会主义社会，煽动反革命暴乱，以配合乌贼的反党叛国活动。这就是"蒙派京剧"的所謂优秀样板。而且正当我們敬爱的江青同志遵照毛主席的伟大教导，首当其冲，亲自点燃了京剧革命的熊熊烈火，于一九六四年在北京召开了《全国现代戏观摩演出大会》，随后便产生了《智取威虎山》、《海港》、《紅灯記》、《沙家浜》、《奇袭白虎团》等一批优秀的革命京剧样板戏时，乌

兰夫竟挺而走险，妄图抛出他的"蒙派京剧"破坏会演。他下达黑指示要内蒙古京剧团带《巴林怒火》去参加会演。带大毒草、历史剧去参加现代戏会演，这是路人皆知的阴謀，这分明是要与江青同志唱对台戏。眞是狗胆包天！

会演之后乌兰夫之流又花了更大的功本，着手树立"蒙派京剧"的第二个黑样板《气壮山河》。

《气壮山河》是在党内另一个最大的走资派的指使下，在乌兰夫及其死党王鐸、奎璧、布赫亲自坐阵督战改編而成的。这出戏毒汁横溢。乌兰夫这个老反革命居然被粉墨成内蒙古人民的当然"领袖"登上了舞台（即剧中人丹森）。在剧中和瓩托出了早巳发了霉的资产阶级民族主义的反动綱领，鼓吹"民族自决""民族复兴"；肆意渲染蒙汉民族矛盾，发泄反汉情緒。更恶毒的是，这个黑戏竟然篡改历史，为王明的机会主义路綫招魂，反对毛主席的无产阶级革命路綫。眞是反动透頂！

不难看出，这两个"蒙派京剧"的黑样板，就是乌兰夫反党叛国集团大搞政变，分裂祖国統一，全面复辟资本主义的叫战书。这就是乌兰夫、布赫之流所謂"从内蒙古实际出发"体現了"民族特点，地区特点"的独特剧目；这就是乌兰夫、布赫之流所謂"反映内蒙古人民生活和斗爭"为内蒙古服务的"优秀剧目"。借此一班便可窺見全豹，"蒙派京剧"的产品統統都是这路黑货！

反动的"蒙派京剧"論可以休矣！

活閻王布赫之流鼓吹的"民族政策"是什么貨色？

内蒙博物館·文物队《联总》

内蒙古文艺界头号敌人活閻王布赫，在一九六五年三月二十二日召开的一次美术工作者座談会上，胡說："民族政策在世界上是个尖端"。会后，旧内蒙文化局三反分子宝音达賴在另一次会議上，象鸚鵡学舌似的，学着布赫的腔調，对旧内蒙博物館三反分子文浩等人說："在自治区来說，最高的业务是什么？是貫彻党的民族政策。区域自治的成功，在世界上来說也是个尖端"，"突出民族政策，就是最大的政治"。主奴奴从，犬吠鸡鸣，三反分子文浩，对此心領神会，"心有灵犀一点通"，他把这些黑话，奉若"金科玉律"，在旧内蒙古博物館，到处販卖，到处胡說什么："民族問題解决了，什么三大法宝，三面紅旗都解决了"，眞是反动透頂，疯狂至极！这里直言不諱地說，乌兰夫的"民族政策"，就可以替代党中央毛主席的一切方针政策和馬列主义理論，这是乌兰夫之流狼子野心的大暴露，是乌兰夫之流反对"三大法宝"、反对"三面紅旗"的自

供状！是乌兰夫之流反党叛国的自白书！

一九六五年，布赫文浩为了炮制所謂"内蒙古二十周年建設成就展覽"的需要，让人翻閱浩瀚的资料，編写了一份《馬克思主义民族观及我党的民族政策》，打算編印成册，分发給有关人員，做为炮制二十周年黑展覽的指导思想。在这份《民族政策》中，搜集了大量的刘少奇、乌兰夫、刘春等反革命修正主义分子的黑话。我們心中最紅最紅的紅太阳毛主席的紅語录仅仅选用了六条；而中国赫鲁晓夫刘少奇的黑话选了七条，"当代王爷"乌兰夫的黑话竟选用了二十一条之多，眞是反动透頂！这是他們打着"紅旗"反紅旗的又一鉄証！

毛主席教导我們說："**民族斗爭，說到底，是一个阶级斗爭問題**"，而乌兰夫、布赫之流以民族問題代替阶级斗爭問題，公然与毛主席的英明論断唱反調，眞是狗胆包天，狂犬吠日，罪該万死！

511

打倒内蒙文艺界头号走资派布赫！

乌兰夫反革命"宫廷政变"的开场锣鼓

——评"内蒙古自治区二十周年建设成就展览提纲"

·红批兵·

毛主席教导我们说："凡是要推翻一个政权，总要先造成舆论，总要先做意识形态方面的工作。革命的阶级是这样，反革命的阶级也是这样。"乌兰夫这个反革命阶级的代表人物，一直十分重视反革命舆论工作。他的驴头太子布赫控制的文化部门，就是专做这项工作的一块阵地。而内蒙古博物馆则是反革命舆论的重要阵地之一。在这块阵地上，一九六五年，当乌兰夫反党叛国集团阴谋全面复辟资本主义的前夕，以"庆祝"内蒙古自治区成立二十周年为名而筹办的"内蒙古自治区二十周年建设成就展览"，就是乌兰夫集团反革命"宫廷政变"的开场锣鼓。

在黑展览筹备过程中，乌兰夫亲自披挂上阵，抛出了民族分裂主义的黑纲领——"三结论"，其后，乌兰夫在邀请中央文化、艺术、新闻、出版等部门协助筹备内蒙古自治区成立二十周年的座谈会上，又作了五个半天的篡改内蒙古革命史的黑报告。乌兰夫用这些乌七八糟的黑玩艺作为黑展览的"指导方针"，三令五申，要黑展览全面体现他的"乌兰夫思想"。在这种情况下形成的"展览提纲"，自然是一个彻头彻尾的反党反社会主义反毛泽东思想的大毒草。

(一)

黑展提纲反对毛泽东思想，吹捧中国赫鲁晓夫黑货，拚命美化"当代王爷"乌兰夫，贯穿了一条乌兰夫反革命修正主义民族分裂主义黑线。

在黑展提纲中，毛主席语录寥寥无几；而刘少奇和乌兰夫的黑话却连篇累牍。

在黑展览中，乌兰夫借口"毛主席没有来过内蒙"，而恶狠狠地指令把已经陈列上的一张《毛主席视察河南农村》的照片撤去；相反，对展出刘少奇林区之行的"巨照"尚不满足，还提出要加上刘少奇视察鄂温克族自治旗西波大队的照片。

在黑展览中，把大叛徒、老反革命乌兰夫打扮成

二、革命熔炉的渣滓
成吉思汗的贤孙

延安，是革命的圣地，是我们伟大的领袖毛主席曾经居住过的地方；在这里毛主席领导了八年抗战和三年解放战争，取得了解放全中国的伟大胜利。延安，它的革命光辉至今光芒四射，它的革命精神，至今鼓舞着全世界人民的革命斗争。它，令中华民族哺育了千百万英雄儿女，他们把毛泽东思想红旗插遍祖国各地，创造着震撼世界的革命业绩。

布赫这个"皇太子"曾经吹得最响的一支"牌子曲"，其主题便在于他是"从延安出来的老革命"。

布赫确于一九三九年秋，随着一条由高岗、乌兰夫的黑线而串起来的裙带关系，走出地主家门，到了延安。在延安他吃着边区人民的小米，养的脑满肠肥，安然无恙的学习了六、七个年头，这就是布赫数于自吹自擂为"老革命"的唯一历史根据。然而是革命者，不能以是否到过延安为标准的，而是要看他是否信仰共产主义，是否以马列主义毛泽东思想为行动指南，是否全心全意为人民服务，立志献身于革命事业为标准的，这是尽人皆知的常识。

那么布赫在延安干了些什么呢？

布赫在延安民族学院学习，由于地主阶级子弟的本性不改，所以其目的，根本不是为了革命。首先，他在延安对我们伟大领袖毛主席、对光焰无际的毛泽东思想毫无感情，对伟大的抗日战争毫不关心，相反的却对高岗、张闻天、乌兰夫的一套修正主义民族分裂主义的黑货，十分欣赏。什么"蒙古民族文化促进会"，什么"成吉思汗纪念堂"，还有成吉思汗的狗头象、才是他最感兴趣的东西，所以每年都要积极参加成吉思汗纪念会，朝拜这个吞食过世界劳动人民血汗的封建魔王。时至今日在他交代问题时，还扬言这些东西

"党的化身"、"内蒙古的缔造者"、"内蒙革命正确领导的代表"，公然歪曲、颠倒和捏造内蒙古革命史，把一切成就和功绩，一笔总记在这个老反革命乌兰夫的名下。

黑展提纲一再说明一一有中国共产党就有了乌兰夫这个"蒙古民族的救星"，又要展出"大革命时期蒙藏学校党组织开会的地方——学校礼堂"和乌兰夫等人的照片，"一九二四年在蒙藏学校，乌兰夫、奎璧、吉雅泰⋯⋯等等第一批加入了中国共产党，从此内蒙古就建立了党的组织"。这是对历史的无耻的编造，不管二四年还是二五年乌兰夫根本没有加入共产党，即使说他"入党"的话，他倒确实在蒙藏学校入过国民党，是一九二四年的老国民党员了，倒是千真万确的事实。

黑展提纲，还展出乌兰夫早年在苏联莫斯科学习的照片，对乌兰夫这段历史作了肉麻的吹捧，其实乌兰夫当时是抱着捞取政治资本的险恶居心出国学习的。学习期间，他与托派分子臭味相投；很得大托洛茨基分子、该校校长拉丁克的青睐赏识。毕业后，又充任翻译之职，享受高薪厚禄。他对托洛茨基感激涕零，顶礼膜拜，真是卑躬之至！

黑展提纲要展出一九三五年乌兰夫在土默特小学做地下工作的照片，用以标榜乌兰夫是党的地下工作领导者。事实上，他早在一九三二年就卖身求荣投到了国民党大特务陈国英怀抱，成了不耻于人类的大叛徒。一九三五年乌兰夫拜到的不是党，而是国民党骑兵旗长之巨下，当上了土旗总皇的庆子，过着醉生梦死的糜烂生活。其后，又当上了傅作义的俄文秘书，乌兰夫吹嘘他是"地下工作者"，真是海外奇谈！

黑展提纲还要展出已经混了多年的"百灵庙暴动"的照片，说乌兰夫亲自指挥的"百灵庙暴动""打响了华北抗日第一枪"，并用大幅油画表现这一事件。其实所谓"百灵庙暴动"是傅作义一手策划的兵变，是傅作义与德王狗咬狗的斗争。当时乌兰夫并不在百灵庙，正

"给他印象很深"。后来，他所以要大唱"成吉思汗出征歌"，大喊"成吉思汗的儿女们团结起来"，大搞"铁骑兵"的思想根源也就不揭自明了。

其次，布赫在延安期间，正是日本鬼子践踏祖国大好河山最凶的年代，也正是我们伟大领袖毛主席领导全国人民奋起抗战最艰苦的岁月，在这样的年月里，布赫这个"皇太子"，身居于革命圣地，置国家的存亡、革命的成败于不顾，把挖空心思为个人打算了，以自己的私欲和爱好为奋斗目标，整日游闲自得，吹拉弹唱，打打闹闹，讲什么"爱党政治"，要求到"鲁艺""深造"，想当一名风流萧洒的"文化人"，以"实现"其名利双收、光宗耀祖、凌驾"百姓"之上的"理想"。除此，便是谈情说爱，向往着资产阶级的腐朽生活，追求资产阶级的臭小姐，同一个外号人称"洋学生"、"假小子"的女二流子，日鬼混在一起，打的火热，干了不可告人的勾当。更有甚者，布赫还花费了许多"心血"参与"家庭纠纷"。布赫在延安期间，他的狗爸子乌兰夫也在延安投机于革命，当上了延安民族学院的教育长。那时乌兰夫撇开自己的老婆云亭(即布赫的亲娘)不管，正后来找到的老婆，当时还在延安学习的云丽文(即被人们称做"当代慈禧太后")乱搞。不惜整日"蹲窑"、"嗥哨"，侦察其狗老子乌兰夫在什么地方同姘头云丽文睡觉，再把"情报"传递给地主婆云亭。这样来，紧跟着就要传出一阵"云家婆娘"互相撕打、咒骂和令人厌恶的狂吠声，搅得四邻不安、鸡犬不宁，乌烟瘴气。

以上就是布赫在延安的"光荣史"的基本内容。说布赫是"老革命"，实际上是对革命者的极大侮辱。如果说他是革命熔炉的渣滓，成吉思汗的贤孙，才是有历史事实为根据的正确结论。

(待续)

忙于当傅作义的高等秘书，为国民党效犬马之劳哩。黑展览还要展出一九三七年至一九三九年乌兰夫在新三师和干校学员在一起和乌兰夫在新三师政治部办公室照片，还摆出乌兰夫"用过的马鞭子"、桌子、水壶、梳子等物。所谓乌兰夫在新三师做地下工作，完全是一派胡言，这时乌兰夫在党的领导下党的领导权，以发展党员为名，寻朋结友、结党营私，大力发展自己的党羽，培植个人势力，拒不执行毛主席的指示和党的有关方针政策。一九四○年，乌兰夫竟将在新三师的党组织拱手送给国民党，他又一次叛变革命，使党遭受了巨大损失，乌兰夫在新三师的反革命历史，篡改成"革命"的历史，把乌兰夫这个老叛徒说成"老革命"，真是人妖颠倒，是非混淆。更令人不能容忍的是，乌兰夫为了给自己编造"光荣的历史"，不惜捏造"文物"。一九六一年，乌兰夫来馆审查时说："摆任何一件革命文物，必须有明确的目的性，如他传递秘密文件用的马鞭子，当时起了很大的作用"。乌兰夫在博物馆的代理人文浩即从博物馆民族库房拣了一根马鞭子来冒充"革命文物"，在博物馆长期展出，真是无耻又可笑！

黑展览提纲还极力吹捧乌兰夫在内蒙古自治运动联合会和在解放战争时期的活动，胡说什么他在"内蒙古自治运动联合会"和"四·三会议"期间，如何解决了东西蒙统一自治的问题，把内蒙古的革命、内蒙古的解放和内蒙古自治区在党的领导下取得的一切功绩，一笔总记在乌兰夫的功劳簿上。其实，乌兰夫从来就是资产阶级司令部、我们党内最大的走资派、党内头号人文浩即从博物馆的阶级投降路线。他的反革命面目在当时就有暴露，他的反叛国的狼子野心由来已久。内蒙古的革命，是中国共产党和伟大领袖毛主席领导下的内蒙古各族劳动人民彻底推翻阶级敌人的斗争史，是用烈士和各族人民血汗写成的历史篇章，是光芒四射的毛泽东思想在内蒙不断取得胜利的英雄诗篇。乌兰夫之流贪天之功据为己有是永远不能得逞的！

(未完待续)

打倒布赫

诗配画

乌贼布赫是一路货，专把牛鬼蛇神来网罗；
叛徒、特务他全要，阴谋篡党搞叛国。

布贼是牛鬼蛇神大黑伞，结成死党狼狈又为奸；
文化革命风暴起，王爷一倒猢狲散。

深入持久地开

白骨精珠岚罪该万死

《文化战线》内蒙古文联《五·二三》大联合总部

反革命修正主义、民族分裂主义分子、内蒙文联副主任赤博岚，是恶霸地主家的臭小姐，从小就娇养在任过伪满反动军官的狗姐夫家里，过着吃人肉、喝人血的剥削阶级生活，混入革命队伍后，珠岚的地主阶级的反动本性非常合乎乌兰夫"建立大蒙古帝国"的反革命需要，于是从一九四六年珠岚进入"内蒙文工团"时，乌兰夫就亲自一头扎上驴头太子布赫的怀抱。"合二而一"。二十年，两个妖魔，臭味相投，合伙大搞反党叛国罪恶活动。珠岚由此扶摇直上，成了乌兰夫反党叛国集团中的一员黑干将，充当了乌兰夫在文艺界的代理人。

旧内蒙文联叛国集团的黑根子

我们伟大领袖毛主席深刻地指出："只要世界上还存在着帝国主义和资产阶级，我国的反革命分子和资产阶级右派分子的活动，不但总要带着阶级斗争的性质，并且总是同国际上的反动派互相呼应的"。乌兰夫反党叛国集团的罪恶活动正是如此。他们同蒙修互相勾结，狼狈为奸，安插特务，偷递情报，大造分裂祖国的反革命舆论，一旦时机成熟，就举行反革命政变，叛国投"修"。内蒙古文联就是这样一个反党叛国集团。这个叛国集团的骨干分子有一小撮·赛音朝克图、玛拉沁夫、敖德斯尔、超克图纳仁等，而这妖婆珠岚则是乌兰夫黑到文艺界搞民族分裂活动的'首领'之一，是旧内蒙文联叛国集团的一个黑根子。

这个叛国集团的形成是她伙同布赫从各个黑窝里收罗来的别有心腹的。老牌日本特务、蒙修特务徒·赛音朝克图，被她捧为"蒙古族三十年代的老诗人"，并安插在电影剧本上，指使他利用出国"访问"、接待"外宾"的种种机会，向蒙修偷递情报。玛拉沁夫、超克图纳仁是"黑母鸡"《云泽工文团》所生的黑蛋，珠岚与他们本是一丘之貉，自然是亲上加亲，倚为心腹。敖德斯尔凭借着他的黑笔杆子，专门吹捧乌兰夫的"建军路线"，并进一步向乌兰献计；反党叛国，必须首先狠抓军权。布赫、珠岚一眼看中了这个"自卫军"的吹鼓手，于是将他收揽进门，加官晋爵。

这个叛国集团的罪恶活动是她伙同布赫历次政治运动中包庇下来的。玛拉沁夫是丁玲的得意门徒，肖洛霍夫的孝子贤孙，反党反社会主义的漏网右派分子，珠岚伙同布赫在反胡风斗争中包庇他，在一九五九年反修正主义文学思潮中包庇他，并使他在右派运动中蒙混过关。一九六四年文艺整风时，广大群众遵照毛主席《关于文学艺术的两个批示》，将玛拉沁夫揪到了光天化日之下，珠岚却横遮竖挡，扬言说："玛拉沁夫是戴着红领巾参加革命的……"千方百计地又将他包庇下来。"五反"运动时，赛的特务罪刑已暴露无遗，文艺整风中又揭出了他的大量叛国罪行，但珠岚伙同布赫却借口"保护人材"将他包庇下来，还派他到锡盟去搞"四清"，借以掩人耳目，逃脱人民的惩罚。敖德斯尔背叛祖国，阴谋叛变，铁证如山，珠岚却假惺惺地要搞"专案"，结果把"案""专"在他们手里，就了之了。

这个叛国集团的黑活动是：一、炮制叛国文学，也是由珠岚伙同布赫一手策划的。叛国集团的急先锋、叛国文学的领班玛拉沁夫本来就是被的老搭挡，珠岚珠岚的老搭挡，在合伙炮制大毒草《草原晨曲》时就已勾搭起来。以后，这个妖婆就更变本加厉地将乌兰夫的黑指示通过玛拉沁夫授意给那些御用文人，使叛国文学源源不绝，大批出笼。

这个叛国集团的一切里通外国活动，都是珠岚利用其特殊地位，在布赫的枕头旁边一起制定的。文艺界外事活动中的一切人事安排都依照这个妖婆的计谋而行。尽管如此，他自己还是不甘寂寞，赤膊上阵。一九五六年就亲自外打扮到蒙修"取经"，把修正主义国家搞资产阶级剧院的一套臭货货统统照搬，奉为至宝，回内蒙后照样办理。一九五九年，蒙修某歌舞团来呼演出，当时得了半个脑瓜热、半个烂瓜凉便病的珠岚，突然一跃而起，满脑瓜充满了修正主义狂热，竟跑到舞台上为其主子效尽犬马之劳——当了报幕员。妖婆的活动把内蒙文联叛国集团和蒙修艺术团体黑关系拉得更紧了。

叛国文学黑店的大掌柜

毛主席说："凡是要推翻一个政权，总是要先造成舆论，总要先做意识形态方面的工作。革命的阶级是这样，反革命的阶级也是这样。"旧内蒙文联的叛国集团是为"乌家王朝"进行"宫廷政变"直接服务的，在乌兰夫制造分裂祖国反革命舆论的前沿阵地，珠岚秉承乌贼的旨意，使出吃奶的力气狠抓反党叛国的舆论工作。她利用自己掌管的内蒙文联、电影制片厂、剧本创作室等文化部门大肆为乌兰夫反党叛国服务。疯狂攻击我们伟大领袖毛主席，攻击三面红旗。

一九六二年，珠岚配合国际帝、修、反的反华大合唱和国内反革命势力的猖獗进攻，抛出了臭名昭著的蒋军电影《走西口》《卖踏》，胡说什么"三害压在身"，影射三面红旗，煽动人们"造反"、逃荒，向西走，越过边口奔向蒙修。一九五八到一九六一年间，她指挥拍摄电影《新闻简报》六十八本，长短记录片二十三部，大拍特拍了乌兰夫在内蒙各地招摇撞骗的镜头。《今日内蒙》，极力抵毁伟大的毛泽东思想，贪天之功，据为己有，鼓吹乌贼治理内蒙的"功绩"，以此为乌兰夫"汗"日后黄袍加身铺平道路；《红旗插遍内蒙》，把乌贼"当代王爷"下乡文牧区一片繁荣景象，以体现其"不分不划阶级"保护封建王公贵族、牧主、蒙奸政策的"正确"；《欢乐的歌舞》，大拍乌贼走马射箭的镜头，借以玄耀乌家王朝继承人自古而今的"勇武"精神，尤其不能容忍的是，珠岚还要当摆什么乌兰夫在大青山扎旧根据地的旧址、遗物等等，是疯狂至极，混蛋透顶。

不仅此也，脑满肠肥的珠岚还亲自布阵，亲自炮制毒草。她和玛拉沁夫合编的《草原晨曲》，抗拒毛主席对乌兰夫"不要吃民族饭"的批判，极力强调什么"一个民族没有自己的工业不行""蒙古民族没有自己的钢铁，也可以了包钢"，借此宣传"内蒙经济独立"，妄图脱离以毛主席为首的党中央的领导，去向蒙修"进宝"。她和大蒙奸女儿奥×伙同炮制的《呼日勒巴特》，扬言要继承蒙古族传统剧目，实际上却疯狂呼喊"西方"是"太阳升起的方向"，煽动人们"奔向西方"，也就是奔向资本主义世界。

大搞"宫庭政变"的急先锋

所谓"庆祝内蒙古自治区成立二十周年"的种种活动，是乌兰夫反党叛国集团阴谋进行宫庭政变的前奏曲。在文艺"献礼"，是翩起民族分裂舆论准备的顶峰。妖婆珠岚亲自挂帅，专意空了和陈炳宇、厚和等乌兰夫死党分子大打出手，演了一出在舆论上"拥戴"乌兰夫登基升座的丑剧。

妖婆珠岚在抓廿周年"献礼"活动中，卖尽狗力，上窜下跳，计谋百出，花样翻新。为了美化乌贼，大树特树乌贼的"威信"，除了让乌贼亲自做"马拉松"报告，大卖狗皮膏药之外，又由珠岚撰写了把内蒙电影制片厂办成拍摄"轻歌漫舞、轻松愉快""满足人民群众广泛需要"的狗肉摊子；她以反动"权威"的身份，为封建戏剧《白虎鞭》《薛刚打朝》《大上吊》等唱哀，她就是内蒙开放牛鬼蛇神剧目的一个指挥官。

她伙同布赫，一贯吹捧"当代王爷"乌兰夫，解放初期，大唱其《云泽进行曲》；以后又为"三个基础"奔走呼号；在伟大的毛泽东思想照耀全世界的新时代，他们又阴谋编写《乌兰夫文集》《乌兰夫论文艺》等黑书，用来抵制全世界革命人民的伟大导师，我们心中最红最红的红太阳毛主席的四卷宝书。

抵制毛主席光辉批示的白骨精

伟大领袖毛主席教导我们说："妖为鬼蜮必成妖"。妖婆珠岚这个反动地主阶级的骷髅，经乌兰夫、布赫的"点化"而成精，二十年来，她坏事做绝，坏话说尽，尤其在文艺整风中更是大耍阴谋，疯狂反扑。

一九六四年的内蒙文艺整风中，广大革命群众以毛主席《关于文学艺术的两个批示》为武器，揭露了乌兰夫在内蒙文艺界的代理人、布特、珠岚及其同伙的大量反党反社会主义反毛泽东思想的罪行。妖婆珠岚怀着刻骨仇恨，疯狂抵毁"两个批示"的伟大作用，她杀气腾腾地说："主席的批示主要指说山十五年来社会主义改造成效甚微，不能用旧的一套"，"文化局党组基本上执行了党的政策"。进而还为以刘少奇为首的黑司令部辩护，为旧中宣部的活阎王陈定一、周扬喊冤叫屈，说什么："如果说文联各协会的错误，就是中宣部的责任。错误，那就中央也错了，不能这样摘。珠岚还大肆攻击党的"双百"方针，用来为文化局黑党组开脱罪责，胡说"'双百'的提出，是针对排斥西洋和无害的东西，因此在贯彻时就放宽了……"并继续贩卖反动"民族文化"的黑货，说："……提出'双百'方针，体裁风格要多样化，也提出继承和抢救遗产。……我认为继承遗产不够。"

在文艺整风中，珠岚残酷镇压过革命群众，秘密向其黑主子乌兰夫、奎璧写控告信，她在黑信中说："对文艺整风指导思想有怀疑"，"指导思想不是正中央"，这是"对右赫的陷害"。她亲手排横大毒草《普拉泽·克列契叶》《金鹰》；她贩卖刘少奇、周扬的"全民文艺"论。

一九五七年正当资产阶级右派分子张牙舞爪向党发起疯狂的时候，民族右派珠岚跳了出来，在宣传线上大放其毒。她大叫：有的省份"有些干部不尊重蒙古人的风俗习惯，逼的百姓走上梁山，搂家寄户"，"为了粮食问题，有的老乡跳井、上吊自杀"，"有的老百姓，几家几户的离开祖籍赴蒙古人民共和国"，"只能空头喊'尊重习惯'，实际上则压制他厉害，死的死，走的走"……她在黑信的结论："总而言之，百姓明知不对，也不敢说，形成敢怒而不敢言……一说话，打击报复多种等待着，为了保全生命安全，只有忍气吞声"。这是攻击黑龙江、吉林省蒙古自治旗的，也是明目张胆攻击我们伟大领袖毛主席、党中央、人民政府，毛主席教导我们说："民族斗争，说到底，是一个阶级斗争问题"。珠岚在这种气候下兴风作浪，无非是煽动人们分裂伟大的祖国，投靠蒙修。

除在各项政治运动中向党发射毒箭，平素在她所控制的部门里，珠岚这个苏修斯里的门徒利用职权，一贯贩卖苏修正主义的黑货，推行大、洋、古，为复辟资本主义作舆论准备。她亲手排练大毒草《普拉泽·克列契叶》《金鹰》；她贩卖刘少奇、周扬的"全民文艺"论，把内蒙电影制片厂办成拍摄"轻歌漫舞、轻松愉快"的"满足人民群众广泛需要"的狗肉摊子。

珠岚从运动初期就狠揪出后，一直企图翻案。我们"千万不要忘记阶级斗争"，继续提高阶级斗争、路线斗争的觉悟，把这个妖婆打倒斗臭，批深批透，让她遗臭万年！

白骨精珠岚

二-13

祝毛主席万寿无疆　　　　1968年4月17日

·4·

打倒为乌兰夫翻案的力沙克

齐声唤

乌兰夫的三太子力沙克是乌兰夫反革命修正主义、民族分裂主义的反党叛国集团中的一个不可等闲视之的重要人物，是乌兰夫三股反动势力中的嫡系，也是在乌兰夫梦寐以求的"大蒙古帝国"中将要扮演重要角色的少壮派。从他一九六二年到师院以来，直到无产阶级文化大革命的今天，这中间，力沙克的一系列活动，都是乌兰夫反党叛国活动的重要组成部分。因此，打倒力沙克，彻底清算力沙克的滔天罪行，挖出以力沙克、布赫、珠岚等为核心的为乌兰夫翻案的反革命集团，就成为当前挖黑线、清流毒的伟大斗争的一个重要方面。

乌兰夫反革命政变集团的核心人物

在我国阶级斗争的晴雨表中，一九六二年，这是两个阶级大搏斗非常激烈、尖锐的时刻。中国赫鲁晓夫疯狂进行篡党篡政复辟的窃国活动，"当代王爷"乌兰夫也加紧了反革命宫廷政变的罪恶步骤。正在这时，从苏修留学归来、专门学习稀有金属提炼的力沙克，突然对他的"专业"失去了兴趣。乌兰夫发出密旨，"右丞相"奎璧亲自出马，与反革命修正主义、民族分裂主义分子韩明、特木尔根之流精心策划，把他"改行"安插进师院外语系。

力沙克的到来，一颗定时炸弹埋进了师院，乌兰夫反党叛国集团在师院的反革命政变正剧由此越演越烈，趋近"高潮"了。

特木尔巴根之流盘踞的师院——这座"魔鬼的宫殿"，从此多了这么一个"当代王爷"的"骄子"。奎璧、潮洛蒙等投意于特木尔巴根"格外"培养。首先，力沙克以教共同课为名，潜入地下，与苏、蒙修特务阿拉等牛鬼蛇神进行反革命串连，互递情报，结成反革命同盟；同时，力沙克还以杨珍云为"媒介"，和布赫、珠岚穿针引线，在文艺界如文联、歌舞团等单位，网罗同党。这样，力沙克就布成一个以师院为基地，黑手伸向四处的里通外国的反革命特务集团。乌兰夫为适应他"五大委"反革命政变，迫切要直接控制师院这个黑据点。但是把力沙克由一个普通教师提上"副院长"宝座，未免有点太露骨了。于是由云丽文、奎璧"导演"，张如岗、潮洛蒙临阵亲授反革命"技艺"，力沙克搞了一场双足并舞的大表演，一则参加两批"四清"，镀"土"、镀"金"，捞取用以欺人的政治资本；一则参与潮洛蒙操制下的所谓师院"特木尔根专案"运动，同筹共谋，策划大清流。乌兰夫反党叛国集团在师院的政变计划就是这样出笼的。最先是由潮洛蒙以"上级领导"身份提出让力沙克任"副院长"，后于一九六六年四月乌兰夫还有一份反革命政变集团名单，调入一批，提升一批，组成新班子，代替特木尔根之流把持师院的党政财文大权。

民族分裂主义的吹鼓手

乌兰夫反党叛国集团的反革命蓝图是建立成吉思汗式的"大蒙古帝国"——"乌家王朝"。反党投修，内外蒙合并，叛国而去，就是他们这群人民死敌的黑纲。力沙克正是"乌家王朝"的黑干将，大造"内外蒙合并"反革命舆论的急先锋。

一九六三年，乌兰夫反党叛国集团在师院搞了一场旨在反汉排汉，为其叛国投敌，进行民族分裂制造舆论的"民族政策学习运动"。在这次"运动"中，力沙克赤膊上阵，疯狂攻击毛主席的民族政策，肆无忌惮地鼓吹"内外蒙合并"，借反所谓"大汉族主义"为名，实行反革命的反汉排汉，与帝、修及的反华大合唱相呼应。

他摆出一副"理论家"的面孔，胡说什么："现在讨论内外蒙合并没有意义，因为外蒙是修正主义。但可以从理论上探讨。'内外蒙合并'，我说存在，是说经济、政治都达到那么多，为什么不可以合并呢？马列主义认为最后是合，而不是分。"这是力沙克分裂祖国的狼子野心的大暴露。在这里，他鼓吹的"合"绝非马列主义所主张的消灭帝国主义，消灭阶级之后的世界大同，而恰是要把内蒙从社会主义的祖国中分出去，"合"到修正主义的蒙古去。

力沙克还说："少数民族干部和汉族干部发生了矛盾，应该由汉族负责。因为少数民族干部永远处于少数，举手表决永远处于少数。他处于少数人的地位，在全国、内蒙都是这样。""在党委内实行民主集中制，少数民族不同意，他明明不对，但因他是少数民族该争取同意，这样做

是符合党的利益的。"这地地道道的是中国赫鲁晓夫的"理论"，乌兰夫的"理论"。"当代王爷"乌兰夫为实现"大蒙古帝国"的目的，猖狂推行一条反革命修正主义、民族分裂主义路线，反对毛主席无产阶级革命路线，践踏党的民主集中制，妄图把无产阶级政党变为"民族党"，变成王公牧主党。力沙克如此卖力地推销乌兰夫这套反革命谬论，其目的就是要篡夺师院的党政大权，实行个人独裁，为师院搞反革命"民族党"制造舆论，为其反党叛国集团的反革命政变张目。

一九六三年是乌兰夫反党叛国集团"宫廷政变"的准备时期。一九六四年乌兰夫反革命政变计划开始逐步实行。成立了黑"五委"，把自治区成立纪念日由五月一日改为九月一日，等等。这期间，力沙克上窜下跳，四处奔走，活动尤为猖獗，完全充当了民族分裂主义的吹鼓手和急先锋。

反对红太阳毛主席的罪魁

林副主席说："毛泽东思想是革命的科学，是经过长期革命斗争考验的无产阶级的真理，是最现实的马克思列宁主义，是全党全军全国人民的统一的行动纲领。"对于伟大的毛泽东思想的态度，是区别革命与反革命的试金石和分水岭。力沙克这个乌兰夫的孝子，他的反动本性决定着他必然要反对我们各族人民的伟大救星毛主席，攻击各族革命人民的统一基础战无不胜的毛泽东思想。

一九六五年，力沙克在二毛"四清"时，竭力推行乌兰夫的反革命修正主义、民族分裂主义路线，疯狂反对毛主席的无产阶级革命路线，反对广大工人学习毛主席著作，肆意篡改伟大的毛泽东思想。他公然叫嚣什么："毛主席著作学一两篇就行了。"在给工人解释《矛盾论》这篇光辉著作时说："什么是矛盾呢？男人和女人，大人和小孩，这就是矛盾。"力沙克狗胆包天，竟然抽掉《矛盾论》的阶级内容，把毛主席指导无产阶级正确认识世界、改造世界，要确认识社会主义社会的阶级、阶级矛盾和阶级斗争的光辉理论诬蔑为"男人和女人，大人和小孩"的矛盾，真是反动透顶！

与此同时，力沙克用尽所有反革命的语言，吹捧其狗父乌兰夫，搬出全盘反革命伎俩，兜售臭名昭著的"乌兰夫思想"。他张口是"乌兰夫主席"，闭口是"三个基础"，竭尽歌功颂德之能事，拼命树乌兰夫这面反党叛国集团的黑旗，妄图用黑乌鸦的翅膀遮住红太阳的光辉，真他妈混蛋透顶，痴心妄想！

为乌兰夫翻案的反革命集团的急先锋

史无前例的无产阶级文化大革命摧垮了"乌家王朝"的黑暗统治，打碎了他们实现"内外蒙合并"、建立"大蒙古帝国"的黄粱美梦，把以乌兰夫为首的反革命修正主义、民族分裂分子们揪了出来，夺了权，罢了官，抛进了历史的垃圾堆。

正如毛主席所说："帝国主义者和国内反动派决不甘心于他们的失败，他们还要作最后的挣扎。"一些不甘心灭亡的乌兰夫死党分子纠合各种替乌兰夫翻案的反动势力，组成了以呼市为据点，黑手伸向全国各地的为乌兰夫翻案的反革命集团，力沙克以及布赫、珠岚便是这个集团的黑核心、急先锋。力沙克伙同他的臭老婆杨珍云（习仲勋的干女儿）、狗兄弟乌斌（沈阳军工厂）、云占祥（十五中）……之流上下配合，互相勾通，猖獗地在北京、上海、沈阳、土旗以及呼市的师院、十五中等地，进行着有组织、有领导、有计划的翻案活动。

早在一九六六年夏天，力沙克为乌兰夫翻案的反革命活动就开始了。他到处喊冤叫屈，胡说什么："我要是不在内蒙地区工作，也成不了黑帮，可能带上红卫兵袖章，成了红卫兵。"

嗣后，在劳动队里，力沙克利用劳动机会与落水狗、乌兰夫死党分子特木尔巴根之流进行反革命串联，集合反革命复仇力量。他说："有些古诗的句子现在写文章用起来也很有意思，比如'海内存知己，天涯若比邻'"。特木尔巴根马上接了上去说："'野火烧不尽，春风吹又生'这句诗也常有引用的。"真是"心有灵犀一点通"，一个说咱们是"知己"、一家人，一个马上就对他的"知己"表白了阶级复仇的心理。用心阴险至极！（下转第三版）

地址：內蒙古大学十一号楼　　　　电話：4807　　　　每份：二分

誰为乌兰夫翻案就坚决打倒誰

戳穿敌人的新花招

本报评论员

一场挖乌兰夫黑线、清乌兰夫流毒的斗争如大海怒涛，一浪高过一浪，群众发动得越来越广泛、深入。这一小撮阶级敌人，陷入群众战争的重重包围之中，他们的末日就在眼前。这是多么振奋人心的壮丽的一幕啊！

在这大好形势下，党中央向我们发出了反击右倾翻案风的战斗号召，从而把我们当前进行的挖黑线、清流毒的斗争提高到更自觉更深刻的阶段。广大无产阶级革命派大反右倾，狠鼓干劲，乘胜攻击，决心彻底击退为乌兰夫翻案的反革命逆流，把挖黑线、清流毒的斗争进行到完全彻底的胜利！

但是敌人是不甘心失败的。「**他們老是在研究我們的策略，「窥測方向」，以求一逞。**」现在他们好象捞到了什么救命稻草，接过我们的反击右倾翻案风的战斗口号，拚命歪曲，制造混乱，以达到不可告人的目的。对他们的这一套新花招，必须彻底揭穿。

他们攻击我们支持新生的革命力量是「号召老保翻天」，他们扬言这就是「为二月逆流翻案」，要「反击」。

鲁迅先生在回击周扬之流的诬蔑时曾尖锐斥责他们是「拉大旗作为虎皮，包着自己，去吓唬别人」。现在这些乌兰夫的死党也是玩弄同样的手法。须知，什么是内蒙地区的「二月逆流」？那就是内蒙党内最大的走资派乌兰夫及其代理人王逸伦、王铎之流搞的为乌兰夫翻案、复辟资本主义的一股反动逆流。「为二月逆流翻案」就是为乌兰夫翻案，二者是一致的。去年二、三月份站错队的群众，经过毛泽东思想的教育，绝大部分已经回到毛主席的革命路线一边，今天，他们响应无产阶级司令部的号召，起来揪乌兰夫的残党余孽，有什么不好？这怎么能叫做「为二月逆流翻案」？恰恰相反，他们的行动正是对真正为「二月逆流翻案」者的回击。

当然必须看到，确实有些死不回头的保皇派在「翻天」，他们千方百计地企图为二月逆流、为乌兰夫、王铎、王逸伦翻案。对此，我们早有准备，我们的政策是坚决镇压，决不留情。

但是，乌兰夫死党所谓的「反击为二月逆流翻案」是另有所指的，他们只热心于镇压「老保翻天」，却不准提「谁为乌兰夫翻案就打倒谁」。他们一听到这个口号，就心惊肉跳，就骂街，就设法「回击」。这就不难看出，他们抢起这根大棒的目的不在别处，而是镇压挖乌兰夫残党余孽的革命群众，企图把轰轰烈烈的群众运动打下去。说穿了，他们就是要借「反击为二月逆流翻案」之名，行为乌兰夫翻案之实。所以，撕下他们的外衣，就可清清楚楚地看到，正是这些人，去年与「红卫军」、「无产者」勾结、配合，为乌兰夫翻案，大整与乌兰夫作坚决斗争的高锦明、权星垣等同志；今年，又是他们这些人充当着为二月逆流翻案的积极分子。他们不是在死保乌兰夫的同时，极力煽动「反滕思潮」，大整滕海清、高锦明同志的黑材料吗？他们不是极力想分裂内蒙古自治区革命委员会吗？他们不是已经公然把矛头指向解放军吗？铁案如山，这不是货真价实地为二月逆流翻案又是什么？对这股逆流，我们必须给以坚决的回击！

敌人的另一个新花招，就是诬蔑我们挖黑线、清流毒是「矛头指向老造反派」，是「右倾翻案」。这是敌人极卑鄙的恶意挑拨。谁都知道，我们敢于发动这场挖黑线、清流毒斗争，除了别的条件之外，我们有一支以三司为代表的无产阶级革命派的队伍，是一个极其重要的条件。我们在整个斗争过程中，都是紧紧依靠这支革命队伍来打击敌人、发动群众的。任何人想挑拨革命委员会和造反派之间的关系，想抹煞广大革命老造反派在挖黑线、清流毒斗争中的伟大功劳，都是徒劳的。至于从造反派的队伍中揪出几个混进来的乌兰夫残党余孽、反革命两面派，那是正常的，是阶级斗争的规律，这是进一步纯洁了革命造反派的队伍，爱护了造反派，支持了造反派，挖掉了右倾翻案的根子，这怎么能说是「矛头对准造反派」，搞「右倾翻案」呢？敌人这种说法，不和「搞掉了王、关、戚，就是为二月逆流翻案」的说法一样荒唐可笑吗？我们希望一切革命造反派的战友们，千万擦亮眼睛，提高警惕，识破敌人抓住若干表面现象，攻击事情的本质的伎俩。当你听到有人说这话的时候，你就问一个「为什么」，仔细看一看他是什么人，想一想他要把矛头指向谁？切切不可书生气十足，上了坏人的当，不自觉地当了坏人的应声者。

我们也奉劝那些因为屁股不干净而感到有压力的「造反派同志们」，认真想一想，当我们打击敌人的时候，你自己为什么感到「有压力」？不要对自己的「不干净」采取回避和不承认主义，更不可要两面派，继续坚持错误而滑到同无产阶级革命路线相对立的地步，而应当猛回头、反掉自己头脑中的右倾和私字，斗私批修，争取在挖黑线、清流毒的斗争中为人民立新功。

革命的同志们，识破敌人的新花招，坚定不移向前进！我们正处在向乌兰夫残党余孽全线出击，夺取挖黑线、清流毒斗争全面胜利的前夕，我们应当鼓足干劲，我们应当不停顿地进攻，我们将取得完全彻底的胜利！

贯彻毛主席的最新指示
夺取挖黑线、清流毒斗争的全面胜利

（上接第一版）

这些家伙，不是别人，他们有的是乌兰夫死党分子、残余势力，有的是特务、叛徒，有的是顽固不化的走资派，有的则是依附于乌兰夫的国民党残存势力。

无产阶级文化大革命是“**无产阶級反对资产阶級和一切剝削阶級的政治大革命，是中国共产党及其領导下的广大革命人民群众和国民党反动派长期斗爭的継續**”。毛主席的最新指示最全面、最准确、最精辟地概括了无产阶级文化大革命的全部内容，揭穿了阶级敌人的阴谋伎俩。挖黑线、清流毒的斗争同反击“右倾翻案”是完全一致的、统一的。挖黑线、清流毒就是一场反翻案、反复辟的斗争。毛主席的这一最新指示，使我们进一步明确地认识到，当前我区开展的挖黑线、清流毒的斗争是我区二十年来无产阶级同资产阶级阶级斗争的继续，是我区无产阶级文化大革命向纵深发展的客观必然。乌兰夫是中国赫鲁晓夫在内蒙古的代理人，是资产阶级和一切剥削阶级在我区的总代表。挖黑线、清流毒就是要把那些乌兰夫的残党余孽、各种特务、无耻叛徒、牛鬼蛇神、乌龟王八以及依附于乌兰夫的国民党残存势力统统挖出来，彻底肃清乌兰夫在各个领域里的流毒，从根本上铲除为“二月逆流”翻案、为乌兰夫翻案的社会势力，铲除乌兰夫赖以复辟资本主义的反动社会基础，确保内蒙古永远沿着毛主席所指引的航向胜利前进。正是这样，阶级敌人便极端害怕和仇视挖黑线、清流毒的人民战争，感到自已的末日就要到了，复辟资本主义的企图要彻底破产了，于是便孤注一掷，以十倍的疯狂，百倍增长的仇恨向我们猛扑过来，公开向我们夺权了！

“**小小寰球，有几个蒼蝇碰壁。嗡嗡叫，几声凄厉，几声抽泣。**”无产阶级文化大革命是在社会主义条件下进行的。有我们的伟大统帅毛主席，有以毛主席为首林副主席为副的无产阶级司令部，有钢铁长城——伟大的中国人民解放军，有毛泽东思想武装起来的七万万英雄人民，这就保证了我国的无产阶级文化大革命能够胜利开展。今天，红太阳照亮了内蒙古草原，我区七盟二市一片红，各族人民空前团结，政权牢牢地掌握在我们无产阶级手里。在这样强大的无产阶级专政面前，谁胆敢用他的猪爪子碰一碰我们的红色政权，谁胆敢为“二月逆流”翻案，为乌兰夫翻案，就叫他彻底灭亡！

我区无产阶级革命派，在两年多来的无产阶级文化大革命中，始终一贯地站在毛主席无产阶级革命路线一边，紧跟毛主席的伟大战略部署，为我区无产阶级文化大革命作出了巨大的贡献。“**宜将剩勇追穷寇，不可沽名學霸王。**”在当前，我们一定要认真学习，深刻领会毛主席的最新指示，不折不扣地贯彻到当前挖黑线、清流毒、反击“右派翻案”的斗争中去，一定要进一步狠反我们队伍中的右倾思想，增强敌情观念，同新杀出来的革命群众，同全区各族革命人民一道，把乌兰夫的残党余孽及其他反动势力埋葬在人民战争的汪洋大海！

一场惊心动魄的歼灭战已经打响，全面出击的进军号正声声紧催，无产阶级革命派的战友们，革命的同志们，向着敌人猛冲过去，杀！

举起我们的双手，迎接挖黑线、清流毒斗争的伟大胜利吧！

（上接第四版）

一九六六年十月一日，乌兰夫上了天安门，他的狐群狗党便以为有机可乘，大肆活动起来。乌斌来呼与力沙克接头之后，便又跑到北京，在杨珍云处密秘集会，策划翻案。会后，杨珍云分外嚣张，大骂革命群众揭发乌兰夫罪行，是“陷害中央首长”，是“反动言论”；攻击革命群众揭发当代慈禧太后云丽文的大字报是“全篇胡言乱语”。与此同时，力沙克在呼市密秘掩护为乌兰夫翻案的坏蛋带着布赫给乌兰夫的黑信去北京，并亲授为乌贼翻案的“机宜”。

一九六六年十二月黑风和一九六七年二、三月资本主义反革命复辟逆流中，力沙克利令智昏，错误地估计了形势，以为时机又到，便又跳出来为其狗父翻案。

他到处散布流言蜚语，蛊惑人心。胡说什么“乌兰夫是刘邓路线的受害者。”还造谣说：“毛主席接见了乌兰夫，并同他握了手。”“中央两个月后给乌兰夫平反”。等等。此外，他还疯狂地攻击革命领导干部高锦明、权星垣同志，扬言“与内蒙党委誓不两立”，咬牙切齿地要“揭开内蒙党委阶级斗争的盖子”。大骂高锦明同志是“两面派”，是“陶铸式的人物”，散布说“王铎、王逸伦实际上是没有实权的”，“他们是高锦明的受害者，是文化大革命中被高锦明推到第一线的”。力沙克如此卖力地为王逸伦、王铎这两个反革命急先锋鸣冤叫屈，打抱不平，正说明他们是一丘之貉。

一九六七年二月，力沙克乘混乱之机，跑到上海，并以杨珍云父亲的名义给杨珍云打电报，把杨召回上海，共同策划为乌兰夫翻案活动。

一九六七年五、六月份，力沙克第二次逃跑到北京，住在中央民族歌舞团。他作贼心虚，不敢暴露自己，说是杨云珍的表哥。时至今日，力沙克还极不老实，百般抵赖他与杨珍云及反革命集团的其他成员在北京搞的一系列反革命活动。

力沙克与反动组织“联社”勾结在一起，兴妖作怪，推波助澜，往来于呼市、土旗之间，利用乌兰夫问题，大肆煽动民族情绪，挑拨民族关系，进行着为乌兰夫翻案活动。一九六七年五月，“联社”被解散，联社分子转入地下，在布赫、珠岚、力沙克的指挥下进行更加隐蔽的活动，召开黑会，制定纲领，研究对策，进行垂死挣扎。现在，这个反动组织中的个别坏蛋，仍然在搞着为乌兰夫翻案的罪恶活动，他们有的已经打入造反派内部，篡夺了某些革命组织的领导权，披着合法外衣，以右的或极“左”的面目出现，继续干着替乌兰夫翻案的反革命活动。

×　　×　　×

毛主席教导我们说：“**我們决不可因为胜利，而放松对于帝国主义及其走狗們的疯狂的报复阴謀的警惕性。**”力沙克——这个乌家王朝的核心人物、乌兰夫势力的少壮派，是一个不可小觑的“人物”，我们绝不可麻痹大意，掉以轻心，低估他的能量和作用。对于他的反革命活动，必须进一步揭发、批判，不把他斗倒、斗臭，决不罢休！

一株鼓吹乌兰夫反革命思想的大毒草

——評反动影片《鄂尔多斯风暴》

1967年12月13日

(一)

三年困难时期，文艺界的一小撮反革命修正主义分子，在中国赫鲁晓夫刘少奇的指使下，向以我们伟大领袖毛主席为首的无产阶级司令部发动了疯狂的进攻，大量毒草先后出笼。在内蒙，适应反革命修正主义分子乌兰夫搞独立王国、复辟资本主义的需要，与《陶克陶之歌》、《嘎达梅林》等大毒草相配合，《鄂尔多斯风暴》也不前不后，不紧不慢，在这个时候抛了出来。作者云照光站在资产阶级立场上，肆意歪曲篡改历史，恶毒攻击毛泽东思想，把一个民主主义者席尼喇嘛，打扮成共产主义的英雄来歌颂，为乌兰夫篡党叛国的阴谋效劳。所以，影片一出笼就受到了反革命修正主义分子乌兰夫的喝采，并且把它列为内蒙招待外宾的优秀影片，流毒全国。作者云照光就青云直上，被乌兰夫擢升为"五大委"的头目之一。

(一)

大毒草《鄂尔多斯风暴》的背景是席尼喇嘛领导的"独贵龙"运动。历史上的独贵龙运动，是一种自发的散漫性的群众运动，是蒙族牧民传统的斗争形式。斗争的主要内容是反对王爷卖地和过重的苛捐杂税，因此带有反封建的色彩。一九二六年左右，在席尼喇嘛领导下发生的独贵龙运动，是其中规模较大的一次。

独贵龙运动的领导人物席尼喇嘛，虽然出身贫苦，但是他在二十几岁就成了封建衙门的风云人物。他曾爬上了王爷府"京肯"（相当于现在的秘书长）的宝座，保驾过遗臭万年的慈禧太后去西安和返回北京，也曾为王爷的升官发财奔走过。因此，他曾扮演过刮民膏喝民血的角色。后来由于对王爷的某些不满，发生矛盾，才走出王爷府，搞独贵龙运动。他搞独贵龙的目的，从来不是也不可能是从根本上铲除封建制度，在某种意义上讲，是为了使封建制度苟延残年。

就是这样一个人，却得到乌兰夫黑帮的大肆吹捧。乌兰夫简直把席尼喇嘛捧到了九天之上，在他的黑报告中曾多次宣扬席尼喇嘛的所谓功绩。说什么："席尼喇嘛独贵龙运动之在内蒙，就某种程度来说，是应该和广州暴动为中国大革命退兵一战的意义相似的。""一九二八年在伊盟席尼喇嘛的独贵龙、嘎达梅林暴动这些伟大的反帝反封建的运动，在蒙古历史上是空前而光辉的一页。……"主子定调，小喽啰紧紧跟唱。对席尼喇嘛狂妄地吹嘘，肉麻的美化，简直到荒淫绝伦的地步！

从最初出版的剧本到搬上银幕，乌力吉（即席尼喇嘛）是一个多么"高大"的形象啊！他成了一个完全的共产主义战士，是一个优秀的红色指挥官。他勇敢善战，不怕流血牺牲，为彻底摧毁封建制度，为劳苦大众的解放奋斗终生。这是对历史的莫大歪曲和篡改。

毛主席说："**在现在的世界上，一切文化或文学艺术都是属于一定的阶级，属于一定的政治路线的。**"《鄂尔多斯风暴》的炮制者，把席尼喇嘛打扮成一个共产主义者，其目的就是往乌兰夫脸上贴金，为乌兰夫在内蒙树立个人威信制造典型。

作者凭空捏造了这样一条黑线，而且把它一直贯串到底。那就是乌力吉去北京告状期间，认识了蒙族学校的一个学生巴图，通过巴图，乌力吉与蒙藏学校发生了联系。（在一九五九年出版的文学剧本中，巴图后来到了乌力吉队伍里，成了党代表。）蒙藏学校对乌力吉的"革命"活

动发生了巨大的影响，在某种意义上可以这样说，如果没有蒙藏学校的影响和帮助，乌力吉不可能由一个独贵龙运动的领导者成长为一个顶天立地的英雄。

这不是一个简单的情节，而是经过作者绞尽脑汁，挖空心思，巧妙地安排上的。

蒙藏学校，是乌兰夫经常大捧而特捧的地方，甚至说蒙藏学校是内蒙革命的发源地。于此同时，他也向人们夸耀他在蒙藏学校时就如何革命。所以，过去一提起蒙藏学校，人们就会很自然地想起乌兰夫、奎璧、吉雅泰等人。作者恰恰利用了这一点，企图为乌兰夫捞取政治资本，达到资本主义复辟的目的。作品在告诉人们，乌力吉由一个自发的反抗者成长为一个自觉的共产主义者，是在乌兰夫的影响和间接领导下成长起来的。

作品的炮制者们为了吹捧和美化乌兰夫，不惜乱编假造，生拉硬扯。象《燎原》歪曲历史吹捧中国的赫鲁晓夫，《怒潮》歪曲历史美化彭德怀一样，实在无耻之尤，不可容忍！

(二)

历史上的独贵龙运动，尤其是席尼喇嘛领导的这次独贵龙运动，反王爷的最主要内容之一，就是因为王爷把草场卖给"汉人"。他们反对"汉人"进驻草场开垦，但是他们没有认识到占草场开垦的是汉人中间的统治阶级，是那些军阀上层。所以，他们笼统地反汉排汉，带有狭隘的地方民族主义。这种情况，用历史的眼光看，并不奇怪。奇怪的是，到了二十世纪六十年代，在伟大的毛泽东思想时代，为什么还有人如此卖力地去歌颂席尼喇嘛反对"汉人"、反对"开垦"？

乌兰夫反革命修正主义集团，解放后十几年来，一直疯狂地反党反社会主义反毛泽东思想。特别是一九六〇年以后，国内外阶级斗争激化，反华浪声甚嚣尘上，气候适合，乌兰夫公开跳出来，赤膊上阵了。**民族斗争，說到底，是一个阶级斗争問題。**乌兰夫站在反动的资产阶级民族主义立场上，打着反对"大汉族主义"的幌子，大搞民族分裂活动，企图把内蒙从祖国的大家庭中分裂出去，建立大蒙古帝国，实现资本主义复辟，把各族人民重新拖入黑暗的深渊。

《鄂尔多斯风暴》以很大的篇幅描写历史上的反对"开垦"决不是偶然的，这是乌兰夫反对中央在呼盟"开荒"的前奏曲。

根据伟大领袖毛主席大办农业的指示，经过勘测，一九五八年中央农垦部决定在呼盟建立国营农场。经中央同意，决定开荒四百万亩。一九六〇年正式开始建场，在有关方面及当地群众的大力支持下，取得了很大的成绩。当时曾计划以此解决"南粮北调"的困难。这是一个有战略意义的计划，完全符合毛主席伟大号召的精神，符合国家的利益，符合各族人民的利益。

然而对于这样一件伟大的建设事业，乌兰夫不但不支持，反而明目张胆地反对，千方百计地破坏。他找借口、抓把柄，传谣言，造分裂，用尽各种反革命手段，要尽各种反革命花招，勾结牛鬼蛇神，向国营农场发动了猖狂的进攻，矛头直指以毛主席为首的党中央。

他胡说什么"在牧区开荒纯粹是张作霖的赶边政策"，并且企图煽动起牧民对"开荒"的仇恨，别有用心地说："汉人来多了，干部也多了，所以我的牧区是当地人当家，外来人作主。"在乌贼的支持和操纵下，一时牛鬼蛇神

活动猖狂，"反对开荒"、"反对汉人"的反革命妖风大作。

一九六二年乌王爷看到时机成熟，竟敢不顾中央指示，一意孤行，强行把在呼盟开垦的四百万亩荒地统统闭掉。

事情十分清楚，三反分子乌兰夫对这样一部歪曲篡改历史的毒草影片如此垂青，绝不是偶然的。这是因为影片作者站在反动的资产阶级民族主义立场上，把过去蒙汉反动统治阶级相勾结为残酷压迫各族劳动人民而滥垦草场和我们为发展社会主义经济有计划地建设新农场相提并论，完全迎合乌兰夫反对"汉人"、反对"开垦"的需要，为乌兰夫建立独立蒙国的反动政策效劳，妄想破坏民族团结，分裂祖国统一。

唤席尼喇嘛的亡灵，为乌兰夫"借土地问题"进行反党反社会主义的反革命政策服务，这就是作者的手段和目的。

乌兰夫号召"成吉思汗的子孙团结起来"，象席尼喇嘛那样，为"自己的民族"而"努力奋斗"！这种狼子野心，难道不是"司马昭之心，路人皆知"吗？

(三)

毛泽东思想是当代马克思列宁主义的顶峰，是当代最高最活的马克思列宁主义，是反对帝国主义、反对修正主义的最强大的思想武器。毛泽东思想是我们一切工作的指导方针，是我们衡量一切事物的最高标准。革命的人民有了毛泽东思想，就有了一切，就会发挥出无穷无尽的力量，战胜任何强大的敌人。

所以，一切阶级敌人，总是把攻击的矛头对准光焰无际的毛泽东思想。《鄂尔多斯风暴》把一支最恶毒的箭射向了毛泽东思想。

毛主席的军事思想，是毛泽东思想的重要组成部分。毛主席的农村包围城市，武装夺取政权的光辉理论，是对马克思列宁主义的天才发展。

影片中有这样一段：刘洪太说："……请大家想一想，咱们赤手空拳怎么对付了王爷哪？"乌力吉恍然大悟："王爷手里有枪！""敌人怎么对付咱们，咱们就怎么对付敌人！"

这是马蜂屁股上的一支毒针，毒液最大。

影片的炮制者企图以此贬低毛泽东思想，给人们造成这样一种印象：南方有个毛泽东提出了武装斗争的理论，北方有个席尼喇嘛（实质是乌兰夫）也同时提出了武装斗争的理论。看，这伙混蛋嚣张到了何种程度！

毛主席的亲密战友、我们的副统帅林彪说："毛主席比马克思、恩格斯、列宁、斯大林高得多，现在世界上没有那个人比得上毛主席的水平。"又说："全世界谁也不能代替毛泽东思想。"影片的炮制者却公然大唱反调，用臭名昭著的"乌兰夫思想"代替光焰无际的毛泽东思想。乌兰夫自己也曾经不断地吹嘘他是领导内蒙古人民革命的"领袖"，妄图和毛主席分庭抗礼，从而排斥毛主席的绝对领导，树立自己的权威，搞"独立王国"。作品恰恰迎合着乌兰夫的这种野心，甚至说出了乌兰夫所不敢说的话。真是恶毒之极，卑鄙之极！

毛泽东思想是我们的命根子。《鄂尔多斯风暴》炮制者如此死命地反对毛泽东思想，决不会逃脱历史的惩罚！

内大井冈山求实部峰

地址：内蒙古大学十一号楼　　　　电话：四八○七　　　　（零售每份二分）

二-15

37 东方红

1968年2月24日 ·3·

云照光是乌兰夫反党叛国集团的死党分子

扫残云联络站宣传资料組

当前，我区各族革命人民高举毛泽东思想伟大红旗，紧跟毛主席的伟大战略部署，继揪出特古斯、王再天等老牌反革命之后，又以排山倒海之势，深挖乌兰夫黑綫人物，横扫乌兰夫残党余孽，一场彻底摧毁乌家王朝反革命势力的伟大斗争正向纵深发展，形势大好，而且越来越好。

"当代王爷"乌兰夫，是內蒙古一切反革命势力的总根子，总代表。乌贼长期活动于內蒙，统治內蒙业已卅多年，在政治上有很大影响，在組织上有庞大的势力。乌兰夫为了实现其蓄谋已久的制造民族分裂、破坏祖国统一、反党叛国、复辟资本主义的阴謀，多年来招降納叛，結党营私，培植亲信，培养黑接班人，糾集起一个人数众多的反革命集团。

反革命修正主义、民族分裂主义分子云照光以及布赫、浩帆、潮洛蒙、云世英、陈炳宇、赵戈銳、孝贵、云成烈、高茂等就是乌兰夫反党叛国集团进行篡党篡政篡军罪恶活动，实行反革命"宫廷"政变，安插在各要害部门的骨干力量和得力干将，是"乌家王朝"少壮派的核心人物。

反革命修正主义分子、民族分裂主义分子云照光，是乌贼一手培养起来的黑接班人。多年来，云照光步步紧跟乌兰夫，为乌贼歌功頌德，树碑立传，为"乌家王朝"投敌叛国实行反革命复辟制造舆論，充当打手，竭忠尽智，不遗余力，是个地地道道的乌兰夫死党分子。

乌兰夫选准了"好苗子"
云照光找到了黑后台

乌兰夫怀着做成吉思汗第二建立蒙古大帝国的勃勃"雄心"钻进革命队伍后，就开始了培植亲信、网罗党羽、扩充个人势力的罪恶活动。远在卅年代，乌兰夫与奎璧等經过精心策划，从土默特旗收罗了一批亲信拉到延安镀金。云照光，就是被乌兰夫选中的一棵"好苗子"。1939年奎璧不远千里将云照光、布赫、云曙碧等超渡到延安。当时正在国民党反动武装"新三师"任政治部主任的乌兰夫半路上亲自召见他们，并做了指示。从此，云照光便投入了乌兰夫的怀抱，开始了追随乌兰夫的反革命历史。

云照光先后在延安陕北公学（王鐸任指导員）、延安民族学院（高崗任院长，乌兰夫任教育处长）受到了高、乌、王的亲口教导，亲手栽培。不久乌兰夫便将云照光、布赫等送回內蒙进行树乌兰夫黑旗、招兵买马、扩大地盘的活动。在乌兰夫的提攜下，云照光在伪乌审旗与国民党兵痞、土匪、流氓反共老手鬼混一年之后，又钻入革命队伍，懂得于伊盟军分区、昭盟军分区和內蒙军区工作，1962年一跃而为內蒙军区政治部文化部付部长，把持了部队文化大权。1966年乌兰夫宫廷政变前夕，云照光身负重任，轉入地方。

在此期间，云照光紧密配合乌兰夫在地方上的反党叛国活动。在军內大肆推行反革命修正主义路綫和民族分裂主义路綫，主子定调，奴才唱和，声調是那么和谐合拍。

乌兰夫大树大汉族主义黑旗，胡說什么"不批判大汉族主义，就不可能树立真正的无产阶级民族观。也不可能加强民族团結"，內蒙的民族问题"主要是大汉族主义。"云照光說："內蒙古的主要矛盾是大汉族主义"，"內蒙古大汉族主义傾向严重"等等。

1965年1月，乌兰夫在自治区社教工作会議上，搬出《三五宣言》，企图为其进行民族分裂活动找理論根据。他說什么："毛主席早在1935年中华苏維埃政府告內蒙古人民书上就划出了象現在这样一块面积"。云照光也四处宣讲《三五宣言》，大肆叫嚣："毛主席当年的話，現在有好多沒有发現"。真是狗胆包天，竟敢恶毒地攻击和詛咒各族人民的伟大領袖毛主席。

1965年4月，乌兰夫接見全区戏剧创作座談会代表时，指出《包钢人》没有写矛盾，沒有揭露民族斗争。云照光秉承其主子旨意，伙同布赫等急急忙忙組織人力，召开座談会，大砍大削《包钢人》，于是改名为《民族矛盾》的大反大汉族主义的大毒草出籠了。在文艺界，他在卖命地鼓吹乌兰夫的"民族特点"、"地区特点"等民族分裂主义謬論的同时，还別出心裁地加上个"骑兵特点"。

1966年初，乌兰夫为了推行他的"三个基础"黑綱領，号召全区干部学蒙語蒙文，胡說什么这是关系到要不要执行党的民族政策的问题。云照光比乌兰夫更甚一等，把学不学蒙語提到"战略任务"、"战备任务"、"衡量干部标准"的高度。

凡此种种，不一而足。

从1958年到1962年，云照光为适应乌兰夫反革命政变的急需，花了数年心血，炮制出《鄂尔多斯风暴》这棵反党反社会主义大毒草，为乌贼歌功頌德，树碑立传，为乌兰夫反党叛国大造反革命舆論。《鄂尔多斯风暴》的出籠，为"乌家王朝"立下了汗马功劳，由此云照光进一步得到了乌兰夫的赏識和器重。云照光也不打自招地說："对我是信任和重用的，提拔也不慢"。

这就是云照光所自我欣赏、当众夸耀的他的"光荣的小八路"历史。

乌兰夫調兵遣将，分兵把口
云照光扶摇直上，身任三职

随着社会主义革命的深入发展，我区的阶级斗争也尖銳、激烈起来，乌兰夫反党叛国集团加紧了反革命政变的舆論准备和組織准备，他们积极策划反革命夺权，抽調党羽，安插亲信，分兵把口，企图控制党政各重要部门。继云丽文提为調研室主任，从中央区委要来浩帆做自治区党委付秘书长之后，乌兰夫又奎璧又密謀策划，夺自治区党委书记处的权。云照光就是被选中的书记处书记之一。1965年2月26日奎璧給乌兰夫的一封密信上說："无論从目前或长远打算，不能不提拔一些后继力量，书记或候补书记、具体人选上汉族中石光华同志必須考虑在內……蒙族中如陈炳宇，云世英、潮洛蒙、布赫、浩帆、塞峰、云照光都可以列为考虑对象。"奎璧还夸奖这些人"年青有为"，"思想、政治"合乎"条件"，"既（即）便談資历"也不是沒有資格。"

1966年1月，继清洗党委办公厅后，乌兰夫背着多数常委，篡夺了常委的权，成立了黑代常委，云照光也是被选中的一员。据乌兰夫交代："奎璧提的名单都是士旗人，我去掉了云照光，增添了×××……"。全是士旗人，未免太露骨了，狡猾的乌贼为了遮人耳目，不免不忍痛割爱。

云照光毕竟是乌兰夫心目中理想的接班人。在討論黑五委人选时，乌兰夫指名让云照光任黑文委付主任兼內蒙文联主席。在正式任命时，又暗暗給云照光加上文委党委付书记的要职。身兼三职，一举总揽內蒙文化大权的云照

光，頓时身价倍增，飞黄騰达，声名显赫。使人們吃惊的是：当时云照光还在部队，而乌兰夫竟不与內蒙军区商量，违反干部管理制度，亲下調令，同时还三令五申，紧追上任。云照光在乌兰夫反党叛国集团中究竟是个什么人物，由此也可見一斑。

从此，云照光便充当了乌贼宫廷政变的得力干将。

云照光登殿献策 乌兰夫下詔召見

远在1964年前，乌兰夫在土默特旗、文艺界等地方和部门，网罗党羽，包庇牛鬼蛇神进行民族分裂活动，大量事实已广为流传，引起了各族革命群众的义憤。

1964年春，云照光伙同乌兰夫的另外两个黑爪牙去乌兰夫家，一方面假病情，向主子献殷勤，一方面通风报信，出謀献策。云照光汇报了他所听到的有关士旗的传闻，文艺界及其他方面的问题，以引起乌兰夫的注意，并提醒乌兰夫："以后接見人要慎重，不然有些人利用見你的机会去骗人，殷你殷过什么話。"唯恐乌兰夫行动不慎，因小失大；同时还汇报了內蒙军区他用干部不当，"对使用老干部差"，不重用延安民族学院出来的人，暗示乌兰夫要注意軍內干部的安插，抓枪杆子，为反党叛国做軍事准备。这些意見深合乌兰夫心意，因此乌兰夫左一个"这是个问题，以后要注意"，右一个"有意見談很好"，对云照光连連贊許。此后，乌兰夫便有计划、有目的、有准备地在各重要部门安插士默特旗的延安民族学院出来的他的亲信，分兵把口。1965年6月召开自治区常委扩大会議期間，乌兰夫同王鐸密談时曾說："区党委和常委对上默特旗的延安民族学院出来的干部重用不够，使用上有框框"，"我从去年就改变了，要重視这批人。"1966年在討論黑五委干部问题时，乌兰夫也曾說："过去对延安民族学院出来的这些人重用不够"，"去过延安，在民族学院受过教育的，比較好，又年青，是接班人，应当重用。"

第二次見面，是1966年4月。

云照光到黑文委上任不久，由布赫提名，乌兰夫同意，派云照光去鎮压語委的四清运动。語委四清的要害是四十三人委員会投敌叛国案件。乌兰夫企图割断与这个案件的联系，进而包庇以額尔敦陶克陶为首的投敌叛国集团，先后派潮洛蒙、云照光、布赫三員大将的声威和力量去扑灭这场燃在眉間的烈火。为此，乌兰夫亲自出场，召見云照光，而授机宜。陪同召見的还有吉雅泰、云丽文、布赫、潮洛蒙、浩帆等人。乌兰夫說："都不知道这个四十三人委員会，书记处也沒討論过，……我根本没有过问四十三人委員会的事，这是造謠生事，这是搞阴謀。"并指出：批判"范围不要扩大。"云照光也将語委四清的大量材料和文件向乌兰夫上交。

云照光骨对他的同伙說："額尔敦陶克陶和乌兰夫与四十三人委員会的关系可能性很大，因为額尔敦陶克陶里通外国，他和乌兰夫关系密切。布赫对語委四清抓得特別紧。"可見他是深知其中底細的。然而，在語委的一次会上，云照光却乘承其主子的旨意，颠倒黑白混淆是非地說："乌兰夫搞了四十年革命，一直高举毛泽东思想紅旗，內蒙二十年成就也证明了这一点。中央更了解他，乌兰夫是党中央政治局候补委員，国务院付总理，內蒙古党委第一书记，没有犯錯誤，是跟党走，是毛主席的

（下轉第4版）

1968年2月24日 · 4 ·

东方红 37

云照光是乌兰夫反党叛国集团的死党分子

（上接第3版）

好学生……对乌兰夫的任何怀疑都是错误的。四十三人委员会没有，为什么造谣生事，……不是反对党是什么？"而且还声色俱厉地说："反对乌兰夫就是反对内蒙古党委，不能把乌兰夫和内蒙党委分开，反对乌兰夫就是反对党中央，反对毛主席。"云照光吹捧乌兰夫简直到了肉麻的程度。更恶毒的是，他把黑贼与我们伟大领袖毛主席相提并论，真是反动至极，混蛋透顶！云照光为乌兰夫的投敌叛国活动消赃灭证，使尽了卑鄙的伎俩。他还奔走于王铎、王再天、特古斯之间，串通一气，搞阴谋活动。

云照光在语委四清中扮演了什么角色，不是昭然若揭了吗？

乌兰夫给自己涂脂抹粉
云照光为主子奔走效劳

大野心家乌兰夫，妄图黄袍加身登上成吉思汗第二的宝库，意不择手段篡改内蒙革命斗争史，极力为自己涂脂抹粉，树碑立传，以便扩大"乌兰夫思想"的影响，为其宫廷政变大造反革命舆论。1965年12月，在庆祝自治区成立二十周年筹委会座谈会上，乌兰夫向中央有关部门协助筹备工作的人员遮掩做了五个半天的秘密报告，大谈其"革命"斗争经历，大摆他的"丰功伟绩"。对大连自治区书记也未能参加的会，云照光则由乌兰夫审批、浩帆发票，以特殊身份参加了。云照光受宠若惊，更加觉得乌兰夫"了不起"，对乌贼崇拜得五体投地，回军队后，他故作委屈说，"没有传达任务"，是"秘密"，实际上却到处宣传，说乌兰夫如何"正确"，"乌兰夫在内蒙古贡献很大，内蒙古没有乌兰夫是不行的"，大讲乌兰夫在内蒙"革命"中的作用，他还煞费苦心地组织群众和干部听黑帮分子云世英、曹文玉等大肆吹捧乌兰夫的所谓内蒙革命史的报告，一时吹捧乌贼的奇谈怪论，甚嚣尘上。为把筹备工作搞好，对主子尽忠竭孝，云照光不辞辛苦，奔走呼号，极力鼓吹二十周年筹备工作的重大意义。他一方面组织人力搞展览，抓创作，出影集，一方面亲自动手，夜以继日地写书编剧，为乌兰夫树碑立传，歌功颂德，真是全力以赴，虽抛头颅洒热血也在不惜。

1966年初，右承相吉雅泰斜集原延安民族学院的成员，在新城宾馆召开了一次秘密会议，为搞宫廷政变，网罗党羽，组织力量，他们还专门带走了军事地图，搞不可告人的勾当，云照光为召集这次会，奔走活动，不遗余力。

乌兰夫兴师改变猖狂进攻
众喽啰加紧勾结秘密策划

乌兰夫反党叛国集团，经过精心地秘密策划和长期的准备，认为反革命"宫廷政变"的时机即将到来，于1966年4月25日由乌兰夫主持召开了自治区党委常委扩大会议，即有名的"四月常委扩大会议"。这是一次乌兰夫集团有组织有计划地对革命领导同志进行反革命围攻，为实现宫廷政变扫除障碍的大会。会议前后和会议期间，乌兰夫的黑干将们云照光、赵戈锐、云世英、布赫、云成烈等积极进行反革命串联。他们加紧勾结，频频聚会，互通情报，密谋策划，仅在高莫家就先后开会五次。唯恐泄露天机，有时，开会还要放下窗帘，紧闭门户。他们密议的问题涉及面很广，其侧重点就在：各要害部门的人选，乌兰夫重点搞的二毛（毛织厂）问题，土旗问题，语委"四清"问题，乌兰夫众亲信、爪牙、干将的安插问题，特别着重密谋如何打击革命领导干部权星垣等同志。他们说："要团结多数人，不要打击过宽了，只集中到权星垣身上，这个人是反乌兰夫最积极的人。"等等。总之，他们个个摩拳擦掌，要在这次会上大显身手。

一场斗争异常激烈的"四月常委扩大会议"开始了。乌兰夫及其纠集的一班狐群狗党都乔装打扮粉墨登场了，在这台紧锣密鼓的丑戏中，云照光扮演了一个极为可耻的角色。

会上，乌兰夫作了一个臭名远扬的报告。这个报告以民族分裂主义为黑线，大反毛泽东思想，大反大汉族主义，大反"四清"，大反"汉会"（1964年"三千会"），把斗争矛头集中到权星垣等革命领导同志身上，而云照光对这个反革命报告却吹捧至极，大声喝彩，说"乌兰夫同志的报告思想性很高，尤其是四清讲得很具体，有不少新的提法，提得很准确，打中要害，对我启发很大。"

在谈到××问题时，云照光竟然有恃无恐、得意忘形，叫嚷什么："奎书记有指示，但中间宣传部梗塞，我怀疑过去的领导人和他穿一条裤子，我不怀疑……搞阴谋活动。"他还横行无忌，气势汹汹地提出："这个人现在还有人保护，是很不正派的，没党纪，没国法，不是认识问题，叫出来辩，这是无法无天！"并杀气腾腾地质问："为什么有人起来辩护，不执行第一书记的指示，这是什么道理？"好一付凶神恶煞相！

几年来，乌兰夫借所谓××问题，二毛问题，土旗和医学院"四清"问题，排挤迫害同他一直进行坚决斗争的革命领导干部和革命群众，在这次围攻会上，乌兰夫紧跟乌贼主子的指挥棒也大放厥词，大打出手。云照光真不愧是乌兰夫王朝的得力帮凶。

云照光以及赵戈锐、陈炳宇等，乌兰夫手下的这群魑魅魍魉，在会上会下，会内会外拼命摇旗呐喊，狂蹦乱跳。一时黑风四起，乌烟瘴气。

转移视线，云照光死保乌贼
主子垮台，黑干将加丧考妣

"四月会议"这台狼魔跳梁的丑戏还没有唱完，华北局派出的解学恭同志为首的工作组到达呼市，乌兰夫当头换了一棒。乌贼见势不妙，表面上不得不有所收敛，而暗地却继续加紧活动，积极选拔参加会的党羽、爪牙，收集编选材料，准备在进行最后决战的华北局会议上，疯狂反扑，大干一场。云照光参予了准备工作，也积极争取也参加了这次会议，这就是有名的"北京前门饭店会议。"

会议进入"揭发乌兰夫问题"时，云照光别有用心地质问："华北局为什么对声讨邓拓不表态？华北局宣传部、内蒙党委宣传部有没有资产阶级明岗斗枝派？"妄图转移斗争视线，保住乌兰夫，乌兰夫大反大汉族主义、推行民族分裂主义路线的罪恶活动被揭露出来后，云照光居心险恶地把罪名加在高锦明同志头上，胡说什么"高分管队报（指四清工作队报）"，登了不少反大汉族主义的文章，应负责，这是失职行为！"千方百计为其主子乌兰夫开脱罪责。斗争向纵深发展，乌兰夫反党叛国集团的黑幕被全面揭开，浩帆、李贵被罢免，乌兰夫倒台了。冤死狐悲，云照光如丧考妣，涕泪纵横地痛哭了几次。他为乌兰夫唱輓歌："乌兰夫为什么想起反大汉族主义来了？"还哭丧着脸说："李贵叫人斗争得很厉害，现在腿也肿了，每日吃不下饭去，真可怜。"

然而敌人是不会自动退出历史舞台的。云照光并不死心，怀着一颗对乌贼的耿耿忠心，继续为乌家王朝作垂死挣扎。

黑干将云成烈在呼市与戈锐、云北峯等死党分子密谋后，于六月中旬潜入北京，一方面刺探会议消息准备采取对策；一方面与云丽文、云照光等取得联系，给在北京参加会议的乌兰夫及其死党分子打气鼓劲。云照光违反会议纪律，与云成烈秘密接头，群谈了会议全部情况，云成烈让云照光转告乌兰夫："土默特族人要顶住，让乌兰夫也顶住"，"如果你们顶不住，也应考虑到如何退却"，"革命是有反复的，斗不过人家，咱到农村打游击去"等等。云照光深怕活动败露，闯下大祸，他对云成烈说："在这个时候你还想往里钻？""情况我已经给你说了……就是为了让你了解情况，不要往里滚。"还苦苦催促云成烈赶快回内蒙，"回去争取参加四清"，以避开文化大革命的烽火之火，保存人马，蓄积力量，不难看出，云照光采取了以退为守、伺机反扑的反革命策略。

云照光就是这样一个一直追随乌兰夫，死心塌地效忠于乌家王朝的乌兰夫死党分子。

然而，就是这样一个人，截至今日，还采取种种卑劣手段、诡辩耍赖，拒不认罪，还大嚷："我是受了乌兰夫的蒙蔽！""我至多不过是个二类干部！"何等顽固！何等猖狂！何等嚣张！

"凡是反动的东西，你不打，他就不倒。"我们必须遵循伟大领袖毛主席的教导，雷厉风行乘胜直追，把乌兰夫死党分子通通揪出来，斗倒、斗臭，挖絶黑根，清淨流毒，夺取我区无产阶级文化大革命的全面胜利！

我们是怎样落实毛主席最新指示
办毛泽东思想学习班的

（上接第1版）

武器，反掉右倾，打倒派性，斩断黑手，把阶级警惕性提得高高的，把阶级斗争观念搞得浓浓的，叫乌兰夫死党分子无藏身之地。

另外，为了做到理论联系实际，我们注意了学习和战斗结合起来，一方面着重解决精神状态问题，另一方面又在战斗中学，在战斗中用，在班文革的统一领导下，组织了材料和院、系阶级斗争形势三个专门小组，充分发动群众，把学习班活动安排得生动活泼，富有战斗气氛。

第三阶段：以阶级斗争为纲，彻底摧毁乌兰夫反革命司令部，把文化大革命进行到底

通过这期学习，大家的阶级斗争观念增强了，反掉了右倾，鼓足了干劲。但这仅仅是开始，决不意味着斗争已经结束，学习可以中止，随着阶级斗争的深入发展，敌人必将以百倍的疯狂进行垂死挣扎和反扑，"我们决不可以轻视这些敌人。如果我们现在不是这样地提出问题和認識问题，我们就要犯极大的错误。"

我们组织全班战士学习了毛主席的光辉著作《将革命进行到底》。大家一致表示，念念不忘阶级斗争，挖除乌兰夫黑线，肃清乌兰夫流毒，做"决心把无产阶级文化大革命进行到底的无产阶级革命派。"

二-16

一九六八年三月二十二日　　　　工 人 风 雷 （副刊）　　　　第三版

彻底批判修正主义毒草影片《鄂尔多斯风暴》
〈文艺革命战团 晓风〉

"鄂尔多斯风暴"是一部修正主义族民分裂主义毒草影片，是乌兰夫叛国文学的典型标本。

在无产阶级文化大革命取得决定性胜利的今天，我们拿出这部毒草影片示众，给予彻底的批判，以肃清其流毒。借以彻底地批判中国的赫鲁晓夫及其在内蒙的代理人乌兰夫，彻底摧毁他们所推行的反革命修正主义文艺黑线。使文艺舞台能够真正成为毛泽东思想的宣传阵地。

"鄂尔多斯风暴"是内蒙当代王爷乌兰夫的走狗文人云照光为其主子乌兰夫反党叛国大造舆论而精心泡制的一株大毒草。

影片是在一九六二年拍摄出笼的。一九六二年，我国正处在暂时经济困难时期。国际上帝修反掀起反华大合唱，人民公敌蒋介石也疯狂地叫嚣要反攻大陆。国内的地、富、反、坏、右和社会上的牛鬼蛇神，蠢蠢欲动，到处煽风点火，上窜下跳，向党进行猖狂的进攻。妄想翻天。我们伟大领袖毛主席教导我们说："在拿枪的敌人被消灭以后，不拿枪的敌人依然存在，他们必然地要和我们作拼死的斗争，我们决不可以轻视这些敌人。"

而中国的赫鲁晓夫，这个反革命修正主义分子，竟然狗胆包天，疯狂地反对毛主席，反对伟大的毛泽东思想。他密切地配合社会上的牛鬼蛇神，在农村大刮单干风，大力推行三自一包，猖狂地反对三面红旗。中国的赫鲁晓夫为了篡党复国。不但抓枪杆子，也从来没有放松过笔杆子，把他的黑手伸进文化领域内，周扬等人死死拉住陆定一、周扬等人，推行一条反毛泽东思想文艺路线。

中国的赫鲁晓夫在内蒙古的代理人当代王爷乌兰夫是这个反党叛国的阴谋家，和他的太子了，内蒙文艺界最大走资派介赫，操纵整个内蒙文艺界，在内蒙推行了一条又黑又粗又长文艺黑线。他们结党营私，举起他们族文学和叛国文学的黑旗，为乌兰夫的反党叛国大造反革命舆论。

乌兰夫的御用文人们，这时也都赤膊上阵，泡制了大量毒草作品，一时文艺舞台上群魔乱舞，阴云四伏。走狗文人云照光不甘落后，也匆匆忙忙地抛出了他的反党叛国电影剧本"鄂尔多斯风暴"。

那么，请看看：影片的泡制者究竟在影片中宣扬鼓吹了什么。究竟如何为乌兰夫的反党叛国大造舆论。

毛主席说："民族斗争，说到底是一个阶级斗争问题。"毛主席的这一科学论断，是对民族问题最高度，最精辟的概括和总结，是我们解决民族问题唯一正确的理论。而影片的泡制者，却以突出民族问题来掩盖阶级斗争问题。大力鼓吹民族主义和民族利益，以民族问题取代阶级斗争问题。狂热地宣扬乌兰夫"为民族"，"为蒙古人服务的荒言谬论。

影片一开始，就塑造了一个蒙古族"英雄"——大席尼喇嘛——的形象。他是一个"独贵龙"运动的领袖。这样一个民族主义者竟被打扮成一个共产主义者的形象。影片描述了由于蒙古族上层统治阶级的内部矛盾，这个大席尼喇嘛被王爷杀害了。在他临死送葬那天，竟有那样多的草原牧民来给他送葬，又有那样多的贫苦牧民为他流下悲哀的眼泪。为什么一个蒙古上层统治阶级的人物竟被美化成一个民族英雄和宁死不屈的革命者呢？影片泡制者用意何在，很清楚，这正是在鼓吹乌兰夫的"王公贵族是好的，有功的"谬论。

我们知道，蒙古民族中的贫苦牧民和上层统治阶级决没有什么共同的利益；有蒙古人民的利益就没有蒙古统治者的利益；有蒙古统治者的利益就没有蒙古人民的利益。蒙古人民和蒙古统治阶级之间是水火不相容的。而影片的泡制者却抹杀阶级斗争，大肆宣扬"蒙古人是一家"的谎言。

当代王爷乌兰夫的狗侄子云照光泡制出的大毒草"鄂尔多斯风暴"是在一九六二年出笼的。一九六二年，国际上美、苏、蒙、印掀起了一股反华大合唱的逆流；国内正遭受了三年自然灾害带来的困难时期；蒋介石也叫嚣着准备"反攻大陆"，"鄂尔多斯风暴"的出笼决不是一件偶然的事情。

影片所宣扬的是什么？是号召蒙古人民起来夺大印？是夺权！影片公开地跳出来，配合帝修反的反华大合唱，配合蒋匪帮反攻大陆，其用意又何其毒也！

毛主席说："被推翻了的资产阶级则用种种办法企图利用文艺阵地，作为腐蚀群众、准备资本主义复辟的温床。"反动电影"鄂尔多斯风暴"的泡制者云照光，就是一个，为乌兰夫进行民族分裂，全面复辟资本主义的吹鼓手。

电影一开始出现的境头是王爷敖其尔上court刑场。临刑前，这位王爷激昂地说什么"乡亲们！不要忘记鄂尔多斯在苦难中"他的儿子乌力吉赶来了，老王爷已经死了，乌力吉这位王爷的儿子就领导了这么一场轰轰烈烈的"风暴"。

用阶级和阶级斗争的观点来分析，影片完全混淆了上层剥削阶级和被剥削，被压迫的阶级阵线，直接和毛主席的"民族斗争，说到底是一个阶级斗争问题"的英明论断相对抗。

更恶毒的是，影片的泡制者在借大席尼喇嘛之口，对鄂尔多斯在苦难之中"影射攻击我们伟大的党，给草原带来了灾难，妄想挑拨蒙汉两族人民的团结，唤起蒙古人起来赶走汉人，用心又何其毒也，这和乌兰夫"汉人欺负蒙古人"的论调不是同出一辙吗？

影片还极力地美化王爷，如何慈爱，杀了大席尼喇嘛，却留下了他的儿子。并对他说："只要你好好干，王爷不会亏待你的"。奇怪，天下那有这样慈善的狼。狼终究是狼，它的本性不能改变，而影片的泡制者却把草原上的恶狼——王爷，美化成一个大慈大悲，人道主义的好人。

毛主席说：你是资产阶级文艺家，你就不歌颂无产阶级或歌颂资产阶级；你是无产阶级文艺家，你就不歌颂资产阶级，而歌颂无产阶级和劳动人民，二者必居其一。

影片的泡制者站在反动的统治阶级的立场上，为封建王爷、贵族、牧主大唱赞歌，涂脂抹粉，把王爷头晋、打扮成智勇双全的英雄，宁死不屈的好汉，尽其讴歌美化之奴才能事。另一方面，又极力地丑化、污蔑广大革命群众，把草原上的广大贫苦牧民描写成一群无知的群氓、愚味、一盘散沙、大灭革命群众志气，大长王爷福晋的威风。

毛主席说："群众是真正的英雄""人民，只有人民，才是创造世界历史的动力"。又说："除非反革命文艺家才有所谓人民是'天生愚蠢的'，革命群众是'专制暴徒'之类的描写"。

毛主席的英明论断，给了这些反革命文艺家当头一棒，彻底地揭露出这些披着革命者外衣的反革命文人的嘴脸。影片的泡制者，爱的是什么人，恨得是什么人，不是很清楚了吗。

毛主席教导我们说："世界上一切革命斗争都是为着夺取政权，巩固政权。"又说："革命根本问题是政权问题。"

一九六二年，中国的赫鲁晓夫为右倾机会主义者翻案，疯狂地反对毛主席的领导。他在内蒙的代理人乌兰夫也野心勃勃，妄想分裂祖国，投靠苏修。社会上的牛鬼蛇神也猖狂活动，叫嚣要共产党下台，反革命势力一时甚嚣尘上。

这时，影片的泡制者，以其反革命政治头脑，估计时机，也密切地配合反革命形势需要，急忙抛着这部影

片。大声叫嚷："要夺权，要印把子"，反革命势力也深深懂得印把子的重要。所以，大声急呼，要蒙古人起来夺权，要把印把子夺到蒙古人民手中。是这样吗，是蒙古人起来向王爷要权吗？不，绝不是！这是呼唤那些反革命，牛鬼蛇神，起来向无产阶级夺权，是煽动那些民族分裂主义者，起来向党夺权，向人民夺权。然后，再把内蒙古从祖国大家庭中分裂出去，以实现其投靠苏、蒙的卑鄙阴谋。影片泡制者的司马昭之心，不是昭然若揭了吗？

影片自始自终，只字不提毛主席的领导，却出现了一个共产党员老刘的形象。用隐蔽的手法，把他的主子乌兰夫打扮成一个"老革命者"，"蒙古人民领袖"并大唱赞歌，什么，"老刘领导我们干革命"，"我们要听老刘的话"老刘俨然成了蒙古人民的救星。请问影片泡制者，你究竟把我们各族人民的伟大领袖毛主席置于何地？在你眼中，只有中国的赫鲁晓夫，只有你的主子乌兰夫。难道不是这样吗？

告诉你，影片的泡制者：在我们工人阶级和各族人民心中，只有我们毛主席才是各族人民的伟大领袖，伟大救星。

你所吹捧讴歌的那些封建王爷贵族连同他们的主子，中国的赫鲁晓夫和当代王爷乌兰夫都不逃于人民对你们的审判，最后终将被抛进历史的垃圾堆里。

由我们伟大领袖毛主席所亲自发动领导的无产阶级文化大革命运动。揪出了中国的赫鲁晓夫和内蒙的代理人乌兰夫。革命的暴风雨彻底地摧毁了以乌兰夫布赫为首所推行的反党叛国文艺黑线，乌兰夫的狐群狗党和走狗文人都一个一个被揪到光天化日之下了。

但是我们的斗争仅仅是开始，乌兰夫残党余孽仍不甘心他们彻底失败的命运。目前在我们正展开了一场挖乌兰夫黑线肃清乌兰夫流毒的人民战争，革命的红色暴风雨将彻底涤除各个角落中盘踞的乌兰夫残党余孽。

内蒙文艺界的斗争也进入更深入更激烈的阶段，我们工农兵登上了文艺舞台，好得很，好得很，就是好得很！我们工农兵，是文艺舞台当然的主人，我们要起来彻底批判乌兰夫在文艺界所散布的流毒，把乌兰夫的民族文学，叛国文学彻底打翻在地、批倒、批臭。让工农兵永远占领文艺舞台，让伟大的毛泽东思想在文艺舞台上永放光芒！

揪出黑鬼云照光！批臭大毒草"鄂尔多斯风暴"！

文艺革命战团制药厂批判组

毛主席教导我们："阶级斗争，一些阶级胜利了，一些阶级消灭了，这就是历史，这就是几千年的文明史。拿这个观点来解释历史的就叫做历史的唯物主义，站在这个观点的反面的就是历史的唯心主义。"乌兰夫的皇太子布赫狗侄子云照光泡制出来的这株大毒草的目的，就是煽动民族情绪，就是宣扬阶级消灭论，他们所宣扬的，高叫的就是：我们都是蒙古民族，不管他是王爷，不管是贫苦牧民，我们都是一个祖家。影片极力宣扬在王爷领导下，贫苦牧民也能翻身，也能得到解放，照此说来，没有毛主席、没有我的领导也可以翻身，也可以翻身。影片的泡制者妄图全盘否定我们伟大领袖、世界革命人民的伟大导师毛泽东的正确领导，妄图把内蒙人民的革命胜利的伟大功绩记在乌兰夫之流的身上，这简直是白日作梦，痴心妄想！

我们再来分析一下电影中两个王爷之间斗争，这一个杀了那一个，只不过是封建王爷之间互相吞并，为了他们自己的利益勾咬咬罢了。封建的王公贵族怎么能站在了贫苦牧民，能站在被他们压迫的人民的立场上说话呢？这简直是弥天大谎！泡制者所以这样极力颂扬王爷的"革命"，就是为乌兰夫的"扶持上层王爷"的民族分裂造舆论，就是

为了让广大贫苦牧民忘记旧日苦，借此来麻痹广大人民的革命警惕性，为其主子大搞民族分裂摇旗呐喊。

再来看看王爷敖其尔的儿子乌力吉这个人物。泡制者力图把这个王爷的孝子贤孙，这个小王爷描写成一个坚定的革命者，描写成一个能站在广大贫苦牧民立场上去造王爷反的英雄。这简直是颠倒历史，混淆是非！

毛主席教导我们："地主阶级对于农民的残酷的经济剥削和政治压迫，迫使农民多次地举行起义，以反抗地主阶级的统治……在中国封建社会里，只有这种农民的阶级斗争，农民的起义和农民的战争，才是历史发展的真正动力"。泡制者秉承着他老子"当代王爷"乌兰夫的旨意，想用陕猫的民族观点来代替阶级斗争，以此来达到分裂祖国的野心，这是一万个办不到的。我们用毛泽东思想武装起来的工人阶级，坚决要和乌兰夫斗争到底！坚决打倒这些乌龟王八旦，挖尽乌兰夫的黑线，彻底肃清其流毒，把乌兰夫的文艺黑线，把周扬，陆定一的文艺黑线，他们的一切徒子徒孙扫入历史的垃圾堆，让他们永世不得翻身！

打倒黑鬼云照光！

批臭大毒草"鄂尔多斯风暴"！

二-17

7

一九六八年

呼三司 内蒙古大学井冈山《文艺战鼓》编辑部

最 高 指 示

混进党里、政府里、军队里和各种文化界的资产阶级代表人物，是一批反革命的修正主义分子，一旦时机成熟，他们就会要夺取政权，由无产阶级专政变为资产阶级专政。这些人物，有些已被我们识破了，有些则还没有被识破，有些正在受到我们信用，被培养为我们的接班人，例如赫鲁晓夫那样的人物，他们现正睡在我们的身旁，各级党委必须充分注意这一点。

*　　　*　　　*

帝国主义者和国内反动派决不甘心于他们的失败，他们还要作最后的挣扎。在全国平定以后，他们也还会以各种方式从事破坏和捣乱，他们将每日每时企图在中国复辟。这是必然的，毫无疑义的，我们务必不要松懈自己的警惕性。

文艺战鼓

第 7 期
1968.3

目　　　录

彻底批臭大毒草《鄂尔多斯风暴》 …………………………………（ 3 ）

从电影剧本《鄂尔多斯风暴》的几次修改看云照光…………（ 7 ）

从席尼喇嘛到乌力吉 ………………………………………………（14）

席尼喇嘛调查简介 …………………………………………………（17）

批三反分子云照光的几个短篇创作 …………………………（35）

点鬼台　**坚决打倒三反分子云照光** …………………（28）

云照光是乌兰夫反党叛国集团的死党分子 …………………（22）

反动影片《鄂尔多斯风暴》出笼点滴 …………………………（40）

附录：乌兰夫吹捧席尼喇嘛部分黑话 …………………………（43）

叛国文学的借尸还魂 ………………………………………………（44）

　　　　　　　——評晋剧《席尼喇嘛》

手榴弹　乌兰夫作画 ………………………………………………（49）

吹鼓手和继承人 ……………………………………………………（50）

"党內有党"的秘密 …………………………………………………（51）

— 2 —

彻底批臭大毒草《鄂尔多斯风暴》

內大井冈山《求实》《韶峯》

在我国三年自然灾害期間，文艺界一小撮反革命修正主义分子在中国赫鲁晓夫的支使下，向以我們伟大領袖毛主席为首的无产阶級司令部发动猖狂进攻。他們开动一切宣传机器，利用各种輿論工具，为其篡党、篡政、篡軍、复辟资本主义的反动政治阴謀鳴鑼开道。在内蒙当代"王爷"乌兰夫为适应其反党、叛国，建立资产阶級专政的"大蒙古独立王国"的需要，利用文艺作品大造反党、反社会主义反毛泽东思想的反革命輿論。这个时期，内蒙文艺界为反党阴謀家树碑立传，为叛国集团，内蒙古人民革命党歌功頌德的大毒草紛紛出籠。而乌兰夫反党集团干将，三反分子云照光于一九六二年抛出的电影剧本《鄂尔多斯风暴》就是其中一株"出类拔萃"的大毒草。

这部电影从其鼓噪于妖腹时便受到罗瑞卿之流及乌兰夫反党集团的关怀，耳 提 面命，接見打气，而乌兰夫的右丞相奎璧则亲自上陣，与三反分子云照光屈膝談心。大讲其反革命丑史，大上其反党黑綱，并由乌贼及陈亚丁之流亲自审閱批准拍摄。及至影片出籠，乌兰夫亲为喝彩，将该片列为招待外宾的优秀影片。云照光本人则大受賞識，青云直上，擢升内蒙文联主任及黑文委头目之一。乌兰夫在内蒙文艺界的代理人布赫唯恐該片不遇"知音"，竭力为之鼓吹，說什么：这是内蒙最优秀的一部影片，"是历史服务于现实斗争的典范。"同时，别有用心地說："一九二六年伊盟就发生了武裝斗爭，如果毛主席当时在，伊盟就成了革命圣地。"

"項庄舞剑，意在沛公。"什么最优秀？是吹捧"內人党"徒及反党阴謀家高崗最卖劲！什么历史服务于现实？是配合乌兰夫反党集团向党中央进攻！什么表现"武裝斗爭"？是乌兰夫之流欺世盜名，攻击、貶低光焰无际的毛泽东思想的罪証。

为"內人党"徒张目罪責难逃

大毒草《鄂尔多斯风暴》以一九二六年伊盟乌审旗新"独貴龙"运动为背景，以席尼喇嘛乌力吉尔格拉为模特，塑造了一个所謂"接受了无产阶級革命思想的英雄形象"乌力吉。

"独貴龙"究竟如何評价？席尼喇嘛又是什么人呢？

历史上的老"独貴龙"运动是一种自发散漫的，以請愿为唯一、主要斗争形式的貧牧运动。其矛头所向，反对王爷卖地和抗捐抗税，带有反封建色彩。但是，老"独貴龙"运动没有也不可能从根本上动摇和摧毁封建王公贵族统治。所以，做为群众运动，它虽然带有革命、进步意义，但終究摆脱不了改良主义的悲剧历史命运，及至一九二六年暴发的新"独貴龙"运动，已經由自发的貧牧运动变为反动"內人党"所利用和領导的民族主义武裝暴动。所謂新"独貴龙"的武裝力量十二团就是打着"民族独立"旗号，鼓吹"滿蒙非中国"論的"內人党"武装，其头目就是"內人党"魁旺丹尼瑪的麾下干将席尼喇嘛。

新"独貴龙"絶不是我国反帝、反封，反官僚資本主义的新民主主义革命的组成部分，更不能当做中国共产党直接领导与影响下的革命运动去呕歌。新"独貴龙"是不折不扣的以"民族分裂"为基点的資产階級民族民主运动。而这种运动发生在中国共产党誕生五年后的大革命时代，无疑是极端反动的。

"独貴龙"的領导者席尼喇嘛虽然出身貧苦，但是，他爬上了"京肯笔帖式"（即秘书长）宝座，保駕过遺臭万年慈禧太后，曾为乌审王爷的升官发财奔走效命，一九二四年他在乌兰巴托加入蒙古人民革命党，一九二五年又当上了販卖"蒙古一貫独立論"，"統一蒙古"等叛国謬論的老內蒙古人民革命党的中央执行委員。他搞"独貴龙"的目的，不是也不可能是从根本上鏟除封建制度，而是老王爷换小王爷，坏王爷换"好王爷"，从而使封建王公制度保存下去，质言之，他在伊盟的所謂"反封"活动是外蒙乔巴山政权继續奉戴哲布尊丹巴的翻版。

显然，席尼喇嘛一不是反封英雄，二沒接受中国共产党的領导，三是大搞民族分裂的人民革命党徒。这样的人有什么值得歌頌呢？

然而，独夫民賊乌兰夫却把这个席尼喇嘛捧上了天。他在黑报告中多次宣揚席尼喇嘛的所謂丰功伟績。說什么："席尼喇嘛'独貴龙'之在內蒙，就某种程度来說，是应該和广州暴动为中国大革命退兵一战的意义相似的"又說"一九二六年在伊盟席尼喇嘛的独貴龙，嘎达梅林暴动这些伟大的反帝反封建的运动，在蒙古历史上是空前而光輝的一頁，……"等等。而乌兰夫的死党云照光则緊步乌賊后尘，利用电影文学对席尼喇嘛无耻吹捧，肉麻地美化，竟致不惜編造，达到荒謬絶論的地步！

在銀幕上，席尼喇嘛的化身乌力吉变成了一个无产的貧牧，变成了一个頂天立地的布尔什維克指揮官，他不畏艰难险阻，不怕流血牺牲。为彻底摧毁封建制度，为赤貧牧民解放自由奋斗終生。

这是对历史的莫大歪曲和篡改。

这是对反动的"內人党"徒无耻的吹捧！

云照光为"內人党"徒张目罪責难逃！

反党阴謀家的功德碑

我们伟大的領袖毛主席教导我们說："利用小說进行反党活动，是一大发明。"而云照光正是利用文艺作品为高崗反党集团树碑立传，为乌兰夫反党、叛国集团歌功頌德。

云照光凭空捏造了这样一条黑綫，即乌力吉去北京告状时認識了"蒙藏学校"的学生巴图。通过巴图的关系，乌力吉与"蒙藏学校"发生了联系，（在一九五九年出版的文学剧本中，巴图以后到乌力吉队伍当了党代表）于是"蒙藏学校"对乌力吉的"革命"发生了巨大的影响。

这是一个弥天大謊！席尼喇嘛从来没有和"蒙藏学校"发生联系，蒙藏学校更不能对他的所謂"革命"活动发生影响。云照光絞尽脑汁，惨淡經营了这样一条黑綫，恰恰暴露他吹捧乌兰夫反党集国的狼子野心。

乌兰夫一向以"蒙藏学校"为荣專，也常常把他自己打扮成"蒙藏学校"的学生領袖，把蒙藏学校說成是內蒙革命的发源地。云照光在这里隐晦曲折而又分明告訴人們：烏力吉由个一自发的反抗者成长为一个自觉的革命者，这完全是烏兰夫及其在蒙藏学校的狐朋狗友奎壁的影响和间接領导的結果。眞是无耻之尤。

伴随这条黑綫而来的，还有一个名叫刘洪泰的莫名其妙的人物。这个汉族中年人先是北京某校的教授，后来突然由陕北到达伊盟，当起烏力吉部队的党代表来了。这个刘洪泰到底是什么玩艺呢？

尽人皆知，老人民革命党曾得到列宁所唾棄的第三国际和毛主席所唾棄的陈独秀右傾机会主义路綫的支持。而席尼喇嘛的蒙古人民革命軍十二团也正是在陈独秀右傾机会主义路綫支持下活动于烏审、鄂托克地区。所以，刘洪泰首先是陈独秀右傾机会主义者的集合形象。

其次，在《鄂尔多斯风暴》的一、二、三稿中刘洪泰先称高洪泰，是陕北模山人。这又是明目张胆地为反党野心家高崗树碑立传。众所周知，反党野心家高崗是陕北模山人，其黑手曾延伸于伊克昭盟。而在史无前例的无产阶级文化大革命中揪出的郝文广、田万生反党集团也正是大野心家高崗在鄂尔多斯的"遺孽"。三反分子云照光是高崗的老部下，自然对高耿耿于怀，銘刻不忘。及至一九五四年高饒反党集团被揪到了光天化日之下后，云照光仍然明目张胆地跳出来抱打不平。說什么"这个事情太突然，想不通。""过去对高崗印象深"，"有好感"，"是校长，經常見，听报告，看有关他的书……在伊盟群众中也有影响。"并为之鳴冤叫屈，胡說什么"高崗现在犯错誤，难道以前的历史也有問题了？"为其对高崗如此崇拜，对高崗的反党罪行如此辩护，所以，在他的大毒草《鄂尔多斯风暴》中硬将这个本与席尼喇嘛风馬牛不相及的模山高崗与席尼喇嘛扯到一块，借以为高崗树碑立传，辩解翻案。

在云照光的笔下，这个陈独秀右傾机会主义者与反党阴谋家高崗的集合形象简直成了眞理的化身。是这个刘洪泰，身先士卒，亲自发动，領导北平学生运动；是这个刘洪泰，立场坚定，身陷囹圄而念念不忘宣传馬列主义。而烏力吉被捕，独贵龙被迫流窜活动时，又是这个刘洪泰乔装小贩及时雨般地出现于鄂尔多斯，于是，烏力吉得救，"革命"逢勃发展。及至"斗争"深入发展，还是这个刘洪泰首先提出"武装斗争"的理論并付諸实践。这样，云照光通过刘洪泰这个握斡大局的铁碗人物說明烏力吉接受了中国共产党的領导。而这个"党"又是什么党呢？是陈独秀右傾机会主义的"党"，反党阴謀家高崗的"党"。至此，云照光为反党阴謀家树碑立传的狼子野心不是昭然若揭了吗？

砸烂反党阴謀家高崗的功德碑《鄂尔多斯风暴》！

射向党中央的一支毒箭

历史上的"独贵龙"运动，尤其是席尼喇嘛所領导的"新独贵龙"运动，其斗争的主要内容之一是反对"放垦"。但是，他们在反对封建军阀井岳秀的同时，籠統反汉，带有狭隘的地方民族主义色彩。这种狭隘的地方民族主义，在任何时候都不能予以肯定，更不能为之大唱贊歌。

然而，云照光的《鄂尔多斯风暴》却狂热地鼓吹了这种地方民族主义，并含沙射影，借古諷今，将矛头指向党中央及党的內蒙发展农业的方针政策。而烏兰夫的狗太子

— 5 —

布赫叫嚣什么《鄂尔多斯风暴》是"历史服务于现实斗争的典范"一語，正好泄漏他們炮制并推崇这部影片的反党天机。

一九五八年，中央农垦部响应我們心中最紅最紅的紅太阳毛主席"**大办农业**"的伟大号召，計划建呼盟国营农场，計划开荒四百万亩作为北京的粮食供应基地，以解决"南粮北調"所造成的困难。然而，乌兰夫对此不但不予支持，反而公然跳出反对："在牧区开荒这純粹是张作霖的殖边政策"！并别有用心地煽动民族情緒："汉人来多了，干部所以也多了，现在牧区是当地人当家，外来人作主"并于一九六二年悍然挑动牧民鬧事将呼盟已垦四百万亩熟地統統閉掉。与此同时，乌兰夫策动其御用文人大造"反垦"輿論。什么"移民兴边"討論，什么嘎达梅林，什么陶克陶乎等等，妖风鋪天盖地而来。"反垦"之声洋洋乎盈耳。而所謂吹捧席尼喇嘛之风正是其中頗有来头的一股。

影片通过王爷放垦情节的渲染，表现出一副妻离子散，民不聊生的凄惨景象。并通过乌力吉含沙射影地挑动："把草滩卖給汉人也是老祖宗的规矩？"更甚的是，云照光通过乌力吉的"反垦"斗爭，公然号召"成吉思汗的子孙团结起来""拿起武器"，"为自己的民族"而"奋斗"。

显然，《鄂尔多斯风暴》是乌兰夫借"土地問題"发民族分裂之揮的"杰作"。是乌兰夫借历史人物反党的"杰作"，是配合乌兰夫反党活动射向党中央的一支毒箭。

不准攻击、贬低伟大的毛泽东思想

毛主席是我們心中最紅最紅的紅太阳，毛泽东思想是我们的命根子。几十年的革命斗爭实践充分証明了毛泽东思想是当代馬克思列宁主义的頂峰，是当代最高最活的馬克思列宁主义。

在当今的世界上，对待毛泽东思想采取什么态度，是拥护还是反对，是識别革命和反革命的分水岭和试金石。所以，一切阶级敌人，无論是赫鲁晓夫、勃列日涅夫、柯西金之流，还是中国党內最大的走資派刘少奇、邓小平、陶鑄及其在內蒙古的代理人乌兰夫之辈，对毛泽东思想都怕得要死，恨得要命。他们把攻击的矛头总是对准光熠无际的毛泽东思想，千方百計地抵毁、贬低和誣蔑毛泽东思想。同样，《鄂尔多斯风暴》也把一支最恶毒的箭巧妙地射向了毛泽东思想。

毛主席的軍事思想，是毛泽东思想的重要組成部分。毛主席的农村包围城市，武装夺取政权的光輝理論，是对馬克思列宁主义的天才发展。早在一九二七年毛主席就英明地指出："**推翻地主武装，建立农民武装。**"提出了武装斗爭的伟大理論。然而，令人不可容忍的是，影片却借着老刘与乌力吉之口在一九二六年提出了什么"武装斗爭"的問題。这是明目张胆地同我們伟大的領袖毛主席分庭抗礼！

影片中有这样一段：刘洪泰說："……請大家想一想，咱們赤手空拳怎么对付了王爷呢？"乌力吉恍然大悟："王爷手里有枪！"又說："敌人怎么对付咱們，咱們就怎么对付敌人！"

这是馬蜂屁股上的一支毒針，毒液最大。

这岂不是說，在毛主席一九二七年提出武装斗爭之前，刘洪泰，即陈独秀右傾机会

（下接第26頁）

— 6 —

从电影剧本《鄂尔多斯风暴》的几次修改看云照光

包 嗥

由三反分子云照光编剧的影片《鄂尔多斯风暴》，是一株反党反社会主义反毛泽东思想，疯狂地为乌兰夫反党集团树碑立传，为反党野心家高岗翻案的大毒草。在内蒙古文艺界革命大批判的高潮中，彻底批判这部反动影片，肃清其流毒，是广大无产阶级文艺战士和革命群众的重要任务。

三反分子云照光十分害怕对这部影片的批判，千方百计地制造矛盾，转移视綫，诡辩解释，一次又一次向革命派发动猖狂反扑。自己先跳出来，一口咬定这部影片"不是毒草，这是前提"。在一份三千言的"抗议书"中，又无耻地诬蔑无产阶级革命派对这部影片的批判是"生拉硬扯，无限上纲"，"连一点事实也不照顾"，等等。

敌人是凶恶而且嚣张的，同时也是虚弱而愚蠢的。反扑的叫嚣，休想阻止无产阶级革命派扫除一切害人虫的战斗；伪装的假象，也休想迷惑用毛泽东思想武装起来的无产阶级革命派的眼睛。影片《鄂尔多斯风暴》到底是个什么东西，云照光是那一路的大将，有铁的事实在。

电影文学剧本《鄂尔多斯风暴》从一九五八年写初稿，到一九六一年完成拍摄本，共写了十一稿，进行过多次重大修改。剧中人物，情节在不断变化。万变不离其宗，影片始终围绕着一条黑片綫，就是为乌兰夫反党叛国服务，为高岗翻案。只是在表现手法上，越来越隐蔽，其效果也越来越恶毒。在电影文学剧本的几次修改中，云照光的反革命嘴脸，乌兰夫走狗的嘴脸，高岗余孽的嘴脸，是赤裸裸地暴露出来的。

"蒙藏学校"和乌兰夫、奎璧

乌兰夫一九四七年在一次报告中说："内蒙革命开始发源于北平的蒙藏学校。"了解乌兰夫历史的人都知道这是在自吹自擂，企图把自己打扮成内蒙古革命的元勋。

北平的蒙藏学校，是北洋军阀政府用来培植统治和压迫少数民族的爪牙和帮凶的地方。一九二三年，乌兰夫和他的左右丞相奎璧、吉雅泰等人从土默特小学被选送到蒙藏学校。

当时在北京的中国共产党的负责同志，为了开展蒙绥地区的工作，培养少数民族干部，曾多次派人到蒙藏学校去宣传马列主义，组织学生运动，配合大革命的高潮。当时乌兰夫呢？要么出入于妓院、戏场、酒楼，要么龟缩在书斋里躲避风雨，即使附和革命活动，也很少见。

乌兰夫对自己这段历史却津津乐道，向人们说，他在蒙藏学校接受了马列主义，从此开始了内蒙古的革命斗争，俨然以"内蒙革命元勋"自居了！所谓"内蒙革命开始发源于北平的蒙藏学校"，就是说，内蒙革命发源于我乌兰夫手下！

三反分子云照光在电影剧本《鄂尔多斯风暴》中，肆无忌惮地篡改历史，为乌兰夫的內蒙革命"发源于蒙藏学校"说做了文学形象的注释。

在剧本一、二稿中，都有这样的情节：席尼喇嘛到北京去告状，见到中共北方局负責人老李，老李把席尼喇嘛引到一个屋子里。

在里间屋，坐着三个人，席尼，老李，还有一个陌生的年青人。老李站起来，吸着旱烟，指着年青人道：

"他是蒙古人，在蒙藏学院，是土默特旗的，姓云，就叫云先生吧。"

这个挑帘出场的"云先生"，不就是乌兰夫嗎？就是这个"云先生"，成了席尼喇嘛启蒙的老师，他给席尼喇嘛灌输了马列主义，宣传中国共产党，宣传马列主义的民族观。席尼喇嘛回到伊盟后，这个"老云"还不断地給以指示和帮助。还参加了"內蒙古人民革命党"第一次代表大会。

历史上的席尼喇嘛去北京是一九二〇年，离北京是一九二三年，他根本不知道"蒙藏学校"为何物，更不知道还有个什么云泽。还有比云照光这种篡改历史，为乌兰夫贴金的手段更卑鄙的嗎！

乌兰夫这样赤裸裸地出场，云照光还觉得沒有尽到奴才之职守，在修改提綱中又写道："加强蒙藏学校的戏。"怎么加呢？請看第三稿：席尼喇嘛在北京见到了"老李"

老李亲切地拉着席尼喇嘛的手："今天就在这里，明天到（蒙藏）学校找一个姓云的蒙古人去。"

……在北京的西城的一条小胡同里，古老的大門口，有"蒙藏学校"几个大字。

在蒙藏学校学生宿舍里，一个二十二岁的大个子青年人，在和席尼喇嘛談話。这个人是蒙古早期的共产党老云，在蒙藏学校学习，是学校的地下党負責人。說話稳重而宏亮。老云給席尼喇嘛倒了一杯茶水，坐下。

老云：前几天老李給你讲了不少，蒙古人受压迫的道理就在这里。……"

"蒙藏学校的戏"果然"加强"了。这个姓云的土默特旗蒙古人，一跃从学生成了"早期的共产党党員"，"学校的地下党負責人"。三反分子云照光这样写，自然也是有"根据"的，一些乌兰夫的走卒，长期以来就肉麻地吹捧乌兰夫在蒙藏学校当过"团支部书記"。听见刮风就下雨，听到"团支部书記"，馬上就出来了"地下党負責人"，云照光为了吹捧乌兰夫，想象力发达到了多么惊人的程度！当时的乌兰夫根本不是个共产党員，蒙藏学校根本就沒有党的組織。

为了加强效果，而又較隐蔽些，从第四稿以后，就把乌兰夫的形象"云先生"放在幕后，而推出一个二等货——巴图。

这个巴图，在第二稿中，就和"云先生"一起出现了，也是土默特蒙古人，在北平蒙藏学校学习。第四稿以后，就由巴图代替了"云先生"在北京扮演的角色，跟北方局負責人老李一起教育了席尼喇嘛。席尼喇嘛离开北京后，这个巴图到了宁夏阿拉善旗定远营去搞军队，拉起来一个骑兵营。以后，蒙藏学校与席尼喇嘛的联系，就通过巴图来表现。在席尼喇嘛的斗争遇到困难时，这个巴图带着骑兵营到了鄂尔多斯，成了席尼喇嘛的十二团的"党代表"。連云照光自己也承认，这个"巴图"，是影射奎璧的。

奎璧粉墨登場，并沒有損害烏兰夫形象的高大，相反，正是为了突出烏兰夫。中国有句俗話，"杀鸡焉用牛刀。"烏兰夫虽沒亮相，但是前台人却极力渲染这个老云的功績，能使人时时感到老云比巴图更有威力。請看曾經出版印刷的第九稿：中共北方局負責人老刘告訴巴图說，按上級指示，自己要回到內蒙古去。

巴图："到我們土默特旗？"

老刘："不，那里有老云他們，力量比較强。……"

第十稿中，巴图和老刘这段談話中，巴图还有一句："老云他們回土默特和百灵庙去了，我下月到宁夏阿拉善旗定远营。"

在云照光的笔下，巴图是"一个頂一百个"的人物，而这个巴图在"老云"面前又是小巫，这个老云岂不"威加四海"了吗？同时，"百灵庙"三个字，巧妙地为烏兰夫一再宣扬自己如何領导百灵庙暴动安下伏笔。

"文章千改"，才能成为絕唱。云照光为烏兰夫死党树碑立传的戏，也确实越改越精了。虽然从剧本到影片拍成，还需要一些加工，但是从几次剧本修改中，可以看出云照光对烏兰夫死党是"未成曲調先有情"的。这个情，就是对烏兰夫死党的耿耿忠心。

在三千言的抗議书中，云照光气势凶凶地叫喊什么：《鄂尔多斯风暴》与烏兰夫反党叛国"怎么能挂上鈎呢？为什么这样提？难道連一点事实也不照顾吗？为什么？为什么？不理解，不理解！"云照光本来就跟烏兰夫反党叛国集团紧紧地"鈎"着，这难道需要别人来挂吗？挂在一起，就是为了反党叛国，这一点，云照光"理解"得也很透彻！

"內蒙古人民革命党"

在三千言的反扑"意見书"中，云照光壮着胆子，为《鄂尔多斯风暴》辩解說："主題是歌頌党的領导（当时北方局——云氏原注），蒙汉团结，武装斗爭"的，因此"不是毒草，这是前提"。云照光提出"党的領导"，"武装斗爭"，"蒙汉团结"三个問題，正好暴露了他在这三个問題上有鬼！事实証明，云照光歌頌的"党"，不是中国共产党，而是反革命的"內蒙古人民革命党"，烏兰夫死党。云照光歌頌的"武装斗爭"，是"內蒙古人民革命党"領导的武装斗爭，是烏兰夫导演的冒牌的武装斗爭。云照光不是在歌頌蒙汉团结，正是在鼓吹整个祖国的分裂。这种险恶居心，在剧本的修改稿中，是极其露骨的。

我們面前摆的是《鄂尔多斯风暴》初稿。故事中的席尼喇嘛去北京告状，见到了中共北方局負責人"老李"和"云先生"，受到了教育，又回到烏审旗搞独貴龙运动。失败后，就到外蒙古去"深造""学习"去了。回到內蒙，內蒙古誰是革命的領导核心呢？这时剧本中出现了一个场面，这里全文录下，供讀者欣赏：

字幕：一九二六年秋张家口

张家口，一座小桥的旁边，不打眼的居民区，有一个隐蔽的比較暗的大房間。会議正在进行。正面挂着馬恩列斯的土紙画像。橫写："內蒙古人民革命党第一次代表大会"。

一位大个子，三十多岁的蒙古人（老云）当主席，……

下面是"內蒙古人民革命党"的要員旺丹尼瑪在大会上的讲話：

—9—

旺丹尼玛的声音："共产国际运动，在伟大的十月革命胜利以后，已经走入了一个崭新的时代，……"众静听。

旺丹尼玛兴奋地："中国革命，在伟大的十月革命的影响下，也进入了一个新的时代，国共合作了。为了打倒帝国主义，打倒封建军阀，在进行着英勇的北伐战争。……"

主席台上，出现了永祥号经理老李（按剧中中共北方局负责人），在聚精会神地听着。

席尼喇嘛就代表鄂尔多斯参加了这样的盛会，并发表了演说，说旺丹尼玛说出了他的"心里话"，马上找到了革命道路，表示："我们要闹武装斗争！"我们不惜笔墨，再抄下一段：

会散了，主席（老云），老李，还有三位领导人和旺丹尼玛一起，边走边和席尼喇嘛、张嘎谈着。

旺丹："我们决定先在鄂尔多斯搞武装斗争，敌人力量薄弱，要很快建立革命根据地。按骑兵一团排下去，你们编成骑兵十二团，按总部命令下委任状。"

主席："武器，你们到西边取，我们已经和冯玉祥先生做了一笔买卖，给你们先拨五百枝快枪，……把武装斗争搞起来。"

老李："北方中央局，陕北、绥远的党都支持你们，祝你们成功！"

这一幕绝妙的戏，集中地表明了云照光的全部思想：（一）"内蒙古人民革命党"是配合大革命的高潮产生的，它以马克思列宁主义为指针，因此，它一成立就得到中共北方局，陕北、绥远共产党组织的支持。（二）它比中国共产党和毛主席更英明，在一九二六年一成立，就开展武装斗争，创立革命根据地。（三）乌兰夫是这个党的忠实支持者。

对照一下今天揭发出来的"内蒙古人民革命党"的滔天罪行，可以看出云照光对这个反革命党怀着多么深厚的感情，往这个党的脸上贴了多少金！可以看出云照光对历史做了多么无耻的篡改！

历史上，中国共产党根本没有象云照光描写的那样去全力支持"内蒙古人民革命党"。如果说有人支持，那就是蒋介石的国民党，是乌兰夫、奎璧、吉雅太之类披着共产党外衣的反革命死党！

在表现内蒙古武装斗争的历史上，充分暴露出云照光反对我们伟大领袖毛主席和毛泽东思想的丑恶面目。他用鱼目混珠的手法，把反革命"内蒙古人民革命党"的武装，装扮成中国共产党的武装，为一心要成为北霸天的乌兰夫捏造一段早于毛主席领导的秋收起义的武装斗争历史。

在这幕戏中，云照光特意叫一个"大个子"的"云先生"去当主席，活画出乌兰夫来，用意是很深的。他借乌兰夫死党的"红伞"，来证明"内蒙古人民革命党"是在中国共产党领导下的，因此是革命的；又通过"内蒙古人民革命党"的军事活动，来为乌兰夫捞一笔历史上的政治资本。互相利用的结果，使两具臭尸都发出邪光来。云照光为乌兰夫反党叛国集团效劳苦心孤诣，手段也着实巧妙！

初稿是这样，翻开二、三、四稿，都有和这基本相同的情节。

—10—

当然，这里也有某些細节的变化。下面是第四稿的場面：

在塞外的一个城鎮里，一座小桥旁边，是貧穷的居民区。在一間阴暗潮湿的房間里，正在举行着会議，会場里約有五十多个人。

在北京見过的巴图（影射奎璧的形象）在担任主席，他声音宏亮地說："今天是一九二八年二月一日，本次內蒙古人民革命党代表大会，正式开幕。"

跟第一稿比較，会議內容完全一致，但是"张家口"三字沒有了，"馬恩列斯"象也摘去了，时間也改变了。

在初稿中，云照光把一九二五年召开的内蒙古人民革命党代表大会偷改成一九二六年，使它挂上大革命的色彩，又滑天下之大稽地給它"馬恩列斯"象，这种偷儿的把戏，是容易一下就被人捉住的。但是他的使命又使他不能不美化这个"內蒙古人民革命党"，因此就捏成第四稿这个样子。这里不再是"第一次代表大会"，而是含糊的"本次"。既然是本次，那么在一九二八年开也没有什么不可以。但历史上"内蒙古人民革命党"在一九二七年就迁到乌兰巴托去了，因此万不能要"张家口"三字，只提"塞外"。这样一攬，既原封不动地保留了美化"內蒙古人民革命党"的内容，又留有廻旋应付的余地，不易識破。——小小的几处細节改动，表現了云照光的全部品格：反动，狡猾，流氓，无耻！

云照光做贼心虚，从第五稿开始，在画面上删去了"内蒙古人民革命党第一次代表大会"的場面，也改掉席尼喇嘛的真名，用席尼喇嘛原来名字"乌力記吉日格勒"的前半部分"乌力記"来代替，对"內蒙古人民革命党"的歌頌，主要通过"內蒙古人民革命党"要員席尼喇嘛的化身"乌力記"的言行来表現。其效果更恶毒，而手法也更隐蔽了。

这里以云照光曾出版发行的第九稿为例来看一看。

席尼喇嘛的化身"乌力記"对中共北方局負責人刘洪泰說："听巴图說，我就知道共产党不簡单，怕是汉人的党，沒咱的份，想立个蒙古共产党……"刘洪泰的回答是什么呢？只是說"共产党是蒙古人的好朋友。"第十稿中，"乌力記"的话改成对巴图說，而巴图的回答更妙："咱們走着看，能立就立起来。不过，共产党是分阶級不分民族的。"

什么"想立个蒙古共产党"，什么"共产党是蒙古人的好朋友"，什么"能立就立起来"等等，都是为"內蒙古人民革命党"招魂的黑經。直說出来就是：中国共产党不是領导蒙古族人民革命的党，而"內蒙古人民革命党"才是"蒙古共产党"，因此这个"內蒙古人民革命党"应該"立起来"。

在第九稿中，也歌頌了"武装斗爭"，但仍然是"內蒙古人民革命党"和乌兰夫死党領导的。

剧本中地下党員刘洪泰对席尼喇嘛的化身乌力記說："（鄂尔多斯革命的）旗子，还是你打起来，你有威望，王爷怕你，老百姓盼望你……"一句话，鄂尔多斯革命斗爭，应該由"內蒙古人民革命党"来扛！这不是明明白白地为"內蒙古人民革命党"唱頌歌嗎？

为了向人們暗示乌力記是席尼喇嘛的化身，說明乌力記領导的武装，就是"內蒙古人民革命党"的十二团，九稿（以至影片上）都称乌力記的武装是"十二团"。一提到鄂尔多斯的"十二团"，了解历史的人誰也会想到席尼喇嘛，也会想到"內蒙古人民革命党"的庞然存在。

五稿以后的诸稿中，乌兰夫死党与"內蒙古人民革命党"的联系，是用"巴图"这个人物来体现的。

一九二七年，在"內蒙古人民革命党"里鬼混的奎壁，曾带一个骑兵营到过鄂尔多斯。

云照光抓住这一个历史事件，大作文章，把剧本中影射奎壁的形象巴图写成了乌力記带的十二团的"党代表"，成了乌力記的主心骨。通过巴图的活动，来巧妙地表现乌兰夫死党"历史功績"。

高崗、刘瀾涛与"刘洪泰"

在影片《鄂尔多斯风暴》中，"刘洪泰"是个重要角色。在北京，他用革命道理教育了乌力記；回到鄂尔多斯后，他跟乌力記一起，共同领导了鄂尔多斯的武装斗争。他体现了党对乌力記的领导。这个人物，云照光是怎样炮制出来的？在"刘洪泰"的身上，又伏着誰的阴魂？

第六稿以前，云照光主要捏造了三个与席尼喇嘛相连的中国共产党员的形象：一个是在北平蒙藏学校学习的"土默特旗的老云"（五稿以后是巴图），一个是陕北的"刘洪泰"，一个是中共北方中央局的"老李"。蒙藏学校的"党员"，因为是乌兰夫们的形象，必不可少，一直到最后定稿仍然保留下来。中共北方中央局的"老李"，只不过是个牌位，一直没有什么戏。把"老李"抬出来，是为了借"老李"的地位，来抬高与他相连的"老云"和席尼喇嘛的身价。因此，到第七稿，"老李"这个人物就被陕北的刘洪泰取而代之了。直到最后定稿，都保持着刘洪泰的显赫位置。刘洪泰这个人物，有一段奇妙的发展历史。

一九五八年云照光写的《鄂尔多斯风暴》初稿中，刘洪泰这个角色叫"高洪泰"。这个"高洪泰"，是陕北的中共党员，用赶着黑毛驴儿的小商人的身份为掩护，在鄂尔多斯开展党的工作。他与中共北方中央局有直接联系。他和席尼喇嘛一起，进行鄂尔多斯的革命斗争，深受鄂尔多斯人民的敬重。

同年的第二稿中，这个高洪泰的戏沒有变，但是对这个人的籍貫的介绍却很有深意：席尼喇嘛問商人："你是誰？那里人？"商人回答："我是陕北横山人，是穷汉人。"

在伊盟提到扮做边商的早期地下党员"老高"，又是"横山人"，这能叫人想到誰呢？高崗！

稍有点历史知識的人都会知道，反党野心家、阴謀家高崗是陕北横山县人，横山县紧挨鄂尔多斯。又是高崗最早盗用中国共产党的名义在鄂尔多斯活动过，流毒甚广。云照光也曾经多次向人们介绍：高崗刚到伊盟时，就是扮做边商，赶个毛驴。"高洪泰"的出现，是云照光为高崗翻案的大暴露！

难道这是虚构中的巧合嗎？根本不是。翻开云照光的历史，他就是一个高崗的余孽。

乌兰夫反革命修正主义、民族分裂主义集团早在延安时期，就与高崗勾结起来。包括云照光在內的乌兰夫的一批黑干将在延安民族学院学习的时候，乌兰夫是教务长，高崗就是民族学院的院长。在乌兰夫集团的眼里，根本沒有我们的伟大领袖毛主席，而对高崗佩服得五体投地。从延安出来后，乌兰夫、高崗互相吹捧，互相利用，反党野心使

—12—

他們联系在一起。貫会看乌兰夫眼色行事的云照光，也对高崗极尽吹捧之能事。一九五三年，云照光动笔写一部反映鄂尔多斯斗爭的长篇小說《鄂尔多斯的太阳》。在小说中把大军阀、大党阀賀龙和三反分子乌兰夫（云泽）眞名实姓的抬出来，又用一个"高滿城"的形象，为高崗树碑立传，实际上把高滿城吹捧成"鄂尔多斯的太阳"。

一九五四年揪出了高饒反党集团，清除了埋在我們党內的一顆定时炸弹，全党全民为之欢欣鼓舞，这是毛泽东思想的伟大胜利。可是这一下却揪到了云照光的痛处。中央处理高崗問題的文件传达后，云照光马上跳起来，为高崗鸣寃叫屈。叫喊什么"这个事情太突然"，"会不会这样？""这么高級的干部能做出这样的事来嗎？"质問中央："事情不是偶然的，但是中央为什么不早教育他，为什么还提拔到付主席呢？"甚至明目张胆地反对中央的决定："人家犯了錯誤，老帐也翻了？""高崗在西北是正确的。"更不能容忍的是竟跟着高崗向毛主席为首的党中央进攻："高崗說中央有小圈圈，到底有沒有小圈圈？"請看，云照光这条为高崗打抱不平的"好汉"心又怀着多少对中央的仇恨又是多么磨拳擦掌，想跟中央較量一番哪！

一九五八年，即云照光写这个剧本时，他还直言不譁地說："过去对高（崗）印象深，是校长，經常見，听报告，看有关他的书等，还有中央对历史上几个問題的决定，說高崗和刘志丹是正确的，在伊盟群众中也有影响。""过去对高崗有好感"。什么"历史功績"，什么"是正确的"，还有什么"有影响"，"有好感"，一句话，就是有一顆为高崗翻案的黑心！

阶级敌人是一定要寻找机会表现他们自己的。"联系到这一系列情况，就可以看到剧本中出现的姓"高"的"橫山人"，絕不是偶然的，这是云照光这位为高崗打抱不平的好汉为高崗肯定"历史功績"，扩他的影响，表白自己的忠心的蓄谋已久的产物。

初稿、二稿中的"高洪泰"，"橫山人"，到第三稿却突然变了："高洪泰"变成了"刘洪泰"；"橫山人"，也是在对話中輕輕带出来的。我们要問这到底是为什么？第三稿的故事情节和人物形象跟第二稿比沒有什么变化，"高"和"刘"一姓之差，何以如此匆匆抹去"高"字？这里有鬼！鬼就在于这样太醒目了，只要一接触就会使人想到高崗的。

三稿以后改成"刘洪泰"，虽然不那么直观了，但是从赶毛驴，商人，地下党员，橫山人等情节中，仍然使人很容易想到反党野心家高崗。而这些毛驴，商人，橫山人等关键性的象征情节，直到最后定稿，都是沒有任何变更的。

在各稿中，云照光不惜血本地渲染这个"刘洪泰"对鄂尔多斯的貢献，通过剧中人物之口，說刘洪泰是鄂尔多斯人民"恩人"，"天底下最好的人"，席尼喇嘛向部下号召"跟老刘走"。把这个高崗的幽灵美化成了鄂尔多斯的救星。

从第五稿起，"內蒙古人民革命党第一次代表大会"的情节删掉后，云照光为了表现"高崗在西北是正确的"，就把刘洪泰写成了內蒙古武装斗爭的創始人。由这个刘洪泰启发教育乌力記"抓枪杆子"，乌力記对刘洪泰这个"武装斗爭"的理論佩服得五体投地，兴奋地說："老刘，我看你是神仙，一到节骨眼儿，你就說灵驗了，抓枪杆子，这话說的对。"刘洪泰耍了个花招，說："这话是刘志丹說的。"与其說是刘志丹說

（下接第21頁）

从"席尼喇嘛"到"乌力记"

——批臭反动影片《鄂尔多斯风暴》

戈 云

影片《鄂尔多斯风暴》中的主人公乌力记,是以席尼喇嘛为模特塑造的。从历史上的席尼喇嘛,到银幕上的乌力记的演变过程,不但可以看出编剧云照光的走狗本领,还可以看出他反党反社会主义反毛泽东思想,拼命为乌兰夫集团树碑立传的险恶居心。

历史上的席尼喇嘛是什么人?

席尼喇嘛原名叫乌力记吉日格拉,从小就为乌审旗王爷所豢养,二十三岁当上了王爷的"笔帖式"(王爷秘书),后来又擢升为"京肯笔帖式"(相当于秘书长)。在他几十年的任职期间内,对王爷竭忠尽智,效尽犬马之劳,充当了封建牧主阶级的一个出色的打手。他后来搞"独贵龙"运动,目的并不在于推翻封建王公的反动统治,而是为了借独贵龙的群众力量修补这个野蛮的社会制度,以便巩固它的统治。席尼喇嘛,是鄂尔多斯的康有为,是个货真价实的保皇派!但是慈禧太后式的乌审旗王爷,却看不起他的忠心,对他的活动进行了打击。康有为式的改良失败后,席尼喇嘛并没有走上真正的革命道路,没有接受中国共产党的领导,最后跟反动封建王公、民族叛徒、地痞军阀滚在一起,成了反革命组织内蒙古人民革命党的显要人物,走上了独霸内蒙、反对共产党领导、分裂祖国的可耻道路。他跟反动军阀井岳秀的斗争,不过是一种你占有鄂尔多斯,还是我占有鄂尔多斯的斗争。在席尼喇嘛掌权的二三年中,他既没对反动封建统治做任何根本触动,也没提出什么响亮的革命口号。一九二九年席尼喇嘛死后,他的军队很快就变成了封建军阀屠杀革命人民的工具。

这样一个历史人物,本来没有什么值得吹嘘的。但是多年来,出于不可告人的目的,乌兰夫每谈内蒙古历史,必捧席尼喇嘛,把他吹成什么"反封建的""民族英雄"。三反分子云照光,为了取宠乌兰夫,则大跃一步,跳在乌兰夫的靴子前边,点石成金,把席尼喇嘛以共产主义战士的形象搬上了银幕。

看影片《鄂尔多斯风暴》中的乌力记:从小与王爷有杀父之仇,后来是一个为民请命的牧民领袖。从一九二六年到北京告状开始,他的活动一直在"蒙藏学校"和陕北的中共地下党的影响和领导下进行的。他坚持武装斗争,创立革命根据地,彻底铲除封建统治基础,进行了轰轰烈烈的人民战争。最后,在一片凯歌声中,和中国共产党领导的其他部队一起,胜利地向前冲去。

人们不禁要问:云照光为什么这样写?

支配云照光的神秘力量,就是乌兰夫集团反党叛国的需要。

为了复辟资本主义,建立蒙古帝国,当第二个成吉思汗,乌兰夫从四十年代起,就

—14—

更令人深思的是，云照光把这种"由党領导"的"武装斗争"，放在"一九二四年至一九二八年"，这比毛主席領导的秋收起义和井冈山斗争还早三年，乌兰夫不成了全国武极力树立自己的"威信"，公然打出"云泽的旗帜"，否定毛主席和中国共产党对內蒙古革命的領导，把自己标榜成一个"老革命"，"內蒙古民族領袖"，打扮成內蒙古革命的創始人。为此，乌兰夫一直挖空心思地篡改历史，捏造历史事件，拼命往自己脸上貼金。

一九四七年，乌兰夫在一次报告中說："蒙古革命在大革命与內战时期，是自力更生地发展"的，与中国共产党的关系，只是什么"密切合作"和"团结"。"自力更生"，就是"乌兰夫領导"的代名詞。但是历史上的乌兰夫是个老机会主义者，民族分裂主义者，他根本沒有領导过眞正的革命斗争，更沒領导过武装斗争。主子要睡觉，奴才总是会想到迗綉花枕头的。《鄂尔多斯风暴》就是力图捏造出一个由乌兰夫領导的"武装斗争"来。

很明白，如果按历史的本来面貌去写席尼喇嘛，这对乌兰夫們并沒有多大价值。只有把席尼喇嘛写成一个在中国共产党領导下的共产主义战士，才能与同时期毛主席領导的秋收起义和井冈山武装斗争抗衡，在內蒙古树立一面在"党"的領导下，坚持"武装斗争"，創立"苏維埃"的旗帜。扛这面旗的席尼喇嘛，又是乌兰夫培养和領导的，这样一来，乌夫兰不就成了"伟大导师"了嗎！因此，"乌力記"在銀幕上一出現，馬上招来乌兰夫們的一片叫好声。乌兰夫喜形于色，几次为《鄂尔多斯风暴》介绍"背景"，表扬云照光写了"实际有的"事。布赫叫得更响，說《鄂尔多斯风暴》"是內蒙古的最高水平"，"是用历史服务于当前斗争的典范"，甚至更露骨地說"伊盟一九二七年就搞武装斗争，毛主席如果到了伊盟，伊盟就是革命圣地。"看吧，乌兰夫的伊盟，高崗的陕北，与毛主席領导的井冈山根据地不成了"鼎足三分"了嗎？

說到这里，我们又記起了云照光的反攻叫囂："我的电影主人翁基本是虚构的"，"有影射席尼喇嘛的地方，又不是席尼喇嘛。"当云照光在撒这个謊的时候，难道不感到心跳嗎？

"乌力記"这个人物到底怎么制造出来的，只要翻翻云照光写电影文学剧本时的几个修改稿就清楚了。

拿过初稿来，面上赫然六个大字："席尼喇嘛传記"。第二稿，题目换成了《鄂尔多斯的风暴》，但付题仍然是《席尼喇嘛》。

再看第二稿中云照光写的《〈鄂尔多斯的风暴〉大意》：

> 写的是大革命时期，一九二四至一九二八年，内蒙古鄂尔多斯——伊克昭盟地区一支由党領导下的革命骑兵武装斗争的故事。主要人物是蒙古革命英雄席尼喇嘛，他是假喇嘛，眞名叫乌力記吉日格勒。通过这个人物的成长过程，企图说明內蒙古人民所走过的艰苦而光荣的革命道路。不是单純传記性的，以席尼喇嘛为中心，概括了許多其他历史事实。

創作《鄂尔多斯风暴》意图，这里說得清清楚楚：就是把一个封建牧主的保皇派、"內蒙古人民革命党"的党魁席尼喇嘛，美化成"蒙古革命英雄"，把乌兰夫扶植的反动組織"內蒙古人民革命党"的軍事活动，篡改成"由党領导下的革命骑兵武装斗争。"

—15—

装斗争的創始人了嗎？这只是"基本虛构"和"影射"嗎？

当然，文艺作品是允許有虛构的。但是虛构要有鮮明的阶級性，即为无产阶級的政治服务。同时虛构絕不能违背历史的眞实。对这些原则，云照光并不是不了解。影片《鄂尔多斯风暴》上映之后，云照光在《內蒙古日报》上发表的《几点感受》中就明确地自认，艺术虛构必須"在不违反历史眞实的前提下"。云照光无耻地篡改历史，为乌兰夫反党叛国的政治需要而"虛构"，这是非常明确，非常实在的！

"大意"是这样定的，在前几稿中，也是按这个尺寸写的。用传记体裁，追踪历史上席尼喇嘛的活动，到处歪曲历史，顚倒黑白，为席尼喇嘛裁制一件"共产主义战士"的外衣。为了加强人們对席尼喇嘛这个人物的崇拜，云照光凭空設計了一个今天席尼喇嘛的家乡：席尼喇嘛的家乡已改名为"席尼喇嘛紅旗人民公社"，聳立着"革命英雄席尼喇嘛紀念碑"，老师教育孩子們："这幸福生活，来的不容易啊，我們的前輩們，不知流了多少鮮血，才換了今天的胜利。在这許多英雄中間，席尼喇嘛爷爷是最大的一个。"在席尼喇嘛的頌歌中，还有更妙的句子：

坐火車的时候想一想，

路子是誰給修起的？

誰要是忘了席尼喇嘛，

他就沒有良心！

为了說明席尼喇嘛是个"共产主义战士"，云照光不但无中生有地描写他学习馬列主义著作，在乌兰夫們的指导下坚持武装斗争，創立"苏維埃"，还荒唐透頂地叫席尼喇嘛成了"鄂尔多斯的第一个中国共产党員"！

这样赤裸裸地篡改历史，捏造重大历史事件，是容易被一笔戳穿的；同时，按着历史上席尼喇嘛的活动綫索去写，也妨碍"发展"和"創造"。因此，到后几稿，云照光就給席尼喇嘛起了新名字，叫好"乌力記"（取席尼喇嘛的眞名"乌力記吉日格拉"的前半部），改变了原来的出身、年龄，砍掉了席尼喇嘛去外蒙"深造"和参加"內蒙古人民革命党"的情节，就成了电影上看到的样子。

从历史上的席尼喇嘛，到最初几稿中文学上的席尼喇嘛，云照光加入了一些"虛"，赤裸裸篡改历史，为乌兰夫"构"出一个领导內蒙古武装斗争的历史来；从最初几稿中的席尼喇嘛，到银幕上的"乌力記"，云照光加入了更多的"虛"，更隐蔽、更恶毒地篡改历史，更巧妙地为乌兰夫"构"出了"自力更生"領导內蒙古革命的历史功績。

云照光把历史上的席尼喇嘛改头换面，在"艺术虛构"的幌子下搬上舞台。眞眞假假，假假眞眞，用假象掩人耳目，逃避罪責，而又眞正地影射历史，巧妙地为乌兰夫树碑立传，报功请償。从席尼喇嘛到"乌力記"，云照光完全暴露了反党反社会主义反毛泽东思想的反革命嘴脸，也演尽了一切反动文人、走狗的絕技！

—16—

536

席 尼 喇 嘛 调 查 简 介

求实韶峯

說明：烏兰夫反革命修正主义、民族分裂主义集团，多年来一直别有用心地吹捧席尼喇嘛这个历史人物。烏兰夫黑帮的干将云照光編写的电影文学剧本《鄂尔多斯风暴》和伊盟晋剧团的晋剧《席尼喇嘛》，都明目张胆地篡改历史，把一个康有为式的人物、一个"內蒙古人民革命党"的党魁席尼喇嘛，写成一个在中国共产党領导下，从一九二六年就进行武装斗爭的共产主义战士，以此恶毒地攻击毛泽东思想，貶低毛主席，狂热地为烏兰夫集团树碑立传，歌功頌德。

为了彻底批判烏兰夫反革命集团，肃清他們利用席尼喇嘛这个历史人物散布种种毒素，我们組織了調查小組，到席尼喇嘛当年活动的伊克昭盟作了十余天調查，现以調查材料为主，参照某些历史资料，将席尼喇嘛生平事迹简单介紹如下。

貧 賎 的 出 身

席尼喇嘛，原名叫烏力吉吉尔格拉（以下简称"烏力吉"），一八六六年，生在伊克昭盟烏审旗烏兰陶勒东南的扎勒根才登（现在的哈拉图公社）的一个比較貧困的牧民敖其尔家里。

在烏力吉的祖父时代，家里的牛羊就屈指可数，生活已比較困难。到烏力吉一輩，由于封建王公的残酷統治，沉重的徭役，花样繁多的苛捐杂税的盘剥，再加上烏力吉兄弟姐妹多，生活变得更困难起来。生活所迫，烏力吉的父亲每年除了种点庄稼、放牧、給王爷服役外，还給人家做些零工来維持生活。为了增加一点收入，烏力吉在七岁的时候，就給别人放过牛。

一八八一年，烏力吉吉尔格勒十五岁时，就到王府去服差役，烧火、做飯、打柴、喂馬，地位低下，劳动繁重。

但烏力吉幷不是安貧守賎的人，他很羡慕当时在王府学习"笔帖式"（文书）的青年，于是在劳动之余，就发奋苦讀苦练，希望通过文墨找到一条进身之路。

一鳴惊人的笔帖式

一八八三年，烏审旗的王爷升任伊盟的副盟长，管理全盟事务。就在这一年，达拉特旗发生了爭夺王位的訴訟案件。达拉特旗王府为保持王位，向烏审旗王爷贿賂了大批金銀，烏审旗王爷也馬上答应处理此案。但是临到处理时，又感案子关系重大，搞不好，自己也要犯罪，因此弄得束手无策。王府上下僚佐，也一个个愁眉苦脸，苦无計施。这时，烏力吉脱穎而出，巧妙献計，圆滿地了結了这个案子，深受王爷贊賞。从此一鳴惊人，被选在王爷左右，經常为王爷起草些公文、呈文之类，王府上下人等，对这位后起

—17—

之秀也另眼相看了。这样他一直在王府工作了五年时间。

一八八五年，他服完王府的差役，回到家里。結婚后，迁到嘎魯嘎的布塞居住。

一八八九年，他二十三岁，又第二次被召到王府，正式任职"笔帖式"（王爷秘书），做王爷进行残酷封建統治的助手，成了封建統治阶級的帮凶。

慈禧太后的卫士

一九〇〇年，"八国联軍"进攻北京，大卖国贼、最大的封建地主婆子慈禧太后仓惶逃走，經过伊克昭盟。伊盟的乌审旗王爷，为了表示对清室忠誠，就派自己的秘书乌力吉代表自己，护送慈禧到西安。丧权辱国的"辛丑条約"签定后，王爷又指示乌力吉再护送禧慈到北京。回到北京后，乌力吉在北京住了将近六年。

乌审旗王爷对慈禧太后的效忠，受到了清廷的賞賜。这賞賜的圣旨，由乌力吉带回乌审旗。乌力吉办事精明强干，深受王爷的宠爱，因此不断受到王爷的重用和提拔。他从此步步青云，最后被擢升为"京肯笔帖式"（秘书长）。在他任职期间，走西安，跑北京，为了王爷升官发财，他一直是朴朴风尘，竭忠尽智的。后来乌审旗王爷得了盟半职位，这与他的活动是有直接关系的。

改 良 的 尝 試

乌力吉在北京的期间，清王朝正处在最后崩潰的前夕。由于清廷对外屈膝投降，对內进行残酷的压迫和剥削，激起了全国人民的强烈反抗。义和团运动和其他形式的革命活动，正风起云涌。这种社会现实，使乌力吉产生了一种改善政治、緩和阶級矛盾的改良主义思想。因此在他回旗担任"京肯笔帖式"的期间，与专横腐败、胡作非为的乌审旗王爷是有矛盾的。为了避免引起乌审旗牧民的暴烈行动，保住王位，他极力反对王爷用卖草場的手段来加官进爵；出于狹隘的民族主义思想，他更反对汉人进来耕种。但是王爷不采納他的意見，一意孤行。为了制止王爷卖草場，乌力吉辞去自己的职务，回到家里，利用乌审旗传統的斗爭方式，組織起"独貴龙"，展开了以反对王爷卖地，反对开垦的說理斗爭。

"独貴龙"，汉語的意思是"小組"。参加組織的人，磕头结拜，签名起誓，结成团体。独貴龙运动起来之后，一些与王爷有矛盾的和由于卖草場而危害到自己切身利益的王公貴族，也都参加进来，而且掌握了独貴龙的領导权，构成了独貴龙內部的右派。

乌力吉領导的独貴龙运动，震动了王爷。王爷怕事情闹大，就一面用高官厚祿收买乌力吉，一面对乌力吉进行恐吓。乌力吉受不住这一压，就采取了一种消极的对抗办法：剃了头发，当了喇嘛。因为是半路"出家"，所以叫"席尼喇嘛"。"席尼喇嘛"，就是"新的喇嘛"。按乌审旗的传統法令，凡是喇嘛，都可以免受法律制裁。这样，乌力吉以喇嘛的身份，继續活动，企图赶走原来的坏王爷，换个"好"王爷。

独貴龙运动继向前发展，一面抗捐抗税，一面向伊盟盟长告王爷的状。盟长跟王爷是一丘之貉。盟长为了瓦解独貴龙，欺騙牧民群众，就下令夺了乌审旗王爷的印，把印交給了王爷的儿子小王爷。老王爷成了逍遥王爷，继續过着荒淫无度的生活，而小王爷则继承了老王爷的衣鉢，依然保持黑暗的封建統治。广大劳动人民仍处在水深火热之中。

—18—

席尼喇嘛不准备去触动封建统治，而把造成苦难现实的原因简单地归结到老王爷的福晋娜仁格日勒身上。一九一四年春天，席尼喇嘛派人逮走了福晋娜仁格日勒，把"管教"娜仁格日勒当做解决社会问题的根本手段。逮走不久，就又把她放了。

这对王爷并没有任何震动，相反，老王爷更变本加厉地进行反扑，甚至连小王爷掌印他都觉得不能接受，不久，就从小王爷手里把印重新夺到自己手中。

席尼喇嘛的改良尝试失败了。

王 爷 不 客 气

席尼喇嘛失败后，又到福晋娜仁格日勒身上去找根源。他把福晋看作阻碍改良的慈禧太后，于是第二次逮走了福晋娜仁格日勒，派人把她杀掉了。

杀掉福晋，既没镇儡王爷，也没改变状况，而引起了王爷及其同伙的更猖狂的反扑。伊盟盟长，给老王爷撑腰，亲自带人来乌审旗，准备逮捕席尼喇嘛，根绝独贵龙。在这种情况下，席尼喇嘛慌了手脚，为了推卸自己的责任，违背独贵龙的起码道德，狠心地把杀死福晋的独贵龙成员杀死了。从这里可以清楚地看到席尼喇嘛从统治集团中带来的天生脆弱性，残忍性。

席尼喇嘛虽然有了畏罪表示，但王爷并没对他客气，因为他毕竟是群众闹事的首领，而且伤害了王爷的某些利益。一九一九年六月，盟长亲自带兵来到乌审旗，包围了独贵龙办公地点嘎鲁图庙，逮捕了席尼喇嘛。席尼喇嘛的"喇嘛"身份，并没有使他避免王爷的严刑拷打和审讯。王爷得不到什么口供，就给席尼喇嘛带上八十余斤重的铁索，关在狱中达半年之久。后来，由于跟王爷对立的王公的帮助，席尼喇嘛从狱里逃出来。席尼喇嘛不敢在乌审旗逗留，逃到扎萨克旗，在一个山沟里休养了三个月，跟山西商人一起，到了北京。这时是一九二○年。

北京——乌兰巴托之行

席尼喇嘛到北京后，便住在雍和宫里。并没有什么"告状"之类的佳话。不久他找到了旺丹尼玛。旺丹尼玛是伊盟扎萨克旗的高等喇嘛，曾跟叛国贼陶克陶乎有过联系，一九一三年，被王公、地主解送北京。这时的旺丹尼玛正任段祺瑞执政府陆军总部的高级顾问。在旺丹尼玛的引荐下，席尼喇嘛也很快就到段执政府的陆军部工作了。

这期间，正是五四运动的高潮时期，马克思列宁主义广泛地在中国传播，在伟大的中国共产党的领导下，新民主主义革命正在深入开展。这种形势，对席尼喇嘛以后的思想发展，曾产生了某种影响，但是并没有改变他封建统治阶级的世界观和民族观，他没有和中国共产党取得联系，也没有看到中国共产党是中国革命的唯一正确的领导者。

一九二三年，席尼喇嘛回到乌审旗，邀集十多个以前曾一起活动过的人，到了乌兰巴托，祝贺蒙古人民共和国的成立。到乌兰巴托后，席尼喇嘛就在乌兰巴托图书馆工作。过了一段时间，他加入了蒙古人民共和国的"蒙古人民革命党"。

在乌兰巴托期间，席尼喇嘛仍然没有接受马克思列宁主义的革命学说，只是在资产阶级民族民主主义思想的指导下，产生了某种民族独立解放的要求。

蒙古人民共和国成立后，内蒙古的一批封建王公贵族、地痞军阀，利用内蒙古人民

—19—

反对大汉族主义统治，争取人民民主的正当要求，打起"走外蒙之路"的旗号，結党营私，企图独霸一方，分裂祖国。一九二五年，代表这些人利益的"內蒙古人民革命党"在张家口成立，席尼喇嘛从乌兰巴托赶回来，参加了会議，幷被选为"內蒙古人民革命党"中央执行委員。

席尼喇嘛否认中国共产党对中国革命的領导，走上了分裂祖国的道路，充分暴露了席尼喇嘛資产阶级民族主义的世界观，也决定了他的一切活动必然失败的悲剧命运。

拿 起 了 武 器

一九二五年的张家口会議后，席尼喇嘛回到北京。一九二六年初，他轉回乌审旗，用宗教迷信宣传招聚人馬，重新拾起已經垮掉的独貴龙旗子。他召集了乌审旗独貴龙領导人会議，把全旗在紙上划为十九个"嘎查"（村），每个村子选出了正副村长，每个嘎查都设立了"內蒙人民革命党"的支部，支部設了正副书记，在名义上废除了封建统治制度。但是因为沒有也根本不可能眞正发动群众，进行生产資料的革命，沒有取消封建特权，因此这种改革只是一紙空文。

这年三月，王爷又派兵围剿独貴龙，不少領导人被捕，席尼喇嘛又逃到蒙古人民共和国。这次改良又失败了。

正在这时，"內蒙古人民革命党"从蒙古人民共和国运回五百支枪。得到枪支后，在包头正式組成"內蒙人民革命軍"，旺丹尼瑪任司令，席尼喇嘛任"革命軍"第十二团团长，管理三百多人。

在包头期間，"內蒙古人民革命党"內部爭权夺利的恶斗已經开始了。"革命軍"司令旺丹尼瑪被暗杀。第二任司令色楞东鲁布拉出一批人跑到宁夏，不久投降了軍閥。这时，席尼喇嘛也带十二团回到乌审旗，对军队又做了扩充。但不管如何"扩"，他的軍队始終没有一个共产党员，当然更不用提中国共产党的領导。

回旗之后，席尼喇嘛就把王爷扣了起来，掌握了乌审旗的实权。一批王公貴族躲到陕北榆林。

一九二六年九月，席尼喇嘛召开了有王爷、王公貴族参加的全区会議。会上决定，封建王公不許干涉旗里的独貴龙活动，建立联合性质的政府等。掌握了軍队，达到"全盛"时期的席尼喇嘛，仍然沒有废除封建王公的统治，沒有改变广大貧苦牧民的被压迫被奴役地位，沒有根本触动封建社会制度。后来王爷逃到陕北榆林，投靠反动軍閥井岳秀，席尼喇嘛还定期送去人民的血汗，供王爷揮霍。

一九二七年，乌审旗王爷投靠了井岳秀，勾結井岳秀的軍队，又联合其他旗王爷，向席尼喇嘛发动了大规模的围攻。从一九二七年开始，双方开始了激烈的战斗。同年八月，在一次大的战斗中，席尼喇嘛取得了胜利。

一九二七年末，大革命失败后的中国处在一个空前黑暗的时期。这时"內蒙古人民革命党"完全暴露了他的反动本质，大批的显要人物，纷纷拱手交出軍队，投入蒋介石的怀抱。这时，席尼喇嘛还仍然坚持"独貴龙"运动，同时也与內部的投降趋向进行着伤脑筋的周旋。

—20—

席尼喇嘛的死及后事

反动軍閥和王爷的收买政策，使席尼喇嘛的部队发生了混乱。席尼喇嘛明知有杀身之祸，但防不胜防。

一九二九年正月初二（旧历），席尼喇嘛被他的一个連长配合軍閥刺客所杀。

席尼喇嘛死后，他的秘书当了团长，但不久就拉起队伍投靠了国民党反动派和帝国主义，成了屠杀革命人民的工具。独貴龙运动，也就最后结束了。

（上接第13頁）

的"，还不如說是高崗說的：云照光反对毛主席，仇恨光熠无际的毛泽东思想，証据确凿，白紙黑字，賴是賴不掉的！

三反分子云照光明白，即使把"高"改成"刘"，也还是容易被人識破的。为了准备自卫，云照光先設下一道屏风：推出了当时还披着西北局第一书記外衣的大叛徒刘瀾涛。

一九五九年，云照光向八一电影制片厂和总政文化部的走資派談剧本的历史背景时就詭称：刘瀾涛对鄂尔多斯当时武装斗争、对烏力記作过工作，剧本写的刘洪泰是根据刘瀾涛的一些材料塑造的。又胡扯：刘瀾涛当时在北京，也到过牧区。

这都是不堪一駁的鬼話！

大叛徒刘瀾涛，是一九二八年入党的，故事中的席尼喇嘛到北京是一九二六年，事实上的席尼喇嘛到北京是一九二〇年，离北京是一九二三年，不是共产党员的刘瀾涛怎么会代表党来教育席尼喇嘛呢？当然也更談不上什么"北方局的負責人"了。

大叛徒刘瀾涛入党后，担任陕北特委秘书长职务，住在榆林一个时期。当时有与席尼喇嘛联系的打算，幷没有联系。刘瀾涛自己供认：他跟席尼喇嘛沒見过面，也沒有任何联系。同时，刘瀾涛家是陕西米脂县人，这跟云照光一直写到第九稿的"横山人"也根本对不上号。

"假的就是假的，伪装应该剝去。"揭掉三反分子的伪装的草根可以看云照光这只狡兔給自己造的"窟"幷不坚固。

拨开影片上"刘洪泰"的烟幕，是一道大叛徒刘瀾涛的屏障；推倒这个虚設的屏障，就看到一个厉鬼：反党野心家高崗！

結 束 語

毛主席教导我們："胡风分子是以伪装出現的反革命分子，他們給人以假相，而将眞相隐蔽着。但是他們旣要反革命，就不可能将眞相隐蔽得十分彻底。"云照光也正是胡风这样的"以伪装出現的反革命分子"。云照光长期以来著书立說，标榜自己"蒙古小八路"的历史，讲述自己"上校的故事"，但是金粉总是掩盖不住他反党反社会主义反毛泽东思想的丑恶嘴脸。炮制电影剧本《鄂尔多斯风暴》的活动，把他的伪装剝得干干净净！

云照光是乌兰夫反党叛国集团的死党分子

扫残云联络站

一场彻底摧毁乌家王朝反革命势力的伟大斗争正向纵深发展。

乌兰夫反党叛国集团的死党分子云照光被揪出来了！

云照光以及布赫、浩帆、潮洛蒙、云世英、陈炳宇、赵戈锐、李贵、高茂等人是乌兰夫反党叛国集团进行篡党、篡政、篡军罪恶活动，实行反革命宫庭政变，安插在各要害部门的骨干力量，是"乌家王朝"少壮派的核心人物。

云照光是乌贼一手培养起来的黑接班人，多年来云照光步步紧跟乌兰夫，为乌贼歌功颂德，树碑立传，为乌家王朝投敌叛国实行反革命复辟，制造舆论，充当打手，竭忠尽智，不遗余力。这样一条恶狗，必须将其打落水中，从而痛打之！

乌兰夫选准了好苗子，云照光找到了黑主子

乌兰夫怀着做成吉思汗第二、建立蒙古大帝国的勃勃"雄心"钻进革命队伍，就开始了培植亲信，网罗党羽，扩充个人势力的罪恶活动。远在三十年代末，乌兰夫与奎璧等经过精心策划，从土默特旗收罗了一批亲信拉到延安镀金。云照光，就是当时被乌兰夫选中的一棵"好苗子"。一九三九年云照光等赴延，正在国民党反动武装"新三师"任政治部主任的乌兰夫半路上亲自召见他们，并做了指示。从此，云照光便投入乌兰夫的怀抱，开始了追随乌兰夫的反革命生涯。

云照光先后在延安陕北公学（王铎任指导员）、延安民族学院（高岗任院长，乌兰夫任教育处长）受到了高、乌、王的亲自栽培。不久乌兰夫便将云照光布赫等送回内蒙进行树乌兰夫黑旗、招兵买马、扩大地盘的活动。在乌兰夫的提携下，云照光在伪乌审旗与国民党兵痞、土匪、流氓反共老手鬼混一年后，又钻入革命队伍，辗转于伊盟军分区昭盟军分区和内蒙军区工作。一九六二年一跃而为内蒙军区政治部文化部付部长，把持了部队文化大权。一九六六年乌兰夫"宫庭"政变前夕，云照光身负重任转入地方。

在此期间，云照光紧密配合乌兰夫反党叛国活动，在军内大肆推行反革命修正主义路线和民族分裂主义路线。主子定调，奴才唱合，声调是那么和谐合拍。

乌兰夫大树反大汉族主义黑旗，胡说什么："不批判大汉族主义，就不能树立真正的无产阶级民族观，也不可能加强民族团结"，内蒙的民族问题"主要是大汉族主义。"云照光说："内蒙古的主要矛盾是大汉族主义"，"内蒙古大汉族主义倾向严重"等等。

一九六五年，乌兰夫在自治区社教工作会议上，搬出了《三五宣言》，企图为其推行民族分裂活动找理论根据。说什么："毛主席早在一九三五年中华苏维埃政府告内蒙古人民书上就划出了象现在这样一块面积"。云照光也四处宣讲《三五宣言》，大肆叫嚣："毛主席当年说的话，现在有好多没有兑现。"真是狗胆包天，竟敢恶毒地攻击和

—22—

誣蔑各族人民的伟大領袖毛主席。

一九六五年四月，烏兰夫接見全区戏剧創作座談会代表时，指出《包鋼人》沒有写矛盾，沒有揭露民族斗爭。云照光秉承其主子旨意，伙同布赫，急急忙忙組織人力，召开座談会，大砍大削《包鋼人》，后改为电影文学剧本、《民族問題》抛出，以反"大汉族主义"为名，行煽动民族分裂之实，恶毒之至。

一九六六年初烏兰夫为了推行他的"三个基础"黑綱領，号召全区干部"大学蒙語蒙文"。胡說什么"这是关系到要不要执行党的民族政策的問題"。云照光比烏兰夫更胜一筹，把学不学蒙語提到"战略任务"，"战备任务"，"衡量干部标准"的高度。

凡此种种，不一而足。

从一九五八年到一九六二年，云照光为适应烏兰夫反革命政变的急需，化了数年心血炮制出《鄂尔多斯风暴》这株反党反社会主义大毒草，为烏贼歌功頌德，树碑立传，为烏兰夫反党叛国大造反革命輿論。《鄂尔多斯风暴》的出籠，为"烏家王朝"立下了汗馬功劳，从此云照光进一步得到烏兰夫尝識和器重。云照光也不打自招地說：烏兰夫"对我是信任和重用的，提拔也不慢。"

这就是云照光自我欣尝，当众夸耀他的"蒙古小八路"的历史。

烏兰夫調兵遣将分兵把口，云照光扶搖直上身任三职

随着社会主义革命的深入发展，我区的阶级斗爭也尖銳、激烈起来，烏兰夫反党叛国集团加紧了反革命政变的輿論准备和組織准备。他們积极策划反革命政变，抽調党羽，安插亲信，分兵把口，企图控制內蒙古党政各重要部門。继云丽文提为調研室主任，从中央民委要来浩帆，做自治区党委付秘記长之后，烏兰夫与奎壁又密謀策划，篡夺自治区党委书記处的大权，云照光就是被选中的书記处书記之一。一九六五年十二月二十六日奎壁給烏兰夫的一封密信上說："无論从目前或长远打算，不能不提拔一些后继力量，书記或候补书記。具体人选上汉族中石光华同志应考虑在內……蒙族中如陈炳宇、云世英、朝洛蒙、布赫、浩帆、寒峰、云照光都可以列为考虑对象。"奎壁还夸贊这些人"年青有为""思想、政治"合乎"条件"，"旣（即）便談資历""也不是沒有資格。"

一九六六年一月，继清洗党委办公厅后，烏兰夫背着多数常委，篡夺了常委的权，成立了黑代常委。云照光也是被选中的一員。据烏兰夫交待："奎壁提的名单都是土旗人，我去掉了云照光，增添了×××……。"全是土旗人，未免太露骨了，狡猾的烏賊为了遮人耳目不得不忍痛割爱了。

但云照光毕竟是烏兰夫心目中理想的接班人。在討論黑五委人选时，烏兰夫指名让云照光任黑文委付主任兼內蒙文联主席。在正式任命时，又暗暗給云照光加上文委党組付书記要职。身兼三职一举总攬內蒙文化大权的云照光，頓时身价倍增，飞黄騰达，声名显赫。使人們吃惊的是：当时云照光在部队，而烏兰夫竟不与內蒙军区商量，违反干部管理制度，亲下調令，同时还三令五申，紧追上任。云照光在烏兰夫反党叛国集团中究竟是个什么人物，由此也现一斑。

从此云照光便充当了烏賊"宫庭"政变的得力干将。

—23—

云照光登殿献策，乌兰夫下詔召見

远在一九四六年前，乌兰夫在土默特旗、文艺界等地方和部門网罗党羽，包庇牛鬼蛇神进行民族分裂活动大量事实已广为流传，引起了各族革命群众的义憤。

一九六四年春，云照光伙同乌兰夫的另外两个爪牙去乌兰夫家，一方面問候病情，向主子献殷勤，一方面通风报信，出謀献策。云照光汇报了他所听到的有关土旗的传聞，文艺界及其它方面的问题，以引起乌兰夫的注意，并提醒乌兰夫："以后接见人要慎重，不然有些人利用见你的机会去骗人，說你說过什么話。"唯恐乌兰夫行动不慎，因小失大；同时还汇报了內蒙軍区任用干部不当，"对使用老干部差"，暗示乌兰夫要重視軍內干部的安插，抓住枪杆子，为反党叛国做军事准备。这些意见深合乌兰夫心意，因此乌兰夫左一个"这是个問題，以后要注意"，右一个"有意见談很好"，对云照光連連贊許。此后，乌兰夫便有計划、有目的，有准备地在各主要部門安插土默特旗延安民族学院出来的亲信，分兵把口。一九六五年六月召开自治区常委扩大会議期間，乌兰夫同王鐸密谈时曾說："区党委和常委对土默特旗延安民族学院出来的干部重用不够，使用上有框框"，"我从去年就改变了，要重視这批人"。一九六六年在討論黑五委时乌兰夫也曾說：过去"对延安民族学院出来的这些人重用不够"，"去延安，在民族学院受过教育的，比較好，又年青，是接班人，应当重用"。

第二次召见，是在一九六六年四月。

云照光到黑文委上任不久，由布赫提名，乌兰夫同意，派云照光去鎭压語委的四清运动。語委四清的要害是四十三人委員会投敌叛国案件。乌兰夫企图割断与这个案件的联系，进而包庇以額尔敦陶克陶为首的投敌叛国集团，先后派朝洛蒙、云照光、布赫以三員大将的声威和力量去扑灭这場燃在眉捷的烈火。为此乌兰夫亲自出場，召见云照光，面授机宜。陪同召见的还有吉雅太、云丽文、布赫、潮洛蒙、浩帆等。乌兰夫說："都不知道这个四十三人委員会，书記处也沒討論过，……我根本沒有过四十三人委員会的事，这是造謠生事，这是搞阴謀"。并指示：批判"范围不要扩大。"

云照光曾对他的同伙說："額尔敦陶克陶和乌兰夫与四十三人委員会的关系可能性很大，因为額尔敦陶克陶里通外国，他和乌兰夫关系密切。布赫对語委四清抓得特別紧。"可见他深知其中底細的。然而，在語委的一次会上，云照光却秉承主子的旨意顚倒黑白混淆是非地說："乌兰夫搞了四十年革命，一直高举毛泽东思想紅旗，內蒙二十年成就也证明了这一点。中央更了解他，乌兰夫是党中央政治局候补委員，国务院付总理，內蒙古党委第一书記，沒有犯錯誤，是跟党走，是毛主席的好学生……对乌兰夫的任何怀疑都是錯誤的。四十三人委員会沒有，为什么造謠生事，……不是反党是什么？"而且还声色具厉地說："反对乌兰夫就是反对內蒙古党委，不能把乌兰夫和內蒙党委分开，反对乌兰夫就是反对党中央，反对毛主席。"云照光吹捧乌兰夫简直到了肉麻的程度。更恶毒的是，他把乌贼与我們伟大領袖毛主席相提并論，眞是反动至极，混蛋透頂！

云照光为了为乌兰夫投敌叛国活动消脏灭証，使尽了卑鄙的伎倆。他还奔走于王鐸、王再天、特古斯之間，串通一气，大搞阴謀活动。

云照光在語委四清中扮演了个什么角色，不是昭然若揭了嗎？

烏兰夫給自己涂脂抹粉，云照光为主子奔走效劳

大野心家烏兰夫，妄图黄袍加身登上成吉思汗第二的宝座，竟不择手段篡改內蒙革命斗爭史、极力为自己涂脂抹粉、树碑立传、以便扩大"烏兰夫思想"的影响，为其"宫庭"政变大造反革命興論。一九六五年十二月在庆祝自治区成立二十周年筹备委員会座談会上，烏兰夫向来自中央有关部門协助筹备工作人員連續做了五个半天的秘密报告，大談其"革命"斗爭經历大摆他的"丰功伟績"。这次連自治区书記处书記也未能参加的会，云照光则由烏兰夫审批、浩帆发票以特殊身分参加了。云照光受宠若惊，更加觉得烏兰夫"了不起"，对烏贼崇拜得五体投地。回軍区后他故作姿态，說："沒有傳达任务"是"秘密"，实际上却到处宣传：說烏兰夫如何"正确"，"烏兰夫在內蒙古貢献很大、內蒙古沒有烏兰夫是不行的"，大讲烏兰夫在內蒙"革命"中的作用。他还煞費苦心地組織群众和干部听黑帮分子云世英、曹文玉大肆吹捧烏兰夫的所謂內蒙古革命史的报告，一时吹捧烏贼的奇談怪論，甚囂尘上。为把筹备工作搞好，对主子尽忠尽孝，云照光不辞劳苦奔走呼号，鼓吹二十周年筹备工作的重大意义，他一方面組織人力搞展览，搞創作，出影集，一方面亲自动手夜以継日地写书編剧，为烏兰夫树碑立传，歌功頌德，眞是全力以赴、虽抛头顱洒热血也在所不惜。

一九六六年初，右丞相吉雅泰糾集原延安民族学院的成员，在新城宾館召开了一次密秘会議，为搞宫庭政变，网罗党羽，組織力量。他们还专門带去了軍事地图，搞不可告人的勾当。云照光为召集这次会，奔走活动，不遺余力。

烏兰夫兴师政变猖狂进攻，众嘍囉加紧勾結秘密策划

烏兰夫反党叛国集团，經过精心地密謀策划和长期的准备，认为反革命"宫庭"政变的时机即将到来，于一九六六年四月二十五召开由烏兰夫主持的自治区党委常委扩大会議。这是一次烏兰夫集团有計划、有組織地对革命領导同志进行反革命围攻，为实行"宫庭"政变扫除障碍的大会。会議前后和会議期間，烏兰夫的黑干将云照光、赵戈鋭、云世英、布赫、云成烈等积极进行反革命串联。他们加紧勾結、頻頻聚会、互通情报、密謀策划，仅在想高茂家就先后开会五次。惟恐泄露天机，开会时还要放下窗帘，紧闭門户。他们密議的問題、涉及面很多，其侧重点则在：各要害部門的人选，烏兰夫重点搞的二毛（毛織厂）問題、土旗問題、語委四清問題，烏兰夫众亲信、干将、爪牙的安插問題等，特别着重密謀如何打击革命領导干部权星垣等同志。他们說："要团結多数人，不要打击面过宽了，只集中到权星垣身上，这个人是反烏兰夫最积极的人。"等等，总之他们个个磨拳擦掌，要在这次会上大显身手。

一场斗爭异常激烈的"四月常委扩大会議"开始了。烏兰夫及其所糾集的一班狐群狗党都乔装打扮，粉墨登場，在这台紧鑼密鼓的丑剧中，云照光扮演了一个极为可耻的角色。

会上烏兰夫作了一个臭名远揚的报告。这个报告以民族分裂主义为黑綫，大反毛泽东思想，大反大汉族主义，大反"四清"，大反"三干会"（一九六四年三干会）把斗爭矛

—25—

头集中在权星垣等革命领导同志身上。而云照光对这个反革命报告却吹捧至极大声喝彩，說什么"烏兰夫同志的报告思想性很高，尤其是四清讲的很具体，有不少新的提法，提得很准确，打中要害，对我启发很大。"

在談到××问题时，云照光竟然有恃无恐得意忘形、叫嚷什么："奎书記有指示，但中間宣传部梗塞，这是反党！""我怀疑过去的領导人和他穿一条裤子，我怀疑……搞阴謀活动"他还气势汹汹地提出："这个人现在还有人保护，是很不正派，沒党記，沒国法，不是认識问题，……这是无法无天！"并杀气騰騰地质問："为什么有人起来辯护，不执行第一书記的指示，这是什么道理？"好一付凶神恶煞象！

几年来，烏兰夫借所謂××问题、二毛问题、土旗和医学院"四清"問题、排挤、打击迫害同他一直进行坚决斗争的革命領导干部和革命群众，在这次围攻会上，云照光紧跟烏兰夫的指挥棒也大放厥詞，大打出手。云照光眞不愧是烏家王朝的得力帮凶。

云照光以及赵戈鋭，陈炳宇等，烏兰夫手下的这群魑魅魍魎，在会上会下会內会外、拚命搖旗吶喊狂蹦乱跳，一时黑风四起，烏烟瘴气。

轉移視綫云照光死保烏贼、主子垮台黑走狗如丧考妣

"四月会議"这台群魔跳梁的丑戏还没有唱完，华北局派来了解学恭同志为首的华北局派出的工作組到达呼市，烏兰夫当头挨了一棒。烏贼見事不妙，表面上不得不有所收歛，而暗地却继續加紧活动，积极选拔参加会的党羽爪牙，收集編造材料，准备在进行最后决战的华北局会議上，疯狂反扑，大干一场。云照光参与了准备工作，也积极争取参加了这次会議，这就是有名的"北京前門飯店会議"。

会議进入揭发烏兰夫问题时，云照光别有用心地质問华北局："为什么对声討邓拓不表态？华北局宣传部，內蒙党委宣传部，有沒有資产阶級当权派？"妄图轉移斗争視綫，保住烏兰夫。

烏兰夫以大反"大汉族主义"为名，推行民族分裂主义路綫的罪恶活动被揭露出来后，云照光居心险恶地把罪名加在高錦明同志头上，胡說什么："高分管队报，（四清工作队报）登了不少反大汉族主义的文章，应負責，这是失职行为！"千方百計为其主子开脫罪責。斗争向纵深发展，烏兰夫反党叛国集团的黑幕被全面揭开，浩帆、李貴被罢官，烏兰夫倒台了，兎死狐悲，云照光如丧考妣涕泪纵横痛哭了几次。他为烏兰夫唱輓歌：烏兰夫怎么反起大汉族主义来了。还痛心嫉首地說："李貴叫人斗争得很厉害，现在腿也肿了，每日吃不下飯去，眞可怜。"

然而，敌人是不会自行退出历史舞台的，云照光并不死心，怀着一棵对烏贼耿耿忠心，继續还在为烏家王朝做垂死挣扎。黑干将云成烈在呼市与赵鋭、云北峰等密謀后，于六月中旬到了北京，一方面刺探，准备对策；一方面与云丽文、云照光等取得联系給在北京参加会議的烏兰夫及其死党分子打气鼓劲。云照光违反会議纪律与云成烈秘密接头，詳談了会議全部情况。云成烈让云照光轉告烏兰夫："土旗人要頂住，让烏兰夫也頂住"，"如果你們頂不住也应考虑到如何退却"，"革命是有反复的，斗不过人家，咱到农村打游击去"等等。云照光深怕活动敗露闖下大祸。他对云成烈說："在这个时候你还想往里鑽？""情况我已經給你談了……就是为了让你了解情况，不要往里滚。"还

写信催促云成烈赶快回昭盟，"回去爭取参加四清"以避开文化大革命的烧身之火，保存人馬积蓄力量。不难看出云照光采取了以退为守伺机反扑的反革命策略，又何其阴险。

云照光就是这样一个一直追随乌兰夫，死心蹋地忠效乌家王朝的乌兰夫死党分子。

然而就是这样一个人，时至今日还采取种种卑劣手段詭辯耍賴，拒不交代罪行，还大嚷："我是受了乌兰夫的蒙蔽！""我至多不过是个二类干部！"何等頑固，何等猖狂！

"**凡是反动的东西，你不打他就不倒。**"我們必須遵循伟大領袖毛主席的教导，雷厉风行乘胜直追，把乌兰夫死党分子通通揪出来，斗倒斗臭，挖絕黑根肃清流毒**彻底摧毁**乌兰夫反革命势力，夺取我区无产阶級文化大革命的全面胜利！

◼◼

(上接第 6 頁)

主义和高崗反党集团和席尼喇嘛已經提出"武装斗爭"并且付諸实践了嗎？乌兰夫、布赫、云照光胆敢貪天之功据为反党阴謀家以及內蒙人民革命党徒之有，简直疯狂到了极点！

毛主席的亲密战友，我們的付統帅林彪說"毛主席比馬克思、恩格斯、列宁、斯大林高得多，现在世界上沒有哪个人比得上毛主席的水平。"又說："全世界誰也不能代替毛泽东思想。"影片的炮制者以及背后支持他們的当代王爷乌兰夫却公然与林付主席唱反調，阴謀以刘洪泰席尼喇嘛的武装斗爭理論取代毛主席的武装斗爭的光輝思想，用臭名昭著的"乌兰夫思想"代替光焰无际的毛泽东思想。从而排斥毛主席的絕对領导，树立自己的权威，大搞"独立王国"。作品恰恰迎合着乌兰夫的意思，甚至說出了乌兰夫所不敢說的話。眞是恶毒至极，卑鄙至极！

只有毛泽东思想才是放之四海而皆准的伟大眞理，它不仅仅是中国人民的斗爭武器，而且也是世界革命人民的斗爭武器。內蒙古的革命斗爭，完全是在毛泽东思想的指导下取得胜利的。沒有伟大的領袖毛主席，就沒有內蒙古人民的今天。毛泽东思想是战无不胜的，誰想貶低它、抵毁它、誹謗它，誰就必将在革命人民的鉄拳下，撞得头破血流！

《鄂尔多斯风暴》炮制者們如此拼命地反对毛泽东思想，决不会逃脫历史的懲罰，他們只能是以卵击石，落得个身败名裂的下场。

欠賬是要还的。云照光及其《鄂尔多斯风暴》欠下人民的賬，一定要还清，把他伪装的画皮撕破，还其本来面目，送进历史的垃圾堆。打倒云照光！批臭《鄂尔多斯风暴》！

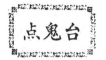

坚决打倒三反分子云照光！

文办《险峯》 本刊编辑部

云照光是乌兰夫安插在内蒙古文化界的重要代表人物，是个反革命修正主义分子，民族分裂主义分子，是个漏网的大右派！

长期以来，云照光打着"红旗"反红旗，一面写书编剧，为乌兰夫集团反党叛国大造舆论，一面利用自己先后控制的军政文化大权，上窜下跳，奔走呼号，充当了乌兰夫复辟资本主义、分裂祖国的反革命活动的忠实干将。在每一个重大的历史关头，云照光总是站在党的对立面，站在毛主席革命路线的对立面，反党反社会主义反毛泽东思想，罪恶累累，罄竹难书。

一、乌兰夫集团的死党

云照光经常顾影自怜，吹嘘自己所谓"蒙古小八路"的"光荣"历史。其实，云照光的历史，就是一个紧跟乌兰夫的历史，就是一个反革命个人野心家的历史，就是一个乌兰夫死党的历史。

一九三九年，奎璧把云照光拉到延安，钻入革命队伍，从此成了乌兰夫集团少壮派的一员，开始了追随乌兰夫的历史。

一九四五年，云照光遵照乌兰夫"改造旧军队"的反革命路线，打着"地下工作"招牌，在伪"乌审旗保安部队"中与反动民族上层、兵痞土匪鬼混。伪"乌审旗保安部队"完全投入国民党怀抱后，云照光又摇身一变，回到革命队伍，后来一直在伊盟军分区工作多年。

由于云照光紧跟乌兰夫，大吹大捧乌兰夫，因此逐年加官进爵。为乌兰夫集团树碑立传的大毒草《鄂尔多斯风暴》出笼后，云照光更进一步得到乌兰夫的赏识，一九六二年被提升为内蒙古军区政治部文化部副部长，总揽内蒙古部队文化大权。

在这期间，云照光和乌兰夫黑线人物布赫、陈炳宇、潮洛濛、赵戈锐、珠岚之流加紧勾结，频频聚会，密谋策划。一九六四年春天，云照光伙同另外两个乌兰夫集团的黑爪牙，到乌兰夫家里，向乌兰夫汇报内蒙古军区干部问题，要求乌兰夫抓枪杆子，为反党叛国做准备。

这时期，反革命修正主义分子吉雅泰曾在新城宾馆策划一次原延安民族学院成员的集会，怀昔日勾结之旧，图反党叛国之新。云照光积极参加了这次阴谋集会，并且为这次黑会奔走效劳，不遗余力。

一九六六年三月，乌兰夫发动反革命夺权，成立所谓"五大委"时，为了加强反党叛国的舆论工作，特意指名把云照光从军区提到地方，一跃提升为内蒙文教委员会代理

—28—

副主任和文教党委副书记，兼內蒙古文联主席。

云照光上台后，受到乌兰夫的亲自召见，一手抓語委的"四清"，为乌兰夫反革命修正主义、民族分裂主义集团当消防队长，一面大抓所謂"自治区成立廿周年大庆"，为乌兰夫这个成吉思汗第二的登基制造輿論。

一九六六年四月底到五月初，云照光参加了內蒙党委常委扩大会議，三次发言，大捧乌兰夫，"大反所謂大汉族主义，"矛头指向內蒙党委的革命領导干部，扮演了一个凶恶打手的角色。

一九六六年五月，在北京前門飯店会議之前，云照光嗅出某种危险的气味，他积极插手前門飯店会議参加人选的准备工作，企图为乌兰夫在会上的反扑組織力量。在前門飯店会議上，乌兰夫的反革命面目被揭露出来，云照光兎死狐悲，为乌兰夫惋惜："乌兰夫不知怎的，反起大汉族主义来了。"又在背后吹冷风："李貴叫人斗得很厉害，眼睛紅紅的，腿也肿了，飯也吃不下去，眞可怜！"乌兰夫反革命集团的干将云成烈在呼市同赵戈銳等密谋后，到北京探听会議消息，准备采取相应措施，死保乌兰夫。云成烈托云照光給乌兰夫送信："轉告乌兰夫，叫他們在这里无論如何頂住，呼市他們那里也想办法頂住，如果頂不住就全完了"，"万一斗不过人家，咱到农村打游击去"，"为保乌兰夫虽死无怨，就是上断头台也在所不惜"等等。云照光参加了前門飯店会議，知道乌兰夫保不住了，就轉用保实力的策略。他怕云成烈在北京的活动败露，牽累甚大，就給云成烈出主意，叫云成烈"赶快回昭盟，想办法去农村抓四清"，逃辟无产阶级文化大革命，以图积蓄力量，伺机反扑。

二、漏网的大右派

"阶级敌人是一定要寻找机会表現他們自己的"。在每一个重大历史关头，云照光总是站出来表演一番，活画出自己的大右派的眞面目。

一九五四年高饒反党集团被揪出来，清除了党內的一个大隐患，这是毛泽东思想的伟大胜利。云照光站出来，为高饒鸣不平，說什么"这个事情太突然"，"这么高級干部能做出这样的事来嗎？"幷且把矛头直接指向毛主席为首的党中央："事情不是偶然的，但中央为什么不早教育他，为什么还提拔到副主席呢？""高崗說中央有小圈圈，到底有沒有？为什么人家一犯錯誤就翻老賬？""高崗在西北是正确的。"云照光为高饒鸣宽叫屈的活动被揭露出来后，他为自己辯解說："过去对高崗印象深，是校长，經常見，听报告，看有关他的书，……在伊盟群众中也有影响，又是政治局委员，副主席等要职，当宣布他的錯誤时，觉得很突然，弄不通这是为什么。""过去对高崗有好感"。云照光的这一番自我表白，联系他在电影文学剧本《鄂尔多斯风暴》中为高崗翻案的阴谋活动，充分証明云照光从来就是反党野心家高崗的忠实信徒，反党、搞独立王国的共同理想，把云照光和高崗拴在一起。左一个"弄不通"，右一个"有好感"，对高崗一脉深情。在云照光的眼目中，哪里还有相信党中央和毛主席呢！

統购統銷，是我国社会主义改造的重要步驟。云照光也像其它右派分子一样，攻击統购統銷政策"执行上机械"，"照文宣讀，說是周总理的命令，不执行不行，这是在执行上有偏差的"。甚至公开叫喊："工业化是建筑在剥削农民基础上的工业化。"为

—29—

了掩盖自己的反革命面目，他又搬出他在对待高岗問題上的挡箭牌："搞不通思想"。其实，在云照光的脑袋里，有一个根深蒂固的修正主义、民族分裂主义的思想，他对光焰无际的毛泽东思想，从来也沒有"通"过，总是站在毛泽东思想的对立面的。

一九五七年，正当右派分子向党向社会主义发动猖狂进攻的时候，云照光也馬上起来发演說，作报告，与右派分子紧紧配合。

一九五七年六月二十九日，以"紀念'七一'"为名，大肆进行反革命宣传。云照光从国内外一切反动派的词汇中搜寻最恶毒的字眼，借別人之口疯狂地誣蔑咒罵我们最最敬爱的伟大领袖毛主席和伟大的中国共产党。狗胆包天地說中国共产党"开始是毒草，三头六臂，騎扫帚上天，朱、×一天吃三个小娃娃，长的不是人样子"。

云照光又宣扬：共产党开始是"毒草"，"而事实証明不是毒草，是香草，还香的利（厉）害。"用这种捏造的历史証据，为当时到处泛滥的右派毒草辯护。毛主席在同一时期明确地指出："**凡是錯誤的思想，凡是毒草，凡是牛鬼蛇神，都应該进行批判，决不能让它們自由泛滥。**"三反分子云照光却企图証明右派分子的毒草，是正在开始的"香草"，"还香得厉害"！云照光还用中国共产党的斗爭历史，为右派分子打气，鼓励右派分子不要怕捉，不要怕杀，大胆地干下去。

一面为右派分子搖旗吶喊，一面赤膊上陣，攻击中国共产党的领导是"老子天下第一"，"吹牛"。又极恶毒地說："有些人說他是怎样的革命，怎样的斗爭，怎样的勇敢，多么天才。說瞎话。从这个大城市，到那个大城市，吃的肥头大耳，打过几次仗？坐过多少次獄？受过多少刑？一句也說不出来，只不过是騙术而已"。在这一串丧心病狂的恶罵中，可以看出云照光对党中央对毛主席怀着多么刻骨的仇恨！

这时期，云照光又给部队"紹介""百花齐放，百家爭鳴"的方针。云照光取消"双百"方针的阶级性，把它說成"两千年以前，周秦諸子开始的"，說什么"（共产党）能提出这个东西，是民主自由的表现"，"过去做得不够"等等。反过来誣蔑为工农兵服务的文艺是"千篇一律，形式一律，体裁一律，抒情都抒不成"，是"一个模子倒出来的，沒有艺术价值"。

在总政的右派分子向党进攻时候，云照光又上书总政，攻击总政"执行民族政策上有錯誤，不了解和不深入蒙古部队，不給解决具体問題"，为右派分子向党进攻提供了弹药。

云照光同右派分子是同一个思想，同一个腔調，同一付嘴脸。事实証明，云照光是一个漏网的大右派分子！

三、乌兰夫在部队文化工作中的代理人

云照光在伊盟軍分区、昭盟軍分区和内蒙古軍区十几年的部队文化工作中，忠实地推行了一条刘少奇、乌兰夫合营的反革命修正主义和民族分裂主义的部队文化路綫。

在反右派斗爭之前，云照光紧跟总政文化部主任、大右派陈沂，反对部队文艺为政治思想工作服务，为提高战斗力服务，提出"以歌舞为主"的修正主义方向，反对用话剧和用其他文艺形式进行思想教育。反对文艺为工农兵服务的根本方针，把文艺和服务对象对立起来，按着陈沂的黑指示，提出"把部队文艺做为一个兵种来建設"，企图使

—30—

部队文艺成为一个脱离党的领导，脱离政治的独立王国。

陈沂倒台之后，云照光继续贩卖刘少奇和周扬一伙的"文艺特殊規律"論，叫喊"不应按照政策条文去写作，不然看看社論就行了，何必看文艺作品呢？"极力反对文艺为无产阶級政治服务。攻击部队文艺工作"仍然存在着教条主义，有生搬硬套的做法，有忽視文艺特点，而用行政命令代替文艺工作的做法"。

为了給乌兰夫篡軍叛国做好輿論准备，云照光精心炮制一种"內蒙古部队"的文艺，首先通过文艺，使內蒙古駐軍从中国人民解放軍整体中"特殊"出来。一九六二年五月云照光为軍区《战士报》撰写的社論中提出："我們是內蒙古地区的部队。在文艺工作中，尤其是在文艺創作上，要特别强調区內少数民族的特点。……不虚心向民族民間的艺术学习，就会好高騖远，脱离实际，脱离群众。一切从实际出发，照顾民族特点，这是文艺工作应有的正确态度，……"这里我們听到的，全是乌兰夫的語言！

在組織上，云照光用名利、地位、級别收买、拉攏部队文艺工作者，企图把部队文化工作团体变成自己的"家天下"。一九五四年，部队要清理某些有历史問題的人，云照光反对政治部的决定，认为"小題大作"，主张继续留队，趁机收买人心，网罗党羽。

云照光向来以內蒙古有名作家自居。在部队期間，凡是部队有文化工作会議，或者創作工作会議，他总是美滋滋地去讲一番自己的"創作經驗"，进行一通"身教"，一心把部队业余文艺創作引向修正主义的斜路。

在这些黑"經驗"中，有丁玲的"一本书主义"老調！"一本书起很大作用，如《水滸》、《三国》、《金瓶梅》、《紅岩》、《雷鋒》。人死了，书在，可看书，传下去，传统丢不了，影响大。"有修正主义的"創作灵感"論："詩人是气憤中产生的，有道理。"有資产阶级政客文人的个人奋斗："下苦工夫学习，除工作时間外，可利用业余时間多看书，多写日记，多学語法。不刻苦，无成就，輕而易举是来不了的。""有决心，有毅力，爱好，就可以写出作品，也可以写出好作品来。"又引用托尔斯泰的話鼓励："天才，十分之一是灵感，十分之九是血汗。"在云照光的"創作經驗"中，也有发散着資产阶级銅臭、貼着"修养"标签的名利主义："写作品，就有'名利'，荣誉不是自己的，是党的。"等等。"經驗"千条万条，唯独没有如何活学活用毛泽东思想！云照光自己的一套"創作經驗"，就是他推行修正主义、民族分裂主义部队文艺路綫的样本。

四、乌兰夫民族分裂主义集团的干将

成吉思汗，向来是內蒙古的民族分裂主义分子大作叛国文章的得意題目。云照光也同样不放弃这个重要题目，多年来狂热地吹捧成吉思汗。用成吉思汗的幽灵，为乌兰夫嘯聚人馬，网罗同謀；用成吉思汗的所謂"历史功績""鼓吹民族复兴"和"民族独立"为一心想当成吉思汗第二的乌兰夫登基拜相制造思想基础。云照光经常神气活现地贊美成吉思汗"征服过很多地方"，"了不起"，甚至无耻地胡說什么"亚洲人过去都是蒙古族"，"都是蒙古人种"等等，在人种論上，为乌兰夫設計一个征服亚洲的美梦。

几十年来，內蒙古的民族分裂主义分子，一直想把內蒙古从祖国大家庭中分离出

—31—

551

去，狂弹"长城为界，划分蒙汉"的反动高調。云照光比这些人的胃口还大，他对"长城"还有不同理解："长城不只现在这一条，还有一条。"看来大有吞掉整个北部中国的气势！一九六六年初，云照光亲自出马大讲"三五宣言"，乘机煽动说什么"山西、河北、甘肃的一些地方原来是內蒙古的，现在沒有划回来"。尤其不能容忍的是竟明目张胆地把攻击的毒焰喷向我们最最敬爱的伟大領袖毛主席，叫嚣"毛主席当年說的話，现在很多沒有兑现！"这是云照光民族分裂活动的鉄証！

毛主席說："**国家的統一，人民的团結，国内各民族的团結，这是我们的事业必定要胜利的基本保証。**"出于复辟资本主义、背叛祖国的政治需要，云照光也跟在烏兰夫的靴子后面，狂吠反所謂"大汉族主义"，借以破坏民族团结，挑动民族纠纷，轉移視綫，坐享漁利。一九六六年在語委四清中，云照光讲："从全国来看，主要民族主义的危险是大民族主义，我们不要看語委出了个额尔敦陶克陶，是地方民族主义，大汉族主义也要批判"，"汉族不是也有大汉族主义嗎？"原来反所謂"大汉族主义"，是他们掩护民族分裂主义分子的盾牌！云照光还說："內蒙的四清加上民族問題这一条，这才符合內蒙古实际情况的。"用反所謂"大汉族主义"，保护走资派过关。

云照光恶毒地宣揚："土旗的土地都是蒙古人的，汉人沒有土地。"利用土地問題挑起蒙汉纠纷，同时为烏兰夫的皇亲国戚多占土地、大搞资本主义活动寻找历史根据。云照光还公开散布烏兰夫的黑貨，說什么："打起仗来，蒙古人往北跑，汉人往南跑"。肆无忌惮地鼓吹民族分裂、叛国投敌。

云照光长期以来，还跟蒙修特务、叛国分子一起，在烏兰夫的支持下，鼓吹內外蒙"統一民族語文"。不利于民族团结和民族发展的"新蒙文"，早已禁止使用，云照光在一九六六年四月还憤憤不平："学习新蒙文，学习外国的东西都好嘛！"并利用自己的职权，包庇与外蒙搞什么"統一語文"的民族分裂主义分子。

一九六五年以来，在烏兰夫一手掀起来的大学蒙文蒙語抵制学习毛主席著作的群众运动的声浪中，云照光也跳出来，大讲"坚决执行烏兰夫书記的指示，蒙文蒙語的学习，不但是战略任务，也是战备任务。过去沒有抓好，今后再不抓就要犯大錯誤。"同时，云照光还用是否掌握蒙文蒙語，把蒙古族分成"挂名蒙古人"和"眞正蒙古人"，在蒙族群众中制造地区对立。云照光以自己为例說："身为蒙古人，不会蒙古話，头总是抬不起来，难道一輩子就成为挂名的蒙古人嗎？""我是个什么蒙古人呢？"

五、烏兰夫的消防队长

內蒙古語文工作委員会（語委），是烏兰夫集团进行反党叛国活动的重要据点。語委从成立以来，一直处在烏兰夫死党，老牌民族分裂主义分子，苏蒙修情报員及日本特务的把持之下。他们控制了內蒙古民族語文、历史文学的研究和出版大权，在烏兰夫的庇护下对內结党营私，对外勾结苏蒙特务，大搞內外蒙語言文学统一，为烏兰夫反党叛国做語文方面的准备。

一九六五年初，語委的革命群众揭发出烏兰夫及其死党额尔敦陶克陶，背着党中央与苏蒙修秘密拼凑的叛国組織"××××委員会"。烏兰夫怕得要死，惟恐这一个缺口导致全綫崩溃，就连忙以"四清"名义派工作队去鎮压。工作队鎮压不力，一九六六年

—32—

三月，乌兰夫又派云照光去"加强"。云照光刚走出军区大门，还没来得及摘下领章，就走马上任，当了乌兰夫的消防队长。四月，乌兰夫亲自接见云照光，授意云照光把这个叛国组织与乌兰夫分开，把揭发的人打成反党分子，用反对"大汉族主义"引开视缐，把语委的事件压下去。云照光在语委的一系列活动，完全是按乌兰夫的旨意行事的。

云照光一到语委，就竭力塑造乌兰夫的"光辉形象"，说什么："乌兰夫搞了四十年革命，一直高举毛泽东思想红旗，内蒙二十年成就也证明这一点。中央更了解他，乌兰夫……没有犯错误，是跟党走，是毛主席的好学生"。叫嚣"对乌兰夫任何怀疑都是错误的"，"反对乌兰夫，就是反对党中央，反对毛主席"。根据这个反革命逻辑，把揭发乌兰夫叛国集团的人打成"个人野心家"，"反党分子"。同时为乌兰夫消脏灭迹，一口咬定乌兰夫反党叛国集团搞的"××××委员会"与乌兰夫没关系，"乌兰夫书记从未听到过这件事，谁说谁负责，这是造谣"。

为了把这个重大叛国案包起来，对这个反革命"委员会"的骨干分子额尔敦陶克陶一保再保，不许对他进行揭发批判，只是提出"核实材料"，让额尔敦陶克陶"写文字检查"，借口"额的问题是历史问题"，使这个"××××委员会"的骨干分子、老牌民族分裂主义分子逍遥法外，为乌兰夫叛国集团封住缺口。

在包起重大叛国案件的同时，云照光秉承乌兰夫的黑指示，提出反对所谓"大汉族主义"的口号，大搞人人过关，打击一大片群众，保护一小撮反党叛国分子，借以转移斗争大方向，保护乌兰夫过关。云照光宣布："在机关不能不整坏分子，阶级异己分子，这和农村不同，不是不反社员群众，不是当权派的人，只要搞歪风邪气也要整。"

在语委"四清"的整个过程中，一直严格保密，由乌兰夫亲自指挥，材料有极少几个人掌握。经过乌兰夫的严密布署和云照光左遮右挡，这起严重叛国案件被包庇下来。云照光这个乌兰夫的消防队长，在这次保护乌兰夫的大搏斗中，立下了汗马功劳。

六、乌兰夫的御用文人

建国以后，云照光就开始了舞文弄墨的生涯。先是搞一些宣传材料，在部队的小报上发表一些小品、通讯、诗歌之类，大多几百字、一两千字。这些插科打诨的东西，没有满足云照光的"雄心壮志"，也不能充分暴露出云照光的嘴脸。

为了成大"名"，得大"利"，一九五四年云照光开始了长篇小说的创作。此后，连续用长篇小说、电影文学剧本、短篇小说、报告文学、回忆录、诗歌等各种文学形式，写了许多作品。综观云照光发表和未发表的全部作品，贯穿着一条什么缐？为什么人服务？云照光到底是什么人？我们择其"精华"来看一下就够了。

《鄂尔多斯的太阳》，是云照光一九五四年开始炮制的第一部长篇小说。在小说中，云照光以一九二七年大革命前后的伊盟为背景，以席尼喇嘛和他的残部为主人公，妄图用艺术形象写一部为乌兰夫树碑立传的"内蒙古革命史"。这部小说还没有完成，为了乌兰夫政治上的急需，云照光在一九五八年抽出其前一部分，改写成电影文学剧本《鄂尔多斯风暴》，后来由八一电影制片厂拍摄，一九六三年开始上映。

《鄂尔多斯风暴》和《鄂尔多斯的太阳》，是一个指导思想，就是为乌兰夫复辟资本主义、搞独立王国的政治服务。云照光在"二鄂"中，无耻地篡改历史，把资产阶级

—33—

改良主义的民族主义者、"內蒙古人民革命党"的骨干分子席尼喇嘛打扮成一个坚强的"共产主义战士"。通过对席尼喇嘛的美化和吹捧，为反革命的"內蒙古人民革命党"招魂；把"內蒙古人民革命党"分裂祖国的阴谋活动，美化成为在中国共产党领导下的革命武装斗争；把"內蒙古人民革命党"一手导演伊盟乌审旗的"自治运动"，描写成与毛主席领导的井岡山根据地并驾齐驱的塞北"革命圣地"。用这种卑劣的手法，贬低毛主席，为反党野心家高崗翻案，为历史上一贯与"內蒙古人民革命党"勾結的乌兰夫捞取反党叛国的政治資本，宣揚内蒙古革命的所謂"特殊道路"，即脱离中国共产党和毛主席的领导，而由乌兰夫及其同党领导的道路。同时，电影剧本《鄂尔多斯风暴》于一九六一年出籠，也是为着跟乌兰夫的所謂"反垦"相配合，向党中央，向毛主席示威！

在制造《鄂尔多斯风暴》的同时，一九五九年，云照光又开始炮制另一个电影文学剧本，《永远在一起》。一九六二年，又写了第三个电影文学剧本《黃河畔的战斗》。这两个剧本虽然沒能在刊物上发表，但是云照光傾注的心血却不少，注入的毒汁也很浓。

《永远在一起》以表现各民族团结在中国共产党的周围，永远战斗在一起为幌子，歪曲历史，把一九四七年伊盟乌审旗的一支正在整編改造中的原国民党、蒙古王公的部队，描写成在胡宗南进攻延安时保卫党中央和毛主席的英雄，創造出一个"內蒙救中央"論，为乌兰夫写上一笔光辉的"历史功績"。剧本中，打着"民族团结"的招牌，挂着"阶级"的詞句，露骨地歌頌民族分裂主义分子和通敌变节分子。在云照光的笔下，民族分裂主义分子，也有一顆"为民族"的心，而且勇敢善战；只是因为长期大汉族主义的压迫，才使他們不相信汉人，背离革命队伍，完全抹煞了民族分裂主义分子的反革命本性。云照光扮演了一个很好的民族分裂辯护士的角色。

《永远在一起》与《黃河畔的战斗》，有一共同的重要主题，就是对封建上层和旧军官的歌頌。《永远在一起》中的阿拉丙和《黃河畔的战斗》中的仁欽，原都是封建王公的鹫犬或封建王公，这样的人物，就是云照光謳歌涕零的目标，贊美他們的什么"民族正义感"，给他們一項"非党布尔什維克"的紅帽子。老机会主义分子、内蒙党内最大的走資派乌兰夫，从来就反对革命武装的建設，而大谈"改造旧军队"，叫卖"改造旧军队"的經驗，在"改造"的烟幕下招降納叛，搜罗党羽。《永远在一起》、《黃河畔的战斗》，完全是按乌兰夫这种反动論調跳舞的。

看了这些，我們再看一下云照光給自己脸上貼金，为乌兰夫、奎璧、王鐸、李永年之流立传的"回忆录"，再看看他以自己本人为模特的另一部长篇小說《上校的故事》（后改名为《青山黑水风云急》未发表）我們就会自然得出一个明确的結論：云照光的"創作"过程中，貫穿着一条修正主义、民族分裂主义的黑綫，它完全是为乌兰夫复辟資本主义、反党叛国活动服务的，三反分子云照光，是乌兰夫忠实的御用文人。这笔賬，我們是一定要彻底清算的。

七、乌兰夫集团还没落水的疯狗

多年来，三反分子云照光为乌兰夫反党叛国呼嚎奔命，罪恶之大，少有可比。在无

—34—

产阶级文化大革命中，云照光的反党反社会主义反毛泽东思想的嘴脸被揭露出来，这是毛泽东思想的伟大胜利。但是由于反革命修正主义分子、民族分裂分子、旧内蒙古党委宣传部的活阎王特古斯之流的包庇纵容，云照光一直有恃无恐，硬赖硬抗，拒不低头认罪，反而向广大无产阶级革命派发动了一次又一次的猖狂反扑，三番两次上书，声称自己是什么"二类干部"，摆出一付理直气壮的"受害者"的架子，要与无产阶级革命派较量一番。他诬蔑革命派对他的揭发批判是"以此转移视线，找替罪羊"，是"痴心妄想"。这位自以为"了不起"的人物，又厚着脸皮，把自己的罪恶轻轻赖掉，骂革命派对他的批判是什么"生拉硬扯，无限上纲"等等。还有更甚者：就是这样的乌兰夫集团的干将，竟公然叫喊要"造革命委员会的反"！

"**一切反动势力，在他们行将灭亡的时候，总是要进行垂死挣扎的。**"在二三月黑风中，云照光已经跳出来，站在乌兰夫的代理人王铎、王逸伦一边，向地下黑司令部提供革命领导干部的黑材料，和地下黑司令部打得火热。现在，在内蒙古无产阶级革命派遵照伟大领袖毛主席的战略布署，彻底批判内蒙古二十年文艺黑线时，云照光仍然坚持其反动立场，准备再做一次卷土重来的黄粱梦。

敌人的眼泪鼻涕，软化不了革命派；敌人的气势凶凶，也吓不倒革命派！为了捍卫毛主席的革命路线，为了保卫毛主席，为了把无产阶级文化大革命进行到底，无产阶级革命派在彻底肃清乌兰夫反党叛国集团的战斗中，决不能放过乌兰夫集团的这只还没落水的疯狗！

坚决打倒三反分子云照光！

最 高 指 示

利用小说进行反党活动，是一大发明。

批三反分子云照光的几个黑短篇

内蒙古军区　文卫东

千钧霹雳开新宇，万里东风扫残云。

在全国文化大革命一片大好形势下，在全面落实毛主席最新指示的高潮中，在内蒙古，一场挖乌兰夫黑线，清乌兰夫流毒的人民战争，正在如火如荼地展开，追歼着形形色色的乌兰夫的残党余孽。乌兰夫的死党，乌兰夫反党叛国集团的吹鼓手，三反分子云照光被揪出来，是这场人民战争的伟大胜利，是战无不胜的毛泽东思想的伟大胜利。

云照光在富农家庭长大。早在一九三九年，他就一头扎进乌兰夫的怀抱，成了深受乌兰夫器重的宠儿，开始了追随乌兰夫进行反党叛国活动的生涯。他除了直接积极参与乌兰夫反党叛国的阴谋活动外，建国以来，还炮制出许多黑作品，为乌兰夫集团的反党

—35—

叛国活动大造舆论。云照光的黑作品，是乌兰夫集团反党叛国活动的风雨表。乌家王朝的风云变幻，云照光的黑作品，就是及时而又准确的"天气预报"。

云照光的黑作品，有象反动影片《鄂尔多斯风暴》那样的大毒草，也有回忆录，散文，小说，诗歌等为乌兰夫"赶任务"的短篇创作。这里，我们择取《在战火中成长壮大》，《园丁·太阳》，《蒙古小八路》，《河水哗哗流》，等四个短篇，稍加分析，看一看云照光的作品是怎样活灵活现地勾勒出他自己修正主义、民族分裂主义分子的丑恶嘴脸。

他在自传体裁小说《蒙古小八路》中，不但为自己的丑恶历史涂脂抹粉，尤其不能容忍的是他采用偷天换日的手法，为乌兰夫、奎璧之流歌功颂德，树碑立传。这篇小说是云照光炮制的长篇《青山黑水风云急》的一章。一九六四年，在乌兰夫反党叛国的紧锣密鼓声中，便作为独立章节，迫不急待地在《草原》上抛了出来。

大青山抗日根据地，建立于一九三八年，它是在我们伟大的领袖毛主席亲切关怀和亲自指导下建立的。是战无不胜的毛泽东思想唤起了蒙汉人民，揭竿而起，浴血奋战，狠狠地打击了日本侵略者，取得了抗日战争的最后胜利。

云照光在《蒙古小八路》中，对这一铁的历史事实,进行了肆无忌惮的歪曲和篡改。说什么"青山地区的共产党员，在杨力更、高卜彦带领下，立起个蒙汉游击队，扛起了抗日的大旗。"在这里，云照光作贼心虚，采用了"换头"的手术。下面，我们看看他在《园丁·太阳》中的招供，便可知道杨力更、高卜彦是何许人也。

云照光在《园丁·太阳》一文中写道："一九三九年……，在一个风打混的夏夜里，土默川党的负责同志贾力根、刘卜一（奎璧），冒着生命危险，转送着第一批到后方深造的蒙古族青年。"我们不禁要问：这"土默川党"，不就是乌兰夫及其同伙吗？这"扛起了抗日的大旗"的"杨力更、高卜彦"，不就是贾力根、奎璧吗？不须多加分析，篡改历史的卑劣伎俩昭然若揭。

这里必须指出的是，反党分子李井泉和在大青山鬼混过几天的黄×，早把大青山抗日根据地窃为己有了。然而，乌兰夫的嫡系云照光，并未因此而善罢甘休。他采取让乌兰夫、奎璧吃肉，让李井泉、黄×喝汤的办法，解决了这场篡改历史的狗咬狗的冲突。他在写了杨力更、高卜彦"扛起了抗日的大旗"之后，又写了"八路军的李支队"如何，"厚团长"如何如何。什么"李支队"、"厚团长"？李井泉就是李井泉，黄×就是黄×，难道他们能代表毛主席、代表八路军吗？云照光所以这样有意歪曲，分明是在为乌兰夫摘完桃子之后，顺手偿给了黄×几颗，以保护黄×这个冒牌的"老大青山"的金招牌。于是，在云照光的黑笔下，乌兰夫成了大青山抗日根据地的什么"缔造者"，当时窃据连长职务的黄×成了什么"厚团长"，而云照光自己也成了什么"宝贝疙瘩"。真是无所不用其极！

"假的就是假的伪装应当剥去。"

一九三五年，我们最最敬爱的伟大领袖毛主席，率领着工农红军，经过艰苦卓绝的两万五千里长征，胜利地到达了陕北延安。是毛主席他老人家，以**"今日长缨在手，何时缚住苍龙。"**的伟大气魄，宣判了日本侵略者和国民党反动派的死刑。一九三七年，由我们的副统帅林副主席亲自指挥的"平型关"一战，就是这一历史判决的伟大起点。

—36—

于是，在毛主席的伟大战略思想指导下，抗日根据地，如雨后春笋般地成长起来，大青山抗日根据地就是其中的一个。

此时，大叛徒、大阴谋家乌兰夫看到大势已去，便从大军阀傅作义的卵翼下滚了出来，跑到了蒙旗保安队（后改成蒙旗独立旅）。在该部队开往哈拉寨时，乌兰夫让他的老搭当奎璧留在了归绥。之后，乌兰夫便通过赵通儒投靠了反党分子高岗，而奎璧在土默特旗一带，则干着收罗党羽，保存实力，伺机再起的罪恶勾当。

从以上事实不难看出，云照光的所谓奎璧"扛起了抗日的大旗"之说，纯属捏造。云照光所说的"土默川党的负责人買力根"，更是无稽之谈。那时，買力根正挂着留学生的牌子呆在蒙古，时至一九四〇年才由蒙古回来。請问：他们怎能在一九三八年之前，"立起了蒙汉游击队"呢？这岂不是弥天大谎吗？岂不是为乌兰夫之流盗功窃誉吗？

时间又过了三年，到了一九四一年春天，通过赵通儒和高岗这个黑关系，乌兰夫怀着不可告人的目的，匆忙地离开鄂尔多斯，跑到了革命圣地延安。乌兰夫到了延安之后，看准民族学院有机可乘，便經过高岗钻进了民族学院，并且当上了教育长，开始招降納叛，結党营私，培植亲信，网罗党羽，以积蓄力量，东山再起，建立"大蒙古帝国"。这就是乌兰夫及其同伙钻进民族学院的目的。

乌兰夫这段保存实力，伺机再起的丑恶历史，云照光作为当时民族学院的学员，本来眼見耳聞，知道的一清二楚。但出于乌家王朝得力吹鼓手的本性，却在《园丁·太阳》一文中，把乌兰夫吹得天花乱墜，簡直成了救世主。

这篇反动透頂的文章，是在一九六二年五月抛出的。云照光溜公园时，看见园丁正在栽培月季花，触景生情，想起了栽培他的黑"园丁"——乌兰夫。云照光无限深情地写道："我一边看着，一边想着，想着……"

他想的是什么呢？想的就是他的黑主子乌兰夫。他煞费苦心的歌頌什么"土默川党的負責人"奎璧，如何把他送到乌兰夫的怀抱；什么在"成吉思汗紀念堂"，如何"祭典成吉思汗"；什么乌兰夫当时"任教育长"，是"得力的领导干部"等等，无一不是围繞着当代王爷乌兰夫。竟然把乌兰夫捧到了"领袖"的地位，把乌兰夫奉为"园丁、太阳"，眞是疯狂到了不能容忍的程度。

云照光这篇臭名昭著的文章，打着"紀念""紅色的五月"的招牌，实际上是为乌兰夫十五年"大庆""献礼"的。他在叙述完土默川党和乌兰夫的所謂"功勋"之后，再也按奈不住他的反革命的心情，于是，在这篇文章的结束語中，一語道破了这个贼子的內心。他写道："五月紅花遍地紅。紀念过多少紅色的五月，在今天，在內蒙古自治区成立十五年的今天，看到民族干部飞跃成长的年代，看到千变万化的年代，看到党的民族政策胜利之花开遍草原的年代，赤子之心又涌上心头……"。

請看：这"紀念""紅色的五月"，岂不是紀念乌兰夫的"丰功伟績"吗？这"千变万化的年代"，岂不是在为乌兰夫变无产階級专政为资产階級专政拍手称快吗？这所謂"民族干部的飞跃成长"，說穿了，不就是乌兰夫反党叛国人馬的"成长"吗？这"党的民族政策胜利之花开遍草原"，岂不是"土默川党"建立"大蒙古帝国"的"胜利"吗？

在三反分子云照光的文章中，伟大的毛泽东思想不见了，中国共产党的领导没有了，

—37—

取而代之的是乌兰夫的黑思想，是"土默川党"的作用。真是狗胆包天，罪该万死。

云照光对他的"校长"，反党分子高岗的"培育之恩"，也念念不忘，耿耿在怀。他不但散布为高岗翻案的言论，在反动电影《鄂尔多斯风暴》中为高岗树碑立传，而且在黑回忆录《在战火中成长壮大》里，为高岗集团大唱颂歌，拼命地往高岗残党的脸上贴金。

《在战火中成长壮大》，与其说是回忆录，倒不如说是高岗残党的记功簿。他在文章中不厌其烦地拉出了一大堆名单，诸如：赵通儒、周仁山、李振华、田万生、王悦丰、马富纲、金汉文、郭建勋、云成烈，等等。这些人，有的是封建王公的代表，有的是反动的旧军官，有的是席尼喇嘛的卫士，有的是高岗的死党，有的是乌兰夫的亲信……。总之，是一群地地道道的乌龟王八旦！

事实不正是这样吗？让我们解剖一下田万生为例。

田万生，是高岗的死党。一九三五年，他按照高岗"通过上层，深入下层，保护王爷，共同抗日"的黑指示，从陕西靖边来到鄂尔多斯。来到鄂尔多斯之后，一切都按照高岗的十六个字办事。他首先和西乌审的"台吉"奇国贤插香拜把子，并把一挺机枪、八支冲锋枪发给了王爷的一个连队。从此，鄂尔多斯就出现了一支所谓"蒙古族游击队"，这就是云照光眼中的所谓"红色的种子"。

一九三五年，我们的伟大领袖毛主席指出："**在抗日民族革命战争中，阶级投降主义实际上是民族投降主义的后备军……必须反对共产党内部和无产阶级内部的阶级的投降倾向，要使这一斗争开展于各方面的工作中。**"而赵通儒、田万生及其同伙，置毛主席的最高指示而不顾，大力执行高岗的投降主义路线。他们的"通过上层"，就是和王爷插香拜把子；他们的"深入下层"，就是把枪交给王爷的军队；他们的"保护王爷，共同抗日"，实际是"保护王爷，一起投降"。完全与毛主席的抗日方针背道而驰。

够了，从这里可以看出，云照光所以"每当想起鄂尔多斯"，就感到"骄傲"，就觉得"值得回忆"，就是因为那里有"内蒙古人民革命党"的党魁、民族分裂主义者席尼喇嘛的僵尸，就是因为反党分子高岗在那里埋下了黑色的种子，就是因为乌兰夫在那里搞过所谓"地下工作"，那里是乌家王朝的"发祥地"之一。

云照光为什么对乌兰夫爱的这样深？毛主席教导我们说："**世上决没有无缘的爱，也没有无缘无故的恨。**"事实正是这样，云照光在为乌兰夫歌功颂德的同时，对我们伟大的领袖毛主席、伟大的毛泽东思想进行了恶毒的攻击。

一九六二年，云照光配合苏修赫鲁晓夫背叛列宁，大反斯大林的罪恶活动，以"不知道革命的真正意义"为幌子，用最恶毒的语言，发泄他对伟大的无产阶级革命导师列宁的刻骨仇恨。他在《园丁·太阳》一文中，声嘶力竭地叫喊要"革列宁的命"。也正是在一九六二年，中国的赫鲁晓夫刘少奇在再版黑《修养》时，把"斯大林"的名字从革命导师中砍掉了。此后，云照光在《蒙古小八路》中，又与刘少奇紧紧呼应，在同样的幌子下写道："我长大了革列宁和斯大林爷爷的命。"刘少奇和云照光这一减一加，岂不很说明问题吗？一个把"斯大林"砍掉，一个把"斯大林"加上，都是矛头指向了伟大的列宁和斯大林。

云照光一再要"革列宁和斯大林的命"是偶然的疏忽吗？不是。是在表现幼年的天

—38—

真无知吗？更不是。如果是疏忽、表现幼年无知，为什么一再写这句话？云照光所以写出这样恶毒的话来，正説明他与伟大的列宁和斯大林有着不解之仇！

云照光的罪恶目的还不仅如此。他狂妄的叫嚣"革列宁和斯大林的命"，根本目的就是攻击我們伟大的領袖毛主席，进而为臭名昭著的"乌兰夫思想"呐喊。

我們的伟大領袖毛主席，"全面地继承和发展了馬克思、恩格斯、列宁、斯大林关于无产阶级革命和无产阶级专政的学説，世界无产阶级革命的这个最根本的问题，即夺取政权和巩固政权的道路问题，已經在理論上和实践上提高到了更高的阶段。我們伟大的領袖毛主席，把馬克思列宁主义发展到了一个崭新的高峰。战无不胜的毛泽东思想，就是帝国主义走向全面崩潰、社会主义走向全世界胜利时代的馬克思列宁主义。"

因此，，云照光在一九六四年叫嚷"革列宁和斯大林的命"，就是攻击当代列宁、我們伟大的領袖毛主席。

就是云照光这个混蛋，在《蒙古小八路》中，还用挑拨性的語言，别有用心地提出了"祖国在什么地方"？醉翁之意不在酒。中华人民共和国，是我們伟大的祖国，連几岁的小孩都知道。而云照光为什么在一九六四年，还提出这个不成问题的问题，在小説中大加議論呢？是为了告訴人們中国是祖国吗？我們稍翻一下乌兰夫之流"內外蒙合并"的反动謬論，便可以找出云照光提出问题的目的所在了。他所以提出这样的问题，就是暗示"蒙古族的祖国在蒙古"。

为了达到"內外蒙合并"的罪恶目的，乌兰夫疯狂地反对战无不胜毛泽东思想，极力挑动民族糾紛，制造民族分裂，以便轉移視綫，掩护他們反党叛国的阴谋活动。乌兰夫叫喊什么"阶级斗争问题，实质是民族问题"，同毛主席"**民族斗爭，說到底，是一个阶級斗爭問題**"的最高指示大唱反調。步步紧跟乌兰夫的云照光，很快地就发出了一陣狂吠，打着大反"大汉族主义"的旗号，在农村四清运动全面开展的前夕，在《內蒙古日报》上，抛出了另一株毒草《河水嘩嘩流》，作为乌兰夫攻击"二十三条"的前奏曲。

这篇毒草以大黑河两岸为背景，以用河水浇地为矛盾焦点，用解放前后的两个故事，編造出无休止的民族矛盾。云照光从叙述两个村子的形成，用的就是挑动性的語言。他說："河南岸由山西移来的汉人多，叫汉人板申。河北岸也是种地的，住的蒙古族人多，叫蒙古板申。为了这条大黑河，两个板申结下了几代的怨仇。"这完全是无耻的捏造。蒙汉劳动人民历来就有着不可分割的血肉联系，这是他們共同的阶级地位决定的，在他們之间沒有根本的利害冲突，有的是共同的向剝削阶级作斗争的阶级感情。人为地把蒙汉两族劳动人民分割开来，不正是为了說明汉人板申是"侵略"，从而埋下一顆"赶走汉人"的种子吗？实际上就是乌兰夫所說的"大汉族主义的侵入"的翻版。所以，云照光和乌兰夫的反动結論也一样，就是汉人进入后开垦了土地，蒙古人种地"出于被迫，因不种土地即有失去土地被赶走的危险"。因此，在云照光看来，大黑河的水，当然应該归蒙古人所有，而汉人却来占地搶水，"岂不欺人太甚"？云照光就是用这样的感情写下去的。于是，蒙人为蒙人地主、汉人为汉人地主搶水的矛盾发生了。在这里，蒙汉两族劳动人民的阶级感情沒有了，剝削阶级与被剝削阶级的斗争遮掩了，取而代之的是极为激热的"民族矛盾"。

—39—

在云照光的黑笔下，这种民族矛盾一直伸展到解放后。农业合作化时，这两个队合成了一个队，但因一次放水，先浇了汉人板申的地，又分成了蒙汉两个队。这里，云照光完全是按照乌兰夫定的调子跳舞的。乌兰夫一贯反对走社会主义道路，时刻准备复辟资本主义。为了达到这个目的，乌兰夫用所謂"民族矛盾"，来取代两个阶級、两条道路、两条路綫的根本矛盾，在"民族矛盾"的幌子下，进行复辟資本主义的活动。乌兰夫不是叫喊"蒙汉族分队，也是走社会主义道路"嗎？云照光所以这样写，就是为了說明其主子的反动謬論。什么"蒙汉分队，也是走社会主义道路"，这是骗人的鬼話！明明是民族分裂，明明是挖社会主义墙脚，走的是地地道道的资本主义道路。

云照光以乌兰夫的"民族矛盾是主要矛盾"为綱，继續编造：在蒙汉两个板申分队以后，蒙汉之间的矛盾仍不可調和。在六月大旱的季节里，汉人队"在大黑河聚起一股水，說好要給蒙人队分一半"，但是，只因蒙人地主喊了一声"汉人偷水了"，矛盾又趋于尖銳化。最后，汉人队作了让步，大黑河的水归了蒙古板申，并且把水放到了蒙人队的地里。到此，这个无中生有捏造出来的故事，才以"大反大汉族主义"胜利而告終。云照光的用心何其毒也！

够了，从以上对云照光的几个短篇創作的分析，我們不难看出，云照光是一个彻头彻尾的反革命修正主义、民族分裂主义分子，是乌家王朝的反动御用文人，是乌兰夫黑思想的得力吹鼓手，是乌兰夫反党叛国集团的有功之臣。但是，时至今日，云照光仍拒不认罪，声称他"和乌兰夫作过斗爭"，是什么"二类干部"。云照光是那家的"二类干部"？是乌兰夫的"二类干部"。其实何止"二类"，云照光在乌兰夫的狗眼里，简直紅的发紫了，应該是"特类"！

"金猴奋起千钧棒，玉宇澄清万里埃。"在伟大的无产阶级文化大革命的洪流冲击下，乌家王朝已經土崩瓦解。而云照光也成了丧家之犬。但是，云照光这条落水之狗，决不会改变其恶狗的本性，势必继續垂死挣扎，等待时机疯狂反扑。我們一定发扬"痛打落水狗"的彻底革命精神，彻底清算云照光之流及其主子的滔天罪行，更高的举起毛泽东思想伟大紅旗，全面落实毛主席的最新指示，砸烂修正主义、民族分裂主义文艺黑綫，揪出乌兰夫的一切残党余孽，把挖黑綫、清流毒的斗爭进行到底，夺取无产阶级文化大革命的全面胜利！

反动影片《鄂尔多斯风暴》出笼点滴

本刊編輯部

为了全面彻底地批判三反分子云照光和反动影片《鄂尔多斯风暴》，这里把影片《鄂尔多斯风暴》出籠情况做一些介绍。

剧 本 的 产 生

一九五三年，云照光开始炮制为反党野心家高崗、大军阀贺龙和当代王爷乌兰夫树碑立传的反动小說《鄂尔多斯的太阳》。小說迟迟不能出世，为了配合乌兰夫反党叛国

—40—

的政治需要，为了給被揪出来的高崗翻案，一九五八年，云照光把小说的前部分改写成电影文学剧本《鄂尔多斯风暴》。一九五九年春天，把剧本作为内蒙古军区向国庆十周年献礼的剧本之一，送到八一电影制片厂。

总政文化部副部长反革命修正主义分子陈亚丁，八一电影制片厂厂长，反革命修正主义分子陈播，一眼看中了这个反动剧本。立即把云照光调到北京，听了云照光关于剧本历史背景的介绍，对剧本提出了详细的修改意见，又调导演郝光带人来呼市，了解历史情况，和云照光一起修改剧本。一次沒成功，此后进行了多次联合修改。

在修改过程中，乌兰夫在内蒙古军区的代理人孔飞、廷懋曾亲自出场，邀請一批御用文人，共同出谋划策；既达到为乌兰夫集团树碑立传、为高崗翻案的目的，又能手法隐蔽，遮人眼目。乌兰夫反党叛国集团的二号人物奎璧，也亲自出面讲什么"历史情况"。

經过各方面的努力，电影文学剧本《鄂尔多斯风暴》于一九六一年下半年定稿。經过内蒙古军区政治部批准，又經过乌兰夫、奎璧、吉雅泰三巨头的点头批准，送交总政文化部。总政文化部陈亚丁等批准后，一九六一年冬天开始拍摄。

黑 帮 們 的 恩 荣

一九六一年十月，"八一"电影制片开始在海拉尔拍外景。当时的呼伦贝尔盟委书记、乌兰夫反党叛国集团的干将李振华，是云照光的老搭当。李振华受云照光之重托，跟当时呼盟军分区政委、地下黑司令部成员张德贵以上宾之礼接待八一电影制片厂的摄影组。开全国之先例，组成"拍摄接待委员会"，专門负责招待、供应事务。

一九六一年，正是我国遭受严重自然灾害，国民经济困难时期。呼盟的走资派为了表示对拍摄工作的重视，大慷国家之慨，挥霍国家资财。把拍摄人员请进新造的高級宾館，把伙食提到每人每天一元五角，一些当时市场上难买的毛毡品、肉食、高級香烟，都优先供应摄影组人员。宴会、舞会，更是連續不断。一九六二年一月以后到伊盟继續拍摄时，在乌兰夫集团指使下的伊盟走资派，照海拉尔的先例办事，也仍然为拍摄人员設計了同样水平的修正主义生活。

一九六一年底，在海拉尔拍外景时，反革命修正主义分子、反党阴谋家罗瑞卿在海拉尔接见了编剧、导演和主要演员，表示对大毒草《鄂尔多斯风暴》出籠的关切。随后，奎璧、吉雅泰、刘景平又到了海拉尔，接见了全体摄影组人员，一起照了像，吃了飯，做了一番鼓励。乌兰夫反党叛国集团为摄影组安排的修正主义生活和罗瑞卿、奎璧等人的出动，充分说明了军政黑帮們对这部将出世的反动影片的关切和欣識。黑帮們的恩荣，是这部反动影片的确当評价。

惊 人 的 恶 作 剧

拍摄影片第一場"替身"，是一出惊人的恶作剧。

乌兰夫反党叛国集团伙同八一电影制片厂的走资派、反革命修正主义分子，在强調民族特点的幌子下，鼓吹复古，大肆挥霍国家财产。为了表現送葬队伍执事仪仗的威严，特意制做了三十六件金瓜鈇斧之类的古代兵器，光这一項花錢一千多元。做了一辆福晋用的小轎车，只用一次，花了一千多元錢。送葬队中念經的喇嘛，則做到了絕对真实：

—41—

特地到甘珠尔庙請了五六个做为統战对象的高級喇嘛去表演，到这場恶作剧閉幕，这几个喇嘛在高級宾館住了一个多月。为了这場戏的风雪效果，从北京調去一架飞机，又調当地民航一架飞机，用两架飞架吹风。当地民航的飞机被弄坏，損失达五千多元。又为这場戏，調动当地学生、群众、部队五百多人，几个鏡头，使这五百多人空等了近四个月，用了一万多元。

不光这一場戏，在整个影片的摄制过程中，都是极其认真，不惜一切代价的。如福晋的服装头飾，完全是真品。那些金銀珠宝头飾，有的是从当地高价购买的，有的是借用的，有的是长期收集起来的。几百套蒙古袍，都是向当地群众借的。演完了，已被弄得不成样子，结果由烏兰夫集团批了二千尺布票，有的修补，有的重做，赔礼园場，勉强了事。借了社員十二支猎枪，只用几次，放了一冬，社員不能打猎，意见纷纷。象这样兴师动众、劳民伤财，在电影拍摄中也是少见的。

从一九六一年冬开始拍，到一九六二年底完成拍摄，历时两年，耗款达四十六万元之多。

云 照 光 的 角 色

云照光本来就是个寻花問柳之徒。在影片拍摄中，又露出他的本面目。云照光在女演員中渔色猎艳，胡搞乱搞的事，曾裹动摄影组。摄影组在会上批判他时，这位赫赫編剧先生，还老着脸皮，一面狡辯，一面拿出他的慣技，以攻为守，倒打一耙，反誣别人"爭风吃醋"。

影片上演之后，云照光还拉上烏兰夫的另一員干将，去北京找影片的主要女演員。干什么呢？"看看。"这个"看看"，也实在能叫人看出云照光的堂皇外衣，包着怎样肮脏的灵魂！

一九六二年元旦，正在海拉尔拍外景的摄影组演員，对地方党政机关有个"答謝演出"，演出頌揚才子佳人的戏"鉄弓緣"。云照光这个堂堂的军分区中校政治主任、編剧，为了跟女演員凑趣，竟脱去军装，把鼻粱抹上一块白，登台扮演跑龙套的小丑。这个小丑，是云照光的戏剧角色，但又何尝不是他的本来面目呢？翻开云照光的历史，剝去这个伪君子的画皮，他不正是一个为烏兰夫反党叛国效劳的丑角嗎？还自己的本来面，云照光这里还算是有自知之明的。

三 个 字 的 背 后

影片拍摄完后，云照光对影片前的职演員表提出一条意见：在"編剧"和"云照光"中間加上"蒙古族"三个字。但是没有加，云照光一直引为憾事。

三个字是小事，但是从三个字中却可以看出云照光不愿与人言的意思来。

云照光向来是紧跟烏兰夫吹捧成吉思汗的，很为成吉思汗"征服过很多地方"自豪。但是連烏兰夫可叹成吉思汗确是"略輪文采"，因此要下工夫抓文化。在烏兰夫的培植下，出了云照光这棵蒿子，写了电影，怎么能不感到在"圣祖成吉思汗"面前的光彩呢？而"云照光"三个字又不能使人一下就看是蒙族人，因此加上"蒙古族"三字，是大有必要的。

—42—

云 照 光 的 牢 骚

影片出籠后，云照光的第一个牢骚就是嫌八一电影制片厂給他的二千元"太少了"，"以后有剧本不往八一寄了。"

云照光身任部队要职，但是多年来为了在創作上搞出个名堂来，一直很少过問实际工作。要么請病假，要么冠冕堂皇地到外面修改作品，但是高工薪每月一分不少。这种抱着个人野心用工作时間搞出来的毒草，稿酬一分錢不給，也属宽大之列的。

奇怪的是，云照光刚刚发完报酬少的牢骚，抹了抹嘴，就走上了軍区文化工作会議的讲台，大讲"写作品就有'名利'，荣誉不是自己的，是党的。"资产阶級文人政客的名利，就是资产阶級文人政客的名利，一万年也成不了"党的"。云照光成名恨小，求利恨少，反过来挂上伪君子的脸譜，狂弹起为党爭"荣誉"的滥調，还有比这更虚伪更可耻的嗎？云照光的灵魂深处是什么黑貨，不是昭然若揭嗎？

附录：

乌兰夫吹捧席尼喇嘛部分黑话

> **編者按**：长期以来，乌兰夫为了給反革命的"內蒙古人民革命党"招魂，搜罗反党叛国的骨干，为了大造反党叛国的輿論，一直狂热地吹捧"內蒙古人民革命党"的党棍席尼喇嘛。影片《鄂尔多斯风暴》出籠后，乌兰夫視若珍宝，四处兜售。这里把乌兰夫吹捧席尼喇嘛和反动影片《鄂尔多斯风暴》的部分黑話，輯录如下供批判。

席尼喇嘛"独贵龙"运动之在內蒙，就某种程度来說，是应該和广州暴动为中国大革命退兵一战的意义相似的。

一九四七年《内蒙古自治运动中的两条道路》

眞正革命的为内蒙民族与内蒙人民流血牺牲英勇战斗的是誰呢？就是已經为民族牺牲的……席尼喇嘛等优秀人物。

一九四七年《内蒙民族解放之路》

十年土地革命时代，共产党在内蒙領导了反对大汉族主义者的历次起义斗爭，其中，以席尼喇嘛革命起义为最著。

一九五〇年《给全国少数民族观礼代表的报告》

喇嘛也能革命，席尼喇嘛就是个典范。

在一次去二连的火车上讲

从民間收集起来的故事，經过研究，是可以出版的，如席尼喇嘛，嘎达梅林，老百姓已經肯定了。

一九六三年《在官布美术作品展览座谈会上的讲话》

—43—

內蒙古的京剧，应朝着民族化方向努力发展，要能够使人一看就知道是內蒙古的。……京剧团应多上演反映內蒙古人民生活和斗爭的剧目，"嘎达梅林"，"席尼喇嘛"……都可以演。

一九六三年《在接见歌剧、杂技、京剧演出时的讲话》

《草原烽火》历史上沒有那个东西，……沒有裹裹烈烈，写出裹裹烈烈有什么用？伊盟有裹裹烈烈的斗爭，《鄂尔多斯风暴》是以席尼喇嘛为背景写的。

一九六五年在军区党委扩大会议上的讲话

一九二八年白云梯跑回內蒙国民党部，把那里头所有革命青年，凡是知道的，都杀掉了……又把所有军队解散了，就是席尼喇嘛的军队沒有解散，坚持下来了。国民党这一叛变，把过去已經搞下的一些革命基础基本上搞垮了。但是在这个过程里，中国共产党，特别是蒙族党员、蒙族干部，在群众和军队中做了許多工作，坚持了长期革命斗爭，这就是电影《鄂尔多斯风暴》的背景。

一九六五年筹备庆祝自治区成立二十周年座谈会上的讲话

內蒙地区人民反对国民党、北洋軍閥設市設县的斗爭，进行了很长时期。反对設省，也反对設县，要求保护原来的制度。实际就是怕开垦，怕把牧区給搞掉。北洋軍閥搞了"垦务局"，人民叫"垦人局"，只要誰給錢，不管什么人，領上一张垦票就可以随便垦荒。《鄂尔多斯风暴》中景阳（岳）秀把王公买通，买了牧場，把蒙古牧民撵走了。蒙古人民反对就是这个問題，主要那个时候移开垦，整了少数民族。

同　上

（一九二四——一九二七）我們的路綫是，在共产党領导下，一开始就把武装斗爭控制了，（按：指內蒙古人民革命党和席尼喇嘛的武装），这是对敌斗爭的主要形式。

同　上

布赫說：《鄂尔多斯风暴》是內蒙古的最高水平。是用历史服务于当前斗爭的典范。

群众揭发材料

伊盟（席尼喇嘛活动的地方）一九二七年就搞武装斗爭，毛主席如果到了伊盟，伊盟就是革命圣地。

群众揭发材料

叛 国 文 学 的 借 尸 还 魂

——評晉剧《席尼喇嘛》

耿　东

二十年来，"当代王爷"乌兰夫背着党中央，瞒着毛主席，漚心瀝血地妄想把祖国的北部边疆，变成与伟大的祖国割裂开来的"独立王朝"，为了实现他的这个罪恶阴謀，二十年来，在他的狗太子布赫把持下的內蒙古文艺界，做了大量反党叛国輿論准备工作。

而晋剧《席尼喇嘛》就是其中一部"杰作"。

这是一个所谓"献给国庆十周年"的"内蒙古现代民族革命史剧"。这个戏,不去歌颂各族人民的救星中国共产党,不去歌颂各族人民心中最红最红的红太阳,我们最最敬爱的伟大领袖毛主席,反而把一个彻头彻尾的反动民族主义集团,不折不扣的反革命的"内蒙古人民革命党",吹捧为蒙古民族的救世主;把一个在乌兰巴托加入"蒙古人民革命党"的"内蒙古人民革命党"党员乌力吉吉尔嘎朗,吹捧为"牧民的救星",说他"给牧民带来了阳光"。这个戏也写了武装斗争,但却居心险恶地把内蒙古革命的武装斗争,写在一九二六年,而且还是从乌兰巴托传来的"圣经"。这个戏也写了阶级,却是有共同利益,共同斗争目标、合作得很好的两个阶级。总之,这个戏为乌家王朝的"独立"所作的艺术化舆论,实在露骨,的确反动!必须彻底批判!

谁是内蒙古人民的救星

这个戏给我们留下一个疑问:谁是内蒙古人民的救星?难道是人民革命党党徒席尼喇嘛(乌力记吉尔嘎朗)和他所领导的军队吗?

不!绝对不是!灾难深重的中国人民,在封建主义,资本主义、帝国主义重重压迫之下为了谋求自由、解放,为了推翻反革命的统治,进行过无数次震撼人心的可歌可泣的反抗斗争。但是,在中国共产党没有诞生以前,在革命的航船还没有伟大的舵手毛主席掌舵以前,这些革命斗争失败了。只有在中国共产党的领导之下,在伟大的领袖毛主席的指引下,中国革命才最后夺取了全国胜利。"没有共产党就没有新中国",伟大的中国共产党是中国各族人民的救星!"东方红,太阳升,中国出了个毛泽东"太阳就是毛主席,毛主席是我们最亲最亲的亲人。内蒙古各族劳动人民永远不会忘记,是伟大的中国共产党解放了他们,是最最敬爱的领袖毛主席从无穷的灾难中救出了他们。

可是,《席尼喇嘛》这个戏,却企图告诉我们,是"内蒙古人民革命党"为处于水深火热中的内蒙古劳动人民指出了一条解放的道路;"内人党"党徒席尼喇嘛,是"牧民的救星"。

这个戏的第一场,极力渲染蒙古族劳动人民在封建王爷的统治之下,过着赋重如山的苦难生活,正在王爷官吏逼赋催捐的时刻,"为民请命"的王府小官吏乌力记吉尔嘎郎出场了。他关心奴隶们的疾苦,敢于鼓励奴隶们抗捐;甚至弃官(时值王爷封他为王府梅林)不做,和奴隶们组织"独贵龙",反抗王爷横征暴敛和出卖土地。"独贵龙"失败之后,他流亡到北京,在北京他遇见了"内蒙古革命青年"苏合,懂得了"革命",以后他们从"乌兰巴托"回来,更进一步懂得"只有进行武装斗争才能有革命的胜利"。于是,戏从第九场起,席尼喇嘛的武装力量就威胁着王爷的政权,沉重地打击了国民党反动军阀靳岳秀的军队。最后,席尼喇嘛发出命令:包围王府、全歼敌人!全场戏在一片凯歌声中结束。

不难看出,这出戏要告诉我们:席尼喇嘛领导的武装斗争,是蒙古民族解放的唯一道路,而这条道路也就是反动的内蒙古人民革命党的道路。

众所周知,席尼喇嘛一九二四年去乌兰巴托,过了一个多月便加入蒙古人民革命党。一九二五年,席尼喇嘛被派回参加组织反革命大杂烩拼凑起来的老"内人党"。之后,

—45—

只身回到乌审旗，召集"独贵龙"旧部开会，将全旗"独贵龙"分为十九个"嘎其哈"（村子），每个"嘎其哈"都設有"內人党"支部，并任命支部正付书記各一人，竭力貫彻其反动的"內外蒙合并""蒙古一貫独立"的"內人党"綱領。而其武裝力量十二团則是由席尼喇嘛这位"內人党"中央执行委員亲自指揮，隶属"內人党"党魁胆丹尼瑪內蒙古人民革命軍的反动民族主义武裝。

然而，《席尼喇嘛》这出戏竟然将这样一个反动"內人党"徒，这样一支反动"內人党"军队吹捧到了令人作呕的地步：什么"牧民翻身見太阳，盼星星盼月亮，我們的雄鷹回家乡。"什么"他坚定地領导着战士和人民，从胜利走向新的胜利。"什么"牧民的救星十二团团长，席尼喇嘛的美名到处传揚，献上哈达把心也献上，你給牧民們带来了阳光！"甚至，还厚颜无耻地把十二团称为"人民革命的武裝"。

够了！这种肉麻的吹捧不能令人容忍，实在不能令人容忍！反动"內人党"徒竟然成了牧民的"救星"和"太阳"，这不是用"內人党"和我們伟大的中国共产党，我們心中最紅最紅的紅太阳毛主席相抗衡又是什么？

然而，戏剧的炮制者为了混淆視听又玩弄了一个花样。它借席尼喇嘛之口說："一九二一年，我們各民族的中国也有了共产党！""也像俄国一样，領导各民族起来革命的党！……"他們企图給席尼喇嘛这个大搞民族分裂的內蒙古人民革命党徒（也即內蒙古国民党）披上一件維护民族团結，同情并支持馬列主义的紗衣，制造假像，借以騙人。

"假得就是假的，伪裝应当剝去"。这种拙劣手法更加暴露其吹捧"內人党"的狠子野心！

与席尼喇嘛相映衬的还有以席尼喇嘛革命启蒙者姿态出现的苏合。苏合是什么人呢？就是席尼喇嘛的上司，"內人党"魁旺丹尼瑪。我們知道，在席尼喇嘛組織內蒙古人民革命軍十二团以前，他曾与旺丹尼瑪結識于北京。以后，这两个一見如故的民族分裂主义分子如胶似漆，共謀分裂祖国之事。及至"內人党"成立，旺丹尼瑪与席尼喇嘛便在內蒙西部网罗一批"党徒"，"恶棍"，建立什么打着"民族分立"、"民族复兴"旗号的內蒙古人民革命軍。旺丹尼瑪自任司令，席尼喇嘛任十二团长。但是，剧本竟然将这样一个十恶不赦的"內人党"魁乔裝为內蒙人民革命运动的启蒙者，简直混帐透頂！

中国共产党是內蒙各族人民唯一救星，毛主席是我們心中最紅最紅的紅太阳，什么"內人党"，什么旺丹尼瑪、席尼喇嘛，統統是历史垃圾堆里的狗尿。坚决把"內人党"徒赶下文艺舞台！

內蒙古的武裝斗争从何而来

在这个剧本里，席尼喇嘛和他所領导的武裝力量"十二团"，是和王爷做斗争的主力军。席尼喇嘛参加革命的启蒙者苏合，在舞台上也曾大声疾呼："只有进行武裝斗争才能有革命的胜利。"而戏的高潮也正着力于"武裝斗争"。

这里，我們不能不提出这样的問題：內蒙古的武裝斗争从何而来？

答案只有一个，那就是在我們伟大領袖毛主席和中国共产党的領导下，內蒙古各族劳动人民以革命的武裝力量，击破反革命的武裝。毛主席說："**在中国，离开了武裝斗**

争，就没有无产阶级的地位，就没有人民的地位，就没有共产党的地位，就没有革命的胜利。"内蒙古和全国其它地区一样，是在中国共产党領导之下，通过武装斗争取得彻底解放。

然而，剧本告訴人們的都是另一回事。在北京，当被警察搜查之后，苏合和席尼喇嘛赴乌兰巴托取经去了。回到旗里，席尼喇嘛便满口"革命"，"武装斗争"，苏合也說："席尼喇嘛說的对！只有进行武装斗争才能有革命的胜利，这次我們从乌兰巴托回来，带回来蒙古人民共和国支援我們的礼物。（着重号为笔者所加）于是，在一九二六年，鄂尔多斯高原上搞起了武装斗争。这岂不是說，內蒙古的革命——由"內人党"党員席尼喇嘛領导的革命斗争、比中国共产党所領导的革命要早，而且这武装斗争主要还是从乌兰巴托学习回来的长进嗎？够了！这出戏企图将这样一个反动荒唐的邏輯强加于观众：內蒙古的武装斗争，来自乌兰巴托，来自內蒙古人民革命党，內蒙古的革命道路，就是"乌兰巴托道路"。这是公然与毛主席的武装斗争学說相对抗。毛主席說："第一阶段，是参加北閥战争。这时，我們党虽已开始懂得武装斗争的重要性，但还没有彻底了解其重要性，还没有了解武装斗争是中国革命的主要斗争形式。"而这位"蒙人党"、"內人党"党員，却在一九二六年由乌兰巴托学会了武装斗争，而且，和王爷、国民党反动派的反革命武装的斗争中，嬴得了牧民的信賴、获得了很大声誉。戏里的艺术形象告訴人們：乌兰巴托给內蒙人民的解放指出了正确的道路，乌兰巴托比井岡山先进；"蒙人党"比中国共产党高明。这是何等的反动啊！請问，你們这样无耻地而又拙劣的吹捧席尼喇嘛，心目中还有没有我們伟大的中国共产党，敬爱的領袖毛主席？还有沒有令人敬仰的革命摇籃井岡山？沒有！沒有了！心目中有的就是那个乌七八糟的什么"蒙人党"、"內人党"，什么席尼喇嘛、还有那个修正主义的小分店乌兰巴托！

这个剧本还隐隐地向观众透露：席尼喇嘛所領导的"革命"是全国的一面"旗帜"。

好一面"旗帜"！这面旗就是云泽的破旗！就是乌兰巴托的破旗！在这面破旗的指引下，一千三百万內蒙人民就得从伟大的祖国大家庭中分裂出去。什么乌兰巴托道路，顺着这条路走下去，就是背叛伟大社会主义祖国——中华人民共和国。

今天，草原上升起了永远不落的紅太阳，广闊的內蒙古草原紅色政权誕生了。各族人民紧跟毛主席奋勇前进，捍卫无产阶级铁打江山，維护伟大祖国領土完整。让祖国的北部边陲永葆鮮紅的颜色。让"云泽的破旗"，"乌兰巴托道路"見鬼去吧！

宣揚阶級合作，借用历史人物反党

在这个剧本里，席尼喇嘛不仅后来領导十二团，和王爷及国民党反动派靳岳秀展开武装斗争，而且一开始就和奴隶們的心连在一起。他和奴隶們团结一致，亲密无間。戏的第一场，席尼喇嘛在王府官吏逼缴赋捐的时候出场了。他高唱着：

为官不与民請命，

为官不与民分忧，

称的是什么民父母，

道的是什么民青天？

今日之事我公断，

—47—

天大干系我承担！

好一个青天大老爷！好一个"为民請命"，"为民分忧"的官吏！正是他，替王爷解着几十万两銀子进京朝上，請回来郡五大紅頂子，立下了汗馬功劳。于是王爷就要提升他为梅林，他又在統治阶級的台阶上，又登上了一个阶梯。席尼喇嘛虽然出身貧苦，但他自从进王府之后，逐步升級，已經背叛了原来的阶級，成了王府統治阶級的"得力智囊""左臂右膀"。这样一个官吏，居然能"为民請命""为民分忧"敢于鼓动奴隶們抗捐不交，敢和奴隶們組織"独貴龙"反抗王爷；而且还为命疾苦，棄官不做出家当喇嘛以后又領导奴隶們和王爷作对，耿耿于怀的是奴隶們的命运，以至于后来进京，到烏兰巴托，搞武裝斗爭等等，統統是为了"全旗老百姓"。看呀，王府的官吏居然如此关心奴隶們的命运，官吏和奴隶的利益如此一致，并且可以同心协力，亲密团结，一起战斗，这两个阶級合作的多么好！

剧本正是通过这一系列奇怪的合作，美化了一个封建統治阶級的奴才，宣揚統治阶級里的所謂'开明'人士和被統治阶級有共同的利益，可以合作，鼓吹革命的王公貴族的反动謬論。随着《海瑞罢官》的被批臭这种反动謬論早已不值一駁了！

更甚的是，这个一九五九年出籠，一九六二年获奖的烏兰夫欣賞之作竟然借历史人物反党，配合了烏賊反开垦的一系列罪恶阴謀。

一九五八年，中央农垦部响应我們伟大領袖毛主席"大办农业"的伟大号召，拟建呼盟国营农場。对此，烏兰夫大为恼火，坦胸露乳地跳出来，扯旗放炮地导演了一場呼盟"閉地"丑剧，一面，他强辞"內蒙古发展农业就是有条件限制"，另一面，则大打出手，煽动牧民鬧事，对中央施加压力。及至一九六二年则冒天下之大不韙，悍然閉地，将呼盟国营农場赶下馬去。而《席尼喇嘛》正是这样一部为烏兰夫借"反垦"反党罪恶嗯动鳴鑼开道的大毒草。他露骨地叫囂"为民請命"，煽动民族分裂主义分子利用"合法"及非法手段攻击党中央毛主席。它公开咒駡坚持党的方針政策的各族革命干部"称的是什么民父母"，直接将矛头对准我們伟大、光荣、正确的党。他明目张胆地鼓动民族分裂分子结成新"独貴龙"式的反革命武裝暴乱集团，阴謀顛复无产阶级专政！

唯其如此，当代王爷烏兰夫对《席尼喇嘛》欣賞不已，除发奖以质鼓励外，为之四处鼓吹推荐。

然而欠賬是要还的，《席尼喇嘛》自演出以来，一直未得到其应有批判。目前，紅色风暴席卷了內蒙文艺界，彻底鏟除这株反动毒草的时候到了。让我們奋起毛泽东思想的千鈞棒，将《席尼喇嘛》連同反动"內人党"徒統統打倒，批臭！

席卷文艺界的文化大革命风暴所向披靡，必将把各个角落的污泥浊水、渣滓垃圾扫荡干凈！

—48—

乌兰夫作"画"

山 丁

乌兰夫在一九六六年一月間召集的土旗"四清"座談会上說了一段"风流話":我在朱堡准备給他們画一个象,画几条,积累一些經驗。画象提高干部觉悟,其次教育干部,說这就叫走資本主义道路;什么叫挑拨民族关系,鬧不清……"乌兰夫所謂的"画象",就是要以他那套反革命修正主义、民族分裂主义改造我們的党,我們的社会和我們的国家。他四十余年如一日,一直在"画"这幅黑图画!但是,作法自毙,历史无情地嘲弄了这个蠢驴,到头来,活画出他自己的"走資本主义道路","挑拨民族关系"的罪恶史,给各族革命人民提供了一份不可多得的反面教材。——实堪笑也!

"小子"① 生来野心大,
鬧长鬧短做"画家";

一画"学院"与"东大"②
"老革命"的金牌胸前挂;

二笔来把"卅年代"画,
披上"抗日英雄"紅袈裟;

三次揮笔画"自治",
东争西搶夺天下;

四画"政变"开場戏,
点起狼烟調兵馬;

五画"蒙古大帝国",
內外一統称王霸……

愈画愈丑愈露餡,
血盆大口吐獠牙。

忽然一声霹靂响,
黃粱美梦大风刮。

画虎不成反类犬,
落水之狗人人打!

—49—

可叹"画家"不自量，

千秋万代传笑话！

注：

① "乌兰夫"即"红小子"之意，"小子之上冠以"红"，可见这位"画家"擅弄颜色之道.

② 乌兰夫在 1923 年被土旗总管衙门选送至北京蒙藏学院；1925——1927 年混进莫斯科东方大学. 乌兰夫及其狗党无耻吹嘘说乌兰夫在这个时期"便参加了革命"、"参加了第三国际"，"内蒙古革命发源于北平的蒙藏学院"云云，统是"假古董所放的假毫光"，其实乌兰夫这一时期的行径，充其量只不过是浪荡加投机而已.

吹 鼓 手 和 继 承 人

余 江 立

跟在刽子手后面夸奖刀快，又接过屠刀拼力干下去的人，在内蒙古有这么最大的一个，就是乌兰夫。

一九五七年八月，乌兰夫在青岛民族工作座谈会上的报告中，有这样一段话：

"有的蒙古人说我和汉族的关系搞得好，我说这是从成吉思汗就开始和以后历史发展下来的。如果当时他和汉族搞不好，元朝如何能统治了几十（？）年呢？满清统治了将近三百年，如果民族关系搞不好，它怎么能行。"

中国封建统治阶级的思想家孔子先生和孟子先生，是沿街叫卖"仁政"和"恕道"的，但目的不过是叫人们吃猪肉，不要看杀猪。也没有一个国君听他们的话，把军队丢掉的。

元朝统治一百多年，清朝统治了近三百年，到底靠的是什么？

成吉思汗当年侵入北宋，攻进俄罗斯、奥匈、伊朗等欧洲诸国，向来是用长矛和马刀来说话的。他想的是把知道的大陆都抓在自己手中，获得更多的土地，奴隶和财物，古今中外朝野人士的记载中，我们还没见到成吉思汗如何搞好民族关系的佳话。元帝国的疆土本来就是带鲜血的马蹄踏出来的。元帝国的统治也仍然靠的战马和刀枪，而不是靠什么"好"的民族关系。如果谈起元帝国的民族关系来，那也真"好"得出奇：为了叫汉族人照蒙古人的样子剃头，曾有过"留发不留头，留头不留发"的号令。成吉思汗的继承人连乌兰夫的"承认历史，照顾现实"的伪信条都没有做到。

清帝国的统治与元帝国的统治也没有什么不同。假如吴三桂引进来的不是清兵，领导农民起义的李自成是不会离开北京的，中国人民也并不以为当异族统治者的奴才滋味是美的。清王朝的统治，也完全是建筑在武力和残酷的民族压迫的基础上的。

乌兰夫是封建地主阶级的孝子贤孙，又一心想当"成吉思汗第二"，吹捧封建统治者是不足奇怪的，哪怕还戴着"共产党员"的帽子。讨厌的是他飞出来，营营一番，竟然"屎里觅道"，从元清的长期反动封建统治中找出什么"好"的"民族关系"来！反动

—50—

封建文人尹湛納希在所著《清史演义》中說："北极星降于北方沙漠之中，圣武皇帝成吉思汗誕生，犹如雷电一声，創建了一百六十二年的天下，把这些中原的汉人当做了奴隶。"乌兰夫远不如尹湛納希来得爽快。

乌兰夫顚倒黑白，把民族压迫說成民族友好的把戏，使人想到了毛主席在《"友誼"还是侵略？》一文中痛斥过的美国国务卿艾奇逊来。艾奇逊把美国帮助蔣介石政府杀死几百万中国人的罪恶說成"对华援助"，把披着"宗教、慈善事业"外衣的文化侵略，說成"团結中美两国人民的紐带"，把美国对中国的一百多年的侵略、占領，說成"加深友誼"。乌兰夫的腔調与帝国主义分子艾奇逊，又何其相似乃尔！

說到乌兰夫"和汉族关系好"，这也須认眞研究的。确切点，应該說"和汉族地富反坏右、反党野心家和走資派关系好"。乌兰夫不正是中国赫魯晓夫在內蒙古的代理人嗎？乌兰夫不是早就和反党野心家高崗打得火热嗎？乌兰夫和王鐸、王逸伦不是穿的一条褲子嗎？至于广大汉族人民，乌兰夫是从来也沒跟他们"好"过的。

乌兰夫的这一段话，也有很可取的地方，那就是清楚地申明：我乌兰夫处理民族关系的一套秘訣，是从成吉思汗和滿清王朝那里继承来的。这点，倒能帮助我們很好地认識一下乌兰夫所推行的反动民族政策的实质。

"党内有党"的秘密

高　原

"党外有党，党內有派"，这是阶級斗爭的客观现实。比如說：在中国，除了工人阶級的先鋒队——共产党外，还有代表大地主、大資产阶級利益的国民党，"內蒙古人民革命党"及由各式各样的人物拼凑起来的各种牌号的"民主党"。党的名目之繁多，标志着阶級斗爭的复杂性。因为各个阶級都要按照本阶級的利益和要求改造社会，当然要抓"党"这个工具，建立自己的司令部。这是不足为怪的。要消灭那些反革命的"党"，必須經过长期的、严重的、甚至是残酷的阶級斗爭，这也是不足为怪的。

奇怪的是，曾經在內蒙古草原上囂张一时，疯狂鼓吹"滿蒙非中国"論，大閙"內外蒙合幷"，后又投靠日寇，充当蒙奸，反对中国共产党，反对內蒙古人民彻底翻身求解放的臭名昭著的"內蒙古人民革命党"，自乌兰夫当了"主席"之后便消声匿迹了。这不能不說是一个"奇迹"，而乌兰夫"主席"的"神力"也眞叫大！

乌兰夫自己呢？也常常自夸于人：什么"改造旧軍队的經驗"哪，什么"对民族上层"的"統一战綫政策"的"成功"呀，吹得天花乱墜；更有甚者，竟然把一九四六年四月三日在承德召开的民族分裂主义黑会大加粉飾，大加吹噓，說是通过一个"民主选举"，树立起了共产党的威信，統一了內蒙古的东、西两部，搞垮了"內蒙古人民革命党"，如此等等，一而再，再而三，到处散布内蒙古的"議会道路"，把自己打扮成一个威鎭內蒙的"領袖"。

—51—

然而，墨写的謊言怎能涂抹掉铁鑄的事实？在乌兰夫耍弄的魔术里，隐藏着怎样不可告人的祸心？这还要揭开来看！

"內蒙古人民革命党"是不見了，但"党徒"們并沒有死，也沒有下野，不久，便都在內蒙古各級領导崗位上挂着共产党的金牌，大摆起"老革命"的架子来。这是一种迹象。

"內蒙古人民革命党"是不見了，但它并沒有解散，在近几年，还在召开什么"代表大会"，通过什么"决議"。証明它并不如乌兰夫粉飾的那样，而是轉入了地下，成了阴沟里的妖物。这又是一种迹象。

在近年中，又有一些反革命分子进行现行活动，秘密組織什么"民族統一革命党"、"眞理党"之类的狐群狗党，那里面的很多头子便是"內蒙古人民革命党"的骨干。这又是一种迹象。

还有一个迹象是，不管老"內人党"也好，地下"內人党"也好，"后起之秀"新的反革命党也好，都对乌兰夫頂礼膜拜，推崇备至。乌兰夫呢，当然对他們也是倍加重用，百般提携，用"机关民族化"把他們一个个安插到重要領导崗位，用"发展少数民族党員"在他們身上罩上一件件"共产党員"的外衣。其结果，便在共产党內生出一个或几个"党"来，使党內不仅有了派，而且有了"党"了。

乌兰夫創造了这个"党內有党"的"奇迹"，他自己是有一套"理論"的。乌兰夫就曾"慷慨仗义"地說过："拉攏上层也是一种群众工作。""我們从思想上征服不了他，从組織上把他們沾住，免得他們和党对立，其他上层人物看到党內有了自己的代表人物，也就安心了。"妙哉，妙哉！把"党"的大門敞得大大的，哪个阶级的"代表人物"都可以进来。进来之后搞反革命活动有了"共产党"的外衣掩护，于是就"安心"得多了！这就是"党內有党"的秘密所在，这个秘密戳穿了只有一句話：网罗反党叛国势力，改变中国共产党的性质，用反革命的党对共产党从来则进之到取而代之。居心又何其险恶！

但是，搬起石头砸了自己的脚，乌兰夫的魔术泄了老底，让人們更加看清了他就是牧主、地主、資产阶級、民族上层在中国共产党內的"代表人物"，是个披着人皮的老妖，从而狠揪猛打，横扫全殲，来一个大清理，把这群草原上的豺狼一个个梟首示众！

—52—

文艺战鼓

7

地址：呼和浩特市内蒙古大学

电话：3241 转中文系办公室

坚决镇压反革命

把云志厚揪出来示众

六月天兵征腐恶　万丈长缨要把鲲鹏缚

元月十日，内蒙图书馆的革命群众在无产阶级革命派的支持下，把老右派、当代王爷乌兰夫的死党份子云志厚揪出来，实行无产阶级专政。全市无产阶级革命派和革命群众无不拍手称快。

这个反革命的出现决不是偶然的，他是乌兰夫反革命集团残余势力在面临灭顶之灾的时刻进行垂死挣扎的一个代表人物。

云志厚是个什么人

大量事实说明云志厚是个不折不扣的老右派，是个道道地地的野心家，是个道德败坏的流氓分子。

这个坏蛋是女妖婆云丽文的外甥，他与乌兰夫反革命集团有着千丝万缕的关系。他一贯反党反社会主义。一九四七年他就写了大量的黑诗发泄对党的不满。他参加工作以来一直闹名利地位，野心勃勃，乱搞男女关系。在锡盟干校当校长时，嫌他位低，调到旧行政委员会当处长后又感到权力小。总之这家伙满脑子是升官发财。后来调到旧内蒙古党委宣传部当理论教育处长，因为个人欲望没有达到，就大肆攻击。他极力贬低马克思主义，胡说什么"马克思不是伟大，因为他只是把社会主义存在的现象综合起来而已，费尔巴哈、黑格尔才是伟大。"他还利用给别人通讯的机会来旁敲侧击，指桑骂槐的手法和隐晦的词句恶毒咒骂我们的伟大领袖毛主席。在信中写道："我看见过一些对同志发言，只凭喜欢作根据，嘴里那个没有调查的只是耍笔头，但不注意实践，只注意让人高呼万岁，竭尽一切力量把自己看成是升官的一蹬，他也就有被欺骗几个不良心是盲从，他也就觉得十分高兴。"云贼的用心之狠毒，达到丧心病狂的地步。他还公开反对农业合作化，说什么："农业合作化没有增产，民族问题关系没有搞好。"攻击合作化的优越性"不确切"。造谣说："农民生活太苦，普遍没粮吃。""党的看法有分歧，说什么，党中央在农业合作化过左了。"他诬蔑，"党的领导算不了，还不如封建军阀。"充分暴露了他的反党面目，在一九五七年"反右"斗争中被揪了出来，带上右派帽子，被开除党籍，降职劳薪，到农村劳动改造。在劳动中继续作恶，与派右分子勾勾搭搭。但在民族分裂分子特古斯之流的包庇下摘掉了"右派"帽子，调到制药厂。这个死不悔改的家伙在制药厂继续作恶。在职工中散布，"三面红旗给人民带来了灾难、饥饿和死亡。大跃进是胡出，是根本性错误。"诬蔑"成立人民公社就是中央几个领导人脑子一热，而农民就没有什么要求。"尤其不能令人容忍的是他诬蔑"毛主席著作有的已经过时了。"别人学习毛主席著作时，他冷嘲热讽地说："为什么还学它干什么。"他攻击说："中国共产党已经脱离了人民群众，在国内、外都遇到了严重的困难，只好又拿出阶级斗争这一招来。"蒋风点火说什么，"这几年知识分子不敢讲话了，要想在知识分子中扭转低落情绪，看着六十条、七十条、'三不'呀，不管怎么着都没有用。"一九六三年蒋匪叫嚣反攻大陆时，云志厚故意制造混乱，"因为党对共产党不满，在战争中更不卖给国家粮食，这样，市民不是得饿着肚子吗？这些吃的，这是唯一的出路。"这个家伙竟敢诬蔑毛主席并为大野心家彭德怀大唱赞歌。他竟叫说："毛主席算个啥，在党史上彭德怀功劳才是千秋万世，抗美援朝若不是彭早就完蛋了。"

他的反革命言论，激起了制药厂职工的无比愤怒，纷纷要求给他重新带上"右派"帽子。

老右派乌兰夫残党余孽云志厚丑态。

兴妖风，为当代王爷保驾

无产阶级文化大革命的熊熊烈火刚刚燃起，云志厚这个乌兰夫的死党，凭着他的反革命嗅觉，予感不妙，就散布不满言论，说什么："文化大革命把我的钓鱼时间都挤掉了。"乌兰夫和布赫被揪出来以后，他就如丧考妣，急急忙忙跳出来和乌贼在图书馆的代理人白音密切配合，会上会下，大刮"民族问题"的妖风，明目张胆地替乌兰夫叫冤。白音说什么："乌兰夫被揪出来是少数民族的灾难。"当群众起来驳斥时，云志厚猖狂叫嚣说："这不是什么民族情况，是真正的共产主义硬骨头精神。"并大放厥词说什么："揪乌兰夫是个大阴谋，这是蒙汉矛盾，是东部蒙族和西部蒙族的矛盾，内蒙情况很复杂，我了解，大家要冷静，不要上当。"妄想用"民族问题"来掩盖阶级斗争的实质。这个坏蛋竟敢在会上公开为乌、布之流歌功颂德。他的反革命丑恶嘴脸立刻被群众识破，当场被揪了出来。

耍阴谋，挑动群众斗群众

当革命造反派起来批判资产阶级反动路线的时候，他认为时机已到，以"受害者"自居，和一些别有用心的人一起，拼凑了一个"烽火"战斗队，也"造起反"来。在云志厚的操纵下，这个战斗队一开始就把矛头指向革命群众，猖狂地进行反攻倒算。去年二三月逆流中，无产阶级革命派处于最困难的时刻，这家伙又露出了反革命本来面目，恶毒攻击呼三司革命小将说："我看他们搞不出什么名堂来。"

党中央关于处理内蒙问题的八条下达后，这条善于变色的蜥蜴，又马上披上"老造反派"的外衣兴风作浪。他利用造反队伍内部资产阶级和小资产阶级派性，采取挑拨离间、各个击破的毒辣手段，大搞"挖心战"，制造队与队之间、队员与队员之间，队员与勤务员之间的矛盾。

在他的挑动下，图书馆的"内战"打得不可开交，而走资派却逍遥自在。前些日子，革命群众起来批判斗争走资派白音时，他组织学习班为名把白音塞到学习班里保护起来，不让群众批斗。革命群众对另一个走资派贴大字报时，他威胁说："你给××贴大字报，就要脱离群众，就要受到孤立，你自己考虑。"

露凶相，恶毒污蔑伟大领袖毛主席

这个家伙对党对伟大领袖毛主席怀着刻骨的仇恨。八条下达后，群众纷纷写大字报热烈拥护，而他却哭丧着脸。因大字报太多盖住了大厅的毛主席塑像，群众提意见把大字报挪开些，反革命分子云志厚恶狠狠地说："毛主席像有什么好看的，放在中间象个灵堂。"云贼狗胆包天，胆敢污蔑毛主席，罪该万死！

伸黑手　阴谋反革命复辟

红太阳照亮了内蒙古草原，内蒙古革命委员会诞生了，为什么某些组织死抱着小小山头不放？为什么有些单位的革命大联合迟迟不能实现，反而出现了全区性的跨行业组织？为什么早已臭不可闻的"东联新思潮"又重新泛滥起来？这个谜终于被无产阶级革命派和红卫兵小将揭开了。原来是云志厚等坏蛋的黑手在幕后牵线，操纵着一些乌七八糟的大杂烩组织。这个坏蛋是很懂得反革命策略的，他深知乌兰夫已经成为落水狗，从右的方面是保不住其主子了，于是就勾结社会上的牛鬼蛇神，以极左的面目出现来干扰斗争大方向，妄图颠复刚刚诞生的红色政权，实现反革命复辟。他一方面派出二名爪牙到"东联"分别担任常委和工作，他自己作为黑司令在幕后操纵，另一方面又通过"工人公社"组织中的坏头头××在幕后指挥。

11月12日敬爱的江青同志发表讲话后，云志厚立即从幕后跳到台前，亲自搞了两次所谓形势座谈会，他在会上肆意歪曲江青同志的讲话精神，竭力鼓吹反动的极"左"思潮，声嘶力竭地叫喊，内蒙还没有乱透，必须再来一次大乱。并说什么"请大家注意，再过几天，呼市就有一次大变动"。

12月3日，他和东联、工人公社组织中一些头头一起在内蒙图书馆二楼召开秘密会议，阴谋策划成立"决联站"。会后"决联站"的宣言马上出笼。他还亲自参加"决联站"的成立大会，把图书馆当作东联、工人公社，"决联站"三个组织的据点。这三个组织抛出的内容十分反动的传单都是通过这个老右派印刷的。他用工作条件把什么"声明"、"宣言"之类的毒章散发到全国各地，流毒很广。他还亲自到毕克齐等地煽风点火，制造混乱，大搞反革命复辟活动。并欺骗一些青年学生到图书馆大整革命领导干部的黑材料。决联站的笔杆头××经常到云志厚那里请示汇报。

怀杀机，私造枪枝弹药

毛主席说："一切反动势力在他们行将灭亡的时候，总是要进行垂死挣扎的。"云志厚知道自己的末日已经到了，于是他除了用笔杆子进行反扑外，还杀气腾腾地准备用枪杆子来对付我们。他利用一些人的敌情观念薄弱和右倾思想，竟于去年11月25日在锅炉房锯了四节八吋一只半的无缝钢管，用私藏的造枪工具、图纸，穷凶极恶地造起枪来。他还在家里准备了一些黄色烈性炸药等爆炸物。这个坏蛋究竟想干什么，已经十分清楚了。

借问瘟君欲何往，纸船明烛照天烧。这个阶级敌人尽管十分狡猾，十分隐蔽，但是终于逃不脱群众专政的法网。

老右派乌兰夫残党余孽云志厚制造的枪枝弹药

呼市地区无产阶级群众专政首战告捷战果辉煌

【本报讯】在伟大领袖毛主席"专政是群众的专政"的最新指示的指引下，呼市地区革命造反联络总部《群众专政总指挥部》组织工代会三司，各大总部等革命群众组织在元月十八日零点出起对全市旅店、浴池招待所、各个驻呼车站、办事处等单位采取了革命行动。

群众专政大军以迅雷不及掩耳之势投入战斗，使躲藏在阴暗角落里的阶级敌人为之一振，丢魂丧胆，束手就擒。在作战中，自始至终本着正面教育，政治攻势为主。同时也按照毛主席"相信群众、依靠群众，放手发动群众"的教导，密切配合本单位的革命群众共同并肩战斗。但也有个别死角的阶级敌人顽抗不死，负隅顽抗，在坚无不打，攻无不克，威力无穷的群众专政大军面前，不得不交械投降。

在呼市地区两条路线决战的关键时刻屡立战功的《华建801 井冈山》，和七千多名《呼三司》红卫兵小将及其它战友冒着朔风凛冽的严寒，坚守岗位，直到最后。为革命立下了新功。财贸学校的小将一再向《总指挥部》请战，充分表现了坚强的革命斗志。

这次革命行动，战果是辉煌的。有内容反动的政治传单，有偷盗来的手表，有抢购开始觉醒的白面、莜面、花椒、火柴和各种衣物。此外还有私藏的长短枪子弹等。并揪出了一小撮在幕后策划的走资派及坏头头，搜出了他们猖狂破坏文化大革命、破坏无产阶级专政的铁的罪证。

这次革命行动，受到了各族广大革命群众的高度赞扬，不少单位来信说，这是一次红色风暴，这个行动好得很！它荡涤了阴暗角落中的残渣余孽，开始觉醒，一致反映得对，搜得好！对一切阶级敌人破坏分子就是要专它们的政！长了革命派的志气，灭了阶级敌人的威风，确实是大快人心！我们一千个赞成，一万个拥护！少数开始不理解的同志，经过启发和解释，看到脏物后，也都一致反映得对，搜得好！对一切阶级敌人破坏分子就是要专它们的政！

二-19

最 高 指 示

混进党里、政府里、軍队里和各种文化界的资产阶级代表人物，是一批反革命修正主义分子，一旦时机成熟，他們就会要夺取政权，由无产阶级专政变为资产阶级专政。

民族斗争，說到底，是一个阶级斗争問題。

徹底清算反革命修正主义、民族分裂主义分子云治安的滔天罪行！

云治安是一个地地道道的反革命修正主义、民族分裂主义分子。多年来，他和内蒙党內最大的走資派乌兰夫一唱一和疯狂地反党反社会主义反毛泽东思想，大搞民族分裂。他是乌兰夫多年以来精心培植的心腹亲信；是云家王朝豢养的忠实奴才，得力干将。云治安积极推行乌兰夫的反革命修正主义、民族分裂主义路綫，为乌兰夫分裂祖国统一，复辟資本主义立下了汗馬功劳，因而被加官晋爵、青云直上。1965年乌兰夫将云治安派来呼市窃取了市委书記、常务付市长等要職，篡夺了呼市党政大权，更变本加厉的与反革命修正主义、民族分裂主义分子李貴、陈炳宇結成死党，狼狽为奸，大搞民族分裂活动。云治安罪行累累，罄竹难書。现将云治安反党反社会主义反毛泽东思想的罪行揭出示众：

一、疯狂反对战无不胜的毛泽东思想，大肆兜售反动透頂的乌兰夫黑貨

林付主席說："毛主席是我們党的最高領袖、毛泽东思想是永远的普遍真理，誰反毛泽东思想，全党共誅之、全国共討之。"

反革命修正主义、民族分裂主义分子云治安和一切阶级敌人一样，十分仇視毛泽东思想，为了实现其反革命的罪恶目的，大肆吹捧乌兰夫，恶毒地攻击我們伟大領袖毛主席和光焰无际的毛泽东思想，为乌兰夫反党叛国，复辟資本主义大造舆論。他在市"民族工作会議"上胡說什么："乌兰夫是内蒙的創始人"，"是民族領袖"，沒有乌兰夫

· 1 ·

就沒有今天"。当广大革命群众起来造反，要挖乌兰夫这条地富反坏右，党內走資派、特务、叛徒的总根子时，云治安赤膊上陣叫嚷："挖誰的根子？挖乌兰夫書記、奎璧書記、吉雅泰主席，真要挖了，自治区也得解散。"他又說："乌兰夫書記从抗日战爭时期，就开始講民族政策""你們按乌兰夫同志講的办，还是按你自己的办？""你說听党的話，听毛主席的話，这是誰的話。"云治安狗胆包天，污蔑伟大領袖毛主席，罪該万死！

云治安是乌兰夫的奴才，他說过："（我）……崇拜他（指乌兰夫）、信仰他，……因此，我无条件地跟他走。"他遵照乌兰夫"突出政治，就是突出民族問題"的反动謬論，把貫彻民族政策、学习民族政策、学习蒙文蒙語摆在一切工作的首位，大力兜售乌兰夫的文化基础，公开抵制活学活用毛主席著作的群众运动。他极力宣揚"推行蒙文蒙語""是巩固民族团結的文化基础，是能否全心全意为人民服务，为少数民族服务的世界观問題"，强迫命令"从小学儿童到街道居民以及机关干部要普遍推行。"与活学活用毛主席著作的群众运动唱反調，阻挠群众学习我們伟大領袖的宝书。并一再强調："学不学蒙文蒙語是革命不革命的問題，共产党员不学蒙文蒙語就是党性不强。"

云治安所謂的"民族政策"就是乌兰夫的民族分裂主义。他說："要貫彻民族政策最根本的就是要解决自己的問題。"云治安的所謂"解决自己的問題"就是乌賊的"要踏出自己的一条略来"的翻版，是彻头彻尾的反党叛国黑話。他在市"民族工作会議"上公开煽动說："这里的土地是蒙古人的"，"汉人分了蒙古人的土地""我这样講就是政策。"

林付主席說："用毛泽东思想武装全国人民的头脑，坚持在一切工作中用毛泽东思想掛帅。"云治安却反其道而行之，极力叫嚣"民族至上論"，說什么："要改变呼市落后面貌，民族問題解决不了，落后帽子摘不掉，要解决社会主义問題，不解决民族問題是不行的。"公开反对掌握、应用毛泽东思想，反对用毛泽东思想統帅一切，用乌兰夫的反动思想取代光焰无际的毛泽东思想。

毛主席說："政治是統帅，是灵魂""政治工作是一切經济工作的生命綫。"云治安却大肆鼓吹反动的"生产至上論"。他在市"民族工作会議"上說："把队里生产搞上去，这是最大的利益。"毛主席早已告誡我們："千万不要忘記阶级和阶级斗爭。"云治安用"把生产搞上去"，大肆鼓吹生产第一。云治安的这个反动的黑話，并非出于他的发明創造，完全与当代王爷乌兰夫的发展牧业第一，唱的是一个腔調，是从老修正主义那里抄来的老譜。

云治安积极推行乌兰夫的"两大革命"、"三个基础"，极力抵制毛主席提出的三大革命运动即"阶级斗爭、生产斗爭和科学試驗是建設社会主义伟大国家的三項伟大革命运动"，云治安在１９６６年元月２７日传达內蒙二届三次委員扩大会議时露骨地說："为加强民族团結，巩固祖国統一，迎接第三个五年計划的开始，……抓好三大革命，实际是两大革命、三大基础"（指乌兰夫的"两大革命"、"三个基础"）。云治安講解乌兰夫的"二大革命"、"三大基础"是什么？他說："內蒙牧业是全国第一大，……

· 2 ·

种地人多，放牧人少，我們保护牧場。……蒙古人放牧，汉人种地。文化革命主要是靠蒙古語言文字，……三个月五个月学会，有无这个毅力呢？这不仅是个經济問題，而且是政治問題。"原来經济、政治他說了半天，統統是要人們"民族化"。

上述事实，充分暴露了云治安夢寐以求的是烏兰夫王朝的反革命复辟；他极力宣揚的是烏兰夫的反动思想；他所恨的、怕的是战无不胜的毛泽东思想；他所推行的是不折不扣的反革命修正主义、民族分裂主义的路綫。

二、极力破坏民族团結，大搞民族分裂

毛主席說："国家的統一，人民的团結，国内各民族的团結，这是我們事业必定要胜利的基本保証。"

反革命修正主义、民族分裂主义分子云治安死心踏地地追随烏兰夫，挑拨民族关系，破坏民族团結，竭力推行烏兰夫的反革命修正主义、民族分裂主义路綫。云治安到呼市不久，就伙同李貴、陈炳宇等共謀策划召开了臭名昭著的呼市民族分裂黑会。他们以反"大汉族主义"为名，行民族分裂之实。云治安看到时机已到，赤膊上陣，大肆放毒。为分裂祖国統一，复辟資本主义大造興論。

毛主席說："民族斗爭，說到底，是一个阶級斗爭問題。"而云治安却疯狂地反对、恶毒地攻击毛主席这一伟大学說，他說："毛主席說'民族問題，說到底，是一个阶級斗爭問題'这句話，我們要正确理解，不能用阶級斗爭代替民族問題，更不能用阶級斗爭抹杀民族問題，从民族理論学来說，民族問題就是民族問題"。他又在百什戶的《四清运动中怎样解决民族問題的报告》中說："正确地运用毛主席关于'民族問題的实質是阶級問題'的理論，而不是形而上学地对待这个問題，这是分清是非，抓住主要矛盾，正确处理民族問題的出发点"。这是云治安对我們伟大領袖毛主席的恶毒攻击，对光焰无际的毛泽东思想的恶毒污蔑。

毛主席說："只有經过共产党的团結，才能达到全阶級和全民族的团結，只有經过全阶級和全民族的团結，才能战胜敌人，完成民族和民主革命任务。"云治安追随当代王爷烏兰夫进行反党叛国，复辟資本主义的罪恶活动，极力反对党中央和毛主席的英明、正确的領导，歪曲和篡改毛主席的民族理論，宣揚阶級調和，大搞民族分裂。在云治安的心目中从根本上就否認呼市十几年来的伟大成就，是党中央和毛主席英明、正确領导的結果。他在市"民族工作会議"上竟把"呼市十几年来的发展"說成"这是汉人和气帮助的結果"。因而，他进一步地煽动說："所以講团結，不講团結不行。"云治安所謂的"团結"，又是什么样的"团結"呢？他又說："现在不管什么人，都要講团結。"云治安这里所說的"不管什么人"，究竟是指的什么？說穿了，就是要糾集封建牧主、王公貴族和地富反坏右等一切牛鬼蛇神，要他們团結起来重整旗鼓，推翻无产阶級专政。

云治安公开歪曲和篡改我們伟大領袖毛主席的民族观。他在市"民族工作会議"上說："区域自治是少数民族当家做主人，內蒙古自治区就是以蒙族为主体，以汉人为多

• 3 •

数，这是客观存在，这个政策的贯彻也不是很顺利的，也有人反对"。云治安所謂的"这个政策"是什么呢？还是云治安自己一针见血地道出："汉人压迫了蒙古人，民族政策就是要蒙古人，不要汉人""蒙人是內蒙古自治区的土地主人，汉人是外来戶"。因此，云治安要把他所謂的"这个政策"当作"中心問題"来抓。他說："什么是中心問題呢？就是李貴書記传达烏兰夫書記概括的問題。"云治安又进一步地歪曲和篡改，說：在"毛主席的民族观……这个基础上，又规定許多具体东西，比如区域自治……少数民族当家做主解决了。政治上的問題、經济上的問題必須給予照顧。为了解决經济、文化落后，就得汉人帮助。"云治安在这里統統不要阶级斗争、无产阶级专政。这明明是刘少奇、烏兰夫不講阶级斗争，不要无产阶级专政，复辟資本主义的民族观，而云治安却硬要拿来，用以恶毒地攻击我們伟大领袖毛主席，其用心，又何其毒也！

毛主席說："政策和策略是党的生命，各級领导同志务必充分注意，万万不可粗心大意。"云治安为了积极推行当代王爷的民族分裂主义，恶毒地攻击、歪曲和篡改党的民族政策。他在市"民族工作会議"上大肆叫囂："因为民族問題存在許多問題，现在該解决了，再不解决就越演变越深了，演变到什么程度？就是现在我們执行的是資产阶级民族政策。"云治安反对毛主席关于民族問題的伟大指示，按着烏兰夫的黑貨，提出了解决"民族問題"的三个混蛋"标准"：第一，蒙古人沾光了"民族問題"就解决了，蒙古人吃亏了"民族問題"就沒有解决；第二，只要汉人反了土旗蒙人，就是"大汉族主义"；第三，反土旗人就是反烏兰夫，反烏兰夫就是反党。眞是荒謬至极，反动透頂。解放十七年来，由于执行了党中央和毛主席的民族政策，无限忠于毛泽东思想，內蒙古各族人民从来沒有象今天这样生气勃勃，发展迅速；从来沒有象今天这样团結一致，而云治安却汚蔑为"执行了資产阶级民族政策。"不言而喻，这就完全暴露了他反党反社会主义反毛泽东思想，制造民族分裂的狼子野心和罪恶目的。

云治安以极为阴险的目的，恶毒地攻击、歪曲和篡改党的民族政策，說："土改时汉人从蒙人手里分了地，我这样講就是政策。"毛主席早在１９５８年成都会議上就烏兰夫坚持民族分裂，复辟資本主义的行为，进行批評提出："究竟是吃民族主义的飯？还是吃共产主义的飯？首先应当吃共产主义的飯，地方要，但不要主义。"毛主席的这一伟大教导，已經把內蒙各族人民要走的路指的一清二楚了。而云治安却攻击我們伟大领袖毛主席的土地革命，是从蒙古人手里夺走土地。还叫嚷什么"呼市是內蒙政府的首府"。眞是荒唐至极！中华人民共和国成立以来，曾几何时宣布有个"內蒙政府"，云治安这样别有用心地煽动，不正是要把內蒙古自治区从祖国的大家庭中分裂出去嗎？云治安眞不愧为一个典型的地方民族主义者，分裂祖国统一的急先鋒。言为心声，云治安是要蒙古族的王公贵族、牧主等反动阶级起来反对党中央、毛主席，重新骑在各族劳动人民的头上，为非作歹，妄想恢复他們失去的天堂。

云治安别有用心的恶毒地攻击、汚蔑党的民族政策和国民党、日寇一样是"以蒙治蒙""反共灭蒙"。他說："什么民族干部，民族政策，民族干部做民族工作，解决民族問題，就是'以蒙治蒙''反共灭蒙'"。他还大講："滿清政府搞了那么多年，也实

· 4 ·

行了民族压迫，我們講民族平等，滿清政府压的很厉害，四十八个王子扣留二十四个在京，二十四个輪换，怕你出去造反，这个蒙古人就是好造反，成吉思汗统治了一百多年，他都把少数民族統一起来，叫蒙古族，从成吉思汗把蒙古人統一起来后，不断造反，……蒙古人……要照顧不好，問題解决不了，团結不好，就要造反。"这实在是"項庄午剑，意在沛公"。这是明目张胆地攻击我們党压迫蒙古族，挑拨蒙族劳动人民同我們伟大領袖的血肉关系，頌揚"成吉思汉精神"，煽动民族情緒，唆使蒙族中的反动上层起来反对党中央、毛主席，用心何其毒也！

毛主席說："否定馬克思主义的基本原則，否定馬克思的普遍真理，这就是修正主义。"云治安为了恶毒地攻击、歪曲和篡改党的民族政策，大講特講"民族特点""地区特点"，宣揚"土族特殊論"。他說："这里的土地是蒙古人的""蒙古人原来就是地多，汉人尽二流子，地不多""实际是汉人种了蒙人土地，所以要特殊"，"說来說去我們特殊的就是自留地多閙了一份到二份"。云治安念念不忘"民族特点"，故极力反对改变郊区以反动官职命名的和带有宗教迷信的喇嘛营等村名、地名，他恶狠狠地說："什么喇嘛营子、班定营子、章盖营子等村名、地名都是可以的，为什么一定要改呢？改掉就没有民族特点了，况且喇嘛以后还存在。"他还以"民族特点"恶毒地攻击四清运动，蓄意制造民族隔閡，在烏兰巴图四清时說："蒙族队經过四清，反而問題多了，由于你們东路蒙人不懂西路蒙人的特点，民族不团結了，朋友不象朋友，亲戚不象亲戚。"云治安在少数民族問題上，大刮經济主义妖风，反对突出无产阶级政治，他說："处理民族問題的經驗可多了！重要一条是对少数民族經济上就得放寬些，不然怎么能团結过来呢？如咱們对鄂伦春族……每年給几十万元，……每人也能分个几百元，……經济上給点便宜，政治上就能跟我們。"这是云治安对少数民族的污蔑。烏兰夫、云治安之流統統是各族革命人民的死敌。

云治安极力制造民族矛盾，破坏民族团結。他在市"民族工作会議"上說："郊区土地报酬問題，民族成分問題，普遍的是排挤民族干部。"企图煽动民族情緒，大反"大汉族主义"。在改变郊区带有侮辱劳动人民的强盗沟等村名上，大肆制造民族矛盾，他恶狠狠地說："强盗沟、窖子尚等村名、地名，这是你們汉人的事，我不管，你們爱怎么搞就怎么搞"。妄图以此破坏民族团結，造成民族分裂。云治安极力煽动地方民族主义情緒，大搞民族分裂活动。在１９６５年市"民族工作会議"期間，与李貴、陈炳宇共謀策划，把与会的蒙汉族干部，分为"蒙开蒙会，汉开汉会"肆无忌憚地制造民族分裂；指名道姓要一些和他們"志同道合"的人必須参加会議，同时还讓本来就与"民族工作会議"无任何关系的奇林华等人，在大会上不受任何限制的連篇累牘的大放厥詞，推銷其所謂在搞民族分裂活动的百什戶"結合四清解决民族問題"的"經驗"和蒐集"大汉族主义"的"典型"材料为他們大搞民族分裂活动擂鼓助战，制造輿論准备。

云治安是烏兰夫反革命修正主义、民族分裂主义集团的忠实走狗，他們的反动言行，上下一致，一个腔調。云治安在这里口口声声說的"蒙古人"，就是指的封建上层教主、王公貴族和地、富、反、坏、右等一切牛鬼蛇神。其目的很明显，就是为他們的

· 5 ·

民族分裂活动，在群众中大造舆论准备，大搞叛党叛国活动。

三、疯狂地反对和破坏四清运动

毛主席说："在无产阶级专政的条件下，应当高度警惕资本主义复辟的危险，千万不要忘记阶级斗争。"毛主席又说："这次运动的重点是整党内走资本主义道路的当权派。那些走资本主义道路的当权派，有在幕前的，有在幕后的，支持这些当权派的，有在上边的，有在社、区、县、地甚至在省和中央部门工作的一些反对搞社会主义的人。"

在我们伟大领袖毛主席亲自主持制定的"前十条"和"二十三条"的伟大历史文件的指导下，呼市城乡先后开展了轰轰烈烈的社会主义教育运动，当运动逐步深入发展，广大群众深挖党内走资本主义道路当权派的上下根子的时候，触犯了以内蒙党内最大的走资派当代王爷乌兰夫为首的一小撮反革命修正主义民族分裂主义集团的利益，他们怀着对党对各族革命群众的刻骨仇恨，迫不急待地杀气腾腾地跳出来公开阻挠和破坏伟大的"四清"运动。他们经过精心策划选定了土旗前朱堡和呼市郊区百什户两个大队作为他们大反四清、大反所谓"大汉族主义"，制造民族分裂，复辟资本主义的黑据点，积极地推行反革命修正主义、民族分裂主义路线，以民族问题代替阶级斗争，公开为地主阶级鸣冤叫屈，云治安就是"前朱堡调查"、"百什户翻案"的罪魁。

1、揭开云治安朱堡调查的黑幕

1964年5月土旗前朱堡四清工作组的同志向内蒙党委写了一个报告，反映前朱堡大队民族问题的实质是阶级斗争问题，是少数蒙族中的坏人挑拨闹事，当代王爷乌兰夫看后暴跳如雷，火速与黑丞相吉雅泰密谋对策，选定了他们的心服干将云治安，组成了"调查组"，由云治安挂帅去前朱堡进行所谓的"调查"。临行前由吉雅泰亲自主持召开了黑会，面授机宜说："乌兰夫同志指示：'这个问题很重要，要很好抓一下，摸清情况。'"并将原报告交给云治安一份要他好好看看，并说："你们几个人去了着重搞民族调查工作，要把报告中提到的一些问题搞清楚。"

云治安领受了这个"特殊使命"，带着他的"调查组"心怀鬼胎奔赴前朱堡，云治安带着一封奇怪的介绍信，上面写着："内蒙古党委派云治安等三人在×××和旗委领导下参加四清，以前朱堡为重点……"，而落款盖章却是内蒙党委统战部。这就完全暴露了他们的阴谋手段和卑鄙伎俩，他们又在盗用内蒙古党委名义。云治安等人去后，既不受土旗旗委的领导，也不和当时的四清工作组配合，单独行动，终日鬼鬼祟祟活动在少数坏人中，索取他们所需要的"调查"材料。在一次座谈会上兰××等少数人大闹分队，云治安会上表示支持，说："提出分队是对的"。四清工作组坚持民族团结，对闹分队的人进行了批评教育，一些煽动闹分队的人有所收敛。但由于有云治安的支持，这些人又活跃起来，气焰十分嚣张。一些蒙汉族贫下中农议论说："不知他们在小屋里又搞什么呢？（指云治安工作组）又要木匠斧子一面砍，人家（指少数坏人）又要反攻翻案串連分队。"閙得烏烟瘴气。特别令人不能容忍的是在一次汇报会上，云治安气势兇兇，以势压人，説："你們是欺骗內蒙党委，反对內蒙党委。""你們犯了錯誤，恐怕检討也不行了。"在为时二十多天的"調查"之后他們給当代王爷烏兰夫写了一个报告，报告中颠倒黑白，混淆是非，恶毒攻击四清运动，説："四清工作組对广大蒙汉貧下中农进行'民族問題实質是阶級斗爭問題'的教育有七大害处。"諸如"引起貧下中农阶級队伍发生混乱"，"造成蒙族社員群众的紧张"；"容易被蒙族社員誤解，加深隔閡"；"容易被坏人鑽空子"等等。这就是云治安这个"特殊使命"工作組的結論。說穿了，就是要取消阶級斗爭，突出民族問題，妄图将农村伟大的四清运动納入烏兰夫反"大汉族主义"，复辟資本主义的軌道。烏兰夫收到这个报告后，如获至宝，亲加批語："这两份材料（指原报告和云治安的报告）反映两种看法，因此务須打印出来，请常委同志传閲。"云治安說，他的朱堡之行"中心思想，就是满足烏兰夫的要求，因此想尽一切办法，搜集材料来說明四清工作組的报告是不对的，如满足不了烏兰夫的要求，就等于白来一趟"。他所説的"要求"就是烏兰夫在土旗四清紀要中所説的："四清运动中要自始至終，狠抓民族問題，重点抓'反对大汉族主义'"。事实証明，云治安的朱堡"調查"不仅达到了烏兰夫的"要求"，而且为烏贼以后去朱堡的"蹲点"，大搞反革命复辟創造了黑經驗，打下了黑基础。

2、云治安是扼杀百什戶四清运动的罪魁禍首

（1）篡夺四清大权，为实现反革命复辟大造輿論。根据毛主席在城乡开展社会主义教育运动的指示，在呼市郊区桃花公社百什戶大队开展了"四清"运动。广大貧下中农，在"四清"中提出要挖烏兰夫这条坏根子。由于触怒了以烏兰夫为首的反革命修正主义、民族分裂主义集团，他們迫不及待地跳出来公开阻挠和破坏伟大的四清运动，指派云治安去百什戶"蹲点"，在临行前，妖婆云丽文面授机宜："土旗問題不解决，我們就得通通滾蛋，連你也在內，……百什戶問題和土旗問題一样，必須反对'大汉族主义'"。三反分子陳炳宇唯恐云治安辜負了烏兰夫的重任，也再三叮嚀，幷为之打气，説："你去百什戶搞四清蹲点很好，这下就看你的了，前一段我和云北峰，去了几次都沾了包了……，百什戶的問題很出名了，你要把这个問題解决好，是很有教育作用的一件事。"云治安依仗着当代王爷的权势先后盗取了百什戶四清工作队队长、郊区四清总团党委委員、付政委、付書記等要職。他打着搞四清的幌子干着反革命的勾当，借前四清工作組整訓之机，对四清工作队員进行了三次大清洗，换上了云治安的心腹亲信，云治安还气势兇兇的說："毬！都把他們换掉。"不仅全盘否定了前四清工作組的成績，并且无中生有，捏造罪名。为了达到他們不可告人的罪恶目的，竞然私設公堂，采取逼供信的恶分手段，威逼工作队队員說出誰是挖內蒙党委根子的主謀，幷指使其亲信专門搜集整理黑材料，給蒙族干部扣上"大汉族主义"的帽子，說是少数民族干部犯了"大汉族主义"的錯誤，这与当代王爷烏兰夫所叫嚷的："要特别注意抓民族内部的阶級斗爭，蒙族干部有大汉族主义更危险必須在四清中坚决打击"同出一轍。

（2）篡改"二十三条"，掩盖阶級斗爭。我們伟大領袖毛主席早已明确指出："

四清运动要解决的主要矛盾就是社会主义和資本主义的矛盾。"反革命修正主义分子云治安却公开与我們伟大領袖毛主席唱反調，不仅对云子文提出的百分之九十五是民族問題，百分之五是阶级斗争问题的反动謬論进行包庇，阻止同志們对他进行批判、辯論，云治安还明目张胆地散布說："百什戶的主要矛盾是大队和小队的矛盾"。企图用民族問題掩盖阶级斗争，更为阴险的是对×××等人損坏集体经济，破坏分配政策，分掉生产底垫费7——8000元有意进行包庇，說他們是在計算时技术性差错，幷且指示具体工作人員編造論据，企图推翻前四清工作組以大量事实所作出的正确結論。而后反咬一口，污蔑前四清工作組，硬要給蒙小队戴上"分光吃尽"的帽子，反了社員群众，以掩盖蒙队的阶级斗争。

1965年10月云治安到牛場检查四清工作，工作队向云治安汇报了牛場姜家營子×××几年以来，随便多养自留畜在公滩上放牧，幷倒卖牲畜进行投机倒把活动，仅62年就倒卖馬、牛、驢十三头，从中牟取暴利3，600多元，×××当时还有馬7匹、驢1头、羊18只，在群众中影响极坏。云治安听了以后說："我們要有全局观点，现在看来全国大牲畜不足，通过他們劳动把瘦弱的牲畜养肥了，这是对国家的貢献是好事，蒙人有养牲畜的习慣，你不讓他在公滩上放羊，讓到大青山上去放啊！"公开为投机倒把辨护，为資本主义复辟鳴鑼开道。

（3）包庇重用坏人，为地富反坏右撑腰翻案，疯狂地向无产阶级夺权。云治安竭力吹捧和包庇楊××，把楊××美化成"敢于向四清干部进行斗争，敢于反'大汉族主义'的好干部，是乡村革命派"。实际楊××是个什么货色呢？他一貫代表地主阶級利益，挑拨蒙汉族之间的关系，幷公开辱罵过共产党和毛主席，是58年被拔的一面白旗，农村的右派，一貫带头閙事，不得人心，直至今年二月黑风，三月反革命复辟逆流中，还积极活动，为乌兰夫翻案。而云治安却不顧群众的强烈反对，繼續扶他当了蒙小队长。在云治安等人离开百什戶不久，群众起来把楊××轟下了台，群众黑他："你横行够了，赫鲁晓夫下台吧！"事后被他們的总后台乌兰夫知道，又急忙分咐云治安亲自处理，后云治安、奇林华等人再次返回百什戶，又把他扶上台，群众对此极为不滿。楊××也大言不惭地說："我的印把子是云治安給的。"云治安还恬不知耻地声称："这是茶杯里的风波"。

此外，云治安还公开包庇密密板漏划富农云明、云計。該村四清工作队經过查証坚持要給他們划为富农，云治安、奇林华知道后，直接插手，不仅为他們撑腰，还鼓励他們告状，后云治安接受陈炳宇的黑指示，公开出面了解这个问题，还亲自找了云明、云計談話，后公开散布四清工作队的料材不切实际，有片面性，要重新調查。黑帮李貴也坚持不划富农，在他們的直接包庇下，至今仍逍遙法外。

黄合少公社、东黄合少大队高禰元（与黑承相奎壁有亲戚关系）是土改时搗鬼分散财产而漏划的富农，解放后高的二儿子表现很坏，有民憤，在第一批四清运动时，广大貧下中农一致要求給高禰元戴上富农帽子，这一意见提交总团党委討論时，云治安以蒙族参加劳动的收入达到其个人生活所需三分之一即算参加劳动为理由，坚决不同意把高划为富农，有意包庇下来。仅举以上实例，即可看出云治安一贯站在反动的资产阶级立场上，专门为地富撑腰翻案，成为地富反坏的忠实的代言人。

（4）大刮經済主义黑风，扶植資本主义势力。云治安利用他窃取的职权，把党和国家拨給內蒙的民族事业費，大批的拨給百什戶，大搞物質刺激，以此做为大搞民族分裂活动，收买人心，捞取个人的政治資本。仅四清結束时一次拨給了百什戶７０００元，并且不知羞耻的說："这是我老云給你們的，只有我关心你們。"儼然以一个恩賜者自居，絲毫不提我們伟大領袖毛主席对少数民族問題的无限关怀。黑帮分子奇林华还对云治安大加頌揚，說什么："老云当了市长，我們以后有事更加方便了。"甚至还把云治安这个无耻之徒說成"是带动內蒙人前进的火車头、引路人"。眞不知世界上还有羞耻二字。

云治安还采取种种手段，在清經济处理大队帐目下放时，无原則的偏袒蒙队，无故減少負債２—３０００元。云治安也公然承認处理这个問題的原則就是"損汉利蒙。"此外，还拨給民族事业費５００元，支援百什戶盖大車店，通过关系給打自留井５眼，使国家无故損失近２万元。还廉价給百什戶买回高头大馬１３匹、胶車１３輛，致使大批人弃农經商，助长了資本主义势力，拆了社会主义的台。据不完全統計，从１９６５年７月四清結束至文化大革命开始，仅通过市宗敎处和郊区民劳科拨給百什戶的民族事业費竟达三万余元。更令人气憤的是１９６５年秋收时，云治安利用职权一次就拨給他的家乡八里庄大队蒙小队４０００元，该队仅有２２戶（其中貧下中农只有两戶）生活优于其他队，每戶平均分２００元左右，致使这里的社員群众，甚至四类分子得天独厚，不劳而食，成群結队的逛城市。不仅群众影响极坏，而且严重的破坏了农业生产。

１９６３年云治安回老家，听說该村有个赵子淸会扎针治病，云治安就介紹給内蒙財政厅税务局长刘×看病，并陪同刘的爱人用小臥車将赵接到刘的家中，热情招待。赵子淸实际是个坏分子，人称"赵大魚"，长期以来騙財害人，奸污妇女，因此在１９６４年四清中經群众检举揭发，被依法逮捕。农村四清队报曾为此事进行通报。云治安不仅不接受教訓，反而大写不滿，怀恨在心，并亲自上書慈喜太后云丽文，說他們反映的情况有出入，向他的主子大鳴不平。

云治安站在剝削阶级立場上，破坏四清运动，反攻倒算，包庇坏人，一时牛鬼蛇神出籠，反动气焰十分囂张，甚至向貧下中农实行阶级报复，集体經济遭到严重破坏。同时为烏兰夫制造民族分裂，破坏祖国統一，复辟資本主义，提供了黑經驗。

四、恶毒攻击三面紅旗，极力反对党的方针政策。

毛主席說："在我国社会主义革命取得基本胜利以后，社会上还有一部分人梦想复辟資本主义制度。"

１９５９年国内外阶级敌人向社会主义猖狂进攻，右傾机会主义分子恶毒地誹謗和攻击三面紅旗，反革命修正主义、民族分裂主义分子云治安也跳了出来，攻击三面紅旗。他在１９５９年７月討論毛主席的两封信（人民公社十八个問題）时說："人民公社是組織强迫的，我去过的农村，群众說不知道什么是人民公社，群众根本不拥护，說拥护

· 9 ·

是我們的人說的"1959年11月7日在內蒙林业厅，17级以上党员干部整风会上发言說："公社化刚开始，我下去搞食堂，牲畜入社，两三天就搞起来了，当时我就感到欠說服教育，强迫命令往起闹。"他气势兇兇地叫喊"今不如昔"，在市民族工作会議上說："到了高级社按劳分配，西部地区，特别是土旗百分之九十以上的蒙族社员减少了收入。"更为恶毒的是明目张胆地攻击我們伟大領袖毛主席所提出的发奋图强、自力更生全国农业学大寨的伟大号召，云治安在郊区三干会上竟别有用心地煽动說："大寨人因为劳动强度大，所以尽瘦子"。

云治安仇視社会主义社会，留恋封建、資本主义社会。他在郊区规划会議上大肆散布："地主过去每亩地打多少粮，我們每亩地打多少粮，检查了郊区几个社队，不象样子"；"郊区林业管理不好旧社会大煙鬼管的好，大煙鬼是一株一株的灵，现在是一片一片的砍"；"解放后不如解放前的树多了，年年种树、年年不見树。"云治安的反党反社会主义，攻击三面紅旗，猖狂巳极，反革命修正主义，民族分裂主义分子云治安从他的反动立场出发，对我国社会主义建设的輝煌成就，一切都不順眼，統統是一塌糊涂，真是反动透頂。

云治安出于他的反动本能，对党的各项方針政策也极力抵制。他在郊区规划会上大力推行当代王爷与中央提出的"八字宪法"相对抗而篡改成的"水、肥、土、种、机、林、草、管"八字方针"；1966年春节他借与歌剧团談話之机，公开破坏戏剧改革，鼓励其大演旧戏，說什么："沒有新的，把旧的拿出来演一演，不很好嗎？"1966年2月2日在市人委第三次行政会上，民政局、建設局、語委、郊区人委根据国务院、华北局、內蒙的指示，改变郊区用反对官职命名和带有宗教迷信以及侮辱劳动人民的地名、村名，云治安也横加阻挠，他在总结发言中說："什么喇嘛营子、班定营子、章盖营子等村名、地名，都是可以的，为什么一定要改呢？改掉就沒有民族特点了，况且喇嘛以后还存在，內蒙要改，內蒙去改吧"。公开維护封建迷信制度，与党的方針政策唱反調。

五、招降納叛，結党营私，篡夺呼市党政大权，打击陷害革命領导干部

毛主席說："共产党的干部政策，……就是'認人唯賢'的路綫。过去张国涛的干部路綫与此相反，实行'任人唯亲'，拉攏私党，組織小派别，結果叛党而去，这是一个大教訓"。云治安来呼市后，与李貴、陈炳宇等結成死党，篡夺了呼市党政大权。他們狼狈为奸，有組織、有計划地进行了一系列的反党反社会主义反毛泽东思想，大搞民族分裂的罪恶活动，推行了一整套修正主义政治路綫和組織路綫。他們借精簡机构之机，撤銷了市人委各局、处，組建了"黑五委"、"代党組"，借口提拔新生力量，排除异己安插亲信，对各級領导班子实行了大改組、大換班，大搞反革命政变。

云治安伙同李貴、陈炳宇四处招兵买馬，招降納叛，网罗亲信积极推行烏兰夫的"干部民族化"和"任人为亲"的修正主义干部路綫。公开对抗毛主席"任人为賢"的干

• 10 •

部路綫和接班人的五个条件。云治安公开散布說："过去郊区当地干部很少，民族干部也沒有多少，群众对外地干部不相信"。云治安通过老同事、老部下、私人关系等，从內蒙直属机关及其他盟市招来的有严重的政治历史問題的；有的是反革命修正主义、民族分裂主义分子；有历史上三次脱离革命、两次脱党的政治动搖分子；有缺德少才的民族败类；就是这些貨色，均分别安排了重要职务；如："五大委"付主任、党委書記、区委書記、付区长等，甚至将一个原任街道办事处主任也不大称职的人一跃而提为人事处付处长。云治安說："人事处是个重要部門，我叫×××掌握人事大权，就是要給我反映情况，叫誰上叫誰下，就好办了"；"×××是土旗人，合得来"。并貪得无厌的說："有多少合适的，就得給安排多少"。甚至主管人員稍有不同意見时，云治安竟大发雷霆，歇斯底里地狂叫："是反革命也要給我調来。"

云治安在网罗亲信的同时，还伙同反革命修正主义、民族分裂分子云献龙、邓图、奇琳华等专門蒐集內蒙党委革命領导同志的材料，向"当代王爷"乌兰夫和当代"慈禧太后"云丽文汇报，大搞特务活动。如１９６６年春云献龙在土旗鉄帽四清时专門負責蒐集內蒙党委高錦明、权星垣等同志的材料，不經組織手續，不經土旗四清总团，直接由云治安带領去"小白楼"秘密向云丽文汇报。云献龙还写了"老小寡妇案件"的材料，把矛头指向权星垣等同志。这份材料，是由云治安，轉寄給反革命修正主义、民族分裂主义分子浩帆的。此外，云治安与乌兰夫的反革命修正主义民族分裂主义集团中的干将云世英、潮洛濛、克力更等經常来往密密勾搭，干了不少打击陷害革命領导干部的罪恶勾当。

六、大耍資产阶級老爷威风

毛主席說："共产党員决不可自以为是，盛气凌人，以为自己什么都好，别人什么都不好；决不可把自己关在小屋子里，自吹自擂，称王称霸。"云治安一貫追名逐利，貪图享受，講究吃喝，大講排場，当官做老爷，不深入群众，官气十足，大摆官僚架子，依仗权势，欺压群众，称王称霸，为修建个人住房揮霍浪費国家資财，专横跋扈。

１９６５年８月云治安和他老婆由八里庄探家回来，在自行车上各带一个小孩，因违犯交通規则，被义务交通員劝阻，而云治安明明违犯交通規则，却大施威风，訓斥群众："你还想把老子管住，你管得太寬了。"随手又把义务交通員推倒在地。群众义愤，送到派出所，他不但不承認错誤，反而变本加厉，說什么："我給他道什么歉，不給我自行车我坐汽车回去。"事后云治安还責令公安局負責人追查那个交通員是什么人？并說："把我閙了半天，这简直是越軌行动"。

云治安刚一任市委書記、付市长，就責令市人委办公室給其修建住宅。第一次修建后，他嫌不好，又二次重修，并由陈炳宇亲自給繪图设计，二次共花費国家資金１，０９８元。修繕工人在屋里和了点泥，被云治安撞見，便大发雷霆："你們这是閙什么？誰家修房子还在屋里和泥，这是搞什么名堂！成心和人过不去，这是有意陷害，下去給我查对。"在場的許多人都被大訓一頓。事后又赶快修理地面，三次共花費２，４２９

·11·

元。广大群众对此极为反对，有的干部提出："现在全国都在学习焦裕禄，而云治安却搞这样排场，我给写个材料够他吃的。"因此，触怒了官老爷云治安，马上派人责令追查，企图打击报复。

云治安调来人委后在食堂小灶吃饭，百般挑剔，刁难炊管人员，并借口侍候不周，提出不在食堂吃饭了。为此，炊事员和伙食管理人员多次作了检讨。并指使他的亲信苏庆抓住这一问题，对炊管人员大整特整，给他们扣上了什么"有意排挤内蒙派来的干部，不叫人家吃饭呀！"什么"你们这是不尊重少数民族干部啦！"等等一大堆帽子，整得伙食管理人员哭了几次。搞了一个月的光景，把个食堂整的人心慌慌，食堂问题不仅说明云治安专横跋扈，官老爷作风十足，而且是清洗陷害革命干部和工勤人员的一个大阴谋。

1966年元月28日，市增产节约委员会正在开会，云治安闯进去盛气凌人地环视了一下会场，说："你们开会人都来了，我给你们一个任务，各委、局要在所领导的基层选一个'三查'点，亲自下去调查，不然声势不大，从下礼拜一起两週完成，向市人委党组提出书面报告，谁完不成我给他点难看，不革命我就把他拿掉，我这话说了是算数哩！"这句话，完全道出了他的个人野心，就是妄想实现个人独裁。

七、破坏无产阶级文化大革命

毛主席说："以伪装出现的反革命分子，他们会给人以假象，而将其真相隐蔽着，但是他们既要反革命，就不可能将其真相隐蔽得十分彻底。"

反革命修正主义、民族分裂主义分子云治安，对无产阶级文化大革命怕得要命，恨得要死。因此，千方百計阻挠革命群众运动，负隅顽抗。1966年5月华北局会議前后，云治安与浩帆、潮洛濛、陈炳宇、云世英等一伙反革命修正主义、民族分裂主义分子进行秘密活动，分析华北局会議的内容，浩帆说："根据許多情况，乌兰夫可能出問題呀！"云治安说："老头斗爭多年了，是有經驗的。斗爭不能看开始，最后要看材料说话。"他们出于作賊心虛，对1966年4月間，华北局解学恭同志来内蒙和呼市，感到十分震惊，他们心怀鬼胎，互相探听，研究对策，陈炳宇为了把有关民族問題的材料带往华北局开会，便讓云治安給他准备好材料。为此，云治安设法派人搜集民安村的有关民族材料，最后为保其主子，进行顽抗，云治安亲自出馬，奔赴民安蒐集"大汉族主义"的材料。

云治安唯恐暴露馬脚，千方百計阻止无产阶级文化大革命的开展。1966年5月，李贵、陈炳宇等一小撮反革命修正主义、民族分裂主义分子去华北局开会，云治安受李贵的委任，主持前呼市市委的工作，搞了一个"代常委扩大会議紀要"，规定了許多框框，限制和压制革命群众，企图扑灭无产阶级文化大革命的熊熊烈火。云治安在1966年5月14日前呼市市委代常委（扩大）会議上，听到"呼市一中收到北京女一中要求废除旧的升学制度，否则我們不参加考試"的来信后，云治安立即下指示说："这个信与公安厅、公安局掛勾查明，这个信肯定是反动的，不能往外贴"。

·12·

云治安还混淆是非，公开反对中央的通知。在１９６６年５月２４日給全市十七級以上党員干部传达中央１９６６年５月１６日通知时，不是原文传达，而是强加自己的观点，歪曲通知的精神，尤其恶毒的是传达中央撤消原五人文化革命小組向中央的汇报提綱时，站在资产阶级反动立場上，說什么："咱們也不知道哪个正确"，公开为刘、邓辨拥。

云治安以領导无产阶级文化大革命为名，行反对和破坏无产阶级文化大革命之实。１９６６年６月１３日至２１日，云治安召开了三次前市委代常委（扩大）会議、二次人委党組会議。他在其中的一次前市委代常委会議上，討論領导无产阶级文化大革命紀要时，竟肆无忌憚地对抗无产阶级文化大革命說："市委耍把文化大革命放在首位，下边各級党組織就不耍放首位了"。他为了轉移斗爭視綫，保他們自己过关，說什么："文化大革命的重点是文敎系統，其它系統讓他們自己閙吧，閙到什么程度算什么程度。"他妄图扑灭已点燃起来的无产阶级文化大革命的熊熊烈火；在两次人委党組会議上一再强調"耍掌握情况，不能封鎖消息，支部人员思想动态耍掌握，耍把大字报管好，不能养成无政府状态，要求領导干部写大字报，还得按自己的想法做，要有个主見，运动中耍挺起腰杆子，将来人家把我們打倒，那是打倒的問題。"他的亲信苏庆也在会上誣蔑革命同志都是赫魯晓夫。最后，云治安还厚顏无耻地宣布："誰耍洩露党的机密，是他个人的問題"。进行威胁，企图負隅頑抗。云治安尽管如此施展花招，但馬脚終于暴露无遺。随之，就在６月２３日前市委代常委（扩大）会議上，又施出反革命慣用的"三十六計"，走为上計的伎俩，提出辞职，不管市委的工作了。

上述事实，足以証明云治安，确是一个地地道道的反革命修正主义、民族分裂主义分子。他竭尽全力为乌兰夫王朝效忠卖命，是靠着搞民族分裂起家的个人野心家。云治安虽已成了一条落水狗，但他的罪行还远远沒有被揭深、揭透，更沒有批倒批臭。而且他还在窺測方向，伺机反扑，以检查为名，大耍阴謀，說什么他"是幼稚无知，受了蒙蔽"，千方百計开脱自己的罪責。全市各族人民，无产阶级革命派，要坚决奋起毛泽东思想千鈞棒，在当前的大好形势下，掀起大批判的新高潮，彻底把云治安从政治上、思想上、理論上批深、批透、斗倒、斗臭，叫他永世不得翻身。

打倒刘、邓、陶！

打倒乌兰夫！

打倒王鐸、王逸伦！

打倒李貴、陈炳宇、曹文玉！

打倒赵汝霖、张耀！

打倒反革命修正主义、民族分裂主义分子云治安！

无产阶級文化大革命胜利万岁！

伟大領袖毛主席万岁！万岁！万万岁！！

呼和浩特革命造反联絡总部

批斗云治安专案組

呼市人委机关东方紅战斗縱队

一九六八年三月十九日

因工作不慎，出现差错，特此更正如下：

页数	行数	字数	误字	更正
1	倒数 6	倒数 1		"反"字后加"对"字
2	倒数 5	倒数 10	作	题
3	正数 3	正数 14		"治"字后加"文化"二字
3	倒数12	倒数 4	和	"和"字去掉
3	倒数12	倒数 12		"心"字后加"的"字
5	正数 8	倒数 13		"思"字后加"主义"二字
6	正数 4	倒数 11		"内"字后加"那些"二字
6	正数 6	正数 3	边	面
8	正数 6	正数 6	有	"有"字去掉
8	正数18	倒数 17		"四"字后加"不"字
10	倒数15	正数 17	对	动
10	倒数 8	倒数 16	认	任
10	倒数 9	倒数 3	将	煮
13	正数 5	正数2—3	辩拥	辩护

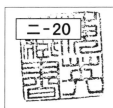

最 高 指 示

在民族斗争中，阶级斗争是以民族斗争的形式出现的，这种形式，表现了两者的一致性。

民族斗争，说到底，是一个阶级斗争问题。

反革命修正主义分子，
大叛徒高敬亭罪行材料之七

呼和浩特原市委机关
《红色造反总部》
一九六八年四月三十日

反革命修正主义分子高敬亭是"当代王爷"乌兰夫在呼市推行民族分裂主义路线的黑干将

反革命修正主义分子高敬亭，一贯玩弄反革命两面手法，对其黑主子竭尽阿谀奉承之能事，颇受"当代王爷"乌兰夫的赏识，多年来一直窃居着呼市市委书记的要职。高敬亭伙同乌兰夫的死党分子李贵、陈炳宇，为乌家王朝在呼市推行民族分裂主义路线，破坏祖国统一，大搞反革命宫廷政变效尽了犬马之劳。高敬亭利用他在农村搞"四清"的机会，赤膊上阵，大打出手，为乌兰夫大肆兜售民族分裂主义黑货。

· 1 ·

反革命修正主义分子高敬亭，多年来在他分管郊区工作中，不遗余力的推行乌兰夫的民族分裂主义路綫。在呼市郊区包庇了不少地、富、反、坏、右，为保护乌兰夫反动的社会基础立下了汗馬功劳。他伙同乌兰夫、奎璧、李貴、陈炳宇包庇了桃花公社，密秘板大队的云明、云巨，黄合少公社，东黄合少大队的高家等。这些地富分子，因为是乌兰夫、奎璧的亲戚，在村里仗势欺人无恶不作，向广大貧下中农实行地主资产阶级的专政，广大貧下中农恨之入骨，虽然多次向市委和"四清"工作团控告，作为多年分管郊区工作的高敬亭，明目张胆地和他的黑主子乌兰夫、奎璧一个鼻孔出气，鎭压貧下中农，包庇这批地富反坏分子。

反革命修正主义分子高敬亭，伙同李貴、陈炳宇，为了达到他們在呼市大搞反革命宫廷政变的罪恶目的，用极其阴险毒辣的手段，排斥異己，采取大换班子的办法，安插心腹，篡夺党政领导大权，为乌家王朝叛党叛国建立了呼市"独立王国"。高敬亭在他分管的财貿和郊区两个方面的领导班子里，按着李、陈的黑計划，在财貿口安排了民族分裂主义分子大坏蛋云献龙，在郊区按排了乌家王朝的黑干将徐史、賽峯、云子文之流。财貿、农业口被这羣乌龟王八旦篡夺了党政大权以后，他們瘋狂到了极点，首先按照李貴、陈炳宇、高敬亭之流的旨意，到处收罗社会上的牛鬼蛇神，大搞招降納叛，結党营私，在财貿系统的各公司、在郊区的各直屬机关也先后安插了孝忠他們的徒子徒孙。

1965年12月乌兰夫指使李貴、陈炳宇在呼市召开了"市委民族分裂黑会"。高敬亭对这次黑会大卖力气，会前为李、陈黑帮搜集材料，会议期间又为李、陈出谋献策，会后在讨论市委民族分裂会议总结时，高敬亭叫喊什么："乌兰夫書記作了报告，收获是很大的。""对下一步貫彻党的民族政策，加强民族团结有重要意义。""还有什么思想認識問題再講。""解决了什么問題总結得要具体些"，他特别指出要总结"大汉族主义表现。""要批判土默特旗特殊的說法。""不执行民族政策攻击党的領導"的"一些錯误观点"，"还要和实际和思想联系起来"。"特别要強調貫彻'內蒙党委'的指示，是民族政策的具体化"。"要掀起一个学习民族政策的高潮"，还說什么："汉族干部演蒙古戏，应由蒙古人演蒙古戏"等等。高敬亭在李貴、陈炳宇大搞民族分裂活动中他們都是一丘之貉，都是乌家王朝的黑干将。

反革命修正主义分子高敬亭，为了貫彻这次民族分裂黑会的精神，熊掌难熟，迫不及待。就在12月28日即"市委民族工作黑会"閉幕的当天，高敬亭就急急忙忙地盗用了四清总团召开队长指导員貫彻"华北局'四清'会議精神的大会之机，硬塞进了貫彻市委民族会議的黑貨，并且和西部地区貫彻华北局会議精神混在一起，大唱反調，在他的傳达报告中摆出了十项任务，第一项任务就是"反大汉族主义"，高敬亭对市委民族工作黑会非常欣赏，跟得紧、貫得快，在他領導下的四清工作团，在貫彻民族分裂会議黑精神方面，一馬当先夺得了冠軍。高敬亭眞不愧为是乌兰夫叛国集团在呼市大搞反革命"宫廷政变"的急先锋。

毛主席教导我們說："**民族斗争，說到底，是一个阶級斗争問題。**"毛主席的这一英明論断，一針見血地指出了民族問題的实質

· 3 ·

就是阶级斗争，而反革命修正主义、民族分裂主义分子乌兰夫竟敢狗胆包天，同我們偉大領袖毛主席大唱反調，胡說什么："民族問題是阶级斗爭問題的实質。"而高敬亭秉承他黑主子的旨意在1966年春，工作队員正訓时， 高敬亭不把学习毛主席著作和学习"二十三条"作为正訓重要內容，不把阶级斗爭放在首位，而把貫彻所謂"市委民族工作会議"精神作为正訓的主要內容，高敬亭大吹大擂地胡說什么："这次民族工作会議的成績是深刻地批判了各种资产阶級民族观，特别是当前存在的最突出的大汉族主义思想，批判了攻击內蒙党委領导同志的反党言行。"还說什么："大汉族主义，地方民族主义的残余都存在，但大量的，主要的是大汉族主义，这是我市当前民族工作上的主要倾向。"更为恶毒的是不叫四清工作队挖乌兰夫的坏根子，他胡說："散布土旗落后、特殊、事情难办，把內蒙党委負責同志与土旗羣众的正常联系說成是根子，声称要挖根子，实質是进行反党活动，是恶毒的誣蔑和攻击內蒙党委。更严重的是有些人碰到反党言行不批判，不斗爭，熟视无睹，任其散布存在着严重的自由主义。"又說："对学蒙語的重要意义認識不足，牧民来首府感到不方便，不亲切，不温暖。"高敬亭本来販卖的是民族分裂主义的破烂貨，可是他竟敢厚颜无耻的說什么这次市委召开的民族工作会議是一次"进一步树立毛泽东思想民族观的会議。"这分明是顚倒黑白,混淆是非，这是明目张胆的反对我們偉大領袖毛主席反对毛泽东思想的滔天罪行。是可忍，孰不可忍！

高敬亭为了轉移"四清"斗爭党內走資派的大方向，他在"四清"工作队內采取用上民族問題的綱代替和抵制毛主席亲自主持制定的前十条和"二十三条"，他在"四清"中反复强调胡说什么："工作队員中存在着大汉族主义錯誤言行……沒有認真的抓住重点进行批判。"他一而再再而三的向全体队員布置"工作队員要認真学习党的民族政策，批判忽視民族特点、地区特点的大汉族主义。""在貫彻每一項政策时，首先要貫彻民族政策。"要"工作队員都要积极学习蒙語，每周不得少于两小时。""四清"工作团、各分团办公室人员每天早起要天天讀以此来代替学习毛主席著作。直到四月初高敬亭在签发 进一步实现"四清"工作队革命化的决議中还写着："自从貫彻市委民族工作会議以来，在工作队内资产阶級大汉族主义受到了初步批判……，但是资产阶級大汉族主义观点和思想情緒，在一部分工作队員中仍然严重存在，因此必须……进一步肃清当前民族问题上的主要傾向，大汉族主义的思想观点。""在'四清'运动中的每一个阶段、每一步驟、每个問題上都要認真貫彻党的民族政策……巩固和发展三个基础（政治、經济、文化）……。"高敬亭妄图把"四清"运动引上岐途，他的狠子野心不是昭然若揭了嗎？

高敬亭大肆販卖民族分裂会議的黑貨，达到了瘋狂的地步。他在大会上講，小会上也講，一有机会就放毒。例如：１９６６年４月高敬亭在黑沙兔听取了工作队汇报后他强調說："要发动羣众批判走资本主义道路当权派在民族問題上的錯誤言行，特别是大汉族主义的言行"。同年５月在四清工作团常务团長会議上，高敬亭再三强調其祖师爷乌兰夫在内蒙党委会議上的要求，"四清运动中要抓民族問題，要反对大汉族主义，不重視民族問題就是大汉族主

· 5 ·

义的表现。"高敬亭妄图用民族问题代替阶级斗争。毛主席教导我們說："**国家的統一，人民的团結，国内各民族的团結，这是我們的事业必定要胜利的基本保証。**"高敬亭却反其道而行之，不是有利于各族人民的团結，而是分裂各族人民的团結，制造民族矛盾，挑起民族糾紛，破坏民族团結，用心何其毒也!

四清总团三令五申的发文件強調要解决好民族問題。叫工作队員要照章办事。他唯恐四清工作队員不能貫彻执行又按"四清"运动的每个阶段，在具体問题上作了规定，什么"在阶級复議后，蒙族貧下中农要达到百分之七十，达不到可以降低条件。""发展党团員要优先照顧少数民族，条件可以低一些。""蒙族干部下楼必須首先在蒙族社員会上下，然后再到全体社員会上下"等等。高敬亭死心塌地傾到在乌兰夫的怀抱里，妄图达到复辟資本主义的罪恶目的。他的丑恶咀脸彻底地暴露在光天化日之下了。

毛主席教导我們說："**世上决沒有无緣无故的爱，也沒有无緣无故的恨。**"高敬亭伙同李貴、陈炳宇大搞反革命"宫廷政变"时，明目张胆地在四清工作团党委会議上，亲自指名把号称"通天人物"乌兰夫、云丽文的心腹云北峯的妖婆——奇林华安插在总团党委担任委員，专門搜集"大汉族主义"情报，掌握总团党委动态，有些重要情报奇林华直接找李貴密謀，有时带李貴直接到乌兰夫小院，面向乌兰夫、云丽文汇报。这个奇林华是封建王公的后代，是一个公主，她哥哥是图謀暗杀我們偉大領袖毛主席的兇手，（巳被鎮压）她丈夫是乌兰夫表兄弟、有名的叛国大盗、黑干将云北峯。就是这样一个专門为乌兰夫叛国集团搜集情报的女特务，被高敬亭

· 6 ·

所选中。事非偶然，这就更进一步証明了高敬亭、奇林华之流都是乌家王朝豢养的忠实狗奴才，他們所作所为都是为乌兰夫叛国在呼市大搞反革命宫廷政变效劳。高敬亭对乌兰夫所推行的民族分裂路綫奉若神明。例如：有一次在"四清"总团党委会議上，討論处理强奸犯金城九（蒙族）的案件时，高敬亭說："不要提什么蒙族不蒙族了，你們要慎重，注意貫彻民族政策啊」告訴政法领导小组，对金城九在量刑上要慎重考虑。"通过上述事实就活生生地說明了高敬亭爱什么、恨什么，真是什么藤結什么瓜，什么阶级說什么話。因为高敬亭是中国赫鲁晓夫和內蒙"当代王爷'乌兰夫的孝子贤孙，他伙同李貴、陈炳宇之流狼狽为奸，都是以民族斗爭掩盖阶级斗爭，大搞資本主义复辟，大搞民族分裂，大搞呼市反革命宫廷政变的个人野心家、阴謀家。都是乌家王朝的黑干将，都是一丘之貉。

当前，一坊挖乌兰夫黑綫，肃乌兰夫流毒的紅色凤暴正在向縱深发展。二十年来，乌兰夫反党叛国集团制造民族分裂，大搞資本主义复辟，一直是打着"民族主义"的黑旗，推行民族分裂主义路綫，妄图从祖国的大家庭中分裂出去。高敬亭正是这个叛国集团呼市分店的一員主要干将，他的罪恶累累罄竹难書。我們要牢記毛主席的教导："**千万不要忘記阶級斗爭**"。"**宜將剩勇追穷寇，不可沽名学霸王。**""**要扫除一切害人虫全无敌。**"要彻底清算高敬亭在推行民族分裂主义路綫上的滔天罪行，肃清他在全市和郊区所散布的流毒，不获全胜决不收兵。

打倒刘、邓、陶！

打倒乌兰夫！

打倒王逸伦、王铎！

打倒王再天、哈丰阿、特古斯！

打倒李贵、陈炳宇、赵汝霖、张跃！

打倒高敬亭！

把挖黑线清流毒的人民战争进行到底！

战无不胜的毛泽东思想万岁！

我们心中最红最红的红太阳世界人民的伟大导师毛主席万岁！ 万岁！万万岁！

1968年4月10日

二-21

彻底肃清乌兰夫及其在内蒙电业系统
的代理人寨峰等一小撮反革命修正主义分子
在内蒙电业推行的反革命修正主义路线的滔天罪行

内蒙电业革命造反总部
一九六八年三月

无产阶级革命派的战友们，同志们：

首先让我们共同祝愿我们伟大领袖，我们心中最红最红的红太阳毛主席万寿无疆！万寿无疆！！万寿无疆！！！

敬祝我们的副统帅林副主席身体健康，永远健康，永远健康！

现在，我代表内蒙电业革命造反总部愤怒声讨刘、邓、薄、乌及其在内蒙电业系统的代理人寒峰等一小撮反革命修正主义分子在内蒙电业推行的反革命修正主义路线的滔天罪行。

毛主席教导我们说："阶级斗争，一些阶级胜利了，一些阶级消灭了。这就是历史，这就是几千年的文明史。拿这个观点解释历史的就叫做历史的唯物主义，站在这个观点的反面的是历史的唯心主义。"

"我们现在思想战线上的一个重要任务，就是要开展对于修正主义的批判。"

我区电力工业自建国以来，在以我们伟大领袖毛主席为首的党中央的英明领导下，在光焰无际的毛泽东思想指引下，得到了空前发展。自治区现有发电设备容量和发电量水平相当于建国初期的24.4倍和48.5倍。电力工业的大发展在我区社会主义革命和社会主义建设中发挥了重要作用。

电力工业是国民经济的动脉，是工业战线的重要部门之一。我们伟大领袖毛主席对我国社会主义工业建设有一系列极为重要的英明决策，特别是一九六〇年毛主席亲自批示的"鞍钢宪法"五项原则"在远东在中国出现了"。这是发展我国社会主义工业企业的唯一正确的纲领，也是发展我区电力工业的唯一的根本。

但是，中国赫鲁晓夫在内蒙的代理人乌兰夫早就看中了我区电力工业部門的重要，派他的嫡系黑干将寒峰之流窃踞把持了內蒙电业的党政大权，妄图把內蒙电业部門成为他们反党叛国的黑据点。就是这一小撮反革命修正主义、民族分裂主义分子，秉承其主子乌兰夫的黑旨意，忠实地、死心踏地地推行刘邓薄在工业战线上一整套反革命修正主义路线，以便达到复辟资本主义的目的。

我区电力工业战线十七年来，两个阶级、两条道路、两条路线的斗爭一直是尖銳、激烈地进行着。斗爭的中心是无产阶级掌权，还是资产阶级掌权；是坚持走社会主义道路，还是走资本主义道路；是坚决执行毛主席的无产阶级革命路线，还是推行刘邓资产阶级反动路线。盘踞在內蒙电力工业部門的一小撮反革命修正主义分子，肆无忌惮地疯狂地反对党、反对社会主义、反对毛泽东思想。他们以抹杀阶级斗爭，大搞技术挂帅、利潤挂帅、物质刺激、单純追求自动化来对抗毛主席提出的“千万不要忘記阶级斗爭”“要坚持政治挂帅”，实现人的思想革命化；他们以“总工程师負責制”搞变相“一长制”来对抗毛主席提出的“要加強党的领导”；他们以“专家”“权威”“学閥”极少数资产阶级分子办厂管企业，来对抗毛主席提出的“要大搞群众运动”；他们以照搬苏修規程制度，“制度不可违反”清规戒律，来对抗毛主席提出的“必須实行两参一改三結合”；他们以迷信洋、大、高、精，来对抗毛主席提出的“土洋結合两条腿走路”的方針。

总之，他们的罪恶累累，罄竹难书。

毛主席亲自发动的史无前例的无产阶级文化大革命，打破了他们复辟资本主义的黄粱美梦。寒峰等盘踞在内蒙电业系统内的一小撮走资本主义道路当权派，被我局系统的无产阶级革命派及革命群众揪出来了。他们的丑恶面貌与阴谋活动现形于光天化日之下，他们的一切复辟的阴谋彻底破产了。但是寒峰等一小撮把持内蒙电业十多年来所执行的反革命修正主义、民族分裂主义流毒甚广，必须在各个领域中把他们批深批透，批倒批臭，彻底肃清他们的流毒。

一、大搞民族分裂活动，为乌兰夫叛国准备经济基础

毛主席教导我们说"民族斗争，说到底是个阶级斗争问题"，这是马克思列宁主义的民族观，是对民族问题最科学，最正确，最精辟的分析与概括。乌兰夫等一小撮极力反对毛主席关于阶级斗争学说，以民族问题掩盖阶级斗争。大搞民族分裂的政治、经济、文化三个基础。以达到叛国分裂的罪恶目的，乌兰夫在电管局的代理人寒峰等一小撮，竭力为乌兰夫叛国活动准备经济基础。他们搜罗了一批资产阶级反动技术权威、反动学阀专家，以订规划之名，在电业上抛出了"四网一化"的民族分裂的总纲领。所谓"四网一化"黑纲领，即是在乌兰夫的"独立王国"中建成四个与兄弟省、市、自治区毫无联系的电网，及为乌兰夫反革命经济基础效劳的农牧业电气化。按照这个规划把我区的电力工业建成与全国各省市分割的独立电业体系，为乌兰夫叛变祖国打下重要的经济基础。现仅举三个事例:

·3·

（一）搞"独立王国"，反对建设跨省电网。

乌达地区与宁夏石嘴山电厂只隔一省界，相距二十公里左右。水电部早就提出乌达地区用电与西北电网统一规划，这是符合国家整体利益的。而寒峰等一小撮走资派为了建设叛国分裂的"民族经济"，强调由宁夏供电关系复杂，并以其黑主子乌兰夫为后台，公开反对建设跨省线路。在乌达地区另选新点，自建电厂，投资一千一百多万元。同时还调兵遣将在乌达设了电厂筹备处后，又在筹备处上面设了一个乌达电业局。

乌达电厂一九六〇年筹建后，中央三令五申要下马，由于寒峰等一小撮一再违抗中央指示，直到一九六五年才被迫撤消。七年期间，抢购套购大量新设备及器材，闲置仓库，无人管理，腐蚀损坏，霉烂，再加上贪污盗窃、投机倒把，所造成损失无法计算。纯损失达三百七十万元之多，人员工资支付就达二十多万元，活像一个臭名昭著的匈牙利裴多菲俱乐部。实质上是乌兰夫叛国分裂的前哨阵地。

（二）与中央分庭抗礼，为乌兰夫叛国争夺电厂筹建权。

红山电厂，位在昭盟，邻近东北电网，主要是给东北电网供电的大厂，容量120万瓩，是国务院亲自选点的，国内第一流的大电站。本来由东北筹建的。乌兰夫及其黑干将寒峰为了扩大其叛国分裂的经济基础，乌兰夫依仗窃踞的国务院副总理的大权，硬把红山电厂划归内蒙。乌兰夫与寒峰之流，有了红山电厂，更有了资本。以培养民族地区技术力量为藉口，大叫要内蒙自己建，自己管，自己从头开始建设。从而伸手向中央要人、财、物，并大量招兵买马、招降纳叛，在赤峰设立昭盟电业局作为他的反革命组织措施，以此与中央分庭抗礼。以达到民族分裂的阴谋目的，筹建几年一事无成，经济上损失近五百万元。

（三）为实现乌兰夫的反革命经济基础，大搞土默川电灌歼灭战。电管局党内一小撮走资派秉承其黑主子乌兰夫的旨意，在乌兰夫认定的叛国基地——土默川大搞电气化。关于内蒙古自治区内发展电气化，"当代王爷"乌兰夫曾说过："全区的重点是土默川，土默川的重点是土默特旗，土旗的重点是塔布子、铁帽、三两（分别是乌兰夫的老家及亲身住的地方）。"并说："土旗是重点的重点，必须保证。"乌兰夫的黑令一下，一小撮黑干将云北峰、吴峰、程林彬之流，就大显反革命伎俩，逐项工程都是亲自挂帅，具体抓，"要什么给什么"，并按照乌兰夫的命令按时投产，为乌兰夫效尽犬马之劳。土默特旗的铁帽公社这个地方本已用上了电，离变电站只有十几公里路，用电也可靠，只是因为这里有乌兰夫的皇亲国戚，就当组织有关公社大队人员讨论是在南兵州亥还是在乃只盖变电站的选站过程中，群众还没有来得及发表意见，走资派程林彬对群众说："云北峰同志说了这个变电站定在铁帽啦。"一声令下，本来有电的"铁帽"又建立了个变电站。一九六五年底，乌贼在朱堡蹲点，走资派程林彬之流，又找到了向乌兰夫献媚的机会，不遗余力地急速地给"朱堡"送上了电。当时本来没有计划，国家没有投资，不能搞计划外项目，程林彬亲自奔跑在内蒙计划口列了专款九万元。万家沟是奎璧当年打过"游击"的地方。他为了收买人心，扩大个人势力，一九六五年仗着他窃踞内蒙党政要职的权力，硬要给目前供电条件很困难的万家沟送电。电管局走资派程林彬之流，对乌兰夫反党集团的任何勾当都是效敬效忠的，命令一下不管条件，不管国家浪费大量资财勉强送上电，结果是投资不少，效益极低，花了九万元绕了二百亩地。

程林彬等一小撮为了配合实现乌兰夫的"四网一化"中的所谓农牧业电气化，极尽了献媚之能事，使出了吃奶之力。几年来在土默川农电投资达781万多元，佔全区农电投资的67%。

寒峰、程林彬等一小撮，为了建设乌兰夫"独立王国"的"民族经济"，十几年来不遗余力。他们以"四网一化"为总纲领，反对"全国一盘棋"的统一规划，反对党中央和毛主席的领导，上抗中央，下欺群众，大搞民族分裂的罪例还有很多，事实说明，他们是乌兰夫叛国集团的黑干将。毛主席在一九五八年成都会議上，向乌兰夫一针见血地指出，"究竟吃民族主义的饭，还是吃共产主义的饭，吃地方主义的饭，还是吃共产主义的饭。民族要，地方要，但不要主义。"寒峰等一小撮吃的是民族主义的饭，干的是民族分裂的罪恶勾当。

二、竭力推行刘、邓、薄、乌反革命修正主义路线，
反对毛泽东思想挂帅，反对四个第一。

毛泽东思想是帝国主义走向全面崩溃，社会主义走向全世界胜利

· 6 ·

的时代的馬克思列宁主义，是反对修正主义的强大武器。用毛泽东思想挂帅，是我党政治思想工作最根本的任务。

内蒙电管局党内走资本主义道路当权派寒峰等一小撮，为了达到其资本主义复辟的罪恶阴谋，他们极力反对毛泽东思想，极力反对毛主席的工业路线，而极力推行刘、邓、薄、乌的反革命修正主义工业路线，在电业系统中大肆推行工业黑七十条；在电厂内推行五定五保，并且亲自主持制定电业"总工程师职责条例"，变相的推行"一长制"，以此反对党对生产技术的领导，把企业的生产大权，双手捧给资产阶级知识分子反动学閥及反动技术权威，套用苏修的框框，大訂各种规章制度百余种，把群众捆在条条框框上，反对群众的首創精神。

在寒峰等一小撮走资派推行的一整套反革命修正主义工业路线的影响下，内蒙电业系統内苏修貨色泛滥，突出地表現为抹杀阶级斗爭坚持技术挂帅、物质刺激，在苏修后面爬行等。

（一）坚持技术挂帅，技术垄断，反对突出政治，反对毛泽东思想挂帅。

毛主席教导我们說："政治工作是一切经济工作的生命线。"而寒峰等一小撮极力反对毛泽东思想挂帅，他们把一小撮反动技术权威反动学閥，捧上了各级领导崗位，充当他们的代理人。实行技术垄断一味追求高、大、精、尖、新、洋、全，大肆揮霍浪费。

例如，他们在四項監督上强調专家路线，强調技术挂帅反对走群众路线，他们不顾广大群众的反对，把技术問題交由少数"专家"垄

· 7 ·

断，封锁群众，以此破坏生产。包头一厂2号机在大修后运行40多小时，自动主汽门爆炸。炸死运行工人一名，烫伤运行工人一名，就是因为自动主汽门螺丝的热处理工作实行技术垄断的结果。

例如，呼市电厂主控制室地面，已经建成水磨石的，为了追求高标准、美观，局内反动技术权威幕后支持，党内走资派原厂长、书记亲自动手砸掉水磨石。按设马赛克（磁砖），浪费6400元。

西山嘴电厂是一个农牧区的小电站，党内走资派及反动技术权威一味要求高标准、美观，求洋求全，照套苏修图纸，样样俱全，翰煤栈桥、高大厂房、厂前区、福利区，破坏了工农联盟，损失浪费无法计算。

（二）坚持业务挂帅，以安全生产第一为名，反对四个第一。

党内走资派塞峰之流，为了推行刘、邓、薄的一套反革命修正主义工业路线，坚持业务挂帅，他们大叫"安全生产第一"，大叫"政治工作要落实到安全生产上"，并且不惜在群众中施加种种压力，甚至滥用反革命经济主义办法，花钱买安全，以便在他们的黑主子面前论功请赏。一九六四年在赤峰电厂开现场会议，大叫肮脏是发生事故的温床。要大搞所谓文明生产。推广赤峰电厂用新毛巾擦尿池，车间内放花卉盆景的一套苏修生产方式。以此来达到安全生产。此时，内蒙电业系统刮起一股妖风，大搞喷漆刷墙，购置奇花异草，大搞花台盆景，暖房水池。仅刷漆一项投资达十余万元，其他浪费无法计算。包头一厂在喷浆刷墙时，灰浆流入母线设备，发生了母线短路大事故，

•8•

烧坏母綫设备，对工业企业停电影响无法計算。

在党内走资派的强調安全生产第一的反革命工业路线的影响下，在生产设备上，更是备用又备用，保险又保险，后备又后备，用挥霍浪费达到安全生产。例如，在繼电保护上，包头二厂110千伏、35千伏线路及母綫事故時間本已有几套保护，但是在走资派及反动技术权威的指揮下又装设了后备接线保护，作为第三道第四道防线，投资一万多元。

（三）死搬苏修規程制度条条框框，提倡爬行主义束縛群众革命精神。

十几年来，烏兰夫在内蒙电业系統代理人他们不搞群众运动，不走群众路线，依靠少数专家学閥，反动技术权威，压制群众的革命的首創精神。他们大叫先立后破，反对毛主席提出的"不破不立"，"破字当头，立就在其中了。"在生产检修上，他们生搬硬套苏修的規章制度，每年设备进行大修一次，不管设备有毛病沒毛病一律大拆大卸，稍有不合，就拆下換新。拆下的无人保管，无人修复，任其丢失損坏。他们压制群众提出的延长大修間隔的时間为二年的首創精神，就这一項每年浪费大修资金达一百至一百五十万元，这是在苏修規章制度后面爬行的结果。

在生产上也是死搬苏修規章制度。不下数百万言，百余种規章制度，强調工人熟讀熟背。定期考試，把工人群众作为規章制度奴仆。

在设計上更是套袭苏修規程和设計圖纸，追求美观、高标准。如呼市电厂主控制室强调光度照明，采用栅格式照明，浪费三万元。不但如此，而且他们还大学苏修特权阶层的搞个人享受，电管局走资派亲自主持建设自己享受的高级平房宿舍，单位造价高达１２０元／平方米，暖汽、上下水、会客室、厨房、卧室，应有尽有。而一般干部和工人有的三辈住一间房。

电管局一小撮走资派，他们是贵族老爷，他们是挥霍国家钱财的阔老爷，他们以条条框框办事，把群众当作阿斗，同时他们又害怕群众的首创精神，在苏修的条条框框上又加上反毛泽东思想的修正主义黑货"先立后破"，终使修正主义在电业系统泛滥成灾。

三、利润挂帅，资本主义经营方式

毛主席教导我们："政治工作是一切经济工作的生命线""没有正确的政治观点，就等於没有灵魂。"电管局党内一小撮走资本主义道路当权派寒峰之流，极力反对毛主席的指示，大肆鼓吹刘邓薄的利润挂帅的资本主义经营方式。他们大肆鼓吹资本主义托拉斯的经营方式。大肆宣扬资本主义社会的发财致富的管理方法。他们企图瓦解社会主义经济基础，把社会主义企业变为他们民族分裂服务的经济基础。

呼盟扎赍诺尔电厂的主要服务对象是扎赍诺尔煤矿。一九六四年扎赍诺尔电厂电力供应不能满足煤矿的需要，因此煤矿租赁了一台列车电站，从而保证了煤矿生产发展的用电。但是由于煤矿有了列车电站，扎赍诺尔电厂供电量相应减少，因此一度出现了亏损问题，这个

·10·

亏损问题，却大大的触动了党内走资派寒峰之流。他们一方面对扎诺尔电厂大施压力，打出了"不准亏损"的黑旗，一方面要挟扎赉诺尔煤矿将列车电站交电业系统经营，因为列车是盈利单位，这样可使扎赉诺尔电厂转亏为盈。煤矿不同意，竟然向煤矿施加种种压力，"最后通牒"煤矿"要将扎赉诺尔电厂部分设备停产封存"，"多余人员调出"，"以后煤矿列车检修或事故，我们不保证供电"。直到将煤矿列车电站被迫调走。这种损公利己、唯利是图，破坏社会主义企业生产的手段，达到不可容忍的地步。

党内一小撮走资本主义道路当权派，企图把电业部门与国民经济各部门对立起来，把电业部门与工农兵对立起来，来抬高他们的地位。用户为了要求供电用电，往往费尽周折，这些走资派给予习难非礼，有时还以协作支援为名要挟用户，实是变相的要求贿赂。甚至於欺骗牟利。包头三厂走资派亲自策划将一个无法使用的自制发电机，到农村去换了一群羊，羊杀了吃了，发电机也报废了，严重地破坏了工农联盟。这一小撮走资派实是唯利是图，他们为了盈利，不择手段。如对于损耗电、热，自用电、热，尽量计算给用户，如电厂的自用热、自用电，接在用户的表计内，算用户的，等等。举例很多。

我国国民经济暂时困难期间，在寒峰这一小撮走资派的操纵下，电业部门曾一度大刮发展个体经济的歪风。如包头三厂走资派以大搞副业生产为名，大制铁锅、铁盆、铁勺、铁锉，还制作棺材出售街头，还开设"私营"门市部，把一个社会主义企业变成出售铁木加工

·11·

出售商品的自由市场。有的电业企业，依靠他们工作、生产上的关系，大搞走后门，长途贩运倒买倒卖事例极多。

电管局一小撮走资派，他们反对政治挂帅，他们相信的是资本主义社会的"利润法则""垄断法则"。多年来电业系统的革命群众同他们进行了斗争，广大用户的群众也是极力反对。给我们电业系统起了个外号叫做"电衙门""铁算盘""常有理""离不开""惹不起"等等，表现了对这种资本主义经营方式的极度愤恨。

四、大搞物质刺激，实行奖金挂帅

是政治挂帅，还是奖金挂帅，这是区别是社会主义经济，还是资本主义经济的根本标志之一。

毛主席教导我们说："政治是统帅是灵魂。""那些不相信突出政治，对于突出政治阳奉阴违，而自己另外又散布一套折中主义（即机会主义）的人们，大家应当有所警惕。"

林彪同志说，是设我们国家有两条路线，一条是象苏联那样片面地只注意搞物质，搞机器，搞机械化，还搞什么物质刺激。另一条就是毛主席领导我们走的这条路线。

内蒙电管局党内一小撮走资派赛峰之流，根本不相信突出政治，而是相信刘邓薄一套反革命修正主义的东西。根本不是政治挂帅，而是奖金挂帅。

他们秉承刘邓薄乌的旨意，在内蒙电力系统明目张胆地推行修正

·12·

主义。用修正主义的物质奖励，各种津贴，来腐蚀我们工人阶级，用修正主义的物质刺激来与我们伟大领袖毛主席提出的突出无产阶级政治，搞好思想革命化相对抗。十几年来他们犯下了滔天罪行。

（一）奖金名目繁多，抹杀阶级斗争，反对突出政治。

电业系统的奖励制度名目繁多，如有安全奖，单项奖，百分奖，洗衣奖，检修奖，超额奖，季度奖，省煤节电奖，查窃电奖等等。给了这些奖还不足，还有各种补贴，如洗澡贴，房费，理髮费，电贴，现场施工津贴，班长津贴等等。奖励、津贴两项每年花费国家资金达88万元，平均每人130元左右。用此来腐蚀我们的工人阶级，削弱我们工人阶级的革命斗志。在评比的办法上也是无奇不有，更是一套反革命修正主义办法。他们抹杀阶级斗争大搞评功摆好。评比时奖金分三六九等。甚至有的单位独创评比办法，如包头一厂走资派独创了一套记分办法，如政治占多少分，安全占多少分，节约占多少分等等，这种办法真是彻头彻尾的只要钱不要阶级斗争，不突出政治的修正主义货色。

（二）以奖金来刺激群众，用金钱来买安全。

虽然在制度上也讲几句政治标准，但实质上是阳奉阴违，以安全第一反对四个第一。他们规定的奖金制度是以安全为标准，出了异常扣奖金百分之几，出了障碍扣奖金百分之几十，出了事故扣奖金百分之百，等等。并且不出事故天数愈长，奖金率愈高。他们根本不要人的因素，而是用奖金束缚群众的手脚，以钱来刺激群众，用钱来买安

· 13 ·

全。这是巩固走资派的统治，腐蚀群众意志的极其恶劣的手段。

（三）以奖金、物质刺激来腐蚀工人阶级队伍。

党内一小撮走资派，以奖金来挑拨工人关系，制造工人之间的矛盾，尤为恶劣。奖金制度规定根据发生事故大小扣全班组全车间或全厂的奖金的办法，这与"一人犯罪，保甲连坐"的反动刑法一样。出了事故既要取消安全记录，又要取消奖金。因此发生事故后，往往是厂与厂，车间与车间，班组与班组之间矛盾重重，互相推诿，互相埋怨，争论不休。走资派却把自己的责任推得一干二净。

×　　　　　×　　　　　×

电管局党内走资本主义道路当权派寒峰所把持的资产阶级司令部——黑党组，已经统治内蒙电业系统近十余年。他们招降纳叛，把大批特务、叛徒、蒙奸、地富反坏右拉入局内，形成一股资本主义复辟的恶势力，这一小撮人操纵黑党组，有内蒙"当代王爷"乌兰夫作后台，在国内有刘邓薄的反革命修正主义路线的庇护，猖狂地进行反党反社会主义反毛泽东思想的罪恶勾当。内蒙电业系统工人阶级、革命干部、革命知识分子及其他革命分子，战斗在生产第一线，与这一小撮走资派进行了不屈不挠的斗争。文化大革命以来，这一小撮走资派被无产阶级革命派及革命群众揪出来了。他们复辟资本主义的梦想彻底破产了。金猴奋起千钧棒。我们一定从政治上、思想上、理论上、组织上彻底把它们批深批透，批倒批臭，誓夺无产阶级文化大革命的全面胜利。

打倒刘、邓、陶！

打倒乌兰夫、王逸伦、王铎！

彻底肃清刘、邓、薄、乌反革命修正主义流毒！

毛主席的革命路线胜利万岁！

无产阶级文化大革命全面胜利万岁！

战无不胜的毛泽东思想万岁！

毛主席万岁！万岁！万万岁！

二-22

内蒙古党委庆祝自治区成立廿周
年筹委会暨办公室五个月工作的
大　事　記

（陈炳宇第三批材料）

呼和浩特市
市级机关东方红纵队
1967.9.20.

— 1 —

筹委会但从一九六五年十一月二十二日成立至一九六六年五月初文化大革命开始以后，五个多月的工作中一直是把持在三反分子乌兰夫，陈炳宇等人的手里。他们在这里干了不少坏事，我们根据廿周年办公室工作人员所知道的情况，整理了一个大事记。现印发给有关部门和同志们参考。

在筹备工作开始以前，一九六五年十月二届三次全委（扩大）会议和乌兰夫在北京民族文化宫曾研究讨论过廿周年的问题。

一九六五年十一月

十一月二十二日上午，自治区党委第八十四次常委会议，决定在党内成立一个小型庆祝自治区成立廿周年筹委会，筹委会的性质为工作委员会，并通过了以乌兰夫为首的筹委会组成人员名单。

十一月二十二日下午，乌兰夫主持召开了第一次筹委会，讨论了如何开展工作的问题，确定筹委会各组在一个礼拜之内拟出工作计划，以及抽调干部等。

十一月二十四日，窃用自治区党委、人委的名义以〔65〕蒙发337号文件，向华北局和中央、国务院就"邀请中央文化、艺术、新闻、出版等部门派人来我区协助筹备庆祝廿周年纪念活动"的问题作了请示。

一九六五年十二月

十二月四日下午，乌兰夫主持召开了第二次筹委会，主要讨论了工作计划。还错误地确定筹委会是权利机关，内蒙党委通过筹委会行使权利；廿周年的规模按三千至三千五百人考虑，送的礼物要经济简单，有政治意义和纪念意义，可以送吃的用的。例如蒙古刀子等十二种；如有外汇，可以按外贸局计划买东西，住处不够，可以把高干病养院放慰上，也可考虑再建一个招待所；廿周年的经费，要控制在正百至五百万元之间，各盟市也要拨些款，能从其他项目开支的，就不要列入廿周年经费内；基建项目，要很好安排，体育馆可以搞，新华广场的主席台，再设计一下，要既简单，又有气魄。

体育、文艺要搞几个精尖项目。体育要破几个世界纪录，创作几支骼在全国流行的歌曲和几幅好画，建议邮电部搞一套纪念邮票，电影要搞的更好些，不搞团体操，搞安代舞和民间文艺性的节目。要选云一些尖子演员。

纪念日可以放慝改到九月，查一下，共产党在内蒙正式公开是哪一天，再定。

十二月十一日至二十四日，邀请中共文化、艺术、新闻、云版等二十四个部门一行三十九人，由萨空了、陈炳宇主持座谈了筹备庆祝二十周年的问题，会议期间乌兰夫给作了五个半天的所谓内蒙古革命和建设的报告。

一九六六年元月

一月六日至八日，中国美术家协会原书记处书记华君武、人民美术云版社编辑阎大方、上海人民美术云版社编辑高幼佩，来内蒙座谈了筹备庆祝二十周年的美术创作和美术云版问题，会后即发了纪要。

一月十八日下午，呼和铁路局孟宪章等三同志，向陈炳宇汇报了呼市火车站改建问题，陈炳宇基于对这个汇报的不满，竟以告状形式向各书记处报送了对话式的纪要。

一月二十六日至三十日，中央新闻纪录电影制片厂韩德蒲、北京广播电台范倍龙、北京电视台石凤山、中国唱片社杨里福等，来内蒙就协助筹备庆祝二十周年的问题，商定了拍摄《乌审召》和《草原民兵》纪录片，对外广播，拍摄电视新闻影片和筹建内蒙古电视台，录制唱片等四个方面的工作，会后即发了纪要。

一九六六年二月

二月七日，窃用中共内蒙古自治区党委的名义，批转了庆祝自治区成立二十周年筹委会的黑计划，并加注了一个有严重错误的批语，发至了旗、县委。

二月十三日下午在新城宾馆，萨空了根据乌兰夫的旨意，听取了筹委会各组汇报前一段工作，会上并确定云发往区外的简报。

二月十六日，在呼和浩特宾馆，筹委会借及开贫代、学代大会的机会，仓促的邀请了参加大会的各盟市委的负责同志，就中共内蒙古

— 3 —

党委批转的庆祝自治区成立二十周年的筹备工作计划和盟市安排情况进行了座谈，萨空了、陈炳宇在会上都讲了话，这就在全区进一步煽起大搞二十周年的阴风。会议由陈炳宇主持，到会的共二十九人。会后发了纪要。

二月二十二日下午，陈炳宇主持召集了筹委会办公室办公会议，专门听取了呼市文委和筹委会体育组的工作汇报。

会议基本同意市委的筹备工作计划，同时认为呼市是自治区首府，因此，各方面的筹备工作，都应搞得更好。市场供应也一定要安排好，尤其要安排好土特产品的供应，注意改进服务态度，加强蒙语的学习和领导，商品标记和牌价都要用蒙汉两种文字。总结经验文章，去搞有证几篇高质量过得硬的文章，能上各级报刊。宣传工作，首先要从呼市作起，一定要把自治区二十年来所取得的伟大成就及庆祝二十周年的伟大意义，讲深讲透，作到家喻户晓，使人们在思想和精神面貌上都有一个新的变化。

体育工作，同意在五个项目上，争取打破世界纪录，在一些项目上打破国家纪录外，马术要锦上添花，要把兰、足、排球抓上去，明年打出水平，团体操务必要搞只有民族特点的，不搞革命赞歌式的。

二月二十五日，中共内蒙古党委召开常委会，专门讨论了为庆祝自治区成立二十周年拍摄的大型纪录片电影提纲。会议对这个歌颂乌兰夫和宣扬"两个革命"及"三个基础"的提纲第八稿。基本同意以这个提纲为基础，一面进行影片拍摄，一面深入基层，体验生活，进一步加工修改充实提高，然后再提交党委讨论定稿。会上对如何进一步修改影片提纲，也提出了几个方面意见。

二月十七日，在乌兰夫的指示下，中共内蒙古党委以（66）蒙发26号文件批复同意二十周年筹委会关于举办二十周年建设成就展览的意见。

一九六六年三月

三月六日，陈炳宇对接待服务组晓波和办公室的同志，布置了如何作好节日期向来宾的接待工作。事后组织有关同志逐项落实，要求

616

在两周内拟云设想方案。这个方案提云后，没作研究。

三月二十一日，发云了中共内蒙古党委庆祝自治区成立二十周年筹委会上半年筹备工作安排，内容主要是对宣传教育、文化艺术、体育、基本建设、接待服务五个方面的工作进度。

三月二十一日，中共内蒙古党委庆祝自治区成立二十周年筹委会向各盟市批转了文化艺术组召开的摄影艺术和民间文学两个座谈会的纪要。会议期间，萨空了接见了与会同志，布赫在会上讲了话。

三月二十九日，在新城宾馆讨论了电影剧本《色钢人》初稿，提云要以反对"大汉族主义"为主导思想，大胆的揭露矛盾。情节要曲折感人。敢于涉及民族问题，正面人物要突云。

一九六六年四月

四月九日，筹委会办公室召开办公会议，主要研究了更改庆祝内蒙古自治区成立纪念日，庆祝二十周年对外公布的筹委人选，以及会议程序。会议由陈炳宇主持。上述两个主要问题，向内蒙古党委另有专文报告。

四月十三日，根据陈炳宇的旨意，按照三月二十九日在讨论电影剧本《色钢人》时，作者反映在色钢片面收集的所谓"大汉族主义"的材料，写了一份简报。

四月二十四日，《光明日报》付总编辑高天等人前来内蒙研究，报排了有关庆祝二十周年的采访报导问题，事后发了简报。

一九六六年五月

五月二日，在新城宾馆再次讨论了《色钢人》剧本的故事梗概即《民族问题》。会上开始布置退却，厚和、陈炳宇说："根据乌兰夫的指示，不要提反大汉族主义，应该反映民族团结。

二-23

1968年7月19日　　　联合战报　　　·3·

陈炳宇是乌兰夫的死党分子

原市人委《东纵》

反革命修正主义分子、民族分裂主义分子陈炳宇，是人民公敌蒋介石的忠实门生、大土匪头子胡锁锁的情报员、特务，是乌兰夫一手培植起来的黑接班人，是乌兰夫反党叛国集团少壮派的核心人物。多年来，陈炳宇步步紧跟乌兰夫，积极参与策划反党叛国、民族分裂活动，忠实地树立臭名远扬的"乌兰夫思想"，为乌贼歌功颂德，树碑立传，不遗余力，是个地地道道的乌兰夫死党分子。

乌兰夫的"黑苗子"、"乌家王朝"的得力干将

物以类聚，人以群分。早在一九三九年底，陈炳宇投机参加革命时，就被乌兰夫的左派相奎壁看中，收罗介绍给了乌兰夫。乌兰夫也确认陈炳宇是一块搞民族分裂主义的"好材料"，从此，陈炳宇便投身乌兰夫的怀抱，并经乌兰夫三年的精心培植，坚定了搞民族分裂、建立"蒙古大帝国"的忠心。在决心为"乌家王朝"效忠卖命以后，陈炳宇以"为蒙古革命自我奋斗"为名，回到绥诣，招兵买马，创建"蒙古人民自卫军"，为"乌家王朝"组织武装力量，为建立"蒙古大帝国"奠定军事基础。一九四五年后又多次受乌兰夫的派遣，代表乌兰夫慰问起义部队，视察锡盟工作，为乌兰夫的"自治运动"积极奔走。东北解放后，乌兰夫又封陈炳宇为呼纳盟的盟长，把黑手伸进了内蒙古东部地区。

在这期间，陈炳宇追随乌兰夫进行了大量的反党叛国活动，深受乌兰夫的器重，成为乌兰夫反党叛国集团的得力干将。

呼市"宫庭政变"的罪魁祸首

长期以来，乌兰夫重用大叛徒、老反革命赵汝霖之流把持呼市党政财文大权，实行反革命和平演变。为了加速呼市的反革命"宫廷政变"，树立黑样板，他特地将心腹干将陈炳宇调来呼市，又先后网罗了李贵、曹文玉、云治安、张露等反革命修正主义分子、民族分裂主义分子拼凑成黑班子，进行反党叛国的反革命勾当。

毛主席说："凡是要推翻一个政权，总要先造成舆论，总要先做意识形态方面的工作。革命的阶级是这样，反革命的阶级也是这样。"陈炳宇凭着他的反革命经验，为了达到他反党叛国的阴谋，千方百计地抹杀解放以来全市各族革命人民在毛主席正确领导下取得的伟大成就，大造所谓"呼市落后论"。他叫嚷说："呼市整个工作和当前形势与呼市的地位极不相称，换句话说，就是落后。"并编造了什么所谓"呼市落后"材料，什么："工业生产存在着，三低、两少、一高'"（质量低、劳动生产率低、生产水平低，品种少、利润少,成本高），"农业单产低，十多年来仅增长了×斤"等等，公开污蔑工农革命群众，为他们"揭盖子、挖根子、换班子"，实行"宫廷政变"的反革命大造反革命舆论。更为恶劣的是，陈炳宇在其黑主子的指使下，编造了大量"大汉族主义"材料，说什么："呼市大汉族主义严重"、"排斥蒙族干部"、"土旗也有大汉族主义情绪存在"、"郊区贯彻党的民族政策不力"等等，甚至编成"小故事"，泡制了歌剧"三棵树下"等大毒草，到处传播，流毒很广。他们又以三千会、机关四清补课、民族工作会议等进行阴谋活动，打击革命群众和革命干部，包庇走资派，制造民族矛盾，大刮反攻倒算、右倾翻案妖风，将呼市闹得乌烟瘴气。在充分做了反革命舆论准备的同时，在组织上推行了一条反革命修正主

义、民族分裂主义的干部路线和组织路线，招降纳叛，结党营私，排除异己，打击革命同志，包庇重用叛徒、特务、反动军官、王公贵族以及牛鬼蛇神，先后篡夺了市人委党组、各分党组、以及市委的大权，又以精简机构为名，撤销市人委各局处，成立了计划、工交、城建、财贸、文教"五大委"，对市人委机关进行了彻底改组，将他们的黑干将、黑爪牙安插在各个方面，形成了自上而下的大黑网，完全把持了呼市的党、政、财、文大权，完成了其黑主子乌兰夫一手策划的在呼市复辟资本主义、搞宫廷政变的黑样板。

为乌兰夫反党叛国大造舆论

毛主席教导我们："民族斗争，说到底，是一个阶级斗争问题。""当代王爷"乌兰夫，以民族问题为幌子，疯狂进行反党叛国活动，他借自治区成立二十周年之机，为实现他的"乌兰夫汗"登基美梦，加快了他反党叛国的步伐，又将他的五虎上将陈炳宇调到内蒙，安插为内蒙古党委二十周年办公室主任。并授意陈炳宇，借庆祝自治区成立二十周年之机，掀起大造反党叛国舆论的高潮。从此，陈炳宇充当了大造反党叛国舆论的总指挥。

陈炳宇一上任，就以二十周年筹委会的名义，与旧中宣部、旧文化部、民委党内一小撮走资派相勾结，拉来宣传文艺方面的大批人马，由陈炳宇挥手着指挥棒，为其黑主子树碑立传，大肆贩卖乌兰夫的黑货。在陈炳宇的策划下，乌兰夫作了五个半天的黑报告。陈炳宇吹捧这个报告"为庆祝二十周年的筹备工作打下了有力的思想基础"。什么"思想基础"？陈炳宇毫不隐讳地说："二十周年的宣传，就是要突出乌兰夫的丰功伟绩，宣传两条道路，要充分体现出乌兰夫的思想"。

他还把乌兰夫臭名昭著的"三基论"、"三不两利"（不分、不斗、不划阶级，牧工、牧主两利）和稳、宽、长（步子要稳，政策要宽，时间要

长），以及反"大汉族主义"的黑货作为二十周年的宣传重点，让这些人上"乌兰夫思想"的黑纲。他为了使"乌兰夫思想"贯彻始终，确定二十周年要拍摄八部电影，举办九个展览，编创十二个晚会节目，出版几十本书，选写百篇文章，创作几首"能在全国打得响"的内蒙古歌曲，还要出版小人书、连环画、小画片、年画、窗花、邮票等，甚至连内蒙所产品的商标、装簧也要标出二十周年的字样。准备宣传到全国，甚至国外。陈炳宇说，这个宣传，要"占领一切阵地"，要作到"家喻户晓，人人皆知"，"每一个蒙古包都要呈现出二十周年的气氛"。他不顾中央三令五申关于基本建设的指示，大兴土木。叫嚷："把呼市建筑得使牧民来一看，就好象北京一样。"一语道破了他大搞二十周年的宣传，就是为了反党叛国。他还和其主子乌兰夫密谋将自治区成立二十周年的日子改在大蒙奸、日本帝国主义走狗"德王"建立"蒙古联盟自治政府"的九月一日。这是乌兰夫、陈炳宇追随"德王"，继承成吉思汗遗志，反党叛国狼子野心的大暴露。

陈炳宇这个乌兰夫的心腹干将，拜倒在乌兰夫的黑伞之下，妄图以树立"乌兰夫的权威"抵毁伟大领袖毛主席在各族人民中的崇高威望。他竟疯狂叫嚷："要维护乌兰夫的威信，完全是听乌兰夫的没错。"他还说："挖乌兰夫、奎璧这个根子我就非常脑火，坚决反对"，决心死保乌兰夫。他利用各种机会大力宣扬反动透顶的"乌兰夫思想"，他马上吹捧说："乌兰夫提出三个基础，完全正确。"并散布说："这三个基础，是巩固和加强民族团结的基础。"他还把乌兰夫及其反革命黑帮的一些黑报告塞进《党的民族政策选编》中，强令各级党委，要把乌兰夫的讲话列为长期的、经常学习的内容。陈炳宇这样忠诚地为其主子涂脂抹粉，大声喝彩，目的是树立臭不可闻的"乌兰夫思想"，抵制光焰无际的毛泽东思想。真是蚍蜉撼树，螳臂挡车，罪该万死！（未完待续）

内蒙古自治区革命委员会关于
当前挖肃斗争中应该注意的几个问题的通知

（上接第一版）

要遵照毛主席关于："对任何犯人应坚决废止肉刑，重证据而不轻信口供"的教导，坚决贯彻执行中央"六六"通令，严禁私设公堂和变相私设公堂；严禁私自抓人、私设拘留所、私制刑具；严禁武斗和变相武斗；严禁体罚和变相体罚；坚决反对逼、供、信。在批斗审讯犯人时要允许本人申辩。

对于违犯"六六"通令的肇事者和背后操纵者，对于打死和打伤人的凶手，公安机关军管会和群众专政指挥部及人民解放军当地驻军有权追究，查明情况，根据情节轻重，依法惩处。

七、必须坚决执行毛主席关于"一个组织里的坏头头，要靠那个组织自己发动群众去处理。"的教导，严禁两派群众组织互相揪人、抓人及查、抄。如果发现对方组织里有坏人，要将材料交给对方组织，要相信那个组织的广大革命群众会把坏人揪出来。

八、对儿童犯罪的处理，要坚持正面教育。对幕后操纵、唆使儿童犯罪的坏人，要发动群众进行批斗，情节严重的，要依法办处。家长和教

师都有责任把儿童教育成无限热爱我们伟大领袖毛主席，无限忠于毛泽东思想的红后代。

九、凡需采用抄家手段获取罪证的，应由各级公安机关军管会或"群专"指挥部批准。未经批准的，一律不得查抄。查抄时主要是查抄犯罪证据和政治性的反动物品，证件、枪支、弹药、凶器、毒品和赃款赃物。对生活用品，衣、物不准查抄和毁坏。查抄的物品，必须按照中央有关规定，一律上交银行、财政部门和军事单位。任何机关、团体和个人不得挪用，违者从严处理。以往抄查扣留的财物，应立即补报公安机关军管会或"群专"指挥部。

十、各革命群众组织和广大革命人民群众，应该成为学习、宣传、执行、捍卫毛主席最新指示和中央有关政策规定的模范，积极协助公安机关军管会和群众专政指挥部执行任务。随时警惕阶级敌人乘机破坏，如有发现，定予严厉打击。

以上各条，希望向广大群众认真传达，坚决贯彻执行。

一九六八年七月六日

618

二-24

·4·　　　　　　　　　　　　　　群念战报　　　　　　　　　1968年8月1日

陈炳宇是乌兰夫的死党分子

（上接第三十期第三版）

为乌兰夫反党叛国，招兵买马

毛主席教导我们：**"在这个使用干部的問題上，我們民族历史中从来就有两个对立的路綫：一个是'任人唯賢'的路綫，一个是'任人唯亲'的路綫。前者是正派的路綫，后者是不正派的路綫。"**"当代王爷"乌兰夫完全违背毛主席的干部路线，实行一条民族分裂主义、宗派主义的干部路线，背着中央、华北局，私自将他的心腹干将陈炳宇封为内蒙古党委组织部代部长。陈炳宇从此以黑代部长的身份，打着"干部民族化"的破旗，充当为乌兰夫反党叛国集团招兵买马的总调度。他向乌兰夫献策说："多年来有两股民族主义——大汉族主义、地方民族主义结合在一起整列主义，主要是整土旗这几个老头（子）和土旗从延安民族学院出来的一些人"，"因此，必须改变这种局面"，还对乌兰夫、奎璧说："该选择接班人的时候了"。奎璧立即说："有了你们我睡觉也放心了"。乌兰夫也积极活动让陈炳宇进书记处当书记。乌兰夫还和陈炳宇密谈，过了二十周年，他只抓党的工作，不当主席了，让陈委谁当主席。陈洋洋得意，谈了一串当副主席和党委书记的人员名单，其中包括他自己。陈炳宇已经是乌兰夫反党叛国集团的核心人物，他是乌兰夫心目中已被选中的黑接班人。

陈炳宇还亲手安排了内蒙"五大委"的干部，密谋了各盟市"干部调整"打算，策划了建立旗县级"革命化领导班子"的问题。他设立了审干办公室，准备大清洗，还组织了陷害解学恭、高锦明、权星垣等革命领导同志的阴谋活动，甚至采取跟踪、盯哨、侦察的特务手段，真是阴险毒辣！

由于陈炳宇为其主子乌兰夫卖命有功，大受其黑主子的嘉奖和重用，青云直上，两三个月的时间，就从呼市代市长提为内蒙古党委组织部代部长、黑代常委、行使书记职权的黑三人小组成员，并为正式提为党委书记处书记积极活动，兼各种要职达十六种之多。这样，陈炳宇更死心踏地地紧跟其主子乌兰夫，充当打手，干尽了坏事。

痛打落水狗，彻底粉碎右倾翻案妖风

"鐘山风雨起蒼黃。"由毛主席亲自发动和领导的无产阶级文化大革命的熊熊烈火，燃遍了全中国，燃遍了内蒙古草原。在毛主席和党中央的亲切关怀下，一九六六年五月华北局前门饭店会议召开了。乌兰夫、陈炳宇之流，感到他们的末日即将来到。会议前，陈炳宇献媚说："会上无论如何要顶住。"乌兰夫便说："反正得凭材料说话，他们摆他们的，我摆我的。"陈炳宇心领神会，积极收集了大批所谓"大汉族主义"的

材料和陷害革命领导干部的材料，妄图在会议上大干一场。

会议期间，陈炳宇一心死保乌兰夫，不揭发、不交待，还背着大会，私自与乌兰夫、奎璧密谈多次，共同策划对策。让布赫给为呼市的云世英带回信件，私自给浩帆打电话，让这些反革命黑帮压制革命群众起来揭发他们的黑幕，研究保存人员，制定反动的反革命策略。

陈炳宇就是这样一个追随乌兰夫，死保乌兰夫，效忠于"乌家王朝"的乌兰夫死党分子。

"在人类历史上，凡屬将要灭亡的 反 动 势力，总是要向革命势力进行最后挣扎的。"陈炳宇这条落水狗，也妄图进行垂死挣扎。他对革命群众的揪斗一直怀恨在心，还立了变天账。他在一首黑诗中说："工作错误是存在，反党思想绝没有，黑帮主将已登报，问心无愧近欣然。"他还指使其老婆搜集革命群众印发他和他主子乌兰夫的材料，窥测方向，研究对策，以求一逞。他贼心不死，仍和反革命黑帮、反革命组织秘密串联，积极为乌兰夫翻案，为他自己翻案。

"要扫除一切害人虫，全无敌"。乌兰夫、李、陈、赵之流已被广大革命群众打翻在地。让我们更高地举起毛泽东思想伟大红旗，紧跟毛主席的伟大战略部署，狠反"三右"，把以乌兰夫为代表的一切反革命势力统统挖出来，把他们批深批透，斗倒斗臭，将挖黑线，肃流毒的人民战争进行到底，夺取无产阶级文化大革命的全面胜利！

原市人委机关《东纵》

用毛泽东思想武装头脑

狠抓阶级斗争，巩固新生的红色政权

（上接第三版）

在挖肃斗争中，我们还帮助群众认 真 贯 彻**"坦白从寬，抗拒从严"**的方针，凡是证据确凿而又拒不交待的，就坚决打击。凡是主 动 交 代的，就根据情节轻重从宽处理。这样就有效地促成了敌人的孤立和分化。比如，有一个坏分子曾畏罪潜逃。我们知道他的爱人和他有书信联系，就组织职工多次作他爱人的工作，向她讲明政策，争取她省悟，一个月后他的爱人在党的政策的感召下，终于亲自把他男人送回了工厂。

在挖肃斗争中，我们千方百计地保护群众的积极性。对群众斗争中的过火行动，我们不当面指责，而是在适当场合下，讲清政策，引导群众按照毛主席的教导，按照党的政策办事。

事实证明，广大革命群众是坚决听毛主席的话，按党的政策办事的，只要我们善于引导，正确地贯彻党的政策，挖肃运动就一定会健康地向前发展。

四、在阶级斗争的烈火中锤炼自己

毛主席教导我们说：**"学习馬克思主义，不但要从书本上学，主要地还要通过阶级斗争、工作实践和接近工农群众，才能真正学到。"**林副主席指示我们：**"我们要把自己当作革命的一分力量，同时又要不断地把自己当作革命的对象。革命，也得革自己的命，不革自己的命，这个革命是搞不好的。"**我们宣传队通过五个月的阶级斗争实践，深深地体会到，在阶级斗争中，不断地改造自己的思想，实现思想革命化，是搞好支左的根本。

在刚进厂的时候，我们曾有怕犯错误，怕完

不成任务的想法，这种思想一露头，我们就对照毛主席的有关教导进行了批判。大家认识到，"怕"就是私字作怪，"怕"就是不相信群众，"怕"就是个人利益第一。因而我们决心克服"怕"字，打倒"私"字，把"怕"字换成"敢"字，把"私"字换成"公"字，把"相信自己"换成"相信群众"。及时地帮助厂革委会大胆地领导了挖肃运动。

在右倾翻案妖风嚣张的时候，不敢 大 胆 表态，怕镇压了群众，后来，我们经过内部整风，斗私批修、统一思想。认识到在路线斗争中，不站到毛主席革命路线一边，就是对毛主席最大的不忠，就是最大的错误。因而，及时打消了顾虑，坚决支持革委会和革命职工向阶级敌人发动了反击，维护了革委会的革命权威。

在几个月的挖肃斗争中，我们宣传队的同志深深地体会到，**"群众是真正的英雄，而我们自己则往往是幼稚可笑的"**。在和广大革命职工朝夕相处的日子里，我们从他们身上吸取了巨大的力量，他们对毛主席、对毛泽东思想、对毛主席革命路线无限忠诚的高贵品质，他们敢于斗争、善于斗争的革命气魄，他们爱憎分明、一心为公的忘我精神，永远是我们学习的榜样。

机床厂的挖肃斗争，虽然已经取得了很大的成绩，但是面临的任务仍然是十分艰巨的。在今后的斗争中，我们一定要以门合同志为榜样，更紧密地和广大革命职工团结在一起，为毛主席的革命路线放好哨，站好岗，打好仗。更好地作好支左工作，完成党和毛主席交给我们的光荣任务。

内蒙古军区步校驻呼市机床厂毛泽东思想宣传队

（上接第一版）

在"三支""两军"工作中，解放军与广大人民群众的"鱼水关系"更为密切了。解放军把**"三大紀律，八項注意"**的光荣传统带到群众中来，军爱民、民拥军，军队和民众打成一片，使军队永远保持着弟兵的本色，永远立于不败之地。

在"三支""两军"工作中，解放军的代表参加了各级革命委员会。他们旗帜鲜明、立场坚定，这就极大地加强了红色政权的建设，成为革命委员会的主要支柱和坚强后盾。

"没有一个人民的军队，便没有人民的一切。"无产阶级文化大革命的每一胜利，都是毛主席的革命路线的伟大胜利，都是中国人民解放军"三支""两军"工作的伟大胜利。在这场伟大的革命风暴中，毛主席的建军路线更加深入人心，"四个第一"、"三八作风"有了更加广泛的传播，向解放军学习已经成为广大人民群众的自觉行动。我们的军队队容比以往任何时候都整齐，我们的军民关系比以往任何时候都密切，我们的无产阶级铁打江山比以往任何时候都巩固。

"忆往昔峥嶸岁月稠"；看今朝，井冈红旗飘。

伟大的中国人民解放军在毛泽东思想伟大红旗下，在林副统帅直接指挥下，正在从胜利走向更大的胜利！

纪念"八一"，向解放军学习，夺取无产阶级文化大革命的全面胜利！

伟大的中国共产党万岁！

伟大的中国人民解放军万岁！

毛主席的建军路线胜利万岁！

伟大的领袖毛主席万岁！万万岁！

地址：内蒙革委会后院五号楼　　　　电话：2169　　　　每份：二分

619

最高指示

无产阶级文化大革命，实质上是在社会主义条件下，无产阶级反对资产阶级和一切剥削阶级的政治大革命，是中国共产党及其领导下的广大革命人民群众和国民党反动派长期斗争的继续，是无产阶级和资产阶级阶级斗争的继续。

混进党里、政府里、军队里和各种文化界里的资产阶级代表人物，是一批反革命的修正主义分子，一旦时机成熟，他们就会要夺取政权，由无产阶级专政变为资产阶级专政。

打倒反革命修正主义，民族分裂主义分子李贵

反革命修正主义分子，民族分裂主义分子，乌兰夫的死党分子李贵，出身于地主阶级家庭，在小学时就加入了国民党，37年日本帝国主义侵入中国后，李贵为了效忠国民党，曾在国民党政训处受训。38年出于反革命的需要，被大叛徒刘连仁私自拉入共产党，从此他披上了"共产党员"的外衣，开始了他打着"红旗"反红旗，大反毛泽东思想，进行篡党夺权的罪恶活动。

一、网罗亲信，排除异己，篡党篡政实现"宫廷"政变。

"当代王爷"乌兰夫，为了加速他的反党叛国步伐，确定呼市作为他的"试验场"，在64年8月，让李贵担任了呼市市委第一书记。李贵如获至宝，便勾结另一个反革命修正主义分子、民族分裂主义分子陈炳宇大造反革命舆论，极力推销"乌兰夫思想"，为乌兰夫反党叛国，建立"乌兰夫王朝"，在呼市大搞"宫廷政变"，效尽犬马之劳。

李贵为了给"大改组"、"大换班"作好准备，首先进行"干部排队"，继而利用"交流干部"组织"过河队"、"大庆队"、成立"巡视室"、"四清"等名义，把一部分不合他们心意的干部排挤掉，对敢于和他们斗争的革命群众进行残酷的镇压和打击。仅一个所谓"二毛案件"就非法审批和查了一百四十多名职工。而对那些叛徒、特务，反坏分子，牛鬼蛇神，只要和他们一鼻孔出气就提拔重用，安插到重要部门，掌握大权。李贵上台一年来，就先后从外地调来干部有曹文玉、云怡突、徐央、嘉祥、邓固、乌光敏等42名，记道德品质极端败坏，变节投敌分子成之提升为建委主任，李贵死党徐史的老婆小××，三个月内连提三次，由原铁道办事处主任提为市人委人事处付处长，三青团员、国民党员、民族分裂分子云庆华由一般采购员提升为公文教科长……

通过以上措施，李贵很快的完全篡夺和掌握了市级党政机关和各区、各单位的领导大权，完成了"宫庭政变"的目的。

二、疯狂反对，恶毒抵制毛泽东思想，破坏活学活用毛主席著作的群众运动。

李贵为了用反动透顶的"乌兰夫思想"代替光焰无际的毛泽东思想，提出"把贯彻民族政策放在各项政策的首位"、"把民族政策象一条红线一样贯彻到各项工作中去"等反动谬论。公开地反对用毛泽东思想统帅一切。胡说什么只变贯彻好乌兰夫的"民族政策"，"就可以解决问题了，生产问题，打井问题，积肥问题，什么四百户，过黄河都可以解决。"

他三令五中地要求全市所有干部和职工学习乌兰夫和他自己的报告，并翻印成册，当成"紧急任务"来学，打乱学习毛主席著作的计划，取缔"老三篇"，罪进猖狂的程度。

李贵为了冲击和破坏活学活用毛主席著作的群众运动，良心病狂地推行乌兰夫的反动纲领"三个基础"，大力制造学习蒙文蒙语的狂潮。

李贵为了反对用毛泽东思想统帅一切，大力鼓吹反动的"生产至上论"，他胡说什么"要改变呼市面貌，归根到底是要把生产搞好。"公开反对毛主席"政治是统帅、是灵魂"的伟大教导。

三、打着"民族特点"的招牌，破坏民族团结，大搞民族分裂

李贵带着乌兰夫的黑任务来呼市后，打着贯彻民族政策的幌子，到处作报告，发指示，印材料，大造反革命舆论。在几个月内连编作了四十多次报告，印成文件可查的，即有四十多万字，仅所谓专题"民族问题"的报告就达八次之多。其它报告也是口口声声联系民族问题。大搞特搞"民族特点"、"地区特点"、"承袭历史，照顾现实"，以此煽动挑拨子方面扇动民族情绪，挑拨民族关系，分裂祖国统一，极力破坏党与少数民族的血肉关系。

更令人气愤的是李贵为成立"乌兰夫王朝"，大搞反党叛国活动，印发了右翼机会主义者王朋利用毛主席的名义发表的《三•五宣言》，厚颜无耻地说，"内蒙古自治区和苏修、蒙修是邻国"，公然把内蒙当成一个"国家"，真是狗胆包天，狂妄到极点。

四、掀起大反所谓"大汉族主义"妖风，分裂祖国统一，复辟资本主义。

李贵为了把呼市搞成乌兰夫反党叛国的黑"样板"，一来呼市就派他的心腹干将、特务，打手集结所谓"大汉族主义"的材料。亲自或派人查阅了一九六四年内蒙三干会议期间呼市农村广大党员和工作队员根据毛主席亲自主持制定的《二十三条》和《前十条》的精神，揭发了乌兰夫、奎璧之流大搞民族分裂，复辟资本主义，包庇坏人的大量事实。李贵说："这是典型的大汉族主义"，命令一条一条地整理出来，并写了一个题为《有关民族工作方面一部分问题的报告》送给乌兰夫。乌兰夫和云丽文看到这个"报告"后，经过精心策划和"上纲"，加上按语批转全区各盟市，从而在全区吹起了大反"大汉族主义"的进军号，因而李贵为乌兰夫大反所谓"大汉族主义"提供了炮弹，立下了汗马功劳。

65年12月李贵伙同陈炳宇召开了反革命黑会"呼市民族工作会议"，中心是大反所谓"大汉族主义"。会上李贵无耻地吹捧乌兰夫说，"乌兰夫领导全区人民得解放……受到全区人民的爱戴和拥护。"谁反对乌兰夫及其所推行的一系列反革命修正主义路线，谁就是"对党不满"，就给谁扣上"大汉族主义"的帽子，大肆特搞。真是欺人当政，群魔乱舞，甚嚣尘上。

五、镇压革命群众，包庇坏人，破坏城乡四清运动。

李贵在呼市四清运动中，忠实地执行刘少奇的一整套资产阶级反动路线，实行"打击一大片，保护一小撮"，包庇地、富、反、坏、右分子，打击敢于革命的贫下中农和革命干部。桃花公社的云明、云巨本是漏网的地富分子，是混入党内、篡夺大队领导权的，贫下中农非常气愤，反映到四清工作团。李贵得知后，大骂坚持斗争的干部、群众是"大汉族主义"，说什么"少划一个富农，换来的是民族团结"……

通过"四清"，李贵把不少叛徒、特务、民族分裂分子安插为头头，清洗了大量的一般干部，残酷地镇压了革命群众，实现了资本主义复辟。

六、李贵在文化大革命中借批判反动路线之机大搞翻案活动，进行反扑。

李贵不仅自己写翻案青并指使其臭婆娘闾达丽勾结康社写了"万言书"为之进行翻案。疯狂地进行反攻倒算。

李贵是内蒙最大走资派乌兰夫在呼市的代理人，是呼市叛国集团的罪魁祸首，是大搞民族分裂，破坏祖国统一的急先锋。是一个地地道道的三反分子。我们必须把他及其乌兰夫一切死党分子统统揪出来，批深批透，斗倒斗臭，让他永世不得翻身。

打倒李贵！

打倒三反分子、乌兰夫死党分子陈炳宇

反革命修正主义分子、民族分裂主义分子陈炳宇是呼市"反革命宫廷政变"的罪魁祸首，是乌兰夫反党叛国集团"老班底"少壮派的主要人物，是"当代王爷"乌兰夫的死党分子。

一、蒋介石的忠实门徒。1934年陈炳宇抱着"光宗耀祖"、"复兴大蒙古"的动机，入了国民党中央政治学校蒙藏分校，这个学校的校长就是人民公敌国贼蒋介石亲任，专门培养国民党的忠实走狗。陈炳宇为了效忠蒋家王朝，不仅在校内集体加入国民党，而且在校外再次个别加入国民党，是双料国民党员，成了蒋介石的忠实门徒。

二、兵匪流氓生涯。1937年日本帝国主义侵入中国，我国人民在伟大领袖毛主席的领导下正在浴血抗战，而陈炳宇对大蒙奸德穆楚克栋鲁普蒙疆自治政府十分欣赏，认为"这下蒙古人有了自己的政府"，便投入了日本帝国主义扶植的当地土匪改编的保安队当上士。后又由保安队介绍到日伪第一个无线电训练班，接受日伪军事情报技术的训练。毕业以后，又跑到伪义勇团任者泥目。这个土匪队伍专门捡刮老百姓维持，陈炳宇当了收税卡长、收刮鱼税，从中大发其财。

在日寇侵略统治二年的时间里，陈炳宇先后在6个日伪组织并扶植的部队和训练班厮混，过着兵匪生涯，是个十足的兵痞。

陈炳宇一贯乱搞男女关系，臭事丑闻不少，只略举一二。早在延安学习时就和女同学蒙××长期姘搭。1946年花察盟付盟长时，和伪蒙古联盟自治政府总务部长的女儿鬼混结婚，这个臭娘儿过去一直与日本次寇、蒙奸、蒙修特务奸淫，并有不可告人的政治关系，人称外号叫"国际联军"。陈炳宇就和这个"国际联军"鬼混了八、九年之久。

三、陈炳宇疯狂地反对我们伟大领袖毛主席及毛泽东思想。抵制活学活用毛主席著作的群众运动。六四年"七•一"他要给领导干部作报告，同志们给起草后，陈炳宇把从历史上证明毛泽东思想是一贯正确的一部分全部勾掉了。他还说："学习主席著作一定要体现在工作上，不然学了几十遍，写了几厚本，没用。"

建设局要在公园大树毛主席语录牌，陈炳宇知道后说："公园是供人游玩，旅情消爱的地方，叫人看那些标语口号干什么？"他还让大学蒙文蒙语来冲击毛主席著作的群众运动，并极端地将毛选随身带，有空学起来"篡改为"蒙语随身带，有空学起来"。真是狂徒之极！

四、陈炳宇伙同李贵在呼市大肆推行"乌兰夫思想",大树乌兰夫的狗"权威"进行了大量的活动。他大声疾呼"要维护乌兰夫的威信",利用各种机会推行"乌兰夫思想",臭名昭著的"三基础"一出笼,他奉若神明马上表示"乌兰夫提出民族矛盾,表现农牧矛盾,提出'三个基础'完全正确"。一次他恶狠狠地提出"谁要挖乌兰夫、奎璧这条根子……就坚决反对。"为了达到他们夺取政权、分裂祖国的阴谋,陈炳宇大反所谓"大汉族主义",亲自并指使一些人大肆收集和捏造了所谓"大汉族主义"的材料。有的编成故事到处散播,有的上报内蒙党委、华北局。甚至1966年参加华北局会议他还带去了大批这方面的材料,企图顽抗到底。陈炳宇在其主子支持下,玩弄了一系列阴谋活动,并招降纳叛、排除异己,推行了一条反革命修正主义、民族分裂主义的组织路线,完成了呼市反革命"宫廷政变",篡夺了大权,为"乌兰夫王朝反党叛国开辟了重要的核心'阵地'"。

五、陈炳宇以自治区党委组织部代部长,黑代常委的身分,充当了为乌兰夫组织反革命队伍的总调度。陈炳宇在完成呼市"宫廷政变"后,以权家、阴谋家的资格,废寝忘食,费尽了心机多次密谋,并给乌兰夫出谋划策:组织"乌家王朝"的资产阶级司令部。同时瞒中或公开打击党的革命领导同志。他直接抗拒华北局的指示,欺骗上级,积极组织策划了自治区黑五大委的设置,大批安插亲信党羽,网罗牛鬼蛇神,以各种手段清洗革命同志。在此同时亲自出马组织策划各盟市的反革命夺权,为乌兰夫反党叛国进行了大量的周密的组织准备。

六、陈炳宇窃取内蒙古党委筹备二十周年办公室主任的要职,他拟定了个声势赫赫,耗费巨大的庆祝筹备计划,借庆祝二十周年大造反党叛国舆论,大刮乌兰夫思想的阴风,达到了极点。他说,"二十周年的宣传,旣是要突出乌兰夫的丰功伟绩,宣传两条路线的斗争,要充分体现出乌兰夫的思想,要"佔领一切阵地",并心怀叵测地要求进行一系列反党叛国宣传舆论活动时"不能太露骨,要讲究策略,旣要提到问题的本质,又不能太明显。"可见陈炳宇是乌兰夫反党叛国集团老班底少壮派的忠实台前总指挥。

七、陈炳宇是乌兰夫反党叛国集团老班底少壮派的头面人物。是乌兰夫的得意接班人。1939年陈炳宇投机到了延安,马上叛逃到乌兰夫脚下,1945年秋以后追随乌兰夫搞内蒙古自治运动联合会,由原来一个一般干部,被乌兰夫安排为青年部长,经乌兰夫大加栽培,不到半年一跃而为察哈尔盟盟长,1965年后陈炳宇完成了呼市"政变"为"乌家王朝"立下了新的汗马功劳。于是乌兰夫对陈炳宇这个死党分子的"材干"更加赏识,给他安排了自治区党委组织部代部长,党委黑代常委,黑三人小组成员等16个职务,并责令按肴記待遇。

陈炳宇在文化大革命期间,对抗运动,狡猾抵赖,記黑帐,伺机反扑,可见这个像伙是乌兰夫的死党分子。

打倒陈炳宇!

坚决打倒大叛徒、三反分子赵汝霖

伟大领袖毛主席教导我们说:"混进党里、政府里、军队里和各种文化界的资产阶级代表人物,是一批反革命的修正主义分子,一旦时机成熟,他们就会要夺取政权,由无产阶级专政变为资产阶级专政。"

大叛徒、三反分子赵汝霖,是呼市党内走资本主义道路当权派。他从1949年以来在中国赫鲁晓夫"叛徒哲学"的包庇下,受到了内蒙"当代王爷"乌兰夫的加倍重用,先后窃取了呼市党委组织部长、付书記、第一書記、第二書記等重要职务,篡夺了全市党政大权。三反分子赵汝霖不仅在历史上是一个大叛徒、老右倾机会主义分子,而且在他篡夺呼市党政大权的十七年期间,紧跟中国赫鲁晓夫和内蒙"当代王爷"乌兰夫大搞资本主义复辟,大搞民族分裂,明目张胆地反对党中央,反对社会主义,反对我们心中最红最红的红太阳、伟大领袖毛主席,恶毒攻击光辉的"三面红旗",狂热鼓吹阶级斗争熄灭论,結党营私、包庇牛鬼蛇神,大搞资产阶级专政,把呼市变成了针插不入,水泼不进的独立王国。

一、罪恶的历史,肮脏的灵魂

大叛徒赵汝霖于1931年混入我共产主义青年团。一九三五年由于叛徒告密被国民党逮捕。被捕后,敌人对此只是在一般询问的情况下,这个败类恐慌倒在国民党面前,央告求饶,并一字不漏地、全部地向敌人作了"坦白交待",把加入组织的时间、地点、活动及介绍人统统出卖给敌人。还向敌人写了"自白书"、"保释状",声称他"年幼无知、误入歧途。"并向敌人坚决表示:"今后回家好好劳动……。"

二、疯狂反党、反社会主义、反毛泽东思想

大叛徒赵汝霖对党领导的历次政治运动,无不进行恶毒攻击,他不仅号召知识青年走"白专"道路,成为"专家"疯狂反对广大知识青年走'工农兵'道路和工农兵结合,还极力宣揚阶级斗争熄灭论,极力鼓吹阶级合作,极力宣揚生产至上。他說什么:"在社会主义社会中,没有对抗的矛盾,矛盾是可以统一的。要把社会上一切后进动起来,为社会主义服务,……就是反革命他要把他抓到手利用起来……。"

他含沙射影,恶毒攻击我们伟大领袖毛主席,在反党笔記中写道:"只有自己对,别人都不对,只有自己高明,别人都不明,只能教訓人,不能听教人,只抖威风,不能弃下风。"

他对党的历次"整风反右"运动极端仇恨和不满,并狂热地配合中国赫鲁晓夫給党篡军的阴谋家彭德怀鸣冤。他在1960年市委整风反右会上公然說,"这次整风是党内领导人挑起来的,问题是出在党内。"

三、恶毒地攻击社会主义建设路线、大跃进、人民公社

总路线、大跃进、人民公社的伟大胜利,激激起了国内外一切阶级敌人最激烈、最毒郁、最狂地反抵。赵汝霖大駡"三面红旗",更加暴露出这个三反分子的狰狞面目。

他恶意污蔑我们的总路线說,"总路线不完整,应加上实是求是,調查研究。"这和中国赫鲁晓夫的,"总路线有官目性,做见干动,力争上游,再加上实是求是,才更完全'。不是同出一辙吗?

他恶毒污蔑"人民公社办早了,办糟了"。他还用旁敲侧击的手法,毒辣地腑示总路线、大跃进,"形成盲人瞎马夜半临深池,危险之至。"赵汝霖攻击三面红旗,其居心之险恶,酷言之恶毒,比一切阶级敌人有过之而无不及。

四、招降纳叛、結党营私

大叛徒、三反分子赵汝霖把持呼市的十七年,疯狂反对毛主席的革命路线,他极力反对"德才兼备"、"任人唯贤"的干部路线,在热推行中国赫鲁晓夫和内蒙"当代王爷"乌兰夫的反革命修正主义组织路线,大搞"独立王国",結党营私、藏污纳垢。

如,前付市长走资本主义道路的当权派,呼市资本主义复辟的罪魁祸首张瑾。是一个贪污受贿、臭名狼藉,一贯走地富路线,惯于閙反党宗派,名利地位的坏家伙,由于与他"志同道合"赵一再包庇加宫晋级,先后提为市委委员、付市长,把持了呼市政法大权,前付市长习建华在历史上是一个可恥的叛徒,在呼市工作期间大量投机倒把,大量包庇重用坏人,大搞反革命修正主义办企业路线,在赵汝霖的包庇下,1956年竟限审干人员在三五天内查清問題,就在没有查清历史的情况下作了一个"历史清楚,政治沒问题"的結論,并立即将其拉入市委为常委。1960年又提拔为付市长,把持了呼市工业大权。赵汝霖不仅結党营私,而且大量包庇叛徒,网罗各种反革命势力。据不完全統計,仅1956年内提拔了的干部中,国民党员、三青团员、同志会员、民社党员、青年党员、反动军官、伪官吏、宪兵、特务、土匪、反动道首等就佔了41·8%,属于《公安六条》构成普通反革命分子和历史反革命分子的就有71名,佔这批反革命势力的70%,就是这样一些像伙,有的被提升为科长,有的被提升为局处长,掌握了不少机关企业的领导大权,成为大叛徒赵汝霖复辟资本主义的骨干力量,犯下了滔天罪行。

大叛徒赵汝霖紧跟内蒙"当代王爷"乌兰夫,为其黑主子大力推行民族分裂主义路线,效尽了犬馬之劳。

极力制造民族分裂主义言論。他在1962年9月的"全市統战工作会議"上公开揚言:"在参加祖国及内蒙古自治区建设中,多方面解决畅业、就业问题,作为民族工作的中心环节。"在1955年还鼓动性地說:"街道依靠誰?依靠工人阶级。具体依靠誰?依靠产业工人。产业工人中依靠誰?依靠民族产业工人,数少,贾高……"。这是最露骨地煽动民族分裂情绪,破坏伟大的工人阶级的团结,从而破坏社会主义。毛主席說,"民族斗争,說到底,是一阶级斗争问题。"又教导我们:"阶级斗争,一些阶级胜利了,一些阶级消灭了,这就是历史,这就是几千年的文明史。"而大叛徒赵汝霖竟然和伟大领袖毛主席唱反調,他說什么:"历史上我們的祖先給我們閙下了不少乱子,制造了民族間的仇恨和隔閡。"完全否定了民族斗争的实质是阶级斗争的问题,他赤膊上阵,接二连三地发表了什么臭名远揚的"3·2"表忠和"3·3""告全市人民书",他閙在地說什么:"我要站出来……坚决反对以高錦明、李賁为首的内蒙党委一小撮反革命修正主义操纵的呼三司。"

"机关算尽太聪明,反誤了卿卿性命!"一切反毛泽东思想的自認为"聪明"的赫鲁晓夫式的野心家,在瞎地里尽管玩弄了许多"机关",到头未还是搬起石头打自己的脚,为自己彻底垮台创造了条件。玩弄阴谋的人絕没有好下場,大叛徒赵汝霖胆敢反对毛主席的无产阶级革命路线,必定要彻底垮台,这就是历史的正义判决。

打倒赵汝霖!

呼市大会战总指挥部宣传組印
1968年9月15日

請宣传、广播、张貼

二-26

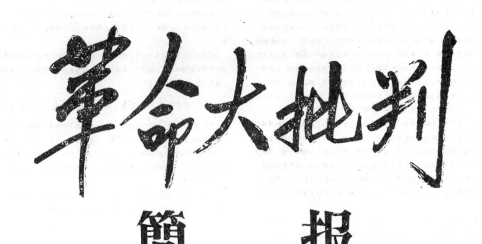

内部材料　　　　第 十 二 期　　　　不得遗失
注意保存　　　　　　　　　　　　定期收回

呼和浩特市革命委员会革命大批判组　　1970年7月28日

最 高 指 示

　　无产阶级文化大革命，实质上是在社会主义条件下，无产阶级反对资产阶级和一切剥削阶级的政治大革命，是中国共产党及其领导下的广大革命人民群众和国民党反动派长期斗争的继续，是无产阶级和资产阶级阶级斗争的继续。

　　要特别警惕象赫鲁晓夫那样的个人野心家和阴谋家，防止这样的坏人篡夺党和国家的各级领导。

　　我们现在思想战线上的一个重要任务，就是要开展对于修正主义的批判。

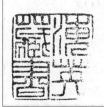

乌兰夫在呼市的代理人
反革命修正主义民族分裂主义
分子陈炳宇的罪行材料

伟大领袖毛主席教导我们："**混进党里、政府里、军队里和各种文化界的资产阶级代表人物，是一批反革命的修正主义分子，一旦时机成熟，他们就会要夺取政权，由无产阶级专政变为资产阶级专政。**"反革命修正主义民族分裂主义分子陈炳宇就是这样的代表人物。陈炳宇是乌兰夫的死党分子，是乌兰夫在呼市搞反革命修正主义民族分裂主义的主要头目。他竭力追随其主子乌兰夫，疯狂地反对我们伟大领袖毛主席，反对战无不胜的毛泽东思想，反对毛主席的无产阶级革命路线。真是坏事做尽、坏话说绝，罪恶滔天，擢发难数，罄竹难书！为把陈炳宇彻底批深批透，斗倒斗臭，从思想上、政治上、经济上、组织上夺取无产阶级文化大革命的全面胜利，特将陈炳宇的反革命罪行公布如下，供各族广大群众揭发、批判时参考。

一、疯狂反对毛泽东思想，为乌兰夫另打旗帜，自立体系，全面复辟资本主义，大造反革命舆论

伟大领袖毛主席教导我们："**要推翻一个政权，必须先抓上层建筑，先抓意识形态，做好舆论准备。**"陈炳宇来到呼市以后，为了达到其大搞民族分裂，破坏祖国统一，全面复辟资本主义的罪恶目的，疯狂地篡改和歪曲毛泽东思想。

（一）公开反对毛泽东思想，追随其主子，极力主张"要踏出自己的路"。

林副主席指示我们："毛泽东思想是全党、全军和全国一切工作的指导方针。"三反分子陈炳宇在一九六六年三月以"代常委"名义经其黑主子乌兰夫亲自批准泡制并印发全区的"内蒙古自治区党委关于学习毛主席著作的决定"，公开提出"要踏出自己的路。"并胡说什么"学习毛主席著作主要是树立一个毛泽东思想的民族观"，"学习毛主席著作主要是解决从内蒙实际出发的问题。"内蒙的实际是什么呢？他在一九六六年四月七日代常委会上说："从二十多年的实际感觉中内蒙的工作所以取得今天的成绩，正是由于乌兰夫同志从内蒙的实际情况出发，坚决的贯彻了党的方针政策，尤其是民族政策，执行的好，执行的稳。正是由于这样，遭到两方面的攻击，……这也正是反映了内蒙的特点，内蒙的实际也在这里。"

（二）竭力破坏活学活用毛主席著作的群众运动。

·2·

林副主席指示我们："要使我国强盛起来，繁荣起来，学习毛泽东思想是最根本的因素。"反革命修正主义、民族分裂主义分子陈炳宇对于广大群众活学活用毛主席著作，怕得要死，狠得要命，他疯狂地叫嚷什么："中学生也大学毛著，这简直是胡闹。""学习毛主席著作，在中学就以课本内的为主，干部尚未要求这么严，中学生何必闹这么紧，我看把课本上的学好就行了。"

林副主席指示我们："学习毛主席著作，要带着问题学，活学活用，学用结合，急用先学，立竿见影。"而陈炳宇却公开反对林副主席，和林副主席的英明指示唱反调，胡说什么："学习毛主席著作要有一个过程，逐步深入，逐步提高过程，当然也有火烧一痛的过程，现在看来是立竿见影的错误。"真是狗胆包天，疯狂至极。在一九六五年陈炳宇以检查学习毛主席著作为名，到食品公司威胁群众说："你们学习《矛盾论》，要学，就是要不死猪。……"，"今年不准你们死猪。"一九六三年毛主席发出"向雷锋同志学习"的伟大号召，在一九六四年学习雷锋积极分子大会上，别人给他起草了一个讲话稿，其中有一段是讲学习毛泽东思想的伟大意义，陈炳宇看了后，恶狠狠地说："我是书记，不是理论教员，不讲这些。"

在呼市十四中学成立时有人提出请示他在锦旗上拟写"培养又红又专，蒙汉兼通的接班人"时，他胡说什么："又红又专，蒙汉兼通，实际红不了，也通不了。"陈炳宇竭力阻止，疯狂谩骂战无不胜的毛泽东思想，城建局要在公园设置毛主席语录牌，把公园变成宣传毛泽东思想的阵地，陈炳宇叫嚣什么："公园是供人游玩，谈情说爱的地方，叫人看那些标语口号干什么？"这样恶毒攻击、疯狂破坏学习毛泽东思想的群众运动，还没有达到他的反革命目的，又紧跟其黑主子乌兰夫，伙同李贵借学习蒙文蒙语之机来代替、挤掉学习毛主席著作的群众运动，他胡说什么："学习与使用民族语文是贯彻党的民族政策的一个重要体现。""学不学蒙语是立场问题，是为人民服务的世界观问题。"

还用物质刺激的手段推动学习蒙文蒙语热潮，说什么："谁要学的好，还可以得几十元的奖金。"我们伟大领袖毛主席指出："**备战、备荒、为人民**"而三反分子陈炳宇抗拒说："备战，备荒，总还是没有打起来呀！"这就十分清楚地看出，这个像伙是出于反动本性，害怕毛泽东思想，仇视毛泽东思想，因此，极力恶毒地反对我们伟大领袖毛主席，疯狂抵制和破坏学习毛主席著作的群众运动。

（三）大肆贩卖叛徒、内奸、工贼刘少奇的《黑修养》，恶毒攻击伟大的"三面红旗"。一九六二年正当帝、修、反进行反革命大合唱的时候，叛徒、内奸、工贼刘少奇抛出了《黑修养》，三反分子陈炳宇一看，便心领神会，马上在市党员干部训练班上吹捧说："少奇同志《论共产党员修养》又重新发表了，为什么单在现在这个时候发表呢？我一看，就有个想法，觉得在现在这个形势下，发表此文很必要，为什么呢？工作上发生了一些问题，有些同志受了一些批判，受了委曲，待遇上也有不同。总之，党内对当前的情况有些不同的看法，对党员本身如何做一个共产党员，是有极其重要意义的。看一遍有一遍的体会，……《论共产党员修养》任何时候都是重要的"。

正当全国人民在党和毛主席的领导下，高举"三面红旗"，胜利地掀起社会主义革命和社会主义建设的时候，毛主席指出："**人民公社好**"。而三反分子陈炳宇胡说什么："人民公社是否办早了？！根据刘少奇讲，人民公社再推迟几年建立也不是不可以的，就从这几句话

· 3 ·

624

土领会也可能是早了一点。"他并说:"工农业生产下降了,与五七年比下降了,而且从体制下放就好的多了,我下去与群众谈了一下,自留地八分,白留地二亩多,约三亩地收粮"。他还引证例子说:"去年《人民日报》登了哲盟的粮食好,我问第一书记,他们的工作是如何做的。搞人民公社把高级社打乱了,他们是一点也没有动。"还说:"人民公社就是不如单干好,土默特旗有两户,合作社时就没有入社,直到现在人家生活很好。牛也养的胖胖的,地是肥肥的,看人民公社地瘦牛也瘦、瘦得像个刀背一样。""农村做工作就是有困难,说来说去,肚子还是空的"。又说:"出现偏差,是否路线错误?成绩、缺点,在全国、全区、全市各占多少比例,这很难说"。他在土旗煽动说:"呼市的土地是蒙人的,汉人来以后,种了蒙人的土地,蒙人吃租子,……到民国时代,就不给了,蒙人都没钱了,现在蒙人有的都是在当时给了地的,日本人来了以后又承认了,实际上也没给。解放后,我们是在土改时给予照顾,成份降一级。几年来忽视了民族特点,否认民族差别,民族政策执行的一般化了,蒙人的生活下降了,拿着银碗讨饭吃"。并提出"给蒙人多留一倍或一倍多的自留地,来代替土地报酬,自留地代替不行的话,可以用牲畜代替,其价值按三年左右土地报酬计算。""如果分队(注:蒙、汉分队)在多带25%的土地的基础上分出是可以的。"在这样一小撮民族分裂主义分子的上下呼应的煽动下,不少地方蒙汉社员分了队,有的干脆就单干。陈炳宇采取各种手段,极力诬蔑社会主义制度,破坏民族团结,恶毒攻击"三面红旗"其罪恶目的就是不要社会主义,大搞民族分裂,为复辟资本主义,做舆论准备。

(四)疯狂叫嚷要用"乌兰夫思想"佔领一切阵地,竭力贬低、对抗毛泽东思想。

林副主席指示我们:"毛泽东思想是人类的灯塔,是世界革命的最锐利的武器,是放之四海而皆准的普遍真理。"

反革命修正主义、民族分裂主义分子陈炳宇借窃踞的内蒙古党委庆祝自治区成立二十周年筹备办公室主任之机,为三反分子乌兰夫树碑立传,鼓吹"乌兰夫思想",来取代战无不胜的毛泽东思想,把内蒙社会主义革命和社会主义建设的伟大胜利,都归功于三反分子乌兰夫。他无耻地说什么:"二十周年的宣传就是要突出乌兰夫的丰功伟绩,宣传两条道路的斗争,要充分体现出乌兰夫的思想,这个宣传要做到家喻户晓,人人皆知。为此,就需要佔领一切阵地,连环画、年画、邮票、明信片都要佔领。"从全国各地请来四十多个文化、艺术、美术团体大造舆论。当乌兰夫给这些团体讲了五个半天的话,把自己打扮成了"民族解放运动的领袖",把内蒙的解放说成是他自己的功劳后,陈炳宇就无耻的说:"乌兰夫这五个半天的报告是毛泽东思想在内蒙达到了顶峰,开辟了新纪录,为二十周年打下了有力的思想基础"。又说:"二十周年的宣传简报,凡是乌兰夫的讲话都要突出,要用黑体字标出来"。准备出十几本书,拍制八部电影,排练十二个文艺晚会用的节目,办九个展览会,突出宣传乌兰夫是"党的化身","是内蒙的顶峰。"还说:"二十周年的工作要一步一个脚印",不惜请来大批记者给乌兰夫拍照,在准备出版的"内蒙古"画册中,毛主席的光辉形象只有三张,而三反分子乌兰夫的狗象就有九张。

陈炳宇在筹备二十周年庆祝活动中,还计划花费国家资金四百至五百万元,大请客,大送礼。除请各地来宾三千至三千五百多人外,还要把蒙修代表团也拉来。甚至不惜拆毁民房一千多间搞大建筑,陈炳宇得意忘形地说:"要把呼市建筑得使牧民一看就象到北京一样","二十周年送的每一件礼品,使人一看,就想起内蒙古"。在庆祝期间除安排现有大小轿

· 4 ·

車、吉普車一百二十多辆外，还要从老修国家購买一百五十多辆。陈炳宇狂妄地说："到那时候，我的总指挥部設在内蒙银行楼上，楼前要摆满臥車，吉普车、摩托车，能够随时出动。我的桌上要摆几部电话，能够与各方面随时联系，作到指挥灵，行动快"等等。通过上述事实说明这一帮反革命修正主义、民族分裂主义分子在干的什么勾当？！妄图实现什么阴謀？！岂不是昭然若揭了嗎？！

二、以反"大汉族主义"为名，大搞民族分裂活动，颠复无产阶级专政，破坏社会主义革命

我们的伟大领袖毛主席最先看清乌兰夫的反动本質，早在一九五八年成都会議上当面批評了乌兰夫："究竟吃民族主义的飯，还是吃共产主义的飯？吃地方主义的飯，还是吃共产主义的飯？首先应当吃共产主义的飯。"乌兰夫不仅向内蒙人民封锁这一最高指示，而且更加紧其反党叛国活动的步伐，措施之一就是把心腹干将陈炳宇派往呼市，泡制复辟资本主义、破坏祖国統一的"样板"。陈炳宇遵照其主子乌兰夫的旨意，在呼市大搞反党叛国的罪恶活动令人发指。

（一）泡制民族分裂黑报告，策划民族分裂黑会，大造民族分裂的反革命輿论。

毛主席教导我们说："凡是要推翻一个政权，总要先造成輿论，总要先做意識形态方面的工作。革命的阶级是这样，反革命的阶级也是这样。"陈炳宇为实现其反党叛国、复辟资本主义的罪恶目的，长期以来大造反革命輿论，特别是李贵来呼市后，陈李狼狈为奸更加嚣张。

一九六五年十一月，陈炳宇伙同李贵泡制出一个《有关民族工作方面一部分问题的报告》。乌兰夫看后如获至宝，为了残酷鎮压敢于造他们反的革命群众，讓陈炳宇逐条加注，准备批转全区。陈、李亲笔加注时，給要"挖根子"的革命群众扣上"純属造謠""恶毒攻击"的帽子，及"要查清后严肃处理"等威胁、恐吓詞句。

这个报告根据乌兰夫的調子及其干将写的"批語"，修改多次正式出笼。其要害是：

第一、捏造事实，无中生有，胡说"大量的主要的是大汉族主义，这是当前在民族问题上的主要倾向。"

第二、大放厥詞，咒罵群众，对要挖乌兰夫这个反革命根子的群众残酷鎮压，胡说："有些人由于对党不满，恶毒攻击和誹謗內蒙古党委和内蒙古领导同志，特别是攻击和誹谤乌兰夫、奎璧等同志"，这是"公开的进行反党活动"。

第三、颠倒黑白，混淆是非，胡说"这些资产阶级民族主义，目前特别突出地集中攻击以乌兰夫同志为首的内蒙古自治区的一部分老的蒙族领导同志"，"正是由于内蒙党委和乌兰夫同志……领导全区人民获得解放……受到了全区各族人民的爱戴和拥护。"极力为乌兰夫脸上贴金。

第四、挥舞大棒，疯狂反扑，胡说什么："他们沒看到内蒙的民族问题，就是内蒙的革命问题。反对党的领导，反对党的民族政策，反对內蒙古民族走社会主义道路"。首先威胁各级领导干部"对这样的严重问题，长期不抓，长期不管，这是……严重的右傾和政治上的

· 5 ·

麻木不仁，全党必须引起足够的注意"；接着挥动大棒向敢于 造他们反的 同志头上打去，"对那些'反党言行'要继续彻底的进行揭露和批判。对那些个别的错误严重而又不認识、不改正的要严肃处理"。

乌兰夫就把这个报告，加上他的"批语"轉发全区，要各盟市都仿效呼市的办法，"深入检查，严肃对待。"以此镇压敢于造他们反的革命群众，加速其反党叛国步伐。这个报告真是雾烟瘴气，杀气腾腾，流毒全区，危害极深。连乌兰夫也不得不供認："批转呼市关于民族问题的报告，在全区范围内掀起了反大汉族主义的阴风，是一个彻头彻尾的反党文件，修正主义文件"。

毛主席教导我们说："**无論是大汉族主义或者 地方民族主义， 都不利于各族人民的团结，这是应当克服的一种人民內部的矛盾。**"陈炳宇和李贵等公然对抗毛主席的指示，在乌兰夫的指揮下，于１９６５年１２月，精心策划召开了所谓的以"反大汉族主义"为中心的"民族工作会議"，总结推广复辟资本主义，篡夺党政大权的"经验"。

陈炳宇鸣鑼开道，首先跳出来"致了'开幕詞'"："这次会议，主要是检查十几年来执行党的民族政策的情况"。"目前我们在民族工作上存在的问题是突出的。""有些人是无中生有， 造谣中伤， 恶毒地攻击和污蔑内蒙党委和内蒙的一些领导同志， 进行'反党活动'， 企图达到他们不可告人的目的。 更严重的是这些错误的东西可以任意散布， 无人反对，不聞不问，甚至以訛传訛。""对这次会議的开法，是采取大揭露、大讨论、大解决、大提高，即'四大'的方法进行。"

紧接陈炳宇的开场鑼鼓，其主子和喽囉紛紛登台。乌兰夫在有六千人的大会上作反革命"报告"，无耻吹嘘自己，恶狠狠地向革命群众反扑，诬蔑要挖他根子的革命群众是"国民党""美帝国主义""日本帝国主义"等等。最后穷凶极恶地叫嚷："我活了六十多岁，反了四十年大汉族主义，还可以反二十年"。在陈炳宇、李贵慫恿支持下，糾集一些牛鬼蛇神到会放毒，对所谓的"大汉族主义"訴苦告状，诬蔑党的民族政策和国民党、日本人一样，是"以蒙治蒙灭蒙"，攻击坚持毛主席民族政策的少数民族干部是"汉人的走狗""蒙古人的叛徒"等等，反革命气焰极为嚣张。

这个会议在陈炳宇、李贵的操纵下共开了十八天半，总结出来篡夺党政大权，制造民族分裂的黑经验，即所谓"揭盖子，挖根子，换班子"的"九字"纲领。乌兰夫指着陈炳宇、李贵洋洋得意地说："这就是你们的馬列主义领导班子。"陈炳宇从此一步登天，成了乌兰夫在内蒙全区搞反党叛国阴謀活动的"高参"；李贵也狐假虎威到包头等地游说，鼓吹所謂"九字"纲领，为乌兰夫反党叛国大造反革命舆论。

（二）鼓吹"阶级斗争熄灭论"，贩卖乌贼的"三基论"，反对社会主义革命，破坏无产阶级专政。

毛主席教导我们说："**整个社会主义阶段，存在着阶级和阶级斗争。这种阶级斗争是长期的、复杂的，有时甚至是很激烈的。我们的专政工具不能削弱，还应当加强**"。

陈炳宇出于反革命目的，为保护其复辟资本主义的社会基础，长期以来，利用窃踞的职权，包庇坏人，破坏无产阶级专政。

郊区桃花公社密密板大队云明、云亘，土改时采取各种手段，骗取中农成份，以后混入党内篡夺了生产队的领导权， 欺压群众， 貪污盗窃，民憤极大。 一九六一年的"五个月革

· 6 ·

命"中，被贫下中农揪了出来，戴上帽子，陈炳宇专程去给平了反。一九六五年"四清"运动中，工作队根据贫下中农的意见，经过反复查证核实，按照党的有关政策规定将云明、云巨定为漏划富农分子，并报经"四清"工作团党委审核批准。陈炳宇怀着不可告人的目的，经过与奎璧、李贵密谋，又一次亲笔批发文件，不让给他们戴帽子，千方百计加以庇护。

一九六五年，呼市十五中在"五反"检查时，精简了一个当工勤的地主分子。陈炳宇知道后大发雷霆，气势汹汹地说："地主怎么样？土旗的地主就是和别的地方的地主不一样，对革命有功，掩护过革命同志，应该养起来"。

更可恶的是明目张胆为反革命分子翻案。土匪胡锁锁（又名胡焕文，与陈炳宇有亲戚关系）解放后被我人民政府镇压。胡的儿子在呼市念书。陈炳宇站在反革命立场上，给奎璧写信说："……据我了解胡锁锁现仅留一子，年已十二岁……我意如予照顾时，可由地方政府按照烈属子女待遇办法的规定标准，或可稍低一点，从社会救济款中逐年发给生活补助费……"经奎璧点头，陈炳宇批给玉泉区一道黑命令："从五月份开始，每月从社会救济费中开支十二元，在学校念书期间，享受助学金待遇。"从此，反革命分子胡锁锁的儿子，竟享受"烈属子弟"的待遇。这是陈炳宇破坏无产阶级专政的铁证之一。

毛主席教导我们说："**社会主义社会还是建立在阶级对立的基础上的，在整个社会主义这个很长很长的历史时期，贯穿着无产阶级同资产阶级两个阶级的斗争，贯穿着社会主义同资本主义两条道路的斗争。**"

陈炳宇是混进党内的资产阶级代表人物，是顽固的走资本主义道路的当权派。随着社会主义革命的深入发展，陈炳宇的反动本质越来越明显地暴露出来。一九六五年末，在乌兰夫的策划下，陈炳宇及其同伙泡制了一个《内蒙古自治区党委一九六六年上半年工作要点》，作为他们大反"大汉族主义"，破坏社会主义革命，取消反修斗争的纲领。这个《要点》对阶级斗争、反修斗争只字不提，胡说什么"上半年自治区全党全民的战斗任务是全力抓好抗灾斗争。"还说："当前在保证农牧业生产的原则下搞好'四清'。"别有用心地把伟大的社会主义教育运动同生产对立起来。甚至偷天换日，妄图把按照毛主席亲自主持制定的《二十三条》进行的"四清"运动，纳入乌兰夫的荒谬的"三个基础"之中。他指示各盟市"在'四清'运动中自始至终都要狠抓民族问题，通过'四清'"，达到所谓："进一步巩固和发展民族团结和祖国统一的政治、经济、文化三个基础。"

一九六五年，乌兰夫出于反党叛国的阴谋，抛出了臭名昭著的"三基论"。陈炳宇双手赞成，四处推销。胡说："乌兰夫书记讲民族矛盾也表现为农牧矛盾，可以根据内蒙实际情况，现在提出解决内蒙民族问题的三个基础，我认为是正确的，我很拥护三个基础，农、牧、林结合的方针"。这里，陈炳宇的反革命立场、嘴脸暴露得淋漓尽致。

不久，陈炳宇和毕力格巴图尔、浩帆以"三人小组"的名义又抛出了一个黑指示，公开贩卖刘少奇、乌兰夫的"生产第一论"，提出"生产是压倒一切的中心"，胡说什么："抓不抓生产是考验干部革命不革命的试金石"。强令全区旱情严重地区暂停止"四清"运动。发电报指责"巴盟中后旗遭受风灾，损失了一部分牲畜，是因为违背了区党委在牧区暂不搞'四清'的指示。"疯狂反对社会主义革命运动。

（三）国际修正主义的忠实奴才，竟敢公开地把苏、蒙修对我国的诬蔑挑衅当作反"大汉族主义"的毒箭，向党猖狂进攻。

• 7 •

正当以**伟大领袖毛主席**为首的中国共产党向以**苏修叛徒集团为中心的现代修正主义**展开激烈斗争的时候，陈炳宇却无耻吹捧苏、蒙修，甘心充当修正主义的忠实奴才。

一九六四年，陈炳宇以"民間自費旅行"为名，到苏修、波、德等国去"休养"。回国后，大量散布修正主义的黑货，宣扬什么"夜总会""搖摆舞"，把"卫星头""火箭鞋"等低级下流的东西讲得繪声繪色，津津有味。他还恬不知恥地说："苏联的庄稼长得不错，莫斯科很繁华，特别是列宁山的人更多。去列宁山时不讓中国人进去，后来和人家说了許多好话，才叫进去。"还指示建設局："公园现有的树木乱七八槽，我在东德一家公园，人家种的都有名堂，能介绍几个钟头，你们就不能好好給我动动脑筋，你们中間也有专家，是不是能把咱们全內蒙的树木都搞来，分块分片地种起来，讓我也能和人家介绍一番。"公然讓我们向修正主义"学习"。

更恶毒的是把我国与苏、蒙修相提幷论，以反"大汉族主义"代替反修斗争。陈炳宇胡说什么："苏修也搞大民族主义，我们这里也搞大汉族主义。""过去反地方民族主义沒有人说話，现在一反对大汉族主义，就有人起来反对。大汉族主义是主要的，苏修也搞大民族主义嘛！"一九六五年，蒙修射箭队来呼市，恶毒煽动民族分裂，陈炳宇把这些当作反"大汉族主义"的毒箭。在一九六五年八月二十五日常委学习会上说："最近蒙古射箭队来呼市，給我们提了两个问题，也是很尖锐的：一是你们这蒙族学汉语，汉干（原文如此——注）学不学蒙语；二是招待看戏中途退场，说汉语演戏听不懂。"陈炳宇的所作所为，正如毛主席批駁右倾机会主义那样，**"国內掛着'共产主义'招牌的一小撮投机分子，不过拣起几片鷄毛蒜皮，当作旗帜"**向党猖狂进攻，**"眞是'蚍蜉撼大树，可笑不自量'了"**。

（四）在文教卫生方面推銷反革命修正主义、民族分裂主义的黑貨。

陈炳宇长期以来分管文化、教育、体育、卫生工作，利用职权做报告、发指示，公开贩卖修正主义、民族分裂主义黑貨，篡改、詆毁我们伟大领袖毛主席关于文教、卫生战线的英明指示，反对战无不胜的毛泽东思想。

毛主席教导我们说："我们的教育方針，应該使受教育者在德育、智育、体育几方面都得到发展，成为有社会主义覺悟的有文化的劳动者。"

陈炳宇却竭力推行刘少奇反革命修正主义教育路线，千方百計和我们争夺青少年，妄图培养资产阶级接班人，为他们复辟资本主义、大搞民族分裂栽根育苗。他疯狂破坏革命师生全面贯彻执行党的教育方針，反对突出无产阶级政治，抵制宣传毛泽东思想。胡說："学校主要是搞知識，"提出"力争智育第一，升学第一，高考第一"等反动口号，妄想把教育引上斜路。陈炳宇引导小学教师追求学历，达到什么专科毕业水平。借一中、一师等校的校庆活动大放其毒，说"能把学校办好，把学生教好，就是专家"。以此毒害教师思想。还举办什么**"有功教师"庆祝会，大摆宴席，慰问牛鬼蛇神**，吹捧资产阶级"权威"。不遗余力地拚凑资产阶级教师队伍。

在文艺方面，陈炳宇大肆攻击毛主席的无产阶级革命文艺路线。一面叫囂"演革命现代戏吃不开飯"，一面唆使**鬼戏、黄色戏占领舞台**。为了制造民族分裂的舆论准备，亲手修改×
×写的剧本《三棵树下》，亲自写成电影文学剧本《大青山蒙古游击队》。还为帝王将相、才子佳人树碑立传，大修昭君坟，給封 建 統治者招 魂揚幡，从各方面为其反党叛国制造舆论。陈炳宇还极力用"三名三高"（名导演、名演员、名作者，高工薪、高稿酬、高福利）

· 8 ·

腐蚀文艺队伍，妄图变他们为修正主义、民族分裂主义的宣传员，其狼子野心何其毒也。

在体育方面，陈炳宇疯狂反对毛主席提出的**"发展体育运动，增强人民体質"**的伟大指示，拼命推行风头主义，錦标主义，用修正主义黑货毒害青年思想，摧残运动员的健康。六三年几城市篮球赛时，陈炳宇为了争第一，赤膊上陣，亲自指揮，不惜采取借运动员、冒名頂替、减年令、改戶口等卑鄙手段，争夺錦标。对群众体育工作从来不聞不问。

在卫生方面，陈炳宇反对毛主席**"动員起来，讲究卫生"**和卫生工作面向工农的伟大指示。他培养修正主义老爷卫生局。农村卫生院存在 问题向他汇报，置之不理。他不满地胡說："我的工作就是打蒼蝇捉老鼠的"，贬低毛主席党中央提出的：除四害，讲卫生，移风易俗，改造世界的伟大意义。在公費医疗上分等论级，推行修正主义医疗卫生制度。他本人借口有病长年住院，到处疗养，保存狗命。

三、陈炳宇、李貴狼狽为奸，篡夺党政领导大权，为全面复辟資本主义作好組織准备

毛主席教导我们說："**世界上一切革命斗争都是为着夺取政权，巩固政权。而反革命的拚死同革命势力斗争，也完全是为着維持他们的政权。**"

陈炳宇在呼市不仅忠实执行了乌兰夫反革命修正主义、民族分裂主义的政治路线，而且还忠实执行了一条招降纳叛、結党营私的组织路线，集中一点反映在"权"字上。篡权，就是陈炳宇梦寐以求的反革命目的； 篡权， 是乌兰夫 不得不承认的"以呼市为点，向包头伸手"反党叛国阴謀中关鍵的一步。

（一）以反赵汝霖宗派为幌子，为全面夺权作輿论及组织准备。

毛主席教导我们說："**各种剥削阶级的代表人物，当着他们处在不利情况的时候，为了保护他们现在的生存，以利将来的发展，他们往往采取以攻为守的策略。或者无中生有，当面造謠；或者抓住若干表面现象，攻击事情的本質，……**"

一九六四年八月，伟大"四清"运动在毛主席亲自主持制定的《 前十条 》的指引下胜利进行。乌兰夫预感其末日来临，更加快了反党叛国步伐。指派李貴等为首的内蒙党委检查组来到呼市。他们和陈炳宇相互勾结，狼狽为奸。把民族分裂主义分子陈炳宇和叛徒赵汝霖之間狗咬狗的斗争，披上了"阶级斗争" "两条道路斗争"的外衣。 李贵把陈炳宇讲的 "吃飯、住房、坐汽車、看文件"等问题，都提到"歧視、排挤和打击少数民族干部"的纲上。无耻标榜陈炳宇是正确路线代表，給赵汝霖加的罪名是与"叛徒"毫不相干的所谓"反党宗派活动。"接着全市上下党内党外大反特反"大汉族主义"，要肃清所谓"赵汝霖影响"。从而为夺权打开"突破口"。

（二）耍阴謀，弄权术，篡夺党政大权。

毛主席教导我们说："**以伪装出現的反革命分子，他们給人以假象，而将真象隐蔽着。**"

一九六四年底至一九六五年，呼市各级领导干部中大部分参加了城乡"四清"运动，阴险狡猾的陈炳宇，借口有病留在家里，和内蒙检查组李贵等密谋，成立四个"代班子"，一举篡夺呼市党政大权。

· 9 ·

首先成立了市委代常委。一九六四年十月，陈炳宇自任书记，共九人组成代常委会，篡夺了市委常委会的领导实权。一九六五年一月十二日，在由他主持的三〇二次代常委会上，借口一些人有病、或者工作調动排除出去，把能跟他们走的人拉了进来。这样的代常委班子，实际成了陈炳宇大搞民族分裂、复辟资本主义的工具。

接着成立"市人委代党组""市委代监委""代政法领导小组""全面篡夺市级党、政大权。

后又打着"精簡机构"的旗号，成立"五大委"，安插亲信，排除异己，篡夺政府部门的领导实权。

至此，陈炳宇在不到一年的时间里，篡夺了市委书记、市委代常委书记、人委代党组书记、代市长、代政法领导小组长、計委主任、編委主任、市政协主席等八大要职。成了乌兰夫所封"马列主义领导班子"的要员，为乌兰夫反党叛国树立了"样板"。

（三）招降纳叛，结党营私，挤凑"地下独立王国。"

现已查明：被陈炳宇、李贵拉入各个"代班子"的人中，有些人就是叛徒、阶级异己分子、走资派以及乌兰夫的积极追随者。

如高敬亭，是个可耻的叛徒，党内走资派，在文化大革命运动中顽固推行资反路线，是李陈班子中的书记处书记。张鹏林，本人历史上有严重问题，一九四六年搞清算斗争时，为其地主家庭翻案，向贫下中农反攻倒算，是李陈班子中的得力干将，市委代常委，群众称他是"米高扬式"的人物。郭倩琮，历史上是个特务，十七年来是刘少奇修正主义教育路线的追随者，又是反"大汉族主义"的急先鋒，由原教育局长提为市人委代党组成员、城建党委付书记兼主任。

眞是人以群分，物以类聚，陈、李还想把一个道德败坏、一贯乱搞两性关系，历史上叛党投敌的坏家伙成义拟由付区长提为市委组织部长，掌管人事大权。

陈炳宇为了适应制造民族分裂、复辟資本主义的需要，只要臭气相投，不問政治历史，在其主子乌兰夫的支持下，采取极不正当的手段，从自治区直属机关及各盟市調来一批亲信，安插在重要崗位，控制各级领导实权。

如曹文玉，历史上有问题，是地地道道的走资派，一贯包庇坏人的阶级异己分子，为了从林业厅調来呼市任书记兼付市长，竟采取违反组织原则的手段。云治安是乌兰夫直接卵翼下的心腹亲信，是靠吃民族主义飯起家的人物，調来呼市任书记处书记、付市长。另有邓图、塞峰等人。

还要把乌兰夫的甥子云升閣从巴盟拉来当付市长。

从以上事实不难看出，以陈炳宇、李贵为首的一些家伙，实际是"**一个暗藏在革命陣营的反革命派别，一个地下的独立王国。**"

（四）网罗亲信，排除异己，推行反革命修正主义、民族分裂主义干部路线。

毛主席教导我们说："**在这个使用干部的问题上，我们民族历史中从来就有两个对立的路綫：一个是'任人唯賢'的路綫，一个是'任人唯亲'的路綫。**"毛主席在一九六四年又明确提出培养和造就无产阶级革命事业接班人的五条标准。而陈炳宇出于反革命的需要，明目张胆泡制反毛泽东思想的"干部标准"，共有三条。第一"和赵汝霖沒有关系或虽有关系，但能划清界限，工作好，革命干劲足，能积极揭发斗争的。"第二"和赵汝霖关系虽好，但能积极揭发斗争的。"第三"和赵汝霖关系好，不能积极揭发，并伙同进行反党宗派活动，給赵汝霖翻案的。"陈炳宇就按这个标准指定专人，对全市党员副科级以上干部进行分类排队。妄图据此网罗亲信，清洗异己，为巩固既得权力，全面复辟资本主义奠定组织基础。由于中共中央华北局前门飯店会議的及时召开，才使陈炳宇的这一阴謀未能全部得逞。

陈炳宇不仅是篡夺呼市领导大权，制造民族分裂，复辟资本主义的罪魁祸首，而且是乌兰夫在全区搞反党叛国活动的得力干将和心腹人物。

一九六五年十一月，陈炳宇被乌兰夫調到内蒙机关，平步青云，连续窃踞五大要职：内蒙党委庆祝自治区成立二十周年筹备办公室主任，组织部代理部长，内蒙党委代理常委，"三人小组"及"地下书记处"的要员。陈炳宇是为乌兰夫借庆祝自治区成立二十周年之机大造反党叛国輿论的总指挥，是为乌兰夫组织反革命队伍的总調度。此間陈炳宇就是"**呼风唤雨，推涛作浪，或策划于密室，或点火于基层，上下串连，八方呼应，以天下大乱、取而代之、逐步实行、終成大业为时局估计和最終目的者。**"陈炳宇就是跟乌兰夫最紧，干坏事最多的乌兰夫死党分子。为乌兰夫在全区大搞反党叛国活动效尽犬马之劳，对党和全区各族人民犯下了滔天罪行。

四、陈炳宇历史上的主要罪行及其在文化大革命以来的表现

毛主席教导我们："**看它的过去，就可以知道它的现在；看它的过去和现在，就可以知道它的将来。**"

陈炳宇竭力反党、反社会主义、反毛泽东思想，追随乌兰夫、煽动民族仇视、大搞民族分裂、破坏祖国统一，妄图复辟资本主义，决不是偶然的。是有其阶级根源、思想根源和历史根源的。陈炳宇早在一九三四年，曾二次加入了国民党，在"七·七"事变以后，先后在五个日伪部队中充任文书、帮写等职务，一九三九年投机了革命，也就投进了乌兰夫的怀抱。先后为乌兰夫泡制了大搞"議会道路"拉住上层的"样板"，推行"稳、宽、长"和平改造的"样板"。从此，步入了乌兰夫反党叛国阴謀活动的反革命班子里。是打"乌兰夫旗帜"，挂"乌兰夫象"，喊"乌兰夫万岁"的最积极的鼓吹者。混入革命陣营以后出于反革命本性，一直对党对革命怀有刻骨的仇恨。长期以来，挑拨民族关系，破坏民族团结，干了不少坏事。特别在六五、六六年，文化大革命前夕，他们大搞民族分裂，全面复辟资本主义已经发展到了登峰造极的地步。在毛主席亲自点燃的史无前例的无产阶级文化大革命中，把陈炳宇和他的主子乌兰夫揪了出来，这就挖掉在内蒙反修前线的一颗定时炸弹。这是毛泽东思想的伟大胜利，是无产阶级文化大革命的伟大胜利。

在无产阶级文化大革命运动中，反革命修正主义、民族分裂主义分子陈炳宇，从不低头认罪，交待罪恶阴謀，一直坚持其反动立场，等待时机妄图翻案。至今仍然狡猾诡辩，顽固抵賴，态度极不老实。

伟大领袖毛主席教导我们："**敌人是不会自行消灭的。无論是中国的反动派，或是美国帝国主义在中国的侵略势力，都不会自行退出历史舞台。**"讓我们更高地举起毛泽东思想伟大红旗，彻底揭露陈炳宇及其主子乌兰夫的罪行，把他们斗倒、斗垮、批透、批臭，彻底肃清他们在各个领域里的流毒，坚决捍卫毛主席的无产阶级革命路线，加强和巩固无产阶级专政，夺取无产阶级文化大革命的全面胜利！

·11·

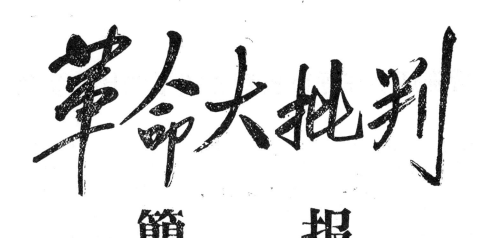

内部材料　　　　第 十 三 期　　　　不得遗失
注意保存　　　　　　　　　　　　定期收回

呼和浩特市革命委员会革命大批判组　　　1970年8月4日

最 高 指 示

　　革命的根本问题是政权问题。有了政权就有了一切，没有政权就丧失一切。

　　世界上一切革命斗争都是为着夺取政权，巩固政权。而反革命的拚死同革命势力斗争，也完全是为着维持他们的政权。

　　在社会主义这个历史阶段中，必须坚持无产阶级专政，把社会主义革命进行到底，才能防止资本主义复辟，进行社会主义建设，为过渡到共产主义准备条件。

　　无产阶级必须在上层建筑其中包括各个文化领域中对资产阶级实行全面的专政。

　　团结起来，为了一个目标，就是巩固无产阶级专政，要落实到每个工厂、农村、机关、学校。

看陈炳宇在呼市教育界搞了些什么货色

叛徒、内奸、工贼刘少奇大肆进行资本主义的复辟活动，在教育战线上，推行了一整套修正主义的教育路线。刘少奇、乌兰夫在呼市的代理人反革命修正主义分子陈炳宇把持呼市文教大权，他对其主子的黑旨意，心领神会，并竭力推行。陈炳宇亲自多次在呼市主持、召开文教书记会議，屡次发出所谓"工作要点"，公开抵制毛主席的教育路线，在革命师生中大力提倡"业务第一"，在教师中搞"提高一级"运动，并疯狂地破坏全市教改的丰硕成果。陈炳宇推行的这条反革命修正主义的教育路线必须清算。

教师"提高一级"运动到底搞了些什么？

一九六〇年底，反革命修正主义分子陈炳宇在全市文教書記会議闭幕时，大肆叫嚷，"教育工作要抓提高师资質量问题"。接着在"关于教学改革问题（草案）"中，更明确指出："要特别加强业务学习，积极开展'提高一级'运动"。"提高一级"就是要提高到封资修的"级"上去。当时陈炳宇指令市教师进修学校办起古典文学班、古汉语班、高等数学班。某局长声称"背会古文百篇，終身受用不盡"鼓励教师熟读古文。在陈炳宇等人的慫恿下，先是偷偷摸摸，将《陌上桑》，《羽令郎》搬上讲台，随着肆无忌惮开讲《西厢记》，特选《长亭送别》一段，什么"泪随流水去，愁逐野云飞"，一个"泪"一个"愁"，说不尽的离愁别恨，缠绵诽恻。这究竟要把学员提高到哪一"级"上？就是要用封资修的思想感情来熏染、毒害青年教师，其用心何其毒也。

此端一开，复古风越刮越烈。六三年某校校庆，在校门外照壁上大书八字："刻苦学习，勤奋读书"。进了校门，更是五花八门，散发着屍臭。在校墙上画满从孔子到陶行知，从夸美纽斯到凯洛夫的画象，并配上这些"教育大师"的"名言"。垮进教室，墙上还挂着荀子的《劝学篇》。做为培养师资的学校，这样日久天长給传授这些东西，究竟又会把教师提高到什么"级"上去呢？不是很清楚了嗎？某校自办古典文学班，聘一名有严重问题的退职教师担任教学，篇目自选，竟将《长恨歌》、《陈情表》搬上讲台，大谈其帝王的"純洁"爱情，封建的感忠感孝。"提高一级"风也吹向郊区，某校语文教研组干脆挂起"讀书破万卷，下笔如有神"等字句作为师生提高的"标准"。

"在提高一级"运动的引诱下，有的人把知訳当做资本，教师进修一段，毕业后便不安心本职工作了。而陈炳宇每逢毕业必亲临照象，以此表示对学员学习的满意。

为了达到"提高一级"的需要，还把市内学校分等划级，严格选拔师资，有的学校非名牌大学毕业生不要，有的学校非本科生不要，同时还明确规定："高中教师不够大学毕业水平的，二、三年内应以学习文化业务为主，系统的政治理论，暂时可以不学"。陈炳宇公开以"提高一级"为名，用"业务"排挤政治。

六二年春节，召开了二十年教令以上老教师会議，会后在国营食堂大摆宴席，頻頻祝

· 11 ·

酒，把一些反动党团骨干所谓老教师也捧为教育界的"功臣"。

陈炳宇在教育界所搞得"提高一级"运动，是彻头彻尾的修正主义货色，其目的是为了长期巩固资产阶级知识分子统治我们的学校，培养资产阶级事业的接班人。

破坏教学改革，大砍校办工厂

一九五八年，呼市广大革命师生，在毛主席伟大教育方针的指引下，掀起了教育大革命高潮，对旧的教育制度和资产阶级教育理论，进行了一些改革，冲垮了一些洋教条、死框框，逐步向**"教育为无产阶级政治服务，教育与生产劳动相结合"**的方向前进。

为了全面贯彻毛主席提出的伟大教育方针，各校革命师生发扬敢想、敢干的革命精神，在短短的一年多时间，市内十六所中学、师范办起工厂二十二个，五九年初投入生产的工厂有十八个，车间七十五个，为百分之八十的师生提供了生产劳动基地。工种有：电机、模型制造、电器、小五金、木工、印刷等。此外，郊区（包括现在土旗一部份）办起农中二十二所。各校普遍与农村挂钩，设立附属农场，供师生轮换劳动。生产劳动课已列为正式课程。

六○年，刘少奇及其同伙陆定一之流疯狂攻击毛主席的无产阶级教育路线，竟胡说五八年教育大革命是"乱糟偏"。反革命修正主义分子陈炳宇立即呼应，大喊要"恢复正常教学秩序"。在同年十月，陈炳宇在全市文教书记座谈会上说："在校内劳动首先搞好付食品生产"。他十分诡谲，不正面否定校办工厂，而是旁敲侧击。不久下来一道指示："学校只准搞付食品和与文教事业有关的工业……"于是，上述二十二个工厂被砍掉二十一个。仅剩下市八中的印刷厂，是与文教事业有关的工业。在革命师生据理力争之下，该印刷厂勉强留了一段时间，但不久也被砍掉了。照理说，附属农场和农业中学总该保留吧，走资派又以影响**"恢复正常教学秩序"**为名，将二十二个农中砍掉二十所，附属农场则勒令停办。革命师生辛辛苦苦建立的工厂关闭了，机器生锈报废，附属农场土地荒芜。当时教育界提出"教好每堂课，教好每个人"的口号，并在某中学召开现场会议，他们胡说什么，搞好所谓课堂教学就是"恢复了正常教学秩序"。

伟大领袖毛主席在五八年初就指出：**"大学校和城市里的中等学校，在可能条件下，可以由几个学校联合设立附属工厂，或者作坊，也可以同工厂、工地，或者服务行业订立参加劳动的合同。"**同时革命师生，就是遵照毛主席的指示办的，而陈炳宇一向对毛主席的指示或者阳奉阴违，或者肆意歪曲，或者干脆封锁。如"七·三"指示，他不给传达，一压半年之久。相反对叛徒、内奸、工贼刘少奇及其同伙陆定一的黑指示，如"四个适当"，"教学第一"却大肆宣传，竭力奉行。陈炳宇的步骤是：首先把师生赶回教室，然后大力提倡"发愤读书"。

为了使师生不再去搞教学改革，陈炳宇扬言："教学改革错了，所以现在不那末搞了"全盘否定一九五八年教育大革命。

伟大的无产阶级文化大革命为教育革命开辟了无限宽广的道路，革命师生怀着对叛徒、内奸、工贼刘少奇的无比仇恨，重建校办工厂，坚决贯彻伟大领袖毛主席提出的**"教育必须为无产阶级政治服务，必须同生产劳动相结合。"**的教育方针。伟大领袖毛主席指出的道路我们走定了，陈炳宇之流的破坏是痴心妄想！

· 12 ·

"追求升学率"摧残青年学生

"追求升学率"的根源是刘少奇的"讀书做官论"。"追求升学率"是修正主义教育路线的重要组成部分。它以升"名牌"大学，成名成家为誘餌，使青年学生埋头讀书，不问政治，脱离三大革命，脱离工农群众，成为资产阶级的接班人。因此，"追求升学率"是把广大青年学生拉向复辟资本主义道路的最恶毒的手段之一。六〇年初,内蒙文教書記会議提出："追求升学率不能甘居中游。"呼市的陈炳宇立卽行动，在市宣传文敎工作打算中特别强調："大抓毕业生工作，加强升学指导，力争今年高考成績争取上游。"为了大造声势，在同年二月召开了全市"文教群英会"。会議的中心議题就是"拚命追求升学率"，幷邀請許多"年高德邵"的把关教师"为特邀代表"参加会議，把这些人说成是"追求升学率"的依靠力量。会上由旧社会办学有年的老校长上台作保証，于是其他人也紛紛表决心提保証，形成"你追我赶"的局面。有的保証全区高考夺第一，有的保証初中生全部升高中，有的保証小学生全部升初中。陈炳宇之流还嫌劲头不足，在三月份又召开了"全市争上游誓师大会"，明确提出："学福建，赶赤峰，誓夺全区第一名"的口号，幷规定各学校要进行統考，喻为"高考預演"。各学校为了争第一，赶編复习题纲，幷互相摸底，侦察其它学校的所谓"措施"，而各校严守秘密，幷以假方案搪塞对方。考期将近，猜题押宝，誰能猜中题，受到贊揚。为了"追求升学率"，有的偷漏试题，有的学校自行延长考试时间，弄虚作假，丑态百出。

各校采取所谓"措施"把預計考不上的学生中途淘汰或不准报名，唯恐佔了比例，影响升学率。把学生按成績分等，分别輔导，名叫"分槽喂羊"。"把关教师"日以继夜地进行輔导，学生在长明灯下，准备考试，由于睡眠不足，患病的极多，有的在试场晕过去。所谓的"追求升学率"严重地摧残了青少年的健康，严重地冲击了学校的政治工作。使学生只问业务，不问政治。正如伟大领袖毛主席指出的"**在一些人的眼中，好象什么政治，什么祖国的前途，人类的理想，都沒有关心的必要。**"有的学生在重业务、輕政治的影响下，认为搞政治工作沒前途，在学校担任社会工作"吃亏"。陈炳宇等人对这种状况感到满意。因此，受到了某教育厅长的表扬，胡说什么："呼市新的知識分子队伍已经形成。"

由于对刘少奇的反革命修正主义教育路线批得不够，特别对"讀书做官论"批判不深，目前在新的形势下，其流毒又以"讀书无用论"的面貌出现了。这是"讀书做官论"的翻版。它仍然是资产阶级教育路线流毒的反映。大破"讀书做官论"，大立为革命学习的新思想，是我们教育战綫革命大批判的一个重要任务。

"赛媽媽运动"及其他

反革命修正主义分子陈炳宇在呼市教育界推行了一整套修正主义教育路线，连托儿所、幼儿园等学前教育也不放过。六〇年初，在幼儿系统，开展了"赛媽媽"运动。讓我们剥开"赛媽媽"运动的这张画皮，看看它的本質。"赛媽媽"运动，追本溯源是凯洛夫"爱孩子胜过爱自己"论的重版，是资产阶级母爱教育的沉渣泛起。"赛媽媽"运动，用"体贴""照顧"、"小恩小惠"来"感化"孩子，在孩子的心目中只有老师，只听老师的话，使孩子唯

· 13 ·

唯諾諾.謹小慎微从根本上抹杀了阶级和阶级斗争的教育。这样教育的结果，使幼儿从小就不能爱憎分明，不能树立阶级和阶级斗争的观念。"赛媽媽"运动，象一块包着毒汁的糖果，使孩了在"温柔""体贴"中变修，成为缺乏斗争性的懦夫。

特别是反革命修正主义分子陈炳宇从国外游览归来，把修正主义国家的一套教育制度，在呼市某幼儿园照搬进来，使該幼儿园专供外宾参观。于是对孩子的被褥衣着提出要求，并調配有"教养"的相貌好的老师担任教员，整日教礼貌，教歌教午；设备求洋贪闊，購置高级玩具，目的就是为资产阶级复辟資本主义争夺下一代使之后继有人。把这所幼儿园从此变成了"世外桃源"，孩子们看不到农民怎样种田，工人怎样做工，把孩子培养得娇气实足，怎么能接革命的班？

反革命修正主义分子陈炳宇把持呼市文敎大权达数年之久，推行了一条彻头彻尾的修正主义民族分裂主义路线，在文化、教育、体育、卫生等方面，流毒极广，革命群众说得好，"大批判不搞，阶级敌人不倒"。我们要高举革命大批判的大旗杀上战场，口诛笔伐，狠批刘少奇及其内蒙呼市的代理人乌兰夫、李贵、陈炳宇，批他个体无完肤，遗臭万年，讓毛泽东思想的伟大红旗，永远在呼市飘揚。

（原教师进修学校敎研室敎师）

（思想评论）**向"怕"字当头的人大喝一声！**

紅代会革命大批判写作組

"一打三反"运动的熊熊烈火燃遍各条战线，革命大批判的战斗全线拉开，对敌斗争的形势越来越好。但是，我们有些同志却慢騰騰地落在群众后面，他们"怕"字当头，顧虑重重.缩手缩脚，好象"小脚女人"。

他们"怕"什么呢？

一怕错："'左'也扩大化，右也扩大化，闹不好又犯扩大化。"不求有功，但求无过。

二怕难：反复多次发动难，政策界限掌握难，群众运动引导难，运动后期收场难。

三怕乱：闯出疵漏，乱了大好形势，怎么办？維持现状，稳而不前。

四怕急：宁愿"慢一点，站一站，看一看"，等人家創出经验，我们好吃"现成飯"。

这些同志怕这怕那，怕错怕乱，"怕"字一大堆，唯独不怕帝、修、反的"别动队"睡在自己的身边，不怕敌人漏网，留下祸根，一旦时机成熟，就会夺取政权，不怕定时炸弹埋藏下来，有朝一日在我们心脏爆炸。这不是怕得有点出奇吗？在这场你死我活的两个阶级、两条路线的大搏斗、大厮杀中，为什么他们老是畏畏缩缩，既怕革命的烈火烧伤手指，又怕革命的风浪溅湿衣冠。他们不是害怕革命，害怕敌人，又是什么！

·14·

二-28

井冈山

内蒙輕化工系統《井冈山》报 編輯部
一九六七年 七月九日 第十二期 共四版

> 在拿枪的敌人被消灭以后，不拿枪的敌人依然存在，他们必然地要和我們作拚死的斗争，我們决不可以輕视这 。如果我們現在不是这样地提出問題和 問題，我們就要犯極大的錯誤。
>
> 毛泽东

打倒女魔王——烏兰

本报編輯部

在我們伟大領袖毛主席亲自发动和領导的无产阶級文化大革命运动中，无产阶級革命造反派高举革命造反大旗，向党內一小撮走資本主义道路的当权派和它們所实行的反革命修正主义路綫，展开了全面总进攻。刘少奇、邓小平、烏兰夫、王逸倫、王鐸等一小撮反革命修正主义分子，已处于日暮途穷，四面楚歌之中。

"金猴奋起千鈞棒，玉宇澄清万里埃。"在光焰无际的毛泽东思想的照耀下，一切妖魔鬼怪无藏身之地，它們的丑恶咀脸已經赤裸裸地暴露在光天化日之下。时至今日这个一直打着"紅旗"反紅旗，上審下跌，流毒全区，臭名远揚的女魔王——烏兰，也終于显露了她的豺狼本性，被我革命造反派揪了出来，真是大快人心！

毛主席教导我們："混进党里、政府里、軍队里和各种文化界的資产阶級代表人物，是一批反革命修正主义分子，一旦时机成熟，他們就会要夺取政权，由无产阶級专政变为資产阶級专政。""阳奉阴违，口是心非，当面說得好听，背后又在搞鬼，这就是两面派行为的表現。"

这个装扮成"老革命"、"老左派"的烏兰。实际上她是一个思想反动，灵魂肮脏，生活糜烂透頂的老右派；她是一个地地道道的走資本主义道路的当权派，彻头彻尾的老反革命修正主义分子，她是一个靠投机起家，泅入革命队伍的个人野心家，是个貨真价实的反革命两面派，是个极其危险的政治大扒手。烏兰既是刘邓彭罗黑綫上的人物，又是烏兰夫民族分裂主义集团中的死党分子，还是同文艺教育界里的"权威"、"专家"、"名演員"有着密切交往的一只野狐狸。

烏兰是烏兰夫代理人王逸倫、王鐸的狗头軍师，是烏兰夫民族分裂主义的吹鼓手。在三月反革命政变中充当了急先鋒，是自治区伪革委会的委員，又是輕化厅伪革委会的主任委員。

自文化大革命开展以来，烏兰一直坚持反动立場，坚决执行刘邓反动路綫。运动一开始王鐸、王逸倫就把她安插在高教办公室，鎮压学生运动，支持师院"抗大"，打击"东纵"，当文化大革命发展到新的阶段——工人、农民运动的兴起，王逸倫的得力干将烏兰，就組織、

扶植"紅卫軍"、"工农兵"、"无产者"出謀划策，鎮压工人运动和农民运动。伙同內蒙軍区內的一小撮坏人相互勾結，对革命造反派实行白色恐怖，血腥鎮压，亲手指揮其保皇御用工具——"紅卫軍"、"无产者"、"工农兵"，对革命造反派打、砸、抓、抄，无所不用其极，进行残酷的迫害。

在毛主席和林付主席亲自批准的，"关于处理內蒙問題的八条"下达后，烏兰撕掉画皮，公开对抗八条，反对毛主席，反对党中央，指揮一小撮革命暴徒，到北京寻釁鬧事，造党中央、毛主席的反。

反革命修正主义分子烏兰于四月中旬由內蒙的地下黑司令部轉到北京，网罗一伙暴徒，建立了內蒙在北京的地下黑司令部，鑽进几个老鼠洞，隐姓埋名昼眠夜出，在阴暗中操纵北京反动組織联动。为它通风报信，穿針引綫，跟踪盯哨四出活动。这个沾滿人民鮮血的刽子手，鎮压革命群众急先鋒烏兰对于人民犯下了滔天罪行，血债累累，我們要和这个女魔王进行彻底清算。烏兰不投降，就叫她灭亡。

革命的友誼似海深

呼市革命派組織为上海二医大同志胜利返校举行隆重晚会

【本报訊】六月二十二日晚，为欢送无产阶級革命派的亲密战友中国人民解放軍第二軍医大学紅色造反纵队全体赴呼战士胜利返校，內蒙軍区步校"先鋒造反团"，呼鉄"火車头"纵队，东方紅工人革命造反公社，及我輕化工厅"井冈山"造反联队，联合在人民文化宮举行軍民联欢晚会进行欢送。

参加晚会的还有解放軍4928、4964、4661、8696部队代表及各造反派革命組織和紅卫兵小将共一千五百余人。会場充滿了战斗的友誼气分，到会代表都怀着深厚的阶級感情，对二医大战友倾談革命造反派的心情。4928部队的代表在会上发言說：你們响应伟大領袖毛主席的号召，完成了革命的串联任务，在要胜利返校了……。回顾以前坚苦斗争日子里，他說：在內蒙处于至上而下的資本主义复辟的白色恐怖时期，你們为了保卫毛主席和毛主席的革命路綫，不怕苦，不怕死，坚决站在以呼三司为代表的革命群众組織一边，和內蒙党內走資本主义道路的当权派烏兰夫及其代理人王逸倫、王鐸和鑽进軍內的反党集团黄厚、王良太等一小撮人进行了英勇的斗争，直到取得了最后的胜利。你們这种敢于造反的精神是我們学习的榜样……。

"火車头"革命造反纵队的代表发言說，上海二医大的革命战友們在白色恐怖的日子里，和我們呼市革命造反派，风雨同舟，并肩战斗，不怕围攻，不怕恶霸，历尽千难万险，直到今天彻底粉碎了資本主义反革命逆流，这是毛泽东思想的伟大胜利！是毛主席革命路綫的伟大胜利！

內蒙軍区步校"先鋒造反团"的代表說：上海二医大紅色造反纵队的革命战友們从来內蒙为內蒙的文化大革命立下了不朽的功勋……。现在你們要回去了，这是革命的需要，我代表先鋒造反团全体同志向你們学习。他並說：在今后的斗争中，我們一定更坚定的站在毛主席的革命路綫上，掌握斗争大方向，响应毛主席的伟大号召，坚决支持左派广大群众，今后在斗争中不論出現多大的反复和曲折，我們一定永远和呼三司为代表的革命造反派，团結在一起，战斗在一起，做他們风雨同舟的战友。

輕化工厅"井冈山"革命造反联队代表，滿怀着阶級深情的說；今天，我們呼市革命造反派在光焰无际的毛泽东思想的照耀下，在毛主席革命路綫取的伟大胜利的一派大好形势下，滿怀战斗的深情厚誼，来欢送我們亲密的战友，心里是万分激动的。他又說：上海二医大紅綫的战友們，他們高举造反有理的大旗，在两个阶級，两条道路，两条路綫大博斗的暴风雨中南征北战，穿云剪浪，向着党內一小撮走資本主义道路的当权派，向着刘邓反动路綫，

猛打猛冲，越战越强，为保卫毛主席立下新的功勋，为革命造反派杀出新的威风。……使我們永远難以忘怀的是，当我們呼市地区文化大革命在反革命分子王逸倫、王鐸及軍內黄厚、王良太等三反分子向革命造反派疯狂反扑的关头，正是二医大的同志，迎着黑风恶浪，冲杀过来，同呼市革命造反派站在一起，站在斗争的最前列。在五个月的并肩战斗中，从二医大的同志們的身上，我們学习的东西太多了。我們今后一定更高的举起毛泽东思想伟大紅旗，认真向二医大的战友們学习，乘胜前进！

东方紅工人革命造反公社代表，及呼市二中紅卫兵小将在会上作了发言。到会代表並一致认为，我們虽然和二医大的战友們分別了，但海内存知己，天涯若比邻。为了革命的共同目标，我們将永远心連心一家人，战斗在一个战場上，我們一定更好的讀毛主席著作，活学活用，把文化大革命胜利进行到底。

最后中国人民解放軍上海二医大的代表，在会上作了充滿激情而謙虚的发言，他歌颂了毛主席的革命路綫在內蒙取得的伟大胜利，他高度評价了革命造反派的英勇斗争，又对自己却十分謙虚並感謝大家对他們的热情欢送。

会后演了电影，晚会一直繼續到夜十一时，在一片欢騰的气氛中，胜利結束。

内蒙女魔王乌兰就擒记

毛主席说："人民靠我们去组织。中国的反动分子，靠我们组织起人民去把他打倒。凡是反动的东西，你不打，他就不倒。这也和扫地一样，扫帚不到，灰尘照例不会自己跑掉。"

"下定决心，不怕牺牲，排除万难，去争取胜利。"

反革命修正主义分子乌兰，是乌兰夫、王逸伦、王铎的死党，是内蒙文化大革命镇压学生、镇压群众、二月反革命资本主义复辟的急先锋，干将和罪魁祸首。轻化工厅井岗山革命造反联队全体战斗队员和这个党内走资本主义道路的当权派有着不共戴天的仇恨。在四月十三日中央决定下达后逃跑了。为了寻找这个反革命修正主义分子，全体队员立下誓言："誓与乌兰血战到底，不抓住乌兰誓不罢休。""敌人不投降，就叫它灭亡"的豪言壮语。经过月余的侦察，但一直没有个准确的下落。一会儿说在呼市，一会儿说已跑到北京，一会儿说在工会大楼内，一会儿又在×大院，众说不一，莫一是是，但从多方面分析，和综索证明，这个老狐狸已不在呼市了。五月三十日我联队派出一小分队人来到北京进行查找。

小分队来到北京，经过几天紧张的调查研究和详细侦察，获悉六月初还有人在北京见过乌兰，同时得知乌兰的孩子（十岁）通过××关系住在了北京外语学校，外语学校的"联动"学生××经常与乌兰保持联系。绞索有了，但乌兰具体在什么地点，仍是一个迷。

另外一个情况是，获悉我厅人事副副处长吴××，是我厅三·九反革命复辟的急先锋，中共中央决定下达后，又跑到了北京"告状"困事，就是通过她的联系把它调出二年之久的乌兰拉回厅进行反革命"三结合"的。吴××与乌兰有着密切的关系。同时也发现吴××确与乌兰有密切往来，这是一个大好的喜讯。小队的同志把所掌握的乌兰在北京的关系排了一个队，通过排队的分析，认为有两个地点可能是她隐藏之所。一个是×郎宿舍，一个是××大街她亲属家。但在没有把握前，仍不敢冒然动手。

打草惊蛇

打草容易惊蛇，但在未发现蛇以前打草，却可起到发现蛇的作用。吴××是轻化工厅的干部，与乌兰有往来，乌兰在什么地点我们不知道，吴的住址我们是知道的。我们就采取打草惊蛇的办法来对吴的住处进行侦察。

六月三、四日间，两次到吴家，吴早以躲藏在外，我们就向她的家属指出：吴××已离开机关近两个月，应赶快回厅抓革命、促生产并交待他的反革命罪行，同时讲了一些政策，主要目的是促使吴××与乌兰加强联系，或驱使她返回呼市。以后就在吴家的周围和火车站进行了严密的侦察。在吴家的周围虽没有发现什么情况，但我们去她家的情况吴××是知道的，六月五日在西直门火车站发现了吴××的影子，并且得知她确实是要返回呼市了。

争取吴××

吴一上火车，消息已飞到了呼市，吴××刚一下火车，我们早以在旁"等候"了，一到家，完全我们控制。我们通过形势、政策、谈思想、指出路，在大局以定的形势政策情况下，吴××终于起义了，交待了乌兰的活动。得知吴××在离京前还见到乌兰，乌兰主动的提出要吴××把小孩留下她给看管。这个一向操纵保皇组织和"联动"分子的"大人物"怎么会突然给别人看小孩当起娘姆来呢？实际是这个反革命分子看见形势不妙，怕吴××回厅后交待实实情况，于是把吴的小孩当人质似的留下来，以牵制吴不敢交待自己的罪行，这样既保住了乌兰本身，又可抓住吴不放继续进行对抗中央的活动，这是老狐狸的又一条阴险毒计。

毛主席说："搬起石头打自己的脚，这是中国人形容某些蠢人的行为的一句俗话。各国反动派也就是这样的一批蠢人。"

反革命修正主义分子乌兰由于阶级本性所趋，此时从现象看是阴险狡猾，诡计多端，而实际在广大的革命群众面前，完全变成了一个蠢货。她留下吴××小孩的目的，是想把吴玉珍牵住，却不想留下吴的小孩，倒把绳子套到自己的头上。反革命分子，女魔王的确切综索，终于完全被我们掌握了。

要抓住狐狸，就得有猎人的智慧。根据已掌握的情况，立即召开战斗布置会议，考虑了现场每一种可能发生的情况，制定了详细的作战方案。于六月六日下午，连同吴又二次派人到了北京的小分队即取得联系，开发赴场。反革命修正主义分子乌兰，看你今天还往那里跑！这是每一个参加的战斗员心里喊出的一句话。

激战开始，一举就擒

六月的北京，绿树浓荫，暑气迫人，每天都在摄氏二十五、六度，是有些热人。可天再热也没革命人民的心热，没有保卫毛主席、保卫党中央的心热。可这天是个阴天，还下着小雨，上午十时二十分来到乌兰隐蔽的住所，按照预定好的计划，由吴××一个人先进院，其余的人分别的站在巷口、站在树下，包围等候。头上淋着小雨，眼睛盯着一家院的门口，每一个队员很不得一下把乌兰这个坏东西抓出来，可是，不能啊！谁知这个老狐狸又要耍什么花招？

吴××进去一会儿，门开了，由里面出来一个十来岁的小孩，站在胡同口向四围看了一下就回去了。约过了十分钟左右，又出来一个七、八岁的学生，出来后照样在胡同口侦察后又回到院内，随即又以院内出来，向大街走去，干什么去了？走向不明。

这时乌兰已和进去的吴××在家里对话了！
乌兰：怎么了？出了什么事？显的很惊慌。
吴××：未走成，厅里在车站有人等候。
乌兰：都是谁！？
吴××：×××他们都来了。
乌兰：他们有女的吗？
吴××：人很多，男的女的都有，
乌兰：你来他们跟着你了吗？让小孩出去看看！
吴××：我没发现。
乌兰：那怎么办？
吴××：回去吧！应该回去见群众。
乌兰：那你先出去吧！我随后再走。

狡猾的老狐狸乌兰，已知道有人了，但还不甘心死亡，还想先让××出来，把我们的人引开，她好乘机逃跑。

十一时正，吴××已经进院四十分钟，小孩出来像了两次，大人未见动静。小分队人员根据现场情况分析：

一、乌兰如果不在家，吴××进去一间，早应该出来了。

二、吴××进去很长时间没出来，说明在家。

三、即使乌兰不在家，院内已走出一个"联动"学生，到外边活动，现场保密已经暴露了如果不赶快解决，拖延时间，可能很快出现其他问题。

不想进院时和一个看大门的老头吵起来。我们说找乌兰，他非要同找乌兰干什么，我们不再理他，老头就叫起来。

在家里的乌兰，听到有人到院内，看到局面以定，逃跑已不可能，就由里面走到外院来，她强摆出一付官勉堂皇的样子，实际吓的头上直冒汗，对看门的老头说："是我们的人。"又对大家说："我们正要走，那咱们一齐走吧。"就这样乘上已经准备好的两辆小车，押往准备好的休息地点。

押回呼市

擒住乌兰的当天下午五时十七分，乘63次列车，押返呼市。乌兰到火车上，仍极不老实，

一言不发，窥测机会逃跑。上车后，在整个列车上从头到尾串了一个来回，寻找机会和救星，在一节车厢，遇见熟人就停下来，但由于我小分队的严密安排，无机可乘，最后不得不乖乖地回到自己的坐位上来。

八日凌晨6时18分，反革命修正主义分子内蒙女魔王——乌兰，被顺利的押回了呼市，从补充小分队由呼动身，到京后把反革命修正主义分子乌兰擒回呼市，前后共用时间37小时53分钟。

反革命修正主义分子内蒙女魔王乌兰的被擒是毛泽东思想的又一伟大胜利，是毛主席革命路线在内蒙的伟大胜利，是无产阶级革命派的共同胜利！在欢呼这一巨大胜利的同时，我们衷心地对首都110中学、呼市二中《井岗山》、纺校《井岗山》、一中《星火燎原》、呼蒙《井岗山》、商业《井岗山》等大力配合和共同作战的革命组织和红卫兵小将们致以衷心的感谢。愿我们无产阶级革命派的战友们，同志们，在为保卫毛主席，保卫毛泽东思想，保卫毛主席为首的革命路线斗争中，牢牢掌握大方向，永远战斗在一起，胜利在一起。乌兰这个老妖婆是擒回来了，但还得共同把它从政治上、思想上、理论上彻底批深、批透、批倒、批臭，打翻在地，让一切反对毛泽东、反对毛泽东思想的反革命修正主义分子们，统统去见鬼去！永远不得翻身。

内蒙轻化工厅《井岗山》革命造反联队
于六六年六月

祖国各地

資料三
東西融合の「二つの顔を持つ連中」(双面料)への理論的攻撃

文藝战鼓

创刊号
1967.8

呼三司 内蒙古大学井冈山"八·五"战团
内蒙古文联"翻江倒海"纵队
《文艺战鼓》编辑部

創 刊 宣 言

战鼓齐鸣，凯歌震天。无产阶級文化大革命的烈火烧紅了世界的东方！天翻地复，风狂雨驟，这是一場埋葬旧世界的战爭，这是一場决定人类命运的战爭！

在这伟大的史无前例的大革命风暴中，在向中国的赫魯晓夫刘少奇发动总攻击的冲鋒号声中，在彻底砸烂內蒙古"当代王爷"烏兰夫閻罗殿的砍杀声中，我們的《文艺战鼓》誕生了。

它将高举毛泽东思想伟大紅旗，在內蒙古文艺战場上作一支勇猛的輕骑兵，策馬横刀，迎着阶級斗爭的枪林弹雨冲鋒陷陣！

"一从大地起风雷，便有精生白骨堆"。十七年来，內蒙党內最大的"走資派"及其代理人布赫之流，长期盘踞內蒙文艺界，忠实奉行刘邓及旧中宣部的反革命修正主义文艺路綫，大肆拍卖烏兰夫叛党、叛国、民族分裂主义黑貨，把內蒙文艺界变成刘邓文艺黑綫的分店，办成为烏兰夫实现民族分裂复辟資本主义大搞興准备的大本营，是可忍，孰不可忍！

今天，刘少奇被揪上了历史的审判席，烏兰夫被揪上了历史的审判席，这是毛泽东思想的伟大胜利！伴随着无产阶級文化大革命的隆隆战鼓，伴随着无产阶級革命派大批判、大联合、大夺权的喊杀声，我們要把文艺陣地重新夺回来！彻底砸烂內蒙文艺界閻王殿！帝王将相，才子佳人，洋人死人，牛鬼蛇神都統統滚他媽的蛋！

"問蒼茫大地，誰主沉浮？"我們！我們！我們是旧世界的批判者，我們是建設新社会的英雄汉！我們将奋起毛泽东思想的千鈞棒，擂响文艺战鼓，彻底埋葬內蒙文艺黑綫，杀出一个毛泽东思想照耀下的紅彤彤的內蒙古文艺界！

彻底清算乌兰夫
反党集团破坏京剧革命的滔天罪行

《下江南》文艺批判小组

内蒙古京剧团《东方红》革命造反联队

建国十七年来，在文艺领域内，党内最大的走资本主义道路的当权派，中国的赫鲁晓夫一直支持以彭真、陆定一和周扬为代表的反革命修正主义文艺黑綫，同毛主席的无产阶级文艺路綫相对抗；他们在所謂"全民文艺"的招牌下，大搞封建主义、资产阶级和修正主义的文艺，疯狂地反对毛主席的文艺为工农兵服务的唯一正确的方針，利用戏剧舞台大力宣揚帝王将相、才子佳人，反对歌頌工农兵，反对工农兵占領舞台。內蒙党內最大的走資本主义道路当权派、当代王爷乌兰夫及其在文艺界的代理人，緊跟旧中宣部、旧文化部和旧北京市委，忠实地执行了这一条反革命修正主义文艺黑綫；以"民族文艺"为幌子，肆意兜售民族分裂主义文艺黑货，为在內蒙建立"二十世紀的蒙古大帝国"，复辟資本主义大造舆論。罪恶累累、罄竹难书。

破坏京剧革命，就是他們的罪行之一。

欠債必须偿还。毛主席說：**"一个崭新的社会制度要从旧制度的基地上建立起来，它就必须清除这个基地。"**在这里让我們遵照毛主席的教导，对乌兰夫反党集团破坏京剧革命的罪恶活动来一次彻底的大扫除。

鼓吹资产阶级自由化，兜售民族分裂主
义文艺，为牛鬼蛇神大开绿灯

千鈞霹靂开新宇，万里东风扫残云。早在二十多年前，我們伟大的領袖毛主席就英明地指出："**历史是人民創造的，但在旧戏舞台上（在一切离开人民的旧文学旧艺术上）人民却成了渣滓，由老爷太太少爷小姐們統治着舞台，这种历史的顛倒，现在由你們再顛倒过来，恢复了历史的面目，从此旧剧开了新生面，所以值得庆賀。你們这个开端将是旧剧革命的划时代的开端，我想到这一点就十分高兴，希望你們多編多演，蔚成风气，推向全国去！**"一九六三年十二月，毛主席針对反党黑綫对文艺界的統治，进一步尖銳地指出："**許多共产党人热心提倡封建主义和資本主义的艺术，却不热心提倡社会主义的艺术，岂非咄咄怪事。**"毛主席的这些重要指示象鋒利的匕首，刺中了內蒙党內最大的走資本主义道路当权派乌兰夫及其在文艺界的代理人的要害，毛主席的这些重要指示

·14·

象光輝的灯塔，給革命的文艺工作者指明了前进的方向，鼓舞了战斗的勇气。毛主席的好学生、京剧革命的旗手——江青同志，根据毛主席的伟大指示，首当其冲，勇敢地扛起了京剧革命的大旗，带领革命的京剧工作者，杀向旧京剧的頑固堡垒。于是，京剧革命的熊熊烈火在全国燃烧起来了。

內蒙党內最大的走资本主义道路当权派、当代王爷乌兰夫及其在文艺界的代理人，却頑固地对抗毛主席关于文艺工作的一系列重要指示，对轰轰烈烈的京剧革命怕得要命、恨得要死，丧心病狂地反对和破坏京剧革命。他们肆意歪曲党的"百花齐放""推陈出新"的方針，鼓吹资产阶级自由化，兜售民族分裂主义文艺；只許毒草生，不准百花开，为牛鬼蛇神大开綠灯。在这方面，他們散布了一系列反动的謬論，耍了种种手段。

为了破坏京剧革命，他们提出了"两条腿走路"这个騙人的口号。內蒙党內最大的走资本主义道路当权派、当代王爷乌兰夫竭力主张旧剧和新剧、传统戏和现代戏要"和平共存"，"双軌并进"。說什么"现代戏可以演，历史剧（旧传統剧）也可以演嗎！"好像半斤八两，絕对平等，互不偏袒，摆出一付公正的样子。其实是騙人。京剧是歌頌工农兵英雄人物，为无产阶级政治擂鼓助威，还是頌揚帝王将相、才子佳人、替资本主义复辟呐喊，这是两个阶级、两条道路、两条路綫的尖銳斗争。不是东风压倒西风，就是西风压倒东风，絕对沒有調和的余地，更不能"和平共处"。戳穿了，这帮家伙又何尝眞的主张"两条腿走路"、"双軌并进"呢？不是，根本不是。他们所說的"两条腿走路"无非是想保护、发展旧京剧，排挤、反对现代革命京剧，妄图通过"共处"扩大资本主义地盘，縮小社会主义陣地，最终把社会主义的京剧舞台和文艺队伍統統"吃掉"，让毒草长期"独存"。不是嗎，乌兰夫在文艺界的代理人公开叫嚷什么：京剧现代戏只是"一陣风"，这陣风过去，传統戏还是要登台的。大右派分子、反动艺术权威也跳出来眉气色舞地說："百花齐放，什么都唱，百家争鳴，咋說咋行。"看，他们的反革命气焰何等囂张！

毛主席教导我们："凡是要推翻一个政权，总要先造成舆論，总要先作意識形态方面的工作。革命的阶级是这样，反革命的阶级也是这样。"中国最大的民族分裂主义者、內蒙党內最大的走资本主义道路当权派及其在文艺界的代理人，为了分裂祖国，建立"二十世紀的蒙古大帝国"的需要，为了破坏京剧革命，卖力地推行反动的民族分裂主义的文艺路綫，鼓动京剧工作者在舞台上大胆揭露"蒙汉矛盾"。乌兰夫在一次座談会上說："写不写矛盾？（按：指"蒙汉矛盾"）我看要肯定写矛盾。矛盾肯定要写，写了矛盾才能有戏。"煽动京剧工作者突破"条条""框框"，背离光焰无际的毛泽东思想。更不能容忍的是主张从"特殊"的"內蒙实际"出发"走自己的道路"，搞什么"蒙派京剧"，明目张胆地与我們心中最紅最紅的紅太阳毛主席分庭抗礼。眞是蚍蜉撼大树，可笑不自量。在这种民族分裂主义謬論的鼓动下，乌兰夫在京剧界的爪牙便大打出手，大搞庆祝內蒙古自治区成立二十周年献礼节目，相继炮制了渲染民族矛盾、否定党的领导、歪曲阶级斗争、宣揚三大自由、美化大叛徒、为乌兰夫歌功頌德、树碑立传的《巴林怒火》、《哈拉嘎庙战斗》、《气壮山河》、《后方前綫》等等假现代戏、大毒草，以此招搖撞騙、扰乱和破坏京剧革命。

六四年七月，全国京剧现代戏在北京观摩演出期间，文化局的走资本主义道路当权派、当代王爷的大太子布赫竟狗胆包天，放出了由大右派分子、反动艺术权威操纵的新华京剧团流窜德州、烟台、青岛、大连和沈阳等地大演《龙凤呈祥》、《武松》、《闹天空》、《卧龙吊孝》等旧传统戏，有目的有计划地围攻、冲击全国京剧现代戏观摩演出，配合全国的牛鬼蛇神负隅顽抗。更疯狂的是正当内蒙古艺术剧院京剧团在毛主席身边上演革命现代京剧《草原小姊妹》的时候，他们竟让该剧团在首都的大门口天津大演旧戏《走麦城》、《落马湖》、《恶虎村》、《十八罗汉斗悟空》，向京剧现代戏观摩演出进行示威。对这种反革命行动，广大革命群众和剧团的革命派提出了强烈抗议，可是该剧团的走资本主义道路当权派在文化局走资本主义道路当权派布赫的支持下，大不以为然，竟狂妄地说："只管唱，唱出问题我负责！"真是猖狂到极点！除了从政治上向革命现代戏进行反革命围攻和示威之外，他们又使出另一招，想从物质装备上压倒革命现代戏。他们为旧传统戏的出笼发放通行证，大开方便之门；而对刚刚萌芽的现代革命戏却恨得咬牙切齿、百般刁难，服装和必需的道具还得演员奔走去借，而旧戏《杨门女将》还没有排练，每套价值二三百元的十二套高级靠背就早已买好了。乌兰夫的代理人，反革命修正主义分子王逸伦亲自拨给二十万元，十五两黄金去大量购买旧传统戏的服装。相比之下，他们究竟安什么心，不是路人皆知了吗？

为了破坏京剧革命，他们为牛鬼蛇神大开绿灯。任凭资产阶级、封建主义的毒草去占领地盘，到处泛滥。六二以来的歌颂帝王将相、才子佳人，鼓吹剥削阶级的反动思想，渲染淫毒，凶杀，赞扬投降变节，丑化劳动人民，污蔑农民革命斗争，美化"清官"、"侠义"、三民主义的"罢官戏"、"鬼戏"、"汉奸戏"、"清官侠义戏"和"鸳鸯蝴蝶戏"纷纷出笼，粉墨登场、充斥舞台。五毒俱全，应有尽有。极其下流的黄色淫荡戏《玉堂春》嫖院一折，解放后都已不演了。但是内蒙党内最大的走资本主义道路当权派乌兰夫亲自废除禁演令、请到呼市宾馆指名为他们演这出戏，而且六三年、六四年以来继续推荐这出坏戏在舞台上大演特演来毒害群众，麻痹人民的革命意志。但是，革命的潮流是阻挡不了的。在毛主席的伟大号召下，革命的京剧工作者，紧跟江青同志，从旧京剧的顽固堡垒中杀出来，积极排演现代革命京剧的时候，这帮家伙又以守为攻，装出一付关心演员艺术生命的姿态，再三提示不要丢掉"基本功"；随后便请上海的言慧珠和北方昆曲剧院来内蒙放毒，传黑经，强迫青年演员向这些"老头子"、"老前辈"学习，文化局的走资本义主道路当权派布赫亲自登门拜访，请客送礼，设宴祝寿，更使人气愤的是让青年演员拜大右派分子、反动艺术权威李万春为师，替他跑龙套。看，他们那里还有一点共产党人的气味呢。就是这个大右派分子、反动艺术权威居然在内蒙党内最大的走资本义主道路当权派乌兰夫的庇护下，当上了内蒙政协委员。是可忍，孰不可忍！

六四年八月，旧北京市委宣传部长，反革命修正主义分子夏衍在一次会议上吹捧乌兰夫说："内蒙古自治区的革命现代戏是乌兰夫同志提倡和支持的。"这完全是颠倒黑白，胡说八道。就是他，内蒙党内最大的走资本义主道路当权派、当代王爷乌兰夫，亲自出马，兴风作浪，纠结反革命势力，疯狂破坏京剧革命。铁证如山，罪责难逃。

乌兰夫是破坏内蒙古自治区京剧革命的罪魁祸首。

· 16 ·

扼杀现代革命京剧《草原小姊妹》与江青同志分庭抗礼

一九六四年七月，毛主席的好学生、京剧革命的旗手——江青同志向参加京剧现代戏观摩演出人员作了《谈京剧革命》的重要讲话，对内蒙古艺术剧院京剧团参加全国京剧现代戏观摩演出的现代革命京剧《草原小姊妹》（原名《草原英雄小姊妹》）给予了充分的肯定，提出了重要的修改意见。江青同志指出："内蒙古艺术剧院京剧团的《草原英雄小姊妹》很好，剧作者的革命感情被这两个小英雄的先进事迹激动起来，写成这样一个戏，那中间的一段还是很动人的。只是由于作者还缺乏生活，搞得又很急，还没来得及精雕细刻，一头一尾搞得不大好，现在看来，好像一幅好画嵌在粗劣的旧镜框里。这个戏，还有一点值得重视，那就是为我们的少年儿童写了京戏。总之，这个戏是有基础的，是好的。希望剧作家再深入生活，好好加以修改。"但是，内蒙党内最大的走资本义主道路当权派、当代王爷乌兰夫伙同其在文艺界的代理人，对江青同志的指示阳奉阴违，顽固对抗，会上不做记录，会下封锁消息，拒不传达。当剧作者向剧团革命派谈了江青同志的重要指示之后，个个欢欣鼓舞，摩拳擦掌，决心紧跟江青同志，把《草原小姊妹》锤炼成现代革命京剧的样板戏。

内蒙党内最大的走资本主义道路当权派乌兰夫及其在文艺界的代理人预感到，如果样板戏《草原小姊妹》排演成功，他们破坏京剧革命的罪恶阴谋就要彻底破产。因此，他们对现代革命京剧《草原小姊妹》恨之入骨，千方百计地妄图把她扼杀在摇篮里。

为了扼杀《草原小姊妹》他们使出了浑身解数。

一九六四年，当《草原小姊妹》刚开始排练时，文艺界的一小撮反革命修正主义分子就抡起血淋淋的凶杀大棒，咬牙切齿地说："这两个小孩是糊里糊涂战胜了风雪，保护了羊群，没有什么了不起。"这帮家伙真是狗胆包天，狂妄至极，公然否定光焰无际的毛泽东思想对新中国的青少年的巨大影响，否认少年儿童在毛泽东思想的哺育下，阶级观点、集体主义思想和共产主义风格的不断成长。这种嘶叫与反革命修正主义分子冯定所兜售的反动的"正义冲动论"何其相似乃尔。冯定不也说："董存瑞和黄继光，在一瞬间不可能将一己的利益和大众的利益进行详细的比较、考虑和选择的可能，只是一种正义的冲动"。他们所以如此丧心病狂地污蔑威力无穷的毛泽东思想，对抗江青同志的重要指示，说穿了，就是要让我们的革命后代脱离毛泽东思想的教导，让他们随心所欲地用资产阶级、修正主义思想去腐蚀和毒害我们革命的接班人，妄图通过我们的第三代第四代实现资本主义复辟，使红彤彤的社会主义江山改变颜色。用心何其毒也！

内蒙党内最大的走资本主义道路当权派及其在文艺界的代理人在江青同志充分肯定了《草原小姊妹》之后，他们仍然和旧中宣部、旧文化部、旧北京市委一唱一和，说什么："这个戏情节不曲折，没有矛盾，没有冲突，不像个戏。"这完全是一派胡言。实际上，他们所谓的"没有矛盾，没有冲突"，是与反动的"写中间人物论"唱的一个调子。在他们看来应该把两个小英雄写成身上有"旧的东西"的"不好不坏，亦好亦坏"的"小人物"，大写两个小英雄与暴风雪搏斗中"痛苦的过程"或"苦难的历程"。这样他们就

·17·

可以通过丑化、贬低英雄形象来达到否定京剧革命现代戏的罪恶目的。《草原小姊妹》突出地表现了两个小英雄的集体主义思想和共产主义风格；尽力刻划了两个小英雄在与暴风雪搏斗的紧要关头一不怕苦、二不怕死、一心为公的崇高品质，这就是对资产阶级个人主义的最有力的批判；这就是对党内最大的走资本主义道路当权派、中国的赫鲁晓夫所宣扬的"活命哲学"的无情鞭挞。两个小英雄与暴风雪的搏斗过程，实质就是从毛主席的教导中取得力量，不断破"私"立"公"的过程。他俩所以能够最后降服暴风雪，创造出动人的英雄事迹，就是"公"和"私"经过激烈的搏斗，"公"字终于战胜了"私"字的结果。所有这些不正是体现了无产阶级思想，毛泽东思想同资产阶级思想的激烈的斗争吗？怎么能说是"没有矛盾，没有冲突"呢？

当《草原小姊妹》演出之后，内蒙党内最大的走资本主义道路当权派、当代王爷乌兰夫及其在文艺界的代理人又狂吠说："《草原小姊妹》没有亮出我们的演员阵容。"说对了，《草原小姊妹》就是没有"亮出"你们所谓的"演员阵容"。我们无产阶级革命派认为，毛泽东时代的京剧工作者最听毛主席的话，紧跟江青同志；在舞台上大演特演革命现代戏，尽情讴歌用毛泽东思想武装起来的闪烁着时代光辉的工农兵英雄人物，彻底与帝王将相、才子佳人决裂，从而更好地为无产阶级政治服务。这就是我们社会主义的演员阵容。俗话说：鱼恋鱼，虾恋虾，王八恋的是鳖亲家。内蒙党内最大的走资本主义道路当权派及其在文艺界的代理人，他们想的是帝王将相，爱的是才子佳人，他们爱听牛鬼蛇神的嘶叫，爱看牛鬼蛇神的丑态，因为他们就是一群地地道道的牛鬼蛇神。所以，他们认为只有演宣扬帝王将相、才子佳人的旧传统戏才能"亮出"他们所谓的"演员阵容"。他们所需的"演员阵容"到底是些什么货色，为谁服务，不是昭然若揭了吗？

"独有英雄驱虎豹，更无豪杰怕熊罴。" 在战无不胜的毛泽东思想的指引下，革命的京剧工作者紧跟江青同志，天不怕，地不怕，神不怕，鬼不怕，迎着阻力上，顶着逆风冲。经过激烈的战斗，披荆斩棘，冲破重重阻力，战胜了一个又一个困难，在兄弟单位的大力支持下，现代革命京剧《草原小姊妹》终于排练成功了。

现代革命京剧《草原小姊妹》虽然杀出来了，但是，在去北京参加演出的问题上，乌兰夫及其在文艺界的爪牙又急忙跳出来拦路。内蒙古艺术剧院京剧团的革命派迫切要求参加这次观摩演出，希望及时得到中央首长对该剧的重要指示，同时向各兄弟省市的革命京剧工作者学习，但是文化局的走资本主义道路当权派，乌王爷的打手却恶狠狠地说："二人台去北京由于质量不高，受了批评。这次京剧团如果演出效果不好就不要去了，再受批评可就摔了内蒙的牌子！"百般阻拦带《草原小姊妹》参加全国观摩演出，企图扼杀这个新生的革命现代戏。与此同时，却把一出否定党的领导，歪曲阶级斗争的大毒草《巴林怒火》定为参加观摩演出的重点剧目，不惜动用大批人力物力进行炮制。（应该指出，《巴林怒火》根本不象乌王爷所吹捧的那样，是一出"很好"的"现代剧"，而是一出很坏的冒牌现代戏。）最后留给排练《草原小姊妹》的时间，仅仅七、八天。对于这帮狐群狗党的破坏活动，无产阶级革命派无比愤慨，坚决予以回击。**"有人泣，为营步步嗟何及！"** 经过斗争阶级敌人的种种阴谋都可耻地破产了。革命现代京剧《草原小姊妹》终于来到了毛主席身边，接受了中央首长的检阅。这是毛泽东文艺想思又一曲胜利的凯歌！**毛主席万岁！万岁！万万岁！！**

·18·

毛主席教导我們說："敌人是不会自行消灭的。无論是中国的反动派或是美国帝国主义在中国的侵略势力，都不会自行退出历史舞台。"烏兰夫及其在文艺界的代理人，为什么如此仇恨和疯狂扼杀现代革命京剧《草原小姊妹》呢？这是因为《草原小姊妹》排演成功，不仅从創作实践上有力地批駁了內蒙党內最大的走資本主义道路当权派及其在文艺界的代理人破坏京剧革命的反动謬論，同时使现代革命京剧在京剧舞台上稳住了陣脚。应該特别指出，京剧革命为广大工农兵群众夺了京剧舞台的权，为无产阶級革命派全面夺取文艺舞台的权树立了光辉的榜样，創造了成功的經驗，对文艺思想部門的夺权斗爭具有普遍的指导意义。这是敌人最害怕的。所以他們挤命反对，竭力貶低她的意义，縮小她的影响。这不仅仅是一出戏的問題，这是一場严峻的阶級斗爭啊！

掛羊头卖狗肉，大树黑旗

面临着京剧革命的巨大洪流，內蒙党內最大的走資本主义道路当权派烏兰夫及其在文艺界的代理人敏感到硬頂是不行了，于是又要出了新的把戏。烏兰夫亲自出馬，赤膊上陣，支持京剧界的保守势力和反动势力搭帮成伙，假惺惺地打起排演革命現代戏的幌子，挂羊头卖狗肉，大树黑旗，破坏京剧革命。

自一九六四年全国京剧现代戏观摩演出之后，他們根本无视江青同志的指示，对现代革命京剧《草原小姊妹》从未抓剧本的修改和演出，残酷地把她打入了"冷宫"，三年沒有翻过身来。在这期期間，他們却大排大演大毒草《哈拉嘎庙战斗》和《气壮山河》。《哈拉嘎庙战斗》虽然沒有公开上演，但是，直到文化大革命初期他們还死抱住不放。他們为什么这么欣賞这出戏呢？原来《哈拉嘎庙战斗》的主題歌就是"黃沙滚滚，万馬奔騰，烏兰夫的战旗迎风飄揚。"这出戏到底是什么东西不是很清楚了嗎？

大毒草京剧《气壮山河》是当代王爷烏兰夫亲自策划和指使下炮制出籠的。一九六一年大毒草《王若飞在獄中》一书剛剛出籠，烏兰夫便看中了，通过他們爪牙閻素（原內蒙党委宣传部副部长），指使专人改成話剧剧本，但这次阴謀沒有得逞。一九六四年，党內另一个最大的走資本主义道路的当权派邓小平来到內蒙，命其在內蒙的代理人烏兰夫大肆宣传大叛徒，王明路綫的忠实推行者王若飞，这正中了烏兰夫的下怀。当代王爷及其在文艺界的爪牙为了篡党篡軍的舆論需要，拒不执行江青同志的指示，狠命排挤、扼杀《草原小姊妹》，烏兰夫躬自督战，把《王若飞在獄中》改成了京剧剧本，由內蒙古艺术剧院排练演出，并定为內蒙戏剧会演剧目。

一九六五年五月《气壮山河》首次公演，烏兰夫看了非常脑火，戏剛演了一半，便揚长而去。烏兰夫为什么这么扫兴呢？事后烏兰夫亲口道出了自己的心病。他說："这个戏时代气息不浓，獄外斗爭不够"，說的明白一点，就是說，我烏兰夫的戏写得太少了，对我烏兰夫吹捧得还不够过癮。主子一声令下，奴才赶忙动手。随后他們便大上"黑綱"，大加烏兰夫的戏，并由一个书記处书記奎璧充当《气壮山河》的"政治顾問"，特意挑选个子高的演员扮演烏兰夫的化身"丹森"。"丹森"也由配角变成了主角。經过多次修改，当代王爷才点头，并决定带該剧赴太原参加华北汇演。一九六五年七月，烏兰夫又亲临太原，先后看了三次演出，后又在晋祠公园接見該剧的編导和演员，"指示"再次的修改，批准参加一九六六年全国会演。一九六六年二月，当代王爷为了进一步大造反革命政变的舆论，又把《气壮山河》列入了庆祝内蒙古自治区成立二十周年文艺献礼计划之内。

一九六四年全国京剧现代戏观摩演出期间，乌兰夫这个老混蛋正在北京，可是内蒙古艺术剧院京剧团演出现代革命京剧《草原小姊妹》的时候，这个老混蛋却连面都没露，而对京剧《气壮山河》为什么如此器重、如此垂青呢？这是因为《气壮山河》不仅肉麻地把假革命、反革命、内蒙头号大叛徒乌兰夫美化成了内蒙各族人民的"救世主"、"当然领袖"，大力渲染他的"临危不惧"，"机智勇敢"；同时也密切地配合了乌兰夫反党集团大搞民族分裂，大搞独立王国，大搞资本主义复辟的罪恶活动。我们知道，一九六四年以来正是乌兰夫大反大汉族主义，大搞民族分裂活动的猖狂时期。乌兰夫狗胆包天，大肆宣扬反动的"三个基础"、"元旦献词"；竟然背着党中央大量散发反毛泽东思想的《对内蒙古人民宣言》（即"三五宣言"）用以煽动民族情绪，制造民族磨擦，从而为"云家王朝"的反革命政变大造舆论。京剧《气壮山河》正是投合了乌兰夫及其爪牙的需要，把《三五宣言》赤裸裸地搬上了舞台，大肆渲染"蒙汉矛盾"，极尽挑拨之能事。透过现象看本质。乌兰夫及其爪牙极力吹嘘的京剧现代戏就是这样一些货色。"假的就是假的，伪装应当剥去"。他们所以这样卖力地大排特排，大演特演大毒草《气壮山河》，是企图树起一面黑旗，装潢门面。掩人耳目以抵消革命现代京剧《草原小姊妹》的巨大影响，继续破坏京剧革命。他们就是这样一伙打着"红旗"反红旗的反革命两面派。

内蒙党内最大的走资本主义道路当权派乌兰夫和他的娄罗们为什么要这样丧心病狂穷凶极恶地破坏京剧革命呢？正如毛主席所指出的："各种剥削阶级的代表人物，当着他们处在不利情况的时候，为了保护他们现在的生存，以利将来的发展，他们往往采取以攻为守的策略。……总之，他们老是在研究对付我们的策略，'窥视方向'，以求一逞。有时他们会装死躺下等待时机，'反攻过去'。他们有长期的阶级斗争经验，他们会做各种形式的斗争——合法的斗争和非法的斗争。我们革命党人必须懂得他们的这一套，必须研究他们的策略，以便战胜他们。切不可书生气十足，把复杂的阶级斗争看得太简单了。"他们从反动的阶级本能出发，懂得在强大的无产阶级专政条件下要明目张胆地搞反革命是很困难的，往往采用更隐蔽的手法，求助于过去的亡灵，让死人登台表演，张口嘶叫，把死人当作自己政治野心的传声筒，为他们分裂祖国，复辟资本主义大造舆论，一句话，借封建主义之尸，还资本主义之魂。

"一唱雄鸡天下白。"毛主席和他的亲密战友林彪同志亲自批准的《中共中央关于处理内蒙问题的决定》的公布，内蒙古自治区革命委员会筹备小组的成立，宣告了乌兰夫反革命修正主义集团的彻底完蛋。沧海横流、方显出英雄本色。革命的同志们，造反派的战友们，让我们牢记毛主席的伟大教导："宜将剩勇追穷寇，不可沽名学霸王"，发扬鲁迅先生痛打落水狗的彻底革命精神，更高地举起毛泽东思想伟大红旗，举起革命的批判大旗，以更高昂的革命战斗姿态投入当前两个阶级、两条道路、两条路线的大决战；在万炮猛轰中国赫鲁晓夫，炮打资产阶级司令部的新的高潮中，再展英姿，创建新功；把修正主义文艺黑线彻底埋葬，把内蒙文艺界反革命修正主义势力和牛鬼蛇神的最大支柱、京剧革命的拦路虎，内蒙党内最大的走资本主义道路当权派乌兰夫彻底批倒斗臭！

· 20 ·

让毛泽东思想的伟大紅旗永远飘揚在我們无产阶級文艺陣地上，让社会主义的舞台上永远矗立着当代工农兵革命英雄形象！

《茫茫的草原》是烏兰夫民族分裂主义路綫的反革命碑記小說

《下江南》文艺批判小组

建国十五年来，內蒙古文艺界和全国一样存在着极其激烈、极其尖銳的阶級斗爭。

我們伟大的領袖毛主席在八届十中全会上尖銳地指出：**"近来出现好些利用文艺作品进行反革命活动的事。利用小說进行反党活动，是一大发明。"** 烏兰夫反党集团正是这样一批反革命"发明家"。《茫茫的草原》正是这样一部为烏兰夫民族分裂主义路綫树碑立传的反党小說。

《茫茫的草原》在一九五七年出版，經过修补，于一九六三年初再版。它的两次出籠，不仅配合了右派分子及党內最大的一小撮"走資派"的資本主义复辟活动，而且，为烏兰夫叛党、叛国、大搞民族分裂的反革命活动立下汗馬功劳。

基于此，烏兰夫反党集团积极組織一帮御用文人对这部反动小說大吹大捧；基于此，內蒙党內最大走資派烏兰夫于一九六三年亲自跳出来大叫什么瑪拉沁夫是內蒙一"宝"，为这部反动小說的炮制者击节称賞，評功摆好。

他們說，"这部作品眞实地描繪了当时的历史图景。""所描写的历史事件和人物带有較普遍的意义。""反映了我們人民的这个英勇战斗的历史。"甚至还說，书中所反映的"道路"是內蒙古人民革命斗爭的"光輝的道路"。

果眞象他們所吹噓的这样嗎？不！完全不是！

它完全歪曲了历史，割断了历史！它歪曲了近一百多年来，我国各族人民反对帝国主义、封建主义、官僚資本主义的伟大史实；它割断了一九二一年中国共产党成立以来領导我国各族人民所进行的如火如荼的伟大斗爭历史。它闭口不提毛主席和党中央的正确領导，不提毛主席亲自指揮的伟大革命战爭和人民革命运动，反而肆意篡改历史，为烏兰夫反党集团歌功頌德。

它把內蒙古人民革命斗爭的道路歪曲为烏兰夫自我标榜的烏兰夫的"独特道路"。它公然鼓吹烏兰夫民族分裂主义思想，为烏兰夫反革命路綫树碑立传。

它把反动的民族主义者鉄木尔吹捧为英雄好汉，把鉄木尔走过的道路說成是"带有普遍意义"的"光輝的道路"。

它的罪恶目的就是为烏兰夫叛党、叛国、复辟資本主义制造輿論。

· 21 ·

是党的领导，还是乌兰夫民族分裂主义的领导？

內蒙古是我們伟大祖国不可分割的一部分。內蒙古各族人民革命斗爭是全国各族人民革命斗爭的一部分。中国各族人民走过的革命道路就是內蒙古各族人民走过的道路。以外，沒有什么别的道路，更不存在乌兰夫所謂的"內蒙古的革命道路"。

中国革命在我們伟大领袖毛主席和党中央的领导下，克服了"左"右傾机会主义錯誤，高举武裝斗爭的大旗，在广大农村建立革命根据地；实行了統一战綫；經过几十年的浴血奋战，終于打败了日本帝国主义、美国帝国主义和蒋介石反动派，建立了无产阶級专政。

在中国革命发展的每一阶段，內蒙古各族人民在我們伟大领袖毛主席的领导下，都进行了艰苦卓絕的斗爭。

第一次国內革命战爭时期，我們伟大领袖毛主席亲自主持的湖南农民运动讲习所培养了大批內蒙干部，而正是这些革命的火种点燃了內蒙古地区斗爭的燎原烈火。

抗日战爭，我們伟大领袖毛主席亲自計划、安排、布置了大青山抗日游击根据地。而正是这个根据地的各族军民沉重地打击了日本帝国主义及伪蒙疆卖国政府。

日寇投降后，摆在全国人民面前的（当然也包括內蒙古各族人民）是两条道路、两个前途、两种命运的决战。这时，又是毛主席亲自指揮的辽沈战役、平津张战役、乃至大军压境綏远的国民党匪军被迫投降等重大战役，对內蒙古人民的彻底解放起了决定性作用。

这些鉄的史实有力地証明了：內蒙古各族人民的解放是在毛主席与党中央的正确领导下取得的，內蒙古各族人民的伟大胜利就是毛泽东思想的伟大胜利，我們心中最紅最紅的紅太阳毛主席是全国也是內蒙古各族人民的大救星。

但是，反党小説《茫茫的草原》无视历史，歪曲历史。閉口不提毛主席和党中央的正确领导，閉口不提光焰无际的毛泽东思想，而是声嘶力竭地吹捧乌兰夫，吹捧乌兰夫所謂"民族自治运动"及其所制定的阶級投降政策。

《茫茫的草原》几处提到乌贼，説什么"咱內蒙古出了个八路王爷，高个子，二十多岁，会説十三国话，他是个大力士，一个人就能把喇嘛庙的大钟举起来呀……"什么"他那高大的身体"，"寬广的额头"，"明智的眼睛"，"稳健的步子"，"慈祥的微笑"，等等。

請看，大反党阴謀家乌兰夫被《茫茫的草原》的炮制者吹捧得何其"高大"！在这里，乌贼简直成了內蒙古人民的"救世主"，成了內蒙古人民革命斗爭的"领袖"，眞是可笑亦复可耻！

反动小説《茫茫的草原》还公开吹嘘乌贼所謂的"內蒙古自治运动联合会"的领导，吹嘘乌贼炮制的阶級投降政策，説什么"在牧区不分斗，不划阶級的政策，爭取他們（指地富反坏）跟着我們走，"説什么"我們眞誠希望团结全民族的一切力量"，希望像貢郭尔这样的反革命分子"貢献出自己的力量"。在这里，鼓吹阶級投降，阶級合作的乌兰夫民族分裂的"民族区域自治"竟然变成了内蒙人民革命胜利的"法宝"。真是滑天下之大稽！

"内蒙古自治运动联合会"是个什么玩艺呢？乌贼说："'四三'会议，解决了内蒙统一自治问题，""谁票多谁当主席"。"结果我们票多，他们票少"。又说：对王公"选上的要团结好，没选上的都安插了"。还说："内蒙革命分三个阶段：即自治运动时期，自治政府时期，自由联邦时期。"这就是乌贼所谓的"内蒙古自治运动联合会"的内容与"远景规划"！而这种"自治运动"与党的民族区域自治政策毫无共同之处。它取消武装斗争而吹嘘"议会斗争"；它不搞群众革命运动而提倡阶级合作；它的前途是不要祖国统一而鼓吹什么"自治政府"，"自由联邦"。一言以蔽之，它不是党的民族区域自治政策，而是乌兰夫阶级调和、议会主义、民族分裂主义的产物。这个"蒙联会"究竟是个什么货色难道还不清楚吗？它怎么能够领导内蒙古人民民主革命呢？

然而，《茫茫的草原》的情节正是以"蒙联会"为背景展开的。

这是一九四六年！一九四六年，是全国各族人民团结一致，"用自卫战争粉碎蒋介石进攻的一年"，是"迎接革命新高潮的前夜。"用毛泽东思想武装起来的中国各族人民深深懂得，这是两条道路、两种命运的大决战，是最后埋葬蒋家王朝，解放全中国的关键时刻。打一场人民革命战争，建立和巩固无产阶级专政，这是全国也是内蒙古各族人民早已明确了的任务。但是，反动小说《茫茫的草原》所写的却是："一千九百四十六年的春天，察哈尔草原的人们生活在多雾的日子里"，"人们困惑地，焦急地期待着晴朗的夏天！"而其主人公，也是在这雾里，在茫茫的草原上寻找着"民族出路"。在这以前，他们似乎生活在一个不受革命风暴冲击的世外桃源，不了解共产党，不清楚八路军，不知道走什么路。而在一九四六年"内蒙古自治运动联合会"成立，"内蒙古自治运动联合会"的工作队来到草原，他们才找到了探求民族解放的道路！

反动小说《茫茫的草原》的炮制者，反革命修正主义分子玛拉沁夫就曾招供："我那本书的主题思想是，蒙古民族在茫茫的草原上寻求民族解放的道路。解决内蒙人民跟着谁走的问题。"其实，反革命修正主义分子玛拉沁夫何必那样羞羞答答，吞吞吐吐。**反动小说《茫茫的草原》所要表现的就是"内蒙古人民跟着'乌兰夫'寻求民族解放的道路"**。大党阀，大阴谋家乌兰夫及其卵翼下的死党们不是恬不知耻地叫让什么"内蒙革命发源于北平的蒙藏学院"，"乌兰夫是内蒙古人民的领袖"，"内蒙古自治运动联合会"是"内蒙民族彻底解放之组织者和领导者"吗？不是露骨地打起"在乌兰夫的旗帜下前进"的旗号吗？反革命修正主义分子玛拉沁夫利用小说与乌兰夫反党集团一唱一和，正好暴露他们狼狈为奸，吹捧乌贼的狼子野心！

很显然，反动小说《茫茫的草原》所描写的党的领导，不是毛主席、党中央的正确**领导，而是乌兰夫民族分裂主义的领导**。他们妄图以乌贼取代毛主席、党中央在内蒙古的领导；以乌兰夫民族分裂主义思想取代光焰无际的毛泽东思想；以乌兰夫反革命修正**主义路线取代毛主席的革命路线**。为其叛党、叛国、大搞资本主义的乌家独立王国制造**舆论准备。其卖力的程度，在文艺界达到了顶峰**。

· 23 ·

革命的道路，还是反革命的道路

乌兰夫反党集团的御用文人说：《茫茫的草原》所反映的是一条"光辉的道路"。这完全是胡扯。我们说，《茫茫的草原》所鼓吹的是一条不折不扣的反革命道路，是乌贼的修正主义，民族分裂主义道路。

我们伟大领袖毛主席教导我们："新民主主义的革命，不是任何别的革命，它只能是和必须是无产阶级领导的，人民大众的，反对帝国主义，封建主义和官僚资本主义的革命。"但是反动小说《茫茫的草原》却公然篡改民主革命反帝反封反官僚资本主义的性质，把内蒙古人民革命斗争歪曲为"民族主义运动"。

《茫茫的草原》贯穿着一条"反动民族主义"的黑线。它狂热宣扬什么"蒙古民族有没有出路？有！它不再受帝国主义和大汉族主义的欺压摧残了！"而小说中的"女英雄""女政委""党的领导的化身"苏荣在向群众做工作时也竟然别有用心地说什么："多少年来、帝国主义、大汉族主义和封建势力，像三只恶狼一样咬在我们的喉咙……。"这是什么话？这岂不是说，内蒙古人民革命斗争就是反对帝国主义、反对大汉族主义的"民族革命运动"吗？这岂不是说，内蒙古人民在新民主主义革命时期的奋斗目标就是为蒙古民族中压迫阶级与被压迫阶级寻找一条不受欺压，不受摧残的共同出路吗？这岂不是说，长期压在内蒙古人民身上的不是帝国主义、封建主义、官僚资本主义三座大山，而是什么"民族压迫""民族矛盾""大汉族主义"？《茫茫的草原》竟敢公开篡改毛泽东思想，用心何其毒也。

在这种反动"民族主义"黑纲的指导下，反动小说《茫茫的草原》所反映的"革命斗争"变成被"民族热""激出眼泪"的民族复兴"的"民族革命运动"。书中所描写的人物，不管处于什么阶级地位，几乎都是围绕着"为民族"而思考问题，权衡利弊，采取行动。"民族"，成了各阶级共同的至高无上的东西，"民族热"成了支配一切的杠杆，它既可以激发广大贫苦牧民参加革命，又可以使不同阶级的人有了共同语言，站到同一个立场，反对共同的敌人。

工作队长苏荣用"成吉思汗是个英雄"，国民党反动派"消灭我们蒙古民族"的理论动员广大群众参加革命；骑兵中队长官布则以军人"还要有一颗好心，要永远忠于自己的民族和人民"来教育自己的战士；铁木尔参加革命的动机是什么"成吉思汗是我们的祖先""我们要复兴"，"为自己的民族干"。而官布骑兵中队的建军誓言却是"我们一群察哈尔青年 发誓，我们永远为自己的民族和人民……"那个宣扬什么"背起枪杆，只是为了复兴自己的民族""蒙古人应当独立"的蒙奸齐木德感到"革命使他的心情不再受压抑"而与我军欣然合作，而高喊"圣祖成吉思汗说，团结就能战胜敌人"的封建王公达木汀也竟然声称"抱定决心，坚决走革命的路了。"

请看，这就是反动小说作者笔下的"革命者"和"革命"的同路人，无论是共产党员，贫苦牧民，还是王公贵族，都把成吉思汗当做共同的"圣祖"，"英雄"。都把"为民族"奋斗当做最高行动纲领。这哪里是什么内蒙古人民反对帝国主义，反对封建主义，反对官僚资本主义的革命队伍！这分明是反动民族主义者的神圣同盟。在这里，反对封

· 24 ·

建主义变成了联合封建势力；反对国民党反动派为代表的官僚资产阶级变成反对"大汉族主义"的"民族压迫"。一場疾风暴雨的阶級大搏斗被歪曲成抽象的"民族斗爭"。

《茫茫的草原》如此肆无忌憚地纂改內蒙地区民主革命的性质，决非偶然。早在一九四五年"內蒙自治运动联合会"成立前后，烏賊不是叫囂什么"在成吉思汗的旗帜下团結起来"嗎？不是叫囂什么："成吉思汗子孙就应該为祖先的荣誉……团結自救，争取民族解放"嗎？从那时起，烏賊就变本加厲地推行民族分裂主义路綫，在內蒙地区掀起一股"民族分裂主义"逆流。而《茫茫的草原》为其推波助瀾，不遺余力，效尽犬馬之劳。

毛主席說："没有一个人民的軍队，便没有人民的一切。"民主革命时期，在伟大統帅毛主席的領导下，在蓋蓋烈烈的群众革命运动中，一支以工农基本群众为主体的、有自觉的紀律的、全心全意为人民服务的人民軍队发展壮大起来。但是，反毛泽东思想成性的烏兰夫，閉口不讲具有革命传统的老部队的作用，閉口不讲在群众斗爭中輸入部队中的新的血液，而是一味鼓吹改造、利用旧軍队，并且恬不知耻地吹嘘他自己"有改造旧軍队的經驗"，內蒙有自己独特的建軍路綫。

《茫茫的草原》在这个問題上也同样跟在烏賊后面，鸚鵡学舌，竭尽其吹捧之能事。

小說中中国人民解放军的唯一代表是洛卜桑率領的"內蒙古自卫軍骑兵第十二师"。

洛卜桑是个什么人呢？

洛卜桑"初次扛枪，还在张作霖时代"。"十年前，他到了伪蒙疆"，"不久，他依靠自己的軍事才能，当了师长。他打过土匪，也被日本人利用跟八路軍作过战。""他只抱着一个理想，就是建立一支蒙古人自己的强大軍队。"

显然，洛卜桑是一个地地道道的封建軍閥，一个屠杀八路軍战士的劊子手，一个卖国求荣的大蒙奸，一个打着武装救民族旗号的封建上层的看家狗。但是，这样一个人竟然"认識到自己从前的'奋斗'是作了不少罪恶的事情"，"参加了中国共产党"，当上了人民軍队負責人。

他这个认識是怎样来的？是誰帮助他"认識"的？原来，他有一个最好的朋友，也是蒙古人，"现在是中共內蒙古党委的負責人"。他对軍事很感兴趣，"他俩喝起酒来，谈起天来，总是不到深夜不罢休。"后来，"洛卜桑几次冒着掉脑袋的危险，把他掩护在自己家里"。当洛卜桑知道他是共产党员，便"把日伪重要軍事情报，转告給他。"洛卜桑还巧妙地"把能够装备一个团的武器弹葯秘密运到山里"，"日本垮台后，他在那位朋友的帮助下，立刻与晋綏地区的八路軍接上头。"我們要問：一个屠杀共产党的蒙奸軍官怎么能够和共产党人握手言欢呢？他的世界观、阶級立場怎么能轉变的如此容易，如此离奇？反动小說《茫茫的草原》吹捧烏兰夫的"建軍路綫"未免也太露骨了！这根本不是什么改造旧軍队，这明明是在对抗毛主席的建軍路綫。明明是为烏兰夫修正主义"建軍路綫"叫好！

毛主席教导我們說："誰是我們的敵人？誰是我們的朋友？这个問題是革命的首要問題。"党的民族統一战綫政策是阶級斗爭，而不是阶級投降、阶級合作政策。但是，《茫茫的草原》却歪曲了毛主席的正确統战政策，鼓吹刘少奇、李維汉、烏兰夫的統而不战的投降政策。

反动小說中党的領导的化身苏荣公开宣揚："我們眞誠地希望团結全民族的一切力量，不但包括一般上层人物，而且也包括那些历史上有污点的上层人物。"同时，她肉

·25·

麻地对民族上层献媚："革命的大門，向每一个人敞开着。""欢迎你們，过去的事情，让它过去吧！"好一个"过去的事情，让它过去吧！"这不是阶级投降，阶級合作又是什么？

在这种阶級投降主义路綫下，蒙奸官吏齐木德可以当上人民武装的副团长；在这种阶級投降主义路綫下，大牧主、大封建貴族达木汀可以由洛卜桑师长亲自請来，选做盟长；在这种阶級投降主义路綫下，残暴的奴隶主、日寇的警察大队长、国民党上校軍官可以不經过斗爭而与官布中队联合起来。

够了！这那里是統战政策呢？这分明是在招降納叛，网罗牛鬼蛇神！

为了使人相信这种所謂的"統一战綫"的可能性和现实性，《茫茫的草原》的炮制者大肆美化封建上层。說什么齐木德"身材高大，五官端正"，"在咱們察哈尔也是个人物"，除了"复兴自己民族"的"目的"，"就是封元帅也不干"。說什么达木汀可以和旗民"一同吃苦，一块受罪，一块死"。說什么貢郭尔要象"一个眞正的成吉思汗子孙那样流尽""黑色的血"。原来，这个"統一战綫"的基础就是"民族分裂"，这个"統战政策"，就是民族分裂的"統战政策"。至此，《茫茫的草原》的炮制者的反动嘴脸不是暴露无遺了嗎？

乌贼在大讲其民族分裂史时，就曾公开嚎叫"統战政策"就是"包下来，提上来"，"如果王公表现好，""就可以当旗长"。"內蒙革命中两条路綫斗爭，就是上层路綫和群众路綫的斗爭問題"，等等。他抹煞蒙古族內部的阶级斗爭，对蒙古族封建上层，王公貴族采取了彻头彻尾的阶級投降主义路綫。他包庇封建主，使他們搖身一变，成了乌贼的"革命干部"。他混淆革命与反革命的界限，把人民同国民党大員、伪蒙疆官僚、封建王公的敌我矛盾，硬說成"內蒙革命中两条道路的斗爭"，硬說成革命阵营內部的路綫斗爭。而《茫茫的草原》所鼓吹的正是乌贼这套修正主义、民族分裂主义的"統战"謬論。

总之，在反动小說《茫茫的草原》中，党的統战政策变成了民族分裂、阶级投降主义政策。內蒙古人民武装的建設路綫变成了"改造旧軍队"。內蒙古各族人民革命斗爭的性质变成了"民族主义革命"。这难道是內蒙古人民所走过的光輝道路嗎？不！完全不是。这是乌兰夫民族分裂主义路綫。是乌兰夫反党集团的反革命道路！《茫茫的草原》为民族分裂主义黑綫张目，罪莫大焉！

是革命战士，还是反动民族主义者？

鉄木尔在《茫茫的草原》中是以"英雄"姿态出现的。他是哪个阶級的英雄？他决不是无产阶級的英雄人物，他是一个地道的民族分裂主义者心目中的"英雄"。鉄木尔的面孔是蒙古族貧苦牧民的，灵魂却是当代最大的分裂主义者乌兰夫的。

鉄木尔一出场，就是抱着"复兴蒙古民族"的"宏图大志"从伪蒙疆部队回到家乡。但是，到底怎样干？跟誰干？他不清楚。他只记得：貢郭尔与他有夺妻之恨，而对八路軍也"并沒有很深的感情"。于是，这位自命不凡的"英雄"便在茫茫的草原上寻求一条"民族解放"的道路，并为之历尽艰难险阻。

·26·

在鉄木尔的头脑里并没有什么"阶級"、"阶级斗争"的观念，充斥于他头脑里的都是狭隘民族主义情绪和反动民族主义思想。"汉人再好，也不会为我们蒙古民族的解放出力"，这是他評价事物的标准。"当兵就为自己蒙古民族干"，"就是死，也要脸朝北倒下"，这是他干一番事业的动力。在这种反动民族主义思想的支配下，他参加了苏荣組織的打猎組；在这种反动民族主义思想的支配下，他带头"解下佛像"，让人們跪下向佛爷发誓，正式成立官布騎兵中队；就是在这种反动民族主义思想的支配下，他脱离了騎兵八十一团。当他从騎兵八十一团出走时，他担心的不是别人会指责他做了革命的逃兵，而是担心战士們会骂他"是民族叛徒"，但是，一想到"我鉄木尔扛枪为的是蒙古百姓"，"为的是保护好家乡和乡亲們"，于是他和沙克蒂尔心安理得地离开了大部队。这里，鉄木尔已不仅仅是狭隘民族主义者，而且，也是一个狭隘地方主义者。

鉄木尔以"民族"来衡量一切。他說："八路軍再好，为什么沒有一个蒙古人当八路。"他还說："如果以后我发觉誰不是好人，不为蒙古人办好事的时候，我馬上就不跟他合作了"等等。

看！这样一个开口闭口叫嚣什么"为民族""复兴蒙古民族"的人，怎么能够成为"反映了我们人民的这个英勇战斗历史"的革命战士呢？这样的人难道我们见到的还少吗？大蒙奸德木楚克、李守信之流不是高喊着"为民族"的口号投入日本帝国主义的怀抱了吗？老牌民族分裂主义者哈丰阿之流也不是打着"为民族"的旗号，大搞资产阶级封建主义政权吗？当代王爷乌兰夫也不是唱着"为民族"的高調而走向反党、反社会主义、反毛泽东思想、大搞民族分裂背叛祖国的邪路上去吗？大大小小的民族分裂分子，叛党叛国分子都有一个共同特点，这就是挥舞着"为民族"的遮羞布干着复辟封建主义、资本主义的罪恶勾当。很清楚，鉄木尔就是一个貨眞价实的反动民族主义者，鉄木尔的道路就是那些狂热的民族主义者所梦寐以求的民族分裂道路！

做为鉄木尔补充的形象和映衬的，还有沙克蒂尔及官布騎兵中队的一伙"战士"。他們参加革命的目的是什么呢？"在家沒事，出外轉轉也不妨"，"跟誰当兵还不一样"，"我們成立軍队吧"，"为自己的民族，就是死了也光彩"，"既然下决心为自己的民族干，就不在乎吃穿"，"管他媽的八路还是国民党，誰糟害牧民，咱們就把誰脑袋打开花。"看！这哪里有一点革命战士的味道呢？这不就是一群发着"民族狂热"病的乌合之众吗？这些人不就象《靜靜的頓河》中反革命分子葛利高里所率領的那批叫嚣"保卫頓河草原"的哥薩克騎兵吗？

奇怪的是，在《茫茫的草原》中每个貧苦牧民都有着那样严重的反动民族主义思想。难道貧苦牧民們对反动民族主义那么感兴趣嗎？难道反动民族主义思想既可为封建王公牧主服务，又可为貧苦牧民服务嗎？原来，鉄木尔脑子里那潭反动民族主义的污泥浊水，就是內蒙党內最大走资本主义道路当权派乌兰夫的黑貨！一九四七年，当代最大的分裂主义者乌兰夫就曾公开叫嚣："几百年来，我们內蒙民族受异民族压迫、剥削、侮辱与愚弄，成吉思汗的子孙就应該为祖先的荣誉与父母兄弟姐妹妻子及万代子孙的幸福，团結自救，爭取解放。"同时，他还胡扯什么，"內蒙古青年参加革命不是由于阶级觉悟，而是因为民族的觉醒。"等等。而《茫茫的草原》的炮制者，反革命修正主义分子瑪拉沁夫也不打自招地說："我就是以此作为主导思想来写鉄木尔的……。"

· 27 ·

《茫茫的草原》的炮制者肆无忌憚地歪曲蒙古族貧苦牧民，吹捧民族分裂主义者的卑鄙用心不是昭然若揭了嗎？他們就是要号召人們学习反动民族主义者的模特儿鉄木尔，就是要号召人們走鉄木尔的民族分裂主义道路，就是要为烏兰夫叛党叛国，大搞民族分裂反革命活动招兵买馬！

鉄木尔就是被烏兰夫反动理論强奸了的形象。而作者也企图通过对鉄木尔的大肆渲染，为烏兰夫的反动言論提供事实根据。

结　束　语

反动小說《茫茫的草原》是周揚一伙长期以来背叛毛主席革命文艺路綫，而执行修正主义文艺路綫的产物，也是烏兰夫反党集团推行民族分裂主义文艺路綫的产物。它是修正主义的艺术标本，也是民族分裂主义的艺术标本。

反动小說《茫茫的草原》炮制者步其祖师爷肖洛霍夫的后尘，大肆宣揚资产阶级"人性論"，"人道主义"；宣揚战争恐怖；宣揚阶级調和；宣揚人物精神世界的分裂，宣揚色情与多角的男女关系。它集修正主义文学之大成。

但是，肖洛霍夫的文艺思想是它的肉体，而烏兰夫民族分裂主义却是他它灵魂！

反党野心家烏兰夫多少年来一直背叛无产阶级革命，推行一套修正主义、民族分裂主义路綫。近年来，在国际阶级斗爭极其尖銳，国內两个阶级、两条道路、两条路綫大决战的时刻，他更加疯狂地揮舞什么《三五宣言》、"三个基础"煽动民族分裂，破坏祖国统一，加足馬力进行着一場触目惊心的反革命政变。而《茫茫的草原》为配合这个资本主义复辟大阴谋，鼓吹"烏兰夫思想"，鼓吹"烏兰夫道路"，为烏兰夫民族分裂主义路綫树碑立传达到登峰造极的地步。

对这样一部反动小说，早就应該彻底批判了。但是，在烏兰夫反党集团把持下的內蒙古文艺界，是一个针插不进，水泼不进的独立王国，他们对《茫茫的草原》长期包庇，不准批判。即使迫于压力，也只是搞搞假批判，眞包庇，不准涉及要害——民族分裂主义問題。

曾几何时，汹涌澎湃的无产阶级文化大革命把三反分子烏兰夫及周揚一伙揪出来了！把反革命修正主义分子瑪拉沁夫揪出来了！在革命大批判的高潮中，在文化大革命的陣陣凯歌声中，我們把反动小說《茫茫的草原》拉出来示众，这是毛泽东思想的伟大胜利！让我們高举毛泽东思想的伟大紅旗，彻底砸烂內蒙古文艺界反党集团，把文艺黑綫批倒、批臭，让毛泽东思想的文艺紅旗永远飘揚在內蒙古草原上！

《歌声》是反革命的叫战書

清 宇

我們最最敬爱的伟大領袖毛主席教导我們："凡是錯誤的思想，凡是毒草，凡是牛鬼蛇神，都应該进行批判，决不能让它們自由泛濫。"

"当代王爷"烏兰夫的文艺打手，反革命修正主义分子瑪拉沁夫的短篇小說《歌声》（《人民文学》一九六二年第二期）是被推翻的剝削阶級向无产阶級专政射出的一支毒箭，是一株地地道道的反党反社会主义反毛泽东思想的大毒草。必須彻底批判！

一九六二年，国际上帝、修、反組成了反华大合唱，国內的牛鬼蛇神蠢蠢欲动。风吹树响，瑪拉沁夫这个內蒙文艺界的黑头目也兴风作浪，与文艺界"祖师爷"周揚，"三家村"掌柜邓拓之流遙相呼应，大耍"三家村"的鬼伎俩，用了极其恶毒的借古讽今的手法，迫不及待的抛出了《歌声》，影射現实，与"三家村"一唱一和，疯狂地攻击我們无产阶級专政，攻击社会主义制度。他狡猾地給《歌声》安了个"过去的故事"这样一个副标题。难道瑪拉沁夫真是在忆旧社会的苦嗎？不是！难道瑪拉沁夫真是在讲过去的故事嗎？不是，全然不是！这是"此地无銀三百两"！

一开始，作者有意地造成一个沉郁、甚至使人窒息的气氛。写了个"老馬头琴手加米揚拖着沉重的脚步"，怀着"滿腹的悲痛"，踏着"早年龟裂的大地"去埋葬"在饥餓中死去"的丹木巴"从草原归来"。加米揚的面前是"苦难的故乡"，"村落里沒有灯光，沒有笑声，只有两条无形的毒蛇：黑暗和饥餓。"接下去，便是他的"悲憤"的唱詞："阴暗的云雾啊，遮住了初升的太阳，蒼茫的草原啊，苦难纏在身上……为什么穷人哪，只有死亡和黑暗？"看，正当国內外阶級敌人反动气焰十分囂张的时候，瑪拉沁夫大肆地写什么"阴暗的云雾"，"蒼茫的草原"，"龟裂的大地"，"苦难的生活"；"貧困和饥餓"，"死亡和黑暗"，其攻击三面紅旗，反党、反社会主义的狼子野心不是昭然若揭了嗎？

更恶毒的是，加米揚說什么"我从来就是你們的歌手，我的歌声就是你們的呼声；我要带着你們的呼声，到草原各处向穷苦的牧民求救，向他們叙述我們大家的困境。"这是何等典型的"三家村"的黑話！"假的就是假的，伪装的应該剝去。"瑪拉沁夫儼然以一个牧民利益的代表者身份出現，借加米揚之口，发泄自己对党对社会主义的刻骨仇恨，以达到煽阴风、点鬼火，让牛鬼蛇神出来造反的反动目的。什么"你們的歌手"！是反革命的黑歌手，瑪拉沁夫就是內蒙文艺界最大的反革命的黑歌手！瑪拉沁夫要叙述什么？是黑話，是訴社会主义之"苦"；要"求救"于什么？是煽动"苦难的兄弟們哪，心連起心！在饥餓中的乡亲們哪，心連起心！"这是明目张胆地煽动反革命暴乱，是为牛鬼蛇神颠覆无产阶級专政制造輿論，呼风唤雨，用心何其毒也！

· 29 ·

反革命的阶级本性，使得玛拉沁夫再也按奈不住对党、对社会主义的刻骨仇恨。他大写什么加米扬探求的道路是"一条无限长的绳索。"而沿着这条"绳索"作者又将情节转了一下：加米扬从外地"求救"乞讨而归，却被一伙牧民中途拦劫。于是，加米扬用歌声感动对方，解除误会。原来，这股牧民和加米扬一样也是迫于饥饿"背井离乡"。这样，玛拉沁夫笔下的草原被他随心所欲地塞满了"饥饿和贫困"，"逃亡和抢劫"。而他通过对"饥饿和贫困，逃亡和抢劫"的大肆渲染，向牛鬼蛇神及被推翻的剥削阶级暗示：气候适应，火速出笼，只有抢劫暴乱，才能跳出"苦海"，才能夺回失去的"天堂"。

显然，反革命修正主义分子玛拉沁夫的《歌声》是不折不扣的反革命叫战书，而反革命修正主义分子玛拉沁夫是地富反坏，牛鬼蛇神的反革命喉舌。

《歌声》的出笼决不是偶然的。玛拉沁夫本人就是一个漏网的右倾机会主义者，他曾恶毒地攻击什么"大跃进炼铁都炼成废物"；什么"××地饿死人了"，"盲流抢饼干了"；什么"国民经济失调了，完了！"等等。而在一九六二年他为了配合国内外一切阶级敌人的资本主义复辟活动，公然抛出了他的反革命叫战书《歌声》向无产阶级专政发起疯狂进攻。

多少年来，玛拉沁夫凭着一支反革命黑笔在其主子乌王爷的授意下，大力兜售旧中宣部、旧文化部的黑货，大力兜售乌兰夫反党集团的民族分裂主义黑货。犯下滔天大罪。必须彻底清算。

让我们高举毛泽东思想伟大红旗，直捣内蒙文艺界黑巢。把文艺黑线批倒、批臭，让玛拉沁夫及其后台在革命大批判的风暴中，发抖吧！哭泣吧！

毒 草 示 众

毛主席教导我们："凡是要推翻一个政权，总要先造成舆论，总要先作意识形态方面的工作。革命的阶级是这样，反革命的阶级也是这样。"中国的赫鲁晓夫以及反革命修正主义分子彭真，周扬等是很懂这个道理的。十七年来，这些反革命修正主义的头头为自己篡党、篡政、篡军作了大量的舆论准备。他们利用小说、戏剧、电影等艺术形式为自己树碑立传，歌功颂德；掩饰、篡改他们卑鄙可耻，丑恶肮脏的历史，攻击、诽谤、诬蔑，丑化伟大、光荣、正确的中国共产党。十七年来他们利用文艺干的反党、反社会主义、反毛泽东思想的罪行，真是'罄南山之竹，书罪无穷；决东海之波，流恶难尽。"

"金猴奋起千钧棒，玉宇澄清万里埃"让我们高举起伟大的毛泽东思想批判旗帜，把这些毒草连根铲除！

下边把一些大毒草拿来示众，供广大革命群众参考批判。

《青春之歌》，杨沫著。它狂热地吹捧中国的赫鲁晓夫所领导的×××运动为之大唱赞歌。为这个中国的叛徒和彭真树碑立传，为他们篡党、篡政、篡军作舆论准备。

《上海的早晨》（第一、二部）。周而复著。这是一部描写所谓中国工商资本家进行社会主义改造的大毒草，给万恶的资本家涂脂抹粉，对资产阶级竭尽美化之能事，是

· 30 ·

《静静的顿河》与《茫茫的草原》

东 峰

目前，革命的文艺大批判已在全区范围内轰轰烈烈地开展起来，上至反革命修正主义文艺鼻祖肖洛霍夫，下至他的徒子徒孙，都被革命群众揪出来了。曾经声称"一步一个头也去拜见"肖洛霍夫的玛拉沁夫，也被广大群众揪出，彻底暴露在光天化日之下了。

这个玛拉沁夫，是肖洛霍夫的恶奴才，"当代王爷"乌兰夫的小狗。

肖洛霍夫有一部臭名远扬的反革命小说《静静的顿河》；而玛拉沁夫有一部《茫茫的草原》。就在这块毒草丛生的"茫茫的草原"上，肖洛霍夫的反革命修正主义思想从"静静的顿河"流来，大肆泛滥，为乌兰夫灌溉着反革命的"独立王国"田园。

玛拉沁夫曾经有一句绝妙的自供，他说："这是新的历史时期肖洛霍夫的阴魂在我和我的作品中再现。"这句话相当精确简练地刻画出了玛拉沁夫的丑恶灵魂和奴才面目。

一

毛主席教导我们："**你是资产阶级文艺家，你就不歌颂无产阶级而歌颂资产阶级；你是无产阶级文艺家，你就不歌颂资产阶级而歌颂无产阶级和劳动人民；二者必居其一。**"玛拉沁夫站在反动的资产阶级立场上，对无产阶级革命怀着刻骨的阶级仇恨，通过他在《茫茫的草原》中所塑造的一系列形象，疯狂地反对毛主席亲自指挥领导的伟大的解放战争，为乌兰夫分裂祖国统一，破坏民族团结，复辟资本主义大造舆论。

《静静的顿河》一书描写的是苏联十月革命前后顿河哥萨克的生活，可是，肖洛霍夫为了他的反革命本性，全然掩盖了哥萨克内部的阶级矛盾。小说中的鞑靼村，被描绘成了一个没有剥削、没有压迫、没有阶级的"极乐世界"。他恶毒地咒骂武装夺取政权的国内革命战争破坏了顿河哥萨克的宁静富足的生活。他极力宣扬战争恐怖，诬蔑革命战争，把列宁领导下的无产阶级革命战争诬骂为比帝国主义战争"更加沉重的痛苦和灾难"的"大悲剧"。

《茫茫的草原》一书，是以从一九四六到一九四七年刚刚开始的解放战争为历史背景的。一九四六年六月，蒋介石撕毁了停战协议，向解放区发动了全面进攻。在这种情况下，我们伟大的领袖毛主席发出了庄严的战争号令："**以自卫战争粉碎蒋介石的进攻。**"但是，玛拉沁夫站在反动的资产阶级、民族分裂主义的立场上，肆意歪曲历史，把一场伟大的革命战争篡改成了推翻"帝国主义、大汉族主义和封建势力"的"民族解放战争"。并且恶毒地咒骂伟大的解放战争破坏了察哈尔人民的"恬静、瑰丽和安详"的生活。在解放军战士沙克蒂尔偷跑回家探望他的情妇莱波尔玛的时候，作者这样写道："他（沙克蒂尔）在泉边一面走，一面凝视着平静的泉水想，'……到底谁愿意这样干？……这些狗养的东西，难道他们就没有老婆孩子，他们的家乡就没有静静的泉水和心！为什么要打仗呢？……可怜的莱波尔玛！我们在今天晚上见一面，就分开了。战争，我们也许……'"

很明显，这是在咒骂革命战争多么残酷恐怖，多么不"人道"，它破坏了人们的美满宁静的生活，使人们颠沛流离，妻离子散。这难道不就可耻地证明了，玛拉沁夫和肖洛霍夫一样，是革命战争的死对头吗？

肖洛霍夫竭力宣扬阶级调和，掩盖阶级斗争。在他的笔下，地主和仆人亲如一家，富农的一家人都劳动，全部哥萨克都过着自食其力的生活。青出于兰胜于兰。玛拉沁夫更其露骨。在他的笔下，特古贝扎是一个没有剥削压迫的"自由世界"。在这里，大牧主守财奴瓦其尔是一个辛勤劳苦的发家致富的人，他很有"人性"，抚养了他的救命恩人的子孙铁木尔，并且嘱咐他的子孙"祖孙八辈记住人家的恩德"；在这里，不是牧工活牧主，而是牧主养活牧工，吸血鬼瓦其尔"为了接济附近的贫苦牧民，把整羊整牛施舍给他们"；在这里，牧民是"驯服的旗民"，牧主是在混乱、危险的时刻能够"站在人民当中"的王公。总之，在这里，人们不知道什么是阶级斗争，阶级仇恨，什么是剥削压迫。即使对反透顶、双手沾满人民鲜血的日伪走狗贡郭尔，人民痛恨的也只是他的"虚伪"，而不是别的。

肖洛霍夫在《静静的顿河》里无耻地美化反革命、叛徒匪帮，歌颂苏维埃的敌人。他对彭楚克之流的机会主义者大加吹捧，而对哥萨克的革命领袖却加以贬斥逶蔑之能事，把他们描写成在叛徒头子面前软弱的软骨头。他阴森愠嘲笑苏维埃政权如何不好，如何不得人心。冰成于水寒于水。玛拉沁夫更甚。他极其肉麻地为封建上层、为伪蒙疆军官大唱颂歌，尽情美化国民党特务刘铮精明强干，智谋多端，在工作队的鼻子底下活动而一直未被发现；贡郭尔很有"本领"，当他虚假地追击伪装"八路"的国民党匪徒时，博得了人们的无限钦佩；土匪奸齐木德受了"革命"的"间接""鼓舞"，"心情不再受压制"了，察哈尔最大的王公苏木汀原来就是一个"爱百姓"的、"跟人民在一道"、"不知道什么叫危险"的人，我军师长低三下四地把他扶上盟长的宝座之后，他"抱定决心坚决走革命的路"，便是坚定的革命者了。小说中的我军师长衮卜桑，更是玛拉沁夫明目张胆地为反动派、刽子手大唱赞歌的铁证。衮卜桑本来是伪蒙疆的师长，他"跟八路军作过战"，是一个双手沾满革命战士鲜血的反动军官。可是仅仅因为他有一位共产党朋友，就加入了共产党，摇身一变，成了人民军队的师长。接着，玛拉沁夫就无耻地把他吹捧成"草原的鹰"、"我们的鹰"。稍有历史常识的人一看就明白，玛拉沁夫在这里歌颂的根本不是我军的领导人，而是被乌兰夫的所谓"建军路线"拉过来的那一小撮伪蒙疆的反动军官。

《茫茫的草原》的作者对阶级敌人大肆美化歌颂，对革命人民和党的领导却加以歪曲漫骂。人民的军队被他描写成了一群乌合之众，亡命之徒。他们所以参加解放军的是因为"在家没事干"，有的是因为"和老婆吵了一架"，有的则是觉得"跟当兵都一样"而胡里胡涂混进来的。他们整天想的是"女人"，想的是"妻子、情人、战火和死亡"。这哪里是革命的队伍？简直是国民党匪徒。在小说中，就连作为党的唯一的领导者姿态出现的苏荣，也被玛拉沁夫逶蔑成了一个毫无原则，一味讲求"团结"、"联合"的右倾机会主义者；他竟然抹煞封建上层王公贵族如贡郭尔之流的反革命罪恶史，叫喊什么"过去的事情，让它过去吧！"要把"革命的大门"向他们"敞开"，"欢迎"他们钻进革命阵营。

你看玛拉沁夫对剥削阶级是多么倾心地爱，而对革命又是多么刻骨地恨啊！为什么玛拉沁夫的爱憎如此分明呢？正像毛主席所说，"**世上决没有无缘无故的爱，也没有无缘无故的恨。**"和肖洛霍夫爱反革命、资产阶级，恨布尔什维克、苏维埃政权一样，完全是由他的反革命立场、反革命本性决定的。

二

一部作品里的主人公是一个什么人？作者对他的主人公又抱什么样的态度？这是衡量检验一个作家政治立场的试金石。

《静静的顿河》里的主人公是葛利高里。这个葛利高里是一个什么人呢？他出身于哥萨克的一个富农家庭。他为建立一个"自由的哥萨克"，为了探索一条所谓的"正确道路"，曾经两次混入革命队伍。但是，当他感到苏维埃政权与他所探索的那条"哥萨克独立自治"的道路格格不入的时候，他叛变了。他以无比的仇恨咒骂苏维埃"是一个坏政权"，他狂妄地嗥叫叫："我是不能叫红色哥萨克活留活命的。"对于这样一个无产阶级的凶恶的敌人，肖洛霍夫赤裸裸地站在地主资产阶级立场上，对他寄以无限同情，拼命加以美化歌颂，为了掩盖葛利高里杀人不眨眼的反革命本性，当他杀了红军战士后，肖洛霍夫就给他描上几道泪痕，让他"良心发现"，无限痛苦地哭泣、忏悔。为了美化葛利高里的叛徒嘴脸，肖洛霍夫把他的脱离革命队伍说成是为了探索"正确的道路"，追求真理。

《茫茫的草原》通篇也集中描写了一个主人公铁木尔。铁木尔和葛利高里是一对孪生兄弟，他所走的道路也就是葛利高里所走过的那条反革命道路。铁木尔是大牧主瓦其尔的养子，他曾经参加过伪蒙疆军队，一曾受过伪蒙军队长官的"夸奖"。他也对革命非常仇恨，"对红军并没有很深的感情"。在他的脑袋里，什么阶级斗争，什么革命战争连一点影子都没有，有的只是沸腾到一百度的"民族热"，和葛利高里决心实现"哥萨克独立自治"一样，他梦寐以求的是"复兴青色的蒙古"。他开口闭口"为自己的蒙古民族敢生敢死"，"为了自己民族，就是死也光彩"，他狂妄地叫嚣"如果以后我发现谁不是好人，不为我们蒙古人办好事的时候，我马上就不跟他合作了……这一点你们可千万记住！"在这种反动的民族主义思想的支配下，当他跟随大军远离家乡之后，他满肚子不高兴，愤懑地发泄道，"连我的马都喝不惯这地方的水！"他对革命怀疑了，"我们扛大枪，干革命，为的啥？"他觉得，伟大的中国人民解放战争非免除不了草原的苦难，"牧民的伤痕，年轻妇女的哭声……"于是，铁木尔强烈地感到革命战争与他所追求的"民族复兴"的道路格格不入。最后，他终于可耻地脱离了革命队伍，逃跑了。他的这种背叛革命的行为，从思想本质上来说，是和葛利高里的叛变投敌完全相同的。葛利高里为了实现"哥萨克独立自治"的反动政治理想，仇恨苏维埃、仇恨十月革命而叛变，铁木尔也是为了"复兴青色蒙古"，仇恨中国共产党领导下的解放战争而逃跑。对于这个革命的叛徒，反动的民族分裂主义分子，玛拉沁夫又是抱着怎样的态度呢？他站在反动的封建上层、民族分裂主义的立场上，大肆美化歌颂铁木尔，把他描写成了一个"粗犷、正直而又勇敢无畏的青年"，察哈尔的"英雄"。玛拉沁夫为了掩盖铁木尔的反动思想本质和叛徒行径，把他的逃跑美化成了为拯救家乡被蹂躏的牧民的英雄行为。 （下转第三版）

地址：内蒙古大学十一号楼　　　　　　电话：四八〇七　　　　　　（零售每份二分）

1967年11月29日　　　　呼三司　　　　·3·

把文艺界文化大革命进行到底

内蒙古文艺界无产阶级革命派誓师大会
彻底砸烂内蒙古文艺黑线

本报讯 在我国无产阶级文化大革命空前大好形势下，我区工、农、牧、兵各族革命群众遵照伟大领袖毛主席视察三大区发出的最新重要指示，迅速实现革命的大联合、"三结合"，更加深入地开展革命大批判，促使运动向纵深发展，这时，我区文艺界也出现了空前大好的革命形势。

十一月二十五日，由《呼三司》编辑部、内大井冈山《文艺战鼓》编辑部、文艺界批乌联络站、文化总部和文艺界各单位的无产阶级革命派，共同发起召开"彻底砸烂内蒙古文艺黑线誓师大会"。这个大会最热烈地响应毛主席无产阶级司令部向文艺界发出的最新战斗号令，立即掀起革命大批判的新高潮，决心彻底砸烂反革命修正主义、民族分裂主义文艺黑线，"要扫除一切害人虫"，并从政治上、思想上、理论上把它批深批透，斗倒斗臭，将内蒙古文艺界无产阶级文化大革命进行到底。

内蒙古文艺界无产阶级革命派、呼三司革命小将和广大工农牧兵满怀对伟大领袖毛主席无限热爱、无限忠诚、无限信仰、无限崇拜的革命激情，以最饱满的政治热情、最高昂的战斗姿态出席了大会。会上，他们同仇敌忾，义愤填膺，一遍又一遍地振臂高呼："打倒刘、邓、陶！""打倒乌兰夫！""打倒布赫！""彻底砸烂内蒙古文艺黑线！""誓把无产阶级文化大革命进行到底！"

内蒙古自治区革命委员会常委权星垣、高树华，委员郭以青和革命领导干部康修民等同志出席了誓师大会。

内蒙古艺术学校、内蒙古歌舞团、内蒙古语委筹单位的无产阶级革命派和呼和浩特市工代会、呼三司红代会及中国人民解放军四九二八部队的代表先后在会上发言，愤怒揭发、控诉、批判以乌兰夫为首的反革命修正主义、民族分裂主义集团把黑手伸进内蒙古文艺界，疯狂抵制毛主席革命文艺路线，大刮反党反社会主义、反毛泽东思想黑风，为乌贼分裂祖国，复辟资本主义鸣锣开道的滔天罪行。他们纷纷表示决心做把无产阶级文化大革命进行到底的革命派，奋起毛泽东思想千钧棒，彻底砸烂内蒙古文艺黑线，把无产阶级文化大革命进行到底。

他们在发言中指出，内蒙古文艺界一直进行着极其尖锐、极其复杂的两个阶级、两条道路、两条路线的斗争。以乌兰夫为首的反革命修正主义、民族分裂主义集团，为达到其复辟资本主义，实行民族分裂，破坏祖国统一的罪恶目的，紧紧抓住内蒙古文艺界，二十年来，竭力推行中国赫鲁晓夫、陆定一、周扬的修正主义文艺黑线和乌兰夫的民族分裂主义黑线，利用戏剧、曲艺、音乐、美术、舞蹈、电影、诗歌、小说等各种形式，大造反革命舆论，对党、对人民犯下了滔天罪行。

发言中还特别指出，阶级敌人不甘心自己的灭亡，总是做垂死的挣扎。他们还会要阴谋，放暗箭，破坏无产阶级文化大革命，以保存他们的实力和阴谋，妄图有朝一日，东山再起，实现他们复辟资本主义、分裂祖国统一的美梦。对此，我们必须加倍警惕。大家一致表示决心，要排除阶级敌人所设下的重重障碍，顶恶风，破黑浪，彻底揭开内蒙古文艺界阶级斗争的盖子，彻底砸烂反革命修正主义、民族分裂主义文艺黑线。

大会还通过了宣言，充分表达了内蒙古文艺界无产阶级革命派彻底砸烂反革命修正主义、民族分裂主义文艺黑线，把内蒙古文艺界的无产阶级文化大革命进行到底的决心。

大会应文艺界及工、农、牧、兵广大无产阶级革命派的强烈要求，将哈丰阿、布赫、珠岚、玛拉沁夫、贾作光、纳·赛音朝克图、孟和博彦、索德纳木、云照光等反革命修正主义分子拉出示众。

一样的"遭遇"，一样的"道路"

新二中公社　乌兰

玛拉沁夫的短篇小说《路》，就是肖洛霍夫《一个人的遭遇》的翻版，是一株不折不扣的大毒草。它通过一个人的遭遇，恶毒地咒骂革命战争，宣扬和平主义，狂热地歌颂资产阶级的极端个人主义，宣扬活命哲学。

一个是写在伟大的十月革命中，索科洛夫失去了父亲和兄弟，卫国战争又夺去他的妻子和孩子，只剩下他孤独的一个人。另一个则叙述在抗日战争中，塔尔娃刚刚获得的"撒在那条小路上的欢乐和幸福"，就死了丈夫，不久，她那"心肝宝贝"的儿子竟然也逃脱不了灾难的降临，落得和他父亲一样的下场。两个人物，一样的孤身独影，一样的凄凉遭遇，可是不要忘记过去他们都曾是非常幸福的。究竟是什么破坏了他们的幸福？《一个人的遭遇》告诉我们，卫国战争给苏联人民没有带来别的，带来的只是八百万人的牺牲——几乎大家都失去一个亲人。《路》同样告诉我们，抗日战争给人们带来了苦难，家破人亡，亲人几乎都不见了！

总而言之，玛拉沁夫和肖洛霍夫一样，无非是告诉人们：卫国战争、抗日战争太可怕了！为了索科洛夫和塔尔娃，为了人类的幸福，不要打仗吧！渲染战争的苦难，散布战争的恐怖，反对一切正义战争，这正是现代修正主义的反动思想，这正是迎合帝国主义者的反动论调。

在描写战争苦难的同时，大肆宣扬资产阶级的人道主义，不区别战争的性质，一味反对一切战争。

在《一个人的遭遇》中，肖洛霍夫用高尚的"人类的感情"来体会索科洛夫的心情："儿子死了，父亲必然要悲痛，战争会带来无穷的苦难，有谁会赞成战争呢？"《路》里面的塔尔娃更富于"人道精神"。对于她，亲人的死意味一百个不幸，一千个悲痛和失望。作者认为这是"人之常情"、"人道主义"。我们的伟大领袖毛主席指出："历史上的战争分为两类，一类是正义的，一类是非正义的。……我们共产党人反对一切阻碍进步的非正义的战争，但是不反对进步的正义的战争"。在阶级社会里，从来就没有什么超阶级的人道主义，有了资产阶级的"人道"，就没有无产阶级的人道。肖洛霍夫、玛拉沁夫在混淆阶级的幌子下所玩弄的人道，就是地地道道的要人民甘受奴役，不要反抗，不要革命战争，维护资产阶级剥削压迫劳动人民的霸道主义！

反对革命战争，歌颂和赞扬极端的个人主义者。在《一个人的遭遇》中，索科洛夫可以在德国人面前为德国的胜利而干杯，可以为德国人赏给他的一点面包而感激涕零。在《路》中，虽然塔尔娃没有遇到德国人，但是，日本强盗的卑鄙无耻他毫不拒绝，她只是在亲人被拉走时"完全失去了生活的力量"。为了保全狗命，可以以狗的洞子里爬出来，索科洛夫为失去儿子而感叹不已："我在陌生的德国土地上埋葬了自己的最后希望和欢乐。"塔尔娃的厄运也还活不下来，完全在于"孩子的哀求声象针刺般刺痛了她的心，丈夫的遗嘱又在她的耳边响了起来。"同索科洛夫一样，她也"把一切希望寄托在孩子身上"。活着为了自己的儿子，这就是作者所歌颂的"人民形象"，索科洛夫、塔尔娃是地地道道的抱着活命哲学、屈膝投降，个人幸福高于一切的极端个人主义者。赞扬这样的混蛋并称之为"英雄"，这是对伟大的中国人民和苏联人民的极大污蔑！

《一个人的遭遇》和《路》有异曲同工之妙，一株毒草，一样的手段。索科洛夫的"遭遇"，塔尔娃的"道路"，毫无保留地刻画出了肖洛霍夫和玛拉沁夫这两个反革命分子的丑恶灵魂。他们鼓吹一切为了个人幸福，贪生怕死，背叛无产阶级革命事业，猖狂反对一切正义战争。他们完全是无产阶级的叛徒，革命人民的败类，无产阶级革命的死敌！

在毛泽东思想的灿烂阳光下，玛拉沁夫的修正主义黑"路"已经到了日暮途穷、山穷水尽的地步！一切反革命修正主义分子，死抱住资本主义僵尸不放，与人民、与革命为敌到底的人，都逃不掉人民的惩罚！

（上接第四版）

玛拉沁夫在我国进入社会主义革命和社会主义建设的"新的历史时期"，推出了已经被苏维埃政权处决了的反革命分子葛利高里之灵，安在了反动的民族分裂主义者铁木尔身上，让他在察哈尔草原上纵横驰骋，其目的就是要为乌兰夫打江山，建立一个成吉思汗式的"大蒙古帝国"。

× × ×

"这是新的历史时期肖洛霍夫的阴魂在我和我的作品中再现"。这话完全正确！玛拉沁夫就是内蒙的肖洛霍夫，《茫茫的草原》是《静静的顿河》的翻版。在我国进入伟大的社会主义革命的"新的历史时期"，玛拉沁夫分别于一九五七年和一九六三年两次抛出了这株反党反社会主义反毛泽东思想的大毒草，配合国内外阶级敌人的猖狂进攻，为乌兰夫破坏祖国统一、制造民族分裂、复辟资本主义、建立"独立王国"制造舆论。

红太阳照亮了内蒙古草原。看吧，文艺领域内的一场更加猛烈的革命大揭露、大批判的暴风雨就要到来，让那些已被揪出或即将揪出的乌兰夫在内蒙文艺界的代理人哭泣吧！颤抖吧！他们一定逃不脱历史判决！

启事

十二月份起《呼三司》报目另行到当地邮局代订阅。请到各地邮局局代办处附近邮零'发

《呼三司》报编辑部

《编辑部》《七月十一九六七年二月二十八日》局售、呼市各区购另请购《呼三司》改为四八

三-3

大批判

6

1967.12

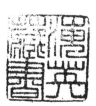

最 高 指 示

革命的思想斗争和艺术斗争，必须服从政治斗争，因为只有经过政治，阶级和群众的需要才能集中地表现出来。

大批判

一九六七年
第 六 期

目 录

毛主席论文艺语录 ……………………………………………（1）

江青同志同音乐工作者的两次谈话 ……………（4）

工农兵栏 必须清算乌兰夫在文艺界犯下的滔
天罪行 ……………………………………………（8）

打倒文艺界的女魔王——朱岚 ……………………（12）

乌家王朝的文艺代表作

——评玛拉沁夫、朱岚炮制的影片《草原晨曲》 …………（20）

砸烂乌兰夫的这块黑碑

——彻底批判反动剧本《青山烈火》 ……………………（27）

当代王爷篡军的大毒箭

——评敖德斯尔的电影剧本《骑士的荣誉》 ………………（32）

小品舞剧《猎人与金丝鸟》散布的是什么货色 …………（31）

毒草示众 …………………………………………………（37）

动态 上海揪出"黑老k"巴金 …………………………（7）
湖南革命派狠斗周立波 …………………………（11）

毛主席論文艺语录

十、批判资产阶级文艺思想

文艺界的主要的斗爭方法之一，是文艺批評。

《在延安文艺座谈会上的讲话》（一九四二年五月）
《毛泽东选集》第三卷第八六九页

我們的要求則是政治和艺术的統一，內容和形式的統一，革命的政治內容和尽可能完美的艺术形式的統一。缺乏艺术性的作品，无論政治上怎样进步，也是沒有力量的。因此，我們既反对政治观点錯誤的艺术品，也反对只有正确的政治观点而沒有艺术力量的所謂标語口号式的傾向。我們应该进行文艺問題上的两条战綫斗爭。

《在延安文艺座谈会上的讲话》（一九四二年五月）
《毛泽东选集》第三卷第八七一页

检驗一个作家的主观愿望即其动机是否正确，是否善良，不是看他的宣言，而是看他的行为（主要是作品）在社会大众中产生的效果。社会实践及其效果是检驗主观愿望或动机的标准。

《在延安文艺座谈会上的讲话》（一九四二年五月）
《毛泽东选集》第三卷第八七〇页

有些政治上根本反动的东西，也可能有某种艺术性。內容愈反动的作品而又愈带艺术性，就愈能毒害人民，就愈应該排斥。处于沒落时期的一切剥削阶级的文艺的共同特点，就是其反动的政治內容和其艺术的形式之間所存在的矛盾。

《在延安文艺座谈会上的讲话》（一九四二年五月）
《毛泽东选集》第三卷第八七一页

"人性論。"有沒有人性这种东西？当然有的。但是只有具体的人性，沒有抽象的人性。在阶級社会里就是只有带着阶級性的人性，

· 1 ·

而没有什么超阶级的人性。我们主张无产阶级的人性，人民大众的人性，而地主资产阶级则主张地主资产阶级的人性，不过他们口头上不这样说，却说成为唯一的人性。有些小资产阶级知识份子所鼓吹的人性，也是脱离人民大众或者反对人民大众的，他们的所谓人性实质上不过是资产阶级的个人主义，因此在他们眼中，无产阶级的人性就不合于人性。现在延安有些人们所主张的作为所谓文艺理论基础的"人性论，"就是这样讲，这是完全错误的。

《在延安文艺座谈会上的讲话》（一九四二年五月）
《毛泽东选集》第三卷第八七一——八七二页

"文艺的基本出发点是爱，是人类之爱。"……世上决没有无缘无故的爱，也没有无缘无故的恨。至于所谓"人类之爱，"自从人类分化成为阶级以后，就没有过这种统一的爱。

《在延安文艺座谈会上的讲话》（一九四二年五月）
《毛泽东选集》第三卷第八七二页

"从来的文艺作品都是写光明和黑暗并重，一半对一半。"这里包含着许多糊涂观念。文艺作品并不是从来都是这样。许多小资产阶级作家并没有找到过光明，他们的作品就只是暴露黑暗，被称为"暴露文学，"还有简直就是专门宣传悲观厌世的。……反动时期的资产阶级文艺家把革命群众写成暴徒，把他们自己写成神圣，所谓光明和黑暗是颠倒的。只有真正革命的文艺家才能正确地解决歌颂和暴露的问题。一切危害人民群众的黑暗势力必须暴露之，一切人民群众的革命斗争必须歌颂之，这就是革命文艺家的基本任务。

《在延安文艺座谈会上的讲话》（一九四二年五月）
《毛泽东选集》第三卷第八七二——八七三页

"从来文艺的任务就在于暴露。"这种讲法和前一种一样，都是缺乏历史科学知识的见解。……对于革命的文艺家，暴露的对象，只能是侵略者、剥削者、压迫者及其在人民中所遗留的恶劣影响，而不能是人民大众。……除非是反革命文艺家，才有所谓人民是"天生愚蠢的，"革命群众是"专制暴徒"之类的描写。

《在延安文艺座谈会上的讲话》（一九四二年五月）
《毛泽东选集》第三卷第八七三页

"还是杂文时代，还要鲁迅笔法。"……讽刺是永远需要的。但是有几种讽刺：有对付敌人的，有对付同盟者的，有对付自己队伍的，态度各有不同。我们并不一般地反对讽刺，但是必须废除讽刺的乱用。

《在延安文艺座谈会上的讲话》（一九四二年五月）
《毛泽东选集》第三卷第八七三页

对于人民的缺点是需要批评的，……但必须是真正站在人民的立场上，用保护人民、教育人民的满腔热情来说话，如果把同志当做敌人来对待，就是使自己站在敌人的立场上去了。

《在延安文艺座谈会上的讲话》（一九四二年五月）
《毛泽东选集》第三卷第八七四页

"提倡学习马克思主义就是重复辩证唯物论的创作方法的错误，就要妨害创作情绪。"学习马克思主义，是要我们用辩证唯物论和历史唯物论的观点去观察世界，观察社会，观察文学艺术，并不是要我们在文学艺术作品中写哲学讲义。……马克思主义就不破坏创作情绪了吗？要破坏的，它决定地要破坏那些封建主义的、资产阶级的、小资产阶级的、自由主义的、个人主义的、虚无主义的、为艺术而艺术的、贵族式的、颓废的、悲观的以及其他种种非人民大众非无产阶级的创作情绪。对于无产阶级的文艺家，这些情绪应不应该破坏呢？我以为是应该的，应该彻底地破坏它们，而在破坏的同时，就可以建设起新东西来。

《在延安文艺座谈会上的讲话》（一九四二年五月）
《毛泽东选集》第三卷第八七五页

马克思主义的一个基本观点，就是存在决定意识，就是阶级斗争和民族斗争的客观现实决定我们的思想感情。但是我们有些同志却把这个问题弄颠倒了，说什么一切应该从"爱"出发。就说爱吧，在阶级社会里，也只有阶级的爱，但是这些同志却要追求什么超阶级的爱，抽象的爱，以及抽象的自由、抽象的真理、抽象的人性等等。这是表明这些同志是受了资产阶级的很深的影响。应该很彻底地清算这种影响，很虚心地学习马克思列宁主义。

《在延安文艺座谈会上的讲话》（一九四二年五月）
《毛泽东选集》第三卷第八五三——八五四页

江青同志同音乐工作者的两次谈话

一九六四年十一月的谈话

如何对待民族的和外国的遗产，这对每个国家来说都是个问题。目前世界上还没有一个国家能解决这个问题，资产阶级、修正主义他们都是腐朽的、反动的，他们根本不能解决这个问题，只有堕入形式主义，直到搞扭摆舞等等，民间音乐也商品化、爵士化了。

我们应该有雄心壮志，敢于在世界上推陈出新，标新立异，那种"非驴非马"的说法是错误的，是谬论，它只从形式上看问题。"洋老虎"、"土老虎"都是很厉害的，我们不能受它的束缚。

西洋唱法注重声，民族唱法注重字，我们为什么不能把这两种东西结合起来，这样不是能创出一种世界上最好的唱法吗？真正能做到"**声情并茂**"。

过去对许多问题争论，往往从形式上着眼，而且把它绝对化了，可就是忘了两个字——革命。

文化部曾经下命令，要大家都唱民歌，结果革命歌曲都不唱了，而许多色情民歌都出来了（如周璇那样的黄色歌唱家）。

前几年又大演洋歌剧《蝴蝶夫人》，是写帝国主义污辱日本姑娘，很下流；《茶花女》是写妓女的。大仲马，小仲马，这父子俩，在当时也不是进步的。

那时是"一大、二洋、三古"，"厚古薄今"，"厚死非生"，崇洋非中，电台也是个丫丫鸟，播了许多。

主席的《讲话》发表二十二年了，但工农兵方向并没有很好执行。关键在于领导，最近中央抓了一下，贯彻了主席的文艺方针，京戏就取得了一定的成绩。《红色娘子军》也很成功。文化部曾经反对搞《娘子军》，要把剧团送香港去演《天鹅湖》，名义上是赚外汇，实际上是抵制《娘子军》，认为芭蕾舞只能演《天鹅湖》、《泪泉》。资产阶级的东西早停滞发展了。

"国际比赛"演资产阶级，得资产阶级的奖，从本质上来说是为资产阶级捧场。当然从国家关系来说是另一回事。

你们说要搞亚非拉音乐节，这个想法很好嘛，我们可以用革命的东西去抵制他们。

现在主要的问题是创作贫困，原因是没有生活。歌喉、乐器都是工具。资本主义发展很早，他们用机器制造乐器已经有很长的历史了，有了完整的一套，而我们却一直用手工业。

钢琴的表现力很强，现在只是没有群众喜闻乐见的曲目，×××，弹得很好，但是弹"李斯特"，工人听不懂，他应该学一点作曲，如果能把京戏、梆子弹出来，群众就听懂了。青年钢琴协奏曲不错，但是用的都是民歌，为什么不用星海的《黄河大合唱》、《歌唱祖国》？另外，乐队也没有突出，音响不够，建议你们把它改变一下。

· 4 ·

有些人甚至要把《全世界无产者联合起来》也给否定掉，还是主席亲自听了之后，才给肯定下来。他们就是用"民族化"来否定革命。

小提琴表现力也很丰富，它的弓子解放出来了，音域也宽，这些地方比二胡要好。民族乐队确实有局限，奏革命歌曲气魄就不够，听说"前卫"文工团把笙改成金属的，声音宏亮多了，二胡是不是也用钢弦？

土的、洋的都要改造。京戏女声用假嗓唱，与现代人说话不同，梆子的男声也要改造，否则音域总不合适。洋教条必须打破，交响乐实际上就是形式主义的东西，几个乐章没有什么内在联系。不仅中国人听不懂，白种人中的劳动人民也听不懂，许多资产阶级自己也是不懂装懂，表示自己文明。

我们不是盲目排外，人家好的东西我们应该吸收、利用。

音乐学院分院，我不同意，他们没有告诉我。那时有人还想把全国的管弦乐队都改成民乐队，最后才保存了几个。

创作中我们先搞了舞剧《红色娘子军》，然后搞歌剧以京戏为基础，吸收西洋歌剧的优点，以后再抓乐器。

应该大胆创造，标新立异。

理论队伍很需要，主要是要学好马列主义。现在看来，最好懂的还是主席的《在延安文艺座谈会上的讲话》。生活是基本功。你们现在缺少两大门基本知识——生产斗争和阶级斗争知识。你们今年去"四清"很好，以后还可以去工厂。除了蹲点，深入生活外，还可以到祖国各地去参观，增加民族自豪感，开阔心胸。我身体不好，不能搞"三同"了，但是我很愿意到各地去看看。我曾到过去工作的一个地方，一个在旧中国曾经是破破烂烂的地方，今天有那么多的工厂、烟囱，我激动得流出眼泪来，我们革命胜利了，没有党和主席的领导，哪能取得这样的成绩！

德彪西是印象派的，我们不能脱离内容谈形式和技巧，形式和技巧都是为内容服务的。《晴朗的天空》（苏修影片）车站的镜头，有人以为技巧很高，我特意去看了，那是对卫国战争时期的苏联人民和斯大林的严重歪曲。那列飞快的火车载满了士兵，疾驰而过，不顾人们的死活，在站上亲人们的惊叫，歇斯底里，它的技巧就是服从这个内容的。

搞理论工作要解决中国的问题，为中国革命，也就是为世界革命。好好学习，就是不要脱离实际。

"古为今用"、"洋为中用"，主席提出好多年了，五六年有个同音乐工作者的讲话，主席还想修改，没有公开发表，你们应该好好讨论这个问题。

你们学校的问题有学校工作的问题，也有文化部的责任。现在情况复杂了，延安出来的同志有的革命意志衰退，当然还有革命的。

要有这样的信心，相信我们一定能做好！

（中央音乐学院整理稿）

一九六五年一月十四日的谈话

主席在研究音乐问题，我要给主席做些调查研究工作，因此，找音乐工作者谈话。

为了推动社会主义革命，音乐工作如何标民族之新，立无产阶级之异？

一、乐器问题。六三年调查乐队，把许多西洋管弦乐队撤消了。混合乐队也把西洋乐器取消了。我曾去问过林彪同志为什么这样做（按：此事未经林彪同志批准），是否可在部队保留一些。据说空军部队并不同意，所以空军管弦乐队并未取消。地方上并未得到上级的正式通知，但洋的不约而同地下马了。据说这是文化部一位副部长几次谈话的影响。把民族的、外来的截然分开的做法（两个剧院，两个学院）值得研究。我们国家很大，每省留一个管弦乐队并无不可，因为我们的省等于人家一个国家。但是否现在就把这些乐队恢复起来？应该调查研究，再慎重地做出决定。乐队队员学了很多年，是有才能的人，一下子要他们转业很可惜。我对改良乐器按西洋管弦乐队编制原则来改的做法表示怀疑。这样做会不会反而把原来的特色改掉了？改良的大唢呐长得都碰到地板了，觉得很好笑。

到底什么是民族乐器？以前中国只有琴（古琴），很多民族乐器都是外国传来的。现在许多西洋乐器，我们本国可以制造了。（插话：群众可能有欣赏习惯问题。）有个吹法国号的音乐学院学生，下乡吹洋调，老乡不喜欢。不是乐器问题。后来吹民歌，老乡喜欢听了。现在主要不是乐器问题。不习惯的东西，多接触是可以习惯的。一般说来，西洋乐器在技术上比较发展，表现能力比较丰富；民族乐器比较粗糙刺耳，音域较窄。《红灯记》我建议加一段《国际歌》，中国京剧院开始不肯加，后来加了，但是京剧队演奏《国际歌》很难听，味道不对头。乐器发展和经济基础有关。西洋乐器是经过资本主义发展阶段逐渐完善起来的。总的说来，乐器是工具，西洋乐器、民族乐器作为工具都可以使用。

关于乐器问题，主席五六年怀仁堂讲话中已说得很清楚。本来这篇讲话是可以发表的，但毛主席很慎重，说还要做些调查研究。

二、关于民族特点。少数民族会演加强了民族团结，是成功的，但也存在一些问题。有的民族事实上民族特征已经消失，却非得要人家恢复。海南岛黎族姑娘已不愿穿原来打折子的裙子，还非得叫人家穿。有些做法到底是促进民族团结，还是制造民族分裂？回民和汉民实际上没有什么两样（不吃猪肉除外），还非要人家戴阿訇的黑帽子。这是宗教上层人物的佩装。

《天涯歌女》、《××》这类调子，我很反感。民歌中不少是色情的，不健康的。有些人认为只要是民族、民间的都好，这是不对的。一九六四年国庆观礼，听到一个《落子调》，和国庆的庄严伟大的节日场面非常不协调。

三、关于"三化"。"三化"（革命化、民族化、群众化）的提法值得研究。这个口号资产阶级也可以提。资产阶级也有自以为革命的一方面，虽然他们不考虑群众化。这口号不知怎么提出来的。我想和林××研究一下，还没有机会。

四、关于歌剧和声乐。象《茶花女》那样，"给我一杯水"也要唱，那样的歌剧在中国是行不通的。唱洋歌剧的人，嘴里好象含了个东西，字都听不清楚。

· 6 ·

《俺是公社的饲养员》这歌，我不喜欢。听说是东北民歌调。恐怕别说是外国人了，中国人也不能普遍接受。唱总是"声情并茂"。当然这个"情"要说明是革命感情，无产阶级感情。京剧旦角的唱法，假声不能很好的表达英雄人物感情，应该想办法充实它。河北梆子男演员高音嘶裂，听了很不舒服。应从唱法到唱腔加以改革。张映哲唱得很有力量，好象是受过西洋发声法训练的。

五、关于交响乐。四个乐章很脱离群众。我女儿喜欢交响乐（西洋古典的），我拚命把她从交响乐中拉出来。严重拜倒于西洋音乐是奴才思想，应该创造自己的。我听过交响乐《穆桂英挂帅》，不喜欢，据说其中还用了京剧的唱腔，但完全听不懂。总要人家听懂才行。

六、关于轻音乐。李凌的轻音乐的观点是错误的。但是不要把轻音乐全部否定，其中还有较好的。

七、关于国际音乐活动。刘诗昆参加国际钢琴比赛，我不明白为什么非要参加这种比赛，有什么意思？中央音乐学院陈之莲上书毛主席，建议举办亚非拉音乐节。这是很好的主意。新兴力量运动会起了很大作用。在音乐方面，也应搞亚非拉的活动，这会起很大作用。

（根据回忆整理）

上海揪出"黑老 K"巴金

一贯以"老作家"、"进步作家"自炫的资产阶级反动"权威"，人称上海文学界"黑老 K"的巴金，在这场轰轰烈烈的无产阶级文化大革命中终于被揪出来了。

几十年来，巴金一直是一个无政府主义的狂热吹鼓手，巴格宁，克鲁泡特金的忠实信徒（巴金的名字即从这两人的名字中各取一字组成）。总观他的《灭亡》、《新生》、《雾、雷、电》、《家、春、秋》直到许多乱七八糟的短篇、散文和剧作谈，无一不贯穿着这根反动的无政府主义黑线。

解放后，巴金窃踞了上海文联和作协主席要职，继续出书和撰文狂热鼓吹无政府主义。一九五七年他在中共中央全国宣传会议上，听了毛主席的讲话，但他回沪后不贯彻会议精神和最高指示，反而勾结牛鬼蛇神向党进攻。一九六二年，他在上海文代会上又放出大毒草《作家的勇气和责任心》，大肆攻击三面红旗和社会主义制度，猖狂反对战无不胜的毛泽东思想。毒草一出笼就受到美帝的赞赏，喝采，美联社急忙发电讯、加评论。

巴金是个吸血鬼，榨取了劳动人民无数的血汗，被他挥霍掉的不算，单是红卫兵抄家就抄出三十万元巨款。

今天，是彻底戳穿巴金这个反党老手真面目的时候了！上海无产阶级革命派正筹备展开全市性的大批判，狠狠斗批巴金这条落水狗！

转载《文艺批判》第四期

必须清算乌兰夫在文艺界犯下的滔天罪行

我们伟大的导师、伟大的领袖、伟大的统帅、伟大的舵手毛主席教导我们："**凡是要推翻一个政权，总要先造成舆论，总要先做意识形态方面的工作。革命的阶级是这样，反革命的阶级也是这样。**"內蒙古党内最大的走资本主义道路的当权派、反革命修正主义分子乌兰夫，多年来就是利用文艺为复辟资本主义制造舆论。乌兰夫这个大野心家，虽然不懂文艺，但他深知文艺这块阵地的重要：要实现反革命政变，必须通过文艺这块宣传阵地大造反革命舆论准备，不这样就不能政变，即使政变了也不能成功。因此，乌兰夫利用窃取的职权，把黑手伸进了內蒙文化艺术界，牢牢控制內蒙文艺界，推行反革命修正主义民族分裂主义的文艺方针，大放其毒，腐蚀人心，麻痹斗志。告诉你，乌兰夫，你的罪恶目的永远不会得逞的，用毛泽东思想武装起来的工农兵，眼最亮，心最明，不管任何狡猾的敌人要阴谋，我们决不上当！乌兰夫利用文化、艺术等舆论工具毒害人民，犯下了滔天罪行，罄竹难书。在无产阶级文化大革命阵阵凯歌声中，我们革命的工农兵按照毛主席伟大战略部署，把乌兰夫及其狐群狗党揪了出来，拉上了被告席，听任我们对他们的审判；他们所犯的滔天罪行，今天是我们彻底清算的时候了。

一、斩断乌兰夫修正主义文艺黑线

反革命修正主义，民族分裂主义分子乌兰夫，为了实现他在內蒙复辟资本主义，搞独立王国，当蒙古帝国国王的狼子野心，死死抓住文艺界大作舆论准备。为了使内蒙文艺更好地按照他的野心服务，不遗余力的向文艺界作黑报告，下黑指示。他说什么"服务不好的问题，就反映大民族主义思想。一方面批判地方民族主义，另一方面批判大汉族主义。中心问题是诚心诚意，全心全意为少数民族服务"。这是乌兰夫阴谋搞独立王国野心的大暴露，张口一个"诚心诚意"为少数民族服务，闭口一个"全心全意"为少数民族服务，可是，就是不谈文艺为广大人民群众服务，就是不谈文艺要宣传战无不胜的毛泽东思想。毛主席教导我们："**我们的文学艺术都为人民大众的，首先是为工农兵的，为工农兵而创作，为工农兵所利用的。**"可是反革命修正主义分子乌兰夫却胡说文艺"全心全意为少数民族服务"，这是地地道道的修正主义文艺路线。我们的国家是个多民族的国家，人口众多，而汉族占全国总人口80％左右，占全区85％还多。乌贼大嚷文艺要"为少数民族服务"就充分暴露了民族分裂主义思想！其实，乌贼也不完全排汉，他对反革命修正主义分子王逸伦、王铎、李贵之流亲如手足，而仇视的正是劳动人民。他所指的不是少数民族劳动人民而是少数民族的少数——即封建王公喇嘛地主牧主。乌兰夫大吵大嚷文艺为"少数民族"服务的用心是很清楚的！他这样丧心病狂地推行"文艺为少数民族服务"方针，正是他公开与毛主席文艺"**为工农兵服务**"的教导唱对台戏，实现分裂祖国，搞独立王国野心的大暴露。

乌兰夫这条极反动的修正主义文艺黑线，与旧中宣部、旧文化部周扬、夏衍、林默涵

· 8 ·

之流遥相呼应，一唱一合。为了迎合社会上地富反坏右，牛鬼蛇神反党反社会主义的需要，大量的毒草纷纷出笼，尤其近几年，更为嚣张。内蒙各盟、市、县舞台上竟是帝王将相，才子佳人，什么"包公案"，"宝莲灯"，"秦香莲"，"柳毅传书"等等。

我们县的文工团还演什么《红月娥作梦》，在乌兰夫和旧中宣部、旧文化部一条文艺黑线的影响下，内蒙文艺界不宣传毛泽东思想，文艺不为工农兵服务，不深入工农兵，不表现工农兵。整天考虑的是追求庸俗下流的东西，宣扬爱情至上。不塑造的工农兵英雄形象，缺乏革命精神，工农兵根本不欢迎。内蒙军区文工团，过去在乌兰夫及其代理人的长期把持下，**忠**实地执行了这条文艺"为少数人服务"的黑线。对部队文艺工作影响很坏，部队战士反映："文工团不下部队演出，净为机关干部服务。"有的看了文工团演的一个节目后说："这个节目的调子软绵绵的一点劲头都没有。"

乌兰夫在内蒙文艺界伸进了黑手，在他的修正主义文艺黑线的指导下，文艺界变成了**复**辟资本主义的工具。今天，有毛主席做我们的红司令，我们有决心，有信心，坚决把乌贼文艺黑线斩断，肃清其流毒，眞正使文艺为人民大众服务，为工农兵服务。

二、不许乌兰夫用文化艺术反对毛主席

内蒙古文艺黑线的后台，中国赫鲁晓夫在内蒙的代理人乌兰夫，野心勃勃，梦寐以求地在内蒙古树立"乌兰夫思想"，梦想当蒙古大帝国的皇帝。他通过控制的文化、艺术阵地，大肆鼓吹他"乌兰夫思想"，为了达到他的野心竟不择手段的给自己脸上涂脂抹粉，抬高个人威信，自称为"内蒙革命的领导者"，"少数民族领袖"等等，好一个"内蒙革命的领导者"，好一个"少数民族领袖"，民族问题的"专家"，"权威"。**眞不知羞耻**！简直让人听起来笑掉大牙。

我简单举几个例子吧。我家住在内蒙哲里木盟一个偏僻的农村。在少年时看见过几家**挂**乌兰夫的狗头象，当我问起这个家伙是谁，有人就说："这是內蒙人民的"'救星'云泽主席"。当时我觉得云泽一定是个了不起的"大人物"。

为啥我这样盲目地崇拜"偶象"呢？仔细找了一下原因，主要的是乌兰夫利用文化艺术**等**重要宣传阵地极力鼓吹自己，他们的狐群狗党捏造事实，大肆宣扬他所谓"功绩"。看，在自治区建立初期，他指使反动"文人"写了"云泽进行曲"，又指使太子布赫，让内蒙文工团到处大唱特唱。除此而外，在新闻界利用报纸、刊物大量刊登乌兰夫照片讲话。还有的人吹捧乌兰夫是"焦裕祿式的好干部"，现在我们不受骗了。

再说说内蒙博物馆吧。一九六五年我参加解放军来到呼和浩特市。一次我参观了这里面的展出，第一馆就是为乌兰夫和他的党羽树碑立传，歌功颂德。不顾历史事实，颠倒黑白，极力吹捧乌兰夫和他的干将。什么"奎璧"什么"吉雅泰"，把内蒙古革命的胜利归功于**乌**兰夫。把乌兰夫捧得比天还高。他哪里是"少数民族的领袖"？是彻头彻尾的民族败类，**封**建王宫、贵族、牧主、地主阶级的孝子贤孙！哪里是民族问题的"专家"、"权威"？是大搞民族分裂、反毛泽东思想的罪魁祸首，是中国赫鲁晓夫推行反革命文艺黑线的一员干将！这样的大坏蛋还被拿到展览馆来大肆吹捧，这是对劳动人民的极大污辱。从头到尾不提内蒙革命的胜利是伟大毛泽东思想指导的结果，公开与林副主席提出的"我们取得的一切成就一

· 9 ·

切胜利都是毛主席英明领导的结果，"相对抗。更令人气愤的是在展览馆里看不到一个象样的毛主席像，却挂满了乌兰夫的狗头塑像和画像。从这点不难看出乌兰夫反对毛主席，反对毛泽东思想的丑恶灵魂，这是乌兰夫多年来反毛主席反毛泽东思想的大暴露。

可是，乌兰夫还不满足，通过他所控制的舞台、电影、出版等阵地，借"二十周年文艺献礼"活动，大反毛主席大反毛泽东思想，大搞歌颂乌兰夫"功绩"的勾当。

如电影《包钢人》，纪录片《内蒙古二十年》，京剧《气狀山河》等等。

毛主席教导我们："把党内一小撮走资本主义道路当权派揭露出来，把他们那套修正主义货色拿出来示众，彻底批判，把他们斗臭、斗垮、斗倒、对他们进行夺权斗争，这就是无产阶级文化大革命所要解决的主要问题"。毛主席说的多么尖锐，明确呀，乌兰夫搞了一整套修正主义文艺路线、方针，对抗毛主席的文艺方针，多年来通过文艺放了很多毒，麻痹了许多人民，现在我们就要把它那套修正主义文艺路线和放出的毒素揪出来示众，要把乌兰夫彻底打倒，把它控制的大权统统夺回来，使文艺为宣传毛泽东思想而服务！

三、乌兰夫利用银幕大搞"三反"罪恶活动

电影，是一个极其重要的阵地，无产阶级不去占领，资产阶级就要去占领。建国十八年来，两个阶级、两条道路、两条路线的争夺战，你死我活，惊心动魄！

在中央，中国赫鲁晓夫刘少奇把黑手插进电影界；在内蒙，当代王爷乌兰夫的黑手也伸进电影系统。一条反革命修正主义文艺黑线，篡夺了电影界的领导权。由中央到内蒙，大批反党反社会主义反毛泽东思想的毒草纷纷出笼，帝王将相、才子佳人、牛鬼蛇神，纷纷登上银幕，银幕成了疯狂反对毛主席，反对毛主席革命路线，制造资本主义反革命复辟舆论的工具。中国赫鲁晓夫忠实走卒周扬、夏衍和在内蒙的忠实走卒乌兰夫篡夺了电影界领导权，一条与毛主席革命文艺路线根本对立的反革命修正主义文艺黑线专了我们的政，整个电影界，"变成象匈牙利裴多菲俱乐部那样的团体"，从《清宫秘史》《武训传》到内蒙泡制的《卖碗》，《走西口》，银幕成了资本主义的宣传阵地，大肆散布封、资、修和三十年代的毒素，疯狂反对毛主席，反对共产党，反对三面红旗，妄图"一旦时机成熟"，就"夺取政权，由无产阶级专政变为资产阶级专政"。同志们，这是多么危险的情景啊！乌兰夫这个当代王爷为了实现他复辟资本主义的美梦，二十年来始终抓住文艺这个阵地不放，通过文艺大放其毒。特别遭受三年灾害时，在蒋介石叫嚣反攻大陆，印度反动派猖狂侵华，国内牛鬼蛇神蠢蠢欲动的一九六二年，乌兰夫紧紧配合这股反动逆流，利用内蒙文艺刊物《草原》大肆放毒，发起了向党向社会主义的猖狂进攻。连续登载反革命修正主义分子玛拉沁夫的反动小说《茫茫的草原》，其它毒草纷纷出笼，这也不难看出乌兰夫的反动本质。

乌兰夫这个内蒙的头号大坏蛋，妄想诋毁光焰无际的毛泽东思想，是永远办不到的。他根本不是什么"老革命"，而是地地道道的假革命，反革命，更不是什么"民族英雄"，而是民族的败类，人民的死敌。为他处心积虑树碑立传的文艺活动到头来只能变成一桩桩反革命活动的罪证。

乌兰夫这个反面教员当得好，全区蒙汉人民彻底认清他的反革命面目。革命人民永远坚强地团结在毛泽东思想伟大旗帜下，阔步奔向共产主义。让我们牢牢记住毛主席这一教导：

· 10 ·

"凡是错误的思想，凡是毒草，凡是牛鬼蛇神，都应该进行批判，决不能让它们自由泛滥。"彻底肃清乌贼在文艺界的种种流毒，把文艺界创建成一个闪耀着毛泽东思想的红色阵地，大力宣传毛泽东思想，坚决贯彻毛泽东思想。

4662部队　林福臣

湖南革命派狠斗周立波

　　周立波是周扬反革命修正主义集团的重要干将，是在文学创作方面一杆大黑旗。早在三十年代，周立波就是周扬的狂热追求者和亲密合作者。叔侄臭味相投，拉拉扯扯。周立波利用文艺作品公然攻击伟大的领袖毛主席，污蔑人民公社只能吃"露水、花苞、青叶子荣"，鼓吹"三自一包"，说"自留地等于农民的保健站"。他的不少作品是反革命修正主义的"中间人物"的活标本。他的作品极力丑化劳动人民，美化阶级敌人，肉麻地吹捧人民公敌蒋介石"是黄埔军校的校长"，他的《晋北途中》吹捧反党分子彭德怀、黄克诚是"朴素的将领"。他在一九六五年出版的《亭子间里》一书中，继续吹捧肖军、丁玲、徐懋庸、舒群等反党分子，妄图为他们翻案。真是罪行累累，十恶不赦！

　　目前，湖南文艺界革命派正在发起强大攻势，狠批狠斗周立波。

转载《文艺批判》第四期

打倒文艺界的女魔王——朱岚

朱岚是大地主的臭小姐，自1946年钻进革命队伍，从地主阶级的本性出发，凭着反动阶级的嗅觉，一下子就投入"当代王爷"乌兰夫狗太子布赫的怀抱。一个是民族分裂集团的野心家，一个是阴谋变天的地主崽子，两个反动分子结合在一起，这就揭开了一页反党的肮脏丑史。

二十年反党肮脏史

朱岚钻进革命队伍，很快就被布赫拉进党里，从此便官运亨通，飞黄腾达，在乌兰夫反党集团里充当了谋士，打手，主将等角色，干尽了反党反社会主义反毛泽东思想的坏事。这个妖婆为着篡夺革命文艺部门的领导权，实行资产阶级专政，依仗"当代王爷"乌兰夫这个靠山，在内蒙古文化艺术界捞取了各式各样的"桂冠"，当上了各式各样的"专家"，横行于内蒙古文艺界的各个部门。

最初，这妖婆钻入音乐界，布赫立即将她送进东北鲁艺"深造"，捞得一顶"提琴家"的"桂冠"，成了布赫把持内蒙文工团，推行资产阶级反动黑货的一根台柱子。

当她看到"电影明星"更便于反党，同时也便于出名，她就甩掉提琴，爬向银幕，在大毒草《内蒙古人民胜利》影片中扮演了一个舞女。她本来不会舞蹈，却把从事舞蹈工作的同志全都踩在脚下，成了舞蹈"权威"。借着这个"资本"她又在影片《金银滩》中扮演了女主角，捞到了一顶电影大明星的"桂冠"。

这妖婆看到以导演的头衔进行反党更全面一些，于是布赫又一次送她"深造"。这妖婆又从银幕跳入只收"老导演"、"大权威"的北京"导演训练班"。从此，地主阶级的孝子贤孙做了臭名昭著的苏修导演列斯里的忠实门徒，成了"修"字号的洋导演。回到内蒙之后，立即以"专家"、"名流"、"权威"自居，扬眉吐气，不可一世，控制了几个剧团的导演大权，到处强行灌输封建主义、资本主义的毒液。

毛主席教导我们："**世界上一切革命斗争都是为了夺取政权，巩固政权，而反革命的拼死同革命势力斗争，也完全是为着维持他们的政权**"。

反革命民族分裂主义集团深深懂得要复辟资本主义必须抓军。朱岚就是依仗其主子乌兰夫、布赫的权势，摇身一变当了民族实验歌剧团团长。在此之后，又乘内蒙古电影制片厂成立之机，把持了电影制片厂的大权，当上了副厂长、厂长。八年来，朱岚在电影制片厂推行了一整套反革命修正主义、民族分裂主义路线，把内蒙古电影制片厂搞成一个针插不入水泼不进的资产阶级独立王国。

1964年，她又伙同布赫在"当代王爷"乌兰夫的支持下，疯狂地对抗毛主席关于文学艺术的两个批示，镇压打击革命群众，搞假整风，在内蒙古文化艺术界进行大清洗，搞政治迫害。乌兰夫成立"五大委"时，这妖婆——一个缺德少才的处级干部却被乌兰夫反党集团破

· 12 ·

格"提拔"为厅局级干部，安插在内蒙古文联，当上了副主任兼书记的要职。

1956年至1966年十年中间，她从普通演员提升为实验歌剧团团长、电影制片厂副厂长、厂长，文联副主任；从1956年至1962年6年间，连提三次级别，由文艺十级提为文艺七级。

再看看这个反革命修正主义分子朱岚窃取的社会职务有多少吧：

①内蒙直属机关党代表；

②中共内蒙文化局党委委员；

③内蒙政协委员；

④内蒙青联代表，副主席；

⑤内蒙妇联代表，妇联执行委员；

⑥全国文代会代表；

⑦全国剧协代表、理事；

⑧全国电影协会代表、常务理事；

⑨内蒙戏剧、电影协会副主任。

一目了然，妖婆朱岚的反党丑史二十年，是做官、当太太，顶风臭四十里的二十年；是养尊处优、追求修正主义特权生活的二十年；是地主阶级猖狂进行反革命复辟的二十年；是反党反社会主义反毛泽东思想的罪恶的二十年。

为乌兰夫歌功颂德，树碑立传，利用文艺进行反党

毛主席说："利用小说进行反党活动，是一大发明。凡是要推翻一个政权，总要先造成舆论，总要先做意识形态方面的工作。革命的阶级是这样，反革命的阶级也是这样"。

乌兰夫反党集团为了达到他进行民族分裂，破坏祖国统一的目的，从1947年内蒙古自治区成立的那一天起，就紧紧把持着文艺界，通过乌兰夫的狗太子布赫网罗牛鬼蛇神，大造民族分裂主义舆论，为乌兰夫反党叛国鸣锣开道。1958年，内蒙古电影制片厂刚刚建立，朱岚就迫不及待地为其主子乌兰夫树碑立传，组织人员去张家口"抢拍"所谓乌兰夫的"革命"历史资料。在妖婆朱岚的控制下的内蒙古电影制片厂，一切都是为乌兰夫服务的。在拍摄纪念内蒙古自治区成立十五周年纪录片时，为了在赛马场上冲出乌兰夫这个老混蛋，朱岚指定要拍俯角镜头。制片厂没有升降摇车，妖婆朱岚竟不顾拍摄人员的安危，硬把摄制人员用绳子捆在起重机上，强使摄影师从空中拍摄乌贼骑马的丑相。在这部影片里还强制摄影师把乌兰夫的全家都拍了进去。为了突出乌贼，这妖婆大书其虚构编造之能事，在拍制《今日内蒙古》影片时，朱岚先拍了《红福》片断，再等乌贼看京剧时又拍了一次特写，把两组毫不相关的片断捏在一起，编成了《主席（乌贼）观看民族艺术演出》，宣扬乌兰夫如何如何"关心"民族文艺，不错，乌贼就是关心民族分裂主义文艺的。《今日内蒙古》这部为乌兰夫反党集团进行宫廷政变大造反革命舆论的影片，就是乌贼亲自审定的。

妖婆朱岚深知用电影和戏剧，歌舞等演出形式进行反党，比起其它艺术形式更直接，更速迅，更易于使观众中毒。于是这妖婆又乘庆祝内蒙古自治区成立二十周年之机，夺取了庆祝二十周年文艺献礼的创作大权，大肆推行乌兰夫的《三基论》，大肆贩卖所谓反"大汉族主义"的黑货，大树乌兰夫的"权威"。为了美化乌贼，为乌贼涂脂抹粉，竟然强迫编创

人员编造乌贼的"斗争"史。为了使编创人员变成他们的"驯服工具"，乌兰夫赤膊上阵卖狗皮膏药，做了五个半天的黑报告，恬不知耻地往自己脸上贴金，把自己打扮成内蒙古独一无二的"英雄"、蒙古民族的"领袖"。妖婆朱岚又恐编创人员"领会"不了乌贼的意图，于是她又搬来了乌兰夫反党集团干将云世英、曹文玉，以讲"回忆录"为名，大做补充报告，公然反对党中央、毛主席，胡说什么："内蒙没有谁都行，没有乌兰夫可不行的"、"内蒙古解放初期，我们不敢提毛主席的名字，为什么呢？因为牧民不知道有毛主席。因此，我们只提出乌兰夫的名字。"说什么"在抗日时期，土默特旗就是内蒙的延安。"乌兰夫反党集团他们想要干什么，这不是不打自招吗！他们反对党中央、反对全国各民族人民的伟大领袖毛主席，已达到登峰造极、明目张胆的地步，远不是打着"红旗"反红旗，而是举着乌兰夫独立王国的黑旗，拿着明晃晃的刀枪，赤裸裸跳了出来。朱岚所把持的"二十周年文艺献礼"就是给乌兰夫反党叛国制造舆论。朱岚不愧为乌兰夫的嫡系干将，确实步步紧跟老贼乌兰夫，把乌贼及其干将的一系列反党黑报告定为编创人员的学习材料，组织讨论，反复贯彻，并且把几个重点"作品"的创作组直接控制在她的手里，指定以"乌兰夫主席（"四代会"）报告为大型纪录组的中心思想。"说"有了主席（乌贼）这个报告，大型纪录片的问题就解决了。"为了在大型彩色纪录片中树乌兰夫的"绝对权威"，朱岚强迫北影摄制组抢拍了"四代会"的开幕式，抢拍乌兰夫做黑报告的特写镜头。接着又提出抢拍乌贼在前朱堡搞"水利化"的镜头。朱岚又强行规定："《大型彩色纪录片》一定要以乌兰夫为中心，把乌兰夫在大青山、土默川领导蒙汉人民进行抗日战争和今天乌兰夫在大青山、土默川领导蒙汉人民进行社会主义革命和社会主义建设联系起来"。这完全是伪造历史、颠倒黑白。八年抗日战争期间，乌兰夫根本没在大青山打过游击；今天，乌贼在土默特旗搞的根本不是社会主义，而是大搞民族分裂，大喊大叫："蒙古人抱着金碗讨饭"了；"蒙汉分队也是搞社会主义"了；"四清工作要上民族问题的纲，民族问题搞不好，四清等于走一半过场"了。同毛主席亲自主持制定的《二十三条》大唱反调，大肆宣扬乌兰夫制定的"民族九条"，大量印发《三五宣言》，大开"蒙民座谈会"，大反所谓"大汉族主义"，挑拨民族关系，破坏民族团结，妄图把内蒙古自治区从祖国大家庭里分裂出去。朱岚对乌兰夫的这一阴谋是心领神会的，为了在文艺创作中全面地贯彻乌兰夫的反动思想，形象化地为乌兰夫歌功颂德，又强行规定：在影片《包钢人》《哲里木人》和《大型歌舞》中都要以反"大汉族主义"为中心思想，为了突出这个反动思想，后来干脆把《包钢人》改名为《民族问题》。妖婆朱岚又进一步给编创人员下命令：《大型歌舞》中的主角一定要以乌贼做"模特"，同时还得以乌贼的狗太子布赫"去延安"做为故事线索；《大型彩色纪录片》要以乌贼的狗附马石光华、狗公主云曙碧所把持的哲盟盟委为"样板"。为了伪造乌兰夫的历史，三番五次组织人马编写《青山烈火》，硬说乌兰夫"领导"了大青山抗日战争。为了宣扬乌兰夫的"五一路线"，朱岚一再示意在剧本《红路》里大喊"乌兰夫万岁！"总之要树立以乌兰夫为首的反党集团的"权威"，为乌兰夫反党集团的宫廷政变大造舆论。这就是朱岚一贯在内蒙古文艺界宣扬的："反映内蒙的实际""内蒙要走自己的道路"的实质。二十年来，朱岚走过的道路和要走的道路就是一条反党反社会主义反毛泽东思想的反革命道路。

疯狂抵制毛主席关于文学艺术的两个批示
残酷镇压，迫害内蒙古文艺界的革命群众

毛主席教导我们："在拿枪的敌人被消灭以后，不拿枪的敌人依然存在，他们必然地要和我们做拼死的斗争，我们决不可以轻视这些敌人。如果我们现在不是这样地提出问题和认识问题，我们就要犯极大的错误。"

大地主的臭小姐珠岚是怀着剥削阶级的仇恨混进革命阵营的，她时时处处阴谋进行阶级报复、妄图翻天。她和"当代王爷"乌兰夫的狗太子布赫盘踞在内蒙古文艺界，称王称霸，多年来，打着"民族特点、地区特点"的黑旗，通过刊物、舞台、银幕大肆贩卖封建主义、资本主义、修正主义、民族分裂主义黑货，推行"三名"、"三高"政策，全面地反对毛泽东文艺思想，抵制毛主席制定的为工农兵服务的文艺方向，他们有时是打着"红旗"反红旗的，有时是明目张胆公开进行反党的，布赫就曾丧心病狂地在他制定的《文艺60条》黑纲领中，明文规定把学习毛主席著作时间砍掉二分之一。

布赫、珠岚一贯反对我们心中最红最红的红太阳毛主席，一贯吹捧"当代王爷"乌兰夫。解放初期，他们就大唱《云泽进行曲》，狂呼"乌兰夫万岁！"，在社会主义革命和社会主义建设的今天，他们又阴谋编印《乌兰夫文集》《乌兰夫论文艺》等黑书，用以抵制全世界人民的伟大导师，我们心中最红最红的红太阳毛主席的四卷宝书。

一九六五年，珠岚又一次赤裸裸地跳出来疯狂抵制毛主席关于文学艺术的两个批示。毛主席在一九六四年六月二十七日的批示中指出："这些协会和他们所掌握的刊物的大多数（据说有少数几个好的），十五年来，基本上（不是一切人）不执行党的政策，做官当老爷，不去接近工农兵，不去反映社会主义的革命和建设。最近几年，竟然跌到修正主义的边缘。如不认真改造，势必在将来的某一天，要变成象匈牙利裴多菲俱乐部那样的团体。"毛主席的批示完全符合内蒙古文艺界的实际情况。多年来，布赫在内蒙古文艺界独断专横，在他把持下的内蒙古文化局党组（旧文化局和旧文联是一个党组）基本上不执行党的政策，在他们把持下的许多部门变成了"匈牙利裴多菲俱乐部那样的团体。"反革命修正主义分子珠岚却怀着刻骨的仇恨，说："主席的批示主要指戏曲十五年来社会主义改造甚微，当然不能说不可联系别的方面，但戏曲是主要的。其次'十五年来'也不能硬套，地方与中央是不同的，本来不是十五年，要都以十五年套的话，中央怎么算呢？""以主席的批示找文联、作协的差距，不能用批示套"。"文化局党组基本上执行了党的政策。"珠岚不仅百般抗拒革命群众以毛主席关于文学艺术的批示为武器批判内蒙古旧文化局党组，批判内蒙的话阎王布赫；进而为旧中宣部的大阎王陆定一、周扬鸣冤喊屈，说什么："如果说文联各协（会）的错误，就是中宣部的责任、错误，那就中央也错了，不能这么推。"按照珠岚的反动逻辑，毛主席的批示即不符"内蒙的实际"，旧中宣部也没有错误。这完全是诬蔑毛主席关于文学艺术的批示，是直接对抗我们伟大的领袖毛主席，是明目张胆地反对毛泽东思想，公开地给以刘少奇为首的黑司令部辩护，本能地为其主子陆定一，周扬喊冤。当珠岚在文艺整风会上被革命群众批判得无言答对时，她便拍桌子摔本子威胁群众，会下又以密告、写黑信的方式向其主子乌兰夫、奎壁等控告当时的整风领导小组及参加文艺整风的革命群

众。"当代王爷"乌兰夫为了镇压群众的革命行动，直接出面为其狗太子布赫及其狗媳妇朱岚掌腰，开黑会、作黑指示，同毛主席关于文学艺术的批示唱反调，说什么："文艺战线上的成绩不少，问题也不少，不是各占百分之五十，成绩是主要的。自治区一成立就搞了个实业公司，成立了文工团，演了《血案》，有些上层人物也受了感动。"乌兰夫的"成绩"就是使"上层人物感动"，这个"成绩"是不许"小人物"批判的，谁要敢于碰一碰他的"全民文艺"，碰一碰他的狗太子，谁就是"坏人"。就要在"（文艺）整风中要利用矛盾，争取多数，各个击破，把最坏的人最大限度的孤立起来。"乌兰夫这老贼又恐文艺界的革命群众识破他们的阴谋，忙指示他的狗太子布赫、狗媳妇朱岚说："部署上先搞文艺队伍，**然后再铺开。对群众要安定一下，安定人心。**"布赫，朱岚得到其主子乌兰夫的支持和指点，马上使文艺整风来了个一百八十度大转弯。妖婆朱岚大喊大叫"谁攻击我和布赫，谁说了什么话，都记在小本子上，跑不掉！"在文艺整风后期，果然依照朱岚记下的黑账——"小本子"给大部分参加文艺整风的人整了黑材料，装入了人事档案。朱岚到处诬蔑给她提意见就是"匈牙利事件""印尼政变""右派进攻"等等。在乌兰夫成立"五大委"时，朱岚又根据文艺整风时记下的黑账，在内蒙古文艺界进行了大清洗，同时大力提拔为他们卖命的走狗，有的人突然被提拔为文化局局长，就连被提拔的本人也觉得吃惊。妖婆朱岚也一步登天，被任命为内蒙古文联的黑副主任兼书记。妖婆朱岚委实没有辜负其主子对她的重用，在她亲手浇灌下，反党反社会主义反毛泽东思想的大毒草纷纷出笼，这都是朱岚突出的"功绩"。朱岚的罪恶累累，铁证如山，正好拿出来示众。

招降纳叛，结党营私，网罗牛鬼蛇神

乌兰夫反党集团的嫡系干将布赫、朱岚、多年来窃据内蒙古文化艺术界的领导大权，招降纳叛、结党营私，网罗牛鬼蛇神和社会渣滓，把文艺界搞得乌烟瘴气，他们把持的许多部门变成了**"象裴多菲俱乐部那样的团体。"**

朱岚在内蒙古电影制片厂八年多的时间，称王称霸，干尽了坏事，党、政、财、文大权一手独揽，她说处分那个党员就处分那个党员，她说吸收那个人入党，不管是什么人，就得**吸收入党。**八年来，电影制片厂吸收了几个党员，这几个人大都是朱岚的亲信。如×××品质十分恶劣，在予备期中竟将一元二角的药费单据涂改为一百二十元，而朱岚却硬把该人拉入党内。她的弟弟××本来没写过入党申请书，也不够入党条件，而朱岚在一次党支部会上竟指责党支部组织委员说：为什么不培养她弟弟入党。组织委员说："××连申请书也没写过。"朱岚说："**那也得培养！**"就这样硬把××拉进党里。

朱岚的亲信×××是一个超"千字号"的贪污分子；坏分子×××，已被法院判处徒刑（缓期执刑），也被朱岚包庇下来，并且还保留了党籍，长期逍遥法外，胡作非为。在朱岚的眼睛里，党就是她，她就是党。为了便于以党组织之名，行独断专行之实，电影制片厂仅有十几名党员，也建立了党总支。这样，朱岚便有权批准入党和处分党员。

朱岚的哥哥××，原系农村民办小学教员，不安心工作，私自跑到呼和浩特，立即被朱岚安插在电影宫做临时工；电影制片厂一成立，朱岚又保送他到长春电影制片厂学习摄影整备，就这样成了内蒙古电影制片厂正式职工。这个人根本不胜任他所担任的工作，但依仗朱岚的权势，为所欲为，闹工资待遇，享受长期补助。为了骗取国家的工资，朱岚玩弄手段，让她哥哥回原籍拿回一张伪证明信，证明他是"调干"，借此又把薪金增加了二十多元。朱岚的弟弟，也在一九六三年调薪时，连套级带提级，月薪增加了二十多元，真是"一人得道，鸡犬升天"。朱岚把电影制片厂搞成了家天下，党政财文大权统统由其亲信、家族掌握，随意打击、压制革命群众。谁不听她的指挥，便马上调离工作，甚至连被调动工作的人知也不知道，人事关系早被转到另一个单位去了。而朱岚的红人，则个个都是飞黄腾达的。如伪蒙疆驻日大使的女儿××本有重大政治问题，因为是朱岚的亲信，就把她安插在电影制片厂当副主编。八年来，朱岚用各种恶毒手段，打击陷害了不计其数人。有的记过，有的调离，有的降级，有的开除，有的劳改，有的还被开除了党籍，送进了监狱。直到这次无产阶级文化大革命，才得到解放。

朱岚在电影制片厂控制影片编写、审查、摄制大权，从来不反映阶级斗争的重大题材，不为工农兵服务，一贯鼓吹"反映内蒙实际"，利用"百花齐放"的口号，大搞"轻歌漫舞"的"抒情"片，打着以满足"人民群众"的需要等招牌，为民族分裂、复辟资本主义制造舆论。故事片《草原晨曲》是朱岚亲自出动，伙同玛拉沁夫炮制的一株大毒草。它以反映民族团结为名，行宣扬民族分裂之实。上映后，获得了乌兰夫反党集团的大赞特扬。另外一部故事片《胡日勒巴特尔》（发表在《草原》1962年7、8月号）是朱岚伙同××霸占话剧《金鹰》，扩大其错误倾向，为乌兰夫反党集团的"牧区不搞阶级斗争""不分不斗不划阶级"的阶级投降路线大造反革命舆论的毒草。它美化统治阶级，宣扬了阶级调和，鼓吹自发斗争，赞美个人奋斗，散布"爱情至上"，丑化贫苦牧民。在我国三年暂时困难时期，朱岚又抗拒中央关于内蒙电影制片厂下马的方针，竟挥霍大量资财，强行摄制、发行了戏曲片《走西口》《卖碗》两株大毒草，疯狂地攻击和污蔑党的三面红旗，恶毒地煽动人们起来"逃荒"叛国。通过《走西口》宣传"口外"好收成，来影射所谓"乌兰夫领导下，内蒙在困难时期是好年成。"等为乌兰夫歌功颂德。朱岚除了她亲自炮制毒草外，她还网罗一批所谓的内蒙古的"权威"作家，先后向玛拉沁夫、云照光等修正主义分子约定了好多部所谓"重点题材"的剧本，如玛拉沁夫的"三手"——《歌手》《琴手》《骑手》，云照光的《席尼喇嘛》，孟和博彦的《嘎达梅林》等等。此外，内蒙古电影制片厂译制的几十部蒙语片，都是经朱岚选定或审批译制的，其中大部分是毒草，如《青春之歌》《红日》《草原晨曲》等。电影制片厂译制了大量的国产毒草片，朱岚还不满足，又提出要译制苏修影片《白痴》和《法吉玛》等大毒草，并且把意大利的新现实主义影片《白鬃野马》做为教材，让编摄人员反复学习。她对译制片演员的感情、语言方面很不满意，经常辱骂演员笨得象个木头人一样，向他们宣扬苏修演员的造诣如何高明，强迫演员多看苏修影片，向苏修演员学习，并亲自组织演员学习了苏修话剧《祝你成功》和《瓦沙·谢列斯诺娃》的台词。内蒙古电影制片厂在妖婆朱岚的统治下，培养出一批打手、亲信、"家奴"，把电影制片厂搞成了毒草丛生的反革命阵地，成了乌兰夫反革命集团的驯服工具。

当官做太太养尊处优，过着特权阶层的生活

毛主席教导我们："防止一切工作人员利用职权享受任何特权。"

· 17 ·

朱岚原是大地主的臭小姐，过惯了娇生惯养的剥削阶级生活。混进革命队伍不久，就嫁给了"当代王爷"乌兰夫的狗太子布赫，做了官太太。之后，又依仗乌贼的权势，她又当上了官。这个既当官又做官太太的双料货，一直骑在人民群众的头上做威做福，从没参加过群众运动，从来不下农村、牧区和工厂。从她地主阶级的本能出发，既恐惧群众运动，又仇视群众运动。她逃避了土改、镇反、三反、肃反、反胡风、反右派、整风整社、四清等历次重大政治运动。多年来，妖婆朱岚总是"贵人多病"，小病大养，无病小养。在电影制片厂期间，长年不上班，偶尔上几天班，也必须用狗太子布赫的专车接送（按：朱岚的级别是不够坐卧车的）。朱岚上班时，每天定要吃"特灶"，吃得要好，钱花得要少，这种"特灶"是朱岚剥削广大职工的又一新发明。

朱岚的"病"必须由高级大夫"诊治"，她可以搞到中央卫生部保健局的介绍信，可以冒充十级干部到北京治"病"；可以在北京找私人诊疗所的"名医"看"病"，全部用费均由公家报销。有一次朱岚在北京休养，需要一种北京买不到的药，便派其亲信到内蒙古医院找××院长，这个院长便闻风而动，亲自到药库，把仅有的药全部拿出，呈献给朱岚。这个"贵人"，得病也与常人不同，只有高干疗养所才能"养"好她的"病"，住了一个来月，医药费高达600多元，全由公家扳销了。这妖妇既便住内蒙古医院，也得开一间特殊病房，可以不遵守医院里的任何制度，可以任意来去。按国家制度规定职工服用补养药品，一律自费不予报销，而朱岚却可以例外。朱岚还有一种特殊的"病"，就是离不开狗太子布赫，布赫在北京学习，朱岚就"病"上来了，一定要到北京疗养；布赫去青岛疗养，朱岚也要硬跟着去"疗养"；布赫去北戴河疗养，朱岚也得跟着共同"疗养"，（实际上这一对狗男女的级别都不够去北戴河疗养。）

朱岚外出一定得住高级房间。还得有专人随行，听候使唤。在内蒙驻京办事处就得住厅局长级住的房间。妖婆朱岚借故去杭州游山玩水，硬要坐软席卧铺，会计按制度不预报销，她竟然从职工福利费取出四十元零一角，"报销"了软席卧铺的钱。后来，觉得这样干太露骨了，从中退回一角，硬说是朱岚"生活困难"的补助。就是这位"生活困难"的妖婆，为了补养其妖体，吃一般牛奶都不行，一定要吃内蒙古农牧学院的高质量牛奶，每天由公勤人员专程往她家里送。（往返一次二十余里）

妖婆朱岚美其名曰：改善电影制片厂职工的生活，开办一个农场和一个饲养场。实际上电影制片厂的职工只有到农场、饲养场劳动的义务，毫无享受产品的权利，而朱岚和她的全家就是在冬季仍然能够享受到农场温室里培植的西红柿、黄瓜，饲养场的鲜蛋、肉食那就更随便了。朱岚在医院里挑剔供给病人的伙食时说："我在困难时期连扒肉条都不愿吃，看你们现在吃的是什么！"

朱岚向来把公勤人员当做她的私人奴朴使用。在她住院时，嫌护士侍奉得不周到，便叫电影制片厂的公勤人员肖蕙玉同志去侍奉她，端茶、送饭，甚至连这妖婆的航裤杈也要肖蕙玉同志替她洗。就这样，朱岚还不满意，经常说："肖蕙玉这个人就会睡觉！"肖蕙玉同志结婚时，朱岚竟不准肖蕙玉同志请假，这同《白毛女》中的地主婆同封建王公的"福晋太太"还有二样吗！真是反动透顶，罪该万死！

负隅顽抗，抵制、破坏无产阶级文化大革命

"四海翻腾云水怒，五洲震荡风雷激。要扫除一切害人虫，全无敌。"在无产阶级文化大革命开始不久，乌兰夫反党集团便被广大革命群众揪了出来，妖婆朱岚虽然看到了他们末日的来临，但正如我们伟大的领袖毛主席早已指出的：**"敌人是不会自行消灭的。无论是中国的反动派，还是美国帝国主义在中国的侵略势力，都不会自行退出历史舞台。"**在无产阶级文化大革命初期，朱岚妄图扭转斗争的大方向，定条条，划框框，挑动群众斗群众。甚至唆使、策划其走卒到党中央，国务院接待站，替乌兰夫翻案。当朱岚被文联革命群众揪出来之后，这妖婆仍然与乌兰夫的代理人王逸伦直接联系，多次密谋，企图搞反革命复辟。去年十二月六日朱岚竟依仗王逸伦的权势，以反革命造反的形式，对抗无产阶级文化大革命，对抗革命群众对她的监督、批判，在隔离反省期间擅自跑回家去。与布赫一起向革命群众进行反扑，大骂文联的革命群众是"反革命"，不应该叫她隔离反省；狗太子布赫更是狗胆包天，竟伸手向革命群众要"上级"的批准令，还提出去找乌兰夫的代理人王逸伦与革命群众"讲理"。王逸伦公开包庇三反分子朱岚，指责文联的革命群众"违背"了中央"通告"。王逸伦被革命群众问得张口结舌理屈词穷无言答对，朱岚被革命群众揪回文联。但在二月黑风中，朱岚同乌兰夫黑线人物大搞反革命串连，大做王逸伦"登极"的美梦。直到"四·一三"中共中央下达了关于处理内蒙问题的八条决定之后，朱岚的美梦才成了泡影。曾几何时，这个喧嚣一时的妖婆，连同她的主子"当代王爷"乌兰夫及其代理人王逸伦、王铎之流，都一个一个地被揪了出来，被打翻在地，成了落水之狗。在毛泽东思想的照耀下，妖婆朱岚现出原形，但这妖婆散布的毒素远没有肃清，这妖婆仍在负隅顽抗，斜睨着眼睛，等待着反扑的时机。我们一定要高举毛泽东思想伟大红旗，把妖婆朱岚以及盘踞在内蒙古文艺阵地上的牛鬼蛇神，统统扫掉！彻底根除滋生修正主义的污泥浊水，把内蒙古文艺阵地办成红彤彤的毛泽东思想大学校，使内蒙古文艺阵地真正成为宣传毛泽东思想的红色阵地！

· 19 ·

乌家王朝的文艺代表作

——評瑪拉沁夫、朱嵐炮制的影片《草原晨曲》

《草原晨曲》是至今没有受到批判的一部毒草影片。它散布修正主义和民族分裂主义。它从文艺上体现乌兰夫所执行的资产阶级的民族政策，和毛主席的民族政策相对抗，它反映以乌兰夫为代表的蒙古民族上层阶级的要求和利益。它是乌家王朝的文艺。随着乌兰夫的被揭露，被批判，被打倒，这种文艺，包括吹捧这种文艺的荒谬庸俗的评论，也就统统凋残枯槁、落叶归根了。

一、民族分裂主义的高音喇叭

《草原晨曲》取材于白云鄂博矿山。过去在日本法西斯的残暴统治下蒙汉人民保卫了她，而今人民掌握政权之后，要开发和利用她。但是首先碰到一个问题：白云鄂博是谁的？即所有权在谁手里，要发展生产力，就发生了生产关系问题。我们的《宪法》上规定，矿藏、森林、水流等等，均为国有。我们伟大的祖国，从喜马拉雅山到大兴安岭，从海南岛到戈壁沙漠，一山一水都是我们中华民族各族人民的共同财富。

《草原晨曲》中的绝大部分蒙族群众都先后说：白云鄂博是"我们的宝山"、"我们的圣山"；尤其是影片中一些主要角色都几次强调"圣山是我们的"；主角胡合（老共产党员）解放后四到草原，第一句话便是："啊，家乡，我们的白云鄂博山！"影片一再劝说蒙族群众不要争吵，不要阻挠开发白云鄂博矿山。影片中没有一个蒙族干部和蒙族群众说白云鄂博不是蒙古民族所私有的。这样，影片就用心照不宣的方式、同时又分明地回答了白云鄂博是谁的这个问题。

这个问题，只有乌兰夫能够敢于直面回答，他毫不隐讳地说："白云鄂博铁矿是我们的"。他说的"我们"是谁？是他，是他的乌家王朝。他打着蒙古民族的旗帜，一意霸占祖国财富。他念叨什么"马乃"（意即我们的，本来在蒙语中"马乃"有时是表示亲切的意思，民族分裂主义者就利用来表达他们民族分裂主义的恶意。）白云鄂博"。他早在一九四八年就曾这样宣称："內蒙境內土地为蒙古民族公有"。乌兰夫这个当代的王爷，是內蒙地方民族主义的祸根。

为什么要开发白云鄂博铁矿呢？清看影片中的这一段对话：

拉西宁布：我们是牧民，没有铁也能过日子。

加米扬：老朋友，我问你一句话，你家的铁锅是用什么东西作的？

一群众：是啊，你们家的马蹬子是哪儿来的？

另一群众：还有马嚼子呢？

这意思就是说，因为蒙族群众也需要用点钢铁，所以才同意开采铁矿的，要不是这样的话，也就未必能同意了。这完全是小私有者的口吻，狭隘民族主义的口吻。影片中所表现的蒙族群众都是些抱有狭隘民族主义思想的人，没有一点祖国观念的人。他们哪里能想到要加强我们的国防力量、要建设我们的社会主义呢？这种狭隘、自私、落后的形象，是对蒙族人民的肆意歪曲和污蔑。尤其是一九五八年公社化运动以后，我国广大农村和牧区，掀起了社会主义革命的更大高潮，广大蒙族牧民的主导思想是社会主义而决不是地方民族主义。歪曲历史的人只能是搬起石头去砸自己的脚，决没有好下场。

乌兰夫后来说了，"白云鄂博铁矿是我们的，但是不给我们铁"，"内蒙古还是手无寸铁"，这完全是攻击中央，而贪婪于地方民族主义的私利。乌兰夫的这种罪恶言论是我们全国各族人民所坚决反对的。从不同意开采矿山到勉强同意，乌兰夫说："这样大的思想问题解决了"，什么解决了？以《草原晨曲》到乌兰夫的嘴巴，明明是地方民族主义作了忍痛的让步和牺牲，相反地，却激起了它对中央的怨恨，对祖国的隔阂。乌兰夫是内蒙古的民族分裂主义的祸根。

我们各族人民的伟大领袖毛主席说：**我们作计划、办事、想问题，都要从我国有六亿人口这一点出发，千万不要忘记这一点。"**地方民族主义者、民族分裂主义者则是要排斥这一点，反对这一点，他们的罪恶就是要违背毛主席的这一教导。

如果说，影片中上述的民族分裂主义思想是含蓄的，渗透着的，那么下面就来说露骨的，有目共睹的。

影片中那个道尔吉，是反革命分子，他从小就跟着他父亲欺负侮辱劳动人民，出卖国家和民族，解放后又丧心病狂地干尽了坏事。影片中借他的口，放肆地诬蔑我们党和毛主席的民族政策而毫不加批判，毫不加斗争。

道尔吉挑拨民族分裂的言论是十分恶毒的，什么蒙古人说了不算，什么汉人会来事，把圣山挖走了就又要欺压蒙古人，什么包钢是汉人的，什么一件小事也派我来，这就是他们的民族政策等等，把这种言论不加批判地拿到蒙族人民和全国各族人民中去广为传播，就完全起到了制造民族隔阂的作用，政治挑拨的作用。虽然在一个欢迎会上也附带提到那是一种右派言行，但是一言带过。俗话说，魔高一尺，道高一丈。而在《草原晨曲》中恰恰相反，是社会主义道高一尺，民族主义之魔就要高一丈。事情就是这样被颠倒着。

乌兰夫曾经说过："我们现在有很多干部，都是过去的亲王、王公，工作做得很有成绩。所以，各族人士、各阶层、宗教上层人士和一切爱国的、赞成实行民族自治的各阶层人民，我们都团结了，并进行了思想改造工作，同时放手使用他们。"原来这许多民族上层，都跑进了国家干部的行列中，怪不得《草原晨曲》中的草原上已经看不到他们的影子；而且说他们都工作得很有成绩，也就怪不得党委书记胡合要把道尔吉送到鞍钢去进修培养了。的确，在我们内蒙自治区的机关、厂矿学校等单位里还可以碰见道尔吉式的人物，那里是什么工作做得很有成绩，是坏事做得很有成绩。乌兰夫所谓的"机关民族化"，就是这样一个实际内容，对民族上层完全采取了保全他们、向他们投降的政策。

不仅来自上层的道尔吉如此猖狂，贫苦牧民拉西宁布年轻时曾经和汉族同志一道打日本，如今也是莫名其妙地大发民族情绪，说什么"忽的一下来了几万人，牧场给占了，圣山上的

· 21 ·

老佛爷给气走了，你在这儿干什么？"于是他跟着几个牧民搬家走了。他心目中根本没有共产党和毛主席，根本没有社会主义的祖国。他以贫苦牧民的身分在煽动民族情绪。

影片的泡制者，为什么任其道尔吉放毒，对拉西宁布也不加批判呢？是因为这些人正是以乌兰夫为代表的那一小撮。道尔吉是在散布他们的由衷之言，他们就是要求拉西宁布那样的群众。这是他们对中央在内蒙建设包钢怀恨在心，寻找机会发泄，以争取中间群众。

必须摧毁道尔吉的猖狂进攻！必须摧毁《草原晨曲》为乌家王朝所作的反动宣传！《草原晨曲》是鼓吹民族分裂主义的高音喇叭。

二、修正主义的"晨曲"

形形色色的修正主义，其根本之点是要取消阶级斗争，背叛无产阶级专政，抛弃社会主义道路，歪曲和反对党的领导。这些问题《草原晨曲》中样样俱全了，那是一部修正主义的"晨曲"。说"晨曲"还算是恰当的，影片于五九年泡制出来，正是现代修正主义飞扬跋扈的时期，国内牛鬼蛇神也要开始蠕动。如果晚几年出笼，就成为昏曲或丧曲了。既是"晨曲"，它就神志清醒，精神充沛，有的地方似乎昏头昏脑，逻辑不通，那是因为它的本质就是这个样子了。

首先，《草原晨曲》中的乌兰察布草原，没有阶级斗争。乌兰察布草原上的那些王公、贵族、牧主、宗教上层等等，都已经完全不在议事日程上了。只有一个道尔吉还没有死绝，在日本帝国主义那里受过奴化教育，而今建设包钢的工作还离不开他呢。广大的小生产者也都不成其为问题了，据拉西宁布自己说：他"解放前有个啥，可现在你看看，牛羊成群，五畜兴旺啊！"他是多么得意！他只有一个缺点，就是一时听信谣言搬了家，没有想"和老朋友一道建设家乡"。除此之外，草原就像一口枯井，再也找不到一点阶级斗争的风波，就是一个发展牛羊了。乌兰察布被粉饰得如此"幸福"，人与人之间被美化得如此"亲热"！毛主席说，在我们面前存在着两类矛盾，然而在《草原晨曲》中简直连一类也看不见了。

或者说，拉西宁布的转变不是一个阶级斗争的反映吗？

拉西宁布的私有制小生产者的意识是极其浓厚的，他热衷的是牛羊和老婆孩子，他有强烈的地方民族主义思想，因而他反对建设包钢。他赞扬新社会是因为他自己已经变得牛羊成群、五畜兴旺了。他是怎样从反对开采矿山、赌气搬家转变回家的呢？勘探队的医疗队给他老婆接了生，搏得了他的欢心，他说："他们为了抢救我的老婆孩子，开了那么多的花销，可是我送钱去，他们死活不要，这些人哪，哈，真好，真好！"矿山上的司机给他家里救了火，抢出了他的儿子，他感激不尽。就这样，拉西宁布不去计较矿山了，牧场占也就占了。试问在拉西宁布的思想中有哪一点是集体主义的东西？胡合这个党的领导一味地强调"今天这样幸福的日子"，过去，张玉喜是为了今天这样的幸福，今天则更是羊群、马群、拖拉机、康拜因。强调生产，强调物质生活，唯独抛弃无产阶级的政治，这不正是乌兰夫、刘少奇的一套吗？不正是蒙修、苏修的那一套吗？试问胡合在哪一点上激发了拉西宁布的阶级觉悟？哪一点上打破了拉西宁布的私有观念？拉西宁布的转变回家，决不是进步了，革命了，而是私有观念得到了点满足，作出了点让步。拉西宁布以及广大牧民在翻身以后要走什么道路？拉西宁布走的是资本主义道路，他最后说："我只希望安安静静的放我那几头牲口"。影片所要教育贫苦牧民的就是这样一条道路。毛主席："严重的问题教育农民。"而《草原晨曲》把广大蒙族牧民，写成拉西宁布那样落后的形象，这完全是别有用心、混账透顶！

《草原晨曲》为什么不写阶级斗争、不写社会主义道路呢？

如果说，影片解放前的斗争情节是一些虚构的温和的情节，解放后的情景却是作者下了牧区之后回来编造的，它是有根据的。那根据不是乌兰察布草原的现实，是根据乌兰夫的牧区不划阶级不分不斗的政策，还有牧区改革步子要稳、处理要宽、时间要长的稳宽长的政策，这种政策实际上就取消了牧区的阶级斗争，和刘少奇在党的八大会议上所宣扬的阶级斗争熄灭论完全是一路货色，是刘少奇的修正主义理论在牧区的翻版。因此，《草原晨曲》之类的乌家王朝的文艺没有什么阶级斗争需要反映是理所当然的了。

乌兰夫说："生产上去了，不划阶级也心甘情愿"。这是典型的要搞阶级调和，要否定社会主义革命，要背叛无产阶级专政的反动理论，象这样露骨的修正主义还是并不多见的。这种思想在《草原晨曲》中也完全表现出来了。歌颂草原，镜头上就出现羊群和马群，而看不到草原的主人，贫苦的牧民是如何翻了身；一个问题的解决，看不到牧民阶级觉悟的高涨，而只感觉到羊群和马群具有最大的说服力，诸如此类。因此，草原显得如此的"和平"和"幸福"，它使一切无产阶级的革命战士感到无用武之地，感到苦闷。

再看，《草原晨曲》怎样歪曲和丑化党的领导的。

胡合是《草原晨曲》中的主角，是影片所着重表现的几个人物中唯一的一个蒙族党员的形象。他是区委书记，后调任白云鄂博矿山党委书记，他是当权派，是体现党的领导的人物。然而影片把他描写成个什么样子了呢？

他没有一点点阶级仇恨。官布是官僚牧主，在日寇面前摇头摆尾，完全出卖祖国出卖民族的蒙奸，他的儿子道尔吉是个接受了日本奴化教育，积极协助他父亲卖国求荣的洋奴才。就是他们俩，阴谋杀害了草原上的地下党员张玉喜，逼走了胡合，压迫了广大的蒙族人民。道尔吉还调戏了胡合的爱人秀芝，官布最后要暗害她，官布的爪牙，多年的"老看守"不知为什么大发善心，掏钱放走了她；胡合和秀芝俩口都是虎口逃生，留下一个老母亲则"让官兵给折磨死了"，官兵就是官布的兵；就是这样深仇大恨的阶级迫害关系，解放后，胡合见到了道尔吉却若无其事，好象以前什么事情也没有发生过一样。这个镜头已使我们很吃惊，但还不止此，当他和拉西宁布痛苦地谈起仍不知下落的妻子时，竟然显出有点希望的样子说："道尔吉知不知道秀英在那"？可惜回答说不知道，否则他还要去拜访调戏并谋害自己妻子的不共戴天的阶级敌人去了。他的老友拉西宁布甚至公然在旁边对官布和道尔吉一家感恩起来了，说什么胡合、张玉喜、加米扬从监狱中逃走"还多亏人家道尔吉帮忙呢"！这真是不知羞耻与屈辱为何事。看到这里，真使人义愤填膺，气炸肺腹。这一场，明明是在丑化党和党员的形象，明明是在贩卖阶级调和，阶级投降的黑货。他还亲热地称之为"道尔吉同志"，还安慰他"好好工作"，甚至以后要考虑送他去鞍钢学习。这一切的一切，说明了什么？列宁说，忘记过去就意味着背叛。胡合把阶级的仇恨，自己的仇恨都忘得干干净净，他就决不是一个革命者，他是一个混账糊涂蛋！他背叛了革命，他作人也无耻！

道尔吉在包钢，"右派言行"如此猖狂，挑拔离间，造谣中伤，无所不为，胡合本应是怒火万丈，新仇旧恨，跟他一起算，然而影片又着力去表现他显得如此"憨厚"，什么阶级的"憨厚"？看上去影片是在渲染一种抽象的脱离了阶级内容的人的性格，实际上是在描写一种阶级投降主义者的"憨厚"，不知耻辱者的"憨厚"。在中国共产党和毛主席的教导下，蒙古民族中成长了一大批久经锻练的用毛泽东思想武装起来的共产党员，而决不是象胡合那样的角色，胡合那样的形象，那完全是对广大蒙族党员的歪曲和污蔑。

胡合解放后回到家乡，说："感到人人是朋友，个个是亲人"，然后就是喝酒干杯。这是再次贩卖阶级斗争熄灭论的黑货。胡合的任务就是一个发展生产和做官当老爷了。他不是政治挂帅，而是经济挂帅，生产挂帅，这完全是中国的赫鲁晓夫刘少奇的修正主义那一套，乌兰夫也不过是拾点牙慧而已。胡合的经济挂帅和他们的地方民族主义相结合，便是乌兰夫后来所发明的谬论，什么发展民族的"经济基础"，什么"三个基础"之类的地方民族主义、民族分裂主义的理论。

胡合不是什么别的人物，他就是取消阶级斗争的乌兰夫的民族政策的执行者。加米扬、拉西宁布等贫苦牧民在胡合的领导下，只要一味地劳动，一味地发展牛羊，而不要懂得真正的社会主义道路是什么，他们全都生活在乌兰夫所代表的蒙族上层的控制之下。胡合就是这样地为乌家王朝效劳的人物。他的所谓"憨厚"的性格，就是对乌家王朝的一片忠心。

三、第一代蒙族青年工人的道路是什么？

既然老一代人物是胡合、拉西宁布那种样子，那种道路，那么青年一代该怎样生活呢？青年人好象早晨八九点种的太阳，该怎样发热发光呢？乌家王朝不会放弃蒙族青年，《草原晨曲》是回答了这个问题的。

娜布琪是一大批蒙族青年工人中着重表现的形象，她是"草原上第一名女司机"。她是怎样的一个青年工人呢？

她和胡合同病相怜，没有一点点自己阶级的爱憎。她是烈士的子女、她和道尔吉一家有杀父之仇，然而她置若罔闻，她不谈共产党，不谈毛主席，她完全辜负了她的爸爸，她决不会继承她爸爸所为之英勇牺牲的壮丽事业，她没有一点点革命接班人的志气。影片把一个烈士的子女表现成怎样一种人，真是叫人痛心，叫人愤慨。

她一心要学技术，"想要学会比套马比挤奶更复杂的技术"。只要专不要红，她可真是领会了刘少奇的教育思想。她没有一点政治头脑，不讲一句社会主义。她要学司机也只是因为坐了张祥的汽车兜了风才挑这一行的。娜布琪完全不懂得自己所生活的时代，她决不是光辉的毛泽东时代的青年形象。领导干部胡合说："今天我们的青年人都有了文化知识"，还是用乌兰夫的词汇说吧，便是有了民族的"文化基础"，有了民族工人，也便有了民族的"政治基础"。

影片中表现娜布琪，心目中就有个阿爸和姨妈，然后表现她找对象，她煮的奶茶很好喝，她唱唱跳跳，可会享受幸福，诸如此类，这不是地道的苏修式、蒙修式的青年吗？

· 24 ·

毛主席说："在一些人的眼中，好象什么政治，什么祖国的前途，人类的理想，都没有关心的必要"，毛主席在一九五七年批判了这种人，这种偏向，影片就在一九五九年表现这种人，这种偏向，真是岂有此理，令人不能容忍。毛主席教领的革命接班人的五个条件，是我们各族青年终身奋斗的准则，是我们各族青年的康庄大道。每一个毛泽东时代的青年都应该唾弃娜布琪这种人。

四、总　结

看了《草原晨曲》，我们就可以了解到乌家王朝的政治。通过以上的分析，说明影片和乌兰夫的修正主义的民族政策是如此地息息相通，和乌家王朝的政治利益是如此地息息相关。《草原晨曲》确是乌家王朝里的文艺，是文艺上的乌家王朝政治。

影片的炮制者玛拉沁夫，珠岚琪琪柯，如此忠实于乌王爷的政策，表明他们确是乌家王朝的御用文人。珠岚是乌王爷的儿媳，她和她的公公婆婆一样，更是一个不学无术的臭妖婆。但是，她却掌握有文坛和影界的权力，那是靠权势，那是家天下的封建政治的惯技，是裙带风的资本主义、修正主义政治的惯技。有了权就可以推销他们的主义。这就是《草原晨曲》为什么这样积极地为乌家王朝政治服务的直接原因。

《草原晨曲》在一系列原则问题上宣扬了修正主义。毛主席指出了辨别香花和毒草的六条标准，又指出，"这六条标准中，最重要的是社会主义道路和党的领导两条"。影片在社会主义道路方面，对于民族上层阶级的斗争，对于小私有者的改造，对于青年的道路，全面地取消了社会主义革命的任务，否定了社会主义社会的阶级斗争，背叛了无产阶级专政，而宣扬了阶级合作，阶级投降。影片在党的领导方面，歪曲了党在社会主义革命中的领导作用，不是突出政治，而是突出生产；又丑化了党员的革命形象，否定了共产党员的先锋作用。

在民族问题方面，影片一方面选取一些蒙汉民族团结的情节来掩人耳目，一方面在中心题材开采白云鄂博矿山问题上表现民族分裂主义。影片还公然散布恶毒地攻击党的民族政策的言论，在观众中煽动民族情绪。

就是这样，《草原晨曲》是一株确定无疑的大毒草。

从全国来看，一九五六年党内头号走资产主义道路的当权派刘少奇在八大作了阶级斗争熄灭论的黑报告，一九五七年我们各族人民的伟大领袖毛主席发表了《关于正确处理人民内部矛盾的问题》这一伟大著作，无产阶级的革命路线和资产阶级的反动路线针锋相对地对立着，形势是这样。乌家王朝是站在资产阶级司令部的，一九五九年出笼的《草原晨曲》是表现资产阶级反动路线的。

从艺术上说，《草原晨曲》既然全面地取消了社会主义社会的阶级斗争，这就从根本上规定了它是一种绝对地反现实主义的艺术。既然取消了阶级，它就必然要陷入资产阶级人性论的泥坑。资产阶级人情味是贯彻影片始终的一根黑线。影片的前半部妻离子散，垂老别、新婚别、无家别、全有之。影片的后半部是夫妻团园、儿女团园、乡亲团园、一切团园。影片中的人物一个一个的儿女情长，英雄气短。

一个革命战士的经历，象胡合，好象也就是离别和团园而已，他阶级的爱憎没有，人情的交往却是丰富得很。一个牧民群众的思想变化，象拉西宁布，也主要由于人情的交往，几次打动了他。民族的关系，如象张王喜（汉族）的牺牲，也只是一种人情的关系，而看不见有阶级本质的反映。这种缠绵，狭隘，闭塞的思想感情，完全是传播和滋长地方民族主义的土壤。对于蒙族劳动人民那种质朴，淳厚的优良品质，不是把它提到阶级觉悟，阶级爱憎的高度上来，而是让它沉溺于儿女之情，这种人情味贯彻于影片的始终，真是恶劣透顶。

影片在表现民族特点方面也是有很错误的倾向，它渲染了浓厚的落候迷信的色彩。如象什么白云鄂博是草原的风水，什么搬下几块石头都要全家病倒，什么生了孩子就是老佛爷赏脸等等把这类东西表现得津津有味。蒙古民族的贫苦劳动人民有很鲜明的特点，从他们擅长的畜牧业生产到和这种生产相适应的生活方式，而他们那种刚强的性格，却在影片中的人物身上一点也看不见，不但没有刚强，反而是缠绵，低沉。

总之，《草原晨曲》充斥了修正主义的文艺观点。

一九六一年，刘少奇到内蒙东部林区进行所谓的"视察"，乌家王朝的代言人之一，反革命王逸伦除了以草原羊肉相待，还立即下令把这部影片从呼市专机送到呼伦贝尔。这也说明这部影片不同于一般，它是乌家王朝的文艺代表作。

乌家王朝在内蒙举起民族分裂主义的破旗，代表了蒙族王公、贵族、牧主、宗教上层等的利益，它带有很大的封建性，狭隘性的一面。同时在它的意识形态里，在乌王爷那里，又有修正主义的一整套，具有现代性国际性的一面。不管是封建性的还是现代性的，凡是反动的东西，它都要拿过来加以利用，为它们作反革命复辟的准备。乌家王朝就是这样一种混血种。它的政治和它的文艺都是这样的。当我们剖析大毒草《草原晨曲》之候，难道得出的结论不是这样的吗？！

内蒙古大学峥嵘岁月一队
为人民服务战斗队

（上接31页）

毛主席教导我们说："在阶级社会里只有带着阶级的人性，而没有什么超阶级的人性。"又教导我们说："世界上决没有无缘无故的爱，也没有无缘无故的恨。"

小品舞剧《猎人与金丝鸟》抛开了火热的阶级斗争，借猎人与金丝鸟的幽灵，影射现实，美化资产阶级，鼓吹阶级合作。

很难设想，一个贵族小姐化身的金丝鸟，由于"高尚的人性"，牺牲了自己保护了猎人。照此逻辑推断，那么，由于"高尚的人性"和"人类之爱"，必要时地主也可以救长工，资本家也可以救工人，甚至将该死也可以救人民……真他妈的荒唐已极，反动透顶！

通过上述简短的剖析，不难看出小品舞剧《猎人和金丝鸟》是一棵地地道道地反毛泽东思想的大毒草！

砸烂乌兰夫的这块黑碑

——彻底批判反动剧本《青山烈火》

伟大领袖毛主席教导我们："**凡是要推翻一个政权，总要先造成舆论，总要先做意识形态方面的工作。革命的阶级是这样，反革命的阶级也是这样。**"

中国的赫鲁晓夫刘少奇，为了达到他篡党、篡政、篡军，全面复辟资本主义的罪恶目的，曾经利用种种场合，通过各样舆论工具，大造反革命舆论。这个头号野心家和阴谋家，甚至狂吠道："历史总是可以修改的"。他赤膊上阵掀起了一股篡改中国革命斗争史，为其歌功颂德、树碑立传的逆流。反动影片《燎原》就是突出一例。

真是无独有偶。"当代王爷"乌兰夫，这个内蒙党内头号走资本主义道路的当权派，反革命修正主义、民族分裂主义的大头子，在反革命舆论方面也不亚于刘少奇。在内蒙古自治区成立二十周年前夕，长期从事破坏祖国统一、煽动民族分裂、大搞"独立王国"的乌兰夫反党集团，为了完成"宫庭政变"，拟定了一整套制造反革命舆论的计划，由得力干将布赫等人坐镇。于是乎，以乌兰夫反革命修正主义政纲《三基论》为指导思想，以歌颂乌兰夫为中心的各种形式的文艺作品，纷纷炮制出来了。七场歌剧《青山烈火》的剧本也就抛了出来。

历史的车轮滚滚向前。在这次无产阶级文化大革命中，乌兰夫及其党羽爪牙被革命人民一个个地揪出来了。为他歌功颂德、树碑立传的反动剧本《青山烈火》也必须受到革命群众的严肃批判。

欺世盗名　树立乌贼形象

毛主席谆谆教导我们："**要特别警惕象赫鲁晓夫那样的个人野心家和阴谋家，防止这样的坏人篡夺党和国家的各级领导。**"乌兰夫正是一个地地道道的赫鲁晓夫式的、野心勃勃的阴谋家。几十年来，他朝思暮想建立一个"大蒙古帝国"，做当代的可汗。为此，他不择手段地诋毁伟大导师毛主席；同时，他恬不知耻地篡改历史、给自己脸上贴金。他欣然接受什么"千万人民仰望着的云泽主席，正是引导内蒙人民走向彻底解放的一面大旗"，"内蒙人民""最爱戴的领袖"等肉麻的吹捧；狂妄地承受了"乌兰夫万岁！"的反动口号。真是无耻已极、猖狂透顶。

被三反分子布赫指定"主角只能写一个蒙族的革命领导形象"的《青山烈火》，正是适应乌兰夫的政治需要，而炮制的大毒草。《青山烈火》描写的是以我区大青山抗日斗争为背景，编造出来的一个荒唐绝伦的所谓创建青山赤骑队的故事。它是乌兰夫鼓吹的与中国革命分离的"内蒙革命史"的艺术标本。

在《青山烈火》剧本提纲讨论会上，布赫责怪文艺工作者："以前反映大青山抗日斗争的剧本不少，都不够理想，应该总结经验。"言外之意，过去各个本子都没能上乌兰夫"民

・27・

族斗争"的纲、没能体现"乌兰夫思想"。布赫规定《青山烈火》"这个剧本，应当写一个有组织才能的、较成熟的蒙古族领导形象。"

于是，《青山烈火》处心积虑地塑造了一个没出场的"领袖人物"——雷主席。全剧的中心事件自始至终是由这位雷主席"指示"和直接"领导"的。请看如下的名词：

"蒙汉乡亲们，咱们是共产党雷主席领导下的人民"；

"雷主席让我们土默川的蒙汉人民团结起来，马上动手筹办""红马队"；

"雷主席的通讯员带来重要任务"；

"雷主席可能来参加咱们的会"；

"雷主席指示我们……"

显然：指方向的是这位雷主席；拿主意的是这位雷主席。这个跃跃欲出又终未露面的雷主席，实际上是全局的主宰；是比剧中任何主角更为重要人物。

这位雷主席就是反党头子乌兰夫的化身。

剧中老猎人敖其尔竟说："就以咱们土默川的蒙古人民来讲，……要不是雷主席和绥蒙区党委首长们找到共产党、找到毛主席，咱祖孙三代至死也摆不脱做奴隶的命运。"

请注意：这儿提到毛主席和共产党，和全剧其它各处出现一样，只是个幌子，给人的感觉是抽象的、遥远的；唯独这位雷主席是"真切"而"具体"的，"英明"而"崇高"的。

我们查对了一下乌兰夫的黑话录，其中的奥妙也就昭然若揭了。乌兰夫在一九五一年狂妄地说："在内蒙古革命运动的各个时期中，中国共产党是内蒙人民的最好的朋友。"他表示要和"中国共产党亲密合作下来"。"巩固与中共的团结。"乌兰夫狗胆包天，竟公然把"领导我们事业的核心力量"说成是"朋友"，"联合"对象，肆意鼓吹与中国革命分立的"内蒙古革命运动。"尤其不能容忍的是乌贼丧心病狂地与我们伟大领袖毛主席和党中央分庭抗礼、自封"领袖"。狼子野心，昭然若揭！反动剧本《青山烈火》与乌贼黑话配合得真是丝丝入扣。然而，任何胆敢反对我们心中最红最红的红太阳毛主席、胆敢与战无不胜的毛泽东思想对抗的"好汉"到头来，只能落个身败名裂的下场；乌兰夫不也成了不齿于人类的狗屎堆！

乌兰夫反党集团经常散布：土默川是"内蒙革命的摇篮，现在内蒙古许多"领导人"、"革命家"都是受土默川哺育成长的。因此文艺工作者要大树特树土默特的"革命家"和"领导人"。《青山烈火》就是在这样的指导思想下写出来的。

布赫大放厥词："武川不典型！""根据地写到大青山前边，土默特才典型"。其臭婆娘珠岚更是露骨地叫嚣："土默特蒙古人对革命贡献最大，""蒙古人人口不如汉族多，但起的作用并不小。"

圣旨一下、《青山烈火》的地点就迁到了土默川。在"序幕"中还特意的写道："地灵人杰那更好？海海漫漫土默川。这是蒙汉人民的家乡，这是哺育革命的摇篮，为了民族解放，多少优秀儿女找真理"。

剧本还根据布赫的旨意，把一些群众角色改为蒙族；删掉了提纲里设想的回民支队，以求富于"民族特点"和"地方色采"。

事实果然是这样吗？不！根本不是！

大青山抗日游击根据地，是一九三八年，在党中央、毛主席的亲切关怀和直接领导下，由晋西北挺进的八路军，发动、组织当地蒙汉人民开拓的。是晋绥边区的一个组成部分。大青山的革命军民在毛主席的"**放手发动群众，壮大人民的力量，在我党领导之下，打败侵略者，建设新中国**"的革命路线指引下，坚持毛主席制定的持久战的战略方针，执行人民战争的战略战术，历经千辛万苦、浴血奋战。壮大成长，在抗日战争史上写下了光辉的一页。

大青山抗日游击根据地的壮丽斗争史，与乌兰夫风马牛不相及，那儿连乌兰夫的一个脚印也没有。恰恰相反，乌兰夫这个资产阶级民族主义者、老修正主义分子，一九三八至一九四一年间，在蒙旗骑兵旅新编第三师里，窃据了该部队我地下组织的领导权，拒不执行毛主席的革命路线，忠实推行王明的右倾投降主义路线，最后出卖了伪新三师党组织，犯下了不可饶恕的罪行。

剧本《青山烈火》完完全全按照乌兰夫、布赫的意图打着"艺术虚构"的招牌，冒天下之大不韪，无中生有、凭空捏造，颠倒历史、混淆黑白，为乌兰夫盗名窃誉。它通过种种假相力图告诉人们：乌兰夫是大青山游击根据地的"缔造人"，蒙汉人民英勇斗争的"最高领袖"。

这是彻头彻尾的政治欺骗！

为了冲出"云泽及其同伴"，剧本还不遗余力地把"绥蒙区党委"描绘成游离于以毛主席为首的党中央之外，甚至凌驾于其上的独立王国。

为了树立乌贼形象，剧本不惜丑化和污蔑蒙汉革命军民的形象。他们一个个被刻划为自私、懦怯、愚昧落后的"乌合之众"，黑《修养》的信徒、那位雷主席的"驯服工具"。以便冲出雷主席——乌贼化身——的个人作用，把他扮演成蒙汉劳动人民的"救世主"。

《青山烈火》如此耍弄伎俩、欺世盗名，为"当代王爷"乌兰夫大唱赞歌，不仅可憎可恶，而且是狂费心机，恰恰把乌兰夫反党集团的险恶居心，暴露无遗，如今成了革命人民绝妙的反面教材。

贩卖黑货 鼓吹阶级投降

要塑造乌兰夫的"高大形象"，必然得体现"乌兰夫思想"。反动剧本《青山烈火》在这方面也是极为卖力的。

毛主席教导我们说："**在一切敌后地区和战争区域，应强调同一性，不应强调特殊性，否则就会是绝大的错误。**"

乌兰夫、布赫之流竟敢明目张胆地与毛主席大唱反调。"当代王爷"乌兰夫下令：写剧本一定"要从内蒙古阶级斗争出发"。布赫毫不隐讳地声言：为什么写青山骑兵队，是"因为大青山与别的地区不同，特点就在这儿。"珠岚则帮腔说："当时的斗争特点需要进一步熟悉"。究竟是什么特点呢？说来说去，无非是乌兰夫的所谓"民族问题"。

"**民族斗争，说到底，是一个阶级斗争问题。**"民族问题的实质是阶级问题。毛主席指出："**在民族斗争中，阶级斗争是以民族斗争的形式出现的，这种形式，表现了两者的一致性。**"

中国赫鲁晓夫与毛主席大唱反调，疯狂宣扬："民族问题是与阶级问题相联系的"；乌兰夫更是叫嚣："民族问题是阶级斗争问题的实质"。"离开了民族问题的具体事实，空谈

• 29 •

阶级斗争，实际上是一句空话"。乌兰夫这个阶级投降主义的老吹鼓手还说："开展少数民族工作很重要的一点，就是把上层拉过来，否则，他们走了，群众也就随后跑了。"因此"各民族中，每一上层的转变就作用甚大，大到能够影响整个民族。"

剧本《青山烈火》对封建上层、德王的骑兵队长白志强及围绕着他而展开的戏剧事件的描绘，集中地、不折不扣地宣扬了乌兰夫的上述反动观点。

白志强矢忠于德王伪蒙疆政府"民族协和、防止共产"的宗旨；一方面标榜要"复兴民族"、"自强不息"；另一方面卖身求荣、投靠日寇。是个顽固的反共蒙奸。根据毛主席关于"在日本武力侵入中国以后，中国革命的主要敌人是日本帝国主义和勾结日本公开投降或准备投降的一切汉奸和反动派"的指示，白志强本来就是人民的敌人。而剧本阉割了毛泽东思想的灵魂，歪曲党的政策，借口"争取中间势力"，着意描述了我游击支队长巴特尔、地下工作者洪换朝如何"宽大为怀"，"耐心细致"地作争取工作。

毛主席教导我们："在汉奸亲日派中间也有两面分子，我们也应以革命的两面政策对待之。即对其亲日的方面，是加以打击和孤立的政策，对其动摇的方面，是加以拉拢和争取的政策。"《青山烈火》正是反其道而行之。巴特尔见了白志强就奴颜婢膝地喊："赛白那！"白志强叫人捕捉他，他竟低三下四称自为"朋友"、讲"礼节"。接着口口声声说："大青山绥蒙区党委派我特来向你问候"。"绥蒙区党委希望白队长能以民族利益为重"。试问：一个共产党员和一个压迫剥削者之间有何共同的"民族利益"？令人气愤的是这位游击队领导人却称赞白志强"希望蒙古民族复兴自强本来无可厚非"。一付厚颜无耻的叛徒嘴脸。然而，任你满口"朋友之道"，为了升官晋级，白志强转身就把巴特尔卖给了日寇；可是，巴特尔还不死心，后来亲自给被游击队生擒的白志强松绑，苦求他"考虑"。但白志强最终还是"找德王去了"。巴特尔的"感化"、"规劝"、"争取"也就以失败而告终了。

为了全面兜售乌兰夫的黑货，剧本还描写日寇对白志强的争取工作。日本帝国主义的代表中岛，露骨地表白道："白志强对我们征服土默川蒙古人来说，是块有用的招牌。"他甚至说："白志强是我们利用的对象，巴特尔更是我们争取的目标"。他不但这样说了，而且这样做了。

剧本不惜通过中岛、郝占山（所谓"抗日救国自卫团团长"）这两个敌人的口，反复述说："土默川蒙古人都和共产党有联系"啦；"土默川蒙古人存心不善"啦；"土默川蒙古人实在可恨，一个个通八路反对皇军"啦。另外，又让中岛对郝占山开导说："土默川的蒙古人皆多东化，……要消灭大青山的游击队必先争取土默川蒙古人和我们合作，重用白志强之原因即此，从蒙古贵族着手直至下层奴隶"。一语点破了天机。中岛推行的政策和乌兰夫所鼓吹的"抓上层"又何其相似乃尔。按剧本逻辑看来，"非我族类，其心必异"蛮有道理，国民党、日本人、共产党对"蒙古人"都"存心不善"。这岂不是彻头彻尾的反革命论调吗！

综上所述，人们不难得出结论，乌兰夫、白志强、巴特尔、中岛，统统是一路货。不同的只是他们的职务、年龄、和打的招牌。

反动剧本《青山烈火》打着反映革命斗争历史的幌子，肆无忌惮地贩卖刘少奇、乌兰夫抹煞阶级矛盾、散布阶级调和、鼓吹阶级投降主义的黑货，明目张胆地为乌兰夫反党集团阴

· 30 ·

谋破坏祖国统一、复辟资本主义鸣锣开道、这是我们绝对不能容忍的！

×　　　　　×　　　　　×

"搬起石头打自己的脚，这是中国人形容某些蠢人的行为的一句俗话。"谁想篡改历史就必然遭到历史的惩罚！

无产阶级文化大革命的汹涌洪流，打破了乌兰夫的黄粱美梦，他和他的同伙被革命群众拉下马来，踩在脚下了。这是何等大快人心的事情啊！"宜将剩勇追穷寇"，我们一定要把他们斗倒！斗垮！斗臭！使其永世不得翻身！

《青山烈火》这块乌兰夫的黑碑必须彻底砸烂！

小品舞剧《猎人与金絲鳥》散布的是什么货色

被內蒙古歌舞团一小撮"走资派"，捧为最优秀保留节目之一的小品舞剧《猎人与金絲鸟》，多年来，改头换面，一再抛出，泛滥于全区、全国，毒害了不少的观众。

在无产阶级文化大革命向纵深发展的今天，在革命大批判的新高潮中，《猎人与金絲鸟》这株毒草必须受到严肃批判，彻底肃清其流毒！

为便于广大工农兵进行批判，特将其故事更概介绍如下：

在一阵悽凉而单调的音乐响过后，一个喝得烂醉的酒鬼（即猎人）搭拉着脑袋、摇摇晃晃地走上了舞台，独自徘徊在荒凉空旷的草原上……

当这个猎人走到一棵古老惨天的大树旁，酒性大作，舌干口燥，四处寻找水源。然而，在炎热的夏天里荒原上是找不到水喝的。天气愈来愈热，猎人犹如火上浇油，绝望地蹲在树下。正在此时，突然从树上撒下几滴"圣水"，于是猎人心花怒放，双手捧碗接水。当"圣水"滴满水碗，猎人正要饮下的时刻，从远方飞来了一只金絲鸟，朴向猎人将水碗打翻在地。猎人被金絲鸟的无理举动激怒后，与金絲鸟展开了一番搏斗……

当猎人第二次接满水后，再次被金絲鸟打翻，再搏斗……

当猎人第三次接满水后，金絲鸟百般阻挠，最后把水碗夺过，一口喝下。原来树上流下来的不是"圣水"，而是一条毒蛇，有意吐下的毒液，企图害死猎人。

金絲鸟喝下毒液后，生命垂危。此时她用充满了无限痛苦和惆怅的表演换取人们的同情；同时也告诉人们：我（即金絲鸟）为了猎人的生存，而献出了自己的生命……

"愚蠢"的猎人此时才觉醒，他无限悔恨，无限感激；在低沉的音乐声中，对着苍天忏悔；金絲鸟死去了，孤独的猎人在悲哀的绝望中挣扎着，灯光转暗，大幕徐徐落下。

故事和情节虽很简单，但在这个"简单"的后面则隐藏着一个很不简单的目的。

金絲鸟——一个典型的资产阶级贵族小姐的化身；猎人——一个被污蔑为酒鬼的劳动者的形象。二者本是水火不相溶的两个阶级，但这两个阶级的代表，则在"高尚"的"人性论"和"崇高至洁"的"人类之爱"的作用下溶合了，直至金絲鸟为猎人献出了自己的生命。

（下转26页）

· 31 ·

当代王爷篡军的大毒箭

——評电影剧本《骑士的荣誉》

电影剧本《骑士的荣誉》（载于《电影创作》1962年第四期），是內蒙古最大的走资派、当代王爷乌兰夫伸进军队里的黑手，是为他篡军而进行民族分裂主义舆论准备的大毒箭，是一株反对毛主席革命军事路线的大毒草。它在群魔乱午的1962年出笼，配合了帝修反的反华大合唱，把矛头直接指向林付统帅高举的毛泽东思想伟大红旗，而贩卖彭德怀资产阶级军事路线的黑货。

剧本的主人公、团长义德尔，是个典型的民族分裂分子，是乌兰夫式的头面人物。另一个主人公、团政委陈勇，则是个党內走资本主义道路当权派，是个隐藏的、更加阴险的彭德怀式的人物。

电影剧本《骑士的荣誉》，是乌兰夫民族分裂主义和彭德怀资产阶级军事路线的混合物。剧本的要害在于：抵制林付统帅在1960年对全军发出的学习毛主席著作的伟大号召，反对毛泽东同志的人民战争思想和政治工作原则，从而为乌兰夫篡军、叛国的阴谋制造舆论。

戳穿民族分裂分子的真面目

团长义德尔刚一出场，俨然便是一个民族主义者的凶神。他对着"连冷带吓地直哆嗦"的七八名蒙古族俘房，咆哮道："蒙古人嘛，……为什么来害蒙古人？抢蒙古人的牲口？啊!?"随着，"他气愤地走过来，在每个俘房的身上狠狠地抽了一鞭。"紧接着，义德尔让把蒙古族俘房"带走"，而下令把汉族俘房抢毙了。

义德尔不仅是个民族情绪严重的人，而且是一个反共的军阀，是一个只区分蒙汉民族界限，而不区分共产党和国民党界限的伙家。对于八路军派来的政治委员，他极端敌视，"觉得他的团里吸收一个八路军是可笑的"；在叛匪头子、封建上层首领宝音图召开的黑会上，义德尔大喊"我们不需要八路军参事官。""蒙古人没有他们参事官或者政治官就活不了吗？我不叫他到我的团上来。"对于新派来的八路军政治指导员们，义德尔有意地加以排挤和刁难，给他们配备的是"瘦弱得可怜的马儿伸着细长的脖子，摇摇晃晃地走着。"发给他们的是"一大堆破烂抢"，其中有"护木破烂了的'别列丹'抢"，有"锈得通红的'套筒子'"。而当政治工作人员提出抗议时，义德尔"忽然象爆炸了似地大声吼了起来：滚蛋！谁请你们来的？马上都给我滚！，"

封建上层头子宝音图终于露出了叛变的狰狞面目。义德尔似是而非地说："……现在我们是为了自己的民族解放，反对大汉族主义……。"宝音图立刻说："八路军共产党不是汉人吗？……汉人诚心诚意为蒙古人，世界上会有这样的怪事吗？"这时，义德尔"无话可说"，随后便"用微微颤抖的手接过方案"。义德尔决定叛变了，告诉他的未婚妻丁森玛说：

· 32 ·

"今后我跟八路军断绝关系啦"，并解释说：这是"为了保存自己的力量，为了民族独立"。义德尔回到团里，马上对政委下了驱逐会，说："你马上离开我们的部队"。

义德尔，这个民族分裂分子的反共面目，已经暴露无遗。

民族斗争还是阶级斗争？

毛主席说："民族斗争，说到底，是一个阶级斗争问题"。当代王爷乌兰夫却道："阶级斗争，说到底，是民族斗争问题。"

电影剧本在义德尔身上，正是贯串了乌兰夫这一反毛泽东思想的黑理论。什么"反对大汉族主义"呀，什么"为了民族独立"呀，什么为了"蒙古人"呀，等等，统统都是乌兰夫民族分裂主义的黑货。所不同的是，剧本推销的是一种形象化的民族斗争代替阶级斗争的黑理论。这是更为恶毒的。

这种所谓的"反对大汉主义"和"为了民族独立"的论点是：只强调蒙汉民族间、由于历史上剥削阶级所制造的冲突和隔阂，而否认蒙古族内存在的阶级斗争，从而制造蒙汉民族劳动人民间的对立和纠纷，以便保护蒙古族中的牧主、地主、封建王公和上层喇嘛等剥削阶级的利益。这是一种资产阶级民族利己主义的主张，是一种变相的阶级斗争熄灭论观点。

在现实生活中，之所以有民族斗争问题的存在，根本原因在于阶级和阶级斗争的存在。历史上民族间的冲突和互相敌视，也是由于民族内的阶级压迫和阶级矛盾的存在。马克思、恩格斯在《论波兰》中指出："无产阶级对资产阶级的胜利也就是克服了一切民族间和工业中的冲突，这些冲突在目前正是引起互相敌视的原因。"《共产党宣言》中也指出："民族内部的阶级对抗一消灭，民族之间的敌对关系也就会随之消灭。"

义德尔高喊的"民族独立"、"反对大汉族主义"口号，之所以否定蒙古族内的阶级和阶级斗争的存在，是为了缓和、取消民族内部的阶级矛盾，抵制和转移蒙古族内被压迫、被剥削的劳动人民，起来向剥削阶级进行反抗和斗争的。这种资产阶级民族主义理论，是代表大牧主、封建王公和上层喇嘛利益的。在当时的历史条件下，在代表无产阶级和全国各族人民的中国共产党，同代表中国大资产级阶、大买办、大地主的蒋介石的尖锐阶级斗争中，义德尔究竟站在那一方面，必然要有所决择。实际上，义德尔——这个代表大牧主和王公贵族利益的人物，同代表无产阶级的八路军，是水火不能相容的，他必然要站在反共、反人民的国民党反动派一边。事实正是如此，义德尔的反共言行十分器张，并在紧要关头叛变，这是他的阶级本能决定的，是不以人们意志为转移的。

所谓的"反对大汉族主义"的实质，就是反共；所谓的"民族独立"，就是乌兰夫建立"大蒙古帝国"的叛国黑理论。

"转变"，还是篡军？

义德尔顽固地坚持反共的资产阶级民族主义立场，已经达到剑拔弩张的地步了。然而，剧本却安排了他"转变"的情节，从而把这个反动家伙加以美化，并乔装打扮成人民解放军指挥员。

义德尔偷听党的会议，政委陈勇正在说："……义德尔同志是很好的指挥员，我一直相

· 33 ·

信他。"随后，剧本就把义德尔描写得"转变"过来了。义德尔同陈勇之间的关系问题，责任完全在于义德尔，这是由于义德尔对陈勇的排挤。根本原因是义德尔坚持反共和资产阶级民族主义立场；而完全不是什么陈勇对他是否"相信"。

实际上，义德尔反共的分裂祖国的立场，根本没有改变，他的极端反动的民族主义思想，不但没有受到丝毫批判，简直是根本没有触动。剧本中所谓的"转变"，是很不合乎情理的，既脱离了人物的性格，也没有任何使人相信的根据；完全是外加的，游离于人物性格之外的。事实上，民族分裂分子义德尔并没有转变，义德尔仍旧是原来的义德尔，转变的并不是义德尔；转变的却是政治委员陈勇。正是这个陈勇，从党的立场上"转变"到资产阶级民族主义立场去了，毫无保留地向反共军阀投降了。一支八路军的政治工作人员队伍，并没有把义德尔等人"从旧到新"地改造过来，而他们自己，却从新到旧地改变了颜色，成了资产阶级民族主义的奴隶。

剧本描写义德尔"转变"是假的，而反共军阀义德尔篡军，却完全是真，政委陈勇的投降，就是实现这种篡军的最终结局。（关于陈勇，在后边将专门加以评述。）

资产阶级民族分裂主义的篡军，这就是电影剧本《骑士的荣誉》的要害。

为此，剧本就必然要大肆吹捧义德尔这样的资产阶级民族分裂分子，就必然要让这个人物大肆咒骂共产党八路军。但是，剧本炮制者不能不考虑到：如此明目张胆地倒行逆施，公然地反共反人民，必然会露出马脚；于是，剧本不得不按排一两个所谓的"转变"情节，从而掩盖其反动的真面目。因此，便出现了尔德义——这样一个真反共，假"转变"的人物。

剧本吹捧义德尔这样极端反共的民族分裂分子，当然会受到乌兰夫叛国集团的赞赏。当代王爷乌兰夫在军内的代理人、三反分子廷懋说：剧本"写的不错"，义德尔"这样人可以写"。乌兰夫在内蒙文艺界的代理人、三反分子布赫认为："剧本选择的题材较好"。廷懋、布赫之流，较之剧作者确是狡猾的，他们觉察到，剧本对于义德尔假"转变"的按排，在打着"红旗"反红旗方面很不高明。廷懋抱怨义德尔的"转变"，写得"拐硬弯儿多，忽而这样，忽而那样"。布赫则埋怨"转变过程写得极不深刻"。

简单说就是：乌兰夫叛国集团赞同义德尔这样的人物；而在假"转变"的安排上，则要求剧本写得圆滑些，以便不露破绽。

乌兰夫叛国集团既鼓励剧本写义尔德反共、搞民族分裂和篡军，又企图不暴露剧本炮制者的罪恶目的，这实际上是不可能的。毛主席说："**以伪装出现的反革命分子，他们给人以假象，而将其真象隐蔽着。但是他们既要反革命，就不可能将其真象隐蔽得十分彻底。**"既反革命而又隐蔽，是义德尔这个人物处理上的矛盾，也是剧本炮制者自己焦虑而难于解决的矛盾。

陈勇，民族分裂分子的帮凶

政治委员陈勇，处处屈从义德尔，完全丧失了共产党员应有的品质，而已经站到反动的民族主义立场上去了。

义德尔对政治工作人员排挤和有意刁难，给政治工作人员配备瘦马破枪，政治工作人员进行了斗争。陈勇不但不予支持，却屈从地美化义德尔说："这是战士们用血汗换来的武器"，并讥讽政治工作人员们道："如果你们真有本领，将来从敌人手里夺回美国武器来装

· 34 ·

备自己吧"。更为严重的是，陈勇完全站在反动的民族主义立场上，弹奏起什么为"蒙古人民"的烂调了，他训诫政治工作人员说："…我们需要的是什么？……我们需要的是蒙古人民和广大战士的信任。"（請注意：这里是说"蒙古人民"，而并不是说内蒙古蒙汉各族人民。）

另一个事例是：义德尔的弟弟赛音，把战士铁木尔从农民那里强迫换来的大青马，还给了农民，义德尔不问情由，前来找陈勇无理取闹，并挑衅地说："这叫欺负蒙古人"。陈勇既不说明情况，也不坚持原则，却象个小丑摸样地哀告义德尔说："别生气，团长同志。"

在紧急关头，义德尔叛变了，并下令驱逐陈勇。陈勇对于义德尔，软弱无力地时而"脸上露出笑容"，时而"脸上挂着微笑"，并在党的会议上毫无根据地把义德尔吹捧得上了天，他说："内蒙古人民的武装不能没有自己的指挥员。义德尔同志是很好的指挥员，我一直相信他。"

以上事例充分说明：陈勇已完全堕落成为反共军阀、民族分裂分子义德尔的帮凶、奴才和附庸。

剧本把陈勇写得毫无原则和丧失立场，是极其恶毒的。它的目的是：

1、起到义德尔所不能起的作用：在反共方面，义德尔从外边向党进攻，陈勇从党内策应；在宣扬民族分裂主义路线方面，义德尔声嘶力竭地大肆喧嚷，陈勇则随声附和。两人一个里应，一个外合，一呼一应，配合得奥妙之极。

2、剧本妄图通过陈勇的投降证明：共产党八路军没有能改造旧军队；而资产阶级民族分裂主义的旧军队，却把政治委员陈勇"改造"了。之所以按排陈勇的投降，是基于乌兰夫叛国集团的篡党需要出发的；它企图通过政治委员——这个党代表的改变颜色，而象征性地妄图把伟大的中国共产党描绘成改变了颜色，把中国共产党"改造"成为一个资产阶级民族分裂主义的党。剧本中的陈勇，便是为实现这种篡党阴谋而编造出来的活样品。

资产阶级军事路线的黑标本

陈勇不但是资产阶级民族分裂主义的帮凶，而且是推行彭德怀资产阶级军事路线的忠实执行者。他同彭德怀一样，妄图保存资产阶级的旧军队，而从根本上改变人民军队的性质。陈勇公然违背毛泽东思想，在政治第一还是军事第一问题上，他反对毛主席突出政治的建军思想，而突出军事，搞单纯军事观点。陈勇企图取消党对军队的绝对领导，取消军队的政治工作，从而保持和巩固反共军阀义德尔对于军队的资产阶级民族主义统治。

关于政治委员的工作内容，陈勇歪曲为："一个战士借了老乡一根针，用完以后是否已经还啦，就象这样的细小的事情一直到我们怎样消灭整团整师的敌人这样的重大问题，他都参加领导和决定。"这就是说：管的只是从生活到战斗，唯独没有思想教育和阶级斗争。这些，是从陈勇咀里说出的关于"政治"工作的主张；而在实际生活中，陈勇又是如何做的呢？我们来看看"二政委"赛音和义德尔是怎样谈论的吧！

义德尔说："政委这一套——上课讨论，挑水，扫院子，有什么用？打仗还是靠这些玩艺。"（马刀）

赛音说："哎，哥哥，你要知道，搞这一套以后，战士们的练兵情绪可大不相同啦！"

这就是说：挑水，扫院子，再加上课讨论，是为了"落实"到军事训练（技术）中去的。

随之而来的便是对突出政治的冲击——军事大比武——骑兵劈刺的演习。"铁木尔高举

· 35 ·

马刀向左右两旁的草人砍去，假人头一个接一个迎刃而落。观众喝采叫好，一片掌声和欢呼声。义德尔、陈勇……等人非常兴奋，交头接耳议论不休。"

这以后，剧本更是大肆吹捧军事技术，特别是对于义德尔，每逢紧要关头，都要让义德尔大显身手，从而炫耀其军事技能。当叛军前来"准备包围"，"赛音的连来不及占领最高峰"的时候，义德尔"端起了枪"，一个一个地击中了敌人。随着而来的是战士奉送的"神枪手"头衔和称颂。在最后的战斗中，又是义德尔显露了头角，他"举起手枪一挥"，叛匪头子"陶格陶的手臂受伤"，义德尔高举马刀，把陶格陶砍个"四肢朝天"。

剧本中的政委陈勇，根本不是突出政治，而是突出军事；就是搞了一点点微乎其微的政治——"上课讨论"，目的也很明确：是为了"战士们的练兵情绪"，为了突出军事技术，而不是为了搞人的思想革命化。

政治就是阶级斗争。政治工作的重点就是思想工作，这是最根本的。政治工作必须摆在首要地位。毛主席说："没有正确的政治观点，就等于没有灵魂。"（《关于正确处理人民内部矛盾》）毛主席还说：政治"是阶级对阶级的斗争"，"政治是指阶级的政治、群众的政治"。（《在延安文艺座谈会上的讲谈》）"……掌握思想教育，是团结全党进行伟大政治斗争的中心环节。如果这个任务不解决，党的一切政治任务是不能完成的。"（《论联合政府》）剧本中的陈勇，完全违背了毛主席的教导，而成为一个坚持资产阶级军事路线的党内资产阶级代表人物。

极其恶毒的大阴谋

电影剧本《骑士的荣誉》发表于1962年。这时，由于连续几年自然灾害和苏联修正主义集团的破坏，我国国民经济遇到暂时困难。国际上帝、修、反大肆反华，国内以刘邓为首的党内走资派配合社会上的牛鬼蛇神，大肆鼓吹"三自一包"、"三和一少"，大刮单干风、翻案风，妄图复辟资本主义。在文艺界，牛鬼蛇神纷纷破门而出，一时群魔乱午，掀起了一极为猖狂的大反扑。

大毒草《骑士的荣誉》，便是在这种适宜的气候下抛出来的。它是为了：

1、配合帝、修、反的反华大合唱，炮制形象化的民族分裂主义的叛国黑理论，为当代王爷乌兰夫篡党篡军制造舆论。

2、抵制和反对林付统帅主持中央军委工作后，向全军发出学习毛主席著作的伟大号召，反对毛泽东思想，反对毛主席的无产阶级革命军事路线；同林付统帅突出政治的指示唱反调，而推销彭德怀的资产阶级军事路线的黑货。

3、美化当代王爷乌兰夫式的资产阶级民族分裂分子，美化他们反共反人民的反革命历史，并乔装打扮，使之混入人民解放军队伍，从而为乌兰夫叛国集团服务。

电影剧本《骑士的荣誉》的要害，就是篡军，就是搞资本主义复辟，就是妄图改变人民军队的颜色。它是乌兰夫叛国集团伸向人民军队的黑手，是射向毛主席无产阶级革命军事路线的大毒箭。是和林付统帅突出政治的指示唱对台戏，是破坏民族团结、分裂祖国的形象化"三基论"。

对于这株大毒草，必须坚决批倒、批臭！连根拔掉，并彻底肃清其流毒！

内蒙文联砸黑线联络站

毒 草 示 众

《茫茫的草原》（玛拉沁夫著），作者顽固地站在资产阶级民族主义的反动立场上鼓吹民族分裂，宣扬乌兰夫道路，颠倒党和毛主席领导之下的内蒙各族人民的革命斗争史，全面、系统地吹捧乌兰夫的反革命修正主义路线，为乌兰夫树碑立传竭尽谄媚逢迎之能事。《茫茫的草原》又是《静静的顿河》的翻版。简言之，它的魂灵是乌兰夫的反革命修正主义、民族分裂主义思想，艺术手法则是从修正主义文学鼻祖肖洛霍夫那里学来的拙劣的一套。

《满眼春色的草原》（短篇小说，玛拉沁夫著），它是臭名昭著的修正主义文学标本《一个人遭遇》的翻版。作者站在反革命修正主义的立场上，大肆诋毁革命战争，大肆宣扬战争恐怖论，竭力兜售"三和一少"的修正主义黑货。

《歌声》（短篇小说，玛拉沁夫著），借古讽今，含沙射影，咒骂三面红旗，鼓动牧民暴乱。

《琴声》（短篇小说，玛拉沁夫著），美化独夫民贼乌兰夫，丑化党的领导。

《草原晨曲》（电影剧本，珠岚与玛拉沁夫合写），丑化蒙族劳动人民，宣扬狭隘民族主义，丑化党的领导，美化阶级敌人，散布阶级斗争已经熄灭的修正主义滥调。

《骑士的荣誉》（电影剧本，敖德斯尔著），为资产阶级军事路线唱赞歌，反对突出政治，恶毒地诋毁毛主席的无产阶级革命军事路线。它配合了彭德怀、罗瑞卿、乌兰夫、哈丰阿之流的篡军阴谋活动。

《达那巴拉》（蒙语剧本，敖德斯尔与其木道尔基合写），它为老牌民族分裂主义分子哈丰阿树碑立传，歌颂哈丰阿民族分裂主义的反动军队，宣扬因果报应、宿命循环的封建迷信思想。

《阿里玛斯之歌》（短篇小说，敖德斯尔著，后与凌汛改为电影剧本），宣扬阶级调和的修正主义思想，企图煽动内蒙人民摆脱党和毛主席的领导，背叛祖国逃往蒙古。

《额吉淖尔》（散文、敖德斯尔著），歌颂蒙古帝国的暴君成吉思汗，鼓吹大蒙古主义，宣扬蒙古应该统一和独立的谬论。

《红路》（根据扎拉嘎乎的同名小说改编的话剧，改编者宝音孟和、色望）话剧《红路》肆意篡改历史，不择手断地为"当代王爷"乌兰夫树碑立传。剧中极尽歪曲、污蔑、造谣之能事，恶毒地攻击中国共产党和毛主席的革命路线；猖狂地鼓吹乌兰夫的反动的"议会斗争"；肆无忌惮地打起民族分裂的黑旗，为云家王朝的宫廷政变招兵买马、鸣锣开道。狂喊"乌兰夫主席万岁！"实可为是第一流的反革命剧本。

《气壮山河》（京剧，作者石万英）颠倒黑白，篡改历史。公开把"当代王爷"乌兰夫的形象搬上舞台，鼓吹反动的"三五宣言"，污蔑我们伟大领导毛主席，兜售中国赫鲁晓夫的叛徒哲学。

《乌兰宝》（舞剧，任·甘珠扎布编剧）这是一株丑化中国人民解放军，贩卖资产阶级人性论，宣扬战争恐怖，为乌兰夫反党叛国制造舆论的大毒草。该剧政治上反动、艺术上颓废，牛头马面，乌合之众无其不有，博得了乌兰夫之流的称赞。

《乌兰巴托颂》（诗，纳·赛音朝克图著），煽动民族分裂，鼓吹内外蒙合并。

《塔什干的召唤》（诗，纳·赛音朝克图著），吹嘘、美化苏修三和三无的修正主义路线。

《钢盔和狗食盆》（诗，纳·赛音朝克图著），宣扬修正主义的和平至上主义。

《富士山颂》（诗，纳·赛音朝克图著）歌颂日本帝国主义。

《毡边小草》、《窗口》（诗，纳·赛音朝克图著），典型的蒙奸文学作品。

《沙原，我的故乡》（诗，纳·赛音朝克图著），无耻歌颂日本帝国主义一手扶植的伪蒙疆王朝。

《嘎达梅林》（电影剧本孟和博颜著），通过歌颂嘎达梅林反对军阀张作霖开垦草场的斗争，影射现实，宣扬反汉排汉的民族分裂主义思想。

《金鹰》（剧本，超克图那仁著），宣扬狼吃羊，羊可恰，猎人打死狼，狼也可恰的阶级调和思想，鼓吹脱离党的领导的自发斗争。

《胡日勒巴特尔》（电影剧本，珠岚其其珂著）内容与《金鹰》同，但比《金鹰》更恶毒。

《雪中之花》（蒙语剧本，达木林著），它是内蒙古的《第四十一个》。

《大学春秋》（奎曾著）丑化北京大学的反右斗争，歪曲毛泽东时代的大学生的形象。

· 38 ·

祝 福 毛 主 席 万 寿 无 疆

大批判

（第六期）

內蒙古文艺界斗、批乌兰夫联絡站

主 办

地址：內蒙古文联　　　　　　　　　　电话：5652

批莫匪拉夫黑话

（摘编）

《文化战线》内蒙古文联《5.23》大联总及革命群众编

一九六八年七月十五日

最 高 指 示

"在拿枪的敌人被消灭以后，不拿枪的敌人依然存在，他们必然地要和我们作拼死的斗争，我们决不可以轻视这些敌人。"

"凡是错误的思想，凡是牛鬼蛇神，凡是毒草，都应该进行批判，决不能让它们自由泛滥。"

编 者 的 话

玛拉沁夫是中国赫鲁晓夫刘少奇和当代王爷乌兰夫在内蒙古文艺界安插的一个反革命喇叭筒；玛拉沁夫是以布赫为首的内蒙古反党叛国集团中的一员急先锋；玛拉沁夫就是内蒙古的肖洛霍夫。他是一个地道的反革命修正主义分子，民族分裂主义分子，玛拉沁夫，作为其黑主子刘少奇，亦步亦趋，乌兰夫，周扬，紧步刘少奇的反革命黑线，近二十年来，他打着黑旗，让他起破嗓门儿，歇斯底里大发作，和布赫，珠岚，敖德斯尔，纳·赛音朝克图，超克图纳仁之流的后尘，疯狂地反党，反社会主义，反对伟大的毛泽东思想；他秉承其黑主子的旨意，恶毒诬蔑光焰无际的毛泽东思想，与苏蒙修接触勾搭，利用炮制狼狈之奸，超克图纳仁之流，攻击三面红旗和社会主义制度，颠复无产阶级专政，进行反党叛国。他丧尽狗力，等手段和时机，恶毒诬蔑光焰无际的毛泽东思想，成为乌兰夫反党叛国大造反革命舆论，成为乌兰夫反党叛国的反革命舆论喉舌。

在伟大的"挖肃"运动中，内蒙古文联群众把玛拉沁夫及其同伙揪了出来，在深入持久开展的革命大批判高潮中，我们把玛拉沁夫在群众中公开散布的，日记中和在《汪汪的草原》等毒草中的部份反党黑话摘编出来。让我们用最最敬爱的伟大领袖毛主席的最高指示作为照妖镜和武器，对玛拉沁夫兰夫，周扬和布赫的黑话真是如出一辙，一个腔调。现摘编玛拉沁夫反动仅仅是他反动言论的一部份，作为黑靶，我们决心和工农兵，革命文艺工作者和他的黑话的黑主子刘少奇，乌兰夫的心脏。

在争取"挖肃"斗争的彻底胜利和无产阶级文化大革命全面胜利的战斗中，我文联无产阶级革命派和广大革命群众，决心更高地举起毛泽东思想伟大红旗，紧跟毛主席的伟大战略部署，响应内蒙古革委会的号召，向包钢，二冶，杭后旗五四大队等单位学习，组织气势磅礴的革命大会战，把玛拉沁夫及其同伙布赫，珠岚，敖德斯尔，纳·赛音朝克图，超克图纳仁等黑帮，踏上亿万只脚，叫他们永世不得翻身。把他们的黑后台刘少奇，乌兰夫打翻在地，在内蒙古文艺界，在全国，全世界，高高飘扬，永远飘扬！

让战无不胜的、光焰无际的毛泽东思想伟大红旗，在内蒙古自治区、在全国、全世界、高高飘扬，永远飘扬！

批臭 瑪拉沁夫 墨話

第一部分

毛主席、党中央的指示

1. 要特别警惕象赫鲁晓夫那样的个人野心家和阴谋家，防止这样的坏人篡夺党和国家的各级领导。

转摘自《关于赫鲁晓夫的假共产主义及其在世界历史上的教训》

刘少奇、乌兰夫、周扬、布赫之流的黑话

1. 四十四年来的生涯，有一半以上的时间，乌兰夫主席是投身于革命的事业中。……所有这一切，都已无可怀疑地在内蒙人民的心目中，建立了不可磨灭的信任，而終于被选择成了他们最爱戴的領袖。

乌兰夫与新华社记者谈话

玛拉沁夫的黑话

1. "今天在树文盟的政府大楼写着这一日记，可是将不久就站到云主席的面前，行着欢笑、亲敬的礼呀！那有多麼快呀！云泽同志……半年没有和你见面啦，可是你的教育，主张是在我們的行动，思想上实现着，……你坚定我們的思想，給你行欢呼孔的那一天，我們在期待着和你握手的那一天！

"我的敬爱的伟大同志——云泽同志，我藏你永寿啊——你的病我一听见……唉，只有用悲哀来配你的身体健康！你要健康！你要无疆！你要永寿！你要永远的看着我們，指教我們，因为今天你内蒙古……我們是带着哭，来心愿你的健康啊……"

1948年日记摘录

2. "蒙族人也不都是黑帮，黑帮还是汉人多。"

在文化大革命中的黑话

3. "——中的学生听了我的报告，竟要高呼：玛拉沁夫万岁！"

1955年在呼市——中做"报告"后的黑话

4. "我团是劳人的一只老母鸡（按，指"云泽文工团"），劳人盼他多下蛋，下蛋越多，劳人越乐。……"

1948年6月1日《送别》一诗

5. "××这张画，看标题知道是'牧民学习毛主席著作'。没有标题，也可以说《封神演义》，在那儿看什么，多好啊！"

1964年文艺整风讨论时在纳·赛办公室散的黑话

6. "宁做西湖鱼，不当内蒙人"。

1961年散的黑话

2. 阶级斗争的实质是民族斗争问题，离开了民族问题的具体事实，空谈阶级斗争，实际上是一句空话。

乌贼《在庆祝内蒙古自治区二十周年筹委会召开的座谈会上的讲话》

3. 中国也要反对个人崇拜，不要喊万岁，不要唱《东方红》

刘贼1959年《庐山会议上的讲话》

4. 竟想把我的文工团搞垮？绝对不行！

乌贼1965年对内蒙文艺整风黑指示

5. 现在学习"毛选"出现了一种形式主义，这样搞下去，会弄虚作假，学习毛主席著作，写千万字的读书笔记，千万不要宣传。

刘贼1964年《在中央工作会议上的讲话》

6. 蒙古人崇尚虚荣，爱戴高帽子，愿充空军司令，类似阿Q精神。……因为蒙

争问题。

2. 民族斗争，说到底，是一个阶级斗争问题。

1963年8月8日《支持美国黑人反对美帝国主义种族歧视的正义斗争的声明》

3. 伟大的导师、伟大的领袖、伟大的统帅、伟大的舵手毛主席万岁！万岁！万岁！

林 彪

4. 过去既是一批单纯的文化人，不对了。……他们的基本队伍，或是帝国主义、或是国民党的特务，或是托洛斯基分子，或是共产党的叛徒。由这些人做骨干组成了一个暗藏在革命营内的反革命派别，一个地下的独立王国。

《关于胡风反革命集团的材料》按语

5. 毛泽东同志天才地、创造性地、全面地继承、捍卫和发展了马克思列宁主义，把马克思列宁主义提高到一个崭新的阶段。

《八届十一中全会公报》

6. ——切革命的文学艺术家只有联系群众、表现群众，把自己当作群众的忠实的

代言人，他们的工作才有意义。
《在延安文艺座谈会上的讲话》

古人头脑简单……

7. "如果没有乌兰夫的领导，我早就被整垮了。"
1964年文艺界整风后的黑话

7. 蒙古革命在大革命与内战时期是自力更生地发展。
乌赅1947年《在林东干部会上的报告》

但是毕竟我们踏出了一条路。
乌赅《在内蒙古自治区党委二届三次全体扩大会议上的讲话》

7. 中国共产党是全中国人民的领导核心。
在接见出席中国新民主主义青年团第三次全国代表大会的全体代表时的讲话

乌赅1946年《在内蒙古自治运动联合会党员干部会议上的讲话》

8. "要不是蒙古人，谁在内蒙呆着！"
同超克图纳仁之流的谈话

"蒙族中也剩了个左派！啊？"（按：指一度冒充领导革命领导干部的乌兰夫"军机大臣"王再天。）
在文化大革命中的黑话

8. 民族问题仍然是存在的，今天有许多地方的蒙古人的，原先是蒙古人的，而现在没有了。……我们在工作中，应当注意这个问题，我们要正视蒙古人的要求，要承认他们的自决，要有准备承认他们独立的勇气。
乌赅1946年在蒙联会上的讲话

8. 蒙汉两族要亲密合作，要相信马克思主义。各族要互相相信，不管什么民族，要看真理在谁方面。究竟吃民族主义的饭，还是吃共产主义的饭，首先应当吃共产主义的饭，但不要主义要，但不要主义。
1958年《在成都会议上的讲话》

9. "这一部书（按：指有洛霍夫的特号毒草《静静的顿河》）就够我学的了。"
"有洛霍夫到北京来，我手捧哈达，一步一个头，去拜见他。"
1959年的黑话

9. 我们不反对一本书，要一本书。作家没有一本书，那算什么作家呢？一本书是起码的。
周扬1958年在武汉大学的讲话

歌剧祖宗从黎派（黎锦晖）算起，不

9. 我们的作者们不去研究过去历史中压迫中国人民的敌人是些什么人，向这些敌人投降并为他们服务的人是否有值得称赞的地方。
《应当重视电影〈武训传〉的批判》

·3·

要輕視黎的創作，他們大胆把这些形式搬到舞台上来，是父亲……

刘賀1956年3月

10.内蒙古文学艺术事业有了很大发展，出現了許多許多优秀作品，培养了許許多多的民族干部。内蒙古不仅有蒙古族和其它少数民族的工程師，医生和教授，也有不少画家，作家和艺术家。

乌蘭《談民族文化艺术》

10.「象我国这样多民族組成的大国，作家协会到現在还没有少数民族作家加入，是很遺憾的。」

（按：瑪拉沁夫当时已是全国作协会員。他这段黑話，是为其同党——蒙修特务納·賽音朝克图向全国作协討封而言的。事后，周揚、邵荃麟之流果然将納·蒙立即封为全国作协理事、《詩刊》編委）

1956年散布的黑話

10.这族或那族，只閃那个有没有共产主义？共产主义有多少？这一点要向少数民族說清楚。

《在成都会議上的讲话》

11.鼓足干劲，力争上游，多快好省地建設社会主义。

我国社会主义建設总路線

我們必須打破常規，尽量采用先进技术，在一个不太长的历史时期内，把我国建設成为一个社会主义的現代化的强国。我們所旣定的大跃进，就是这个意思。难道这是做不到的嗎？是吹牛皮，放大炮不，是做得到的。旣不是吹牛皮，也不是放大炮。只要看看我們的历史就可以知道了。

周恩来总理的政府工作报告

11.大炼鋼鉄实際是吹出来的。当前经济情况很复杂，問題又多，经济失調……

刘賀1962年对中央办公厅石家庄和无錫調查组的讲话……我們

目前財貿经济困难是很重的……我們的经济临近了崩潰的边緣。

刘賀1962年的讲话

11.「大炼鋼鉄，结果都炼成废品，当石头压航」。

「河北餓死人了，沈阳車站官流搶餅干。」

「完啦，国民经济失調了。」

1962年所散布的黑話

12.对于我們的国家拘着敌对情緒的知識分子，是极少数。……这种人在政治

12.有人說，揭露，怕說成隊黑一团，这是实如果确是如此，就让他膝黑一团，

12.「感受不大（按，指参观包鋼），撒泡尿留作紀念吧！」

13. "现实主义——广阔的道路,这篇文章,更有道理,这样提法比社会主义现实主义更为全面一些。"

1956年在一次鸣放会上

"我写的《歌声》是批判的现实主义的"。

1962年散布的黑话

14. "塔什干的葡萄比新疆的甜。"

(按:一九六四年,在新疆维吾尔族自治区作家协会出现了叛国案件,叛徒逃往苏修塔什干。玛拉沁夫在该自治区作家参观团来我区访问期间时,故意散布黑话,妄图煽动人们叛国。)

15. "胡图嘎(按:超克图纳仁的毒草创作本《严峻的岁月》中的人物,)利用草创本思忖收买人心一场,写得比较成功;美中不足的是,作者对当时的历史背景没大手笔的……我建议应当想办法找到那时期玛鸟兰夫作的一些报告,讀了一大堆文件,不这样作,弄不清当时的历史背景。"

1962年的黑话

界、工商界、文化教育界、科学技术界、宗教界里都有,这是一些极端反动的人。

《在中国共产党全国宣传工作会议上的讲话》

事求是。

刘贼1982年西楼会议上的讲话

13. 我們是主张社会主义的现实主义的。

周扬1961年全国故事片创作会议上的发音

13. 浪漫主义、现实主义怎样体现?作家协会,戏剧家协会章程里都没有规定,随便你们好了,高兴体现就体现,不高兴体现就不体现。

《在延安文艺座谈会上的讲话》

14. 只要世界上还存在着帝国主义和资产阶级,我国的反革命分子的活动,不但总是带着阶级斗争的性质,并且总是同国际上的反动派相呼应的。

(1957年7月)

14. 现在苏联的情况当然已与那时不同,那里已经什么都变得很漂亮了。

刘贼《对一九五二年暑期留苏学生的讲话》

15. 至于新文化,则是在观念形态上反映新政治和新经济的东西,是替新政治新经济服务的。

新的政治力量,新的经济力量,新的文化力量,都是中国的革命力量,它們是反对旧政治旧经济旧文化的。

《新民主主义论》

15. 基本原因是不了解内蒙实际……内蒙的革命斗争,阶级斗争,生产斗争有自己的路线。连内蒙古实际都反映不出来,怎么能反映它的英雄人物呢?

乌贼关于电影创作《包钢人》的谈话

16. "咱們出出气！舒暢舒暢！"
"廣州會議的文件我看了，真过瘾。"
現在中央說話了，看内蒙怎么办呢？

1962年同敖德斯尔、超克图纳仁的谈话

17. "政治上知道个总的傾向就行了，細节在創作上用不上。" "到医院养病时再学政治。"

1955年的黑话

18. "我很羡慕过去丁玲的被捕，并很同情。"

1955年散布的黑话

19. "誰愿死在血火的深渊？这年头人馬、王八、兔子、鬼魔、全有个假面目！"

1948年日记

20. "对蒙古人总感笨、遇（愚），没有什么可佳的事迹，故而对他他也不想接近。"

1949年2月5日劳模会上的日记

16. 这几年重复了党的历史上"残酷斗争，无情打击"的錯誤。

刘邓1962年《在扩大的中央工作会议上的讲话》

党培养少数民族干部，就是为少数民族服务嘛！现在蒙古人挨整受气，为什么没有人管！

乌蘭夫1966年《呼市一月会议讲话》

17. 在内蒙不搞民族問題搞什么？搞别的是不务正业。

乌蘭夫《在内大第四届毕业生典礼上的讲话》

18. 有自首变节行为的人，也可以选为中央委員。

刘邓在七大期间讨论党章时讲话

19. 打起仗来，蒙古人都往北跑。

乌蘭夫在1965年的黑报告

20. 蒙古人对偶像是极其崇拜的，凡是他們头子说的，都是对的，别人就不行。
......
懒则是普遍的現象，......至于崇尚盛荣，爱占小便宜，疑神疑鬼

16. 对于我們的国家抱着敌对情緒的知識分子，是极少数。这种人不喜欢我們这个无产阶级专政的国家，他們留恋旧社会。一遇机会，他們就会兴风作浪，想要推翻共产党，恢复旧中国。

《在中国共产党全国宣传工作会议上的讲话》

17. 政治工作是一切經济工作的生命綫。

《严重的教训》一文的按语

18. 什么人站在革命人民方面，他就是革命派，什么人站在帝国主义封建主义官僚資本主义方面，他就是反革命派。

《在中国人民政治协商会议第一届全国委員会第二次会议上的闭幕词》

19. 为人民利益而死，就比泰山还重。

《为人民服务》

20. 我們必須相信：（1）广大农民是愿意在党的领导下逐步地走上社会主义道路的；（2）党是能够领导农民走上社会主义道路的。这两点是事物的本质和主流。

《关于农业合作化问题》

21. "作协公认老赵(按：指赵树理)走的路子(按：指赵树理污蔑无产阶级专政，攻击社会主义制度的黑创作)是结实的。"

1962年"大连会议"后散布的黑话

22. "作品不倒，作家就不倒。作家成为作家，就是因为有作品"。

1960年在革命群众批判《在茫茫的草原上》之后散布的黑话

23. "深入生活可以坐上几辆大轿车，开到那看到那……"

1958年散布的黑话

鬼，我昨天已经说过了，这里不再重复了。

乌兰夫1946年《在内蒙古自治运动联合会党员干部会议上的讲话》

21. "作家只要把这种生活如实地记载下来，用不着加工，这就是革命的顶漫主义了。"

1964年邵荃麟在作协传达刘皈的黑指示

22. 查一本禁书，就等于枪毙一个人。

刘皈对前出版署总署查禁图书提出的责问

23. (作家"体验生活")哪怕是很短一个时期也可以。……文艺家下乡去如果有困难，可以开轿车去，作家可以在车上做饭，睡觉。

刘皈关于发展创作问题对周扬、刘白羽的"指示"

---

21. 文艺作品中反映出来的生活却可以而且应该比普通的实际生活更高，更强烈，更有集中性，更典型，更理想，因此就更带普遍性。

《在延安文艺座谈会上的讲话》

22. 要使文艺很好地成为整个革命机器的一个组成部分，作为团结人民、教育人民，打击敌人、消灭敌人的有力的武器，帮助人民同心同德地和敌人作斗争。

《在延安文艺座谈会上的讲话》

23. 中国的革命文学家艺术家，有出息的文学家艺术家，必须到群众中去，必须长期地无条件地全心全意地到工农兵群众中去，到火热的斗争中去，到唯一的最广大最丰富的源泉中去，观察、体验、研究、分析一切人，一切阶级，一切群众，一切生动的生活形式和斗争形式，一切文学和艺术的原始材料，然后才有可能进入创作过程。

《在延安文艺座谈会上的讲话》

24."作品高于一切""有了作品就有了一切","肖洛霍夫有作品,他在苏联文坛讲话有错误,也受到听众起立鼓掌"。

"肖洛霍夫二十几岁写出了《静静的顿河》,政治上也不见得怎么强"。

1954年从丁玲"文学讲习所"
回来后的黑话

25."公式化、概念化是北京提出来的,北京都做过结论了,咱们内蒙古还提倡公式化、概念化。"

1956年散布的黑话

26."想起那些不应该发生的事情(按:指一九五六年革命人民揭发、批判丁玲之事),真让人寒心。"其时,玛拉沁夫这个丁玲的"八大弟子"之一的家伙,迫于革命形势的压力,也曾对丁玲做过一点假批判。但时隔一年,当周扬之流为丁玲翻案后,玛拉沁夫随即露出了叛徒嘴脸。

24.我们大家要学习他毫无自私自利之心的精神。从这点出发,就可以变为大有利于人民的人。一个人能力有大小,但只要有这点精神,就是一个高尚的人,一个纯粹的人,一个有道德的人,一个脱离了低级趣味的人,一个有益于人民的人。
《纪念白求恩》

文艺上反对外国修正主义的斗争,不能只提丘赫拉依之类的小人物。要提大的,捉肖洛霍夫,要敢于碰他。他是修正主义文艺鼻祖。
《林彪同志委托江青同志召开的部队文艺工作座谈会纪要》

25.任何阶级社会中的任何阶级,总是以政治标准放在第一位,以艺术标准放在第二位的。
《在延安文艺座谈会上的讲话》

26.一九四二年,抗日战争处于艰苦的时期,国民党又起劲地反共反人民,丁玲、王实味等人的文章,帮助了日本帝国主义和蒋介石反动派。
1958年1月《再批判》语

24.只要学好一门专长,将来就会成名成家,就有了一切。
刘少奇1955年给刘允若的信

25.现在对文艺批判太多了,特别是口头批评和品头品脚太多了。这一点,应当引起注意。
外行提意见应采取商量的态度,不要站在作家之上。
刘少奇《在文化部党组汇报工作时的指示》

26."也许这些同志当时并不愿意这样做(指丁玲等自首叛变),但是在生死的面前,他下不了决心,这是国民党的罪恶。""对他们""要等待,要帮助,要挽救。"
周扬在旧中宣部召集关于丁、陈反党小集团问题的传达报告会上的辩护词

· 8 ·

1957年在向丁玲赠送《在茫茫的草原上》大毒草时所夹的纸条

这两句黑话，便是铁证。

27. "不要以千百万掌声而骄傲，不要以千百万人的冷落而悲哀"。
1955年摘记丁玲黑话为座右铭

28. "个人主义对文艺工作者来说太多了，对每个人来说都有。一本书主义不一定是丁玲一个人的传授。"
1956年散布的黑话

29. "文章千古事，得失寸心知"。
（按：一九六〇年革命群众对大毒草《茫茫的草原》进行了批判。写了这幅对联挂在屋中，向革命群众示威。他所谓"寸心知"，就是反党叛国。）

30. "看王再天讲话，那简直有动极啦，他说内蒙古的社会时，说：'内蒙人民要不信科学的话，再来二百年还是老牛拉咸盐。'"
乌兰夫散布的黑话

27. ……群众是反对我们，就是反对我们；是欢迎就是欢迎，是误解就是误解。你们不要怕反映黑暗的东西……
刘贼1948年对华北记者团的讲话

28. 个人志愿，兴趣是允许的，党分配工作时尽量照顾，……说个人志愿就是个人主义，也过于绝对。
刘贼在北京日报的谈话

没有一个人没有错误。伟大的人物也有缺点，也犯错误。
乌贼关于创作问题的讲话

29. 党对文艺也不要下命令。把牡丹花贬到洛阳，到洛阳也还是要开花的。
周扬1959年在剧协的报告

30. 首先要了解蒙古人民的特点，表现在民族斗争的态度上，常常是动摇的。……蒙古民族天然是有两面性的。
乌贼1952年关于少数民族地区建党建国工作的发言

27. 这种新民主主义的文化是大众的，因而即是民主的。它应为全民族中百分之九十以上的工农劳苦民众服务，并逐渐成为他们的文化。
《新民主主义论》

28. 一切共产党员，一切革命家，一切革命的文艺工作者，都应该学鲁迅的榜样，做无产阶级和人民大众的"牛"，鞠躬尽瘁，死而后已。
《在延安文艺座谈会上的讲话》

29. 凡是错误的思想，凡是毒草，凡是牛鬼蛇神，都应该进行批判，绝不能让它们自由泛滥。
《在中国共产党全国宣传工作会议上的讲话》

30. 人民，只有人民，才是创造世界历史的动力。
《论联合政府》

31. "对周立波的印象是多么伟大啊，尤其是见《暴风骤雨》之后，更加上了一层。亲爱的作家们，我今天看到你们，对我的鼓励更加励上了百倍。"

1949年日记

32. "……小子干！加油干！搞出个名堂来！我会很好的搞成的，就怕小子没种不肯干！"

1948年日记

33. "每天晚上临睡之前练练书法，是最大的休息，最大的幸福。"

1964年散布的黑话

34. "莫尔吉夫说：'色拉西拉马头琴不是用手拉，而是用心拉。'我看这就是理论，这是老艺术工作者在多年的工作中总结出来的珍贵理论，很重要。"

1962年散布的黑话

31. 不要做小作家，要做大作家。

刘政1956年与周扬、刘白羽的谈话

32. 在历史上担当"大任"起过作用的人物，都经过一个艰苦锻炼过程，这就是"必先苦其心志，劳其筋骨，饿其体肤，空乏其身，行拂乱其所为，所以动心忍性，增益其所不能。"

刘政《修养》

33. 买卖古字画太多，上万元的买卖，要研究，就归公共的，不要私人买卖了。大家买卖买卖就要有个政策。

刘政1964年"文艺座谈会"谈话

34. 今后，应当在不断学习与研究中，把内蒙古舞蹈的基本规律，内蒙古民歌的基本规律搞搞清楚；否则，就很难难提高作品质量……

布赫"三独会演的讲话"

31. 也看这样的一种人，他们对于人民的事业并不热情，对于无产阶级及其先锋队的战斗和胜利，抱着冷眼旁观的态度，他们所感到兴趣的只有他自己，或者加上他所经营的小集团里的几个角色。

《在延安文艺座谈会上的讲话》

32. 鲁迅的两句诗，"横眉冷对千夫指，俯首甘为孺子牛"，应该成为我们的座右铭。

《在延安文艺座谈会上的讲话》

33. 看一个青年是不是革命的，拿什么做标准呢？拿什么去辨别他呢？只有一个标准，这就是看他愿不愿意，并且实行不实行和广大的工农群众结合在一块。

《青年运动的方向》

34. 毛主席的《新民主主义论》、《在延安文艺座谈会上的讲话》和《看了〈逼上梁山〉以后写给评剧院的信》，就是对文化战线上的两条路线斗争的最完整、最系统的历史总结，是马克思列宁主义世界观和文艺理论的继承和发展。在我国革命进入社会主义阶段以后，毛主席又发表了《关于正确处理人民内部矛盾的问题》和《在中国共产党全国宣传工作会议上的讲话》两篇著作,这是我国草命思想运动,文艺运动的历史经验的最新总结,是马克思列宁主义世界观和文艺理论的新发展。

《林彪同志委托江青同志召开的部队文艺工作座谈会纪要》

35. 高举无产阶级文化革命大旗,彻底揭露那批反党反社会主义的所谓"学术权威"的资产阶级反动立场,彻底批判学术界、教育界、新闻界、文艺界、出版界的资产阶级反动思想,夺取在这些文化领域中的领导权。而要做到这一点,必须同时批判混进党里、政府里、军队里和文化领域的各界里的资产阶级代表人物,清洗这些人,有些则要调动他们的职务。

中共中央1966年5月16日《通知》

36. 一切文化或文学艺术都是属于一定的阶级,属于一定的政治路线的。

《在延安文艺座谈会上的讲话》

37. 如果把自己看做群众的主人,看做高踞于"下等人"头上的贵族,那么,不

---

35. 要照顾作家,要让那些有天才的人专业化,让他们学习历史、学习文学,给他们条件,为使他们成为一个专业作家打好基础。

刘波1956年对周扬、刘白羽的黑指示

36. 毛主席在《讲话》中谈到,文艺批评有两个标准,政治标准第一,艺术标准第二,艺术标准是什么,当时毛主席没有讲。

刘波1964年1月3日黑话

37. 高岗同志在一九四八年对内蒙古干部的讲话中也曾指出:"内蒙如果经济,

---

35. "作协开会整赵树理,提了好多条,结果都让老赵用事实驳回来了。"

1962年散布的黑话

"周扬同志亲自去天津参加平反会。……周扬在会上很生气,激动得掉下了眼泪。"

散布的黑话

"我按照您（刘白羽）的意见修改了《茫茫的草原》。"

黑信

36. "本团犯的毛病是会写的不肯写,不会写的尽写为新民主主义而奋斗等政治口号……。"

1948年日记

37. "今天我以一个作家的身份在这里发言,这不是我自己要这样说,因为内蒙如果经济,

管他有多大的才能，也是群众所不需要的。

《在延安文艺座谈会上的讲话》

文化方面不努力追上汉民族，那么所謂民族平等也将是落空的，……只有从經济、文化上貴正提高，才能有实质上的而不是形式上的平等"。

鸟贼1953年《在第一次蒙古语文工作会议上的报告》

蒙古民族有了自己的作家而感到自豪。"

1956年《在全国青年文学工作者会议》上的发言

毛主席的指示

38. 中央和中央各机关，省、市、自治区，都有这样一批資产阶級代表人物。

《无产阶级专政下进行革命的理论武器》1967年第10期《红旗》杂志社论

第 二 部 分

鸟贼的黑话

38. 千万人民仰望着的云澤（鸟贼）主席，正是引导内蒙人民走向彻底解放的一面大旗。

鸟贼1947年《内蒙自治运动的一年》

玛拉沁夫大毒草中的黑话

38. "咱們內蒙古出了个叫乌兰夫的八路王爷，高个子，二十多岁，会讲十三国話，他是一个大力士，一个人能把喇嘛庙的大钟举起来呢……"

《茫茫的草原》22页

"从院里走出一个人来，他那高大的身材，寬闊的額头，和那明智的眼睛，使人感到亲切，可敬！""这""就是内蒙古自治运动联合会会主席乌兰夫同志"。

《茫茫的草原》257页

"他就是乌兰夫同志！老人多么惊喜呀！他立刻拉起琴来，唱道：

潺潺的水声多好听呀，

是喷涌的清泉流过身边，

奏出的音响多悦耳呵，

是父亲给我的琴声。

《琴声》——《花的草原》62页

39. "我是一个蒙古青年，蒙古人不能再象从前那样任人宰杀了！我们要复兴！……我也喜欢交朋友，官布找我谈，我就马上答应跟你们（注：八路军）合作了。……如果我以后发觉谁不是好人，不为我们蒙古人办好事的时候，我马上就不跟他合作了——这一点你们可千万记住！"

《茫茫的草原》64——65页

"如果叫你在国民党和八路军当中，挑一个当路军，你选哪个？"

"当然是八路军。"

《茫茫的草原》26页

"内蒙古人民自己管理自己的事啦。"

《茫茫的草原》25页

40. "他（瓦其尔）是一个全族有名的大"巴彦"，说好话，说坏话，在群众当中都有影响。

《茫茫的草原》167页

"他是明安旗最有名望的老喇嘛大夫，叫巴拉珠尔，他的话在牧民当中非常有影响。"

《茫茫的草原》189页

41. "齐木德（伪蒙疆付厅长）对革命

---

39. 我们在今后更要争取苏蒙在精神上的同情，特别是和真诚帮助我们的中国共产党密切合作下去，一直到胜利。

乌兰夫《1947年在人民代表会议上的开幕词》

认清中共才是蒙古民族的真正朋友。

乌兰夫1947年《内蒙古自治运动的一年》

主张蒙古人民自己管理自己，

乌兰夫1947年《内蒙古自治运动中的两条道路》

40. 要倾听少数民族领袖人物的话，你把少数民族领袖团结起来，群众就团结起来了。

乌兰夫《在土默特旗四清工作团分团长会议上的讲话》

41. 真正赞助自治的王公、喇嘛等各个

---

39. 领导我们事业的核心力量是中国共产党。

《中华人民共和国第一届全国人民代表大会第一次会议上的开幕词》

中国共产党是全中国人民的领导核心。

在接见出席中国新民主主义青年团第三次全国代表大会的全体代表时的讲话

40. 要解决民族问题，彻底孤立民族反动派，没有大批共产主义化的民族干部都是不可能的。

1949年对西北少数民族工作的指示

41. 敌人是不会自行消灭的。无论是中

的真正意义，并没有什么认识，但是他有一种道德感，革命使他心情不再受到压抑。"

《茫茫的草原》29页

"我这木汀（安柰—王爷），干什么事也不会三出三进，我是抱定决心走革命的路的了。"

《茫茫的草原》299页

"你是叫我（安柰—王爷）眼看着我的旗民，被大火烧死，叫八路杀死的时候，回到家关着门，用废纸抄写旧书吗？……我不能再离开旗民，谁忠实于我，谁就跟我来，走到旗民那儿去！"

《茫茫的草原》186页

42."他（贾郭尔）知道自己民愤较大"

"然而，以苏荣为首的工作队，对他仍然采取了尽可能争取和团结的方针。"

《茫茫的草原》84页

43."我们是蒙古人，应当为蒙古而生，而死！青色蒙古一定要复兴，我们要象自己祖先那样，让我们的马踏震动整个亚细亚洲！"

"我虽然主张蒙古独立，但也知道啲

国的反动派，或是美国帝国主义在中国的侵略势力，都不会自行退出历史舞台。

《将革命进行到底》

阶层，他们是真正为蒙古民族的。

乌兰夫1947年《内蒙自治运动中的两条道路》

42.少数民族自己内部的统治阶级 如王公、活佛、喇嘛、土司等与日帝国主义及国民党军阀相结合，使这些民族的广大劳动民众遭受更加厉害的压迫与剥削，或者他们（王公、活佛、喇嘛、土司）更进一步地掠夺民众。

1934年《中华苏维埃共和国中央执行委员会与人民委员会对第二次全国苏维埃代表大会的报告》

42.争取某些上层，就争取了少数民族人民。

乌兰夫1950年《在中央民族国庆观礼代表的工作同志们的讲话》

43.中国新民主主义的革命要胜利，没有一个包括全民族绝大多数人口的最广泛的统一战线是不可能的。不但如此，这个统一战线还必须是在中国共产党的坚强领导之下。没有中国共产党的坚强的领导，

43.自十三世纪以来，我们就是一个伟大的民族。有着极其光辉的历史。成吉思汗在前期为了民族统一和反异族侵略，曾经立下了不可磨灭的功绩……长期以来我们的祖先和我们，为了追求自由幸福，

·14·

们光靠自己是不行的，必须交朋友，会利用别人。譬如，圣祖成吉思汗手下的名将那律楚材就不是蒙古人，成吉思汗善于利用他……但是有一点你一定要记住：不管那律楚材多有才气，世界上的人们却没有几个人知道他，而我们的圣汗，名扬百世，家喻户晓。"

《茫茫的草原》118页

"我是蒙古人，我背枪打仗只为为了复兴自己的民族，除了这个目的，就是封我无帅也不干。"

《茫茫的草原》117页

44. "我们一群察哈尔青年，发誓，我们永远为自己的民族和人民……"

《茫茫的草原》142页

"我铁木尔扛枪为的蒙古百姓。"

《茫茫的草原》339页

"最好的革命方法就是站在最前线跟敌人拚，我绝不能离开故乡草原的百姓。"

《茫茫的草原》354页

"我们要当兵就为自己蒙古民族去干，……'就是死，也要脸朝北倒下！'"

《茫茫的草原》25页

45. "洛卜桑师长，（内蒙古自卫军骑兵第十二师）曾经是伪蒙疆骑兵师长，……十年前，依靠自己的军事才能当了师长。他打过仗，也被日本人利用和跟八路军作过战，但是，不论在东北，或在内蒙

任何革命命统一战线也是不可能的。

《目前的形势和我们的任务》

国内的许多少数民族如蒙古人、西藏人、……等等都受着帝国主义和中国历来封建皇帝与封建军阀的剥削与统治。

《中华苏维埃共和国中央执行委员会与人民委员会对第二次全国苏维埃代表大会的报告》

44. 他们用保卫民族和宗教救国了一部分群众，……要争取群众，把民族和宗教的旗识从他们手中夺过来。从我们的方面来，战争的目的是为了解放少数民族中的大多数人民，使他们生产发展，生活改善。我们脱阶级斗争是有充分根据的。

1956年《对四川藏、彝区改革和平叛问题的指示》

45. 我全军将士必须时刻牢记，我们是伟大的人民解放军，是伟大的中国共产党领导的队伍。

《中国人民解放军宣言》

为了彻底求得民族解放，……前仆后继作着英勇的斗争。

乌盟1947年《在人民代表会议上的开幕词》

在军事上建立真正为人民服务，维护人民利益的民族性及地方性自卫军队。

乌盟1945年《内蒙古自治运动联合会成立大会宣言》

在战斗中，一支数量相当大的为蒙古人民服务的军队，是正在逐渐的形成着……。

乌盟1947年《内蒙自治运动中的两条道路》

45. 我们部队和人民解放军主力部队的建军过程不同，……他们是从无到有，从小到大，从弱到强，我们是从旧到新，从旧的变成新的。

他们（按：指被改编的旧军队）有

疆，并不知谁们在利用他。他只抱着一个理想，就是要建立一支蒙古人自己的强大军队。他认为在现代世界上，一个民族没有自己的强大武装，就不能保卫自己。"

《茫茫的草原》247页

46."革命的大门，向每一个人敞开着，不管这位扎洛打的什么主意，他来参加我们的队伍，就可以在这两方面起积极作用，事实证明，我们真诚地希望团结全民族的一切力量，不但包括一般上层人物，而且也包括那些在历史上有污点的上层人物。……我们就对他们热情地说：'欢迎你们，过去的事情，让它过去吧！'……我们希望他们贡献出自己的力量。"

《茫茫的草原》279页

47."他（指洛卜桑）在内蒙疆骑兵当师长时，有一个最好的朋友，也是蒙古人……那位朋友原来是共产党地下组织的负责人。现在是中共内蒙党委负责人之一，两个月以前，在他的介绍下，洛卜桑光荣地参加了中国共产党！"

《茫茫的草原》247—248页

民族觉悟，有了初步正确的认识，……基本上是脱胎换骨了。

乌兰夫1949年《在军区干部会上的报告》

46.（蒙联会）"从开始到现在，都坚决主张团结全民族"。

乌兰夫1947年《人代会政治报告》

47.发展要照顾蒙古人的落后性，不能要求太高，与汉人一样看。……要注意发展特别党员，因为民族关系，他容易听上级的话。

乌兰夫1947年《在林东干部会上的讲话》

在开展少数民族工作时，如何掌握民族旗帜就成为掌握群众、发动群众，……的一个关键问题。

乌兰夫1952年《关于少数民族地区建党建团工作问题的发言提纲》

·16·

46.民族斗争，说到底，是一个阶级斗争问题。在美国压迫黑人的，只是白色人种中的反动统治集团。他们绝不能代表白色人种中占绝大多数的工人、农民、革命的知识分子和其他开明人士。

《支持美国黑人反对美帝国主义种族歧视的正义斗争的声明》

47.党组织应是无产阶级先进分子所组成。

在无产阶级文化大革命中的最新最高指示

48. "蒙古人要都象你們這樣還能复興嗎？蒙古人是勤劳又能吃苦耐劳就是最好的榜样，他当了汗还自己拿起马杆去套马，你們能配得起他的子孙嗎？"

《茫茫的草原》61页

49. "为了团结一切可以团结的力量，对民族上层人士积极、主动地进行工作，……对他們采取团结的政策。……'在牧区不分、不斗，不划阶级，争取他們（牧主）跟着我們走。"

《茫茫的草原》71页

---

48. 这些烈士們的犧牲，虽前后不同，……但他們都真正表現了成吉思汗子孙的气节。

乌蘭夫1947年《在内蒙古烈士追悼会上的讲话》

49. 为使各阶层明了党的政策，安心生产起见，应明确宣布不斗不分不减不动，奖励生产，废除封建特权（但不要提打倒王公），实行放牧自由，发展牧畜业的政策。

乌蘭夫1951年《向华北局并中央的报告》

团结上层是必要的，拉不住王公，就抓不住群众。

乌蘭夫1946年《在内蒙古自治运动联合会党员干部会议上的讲话》

50. "乡亲們，我們的粮食吃尽了，牛羊也快死光了，饿死的人一天比一天多了，可怕的冬天就要到来，我們怎么办？只有着死嗎？"

乌蘭夫1965年在赵会山汇报牧区四清問題时的谈话

---

48. 当代的民族問題，归根結底，是一个阶级斗争問題，是一个反对帝国主义斗争的問題。

成吉思汗是当时蒙古的汗，中国和俄国，都是遭受侵略的。

《新殖民主义的辩护士》——四评苏共中央的公开信

49. 我們要分辨真正的敌友，不可不将中国各阶级的經济地位及其对于革命的态度，作一个大概的分析。

《中国社会各阶级的分析》

50. 各种剥削阶级的代表人物，当着他們处在不利情况的时候，为了保护他們現在的生存，以利将来的发展，他們往往采取以攻为守的策略。……或者情願发揮，"冲破一些缺口"，使我們处于困难地位。

《关于胡风反革命集团的材料》按语

51. "我父亲是个牧马人，他跟这梅林一起造反，又一同死在锡拉木伦河岸上的，老人家骑一匹花儿马，死后，花儿马跑回家来，我的小儿马就是那匹马的后代，所以它身上有革命的传统！"

《满眼春色的草原》——《花的草原》71页

52. "她说她不能离开那条公路，那条公路上印着她一生的痛苦和欢乐，失难和幸福！……她每天清扫公路时，感情上得到一种安慰，她觉得好象是在替打猎归来的策郎打扫着身上的灰尘，替玩耍了一天的小捷尔克擦洗着脸上的汗污……"

《路》——《花的草原》109页

51. 嘎达梅林，他是贵族，但他也反对北洋军阀和国民党，历史上称他们为民族英雄。

乌勒《1951的任务》

52. 我不是讲了要踏出自己的路嘛，只有我一个人踏不行，大家来踏才行。

乌勒1966年《向×××的谈话》

51. 向满人民群众歌颂这种丑恶的行为，甚至打出"为人民服务"的革命旗号来歌颂，甚至用革命的农民斗争的失败作为反村来歌颂，这难道是我们所能容忍的吗？承认或者容忍这种歌颂，就是承认或者容忍污蔑农民革命斗争，污蔑中国历史，污蔑中国民族的反动宣传为正当的宣传。

《应当重视电影〈武训传〉的批判》

52. 中国劳动人民还有过去那一付奴隶相嘛？没有了，他们做了主人了。从来也没有看见人民群众象现在这样精神振奋，斗志昂扬，意气风发。

《介绍一个合作社》

一九六八年七月十九日      第三版

深入持久地开展革命大批判

打倒内蒙肖洛霍夫——玛拉沁夫

《文化战线》内蒙古文联《五·二三》大联总

被人称做"内蒙肖洛霍夫"的玛拉沁夫，是乌兰夫反党叛国集团在内蒙文艺界的三宝之一，是内蒙文联反党叛国集团的急先锋，炮制叛国文学的老手。作为乌兰王朝的御用文人，他直接领受乌兰夫的黑旨意，按照乌兰夫反党叛国集团的罪恶计划，为其主子效犬马之劳；做为三十年代"祖师爷"的徒子徒孙，他又直接倒向宣部的活阎王挂钩。在修正主义"全民文艺"的破旗下，为中国赫鲁晓夫及其在内蒙的代理人乌兰夫复辟资本主义鸣锣开道；他同蒙修特务文人加紧勾搭，为泽登巴尔、乌兰夫的罪恶阴谋——内外蒙合并建立"大蒙古帝国"，奔走呼号，不遗余力。在乌兰夫反党叛国集团中，"呼风唤雨，推涛作浪，或策划于密室，或点火于基层，上竄下跳，八方呼应，以天下大乱，取而代之，逐步实行，终成大业为时局估计和最终目的"，这就是玛拉沁夫在内蒙文联反党叛国集团中的"地位"。

继承修正主义文艺衣钵

玛拉沁夫是布赫"云araria文工团"黑母鸡所生的大黑蛋，是乌兰夫死党分子。

一九五二年，他进了丁玲主办的"文学讲习所"，一头拜倒在他三十年代"祖师奶奶"的膝下。当以毛主席为首的无产阶级司令部揭露丁玲反党集团，发动对丁玲等人的毒草"再批判"的时候，玛拉沁夫却向其主子上书，恶毒地咒骂说："想起那些本不应该发生的事，真叫人寒心！"

玛拉沁夫"灵犀一点"通向苏修的文学鼻祖肖洛霍夫。他对肖洛霍夫奉若神明，无耻地吹捧肖是当代最大的作家，"描写人民生活的能手"，是"世界第一流大作"。他把肖洛霍夫的狗头象他祖宗牌位供佛在房间里，并恬不知耻地说："如果玛拉沁夫来中国，我一步一个头也要去拜见他。"他头扎进修正主义坏蛋，全面继承了肖洛霍夫的衣钵。此后，他用自己的反革命行动写下了他那可耻的历史，证明了他同肖洛霍夫是一丘之貉。他在《静静的顿河》中，肖狂地攻击十月革命，咒骂苏维埃政权，宣扬革命有罪，投敌有理，玛拉沁夫则在《茫茫的草原》中恶毒地诋毁毛主席，党中央对他的忠门徒，他对肖洛霍夫的英明领袖，并用偷天换日的手段，吹捧"乌兰夫思想""乌兰夫道路"。肖洛霍夫是布哈林的忠实门徒，他在《被开垦的处女地》里，站在右倾机会主义的反动立场上，攻击消灭富农，全盘集体化的正确路线，为布哈林大唱赞歌；玛拉沁夫本身就是个右倾机会主义分子，他跟在彭德怀屁股后面恶毒攻击，砍掉三面红旗，呼叫什么"饿死人了""国民经济失调了""大炼钢铁，结果都炼成废品，一堆头压船"，更阴险的是，他在小说《歌声》里，公然煽动牛鬼蛇神起来造反造反。肖洛霍夫是人民革命战争的叛徒，他在《一个人的遭遇》里，大肆宣扬叛徒哲学；渲染人民革命战争的"苦难""恐怖"；玛拉沁夫则一连气地炮制出大毒草《满眼春色的草原》、《路》等，恶毒咒骂革命战争，贩卖资产阶级"人性论"宣扬向阶级敌人投降。肖洛霍夫是复辟资本主义急先锋，他不遗余力地为赫鲁晓夫篡党夺政制造舆论，大反斯大林，全盘否定斯大林时期的革命成就，疯狂地为赫鲁晓夫修正主义路线摇旗呐喊；

玛拉沁夫丧心病狂地反党反社会主义、反毛泽东思想，赤膊上阵，组成内蒙文联叛国集团炮制叛国文学，为乌兰夫反党叛国集团效劳。肖洛霍夫是帝国主义的奴才，他到资本主义国家勾勾搭搭，到处贩卖赫光头的"苏美合作"和平共处""苏美文化交流"；玛拉沁夫则是一条不折不扣的蒙修乏走狗，他借口"出国访问"，偷逼情报，并按照其蒙修主子的黑旨意经营《花的原野》、《草原》两座黑店，干着卑劣费国求荣的罪恶勾当。

肖洛霍夫和赫鲁晓夫，一主一奴，背叛无产阶级背叛社会主义制度，进行大叛党，玛拉沁夫和乌兰夫，一唱一和，反对毛泽东思想和毛主席的革命路线，进行大叛国。四"夫"何其相似乃尔！

大搞反党叛国罪恶活动

玛拉沁夫作为乌兰夫在文艺方面叛国的"信使"，曾多次与蒙修特务文人往来，密谋"内外蒙合并"。一九五七年，他往蒙修"访问"，与蒙修中央候补委员、作家协会第一书记达·僧格秘密勾结。僧格指示他说："纳·赛在旧社会写的诗歌里充满了火药味，在蒙古时写的诗是感情饱满的颂歌，那么现在火药也要响了。"玛拉沁夫回国后，在呼市文学、语文工作者大会上"动人"地讲述了蒙修的"美满生活"，散布了修正主义的"三大自由"之后，就"传达"了僧格的黑话，还"号召大家""写出真正的好作品"。玛拉沁夫带头写出了"真正的好作品"《访蒙游记》，恬不知耻的说，乌兰巴托的晚风象"母亲"一样"抚摩着"他，"面颊"。

一九五八年，玛拉沁夫参加塔什干会议，在这个会议上，由蒙修文人家、达木丁苏荣召集了一个"便餐会"，出席者：除蒙修外，有苏修布利亚特蒙古作家，海力玛克赛汗作家，还有乌拉沁夫，纳·赛，这个黑会由玛拉沁夫的话说，叫作"联络情况"、三"国"蒙古作家"，用蒙语整整密谋了一夜，他们"联络"的就是阴谋颠覆中华人民共和国自治区叫作"国""蒙古作家"黑会。

内蒙文联叛国集团以玛拉沁夫为中心，组成了一个里通外国情报网。他们利用"出国访问""接待外宾"等所谓"合法关系"同蒙修特务频繁接触，秘密勾结。一九五七年，蒙修的达·僧格借口来我国青岛"休养"，暗地进行策反活动，玛拉沁夫陪同僧格。一九五八年，僧格的女人诬蔑我国社会主义制度，玛拉沁夫的女儿之辈；僧格野蛮无理地，尤其是一九五八年，玛拉沁夫竟致送行哑巴！尤其是僧格在青岛期间，曾与我新疆蒙古族自治州长道尔吉秘密接触，策动新疆叛国逃修。玛拉沁夫对此事一直是心怀鬼胎，讳莫如深。

一九五九年，僧格来我国北京"治病"，给玛拉沁夫、纳·赛寄来黑信。玛拉沁夫象热锅上的蚂蚁一样，一再嘱

咐去北京开会的孟和博彦、伊德新前去"探望"。这次"探望"，大有名堂。根据僧格称和蒙修《真理报》记者的蒙修特务深夜接头，他们向特务汇报了中国作家协会会议的内容，汇报了开门户人员编制的情况，并将《花的原野》、《草原》两个黑店开张以来的种种叛国活动作了汇报和请示。以后，孟、伊二人又面见僧格，谈话从与蒙修合开黑店到吹捧"嘎达梅林是个英雄"，并大肆诬蔑毛主席的无产阶级革命文艺路线。

"由于工作忙，始终没来得及去"面见僧格亲身提供情报为一生憾事。他如丧考妣地写了悼文，大捧其主子僧格及其宣扬蒙修是中国救世的毒草《阿尤嘎》，大赞蒙修个"美丽如画的国家"，在那"永别的悲痛的日子"里，玛拉沁夫一把鼻涕一把泪，为蒙修特务的亡灵大招其魂！

我们伟大的领袖毛主席曾一针见血地指出："过去说是一批单纯的文化人，不对了。他们的基本队伍，或是帝国主义国民党的特务，或是托洛斯基分子，或是反动军官，或是共产党的叛徒，由这些人做骨干组成了一个暗藏在革命阵营的反革命派别，一个地下的独立王国。"从以上种种事实来看，玛拉沁夫及内蒙文联的叛国集团，就是以"文化人"面目出现的一批乌龟王八蛋！

炮制反党叛国文艺毒草

我们伟大领袖毛主席指出："利用小说进行反党活动，是一大发明。凡要推翻一个政权，总要先造成舆论，总要先做意识形态方面的工作。革命的阶级是这样，反革命的阶级也是这样。"利用小说反党叛国，为乌兰夫宣庇政变制造舆论，这是内蒙文联反党叛国集团罪恶活动的重要手段之一，而玛拉沁夫就是其中的一大"发明家"。

一九五二年至一九五六年，正当毛主席提出了党的过渡时期总路线，开展了伟大的"三反""肃反"等政治运动，进行了生产资料所有制有制的社会主义革命的时候，玛拉沁夫却泡制出个大毒草《茫茫的草原》，这株毒草是反动民族分裂主义文学的一面黑旗，是"乌兰夫思想"的艺术百科全书。

一九五六年苏共"二十大"后，乌兰夫紧跟在中国赫鲁晓夫的庇股后面大肆散布"和平过渡"的谬论，嚷叫什么"各民族、各阶级、各部分人的根本利益是一致的"。于是玛拉沁夫模仿着肖洛霍夫的"一个人的遭遇"，炮制出了《满眼春色的草原》和《路》。这两篇东西，极力渲染人民战争的恐怖、残酷，极力宣扬革命人民战争毁灭了家庭、幸福、亲人。

一九五八年，在党的社会主义建设总路线的光辉照耀下，出现了国民经济的大跃进。就在此时，乌兰夫开始加紧筹划他的"独立经济体系"，狂叫"把中央的建设和内蒙分开"。玛拉沁夫一听到他主子的呼号，"激动得发疯食"，同白骨精珠岚一起泡制了毒草电影剧本《草原晨曲》。

一九六二年，我国遭受三年自然灾害，经济上遇到暂时困难，国际上帝修反和国内的阶级敌人乘机向党发动了猖狂进攻，玛拉沁夫立即投入这个反革命行列，抛出了大毒草《歌声》、《琴声》等，狂叫"琴声""牛鬼蛇神"心连起心"地发动叛乱，跳出"苦海"，夺回他们失去的"天堂"。

（对于玛拉沁夫的一系列毒草将有专文

批判）

大刮翻案妖风

集乌兰夫、肖洛霍夫、丁玲"思想"之大成的《茫茫的草原》出笼后，当即受到广大工农兵革命群众的严厉批判。接着，《满眼春色的草原》、《路》、《歌声》等毒草也被扔进了茅厕坑。

玛拉沁夫以"作品不倒，作家就不倒"的疯狂劲儿，高喊着"小鞋穿着，大帽子不戴"，进行了一连串的翻案活动。乌兰夫反党叛国集团为了适应其分裂伟大祖国、复辟资本主义的反动政治需要，由荒落濩、沈湘汉亲自出马，支持他大刮黑风。玛拉沁夫狂地嚎叫"出出气！""舒畅舒畅！"并抛出了他这个胡风式的"平反意见书"。一九六二年秋，内蒙党委旧宣传部召开秘密平反会议，由沈湘汉亲自到马拉沁夫家中赔礼道歉，一个入党魁、原内大副校长巴图还用木车推着白菜与玛家进行"物质安抚"。

一九六三年，《茫茫的草原》修改本出笼了。这株恶改念"修"的大毒草，首先得到内人党魁巴图的尝识，曾做文章大吹而特吹。三十年代资产阶级"老头子"茅盾也相应炮制了评《花的草原》（短篇小说集）的文章，竭力夸奖玛拉沁夫的作品"清灵而明丽"，是"有风格的作家"。这时，玛拉沁夫当上了文联常务副主任兼《草原》主编，为乌兰王朝执掌起了内蒙文艺界的生杀大权。

一九六四年，"三家村"黑掌柜邓拓来内蒙"滚雪球"——发展他们的反革命黑帮，玛拉沁夫如蝇逐臭，跟在邓拓庇股后"拉稿"。于是，内蒙文联叛国集团同"三家村"合伙炮制了反党反社会主义反毛泽东思想的大毒草《内蒙吟草》。邓拓在这株毒草中给玛拉沁夫翻案，他肉麻地吹捧玛，说玛没有在乌兰黑母鸡那里投胎之前，是"茫茫路，奔走小牧童"，投胎后，生下了他这个黑蛋，就"烘炉炼就一身红"了。

毛主席《关于文学艺术的两个批示》下达前，工农兵群众及广大革命文艺工作者以战无不胜的毛泽东思想作武器，剥开了玛拉沁夫的画皮。一针见血地指出《茫茫的草原》的要害是推行反动民族主义。但是，由于乌家王朝的包庇，还是动不得玛拉沁夫的一根毫毛。白骨精殊岚亲自下结论，说玛拉沁夫是"戴着红领巾参加革命，成长在红旗下……"，乌兰夫死党分子云照光则发号施令，声言批判《茫茫的草原》不准涉及民族问题！

然而，螳臂挡车白费力气。玛拉沁夫的翻案妖风，终于被史无前例的无产阶级文化大革命的车轮碾得粉碎！

打倒内蒙古的肖洛霍夫——玛拉沁夫！

三-6

·4·　　　　　　　呼三司　　　　　　　1967年11月15日

彻底摧毁内蒙古文艺黑线

把纳·赛音朝克图揪出示众

《文艺战报》编辑部

被乌兰夫反党集团捧为内蒙最老的"民族诗人"的纳·赛音朝克图到底是个什么玩艺儿？且揪到光天化日之下看！

日寇的文化奴才

纳·赛是地地道道的反革命分子、大蒙奸，是被布赫之流一手捧起并拉入党内的阶级异己分子。在其臭不可闻的历史上，开始就是一个拜倒在日本帝国主义脚下的忠实走狗。

一九三七年，以其发臭的"民族热"和所谓"蒙文好"受到察哈尔封建王公的垂青，选送日本，留学深造。从此，他亲日反"汉"，卖国求荣的反动生涯开始了。在日期间，纳·赛炮制了两部极端反动的书《沙漠故乡》、《心侣》，肉麻地吹捧日本帝国主义的文化卫生，丧心病狂地赞美正在屠杀中国人民的日本法西斯军队。竭力歌颂象征日本鬼子"武士道"精神的富士山，声嘶力竭地叫嚷什么德王投靠日本鬼子推行"大蒙古主义"是"成吉思汗的血在沸腾。"美化封建统治阶级安森是"蒙族文化的救星"，将在日本帝国主义及封建王公贵族铁蹄下的察哈尔草原美化为幸福的故乡、极乐世界，并咒骂蒙族劳动人民"贫穷、肮脏"、"愚昧无知"。更恶毒的是，挑拨民族关系，无耻漫骂汉族人民说："我们拨了的蒙古爸爸。"

这两本书是他民族分裂叛国投敌的"自白书"、"卖身契"。

纳·赛的"卖身契"抛出后，立刻受到日本鬼子的器重。一九四一年，便被日本陆军请去，直接参与了日本军国主义反苏、反共、侵华、"吞蒙"的反革命宣传活动，充当了东京帝国大学教授服部手下的翻译要员。其所编译的文件资料，载于陆军画报《阵线》，疯狂鼓吹"皇军无敌于天下"，宣扬"亚洲是亚洲人的亚洲"等一系列殖民主义观点。由于纳·赛为日帝侵华造舆论有功，立即受到奖宠，庭宴大摆待之以上宾，金钱字画厚礼以相赠。而纳·赛也自然感激涕零，甘愿报效犬马之劳。

大蒙奸德王的"御用梅林"

纳·赛在日本渡过卖身投敌的四年之后，回到伪蒙疆，立即受到德王宠信。德王亲自相延，聘纳·赛为其日本顾问的蒙语教师及家庭教师。而纳·赛一颗反革命黑心尽托德王，愿肝脑涂地以报效主子"知遇之恩"。一方面他拼命鼓吹德王的"文化救蒙、救国"论，一方面在其主子面授机宜下，炮制了一部宣传封建制度，推行殖民主义奴化教育的教科书《兴家之言》。这部集"奴才世界观"、"叛徒哲学"之大成的立言论集中，狂热地散布"蒙古的兴旺期已经到了！""蒙古青年女学生"要变成"新"的蒙古妇女。

其实，他所谓的"兴盛"便是"日蒙亲善"、"大东亚共荣"，他强调的"新妇女"就是封建"夫权"与日本殖民主义混合型的妇女。

奴才卖命，主子赏贵。纳·赛一片惨淡经营的苦心，博得德王喝采叫好。于是，一九四二年，又把他这个奴才派到伪蒙疆培养"人才"的学校——德王府女子学校任教。而纳·赛感恩戴德，以"新派教师"爷的身份踏入该校后，不遗余力地贩卖其封建主义、帝国主义、殖民主义三混合的"新教材"。纳·赛唯恐贡献不足以报"主恩"，又拼命编写反动诗歌《给领袖》、《白音放包》，用什么"高尚恩赐的，无限亲爱的，伟大领袖，我们要为他忠实效劳"等肉麻已极的词句歌颂德王。与此同时，他又写了《我们蒙古兴盛之歌》和翻译了资产阶级学者的所谓名言集《心之光》。这里，纳·赛赤裸裸地举起"复兴民族文化，拯救民族"的破旗，为德王卖国愚民政策摇鼓呐喊。而那本做为他《心之光》的"名言集"，则更是一本荒谬绝伦，反动透顶的大杂烩。

尤为恶毒的是，纳·赛竟要在六二年将其日伪时期写成的毒草编成《技极》姿冠出版，为乌兰夫复辟封建主义、资本主义效劳。

纳·赛是帝国主义、封建上层的文化特务和御用喉舌。

纳·赛的"丰功伟绩"换得德王无比恩宠。象挂着"兴义学"招牌的武豆沫一样，被德王恩赐顶戴马褂，封为"荣誉梅林"，用为"私人秘书"，紧随德王，狐假虎威，不可一世。

叛卖祖国的 政治掮客

一九四五年前后，日本鬼子行将垮台，大蒙奸德木楚克克伪政权摇摇欲坠，纳·赛见势不妙，对所谓"民族的命运，复兴的道路"作了反革命的两手准备。一面，继续依附德王，苟延残喘，一面积极纠集"新派人物"建立反革命组织蒙古青年党。一九四五年七月，纳·赛与老牌民族分裂主义分子布仁赛音（已捕）、德力格尔朝克图（日本特务，已捕）、官布扎布（德王秘书长，已逃往美国）等二十余个亡命之徒在西苏镇秘密集会。他扬言什么"外蒙最有希望，最有发展前途，要为内外蒙合并而奋斗"等等，并积极筹划，准备迎接蒙古军队进驻内蒙。

当时，我党领导下的抗日军民，对侵华日军发起强大攻势，取得抗战决定性的胜利。德王的伪政权一蹶不振，准备南逃。于是，纳·赛亲自跑到察哈尔盟迎接蒙古军。他摇身一变，由德王"梅林"成了蒙古军及其领导人的投靠者。为讨新主子欢欣，纳·赛四处奔走，八面串联，收罗邦自僚瑞永（德王总务科长）等二十余人，组成代表团，去拜见暂住多伦的蒙方全权代表——蒙古部长会议副主席拉玛扎布，无耻地扬言他们是代表察哈尔人来致谢、请教、接洽政务。积极筹划叛卖祖国的大阴谋。

这时，纳·赛又将他阿谀德王的吃奶本事使了出来，不仅将自己日伪时期炮制的诗稿双手奉献给拉玛扎布，而且，又挥动他那支沾满人民鲜血的黑笔，撰写了一首献给拉玛扎布的即兴捧歌。他那首题为《得救了》的诗歌肉麻地歌颂了蒙古代表拉玛扎布，并狂呼自己和蒙古民族得到外蒙拯救，将抗日战争胜利的功劳完全归功于蒙军入境。所以，纳·赛很快便得到拉的信任，并被封为察盟副盟长。纳·赛感谢不尽，走马上任不到两月，便兴师动众，为蒙军筹集战马、肉食，并下令调车一百八十辆，将内蒙古的石灰大量盗运至外蒙。

然而，九月底，蒙军撤返了。纳·赛眼见"内外蒙古合并"的幻想不能立即实现，便拼命结拉玛扎布，以求学为名，逃到乌兰巴托。此至，纳·赛彻底堕落成一个不齿于人民的叛徒。

蒙修的情报员

纳·赛这个无耻叛徒刚一抵蒙，便迫不及待地献上叛国宣言诗《珍宝》，别有用心地把乔巴山当做整个蒙古民族的唯一救星，唯一领袖。他编造了这样一个情节：内蒙的一个牧民老太婆，为感激乔巴山拯救内蒙，将自己最珍贵的一支宝剑赠给乔巴山。明眼人一看便知，这"宝剑"就是纳·赛毛遂自荐。由于纳·赛如此苦心钻营，终于挤进了蒙古高级党校学习。

在蒙古，纳·赛前后写了《珍宝》、《乌兰巴托》等十六首叛国诗。奇文共欣赏，请看这些诗是什么货色：

扬名于内外诸蒙古的，
金色的图拉河上映射着它的光芒，
它从古以来就博得蒙古人民的衷心
　　的赞颂……
这就是人民的新首都，
著名的乌兰巴托（《乌兰巴托》）

自由的弟兄们，
把可爱祖国的荣誉，
在全世界面前宣扬（《让他们看，
　　同志们，让他们看》）

够了"内外诸蒙古"、"人民的首都"、"可爱的祖国"……不是纳·赛背叛祖国，鼓吹"一个蒙古"、"一个首都"的叛徒心声又是什么？

为了实现"内外蒙合并"的狼子野心，纳·赛还公开抬出合并的破旗。而其《自由》、《两个挤奶的姐妹》、《杯念》等黑诗就是一面歌颂蒙古的"自由"、"幸福"，一面歪曲我们伟大领袖毛主席和党中央领导下的内蒙古人民如火如荼的革命斗争，最后导致一个反动结论："内蒙不如外蒙"，"内外蒙应当合并"。

纳·赛这一系列叛卖祖国的活动，很快便受到蒙修的重视。他们赏给他一个笔名纳·朝洛濛。（蒙语，即乌兰巴托的启明星的意思），为其反动作品发表大开方便之门。同时拉玛扎布亦亲邀纳·赛"光临作客"，你吹我捧，成为红极一时的"大诗人"。

一九四七年，蒙修将纳·赛发展为"情报员"，同年十一月某深夜，这头恶狼秘密返回内蒙，开始了他新的罪恶活动。

纳·赛潜回乌兰浩特后，打着列宁主义的招牌，伪装"革命者"，钻入内蒙古日报社，与老民族分裂主义分子特木尔巴根、额尔敦陶克陶之流勾结在一起，向外蒙数次提供情报。

（下转第三版）

地址：内蒙古大学十一号楼　　　　　电话三二四一转八四　　　　　（零售每份二分）

突出政治的第一课

本报讯 在无产阶级文化大革命取得决定性胜利的凯声中，在掀起教育革命的新高潮里，内大《井岗山》化学系的全体革命师生，积极响应党中央和毛主席的伟大号召，在十一月一日正式复课了。这一天，全系革命师生会聚一堂，共同上了开学后的第一课，写下了教学革命化的崭新一页。

从前，开学后的第一课（开学典礼）历来为资产阶级"权威"、教授老爷们所掌握，成为他们向广大同学、教师实行"训政"、公开放毒的讲堂，他们作威作福，飞扬跋扈，是何等的不可一世啊！

而今天，内大化学系的革命师生，发扬无产阶级革命派大无畏的革命精神，夺回了"第一课"这块阵地，掌握了讲坛。全系革命师生同仇敌忾，召开了对修正主义教育路线的控诉批判大会，愤怒地声讨党内走资派伙同资产阶级"权威"老爷推行修正主义的教育路线和阶级路线，残酷地打击迫害优秀的工农子弟和肆意毒害革命青年的滔天罪行。革命学生的代表和革命的教职员工先后在大会上发了言。他们说：党内最大的走资派、中国的赫鲁晓夫刘少奇，公开反对我们伟大领袖毛主席关于 **"教育为无产阶级政治服务，教育与生产劳动相结合"** 的伟大方针，推行了一条修正主义教育路线，指使其爪牙炮制了大学教育的黑纲领"高教六十条"。在它的策动下，盘踞在教育阵地上的资产阶级"权威"老爷和牛鬼蛇神纷纷出笼。一刹时，妖风四起，群魔乱舞。广大优秀的贫下中农子弟却惨遭排挤和迫害，许多人含着眼泪被赶出了学校。有的由于被辱骂、打击、折磨和迫害，以至神精失常；有的甚至被迫自杀。与此同时，又有多少革命青年步入了只专不红的泥坑，沦为资产阶级的接班人。

一桩桩、一件件，亲身的经历，血泪的控诉，激发了革命师生强烈的阶级感情。与会者个个义愤填膺。就是这些资产阶级"权威"老爷和旧的教育制度吞蚀了他们的青春和年青的生命。大家怒不可遏地齐声振臂高呼："彻底砸烂旧的教育制度！""砸烂修正主义教育路线！""掀起教育革命新高潮！"口号声惊天动地，响彻整个校园。

青年教师代表发言说：我们刚刚窝开学校比上讲坛，过去身受旧教育之害，却又立起来用它来毒害学生，真是害人害己。他们表示决心和广大革命学生一块闹革命，向着旧的教育制度冲锋陷阵。

在这突出无产阶级政治的第一堂课上，革命的师生还以无数铁的事实揭露和控诉了资产阶级"权威"老爷们利用旧的考试制度和升降级制度一系列旧制度摧残青年身心健康和迫害工农子弟的罪行。

大会始终充满了战斗的气氛，最后在嘹亮的战斗歌声中胜利结束。但这仅仅是第一课，是开头。内大化学系革命师生决心紧跟伟大领袖毛主席，在教育革命的航道上披荆斩棘，奋勇前进，直到取得最后的胜利。让毛泽东思想伟大红旗在教育阵地上高高飘扬，永远飘扬！

触目惊心的「献礼」

反革命修正主义分子乌兰夫，为反党叛国制造分裂舆论，一手筹划了所谓庆祝自治区成立二十周年文艺献礼，包括电影、大型歌舞、京剧、话剧等共十五个的所谓"献礼"。出版以五十二种晚会的美术摄影作品、歌剧、京剧、话剧等节目，一复辟资本主义的大型歌舞、大型话剧，充满着对毛泽东思想的仇恨，贯穿着一条反社会主义、反党的黑线。

一个汉人以"一个汉人外"，从厂里居然存在着严重叫骂，指责汉人"怨声载道"，闹着要蒙汉"分炉分班"，甚至要搞大汉族主义、"空喊蒙古工"……这些的光辉吹捧乌贼的民族分裂活动……

歌剧《青山烈火》，不仅吹捧乌贼，而且大走资派张光年、田汉抗日游击之歌归之于云泽的化身写"雷主席"，而京剧《气壮山》何等触目惊心……

资料

（上接第四版）

民族分裂的急先锋

纳·赛不仅积极进行特务活动，而且利用其窃取的"合法"地位，大搞民族分裂主义活动。

纳·赛以其长期反革命的经验，深深知道舆论工作的重要性。所以，他死死抓住那枝黑笔，炮制民族分裂主义毒草，编译出版蒙人作品。

他丧心病狂地提出："要使内蒙的新文化得到发展，必须首先向外蒙的革命文化学习。"于是在额尔敦陶克陶的赞同和支持下，选编了一本《蒙古文化作品集》，并将其从《乌兰巴托》以乌·朝洛濛的笔名塞入发表。这里，纳·赛不仅首先在内蒙宣扬了"蒙古人的首都是乌兰巴托"，而且再次向人表示，他是外蒙诗人，是乌兰巴托的"启明星"。

一九五五年，正当胡风分子向党猖狂进攻的时候，纳·赛又迫不及待地抛出了解放后的第一部诗集《我们雄壮的呼声》，其中塞入他日伪时所写的《窗口》等五首，以及于外蒙写的《乌兰巴托》等四首。一九五六年又抛出汉译诗集《幸福与友谊》，再次塞入《乌兰巴托》。一九五七年，右派向党进攻，纳·赛又跳出来，借内蒙古自治区成立十周年文艺献礼之机，以头号将《乌兰巴托》放入集中，流毒全区、全国。

与此同时，纳·赛收到蒙修来访作家塔尔巴带来的蒙修出版的纳·赛的诗集。他大喜过望，视为珍宝，立即从中摘出《自由》、《两个挤奶的姐妹》等四首黑诗，发表于《花的原野》十一月号，为右派的反党活动喝彩助威。

一九六二年，纳·赛又从其日伪时期所写的《我们蒙古兴盛之声》、《心侣》等反动诗文集中挑选一批毒草，拟编《枝了》集子，准备出版，以配合中国赫鲁晓夫及当代王爷乌兰夫复辟资本主义、实行民族分裂的罪恶活动。

纳·赛还把他的黑手伸入民族语言界。他崇修崇蒙，反对借用汉语词汇。例如"祖国"一词，在内蒙长期以来借用外蒙名词"鄂和敖仁"（即"祖区"或"祖乡"）。一九六三年开展反修斗争，提出以"鄂和乌拉斯"（即"祖国"）代替"鄂和敖仁"。纳·赛便公然跳出阻拦说："改变人脑海里的思想，用改变一句话的方式来改变是困难的！"这句隐晦曲折的话里可以看出，纳·赛坚持民族分裂思想何其顽固！

纳·赛还以"诗人"身份，与蒙修作家积极勾搭，互相吹捧，互相"勉励"。什么纪念蒙修作家纳楚克道尔吉报告会，什么吹嘘纳楚克道尔吉的作品"使内蒙革命得到鼓舞……"，什么给蒙古头号修正主义作家达木汀苏荣联名贺卡，与拉哈木苏荣、巴斯图、帕里亚书信来往，互赠照片，吃吃喝喝，大叙其民族分裂之情，举不胜举。

一九五七年，蒙修作家僧格道日玛拉沁夫赠言与纳·赛，别有用心地说什么"纳·赛在伪蒙疆时期所写的诗是炸弹，在蒙古时写的诗歌是歌声，而现在炸弹没有了，喉咙嘶哑了"。纳·赛读后，不但不向组织反映，而且以此作为鞭策，千方百计寻找机会，向社会主义制度、无产阶级专政抛出自己的"炸弹"。

至于纳·赛与区内民族分裂主义诸如布仁赛音、哈扎布、额尔敦陶克陶等鬼混密谈，共谋其民族分裂之事，更是频繁。

修正主义的应声虫

纳·赛在蒙古时就曾写过《一枝无名的花》、《越看越爱》、《祝您好》等低级色情诗，狂热鼓吹"三大自由"。解放后，又炮制宣扬和平主义，歌颂苏修蒙修的黑诗。在其《钢盔与狗食盆》中竟然叫嚷"愿世界安宁时代永恒长存"，并把苏修"二十大"召开的一九六〇年，吹捧为"将会作为实现人类关于没有武器和军队的世界，没有战争的世界的宏愿的一年载入史册"。公开与苏修赫鲁晓夫一唱一和，贩卖三无世界，三降一灭的修正主义黑货。

一九五八年，纳·赛去苏参加塔什干会议，炮制了宣扬修正主义的《塔什干在召唤》。更恶毒的是一九六三年，我党同苏修斗争公开化，《七评》已经发表，纳·赛却置中央通知于不顾，又把这首诗塞入其汉译集《红色的瀑布》中，公开向毛主席的革命路线挑衅。

纳·赛宣扬修正主义观点并非偶然，也绝不是什么认识问题，他本人就是修正主义活命哲学的忠实信徒。一九六二年夏，蒋匪叫嚣窜犯大陆，纳·赛却按捺不住了狗心，便一口乡乡舌，带着老婆孩子逃到察哈尔故乡。在察哈尔，一个牧主玛吉格跑到他家，和纳·赛大谈什么"那玩艺儿(指蒋匪)已经过到河(黄河)那边了！"看，纳·赛究竟是什么玩艺，不是昭然若揭了吗？

纳·赛狗胆包天，担任《花的原野》主编期间，竟敢刊登篡修歪曲改纂了的主席诗词《蝶恋花》。蒙译稿后经外交部发现，党委令其检查，纳·赛竟吞吞吐吐，上推下卸。纳·赛歪曲篡改我们伟大领袖毛主席的诗词，罪不容诛。

纳·赛一贯反对毛泽东思想，拒绝深入生活，改造思想。一九六三年一蒙族作者要求下放深入生活，纳·赛公然出来阻拦："你下乡不如学点理论好。"并且，丧心病狂地反对、歪曲毛主席的伟大领袖毛主席《在延安文艺座谈会上的讲话》，纳·赛胡说什么"毛主席《讲话》是很早以前对上海亭子间知识分子说的，我们牧区的知识分子与他们大有区别呀！"简直混帐透顶，疯狂之极。

纳·赛是地地道道的反革命分子、叛国投敌分子、民族分裂分子，但是，这样一个坏蛋竟然被乌兰夫、布赫之流长期包庇重用，担任全国政协委员、内蒙作协主席、内蒙文联副主席、《诗刊》编委、《花的原野》的主编，并于一九五九年拉入党内，是可忍孰不可忍！

打倒纳·赛晋朝克图！打倒布赫！打倒乌兰夫！

社论

深入持续地开展革命的大批判

不破不立。破，就是批判，就是革命。破，就要讲道理，讲道理就是立，破字当头，立也就在其中了。

毛泽东

在挖黑线肃流毒人民战争节节胜利的大好形势下，隆重纪念了五月七日这个光辉的日子。毛主席在两年前向全国人民发出了伟大的"五·七"指示。毛主席关于无产阶级革命的"五七"指示，对于造就有无产阶级觉悟的、能文能武的无产阶级革命接班人，保证社会主义江山永不变色，具有深远的意义。这个光辉指示，为各部门的改革指明了方向，也是斗批改的强大理论武器。

全国的解放军指战员、工人、农民、学生、商业、服务行业、党政机关工作人员和无产阶级，工农兵学商，都是"五·七"指示的重要内容。无产阶级文化大革命中我区无产阶级革命派按照毛主席这一指示，揭露、批判了党内一小撮走资派，批判了一批民族分裂主义分子，批判了资产阶级反动"学术权威"，批判了资产阶级和一切剥削阶级的意识形态，取得了极其伟大的成绩。蓬勃开展的挖黑线肃流毒人民战争，在各个领域各个部门继续揭露出我区党内最大的走资派乌兰夫的反动社会基础——叛徒、特务、民族分裂主义分子、牛鬼蛇神，受到了致命的打击。在这种空前大好形势下，我们必须遵循毛主席的教导，认真组织群众，把革命的大批判热火朝天地搞起来，深入持久地开展下去。

无产阶级文化大革命是一场伟大的政治革命，是一场深刻的思想革命。彻底批判乌兰夫及其内蒙的代理人在各个领域、各部门的反动路线，肃清他们在各个领域的流毒，把他们批倒批臭，这是从思想上、政治上、经济上、组织上、各部门的爪牙批倒批臭，这是从思想上、政治上、经济上、组织上……

继续挖黑线的大批判，积极组织阶级队伍，坚决依靠广大革命群众，团结广大人民群众，"决心把无产阶级文化大革命进行到底的无产阶级革命派"，组织浩浩荡荡的"逍遥派"的思想政治工作，坚持下去。形成烈火燎原之势，充分利用大字报这种有力武器，把无产阶级的战斗风格和科学态度，坚持摆事实，讲道理。不甘心灭亡的阶级敌人必然要用种种手段破坏革命的大批判，进行反扑，必须坚决抵制。无产阶级革命派要掌握党的政策。要把大方向一致的派别问题和有严重错误的派别区别开来，要在大方向一致的前提下讲团结存异，不能把矛头对准自己的阶级兄弟和革命群众。要把敌我矛盾和人民内部矛盾区别开来，要坚定不移地相信党和群众的绝大多数是好的，反动派在他们阶级的大课堂上自己教育自己。毛泽东思想是批判资产阶级的大思想武器。无产阶级革命派一定会在阶级斗争中进一步学好毛泽东思想，让革命大批判的烈火在我们为人民立新功，把一切反动阶级烧个尽光！

应进一步放手发动群众，在继续挖黑线的大批判中，坚决把以乌兰夫为代表的党内最大的走资派刘少奇的黑后台揪出来，彻底批倒批臭刘少奇、乌兰夫，把革命大批判进一步搞好，把民族分裂主义黑线彻底清算。要充分运用本单位批判的阶级斗争事实，对本单位的改革准备作出系统决定，批判政治思想工作中的反革命修正主义，民族分裂主义黑线。

革命大批判的矛头，要自始至终对准中国的赫鲁晓夫及其在内蒙的代理人乌兰夫反党叛国集团，把他们斗倒斗臭，批深批透。批判的重点是乌兰夫反党叛国集团把持的内蒙文艺界，二十年来泡制了大量反党反社会主义、民族分裂主义的黑货。要把戏剧、曲艺、音乐、美术、舞蹈、电影、文学和诗等各方面的毒草端出来示众，肃清这些东西的恶劣影响。

革命大批判和改造密切结合进行。要运用本单位批判的阶级斗争事实，彻底批倒批臭刘少奇、乌兰夫推行的修正主义、民族分裂主义黑货。同时，在革命大批判中，为本单位的改革做好准备。

革命大批判可以采取多种形式。充分利用大字报这种有力武器，口诛笔伐，图文并举。要有无产阶级的战斗风格和科学态度，坚持摆事实，讲道理，以理服人。不甘心灭亡的阶级敌人必然要用种种手段破坏革命的大批判，对他们从右的或极"左"方面所进行的干扰，必须坚决抵制。无产阶级革命派一定要在斗争中进一步提高斗争艺术，认真掌握党的政策。要把大方向一致而有一般性问题和有严重错误性质的分歧区别开来，把三反分子、死不改悔的走资派、叛徒、特务、民族分裂主义分子和犯有严重错误的干部区别开来。对派性做彻底分析，对那些错误的前提下讲团结存异，不能把矛头对准自己的阶级兄弟和革命群众。要坚定不移地相信党和群众的绝大多数是好的，是革命的。反动派在他们阶级的大课堂上自己教育自己。毛泽东思想是批判资产阶级的大思想武器。无产阶级革命派一定会在阶级斗争中进一步学好毛泽东思想，让革命大批判的烈火在我们为人民立新功，把一切反动阶级烧个尽光！

轻视都是错误的，必须迅速纠正。

对于乌兰夫及其在各部门各单位的爪牙和揪出来的坏人，也要充分揭露，把他们彻底批倒斗臭，批深批透。

赫鲁晓夫及其在内蒙的代理人乌兰夫推行的修正主义，二十年来泡制了大量反党反社会主义、民族分裂主义的黑货。要把戏剧、曲艺、音乐、美术、舞蹈、电影、文学和诗等各方面的毒草端出来示众，肃清这些东西的恶劣影响。

上夺取文化大革命全面胜利的关键，也是巩固挖黑线肃流毒运动胜利成果的必要手段。必须看到，"挖黑线"与"肃流毒"是彼此联系的。"挖黑线"，就没办法肃，相反，不肃，就不能提高思想认识，也就不可能挖深，就帮黑线还会产生。只有认真进行"挖黑线"的工作，才能彻底锄除右倾翻案的根源，有力地打击右倾翻案风。革命大批判的意义如此深远，各级领导同志绝不可等闲视之。任何对革命大批判的

为通福之流翻案就是为乌兰夫翻案

本报评论员

毛主席在最新指示中教导我们说："无产阶级文化大革命，实质上是在社会主义条件下，无产阶级反对资产阶级和一切剥削阶级的政治大革命，是中国共产党及其领导下的广大革命人民群众和国民党反动派长期斗争的继续，是无产阶级和资产阶级阶级斗争的继续。"内蒙古地区两年来无产阶级文化大革命阶级斗争的实践，最深刻地说明了毛主席这一英明教导。内蒙党内最大的走资本主义道路当权派乌兰夫就是刘少奇在内蒙的代理人，就是内蒙民族分裂叛国集团的总根子。他们勾结混进革命队伍中的特务、叛徒及国民党反动派的残余势力，代表着资产阶级的利益，妄图颠复无产阶级专政，完成蒋介石所没有完成的反革命事业。我们和他们的斗争，实质上就是在无产阶级专政条件下"十年内战"的继续。

当前刮起的一股右倾翻案风，就是为乌兰夫的残余势力翻案，实质上就是为以乌兰夫为首的叛国集团翻案，为刘少奇翻案。从根本上说就是要否定无产阶级专政，恢复资产阶级专政，恢复蒋介石的法西斯专政。右倾翻案是当前运动最主要的危险。

右倾翻案风目前为什么能够猖獗一时？反动势力的顽固性固然是一个重要原因，然而我们队伍中一些人身上存在着"三右"主义，却为其翻案开辟了市场，让出了道路。那些右倾保守的人，看不到敌人，看不到敌人的疯狂反扑，而对于群众的革命行动，却看不惯，甚至压制群众起来揭盖子。这种机会主义思潮的发展必然从组织上导致分裂，从政治上实行右倾投降。向阶级敌人缴械，就等于把我们用鲜血和生命换来的红色政权拱手相

让，就等于出卖革命，实质上就是帮助敌人变天。"三右"主义实质上就是阶级敌人右倾翻案的帮凶军。

内蒙文艺界曾经嚣张一时的为通福反革命民族分裂主义集团翻案的反革命事件，就是右倾翻案的典型。

通福是一个直接由日本帝国主义豢养出来的狗奴才，是一个深得乌兰夫反党叛国集团青睐的"作曲家"，是一个老牌的有来历的民族分裂主义分子。

（下转第二版）

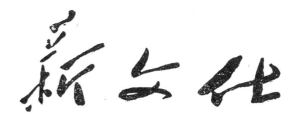

新文化

第二十八期　内蒙古宣教口《新文化》编辑部

一九六八年五月十日

第二版　　　　　祝毛主席万寿无疆　　　　　一九六八年五月十日

夺回乌兰夫反党叛国集团霸占的美术阵地

本报编辑部

一九六三年十二月，毛主席在一个关于文学艺术的重要批示中指出："各种艺术形式——戏剧、曲艺、音乐、美术、舞蹈、电影、诗和文学等等，问题不少，人数很多，社会主义改造在许多部门中，至今收效甚微。许多部门至今还是死人统治着。"毛主席严厉批评的这些部门，在内蒙古地区，多数已经动起来，反革命修正主义、民族分裂主义文艺界的活阎王正在被揭发清算，受到群众广泛系统的批判。但是有个别部门，仍然有个别部门的问题却始终没有引起人们足够的重视。美术界对文艺黑线的批判很不彻底，在批判中，毛主席批评了的美术界，但在内蒙，美术界的问题却始终没有引起人们足够的重视。

"凡是要推翻一个政权，总要先做意识形态方面的工作。"多年以来，乌兰夫反党叛国集团一直控制着内蒙古美术界的大权，他们把美术作为他们的一个重要的反革命叛国工具。"地区特点"、"民族特点"的幌子下，大肆煽动民族分裂，贩卖乌兰夫黑货，为叛国复辟大造反革命舆论。借口"整理民族遗产"，他们或者大搞黑线……

乌兰夫大喊大叫"反大汉族主义"，煽动反汉排外情绪，把乌兰夫反党叛国集团的"独立王国"……反动油画《自卫》立刻紧紧跟上，用白马斗恶狼的画，发出了恶狼丑化的讯号……一九五九年一月号的《收获》上，这个反动党旗下的《英雄》美化成蒙古民族解放的设计者——赤膊门上……这个封面设计，否定了中国共产党……

（以下为本报编辑部社论正文多栏，内容声讨乌兰夫反党叛国集团长期霸占美术阵地、大肆贩卖民族分裂主义黑货的罪行，号召广大美术工作者高举毛泽东思想伟大红旗，彻底揭开美术界二十年来的阶级斗争盖子，夺回乌兰夫反党叛国集团霸占的美术阵地。）

"敌人是不会自行消灭的。""凡是反动的东西，你不打，他就不倒。"美术界的无产阶级革命派，一切要革命的美术工作者，应当迅速行动起来，打开这种死气沉沉的局面，要善于阶级斗争，组织一支浩浩荡荡的革命大军，向敌人主动出击，彻底揭开美术界二十年来的反动历史，夺回乌兰夫反党叛国集团霸占的美术阵地！

（上接第一版）

为了实现背叛祖国的野心，于一九××年，以布仁赛音、通福等几个反动魁首为骨干组成了一个反党叛国集团"××党"。他们不但大造反革命修正主义、民族分裂主义的舆论，而且有组织、有纲领，有计划地进行反党叛国活动。他们的触角伸到各个盟市，大肆招降纳叛、网罗社会渣滓，秘密发展组织，盗窃情报，并与蒙匪密切往来，进行了一系列反党叛国的罪恶活动。这个乌兰夫卵翼下的反革命集团，为乌兰夫破坏祖国统一，大搞民族分裂，妄图建立"独立王国"，最终实现内外蒙合并的阴谋效尽了犬马之劳。

就是这样一个反动魁首通福，在一九六四年文艺整风中的大揭大议阶段逐渐被群众揭露出来。乌兰夫、布赫一看情况不妙，为了保存反革命实力，便把通福推了出来充当了替罪羊，明打暗保。实际上保护了一批更阴险、更隐蔽的反党叛国分子，掩盖住乌兰夫集团反党叛国的滔天罪行。文艺整风一过，通福便被庇护下来了。

通福及其反党叛国集团罪恶累累，铁证如山，要想翻案难上难！然而，令人奇怪的是一时间他们的阴谋居然能够得逞，居然在进行了两年多的文化大革命运动中，开始了他们的疯狂的翻案活动！

"二月黑风"后，乌兰夫我党余孽中一些善观风云的"变色龙""变色虫"，凭着他们反革命的嗅觉，披上了羊皮，掩去了恶狼的狰狞面目，混入了革命造反派队伍，甚至窃踞了领导岗位。这种现象在宣教口表现的尤为突出。反革命民族分裂主义分子特古斯之流伙同一些坏头头控制着《鲁迅兵团》，利用一些人的右倾死死地搭住宣教口阶级斗争的盖子，压制群众起来革命。他们宣教口特别是文艺界的阶级斗争搞得一潭死水。与此同时他们大刮什么"演出风""解放风"，借此机会"放虎归山"，鼓动牛鬼蛇神翻天。

就是在这种政治气候下，一小撮阶级敌人异常活跃起来，一时间翻案妖风四起。走资派、民族分裂主义分子官布首先跳出来，张牙舞爪地向革命群众反扑，……也认为时机已到，露出了反革命狰狞面目，上窜下跳，组织翻案。此时，通福也狂呼："文化大革命的新形势鼓舞了我，给了我勇气。"他以"受害者"的姿态跳出来，经过一番密谋策划，串通勾结了文艺界及社会上的一批民族分裂主义分子、走资派、叛徒、大右派，从组织上和政治上结成一个反革命联盟，公然抛出了向无产阶级专政进攻的檄文《我的控诉》，开始向无产阶级革命派反扑，真是狗胆包天！

《我的控诉》洋洋万言，恶毒地攻击无产阶级专政和社会主义制度，字里行间都渗透了反革命的毒汁。在这篇反革命檄文里，通福把自己的罪恶完全推卸，把审讯经过完全泄露出来。这实际上是一颗鼓动民族分裂主义、反党叛国集团反扑的信号弹。不是吗？就在《我的控诉》泡制过程中，通福的亲兄弟、民族分裂主义分子图布新跳出来了，他通过裙带关系及其他各种关系，纠集了一批人马"或策划于密室，或点火于基层，上下串连，八方呼应"。一些已被揪出的或未被揪出的走资派、民族分裂主义分子，此时也和通福频繁往来，醜酒狂叫，互相鼓动，纷纷起来反扑。群魔乱舞，猖狂至极！那个大要两面派的民族分裂主义分子欧斯尔，明里蒙蔽群众，暗里却跑到通福家中出谋划策。什么巴图道尔吉、达木林、法瓦、阿日鲁、恩和森、广布道尔吉、金绍良等民族分裂主义分子、坏头头，反革命，一齐跳将出来为自己翻案，为民族分裂主义集团翻案。一时间，鬼哭狼嚎，妖风阵阵，其翻案集团黑线人物之多，所涉单位之广，是空前的。必须看到，通福民族分裂主义集团翻案，绝不仅仅是要求平反的问题，他们有更恶毒的野心。实际上就是要恢复反革命老班底，重新夺回大权，控制舆论阵地，由文艺界开始，进而通过安插在各单位各部门的钉子，实现全面复辟，继续他们分裂祖国的罪恶勾当。这样一个庞大的民族分裂主义、反党叛国集团如果翻了案，那么要不了多久，乌兰夫就会重新上台，刘少奇的资产阶级反动路线就会重新统治内蒙，我们的无产阶级政权就会改变颜色。这是一幅多么危险的情景啊！

然而，这样一桩严重的反革命翻案事件却没有引起我们同志足够的认识，那些被"三右"主义迷了心窍的人甚至为其大开方便之门。图布新以请假为名逗留三个多月，到一些盟市进行反革命翻案串连，为什么无人过问？通福的《我的控诉》从翻印到纸张，为什么能从我们的一些单位得到种种方便？为什么还有人企图为通福开脱诉会？为什么至今还有人在背地里为其唱挽歌？坏头头丹森拿到《我的控诉》大叫"写得好！"而我们有些同志为什么失去应有的警觉，也跟着丹森之流乱喊？

居安思危，触目惊心的阶级斗争现实充分说明：如果听凭"三右主义"在革命队伍中泛滥，就是对敌人的纵容，对人民的残忍，对革命的犯罪。

为将革命进行到底，就必须彻底反掉"三右"主义，决不能给敌人的右倾翻案一点市场！反动分子的罪恶历史休想掩盖，历史的车轮绝不会倒转。一切阶级敌人的反革命罪案，不但过去翻不了，现在翻不了，永远也翻不了！阶级敌人彻底灭亡的日子已经不远了！

让我们行动起来，一鼓作气，掀起一个彻底击溃右倾翻案风的斗争高潮，夺取无产阶级文化大革命的最后胜利！

自治区文化界挖肃斗争战果辉煌

去年十一月以来揪出走资派、叛徒、特务、民族分裂主义分子等二百多名

【本报讯】自治区文化界目前展现一派令人鼓舞的大好形势。广大无产阶级革命派和革命群众，紧跟毛主席的伟大战略部署，坚决响应内蒙革命委员会的号召，在挖乌兰夫黑线，清乌兰夫流毒的斗争中取得了重大胜利。

去年十一月十二日江青同志的讲话，吹响了向文艺界阶级敌人展开全面进军的冲锋号。自治区文化界广大革命群众在江青同志讲话精神的鼓舞下，扬鞭策马，挥戈上阵，向乌兰夫安插在文化界的反革命势力及其社会基础发动了猛烈的进攻。乌兰夫在文化界的得力干将特古斯，被革命群众撕去了革命领导干部的外衣，露出了反革命修正主义民族分裂主义的原形。特古斯的落网，狠狠地打击了阶级敌人，极大地振奋了革命士气。尽管乌兰夫在文化界的大小喽罗们层层设防，步步为营，玩弄各种阴谋手段，给运动带来重重阻力，但是，广大决心把无产阶级文化大革命进行到底的无产阶级革命派，在挖乌兰夫黑线、清乌兰夫流毒的斗争中发扬了大无畏的彻底革命精神，一次又一次地燃起斗争的烈火，取得了一个接一个的胜利。据不完全统计，自治区文化界所属歌舞团、歌剧团、文联、文化局、京剧团、东风京剧团、杂技团、群众文化馆、电影公司、电影制片厂、电影机械厂、电影学校、艺术学校、出版社、印刷厂、红色剧场、新华书店、图书馆和博物馆等十九个单位，自去年十一月江青同志讲话迄今，先后清理出走资派、叛徒、特务、民族分裂主义分子、右派分子、反革命分子以及黑参谋、坏头头等大大小小的牛鬼蛇神计有二百一十二人之多。

其中，有象歌舞团的宝音巴图、德伯希夫、明太、贾作光，文联的纳·赛音朝克图、孟和博彦、玛拉沁夫、歌剧团的乌日娜、京剧团的东来、电影学校的张酉、图书馆的任以惠、白莹等走资本主义道路的当权派三十九人。这些家伙都是乌兰夫青睐的文化界掌实权的人物。多少年来，他们利用自己的团长、馆长、校长、书记职权，拚命地在文化界推行乌兰夫的反革命修正主义、民族分裂主义路线，为复辟资本主义大造舆论。

其中，有象歌舞团的通福、哈扎布、宝音德力格尔，歌剧团的恩和森、广布道尔吉、电影公司的娅茹、文化局的安自治等民族分裂主义分子五十人。他们有的身居要职，有的是反动艺术权威。这些家伙出于他们反动的资产阶级立场，为乌兰夫反党叛国的罪恶阴谋不遗余力地效劳。他们一个个都是乌兰夫正在重用或准备提拔的掌上明珠。

其中，有象新华书店的杜国璋，文化局的金起先、席宣政，文联的韩燕如等叛徒、特务十八人。这些家伙有的是在敌人面前屈膝求饶的无耻之徒，有的是日特，有的是美特，有的是苏蒙修特务或国民党特务，他们披着革命者的外衣，钻进革命队伍里，大多数都窃居要职，执掌大权，而这些乌龟王八格外被乌兰夫垂青和器重，他们起到了乌兰夫的一般党羽所不能的里勾外连的重要作用。

其中，没有改造好的地富反坏右分子有八十六人，阻挠和破坏无产阶级文化大革命运动的黑参谋、坏头头有十九人。这些家伙，大都是国民党反动派的残渣余孽，他们反动本性不改，梦寐以求投入蒋介石的怀抱，他们都是乌兰夫所依靠的反革命社会基础。

单就上述粗线条地统计，难道我们还不能看出自治区文化界在这半年来的文化大革命中取得的辉煌战绩吗？难道我们对自治区文化界大好的革命景象还不能一目了然吗？

毛主席教导我们：“**凡是反动的东西，你不打，他就不倒。这也和扫地一样，扫帚不到，灰尘照例不会自己跑掉。**”近来，从一些阴沟暗角里又吹出几股邪风，什么“内蒙古运动的大方向完全错了”什么“滕海清在内蒙支持老保翻天，打击造反派”，等等。内蒙古运动斗争的重点之一——自治区文化界生气蓬勃的革命景象已经给了这些谣言家们一个响亮的嘴巴，必须进一步戳穿他们妄图否定挖肃斗争的大方向，妄图为乌兰夫翻案的阴谋，彻底粉碎他们垂死挣扎的卑鄙伎俩。

自治区文化界的革命运动即将推向一个彻底肃清乌兰夫流毒的新阶段。现在，文化界的毛泽东思想学习班正在轰轰烈烈扎扎实实地开办中，广大无产阶级革命派和革命群众遵照毛主席“**要斗私，批修**”的伟大号召，在实际斗争中努力学好用好毛泽东思想。可以预计，在不长的时间内，自治区文化界将会出现一个在毛泽东思想原则基础上实现革命大联合的新高潮，将在挖尽乌兰夫黑线，清乌兰夫流毒的革命运动中取得更大的战果。

彻底清算布赫文浩之流在文物方面的罪行

文化战线　内蒙古博物館《小人物》战斗队
　　　　　内蒙古文物队《风雷》战斗队

反革命修正主义、民族分裂主义分子乌兰夫及其黑干将布赫、文浩之流，为其反党叛国需要，多年来，通过博物馆、文物工作队这块宣传阵地，展出了大量毒草，提出了许多反动理论。特别是文物工作，几年以来在文浩把持下，成了为乌家王朝制造反革命舆论的急先锋。他们把历史反革命分子多次派出，四处收罗他们的破烂货，为他们这群狐群狗党树碑立传，歌功颂德；为他们大搞独立王国寻找“理论根据”和“历史根据”。他们在这方面犯下的滔天罪行必须彻底清算，肃清其一切流毒。

一、为封建上层、王公贵族、历史上的老牌民族分裂主义分子、叛徒涂脂抹粉：

乌兰夫通过他的黑干将文浩，打着搞“革命文物”的幌子，曾多次派人四处搜集老牌民族分裂主义分子如林丹汗、噶尔丹、达木丁苏荣、嘎达梅林、悉尼喇嘛、旺丹尼玛等人的各种实物和资料，大加拍照。把内人党党魁、封建上层悉尼喇嘛，当作“革命英雄”人物加以歌颂，将其遗物、照片等征集到五十件之多，特别是那张参加“独桂龙”运动的签名文件照片，在文物宣传画、文物工作小册子和文物杂志上，大加刊登，流毒全国。更不能容忍的是，在文浩的指使下，让历史反革命分子撰文，把悉尼喇嘛说成是“组织、团结劳动人民，进行反民族压迫，反对封建王公的黑暗统治”的英雄人物，在文物杂志上公开发表，真是反动透顶。

旺丹尼玛也是内人党党徒，是与蒙修有密切联系的叛国分子，可是文浩却派人将他的狗墓大加拍照，长期展出，大肆吹捧。对叛国投敌分子陶克陶，大野心家、大阴谋家达木丁苏荣，封建王爷的奴才和干将嘎达梅林，文浩也都多次派人访问和调查，竟把这些乌龟王八塞进内蒙古博物馆的黑展览中，誉为“在民族解放的历史上留下了光辉的业迹”。在“革命文物资料登记册”中，竟把喇嘛教艺术照片，元、清帝王象，光绪皇帝象等乌七八糟的封建渣滓列为“革命文物”，登记入册。

此外，文浩多次派人搜集大叛徒王若飞的材料，把他的故址列为区级重点文物保护单位，十分器重。在黑展览中以显著地位摆上他的雕象、接交单、判决书、自传等。

布赫、文浩之流从历史的垃圾箱中，把这些老牌民族分裂主义分子、叛徒抬出来，目的就是为乌兰夫反党叛国寻找历史根据，借这些僵尸，煽动民族情绪，大搞独立王国；通过吹捧叛徒，为其招降纳叛涂金，其居心十分险恶。

二、为当代王爷乌兰夫树碑立传，公开篡改内蒙古革命史

乌兰夫黑干将文浩，不但亲手为其主子精心塑造了九个狗头象，而且借搞“革命文物”之名，把乌兰夫用过的破烂玩艺大肆搜集，竭尽为乌兰夫脸上施朱涂金之能事。什么乌兰夫的简历呀，报告呀，开幕词呀，阅兵照片呀，亲笔命令呀，左一个遗址，又一件用品，从文字资料到照片实物，五花八门，无奇不有。文浩对其主子可谓忠心耿耿，尽忠尽孝了。尤其令人不能容忍的是文浩在其主子的授意下，把在伊盟新三师的历史作了可耻的篡改，把地地道道的国民党军队标榜为“抗日的旗帜”，把乌兰夫在这里的反革命历史美化成为革命的历史，什么“在极复杂的环境里”，“进行了四年周密细致的工作”，“发展大批的党员”，培养很多革命干部”。如此等等。简直把这个大叛徒、民族的败类，吹捧成为“抗日的英雄”，“人民的救星”，真是混蛋透顶。应当指出的是，文浩这些所作所为，都是在乌兰夫授意下进行的，他们之间牵着一条粗粗的黑线，主言奴从，犬吠鸡合，配合得十分紧密。这些都可以从文浩的日记中窥见，为了节省笔墨，这里不再赘述。

此外，乌兰夫为了给自己编造“光荣历史”，竟不惜捏造文物。奴才文浩从民族文物库房中拣了一根马鞭子，冒充“革命文物”长期展出，并恬不知耻地说：“这就是乌兰夫同志传递密秘文件用的马鞭子”。真是不要脸的人才能作出如此不要脸的事来。文浩还三令五申让人到土默特旗小学把乌兰夫的故址拍照下来，着色放大，大加展览，并在文物队所编的文物宣传画（第二册）上刊用，以示乌兰夫是“党的地下工作领导者”。

不仅如此，文浩还为其乌兰夫的狐群狗党树碑立传，大张其目。在黑展览中，还展出了乌兰夫的右丞相奎璧的东西，并派人到土小征集乌兰夫，奎璧、吉雅泰等人的照片，以便反映这帮狐群狗党青年时代的“革命活动”。

三、大肆吹嘘内人党，为内人党唱赞歌

对内人党党魁悉尼喇嘛和旺丹尼玛的实物资料大加搜集和美化，把这些反动党魁誉为“民族英雄”。曾派历史反革命分子到伊盟搜集了内人党工作计划、证明书、工作证（附党章及宗旨），还在旧内蒙古日报上抄录了《内蒙人民革命党失败的原因》一文，撰文珍藏，并在文物杂志上刊登，流毒全国。旧内蒙文化局派出的工作人员，在伊盟还登门拜访了老牌内人党党徒吐滕巴路喇嘛，情意绵绵、意味深长地记述了当时的情景。在他们的笔下，把这个反动的内人党徒描绘成十分坚强的人物，简直比革命英雄人物还要“英雄”，吹捧到无以复加的程度，真令人肉麻作呕。

四、肉麻地吹捧蒙修，为“内外蒙合并”大造舆论

陶克陶是主张把大片国土并入蒙古的老牌叛国投敌分子，文浩之流却把他颂扬为“民族解放的历史上留下了光辉业迹的民族先进分子”。对老牌民族分裂主义分子悉尼喇嘛和旺丹尼玛等，文浩之流也吹捧为“民族先进分子”，并大肆搜集他们的“革命文物”，为其树碑立传。悉尼喇嘛活动的乌审旗嘎拉图庙故址，一九六四年竟被乌兰夫、王再天之流公布为自治区重点保护单位。

此外，把“蒙古人民共和国四次大会决议（第一辑）”、“蒙古革命青年团第三次全会决议”、“蒙古人民革命党第七次代表大会决议”、蒙古地图，都被远途征集而来，并在有关杂志上公开发表，把这些东西吹捧为“都是当时传播马克思列宁主义的重要文件”，其反党叛国的罪恶目的不是昭然若揭了吗！

以上初步揭发的事实，不过是乌兰夫、布赫、文浩之流在文物工作方面罪行的一部分，以后我们将作继续深入的揭发。但就以上事实，我们就可以清楚地看出，过去的文物工作是为乌哈之流服务的，是为乌哈反党叛国集团的反党叛国活动寻找“历史根据”和“理论根据”的。

“**金猴奋起千钧棒，玉宇澄清万里埃。**”我们一定要高举毛泽东思想伟大红旗，彻底清算乌兰夫、布赫、文浩等人在文物工作方面的滔天罪行，坚决肃清其一切流毒！

第四版　　　　祝毛主席万寿无疆　　　　一九六八年五月十日

> 阶级敌人是一定要寻找机会表现他们自己的。他们对于亡国、共产是不甘心的。不管共产党怎样事先警告，把根本战略方针公开告诉自己的敌人，敌人还要进攻的。
>
> 毛泽东

眼睛要紧盯着敌人

《文化战线》内蒙古文联《砸黑线》联络站

"奔腾急，万马战犹酣。"

内蒙古文艺界，在毛泽东思想的光辉照耀下，革命形势一派大好、越来越好。

藏污纳垢的裴多菲俱乐部——内蒙古文联，这个乌兰夫反党叛国集团的黑据点，在汹涌澎湃的红色洪涛冲击下坍塌了！文联叛国集团的大小干将开始相继落网了！

但是，斗争远没有结束。正如我们的伟大领袖毛主席英明指出的："阶级敌人是一定要寻找机会表现他们自己的。他们对于亡国、共产是不甘心的。不管共产党怎样事先警告，把根本战略方针公开告诉自己的敌人，敌人还要进攻的。"内蒙古文联内，翻案与反翻案、复辟与反复辟的殊死搏斗从未停息过。在不同的气候下，阶级敌人采取不同的方式从事翻案复辟的阴谋活动。

请看严酷的事实：

乌兰夫反党叛国集团的嫡系干将珠岚，长着一个花岗岩脑袋，至死与革命人民为敌，她被揪出已近两年，从未老实交代过一条罪状，从未写过一张象样的检查。有的是ману反扑。一九六六年底，珠岚在乌兰夫的代理人王逸伦的支持下，挑起了"一二·六"事件，她咬牙切齿地骂革命造反派"陷害"了她，并疯狂叫嚣："割了我的脑袋，我也不承认我是黑帮。"这次反攻倒算被击溃后，她仍一直没有停止过反革命翻案活动。最近，珠岚这个顽固不化的党内走资派又接二连三地抛出名为"交代"实为反扑的所谓"汇报"，竟写道：过去"思想右倾"，"不狠抓阶级斗争"，好一个"右倾"和"不抓"！如果珠岚之流再不"右倾"，我们无产阶级革命派早就人头落地了；如果珠岚之流再"狠抓"阶级斗争，我们的大好河山，岂不早就改变颜色了！

一度钻入造反派敖德斯尔、超克图纳仁、扎拉嘎胡、乌勒之流，以及长期隐藏着的阶级敌人乌力吉图、耶拉等拒不交代自己十多年来的反党叛国罪行和破坏文化大革命的阴谋勾当。超克图纳仁还学着珠岚的腔调声称：他紧捂文联的阶级斗争盖子，死抱黑主子特古斯仅仅是什么"右倾错误"。敖德斯尔则把自己所犯的滔天罪行，归结为"没有正确对待自己"所致。玛拉沁夫拒不承认是叛国集团成员，并与纳·赛音朝克图之流穿梭于各屠黑帮之间，交流情报、统一口径。扎拉嘎胡更是公然煽动牛鬼蛇神来看大字报，"受教育"。

被黑阎王特古斯、"变色龙"超克图纳仁之流和"鲁迅兵团"坏头头誉为"革命左派"的官布，仍在整日里妄想"揭开"假文艺整风的"盖子"，编造自己和黑阎王布赫间的所谓"路线斗争"，以求全盘翻案，再度"黄袍加身"，重操反党叛国旧业。

大叛徒韩燕如，继续经营着十余年来没有间断过的翻案活动：一方面和同案人杨国兴之流订立攻守同盟；另一方面大量杜撰傍证材料，为牛鬼蛇神掩盖黑史。他还明目张胆地在批斗大会上和杨国兴同声狂吠："我不是叛徒！"

没有改造好的资产阶级右派分子刘英男，长期以来上窜下跳，四处钻营、招摇撞骗，给黑帮分子通风报信，出传单翻案，为自己鸣冤叫屈，公然散发攻击社会主义制度的"处处遭到冷漠、歧视和凌辱，遭到打击和报复"，"把"逼上死路"的所谓"控诉"材料。当受到革命派反击后，刘英男狗胆包天抛出"公开信"要挟文教组，把矛头指向新生的红色政权。嗣后，更是甚嚣尘上的叫嚷：革命委员会"点了名又怎么样？"他把矛头对准了无产阶级专政，妄图否定历次伟大的政治运动。

更有甚者，这一批党内走资派、反动学术权威、叛徒、特务、反党老手、叛国分子，公然把他们的反省室变成了黑会议室，大白天在里边嘁嘁喳喳，交换情报、分析形势、研究对策。女魔王珠岚就曾露骨地到处打听：从文化大院战斗组织的成员打听到进驻点火的革命小将来历；从各斗争会的地点、被斗人打听到有否海报；从新贴的大字报打听到小报的内容。他们有时传阅小报传单；有时议论大字报上被点名的"黑蛋"；有时交头结耳、窃窃私语；有时高谈阔论、哗然大笑。真是嚣张透顶，猖狂已极。他们把牛鬼蛇神"思想汇报"栏变成了翻案反扑的"阵地"，连连抛出一批又一批毒汁横溢的反攻倒算宣战书，射出一支又一支翻案的毒箭。他们把自己扮演成"奴隶主义较深"的"工具"，或嚷嚷不休地宣扬"受乌兰夫黑帮的蒙蔽"的人物。提出要克服"坏思想"和"反动思想残余"啦，"帮助群众把自己问题搞清楚"啦。超克图纳仁竟表示受革命群众批斗后"我感到亲切"，真是混账之极。他们还撰文纪念起"四·一三"和支持美国黑人抗暴斗争来呢。是可忍，孰不可忍！

敌情种种，反革命翻案妖风阵阵。联想一年来，在特古斯之流的怂恿和鼓动下，披着"老造反"和"反动路线受害者"外衣的敖德斯尔、超克图纳仁之流对抗毛主席关于文学艺术的两个划时代的伟大批示，网罗牛鬼蛇神、纠集一套又一套黑班子，继续宪售乌兰夫"民族主义"黑货，紧搞黑刊物《花的原野》、《草原》阶级斗争盖子，从六四年假文艺整风入手大刮翻案妖风，接过革命口号，猛刮"解放"风，破坏革命的大批判，扼杀革命的新生力量，配合社会上乌、哈反革命势力的三次大反扑，破坏革命委员会既定的部署，累累罪恶行径，岂不发人深醒吗？

右倾翻案是当前运动的主要危险。

最近，我们反复地学习了毛主席"无产阶级文化大革命，实质上是在社会主义条件下，无产阶级反对资产阶级和一切剥削阶级的政治大革命，是中国共产党及其领导下的广大革命人民群众和国民党反动派长期斗争的继续，是无产阶级和资产阶级阶级斗争的继续。"的最新指示，中央首长的讲话和内蒙古革命委员会第二号通告，深切地感到要在当前这场彻底粉碎右倾翻案的反革命妖风，向以乌兰夫反党叛国集团为代表的一切反革命势力发动的全面总进攻中立新功，就必须首先从思想上进一步解决对这场"挖黑线、清流毒"斗争伟大意义的认识，坚决反"三右"，不断上阶级斗争的纲、上路线斗争的纲。特别是头脑里要有敌情，眼睛要盯着敌人。

只有眼睛紧盯着敌人，才能紧紧掌握斗争的大方向、抓住主要矛盾、抓住主要敌人。在文联，主要矛盾是以乌兰夫嫡系干将布赫、珠岚为首的一小撮党内走资派、反动学术权威和革命群众之间的矛盾，而决不是其它什么之矛盾，诸如几个组织之间的矛盾。揪住右倾翻案反革命逆流的正是一小撮阶级敌人。在文联右倾翻案形式多种多样、活动猖狂，但不外乎是来自于珠岚、敖德斯尔、超克图纳仁、官布、韩燕如、刘英男等一小撮的牛鬼蛇神。我们不把斗争的矛头对准叛国集团，而是转向犯有"三右"错误的革命群众组织；不是把注意力集中到对叛国文学和叛国集团、里通外国基地的揭露批判，而是无限扩大组织之间的分歧，注重到各组织之间的矛盾，就将挫了敌人、犯方向、路线的错误。

只有眼睛紧盯着敌人，才能正确处理新杀出的革命力量和老造反派之间的关系。我们要上路线斗争的纲，没有路线斗争观念，阶级斗争观念还是抽象的、不彻底的，就搞不好无产阶级专政下的阶级斗争，就搞不好无产阶级文化大革命。所以，革命的老造反派，要狠反"三右"，看到新生革命力量的斗争锋芒直指乌兰夫反党叛国集团及其社会基础的这个大方向，全然没有错。新杀出来的革命力量也一定要看到老造反派在批判资产阶级反动路线斗争中的功绩，在去年二月复辟逆流中，正是他们不畏强暴、不怕困难，顶黑风、战恶浪，用实际行动捍卫了毛主席的无产阶级革命路线，迎来了具有伟大历史意义的胜利。一部分头头眼下陷入"三右"泥坑，应看到大多数是认识问题，要允许他们在斗争中克服"三右"再立新功。决不允许一方以种种借口搞垮另一方。把老造反派—概视为"假洋鬼子"，或对新杀出来的革命力量挥舞"不许"老保翻天"的大棒，以至于彼此到对方去抓坏人，借以搞垮对方整个组织。这都是错误的。不能使"亲者痛，仇者快。"我们清醒地看到阶级敌人在耍弄伎俩、妄图从中牟利。珠岚不是跑到一个组织样间什么"该不该回答？"另一个组织革命群众所提的问题，而制造群众组织之间的隔阂，挑起论战，将运动引入歧途吗？超克图纳仁被揪之后，不是一方面既不伏罪，另一方面用"反映"其它黑帮"情况"为名，煽阴风、点鬼火吗？因此，新老造反派一定要团结对敌。

只有眼睛紧盯着敌人，才能正确解决纯洁阶级队伍和敢于发动群众之间的关系。无产阶级文化大革命开展以来，毛主席一再教导我们：要注意团结一切可以团结的人们。在文联这样一个牛鬼蛇神麇集的场所，更应注意党的政策和策略，反对"孤家寡人"的政策，隐藏的敌人一个也不放过，但对犯有错误而同我们还不是敌我矛盾的同志，能争取就要尽量争取，要"扩大教育面，缩小打击面"，尽快组织起一支阶级队伍。须知"怀疑一切"、"打倒一切"，混淆革命与反革命的界限，搞得人人自危，只会孤立自己、放过敌人，甚至还可能搅乱阶级阵线，转移了斗争大方向。我们对此要充分注意。

只有眼睛紧盯着敌人，才能正确处理"挖"和"肃"的关系。敌人被揪出的走资派、反动权威必须从思想上、理论上把他们批倒、批臭，从政治上把他们彻底打倒。不"肃"就不能真正地"挖"尽。抓好革命的大批判，正是对阶级敌人复辟阴谋的极有力的进攻和反击，是彻底粉碎反革命翻案妖风的锐利武器。

总之，只有眼睛紧盯着敌人，大摆敌情，才能识破敌人、揪出敌人、打倒敌人，才能激起我们的阶级仇恨，从而提高对"挖肃"运动伟大意义的认识；就一定能搞好新老造反派的关系。

伟大领袖毛主席教导我们："办学习班，是个好办法，很多问题可以在学习班得到解决。"他老人家还教导我们："开展谈心活动，这个方法很好。"最近，文化系统各群众组织负责人由革命委员会举办了学习班，取得了显著的成绩，不少同志又大力开展了谈心活动，使无产阶级革命派能尽快地反右倾、揪坏人，共同对敌，早日实现革命的大联合。

在学习班的推动下，内蒙古文联也出现了一个崭新的局面。无产阶级革命派在毛泽东思想基础上的革命大联合，不日可以实现。一小撮阶级敌人的最后灭亡之日来临了！

王再天同志也不钤发展到同党同人民相对抗的地步

毛主席说、在共产党内发生正确思想和错误思想的非对抗性矛盾的情况下，"如果把错误的人坚持错误，并扩大下去，这种矛盾也就存在着发展为对抗性的东西的可能性"。

王再天同志的言行，也是明显的资产阶级反动路线的流毒，必须彻底肃清，不然就有发展到同党同人民对抗地步的可能性。

一、围封左派：

王再天在谈到内蒙派布赫回来组织五人小组时说、"这是我们红卫兵组织的……"，这岂不是转移视线保全自己，让群众百分之百地相信自己，党的革命烈火烧身又能是什么呢？

二、敌我不分。

王再天等同志重用布赫说、挺老实，挺孝道，中毒不会那么深，发展到同党对抗地步的。"布赫这个黑帮分子当领导内蒙古文化大革命小组的组长，这岂不是敌我为我有意无意地搞乱破坏我们所做这场大革命又是什么呢？

我批评说："金泉秀是不是黑帮我怀疑"的而王再天也附和说同志，象这些在我院迟总的大干部，连我院的大黑帮也怀疑起来这是他等的故我不明，又可看出他就是这样相信群众的！！！

王再天还说："什么人也可上台讲演"请问王再天先生被专政的敌人也可以上人民的讲台上讲演吗？

三、偏听偏信。

　　王再天同志来我院是蹲点的还是跑面的，我们不大清楚，但知道他的大量的时间是蹲在他儿子的组内，偏听偏信。给他儿子所在的组大点特点，把我院广大师生盟之度外。请看他是怎样相信群众，放手发动群众的？

　　他到了持匈和他儿子所在的组持有不同观点的俄三乙班，没有三几个、同学发完言，就肝火外冒，洋洋得意足有一个半小时，真有出口成章之妙才，使得别人面海雅音。

四、给群众划框框，定调子：

　　王再天对我院同学曾说："王修是资产阶级思想多呢？还是无产阶级思想多呢？他的立场是否改过来呢？""你们不要抓乔猫放了虎"请问王再天先生我院抓的就是猫吗？虎又是谁呢？你的用意何在？岂不是"司马昭之心路人旨知"了吗？

　　王再天在八月二十九日的点火会上给王修提了一些似知非知的问题，但后又拉长，我这是"一叶之秋""地砖孔式"你划的是什么秋，引的又是什么玉呢？明眼的人一看不就明白的事了吗？这不是明显地给群众划框、定调子又是什么呢？这不是扣十大军中让群众在运动中自己敲商自己喝反澜吗？

　　王再天看着打王修不成了，来了个"保"，就什么"我也是保王修派，我是和他谈过很多话，不希望一个老干部都被打下去"这样一打一保好的公道，实质是框中的框，错上加错，他这条资产阶级反动路线不彻底批判，还得流毒何时？

　　王再天还让不愿意听他讲话的人去睡觉，请看他是怎样看待革命群众的，难道你出口伤人，压制群众，不要大家反驳还要施加压力，以致使一些人喜场喊出"不许王再天放毒！"的口号，就是对的吗？你摸心自问一下，这是不是压制群众的反动行为？？？

五."钦差大臣"哇々乱叫：

你说我院压制了很多人，甚至有的同学给华北局写信，连名字都不敢签，字写的歪々扭々，真奇怪，世界上能有这样简单之事，你究竟知道不知道，这人的阶级成分如何？为什么不画签名？写了一些什么东西？如果知道为什么不说个明白？如果不知道为什么却发议论呢？

六.把群众打成反革命：

王禹天在八.二.九会议上说："你们主持会议象班禅扣达赖请客一样轮流着来。"这是把我们广大革命师生当成捣国分子、反革命分子来对待，绝对不能允许你的，你一定要向大家赔礼道歉。

王禹天还说："出身红五类家庭的世界观没改造好的人就跑到那边去了。"王禹天同志你说得明白点好不好，我们究竟站到哪边去了，是不是站到反对你的错误或你所反对的一方去了，我们的世界观是怎样的没改造好？

七.余毒没消：

王禹天划框々定调子压制革命群众的讲话，使我院的形势急转直下，许多人没有来得及深究就给王修扣上了帽子，甚至在第二次揭发批判王修大会上就由掌握会场的人喊出了打倒反革命分子王修，打倒恶霸分子王修，的口号，这是一种正常的现象吗？这能和王禹天的流毒没有关系吗？

八."顺便致一些好心人"几句：

有些好心人可能要出来说："你们这是转移视线。"我们说："这是批判王禹天所执行的资产阶级反动路线再好也没有的机会，正符合党的指示。"可结说:"你们打无产阶级当权派"。我们说:"我们怕王再天同志发展到同党同人民相对抗的地步"。

另外,还有人说王再天八·二九讲话是"好!好!好!好!好!好!好得很"的人,也该用毛泽东思想这个显微镜和望远镜看一看王再天八·二九讲话就好得那么很吗?千万别走以前走过的老路!!!

九、不结束语。

拿王再天以上的言行和人民日报社论:"共产党员绝不能用资产阶级差各式的态度对待群众。无产阶级文化大革命,就是要对那些资产阶级老爷们进行革命。共产党员如果不虚心向群众学习,对群众摆出一付官架子,这那里有一个共产党员的气味呢?这根本不是一个共产党员的作风,而是国民党的作风"。比一比就足以说明王再天执行的是一条资产阶级反动路线无疑了。

王再天同志执行的资产阶级反动路线必须彻底批判,这里没有折衷的余地。

故我们要求王再天同志来我院做深刻的检查,认真改正错误真正解放群众,回到正确的立场,正确的路线上来。如果执意不转重引起一切后果王再天不能没有之。

王再天同志还是不要发展到同党同人民相对抗的地步!!!

"革命到底"红卫兵:陶治、刘连民、吴思勤

内蒙古农牧学院:"东方红"红卫兵 刘国纯

"东方红"战斗队:荀田才、石子珍

10月15日

最高指示

"他们是资产阶级、帝国主义的忠实走狗，同资产阶级、帝国主义一道，坚持资产阶级压迫、剥削无产阶级的思想体系和资本主义的社会制度，反对马克思列宁主义的思想体系和社会主义的社会制度。他们是一群反共反人民的反革命分子，他们同我们的斗争是你死我活的斗争……"

——六揭王再天——

王再天是包庇"内人党"的总后台！

"千钧霹雳轰河汉，万里风雷照天晓。"在红太阳照亮了的内蒙古，一场从文艺界兴起的更加猛烈的革命风暴，正以排山倒海之势，雷霆万钧之力，向以乌兰夫为首的反革命修正主义、民族分裂主义集团发动了一次又一次的毁灭性的总攻击。曾经"红"极一时的"内蒙古人民革命党"（简称内人党），转眼间变成了不齿于人类的狗屎堆。这是毛泽东思想的又一伟大胜利。

臭名昭著的"内人党"是以老牌民族分裂主义分子哈丰阿、特古斯等人为首的反共反人民，鼓吹"内外蒙合并"大搞民族分裂活动的反革命集团。是一个由封建王公、贵族、官僚、地主、蒙奸、日特组成的乌七八糟大杂烩。它虽于1946年2月宣布解散，但是"这个仇恨共产党，仇恨人民，仇恨革命达到了疯狂程度的反动集团绝不是真正放下武器，而是企图继续用两面派的方式保存他们的实力，等待时机，卷土重来"。1946年四·三会议之后，世代王爷乌兰夫、反革命修正主义分子王再天之流为了适应他们反党叛国的需要，将哈丰阿、特古斯等内人党党魁及骨干分子都先后拉入中国共产党的队伍。从此以后，"内人党"的党魁们便披上了共产党员的外衣，进行着"内人党"所未完成的事业，疯狂不已地进行民族分裂活动。然而，长期以来这样一批反革命分子为什么受不到无产阶级专政、党纪国法的制裁呢？原来有一把大红伞花保护着他们，这把大红伞就是乌兰夫的代理人，反革命修正主义分子、民族分裂分子、反动军阀王再天。

长期以来，反革命修正主义分子王再天窃取了自治区公安部长，公安厅长，自治区付主席、区党委书记处书记的要职，利用掌管的政法大权，通过制定政策、审理案件和指导全区政法工作等合法手段，想方设法包庇反动党团组织、反革命分子和民族分裂主义分子。由王再天一手把持的内蒙公安厅所炮制的《内蒙古党派组织及日伪特务组织材料》就是王贼包庇牛鬼蛇神、取消无产阶级专政的铁证。反革命修正主义分子王再天在这个黑文件中颠倒混淆事非，翻案黑白，无中生事，为反动透顶的"内人党"望脂抹粉，歌功颂德，使其披上了一层华丽的伪装，为"内人党"顽固不化的党徒大肆进行民族分裂活动提供了政策上和法律上的可靠保证。王贼在这个黑文件中胡说什么"九·三后的内蒙古革命党是一度出现的民族主义集团""在一九四五到一九四七年的国际国内条件下，它又有反对帝国我、反对民族压迫、与共产党做朋友的思想基础"，更为严重的是在这个黑文件中不但只字不提对钻入我党、政、军的"内人党"党魁、民族分裂主义分子、苏蒙修特务的为何情隙、淡处，反而提出对于已经参加人民革命党、现为我党、我军干部的上班人员"都已交待清楚"是"历史问题"，"也不必给每个人写书面结论"，你看他说得多轻松！为了进一步达到包庇重用这批叛群狗党的目的，王贼也在黑文件中拼命为他们开脱罪责。说"他们（内人党徒）所以参加人民革命党是由于他们曾有民族解放的要求与热情，而政治认识模糊，对于中国革命无知，不明白内蒙古革命是中国革命的一部分。"我们说："不对，他们的热情"是有的，不过这种热情不是真正的民族解放的热情，而是维护封建王公、贵族、官乃、牧主对贫苦农牧民残酷剥削统治的热情，是反革命的热情。至于什么模糊无知"更是胡扯，"内人党"的党魁合扎阿特古斯之流是一群老牌的民族分裂主义分子，是一批反共反人民的老手，他们的政治认识清楚的很，他们对中国革命很有知，他们非常清楚，非常懂得中国革命胜利之时，就是内蒙各族劳动人民获得彻底解放之日，也就是他们自己这一群豺狼的灭顶之日。所以他们对中国共产党、中国革命和光焰无际的毛泽东思想怕得要命、恨的要死，所以他们大肆鼓吹内外蒙合併，极力要把内蒙古从祖国的大家庭中分裂出去。反革命修正主义分子王再天在这个黑文件中还把这批伪装进步、居心险恶的"内人党"党魁美化成为明智的"反封建上层的"积极分子。他说："他们（指和特务蒙奸党魁我党经疏就蒙鞋麟下在我党的宣传教育之下（特别是民族政策的教育），很快即接受了我党的领导。""并且能够在一九四七年内蒙古反封建的斗争中，站到我党和人民的方面，反对封建上层"这是对历史的最大歪曲！毛主席教导我们说："决不可以认为反革命力量服从我们了，他们就成了革命党了，他们的反革命思想和反革命企图就不存在了，决不是这样。"无数铁的事实证明了我们伟大领袖毛主席的这一英明论断。反动透顶的"内人党"党魁

（一）

虽表面上伪装拥护我们，而在实际上他们的民族分裂从来没有一天停止过。直至1957年"内人党"党魁、民族分裂主义分子特古斯、额尔敦陶克陶等人，还秘密成立"内外蒙名词术语统一委员会"，即43人委员会，大搞内外蒙合併的民族分裂罪恶勾当。在他们控制的报刊、广播、书籍上，大肆散布"我们的首都是乌兰巴托"，"中国的首都在南京"，诸如此类的民族分裂的反动言论。更令人发指的是，62年蒙修头子泽登巴尔来中国划中蒙边界时，在特古斯直接控制的蒙文报上竟喊出"英明的领袖泽登巴尔万岁"的浑蛋口号，如此等々，举不胜举。这一切能说明他们很早就站到了我党和人民一边吗？不能，一个也不能，一万个不能！也就是在这个黑文件的最后，王贼不打自招地供出"他们（指"内人党"党魁）才先后被接收加入我党，並在我党政军和人民团体中担负了重要工作"。这句话倒符合事实，不过反动派的坦白程度还是有限的。在这里王贼没有交代出究竟是谁把这些作恶多端的"内人党"党魁拉入党内的？这不是别人，正是他自己和当代王爷乌兰夫。恶贯满盈的"内人党"党魁，的确是满布要津，控制了自治区的党政军大权，为乌兰夫反党叛国集团效尽了犬马之劳！

反革命修正主义分子王再天所一手炮制的这一黑文件确々实々地成了反动透顶的"内人党"党魁的护身符。在过去，三反、五反、镇反、反右斗争等历次重大的政治运动中，阴险狡猾的"内人党"党魁就凭这张护身符，一次又一次地滑了过去。在我们伟大的导师毛主席亲自领导的这场史无前例的无产阶级文化大革命中，亿万革命群众用毛泽东思想这个政治上的显微镜和望远镜，将躲藏在各个阴暗角落的牛鬼蛇神，一个又一个地揪出来了。反革命修正主义分子、老牌民族分裂主义分子王再天，也感到乌兰夫反党叛国集团快要垮台了，自己的末日快要来临了。于是他便和一切反动派一样，作垂死的挣扎起来了。老奸巨猾的王再天深々地知道，要想保住自己，必须先保住自己的外围。于是他便上窜下跳，东奔西跑，煽阴风，点鬼火，一保再保，拼命地死保"内人党"党魁、苏蒙修情报员、特务。请看如下事实：

内蒙古医学院党内走资派、"内人党"党魁蒙修特务朱伦，一贯大搞民族分裂，一贯猖狂反党反社会主义反毛泽东思想。文化大革命以来，又疯狂推行刘邓的资产阶级反动路线，于67年二、三月资本主义复辟逆流中充当了急先锋。然而就是这样的一个顽固不化的家伙，王再天都是一保再保，胡说什么"朱伦不够四类，朱伦历史上没有什么问题，民族问题上也没什么"。"你要说他是三反分子，我还没有材

（二）

料"。第一，第二，竭力为木伦打保票。由于有这样一只又粗又大的黑手的遥控、挑动，致使木伦疯狂向我东方红战士反攻倒算，登台表演，企图在我院再进行一次资本主义复辟。严重地破坏了我院革命的大联合和革命的"三结合"。

然而王贼岂止是保一个木伦而已。在内蒙古卫生厅，王再天又死保反革命修正主义分子、"内人党"党魁、卫生厅走资派义达哎，胡说什么"义达哎历史上问题不大，内人党未定过反动党派，在当时的历史条件下，有进步的一面"。致使义达哎长期作"三结合"对象的美梦，当革命造反派揪斗他时，稳关哭脑，气焰十分嚣张。

然而王贼文岂止是保一个义达哎而已。在内蒙人委当革命群众起来揭发批判原人委付秘书长、"内人党"党魁、蒙修日本特务、出卖祖国领土的民族分裂主义分子哎鲁布僧格的滔天罪行时，王贼对哎说"你可以组织大字报反击嘛！"从这里也不难看出王再天拼命包庇"内人党"党魁，疯狂镇压革命群众运动的狰狞面目。

然而王贼又岂止保一个哎鲁布德格而已。在内蒙宾馆，反革命修正主义分子王再天极力包庇宾馆经理、阿尔山办事处处长、蒙修特务富音布和。胡说什么"当情报员是光荣的历史，是革命的行为，没啥问题嘛！可以参加三结合"。好一个"光荣历史"、"革命行为"。在王贼的眼里，叛国就是光荣，为苏蒙修提供我党情报就是"革命行为"。反革命修正主义分子民族分裂主义分子王再天反党叛国的丑恶嘴脸不是暴露无遗了吗？

反革命修正主义分子王再天，还竭力将他的爪牙千方百计地打入新生的三结合红色政权，进行反革命活动。就是他将日特协和会成员腾和塞到内蒙革命委员会，并给滕司令员造谣说"让腾和到内蒙革命委员会当委员，是滕海清的意图，滕对腾很重用"。在这里王贼嫁祸于人，妄图动摇内蒙古红色政权，其用心是何等的险毒！

当革命群众揪出老牌民族分裂主义分子、"内人党"党魁特木尔巴根后，王贼非常院恨地说"特木尔巴根我早就劝他退休，现在怎么样？"其意思就是说，特要是听了我的话退休了，就揪不出来了。

当革命群众起来揪老牌民族分裂主义分子、王贼的心腹之人特古斯时，王再天慌了手脚，连忙板起面孔，杀气腾腾地威胁群众说"你们不要老在革命领导干部身上打主意。"你看他是多么吓人呀！然而正象毛主席教导的那样，一切反动派都是纸老虎。反革命修正主义分子王再天，也同样是一只纸老虎。

无数铁的事实证明，反革命修正主义分子、老牌民族分裂主义王再天，就是包庇"内人党"的黑后台。"无边落木萧萧下，不尽长江滚滚来"。乌兰夫反党叛国集团的残兵余孽，被我们一批又一批地揪出来了。无产阶级文化大革命的洪流，一浪高过一浪。无产阶级革命派的战友们，革命的同志们！让我们奋起毛泽东思想的千钧棒，把当代王爷乌兰夫的代理人、"内人党"的黑后台、反革命修正主义分子王再天，打翻在地，再踏上千万只脚，让他永世不得翻身！

坚决打倒包庇"内人党"的黑后台王再天！

坚决打倒乌兰夫在公检法的关于代理人王再天！

王再天包庇"内人党"大搞民族分裂罪该万死！

打倒乌兰夫！打倒王再天！

毛主席的革命路线胜利万岁！

伟大领袖毛主席万岁！万岁！万万岁！

呼三司内蒙古医学院东方红公社

东方红红卫兵总部

1968年1月18日

（三）

最高指示

站在反动的资产阶级立场上，实行资产阶级专政，将无产阶级轰轰烈烈的文化大革命运动打下去，颠倒是非，混淆黑白，围剿革命派，压制不同意见，实行白色恐怖，自以为得意，长资产阶级的威风，灭无产阶级的志气，又何其毒也！

王再天是刘邓的忠实打手

——七揭王再天——

隐藏在革命阵营中的乌兰夫反党叛国集团的大头目反革命两面派王再天被揪出来了！这是毛泽东思想的伟大胜利！是毛主席革命路线的伟大胜利！这是1968年内蒙古无产阶级革命派夺取无产阶级文化大革命全面胜利的第一曲凯歌！

有人说王再天是"革命领导干部"，不！错了！王再天是一个反革命两面派，是一个老牌的民族分裂主义分子，是一个地地道道的反党反社会主义反毛泽东思想的三反分子。

让我们剥开这个所谓"革命领导干部"的外衣，看一看这个"革命领导干部"在伟大的无产阶级文化大革命中到底干了些什么勾当！扮演了一个什么角色？！

包庇乌兰夫及其爪牙

1966年是一个不平凡的一年，在这一年里，世界革命人民的导师，我们的伟大领袖毛主席，亲自发动了震撼世界的无产阶级文化大革命。这一场革命一开始，就向我们尖锐深刻地提出了中国向何处去、走什么道路的问题。在这里，不是站在无产阶级的立场上，就是站在资产阶级的立场上，没有任何调合的余地。王再天这个刘邓资产阶级反动路线的忠实打手，在这场暴风雨即将来临的时候，顽固推行刘邓的资产阶级反动路线……"围剿革命派，压制不同意见，实行白色恐怖"，大保特保乌兰夫及其爪牙，破坏内蒙古的文化大革命。

1966年5月，无产阶级文化大革命的巨流，以其不可抗拒之势，冲决一切罗网，涤荡旧世界的一切污泥浊水，摧毁"刘邓王朝"之时，中央华北局于北京召开了"前门饭店会议"。这个会议，是同乌兰夫集团决战的会议，是彻底粉碎乌兰夫集团的会议。你是革命派么？那么就必然遵照毛主席"舍得一身剐，敢把皇帝拉下马"的大无畏精神，狠揭猛打乌兰夫反党叛国集团。你是反革命派么？那么，你必然和乌兰夫同病相依，极力包庇。在这里，"不是东风压倒西风，就是西风压倒东风"，当时与会的高锦明等革命同志，同乌兰夫集团进行了坚决的斗争，以大量的铁的事实，深刻地无情地揭露了乌兰夫集团大搞"独立王国"反党叛国的阴谋活动，揭开了我区阶级斗争的序幕。

然而，却有自称"受乌兰夫排挤打击"的"革命领导干部"王再天，与王逸伦、王铎、刘景平等反革命修正主义分子一样，跪伏在乌兰夫的脚下，抱头痛哭之时，王再天也悽然泪下，并且含着无限深情，婉惜地说："现在别人围攻你，是因为当时你不听我们的话！"看！垂死挣扎，王再天站在那个立场上不是很分明了吗？！王再天凭着他多年的反革命经验，予感到"前门饭店会议"，已捞不到什么"稻草"，且所揭问题，事事与他有关，句句刺痛他的心窝。于是，为掩人耳目，便也隔靴搔痒地揭了几句，随之，即以有病为名，仅参加了七天的座谈后，就心怀鬼胎，带着特殊使命，溜回呼和浩特。

乌兰夫在"前门饭店会议"上已穷途末路，他的爪牙亲信在呼市亦被革命的烈火烧得焦头烂额。王再天的回来，给他们带来了希望。王再天看到这些"狲狲"狗命不佳，"乌兰夫王朝"有断子绝孙之险，于是于再天便走访游说，上窜下跳，奔波于林学院、农牧学院，忙碌于公、检、法。不仅如此，他还伙同反革命修正主义分子王逸伦王铎之流，到处大派工作组，并秘密传达胡克实"反对工作组就是反对党中央"的黑报告，同各院校各单位的走资派串通起来，煽动群众斗群众，大整革命群众的黑材料，把革命造反派打成"反革命"、"右派"、"牛鬼蛇神"，在群众中大搞什么"顺藤摸瓜"等反革命活动，"……将无产阶级轰轰烈烈的文化大革命运动打下去，何其毒也！与此同时，他又绞尽脑汁为乌兰夫涂脂抹粉，明明是一个老牌的民族分裂主义分子、反党反社会主义反毛泽东思想的乌兰夫，他却硬说是："乌兰夫的问题是路线错误"，"乌兰夫揪出后，内蒙民族有什么新气象，我看不出来，我答不出来"。他还对外事办公室说："乌兰夫的事就按路线错误宣传，不要加'分子'。"等等，等等，于是谬种流传，"乌兰夫思想"复又甚嚣尘上。而当乌兰夫上了一次天安门时，王再天更趾高气扬，洋洋自得："……乌兰夫上了天安门，这是好事，你们理解也得接受，不理解也得接受……"，"乌兰夫……"，看！"受乌兰夫排挤"的革命领导干部王再天与乌兰夫的感情是何等深厚啊！就是由于王再天在无产阶级文化大革命中，明的暗的为乌兰夫涂脂抹粉，所以至今"乌兰夫思想"流毒没有肃清，乌兰夫的残渣余屑仍在猖狂活动，什么"成吉思汗党"、"嘎达梅林战斗队"不是纷纷出笼了吗？时至今日，不是还有一小撮混蛋喊"乌兰夫万岁"吗？黑根子在哪？黑根就在他，王再天！

为了保护乌兰夫的爪牙亲信过关"上岸"，王再天也与王逸伦、王铎之流一样，到处打保票、封"左"派、划框框、定调子，便尽一切手段，散布什么"你们单位没有黑帮就不要勉强嘛！不要没事干跑到别的单位抓人家的黑帮……"，什么"要在一个月内结束内蒙的斗、批、改"呀，什么"不要形成汉人整蒙人嘛！"等等，恶毒之极！

所以，在1966年8月15日医学院革命群众掀起揪斗乌兰夫黑帮分子的高潮时，王逸伦、王再天、王铎之流，怕得要死，便千方百计阻止这一革命行动，当医学院革命群众在人委拉出浩凡、潮洛濛游斗时，王逸伦气极败坏挡住去路，同时又指挥百余人马进行了围

743

打倒内蒙古的陶铸——王逸伦

呼三司内蒙古医学院 东方红公社
东方红红卫兵总部

一九六八年一月十八日

目 录

一、呼三司內蒙古医学院东方紅公社、东方紅紅卫兵总部

关于打倒反革命修正主义民族分裂主义分子王再天的严正声明…………………（ 1 ）

二、战无不胜的毛泽东思想的又一曲凱歌…………………………………………（ 3 ）

　　　　　　　—— 記医学院东方紅揪斗王再天、张暉的經过

三、王再天究竟是那个司令部里的人？……………………………………………（ 6 ）

四、王再天是地主阶級的孝子賢孙…………………………………………………（ 8 ）

五、王再天是投敌、叛国、大搞民族分裂的黑后台…………………………………（11）

六、王再天是烏兰夫反党叛国集团的大头目………………………………………（16）

七、王再天在二、三月逆流中亮的黑"相"…………………………………………（23）

八、王再天是包庇反动的"內人党"的黑后台………………………………………（25）

九、王再天是刘邓的忠实打手………………………………………………………（29）

十、王再天是反动"新思潮"的黑后台………………………………………………（32）

十一、資本主义反革命复辟的宣言书………………………………………………（34）

　　　　　　　—— 評王再天在內蒙政协第二届会議上的讲話

十二、瞽惕呀，毒蛇还沒有冻僵呢！………………………………………………（39）

最 高 指 示

以伪装出现的反革命分子，他們給人以假象，而将其眞象隐蔽着。但是他們既要反革命，就不可能将其眞象隐蔽得十分彻底。

呼三司内蒙古医学院东方红公社
东方紅紅卫兵总部关于
打倒反革命修正主义民族分裂主义分子
王再天的严正声明

在我們伟大領袖毛主席的最新指示的光輝照耀下，江青同志的讲話发出了全面揭开文艺界阶级斗爭盖子的动員令。在内蒙古革命委員会的坚强領导下，"呼三司"革命小将一馬当先，劈碎极"左"和右的干扰，向文艺界发动了猛烈冲击。一股浓熠烈火腾空而起，肃清烏兰夫残党余孽的进军号声震大地。他們和全区无产阶级革命派一道首战告捷——揪出了反革命修正主义、民族分裂主义分子特古斯，揭开了这場大搏斗的序幕。

草原千里馳駿馬，青山脚下杀声急。一小撮大大小小的"內人党"党魁，"哈、特"分子相继落网；紅色互流汹涌奔泻。医学院阶級斗爭盖子也将在这場大搏斗中完全彻底揭开。

我內蒙古医学院的阶級斗爭异常尖銳，十分复杂，障碍重重，阻力很大。明明是一个修正主义、民族分裂主义分子，"內人党"党魁，蒙修特务，医学院的党內走資派木仑，却有人狗胆包天恶毒散布："木仑是好干部"，以致几费周折，屡打不倒。本来推行了一整套修正主义建党路綫，伙同木仑干尽坏事的张暉，早应回院交待罪行，但她却敢于明目张胆消遥法外，革命群众动不到她一絲一毫。本来都是无产阶级革命派，却长期內战，联而不合；复杂的阶级斗爭实质被掩盖起来，却好象只是派性发作。本来是木仑的代理人，竟然有人大加支持；因而木仑的一些爪牙都削尖脑袋，千方百計要鑽入"三结合"。卫生厅走資派义达嗄向医学院伸出黑手，然而竟有人一保再保。

医学院的阶级斗爭盖子之所以还没有全面彻底揭开，是因为有高高在上的"革命領导干部"扮演着可耻的角色，包庇坏人，安插亲信，企图把医学院变为他的"地下的独立王国"。此人紧压"公检法"阶級斗爭盖子，以"合法"手段包庇大量反革命分子，遥控着极"左"派——"东联"、"决联站"，使其反动思潮大肆泛滥，把矛头指向紅色政权，企图动搖无产阶级专政。此何許人也？黑手是誰？黑手就是王再天！

毛主席說："过去說是'小集团'不对了，他們的人很不少。过去說是一批单純的文化人，不对了，他們的人钻进了政治、軍事、經济、文化、敎育各个部門里。过去說

—1—

他们好象一批明火执仗的革命党，不对了，他们的人大都是有严重问题的。他们的基本队伍，或是帝国主义国民党的特务，或是托洛茨基分子，或是反动军官，或是共产党的叛徒，由这些人做骨干组成了一个暗藏在革命阵营的反革命派别，一个地下的独立王国。"

就是这个大恶霸、大地主、大牧主出身的国民党军阀王再天，披着"革命领导干部"的外衣，紧压内蒙古"公检法"等部门阶级斗争的盖子，为完成乌兰夫的"遗业"继续效犬马之劳。

就是他，王再天，一贯疯狂反党反社会主义反毛泽东思想，顽固推行刘、邓及罗瑞卿的反革命修正主义路线，鼓吹"阶级斗争熄灭论"，鼓吹用"统一战线"消灭剥削阶级，变无产阶级专政为资产阶级专政。

就是他，王再天，窃取内蒙政法、公安、外事等大权，伙同"当代王爷"乌兰夫，大搞叛党、叛国的阴谋活动，大搞与外蒙"公安统一"；数以百计的叛国投蒙案件无一不和王再天紧密相连，数以百计的叛国阴谋活动无一不被王贼包庇过关。

就是他，王再天，顽固推行乌兰夫的"保护牧主王公"、"牧区不分，不斗，不划阶级"的阶级投降路线，伙同乌兰夫，借口"地区特点"、"民族特点"，以"反大汉族主义"为名，而行民族分裂之实。

还是他，王再天，配合其主子刘少奇，在一九六二年为右派分子翻案大开绿灯，鼓动右派分子、王公牧主，喊冤叫屈，向党进攻。

也是他，王再天，伙同乌兰夫，结党营私，招降纳叛，网罗、提拔、重用了一大批"内人党"党魁、民族分裂主义分子、王公牧主把持了内蒙古的政法、公安、外事、文、教、卫生、宣传、出版大权，拼凑成一个反革命集团。

还是他，王再天，在史无前例的无产阶级文化大革命运动的熊熊烈火刚刚点燃之时，予感到将临灭顶之灾，因而大耍反革命两面手法，企图蒙混过关。当革命群众狠揪乌兰夫老班底奎璧之流时，他恶毒宣扬："把蒙古人都整掉了怎么成？"而当"呼三司"革命小将顶黑风，战恶浪之时，他早已"亮相"于王逸伦、黄王之流。而当革命派浴血奋战取得胜利之时，他乔装打扮，欺上瞒下，混上了个"革命领导干部"的头衔，妄想打入红色政权，真是地地道道的陶铸式人物。

也是他，王再天，在内蒙古红色政权雏型——内蒙革命委员会筹备小组刚刚成立之际，他出于反革命野心，遥控和蒙蔽了一部分群众。在"新思潮"泛滥于市，胡说什么"筹备小组的产生是执行了新的资产阶级反动路线"等谣言时，这个王再天却煽动说："你们造反精神强。"

王再天，恶贯满盈，罪不容诛！此时不反更待何时！横扫乌兰夫残党余孽的大厮杀已经到了关键时刻。如果不打倒王再天，就不能巩固内蒙古的红色政权；如果不打倒王再天，就是在革命阵营里埋下了定时炸弹；如果不打倒王再天，乌兰夫黑线就挖不净，"哈、特"之流的黑手就斩不断；如果不打倒王再天，"公检法"就将成为隐藏反革命分子的安乐窝，裴多非俱乐部式的阎王殿；如果不打倒王再天，极"左"思潮将泛滥成灾；如果不打倒王再天，医学院的斗批改就不能深入发展。这仅仅是医学院的问题吗？不是，而是当前整个内蒙古无产阶级文化大革命的关键一战。总之，如果不打倒王再

— 2 —

天，毛主席的最新指示就不能全面落实，无产阶级文化大革命就不能取得全面胜利！这样，就是对伟大领袖毛主席的不忠，就是对毛主席的革命路线的不忠，就是对无产阶级革命事业的不忠。为此，我们发出严正声明如下：

一、我医学院东方红公社、东方红红卫兵总部坚决与全区无产阶级革命派战斗在一起，彻底挖净乌兰夫的残党余孽，揭开内蒙"公检法"的阶级斗争盖子，誓把乌兰夫在革命队伍里，在"公检法"里的代理人王再天斗倒、斗垮、斗臭，把无产阶级文化大革命进行到底！

二、全区、全市无产阶级革命派紧急动员起来，紧跟毛主席的伟大战略部署，以"斗私，批修"为纲，奋起毛泽东思想的千钧棒，彻底砸烂王再天所忠实推行的罗瑞卿、乌兰夫反革命修正主义公安路线，坚决落实毛主席发出的"'公检法'必须彻底革命"的最新指示。

三、反革命修正主义、民族分裂主义分子王再天立即滚出内蒙革委会、生产建设委员会！

四、王再天必须滚到医学院接受批判斗争！

五、严正警告"新思潮"的"东联"、"决联站"的那些别有用心的头头，如果你们胆敢继续正路不走，走歪路，以极"左"面貌出现，为新思潮翻案，动摇内蒙古革命委员会，我东方红将毫不客气，坚决回击！我们坚决拥护、坚决支持、坚决维护内蒙古革命委员会，为捍卫无产阶级专政而英勇奋斗。

横扫千军威尚猛，刺破青天锷未残。一股红色巨浪正在青山脚下、黄河之滨、兴安雪顶奔腾澎湃，一场革命暴风雨即将来临。让我们奋起千钧棒，澄清万里埃，为誓死保卫毛主席，保卫党中央，保卫毛主席的革命路线，保卫无产阶级专政，为巩固祖国统一、民族团结，为争取无产阶级文化大革命的全面胜利，紧跟毛主席的伟大战略部署，排除极"左"和右的干扰，横冲直闯，大砍大杀吧！

坚决打倒反革命修正主义、民族分裂主义分子王再天！

坚决捍卫内蒙古的红色政权！

伟大的领袖毛主席万岁！万岁！万万岁！

一九六八年一月十八日

战无不胜的毛泽东思想的又一曲凯歌

——记医学院《东方红》揪斗反革命修正主义分子王再天、张晖经过

毛主席的革命路线已经取得了决定性的胜利，全区各族革命人民高举毛泽东思想伟大红旗，经过一年多的浴血奋战，先后挖出了乌兰夫反革命集团的三条黑线，大大小小形形色色的牛鬼蛇神已被我无产阶级革命派打翻在地，无产阶级革命派在伟大领袖毛主席最新指示的指引下，斗志昂扬，意气风发，夺得了无产阶级文化大革命一个又一个辉煌的胜利！

《元旦社論》指出：“大好形势下，也会有某些阴暗的角落，扫帚不到，灰尘照例不会跑掉。”种种迹象表明，乌兰夫残党余孽尚未全部肃清，“百足小虫，死而不僵”，他們象秋虫临冬一样进行着垂死的挣扎。

反革命修正主义分子王再天出身于大地主家庭，是一个国民党反动军阀，后投机钻营，混入革命队伍。窃取內蒙古“公、检、法”、外事等大权后，为乌兰夫的宫庭政变大卖其力。文化大革命之初，王贼见其乌主子大势已去，便使出两面手法，声称自己受了乌兰夫的排挤。竟恬不知耻地以“老革命”自居。二、三月资本主义复辟逆流中，出于其反动的阶級本性他早已投靠王逸伦、王鐸、黄、王反革命集团。但他却百掩千盖，又大耍反革命两面派手法，欺骗中央、蒙蔽群众，野心勃勃，企图钻入红色政权，他遙控《新思潮》极“左”派，炮打无产阶级司令部。他还包庇我院的走资派张晖、木伦，严重破坏了医学院的文化大革命。

他是老革命嗎？根本不是！他是个老反革命，老混蛋！他是“革命的領导干部”嗎？根本不是！而是地地道道的陶二世！

我《东方红》革命派战士，滿腔怒火，早就密切地注视着这只狡猾的老狐狸。元月十七日滕海青同志的形势报告，吹响了彻底扫除乌兰夫残党余孽的进军号。

元月十八日，內蒙文化大革命屡建奇功的十八日，多么亲切，多么庄严、就在这天上午，以我院生气勃勃的最年青的革命小将组成的“六五兵团”再也按捺不住滿腔怒火，首当其冲，发出了坚决揪斗走资派张晖、王再天的呼吁书，战斗的序幕揭开了，全院顿时沸腾，支持“六五兵团”和声討张晖、王再天的大字报、大标語铺天盖地而来，絕大多数群众发动起来了，时机成熟了。

毛主席教导我們說：“群众中蘊藏了一种极大的社会主义的积极性。”伟大的文化大革命运动，将群众的社会主义积极性充分調动起来，組織起来，人民群众发挥了无限的創造力。其势如暴风驟雨，迅猛异常。

为了捍卫毛主席的革命路綫、为了捍卫我区红色政权，为了将我区文化大革命进行到底。十八日晚，我“东方红”五十余名革命战士跃馬提枪怒不可遏，高唱着“下定决心，不怕牺牲，排除万难，去爭取胜利。”的战歌，高呼着“打倒王再天！”“打倒张晖！”的口号，直搗王贼老巢，在紧张的战斗气氛中，指战員神速冲入，张晖企图頑抗，但怎能敌得住用战无不胜的毛泽东思想武装起来的我“东方红”战士，我义正辞严驳得张晖哑口无言，在铁的事实面前张晖終于低了狗头，昔日威风扫地以尽，滿面流汗，丑态百出。张晖終于被揪回了医学院，历史无情地把她逶上了被告席。在王贼再天老巢中，繳获了大量的反革命罪証，其中有与黑帮分子狐群狗党的关系，有欺骗中央、欺骗康老的信件，有死保反革命修正主义分子特古斯、木伦等的罪証及其与他们的黑关系等等……眞是铁証如山，法网难逃。我“东方红”战士乘胜追击，勒令以“革命領导干部”的身分在人委招搖撞騙的王贼再天滚到医学院接受批斗，到医学院接受广大革命群众的审判……。

毛主席在考察农民运动时指出：“一切帝国主义、軍閥、貪官汚吏，土豪劣紳、都将被他們葬入坟墓。”王再天这个老反革命分子也决不会逃出历史对他的惩罚。十九日上午，这个老混蛋，滚到了医学院，站在了被告席上。当日下午，我“东方红”

— 4 —

六个兵团及广大革命师生庄严召开了打倒王再天、张晖的誓师大会，对王贼及其臭婆娘进行了有力的批斗，大长了革命派的志气，大灭了阶级敌人的威风。好多兄弟组织，闻风而动，坚决支持医学院"东方红"的革命行动，和医学院的革命派团结在一起，战斗在一起，胜利在一起。会后，全院革命造反派和广大革命群众欢欣鼓舞、异常激昂。于是，一股革命洪流杀向社会，奔向更广阔的战场，声势浩大的示威游行开始了！

两辆宣传车在前徐徐开路，革命大军浩浩荡荡，穿过市内主要街道，走向市中心广场；"誓与王再天血战到底"的口号，"打倒王再天"！誓死"捍卫毛主席革命路线"的口号，此起彼伏，响彻全市。广大群众奋起响应，组成了一个陷敌于灭顶之灾的汪洋大海。革命大军顶着刺骨的寒风及纷飞的雪花，不畏严寒、不惧艰辛，个个精神抖擞，昂头挺胸，充满着必胜的信心，踏着整齐而坚定的步伐，在胜利的大道上昂首阔步。"从来也没有看见人民群众象现在这样精神振奋、斗志昂扬、意气风发"。

"唤起工农千百万，同心干"。

在伟大的无产阶级文化大革命进入全面胜利的阶段，在我区横扫乌、哈反党叛国集团的斗争向更深入，更广泛的阶段发展的时候，在我区活学活用毛主席著作的群众运动空前高涨的大好形势下，医学院"东方红"战士不畏强暴，以"舍得一身剐，敢把皇帝拉下马"的革命精神，揪斗了王再天这个老反革命，得到了全市广大的无产阶级革命派及广大革命群众坚决的支持，在我区横扫乌、哈残党余孽战斗中与广大革命派一起取得了又一个胜利。

"横扫千军威尚猛，刺破青天锷未残。"我"医学院"东方红战士和革命师生的决心是下定了，坚决打倒王再天！誓与王再天血战到底。"要扫除一切害人虫，全无敌"。

请看内蒙古的陶铸、反革命修正主义分子、大叛徒、老特务王再天元月十九日被我医学院东方红战士揪斗时的狼狈相。

— 5 —

最 高 指 示

混进党里、政府里、軍队里和各种文化界的資产阶级代表人物，是一批反革命修正主义分子，一旦时机成熟，他們就会要夺取政权，由无产阶级专政变为資产阶级专政。这些人物，有些已被我們識破了，有些則还没有被識破，有些正在受到我們信用，被培养为我們的接班人，例如赫魯晓夫那样的人物，他們現正睡在我們的身旁，各級党委必須充分注意这一点。

王再天究竟是那个司令部里的人？

內蒙古医学院自一九五六年建院以来，在以张暉、木伦为首的党內一小撮走資本主义道路当权派的操纵下，頑固地走着資本主义道路。他們极力反对毛泽东思想，取消党的領导，实行資产阶级专家治校，頑固地貫彻执行了刘少奇的資产阶级教育路綫，为資产阶级培养接班人，把无产阶级的医学院办成了資产阶级的医学院。

一九六四年秋，烏兰夫黑帮相中了这个大有搞資本主义复辟基础的医学院，于是亲自派出了以沈湘汉、刘壁黑帮为首的一百多人的"四清"工作团，从此，烏兰夫的黑手就伸进了医学院。烏兰夫——沈刘黑帮进院后，使用了"打击一大片，保护一小撮"的手段，大搞阴謀，极力把水攪渾，顛倒黑白，混淆是非，扰乱了医学院的阶级陣綫，安插亲信，疯狂地进行資本主义复辟。他們对走資本主义道路当权派张暉、木伦等人却明打暗拉，假斗争，眞包庇，始終不敢把他（她）們交給群众进行斗爭、批判，当群众要揪张暉时，黑帮分子刘壁就說：具体問題具体分析嘛！以张暉有病为名，保护下来，所以医学院近二年的"四清"，根本沒有触动张暉、木伦等走資本主义道路当权派的一根毫毛。

一九六六年五月，由我們伟大領袖毛主席亲自点燃的无产阶级文化大革命的熊熊烈火烧到了医学院，革命群众揪出了沈、刘黑帮和木伦、张暉。六月末，反革命修正主义分子王逸伦来到了医学院，把轟轟烈烈的文化大革命又鎭压了下去，从此，沈、刘黑帮、张暉、木伦等人又投入了反革命修正主义分子王逸伦的怀抱里去。

在今年我区的三月黑风刮得正猛烈的时候，以木伦为首的党內走資本主义道路当权派以为时机来到，公然勾結医学院的保皇組織"滿天紅"、"工农兵"反夺了医学院无产阶级革命造反派东方紅的权，实现了医学院的資本主义复辟。木伦等人搞資本主义复辟的狐狸尾巴被革命造反派紧紧地抓住了！正当医学院的革命造反派奋起毛泽东思想的千鈞棒，将木伦等人打翻在地，再踏上一只脚的关键时刻，在医学院忽然刮起了一股为木伦翻案的黑风："木伦可能是二、三类干部呀，张暉、木伦是受烏兰夫——沈刘黑帮打击的呀。"不难看出这是借反烏兰夫黑四清为名，行为走資本主义道路当权派张暉、木伦翻案之实，大搞翻案的是何許人也？先鋒就是打入造反派內部的政治扒手、王再天的鉄杆秘书王××，其后台和主帅就是王再天！

王××何許人也？是多年跟随王再天的亲信秘书，原和王再天在公安系统工作，五七年，王再天忍痛把王××調到医学院。以便为张暉、木伦走資本主义道路效犬馬之劳。数年中王××就連升两級，从一个小小的年級指导员一跃而成为医学院党委办公室

—6—

的副主任兼总务行政党总支书記，成为张、木的"四大金鋼"之一，医学院流传着一句俗話："木家大院、王家党"，可見王××幷非等閑之輩。

今年三月十八日以后，革命形势大大好轉了。王××多次到王再天家"請示"。在王再天的授意下，王××乔装打扮，一头扎进医学院东方紅为党內走資本主义道路当权派张暉、木伦及其黑后台的御用工具，重新复辟資本主义。所以，每当革命群众让王××揭发张暉、木伦的罪恶活动时，王××总是吱吱唔唔不做回答，或說一句"木伦不一定是四类"，因此王××很受王再天的宠爱和賞識。王再天不止一次地和医学院的群众流露出："你們学校要有几个王××那就太好了！太好了！"幷曾和张暉一唱一和的說："王××工作积极，学习努力，是个好同志……"等等。

王再天对木伦的滔天罪行却說成是："木伦的思想水平低，工作爱一个坐在房子里干，只是私心多些。"此外，王再天和张暉还大量散布：木伦历史沒問題呀。再天同志全清楚呀，木伦沒民族分裂問題。这和医院所刮的木伦是二、三类干部的阴风是多么吻合呀！

值得注意的是王再天对木伦这次参与反革命复辟深感遺憾和內疚，說木伦亮錯了相，太可惜了。幷怪怨木伦的老婆在木伦亮相前未去他家，否則也不会亮錯。通过这件事可以看出王再天完全站到了木伦的立場上去了。王再天究竟是哪个司令部的人呢？**毛主席說："什么人站在帝国主义封建主义官僚資本主义方面，他就是一个反革命派。"**

王再天还一再用"老党員"、"受烏兰夫排挤"等金字招牌招搖撞騙，企图为党內走資本主义道路当权派张暉开脱其滔天罪行，达到蒙混过关，伺机卷土重来的罪恶目的。警告你，王再天！张暉在医学院搞資本主义的滔天罪行是任何人也开脱不了的！还是收起你那套自欺欺人的鬼把戏吧！老实交代你串通张暉等搞了哪些罪恶的行径，你到底是那个司令部的人？？？？

为什么医学院阶级斗争的盖子始終揭不开？医学院党內走資本主义道路当权派木伦、张暉为什么打不倒？而张暉这个走資本主义道路当权派所犯滔天罪行竟连一次都沒有检查过，反而躲在舒适的高级宾館里逍遙法外、养尊处优，连一根毫毛也沒被触动过！这是为什么？这究竟是因为什么？？张暉的黑后台是誰？就是王再天！

目前，我东方紅公社面临着新的資本主义复辟危机。木伦、张暉的"四大金鋼"几乎全部打进了"东方紅"，甚至成了"东方紅"的决策人。我們向全市和全医学院的**真正革命造反派同志們大声疾呼：內蒙古医学院"东方紅"已經快变顏色了，快实现資本主义和平演变了，医学院"东方紅"又一次面临着新的資本主义复辟危机！！**

真正的革命造反派同志們，让我們高举起伟大領袖毛主席"造反有理"的大旗，彻底粉碎医学院新的資本主义复辟逆流，打倒党內走資本主义道路当权派张暉！打倒党內走資本主义道路当权派木伦！揪出在医学院搞新的資本主义复辟的黑后台——王再天！

革命无罪，造反有理，造反到底，就是胜利！

打倒刘、邓、陶！

打倒烏兰夫！打倒王逸伦！打倒王鐸！

打倒张暉！打倒木伦！

王再天不投降，就叫他灭亡！

1967，6，16

最　高　指　示

国民党怎样？看它的过去，就知道它的现在，看它的过去和现在就可以知道它的将来。

王再天是地主阶级的孝子贤孙

东方紅，太阳升。

由我们伟大领袖毛主席亲自发动和領导的史无前例的无产阶级文化大革命刚刚踏入光輝灿烂的1968年的时候，在举国上下全面落实毛主席最新指示的大好形势下，在横扫烏兰夫残党余孽的暴风雨中，呼和浩特无产阶級革命派以大无畏的革命造反精神一举揪出了鉆进造反派内部的冒名为"奴隶出身""中农成份"的反革命修正主义分子，民族分裂主义分子、反革命两面派——王再天。这是毛主席革命路綫的又一伟大胜利！是党中央、毛主席、中央文革和內蒙革委会正确領导的结果！

什么"奴隶出身""中农成份"，否！剝其皮，抽其筋，暴露于毛泽东思想的光天化日之下，大地主出身，地地道道的地主阶級的孝子賢孙的王再天，現了原形。这个地主阶級的維护者、继承者，残酷杀害貧下中农的劊子手王再天怎能逃得出毛泽东思想这个照妖鏡。

他果然是"奴隶出身"嗎？他果然是"中农成份"嗎？他背叛了本阶級了嗎？

一、土地改革以前

王再天（又名王兴山、王云武、那木吉勒色楞）1907年出身于辽宁省辽原县郑家屯一个大地主的狗洞里。当时，其家主要成员有：祖父母、父母等，共霸占土地1,500多亩；牛羊上千只（当地貧下中农說多得无法計数）；車馬成套，除四合大院外开設黑大店一处，故有"王家孤站"之臭名，开店雇用长短工十余人。

王家土地大部出租，王再天狗爷除了終日抽大烟，飽食多餐，养尊处优，不劳动之外，就是四处收租逼債，号称"王家孤站""大掌柜"。

王再天狗伯父叫王眞，罪大恶极，万恶不赦，是封建王公、地主阶級的忠实維护者，青云直上腾达为"溫都尔王府"的二王爷，狗头顶着兰顶帽（大王爷为紅頂帽），一貫为非作歹，欺压貧苦农牧民，犯下了滔天罪行。

王再天之狗父王海，继其狗父遺业，独霸一方，为非作歹，搜刮民脂民膏，大烟不离口，吃喝嫖賭，无所不为，是"王家孤店"之"三掌柜"。

王再天先房老婆×××，是王爷府管家的女儿，十几岁上就許配给王再天，与王再天烏鴉一对，臭味相投。

毛主席教导我们："**大地主阶級和买办阶級，他們始終站在帝国主义一边，是极端**

—8—

的反动派。"这窝吸血鬼过着糜烂透頂的生活，依仗王爷，勾結国民党反动派，狗仗人势，骑在劳动人民头上，在政治、經济上独霸一方，残酷盘剝压炸貧苦农牧民，不知有我們多少阶级弟兄在王家迫害之下流离失所，背井离乡，在饥餓綫上挣扎。

反革命修正主义分子王再天从小生活在这样一个大地主的狗窝里，接受封建剝削阶級反动思想的熏陶，于七、八岁上就接受反动军閥教育，讀书一直到十七岁，为其将来干反革命勾当打下了牢固的反动思想基础。在他十七岁那年，也就是1925年，他怀着强烈的当官欲望、由其狗父送到东北国民党"訓导所"，从此便直接投入到了国民党蔣介石的反革命怀抱。在国民党东北军中，由于王再天反共反人民有功，故飞黃騰达，由士兵、文书、連副，一直爬上了少校参謀的要职。1936年7月鉆进中国共产党，又使其鉆营手段，追随烏兰夫緊緊不放而窃踞要职，继續进行反党反人民为国民党效劳的罪恶活动。

由王再天这一家庭，不难看出他是价眞貨实，地地道道的大地主出身，絕不是什么"奴隶出身"。所謂"奴隶"是騙人的鬼话，是这个老反革命修正主义分子玩弄的"鬼戴帽子装好人"的騙人拳术。王再天这个老狐狸精，不管你如何乔装打扮，决不会逃脱用明察秋毫的毛泽东思想武装起来的革命群众对你的严厉审判！

二、土地改革以后

哪里有压迫，哪里就有反抗。1946年在中国共产党的领导下，郑家屯多年来受王家剝削压迫的貧苦农牧民組織起来干革命了，斗地主分田地搞得裹裹烈烈，这样一来，吓破了王家的狗胆，王再天狗父王海和狗弟王余山聞风而逃，窜到哲盟科左中旗兴和公社王家窝堡。到此地后，王家仍占有土地二百余亩，雇用长短工数人，土地出租，收取高利貸，深居号称"王家大院"內吸食大烟，玩弄女性，无恶不作，民憤极大。

阶级恨，血泪仇，永远牢記在貧苦农牧民的心头，仇恨要报，血債要还，不管这一窝吃人的野兽逃窜到哪里，上天还是入地，終究逃不脱革命人民的巨掌。1947年冬紅太阳照亮了王家窝堡，毛主席派的土改工作組（組长王××）进村了。

裹裹烈烈的土地改革运动开展后，以农会主席胡万财、王惠民、高錦玉为首的貧下中农同以王再天狗弟王余山、狗父王海为首的地富分子展开了一场你死我活的斗争。土改刚开始，由老貧农胡万财领导。有一次胡召集貧下中农在财家密开会，决定要分斗大地主王海、王余山。会后，由于王再天的亲家魯三麻子给王家通风报信，王家怀恨在心，把胡抓起来打得遍体鱗伤，臥床不起。这样更加激起了广大貧下中农对这群狗狼的仇恨。給地主当了多年长工的王惠明在运动中非常积极，幷积极主张分斗"王家大院。"王母聞訊后，便跑到王再天那里密谋（当时王再天在烏兰浩特任內蒙公安部部长等职），回村便下了毒手，由其狗母亲自坐阵，其狗弟王余山幕后指挥，招集了打手魯三麻子、魯世江及其王家狗窝一伙，下毒手抓起王惠明，就在他家将王惠明活活打死。就这样一位坚强的老雇农死在王再天一家手下。

王家窝堡貧苦农牧民英雄的"老組織者"王惠明同志被"王家大院"杀害了，但是王家窝堡受"王家大院"残酷剝削和压迫的广大貧下中农幷沒有被这种反革命的气熖所吓倒，所征服。正象毛主席說的那样："他們从地下爬起来，揩干身上的血迹，掩埋好同志的尸首，他們又继續战斗了。"王惠明牺牲之后，高錦玉、高錦河、賀清等貧下中农坚定地站了出来，坚持要斗王家。正在这时，王母又从乌兰浩特与王再天密謀后回来，把高錦玉、高錦河、賀清等十八、九名貧下中农抓了起来，并逐个毒打，棉花沾油点燃全身、火烧之后，又加毒打，最后推入"王家大院"的牢房。更恶毒的是王余山、王母給王再天去信还阴謀将高等三人枪毙，企图来个"斬草除根"。幸亏被我政府发現未遂。

不难看出，在"王家大院"毒打，杀害农会主席的三次阶級复仇案件中，王再天是"黑后台""硬根子"，是杀人不見血的劊子手，王再天企图洗刷这一滔天罪行是絕对办不到的！

"王家大院"依仗王再天官高、势大，在王再天的遙控下三次鎭压农民革命之后，"王家大院"便"征平"了王家窝堡，王家窝堡的天地，又被王家黑手遮盖了。王再天就趁这个大好时机以探亲为名，专派其爪牙××前往王家窝堡解决"土改問題"。××去后，就住在"王家大院"，并在"王家大院"召集了几次黑会之后，就給"王家大院"划了"中农成份"。

这就是王再天出身于"中农家庭"的来源。土改运动中，中农是不分获五大財产的，但是"王家大院"这家"中农"就格外特殊，不但有分得五大財产的权利，而且还优先挑选財产，这样"王家大院"非但未被分斗，反而霸占了大量騾馬、大車等物。而眞正的貧下中农分到的財产却寥寥无几，没有得到眞正的翻身，土改后仍然无法生活，討吃要飯，到处流浪，有几戶因无法生活，不愿再受王家欺压而含泪离开了"王家大院"流浪他乡。

毛主席教导我們："敌人是不会自行消灭的。"就在土改之后，"王家大院"家仍不劳动，雇用长短工5——6人，开設大店，拴起了大車、开設帽子鋪，仍然过着地主阶級的剥削生活，更甚者，"王家大院"仗着王再天这个"大官儿"让当地貧下中农无代价地給他家种地，直到1957年合作化时才被迫停止。

从1953年的互助組到1965年期间，王余山在王再天支使下，窃踞了初級社社长，高級社社长，生产大队队长等职，一直作恶多端，残酷迫害打击貧下中农，貪污公款，强奸妇女，倒卖毒品，在王家窝堡大搞资本主义复辟，是可忍，孰不可忍！在伟大的四清运动中，王家窝堡貧下中农高举毛泽东思想伟大紅旗，高举"23条"，把漏网地主分子、杀人劊子手、走资派，貪污犯王余山揪了出来，撤了他的职，罢了他的官。王家窝堡貧下中农終于取得了胜利。

"王家大院"之所以敢于长期作恶行凶，完全是王再天这把黑伞的保护。王再天依仗权势，将其地主成份改为"中农"之后，便經常与"王家大院"来来往往，想办法，出主意，大量的搶錢寄物等等。

1961年"王主席"回乡一事和乌兰夫回乡探亲。有什么两样？只見"王主席"好不威风，前拥后簇，大車小車一条綫，一进屯子，直奔其狗弟王余山家中，大摆酒席，什么地富分子，反革命分子，凡姓"王"的都来"欢聚"。盟旗公安人員、村里民兵村外巡邏，貧下中农休想到王家門口看一眼。王再天探亲时间虽然一天半，却念念不忘其狗地主老子，由王余山引路，"拜訪"了其狗地主老子的坟墓，并和其四类分子姐夫合了影，临走时，还給王余山等姓王的留下了大批財物，大慷国家之慨，还嘱附王余山

—10—

說："你这房子这么不好，为什么不盖房子？沒木料、沒錢我到旗委說一下，就行了嗎！这样破烂的房子我以后不回来，等修好了再回来！"果然不过几个月，王余山用旗里給迻来的木料，又吞了一部分公款，逼着貧下中农給他家无偿地帮工盖起了漂亮的房子，直到1965年四清运动时，"王家窝堡"貧下中农打倒了王余山，才将这一完全用公款建起的房子收归公社。

毛主席教导我們說："**什么人站在革命人民方面，他就是革命派，什么人站在帝国主义、封建主义、官僚資本主义方面，他就是反革命派。**"王再天一貫仗其权势，支持其父母、弟弟长期兴风作浪，进行阶級复仇，杀害我优秀貧下中农干部，同志們，这和刘少奇給王槐青之狗墓下跪，乌兰夫給其狗地主父"烧紙"有何两样？王再天的阶級烙印何等深啊！眞不愧为地主阶級的孝子賢孙。

同志們，地富分子向貧下中农专政了，我們能听而不聞，視而不見嗎？不能！不能！一千个不能！一万个不能！让我們奋起毛泽东思想千鈞棒，把阶級复仇分子，杀害貧下中农的劊子手王再天、王余山之流打倒在地，再踏上千万只脚，让他永世不得翻身！

打倒阶級复仇分子王再天！

向王賊討还血債！

最 高 指 示

在解放以后，胡风更加施展了他的两面派手法，公开的是不要去碰，可能的地方还要順着党和人民，而在暗中却更加紧地磨我們的剑……，必須在各个工作部門中，保持高度的警惕性，善于識别那些伪装革命而实际反对革命的分子，把他們从我們的各个战綫上清除出去……。

王再天是投敌、叛国、大搞民族分裂的黑后台

反革命两面派王再天长期以来，利用其所篡夺的內蒙古常务副主席、政法党組书記等要职，大搞反革命的民族分裂、投敌、叛国活动。这个王再天，利用他所把持着的公、检、法、外事口等大权，为反革命、民族分裂主义分子、投敌叛国分子、敌特大开綠灯；还是这个王再天，将这一小撮狐群狗党安插在我区的各級主要領导崗位上，慫恿其大搞反革命的阴謀活动。王再天这个老反革命，老投机分子，对党对人民所犯的罪过，眞是罄南山之竹，亦书罪无穷。

①一九六二年，以×盟公署副盟长松×、法院副院长邪××××××、軍分区副司令員陶××等人为首的一个阴謀、投敌、叛国集团，在该地大搞反革命的民族分裂活

—11—

动,四处煽动,散布所謂的"民族同化論"扬言什么"蒙古族的孩子都不会說蒙古話了,历史总是历史,絕不能把蒙古人变成汉人。"幷大肆誣蔑,攻击中央农恳部到呼盟牧区开荒是什么"砸了蒙古人的后院"。"呼盟出事了"等等謠言,就是这一小撮民族的败类,还竭力主张內外蒙合幷,他們胡說什么:"要不是斯大林;內外蒙早就統一了,中蒙划界不利,划了界就不能合幷了。布利亚特也是蒙古人,应当統一起来,管他修正主义不修正主义,合幷了就行了。"等等眞是猖狂到了极点。

就是这一小撮坏蛋,在当时的錫盟群魔乱舞,搞得烏烟瘴气。更加恶毒的是这几十只嗡嗡叫的蒼蝇于一九六二年十一月一日晚拼凑在一起,荷枪实弹地进行反革命的"宣誓"活动,其疯狂程度,簡直达到了登峰造极的地步。

就是这样的一个十恶不赦的反革命民族分裂、投敌、叛国集团,当被广大群众检举,揭发后,王再天出于他的反革命立場、本性,对这样重大的政治案件却置之不理,当群众逼問他的时候,他吱唔什么:"这是一种民族情緒,还未形成有組織的政治集团活动……。"

看呀!王再天象不象一个老牌的反革命、民族分裂、投敌叛国的反共老手?!

毛主席教导我們說:"民族斗争,說到底就是一个阶級斗争問题。"我們說松迪、陶××之流投蒙叛国是十足的反革命行径,完全是由他們的反革命立場所决定的,决不是象烏兰夫、王再天、特古斯之流所散布的是什么"民族情緒"。至于王再天声东击西,别有用心地胡說什么:"这个还未形成有組織的政治集团活动"。更是居心险恶,不可告人;是他对党对人民刻骨仇恨,是他投敌叛国大搞民族分裂活动的一个大暴露。王再天的自我表演,使越来越多的革命群众更加看清了他的狰獰面貌及可恶的嘴脸。就是这个所謂的"革命領导干部"王再天,最后在群众的压力下,无可奈何,只是把这伙投敌叛国分子原职不动地調换了工作地点,就算是公安部門"处理"了。

就是这个所謂的"革命領导干部"王再天,把这伙民族的叛徒、败类藏在了自己的"大黑傘"下,将其"安全"地包庇下来,为这些家伙继續搞反革命的民族分裂活动創造了极为有利的条件。

②一九五八年王再天安插在外事口任副主任的蒙修特务、內人党骨干嘎儒布僧格超越中央受权范围,私自将可容納三万多只羊的牧場借給了蒙修。嘎儒布僧格这一非法行径当时就受到了外事口革命群众严厉的斥責。可是王再天从外地回来,得知此事后,对这个卖国贼不但沒有严格惩处,相反却对嘎儒布僧格关怀备至地說:"我不在,使你受到了挫折……。"王再天究竟为誰撑腰,为誰喊冤叫屈,在这里是再清楚不过了!毛主席教导我們說:"世界上絕没有无緣无故的恨,也絕没有无緣无故的爱。"叛国投敌分子、民族分裂主义分子的黑后台王再天和卖国贼嘎儒布僧格就是相亲相爱,形影难离,这个所謂的"革命領导干部"王再天,凭借着他多年来的反革命两面派經驗,依仗着他所窃踞的公、检、法和外事口等大权,迷惑、蒙蔽了不少的革命群众,而王再天也正是以此作为他大搞反革命复辟的资本,拉大旗作虎皮,包着他和他的狐群狗党,去吓唬别人,把一个个的投敌、叛国、民族分裂主义分子,內蒙古人民革命党党徒,蒙修情报員拉进了革命的队伍,使其青云直上。

③一九六三年的一个星期天,民族分裂分子嘎儒布僧格的儿子大搞內外蒙合幷

—12—

的民族分裂活动，而嘎儒布僧格不以为耻反以为荣，得意忘形地和王再天这个"老革命"、"老上级"讲了此事。作为政法党组书记的王再天对这一重大事件非但不严肃处理，反而还恬不知耻地在一次政法系统工作会议上别有用心地煽动说："嘎儒布僧格发现了他儿子搞内外蒙合并的活动后，还把儿子打了一顿，并告诉了我……。"以此来煽阴风、点鬼火，给他的党羽、同伙亮反革命的"活相"。

更加令人不能容忍的是一九六〇年后，赫鲁晓夫的反革命修正主义嘴脸已暴露无遗，蒙修的泽登巴尔已成了赫鲁晓夫的哈巴狗，阶级敌人蠢蠢欲动。为了防御苏、蒙修对我们的突然袭击，为了巩固和加强祖国的北部边疆，六二年中央指示要加强中蒙边界的武装力量，然而这一英明决定却遭到了王再天之流的拼命反对，王再天对中央这一极其重要的战略措施，惊恐万状，怕的要命，千方百计地加以阻挠。有一次王再天实在按奈不住其反革命的心情，于是便跳出来，装腔作势，别有用心地发问："边防是不是紧张？！"难道王再天真的不了解边防的情况吗？难道王再天真的不知道苏、蒙修疯狂反扑的可能性吗？不是，不是！大家知道，王再天是公、检、法实权在手的显要人物，是内蒙古政法党组的书记，他对于边防情况比其他人更清楚。在最关键的时刻，王再天之所以跳出来表演是毫不奇怪的，正是他反革命民族分裂主义本质的大暴露。

中央在关于派往边防工作的干部中指出："边防是祖国的边防，蒙汉族干部都可以上"，然而，这个"革命领导干部"王再天对这一决定咬牙切齿，疯狂抗拒，他却强调要全派"蒙族干部"，王再天这个"老革命"葫芦里究竟装的什么药，岂不是一清二楚了吗？还有一次，王再天对锡盟×分区副司令员，投敌叛国分子陶××说："你是伟大的解放军上校，这是民族的荣誉。"简单的一句话，道破了王再天反党反社会主义反毛泽东思想、大搞民族分裂活动的反动本质和极其阴险、骯脏的灵魂。自我刻划出了他那一幅破坏祖国统一，大搞投敌叛国的丑恶嘴脸。我们说：伟大的中国人民解放军是我们最最敬爱的伟大领袖毛主席亲手缔造，是由林副主席直接指挥的钢铁长城，中国人民解放军的一切荣誉都应归功于我们伟大领袖毛主席和伟大的中国共产党，而王再天却把一个民族的败类"赞扬"成什么"民族的荣誉"。

④一九五七年，在乌兰夫、王再天、特古斯的煽动下，刮起一股"内外蒙语言文字统一"的妖风，为这一小撮民族败类大搞内外蒙合并，投敌叛国大造舆论，并泡制出了"我国蒙古语文工作者代表团赴蒙工作报告"这一黑纲领，进行背叛祖国，搞民族分裂的罪恶活动。同年四月，在人委召集了哈丰阿、王逸伦、嘎儒布僧格、额尔敦陶克陶、周吉、等反革命修正主义分子、民族分裂主义分子，由王再天亲自主持，召开了黑会，会后，王再天指派由额尔敦陶克陶、葛尔乐朝克图等人前往外蒙参加会议，行民族分裂、投敌、叛国之实。这个代表团回国后，还写了一个"我国蒙古语文工作者代表团赴蒙工作报告"，这个全盘照搬苏修的俄文字母，实行"新蒙文斯拉夫"化的黑报告，哈丰阿阅后，又送交乌兰夫、王再天审阅。铁的事实证明，王再天是这个国际性特务活动的核心人物。

乌兰夫、王再天之流为搞内外蒙合并进一步作好舆论、组织准备。同年又和蒙修勾结成立了臭名昭著的所谓"内外蒙名词、术语委员会"，即"四十三人委员会"这个国际特务组织。一九六七年××通过"四十三人委员会"一事询问有关特古斯的情况，王再天却别有用心地說："你們不要老在革命領导干部上打主意"，极力为特古斯这个民族分裂的黑干将开脫，企图包庇其过关。

一九六六年文化大革命前夕，关于"四十三人委員会"的問题，又有人搞了出来，找王再天了解情况，王再天就指出說"四十三人委員会以前搞嘛还可以，現在就不行了。"横加指責，真是醉翁之意不在酒。

一九六七年专搞"四十三人委員会"专案組的負責同志关于一九五七年额尔頓陶克陶出国到蒙修一事，关于"四十三人委員会"內幕一事，关于"××是否是蒙修情报員"一事，用电話詢問王再天，王再天在电話里說："你們逺来的材料我看了，关于四十三人委員会我們开会研究过。你們搞四十三人的問题，名单不是主要的，主要是看中央知道不知道，若中央知道了，就是乌兰夫的一条罪嘛！若中央不知道，这要看他背着中央搞了些什么"以此来蒙人耳目，千方百計阻繞革命群众揭发"四十三人委員会"的黑幕，煞費心机地为他和他的門徒特古斯、额尔頓陶克陶等这一小撮投敌叛国分子开脫罪責。

⑤一九六二年特古斯去蒙古、××和特古斯反映：噶儒布僧格叫民族分裂主义分子旺欽（錫盟副盟长）和蒙修人員在边界预定地点接头，进行民族分裂、投敌、叛国活动，以后特古斯向其主子王再天串通了此事，然而王再天却置若罔聞，沒做任何追查处理。王再天究竟是"革命領导干部"还是个"反革命修正主义分子、民族分裂主义分子"当然，也就不言而喻了。

⑥一九六二年，呼盟革命群众破获了一起反革命案件，当地公安机关人員当即逮捕了該案件的罪魁暴音巴特尔等五个现行反革命头子，六三年王再天获悉此情况后，特意打电話指示卫生厅等他們带上水果等礼物去慰問这些反革命分子的家属。看，爱憎何等分明，反革命的嘴脸暴露得多么充分！

⑦六三年，民族分裂主义分子特木尔巴根的儿子向往外蒙，阴謀逃蒙，至边界被我边防人員当場捕获，后轉押回呼市王再天听了汇报，不严肃处理，反而将其逺入吉林大学深造。逃蒙叛国在王再天看来无罪，反倒有功了。这是他所放的"对資产阶級子女的升学与工农子女一视同仁"的厥詞的翻版。这和他的黑干将特古斯"×××是个学生，这一次外逃是认識問题，"的反动論調有一絲一毫的区别嗎？王再天要培养那家的接班人，接替誰的大业，也就不打自招了。

⑧四六年正值日本帝国主义刚刚投降，蒋介石在峨嵋山长期养反革命之精，要下山掠夺我党多年来浴血奋战的胜利碩果，叫嚷"要在三个月內全部消灭共产党"，蒋介石在东北侵占我四平、长春等地后又在华东向我大举进攻。乌兰夫、王再天之流看到形势有些紧张，于是灵机一动，带領老婆张暉，逃窜到外蒙隐居了一年之久，直到一九四七年春，看到我伟大的中国人民解放军英勇奋战，連战連捷，胜利的局面基本已定，于是便又带着投机的心理回到我国。王再天究竟是"老革命"还是老反革命，老政治投机商，不是显而易見了嗎？

五〇年从蒙修方面来了七、八个人，头目叫旺丹。以后这一小撮特务，以"公安专家"为名借口帮助内蒙公安部門搞工作，而大搞特务活动，当时身为公安部长的王再天就为这一小撮混蛋收集情报进行特务活动大开綠灯，直至一九五一年这些人才回去。

—14—

一九五七年，老牌特务都固尔扎布的老婆、狗弟，代号"維平"，从台湾寄来了一封信，当都拿到这封有邮戳而无通訊地址的信件后，慌慌忙忙拿到医院給王再天看，王看了以后非但不追查，反而对都說："这封信沒有留下地址，很显然是不让回信，我們这一代用不着了，下一代孩子們还可以挂上鈎！"

毛主席教导我们说："**敌人是不会自行消灭的，无論是中国的反动派，或是美国帝国主义在中国的侵略势力，都不会自行退出历史舞台**"。用战无不胜的毛泽东思想这个显微鏡和望远鏡照照王再天这个黑暗人物，就会原形毕露，王再天不但要投靠外蒙，而且还梦想他的下一代和台湾取得联系。真是野心勃勃，反动透頂！

一九四七年，王再天又亲自去边界把蒙修特务納賽音朝克图迎回，并对納說："你回来得正好，我們正需要你这样的人。"等等。

总之，廿多年来，这个老牌的反革命民族分裂主义分子，投敌叛国的黑后台王再天，利用其所篡夺的公、检、法、外事口大权，伙同乌兰夫頑固地抵制战无不胜的毛泽东思想。他四处招降納叛网罗牛鬼蛇神，扩张自己的势力，为一切魑魅魍魉大开綠灯，把我区300多起投敌叛国案件都一一压了下来，大搞和外蒙的"公安统一"， 大搞民族分裂活动。

无数鉄的事实証明：王再天是混入革命队伍内部的一个老反革命，民族分裂主义分子，是一个实足的伪君子，陶二世。是我区投敌叛国的黑后台，是混入我区无产阶級专政机构内的一个"活佛"，是乌兰夫反党叛国的核心人物。是埋伏在反修前哨的一颗危险的定时炸弹。王再天决不是什么老革命，而是地地道道的老反革命，王再天也不是"二、三月资本主义复辟中坚定地站在呼三司等革命造反派一边"，而是坚定地站在了王逸伦、王鐸及黃、王反革命集团一边，王再天更不是什么和乌兰夫作斗争的"左派书記"，而是刘少奇的孝子賢孙，乌兰夫反革命集集团接班人。

青山脚下呼声疾，横扫千軍如卷席。全国无产阶級革命造反派的战友們，让我們乘着无产阶級文化大革命的东风，在这场彻底挖掘乌兰夫的残党余孽，全面揭开"公、、检、法"阶级斗争盖子的革命暴风雨中，紧跟我們伟大領袖毛主席的战略步署，排除来自右或"极左"的干扰，团结一致，勇猛撕杀吧！

让乌兰夫、王再天等大大小小反动政治小丑象秋虫一样在我們的面前哀鳴吧！

扫除一切害人虫，全无敌！

打倒乌兰夫！
打倒民族分裂、投敌叛国的黑后台王再天！
打倒反革命两面派王再天！
公、检、法必須彻底革命！
无产阶級专政万岁！！
毛主席的无产阶級革命路綫全面胜利万岁！
毛主席万岁！万岁！万万岁！

最 高 指 示

社会主义制度終究要代替資本主义制度，这是一个不以人們自己的意志为轉移的客观规律。不管反动派怎样企图阻止历史車輪的前进，革命或迟或早总会发生，并且将必然取得胜利。

王再天是乌兰夫反党叛国集团的大头目

紅日照环宇，春雷动地来。在这光辉灿烂的一九六八年刚刚开始的时候，一股紅色狂飚腾空而起，以迅雷不及掩耳之势，向乌兰夫反党叛国集团发动了毁灭性的攻击，挖出了长期埋藏在革命营垒中的定时炸弹，乌兰夫的又一代理人，"內人党"的黑后台，反革命修正主义、老牌民族分裂主义分子，国民党反动军阀——王再天。这是毛主席革命路綫的伟大胜利，这是战无不胜的毛泽东思想的伟大胜利。

长期以来，当代王爷乌兰夫在内蒙古地区頑固地推行了中国赫鲁晓夫那套反动的建党綱領，竭力鼓吹他的什么"三个基础"，招降納叛，网罗牛鬼蛇神。妄图把共产党变成法西斯党，把内蒙古变成反党叛国基地。而披着"革命領导干部"外衣的反革命修正主义分子王再天正是乌兰夫反党叛国集团中最得力的干将。现在让我們就剥去他的伪装，看一看他本来的面目吧！

一、頑固追随乌兰夫，疯狂地反对毛泽东思想

反革命修正主义分子王再天同一切反动派一样，最仇視、最害怕、最反对的是光焰无际的毛泽东思想。林付統帅教导我們說："毛泽东思想是全党、全軍和全国一切工作的指导方針"。广大革命干郡和广大知識分子都必須把毛泽东思想眞正学到手，做到人人讀毛主席的书，听毛主席的話，照毛主席的指示办事，做毛主席的好战士"。而当代王爷乌兰夫对战无不胜的毛泽东思想恨得要命、怕的要死，于是就利用大学蒙文蒙語来对抗毛主席著作的学习。乌兰夫的得力干将反革命修正主义分子王再天，也就立即大肆鼓吹蒙文蒙語的学习，他胡說什么"……为了迅速提高蒙古民族的文化水平和各民族的互相团结，互相学习，还应进一步采取措施，以促进其发展。"幷且他还让黑帮分子陈××到錫盟学蒙文，幷对陈說"你学不好蒙文不能回来。"他还指示公安厅的所有干部一年都学会蒙語。他还叫让什么"在各盟、行政区所在地和中等城市应该設立蒙語学校……根据课程的增加，适当地延长学制，如由六年級改为七年，我想人民是完全同意的。"在这里王贼为了以大学蒙文蒙語对抗主席著作的学习，竟不惜违抗主席关于縮短学制的重要指示，眞是罪上加罪！

此外，王贼还頑固追随乌兰夫大反毛主席关于阶級和阶級斗爭的馬列主义眞理、我們的伟大領袖毛主席教导說："整个过渡时期存在着阶級矛盾，存在着无产阶級和资产阶級的阶級斗爭。"而当代王爷乌兰夫与毛主席大唱反調，在牧区搞"不分、不斗、不划

—16—

阶级"使封建王公貴族，长期逍遥法外，至今过着寄生生活，并时时伺机破坏社会主义建设，广大貧苦牧民得不到彻底翻身。烏賊所推行的这一系列阶级投降主义路綫，得到王再天的大力支持。1649年在錫盟召开的一次会議上，到会好多同志都主张牧区也要划阶级成分，不划阶级成分是违犯毛主席的阶级路綫的，但是同志們的这一正确意見却触犯了王再天这个活閻王，他气势凶凶地以內蒙党委全权代表的身份大放嘁詞"你們不能搞套搬經驗呀！不能在牧区也象农区那样划阶级成份。"我們說：毛主席关于阶级和阶级斗争的学說是放之四海而皆准的眞理，无論是在牧区还是在农区，无論是在中国还是在外国都存在着阶级和阶级斗争，王賊要抹杀牧区的阶级斗争那是絕对办不到的。

毛主席教导我們說："**統一战綫是我們战胜敌人的三大法宝之一。而这个統一战綫又必須是在党領导下的各革命阶級各革命派別的統一战綫**"。当代王爷烏兰夫为了搞民族分裂，网罗牛鬼蛇神，建立反革命的統一战綫，于是便拜倒在封建王公、牧主、地主、官僚的脚下，卑躬屈节，奴颜卑膝，胡說什么"不拉住王公，就抓不住群众。"王再天也情不自禁地說："我們內蒙古自治区在以推行区域自治为重点的时期內，即建立了包括工人、农牧民、知識界、工商界，以牧主和王公在內的极其广泛的人民民主統一战綫。"王賊一語道破天机，和工人，农牧民是假，和牧主、王公建立統一战綫是眞。王公和牧主与官僚和地主本质上有何区别？他們对共产党充满了仇恨。和这些烏龟王八建立統一战綫不正是地地道道的反革命統一战綫嗎！王再天为了迎合中国赫鲁晓夫刘少奇和当代王爷烏兰夫复辟資本主义、实行阶级投降的需要，一味地强調要"进一步把各族各界各方面的人士团结起来""民族上层和其它民主人士……他們都是建设社会主义不可忽视的力量""党員要同党外人士交朋友，多谈心，多往来，采取'神仙会'的方法。"等等，等等，不一而足。絲毫不談对这些人的批評、教育、思想改造，使党的統战政策变为只讲团结，不讲斗争，統而不战，阶級调和，阶級投降的修正主义政策。毛主席教导我們說"**阶級敌人是一定要寻找机会表現他們自己的。他們对于亡国、共产是不甘心的。不管共产党怎样事先警告，把根本战略方針公开告訴自己的敌人，敌人还要进攻的。**"出身于大牧主、大恶霸家庭，身为国民党反动军閥的王再天，同样是对亡国、共产是不甘心的。一有时机他就要向党进攻。62年王賊疯狂地攻击57年反右派斗争和59年反右傾斗争配合国际的反华淚潮，处处为右派分子和右傾机会主义分子鳴不平，大刮翻案风。他学着中国赫鲁晓夫刘少奇的腔調，胡說什么："我們应向被斗錯、批判錯的朋友們道謙""凡是在交心运动中受过处分或者被划为右派分子的应一律平反，在拔白旗或者其它运动中受批判斗争、处分或者戴了帽子的……应該平反。"更不能令人容忍的是，他公然把矛头指向我們心中最紅最紅的紅太阳毛主席，他狂吠什么"共产党員也不是碧玉无瑕"这和陶鑄的太阳也有黑点的恶毒攻击何其相似乃尔？！在內蒙古博物館建成后，好多同志出于对我們伟大領袖毛主席的衷心热爱，要求在博物館的展覽中突出毛泽东思想，要挂我們伟大統帅毛主席的照片和画象。可是这又遭到反革命修正主义分子王再天的疯狂反对，他胡說什么"毛主席的照片不能随便挂，毛主席也沒有来內蒙。"他并指示，展覽中要突出大军閥賀龙和当代王爷烏兰夫。結果刘少奇、賀龙、烏兰夫的狗头到处皆是，而我們伟大导师毛主席的画象却寥寥无几。王賊妄图用黑烏鴉的翅膀来阻挡毛泽东思想的光輝，把我們心中最紅最紅的紅太阳从我們內蒙古各族人民的心坎上搬走，那是蚍蜉撼大树，可笑不自量。王再天反对我們伟大領袖毛主席，反对战无不胜的毛泽东思想，眞是罄竹难书，死有余辜。

二、积极追随乌兰夫大搞民族分裂叛国活动

毛主席教导我們說："凡是要推翻一个政权，总要先造成輿論，总要先做意識形态方面的工作，革命的阶級是这样，反革命的阶級也是这样。"又說"民族斗爭，說到底是一个阶級斗爭問題。"当代王爷乌兰夫以"地区特点""民族斗爭"的黑旗来掩盖阶級斗爭的实质，大搞民族分裂，大造反革命輿論。老牌民族分裂主义分子王再天更是步步紧跟，不甘落后，他狂吠道："我区一切工作都不能离开民族問題""我們在自治区不管你搞工业的也好，搞农业的也好，搞商业的也好，搞教育卫生的也好，搞科学研究也好，搞文化艺术也好，都应該实事求是，从实际出发，从地区特点，民族特点出发"就是不从阶級斗爭的实际出发，你看怪也不怪！

反革命修正主义分子当代王爷乌兰夫以"反大汉族主义"为幌子，大搞民族分裂活动。老牌的民族分裂主义分子王再天心領神会，杀气騰騰地說"这几年在内蒙古地区虽然结合民族政策，着重批判了大汉族主义，取得了很大的成績，但是由于进行的不深不透，大汉族主义的残余仍未彻底消除，还存在着歧视輕视少数民族、忽视少数民族特点和民族形式，由此看来，今后仍然必须继續进行反对大汉族主义思想残余的斗爭。"王賊还在内蒙古日报发表文章說"过去强調反大汉族主义是正确的，今后的任务仍然是继續反对大汉族主义。""我是蒙古人的好儿子"你看他是何等的囂张。

二十多年来，当代王爷乌兰夫盘踞在内蒙古，大搞反党叛国活动，竟将祖国的北大門变成一个针插不进，水沒不进的独立王国，无视党中央和毛主席的領导。而王再天正是这个独立王国的栋梁之材，奠基之石。62年乌賊兰夫以保护牧場为名，行"反汉排共"之实，大反中央农恳部在呼盟岭北开荒。乌兰夫亲自跑到海拉尔主持民族工作会議煽动封建上层和宗教界上层大訴岭北开荒之苦。同年6月反革命修正主义分子，老牌民族分裂主义分子王再天在内蒙人委第二十次委員扩大会議上（乌兰夫也在場）大肆兜售乌兰夫民族分裂的黑貨，大反农恳部在呼盟岭北开荒口沫横飞，打着手勢，气凶凶的說"岭北的黑土层只有这么厚，乍一看的确是一块胜美地方。可是他們（指农恳部）不知道，不知道把这层黑土层开了，第二年就要沙化。小鬼子时代他們就想开，蒙古人反对，小鬼子沒敢开。上点年紀的人都还记得，博老，哈付主席，你們还记得吧！"这是一段多么恶毒的語言，王賊把我們党中央罵得连小鬼子都不如，眞是可恶之极！你再看他对博彦满都、哈丰阿这一小撮民族分裂主义分子的祖师爷又是何等的亲切，一口一个博老，一口一个哈付主席，眞是爱憎分明！在王賊的这一煽动之下，封建上层，反动透頂的伪满官僚博彦满都"慷慨陈辞"。有的說在岭北开荒就是砸蒙古人的飯碗，有的說岭北不能耕地只能放牧。民族分裂的反动气焰甚囂尘上！在自治区二届四次人代会之后，由王再天授意和批发的"关于二届四次人代会的报告"中提到"有些代表批評国营农牧場在牧区不适当的开荒，破坏了牧場"。王賊还嫌不够恨毒，又着重加了一句"特别是在大兴安岭以北高岭地区开荒造成了不良后果"。在这里王賊又是假借自治区二届四次人代会之口攻击中央农恳部，华北局，打击自治区党委中主张在岭北开荒的同志，其手

—18—

段和用心是何等的阴险毒辣！

王再天与乌兰夫大搞独立王国还有突出的一例，那就是在61年，我区有一金矿产地，当时我区炼金厂冶炼能力較差，因此周总理和中央冶金部建议把矿送到东北×地冶炼，王再天听到之后，歇斯底里大发作，胡说什么"东北地区风格不高，我們的矿也不能拿出去。自己炼！"在这里王贼无视总理指示，誣蔑兄弟省份，大搞独立王国的野心暴露无遺！

毛主席教导我们說說："在解放以后，胡风更加施展了他的两面派手法：公开的是不要去碰，可能的地方还要顺着党和人民；而暗中却更加紧地磨我們的剑，窺測方向，用孙行者钻进肚皮去的战术，来进行反革命的活动。"反革命修正主义分子王再天正是"钻进肚皮"进行反革命活动的，王贼在乌兰夫的重用提拔下，窃取了內蒙古的外事大权，这为他进一步搞民族分裂，大力推行刘邓的"三降一灭"的修正主义外交路綫提供了更为便利的条件。王曾受乌兰夫的推荐多次以正式代表的资格前去蒙修参观訪問并以"合法"的身份和蒙修驻华領事官（实为搞我情报的特务机关）密切接触。1957年8月蒙古驻呼領事到錫盟参观，邀請在当地采訪的我新华社记者喝酒，借酒耍疯，污辱我新华社记者是跟踪他們搞情报的特务。当时陪同前去的內人党党魁卖国分子嘎儒布僧格对此不但未加指責，反而替蒙修特务辩护說："他說的不是特务的意思，是套取材料的意思"。以后将此事口头和书面向王再天作了汇报，王对蒙修的这一严重的挑衅事件及嘎儒布僧格的卖国行为，听之任之，不加处理。1658年蒙古遭灾，又是这个嘎儒布僧格和蒙修商談，超越中央所授权限，擅作决定借給蒙修可纳三万头牲畜的羊場，嘎儒的这一作法当时就受到好多同志的指責，而王再天不但不予批評，反而安慰他說："我不在家，你受了挫折。"1663年中蒙划界未得到中央批准之前，又是这个嘎儒布僧格擅自与蒙修签訂了×号接界协議，将祖国領土划給了蒙修。严重地违犯了外交纪律。此后負責划界的我亚洲司司长××給王再天写过一封信說嘎儒在政治上有问题，不宜做外事工作。而王再天反而把嘎儒布僧格由外事办公室付主任提为外办主任。在决定嘎儒布僧格为外办主任的区党委常委会上，王說："大家都說嘎儒布僧格这个人不适当搞外事，这几年他在外事工作上搞的还不錯嘛！"王贼就是如此包庇重用卖国分子。在文化大革命中王再天一而再、再而三地保其过关其目的就是保自己。

早在1653年新疆公安厅参观团来內蒙参观，大家要求演內蒙古人民革命胜利或有教育意义的阶级斗争影片，而王再天不让演，非让演他到外蒙参观的影片，从这里不难看出王贼对蒙修的依恋是由来已久的了。王再天还多次散布："內蒙公安与外蒙公安统一"的民族分裂輿論。苏共廿大以后，蒙古已沦为赫鲁晓夫的殖民地，为了預防苏蒙修对我国的突然袭击，62年中央决定加强蒙边界的武装力量。但中央这一英明决定却遭到了王再天这个老狐狸的坚决反对。他别有用心地说："边防是不是紧张？是否需要这么多人！"毛主席教导我们说："帝国主义者和国内反动派决不甘心于他們的失敗，他們还要作最后的掙扎。……这是必然的，毫无疑义的，我們务必不要松懈自己的警惕性。"反革命修正主义分子王再天在这里大放和平烟幕妄图消弱我边防武装力量，为引狼入室做准备，眞是十恶不赦的叛国分子！

—19—

1965年，王再天受乌兰夫的推荐前去参加西藏自治区筹备委员会成立大会。其中有一个问题：即西藏与四川划界的问题。四川境内有一部分藏族，但是传统上是属四川的，西藏一小撮走资派借"一个民族"要划回西藏，当时四川省付省长×××（是藏族）不好表态，陈×同志问王再天怎么办？王立即回答"一个民族应该划在一起"。言有尽而意无穷，一语道破天机，这正是乌兰夫反党叛国集团大搞内外蒙合并的反动论调！

以上种种事实可以雄辩地说明：反革命修正主义、民族分裂分子王再天是身在内蒙心在外，时时伺机搞破坏的乌兰夫大搞民族分裂最得力的助手，头号帮凶！

三、肉麻地吹捧"当代王爷"乌兰夫

毛主席教导我们说："世上决没有无缘无故的爱，也没有无缘无故的恨。"乌兰夫这个独夫民贼是内蒙古一千三百万各族人民不共戴天的仇敌。但是王再天这条巴儿狗对乌贼崇拜的五体投地，奉若神明。就在这场史无前例的无产阶级文化大革命中，广大革命群众把兰乌夫揪出来之后，王贼多次和乌兰夫的老妖婆当代慈禧太后云丽文谈话说："乌兰夫同志的身体出了问题就由你负责。"好一个同志，你看他对乌贼是何等的关怀备至啊！早在55年王再天与乌兰夫一直同住在一个院子里，王贼以此为荣，得意洋洋地说："公安部长保护主席"为此乌兰夫的左右丞相奎壁、吉雅泰与王再天争风吃醋不已，因与乌贼住不到一起而大伤脑筋！王再天还给乌贼溜须说："乌兰夫什么都好，就是对我们教育不够。""乌兰夫是民族问题的专家"等等，63年草原英雄小姊妹龙梅，玉荣为抢救国家的羊群，身负重伤，来内蒙医院治疗。当时教育局和党委其他同志去看望小英雄，并打算培养龙梅、玉荣上学，经费由国家供给，后来一些同志把这个想法与王再天谈了。王贼立即肝火大发，气凶凶地说"你们为什么要这么说，我还不敢这样认为，主席（指乌贼兰夫）还没有放话呢！"从这里也不难看出王再天对乌贼是何等的唯命是从，而对英雄小姊妹又是何等冷酷无情！在1966年5月中央华北局召开的前门饭店会议上，高锦明，权星垣等革命领导干部以无数铁的事实，揭露出乌兰夫反党叛国的大量滔天罪行。而王再天这个紧跟乌兰夫二十多年的知情人，却闭口不谈要害问题，而是以有病为名逃避参加会议，二个多月的会也仅参加了一周左右。更不能令人容忍的是，在前门饭店八楼常委开会时，三反分子，乌兰夫的铁杆保皇派刘景平对乌贼说："你听了跟前一些坏人的话，……"王再天接着说："我们这些人（按：指王鐸、刘景平、吉雅泰等）也在跟前，为什么不听我们的话，你却听那些坏人的话……。"说着凄然泪下。接着又说："现在别人（按指高锦明同志）围攻你，当初你为什么不听我们的话，……"看这和三反分子王鐸、刘景平抱着乌兰夫的大腿痛哭，哪有什么区别？66年6月3日王再天在外办说："乌兰夫的问题对外宣传，我认为按路线错误宣传，不要加'分子'"而当乌兰夫有一次上了天安门时，王贼立刻抓住这个机会，大行保皇之能事，说什么："乌兰夫上天安门这是好事，有些同志接受不了，接受不了也得接受。"这难道不是在明目张胆地包庇三反分子当代王爷乌兰夫吗？他还放毒说："揪出乌兰夫后，内蒙民族出现什么新气象，我看不出，也答不出来。"还说什么"内蒙是个民族地区，有个民族问题公安厅那么多汉族厅长都没事，就是两个蒙族厅长（毕力格巴图尔，云世英均为黑帮分子）都出了问题。"这难道不是在肆无忌惮地煽动民族情绪，以民族斗争掩盖阶级斗争

—20—

的实质吗？这难道不是为乌兰夫的死党翻案招魂，恶毒地攻击无产阶级文化大革命吗？毛主席教导我們說："**什么人站在革命人民方面，他就是革命派，什么人站在帝国主义封建主义、官僚資本主义方面，他就是反革命派**"以上事实足以証明民族分裂主义分子王再天是頑固地站在乌兰夫一边的反革命派。

四、赫鲁晓夫式的个人野心家

毛主席教导我們說："**要特别警惕象赫鲁晓夫那样的个人野心家和阴謀家，防止这样的坏人篡夺党和国家的各级領导。**"地主阶級，王公貴族的孝子賢孙国民党軍閥王再天，在当代王爷乌兰夫的提拔重用下，青云直上，飞黄腾达，1947年內蒙古自治区成立时王賊任內蒙党委办公厅主任兼公安部长，內蒙軍区成立后，王又被提为內蒙軍区付司令，56年乌賊又把王再天提为內蒙人委常务付主席，61年之后，王賊又任內蒙党委书記分管外事、政法。王賊一跃再跃，官錦纏身好不威风，这也难怪他經常在会前会后散布"奎璧吉雅泰是两个老沒用，我就是乌兰夫的接班人。"眞有"一人之下，万人之上"的派头！王再天曾在一次厅局长会議上大言不惭地說："我在北京开会时，有个負責同志問我，你这个軍区付司令挂个什么軍銜？我說；我过去是国民党的少将旅长，現在是內蒙古的付主席軍区付司令員，至少也要給挂个中将上将才行"。途穷而匕首見，在这里王再天这个赫鲁晓夫式的个人野心家竟恬不知耻地把自己投靠蔣介石，残害人民的罪恶历史搬出来向党要兵权，眞是疯狂至极，狼子野心昭然若揭！55年經群众检举揭发，中央組織部即发現了王再天的个人野心，派专人来內蒙了解王的情况，后撤了王再天內蒙軍区付司令員的职务，当时来內蒙了解王的情况的同志，将王的問題写成书面材料。这样考察干部的材料是供給領导参考的，积累资料不能外传。可是中国赫鲁晓夫刘少奇的黑干将安子文竟将这材料交給了乌兰夫，而乌賊又交給王再天本人看了，这是严重违犯党紀的行为，而大叛徒安子文还讲什么："王再天的問題是属于有严重缺点错誤，还不属于党內搞宗派，有个人野心的問題。"眞是黑帮保黑帮，叛徒拉叛徒。

1955年朱德来內蒙，朱要去桃花农业生产合作社视察，有人提議让亲自在桃花农业生产合作社蹲点的王××同志随朱前去，但因王××与乌兰夫鬧过意見，于是乌兰夫让他的心腹王再天去了。从以上两件事就完全可以看出乌兰夫对王再天是何等包庇和重用的了！

毛主席在关于接班人的五个条件中指出："**他們必須是党的民主集中制的模范执行者……而不是象赫鲁晓夫那样破坏党的民主集中制，专横跋扈，对同志搞突然袭击，不讲道理，实行个人独裁。**"而反革命修正主义分子王再天正是这样的赫鲁晓夫式的个人独裁者。他竟敢在光天化日之下声称"我是公安厅厅长，付主席、党委书記，我說了就是算，你們大家就是要听我的。"你看他多么狂妄啊！在他的眼里根本沒有毛主席和党中央。当代王爷乌兰夫和王再天早已野心勃勃，所以最怕群众向中央揭露他們的罪恶，王再天曾作賊心虚地說："党章上虽有规定党員可以向上级反映意見，但最好是不反映"同时，王一直掌管公安政法大权，故常用邮检之便了解群众向毛主席党中央反映的問題并对这些群众进行打击陷害。

反革命修正主义分子王再天的个人野心还表現在他任用干部方面。毛主席指出："

—21—

共产党的干部政策，应是以能否坚决地执行党的路綫服从党的紀律，和群众有密切的联系有独立的工作能力，积极肯干，不謀私利为标准，这就是'任人唯賢'的路綫。"王贼再天与毛主席的这一重要指示背道而馳，采取任人唯亲的干部政策。他的黑手伸得很长，到处安插亲信，排除异己。最为突出的就是他将他的臭婆娘张暉安插在內蒙医学院任第一书記而又将他一手裁培起来的反革命修正主义分子"內人党"党魁，苏蒙修情报員木伦安插在医学院当院长兼付书記。王再天曾多次地不失时机地吹嘘标榜他的臭老婆张暉。他說："张暉有能力，要不是来內蒙，早成了中央部长或省委书記一級的干部了唉！张暉就是因为跟我吃亏了，惜材了"他还吹捧她的老妖婆說："张暉是少数民族妇女干部中最好的一个，但党和組織对她提的不快，"在这里王贼又一次地发泄了他对党的不滿。王再天也从不錯过一切机会提拔他老婆，张暉原仅仅是內蒙公安厅政治部付主任，后来烏兰夫、王再天将她提为內蒙古医学院党委第一书記內蒙党委候补委員。张暉究竟是一个什么样的人物呢？她是伙同我院另一个最大的走资派木伦，在医学院頑固地执行了刘少奇修正主义建党路綫和教育路綫，頑固地走资本主义道路的罪魁，是一个毫无革命干劲，养尊处优、敌我不分，网罗牛鬼蛇神的蜕化变质分子。在二、三月反革命复辟时，她多次跑到反革命修正主义分子王逸伦家亮反革命之相。就是这样一个奇臭难聞的东西，王再天却奉为掌上明珠到处端来端去。这和刘少奇吹捧重用王光美，有何异样？！无数鉄的事实証明王再天根本不是什么革命领导干部，而是一个地地道道的烏兰夫反党叛国集团的核心人物。

"不周山下紅旗乱""黄洋界上炮声隆"一场革命的暴风雨已經来临。让我们紧紧掌握革命斗爭的大方向，排除来自右的方面或"左"的方面的干扰，以"斗私，批修"为綱，集中火力，集中目标，稳、准、狠地打击敌人，彻底清除烏兰夫反党叛国集团的残党余孽，坚决打倒反革命修正主义民族分裂主义分子王再天，巩固我们的紅色新政权，让毛泽东思想伟大紅旗在內蒙古上空永远飘揚！

坚决打倒反革命修正主义民族分裂主义分子王再天！
坚决打倒烏兰夫反党叛国集团的大头目王再天！
坚决揪出烏兰夫在"公检法"外事口的头号代理人王再天！
誓死保卫党中央，毛主席，中央文革！
坚决捍卫內蒙紅色政权！
毛主席的革命路綫胜利万岁！
伟大的領袖毛主席万岁！万岁！万万岁！

—22—

最 高 指 示

必须在各个工作部门中保持高度的警惕性，善于辨别那些伪装革命而实际反对革命的分子，把他们从我们的各个战线上清洗出去，这样来保卫我们已经取得和将要取得的伟大的胜利。

王再天在二、三月逆流中亮的黑"相"

曾被人称为"革命的领导干部"的王再天，最近一个时期，摇头晃脑，到处招摇撞骗，哼小曲，唱大调。发表演说，大作报告。仿佛他自己无比坚强，比革命还革命。然而再狡猾的狐狸也逃不出猎人的目光，再阴险的敌人也会被用毛泽东思想武装起来的无产阶级革命派识破。无数铁的事实证明，王再天这个所谓的"革命领导干部"，不过是一个彻头彻尾的反革命修正主义分子，阴险而狡猾的陶铸式的反革命两面派。

反革命毕竟是反革命，不管他怎样伪装，都掩盖不了其反革命的本质。狐狸穿上了人衣，但尾巴还是要露出来的。王再天这只老"狐狸"长期以来，凭着他的反革命的阶级本能，使出种种狡猾的手段，给自己披上了"革命"的外衣，到处招摇撞骗，蒙骗了不少革命群众。甚至直到如今，不是还有人说他是革命的领导干部吗？不是也有人说他经得起"革命考验"吗？不是也有人说他顶住了二、三月反革命复辟逆流了吗？不是也有人说他坚定地站在以呼三司为代表的无产阶级革命派一边了吗？……够了，够了！王再天这个老混蛋因此也就恬不知耻的以"革命领导干部"的身分得起意来，算了吧，真不要脸！什么"坚定"呀！什么"站在了呼三司一边了"呀！统统是假象，如果还给他自己的"卢山真面目"的话，那么，王再天分明和资本主义复辟急先锋是一丘之貉。

紧跟乌兰夫而飞黄腾达的王再天竭尽其献媚求宠之能事，为巩固"乌家王朝"大显身手，为"乌家王朝"反党叛国复辟资本主义推车帮套，因此在史无前例的无产阶级文化大革命中广大革命群众向乌兰夫发起总攻击之时，王再天怎么能不保呢？！但是这个老狐狸不敢明目张胆地保乌兰夫，于是就采取了貌似狠打，实则是隔靴搔痒，明打暗保的手段。当乌家王朝被打得狠狠不堪之时反革命心里也就有所暴露，他就曾经为了保奎璧而发过雷霆赤膊上阵。可以说，在本质上这个一贯效忠于乌兰夫的黑干将和王逸伦、王铎一样，也为二、三月份资本主义复辟反革命逆流的发生做了政治上和组织上的准备。

王再天的亮"相"是他典型的反革命两面派的铁证。王再天的黑"相"如瞬间一亮，随即被盖上美丽的画皮，遮人耳目，王贼再天这种反革命两面派手法，恰恰暴露了他十七年反革命的罪恶本质，也正是反革命两面派的突出特点。他的企图不是别的，而是想混入革命队伍，从而钻入红色政权。

在资本主义复辟逆流中，王再天便与王逸伦、王铎之流眉来眼去，勾勾搭搭。王贼指使其臭妖婆张晖的弟弟张××在三月中旬的一个晚上，七点多钟左右，到三反分

—23—

子王逸伦家拉关系，亮"黑"相，說什么"我姐夫也很想站出来，（指站在王逸伦一边）"过了三天之后，他又亲派其臭妖婆张暉到王逸伦家亮相。张暉找到了王逸伦的儿子后，哭着說："我的观点已轉过来了，我給我的儿子（王××）做了工作，也让他站在你們一边，他已經退出呼三司了。他父亲基本上也通了，是不是让你母亲設法让再天和王鐸、逸伦联系上，給他也做做工作，也設法让再天到北京找这几位老书記（指王鐸、王逸伦）談一談。我們对高錦明不了解。咱們这几家（指二王）都是比較了解的，都是老书記了。你看我們现在站錯了。"当张暉找到王逸伦老婆李謹励时，如丧考妣一把鼻涕一把泪地說："再天有个要求，想去和逸伦談一談"为表示其忠心更加无耻地說："你看再天怎么往出站？"够了，够了，好一个"革命領导干部"，好一个"坚定的站在呼三司一边"这不是王再天这个老混蛋投靠王逸伦的鉄証是什么？王賊的丑恶嘴脸已經昭然若揭了。

不仅如此，王賊为了达到他的反革命目的，又迫不及待地指使他的秘书温×和他的妻弟张××，到独立二师表白他反革命的心意。这两个哈叭狗找到了独立二师副政委××后說："王再天同意我們的观点了，（指支持王逸伦、王鐸之流）"又說："再天同志表示要上北京找逸伦談談情况"，同时还說："温×（王再天的秘书）也去北京看看情况"。

还是这个王再天密密派出他的儿子王××向王逸伦的儿子不但表白他支持"无产者"，而且还打听他的"老朋友"王逸伦在北京住在什么地方？甚至連电话号码是多少？也問个了仔細，可见其心情之迫切也！

好狡猾的狐狸，好恶毒的反革命心意，何等的嚣张。既派老婆、又放秘书、心腹一齐上到处拉黑綫，又要表黑心，又要迫不及待地与他的老同事（二王）联系，談談……。并且派他的心腹去北京观风向，"看看情况"，以便来个政治投机。如果一旦情况不好，风声吃紧那么便可以装出一付非常革命的面孔支持呼三司为首的革命造反派。

毛主席教导我們說："**帝国主义者和国内反动派决不甘心于他們的失败，他們还要作最后的掙扎。在全国平定以后，他們也还会以各种方式从事破坏和搞乱，他們将每日每时企图在中国复辟。这是必然的，毫无疑义的，我們务必不要松懈自己的警惕性。**"

王再天这个老反革命，也絕不甘心退出历史舞台。在黑浪翻滚烏云密布的二、三月反革命复辟逆流中，他再也按捺不住反革命的心情，而黑相毕露，一头扎在王逸伦、王鐸的怀抱里，赤裸裸的暴露了其反革命的猙獰面目。正如伟大領袖毛主席說的那样："**各种剝削阶级的代表人物，当着他們处于不利情况的时候，为了保护他們现在的生存，以利将来的发展，他們往往采取以攻为守的策略。……他們有长期的阶级斗争的經驗，他們会做各种形式的斗争包括合法的斗争和非法的斗争。我們革命党人必須懂得他們这一套，必須研究他們的策略，以便战胜他們。切不可书生气十足，把复杂的阶级斗争看得太簡单了**"。

正因为王再天黑相亮透，张德貴指使反革命复辟急先鋒苏雷才把王再天从内蒙医院接出去并送往北京，妄图为王逸伦、王鐸之流助一臂之力。誰知到京一看，形势大变，談判对呼三司有利。王再天这只狡猾的狐狸，凭着他多年反革命的經驗，沒敢去找王逸伦、王鐸联系，暂时收藏起他反革命的心情，穿上了"革命"外衣，左遮右掩，上

—24—

下翻騰，給自己带上了"左派书記"的桂冠。他的"老同志"王逸伦曾这样評价他："王再天这个人眞聪明、眞鬼，他給×区写信表示了态度支持×区。这次到北京是苏雷帮助办的手續。到北京就不来了。"

够了，够了！王再天已經用他自己的罪恶行径，描繪出了他那一付卑鄙的鬼脸，暴露了他的丑恶灵魂，宣判了他自己的死刑，他用自己鉄的事实告訴大家，他并不是什么"革命的領导干部"，也不是"坚定地站在呼三司为代表的无产阶級革命派一边"的"左派书記"。只不过是一个阴险狡猾的反革命两面派。如果說"坚定"的话，那就是他坚定地站在烏兰夫及其代理人王逸伦、王鐸一边，是一个彻头彻尾的陶鑄式的老反革命。

> 王再天三月复辟投靠王逸伦罪該万死！
> 打倒反革命两面派王再天！
> 彻底肃清烏兰夫的残党余孽！
> 坚决捍卫內蒙古紅色政权！
> 无产阶級文化大革命全面胜利万岁！
> 毛主席万岁！万岁！万万岁！

最　高　指　示

"他們是資产阶級、帝国主义的忠实走狗，同資产阶級、帝国主义一道，坚持資产阶級压迫，剝削无产阶級的思想体系和社会主义的社会制度，反对馬克思列宁主义的思想体系和社会主义的社会制度。他們是一群反共反人民的反革命分子，他們同我們的斗爭是你死我活的斗爭……"

王再天是反动的"內人党"的黑后台

"千鈞霹靂轰河汉，万里风焰照天燒"紅太阳照亮了的內蒙古草原一場。从文艺界兴起的猛烈的革命风暴，正以排山倒海之势，雷霆万鈞之力，向以烏兰夫为首的反革命修正主义、民族分裂主义集团发动了一次又一次的毁灭性的总攻击。曾經"紅"极一时的"內蒙古人民革命党"（簡称內人党），轉眼間变成了不齿于人类的狗屎堆。这是毛泽东思想的又一伟大胜利。

臭名昭著的"內人党"是以老牌民族分裂主义分子哈丰阿、特古斯等人为首的反共反人民，鼓吹"內外蒙合并"大搞民族分裂活动的反革命集团。是一个由封建王公、貴族、官僚、地主、蒙奸、日特組成的烏七八糟的大杂燴。它虽于1946年2月宣布解散，但是"这个仇恨共产党、仇恨人民，仇恨革命达到了疯狂程度的反动集团絕不是眞正放下武器，而是企图继續用两面派的方式保存他們的实力，等待时机，卷土重来。"1946年

—25—

"四·三"会议之后，当代王爷乌兰夫，反革命修正主义分子王再天之流为了适应他們反党叛国的需要，将哈丰阿、特古斯等"內人党"党魁及骨干分子都先后拉入中国共产党的队伍。从此以后，"內人党"的党魁們便披上了共产党員的外衣，进行着"內人党"所未完成的事业，疯狂不停地进行民族分裂活动。然而，长期以来这样一批反革命分子为什么受不到无产阶级专政、党紀国法的制裁呢？原来有一把大黑伞在保护着他們，这把大黑伞就是乌兰夫的代理人，反革命修正主义分子、民族分裂分子、国民党反动军閥王再天。

长期以来，反革命修正主义分子王再天窃取了自治区公安部长，公安厅长，自治区副主席，区党委书記处书記的要职，利用掌管的政法大权，通过制定政策、审理案件和指导全区政法工作等合法手段，想方設法包庇反动党团組織，反革命分子和民族分裂主义分子。由王再天一手把持的內蒙公安厅所泡制的《內蒙古党派組織及日伪特务組織材料》就是王贼包庇牛鬼蛇神、取消无产阶級专政的鉄证。反革命修正主义分子王再天在这个黑文件中竭尽混淆事非，顛倒黑白之能事，为反动透顶的"內人党"涂脂抹粉，歌功頌德，使其披上了一层华丽的伪装，为"內人党"頑固不化的党徒大肆进行民族分裂活动提供了政策上和法律上的可靠保证，王贼在这个黑文件中胡說什么"九、三后的內蒙古革命党是一度出现的民族主义集团""在一九四五年到一九四七年的国际国內条件下，它又有反对帝国主义、反对民族压迫与共产党做朋友的思想基础"，更为严重的是在这个黑文件中不但只字不提对鉆入我党、政、军的"內人党"党魁，民族分裂主义分子、苏蒙修特务的如何清除法办，反而提出对于已經参加"人民革命党"现为我党、我军干部的上列人員"都已交待清楚"是"历史問題"，"也不必给每个人写书面結論"，你看他說得多輕松！为了进一步达到包庇重用这批狐群狗党的目的，王贼还在黑文件中拼命为他們开脱罪責。說："他們（內人党徒）所以参加人民革命党是由于他們曾有民族解放的要求与热情，而政治认識模糊，对于中国革命无知，不明白內蒙古革命是中国革命的一部分。"我們說：不对！他們的"热情"是有的，不过这种热情不是眞正的民族解放的热情，而是維护封建王公、貴族、官僚、牧主对貧苦农牧民残酷剝削統制的热情，是反革命的热情。至于什么"模糊"、"无知"更是胡扯。"內人党"的党魁哈丰阿、特古斯之流是一群老牌的民族分裂主义分子，是一批反共反人民的老手。他們的政治认識清楚得很，他們非常清楚、非常懂得：中国革命胜利之时，就是内蒙各族劳动人民获得彻底解放之日，也就是他們自己这一群豺狼的灭頂之日。所以他們对中国共产党、中国革命和光焰无际的毛泽东思想怕得要命、恨得要死，所以他們大肆鼓吹內外蒙合并，极力要把內蒙古从祖国的大家庭中分裂出去。反革命修正主义分子王再天在这个黑文件中还把这批伪装进步、居心险恶的"內人党"党魁美化成为"明智的"、"反封建上层的"积极分子。他說："他們（指"內人党"党魁）才先后被接收加入我党，并在我党的宣传教育之下（特别是民族政策的教育），很快即接受了我党的領导""并且能够在一九四七年內蒙古反封建的斗争中，站到我党和人民的方面，反对封建上层"这是对历史的最大歪曲！毛主席教导我們說："**决不可以认为反革命力量服从我們了，他們就成了革命党了，他們的反革命思想和反革命企图就不存在了，决不是这样。**"无数鉄的事实证明了我們伟大領袖毛主席的这一英明論断。反动透

—26—

771

項的"內人党"党魁虽表面上伪装拥护我們,而在实际上他們的民族分裂从来沒有一天停止过。直至1957年"內人党"党魁、民族分裂主义分子特古斯、额尔敦陶克陶等人,还秘密成立"內外蒙名詞术語統一委員会"、即43人委員会,大搞内外蒙合并的民族分裂罪恶勾当。在他們控制的报刊、广播、书籍上,大肆散布"我們的首都是烏兰把托","中国的首都在南京",諸如此类的民族分裂的反动言论。更令人发指的是,62年蒙修头子泽登巴尔来中国划中蒙边界时,在特古斯直接控制的蒙文报上竟喊出:"英明的領袖泽登巴尔万岁"的混蛋口号,如此等等,举不胜举。这一切能说明他們很早就站到了我党和人民一边嗎?不能,一千个不能,一万个不能!也就是在这个黑文件的最后,王賊不打自招地供出"他們(指"內人党"党魁)才先后被接收加入我党,并在我党政军和人民团体中担負了重要工作"。这句話倒符合事实,不过反动派的坦白程度还是有限的。在这里王賊沒有交代出究竟是誰将这些作恶多端的"內人党"党魁拉入党内的?这不是别人,正是他自己和当代王爷烏兰夫。恶貫滿盈的"內人党"党魁,的确是滿布要津,控制了自治区的党政军大权,为烏兰夫反党叛国集团效尽了犬馬之劳!

反革命修正主义分子王再天所一手泡制的这一黑文件确确实实地成了反动透項的"內人党"党魁的护身符,在过去,三反、五反、鎮反、反右斗争等历次重大的政治运动中,阴险狡猾的"內人党"党魁就凭这张护身符,一次又一次地滑了过去。在我們伟大的导师毛主席亲自領导的这场史无前例的无产阶级文化大革命中,亿万革命群众用毛泽东思想这个政治上的显微鏡和望远鏡,将躲藏在各个阴暗角落的牛鬼蛇神,一个又一个地揪出来了。反革命修正主义分子、老牌民族分裂主义分子王再天,也感到烏兰夫反党叛国集团快要垮台了,自己的末日快要来临了,于是他便和一切反动派一样,作起垂死的挣扎来了。老奸巨猾的王再天深深地知道,要想保住自己,必须先保住自己的外围。于是他便上窜下跳,东奔西跑,煽阴风,点鬼火,一保再保,拼命地死保"內人党"党魁、苏蒙修情报員、特务。請看如下事实:

内蒙古医学院党内走资派、"內人党"党魁,蒙修特务木伦,一貫大搞民族分裂,一貫疯狂反党反社会主义反毛泽东思想。文化大革命以来,又頑固推行刘邓的资产阶级反动路綫,于67年二、三月资本主义复辟逆流中充当了急先鋒。然而就是这样的一个頑固不化的家伙,王再天却是一保再保,胡說什么"木伦是好干部""木伦不够四类,木伦历史上沒有什么問題,民族問題上也沒什么"。"你要說他是三反分子,我还沒有材料"。等等,等等,竭力为木伦打保票。由于有这样一只又粗又大的黑手的遙控、挑动,致使木伦疯狂向我东方紅战士反攻倒算,登台表演,企图在我院再进行一次资本主义复辟。严重地破坏了我院革命的大联合和革命的"三結合"。

然而王賊岂止是保一个木伦而已。在内蒙古卫生厅,王再天又死保反革命修正主义分子、"內人党"党魁、卫生厅走资派义达嘎。胡說什么"义达嘎历史上問題不大,内人党未定过反动党派,在当时的历史条件下,有进步的一面"。致使义达嘎长期作"三結合"对象的美梦,当革命造反派揪斗他时,搖头晃脑、气焰十分嚣张。

然而王賊又岂止是保一个义达嘎而已。在内蒙人委当革命群众起来揭发批判原人委副秘书长、"內人党"党魁、蒙修日本特务、出卖祖国领土的民族分裂主义分子嘎儒布僧格的滔天罪行时,王賊对嘎說"你可以組織大字报反击嘛!"从这里也不难看出王再天拼命包庇"內人党"党魁，疯狂鎮压革命群众运动的狰狞面目。

然而王贼又岂止保一个嘎鲁布僧格而已。在內蒙宾館，反革命修正主义分子王再天极力包庇宾館經理、阿尔山办事处处长、蒙修特务赛音布和。胡說什么"当情报員是光荣的历史，是革命的行为，沒啥問題嘛！可以参加三結合"。好一个"光荣历史"、"革命行为"在王贼的眼里，叛国就是光荣，为苏蒙修提供我党情报就是"革命行为"。反革命修正主义分子民族分裂主义分子王再天反党叛国的丑恶嘴脸不是暴露无遺了嗎？

反革命修正主义分子王再天，还竭力将他的爪牙千方百計地打入新生的三結合紅色政权，进行反革命活动。就是他将日特协和会成員騰和塞到內蒙革命委員会，并給滕司令員造謠說"让騰和到內蒙革命委員会当委員，是滕海清的意图，滕对騰很重用"。在这里王贼嫁祸于人，妄图动搖內蒙古紅色政权，其用心何等的恶毒！

当革命群众揪出老牌民族分裂主义分子、"內人党"党魁特木尔巴根后，王贼非常惋惜地說"特木尔巴根我早就劝他退休，现在怎么样？"其意思就是說，特要是听了我的話退休了，就揪不出来了。

当革命群众起来揪老牌民族分裂主义分子、王贼的心腹之人特古斯时，王再天慌了手脚，連忙板起面孔，杀气騰騰地威胁群众說"你們不要老在革命領导干部身上打主意。"你看他是多么吓人呀！然而正象毛主席教导的那样，"一切反动派都是紙老虎。"反革命修正主义分子王再天，也同样是一只紙老虎。

无数鉄的事实証明，反革命修正主义分子、老牌民族分裂主义分子王再天，就是包庇"內人党"的黑后台。"乌兰夫反党叛国集团的残党余孽，被我們一批又一批地揪出来了。无产阶級文化大革命的洪流，一浪高过一浪。无产阶級革命派的战友們，革命的同志們！让我們奋起毛泽东思想的千鈞棒，把当代王爷乌兰夫的代理人，"內人党"的黑后台、反革命修正主义分子王再天，打翻在地，再踏上千万只脚，让他永世不得翻身！

坚决打倒"內人党"的黑后台王再天！

坚决打倒乌兰夫在公检法的头号代理人王再天！

王再天包庇"內人党"大搞民族分裂罪該万死！

打倒乌兰夫！打倒王再天！

毛主席的革命路綫胜利万岁！

伟大的領袖毛主席万岁！万岁！万万岁！

最 高 指 示

站在反动的资产阶级立场上，实行资产阶级专政，将无产阶级轰轰烈烈的文化大革命运动打下去，颠倒是非，混淆黑白，围剿革命派，压制不同意见，实行白色恐怖，自以为得意，长资产阶级的威风，灭无产阶级的志气，又何其毒也！

王再天是刘邓的忠实打手

隐藏在革命陣营中的乌兰夫反党叛国集团的大头目反革命两面派王再天被揪出来了！这是毛泽东思想的伟大胜利！是毛主席革命路綫的伟大胜利！这是1968年內蒙古无产阶級革命派夺取无产阶級文化大革命全面胜利的第一曲凯歌！

有人說王再天是"革命領导干部"，不！錯了！王再天是一个反革命两面派，是一个老牌的民族分裂主义分子，是一个地地道道的反党反社会主义反毛泽东思想的三反分子。

让我們削开这个所謂"革命領导干部"的外衣，看看这个"革命領导干部"在伟大的无产阶級文化大革命中到底干了些什么勾当！扮演了一个什么角色？！

1966年是一个不平凡的一年，在这一年里，世界革命人民的导师，我们的伟大領袖毛主席，亲自发动了震撼世界的无产阶級文化大革命。这一场革命一开始，就向我們尖銳深刻地提出了中国向何处去，走什么道路在这一场革命中执行什么路綫的问题。在这里，不是站在无产阶級的立場上，就是站在资产阶級的立場上，沒有任何調合的余地。王再天这个刘邓的资产阶級反动路綫的忠实打手，在这场暴风雨即将来临的时候，頑固推行刘邓的资产阶級反动路綫。……"围剿革命派，压制不同意見，实行白色恐怖，"大保特保乌兰夫及其爪牙，破坏內蒙古的无产阶級文化大革命。

1966年5月，无产阶級文化大革命的巨流，以其不可抗拒之势，冲决一切罗网，滌荡旧世界的一切污泥浊水，摧毁刘邓王朝之时，中央华北局于北京召开了"前門飯店会議"。这个会議，是同乌兰夫集团决战的会議，是彻底粉碎乌兰夫集团的会議。你是革命派么？那么就必然遵照毛主席"舍得一身剐，敢把皇帝拉下馬"的大无畏精神，狠揭猛打乌兰夫反党叛国集团。你是反革命派么？那么，你必然和乌兰夫同病相依，极力包庇。在这里，"不是东风压倒西风，就是西风压倒东风"，当时与会的高錦明等革命同志，同乌兰夫集团进行了坚决的斗争，以大量的铁的事实，深刻地无情地揭露了乌兰夫集团大搞"独立王国"反党叛国的阴謀活动，揭开了我区阶级斗争的序幕。

然而，却有自称"受乌兰夫排挤打击"的"革命領导干部"王再天，与王逸伦、王鐸、刘景平等反革命修正主义分子一样，跪伏在乌兰夫的脚下，抱头痛哭之时，王再天也惨然泪下，并含着无限深情，婉惜地說："现在别人围攻你，是因为当时你不听我們的话！"看！兔死狐悲王再天站在那个立場上不是很分明了嗎？！王再天凭着他多年的反革命經驗，予感到"前門飯店会議"，已捞不到什么"稻草"，且所揭问题，事事与他有关，句句刺痛他的心窝，于是，为掩人耳目，便也隔靴搔痒地揭了几句，以后

—29—

即以有病为名，座心怀鬼胎，带着特殊使命,溜回了呼和浩特。

乌兰夫在"前門飯店会議"上已穷途末路,他的亲信爪牙在呼市亦被革命的烈火烧得焦头烂额，王再天的回来，給他们带来了希望。王天再看到这些"猢猻"狗命不佳，"乌兰夫王朝"有断子絶孙之险,于是王再天便走訪游說,上窜下跳,奔波于林学院、农牧学院,忙碌于"公、检、法"。不仅如此,他还伙同反革命修正主义分子王逸伦王鐸之流,到处大派工作组,并秘密传达胡克实"反对工作組就是反对党中央"的黑报告,同各院校各单位的走资派串通起来，挑动群众斗群众，大整革命群众的黑材料,把革命造反派打成"反革命"、"右派"、"牛鬼蛇神"；在群众中大搞什么顺蔓摸瓜"等反革命活动"……将无产阶級裹裹烈烈的文化大革命运动打下去",何其毒也！与此同时,他又絞尽脑汁为乌兰夫涂脂抹粉。明明是一个老牌的民族分裂主义分子、反党反社会主义反毛泽东思想的乌兰夫,他却硬說是："乌兰夫的問題不是路綫错誤"，"乌兰夫揪出后，內蒙民族有什么新气象，我看不出来，我答不出来"。他还对外事办公室說："乌兰夫的事对外就按路綫错誤宣传,但不要加'分子'。"等等,等等,于是謬种流传,"乌兰夫思想"复又甚囂尘上。而当乌兰夫上了一次天安門时，王再天更是趾高气揚，洋洋自得，"……乌兰夫上了天安門这是好事,你們理解也得接受，不理解也得接受……"，"乌兰夫……"，看！"受乌兰夫排挤"的"革命領导干部"王再天与乌兰夫的感情何等深厚啊！王再天在无产阶級文化大革命中，明的暗的为乌兰夫涂脂抹粉,所以至今"乌兰夫思想"流毒沒有肃清,乌兰夫的残渣余屑仍在猖狂活动,什么"成吉思汗党"、"嘎达梅林战斗队"不是紛紛出籠了嗎？时至今日,不是还有一小撮混蛋高喊"乌××万岁"嗎？黑根子在哪？黑根子就在他，王再天！

为了保护乌兰夫的爪牙亲信过关"上岸"，王再天也与王逸伦、王鐸之流一样,到处打保票、封"左"派、划框框、定調子,使尽一切手段,散布什么"你們单位沒有黑帮就不要勉强嘛！不要沒事干跑到别的单位抓人家的黑帮……"，什么要在一个月內结束內蒙的"斗、批、改"呀,什么"不要形成汉人整蒙人嘛！"等等,恶毒之极！

所以，在1966年8月15日医学院革命群众掀起揪斗乌兰夫黑帮分子的高潮时，王逸伦、王再天、王鐸之流，怕得要死，便千方百計阻止这一革命行动，当医学院革命群众在人委拉出浩凡、潮洛濛游斗时，王逸伦气极败坏挡住去路,同时又指挥百余人马进行了围攻。此刻的政法口的"閻王"王再天在偷偷摸摸地干了什么？！你王再天敢回答嗎？

王再天的亲信嘎儒布僧格是一个苏蒙修特务,"內人党"党魁,是"乌兰夫思想"的忠实販卖者,是乌兰夫民族分裂叛国阴謀活动的販卖忠实执行者。就是这样一个民族败类,当革命群众已經起来揭发批判他时,嘎向王再天诉"苦"，說到被人贴了不少大字报时，王再天竟然恶狠狠地說："你可以写大字报反击嘛"看！王再天簡直要吃人！刘邓忠实打手的残暴形象，赤祼祼地暴露出来！更有甚者，当革命群众揪出乌兰夫的右"承相"叛国阴謀集团的核心人物奎璧时，王再天却利用种种借口給他以抛头露面的机会,借此来打击革命群众。

在无产阶級文化大革命的高潮中，王再天不顾法院广大革命群众的反对，要給反革命修正主义分子康根成开追悼会,这就已經够令人气愤的了然而王再天竟然把早已被打翻在地的奎璧拉进治丧委員会中。当群众愤怒指斥时，王再天却說什么"这是策略"，

—30—

"不要打击面宽了"，"不要形成汉人整蒙人……，"呸！什么"打击面宽了"！什么"汉人整蒙人了"！什么"策略"问题呀！王再天在这里居心险恶地混淆两类不同性质的矛盾，企图保乌兰夫的虾兵蟹将过关。当乌兰夫黑线人物毕力格巴图尔被揪出之后，王再天十分慌张，急忙散布，什么"老毕打不倒"啊！什么"老毕只是划圈圈（意即是盲目执行者）"呀！毕力格巴图尔与我差不多，也是受乌兰夫排挤的呀！"在公安厅革命群众斗争毕力格巴图尔的大会上，王贼竟以礼相待，又让坐又倒水，开口闭口称"老毕"，大灭了革命派的威风，大煞了斗争会的气氛。事后王贼竟恬不知耻地说什么"你們有人給我貼大字报……咱們对老毕的看法不一致，以后再說吧，将来就一致了"。"毕力格巴图尔以后还是要給工作的，不能当党委书記处书記，到下边搞工业、农业，也还是負責工作"。"公安机关有机密，不能开大会（指斗争毕）"等等。好一頓棍棒，从此以后再也沒有斗争毕力格巴图尔，大字报也寥寥无几。一股革命烈火刚刚在公安厅燃起，就被这个刘邓的得意門生給扑灭了。

另外，云世英同毕力格巴图尔一样，也是公安厅的走資本主义道路的当权派，是乌兰夫"五委"成员之一，是一个地地道道的反革命修正主义民族分裂主义分子。就在群众斗争云世英的时候，王贼又施出灭火的伎俩，竟說什么"从前的事与云世英无关，不追問"。因此，毕力格巴图尔、云世英等反革命修正主义分子，在王再天这把大"黑伞的保护下，在公安厅大院养得肥头大耳，誰也不敢触动他們一根毫毛。

在农牧学院批斗走資派王修的会上，他慷慨激昂"坚决支持你們（紅旗兵团）"，会下他开口一个"王修同志"，"閉口一个王修同志"，握手言欢，好不亲热，

"阴奉阳违，当面說的好听，背后又在搞鬼"。这就是这个反革命两面派的丑恶嘴脸。君不见"老保"手挽手臂并臂，唱着"紅梅贊"，痛哭流涕，为了保卫院党委而游行誓师的场景，难道不就是这个反革命两面派王再天搞的鬼嗎？

1666年8月，紅卫兵抄了法院右派于宪銘的家，这一革命行动却惹得这位王再天大动肝火，三令五申，指使法院文革小組出面，立即将查抄物品如数退給于宪銘。不仅如此，当法院的革命群众起来斗争这个老右派时，王贼竟亲自出来阻拦。看到阻拦无效，又面授机宜于其亲信，进行搞乱和破坏。

总之，走資本主义道路的当权派王再天要保，特务、右派，乌兰夫的亲信、爪牙，王再天也保，"內人党"党魁、党徒、民族分裂主义分子，王再天更保。这儿也保，那儿也保，眞是天字第一号的保皇派。

这个內蒙古的陶鑄，在紅太阳照亮了內蒙古草原的今天，在无产阶级文化大革命的洪流激荡下，随着資产阶级反动路綫的彻底破产、以及刘邓資产阶级司令部的全面崩溃，他非但保不住那些狐群狗党爪牙家丁，而且他自己尽管两面派手法再妙再高，也决逃不脱战无不胜的毛泽东思想的照妖鏡。

> 坚决打倒反革命民族分裂主义分子王再天！
> 坚决打倒內蒙古的陶鑄王再天！
> 毛主席的革命路綫胜利万岁
> 伟大領袖毛主席万岁！万岁！万万岁！

王再天是反动"新思潮"的黑后台

毛主席教导我们說："**这个仇恨共产党，仇恨人民，仇恨革命达到了疯狂程度的反动集团，絕不是眞正放下武器，而是企图继續用两面派的方式保存他們的"实力"，等待时机，卷土重来**"。

王再天这个乌兰夫反党集团忠实的叭儿狗，反革命两面派，施展其反革命两面手法，鈷进革命造反派队伍，混进革命委员会筹备小組所属的机构工作以后，披着"革命領导干部"的外衣，洋洋自得，好不得意！毛主席教导我们說："**敌人是不会放下屠刀，立地成佛的。**"王再天这个地主阶級的孝子賢孙，出于他那反动的阶級本性，对新生的內蒙古自治区紅色政权內蒙古革命委员会筹备小組咬牙切齿。他操纵掌握着一班人馬，喧嚣呼嘯，混水摸魚，挑起事端，制造分裂。企图动搖年青的紅色政权。因此他一面削尖脑袋打进来，一面他要千方百計拉出去。

他的黑手伸向四面八方，通过各种"串連来往"，遙控操纵着某些地区及单位的无产阶級文化大革命。

如果說他在无产阶級文化大革命的初期是亲自出馬派工作組，残酷鎮压无产阶級革命派，公开包庇乌兰夫及其爪牙，拉一派，打一派，挑起群众斗群众，学生斗学生，制造分裂，破坏毛主席的革命路綫，破坏无产阶級文化大革命的进行。那末，现在他即增加了其幕后活动的特点。这种特点在反动的所謂"新思潮"泛滥时期表现得愈发明显。

医学院是王再天的一个重要战略据点，这里有他的臭婆娘走资派张暉，有在他手下飞黄腾达，青云直上的"內人党"党魁木伦，有他一手提拔起来的老部下，原来他的秘书，木伦的"四大金鋼"之一，王××。有……。

总之，王再天的势力在医学院相当雄厚！正因为如此医学院阶級斗爭的盖子在王再天紧捂之下，在他大保木伦之下迟迟揭不开。

因此，那硝烟弥漫，"內战"隆隆。

因此，那政治扒手王××在暮色昏黄中頻繁的出入于"王书記"的庭院，領机宜，传密旨。

因此，"新思潮"的代表人物，能够在医学院慷慨陈詞。

因此批判筹备小組 "执行了新的資产阶級反动路綫"的叫嚷，也在医学院响起。

你看,当东方紅公社广大东方紅战士要支持伊盟《鄂尔多斯》,揪斗暴颜巴图的时候,"革命領导干部"王再天大加訓斥:"你們不了解情况,沒有发言权!"

你看,那王再天在公安厅时的得力助手,忠实的爪牙,长期以来在医学院同张暉、木伦干尽了坏事。群众称为"四大金鋼"的王××之流歇斯底里大发作叫喊"革命委員会中沒有蒙族干部,是方向錯誤"。在文化大革命中王××,看风使舵,逢場作戏,混进了东方紅公社。当王××听到王再天是"革命領导干部"时,欢喜若狂,于是四处匆匆窜走于"王书記"与医学院之间,为"王书記"通风报信,納策受計。王再天的黑手插进了医学院之后,医学院的斗争出现了反复、曲折。因此医学院出现了今天的局面。可以說在一个阶段,医学院的阶級斗争是全区、全市阶級斗争的一个縮影。

在一个时期內,医学院的某些人首当其冲地支持《联委》即支持暴颜巴图,市面上也有某些人同声附和。就在这时,王再天对暴颜巴图大为評賞:"暴颜巴图是个好干部嘛!"請問,暴颜巴图何許人也?!

暴颜巴图是反动的"內人党"骨干,是日本特务,是王再天的八大青年之一,是老牌民族分裂主义分子,是伊盟复辟資本主义的急先鋒。就是这样一个人,王再天不择手段,一保再保,拉一派,打一派,混淆是非,顛倒黑白,扰乱阶級陣綫,制造混乱。使伊盟眞正的无产阶級革命派受到严重打击,給伊盟无产阶級文化大革命带来了不可弥补的损失。

也正因为有这样一个"革命領导干部"王再天作后台,所以某些人就成了保暴的先鋒,而暴为了逃避革命群众的斗争竟在医学院住了好长时间。在伊盟问题上有的无产阶級革命派內部,由于王再天这个老贼的挑唆,分成了两派。

支持《联委》的一些人成立了《支持联委联絡站》("新思潮"的前身)后,不久一股所謂的"新思潮"即漫天盖地而来,什么"筹备小組的成立执行了新的資产阶級反动路綫",什么"内蒙古目前面临着新的資本主义复辟"什么"权力再分配"什么"揪军內一小撮是最大的拥军"等等反动謬论,充斥于各个角落。毛主席說:**"被推翻的反动阶级不甘心于死亡,他们总是企图复辟……,一有机会,就企图离开社会主义道路,走資本主义道路"。**王再天就是这样一个念念不忘从无产阶級手中夺取政权,实现資本主义复辟的反动阶級的典型人物。此刻气候土壤适合了王再天,他再也按捺不住了!就要出籠了!

你看,他又同运动初期一样显得异常活跃,露头掩尾,到处奔走。他到处别有用心地煽动,散布什么"你們革命小将給筹备小組提意見很好!""筹备小組也有很多问题嘛""你們造反精神强!"明明是在炮打无产阶級司令部,冲击毛主席的无产阶級革命路綫,王再天却大加贊扬。明明是轉移斗争目标包庇走資派,动摇紅色政权,王再天却倍加賞識。反革命的狼子野心,黑后台的猙獰面目不是赤裸裸的暴露出来了么?

王再天固有的阶級属性,决定了他在这一場阶級较量中,为他反革命的脸譜再画上一道油彩。为了更大地掀起"新思潮"的高潮,王贼派出爪牙活动。曾××为其收集政法口的情报,上串下跳,忙得不亦乐乎。

而某某厅的某些人为其大整特整滕海青、高錦明同志的黑材料,所以×××、××

—33—

为其奔向土旗为"新思潮"派撑腰打气。

在这密布情报网的同时，王再天又亲自出马。

在宣教口，王贼与"內人党"党魁、民族分裂主义分子特古斯等来往更为频繁，进行着反革命的策划、部署。由此特古斯在××組織中大搞其鬼。一些同志的右倾不是已經使我們感到吃惊和深思么？！

在內蒙监狱王贼亲自为"新思潮"派出謀划策，亲自挂帅"鎮压"維护筹备小組威信的革命同志。

王再天为××地区的文化大革命情况作了那么几点"指示"于是"新思潮"的代表人物王××等全副武装奔赴××一带，上串下連，煽风点火。当反动的"新思潮"被我革命造反派击潰不久，又有什么"決联站"出来招搖撞騙。本来这些烏七八糟的破烂货的上市也沒有什么异常，因为这是阶級敌人的本能，是符合阶級斗爭规律的。然而值得质疑的是为什么这股阴风陣陣吹来，时起时伏續而不断，这里有鬼！这个鬼就是王再天！

不久前，王再天曾得意洋洋地說："阶級斗爭是复杂的，象我們这样老奸巨猾的人是能滑过去的"。然而，今天我們这位"可爱的""老奸巨猾"的"革命領导干部"在毛泽东思想的照妖鏡下竟沒能"滑过去"而原形毕露了！竟也被我們这些小人物揪出来了！

突然嗎？不突然，奇怪嗎？也不足为怪，这是规律，是**必然，是历史的辯証法"这就是帝国主义和世界上一切反动派对待人民事业的邏輯，他們决不会违背这个邏輯的。"**

最 高 指 示

凡是要推翻一个政权，首先要造成輿論，总要先作意識形态方面的工作。

革命的阶級是这样，反革命的阶級也是这样。

资本主义反革命复辟的宣言书

——剖析王再天1962年7月在內蒙古政协二届三次会議上的讲話

中国赫魯晓夫在內蒙的代理人、內蒙古党內最大的走资派，最大的民族分裂主义分子、"当代王爷"烏兰夫，为了实现其复辟資本主义，建立"大蒙古帝国"的反革命野心，为了策划反党叛国，实现民族分裂的罪恶目的，招降納叛，結党营私，网罗牛鬼蛇神，把大大小小，老的新的民族分裂叛国集团糾集在他的黑旗下，組成了一个反革命修正主义、民族分裂主义的"独立王国"。在他一手泡制下的原內蒙古政协，就是这个反革命"独立王国"的一个重要組成部分，他就凭着这个反党叛国的地下独立王国，呼风唤雨，推涛作浪，或策划于密室，或点火于基层，上窜下跳，八方呼应，大搞出卖民族

—34—

利益、分裂祖国统一，和投靠帝国主义、苏蒙二修、国民党反动派的罪恶活动。窃踞内蒙古自治区副主席、书记处书记、分管公检法外事口大权、披着"革命干部"外衣的乌兰夫的黑干将、反革命修正主义分子、民族分裂主义分子王再天，就是这个"地下独立国"的黑干将。

1962年，正当国际国内两个阶级、两条道路斗争非常尖锐，帝修反华气焰甚嚣尘上，蒋介石叫嚣要反攻大陆，群魔乱舞、毒草丛生，牛鬼蛇神纷纷出笼的关键时刻，反革命修正主义分子王再天，以为时机已到，又一次跳了出来，向党向社会主义发起了猖狂进攻、他"在内蒙古政协二届三次会议上的讲话"（以下简称"讲話"）就是公开配合国内外阶級敌人向党进攻的反革命复辟宣言书。

现在，让我们用毛泽东思想这个望远镜和显微镜，来剖析一下王再天这个披着人皮的狼，是如何利用"讲話"向党向社会主义进行猖狂进攻的。

一、大肆鼓吹阶級熄灭論，为牛鬼蛇神涂脂抹粉

毛主席教导我們說："**帝国主义者和国內反动派决不甘心于他們的失败，他們还要作最后的挣扎。在全国平定以后，他們也还会以各种方式从事破坏和捣乱，他們将每日每时企图在中国复辟，这是必然的，毫无疑义的，我們务必不要松懈自己的警惕性**"。

王再天这条披着人皮的狼，不仅把大批的狼拉进了党和政府里，还把另一批实在无法拉进来的狼又给披上了人皮。在他的所謂的"讲話里"、公然地为牛鬼蛇神涂脂抹粉。他胡說什么：民主人士（按：即內蒙古人民革命党的党魁之流）民族上层（按：即王公貴族）起义人士（按：即傅作义的黑綫人物）在轉化为劳动人民的过程中，大多数跨过了重大的一步，相当多的人已經成为社会主义的劳动者，资产阶级工商业者在接受社会主义改造的过程中，大部分跨过了重大的一步、有一部分人已經改造成为自觉的社会主义劳动者。"宗教界也"有了很大的进步，宗教界的面貌发生了根本变化……許多人都有不同的貢献"。"从旧社会来的知識分子，一般說来政治面貌上已經起了根本变化，……已經成为劳动人民的知識分子。"他們"經受了社会主义革命不断深入和高涨的考驗，也經受了国內經济生活暂时的，但又是严重的困难的考驗，也經受了国际上几次反共反华和现代修正主义逆流的考驗，……。"他們"一般都有很大进步。"他們"絕大多数人在反对帝国主义和现代修正主义的斗争中，在克服經济困难的斗争中表现积极"。还歌頌他們說："这不是容易的事情。"这个自称"革命干部"的反革命修正主义分子王再天，就这样把一大批本来就是帝国主义走狗，反动派和修正主义分子打扮成"时代的英雄"，其目的不过为复辟资本主义制造輿論，为牛鬼蛇神粉墨登场，打起了开场鑼鼓，为反动派卷土重来鳴鑼开道。也正如九評所指出的那样"这种修正主义的特点就是在否认阶級和阶级斗争的名义下，站在资产阶級方面向无产阶级进攻，把无产阶級专政改变为资产阶级专政。"

二、鼓吹阶級合作，为地、富、反、坏、右爭权

毛主席教导我們說："**世界上只有猫和猫作朋友的事，没有猫和老鼠做朋友的事。**"而这个乌兰夫黑帮的干将王再天，正如列宁痛斥无产阶級的叛徒所說的那样："**如**

果說他在理論上一竅不通,那麼他在干阴謀勾当方面,却是頗为能干的。"王再天正是这样,他运用顛倒黑白混淆是非的手法,給一批地、富、反、坏右披上了画皮之后。又在他的"讲话"中象一个传教士一样,絮絮叨叨,念念有詞,公然叫囂要与他們"亲密合作",要"切实尊重党外人士的职权""任何人不应该进行干涉和限制"他們。他規定:"对于在职的资产阶级分子和他们的家属,不要下放农村……过去已經下放的,如非本人自愿,应該调回。"他又規定"对于因关厂而精簡下来的资产阶级工商业者,必須和职工一视同仁,妥善安置,务使每个人都有着落,都有安排,不能推出了事。"还規定:"在保留下来的企业中,一般地不要精簡资产阶级分子,属于年老、体弱、多病或丧失劳动能力的,应該按退休办法来处理。"还規定:"对于旗县級以上的各族各界代表人物,不精簡,不下放。……不要降低这些人的政治地位和生活待遇。"还規定:"对资产阶级子女的升学,……不要因为他们是资产阶级子女有所歧视。……我們要一视同仁。"还規定要与他們"交朋友,交諍友,多談心,多往来。""培养提拔应一视同仁。"要"有利于促使各方面每个人心情舒暢。"……如此等等,不一而足。好一付剝削阶级孝子賢孙的嘴脸。

毛主席教导我們說:"世界上没有无緣无故的爱,也没有无緣无故的恨。"王再天之所以对剝削阶级这样关心备至,正表明他始終坚持他的大地主大军閥的反动頑固立場。毛主席又教导我們說:"人民大众开心之日,就是反革命分子难受之时。"王再天一再强调要促使各方面每个人心情舒暢。""一视同仁"只不过是玩弄着"猫和老鼠做朋友""黃鼠狼給鸡拜年"的阴謀詭計,为地富反坏右爭夺吃人肉喝人血的权利,为资本主义反革命复辟进行組織上的准备而已。

三、取消阶級斗爭,取消无产阶級专政。

毛主席教导我們說:"革命的专政和反革命的专政、性质是相反的,而前者是从后者学来的。这个学习很要紧。革命的人民如果不学会这一项对待反革命阶级的統治方法,他们就不能維持政权,他们的政权就会被内外反动派所推翻,内外反动派就会在中国复辟,革命的人民就会遭殃。"又說:"不同质的矛盾,只有用不同质的方法才能解决。例如,无产阶级和资产阶级的矛盾,用社会主义革命的方法去解决。……"列宁又說:"向前发展即向共产主义发展,必須,經过无产阶級专政,决不能走别的道路。"要不要无产阶級专政,历来是无产阶級革命家还是无产阶級叛徒的试金石和分水岭。

把持内蒙政法口大权的王再天,竟然胡說什么消灭剝削阶级"主要采取統一战綫。"即"包括……牧主和过去的王公在内的极其广泛的人民民主統一战綫。"还說:"这是个法宝……就应当高举它。""这是我国社会主义事业取得胜利的根本保证,也是我们能够顺利地进行国民經济的調整工作的根本保证""我們需要經过統一战綫,調动一切可能調动的积极因素为社会主义服务。"显而易見,王再天的所謂"包括牧主和过去的王公的"統一战綫"只不过是"全民的国家"的翻版而已,凭着这样一个"統一战綫"能調动起什么积极因素,和建设什么样的"社会主义"不就昭然若揭了嗎?这就难怪内蒙地区内三条黑綫在王再天把持的政法口保护下,变得越来越粗且长了。

毛主席教导我们說:"自我批評的方法只能用于人民内部,希望劝說帝国主义者和

—36—

中国反动派发善心回头是岸，是不可能的。"唯一的法办是組織力量和他們斗爭而王再天的办法则是"神仙会"。而且参加与否"完全要根据自愿原則"学習文件则是"烏兰夫主席的政府工作报告"方針是"要貫彻自觉自愿独立思考，自由辩論，和風細雨的'神仙会'的方針。"如此"統一战綫"，如此"神仙会"，保护了多少"牛鬼蛇神""狐狸大仙"呢；王再天是哪个阶級的代表人物自然就不言而喻了。

四、用民族代替阶級大搞民族分裂的阴謀活动

毛主席教导我們說："**民族斗爭，說到底是一个阶級斗爭問題**"而老牌民族分裂分子王再天只字不談阶級斗爭，口口声声嘰語着"首先应該肯定还有民族問題""事实上是存在着民族問題的。"不管搞什么都要"从地区特点，民族特点出发""忽視地区特点，忽視民族特点，""就固然产生許多缺点和錯誤，引起群众的一些不滿。"就"容易出問題"。什么民族特点呀，地区特点呀！就是不提阶級特点，更其甚者公开鼓吹"民族情感是好的。"好一个"有民族情感是好的。"毛主席教导我們說："**至于所謂人类之爱，自从人类分化成为阶級以后，就没有过这种統一的爱。**"在阶級社会中，只有**具体的阶級感情，决没有什么抽象的統一的什么民族感情**。蔣介石与夏明翰絶沒有統一的感情，王公貴族同奴隶也断不会有統一的感情。王再天之流鼓吹的什么"民族感情"也只不过是"人类之爱"这种烂言的翻版而已。这是一切无产阶級的敌人所慣用的手法，王再天也玩弄这种超阶級的手法，企图挑起民族糾紛，煽动民族分裂，用心何其毒也。

这个老民族分裂分子王再天，在他鼓吹起什么"民族情緒"之后，又在无中生有地"列举了忽視民族和地区特点的"罪状"，什么开荒'一开就十里多，牲畜沒法到河边喝水，'"对民族形式風俗習慣也照顾不够……大小便都不方便。""民族干部的培养和提高工作也赶不上形势的发展与需要。""干部中忽視民族語文的傾向又有新的滋长"、幷借题发挥大肆誣蔑汉語借詞，說什么"汉語叫火車就是車上着了火""总理"成了"中立"。而对"烏兰恰特"这个蒙修借詞却无比贊頌。"列举罪状"之后，便大罵我們的党"脑子热了"同时还进一步煽动說老年人"怕蝠化了"，企图策动那些老特务、老蒙奸、老党閥、老修正主义、老民族分裂分子向党向社会主义进攻。

但是尽管王再天这个老民族分裂分子在"同国际上的反动派互相呼应，"也在经常估計国际、国内阶級斗爭的形势，因为他是腐朽的反动派，是注定要灭亡的，他的估計也总是錯誤的、他的进攻也只能遭到可耻的失敗。內蒙古各族劳动人民紧密地团結在党中央毛主席的周围的历史和现实，毫不留情地将宣判老民族分裂分子王再天的死刑。

五、煽阴風点鬼火，舞动牛鬼蛇神向党进攻。

毛主席教导我們說："**我們站在那一边？站在占全国人口百分之九十几的人民群众一边，还是站在占全国人口百分之四、五的地、富、反、坏、右一边呢？必須站在人民群众这一边，絶不能站到人民敌人那一边去。这是一个馬克思列宁主义的根本立场問題。**"但是这个地主阶級的孝子賢孙，老军閥，烏兰夫的"地下独立王国"的黑干将王再天，

—37—

则頑固不化地站在地、富、反、坏、右的一边，死心塌地的为資本主义反革命复辟效劳。他也总是計划"如何損人利己以及如何装两面派。"为了鼓动牛鬼蛇神向党进攻。他在"讲話中"用黑帮分子慣用的含沙射影的伎俩說道："即使对非党同志帮助，起碼应象大夫一样，开刀应給人家上点麻葯，否則痛极了要駡大夫的。"什么"要駡大夫的"明明是在駡党，不仅在駡，更重要的是在反党，反社会主义，反毛泽东思想。接着这个罪恶滔天的王再天，象妖魔一样口中念念有詞，恶毒的，肆无忌憚的咒駡起党来。什么"在我們的工作中发生了驕驕自滿"呀"过去是怎么搞的？……在界限上搞錯了。要"賠礼道歉"呀！"过去言論不适应，領导上来检查"呀！"有些事情做的使人生气"呀"共产党員也不是碧玉无瑕"呀！甚至还猖狂地鼓吹地、富、反、坏、右要向党"各算各的帳"呀！够了，够了，狗胆包天的王再天，你要与共产党算什么帳？！唯恐天下不乱的王再天还唯恐牛鬼蛇神不理解他向党向社会主义进攻的"心情"，便又进一步"启发說："党外同志要认眞监督我們党員干部""在某些方面怀疑是可以的""要各抒己見，自由辯論，要认清形势，这是有計划的退。"一語泄漏"天机"，原来王再天又錯誤地估計了形势，幻想着无产阶级"退却了"。此时不进攻还待何时。但是敌人終究是敌人，終于逃不脫"搬起石头砸自己脚"的可耻下場。

六、打倒叛徒、彻底粉碎王再天的反革命复辟的幻梦。

在烏兰夫糾集的'地下独立王国'中"政协"这一个重要据点里，面对着一大群蒙奸、特务、軍閥、党魁、王公、貴族，做了这样一个赤裸裸的反党反社会主义的"讲話"，这充分暴露了王再天这个十足的无产阶级的叛徒嘴脸。但是，这个叛徒还唯恐别人不知道，还在讲話中自我表白一番："我在党的秘密时期，对党外人士特别客气，否則让他暴露就得掉脑袋。"这不是典型的叛徒又是什么呢？同时，这个叛徒的叛徒哲学在新的历史条件下，又有了新的发展，又从他的祖师爷赫鲁晓夫那里販来了"土豆烧牛肉"的哲学，加以販卖。他說："要动員全区人民逐步解决各族人民的吃、穿、用等各方面，最迫切的問題"还說。"这一任务是光荣和艰巨的。"可見这位自称"革命干部"的叛徒，脑子里装的不过是"吃穿用"而已。

毛主席教导我們說："各式各样的代表人物，各式各样的思潮，总是想登台表演一番。各人要走什么样的路，完全可以由他們自己去选择。"

但是有一点是我們深信不疑的，历史必将按照馬克思列宁所揭出的規律前进，必須按照十月革命的道路前进。"

毛主席还教导我們說："天下的頑固分子，他們虽然今天頑固，明天頑固，后天也頑固，但是还不能永远地頑固下去，到了后来他們就要变了。……頑固分子，实际上是頑而不固，頑到后来就要变，变为不齿于人类的狗屎堆。也有变好了的，也是由于斗、七斗八斗，他认錯了，就变好了。"

"金猴奋起千鈞棒，玉宇澄清万里埃。"让我們高举起毛泽东思想的千鈞棒，把地主阶级的孝子賢孙、老軍閥、老叛徒、老民族分裂主义分子烏兰夫的地下"独立王国"的黑干将王再天打翻在地，七斗、八斗把他們斗倒斗臭。让光焰无际的毛泽东思想永远

—38—

普照內蒙古的上空。

打倒烏兰夫！

打倒烏兰夫的黑干将地、富、反、坏、右、牛鬼蛇神的黑后台王再天！

彻底横扫烏兰夫、王再天的残党余孽！

夺取无产阶级文化大革命的全面胜利！

战无不胜地毛泽东思想万岁！

伟大領袖毛主席万岁！万岁！万万岁！

警惕呀，毒蛇还没有冻僵呢！
——揭反革命两面派王再天的假面具

在伟大的无产阶级文化大革命进入第三个年头的开始，呼市无产阶级革命派一鼓作气，揪出了鑽入內蒙古新生紅色政权的反革命两面派王再天，在狠挖烏兰夫死党的掠心动魄斗爭中赢得了新的胜利，这是毛泽东思想的伟大胜利。这一輝煌胜利预示着，**彻底摧毁烏兰夫王朝并肃清其残党余孽的日子不会太远了。**

伟大領袖毛主席指示我们：**"全国人民必須提高警惕！一切暗藏的反革命分子必須揭露！他们的反革命罪行必須受到应有的惩处！"**这就是指导我們坚决、全部、干淨、彻底消灭一切残敌的确定不移的方針。

內蒙古党內又一个最大的走资派王再天的被揪出，向我们革命队伍中思想右傾、严重地丧失了革命警惕性的同志敲响了警钟：烏兰夫蛇窟中的形形色色的毒蛇，**虽然它們已經感觉到多天的威胁，但是还没有冻僵呢！**

今天的问题：是将革命进行到底呢？还是使革命半途而废呢？这个问题是**如此严峻、如此紧迫地摆在了我们面前，要求每个革命群众組織和每个同志立即用实际行动作出明白无誤的回答。**

历史上的一切反动派，从来都是革命人民的反面教員。我们必須充分重視反面教員的作用。现在，揪到被告席上的王再天，这个极端阴险狡猾的反革命修正主义、民族分裂主义分子，正是一个非常难得的反面教員，而他那一部奇丑无比、反动絕倫的罪恶史，又正好是一分极其有用的反面教材。

多年来，王再天挂着馬列主义招牌，披着"革命老干部"外衣，干着反党叛国的罪恶勾当。要如实认清他的反革命嘴脸，首先必須无情揭掉他伪装革命的假面具。

罪有根，恶有源
——駁所謂"奴隶出身"、"中农成分"

俗語說："冰冻三尺，非一日之寒。"王再天沿着反革命道路走到了尽头，經历了四十多个年头。

—39—

王再天是隐瞒家庭成分混入共产党内部的阶级异己分子。他时而谎报"奴隶出身"，时而诡称"中农成分"、"贫寒出身"等等。但是调查材料证明，王再天出身于大贵族牧主、恶霸地主家庭。

哪里有这样的"奴隶"，科尔沁草原温都儿王府二王爷的侄少爷，王家店东家兼掌柜的公子，王爷府大管家的乘龙快婿？

哪里有这样的"贫寒出身"：霸占土地一千五百亩，车马成套，牛羊满坡，呼奴唤仆，穷奢极欲，吸尽贫苦农牧民的血汗？

又哪里有这样的"中农"：疯狂反对伟大的土改运动，指使其亲属拘捕毒打贫下中农近二十人，杀害老雇农一人，庭院里洒着革命农民的鲜血？

罪有根，恶有源。追根溯源，王再天从来就是腐朽没落的反动剥削阶级的忠实代表。

王再天隐瞒他的反动阶级成分，目的只能是一个，那就是为了便于伪装革命，便于为剥削阶级的利益服务，便于在革命营垒中从事反革命活动。如果不是这样，还有任何别的解释吗？

老土匪、大特务
——驳所谓"白区工作者"、"老革命"

王再天喜欢吹嘘自己曾是什么"白区工作者"，是什么"三六年入党的老革命干部"，事实果真如此吗？

事实不容混淆，历史不能颠倒。王再天哪里是什么"老革命"？分明是老土匪！哪里是什么"白区工作者"？分明是国民党大特务！

王再天怀着极端卑劣的反革命野心，早在十七岁青少年时期，就投入了日本帝国主义的走狗独霸东三省的大土匪张作霖的怀抱，开始了打家劫舍杀人越货的强盗生涯。只十余年光景，钻营有术的王再天，就从一个普通士兵爬上了国民党战区游击司令部参谋长的交椅。

王再天在国民党东北军中，长期从事特务工作，以搞情报见长，而被军阀张学良引为心腹。一九三六年，王再天经反革命分子刘澜波介绍打入共产党内。一九三九年，他在参加国民党后不久，与反革命分子匡亚明结伴北上混进革命圣地延安。从那时起，他公开披上共产党员外衣，采取两面派手法，继续干着不可告人的罪恶勾当。

毛主席说："反革命分子怎样耍两面派手法呢？他们怎样以假象欺骗我们，而在暗里却干着我们意料不到的事情呢？这一切，成千成万的善良人是不知道的。就是因为这个缘故，许多反革命分子钻进我们队伍中来了。"王再天钻进革命队伍的过程，也正是这样；他的这段黑历史，至今仍是一笔任凭他怎么编凑，也交待不清的胡涂帐。

乌兰夫的宠儿
——驳所谓"受乌兰夫排挤"

"我是受乌兰夫排挤的。"呸！胡扯！恰恰相反，你是深受乌兰夫赏识和重用的。

空口无凭，有事实为証。

抗日战爭胜利时，还只是交际处处长的王再天，来内蒙和乌兰夫同流合汚后，迅速步步高升。还在乌兰夫任內蒙古自治运动联合会主席时期，王再天便已一跃跨上了自治运动联合会军事部副部长的席位。接着越爬越高，先后充任了內蒙古自卫軍副政委、內蒙古党委社会保卫部部长、內蒙古自治区人民政府办公厅厅长、內蒙古自治区人民政府公安部部长等要职。蒙、綏合并后，王再天又在乌兰夫的支持和提拔下，窃取了內蒙古公安厅厅长、內蒙古軍区副司令員、內蒙古党委常委、內蒙古党委书記处书記、自治区常务副主席、內蒙古党委政法小組組长兼外事小組組长等重要职位。王再天这个升官图説明了什么呢？难道不正好說明他就是一向深受乌兰夫的宠爱和器重嗎？如果說被乌兰夫委以重任，执掌乌兰夫王朝外交政法等大权的王再天，也算是受排挤的，那么不受排挤又当如何呢？

"乌兰夫在医学院四清中整张晖、木伦，就是打击陷害我王再天。"这些鬼話只能欺騙完全不明眞相的人。任何一个对医学院四清稍有了解的人都知道，乌兰夫黑帮分子沈湘汉、刘璧之流使用"打击一大片，保护一小撮"的手段，极力搅渾医学院的阶级陣綫，目的正是为了轉移革命群众視綫，让王再天的老婆、医学院最大的走資派、党委书記张晖和王再天的亲信、院学院另一个最大的走資派、院长兼党委副书記木伦乘机溜掉。医学院搞了将近二年四清，张晖以在家养病为名，从不到医学院革命群众中作检查；木伦也养尊处优，从不到群众中接受批判斗爭。是誰保了他们？是乌兰夫！在这里根本不存在乌兰夫通过整张晖、木伦，打击陷害王再天的问题。倒是王再天本人作賊心虛，担心张晖、木伦被革命群众揪出来打倒，使自己和乌兰夫黑帮陷于被动，曾写信給乌兰夫，要求內蒙党委开会作出保护张晖、木伦过关的决定。事实俱在，难道是王再天空口抵賴得掉的嗎？

"乌兰夫培养的接班人毕力格巴图尔夺了我在政法口的領导权。"好一个"健忘"的王再天！究竟誰是乌兰夫的接班人？"奎璧、吉雅泰都老朽了，我就是乌兰夫的接班人。"此話不正是出自你王再天之口嗎？至于說毕力格巴图尔当上了公安厅厅长，而你却仍然是內蒙党委政法小組組长，仍然是他的頂头上司，又如何扯得上从你手中"夺了政法口領导权"呢？

王再天之所以拼命散布"我是受乌兰夫排挤的"这类神話，目的无非是耍人相信，他是一貫正确的，是和乌兰夫黑綫风馬牛不相及的，甚至是长期和乌兰夫作斗爭的。神話毕竟是神話，謊言永远不能代替现实；王再天的悲哀，也就在这里。

乌兰夫王朝的开国元勋
——駁所謂"和乌兰夫作斗爭"

"世上决没有无緣无故的爱，也没有无緣故的恨。"乌兰夫之所以十分宠爱，十分器重王再天，原因在于王再天始終站在和他同一个反党叛国的反革命立场上，并为創建乌兰夫王朝鞠躬尽瘁立下了汗馬功劳。

和乌兰夫一样，王再天极端仇視各族人民的伟大領袖毛主席和伟大的毛泽东思想。

—41—

王再天伙同乌兰夫，大搞学习蒙文蒙语运动，借以抵制群众大学毛主席著作热潮。为此他向公安厅干部发出了"一年内都要学会蒙文蒙语"的黑指示。而最最不能令人容忍的是，他胆敢强令博物馆取下毛主席视察河南农村的照片，胡說什么："毛主席的照片不能随便挂，毛主席沒有来过內蒙。"与此同时他却要求，在展览中大力突出大軍閥賀龙、李井泉，借口是"他們来过內蒙"。由于执行他的黑指示，各族人民心中最紅最紅的紅太阳毛主席的光辉形象，在展览中不加反映，而中国赫鲁晓夫刘少奇、賀龙、乌兰夫等反革命修正主义分子的狗象充斥于各个角落。由此不难看出王再天是怎样为资产阶級司令部忠实效劳的了。

二十年来，王再天始終是內蒙古"当代王爷"乌兰夫的狂热吹捧者。他极力抹杀伟大的共产党和伟大的領袖毛主席領导內蒙古各族人民进行民主革命和社会主义革命的历史事实，一味为乌兰夫歌功頌德，树碑立传，无耻捏造說："云主席（乌兰夫）二十年来領导內蒙革命，今天（一九四八年）使我內蒙古以新的姿态出现"，"乌兰夫是內蒙人民的領袖"，"享有极大的威信"等等。很明显，所有这些胡說八道，字字句句都是为乌兰夫篡党篡政，分裂祖国统一而制造輿論的。

为了給反党叛国大野心家乌兰夫抬高身价，把他推到最突出的地位，王再天强調报紙广播都要大力报导乌兰夫的言論活动。一九六五年末，他上书乌兰夫，献策說；"一九六六年元旦，用乌兰夫同志名义发一新年献詞较好。"几天以后，乌兰夫果然如期抛出了那篇宣传"三个基础"的臭名昭著的大毒草。謀士献計，主子采納，主仆之間合作的多么得心应手啊！

王再天拼命推崇乌兰夫是什么"民族問題理論家"、"权威"。他学着乌兰夫的腔調大反特反"大汉族主义"，大讲特讲內蒙古的"地区特点"；避开**"民族斗爭，說到底，是一个阶級斗爭問題"**，放肆地叫嚷："我区一切工作都不能离开民族問題。"硬要用所謂"民族問題"掩盖阶級斗争，硬要把內蒙古的一切工作全部納入乌兰夫民族分裂主义軌道。

王再天不仅在言論上，而且在行动上，一向是"当代王爷"乌兰夫的忠实追随者。

是他，利用窃踞的內蒙"公检法"大权，拒不执行毛主席制定的**"有反必肃"**的伟大方針，炮制黑规定，一手包庇了日伪蔣反动軍政警宪、特务、間諜、叛徒，武装暴乱分子等等，纵容这些历史反革命逍遥法外，继續为非作歹。特别值得注意的是，他把公开宣称和国民党"有着同样目标"、"站在一条綫上的"，代表封建王公、貴族、牧主、地主利益的反革命民族分裂主义集团——內蒙古人民革命党，硬說"是国际统一战綫的同盟者"，"是有反封建要求的"，从而把它的全班人馬包攬下来，拉入党內，安插在內蒙古党政财文等重要崗位，成为受他控制的一股为乌兰夫变无产阶級专政为资产阶級专政，为乌兰夫实行宫庭政变的黑势力。

是他，利用窃踞的內蒙"公检法"大权，一手包庇了大批现行反革命分子，和数以百計的叛国案件。一九六二年，×盟发生了一起駭人听聞的阴謀武装叛乱案件，该案主犯包括軍分区副司令員、副盟长、法院副院长等人。这些现行反革命分子嘴对枪口宣誓，结成死党，密謀实行軍事政变，决定用挑起边境冲突的办法，取得修正主义国家的支持，甚至准备派人去联合国要求帝国主义进行干預。对这样的罪大恶极叛国集团，王

—42—

再天在亲赴×盟处理时，极力为之开脱，故意抹杀事实，硬說："这是一种民族主义思想活动，还沒有形成有組織的集团活动。"悍然决定一律"按人民內部矛盾处理"，免予法律制裁。王再天如此袒护祖国叛徒，說明他和些这家伙本来就是一路貨色，說明他就是支持叛国外逃分子的黑后台。

是他，利用窃踞的民政和統战工作領导权，肆无忌憚地推行乌兰夫的"不分、不斗、不划阶級"政策，对反动剝削阶級上层人物卑躬屈膝，大搞阶級投降活动；纵容他們恶意誣蔑共产党、毛主席，攻击三面紅旗，顛复无产阶級专政。而王再天把这一切美其名曰"用統一战綫消灭阶級"。

是他，利用窃踞的內蒙古党委外事小組組长的职权，里通外国，出卖祖国利益，为实现其"內外蒙合并"的梦想呕尽了心血。一九六二年，蒙修屡次挑釁，制造边境事件。王再天在一次边境工作会議上說：如果被蒙修军队包围，就把枪交給他們，然后用外交途径要回来。"由此一例不难看出，王再天吃里扒外的大卖国贼嘴脸 是 何 等 丑恶！

毛主席早就指示过："人民的武装，一枝枪，一粒子弹，都要保存，不能交出去。"誰要是违抗这个指示，鼓吹交枪投降，誰就是革命的叛徒，就要遭到全国人民的誅討。

上面例举的事实，只是王再天反党叛国罪行的一小部分。但是由此一斑，足 窥 全豹，，鉄的事实証明，王再天和乌兰夫是一丘貉，而絕不是什么"和乌兰夫作斗爭"的英雄。

"我在前門飯店会議上，和乌兰夫面对面作过斗爭。"眞会胡扯！你以为我們不知道事实眞相嗎？明白告訴你，王再天，你的算盘打錯了。

一九六六年，在前門飯店会議期間，王再天看到乌兰夫瀕于完全失败的絕境，大洒同情之泪，假借所謂"揭发"，一面竭力表白自己，"隔壁阿三不曾偷"，一面給乌兰夫投救生圈，替"当代王爷"开脱罪責。他說："乌兰夫同志的錯誤不是系統的，完整的，而是一个方面的，是用人不当，受了坏人的包围。"請同志們注意，这就是自吹"我是反乌兰夫的""左派书記"王再天的精彩表演。这出假批判、眞包庇的丑剧，只能催人呕吐，絕不能掩盖住王再天的狐狸尾巴。

两 面 三 刀 的 陶 铸 式 人 物

—— 駁所謂"支持造反派的革命領导干部"

不敢认眞参加前門飯店会議，借"病"逃之夭夭的王再天，在无产阶級文化大革命运动中，大耍反革命两面派手法，捞到了一項新的桂冠——"支持造反派的革命領导干部"。現在，我們充分揭露他两面三刀的狡猾伎俩，有助于識别尚待挖出的乌兰夫黑帮漏网分子。

毛主席教导我們："反革命分子不是那样笨拙的，他们的这些策略，是很狡猾很毒辣的。一切革命党人决不能輕視他们，决不能麻痺大意，必須大大提高人民的政治警惕性，才能对付和肃清他们。"王再天之所以迟至今日才被揪出，正是利用了我們队伍中一些同志右倾輕敌的錯誤，鉆了麻痹大意者的空子。

—43—

运动初期，王再天伙同乌兰夫的代理人王逸伦、王铎，派遣工作组，推行资产阶级反动路线，扼杀群众运动，其罪恶绝不亚于王逸伦、王铎；但他很注意隐蔽和伪装，很注意见风使舵，被他多次滑了过去。

王再天在革命群众揪斗乌兰夫死党奎璧、毕力格巴图尔等人时，跳出来假装支持，但又花言巧语地劝阻说："不要打击面太宽了"，"不要形成汉人整蒙古人"，"把蒙古人都整掉了怎么行？"他这样做，不仅仅是力图把运动拉向右转，保护一小撮民族分裂主义分子、党内一小撮走资派过关，而且是企图挑起民族斗争，破坏无产阶级文化大革命，用心非常阴险，非常恶毒。

王再天在农牧学院批斗走资派王修的大会上，手拍胸脯，对造反派群众高喊："我坚决支持你们。"然而在会下却和王修握手言欢，开口一个"王修同志"，闭口一个"王修同志"，情深谊长，溢于言表。

在资本主义反革命复辟逆流中，王再天明里"支持呼三司等革命造反派"，暗里却密派心腹代表他偷偷向王逸伦亮相，企图随机应变，左右逢源。果然，当黄王反党集团指使反革命复辟急先锋苏雷把王再天从内蒙医院送往北京准备与王逸伦会面时，他发现谈判对呼三司有利，赶忙脱离了保守派的怀抱，重新打起了支持造反派的旗号，骗取了"革命领导干部"头衔。事后，王逸伦深有感慨地说："王再天这个人真聪明，真鬼，他给某区写信表示了态度，支持某区，这次来北京是苏雷帮助办的手续。到了北京就不来了。"可见王再天的阴险狡猾又胜于老特务王逸伦一筹。

党中央关于处理内蒙问题的决定公布以后，王再天披着"革命领导干部"的外衣，一头钻进了新生红色政权。从那时起，他为了保存乌兰夫集团的残余势力，准备伺机再起，拼命捂住民政、外事、公检法、卫生、文教等部门的阶级斗争的盖子，指使亲信，四出游说，为乌兰夫分子开脱罪责。

是他多次散布："'内人党'没有定过反动党派，在当时历史条件下，它有进步一面。"

是他，包庇苏蒙修特务、医学院走资派木伦，胡说什么："木伦顶多是三类干部""木伦历史上没有什么问题，民族问题也没有什么"。

是他，包庇"内人党"党魁、卫生厅走资派义达嘎，胡说什么："义达嘎历史上是进步的，问题不大。"一心想把义达嘎塞进革命的"三结合"

是他，包庇蒙修情报员，内蒙宾馆走资派赛音布和，胡说什么："当情报员是光荣的历史，是革命的行为，没啥问题嘛！可以参加'三结合'。"

还是他，阻挠革命群众揪斗哈丰阿死党特古斯，板起面孔杀气腾腾地斥责说："你们不要老在革命领导干部身上打主意！"

够了！大量材料证明，王再天就是一条没有冻僵的毒蛇，还在进行垂死挣扎。

决不怜惜蛇一样的恶人！

不 结 束 语

老奸巨猾的陶铸式人物王再天被揪出来了，这是大快人心的好事！

—44—

王再天已被揪出，但他四十余年的反革命罪行尚远未揭深揭透，更远談不上把他彻底批倒批臭。摆在我們面前的斗爭任务是艰巨的，必須再接再厉，穷追猛打，而决不可掉以輕心。

毛主席教导我們："**必須在各个工作部門中保持高度的警惕性，善于辨别那些伪装拥护革命而实际反对革命的分子，把他們从我們的各个战綫上清洗出去，这样来保卫我們已經取得和将要取得的伟大的胜利。**"可以預見，在我們清洗暗藏在各个战綫上的反革命分子时，还会受到来自大大小小的王再天式人物的阻力，他們戴着形形色色的伪善的假面具，欺骗一部分群众，給他們保駕过关，甚至把他們抬进革命"三結合"中去。他們也还会利用某些群众組織的資产阶級、小資产阶級派性，利用右的或极"左"思潮，在革命派內部制造分歧，挑动內战，便于他們坐收漁翁之利。因此，我們必須千百倍提高警惕，克服右傾麻痹思想，打倒派性，集中火力，揪尽斗臭一切烏兰夫死党，将革命进行到底。

打倒刘、邓、陶！

打倒烏兰夫、王逸伦、王鐸！

横扫烏兰夫的一切残党余孽！

坚决打倒烏兰夫反党叛国集团的核心人物，反革命两面派王再天！

保卫和巩固內蒙古新生的紅色政权！

伟大的領袖毛主席万岁！万岁！万万岁！

三-11

最高指示

靠我们组织起人民去把他打倒。中国的反动分子，靠我们组织起人民去把他打倒。凡是反动的东西，你不打，他就不倒。这也和扫地一样，扫帚不到，灰尘照例不会自己跑掉。

关于打倒乌兰夫叛国集团干将王再天的联合声明

打倒刘少奇！　打倒乌兰夫！　打倒王逸伦、王铎！

打倒吟丰阿！　打倒特古斯！　打倒王再天！

毛主席万岁！万岁！万万岁！

一九六八年一月二十四日．

三-12

最 高 指 示

以伪装出 現的反革命分子， 他們給人以假象， 而将眞象蔭蔽着。但是他們既要反革命，就不可能将其眞象蔭蔽得十分彻底。

打倒反革命修正主义
民族分裂主义分子王再天

当前，我们内蒙古自治区无产阶级文化大革命的形势和全国一样，空前大好。全区无产阶级革命派和广大革命群众，紧跟毛主席的伟大战略部署，一坊彻底肃清乌兰夫残党余孽的人民战争已经打响了。 在相继揪出反革命 修正主义分子、 民族分裂主义分子特古斯、木伦、嘎儒布僧格之流后，又揪出特古斯、木伦、嘎儒布僧格之流的黑后台王再天。这是战无不胜的毛泽东思想的伟大胜利！是毛主席无产阶级革命路线的伟大胜利！是内蒙古地区无产阶级革命派和广大革命群众艰苦奋战的结果！下面让我们剥开反革命两面派王再天的画皮，看看他到底是个什么货色。

一、王再天是混入革命队伍的阶级异己分子。

王再天又名王兴山，别名王云武，蒙名那木吉勒苏荣，原辽北省辽源县人。出身于大官仃、大地主家庭，从小骄奢淫逸，继承了反动阶级的衣钵，十七岁时就参加了国民党东北军，曾历任伪军文书、连副、少校参谋等职务。这个大坏蛋，于一九三六年钻进了共产党，一九三九年同匡亚明一起跑到延安，混入我社会部工作。

王再天这个老坏蛋，混入革命队伍以后，长期隐瞒出身成分，欺骗群众，欺骗党，到处招摇撞骗，有时说是"中农成分"，有时又说是"奴隶"出身，自编自吹什么"家境如何贫寒"等等。那么，下面让我们看一看"家境贫寒"的王再天的家吧！王贼的家有土地１，５００亩以上，牛羊成群，车马成套，当地人称他家为"王家孤店"。王再天的伯父王坤是反动的封建上层，是独霸一方的"温都尔"王爷手下的十恶不赦的二王爷。其狗父王海也是一个飞扬跋扈，为非作歹的王府大官吏。王再天的头房老婆是"王爷府"大管家的女儿。看！这就是王再天的所谓"贫寒"的家庭，这就是王再天自编自演的"家境贫寒"的神话！

二、王再天是乌兰夫反党叛国集团的漏网分子。

俗话说："鱼恋鱼，虾恋虾，王八恋的是鳖亲家"反党叛国集团的总头子乌兰夫，为了实现其篡党、篡政、篡军的狼子野心，一眼就看中了王再天，而王再天也正和他臭味相投，也就抱着乌兰夫的黑腿不放了。从此，他们结成了死党，疯狂地分裂祖国的统一，破坏我国各民族的团结，大搞反党、反社会主义、反毛泽东思想的罪恶勾当。请看王贼再天的升官史吧！早在乌兰夫任内蒙古自治运动联合会主席期间，王再天便充任自治运动联合会军事部副部长，接着步步上升，先后任内蒙古人民自卫军副政委，内蒙古党委社会保卫部部长，内蒙古自治区人民政府办公厅厅长，内蒙古自治区人民政府公安部部长等要职。蒙绥合并后，先后又窃取了内蒙古公安厅厅长，内蒙古军区副司令员，内蒙古党委常委，内蒙古党委书记处书记，自治区常务副主席，内蒙古党委政法小组组长兼外事小组组长等重要职务。王再天在乌兰夫的提携下，长期把持内蒙古政法大权，把无产阶级的专政机构，竟变成资产阶级专无产阶级政的工具，公开包庇叛国集团，包庇反动的"内人党"，包庇形形色色的牛鬼蛇神，积极为乌兰夫网罗狐群狗党，效尽犬马之劳，成为乌兰夫反党叛国集团的一名得力干将。在无产阶级文化大革命运动中，王再天这个老奸巨猾的家伙却伪装"受乌兰夫打击"、"同乌兰夫进行过斗争的革命领导干部"，耍弄反革命两面手法，暗地里死保乌兰夫，想方设法为乌兰夫翻案，就是在前门饭店会议开始时，王再天根本不揭发乌兰夫的反党叛国罪行，反而积极为乌兰夫歌功颂德，树碑立传，胡说什么："乌兰夫同志什么都好，就是对我们（指三王）帮助不够"等等。王再天把一个民族的败类，投修叛国头子乌兰夫美化成"什么都好"，这不恰好说明他与乌兰夫是一丘之貉，一路货色吗？！前门饭店会议在党中央和华北局的直接领导下，经过激烈的阶级斗争，终于揪出了乌兰夫，乌兰夫的反党叛国丑恶咀脸已经暴露在光天化日之下的情况下，王再天才随着别人的揭发批判，不得不附合几句，说什么："医学院四清，通过搞张晖打击我再天"等，其实在会下王还对人说："乌兰夫就是没有听我们的话，如果听了我们的，……，不就是不会到这个地步了吗？"从上述几例，可以看出王再天根本不是同乌兰夫进行过斗争的革命领导干部，而是紧跟乌兰夫，死保乌兰夫的反革命修正主义、民族分裂主义分子。乌兰夫也这样承认，在他的黑言论集里不打自招的提到，他的起家是靠二胡一王起家的。这个一王就是王再天。从这里不是把王贼和乌贼的黑关系勾画得一清二楚了吗？王再天是受乌兰夫排挤的吗？不是，一千个不是，一万个不是！王再天是地地道道的乌兰夫反党叛国集团的死党分子，是不折不扣地乌兰夫反党叛国集团的漏网分子。

三、王再天是包庇大大小小叛国集团的根子。

我国各族人民的伟大领袖毛主席，在谈到如何区分人民内部矛盾和敌我矛盾的六条标准中第一条就提到："有利于团结全国各族人民而不是分裂人民"。分裂祖国统一，破坏民族团结是极大的犯罪。亿万革命群众，对叛国投敌分子恨之入骨，真是食其肉而寝其皮亦不解心头之恨，而王贼再天竟然明目张胆地包庇多起叛国投修案件，真是罪恶滔天。下面例举一二，一九六二年锡盟副盟长松迪、法院副院长那木吉拉朋斯克、盟军分区副司令员陶克陶等人密谋策划了一个叛国投修集团，罪该万死。而王再天竟然狗胆包天把这样一个重大反革命案件包庇下来，为这些黑心狼开脱罪责说："这是一种民族主义思想活动，还未形成有组织的集团活动"等。什么"思想活动"？按照王再天的反动逻辑，除非逃到蒙修头子泽登巴尔那里，才算有具体活动，真是反动透顶！什么"还没有形成组织"？锡盟叛国案件，是有计划、有纲领地秘密进行活动的，这不是形成了组织又是什么呢？王再天这样包庇叛国集团还觉得不够劲儿，竟公然对叛国分子陶克陶说："你是伟大的解放军上校，这是民族的荣誉"。真不要脸！王把一个叛国分子、民族的败类竟颠倒黑白地说成是"民族的荣誉"，这不是公开鼓动叛国投敌又是什么？还有原内蒙古人委副秘书长、外办副主任、"内人党"党徒、老牌民族分裂主义分子嘎儒布僧格的儿子，继承其父的反动衣钵，大搞民族分裂活动，组织了一个什么"真理党"，而作为身管政法的党委书记王再天，对这样重大的政治案件不但不严肃处理，反而在大庭广众之间夸奖嘎儒布僧格说什么："老嘎的儿子组织了一个真理党，老嘎知道后把儿子痛打一顿，并向我报告了……"说得何等轻松！一起重大的叛国案件，只要向他报告就算完结了？真是混帐已极、反动透顶！

四、王再天是"内人党"的后台。

"内人党"是个什么货色？内人党就是内蒙古的国民党。它明目张胆地宣称："内蒙古没有工人阶级，没有必要组织共产党"。

这个党，妄图把内蒙古从我们祖国大家庭中分裂出去，在它臭名昭著的"内蒙古人民解放宣言"中提到："内蒙古根据内蒙古人民革命党的指导，……成为蒙古人民共和国的一个部分"。

— 4 —

这个党肉麻地吹捧蒋介石国民党，说什么和国民党"有着同样的目标"，"是站在一条线上的"。它把人民公敌蒋介石无耻颂扬为"具有伟大的革命精神"。

这个党，完全都是由汉奸、日特、蒙奸、伪官仃、大地主，大牧主拼凑起来的，是一个彻头彻尾地封、资、修、反动的民族分裂主义集团，是地地道道的反革命组织。而王再天肆无忌惮地把它美化成为"进步组织"。一九四七年"五一"大会以后，王再天出于他反动阶级的本能，把老牌民族分裂主义分子哈丰阿、特古斯之流，以及哈丰阿的虾兵蟹将，完全收拢过来，并伙同乌兰夫把他们拢集在自己的卵翼之下，安插在政府、公安司法、外事、文教卫生，教育出版部门，篡夺党政财文大权。如原内蒙人委副秘书长、外事办公室副主任嘎儒布僧格，外办副主任德力格尔，医学院院长木伦，卫生厅副厅长义达嘎等等，统统包庇下来了。请看王再天视为珍宝的嘎儒布僧格究竟是什么货色？

嘎儒布僧格出身于大地主家庭，是从小卖身投靠日本帝国主义的日特，也是反动的"内人党"的党徒，又是苏修、蒙修的情报员。就是由于乌兰夫、王再天、哈丰阿之流的包庇，不但没有得到应得的惩罚，反而摇身一变，混进共产党，青云直上，先后担任秘书处长，办公厅主任，外办付主任，人委付秘书长等要职。嘎又依仗他的黑后台王再天的权势，在外事、勘界工作中推行了一系列投降主义路线。对于这样一个大坏蛋，王贼再天视为珍宝，加以提携、包庇、器重，最后把外事大权交给他掌握。在无产阶级文化大革命运动中，王再天这个反革命两面派，披着革命领导干部的外衣，继续给嘎儒布僧格打保票，说嘎没什么大问题。更恶毒的是他竟明目张胆地包庇反动的"内人党"，说什么"内人党是国际统一战线的同盟者，四七年没有按反动组织对待，对内人党的组织上的结论与性质上的批判要区别开来"。更有甚者，竟把给蒙修当情报员说成

—— 5 ——

是"光荣的历史"！呸！真不知天下还有"羞耻"二字！把出卖祖国、出卖人民、出卖灵魂的罪恶勾当说成是"光荣的历史"，其狼子野心不是昭然若揭了吗？他为什么要死保"内人党"，一句话，就是因为他是"内人党"的总后台，我们必须把这个总后台连根拔掉。

五、王再天是政法战线上的大黑手。

伟大领袖毛主席教导我们说：**"公檢法要彻底革命"**。可是内蒙古的公检法为什么不能彻底革命？为什么公检法的阶级斗争盖子至今揭不开？就是因为有王再天这个大黑手在捂着！长期以来，他把持了公检法这个无产阶级专政机构，干尽了反党、反社会主义、反毛泽东思想的罪恶勾当。无产阶级文化大革命开始以后，他更变本加厉地压制革命群众运动，一九六六年公安厅革命群众揪斗乌兰夫分子毕力格巴图尔时，王再天就急急忙忙跑到公安厅，坐在主席台上，大放厥词，张口"同志"闭口"老毕"。说什么"老毕同志，"三五宣言"印发时，你画了圈，我也画了圈"对了，你们俩就是一路黑货，都是为乌兰夫黑帮卖命的黑干将！毛主席教导我们说：

"过去說是一批单純的文化人，不对了，他們的人钻进了政治、軍事、經济、文化、教育各个部門里。过去說他們好像是一批明火执杖的革命党，不对了，他們的人大都是有严重問題的。他們的基本队伍，或是帝国主义、国民党的特务，或是托洛茨基分子，或是反动軍官，或是共产党的叛徒，由这些人做骨干組成了一个暗藏在革命陣营的反革命派別，一个地下的独立王国。"王再天远不止庇护一个毕力格巴图尔，且看过去在他的卵翼下包藏的尽是些什么东西。

公安厅：毕力格巴图尔——是乌兰夫黑帮的大将、黑三人小组
　　　　　　组长；

　　　　　云世英——乌兰夫黑帮"五虎上将"之一，黑书记处
　　　　　　书记；

　　　　　潘启哲——反革命复辟急先锋，大流氓；

— 6 —

高级人民法院：特木尔巴根——"内人党"的党魁，老牌民族分裂主义分子，日本特务；

王一民——三反分子，反革命资本主义复辟急先锋；

内蒙检察院：张如岗——乌兰夫黑帮的一员大将；

王建奎——三反分子，反革命资本主义复辟急先锋；

人委办公厅：鲁志浩——反革命资本主义复辟急先锋，钻进革命队伍多年的国民党员、大特务；

嘎儒布僧格——苏、蒙修日特、老牌民族分裂主义分子；

閆兆林——国民党閆锡山特务组织"同志会"骨干，反革命两面派、资本主义反革命复辟急先锋；

民政厅：乌力图——双手沾满蒙汉劳动人民鲜血的刽子手，"内人党"骨干，历史反革命分子；

王建功——三次叛党的老叛徒、反革命资本主义复辟的核心人物；

外事办公室：德力格尔——"内人党"的忠实党徒、老牌民族分裂主义分子吉雅泰的得力助手！

看，王再天就是把这些日本特务、国民党特务、苏、蒙修特务、叛徒、反革命、牛鬼蛇神安插到无产阶级专政机构内部，实行资产阶级专政，为乌兰夫"宫廷政变"阴谋效劳。无产阶级文化大革命开始后，他又耍弄了两面派手法，钻进了革命队伍，打起所谓"受乌兰夫排挤"的破旗，挂出所谓支持"少数派"的招牌，恬不知耻地胡说什么："我是内蒙古党委第一个站出来支持造反派的"企图蒙混过关，同时也保他党羽过关。

— 7 —

在去年二、三月资本主义反革命复辟逆流中，王再天耍两面手法，丑恶咀脸更是暴露得无遗了。他表面上装作支持"呼三司"，暗中却指使他的儿子退出"呼三司"，幷派他的臭婆娘张晖与王逸伦的老妖婆李谨历去勾勾搭搭，张晖对李谨历说："逸伦同志是了解再天的，再天也准备亮相"。看，这就是反革命两面派王再天的真象。"假的就是假的，伪装应当剥去"，剥开他的画皮，站在我们面前的就是这样的一个恶鬼——王再天！毛主席教导我们说："**敌人是不会自行消灭的。无論是中国的反动派，或是美国帝国主义在中国的侵略势力，都不会自行退出历史舞台**"，王再天，虽然揪出来了，但是他的大量的罪恶还沒有完全揭露出来，他的流毒还远远沒有肃清。"**宜将剩勇追穷寇，不可沽名学霸王**"，让我们奋起毛泽东思想的千钧棒，穷追猛打这条落水狗，彻底肃清他的一切流毒，为夺取无产阶级文化大革命的全面胜利而英勇的战斗吧！

打！打！打！打倒王再天！
彻底肃清乌兰夫反党叛国集团的残党余孽！
无产阶级文化大革命的全面胜利万岁！
毛主席的革命路线胜利万岁！
伟大的领袖毛主席万岁！万岁！万万岁！

內蒙古人委办公厅《红旗》

一九六八年一月二十七日

警惕呀，毒蛇还没有冻僵呢！
——揭反革命两面派王再天的假面具

呼三司内蒙古医学院东方红公社　东方红红卫兵总部

在伟大的无产阶级文化大革命进入第三个年头的开始，呼市无产阶级革命派一鼓作气，揪出了钻进内蒙古新生红色政权的反革命两面派王再天，在狠挖乌兰夫死党的惊心动魄斗争中赢得了新的胜利。这一辉煌胜利预示着，彻底摧毁乌兰夫王朝并肃清其残党余孽的日子不会太远了。

伟大领袖毛主席指示我们："**全国人民必须提高警惕！一切暗藏的反革命分子必须揭露！他们的反革命罪行必须受到应有的惩处！**"这就是指导我们坚决、全部、干净、彻底消灭一切敌人的确定不移的方针。

内蒙古党内又一个最大的走资派王再天的被揪出，向我们革命队伍中思想右倾、严重地丧失了革命警惕性的同志敲响了警钟：乌兰夫蛇窟中的形形色色的毒蛇，虽然它们已经感觉到冬天的感觉，**但是还没有冻僵呢！**

今天的问题，**是将革命进行到底呢？还是使革命半途而废呢？**这个问题是如此严峻、如此紧迫地摆在了我们面前，要求每个革命群众组织和每个同志立即用实际行动作出明白无误的回答。

历史上的一切反动派，从来都是革命人民的反面教员。现在，揪到被告席上的王再天，这个极端阴险狡猾的反革命修正主义、民族分裂主义分子，正是一个非常难得的反面教员，而他那一部奇丑无比、反动绝伦的罪恶史，又正好是一分极其有用的反面教材。

多年来，王再天挂着马列主义招牌，披着"革命老干部"外衣，干着反党叛国的罪恶勾当。要如实认清他的反革命嘴脸，首先必须无情揭掉他伪装革命的假面具。

罪有根，恶有源
——驳所谓"奴隶出身"、"中农成分"

俗语说："冰冻三尺，非一日之寒。"王再天沿着反革命道路走到了尽头，经历了四十多个年头。

王再天是隐瞒家庭成分混入共产党内部的阶级异己分子。他时而谎报"奴隶出身"，时而谎称"中农成分"、"贫寒出身"等等。但是调查材料证明，王再天出身于大贵族牧主、恶霸地主家庭。

哪里有这样的"奴隶"？科尔沁草原温都尔儿王府二王爷的侄少爷，王家店东家兼掌柜的公子，王爷府大管家的乘龙快婿？

哪里有这样的"贫寒出身"：霸占土地一千五百亩，车马成套，牛羊满坡，呼奴唤仆，穷奢极欲，吸尽贫苦农牧民的血汗？

又哪里有这样的"中农"：疯狂反对伟大的土改运动，指使亲属拘捕毒打贫下中农近二十人，杀害老雇农一人，庭院里洒着革命农民的鲜血？

罪有根，恶有源。追根溯源，王再天从来就是腐朽没落的反动剥削阶级的忠实代表。

王再天隐瞒他的反动阶级成分，目的只能是一个，那就是为了便于伪装革命，便于为剥削阶级的利益服务，便于在革命营垒中从事反革命活动。如果不是这样，还有任何别的解释吗？

老土匪、大特务
——驳所谓"白区工作者"、"老革命"

王再天喜欢吹嘘自己曾是什么"白区工作者"，是什么"三六年入党的老革命干部"，事实果真如此吗？

事实不容混淆，历史不能颠倒。王再天哪里是什么"老革命"？分明是老土匪！哪里是什么"白区工作者"？分明是国民党大特务！

王再天怀着极端卑劣的反革命野心，早在十七岁青少年时期，就投入了日本帝国主义的走狗独霸东三省的大土匪张作霖的怀抱，开始了打家劫舍杀人越货的强盗生涯。只十余年光景，钻营有术的王再天，就从一个普通士兵爬上了国民党战区游击司令部参谋长的交椅。

王再天在国民党东北军中，长期从事特务工作，以搞情报见长，而被军阀张学良引为心腹。一九三六年，王再天经反革命分子刘澜波介绍打入共产党内。一九三九年，他在参加国民党后不久，与反革命分子匡亚明结伴北上混进革命圣地延安。从那时起，他公开披上共产党员外衣，采取两面派手法，继续干着不可告人的罪恶勾当。

毛主席说："**反革命分子怎样耍两面派手法呢？他们怎样以假象欺骗我们，而在暗里却干着我们意料不到的事情呢？这一切，成千成万的善良人是不知道的，就是因为这个缘故，许多反革命分子钻进我们队伍中来了。**"王再天钻进革命队伍的过程，也正是这样；他的这段黑历史，至今仍是一笔任凭他怎么编织，也交待不清的糊涂帐。

乌兰夫的宠儿
——驳所谓"受乌兰夫排挤"

"我是受乌兰夫排挤的。"呸！胡扯！恰恰相反，你是深受乌兰夫赏识和重用的。空口无凭，有事实为证。

抗日战争胜利时，还只是个交际处处长的王再天，来内蒙和乌兰夫同流合污后，便平步青云。还在乌兰夫任内蒙古自治运动联合会主席时期，王再天便已一跃跨上了自治运动联合会军事部副部长的席位。接着越爬越高，先后充任了内蒙古自卫军副政委、内蒙古党委社会保卫部部长、内蒙古自治区人民政府办公厅厅长、内蒙古自治区人民政府公安部部长等职权，蒙、绥合并后，王再天又在乌兰夫的支持和提拔下，窃取了内蒙古公安厅厅长、内蒙古军区副司令员、内蒙古党委常委、内蒙古党委书记处书记、自治区常务副主席、内蒙古党委政法小组组长兼外事小组组长等重要职位。王再天这个升官图说明了什么呢？难道不正好说明他从来不曾受过乌兰夫的排挤吗？难道不正好说明他一向深受乌兰夫的宠爱和器重吗？如果说被乌兰夫委以重任，执掌乌兰夫王朝外交政法等大权的王再天，也算是受排挤的，那么，受排挤的又算如何呢？

"乌兰夫在医学院四清中整张晖、木伦，就是打击陷害我王再天。"这些鬼话只能欺骗完全不明真相的人。任何一个对医学院四清稍有了解的人都知道，乌兰夫黑帮分子沈湘汉、刘璧之流使用"打击一大片，保护一小撮"的手段，极力搅浑医学院的阶级阵线，目的正是为了转移革命群众视线，让王再天的老婆、医学院被污的走资派、党委书记张晖和王再天的亲信、医学院另一个最大的走资派、院长兼党委副书记木伦乘机溜掉。医学院将近二年四清，张晖以在家养病为名，从不到医学院革命群众中作检查，木伦也养尊处优，从不到群众中接受批判斗争。是谁保了他们？是乌兰夫！在这里根本不存在乌兰夫通过整张晖、木伦，打击陷害王再天的问题。倒是王再天本人作贼心虚，担心张晖，木伦被革命群众揪出来打倒，使自己和乌兰夫黑帮陷于被动，才跑到乌兰夫，要求内蒙党委出会作出保护张晖、木伦过关的决定。事实俱在，难道是王再天空口抵赖得掉的吗？

"乌兰夫培养的接班人毕力格巴图尔夺了我在政法口的领导权。""好一个'健忘'的王再天！究竟谁是乌兰夫的接班人？奎璧、吉雅泰都老朽了，我就是乌兰夫的接班人。"此话不正是出自你王再天之口吗？至于说毕力格巴图尔当上了公安厅厅长，而你却仍然是内蒙党委政法小组组长，仍然是他的顶头上司，又如何扯得上从你手中"夺了政法口领导权"呢？

王再天之所以拼命散布"我是受乌兰夫排挤的"这类神话，目的无非是要人相信，他是一贯正确的，是和乌兰夫黑风风马牛不相及的，甚至是长期和乌兰夫作斗争的。神话毕竟是神话，谎言永远不能代替现实，王再天的悲哀，也就在这里。（下转第三版）

当前，我区的无产阶级文化大革命正在进一步深入发展，一场彻底挖掘乌兰夫黑线、彻底肃清乌兰夫流毒的人民战争轰轰烈烈地打起来了。但是，乌兰夫的那些残党余孽还不甘心彻底灭亡。他们龟缩在民族主义这块阵地上，煽阴风，点鬼火，阴谋把水搅浑，以求一逞，保全自己。他们继承"乌王爷"反动的资产阶级民族主义的衣钵，恶毒地煽动狭隘的民族情绪，制造民族矛盾，胡说什么"这次革命尽打蒙古人"，"蒙族干部剩下的不多了"，妄图破坏这场斗争，阻挠毛主席最新指示全面落实，干扰毛主席的伟大战略部署。

请看，他们是一些什么样的"蒙古人"，是谁的"民族干部"？他们是乌兰夫、奎璧、吉雅泰之流。这些坏家伙，是以哈丰阿为代表的老牌民族分裂主义分子和反动封建上层，蒙修、苏修特务，是一些混进党内的阶级异己分子，蜕化变质分子。他们是刘邓资产阶级司令部的"民族干部"，乌兰夫的反党叛国集团就是由多种反动势力组成的。正如我们伟大领袖毛主席所指出的那样，他们"**虽然也住在中国的土地上，可是他们是不顾民族利益的，他们的利益是同多数**人的利益相冲突的"。他们虽然也是蒙古人，但他们决不象乌兰夫所鼓吹的那样，和广大蒙古族人民有"共同的心理感情"。恰恰相反，他们是蒙族的敗类，是各族劳动人民的共同敌人。

毛主席教导我们"**要扫除一切害人虫**"。这些"蒙古人"和"民族干部"，哪一个不应该打？对于他们，我们就是要打！无产阶级文化大革命就是要尽打这样的一些人。

驳"尽打蒙古人"的谬论

我们现在打得还不够。象这样的"蒙古人""民族干部"打得越狠、剩得越少越好。彻底消灭他们，我们各族人民才能彻底舒服。毛主席早就指示过："**要彻底解决民族问题，完全孤立民族反动派，没有大批从少数民族出身的共产主义干部是不可能的**"。我们彻底打倒乌兰夫的"民族干部"，是为了培养大批的共产主义民族干部。在光焰无际的毛泽东思想的哺育下，在伟大的中国共产党的培养下，在同乌兰夫反党叛国集团的长期斗争中，在无产阶级文化大革命大风大浪里，大批的蒙古民族和其他少数民族出身的共产主义干部正在茁壮地成长起来。这是我们彻底解决民族问题，完全孤立民族反动派的重要保证。

乌兰夫为了搞民族分裂、复辟资本主义，营造了一个反动的班底，其中确实纠缠了一些蒙族的敗类，和其他民族中的走资派，牛鬼蛇神。我们就是要挖尽他的这个班子，不论民族，只要是乌兰夫的死党，就要一个不剩地揪尽！伟大的导师斯大林曾指出："**民族主义是资产阶级的最后阵地。**"——切民族的反动派在他们行将灭亡的时候，好一个"民族利益"的破旗，把自己掩饰成"民族利益"的代表者和维护者，高呼"保护民族利益"，把他们自己的私事冒充全民族的事情，用以**转移广大阶层的视线，使之漠视社会问题，漠视阶级斗争问题而只注意民族问题，注意无产阶级和资产阶级的"共同"问题**（斯大林），用资产阶级的民族原则代替社会主义的阶级斗争原则，阻碍无产阶级革命的发展，抹杀无产阶级的利益，以利于保持他们的特权统治。

只有伟大的、光荣的、正确的中国共产党才是真正代表无产阶级利益，而民族则是由不同阶级组成的，所以我们必须牢记毛主席"**千万不要忘记阶级和阶级斗争**"的伟大教导，时刻注意阶级敌人的新动向，戳穿乌兰夫残党余孽妄想挑动民族斗争的阴谋，保证无产阶级文化大革命的顺利进行。

郝毕斯戈拉图

1968年2月3日　　　　　　　　　　　　呼三司　　　　　　　　　　　　·3·

（上接第二版）

乌兰夫王朝的开国元勋

——驳所谓"和乌兰夫作斗争"

"世上决没有无缘无故的爱，也没有无缘无故的恨。"乌兰夫之所以十分宠爱，十分器重王再天，原因在于王再天始终站在和他同一个反党叛国的反革命立场上，并为创建乌兰夫王朝鞠躬尽瘁立下了汗马功劳。

和乌兰夫一样，王再天极端仇视各族人民的伟大领袖毛主席和伟大的毛泽东思想。

王再天伙同乌兰夫，大搞学习蒙文蒙语运动，借以抵制群众大学习毛主席著作热潮。为此他向公安厅干部发出了"一年内都要学会蒙文蒙语"的黑指示。而最最不能令人容忍的是，他胆敢强令博物馆取下毛主席视察河南农村的照片，胡说什么："毛主席的照片不能随便挂，毛主席没有来过内蒙。"与此同时他却要求，在展览中大力突出大军阀贺龙、李井泉，借口是"他们来过内蒙"。由于执行他的黑指示，各族人民心中最红最红的红太阳毛主席的光辉形象，在展览中不加反映，而中国赫鲁晓夫刘少奇、贺龙、乌兰夫等反革命修正主义分子的狗像充斥于各个角落。由此不难看出王再天是怎样为资产阶级司令部忠实效劳的了。

二十年来，王再天始终是内蒙古"当代王运爷"乌兰夫的狂热吹捧者。他极力抹杀伟大的共产党和伟大的领袖毛主席领导内蒙古各族人民进行民主革命和社会主义革命的历史事实，一味为乌兰夫歌功颂德，树碑立传，无耻捏造说："云主席（乌兰夫）二十年来领导内蒙革命，今天（一九四八年）使我内蒙古以新的姿态出现"，"乌兰夫是内蒙人民的领袖"，"享有极大的威信"等等。很明显，所有这些胡说八道，字字句句都是为乌兰夫篡党篡政，分裂祖国统一而制造舆论的。

为了给反党叛国大野心家乌兰夫抬高身价，把他推到最突出的地位，王再天强调报纸广播都要大力报导乌兰夫的言论活动。一九六五年末，他上书乌兰夫，献策说："一九六六年元旦，用乌兰夫同志名义发一新年献词较好。"几天以后，乌兰夫果然如期抛出了那篇宣传"三个基础"的臭名昭著的大毒草。谋士献计，主子采纳，主仆之间合作的多么得心应手啊！

王再天拼命推崇乌兰夫是什么"民族问题理论家"、"权威"。他学着乌兰夫的腔调大反特反"大汉族主义"，大讲特讲内蒙古的"地区特点"；避开**民族斗争，说到底，是一个阶级斗争问题**，放肆地叫嚷："我区一切工作都不能离开民族问题。"硬要用所谓"民族问题"掩盖阶级斗争，硬要把内蒙古的一切工作全部纳入乌兰夫民族分裂主义轨道。

王再天不仅在言论上，而且在行动上，一向是"当代王爷"乌兰夫的忠实追随者。

是他，利用窃据的内蒙"公检法"大权，拒不执行毛主席制定的"有反必肃"的伟大方针，炮制黑规定，一手包庇了大批日伪蒋反动军政军宪、特务、间谍、叛徒，武装叛乱分子等等，纵容这些历史反革命逍遥法外，为非作歹。特别值得注意的是，他把公开宣称和国民党"有着同样目标"、"站在一条战线上的"，代表封建王公、贵族、牧主、地主利益的反革命民族分裂主义集团——内蒙古人民革命党，硬说是"国际统一战线的同盟者"，"是有反封建要求的"，从而把它的全班人马包庇下来，拉入党内，安插在内蒙古党政财文等重要岗位，成为受他控制的一股为乌兰夫变无产阶级专政为资产阶级专政，为乌兰夫实行宫廷政变的黑势力。

是他，利用窃据的内蒙"公检法"大权，一手包庇了大批现行反革命分子，和数以百计的叛国案件。一九六二年，×盟发生了一起骇人听闻的阴谋武装叛乱案件，该案主犯包括军分区副司令员、副盟长、法院副院长等人。这些现行反革命分子嘴对枪口宣誓，结成死党，密谋实行军事政变，决定用挑起边境冲突的办法，取得修正主义国家的支持，甚至准备派人去联合国要求帝国主义进行干预。对这样的罪大恶极叛国集团，王再天在亲赴×盟处理时，极力为之开脱，故意抹杀事实，硬说："这是一种民族主义思想活动，还没有形成有组织的集团活动。"悍然决定一律"按人民内部矛盾处理"，免于法律制裁。王再天如此护爱祖国叛徒，说明他和这些家伙本来就是一路货色，说明他就是支持叛国外逃分子的黑后台。

是他，利用窃据的民政和统战工作领导权，肆无忌惮地推行乌兰夫的"不分、不斗、不划阶级"政策，对反动剥削阶级上层人物卑躬屈膝，大搞阶级投降活动，纵容他们恶意诬蔑共产党毛主席，攻击三面红旗，颠复无产阶级专政。而王再天把这一切美其名曰"用统一战线消灭阶级"。

是他，利用窃据的内蒙古党委外事小组组长的职权，里通外国，出卖祖国利益，为实现其"内外蒙合并"的梦想呕尽心血。一九六二年，蒙修策划挑衅，制造边境事件。王再天在一次边境工作会议上说：如果"被蒙修军队包围，就把枪交给他们，然后用外交途径要回来。"由此一例不难看出，王再天吃里扒外的大卖国贼嘴脸是何等丑恶！

毛主席早就指示过："**人民的武装，一枝枪，一粒子弹，都要保存，不能交出去。**"谁要是违抗这个指示，鼓吹交枪投降，谁就是革命的叛徒，就要遭到全国人民的诛讨。

上面例举的事实，只是王再天反党叛国罪行的一小部分。以上一斑，足窥全豹，铁的事实证明，王再天和乌兰夫本是一丘之貉，而绝不是什么"和乌兰夫作斗争"的英雄。

"我在前门饭店会议上，和乌兰夫面对面作过斗争。"真会胡扯！你以为我们不知道事实真相吗？明白告诉你，王再天，你的算盘打错了。

一九六六年，在前门饭店会议期间，王再天看到乌兰夫濒于完全失败的绝境，大洒同情之泪，假借所谓"揭发"，一面竭力表白自己，"隔靴挠痒不治病"，一面给乌兰夫投救生圈，替"当代王爷"开脱罪责。他说："乌兰夫同志的错误不是系统的、完整的，而是一个方面的，是用人不当，受了坏人的包围。"请同志们注意，这就是自吹"我是反乌兰夫的'左派书记'"王再天的精彩表演。这出假批判、真包庇的丑剧，只能催人呕吐，绝不能掩盖住王再天的狐狸尾巴。

两面三刀的陶铸式人物

——驳所谓"支持造反派的革命领导干部"

不敢认真参加前门饭店会议，借"病"逃之夭夭的王再天，在无产阶级文化大革命运动中，大要反革命两面派手法，捞到了一顶新的桂冠——"支持造反派的革命领导干部"。现在，我们充分揭露他两面三刀的狡猾伎俩，有助于识别尚待挖出的乌兰夫黑帮漏网分子。

毛主席教导我们："**反革命分子不是那样笨拙的，他们的这些策略，是很狡猾很毒辣的。一切革命党人决不能轻视他们，决不能麻痹大意，必须大大提高人民的政治警惕性，才能对付和肃清他们。**"王再天之所以迟至今日才被揪出，正是利用了我们队伍中一些同志有倾轻敌的错误，钻了麻痹大意者的空子。

运动初期，王再天伙同乌兰夫的代理人王铎王逸伦，派遣工作组，推行资产阶级反动路线，扼杀群众运动，其罪恶绝不亚于王铎、王逸伦，但他很注意隐蔽和伪装，很注意见风使舵，被他多次滑了过去。

王再天在革命群众斗争乌兰夫死党奎璧、毕力格巴图尔等人时，跳出来假装支持，但又花言巧语地劝阻说："不要打击面太宽了"，"不要形成汉人整蒙人"，"把蒙古人都整掉了怎么行？"他这样做，不仅仅是力图把运动拉向右转，保护一小撮民族分裂主义分子、党内一小撮走资派过关，而且是企图随机应变，左右逢源。果然，当黄王乌党集团指使反革命复辟急先锋苏雷把王再天从内蒙医院送往北京准备与王逸伦会面时，他发现谈判对呼三司有利，赶忙脱离了保守派的怀抱，重新打起了支持造反派的旗号，骗取了"革命领导干部"头衔。事后，王逸伦深有感慨地说："王再天这个人真聪明，真鬼，他给某区写信表示了态度，支持某区，这次来北京是苏雷帮助办的手续。到了北京就不来了。"可见王再天的阴险狡猾又胜于老特务王逸伦一筹。

党中央关于处理内蒙问题的决定公布以后，王再天披着"革命领导干部"的外衣，一头钻进了新生红色政权。从那时起，他为了保存乌兰夫集团的残余势力，准备伺机再起，拼命捂住民政、外事、公检法、卫生、文教等部门的阶级斗争的盖子，指使亲信，四出游说，为乌兰夫分子开脱罪责。

是他多次散布："'内人党'没有定过反动党派，在当时历史条件下，它有进步一面。"

是他，包庇苏蒙修特务、医院走资派木伦，胡说什么："木伦顶多是三类干部"，"木伦历史上没有什么问题，民族问题也没有什么"。

是他，包庇"内人党"党魁、卫生厅走资派义达嘎，胡说什么："义达嘎历史是进步的，问题不大。"一心想把义达嘎塞进革命的"三结合"。

是他，包庇蒙修情报员，内蒙宾馆走资派赛音布和，胡说什么："当情报员是光荣的历史，是革命的行为，没啥问题嘛！可以参加'三结合'。"

还是他，阻挠革命群众揪斗哈丰阿死党特古斯，板起面孔杀气腾腾地斥责说："你们不要老在革命领导干部身上打主意！"

够了！大量材料证明，王再天就是一条没有冻僵的毒蛇，还在进行垂死挣扎。

决不怜惜蛇一样的恶人！

不结束语

老奸巨猾的陶铸式人物王再天被揪出来了，这是大快人心的好事！

王再天虽已被揪出，但他四十余年的反革命罪行尚远未揭深揭透，更远谈不上把他彻底批倒批臭。摆在我们面前的斗争任务是艰巨的，必须再接再厉，穷追猛打，而决不可掉以轻心。

毛主席教导我们："**必须在各个工作部门中保持高度的警惕性，善于辨别那些伪装拥护革命而实际反对革命的分子，把他们从我们的各个战线上清洗出去，这样来保卫我们已经取得和将要取得的伟大的胜利。**"可以预见，在我们清洗暗藏在各个战线上的反革命分子时，还会受到来自大大小小的王再天式人物的阻力，他们戴着形形色色的伪善的假面具，欺骗一部分群众，给他们保驾过关，甚至把他们抬进革命"三结合"中去。他们也还会利用某些群众组织的资产阶级、小资产阶级派性，利用右的或极"左"思潮，在革命队伍内部制造分歧，挑动内战，便于他们坐收渔猎之利。因此，我们必须千百倍提高警惕，克服右倾麻痹思想，打倒派性，集中火力，揪尽斗臭一切乌兰夫死党，将革命进行到底。

坚决打倒王再天！

802

王再天明里是人暗里是鬼

农牧学院红旗兵团

伪装革命，号称"革命领导干部"的王再天，这个披着羊皮，阴险狡猾的恶狼，终于被广大革命群众揪出来了，这是何等地大快人心啊！

"假的就是假的，伪装应当剥去！"反革命两面派王再天，在农牧学院要尽了阴谋，干尽了坏事，必须彻底清算。

运动初期王再天明里打着来农牧学院"点火"的旗号，暗里当"消防队"，蒙蔽了不少缺乏经验的革命小将，他口头支持革命造反派组织"红心"，背地却保反革命修正主义分子，农牧学院最大的走资派王修，演出了一出丑剧。

这个两面三刀的大野心家王再天，在六六年八·二九大会上，侃侃而谈，确实迷惑了一部分人，博得了一些掌声。他说："我是代表内蒙党委来农牧学院点火的，我看你们抓的不是虎，而是个猫……"而他在我院保守组织"东方红"的会上，却说什么："八·二九发言我没有稿子，那是瞎说，那是我个人意见，抓了猫放了虎这是做比喻，不见得有虎。"又说什么："王修发言是我让他讲的，因而，他很紧张，说了'炮打党中央'。"这究竟在搞什么名堂，难道还不清楚吗？这不是两面三刀是什么？！

他表面上支持"红心"，然而，暗地里却给保守组织"东方红"的干将们鼓气。当"东方红"的干将们问他："你为什么到'红心'，而不到'东方红'？"他回答说："降温前必须升温。这次来升温，下次就来降温。"又说什么："你们'东方红'党、团员多，干部多，高年级多，掌握政策好，我很放心……"言外之意，"红心"当然没掌握政策，大方向错了。这种表里不一的做法，不是两面三刀又是什么？！

王再天为什么要参加八·二九大会呢？请看事后他是怎样跟王修说的："八·二九那次会议还是必须开的，不开不好，北京来呼的学生说农牧学院是一潭死水，很有意见，不开会引起北京学生的愤慨。"这些话充分暴露了他导演的"周瑜打黄盖"的丑剧。

反革命两面派王再天十分惧怕革命小将的造反精神，生怕王修被革命小将拉下马。当北京的革命小将说："象王修这样的人，在我们那里，早就打倒了。"他却为王修辩护说："王修是好干部，我们的干部我们清楚。"当北京小将问王修在党校反对三面红旗之事时，他千方百计地解释说："那是在党内说的，华北局已平了反。"小将说："平了反平不了思想！"他却庇护说："那是认识问题。"我们要质问王再天，难道反革命修正主义分子还是什么好干部吗？反对党的三面红旗，难道是认识问题吗？

可以断言，他是在想方设法地保王修。他对保守组织"东方红"的人说："你们保他不会保，你们应该先打后保。"这个为蒋介石立汗马功劳的反革命刽子手，颇有反革命斗争经验，真是一个反革命高级参谋。但是，当他看到王修即将垮台的时候，却急转直下，忍痛把王修推出去，以图掩饰自己。为了使保守组织群众能理解他的意图，还提出个"革命代价论"。说什么"对王修的倒台，也是革命要花费的代价。我的老婆张晖有心脏病，但为了'革命'，也只好交给他们斗了（当众撒谎，从无此事），这叫做革命代价论。"哪里是什么"革命代价论"，这完全是一套"舍车马，保将帅"的鬼把戏。

革命的代价，只是革命人民为了革命的胜利而付出的牺牲。一切妖魔鬼怪的失败和破产，又怎能谈得上"革命的代价"呢？正告你，王再天！决不允许你诬蔑文化大革命的伟大胜利，诽谤毛主席的无产阶级革命路线。

反革命两面派王再天还曾不只一次地说："我对老干部是有感情的，我们老干部还是少，不是多，对王修还是要拉，拉起来吧！"由此可见，王再天的所谓"革命代价论"是假，死保其走资派同类是真。

王再天这个反革命嗅觉相当灵敏的老反革命，民族分裂主义分子，一贯伪装成"革命的领导干部"，吹嘘自己是"受乌兰夫排挤的"，"是老地下党员"，"左派书记"。这正如我们伟大导师列宁教导我们说："马克思主义在理论上的胜利，逼得他的敌人装扮成马克思主义者，历史的辩证法就是如此。"这个老反革命分子王再天，在文化大革命中不也是如此吗？他为了标榜自己是革命的，惟恐被群众揪出，竟然以恐吓手段威胁群众，说什么："我是一贯受乌兰夫排挤的，你们如果反对我，不就是站到乌兰夫的立场上去了吗？"请看！他心虚到何等地步。如果谁敢反对站位"受乌兰夫排挤的'左'派书记"，谁就定要倒霉，就要被打成"反革命"。但是，伪装的外衣是穿不久的，脸上的面纱也是遮不严的。不管是谁，不管他打着什么旗号，在什么时候，只要他跳出来反对毛主席的革命路线，反对无产阶级文化大革命，反对革命的人民，他就必定彻底垮台。刘、邓、陶如此，乌兰夫、王逸伦、王铎如此，哈丰阿、特古斯、王再天也是如此！毛主席说："阶级斗争，一些阶级胜利了，一些阶级消灭了。这就是历史，这就是几千年的文明史。"历史的规律，将永远如此。

坚决打倒王再天！

加强无产阶级专政 推动运动深入发展

工代会财贸口召开打击投机倒把贪污盗窃专政反革命分子大会

本报讯 正当我区无产阶级文化大革命在元旦社论精神的鼓舞下向纵深发展的时候，乌兰夫的残党余孽和旧社会潜藏下的叛徒特务与社会上的牛鬼蛇神相勾结，疯狂地反对无产阶级专政，破坏文化大革命的正常进行。内蒙古财贸口的一小撮走资派和牛鬼蛇神尤其猖狂地利用这种手段向无产阶级革命派进攻。为了彻底揪出并砸烂财贸口的黑线，扫清乌兰夫的残党余孽，保障财贸口文化大革命的顺利进行，工代会财贸口的无产阶级革命派于二月八日下午在东方红电影院召开了"打击投机倒把贪污盗窃专政反革命分子大会"。这次大会是近阶段在呼市掀起的群众专政运动的一个战果，是财贸口无产阶级革命派向本系统走资派发起猛攻的新的起点。

大会首先宣读了中共中央关于打击反革命经济主义和投机倒把活动的文件。然后，全场在一片"坚决打击贪污盗窃、投机倒把分子""加强无产阶级专政"的口号声中，把财贸系统的六个坏分子带到了台上。这六个坏分子中，有的是投机倒把分子，有的是大贪污犯，有的是右派兼资本家，还有旧日本翻译官、反革命分子和商业局的走资派。

商业供销汽车队、煤建公司、糖业烟酒公司等单位的无产阶级革命派发言，纷纷揭发控诉这些牛鬼蛇神、坏分子的罪行。他们说："就在我们这里——乌兰夫王逸伦复辟资本主义的桥头堡里，被揪出来的和未被揪出的黑线人物又开始反扑了。这些狡猾的、顽固的走资派们伙同地富反坏右分子、黑帮分子、赵汝林分子、傅作义旧军官、苏蒙日美蒋特务以及贪污盗窃投机倒把分子一起兴风作浪，反攻倒算，肆无忌惮地向无产阶级专政进攻。在这个有权有钱有可穿的财贸部门，他们利用职权大肆盗窃款子和商品，花天酒地，为所欲为。他们内外勾结，城乡串通，盗卖国家财产，倒卖国家统购统销物资，私存违禁物品，私设地下厂、店，雇工剥削。他们还抗拒管理，活动猖獗，甚至殴打管理人员。现在，他们有人还混进造反派队伍中，甚至钻入红色政权里，挑起派性，制造分裂，为走资派、右派喊冤叫屈，大翻历史政治案，搞阶级报复，反动气焰真是嚣张之极！……"

大会在激烈严肃的气氛中进行。会场里充满着无产阶级革命派对牛鬼蛇神的愤怒。大会显示着无产阶级专政的强大威力！与会的同志都清楚地认识到 **"一切反动势力在他们行将灭亡的时候，总是要进行垂死挣扎的。"** 阶级敌人从来没有一天停止过捣乱和破坏。同时，革命派的同志们也向那些顽固不化的坏分子们表示，我们有战无不胜的毛泽东思想，有强大的无产阶级专政，就有决心有能力给他们以毁灭性的打击！任何企图阻挡文化大革命前进的小丑，最终将被文化大革命的巨轮压得稀烂！任何企图破坏和反对无产阶级专政的坏蛋，都终将被无产阶级专政的铁锤砸得粉碎！

市革委会、经济保卫办公室、市联络总部群众专政总指挥部、呼三司、工代会以及食品公司、服务公司和石油公司的代表都发了言，对财贸系统的革命派的这一革命行动表示支持，对今天的大会表示支持。

会后，将六个坏分子押上汽车，游街示众。

打一场群众专政的人民战争！

三-15

·2· 1968.2.15

王再天是"乌家王朝"在文教界最大的黑后台

内蒙古教育厅《险峰》《硬骨头》《红色风暴》战斗队

毛主席教导我们:"凡是要推翻一个政权,总要先造成舆论,总要先做意识形态方面的工作,革命的阶级是这样,反革命的阶级也是这样。"

乌兰夫反党叛国集团的漏网分子、大军阀、大蒙奸、反革命两面派王再天,为了在内蒙古复辟资本主义,将内蒙古从祖国的大家庭中分裂出去,实现"内外蒙合并"的阴谋。二十多年来,他伙同"当代王爷"乌兰夫和大蒙奸哈丰阿等人,在内蒙古文教界,招降纳叛,结党营私,网罗牛鬼蛇神,死死地把持着内蒙古文教界,大量贩卖反革命修正主义、民族分裂主义的黑货,拼命地反对伟大的光焰无际的毛泽东思想,反对毛主席的无产阶级革命路线,反对党在文教方面的一系列方针政策,将内蒙古文教界搞得乌烟瘴气。下面就我们查阅有关档案所掌握的部分材料,揭发王再天这个反革命修正主义民族分裂主义分子在内蒙古文教界所犯下的滔天罪行。

王再天这个老反革命的黑手伸得很长,利用职权豢自给大批乌、哈死党分子,封官进爵,安插在文教部门,让他们窃据要职,把持文教界的党、政、财、文大权,实行资产阶级专政。

一九六一年,王再天任命乌兰夫的"王太子"布赫的臭老婆珠拉,当内蒙古电影制片厂厂长;任命反革命修正主义分子刘献钦,当内蒙古艺术剧院院长;任命反革命修正主义分子王贤敬,当艺术剧院副院长;任命大叛徒乌自治,当文化局社会文化处处长;任命乌兰夫的死党分子宝音达赉,当乌兰夫的秘书;举修报投员、民族分裂分子索德那木,当内蒙古人民出版社副社长。

一九六三年,王再天又任命反革命修正主义、民族分裂主义分子宝祥,当内蒙古电台副台长。

一九六四年,王再天任命乌兰夫王朝的舞蹈"明星",反革命修正主义、民族分裂主义分子贾作光,当内蒙古艺术剧院院长。

乌兰夫、王再天之流,为了实现分裂祖国的罪恶阴谋,一九五四年,利用成吉思汗的陵墓从甘肃迁到伊盟的机会,明目张胆地大搞民族分裂的活动。王再天亲自担任迁陵委员会主任,并由他当团长组织三十多人的代表团,亲赴甘肃起陵。回到包头车站以后,又举行隆重的"迎祭"仪式,参加的人员从党政机关干部、军队公安人员到念书的刷嘛,共四、五百人,吹吹打打,大肆宣传,扩大影响。不仅如此,他们还在成陵的美术壁画上大作文章,决定要塑一座高2.76米,宽1.95米的成吉思汗的胸像。规定窑宫壁画的原则是:"包含一种悟采的意思,画成吉思汗最得意的场面。"画的内容是:"成吉思汗统率众兄弟和本民族各部落统一团结起来,改进牧、猎生产技术,使民族富强起来,以抵抗外族侵略。"在迁陵的同时,他们还派出文物工作组,举办文物展览,以实物进行所谓的爱国主义教育。他们露骨地说:"如何对群众深入进行教育,端正对成吉思汗的认识,使群众认识成吉思汗是古代蒙古民族的英雄,是蒙古民族的祖先,我们应该努力生产,发展民族的经济文化,以新的意义来纪念成吉思汗,这是今后应该注意的一项重要工作。"

同志们,乌兰夫、王再天之流,大搞成吉思汗的"迁灵"、"祭灵",其目的是为了"请出亡灵给他们以帮助";他们借八百年前"成吉思汗最得意场面"的壁画,是在今天的共产主义条件下,他们梦想实现"蒙古大帝国"的罪恶心理的大暴露;他们举办文物展览,是以"启发教育劳动人民正确地爱护民族历史"为名,对广大量灌输反动的民族主义思想,煽动民族情绪之实。真是狠毒何天,精锐之极,用心之毒,无以复加!但是,这种狼毒的美梦,永远也不会实现了,他们的罪恶阴谋,已被用毛泽东思想武装起来的各族革命人民彻底粉碎。

一九五六年六月二十三日,乌兰夫、王再天这群鱼王八,通过纪念乌兰夫,成吉思汗这具僵尸大搞民族分裂的活动,刚刚收场了不到半年,他们又变本加厉地搞起了民族分裂的勾当。一九五六年底,王当上了"自治区十年来建设成就展览会筹备委员会"主任委员。在内蒙古人民革命史概况陈列部分,他居心叵测地育革命思想、对抗党的教育方针的修正主义办学方案。同年,又由王再天亲自批准,正式颁发教育厅《关于蒙族及其它少数民族中小学奖学办法》,公开宣扬苏修凯洛夫的"智育第一、教学第一、分数第一"的修正主义教育思想;照搬苏修、蒙修反动的教育方法。只要考试成绩好,就发奖状、奖品、奖金,根本不问学生的政治思想、出身成分和现实表现。甚至还规定:学生出勤率高的,亦分别由学校、旗县、盟市表扬和发奖品给学生家长。

一九六三年秋,王再天和哈丰阿听了自治区语文工作委员会《关于当前语文工作情况及存在问题》的报告后,王再天一方面命令,立即检查蒙古语文学习和使用的情况,并写报告通报全区,派大批人马组成工作组,分赴全区各地调查研究;另方面,又将各盟党委的负责人召到呼市,面授机宜。他气势汹汹地说:"要解决提高翻译水平的问题,文教卫生部门选择干部首先必须'蒙汉兼通',交通警察也必须'蒙汉兼通',十年之后,每个人都会蒙汉文,就象日内瓦一样,盟以上的小学都要学蒙文"。他还狂叫"千条万条,使用蒙语文是第一条"。王再天这个大坏蛋,妄图以此来代替"千条万条,学好毛泽东思想是第一条"这个伟大的真理,完全暴露了他恶毒地反对光焰无际的毛泽东思想的反动面目。从这一老反革命的狗嘴里吐出来的这些东西,不正是一九六五年"当代王爷"乌兰夫抛出的"三个基础"中的所谓"文化基础"吗?

一九六三秋,王再天一方面利用中国赫鲁晓夫和反革命修正主义分子陆定一在全国推行《高教六十条》《中学五十条》《小学四十条》的修正主义教育黑纲领的机会,指示教育厅要"办好一批全日制中小学"即"小宝塔";另方面,又别有用心地提出:"内蒙古教育厅的工作重点,应搞好民族教育"。并责令教育厅"专门研究这个问题。

为了将自治区的民族教育从根本制度上纳入修正主义、民族分裂主义的轨道,一九六四年春,经王再天批准,成立了《内蒙古自治区学制问题研究小组》,大蒙奸哈丰阿任组长,反革命修正主义、民族分裂主义分子戈瓦任副组长,成员有突克、沙梯、特木尔巴根、田群、龙千、阿尔等人。王再天给这个小组规定的任务是:"对我区蒙古族中小学现行学制,各种类型的教学计划,进行调查研究,必须充分注意民族特点和地区特点。"王再天为什么特别强调"必须充分注意民族特点和地区特点"呢?看看他给蒙文专科学校所规定的任务就清楚了,他说:"蒙专要把反修的任务担负起来,要把五百万蒙古人民的共产主义文化担负起来。"大家知道,内蒙古一千三百万人民中,蒙古族人民只有二百多万,全世界的蒙古人口的总数才有五百万。王再天打着民族的幌子,要"蒙专"担负起五百万蒙古族人民的"共产主义"文化和他宣扬"成吉思汗是古代蒙古民族的英雄,是蒙古民族的祖先",叫喊要"以新的意义来纪念成吉思汗",不是一脉相承的吗?从这里我不难看出:王再天是一个地地道道的野心勃勃的大阴谋家,他的骨子里是想重整成吉思汗的家业。他强调办好民族教育,就是打着民族教育的幌子,妄图把内蒙古的教育事业,变成实现他们梦想的"蒙古大帝国"的工具。

毛主席教导我们:"以伪装出现的反革命分子,他们给人以假象,而将真象隐藏着,但是他们既要反革命,就不可能将其真象隐藏得十分彻底。""乌兰夫王朝"在内蒙古文教界最大的黑后台,反革命两面派王再天,被以呼三司为代表的无产阶级革命派和广大革命群众揪出来了,这是无不胜的毛泽东思想的又一伟大胜利,是毛主席无产阶级革命路线的伟大胜利。

毛主席又教导我们:"全党同志须知,现在敌人已经彻底孤立了。但是,敌人的孤立并不等于我们的胜利。"遵循伟大领袖毛主席的教导,我们决心在内蒙古文教界打一场人民战争,将乌兰夫反党叛国集团安插在文教界的大大小小的黑线人物,统统都揪出来,将他们的流毒彻底肃清,让毛泽东思想的红旗在内蒙古文教界,高高飘扬,永远飘扬!

一九六八年二月五日

804

三-16

小小寰球，有几个苍蝇碰壁。嗡嗡叫，几声凄厉，几声抽泣。蚂蚁缘槐夸大国，蚍蜉撼树谈何易。正西风落叶下长安，飞鸣镝。

　　　　　　　　　　　　　　　　　　　　　　　　
多少事，从来急；天地转，光阴迫。一万年太久，只争朝夕。四海翻腾云水怒，五洲震荡风雷激。要扫除一切害人虫，全无敌。

毛泽东　一九六三年一月九日

毛主席在井冈山

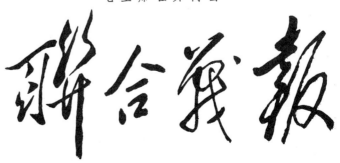

第 二 期　一九六八年二月八日
呼和浩特革命造反联络总部

二版　　　　　　　　　　联　合　战　报　　　　　　　　一九六八年二月八日

打 一 场 挖 乌 兰 夫 黑 綫 清

宜将剩勇追穷寇　不可沽名学霸王

呼市无产阶级革命派召开愤怒声讨反革命修正主义民族分裂主义分子王再天有线广播大会

〔本报讯〕二月六日呼和浩特革命造反联络总部群众专政总指挥部，呼三司医学院东方红公社等五十多个单位在原内蒙人委礼堂等十二个会场联合召开了声讨反革命修正主义民族分裂主义分子王再天全市有綫广播大会。

王再天是当代王爷乌兰夫的得力干将，是乌兰夫反党叛国集团的核心人物，是鉆进革命造反派内部披着"革命領导干部"外衣的反革命两面派。

他结党营私，招降纳叛，网罗、提拔、重用了一大批"內人党"的党魁，民族分裂分子、反革命分子、汉（蒙）奸特务，王公贵族，宗教上层，把持了內蒙古党政財文大权，将三股黑綫拼凑成一个反革命集团，妖风颇吹，群魔乱舞！

他把公检法和外事等部门作为"当代王爷"乌兰夫的黑据点，大搞反党叛国的阴谋活动，把公检法变成了裴多菲式的俱乐部。

他与乌兰夫一唱一和，极力推行"保护牧主王公""牧区不分、不斗、不划阶级"的阶级投降路綫，借口"民族特点"、"地区特点"，以"反大汉族主义"为名，行民族分裂之实。在一九六二年配合其主子刘少奇、乌兰夫，为地富坏右翻案大开綫灯，鼓动牛鬼蛇神向党进攻。

他在无产阶级文化大革命运动中大耍反革命两面派手法，上欺中央，下骗群众，妄想打入紅色政权，潜伏下来，伺机反扑。

他在內蒙筹备小组成立前后，遙控和蒙蔽了一部分群众，刮起了"新思潮"的妖风。直到他被揪出的前夕，还在利用他过去控制的部门，到处伸黑手，搭住了政法、公安，外事，文教，卫生，宣传，出版等部门的阶级斗争盖子，妄图保护乌兰夫反党民族分裂主义集团的漏网分子，达到其反革命复辟的罪恶目的。

伟大舵領毛主席教导我们說："以伪装出现的反革命分子，他們給人以假象，而将眞象隐蔽蒼。但是他們旣要反革命，就不可能将其眞象隐蔽得十分彻底。"反革命修正主义民族分裂主义分子王再天終于被呼三司革命小将和广大革命造反派揪出来了。这是战无不胜的毛泽东思想的伟大胜利，是毛主席无产阶级革命路綫的又一伟大胜利，是对乌兰夫反党叛国集团苏蒙修和一切反革命势力的又一致命打击。

医学院东方紅革命小将，党委紅旗、公检法等单位的代表在会上以大量鉄的事实揭发和声讨了反革命修正主义分子王再天的滔天罪行。

会上，把反革命修正主义分子王再天，特古斯、木伦、张辉、义达噶等一小撮混蛋揪出示众。

大会自始至終群起激愤，斗志昂揚，不断振臂高呼："打倒王再天！彻底肃清乌兰夫的残党余孽！""誓将无产阶级文化大革命进行到底！""战无不胜的毛泽东思想胜利万岁！"

最后，大会通过了《告內蒙古自治区革命人民书》

剥开王再天的画皮

在伟大的无产阶级文化大革命深入发展，形势一片大好的今天，呼市无产阶级革命派在战无不胜的毛泽东思想指引下，在內蒙革委会的坚强領导下共同奋斗，继特古斯被揪出之后，一个老闹反革命分子王再天揪出来了！这次战斗的胜利示着一场规模巨大的挖尽乌兰夫残党余孽的阶级斗争全面展开，并且在全区无产阶级革命派一鼓作气乘胜追穷之下将取得全面胜利。

伟大領袖毛主席教导我們說："全国人民必须提高警惕！一切暗藏的反革命分子必须揭露，他們的反革命罪行必须受到应有的惩处！"我们就是应該遵循这一伟大教导，管他什么特古斯或什么王再天，统统挖出来，把他們斗倒斗臭！

王再天的被揪出，使我们增强了敌情观念，更加深了对右倾思想的警惕，更加强了对极"左"思潮的反对。我们看到乌兰夫蛇窝中形形色色的毒蛇，虽然予感到冬天的威胁，但是还沒有完全冻僵！我们必须要把无产阶级文化大革命进行到底！

罪有根，恶有源

俗話說："冰冻三尺，非一日之寒"王再天罪責累累恶貫滿盈，在反革命革命路上走到了尽头，树有根，水有源，王再天并沒有摆脱反动阶级出身的本性。

王再天隐瞒了家庭成份混入共产党内，是个阶级异己分子，可是他却时而詭报奴隶出身时而詭称"中农成份"，甚而滿脸羞相声称是"貧寒出身"等等，果眞这样吗？不，不是，请看吧！

哪有这样的"奴隶"？科尔沁草原温都尔二王府的侄少爷，王家店东家乘掌柜的公子，王爷府大管家乘龙快婿，这就是王再天的"奴隶"出身的本来面目。

哪有这样的貧寒出身？霸占土地一千五百亩，车马成套，牛羊滿坡，呼奴唤仆，穷奢极欲，吸尽了貧苦农牧民的血汗，这就是王再天"貧寒出身"的眞象。

又哪有这样的"中农"，疯狂反对伟大的土改运动，指使亲属及爪牙拘殴打貧下中农近二十人，杀害老雇农一人，罪恶的地主庭院內洒下革命人民的鲜血！

王再天从小生活在这样一个狗洞里，所接受的是些什么，是人人皆知的，而他从七八岁上接受反动軍閥教育之后便怀着反革命野心及强烈的当官欲，由狗父送往国民党怀抱之中了！

王再天隐瞒他的反动阶级出身，目的何在？那只能有一个。那就是便于伪装而混入革命队伍进行反革命活动。难道还有别的吗？沒有！

老土匪，大特务

王再天是喜欢自我吹嘘的，因为他以为这样可以加强他的伪装。他常吹嘘說自己是白区工作者"三六年入党的老革命干部"难道眞的如此吗？

事实不容歪曲，历史怎能顚倒。王再天哪里是什么"老革命"分明是老土匪，哪里是"白区工作者"分明是大特务！

王再天怀着极端卑劣的反革命野心，早在十七岁时就投入了独霸东三省的日本帝国主义走狗大土匪张作霖的怀抱，开始了打家劫舍，杀人越货的强盗生涯，仅仅十余年的光景，利欲熏心，鉆研着术的王再天，就从一个普通士兵爬上了国民党战区游击司令部参谋长的交椅。

王再天在国民党东北軍中，长期从事特务工作，以搞情报见长而被軍閥张学良引为心腹。三六年王再天經反动革命分子刘瀾涛介绍而打入共产党，三九年他参加国民党，之后不久就与反革命分子匪亚明桔伴北上混入延安。从那时起，他便披上了共产党的外衣，采取两面手法，继續干着不可告人的罪恶勾当。

毛主席說："反革命分子是怎样耍两面派手法呢？他們是怎样以假象欺騙我們，而在暗里却干着我們意料不到的事情呢？这一切成千成万的善良人是不知道的。就是因为这个緣故許多反革命分子鉆进我們队伍中来了。"王

再天鉆进革命队伍的过程，也正是这样，他的这些黑历史，至今仍是一笔任凭他怎样胡扯，怎样赋凑也交待不清的胡涂帐！

乌兰夫的宠儿

王再天口口声声地說："我是受乌兰夫排挤的"不！简直是胡扯，恰恰相反，你王再天是深受乌兰夫賞識和重用的，空口无凭，事实为证。

在抗日战争胜利时，还只是个交际处处长的王再天，来內蒙和乌兰夫同流合汚后立即迅速步步高升。还在乌兰夫任內蒙古自治运动联合会主席的时候，王再天便一跃而跨上了自治运动联合会軍事部副部长的席位，接着越爬越高，先后充任內蒙古自卫軍副政委，內蒙古党委社会保卫部部长，以及內蒙古自治区人民政府办公厅厅长，內蒙古自治区人民政府公安部部长等等要职。在蒙綏合并后王再天又在乌兰夫的重用提拔下而窃取了內蒙古公安厅厅长，內蒙古軍区副司令员，內蒙古党委常委，內蒙古党委书记处书记，自治区常委副主席，內蒙古党委政法小组组长兼外事小组组长等等重要职务。王再天这个升官图說明了什么呢？难道不正好說明他一向深受乌兰夫宠爱和器重嗎？如果說被乌兰夫委以重任，执掌了专政及外交重大权的王再天也算是受排挤，那么不受排挤又当如何呢？

王再天还恬不知耻地揚言說，"乌兰夫在医学院四清中整张暉、木伦就是打击陷害我王再天"这些鬼話只能欺骗完全不明眞象的人，只要是对医学院四清稍有了解的人都知道：乌兰夫黑帮刘謙、沈湘汉之流使用"打击一大片，保护一小撮"的反动手段，为的是搅乱医学院的阶级陣綫，模糊革命群众视綫，让王再天的老婆、医学院头号走資派张暉以及医学院原党委书记"內人党"中央执行委员，蒙修特务、王再天的亲信木仑乘机溜掉。因此医学院近两年的"四清"张暉以养病为名从不到医学院革命群众中做检查，而木仑也养尊处优从未到广大革命群众中接受批判和斗争，是誰保了木仑，是誰保了张暉，是乌兰夫是王再天！这是根本不存在通过打木仑、张暉而打击陷害王再天的

（下轉第四版）

乌兰夫流毒的人民战争

打倒党权窃国的败类 ——毛泽东

当前自治区无产阶级文化大革命形势一片大好，空前广泛深入的群众运动，正沿着毛主席指引的航道奋勇前进。目前，自治区从文艺界开始的彻底肃清乌兰夫残党余孽的运动，正在突破各种阻力，向纵深发展。继揪出乌兰夫的黑干将老牌叛徒、民族分裂分子哈丰阿、特古斯之流以后，一鼓作气又揪出了政法口党内最大的走资派、反革命修正主义、民族分裂主义分子王再天，这是毛泽东思想和毛主席革命路线的又一伟大胜利。

政法口这个党内最大走资派二十年来窃取了内蒙古自治区公、检、法、外事大权，伙同"当代王爷"乌兰夫，大搞反党叛国、民族分裂主义活动。无产阶级文化大革命一开始以后，他便披起"左派书记"的外衣，急急忙忙地跑到外办划框框定调子，包庇外办反革命修正主义、民族分裂主义分子嘎如布僧格和德力格尔，充分暴露了他们是一丘之貉的反革命本质。

伙同"当代王爷"大搞民族分裂活动

王再天伙同他的主子乌兰夫打着"地区特点"、"民族特点"的幌子，把自治区边防外事工作，作为他反汉排外、搞民族分裂活动的阵地。如在中蒙边境上的边防站干部、战士不要汉族，外事处的领导干部只能由蒙族来担任。王再天还强调对外宾接待的主要出面人员必须是民族干部，把对外宾接待工作，作为他对外推行资产阶级民族主义、搞民族分裂活动的一个基地。多年来，外宾接待工作在他的把持下，把各单位的民族分裂主义分子、苏、蒙修特务、日本特务，如哈丰阿、吉雅太、奎壁、特古斯、德力格尔、布赫、昂如布、额尔敦陶克陶、纳赛音朝克图、瑞城沁夫、贡嘎、巴图、木伦等狐群狗党都汇到外宾接待第一线，向外国人宣传民族分裂主义黑货。他公然指示接待人员说："如果蒙古外宾宣扬内外蒙合并时，你们可以反问他们，究竟往哪里合？"不仅如此，王再天自己还亲自出马，接见了不少国家的外宾，把这块对外宣传毛泽东思想、促进世界人民革命的阵地作为他贩卖乌兰夫的民族分裂主义黑货，对外宣传资产阶级民族主义的场所，他宣传什么"牧区不分不斗不划阶级，牧工牧主两利"、"民族区域自治就是少数民族当家作主"，"这样更机关民族化了"，什么"汉族老大哥帮助内蒙建设"等，歪曲宣传党的民族政策为民族照顾政策等等。他在一次接见××国家外宾时，竟然胡说什么"内蒙和外蒙是同一民族，但是两个国家，就象一颗花生两个豆儿一样"，实际上他强调的是同一民族，是一颗花生，是蒙古民族，强调的是內外蒙合并，用心何其毒也！

毛主席教导我们："**民族斗争，说到底是一个阶级斗争问题。**"王再天在对外活动中，不讲阶级斗争、阶级压迫、阶级剥削，而大谈特谈"民族特点"、"地区特点"，顽固的推行乌兰夫的"保护牧主王公"的阶级投降主义路线。大搞民族分裂。

一九六二年以来，边民外逃有增无已，内蒙外办同志曾向王再天请示，要下去了解情况，采取一些措施，他却说："你们外办就那么两个半人，把现有的工作做好就算不错了，你们有这个愿望是好的"，而把他阻止了。边民外逃是一桩严重的政治事件，是一场阶级斗争的具体反映，而王再天却熟视无睹，正暴露了他的反动面目的本质，他一贯反对在边疆地区搞阶级斗争，积极推行当代王爷乌兰夫"三和一代"的反革命修正主义路线，在边疆地区大搞物质刺激，边境橱窗，说什么"牧民"吃饱穿好了就不往外跑了。

一九六二年以前，中蒙边境上处于有边无防状态。这是和王再天在边境问题上采取让步、投降主义路线分不开的。在边境上蒙修管到那儿，边界线就在那儿，蒙修不管，管不到的地方，就是我们的地方，王再天还自作主张，命令我边防部队建立边界敖包。建立敖包的原则是在蒙修新设敖包距离一百米的地方设立我方敖包，这是典型的丧权辱国的民族分裂勾当。

削弱关卡，为牛鬼蛇神大开绿灯

内蒙古地处反修第一线，苏蒙修无时无刻地不在对我进行颠覆破坏活动，边境地区反苏蒙修斗争非常尖锐。满洲里、二连是我国的门户，又是反苏蒙修前哨阵地。身为内蒙外事小组组长兼内蒙人委外办主任的王再天，对我区反苏蒙修前哨满洲里、二连外事机构极不重视，只是当官做老爷，从未到过这两个口岸，致使这两个口岸，尤其是满洲里在对外斗争中长期以来存在着严重问题没有得到解决。不仅如此，而且王再天还伙同内蒙人委外办的走资派、反革命修正主义、民族分裂主义分子德力格尔（原外办副主任）想方设法削弱两口岸外事机构。一九六五年王再天通过德力格尔指示满洲里外事处说，今后不要抓边防工作，把对外的外侨管理工作交给呼盟外办，还调去了二名干部，扬言以后还要继续调走外事处的干部。在中苏分裂公开化后，二连反修斗争日益繁重，当地党委向内蒙多次反映，要求在二连口岸成立外事处，以适应当前反修斗争需要，而王再天以二连外办就是外事分处为由，反对设立外事分处。王再天还公开违抗中央加强边境口岸地区管理的指示，抗拒毛主席的革命路线，执行刘邓罗瑞卿的反革命路线。

为"当代王爷"歌功颂德，树碑立传

毛主席教导我们："**政治是统帅，是灵魂。**"政治工作是一切工作的生命线，外宾接待工作是搞对外宣传毛泽东思想、搞世界革命的一项极其重要的政治工作，而王再天在对外宾接待中却突出乌兰夫，为乌兰夫歌功颂德，树碑立传。每来一批外宾，必让他们参观，"当代王爷乌兰夫歌功颂德的内蒙博物馆、看毒草电影"今日的内蒙古"送毒草画册"内蒙简影"（十五周年出版的），不仅如此，而且对外宣传"帝王将相"、"活佛、喇嘛"。一九六四年春以对外宾参观游览为由，指使黑帮陈炳宇不惜挥霍人民血汗去大修"昭君坟"，还责令交通厅一名副厅长"挂帅"把通往"昭君坟"的马路铺上柏油、马路两旁造林荫道。并同时指令有关部门撰款大肆造绝各地外宾开放点上的召庙，供外宾参观。王再天还责成内蒙文化局×××副局长挂帅，以对外宣传需要为名，不惜花了千余元，聘请资产阶级反动学术权威，牛鬼蛇神写稿编辑出版大毒草《内蒙古历史文物简介》，在这个简介里替成吉思汗歌功颂德，大量介绍所谓"名胜古迹——召庙，对外流毒不浅。

招降纳叛、篡夺外事大权

政法口这个党内走资派王再天多年来伙同"当代王爷"乌兰夫在外事机关领导干部必须由蒙族干部来担任的情况下，在外事机关大搞招降纳叛，把一批叛徒、特务、民族分裂主义分子安插到外事机构中来，担任领导职务，一九五八年成立了内蒙外事领导小组，他自任组长，组员有：朋斯克、嘎如布僧格、布赫、林蔚然等人。并且把叛徒、大特务、老牌民族分裂主义分子朋斯克五八年从北京调回不久（原中央区党委办公厅付主任——付厅级）就任统战部长兼内蒙外事主任；以后被提拔为自治区付主席，把苏蒙修B特反革命修正主义、民族分裂主义分子嘎如布僧格安插为内蒙外办付主任以后又把反革命修正主义、民族分裂主义分子德力格尔提拔重用。由一个满州里外事分处的处长提为内蒙外事付主任兼外事处长。德力格尔是个什么东西呢？他是伪满协和会会员，二次参加内人党的党徒，内蒙人民革命青年团的发起人之一，是乌兰夫亲自点派派去我驻蒙使馆的大叛徒、大特务吉雅太的亲密助手，和蒙修关系十分暧昧。就是这样一个家伙被乌兰夫王再天看做宝贝蛋。想调没有调来的蒙修特务、民族分裂主义分子戈夹夫（即斯布兹德）来内蒙外事处担任领导工作。外办的领导权已为反革命修正主义分子所篡夺。在他们的把持下，我区的外事工作，除了执行了右倾投降主义路线外，把这些里通外国的叛徒、特务多次被派去北京参加全国的外事工作会议和使节会议，阅读绝密外交文件。这是不知道有多少外交机密被他们贩卖出去。

包庇嘎如布僧格、德力格尔

对格如布僧格和蒙古驻呼和浩特总领事馆往来中一系列丧失国家立场的言行，王再天是知情的，但未作处理，一九五八年蒙古东戈壁省代表会谈借牧场问题上嘎受到了批评，此事当王再天知道后，反而安慰嘎说："我不在家，你受挫折了！"据大叛徒鲁志浩反映：一九六二年原内蒙党委曾决议不让嘎如布僧格做外事工作，但王再天并不执行，仍然让嘎担任外办付主任（未得中央任命）并让嘎参加中蒙联合勘界委员会的中方代表团，当内蒙段中蒙勘界办公室主任时，在中蒙勘界工作中未得到上级答复，即同蒙而达成三一四界桩位置的协议，使我国少划进一块铭矿区，此事未作组织处理，一九六四年王再天的指使下又正式报请国务院任命嘎为内蒙外办付主任。

在文化大革命运动开始不久，这个反革命修正主义、民族分裂主义分子王再天已经被革命群众揪出来了，我们找了王再天反映外办运动情况，把几个当权派的情况向他作了介绍，这个王再天竟敢颠倒黑白，混淆视听的说什么从品质上排队认为一个副处级干部最坏，德力格尔次之，嘎如布僧格排第三，何其毒也！这里不难看出，王再天喜欢的是什么人，包庇的是什么人不是昭然若揭了吗？

政法口这个党内最大的走资派，反革命修正主义，民族分裂主义分子王再天已经被革命群众揪出来了，我们将继续高举毛泽东思想伟大红旗把这个王再天揪深揭透，批深批透，斗倒斗臭！

内蒙古人委机关《揪叛国集团联络站》

王再天之流与蒙修头头打得火热。（左吉雅泰，中王再天，右泽登巴尔）

问题,倒是王再天他自己做贼心虚,担心张晖、木仑被革命群众揪出来打倒！使自己和乌兰夫黑帮陷于被动。同时王再天还曾经写信给乌兰夫要求内蒙党委开会作出保护张晖、木仑过关的决定,事实俱在,你王再天能赖得掉吗？

王再天还胡说什么,"乌兰夫培养的接班人毕力格巴图尔夺了我在政法口的领导权"好一个"健忘"的王再天！究竟谁是乌兰夫的接班人？！不是有那么一句话吗？说是"奎璧、吉雅泰都老朽了,我就是乌兰夫的接班人！"此话不正是出自王再天之口吗？至于说毕力格巴图尔当上了公安厅长,可你王再天不仍然是内蒙党委政法小组组长吗？仍然是毕的顶头上司吗？这怎么能扯到夺了你的权呢？可见王再天居心何在了！

王再天之所以拼命散布什么"受排挤呀"！"被夺了权了"等等别有用心的谎言,其目的无非是要人相信他是一贯正确的,是和乌兰夫黑贼做过斗争的,是和他们风马牛不相及的,但是谎言毕竟是谎言永远不能代替现实,而王再天的丑恶嘴脸却暴露无遗了！

乌兰夫王朝的开国元勋

"世界上绝没有无缘无故的爱,也没有无缘无故的恨。"乌兰夫十分宠爱十分器重王再天,是因为王再天始终站在乌兰夫反党叛国的同一个反动立场上,并为创建乌兰夫王朝鞠躬尽瘁立下了汗马功劳。

和乌兰夫一样王再天极端仇视各族人民的伟大领袖毛主席和伟大的毛泽东思想。

王再天伙同乌兰夫大搞学习蒙文蒙语运动借以抵制革命群众大学毛主席著作。为此他向公安厅下了黑指示,什么"一年内都要学会蒙文蒙语。"而最不能令人容忍的是他胆敢强令博物馆取下毛主席视察河南农村的照片,胡说什么"毛主席的照片不能随便挂,毛主席没有来过内蒙"。而与此同时却要求在展览中大力突出大军阀贺龙、李井泉借口是他们来过内蒙。由于王再天这些反革命措施,各族人民心中的红太阳毛主席的光辉形象在展览中不加反映而中国的赫鲁晓夫刘少奇、贺龙、李井泉、乌兰夫等反革命分子的狗像却充斥了整个馆中。由此一事便可看出王再天的反动本质。

二十余年来王再天一贯是内蒙古当代王爷乌兰夫的狂热鼓吹者肉麻的吹捧者。王再天极力抹煞毛主席领导各族人民取得历次革命的胜利,却一味为乌兰夫吹功颂德,无耻造谣说,"云主席二十年来领导内蒙革命,今天(一九四八)使我内蒙古以新的姿态出现""乌兰夫是内蒙人民领袖""享有极大的权威"。

早在五五年王再天便与乌兰夫老贼住在一起,王贼引以为荣,得意洋洋地说,"公安部长保护主席。"而乌兰夫的左右丞相奎璧、吉雅泰却因此而与王贼争风吃醋不已。他还肉麻的吹捧道"乌兰夫什么都好,就是对我们教育不够"。

他还极力抬高乌兰夫的身价,强调报纸广播大力报导乌兰夫的言行,一九六五年他上书乌兰夫,献策道,"一九六六年元旦用乌兰夫名义发一新年献词较好。"几天以后乌兰夫果然如期抛出了宣传三个基础的臭不可闻的大毒草,谋士献策,主子采纳,主仆之间合作得多么得心应手呀！

王再天拼命推崇乌兰夫是什么"民族问题理论家""权威"。他也学着乌兰夫的腔调大反特反"大汉族主义",大讲特讲内蒙的地区特点",避开阶级斗争不谈,大肆叫嚷什么"我区一切工作都离不开民族问题。"硬要把内蒙古的一切工作纳入乌兰夫民族分裂主义轨道。

王再天不仅在言论上,而且在行动上,一向是当代王爷的忠实追随者。

是他,利用窃据公检法的大权,拒不执行毛主席"有反必肃"的伟大方针,在牧区及部分地区不搞肃反而包庇了大批日伪蒋苏蒙修特务以及反动军警、间谍、叛徒和武装暴乱分子等等,使这些反革命分子逍遥法外,继续为非作歹。然而他在某些牧区却把行刑枪毙的公安厅线。尤其可恨的是他把和"国民党目标一致的站在同一条路线上的代表封建王公贵族牧主地主利益的反革命分裂集团"内人党,硬说成是国际统一战线的同盟者"是有进步性的"从而把它的全班人马包庇下来拉入党内,安插在内蒙的党政财文等重要位置上,成为受他控制的一股替乌兰夫王朝变无产阶级专政为资产阶级专政的工具,为乌兰夫搞宫廷政变效劳的黑势力。

是他,利用窃据的公检法大权一手包庇了数以百计的阴谋叛国案件,有的案件主犯包括军分区副司令员、副盟长、法院副院长等人,这些反革命分子荷枪实弹,咀对枪口宣誓,结成死党,密谋军事政变,挑起边境冲突以取得修正主义国家支持,甚至准备派人去联合国要求帝国主义进行干涉,对这样大恶极的反革命叛国集团,王再天在赴×盟处理时极力为之开脱,故意抹杀事实突然说,"这是一种民族主义思想活动,还没有形成有组织的活动"。悍然决定,一律按人民内部矛盾处理！免于法律制裁。王再天竟敢如此袒护反革命民族分裂主义分子,祖国的叛徒,说明了什么呢？只能说明他王再天本来与他们是一丘之貉。说明他王再天是叛国外逃分子的总后台。

是他,利用窃据的民族统战工作的领导权,肆无忌惮地推行乌兰夫的"三不政策",对反动剥削阶级上层人物卑躬屈膝,大搞阶级投降活动,纵容他们恶意攻击污蔑伟大的中国共产党和伟大领袖毛主席,恶意攻击三面红旗,颠覆无产阶级专政,而王再天却把这一切美名为"用统一战线消灭阶级"。

是他,利用窃据的党委外事小组领导权,里通外国,出卖祖国利益,为实现其内外蒙合并的梦想呕心沥血,一九六二年蒙修多次挑衅制造事件而王再天却在一次边境工作会议上说,"如果被蒙修军队包围了,就把枪交给他们,然后用外交途径要回来。"由此便可以看出来,这个吃里扒外的卖国贼咀脸是何等的丑恶！

这联系到一九五八年的事件就更清楚地看出了这个民族败类的咀脸了。五八年蒙修受灾民族分裂主义分子嘎儒布僧格超越中央授权范围擅自决定借给蒙修可容纳三万牲畜的羊场,嘎的这一作法受到同志们指斥而王再天不但不予批评反而安慰说,"我不在家,使你受了挫折。"嘎还曾把伟大祖国领土划给蒙修,我国亚州司长×人说,嘎不宜作外交工作,事后王再天在党委会上还包庇嘎儒布僧格说:"……这几年他在外事工作上搞的还不错嘛！"文化大革命以来又极力为嘎包庇嘎过关。这些都清楚的说明了王再天是个道道地地的叛国投敌分子黑后台！

五、两面三刀的陶铸式人物

王再天一再宣扬自己在前门饭店会议上如何对乌兰夫斗争而且还是面对面！真是欺人之谈,王再天这个狡猾的狐狸在前门饭店会议上把自己与乌兰夫的一点狗咬狗的一点矛盾趁机发泄了出去,而自己却吹嘘成斗争"。而当乌兰夫渐渐濒于绝境之时,王再天便忍不住了,生怕自己也保不住,便大洒同情泪,大抛救生圈。在前门饭店,一楼上,乌兰夫的铁杆保皇小丑刘景平,王铎与乌兰夫抱头痛哭,

而王再天说:"我们这些人(指王铎刘景平、吉雅泰等)也在跟前,为什么不听我们的话,你却听那些坏人的话,……"说着不由得也凄然泪下,看吧！这和刘景平之流与乌兰夫抱头痛哭有什么两样,不仅如此,六六年九月三日王再天对外办说,"乌兰夫的问题对外宣传我认为按路线错误宣传,不要加分子。"而乌兰夫上了天安门时,王再天欣喜若狂,大肆叫嚷说:这是好事,接受了也得接受。"看一看王再天的精采表演吧！他演出了假批判真包庇的丑剧,但是这些都掩盖不了他的狐狸尾巴！

毛主席教导我们说:"反革命分子不是那样蠢拙的,他们的这些策略是很狡猾很毒辣的。一切革命人决不能轻视他们,决不能麻痹大意,必须大大提高人民的政治警惕性,才能对付和肃清他们。"我们队伍中有了一些右倾思想而使王贼利用来掩护了自己面使这条毒蛇迟迟至今才被揪出。这个自称过"老好巨猾"的家伙,在文化大革命中企图混过去,已经就混过去了,他采取了陶鋳式的手法,他在农牧学院批斗走资派王修令上手拍胸膛慷慨陈词:"我坚决支持你们。"然而在会下却与王修情厚演深,握手言欢,开口闭口称同志。

在资本主义复辟逆流中,王再天更加狡猾了。明里支持呼三司等革命造反派,暗里却密派老婆,子女、心腹、秘书等人做为他王再天的代表,偷偷去向王逸伦亮相,企图随机应变,左右逢源。果然王逸伦之流看出王再天还和他们站在一起便异常高兴,指使苏雷等爪牙把他从内蒙医院揪出去,准备送往北京助他们一臂之力,到北京一探风声,哎呀不妙,謧判对呼三司有利,于是摇头一晃,转身就不去找王逸伦、王铎这些王再天自称的老朋友、老书记了,而表示支持呼三司革命造反派了,这事不但王逸伦惊奇,恐怕陶鋳知道了也要自愧不如的,无怪乎王逸伦说:"王再天这个人真聪明,真鬼,他给×区写信表示了态度支持×区,这次来北京是苏雷办的手续。到了北京就不来了！"就这样在处理内蒙八条公布之后,王再天便溶进了一项"革命领导干部"的桂冠,一头钻进了革命队伍,向着他早想好的目标——红色政权杀奔而来了！他这个漏网的乌兰夫王朝的忠实干将将为乌兰夫王朝的遗业继续卖起命来！你看他摇头摆尾,以"革命领导干部"自居,到处做报告,你看他穿着革命领导干部的护身外衣保这个保那个,就是不保护毛主席的革命路线和红色政权,一头狂妄大肆散布:"内人党没有定过反动党派,在当时历史条件下有进步的一面呀！"当革命群众揪蒙修情报员,内蒙宾馆走资派装音布和时,他大叫什么,"当情报员是光荣的历史,是革命行为,没啥问题嘛,可以参加三结合。"当革命群众揪特古斯时,是他王再天老贼板起面孔,恶狠狠地胡说什么"你们不要老在革命领导干部身上打主意"当我们医学院革命派揪义达嘎时,他早就已经散布了什么,"义达嘎历史上是进步的,问题不大；"揪斗医学院走资派木仑时,他就散布并且让他在公安厅的某些心腹人士散布什么:"木仑顶多是三类干部""历史上没什么问题,民族问题也没什么等。"烂言,是他王再天老混蛋在五、六月份里,大肆攻击内蒙革筹小组风时,他跳出来,"你们造反精神强"等等,看看这个披着华丽耀眼的"革命领导干部"外衣的人物,在他以此为荣,以此自居的时候,干了什么勾当吧！

够了,够了,王再天五十天不是革命的,他十七年更不是革命的,而是反革命的,地地道道的反革命！这笔账我们要一起算！

毛主席教导我们说:"必须在各个工作部门保持高度的警惕性,善于识别那些伪装拥护革命而实际反对革命的分子,把他们从我们的各个战线清洗出去。这样来保卫我们已经取得的和将要取得的伟大的胜利。"可以予见,在我们清洗各个战线上的反革命分子时将会遇到大大小小的王再天式的人物的阻力,也许会以其伪面具蒙蔽一小部分群众,甚至正准备把他们拉入"三结合"或让他们利用我们队伍中的资产阶级和小资产阶级的派性,或右的或极左的倾向为保卫他们自己过关,因此我们务必不要松懈自己的警惕性集中火力打倒派性,斩断黑手向乌兰夫的残党余孽猛烈进攻,不肃清他们誓不罢休,把无产阶级文化大革命进行到底。

呼三司内蒙古医学院方东红公社
东方红红卫兵总部

一九六八年二月八日　　　　　　　　联 合 战 报　　　　　　　　第五版

王再天是乌兰夫的死党

"六月天兵征腐恶，万丈长缨要把鲲鹏缚。"

在我区广大无产阶级革命派和革命群众，高举毛泽东思想伟大红旗，紧跟毛主席伟大战略部署，阔步迈入光辉的一九六八年，夺取无产阶级文化大革命全面胜利的进军声中，在揪出乌兰夫及其代理人王逸伦王铎，运动正向纵深发展，进入第三个战役的时候，马到成功，旗开得胜，一举揪出了王再天这个乌兰夫反党叛国集团的核心人物、漏网分子，民族分裂主义分子，反革命修正主义分子，公安政法口的活阎王，哈特死党的后台，乌兰夫王朝最大的看家狗，混入党内三十多年的国民党军阀，这是战无不胜的毛泽东思想的又一伟大胜利，是无产阶级文化大革命的又一伟大胜利。

就是这个乌兰夫的老搭挡，死党分子王再天，无产阶级文化大革命以来，一直把自己装扮成受乌兰夫排挤、陷害，和乌兰夫积极斗争的"革命领导干部"，借以混淆视听，招摇撞骗，蒙蔽群众。

我们的伟大领袖毛主席说："假的就是假的，伪装应该剥去。"让我们剥去王再天的伪装，撕破他的画皮，看看他是谁家货色吧！

乌兰夫王朝的得力干将

王再天出身于国民党军阀，是两手沾满人民鲜血的国民党匪军的"少将高参"。如此一个破货，在"乌兰夫王朝却官运亨通，青云直上，当上了公安部长，公安厅长，军区付司令员，公安部队司令员兼政委，自治区付主席，书记处书记，分管公安政法，外事等重要工作，成为实权派。当代王爷乌兰夫之所以敢于把刀把子，把公安专政这样最重要的大权交给王再天，决不是因为王再天是他的对立面，相反，是由于他们的地主资产阶级王公牧主阶级的立场相同，乌党叛国臭味相投，乌兰夫看他死心踏地，信得着。王再天也自以抱上了乌兰夫的粗腿，敢狐假虎威地吹牛皮："我是乌兰夫的助手，我不死，谁也别想当公安厅长。"这一言就道破了他们之间的黑关系。

王再天爬上了"乌兰夫的助手"，替乌兰夫掌握专政大权以后，为乌兰夫反党叛国、复辟资本主义效尽了犬马之劳。他在乌兰夫指使下，公开利用职权，大肆包庇重用地富反坏右，王公牧主、叛徒特务，叛国分子、走资派、乌兰夫黑绫人物，哈特黑绫人物，接收隐蔽下来的国民党匪特，无一不受到他们庇护重用、气黄腾达。他把这些乌龟王八且搜罗在乌兰夫反党叛国集团的黑旗下，组成他们的反革命的阶级队伍。

不仅如此。王再天还和乌兰夫狼狈为奸，共同干尽了支持和从事反党叛国活动的罪恶行径。请看下面触目惊心的事实。

一九五七年，乌盟副部长、蒙修特务旺素要私自在中蒙边界会见蒙古公安处长。这是明显的反党叛国活动，乌盟统战部写报告进行了揭发。王再天竟狗胆包天，给乌贼写信说："哈(韦阿)前次回来曾谈过因旺亲要求见蒙方公安人员，在八一五前旺亲是外蒙惰别人员，我当时意见，既然外蒙同意他在边境见面，即见面，事实在二连时已经谈几次。"并攻击盟蒙统战部的正确揭发为"臆测"。这是明目张胆地支持惩恶叛国活动又是什么呢？王再天是反党叛国分子的后台，不是昭然若揭了吗？

一九六一年七月，我们反对苏修、蒙修的斗争已经非常尖锐，非常明朗。当时乌兰夫率中国政府代表团，王再天率内蒙古自治区、新疆阿尔泰专区代表团去乌兰巴托参加蒙古庆祝革命四十周年活动，当时中央电报明确指示，如蒙方攻击中国，要顶住。但是反革命叛国分子乌兰夫、王再天之流却公开对抗中央指示。当蒙修大呼拉尔主席团主席讲话吹捧苏修，攻击我国时，他们竟然一同"鼓了掌"表示欢迎；当南斯拉夫铁托修正主义代表讲话后，阿尔巴尼亚代表没有起立，而乌兰夫却带头起立了，王再天也就跟着起立，这不是主行从仆，共同向修正主义屈膝投降，这不是搞叛国活动又是什么呢？

一九六三年，根据乌兰夫的黑指示，王再天授意、审定，搞了一个"几个问题的对外表态提纲"。这个黑文件，吹捧"蒙古人民共和国是社会主义国家"，狂热宣扬"内蒙古和外蒙古只是地理上形成的概念，他们之间隔着一道戈壁沙漠"，同外蒙是"同一民族"，成吉思汗"促进了蒙古民族的统一和祖国的统一…"等等。这不是乌兰夫，王再天之流阴谋分裂祖国统一，搞内外蒙合并，建立"成吉思汗蒙古帝国"的共同思想的大暴露又是什么呢？

在乌兰夫制定的反革命修正主义的重大的方针政策上，王再天也无所谓斗争，而是积极参与策划，拼命推行，大声喝彩，如吴名昭著的牧区"三不两利"政策"稳宽长"政策等等。一九六三年一次常委扩大会议讨论发展畜牧业方针问题时，乌兰夫大力叫嚷"纠正重农轻牧思想"，"对牧业突出的提一下"，疯狂对抗和反对毛主席提出来的"以农业为基础"的方针，妄图为他搞民族分裂复辟蒙古帝国建立经济基础。王再天紧跟乌兰夫发言，竟比乌兰夫还乌兰夫，他进一步叫嚷"从全区来说，应该提以牧业为主"，反对毛泽东思想搞独立王国的反动气焰更加嚣张露骨。

仅从上述的罪恶事实，就无可辩驳的说明，在反党叛国、搞反革命修正主义，进行资本主义复辟等等重大问题上，乌兰夫与王再天毫无什么排挤、斗争的迹象，王再天完全是乌兰夫的积极追随者、得力干将和帮凶，罪行累累，十恶不赦。

乌兰夫的高级吹鼓手

多年来，王再天对"当代王爷"乌兰夫不仅没有什么斗争，反而用吃奶的劲头吹捧乌兰夫，为乌贼树碑立传，为乌兰夫阴谋进行反革命宫廷政变的大蒙古帝国的皇帝大造反革命舆论，猖狂反对我国各民族人民的伟大救星、伟大领袖毛主席。王贼罪该千刀万剐！

内蒙古博物馆是"当代王爷"乌兰夫进行反党叛国、复辟资本主义的重要阵地。乌兰夫一向十分重视，掌管这个大权的人就是他的老搭挡王再天。王再天一心效忠乌兰夫，用尽心血把内蒙古博物馆办成为"乌兰夫博物馆"，利用它反对我国各族人民心中的红太阳毛主席，为乌贼树碑立传。在他主持炮制的"内蒙古博物馆陈列品展出原则"中，狗胆包天，竟敢冒天下之大不韪，不准展出各族人民日时无刻不在响往的我们的伟大领袖毛主席的光辉形象和伟大革命活动事迹，规定"毛主席照片，……不得任意展出，必要时，经请示后批准方可展出。""领袖反映中央首长，未到我区参观视察的照片，一律不展。"看狗贼王再天对当代列宁、我们的伟大领袖毛主席是多么的刻骨仇恨！

对内蒙党内最大的走资派乌兰夫一伙却截然不同，规定我区"党政领导同志在群众中活动的照片，体现了党的政策，体现了艰苦奋斗和群众同甘共苦，推动了生产建设，影响很大，可提出方案审定。"一九六一年王再天在博物

馆作的黑指示，更加露骨地说："每部分体现党的领导几涉及到某些领导同志时，……如果点名的话，只能点乌兰夫同志"。

王再天之流就是这样施展反革命伎俩，以"毛主席没有来内蒙""照都应撤"为幌子，把毛主席语录"摆多了不严肃"为挡剑牌，把展览中毛泽东思想的红綫恶毒地砍掉了，结果在概况馆中，我们伟大领袖毛主席的雄伟形象仅有四张，讲解中讲到毛主席的地方只几次。相反，他们公开叫嚷："概况馆就是以乌兰夫同志的革命活动为陈列主綫"，当代王爷乌兰夫的狗头像大量塞入展览、仅在概况馆中，就有十三张。乌兰夫的反革命黑话也高高挂在陈列室的重要地位。他们还大展特展乌兰夫的所谓"革命史"，替乌贼大吹大擂，胡说他是"民族领袖""民族英雄"，"內蒙党的缔造者"，"土默特旗地下工作的组织者"，胡说："百灵庙暴动乌兰夫为华北打响抗日第一枪"，"乌兰夫过草地"等等。君不见、王再天这样一个"和乌兰夫作斗争"的堂堂的"革命领导干部"，竟丧尽天良，对当代世界上最杰出的无产阶级革命导师毛主席这样肆意贬低，反对，对反革命小丑乌兰夫却这样捏造事实树碑立传，岂不是咄咄怪事！

一九六五年末，是乌兰夫反革命宫庭政变积极准备，大造舆论的紧要关头。乌兰夫的高级吹鼓手王再天，就在这个节骨眼上抛出了一封给乌兰夫和书记处的絶密黑信，提出来要大树特树乌兰夫，信上胡说："內蒙报纸广播，特别广播工作是否注意不够，当然和党政工作安排很有关系，在广播中报导乌兰夫同志的活动和消息不多，为此我建议，①每年几大节日如"元旦""三八节"、"五一"、"七一"、"八一"、"国庆"的活动一定要安排乌兰夫同志的活动，作好对外对群众的报导工作，如果乌兰夫同志因公外出，內蒙报也应将乌兰夫同志在外的活动尽可能的报导。②对我区先进人物事迹的报导請党委有计划地安排乌兰夫同志的活动。对区內各种会议，各类学习团，参观团尽可能安排接见。③如果一个时期无何活动可以报导，应穿插开人民委员会請乌兰夫参加。还有军区的英模会议，民兵活动等，能公开报道的均請安排乌兰夫同志参加。一九六六年元旦由乌兰夫名义发一新年献詞较好。"請看，这样"受乌兰夫排挤"的左派书记"王再天，竟这样控空心思为突出乌兰夫，树立乌兰夫，为乌兰夫反革命政变造反革命舆论，出谋划策大效犬马之劳，（乌兰夫的反革命宣言书一九六六年元旦广播讲话，就是王再天与乌兰夫密谋搞的）而对如何宣传我国各族人民的伟大领袖毛主席，宣传战无不胜的毛泽东思想，却只字不提。王再天和乌兰夫是什么关系，王再天是那一号人，不是再清楚不过了吗？

乌兰夫反革命政变的积极策划者

毛主席教导我们："以伪装出现的反革命分子，他们给人以假象，而将其真象隐蔽着。但是他们既要搞反革命，就不可能将其真象隐蔽得十分彻底。"王再天就是这样一个家伙。文化大革命以来，他极力把自己打扮成是乌兰夫反革命宫庭政变的受害者，是作过斗争的。其实剥开他的伪装，就可以看到王再天是乌兰夫反革命政变大造舆论的阴谋策划和积极参与者，是乌兰夫的黑高参。

众人皆知，"二毛案件"是当代王爷乌兰夫迫害领导干部，实行反革命政变的重要组成部分之一，王再天就是乌兰夫策划"二毛案件"的帮凶。他亲自在案件材料上批示："建议派工作组专案调查处理"。乌兰夫采纳了王再天的这个世策，便派了他的忠实干将华力格巴图尔、云世英带领大批人马，去干了一系列陷害革命领导

（下转第七版）

第六版　　　　　　　　　　　联 合 战 报　　　　　　　　　　　一九六八年二月八日

最 高 指 示

反革命分子怎样耍两面派手法呢？他们怎样以假象欺骗我们，而在暗里却干着我们意料不到的事情呢？这一切，成千成万的善良人是不知道的。就是因为这个原故，许多反革命分子钻进我们的队伍中来了。我们的眼睛不亮，不善于辨别好人和坏人。我们善于辨别在正常情况之下从事活动的坏人和好人，但是我们不善于辨别在特殊情况下，从事活动的某些人们。

坚决打倒王再天
撤底摧毁公检法

内蒙古公检法机关无产阶级革命派

当前无产阶级文化大革命是一片大好形势。以毛主席的最新指示为纲，夺取无产阶级文化大革命全面胜利的空前广泛和深入的革命群众运动，正沿着毛主席所指引的航道，向纵深发展。从文艺界开始的新的革命风暴，正在把全区的文化大革命推进到一个新的阶段。一场挖乌兰夫黑线，清乌兰夫流毒的伟大的群众革命斗争，正在各条战线上隆隆兴起。这场斗争是紧跟毛主席的大战略部署，全面落实毛主席的最新指示，夺取无产阶级文化大革命全面胜利的大决战。

这场大决战刚一开始，呼市和内蒙全区的无产阶级革命派和革命群众，就揪出了隐蔽在党内多年的国民党军阀、反革命修正主义分子、老牌民族分裂主义分子、漏网的乌兰夫反党叛国集团的重要头目、反革命两面派陶鑄式的人物王再天。这是毛主席革命路线的伟大胜利，是全区公检法机关无产阶级革命派和革命群众的伟大胜利!

王再天是乌兰夫反党叛国集团的一名忠实干将。他一直步步紧跟乌兰夫，在民主革命时期，在社会主义革命时期，他参加了乌兰夫党叛国所有的罪恶活动，是乌兰夫反党叛国所有的罪恶活动的重要策划人之一，也是乌兰夫反党叛国阴谋的积极推行者，因而得到乌兰夫的赏识和重用，由社会部长、公安部长一直提拔到内蒙古自治区副主席和内蒙古党委书记，一直掌握着党、政、统战、外事、民政，特别是公检法的大权。

二十年来王再天在全区公检法机关一贯忠实地积极地推行刘邓的资产阶级路线，与毛主席的革命路线相对抗，一贯忠实地、积极地推行彭真、罗瑞卿在公安工作上的反革命修正主义路线，大肆贩卖帝国主义的特务作风，国民党的特务作风和苏联格别乌作风，也特别一贯地忠实地积极地推行乌兰夫反党叛国民族分裂主义路线，给公检法机关广大革命群众思想上造成了极其广泛、极其恶劣、极其严重的危害。

二十年来，在政治上王再天把无产阶级专政工具的公检法，变成了包庇坏人的合法机关，变成了里通外国的合法机关，变成了资产阶级的专政工具。

王再天篡夺和操纵公检法这个专政工具，包庇了大批美蒋特务，苏蒙修特务，日本特务，该镇压的不镇压，该打击的不打击，有的拉入党内提拔重用，有的给以优厚的生活待遇供养起来，这些特务分子，有的当了处长、厅长、部长、副主席、党委书记，其中大多数都继续坚持反动立场，假心向我，真心向敌。

王再天还包庇了大批反动党团骨干分子。"九·三"解放以后，内蒙东部地区一些老牌反革命分子和民族分裂主义分子，曾组织许多反动党派，对抗中国共产党的领导，打着"民族自治"的招牌，大搞内蒙古"独立"，和内外蒙合并，除现在已经揭发出来的"内蒙古人民革命党"以外，还有什么"政党"、"农牧区前进会"、"保派"、"哈达派"、"登隆台"等等，仅海拉尔一地就有三十余种反动党派。但是在反动党团登记中，由于王再天的包庇都没有按照反动党团进行登记取缔，以后对于这些反动党派中的骨干分子，没有按照反动党团骨干对待，而且成了后来的所谓"进步上层"、"优秀青年"钻入党内当上了各级领导干部，成了乌兰夫、王再天反党叛国活动的骨干。

王再天还公开对抗毛主席关于阶级斗争和无产阶级专政学说，臭名昭著的乌兰夫的"稳、长、宽"，就是王再天亲自搬到公检法战线上来，并公开篡改毛主席的关于专政对象**大约占全人口的百分之四、五**的指示，把牧区和少数民族中的专政对象和比例划定为只占全人口的千分之六，基本上取消了牧区和少数民族地区的阶级斗争和无产阶级专政。

王再天还公开对抗毛主席提出的"有反必肃"的方针，在牧区和少数民族中，还竭力推行"六不搞"、"三不咎"、"三从宽"的阶级投降主义和"和平过渡"的反革命修正主义路线。"六不搞"是"牧区不搞镇反运动，不搞依法管制"、"不搞群众性的监督改造"、"在自治旗、牧业旗不搞肃反运动"、"在半农半牧旗民族干部职工占多数者不搞肃反运动"、"在民族上层中一律不搞肃反运动"；"三不咎"是"起义人员的历史罪恶既往不咎"，"少数民族中的历史反革命的历史罪恶既往不咎"，"少数民族干部中的历史反革命既往不咎"。"三从宽"是"处理少数民族中的反坏分子要从宽"，"多民族同案犯罪如主犯是少数民族全案从宽"，"对其它少数民族中的犯罪分子更要从宽"等等，用"政策规定"、"法律条条"把它固定起来，强令全区上下公检法机关遵照执行，使包庇反革命合法化，被包庇下来的反革命是无法用数字统计的，特别是把少数民族中罪大恶极，血债累累，民愤极大的特务、反革命分子都统统包庇下来。该捕的不捕，该判的不判，该杀的不杀。王再天这个老牌民族分裂主义分子，在一九五五年向一个外国代表团介绍经验时曾公开供说："对于战争罪犯和坚持反革命的少数旧王公上层和投敌叛变的大喇嘛，葛根首犯，论其对民族对革命的危害，论罪应处死刑，但是我们处死刑者甚少，大部改为长期关押，向政府低头认罪后教育释放。有的要求政府不把他的罪状向群众宣布，暂时保留面子，这样对我们也有好处"。在这方面，阿拉善旗是个典型，是乌兰夫、王再天、毕力格巴图尔包庇反革命的一个黑据点。那里有上千的德木楚克、李守信的匪首，重大的反革命分子，投敌叛变分子和民族分裂主义分子，都被完完全全地包庇下来。乌兰夫、王再天在一九五九年还指使

毕力格巴图尔率领大批人马去做过一次大规模的安抚工作，毕力格巴图尔公开向德、李匪部人员说："讲这些主义是打消你们的顾虑，解决你们的问题，是为你们未来的前途，因此，有啥问题和意见，都提出来，对工作有啥意见也可以提出来，好给你们解决……。""如果你们在当地罪恶大，怕人民公开的惩办，那最好不要回去，我们可以替你们向群众作解释。"看乌兰夫、王再天、毕力格巴图尔的反革命真面目不是暴露无遗铁证如山了吗？不仅如此，乌兰夫、王再天还把牧主、王公贵族、反动喇嘛、苏蒙修情报员，甚至修正主义案件、民族分裂主义案件，统统都说成是人民内部矛盾，当作人民内部矛盾处理。强调一般不给予刑事处分，行政处分"也要适当的偏宽"。因此把百分之十四点一的牧主拉入公私合营牧场当副场长；把百分之十的反动大喇嘛拉入旗县以上各级人民代表政协委员，群众团体的委员，把所有的民族上层都化为统战对象，分自治区盟市旗县三级管理，让这些无产阶级专政的对象变成了专政的主人。

王再天还包庇了大批现行反革命分子和里通外国、民族分裂主义事件。包庇了一切牛鬼蛇神。一九六四年锡盟破获的重大的三人叛国集团事件就是王再天一手包庇下来的。这个三人叛国集团曾枪口对嘴集体宣誓，阴谋实行军事政变，挑起边境冲突，取得修正主义支持，依靠联合国实现内外蒙合并。对于这一个重大叛国集团事件，王再天急急忙忙亲自坐飞机去处理的，向这个集团的主谋说："我亲自培养你们这些，竟培养成这个样子？"并且亲自在卷上写道，"是一种民族主义思想，还未形成有组织的政治集团活动。"轻轻地给党内处分了事，又如对科右前旗破获的阴谋叛国投修，蒙古民族统一党事件，对于这个事件的主犯不仅没处理，王再天还派一名副厅长去作慰问进行安抚。

更为严重的是王再天还把公安机关变成里通外国的合法机关。在建国以前，王再天把蒙修的情报员包庇在内蒙公安部，架设电台，经常向蒙修提供情报。建国以后，王再天又从蒙古请来三名特务，紧靠王再天住在公安部的院内，指定民族分裂主义分子向他们提供了大量的党和公安机关的机密，陪同他们出去搜集中国的情报。一九五×年蒙古以遣还二百余名犯人为名，派来大批蒙修特务，也都被王再天安置在边境地区。此外王再天还多次去蒙古，与蒙修特务多次接触，在边界谈判和划境工作中，出卖了中国大片领土，毕力格巴图尔身为公安厅长把苏修派进来的特务分子请在自己家里作客，殷勤招待，三赠礼物，王再天也视而不见，听而不闻，一直拖延下来。事实证明王再天是内蒙最大的里通外国犯罪分子，这些罪责必须彻底清算。

王再天对于特务分子、阶级敌人、牛鬼蛇神是有罪不判，重罪轻判，而对于贫下中农、贫苦牧民和基本群众则实行阶级报复，实行资产阶级专政。在一九五八年以后，王再天乘大跃进之机，在几年之内就集训了十几万群众，其中大部分是人民内部矛盾问题，伙同彭真、罗瑞卿搞了一次大规模的资产阶级专政大演习。

廿年来，在组织上，王再天在公检法机关内部，包庇和窝藏了大批特务、叛徒和坏人，

（下转第七版）

810

一九六八年二月八日　　　　　联 合 战 报　　　　　第七版

王再天是乌兰夫的死党

（上接第五版）

干部，实行资本主义复辟的罪恶勾当。后来文化大革命开始了，他们阴谋才彻底破产。

一九六六年春天，乌兰夫的反革命政变越来越猖狂，越来越露骨。他在抗旱工作会议上作了一个反动透顶的报告，借战备宣传之机明目张胆地提出来"打起伏来往北跑"的问题，是乌兰夫反党叛国阴谋的大暴露。乌兰夫反革命集团的核心人物王再天，对这个报告称赞不已，他特意给乌兰夫黑帮干将举力洛巴图尔写了个便条，说"乌兰夫同志的这个报告讲的很深刻，下面干部能否理解要注意"。此时此景，不是很好地说明他们这一小撮在共同搞反党叛国阴谋吗？

乌兰夫推行反革命政变，有个卑鄙的手段，就是利用一些革命领导干部看病。王再天就是这个阴谋的积极策划者。他在对肝炎办公室的黑指示中，就露骨地叫嚣："要正确领会乌兰夫同志的指示，抓好肝炎防预，乌兰夫书记说："要以战斗姿态，象消灭鼠役那样来抓肝炎防预。对一些厅局长以上的肝炎病人要隔离，管理要严一些"企图利用肝炎把革命领导干部关进医院隔离起来，进行排挤打击和陷害，其心肠比毒蛇还毒。（与赫鲁晓夫同出一辙）

在乌兰夫宫庭政变当中，王再天带病为其主子效劳可谓鞠躬尽瘁死而后已。一九六六年四月，乌兰夫反革命政变发展到最高峰，也是彻底完蛋的前夕，王再天和乌兰夫暗地勾搭非常频繁，密信来往甚多。下面引用的王再天给乌兰夫的两封黑信，一封是四月五号写的，一封是四月九号写的，相隔有四三天。一封写道："自听到××，星恒等同志在京确診肝炎后，我的思想老想著一个问题，书记处同志和党员付主席病人不少！这种状况不解决对工作影响甚大。你回来时想找你谈谈个人想法，如果你在去开会前时间过紧和老奎谈谈也行。把和想谈的事以后看时间再谈谈也行。"另一封写道："你那天打问景平同志的病情，我怕书记不清，昨天到医院看病时问了一下比较熟习景平病情的医生把他的病历看了一下"下面不厌其烦地叙述三反分子刘景平的病历，最后竟："他本人也有求效心切，我拟去信劝他下决心再巩固一下"。由此可见，当时王再天经常找乌兰夫奎璧等反党叛国集团的核心人物私下密谋，积极为其反革命政变出谋划策，四处活动真不愧为他自己所说，"是乌兰夫的助手"至于说还有什么斗争、那只有鬼知道！

乌兰夫的铁杆保皇派

王再天及其爪牙标榜他和乌兰夫做斗争的革命事迹，莫过于前门饭店会议了吧。但是前门饭店会议上王再天扮演了一个什么角色呢？完全是假批判真包庇、小骂大帮忙，演了一场周瑜打黄盖的戏。王再天去前门饭店开会，就不是为了和乌兰夫作斗争，而是为了保乌兰夫和他自己。他说："听说要在北京开会，来与不来开始自己犹豫，""觉得也牵涉到自己的问题，主要是党委的问题，我就来了。"这就是他反动思想的真正写照。

王再天是乌兰夫的老搭挡，在二十多年中他们共同干了许多反党叛国、反对毛泽东思想

的罪恶勾当。如果王再天真想和乌兰夫作斗争的话，就应该大量揭发他的罪行。但是在会议上，王再天的发言和插话，除了说了些不痛不痒的问题或重复别人揭发的问题外，没有象样的揭发批判。

我们知道，乌兰夫是内蒙古各族人民的死敌，他的问题的重要性在于反党叛国。王再天在发言里千方百计为乌贼开脱罪责，把他的问题轻描淡写的说成是"站在资产阶级民族主义的立场"犯了路线错误，是受了坏人的包围，上了妖婆云丽文的当。如此说来，乌兰夫的问题成了人民内部矛盾，只要和云丽文划清界限就行了。更为甚者，他还借机说党委的事情是"大家定的嘛""有问题的话是集体的责任"，含沙射影攻击和乌贼作斗争的同志。这不是明显地为乌贼开脱罪责，保他过关吗？真是混蛋透顶！

王再天借着揭发乌兰夫，大力表现自己，捞取政治资本。他把自己装扮成是"受乌兰夫排斥打击""政治陷害"的，大言不惭地说："我是反乌、奎"的，妄图用这种手段，既保了乌兰夫，又抬高了他的身价，一箭双鵰。真是比老狐狸还狡猾。

王再天在发言中，跟当代王爷乌兰夫眉来眼去，暗送秋波，继续为他出谋划策，说什么"本来各常委都在这里，有什么问题应当互相商量""你已经带错了队，应当回头，交待问题，再执迷不悟是不行的。应当跟云丽文"划清界限。"暗示乌兰夫要舍车马，保将帅，要阴谋假交代，以便蒙混过关，伺机再起。

这就是王再天吹嘘的在前门饭店会议上"和乌兰夫作斗争"的全部"光荣事迹"。完全是一付活灵活现的乌兰夫铁杆保皇派，死党分子的丑恶嘴脸！

同志们！仅从以上几个方面，就可以清清楚楚地看出，王再天根本不是什么受乌兰夫排挤、陷害、积极和乌兰夫作斗争的"革命领导干部"、"左派书记"，而是货真价实的乌兰夫反党叛国集团掌握刀把子的核心人物，实权人物，得力干将，最凶恶的帮凶。王再天和乌兰夫本是同根生，长期以来，他追随乌兰夫反党叛国，进行民族分裂，反对光焰无际的毛泽东思想，极力推行反革命修正主义路线，公开包庇坏人，实行资产阶级专政，罪恶滔天，罄竹难书。文化大革命来势凶猛以后，他又充当了乌兰夫的代理人，耍弄反革命两面派，疯狂镇压、破坏无产阶级文化大革命。这样一个王再天不打倒，文化大革命就不能进行到底，这样一个王再天不打倒就不能彻底肃清乌兰夫反革命势力的影响，这样一个王再天不打倒，无产阶级江山就会变色，我们就会亡党、亡国、亡头，就国无宁日。这样一个王再天现在不打倒，更待何时！

"借问瘟君欲何往，纸船明烛照天烧"让乌兰夫的所谓"左派书记"王再天在毛泽东思想千钧棒下去见鬼吧！

内蒙党委机关红旗总部
内蒙博物馆只争朝夕战斗队及革命群众

坚决打倒王再天　彻底解放公检法

（上接第六版）

把无产阶级专政机关变成了牛鬼蛇神的庇护所，把公检法的专政大权一直交给乌兰夫黑綫，哈特死党和张如崗李貴之流所掌握，老牌的苏蒙修特务朋斯克、特木尔巴根，组织"农牧民前运会"阴谋实行武装叛乱活动。"人民革命党"头目木伦、嘎和布僧格，乌兰夫反党叛国集团的忠实干将举力格巴图尔、云世英以及削尖脑袋往乌兰夫集团里鑽的张如崗、李貴之流都曾先后在公检法机关掌握专政大权。在劳改单位里，王再天还安排让国民党少将等当劳改干部，让特务分子去掌握犯人，情况十分严重。由这些叛徒特务反革命修正主义分子，民族分裂主义分子把持公检法大权，可想而知，他们会实行那个阶级的专政，会给公检法机关造成什么样的恶果。

在文化大革命中，反革命两面派王再天为了保护自己，一直把黑手伸向公检法，紧紧捂着公检法阶级斗争的盖子，到处煽阴风，点鬼火划框框，定调調，阻挠公检法革命群众挖黑綫肃流毒的革命斗争。借以包庇乌兰夫集团的残党余孽。说什么："公安厅那么多汉族副厅长都没事，就是两个蒙族厅长出了问题，公安厅几乎把民族处长都搞了，政法口搞的大部分都是蒙族，民族政策还得要嘛。你们要做出典型，拿出如何贯彻民族政策的经验来"等等等等。

王再天口口声声离不开'民族'二字，不更加証明他就是一个地地道道的老牌民族分裂主义分子吗？内蒙革命委员会成立之后，王再天没有结合，他也被调离公检法的岗位，这个狡猾的老狐狸，已预感到灭顶之灾即将来临，又多次跑到公安厅向全区的公安干部进行自吹自擂表现自己，对党是忠成老实，叫公安厅干部对他"不要有什么想法"。妄图拉拢公检法革命造反派的嘴，借以逃脱革命群众的"火眼金睛"。现在王再天这个老狐狸一再想保持公检法这块阵地的幻想完全破产，王再天被革命群众揪出来了，斩断了乌兰夫反党叛国集团伸向公检法的黑手。并且揪出了乌兰夫集团的残党余孽腾和之流。我们公检法的无产阶级革命派一定要彻底清算廿年来王再天在公检法战綫所犯下的滔天罪行。坚决打倒王再天，彻底解放公检法！

打倒刘、邓、陶！

打倒彭真、罗瑞卿！

打倒乌兰夫！

打倒王再天！

公检法要彻底革命！

无产阶级专政万岁！

我们伟大领袖毛主席万岁！万岁！万万岁！

第八版　　　　　　　　　　联 合 战 报　　　　　　　　　一九六八年二月八日

最高指示

你们要关心国家大事，要把无产阶级文化大革命进行到底。

这个仇恨共产党，仇恨人民，仇恨革命达到了疯狂程度的反动集团，绝不是真正放下武器，而是企图继续用两面派方式保存他们的实力，等待时机卷土重来。

告内蒙古自治区革命人民書

解放军同志们，全区无产阶级革命派的战友们，革命的同志们：

首先让我们以无限的激情，共同敬祝我们伟大的领袖，我们心中最红最红的红太阳毛主席万寿无疆！万寿无疆！！万寿无疆！！！

祝愿我们的林副统帅身体健康！永远健康！永远健康！！

在横扫乌兰夫反党叛国集团三股黑势力的滚滚洪流中，我们把混入革命队伍，死保乌兰夫残党余孽，大肆为乌兰夫翻案的反革命两面派，乌兰夫反党叛国集团的核心人物，反革命修正主义，民族分裂主义分子王再天揪出来了。

"奔腾急，万马战犹酣"。在毛主席最新指示的光辉照耀下，在《元旦社论》的指引下，在内蒙古自治区革命委员会的领导下，一场夺取无产阶级文化大革命全面胜利，横扫乌兰夫残党余孽的人民战争打响了。

当前，全国的形势一片大好，我区的形势也是一片大好。在继揪出反革命两面派特古斯之后，于一九六七年医学院东方红红卫兵，一马当先，又于元月十八日揪出了老牌修正主义，民族分裂主义分子王再天揪出来！这是战无不胜的毛泽东思想的又一伟大胜利。

毛主席教导我们："以伪装出现的反革命分子，他们给人以假象，而将其真象隐蔽着，但是他们既要反革命，就不可能将其真象隐蔽得十分彻底。"伪装得十分巧妙的王再天，终于在毛泽东思想的照妖镜下现了原形，一切大大小小的乌兰夫分子，也将在这场人民战争的歼灭战中，被全部、干净、彻底消灭。

王再天是十恶不赦的乌兰夫反党叛国集团的核心人物！

自称"中农"，"奴隶"出身的王再天，实际上出身于大贵族、大牧主、大恶霸的封建家庭，从十七岁起他跟随大军阀张作霖，鱼肉人民，无恶不作。在张作霖的卵翼下他屠杀蹂躏人民前后达十七年之久，由于他反共反人民有"功"，升任到参谋长之职。

就是这个国民党军阀王再天，凭着他反革命的政治经验，在全国抗日高潮的时候，伪造历史，钻进了革命队伍。

就是这个老反革命王再天，与乌兰夫及其老班底奎璧、吉雅泰之流结成死党，窃据内蒙古自治区的党政要职。他们招降纳叛，网罗日本、美蒋、苏、蒙修特务，大蒙奸、大汉奸、王公贵族，反动的宗教上层和一贯反共反人民的"内人党"的党魁、党徒，又加上王铎、王逸伦之流，他们将这几股黑线拼凑成一个反党叛国集团。他们的这一反革命势力伸向全区上下各地。

就是这个民族分裂主义分子王再天，利用他控制的公、检、法和外事部门，作为乌兰夫叛国集团的顽固黑据点，保护和策动反党叛国活动。二十年来，数以百计的反党叛国案件，无一不为王贼密切相关，无一不被王贼包庇过关。他大反毛泽东思想，不准悬挂我们伟大领袖毛主席的照片，而险恶地大肆悬挂刘少奇、贺龙的狗照片。

就是这个十恶不赦的王再天，利用他窃据的职权，保护王公贵族、牧主，在牧区顽固推行"不分不斗、不划阶级"的民族分裂主义反动政策，以反对"大汉族主义"为名，竭力保护乌兰夫反党叛国集团的修正主义，民族分裂主义路线。

就是这个王再天，在一九五七年炮制"3·14"黑纲领，公开保护反革命和地、富、反、坏、右，公开保存他们大搞反党叛国的社会基础。

还是这个王再天，伙同乌兰夫，亲自策划成立臭名昭著的"四十三人委员会"。由他亲自派出黑代表团去蒙古活动，亲自听取黑代表团的黑汇报。在这个反党叛国阴谋暴露以后，他又亲自策划了黑帮分子云照光要弄仓车驾，保持师的鬼把戏。

还是这个陶铸式的反革命两面派王再天，在史无前例的无产阶级文化大革命的烈火刚刚点燃的时候，预感到自己末日来临，与乌兰夫密切配合，大要反革命两面手法，阴一套，阳一套，偷偷向王逸伦亮黑相。当无产阶级革命派揪出乌兰夫反党叛国集团的重要核心人物奎璧等一小撮反革命修正主义，民族分裂主义分子等，他恶毒地煽动说："把蒙古人都整完了怎么成？"企图挑起民族矛盾，破坏文化大革命。当无产阶级革命派揪出反革命修正主义，民族分裂主义的特古斯之时，他又恶毒地煽动说："民族干部不能完全都揪！"妄想以"民族问题"作幌子，掩盖阶级斗争。

还是这个王再天，当呼三司革命小将顶黑风，战恶浪滇的时候，大要反革命两面手法的妖风，他一面把斗争指向筹备小组，企图进行资本主义复辟。当有人恶毒挑动，散布"筹备小组的产生是执行新的资产阶级反动路线"的烂言时，王再天狼子野心大发作，进而鼓动他们："你们的造反精神强！"当内蒙古自治区革命委员会成立前夕，王贼虽然已感到自己的反革命嘴脸快要暴露，钻进红色政权的阴谋不能得逞，但是仍然进行垂死挣扎。他亲自出马，反对中央，鼓动其嗷嗷王××等到处散布："领导班子没结合王再天，这是方向性的错误！"王再天也亲自游说："……不让我进革命委员会，我们必争……"看！王贼的反革命气焰何等嚣张！

还是这个王再天，耍出各种反革命的花招，一招不行，再来一招。他利用其盘踞的部门和钻进革命队伍里的乌兰夫残党余孽，到处伸黑手，紧紧捂住公、检、法、外事、文教、卫生、出版等各个部门的阶级斗争盖子，并且颠倒黑白，打着"受害者"的幌子，组织起钻进革命队伍里的乌兰夫残党余孽，地、富、反、坏、右牛鬼蛇神蒙蔽部分群众，兴风作浪，向无产阶级革命派和革命群众猖狂反扑，反攻倒算，为乌兰夫反党叛国集团翻案，为民族分裂主义集团平反。他有时从"左"的方面，有时从右的方面，或者同时从"左"的和右的两个方面向我们伟大领袖毛主席的无产阶级革命路线进攻，制造派性斗争，竭力搅乱阶级阵线，妄图把无产阶级文化大革命引入歧途，为他复活乌兰夫王朝服务，为他进行资本主义复辟。

总之，这个王再天恶贯满盈，罪该万死！为了保卫毛泽东思想，保卫毛主席革命路线，保卫和巩固新生的红色政权，必须坚决打倒王再天！必须坚决打倒大大小小的王再天式的反革命两面派人物，必须挖净乌兰夫反党叛国集团的一切残党余孽！否则，内蒙就存在着复辟资本主义的危险！

如果我们对这一场横扫乌兰夫残党余孽的人民战争，存在右倾情绪，或者松劲麻痹思想，就是对毛主席的最新指示不忠，对毛主席的革命路线不忠，就是对无产阶级革命事业不忠。

解放军同志们，无产阶级革命派的战友们，红卫兵小将们，革命的同志们，让我们在毛泽东思想的指引下，立即行动起来，团结起来，挥起我们的铁拳头，万炮齐轰，万弩齐发，对准乌兰夫残党余孽，对准大大小小的王再天、特古斯之流猛烈开火，打他个天翻地覆，杀他个人仰马翻！

乌兰夫已经打翻在地、王再天也揪了出来，但是我们必须继续提高警惕。他们人还在，心不死，树倒了猢狲还不肯散。要警惕！要警惕！他们还会从"左"、右两个方面向我们反扑，制造派性斗争，转移斗争大方向，以便隐藏他们的残党余孽，或者，他们摇身一变，又会钻进我们的队伍，潜伏下来，或者，他们又施行倒打一耙的伎俩，先入为主，打击无产阶级革命派，保住乌兰夫反党叛国集团的残党余孽；他们还会煽阴风，点鬼火，挑起民族矛盾，掩盖阶级斗争……警惕！警惕！要警惕！

"宜将剩勇追穷寇，不可沽名学霸王"。解放军同志们，无产阶级革命派战友们，革命的同志们，一场横扫乌兰夫残党余孽的人民战争的红色风暴，在大青山麓，黄河之滨已经形成，而且从揪出王再天开始，正以排山倒海之势汹涌向前，势不可挡！

毛主席教导我们说："如果要使革命进行到底，那就是用阶级革命的方法，坚决彻底干净全部地消灭一切反动势力。"

"横扫千军威倘猛，刺破青天锷未残"。让我们奋起毛泽东思想的千钧棒紧跟毛主席的伟大战略部署，为誓死保卫毛主席，捍卫无产阶级专政，巩固祖国统一和各民族团结，为争取无产阶级文化大革命的全面胜利，排除右的和"左"的干扰，横冲直闯，大砍大杀吧！

打倒刘、邓、陶！

打倒乌兰夫、王逸伦、王铎！

横扫乌兰夫的一切残党余孽！

坚决打倒乌兰夫反党叛国集团的核心人物，反革命两面派王再天！

保卫和巩固新生的红色政权！

毛主席的无产阶级革命路线胜利万岁！

光焰无际的伟大的毛泽东思想胜利万岁！

誓死夺取无产阶级文化大革命的全面胜利！

伟大的导师，伟大的领袖，伟大的统帅，伟大的舵手毛主席万岁！万岁！！万万岁！！！

呼和浩特市无产阶级革命派愤怒声讨反革命修正主义民族分裂主义分子王再天大会

订报启事

本报从一九六八年二月十六日起交由呼市邮电局发行。每周星期五出刊，每期四版，定价二分，月份八分。欢迎订阅。请订户在呼市和全区各地邮局办理订阅手续。

呼和浩特市邮电局革命委员会

呼和浩特革命造反联络总部

《联合战报》编辑部

一九六八年二月八日

本报地址：原内蒙人委后院5号小楼　　　　　　电话：2169

打倒反革命修正主义民族分裂主义分子王再天

内蒙古人委机关红旗

专政是群众的专政 毛泽东

战鼓咚咚，炮声隆隆，千军进发，万马奔腾。

老奸巨猾的历史反革命分子、乌兰夫反党叛国集团的轴心人物王再天在这次彻底肃清乌兰夫反党叛国集团残余势力的高潮中，终于被揪出来了。多年来王再天这个混进革命队伍里的国民党军阀，打着"老革命"的招牌，伙同"当代王爷"乌兰夫，大搞分裂祖国统一、破坏民族团结的反党叛国罪恶勾当，对毛主席、对党、对人民犯下了滔天罪行。

国民党蒋介石的忠实走狗混进革命队伍的大特务

王再天这只披着羊皮的豺狼，从一九二五年至一九三九年的十三年中，在伪东北军内，由贴写兵、文书爬升到少校参谋，成了大军阀张学良的贴心红人。一九三五年伪东北军驻于武汉。张学良为了搞情报，在鄂豫皖"剿匪"总部内组织了一个特务情报机构——机要组。这个机要组下设三个科，王再天在二科任上尉科员充当了国民党的情报特务。

一九三六年伪东北军总部，由武汉转驻西安，机要组人员合并到国民党西北"剿匪"总部参谋处。由于王再天极积为蒋介石、张学良卖命，被提升为少校联络参谋，继续搞情报特务活动。张学良的伪东北军进驻西安，是蒋介石派去打北上抗日的我工农红军的。所谓"剿匪"就是围剿我工农红军，打击革命，镇压抗日救国运动。王再天在敌人的"剿匪"总部当少校联络参谋官。看！伪装成"老革命"、"老党员"的王再天，就是这样一个反动透顶的国民党的大特务。

一九三六年七月，王贼再天就钻入共产党内。据他自己交代"一九三八年夏天，通过我党地下组织，派他到国民党第五战区第二路游击司令部当参谋长"。这个部队，在莒县同日寇作战失利后，司令刘振东阵亡，副司令郭洪儒升任司令，王仍任参谋长。一天晚上部队哗变，王再天和郭洪儒住在一个房子里，郭被抓枪杀，王乘机逃脱，又回到了东北军五十一军"。从王贼再天这段交代材料里不难看出：郭、王部队的哗变，是与王再天有关系的，为什么同住一屋的郭被枪杀，而王未被抓？为什么王再天独自一个人能"乘机逃脱"呢？这是值得深思的大问题。要么王再天向敌屈膝投降，当了可耻的叛徒，保住了一条狗命，要么王再天直接参予部队哗变，并接受"任务"而打进来的。"来者不善，善者不来"，王再天决不是象他所说的那样"乘机逃脱"的。二十年来，王贼再天伙同反党叛国集团的头目乌兰夫私通苏修，包庇大批叛徒、特务、反革命、叛国分子等一系列罪恶活动来看，王再天就是敌人派遣来的大间谍，不折

不扣的大特务。

成吉思汗的孝子贤孙，"当代王爷"的一员大将

成吉思汗是蒙古族封建皇帝，是践踏欧亚大陆，屠杀无数劳动人民的大侵略者，大魔王。历年来，封建统治阶级、日本帝国主义、国民党反动派，都利用蒙古成吉思汗这个大魔王，来愚昧蒙族劳动人民，把成吉思汗的幽灵变为统治劳动人民的工具，烧香祭灵，大加吹捧，什么"武功盖世"呀"民族英雄"呀"主宰世界的神种"呀等等。同历代的统治阶级一样，王贼再天伙同"当代王爷"乌兰夫，为了建立一个"大蒙古帝国"，继承反动统治阶级的衣钵，极尽吹捧成吉思汗之能事，提出"成吉思汗子孙们团结起来"的反动口号，掩盖阶级斗争，包庇反动的民族上层，把牛鬼蛇神统统网罗进来，进行民族分裂、叛国活动。早在一九四八年五月二日王再天就在《内蒙古日报》上发表了"发扬民族气节，继承成吉思汗对敌不屈的精神"，胡说什么"云主席二十年领导内蒙古革命，今天已使我内蒙古以新的姿态出现"，又说："我内蒙人民解放军要继承成吉思汗的英勇善战精神，和中国人民解放军并肩作战……"看！王贼再天不仅把伟大的中国人民解放军的革命斗志与成吉思汗的野蛮侵略行径相提并论，肉麻地吹捧成吉思汗。而且公然把解放军分成"内蒙"和"中国"的，要"并肩作战"，这是明目张胆地分裂祖国统一，是公开为乌兰夫建立"大蒙古帝国"招魂，其狼子野心何其毒也！

王贼再天念念不忘已死去七、八百年的大魔王成吉思汗，伙同乌兰夫、奎璧、王铎、哈丰阿、嘎如布僧格之流，经过一年多的策划和筹备，一九五四年正式进行成陵迁建活动，大刮妖风。王再天任成陵迁建委员会主任委员。一九五三年十二月三日，王再天亲自召集会议，决定先迁灵柩，后建陵园的方针，并派由九——十一人组成的迎灵代表团，去青海塔尔寺迁灵，奎璧为团长，嘎如布僧格为秘书长。一九五四年四月王贼再天、奎璧、鄂其尔呼雅克图，嘎如布僧格等人为首的迎灵代表团去青海省黄中县塔尔寺。一九五四年三月二十九日在塔尔寺举行了盛大的起灵大祭，在欢迎欢送成陵仪式上，除请塔尔寺的喇嘛吃茶外，又向喇嘛们送了两千条毛巾等。就这样，乌兰夫、王再天之流为了把所谓成吉思汗陵柩和一些破石烂砖迁回伊金霍洛旗，任挥霍国家资金达150万余元。仅迁灵就花弗848,600元，用专车从兰州运到包头，再改装汽车运到伊金霍洛旗，为了迁灵"郑重"，王再天在嘎如布僧格起草的"为呈请批准迁成陵用车由"的通知中写到："本府反复研究，不用专车，挂在一般客运车不便，如挂在货运列车上费时过长，亦不郑重"。这样，王贼再天欺骗中央，把所谓的陵柩及破石烂砖，装了七节车箱，每节车箱都用大量的黄绿丝绸装饰起来，专车所到之处，无论客车还是货车，一律为它让路，一路上请客送礼，宴会晚会接连不断，王再天不愧为大魔王成吉思汗的孝子贤孙！王贼伙同博彦满都、王宗洛、李居义、孙兰峰、李世杰、嘎如布僧格、郭文通等封建上层，国民党军阀，在迁迎灵柩和修建陵园的一系列活动过程中，大搞封建迷信活动，大放其毒，流毒中外，为乌兰夫建立"大蒙古帝国"效尽犬马之劳。

王再天伙同乌兰夫、嘎如布僧格之流，为了制造民族分裂舆论，利用报张、广播、出版等宣传工具大肆吹捧成吉思汗，愚惑群众，大搞资本主义复辟。一九六二年王再天在"祭成吉思汗诞辰800周年"的报告中说："今年元月是成吉思汗诞辰八百周年，又是蒙文版蒙古源流出版三百周年。因此，祭陵规模应比往年规模大一些。"并规定："举办一次有关成吉思汗的学术讨论会，邀请少数全国著名蒙古史学家参加，并写出一篇考据性的成吉思汗大事记。有条件举办一个小型的成吉思汗文物展览，内容：包括各种文化的传记、史书、文物资料、画像……等等。于是就《成吉思汗年考》和《成吉思汗编年大事记》以及《蒙古源流》、《成吉思汗的两匹骏马》等毒草粉纷出笼，公开为成吉思汗歌功颂德，树碑立传，煽动外逃，破坏民族团结，分裂祖国统一。

（未完、待续）

狐群狗党，物以类聚（左起：王、乌、奎、吉）

誰为乌兰夫翻案，就打倒誰！

呼市无产阶级革命派和革命群众举行揭发控诉反革命组织"联社"全市有线广播大会

揪出联社坏头头示众。 本报记者摄

（本报讯）在挖乌兰夫黑线、清乌兰夫流毒深入发展，并取得了重大胜利的大好形势下，呼和浩特无产阶级革命派和革命群众举行揭发控诉反革命组织"联社"全市有线广播大会。大会在雄壯的《东方红》歌声中开始。

先出呼和浩特革命造反联络总部和群众组织"联社"的负责人竞同志盛同志代表和爷乌兰夫被捕之后，不悔未改，为乌兰夫的死党翻案叫屈，妄图颠覆新生的红色政权，实现其黑后台乌兰夫的分裂祖国统一的罪恶计划。这一小撮王八蛋纠集起来，到处煽阴风点鬼火，大造反革命舆论，狂妄地高举毛泽东思想伟大红旗，大无产阶级革命群众继续挖出王再天……

会上，"联社"的总指挥部的负责人说，"联社"是当代乌兰夫和一小撮坏蛋与人民为敌，有分子纠集起来，为实现其黑后台的企图推翻无产阶级专政，他说，"今天我市广大无产阶级专政，并实行无产阶级专政是毛主席革命路线的伟大胜利，是毛主席的又一伟大胜利……"

接着"联社"专案组"呼三司"的代表先后在大会上愤怒揭发了"联社"的罪行和揭发了"联社"对他们的迫害，他们一致表示：在大好形势下，还有阴暗角落，灰尘例外"扫帚不到，灰尘例外不会自己跑掉"，今后，我们一定要紧跟毛主席的伟大战略部署，开展一场全面性的挖乌兰夫的黑线，不把乌兰夫的黑线挖净，不把乌兰夫的流毒肃清，决不罢休。他们还表示：要把"联社"黑后台乌兰夫流毒放出的人民战线中取新功。

"联社"蒙蔽的同志们，最后，中国人民解放军内蒙古公安厅军管会根据广大革命群众的要求，当场宣布依法摧垮贝子庙（锡林浩特）后台李永年指挥部根据广大革命群众的要求，将乌兰夫翻案就打倒誰！"这时全场响起了一片"无产阶级专政万岁"、"群众专政好得很"的口号声，彻底会场上空，久久不能平息。大会在"大海航行靠舵手"歌声中胜利结束。

打倒反革命修正主义分子王再天

内蒙人委办公厅红旗

（上接第六期）

王再天这个混进革命队伍的国民党军阀、大特务，一九四六年十月份来到内蒙以后，就和乌兰夫、刘春、王铎、哈丰阿之流勾结在一起，多次私通苏、蒙修，策划了一系列反党叛国民族分裂活动，妄图建立一个什么"大蒙古帝国"。

一九四六年八、九月份，国民党蒋介石进攻张家口，乌兰夫、王再天之流吓得魂不附体，扔下张家口，扔下部队，把内蒙自治运动联合会撤退到贝子庙（锡林浩特）后，乌兰夫就逃之夭夭，跑到蒙古。随后王再天也去寻找乌兰夫为借口，又跑到蒙古边境与蒙修会晤，将刘春的老婆尹力、王铎的老婆周兴、王再天的老婆张晨等十三户家属迁入蒙古境内，住一年之多，逃避人民解放战争。

一九四七年十月，王贼再天随同乌兰夫，在哈丰阿警卫团长郝永芳的护送下，从阿尔山第二次到蒙修境内，向蒙古内防部苏联顾问汇报了内蒙古自治政府成立情况后，得到蒙古一辆吉普车的嘉奖。乌兰夫、王再天不向党中央汇报，不向毛主席汇报，竟然向苏蒙修汇报，真是狗胆包天。

一九四八年夏天，蒙修再次邀请乌兰夫到边境会晤。乌兰夫这次自己没有去，派王再天、王逸伦、吉雅太三人去的。一九四九年春天王再天又一次去蒙古境内，向蒙修汇报有关情报。王贼把这些叛国投修的罪恶行径，竟胡说成什么"只商谈了贸易问题"等等。这统统是骗人的鬼话！请看，王再天私通蒙修的罪证吧！

一九四六年到一九四七年蒙修特务班斯口格其等人，以蒙古"真理报"记者身分，住在乌兰浩特一小院内，设置电台，公开搞特务情报活动，多次会晤王再天，并请他吃饭。由此可见，王再天本身就是一个蒙修情报员、大特务。

一九四九年以前，乌兰夫、王再天利用内蒙公安部，背着党中央和毛主席，直接与蒙古内防部互通情报。一九五〇年蒙古内防部长东贺尔扎布来内蒙与王再天密谈后，蒙修派来一大批携带电台和家属的所谓"专家"，住在张家口内蒙公安部大院内，在乌兰夫、王再天等人的保护下，明目张胆的在张家口、锡盟等地大肆活动，搞各种情报。

一九五〇以后，王再天虽然不敢公开直接与蒙修来往了，但在暗地里却眉来眼去，勾勾搭搭，继续大搞叛国活动。一九五一年七月，王贼再天随同中国代表团到蒙古乌兰巴托，回国前蒙古送给代表团每人一套蒙古服装。王再天穿上这套蒙古绝、尖勾鞋，扎上腰带，戴了苏制巴托式的八角尖顶帽子，得意忘形的拍了照片。真是一幅十足的奴才像。并把这次去蒙修的照片大加洗印，除交博物馆展览外，还在全区公安处局长会议上每人发了一套，真不知天下还有羞耻二字！

一九六一年王再天以地方代表团长的身分再次到乌兰巴托。当时正是帝、修、反联合反华的高潮时期。王再天这个民族败类，出卖灵魂，投靠蒙修的大叛徒。为了讨好其主子，当南斯拉夫铁托叛徒集团代表上台讲演，大肆反华的时候，他还站起来热烈鼓掌助威，得到蒙修头子泽登巴尔的一千元钱和一块金壳表的高赏。王贼再天的上述这些投靠蒙修的叛国活动，充分暴露了他的反革命丑恶灵魂。毛主席教导我们说："**没有肃清的暗藏的反革命分子是不会死心的，他们必定要乘机捣乱。**"王再天这个混进革命队伍内的暗藏的反革命分子，二十多年来埋通外国，大搞反党叛国活动，滔天，罄竹难书。

"冰冻三尺，非一日之寒。"王再天大搞民族分裂叛国活动，是由来已久的，是他反动的阶级本能所决定的。为了建立一个什么"大蒙古帝国"，他利用一切机会，一切场合大造反革命舆论。毛主席说："**凡是要推翻一个政权，总是要造成舆论，总要先做意识形态方面的工作，革命的阶级这样，反革命的阶级也是这样。**"下面让我们看看王再天利用内蒙博物馆展览、内蒙自治区成立十周年和十五周年庆祝活动以及文艺出版等活动，如何进行舆论准备，大放厥词，竭力吹捧蒙修的罪恶实事吧！

一九五七年研究内蒙古自治区成立十周年纪念活动时，关于欢迎外宾问题上王贼再天指示说："欢迎外宾时可以不挂像（指毛主席像），只挂国旗，欢迎时手里拿国旗。"（未完待续）

（上接第二版）

毛主席教导我们："**这种人不喜欢我们这个无产阶级专政的国家，他们留恋旧社会。一遇机会，他们就会兴风作浪，想要推翻共产党，恢复旧中国。**"金墨言这个钻进党内的资产阶级代理人，就是这样一种人。一九六一年正当我国经济遇到暂时困难时期，金墨言紧密配合国内、外阶级敌人的疯狂进攻，也公开跳了出来，采取借刀讽今手段，恶毒攻击党的领导，攻击社会主义制度和三面红旗。他从古书堆里搬来大量破烂，除亲自秉送其主子王逸伦及其出谋献策外，还印发给财政厅的其他领导，积极为乌、哈复资资本主义制造舆论准备。

金墨言是乌、哈反党集团分裂祖国的一员干将。多年来他打着民族地区"特殊"的幌子，采取各种手段，肆无忌惮地向中央争权、要钱。甚至还媚妒其他省、市也出面大吵大闹，问中央讨价还价。说什么，"下饭馆吃饭，别人点菜，吃的时候大家有份。"有一次中央开会研究定额时，他对中央核给内蒙的定额不满意，竟几次把其主子乌兰夫搬出来，硬逼中央修改。

金墨言也还是乌兰夫准备宫廷政变的一名组织者，他打着乌兰夫"机关民族化"的破旗，积极为乌兰夫党团组织准备。如在他掌权期间，经他手提拔的处长级干部中，属于伪军官、军警、国民党婴员、"内人党"徒等就占百分之七十。哈丰阿的亲信、日本帝国主义忠实走狗、"内人党"骨干阿木斯郎、胡克巴特、通拉嘎等就是金墨言根据哈丰阿的旨意安插到财政部门的一些坏蛋。

阿木斯郎、"内人党"骨干，叛奸，日伪时期靠哈丰阿关系当上了伪满政府动员科长，替日本法西斯抓壮丁、抓劳工、征粮、征役，他还给日本人献计说："中国人知法不知恩，狠狠要出荷粮没关系。"一九四五年后又投靠哈丰阿加入"内人党"说服哈同国民党合作，他扬言："靠拢国民党，内蒙古民族才有出路。"就是这样的坏蛋解放后又被哈丰阿拉入共产党内，当上了处长。

（下转第四版）

（第四版）　　　　　　　　　　　　　　联合战报　　　　　　　　　　　　一九六八年三月八日

密切注视阶级敌人的新动向

本报记者

　　集中火力，集中目标，打一场挖乌兰夫黑线，清乌兰夫流毒的人民战争，这是当前斗争的大方向，这是无产阶级司令部发出的战斗号令。这个战斗号令敲响了乌、哈反动叛国集团残余势力的丧钟。但是，敌人已经缴械投降，束手待毙了吗？没有，正如伟大领袖毛主席所指出的："**一切反动势力在他们行将灭亡的时候，总是要进行垂死挣扎的。**"两年激烈的阶级搏斗，告诉我们这样一条规律：我们要消灭敌人，敌人就拼命的反抗，敌人要反抗，就要组织他们的力量，要想组织力量，就要有指挥；要想有指挥，就要组织他们的地下黑司令部。在当前的挖黑线，清流毒的斗争中，确实存在着一个由王再天、特古斯、滕和之流以及还没有彻底暴露出来的乌哈死党分子所操纵指挥的地下黑司令部在指挥他们的垂阴隅顽抗，这一点，很多革命的同志已经看清楚了。但是这个地下黑司令部究竟采取什么手段在同我们较量的呢？现在地下黑司令部所玩弄的反革命伎俩，是广大无产阶级革命派很好的反面教材，也是社会上阶级斗争的一个缩影。必须彻底揭露，坚决反击。

　　地下黑司令部反扑的手段之一是以守为攻，从右的方面来动摇革命派，他们借解放干部为名为乌兰夫的死党分子翻案。不久以前，有人竟敢明目张胆地替奎壁、王锋喊冤叫屈。说什么：
　　"奎壁老汉也只不过是老小寡妇案件问题嘛！"
　　"王锋嘛，还不就是站错了队？"
　　去年，敬爱的江青同志讲话后，文艺界打破了万马齐喑的局面，掀起了挖乌、哈黑线的高潮，揪出了特古斯。这时候，乌、哈死党分子还拼命放烟幕，造假象，搭伪盖子，死保特古斯。你这去受了蒙蔽，站错了队现在要起来革命吗？他就用"五十天"作为护身符，筑起防火墙，挥舞大棒实行阶级报复，给你扣上"老保翻天"、"别有用心"等等大帽子，把你踩得透不过气来。
　　地下黑司令部反扑的另一个手段是明撕暗保。乌、哈的死党特古斯，已经成为众矢之的，眼看公开保是保不住了，于是他们就改变策略，玩弄即撕暗保的把戏。也派人出马搞所谓"调查"，在北京走过场，到天津时，先给×××定调了，骗取了一个"特古斯是好同志"的证明，他们把特古斯给国民党送情这样一个重大情节隐瞒起来，不向红联总部汇报，同时，堆出要搞另一条线，企图开辟"第二战场"把水搅混。
　　革命群众起来揪大特务，乌兰夫的死党狂民主义分子王再天时，这些乌龟王八蛋们大喊中通风报信，大吹冷风，说什么"王再天是公检法的头，应该相信公检法的群众，让公检法自己去揭

"挖空心思地来保其主子过关。
　　毛主席教导我们："**各种削剥阶级代表人物，当他们处于不利情况的时候，为了保护他们现在的生存，以利将来的发展，他们往往采取以攻为守的策略。**"地下黑司令部进行反扑的还有一个手段就是以攻为守，转移斗争大方向。一场挖黑线，清流毒的人民战争打响以后，眼看着乌兰夫的鹰犬党一个个被揪了出来，他们越来越处于不利的地位，公开为乌兰夫翻案是不行了，为乌兰夫翻案的最好办法就是"假作真时真亦假，以假充真假亦真"，来个真真假假，红黑不分，混战一场，于是在地下黑司令部的指挥下，一个转移斗争大方向的阴谋出现了。过去一向右得出奇的人物，突然间"左得可爱"起来，他们也打着"挖黑线"的旗号，但是他们挖的几乎都是革命领导干部。
　　地下黑司令部在档案局的一伙爪牙，所揪出的一张"×××何许人也"的大字报，竟然把中国赫鲁晓夫刘少奇在内蒙的代理人，当代王爷乌兰夫说成仅仅是"不看书，不看报的混世鬼"，乌赅的讲演、报告，指示是出自"×××的手，乌兰夫的口"。并颠倒黑白地把乌兰夫在小营子搞的资本主义复辟罪行一古脑儿推到×××同志身上。以达到既可以为乌兰夫开脱罪责，又能把反乌兰夫的革命同志打下去的目的。请看，这些乌龟王八蛋的用心多么险恶，手段多么毒辣。
　　不仅如此，为了置革命领导干部于死地，他们竟不顾党纪国法，私自开列档案管，动用国家机密，甚至发动民族分裂分子浩凡的打手，苏×大×"站起来跟××干"。这样尤嫌不足，他们还在深更半夜把王锋、浩凡等人带到办公室，动员王锋、浩凡等走资派来揭×××的问题，从敌人那里搜集革命领导干部的材料。他们仅仅是要打几个人吗？显然事情并非如此简单，背后隐藏着更大的罪恶目的，就是要搞垮无产阶级司令部——内蒙革委会。
　　地下黑司令部反扑的第四个手段是挑拨离

间，煽风点火篡夺领导权。在革命派一度存在着右倾思想的时候，他们不提意见，引诱革命派与他们同流合污，当革命派纠正右倾，奋起战斗的时候，他们一反常态，散布流言蜚语，煽动群众把矛头指向红旗总部，指向革委会的革命领导干部。诬蔑革委会的革命领导干部是"廉价兜售保票"。他们开黑会，暗中收集总部一些负责人的材料，阴谋要把革命派一个一个地拉下马，由他们独揽大权，妄想把党委大院的文化大革命阵地全部控制在他们手中。
　　在两个阶级、两条道路、两条路线的斗争中，经过大风大浪的严峻考验的党委机关红旗总部，不愧是真正的革命群众组织，他们早已识破了阶级敌人的种种阴谋诡计，领导和发动全体红旗战士和革命群众以迅雷不及掩耳之势给乌、哈死党以迎头痛击，使一小撮阶级敌人完全处于孤立地位。
　　地下黑司令部在党委大院的猖狂反扑罄竹难书，这里仅仅举了几个例子，这也足以说明乌哈反党叛国集团虽然已经到了山穷水尽的地步，但是乌兰夫的阴魂不散，他们的阵脚还没有完全打乱，困兽犹斗。如果我们对这种敌情不认识或认识不足，就要吃大亏，上大当。
　　一切革命的同志们必须牢记毛主席的指导："反革命分子不是那样幼稚的，他们的这些策略，是很狡猾很毒辣的。一切革命党人决不能轻视他们，决不能麻痹大意，必须大大提高人民的政治警惕性，才能对付和肃清他们。"
　　金猴奋起千钧棒，玉宇澄清万里埃。
　　一切革命的同志必须紧跟毛主席的伟大战略部署，牢牢掌握斗争大方向，以最坚定，最积极，最迅速的战斗态姿，不折不扣地执行无产阶级司令部的战斗号令，集中目标，集中火力彻底摧毁地下黑司令部，把在幕前、幕后指挥的黑司令官统统揪出来，把乌、哈死党分子一个不留地揪出来，为夺取无产阶级文化大革命全面胜利立新功！

粉碎乌、哈死党的反扑

　　旧档案局是一个卧虎藏龙的地方，就是有"右的出奇，左的可爱"的人物。这些乌龟王八蛋到处煽阴风，点鬼火，散布什么"奎壁老汉没有什么问题，就是一个老小寡妇问题。""云彩文（云丽文的妹妹，地主分子，乌兰夫的死党）是什么当权派，是个二十二级的干部，额尔敦也应解放""×××是黑邦，××就是大黑帮"等等，为乌兰夫反党叛国集团翻案制造舆论准备。他们利令智昏，欢喜雀跃，认为反革命政变的春天已到，于是便以极"左"的面目连续抛出蓄谋已久的"×××何许人也？""阻力可谓大也！"等反革命的大字报，把矛头直接指向了红色政权和革命领导干部。他们借总部右倾之机，逼着总部的头头表态，支持他们的"革命行动"，否则就是绊脚石，就得让位。这一小撮乌龟王八蛋已经猖狂到了公开要"权"的地步了。他们深深懂得，没有"权"、为乌兰夫的幽灵招魂就将成为泡影，没有"权"，为乌兰夫反党叛国集团翻案就不可能成为现实。
　　正当这一撮小乌龟王八蛋做着"黄粱美梦"的时候，无产阶级革命派出其不意地组织了猛烈地反击，旗开得胜。这一仗打得敌人惊魂丧胆，揭开了挖党委大院地下指挥部的序幕。档案局的"新曙光"战斗队就在这个关键时间杀出来了。她杀的准，杀的狠，将被一小撮坏蛋操纵的原《东方红》战斗队的领导权重新夺回来了。
　　现在，档案局的文化大革命形势大好，而且越来越好。无产阶级革命派和广大革命群众，决心在内蒙古革命委员会、红旗总部和军管小组的正确领导下，彻底把旧档案局阶级斗争的盖子揭开，并和党委大院的无产阶级革命派团结在一起，誓把这场挖乌哈黑线的人民战争进行到底，不彻底摧毁党委大院乌哈黑线地下指挥部，不完全、彻底地把乌哈死党余孽扫除干净，绝不罢休。

　　　　　党委机关红旗总部档案局《新曙光》战斗队

（上接第三版）

　　胡克巴特，日伪上校团长，因屠杀中国人民有功，曾被日本天皇颁奖三次。日本投降后在苏军俘虏营中被哈丰阿拉人"内人党"内，解放后又把他安排到重要岗位，当上了税务局副局长。
　　通拉嘎，蒙奸，"八·一五"前充当"丙宜杂志"的编辑，专门宣传民族分裂。日本投降后与哈丰阿、萨嘎拉扎布、额尔敦阿克陶呼等结为亲友，大搞民族分裂活动，后又投靠国民党担任少校团付和专门刺探我方情报的纠察大队队长。四八年前因思想反动被劳改，释放后又被哈丰阿包庇下来，安插在财政厅的重要岗位。

　　此外，还有阎锡山、付作义的反动军官也被他们网罗在一起，安插到了领导岗位。如现任建设银行行长武达，大地主出身，曾参加过阎匪各种特务组织，充当特务分队长，解放后还窃得日本药商，混入革命阵营后贪污、偷窃被劳动改造，释放后被金墨言之流拉到内蒙建设银行，并钻入了财政厅党组。苗平章，是阎锡山、付作义的亲信，国民党、三青团骨干，先后担任过付作义骑兵中校、上校，伪华北剿总总政二处上校主任秘书等要职，一九四八年曾参与偷窃赏中解放区战役部署。解放后被乌、哈反革命修正主义安插到财政厅，担任副处长职务。

　　就是这些乌龟王八蛋，被乌、哈反党叛国集团网罗在一起，组成了一个资产阶级司令部，牢牢控制着内蒙古财政大权，实行资产阶级专政。
　　"**要扫除一切害人虫，全无敌。**"目前，财政厅的无产阶级革命派正在遵照毛主席的最新指示，根据滕海青同志二月二十一日的讲话，乘胜追击，誓把乌哈反党集团在内蒙古财政厅的这块陈地彻底揭盖，横扫乌哈残党余孽，肃清乌哈黑线在财政部门的流毒，夺取无产阶级文化大革命的全面胜利。

　　　　　　　　（内蒙财政司法机关）

815

三-19

（第四版）　　　　　　　　　　　联合战报　　　　　　　　　1968年3月14日

必须在各个工作部门中保持高度的警惕性，善于辨别那些伪装拥护革命而实际反革命的分子，把他们从我们的各个战线上清洗出去，这样来保卫我们已经取得的和将要取得的伟大胜利。

毛泽东

打倒反革命修正主义分子王再天

内蒙人委办公厅红旗

（续上期）团长的汽车上挂两国的国旗，中国的在左手方，蒙古的在右手方"。请看王贼再天竟公然反对悬挂我们心中最红最红的红太阳毛主席像，真是罪该千刀万剐！

在内蒙古自治区成立十周年"来宾参观计划及准备情况报告"一原稿上写有"五月一日晚会在乌兰恰特由民族歌舞团演出……晚会的节目以蒙族的为主，适当穿插汉族的和维、藏、朝鲜、僮、黎等民族节目，蒙古人民共和国的节目"等话。王再天看了报告后，还觉得不够劲儿，于是拿起笔，就在"蒙古人民共和国的节目"字句后面加上了"也要摆在适当的位置"等字样，以此突出蒙修，扩大影响，为其"内蒙外合并"阴谋打基础。

一九五七年八月十日研究民族出版工作时，王再天提出"画集中要有一幅中国地图，用特别颜色标示出内蒙……能否搞一个内蒙大地图？"这是王再天妄图把内蒙古自治区从祖国大家庭里分裂出去，为乌兰夫建立"大蒙古帝国"制造地图理论根据的罪恶活动，其狼子野心昭然若揭。

内蒙古自治区是我们伟大祖国中华人民共和国的一块不可分割的神圣领土。内蒙古人民的历史，就是一部同国内外阶级敌人进行不屈不挠的斗争的阶级斗争史。一九二一年中国共产党成立以后，在党中央和毛主席的英明领导下，内蒙古各族人民完成了民族民主革命，进入了社会主义革命阶段，因此，内蒙古博物馆应该展出内蒙古自治区一千三百万各族革命人民在中国共产党和毛主席的直接领导下，同国内外阶级敌人进行斗争的英雄事迹。可是，身任内蒙古博物馆筹委会主任委员的王再天，伙同"当代王爷"乌兰夫，大展特展什么"嘎达梅林活动"，什么"陶克特格事迹"，什么"锡尼喇嘛独贵龙运动"，什么"内蒙古人民革命党历史"，什么"乌兰夫革命实践"等等。这样作了，王再天还不满足，明目张胆地提出也要适当的展出"蒙古人民革命党"。讨论博物馆展览问题时，王再天提出："嘎达梅林的活动在这里应当有，把歌颂他的歌子中最好的一段记录下来。陶克特格的事迹应当摆出去，在蒙古博物馆内摆有他的事迹。""写人民革命党就写二五年成立到三三年解放那一段。"等等。崇修媚外的狗奴才王再天又接着说什么"大青山根据地和伊盟根据地材料应摆大青山，主要是以地方说明内蒙在抗日时期有自己的武装，自己的组织。乌兰夫主席在建党三十周年的报告可以作为解说词。"从这里不难看出，乌兰夫、王再天早在抗日战争时期就有里通外国，分裂祖国统一的组织活动，搞自己的"大蒙古帝国"的狼子野心，日寇投降后更是变本加厉的进行活动，搞自己的黑武装。中华人民共和国成立后，他们仍是念念不忘"内外蒙合并"，说什么"要先走自己的路子"，"要把内蒙办成日内瓦"那样。

一九六三年九月二五日，一次政府行政会议上讨论蒙古语文工作时，王贼再天说："路子恐怕越走越宽"，准备给市上管文教干部谈一下，文教卫生选择干部，首先必须蒙汉兼通，交通警必须蒙汉兼通，十几年之后，每个人都会蒙汉文，就象日内瓦一样，这时翻译工作只能搞研究工作。盟以上小学都要学蒙文，所以路子只能越走越宽"。从王贼再天这段话里不难看出，他要走的"路"决不是社会主义的康庄大道，而是"日内瓦"一样的资本主义道路，这里已经把王贼再天的反革命丑恶咀脸暴露无遗了。王再天为了走

这条"日内瓦"一样的"路子"，又说什么"蒙文专科学校今后任务……要把五百万蒙古人的共产主义革命化的任务担负起来"，内蒙根本没有五万蒙古人，全世界所有蒙古人都加起来才算有五百万。那么王再天要走的"日内瓦"一样的"路子"，不就是要建立"大蒙古帝国"得路子吗？王再天为了走这条路子强调学习蒙文蒙语，把学习蒙文蒙语作为重于一切的政治任务，胡说什么："为什么有些人不重视蒙古语文，是不自觉，是不大知觉的大汉族主义思想，是群众观点问题，有些部门没有民族干部很难体会这个问题，"又说："内蒙教育厅，重点应搞好民族教育。中学都办民族班，可以选修，既不上大学，通两种语言的都可以就先录用，内大将来也要搞选修科。市医院，内蒙医院，附院挂号，百货商店，澡塘子，铁路售票所的人员都必须学蒙古话，蒙汉兼通的秘书长可以高一级等等。"王再天不问政治，不分阶级，只要蒙汉兼通就可以录用，就可以"高一级"，因此把那些日特、蒙特、苏特，叛徒，反革命"内人党"、"兴蒙党"等等牛鬼蛇神都拉进革命队伍中来，加以保护重用，使他们长期逍遥法外，胡作非为，甚至有的篡夺了党政财文大权，形成了以乌兰夫、王再天为首的暗藏在革命阵营内的反革命叛国集团。

毛主席教导我们说："反革命分子怎样要两面派手法呢？他们怎样以假象欺骗我们，而在暗里却干着我们意料不到的事情呢？这一切，成千成万的善良人是不知道的。就是因为这个缘故，许多反革命分子钻进我们的队伍中来了。我们的人眼睛不亮，不善于辨别好人和坏人"。王再天，这个老坏蛋，伪装"好人"耍弄两面手法，拚命往里却干着我们意料不到的事情。王再天今天已现形于光天化日之下了。让我们团结起来，奋起毛泽东思想的千钧棒，穷追猛打王再天这条落水狗，把它打翻在地，再踏上千万只脚，叫它永世不得翻身！

（续完）

（上接第一版）

与会者反复学习了这几段毛主席语录："领导我们事业的核心力量是中国共产党。指导我们思想的理论基础是马克思列宁主义。""少数民族，特别是内蒙民族，在日本帝国主义的直接威胁之下，正在起来斗争。其前锋，将和华北人民的斗争和红军在西北的活动，汇合在一起。""国家的统一，人民的团结，国内各民族的团结，这是我们的事业必定要胜利的基本保证。"用毛主席的指示来揭发和批判"内人党"的反动本质。

内人党，一成立就起名《内蒙古国民党》，疯狂地反对共产党。不久，他的"老祖宗"白云梯叛更紧跟蒋介石叛变革命，发表"清党声明"，并当上了国民党中央委员。以后，它的总部迁到了乌兰巴托，起名《内蒙古人民革命党》（简称《内人党》）以"内外蒙合并"为宗旨，走到党章（草案）上，走上了叛变、分裂祖国的道路。

内人党在抗日时期，反对毛主席"和华北人民的斗争和红军在西北的活动，汇合在一起"的指示，投降日寇当汉奸，众党魁又纷纷成为日伪政权的新贵，成为日本侵略者得力帮凶，对革命

人民旧债未还，又添新债。内人党名存实亡，剩下一间空屋子。

抗战胜利后，内人党魁们又重新打出了它的破旗。纷纷乔装打扮成"抗日英雄"，抢摘"桃子"。继续反对共产党，反对毛主席领导的人民解放事业。他们四处伸黑手，发表声明扬言要与国民党"分工合作、殊途同归"，派人与蒋介石特务机关挂勾，派人打入共产党内投机钻营，征集"签名"送到乌兰巴托要求"合并"。"合并"未成，又奉外国主子命令，在王爷府（乌兰浩特）搞起"东蒙自治政府"与共产党分庭抗礼，平分秋色。

乌兰夫觉得哈丰阿搞得太露骨，太不"策略"。于是在一九四六年邀请他参加"四·三承德会议"。在会上达成协议，取消"东蒙自治政府"，内人党停止活动，搞了个"先自治、后自决"的共同纲领，内人党的党魁们几乎全部被接受到共产党里来。于是，内人党这条癞皮狗，除了帝、修、蒋以外，又多了一个反革命主子——乌兰夫。

发言指出，内人党从此披上了"共产党"的合法外衣，继续为他的几个反革命主子服务。二

十多年来，内人党名亡实存，它化成"前进会""正义党"、"真理党"、"统一党"……等一百多个小组织，它遍布内蒙党政财文各部门，煽阴风，点鬼火，鼓动叛国投敌，宣扬"内外蒙合并"，与国内外反革命势力共同配合，互相呼应，制造一起又一起反革命事件，积极为乌兰夫做分裂祖国的舆论准备和组织准备。在六三年，它还秘密开了第二次代表大会，声言要"以武力对付中国共产党"。

"一从大地起风雷，便有精生白骨堆。"文化大革命的风雷爆发以后，内人党这条"变色龙"，又改变了它的颜色，继续反对共产党，反对毛主席，打入造反派内部，伺机而动，内人党魁特古斯钻进造反派内部，潜伏下来，与王再天等秘密组织地下黑司令部，指挥进行种种破坏搞乱活动，就是无产阶级革命派很好的反面活教材。但是，这个一贯在毛主席指出的民族解放道路上开倒车的彻头彻尾的反革命集团，已经成为人民战争汪洋大海里面的落水狗。代表们众志成城，表示坚决痛打这条落水狗。

大会在《大海航行靠舵手》的雄壮歌声中胜利结束。

本报地址：内蒙革委会后院五号楼　　电话：2169　　本期定价：2分　　订阅处：全区各地邮局

816

王再天之流迫害李旭升同志的铁证

内蒙监委承红战斗队及革命群众

1968年3月21日

编者按：我们以无比愤怒的心情向革命的同志们介绍"活阎王"王再天对李旭升同志的政治迫害罪证。李旭升同志是我们的阶级兄弟，因为与王贼的军阀官僚主义作风作斗争，被王贼残酷打击迫害了整整十六年。如今，红太阳照亮了内蒙古革命，在光焰无际的毛泽东思想普照下李旭升同志终于重新获得了解放。

乌兰夫反党叛国集团的核心人物，王再天长期以来利用窃踞的政法大权，包庇牛鬼蛇神，对无产阶级实行资产阶级专政，是可忍，孰不可忍！

王贼这条隐藏很深，十分狡猾，阴险的毒蛇终于被揪出来了，欠债是要还的，现在是到了与王贼再天之流彻底清算的时候了。

李旭升同志是被乌兰夫反党叛国集团的核心人物、王再天以及在监委的代理人王宏烈，利用政、法和党的监察机关职权，进行残酷的政治迫害，实行阶级报复之一的阶级兄弟，我们坚决支持给李旭升同志彻底平反，彻底清算反革命修正主义分子、民族分裂主义分子王再天的滔天罪行！

乌兰夫反党叛国集团的核心死党分子王再天，严密控制了公、检、法三大专政工具，实行资产阶级专政。飞扬拔扈，独断专行，压制民主，大行军阀作风，大搞"一言堂"，把自己变成党的化身。依此压服和打击、迫害无产阶级、革命群众，拚死同革命势力作斗争，疯狂的大搞反党、叛国活动。

李旭升同志看不惯王再天之流的国民党军阀作风，看不惯王再天之流狐群狗党的日伪法西斯残余作风。因此，一九五〇年第一次写出了"十要十不要"的小字报（见本人控诉）。

就是这个"十要十不要"的小字报，一针见血的揭穿了王再天之流的反动本性，打中了这条老狐狸的痛处。这个小字报却闯下了大祸，遭到了灭顶之灾。王再天与他老婆张晖、王宏烈等一伙坏蛋，利用职权，强拉硬拽，颠倒是非，给李旭升同志扣上什么"组织观念差，不服从组织领导，对抗上级"，什么"工作马虎，不钻研，好表功"，什么"坚持错误，不求进步"等等，莫须有的罪名，令其停止工作反省，最后强行给了党内警告处分。李旭升同志没有屈服这些坏蛋们的政治压力，于一九五一年又揭发了张晖的暧昧无耻的作风问题。

"活阎王"王再天于五二年七月十九日给当时的组织部副部长夏辅仁，公安部副部长伍彤二人写道：

"关于李旭升问题处理，以李作为整党典型来作是好的，该人在思想上确是异己行为。"妄图达到惩一儆百的目的，压服广大党员作为他的驯服工具。"活阎王"王再天的臭老婆张晖亲自坐阵，组织受蒙蔽的群众，召开大小会议，对李进行了一系列的残酷斗争之后，于一九五二年八月一日经中共内蒙古分局直属总党委根据坏蛋王再天的

定性信决定，开除了李旭升同志的党籍。从此，剥夺了他宝贵的政治生命，赶出了公安机关的大门。在这个处分里说什么：

"由对抗组织发展到敌我不分，丧失共产党员的立场，作出反党反人民的恶劣行为"，说什么"这是一种阶级异己分子行为，走向了反党反领导的道路"等等不一而足。

李旭升同志虽然遭到了如此严重的迫害，但他并没有屈服，十七年来，他前后申诉、控告达三十余次，控告王再天的罪行并要求对其处分给予复议和平反。但是"活阎王"王再天、王宏烈之流，依仗他们窃取的政法和党的监察机关的大权，挖空心思，欺上瞒下，对李旭升同志的申诉百般阻挠、威胁、压制，继续进行政治迫害，企图置李旭升同志于死地而后快。

一九五六年十二月十一日监委接到了李旭升同志的申诉信，王宏烈看到这封信后，立即批示："当时处理此案是由我、方炎军、×××亲自处理的，且当年王再天、夏辅仁亲自参加的。此案没有复查的必要"。王宏烈还唯恐李旭升同志继续上诉，又于一九五七年一月十六日亲自起草以监委名义给李旭升同志写了一封恐吓信。信中写道，"原处分决定，在一些提法上，和阶级异己分子的认定上，从现在来看，有些不够确切。总的认定上还是符合他的错误事实的，因此，而当时给予开除党籍处分也是正确的。"最后仍然顽固地要维持原处分决定，不予变动。

由于他们搞了一系列的欺骗上级的手段，他骗得了合法手续后，真是"熊掌难熟，迫不及待"，马上就把华北局的指示原文照转包头党组织。这样李旭升同志从五零年受处分后，在王再天等一伙的压制下，经过十几年，申诉过数十次，始终是有冤不能伸，有理不能诉。李

出了"关于李旭升同志问题的复议报告"仍然坚持"认为原内蒙古分局机关党委对他的处分决定是正确的，不予变动。"并于一九六二年十月二十三日又通知包头市委监委说："李旭升不服被开除党籍处分，申诉到本委和华北局，我们做过几次研究、认为原开除党籍的事实确凿，错误性质没有变化，因此，我们已呈报华北局。"言外之意，就是不准包头市委受理李旭升同志的申诉。

接着王宏烈又于六二年十二月十四日亲自起草给华北局组织部监察处写了一封用意十分险恶的信，信中除重复了"原处分正确，不予变动"，又说"李旭升最近亲自来内蒙监委申诉。他的意见是改变处分或者重新入党，我们的意见是改变处分不可能，重新入党由当地组织解决。因此，他不同意。最近可能到华北局去。"

通过一系列的紧张活动后，由于华北局对此案迟迟没有表态，这又引起了沈新发、王宏烈的忧虑，于是又于一九六三年八月八日又向华北局监察处以监字第一二五号公文，写了一个欺骗性的报告。在这个报告当中，又罗列了李旭升同志的大量所谓"罪状"，可是却不得不承认："原处分决定，在一些提法上，和阶级异己分子的认定上，从现在来看，有些不够确切。总的认定上还是符合他的错误事实的，因此，而当时给予开除党籍处分也是正确的。"最后仍然顽固地要维持原处分决定，不予变动。

由于他们搞了一系列的欺骗上级的手段，他骗得了合法手续后，真是"熊掌难熟，迫不及待"，马上就把华北局的指示原文照转包头党组织。这样李旭升同志从五零年受处分后，在王再天等一伙的压制下，经过十几年，申诉过数十次，始终是有冤不能伸，有理不能诉。李

旭升同志虽被开除出党，仍然积极靠近党组织，急切要求回到党的怀抱。为此，曾向所在单位，包头市农林局党总支提出要求恢复党籍或平反。该局党总支根据要求于六三年十二月十五日曾向内蒙有关部门写报告，介绍了他受处分后的政治、思想和工作情况，"请上级考虑恢复他的党籍"。更令人气愤的是，王再天接到这个报告后，又挥舞刀笔，在原报告上批注："此案是经王宏烈同志办的，不属平反问题"。请看，王再天这条毒蛇，十几年以后，还没有忘掉他迫害革命群众的反动本性。正如我们伟大领袖毛主席教导的："我们说帝国主义是很凶恶的，就是说它的本性是不能改变的，帝国主义分子决不肯放下屠刀，他们也决不能成佛，直至他们的灭亡。"反革命修正主义分子，民族分裂主义分子王再天就是这样一个大坏蛋。

我们伟大领袖毛主席亲自发动的无产阶级文化大革命开展以后，又重新给了李旭升同志无限鼓舞和希望，重新得到了解放，这是光焰无际的毛泽东思想的伟大胜利！这是战无不胜的毛主席的无产阶级革命路线的伟大胜利！

坚决打倒反革命修正主义分子王再天、张晖、沈新发、王宏烈！

赏赐修特务，王再天袍检。摄影，完全耻暴露了他蒙的...

愤怒控诉"活阎王"王再天

李旭升

在庆祝全国解放的纪念大会上，乌兰夫在反动的国民党青天白日旗下发表"祝词"，王再天坐在台上助阵。

毛主席教导我们："混进党里，政府里，军队里和各种文化界的资产阶级代表人物，是一批反革命的修正主义分子，一旦时机成熟，他们就会要夺取政权，由无产阶级专政变为资产阶级专政。"王贼再天就是这样一个反革命修正主义分子。长期以来，他控制政、法大权，包庇重用坏人，网罗叛徒、特务、民族分裂主义分子，保护王公贵族、牧主，实行资产阶级专政。

我叫李旭升，出身在贫农家庭，祖祖辈辈遭受地主阶级的剥削和压迫。一九三八年我参加了革命，三九年光荣地加入中国共产党，在抗日战争中三次负伤。一九五一年以前一直在公安部门工作，历任一二〇师通讯员、侦察班长、参谋、警卫队长、沈阳侦察大队长、大赉县公安局长、通辽县公安局长、哲盟公安处治安科长，一九五〇年调到内蒙原公安部担任户政科长。

（下转第二版）

(第二版)　　　　　　　　联合战报　　　　　　　　1968年8月21日

"四海翻腾云水怒,五洲震荡风雷激。"
一场挖乌兰夫黑线,清乌兰夫毒流的人民战争,正以疾风暴雨之势、雷霆万钧之力席卷全呼市、全内蒙,震撼山河,锐不可当。

横扫向阳区的阴暗角落

本报编辑部

可是,向阳区的革命烈火却一直烧不起来,冷冷清清的形势和全呼市、全内蒙轰轰烈烈的总形势极不相称,是急待彻底揭开阶级斗争盖子,急待彻底打扫的阴暗角落。

在向阳区有许多奇怪的现象,的确发人深省。

为什么向阳区燃起来的一苗苗火种一次又一次地被压灭了?

为什么真正革命的"小人物"还在受压抑,而有些反动的"大人物"反倒打起"受迫害的小人物"的旗号,到处招摇撞骗?

为什么乌兰夫的心腹李贵、陈炳宇派来搞"宫庭政变"的黑干将崔人之、格日勒图、云庆华、云振刚之流,至今反动气焰嚣张,死硬顽抗,有的长期逍遥,受不到批斗?

为什么崔人之的得力打手、假共产党员真三青团员、乌兰夫情报网成员李英三,不被触动,反而有人给他披上"革命领导干部"的外衣,硬往"三结合"领导班子里塞,填进了市职代会学代会呢?

为什么臭名昭著,死心塌地地为乌兰夫翻案的反革命组织《联社》,在向阳区却长时期成为"响当当的造反派"一直不臭?为什么《联社》的头头一贯道道徒、三青团员、参加过汉奸特务组织、当过自卫队分队长的四不清干部张昌宏,不但不受批斗,反而有人上报材料耍结合呢?

为什么许多单位派祸连绵、群众斗群众,走资派逍遥自在,坐收鱼人之利?

为什么滕海清同志一月十七日和二月二十一日的讲话,在向阳区联合总部不作传达,不组织学习、不贯彻?为什么向阳区级机关至今没有开过一次挖乌兰夫黑线、清乌兰夫流毒的动员大会呢?

为什么?为什么?为什么?

这一系列为什么告诉我们,向阳区还是个积满灰尘的阴谋角落,阶级斗争的盖子还没有彻底揭开,阵线尚不分明,乌兰夫黑线没有挖尽,乌兰夫流毒远远没有肃清,坏人还在那里兴风作浪。

山高虎狼密,水深蛇鳖多。从历史上看,这里不仅是呼市人口最稠密,也是最复杂的地区。

解放前,这里是归绥的"天桥"、"劝业场"、"大世界",是三教九流七十二行兼容并纳之地,又是一切最黑暗势力角逐争胜之所。特别值得注意的是,这里的土默特小学,一直是乌兰夫反党叛国活动的中心。乌兰夫和他的"左右丞相"奎璧,吉雅泰在这里毕业,在这里长期进行反革命活动。这里还源源不断地为乌兰夫输送反党叛国的牛头马面,诸如云丽文,云善祥、李永年、赵维新、云龙峰、克力更、任儒、李景山、李文精、曹文玉、寒峰等等。

解放后,乌兰夫为了他反党叛国的罪恶活动的需要,对这里的旧社会渣滓根本没有彻底清理,而且大部分人保留下来。这里仍然麇集着数不清的坏蛋,诸如贪污盗窃犯,投机倒把犯,地痞流氓,一贯道首,巫母军,敌特警宪,王公贵族,反动上层喇嘛,国民党,内人党,三清团等骨干,反动军官……真是无污不纳,无奇不有。"土小"仍然是乌兰夫反革命活动的重要据点,不断毒化着社会。为了给分裂社会主义祖国做准备,乌兰夫不仅通过区级、市级各部门从四面八方向这里伸出触须黑手,而且直接在这里安插亲信爪牙,布置坐探特务。特别是加速了反革命政变的组织准备以后,乌兰夫对以前布置的梁德华等一套又一套的班底仍然深感不足,又通过李贵搞了崔人之的一套班底,于是在向阳区基本上完成了"宫庭政变"的组织准备。

在这"山高水深"的地方,虎狼没有睡觉,蛇鳖没有蛰眠,阶级敌人在时刻窥测方向,向我们进攻。

严重的问题提到了向阳区无产阶级革命派面前:将无产阶级文化大革命进行到底,还是半途而废?

向阳区广大革命群众,是忠于毛主席、热爱毛主席的,他们绝不答应把无产阶级文化大革命半途而废!在滕海青同志报告以后,他们勇敢地冲杀出来,积极地投入了挖乌兰夫黑线,清乌兰夫流毒的斗争,向阳区开始"乱"起来了!让我们同声为向阳区新的革命形势欢呼!让革命的暴风雨来得更猛烈些吧!

向阳区革委会必须当机立断,打掉右倾,领导工作迎头赶上,放手发动群众,坚决依靠群众。绝不能怕乱,**"其实那是乱了敌人,锻炼了群众"**,要在乱中求治。

向阳区无产阶级革命派必须在全面落实毛主席最新指示,紧跟毛主席伟大战略部署当中,**"下定决心,不怕牺牲,排除万难,去争取胜利。"**必须狠斗"私"字,打倒派性,增强党性,擦亮眼睛,关心国家大事,在向阳区革委会的正确领导下,主动出击,牢牢掌握革命斗争的大方向,把矛头对准乌兰夫残党余孽,掀起十二级红色风暴,荡涤一切污泥浊水,打出一个红彤彤的毛泽东思想的新世界!

向阳区无产阶级革命派战友们,在这场阶级大搏斗的近战、恶战中,勇敢地厮杀吧!全市无产阶级革命派誓和你们团结在一起、战斗在一起,胜利在一起!

愤怒控诉"活阎王"王再天

（上接第三版）

三-21

1968年3月9日

峰三司

·3·

王再天包庇坏人反党叛国罪責难逃

内蒙公检法专揪王再天小组

毛主席教导我们说：“**世界上一切革命斗争都是为着夺取政权，巩固政权。而反革命的拼死同革命势力斗争，也完全是为着維持他们的政权。**”乌兰夫反党叛国集团，二十年来，疯狂地反党、反社会主义、反毛泽东思想，完全是代表地主、牧主、王公贵族、资产阶级向无产阶级夺取政权，实行资本主义复辟。

乌兰夫反党叛国集团也深深懂得，军队、警察、监狱、法庭是阶级统治的主要工具，因此，他们紧紧抓住内蒙公检法的大权，变无产阶级专政为资产阶级专政，使内蒙公检法成为包庇坏人的合法机关。

二十年来，内蒙公检法一直由反革命修正主义分子王再天所把持。他大搞民族分裂，大搞反革命活动，但是他装出一副假象蒙蔽群众。毛主席教导我们说：“**以伪装出现的反革命分子，他们给人以假象，而将其真象隐蔽着，但是他们既要反革命，就不可能将其真象隐蔽得十分彻底。**”现在王再天这个老狐狸，终于被揪出来了。我们必须穷追猛打，彻底揭发王再天的滔天罪行，把他杀个片甲不存。

王再天罪行累累，罄竹难书。现在先让我们看看王再天是如何包庇坏人的。

一、打着自治机关“民族化”的幌子，招降纳叛，结党营私，使坏人窃据党政财文大权。

乌兰夫反党叛国集团，长期以来，打着民族的破旗，招摇撞骗，与毛主席关于民族问题的理论相对抗。毛主席教导我们说：“**民族斗争，说到底，是一个阶级斗争问题。**”乌兰夫、王再天之流，摆出一副民族通的架势，张口一个民族问题，闭口一个民族利益，好象他们只是代表蒙古民族利益的，其实他们只是代表蒙古民族中占人口百分之五的封建王公、贵族、牧主、宗教上层的利益的。自从民族形成以来，任何民族内部都是分为阶级的，从来就没有什么全民族的利益，而只有阶级的利益。不是代表劳动人民的利益，就是代表剥削阶级的利益。乌兰夫、王再天他们以“自治机关民族化”为幌子，招降纳叛，结党营私，让坏人掌握领导权。

解放初期，在我区东部，日伪残余势力和苏、蒙修特务、老牌民族分裂主义分子互相勾结，打着民族分裂和内外蒙合并的黑旗，搞起约四十个反动党派，在乌兰夫、王再天的包庇下，不仅没有定为反革命组织或反动组织，而且把其中的头子、骨干分子都作为自治机关“民族化”的对象，拉入党里、政府里、军队里和文化教育部门，作为他们的老班底，加以重用。如把日本特务、伪满驻日大使馆参赞、伪兴安总省高等参事官、蒙修特务、内人党党魁，反动透顶，罪恶滔天的哈丰阿拉入党内，成为自治区区委副主席。一九五五年，在自治区党代大会上，乌兰夫、王再天不顾广大代表的反对，明知哈丰阿既有历史罪恶，又有现行反革命活动，硬拉入自治区党委内，使这个老牌反动家又挂上了自治区党委委员的金字招牌。又如将叛徒、日本、蒙修特务、老牌民族分裂主义分子朋斯克，安插为内蒙公安部长、统战部副部长、自治区党委委员、人委副主席。把叛徒、日本、蒙修特务、内人党党魁之一的老牌民族分裂主义分子特木尔巴根，安插为自治区财委主任、高级法院院长、自治区党委委员和常委、政法党组书记。把日伪旗长、内人党骨干分子、并与蒋匪重要特务×××有秘密联系的

乌力图，拉入党内，任民政厅长。让日特、蒙修情报员、反革命修正主义分子、出卖祖国大片领土的卖国贼噶噶布僧格，混入党内，当人委副秘书长兼外办副主任。其他如特古斯、都古尔扎布、乌力吉那仁、高兴赛、乌力吉敖喜尔等日、蒋、蒙修特务、民族分裂主义分子，都安插在自治区各部门担任领导职务，积极为乌兰夫、王再天反党叛国效劳。

一九五七年内部肃反时，王再天以自治区党委五人小组名义规定：“解放初期，由于民族主义而参加或组织各种民族主义性质的党派活动，均不以反革命论”。“在敌我拉锯形势下，曾反复叛变，但最后还是归顺人民的，或在解放后因反对政策而叛变骚动后回归者，也不加追究”。这样，就把这些坏蛋全部保护过关。

更严重的是，乌兰夫、王再天为了实现分裂我们伟大祖国的目的，提出内蒙公安厅长必须是蒙古人，不准汉族或其他少数民族干部担任。先后让张尼玛、朋斯克、王再天、毕力格巴图尔等日特和苏蒙修特务任公安厅（部）长，让木伦、嘎如布僧格、云世英、李贵、滕和等日本、蒙修特务、反革命修正主义分子任侦察处长。还让日特分子、反动党团骨干分子、蒙修情报员、日伪警察署长、伪军少校、军统特务等任副处长或当干部。

现在可以清楚地看出，乌兰夫、王再天打着自治机关“民族化”的破旗，不是为了别的，就是为了离间蒙汉各族劳动人民的亲密关系，混淆阶级阵线，掩盖他们反汉排外，招降纳叛，结党营私，反党叛国的目的。这样一小撮少数民族中的败类，怎么可能代表少数民族中广大劳动人民的利益呢？他们同广大劳动人民是两个对立的阶级，这些人掌握了领导权，究竟是专谁的政，不是很清楚的吗？

二、在牧区推行无阶级论，在农村贩卖阶级斗争熄灭论，包庇纵容坏人。

毛主席教导我们说：“**整个过渡时期存在着阶级斗争、存在着无产阶级和资产阶级的阶级斗争、存在着社会主义和资本主义的两条道路斗争。**”而乌兰夫、王再天却搞自己的一套黑货，王再天胡说：“牧主不是阶级”，规定：“王公贵族、牧主、喇嘛，都是人民内部矛盾。”牧区除外地逃入的四类分子外，就再没有专政对象了。进而他们把王公贵族分别安插为自治区、盟市、旗县三级统战对象，包庇重用起来。牧主被拉入公社和“公私合营牧场”，有百分之十四点一的牧主当了副场长。约有百分之十的上层喇嘛拉入统战对象，甚至连血债累累的战争罪犯，王再天也不让镇压，长期加以保护，生活上给以特殊照顾，在提前释放后，都给安置了工作。就连参加反革命暴乱的数百名反动喇嘛，除少数给以轻微处理外，绝大多数都送往各地安置在召庙。王再天的牧区无阶级论是牧区剥削阶级的保护伞，他的目的就是为了公开合法地让王公贵族、牧主、喇嘛继续骑在劳动牧民的头上。

王再天还在城镇、农村大肆贩卖阶级斗争熄灭论和无产阶级专政消亡论，一九五一年，他把绝大多数地区和单位，判定为镇反彻底，致使几千名在逃的重大反革命分子，逍遥法外。一九五六年，借贯彻农业发展纲要四、五两条为名，把百分之八十多的四类分子拉入合作社，成为正式社员或候补社员。一九五八年在全区大刮“十无”、“九消灭”的妖风，把全区绝大多数的五

类分子摘掉帽子，放出笼来，进行反攻倒算。究竟还有没有阶级斗争？事实是胜于雄辩的。文化大革命中，革命小将从这些已被摘掉帽子的五类分子中，抄出大批杀人武器、变天帐和反动文件，就是对乌兰夫、王再天反革命修正主义当头一棒，就是对王再天所贩卖的阶级斗争熄灭论和无产阶级专政消亡论最好的揭露。

毛主席教导我们说：“**只有我们，只有无产阶级和共产党领导的人民大众的革命，是以最后消灭任何剥削制度和任何阶级为目标的革命。被消灭的剥削阶级无论如何是要经由他们的反革命政党、集团或某些个人出来反抗的，而人民大众则必须团结起来，坚决、彻底、干净、全部地将这些反抗势力镇压下去。**”而王再天这样疯狂地反对阶级斗争，反对无产阶级专政，正是由于他的剥削阶级本性和他所代表的剥削阶级利益所决定的。

三、以“内蒙地区特殊论”，包庇重用坏人

乌兰夫、王再天之流经常叫喊“内蒙地区特殊，”内蒙是一个民族地区，又是一个和平义义地区，因此要创造一个“内蒙的一套”，不能犯教条主义，不能照搬外省的一套。他们大造这种反革命舆论，其目的就是为了以特殊性否认社会主义祖国大家庭各民族的共性——走社会主义道路和实行无产阶级专政。毛主席教导我们说：“**修正主义者，右倾机会主义者，口头上也挂着马克思主义，他们也在那里攻击‘教条主义’。但是他们所攻击的正是马克思主义的最根本的东西。**”王再天就是在“地区特殊论”的幌子下，取消无产阶级专政的。多年来，在苏、蒙修的策动下，我区曾接连不断地发生了大量的民族分裂案件和叛国案件。对这些案件，王再天多数没有按敌我矛盾处理，有的被王再天说成是“民族情绪”给压下来，有的说成是“认识问题”包庇起来，甚至一些重大阴谋叛国案件，如锡盟的陶、那、松案件，内蒙××局“人民党”案件等，王再天都采取大事化小，小事化了的手段，公开予以包庇。我区西部是和平起义地区，乌兰夫、王再天肆意篡改党对起义人员的政策，把起义人员中的数百名安插为区副主席、厅长、处长、科长等各级领导职务。甚至将一些本来不属于起义人员的，被俘虏后经王再天批示释放，安排工作，有的安排为十三级干部。散布在阿拉善旗的数百名德李匪帮人员，多数是东北、华北解放区逃去的地主、特务、反革命分子，有些是血债累累，罪大恶极的反革命分子。王再天、毕力格巴图尔之流，用各种借口包庇，不准把原地处理，有的还安排为政协副主席。从这些事实，完全暴露了王再天的狼子野心，他就是以地区特殊，否认光焰无际的放之四海而皆准的普遍真理毛泽东思想，否认无产阶级专政。他的“地区特殊”是假，搞资产阶级专政是真。

四、以“工作需要”或“无法就业”为借口，包庇重用坏人，把大批坏人长期留在内部。

王再天这个统治公检法的活阎王，一贯以“工作需要”为名，包庇使用坏人，使这些坏人享受优厚待遇，逃避人民的惩罚，逍遥法外。公检法是无产阶级专政的重要工具，实现无产阶级专政要依靠广大革命群众。　　**（下转第四版）**

819

呼三司

·4· 　　　　　　　　　　　　　　　　1968年3月13日

床上床下与和平演变

逍遥风是一"害"，务须铲除。

目前，有些学校的一些人，一天二十四小时，除了吃饭，解手等极少床下活动外，躺在床上睡觉，看小说，就消磨了二十一、二个小时。这些人懒到连被子都不叠，哪里还能想到什么斗私批修，什么无产阶级教育革命！

有个同志形象地概括这些人是"床上床下"生活，确其然也。

说到彻些，这能叫做人的生活吗？距离无产阶级革命派的精神状态十万八千里。看小说也是名为批判，意在吸收，博览十八、九世纪西欧的作品，并且去模仿那些资产阶级、封建阶级的少爷小姐的生活。试问，头脑里充满了贾宝玉、林黛玉的故事，整天价胡思乱想，怎么会更加关心祖国的前途、人类的希望、毛泽东思想的传播、无产阶级革命的胜利呢！

什么是阶级斗争？什么是和平演变？

这就是阶级斗争，这就是和平演变的开始。右倾机会主义思想侵入了我们队伍，逍遥风就是一个明证。

奇怪的是，文化革命以来搞了二年阶级斗争，搞了二年反和平演变，对现在我们身边的阶级斗争，对我们队伍中的和平演变，反倒视而不见、听而不闻，麻木不仁起来了呢？怪亦不怪，这反映了知识分子在其未和群众的革命斗争打成一片，在其未下决心为群众利益服务并与群众相结合的时候，思想的空虚，政治的动摇。

逍遥就是右倾，逍遥就是和平演变。一切革命队伍的人，对逍遥风都应有一个足够的重视。曾有过二、三十年革命历史而糖衣炮弹击中变质了的人还少吗？那些人昔日功臣，今为祸首的和平演变史，难道不应引起我们的高度警觉吗？

质变是由量变引起的，积渐变而突变，关键在于"防微杜渐"。革命意志衰退，就是和平演变的开始。我们要在斗私批修的伟大战斗中，不断地横扫逍遥风——这个政治垃圾，激起更多人投入无产阶级教育革命，夺取伟大斗争的全面的彻底胜利！

（上接第一版）

呼市地区驻军支左联合办公室的代表对一年来的军训工作做了总结。他在最后说：我们应当用什么实际行动来庆贺伟大统帅毛主席发表"三·七"指示一周年呢？最好的行动就是迅速地句句落实、全面落实毛主席的一系列最新指示，在无产阶级文化大革命中为人民立新功。

最后，高锦明同志讲了话。他说，广大革命学生和革命教职员工在人民解放军的大力支持协助下，以毛主席教育革命思想为武器，开展了对教育黑线的大批判，开办了毛泽东思想学习班，促进了革命大联合和革命三结合，陆续成立了革命委员会，开展了教育界挖黑线消流毒的斗争，纯洁了阶级队伍，增强了战斗力。他着重指出：教育革命是一场尖锐的阶级斗争，最根本的根本就是要使毛泽东思想占领这一阵地。当前主要从这三方面进行革命，即：夺取政权，把教育界的领导权从资产阶级手里统统夺回来，建立无产阶级的教育革命队伍，逐步进行教育制度、教学内容和教学方法的革命。这是毛主席赋予我们的伟大历史任务，我们要继续狠挖乌兰夫黑线，肃清乌兰夫流毒，继续坚持复课闹革命，继续大办、办好毛泽东思想学习班，进一步相信和依靠中国人民解放军，做好拥军工作，在毛主席教育革命思想的指导下，把教育革命进行到底！

大会在"大海航行靠舵手"的歌声中结束。

王再天包庇坏人反党叛国罪责难逃

内蒙公检法揪王再天小组

（上接第三版）

毛主席历来教导我们：**"我们肃反工作中的路线是群众肃反的路线"。"人民民主专政要压迫的是地主、富农、反革命分子、坏分子和反共的右派分子"。** 而王再天公然篡改毛主席制定的肃反路线，把一些乌七八糟的坏人，拉到专政机关，名曰"让他们为我们工作"。这些坏人包庇日伪高级官吏、苏蒙修特务、内人党重要骨干、伪蒙疆自治政府战犯、宗教上层，他们有的晋升为十二级干部，有的安排为各级人民代表大会的代表，政协委员和政协副主席。其中有的本人工资加上他老婆、炊事员的工资每月数百元。这些坏人根本不可能为无产阶级专政服务，这一点，王再天当然是十分清楚的。他这样做，完全是为了让这些人继续吸着人民的血汗，为乌兰夫反党叛国效劳。

王再天除在牧区机关和民族职工较多的单位不准搞肃反外，对混入其他单位的坏人，用各种借口不叫处理。致使大批美、蒋、日特和苏、蒙修特务以及地富坏右混入我们内部。如某省转来包括哈萨阿、朋斯克等一百多名乌兰夫反革命分子的材料，王再天以无法查明地址为理由不了了之，有的，王再天明知道是日本、蒙修特务，却让他们担任职、旗领导职务。

王再天以"工作需要"为名，行包庇使用坏人之实，罪贯满盈。公检法所以成为公开包庇坏人的合法机关，就是由于上行王再天一小撮反革命修正主义分子掌权，下面他依靠的一批坏人，这些人故意混淆是非，极力扭转无产阶级专政的矛头，使公检法严重地脱离广大革命群众，使阶级敌人长期为非作歹。

五、以"友好"为名，勾结蒙修特务头子，引狼入室，对我国进行情报策反颠复活动。

一九四七年至一九五一年，王再天先后从蒙修特务机关邀请来一批特务，驻在内蒙公安部和一些盟公安处。这些所谓"专家"、"顾问"，与王再天打得十分火热，他们直接控制我区各项公安业务，发展情报人员，搜集我国各方面情报，直接用电话、电报向乌兰夫巴托汇报。王再天还让这些特务穿上公安人员的服装，到我区各地和北京、沈阳等地乱窜、刺探我国情报。

王再天勾结包庇蒙修特务，根本不是什么国际友好，而只是乌兰夫、王再天一小撮反党叛国集团同蒙修同流合污的需要，一九四九年，蒋介石匪帮大势已去，奄奄一息，我们伟大的中华人民共和国成立了。就在这时，引他们到我们国家来干什么？搞谍的情报，不搞昭然若揭了吗！毛主席教导我们说：**"帝国主义者及其走狗向中国反动派对于他们在中国这块土地上的失败，是不会甘心的。他们还会要互相勾结在一起，用各种可能的方法，反对中国人民。"** 王再天勾结蒙修，就是为了内外配合，分裂和颠复我们伟大的祖国。

六、施展反革命两面手法，蒙蔽群众，继续包庇乌兰夫的残党余孽，破坏无产阶级文化大革命。

无产阶级文化大革命以来，王再天继续施展反革命两手，口头上支持革命造反派，背地里却煽阴风、点鬼火，挑动群众斗群众，千方百计地保护乌兰夫反党叛国集团过关。在公安厅广大革命群众揪出乌兰夫反党叛国集团干将，毕力格巴图尔时，王再天多次到公安厅阻止揪斗这个大特务，给公安厅的文化大革命设置重重障碍。在中共中央关于处理内蒙问题的决定下达后，他披上"革命领导干部"的外衣，在公检法积极安插亲信，继续控制公检法，紧紧抓住大批乌兰夫斗争盖子，使坏人窝藏起来，妄图在新生的红色政权中继续控制公检法，继续实行资产阶级专政。此外，他还给在其他单位的乌、哈死党木伦高兴存、郭文通等开脱罪责，说他们的历史没有问题，不是四类干部，妄图欺骗革命小将，包庇坏人过关。毛主席教导我们说：**"各种剥削阶级的代表人物，当着他们处在不利情况的时候，为了保护他们现在的生存，以利将来的发展，他们往往采取以攻为守的策略。"** 王再天骗取了"革命领导干部"的桂冠要阴谋、使伎俩，继续包庇坏人，就是为了他们东山再起。

总之，王再天为了大搞民族分裂，反党叛国，大量包庇坏人，罪恶滔天，铁证如山！

王再天长期以来，大量包庇坏人，是不足为奇的。毛主席教导我们说：**"混进党里、政府里、军队里和各种文化界的资产阶级代表人物，是一批反革命的修正主义分子，一旦时机成熟，他们就会要夺取政权，由无产阶级专政变为资产阶级专政。"** 王再天就是一个混进党里的老反革命分子，他从来就不是什么革命者。王再天出身于大收主、大恶霸地主家庭，很早就成为张学良部下的一个大军阀，后来又投靠乌兰夫，由于搞分党叛国、民族分裂气味相投，两人打得火热。由于王再天善于搞反革命两手，颇受其主子乌兰夫的赞赏。从此青云直上，飞黄腾达，不久就当上了内蒙公安部长，以后又掌握了政法大权。在这期间，王再天积极收罗党羽，安插亲信，排除异己，利用职权包庇苏、蒙修特务，包庇哈、特叛国集团，包庇地富坏右，将一切阶级敌人都收罗在乌兰夫等一小撮党内走资派的那翼之下，壮大乌兰夫的反革命势力，为乌兰夫反党叛国忠心效劳。

现在揪出了统治内蒙公检法的活阎王王再天，我们公检法的无产阶级革命派和广大革命群众，死不甘休。我们和王再天的斗争是你死我活的阶级斗争，在这场斗争中，我们进一步体会到要念念不忘阶级斗争，念念不忘无产阶级专政，念念不忘党的领导，念念不忘高举毛泽东思想伟大红旗，念念不忘依靠工人阶级和贫下中农。这是我们事业胜利的根本，离开了这些，就必然迷失方向。

"宜将剩勇追穷寇，不可沽名学霸王"。 王再天虽然被揪出来了，但他人还在，心不死。他的罪恶还没彻底揭露，公检法的阶级斗争盖子还没有彻底揭开了，混在公检法内部的乌兰夫残党余孽还没有挖净，阶级敌人还在设置重重障碍。在我们前进的道路上，还有许多困难，但是我们有战无不胜的毛泽东思想，有广大无产阶级革命派和革命群众的支持，我们公检法的无产阶级革命派和广大革命群众，有决心，有信心，打一场人民战争，彻底挖净乌兰夫的残党余孽，把公检法的大权从敌人手中夺回来，让毛泽东思想伟大红旗，在公检法机关的上空高高飘扬，永远飘扬。把公检法办成红彤彤的毛泽东思想的大学校！

資料四

「日本刀を吊るした奴ら」と「漢奸」への攻撃

最 高 指 示

宜将剩勇追穷寇，
不可沽名学霸王。

内贸语委《东方红》主办
第二十八期　讨特专号（一）
67、11、27日

哈丰阿的死党　　　漏网乌兰夫分子
反革命修正主义分子　民族分裂主义分子

　　特古斯是哈丰阿的死党、乌兰夫的代理人、反革命修正主义分子、民族分裂主义分子。长期来干着叛党卖国的罪恶勾当，罪行累累，擢竹难书。

　　早在日伪时期，特古斯就是日本帝国主义的忠实奴才，并和大党奸、大叛徒哈丰阿紧密勾结，狼狈为奸。他还赴国民党统治区，进行不可告人的勾当。

　　1945年8、15以后，哈丰阿纠合党奸、日特、王公、牧主、地主、土匪头子公开打起了"内蒙古人民革命党"的黑旗。"内人党"是一个道道地地的反动民族主义集团，不折不扣的叛国分裂组织。它的惟一宗旨和全部活动就是反对中国共产党的领导，阴谋把内蒙古从统一的祖国大家庭分裂出去，搞内外蒙合并。特古斯是这个党的青年部部长、内蒙古青年联盟总书记、"内人党"机关报的总编辑。"内人党"的临时党章是他起草的，青年联盟（后改青年团）的团歌也是他制定的，其中反对中国共产党的领导，吹捧党修，鼓吹民族分裂。

　　45年9、10月间，"内人党"大搞内外蒙合并的签名运动，10月，哈丰阿率领代表团赴蒙古，进行叛国活动。在哈丰阿出国期间，坐镇王爷庙（即今乌兰浩特）指挥搞签名运动的就是特古斯。

　　根据揭发，特古斯本身就是苏修的情报员，但是他一直隐瞒，拒不交待。

1946年2月，哈丰阿从蒙古回到王爷庙，布置筹组《东蒙古人民自治政府》，为了取得国民党的批准和支持，哈丰阿在2月初秘密地跑到长春，经大特务阿成戎的介绍，拜访了国民党东北行营付主任董彦平和国民党兴安省省长吴焕章。随同阿丰阿上长春进行这起政治交易的就是特古斯（当时叫图布·朝克吐）。

1946年3月间，哈丰阿在声明解散"内人党"之后，立即着手组织秘密的"新内蒙古人民革命党"，制定了《新内蒙古人民革命党纲领》，"新内人党"的六名教委中就有特古斯。

1946年4、3会议期间，哈丰阿去承德参加内蒙自治运动统一联合会，负责留守王爷庙"东蒙自治政府"的就是木伦和特古斯。

1946年企图逃赴蒙古，在海拉尔被我扣留的就是这个特古斯。

1947年5、1大会期间，特古斯投靠新主子乌兰夫。哈丰阿曾不胜感慨的回忆说："当时，特古斯和额尔敦阿克阿这两个青年都比我进步，从此他们两人就离开我了。那时，我把骂他们是投机，现在看来是不对的"。

五一大会以后，特古斯受到了乌兰夫的赏识，青云直上，由"自治的内蒙古"报总编辑而东蒙党校教务长，自治政府宣传部秘书长，教育厅付厅长。

1954年特古斯任哲盟盟委书记，乌兰夫给特古斯交待任务说："哲盟蒙古人多，你去好好抓党文，作出成绩来"。当57年特古斯调离哲盟返呼后，他还深感不安，觉得自己没抓好语文工作，"对不起乌兰夫"。

1957年2月，特古斯调任宣传部常务付部长，专管民族语文、民族教育和干部人事工作。从此，特古斯放手利用职权，通过蒙古语文和民族教育大肆进行民族分裂主义活动，并伙同哈丰阿广事招纳内人党徒，安插在宣教口的各要害部门，多年来专了我们的政，犯下了滔天罪行。这笔账我们必须清算！

（未完待续）

最 高 指 示

宜将剩勇追穷寇，
不可沽名学霸王。

内蒙语委《东方红》主办
第二十九期　讨特专号（二）
67、11、27日

哈丰阿的死党　　漏網乌兰夫分子
反革命修正主义分子　民族分裂主义分子

1957年，特古斯主持内蒙党委宣传会议民族语文组的鸣放会议。对右派大量煽动民族分裂主义的右派言论大加赞赏，说："提得好！这是大家社会主义觉悟提高的表现。"以此鼓动右派向党猖狂进攻。

反右开始，特古斯为保住自己，玩弄"舍車馬，保将帅"的反革命两面派手法。人民出版社群众揭发了额尔敦陶克陶大量反党反社会主义言行。特古斯慌了手脚去出版社为额贼撑腰，说："额尔敦陶克陶是好同志，不要把注意力集中在领导上。"结果揭发额贼罪行的人被扣上"反对党的领导"的帽子，受到严重的政治迫害。额贼却安全过关，气焰更加嚣张。

1957年，成立内蒙古历史语文研究所，特古斯为了让额贼躲避风险，委以重任，命额贼主持历史语文所工作，所内干部均由额贼点名，特古斯点头抽调。于是特古斯的老子呼和陸（官僚地主分子）、巴彦满都呼（三反分子）××××，×××××均从各地調来，组成了额、巴的死党。

1957年，额尔敦陶克陶秉承主子乌兰夫旨意率领"中国蒙文工作者代表团"去蒙古参加蒙古新蒙文正字法改進会议。出国前，在乌兰夫小院，有特古斯参加，由乌兰夫接见出国人员。乌指示额贼：在名词术语上有争论时，同意外蒙的。额贼回国后，同样有特古斯参加，乌兰夫又接见了额贼等人。当额贼汇报蒙古某要人提出内外蒙合并问题时，乌生气地说："你们没问往那边合？真笨蛋！"还汇报什么问题，怎么合并，其中奥妙，只有乌、特、额知道。

乌兰夫支持额尔敦陶克陶与蒙古籌建×××名詞术語統一委員会，特古斯是知道的。長期以来，特古斯知情不举，一直躲々閃閃，說明乌～哈（哈丰阿）～特～额是一丘之貉。

1957年5月，额尔敦陶克陶陰謀配合右派進攻，要搞个尹湛納希誕生120周年紀念会。請示特古斯，特說"不要风声太大，写些文章紀念一下不是一样嗎？"额领心领神会，便在5月号《蒙古語言、文学、历史》雜志上发表鼓吹尹湛納希的文章，並別有用心地将這期雜志的封皮搞成成吉思汗軍旗的顏色～～兰色的，第一頁還印上尹湛納希的手稿～～《白云詩》以此来庆祝自治区十周年唱對台戲

1958年，党內整风，额巴集团抓住××××同志的錯誤缺點無限上綱，進行政治陷害，審訊、逼供、盯哨，結果使×××神經失常，到現在成了終身殘廢，以后一直不給平反，额巴集团之所以如此囂張，其撐腰者为特古斯。

1959年，在特古斯的主持、策划下召開第二次蒙古語文工作会議，這次会議拒不貫彻中央在1958年召開的少数民族語文科学討論会和少数民族出版会議精神（即反對借民族語文工作反汉、排汉，批判一套二創三借及脫离政治、脫离群众，脫离实際的現象）而要大家打消顧慮，大鳴大放，結果在特古斯支持下，头目分子、牛鬼蛇神大肆放毒，向党進攻。

1959年，额巴集团第二号人物巴彦渊都呼去北京参加辭书工作会議回来，只將会議精神（其精神与1958年的少数民族出版会議同）在辭书室少数幾个人中作了傳達。傳達后，额尔敦陶克陶說這次会議跟內蒙实際不符合，不要往外傳。結果第二天宣傳部便来电話催材料，把全部文件收回，特古斯跟额巴究竟搞什么鬼？为什么這样害怕中央精神让群众知道？

1959年，额尔敦陶克陶以特遣代表身分去蒙修参加世界蒙古語言科学討論会。写了一篇題为《关于尹湛納希及其作品》的論文報讀內蒙党委宣傳部。特古斯讀为尹湛納希是民族民主主义作家、對蒙汉文化交流起了一定作用，出版尹湛納希的作品是党對民族遺產的重視。"並說额的文章稍加修改可以拿出去。這样，經过特古斯點头批准，這个老牌民族分裂分子尹湛納希的黑貨便出国了，並获得帝、修、反学者的拍手喝彩。

（未完待續）

四-3

最 高 指 示

宜将剩勇追穷寇，
不可沽名学霸王。

內蒙語委《東方紅》主办
第三十期　　討特专号（三）
　67、11、28日

哈丰阿的死党　　　漏網烏兰夫分子
反革命修正主义分子　民族分裂主义分子

　　1961年召開內蒙古名詞术語科学討論会，是特古斯指使額尔敦陶克陶召開的，額賊本想繼續貫彻他一挖二創三借的方針，陰謀未逞，結果发了疯。特古斯为此专程到語文所与第二号人物巴彦滿都呼布置要封鎖消息，禁止議論。說是天熱工作忙犯病。但有的同志無意中說領疯了，为此巴彦滿都呼額賊老終使专門開会整這个同志，說是"污辱首長"。看，額賊在特古斯的庇护下，其专横拔扈達到何等地步！

　　1962年，民族語文、民族教育工作会議，特古斯影同額尔敦陶克陶炮制了《語文工作條例》《名詞术語实施办法》、《学习与使用蒙古語獎励办法》，在蒙古語文工作上繼續頑固推行烏兰夫反革命修正主义、民族分裂主义路線，並大搞物質刺激，为烏兰夫的內外蒙合併，建立"大蒙古共和国"作語言文字准备。

　　在這个会上特古斯又影同額尔敦陶克陶把已經借用了的汉語詞"公社"改为"尼格都勒"(蒙修的合作社之意)；"干部"改为"卡特尔"。並說對

"尼格都勒""卡特尔"都有感情了，不必改了。大說黑話，用心惡毒。

１９６２年，根据中央反分散主义精神，語文历史所党內進行整风，初步暴露出領巴为反党宗派小集团。可是在宣傳部汇報領巴錯誤事实及处分意見時，特古斯与閻素却在会上定調子說："事实有出入，不能成为集团"，特古斯又說："处分是不够，党組书記不能当選。"于是領尔致陶克陶又一次被保駕过关。虽然撤了領賊的党組书記，由特古斯自巳兼任語委党組书記，但領賊的党組成員未取消，特自巳很少来，還是放心大胆让領尔致陶克陶把持語委大权，特古斯在這里採取了掩人耳目，欺骗群众的手法，使這場整风彻底破产。

１９６３年，特古斯从北京回来對烏兰夫大叫內蒙翻譯級別太低，烏兰夫也說"翻譯一本书連个燒餅也買不着"。特古斯、領尔致陶克陶得到烏兰夫的批准，于是在翻譯人員中大肆套級、提級，有的从７０多元提到１２０多元，特古斯還說：提三級不够，如果按规定能提五級，提五級也行！烏、特、領、大搞修正主义物質刺激，罪該萬死。

１９６０年，１９６４年曾兩次检查刊物，《蒙古語言、文学、历史》雜志，特古斯怕检查出刊物公開鼓吹叛国分裂活动的大毒草，就提出１９５８年以前的不要检查了。而１９６５年黑四清工作队来語委以后又沿着這个方法来检查刊物，可以看出他們都是一丘之絡，生怕暴露出烏兰夫、特古斯分裂、叛国的蛛絲馬跡。

１９６５年，由于烏兰夫、特古斯、領尔致陶克陶陰謀進行叛国活动的××委員会，在語委開始暴露，于是烏兰夫在小院幾次開会策划之后，背着华北局和內蒙党委派来一个黑"四清"工作队這个工作队秉承主子的意旨，不让語委群众查領尔致陶克陶的黑后台特古斯，更不让革命干部追至烏兰夫头上，直接包庇烏、特、領的叛国分裂活动。

打倒刘、邓、陶！

打倒烏兰夫！

打倒哈丰阿！　打倒特古斯！

無產陛級文化大革命萬歲！

毛主席萬歲！萬歲！萬萬歲！

四-4

批斗反革命修正主义民族分裂主义分子特古斯大会专刊（1）

呼和浩特专揪黑手联络站
内蒙古揪叛国集团联络站

呼和浩特四十五个革命群众組織联合召开批斗反革命修正主义分子、民族分裂主义分子—特古斯大会兩万余名革命群众憤怒激昂地参加了大会

在內蒙、呼市无产阶级文化大革命面临空前大好的形势下，在江青同志十一月十二日对文艺界讲话的鼓午下，在我区无产阶级文化大革命正向纵深发展的关键时刻，呼市广大革命群众于十一月二十五日和十二月二日下午召开"批斗反革命修正主义分子，民族分裂主义分子特古斯全市有线广播大会"大长了无产阶级革命派的志气，大灭了敌人的威风。这是毛主席革命路线又一伟大胜利，这是中国人民解放军积极支左的结果，这是内蒙革命委员会正确领导的结果，这是呼三司革命小将和广大革命造反派不断革命的结果。

这次大会是由呼和浩特专揪黑手联络站、内蒙揪叛联络站等四十五个革命群众组织联合召开的。大会主会场在内蒙人委礼堂。並在红色剧场、东方红影院、人民剧场、工人文化宫、内蒙党委礼堂、内蒙报社礼堂、内蒙体育館等地设了分会场。有两万二千余人出席了大会。大会收到内大井冈山和包头、乌盟等地赴呼市串连的部分革命群众组织给大会的支持信。各革命群众组织的代表愤怒激昂地揭发批判了混入内蒙革委会篡夺了文教组领导权的反革命修正主义分子、民族分裂主义分子，乌兰夫、哈丰阿反革命集团的死党，内蒙宣教口的活閻王特古斯。在大会上被揪斗的除特古斯外，还有：反革命修正主义分子、内蒙当代王爷乌兰夫的代理人王逸伦、王铎，日本、蒙修大特务、大卖国贼、民族分主义分子哈丰阿，反革命修正主义分子、"当代王爷"乌兰夫的狗崽子、内蒙文化界走资派布赫，电影界走资派珠岚，反革命修正主义分子、民族分裂主义分子、内蒙语文界走资派额尔敦陶克陶，反革命修正主义、民族分裂主义分子、内蒙医学院走资派木伦等。

在大会上发言的有：内蒙揪叛联络站、呼和浩特专揪黑手联络站、呼三司内大井冈山、内大井冈山"八一八"战斗队、内蒙体育战线、呼市体育战线、内蒙语委东方红、内蒙日报社东方红揪黑手——砸黑线、内蒙出版社联合总部、内蒙文联揪黑线联络站，内大井冈山《文艺战鼓》编辑部、专砸《花的原野》联络站，内蒙文艺界斗批乌兰夫联络站，内蒙文联砸黑线联络站、呼和浩特教代会、师院附中等单位和革命群众组织。大家一致指出：特古斯早在日伪时期就和日本帝国主义的忠实走狗，大蒙奸哈丰阿紧密勾结，狼狈为奸，进行不可告人的阴谋勾当。日本投降以后，特古斯又伙同哈丰阿等人，根据蒙修的"人民革命党应地下化"的黑指示，组织所谓"新人民革命党"，公开打出"内外蒙合併"的黑旗，进行叛国分裂活动。1947年乌兰夫黑帮和哈丰阿叛国集团合伙后，特古斯又转身投靠了新主子乌兰夫。二十年来，在乌兰夫黑帮的包庇、纵容下，特古斯利用他把持窃据的内蒙宣口的领导大权，结党营私，纠合许多蒙奸、日特、苏、蒙修特务、封建王公贵族、牧主、地主、土匪头子等，把他

· 1 ·

们安插在内蒙宣教系统和各高、中等院校的领导岗位上，大肆进行叛国分裂活动。

特古斯是陆定一、周扬等反革命修正主义分子在内蒙古自治区的忠实代理人。十几年来利用他把持下的前内蒙党委宣传部，忠实地贯彻执行了陆定一、周扬等反革命修正主义分子的一整套反革命修正主义宣传教育路线，疯狂地进行了反党、反社会主义、反毛泽东思想的罪恶活动。

特古斯不仅在自治区成立前后的二十多年中罪恶累累，而且是破坏宣教口文化大革命的黑手，他残酷镇压革命群众，千方百计包庇他的黑主子乌兰夫。

大会还指出：在大好形势下我们千万不要忘记阶级斗争，要严防从"左"的或右的方面干扰我们的大方向。让我们团结起来，把仇恨记在敌人的帐上，共同揭发钻进造反派内部的乌兰夫、哈丰阿的残党余孽特古斯。斗倒、斗垮、斗臭反革命两面派特古斯，把无产阶级文化大革命进行到底。

大会在愤怒激昂的打倒特古斯！打倒乌兰夫！打倒王一伦、王铎！打倒哈丰阿！的口号声中胜利结束。

特 古 斯 的 罪 恶 歷 史

呼和浩特专揪黑手联络站　　**拉喜发言**
內蒙古揪叛国集团联絡站

无产阶级革命派战友们，革命的同志们：

首先让我们共同敬祝我们各族人民的最伟大的领袖我们心中最红最红的红太阳毛主席万寿无疆，万寿无疆！

现在我代表内蒙揪叛联络站，呼市揪黑手联络站将反革命修正主义分子、民族分裂主义分子特古斯的罪恶历史简要介绍如下：

特古斯是钻进我党隐藏二十年之久的反革命修正主义、民族分裂主义分子，是乌兰夫、哈丰阿的死党。

特古斯出生于大地主、大官仟、大贵族家庭。他父亲就是臭名远扬的李青龙，是哲盟科左中旗一带有名的恶霸地主。日本帝国主义侵入东北后，看中了李青龙，日本帝国主义的忠实走狗、伪满兴安总省参事官、卖国蒙奸哈丰阿把李青龙提拔为伪满科左中旗旗长（青龙这个名字，拿蒙古话翻过来，就是蒙古的皇帝的意思），

在日本帝国主义践踏我东北的整个十四年中，李青龙在其主子日本鬼子和哈丰阿的豢养下，一直是狗仗人势，残酷地压迫剥削蒙汉劳动人民。

特古斯的叔叔就是罪恶累累的李天霸，是大恶霸地主、伪满时候的警察署长，日本鬼子投降后的土匪头子，是哈丰阿父亲北霸天手下的一员大干将。

由于特古斯一家罪恶滔天，科左中旗贫下中农，蒙汉各族人民对他们一家恨之入骨。特古斯的狗叔叔、杀人不眨眼的李天霸，被贫下中农抓到后，由于光强奸妇女一项罪恶就骇人听闻，罪该万死，贫下中农、各族人民恨得采取了千刀万剐的方式——你一锥子、我一锥子，用锥子刺死的。而特古斯的狗老子，李青龙这个罪该万死的坏蛋，在特古斯的直接包庇

· 2 ·

下却避开了贫雇农土改斗争，一直逍遥法外，养尊处优，特古斯把这个历史反革命接到呼市和北京，竟明目张胆地安插在参事室、工业厅、历史研究所、中央民族学院附中等单位工作了多年。一九六〇年夏天，精简人员时，人事局按退职处理了他的狗老子，这对罪恶累累的历史反革命李青龙来就是够轻、也够便宜的了，可是，狗仗人势的特古斯，就是对这样的轻而便宜的处理也表示反对，为了不让革命群众在政治上按地主、官佬对待他的狗老子，为了长期为他狗老子领取退休金，享受退休国家干部待遇，经过私下活动，由哈丰阿批准责令人事局改为退休处理。革命群众一直到文化大革命为止，对这个事议论纷纷，敢怒不敢言。特古斯的这个狗老子一直住在师范学院，根本不交给农村的贫下中农，对贫下中农欠下的血债一直没有还，贫下中农的血泪帐一直没能和他算。

特古斯就是生长在这样一个罪恶累累的黑家庭里。日本鬼子和哈丰阿叛国集团不但高抬他狗老子李青龙，而且也特别赏识他。为了培养他们的亲信爪牙、第二代，1942年特意选送特古斯到伪满建国大学"深造"。伪满建国大学，是日本帝国主义专门培养法西斯党徒的最高学府，校长就是卖国汉奸、战争罪犯、伪满国务院总理张景惠。

特古斯也的确不辜负他的主子——日本帝国主义和哈丰阿叛国集团的培养深造，早在就学时期，就组织了一个所谓的"兴蒙党"。这时候在内蒙西部地区也有"成吉思汗党"出现，他们都是高唱"成吉思汗的子孙团结起来，复兴蒙古，统一蒙古"，和哈丰阿、乌兰夫的"内外蒙合并，复兴蒙古，统一蒙古独立"，都是一路反动货色！

日本帝国主义投降后，特古斯又伙同哈丰阿等人，根据蒙修"内蒙人民革命党应该地下化"的黑指示，组织了所谓的"新人民革命党"，公开打出"内外蒙合并"的旗号，把他学到的一套卖国伎俩，继续发挥在把我们伟大祖国出卖给蒙修的罪恶勾当上。特古斯任这个反革命集团的中央执行常委、青年部长兼青年团总书记、报社社长等职务，是这个所谓的"新人民革命党"反革命集团的显要人物和核心人物。

一九四六年初，哈丰阿叛国集团打着"人民革命党"的幌子，第二次去蒙修，根据蒙修黑指示，回国后，便和特古斯、额尔敦陶克陶、木伦等共同策划，积极组织并亲自参加所谓的"内外蒙合并的签名运动"，他们为了尽快达到内外蒙合并的罪恶目的，丧心病狂地大造内外蒙合并的舆论和声势，竟不惜采取极端卑鄙的手段，叫一个人签好几个人的名字，虚报人数，向他们的蒙修主子讨好。签名运动失败后，特古斯背叛祖国，畏罪潜逃蒙修，逃到海拉尔没有得逞。

当时，"新内蒙人民革命党"这个反革命组织的核心人物们还搞出了个党纲党章，特古斯就是起草人之一。特古斯在用蒙文起草后，还翻译成了汉文。在这个黑纲领里，公开宣扬"内外蒙合并"，明目张胆地抵制伟大的中国共产党和伟大的领袖毛主席的领导，公开鼓吹直接受蒙修人民革命党的领导，当时哈丰阿、特古斯之流到处胡说什么"内蒙没有工人阶级，所以不能成立共产党，更不能接受中国共产党的领导。"对我们伟大领袖毛主席、伟大的中国共产党恨入骨髓，对蒙修却亲得五体投地。当时特古斯还写了个内蒙人民革命党青年团团歌的歌词，公开鼓吹民族分裂、内外蒙合并。

一九四六年初，特古斯伙同哈丰阿、特木尔巴根等，在"人民革命党"党纲指导下，一方面疯狂地搞所谓"内外蒙合并"签名运动，一方面又迫不及待地在乌兰浩特成立了"东蒙政府"，为所谓""内外蒙合并"、"实现蒙古统一"迈出第一步。他们当时还通电人民公

· 3 ·

敌蒋介石，还派玛尼巴达拉、桑杰扎布、阿成嘎等七人代表团去重庆、向蒋介石请愿，**要求承认东蒙黑政府**。玛尼巴达拉，大家都知道是国民党特务，早已被处理。阿成嘎是木伦的叔叔，前几年，因为搞民族分裂被捕，现在在公安厅扣押。

接着，特古斯以所谓"人民革命党的左派面貌混入中国共产党，然后又屈膝投靠在国民党地方实力派傅作义手下当哈巴狗的老人民革命党骨干乌兰夫，把黑手伸进内蒙东部区，于一九四六年四月三日在承德召开所谓"四·三"会议，乌兰夫派黑帮 分子克力更去乌兰浩特，把哈丰阿、特木尔巴根、特古斯等请来。由于他们民族分裂的目标一致，马上达成了搞所谓"内蒙自治运动"的协议，实际上是搞了自由联帮运动。

一九四七年初，乌兰夫黑帮逃避国内战争，从张家口跑到乌兰浩特避难。特古斯伙同哈丰阿，肉麻地巴结乌兰夫，象迎接皇帝一样迎接了乌兰夫。过去，迎接皇帝放皇灵礼砲，当时，乌兰浩特没有这玩艺儿，就放真砲实弹，结果把贫下中农的牛马炸死了不少。当时，特古斯伙同哈丰阿之流，合谋炮制出"云泽万岁"、"哈丰阿万岁"、"云泽是太阳"、"云泽是救星"、"云泽是旗帜"等等反动标语口号，大造反动舆论，疯狂反对内蒙人民喊"毛主席万岁"乌兰夫看到这种情形，非常高兴，马上和特古斯、哈丰阿之流同流合污，亲如一家。他们在内蒙自治政府成立时，又共同抛出"实现自治，争取自决"的反动口号。

乌兰夫黑帮与哈丰阿叛国集团合伙以后，把人民革命党党徒和蒙修特务几乎全部拉进中国共产党内，安插在党、政、军、文化教育各个主要领导岗位上，包庇重用。内蒙自治政府成立时，乌兰夫竟把哈丰阿这样一个身兼日本和蒙修两国特务的老反革命、老卖国贼抬出来当付主席，自治区政府里大部分都是人民革命党党徒，真正的中国共产党的代表寥寥无几。哈丰阿当人民政府付主席是世界历史的奇闻，哈丰阿能参加中国共产党、而且能当上自治区党委委员，而且入党后补期据说才是三个月，这更是世界奇闻。特古斯被乌兰夫黑帮拉入党内，也是奇闻，特古斯这混蛋，入了中国共产党之后还不承认中国是自己的祖国。有一天特古斯走在乌兰浩特街上，后面忽然有人问他："你是哪一国人？"特古斯好半天答不出来，后来，他感到入了中国共产，答复外蒙是祖国不好开口，于是才吞吞吐吐答复出"中国两个字。

就这样混入党的特古斯，格外受到乌兰夫的宠爱，他在乌兰夫黑帮里是个青云直上的人物。二十年来，先后任过内蒙党校付教育长、东部区党委委员、内蒙党委宣传部秘书长、哲盟盟委书记兼盟长、内蒙党委宣传部付部长、内蒙党委委员、中共八大代表等要职。多年来，尤其是赫鲁晓夫、泽登巴尔上台以来，特古斯披着共产党员外衣，利用内蒙党委委员、宣传部付部长职权之便，操纵报刊广播、出版教育、蒙文蒙语等，公开鼓吹"内外蒙合併"，公开喊出"英明的领袖泽登巴尔万岁！""内外蒙首都乌兰巴托"等反动口号。另一方面还暗地包庇和纵容了很多叛国逃蒙案件和民族分裂主义分子。现将特古斯在这方面怎样适应了蒙修文化侵略的一系列罪行，简略地揭露如下：

语文工作方面：内蒙语委在特古斯、额尔敦陶克陶、郭文通等民族分裂主义分子把 持下，多年来，已经成了乌兰夫、哈丰阿、特古斯之流进行反党叛国活动和为蒙修进行舆论活动的黑店。这个黑店的老板就是语委党组书记特古斯。

１９５７年7月，特古斯在乌兰夫授意下，派以蒙修特务、人民革命党组织部长额尔敦陶克陶为首的几个民族分裂主义分子去蒙修，打着内外蒙语言文字统一的幌子，公 开 进 行叛国活动。两个月期间，为了装璜门面，只开了九天的会，其余时间都是私下搞黑活动。蒙修部长会议第一付主席曾德，接见额尔敦陶克陶时曾问："我们内外蒙何时才能合併呀？"额尔敦陶克陶等毫不含糊地说："现在咱们不是正在搞文化上的统一吗？"额尔敦陶克陶等在出国前和回国后，都私下受到乌兰夫的接见，并给乌兰夫单独汇报，每次接见和汇报时，都由特古斯陪同。出国前单独接见中，特古斯伙同乌兰夫，确定了一个民族投降主义原则：如果内外蒙名词术语统一问题上双方发生矛盾，要服从外蒙。回国后单独汇报中，说到内外蒙合併时，乌兰夫很感兴趣地反问："往哪边合併呀？"等。总之，他们出国期间，背着我国大使馆进行了一系列私下叛国活动，回国后又背着党中央毛主席，把内外蒙合併的真实情况，私下向乌兰夫、哈丰阿、特古斯汇报。有确凿的物证表明：额尔敦陶克陶等出国前，特古斯还亲自做过三点黑指示，其中一条就是商谈内外蒙合併问题。

在他们出国前的一个月，特古斯、额尔敦陶克陶等曾回信给蒙修的高等教育委员会，表示同意成立内外蒙名词术语统一委员会即43人委员会。蒙修方面参加17人，内蒙23人，主任和付主任委员3人。他们为了私下搞内外蒙合併，不经请示党中央毛主席同意就成立了这个黑组织。

特古斯一伙把持着语委，疯狂地推行蒙修的斯拉夫文字，妄图先从语言文字的统一，进而达到内外蒙合併。1957年9月，周总理在青岛会议上作了有关语言文字工作的重要指示，可是，特古斯之流对总理指示却阳奉阴违，拒不执行，虽然不敢再推行斯拉夫文字了，但在借词问题上仍继续大做文章。当时中央发下文件，提出"吸收汉语借词是少数民族语文发展的必然趋势"可是特古斯之流不但不执行，反而指示额尔敦陶克陶等，公开抵制篡改中央精神，抛出了一个所谓"四类地区文件"的黑纲领与中央对抗，为乌兰夫鼓吹的"大学蒙语蒙文"提供了理论根据。他们为了妄图在语言、文字、名词术语上与蒙修"三统一"，进而实现"内外集合併"的罪恶目的，死顽固地排斥汉语借词，他们疯狂地叫嚣"一挖、二创、三借"，也就是说，蒙语缺少的词汇，宁可挖出蒙古族古代语言，也不借用汉语；宁可创造新的蒙语词汇，也不借用汉语；借用也不借用汉语，而是借用俄语或蒙修的词汇。看看他们在分裂伟大的祖国，反对先进的汉族老大哥方面，丧心病狂到了何等的程度。

特古斯把持下的内蒙语委，还把我们伟大祖国珍藏的稀有国宝和珍贵资料，大批地奉送给蒙修，并搜集蒙修的资料，汇编《汉蒙简略词典》，额尔敦陶克陶洋洋得意地说，这个词典在与蒙修名词术语统一上打下了良好的基础。特古斯和额尔敦陶克陶把这个黑词典送到蒙修手里，受到蒙修极大喝采。

特古斯把持的内蒙语委，还搞了个出口刊物，叫《蒙古语文历史》杂志，上面不加说明地照蒙修原来标题连续刊载过蒙修的《我国常用部分外语解释》，有意识地明目张胆地称呼蒙修为"我国"，并在同一刊物上，狂妄地宣传"南至长城，北至贝加尔湖，东至黑龙江，西至青海高原"，"蒙古必须统一力量"。在这个刊物上，还大放"蒙古一贯独立论"和"满蒙非中国论"等大毒草出笼。特古斯、额尔敦陶克陶还利用这个刊物，大造特造内外蒙合併的反革命舆论，如连载的《初小国文》第一册第四十一课里，就大力煽动蒙族人民往蒙修那边跑。这个刊物还把内外蒙作家不加区分国籍，统称为"我们的"。如把蒙修的达·纳楚克道尔吉、策·达木丁苏荣、达·僧格、博·仁亲同我国内蒙古自治区的纳·宙晋超克图、巴·布林贝赫并列起来，统称为"我们的"。这个刊物还把反汉的土匪、叛国投敌分子陶克陶歌颂成"起义领袖"、"民族英雄"，胡说什么陶克陶代表了蒙古族人民的利益和希望。

· 5 ·

这个刊物还极力吹捧蒙修特务纳·宙音超克图，肉麻地赞美他的民族分裂主义内容的作品，对他写的歌颂日本帝国主义侵略中国的《富士山》大加赞扬，把他鼓吹内外蒙合并的《乌兰巴托颂》也捧到天上。此外，对民族分裂主义分子其木德道尔吉的《西拉木伦河的浪涛》、葛热勒朝克图的《路》，以及玛拉沁夫的大毒草《茫茫的草原》等都大加宣扬和吹捧。还是这个刊物，1959年刊载过义都合希格、黄方敬合写的《论中国旧民主主义革命时期蒙古人民反帝反封建运动》一文，文中公开煽动反汉排汉说："在热河人民的起义中，汉人杀了蒙古人。汉人是国内统治民族之一，因此，反帝反封建的阶级斗争的实质，总是以反对汉人的民族斗争的形式表现出来。"明目张胆地和毛主席的"民族斗争，说到底，是一个阶级斗争问题。"英明论断唱反调，公开宣扬乌兰夫的"阶级斗争的实质是民族斗争"的反革命理论。

出版工作方面：特古斯直接把持，并派蒙修特务、人民革命党骨干索德那木担任出版社社长。特古斯还亲自指挥蒙文出版工作，多年来出了大量的蒙修书刊，并出版逃亡国外的叛国分子的作品。索德那木还亲笔给写序言。使出版社实际上变成了乌兰巴托分社。

出版的教科书，一直到1963年为止，每年都原封不动地搬来蒙修教材。刚上学的蒙古族儿童，翻开第一页就念道"我们的首都乌兰巴托"蒙古族青少年由于中毒很深，有的参加叛国逃蒙案件，有的给蒙修报刊投稿，歌颂蒙修为"祖国"、"泽登巴尔是救星"，科右中旗就有一个十二岁的小孩给蒙修青年真理报写过一首类似内容的诗，受到蒙修头目桑布的赞扬，说这首诗说出了内蒙同胞的心里话。

出版社出的蒙修毒草《人民英雄马克宙尔扎布传略》一书里竟说："兄弟的内蒙人民，在汉人的殖民统治下解放出来，和血肉相连的外蒙合并成立统一的国家。"在出版的其它书中还出现"我们的领袖乔巴山"，"我们的首都乌兰巴托"、"中国首都在南京"、"拉萨是西藏首都"、"维吾尔国"、"西藏国"等等。甚至到1959年国庆十周年的时候，还出版老牌蒙修特务纳·宙音超克图的大毒草《乌兰巴托》，公开鼓吹内外蒙合并。在特古斯赏识下，这首诗竟被放到国庆献礼诗集子的头条，并得了一等奖。

1959年，特古斯亲自参加编写和公开出版的《内蒙古自治区概况》这棵毒草，大力宣扬封建反动文人尹湛纳希的《青史演义》和《一层楼》等黑货。以后不久，特古斯指示并审批出版社出版了这两个黑货，公开为乌兰夫的资本主义复辟和民族分裂制造舆论。

特古斯把持的内蒙人民出版社近年来，经过特古斯批准，还公开出版了《嘎达梅林的事迹》和《陶克陶事迹》、《蒙古秘史》等黑货。《嘎达梅林的事迹》里，借嘎达梅林之口，疯狂叫嚷"黑龙江、沈阳、内蒙、热河、绥远等地不是中国领土。"重弹日本帝国主义早已弹过的"满蒙非中国论"的烂调，为他们的分裂祖国、内外蒙合并制造反革命舆论。

1963年特古斯亲自抓了图书质量检查以后，出版社抛出的黑货就更多了。如苏修的《文艺学引论》以及《泣红亭》、《路》、《不怕鬼的故事》、《海瑞报恩》、《蒙古源流》、《沙格德尔的故事》、《碧野春风》、《远域新天》、《红色的瀑布》等等大毒草名牌黑货，都一古脑儿抛出来。

报刊方面：内蒙日报蒙文版在特古斯把持下，多年来一直为内外蒙合并制造舆论。特古斯选派蒙修特务玛尼扎布担任蒙编主任。在特古斯的"蒙文报要办出自己的特色"的黑指示下，多年来，原封不动地转载蒙修真理报的文章、作品和社论，大量登载区内民族分裂主义

· 6 ·

分子和蒙修特务的大毒草。仅以1959年到1962年的统计，民族分裂和反党反社会主义反毛泽东思想的大毒草就发表了近百篇。如1961年12月发表的《关于北方古代部族——混 几个问题》一文中，竟野心勃勃地宣传历史上蒙古大帝国的版图，说东至太平洋岸，西至天山山脉，南至万里长城，北至西伯利亚大草原，中心是色楞格河（也就是乌兰巴托）。这种宣传的目的，就在于阴谋分裂祖国，企图扩张地盘，为内外蒙合并做舆论准备。

特古斯还多次强调，在蒙文报上报道蒙修的建设情况，却偏偏不 宣传中 国对蒙 古的拨助。1961年蒙修四十周年时，也正值我们中国共产党成立四十周年。那一时期，特古斯直接看报纸大样，为蒙修出版了八个整版的专页，五十三篇稿子，大张旗鼓地宣传蒙修的三大自由，而在我们伟大的中国共产党成立四十周年时，只刊登了十六条消息，尤其不能容忍的是特古斯看大样时，竟把中国援助蒙古的一段文字给抹掉了。

1962年蒙修头子泽登巴尔来中国划中蒙边界时，蒙文报上竟歌颂泽登巴尔说："英明领袖泽登巴尔万岁！"尤其不能容忍的是把毛主席的照片放在头版的最下栏，只有两寸大，上边却放了一张八寸大的大肥猪的照片。

特古斯把持的内蒙古日报，还经常宣扬所谓成吉思汗的伟迹。1962年成吉思汗八百周年纪念时，内蒙日报上发表了《成吉思汗年考》和《成吉思汗编年大事记》，1963年，哈丰阿在《内蒙的新春天》一诗中说："祖先成吉思汗的陵墓，是民族英雄尊严的纪念碑"。

特古斯把持的内蒙日报，大力挑拨民族关系，制造民族分裂，公开宣扬"汉人侵占了蒙古人的土地，使我们遭受困难"，"因为语言不通，军队可以单独成队"，合作社可以"分别建社"。更恶毒的是宣传"蒙汉人民情缘薄，为了一块草场、一角荒地、一棵大树、一口枯井，拼得你死我伤头破血流。"，还说蒙汉人民是"死对头，活冤家。"

特古斯把持的内蒙日报，还利用区内民族分裂主义分子和蒙修特务，大量制造内外蒙合并的黑舆论。1957年蒙修特务玛尼扎布写了一首《致乌兰巴托》诗，诗中说："乌兰巴托，乌兰巴托这温暖而亲切的名字，你使血肉相连的亲戚们高兴。" 明目张胆地 鼓吹内 外蒙合并。1961年琶杰在《中蒙友谊颂》里竟喊出了"英明的领袖泽登巴尔万岁！"《成吉思汗的两匹骏马》一文，更是鼓励外逃蒙修，赞扬民族分裂主义分子的所谓"反抗精神"的大毒草。

特古斯把持的内蒙日报，还放出了大量的反党反社会主义反毛泽东思想的毒箭，如特古斯直接指示连戴《沙格德尔的故事》这株大毒草，说沙格德尔是内蒙的刘三姐，指示内蒙日报大登特登。在特古斯的这种黑指示下，内蒙日报在整载这棵毒草时，还格外加了个编者按语。可见这支毒箭射出，是经过特古斯一伙精心策划的。《沙格德尔的故事》四十五篇，篇篇矛头指向我们党、我们的毛主席和社会主义，有力地配合了一九六二年蒋介石叫嚣反攻大陆和帝修反的反华大合唱。特古斯为什么选1962年这个时机，替《沙格德尔的故事》等大毒草的出笼大开绿灯呢？主要目的就是要达到借沙格维尔的口，大骂特骂共产党、毛主席和社会主义的罪恶目的。如其中一篇叫《丑年》里写道："岁逢丑年灾难多，兵荒马乱起干，戈离奇怪事处处遇，牛跳神来鬼唱歌，黑军来了民涂炭，皇军来后家室空，君主专制虽改换，百姓仍处苦海中，日月无光天地昏，黑白浑浊分不清，四野萧疏人烟少，百姓苦难比海深。"看看，对我们党和社会主义真是恨的咬牙切齿。也是在1962年报上还出现："如今的世道啊，有话没有地方诉说，有理没有地方伸张，悽惨的生活目不忍睹，屈死的冤魂到处游荡。"看看，这是多么恶毒，多么兇狠的词句！

· 7 ·

特古斯把持的内蒙日报，在恶毒攻击我们党、我们的毛主席和社会主义的同时，还大捧特捧赫鲁晓夫。如1960年《贼猫必须给以教训》这棵大毒草里，肉麻地吹捧赫鲁晓夫说："全世界都听赫老的话，赫老的话斩钉截铁，赫老的话传天下，天下的人说着赫老的话，全世界都听赫老的话，赫老的话一针见血。"这说明特古斯之流，对他们的老子赫鲁晓夫简直奉为"神明"了。除了吹捧赫鲁晓夫之外，还大量贩卖了赫鲁晓夫修正主义集团的三和一少等反革命黑货。

特古斯把蒙修特务纳·宙音超克图派到《花的原野》当主编以后，《花的原野》这个刊物变成了反党反社会主义反毛泽东思想，大搞内外蒙合并舆论的毒草丛生的阵地。1957年的玛尼扎布写的《父亲的恩爱》一文把我们伟大祖国描绘成漆黑一团，恶毒地攻击毛主席领导的伟大的社会主义祖国象"灯油点完了，灯芯怎么拨也不亮了。"还是这个玛尼扎布，在1958年发表《根波勒尔知道》一文，恶毒地攻击我们伟大的中国人民解放军的家属。特古斯亲自指示民族分裂主义分子敖德斯尔和其木德道尔吉炮制出的大毒草《达那巴拉》，是为哈丰阿叛国集团出卖东北的自治军树碑立传，给他主子哈丰涂脂抹粉的歌剧。这个剧本也登在《花的原野》上了，宣扬蒙修作家的毒草刊登的就更多了。更严重的是，歪曲和篡改毛主席的诗词，还发表过《嘎达梅林》、《格斯尔可汗》、《歌声》、《喜拉木伦河的浪涛》、《雪中之花》等大毒草，公开鼓吹民族分裂和阶级调和。

除此之外，特古斯多年来做了很多报告，写了很多文章，给乌兰夫起草过许多文件。这些东西大多数都是毒草，流毒非常深非常广。据我们初步掌握的材料，这些毒草大致有三个方面的流毒：1、疯狂反对毛泽东思想，如特古斯在1963年教育出版社的报告中说："我们的出版和一般的出版不同，是教育后一代的，政治上要绝对保险，但不是把毛选全搬出来。"看看特古斯是多么仇恨我们心中最红最红的红太阳，多么仇恨我们心爱的宝书毛主席著作！2、公开鼓吹民族分裂，赞扬蒙修，如在1963年报告中说："我们内蒙的马列主义水平并不比别的国家低。"抛开伟大的祖国——中华人民共和国，而把内蒙和别的国家平列，相提并论。又说："蒙古革命胜利早，我们同蒙古是一个民族，向他们学习是好的，没有问题的，许多知识分子向往蒙古是好的，是革命的，认为蒙古的水平高是不足奇怪的。"大捧特捧蒙修，并公开美化叛国逃蒙分子的罪行是好的，是革命的，公开鼓吹内外蒙合并。3、大力鼓吹阶级调和，以民族感情来代替阶级斗争，如1963年，在内蒙医学院做民族政策报告中说："各民族有自己的共同语言和生活习惯，有自己的民族感情，如歌唱家歌唱蒙古民歌，王爷和牧主都喜欢听，穷苦牧民也喜欢听，这就是民族感情。"

最后特古斯在历次重大政治运动中，都是充当敌人的打前阵和急先锋的角色，和破坏政治斗争和革命的角色。如在1957年特古斯是煽动民族右派向党进攻的罪魁祸首。当时，特古斯提出内蒙人口的七比一与主体民族有矛盾，并说蒙古族"主而不主"体现不了当家作主的权利，还说："汉人欺负蒙古人"等等，拿这些话来煽动民族右派向党进攻，当时，有些右派的反党发言稿就是经过特古斯亲自审查过的。

四清运动中，乌兰夫在土旗放了一个张如岗，牧区放了一个特古斯，乌兰夫并指示特古斯要"踏出一条路来"。特古斯为了效忠他的主子乌兰夫，公开和毛主席制订的二十三条唱对台戏，亲自草拟了一个二十一条，拼命保护牧主、民族上层、宗教上层，积极贯彻了乌兰夫的反革命"三基论"。在特古斯蹲点的××旗，特古斯大吹特吹搞得最好的地方，最近，

· 8 ·

旗委第一书记带上老婆，坐上吉车，逃往蒙修。看看乌兰夫、特古斯之流搞好四清的标准就是民族分裂、叛国投敌。

这次文化大革命中，特古斯积极推行资产阶级反动路线，镇压宣教口革命造反派，由于乌兰夫的代理人王逸伦、王铎之流的包庇，特古斯逃避了群众斗争。在反革命逆流中，他又站在二王一边，后来看到形势不妙，耍了一个造反把戏，钻进了革命造反派队伍。为了控制住宣教口革命造反派，盖子不要揭到他头上，他积极上窜下跳，四处活动，中央八条下达后他利用职权对待持有不同观点的革命群众组织，不促进他们的联合，反而一贯拉一派，打一派，制造分裂，他就坐在所谓的"革命领寻干部"宝座上，坐山观虎斗，致使文艺界和宣教口好多单位的阶级斗争的盖子，迟迟不能彻底揭开。最近，他借口解放干部，企图把乌兰夫，黑帮黑线、哈丰阿的人民革命党徒、蒙修特务等等都要解放，并以"斗私"为幌子，继续挑动群众斗群众，致使好多单位放弃了"批修"，放弃对黑帮黑线和民族分裂主义分子，狠批狠斗，妄图使宣教口文化大革命夭折。

总之，特古斯是陶铸式的反革命两面派人物，又是一个大叛国分子，是埋在革命队伍里的一颗定时炸弹，我们一定要把他彻底斗倒、斗臭、斗垮！

打倒刘邓陶！

打倒乌兰夫！

打倒王一伦、王铎！

打倒哈丰阿！

打倒特古斯！

打倒布赫、珠岚！

把无产阶级文化大革命进行到底！

毛主席的革命路线胜利万岁！

毛主席万岁！万岁！万万岁！

徹底清算特古斯利用《内蒙古日报》鼓吹民族分裂的罪行

内蒙古日报社东方红总部揪黑手 —— 砸黑線乔彤发言

革命造反派战友们！

革命的同志们！

首先让我们敬祝我们心中最红最红的红太阳，我们最最敬爱的伟大领袖毛主席 万 寿 无疆，万寿无疆！

最高指示：**以伪装出面的反革命分子，他們給人以假象，而将真象隐蔽着，但是，他既們要反革命，就不可能将其真象隐蔽得十分彻底。**

必须在各个工作部门中保持高度的警惕性，善于辨别那些伪装拥护革命而实际反对革命的分子，把他们从我们的各个战线上清洗出去，这样来保卫我们已经取得的和将要取得的伟大胜利。

你們要关心国家大事，要把无产阶级文化大革命进行到底！

同志们！我代表内蒙古日报东方红《揪黑手、砸黑线》揭发控诉老牌民族分裂主义分子特古斯的滔天罪行。在我区一片大好形势下，在自治区革委会成立不久，揪出了乌兰夫、哈丰阿的残党余孽、老牌民族分裂主义分子特古斯，说明我区的无产阶级文化大革命正向纵深发展，形势好上加好。揪出了特古斯，大长了无产阶级革命派的志气，大灭了敌人的威风。这是毛主席革命路线的又一胜利，这是毛泽东思想的又一胜利，这是自治区革委会正确领导的结果，这是中国人民解放军积极支左的结果，这是三司革命小将和广大革命造反派不断革命的结果。

只要大略翻看一下特古斯的肮脏历史，就可以看出，这个披着人皮的狼，一贯在我们祖国的一角内蒙古自治区大搞民族分裂，破坏祖国统一，是一个地地道道的反党、反 社 会 主义、反毛泽东思想的三反分子。他不仅在自治区成立前后的二十多年中罪行累累，而且是破坏宣传口文化大革命的黑手。在五十天中，他残酷镇压革命群众，千方百计包庇乌兰夫修正主义、民族分裂主义黑线，当他看到乌兰夫大势已去，又摇身一变，打着革命的旗号，钻入革命造反派队伍中，以反革命两面派的手法，煽阴风点鬼火，破坏文化大革命，我们坚决打倒老牌民族分裂主义分子特古斯，坚决打倒三反分子特古斯，坚决打倒削尖了脑袋钻进革命阵营的陶铸式的人物特古斯！

镇压革命群众的刽子手特古斯，在内蒙古日报社的文化大革命中，已经作了充分的表演。

去年七月和八月，特古斯把三人的报社工作组和十余人的工作队扩大为七十多人的庞大工作团。他自己亲自担任这个工作团的团长。

· 10 ·

特古斯在报社担任工作团团长的近两个月期间，根本没有斗争过被揪出的走资派庄坤一次，而是专揪革命群众和普通革命职工，来掩盖走资派和民族分裂黑线，专门挑动群众斗群众，特别把矛头指向揪报社二十年，特别是指向揪乌兰夫搞"大蒙古帝国"政变前夕的民族分裂黑线的革命群众头上。

在特古斯担任报社工作团长和业务总负责人的近两个月期间，內蒙古日报成了一个专门保护乌兰夫民族分裂黑线的工具。这两个月内，內蒙古日报连一篇反映內蒙古文化大革命斗争的典型报道也没有，更没有有力揭发批判乌兰夫民族分裂主义黑线的报道。这是为什么？是乌兰夫在前门饭店会议初期对报社作的黑指示，在他的残党余孽特古斯的身上起着作用。

大约在五月中旬，乌兰夫曾指示"內蒙古日报当前只报道首都的文化大革命问题，对內蒙古的问题一概不报道。"乌兰夫这个黑指示，在乌兰夫被揪出之后三、四个月，仍对特古斯起着极大作用。特古斯硬是不让內蒙古日报揭露一条有关內蒙古文化大革命问题的报道，更是不让触动民族分裂主义黑线，不但报社的运动如此，报面上也是如此。相反地，在特古斯主持內蒙古日报的运动和业务的期间，报纸上却一再出现乌兰夫代理人王逸伦、王铎等领导全区无产阶级文化大革命的动态消息。给乌兰夫残党余孽大捞政治资本，使他们潜伏下来。

七月下旬，毛主席回到北京，开始纠正刘邓资产阶级反动路线，决定撤销工作组。八月八日《十六条》公布，进一步重申撤销工作组。特古斯不但拒不执行，反而一再扩大工作团，把工作团由原来的工作组三个人扩大为七十余人，并在毛主席决定撤销工作组之后，特古斯狗胆包天，又继续把河北省支援来的一批县社书记，补充到工作团中去。

直到內蒙古语委造反派到报社来揪特古斯，报社广大革命群众贴出揲工作团的大字报，特古斯才被迫在八月下旬的一天，神不知鬼不觉地偷偷溜掉。特古斯在溜掉之前，做了三件大事：一是安排了报社文革筹委会的人选；二是把工作团人员（大学生）近四十名分配到编辑部，参加领导报社文化大革命和办报，实际上继续起着没有工作组的工作组作用；三是以旧內蒙古党委名义，任命能按他的意图办事的×××为內蒙古日报业务总负责人，以便完成特古斯工作团没有来得及完成的任务：即继续挑动群众斗群众，把积极揪报社民族分裂主义黑线的群众打成"反革命"，并在报社內部和报面上继续掩护乌兰夫民族分裂黑线，包括掩护他自己伸进內蒙古日报的黑手。

事实证明，特古斯的继承人联络员汪浩，和他们的卸用工具：报社文革筹委会，工作团遗留人员，报社业务总负责人都是贯彻执行了特古斯的既定纲领。

直到九月上旬，革命小将把要捣毁"內蒙古日报这个乌兰夫黑店"要"揪出乌兰夫在报社的代理人"等大字报贴进了编辑部大楼走廊和大礼堂后，特古斯的代理人，报社的业务总负责人才慌了手脚，不得不肤皮潦草地报道了批斗于北辰、张如岗的动态，到九月下旬才开始发表了批判陈炳宇、李贵的文章。但是这些批判数量既少，质量又差，是对民族分裂黑线包括特古斯及其黑手彻头彻尾的假批判，真包庇。

特古斯在五十天里的表演不是偶然的，他的目的就是转移斗争大方向，以掩盖他和他的主子乌兰夫二十年的罪行，掩盖他把持內蒙古日报期间鼓吹乌兰夫反革命修正主义、民族分裂主义的罪行。

早在自治区成立前后，特古斯凭着他的反动的政治嗅觉，发现了乌兰夫是块搞民族分裂的材料，于是和哈丰阿一起投靠了他，为他效忠。当时，特古斯就很重视抓舆论工具，自任

· 11 ·

自治报社社长，也就是他们人民革命党的党报，在报纸上大肆吹捧乌兰夫，大搞民族分裂。他连连不断地发消息、通讯、文章，把乌兰夫这个民族败类吹捧上了天，捧到了肉麻的程度，企图麻痹各族人民。他们在自治报上高喊什么"内蒙古人民领袖乌兰夫万岁"，大叫什么"成吉斯汗子孙团结起来"，胡说什么"高举云泽的旗帜前进"，"这旗帜是我们胜利的象徵。"

一九五七年，也就是乌兰夫把特古斯从哲盟提拔到内蒙党委任宣传部付部长以来，特别是乌兰夫搞反革命政变前夕，特古斯又借他担任内蒙古党委宣传部付部长的职权之便，大抓舆论工具，把持了内蒙古日报的蒙汉文版，极力把内蒙古日报办成乌兰夫的修正主义、民族分裂主义的喉舌。

蒙文版的"大同小异"办报方针，就是特古斯亲手批的。所谓的与汉文版"大同小异"，实际是刘少奇的"可以自由一些"的翻版，是乌兰夫的"踏出自己的路"的老调。就是因为要"小异"，蒙文版上大发民族分裂文章。一九六一年，是中国共产党成立四十周年，也是蒙古人民共和国成立四十周年。特古斯是怎样对待这两个不同的四十周年呢？在蒙文版上，党的生日只发了三条地方消息，而在蒙修成立的四十周年时，却发了八块版，仅地方文章就发了五十多篇。这种做法，都是特古斯亲手批的。他借蒙修成立四十周年之机，竭尽为蒙修歌功颂德之能事。就是因为要"小异"，几年里，蒙文版上，关于批判杨献珍的"合二而一"论、批判冯定的"活命哲学"、批判周谷城的时代精神汇合论"，批判李秀成的自首变节等等，有的根本没登，有的勉强应付一些。就是因为要"小异"，连京剧革命的消息也不报道，姚文元同志的批判《海瑞罢官》的文章直到去年五月还迟迟不见报。就是因为要"小异"，毛主席著作学习报道可以少登，相反的，乌兰夫的"三基论"黑货却大量见报。在一个时期内，乌兰夫的"以水为纲"成了蒙文版的报道纲领。

特古斯还多次强调，在蒙文版上报道蒙修的建设情况，不宣传中国对蒙古的援助。一九六二年，蒙修头子泽登巴尔来中国划中蒙边界时，蒙文版上竟歌颂泽登巴尔说："英明领袖泽登巴尔万岁"，尤其不能容忍的是，把毛主席的照片放在一版的最下栏，只有两寸大，上边却放了一张八寸大的大白肥猪的照片。一九六二年成吉斯汗八百周年纪念时，内蒙日报上发表了《成吉思汗年考》和《成吉思汗编年大事纪》。特古斯大力挑拨民族关系，制造民族分裂。公开宣扬"汉人侵占了蒙古人的土地、使我们遭受困难"，"因为语言不通，军队可以单独成队"公社可以"分别建社"。更恶毒地是宣传"蒙汉人民情缘薄，为了一块草场，一角荒地，一棵大树，一口枯井，拼得你死我伤，头破血流。"还说蒙汉人民是"死对头、活冤家。"

一九六二年，也就是我们连续三年遭到自然灾害，帝、修、反和国内反动派趁机大肆反共反华的时候，特古斯指使报社走资派庄坤和人民革命党党徒，蒙修情报员德力格尔在蒙汉文版大发"沙格德尔"的故事，并加按语，含沙射影地辱骂我们党和社会主义制度。

一九六三年，他去牧区搞社会主义教育运动试点，没有顾得上报纸问题，而在一九六四年，也就是乌兰夫大搞反革命政变前夕，他经乌兰夫亲自派遣，来到了报社。这次来到报社做了两件大事。一件是，向全社职工作了一次黑报告。这次黑报告虽然作在乌兰夫"三基论"出笼以前，但却从头至尾都是"三基论"的精神。另一件是，在这以后，他亲手拟出了"内蒙古党委关于加强内蒙古日报工作的指示"。这个黑指示中号召全党办出一张突出地

• 12 •

区特点、民族特点的报纸。这个黑指示出笼以后，他和报社走资派共同组织全社职工先后讨论过两个月之久。他这个黑报告，实际是贩卖所谓"乌兰夫思想的黑纲领，他拟出的黑指示，·是要把内蒙古日报变成乌兰夫民族分裂主义舆论工具的一项重大措施。从此，内蒙古日报跟乌兰夫的步子就越来越紧了。以至到后来，连乌兰夫也夸奖说："这才象一张真正的内蒙古日报"。

他除了在办报的方针政策上，办报人员的政治、思想上极力贯彻乌兰夫的黑货以外，在组织上也按照其主子的意旨，贯彻了一条招降纳叛、结党营私的干部路线。在乌兰夫政变前夕他本人就是乌兰夫亲自安插到报社的未来的总编辑，和厚和分别把持"实践"，"内蒙古日报"全区两大刊物，在乌兰夫搞反革命政变以前，甚至在文化大革命初期，他几次利用职权，在报社按插和重用了亲信。他在一九五七年反右派中，还亲自保护了报社的三个搞民族分裂的右派分子，使他们漏网。

不仅如此，就是在他钻进造反派内部以后，也没忘记为他的主子乌兰夫作宣传。今年七月，出版部门召开发行毛主席著作会议时，他提出要发我区几年来发行毛著有成绩的消息。我们知道，在乌兰夫统治时期，他是千方百计抵制发行毛主席著作的，发行量只达到中央给的任务的1／4。这件事本来清楚地说明，乌兰夫等一小撮走资派是怎样反对宣传毛泽东思想的。但是，乌兰夫的忠实干将特古斯却借他的筹备小组文教组负责人的职权之便，别有用心地要报社宣传发行毛主席著作有成绩的消息，借以掩盖乌兰夫抵制发行毛主席著作的罪行，同时也掩盖他自己做为内蒙古党委宣传部付部长在对抗发行毛主席著作方面的罪行。后来，因为被报社造反派识破，他的阴谋未能得逞。

在老牌民族分裂主义分子特古斯钻进造反派内部以后，新闻、出版、语文等部门造反派内部矛盾长期不能统一，而且越搞越复杂，难道就只是派性作怪吗？同志们！我们要想一想，这些部门都是乌兰夫集团分子、哈丰阿老班底，什么人民革命党骨干，什么蒙修情报员、日本特务聚集的地方，这些部门文化大革命以前，都是特古斯插手、甚至把持的地方，而在他钻进造反派内部以后，这些部门的文化大革命又直接由他领导，而这些部门在他的领导下，为什么乌兰夫的民族分裂黑线始终揪不下去？为什么有些部门要揭民族分裂黑线的造反派至今还受到各种各样的压制，为什么他乘解放干部之机大喊大叫"造反派解放干部不大胆"？为什么一些乌兰夫的黑线人物被安排到学习班？为什么直到最近还有人叫嚷"揪特古斯是极左思潮的反映？"难道不值得深思吗？

无产阶级革命派的战友们，革命的同志们！我们在大好的形势下，千万不要忘记阶级斗争，我们要严防从"左"的或右的方面干扰我们的大方向，让我们团结起来，把仇恨记在敌人的身上，共同揭发钻进造反派内部的乌兰夫、哈丰阿的残党余孽特古斯，共同斗倒，斗垮、斗臭反革命两面派特古斯！把我区的文化大革命进行到底！

让我们高呼：打倒刘邓陶！打倒乌兰夫！打倒王伦逸、王铎！打倒哈丰阿！打倒特古斯！

毛主席的革命路线胜利万岁！战无不胜的毛泽东思想万岁！我们心中最红最红的红太阳毛主席万岁！万万岁！

内蒙古日报东方红

《揪黑手、砸黑线》十二月二日

愤怒声讨特古斯在内蒙文艺界
犯下的滔天罪行

内大井岗山《文艺战鼓》编辑部
内蒙文艺界斗批乌兰夫联络站
内蒙文联砸黑线联络站   联合发言张志成
专砸《花的原野》联络站

革命造反派的战友们，革命的同志们！

首先，让我们共同敬祝我们心中最红最红的红太阳，我们最最敬爱的伟大领袖毛主席，万寿无疆，万寿无疆！

最高指示：我们伟大的导师，伟大的领袖，伟大的统帅，伟大的舵手毛主席教导我们说："凡是要推翻一个政权，总要先造成舆论，总要先做意识形态方面的工作。革命的阶级是这样，反革命的阶级也是这样。"

现在，我代表内大井岗山《文艺战鼓》编辑部，文艺界批乌联络站，内蒙文联砸黑线联络站，专砸《花的原野》联络站，愤怒揭露乌兰夫的代理人、党内走资派、民族分裂主义分子特古斯的滔天罪行！长期以来特古斯和反革命修正主义分子布赫串通一气，利用他们所把持的内蒙文艺界这块阶级斗争的前哨阵地，大搞民族分裂活动，大搞叛国文学，为乌兰夫反党叛国集团分裂祖国制造舆论立下了汗马功劳。特古斯犯下的滔天罪行必须彻底清算！

特古斯，在他所把持的蒙古族语言文学、新闻、出版、文艺创作和翻译领域内，大肆宣扬"内外蒙合并"，"蒙古一贯独立"等黑理论。特古斯通过他亲手参与培植的文艺黑线，狂妄地颂扬叛国分子，标榜"向北去"，吹嘘自发斗争而否定中国共产党的领导作用；他们高喊"蒙古人"如何如何，用以传播反汉排反的民族分裂主义思想；他们甚至公然狂叫"我们的首都在乌兰巴托"，用以否定内蒙古是中华人民共和国不可分割的一部份。

所有这些反动文人的叫嚣，同文艺界的阎王——特古斯、布赫这两个内蒙古文艺界牛鬼蛇神的总头子，是分不开的。

特古斯进行这些反党叛国活动，是有历史根源的。远在一九四五年，特古斯，这个反动的人民革命党首领，就把他的黑手伸向了文艺界。作为当时人民革命党的青年部长兼人民革命青年同盟总书记，他不但起草了反动透顶的人民革命党党章和党纲，而且，还写了《人民革命青年同盟盟歌》。"盟歌"的大意是：蒙古青年，过去受人压迫，受人宰割，必须统一力量，内外蒙统一起来，建立一个独立的、自己当家做主的国家，完成蒙古人的统一大业。

在特古斯撰写的这首歌词里，人们能够清楚地看到：他们早就赤裸裸地叫嚣内外蒙合并了。这就是特古斯之流的所谓"统一"。很清楚这种所谓的"统一"，就是妄图把内蒙古从

·14·

祖国大家庭中分裂出去。

从特古斯写"盟歌"歌词，到一九六一年，他指使文联的敖德斯尔写吹捧人民革命党军队的歌剧《达那巴拉》，一直到现在，二十年来，特古斯伙通布赫，在内蒙文艺界的蒙文的创作和编译领域里，亲自培植并积极贯彻了一条又粗又长的反党叛国文艺黑线。这条黑线的基本内容，就是特古斯所起草的"新人民革命党纲领"。蒙修特务纳·宙音朝克图，黑"作家"敖德斯尔等人所炮制的叛国文学，就是以这个黑"纲领为指南"，以破坏祖国统一，分裂民族团结为主题思想的。

现在，把这个黑"纲领"中的几段，摘要读一下，就可以知道它是什么货色，同时也可以看出，他们抛出的叛国文学作品的来龙去脉。"纲领"中这样写道：

"为实现蒙古民族的团结、统一和独立，建立民主政权而斗争"。

"……第一步应统一内蒙古，并在适宜的时候实现全蒙古民族的团结、统一和独立，建立××主义国家"。

在这里，内外蒙合并的问题，特古斯已经写得清清楚楚了。更加突出的是，"纲领"竟宣称"建立与蒙古人民共和国人民革命党、中国共产党和苏联共产党的亲密无间的牢不可破的关系。"这就说明，他们把内蒙古看做"独立"的国家，而把中国共产党，同苏修、蒙修的党一样，都看做是兄弟党。这是多么反动，多么嚣张和狂妄！

然而，就是这样一个反动的人民革命党的大多数常委，都被当代王爷乌兰夫，拉入共产党内，并且身居要职。特古斯则从人民革命党的青年部长，一变而为内蒙党校的副教育长。不久，即提升为内蒙古党委宣传部秘书长，哲盟盟委书记兼盟长，党委宣传部副部长、党委委员、八大代表。

二十年来，特古斯牢牢控制着文艺界蒙古族语言文学的创作和编译工作。在内蒙古文联，特古斯通过他安设下的蒙修特务纳·宙音朝克图，以及玛拉沁夫、孟和博彦、敖德斯尔等人，把内蒙古文学领域搞得乌烟瘴气，毒草丛生，民族分裂的叫喊声甚嚣尘上。

最触目惊心的是：一九五七年，内蒙古自治区庆祝十周年，编辑出版了"诗歌集"。当时，主编诗集的蒙修特务纳·宙音朝克图，把初稿中的《北京颂》砍掉，而竟然把他自己的叛国文学《我们的首都在乌兰巴托》，当做头条作品发表。（原作发表于黑刊物《内蒙古文艺》）作为领导十周年文艺评奖委员会的特古斯，竟然同意给《我们的首都在乌兰巴托》，这首黑诗以一等奖。当时，三反分子玛拉沁夫的大毒草《在茫茫的草原上》，仅仅写出了底稿，竟然未经审阅和讨论，也迫不及待地发给了一等奖。

在《花的原野》，这个一贯贩卖蒙修黑货，露骨地进行民族分裂叫嚣的蒙文刊物上，更是牛鬼蛇神大量出笼，叛国文学俯首皆是。例如，敖德斯尔歌颂大叛国投敌分子陶克陶呼的小说《打狼》（1963年第1期），肉麻吹捧蒙修"作家"《德·那楚克道尔吉》是"为祖国繁荣而斗争的号角"的诗（1958年第4期），还有公然宣扬"蒙古统一"的诗歌：在一首题为《螺丝钉》的诗歌中（1956年第7期），写道：

"从来就是亲兄弟的泽登巴尔和乌兰夫，
拧紧了最后一颗螺丝钉，
幸福的太阳从而升起了，
我们的友谊钢铁般地巩固了。"

这首诗，把泽登巴儿狗和当代王爷，这两堆臭狗屎，影射成两个国家的"首脑"，并且把他们的联系（实质上就是指内外蒙合并），描绘成是"幸福的太阳"。这真是恶毒之极，无耻之极！露骨之极！

在内蒙文艺界的一些大部头的文学作品创作方面，情况也是这样。前边已经提到：蒙文歌剧《达那巴拉》，是特古斯亲自指使敖德斯尔写出来的。在这个剧本里，作者颂扬内蒙古自治军。这是个日寇侵略东北的帮凶，双手沾满东北抗日人民鲜血的法西斯匪军。短简小说《打狼》，是歌颂叛国分子陶克陶呼的。在特古斯的授意和指使下，在此前后，敖德斯尔抛出了一连串叛国文学作品，其中有：

短篇小说《阿里玛斯之歌》：标榜"向北去"，煽动蒙族人民叛国投修。

电影剧本《骑士的荣誉》：宣扬乌兰夫民族分裂主义军事路线，为乌兰夫叛国篡军准备舆论。

短篇小说《水晶宫》：歌颂反动土匪头子阿民布和（匪首何子章的弟弟）。

这一系列叛国文学的抛出，就象一阵紧锣密鼓一样，予示着乌兰夫的反党叛国，建立蒙古帝国二丑剧就要正式开场。然而，所有这一切，并没有什么新奇的东西，它们不过是"人民革命党"反动纲领的继续，不过是形象化的"人民革命党"黑纲领。它所宣扬的中心思想，就是民族分裂和叛国。

为"人民革命党"黑"纲领"愿效犬马之劳的，当然不仅是敖德斯尔一个人的一些叛国作品。在戏剧领域中，同《达那巴拉》能够称为孪生兄弟的，就是大毒草《金鹰》和乌兰夫狗儿媳亲手炮制的电影剧本《胡日勒巴特尔》。剧本《金鹰》把仅仅有资产阶级旧民主主义思想的一个摔跤手，吹捧得上了天。它用描写通过自发斗争而获得自由和个性解放的故事情节，从而否定共产党的领导作用。剧本《金鹰》，是在贩卖"没有毛主席和中国共产党，蒙古族人民也能获得解放"的反党叛国黑理论。它的中心，就是宣扬乌兰夫、哈丰阿、特古斯之流的"蒙古一贯独立论"思想。

剧本《金鹰》的主人公布尔固德，是怎样一个人呢？他在远逃异乡之后，自己认为，仅仅是个"没有做过坏事"的人。事实上，也仅仅如此：布尔固德仅仅有些讲义气、对朋友忠实等等的"超阶级"人道主义思想。布尔固德一心响往的，只是"仇还没有报"，如果报了仇，他就要"一头扎进河里去，离开这个世界"。就是这样一个微不足道的人，剧本却大肆吹捧，把他夸耀得无比高大。剧本里《金鹰之歌》中歌唱道：

"我们的自由，

我们的希望，

我们的骄傲，

我们的太阳，

亲爱的鹰呵！我们心里的彩虹；

勇敢的鹰呵！我们草原的荣光"。

剧本对布尔固德，这是多么高的评价！什么"草原的荣光"，"心里的彩虹"；最不能容忍的是，剧本竟把布尔固德比做是"我们的太阳"。这不是明目张胆地把布尔固德这个微不足道的人，凌驾于我们心中最红最红的红太阳、**伟大**的领袖毛主席之上吗？这是一个无耻、卑鄙和反动的大阴谋！

·16·

然而，就是在特古斯、布赫之流的统治下，这个反动透顶的剧本《金鹰》，却一演再演；他们还无耻地宣扬："某某剧团是靠《金鹰》起家的！"眞是恶毒到了顶点！需要说明的是《金鹰》剧本是在內蒙古庆祝十周年抛出，并上演的。当代王爷乌兰夫看了以后，立即赞扬道："不错吆！"这就足以说明：《金鹰》是多么合乎叛国头子的胃口了。

珠岚的《胡日勒巴特尔》出笼于一九六二年。它除了用恶毒的语言咒骂我们心中最红最红的红太阳，攻击三面红旗外，还在结尾时，煽动人们"要向西方走"。其叛国面貌彻底暴露。

在特古斯亲手参与培植的这条反党叛国文艺黑线的指导下，叛国文学作品纷纷出笼，流毒极广，什么《哈拉哈河畔》，什么《友谊光芒》什么《阿里玛诗之歌》，什么《路》还有《刚毅英雄陶克陶传略》、《蒙古谚语》、等等等等，名目繁多，不胜枚举。

乌兰夫、哈丰阿、特古斯之流，大搞叛国文学，引起了帝、修、反的喝采。现在，在印尼等国家，正在大肆上演香港影片《金鹰》，这就证明，叛国文学是一切反动派都可以用于反华反共的武器。

在蒙修，出版了《亚洲国家名作选》。他们把内蒙古当做独立国家对待：把全国的作者，标为"中国"作家，而把蒙修特务纳·宙音朝克图，则标为"內蒙古"作家。这本"名作选"把毛主席诗词放在最后，用以贬低伟大的毛主席的光辉思想。

所有这些帝修反的倒行逆施，都是和特古斯之流的叛国文学遥相呼应的。他们是一个腔调，一个鼻孔出气。他们不仅彼此声援，互相吹捧，互相打气，而且互相提供武器，协同作战。他们有着共同的目标，这就是：反共、反华、反对世界人民心中最红最红的红太阳、伟大的领袖毛主席。

毛主席教导我们说："以伪装出现的反革命分子，他们給人以假象，而将其眞象隐蔽着。但是他们既要反革命，就不可能将其眞象隐蔽得十分彻底。"现在，特古斯这个反革命两面派，乌兰夫的代理人，党内走资派和民族分裂分子，终于被揪出来了！他和反革命修正主义分子布赫所豢养的反动文人，他们反党叛国的文艺黑线，他们接二连三抛出的叛国文学，都要受到广大的工农兵的彻底清算。活閻王特古斯自己，则变成了一堆不齿于人类的臭狗屎。

把內蒙文艺界的黑手、活閻王特古斯揪出来，这是毛主席革命路线的伟大胜利！

打倒特古斯，打倒特古斯的后台乌兰夫、哈丰阿！

战无不胜的毛泽东思想万岁！

伟大、光荣、正确的中国共产党万岁！

伟大的领袖、全世界人民心中的红太阳，毛主席万岁！万岁！！万万岁！！！

1967年12月2日

打倒乌兰夫在内蒙古文化界另一套人馬的大头目特古斯

內蒙古大学井崗山《八一》战斗队张忠发冒

我们伟大的领袖毛主席亲自发动和领导的史无前例的无产阶级文化大革命，已经进行了一年又六个月了。目前，全国全区各条战线上，形势一片大好！內蒙古文化界的革命形势也愈来愈好！

经过一年来文化大革命的猛烈冲击，乌兰夫反革命修正主义、民族分裂主义的文化黑线已经分崩离析、濒于彻底垮台，布赫、珠岚、玛拉泌夫等这一套乌兰夫安插在文艺界的黑人马，已经被揪了出来，这是内蒙古文化界无产阶级革命派和红卫兵小将的伟大胜利！是战无不胜的毛泽东思想的伟大胜利！

但是，在內蒙古文化界，乌兰夫就只是布赫这一套人马吗？不是！他还有一套。正如江青同志11月12日在关于当前文艺界形势的谈话中所指出的：敌人是非常狡猾的，为了适应其反革命的需要，他们组成了一套一套的班子。我们搞掉一套，他们又会换上一套。

当前，我们十分严重地注意到，在內蒙古文化界，乌兰夫的另一套人马。

这一套黑人马，黑班子，就是长期以来，披着"马列主义"外衣，打着"共产党员"招牌，秘密进行反革命活动的"內蒙古人民革命党"的党徒们。他们的大头目，就是老牌修正主义，民族分裂主义分子哈丰阿的死党，原内蒙古党委宣传部付部长特古斯。

"內蒙古人民革命党"的问题，是内蒙古历史上一个重大的问题，这个党的全部历史，有待于无产阶级革命派去调查研究。但是，就我们现在所掌握的材料看，所谓"內蒙古人民革命党"，实际上是一个反革命党、叛国党；是蒋介石国民党设在内蒙古的一个"支部"是帝国主义、现代修正主义在內蒙古的特务情报机关。

这里，不打算更多地评论"内蒙古人民革命党"的反动本质。我们仅仅从"内蒙古人民革命党"一九四五年九月二十五日写的《致在东北的国民党党员书》，就可以完全看出这个党是一个什么货色的党。

该《书》一开头就亲切称呼说："中国国民党党员诸位同志，现在我们内蒙古人民革命党要诚恳地向你们说几句话，内蒙古人民革命党是有很长的历史的、幷且和贵党（按：即国民党）也具有密切联系。在一九二五年，我们承贵党和外蒙人民革命党的援助，于张家口建成了，"內蒙古人民革命党"。

可见，"內蒙人民革命党"的成立就是国民党一手策划的。对于这一点，"內蒙人民革命党"的党徒们也是引以自豪、念念不忘的。

"回想一九三一年'九一八'事变以前……我们曾积极活动，和国民党取得紧密的提

· 18 ·

携，更承贵党许多伟大的同志给我们很大的帮助与深刻的回忆（？），这实在是值得钦佩与感谢的。"

一九二七年蒋介石背叛革命，疯狂屠杀共产党人和革命人民，开始在全国实行法西斯专政。就在这个时候，"內蒙古人民革命党"却和国民党"紧密提携""积极活动"、岂不足以说明，"內蒙古人民革命党"是蒋介石镇压革命的帮凶吗？

"我们的党召开了党员大会，在王爷庙（即乌兰浩特）组织了东盟党部，并得到了中央（即国民党中央）的承认"。

蒋介石当然"承认"这个反共反人民的党了。也正因为如此，"內蒙古人民革命党"极尽阿谀奉承之能事，肉麻地吹捧独夫民贼蒋介石：

"蒋介石先生发表了给国内各民族以自治独立的声明，我们听到了这个声明，觉得內蒙古人民的解放运动得到了光明与保障，对于蒋先生的伟大的革命精神深为钦佩。"

"世界上绝没有无缘无故的爱，也没有无缘无故的恨"，"內蒙古人民革命党"对蒋介石如此"热爱"，为人民公敌涂脂抹粉，正好暴露了它的丑恶咀脸。

"本党是解放內蒙古民众唯一的党、蒙古地带的党务工作，由本党完全负责。"

中国共产党才是领导內蒙人民求得解放的唯一正确的党，"內蒙古人民革命党"恬不知耻地把自己打扮成內蒙古民族的救星，这是明目张胆地反对中国共产党、反对中国共产党领导的內蒙古人民革命。

还有更"精采"的一段："现在蒙古地带，各处都有'內蒙古人民革命党'的活动与工作，所以深望贵党对我们的工作要加以惊解和援助，如有和蒙古地带联络事情，希望和我们的各级党部联络，以免直接工作，而致发生误会。我们在蒙古地带活动，和贵党在汉地带的活动是一致的。我们的活动绝对没有妨害贵党的地方，同时，我们也希望贵党对我们的工作也不要发生误会或者阻碍。因为我们在革命的立场上来看，则我们內蒙古人民革命党与国民党是站在一条战线上的，在更大更高观点上来看的时候，我们两方的活动，是分工合作，殊途共归的。"

妙极了！真是不打自招。寥寥数语，赤裸裸地暴露了"內蒙古人民革命党"与蒋介石国民党狼狈为奸，反共反人民的狰狞面目。

特别应该指出的是："內蒙古人民革命党"的这封《书》，正写于抗日战争胜利以后。当时，蒋介石国民党在美帝国主义的支持下，妄图吞食人民抗战的胜利果实。"《致在东北的国民党党员书》，就是"內蒙古人民革命党"代表蒋介石国民党在內蒙古地区同中国共产党领导下的各族革命人民抢夺抗战胜利果实的反革命宣言书。

够清楚了，"內蒙古人民革命党"同祸国殃民的蒋介石国民党，是一丘之貉，是乌鸦落在猪身上——一对对黑鬼。

就是这样一个反革命党，却被乌兰夫吹捧为"革命党"、"进步党"。在一九四六年"四·三"会议上，乌兰夫和当时"內蒙古人民革命党"的头头哈丰阿做了一笔政治交易：哈丰阿承认乌兰夫的"领袖"地位，而乌兰夫把"內蒙古人民革命党"的党徒们统统包下来，拉入共产党内，委以重任。

特古斯就是"內蒙古人民革命党"的中央执委组织部长、党报总编、"內蒙古人民革命党"所属"青年联盟"的总书记。"內蒙古人民革命党"的党章是他起草的，"青年联盟"的团

• 19 •

846

歌是他制定的。他可算得上哈丰阿的掌上明珠，"內蒙古人民革命党"的显赫人物。但是，在"四·三"会议期间，善于看风使舵的特古斯在乌兰夫和哈丰阿的勾心斗角之中，投入了乌兰夫的怀抱，一下子便成了乌兰夫的红人。

二十年来，特古斯在乌兰夫的精心培植下，平步青云，飞黄腾达，成为内蒙古党委常务委员中唯一"蒙汉兼通""德才兼备"的好干部。这样，特古斯便成为"內蒙古人民革命党"在共产党党内最理想的代表。

反革命修正主义分子，民族分裂主义分子特古斯，混入共产党内以来，积极推行乌兰夫反党叛国的反革命路线，特别是在他当了內蒙古党委宣传部的付部长以后，上窜下跳，到处伸手。在他的直接策划和调动下，把大量反革命修正主义分子、民族分裂主义分子，"人民革命党"党徒拉入文化界，掌握了文化界各部门的领导大权，成为乌兰夫在文化界复辟资本主义马车上的另一套人马。据不完全统计，有如下单位和部门被这些家伙篡夺了领导权：

在高等院校中：

內蒙古大学有：巴图。人民革命党中央执委，原內蒙古大学付校长，党委付书记。

內蒙古师范学院有：特木尔巴根。人民革命党中央执委，原师院院长，党委书记。

內蒙古医学院有：木伦。人民革命党中央执委，原医学院院长，党委书记。

內蒙古农牧学院有：贡嘎。人民革命党党徒，原农牧学院院长。

內蒙古工学院有：阿成嘎。国民党与内蒙人民革命党的联络员。

內蒙卫生厅有：义达嘎。人民革命党中央执委，原卫生厅付厅长。

內蒙人民广播电台有：昂如布。人民革命党党徒，原电台付台长。

內蒙古语文研究所有：额尔敦陶克陶，人民革命党党徒，原语文研究所所长。

內蒙古历史学会有：义都合西格。人民革命党所属青年联盟成员，原历史学会付主席。

另外，特古斯还在许多单位安插了一大批反革命修正主义分子。如：

內蒙古文联的纳·賽音朝克图、敖德斯尔。內蒙古歌舞艺术剧院贾作光。

內蒙古人民出版社索德那木，

內蒙古艺校宝音达赍，

內蒙美术协会官布，

內蒙古博物舘文浩，等等，等等。

看吧！这是一个多么惊人的反革命文艺黑网啊！"內蒙古人民革命党"的党徒们和反革命修正主义、民族分裂主义分子塞满了內蒙古文艺界。內蒙古文化大权，就是被这样一批牛鬼蛇神们把持着，他们在文艺界飞扬跋扈，横行霸道，对无产阶级革命派实行反革命专政，实际上把內蒙古文化界变成了一个"裴多菲俱乐部"。很多单位的状况正如毛主席批评文艺界时所指出的："这些协会和他们所掌握的刊物的大多数（据说有少数几个好的）十五年来，基本上（不是一切的人）不执行党的政策，做官当老爷，不去接近工农兵，不去反映社会主义的革命和建设。最近几年，竟然跌到了修正主义的边缘"。

二十年来，內蒙古文艺界在这样一伙狐群狗党的把持下，成为乌兰夫反革命集团得心应手的工具，成为帝国主义、苏蒙现代修正主义和一切牛鬼蛇神向社会主义制度和无产阶级政权进攻的桥头堡。

就是他们，极力反对中国共产党的领导，宣扬什么："太阳从西北照过来，成吉思汗的子孙团结起来？……

就是他们，大肆反对毛主席阶级斗争的伟大学说，以民族矛盾掩盖阶级斗争，叫让什么："在云泽主席领导下，向大汉族主义进军！进军！进军！"

就是他们，肆无忌惮的污蔑祖国欣欣向荣的民族大家庭，而鼓吹内外蒙合併，叫嚣什么："内外蒙是一个母亲的两个儿子"一个享受着"光明"和"幸福"，一个则陷入"痛苦"和"灾难"，等等，等等。

他们鼓吹的这一套，是一条地地道道的反革命修正主义，民族分裂主义黑线。在这条黑线统治下，内蒙古文化界怎么能有为无产阶级政治服务的作品！怎么能有反映工农兵社会主义建设的艺术！有的只能是苏修肖洛霍夫《静静的顿河》的翻版——反革命修正主义、民族分裂主义分子玛拉沁夫的《茫茫的草原》，有的只能是抒发没落的封建王公、贵族和资产阶级情感的"歌声"和"琴声"；有的只能是日蒙双料特务纳·宙音朝克图的《富士山颂》、乌兰巴托颂》、《塔什干在召唤》；有的只能是歌颂叛国投俄分子的义都合西格的"陶克陶胡事迹"；有的只能是反动"权威"贾作光的《民族舞蹈》；有的只能是官布之流无耻地捏造乌兰夫过草地》的图画；有的只能是毒蛇乱窜的《草原》和繁殖黑花的《花的原野》，有的只能是贩卖这些反革命修正主义、民族分裂主义黑货的出版社、电台和报社。这些家伙们甚至一点儿伪装都不要，公开叫嚣要高举"云泽的旗帜"，走"乌兰夫道路"，高呼"云泽主席万岁"他们的修正主义、民族分裂主义的反革命气焰何等嚣张！

二十年来，内蒙文艺界毒汁横溢，毒草丛生。内蒙古文艺界的一小撮反革命修正主义、民族分裂主义分子对党和人民犯下了滔天罪行。但是直到现在，内蒙古文艺界的阶级斗争盖子还没有完全揭开，阻力重重，阶级阵线不甚分明。走资派没揪清，没斗倒，大批判搞得不深，批得不透，这一切的一切，究竟因为什么？不因为别的，就是因为特古斯这个文艺界牛鬼蛇神的大头目没有被打倒，斗臭。

特古斯这个老反革命，最会耍两面派手法，在文化大革命中，他一方面装出极"左"的姿态，削尖脑袋钻进革命领导干部的行列，煽阴风，点鬼火，企图把群众斗争的矛头完全引到布赫那条癞狗身上，自己好悄悄溜走；另一方面，他又以右倾机会主义路线阻挡文艺界的文化大革命向纵深发展。他在七月份就大叫什么"文艺界阶级斗争的盖子已经揭开了。"企图划框框，定调调，逃避革命群众对他的揭发和批判。

但是这个老反革命正象毛主席所嘲笑的那种蠢人，"搬起石头砸自己的脚。"他愈表演的充分，愈暴露的彻底，愈完蛋的痛快。不是吗？曾几何时，这个几天之前还是响噹噹的"左派"革命领导干部，今天被拉上了审判席。革命的辩证法就是这样无情地鞭打着那些企图阻挡共产主义潮流的小丑。然而，奇怪的是还有那么一些自作聪明的傻瓜，至今看不到无产阶级革命派的战斗精神，看不到光焰无际的毛泽东思想的威力，仍然在那里耍阴谋，放冷风，在特古斯的问题上玩弄伎俩。他们有的对揪斗特古斯，明里支持，暗地咒骂，有的则是狠打特古斯，死保自己，有的还妄想通过打特古斯，搞垮革命委员会，把真正的无产阶级革命派打下去，他们自己重新上任，官复原职。也有的则妄图以"民族问题"掩盖这场斗争的实质，制造混乱，好蒙混过关。这几天，这些家伙们的小算盘打的噼里叭拉乱响，但是革命的洪流将把这些家伙的美梦完全冲破，到头来，他们只能落得个鸡飞蛋打，身败名裂，变成**不齿于人粪的狗屎堆。**

· 21 ·

应该看到，文艺界这场严重的阶级斗争，并不只是文艺界的问题，更不是几本小说，几出戏剧的问题。它牵扯的线相当长，触到的面非常广，是无产阶级革命派同乌兰夫集团的残党余孽的第三次大较量，是一场严肃的政治斗争，它关系到内蒙古革命委员会这个新生的红色政权能不能巩固，关系到处于祖国反修前哨的内蒙古自治区能否永远保持鲜红的颜色。

江青同志十一月十二日的讲话，再一次为文艺界的文化大革命指出了方向，照亮了道路。一片革命的大好形势正展现在内蒙古文艺界，内蒙古文艺界孕育着的暴风雨正卷地而起，它将以排山倒海之势，雷霆万钧之力洗刷内蒙古文艺界的污泥浊水。那些多年以来，隐藏在阴暗角落里的反革命修正主义、民族分裂主义分子们同他们的大头目特古斯都逃脱不了灭亡的命运，喜看未来的文艺界，必将是永远闪烁着毛泽东思想光辉的新天地！

揭发特古斯把持語文歷史界犯下的滔天罪行

內蒙語委东方紅段凱英发言

革命造反派的战友们：

革命的同志们：

首先让我们共同祝愿我们心中最红最红的红太阳，我们最最敬爱的伟大领袖毛主席万寿无疆！万寿无疆！！

在全国、全区无产阶级文化大革命一派大好的形势下，我们文教界的无产阶级革命派，不能不感到，做为文化大革命的重要阵地的内蒙文教界却呈现出一种万马齐瘖的沉闷局面。这究竟是为什么？阻力在哪里？谁是镇压文教界文化大革命的黑手呢？

现在我们已经清楚的看到了，不是别人，就是特古斯！

下面我们就来揭发批判特古斯多年来把持内蒙语言界、文学界、史学界进行反党叛国的滔天罪行：

一、特古斯安排、纵容和包庇内蒙人民革命党党徒、苏蒙修特务，把持内蒙文教界，为乌兰夫叛国集团制造反革命舆论。

在当代王爷乌兰夫的包庇重用下，在小一撮反革命修正主义分子的把持下，多年来，内蒙语言历史研究所，成了名符其实的蒙修乌兰巴托分所。额尔敦陶克陶是这个黑店的黑掌柜，特古斯就是这个黑掌柜的黑后台。

内蒙古人民革命党党徒，蒙修情报员、老牌民族分裂分子额尔敦陶克陶，多年来在"研究民族文化遗产"的幌子下，为日本帝国主义侵略中国，为乌兰夫叛国的罪恶阴谋制造舆论准备。特古斯支持额尔敦陶克陶，抱住老牌民族分裂作家尹湛纳希这块亡灵，把这个号称"成吉思汗二十八代嫡系子孙"的封建僵尸从坟墓里抬出来，粉饰打扮一番，在国内外到处贩卖，大肆放毒，罪恶累累。

尹湛纳希，是蒙古族近代史上的一个建封贵族文人。他顽固站在蒙古封建统治阶级的立

· 22 ·

场上，挖空心思地美化吹捧成吉思汗。大肆宣扬"满蒙非中国论"、"蒙古一贯独立论"的反动谬论。幻想重建蒙古大帝国，恢复"大元盛世"的统治天堂。他通过他的一系列的大毒草，千方百计的挑拨蒙汉人民的团结，恶毒的诽谤劳动人民，宣扬才子佳人，封建道德。尹湛纳希是一个地地道道的老牌民族分裂分子。

在特古斯的指使下，额尔敦陶克陶多次把尹湛纳希这具僵尸，抬出来，纠集社会上的牛鬼蛇神，大肆美化宣扬，並要人们向他学习。向党向社会主义祖国发起了一次又一次的猖狂进攻。

在１９５６年、５７年，正当国际国内形势两个阶级两条道路斗争极端尖锐的时刻，额尔敦陶克陶以为时机已到，又一次跳出来，经哈丰阿的支持，在右派向党进攻的叫嚣中，出版了大毒草《青史演义》、《一层楼》。但是丧心病狂的额尔敦陶克陶还不满足，又请示宣传部要开一个隆重的纪念尹湛纳希的大会。善观风向的狡猾的特古斯指示说："不要搞的规模太大了，写些文章，纪念一下不也是一样吗？"就这样，一个通篇都是纪念尹湛纳希的《蒙古语文历史》杂誌出版了。

革命的同志，我们把哈丰阿、特古斯、额尔敦克陶克陶积极策划下的纪念尹湛纳希活动，同５７年右派向党进攻的叫嚷声中对照一下，不就清楚的暴露出这些坏家伙们的凶恶的反革命咀脸吗？

在１９５９年，额尔敦克陶克陶以"特邀代表"的身份，去乌兰巴托参加世界蒙古语言文字科学讨论会。于会前，经过一番策划，写出了一篇题为《关于尹湛纳希及其作品》的论文。並报请內蒙党委宣传部，特古斯说："尹湛纳希是一个具有民主主义思想的作家，对尹湛纳希作品的发掘、出版、整理是党对少数民族文化遗产的重视。"这样一篇反毛泽东思想的大毒草，经特古斯的亲笔修改，审批定稿，献给了他的主子。在蒙古"国际会议"上赢得了帝修反"学者"的拍手喝采。特古斯、额尔敦陶克陶充当了一个什么角色，不是清清楚楚了吗！

二、在历史界特古斯疯狂地抵制毛泽东思想，重用坏人，培植毒草，压制革命的大批判。

在內蒙历史领域內，反革命修正主义分子、民族分裂分子特古斯，秉承乌兰夫、哈丰阿的黑指示，招降纳叛，结党营私。哈丰阿的几个秘书，特古斯的恶霸父亲李青龙，就是特古斯指命额尔敦陶克陶安插在史学界的。他们为牛鬼蛇神大开绿灯，多年来大肆宣扬和贩卖蒙古自古非中国论，农牧矛盾、蒙汉矛盾不可调合论。狂热地吹捧历史上的反汉、排汉、疯狂的民族仇杀，卖国投蒙的民族分裂分子。特别令人发指的是，特古斯直接操纵他的爪牙义都合西格在我国经济上遭受暂时困难时期，于１９６２年以来，连续出版了《陶克陶事迹》、《嘎达梅林事迹》等一系列毒草。厚颜无耻的吹捧蒙修"学者"，大力兜售帝国主义、修正主义黑货。把一个叛国投俄的大土匪头子陶克陶呼，鼓吹成"蒙古民族英雄"。"蒙古人民领袖"。明目张胆的叫嚣內蒙古不是中国的领土。肆无忌惮地攻击我们伟大领袖毛主席，攻击伟大光荣正确的中国共产党。把史学阵地，搞的乌烟瘴气、群魔乱舞、毒草丛生。但是，他们从不准革命人民起来批判，为什么？就是乌兰夫、哈丰阿、特古斯纵容包庇的结果。比如１９６１年，在审查《蒙古族简史》时，特古斯除作了许多诸如元代时期的民族关系不要写的太好外，还特别训斥人们，不要标社会主义之新，立无产阶级之异。他说："近代部分，同已经审查过的书，提法论点，尽可能取得一致"。在１９６０年，特古斯说："在提法论

·23·

点上，不要和内蒙党委发表的东西和审查过的书唱对台戏”。特古斯的所谓个要唱对台戏，就是不要人们批判毒草，就是不要人们宣传光焰无际的毛泽东思想。

三、在语言文字方面，特古斯是乌兰夫叛国集团最大吹鼓手，卖身投靠蒙修、鼓吹民族分裂，是内蒙语言文字界的一支黑手。

从1962年到1964年，特古斯兼任内蒙语委、语文研究所，历史研究所联合党组书记。在此以前，蒙古语文工作上的重大问题，特古斯全部都亲自领导。他是党委宣传部主管民族语文、民族教育的付部长。

1959年，额尔敦陶克陶率领中国蒙古语文工作者代表团，到蒙古参加蒙古语文科学讨论会。出国前和归国后，除向中央民委内蒙党委正式报告外，还私下受到乌兰夫的接见，并向乌贼单独汇报。乌兰夫两次单独接见中，都有特古斯陪同。在出国前的单独接见中，确定内外蒙统一名词术语，如果中蒙发生矛盾，必须服从外蒙。归国后的单独汇报中，说到外国某要人提出内外蒙合并的问题，乌兰夫当即问："往哪边合并？可以讨论嘛！"他们是何等猖狂啊！

乌兰夫授意额尔敦陶克陶同蒙修搞的"×××委员会"，特古斯就是这个"委员会"的同谋者。他对向他询问的××同志说过："有这个事，领导上的指示，乌兰夫同志说的，目的是便于向他们（指蒙修）宣传毛泽东思想。"又说："你们要知道！现在人们都往北使劲儿哩。""×××委员会"问题是一桩严重的反党叛国案件。文化大革命运动发展到今天，特古斯对这个案件一直躲躲闪闪，蒙混过关，妄图包庇下来。这表明，特古斯同乌兰夫、额尔敦陶克陶是一丘之貉，就是一个反党集团。

乌兰夫集团把我国蒙古族的文字基础方言标准音，名词求语向蒙古进行"三统一"，为实现内外蒙合并，建立"大蒙古共和国"做语言、文字准备。在全区用修正主义的物质刺激的办法，大肆奖励学习使用蒙古语文，这个鼓励的办法最初就是由特古斯起草，乌兰夫批准的。特古斯还同额尔敦陶克陶串通一气，搞过蒙文翻译级别的调整，有的人一下子就提升三级。这是提什么？发展什么不是一清二楚了吗！

1960年秋，额尔敦陶克陶恶毒的精心炮制一个民族分裂黑纲领——《关于蒙古族群众学习使用蒙汉语文的情况和今后意见的报告》即所谓四类地区文件。这个反动透顶的报告，把统一的内蒙分裂成四种不同类型的地区。以蒙修为轴心，把紧靠蒙修边境的从额济纳到呼伦贝尔的一条从西到东狭长牧区地带列为所谓最先进的的"第一类地区"。完全同蒙修的所谓"学者"提出的全蒙古的中央方言相吻合。这个黑纲领写成后，特意给特古斯看。特古斯认真地审阅了这个民族分裂主义黑纲领，提出了修正意见，然后放这株大毒草出笼。

1961年9月，在特古斯的指使下，召开了内蒙名词术语科学讨论会。额尔敦陶克陶疯狂地宣扬"四类地区论"的谬论，顽固地坚持"一挖、二创、三借"的反汉排汉的民族分裂主义路线。

1992年，文教卫生八项决定出笼时，乌兰夫在台上讲，特古斯就在下面沾沾自喜的同人说："这是我起草的"。由此可见，特古斯同乌兰夫的关系多么密切。在该决定中明确规定《蒙古语文历史》杂志复刊。这个决定既然是你特古斯起草的，那么我们现在要质问特古斯，你要把额尔敦陶克陶主编的毒草丛生的《蒙古语文历史》复刊，企图达到什么目的？

从上面的揭发完全可以看出，**特古斯就是混进党里、政府里和各种文化界的资产阶级代**

表人物；特古斯就是乌兰夫反党叛国集团的修正主义、民族分裂主义黑货的最大吹鼓手！特古斯就是内蒙文教界最大的走资派，活阎王！特古斯就是镇压文教界无产阶级文化大革命的罪魁祸首，反革命黑手！

坚决把反革命修正主义、民族分裂主义分子特古斯、批倒批臭，把文教界的无产阶级文化大革命进行到底！

打倒刘少奇！

打倒乌兰夫！

打倒王逸伦！

打倒王铎！

打倒特古斯！解放文教口！

特古斯是包庇我校叛國投敌学生滿都格其的罪魁禍首

内蒙师院附中特格舍发言

帝国主义者和国内反动派决不甘心于他们的失败，他们还要作最后的挣扎。在全国平定以后，他们也还会以各种方式从事破坏，和搞乱，他们将每日每时企图在中国复辟。这是必然的，毫无疑义的，我们务必不要松懈自己的警惕性。

民族斗争，說到底，是一个阶級斗争問題。

国家的統一，人民的团結，国內各民族的团結，这是我们的事业必定要胜利的基本保証。

革命造反派的战友们！革命的同志们！首先让我们以无比崇敬的心情共同祝愿我们伟大领袖、全世界人民心中最红最红的红太阳毛主席万寿无疆！万寿无疆！！

我内蒙古师范学院附中一九六二年毕业班学生满都格其，于一九六二年六月廿四日伙同内蒙古师范学院物理系的一个学生，投敌叛国。当这俩个叛徒逃窜至锡林郭勒盟东乌珠穆沁旗沙麦公社某地，距离中蒙边界线100多华里的时候，被我边防军民堵截捕获，送交当地公安部门。后来，锡盟公安部门通知我校，才将满都格其领回。据我们所知，关于满都格其这一叛国投敌案件，主要是由反革命修正主义、民族分裂主义分子特古斯一手处理的。特古斯对叛徒学生满都格其叛国投敌包庇纵容，罪责难逃。现在，我们仅就反革命修正主义、民族分裂主义分子特古斯包庇叛国投敌分子的罪行揭发、批判如下：

一九六二年七月下旬，一天特古斯和原内蒙古师范学院党委付书记、反革命修正主义、民族分裂主义分子特木尔巴根突然跑到我校，说是要给同学们进行爱国主义教育。当即在满都格其所在班级全体同学中召集了座谈会。座谈会开始后，特古斯便问满都格其来了没有？我们说，我们不知道要让他来。特古斯说："应该让满都格其来参加座谈！"于是我们就把满都格其找来了。当满都格其刚刚坐下，特古斯就给满都格其打气撑腰的说："你不要抬不起头来呺，大家也不要歧视他！"我们认为满都格其是妄图投敌叛国分子，应该向人民低头认罪，应依法制裁！对于这样一椿叛国投敌案件，请看反革命修正主义、民族分裂主义分子特古斯是如何对待和处理的呢？就在特古斯和特木尔巴根来校举行座谈会的当天下午，特古斯又给全校蒙族师生作了报告。他在报告中说："满都格其是个学生，这一次外逃是认识问题，在政治上不能影响他升学，今年没考，可继续在学校复习，来年考学校，和其他同学一样对待，至于他个人能否考上，我们不管，但在政治上，这个问题不能影响他升学。" 好 一 个 "认识问题"！把叛国投敌说成是"认识问题"，并包庇下令加以处理。这岂不是等于叛国无罪，投敌有功吗？在这里，特别严重的是，特古斯别有用心地从政治上包庇这样一个叛国投敌分子。对于满都格其这样叛国投敌加以包庇和纵容本身就是一种犯罪行为！这里集中地暴露了漏网乌兰夫分子，老牌民族分裂主义分子哈丰阿的死党、民族分裂主义分子特古斯的民族分裂和叛徒嘴脸！特古斯这椿包庇叛国投敌分子的罪行，我们一定要同他彻底清算！

不仅如此，特古斯在给我全校师生作的"报告"中，还大肆放毒。这些毒，我们今天一定要消。他在那次"报告"中煽动说："在一九四七年， 有一天我走在乌兰浩特市的 街上时，有一个人问我：'你是哪一国人？'我想了，就是中国共产党的党员，我当然是中国人了，于是我就回答他说：'我是中国人'"。特古斯在那样的场合下，讲这样一件事，这分明是在鼓动同学去公开叛国投敌！难道只有是中国共产党的党员，才算中国人吗？从这里不难看出，特古斯又在煽动人们去叛国投敌！这岂不是等于说，不是党员都可以叛国投敌，不作中国人，当叛徒吗？

特古斯在那次临离开我们学校时，还下了民族分裂的黑"指示"：你们学校的有些部门如图书馆应该有蒙族管理员。把从蒙古人民共和国给你们学生寄来的信可以公开给学生。蒙族领导干部应多管蒙生班级工作等等。从这里我们又可以清楚地看出特古斯的民族分裂的丑恶嘴脸！公布从蒙修寄来的信件，这不是仍然在鼓动宣扬修正主义和背叛祖国吗？

总而言之，由于反革命修正主义、民族分裂主义分子特古斯对于叛国投敌分子满都格其案件的一手包庇和纵容，在我校大长了民族分裂主义的威风，助长了民族分裂主义活动的猖獗，其恶果是非常严重的：

一、按照特古斯的应许，果然叛国分子满都格其在校复习一年功课后在第二年考入师院物理系。但是，在师院学习期间，满都格其叛国投敌的心非但未死，在特古斯的纵容下，继续进行叛国活动，与师院苏修分子阿拉勾结，妄图叛国外逃，才被依法逮捕；

二、由于特古斯对满都格其叛国投敌案件的包庇和纵容的结果，同年八月又发生原与满都格其一同策划叛国的三人投敌叛国。这三个叛国分子至今没有抓回；

三、由于特古斯公开指示公布从蒙修寄来的信件，在我校果然曾有人把蒙修的信件公布在黑板上；

从上述特古斯在我校所犯罪行的揭发中，大家可以看到，特古斯是支持，纵容和包庇叛国投敌分子，进行罪恶的民族分裂活动，破坏祖国统一的罪魁祸首，是乌兰夫反党叛国集团进行民族分裂活动的干将，是蒙汉各族人民的死敌！因此，我们今天对于特古斯的反革命修正主义、民族分裂主义罪行， 特别是在我校犯下的滔天罪行、 一定要彻底清算并 肃清其流毒！谁搞叛国分裂活动，我们就打倒谁！

• 26 •

我们一定要按照我们**伟大领袖毛主席**"民族斗争，说到底，是一个阶级斗争问题"的教导，用阶级分析的方法，看待**和处理**民族问题。要彻底粉碎以"当代王爷"乌兰夫为首的反党反社会主义反毛泽东思想**集团**妄用**分裂**祖国的阴谋诡计。一定要彻底肃清这一小撮反革命修正主义分子在文教界的**流毒**。让光焰无际的毛泽东思想伟大红旗永远在我们文教战线上高高**飘扬**！让我们在毛泽东思想的**伟大红旗**指引下，把文教战线的无产阶级文化大革命进行到底！

最后让我们共同高呼：

打倒刘、邓、陶！打倒乌兰夫！打倒特古斯！

彻底**肃清**特古斯在文教界的**流毒**！

特古斯不投降，就叫**他灭亡**！

伟大的中国共产党万岁！

战无不胜的毛泽东思想万岁！

我们各族人民的**伟大领袖毛主席万岁**！万岁！万万岁！！！

四-5

批斗反革命修正主义民族分裂主义分子特古斯大会专刊（2）

呼和浩特專揪黑手联絡站
内蒙古揪叛国集团联絡站

目 錄

1. 揭发特古斯把持《群众报》、《自治报》所犯下的罪行

    内蒙日报社东方红揪黑手——砸黑线吴先觉发言……………（ 1 ）

2. 是"老左派"还是"大右派"

    内大井冈山"八一"战斗队张忠发言……………………（ 6 ）

3. 徹底清算特古斯在民族语文界的流毒

    内蒙语委东方红楚哈发言………………………………（ 11 ）

4. 揭露哈丰阿、特古斯叛国集团利用文学作品反党叛国的滔天罪行

    内大井冈山《文艺战鼓》程道宏发言………………………（ 17 ）

5. 徹底砸爛特古斯、义达嘎、木伦反革命集团

    内蒙医学院东方红公社尧喜树发言……………………（ 21 ）

揭发特古斯把持
《群众报》《自治报》所犯下的罪行

内蒙古日报东方红"揪黑手——砸黑线"吴先觉发言

"在拿枪的敌人被消灭以后，不拿枪的敌人依然存在，他们必然地要和我们作拚死的斗争，我们决不可以輕视这些敌人。"

反革命修正主义分子、民族分裂主义分子特古斯，就是这样一个和我们一直进行拚死斗争的不拿枪的敌人。

多年来就是为乌兰夫、哈丰阿掌握笔杆子，制造反革命舆论的一个宣传大臣。他为主子效犬马之劳，主子对他也格外封赏，一直爬到内蒙党委宣传部常务付部长的职位，成了内蒙古的周杨，宣教口的活閻王。

特古斯为乌兰夫、哈丰阿制造反革命舆论，罪行累累，馨竹难出，我们在这里揭发的只是他混进革命队伍初期利用报刊进行反革命宣传的一个方面，就从这一个部分，我们便可看出特古斯究竟是人还是鬼？是革命，还是反革命。

1946年、47年间，特古斯和他的老主子大特务哈丰阿，冒充什么人民革命党的左派，投靠到原来就和他们是一丘之貉的乌兰夫的怀抱。在这期间，特古斯就很重视抓舆论工具，他亲任人民革命党党报——群众报和后期改为自治报的付社长。

经过检查特古斯掌握的群众报、自治报，我们清楚地看到，反革命两面派特古斯是个十足的老牌反革命修正主义、民族分裂主义分子，是地地道道的乌兰夫、哈丰阿的残党余孽。

首先，让我们看看特古斯是怎样通过群众报和自治报为内外蒙合并大造舆论，积极鼓吹民族分裂的。

1946年到1947年间，正是内蒙各族人民在党和毛主席的领导下，为实现祖国的解放、独立、统一而进行革命战斗的年代。而在这期间，在由老牌民族分裂主义分子特古斯所办的群众报和自治报上，却把党和毛主席当做可以合作的"同路人"，企图借助外力搞民族分裂，实现内外蒙合并。在这一年来的报纸上，在许多政治报告和通讯报道中，根本不谈党和毛主席的领导，有时用一种淡漠的度态提一提"联合中共"，有时把我们各族人民心中最红最红的红太阳称做"毛泽东先生"，而在整个报纸中所流露出的思想感情却是一心响往外蒙。实际上，这就是乌兰夫、哈丰阿、特古斯之流的一小撮民族分裂主义分子的政治主张。

在1946年12月份，在五期连载的叛国分子哈丰阿的《内蒙古解放的道路》这个黑报告中，就煽动地说："根据过去内蒙解放斗争的经验和外蒙革命成功的经验来说……要得

· 1 ·

到 解 放， 非得和外部革命势力密切结合不可。"他们所指的"外部势力"是什么呢？第一是外蒙，第二是苏联，第三是中国共产党。他们把外蒙作为"必须密切结合"的外部势力，其罪恶阴谋是搞内外合并。而把领导内蒙古各族人民争取解放的中国共产党也作为"外部势力"，则是反动透顶，居心险恶！

１９４６年11月19日，特古斯在报帋上发表了《内蒙古人民革命青年团东蒙本部，诞生周年纪念日告东蒙青年书》他的狼子野心暴露无遗，胡说什么："我们民族主义解放，必须走外蒙的道路，而且最终要实现统一的蒙古人民共和国"。把内蒙古解放的最终目的，说成是"要实现统一的蒙古人民共和国"，这就是特古斯反党叛国的基本纲领。

１９４７年４月15日，特古斯又在报纸上发表了哈丰阿的工作报告提纲，公开煽动要学习外蒙是怎样独立的，号召大家发扬所谓的民族气节，贯彻坚决意志。

１９４６年12月14日，特古斯在报纸上发表了哈丰阿的《内蒙古解放的道路》报告，公开煽动民族分裂。说什么"八一八宣言提出要将内蒙古和外蒙古合并成立统一的蒙 古 人 民共和国，并派代表到外蒙去接洽，这根据过去很长时期的一贯要求， ８月24日中苏条约的发表，知道条约规定外蒙独立问题由外蒙人民投票后决定，被日本占领的内蒙地区解放后要归还中国，所以内蒙和外蒙合并起来独立的问题就不得不修改了，然后认识到内蒙的解放问题并不简单，而是相当复杂的，中共力量虽然发展得很大，但国民党反动派的力量还强大，又有美帝国主义的帮助，所以内蒙要经过长期的艰苦的曲折的斗争才能达到解放。"哈丰阿、特古斯之流为了搞民族分裂，不惜这样明目张胆地煽动大家，说什么内外蒙合并是"长时期一贯要求"但并没有说是谁的要求，实际这正是他们这些封建上层、反党叛国分子的要求，他们说的内蒙要经过长期的艰苦的曲折的斗争，才能达到解放。这话更是恶毒，这无疑地是煽动蒙古族人民，不要因这次没有实现内外蒙合并而气馁，要再接再励，进行所谓"艰苦的曲折的斗争"，实现哈丰阿一小撮人的黄粱美梦。

特古斯主办的群众报和自治报，还用成吉思汗的所谓的光辉历史，来煽动民族情绪。１９４７年４月26日特古斯发表乌兰夫在内蒙人民代表会议上所致的开幕词，大叫什么"成吉思汗在前期为了民族统一和反抗异族侵略，曾经立下了不可磨灭的功蹟，……长时期来，我们的祖先和我们为了追求自由幸福的生活，为了彻底求得民族的解放是曾经毫不吝惜自己的血肉，前扑后继地作英勇的斗争"。翻开特古斯所办的群众报和自治报，几乎每天都可以看到什么"成吉思汗子孙联合起来"， 而根本不提无产 阶级联合起来， 中国各族人民团结起来。

乌兰夫、哈丰阿、特古斯口口声声喊着："联合中共"，把我们伟大的中国共产党对内蒙古革命事业的领导说成是"联合"这已经夠反动透顶了，而在他们的骨子里则是一想外蒙，二想国民党。例如１９４６年"九一"记者节，特古斯就在他的报纸上，公然刊登了国民党的所谓国旗；１９４７年４月，在报道一次庆祝乌兰夫来东蒙的会上，特古斯在消息中竟然写着："会场上悬挂着"春天白日"旗，即国民党党旗。这就充分说明了乌兰夫、哈丰阿、特古斯，究竟是些什么东西！

其次，我们再看看特古斯在他 的 报纸上是如何以民 族斗争代替阶级斗争， 主张阶级合作，鼓吹阶级调和的。

毛主席教导我们说："**民族斗争，說到底，是一个阶級斗争的問題。**"老牌民族分裂主

· 2 ·

义分子特古斯，在１９４９年所办的群众报和自治报上，与毛主席大唱对台戏，以民族斗争代替阶级斗争，主张阶级合作，鼓吹阶级调和，把民族问题摆在一切问题之上。这是重弹白云梯的反动老调，也是为乌兰夫、哈丰阿等反革命修正主义分子、民族分裂主义分子的反党叛国活动制造舆论准备。

打开这一时期的群众报和自治报，可以清楚地看出，满篇都是封建上层的活动，真正劳动人民的活动很少很少。那些上层人物，在他们笔下，则美化成一群"民族英雄"；而那些受尽了种种压迫的蒙族劳动人民，则没有一点点阶级觉悟，有的只是所谓的民族仇恨。

１９４７年４月27日特古斯在报纸上通过乌兰夫所作的政治报告，高唱什么要"为祖先的荣誉，父母兄弟妻子和万代子孙幸福"，全篇不谈一句党的领导，只字不提阶级斗争。对于这样一个黑报告，特古斯之流竟说"这是一个具有历史意义的报告。"

１９４７年１月16日特古斯在他的报纸上发表了《在扎赉特旗群众工作中所得的经验》一文，胡说什么"蒙古人无论穷富，在爱民族这一点上都是一致的，尤其在民族统一战线的阶段上，没有过把富人完全看作为敌人的事实，同时也不应看成阶级敌人，地主富人们就是在利益上吃点亏，也不会作出和民族作对的决定。"请看，这和国民党反动派的所谓"中国没有阶级，只有大贫和小贫之分"的阶级调和论有什么区别。

１９４７年４月29日，特古斯还在《喇嘛与王公后裔》的报道中，把封建上层作为新闻人物，把一个喇嘛首领，一个相当富有的王公子弟，描写成革命者，说什么，通过这两个人，仿佛已看见了一幅二百万人民团聚在云主席旗帜下，为争取彻底解放而奋斗的光明远景。把喇嘛首领和王公子弟当作二百万蒙古族人民的代表，可以明显地看出，老牌民族分裂主义分子特古斯，究竟在为难说话！

１９４７年５月２日特古斯在他的报纸上发表了《为民族流血》一文，通过华生嘎、吉都格索伦两个战士的口，说什么他们打仗只是凭着"为民族的勇敢"，是为着"民族"，根本不提革命战争是革命阶级战胜反革命阶级的阶级斗争，好像他们的流血，只是为了既包括王公和奴隶，又包括了牧主和贫苦牧民的所谓民族。特古斯这样抹煞阶级界线，抹煞革命和反革命的界线，高唱什么一切为了"民族"，其罪恶目的，不是昭然若揭吗？

我们再来看看特古斯是怎样通过报纸向蒙古族青年灌输极端反动的民族主义思想，妄图把蒙古族青年引向分裂祖国统一、破坏民族团结的罪恶道路。

反革命修正主义分子、老牌民族分裂主义分子特古斯，恬不知耻地以"青年领袖"自居，利用报纸，大肆向蒙古族青年灌输极端反动的民族分裂主义思想。

1946年11月19日，特古斯在《告东蒙青年书》中，大喊大叫，要蒙古青年"毫不动摇地""跟着内蒙古人民革命党"走，跟着"内蒙古自治运动联合会所领导的道路前进。"甚至煽动蒙古族青年说："我们是成吉思汗的子孙，富有革命战斗传统的却伊巴桑的弟兄。"特古斯在解放了的内蒙古，明目张胆地抵制以毛主席为首的中国共产党的领导，公然狂叫"内外蒙合併"，企图把内蒙古青年引向分裂祖国的道路。

在同年12月，特古斯主义在群众报上通过他主子哈丰阿的咀，向蒙古族青年大肆宣扬成吉思汗大蒙古主义的侵略思想，宣扬成吉思汗的侵略"战功"，说什么："当我们想到这段光荣的历史的时候，我们每个青年的热血都沸腾起来。"封建王公、贵族的代表，大牧主大地主的孝子贤孙，日本帝国主义豢养的忠实走狗哈丰阿、特古斯，在他们的血液中渗透了法西

· 3 ·

859

斯的侵略本性，因此，一想到侵略，一想到大蒙古帝国，他们的热血，自然也就"沸腾起来"了。

最后，我们再看看特古斯是怎样通过群众报和自治报为其主子乌兰夫和哈丰阿歌功颂德，树碑立传的。

特古斯吹捧他的主子乌兰夫、哈丰阿到了登峰造极的地步。在他主编的自治报上，他把乌兰夫、哈丰阿吹捧成"內蒙古人民的救星""草原上的太阳""前进的旗帜""胜利的象征""革命的领袖"等等，简直把乌兰夫，哈丰阿捧上了天，而在心目中根本没有我们心中最红最红的红太阳毛主席。特古斯这样吹捧乌兰夫、哈丰阿，贬低我们伟大领袖毛主席，其目的就是为大搞民族分裂，复辟封建主义、资本主义，建立独立王国鸣锣开道。

1947年2月，当哈丰阿、特古斯得知乌兰夫要从西蒙到东蒙，实行阶级投降政策，特古斯便利用自治报为乌兰夫大吹大擂，拼命捧场。在2月15日一版发表了长达几千字的"为欢迎云主席告蒙汉同胞书"，2月16日，当乌兰夫到达王爷庙时，又在左右报眼的显著地位印着"拥护內蒙古人民领袖乌兰夫主席！""坚决执行云主席的号召——成吉思汗子孙大团结"，特古斯甚至在报纸上，高喊"云主席岁万！""乌兰夫主席万岁！"的号召，在《为欢迎云主席致王爷庙军政干部书》中，什么"谁料到我们最仰慕渴望的伟大领袖，竟然来到了王爷庙"呀！什么："云主席伟大的力量，就是蒙古全体的力量"呀！什么"云主席领导的路线，也是蒙古全体的路线"呀！特古斯竟胆敢把乌兰夫这样一个反革命修正主义分子、民族分裂主义分子凌驾于我们伟大领袖毛主席之上，真是罪该万死！

1947年2月19日一版发表了《云泽主席印象记》，把反革命修正主义分子乌兰夫吹捧上了九霄云外。胡说什么"蒙古人民对于云泽主席的热爱和信託简直是无可比拟的。"

说什么从"成吉思汗、忽必略以来，而特别是近数十年来，在內蒙还没有那一个人的影响之大能够超出他了！"

说什么"內蒙人民有这样一位领袖人物，来引导他们胜利前进，实在是值得骄傲的。"

也是特古斯主编的这张自治报，在1947年2月22日第二版《偶成》一组诗中，甚至把乌兰夫当成国家领袖，声嘶力竭地肉麻吹捧，简直到了无以复加的地步。

他们疯狂地叫喊：

"今天欢迎，

內蒙人民领袖云泽主席，

在云主席的红亮旗帜下，

定成內蒙古的空前统一，

向云泽主席提出来的总方向，

急进！飞驰！"

真是无耻之极！可恶之极！反动之极！

特古斯，你把乌兰夫吹捧到这种程度，你将我国各族人民的领袖毛主席置于何地？！

特古斯这个反革命修正主义分子、民族分裂主义分子，利用他掌握的报纸，不仅在政治方面，而且在军事方面也为乌兰夫反党叛国活动大造舆论。1947年12月6日，特古斯发表了哈丰阿在自卫军司令部政治部成立会上的讲话，胡说什么"云主席在一师干部会上的讲话，就确定了建军的路线"。很显然，在我们伟大统帅毛主席的建军路线之外，乌兰夫、哈丰

• 4 •

阿、特古斯搞的这条"乌兰夫建军路线",就是妄图分裂祖国统一的反革命军事政变路线。

十天之后,也就是1947年12月17日,特古斯在报纸上发表了警卫营全体战斗员给乌兰夫的《致敬信》,说什么"我们自卫军今后在你英明领导下,将成为不可战胜的真正劳苦大众的武装。""为了完成新的任务,我们愿意在你的旗帜下勇敢前进。""坚决拥护云司令员的领导","云司令员万岁!"哈丰阿、特古斯之流置伟大的中国共产党和最高统帅毛主席于不顾,竟在军队中树立乌兰夫的狗权威,其狼子野心,不是昭然若揭了吗?

特古斯主编的自治报除了吹捧乌兰夫外,还对封建王公、地主、牧主的代表,内蒙人民革命党的党魁哈丰阿大加吹捧,并封为"革命领袖"。

1949年9月1日自治报一版以《革命领袖率先垂范》为大标题,把哈丰阿吹捧为"坦然无私的革命领袖","是彻底,是纯粹为人民服务的,我们定能在这种伟大革命奋斗精神下得到胜利。"

特古斯把哈丰阿这个老牌民族分裂主义分子吹捧为"革命领袖",还嫌不够劲,还不过瘾,于是又发表所谓民歌来歌颂这个老牌特务头子。1947年1月10日自治报二版刊登的《歌唱十二月》的歌曲里就曾写道:"腊月里来开梅花,内蒙人民拥护哈丰阿……"由此可见,特古斯这个民族分裂主义的宣传大臣,是何等卑鄙无耻,何等反动!

根据我们对特古斯所办的群众报、自治报的粗略检查,已充分地暴露了他的老牌民族主义分子的反动嘴脸。从他所办的报纸,正明确地说明,这个老牌的民族分裂主义分子,直到党和毛主席加强对内蒙人民的领导的时候,他还死心踏地的、明目张胆地干着分裂祖国、破坏祖国统一的反党勾当。

特古斯的反党叛国活动可说是贼性不改,不曾间断。自治区成立二十年来,他追随乌兰夫之后大搞民族分裂,直到乌兰夫搞反革命政变前夕,他仍然上窜下跳,不遗余力,为乌兰夫效忠卖命,以他掌握的宣传大权,在新闻、出版、语文、教育部门,干了许多罪恶勾当。

文化大革命初期,他看到他的老主子乌兰夫、哈丰阿,包括他自己,马脚就要暴露,于是率领着六、七十人的庞大的工作团进入内蒙古日报社,疯狂地镇压报社革命群众。他利用工作团团长的职权,安插亲信,培植自己的势力,大正要彻底解决内蒙古日报问题的、揪报纸民族分裂黑线的革命群众。他的阴谋被报社革命群众识破,把他赶出报社之后,乘文化大革命深入开展之际,他又摇身一变,钻进革命造反派队伍,在宣教口拉一派,打一派,在造反派内部制造分裂,利用各种机会继续保乌兰夫、哈丰阿以及他们的残党余孽。

我们伟大领袖毛主席教导我们:"必须在各个工作部门中保持高度的警惕性,善于辨别那些假装拥护革命而实际反对革命的分子,把他们从我们的各个战线上清洗出去,这样来保卫我们已经取得的和将要取得的伟大胜利"。我们一定要按照毛主席的教导,用阶级和阶级斗争的观点,用阶级分析的方法,用毛泽东思想的望远镜和显微镜看待一切,分析一切,彻底揭露特古斯分裂祖国统一,破坏民族团结的滔天罪行。连同他们的主子乌兰夫、哈丰阿,一块打翻在地,踏上千万只脚,叫他们永世不得翻身。

打倒刘邓、陶!

打倒乌兰夫!

打倒哈丰阿!

打倒王逸伦、王铎!

打倒特古斯！

无产阶级专政万岁！

我们伟大的祖国万岁！

中国共产党万岁！

我们伟大的领袖、我国和世界人民心中最红最红的红太阳毛主席万岁！万岁！万万岁！

是"老左派"还是大右派？

——从"反右"斗争中看特古斯的反革命两面派的咀脸

内蒙古大学井岗山"八一"战斗队张忠发言

在毛泽东思想的指导下，无产阶级革命大批判的猛烈炮火，轰击着资本主义复辟的社会基础，扫荡着乌兰夫黑帮的残党余孽。一切妖魔鬼怪，不论他们披上何等华丽时髦的外衣，在革命大批判的洪流中，都将原形毕露，陷于"老鼠过街，人人喊打"的绝境。特古斯这个彻头彻尾的反革命两面派被革命派揪出来示众，就是最好的例证。特古斯一贯使用两面派手法，隐藏自己的反革命政治面目，篡改历史，蒙混过关，打着红旗反红旗，进行各种罪恶活动。他是乌兰夫文化黑线的总代表，是乌兰夫反动"王朝"里一个重要的角色。对特古斯必须批深批透，斗倒斗臭。

但是，**"既然是革命，就不可避免地会有阻力。这种阻力，主要来自那些混进党内走资本主义道路的当权派，同时也来自旧的社会习惯势力。"**

党内一小撮走资派和一些别有用心的家伙，为了维护他们在文化界摇摇欲坠的统治，保护他们在文化界进行资本主义复辟的主帅，最近，他们积极活动起来。他们四处游说，造谣惑众，胡说什么：特古斯是"革命领导干部"，"同乌兰夫有过很多斗争"。还说"特古斯在几次大的革命运动中，都站在毛主席革命路线一边"，他们特别提出在一九五七年，"反右"斗争中，特古斯是如何坚定地同右派斗争，等等。看来，他们是硬要让人们相信特古斯是"革命的"是"好人"，是"左派"，不该打倒。甚至他们心怀叵测地散布："特古斯是蒙族干部中的好干部。特古斯打倒了，蒙族干部就剩不下几个了"。他们企图用"民族问题"的盾牌，抵挡无产阶级革命派对特古斯的批判和斗争。

好吧！那就让我们以一九五七年"反右"斗争为例，看看特古斯究竟是"好干部"，还是坏家伙，是"反右派"的英雄，还是漏网的大右派。

在生产资料所有制方面的社会主义改造基本完成后，极大地鼓舞了全国人民的革命积极性，从而促进了我国社会主义建设事业的伟大胜利，资产阶级右派恨之入骨，咬牙切齿。他们总是寻找机会，破坏社会主义革命建设事业。一九五七年，当我们党进行伟大的整风运动时，资产阶级右派以为有机可乘，便向党发动了猖狂的进攻。

· 6 ·

在内蒙古自冶区，资产阶级右派和民族分裂主义分子，以反大汉族主义为名，猖狂地反对党的领导，反对无产阶级专政，反对社会主义制度。在这个资产阶级右派和民族分裂主义分子的反党合唱队伍里，如果说乌兰夫是黑后台的话，那么特古斯则是一个出色的台前指挥。

三月间，特古斯就迫不及待地为右派分子的反党活动点了一把鬼火。他在他自己主持召开的"民族语文"干部会议上，公开支持右派分子，民族分裂主义分子的反党活动。他夸奖右派分子钦达木尼等的反党发言是"觉悟提高"了的表现，是"敢于斗争"。他还亲自登台表演，叫嚷什么要坚决与忽视民族特点的所谓大汉族主义作斗争。五月初，内蒙古全区宣传工作会议开幕，特古斯便以区党委负责人的身份，领导了"民族语文组"的工作，并且安排老民族分裂主义分子、蒙修特务额尔敦陶克陶担任"民族语文组"的组长。

在特古斯和额尔敦陶克陶控制下的"民族语文组"资产阶级右派和民族分裂主义分子纷纷跳了出来，大肆向党进攻。他们喷云吐雾，大放其毒，恶毒地咒骂共产党，污蔑社会主义制度。

对于右派分子的疯狂反党活动，特古斯从未反对过，就是不同的意见也没有。他和那些右派分子们拉拉扯扯，打得火热。对右派的发言，他大肆赞美，倍加颂扬。他又老调重弹鼓励右派，说他们的"觉悟提高"了，要他们坚决向"大汉族主义"进攻。特古斯甚至让他手下的一个处长格根哈斯炮制了所谓关于"民族化"，"民族语文的使用"等等讨论方案，作为右派分子向党进攻时发言的提纲。特古斯指挥的右派大合唱，深得乌兰夫的宠爱。五月十一日，乌兰夫不辞劳苦，亲临民族语文组来观阵。

按照特古斯和额尔敦陶克陶的旨意，民族语文组公推特布信向乌兰夫作汇报发言。特布信向乌兰夫作汇报发言，综合了民族语文组的右派言论，并借题发挥，大肆鼓吹"环境同化论"，大反所谓"大汉族主义"。这个发言，受到乌兰夫的垂青。特布信发完言之后，乌兰夫十分赞同，并且又把这个发言大加发挥，肆意放毒。狂叫什么：为反对大汉族主义而斗争"，宣称"过去反对大汉族主义同化，今天仍然反对，将来还要反对，永远反对"。乌兰夫慷慨激昂，口沫横飞，讲了足有两小时之久。这是肆无忌惮地为右派分子撑腰乌兰夫。会上，乌兰夫对特布信的发言和特古斯的发挥兴味盎然，频频点头，表示赞同。会后，他又把乌兰夫的发挥奉若"圣旨"，布置讨论。特古斯这个右派分子反党大合唱的总指挥，可真有两下子；找机会，煽风点火；请后台，加油打气，好不忙乎!

六月初，整风运动开始。右派分子们欣喜若狂，以为共产党的天下从此要垮台了。他们上串下跳，八方串联；呼风唤雨，推波助浪，更加猖狂地向党进攻。特古斯也喜出望外，眉飞色舞，格外活跃起来。他或策划于密室，或点火于基层，四处奔走，大造其谣。他找到特布信说："师院汉族学生的大汉族主义特别严重，汉族学生公开贴大字报骂蒙古人是牲口，还画漫画污蔑丑化蒙古人。给蒙古人画上牛蹄子、骆驼蹄子、……"。他说这是特木尔巴根对他讲的，他也亲自看到过等等。他还传播当时的一个谣言，说费北县有一个蒙人因讲蒙古话，被汉人割掉了舌头。

看吧! 特古斯是怎样挖空心思地煽阴风点邪火的。他妄图用这些骇人听闻的莫须有的消息，煽动民族情绪，挑拨民族关系，鼓动右派分子和民族分裂主义分子死心踏地的反对共产党。用心何其毒也!

七月，特古斯更凶相毕露。他亲自网罗了一班人马，把"整风"当中右派分子的反党言

· 7 ·

论加以系统的整理，写成了《关于民族问题的反映和意见》一文。并打印成册，以"中共内蒙党委宣传部"的"机密"文件，上报"党委领导"，下发各"有关方面"。还让把这个"文件"传达到每一个党内外群众当中去，让党和人民群众把右派分子的反党言论当作正面的反映和见意"，"参考"接受。特古斯真不愧为右派分子在共产党内的好代表。

你想知道特古斯代表右派向党和人民的"反映和意见"是什么货色吗？不需多看，取其精华就够了——那就是资产阶级民族主义的极端狂热所引起的对无产阶级专政和社会主义制度的刻骨仇恨。

右派分子对无产阶级专政下，"内蒙古基本上实现了自治权利"的提法抱怀疑态度，他们认为"自治权利仅仅开始实现，还不能提出基本上实现。"

这纯粹是胡说。中华人民共和国的成立，为我国各民族人民的自治权利开辟了广阔道路，特别是在生产资料所有制方面的社会主义改造基本完成后，更使各族人民的自治权利得到了牢固的保障。所谓各族人民的自治权利，就是各族人民跟着共产党毛主席走社会主义道路，对一切剥削阶级实行无产阶级专政。那些蒙古族中被推翻的地主、牧主、王公贵族，在无产阶级专政下，感到不舒服，没权利。他们必然要以扩大所谓民族自治权利为名，反对无产阶级专政。特古斯把代表着剥削阶级利益，向党要"权利"的右派分子的反党言论，当作对党的"意见和反映"，就足以说明在代表谁在讲话！

右派分子对批判民族分裂主义怕得要死，恨得要命。他们咒骂党对民族分裂主义分子是"一棒子打死"，"大汉族主义逍遥法外"，指责党"往往把正当的民族要求与民族情感，同狭隘的民族主义混为一谈"，他们要公开提出"反对同化"，"反对大汉族主义"的口号。

抽象的超阶级的所谓民族要求和民族情感是不存在的。难道反对共产党，仇恨汉族劳动人民的右派分子，与拥护热爱共产党，同汉族劳动人民亲如手足的蒙族劳动人民，会有什么共同的"民族要求"和"民族情感"吗？不会有，也绝不可能有。右派分子的所谓"要求"，就是打着民族的旗号，分裂无产阶级阶级和各族劳动人民的团结，推翻无产阶级专政，所谓情感，就是对各族人民进行的社会主义事业的极端仇视。对于右派分子这种对无产阶级反抗的民族分裂主义，党和人民就是要"一棒子打死"，让它永世不得翻身。大汉族主义也是我们党一贯反对的，国民党反动派对各族人民的大汉族主义统治，就是我们党领导各族人民共同推翻的。解放后也一直重视批判大汉族主义，右派分子颠倒黑白，混淆是非，借"反大汉族主义"之名，行民族分裂之实，别有用心地提出什么"反对同化""反对大汉族主义"的口号，完全是对伟大的中国共产党，对无产阶级专政的进攻。特古斯把右派的进攻说成是对党的正面"意见"和"反映"正好说明他自己和右派分子在反对共产党，反对无产阶级专政这一点上，是心心相印，狼狈为奸。

右派分子们极力反对毛主席关于社会主义社会阶级和阶级斗争的伟大学说。在他们看来，社会主义不是满足无产阶级的利益，而是民族至上，民族自尊。他们胡说：社会主义的中心问题是"如何保持民族特点，民族形式进入社会主义的问题"，他们恶恨恨地警告党：蒙古族要被"同化"，被"消灭"，"如不采取特殊措施，扭转忽视民族特点的倾向，很可能走满族的道路。"听听，右派分子把我们伟大的党竟然同反动的满清政府相类比，他们究竟要干什么？难道不是要人们象推翻满清政府那样去推翻共产党吗？他们要"保持民族特点，民族形式进入社会主义"，实际上就是在"民族"的幌子下，复辟资本主义。他们社会

· 8 ·

主义是假的，是地主、牧主、资产阶级的天堂，是劳动人民的地狱。特古斯把右派分子如此恶毒的语言也列为向党提的正面"意见"和"反映"，不正好暴露了他日夜盼望资本主义复辟的狼子野心吗？

上面仅举三个例子，稍加驳斥，就可以看出特古斯这个对党的"反映和意见"，是何等的恶毒和反动。实际上这个所谓的"反映和意见"。就一个地地道道的反革命叫战书，其反动谬论，通篇皆是，驳不胜驳，下面再罗列几段，供大家批判：

他们狂妄的宣称："要把内蒙古自治区分成两个单元：汉族区和蒙族区。要发展"新的纯蒙古形式的经济文化中心旗市。"他们胡说："为了避免民族形式、民族语言被消灭被同化的危险、内蒙古自治区首府（中心）并当移至蒙古人日集中的地区。"他们公开叫嚷："内蒙古应与外蒙合并。"他们狗胆包天，竟胡说："中国共产党不是蒙古民族的党是汉人的党"。

他们反汉排汉。以讥讽的口吻叫嚷："我区汉族老大哥的帮助有些过火了，'成了包办代替'，"喧宾夺主"了。他们甚至利令智昏地说胡话了："党组书记是汉人，一切权力在他们手里，""民族干部的意见不顶事了"等等。

他们极力反对歌颂党和毛主席民族政策的光辉胜利和内蒙古自治区社会主义建设的伟大成就，大叫什么："领导上存在有歌功颂德的思想"，"只谈成绩，不谈缺点"。揭露其他矛盾差不多都见报"，"有关民族问题方面的矛盾就很少见报，"污蔑党是"不敢正视缺点错误"，"是惧怕真理的表现。"

他们要反攻倒算，说"从土改以来底子打歪了"。很多人"由于集中力量搞建设，没有注意到民族形式……因而原有的民族情感也化为乌有了。"他们明目张胆地咒骂社会主义制度，狂叫："现在不如过去伪满时代了"，甚至歇斯底里大发作，叫喊"象巴彦淖尔盟那样没有进行土改斗争，保持封建势力的话，在民族语文的使用和发展上就大有好处了"。

他们厉声的斥责党是"严重的民族虚无主义"，他们叫嚷："一切工作的出发点，一是社会主义，一是民族问题。"

他们疯狂地用"机关民族化"反对干部共产主义化。他们要把每个干部、尤其是各级领导干部的民族政策（实际上是资本主义复辟活动的策略）执行情况的好坏，作为衡量、考察、提拔每个干部的标准。"

他们还把一些根本没有或极个别的现象、拿来做武器，向党进攻。

他们说："包头汉族干部多，蒙族吃不开，""因为稿费少严重的影响着民族作家的创作积极性"，"影响着民族文学的进一步繁荣和发展。"他们还丑化社会主义的商业市场说："联营商店摆着奶皮子，不卖给蒙族，是专门为外宾参观，是形式主义。"甚甚连女人生孩子的事，也作为他们反党的口实。他们胡说党的节制生育宣传是要减少蒙族人口，他们要向苏修学习，采取苏修的办法："子女多要奖励，子女少要纳税"等等等等。

够了！在这篇长达一万四千余言的"反映和意见"里，胡说八道，信口雌黄、什么乌七八糟的破烂货都收集起来了，真是五花八门、无奇不有。"万言书"把无产阶级专政和社会主义制度说得一团漆黑，把民族大家庭骂了个狗血喷头。比起一九五九年彭德怀的反党"万言书"有过之，无不及，而是更恶毒、更低劣。

· 9 ·

这个"万言书"活龙活现地勾划出特古斯这个右派大头目的穷凶极恶的咀脸。他在和右派一起向党进攻的时候,是多么耀武扬威,不可一世啊。但是反右斗争一打响,玩弄反革命两面派手法的特古斯见势不妙,立刻看风转舵,巧妙地摇身一变,把自己大右派的丑恶面目隐藏起来了。

九月间,他把特布信找来,俨然以一个先知先觉的"老左派"的口吻教训特布信,说特布信在宣传会议民族语文组上的发言"错"了。并且说错的"具有系统性、纲领性"。特古斯算说对了!特布信的发言,本来就是在他的指挥下右派分子们共同炮制的,"系统性"、纲领性"的反党发言嘛。但是特古斯在这里只能是说对一半,特布信的反党发言要清算!你,——特古斯,这个右派合唱队的总指挥也罪责难逃!

特古斯为了保护自己,保护他的黑后台乌兰夫,掩藏了他自己和乌兰夫鼓动支持右派向党进攻的罪恶行径。而开始往特布信这个替死鬼身上使劲了。特古斯装出一贯正确的姿态,利用职权,领导了对特布信的批判斗争。但是,狼总是狼,装是装不像的。一面在大庭广众之中大声恫吓特布信、另一方面则同乌兰夫密谋保护特布信过关。果然,十二月六日,特古斯向特布信传达了乌兰夫的"指示"说乌兰夫主席在书记处会议上说,"要保你过关"。显然、乌兰夫和特古斯并不打算对特布信严加处理。

但是,反右斗争的烈火是扑不灭的,愈烧愈旺的反右烈火,眼看就要烧到特古斯和乌兰夫本人头上了。他们再包庇特布信,就会被革命群众揪住他们的尾巴。把他们一窝统统搞掉,为了将来的"大业",乌兰夫、特古斯不得不下决心忍痛割爱了。1953年2月,在内蒙党代会上,乌兰夫和特古斯演其舍车马、保将帅的丑剧。特古斯一反常态、装得极"左"的面目,在党代会上,他一跳三尺高、慷慨激昂地批判特布信。他发言的题目叫做:《我们和特布信的根本分歧》。简直是天大的笑话。我们回想一下整风之前,反右以后,特古斯和特布信到底在什么地方存在着根本分歧?看不出,找不到。现在他装模作样,以"老左派"自居,大叫什么"他和特布信的根本分歧",不过是在他反革命两面派的肮脏脸谱上,抹了一道更加使人恶心的油彩而已。

就这样,特布信成了内蒙最大的右派,而特古斯、乌兰夫不仅偷偷滑了过去,而且因打特布信有"功",还恬不知耻地向党向人民表白:他们是"反右派"的,是"反对民族分裂主义"的。过后,他们又以"左派"的荣耀居功自傲、横行霸道、反攻倒算。据特布信揭发,乌兰夫和特古斯就曾通过一些人给他捎话,让他申诉翻案。不是有人爱写什么三部曲?特古斯的"反右斗争史"就是个绝妙的"三部曲"。第一步,煽风点火,同右派一起向党进攻;第二步,以极"左"的面目出现,舍车马,保将帅;第三步,卷土重来,反攻倒算,给右派翻案。

我们从反右斗争整个过程中,看透了特古斯这个反革命两面派的丑恶灵魂,他阴一面,阳一面,当面一套,背后一套,翻手为云,复手为雨,咀上挂着马列主义的言词贩卖的都是修正主义的黑货。头上戴着"革命左派"的桂冠,全身都散发着修正主义民族分裂主义的臭气,他在有利时进攻,不利时退却,用真进攻,猖狂反党,用假批判保护自己。招降纳叛,结党营私,以推翻无产阶级专政,实行资本主义复辟为自己的最终目的。这就是特古斯一套套反革命两面派的策略。

象特古斯这样的反革命两面派在内蒙古文化界不是独一无二,而是大有人在,比如说,报社有没有？特别是特古斯的心腹爪牙、党羽的人，差不多都从特古斯那里学来了这一套邪门歪道的把戏，专门以江湖骗术长期蒙蔽群众，进行反党活动。这些家伙贼头贼脑，滑得象个泥鳅，稍不留神，就会滑走。

他们表面上油腔滑调，冠冕堂皇，倒也象个正人君子，但是只要在走社会主义道路还是走资本主义道路这个根本问题上，用毛泽东思想的照妖镜照一照，这种伪装立刻会戳穿，原形就会毕露，他们，原来是一群混入共产党内的资产阶级的代表人物。特古斯在1957年反右斗争中的种种表演，不就是铁证吗？

当然，揭穿这种反革命两面派是不容易的，要识别这种反革命两面派，要看他在重大关键时刻的政治立场，特别是资产阶级向无产阶级猖狂进攻时的政治立场。不能相信那些顺风转向的表面现象，要透过现象，看其本质。至于象乌兰夫、特古斯之间狗咬狗的争斗和争吵，只能说明资产阶级内部矛盾的不可解决及他们个人之间勾心斗角的丑态。并不能说明他们之间有什么根本利害冲突。但是目前我们队伍中有一些人，被特古斯的反革命两面派手法所迷惑，他们犹豫不决，畏缩不前，迟迟不表态，不战斗，观风潮，随大流。他们不愿意做深入细致的调查研究，而喜欢鹦鹉学舌，人云亦云。他们散布特古斯是"好人"的种种离奇古怪的谣言，害了自己，也误了别人。这里，我们要劝告这些同志，不要停止不前了，要坚决响应毛主席的号召，做坚决把无产阶级文化大革命进行到底的无产阶级革命派，不把乌兰夫的残党余孽统统揪出来就对不起我们伟大的领袖毛主席，就是对革命的极大的犯罪。

闯将正恨苍桑慢，红日教我争朝夕！无产阶级革命派的战友们，为把内蒙古的无产阶级文化大革命进行到底，而勇敢冲杀吧！

徹底清算特古斯在民族語文界的流毒

內蒙古語委《东方红》楚哈同志的发言

混进党里、政府里、军队里和各种文化界的资产阶级代表人物，是一些反革命的修正主义分子，一旦时机成熟，他们就会要夺取政权，由无产阶级专政变为资产阶级专政。这些人物，有些已被我们识破了，有些则还没有被识破，有些正在受到我们信用，被培养为我们的接班人，例如赫鲁晓夫那样的人物，他们现正睡在我们的身旁，各级党委必须充分注意这一点。

革命造反派的战友们，革命的同志们：

首先让我们共同敬祝我们心中最红最红的红太阳、我们最最敬爱的伟大领袖毛主席万寿无疆！万寿无疆！万寿无疆！

现在我们来揭发、批判漏网的乌兰夫分子、内蒙文教界的活阎王反革命修正主义、民族分裂主义分子特古斯把持民族语文工作十年，扼杀內蒙文教界文化大革命的滔天罪行！

· 11 ·

特古斯是旧宣传部付部长、党委委员、专管民族语文、教育、新闻、出版和干部人事等工作。他放手利用职权，通过蒙古语文、出版和教育大肆进行民族分裂主义活动，并伙同哈丰阿广事搜罗内蒙古人民革命党徒，安插在宣教口的各要害部门，多年来专了我们的政，犯下了滔天罪行。

特古斯常说："乌兰夫是一贯强调民族语文的，这也是我敬佩他的一点。"特古斯承认他对乌兰夫的话"印象很深"，一直拼命大搞蒙语蒙文，但是"总感到欠了一大笔帐"。乌兰夫重视民族语文完全是为他的叛国阴谋服务的，所以，就引起了特古斯的无限崇拜。在这里，我们仅就特古斯同语委额尔敦陶克陶、巴彦满达湖反党叛国集团的关系，来揭露特古斯的反革命罪行。

1957年，特古斯主持内蒙党委宣传会议民族语文组的鸣放会议。在会上，对右派煽动民族分裂大加赞赏。他说："提得好！这是大家社会主义民族觉悟提高的表现。"以此鼓动右派分子向党猖狂进攻。

当反右派开始后，特古斯为保住自己，玩弄"舍车马，保将帅"的反革命两面派手法。当人民出版社群众开始揭发内人党党棍、蒙古情报员、老牌民族分裂主义分子额尔敦陶克陶的反党反社会主义罪行时，特古斯慌了手脚，赶紧去出版社为额贼撑腰，他说："额尔敦陶克陶是好同志，不要把注意力集中在领导上。"结果揭发额贼罪行的人被扣上"跟着右派跑了！"和"反对党的领导"的大帽子，受到严重的政治迫害。额尔敦陶克陶这个漏网民族大右派，同他的根子特古斯却蒙混过关，反而气焰更加嚣张了。

1957年，额尔敦陶克陶主持历史语文研究所工作，所内干部配备均由额贼提名，特古斯点头抽调。于是象特古斯的佃官地主老子呼和祿和三反分子、日寇特务、民族分裂主义分子巴彦满达湖之流从各地调来，结果在历史语文研究所组成了"额巴王朝"的死党集团。

1957年4月，特古斯在其发表的大毒草《十年来使用与发展民族语文工作的成就》一文中，肆无忌惮地叫嚣叛国分裂，他说："为了与蒙古人民共和国之间在新蒙文字母形式上取得一致和修改字母表，重新研究确定正字法原则的问题，我们准备派人参加蒙古人民共和国即将召开的语言科学讨论会，以便使我们新蒙文更加臻于完善。"果然两个月之后，额尔敦陶克陶秉承主子乌兰夫和特古斯旨意牵领"中国蒙文工作者代表团"去了蒙修。这次出国前，在乌兰夫小院，有特古斯参加，乌兰夫接见了出国人员。乌兰夫指示额贼："在讨论中发生矛盾时，要服从外蒙。"这就完全暴露了乌兰夫丑恶的叛国咀脸！额尔敦陶克陶回国后，同样有特古斯参加，乌兰夫又接见了额贼等人。当额贼汇报到某蒙修头目提出内外蒙合并问题时，乌兰夫生气地说："你们没问往哪边合？你们这些人真笨！"额贼还向乌兰夫汇报了什么问题，怎么合并法，其中肯定还有密秘！这只有乌兰夫、特古斯、额尔敦陶克陶等人知道。特古斯必须老实交代！

1957年，乌兰夫指使额尔敦陶克陶背着中央与蒙修筹建"内外蒙名词术语统一委员会"，这是一桩严重的反党叛国案件。在这一阴谋败露以后，当语委同志向特古斯询问此事时，他回答说："有这个事，领导上有指示，乌兰夫同志说的，目的是为了向他们（即蒙修）宣传毛泽东思想。"特古斯虽然是"内外蒙名词术语统一委员会"叛国案件的参与者，但是，长期以来，特别是无产阶级文化大革命已经发展到今天，这个特古斯仍然知情不举，妄图顽抗，这充分说明特古斯和乌兰夫、哈丰阿乃至额尔敦陶克陶之流是一路货色！是一个忠实的

· 12 ·

乌兰夫分子！

当1957年，额尔敦陶克陶配合民族右派猖狂向党进攻，要搞老牌民族分裂主义反动文人尹湛纳希诞生120周年纪念会时，请示这个具有反革命经验的特古斯，他指示说："不要风声太大，写些文章纪念一下，不是一样吗？"额尔敦陶克陶心领神会，照按特古斯的旨意，于是就在当年5月号《蒙古语言、文学、历史》杂志上发表一组鼓吹民族分裂和尹湛纳希的文章，还特别恶毒地把这期杂志的封面搞成成吉斯汗军旗的颜色——兰色的，第一页还印上尹湛纳希的手稿——毒草《白云诗》，以此来同庆祝自治区成立十周年大唱对台戏，又何其毒也！

1959年，在特古斯的主持、策划下，召开了第二次蒙古语文工作会议，这次会议拒不贯彻中央在1958年召开的少数民族语文科学讨论会和少数民族出版会议的精神，反而号召人们打消顾虑，大鸣大放。结果，在特古斯支持下，叛国分子、牛鬼蛇神在会上大放獗词，猖狂的向党进攻。

1959年，语委额巴集团第二号人物、三反分子巴彦满达湖去北京参加辞书工作会议回来，只把会议精神在少数几个人当中作了传达。传达以后，额尔敦陶克陶说这次会议跟内蒙实际不符合，不要往外传。结果第二天宣传部就来电话催要材料，把全部文件收回。这里特古斯究竟和额巴捣的是什么鬼？为什么如此害怕中央精神让群众知道？特古斯必须老实交待！

在1959年，额尔敦陶克陶以"特邀代表"身分去蒙修参加世界蒙古字讨论会时，炮制了一篇题为《关于尹湛纳希及其作品》的大毒草，报请内蒙党委宣传部。特古斯就认为"尹湛纳希是民族民主主义作家，对蒙汉文化交流起了一定作用，出版尹湛纳希的作品是党对民族遗产的重视。"并指示额的毒草只要稍加修改就可以拿出去。这样经过特古斯点头批准，老牌民族分裂主义反动文人尹湛纳希的黑货就出国了。额贼的毒草一到蒙修，便获得帝、修、反学者的热烈欢迎！百倍赞赏！

1961年的内蒙名词术语科学讨论会，也是特古斯指使额尔敦陶克陶召开的一次黑会。在这次黑会上，额尔敦陶克陶本想继续贯彻他"一挖二创三借"的民族分裂主义方针，但阴谋未能得逞。额尔敦陶克陶反而在这次会上同哈丰阿、清格尔泰之流的狗咬狗斗争中被打了一闷棍，一气之下，就发了"疯"。为此，特古斯专程跑到语文研究所策划布置封锁消息，禁止议论。对上边说额尔敦陶克陶发"疯"仅仅是"个人主义"，这样一句话就掩盖了他和额尔敦陶克陶长期以来在民族语文方面共同策划的一系列政治阴谋。这一年特古斯开会后从北京回来，又对着乌兰夫埋怨内蒙翻译人员级别太低，应该重新调整。而乌兰夫听了狗头军师特古斯的埋怨，颇觉有理，马上叫嚷说："内蒙自治区成立这么多年，连个一等翻译也没有！翻译一本书连一个烧饼也买不着。于是立即指示特古斯和额尔敦陶克陶，炮制翻译级别调整方案。根据这个方案，翻译人员普遍增薪，有人一下连升三级。特古斯对此还嫌不满足，叫嚷说："提三级不算多，如果有规定，一次提五级也行！"

1962年民族语文、民族教育工作会议召开，特古斯伙同额尔敦陶克陶炮制了《语文工作条例》、《名词术语实施办法》和《学习与使用蒙古语奖励办法》三大毒草，在蒙古语文工作上继续顽固地反汉排汉，推行乌兰夫反革命修正主义、民族分裂主义路线；大搞修正主义的物质刺激，为乌兰夫内外蒙合併，建立"大蒙古共和国"作舆论准备。

1962年特古斯在《实践》杂志第三期上发表的大毒草《总结经验，提高认识，进一步加

· 13 ·

强蒙古语文工作》一文中提出了处理蒙语新词术语的三项原则，大肆鼓吹挖掘和创制新词要占首要地位；其次才是从汉语中吸收借词。特古斯又在汉语借词问题上大设障碍，例如，是否使用汉语借词得通过四道关卡：头一道关是什么"依据蒙族群众的语言实践"；第二道关是"政治斗争的需要"；第三道关是什么"生产斗争的需要"；第四道关是什么"生活中的需要"等等。如果按照特古斯提出的这四道关办事，那么蒙语吸收汉语借词，就比登天还难！请看，这个特古斯反汉排汉是何等猖狂！

特古斯在蒙语新词术语问题上顽固地坚持民族主义的"一挖二创三借"的原则，拚命排斥蒙语中的汉语借词。甚至"公社""干部"两个汉语词，他也反复地抵制。1964年，由于中央一再强调，乌兰夫才被迫从北京给特古斯打来电话，让他把蒙语中的外来词"公社"和"干部"改成汉语词，特古斯又以"群众有意见"为理由改变了其主子乌兰夫的主意，而乌兰夫也由于特古斯的理由，决定只在毛选里改动一下，在蒙文报上依然使用原来的苏修俄语借词和蒙修词汇，不再改动。仅此一例，就可以看出特古斯这个混蛋对三面红旗之一的"人民公社"是何等仇视！他的民族分裂主义思想是何等的反动和根深蒂固！

1962年，根据中央反分散主义精神，语文、历史研究所党内进行整风，当时就暴露出以额尔敦陶克陶、巴彦满达湖为首的反党宗派集团，整风刚开始，特古斯指示额、巴等一小撮民族分裂主义分子秘密召开黑会，号召他们"顶住"。到了整风后期，在宣传部汇报额巴集团情况和处分意见时，特古斯、閤素又在会上定调子说："事实有出入，不能成为集团"。就这样，额尔敦陶克陶又一次被保驾过关。当时，虽然在名义上不得不撤了额贼的党组书记，由特古斯自己兼任，但额贼的党组成员未被取消，特古斯还是放手地让额尔敦陶克陶执掌语委实权，特古斯就是采取了这样掩人耳目，欺骗群众的手法，最终破坏了语委这次整风，从而也反对了中央反分散主义的决定。特古斯真是罪该万死！

额尔敦陶克陶主编的《蒙古语言文学历史》杂志，是为乌兰夫的内外蒙合併和建立"大蒙古共和国制造反革命舆论的一个重要阵地。这个杂志从５４年创刊到60年停刊，共出刊５５期。在刊登的五百三十二篇文章中，毒草丛生，邪气逼人。为乌兰夫鼓吹民族分裂，达到了登峰造极的地步。

这个杂志毒性很大，流毒很广，不仅发行国内，而且在乌兰夫的授意下，还背着中央拱手奉送给蒙古、苏联、捷克、德国等帝修国家。这是乌兰夫、特古斯之流与帝修反合伙经营的一个交易所。

这份杂志不刊登毛主席的光辉著作《在延安文艺座谈会上的讲话》，却连篇累牍地登载赫鲁晓夫攻击斯大林的大毒草。60年为我党发表《列宁主义万岁》等反修文章后，他们还公然肉麻地吹捧赫鲁晓夫说："赫鲁晓夫的语言是生动有力的，他的谈话实在好。赫鲁晓夫的语言为什么这样生动有力呢？关键在于它掌握了真理。"

毛主席教导我们："要念念不忘阶级斗争"。乌兰夫、特古斯之流，同苏修、蒙修一唱一合，听任这分杂志大肆鼓吹阶级斗争熄灭论。宣扬资产阶级"人性论""人道主义"和"和平主义"。

更严重的是，在这个杂志上，中国和蒙古的国界被彻底抹掉了。蒙修文化间谍达木丁苏荣在杂志上发表文章说："蒙古人虽然居住在从贝加尔湖到万里长城，从嫩江到青海的广阔的土地上，但是人口稀少，不过几百万，如果为数不多的蒙古各部互相不帮助，企图各自发

· 14 ·

展文化，那就显然不能见效。因此，蒙古各部必须统一力量，以共同的力量发展自己的文化和语言。"他又露骨地煽动说："全部语言、文化不能象树枝那样分枝生长，而要坚持象水一样汇合成流的政策。"这不是明目张胆的煽动民族分裂，破坏我们伟大祖国统一吗？

但是，对这样一份毒草刊物，特古斯身为主管民族语文工作的负责人，却长期给以包庇纵容，任其放毒。1960年、64年宣传部曾两次检查这份刊物，特古斯怕检查出刊物公开鼓吹叛国分裂活动的大毒草，因而暴露他这个主管民族文化的付部长给叛国分裂毒草大开绿灯的狼子野心，于是就下令1958年以前的不要检查。这是一条地地道道的反革命界限，目的在于掩盖乌兰夫集团反党叛国罪行，同时保住自己。现在，到了彻底清算特古斯利用这家杂志为"当代王爷"乌兰夫大搞民族分裂，里通外国，颠复我国无产阶级专政的叛国罪行的时候了！

特古斯是破坏内蒙语委以至整个内蒙文教界文化大革命的罪魁祸首。我国无产阶级文化大革命开始后，去年八月十七日，当我们得知特古斯在报社疯狂推行刘邓资产阶级反动路线，残酷镇压报社革命造反派时，我们语委革命造反派怀着对特古斯这只赖皮狗的极大愤怒，毅然闯上报社大楼，把这个威风凛凛的工作团团长拉下楼来，在大庭广众面前揪出示众，使这只赖皮狗一度落水，弄得狼狈不堪，威风扫地。

今年三月五日，当全市革命造反派正在坚守师院《东纵》大楼，准备和乌兰夫的代理人王逸伦之流浴血奋战的严重时刻，特古斯这个反革命政治大扒手却乘机捞取政治资本，一面对一些革命造反派组织拼命地加以排挤打击；另一方面，则蒙蔽一部分群众，制造严重的群众对立，使某些文教单位无力狠斗本单位的走资派，更无暇去挖旧宣传部的根子，从而他自己能够蒙混过关，躲在角落里操纵文教界各部门的内战。在《东纵》守楼期间，他恬不知耻地以革命领导干部自居，三天两头对全市造反派发表讲演，分析形势，布置任务，吹嘘自己，在特古斯亲笔写的一篇《方向和风向》的传单中，恶毒地写道：如果视力不好，看不到毛主席的大船的时候，那你就跟上三司小将们的船走吧！特古斯这个混蛋在这里恶毒地诬蔑光焰无际的毛泽东思想，认为呼市革命群众在白色恐怖中，可以不依靠战无不胜的毛泽东思想来指引航向，他把三司小将诬蔑成不依靠伟大舵手毛主席的指引而盲目带领群众前进的一只船，并恶意地把这只船和毛主席掌舵的大船对立起来。真是反动透顶！他板起面孔教训革命群众不要看风向，要看方向！可是他自己却正是个典型的善于观望风色，随风转舵的政治投机商！典型的政治大扒手！

特古斯是包庇文教口走资派和牛鬼蛇神的一把大黑伞。"3·18"以后不久，他狗胆包天，竟敢派他的亲信爪牙潜入师院《东纵》大楼，拿着介绍信去找工交口某领导同志，让这位同志答应把他的死党、语委三反分子民族分裂主义分子额尔敦陶克陶拉入《东纵》大楼保护起来，妄图把这个罪恶滔天的三反分子塞进了造反派队伍。阴谋被我《东方红》发觉以后，我们当面质问特古斯，让他交代潜入《东纵》大楼的牵线人，但他矢口抵赖，死不认帐。

特古斯在文化大革命中一贯采取种种卑劣手段，刮阴风，放暗箭，拼命阻止各文教单位斗争的深入。我语委《东方红》和师院《东纵》、农牧学院《红旗》、医学院《东方红》等革命小将共同组织了一个专揪乌兰夫叛国阴谋的"四三专案组"，特古斯闻讯后胆颤心惊，生怕揪到他的头上，便赶紧四处放风，说什么"四三专案组是有背景的"，是"专整我"特

⁌ 15 ⁍

某人的。特古斯一直妄图整垮这一组织。当"四三专案组"多次让他谈乌兰夫同蒙修建立秘密机构的情节时，他怕得要死，守口如瓶。其实，关于这个叛国分裂的秘密机构，他曾亲笔从牧区给潮络濛写过信，这封信早已被我们掌握，当我们当面问起这封信的重要内容时，他居然一口否认，死不认帐，指东说西，真是无耻已极，混蛋透顶！这个特古斯，在铁案如山的人证物证面前，还要拚命替乌兰夫的叛国罪行开脱和保密，这就完全证明，特古斯是一个顽固不化的、地地道道的漏网的乌兰夫分子！

特古斯是破坏语委文化大革命的一只黑手。他最害怕语委文化大革命搞深搞透，会挖到他的头上。因此，他一直插手语委问题，大要反革命两手，通过其爪牙拉一派打一派，挑起语委群众在干部问题上的混战，破坏语委的大联合和三结合，其用心何其毒也！就在国庆节前夕，特古斯乘呼市大联合的高潮，进一步耍阴谋，施诡计，指示文教组到语委以及各文教单位贴大标语，以敦促大联合之名，行调和折衷之实，恶毒篡改中央的正确口号，还威胁说："千条理万条理，不搞大联合就是没有理！"在他的压力下，有些文教单位原来生气勃勃的文化大革命，一度被特古斯这只黑手扼杀了。当各单位的造反派寻根究底，追到他身上时，他竟穷凶极恶地摆出一付教师爷的架式，大骂革命造反派是准备"秋后算帐"，声称自己不怕有人要"揪他"。我们要告诉特古斯：你是反党叛国，罪恶累累，为什么不同你算帐？不用等到秋后，现在就要算！俗话说：善有善报，恶有恶报；不是不报，时候未到；时候一到，统统都报！特古斯！你恶贯满盈，今天，各族革命人民同你算总帐的时候到了！

最后让我们高呼：

打倒刘邓陶！

打倒乌兰夫！

打倒哈丰阿！

打倒漏网的乌兰夫分子特古斯！

打倒额尔敦陶克陶！

毛主席的革命路线胜利万岁！

伟大的领袖毛主席万岁！万岁！万万岁！

揭露哈丰阿、特古斯叛國集团利用
文学作品反党叛國的滔天罪行

內大井崗山《文艺战鼓》程道宏发言

首先，让我们共同祝愿我们心中最红最红的红太阳毛主席万寿无疆！万寿无疆！

我们伟大的领袖毛主席教导我们："**凡是反动的东西，你不打，他就不倒，这也和扫地一样，扫帚不到，灰尘照例不会自己跑掉。**"

特古斯，这个穷凶极恶的乌贼死党，哈贼干将，罪恶累累，反动透顶，必须彻底清算，坚决打倒，批深批臭，让他永世不得翻身。

长期以来，特古斯与叛国集团的祖师爷哈丰阿在当代"王爷"，独夫民贼乌兰夫包庇纵容下，在文化艺术领域内对我们施行了残酷的资产阶级专政，他们不仅里通蒙修，明火执仗地大搞什么"内外蒙合併"的"三统一"，而且，利用他们所掌握的蒙古语言、文学、史学、新闻、出版、教育、翻译大权，拚命制造叛国舆论，掀起一股叛国妖风。他们大造叛国舆论的主要阵地是出版社、语委、报社、电台，《花的原野》编辑部乃至党委宣传部某些要害部门。

他们的叛国反党伙计遍布历史、文学、新闻、出版等部门。

他们的反党叛国喉舌就是反动刊物《蒙古语言文学历史》、《花的原野》、旧《內蒙古日报》蒙汉文版。

他们是一个由新老人民革命党及其五花八门的"变种"党徒组成的叛国集团，是一批死不回头的叛国分子。

下面，让我们看看这个老牌民族分裂主义分子特古斯及其党羽，利用文学大造叛国舆论的罪恶活动。

否定中国共产党对內蒙各族人民解放事业的领导，肆无忌惮地吹捧蒙修，蒙古军，这是特古斯之流炮制叛国文学作品的第一大罪状。

特古斯的死党、叛国分子纳·宙音朝克图在他的叛国宣言中，露骨地把乔巴山吹捧为內蒙民族的唯一救星，唯一领袖，说什么內蒙一个牧民老太婆，为感激乔巴山拯救內蒙，将自己最珍贵的一支宝剑赠给乔巴山，明眼人一看便知这宝剑就是纳·宙音朝克图、特古斯、哈丰阿之流吹捧蒙修，蓄谋叛国的一颗黑心。

在另一首黑诗《我们要同唱颂歌》中，竟然丧心病狂把泽登巴尔与我们心中最红最红的红太阳毛主席并列胡说什么泽登巴尔是內蒙人民的恩人，真是混帐至极疯狂透顶！

类似的叛国作品不胜枚举，什么葛而乐朝克图的蒙文中篇小说《路》，电影文学剧本《友谊的光芒》都是一路黑货。这些作品抛出后，立即受到群众抵制，而乌兰夫、特古斯，

· 17 ·

扣压信件，不准批判，长期包庇。

吹捧乌兰巴托，这是特古斯之流炮制叛国文学作品的第二大罪状。

这里，鼓吹的最疯狂、最露骨地吹捧蒙奸诗人纳·賨音朝克图，他的臭名昭著的《乌兰巴托颂》在内蒙的报刊杂誌、诗歌专集中连续发表四次，而在其四八年第一次抛出时竟然署上蒙修賜与他的笔名。乌·潮洛蒙。乌·潮洛蒙是什么意思？就是乌兰巴托的启明星。纳·賨音朝克图明目张胆地向人们表示他不是中国人，是乌兰巴托人。然而，就是这样的反动作品，竟然被布赫、特古斯之流选入内蒙诗歌集中，并作为卷头诗。大加吹捧，广为流毒。

一九五七年七月十一日，特古斯叛国集团干将玛尼扎布抛出了《致乌兰巴托》，狂热地大叫："乌兰巴托，乌兰巴托，这是温暖而亲切的名字""你使血肉相连的亲戚们高兴，你那响亮的歌声越听心里越激动，你那繁荣的文学越读胸怀越开阔。"什么"血肉相连的亲戚"，什么"响亮的歌声"，"繁荣的文学"，就是特古斯、玛尼扎布之流吹捧乌兰巴托，鼓吹内外蒙合并的叛国嚣叫声！

更有甚者，在特古斯之流炮制的叛国文学中，有专门叫嚷"向北跑"的作品。这是他们炮制叛国文学的第三大罪状。

六〇年抛出的蒙文叙事诗《陶克陶之歌》中宣扬陶克陶与弟兄们商量，奔向喀尔喀蒙古白歌乐一九六二年抛出的《孤独的白骆驼羔》则借寓言鼓动民族分裂主义分子向北跑，他大写什么一个白骆驼羔，迈开大步，伸长脖子，"越过沙漠，走过戈壁，跨过大山没命地向北跑着寻找母亲。""越过沙漠，走过戈壁，跨过大山"。这倒是跑到那里去了？特古斯及其党羽们所谓的母亲又是谁？就是外蒙！就是蒙修！

至于什么敖德斯尔炮制的《阿力玛诗之歌》。则借小说人物之口，露骨地鼓吹民族分裂主义分子"向北走"，"远远地向北走"，并宣扬"保重了身体，就赢得了北京看！这与乌贼所谓"打起仗来蒙古人都往北跑"的反动言论何其相似。

特古斯之流炮制叛国文学的第四大罪状，就是模糊祖国概念，鼓吹"内外蒙合并"。

电影界的坏分子、反动权威广布道尔吉炮制的叛国电影文学剧本，拼命鼓吹"中蒙界河哈拉哈河和平桥上中蒙两国的人，"自由自在地南来北往"，并通过我方边防站站长叫嚷：我们和蒙古有什么可防的？边防站应改成"边疆事务联络站"。同时，大写我方战士不辞辛苦地为蒙修寻找散失马匹。马匹找到后，蒙修边防站长表示感谢，剧中人即号称内蒙军区政委的人，竟然丧心病狂地回答："愿为祖国服务""愿为永恒的友谊服务"，而巴盟歌舞团演出的舞剧《哈力布的传说》则公开叫嚷："蒙族人民原本欢乐幸福的生活在一起，但被恶虎煽起一股妖风，打得南北两分离"等等。

在葛尔乐朝克图的《友谊光芒》中出现这样恶毒的一段话："在我们之间的关系上，让外交部失业吧！"看，特古斯叛国集团们利令智昏，竟然连国界都一笔勾掉。而纳·賨音朝克图在他的黑诗《自由》中，更是杀气腾腾地为民族分颂主义鼓劲"世界上如果不为见到你而斗争的话，我的事业就毁灭了""我们的愿望还没有实现的时候，我不享受幸福，有志气的同志斗争还没有胜利的时候，我不听颂歌"。这那里是在写诗，这明明是这些叛国分子歇斯底里的狂叫声，这明明是分裂祖国的干戈撞击声，纳·賨音朝克图歇斯底里地表白他内外蒙合并的"愿望"，"志气"并咬牙切齿地发誓。这就彻底暴露了他们这批叛国分子的狠毒凶煞的叛徒咀脸。

这类公开叫嚣"内外蒙合并"的反动作家作品举不胜举。什么散布"天下蒙古是一家"的《蒙古谬语》。纳·賽音朝克图的黑诗《富饶的清干淖尔》而在一首题为《螺丝钉》的叛国诗中，公然写道："从来就是亲兄弟的泽登巴尔和乌兰夫拧紧了最后一颗螺丝钉""幸福的太阳从而升起了，我们两友谊钢铁般地巩固了。"这首诗除了把乌兰夫吹捧为国家首脑，"幸福的太阳"之外，便是借题发挥，影射内外蒙合并，这是一首地地道道的民族分裂主义分子"内外蒙合并"的反革命"畅想曲"！

至于，特古斯之流利用成吉思汗，乃至古代所谓"统一蒙古"的帝王"英雄之流"大造叛国舆论的罪恶便是："决东海之波，流恶难尽"。

特古斯之流利用文学叛国的第五大罪状就是吹捧叛国分子。这里，令人发指的是吹捧陶克陶乎。陶克陶乎是什么人，是大蒙奸，是政治土匪，是叛国投俄分子，是外蒙哲布尊丹巴等伪政权的军事部付大臣。然而，这样一个反动透顶的叛国分子竟然被乌兰夫、哈丰阿、特古斯之流捧为具有爱国主义精神的"民族英雄"。一九四八年，纳·賽音朝克图、特木尔巴根、额尔敦陶克陶之流所把持的内蒙古日报社，大肆翻印蒙修作家纳·旺纳木吉拉炮制的《刚毅英雄陶克陶传略》，疯狂地叫嚣"内蒙民族应该反抗中国的殖民统治"，把陶克陶呼分裂伟大中华人民共和国的领土的卖国行径，吹捧为"一生为了呼伦贝尔人民"，更有甚者，他们指使其爪牙，伪造民歌，伪造史料，由曾任哈丰阿秘书的义都和西格连篇累牍抛出什么《陶克陶的传略》《陶克陶事迹》，并由特古斯亲自批准，纳入支援农牧业的图书计划之内，真是反动透顶，疯狂至极！

在文学方面，则由民族分裂干将敖德斯尔之流泡制了歌颂陶克陶乎的短篇《打猿》。而民族实验歌剧团大演什么蒙语活剧《陶克陶乎》，把这个叛国分子抬到牧区，毒害牧民，同时特古斯通过其死党原内大付校长巴图指示戏剧界某权威人士炮制《陶克陶》话剧。而某权威便带着"学者"，赴郭前旗收集材料，闹了个乌烟瘴气。

更恶毒的是一九六三年由内蒙人民出版社的《大跃进交响诗》中咬牙切齿地发誓"只要我还没闭眼，就要到处歌唱陶克陶乎"，真是叛国急切，至死不悟！

特古斯之流炮制叛国文学的第六大罪是鼓吹反叛精神。为民族分裂分子公开叛国擂鼓助阵。所谓世界名作《成吉斯汗的两匹骏马》于一九五七年和一九六二年两次抛出就是铁证。

这株大毒草在五七年第一次抛出时，蒙修作家达木丁苏荣为之加评作註，狂热鼓吹反叛精神，鼓动民族分裂分子到阿尔泰寻找"自由""幸福"直接配合民族右派向党进攻。

特古斯之流炮制叛国文学的第七大罪，利用作品吹捧人民革命党、人民自卫军，贩卖人民革命党黑党纲。

一九六一年，特古斯指使文联的敖德斯尔炮制蒙文剧本《达那巴拉》，狂热鼓吹人民革命党及其军队。而一九五九年和一九六二年两次出版的《骑士的荣誉》也是这个"新人民革命党"和"人民自卫军"的功德碑。这里敖德斯尔把执行"人民革命党纲领的人民自卫军描写成秋毫无犯，英勇无比的部队"。什么"杀声震天"，"马刀闪光"、"战马飞奔"什么牧民箪食携浆，迎送夹道"死了也忘不了他们的恩情"吹捧之肉麻，无以复加！

至于三反分子云照光搞的电影《鄂尔多斯风暴》，则把蒙古人民革命党党徒锡尼喇嘛打扮成一个顶天立地的布尔什维克，而活阎王布赫吹捧这株毒草时，竟然别有用心地胡说："一九二七年初伊盟就发生了武装斗争，如果毛主席在伊盟，伊盟就成了革命圣地。"看，乌

· 19 ·

兰夫反党集团用心何其歹毒，他们竟然将人民革命党徒凌驾于毛主席头上，把武装斗争的伟大思想硬说成是锡尼喇嘛提出的。借以贬低我们心中红太阳，贬低光焰无际的毛泽东思想，是可忍，孰不可忍！

此外话剧《金鹰》京剧《巴林怒火》等反动剧目大肆贩卖新人民革命党黑纲领。鼓吹"內蒙没有工人阶级，不需要共产党领导，便可以通过"自发斗争"获得解放。

特古斯之流炮制叛国文学的第八大罪，大量翻印蒙修的策反文学作品，借以毒害广大蒙族农牧民。

一九五五年，特古斯及其党羽额尔敦陶克陶所把持的內蒙人民出版社大肆翻印纳楚克道尔吉的诗歌《我的祖国》鼓吹蒙修的幸福，自由美好。更恶毒的是将该诗歌长期塞入蒙语教科书中，模糊毒害青少年祖国概念。

至于蒙修的《蒙古语字典》《马列主义民族问题的几个问题》等书中则公然声"称南京是汉人的首都""拉萨是西藏的首都""乌兰巴托是我们蒙古国的首都"，幷宣称"什么我们统一民族的蒙古人民"是在苏联红军和蒙古人民军的联合力量打垮了日本帝国主义以后，才得到解放"等，对于这些混賬书刊，特古斯，额尔敦陶克陶以至索德那木之流捧若"圣经"，大量翻印出版。造成恶劣影响。

同时，他们翻译蒙修党歌、国歌、军歌，乃至《我的父亲乔巴山》之类的歌曲，精印６４开小本，发到牧区每个生产大队。

骇人听闻的是蒙修作家整理的所谓史诗《仁亲墨尔根》在內蒙畅通无阻，而外蒙还没有来得及发表的反动作品竟然在号称乌兰巴托分社的內蒙人民出版社获得通行证。

总之，特古斯反党集团利用文学作品叛国的罪行累累、馨竹难书。这笔帐 我们一定要算！算定了！要算到底！毛主席教导我们：**"以伪装出現的反革命分子，他们給人以假象，而将其眞象隐蔽得十分彻底"**現在泡制叛国文学的祖师爷哈丰阿、特古斯连同他们的大小嘍囉被革命群众揪出来了，这是毛泽东思想的伟大胜利！

哈丰阿、特古斯反党叛国集团，利用文艺形式，长期进行反革命活动的罪恶事实，证明了他们是一批极其顽固，极其阴险，极其狡猾的反革命分子，他们是蛇一样的恶人，随时在窥测方向，准备反扑。现在他们已经被革命的风暴吹进人民战争的汪洋大海，我们必须奋起毛泽东思想的千钧棒，打死这批落水狗！

毛主席说："**在现在世界上，一切文化或文学艺术都是属于一定的阶级，属于一定的政治路綫的**"。这一事实，充分证明了我们伟大领袖毛主席的英明论断。哈丰阿、特古斯之流就是属于地主、富农、牧主这一小撮剥削阶级的，他们所干的这一套，就是属于乌兰夫、哈丰阿叛国投修的反革命政治路线的。我们无产阶级革命派，必须牢牢地占领文艺舞台，让我们的文艺永远为工农兵，为社会主义服务，永远属于无产阶级，永远属于毛主席的 革命 路线！

这一事实，还给哈丰阿、特古斯死党残余一记响亮的耳光！你们想顽抗吗？你们想包庇吗？你们想死保到底吗？办不到！永远办不到！"假的就是假的，伪装应该剥去"！用叛国分子来装扮共产党员、革命干部是不行的，用三反分子、蒙修特务、反动权威、坏分子来装扮革命作家是不行的，用地地道道的叛国文学，来装扮社会主义文学，用毒草来装扮鲜花是不行的！一切伪装，都被无产阶级文化大革命的滚滚激流冲得一干二净，现出了这些妖魔鬼怪的原形。

同志们，战友们，让我们乘胜追击，将哈、特反党集团连同其主子——中国的赫鲁晓夫刘少奇，当代王爷乌兰夫批深批透，斗倒斗臭，将他们豢养的一批反动卖国文人统统揪尽，不获全胜决不收兵！

打倒中国的赫鲁晓夫刘少奇！

打倒当代王爷乌兰夫！

打倒哈、特反党叛国集团！

无产阶级文化大革命胜利万岁！

毛主席的革命文艺路线胜利万岁！

我们心中最红最红的红太阳毛主席万岁！万万岁！

徹底搗毀特古斯、義達哎、木倫反革命集團

內蒙医学院东方紅公社尧喜树同志发言

"过去說是一批单純的文化人，不对了，他們的人鑽进了政治、軍事、經济、文化、教育各个部門里。过去說他們好象是一批明火执仗的革命党，不对了，他們的人大都是有严重問題的。他們的基本队伍，或是帝国主义国民党的特务，或是托洛茨基分子，或是反动軍官，或是共产党的叛徒，由这些人作骨干组成了一个暗藏在革命阵营的反革命派别，一个地下的独立王国。"

千鈞霹靂开新宇、万里东风扫残云。

在我们伟大领袖毛主席斗私批修方针的指导下，在无产阶级文化大革命取得决定胜利的凯歌声中，我们呼和浩特无产阶级革命派以"舍得一身剐敢把皇帝拉下马"的大无畏气概，一举搗毀了乌兰夫王朝的文艺黑线，把乌兰夫在內蒙宣敎口的代理人特古斯揪了出来，好得很！就是好的很！

最近，我们內蒙卫生系统的革命派又穷追猛打，把特古斯的同党、卫生口大黑手、乌兰夫在內蒙卫生界的代理人义达嘎揪了出来，幷于十一日下午召开了卫生口大会进行批斗，与会同志用大量事实证明，义达嘎是一个地地道道的反革命修正主义，民族分裂主义分子。

就是这个义达嘎，窃取內蒙卫生厅大权卅年来，伙同特古斯、布赫、包正、呼尔钦之流疯狂的反党反社会主义、反毛泽东思想，大肆贩卖乌兰夫民族分裂的黑货。

还是这个出生于大恶霸大地主家庭的义达嘎，对党对毛主席刻骨仇恨，对于土改时家中被我党镇压二人，被愤怒的群众斗死五人的事件说什么："要不是共产党搞群众运动，我家还不会死这么多人！"这是共产党人说的话吗？不！是地地道道的阶级复仇分子！

· 21 ·

也是这个义达嘎，早在1946年就已经和特古斯之流结成死党，大搞叛国活动。

还是这个以特古斯义达嘎为核心而"暗藏在革命阵营的反革命派别"在"中央关于处理内蒙问题的决定"下达后，在以呼三司为代表的无产阶级革命派顶黑风，战恶浪击退了王逸伦、王铎、黄厚、王良太反党集团复辟资本主义的黑风之后，削尖脑袋极力往内蒙红色政权里钻，妄图窃取胜利果实，妄图在我们红色的政权中设置"反革命独立王国"。但当其反革命阴谋未能得逞，没有钻进内蒙红色的政权时，特古斯、义达嘎之流就上下串联，拉黑线，串黑爪，或策划于密室，或点火于基层，大反特反内蒙革委会筹备小组，特古斯之流把反筹备小组谓之曰："造反精神强"就是在他们的主持下，呼市地区导演了一场"蚍蜉撼树"的反筹备小组丑剧。特古斯、义达嘎黑手还伸进了内蒙古医学院。早在去年八月份，我们医学院的无产阶级革命派就把沈湘汉、刘璧、木伦揪了出来，并进行了多次斗批，大量铁一般的事实证明，木伦是我院最大的走资派，这一情况，特古斯、义达嘎之流了如指掌。但是，今年十月份，医学院却掀起了一股"解放木伦，结合木伦！"的歪风，致使反革命民族分裂主义分子木伦疯狂向医学院革命派反攻倒算，说什么："二年了，才听到有人叫我同志！我这才有了说话的机会了！"还流出了几滴眼泪。由于木伦的反攻倒算，严重的破坏了我院的大联合三结合。

阴风从何而来？是哪家的黑手在遥控医学院文化大革命？

黑手就是特古斯、义达嘎之流！

特古斯多次向医学院个别人叮嘱："木伦是二类三类干部，内蒙古人民革命党没多少问题嘛！"义达嘎同样也操着同一个调子说："木伦问题不大，打不倒，新内蒙人民革命党是进步的！"这里，问题已经清楚了，医学院解放木伦的歪风原来是从特古斯、义达嘎那里批发来的！

特古斯、义达嘎之流为什么要保医学院走资派木伦？为什么对医学院的运动如此感兴趣？让我们从历史追溯一下。

毛主席教导我们说："不但要看干部的一时一事，而且要看干部的全部历史和全部工作。"特古斯、义达嘎、木伦不但是现在结成死党，早在1945年，他们就已经与哈丰之流结成了反革命叛国集团，就成为"新内蒙人民革命党"的中央执行委员了！

"假的就是假的，伪装应当剥去！"

让我们看一看所谓"新内蒙人民革命党"到底是一个什么样的货色吧！

早在1925年10月，正当第一次国内革命战争蓬勃发展的时候。由民族上层知识分子白云梯、郭道甫等人组织了封建上层组织"内蒙古人民革命党"。

到1927年"4、12"大屠杀之后，蒋介石公开背叛革命，实行白色恐怖，疯狂的屠杀共产党人。白云梯、郭道甫之流吓破了胆，立即投靠了国民党反动派。

到1932年老牌民族分裂主义分子朋斯克、特木尔巴根又重新拼凑了反革命组织"内蒙古人民革命党"。并发展了哈丰阿等人为党员。

到1936年的时候，"内蒙古人民革命党的大部成员都投入了日帝国主义和蒋介石的怀抱。内蒙人民革命党的党魁哈丰阿就完全投降了日本帝国主义，充当了伪兴安总省的参事官，哈丰阿等人完全坠落为日本美国主义屠杀中国人民双手沾满革命人民鲜血的刽子手。

在1945年，伟大的中国共产党领导的抗日战争取得了伟大的胜利，同年8月15日日寇宣布投降。这时哈丰阿、特木尔巴根等老牌民族分裂主义分子看到桃子熟了，妄图窃取抗日胜利果实，又重新打起了"內蒙古人民革命党"的破旗，从而实现投靠蒋介石，实现內外蒙合併，分裂祖国统一的罪恶目的。

到1945年11月，哈丰阿、特木尔巴根等七人前往外蒙，要求实现內外蒙合併，直到12月底才回来，在外蒙干尽了反党叛国活动。从外蒙回来后，哈丰阿之流意识到再用"内蒙古人民革命党"这个臭不可闻的破旗已经无法活动下去，特古斯、义达嘎、木伦首当其冲地积极阴谋策划组织"新內蒙人民革命党"妄图继续搞叛国活动，与毛主席，党中央相对抗。与此同时哈丰之流也拚命的抓军队、抓青年、抓地盘，还着手起草党纲、党章。幷伙同特古斯、木伦、义达嘎等人于1946年1月16日拚凑所谓"东蒙自治政府"，在葛根庙举行了第一次代表大会，由博彦满都这个伪兴安省省长任政府主席，由哈丰阿这个伪兴安参事官任付主席。会后，哈丰阿就派代表到重庆向国民党南京政府请愿，要求蒋介石承认"东蒙自治政府"。同志们，这里哈丰阿之流拚凑反动政府投靠卖国贼蒋介石的阴谋不是完全暴露出来了吗！

1946年2月，哈丰阿、特古斯、义达嘎、木伦之流就发表反革命宣言，筹建所谓"新內蒙人民革命党"。终于在1946年3月1日在特木尔巴根家里举行会议成立了"新內蒙人民革命党"由哈丰阿这个老牌民族分裂主义分子任总书记、特古斯、木伦、义达嘎、阿思根等人任中央执行委员，幷由哈丰阿、特古斯、木伦、义达嘎等人共同起草了党纲、党章。就这样，一个对內投降蒋介石对外投降蒙修的组织又开始活动了。

所谓"新內蒙古人民革命党"的最高纲领就是："国民党是为人民服务的。""蒋介石先生发表给国内各民族自治于独立的声明，內蒙人民的解放运动得到了保障。""內蒙古根据内蒙古人民革命党的指示，……成为蒙古人民共和国的一部分。"党章明确规定："第一步应该统一內蒙古，为实现蒙古民族的团结统一和独立而斗争！""以之编入独立的蒙古人民共和国，"新內蒙人民革命党的总书记哈丰阿曾说："和贵党（指国民党）具有密切联系！""我们一定更加紧密起来（指和国民党）！""对于蒋介石先生的伟大的革命精神深感钦佩！"还有"内蒙古人民革命党与国民党是站在一条战线上的。……我们两方面的活动是分工协作的！"等等，等等，够了！够了！多么触目惊心！同志们，这里，新內蒙人民革命党党徒厚颜无耻地跪倒在人民公敌蒋介石的脚下，无耻之极的拜倒在蒙修脚下，对外投靠蒙修，妄图分裂祖国的罪恶阴谋暴露的多么充分！"看！新內蒙人民革命党不是地地道道的反动组织是什么？什么"新內蒙人民革命党"有点进步性，完全是荒谬绝论的！一点革命性也没有，而有的是彻头彻尾的反革命性。是反党叛国的阴谋集团！

历史的车轮绝不会倒转！

我们內蒙古一千三百万人民无限热爱毛主席，坚决跟着共产党，在毛主席的直接领导下，粉碎了哈丰阿、特古斯之流分裂祖国的阴谋！但是，哈丰阿、特古斯、义达嘎之流的滔天罪行却被当代王爷乌兰夫包庇起来，幷于46年"4、3"会议前后都拉入共产党內，致使这样一个厌大的蒙奸、特务、王公、牧主集团在內蒙又埋藏了二十年。廾年来又干尽了出卖祖国、分裂祖国的勾当！

是我们各族人民的伟大领袖毛主席亲自发动和领导的史无前例的无产阶级文化大革命，把乌兰夫、哈丰阿、特古斯之流揪出来了！红太阳照亮了內蒙古草原！

但是，"敌人是不会自行消灭的"，让我们紧跟伟大领袖毛主席的伟大战略部署，以斗私批修为纲，把乌兰夫的残党余孽来一个大扫除，让光焰无际的毛泽东思想的永远映红內蒙古草原！

最后让我们共同高呼：

打倒乌兰夫！

打倒宣教口的活閻王特古斯！

打倒义达嘎！打倒木伦！解放医药卫生界！

毛主席的革命路线胜利万岁！

我们伟大的领袖毛主席万岁！万万岁！

四-6

工人风雷

呼和浩特工代会主办
第七期　1967年12月15日

必须在各个工作部门中保持高度的警惕性，善于辨别那些伪装拥护革命而实际反对革命的分子，把他们从我们的各个战线上清洗出去，这样来保卫我们已经取得的和将要取得的伟大的胜利。

毛泽东

巩固红色政权

本报编辑部

内蒙古自治区革命委员会的成立，标志着我区无产阶级文化大革命进入了一个新的阶段。中国赫鲁晓夫及其在内蒙的代理人"当代王爷"乌兰夫垮台了，以毛主席为首的无产阶级司令部，在内蒙古地区取得了绝对的胜利。当前，自治区革命形势和全国一样，"形势大好，不是小好。整个形势比以往任何时候都好。"

在国内外一派大好形势下，内蒙古自治区的无产阶级文化大革命正向纵深发展。阶级斗争进入了更进一步挖掘修正主义社会基础的短兵相接的阶段，斗争的焦点仍然集中在一个"权"字上。这就是说，阶级敌人并不甘心他们的失败，"他们还要作最后的挣扎"，乌兰夫的死党残余分子正是这样干的。他们有的装死躺下，等待时机，反扑过去；有的则削尖脑袋，乔装打扮，钻进我们新生的红色政权。大量的事实证明，特古斯就是一个打扮成"左派"伸进我们红色政权里的一只罪恶的黑手。

呼三司革命小将继续高举革命"造反有理"的大旗，向内蒙古文艺黑线发动了猛烈的冲击，打破了内蒙古文艺界万马齐喑的局面，再一次为呼和浩特无产阶级革命派树立了榜样。

继呼三司革命小将冲破内蒙古文艺黑线的缺口之后，呼和浩特决心把无产阶级文化大革命进行到底的无产阶级革命派，"敢"字当头，把乌兰夫的死党、内蒙宣教口的活阎王特古斯揪出来了。他们为无产阶级文化大革命立下了新的功劳。

揪出反革命修正主义分子、民族分裂主义分子特古斯，这是对乌兰夫反党集团的一个最沉重的打击，是对乌兰夫的死党残余分子的当头一棒。这一革命行动好得很！它大长了无产阶级革命派的志气，大灭了阶级敌人的威风。揪出特古斯不仅丝毫无损于内蒙古自治区革命委员会的正确领导，而且对于巩固红色政权，加强无产阶级专政，有着十分重要的意义。

呼市广大无产阶级革命派揪出特古斯的事实再一次雄辩地证明，毛主席关于"形势大好的重要标志，是人民群众充分发动起来了。从来的群众运动都没有像这次发动得这么广泛、这么深入。"是颠扑不破的伟大真理。揪出特古斯正是"人民群众充分发动起来了"的结果。不管阶级敌人多么狡猾，伪装得多么好，都是逃不脱毛泽东思想的阳光的，都是逃不脱毛泽东思想武装起来的革命群众的。

但是必须看到，在我们无产阶级革命派内部，还有那么一些人，他们面对着内蒙文艺界文化大革命的暴风雨很不理解，领导不得力。他们按兵不动，踟蹰不前，生怕沾边，说什么"文艺界这行离我们远，隔行如隔山，还是不介入的好。"我们必须对这些同志大喝一声："所谓不介入是假的，早已介入了。"我们工人阶级是无产阶级文化大革命的主力军，我们一定而且必须介入，关键是介入那一方的问题。在严峻的阶级斗争面前，冷漠相待，袖手旁观是不行的！摆在这些同志面前的严重任务是：是把无产阶级文化大革命进行到底，还是半途而废？！

阶级斗争的规律告诉我们，历史进程的每一个重要关头，各个阶级、各个阶层的人物都要登台表演。革命的阶级是这样，反革命的阶级也是这样。当前，在呼市地区，就有一些别有用心的家伙，乘无产阶级革命派揪斗特古斯之机，到处散布流言蜚语，煽动民族情绪，挑拨造反派组织之间的关系，制造混乱。一些以极"左"面貌出现的人物，也乘机跳了出来，他们大喊大叫，扬言要混战一场，极力转移和干扰斗争的大方向。

革命每前进一步，阶级敌人总是要从"左"的或右的方面来动摇无产阶级司令部。但是，他们总是"搬起石头打自己的脚"，他们是注定要失败的。

阶级斗争的规律是不以人们的意志为转移的，革命的洪流是谁也阻挡不住的。让我们精神抖擞地投入这场战斗吧！

打倒特古斯！
把无产阶级文化大革命进行到底！
加强无产阶级专政！
巩固红色政权！

反革命修正主义分子民族分裂主义分子特古斯的罪行

呼和浩特市革命造反派专揪黑手联络站　内蒙古揪叛联络站

特古斯是钻进我党、隐藏升年之久的反革命修正主义、民族分裂主义分子，是乌兰夫、哈丰阿的死党。

特古斯出生于大地主、大官僚、大贵族家庭。其父李青龙，是哲里木科右中旗一带有名的恶霸地主。日寇侵入东北后，经日寇忠实走狗、伪满兴安总省参事官、卖国蒙奸哈丰阿的保荐，李青龙当上了伪满科右中旗旗长。（"青龙"就是蒙古的皇帝的意思）。

李青龙在其主子日本鬼子和哈丰阿的豢养下，一直狗仗人势，残酷剥削和压迫蒙汉劳动人民。

特古斯的叔叔就是罪恶累累的李天霸，是大恶霸地主，是伪满时候的警察署长，日寇投降后当了土匪头子，是哈丰阿父亲北霸天（也叫西霸天）手下的一员大干将。

由于特古斯一家罪恶滔天，科右中旗贫下中农、蒙汉各族人民对他们恨之入骨。杀人不眨眼的李天霸，被广大贫下中农抓到后，是用锥子刺死的。由于特古斯的直接包庇，李青龙避开了土改斗争，一直逍遥法外。特古斯把这个历史反革命接到呼市和北京，明目张胆地安插在参事馆、工业厅、历史研究所、中央民族学院附中等单位工作了多年。一九六○年夏天，精简人员时人事局按退职处理了李青龙，特古斯对此表示反对，他为了不让革命群众在政治上接地主、官仃对待他的狗老子。为了长期为他狗老子领取退休金，享受退休国家干部待遇，经过私下活动，由哈丰阿批准，人事局不得不改做退休处理。特古斯的这个狗老子一直住在师范学院，对贫下中农欠下的血债一直没有还，贫下中农的血泪帐一直没有和他算。

特古斯就是生长在这样一个罪恶累累的黑家庭里。日本鬼子和哈丰阿叛国集团不但高抬他狗老子李青龙，而且也特别赏识他，为了培养他们的亲信爪牙、第二代，1942年，特意选送特古斯到伪满建国大学"深造"。伪满建国大学，是日本帝国主义专门培养法西斯党徒的最高学府，校长就是卖国汉奸、战争罪犯、伪满国务院总理张景惠。

特古斯也的确不辜负他的主子——日本帝国主义和哈丰阿叛国集团的培养深造，早在就学时期，就组织了一个所谓的"兴蒙党"，这时候在内蒙西部地区也有"成吉思汗"出现，他们都是高唱"成吉思汗的子孙团结起来，复兴蒙古，统一蒙古"，和哈丰阿、乌兰夫的内外蒙合併，复兴蒙古，统一蒙古独立，都是一路反动货色！

日寇投降后，特古斯又伙同哈丰阿等人"根据蒙古人民革命党应地下化"的黑指示，组织了所谓的"新人民革命党"，公开打出"内外蒙合併"的旗号，把他学到的一套卖国伎俩，继续发挥在把我们伟大祖国出卖给蒙修的罪恶勾当上。特古斯任这个反革命集团的中央执行常青年部长兼青年团总书记、报社社长等职务，是这个所谓的"新人民革命党"反革命集团的显要人物、核心人物。

一九四六年初，哈丰阿叛国集团打着"人民革命党"的幌子，第二次去蒙修，根据蒙修黑指示，回国后便和特古斯、额尔敦陶克陶、木伦等共同策划，积极组织并亲自参加所谓的"内外蒙合併签名运动"，他们为了尽快达到内外蒙合併的罪恶目的，丧心病狂地大造内外蒙合併的舆论和声势，竟不惜采取极端卑鄙的手段，叫一个人签好几个人的名字，虚报人数，向他们的蒙修主子讨好。签名运动失败后，特古斯背叛祖国，畏罪潜逃蒙修，逃到海拉尔，没有得逞。

当时，"新内蒙人（下转二版）

反革命修正主义分子民族分裂主义分子特古斯的罪行

（上接一版）　民革命党”这个反革命集团还搞出了个党纲党章，特古斯就是起草人之一。特古斯在用蒙文起草后，还翻译成了汉文。在这个黑纲领里，公开宣扬“内外蒙合併”，明目张胆地抵制伟大的中国共产党和英明的领袖毛主席的领导，公开鼓吹直接接受蒙修人民革命党的领导。当时哈丰阿、特古斯之流到处胡说什么“内蒙沒有工人阶级，所以不能成立共产党，更不能接受中国共产党的领导。”对我们伟大领袖毛主席、伟大的中国共产党恨入骨髓，对蒙修却亲得五体投地。当时特古斯还写了个内蒙人民革命党青年团团歌的歌词，公开鼓吹民族分裂、内外蒙合併。

一九四六年初，特古斯伙同哈丰阿、特木尔巴根等，在“人民革命党”党纲指导下，一方面疯狂地搞所谓“内外蒙合併”签名运动，一方面又迫不及待地在乌兰浩特成立了“东蒙政府”，为所谓“内外蒙合併”、“实现蒙古统一”迈出第一步。他们当时还通电人民公敌蒋介石，还派玛尼巴达拉、桑杰扎布、阿成嘎等七人代表团去重庆、向蒋介石请愿，要求承认东蒙黑政府。（玛尼巴达拉是国民党特务，已被处理。阿成嘎是木伦的叔叔，前几年，因为搞民族分裂被捕，现在在公安厅扣押。）

一九四六年四月三日在承德召开所谓“四·三”会议，乌兰夫派黑帮分子克力更去乌兰浩特，把哈丰阿、特木尔巴根、特古斯等请来。由于他们民族分裂的目标一致，马上达成了搞所谓“内蒙自治运动”的协议，实际上是搞了自由联邦运动。

一九四七年初，乌兰夫黑帮逃避国内战争，从张家口跑到乌兰浩特避难。特古斯伙同哈丰阿肉麻地巴结乌兰夫，象迎接皇帝一样迎接了乌兰夫。过去，迎接皇帝放皇灵礼砲，当时，乌兰浩特沒有这玩艺儿，就放眞砲实弹，结果把贫下中农的牛马炸死了不少。当时，特古斯伙同哈丰阿之流，合谋炮制出“云泽万岁”、“哈丰阿万岁”、“云泽是太阳”、“云泽是救星”、“云泽是旗帜”等等反动标语口号，大造反动舆论，疯狂反对内蒙人民喊“毛主席万岁”。乌兰夫看到这种情形，非常高兴，马上和特古斯、哈丰阿之流同流合污，亲如一家。他们在内蒙自治政府成立时，又共同抛出“实现自治，争取自决”的反动口号。

乌兰夫黑帮与哈丰阿叛国集团合伙以后，把人民革命党徒和蒙修特务几乎全部拉进中国共产党内，安插在党、政、军、文化教育各个主要领导岗位上，包庇重用。内蒙自治政府成立时，乌兰夫竟把哈丰阿这样一个身兼日本和蒙修两国特务的老反革命、老卖国贼抬出来当付主席，政府里大部分都是人民革命党徒，眞正的中国共产党的代表寥寥无几。哈丰阿当人民政府付主席、参加中国共产党并当上自治区党委委员，这是世界奇闻，入党后补期据说是三个月，这更是世界奇闻！特古斯虽被乌兰夫黑帮拉入党内，但却不承认中国是自己的祖国。有一天特古斯走在乌兰浩特街上，后面忽然有人问他：“你的祖国在哪儿？”特古斯好半天答不出来，后来，他感到入了中国共产党，答复外蒙是祖国不好开口，于是才吞吞吐吐地答复出“中国”两个字。

在乌兰夫黑帮的包庇重用下，特古斯成了一个青云直上的人物。廿年来，先后任过内蒙党校付教育长、东部区党委委员、内蒙党委宣传部秘书长、哲盟盟委书记兼盟长、内蒙党委宣传部付部长、内蒙党委委员、八大代表等要职。多年来，尤其是赫鲁晓夫、泽登巴尔上台以来特古斯披着共产党员外衣，利用内蒙党委委员宣传部付部长职权之便，操纵报刊广播、出版教育、蒙文蒙语等，公开鼓吹“内外蒙合併”，公开喊出“英明的领袖泽登巴尔万岁”“内外蒙首都乌兰巴托”等反动口号。另一方面还暗地包庇和纵容了很多叛国逃蒙案件和民族分裂主义分子。现将特古斯在这方面怎样适应了蒙修文化侵略的一系列罪行揭露如下：

语文工作方面

内蒙语委在特古斯、额尔敦陶克陶、郭文通等民族分裂主义分子把持下，多年来，已经成了乌兰夫、哈丰阿、特古斯之流进行反党叛国活动的舆论黑店和蒙修乌兰巴托的分所。这个黑店的老板就是语委党组书记特古斯。

１９５７年７月，特古斯在乌兰夫旨意下，派蒙修特务、人民革命党组织部长额尔敦陶克陶为首的几个民族分裂主义分子，出国去蒙修，打着内外蒙语言文字统一的幌子，公开进行叛国活动。两个月期间，为了装璜门面，只开了九天的会，其余时间都是私下黑活动。蒙修部长会议第一付主席曾德，接见额尔敦陶克陶时曾问：“我们内外蒙何时才能合併呀？”额尔敦陶克陶等毫不含糊地说：“现在咱门不是正在搞文化上的统一吗？”额尔敦陶克陶等在出国前和回国后，都私下受到乌兰夫的接见，并给乌兰夫单独汇报，每次接见和汇报时，都由特古斯陪同。在出国前的单独接见中，特古斯伙同乌兰夫，确定了一个民族投降主义原则：如果在内外蒙名词术语统一问题上双方发生矛盾时要服从外蒙。在回国后的单独汇报中，说到内外蒙合併时，乌兰夫很感兴趣地反问：“从哪边合併呀？”总之，他们在出国期间，背着我国大使馆进行了一系列私下叛国活动，回国后又背着党中央毛主席，把内外蒙合併的眞实情况，私下向乌兰夫、哈丰阿、特古斯汇报。有确凿的物证表明：额尔敦陶克陶等出国前，特古斯还亲自做过三点黑指示，其中一条就是商谈内外蒙合併问题。

在他们出国前的一个月，特古斯、额尔敦陶克陶等曾回信给蒙修的高等教育委员会，表示同意成立内外蒙名词术语统一委员会邦４３人委员会。蒙修方面参加１７人，内蒙２３人，主任和付主任委员３人。他们为了私下搞内外蒙合併，不经请示党中央毛主席同意就成立了这个黑组织。

特古斯一伙把持着语委，疯狂地推行蒙修的斯拉夫文字，妄图先从语言文字上统一，进而达到内外蒙合併的目的。１９５７年９月，周总理在青岛做了有关语言文字工作的重要指示，可是，特古斯之流对总理指示却阳奉阴违，拒不执行，虽然不敢再推行斯拉夫文字了，但在借词问题上仍继续大做文章。当时中央发下文件，提出“吸收汉语借词是少数民族语文发展的必然趋势”，可是特古斯之流不但不执行，反而指示额尔敦陶克陶等，公开抵制篡改中央精神，抛出了一个所谓“四类地区文件”的黑纲领与中央对抗，为乌兰夫鼓吹的“大学蒙语蒙文”提供了理论根据。他们为了妄图在语言、文字、名词术语上与蒙修“三统一”，顽固地排斥汉语借词，疯狂地叫嚣“一挖，二创，三借”，主张蒙语缺少的词汇，宁可挖出蒙古族古代语言，也不借用汉语；宁可创造新的蒙语词汇，也不借用汉语；借用也不借用汉语，而是借用俄语或蒙修的词汇。请看！他们在分裂伟大祖国，反对先进的汉族老大哥方面，丧心病狂到了何等地步！

特古斯把持下的内蒙语委，还把我们伟大祖国珍藏的稀有国宝和珍贵资料，大批地奉送给蒙修，并搜集蒙修的资料，汇编《汉蒙简略词典》。额尔敦陶克陶洋洋得意地说，这个词典在与蒙修名词术语统一上打下了良好的基础。特古斯和额尔敦陶克陶把这个黑词典送到蒙修手里，受到蒙修极大喝采。

特古斯把持的内蒙语委，还搞了个出口刋物《蒙古语文》，在这个刋物上他们明目张胆地称呼蒙修为“我国”，狂妄地宣传“南至长城，北至贝加尔湖，东至黑龙江，西至青海高原”，“蒙古必须统一力量”。在这个刋物上，还大放“蒙古一贯独立论”和“满蒙非中国论”等大毒草出笼。在连载的《初子国文》第一册第四十一课里，大力煽动蒙族人民往蒙修跑，并把内外蒙作家不区分国籍，统称为“我们的”。如把蒙修的达·纳楚克道尔吉、策达木丁苏荣、达·僧格、博·仁亲同我国内蒙古自治区的纳·宙音超克图、巴·布林贝赫并列起来，统称为“我们的”。这个刋物还把反汉的土匪、叛国投敌分子陶克陶歌颂成“起义领袖”、“民族英雄”，胡说什么陶克陶代表了蒙古族人民的利益和希望。这个刋物还极力吹捧蒙修特务纳·宙音超克图，肉麻地赞美他的民族分裂主义内容的作品，对他写的歌颂日本帝国主义侵略中国的《富士山》大加赞扬，把他鼓吹内外蒙合併的《乌兰巴托颂》也捧到天上。此外，对民族分裂主义分子其木德道尔吉的《西拉木伦河的浪涛》、葛热乐朝克图的《路》，以及玛拉沁夫的大毒草《茫茫的草原》等都大加宣扬和吹捧。还是这个刋物，１９５９年刋载过义都合希格、黄方敬合写的《论中国旧民主主义革命时期蒙古人民反帝反封建运动》一文，文中公开煽动反汉排汉说：“在热河人民的起义中，汉人杀了蒙古人。汉人是国内统治民族之一，因此，反帝反封建的阶级斗争的实质，总是以反对汉人的民族斗争的形式表现出来。”明目张胆地和毛主席的**“民族斗争，說到底，是一个阶級斗爭問題。”**英明论断唱反调，公开宣扬乌兰夫的“阶级斗争的实质是民族斗争”的反革命理论。

出版工作方面

特古斯除自己直接把持外，并派蒙修特务、人民革命党骨干索德那木担任出版社社长。在他的亲自指挥下，多年来出版了大量的蒙修书刋和逃亡国外的叛国分子的作品，索德那木还亲笔给写序言。使出版社实际上变成了乌兰巴托分社。

出版的教科书，一直到1963年为止，每年都原封不动地搬来蒙修教材。刚上学的蒙古族儿童，翻开第一页就念道：“我们的首都乌兰巴托”。蒙古族青少年由于中毒很深，有的参加叛国逃蒙案件，有的给蒙修报刋投稿，歌颂蒙修为“祖国”、“泽登巴尔是救星”。科右中旗就有一个十二岁的小孩给蒙修《青年眞理报》写过一首类似内容的诗，受到蒙修头目桑布的赞扬，说这首诗说出了内蒙同胞的心里话。

出版社出的蒙修毒草《人民英雄马克宙尔札布传略》一书里竟说：“兄弟的内蒙人民，在汉人的殖民统治下解放出来，和血肉相连的外蒙合併成立统一的国家。”在出版的其它书中还出现了“我们的领袖乔巴山”、“我们的首都乌兰巴托”、“中国首都在南京”、“拉萨是西藏首都”、“维吾尔国”、“西藏国”等等分裂祖国的谬论。甚至到1959年国庆十周年的时候，还出版老牌蒙修特务纳·宙音超克图的大毒草《乌兰巴托》，公开鼓吹内外蒙合併。在特古斯尝识下，这首诗竟被放到国庆献礼诗集的头条，并得了一等奖。

1959年，特古斯亲自参加编写和公开出版的《内蒙古自治区概况》这棵毒草，大力宣扬封建反动文人尹湛纳希的《青史演义》和《一层楼》等黑货。以后不久，特古斯指示并审批出版社出版了这两个黑货，公开为乌兰夫的资本主义复辟和民族分裂制造舆论。

近年来，经过特古斯批准，还公开出版了《嘎达梅林的事跡》和《陶克陶传略》、《蒙古秘史》等黑货。《嘎达梅林的事跡》里，借嘎达梅林之口，疯狂叫嚷“黑龙江、沈阳、内蒙、热河、绥远等地不是中国领土。”重弹日本帝国主义早已弹过的“满蒙非中国论”的烂调，为他们分裂祖国、内外蒙合併制造反革命舆论。

1963年特古斯亲自抓了图书质量检查以后，出版社抛出的黑货就更多了。如苏修的《文艺学引论》以及《泣红亭》、《路》、《汉哈冉慧传》、《海瑞报恩》、《鲁宾逊漂流记》、《阿凡提的故事》、《蒙古源流》、《智勇的王子喜热图》、《沙格德尔的故事》、《碧野春风》、《远域新天》、《红色的瀑布》等等名牌黑货，都一古脑儿抛出来。

报 刊 方 面

内蒙日报蒙文版在特古斯把持下，多年来一直为内外蒙合併制造舆论。特古斯选派蒙修特务玛尼扎布担任蒙编主任。在特古斯的“蒙文报要办出自己的特色”的黑指示下，多年来，原封不动地转载蒙修　（下轉四版）

内蒙古人民革命党的丑史

"内蒙古人民革命党"（简称"内人党"）的前身是"内蒙古国民党"。"内蒙古国民党"于一九二五年十月在张家口成立，领导人是白云梯、郭道甫，这个党是一个由封建地主、牧主、王公、贵族所拼凑成的反革命大杂烩。党魁白云梯是忠实追随蒋介石坚决与人民为敌的国民党死党分子，一九二七年蒋介石发动反革命政变，白云梯受到蒋介石的青睐，当上了国民党的中央委员。同年，内蒙古国民党在乌兰巴托召开第二次会议，改名为"内蒙古人民革命党"（认为内蒙古没有工人阶级，所以不需要共产党，同时为了与"蒙古人民革命党"取得一致，以利于合并，故改名为"内蒙古人民革命党"）。总部设在乌兰巴托。这个党成员极其复杂，由于某种原因，于一九三六年解散。

与此同时，一九二九年朋斯克、特木尔巴根受第三国际派遣至内蒙工作，朋等回国后即自行脱党，并于一九三二年初在日本操纵的"内蒙古自治军"中发展了哈丰阿等人为"内人党"员。在日本统治时期，哈、朋、特等都是日寇的忠实奴才和特务，出卖祖国，出卖民族，作尽坏事，丧尽廉耻。

一九四五年"八·一五"后，哈丰阿纠集蒙奸、日特、王公贵族，公开扯起了"内人党"的黑旗。他们用聘请党员，追赠党令，捏造党史等恶劣手法拼凑班子。八月底，在王爷庙（即今乌兰浩特）召开首次党员大会（共二十七人，实到二十三人），选举了宝音满都、特木尔巴根、萨×××、哈丰阿等十三人为执行委员（又候补委员丑人），哈丰阿为秘书长。这个党的主要头目哈丰阿、朋斯克、特木尔巴根、特古斯、额尔敦陶克陶等等，不是蒙奸、日特、苏蒙修情报员，就是反动的民族上层、王公、牧主、地主、土匪头子。真是牛鬼蛇神，乌龟王八，应有尽有。

一九四五年九、十月间，"内人党"的主要活动是搞内、外蒙合併签名运动。这年底，哈丰阿率代表团混赴蒙古进行卖国活动。

一九四六年二月，哈丰阿由蒙古返回，宣布解散"内人党"，并着手组织秘密的新人民革命党。二月二十五日，这批老蒙奸敌特易墨登场，组成东蒙人民自治政府，选举宝音满都为政府主席，哈丰阿为秘书长。

一九四六年四月三日召开承德会议，决定成立"内蒙古自治区运动统一联合会"，撤消了东蒙自治政府，成立兴安省。

一九四七年四月，哈丰阿再次潜入蒙古，进行阴谋活动，接着哈丰阿重新筹组"内人党"。

无数的事实说明，"内人党"实际上是蒙古人民革命党的一个分部。它的唯一宗旨和全部活动就是反对中国共产党的领导，阴谋把内蒙古从统一的祖国大家庭中分裂出去，搞内外蒙合併，它同国民党勾搭搭，无耻地颂扬人民公敌蒋介石，公开声明"内人党"和国民党是"分工合作，殊途同归"。

他们中的一些主要头目，过去是日本的特务，日本垮了，又当上了蒙修的情报员，勾结蒙修特务，窃取我党、政、军各方面的情报。

过去所谓内蒙的两条路线斗争，在上层，在哈丰阿和乌兰夫之间只不过是大狗和小狗，饿狗和饱狗之间的狗咬狗之争。实际上，是乌兰夫追反毛主席的革命路线，继承了哈丰阿的"内人党"的衣钵。请看，就是这样一个蒙奸败类、地主、王公所组成的"内人党"，就是这样一批罪大恶极的无耻党棍，却被"当代王爷"乌兰夫看中。一九四六年"四·三"会议后，它的多数重要党徒就被乌兰夫拉入中国共产党里。哈丰阿分裂祖国的衣钵由乌兰夫继承了过来，披着中国共产党的外衣，继续去完成"内人党"所未完成的"事业"。

二十多年来，这些混入党内而且坚持不改的"内人党"主要党徒互相援引，窃取了内蒙古自治区的党、政、财、文大权。特别是在文化、教育、新闻、出版界，"内人党"徒更是满布要津。他们利用职权，实行资产阶级专政，为乌兰夫叛党叛国的反革命阴谋大作舆论准备。

事实表明，"内人党"虽然在一九四六年二月末宣布解散，但事实上，虽死而不僵，它曾经一而再，再而三进行重建，妄图东山再起。"内人党"的阴魂，时至今日不散。它的多数主要党徒或者继续隐瞒身份，或者拒不交待罪行，稍有风吹草动，就蠢蠢欲动，以求一逞。当然，过去为非作歹，至今而又坚持不改的只是那些极端反动的"内人党"头目，一般被欺骗被利用的普通"党员"和某些曾经是活动分子而现在已确有改正的人，不可以等同看待。

一九五六年七月，由乌兰夫把持下的内蒙古党委审干办公室曾经给"内人党"搞过一个结论性的文件——"关于内蒙古人民革命党的情况"，这个文件极尽混淆是非，颠倒黑白之能事，日特在所谓"内蒙人民解放宣言"中的无耻吹嘘誉之为"反对帝国主义"，把这班泛蒙古主义者分裂祖国、反过极内，搞内、外蒙合併的罪恶活动誉之为"反对民族压迫"，把这班封建王公坚决反对中国共产党的领导，投机于共产党与国民党之间的卑劣行为誉之为"有与共产党作朋友的思想基础"。文件甚至极尽奴颜婢膝，说什么当时"认为蒙古人民共和国是人民革命党，内蒙古自然是人民革命党领导"，什么"九·三"以后，"内蒙古前途尚未澄清，故有个别蒙古人民共和国的同志表示内蒙古应发展人民革命党"，什么"人民革命党当时号召是反对帝国主义和大汉族主义，内蒙古自治（有的主张独立与蒙古人民共和国合併）"等等，尽力为"内人党"涂脂抹粉，开脱罪责。乌兰夫包庇"内人党"招降纳叛的滔天罪行，谈起来真是令人发指。

"内人党"的罪恶历史，长期以来被乌兰夫颠倒了，我们要把被颠倒了的历史再颠倒过来，彻底根除民族分裂主义、泛蒙古主义的反动影响。目前，我区文化大革命的形势一派大好，在全区"斗私，批修"的高潮中，乌兰夫的代理人、哈丰阿的死党、"内人党"党魁之一，该党青年部部长、"内人党"卵翼下的青年联盟总书记、"内人党"机关报总编辑、反革命修正主义分子、民族分裂主义分子特古斯被揪出来了。这是毛泽东思想的伟大胜利，这是毛主席革命路线的又一伟大胜利！

◇◇◇◇◇◇◇◇◇

附 件：
◇◇◇◇◇◇◇◇◇

一、疯狂分裂祖国，大搞内、外蒙合併

"内蒙古根据内蒙古人民革命党的指导，从此加入在苏联和蒙古人民共和国指导之下，成为蒙古人民共和国的一部分，以期完成解放。在国家组织完成以前，根据人民战线的原则，临时组织内蒙古人民解放委员会，迅速恢复地方秩序，以便教育、产业、内政、外交、财政、卫生、交通、建设一切都跟袭蒙古人民共和国的成轨，推行合作的基础工作。"

——《内蒙古人民解放宣言》1945.8.18

"将来阶段：蒙古民族革命与民主革命得到彻底胜利后，革命的任务是……在蒙古实现社会主义与共产主义的制度而奋斗，以之编入独立的蒙古人民共和国，合流共为自由和平富强新兴国家的基典。"

——（内）蒙古人民革命党党章（草案）

"所作的事情：向人民群众进行宣传'合併外蒙'，地方上搜集合併外蒙的志愿书。"

——"内人党"东蒙本部第三次执行委员会记录（哈丰阿工作总结报告）

"根据八月十八日发布的内蒙古人民解放宣言，成为人民共和国的一部分而努力。尽力往乌兰巴托尔派人联络……

……我党从来就受苏联及蒙古人民共和国的领导，并内蒙二百万人民群众坚决要求合併蒙古人民共和国，我党也继续不断地积极努力着。"

——"内人党"指示（关于对外蒙关系问题）1945.9.14

"东蒙各旗代表，代表共各个本旗的人民，为要向元帅乔依巴桑呈递和蒙古人民共和国合併的意愿书，都赶到王爷庙来了。"

——致喜索伦外蒙军队为取联系书1945.10.10

"据民众的愿望及现在形势的发展的缘故，坚决相信全蒙古的合併，除现在的好机会而外，共他无有好的机会。"

——致乔巴山、策登巴尔书1945.8.18

"组织旗联合会，通过这个会广泛召集民众的和外蒙合併的意见，使其代表们以会议形式的决议，列为书面，要各代表署名画押，来提出正式的要求。"

——"内人党"东蒙党部指示1945.9.30

"今派遣党员到外旗，宣传与外蒙合併一项，达到人民意志的统一，要说明长期盼望的民族统一的良机已临。若失此良机，终不复回。特别希望你们要结合当地实际情况，领导他们，唤起他们与外蒙合併的意愿。若有意愿者，连名给蒙古人民共和国总理乔巴桑递志愿书，书上要详细住址、姓名，画押（意愿者不分男女性别）后，尽速交来本部。"

——"内人党"东蒙党部指示1945.10.7

"……同时须要向民众宣传内蒙和外蒙合併的重要性，争取他们的意见，有同意者，不分性别地要他们按指纹，上书蒙古人民共和国总理乔巴桑。"

——"内人党"东蒙党部致吴××书1945.10.7

"希望你帮助我们……从事党的工作，很好地向民众宣传和蒙古人民共和国合併的来由，争取民众意见。同意者，不分男女性别，使他们按指纹写给蒙古人民共和国元帅乔依巴桑的书，迅速送给我们。"

——"内人党"东蒙党部致白××书1945.10.7

二、顽固反对中国共产党的领导

"……和友帮中国的革命政党（按：指中国共产党）紧密提携（按：真不失一副下贱的奴才相，满口协和语），以期公平彻底地解放蒙汉民族问题。"

——《内蒙人民解放宣言》1945.8.18

"……本党领导团结蒙古各界人士联合中国共产党、外蒙人民革命党、国际共产党及各民主势力，发动与组织蒙古人民彻底肃清法西斯残余。"

——"内人党"党章（草案）

"我党创始以来，就接受苏联和蒙古人民革命党的援助，为使今后的关系更加密切，和中国共产党一兄弟党有亲密团结之必要。……按社会经济发展的特殊性，暂勿需要组织共产党。"

——"内人党"东蒙党部指示1945.9.9

"为使党的工作进展，务须与中国共产党紧密联系，因此，××
（下转四版）

反革命修正主义分子民族分裂主义分子特古斯的罪行

（上接二版） 　　《真理报》的文章、作品和社论，大量登载区内民族分裂主义分子和蒙修特务的大毒草。仅以1959年到1962年统计，民族分裂和反党反社会主义反毛泽东思想的大毒草就发表了近百篇。如在1961年12月发表的一篇文章中，竟挖心劫物地宣传历史上蒙古大帝国的版图，说东至太平洋岸，西至天山山脉，南至万里长城，北至西伯利亚大草原，中心是色楞洛河（也就是乌兰巴托）。这种宣传的目的，就在于阴谋分裂祖国，企图扩张地盘。

特古斯多次强调，在蒙文报上要报道蒙修的建设情况，而不宣传中国对蒙古的援助。1961年，当蒙修建党四十周年时，也正值我们中国共产党成立四十周年。那一时期，特古斯直接看报纸大样，为蒙修出版了八个整版的专页，五十三篇稿子，大张旗鼓地宣传蒙修的三大自由，而对中国共产党成立四十周年只刊登了十六条消息，尤其不能容忍的是特古斯看大样时，把中国援助蒙古的一段文字给抹掉了。

1962年蒙修头子泽登巴尔来中国划中蒙边界时，蒙文报上竟歌颂泽登巴尔说："英明领袖泽登巴尔万岁！"更令人不能容忍的是把毛主席的照片放在一版的最下栏，只有两寸大，上边却放了一个八寸大的一个大白肥猪照片。

特古斯把持的内蒙古日报，还经常宣扬所谓成吉思汗的陵墓。1962年成吉思汗诞生八百周年纪念时，内蒙日报上发表了《成吉思汗年考》和《成吉思汗编年大事记》。1963年，哈丰阿在《内蒙的新春天》一诗中说："祖先成吉思汗的陵墓，是民族英雄尊严的纪念碑。"1962年民族分裂主义分子敖德斯尔的散文《额济淖尔》（也就是母亲湖）中说："成吉思汗咀里的糖块掉下的地方，一夜之内就出了一个饶子般的明池，从此锡林草原的牧民们称额济淖尔的食盐是成吉思汗所恩赐的祭盐。"

特古斯把持的内蒙日报，大力挑拨民族关系，制造民族分裂，大量制造内外蒙合併的黑舆论。1957年，蒙修特务玛尼扎布在《会见学者波·仁亲》一文中，对蒙修表现出了一种最可鄙的奴才相，说："我们一见如故，我亲切而恭敬地说了一声'仁亲先生'。我们象同自己的老人一样和波·仁亲闲谈，学者波·仁亲象教训自己的子弟一样，这是多么温暖亲切呀！"等等，他还在文章中把汉语当成外文，明目张胆地鼓吹民族分裂。玛尼扎布在同一年发表的另一篇叫《舞蹈教师杜拉嘎尔苏荣》一文中，竟卑贱到称呼一个年青的蒙修女舞蹈教师为"老人"、"母亲"，并大喊大叫所谓"哈拉哈（也就是蒙修）的共同事业万岁"。醉翁之意不在酒，他所以称呼年青蒙修的女人为"老人"、"母亲"，并不是称呼这个女人的本人，而是称呼蒙修为"母亲"。还是这个玛尼扎布，还是在同一年，写了一首《致乌兰巴托》诗，诗中说："乌兰巴托，乌兰巴托这温暖而亲切的名字，你使血肉相连的亲戚们高兴。"明目张胆地鼓吹内外蒙合併。1961年巴杰在《中蒙友谊颂》里竟喊出了"英明的领袖泽登巴尔万岁！"，《两匹骏马》一文，更是鼓励外逃蒙修，赞扬民族分裂主义分子的所谓"反抗精神"的大毒草。

特古斯把持的内蒙日报，还放出了大量的反党反社会主义反毛泽东思想的毒箭，如特古斯直接指示连载《沙格维尔的故事》这株大毒草，说沙格维尔是内蒙的刘三姐，指示内蒙日报大登特登。在特古斯的这种黑指示下，内蒙日报在登载这株毒草时，还格外加了个编者按语。可见这支毒箭的射出，是经过特古斯一伙精心策划的。沙格维尔的故事四十五篇，篇篇矛头指向我们党、我们的毛主席和社会主义，有力地配合了一九六二年蒋介石叫嚣反攻大陆和帝修反的反华大合唱。特古斯为什么选1962年这个时机，替《沙格维尔的故事》等大毒草的出笼大开绿灯呢？主要目的就是要达到借沙格维尔的口，大骂特骂共产党、毛主席和社会主义。如其中一篇《丑年》里写道："岁逢丑年灾难多，兵荒马乱起干戈，离奇怪事处处遇，牛跳神来鬼唱歌。黑军来了民涂炭，黄军来后家室空，君主专制虽改换，百姓仍处苦海中。日月无光天地昏，黑白浑浊分不清，四野萧疏人烟少，百姓苦难比海深。"请看！对我们党和社会主义骂得多么狠毒！也是在1962年，报上还出现："如今的世道呀，有冤没有地方诉说，有理没有地方伸张，凄惨的生活目不忍睹，幽幽孤魂到处游荡。"请看！这又是多么恶狠的词句啊！

特古斯把持的内蒙日报，在恶毒攻击我们党、我们的毛主席和社会主义的同时，还肉麻地吹捧赫鲁晓夫说："全世界聆听赫老的话，赫老的话钉钉截铁，赫老的话传下，天下的人说着赫老的话，全世界聆听赫老的话，赫老的话针针见血。"这说明特古斯之流早把赫鲁晓夫的话捧为"圣旨"了。除吹捧外，还大量贩卖了赫鲁晓夫修正主义集团的三和一少等反革命黑货。

特古斯把蒙修特务纳·宙晋超克图叛派到《花的原野》当主编以后，这个刊物变成了反党反社会主义反毛泽东思想，大搞内外蒙合併的反革命舆论的阵地。1957年马尼扎布写的《父亲的恩爱》一文把我们伟大祖国描绘成漆黑一团，恶毒地攻击毛主席领导的伟大的社会主义国家"灯油点完了，灯芯怎么拨也不亮了。"还是这个玛尼扎布，在1958年发表《根波勒尔知道》一文，恶毒地攻击我们伟大的中国人民解放军的家属。特古斯亲自指示民族分裂主义分子敖德斯尔和其木德道尔吉炮制出的大毒草《达那巴拉》，是为哈丰阿叛国集团出卖东北的自治军树碑立传，给他主子哈丰阿涂脂抹粉的歌剧。这个剧本也登在《花的原野》上了，至于宣扬蒙修的作家的毒草刊登的就更变多了。更严重的是，歪曲和篡改毛主席的诗词，发表《嘎达梅林》、《格斯尔可汗》、《歌声》、《喜拉木伦河的浪涛》、《雪中之花》等大毒草，公开鼓吹民族分裂和叛国投敌。

除此之外，特古斯多年来做了很多报告，写了很多文章，给乌兰夫起草过许多文件。这些东西大多数都是毒草，流毒非常非常广。据我们初步掌握的材料，这些毒草大致有三个方面的流毒：1.疯狂反对毛泽东思想。如特古斯在1963年教育出版社的报告中说："我们的出版和一般的出版不同，政治上要绝对保险，但不是把毛选全搬出来。"请看特古斯是多么仇恨我们心中最红最红的红太阳，多么仇恨我们心爱的宝书毛主席著作！2.公开鼓吹民族分裂，背叛祖国。如在1963年报告中说："我们内蒙的马列主义水平并不比别的国家低。"抛弃伟大的祖国——中华人民共和国，而把内蒙和别的国家平列，相提并论。又说："蒙古革命胜利早，我们同蒙古是一个民族，向他们学习是好的，没有问题的，许多知识分子向往蒙古是好的，是革命的，认为蒙古的水平高是不足奇怪的。"大捧特捧蒙修，并公开美化叛国逃蒙分子的罪行是好的，是革命的，公开鼓吹内外蒙合併。3.大力鼓吹阶级调和，以民族感情来代替阶级斗争。如1963年，在内蒙医学院做民族政策报告中说："各民族有自己的共同语言和生活习惯，有自己的民族感情，如欧唱家欧唱蒙古民间歌曲，王爷和牧主喜欢听，穷苦牧民也喜欢听，这是民族感情。"

特古斯在历次重大政治运动中，都扮演了反党反社会主义反毛泽东思想的可耻角色，如1957年特古斯是煽动民族右派向党进攻的罪魁祸首。当时特古斯提出内蒙人口的七比一与主体民族有矛盾，并说蒙古族"主而不主"，体现不了当家作主的权利。还说"汉人欺负蒙古人"等等，拿这些话来煽动右派分子向党进攻。当时，有些右派的反党发言稿就是经过特古斯亲自审查的。

在四清运动中，乌兰夫在土族放了一个张如岗，牧区放了一个特古斯，乌兰夫指示特古斯要"踏出一条路来"。特古斯为了效忠他的主子乌兰夫，公开和毛主席制订的二十三条唱对台戏，亲自草拟了一个二十一条，拼命保护牧主、民族上层、宗教上层，积极贯彻了乌兰夫的反革命"三基论"。在特古斯蹲点的××旗，特古斯大吹特吹搞得最好的地方，最近，旗委第一书记带上老婆，坐上吉普，逃往蒙修。看看，乌兰夫、特古斯之流搞好四清的标准就是民族分裂、叛国投敌。

在这次文化大革命中，特古斯积极推行资产阶级反动路线，镇压宣敦口革命造反派。由于乌兰夫的代理人王逸伦、王铎之流的包庇，特古斯逃避了群众斗争。在反革命逆流中，他又站在二王一边，后来看到形势不妙，要了一个造反把戏，钻进了革命造反派队伍。为了控制住宣敦口革命造反派，盖子不要揭到他头上，他积极上窜下跳，四处活动，中央八条下达后他利用职权对持有不同观点的革命群众组织拉一派，打一派自己则坐在"革命领导干部"的宝座上，坐山观虎斗，致使文艺界和宣敦口好多单位的文化大革命搞得冷冷清清，阶级斗争盖子迟迟不能揭开。最近，他又借口解放干部，企图把乌兰夫的黑帮黑线、哈丰阿的人民革命党徒、蒙修特务等等都要解放出来，并以"斗私"为幌子，继续挑动群众斗群众，使好多单位放弃了"批修"，放弃了对黑帮黑线和民族分裂主义分子的狠批狠斗，使宣敦口的文化大革命半途而废。

总之，特古斯是陶铸式的反革命的两面派人物，是一个大叛国分子，是埋在革命队伍里的一颗定时炸弹，我们一定要把他彻底斗倒、斗臭、斗垮！

打倒反革命修正主义分子民族分裂主义分子特古斯！

（此文发表时本报略有增删）

内蒙古人民革命党丑史

（上接三版）　××、××××二同志参加中国共产党是无可置疑的。但要我们党员永久地站稳立场，一切工作服从自己的党。
——"内人党"东蒙党部指示
1945.9.25

三、反动本质的大暴露——"内人党"和国民党是一丘之貉

"我们党不是搞秘密工作的组织，政策以及方针也与国民党无矛盾。关于我们党的活动情况亦已告于东北国民党各党部。"
——"内人党"东蒙党部指示
1945.9.30

"原来内蒙古人民革命党和国民革命党有着同样的目标，都是为谋内部社会的彻底改革与争取民族自由和解放。我们为欲达到这个共同的目标，无论是在过去、现在和将来，都是要争取互谅互助的步调。"
——致东北国民党党员书
1945.9.25

"……同时蒋介石先生更发表了给国内各民族以自治与独立的声明，我们听到了这个声明，觉得内蒙民众的解放运动得到了光明和保障。对于蒋先生的伟大革命精神深为钦佩！（按：可耻之极！）

我们在革命的立场上来看，则我们内蒙人民革命党与国民党是站在一条战线上的。在更大更高的观点上看着的时候，我们两方面的活动是分工合作，殊途同归的。（按：真是不打自招！）
——致东北国民党党员书
1945.9.29

（内蒙盟委"东方红"供稿）

四-7

呼三司

·4·   1967年12月16日

把 特 古 斯 揪 出 来 示 众

特古斯这个乌兰夫反党叛国集团的干将，哈丰阿的死党，反革命修正主义、民族分裂主义分子，是在乌兰夫、哈丰阿被打翻在地以后，打入红色政权内部的一颗定时炸弹。特古斯是一个善于乔装打扮的赫鲁晓夫式的人物。他出身于一个官僚地主家庭，从小受的日本法西斯教育，青年时期就干着分裂祖国的罪恶勾当，历史有重大问题，混入革命队伍以来，特别是一九五七年他窃据了原自治区党委宣传部副部长的大权后，一贯打着红旗反红旗，竭力干着反党叛国的罪恶勾当，对党对人民犯下了滔天罪行，必须彻底清算。

一、大造民族分裂的反革命舆论

我们各族人民的伟大领袖毛主席关于"**民族斗争，说到底，是一个阶级斗争问题**"的教导，是对民族问题最科学、最精辟、最透彻的马克思列宁主义的概括，也是对马克思列宁主义理论的创造性的发展。而特古斯竟敢篡改毛主席关于民族问题的理论，从历史的垃圾堆里拣起了"为民族"的破烂，到处贩卖他的"民族问题和阶级问题既有联系又有区别"的谬论。胡说什么，"既讲民族问题实质上是阶级问题，又讲民族问题不等于阶级问题。"并且他强调提出，"民族有它的产生、发展、消亡的规律；有民族差别，就有民族问题，这是党的民族政策的出发点"等等。在民族区域自治问题上，他不承认区域自治是无产阶级专政的一部分，不讲什么阶级当家作主，提出，"按着民族人民的意愿办事，蒙古人当家作主，不能让汉人当'仆人'"等谬论。在祖国与民族问题上，他不是从无产阶级立场出发，说明我们的祖国是由伟大的毛主席、无产阶级专政的社会主义祖国，而是提出什么"如果蒙古族占多数的牧区要独立，连饭也吃不上"等谬论。在所谓民族特点和地区特点问题上，他提出了"民族特点至上论"、"民族政策至上论"等反毛泽东思想的反动理论。在两种民族观问题上，他站在资产阶级民族主义的立场上，不让各族干部和群众站在共同的无产阶级立场上，高举毛泽东思想伟大红旗，既反对地方民族主义，又反对大民族主义。他竭力主张唱"二人台"，提出什么"蒙族干部反对地方民族主义，汉族干部反对大民族主义"等分裂我们干部队伍的反毛泽东思想的谬论。特古斯之所以篡改毛主席关于民族问题的理论，大肆贩卖资产阶级民族主义的反动谬论，就是为大搞民族分裂反党叛国打下"理论"基础。

二、吹捧苏、蒙修，策动叛国投修

早在一九四五年，特古斯秉承其主子哈丰阿的旨意，伙同额尔敦陶克陶、木伦等人，指挥搞内外蒙合并的签名运动。签名运动失败后，特古斯企图叛国投靠，跑到海拉尔，没有得逞。

一九五七年，特古斯积极勾结，会同乌兰夫，派以蒙修特务、人民革命党组织部长额尔敦陶克陶为首的代表团，出国去蒙修，打着内外蒙语言文字统一的幌子，公开进行叛国活动。

一九六二年，师院附中生敢起制民族分裂案件，对此，特古斯勾通其徒民族分裂主义分子特木尔巴根，只作人民内部矛盾处理，保证那些叛国投修分子升入大学，有的甚至还考入机密专业。

特古斯披着共产党员的外衣，利用内蒙古党委宣传部副部长职权，借作报告、写文章之机，大捧特捧苏、蒙修，公开鼓吹"内外蒙合并"，公开喊出"向蒙古学习"等反动口号。一九六三年春，特古斯在两个出版社主任以上干部会上说，"我们同蒙古是一个民族，蒙古解放得早，又是社会主义国家，向他们学习是好的，没有问题的。许多知识分子向往蒙古是好的，是

革命的，认为蒙古的水平高是不足奇怪的。"又如在一九六三年冬召开的边境会议上，特古斯大讲特讲什么"蒙古和苏联是我们的兄弟国家，蒙、苏党是好的，必须不断地增强友谊和团结。要宣传团结的重要性，要讲苏蒙对我国的援助，要宣传苏、蒙社会主义建设的成就。……在遇到对方（指苏修、蒙修）进行挑衅性宣传的时候，可在小范围内进行必要的消毒。""对收听苏、蒙电台广播不宜干涉"等等。

一九六三年，在蒙古语文教科书中发现反党反社会主义反毛泽东思想的毒草，乌兰夫急急忙忙派特古斯插手处理。特古斯对上掩盖其主子的罪恶，对下包庇其亲信爪牙，竟胡说什么"党委宣传部领导不力，有官僚主义，编辑人员有崇蒙思想而严重不问政治，没划清祖国界限，没划清马列主义与修正主义的界限。""这次检查图书、课本的目的，主要是总结经验，提高认识，而不是算旧帐赖谁。"把他们的罪恶赖得一干二净。

三、配合帝、修、反联合反华，大肆攻击三面红旗

一九六一年前后，特古斯紧跟党内头号走资派刘少奇，恶毒攻击三面红旗，配合国内外阶级敌人的反华活动，阴谋颠复我国无产阶级专政。

一九六二年，特古斯假借"挖掘民族文化遗产"之名，指使内蒙古日报、电台连载连播所谓骂天、骂地、骂皇帝的刘三姐式人物"沙格蒂尔的故事"，借沙格蒂尔之口，大骂特骂共产党、毛主席，大肆攻击三面红旗。

同年，他在内蒙党校轮训干部期间，百般煽动那些攻击三面红旗"出气"的人，并亲自出马，叫嚷，"人民公社建早了，特别是牧区人民公社，有不少是一年之内由初级社而高级社而人民公社的。"

同年，他在高等院校蒙族学生大会上煽动："叫蒙古人吃布敦沙力（玉米）怎么行呢？""国家供应牧区的大米白面，牧民说看来仓库底儿都露出来了。"

一九六二年，正当帝、修、反联合反华，攻击我国三面红旗的时候，特古斯公然指使额尔敦陶克陶，将汉语借词"公社"一词改为"尼格勒勒"，竟然把我国的人民公社同蒙修的牧业合作社混同起来，借以否定人民公社这面红旗。

六三年，他在银行作报告说："边疆地区人民外逃是我们工作上的错误造成的，因为生活上没有照顾地区特点。乌兰夫同志调查后，每人每月增加了十五斤白面，他们就安定了。""还有一个原因，就是在牧区开荒，这个问题引起了牧民不满"，等等。

四、挂着"发展民族"的招牌，兜售反革命文化的私货

毛主席教导我们说："**在现在世界上，一切文化或文学艺术都是属于一定的阶级，属于一定的政治路线的。**"特古斯之流，长期以来大肆宣扬一种超阶级的"民族文化"，正是打着"发展民族文化"的旗号，丧心病狂地为乌兰夫、哈丰阿民族分裂主义政治路线鸣锣开道，制造反革命舆论，对党、对人民犯下了滔天罪行。

早在一九四七——一九四八年期间，特古斯就怂恿勇夫、额尔敦陶克陶、纳赛等人翻译出版蒙古的《蒙古人民为自由而奋斗》、《阿尔丁巴特尔马格斯尔扎卜传》等破坏祖国统一，为民族分裂和"内外蒙合并"鸣锣开道的大毒草。

一九五七年，特古斯抛出所谓"关于蒙古民间文艺活动中存在的问题及今后意见"的大毒草，大声疾呼："民族民间艺人的活动受到排斥打击的现象相当严重，"有的说书艺人逼得毁坏自己的工具（四弦胡和马头琴）停止了说书活动"。

"因此，有些民间艺人的艺术技能和民间口头文学有了失传的危险！"叫嚷"对旧文化要保护、挖掘和发展提高。"在特古斯支持下，额尔敦陶克陶之流，不远千里，到尹湛纳希家乡采访，把蒙古族封建僵尸，老牌民族分裂主义者、泛蒙古主义者尹湛纳希捧到天上，称其为"具有马克思列宁主义民族观的一个共产主义者"。并组织人马，为尹湛纳希大唱赞歌，置"五一"劳动节和自治区成立十周年于不顾，纪念尹湛纳希诞生一百二十周年，写文章，出专刊，忙得不亦乐乎。

从此以后，特古斯更是变本加厉，提出"要积极开展挖掘、整理、研究工作，正确地继承和发扬民族文化遗产"的口号，唆使其狐群狗党，相继抛出了《青史演义》、《嘎达梅林》、《一层楼》、《蒙古源流》、《达那巴拉》歌颂帝王将相、才子佳人，宣扬"内蒙非中国论"的大毒草，严重地毒害了广大人民群众。

一九六四年，特古斯在起草《关于加强内蒙古日报工作的指示》这个大毒草时说，"把中央的方针政策、马列主义毛泽东思想同内蒙古的实际结合起来，这就是抓两头，把报纸办出特点来，这就是乌兰夫同志的思想。"由于特古斯大抓特抓乌兰夫所谓"宣传民族特点、地区特点"的宣传方针，使报纸、杂志、广播、出版工作，成为乌兰夫反革命政变的舆论工具。

五、竭力推行修正主义教育路线，为搞民族分裂培养接班人

特古斯在党委宣传部，一直分管教育工作。十几年来，他忠实地执行了刘邓黑司令部和旧中宣部一整套的反革命修正主义教育路线；反对突出无产阶级政治，反对生产劳动，鼓吹教学第一；反对教育革命，竭力维护资产阶级教育制度，反对学校党的领导，提倡教授治校；反对毛泽东思想挂帅，提倡以教学为中心，教学压倒一切。

在民族教育方面，特古斯是掌握实权的反动"权威"，在贯彻推行反革命修正主义教育路线上，他有着独特的"发明"与"创造"。

毛主席教导我们说："**我们的教育方针，应该使受教育者在德育、智育、体育几方面都得到发展，成为有社会主义觉悟的有文化的劳动者。**"而特古斯在民族教育方面却强调蒙汉兼通，以此来对抗毛主席的教育方针。

为了培养民族分裂主义的接班人，在现行的中小学课本中，大量地采用了蒙修的教材，给我们的下一代灌输了许多修正主义的毒汁。如一九六一年出版的初中语文第三册第八课《生活战胜死亡》一文和一九六二年使用的高小语文第三册中的《和平鸽》一诗，都是散布战争的残酷性和反对一切战争的修正主义作品，再如一九五六年出版的语文第三册的《我的故乡》一课，完全是歌颂蒙修的，其中列举的山名、河名都是外蒙的，使许多中小学生读了以后弄不清他们的祖国是中国还是蒙古。一九六〇年重新出版的《蒙语辞典》，仍然把乌兰巴托注解为我们蒙古国的首都，把南京注解为中国的首都，把北京写成北平，并注解为中国的一个城市，把内蒙古注解为四十九旗的蒙古，把维吾尔注解为维吾尔国，把西藏注解为西藏国，首都在拉萨，等等，使许多蒙古族学生祖国界限不清。有些学生崇蒙、亲蒙思想严重，以致六二、六三年连续发生大中学生叛国逃蒙事件。所有这些事件的罪魁祸首不是别人，正是特古斯。为了培养修正主义的接班人，特古斯之流大肆强调民族教育的特殊性，强调对民族学校民族学生要特殊照顾。在旧中宣部搞了高教六十条以后，在特古斯的指示下，自治区又搞了中学教育五十条、小学教育十条，又进一步把我区的教育工作拉向资本主义道路。

（下转第三版）

885

打倒特古斯，揪尽烏兰夫残党余孽

·本报编辑部·

「以伪装出现的反革命分子，他們給人以假象，而将眞象隐蔽着。但是他們既要反革命，就不可能将其眞象隐蔽得十分彻底。」特古斯，这个前些日子还挂着「革命领导干部」招牌招摇过市的反动透顶的家伙，哈丰阿反动的「内蒙古人民革命党」的党魁，核心人物，乌兰夫反党叛国集团的死党、忠实干将，在革命队伍中隐藏二十年之久的反革命修正主义、民族分裂主义分子，在文艺革命的红色风暴中，终于被无产阶级革命派、革命群众揪出来了！

「假的就是假的，伪装应当剥去。」现在，是彻底揭露，彻底批判特古斯这个反革命两面派的时候了！

就是这个特古斯，早在四十年代就同哈丰阿之流结成死党，反对中国共产党，鼓吹「蒙古一贯独立论」、「满蒙非中国论」，煽动民族分裂，策划叛国投蒙，阴谋把内蒙古从祖国统一大家庭中分裂出去，实现内外蒙合并。

就是这个特古斯，二十年来卖命地追随乌兰夫，疯狂推行乌兰夫的反革命修正主义、民族分裂主义路线，把一批内人党徒、叛国分子、民族分裂主义分子、反革命修正主义分子、日蒙苏特务，安插在思想文化领域的各个要害部门，窃弄权柄，把他们所控制的文学艺术、文化教育、新闻出版、语言历史变成了乌兰夫反党叛国的御用工具，把思想文化领域的一些单位变成了匈牙利裴多菲俱乐部那样的团体，妄图发动反革命政变，实行资本主义复辟。

就是这个特古斯，在无产阶级文化大革命中，顽固推行刘邓资产阶级反动路线，残酷镇压革命派，后见形势不妙，摇身一变钻进造反派队伍，把持一些部门，紧捂阶级斗争盖子，用「五十天」包庇「十七年」，把毛主席的无产阶级革命路线和毛主席的无产阶级革命文艺路线分割开来，对立起来，对革命派进行阶级渗透，分化瓦解，歪曲利用革命口号进行复辟资本主义的阴谋活动。

特古斯反党、反社会主义、反毛泽东思想，罪该万死，死有余辜！特古斯的被揪出，打开了肃清一切暗藏的乌兰夫反党叛国集团残党余孽的突破口。

多年以来，乌兰夫反党叛国集团在内蒙的各地、各界、各要害部门，暗中埋下了三条又粗又长的反革命修正主义、民族分裂主义黑线：一条是乌兰夫的嫡系老班底组成的，一条是乌兰夫的旁系哈丰阿之流的老牌民族分裂主义分子组成的，一条是被敌人「拉出去」的李贵、张如岗之流的走资派组成的。这三条黑线互相攀附，上下勾结，结成死党，织成了一面又宽又密的反革命修正主义、民族分裂主义黑网。这就是乌兰夫暗中设置的地下的反党叛国司令部。正如毛主席所尖锐指出的：**「过去說是『小集团』，不对了，他們的人很不少。过去說是一批单純的文化人，不对了，他們的人鉆进了政治、軍事、經济、文化、教育各个部門里。过去說他們好象是一批明火执仗的革命党，不对了，他們的人大都是有严重問題的。他們的基本队伍，或是帝国主义国民党的特务，或是托洛茨基分子，或是反动軍官，或是共产党的叛徒，由这些人做骨干組成了一个暗藏在革命陣营的反革命派别，一个地下的独立王国。」**

特古斯的被揪出，仅仅是破获了乌兰夫地下王国的文化方面军的一个首领，特古斯的「把兄弟」以及他们所操纵的那些狐群狗党，有一批至今依然逍遥法外。当前，我们的一个重要任务，就是要「敢」字当头，放手发动群众，从文化界「杀」进去，向乌兰夫反党叛国集团发动全面进攻，把那些暗藏的乌兰夫残党余孽统统揪出来，彻底批判，彻底打倒，彻底摧毁乌兰夫的那个「地下的独立王国」。

向乌兰夫反党叛国集团的全面总攻击开始了！无产阶级革命派的战友们，革命的同志们，紧急行动起来，高举毛泽东思想伟大红旗，以两个阶级、两条道路、两条路线斗争为纲，千炮万炮，对准乌兰夫的地下王国猛轰！千军万马，向着乌兰夫的反动势力冲杀！坚决，干净，全部，彻底肃清一切暗藏的乌兰夫反党叛国集团的残党余孽！

呼市革命群众集会

憤怒声討特古斯反革命罪行

本报訊 继十一月二十五日、十二月二日集会，揭露反革命修正主义、民族分裂主义分子特古斯的反革命罪行后，十二月十四日下午呼市革命群众再次集会，愤怒声讨反革命修正主义、民族分裂主义分子特古斯的反革命罪行。

发言单位一致认为，特古斯是漏网的乌兰夫分子，是穷凶极恶的乌贼干将、哈贼死党，是罪恶累累地地道道的反革命修正主义、民族分裂主义分子。

发言者尖锐地揭发批判了特古斯长期以来与叛国集团的祖师爷哈丰阿在"当代王爷"独夫民贼乌兰夫包庇纵容下，在文艺界、教育界、新闻界、学术界对无产阶级施行了残酷的资产阶级专政的滔天罪行。

内大革命小将发言中指出：他们不仅串通蒙修，明火执仗地大搞什么内外蒙合并的"三统一"，而且利用他们掌握的蒙古语言、文学、史学、新闻、出版教育、翻译大权，拼命制造叛国舆论，掀起一股叛国策反的妖风。他们大造叛国舆论的重要阵地是出版社、语委、报社、文化局、文联等乃至党委宣传部的某些要害部门。他们的反党叛国喉舌就是反动刊物《蒙古语言文学历史》、《花的原野》、旧《内蒙古日报》等。发言者还说：他们是一个由新老"内蒙古人民革命党"党徒及其五花八门的"变种"组成的叛国集团，是一批死不回头的叛国分子。正如伟大领袖毛主席所说的：

"混进党里、政府里、軍队里和各种文化界的資产阶級代表人物，是一批反革命的修正主义分子，一旦时机成熟，他們就会要夺取政权，由无产阶級专政变为資产阶級专政。这些人物，有些已被我們識破了，有些则还沒有被識破，有些正在受到我們信用，被培养为我們的接班人，例如赫魯晓夫那样的人物，他們現正睡在我們的身旁，各級党委必須充分注意这一点。"发言者特别引用毛主席这一教导，说明这场斗争的必要性和严重性。

大会应广大无产阶级革命派的强烈要求，将特古斯、布赫、珠岚、哈丰阿、额尔敦陶克陶、纳•赛音朝克图、索德那木、木伦等反革命修正主义、民族分裂主义分子拉出来示众。

广大无产阶级革命派对反革命修正主义、民族分裂主义分子特古斯及内蒙"当代王爷"乌兰夫的残党余孽表示了极大的愤慨，他们不断愤怒高呼："打倒'当代王爷'乌兰夫！""打倒反革命修正主义、民族分裂主义分子特古斯！""打倒哈丰阿、特古斯反党叛国集团！"

（上接第四版）

特古斯在教育工作中，从来不强调突出政治，突出毛泽东思想，以毛泽东思想武装我们的下一代，而只是强调教学，强调业务，鼓励分数挂帅，搞評比竞赛。一九六二年特古斯在边境地区宣传文教工作会议上公开提出对民族学校总的要求"应当是吃饱、住暖、学好、玩好"。在学校领导工作上，不是强调党的领导，而是强调党组织领导下的校长负責制，一九六二年又改为中小学校中的党组织只起保证监督作用，大大削弱了党的领导。

六、炮制和推行牧区四清黑纲领"二十一条"

特古斯在牧区四淸中积极参与并大力推行的修正主义"二十一条"，公开同中央的"二十三条"唱对台戏。牧区四清"二十一条"，是乌兰夫二十年来保护牧主、民族上层、宗教上层的稳、长、宽政策的系统化，是破坏牧区四清的修正主义黑纲领。

特古斯在牧区四清中，借口牧区过去没有划阶级，阶级阵线混乱，而保护牧主、民族上层、宗教上层；借口干部觉悟低，而包庇东苏旗和西新巴旗的一小撮党内走资派和民族分裂主义分子。他在西新巴旗划阶级时，把牧主分成三类，对所谓十多年表现一贯好的，采取的政策是"只划成牧主，而不揭发剥削史"，有的同志写文章说到牧主的罪恶，用了牧主"反动"的字样，也遭到他的指責。特古斯对貧苦牧民和不富裕牧民的态度却是另一样，在西新巴旗，他辱骂劳动牧民"懒、落后、沒有前途"等等。

特古斯在四清中，封锁消息，不及时传达中央和毛主席的指示，而对乌兰夫的"三个基础"论却贯彻得非常积极，不仅大量散发，还借工作队整训之机，布置大反"大汉族主义"，从而达到民族分裂的目的。

特古斯在四清中，用"生产"代替阶级斗争。在东苏旗搞四清时，他提出"抗灾保畜是压倒一切的中心任务"的口号。又在他蹲点的地方公开提出"灾情严重，沒有条件搞四清，主要搞抗灾保畜"。在特古斯领导下的工作队，变成了抗灾队，工作队员变成了劳动力，贯彻执行了以生产建设冲击四清运动的路线。

以上罪状仅仅是特古斯反党叛国罪行的一部分。为了把乌兰夫反党叛国的漏网分子挖凈，为了彻底清除乌兰夫、哈丰阿反党叛国股份公司的黑人物，我们无产阶级革命派，一定要高举毛泽东思想伟大红旗，誓把特古斯批倒，斗臭，不获全胜，决不罢休！

内蒙古党委机关紅旗总部
宣传部燎原战斗队和革命群众

地址：内蒙古大学十一号楼　电話：四八〇七　（零售每份二分）

四-8

乌家王朝毒害青少年的阎王殿

——揭发反革命修正主义分子乌兰夫、哈丰阿、特古斯、石琳、韩明等在内蒙教育界的罪行

内蒙古宣教口鲁迅兵团教育厅联委会

一九六七年十二月十八日

乌家王朝毒害青少年的阎王殿

——揭发反革命修正主义分子乌兰夫、哈丰阿、
特古斯、石琳、韩明等在內蒙教育界的罪行

在光焰无际的毛泽东思想照耀下，在內蒙古自治区革命委员会的直接领导下，一个以"斗私，批修"为纲的革命大批判的群众运动，一场从文艺界兴起的更加猛烈的革命风暴，正以排山倒海之势，雷霆万钧之力，向以乌兰夫为首的反革命修正主义、民族分裂主义集团发动毁灭性的总攻击，其势锐不可当，迅猛异常，顺之者昌，逆之者亡。我们热烈欢呼这大好革命形势！欢呼形势越来越好！

我们教育界的无产阶级革命派，牢记毛主席《论教育革命》的伟大指示，决心向中国赫鲁晓夫及其在內蒙的代理人乌兰夫所执行的反革命修正主义、民族分裂主义教育路线，进行大揭发，大控诉，大批判，决心把无产阶级文化大革命进行到底！

以乌兰夫为首的反革命修正主义、民族分裂主义集团，为了达到其复辟资本主义，实行民族分裂，破坏祖国统一的罪恶目的，二十年来，竭力把持着教育界，把教育界变成他们反党、反社会主义、反毛泽东思想的先头阵地。教育界的二十年，是阶级斗争惊心动魄的二十年。

为了在內蒙古推行反革命修正主义教育路线，乌兰夫在教育界推行了修正主义组织路线。他们在教育界招降纳叛，结党营私，安插亲信，从组织上控制了教育界的党政财文大权，组成了"一个暗藏在革命阵营的反革命派别，一个地下的独立王国"。一九四七年五月一日，內蒙古自治区人民政府宣告正式成立，乌兰夫窃取了自治区人民政府主席的要职。老民族分裂主义分子，蒙修和日本的特务，內蒙人民革命党（下简称"內人党"）的党魁哈丰阿窃取了自治区人民政府副主席的要职。一九四八年十一月，乌兰夫任命哈丰阿兼文教部部长，一直兼到一九六一年为止。任命"內人党"骨干分子包彦为文教部副部长。任命另一个反革命修正主义分子石琳为文教部学校教育处处长，任命国民党特务"內人党"核心人物阿成嘎为学校教育处副处长。以后又很快提拔石琳为文教部副部长，內蒙东部行政公署文教厅厅长，內蒙教育厅副厅长。一九五一年到一九五三年，任命反革命修正主义、民族分裂主义分子、"內人党"核心人物特古斯为宣传部秘书长，文教部副部长。一九五七年以后，又任命特古斯为宣传部副部长，主管教育工作。一九六一年以后，乌兰夫又任命反革命修正主义分子韩明为內蒙教育厅厅长和党组书记。这些反革命修正主义分子构成了內蒙古教育界反革命派别把教育厅变成毒害青少年的阎王殿。二十年来，对教育界实行资产阶级专政，群魔乱舞，毒液横溢，对党对人民犯下的滔天罪行，真是"罄南山之竹，书罪无穷；决东海之波，流恶难尽。"现在我们分十个方面进行初步揭发。

（一）维护资产阶级旧教育体系

一九四九年，新中国象巨人一样屹立在世界的东方。新中国的教育向何处去？应当建立社会主义教育，还是资本主义教育？教育是为无产阶级政治服务，还是为资产阶级政治服务？这是教育的根本问题，也是在教育战线上两个阶级、两条道路、两条路线斗争的焦点。毛主席所代表的无产阶级教育路线，继承了老解放区无产阶级革命教育传统，以林彪同志所领导的延安抗大为光辉旗帜。中国赫鲁晓夫所推行的是资产阶级旧教育体系，是为维护地主、资产阶级和帝国主义的反动统治和剥削制度而服务的，是为他的"巩固新民主主义秩序"服务的。

反革命修正主义分子乌兰夫、哈丰阿、王铎、石琳之流是内蒙旧教育制度的护法神。一九四八年十二月，他们发出《关于召开教育会议的通知》，一九四九年三月就召开了教育会议。他们积极贯彻中国赫鲁晓夫和东北行政委员会主席、反革命修正主义分子林枫的黑指示，一开始就把解放后的内蒙教育，纳入他们所谓"正规教育制度和教育办法"的轨道。反革命修正主义分子王铎在教育会议上作了总结发言，借口"正规化"，反对学生参加社会活动和生产劳动，认为这样影响学习，责令纠正。以后又三令五申，鼓吹学校所谓"正规化"的重要性、迫切性。乌兰夫、哈丰阿、王铎等人诬蔑老根据地的革命传统是"短期政治训练班"，带有"临时突击性质"，现在已不必要了。他们凭借篡夺来的权力，规定以后教育必须采取"以文化为主的基本方针"，必须"纠正过去过分强调政治、忽视文化的偏向"。总之，他们反对政治思想教育，反对阶级斗争是一门主课，反对突出无产阶级政治，反对教育与生产劳动相结合，公开地提出"智育第一，教学第一"。

毛主席在亲自主持制定的《中国人民政治协商会议共同纲领》中指出："**人民政府应有计划、有步骤地改革旧的教育制度、教学内容和教学方法。**"但是乌兰夫、哈丰阿、王铎不但不改革旧教育，还下命令根据他们"正规化"的要求，在"关于学制、课程、教学原理、行政领导等方面，都定出一定章法"。他们在一九五〇年炮制的《内蒙小学教育暂行实施办法》中规定的培养目标，第一是智育，第二是体育，第三才是德育。在这些反革命修正主义分子的把持下，内蒙古原封不动地保存旧教育，是全国最早确立和维护资产阶级正规化教育体系的地区之一。

新中国建立之后，毛主席就强调学校必须向工农开门，指出要开办工农速成中学，培养工农知识分子。在毛主席的英明领导下，内蒙古教育事业飞速发展，从土改到一九四九年，小学生就发展到二十一万人，一九五〇年又发展了九万人。反革命修正主义分子乌兰夫、哈丰阿极端仇视工农子弟大量入学，以"不正规"为名，在一九五〇年下令"整顿学校"，强行合并，光是当时东部四个盟就合并了不应合并的学校四百五十二所（《东部四个盟学校教育工作概况》），使大量贫苦农牧民子弟因路远而失学。一九五三年八月，反革命修正主义分子特古斯主持整顿小学，制订了整顿方案，砍掉公立学校三百零二所，使许多适龄儿童失学，引起群众强烈不满。一九五四年，全国都在发展工农速成中学，而乌兰夫、哈丰阿却将内蒙仅有的两所工农速成中学强行合并，东部区三所工农速成小学又合并为二所，清洗了大批工农学生，剥夺了他们文化翻身的权利。一九五六年小学招生三十万，初中招生二万六千

· 2 ·

人，但哈丰阿、石琳却认为"冒进"了，怕"再有四、五年即可普及教育"了。初中新生有三千七百人是用小学附设初中班的办法来解决的，但他们反对办学的多科形式，反对"小学校附设初中班"，认为"这种做法毛病很多，给提高教育质量和继续发展造成极大困难。"他们所反对的是毛主席的教育路线，他们所维护的是地主、资产阶级旧教育制度。

我们的伟大领袖毛主席对青少年无限关怀，曾几十次指出**"健康第一，学习第二"，"学制要缩短。课程设置要精简。教材要彻底改革，有的首先删繁就简。"**而哈丰阿、石琳之流历来就只片面强调提高所谓知识质量，而不管学生死活。据一九五六年《教育厅整风总结报告》中所载："在学生健康状况方面，消化不良、神经衰弱、视力减退等病状，在很多学校中都严重地存在着。据包一中统计，初高中二、三年级，患各种疾病的占81％；高中三年级两个班，患近视的40％，患头痛的占30％"，"不少学生滋长着不关心集体、不问政治、不守纪律、不爱劳动的不良倾向。"资产阶级教育制度对青少年思想的腐蚀和身心的残害，这是多么触目惊心啊！可这些十恶不赦的反革命修正主义分子还不满足，还认为"对提高教育质量方面的工作做得很不够"，"教育质量低，表现在学生的知识水平上，是很多学生学的知识不巩固，不善于独立思考和实际运用所学得的知识"。

（二）推行苏修教育制度的急先锋

早在建国初期，中国赫鲁晓夫就在"学习苏联"的旗号下，大肆贩卖苏联修正主义教育制度，他指使教育部党内一小撮走资本主义道路当权派，把"全盘苏化"当作改革教育的"不可动摇的方针"。乌兰夫、哈丰阿、特古斯、石琳之流按其中国赫鲁晓夫的旨意办事。他们在文教部《一九四九年的小学教育工作及以后实施办法》中就规定教师必须"学习苏联之先进教育科学知识，教育理论及教育学、教学原理、心理学等。"

从一九四九年开始，就多次组织参观团到哈尔滨、沈阳等地向中长铁路系统的学校"学习苏联经验"。一九五〇年以后，先后派完中校长、主任等数十人去人民大学和东北教育行政学院进修，带回不少苏联专家的讲稿，在区内进行传播。东部各盟使用的教学计划是东北参照苏联中学教学计划制订的，教科书的汉文版主要是东北根据苏联教材编译的，蒙文版则直接使用外蒙古编译苏联的各科教材。这在内容上、顺序编排上、教学方法上都不符合内蒙实际情况和师生教与学的水平，遭到广大师生的反对。而哈丰阿等人却认为"自然科学方面采用了苏联课本的新教材，客观上推动与帮助了教师的学习"，"对全体教师也起了很大的教育作用。"在教学方法方面，有的学校采用了五级记分法，使用了各种繁琐的表册和簿本。在一九五一年哈丰阿、石琳、特古斯通令各校学习《苏联学生的思想品德教育》，葛洛尼茨卡雅的《我的儿童教育工作》。七月，还发布《关于着手改进普通中学教学内容和教学方法的决定》，确立了校长责任制和教师责任制，确定了"智、德、体、美的全面发展"的教育，并规定从一九五一年下半年起"初一、初二和高一停授政治课"，中学教师学习凯洛夫所著的《教育学》，小学教师学习叶、冈合著的《教育学》，师范的《教育概论》课主要参考凯洛夫著《教育学》、《苏联的初等教育》和苏联的《儿童教育讲座》《心理学》《教材教法》等。这些都说明内蒙照搬苏修教育理论和教材，在全国是最早的地区之一。

从一九五三年以后，传播苏修教育就进入高潮。从学习具体经验，转到系统学习理论；

从少数学校，转到全部学校；从领导干部、部分教师，转到全体教育工作者。凯洛夫的教育思想从一般的指导作用转到窃踞了统治地位。哈丰阿、特古斯、石琳采取了下列种种措施，把学习和推行凯洛夫教育思想推向高潮。

第一，派人外出学习，一九五四年派四人去旅大市向苏联中学全面学习，回来后将庞杂繁琐的各种材料编成两大册，向全区传布。他们还向全体教师传达，光呼盟就有八百七十五人听了传达。在此期间，还多次派中学领导干部去教育部办的教育行政学院、东北教育行政学院等地接受苏联专家的直接训练。还曾组织过盟市文教处及中学领导干部二十人的参观团去旅大参观学习，顶礼膜拜，无以复加。东部区铁路沿线的小学也经常到苏侨和铁路小学参观。他们回来后，都传播了不少凯洛夫的东西。

第二，举办各种学习会，训练班，并利用师范学校，自己大批培养凯洛夫教育思想的教育工作队伍。在一九五四——一九五五年就连续办了三期小学教育干部训练班，培养校长、主任等三百五十三名，在行政干校办了两期教育班，训练了三百名学校领导干部。各师范院校开设的教育科目，内容几乎全部都是凯洛夫《教育学》，叶、冈合著的《教育学》等书，使学生的头脑中只有凯洛夫，而不知道党的教育方针政策。

第三，组织教师自学，掌握凯洛夫教育理论。首先组织各校学习《人民教育》一九五三年四月号社论《克服向苏联学习中的形式主义》，把学习具体问题推向全面系统地学习理论。接着先后发出了《中等以上学校教职员在职学习暂行办法》、《关于加强中等学校教职员政治理论学习的领导的意见》、《加强中学教师在职学习试行方案（草案）》、《小学教师业余进修学校暂行规程（草案）》、《加强小学教师在职学习暂行方案（修正草案）》等七个文件，指示系统学习凯洛夫教育理论，规定了学习要求，考试制度，把它看作考查教师水平的重要内容，还规定必须把凯洛夫的教育理论运用到实际工作中去。

第四，从一九五三年开始，在内蒙古人民政府和教育厅所发的文件中，多次提出"教学是学校工作中压倒一切的中心任务"和"一切工作、会议和组织为教学服务"的口号。在解释全面发展的教育方针时，都是照抄凯洛夫的"智、德、体、美"，把智育放在第一位。一九五六年正式提出实施基本生产技术教育，发布了我区《实施基本生产技术教育的意见（草案）》，并调整了教学计划。另外照转了《苏联师范教育学教学大纲》及学习苏联各科教学大纲的指示。特别严重的是一九五六年照转了《有关中学、师范政治课问题》，停授了中学的全部政治课（只剩高三一节宪法课），造成极严重的后果。同年四月，照转了《关于中学师范语文分科教学并使用新课本的通知》，并指示我区语文教师首先学习《俄语和文学教学》和《我们所看到的苏联文学教学》，把语文教学引向苏联的文学课的道路。

第五，在《内蒙教育厅教研室暂行条例》中，把"学习与吸收苏联先进教学经验并加以推广"作为教研室的主要任务之一。在《一九五六年教学研究工作规划》中规定："在中学、师范和区以上小学普遍实行五级记分制"，还要在"呼市召开学习凯洛夫教育学的报告会、座谈会"等。一九五六年四月发布的中学、小学教学研究会等章程中，都把组织广大教师系统学习凯洛夫教育理论和贯彻到教学实践中去作为一项重要内容。

第六，民族学校除普遍接受了上述规定和传播外，还接受了许多凯洛夫教育学的翻版即蒙古人民共和国的影响。不少归国留学生还传播了不少外蒙古的教育理论和教学方法，自然

· 4 ·

科学和语法使用外蒙编译的苏联教材等等。

综上所述，乌兰夫、哈丰阿、特古斯、石琳等人在使内蒙教育"全盘苏化"方面确实是急先锋。他们确实是中国赫鲁晓夫在内蒙的代表和干将，确实是苏修的孝子贤孙。

我们伟大领袖早在一九三八年就教导我们说："**洋八股必须废止，空洞抽象的调头必须少唱，教条主义必须休息，而代之以新鲜活泼的、为中国老百姓所喜闻乐见的中国作风和中国气派。**"在一九四二年毛主席又指出："**文学艺术中对于古人和外国人的毫无批判的硬搬和模仿，乃是最没有出息的最害人的文学教条主义和艺术教条主义。**"在一九五六年，毛主席在《十大关系》的报告中，批评了照搬外国经验的错误，指出："**我们提出学习外国的长处，当然不是学习它的短处。**""**不可盲目地学，要有分析，要有批判地学。不可以搞一种偏向，对外国的东西一概照抄，机械搬运。**"但是中国赫鲁晓夫、乌兰夫、哈丰阿、石琳、韩明违反毛主席历来的教导，照搬苏修的一套。他们为什么对苏修教育制度，特别是凯洛夫那么感兴趣呢？因为这是修正主义教育的祖师爷。这套制度是苏修教育界资本主义复辟的黑纲领；背叛了无产阶级专政，宣扬阶级斗争熄灭论；鼓吹智育第一，技术第一，培养资产阶级精神贵族；宣扬资产阶级人道主义，和平主义，反对革命战争；否认教育学的党性和阶级性，鼓吹全盘继承资产阶级教育遗产，等等。这是中国赫鲁晓夫、乌兰夫、哈丰阿、石琳等人复辟资本主义和进行民族分裂所需要的，因此就竭力推行。他们借口"学习苏联"，把封建主义、资本主义、修正主义教育的一套破烂货揉在一起，形成体系，为他们罪恶的目的服务。

（三）招降纳叛，网罗牛鬼蛇神

教育为哪一个阶级服务，学校培养什么人，关键在于领导权掌握在哪个阶级手中。长期以来，乌兰夫、哈丰阿、特古斯等在教育界推行民族分裂主义、宗派主义、"任人唯亲"的干部政策，篡夺了教育界的领导权。

乌兰夫《在欢迎中央访问团座谈会上的发言》中说："对封建上层人士首先把他们团结起来，便于我们进行教育和改造。"哈丰阿于一九五四年在内蒙第一届民族教育会议上也吹嘘他们"贯彻了党的团结教育知识分子政策，把能从事教育工作的少数民族知识分子，尽量吸收并团结在教育工作者的队伍中。"他们团结的是些什么人呢？

解放初期安插在文史研究会的有桑杰扎布，他是"内人党"的核心人物。一九四六年"内人党"派四个人的代表团去北平和蒋介石商谈反共大计，他就是其中之一。有乌云达赖，他是伪满驻日本使馆官员。有仁亲莫都格，他是伪满官僚，是劳改犯。当时安排在蒙文研究会的有额尔顿陶克陶，他是"内人党"的核心人物，老民族分裂主义分子，伪满、日本的忠实走卒。还有巴毕力格、阿萨拉图，一九五七年都被划成右派分子。当时安排在学校里的，有海拉尔一中副校长阿成嘎，是国民党特务，是一九四六年到蒋介石那里搞反共投蒋谈判的四人代表之一。有扎兰屯师范学校教导主任金云桥，是伪满警长，民愤极大。有乌兰浩特二中教师那木斯来，是伪满警察署长。由此可见，乌兰夫、哈丰阿安排的是官僚、政客、蒙奸、特务，内蒙古教育界一开始就被"内人党"篡夺了领导权。

毛主席说："**要彻底解决民族问题，完全孤立民族反动派，没有大批少数民族出身的共**

产主义干部，是不可能的。"而狼子野心的乌兰夫、哈丰阿，抛开共产主义化，重用民族反动派，这是他们背叛无产阶级专政的一个自供状，这是他们阶级本性的大暴露。

光在内蒙地区搜罗还不够，在一九五一年八月，乌兰夫、哈丰阿、石琳等人就组织了"中学教师招聘团"，在北京、天津两地聘到中学教师七十名。一九五三年又派出"招聘教员工作组"到上海招聘到三百五十名教员。这两批人员中，不少是国民党、政、军、警、宪、特人员。用他们自己的话说是："大部没有经过改造，存在着严重的政治问题和思想问题。""个别学校的教师从国民党区分部书记长，县党部书记长到省党部组织部长，代理省党部书记长都有，其中有一个还是汪精卫的中央委员。"（一九五二年文教部《关于中学教师思想改造工作会议的报告》）这些反革命分子在课堂上向青少年灌输什么呢？他们说："文章里一提到共产党，就把课文讲黑了。""土地改革是共产党制造的矛盾。"甚至还公开漫骂我们伟大的领袖。然而乌兰夫、哈丰阿、特古斯当时对他们提拔重用，爱护备至。

毛主席教导我们说："谁是我们的敌人？谁是我们的朋友？这个问题是革命的首要问题。"毛主席提出："一切勾结帝国主义的军阀、官僚、买办阶级、大地主阶级以及附属于他们的一部分反动知识界，是我们的敌人。"乌兰夫、哈丰阿、特古斯、石琳之流，出于他们反动阶级的本性，包庇和重用了这些双手沾满劳动人民鲜血的反革命分子，让他们继续养尊处优，作威作福。他们执行的是中国赫鲁晓夫阶级投降主义的路线。

我们伟大领袖毛主席在一九五一年即指示我们，要清理有"严重的反动行为或严重劣迹"的人员，但乌兰夫、哈丰阿、石琳对这些反革命分子不彻底清洗，对他们敬若父母，亲如手足，让他们占据教育阵地，毒害广大青少年，与党争夺青年一代。他们所作所为，都是为复辟资本主义和进行民族分裂作组织上的准备。

一九五七年以后，乌兰夫、哈丰阿、特古斯、石琳加紧他们的民族分裂主义活动。内蒙整个文教系统，更紧紧地控制在"内人党"的党徒和反革命修正主义分子手中。在内蒙师范学院有特木尔巴根、桑杰扎布、图门。在医学院有木伦，他是"内人党"的核心人物，蒙修情报员。在工学院有阿成嘎，是特古斯亲自安排的。在内大有巴图，在农牧学院有贡嘎，都是"内人党"的死党。在语委有额尔顿陶克陶，在人民出版社有索德那木，都是"内人党"死党分子，老民族分裂主义者。

总之，乌兰夫、哈丰阿和上述的牛鬼蛇神，是"混进党里、政府里、军队里和各种文化界的资产阶级代表人物，是一批反革命的修正主义分子，一旦时机成熟，他们就会要夺取政权，由无产阶级专政变为资产阶级专政。"我们必须乘胜前进，不仅要从组织上彻底粉碎教育界"内人党"的反革命独立王国，砸烂这阎王殿，而且要从政治上、思想上、理论上把他们批深批透，斗倒斗臭，让他们永世不得翻身！

（四）内外蒙文字统一活动的阴谋

大野心家、大阴谋家乌兰夫，为了实现其内外蒙合并作"当代成吉思汗"的迷梦，曾在文教界竭力推行新蒙文。一九六三年七月，他在《对民族教育问题的几点指示》中说："我看蒙古文也可以说成是外国文，既是本国文，又是外国文。"他还责怪哈丰阿："你过去还主张内外蒙统一哇，连个文字统一就不行了？"（郭以青《和哈丰阿谈话追记》）。就在这种

· 6 ·

破坏祖国统一的罪恶阴谋指使下，他们就推行新蒙文。

远在一九四八年，乌兰夫、哈丰阿就组织蒙修特务额尔顿陶克陶等人，在齐齐哈尔成立新蒙文研究室，主要研究斯拉夫新蒙文。反革命修正主义分子高布泽博还写信给包彦，竭力主张推行新蒙文，并大量翻印新蒙文书籍。他说："新蒙文是大众的文字，反对封建上层的文字，革命的文字，能够真正发挥蒙古民族文化与保存蒙古民族部分优良文化的文字。"

一九五〇年哈丰阿控制的文教部就正式提案：成立蒙文研究会，主要任务是"根据蒙古人民共和国新文字为标准，研究新蒙文，制定文字改革方案，培养新蒙文干部，出版新蒙文识字课本。"当时还在"小学试办新蒙文教学试点三处（乌兰浩特五完小，呼伦完小，锡盟完小。）。在乌兰浩特还举办了新蒙文师资训练班。

一九五一年，在文教部下设蒙文研究委员会，"专负新旧蒙文名词统一、标准语言之研究工作"，当时的编译处出版了新蒙文试点学校之教科书，出版了《新蒙文文法》，还进行新蒙文的试验。

一九五四年乌兰夫去蒙古参加他们的党代会，回国以后就给额尔顿陶克陶指示："我们内蒙也要采用蒙古人民共和国的新文字。"并批评其喽啰们"有保守思想，有现成东西，还研究什么？"他们与蒙修勾结，进行了一系列的肮脏的政治交易。在蒙语文工作中大搞所谓三统一：文字改革，统一于斯拉夫新蒙文，基础方言统一于喀尔喀，以乌兰巴托为标准语。

要学习新蒙文，必须学语法。一九五四年在全区民族教育会议上，哈丰阿在其亲自起草的《内蒙古民族教育会议总结报告》中说："内蒙古现在使用的蒙古语法教材是蒙古人民共和国学习苏联经验而创造的语法，这是蒙古人民共和国在文化建设上的很大成绩之一。""同时推广语法的学习和运用，将促使现在基本上统一的蒙古语言更进一步统一起来。""因此，语法的学习，是应继续进行，这一点应该肯定下来。"他们处心积虑地想通过内外蒙语言统一，来达到政治上的所谓"内外蒙古统一"，分裂祖国。这是他们要青少年学习语法，学习新蒙文的罪恶目的的自我暴露。

一九五五年成立了哈丰阿、额尔顿陶克陶所把持的文字改革委员会。接着提出了以喀尔喀语为基础方言的一个方案，加紧进行内外蒙文字统一的罪恶活动。

在准备工作就绪之后，一九五五年七月乌兰夫、哈丰阿就以内蒙人民委员会的名义，作出《关于推行新蒙文的决定》，命令在学校里三至四年内全面推行斯拉夫化新蒙文。教育厅立即行动，根据乌兰夫、哈丰阿的黑指示，制订了教学计划，规定"教师必须按照计划要求，认真完成这一任务。"教育厅大编新蒙文识字课本，仅一九五七年内就印发了新蒙文识字课本七万多册，从扫盲识字到小学、中学，全面开始新蒙文授课。中小学的语文、数理化课也立即改用新蒙文出版教材和授课。

一九五五——一九五六年，教育厅举办了二期新蒙文师资训练班，第一期有四十五人，第二期有一百零四人，均是盟市的学习骨干。他们回去之后，一九五六年以盟市旗为单位积极训练中小学和业余学校的新蒙文师资，一九五六年上半年即有四百七十三人参加学习。教育厅还根据内蒙古自治区人民委员会《关于加强干部学习新蒙文的指示》，在干部中推行新蒙文。当时在呼市，还由教育厅，文字改革委员会，呼市教育局组织了新蒙文学习委员会，加强领导和组织工作。

· 7 ·

一九五六年在呼市召开了蒙古语族语言科学讨论会，乌兰夫、哈丰阿、额尔顿陶克陶就乘此大造舆论。他们邀请苏联专家、马尔的信徒格·谢尔久琴柯来大放其毒，大量翻印他的《论新蒙文》的报告。他叫嚷什么"目前提出中国的蒙古族使用拉丁字母，这只会阻碍蒙古人民的文化政治的发展。""若使用拉丁字母，会使中国的蒙古人同那些高度发展阶段的蒙古人隔离开。"这是公然反对我国的文字拉丁化，挑拨我国各民族的关系，破坏祖国的统一团结。内蒙的政治、文化的发展，沿着毛主席指示的伟大方向前进，是最进步的，发展速度最快。而浸透了帝、修、反毒液的蒙修文化则是反动的文化，没落的文化。这个修正主义分子还鼓吹新蒙文以俄文字母为基础的"优越性"，蒙族标准语应以喀尔喀方言为基础，与乌兰夫、哈丰阿唱同一个腔调。在这次会上，蒙修语文专家帕利亚，蒙修特务额尔顿陶克陶都作了报告，为推行新蒙文作强烈的舆论准备，教育厅也参与大合唱，介绍了《内蒙古自治区蒙古语文教学的情况和经验》，介绍了如何"由旧蒙文逐步地过渡到新蒙文教学"，并要求"各级学校和语文教师向苏联、蒙古及国内先进地区学习，大力开展教学研究工作"。

一九五六年十一月二日哈丰阿、石琳主持了一次厅务会议，讨论了业余教育的打算，决定一九五七年用新蒙文扫盲，举办新蒙文训练班，训练新蒙文业余教师一万人。

总而言之，从一九四七年到一九五七年，乌兰夫、哈丰阿、特古斯均一直居心巨测地在推行新蒙文，抗拒党中央的指示，抵制拉丁化，想先发制人，造成既成事实，为内外蒙合并作文字上的准备工作。直到一九五七年，周总理在青岛会议上指出乌兰夫、哈丰阿等人想使蒙文斯拉夫化无论在过去、现在还是将来都是错误的，他们才被迫停止推行新蒙文的罪恶活动。

我们伟大的领袖毛主席指示我们说，**我们的纲领是文字必须改革，决不能有不用改革或怀疑改革的话**。在《中央关于文字改革工作的指示》中又指出："汉语拼音方案采用拉丁字母比较适宜。"鲁迅先生早在一九三四年就说："现在只还有'书法拉丁化'的一条路。"（《汉字和拉丁化》）。因此在我国各民族的创制文字或改革文字应以拉丁字母为基础，应与汉族这主体民族的文字形式取得一致。这关系到祖国的统一和各民族的团结，关系到我国各民族政治、经济及文化的发展。乌兰夫、哈丰阿无视内蒙大多数蒙族农牧民群众语言实际情况，违背汉族和全世界文字改革的必然趋势，只有为了通过文字改革，进行民族分裂和破坏祖国统一。

（五）乌兰巴托修正主义黑货的分销店

远在１９４６年，大野心家，大阴谋家乌兰夫就在《关于蒙地工作问题的报告》中说："今天，我们的文教方针，是发扬蒙古文化，普及蒙文教育，并吸收外蒙的进步文化，大量翻译进步书籍。"乌兰夫一时一刻也没有忘记他分裂祖国的野心，也没有忘记和放松进行舆论准备。

老民族分裂主义分子哈丰阿所控制的文教部，在一九五〇年即选用外蒙教材。一九五一年他把从外蒙回来的儿子确金扎布安排到教科书编辑委员会，伙同额尔顿陶克陶等大量翻译蒙修毒草。一起编教科书的，还有刚从外蒙回来的那木金斯旺，纳·赛音朝克图（民族分裂主义分子）。还从海拉尔调来布仁赛音（民族分裂主义叛国分子），达兰泰（日本、蒙修特务，民族分裂主义分子），突击编印翻译教科书。在课文中已选进《我的故乡》，歌颂蒙古山水幽美，是我的故乡。有《蒙古人民共和国国歌》，说蒙古是我们生身的国家，是全体蒙古人的发祥地。有《苏和巴特尔》《乔巴山》，说是蒙古人民的伟大领袖。另外还有《我的母亲》《我是蒙古人》等等。这套教材打下了崇蒙叛国课本的底子，以后各年的教材就在这基础上补充修改。

为了建立出版机构，翻印蒙修毒草，在一九四八年就成立了蒙文编译处，一九五一年正式成立内蒙古人民出版社，在文教部的控制下，统一办理出版蒙文书籍的任务。在一九五〇年一九五一年还开办三期编译人员训练班，主要学习劳布仓旺丹著《蒙文语法》，学习新蒙文，学习蒙古文艺作品，介绍翻译经验，以培养贩卖蒙修毒草的队伍。

在一九五一年文教部就输入外蒙中、小学教科书及其它书籍。一九五二年六月由哈丰阿签发文件，请求以中国驻外蒙大使馆名义订阅外蒙图书杂志八种，其中有蒙古《真理报》，新蒙文的《儿童日报》，《教师刊物》，《新旧蒙文出版书目录》等。一九五三年一月，由特古斯签发文件，将从外蒙购来的图书分送内蒙师院及中学，师范，一共三十五个单位。一九五三年九月，由哈丰阿签发文件，由特木尔巴根核稿，以需要参考材料为名义，要求中国驻外蒙大使馆代购蒙修书籍，其中各种教科书有四十九种，科学小丛书六种，文学著作五十九种，报刊杂志五种。这里面有鼓吹内外蒙合并的中篇小说《阿由什》，有歌颂帝王将相的《成吉斯汗》《巴图可汗》，有引导内蒙青少年向往外蒙的《草原上的太阳》。

一九五四年乌兰夫和额尔顿陶克陶从外蒙参加他们的党代会回来之后，就决定大量翻印外蒙书籍，上至天文，下至地理，出了一百多种甚至在外蒙不屑出的，在内蒙也出版了。一九五五年乌兰夫还规定语文教材一律采用外蒙作品，十月份由特木尔巴根签发，请中央教育部托购外蒙十年制各年级各种教科书各五套。一九五六年到一九五七年还成立过“古典文学编辑小组”大出封建毒草，配合右派分子向党向社会主义进攻。组长特木尔都什，是蒙奸德王的御用文人，后来叛国逃蒙。

一九五八年到一九五九年，未经有关上级批准，将出版社的蒙文图书赠给蒙修的团体和个人先后十多次，计二百种左右。到一九六二年年底，出版社出版了外国图书二百五十种，其中蒙修作品就有一百四十种，苏修的九十七种，蒙修不到一百万人口，在出版社出过作品的就有一百三十人。

为了更多地制造毒草，一九六〇年单独成立了内蒙古教育出版社。一九六二年春教育厅副厅长戈瓦还亲自去蹲点，制订了《蒙汉文教学大纲》，并写了编写大纲总结。哈丰阿、特古斯、戈瓦主张多选蒙古古典文学和蒙修作品，并说这是民族存亡的关键问题之一。对一九五八年反对教材中的民族主义倾向极端不满，在他们的支持下，教材中还选入《蒙古人民共和国国歌》《在你的摇篮旁》《生活战胜死亡》《鄂伦高娃母亲》《在墓旁》等毒草，戈瓦还亲自动手，从《蒙古秘史》《黄金史》选出三大战役印到课本中。据一九六三年极不彻底的检查，四千多课文篇目中，蒙修的有一百多篇。还有祖国概念模糊的十多篇。8．5％的篇目是有问题的。

我们的伟大领袖毛主席教导我们说：**“凡是要推翻一个政权，总是先造成舆论，总要先做意识形态方面的工作。革命的阶级是这样，反革命的阶级也是这样。”**反革命修正主义分

· 9 ·

子乌兰夫、哈丰阿、特古斯把教育出版机关变成进行分裂祖国制造舆论的黑据点，成为替乌兰巴托煽动民族分裂、推销修正主义黑货的分销店。这些反革命舆论毒害了广大师生，有些青少年读了教科书，就认为自己的祖国在蒙古，首都在乌兰巴托。一个小学教师还说："经济上我们比外蒙强，政治上不一定，文化上肯定不如人家"。一九六二年在国际、国内反动派反华大合唱的形势下，许多学校发生民族分裂主义案件，师院附中还发生叛国逃蒙案件，就和这些毒草分不开。

（六）叛国性的文化交流

乌兰夫在《关于蒙地工作问题的报告》中说："动员大批青年到外蒙去留学，这也是发展蒙古文化的重要办法之一。"因此，哈丰阿、特古斯、石琳把持的文教部，在一九五一年以培养蒙古师资为名，派二十个学生去外蒙留学。以后又不断派遣，一九五五年大量派遣，一九五七年派往外蒙的有五名，一九六一年派二名，一九六二年派一名去外蒙学习蒙古语，一九六三年又派去一名。

在派遣的留学生中，有的有狭隘的民族主义。如一九五七年派往乔巴山大学学习的×××，哥哥是个右派。她自己曾说"爱乔巴山，不爱毛主席"思想反动。她与蒙古男同学乱谈恋爱，随便参加蒙古体育协会的活动，外蒙古同学已认为是他们的人了，造成很坏的国际影响，最后不得不调回中国。

乌兰夫、哈丰阿、特古斯对蒙修的文化教育奴颜婢膝，推崇备至。一九五一年就选派了３０名牧区优秀教师及各级教育行政干部到外蒙参观教育。以后乌兰夫不断派额尔顿陶克陶赴外蒙研究讨论改进蒙文问题，阴谋策划内外蒙合并的罪恶勾当。一九五七年年底由石琳签发，由哈丰阿同意组织我区高等学校参观团，参观团共三十五人，准备在一九五八年出发，说是"为了学习蒙古人民共和国的教育工作经验"，实际上是洋奴朝圣。一九五八年旧教育部组织了"教育参观团"，戈瓦、和贡嘎也参加了。

为了更加毒害青少年，乌兰夫、哈丰阿还请修正主义祖师爷"光临"内蒙。一九五五年他们经过中央教育部，从蒙古请来一个蒙古语文专家，哈丰阿、特古斯对他百般照顾，来往密切，还让他盗走了珍贵的历史文献。师院、出版社与其"联系亲密频繁"。一九五六年蒙古所谓"名作家"达木丁苏荣来到了内蒙，向直属机关语文工作干部作了一个《关于蒙古语文改进问题》的报告。这个报告公开煽动"内外蒙合并"，公开号召所有的蒙古人以他们为中心向他们统一。对于这样一个颠覆我国的反动报告，乌兰夫，额尔顿陶克陶马上予以出版，他们的用心不是昭然若揭了吗？一九五七年以后还请蒙修畜牧专家道尔基，兽医专家毛也布来农牧学院讲学，蒙古语言文学专家罗布桑巴拉登、乌勒乎图格来内大讲学。一九五九年教育厅根据师院的要求，向教育部提出，请蒙修专家罗布桑旺丹来我区讲学，解决蒙文和科学研究上的疑难问题。一九六〇年七月，教育部答复内大，同意该校提出与蒙古乔巴山大学图书馆和蒙古科学院图书馆建立蒙文书刊交换关系。通过这些所谓文化交流，乌兰夫、哈丰阿、石琳贩卖了不少修正主义黑货。

一九五九年，蒙古教育工作者代表团来呼市参观，团长是蒙古教育部第一副部长霍尔洛。"大驾光临"，哈丰阿、石琳等人也就大大忙碌了一番。

· 10 ·

以上这些活动，乌兰夫、哈丰阿、特古斯名之曰建立关系，沟通文化，实际上是阴谋策划，宣扬蒙修，为将来合并打下政治思想基础。他们知道光在国内制造舆论是不够的，就转而依靠国际修正主义的力量，这种文化交流实质上是叛国性的。

（七）拒不执行党的知识分子政策

乌兰夫、哈丰阿、特古斯为了资本主义复辟和民族分裂主义的需要，从不全面贯彻毛主席制定的"团结、教育、改造"的知识分子政策。片面地强调团结，否定改造，吹捧资产阶级"专家"，反动"学术权威"，让资产阶级知识分子统治我们的学校。

我们伟大领袖毛主席在一九五一年亲自领导了批判反动电影《武训传》的运动。还在《中国人民政治协商会议第一届全国委员会第三次会议开会词》中教导说："思想改造，首先是各种知识分子的思想改造，是我国在各方面彻底实现民主改革和逐步实行工业化的重要条件之一。"接着，就在知识分子中广泛开展了思想改造运动。

然而，在内蒙并没有真正开展批判反动电影《武训传》的运动，封建主义、资本主义的教育思想也没有受到冲击。直到一九五二年，反革命修正主义分子乌兰夫、哈丰阿、特古斯还用分局宣传部和政府文教部的名义，明目张胆地规定："小学教师今年不进行思想改造"。在当年暑假集训的小学教师则是："主要学习中国革命的基本理论知识，一律不准审查历史和政治问题"。这是公开地反对党的知识分子政策。当时莫力达瓦旗对小学教师进行思想改造。该旗教师中有个反革命分子叫任兴汉，在伪满当过警察，便衣特务，"八一五"后又在沈阳国民党法院当书记官，在集训时畏罪自杀，自杀前在井里放毒。对于这样一个反革命分子之死，哈丰阿、特古斯等人如丧考妣，以文教部名义发出全区通报，反对对教师进行思想改造，批评"盟旗对于正确方针没有很好重视研究"，要"依据政府文教部的指示，立即切实检查纠正所存在的偏向。"这个通报是他们抗拒党的知识分子政策的铁证，是他们反动嘴脸的大暴露。

一九五四年毛主席亲自发动了对俞平伯《〈红楼梦〉研究》和胡适反动思想的批判。可在哈丰阿、石琳制定的《教育部根据宣传会议精神检查政治思想领导等工作的报告》中只谈学习总路线，执行工作计划，加强劳动教育，只字不提反对资产阶级唯心主义和胡适反动思想。

一九五五年五月毛主席发动了对胡风反革命集团的进攻。明确指出："必须在各个部门中保持高度的警惕性，善于辨别那些伪装拥护革命而实际反对革命的分子，把他们从我们的各个战线上清洗出去，这样来保卫我们已经取得和将要取得的伟大的胜利。"但是，在十二月份召开的内蒙教育工作会议上，却只字不提镇压胡风反革命集团的学习。当时有的教师认为胡风是"胡适的作风"，"胡风是不是反革命，咱不知道，咱看不出来。"可见学习很不深入。在这次会议上不提对教师进行世界观改造，而对业务进修却有具体方案，并要求各级领导"列为今后视察工作的主要内容"。

一九五六年哈丰阿、石琳制定了对教师资产阶级思想批判方案，可方案中片面强调改造的"长期性"，强调"深入到各科教学里去"，强调"正面教育"，先立后破。由于这些黑指示，使那次对资产阶级思想的批判中途夭折。就在那年冬天，发生了匈牙利事件，国际国

· 11 ·

内阶级斗争十分尖锐，可哈丰阿、石琳在内蒙教育厅召开的先进教育工作者会议上，仍大讲资产阶级知识分子团结照顾，只字不提改造，提倡物质刺激，否认阶级和阶级斗争。

三年困难时期，乌兰夫、哈丰阿、特古斯、石琳等人对资产阶级知识分子不是强调政治挂帅，艰苦奋斗，而是大搞物质刺激，大搞生活特殊化。一九六一年组织了高等院校二十八名教授专家以参观为名，去巴盟大吃大喝，由国家开支每人每天生活费十元，造成影响极坏。

毛主席说：**"因为他们是教育者，是当先生的，他们就有一个先受教育的任务。在这个社会制度大变动的时期，尤其要先受教育。"**而乌兰夫、哈丰阿、特古斯、石琳之流一贯反对对教师进行思想改造，让资产阶级思想继续毒害广大师生，让资产阶级知识分子继续统治我们的学校。

（八）在乌兰夫"特殊论"的黑旗下

毛主席教导我们："**否定马克思主义的基本原则，否定马克思主义的普遍真理，这就是修正主义。**"用特殊否定一般，用"时代特点""民族特点"否定马克思列宁主义的普遍真理，这是一切修正主义者的共同手法。二十年来，"当代王爷"乌兰夫一贯心怀叵测地强调内蒙的"民族特点""地区特点"，他用各种极端反动的"特殊论"，来对抗马克思列宁主义的基本原则，疯狂地反对战无不胜的毛泽东思想。

在内蒙教育厅，乌兰夫通过他的代理人哈丰阿、特古斯、石琳、韩明以及戈瓦之流别有用心地贯彻他的"特殊论"。在"民族地区特殊"的幌子下，二十年来一贯反对毛泽东思想，大搞资本主义复辟，大搞民族分裂，妄图把青年一代推向修正主义，民族分裂主义的深渊。

远在一九四八年五月，乌兰夫就组织内蒙古自治区党政各机关干部，举行成吉思汗大祭。以后又为成吉思汗大修陵墓，这正如马克思所说："**他们战战兢兢地请出亡灵来给他们以帮助，借用它们的名字，战斗口号和衣服**"，来进行民族分裂，实行资本主义复辟。

从一九五〇年到一九五一年，《内蒙古日报》发表了《努力完成我们新的任务》、《纠正轻视蒙文教育努力发展民族文化》、《研究内蒙情况学习民族政策》等一系列社论，大谈民族形式。号召贯彻乌兰夫的指示，"认真研究内蒙古的社会情况，切切实实的解决内蒙古的具体问题"。一九五二年，乌兰夫在庆祝自治区成立五周年大会上，又叫嚣："我们有些时候有些地方忽视区域自治这一总特点，不善于把政治、经济、文化建设各种具体政策与建设发展内蒙古自治区的总方针任务密切联系起来，因而产生工作中的搬套作风"。大野心家、大阴谋家乌兰夫一开始就鼓吹反动的"特殊论"，一开始就反对毛泽东思想，用反对"搬套作风"，来阻止毛泽东思想在内蒙日益深入人心。

一九五四年，由老民族分裂主义分子，蒙修大特务哈丰阿亲自主持已开了全区第一届民族教育会议。通过这次会议，他们总结了修正主义、民族分裂主义的教育工作经验，为以后提出了"方针，计划和具体措施"。在这次会议上，乌兰夫、哈丰阿、石琳之流第一次系统地解释了臭名昭著的"特殊论"，说"研究自治区文教工作特点，必须联系自治区的特点来观察"，"内蒙古自治区总的工作特点，包括着自治区的民族特点，内蒙地区特点和当前内蒙古自治区建设发展中的一些特点。""我们只有不仅懂得文教工作的一般规律，而且懂得在

· 12 ·

自治区进行文教工作的特殊规律，我们才能把工作真正做好。"在论述自治区文教工作的特点时，他们又大弹乌兰夫"干部民族化"，"民族形式"，"因地制宜"，"民族风俗习惯与文化心理状态"等老调。一句话，乌兰夫、哈丰阿、石琳之流，借口"民族地区特殊"，马列主义和毛泽东思想不符合乌兰夫将欲建立的独立王国的"国情"，需要进行"民族化"的修正，否则就是"搬套作风"，就是不懂得"特点"。他们卑鄙地修正毛泽东思想，恶毒地攻击毛泽东思想，真是恶贯满盈，罪恶昭彰。

毛主席在《矛盾论》中指出："**特殊的事物是和普遍的事物联结的，由于每一个事物内部不但包含了矛盾的特殊性，而且包含了矛盾的普遍性，普遍性即存在于特殊性之中。**"特殊和一般互相联结。一般来于特殊，反过来，一般又指导特殊。毛泽东思想是中国革命经验和世界革命经验的最高总结，是当代马克思列宁主义的顶峰，尽管世界各国，中国各地都有各自的特点和情况，但是都必须用毛泽东思想统帅一切，指导一切，改造一切。乌兰夫、哈丰阿之流借口"民族地区特殊"，否定毛泽东思想，否定社会主义道路，否定无产阶级专政。事实表明，他们是一贯的反革命，是内蒙各族革命人民不共戴天的死敌。根据这种反革命理论，在全区第一届民族教育会议上通过的《内蒙古自治区民族教育五年计划纲要（草案）》，《关于在中、小学进一步贯彻蒙汉学生分校、分班原则的决定》等等，也必然是反革命的教育纲领。当年，朝鲜访华代表团来呼市访问，教育厅的负责人还一再介绍他的反动头目乌兰夫关于"民族形式和特点"的"教导"，而根本不提光焰无际的毛泽东思想。

在一九五五年三月的一次部长集体会议上，又重申哈丰阿负责领导全面工作，民族教育及其它重要工作。在他的主持下，制订了《一九五五年教育工作计划要点》，《蒙古小学教学计划》等等，都体现着他们所谓的"民族特点"。在一九五五年教育工作会议上，哈丰阿、石琳等人，还责令贯彻民族教育会议所规定的各项工作。

在这种反动的"特殊论"的指导之下，哈丰阿、特古斯、石琳、韩明以及戈互等人炮制了《关于加强民族文教卫生工作的若干规定》，《全日制蒙古族及其他少数民族中、小学暂行工作补充条例（草案）》，《牧区办学试行方案》，《内蒙古自治区牧区小学人民助学金暂行办法》，《内蒙古高教工作十五条（草案）》，《内蒙古自治区蒙族及其他少数民族中小学奖学试行办法》，等等。在这些纲领中，他们包藏祸心地说："在学校设置，专业设置以及教学内容，教学方法上，要适应自治区的特点，适应自治区的需要。""在学生的民族成份上，要使蒙古族及其他少数民族学生保持适当比例。""编制、经费每年要单列预算"，为了"发展民族教育事业和民族教育质量，所以实行奖学制度"。总之，这些条例和制度，强调"民族特点""地区特点"，在教育界体现了所谓"乌兰夫思想"，在教育界妄图踏出所谓乌兰夫"自己的道路"。他们企图用民族关系代替阶级关系，用民族矛盾代替阶级斗争，用所谓"乌兰夫思想"来代替毛泽东思想，从而使内蒙古教育为他们阴谋分裂祖国，复辟资本主义服务。这些条例和制度取消了阶级和阶级斗争，为乌兰夫企图建立"独立王国"鸣锣开道，因而是地地道道的反革命纲领。

乌兰夫一贯歇斯底里地鼓吹"蒙古语文第一"和"蒙汉兼通"，用学习蒙文蒙语来统帅一切，反对毛泽东思想挂帅。用学习蒙文蒙语，来冲击学习毛主席著作。在解放初期，他在蒙古语文工作会议上讲话中说："要了解进一步发展和建设自治区，必须提高广大人民群

· 13 ·

900

众的文化水平，要提高自治区蒙族人民群众的文化，就必须通过民族语文"。并随即责令党的宣传部门和政府文教部门将此作为经常性工作之一。哈丰阿、石琳奉旨而行，在《一九五〇年中等教育工作总结》中就说："须知只有发展民族语言文化，提高人民觉悟，才能进一步加强民族团结。"一九五七年在《关于贯彻执行方针政策方面的整改问题》中还要求"根据'蒙汉兼通'的方针，制定教学计划，编制语文各科教学大纲，重新编译教科书，并组织力量积极编写教学参考书。"一九六二年，特古斯在民族语文、民族教育工作会议上指出："蒙古中、小学应当坚持学习蒙古语文，并为逐步达到蒙汉兼通打下基础"，"进入高中及大专学校的蒙古学生，应努力达到蒙汉兼通。"并在条例中规定："蒙古族中、小学是发展蒙古语文的重要阵地，学生首先学好蒙古语文"。

随着阶级斗争的发展，乌兰夫的狼子野心越来越暴露，他也就越狠抓蒙语学习和"蒙汉兼通"，把学习蒙语蒙文的问题提高到要不要革命，愿不愿为人民服务的高度，以此来压制广大青少年。最后"蒙汉兼通"就成为他反动的"巩固与发展民族团结和祖国统一的文化基础"。主子一声令下，便忙坏了特古斯、潮洛蒙、赵戈锐、布赫、韩明这些狗奴才。一九六三年二月他们以党委人委名义发出《关于加强民族文教卫生工作的若干规定》，要"在汉族干部中提倡学习蒙语"，高等学校"其它有关专业的汉族学生也根据需要和可能学蒙文或蒙语会话"。"为了培养蒙汉兼通的教师，民族师范学校学制改为四年。"同年七月，乌兰夫就找戈瓦谈话，说"内蒙古大学要培养既懂蒙古文又懂汉文的人，看来得把学制延长一年（六年），给补习一年汉文课"。他还指定由"一位副厅长专管民族教育"。一九六五年七月反革命修正主义分子潮洛蒙还传达了乌兰夫的黑指示："自治区内的中学毕业生必须学好蒙汉两种语文，达到蒙汉兼通"。成立第十四、十五、十六中学，并统一归陈炳宇、李贵领导，以集中力量提高蒙古语文教学质量。三个学校蒙生汉生混合编班，同班上课，共同学蒙汉语文。三校领导、教师力争三、五年内达到"蒙汉兼通"。为了创造学习环境，校内要有浓厚的学习蒙古语文的气氛。一九六六年二月，潮洛蒙在黑文委工作时又说："如果我们所成立的呼市这三所民族中学，也达不到蒙汉兼通的要求，那就辜负了党交给我们的任务"。"如何实现乌兰夫同志提出的蒙汉语文通用的方针，要把教材、教学计划具体落实。"反动头子层层加码，教育厅的韩明，就更加卖力。一九六五年二月就下通知，组织汉族教师和学生学习蒙文蒙语，规定各盟可选一、二所中、小学进行试验，学习蒙语的汉族学生，和蒙生一样待遇。一九六六年还通报了呼市蒙语教学调查报告，表扬了文庙街小学的教学，号召学好蒙古语文，迎接自治区建立二十周年。潮洛蒙、布赫、赵戈锐、韩明，在这时强迫全区师生大学蒙文蒙语，是为了破坏当时正在蓬勃开展的大学毛主席著作的群众运动，妄图阻挠各族群众掌握伟大的毛泽东思想，便于推销其主子乌兰夫反党反社会主义反毛泽东思想的一套黑货，毒害广大青少年，这种鬼蜮伎俩，用心极其恶毒。

毛主席说："我们的教育方针，应该使受教育者在德育、智育、体育几方面都得到发展，成为有社会主义觉悟的有文化的劳动者。"并教导我们要全心全意地为中国和世界的绝大多数人服务，但是乌兰夫反对毛主席的教育方针。根据他的"特殊论"，早在一九五二年内蒙古畜牧兽医学院成立时，他就通过《内蒙日报》说："内蒙古人民教育应更好地为内蒙古人民的生产建设事业服务。"一九六二年在内大建校五周年大会上，他就说内大"培养担

• 14 •

负繁荣内蒙科学文化的内蒙民族知识分子"。内大"不是山西、山东、广东大学",内大"培养建设内蒙古自治区的人材。"当年他在农牧学院成立十周年庆祝会议上又说:"要求你们特别注意培养蒙古族和区内各少数民族农牧业科学技术人材。"就这样,"当代王爷"乌兰夫篡改了毛主席的教育方针,使内蒙的学校特殊到为他自己培养资产阶级接班人。

(九)对教育大革命的反攻倒算

一九五八年,在伟大领袖毛主席的亲自发动下,我国和我区掀起了一场史无前例的轰轰烈烈的教育大革命,这是三面红旗照耀下的产物,这是"共产主义精神在全国蓬勃发展"的表现,这是打破修正主义教育路线束缚的结果。就在这一年,毛主席提出了**"教育为无产阶级政治服务,教育与生产劳动相结合"**,**"教育必须由共产党领导"**的方针。一场教育大革命就以排山倒海之势,迅速展开。

这场教育大革命,对学制、课程、教学内容、教学方法、考试制度等等,进行全面改革,学校大办工厂、农场,师生投身到三大革命运动中去,同工农群众相结合,工厂和人民公社大办学校,工农兵英勇地占领教育阵地。正如毛主席所说:**"从来也没有看见人民群众象现在这样精神振奋,斗志昂扬,意气风发。过去的剥削阶级完全陷落在劳动群众的汪洋大海中,他们不想变也得变。""一切腐朽的意识形态和上层建筑的其他不适用的部分,一天一天地土崩瓦解。"**

中国赫鲁晓夫及其在内蒙的代理人乌兰夫非常仇视教育大革命,千方百计抵制破坏教育大革命,哈丰阿、特古斯、韩明以及戈瓦等人也就赤膊上阵,攻击教育大革命。在教育大革命中涌现出来的工农举办的各类学校,因为不符合他们的要求,便遭到了大斧砍伐。从一九五八年到一九六〇年,我区农业中学和其他职业学校曾发展到四百二十八所,在校学生达到三万二千多人,但是到一九六一年就减为一百三十二所,在校学生仅有八千八百人。农业中学被乌兰夫、王铎在六级干部会议上几句话就否定了。小学生也大量精简,一九六一年中、小学处理超龄生即有四万三千八百三十四人,其中小学生三万一千六百五十二人,致使贫下中农贫苦牧民子弟无法入学和升学。据统计,一九六四年初,我区适龄儿童入学率是49.6%,还有一半多儿童失去求学的机会,其中绝大多数是贫下中农和贫苦牧民子弟。

原教育厅副厅长戈瓦还给教育大革命加上种种罪名,一九六二年至一九六三年他在教干校三个训练班上说:"五八年以来学校数量大发展,质量降低了"。他公开反对毛主席关于教育大革命指示,恣意谩骂。他说:"有的人说学校是工厂,工厂就是学校,这就混淆了学校与其它部门的差异性。""甚至有人说,学生就是老师,老师就是学生,这是胡说。学生就是学生,老师就是老师。""提高教学质量,有两个'过多'问题需要解决,即社会活动过多,生产劳动过多。"戈瓦还极力反对教材大革命,在他亲自主持制定的《蒙古语文教学大纲编写总结》中,他说一九五八年"修编了十余种语本,编写得很草率,政治内容上存在不少浮夸作风外,艺术性不行"。他攻击大跃进是"浮夸风",在教材内容上又变本加厉地恢复旧的一套。另外,一九六二年在业余学校语文等教材中也大删毛主席著作,大删歌颂三面红旗的文章,甚至连"跃进"的词儿也几乎全去掉了。

一九六〇年至一九六二年,中国赫鲁晓夫趁国内外阶级敌人掀起一股反华逆流的时机,

· 15 ·

伙同反革命修正主义分子陆定一等一伙，以"纠"教育大革命之"偏"和"提高教学质量"为名，搞了《高教六十条》《中学五十条》和《小学四十条》等反革命修正主义纲领，命令各地贯彻执行。一九六三年三月，教育厅召开了全区教育行政会议，由韩明主持，哈丰阿、特古斯、戈瓦都作了报告。会议的中心是讨论贯彻"中央关于讨论试行全日制中、小学工作条例草案和对当前中小学教育工作的几点指示"。这是中国赫鲁晓夫推行资产阶级教育路线的一个典型文件，他要求试行这两个条例，民族地方学校可制定补充办法。这个黑指示攻击一九五八年的教育革命使"教学质量有所下降"。根本不提学习毛主席著作，反而大反所谓"一般化"和"庸俗化"。根本不提教师队伍必须克服资产阶级思想。韩明在讲话中吹捧几个条例是"解放以来教育工作的总结，是今后工作的纲"，要求在七十至八十所中学，二百所左右的小学中"全面试行"。与此前后，教育厅也制定了《内蒙古高教十五条》、《农牧区中学工作条例三十三条》、《中等函授、业余师范教育工作试行条例》、《农村牧区业余教育工作条例》、《全日制中、小学教育工作要点》等，都是些贯彻中国赫鲁晓夫黑指示的反动纲领。一九六二年十一月，教育厅发出《全日制中、小学各种有关规章制度（草案）重点试行的通知》，同时发了不少规章制度，如《全日制中、小学教学工作细则》，《班主任工作条例》，《操行评定办法》，《中学生学业成绩考查办法》，《中学生奖励处分办法》等等，并要求在一九六三年试行。这些条例指示、规章制度，把封、资、修的教育破烂精心地熔为一炉，披上马列主义外衣，冒充为全国全区解放后教育的理论总结，配套成龙，强行贯彻。这样，一九五八年以前的旧教育制度就完全理论化，系统化，并以法令形式颁布。这些条例反对毛主席的教育方针，反对突出无产阶级政治，抹煞阶级斗争，反对教育与生产劳动相结合，镇压教育革命，维护资产阶级的教育制度，反对党的领导，妄图让资产阶级知识分子永远统治学校，想把青少年培养成资产阶级的接班人。

根据中国赫鲁晓夫的意志，在内蒙还大办"重点学校"。这个问题在一九五九年文教书记会议上就提出来了，以后就加紧进行。一九六二年六月，教育厅发出《关于办好全区重点中、小学的通知》，其中明确规定重点学校"必须保质保量地为国家培养成绩优良的毕业生，每年升入高一级学校的学生的成绩和人数的百分比应高于本地区的一般中、小学。"一九六三年三月，在全区教育行政会议上，要求办好重点学校，确定小学二百所（民族小学五十所）中学十四至十八所为重点学校，要求"稳定学校规模，控制班级名额，不实行二部制"，并严格规定正副校长和教导主任的行政级别和文化业务水平，规定教师的学历。在编制、经费、设备等方面都特殊化，招生时还择优录取。除了重点学校之外，还有后备重点，中学指定一百二十所，小学指定二千二百所。接着宣传部，教育厅还制定了《关于办好重点学校的十项措施》。一九六三年八月，还通知各地，学习赤峰二中办学经验，学习上海、南京、天津等地臭老牌中学的经验，办好重点学校。这一套办法其实是资本家开学店的翻版和"发展"，采用残酷淘汰制，为复辟资本主义准备一批用起来得心应手的精神贵族。在这种制度的毒害下，大量的贫下中农、贫苦牧民子弟被排斥在重点学校之外或被赶出校门。不少学生追求个人名利，只专不红，一心只想当"专家"，当干部，不愿上山下乡，不愿参加生产劳动。

乌兰夫、哈丰阿、特古斯、石琳、韩明以及戈瓦还公然反对毛主席的"**教育要革命**"的号召，不但不改革教育制度、缩短学制，反而决定延长学制，想把民族学校的学制，搞成"二十年制"，即小学七年，中学七年，大学六年。用此来达到他们残害腐蚀青少年的目的，维持资产阶级知识分子统治我们学校的局面。石琳还要把这"二十年制"提到北京展览会上去展览。

在这个时期，他们还搞"教学大比武"，以此来冲击全国轰轰烈烈开展起来的学习毛主席著作的群众运动。一九五九年中国赫鲁晓夫和陆定一以高考成绩作为衡量教育工作好坏的唯一标准，把一九五九年升学率最高的福建、安徽、江苏作为标兵向全国推广。于是全国就刮起了片面追求升学率的妖风。乌兰夫、哈丰阿、特古斯、石琳、韩明以及戈瓦竭力贯彻中国赫鲁晓夫的意图，立即行动，一九五九年末就在呼市召开毕业班座谈会，并发出《加强应届初、高中毕业班工作的通知》。一九六〇年通报了呼市抓毕业班的经验，又针对毕业生的思想情况发出通报，提出了"总动员"的口号，号召"以毕业班工作带动学校各项工作全面跃进"，"力争全国上游"！就这样，在全区掀起了片面追求升学率的高潮。荒诞不经的怪事也随即出现：如提前结束课程转入总复习，毕业班用寒假复习功课，各校都发各科复习提纲，教师猜题压题，增加学习时间，点长明灯，压缩劳动时间，生活特殊化，吃小灶等等，光怪陆离，不一而足。教育厅还派一名副厅长到福建去参观，回来后建议掀起所谓"反右倾，鼓干劲，学福建，赶福建"的高潮。一九六〇年二月在赤峰召开现场会议，会上展开比学赶帮，誓争全区第一名。教育厅还把三年高考成绩排了名次，发到盟（市）。另外还扩大统考范围。一九六〇年还曾提出全区统考意见，以后未能实现。这种妖风从一九六〇年一直刮到一九六四年，危害极大。加重了学生负担，严重影响师生身心健康；严重地削弱了政治，助长了只专不红的歪风；提倡"智育第一，教学第一，升学第一"；年年只抓毕业班，在学校内造成了恶性循环；助长了资产阶级个人主义和投机取巧甚至违法乱纪；破坏了教育大革命，造成学校之间、领导与被领导之间、师生之间极不正常的关系。

按照中国赫鲁晓夫的教育法令，党在中小学里不能起领导作用，只能起"监督、保证"作用。教育大权就落到资产阶级知识分子和反动学术"权威"手中。他还对资产阶级知识分子实行"脱帽""加冕"政策，一律摘掉资产阶级知识分子的帽子，加上劳动人民知识分子的称号。乌兰夫、哈丰阿、特古斯、韩明以及戈瓦不折不扣地贯彻中国赫鲁晓夫的黑指示。一九六三年，韩明亲自炮制了《解决中、小学教职员的工作和生活上存在问题的几个主要问题的指示》，其中根本不谈无产阶级政治，只谈生活上照顾，"提高教学质量"。还规定教龄满三十年、四十年或五十年时，各级教育行政部门可举行庆祝活动，并发给纪念章或纪念册。一九六二年，戈瓦在教干校几期训练班上作总结时还反复动员学员"出气"，他说："如果还没有出完，最好还是出完再走。""不要把没出完的气带回去。"他极力反对教育大革命以来对资产阶级教育制度和资产阶级思想的批判，替资产阶级知识分子鸣冤叫屈。一九六三年六月，戈瓦还在中学、师范数学教师座谈会上叫嚷，要"建立优秀教师代表会议制度或者年会制度，今年要开优秀教师代表会议，并打算年年开下去"。他的所谓"优秀教师"，实际上是只专不红的人。

为了提高所谓的教学质量，一九六三年教育厅还召开了一系列的业务会议，如二月的"中学、师范语文教学座谈会"，六月的"小学语文教学座谈会"，八月的"民族中学蒙古

· 17 ·

语文教师学习会"，十二月的"民族中学汉语文教学座谈会"，等等，戈瓦都讲了话，借口反对把语文课讲成政治课，来反对语文教学必须突出无产阶级政治，鼓动学生只专不红，"读书破万卷，下笔如有神""读书之乐乐无穷"。鼓动教师人人争取当"专家"，抓紧点滴时间搞学问。这些都充分地暴露了他资产阶级丑恶的嘴脸。

毛主席说："照此办理，那就不要很多时间，少则几年十几年，多则几十年，就不可避免地要出现全国性的反革命复辟，马列主义的党就一定会变成修正主义的党，变成法西斯党，整个中国就要改变颜色了。"中国赫鲁晓夫及其在内蒙的代理人乌兰夫对教育大革命实行反攻倒算，恣意妄为，凶相毕露，其目的是为了反革命复辟，然而他们可耻地失败了。

（十）兜售中国赫鲁晓夫"两种教育制度"的黑货

从一九六四年起，我国国民经济出现了新的跃进局面，形势大好。自从林彪同志主持中央军委工作以来，中国人民解放军大学毛主席著作，大树特树毛泽东思想的绝对权威。随即在全国掀起了活学活用毛主席著作的群众性运动的高潮，大大促进了全国人民的思想革命化。在国际上，世界上第一个社会主义国家苏联发生了资本主义全面复辟之后，我们伟大领袖毛主席在他一系列光辉著作中，进一步发展了无产阶级专政条件下进行革命的理论，提出了关于防止资本主义复辟的系统的理论和政策，为马克思列宁主义宝库贡献了新的战无不胜的理论武器，划时代地创造性地发展了马克思列宁主义。毛主席提出为了保证我们的党和国家不改变颜色，需要培养和造就千百万无产阶级革命事业的接班人，规定了接班人的五个条件，提出应当在长期的群众斗争中，考察和识别干部，挑选和培养接班人。一九六四年春节，毛主席对教育工作进行了尖锐的批评，指出阶级斗争是学生的一门主课；教育制度必须彻底改革，学制、课程、教学方法、考试方法这几方面都要改。毛主席的指示又一次吹响了教育革命的进军号，一个规模更大、来势更猛的教育革命的风暴来临了。

正象毛主席所说的："各种剥削阶级的代表人物，当着他们处在不利情况的时候，为了保护他们现在的生存，以利将来的发展，他们往往采取以攻为守的策略。"中国赫鲁晓夫为了抗拒毛主席的指示反对光焰无际的毛泽东思想，为了以攻为守，就曾几次地抛出了他们的"两种教育制度"的黑货。他狼奔豕突般地到十几个省市，作过近20次大小报告，妄图阻挡这场已经来临的革命大风暴，为垂死的资本主义教育招魂。他把毛主席早就倡导的半工半读窃为己有，从中捞取政治资本，并大肆篡改，加进黑货，推行全国。在他历次讲话中根本不提我们心中最红最红的红太阳毛主席，根本不提毛主席光辉的教育思想，而把他自己与马克思、列宁并提，就充分地暴露了他妄想篡党篡政复辟资本主义的野心。

反革命修正主义分子乌兰夫、潮洛蒙、韩明把持下的内蒙古教育厅，忠实地执行了中国赫鲁晓夫的旨意，密切配合行动。一九六四年秋，潮洛蒙、韩明就指派他们的心腹干将陈觉生，带领计委、经委各口及教育厅人员去天津参观半工半读学校，参观中国赫鲁晓夫精心培植的"样板"。在陈觉生参观回来后就到处吹捧，招摇撞骗。

一九六四年冬，潮洛蒙、韩明就下令调集各盟市旗县的人员来厅学习，学习中国赫鲁晓夫的指示，传达天津的"经验"。学习结束之后，兵分三路，前往哲盟、昭盟、巴盟等地调查，总结半工（耕）半读的经验。韩明、陈觉生听取汇报之后，当时确定重点整理的

· 18 ·

材料有：昭盟天山林中，五三农中，巴盟永胜农中，狼山农中专。

一九六五年初，乌兰夫控制下的内蒙党委将试行中国赫鲁晓夫的"两种教育制度和两种劳动制度"作为全区五项中心工作之一，并建立了全区半工半读教育领导小组，由各厅局抽人筹建工读办公室，封陈觉生为主任。在原内蒙党委、人委的主持下，元月份召开了全区半工半读教育会议，各盟市旗县的教育行政部门及"重点""样板"和内蒙各有关厅局都派人参加。在会上大学中国赫鲁晓夫的"指示"，大谈"重点""样板"的经验，最后落实了规划，不论自治区一级，还是盟市旗县一级，在近几年内，都必须树立起本地区、本系统、本部门的"样板"。在同时召开的旗县长会议上，原内蒙党政负责人还传达了全区半工半读教育会议的精神。因此，这次会议影响很大很坏，把中国赫鲁晓夫的"两种教育制度、两种劳动制度"的黑指示强制推行到基层。

反革命修正主义分子韩明在会议开幕时作了报告，会议结束时作了总结。他把中国赫鲁晓夫与我们伟大领袖毛主席并提，反复提中国赫鲁晓夫的"指示"，大树特树中国赫鲁晓夫的威信，居心极为险恶。本来，半工半读的教育思想是我们伟大领袖毛主席倡导的，这体现在延安时期创办的抗日军政大学，体现在毛主席建国以来促进教育大革命，号召勤工俭学、半工半读的历次指示中。毛主席的"五七"指示的伟大方向，是与一面学习、一面生产、勤工俭学、半工半读的教育思想直接联系的。而反革命修正主义分子韩明却把半工半读说成是中国赫鲁晓夫的"发明创造"，真是无耻之尤。中国赫鲁晓夫接过毛主席提出的半工半读的口号，阉割半工半读的革命灵魂，贩卖修正主义的黑货。这些黑货韩明在会上也全部兜售了。例如党的八届十一中全会公报说："用毛泽东思想武装工农兵群众，革命知识分子和广大干部，进一步促进人的思想革命化，是防止修正主义、防止资本主义复辟。使我们社会主义共产主义事业取得"胜利的最可靠、最根本的保证。"而韩明却说："推行半工半读教育制度，能够从根本上防止修正主义的产生，避免资本主义的复辟。"是"能否保证我们的国家永不改变颜色的大事"，有"伟大的战略意义"。毛主席说："**整个社会主义时期都存在着阶级和阶级斗争。**"而韩明却说"推行半工半读教育制度是一场深刻的革命和阶级斗争"。他企图用半工半读来代替尖锐复杂的阶级斗争，其实是取消阶级斗争。毛主席早已指出社会主义的教育方针和接班人的五个条件。而韩明却以五三农中和天山林中为例，鼓吹"能写会算"，"生产上有一套技术"，"这才是我们需要的读书人。"他全面篡改了毛主席提出的培养目标，只强调学生读书、劳动，就能成为"共产主义的新人"，从来不提用毛泽东思想来武装学生的头脑，促使思想革命化。毛主席说**"教育要革命"**，而韩明却说不能把"全日制学校统统看成是资产阶级的学校"，"还要保持一百年，二百年，三百年"要让两种教育制度长期并存。他还借口半工半读学校要"定型"和"提高教学质量"，照搬全日制一套，保留旧教育制度。总之是鹦鹉学舌，亦步亦趋，韩明是中国赫鲁晓夫的忠实吹鼓手，是个忠实的奴才。

当年2—3月，韩明还亲自带人去锡盟看牧读教育，十五天之内，走了三千里。韩明在过去养尊处优，在疗养院度春秋。而中国赫鲁晓夫黑指示一下达，他就精神百倍，亲自上阵，这说明他们是一丘之貉。

三月间韩明，陈觉生带领内蒙代表参加全国农村半农半读教育会议，内蒙去的有商都，西新巴旗，克什克腾旗，天山林中的代表。这次会议为中国赫鲁晓夫树碑立传，会前旧教育部曾用７０—８０％的力量四出调查，总结经验，树立样板。结果天山林中的假经验被他们看中了，在会上受到反革命修正主义分子陆定一的赞扬，一时区内外报刊杂志到处转载，从此扬名全国，流毒极广。会议结束后，正值内蒙开文化会议，会上也传达了全国会议的精神和中国赫鲁晓夫的黑指示。

根据全国会议精神，教育厅大量派人去半工半读学校蹲点，当时有赤峰师范，内蒙印刷学校等。在3—4月还根据全国会议精神，大搞全区一九六五年——一九六七年规划，特别是一九六五年的规划。六月间，旧中央教育部和中央民委派人来我区调查牧读经验。教育厅还参考天津等地的办法，搞了一套规章制度，如财政开支，粮食和补贴以及审批手续等等。当年暑期，各地大办半工半读、半农半读学校，把大量职业学校改成半工半读学校。

在八月份，原内蒙党委批转了关于贯彻全国农村半农半读教育会议的意见，正式命令各地实行。同时，韩明还在克什克腾旗亲自主持了全区牧读小学教育现场会议，在开幕和闭幕时，均有长篇发言，贯彻中国赫鲁晓夫的黑指示不遗余力。

在韩明、陈觉生的主持下，内蒙耕读小学、牧读小学教材，陆续全套出版。韩明还亲自审稿，勒令根据乌兰夫"特殊论"的"指示"，加进为乌兰夫歌功颂德的文章。接着，他们就组织人员编写农中教材，在教材中大选中国赫鲁晓夫、乌兰夫的文章，用此来毒害广大青少年，因无产阶级文化大革命已开始，才不敢付印。

十月，中国赫鲁晓夫利用窃踞的领导职务，直接控制全国城市半工半读教育会议，并在会上大讲黑话，公然篡改毛主席提出的培养目标，公开反对毛主席对教育革命的指示。原内蒙教育厅派人参加，会后就召开全区城市半工半读教育学习会，传达全国会议精神。

十一月原内蒙古党委批转了《全区牧读小学现场会议的报告》，叫各地参照执行，文中还叫认真贯彻中国赫鲁晓夫"两种教育制度"的黑指示，努力办好全日制小学。

一九六六年潮洛蒙、韩明还大抓耕读小学牧读小学巩固工作，拟定了巩固和提高农中方案等，并派人到商都、兰旗、库伦、通辽等地调查，还打算在兰旗召开牧读教育现场会，奈因无产阶级文化大革命才中止。

韩明还叫把他的讲话和教育厅树"样板"的经验单独汇编成册，发行全国，增加自己的政治本钱。

总而言之，中国赫鲁晓夫、乌兰夫、潮洛蒙、韩明之流提出和贯彻"两种教育制度"，是为了反对伟大的领袖毛主席，反对光焰无际的毛泽东思想，背叛无产阶级专政，掩盖教育战线上的阶级斗争，破坏教育革命，为他们篡党篡国实行资本主义复辟服务。

无产阶级文化大革命的洪流，冲刷着一切藏垢纳污的巢穴，使那些牛鬼蛇神失去了藏身之所。毛泽东思想的光辉，照亮了大地，使那些魑魅魍魉现出了它们的本来面目。在无产阶级文化大革命中，我们内蒙教育界已揪出乌兰夫、哈丰阿、特古斯、石琳、韩明这些党内走资本主义道路的当权派。"宜将剩勇追穷寇、不可沽名学霸王"，我们决心和广大无产阶级革命派一道，彻底砸烂修正主义、民族分裂主义教育黑线，彻底斩断刘少奇、乌兰夫、哈丰阿伸进内蒙教育界的黑手。

在全国全区无产阶级教育革命一派大好的形势下，《毛主席论教育革命》这一光辉文献发表了。我们热烈欢呼，欢呼"毛主席万岁！万岁！万万岁！"毛主席的教育革命思想，是伟大的毛泽东思想的重要组成部分。毛主席天才地，创造性地把马克思列宁主义的教育革命思想发展到一个前所未有的光辉顶峰，是有划时代的重大意义。"干革命靠毛泽东思想"，我们决心学习和执行毛主席的教育革命思想，坚决照办，彻底照办，活学活用，在"用"字上狠下功夫。我们一定要深入地系统地展开对中国赫鲁晓夫及其在内蒙的代理人乌兰夫的反革命修正主义、民族分裂主义的教育路线的大批判，搞好革命的大联合，搞好本单位的斗批改，把无产阶级文化大革命进行到底！

打倒刘、邓、陶！

打倒"当代王爷"乌兰夫！

打倒王逸伦、王铎！

打倒哈丰阿！打倒特古斯！

打倒石琳！打倒韩明！

内蒙古宣教口鲁迅兵团教育厅联委会

一九六七年十二月十八日

四-9

·2· 　　　新 文 化　　　一九六七年十二月十九日 星期二

《民族问题》是乌兰夫搞"大蒙古国"的蓝图

内大井冈山《横空出世》

各族人民的伟大领袖毛主席教导我们："凡是要推翻一个政权，总要先造成舆论，总要做意识形态方面的工作。革命的阶级是这样，反革命的阶级也是这样。"做为内蒙古自治区成立二十周年的献礼影片《包钢人》（后改为《民族问题》，下同），就是为乌兰夫大造反革命复辟舆论的黑标本。这株大毒草，在乌兰夫、布赫一伙运筹帷幄、直接授意下，在一九六六年四月，它的雏形——电影故事便概炮制出来了。便概刚写出时没有名字，叫什么名字呢？作者们进行了讨论，为了充分体现"乌兰夫思想"，讨论的结果，干脆就用"民族问题"充当了它的名字。

这个电影故事便概，为乌兰夫复辟资本主义、搞"大蒙古国"画了个蓝图。一九六五年，乌兰夫大量印发"三五宣言"，在这个当时由老牌修正主义者王明、张闻天盗用毛主席名义发表的"宣言"上，胡说什么："保存成吉思汗时代的光荣……，走上民族复兴的道路。"乌兰夫对这段话大加欣赏，因为它为乌贼搞"大蒙古国"找到了"依据"。在一九六五年十二月二十日至二十四日，乌兰夫在他所作的五个半天的反革命政变的秘密报告中，不是特别强调"三五宣言"给内蒙加了"一个地图"吗？剧本没有辜负乌兰夫的苦心栽培。序幕一开始，就通过剧中人物特木勒之口，说什么："……我们要为咱们蒙古民族争光！"和乌兰夫搞"大蒙古国"遥相呼应，密切配合。

剧中又狂热地宣扬乌兰夫修正主义的"三基论"。为了宣扬乌兰夫的"文化基础"，作者竟异想天开，说什么："让金师傅利用学习蒙语单词，巧妙地点出民族团结的主题，教育蒙、汉族工人。"妙！妙！实在是妙！蒙语单词竟能使民族团结，教育蒙、汉族工人，它真是灵丹妙药。林副统帅说："毛泽东思想是全党、全军和全国一切工作的指导方针。"只有光焰无际的毛泽东思想，才是解决一切问题的金钥匙，才是民族团结的可靠保证，才是教育蒙、汉族工人、提高蒙汉族工人阶级觉悟的最有力的武器。然而，故事梗概为了宣扬乌兰夫的黑货，连笑话也不顾了。

这个电影故事梗概浸透了乌兰夫的毒汁，为了替乌兰夫煽起民族情绪，挑起民族间的对立和斗争，竟然把剧中出现的汉族干部，如周振榜、杨茂、小李子、工人甲、乙、丙，从厂长到工人，都写成是大汉族主义者，为大反特反汉族主义，找到了靶子。又把广大蒙、汉族工人描写成是金钱的奴隶，物质的俘虏，鼠目寸光，只注意物质奖金，简直是一群无知的"群氓"。毛主席教导我们说："……工人阶级最有远见，大公无私，最富于革命的彻底性。"而作者这样描写，是对现实生活的极大歪曲，是对工人阶级的极力丑化。

电影故事的尾声写有一段所谓朝鲁等人来支援边疆兄弟民族建设。作者突出介绍了朝鲁走时带的邢本红皮手抄日记，首页写着："少数民族工人阶级成长的经验"。梗概中的朝鲁是个什么人物？是乌兰夫反动民族理论的推行者，他以"民族问题"代替阶级斗争，在本班月终评比生产下降的时候，他赶忙在日记本中写上："这是个民族问题。"紧接着又"开了个突出政治的民族问题辩论会"，这不是乌兰夫的"突出政治就是突出民族问题，突出民族问题就是最大的突出政治"的翻版吗？这个红皮手抄日记所谓的"少数民族工人阶级成长的经验"，是彻头彻尾的乌兰夫大反大汉族主义、搞民族分裂活动的黑经验。朝鲁这样一个人，带上这样的黑货去支援边疆，就根本谈不上去建设边疆，他只能起一个乌兰夫黑货推销员的作用，结果是谬种流传，在全国掀起破坏民族团结、分裂祖国统一的黑风。乌兰夫一伙所竭力鼓吹的这个剧改好有"全国意义"，"会在北京影响更大"，其恶毒用心也在这里。

然而，历史是无情的，谁在破坏民族团结、分裂祖国统一的罪恶活动上跳得越凶，灭亡的就越快。现在，用毛泽东思想武装起来的各族无产阶级革命派，把乌兰夫、布赫这些个僵尸大物推下了历史舞台，做为他们搞"大蒙古国"蓝图的《民族问题》，也必将被彻底覆烂。

康生同志的讲話（摘要）

傅作义的、乌兰夫的、复杂的很。这方面要提高警惕。现在对削尖脑袋往里钻的人 要很警惕。上把他搞臭。要斩断背后操纵的黑手。提高警惕。内蒙很复杂 有苏蒙二修、汉奸、日本的、内蒙对乌兰夫的斗争很不够 系统地揭露很不够。乌兰夫很舒服。要从政治、思想、理論

一九六七年十月二十八日

斗 臭 斗 倒 特 古 斯

本报評論員

我区无产阶级革命派在剿歼乌兰夫反动势力，彻底铲除反革命修正主义、民族分裂主义的社会基础的总决战中，千呆反革命勾当的老狐狸特古斯落网了，这是多么大快人心的事啊！

特古斯反党叛国由来以久。早在抗日时期，特古斯就在日本鬼子的裁培下，毕业于伪满洲国"建国大学"，学到了一套反革命本领。一九四五年，他参加了"内蒙古人民革命党"，在哈丰阿的麾下担任过这个黑党的执行委员、青年部长、青年联盟书记等要职，竭力反对共产党，阴谋搞内外蒙合并，企图把内蒙古从祖国大家庭中分裂出去。内蒙古解放以后，特古斯摇身一变，混入中国共产党内，投靠乌兰夫，受到"当七王爷"的赏识，当上了自治区党委宣传部副部长，把持了宣敷口。多年来他十分活跃，指使其党羽在文学艺术、新闻出版等领域里大肆放毒，积极为乌兰夫推行民族分裂主义，搞独立王国制造舆论。他把持下的《内蒙古日报》（蒙文版）在裴修建国四十年的时候，

以八版的篇幅吹捧蒙修头目泽登巴尔，为蒙修大唱颂歌。他把持下的出版界大量出版《青史演义》、《一层楼》、《泣红亭》等大毒草。他把持下的民族教育部门，大肆宣扬"我们的首都乌兰巴托"，把持下的黑刊物《花的原野》，成了蒙修大肆美化、鼓吹内外蒙合并的传声筒。

在史无前例的无产阶级文化大革命中，特古斯施展公开的或隐蔽的、"左"的或右的反革命两手与无产阶级革命派周旋。就是他，在文化大革命初期，在内蒙古日报社忠实执行了资产阶级反动路线，疯狂地把大批革命群众打成"黑帮"、"黑线人物"；就是他，在二月黑风三月逆流时，闪装革命，削尖脑袋钻进了革命派队伍，骗取了"革命领导干部"的头衔，暗中整顿队伍，伺机东山再起；就是他，在宣敷口"解放干部"为名，包庇文艺界的"走资派"和牛鬼蛇神；就是他，在宣敷口革命队伍内拉一派，打一派，挑

起内战，制造混乱；就是他，故意制造"民族矛盾"以掩盖阶级斗争，煽动民族情绪；就是他，企图阻止革命派群众揭露、摧毁文艺黑线，把革命大批判引入"纯学术"的批判。

特古斯的历史，是反党反人民的罪恶史，是民族败类的叛国史。特古斯之流破坏无产阶级文化大革命的种种现行活动，显示了现阶段阶级斗争的尖锐性、复杂性，再一次证明了一切反动势力决不会自行退出历史舞台这一真理。

现在特古斯已被揪出，尚未斗臭斗倒。特古斯带领下的乌兰夫在文化界的另一套人马已被打乱，尚未肃清。他们必然要同我们作更为高级的较量。我们必须百倍的警惕，在复杂的形势下认清敌人，打稳、打准、打很，在意识形态领域里，发动一场人民战争，号召广大革命群众，奋力战斗，彻底肃清乌兰夫反革命集团的残余势力，彻底铲除反革命修正主义，民族分裂主义的社会基础，夺取无产阶级文化大革命的完全彻底胜利！

特古斯和他的叛国文学

內大井冈山《文艺战鼓》編輯部
內蒙古文艺界斗批乌兰夫联絡站
內蒙古文联《砸黑綫》联絡站
专砸《花的原野》联絡站

毛主席说："凡是要推翻一个政权，总要先造成舆論，总要先做意識形态方面的工作，革命的阶级是这样，反革命的阶级也是这样。"

长期以来，特古斯与反革命修正主义分子布赫串通一气，一直把持着內蒙宣敎口的蒙古语文、新聞出版、文艺创作和翻译各界，通过他们培植的文艺黑线和网罗的反动文人，大肆宣扬"內外蒙合幷"、"蒙古独立"等反动理論；狂妄地颂扬叛国分子，标榜"向北去"；大肆鼓吹"自发斗争"，以否定中国共产党的领导作用；高喊"蒙古人"如何如何，用以传播反汉排汉的民族分裂主义思想，甚至公然狂叫"我们的首都乌兰巴托"，用以否定內蒙古是中华人民共和国伟大祖国的一部分。他们所做的这一切，正是为乌兰夫集团反党叛国制造舆論。

特古斯及其所进行的反党叛国活动，是有其历史根源的。远在一九四五年，担任反动的"內蒙古人民革命党"青年部长兼"內蒙古人民革命青年同盟"总书记的特古斯，就起草过反动透顶的《內蒙古人民革命党党章》和《党纲》，还撰写过《內蒙古人民革命青年同盟盟歌》。

特古斯起草的黑《党纲》是什么货色？《党纲》中这样写道："为实现蒙古民族的团结、统一和独立，建立民主政权而斗争。""……第一步应统一內蒙古，幷在适宜的时候实现全蒙古民族的团结、统一和独立，建立××主义国家。"在这里，內外蒙合幷的问题，特古斯已经写得很清楚了。更明显的是，黑《党纲》竟然宣称要建立与蒙古人民共和国人民革命党、中国共产党和苏联共产党的亲密无间的牢不可破的关系。"这就说明，他们把內蒙古看做是一个独立的国家了，而把中国共产党看作是兄弟党，这是多么反动，多么嚣张和狂妄！

特古斯撰写的黑《盟歌》是什么玩艺儿？这个《盟歌》的大意是：蒙古青年，过去受人压迫、受人宰割。必须统一力量，內外蒙统一起来，建立一个独立的、自己当家作主的国家，完成蒙古人统一的大业。在这首歌词里，人们能够清楚地看到，他早就赤裸裸地叫嚣"內外蒙合幷"了。特古斯之流所谓的"统一"，就是妄图把內蒙古从伟大祖国中分裂出去。

然而，就是这样一个反动透顶的"內蒙古人民革命党"的大多数常委，后来都被"当代王爷"乌兰夫拉入党内，且身居要职。特古斯，则从人民革命党的青年部长而一跃成为內蒙古党校的副教育长。不久，即提升为內蒙古党委宣传部秘书长，哲盟盟委书记兼盟长，党委宣传部副部长，党委委员，中共八大代表。

从特古斯起草《党纲》、撰写《盟歌》起一直到现在的二十多年来，特古斯伙同布赫，在內蒙文艺界的蒙文创作和翻译界中，贯穿了一条又粗又长的文艺黑线。这条黑线的基本内容，就是特古斯起草的《內蒙古人民革命党党纲》和《內蒙古人民革命青年同盟盟歌》中早就定好的调调，却反党叛国。蒙修特务纳·赛音朝克图，黑作家

玛拉沁夫、敖德斯尔等人所炮制的叛国文学，就是以这个调调作为主题思想的。他们这一伙人把內蒙文艺界搞得乌烟瘴气，毒草丛生，民族分裂的叫喊甚嚣尘上。

一九五七年，在內蒙古自治区庆祝十周年时，曾编辑出版过一本《诗歌集》。当时，主编这本"诗歌集"的蒙修特务纳·赛音朝克图竟敢把初稿中的《北京颂》砍掉，而把他的叛国文学《我们的首都乌兰巴托》诗（原作发表在黑刊物《內蒙古文学》上）当作头条作品收入。作为领导十周年文学评奖委员会的特古斯，竟然同意给这首黑诗以一等奖。与此同时，反革命修正主义分子玛拉沁夫的大毒草《在茫茫的草原上》，仅仅写出了初稿，竟也未经审阅和讨论，就迫不及待地发给了一等奖。

在敖德斯尔控制的蒙文刊物《花的原野》中，一贯贩运蒙修黑货，牛鬼蛇神纷纷出笼，叛国文学的黑货充斥着整个版面。其中有敖德斯尔本人写的歌颂大叛国投敌分子陶克陶呼的小说《打狼》（一九六三年第一期），有內蒙吹捧蒙修"作家"德·那楚克道尔吉是"为祖国繁荣而斗争的号角"的诗（一九五八年第四期），还有公然宣扬"蒙古统一"的诗歌（一九五六年第七期）的诗歌中写道：

"从来就是亲兄弟的泽登巴尔和乌兰夫，
拧紧了最后一颗螺丝钉，
幸福的太阳从而升起了，
我们的友谊钢铁般地巩固了。"

在这首诗里，把泽登巴尔狗和当代王爷老狗，影射成"两个国家"的"首脑"，幷且把他们的联系（实质上就是內外蒙合幷）描绘成是"幸福的太阳"。这真是恶毒至极！

在特古斯的授意和指使下，在此前后，敖德斯尔除了写出大毒草《打狼》之外，还抛出了一大批叛国文学作品，其中有：短篇小说《阿里玛之歌》，标榜"向北去"，煽动蒙族人民叛国投敌；电影剧本《骑士的荣誉》，宣扬乌兰夫的民族分裂主义军事路线，为乌兰夫叛国篡军准备舆论；短篇小说《水晶宫》，歌颂反动土匪头子阿民布和（匪首阿子章的弟弟）。

敖德斯尔这一系列叛国文学作品的抛出，就象一阵紧锣密鼓一样，叫喊得特别卖力。然而，所有这一切，幷没有什么新奇的东西，它们不过是人民革命党反动纲领的继续，不过是形象化了的人民革命党黑纲领。它所宣扬的中心思想就是民族分裂和叛国。

为歌颂"內蒙古人民革命党"效犬马之劳的，当时不仅是敖德斯尔及其主编的《花的原野》上发表的叛国文学作品。在戏剧文学中，有特古斯亲自授意敖德斯尔写的、歌颂充当日寇侵略东北的帮凶军——內蒙古人民革命军的蒙语歌剧《达那巴拉》，同《达那巴拉》能称为孪生兄弟的，还有大毒草《金鹰》。剧本《金鹰》把仅仅有些资产阶级旧民主主义思想的一个摔跤手，捧上了天。它用描写自发斗争而获得自由和个性

解放的故事情节，来否定了共产党的领导作用。实质上是在贩卖"没有毛泽东和中国共产党，蒙古族人民也能获得解放"的反党叛国理论。剧本作者呕心沥血地歌颂的摔跤手布尔固德，是怎样一个人呢？他是个自认为"没有做过坏事"的人，讲义气，对朋友忠实，如此而已。他一心愤念的，只是"仇还没有报"，如果报了仇，他就要"一头扎进河里去，离开这个世界。"对这样一个微不足道的人，剧本作者却竭力地编写的《金鹰之歌》这样赞美道：

"我们的自由，
我们的希望，
我们的骄傲，
我们的太阳，
亲爱的鹰呵！我们心里的彩虹。
勇敢的鹰呵！我们草原的荣光。"

好一个"草原的荣光"，好一个"心里的彩虹"简直捧上了天！更不能容忍的是，剧本竟把布尔固德比做是"我们的太阳"。这岂不是明目张胆地把这个微不足道的人物，凌驾于我们心中最红最红的红太阳毛主席之上吗？真是一个卑鄙无耻的阴谋。然而就是这样一部反动透顶的坏剧，居然能够在特古斯、布赫之流的包庇下一演再演。他们还无耻地宣扬："××剧团是靠《金鹰》起家的！"特别应当说明的是，"当代王爷"乌兰夫看了这个剧以后，赞扬道："不错嘛！"这就足以说明，《金鹰》是多么合乎叛国头子的胃口了。更有甚者，为乌兰夫、哈丰阿、特古斯之流看上眼的这株大毒草，竟被他们允许与香港电影制片厂合拍成影片，使之在印尼等国家大肆上映，成了一颗反动派猖狂反华的炮弹，得到了帝、修、反的喝彩。

有过这样一件事，在蒙修，曾经出版过一本《亚洲国家名作选》。在这本书中，蒙修把纳·赛音朝克图标为"內蒙古"作家，把我国其他作家标为"中国"作家，竟把內蒙当作一个独立国家对待。"名作选"还把"毛主席诗词"放在最后，以此贬低我们伟大的毛主席。蒙修的倒行逆施难道是一个孤立的事件吗？不是。这是同特古斯之流的叛国文学相呼应的事件。他们彼此"声援"，互相吹捧、互相打气、提供炮弹，在一条战线上协同作战。他们有着共同的目标，这就是：反共、反华、反人民、反对世界人民心中的红太阳我们伟大的领袖毛主席。

毛主席教导我们说："以伪装出现的反革命分子，他们給人以假象，而将其反革命眞象隐蔽着。但是他们旣要反革命，就不可能将其反革命眞象隐蔽的十分彻底。"事实正是这样。现在，特古斯这个民族两面派，乌兰夫的代理人，党内走资派和民族分裂主义分子，终于被揪出来了！他和反革命修正主义分子布赫所豢养的反动文人，他们的反党叛国文艺黑线，以及连续抛出的叛国文学，正在土崩瓦解！活阎王特古斯正在变成一堆臭狗屎。

打倒特古斯和他的叛国文学！

看，特古斯把持下的"乌兰巴托分社"

· 内蒙古人民出版社１０１总部《海燕》·

毛主席教导我们："高举无产阶级文化革命的大旗，彻底揭露那批反党反社会主义的所谓'学术权威'的资产阶级反动立场，彻底批判学术界、教育界、新闻界、文艺界、出版界的资产阶级反动思想，夺取在这些文化领域中的领导权。而要做到这一点，必须同时批判混进党里、政府里、军队里和文化领域的各界里的资产阶级代表人物。"

十七年来，内蒙出版界，特别是内蒙古人民出版社，被乌兰夫集团所控制，上有特古斯、布赫之流黑干将，下有额尔敦陶克陶、崇特纳木、道尔吉宁布一伙黑爪牙，把这里变成一个生产反党反社会主义反毛泽东思想、大搞民族分裂的炮弹的场所。在反革命修正主义民族分裂主义的内蒙文艺黑线的统治下，出版社成了一个针插不进，水泼不进的反党叛国的"独立王国"。

（一）

在特古斯之流把持下的出版社，一贯消极抵制出版印刷毛主席著作，不遗余力大量抛售刘少奇、乌兰夫的黑货。出版社成立以来，共出书两亿多册，其中毛主席的宝书占不到出书总数的百分之一。而刘少奇的黑《修养》却汉文重印、蒙译再版，一次印数就达二十万。内蒙"当代王爷"乌兰夫的文章，凡是公开发表的，还全统统出版，甚至还阴谋计划要出《乌兰夫选集》，企图与《毛泽东选集》分庭抗礼。

（二）

在特古斯之流把持下的出版社，为乌兰夫叛党叛国、复辟资本主义擂鼓助威。

他们竭力为乌贼涂脂抹粉，歌功颂德。在这里印制的一张题为《锻炼身体，保卫祖国》的年画里，公然把乌贼的狗像放到毛主席像的前面。在这里出版的一本《民间口头文学集》中，有首诗题为《升起了的太阳》，诗中写道："升起了的太阳是草原上的灯笼，毛泽东同志是我们群众的灯笼；红色的太阳是山野的灯笼，乌兰夫主席是我们群众的灯笼"。在这里竟把乌贼拉到与毛主席并列的地位，甚至高过毛主席：毛主席是"同志"，乌兰夫才是"主席"；毛主席是"升起的太阳"，乌兰夫则是"红色的太阳"。请看他们丧心病狂到何等程度！

他们极力为歌颂民族败类、鼓吹"内外蒙合并"的大毒草大开绿灯。远在一九四八年，当内蒙古两条道路、两种命运决战时刻出笼的大毒草《英雄陶克陶传》、《勇冠英雄玛格斯尔扎》、《刚毅英雄达木丁色仍》等，屡印不衰。蒙修特务纳·赛音朝克图的反动诗歌，反革命修正主义作家玛拉沁夫的《茫茫的草原》从这里抛出。

他们竭力替乌兰夫宫廷政变服务。在他们制定的《一九六二年——一九六七年五年出书规划》和《二十周年献礼选题》中广收黑货，大为乌兰夫树碑立传。早在一九五一年哈丰阿委托反动史学家余元盦（蒙古名余伯颜）写的狂热歌颂成吉思汗、歌颂哈丰阿、特古斯的"内蒙古人民革命党"的《内蒙古历史概要》一书，本来早在一九四八年由上海出版了，然而特古斯之流如获至宝，奉若至命，重新塞进一九六三年选题。此外还有什么《内蒙古革命史》、《艰苦的岁月》、《远

域新天》等毒草也都塞入。

他们打起"大力抢救遗产"的旗号，大量宣扬封建迷信。早在一九五六年，出版社就成立了"古典文学编辑组"，让德王的亲信、封建梅林、王公御用文人和叛国分子等牛鬼蛇神担任编辑，他们把封建文人尹湛纳希从棺材搬出来，为其著书立传，高唱赞歌，大印尹湛纳希的《青史演义》、《一层楼》、《泣江亭》等书及其全集，甚至在出版社院内设起尹湛纳希的灵堂、香烟缭绕，要人们去向死人拜敬。他们配合成吉思汗诞生八〇〇周年"纪念活动"，出版了古色古香、每本售价达三十二元的《蒙古源流》一书。此外，还大量印了宗教哲学大作《苏布西地》和印度的《喜地呼尔》、《三十二个木头人的故事》等乌七八糟的东西。

他们大量贩卖"三家村"黑伙计的毒品，以配合右倾机会主义分子翻案逆流，适应国内外反动派需要。在一九六二年，他们还不远千里，从北京专门带回吴晗主编的《中国历史常识小丛书》及《海瑞罢官》等书，有的已组稿翻译出版，流毒全区，有的准备出版，已组稿翻译。他们把邓拓把持的《前线》编辑部编的《党的建设问题讲话》、北京市委宣传部编的《党的基本知识讲话》、《怎样做一个好党员》和冯定的《共产主义人生观》等五花八门的黑货一个不剩地予以出版，大放其毒。

（三）

在特古斯之流把持下的出版社，与苏蒙修互换情报建立了秘密航道，堕落成为名符其实的"乌兰巴托分社"。

把乌兰巴托注解为"我们蒙古国的首都"、把我们的首都北京写成"北平"、把蒋介石盘踞过的南京注解成为"中国的首都"的大毒草《蒙语字典》，就是他们从蒙修那里搬来翻印的。直到一九六〇年，他们对此书只做了一些文字的修改，而反动内容原封不动，再一次大量出版。他们批准充斥修正主义黑货的蒙修作品《乌恩》的出组稿出版。他们为蒙修头号反革命特务策木丁苏荣出版了包括公开号召内外蒙合并的大毒草《关于蒙古语文的改造问题》在内的单行本乃至专辑达十五种之多。

他们出版了由苏联带回来的宣扬"好"皇帝、散布三无世界迷雾的《汗哈冉惠传》。给这书写序言的就是叛国外逃分子特木尔其林。后来，明明知道这个家伙已经叛国，却还偏偏在"出版者的话"里向他"深深致谢"，真是反动到家。

此外，苏修文艺鼻祖肖洛霍夫的《一个人的遭遇》、蒙修巴斯吐的《莫洛木的命运》及蒙修驻华大使策伯格米德的《在坟墓上》等，也在这里出版或准备出版。

据统计，出版社共出国内外图书二百五十种，其中蒙修的有一百四十种，苏修的九十七种。

（四）

在特古斯之流把持下的出版社，有一整套反革命修正主义、民族分裂主义出版纲领。他们依照乌兰夫的反动"理论"，鼓吹在出版物中"突出地区特点、民族特点、经济特点"；他们反对

毛主席"文艺要为工农兵服务"的文艺方向，恶狠狠地把为工农兵出版的通俗读物、活页文选污蔑为是"剪刀与浆糊的编书思想"；他们指责革命群众对"三服务方针理解狭隘"，胡说什么"政治含义应该更广泛，有些问题是立杆见影的，有些问题不一定是这样"，公然宣扬周扬的"间接配合论"；他们把胡乔木的"政治第一、质量第一"的折中主义口号搬来，对抗毛主席"政治第一，艺术第二"的指示，甚至赤裸裸地叫喊"质量第一"，胡说什么"出版物中质量是灵魂"；他们公然恶毒污蔑大跃进是"在片面追求数量声中，热衷于多快，热衷于数量上的跃进"，他们宣扬"多种多样论"，道路广阔论，鼓吹资产阶级自由化；他们公然叫嚣："批判了'厚古薄今'的倾向后，有不敢写古人和外国东西的现象"，鼓吹牛鬼蛇神们不要怕批判，批了再干，要敢于放手出版死人洋人的坏东西。

（五）

特古斯之流把持下的出版社，极力对抗毛主席一九六二年以来有关文学艺术的一系列指示。

出版社在一九六三年和一九六四年曾分别搞过一次外国图书检查和古籍检查。这次"检查"在特古斯的布置下和道尔吉宁布的导演下，实际上搞成了假检查、真复辟的阴谋活动。

他们在检查中与毛主席的指示大唱反调，公然扯起了吴晗、剪伯赞之流的"历史主义"、"客观主义"的黑旗，俨然摆出一付最公正、最实事求是的面孔，用所谓"当时的条件"为掩护，为他们进行的反革命叛国活动开脱。他们一口咬定过去出版的那些苏蒙修毒草是"必要的"，"有很多好书，曾经起过一定的作用，成绩是大的"；他们公然美化出版过的那些乌七八糟的封建古道，说"这些古籍给人们提供了历史知识、生活智慧和艺术技巧上的供养"；他们使出九牛二虎之力，极力把政治问题归结为"学术问题"，把立场问题说成是"认识问题"，说什么"我们整理出版民族文化遗产方面，过去认识上有问题"，"这里有的同志出于好心，他们想把过去旧社会没有机会整理出版的文化遗产，在今天有条件的情况下多整理出版一些，因此，不管三七二十一，主张多出书"。请看，他们说得多么轻巧！

（六）

特古斯之流把持下的出版社，早已变成了一块反革命阵地，的的确确是乌兰巴托的一个分社。

毛主席说："反动文化是替帝国主义、封建阶级服务的，是应该打倒的东西。"象出版社这样的地方，不坚决彻底砸烂行吗？当然不行！

然而值得人们深思的是，时至今日，内蒙古人民出版社阶级斗争的盖子仍未彻底揭开。阻力来自何方？铁证如山，主要来自旧内蒙党委宣传部副部长，主管民族出版工作的，现在披着"革命领导干部"外衣的黑手特古斯。

打倒特古斯！

地址：内蒙古日报社一楼　　　　　　　　　电话：４３７９

四-10

呼三司

1967年12月20日

打倒特古斯，揪尽乌兰夫残党余孽

狠批特古斯反革命罪行

呼和浩特市各界集会

本报讯 呼和浩特市工代会、农代会、职代会、教代会、呼三司红代会、各革命委员会、各大总部的无产阶级革命派、各族广大革命群众及中国人民解放军内蒙古军区广大指战员举行盛大集会，狠狠猛斗反革命修正主义、民族分裂主义分子特古斯及乌、哈死党的反革命滔天罪行。

内蒙古党委机关红旗总部宣传组燎原战斗大队及内蒙报社、内蒙语委等单位在会上发了言。他们一致认为特古斯这个"以伪装出现的反革命分子"是地地道道的乌兰夫漏网分子、哈贼死党，是罪恶滔天的反革命修正主义、民族分裂主义分子。发言还揭诉了特古斯在文艺界、教育界、新闻界、学术界对无产阶级施行的残酷的资产阶级专政。

呼和浩特市工代会、农代会、职代会、教代会、呼三司红代会及中国人民解放军内蒙军区的联合发言指出：揪出特古斯、横扫乌、哈残党余孽，这是内蒙古无产阶级文化大革命向纵深发展的重要标志。他们表示，决心在内蒙古革命委员会的正确领导下，排除一切干扰，乘胜前进，敢字当头，发动群众，去迎接这场革命的暴风雨，将无产阶级文化大革命进行到底。

内蒙古革命委员会常委高树华出席了大会，并做了重要讲话。他首先指出：内蒙古的宣传、文教战线，是当前斗争的一个重要战场。二十年来，乌兰夫、哈丰阿之流，一直把这个前沿阵地，在旧宣传部、黑文委及其它许多重要岗位上，安插了他们的代理人，组成了反党叛国集团。接着他指出：阶级敌人也绝不

让革命的暴风雨来得更猛烈些吧！

轻风雨

大除命自手革命一派治江、问和切和区青我们相说的"风1要取乌的，'革委员号'分明又会舍在右高'，……举而被英勇领胜利越来得更猛烈吧！

本所理的是是先鱼前的'子'人是要合前的'属革命的政治沉治必须有'风'1'暴'要我自'把'你客任这场'何人革'它甚至那个没你过且是'思文艺'至于那级'伟那里这红旗还沉水的界革文的命运化'红旗在无的界也沉沉一泛如此'产暴无政府'一正文化下去'无产级它仍'文将级革命旗'迅文投先他们那'然'摸

……阶级敌人要千方百计地乱我们；各种与无产阶级相对抗的政治力量也要出来表演，他们歪曲我们的口号，从右的或极"左"的方面动摇以毛主席为首的无产阶级司令部，这是两个阶级、两条路线、两条道路的你死我活的斗争。最后他说，在当前这场揪斗特古斯、横扫乌哈残党余孽的斗争中，各级领导应进一步放手发动群众，引导群众，集中力量，集中目标，把矛头狠狠地对准反革命修正主义文艺黑线，指向乌兰夫反党叛国集团及其残余势力，指向反革命修正主义、民族分裂主义和一切反革命分子。把他们统统揪出来，坚决斗倒、斗臭、斗垮！

大会还发出宣言。宣言表示了呼和浩特市各界革命群众组织揪斗特古斯、横扫乌哈残党余孽的决心。

把乌兰夫集团盘踞的阵地统统夺回来

呼和浩特市农代会

产斯界的的，目前，由内蒙古文艺界开始兴起了一场革命的暴风雨，它既被残党势力迅猛，反革命威势出的，是反革命修正主义、民族分裂主义分子特古斯的大灭资

由文艺界开始掀起的横扫乌兰夫残党余孽，夺取文艺界、教育界和其它意识形态阵地的革命风暴，是两个阶级、两条道路、两条路线斗争的继续和发展。呼三司革命小将和文艺界革命派发扬了对阶级敌人穷追猛攻的战斗精神，奋起毛泽东思想千钧棒，在为乌兰夫复辟资本主义、制造民族分裂的文艺黑店来了一场大闹天宫。这是革命的行动，我们郊区全体革命的贫下中农坚决支持，积极投入这场战斗！

在我们伟大领袖毛主席领导下，无产阶级革命派在各条战线上取得了决定性的胜利，但是阶级敌人决不会自动退出历史舞台，他们决不会甘心自己的失败，他们还必然要扮装各种各样的角色，画上各种各样的脸谱，登台表演，力图打入我们的红色政权，动摇和推翻我们的红色政权。无产阶级革命派、广大革命群众用毛泽东思想"照妖镜"照出了他们的原形，揭穿了他们的阴谋，跃马横刀，打进他们所盘踞的文艺黑窝，揪出乌兰夫的黑干将特古斯。这是夺取乌兰夫的黑爪牙所占领的各个阵地的一个新的开端，斗争的结果，必将是革命派把他们黑窝一个个捣得稀巴烂，让毛泽东思想占领各条战线。

这场斗争是一场关系到能否巩固无产阶级红色政权，能否将无产阶级文化大革命进行到底的生死搏斗，一切革命同志，都要积极参战，坚决把乌兰夫的残党余孽统统揪出来，把他们占领的阵地统统夺过来。

打倒特古斯，揪尽乌兰夫卵翼下的大小爪牙

内蒙古军区文工团无产阶级革命派

在光焰无际的毛泽东思想的光辉照耀下，在毛主席和党中央的亲切关怀和指导下，我区无产阶级文化大革命经过一年来尖锐、复杂、激烈的阶级斗争，形势空前大好，比以往任何时候都好，而且越来越好。好在群众充分发动起来好了！向乌兰夫反党叛国集团的全面总攻击的冲锋号吹响了！特古斯这个老牌反革命修正主义分子被呼三司革命小将、广大无产阶级革命派揪出来了！

必须注意，关于对待暗藏的民族破坏分子的问题，必须提起大家的注意，因为公开的敌人，公开的民族破坏分子，容易识别，也容易处置；暗藏的敌人，暗藏的民族破坏分子，就不容易识别，也就不容易处置。特古斯这个老牌反革命，早在全国解放

前，就同哈丰阿、额尔敦陶克陶，纳·赛音朝克图，索德那木等反革命修正主义、民族分裂主义分子结成死党，用中国共产党，鼓吹什么"内蒙独立"、"内外蒙合并"，出卖祖国，出卖民族的罪恶勾当，妄图把内蒙古从祖国的大家庭中分离出去。罪行累累，磬竹难书。

毛主席如此实毅地向我们指出了阶级斗争的不可调合性："凡是反动的东西，你不打，它就不倒。"乌兰夫、哈丰阿、特古斯之流也是如此。历史赋予我们的任务，就是要坚决，彻底，全面地把它们消灭掉！内蒙古军区文工团无产阶级革命派，坚决按照毛主席的"你们要关心国家大事，要把无产阶级文化大革命进行到底"的伟大教导，一如即往地坚决支持左派广大群众，支持无产阶级革命派的战友们、革命的同志们的一切革命行动！

继承发扬"舍得一身剐，敢把皇帝拉下马"的大无畏精神，誓与乌贼血战到底！和广大无产阶级革命派并肩战斗！坚决揪出乌兰夫、哈丰阿黑线上的一切翻网分子，不获全胜，决不收兵！不受任何来自"左"的方面或右的方面的干扰，用毛泽东思想分析周察一切，擦亮眼睛，明辨是非，增强阶级斗争观念，及时粉碎阶级敌人的一切阴谋诡计，紧跟毛主席的伟大战略部署，高举大批判，大联合，三结合的旗帜，在内蒙古自治区革命委员会的正确领导下，把无产阶级文化大革命进行到底！

912

四-11

"蒙汉兼通"是反革命修正主义、民族分裂主义的教育方针

培养什么样人，从来就是教育战线上两个阶级、两条道路、两条路线斗争的最主要的焦点。毛主席提出的"我们的教育方针，应该使受教育者在德育、智育、体育几方面都得到发展，成为有社会主义觉悟的有文化的劳动者"，是伟大的马克思列宁主义的方针。反革命修正主义、民族分裂主义分子乌兰夫，及共同伙伴蒙奸哈丰阿，为了复辟资本主义和分裂祖国的统一，公然同毛主席的教育方针作对，打着"民族特点"的旗号抛出了所谓"蒙汉兼通"的方针。多年来，特古斯和教育界的大大小小走资派紧跟乌兰夫和哈丰阿，极力鼓吹和大力推行"蒙汉兼通"，把民族教育引上了邪路。

所谓"蒙汉兼通"的方针，究竟是个什么货色呢？

"蒙汉兼通"是"乌兰夫思想"在教育工作上的一个集中表现，是乌兰夫"踏出自己的道路"的教育"道路"，是乌兰夫反对毛主席、对抗毛主席革命的教育路线的大暴露。"为了保证我们的党和国家不变颜色，我们不仅需要正确的路线和政策，而且需要培养和造就千百万无产阶级革命事业的接班人"。无产阶级革命事业的接班人，必须是真正的马克思列宁主义者，必须是全心全意为中国和世界的绝大多数人服务的革命者，应该是有社会主义觉悟的有文化的劳动者。但是，乌兰夫却大谈特谈，要培养"蒙汉兼通"的人材，说什么只有"蒙汉兼通"才能为人民服务，才能干革命，甚至说"蒙汉兼通"高于一切，是也唯一无二的教育纲领。显然，在这里乌兰夫是妄图用"蒙汉兼通"，偷换毛主席的培养接班人的条件和教育方针，以达

913

到他反革命和分裂祖国的罪恶目的。

"蒙汉兼通"其实也不是什么新的货色，同乌兰夫的其他反革命"招牌"一样，也是从帝、修、反的破烂中捡起来的黑货。大蒙奸德木楚格东鲁布，乌兰夫的同党哈丰阿，封建头子博彦满都，他们极力吹捧的封建的民族主义文人伊湛纳希等，都是"蒙汉兼通"的活标本。特古斯所谓推行的"蒙汉兼通"方针，就是为乌兰夫制造分裂祖国，以哈丰阿等为"标本"，培养民族分裂主义的接班人。

"政治是统帅，是灵魂。政治工作是一切工作的生命线。没有正确的政治观点，就等于没有灵魂"，这是毛主席的一贯教导。是政治第一，还是"蒙汉兼通"的业务第一，这是两条教育路线的根本原则性的分歧。"掌握思想教育，是团结全党进行伟大政治斗争的中心环节。如果这个任务不解决，党的一切政治任务是不能完成的"。但是特古斯步乌兰夫、哈丰阿的后尘，把"蒙汉兼通"当成民族教育的灵魂，用"蒙汉兼通"统帅民族教育的一切，"蒙汉兼通"成了民族教育的中心环节，张口"蒙汉兼通"，闭口还是"蒙汉兼通"，用"蒙汉兼通"来反对突出政治，反对青少年学习毛主席著作，反对学生经风雨、见世面，用"蒙汉兼通"引诱青少年一代上修正主义和民族分裂主义的歧途。大海航行靠舵手，干革命靠毛泽东思想。干革命靠"蒙汉兼通"完全是一片胡说，是纯粹的骗人鬼话。"蒙汉兼通"就是根据修正主义、民族分裂主义的需要捏造出来的口号，是为地主、牧主、资产阶级培养所谓"掌握蒙汉两种语文"的奴才的反动方针。

民族语文是要学习的，语文这个工具是应该掌握的。但是，"政治第一"、"突出政治"的原则是不容改变的。内容同形式相比，内容是主要的，民族形式固然不能不要，但

3

马列主义毛泽东思想的内容，在任何时候，任何地点，任何条件下，比起民族形式来说，绝对是占首一位的。用所谓"民族特点"的"蒙汉兼通"，代替革命的原则，代替阶级斗争，代替毛泽东思想的灵魂，正是乌兰夫、哈丰阿反革命嘴脸的大暴露。正像列宁说的，"把马克思主义偷偷的改为机会主义的时候，用折中主义，冒充辩证法是最容易欺骗群众的"。

"蒙汉兼通"统治民族教育长达二十年之久，在这二十年当中，这一批反革命修正主义和民族分裂主义分子，以"蒙汉兼通"为纲，采取了不少的反动措施。即：延长学制、蒙汉分班分校，根据"蒙汉兼通"的要求进行教材和师资的建设、条例和规章制度，等等。这样就形成了一整套反革命修正主义、民族分裂主义的教育路线，同毛主席的革命的教育路线相对抗，顽固地反对毛主席，关于"有计划有步骤地改革旧的教育制度、教育内容和教学方法"的英明指示。这些家伙为了推行"蒙汉兼通"，大搞古今中外最长的学制"二十年制"，同主席的"学制要缩短"的教导作对。为了"蒙汉兼通"，人为地制造民族间的矛盾，大搞"蒙汉分班分校"，破坏民族团结和就近上学的便利贫下中农子女入学的原则。为了"蒙汉兼通"，反对主席的共产主义化和思想革命化，大力培养所谓"蒙汉兼通"的教师。为了"蒙汉兼通"大力编写毒草丛生和民族分裂的教材。为了"蒙汉兼通"大搞各种条例、规章制度，大搞蒙汉语文的升班升学考试，突然袭击学生，摧残青少年的心身健康。乌兰夫、哈丰阿之流特古斯等，根据"蒙汉兼通"的方针，设计的"二十年制"，是极端反动的。学生要在二十年的漫长岁月中，在资产阶级和民族分裂主义知识分子统治的学校里，受繁多的课程，繁重的作业，频繁的考试，繁琐的教学方法，五花八门的规章制度的束缚，将近三十岁才能走向社会。他们所

915

4

以要这样干，就是为了"喜欢人"，就是为了堆戏后一代，培养为他们驱使的蠢才，以便做他们的"驯服工具"，为他们复辟资本主义和民族分裂服务。

"二十年制"为"蒙汉兼通"服务，为"死读书"服务，就是为了"书读得越多越蠢"服务，并以此抵制"以学为主，兼学别样，即不但学文，也要学工、学农、学军，也要批判资产阶级"。在长期达二十年的期间，不让学生到工农兵中去，不让在革命的大风大浪里锻炼，不让他们在阶级斗争中成长壮大，造成"四体不勤、五谷不分"，毫无"革命造反"精神，以利他们反革命统治。"蒙汉兼通"正像列宁所说的那样，是"培养资本家所需要的奴仆，把科学人材训练成适合资本家口味来写作和说话的人。所以我们必须废除这样的学校"。乌兰夫、哈丰阿的"蒙汉兼通"罪该万死，"蒙汉兼通"必须废除，我们要培养的后代是有社会主义觉悟的有文化的劳动者"，而绝不是什么"蒙汉兼通"的奴仆。我们一定要把民族学校办成毛泽东思想的大学校。

《革命造反》

教育万联委　《鲁　迅》　战斗队

《　真　》　　　12.22

《看　今　朝》

教育战鼓

呼和浩特革命教职工代表大会《教育战鼓》编辑部

第二期 共四版 一九六七年十二月二十五日

祝毛主席万寿无疆！万寿无疆！万寿无疆！

社论 无产阶级教育革命的伟大纲领

无产阶级教育革命的阵地上，高高升起了光芒万丈的红太阳。中央文化革命小组编印的《毛主席论教育革命》这一伟大光辉著作，在亿万无产阶级革命派和革命人民的最热烈的欢呼声中发表了！

《毛主席论教育革命》完整地系统地体现了我们伟大领袖毛主席光辉灿烂的无产阶级教育思想。她的发表，是我国人民政治生活中的一件大事，是推动整个文化大革命特别是教育革命向纵深发展的威力无穷的动力。

毛主席关于教育革命的论述，最全面、最深刻、最精辟、最系统地阐明了无产阶级教育革命的路线、方针、政策和方法，最生动地描绘出了共产主义教育的蓝图。这是光焰无际的毛泽东思想的一个极其重要的组成部分。

"大海航行靠舵手，干革命靠毛泽东思想。"毛主席的伟大教育思想是我们进行无产阶级教育革命的伟大纲领，是批判刘少奇、邓小平、彭真、陆定一的反革命修正主义教育路线的最锐利的武器；是批判乌兰夫、哈丰阿、特古斯、韩明的反革命修正主义、民族分裂主义教育路线的最锐利的武器；是破除资产阶级教育体制，建立无产阶级教育体制的最锐利的武器，是当前复课闹革命的根本方针。亿万无产阶级革命派、革命的师生员工掌握了这一武器，就会无坚不摧、无攻不克，粉碎一个又一个资产阶级顽固堡垒，夺取一个又一个教育阵地，把无产阶级教育革命从胜利推向更大的胜利，在整个教育领域里，牢固地树立起毛泽东思想的绝对权威。

无产阶级革命派的战友们！革命的学生、教员、工人同志们！要立即行动起来！要以最大的政治热情，认真学习，深刻领会，广泛宣传，坚决执行《毛主席论教育革命》这一伟大文件。这是我们最最神圣的职责和权利，是我们最大的政治任务。对待毛泽东思想的态度，是革命和不革命乃至反革命的试金石，是真革命、假革命的分水岭。每一个决心把无产阶级文化大革命进行到底的无产阶级革命派都应成为学习、宣传、执行这一伟大纲领的模范。

目前，呼市各级学校的革命师生员工正以极大的政治热情积极迎接呼三司代学会和教代会业余、小学、幼教系统学代会的召开。把学习、宣传、贯彻《毛主席论教育革命》作为学代会的最大的准备，最主要的内容，不仅是必要的，而且是必须的。在当前，在教育系统，脱离对《毛主席论教育革命》的认真学习、积极宣传和坚决贯彻，单纯搞什么总结评比，都是不正确的。脱离毛主席的伟大战略部署，脱离当前无产阶级文化大革命的斗争实践，去树立毛泽东思想的绝对权威，那就是一句空话。

同志们！让我们高举毛主席伟大教育思想的红旗，掀起一个学习、宣传和执行《毛主席论教育革命》的伟大群众运动，把教育革命大大推向前进，把无产阶级文化大革命进行到底！

彻底摧毁乌兰夫—哈丰阿—特古斯黑线

·本报编辑部·

"风烟滚滚来天半"。

无产阶级文化大革命的又一场急风暴雨，已经从文艺领域展开，它将再一次扫过红太阳照亮的内蒙古草原，彻底洗刷一切剥削阶级的污泥浊水，彻底清扫乌兰夫反革命修正主义、民族分裂主义集团的残渣余孽。

特古斯被揪出来了！

但是，在乌兰夫的反革命王朝里，特古斯只是盘踞在我区口的一名大将，在他之间还有一帅，这就是国贼、叛奸、特务、老牌民族分裂分子，臭名昭著的哈丰阿。乌兰夫——哈丰阿——特古斯这是乌兰夫反革命修正主义、民族分裂主义集团中的一根特殊的黑线。

江青同志说得好："敌人是很狡猾的，一套一套班子，你们搞了他，他又换一套班子。"乌兰夫就是这样一个极狡猾的敌人。

在长期的反革命生涯中，乌兰夫伸开两只黑手，一只手亲自培植，一只手招降纳叛，拼凑了一套一套反革命班子。他们或运筹帷幄之中，或张牙牙爪下的；或狠抓党政财军大权，或大造反革命舆论；或四处伸手，策划宫廷政变，或八面牵线，公然里通外国。他们左右相接，上下呼应，分工合作，各尽其用，围绕乌兰夫的指挥棒，干尽了背叛社会主义祖国，复辟资本主义制度的罪恶勾当。无产阶级文化大革命的急流巨浪冲垮了乌兰夫已经营数十年的反革命王朝。乌兰夫和他的嫡系被揪出来了，乌兰夫的第二套班子王逸伦、王铎也陷于革命群众的汪洋大海之中，遭到灭顶之灾。现在，正被揪出的乌兰夫——哈丰阿——特古斯黑线，就是乌兰夫叛党集团的第三套人马。这是一支阴险、最狡猾的反革命别动队。

哈丰阿，这个曾经先后窃据内蒙古党委委员、人委付主席、教育厅长、语委主任和全国政协常委等许多要职的头面人物，是一个钻进无产阶级专政内部的最凶狠的敌人。揭开他的老底，四十年来，作为封建王公贵族的忠实奴才，日本帝国主义的心腹走狗，苏蒙修正主义的特务头子，乌兰夫叛国集团的死党，民族分裂主义的急先锋，哈丰阿他一步一个脚印，步步都踏在叛卖祖国，叛卖民族，反党反人民的绝路上，罪恶滔天，罄竹难书。

在哈丰阿的周围，有着一个以"内蒙古人民革命党"的头目、党棍为骨干的反革命黑窝。四十年代的"内蒙古人民革命党"，是哈丰阿一手包办的反革命集团，它一贯反对中国共产党的领导，背叛祖国，策划外蒙合并为自己的纲领，解放以后，乌兰夫——哈丰阿竭尽颠倒历史之能事，赠以"革命"的桂冠，把这个党的大批骨干分子，那些蒙奸、特务、叛徒，拉入党内，塞进无产阶级专政的各级领导机构，自治区的党政宣传、文教、卫生、政法、外事、工农牧业生产建设部门以及许多盟市旗县，都安插了他们的死党，特别是在文教界，哈丰阿坐镇教育厅，特古斯把持宣教口，师院的特木尔巴根、医学院的木伦、内大的巴图，农牧学院的贾博，语委的额尔敦陶克陶，报社的玛尼扎布，出版社的素德纳木，文联的纳·赛音朝克图，体委的包喜等等一批大大小小的牛鬼蛇神，盘踞在文教阵地上，形成一根又粗又长的黑线。

这支反革命别动队，在乌兰夫分裂祖国、复辟资本主义的整个战略部署中，负担着特殊的政治使命。

他们是乌兰夫勾结苏修古代修正主义集团，进行叛国活动的专线桥梁。

他们是乌兰夫制造反革命复辟和民族分裂舆论的得力吹鼓手。

二十年来，他们忠实地执行了乌兰夫集团的反革命修正主义、民族分裂主义路线，坏话说尽，坏事做绝，与人民为敌到底，再一次犯下了滔天罪行。

这一批钻进无产阶级专政内部的败类，"他们有长期阶级斗争的经验，他们会做各种形式的斗争——合法的斗争和非法的斗争。"在无产阶级文化大革命的伟大革命风暴中，乌兰夫垮台了。出于反革命阶级的本能，他们预感到末日来临，为了保护他们现在的生存，以利将来的发展，于是装死躺下，等待时机，成了某些人所谓的"死老虎"。还有一些，如特古斯之流，则龇牙咧嘴，钻进革命造反派队伍，兴风作浪，瞒天过海，进行分化瓦解，制造宗派斗争，企图混水摸鱼，破坏无产阶级文化大革命。东三盟的武斗，长期得不到解决，不可能与乌兰夫——哈丰阿——特古斯黑线没有联系。老虎并没有死，它呲牙裂嘴，正想蠢蠢欲动起来咬人呢！但是，这一批凶人"搬起石头打自己的脚，"他们自以为得计，恰恰暴露了自己。

揪出乌兰夫——哈丰阿——特古斯黑线，这是毛泽东思想的伟大胜利，彻底摧毁这条黑线，就能够胜利地挖掉帝国主义、苏蒙现代修正主义埋在内蒙古的一颗特大定时炸弹，进一步粉碎乌兰夫背叛祖国、复辟资本主义的罪恶阴谋，深入地揭开文教战线阶级斗争的盖子，促进革命的大联合和三结合，促进革命的大批判和各部门各单位的斗批改，从而巩固和加强新生的红色政权——内蒙古革命委员会，巩固和加强无产阶级专政。

我们伟大领袖毛主席教导说："敌人是不会自行消灭的。"面临着彻底反灭命运的乌兰夫集团，不论是已经揪出来的，或是还没有揪出来的都将以百倍的疯狂作垂死挣扎，企图从右的或极"左"的方面干扰我们的视线，打乱我们的阵线，向我们进攻。必须警惕到利用中心的人故意用民族斗争去掩盖阶级斗争，制造民族矛盾，挑起民族纠纷；还必须警惕别有用心的人借口揪乌兰夫——哈丰阿——特古斯黑线，把矛头指向我们无产阶级司令部。但是，可以老实告诉这些牛鬼蛇神，在毛泽东思想的阳光照耀下，任何采用把水搅混，混水摸鱼，逃脱自己失败的命运的企图，都是徒劳的。

"借问瘟君欲何往，纸船明烛照天烧"。在空前大好的形势下，充分发动起来的人民群众，一定能够紧紧紧紧握斗争的大方向，又稳、又准、又狠，彻底摧毁乌兰夫——哈丰阿——特古斯黑线，彻底肃清乌兰夫集团的残余势力！

千钧霹雳开新宇,
万里东风扫残云。

正值举国上下,万众一心,紧跟我们伟大领袖毛主席的伟大战略部署,万炮齐轰中国赫鲁晓夫的新高潮中,正值内蒙古各族革命人民,向中国赫鲁晓夫在我区的代理人乌兰夫及其一伙疯狂进攻的大好形势下,我们遵循伟大领袖毛主席的"你们要关心国家大事,要把无产阶级文化大革命进行到底"的教导,把哈丰阿这个装死躺下的老反动从北京揪回呼市,和全区无产阶级革命派战友们一起向他进行了三个月之久的面对面的斗争。目前,我们的斗争正在步步深入,正在节节胜利。这是战无不胜的毛泽东思想的伟大胜利。

哈丰阿是什么东西?让我们撕破哈丰阿的假面具,看看他的真面目;剥开哈丰阿的画皮,见见他的原形。

哈丰阿是蒙匪的北荒天——恶霸地主潜海山的独生子。这个地主阶级的孝子贤孙,一九二九年被艾尔军亲王保送到沈阳蒙族师范以后,他是该校校长、亲日分子郭道甫的得意门生,接受日本帝国主义所一贯宣扬的所谓王道主义和大蒙古主义的毒汁,学会一套叛国投敌,反共反人民的反动本领,几十年来一贯代表地主大牧主阶级的利益,充当地主阶级、封建主义和修正主义的忠实走狗,一贯进行反共叛国的阴谋活动,在党和人民面前犯下了不可饶恕的滔天罪行。

就是这个哈丰阿,早在一九三一年"九·一八"事变时,他同日本走狗甘珠尔扎布、韩包旺、包善一之流,在日本关东军司令部的直接操纵和武器装备下,以在日本"援助"下实现"蒙古独立"为名组织所谓内蒙古自治军,攻打通辽等地,惨杀我无数爱国同胞,抵抗我爱国抗日力量,引狼入室,紧密配合了日本帝国主义的侵略。

就是这个哈丰阿,一九三二年伪满洲国成立以后,又在伪满政府中担任秘书官、参事官、伪满驻日使馆训练部长等伪职,专门为其主子日本帝国主义制定侵华政策出谋划策,干尽了出卖祖国人民的罪恶勾当。

就是这个哈丰阿,日本帝国主义失败之后,立即和蒋介石进行勾结,同国民党反动派拉上了关系。哈丰阿在一九四五年八月二十四日的一个"讲话"中,就为人民公敌蒋介石五大唱赞歌,宣称"我钦佩蒋介石先生的伟大革命精神",从而赤裸裸地暴露了他反革命的嘴脸,这个蒋介石的忠实信徒,在一九四六年伙同一些反动上层,谓新蒙人民革命党之后,急忙抛出臭名昭著的"告国民党书",声称"我党与国民党殊途同归",和蒋介石大说黑话,向国民党暗送秋波,再一次进行了反共反人民的罪恶的政治勾当。

就是这个哈丰阿,一贯打着"内外蒙合并"的黑旗,破坏民族团结,分裂祖国统一,长期进行背叛祖国的民族分裂活动。是他,在一九四五年勾结反动上层和民族分裂分子,大搞"内外蒙合并"的签名运动,进而又组织一个"代表团"跑到外蒙提出了"内外蒙蒙合并"的叛国"要求"。也是他,在一九四六年由反革命修正主义——民族分裂主义分子乌兰夫和刘春的介绍下混进中国共产党以后,就伙同特木尔巴根、朋斯克之流提出在内蒙取消共产党的领导,建立人民革命党的反党叛国纲领,变本加厉地进行了民族分裂主义的阴谋活动。

哈丰阿兼任内蒙语委主任十来年、蒙古语文工作一直不是面向北京,而是面向乌兰巴托。

一九五四年乌兰夫出国参加蒙古党代会,回国后即决定在内蒙全区推行蒙修的斯拉夫新蒙文,并"钦定"哈丰阿为文字改革委员会主任。哈丰阿心领神会,一反过去摆官僚臭架子的常态,干得十分卖力,于一九五五年七月以内蒙人委的名义公然宣布在全区推行斯拉夫新蒙文,并且是原封不动地全搬用的。这样,就吹响了内外合合并的前奏曲——即首先在文字、基础方言和名词术语上和蒙修达到"三统一",为进一步分裂祖国打下基础。

请看!哈丰阿在一九五六年一月十七日给乌兰夫的另一只走狗清格尔太的信,这封信清楚地说明:哈丰阿和乌兰夫在推行新蒙文等一系列叛国分裂活动上,完全是狼狈为奸串通一气的。现在将这信摘录于下:

清格尔泰同志:
……必须注意以下几点:
一、在领导同志和负责同志以及语文工作者中间,广泛地流传着尽快地统一民族语言的意见,这是大好的现象。在这方面比较高级的领导同志中(按:指乌兰夫)完全以喀尔喀语(即蒙古人民共和国的语言)作为基础方言的意见占上风,这一点请你掌握。
二、蒙古族在全国不超过一百五十万人,连蒙古算在一起,也不过二百五十万人,因此,还是尽可能统一起来的好。这里产生一个以哪儿的为基础语言的问题。就是以喀尔喀、东部、西部这当中哪一个为基础语言的问题。如果以东部区的为基础,西部区的同志不同意;如果以西部区的为基础,东部区的也会有意见,和以喀尔喀的为基础,矛盾就会小些。这样的话,过了若干年以后,内外蒙——全部

蒙古族的统一的语言就能形成。从这方面看,尽管目前东部区在学习中暂时地会有一些困难,但从长远来说是有利的。

考虑到全蒙古的语言统一,怎么也不能以已经形成的蒙古人民共和国的语言跟着我们的变……

三、总之,乌兰夫主席已经把以喀尔喀作为基础方言当作政治任务提出的,所以必须重视……

从信来看,乌兰夫、哈丰阿在蒙古语文上大搞"三统一"的罪恶政治目的,已经暴露得十分清楚。他们所搞的"三统一"要统一谁呢?就是统一于蒙修,在语言文字上与蒙修统一,以便进一步实现其内外蒙合并的迷梦,哈丰阿到底是哪一路货色,在这里不是赤裸裸地暴露无遗了吗?

还有这样一件事:在基础方言标准音的选订上,哈丰阿同乌兰夫曾有一次狗咬狗的争论,乌兰夫骂哈丰阿说:"你是否有点思想僵化,不从大的方面考虑问题,"请大家注意;这个"大的方面"就是指内外蒙合并。又讽刺哈丰阿说:"你不是还主张过内外蒙统一吗?"哈丰阿怎么回答呢?他说:"要统一了,就没有这个问题了,"请同志们分析一下,这是什么话?!这完全是两个民族分裂头目在说黑话,他们梦寐以求的就是想方设法把内蒙古从祖国大家庭中分裂出去!语言文字统一是手段,不是目的,目的是内外蒙统一。

乌兰夫、哈丰阿等人这样一意孤行,强加于蒙古族人民群众的"三统一",引起了蒙古语言文字使用上的混乱,严重地摧毁了蒙古族的文教事业的发展,产生了恶劣的政治影响。"三统一"煽动了民族分裂情绪,一(下转第三版)

把哈丰阿揪出来示众!

· 师院东纵《大无畏》战斗队 ·

就是这个哈丰阿,自治区成立以后,在乌兰夫反革命集团的包庇和重用下,担任内蒙党委委员、自治区副主席等重要职务,在他主管的文教部门贼心不死地执行了一条修正主义、民族分裂主义的路线。

在语文界,哈丰阿伙同他的党羽,勾结乌兰夫反革命集团,执行了一条与内蒙统一文学、统一名词术语、统一基础方言的修正主义,民族分裂主义的"三统一"路线。

在教育界,哈丰阿伙同他的党羽,勾结乌兰夫反革命集团,执行了一条反汉排汉崇蒙崇苏的修正主义、民族分裂主义的教育路线。

在出版界和学术界,哈丰阿伙同他的党羽,勾结乌兰夫反革命集团,大量推销蒙修黑货,极力泡制《内蒙古历史概要》等大毒草,制造了大量的反党叛国舆论。

就是这个哈丰阿,出于他的反动阶级本能,极端仇视我们的社会主义制度,妄图复辟万恶的旧制度。在我国三年经济困难时期,他紧密配合党内右倾机会主义分子和社会上的牛鬼蛇神的猖狂进攻,恶毒攻击了我们的社会主义制度。一九六○年哈丰阿就恶狠狠地说:"现在不如伪满了,伪满时期还不象这样"。这就是伪满大官僚哈丰阿内心的表白,在这里他是如此诬蔑我们的社会主义制度,又是那般向往他那当官坐老爷的"伪满时期",其罪恶目的不是很清楚了吗?

铁一般的事实雄辩地证明,哈丰阿是混进党内的阶级异己分子,大地主大牧主阶级的代表,帝封修的忠实走狗,老牌的民族分裂分子,也是乌兰夫反革命集团的头号帮凶和同盟者,一句话,是一个反动透顶的家伙。

毛主席教导我们:"凡是反动的东西,你不打,他就不倒。"让我们奋起毛泽东思想的千钧棒,坚决打倒哈丰阿,彻底打垮哈丰阿的反动势力,誓将无产阶级文化大革命进行到底!

特古斯罪行三则

楚天舒

特古斯是哪国人?!

"小朋友!你是哪国人?"三岁的娃娃也会顺口答来,毫不迟疑。

可是,特古斯是哪国人?请看"部长"大人的自白。

"一天,我在乌兰浩特大街上走着,一个人问我:'你是那国人?'我想问他,我已经是中国共产党党员了,所以,自然是中国人。"

寥寥数语,活画出这个老牌民族分裂分子的反动咀脸。本来嘛!从思想到行动,从立场到感情,彻头彻尾,深入骨髓的潜着叛国之心的特古斯,早就没有半点中国人的人味了,只是因为叛国未遂,才不得不暂时留下来,改头换面,混入中国共产党以谋来日。所以,一问之下,难免慌了手脚,要摅盖真情嘛!就得想一想,就得用推理的方法才能得出结论,冒充中国人。

特古斯爱的是那个国?

1962年,师院附中发生了以满都格其为首的叛国案。该犯数人投修未遂、被押回学校。特古斯立即伙同另一民族分裂主义分子特木尔巴根(原师院党委书记)专程来附中开蒙族学生座谈会,向该犯等进行"爱国"主义教育。

特古斯不但丝毫不批评该犯等的反动本质。反而无限同情,欽敬地说:"满都格其你不要抬不起头来嘛!谁也不能歧视你!"一口咬定:"满都格其等是认识问题,不能有任何处分。"甚至鼓励地说:"青年人嘛!这点事没关系。"同时还讲了前面那个"你是那国人?"的故事,会后又命令学校要保证该犯顺利毕业升学。

经特古斯教育的结果:暑假中,包富等三人终于叛国投修;满都格其顺利升入师范学院"深造",仍然恶性不改,竟与苏修分子暗地勾结,准备再次外逃,幸被我专政机关及时破获,依法逮捕,才免二想于死手。

由此可见,特古斯所爱的是什么国,进行的是什么样的爱国主义教育,不是一清二楚了吗?!

特古斯爱的是什么人?

内蒙师院反革命修正主义分子、民族分裂主义分子、大流氓特木尔巴根,是一个一见"人民公社万岁!""三面红旗万岁!"的标语就恨的咬牙切齿,破口大骂;

在困难时期动用公款为其地主老子大修庄园;朝思暮想,一心要"重振蒙古大帝国";对肯尼迪无限敬佩,对赫秃子万分崇拜;对美修女间谍勾搭鬼混,见了女人就走不动的,政治上反动透顶,道德上极端败坏的家伙。

就是这个家伙,却得到了特古斯、乌兰夫的特别赏识和宠爱。

当师院革命干部斯荣等同志勇敢地起来揭发特木尔巴根的种种罪行时,特古斯不仅不予管理,反而历声斥责斯荣等同志"为什么和特木尔巴根过不去……"并听任特木尔巴根等恶毒排挤、打击斯荣等同志。

当六五年特木尔巴根被广大革命群众揪出之后,特古斯又伙同朋洛濮等三反分子,极力阻止群众顺藤摸瓜,上揪特木尔巴根的黑后台,同时,对这样一个十恶不赦的大坏蛋迟迟不予定案处理,任其逍遥法外,伺机翻案。

特古斯为什么这样一往情深?翻翻特古斯的罪行录就会发现,原来二位老特是特是一条藤上的一对黑瓜,是如同双胞的难兄难弟,如果说到后台,特古斯正是主要台柱子。所以嘛!千般恩爱,拼命包庇,赤膊上阵,费尽心机……,一切一切有啥稀奇。

科学研究所《东方红》
内蒙语委、内蒙哲学社会

初揭哈丰阿在语委的滔天罪行

1967.12.25

"智育第一"害死人

庄稼人

刘少奇是修正主义教育路线的祸根子；

陆定一是教育界的恶阎王。

他们用"智育第一"坑害我们的干部，坑害我们的教师，坑害我们的学生。

欠债要还，今天就要算帐！

一、贫下中农子弟的封锁线

"智育第一"在考试问题上，改了个名字，叫分数线，进了线才能进学校。

这条线是咱们贫下中农子弟的封锁线。

大家都知道，咱们贫下中农子弟，回家要劳动，要喂猪，要割柴禾，要看娃娃，比起地富子女，学习时间少，因为他们是"书香门第"，总把念书当成升官发财的本钱，所以，家里每天要叮嘱要"好好念书"，他们的子弟青生少，闲工夫大，比我们"用功"，考书我们比不过，旧日的考试又不管别的，就看分数，这么一来，我们进线的比例，就抵不住人家。

分数线，分数线，这条线是资本主义的复辟线，是我们贫下中农子弟的封锁线！

我们的国家是无产阶级专政的国家，我们的教育是无产阶级的教育，毛主席让我们冲决这条线，我们冲定了！

二、三道岗

我们的伙伴有的进了线，幸运啊！学校里有了我们的人。可是，学校里有三道岗，一道岗关起来，二道岗是管住，三道岗灌进去。关、管、灌，红的进去，白的出来。

咋关呢？

我们学校有二十四条法规，不准随便进村，不准私自上塔、不准随便离开教室、不准随便离开学校……数不尽的"不准"，说不完的"不要"，我们的活动天地就一个校园，我们成了拘留所的死物。

咋管呢？

学校又细又全的规定，不许吵、不准闹、不准冒犯老师……我们的一举一动都有了封条，管得我们成了"撬不倒"。

咋灌呢？

就象咱们家填鸭子，孔老二的货色要灌，资本家的生财之道要灌，赫秃子

（上接第二版）

时之间，反汉排汉的言行甚嚣尘上；它是破坏各民族团结和祖国统一，向乌兰巴托靠拢的严重步骤。所谓"三统一"，用哈丰阿的话来说：这是政治任务提出的，因此，"三统一"得到了蒙修领导集团的积极响应，有力的支持，热烈的喝采。"三统一"就是里通外国，就是把内蒙古统一于蒙修的严重叛国罪行。

内蒙语委是乌兰夫集团背叛祖国，进行民族分裂活动的桥头堡。围绕着"三统一"问题，背着中央还筹建了××秘密组织。

这个秘密组织表面上看来好象是学术机构，实际上是国际性的政治组织，为内外蒙合并的政治目的服务的。这从额尔敦陶克陶、清格尔泰、索德那木、格日勒朝克图一九五七年赴蒙日记中可以得到证明。

下面是这些日记中的摘录。七月五日，晚饭后，跟巴米希格谈话时，达木丁苏荣也来了。……谈了有关内外蒙的关系问题。例如：我们以后有没有合并的可能，我们的同志说了这些话后，说，那我们首先在语言方面朝一个目标努力不是很好吗？

七月三十日：下午普德（蒙修部长会议第一副主席）接见了我们。……谈了关于今后统一的问题，成立名词术语统一委员会问题……还说，协作对谁也有利……等

等。

额尔敦陶克陶等人回国后，向乌兰夫汇报时谈到，达木丁苏荣曾对额尔敦陶克陶说："内外蒙合起来多好啊！"乌兰夫当场问："为什么不可以讨论？看往期中间思念嘛！你们这些人真笨！"这里再清楚不过地暴露了乌兰夫深入骨髓的"大蒙古主义"和他的叛卖祖国的狼子野心！

总之，背着中央与外国筹建的秘密组织，是一桩严重的叛国案件。是乌兰夫集团背叛祖国内阴谋的一个组成部分，哈丰阿就是伙同乌兰夫泡制版图大阴谋的首恶元凶和得力干将，一九五六年末或五七年初在人委主楼哈丰阿的办公室里，乌兰夫、哈丰阿、额尔敦陶克陶、格日勒朝克图等一小撮民族分裂分子曾研究过蒙古来的信。信的大致内容是：要求成立名词术语统一委员会。信是以蒙科学院的名义给内蒙古语文研究室。这说明哈丰阿与蒙修蒙委主席沆瀣一气，进行了一系列险恶肮脏的祸国民族分裂活动。

周总理一九五七年暑期在青岛民族工作会议上的讲话，戳穿了乌兰夫集团大搞"三统一"的丧钟。但是，乌兰夫、哈丰阿、额尔敦陶克陶等人贼心不死，虽然由于形势所迫，于一九五八年三月不得不宣布停止推行斯拉夫新蒙文，但是他们对于拉丁方向一直是顽固地加以抗拒。例如，停止推行斯拉夫新蒙文时，哈丰阿作报告，

极力吹嘘旧蒙文的优越性，吹得天花乱坠，甚至把旧蒙文的缺点也说成是优点。乌兰夫则胡说什么："过去的斯蒙文不推行了，拉丁也不马上搞，就是用老蒙文，用一百年嘛！"乌兰夫一唱一合，目的就是反对祖国各民族创改文字的拉丁化这个共同的方向。

推行斯拉夫新蒙文时，乌兰夫、哈丰阿、额尔敦陶克陶等人大发学习蒙文奖金，斯拉夫新蒙文停止推行，恢复使用旧蒙文以后，他们又重新颁发蒙文奖金，每年都要去五万至十万元的巨款。这是用物质刺激的办法大搞学习旧蒙古语文，抵制拉丁化方向，腐蚀民族干部，为建立"大蒙古共和国"作语言准备的。是可忍！孰不可忍！

同志们！

在这次史无前例的文化大革命中，乌兰夫、哈丰阿以及额尔敦陶克陶等一小撮党内走资派的反党反社会主义、背叛祖国、进行民族分裂的黑手，已被广大的无产阶级革命派紧紧抓住，在这次大批判大斗争中，我们将牢记毛主席的"宜将剩勇追穷寇"的教导，誓把乌兰夫、哈丰阿以及额尔敦陶克陶之流从政治上、思想上、理论上批深批透、批倒批臭，把他们的政治阴谋彻底揭穿，让他们永世不得翻身！

的修货也要灌，灌来灌去，我们的乡土气少了，洋气多了，脑袋里就想上天，不想下地，就想日子过得比村里好些，差别越大越好。

关、管、灌，三道岗，坑害人真不浅呀！

毛主席说："资产阶级知识分子统治我们学校的现象再也不能继续下去了。"他老人家的话说到了我们的心眼上。

我们要拔掉这三道岗！

三、三大病

毛主席让我们德智体都发展，刘少奇陆定一这些坏拐子，却非要我们缺德、无才、身体槽。

德是无产阶级的大德，就是大树我们的红司令毛主席的绝对权威，大树他老人家思想的绝对权威。可是在学校里，我们却听不见毛主席的声音，听到刘少奇这个坏拐子的"修养"多，仁恭礼法、委曲求全，能忍就忍能让就让、与人方便自己方便，吃小亏占大便宜。孔家店的，修家店的，资家店的破烂都出来了，奴才的，叛徒的黑货都出来了。这样一来，我们要的是封建修的"德"，缺的是无产阶级的大德，这么下去，我们要成为谁家的人？这是学校给我们的第一个病；缺德！

智育是无产阶级、贫下中农服务的本事。可是学校却尽教死人的洋人的东西，空又空，高又高，学了电学，连个电灯也不会安，学了化肥，连个土壤也改良不了，学了物理、连个苗架也弄不清，学生学生越学越生，学的多、蛮、死，用的少差废，这是学校给我们的第二种病；无才！

体是健康，可是学校尽搞书、抄书、念书、背书、夺书，有时饭顾不上吃，觉，睡不安稳，眼镜闪闪，逐步升"度"，神经紧张，逐日衰弱，好端端的小庄稼汉变成了白面书生。这是学校给我们的第三种病；体弱！

三大病害死人！

谁是病根？刘少奇！刘少奇！！刘少奇！！！毒害我们思想的是他，撬我们行动的是他！我们要千刀万剐刘贼血！

彻底砸烂旧教育制度！！

（转载自呼三司九中东纵《探索者》）

【本报讯】

根据中央文件精神，为搞好学校斗、批、改，大中学校今年一律不放寒假。

谈"砸"

步东

一些学校就"砸"的问题，展开了激烈的辩论。

提出"砸"的多数同志，数字当头，革命热情高。

他们要求迅速改变一些专业，一些系，一些学校的不应社会主义经济基础的现象。这是主流。但是，也有些同志过分性急，简单片面地认为，只要把这些专业、这些系，这些学校"一锤子砸烂"就完事大吉。

毛主席在分析无产阶级对于资本主义社会认识的发展过程时指出，当无产阶级对于所谓"自在的阶级"认识到，无产阶级就变成了一个"自为的阶级"，他只有出了马克思主义以后，无产阶级就变成了一个"自为的阶级"，而简单地"砸烂"机器，不是简单地"砸烂"制度，而是要推翻整个资本主义制度。只有认识到这个，把无产阶级革命进行到底，全面地批判，这样性急、这样粗糙、也就很难对修正主义教育路线作深入地、大立大破的批判，就不会不进行抵制和破坏。我们要警惕党内一小撮走资派，资产阶级反动学术"权威"混水摸鱼，用"立即砸烂"、"立即转业"的口号来把修正主义货色偷运过关。奢扬他们伤而不倒，败不会不进行抵制和破坏。

毛主席教导我们："要把无产阶级文化大革命进行到底，教育革命既是革命是政治上的不合格，就是业务知识能完全用的上，也是废物。因此经济帐要算，政治帐更要彻底算，唯一办法就是大批判，要立刻转

展过程利用上，当无产阶级对于所谓"自在的阶级"，他们只认识这个现象的片面及其外部的联系。他们要改变自己的社会地位，而简单地"砸烂"机器。只有出了马克思主义以后，无产阶级就认识到，不是简单地"砸烂"制度，而是要推翻整个资本主义制度。只有认识到这个，把无产阶级革命进行到底，全面地批判，这样粗糙，也就很难对修正主义教育路线作深入地，大立大破的批判，这样找来的"证据"也往往是站不住脚的，有些同志提出"砸烂×××"的主要理由是这些专业的毕业生改行的多，这些专业所造成的浪费，它直接反映了这些系，这些专业的严重浪费。但是要解决这个问题，首先还得深入批判资产阶级教育路线，只有大破资产阶级教育路线，大立无产阶级教育路线，才能从根本上改行问题，而"砸烂×××"的确，这是一个严重脱离群众的反动学术脱离了产阶级反动学术"权威"，用"立即砸烂"、"立即转业"的口号来把修正主义货色偷运过关。等待时机再反扑过去。

同时，还须看到，现今学校的伟大的历史任务。交给了我们无产阶级各个阶级的彻底解放，而简单地"砸烂"，他们认识到，无产阶级革命这个伟大的历史使命，才能更好地完成我们的历史使命，是无产阶级文化大革命的一个从根本上改行问题。

重要组成部分，是夺权斗争的继续，是一场政治思想上的大革命。一些专业、一些系，一些学校的严重问题，只是中国赫鲁晓夫所贩卖的修正主义货色反动本质的反映的片面。是资产阶级教育路线所引出来的部分恶果。简单地"砸烂"几个系，几个专业或几个学校，并不能从根本上解决问题。"斩草要除根"，只有对修正主义教育路线和剥削阶级教育路线，从政治上、思想上、理论上进行彻底的批判，才能树立无产阶级教育路线的绝对权威，树立毛泽东思想的绝对权威，只有树立毛泽东思想的绝对权威。可是在学校里，我们却听不见毛主席的声音，听到刘少奇这个坏拐子的"修养"多，仁恭礼法、从政治上，思想上，理论上批判。

毛主席让我们德智体都发展，列宁说过："革命爆发的时候，情形并不象一个人死的时候那样，把死尸抬出去就完事了。"同样，无产阶级教育革命不能只砸几个专业，几个系，几个学校就完事了。更重要的是要把死尸、即旧教育制度的造反者，明天就可能成为资产阶级教育路线的执行者。他们今天是旧学制的造反者，明天又可能出笼，今天我们所有一套烂货，如何抬出去，也只有大批判从政治上，理论上彻除掉，从每个人的脑子里抬出去，如何抬法，也只有大批判来解决问题。

最大浪费莫过于政治上的不合格，就是列宁说过："革命爆发的时候，情形并不象一个人死的时候那样，把死尸抬出去就完事了。"几个专业或几个系，几个学校，有些同志从个人前途出发，不搞大批判，急急忙忙搞所谓"专业归口"，就更不对了。到别校去学习，急急忙忙搞所谓"专业归

别的专业，到别校去学习，就更不对了。

有些同志从个人前途出发，不搞大批判，要立刻转

到底，教育革命既是革命人就不会不进行抵制和破坏。

919

四-13

彻底批判反革命修正主义、民族分裂主义分子特古斯在教育界的罪行

鲁迅兵团教育厅联委会

一九六七年十二月二十五日

最　高　指　示

"混进党里、政府里、军队里和各种文化界的资产阶级代表人物，是一批反革命的修正主义分子，一旦时机成熟，他们就会要夺取政权，由无产阶级专政变为资产阶级专政。"

"民族斗争，说到底，是一个阶级斗争问题。"

彻底清算反革命修正主义、民族分裂主义分子特古斯在教育界的罪行

在我们伟大领袖毛主席视察三区的最新指示的光辉照耀下，在广大无产阶级革命派，以"**斗私，批修**"为纲，将革命的大联合、三结合，革命大批判迅速推进的大好形势下，江青同志十一月十二日的极其重要的讲话，象一声千钧霹雳，打破了內蒙古文教界的沉闷局面，掀起了一场彻底揭开文教界阶级斗争盖子的革命暴风雨，揪出了乌兰夫伸向文教界的黑手、哈丰阿的死党、在文教界推行修正主义、民族分裂主义路线的黑閻王特古斯，使乌兰夫、哈丰阿的残党余孽陷于灭顶之灾的人民战争的汪洋大海中，大大推动了我区文化大革命向纵深发展，这是战无不胜的毛泽东思想的又一伟大胜利。

反革命修正主义分子、民族分裂主义分子特古斯，既是乌兰夫反党叛国集团的忠实干将，又是大蒙奸、反动的"內人党"党魁哈丰阿的死党，是一个一仆二主的推行修正主义、民族分裂主义路线的黑头目。二十年来，特古斯在乌兰夫、哈丰阿的卵翼下，长期把持文教大权。一九五二年到一九五四年特古斯是內蒙文教部副部长，与哈丰阿、石琳直接领导內蒙的教育工作；一九五七年特古斯到內蒙党委宣传部以后，更一直主管教育工作，成为乌兰夫在教育界的主要代理人。他秉承主子的旨意，利用教育这个阶级斗争的前哨阵地，疯狂地反对我们伟大领袖毛主席关于教育革命的思想；拼命推行刘少奇、陆定一和乌兰夫的修正主义、民族分裂主义教育路线；在教育界安插死党、包庇右派、包庇重用叛国分子，夺取教育的领导权，为乌兰夫实现反党叛国的阴谋大造舆论和进行干部准备。

现就特古斯在教育界的罪行，初步揭发如下：

一、为了实现分裂祖国的阴谋，从组织上控制了整个教育系统

特古斯是乌兰夫和哈丰阿在內蒙大搞民族分裂的重要成员，是他们安插在文教系统的最

大的黑钉子。

乌兰夫、哈丰阿二十年来紧紧地控制着文教系统，特古斯是直接控制文教部门的主帅之一。哈丰阿当了十多年的教育厅长，特古斯曾是他的助手。一九五七年以后，特古斯就更加全面地控制了整个文教系统。

特古斯遵循乌兰夫和哈丰阿的旨意，利用他窃踞整个文教系统的职权，把反革命修正主义分子安插在文教系统各部门的领导职位上，从而把整个文教系统从组织上控制在以乌兰夫为首的反革命修正主义集团的手中，针插不进，水泼不入。仅就教育系统来说，他安排的人员有：

内大：巴图，"内人党"的大党徒，有现行民族分裂活动。

农牧学院：贡嘎，"内人党"的大党徒，特务。

医学院：木伦之流，是"内人党"的大党魁之一，又是蒙修特务，有现行民族分裂活动，由于特古斯之流的包庇，拒不交待，极不老实，长期逍遥法外。

工学院：阿成嘎之流，是他们的死党，又是国民党特务。他是特古斯亲自安插在工学院的。这个人还是一九四六年"内人党"派到北平去搞反共投蒋的四人代表之一。

语委：额尔敦陶克陶，"内人党"的党魁之一，蒙修特务。二十年来他嚣张地进行了一系列的分裂祖国的活动，一次再次被特古斯包庇下来。特古斯利用他长时期控制着教材编译这块阵地，进行分裂祖国的活动。

人民出版社：索德那木，"内人党"的死党，也是长期控制教材编译这块阵地的老民族分裂主义分子，同额尔敦陶克陶、特古斯一唱一和，大搞民族分裂活动。

教育厅：石琳、韩明，是乌兰夫、哈丰阿大搞民族分裂活动的忠实信徒。

师范学院：特木尔巴根、桑杰扎布、图门等。特木尔巴根是一个极其嚣张的民族分裂主义分子。特古斯通过他的父亲祜和陆（本人是官僚地主）同特木尔巴根一起，进行一系列的阴谋活动。由于特木尔巴根搞民族分裂有功，特古斯一手提拔他，并极力把特木尔巴根从十四级提到十三级。特古斯安排在师院的另一个"内人党"死党桑杰扎布，二十多年来一直是他的得力助手，也是一九四六年"内人党"派到北平去搞反共投蒋的四人代表之一。为什么特古斯对去蒋介石那里谈判的代表这样重视呢？工学院有阿成嘎、师院有桑杰扎布，原因就是他们最忠实于他们的分裂祖国的活动。

特古斯把特木尔巴根、图门、桑杰扎布等安排在师范学院，是十分阴险的，这不仅便于他们控制培养师资的重要阵地，而且便于他们把黑手伸向全区各地。

一九五七年，特古斯在乌兰夫的指使下，他伙同特木尔巴根在反右斗争中，鼓励民族右派向党进攻。特木尔巴根甚至流着眼泪，对这伙败类向党进攻表示同情，共同倾诉中国共产党对蒙族的所谓"压迫"。这是特古斯伙同特木尔巴根一手策划的（特古斯当时在师院蹲点），不仅包庇了这一伙民族右派，反而鼓励这伙败类，说他们这样作"是觉悟提高的表现"。而在这一阴谋活动中，桑杰扎布、图门等，就充当了特古斯的忠实走卒的角色。而这伙民族右派在特古斯的包庇下，至今逍遥法外，有的竟能飞黄腾达！这是乌兰夫、哈丰阿、特古斯、特木尔巴根的共同阴谋！当特木尔巴根的问题暴露以后，乌兰夫、特古斯竟然把他提拔为教育厅副厅长，调离师范学院，既保护了特木尔巴根，又保护了自己。这一阴谋活动

· 3 ·

我们必须戳穿。

特古斯除了把"内人党"党魁、党徒、苏修、蒙修特务安插在文教系统的领导岗位以外，还在其所属的各个部门安排了许许多多的死党和特务，以作为他们搞民族分裂的社会基础。例如关××，原在边境，有活动，并且竟然在一九六二年领到出国护照，跑到苏修呆了一个时期，后又回到内蒙，乌兰夫和特古斯为了实现其分裂祖国的目的，竟把这个人从边境调来呼市，又通过额尔敦陶克陶安插在毛选编译室。是可忍，孰不可忍！我们决不允许这样的人沾污我们伟大领袖毛主席著作的编译工作！

乌兰夫、哈丰阿、特古斯等人长期以来把持文教大权，安插死党亲信，妄图利用党的文教阵地为他们复辟资本主义作舆论准备，我们决不答应。我们有决心，有信心把乌兰夫、哈丰阿、特古斯等安插在文教系统的残党余孽和一切牛鬼蛇神统统揪出来！

二、包庇叛国投敌分子，包庇蒙修特务，大搞叛国活动

乌兰夫、哈丰阿、特古斯反革命修正主义、民族分裂主义集团，长期以来，一贯进行反对祖国统一，破坏民族团结的反党叛国活动。一九六二年前后，配合国际上帝、修、反的反华浪潮和国内没有改造好的地、富、反、坏、右，牛鬼蛇神的复辟活动，他们更是煽阴风，点鬼火，大肆煽动民族情绪，大搞民族分裂活动，妄图将内蒙古从祖国大家庭中分离出去。在这个期间，我区的大、中学校里，连续发生学生叛国逃蒙事件。

一九六二年五至六月间，原师院附中高三学生满都格其和师院物理系一年级学生乌恩宝音，企图偷越国境，逃往蒙古，被我们的边防战士抓住，在审问中他们供认还有另外几个同学正在准备动身逃蒙。后来由公安厅通知附中派人将他们接回来。满都格其等回校后，老牌民族分裂主义分子特古斯，立即亲自出马，负责处理这一案件。他赶到学校，召开师生会议，在会上安慰鼓励满都格其说："你应该抬起头来"，转身责问校长："他能不能考大学？"又说："应该给他一个出路，免得再跑。"他还"指示"附中党总支："这个问题只能当作思想认识问题对待，不影响他们升大学。"正是在特古斯的包庇纵容下，这些叛国分子，不仅没有受到国法的制裁，反而分别考上了吉林工学院的机密专业和内蒙古师范学院。正因为这样一个严重的政治案件没有得到应有的正确处理，也没有在学生中进行批判教育，所以当时附中有的学生不但不认为叛国逃蒙是可耻的反革命行为，反而认为是光荣的事情，是勇敢大胆的表现，不到三个月，又有三名学生突然失踪，后来经过我国驻蒙使馆的了解，已经逃到了蒙古。特古斯不仅如此，直到一九六四年以后，他在牧区四清期间，继续利用职权，多次包庇锡盟、呼盟等地叛国分子的逃蒙投敌事件。这个反革命修正主义、民族分裂主义分子特古斯，就是这些反革命案件的黑后台。

乌兰夫、哈丰阿、特古斯反革命修正主义、民族分裂主义集团，大搞内外蒙合并的手段之一就是打着发展民族文化的幌子，动员大批蒙族青年到蒙修去"留学"。特古斯秉承其主子的旨意，曾经派遣大量留学生去蒙修的高等学校学习，还组织人员去蒙修参观取经，甚至以学术研究为名，与蒙修共同建立进行民族分裂活动的组织机构，妄图为内外蒙合并作舆论上和组织上的准备。有的留学生就被发展成他们的反革命党羽，回国以后备加重用，千方百计把他们安插在党和国家的重要部门工作，如老牌民族分裂主义分子特木尔巴根的亲信图

· 4 ·

门，从外蒙一回来，就分配到师院，担任几个系的系主任和师院党委委员等要职。一九五七年蒙修特务帕里亚以专家身份来到师院，一直活动到一九六二年。特古斯百般照顾，多方设法为他提供贩卖修正主义、民族分裂主义黑货的方便条件。在特古斯的纵容指使下，还让这个间谍特务与特木尔巴根和额尔敦陶克陶等人相勾结，将我国大量的珍贵图书资料窃走，造成了党和国家的严重损失。

这个特古斯，就是一个地地道道的里通外国的反革命分子。

三、特古斯是推行修正主义、民族分裂主义教育路线的罪魁祸首

特古斯把持自治区教育大权，根据中国赫鲁晓夫刘少奇、反革命修正主义分子大学阀陆定一、"当代王爷"乌兰夫、大蒙奸哈丰阿的旨意，为了复辟资本主义和破坏祖国统一，积极推行反革命修正主义和民族分裂主义教育路线，对抗毛主席和毛主席的革命路线。一九六一年以来，特古斯先后炮制了《高教十五条》、《蒙古中小学三十条》、《加强民族文教卫生工作若干规定》等黑纲领。这是特古斯多年来在教育界贯彻乌兰夫的黑思想，长期推行修正主义、民族分裂主义教育路线的概括和总结，是与乌兰夫"三基论"中的"文化基础"完全一致的。他们妄图通过推行这一套黑纲领，让资产阶级知识分子统治我们的学校，培养地主、牧主、资产阶级的接班人。

他们在这一套黑纲领中：

鼓吹"乌兰夫思想"，强调"民族特点"、"地区特点"，贩卖乌兰夫的"从内蒙古实际出发"、"踏出自己的路"的反革命破烂。这些黑纲领规定："我区高等学校，必须从自治区的实际情况出发，在学校设置、专业设置以及教学内容、教学方法上，要适应自治区的特点，适应自治区的需要，在学生的民族成份上，要使蒙古族及其他少数民族学生保持适当比例"。规定每年考入高等学校的学生不得少于总数的２０％。还规定"学校的各项工作，教育教学活动，应该适应民族特点和地区特点"。企图用"民族问题"代替阶级斗争，用"乌兰夫思想"代替毛泽东思想。为乌兰夫建立"独立王国"鸣锣开道。

鼓吹"蒙古语文第一"，在民族教育方面，用蒙古语文统帅一切，反对毛泽东思想挂帅，用蒙古语文学习挤毛主席著作的学习。条例规定："蒙古中小学是发展蒙古语文的重要阵地，学生首先要学好蒙古语文"。按特古斯的反动逻辑，学校不是阶级斗争的阵地，而是什么"发展蒙古语文的阵地"。学生不是首先学好毛泽东思想，而是什么"学好蒙古语文"。这就是乌兰夫的反动的"三基论"中所谓"文化基础"的具体体现。

在教育上大搞罗瑞卿的一套"大比武"片面追求升学率。一九五九年陆定一大搞全国各省市升学率排队，表扬升学率最高的省份。特古斯紧跟主子陆定一，决定召开赤峰现场会议，大搞"智育第一，教学第一，升学第一"的"三个第一"，大搞片面追求升学率。会后，在全区范围内，掀起了一股"学福建，赶赤峰，争当第一名"的妖风，把全区教育事业引向邪路。

业务挂帅、学习挂帅，大搞学校以教学为中心，不管政治思想教育。反对突出无产阶级政治，反对生产劳动，反对学生经风雨见世面。不以毛泽东思想武装学生，而特别突出乌兰夫的所谓"党的民族政策"教育。规定什么"将民族政策的教育作为思想政治教育的重要内

· 5 ·

容之一"，"民族学校还要经常地向学生进行党的民族政策教育，要把党的民族政策和自治区建设列为政治课内容之一"。所谓"民族政策和自治区建设"课，就是要为乌兰夫树碑立传，欺骗后一代跟上乌兰夫搞修正主义和民族分裂主义的反革命活动。

大搞"物质刺激"和"金钱挂帅"。重点学校、民族学校、牧区学校的物质设备、经费编制，都特别优厚，大搞"特殊化"。条例还规定："保证较好的学习和住宿条件"、"**助学金标准应适当提高**"、"经费要照顾特点"等等。特古斯对边境牧区学校还公开提出："应当是吃饱、住暖、学好、玩好"。这完全是搞的修正主义一套。

公然与毛主席做对，反对"**教育要革命**"，不但不改革教育制度，缩短学制，反而决定延长学制。想把民族学校的学制，搞成"二十年制"，即小学七年、中学七年、大学六年。学生要在二十年的漫长岁月里，在资产阶级知识分子统治的学校，受繁多的课程，繁重的作业、频繁的考试、繁琐的教学方法，五花八门的规章制度的束缚，将近三十岁才能走向社会。他们所以这样干，就是为了"害死人"，就是为了摧残后一代，培养为他们复辟资本主义和搞民族分裂服务的驯服工具。

特古斯反对党对学校的领导，鼓吹"教授治校"，他以学校中党员少、水平低，这几年问题不少等谬论为借口，说"党对学校工作不能领导，只能起保证监督作用。"这样以便他们为所欲为，把学校变成他们反革命的工具。

四、以"蒙汉兼通"的方针对抗党和毛主席提出的教育方针

"蒙汉兼通"是"当代王爷""乌兰夫思想"在教育工作上的一个集中表现。乌兰夫、哈丰阿、特古斯，把"蒙汉兼通"当成民族教育的灵魂，用"蒙汉兼通"统帅民族教育的一切，用"蒙汉兼通"来反对突出政治、反对青少年学习毛主席著作，用"蒙汉兼通"引诱青少年一代走上修正主义和民族分裂主义的歧途。一句话，这是乌兰夫反党集团对抗毛主席的教育方针，按着他们"自己的道路"来培养修正主义、民族分裂主义接班人的一个大阴谋。

"当代王爷"乌兰夫，把学习不学习蒙古语文，提高到革命不革命，为人民服务不服务的高度上去压制青少年学习。特古斯之流，步着他主子乌兰夫的后尘，摇旗呐喊，大吹喇叭。为了大搞蒙语文学习，他们制造了所谓蒙族学生在授课用语方面"只能买通票，不能坐通车"，大大限制了蒙族学生的升学深造的反动舆论，鼓吹高等学校蒙汉分校分系，中小学蒙汉分校分班，以此来破坏民族团结。如师院开办了四个蒙文授课的专业，医学院开办了用蒙语文辅导的班级，为蒙汉分校作准备。为了强调学习蒙语文的作用，他们胡说民族学校忽视蒙语文教学，蒙语文教学质量降低了，纵容牛鬼蛇神散布"汉语文代替了蒙语文"，"蒙语文没有前途了"，"蒙古人被'同化'了"等反动谬论，以此来煽动民族情绪。为了贯彻"蒙汉兼通"的方针，他们还主张延长学制，策划推行二十年制来摧残青少年一代。为了鼓动青少年一代攀登"蒙汉兼通"的高峰，他们甚至煽动青少年去蒙修留学。特古斯说："蒙古学生学习蒙语文，只有师院和内大的蒙语文系，除此以外要想用蒙语文学习其他学科只有到蒙古去。"这真是一语道破了他们崇蒙亲蒙，阴谋建立蒙古大帝国的狼子野心。

蒙族同志学好蒙汉两种语文，汉族同志有条件的学习和掌握蒙语文，这对在内蒙地区进行社会主义革命和社会主义建设是有利的。而乌兰夫等人竭力鼓吹"蒙汉兼通"则是为了**抵**

制党的教育方针，是为内外蒙合并搞"文化基础"。这从他们大力推行新蒙文这一点就看得更明显。一九五五年以来，乌兰夫、哈丰阿、特古斯等大力推行新蒙文，向青少年散布亲蒙崇蒙思想，大办新蒙文的师资训练班，掀起了推行新蒙文的一个又一个高潮，使青少年在学习新蒙文上疲于奔命。直到一九五七年，特古斯还嚎叫要在"蒙古语文字音字形上与蒙修取得一致。"由此可见，鼓吹"蒙汉兼通"和推行新蒙文是基于同一的思想，为达到同一的目的。大搞"蒙汉兼通"是为了发展蒙语文，为了不被汉人"同化"；推行新蒙文是为了向蒙修学习，统一内外蒙的语言文字。说穿了，就是排汉、亲蒙，搞内外蒙合并。

五、贩卖蒙修教材和书籍，毒害青少年一代

教科书是对学生进行教育的主要工具，反革命修正主义、民族分裂主义分子哈丰阿、特古斯，深知教材工作对培养革命后代的重要性，他们千方百计地夺取和控制教材的编译大权，大量贩卖蒙修的教材和书籍，在教材中大量贩卖蒙修的黑货，散布修正主义、民族分裂主义的毒素，为乌兰夫分裂祖国的统一大造反革命舆论。

早在一九五一、一九五二、一九五三年，哈丰阿、特古斯就从蒙修进口大量的教材和书籍。一九五一年通过我国驻蒙大使馆，订购了科学小图书六种、文学著作五十九种、报刊杂志十五种之多。一九五三年由特古斯签发文件，把从外蒙购进的大量图书，分送区内中学、师范和文教机关，一共三十五个单位，到处放毒。一九五三年九月，又从蒙修订购学校教科书四十六种、科学小丛书八种，各种文艺书籍多种。利用进口的大量毒草毒害广大蒙古青少年。

远在一九五〇年，学校教材中就选用了蒙修作品。一九五一年，哈丰阿的儿子确精扎布、民族分裂分子纳赛音朝克图从蒙古留学回来，哈丰阿、特古斯就把他们安排在编译局，还从海拉尔调来叛国分子布仁赛音、日本特务蒙修特务达兰泰等人，突击编写教材。课本几乎全部蒙化。其中毒素最大的有《我的故乡》，歌颂蒙修的山水，是自己的故乡；有《蒙古人民共和国国歌》，说蒙古是"我们生身的人民共和国，是全体蒙古人的发祥地"，还把它放在课本的第一页。有《苏和巴托尔》、《乔巴山》，说是蒙古人的伟大领袖。他们有意地搬进蒙修教材，就是为了作分裂祖国的反革命舆论。之后，特古斯及其死党就一直抓住教科书的编译出版大权，安插同党，把教材编译出版工作，作为他们进行民族分裂活动的阵地。因此，从一九五二年到一九五七年蒙文教材基本上是搜罗蒙修作品来编写的。一九六一年，教材中选用《生活战胜死亡》、《索伦高娃母亲》，直到一九六二年教材中还选入《在摇篮旁》、《在墓旁》、《牧童乃登》等蒙修大毒草。

反革命修正主义分子特古斯，竭力反对把我们伟大领袖毛主席的著作选入教材。说什么："我们的出版和一般的出版不同，是教育后一代的，政治上要绝对保险，但不是把毛选全搬出来"。这完全是黑话。毛主席著作是我们的最高指示，是最高最活的马列主义。特古斯所说的"政治上要绝对保险"是假，疯狂反对选入毛主席著作是真。

由于哈丰阿、特古斯在教材编译工作中的罪恶活动，毒害了许多蒙族青少年，使他们在祖国观念上造成混乱，甚至极个别人走上了叛国的罪恶道路。特古斯之流在教材编译工作中的流毒，必须彻底肃清。

六、推行修正主义、民族分裂主义的牧区办学路线

特古斯为了适应其主子乌兰夫反党叛国的需要，在牧区办学方面，长期以来执行了一条修正主义、民族分裂主义的办学路线。他对我们伟大领袖毛主席提出的两条腿走路的多快好省的办学路线，竭力抵制，拒不执行。他打着乌兰夫民族主义的黑旗，竭力宣扬所谓"民族特点"、"地区特点"，强调牧区特殊，坚持牧区由国家办学，排斥、限制和扼杀群众办学。一九五八年以来，群众办起了不少学校，特古斯等则于一九六二年和一九六四年分别由国家接收过来，让国家把牧区中、小学都包起来，致使牧区教育的发展速度一直很慢。其次在牧区学校的布局上，他们不是从结合生产，便利群众出发，让学生就近、就地上学，而是从追求资产阶级教育质量出发，坚持集中办学，规定牧区社办小学，旗办初中，盟办高中和师范，使学校脱离政治、脱离生产、脱离群众。他们把牧区年龄很小的孩子，弄到离家几十里、几百里、甚至上千里以外的学校去上学，造成学校"班级名额少，住宿生比例高，生活问题多，护理任务重，学生流动大"和贫苦牧民子女上学困难，牧区学龄儿童入学率低的严重现象。到一九六二年牧区学龄儿童入学率仅达３０％左右，严重地影响了牧区小学教育的普及。特古斯等对自己在牧区教育方面对劳动人民所犯的罪行，不仅百般抵赖，而且在一九六二年检查民族教育工作时还反咬一口，恶毒地反诬我们党忽视"牧区特点"，对"牧区教育一般化"，用以攻击党和煽动民族情绪。一九六三年特古斯等以反对"牧区教育一般化，加强牧区教育"为名，又炮制了一个"牧区办学方案"，大搞物质挂帅，物质刺激，用人、钱、物巩固学校，进一步把牧区教育引上修正主义、民族分裂主义的道路。

七、歪曲抵制党的知识分子政策

毛主席教导我们说，**我们的知识分子队伍，左翼是少数，是坚定的，中间派是多数，是动摇的，右翼也是少数，他们是反党反社会主义的。就世界观来说，大部分知识分子属于资产阶级知识分子的范畴。**党根据毛主席对知识分子队伍的分析，提出了团结、教育、改造的政策，这是培养和壮大无产阶级知识分子队伍，贯彻党的教育方针，发展社会主义教育事业的重要政策之一。而反革命修正主义、民族分裂主义分子特古斯，对党的知识分子政策百般歪曲和抵制，他秉承乌兰夫、哈丰阿的旨意，竭力推行反革命修正主义、民族分裂主义的知识分子政策，从而使我区教育界各部门、各级各类学校长期以来由资产阶级知识分子，地富反坏、牛鬼蛇神所统治。

首先，特古斯抽掉了党的知识分子政策的阶级内容，大讲特讲团结，闭口不谈斗争。他胡说什么"绝大部分教师是属于劳动人民知识分子"，对知识分子要"多看他们的进步"，要好好"团结"，要让他们"自觉改造"、"不能要求过高过急"，不能"压"。知识分子队伍中出现的一些问题大多是"学术问题"、"思想问题"、"认识问题"，不应往政治问题上拉。他攻击党对资产阶级知识分子的批判斗争是"宁左勿右"，是施加"压力"、"抓辫子"、"扣帽子"。一句话，特古斯以团结来取代斗争，就是为了掩盖知识分子队伍中的阶级斗争，取消党对知识分子的领导，庇护地富反坏过关，纵容牛鬼蛇神出笼。一九六二年民族语文暨民族教育工作会议上，好多民族分裂主义分子在特古斯"不抓辫子"、"不扣帽

· 8 ·

子"、"不打棍子"的三不政策的煽动下，打着百家争鸣的旗号，猖狂攻击党的领导，大肆散布民族分裂主义的黑货就是最好的说明。

其次，特古斯为了达到在教育界网罗牛鬼蛇神的目的，竭力抵制毛主席"**不但要看干部的一时一事，而且要看干部的全部历史和全部工作**"的教导，说什么"不要光看过去，也要看现在"、"历史上有些问题"、"只要教学有方"、"可以选为先进工作者"。这和乌兰夫要团结使用"民族上层、起义人员"、"喇嘛"、"资产阶级分子"、"牧主"、"王公"的黑指示是一鼻孔出气的。正是在乌兰夫、哈丰阿、特古斯等人的庇护下，王公、贵族、喇嘛、牧主、叛徒、特务等牛鬼蛇神充塞了各级各类学校，为乌兰夫反革命修正主义、民族分裂主义集团在教育界复辟资本主义组织了反革命的阶级队伍。

特古斯歪曲和抵制党的知识分子政策的又一罪状是竭力抵制毛主席的"**政治挂帅**"的指示，鼓吹业务第一、教学第一，鼓吹专家路线。他胡说什么"对教师主要要求教好课"、"考核教师主要看教学质量高不高"。要"大力提倡专"，要"采取切实措施组织在职进修和离职学习"，这和乌兰夫鼓吹的培养自治区"民族文化、民族问题、民族历史"等等的"专门家"的论调是一脉相承的。各级各类学校由于贯彻了特古斯的黑指示，好多所谓有业务能力的遗老遗少得到庇护和重用，好多青年教师被引上重业务轻政治，只专不红的白专道路，有些人已经被培养成修正主义、民族分裂主义的接班人。

总之，反革命修正主义、民族分裂主义分子特古斯，在内蒙教育界犯下了滔天罪行。我们必须奋起毛泽东思想千钧棒，把他打翻在地，并彻底地批倒、批臭，让他永世不得翻身。

打倒乌兰夫！打倒哈丰阿！打倒特古斯！

打倒石琳！打倒韩明！

无产阶级文化大革命胜利万岁！

伟大的战无不胜的毛泽东思想万岁！

各族人民的伟大领袖、我们心中最红最红的红太阳毛主席万岁！万岁！万万岁！

鲁迅兵团教育厅联委

一九六七年十二月十八日

· 9 ·

最 高 指 示

民族斗争，说到底，是一个阶级斗争问题。

特古斯多年来把持自治区教育大权，根据中国赫鲁晓夫、反革命修正主义大学阀陆定一、"当代王爷"乌兰夫、大蒙奸哈丰阿的旨意，极力推行反革命修正主义、民族分裂主义的教育路线，为他们复辟资本主义和破坏祖国的统一培养接班人。

一九六二年初，正当我国国民经济由于赫鲁晓夫叛徒集团的破坏和连续三年自然灾害，遇到暂时困难的时期，帝国主义、现代修正主义和各国反动派掀起了反华大浪潮，国内的地富反坏、牛鬼蛇神也蠢蠢欲动，妄图"变天"。就在这种情况下，早就窥测方向以求一逞的"当代王爷"乌兰夫、老民族分裂主义分子哈丰阿以及他们的黑干将特古斯，同中国赫鲁晓夫、陆定一遥相呼应，大抓所谓"民族问题"，向党和党领导下的社会主义事业发动了猖狂的进攻。由特古斯所领导和主持的用内蒙古党委名义召开的民族语文暨民族教育会议，就是他们这伙反革命修正主义、民族分裂主义分子反党、反社会主义、反毛泽东思想的大暴露。

现在，就这次会议和在这次会议上特古斯所作的黑报告，初步揭发批判如下：

一、抹煞两条道路斗争，纵容牛鬼蛇神出笼

特古斯为了达到复辟资本主义和破坏祖国统一的目的，为了保护语文界和教育界的党内走资本主义道路的当权派和牛鬼蛇神，为了掩盖当时存在的**激烈**的阶级斗争，极力鼓吹阶级斗争熄灭论，把语文界和教育界暴露出来的修正主义和民族分裂主义的反动言行都说成是什么"学术问题""实际问题""思想问题""认识问题"等等。他说："经过一九五七年的反对民族主义的斗争，我们驳倒了民族主义分子在民族问题上的许多谬论"，"破坏民族团结，破坏祖国的统一"这个问题，"经过反民族主义斗争和贯彻中央一九五八年关于民族语文工作的指示，基本上得到了解决。"公然和毛主席过渡时期阶级斗争的学说大唱反调。为了混淆视听，压制广大革命群众对民族语文和民族教育领域内反革命修正主义、民族分裂主义言行的批判、斗争，特古斯采用先入为主，以守为攻的手法，胡说什么"不区别政治问题和学术问题，把某些学术问题或实际问题上的争论，当作政治问题来互相扣帽子。"使"不少同志在语文工作上有意见也不敢大胆提，怕被戴上民族主义帽子。"这真是此地无银三百两，欲盖弥彰。

毛主席教导我们说："**在阶级社会存在的条件下，阶级斗争不能消灭，也无法消灭，企图根本否认阶级斗争存在的理论是歪曲的理论。**"阶级敌人抹煞和掩盖阶级斗争,正是为了搞他们自己的阶级斗争。反革命修正主义、民族分裂主义分子特古斯大谈一阵阶级斗争熄灭论之后进一步煽动说："有些地方或有些部门确有忽视民族语文的现象，对此应该提出批评，不

· 10 ·

批评、不提意见才是不对的，这里根本谈不到什么民族主义"。在特古斯的煽动下，那些多年来积极推行反革命修正主义、民族分裂主义教育路线的干将；那些多年来通过教材大肆鼓吹蒙修、苏修，贩卖修正主义、民族分裂主义黑货的能手，打着百家争鸣的旗号，猖狂攻击党的领导，大搞民族分裂活动，使那次会议变成牛鬼蛇神交流民族分裂"经验"，发泄反党反社会主义牢骚的"裴多斐俱乐部"，真是牛鬼蛇神齐出笼，乌烟瘴气不可忍！

二、抵制党的方针政策，推行刘、邓、乌、哈路线

特古斯一贯抵制党的无产阶级教育路线，竭力推行中国赫鲁晓夫、乌兰夫、哈丰阿等的反革命修正主义、民族分裂主义教育路线。在这次会议上，他更是赤膊上阵，不遗余力。

特古斯所推行的反革命修正主义、民族分裂主义教育路线的核心，是以发展蒙古语文这个幌子来抵制党和毛主席提出的**"教育为无产阶级政治服务，教育与生产劳动相结合""应该使受教育者在德育、智育、体育几方面都得到发展，成为有社会主义觉悟的有文化的劳动者"**的教育方针。

特古斯大谈特谈民族教育的成果是"学校的蒙古语文水平大大提高了"，"已经有了从小学一年级到高中三年级全套教材，能以蒙古语文进行教学"；他反复强调民族教育的问题是"蒙语文被忽视"，增加汉语文有"急燥情绪"，"简单化"，"影响了教学质量"，特别是"牧区教育方面的许多特殊问题，没有得到妥善解决"；他一再重申民族教育的任务是全力发展蒙古语文，要"大力抓提高"，通过"师资的培养和提高"，"教材的提高"，来发展蒙语文，提高蒙语文水平。一句话，特古斯抽掉了民族教育的阶级内容，置党的教育方针而不顾，视"资产阶级统治学校"，贫下中农子女上不了学的现象而不谈，抽象地以蒙古语文的发展与否作为民族教育发展与否的唯一标志，以解决所谓特殊问题来衡量学校办的好坏，这是地地道道的"乌兰夫思想"，是他推行反革命修正主义、民族分裂主义教育路线的大暴露。

三、推崇、庇护反动"学术权威"，鼓吹白专道路

阶级敌人要实现在教育领域内复辟资本主义的目的，必然要组织一支为他们效劳的师资队伍。特古斯也是如此。首先，他掩盖教师队伍中的阶级斗争，胡说什么"经过一九五七年的整风反右和反民族主义斗争，经过一九五八年以来的三年大跃进"，"一支又红又专的队伍已经开始形成"。这和毛主席关于知识分子队伍中有左、中、右三类，而就世界观来说大部分属于资产阶级知识分子范畴的教导是背道而驰的，其目的就是为了庇护混在教师队伍中的牛鬼蛇神。其次，他大谈特谈教师队伍的发展、提高，把"蒙汉兼通"作为教师队伍质量提高的最高标准。他闭口不谈教师的思想革命化，只强调论文质量、教学水平、"蒙汉兼通"；他闭口不谈学习毛泽东思想，同工农兵结合，到三大革命运动中锻炼，只鼓吹搞进修、住学校。其目的就是为了把教师引向白专道路，以便变成他们搞民族分裂、复辟资本主义的工具。长期以来，我区各级各类学校由资产阶级知识分子和牛鬼蛇神所统治，其罪魁祸首就是**特古斯**。

· 11 ·

四、大谈"民族特点"、"地区特点"，贩卖民族分裂黑货

毛主席教导我们说："民族斗争，说到底，是一个阶级斗争问题"。特古斯却大唱反调，公然反对毛主席这一马克思列宁主义的伟大真理，胡说什么"要解决少数民族的问题，就要从少数民族的实际出发，承认民族差别，尊重民族特点"。又说："这几年来我们对民族教育的领导是一般化的，只注意了教育工作共性，忽视了民族教育和牧区教育的特殊性"。为此，他要求各级各类学校党的领导大抓"蒙语文""牧区学校经费""生活管理"等具有"特殊性"的"比较重大的问题"。所有这些，都是彻头彻尾的民族分裂主义的论调，和乌兰夫的以"民族特点""地区特点"来掩盖阶级斗争，鼓吹民族分裂的所谓"阶级斗争的实质是民族问题"的黑圣旨是一脉相承的。

总之，特古斯领导和主持的这次会议，是个散布反革命修正主义、民族分裂主义的黑货的黑会，会后，会议的黑精神流毒全区，影响极为恶劣。

毛主席教导我们说："必须在各个工作部门中保持高度的警惕性，善于辨别那些伪装拥护革命而实际反革命的分子，把他们从我们各个战线上清洗出去，这样来保卫我们已经取得的和将要取得的伟大的胜利"。我们一定牢记毛主席的教导，把特古斯这个混进革命队伍，把持教育大权的反革命修正主义、民族分裂主义分子清洗出去，把他批臭，批倒！把他所推行的中国赫鲁晓夫、乌兰夫、哈丰阿等的反革命修正主义、民族分裂主义教育黑线彻底砸烂！

鲁迅兵团教育厅联委

《革命造反》战斗队

《鲁迅》 战斗队

《求真理》 战斗队

《看今朝》 战斗队

1967年12月22日

· 12 ·

特古斯对一九五八年教育大革命的一次疯狂的大反扑

—— 揭发特古斯主持的一九五九年全区宣传、教育工作会议和他的黑报告

一九五九年，中国赫鲁晓夫配合国内外反动派反华反共的叫嚣，在各条战线上刮起了一股攻击三面红旗的妖风。在教育界，他从历史的垃圾堆里拣起"两声不闻窗外事"、"认真读书"的破烂，来抵制党的无产阶级教育方针，否定毛主席发动的一九五八年教育大革命。反革命修正主义分子陆定一，秉承中国赫鲁晓夫的旨意，急急忙忙于一九五九年初，亲自出马召开《全国教育工作会议》，向一九五八年教育大革命进行反攻倒算。我区文教界的阎王、反革命修正主义、民族分裂主义分子特古斯，为了效忠中国赫鲁晓夫和内蒙的当代王爷乌兰夫，也紧跟着在一九五九年六、七月间，召开《全区宣传、教育工作会议》，向一九五八年教育大革命发动了一次疯狂的大反扑。

毛主席教导我们说："**教育必须为无产阶级政治服务，必须同生产劳动相结合。**""**我们的教育方针，应该使受教育者在德育、智育、体育几个方面都得到发展，成为有社会主义觉悟的有文化的劳动者。**"一九五八年的教育大革命，就是在毛主席无产阶级教育方针的指引下，在毛主席教育革命思想的鼓舞下进行的。而反革命修正主义分子特古斯，对党和毛主席提出的无产阶级教育方针，对毛主席亲自发动的教育大革命，怕得要死，恨得要命，竭力抵制和歪曲。他在会议上所作的黑报告中肆意歪曲毛主席的无产阶级教育方针，胡说什么"社会主义教育的方针、任务"，是"为社会主义建设培养人才，为提高社会主义劳动生产率，为实现文化革命和技术革新"服务，公然和毛主席所提出的方针相对抗。为了执行他的黑方针，特古斯大肆攻击教育大革命，大反党的领导，鼓吹"教学就是一切"，大搞"重点学校"，并提出了"建立正常教学秩序"，"提高教学质量"，"教师教好"，"学生学好"，"因材施教""学会领导教学"，"保证重点"，"团结教师"，"稳定学生"等一系列黑指示。所有这些修正主义的谬论，我们必须加以彻底批判。

一、反攻倒算，攻击教育革命

一九五八年的教育大革命，成绩巨大，意义深远，这是毛主席教育路线的伟大胜利。教育界的无产阶级革命派，广大的工农兵群众，无不拍手称快。教育界的走资派，则与之相反，他们竭力加以抵制，恶毒地进行攻击。大学阀陆定一侮蔑教育大革命是"头脑发热，思想方法不对头"，胡说文教工作"有的跃进，有的不跃，有的后退让路"，大叫"要端正方向"。反革命修正主义分子特古斯和陆定一唱的完全是一个调子。他所主持的这次会议和他在会上所作的黑报告，就是一面否定教育革命的伟大成果，一面大搞所谓的纠"左"。

· 13 ·

特古斯等人对封建主义、资本主义、修正主义的那一套旧制度、旧秩序视如珍宝，十分留恋。他认为过去的那一套陈规旧章，繁琐哲学不是为了"造声势、摆样子、搞运动、求形式"，而是确有成效的，不能"都加以否定"。他大骂教育革命破坏了学校的"正常秩序"，什么劳动过多、集体活动过多、政治活动过多，打乱了"教学为中心"；什么忽视知识，教师不敢教，学生不愿学；什么搞运动，简单化，等等。他胡说什么由于正常秩序的被破坏，"学校教育质量面临着普遍降低的危险"，叫嚷必须"把学校的正常教学秩序建立和巩固起来。"特古斯的所谓"正常秩序"是什么呢？就是"教师教好"，"学生学好"，"劳动越少越好，政治活动越少越好"，其实质就是要在教育领域内复辟资本主义。

一九五八年教育大革命的一个重要特点是充分发动群众，大搞群众运动。特古斯对以运动方式来进行教育革命极端仇视。他在黑报告中说："教育是培养人的细致的工作，要精雕细刻，注意质量，搞运动不符合学校特点和'教育特点'可以肯定是不行的"。在特古斯的煽动下，会议对"以运动方式领导教学"判处"死刑"，横加了五大罪状：（1）"违背教学规律"，不能"勤学苦练和循序渐进"；（2）"不能提高学习效率"，因为"运动把时间和精力浪费在不必要的会议和活动之中"，"教师没有充分时间备课和批改作业"、"学生没有充分时间读书"；（3）"运动搞的紧张"，对师生"压力很大"，"运动强调集体形式，强求一律，妨碍个人钻研"；（4）容易产生虚伪、浮夸现象"；（5）"麻痹领导思想，满足于表面成绩，追求形式，不深入钻研教学，不细致进行工作"。真是狗胆包天，猖狂之极，用心之毒，无以复加。

特古斯对党和毛主席领导的声势浩大的轰轰烈烈的教育大革命运动，竭尽侮蔑谩骂之能事，其目的，就是为了否定毛主席的教育革命方向，恢复被"其势如暴风骤雨"的群众运动所冲垮的封建主义、资本主义、修正主义那一套旧的教育制度、旧的教育秩序。

二、教学至上，反对突出政治

特古斯等人大砍大杀一阵教育革命之后，便竭力鼓吹"教学就是一切"。他们根据陆定一的"读书不要丢掉了"，"上课还是教师起主导作用"，"教书总有条条，学习总有一个程序"等黑指示。公然提出"学校的任务，是培养人才，教学是中心，一切工作应该有利于教学"。他们闭口不谈主席著作的学习，只提学习，不提参加三大革命运动，而是叫嚷各项工作都要给教学让路。胡说政治活动、生产劳动的安排"应该有利于教学"，"以不影响教学为原则"。一句话，特古斯是以"教学是中心"来反对政治挂帅，反对突出政治。

从"教学是中心"这个反毛泽东思想的立足点出发，特古斯进一步提出了"教师教好"，"学生学好"的反动口号。为了使教师教好，他要求"业务上要发挥教师的主导作用，政治上要积极地争取团结"。要"关心教师的生活和健康，不要使他们参加过多的社会活动和会议"。为了使学生学好，他要求克服学生中存在的"不稳定、不用功，不活跃的现象"，"鼓励学生要有远大理想"，要给学生"造成浓厚的读书风气"，要"贯彻因材施教的原则"，"防止事事强调集体"，"避免形式主义"，"切忌生硬粗暴"等等。说来说去，就是不谈教师的思想改造，不谈教师的根本任务是培养无产阶级接班人，不谈学生要到三大革命的大风大浪里去锻炼，不谈学生的根本任务是努力使自己成为德、智、体全面发展的，"**有社会**

主义觉悟的有文化的劳动者。"其目的，就是为了把教师变成他们在教育领域内复辟资本主义的工具，把学生培养成修正主义的接班人。

三、业务挂帅，取消党的领导

教育界的走资派，都是从"教学就是一切"这个指导思想出发来反对党的领导的。大学阀陆定一，承接右派分子"外行不能领导内行"的衣钵，大骂共产党对教学"懂都不懂"，胡说什么"党的领导权不在于继续用群众的力量把老教师压下去，倒是要领导好教学。不学会这一条，党的领导就不巩固，迟早要垮台的"。反革命修正主义分子特古斯也不例外。他承仰陆定一的鼻息，认为加强和巩固党的领导的关键是领导好教学。因此，他一而再，再而三地强调"学会领导教学"，"逐步学会领导教学"，"进一步学会领导教学"。叫喊"要把教学工作提到党委（支部）的议事日程上来，使之成为中心议题。领导重心转向教学，党员要亲自抓教学"。号召党的领导干部"好好钻研业务"，"在教学工作中真正钻进去"，"要争取逐步变成内行"。 所有这些， 都是同毛主席的政治挂帅的指示背道而驰的。 毛主席说："要加强政治思想教育。每个省要有一个宣传部长、一个教育厅长管思想教育工作，要抓思想领导。"又说："没有正确的政治观点，就等于没有灵魂。……思想政治工作，各个部门都要负责任。共产党应当管，青年团应该管，政府主管部门应该管，学校的校长教师更应该管。"特古斯把"学会领导教学"作为学校党组织的"领导重心"，其实质，就是不要党的领导，取消阶级斗争，就是为了让资产阶级知识分子长期统治学校，将党所领导的教育阵地由无产阶级专政变为资产阶级专政。

四、扩大差别，大搞重点学校

特古斯等人为了推行修正主义的教育路线，对党和毛主席提出的"两条腿"走路的办学方向竭力加以歪曲和篡改。毛主席一向主张革命要依靠人民群众，大家动手。早在一九四四年《文化工作的统一战线》一文中，毛主席就指示我们办学校要发动群众，走群众路线。他说："在教育工作方面，不但要有集中的正规的小学、中学，而且要有分散的不正规的村学、读报组和识字组。"一九五七年，毛主席在《与七省市教育厅局长谈话纪要》中进一步指出，"关于社办，队办学校问题，有条件的应该允许办。"毛主席的这些指示，目的是为了尽快地普及教育，使学校更好地为广大工农兵群众的弟子开门。而反革命修正主义分子特古斯，抽掉了毛主席"两条腿"走路办学的阶级内容，以贯彻"两条腿"走路为幌子，大肆贩卖修正主义的黑货。他胡说什么"国家办学这一条腿，即全日制学校，尤其是其中的重点学校，主要是担负提高的任务；民办学校这个第二条腿主要是担负普及教育的任务"。特古斯把陆定一的黑指示作为大搞"重点学校"的理论依据。他说："陆定一同志说，教育大发展后，教育质量有普遍降低的危险……形成小学毕业生教小学，中学毕业生教中学的局面。因此，教育质量是非常值得忧虑的。……出路只有集中兵力，保证重点"。为了"保证重点"，他要求各级领导"切实、具体、突出，名符其实地抓好重点学校工作，把好的党委书记和校长调到重点学校，师资做些必要的调整，选送好的学生到重点学校"，等等。

特古斯篡改"两条腿"走路的办学方向，其目的是为了扩大"三大差别"。他的所谓担负提高任务的重点学校是为了培养"上天"的"尖子"，说穿了，就是为了培养资产阶级的精神贵族；他的所谓担负普及任务的民办学校是为了培养具有"能写会算"的起码知识的劳动者，说穿了，就是为了培养为他们这伙反革命修正主义分子卖命，受他们随意驱使的奴才。

总之，特古斯所主持的这次会议是个大反毛主席的教育革命思想，推行中国赫鲁晓夫、彭真、乌兰夫、哈丰阿等的反革命修正主义教育路线的黑会。我们必须高举毛泽东思想的伟大红旗，彻底批判特古斯在会上所作的黑报告，彻底肃清黑会的流毒！

内蒙古教育厅联委
一九六七年十二月二十五日

四-14

教育風雷

第 八 期

内蒙古教育厅《砸黑線》联絡站

1967・12・28

編者按：

　　伟大領袖毛主席教导我们說："国民党怎么样？看它的过去，就可以知道它的现在；看它的过去和现在，就可以知道它的将来。"日本特务、大蒙奸、老牌反革命修正主义、民族分裂主义分子哈丰阿从47年起到61年一直任内蒙自治区文教部长、教育厅厅长职务。在反党叛国集团总头目乌兰夫的安排下，这个坏傢伙长期坐鎮教育厅，长期主管教育工作，干了許許多多反毛泽东思想、反共、反人民的罪恶勾当。哈丰阿究竟是一个什么东西？有人說哈丰阿的问题是"历史問題"、"老問題"，言下之意，並不新鲜，当然也就不感兴趣了。哈丰阿的"老問題"、"历史問題"，究竟是什么問題？是重大政治問題还是一般問題？为了更好地揭发批判哈丰阿的反革命修正主义、民族分裂主义的滔天罪行，为了更全面地了解和认識哈丰阿的反动本质，本刊特介紹下面一篇调查材料。虽然这是哈丰阿罪史的一小部分，但也就不难看出哈丰阿的反动全貌。

　　通过哈丰阿的部分罪恶史透視他的反动本质

大恶霸大地主的孝子贤孙

日本特务、大汉奸、反革命修正主义、民族分裂主义分子哈丰阿，又名滕继文，哲盟科左中旗人，出身于大恶霸地牧主家庭。其父滕海山就是罪大恶极、臭名昭著的"北霸天"，一贯欺压群众，作恶多端。如33年春，哈丰阿等人组织的自治军，在在科左中旗时，狗父滕海山以自治军旅长身份借口李忠魁家窝藏侦探日本情报的人，将李家包围起来，並开枪开炮，将采人打死，杀死李忠魁，赶走李忠魁全家，将李家的粮、财、房屋霸为己有。这就是"滕家大院"的来历。对贫苦农牧民更是敲诈勒索，奸淫烧杀，无恶不为，民愤特大。48年土改时，红太阳照亮了内蒙古，群众要报仇雪恨，斗争"北霸天"，滕海山知道没有好下场，夹着尾巴向哈丰阿早有勾结的外蒙逃跑，由于我边防军的日夜守卫，未能得逞，就偷偷溜回扎兰屯，安安稳稳住在哈丰阿这个披着自治区付主席外衣的豺狼家里。在哈丰阿的包庇下，"北霸天"一直逍遥法外，逃避了应得的惩罚，欠下贫苦农牧民的血债债至今没得到清算，真是罪该万死。

日本帝国主义的忠实走狗

哈丰阿继承其老子的反动本性，一贯代表大地主、大牧主阶级的利益，是帝、封、资、修的忠实走狗。哈丰阿1929年混入东北蒙旗师范学习（沈阳）。这所学校以办学为名，实际是日本帝国主义收集和培养走狗特务的情报机关。当时蒙旗师范校长郭道甫，不仅是日本特务，而且与第三国际有联系。哈丰阿在这所特务学校是全校"优秀"生，是活跃人物，是郭道甫的得意门徒。哈丰阿正是通过郭道甫，汲取了日本帝国主义所一贯宣扬的所谓王道主义和大蒙古主义的毒节，学会一套套出卖祖国屠杀人民的反动本领，也正是通过郭道甫，与日本帝国主义进行了联系和勾搭。"九一八"之后，日本帝国主义侵占我东北沈阳，妄图吞并我国东北，进而占领全中国。哈丰阿认为叛国时机已到，就伙同日本帝国主义豢养多年的忠实走狗、大战犯干珠尔扎布、正珠尔扎布，纠集一批蒙族留日回国学生（实际许多是由日本回来的特务）、上层人物及在蒙族师范的四十多名学生，由日本关东军司令部发给三千枝步枪、六十万发子弹，组织成臭名昭著的所谓"内蒙古自治军"。哈丰阿便是这个自治军的领导人之一。内蒙古自治军成立之后，配合日本侵略者，惨杀我无数爱国同胞。为了屠杀人民，洗掠民财，同日寇献媚，"内蒙古自治军"31年10月大举进攻通辽，失败后就直接勾引日寇攻占了通辽，屠杀我同胞无数。后又企图进占昭盟、锡盟，以建立"根据地"，独霸一方，但在开鲁境内又遭失败。后即被日寇改编为"伪满兴安警备军"，成为日本帝国主义的一支帮凶军。

哈丰阿，由于他的反动本性，再加上善于溜须拍马，逢迎巴结，不仅是日伪时蒙古王爷及上层人物眼中的红人，也为日本人所器重。远在32年，就与驻兴安南省王爷庙的日本关东军特务机关长金川相勾结，成了金川的座上客，来往极为密切，充当了日本帝国主义的大特务。由于反共反人民出力有功，深得日寇信任，33年当上了伪兴安西分省公署科长，很快就被派往日本，任伪满驻日大使馆参事官。40年，怀着不可告人的目的，由日本回来，住在长春日本人的大旅馆里。正在这时，哈丰阿等设在开鲁境内的与外蒙联系的电台，被告密。哈丰阿闻讯日本宪兵要抓他，请求反动头子巴特玛拉布坦"总裁"营救无效，只好躲在伪兴安局参事官家里。正在哈丰阿惊慌失措之时，恰好日本特务机关长金川又到了长春，哈丰阿立即找到了靠山金川，金川说："行啦！这件事我就说明白，我到关东军司令部说吧，一定不抓你了。以后良心的要好，好好干吧，明天就回日本去吧"。就这样，哈丰阿在金川的指示下，又滚回了日本。43年伪满州国成立后，哈丰阿又由日寇派遣回国，在伪满政府担任参事官等职务。伪满总省公署的一切事情都由总省公署官房内的参事官们研究决定，决定后由所谓总省长签字盖章执行。而在官房参事官中，掌握实权左右一切的是中心参事官哈丰阿和日本人竹村。哈丰阿卖身求靠日本帝国主义，甘当日本帝国主义的忠实走狗，犯下了出卖祖国、反共反人民的滔天罪行。

老牌民族分裂主义分子

哈丰阿这一老牌民族分裂主义分子，干尽了分裂祖国出卖蒙古族人民的罪恶勾当。哈丰阿等人不仅自己有电台，直接与外蒙联系，而且与外蒙情报员班隆拉克介来往密切。40年伪满和外蒙搞国境划界，哈丰阿便是伪满首席代表的秘书。由于出卖祖国利益"有功"，深得外蒙的赏识，43年外蒙又把哈丰阿单独召到国境上，密谋进一步勾结。45年日本投降后，这个名符其实的哈巴狗失去了日寇主子，就更加积极活动，继续向蒙修献媚，卖身求靠新主子。哈丰阿就伙同特木尔巴根之流组织所谓"新内蒙人民革命党"，扬言要同国民党"殊途同归"。哈丰阿组成了九人代表团，大搞假签名活动，并亲身专程去蒙古，向乔巴山上了一份"万言书"，公开要求把内蒙合并到蒙古人民共和国去。合并不成，则要求内蒙独立或者象苏联那样搞联邦制。在外蒙活动的一个多月中，这个九人代表团终日出入于外蒙的高级官员之中。外蒙高级官员与哈丰阿等分别进行了谈话，并要九个人各自写了自传材料，还规定以后联络不准用原来的名字，每个人另行起了别名，作为联系暗号。之后，哈丰阿在46年被反革命修正主义分子乌兰夫和刘春拉进中国共产党内，更是变本加厉地进行了民族分裂主义的反党罪恶活动。哈丰阿出卖民族

利益，分裂祖国的罪恶活动真是罄竹难书。这是一个地地道道的蒙修
×特务，是一个老牌民族分裂主义分子。

坚决打倒哈丰阿！

彻底清算哈丰阿反革命修正主义、民族分裂主义的滔天罪行！

四-15

教育革命

（增刊） 1967.12

揪特古斯专号

最高指示

混进党里、政府里、军队里和各种文化界的资产阶级代表人物，是一批反革命的修正主义分子，一旦时机成熟，他们就会要夺取政权，由无产阶级专政变为资产阶级专政。这些人物，有些已被我们识破了，有些则还没有被识破，有些正在受到我们信用，被培养为我们的接班人，例如赫鲁晓夫那样的人物，他们现正睡在我们的身旁，各级党委必须充分注意这一点。

目 录

排除干扰，认清形势，乘胜前进，革命到底 …………………… 本刊评论员（1）
反革命修正主义、民族分裂主义分子特古斯的罪恶历史
　　………………………………………………………… 本刊编辑部整理（2）
特古斯是乌兰夫反革命修正主义、民族分裂主义教育黑线的制订者和
　　推行者 ……………………………………………………… 东晓、方刚（6）
斩断乌兰夫伸向教学用书编辑出版工作上的黑线
　　………………………………… 内蒙古教育出版社《东纵》教育黑线批判组（9）
特古斯反毛泽东教育思想黑话录 …………… 本刊编辑部
　　　　　　　　　　　　　　　　　　　教育厅《砸黑线》联络站 整理（11）
有关"内蒙古人民革命党"资料简编 ………… 内蒙古语委《东方红》供稿（17）

内蒙古呼和浩特教育革命联络站《教育革命》编辑部

最　高　指　示

进行无产阶级教育革命，要依靠学校中广大革命的学生，革命的教員，革命的工人，要依靠他們中間的积极分子，即决心把无产阶级文化大革命进行到底的无产阶级革命派。

排除干扰 认清形势 乘胜前进 革命到底

本刊评论员

在红太阳照亮的內蒙古草原上，红旗漫卷，捷报频传。一千二百万內蒙革命人民，在伟大领袖毛主席的英明领导下，意气风发，高举"**斗私批修**"的战斗旗帜，以摧枯拉朽之势，向乌兰夫及其王朝发起全线进攻，彻底粉碎了他们反党、反社会主义、反毛泽东思想，妄图破坏各族人民团结、分裂祖国统一的罪恶阴谋。

毛主席教导我们："**在整个社会主义的历史时期，存在着无产阶级和资产阶级之间的阶级斗争，存在着社会主义和资本主义两条道路的斗争。被推翻了的资产阶级和一切剥削阶级，对他们的失败是不甘心的。他们通过钻进共产党内一小撮走资本主义道路的当权派，利用自己在思想文化领域里所占有的老阵地，妄图实现资本主义反革命复辟。**"

"**帝国主义者和国内反动派决不甘心于他们的失败，他们还要作最后的挣扎。在全国平定以后，他们也还会以各种方式从事破坏和捣乱，他们将每日每时企图在中国复辟。这是必然的，毫无疑义的，我们务必不要松懈自己的警惕性。**" 遵照毛主席的伟大教导，广大无产阶级革命派，跃马挥刀，杀向乌兰夫反党叛国集团的残党余孽。呼三司革命小将一马当先，冲破了文艺界万马齐瘖的局面，揪出了乌兰夫、哈丰阿的死党、乌兰夫在文教界的代理人、钻进我党隐藏二十年之久的反革命修正主义、民族分裂主义分子、黑阎王特古斯，挖除了隐患，巩固了新生的红色政权——內蒙古革命委员会。全区无产阶级文化大革命形势大好，越来越好。

人民大众开心之日，就是反革命分子难受之时。 党內一小撮已被揪出和未被揪出的走资本主义道路的当权派社会上的牛鬼蛇神，及苏蒙修日本特务，眼看着"乌王朝"的断垣残壁被铲平，"乌王爷"布下的黑线将被连根刨掉，吓的屁滚尿流，但在他们惊魂稍定后，又从阴暗角落里爬出来，极力装出一付悲天悯人的样子哀叫着，悲悲戚戚，煞有介事。恶毒荒谬，无以伦比。

"这是极'左'思潮，他们阴谋制造內蒙二次大乱。"

江青同志在北京文艺界座谈会上的讲话，根据伟大领袖毛主席的最新指示，正确地分析了当前文艺界无产阶级文化大革命运动的形势，并对文艺界文化大革命运动的问题和今后的任务作了重要指示。遵循江青同志更进一步指明的斗争大方向，红卫兵小将，广大工、农、兵和文艺界无产阶级革命派风起云涌，直捣乌兰夫反革命文艺黑线，痛打落水狗布赫，揪出了乌兰夫的黑秀才特古斯等一伙反革命修正主义，民族分裂主义分子，砸烂了內蒙古的裴多菲俱乐部。这场斗争好得很，它必将波及其它各条战线，一场更大规模的、波澜壮阔地大批判、大斗争的新高潮即将到来。

—1—

在这场斗争中，我们的矛头始终对准乌兰夫反党叛国集团及其残党余孽。在这场斗争中，无产阶级革命派队伍将更加紧密团结，将受到更好的锻炼。那些没有真正搞好革命大联合、革命三结合的单位或系统，再乱一下也是完全应该的，乱，只会乱了敌人。如果把这样一场革命说成是什么"极'左'思潮"，什么"二次大乱"，岂不是滑天下之大稽？不准揭文化界及其它各条战线二十年阶级斗争的盖子，保存乌兰夫的残余势力才是流言制造者的真实用心。

"你们打击少数民族干部，炮打无产阶级司令部"。……

毛主席关于"**民族斗争，说到底是一个阶级斗争问题**"的英明论断，在无产阶级文化大革命中已被各族人民更加深刻地认识，乌兰夫反党叛国集团疯狂地推行修正主义、民族分裂主义反动路线，抹煞阶级矛盾，挑拨民族关系，制造民族分裂的罪恶阴谋已被彻底戳穿，而此时阶级敌人又惶惶然毫不掩饰地拿出这一件破烂货，企图煽动民族情绪，制造混乱，正是说明他们穷途末路、黔驴技穷了。揪出特古斯，挖掉了埋在革命委员会的一颗定时炸弹，正是对新生的红色政权的最大爱护，我们坚决拥护内蒙革命委员会的正确领导，誓死保卫红色政权，谁想在这里捞根救命稻草，都是痴心妄想。

凡是敌人反对的，我们就要拥护；凡是敌人拥护的，我们就要反对。阶级敌人如此疯狂地咒骂我们，是因为我们打中了他们的要害。困兽犹斗，这是毫不奇怪的。然而也有一些同志，面对这样一场激烈的斗争，畏首畏尾，忧虑无穷，更有甚者，他们闭着眼睛，拾着别人的牙慧，替阶级敌人做了义务宣传员，凡此种种都是当前运动的阻力，我们必须遵照毛主席的伟大教导，相信群众，依靠群众，放手发动群众，彻底粉碎阶级敌人的一切阴谋诡计，把这一场斗争进行到底，并取得最后胜利。

打倒特古斯，解放宣教口！

反革命修正主义、民族分裂主义分子

特古斯的罪恶史

特古斯是哈丰阿的死党、乌兰夫的代理人，反革命修正主义分子，民族分裂主义分子。长期来干着叛党卖国的肮脏勾当，罪行累累，罄竹难书。

特古斯出身于大地主、大官僚、大贵族家庭。他父亲就是臭名远扬的李青龙（即蒙语蒙古皇帝之意）在日本帝国主义侵略中国的时候，李青龙成了日本帝国主义的忠实走狗，曾任伪满科右中旗旗长。

在日本帝国主义践踏我东北的整个十四年中，李青龙在其主子日本宠子哈丰阿的豢养下，一直是狗仗人势，残酷地压迫剥削蒙汉劳动人民。

特古斯的叔叔就是十恶不赦的大恶霸地主李天霸，伪满时候的警察署长，日本鬼子投降后的土匪头子，是哈丰阿父亲北霸天（也叫西霸天）手下的一员大干将。

特古斯就是生长在这样一个恶贯满盈的黑家庭里。日本鬼子和哈丰阿叛国集团不但垂青他狗老子

— 2 —

944

李青龙，而且也特别赏识特古斯，为了培养他们的亲信爪牙，一九四三年，特意选送特古斯到伪满建国大学"深造"。伪满建国大学，是日本帝国主义专门培养法西斯党徒的最高学府，校长就是卖国汉奸、战争罪犯、伪满国务院总理张景惠。

特古斯也的确不辜负他的主子——日本帝国主义和哈丰阿叛国集团的恩典，早在就学时期，就组织了一个所谓"兴蒙党"，这时候在内蒙西部地区也有"成吉思汗党"出现，这两个党都是高唱"成吉思汗的子孙团结起来，复兴蒙古，统一蒙古"，与哈丰阿、乌兰夫的内外蒙合并，复兴蒙古，统一蒙古，都是一路反动货色。

一九四五年八·一五以后，哈丰阿纠合蒙奸、日特、王公，牧主、地主、土匪头子公开扯起了"内蒙古人民革命党"的黑旗。"内人党"是一个道道地地的反动民族主义集团，不折不扣的叛国分裂组织。它的唯一宗旨和全部活动就是反对中国共产党的领导，阴谋把内蒙古从统一的祖国大家庭分裂出去，搞内外蒙合并。特古斯是这个党的内蒙古青年联盟总书记、"内人党"机关报的总编辑。

一九四五年九、十月间，"内人党"大搞内外蒙合并的签名运动，十月，哈丰阿率领代表团潜赴蒙古，进行叛国活动。在哈丰阿出国期间，坐镇王爷庙（即今乌兰浩特）指挥搞签名运动的就是特古斯。

根据揭发，特古斯本身就是蒙修的情报员，但是他一直隐瞒，拒不交待。

一九四六年二月，哈丰阿从蒙古回到王爷庙，布置筹组"东蒙古人民自治政府"，为了取得国民党的批准和支持，哈丰阿在二月初秘密地跑到长春，经大特务阿成嘎的介绍，拜访了国民党东北行营付主任董彦平和国民党兴安省省长吴焕章。随同哈丰阿上长春进行这起政治交易的就是特古斯（当时叫图布·朝克吐）。

一九四六年三月间，哈丰阿在声明解散"内人党"之后，立即着手组织秘密的"新内蒙古人民革命党"，制定了《新内蒙古人民革命党纲领》，继续宣扬"内外蒙合并"，声称直接受蒙修人民革命党的领导。当时哈丰阿，特古斯之流还到处胡说什么："内蒙古没有工人阶级，所以不能成立共产党，更不能接受中国共产党的领导"。对我们伟大领袖毛主席和伟大的中国共产党恨入骨髓，对蒙修却亲得五体投地。"新内人党"的七名执委中就有特古斯。

一九四六年四月三日在承德召开所谓"四·三"会议，乌兰夫派黑帮分子克力更去乌兰浩特，把哈丰阿、特木尔巴根，特古斯等请来。由于他们民族分裂的目标一致，马上达成了搞所谓"内蒙自治运动"的协议，实际上是搞了自由联邦运动。

一九四七年"五·一"大会期间，特古斯转身投靠新主子乌兰夫。当时特古斯伙同哈丰阿之流，合谋泡制出"云泽万岁"，"哈丰阿万岁"，"云泽是太阳"，"云泽是救星"，"云泽是旗帜"等等反动口号，大造反动舆论，疯狂反对内蒙人民喊"毛主席万岁"。他们在内蒙自治政府成立时，又共同抛出"实现自治，争取自决"的反动口号。

"五·一"大会以后，特古斯受到了乌兰夫的赏识，青云直上，由《自治的内蒙古》报总编辑而东蒙党校教务长，而自治政府宣传部秘书长，教育厅付厅长。

一九五四年特古斯任哲盟盟委书记，乌兰夫给特古斯交待任务说："哲盟蒙古人多，你去好好抓蒙文，作出成绩来"。当五七年特古斯调离哲盟返呼后，他还深感不安，觉得自己没抓好语文工作，"对不起乌兰夫"。

一九五七年二月，特古斯调任宣传部常务付部长，专管民族语文、民族教育和干部人事工作。从此，特古斯放手利用职权，通过蒙古语文和民族教育大肆进行民族分裂主义活动，并伙同哈丰阿广事搜罗"内人党"徒，安插在宣教口的各要害部门，多年来专了我们的政，犯下了滔天罪行。这笔帐我们必须清算！

一九五七年，特古斯主持内蒙党委宣传会议民族语文组的鸣放会议。对右派大量煽动民族分裂主义的反动言论大加赞赏，说："提得好！这是大家社会主义民族觉悟提高的表现。"以此鼓动右派向党

— 3 —

猖狂进攻。

反右开始，特古斯为保住自己，玩弄"舍车马，保将帅"的反革命两面派手法。人民出版社群众揭发了额尔敦陶克陶大量反党反社会主义言行。特古斯慌了手脚去出版社为额贼撑腰，说："额尔敦陶克陶是好同志，不要把注意力集中在领导上。"结果揭发额贼罪行的人被扣上"反对党的领导"的帽子，受到严重的政治迫害。额贼却安全过关，气焰更加嚣张。

一九五七年，成立内蒙古历史语文研究所，特古斯为了让额贼躲避风险，委以重任，命额贼主持历史语文所工作，所内干部均由额贼点名，特古斯点头抽调。于是特古斯的老子呼和陆（即李青龙）、巴彦满都呼（三反分子）等均从各地调来，组成了额、巴的死党。

一九五七年，额尔敦陶克陶秉承主子乌兰夫旨意率领"中国蒙文工作者代表团"去蒙古参加蒙古新蒙文正字法改进会议。出国前，在乌兰夫小院有特古斯参加，由乌兰夫接见出国人员。乌指示额贼：在名词术语上有争论时，同意外蒙的。额贼回国后，同样有特古斯参加，乌兰夫又接见了额贼等人。当额贼汇报蒙古某要人提出内外蒙合并问题时，乌生气地说："你们没问往那边合？真笨蛋！"还汇报什么问题，怎么合并，其中奥妙，只有乌、特、额知道。

乌兰夫支持额尔敦陶克陶与蒙古筹建"×××名词术语统一委员会"，特古斯是知道的。长期以来，特古斯知情不举，一直躲躲闪闪，说明乌——哈（哈丰阿）——特——额是一丘之貉。

一九五七年五月，额尔敦陶克陶阴谋配合右派进攻，要搞个尹湛纳希诞生一百二十周年纪念会。请示特古斯，特说"不要风声太大，写些文章纪念一下不是一样吗？"额贼心领神会，便在五月号《蒙古语言、文学、历史》杂志上发表鼓吹尹湛纳希的文章，并别有用心地将这期杂志的封皮搞成成吉思汗军旗的颜色——蓝色的，第一页还印上尹湛纳希的手稿——《白云诗》以此来同庆祝自治区十周年唱对台戏。

一九五八年，党内整风，额巴集团抓住××××同志的错误缺点无限上纲，进行政治陷害，审讯、逼供、盯哨，结果使×××神经失常，到现在成了终身残废，以后一直不给平反，额巴集团之所以如此嚣张，其撑腰者为特古斯。

一九五九年，在特古斯的主持、策划下召开第二次蒙古语文工作会议，这次会议拒不贯彻中央在一九五八年召开的少数民族语文科学讨论会和少数民族出版会议精神（即反对借民族语文工作反汉、排汉，批判一挖二创三借及脱离政治、脱离群众，脱离实际的现象）而要大家打消顾虑，大鸣大放，结果在特古斯支持下，叛国分子、牛鬼蛇神大肆放毒，向党进攻。

一九五九年，额巴集团第二号人物巴彦满都呼去北京参加辞书工作会议回来，只将会议精神（其精神与一九五八年的少数民族出版会议同）在辞书室少数几个人中作了传达。传达后，额尔敦陶克陶说：这次会议跟内蒙实际不符合，不要往外传。结果第二天宣传部便来电话催材料，把全部文件收回，特古斯跟额巴究竟搞什么鬼？为什么这样害怕中央精神让群众知道？

一九五九年，额尔敦陶克陶以特邀代表身分去蒙修参加世界蒙古语言科学讨论会。写了一篇题为《关于尹湛纳希及其作品》的论文报请内蒙党委宣传部。特古斯认为"尹湛纳希是民族民主主义作家、对蒙汉文化交流起了一定作用，出版尹湛纳希的作品是党对民族遗产的重视。"并说额的文章稍加修改可以拿出去。这样，经过特古斯点头批准，这个老牌民族分裂分子尹湛纳希的黑货便出国了，并获得帝、修、反学者的拍手喝彩。

一九六一年召开内蒙古名词术语科学讨论会，是特古斯指使额尔敦陶克陶召开的，额贼本想继续贯彻他一挖二创三借的方针，阴谋未逞，结果发了疯。特古斯为此专程到语文所与第二号人物巴彦满都呼布置要封锁消息，禁止议论。说是天热工作忙犯病。但有的同志无意中说额疯了，为此巴彦满都呼、额贼老婆便专门开会整这个同志，说是"污辱首长"。看，额贼在特古斯的庇护下，其专横拔扈达到何等地步！

一九六二年，民族语文、民族教育工作会议，特古斯伙同额尔敦陶克陶炮制了《语文工作条例》、

— 4 —

《名词术语实施办法》、《学习与使用蒙古语奖励办法》，在蒙古语文工作上继续顽固推行乌兰夫反革命修正主义、民族分裂主义路线，并大搞物质刺激，为乌兰夫的内外蒙合并，建立"大蒙古共和国"作语言文字准备。

在这个会上特古斯又伙同额尔敦陶克陶把已经借用了的汉语词"公社"改为"尼格都勒"（蒙修的合作社之意），"干部"改为"卡特尔"。并说对"尼格都勒""卡特尔"都有感情了，不必改了。大说黑话，用心恶毒。

一九六二年，根据中央反分散主义精神，语文历史所党内进行整风，初步暴露出额、巴反党宗派小集团。可是在宣传部汇报额、巴错误事实及处分意见时，特古斯与阎素却在会上定调子说："事实有出入，不能成为集团"，特古斯又说："处分是不够，党组书记不能当罗！"于是额尔敦陶克陶又一次被保驾过关。虽然撤了额贼的党组书记，由特古斯自己兼任语委党组书记，但额贼的党组成员未取消，特自己很少来，还是放心大胆让额尔敦陶克陶把持语委大权，特古斯在这里采取了掩人耳目，欺骗群众的手法，使这场整风彻底破产。

一九六三年，特古斯从北京回来对乌兰夫大叫内蒙翻译级别太低，乌兰夫也说"翻译一本书连个烧饼也买不着"。特古斯、额尔敦陶克陶得到乌兰夫的批准，于是在翻译人员中大肆套级、提级，有的从七十多元提到一百二十多元，特古斯还说："提三级不够，如果按规定能提五级，提五级也行"乌、特、额、大搞修正主义物质刺激，罪该万死。

一九六〇年，一九六四年曾两次检查刊物，《蒙古语言、文学、历史》杂志特古斯怕检查出刊物公开鼓吹叛国分裂活动的大毒草，就提出一九五八年以前的不要检查了。而一九六五年黑四清工作队来语委以后又沿着这个方法来检查刊物，可以看出他们都是一丘之貉，生怕暴露出乌兰夫、特古斯分裂、叛国的蛛丝马迹。

一九六五年，由于乌兰夫、特古斯、额尔敦陶克陶阴谋进行叛国活动的×××委员会，在语委开始暴露，于是乌兰夫在小院几次开会策划之后，背着华北局和内蒙党委派来一个黑"四清"工作队，这个工作队秉承主子的旨意，不让语委群众揭额尔敦陶克陶的黑后台特古斯，更不让革命干部追至乌兰夫头上，直接包庇乌、特、额的叛国分裂活动。

在四清运动中，乌兰夫在土旗放了张如岗，牧区放了一个特古斯，乌兰夫并指示特古斯要"踏出一条路来"。特古斯为了效忠他的主子乌兰夫，公开和毛主席制定的《廿三条》唱对台戏，亲自草拟了一个反动的《廿一条》，拚命保护牧主，民族上层，宗教上层，积极贯彻了乌兰夫的反革命"三基础论"，为乌兰夫反革命集团大搞宫廷政变、背叛祖国、背叛人民的罪恶活动效尽犬马之劳。

这次文化大革命中，特古斯积极推行资产阶级反动路线，镇压宣教口革命造反派，由于乌兰夫的代理人王逸伦、王铎之流的包庇、特古斯逃避了群众斗争。在反革命逆流中，他又站在二王一边，后来看到形势不妙，耍了一个"造反"把戏，钻进了革命造反派队伍。为了控制住宣教口革命造反派、盖子不要揭到他头上，他积极上窜下跳，四处活动，中央《八条》下达后，他利用职权破坏持有不同观点的革命群众组织的大联合，拉一派，打一派，挑动群众斗群众，他则坐在所谓的"革命领导干部"宝座上，坐山观虎斗，致使文艺界和宣教口好多单位的阶级斗争的盖子，迟迟不能彻底揭开。最近，他借口解放干部，企图把乌兰夫的党羽、哈丰阿的人民革命党徒、蒙修特务等都要解放，并以"斗私"为幌子，继续挑动群众斗群众，致使好多单位放弃了"批修"，放弃了对反革命修正主义分子和民族分裂主义分子的狠批狠斗，使宣教口文化大革命处于夭折的危险境地。

总之，特古斯是陶铸式的反革命两面派人物，又是一个大叛国分子，是埋在革命队伍里的一颗定时炸弹，我们一定要把他彻底斗倒，斗臭，斗垮！（本刊编辑部整理）

特古斯是乌兰夫反革命修正主义、
民族分裂主义教育黑线的制訂者和推行者

东晓　方刚

毛主席教导我们："**整个过渡时期存在着阶级矛盾、存在着无产阶级和资产阶级的阶级斗争、存在着社会主义和资本主义的两条道路斗争。忘记十几年来我党的这一基本理论和基本实践，就会要走到斜路上去。**"

二十年来，内蒙古自治区教育战线的基本实践，正如毛主席所指出的，一直存在着两个阶级、两条道路、两条路线的尖锐复杂的斗争，乌兰夫反党叛国集团，为其复辟资本主义、分裂祖国准备人材，精心炮制了一条反革命修正主义、民族分裂主义的教育路线，用以顽固地对抗毛主席的无产阶级教育路线，妄图把教育阵地变为分裂祖国、搞宫廷政变，实现其狼子野心的基地。特古斯、石琳、韩明之流，都是乌兰夫按插在内蒙教育界的心腹，乌兰夫通过他们把持教育界的党、政、财、文大权，从政治上、思想上、组织上形成了一条又粗又长又深的黑线，从上到下控制了教育界这块阶级斗争的前沿阵地，大造反革命舆论。乌兰夫、哈丰阿、石琳、韩明之流，已经被广大无产阶级革命派揪出来，打翻在地，这是毛泽东思想的伟大胜利。然而，特古斯这个乌兰夫反党叛国集团的得力干将，反革命修正主义、民族分裂主义教育路线的制订者和推行者，却披着"革命领导干部"的外衣，大耍反革命两面派手法，钻进了年轻的自治区红色政权组织内，把持了文教大权，隐蔽了下来，继续耍阴谋，放暗箭，破坏无产阶级文化大革命，妄图阻挡历史车轮的前进。

毛主席教导我们："以伪装出现的反革命分子，他们给人以假象，而将其真象隐蔽着，但是他们**既要反革命，就不可能将其真象隐蔽得十分彻底。**"狐狸尾巴总是要露出来的。当无产阶级文化大革命向纵深发展，形势呈显一派大好的今天，特古斯，这个乌兰夫在教育界的代理人，被无产阶级革命派揪出来了。现在是我们彻底清算乌兰夫反革命修正主义、民族分裂主义教育黑线的制订者和推行者特古斯反对毛主席无产阶级教育路线滔天罪行的时候了。

一、大肆贬低和反对党对教育事业的领导

毛主席教导我们："中国共产党是全中国人民的领导核心，没有这样一个核心，社会主义就不能**胜利。**"这是早已为中国革命的历史实践所证明了的颠扑不破的伟大真理。阶级敌人最害怕我们党的伟大领导作用，因而，他们也必然要疯狂地反对领导我们事业的核心力量中国共产党。就在一九六二年国际上帝国主义、现代修正主义和各国反动派，掀起反华大合唱的逆流，国内牛鬼蛇神纷纷出笼，猖狂向党发起攻势，一时硝烟弥漫，乌云滚滚，乌兰夫反党集团认为时机已到，大肆向党发起猖狂进攻，公开进行民族分裂的阴谋活动。乌兰夫的死党、在教育界的代理人特古斯，也急不可待地跳了出来，恶毒地攻击党对教育工作的领导。他在一九六二年的一次讲话中，大肆叫喊什么："这几年党的领导抓得是太多了，什么都抓！""现在的矛盾是党管得太多，行政有意见。""党的领导水平不高，有的单位党的领导水平降低了，校长难了。"他以轻蔑的教训口气责备党，说"党领导的任务，是抓

— 6 —

方针政策、抓政治思想工作，抓人与人的关系，在学校如何抓好这些，我看还没有入门"。他公然贬低党在学校中的领导地位，胡说什么："提'保证监督'会不会削弱党的领导？……难道一定要支部领导，才是党的领导！""不要认为'领导'了就神气了，'保证监督'就不神气了，低人一等了"。他还有意削弱党在学校的领导权，把党的领导引向业务堆中去，说什么五七年以前，"党的领导，从整个教育事业、从每个学校看，确实还没有建立起来，现在应该说确定了，……我们过去对教学工作的领导是谈不上的，现在也还不能说已经领导了，但是开始抓起来了。""党不仅领导了学校的政治思想工作，而且领导了教学工作，把教育方针深入地贯彻到教学中去。"这不是明目张胆地歪曲党的领导吗!

二、肆意歪曲和篡改党的教育方针

十六条指出："在各类学校中，必须贯彻执行毛泽东同志提出的教育为无产阶级政治服务，教育与生产劳动相结合的方针，使受教育者在德育、智育、体育几方面都得到发展，成为有社会主义觉悟的有文化的劳动者。"这是毛主席早就提出，并为实践所证明了的科学的完整的教育方针。作为内蒙古党委宣传部副部长主管教育十几年的特古斯，并不是不懂得党的教育方针的完整性，而他却有意抽掉了党的教育方针的核心和政治灵魂。他说："我们找到了一条正确的教育方针，就是教育必须为无产阶级政治服务，教育与生产劳动相结合。……贯彻这条方针，在教育工作上收到全面的成果，不是短期间的问题，但几年来已经收到了不少成果，师生的精神面貌发生了很大的变化，特别是劳动观点大有进步。"在这里他闭口不谈党的教育方针所规定的培养无产阶级事业接班人应当具备的政治方向和革命观点。更恶毒的，他拐弯抹角把党的教育方针歪曲成为反革命修正主义的"智育第一"，胡说什么："教育必须为无产阶级政治服务，教育与生产劳动相结合的方针，是必须坚持的，教育工作的规律也必须尊重……具体的讲，全日制学校必须以教学为主，劳动应以教学为中心去安排，在教学中一定要加强基础知识教学和基本技能训练。"看，特古斯反革命用心，不是昭然若揭了吗!

三、攻击和否定五八年教育大革命

教育要革命。这是毛主席的一贯教导。五八年的教育革命，是一次比较大规模的对修正主义教育路线和旧教育制度的猛烈冲击，取得了巨大的成绩。然而，特古斯站在反革命的立场上，对这次教育大革命极力诽谤。他颠倒是非，混淆黑白，攻其一点，不及其余，大骂五八年教育革命"使（教育）事业质量相对降低了，公办学校的校舍、设备也降低了，学生的组织质量恐怕也降低了。"攻击学校政治运动搞得"太多了"，"打乱了正常的教学秩序，违背了教育工作的规律。"诋毁教育革命"太简单化了"，"对儿童的接受能力甚至估计到荒谬的程度，对过去的做法否定的太多……对出现的新东西说得那么妙，其实不是这样。""我们中小学的教改，面搞得过宽"，"看法太片面了"。"教学中有教条主义，但我们推翻它，有攻其一点，不及其余的毛病。"他对教育革命的这些恶毒的攻击和诬蔑与三反分子陆定一大骂教育革命搞"糟"了的谬论同出一辙，一付"活阎王"的面孔暴露无遗。

四、否认阶级斗争，歪曲学校的政治思想工作

毛主席一再指出："政治教育是一切教育的中心。""掌握思想教育，是团结全党进行伟大政治斗争的中心环节。如果这个任务不解决，党的一切政治任务是不能完成的。"政治挂帅，就是毛泽东思想挂帅。特古斯却大唱反调，要"学校的思想工作不能挤掉教学，而且要保证教学，做法不当，就

— 7 —

好象政治决定一切。"他从反革命的用心出发，把学校里的政治工作，规定为只是单纯"处理人与人的关系"，以此来否定学校政治工作首先是大学毛泽东思想。那么，特古斯的"处理人与人的关系"究竟是什么呢？他说："师生关系，是学校中人与人之间关系的中心问题，这就要强调教师的主导作用，……在中小学更应该强调这一点，学校的政治思想工作，就应以师生关系为中心去正确处理人与人之间的关系。"试问：在学校里就是充满了纯粹的师生关系吗？阶级关系哪里去了？阶级斗争哪里去了？特古斯这些黑话的阴谋目的，就是否认学校里的阶级斗争，取消阶级斗争教育，取清大学毛泽东思想，妄图把学校政治思想工作引向斜路上去，任资产阶级思想大肆泛滥，腐蚀学生。

五、攻击和歪曲党的知识分子政策

毛主席教导我们："对资产阶级知识分子又要用他们，又要同他们作斗争，……不能只用他们，而忽视斗争的一面；不然过了一个时期，他们又会出来反党。"对知识分子采取团结、教育、改造，这是我们党一贯的政策。特古斯却极力歪曲这一政策的完整性，只要团结，不要改造，不要斗争。他说："在知识分子政策的掌握和执行上有缺点和错误。一是思想工作简单化；一是思想政治工作与教学工作脱节，起码没有配合好；再一个是领导和群众的关系、党和非党的关系、青年和老年教师的关系、师生关系上有处理不当。""这几年对知识分子进步估计不足,团结不够,批评斗争多了一些。""对知识分子的空气是紧张的，不听人家的意见，人家一有批评就打回去，这种态度对他们压力很大，使人家心情不舒畅。""我们斗教授、知识分子的事不多，但空气不好，不是'百家争鸣，百花齐放'的态度。"这里特古斯完全充当了一个资产阶级知识分子的忠实代言人。我们对知识分子团结是为了改造，而特古斯对这点却极力歪曲成为"贯彻知识分子政策的中心是调动教师的积极性。"特古斯对资产阶级知识分子爱护备至，相反对我们的党团员极尽训斥谩骂，横加指责："我们有些党团员同志把问题歪曲了，党员校长不在，就由党团员主任主持开会，非党校长没事干，不信任人家，怎么能调动人家的积极性呢！"看，特古斯爱憎多么分明，对党的知识分子政策又是多么歪曲。

六、趁我国暂时经济困难之机，攻击教育事业大跃进

六一年至六二年由于苏修的破坏和遭受严重的自然灾害，造成了我国经济的暂时困难。特古斯也趁机抓住我们工作中的一些缺点，大肆攻击三面红旗，大骂教育事业发展"冒进了"，"没有吃的还学啥。""工业大砍了，教育不是搞吃穿的，这几年发展多了，这是错误，要纠正。"进而恶毒地诋毁社会主义制度，说什么："师资条件、仪器设备，不能一下子解决，过去十万八万不在乎，现在一块钱也是不容易的，有的有钱也买不到东西。"特古斯的这些恶毒的咒骂，与蒙修骂我们穷的"五个人穿一条裤子"的攻击是同恶相济，一唱一和配合得多么紧凑。

七、乌兰夫"民族教育"的设计师

乌兰夫为了达到他反党叛国的目的，提出"自治区建设要踏出自己的路来。"特古斯学着主子的腔调，在教育上也大喊大叫"教育工作必须从自治区实际出发，重视民族特点和地区特点，无论搞事业的发展、教学工作、或是领导管理等方面，都要考虑这些特点。"他对我们的教育工作大为不满，说什么："我们的民族教育，忽视了少数民族特点。在民族问题上不能少数服从多数，有的地区民族学校占多数，但也不按民族学校特点做工作，不研究蒙文教学，研究的就是汉文教学。""在牧区忽视了牧区特点，只要农区能搞的，牧区也都一样搞，编制也一样减，使学校的教育工作几乎摧垮了。"

— 8 —

"教改上没有很好从实际出发，……原来目的是为了提高民族教育质量,这么一搞,反而更不行了。"这里特古斯对乌兰夫的"民族教育"又作了一番苦心的经营。

上述事实，仅仅是特古斯反对无产阶级教育路线罪恶的一点拾零。但仅仅就这些事实，也足以说明特古斯并不是什么"革命领导干部"，恰恰相反是反革命修正主义、民族分裂主义在内蒙古教育界的"祖师爷"。我们必须彻底肃清特古斯在教育界散布的一切毒素，砸烂乌兰夫的反革命修正主义、民族分裂主义教育黑线!

斬斷烏蘭夫伸向教学用書編輯出版工作上的黑綫

內蒙古教育出版社《东纵》教育黑綫批判組

我们伟大的领袖毛主席教导我们："凡是要推翻一个政权，总要先造成舆论，总要先做意识形态方面的工作。革命的阶级是这样，反革命的阶级也是这样。"

内蒙党内头号走资本主义道路的当权派、反革命修正主义分子、民族分裂主义分子乌兰夫，为了达到他复辟资本主义、分裂祖国的罪恶目的，通过他的黑干将哈丰阿、额尔敦陶克陶和宣教口的阎王特古斯，一直把持了教学用书的编辑出版工作，把持了内蒙古教育出版社。在他们的控制下，在教学用书的编辑出版工作中，贯彻了一条彻头彻尾的修正主义和民族分裂主义的黑线，大造反革命舆论。

（一）大量翻译出版蒙修的教材

毛主席教导我们："国家的统一，人民的团结，国内各民族的团结，这是我们的事业必定要胜利的基本保证。"

乌兰夫、特古斯之流，疯狂地反对毛主席的伟大思想，通过教学用书，通过教材，来向广大蒙族青少年灌输民族分裂主义毒素。

早在一九五三年，乌兰夫、额尔敦陶克陶、特古斯等，公然违背毛主席的学习外国的经验要持批判的态度的方针，而确定了"一边倒，学蒙古。"的教学用书的编辑出版工作的黑方针。

这个"一边倒，学蒙古"的方针，显然是一个彻头彻尾的民族分裂主义的方针。

由于这个方针的贯彻执行，一九五七年前，曾大量翻译出版了蒙修的教材，原封不动塞给广大的蒙族师生，一年级学生，翻开第一课书就是："我们的首都是乌兰巴托。"使学生的幼小心灵，只知乌兰巴托、泽登巴尔，而不知我们伟大的首都北京，不知全世界革命人民的伟大领袖毛主席。作为伟大中华人民共和国的不可分割的一部分的内蒙古自治区，在学校教育中偏偏采用蒙修的教材，这正是企图分裂祖国统一的典型表现。

更严重的是，在翻译出版的蒙修蒙语文教课书中，修正主义、民族分裂主义的教材充斥全书、其中有蒙修的《国歌》，歌词中写道："我们神圣的革命的蒙古，是全蒙古的中心。"这种观点，是与马克思列宁主义、毛泽东思想根本对立的，是违反内外蒙发展的历史和现实的。当我们伟大中华人民共和国成立以后的今天，仍然通过课本向广大的蒙族师生宣传这种谬论，是完全适应了帝国主义、各

—9—

国反动派和现代修正主义分裂我们统一的伟大祖国、复辟资本主义的需要。

又如，在蒙语文课本中，到处都在宣扬乔巴山和苏和巴特的事迹。我国各族人民的伟大领袖是毛主席，领导我国各族人民，打败了各族人民的共同敌人美、日、蒋反动派的是伟大的毛主席；领导我国各族人民走上了社会主义的道路，并正在向共产主义迈进的是伟大的领袖毛主席！是毛主席领导着全世界的革命人民的反对帝国主义反对修正主义反对各国反动派的伟大革命斗争，毛泽东思想已成为全世界革命人民前进的灯塔。不歌颂伟大领袖毛主席，而去歌颂乔巴山，苏和巴特，其用心是什么，不是很明显的吗？

这种公开的民族分裂主义的罪恶活动，受到了广大的革命师生和编辑人员的强烈反对，被迫在一九五七年后，表面上有所收敛，但是，采取更迂廻的手法，仍然在蒙文课本中，选用了不少的蒙修的教材，如在一篇题为《新蒙古》的课文中宣扬："新的蒙古，全蒙古，喀拉喀蒙古是蒙古的中心。"在另一篇题为《我是蒙古人》的课文中宣扬："我是蒙古人，一切蒙古人都一样，全体蒙古人团结起来。"从这里，我们可以清楚地看到，乌兰夫特古斯之流，是要弄着换汤不换药的把戏，只不过更加隐蔽，更加狡猾罢了。

美丽富饶的内蒙古是伟大中华人民共和国不可分割的一部分，伟大的首都——北京，是世界革命的中心，是全世界革命人民响往的地方，伟大领袖毛主席，是全世界人民心中最红最红的红太阳。一千三百万内蒙各族人民，紧密地团结在中国共产党的周围，在伟大领袖毛主席的领导下，同世界革命人民一道，向帝国主义、现代修正主义和各国反动派进行坚决斗争，并必将取得胜利。任何人反对毛主席，反对伟大的社会主义中国，妄图实现分裂颠复我们伟大祖国的阴谋，必将遭到可耻的失败。

在蒙语文课本中，从政治、经济各方面鼓吹蒙修的课文，比比皆是：什么《一个人的遭遇》《我是和平这边的人》等等，还有歌颂一个单干的牧民儿子的《牧人之子》，有歌颂"蒙古人民革命党"领导的所谓牧业互助的《戈壁滩上的功臣们》等等。

但是，直至一九六三年进行教材检查时，特古斯还故意颠倒是非地说："向蒙古学习，要历史地看，内蒙语言与蒙古人民共和国的语言，是同一民族的同一语言，对内蒙的民族发展起过一定的作用。"这是多么恶毒的反动言论！内蒙的蒙族与蒙古人民共和国的蒙族，虽是同一民族，然而，内蒙的蒙族广大劳动人民，一直是在伟大领袖毛主席和中国共产党领导下，与全国各族人民一起，共同反对美、日、蒋反动派的革命斗争的，解放以后，又是与全国各族人民同呼吸、共命运，进行社会主义革命和社会主义建设的。这些都是铁的事实，是特古斯否定不了的。蒙古人民共和国的领导集团，早已蜕变为修正主义的集团，在那里，资本主义已全面复辟，成为苏修领导集团桌下的一只哈巴狗。特古斯在这里吹捧蒙修，继续煽动民族分裂，真是狠毒之极，卑劣之极。

（二）策划内外蒙语言文字的统一

毛主席教导我们："在我国人民的政治生活中，应当怎样来判断我们的言论和行动的是非呢？我们以为，根据我国的宪法的原则，根据我国最大多数人民的意志和我国各党派历次宣布的共同的政治主张，这种标准可以大致规定如下：（一）有利于团结全国各族人民，而不是分裂人民；……"

乌兰夫、哈丰阿、额尔敦陶克陶、特古斯，这一小撮走资派和民族分裂主义分子，就是蓄谋已久的分裂祖国、破坏各族人民团结，复辟资本主义的罪魁祸首。他们阴谋策划内外蒙语言文字的统一，疯狂地推行蒙修的斯拉夫文字。

一九五七年乌兰夫、哈丰阿、特古斯等规定蒙古语以喀拉喀语为标准语，并用以编辑蒙古语文课本，决定推广斯拉夫字的新蒙文。

同年九月，周总理在青岛做了有关语言文字工作的重要报告，并指示，蒙语文字要拉丁化，可是，

—10—

特古斯之流对总理指示却阳奉阴违，拒不执行，虽然不敢再推行斯拉夫文字了，但在借词问题上仍继续大做文章。当时中央发下文件，提出"吸收汉语借词是少数民族语文发展的必然趋势"，可是特古斯之流不但不执行，反而指示额尔敦陶克陶等，公开抵制篡改中央精神，抛出了一个所谓"四类地区文件"的黑纲领与中央对抗，为乌兰夫鼓吹的"大学蒙语蒙文"提供了理论根据。

乌兰夫、特古斯之流，所以公然拒绝周总理关于蒙文拉丁化、和汉语拼音方案逐步接近的指示，而是要搞斯拉夫化，要把内蒙的蒙族语言、文字，统一于蒙古人民共和国，这不正是他们的破坏祖国统一、搞内外蒙合并的民族分裂主义阴谋的大暴露吗？

让我们高举毛泽东思想的伟大红旗，彻底批判乌兰夫、特古斯之流的修正主义和民族分裂主义的罪行，为把内蒙的教育阵地，办成毛泽东思想的大学校而奋斗。

特古斯反毛泽东教育思想黑話录

本 刊 编 辑 部
教育厅《砸黑线》联络站 整理

谝者按： 反革命修正主义、民族分裂主义分子特古斯，是"当代王爷"乌兰夫及其反党叛国集团按插在内蒙古教育界的忠实谋士和得力干将，是乌兰夫反革命修正主义、民族分裂主义教育路线的制订者和推行者。十几年来，特古斯纠合乌兰夫埋伏在教育界的狐群狗党，控制了教育界的党政财文大权，积极反对毛主席的无产阶级教育路线，对广大革命师生，革命干部实行资产阶级专政，妄图把内蒙教育界变成乌兰夫分裂民族团结破坏祖国统一，复辟资本主义的前沿阵地，犯下了罄竹难书的滔天罪行。

当无产阶级文化大革命以高屋建瓴之势向纵深发展，形势越来越好的今天，特古斯被广大无产阶级革命派揪出来了。现在是我们教育界无产阶级革命派，彻底清算乌兰夫反革命修正主义、民族分裂主义教育路线和乌兰夫在教育界的代理人特古斯罪恶罪行的时候了。

特古斯反毛泽东教育思想，对抗无产阶级路线的黑话很多，罪行累累。现将我们整理的这份"特古斯反毛泽东教育思想黑话录"公布于众，供广大无产阶级革命派，进行批判。

毛 主 席 指 示

领导我们事业的核心力量是中国共产党。

指导我们思想的理論基础是馬克思列宁主义。

<第一届全国人民代表大会第一次会议开幕词>（1954年9月15日）

中国共产党是全国人民的领导核心。没有这样一个核心，社会主义事业就不能胜利。

<接见第三次全国团代会全体代表时的讲话>（1957年5月25日）

高等学校应抓住三个东西：一是党委领导；二是群众路綫；三是把教育和生产劳动结合起来。

<在天津大学视察时的指示>（1958年8月19日）

（一）特古斯反对党对教育事业的领导

1.党对教育工作的领导进一步加强了，党不仅领导学校的政治思想工作，而且领导了教学工作，把党的教育方针深入地贯彻到教学中去。

（《实践》1960年第四期）

2.我们回忆一下五七年以前的情况，党的领导，从整个教育事业看，从每一个学校看，确实还没有建立起来，五八年以来，我们着重抓了这一问题，现在应该说确立了，不仅在政治上，而且在组织上也确立了领导；不仅在学校是党的组织建立并扩大了，而且在实际工作中也起到了领导作用，我们过去对教学工作的领导是谈不上的，现在也还不能说已经领导了，但开始抓起来了。

（1962年的一次讲话）

3.党的领导干部要懂得教学，逐步变成内行，减少盲目性，克服瞎指挥。

（同上）

4.这几年党的领导是抓得太多了，什么都抓，有的地方芝麻西瓜都抓着了，也有的地方抓了芝麻，丢了西瓜。总的来说党的领导水平不高，有的单位党的领导水平降低了，校长难了。

（同上）

5.党领导的任务是抓方针政策，抓思想政治工作，抓人与人的关系，在学校如何抓好这些，我看还没有入门。

（同上）

6.党组织不论是领导或保证监督，主要是在于做好工作，现在的矛盾是党管得太多，行政有意见。

（同上）

7.提"保证监督"会不会削弱党的领导？……难道一定要支部领导了才是党的领导，党委领导就不行了？不要认为领导了就神气，"保证监督"就不神气、低人一等了。

（同上）

8.不要高人一等，党团员和非党团员是平等的，党员不是特殊阶层，革命干部是一个样的革命干部，公民都是一个样的公民。我们有些党团员同志把问题歪曲了，党员校长不在，就由党团员主任主持开会，非党校长没事干，不信任人家怎么能调动人家的积极性呢？

（同上）

毛 主 席 指 示

抗大的教育方针是：坚定正确的政治方向，艰苦朴素的工作作风，灵活机动的战略战术。这三者是造成一个抗日的革命的军人所不可缺的。抗大的职员、教员、学生，都是根据这三者去进行教育，从事学习的。

《被敌人反对是好事而不是坏事》（1939年5月26日）

我们的教育方针，应该使受教育者在德育、智育、体育几方面都得到发展，成为有社会主义觉悟的有文化的劳动者。

《关于正确处理人民内部矛盾的问题》（1957年2月27日）

教育为无产阶级政治服务，教育与生产劳动相结合。

引自《中共中央、国务院关于教育工作的指示》（1958年）

—12—

具备什么条件，才能够充当无产阶级革命事业的接班人呢？

他們必須是眞正的馬克思列宁主义者，……

他們必須是全心全意为中国和世界的絕大多数人服务的革命者，……

他們必須是能够团結絕大多数人一道工作的无产阶級政治家，……

他們必須是党的民主集中制的模范执行者，……

他們必須謙虚謹慎，戒驕戒躁，富于自我批評精神，……

引自 《关于赫鲁晓夫的假共产主义及其在世界历史上的教训》

（1964年7月）

（二）特古斯公开反对和肆意篡改毛主席制定的教育方針

1.我们找到了一条正确的方針，就是教育必须为无产阶级政治服务，教育与生产劳动相结合，……贯彻这条方針，在教育工作上收到全面的成果，不是短期的问题，但这几年来已经收到了不少成果，师生的精神面貌发生了很大的变化，特别是劳动观点上大有进步。

（1962年的一次讲话）

2."教育为无产阶级政治服务"就是为社会主义革命和社会主义建设服务，为改造旧社会建设新社会向共产主义社会过渡服务；"教育与生产劳动相结合"是培养又红又专的忠实于工人阶级的科学技术队伍和马克思列宁主义的理论队伍的重要条件和正确途径，是实现工农群众知识化，知识分子劳动化的重要条件和正确途径。

（《实践》1960年第四期）

3.自治区的社会主义建设，每年都要增加大量的有社会主义觉悟的，有现代科学文化知识的建设人材。满足了这个需要，教育工作就促进了社会主义建设之发展；如果不能满足这个需要，就必然阻碍社会主义建设的发展。

（同上）

4.学校以教学为主搞好生产劳动和科学研究培养建设人材；厂矿、企业、人民公社以生产为主搞好科学技术研究和办好教育培养建设人材；科学研究部门以科学研究为主搞好生产和办好教育培养建设人材。

（同上）

毛 主 席 指 示

青年应該把坚定正确的政治方向放在第一位，……

《在模范青年给奖大会上的讲话》（1939年）

不論是知識分子，还是青年学生，都应該努力学习。除了学习专业之外，在思想上要有所进步，政治上也要有所进步，这就需要学习馬克思主义，学习时事政治。没有正确的政治观点，就等于没有灵魂。

《关于正确处理人民内部矛盾的问题》（1957年2月27日）

紅与专、政治与业务的关系，是两个对立的统一。一定要批判不問政治的傾向。

《工作方法六十条》（草案）（1958年1月31日）

阶级斗争，是你们的一门主课。

与毛远新的谈话（1964年）

政治教育是一切教育的中心。

在接见老挝爱国战线党文工团时的谈话（1964年9月4日）

（三）特古斯大肆鼓吹资产阶级的"智育第一""业务第一"，竭力
反对突出无产阶级政治，反对教育为无产阶级的政治服务

1.要政治挂帅，但学校的思想政治工作不能挤掉教学，而且要保证教学的。做法不当，就好象政治决定一切。

（1962年的一次讲话）

2.政治思想工作必须与教学工作密切结合，既要政治挂帅，又要保证教学，教学关系就是师生关系，是学校中人与人之间关系的中心问题，这就要强调教师的主导作用。……学校的思想政治工作，就应以师生关系为中心去处理人与人之间的关系。

（同上）

3.教育必须为无产阶级政治服务、教育与生产劳动相结合的方针，是必须坚持的，教学工作的规律也必须遵重。……具体的讲，全日制学校必须以教学为主，劳动应以教学为中心去安排，在教学中一定要加强基础知识教学和基本技能训练。

（同上）

4.山要绿化，地要水利化，农活要机械化，人要文化。

（1958年《实践》第一期）

5.党的第八届全国代表大会第二次会议集中地反映了劳动人民的这一要求，宣告我国人民在经济、政治、思想战线上的社会主义革命基本胜利的基础上，进入了以技术革命和文化革命为中心的社会主义建设新时期。

（同上）

6.劳动人民一旦掌握了先进的科学文化知识，就必然产生出更巨大的力量。

（同上）

7.文化革命必须为生产建设服务，为技术革命服务，这是文化革命能不能走群众路线的关键所在。

（同上）

8.生产建设是今后我国人民群众的中心任务，人民群众每天要劳动生产，只有完成了生产建设任务，才能促进社会主义的全面建设。

（同上）

毛 主 席 指 示

这件事告诉我们，中国的工业化的规模和速度，科学、文化、教育、卫生等项事业的发展的规模和速度，已经不能完全按照原来所想的那个样子去做了，这些都应当适当地扩大和加快。

《中国农村社会主义高潮》序言（1955年12月27日）

要想阻挡潮流的机会主义者虽然几乎到处都有，潮流总是阻挡不住的，社会主义到

—14—

处都在胜利地前进，把一切絆脚石抛在自己后头。

《在合作化运动中,工人家属的积极性非常高》一文按语(1955
年12月)

改革旧的教育制度，改革旧的教学方針和方法，是这場无产阶级文化大革命的一个
极其重要的任务。

《中共中央关于无产阶级文化大革命的决定》（1966年8月8
日）

（四）特古斯疯狂地攻击教育大革命，污蔑教育大革命 使"学生的知識质量降低了"

1.教育事业发展过快，超过了生产发展，特别是农业生产的水平。教育事业内部也出现了追求数量 忽视质量的毛病，使事业的质量相对降低了，公办学校的校舍，设备也降低了，学生的知识质量恐怕也降低了。

（1962年的一次讲话）

2.六〇年感到教育事业内部的矛盾极大，……后来又出现了粮食问题。现在看来,没吃的还学啥。

（同上）

3.全日制学校（包括高等学校）的劳动多了一些，影响了教学，劳动是一定的，但不能过多。

（同上）

4.我们还在学校开展了一些运动和其他活动。必要的运动还是应该进行的，但太多了，就打乱了正常的教学秩序，违背了教育工作规律。

（同上）

5.教学改革是要的，但对这样一个复杂的问题，看得太简单了，对儿童的接受能力甚至估计到荒谬的程度，对过去的做法否定的太多，……对出现的新东西说得那么妙，其实不是这样。

（同上）

6.我们中小学的教学改革，面搞得太宽，现在看来有问题，看法太片面了。高等学校教改也有题。……当然教师教学中有教条主义，但我们推翻它，有攻其一点，不及其余的毛病。

（同上）

7.师资条件，仪器设备，不能一下子解决，过去十万八万不在乎，现在一块钱也是不容易的，有的有钱也买不到东西。

（同上）

毛 主 席 指 示

思想改造，首先是各种知識分子的思想改造，是我国各方面彻底实现民主改革和步实行工业化的重要条件之一。

《在中国人民政协第一届全国委员会第三次会上的开　词》
（1951年10月23日）

在中国人民中肃清資产阶级思想是长期的事情。这些知識分子，我们不能不用他们，没有他们，我们不能进行工作，就没有工程师、教授、教員、配者、医生、文学家、

—15—

艺术家。又要用他们，又要同他们作斗争，所以是很复杂的工作。不能只用他们，而忽观斗争的一面，不然过了一个时期，他们又会出来反对党。

《接见德意志民主共和国政府代表的谈话记录》（1959年1月27日）

政治工作是一切经济工作的生命线。

《严重的教训》一文按语（1955年9月）

（五）特古斯美化资产阶级知识分子，歪曲党的知识分子政策，鼓励知识分子走白专道路

1.我们斗教授、知识分子的事不多，但空气不好，不是百家争鸣，百花齐放的态度。

（1962年的一次讲话）

.这几年对知识分子进步估计不足，团结不够，批评斗争多了一些。……对知识分子的空气是紧张的，不听人家的意见，人家一有批评就打回去，这种态度，对他们压力很大，使人家心情不舒畅。

（同上）

3.再有人与人的关系处理上也有问题。处理人与人的关系，是基本的政治工作。

（同上）

4.贯彻知识分子的政策的中心就是调动教师的积极性，也包括调动其他人的积极性，这几年，中学里可能斗的，批判的不多，但总的空气是压人的空气。

（同上）

5.对教师主要要求教好书，提高教学质量。老教师主要看教学质量高不高，不要单看参加社会活动积极不积极，和领导谈话次数多不多。

（1962年在书记训练班上的讲话）

6.鼓励教师关心国家大事，学点政治理论，同时更要鼓励教师多钻研教学业务，提高数学业务水平。教师的政治学习时间每周几小时适合？二小时？四小时？教师学习政治理论也要靠自觉，不能强迫学习。

（同上）

7.对教师要全面看，不要只看政治，不看业务，在大多数情况下，老教师业务较好。……过去有些积极分子在业务上比较差，因此在群众中威信不高。今后应当要求青年积极分子在教学上努力，要他们密切联系群众，向老教师学习。教学上有成绩，就应当肯定，不能因为有些缺点就否定他的成绩。

（同上）

8.不要认为历史上、思想上有缺点，工作上的成绩也是虚假的，政治上没有多大问题，工作负责，教学上成绩卓著者，也可以选为先进工作者。工作上有经验，可以让他们担任教研组长等工作，充分发挥他们的才能。

（同上）

9.在中小学绝大部分教师是属于劳动人民知识分子，部分教师还有一些缺点，有些人比较落后。总的方面是在前进，这是主要的方面。

（同上）

—16—

毛 主 席 指 示

国家的統一，人民的团結，国內各民族的团結，这是我們的事业必定要胜利的基本保証。

《关于正确处理人民内部矛盾的问题》（1957年2月27日）

民族斗争，說到底，是一个阶級斗争問題。

《支持美国黑人反对美帝国主义种族歧视的正义斗争的声明》
（1963年8月8日）

（六）特古斯借口"地区特点""民族特点"大造分裂民族 团結、破坏祖国統一的反革命輿論

1.我们在教育工作中有忽视民族特点、地区特点、领导一般化的毛病，五八年以来是相当严重的。

（1962年的一次讲话）

2.我们的民族教育，忽视了少数民族的特点。在民族问题上，不能少数服从多数。有的地区民族学校占多数，但也不能按民族特点做工作，不研究蒙文教学，研究的就是汉文教学。

（同上）

3.在牧区忽视了牧区特点，只要在农区能搞的，牧区也都一样搞，编制也一样减，使学校的教育工作几乎摧垮了。教学改革上，没有从实际出发，……原来目的是为了提高民族教育质量，这么一搞，反而更不行了。

（同上）

4.为了与蒙古人民共和国之间在新蒙文字母形式上取得一致和修改字母表，重新研究确定正字法原则的问题，我们准备派人参加蒙古人民共和国即将召开的语言科学讨论会，以便使我们新蒙文更加臻于完善。

（1957年的一次报告）

5.在教育事业中运用民族语文是发展民族语文的基础。

（同上）

6.选材（指民族中小学教材）要一边倒（按：指倒向蒙古人民共和国）

（1962年的一个指示）

有关"內蒙古人民革命党"資料簡編

內蒙古語委《东方紅》

所谓"内蒙古人民革命党"是个什么东西？

所谓"内蒙古人民革命党"是白云梯、郭道甫在一九二五年所组织的"内蒙古国民党"的嫡传孽种。

—17—

959

"内蒙古国民党"是一个封建地主、牧主、王公、贵族所拼凑成的反革命的大杂烩。白云梯是忠实追随蒋介石坚决与人民为敌的国民党死党分子。这个党的党部在一九二七年搬到了乌兰巴托,并改名叫"内蒙古人民革命党",总部设在乌兰巴托。一九三六年解散。

叛国投敌的蒙奸日特分子朋斯克、特木尔巴根、哈丰阿等人,继承了"内蒙古国民党"的变种"内蒙古人民革命党"的衣钵。这些在日本侵略时间,甘心卖国充当日本的忠实走狗,廉耻丧尽,是一些丧心病狂,不齿于人类的蒙奸卖国贼。

一九四五年,"八·一五"以后,这批蒙奸日特大肆纠合同党,公开扯起了"内蒙古人民革命党"的黑旗,积极从事反共反人民、叛国分裂的罪恶活动。

这个党顽固地反对中国共产党的领导,同国民党勾勾搭搭,无耻地颂扬人民公敌蒋介石,公开声明"内人党"和国民党是"分工合作,殊途同归"。

这个党的重要党魁哈丰阿、朋斯克、特木尔巴根、特古斯、额尔敦陶克陶等等,不是蒙奸、日特、苏蒙情报员,就是反动的民族上层、王公、牧主、地主、土匪头子。真是牛鬼蛇神,乌龟王八,应有尽有。

这个党实际上是蒙古人民革命党在我国的一个分部。它的唯一宗旨和全部活动就是反对中国共产党的领导,阴谋把内蒙古从统一的祖国大家庭中分裂出去,搞内外蒙合并。

他们中的一些主要头目,过去是日本的特务;日本垮了,又当上了蒙修的情报员,勾结蒙修特务。窃取我党、政、军各方面的情报。

过去所谓内蒙的两条路线斗争,在上层,在哈丰阿和乌兰夫之间只不过是大狗和小狗,饿狗和饱狗之间的狗咬狗之争,实际上,是乌兰夫违反毛主席的革命路线,继承了哈丰阿的"内人党"的衣钵。请看,就是这样一个蒙奸败类,地主、王公所组成的"内人党",就是这样一批罪大恶极的无耻党棍,却被"当代王爷"乌兰夫看中,一九四七年"四·三"会议以后,它的多数重要党徒竟被乌兰夫拉入中国共产党里。哈丰阿的衣钵由乌兰夫继承了过来,在中国共产党的外衣下,继续去完成"内人党"所未完成的"事业"。

二十多年来,这些混入党内而且坚持不改的"内人党"主要党徒交相援引,窃取了内蒙古自治区的党、政、财、文大权。特别是在文化、教育、新闻、出版界,"内人党"徒更是满布要津。他们利用职权,实行资产阶级专政,为乌兰夫叛党叛国的反革命阴谋大作舆论准备。

事实表明:"内人党"虽然在一九四六年二月末宣布解散,但事实上,虽死而不僵,它曾经一而再,再而三进行重建,妄图东山再起;

事实表明:时至今天,"内人党"仍然阴魂不散。它的多数主要党徒或者继续隐瞒身份,或者拒不交待罪行,稍有风吹草动,就蠢蠢欲动,以求一逞。

综上所述,"内人党"是一个彻头彻尾的封、资、修反动民族主义集团,是一个不折不扣的反革命组织。当然,过去为非作歹,至今而又坚持不改的只是那些极端反动的"内人党"头目,一般被欺骗被利用的普通"党员"和某些曾经是活动分子而现在已确有改正的人,不可以等同看待。

一九五六年七月,由乌兰夫把持下的内蒙古党委审干办公室曾经给"内人党"搞过一个结论性的文件——《关于内蒙古人民革命党的情况》,这个文件极尽混淆事非,颠倒黑白的能事,把这班蒙奸、日特在所谓"内蒙人民解放宣言"中的无耻吹嘘誉之为"反对帝国主义",把这班泛蒙古主义者分裂祖国、反汉排汉,搞内外蒙合并的罪恶活动誉之为"反对民族压迫",把这班封建王公坚决反对中国共产党的领导,投机于共产党与国民党之间的鄙劣行为誉之为"有与共产党作朋友的思想基础"。文件甚至极尽奴颜卑膝之能事,说什么当时"认为蒙古人民共和国是人民革命党,内蒙古自然是人民革命党领导"什么"九·三"以后,"内蒙古前途尚未澄清,故有个别蒙古人民共和国的同志表示内蒙古应发展人民革命党",什么"人民革命党当时号召是反对帝国主义和大汉族主义内蒙古自治(有的主张独立与蒙古人民共和国合并)"等等,利用这些作为"理由",尽力为"内人党"涂脂抹粉,开脱罪责。读起来真是令人发指。对于乌兰夫包庇"内人党"招降纳叛的滔天罪行,全区的革命人民早已忍无可忍。

—18—

千钧霹雳开新宇，万里东风扫残云。由我们伟大领袖毛主席亲自发动的文化大革命的汹涌洪流，摧垮了乌兰夫的王爷宝座，荡涤了由乌兰夫双手包庇和搜纳来的积垢残埃。乌兰夫落水了，哈丰阿倒台了，大大小小的乌兰夫黑帮和哈丰阿分子都被揪了出来，彻底粉碎"内人党"，彻底清算"内人党"的叛国罪行的时刻到了，这是大快人心，特快人心的特大好事。

我们必须彻底揭发批判"内人党"头号党魁哈丰阿的叛国分裂罪行，彻底揭发批判乌兰夫包庇"内人党"，和"内人党"沆瀣一气，进行叛党叛国活动的滔天罪行。"内人党"罪恶的历史，长期以来被乌兰夫颠倒了，我们要把被颠倒了的历史再颠倒过来，彻底根除民族分裂主义，泛蒙古主义的反动影响。

目前，我区文化大革命正遵从毛主席的最新指示胜利直前，乌兰夫的代理人、哈丰阿的死党、"内人党"党魁之一、该党"青年部部长"、"内人党"卵翼下的"青年联盟"的"总书记"、"内人党"机关报的"总编辑"反革命修正主义分子、民族分裂主义分子特古斯被揪出来了。我区文化大革命正进入一个新的高潮。"宜将剩勇追穷寇，不可沽名学霸王"。革命造反派的战友们，让我们乘胜直前彻底清算"内人党"的罪恶，肃清其民族分裂的遗毒，把文化大革命进行到底！

"内蒙古人民革命党"丑史

"内蒙古人民革命党"的前身是"内蒙古国民党"，一九二五年十月在张家口成立，主要领导人是白云梯、郭道甫，参加人员主要是上层王公牧主。

一九二七年，蒋介石发动反革命政变，白云梯忠实追随蒋介石进行反革命，当上了国民党的中央委员。同年"内蒙古国民党"在乌兰巴托召开第二次会议，改名为"内蒙古人民革命党"（认为内蒙古没有工人阶级，所以不需要共产党；同时为了与蒙古人民革命党取得一致，以利于合并，故改名"内蒙古人民革命党"）。总部设在乌兰巴托，这个党成员极其复杂，故于一九三六年解散。

与此同时，一九二九年朋斯克、特木尔巴根受第三国际派遣至东蒙工作，朋等回国后即自行脱党，并于一九三二年初在日本操纵的"内蒙古自治军"中发展了哈丰阿等为"内人党"员。在日本统治时期，哈丰阿、朋斯克、特木尔巴根等都是日寇的忠实奴才和特务，出卖祖国、出卖民族，作尽坏事，廉耻丧尽。

一九四五年"八·一五"后，哈丰阿纠集蒙奸、日特、王公贵族，公开扯起"内人党"的旗子，用聘请党员，追赠党龄、捏造党史等恶劣手法拼凑班子。八月底在王爷庙（即今乌兰浩特）召开首次党员大会，（共二十七人，实到二十三人）选举了宝音满都、特木尔巴根、萨××××、哈丰阿等十三人为执行委员，（又候补委员五人），哈丰阿为秘书长。

一九四五年九——十月中，"内人党"的主要活动是搞内外蒙合并签名运动。这年底，哈丰阿率代表团潜赴蒙古进行卖国活动。

一九四六年二月，哈丰阿由蒙古返国，宣布解散"内人党"，并着手组织秘密的"新人民革命党"。二月二十五日，这批老蒙奸敌特粉墨登场，组成东蒙人民自治政府，选举宝音满都为政府主席，哈丰阿为秘书长。

一九四六年四月三日承德会议，决定成立"内蒙古自治运动统一联合会"，撤消了东蒙自治政府，成立兴安省。

一九四七年初，哈丰阿再次潜入蒙古，进行阴谋活动，接着哈丰阿重新筹组"内人党"。五月一日，内蒙古自治政府正式成立。

看，"内蒙古人民革命党"干的是什么勾当

一、疯狂分裂祖国、大搞内外蒙合并

内蒙古根据内蒙古人民革命党的指导，从此加入在苏联和蒙古人民共和国指导之下，成为蒙古人民共和国的一部分，以期完成解放。在国家组织完成以前，根据人民战线的原则，临时组织内蒙古人民解放委员会，迅速恢复地方秩序，以便教育、产业、内政、外交、财政、卫生、交通建设一切都蹈袭蒙古人民共和国的成轨，推行合作的基础工作。

内蒙古人民解放宣言（一九四五年八月十八日）

将来阶段：蒙古民族革命与民主革命得到彻底胜利后，革命的任务是……在蒙古实现社会主义与共产主义的制度而奋斗，以之编入独立的蒙古人民共和国，合流共为自由和平富强新兴国家的基典。

（内）蒙古人民革命党党章（草案）

（二）、所作的事情：向人民群众进行宣传"合并外蒙"，地方上搜集合并外蒙的志愿书。

内蒙人民革命党东蒙本部第三次执行委员会记录（哈丰阿工作总结报告）

（甲）：根据八月十八日发布的内蒙古人民解放宣言，成为蒙古人民共和国的一部分而努力。尽力往乌兰巴托尔派人联络……

……我党从来就受苏联及蒙古人民共和国的领导，并内蒙二百万人民群众坚决要求合并蒙古人民共和国，我党也继续不断的积极努力着。

内人党指示（关于对外关系问题）（一九四五年九月十四日）

东蒙各旗人民代表，代表其各个本旗的人民，为要向元帅乔依巴桑呈递和蒙古人民共和国合并的意愿书，都赶到王爷庙来了。

致驻索伦外蒙军队为取联系书（一九四五年十月十日）

据民众的愿望及现在形势的发展的缘故，坚决相信全蒙古的合并，除现在的好机会而外，其他无有好的机会。

致乔巴山、策登巴尔书（四五年八月十八日）

希望你帮助我们……从事党的工作，很好的向民众宣传和蒙古人民共和国合并的来由，争取民众意见。同意者，不分男女性别，使他们署名，按指纹写给蒙古人民共和国元帅乔依巴乔的书，迅速送给我们。

内人党东蒙党部致白××书（四五年十月七日）

组织旗联合会，通讨这个会广泛召集民众的和外蒙合并的意见，使其代表们以会议形式的决议，列为书面，要各代表署名画押，来提出正式的要求。

内人党东蒙党部指示（四五年九月三十日）

今派遣党员到你旗，宣传与外蒙合而一项，达到人民意志的统一，要说明长期盼望的民族统一的良机已临。若失此良机，终不复回。

特别希望你们要结合当地实际情况，领导他们，唤起他们与外蒙合并的意愿。若有意愿者，连名给蒙古人民共和国总理乔巴桑递志愿书，书上要详列住址、姓名、画押（意愿者不分男女性别）后，尽速交来本部。

内人党东蒙党部指示（四五年十月七日）

同时须要向民众宣传内蒙和外蒙合并的重要性，争取他们的意见，有同意者，不分性别的要他们按指纹，上书蒙古人民共和国总理乔巴桑。

内人党东蒙党部致昊××书（一九四五年十月七日）

—20—

二、 顽固反对中国共产党的领导

……和友帮中国的革命政党（按：指中国共产党）紧密提携（按：真不失一付下贱的奴才相，满口协和语），以期公平彻底的解放蒙汉民族问题。

内蒙古人民解放宣言（四五年八月十八日）

和中国共产党取得紧密连络，互相援助，以期达成革命的目的。

内人党党纲

本党领导团结蒙古各界人士联合中国共产党，外蒙人民革命党，国际共产党及各民主势力，发动与组织蒙古人民彻底肃清法西斯残余。

内人党党章（草案）

为使党的工作进展，务必与中国共产党紧密联系，因此，×××××，×××××二同志参加中国共产党是无可置疑的。但要我们党员永久的站稳立场，一切工作服从自己的党。

内人党东蒙党部指示（四五年九月二十五日）

我党创始以来，就接收苏联和蒙古人民共和国革命党的援助，为使今后的关系更加密切，和中国共产党——兄弟党有亲密团结之必要。

内人党东蒙党部指示（四五年九月九日）

按社会经济发展的特殊性，暂勿需要组织共产党。

（同　上）

三、 反动本质的大暴露——内人党和国民党是一丘之貉

原来内蒙古人民革命党和国民党有着同样的目标，都是为谋内部社会的彻底改革与争取民族自由和解放。我们为欲达到这个共同的目标，无论是在过去，现在或将来，都是要争取互谅互助的步调。

致东北国民党党员书（四五年九月二十五日）

……同时蒋介石先生更发表了给国内各民族以自治与独立的声明，我们听到了这个声明，觉得内蒙民众的解放运动得到了光明和保障。对于蒋先生的伟大的革命精神深为钦佩！（按：可耻之极）

致东北国民党党员书（四五年九月二十九日）

……我们在革命的立场上来看，则我们内蒙人民革命党与国民党是站在一条战线上的。在更大更高的观点上来看的时候，我们两方面的活动是分工合作，殊途同归的。（按：真是不打自招）

（同　上）

我们党不是搞秘密工作的组织，政策以及方针也与国民党无矛盾。关于我们党的活动情况亦已告于东北国民党各党部。

内人党东蒙党部指示（四五年九月三十日）

—21—

四-16

特古斯对一九五八年教育大革命的一次疯狂的大反扑

（揭发特古斯主持的一九五九年全区宣传教育工作会议和他的黑报告）

一九五九年，中国赫鲁晓夫配合国内外反动派反华反共的叫嚣，刮起了一股在各条战线上向党和毛主席发动和领导的一九五八年大跃进运动进行反攻倒算的妖风。在教育领域内，他从历史的垃圾堆里捡起"两耳不闻窗外事""认真读书"的破烂，来抵制党的无产阶级教育方针，否定毛主席发动的一九五八年教育大革命。反革命修正主义分子陆定一，秉承他主子的旨意，急急忙忙于一九五九年初，亲自立马召开《全国教育工作会议》，向一九五八年教育大革命进行反攻倒算。我区文教界的阎王，反革命修正主义、民族分裂主义分子特古斯，为了效忠中国赫鲁晓夫和内蒙的当代王爷乌兰夫，也紧跟着在一九五九年六、七月间，召开《全区宣传教育工作会议》，向一九五八年教育大革命发动了一次疯狂的大反扑。

毛主席教导我们说："教育必须为无产阶级政治服务，必须同生产劳动相结合。""我们的教育方针，应该使受教育者在德育、智育、体育几个方面都得到发动，成为有社会主义觉悟的有文化的劳动者。"一九五八年的教育大革命，就是在毛主席无产阶级教育方针的指引下，在毛主席教育革命思想的鼓午下进行的。而反革命修正主义分子特古斯，对党和毛主席提出的无产阶级教育方针，对毛主席亲自发动的教育大革命，怕得要死、恨得要命、竭力加以抵制和歪曲。他在会议上所作的黑报告中肆意歪曲毛主席的无产阶级教育方针，胡说什么"在

2

会主义教育的方针、任务"，是"为社会主义建设培养人才，为提高社会主义劳动生产率、为实现文化革命和技术革新"服务，公然和毛主席所提出的方针相对抗。为了执行他的黑方针，特古斯大肆攻击教育大革命、大反党的领导，鼓吹"教学就是一切"、大搞"整顿学校"，并提出了"建立正常教学秩序""提高教学质量""教师教好""学生学好""因材施教""学会领导教学""保证质量""团结教师""稳定学生"等一系列黑指示。所有这些修正主义的谬论、我们必须加以彻底批判。

一、反攻倒算，攻击教育革命

一九五八年的教育大革命、成绩巨大，意义深远，这是毛主席教育路线的伟大胜利。教育界的无产阶级革命派、广大的工农兵群众、无不拍手称快。教育界的走资派、则与之相反，他们竭力加以抵制、恶毒地进行攻击。大学阀陆定一侮蔑教育大革命是"头脑发热、思想方法不对头"，胡说文教工作"有的跃进、有的不跃、有的后退让路"，大叫"要端正方向"。反革命修正主义分子特古斯和陆定一唱的完全是一个调子，他所主持的这次会议和会上他所作的黑报告、一面否定教育革命的伟大成果，一面大搞所谓的纠"左"。

特古斯等人对封建主义、资本主义、修正主义的那一套旧制度、旧秩序视如珍宝，十分留恋。他认为过去的那一套陈规旧章、繁琐哲学不是为了"造声势、摆样子、搞运动、求形式"，而是确有成效的，不能"都加以否定"。他大骂教育革命破坏了学校的"正常秩序"、什么劳动过多、集体活动过多、政治活动过多、打乱了"教学为中心"；什么忽视知识、教师不敢教、学生不顾学；什么搞运动、搞评比竞赛、简单化，等等。他胡说什么由于正常秩序的被破坏、"学校教育质量"、面临着"普遍降低的危险"，叫嚷必须"把学校的正常教学秩序建

965

立和巩固起来"。特古斯的所谓"正常秩序"是什么呢?就是"教师教好"、"学生学好"、劳动越少越好、政治活动越少越好,其实质,就是要在教育领域内复辟资本主义。

一九五八年教育大革命的一个重要特点是充分发动群众、大搞群众运动。特古斯对以运动方式来进行教育革命极端仇视。他在罢报告中说:"教育是培养人的细致的工作、要精雕细刻,注意质量",搞"运动"不符合"学校特点"和"教育特点""可以肯定""是不行的"。在特古斯的煽动下、会议对"以运动方式领导教学"判处"死刑",横加了五大罪状:(1)、"违背教学规律"、不能"勤学苦练和循序渐进";(2)、"不能提高学习效率",因为"运动把时间和精力浪费在不必要的会议和活动之中"、"教师没有充分时间备课和批改作业"、"学生没有充分时间读书";(3)、"运动搞的紧张"、对师生"压力很大"、"运动强调集体形式、强求一律、妨碍个人钻研";(4)、容易产生虚伪、浮夸现象";(5)、"麻痹领导思想、满足于表面成绩、追求形式、不深入钻研教学、不细致进行工作"。真是狗胆包天、猖狂之极、用心之毒,无以复加!

特古斯对党和毛主席领导的声势浩大、轰轰烈烈的教育大革命运动,竭尽伪蔑谩骂之能事,其目的、就是为了否定毛主席的教育革命方向,恢复被"其势如暴风骤雨"的群众运动所冲垮的封建主义、资本主义、修正主义那一套旧的教育制度、旧的教育秩序。

二、教学至上,反对突出政治

特古斯等人大砍大杀一阵教育革命之后,便竭力鼓吹"教学就是一切"。他们根据陆定一的"要读书不要丢掉了"、"上课还是教师起主导作用"、"教书总有条条、学习总有一个程序"等黑指示,公然提出"学校的任务、是培养人才,教学

4

是中心，一切工作应该有利于教学。"他们闭口不谈主席著作的学习，只要求不探参加三大革命运动，而是叫嚷各项工作都要给教学让路。胡说政治活动、生产劳动的安排"应该有利于教学"、"以不影响教学为原则"。一句话，特古斯是以"教学是中心"来反对政治挂帅，反对突出政治。

从"教学是中心"这个反毛泽东思想的立足点出发，特古斯进一步提出了"教师教好"，"学生学好"的反动口号。为了使教师教好，他要求"业务上要发挥教师的主导作用"、"政治上要积极地争取团结"、要"关心教师的生活和健康"、"不要使他们参加过多的社会活动和会议"；为了使学生学好，也要求克服学生中存在的"不稳定、不用功、不活跃的现象"，"鼓励学生要有远大理想"，要给学生"造成浓厚的读书风气"，要"贯彻因材施教的原则"、"防止事事强调集体"、"避免形式主义"、"切忌生硬粗暴"、等等。说来说去，就是不谈教师的思想改造，不谈教师的根本任务是培养无产阶级接班人，不谈学生要到三大革命的大风大浪里去锻炼！不谈学生的根本任务是努力使自己成为德、智、体全面发展的、"有社会主义觉悟的有文化的劳动者。"其目的，就是为了把教师变成他们在教育领域内复辟资本主义的工具、把学生培养成修正主义的接班人。

三、业务挂帅，取消党的领导

教育界的走资派，都是从教学就是一切这个指导思想出发来反对党的领导的。大学阀陆定一，承接右派分子"外行不能领导内行"的衣钵，大骂共产党对教学"懂都不懂"，胡说什么"党的领导权不在于继续用群众的力量把老教师压下去，倒是要领导好教学。不学会这一条，党的领导就不巩固、迟早要垮台的"。反革命修正主义分子特古斯也不例外。他承师陆定一的鼻息，认为加强和巩固党的领导的关键是领导好教学。为此，他一而再、再而三地强调"学会领导教学"、"逐步学会领导教学"、"进一步学会领导教学"。叫喊"要把教学工作摆到党委（支己）的议事日程上来，使之成为中心议题。领导重心转向教学，党员要亲自抓教学"。号召党的领导干部"好好钻研业务"，"在教学工作中真正钻进去"，"要争取逐步变成内行"。所有这些，和毛主席的政治挂帅的指示是背道而驰的。毛主席说："要加强政治思想教育。每个省要有一个宣传部长、一个教育厅长管思想教育工作，要抓思想领导。"又说："没有正确的政治观点，就等于没有灵魂。……思想政治工作，各个部门都要负责任。共产党应该管，青年团应该管、政府主管部门应该管，学校的校长教师更应该管。"特古斯把"学会领导教学"作为学校党组织的"领导重心"，其实质，就是不要党的领导、取消阶级斗争，就是为了让资产阶级知识分子长期统治学校，将党所领导的教育阵地由无产阶级专政变为资产阶级专政。

四、扩大差别，大搞重点学校

特古斯等人为了推行修正主义的教育路线，对党和毛主席提出的"两条腿"走路的办学方向竭力加以歪曲和篡改。毛主席一向主张"革命要依靠人民群众，大家动手"。早在一九四四年《文化工作的统一战线》一文中，毛主席就指示我们办学校要发动群众，走群众路线。他说："在教育工作方面，不但要有集中的正规的小学、中学，而且要有分散的不正规的村学、读报组和识字组。"一九五七年，毛主席在《与七省市教育厅局长谈话纪要》中进一步指出，"关于社办、队办学校问题，有条件的应该允许办。"毛主席的这些指示，目的是为了尽快地普及教育，使学校更好地为广大工农兵群众的子弟开门。而

6

反革命修正主义分子特古斯，抽掉了毛主席"两条腿"走路办学的阶级内容以贯彻"两条腿"走路为名，大肆贩卖修正主义的黑货。他胡说什么"国家办学这一条腿"，即"全日制学校"，尤其是其中的"重点学校"，主要是担负提高的任务"；"民办学校这个第二条腿主要是担负普及教育的任务"。特古斯把陆定一的黑指示作为大搞"重点学校"的理论依据。他说："陆定一同志说，教育大发展后，教育质量有普遍降低的危险……，形成小学毕业生教小学，中学毕业生教中学的局面。因此，教育质量是非常值得忧虑的。……出路只有集中兵力，保证重点"。为了"保证重点"，他要求各级领导"切实、具体、突击、名符其实"地抓好"重点学校工作"，把"好的党委书记和校长调到重点学校，师资做些必要的调整，选送好的学生到重点学校"，等等。

特古斯篡改"两条腿"走路的办学方向，其目的是为了扩大"三大差别"。他的所谓担负提高任务的重点学校是为了培养"上天"的"尖子"，说穿了，就是为了培养资产阶级的精神贵族；他的所谓担负普及任务的民办学校是为了培养具有"能写会算"的起码知识的劳动者，说穿了，就是为了培养为他们这伙反革命修正主义分子卖命、受他们随意驱使的奴才。

总之，特古斯所主持的这次会议是个大反毛主席的教育革命思想，推行中国赫鲁晓夫、彭真、乌兰夫、哈丰阿等的反革命修正主义教育路线的黑会。我们必须高举毛泽东思想的伟大红旗，彻底批判特古斯在会上所作的黑报告，彻底肃清黑会的流毒！

四-17

第二版　　　　　　　　　新　文　化　　　　　　　一九六八年一月八日

关于对待暗藏的民族破坏分子的问题，必须提起大家的注意。因为公开的敌人，公开的民族破坏分子，容易识别，也容易处置；暗藏的敌人，暗藏的民族破坏分子，就不容易识别，也就不容易处置。

毛泽东

哈丰阿是个什么东西

内蒙古专揪哈丰阿联络委员会

哈丰阿是个什么东西？哈丰阿是大恶霸地主、哲盟的北霸天滕海山的独生子。哈丰阿完全继承其老子的反动本性，一贯代表大地主、大牧主阶级的利益，一贯充当帝、封、修的忠实走狗，一贯进行破坏民族团结、分裂祖国统一的民族分裂主义的罪恶活动，长期以来在党和人民面前犯下了滔天罪行。

就是这个哈丰阿，在一九二九年进入沈阳蒙族师范以后，就拜敌校校长、日本走狗、大民族分裂分子郭道甫为"莫师益友"，从郭道甫那里汲取日本帝国主义所一贯宣扬的所谓王道主义和大蒙古主义的毒汁，学会一套投靠日本帝国主义出卖祖国人民的反动本领，完全变成了"小郭道甫。"

就是这个哈丰阿，在一九三一年"九·一八"日本帝国主义侵占我东北的时候，他伙同亲日分子、大战犯甘珠尔扎布之流，投靠日本帝国主义，在日本关东军司令部的直接策划和武器装配下，组织所谓"内蒙古自治政"，配合日本侵略者，惨杀了我无数爱国同胞。伪满洲国成立以后，哈丰阿又在伪满政府中担任参事官、伪满驻日使馆训练部长等职务，进一步充当日本帝国主义的忠实走狗，干尽了出卖祖国人民的罪恶勾当。

就是这个哈丰阿，在一九四五年帝国主义垮台以后，他伙同特木尔巴根之流组织所谓"新内蒙古人民革命党"，扬言要同国民党"殊途同归"，之后他伙同博音满都莉、玛尼巴达拉和桑杰扎布之流又成立了所谓"东蒙自治政府"，一心投靠国民党反动派，胡说什么国民党政府是"代表中国的正统政府"，从而同国民党进行了肮脏的政治交易。

就是这个哈丰阿，在一九四六年被反革命偷正主义分子乌兰夫和刘春拉进中国共产党以后，更是变本加厉地进行了民族分裂主义的反党罪恶活动。一九四七年五月内蒙古自治区政府成立的时候，哈丰阿伙同他的党羽，提出在内蒙古取消内共产党的领导，组织人民革命党的反党纲领，阴谋策划破坏民族团结分裂祖国统一的宫庭政变。

就是这个哈丰阿，在内蒙古自治区成立以后，在乌兰夫的包庇下，担任了内蒙党委委员、自治区副主席等重要职务，和乌兰夫及其一伙结成"神圣同盟"，在他所主管的文化教育部门中疯狂地推行了一条反党反社会主义反毛泽东思想的修正主义、民族分裂主义路线，干尽了种种罪恶勾当。

就是这个哈丰阿，一贯充当蒙修走狗，长期以来伙同额尔敦陶克陶之流在思想文化领域中大肆贩卖蒙修黑货，有组织、有計划、有步骤地进行了分裂祖国统一的一系列的叛国活动。

就是这个哈丰阿，极端仇视社会主义制度，恶毒攻击三面红旗，散布"现在还不如伪满"等反动言論，高唱"今不如昔"的谰调，为恢复

万恶的旧制度，作了种种奥論准备。

总之，哈丰阿是大地主、大牧主阶级的代表，是帝封修的忠实走狗，是老牌的民族分裂分子。一句话，哈丰阿是一个反动透顶的东西。

我们伟大的领袖毛主席说："凡是反动的东西，你不打，他就不倒。这也和扫地一样，扫帚不到，灰尘照例不会自己跑掉。"让我们遵循伟大领袖毛主席的伟大教导，奋起毛泽东思想的千钧捧，坚决打倒哈丰阿这个反动透顶的东西，横扫乌兰夫、哈丰阿反党叛国集团的一切残余势力，去迎接无产阶级文化大革命的全面胜利！

特古斯反动政治生涯

本报资料室辑

一九四二年，特古斯深得日本帝国主义和哈丰阿的赏识，被送往伪满建国大学"深造"。在就学期间，他为乌兰夫效劳更为卖力。

一九四四年，特古斯主持内蒙党委宣传会议讨论文组的鸣放等工作，为乌兰夫专管民族语文。出版、教育和干部人事部常务副部长，恢复了反动派分子的鸣放活动。

一九四六年一八，特古斯任总务部密部组织部长，特古斯伙同额尔敦陶克陶打着"支持右派向党进攻"并摆写鼓吹乌兰夫的稿子。

一九四五年四月，哈丰阿任伪社社长，特古斯任新闻部部长，纪念民族分裂主义分子尹建纳希诞生一百二十周年。

一九四三年，特古斯被乌兰夫提拔为内蒙党委正式委员。

一九六四年，特古斯竭尽全力包庇已被揭露出来的"四·一三"反党集团和"四·一九"反动委员会。

一九六五年多人参加的资产阶级文化大革命初期，特古斯亲任工作团团长去内蒙党委宣传团动摇"动摇"领导路线。

一九六六年文化大革命初期，特古斯被乌兰夫放出来的群众利用，狂妄地攻击无产阶级文化大革命，为反革命集团走资派、叛国分子打"前哨"。至此特古斯这个蒙修黑帮的真面目，反动的头衔他利用文化大革命的形势暴露得淋漓尽致了。

（上接第一版）

小资产阶级的革命不彻底性和摇摆性，使得"鲁迅兵团"的个别领导同志满足于既得胜利。在一定程度上，甚至成为文艺界文化大革命深入发展的阻力，这样下去有可能充当了内蒙古文艺黑线的防空洞。

现在，文艺界的革命暴风雨越来越猛烈了，革命群众紧急行动起来了！但是"鲁迅兵团"领导机构同志还是萎靡不振，还是裹足不前，还是前怕狼后怕虎。他们不懂得"在大混乱的现局之下，只有积极的口号积极的态度才能领导群众。"他们不但没有积极引导群众将革命推向前进，反而以种种借口保护文艺界"大乱"，把领导全面的"治"跟尾部的"乱"对立起来，把极"左"思潮"乱"革命新秩序跟无产阶级"乱"敌人混淆起来，甚而至于，"鲁迅兵团"领导机构的同志根本不准备彻底改变现状，以搞过几次"批斗会"夸耀于人，认为只有他们才是宣教口和文艺界造反派的"正统"，只有他们才是真正揪特古斯的"英雄"。这样下去，宣教口和文艺界的无产阶级文化大革命会受到不应有的损失！

毛主席说："一定的文化（作为观念形态的文化）是一定社会的政治和经济的反映，又给予伟大影响和作用于一定社会的政治和经济。"上层建筑一经形成便具有相对的独立性和稳定性，而且对经济基础产生巨大的影响，就会起到巩固或动摇乃至于瓦解经济基础的作

小资产阶级思想使得"鲁迅兵团"领导机构内的同志对自己视为"正统派"，而把别的革命组织都看成是"邪门歪道"。特别在目前文艺界树立阶级队伍的时候，这种认识更为有害。

小资产阶级思想使得"鲁迅兵团"领导机构内的同志们不能正确按着毛泽东思想去分析形势，估计阶级力量的对比，从而在领导宣教口和文艺界的文化大革命深入进行中作出错误的战略部署，致使"鲁迅兵团"的领导同志曾一度丧失了对群众的领导。乌兰夫、哈丰阿集团的残党余孽大量的是钻在文化界这一事实，他们没有认识到内蒙文艺黑线至今没有彻底摧毁这一事实，他们也更不可能正确地估计内蒙文艺界阶级斗争的复杂性、尖锐性，对文艺界有些属于措着的单位出现的乱，错误地强调要"顶住"，或者不加分析地认为这种乱统统是"极'左'思潮"或"老保翻天"。

一言以蔽之曰，由于小资产阶级思想在"鲁迅兵团"领导机构内占了上风，使得"鲁迅兵团"领导机构内的同志们对于毛泽东思想学得不够，对于毛主席有关文

用。从这个意义上讲，宣教口和文艺界无产阶级文化大革命进行的彻底与否，是直接关系到各条战线文化大革命的进展，直接关系到红色政权是否能够巩固，直接关系到整个内蒙古的无产阶级文化大革命能不能进行到底的重大问题。因此，我们绝对不能把这场红色风暴的兴起仅仅看成是揪出一个特古斯的问题，或者仅仅是清除乌兰夫、哈丰阿的残党余孽的问题，不，这仅仅是问题的一个方面。还有一个更重要的方面，这就是宣教口和文艺界的革命政权究竟掌握在谁手里的问题，"左派犯错误，右派利用"、"小资产阶级掌权，大资产阶级上台"，这是条必须记取的教训呵！

革命形势蓬勃发展，文艺界革命风暴的来势更加迅猛。毛主席说："革命时期情况的变化是很迅速的，如果革命党人的认识不能随之而急速变化，就不能引导革命走向胜利。""鲁迅兵团"领导机构的同志们，要正视自己的问题，必须到群众中去，必须深入基层，倾听群众的呼声；在群众斗争的大风浪中跌、打、滚、练，与群众一起共同接受新的斗争考验。"只有相信人民的人，只有投入人民生气勃勃的创造力量源中去的人，才能获得胜利并保持政权。"否则，必将被群众所抛弃，成为历史上昙花一现的人物。

时不我待。鲁迅兵团向何处去？该是迅速抉择的时候了！

970

1968年1月15日　工人风雷　·3·

以伪装出现的反革命分子，他们给人以假象，而将真象隐蔽着。但是他们既要反革命，就不可能将其真象隐蔽得十分彻底。

毛泽东

特古斯论特古斯

内蒙语委"东方红"

原编者按： 特古斯是一只一度落水、又又上岸、再次落水的落水狗。文化大革命初期，他就被揪了出来。因为一度落水，颇有些狠狐，故一时施展不开，所以被迫作了点"检查交待"，也是吞吞吐吐，避重就轻，百般狡辩抵赖，总算蒙混过了关。后来，此人突然发迹，当了"革命领导干部"，爬上岸来了。于是死不认帐，把"十七年""五十天"统统一推六二五，反回头来却大骂革命造反派不敢斗"私"，不解放"干部"（实则是不解放黑帮），向文教界各单位伸出了他那毛茸茸的黑手，大耍阴谋诡计。结果，革命造反派被这只上了岸的落水狗溅了一身泥。

现在，特古斯再度落水，眼看要沉下去，到十分不干净的地方去了，应该给他留一幅"自画相"。最近，我们根据他一度落水后的几次检查交代，加以摘抄编排，略加按语，编成这分材料。因均系特某人自供之词，别人未曾改动一字一句，故起名日"特古斯论特古斯"。现在公布出来，以飨读者。

（一）漏网的乌兰夫分子

乌兰夫一直是器重我，信任我的。1950年提为东部区党委委员，1956年被选为自治区党委候补委员，1963年又被选为正式委员，选举时代表们有意见，乌兰夫还出来解释、说明。这固然是党委集体讨论的，但是如果乌兰夫不支持，无论如何提不到候选名单中去的。乌兰夫为什么重用我，是由于我听他的话，忠实地执行他的修正主义、民族分裂主义路线。（按：一个漏网乌兰夫分子的招供！）

……也从那时开始（1947年3月）崇拜乌兰夫，认为他不仅是党中央候补委员，同蒙古也有联系，是一个国际活动家。……建国以后，乌当了中央民委主任，他的报告是我民族政策的重要文件，认为他是我党民族问题方面的权威。八大被选为政治局候补委员，当了国务院副总理，几次代表党中央和国务院出国，几次的反党集团的联系……（按：胡说！乌早就是刘少奇"北方局"的重要黑线人物！）几个少数民族地区出问题，唯有内蒙没出大问题（按：又胡说！内蒙出的"大问题"还少吗？）等等。这些都使我更加崇拜他，认为他对党中央和毛主席忠实，整体观念强，从不向中央讲价钱；认为他是一贯正确的，政治上对他绝对信任；……所以一贯地盲目（按：应改为"自觉"）执行了他的修正主义、民族分裂主义路线，干了不少不利于党和人民的事情。

乌兰夫是一贯强调民族语文的，这也是我敬佩他的一点。我去哲盟时，乌兰夫找我谈话，说哲盟蒙族人口多，一定要重视民族语文，对我印象很深。到了哲盟由于中心工作紧张，民族语文总是排不上队，总觉欠了一大笔帐。（按：此乃奴才心理的典型反映！）

乌兰夫叫嚷大抓民族语文工作领导不力，党委的每次会议上都嚷这个问题。他下令扩大各级翻译机构，大大调高翻译人员的级别待遇，恢复学习与使用蒙古语文奖励制度，大搞物质刺激。我完全同意并积极执行了乌兰夫这些修正主义、民族分裂主义的措施。（按：是特古斯从北京回来向乌兰夫"进谏"，埋怨内蒙翻译级别太低。乌兰夫"纳谏"，叫嚷："内蒙古自治区成立二十年，连个一等翻译也没有！""翻译一本书，连个烧饼也买不着！"主唱奴随，特古斯立即伙同额尔敦陶克陶大搞翻译级别调整方案，并付诸执行。）

强调民族特点，强调把民族政策贯穿到各项工作中去，照搬了乌兰夫的七大特点，蒙族干部三条，汉族干部三条，不谈共产主义化。这些东西是乌兰夫的黑线，我全接受了，有些地方还有发挥（按："全接受了"，又有"发挥"。特古斯追随乌兰夫可谓"鞠躬尽瘁"！）

在讲民族特点和地区特点时，把乌兰夫的七条搬过来，指出我们的革命和建设工作要从这些特点出发，任何部门、任何地区都不能脱离这些特点。

乌兰夫叫我在改变草原面貌和牧业过关上走出一条路来。我忠实地执行了乌兰夫的这个指示，……贯彻执行了以生产建设冲击四清运动的路线。（按：乌兰夫不是叫嚷要在内蒙古"踏出自己的路"吗？特古斯就是乌兰夫的铁蹄在牧区的踏路人！）

乌兰夫在牧区工作上制定了一套方针政策，有些东西还上了中央文件，我过去对这些也是深信不疑的。……写材料、作报告，大力宣传了这些方针、政策，忠实地执行了这些方针、政策。由于执行了这些东西，在牧区社教运动中干扰和抵制了十条决定和二十三条的执行，给牧区社教运动造成了很大损失。（按："革命领导干部"特古斯不是自吹在牧区社教中抵制了乌兰夫集团的反革命修正主义路线吗？看看他的夫子自道！）

1962年乌兰夫去呼盟决定闭地，停办大批农场，把宾馆改成牧民招待所，大力改善物资供应情况。我很敬佩，认为乌兰夫深知牧区，掌握政策稳，别的人解决不了这个问题。

执行乌兰夫反四清的路线，给在苏旗反四清运动造成了严重损失，在这里我是负主要责任的。（按：特古斯不是动辄挂出"在牧区四清中反乌兰夫路线"这个羊头，当做他并非乌兰夫黑线人物的"资本"吗？上述招供，是特古斯的自嘲。）

由于我忠实于乌兰夫，直到今年四月的常委扩大会议上大反大汉族主义，大攻书记处的几个同志，也没有看出他们的阴谋来。……讨论王铎问题是乌兰夫的大阴谋，我当时不了解这个情况，……根据材料认定王铎是阶级异己分子，宣传部对王铎历史问题的错误结论要检查，张冒同志不听乌兰夫的指示是错误的。这样给乌兰夫黑帮投了一票，参与了他的阴谋活动。（按：一条乌兰夫的忠实走狗！）

这次回来参加文化大革命时，知道乌兰夫黑帮被揪出来了，回来以后最初一时期有侥幸心理。随着运动的逐步深入已经打消了这种侥幸心理。（按：因一度漏网，故有"侥幸心理"；今天终于落网，故这种"侥幸心理"应该彻底"打消了"。）

（二）地地道道的反革命修正主义分子、民族分裂主义分子

……内蒙最初参加到革命队伍来的蒙古干部中，有相当多的一批人都是从旧摊子接受过来的，其中不少的是剥削阶级家庭出身的旧知识分子，甚至还有伪官吏、伪军官、伪警察和伪职员。这种人在文教系统更多一些。他们都是带着很多反动阶级的思想和严重的民族主义思想到革命队伍来，甚至入了党，当了领导干部。我就是其中的一个。（按：内蒙古文教界，二十年来是被哈丰阿的死党专了我们的政。特古斯是这伙人的执掌实权的头目。）……我依靠的那些专家、"权威"，有不少的是民族分裂主义分子，他们不是干革命，而是在利用职权进行民族分裂主义活动。……事实证明，我是保护了资产阶级反动"权威"和民族分裂主义分子，压制了新生的革命力量。

崇拜蒙古的思想。我在解放初期，对蒙古人民共和国，对却伊巴桑崇拜之至。1945年冬曾参加过内外蒙合并的签名运动。失败以后，又曾想去蒙古，走到海拉尔碰了钉子。1946年入党以后，再没有去蒙古的念头了，但是仍认为蒙古革命胜利早，仍很崇拜。……但是在文化上总认为他们还是有一套，认为他们把苏联的先进的东西同蒙古民族的文化结合起来了，认为内外蒙是一个民族，在文化上学习他们的东西有好处，没有坏处，把蒙古的教科书搬过来是一个捷径；认为搬蒙古的新词术语，对我区的蒙古语文发展起了促进作用等等。1957年宣传部以后，对乌兰夫搞蒙文统一和名词术语统一是完全赞成的。至于出版蒙古的书籍，播送蒙古的歌曲，排演蒙古的节目，就更没有什么问题了。更严重的是蒙古变成修正主义统治以后，认识仍跟不上形势，没有及时采取措施解决这个问题。（按：什么叫"民族分裂分子"？特古斯的这个自画相，就是一个典型！）

一次是1959年元旦，师院招待帕利亚（注：即在师院讲学的蒙古"专家"、蒙特分子）吃饭，约我去参加。在吃饭当中帕利亚约我和我的爱人，春节到他家作客，我同意了。春节前第二天去他家。……去到那里，他和他的妻子都很谨慎。……最后送我一份礼物，是一本民间美术图案。（按：把一桩里通外国的政治交易说成请客吃饭。）

1964年××从蒙修回来探家，我跟他谈过话。当时正搞蒙古问题研究，我向他了解蒙修的情况，并要求他到蒙古以后，从多方面了解蒙修情况。

额（注：即党委走资派额尔敦陶克陶）去蒙古以及"名词术语委员会"的事情，我是知道的，党委主要负责同志（如王铎同志）也知道，没有认为这里有什么秘密。至于额去蒙古搞了一些什么里通外国的勾当，我就不知道了。当云照光等黑帮分子除了"名词术语委员会"之外，还说有什么"43人委员会"，我就不清楚了。因为我不知道那个名词术语委员会由多少人组成，都是谁参加等详细情况。（按：特古斯是乌兰夫这一叛国案件的积极策划者，但知情不举，百般抵赖，真是罪该万死！）

我怕脱离群众，就是怕脱离这些有民族主义思想的"群众"。当在大家批判时不参加，处分以后，也同情。（按：物伤其类！）

但是右倾思想和民族主义思想的根子没有挖掉，有些问题上从消极方面接受了教训，采取了消极予防的态度。（按：否！不是"消极予防"，而是"积极进攻"，有大量的铁的事实为证！）

把民族分裂主义分子的进攻，看成是由于民族工作上有缺点而产生的人民内部矛盾。（按：胡扯！）

在这期间担心自己的身体，搞保命哲学，向政治上有问题的×××学气功，每天练气功，打太极拳、太极剑，精神状态是萎靡不振的。

1962年春，……学习过程中我打的是灰旗。

（下转四版）

工人风雷

·4· 1968年1月15日

在毛泽东思想伟大旗帜下胜利前进

呼和浩特糖厂

虎踞龙盘今胜昔，天翻地复慨而慷。

十一月二十二日呼和浩特糖厂革命委员会成立了！这是无产阶级文化大革命的伟大胜利，是光焰无际的毛泽东思想的伟大胜利。糖厂革委会的成立，宣告了刘、乌在糖厂代理人的彻底垮台！

这个厂的无产阶级革命派和广大革命职工，在新政权建立之后，乘胜前进，寸步不离伟大领袖毛主席的伟大战略部署，在"斗私，批修"的高潮中，大办毛泽东思想学习班，以"斗私，批修"为纲，掀起了活学活用毛主席著作的群众运动，把毛主席著作的学习摆在高于一切，大于一切，重于一切的地位。一个蓬蓬勃勃的大学大用毛主席著作，大办特办毛泽东思想学习班的群众自我教育运动兴起了。

这个厂在中国人民解放军支左部队的大力帮助下，各车间、科室纷纷举办业余毛泽东思想学习班，坚决贯彻中共中央关于工人业余时间闹革命的原则。对那些中层干部、站错队的党委委员，受蒙蔽的群众，也让他们分期分批地参加了学习。参加学习班学习的同志，一致认为：带着"私"字是不能把文

化大革命进行到底的，坐在"私"字的板凳上是完不成"批修"的伟大历史任务的。学习当中，大家大列"私"字的罪状，大摆"私"字的危害，大挖"私"字的根源，并结合自己在文化大革命中的活思想，对自己的"私"字做到敢亮、敢批、敢改、敢把它拉下马！

广大革命职工深深感到：毛泽东思想学习班，就是无产阶级文化大革命的火车头！

这个厂的革命职工，在毛泽东思想学习班的推动下，进一步巩固和发展了革命的"三结合"、大联合，解放了一大批应该解放的干部。进一步促进了革命的大批判和斗、批、改的深入开展。进一步认清了形势，统一了思想。感情融洽了，团结加强了，正如伟大领袖毛主席所教导的那样，"在工人阶级内部没有根本的利害冲突"。

紧跟毛主席的伟大战略部署，誓把无产阶级文化大革命进行到底，把糖厂办成毛泽东思想大学校，已成为该厂广大革命职工不可动摇的决心。

这个厂的无产阶级革命派，坚决响应伟大领袖"抓革命，促生产"的伟大号召，高举毛泽东思想的伟大红旗，在生产斗争中，发扬了冲天的革命干劲，和敢闯、敢干的革命精神，大搞技术革新，克服了生产中遇到的各种困难，废寝忘食地坚守生产岗位，为完成和超额完成国家计划付出了巨大的劳动。这个厂，十一月份提前六天完成国家计划的126％，超产一千二百吨糖。日甜菜加工量打破了一千吨设计能力的46％。生产安全率高。产品质量合格率完成国家规定105％。酒精的日产量也超过了设计能力的30％。横扫了走资派统治工厂的沉闷局面。

（本报记者）

工人阶级誓做文艺界文化大革命的坚强后盾

建工部八局一公司井冈山兵团

目前我区文艺界掀起的更深入、更广阔的工人阶级一百个欢呼，一千个拥护的新风暴，我们工人阶级将以雷霆万钧之势，冲破一切阻力，向纵深发展。它必将以最高指示为武器，把军命性和科学性结合起来，稳、准、狠地，向那些公开的或隐蔽的反革命分子猛烈开火！

把最忠于光焰无际的毛泽东思想，最最忠于毛主席的无产阶级文艺路线，巩固和发展革命的大联合，孤立和打击一小撮坏人，团结一切可以团结的人，稳、准、狠地打击一小撮坏人，严格区分两类不同性质矛盾。

从这些可以看出我的民族主义思想是系统的、严重的。

从我的思想发展过程看，我一贯是以右倾机会主义思想对待阶级斗争的，一贯是以地方民族主义思想对待民族问题的，几个阶段中的表现有所不同，本质是没有变的，是根深蒂固的。

（未完待续）

（上接三版）

1962年国际、国内反动派反华大合唱的形势下，有许多学校发生了民族分裂主义案件。当时我没有把这些看成阶级斗争，认为是青年学生的思想认识问题，认为青年人看不见阶级差别（表面上都一样了），而民族差别容易看清（有不同语言等），因此教育教育就可以解决。没有考虑在他们后头有阶级敌人在煽动。这样把两类矛盾倒过来了，用调和主义、折中主义、改良主义的思想对待你死我活的阶级斗争。1962年7月师院附中高三学生问题的处理就是一个典型。……学校领导上提出满都克其（注：叛国分子）是否可以参加升学考试的问题，事先我没考虑这个问题，我当时既然公安厅放了他，应当给他一个出路，免得再跑。这样就同意参加考试，今年来不及，可以补习一年。对其他同满都克其有牵连的几个学生，就更没有过问。……但是我这样退让，并没有解决问题。以后，署假期间又跑掉了两个，满都克其本人又继续搞民族分裂主义活动。这决不是一般的右倾问题，而且是一个包庇和纵容叛国分子的错误。（按：特古斯曾在此次座谈会上无耻地说：过去蒙族青年响往蒙古，是可以理解的。我们是同一民族。我也往蒙古跑过，但是今天再跑不行了。真是混蛋透顶！）

（1）汉语借词的规定，不符合中央指示，没有顶住地方民族主义情绪的进攻；（2）恢复蒙文奖励制度和调整翻译级别，是修正主义的物资刺激的办法；（3）强调挖掘、整理、出版民族文化遗产，给牛鬼蛇神开了绿灯；……

我对区域自治政权，首先不从无产阶级专政的一部分去考虑，而首先考虑什么主体民族，什么当家作主的权利，什么自治机关民族化，什么经济、文化上实现平等，都从民族主义角度去看问题。……认为"七比一"与主体民族有矛盾，民族干部太少了就不能体现当家作主的权利，城市蒙族儿童不会说蒙语……带着地方民族主义的框框，去参加并领导1957年的反民族右派的斗争的。所以就看不到民族右派。（按：你就是个漏网的民族大右派！）

比如批判×××的"主而不主"谬论时，只是从不能把蒙古民族当家作主的权利和各民族平等权利对立起来的观点去批驳，说："蒙古民族当主人，但不能叫汉族当仆人。"由于没有从根本立场、观点上解决问题，1962年以后仍犯了同样错误，听到了各种各样的意见，仍认为民族政策的贯彻执行上有问题，仍看不到阶级敌人的进攻，仍不敢展开斗争，就在那里苦口说教（按：一丘之貉！），甚至把叛国问题也说成是思想认识问题，包庇和纵容叛国分子而执迷不悟。这说明我的民族主义思想严重到何等程度。

有不少语文工作人员不知自己是为谁服务；……认为民族语文工作不被重视，是一个可有可无的工作，而不安心。我是怎样解决这个问题呢？采取物质奖励办法。……采取调级提级办法，也就是物质刺激的办法。……所以我在民族语文工作上所坚持的路线，是一条修正主义民族分裂的路线，是同毛泽东思想和党的

民族政策背道而驰的。（按：不打自招。）

低估定民族问题实质上是阶级问题，又强调民族和阶级是两个范畴，强调民族差别和民族特点；既批驳民族分裂主义言论，又检查民族工作上的缺点和错误；既批判地方民族主义，又批判大汉族主义。……这是我对民族问题采取的修正主义、民族主义立场、观点的写照。（按：各打五十大板，貌似公正，实则为了保护民族分裂分子。）

强调特性super过了强调共性，以特性否定共性。……忽视了阶级斗争，两条道路斗争的共性，反对农村四清运动的经验，甚至对十条决定和二十三条也打折扣。

由于我的这些错误把东苏旗一个旗的四清搞乱了，严重地走了过场，……简直没有办法向党向人民交代。（按：乌兰夫抵制、破坏伟大的"四清"运动的两黑手：农区有个张如岗，牧区有个特古斯。）

并且还鼓吹唱"二人台"，不要唱对台戏，即蒙族干部反对地方民族主义，汉族干部反对大汉族主义。按着这个逻辑，黑帮分子李贵、张如岗便是正确的了。（按：打出公允、折中的旗号，替乌兰夫的叛国分裂阴谋开路。）

四-19

·4· 　　工 人 风 雷　　 1968年1月17日

（上接第九期）

（三）牛鬼蛇神和走资派的大黑伞

我的家庭，我来往较多的人，一道工作的这些人，还有我分管单位的负责人，不是官僚地主、黑帮，就是反党反社会主义分子、民族分裂主义分子。我长期跟他们和平共处，沒有什么斗争，说明我是同他们臭味相投的。

特木尔巴根（注：原师院党委书记，民族分裂主义分子）从14级提为13级是我积极主张办理的。……调教育厅当付厅长並不是为了提拔他，而是为了提拔纪之（注：师院党委书记，三反分子）。

××告特木尔巴根等人的状，最初我还是兩方兼听的，后来××提出改组师院党委，闹得师院党委会也开不成了。当时以×找来训斥一通，打击了×，包庇了特木尔巴根。

对特木尔巴根这样坏蛋，长期沒有看出来，一直当做好干部，提拔他，信任他，包庇他，这是一个严重的错误。（按：特古斯提拔、信任、包庇民族分裂分子、叛国通敌分子特木尔巴根，奥妙何在？）

特（注：即特木尔巴根）与我的父亲关系很好，我认为他们曾在哲盟共过事，沒有当一回事。以后才知道他们是臭味相投的，並且想通过这个线来拉我。这些事实可以说明我是当了特的根子，使他长期在师院为所欲为，作尽了坏事。

此外对额尔敦陶克陶（注：原语委付主任，三反分子、民族分裂分子）、索德那木（注：原语文研究所语言室主任，已死）认为是蒙古语文方面知识丰富，都是厅局级民族干部，德力格尔（注：内蒙古日报社长）虽然不学无术，为人老实，对党忠诚。这些人对我很避重，很听话，我也很看重他们，依靠他们去领导新闻、出版、语文工作。（按：结成为内蒙文教界的死党！）

……认为解放初期向外蒙学习，搬用外蒙的教科书，又曾搞过文字统一和名词术语统一，出版物中检查出来的问题，大多数是1957以前的，反修问题提出之后，宣传部也沒有抓这个问题，沒有禁止过出外蒙书籍，所以不能单纯责怪下面。认为额尔敦陶克陶的问题主要是在吸收汉语借词上保守，我对这个问题抓得不紧，不能把责任都推到他身上。……把大事化小，小事化了了。（按：或大包大揽，或拾车保帅，这是特古斯的惯伎。）

1957年乌派额（注：即额尔敦陶克陶）去蒙修那里搞文字统一和名词统一，这是中央同意的。所以认为额是按着党的指示办事，是乌兰夫信任的，政治上是可靠的。语文所的反右派斗争是额领导的，所以不可能揭出额的问题，我也就认为额沒有什么问题。（按：二十年来，特、额先为哈丰阿的门徒，后为乌兰夫的红人，他们臭味相投，狼狈为奸。）

我同巴图（註：内大付校长，民族分裂分子）、木伦（医学院院长，民族分裂分子）……私人来往比较多。……臭味相投，无所不谈。

至于1957年×××临走时搞了什么黑宴会，还有什么民族分裂组织的问题，我过去不了解，这次在报社搞文化大革命时才知道的。有人提出来，我替这个民族分裂集团"疏散人员"、"牺牲车马，保存将帅"等等，根本沒有这么一回事。

×××，1957年他在宣传部语文工作处工作时，我依靠他上了大当。……可是我把党委讨论的情况告诉给××以后，他就向×××等民族右派透露，並扬言党委的汉族同志有

大汉族主义等。这就是我向右派分子提供的子弹的实际情况。

联系到民族问题上，认为民族政策执行上有缺点，民族语文的使用和发展问题沒有解决，群众有意见是有道理的。我是用这样思想状况，去筹备和参加全区宣传工作会议的，这次会议上，资产阶级右派和民族主义分子向党向社会主义进行了猖狂的进攻，而我看不到敌人的进攻，处于右倾麻痹不清醒的状态。……那时右派分子攻击肃反，×××叫赔礼道歉，我也认为肃反过了火，弄得党和知识分子关系紧张，这样在反右派的斗争上，问题更大，最初以为×和×××够上右派，其他的只属于偏激情绪。所以缩手缩脚，不敢勇敢地投入战斗。什么原因呢？就是由于有民族主义思想。（按：特古斯就是个漏网大右派！）

祜和陈是我的父亲，是一个官僚地主。他的思想很反动，他退休，领退休金，我是知道的，我是同意的。因为领退休金，免得在经济上跟我发生联系，更重要的是政治上就不按地主、官僚对待了。这对我个人有利。这种思想是极其丑恶的。这次我要彻底改造，彻底用思想划清界限，把他赶回农村去劳动改造。（按：特古斯的混帐老子，在特被揪出的今天，才被师院"东纵"的革命小将抄家，勒令劳动改造。特古斯"造"的什么"反"？！）

（四）乌兰夫"大蒙古共和国"的舆论吹鼓手

当时乌兰夫大强调内蒙古日报要办出自己的特色，我是赞成的，並且写到文件中去了，这对篡改内蒙古日报的政治方向，起了很大作用。

……既然黑代常委决定叫我到报社，掌握党报，认为我对他们是有用的。（按：文化大革命初期，特古斯又御驾亲征，跑到报社担任工作团团长，充当了扼杀报社文化大革命的刽子手。）

对民族文化遗产、风俗习惯不进行阶级分析，不强调批判，而强调继承，不强调改革，而强调尊重。……只讲民族形式，不讲社会主义内容，只讲民族文化遗产，不分是什么阶级的。对《格斯尔》《江格尔》《青史演义》、《一基楼》等倍加称赞。（按：可见特某人确系老牌民族分裂主义作家尹湛纳希之孝子贤孙无疑。）我认为蒙文《聊斋志异》是蒙文译文的典范，主张出版。接着《三国演义》、《今古奇观》也编出版了，歌剧《达那巴拉》是在我的倡议下编排的（按：不是"倡议"，而是"授意"某"作家"，请至家中，面授机宜。），排演以后由于效果不好，沒公演。对于沙格德尔称为内蒙的刘三姐，提议在内蒙古日报上发表。（按：特古斯是内蒙的吴晗，骂天骂地的沙格德尔就是内蒙的海瑞。对喇嘛跳鬼也主张排下电影留下资料。（按：内蒙的"有鬼无害"论鼓吹者）……竭力地保护和发展旧思想、旧文化、旧风俗、旧习惯。这样为阶级敌人借古讽今，大量散布封建的反动的东西大开绿灯，严重地毒害了广大人民和青年一代的精神面貌。

×××在这次会议上又提出蒙古语文的提高问题，要编蒙古大辞典，要挖掘、整理、出版民族文化遗产，要在这方面跟蒙修比赛。我

是积极赞成的。特别是对蒙族文化遗产我很重视，认为文化遗产许多是口传下来的，老一辈死掉就要绝根。这样给民族分裂主义分子利用"挖掘民族文化遗产"进行反党反社会主义活动以合法地位。

特别是在内蒙古日报上发表沙格德尔的讽刺诗是我叫沈达搞的。我当时认为沙格德尔是刘三姐式的人物，骂天、骂地、骂王爷、骂牧主，革命性很强。沒想到（按：好一个"沒想到"！）1962年发表这样东西，却给阶级敌人用沙格德尔的话，骂党、骂社会主义开了绿灯。作为宣传部的负责人，不控制毒草，反而提倡毒草，这种反党反社会主义的责任是逃也逃不脱的。

1959年、1961年、1962年（我）所举的都是资产阶级的黑旗或者是折衷主义的灰旗。

我在当时虽然沒有攻击过三面红旗，但在思想上是动摇了的。对人民公社，我思想上认为建早了，特别是牧区人民公社有不少的是一年之内由初级社转为高级社，再转为人民公社。也曾怀疑过大跃进中的错误是不是路线错误，翻阅过若干历史问题的决议。（按："人民公社建早了！""大跃进是路线错误！"特古斯的论调和右倾机会主义分子彭德怀的叫嚣何其相似乃尔。）

乌兰夫派额尔敦陶克陶去蒙古搞文字统一和名词术语统一，並扬言这样做的目的是通过内蒙的出版物向蒙古宣传毛泽东思想。我对此是深信不疑的，认为这是中央的意图。……1962年乌又大叫大嚷起来，下令大增翻译编制（正在精简的时候），提高翻译人员的待遇，恢复学习与使用蒙古语文的奖励，我都忠实地执行了，並且宣扬乌兰夫如何重视蒙古语文，为蒙古语文工作人员打气。

1964年夏季，乌兰夫给我来一次电话，他说：中央民委意见把"公社""干部"两个名词改用汉语借词。我当时解释，这两个名词，曾经用过汉语借词，因为群众有意见，常委规定了几条原则，並经民族语文工作会议反复讨论，决定把两个名词改回来，並在报纸上公布了。乌说：那样区内出版物不改，毛选上改，群众有意见，向民委反映。我同意了，並通知了毛选翻译室和语委。（按：在蒙语中抵制"公社""干部"等汉语借词的最大祸首不是别人，正是乌兰夫！还有漏网的乌兰夫分子特古斯和额尔敦陶克陶！）

对党的"教育为无产阶级政治服务，教育与生产劳动相结合"的方针，动摇不定，最后按着资产阶级教育思想的框框贯彻执行这条方针，否定了生产劳动，否定了教育革命。……总之想尽一切办法维护资产阶级教育秩序。

从整个教育革命的过程看来，点火工作做的不多，消火工作做的很多，终于把教育革命的火焰扑灭下去了。这是我在教育工作所犯的严重错误之一。（按：特古斯是在内蒙古教育界贯彻陆定一修正主义教育路线、扼杀内蒙古教育革命的罪魁祸首！）

在教学改革中，主要搞了一个蒙汉文比例，搞蒙汉兼通。……根本沒有提政治思想内容问题。所以一直到1963年还编进蒙修的东西，毒害了青少年一代。这是我在教育工作方面所犯的严重错误之四。

我在教育工作上所坚持的不是毛主席的教育方针，不是无产阶级的教育路线，而是一条资产阶级的教育路线，我所举的不是毛泽东思想伟大红旗，而举的是资产阶级的黑旗。这使我区的教育工作遭到了严重的损失，阻碍了社会主义教育事业的发展和教育革命的开展，使我们的青少年一代受害甚大。

……这些年来宣传部的领导上沒有高举毛泽东思想红旗，而忠实地执行了前中宣部和乌兰夫的黑线。（按：特古斯是个"双料货"；乌兰夫在民族文化方面的狗头军师、周扬伸进内蒙的黑手。）

　　　　　　　—完—

四-20

旧宣传部——旧教育厅是
推销刘邓彭陆乌哈的反革
命修正主义、民族分裂主义
教育路线的黑店，
必须彻底砸烂！

我们心中最红最红的红太阳，毛主席教导我们说："凡是要推翻一个政权，总要造成舆论，总要先做意识形态方面的工作，革命的阶级是这样，反革命的阶级也是这样"。旧宣传部和旧教育厅都是刘邓彭陆乌哈进行反革命夏碎分裂祖国统一，在意识形态领域方面的指挥部，胡昭衡、潮洛濛、赵戈锐、特古斯、沈湖漠、周素、哈丰阿、白琳、韩明、扬不不巴根、尤瓦之流便是这两个指挥部的总头目。这一伙反革命修正主义、民族分裂主义分子叛徒、特务、蒙奸，把持宣传部、教育厅长达廿十来年之久，在这廿十年当中，他们忠实地推行刘邓彭陆的反革命修正主义教育路线，和乌哈的反革命民族分裂分主义教育路线，千方百计地阻挠和破坏毛主席教育路线的贯彻执行。把宣传部变成了"针插不进，水泼不进"陆定一阎王殿的内蒙古分店，教育厅便是这个分店在教育工作方面的"批发站"。二十年来，这个"黑店"、"黑站"妄图把自治区各级各类学校，变成资产阶级民族分裂主义的工具。是可忍，孰不可忍？

"金猴奋起千钧棒，玉宇澄清万里埃"。在这场史无前例的无产阶级文化大革命运动中，我们无产阶级革命派高举毛泽东思想伟大红旗，摧毁了旧宣传部和旧教育厅，揪出了哈丰阿、特古斯、白琳、韩明等一伙乌龟王八蛋，取得了宣传教育战线上文化大革命的决定性胜利。

"宜将剩勇追穷寇，不可沽名学霸王"。我们虽然取得了决定性的胜利，但还没有取得全面胜利，旧宣传部和旧教育厅虽已摧毁，但其黑线还没有彻底砸烂，流毒更没有肃清，反革命修正主义和民族分裂主义分子，虽已揪出了一伙，但还没有完全揪尽。所以，旧宣传部和旧教育厅的阴魂不散。宣传教育界的阶级斗争盖子还没有彻底揭开，乌哈的残党积孽还没有打扫干净。我们誓同全区全市决心把无产阶级文化大革命进行到底的无产阶级革命派一道，彻底砸烂旧宣传部和旧教育厅，把已经揪出来的钻进教育界里的反革命修正主义积民族分裂主义分子，继续打翻在地，再踏上一只脚，和他们同他们的反革命黑主将刘邓陶陆，斗倒一道永世不得翻身，把宣传教育界的无产阶级文化大革命进行到底。

现在我们把旧宣传部和旧教育厅旅泼属炉，推行反革命修正主义积民族分裂主义教育路线的罪恶，初步揭发如下：

第一，反对毛主席，反对毛泽东思想，大搞"全盘苏化"同蒙古看齐"建立封资修的反革命教育体制，为刘少奇的反革命复辟积高兰夫的制造民族分裂，破坏祖国统一服务。

新中国建立，教育应该怎么办，向何处去，这是个极其重要的问题，"干革命靠毛泽东思想"，解放后本应该遵循毛主席的教育革命思想，并以老解放区教育经验为基础，"有步骤地、逐步地"改革"旧有学校教育事业"，但是，旧宣传部公然反对毛泽东思想，竭力推销刘少奇的"全盘苏化"积乌兰夫的"吸收科学的进步文化"的反动方针、抵制改革旧的教育。解放不久，王铎、哈丰阿、特古斯、石琳等人，根据陆定一、乌兰夫的旨意，在"学习苏联"的幌子下，大肆贩卖披上社会主义外衣的修正主义、民族分裂主义的破烂货。把社会主义社会的新教育，一开始就引上了邪路，刘少奇把"全盘苏化"当作改革教育的"不可动摇的方针"，旧宣传部一面贩运"全盘苏化"，另方面又大搞"封苏化"，并把"苏化"和"古化"溶为一体，胡说"学习过去是"学习苏联"的"途径"，充为古古的"优越条件"。

王铎、哈丰阿、特古斯、石琳在乌兰夫的指示、大搬苏联和蒙古的教材、在乌兰夫反色主席关于以老解放区课本为主的指示，大搬苏联和蒙古的教材全是苏、蒙的一套，语文与后相当长的一个时期内，自然科学教材全是苏、蒙语文语法、陈语法课本完全是苏搬翻抄造去的外，语文课本又大量贩来了苏修的作品、极力宣扬民族分裂主义、封建主义、资本主义、修正主义、和平主义的货色、这样混毒还把这些毒草说成是"优秀的光荣杰作"，是课本王纲珊珠。

不仅教育内容"苏化"、"蒙化"，至教学方法方面也大搞"苏化"、"蒙化"，什么"三五主义"（五个原则、五个环节、五级分制）等沙成和欧美资产阶级教育的破烂，被迁以"社会主义先进经验"披了过来。物质刺激奖励制的河正主义的"块"力满它把在民族学校加以推广，王古修正主义反对和"所反化实"宣扬在性活和大发更建工休保养，我国学中国家在下面，可全用其期兰、石琳等人、鼓吹毒害工休保养。

乌兰夫、哈丰阿把毛主席化当大枝伴，人积刘兰夫"广消，文化苏化的方线工，制造新门，一无共有对"文化着便"与期卷天反声主持。

第二、"蒙化"的货卷、封建主义、资本主义、修正主义民族……主义教育的一整套……、从教育制度、课程设置、教材、方法、考试方法、规章制度、领导管理等，改头换面、全部继承了下来。

第二，以对毛主席……及对毛泽东思想、推行乌兰夫的民族分裂主义的"蒙汉兼通"方针，抗拒毛主席的教育方针和路线。

……宣传鼓吹乌兰夫的……早在一九五三年……第一次民族……的"蒙汉兼通"……会议上……"抓民族……"……，完全是……"蒙汉兼通"民族教育的一切……领导、……都是以"蒙汉兼通"为……教育、智育、体育的……制造民族分裂的……觉悟的……破坏民族的……所谓"民族化"、"教师民族化"……就完全不是无产阶级的……完全是为地主、牧主、王公贵族、资产阶级服务的。

第三，反对毛主席、毛泽东思想，在牧区大搞推行"集中办学"……对抗教育为工农兵开门的方针。

……为了适应"当代王爷"乌兰夫的"三不两利""稳"的反动政策，于一九五三年召开的第一次牧区教育会议上……抛出了"集中办学"的方针。以"集中办学"、全日制为主"……寄宿制学校为主"……"集中办学"就是"……公社为单位设小学，旗设初中，盟设高中"……学校……家庭……由国家出钱大办教育。这些……学校……几十里、远的上千里，学生上学都……城市"学……并且完全撇开他们的"四主"……办……特殊……要优先发展、……安排……基建、设备、助学金……要优先……为了办好他们的……牧区教育，而优先的主要……大抓"……、吃、住、穿、用"……物质……工作则首先大抓生活，大抓……供应……衣、食、住行"……"物质"先行，根本不……

谈政治和革命。

铁古斯、戈瓦之流，所以卖力地推行这一套反革命修正主义、民族分裂主义教育路线，就是为了抵制毛泽东教育思想。解放以后，合作化以后，公社化以后，广大牧区曾几度掀起了"牧民办学"的热潮。牧民所办学校"小型多样"，牧民子女就学方便、且能密切结合政治、生产、实际和群众，深受广大牧民群众欢迎……但却被铁古斯、戈瓦之流，以"保证不了质量"、"不便领导管理"等大棒，大砍大杀，用他们的"集中办学"所代替。但是，广大牧民群众对他们的"四主"学校，则非常的讨厌和痛恨，认为这种学校脱离实际，半脱又长，未用所责、学了也无用，是典型的"败家子"和"无用的货"。所以，有不少牧民拒绝送子女上学，或读上一、二年后就回家劳动了。所谓"集中办学"，完全是为王公贵族、牧主、地主、封建贵族、资产阶级办学。丝毫不是为贫苦牧民和不富裕牧民办学。所以，铁古斯之流，高谈阔论的"内学古廿年"，有的牧区普及率才反仅达到了百分之三十五。

第四，旧宣传部于一九五九年到一九六三年期间，曾多次召开宣传文教会议，通过这些会议将古斯状同期联结，并一九五八年教育大革命大辉攻击，进行反攻倒算。

一九五八年的教育大革命，是毛主席亲自发动和领导的。毛主席的教育革命思想，一旦同广大群众相结合，教育革命的群众运动处大如荼，席卷了全区。铁古斯之流，便根据陆定一的"社、穆、目、偏"的反革命调子，多次攻击五八年的教育革命，辩命的维护剥、资、修的一套。

铁古斯和胡昭衡，反复鼓吹"教学决定一切"、"建立正常的秩序"、"提高教学质量"、"教师教好"、"学生学好"、"课后重点"、"领导教学"、"搞足学生"、"因材施教"、"保后重美"等等。所有这一套去里货，就是为了否定教育革命的伟大成果，大搞的谓外偏，按他们的一套"要端三方面题主义。铁古斯之流，便大喊大叫旧的一套不能"都加以否定，他们大搞教育革命，改坏了学校的"正常秩序"，打礼了"教学为中心"，学校教育质量"面临着苦途降低的危险"。

一九五八年教育大革命的一个重要特点就是放手发动群众，搞的特搞群众运动，这就使旧宣传部的老爷们怀恨了眼。他们极端鄙视，说什么"教育是培养人的细致工作，要精雕细刻、注意质量"，搞"运动"不符合"学校特点"。旧宣传部长胡昭衡，对群众运动、横加了五大罪状：①违背教学规律，不能动学苦练的顺序渐进；②不能提高学习效率，运动把时间和精力浪费在不必要的聚会和活动中，教师没有充分的备课和批改作业，学生没有充分的时间读书；③运动搞得紧张，对师生压力很大，过忙过调美律形式，强求一律，妨碍个人钻研；④容易产生骄傲、浮夸现象，因病虚领导思想，满足于表面成绩，追求形式，不深入钻研教学，怨细缓进行。

工作。这真是狗胆包天、猖狂之极、用心之毒，无以复加。

第五，刘少奇一九五九年发出了"认真读书"的黑指示，反革命修正主义分子陆定一，便在全国文教书记会议上大肆表扬福建等省升学率最高，并把全国各省按升学率高低排了名次。旧宣传部的胡骚衡和特吉斯，教育厅的石琳和戈瓦，便大搞活动，开座谈会，派参观团去福建"取经"，回来以后，旧宣传部决定，让教育厅在一九五九年升学率最高的赤峰二中召开现场会议，大肆表扬福建赤峰二中的片面追求升学率的罪恶。会后我就形成了全区性的"学福建、赶赤峰、争当第一名"的片面追求升学率的歪风。

片面追求升学率集中表现为"智育第一、数学第一、升学第一"的"三个第一"，是地主资产阶级的时货、修的黑货，用读书升学为诱饵，让青少年一代走上修正主义的道路。旧宣传部和旧教育厅所以要搞"三个第一"也是为了准许资产阶级知识分子统治我们的学校，为了搞片面追求升学率，不少学校对所谓的老教师，采取了"政治上迁就，教学上依靠，生活上照顾"的狗资产阶级知识分子把持的修正主义政策。"三个第一"反党的阶级路线，大搞资产阶级的天才教育，把一些地主、资本家子女视为"天才"，而把工农子女贬低是"地才"。把"天才"培养成"精神贵族"，妄图把工农子女训练成利润阶级的奴仆。"三个第一"也正是乌兰夫、王逸伦、王铎、哈丰阿、朋斯克、胡昭衡、特吉斯、白云、潮洛濛、赵戈锐、冯湘汉、石琳、韩纬、特木尔巴根、戈瓦等反党反派，私混进教育队伍中的牛鬼蛇神，进行反党反社会主义、反毛泽东思想的"护身符"，这些修伙借"三个第一"这股歪风，大搞投机取巧，偷窃国家和党的机密、制造谣言，大搞他们的反革命活动。

第六，旧宣传部极力反对毛主席关于"教育要革命"的指示，大搞封、资、修的一套洋奴制度。一九六一、一九六二、一九六三年，列宁彭陆把他们多年经营的封、资、修的一套教育破烂，精心炮制成一炉，报上革命的升家、冒充新中国建国以来的教育经验、炮制了"高教六十条"、"中学五十条"、"小学四十条"、"小宝塔"、"重点学校"、"新教学计划""十二年制新教材""四个还乡"等一整套黑货。旧宣传部教育厅紧跟刘邓彭陆、并又根据乌王王哈朋"关于加强民族文教工作的若干规定"，它抛出了一套黑货，"高教十五条"、"民族教正收育三十条"、"业余教育四十五条"、"农牧进中学三十三条"、"奖学办法"及其他许多规章制度，这些反革命修正主义法、民族分裂主义教育国魂，都被刘少奇、乌兰夫定为"根本大法"，强令全区在各学校贯彻执行。

一九六三年旧宣传部和旧教育厅，分别召开宣传文教会议和教育行政会议，特吉斯、韩明等人，大逞身手，疯狂叫卖刘记以乌记的两套黑货。会议逆由党委、人委决定，一九六三年自治全区上上下下总动员，以上述两套黑货为中心内容，全面培训教育行政干部，学校领导干部、中小学教师、旧宣传部和旧教育厅这一年里培训了文教科长、完全中小学支书、校长、一般中小学校长等镇等干部。朴明对这一年的"教育活动",十分欣赏、感到有成效,对上面的党委、人委紧相呼应,对下向盟市、学校又次发出指示通知,要求一定照干。

特古斯、闫素、朴明等人决定一九六三年的中心任务是"重提高教学质量、努力推行民族教育"。黄勃、朴明等说什么"教育质量是整个国家、学校如果不狠抓提高教学质量,就是把着学校的教育质量;"提高中小学教育质量","直接关系到我国的教育质量","完成这一任务",这一年以后,正是"提高质量"。他们为了大量推销反革命修正主义,通过会议、训示、文件,培养什么"提高教学程度"、"因材施教"、"保持学校特色"、"提高教学质量"等"黑货"。一句话,他们在这里贩卖的就是艺文部和学校行政的关系,把学校引上了资本主义、"修正主义头子赫鲁晓夫和刘少奇的卫星上了天,我们国家修了也就甘情愿的反革命货色。他们的"狗党的战略"任务,就是要改变我们的党和国家颜色的反革命战备任务。

第七,"教育必须为无产阶级政治服务","政治教育是其中的一环"、"没有正确的政治观点,就等于没有灵魂",十重要。用毛泽东思想武装学生头脑最重要。但是旧教育厅的党委宣传部的这些头头,朴明、戈瓦等反领袖,别有用心把某某政治教育,说什么还是党委宣传部的事。那么旧宣传部觉得又怎么样呢,就以一九六四年沈湘汉和教育厅的一伙党权派主持召开的政治理论课为例也就完全可以知道,这一伙人是贩卖的什么货了。

这次会议切头切尾地贩卖了陆定一、许立群在全国政治理论评工作会议上,恶毒攻击我们伟大领袖毛主席,在伟大反数革主义的幌子下,疯狂反对当代马列主义的顶峰毛泽东思想,阴谋扼杀正在蓬勃开展的活学活用毛主席著作的群众运动,为政治理论课会议,都反对大量应用毛主席著作,是打着"红旗"反红旗的典型。校革没把毛主席著作当大中学校的政治理论课教材,只办"中学生接受政治中学和生活斗争的实践经验,政治理论课上那些不妥,领会毛主席著作有一定困难",还说:"有计划地把毛主席著作当大中学校的政治理论课材料","中学生接受政治中学和生活斗争的实践经验,政治理论课"。又说:"有计划地组织大中学生学习毛主席著作这铁定主张,因此,1964—1965学年内,领导力量较强的初中开设内也先学了主席著作,领导力量较弱的初级中学就没主课的组织这一课程","多年校的政治课就是不当毛主席著作。还是这次会后,也还是用主要精力抽时间、学习周主席定的"四本书",书目初、高三用一定适时同学习主席著作,着重解决所谓毕业阶段学生的思想问题。

他的特毛主席著作学习百般抵制，都极批决定开设"党的民族政策
和内蒙古自治区建设"课。妄图以此突出乌兰夫的"民族问题"，为
乌兰夫树碑立传，宣扬"乌兰夫思想"，以反对毛主席、毛泽东思
想和毛主席的民族政策。

这次政治理论课会议，根本不反修正主义，只是强调要服务教条
主义。实际上是为陆定一的以反教条主义为名，抵制反对修正主义，
而大反毛主席把毛泽东思想的罪恶勾当服务，会议特别强调，"从
中华出发"，"每门课的教学，要比较有系统地进行"，"还主张什么
"四段教学法"，一做好报告，二读书，三讨论，四总结解答，等
等，这不过是以"反对教条主义，这不是完全完全的教条主义吗？
所以他们反教条主义是假，攻击毛泽东思想是真，他们的用心又何
其毒也。

其二，旧宣传部根本没有认真抓好教育。二你队伍的改造，实行
陆定一和乌兰夫的同资产阶级知识分子"投降主义的政策，诱引导
他们走"白专"道路，一九五六年配合国际上的一股反共产主义的
反动知识分子入党，一九六二年人令资产阶级知识分子的"桂速"一方面不抓改造和革命派夺
化，另一方面却大抓特抓教师的防谱进修提高。旧宣传部的进修混动，即：学水平文大文专
初师的提列水师水平，末师的提列师范水平，师专的提列师范大
学者苏联的一套学校、进修课程知识，信奉"成绩卓著的教师和校长"以及"教育工作的
象"。

旧宣传部的当权派伙同针明，特别强调对教师工作实引书棵割批能调，要令他们左政
庆，认为这样才能激发教师的学习和工作的服性。他们特别对老
"注意安说"表扬和鼓励下，又爱说教育年教崖心学习老教师，要端正对老
从谱老教师的态度，要求是"六代"，即：有谱好，讲课好，博导好，批改讲义好，对民族
的素查成绩根本不提"共产主义化"。多年来他们准一路一来都好、洞试是蒙汉、政治
教师皆通也不通。

其九，旧宣传部也是大抓乌兰夫的"蒙读天学习八的想先锋等"
他们多年来不抓十分积极。一九六三年乌兰夫发出了心学习蒙文为核心
作学习的动谱多十八类指示，沈期汉、戈瓦等人开动宣传部、教育厅的机熊
的动谱及贯研究贯彻。为了学好蒙文、大搞特殊化。一九六五年乌兰夫

又下令加强蒙读文学习，潮流使伏同斜明等人，决定搞三所中学直接领导，一九六六年里文多又特别搞调查学制改革中，"要注意搞好学习蒙语文的试兵、并把这三所中学判归苏贵和陈炳学直接领导。一九六六年里文多又特别搞调查学制改革中，"要注意搞好学习蒙语文的问题"，血利文化大革命前，斜州进一步大搞主爱达方西工大城汉杂学的生学习蒙语文问题，又月含义起草文件，还大写主爱达方西工大城汉杂学的同志，对"乌兰夫同志"是什么态度，他自己一马当先，悦出了学好蒙语文的"十大纲领"，为莫把乌兰夫的"蒙汉兼通""学习蒙语文"、"文化基础"等些次，推向更深更广，以使有效地毒害全区蒙族育少年一代。

第十、中国赫鲁晓夫刘少奇，公然对抗毛主席，别有用心地临出"两种教育制度以来、旧宣传部和旧教育厅，又拿出了从末有过的"干劲"，积极推广。斜州更是空前地振作起来、主推行"两种教育制度"的火线上日夜奔忙。在短短一年半的期间，分别召开了规模很大的城市、农村、牧区工读教育会议，编了教材，培训了教师，制订了规章制度，设置了工作机构，进行了调查研究，树立了"样板"。到处鼓吹刘少奇关于靠"两种教育制度"防此修正主义的海计奇谈。一方面为刘少奇歌功颂德、树碑立传、另方面也妄图达到他的反对毛主席和毛主席教育路线的不可告人的目的。

斜州又一伙、不择手段的用刘少奇的"两种教育制度"改造广大群众在毛主席指示下办起的各种类型的半工半读学校，企图把城镇、农村、牧区的所有的半工半读学校都纳入"两种教育制度"的轨道。

"大月天兵征腐恶、万丈长缨要把鲲鹏缚"。旧宣传部和旧教育厅罪是滔天，十恶不赦。我们决心把无产阶级文化大革命进行到底的无产阶级革命派，一定把它砸个稀巴烂。

无产阶级文化大革命万岁！
教育革命万岁！
战无不胜的毛泽东思想万岁！
毛主席万岁！万岁！万岁万岁！

教育厅《革命造反》战斗队

1968. 2. 2日

四-21

出版战线

 内蒙古出版界大批判联络站
内蒙古大学井冈山
内蒙古人民出版社"一〇一"总部

讨特专号
1968

毛 主 席 语 录

必须在各个工作部門中保持高度的警惕性，善于辨别那些伪装拥护革命而实际反对革命的分子，把他們从我們的各个战綫上清洗出去，这样来保卫我們已經取得的和将要取得的偉大的胜利。

《关于胡风反革命集团的材料》按语（一九五五年）

江青同志在北京文艺座谈会上的講話

十一月九日晚和十二日晚，伯达、康生、江青同志召集中直文艺系统部分单位的單代表和革命羣众代表开了两次座談会。参加座談会的还有张春桥、戚本禹、姚文元、杨成武、吴法宪等同志。在九日晚和十二日晚的座談会上，江青同志发表了重要讲話。这个讲話稿，就是根据这两次讲話整理的。

我觉得很对不起，很长的时间没有听听同志们的意见，同志们对我们有什么意见，我是能够谅解的。因为同志们不了解我们的情况。

在无产阶级文化大革命以前，我是全心全力地跟同志们一块在搞戏剧革命、音乐革命。这是一个很细致的工作，很严肃的工作，它不是一天两天，也不是一个月两个月所能办到的，一个样板，要立起来，不仅内容应该是革命的，而且应该在艺术上也是站得住的，否则，人家就要复辟。这需要很大的精力。对于这个问题，过去我反复地对有的同志讲过。自从进入无产阶级文化大革命以来，由于工作情况变了，我的精力就又全副用在别的方面。所以，你们搞的戏、音乐、电影，我就顾不上看，不能象过去那几年那样，和同志们一起专门闹文艺革命。这一点说明了，同志们也可以原谅。

主席在延安文艺座谈会上讲话那个时候，因为我的工作不是做文化工作，在文化界只是打遭遇战。进城初期，我是遵照主席的教导，想为工农兵、为无产阶级革命路线树立两支队伍，一支就是创作队伍，一支就是评论队伍。但是，因为在这条战线上，人家专了我们的政，他们用各种手法不执行主席的无产阶级革命路线、文艺路线。而我们呢，也有一个认识过程，又有一个工作岗位的问题。主席在这方面，那是很注意的！我不过是一个流动的哨兵。只有这次无产阶级文化大革命运动过程中，才能基本上解决文化界的队伍问题。

在座谈会上听了一些发言，我觉得发言的水平还是比较高的，能够指出无产阶级文化大革命运动发展不平衡。事实上也是不平衡的，你们能够认识到这个阶级斗争的客观规律。有的地方搞得好一些，有的地方搞得较比差一些，有的地方看起来是很平静，实质上是一潭死水。针对这样的情况，不能一律说都没搞好，都要重新大乱。象新影，象芭蕾舞剧团，这是属于捂着的，没有真正地搞好革命的大联合、革命的三结合，当然也就不能够很好地搞斗批改、大批判。这样的单位，再乱一下是有好处的。乱敌人！乱敌人！！有些单位实现了革命的大联合，但还没有搞好革命的三结合，就应该在进一步巩固革命大联合的基础上，通过辩论、批判，解决干部问题，搞好革命的三结合，只有这样，才能有力地进行斗批改和大批判。对于有些搞得比较好

· 1 ·

的单位，革命的大联合搞的比较好，也搞了革命的三结合，那就要全力以赴搞斗批改、大批判。

总的说，是要树立革命队伍。树立队伍在文化界有这样一个问题，阶级成份是比较复杂的。但是，一个人是不能决定自己的出身的，还是可以看表现的。主席教导我们，树立阶级队伍，是要看阶级成份的，但也不唯成份论。大多数青年、革命小将是会跟主席的无产阶级革命路线走的；大多数干部、党员，也是会跟主席的无产阶级革命路线走的。这一点，大家应该满怀信心。

搞革命的大联合，最重要的是双方多做自我批评。两个组织都混杂了坏人，最好是不要你这个组织去捉那个组织的人，那个组织来捉这个组织的人，最好是由他自己的那个组织调查研究、自我批评，这样就容易搞联合。否则，每天吵架，这样敌人就容易利用。在这个方面，主席最近有重要指示，同志们也学习了，不多说了。总之，属于人民内部矛盾的事情，最好是多做自我批评，少批评人家；要是敌我矛盾，那就要斗倒、批臭。

文艺界是比较复杂的。从你们的发言里以及从你们送给我们的材料里，都可以看到这点。现在搞深搞透了没有？我看没有。因为敌人是很狡猾的，他们有一套一套班子，你搞掉一套，它又弄上一套，所以我觉得对文艺界要作深入的调查研究。

要稳、准、狠——对敌人；对自己，不要老打内战，对朋友也不要老打内战。打内战，就会被敌人利用；敌人有时候就是在背后操纵你们打内战，他就乘机溜了。这一点你们要识破。

新影厂最近搞了一个现代革命京剧的纪录片（叫现代革命京剧集锦）。当然你们是好意，也是花了功夫的，据说你们不是在舞台上拍的。但是对这几个戏的主题思想、它的艺术性在什么地方，你们都没有摸透，就搞了，每个戏搞了一点。我昨天晚上看了以后，觉得不安。你们是不是还能够补拍一点？现在这样子，到全国去放，工人、农民、士兵如果没有看过这个戏，他就不懂了。因为他们不象我们是摸熟了这些戏的。你们不要急着放映，你们讨论一下，看怎样把它改好。

北京京剧一团谭元寿同志，他就很急，说没有搞出戏来，这个心情是可以理解的。但是如果象过去那样很粗糙地搞出来，那人家还是要打倒我们的。宁愿我们这八个样板戏暂时占领舞台。这八个样板戏就已经把帝王将相、资产阶级赶下了舞台，赶下了银幕。而且在芭蕾舞、交响乐方面进行了改革，虽然还有很多缺点，有许多需要探讨的地方，但这在世界上也是震动的。象芭蕾舞团这次改《白毛女》——《白毛女》我相信一定能改好——由于急躁，搞得就很粗糙，这样是站不住脚的。当然这我有责任，因为我没有很多时间和同志们在一起搞。但是你们自己，是不是应该组织起来，认真地进行这个工作。

这里有一个普及和提高的问题。刚才有人说，要组织小分队下去搞一些

· 2 ·

片断和小节目给工农兵看，这当然是可以的。不过，现在的中心任务还是斗私、批修，组织革命队伍，否则，是不可能搞出真正为社会主义服务的符合工农兵需要的东西的。斗私、批修是很艰苦的事情，如果有人企图利用下乡下厂的活动逃避它，那就更不对了。这种思想，同志们不一定有，不过应当警惕。一个民族，总要有它自己的艺术尖端，现在的八个革命样板戏，可不可以说是我们民族的艺术尖端？大家知道，搞一个样板戏是不容易的，千锤百炼，总要改二、三年才成。因此，不可能每一个戏，每一个文艺团体搞的节目都搞成样板。样板是尖端，是榜样，是方向。当然，也不能孤立地搞尖端，尖端总是在普及的基础上出现的、提高的，而且尖端也是要普及的。例如，我们的革命样板戏，就要通过各种途径，主要是通过拍成电影普及到全国各个角落。因此，我觉得同志们还是要安下心来，搞好斗私、批修。这在当前说来，是最重要的、最基本的。

在目前，十一月还有半个多月，十二月有一个整月，春节前还有二、三个月，在各个单位里，是不是把队伍先树立起来，把敌人狠斗狠批，批倒批臭！否则，创作思想很混乱，那就不能搞创作。在这个时期，有的单位要乱一下；有的单位乱够了，就不一定再乱了。有的单位乱一下，乱敌人，不是乱我们，这是完全应该的。把矛盾掩盖起来，这不是一个好的办法，也不正确。我们不怕乱，但是已经搞的比较好的，搞了革命的大联合、革命的三结合，就不要再去乱了。这就是说，我们要有分析。在这个问题上，我们革命同志、革命小将，既要有大无畏的无产阶级革命者的风格，不怕乱，顶得住，受锻炼；又要有脚踏实地的苦干精神，动脑筋，科学分析，克服和排除各种非无产阶级思想的干扰，真正沿着毛主席的革命路线胜利前进。

还有十七年和五十天的问题。我觉得有些革命小将的见解是很好的。五十天要算，十七年也要算，三十年代也要算！这个根长得很哩！有一个小将讲，有的人只搞五十天，不搞十七年，这实质上是用五十天包庇十七年，包庇三十年代，这个看法很深刻。同时把五十天同十七年分割开来，也就是把毛主席的无产阶级革命路线和毛主席的无产阶级革命文艺路线分割开来，这也是不对的。当然，对三十年代、对十七年、对五十天，都要一分为二。三十年代，也有以鲁迅为首的左派；十七年，也有一些革命左派；五十天，那就更多了，纷纷起来反抗文艺黑线。工作队实质上是保护十七年，保护三十年代，甚至保护二十年代。有一些青年同志和革命小将，水平比较高，看清楚了这个问题。

关于参军的问题，你们不要着急，现在林副主席已经下命令，请杨成武同志他们军委办事组，挑选几个军、师一级的干部来管这个事情。报告你们这么一个好消息。你们如果一天老是参军呀参军，就忘了别的了。

我今天没有准备，也许我讲的不完整，有的错了，同志们批评我。我就讲这样一点，以后我们再座谈。

· 3 ·

风吹老月天不动　浪打船头道不移

· 本刊评论员 ·

无产阶级文化大革命的巨流，如大江波涛，一浪高过一浪，革命的形势多么令人鼓舞！

我们伟大的领袖毛主席英明地指出："**运动在发展中，又有新的东西在前头，新东西是层出不穷的。研究这个运动的全面及其发展，是我们要时刻注意的大课题。**"

目前，从文艺界开始的向纵深发展的革命大批判风暴，正席卷整个内蒙古文化界，波及各个领域和部门。这就是内蒙古无产阶级文化大革命运动中的新的重大课题。

内蒙古文化界革命风暴的兴起，是内蒙古无产阶级文化大革命发展史上的又一个里程碑，是无产阶级革命派向乌兰夫反党叛国集团发动第三次大进攻的第一排重炮。

这次大进攻，是在江青同志最近在北京文艺座谈会上的讲话精神鼓舞下发起的，是要"乱敌人！乱敌人！！"是要把乌兰夫安插到我们革命队伍中一套一套的人马都揪出来，彻底扫除象特古斯之流的乌兰夫反动残党余孽！

这次大进攻，有无产阶级的红色政权——革命委员会的直接领导，有无产阶级专政的坚强柱石——中国人民解放军的支持；无产阶级革命派做主力，红卫兵小将打先锋。革命的大军阵容严整，气势磅礴。

这次大进攻的一个突出的特点是"稳、准、狠！""**其势如暴风骤雨，迅猛异常，无论什么大的力量都将压抑不住。**"阶级敌人被打得手忙脚乱，不知所措。可以满怀信心地预料：他们反革命的防线将被一道一道突破，他们死守的堡垒将被一个一个攻克，等待他们的是无产阶级革命派早就为他们挖好了的坟墓。

但是，"**帝国主义者和国内反动派决不甘心于他们的失败，他们还要作最后的挣扎。**"他们在新的形势下，采取新的和更加隐蔽的方式，从"左"面、右面，或同时从两方面向无产阶级进攻。当前围绕着揪斗反革命修正主义、民族分裂主义分子特古斯的问题，社会上各派政治力量的表演，就正在暴露着阶级敌人这种穷凶极恶的面目。

一小撮党内走资派和一些别有用心的家伙，为了维持他们在文化界的统治，为了保护在文化界推行修正主义、民族分裂主义黑线的"老头子"特古斯，便以极"左"的面目出现。他们"打击一大片，保护一小撮"，大大发展了"错误言论人人有份"的谬论。他们无中生有，歪曲夸大，蒙蔽和操纵一些不明真象的群众，把许多说过一些错话，写过一些不好作品和做过一些错事的革命同志，统统打入乌兰夫黑线。说他们是"打着'红旗'反红旗"，是"红旗派"，比"白旗派"还恶毒，等等。他们极力混淆反革命文化黑线和毛主席革命路线的界限，混淆两类不同性质的矛盾，企图把水搅浑，制造混乱，转移斗争大方向，分散无产阶级革命派对以特古斯为代表的反革命文化黑线的斗争精力。他们妄图在鱼龙混杂之中，自己好悄悄溜走。

另一小撮别有用心的家伙，乘文化界之"乱"，明目张胆地为反动的"新思潮"翻案。他们硬把无产阶级革命派的"乱敌人"，和他们几个月之前"乱革命委员会"扯在一块，既为他们"乱革命委员会"开脱罪责，又偷偷地把文化界"乱"起来了的功劳归于自己，真不要脸！他们不是污蔑无产阶级革命派是"接过别人的口号"去"赶时髦"的"滑稽的投机商吗"？其实，这正是他们自己的最好写照。尤可恶者，这些家伙利令智昏，竟把无产阶级革命派过去对反动"新思潮"的批判硬和特古斯穿在一起，胡说是特古斯把"革命的'新思潮'打成反革命"。不难看出，他们打特古斯是假，向无产阶级革命派反攻倒算是真。我们不答应，绝不答应！这些家伙们之所以玩弄种种花招，戳穿了

· 4 ·

是他們企图以打特古斯为名，"逐步升级"，以达乱革命委员会、乱革命造反派之罪恶目的。尽管他們連篇累牍、夸夸其談地"再論內蒙古无产阶級文化大革命的新阶段"，似乎真是一个决心把无产阶級文化大革命进行到底的革命派，但是"闪光的东西不一定都是金子。托洛茨基的詞句虽然灿烂夺目，娓娓动听，可是没有絲毫內容。"有的只是他們恶毒用心的表露。别有用心地把革命委员会分成以"滕海清、吳涛、高錦明、霍道余为首的革命委員会"和以另一些人为首的革命委員会，在革命的紅色政权內部进行挑拨离間的不就是他們嗎？声嘶力竭地叫嚷要"砸烂"某某革命羣众组织的，不也是他們嗎？

还有一些家伙则是以右傾机会主义的路綫，反对无产阶級文化大革命的深入发展，反对彻底肃清乌兰夫的残党余孽。他們把毛主席提出的"革命大联合"中"革命"二字砍掉，在"联合"的幌子下販卖"合二而一"的修正主义黑货。他們暗中操纵一部分人，紧紧捂住文化界阶级斗争的盖子不让揭。誰敢造他的反，他就給誰扣上"破坏大联合""无政府主义"的帽子。他們把无产阶級革命派的造反行动統統斥之为"派性"，把红卫兵小将对他們的冲击，污蔑为"挑动派性斗爭"。红卫兵小将杀向文化界，他們极力阻撓，百般刁难，咒罵红卫兵小将"手伸得太长了"，甚至說是"敌军围困万千重"，等等。他們就是以这样种种的罪名，对红卫兵小将施行恫吓。究竟是别人"挑动派性"，还是他們利用派性反对革命呢？这不是很明显的嗎？

这一切都不能得逞之后，这些家伙最后的一招，就是从乌兰夫反党叛国的货郎担里，拣来了"民族問題"的破烂货。最近，他們开始放风了，說这次文化界的斗争是"专整蒙族干部"。这羣昏头昏脑的蠢驴，没有从乌兰夫的失敗中吸取絲毫教訓，以为再这样一来，就会挑起民族矛盾，就会实现他們幻想的"以民族斗争代替阶級斗爭"。这帮倒行逆施的小丑，总是过高的估計自己的力量，过低的估計人民的力量。他們比瞎子还要瞎，他們根本看不到毛主席关于"民族斗爭，說到底，是一个阶級斗爭問題"伟大学說的无比威力，看不到經过一年多文化革命洗礼的蒙汉各族革命人民空前提高的无产阶級觉悟。他們黔驴技穷走投无路蹈乌兰夫之复辙，代表着沒落的王公、貴族等民族反动派，做着毫无希望的垂死挣扎。这样做，只能在他們肮脏的反动史上，又增添更大的罪恶。

毛主席教导我們："阶級敌人是一定要寻找机会表现他們自己的。他們对于亡国、共产是不甘心的。不管共产党怎样事先警告，把根本战略方針公开告訴自己的敌人，敌人还要进攻的。阶級斗爭是客观存在，不依人的意志为轉移的。"

我們队伍中的一些同志，却对阶級敌人的猖狂进攻置若罔聞，熟视无睹，稀里糊涂的干着帮助敌人的事情。不是嘛！他們的資产阶級个人主义野心，和小資产阶級的派性正是反动的极"左"思潮生长的土壤；他們安于现状，害怕斗爭，不彻底革命的政治庸人态度，正是右傾机会主义的防空洞；他們的資产阶級民族主义情緒，正是阶級敌人用"民族斗爭代替阶級斗爭"的最好助手。实际上，这些就是那种阻碍文化大革命向前发展的旧的社会习慣势力。但是我們相信，这些同志中絕大多数都会在毛主席"斗私，批修"的伟大号召指引下，冲破走資派和旧社会习慣势力的重重枷锁，朝着彻底革命的路上迅跑。那些愿意带着花崗岩脑袋去见上帝的人，只能走向反面，变成一个无耻的机会主义者。"想要阻挡潮流的机会主义者虽然几乎到处都有，潮流总是阻挡不住的，社会主义到处都在胜利地前进，把一切絆脚石抛在自己的后头。"无論阶級敌人怎样拼命抵抗，无論各种机会主义者怎样捣乱，坚决把无产阶級文化大革命进行到底的革命派，在毛泽东思想指引下，将勇往直前，革命到底！

风吹老月天不动，浪打船头道不移。

伟大的无产阶級文化大革命必将在內蒙古取得彻底胜利！

战无不胜的毛泽东思想伟大红旗必将永远飘扬在內蒙古的每一寸土地上！

是「老左派」还是大右派？

——从反右斗争看特古斯

在毛泽东思想的指引下，无产阶级革命大批判的猛烈炮火，轰击着资本主义复辟的社会基础，扫荡着乌兰夫黑帮的残党余孽。一切妖魔鬼怪，不论他们披上何等华丽时髦的外衣，在革命大批判的洪流中，都将原形毕露，陷于"老鼠过街，人人喊打"的絶境。

特古斯这个彻头彻尾的反革命两面派被革命派揪出来示众，就是最好的例证。

特古斯一贯使用两面派手法，隐藏自己的反革命政治面目，篡改历史，蒙混过关，打着"紅旗"反红旗，进行各种罪恶活动。他是乌兰夫反革命文化黑綫的总代表，是乌兰夫反动王朝里一个了不起的角色。所以对特古斯必须批深批透，斗倒斗臭。

但是，"文化革命既然是革命，就不可避免地会有阻力。这种阻力，主要来自那些混进党内的走资本主义道路的当权派，同时也来自旧的社会习惯势力。"

党内一小撮走资派和一些别有用心的家伙，为了维持他们在文化界摇摇欲坠的统治，保护他们在文化界进行资本主义复辟的主帅，最近他们积极活动起来。他們四处游說，造謠惑众。胡說什么：特古斯是"革命領導干部"，"同乌兰夫有过很多斗爭"。还說"特古斯在几次大的革命运动中，都站在毛主席革命路綫一边"，他們特别提出在一九五七年的反右斗争中，特古斯是如何坚定地同右派"斗爭"等等。看来他們是硬要让人們相信特古斯是"革命的"、是"好人"、是"反右左派"，不该打倒。甚至他們心怀叵测地散布："特古斯是蒙族干部中的好干部，特古斯打倒了，蒙族干部就剩不下几个了。"他們企图用"民族问题"的盾牌，抵挡无产阶级革命派对特古斯的批判和斗爭。

好吧！那就让我們以一九五七年反右斗爭为例，看看特古斯究竟是"好干部"，还是坏家伙，是"反右派的英雄"，还是漏网的敌人。

生产资料所有制方面的社会主义改造的基本完成，极大的鼓舞了全国人民的革命积极性，从而促进了我国社会主义革命事业的飞跃发展。对于我国人民社会主义革命事业的伟大胜利，资产阶级右派恨之入骨，咬牙切齿。他們千方百計寻找机会，破坏社会主义革命事业。一九五七年，当我党进行伟大的整风运动时，资产阶级右派以为有机可乘，便向党发动了猖狂的进攻。

在內蒙古自治区，资产阶级右派和民族分裂主义分子，以反大汉族主义为名，猖狂地反对党的领导，反对无产阶级专政，反对社会主义制度。在这个资产阶级右派和民族分裂主义分子的反党合唱队里，乌兰夫是黑后台，而特古斯则是一个出色的台前指挥。

三月間，特古斯就迫不急待地为右派分子的反党活动点了一把鬼火。在他自己主持召开的"民族語文"干部会議上，他公开支持右派分子、民族分裂主义分子的反党活动。他夸奖右派分子钦达木尼等的反党发言是"觉悟提高"了的表现，是"敢于斗爭"。他还亲自登台表演，叫嚷什么要坚决与忽视民族特点的所謂"大汉族主义作斗爭。"五月初，內蒙古全区宣传工作会議开幕。特古斯更以区党委負責人的身分，領导了"民族語文組"的工作，并且安排老牌民族分裂主义分子、蒙修特务額尔敦陶克陶担任"民族語文組"組长。

在特古斯和額尔敦陶克陶控制下的民族語文組，资产阶级右派和民族分裂主义分子纷纷跳了出来，大肆向党进攻。他們噴云吐雾，大放其毒，恶毒地咒罵共产党，誣蔑社会主义制度。

对于右派分子的疯狂反党活动，特古斯从未反对过，就是不同的意见也沒有。他和那些右派分子們拉拉扯扯，打得火热。对右派的发言，他大肆赞美，倍加頌扬。他进一步助长右派的反动气焰，說他們的"觉悟提高"了，要他們坚决向"大汉族主义"进攻。特古斯甚至让他手下的一个处长格根哈斯炮制了所谓关于"民族化"、"民族語文的使用"等等討論方案，作为右派分子向党进攻时发言的提綱。

特古斯指挥的右派大合唱，深得乌兰夫的宠爱。五月十一日，乌兰夫不辞劳苦，亲临民族语文組来观陣。

按照特古斯和額尔敦陶克陶的旨意，民族語文組公推特布信向乌兰夫作汇报发言。特布信的发言，綜合了民族語文組的右派言論，并借题发挥，大肆鼓吹"环境同化論"，大反所謂"大汉族主义"。这个发言，受到乌兰夫的垂青。特布信发言之后，乌兰夫十分贊同，并且又把这个发言大加发挥，肆意放毒。狂叫什么"为反对大汉族主义而斗爭"，宣称"过去反对大汉族主义同化，今天仍然反对，将来还要反对，永远反对"。乌兰夫慷慨激昂，唾沫横濺，讲了足有两小时之久。这是肆无忌憚地为右派分子撑腰张目。会上，特古斯对特布信的发言和乌兰夫的发挥兴味盎然，頻頻点头，表示贊同。会后，他又把乌兰夫的发挥奉若圣旨，布置討論。特古斯这个右派分子反党大合唱的总指挥，可真有两下子，找机会，煽风点火；請后台，加油打气，好不忙哉！

六月初，整风运动开始。右派分子們欣喜若狂，以为共产党的天下从此要垮台了。他们上窜下跳，八方串联，呼风喚雨，推涛作浪，更加猖狂地向党进攻。特古斯更是喜出望外，眉飞色舞，格外活跃起来。他或策划于密室，或点火于基层，四处奔走，大造其謠。他找到特布信說："师院汉族学生的大汉族主义特别严重，汉族学生公开贴大字报罵蒙人是牲口。还画漫画誣蔑丑化蒙古人，給蒙古人画上牛蹄子、駱駝蹄子。"他說这是特木尔巴根对他讲的，他也亲自看到过等等。他还传播当时的一个謠言，說賽北县有一个蒙族人因讲蒙古話，被汉人割掉了舌头。

看吧！特古斯是怎样挖空心思地煽阴风，点鬼火的。他妄图用这些聋人听聞、莫須有的謠言煽动民族情緒，挑拨民族关系，鼓动右派分子和民族分裂主义分子死心塌地地反对共产党。用心何其毒也！

七月，特古斯更凶相毕露。他亲自网罗了一班人馬，把"整风"当中右派分子的反党言論加以系统的整理，写成了"关于民族問题的反映和意見"一文。并且打印成册，以"中共內蒙党委宣传部"的"机密"文件，上报"党委領导"，下发各"有关方面"。还让把这个"文件"传达到每一个党内外群众当中去，让党和人民群众把右派分子的反党言論当作正面的"反映和意見""参考"接受。特古斯眞不愧为右派分子在共产党内的好代表。

你想知道特古斯代表右派向党和人民的"反映和意見"是什么貨色吗？不須多看，取其"精华"就够了。那就是资产阶級民族主义的极端狂热所引起的对无产阶級专政和社会主义制度的刻骨仇恨。

右派分子对无产阶級专政条件下，"內蒙古基本上实现了自治权利"的提法抱"怀疑"态度。他们认为"自治权利仅仅开始实现，还不能提出基本上实现。"这純粹是胡說！

中华人民共和国的成立，为我国各少数民族人民行使自治权利开辟了广闊的道路。特别是在生产资料所有制方面的社会主义改造基本完成以后，更使各少数民族人民的自治权利得到了保障。

所謂各族人民的"自治权利"，就是各族人民跟着共产党毛主席走社会主义道路，并对一切剥削阶級实行无产阶級专政。在无产阶級专政下，蒙古族中那些被推翻的地主、牧主、王公贵族感到不舒服，沒权利，他们对无产阶級的政权极端仇视，总是寻找机会，进行反抗。右派分子提出扩大所謂"民族自治权利"，正是在"民族自治"的烟幕下，为被推翻的剥削阶級篡夺政权，变无产阶級专政为资产阶級专政大造輿論。特古斯把右派分子这种顚覆无

• 7 •

990

产阶级专政的叫嚣，当作对党的"反映和意见"，就足以见其代表誰讲話。

右派分子对批判民族分裂主义怕得要死，恨得要命。他們咒骂党对民族分裂主义是"一棒子打死"、"大汉族主义逍遥法外"，指责党"往往把正当的民族要求与民族情感，同狭隘民族主义混为一談"。他們要公开提出"反对同化"、"反对大汉族主义"的口号。

毛主席教导我們："**在阶級社会中，每一个人都在一定的阶級地位中生活，各种思想无不打上阶级的烙印。**"那种抽象的超阶级的所謂"民族要求"和"民族情感"是不存在的。难道反对共产党、仇恨汉族劳动人民的右派分子，与拥护热爱共产党、同汉族劳动人民亲同手足的蒙族劳动人民会有什么共同的"民族要求"和"民族情感"吗？不会有，也絕不可能有。右派分子的所謂"要求"，就是打着"民族"的旗号，分裂无产阶级和各族劳动人民的团结，推翻无产阶级专政；所謂"情感"，就是对各族人民进行的社会主义革命和建设事业的极端仇视。对于右派分子这种敌视和反抗无产阶级专政的民族主义，党和人民就是要"一棒子打死"，让它永世不得翻身。大汉族主义也是我們党一貫反对的。国民党反动派对各少数民族人民的大汉族主义统治，就是我們党領导各族人民共同推翻的。解放后我們党也一直重视对大汉族主义的批判。右派分子顛倒黑白，混淆是非，借"反对大汉族主义"之名，行民族分裂主义之实，别有用心地提出什么"反对同化"、"反对大汉族主义"的口号，完全是对伟大的中国共产党，对无产阶级专政的恶毒进攻。特古斯把右派的进攻說成是对党的正面"意見"和"反映"，正好說明他自己和右派分子在反对共产党，反对无产阶级专政这一点上，是心心相印，狼狼为奸。

右派分子們极力反对毛主席关于社会主义社会阶级和阶级斗争的伟大学說。在

他們看来，社会主义不是滿足无产阶級的利益，而是"民族至上"，"民族至尊"。他們胡說：社会主义的中心問题是"如何保持民族特点、民族形式进入社会主义的問题。"他們恶狠狠地警告党：蒙古族要被"同化"、被"消灭"，"如不采取特殊措施，扭轉忽视民族特点的傾向，很可能走滿族的道路。"听听，右派分子把我們伟大的党竟然同反动的滿清政府相类比，他們究竟要干什么？！难道不是要人們象推翻滿清政府那样去推翻共产党吗？他們要"保持民族特点、民族形式进入社会主义"，实际上就是在"民族"的幌子下复辟资本主义。他們的社会主义是假的，是地主、牧主、资产阶级的天堂，是劳动人民的地狱。特古斯把右派分子如此恶毒的語言，也列为向党提的正面的"反映和意見"，不正好暴露了他日夜盼望資本主义复辟的狼子野心吗？

上面仅举三个例子，稍加駁斥，就可以看出特古斯的这个对党的"反映和意見"是何等的恶毒和反动。实际上这个所謂"反映和意見"是一个地地道道的反革命叫战书，其反动謬论，通篇皆是，駁不胜駁。下面再罗列几段，奇文共欣賞，疑义相与析：

他們狂妄地宣称："要把內蒙古自治区分成两个单元：汉族区和蒙族区。"要发展"新的純蒙古族形式的經济文化中心城市。""为了避免民族形式、民族語言被消灭、被同化的危险，內蒙古自治区首府（中心）应当移至蒙古人口集中的地区。"他們公开叫嚷："內蒙古应与外蒙古合并。"

他們狗胆包天，竟胡說什么"中国共产党不是蒙古民族的党，是汉人的党。"

他們反汉排汉，以譏諷的口吻叫嚷"我区汉族老大哥的帮助有些过火了"，成了"包办代替，喧宾夺主"了。他們甚至利令智昏地說起胡話来："党組书記是汉人，一切权利在他們手里"，"民族干部的意見不頂事了"等等，等等。

他們竭力反对歌頌党和毛主席**民族政**

· 8 ·

策的光辉胜利和内蒙古自治区社会主义建設的伟大成就，大叫什么"領導上存在有歌功頌德的思想"，"只談成績，不談缺点错誤"，"揭露其他矛盾差不多都見报，有关民族問題方面的矛盾就很少見报"，污蔑党是"不敢正视缺点错誤，"是"惧怕真理的表現"。

他们要反攻倒算，說"从土改以来底子打歪了"，很多人"由于集中力量搞建設，沒有注意到民族形式……因而原有的民族情感也化为烏有了"。他们明目张胆地咒罵社会主义制度，說"現在不如过去伪满时代了"，甚至歇斯底里大发作，叫喊什么"象巴彦淖尔盟那样沒有进行土改斗争，保持封建势力的話，在民族語文的使用和发展上就大有好处了。"

他们厉声斥責党是"严重的民族虚无主义"，他們要"响亮地提出：一切工作的出发点，一是社会主义，一是民族問題。"

他們疯狂地用"机关民族化"反对干部共产主义化。他們要把"每个干部，尤其是各級領導干部的民族政策（按：实际上是資本主义复辟活动的策略）执行情况的好坏作为衡量、考察、提拔每个干部的标准。"

他們还把一些根本沒有或极个别的現象拿来作武器，向党进攻。

他們說："包头汉族干部多，蒙族吃不开"；"因为稿費少，严重地影响着民族作家的创作积极性"，"影响着民族文学的进一步繁荣和发展"，他們还丑化社会主义的商业市场，說"联营商店摆着奶皮子，不卖給蒙族，是专門为外宾参观，是形式主义"；甚至連女人生孩子的事也作为他們反党的口实。他們胡說党的节制生育宣传是要"减少"蒙族人口，他們要向苏修学习，采取苏修的办法："子女多要奖励，子女少要納税"，等等，等等。

够了！在这篇长达一万四千余言的"反映和意見"里，胡說八道，信口雌黄，什么烏七八糟的破烂貨都搜罗起来了，眞是五花八門，无奇不有。他們这个"万言书"，把无产阶級专政和社会主义制度說得一团漆黑，把民族团結的大家庭罵了个狗血噴头，比起一九五九年彭德怀的反党"万言书"有过之而无不及，而且更恶毒，更低劣。

这个"万言书"，活龙活現地勾划出特古斯这个右派大头目的穷凶极恶的嘴脸。他在和右派一起向党进攻时，是多么耀武揚威，不可一世啊。但是反右斗争一打响，一貫玩弄反革命两面派手法的特古斯見势不妙，立刻看风轉舵，巧妙地搖身一变，把自己大右派的丑恶面目隐藏起来了。

九月間，他把特布信找来，儼然以一个先知先觉的"老左派"的口吻教訓特布信，說特布信在宣传会議民族語文組上的发言错了。并且說错的"具有系統性，綱領性。"特古斯算說对了，特布信的发言，本来就是在他的指挥下，右派分子們共同炮制的"系統性，綱領性"的反党发言嘛。但是在这里，特古斯只說出了一半——特布信的反党发言要批判，你，特古斯，这个右派反党合唱队的总指挥也罪責难逃！

特古斯为了保护自己，保护他的黑后台烏兰夫，掩蔽了他自己和烏兰夫鼓动支持右派向党进攻的罪恶行径，开始往特布信这个替死鬼身上使劲了。特古斯自己装出"一貫正确"的姿态，利用职权領導了对特布信的斗争。但是狼总归是狼，装是装不象的。他一面在大庭广众之中大声訓斥特布信，另一方面则同烏兰夫密謀保护特布信过关。果然，十二月六日特古斯向特布信传达了烏兰夫的"指示"，說："烏兰夫主席在书記处会議上說，要保你过关。"显然，烏兰夫和特古斯并不打算对特布信严加处理。

但是，反右斗争的烈火是扑不灭的。愈烧愈旺的反右烈火，眼看就要烧到特古斯和烏兰夫本人头上了。他們再包庇特布信就会被革命群众揪住他們自己的尾巴，

· 9 ·

把他們一窝統統搞掉。为了将来的"大业",不得不下决心忍痛割爱了。

一九五八年二月,在內蒙党代会上,烏兰夫、特古斯大演其舍車馬保将帅的丑剧。特古斯一反常态,装得极"左"。在党代会上,他一蹦三尺高,慷慨激昂地批判特布信。他发言的题目叫做:"我們和特布信的根本分歧。"簡直是天大的笑話。我们回想一下,整风以前,反右以后,特古斯和特布信到底在什么地方有"根本分歧",看不出,找不到。现在他装模做样,以"老左派"自居,大叫什么他和特布信的"根本分歧",不过是在他反革命的肮脏脸譜上,抹了一道更加使人恶心的油彩而已。

就这样,特布信成了內蒙最大的右派,而特古斯、烏兰夫不仅偷偷滑了过去,而且因打特布信有功,还恬不知耻地向党和人民表白,他們是"反右派"的,是"反对民族分裂主义"的。过后,他們又以"左派"的荣耀居功自傲,横行霸道,反攻倒算。据特布信揭发,烏兰夫和特古斯就曾通过一些人給他捎話,让他申訴、翻案。

不是有人爱写什么三部曲嗎?特古斯的"反右"斗争史就是一首絕妙的三部曲。第一步,煽风点火,伙同右派一起向党进攻;第二步,以极"左"的面目出现,舍車馬,保将帅;第三步,反攻倒算,鼓动右派翻案。我们从反右斗争的整个过程中,看透了特古斯这个反革命两面派的丑恶灵魂。他阴一面,阳一面,当面一套,背后一套;翻手为云,复手为雨,嘴上挂着馬列主义的言詞,贩卖的却是修正主义的黑貨,头上戴着"革命左派"的桂冠,全身却散发出修正主义、民族分裂主义的臭气。他在有利时进攻,不利时退却,用真进攻猖狂反党,用假批判保护自己。招降纳叛,結党营私,以推翻无产阶级专政,实行资本主义复辟为自己的最終目的。这就是特古斯一整套反革命两面派策略。

象特古斯这样的反革命两面派在內蒙古文化界并不是独一无二,而是大有人在

的。比如說报社有沒有,人民出版社有沒有,語委有沒有,其他单位有沒有。特别是特古斯的心腹、爪牙、党羽、紅人,差不多都从特古斯那里学来了这一套邪門歪道的把戏,专以江湖骗术蒙蔽群众,进行反党活动。这些家伙贼头贼脑,滑得象个泥鰍,稍一留神,就会溜走。他們表面上冠冕堂皇,油腔滑調,倒也象个正人君子。但是,只要在走社会主义道路还是走资本主义道路这个根本问题上,用毛泽东思想的照妖鏡照一照,这种伪装立刻会拆穿,原形就会毕现。特古斯在一九五七年反右斗争中的种种表演,不就是鉄証嗎?

当然揭穿这种反革命两面派是不容易的。要識别这种反革命两面派,要看他在重大关键时刻的政治立場,特别是资产阶级向无产阶级猖狂进攻时的政治立場。不能相信那些順风轉向的表面现象,要透过现象看其本质。至于象烏兰夫和特古斯之间狗咬狗的争斗和各种各样的争吵,只能說明资产阶级內部矛盾的不可解决,只能暴露他們个人之间勾心斗角的丑态,并不能說明他們之间有什么根本的利害冲突。

但是,我们队伍中一些人,被特古斯之流的反革命两面派手法所迷惑,他們犹豫不决,畏縮不前,迟迟不表态,不战斗,观风潮,随大流。他們不愿意做深入細致的調查研究,而喜欢鸚鵡学舌,人云亦云。他們传播特古斯是"好人"的种种离奇古怪的謠言,害了自己也誤了别人。这里,我们要劝告这些同志,不要停止不前了,要坚决响应毛主席的号召,做坚决把文化大革命进行到底的无产阶级革命派,不把烏兰夫的残党余孽扫除干净,就对不起我們伟大的領袖毛主席,就是对革命的极大的犯罪。

闖将正恨滄桑慢,紅日教我爭朝夕!

无产阶級革命派的战友們,为把內蒙古的文化大革命进行到底而勇敢冲杀吧!

(內蒙古大学井岡山"八一"战斗队)

·10·

看！特古斯把持下的"乌兰巴托分社"

毛主席教导我们："**高举无产阶级文化革命的大旗，彻底揭露那批反党反社会主义的所谓'学术权威'的资产阶级反动立场，彻底批判学术界、教育界、新闻界、文艺界、出版界的资产阶级反动思想，夺取在这些文化领域中的领导权。而要做到这一点，必须同时批判混进党里、政府里、军队里和文化领域的各界里的资产阶级代表人物，……。**"

十七年来，內蒙出版界，特别是內蒙古人民出版社，被乌兰夫集团所控制，上有特古斯、布赫之流黑干将，下有额尔敦陶克陶、索特納木、道尔吉宁布一伙黑爪牙，把这里变成一个生产反党反社会主义反毛泽东思想、大搞民族分裂的炮弹的場所。在反革命修正主义、民族分裂主义的內蒙文艺黑綫的統治下，旧內蒙古人民出版社成了一个針插不进，水泼不进的反党叛国的"独立王国"。

（一）

在特古斯之流把持下的出版社，一貫消极抵制出版印刷毛主席著作，不遗余力大量抛售刘少奇、乌兰夫的黑货。出版社成立以来，共出书两亿多册，其中毛主席的宝书占不到出书总数的百分之一。而刘少奇的黑《**修养**》却汉文重印，蒙譯再版，一次印数就达二十万册。內蒙"当代王爷"乌兰夫的文章，凡是公开发表的，这里統統出版，甚至还两次計划要出《乌兰夫选集》，企图与《**毛泽东选集**》分庭抗礼。

（二）

在特古斯之流把持下的出版社，为乌兰夫反党叛国、复辟资本主义擂鼓助威。

他們竭力为乌贼涂脂抹粉，歌功頌德。在这里印制的一张题为《**鍛炼身体，保卫祖国**》的年画里，公然把乌贼的狗像放到毛主席像的前面。在这里出版的一本《**民間口头文学集**》中，有一首詩题为《**升起了的太阳**》，詩中写道，"升起了的太阳是草原上的灯籠，毛泽东同志是我們群众的灯籠，紅色的太阳是山野的灯籠，乌兰夫主席是我們群众的灯籠。"在这里竟把乌贼拉到与毛主席幷列的地位，甚至高过毛主席；毛主席是"同志"，乌兰夫才是"主席"；毛主席是"升起的太阳"，乌兰夫则是"紅色的太阳"。請看他們丧心病狂到何等程度！

他們极力为歌頌民族败类、鼓吹"內外蒙合幷"的大毒草大开綠灯。远在一九四八年，当內蒙古两条道路、两种命运决战时刻出籠的大毒草《英雄陶克陶传》、《勇冠英雄瑪格斯尔扎布》、《刚毅英雄达木丁色楞》等，屡印不衰。蒙修特务納·賽音朝克图的反动詩歌，反革命修正主义作家瑪拉沁夫的《茫茫的草原》也都是从这里抛出的。

他們竭力替乌兰夫宫廷政变服务。在他們制定的《一九六二年——一九六七年五年出版规划》和《二十周年献礼选题》中广收黑货，大为乌兰夫树碑立传。早在一九五二年，哈丰阿委托反动史学家余元盦(蒙古名余伯顔)写的狂热歌頌成吉思汗，歌頌哈丰阿、特古斯的"內蒙古人民革命党"的《內蒙古历史概要》一书，本来在一九五八年已由上海出版了。然而特古斯之流如获至宝，奉若神明，重新塞进一九六三年选题。此外还有什么《內蒙古革命史》、《在艰苦的岁月里》等等毒草也都塞入。

他们打着"大力抢救遗产"的旗号，大量宣扬封建迷信。早在一九五六年，出版社就成立了"古典文学编辑组"，让德王的亲信、封建梅林、王公御用文人和叛国分子等牛鬼蛇神担任编辑。他们把封建文人尹湛纳希从棺材里搬出来，为其著书立传，高唱赞歌，大印尹湛纳希的《青史演义》、《一层楼》、《泣红亭》等书及其专集，甚至在出版社院内设起尹湛纳希的灵堂，香烟缭绕，要人们去向死人叩拜。他们配合成吉思汗诞生八百周年"纪念活动"，出版了古色古香、每本售价达三十二元的《蒙古源流》一书。此外，还大量印刷了宗教哲学"大作"《苏布西地》和印度的《喜地呼尔》、《三十二个木头人的故事》等乌七八糟的东西。

他们大量贩卖"三家村"黑伙计的毒品，以配合右倾机会主义分子翻案逆流，适应国内外反动派的需要。在一九六二年，他们不远千里，从北京专门带回吴唅主编的《中国历史常识小丛书》及《海瑞报恩》等书，有的已组稿翻译出版，流毒全区；有的准备出版，已组稿翻译。他们把邓拓把持的《前线》编辑部编的《党的建设问题讲话》，北京黑市委宣传部编的《党的基本知识讲话》、《怎样做一个好党员》和冯定的《共产主义人生观》等五花八门的黑货一个不剩地予以出版，大放其毒。

（三）

在特古斯之流把持下的出版社，与苏蒙修互换情报，建立了秘密航道，堕落成为名副其实的"乌兰巴托分社"。

把乌兰巴托注解为"我们蒙古国的首都"，把我们的首都北京写成"北平"，把蒋介石盘踞过的南京注解成为"中国的首都"的大毒草《蒙语字典》，就是他们从蒙修那里搬来翻印的。直到一九六〇年，他们对此书只做了一些文字的修改，而反动内容原封不动，再一次大量出版。他们批准充斥修正主义黑货的蒙修作品《乌恩》一书组稿出版。他们为蒙修头号文化特务策·达木丁苏伦出版了包括公开号召内外蒙合并的大毒草《关于蒙古语文的改进问题》在内的单行本乃至专集达十五种之多。

他们出版了由苏修带回来的宣扬"好"皇帝、散布三无世界迷雾的《汗哈冉惠传》为该书写序言的就是叛国外逃分子特木尔其林。后来，明明知道这个家伙已经叛国，却还偏偏在"出版者的话"里向他"深深致谢"，真是反动到家。

此外，苏修文艺鼻祖肖洛霍夫的《一个人的遭遇》，蒙修巴斯吐的《莫洛木的命运》及蒙修驻华大使策伯格米德的《在墓旁》等，也在这里出版或准备出版。

据统计，出版社共出外国图书二百五十种，其中蒙修的有一百四十种，苏修的九十七种。

（四）

在特古斯之流把持下的出版社，有一整套反革命修正主义、民族分裂主义出版纲领。他们依照乌兰夫的反动"理论"，鼓吹在出版物中"突出地区特点、民族特点、经济特点"；他们反对毛主席文艺要为工农兵服务的文艺方向，恶狠狠地把为工农兵出版的通俗读物、活页文选污蔑为是"剪刀与浆糊的编书思想"。他们指责革命群众对"三服务方针理解狭隘"，胡说什么"政治含义应该更广泛，有些问题是立竿见影的，有些问题不一定是这样"，公然宣扬周扬的"间接配合论"。他们把胡乔木的"政治第一，质量第一"的折中主义口号搬来，对抗毛主席"以政治标准放在第一位，以艺术标准放在第二位"的指示，甚至赤裸裸地叫喊"质量第一"，胡说什么"出版物中质量是灵魂"。他们公然恶毒污蔑大跃进是"在片面追求数量声中，热衷于多快，热衷于数量上的跃进"。他們宣揚"多种多样論"，"道路广闊論"，鼓吹资产阶级自由化。他們公然叫囂："批判了'厚古薄今'的傾向后，有不敢出古人和外国东西的现象"，鼓动牛鬼蛇神們不要怕批判，批判了再干，要敢于放手出版死人洋人的坏东西。

（五）

特古斯之流把持下的出版社，极力对抗毛主席一九六二年以来有关文学艺术的一系列指示。

出版社在一九六三年和一九六四年曾分別搞过一次外国图书"检查"和古籍"检查"。这两次"检查"在特古斯的布置下和道尔吉宁布的导演下，实际上搞成了假检查、真复辟的阴謀活动。

他們在"检查"中与毛主席的指示大唱反調，公然扯起了吴晗、翦伯贊之流的"历史主义"、"客观主义"的黑旗，儼然摆出一付"最公正"、"最实事求是"的面孔，用所謂"当时的条件"作掩护，为他們进行的反党叛国活动开脱。他們一口咬定过去出版的那些苏蒙修毒草是"必要的"，"有很多好书，曾經起过一定的作用，成績是大的"。他們公然美化出版过的那些烏七八糟的封建古董，說"这些古籍給人們提供了历史知识、生活智慧和艺术技巧上的借鉴"。他們使出九牛二虎之力，极力把政治问题归結为"学术问题"，把立場问题"說成是"认識问题"，說什么"我們整理出版民族文化遗产方面，过去认識上有问题"，"这里有的同志出于好心，他們想把过去旧社会没有机会整理出版的文化遗产，在今天有条件的情况下多整理出版一些，因此，不管三七二十一，主张多出书"。请看，他們說得多么輕巧！

（六）

特古斯之流把持下的出版社，早已变成了一块反革命陣地，的的确确是烏兰巴托的一个分社。

毛主席說："反动文化是替帝国主义和封建阶级服务的，是应該被打倒的东西。"象出版社这样的地方，不坚决彻底砸烂行吗？当然不行！

然而值得人們深思的是，时至今日，内蒙古人民出版社阶级斗爭的盖子仍未彻底揭开。阻力来自何方？鉄证如山，主要来自旧内蒙党委宣传部副部长、主管民族出版工作的、披着"革命領导干部"外衣的黑手特古斯。

打倒特古斯！

內蒙古人民出版社"─〇─"总部《 海燕 》
（原載《 新文化 》报第十二期）

假 检 查 真 包 庇

—— 評特古斯1963、1964年布置的两次"图书检查"

烏兰夫、哈丰阿反党集团的一員老干将，老反革命修正主义、民族分裂主义分子特古斯，自从一九六二年以来一反常态地"左"起来，把自已打扮成"毛主席革命路綫的捍卫者"，亲自布置了一九六三年的"外国图书检查"和一九六四年的"古籍检查"两个运动。

特古斯的死党、叛国分子道尔吉宁布（出版社总編輯，历任党支部书記、副书記）至今还吹噓：由特古斯亲自布置、密謀策划，由道尔吉宁布伙同叛国分子索特納木一手导演的这两个所謂"检查"，是"突出了政治""抓了阶级斗爭"，到处散布"有功"的空气。企图搬出这块"金字招牌"，为特古斯涂脂抹粉，挽救他們这一班子黑綫統治必然灭亡的命运。

好啊，那就让我們揭开两次"图书检查"的內幕看一看特古斯一伙究竟是人民的功臣，还是历史的罪人？

两个指示与两次"检查"

长期以来，出版界被刘邓旧中宣部、旧文化部的陆定一、周揚一伙糟踏成針插不进、水泼不入的反党"独立王国"。至于內蒙古人民出版社，除了这一条反革命修正主义黑綫以外，另有一条烏兰夫、哈丰阿民族分裂主义黑綫，成了既是"三家村"的分店，又是"烏兰巴托的分社"，象匈牙利裴多菲俱乐部那样的团体。

一九六二年毛主席在党的八届十中全会上，发出了"**千万不要忘記阶級斗爭**"的伟大号召，提出了要抓意識形态領域里的阶级斗爭，指出，"**利用小說进行反党活动，是一大发明。凡是要推翻一个政权，总要先造成舆論，总要先做意識形态方面的工作。革命的阶級是这样，反革命的阶級也是这样。**"

但是，陆定一、周揚一伙非但无所收歛，反而变本加厉地对抗主席这一英明的指示。当年十月，反革命分子周揚在一次所謂貫彻十中全会精神的文艺界負責人的会議上，胡說什么文艺界"基本情况是好的"，"反党、反馬克思主义的东西，发表得不多"等等。

· 14 ·

在同年十月十八日召开的一次所謂"出版社編輯工作座談会"上，周揚又大肆放毒說：
"我們过去的书还是好书多"，"有貢献"，"我們出版了各方面的大量的书，如……
整理遗产，同解放前简直不可拟，要看到这点"等等。沒过多少日子，一九六三年二
月，旧中宣部、旧文化部召开了一个出版工作座談会。会上，三反分子林默涵大做"报
告"，竭力掩飾旧中宣部、旧文化部在出版界大搞资本主义复辟活动的严重罪行，并为
他們在出版界的爪牙打气，胡說什么："出版工作取得了很大成績"，产生"缺点錯誤"
是"认識問題"，是"忘記了还有阶級斗爭"，明目张胆地对抗毛主席。

也正在这个時候，于一九六三年三月十一日，旧内蒙古党委宣传部閻王特古斯向內
蒙古人民出版社亲自布置了所謂"外国图书检查"的运动，并亲自坐鎮指挥，由道尔吉
宁布前台导演，整整进行了三个多月，最后抛出了所謂的《检查总結》。特古斯一伙手捧
六三年这个黑《总結》，狂热地参与了陆定一、周揚一伙的反党大合唱。

黑《总結》中，大唱反党高調："本着实事求是的精神，一方面历史地、客观地估計
了过去工作的历史发展过程，肯定了在当时的条件下出了一些蒙古和苏联的作品是必要
的，并且出了很多好书，曾經起过一定的作用，成績是大的。"这一段絕妙的唱詞，是
特古斯最先領唱的，也是索特納木、道尔吉宁布自始至終引吭高歌的。他們狡猾地打起
吳晗、翦伯贊之流都打过的"历史主义"、"客观主义"黑旗，用所謂"当时的条件"做
掩护，一口咬定他們过去出版的那些苏蒙修形形色色大毒草"是必要的"，而且煞有介
事地声称："曾經起过一定作用"。很明显，这与周揚之流高唱什么："我們过去的书
还是好书多"，"有貢献"，"出版工作取得了很大成績"完全是一个腔調，一个目的，
都是企图掩飾黑綫統治的反革命罪行。

"不管共产党怎样事先警告，把根本战略方針公开告訴自己的敌人，敌人还要进攻
的。"事实正象毛主席所教导的这样。

一九六三年十二月十二日毛主席进一步严厉地指出："各种艺术形式 —— 戏剧、曲
艺、音乐、美术、舞蹈、电影、詩和文学等等，問題不少，人数很多，社会主义改造在許多部門
中，至今收效甚微。許多部門至今还是'死人'統治着。"毛主席还說："許多共产党人热
心提倡封建主义和资本主义的艺术，却不热心提倡社会主义的艺术，岂非咄咄怪事。"

但是刘、邓及陆定一、周揚之流还是不甘心自动退出历史舞台，不做认真检查，反而
加紧掩盖罪行，負隅頑抗。刘少奇亲自出馬召开了一个名为"文艺工作座談会"，实为
打着"紅旗"反紅旗的大黑会。会上刘贼公开抵制毛主席的指示，胡說："不一定是路
綫錯誤"，而"是认識問題"，只是"对对工农兵、为社会主义服务的方向……在实际
执行中有距离。"紧接着一九六四年一月末，旧文化部也召开了一个"农村讀物出版工
作会議"，会上林默涵做黑"报告"，明火执杖地对抗毛主席的指示。接着在三月至四月
間，陆定一、周揚慌忙布置了文联及所属各协会进行假整风，妄图蒙驅党中央和毛主席。

就在这样一片狼嚎鬼叫的嘈杂声中，特古斯派其死党道尔吉宁布赶到北京参加了那
个"农村讀物出版工作会議"。回来不久根据特古斯的布置，六四年四月八日写出了所

· 15 ·

謂的"图书质量检查計划"，匆忙"动員"检查古籍。而在"动員"中說："因为中央和毛主席对文化工作有新的指示之后，文化部召开的'农村讀物出版工作会議……'"眞是不打自招，六四年这个"古籍检查"是有来头有背景，是从旧文化部召开的大黑会来的，目的就在于对抗毛主席的最新指示。

鲁迅說过："叭儿狗往往比它的主人更严厉"。特古斯一伙所謂"古籍检查"的調子，不但与其祖师爷們的口径完全一致，甚至露骨程度有过之而无不及。

在"检查計划"中，毫不掩飾地說："检查的目的概括起来說，就是为了发揚优点，改正缺点錯誤，总結出經驗敎訓，找出工作的規律，使今后的工作做得更好"。听，这帮家伙，对他們热心提倡封建主义和資本主义的艺术，哪里有半点咄咄怪事之感？更哪里有什么搞"阶級斗爭"的样子？他們把黑綫統治放毒問題的性质，极力化大为小地說成"缺点錯誤"，降为"思想认識問題"，把一场你死我活的阶級斗爭一般化为"总結出經驗敎訓，找出工作的規律"，还恬不知耻地叫嚷"发揚优点"，对特古斯这一伙黑綫人物来說，又有什么"优点"可"发揚"的呢？

在"古籍检查"的黑《总結》中，大肆吹噓："十几年来，我們共整理出版了蒙古族的古典文学和民間文学方面的图书三十五种，二十万零四千册。这样在旧社会中得不到出版机会，只能以手抄本形式流传下来的許多古籍和民間以口头文学形式流传下来的民間文学得到了出版"。好一个"輝煌成績"呀！毛主席說："**許多部門至今还是'死人'統治着**"，特古斯一伙却以"死人統治"为荣大摆其功，又何等嚣张！

总之，不論从当时的政治背景或其針对性，我們都可以毫不含糊地說：一九六三年和一九六四年，由特古斯亲自布置的两个所謂的"检查"，一从母胎里掉下来就是一对黑色怪物，是对抗毛主席的两次重要指示的反革命罪行。

舍车马　保主帅

姚文元同志在《評反革命两面派周揚》一文中談到敌人往往是"在不利时退却，在有利时进攻，用假检討来躲藏，用眞进攻来反扑"。舍車馬保主帅是他們的拿手好戏。

特古斯一伙也在两个所謂的"检查"中，施展了这种舍車馬保主帅的反革命政治伎俩，保护黑綫統治蒙混过关。內蒙古人民出版社放毒問題的症結在哪里？

就出版苏蒙修黑貨来說，蒙編的文艺編輯室无愧是个"标兵"，其他編輯室，如政治理論、文化敎育、生产技术方面，都也不甘落后，就是汉編也如此。內蒙古人民出版社二十年来大約出了几乎两亿多册书，其中我們伟大領袖毛主席的宝书占不到百分之一，除了刘邓乌的黑著作以外，其余的几乎都是苏蒙修黑貨。如蒙修头子泽登巴尔写的《蒙古人民革命党三十年》、《却巴拉桑的事业与生活》，蒙修吉楞嘎扎布写的《馬列主义关于民族問題的几个問題》，由蒙修翻譯过来的苏修政治学校敎材《苏联是和平民主和社会主义的堡垒》、《学生的家庭教育》等等，究竟算什么阶級的什么"政治理論"呢？蒙修的《达木丁色楞传》、《陶格陶传》、《瑪格斯尔扎布传》、《蒙古革命史》、《維吾

· 16 ·

尔简史》，还有什么蒙修头号文化特务策·达木丁苏伦的《关于蒙古语文的改进问题》以及《蒙語字典》、《新蒙文正字法字典》等等，究竟算什么阶级的什么"文化教育"呢？苏修头子赫鲁晓夫的黑报告《苏共中央关于增加畜牧生产的决議》，苏修的《牧业指南》，蒙修的《畜牧业的經营管理》等等，又究竟算什么阶級的什么"生产技术"呢？

很明显，出版社洋牌黑貨大出籠大泛濫决不是个别科室的个别现象，而是在范围上具有全社性，时间上具有传统性。其所以会这样，說穿了，总根子就是特古斯为首的出版界黑綫統治，就是他們制定的反革命修正主义、民族分裂主义出版綱領。

但在一九六三年的外国图书检查中，特古斯一伙根本沒有触动，也不敢触动这个症結，而是极力包庇黑綫統治和反革命出版綱領。他們把自已打扮成"党的化身"，他們的意图便是"党的領导"，不准有誰稍稍摸一下特古斯这一伙的老虎屁股。特古斯的死党道尔吉宁布不止一次讲什么"党的領导是具体的，在本单位反对书記，这决不是反对个人，而是反党"，就是这样拉大旗，做虎皮，极力保全黑綫統治。

六三年五月二十五日特古斯做了所謂的"重要报告"，再一次定調子、划框框之后，第五天道尔吉宁布帮腔說：只是"五八年以后，我們的书中进入了修正主义、民族主义、人道主义等等錯誤思想"。深怕人們翻老賬挖老根子，把一九四八年前后就已开始販卖的象《陶格陶传》之类蒙修民族分裂主义书籍的罪恶全部掩盖起来。他們就是这样明目张胆地篡改历史，掩盖黑綫。这样还不满足，又顺手一推："这些问题应当由責任編輯、宝主任、总編輯都負責"。好一个"都負責"，这个"都"不就是說人人都有份吗？这么一来黑綫統治当然就更輕快多了。

在"检查"中，出版社革命群众揭发了各方面的很多问题，尤其对放毒甚多的蒙編文艺編輯室。在这种强大的政治压力下，特古斯伙同索特納木、道尔吉宁布二伙計，只好把主管文艺的副总編諾尔布推了出来。

諾尔布一直是額尔敦陶克陶、索特納木、道尔吉宁布重用的得力人物。此时，把他推出来，那是实在迫于形势，不得已的事。他們并不是实心实意愿意推出諾尔布。这有事实：当时特古斯的死党道尔吉宁布在会上常常摆出要大整一頓諾尔布的架式，可在会下和諾尔布私談时，就唉声叹气地說："我也很想帮助你下楼，但群众通不过有什么办法!"并且深感不安地說："检查的次数越多，越不好下楼啊"！直到文化大革命当中，两个人都在反省室时，道还表白："六三年的图书检查中，我确实不了解你的情况，根据群众意見整了你。"这就足以說明，特古斯一伙当初舍掉諾尔布时，在他們老兄老弟之間是感到何等断腸之疼的，也說明了他們假舍眞保的反革命两面派手法。

特古斯一伙出于继續为烏兰夫、哈丰阿反党叛国大造輿論准备的反革命战略任务，出于他們反革命全局利益，忍痛割爱地把諾尔布推出去做替罪羊，别有用心地把运动引向一个科室、一个方面、一个人物上，廻避了总根子，开脱了比他职位更高、资格更老、責任更大的額尔敦陶克陶、索特納木、道尔吉宁布以及黑后台特古斯自已。

我們对当时記在諾尔布賬上的二十四部苏蒙修形形色色的毒草的出版情况做了分析

· 17 ·

之后，看出这些毒草是早从一九五五年开始到一九六〇年間陆陆續續列入选题，予以出版的。而諾尔布是一九六一年一月被提升为副总编的。这就是說，他是在六一年前，除了任一年党支部书记以外，都是在环节干部期間大显身手，大放其毒的。

那么，当时做为一个环节干部的諾尔布为什么敢于这样放手大干？社一級的当权者以及更高一級的旧宣传部是袖手旁观的嗎？

我們知道，出版社的每年出书选题，最后都是由社一級当权者定稿落实，然后再由宣传部审查批准的。諾尔布敢于那样有恃无恐地放手大干，也正因为他有着一个后台。这个黑后台不是别人，正是那些苦心炮制一整套反革命修正主义、民族分裂主义出版綱領的头面人物。

如若不信，那就請看：早在四八年开始就在他們民族分裂主义的思想指导下大量輸入蒙修毒草，而且还偷偷摸摸地用上斯拉夫文字了；后来到一九五七年选题，他們还发号施令說："必须增加表現民族特点和地区特点图书的比重，适当增加新蒙文图书的出版比重"；在五八年的选题中也一再强調："有計划地出版苏联和兄弟国家以及其他国家的现代文学名著"；五九年又板起公公正正的面孔說："既要出版中国的优秀作品，也要出版外国的优秀作品"，并且明目张胆地叫嚷："去年批判了'厚古薄今'的傾向后，有不敢出古人的和外国东西的现象"，公然鼓动不要怕批判，批判了再干，要敢于出死人洋人的黑貨。直到一九六三年这个"检查"为止，还赤裸裸地大喊大叫："由于蒙古是同一民族，語言相同，而且是社会主义国家，因此，翻印一些蒙古的或由它們編輯的外国作品是可以的，必要的，而且当时也起过一定的作用"，极力詭辩，使蒙修文化渗透合法化。

制定这种黑出版綱領，左右出版社方向，把持各种图书生杀大权的头面人物是誰？在当时社一級当权者正是額尔敦陶克陶、索特納木、道尔吉宁布，在旧宣传部的直接后台正是特古斯。他們就是諾尔布这样一批人物的大紅伞。在出版界，他們比誰都罪大恶极，比誰都危害更大。不砸烂特古斯这伙黑綫統治，就不能从根本上彻底解决放毒問题。

可是，一九六三年的所謂"检查"中，特古斯一伙在迫不得已的情况下，仅仅推出上任为社一級領导刚刚两年的諾尔布，眞眞假假，虛张声势地大鬧一番之后，个个都以"左派"的模样，輕松愉快地溜之乎也！难道这不是典型的舍車馬保主帅，又是什么呢？！

然而，正象毛主席說的那样："他們既要反革命，就不可能将其眞相隐蔽得十分彻底。"六四年的古籍检查运动，从另一个角度証明了特古斯一伙掩盖黑綫統治的罪行，保护反革命主帅，是千眞万确的，而且是赤裸裸的。

誰个不知，旧出版社社长索特納木是老牌民族分裂主义分子，是实实在在的蒙修特务，又是一个封建古董的大黑贩子。既然声称"检查古籍"，而不提索特納木，那是无論如何交不了賬，也是騙不了人的。因此，特古斯一伙在退无可退的情况下，只好顺风使

· 18 ·

舵，把索特納木"抓"了一下。

但是，假的就是假的，伪装是持久不了的。

革命群众对索特納木的放毒問題追根溯源，眼看涉及到他的政治問題、民族分裂問題，从而触动特古斯这一伙黑綫統治的要害是随时可能的。于是，特古斯再也装不下去了，急忙把"革命"的画皮剝下来，勾结道尔吉宁布，公开包庇这个老坏蛋。

特古斯一伙把索特納木高高地举起来，輕輕地放下，生怕碰疼了那儿。他們別出心裁地給他制了几项"官僚主义"、"主观主义"、"关門主义"、"分散主义"的帽子戴上，就是沒有"民族分裂主义"。这还不算，公然把这个反共老手美化成"老好人"，把他的反党罪行說成是因为"稀里糊涂"造成的。并且极力把他的政治問題拉向"认識問題"，揚言說："我們整理出版文化遺产方面，过去在认識上是有問題的"，企图为他們自己一伙減輕罪过。特古斯的死党分子道尔吉宁布領受其主子的指示进一步明火执杖地包庇說："这里有的同志出于好心，他想法把过去旧社会沒有机会整理出版的文化遺产，今天有条件了，想要多出些，这样不管三七二十一主张多出"。把自己这伙黑綫統治，为烏兰夫、哈丰阿分裂祖国统一，破坏民族团結，大造反革命輿論的罪恶，大言不慚地說成是"出于好心"。看，把作恶多端的黑綫統治打扮得多么"漂亮"，多么"干净"！

甚至为开脱索特納木，不惜歪曲事实，睜着眼睛說瞎话，六四年黑《总結》中說："对特木尔其林等人推荐的书和写的序言，有些编辑同志是奉为至宝的。由于这样盲目地迷信和推崇'名人'丧失了应有的識別能力，所以在一九六二年《汗哈冉惠传》一书的"出版者的話"中我們还在衷心地感謝着早已跑到蒙古去的特木尔其林'同志'"。

这不但邏輯上是混蛋的，而且简直是血口噴人！好象他們这一伙黑綫統治的放毒是因为"一些编辑同志"的不好而导致的，公然向群众推脱罪責。事实上，不是那"一些编辑同志""奉为至宝"的，而恰恰是索特納木之流奉为至宝的。正是他早在五七年去苏联以后不远万里带回这本《汗哈冉惠传》一书的。更不是那"一些编辑同志""盲目地迷信和失度地推崇了"叛国分子特木尔其林的，而恰恰是索特納木俯首贴耳地"敬請"特木尔其林为此书写序言的；并且还是这个索特納木亲自加工修改"出版者的話"，向叛国分子特木尔其林表达"深深感謝"的。在此，特古斯一伙又显得多么卑鄙可耻，不择手段！

最后，让老牌反革命索特納木做了两次不超过十几分钟的所謂"检討"后，道尔吉宁布赶忙出来說："老索再检查也超不过这个水平啦，平时不学习，不讀报，让他一下子认識得很高也是办不到的，认識总有个过程嘛"，就这样恭恭敬敬地扶下了楼。

关于这次古籍检查，道尔吉宁布在六六年九月二十八日斗爭会上被迫交待，他之所以包庇索特納木，是因为特古斯告訴他："不要再追索特納木的政治問題，民族問題了"。特古斯为什么这么怕追索特納木的問題，而且怕的要死？

还有，六三年，在教育出版社二楼召开的一次会上，特古斯还心有余悸地說："这次检查出来的問題，党委有責任，因此由我們党委包下来"。烏兰夫的这个"党委"为

·19·

什么下这样大的决心把出版社問題一攬子包下来？

另外，特古斯为什么两次假检查的政治阴謀都让道尔吉宁布出面导演，而他又那样肯听特古斯的話呢？特、索、道三人之間的亲热而神密的黑关系必須交待清楚。

迴避要害，瞞天过海

特古斯一伙，为了掩盖黑綫統治大搞民族分裂主义的滔天罪行，在两个所謂"检查"中，始終摆出"虽然是狗，又很象猫"的脸来，玩弄了迴避要害，瞞天过海的鬼把戏。

他們把自己出版蒙修头子泽登巴尔在蒙古党代会上的总結报告，以及同类毒草，若无其事地解释成："生搬硬套，为出书而出书。"好象是单純地出书，什么政治目的也沒有。这不是編造假供詞，迴避他們向来跨越国界，为烏兰夫、哈丰阿大造泛蒙古主义輿論的眞实目的嗎？

大毒草《刚毅英雄达木丁色楞》中，白紙黑字地写着："内蒙要从汉人的殖民統治下分离出去，跟血肉相連的外蒙合并，成立统一的国家"。然而对这类反动透頂的黑话，却别有用心地解释为仅仅是："毫无阶级分析地、籠統地提出反对汉人，消灭汉人。"不但不提跟"外蒙合并"这一要害，而且把"提出反对汉人，消灭汉人"当成仅仅是一般的"思想方法"問題了。公然为民族分裂的反动叫囂辯护。并且把这样罕見的反动书籍，輕輕地說成："不利于爱国主义与民族团结的增强"。明明是"破坏"硬說是"不利"，明明是"分裂"，硬扯到"增强"，又何其怪哉？！

蒙修吉楞嘎扎布著的《馬列主义关于民族問題的几个問題》一书中談到解放后的内蒙古人民时，竟然鼓吹："为了自己的自由、独立而斗争是天經地义的正当事情"，露骨地煽动人們反党叛国。对这样政治上的极端反动性，特古斯之流視而不見，远远避开，却无足輕重地认为仅仅"提法是錯誤的"。由此足見特古斯一伙民族分裂主义的反动立場了！

他們例举了蒙修的一段歌詞："我们的人民革命党敎育着我们进行正义的斗争，……在我们人民革命党的旗帜下，我们向着共产主义迈进"之后，又用老一套办法，淡淡地說这仅仅是"不合适的，会起模糊祖国概念的作用"，装聋卖傻地閉口不談出版意图。结果，这样一曲对"人民革命党"的震耳欲聋的頌歌，出自哈丰阿的死党特古斯一伙的手下，迴响在內蒙古，好象也不是借此表达他们想要抒发而又不敢直接抒发的反动心声了。

甚至，为了达到一种迷惑人的效果，煞有介事地大加美化說："这些歌曲在人家蒙古是可以，而且应该唱的好歌曲"。到此，我们还联想到，特古斯和道尔吉宁布都不止一次地讲到流毒极广、害人至深的蒙修詩人达·那楚克道尔吉无限贊美歌頌蒙古的詩《我的故乡》时，說："虽然在我们內蒙会起坏作用""但在蒙古，人家歌頌自己的祖国，当然可以的，而且在那儿确实是一首好詩"。特古斯一伙再三这样强調什么"好歌曲"，

· 20 ·

"好詩歌"，其目的是要給人造成一个印象，似乎作品本身沒問題，所以也沒有引起警惕，沒有考慮后果地出版了。极力要人相信，他們沒有任何政治目的。真是用心良苦矣！结果，弄巧成拙，此地无銀三百两，正好暴露了他們做贼心虚，怕別人知道他們政治用意的真实心理。

六四年所謂古籍检查，也一脉相承地具备了这个显著特色。特古斯一伙的民族分裂主义反动本性和狂热性，使他們变得毫无自知之明，反而把他們出版的大量借封建僵尸，影射现实，指桑罵槐的各种毒草，恬不知耻地自夸說："这样对继承和保存民族遗产起了一定作用。这些古籍給人們提供了历史知识、生活智慧和艺术技巧上的借鉴。"

这个声音，好象在那儿听說过，多么耳熟啊！仔細一想，原来邓拓、吳晗、廖沫沙等"三家村"黑店的諸伙計，不也是在所謂"領略古今有用知識"的掩护下，向社会主义发动了全面进攻的嗎？不也是用什么"历史""学問""兴趣"打掩护，麻痹人們的革命警惕，欺骗广大讀者，扩大毒书影响的嗎？而特古斯一伙在这次所謂的古籍检查中，也拣起这块破烂不堪的遮羞布，高喊起什么"历史知識""生活智慧""艺术技巧"，招摇过市。

鲁迅說："'发思古之幽情'，往往是为了现在。"又說："辩护古人，也就是辩护自己"。这是对特古斯一伙的絕妙的写照和无情的揭露！他們用什么"历史知識"、"生活智慧"、"艺术技巧"之类的甜言蜜語打扮起来的《青史演义》、《蒙古源流》、《成吉思汗的两匹骏馬》、《內蒙古历史概要》、《汗哈冉惠传》、《英雄梅尔庚》等等毒草，决不是一般地"继承和保存民族遗产"就算完了，真实目的正是"为了现在"，为了給烏兰夫、哈丰阿反党叛国活动制造大量泛蒙古主义輿論准备。而他們把手段說成目的，把毒品說成营养，为死人洋人辩护，为毒草爭光，正是为了开脱自己大搞反党叛国輿論的滔天罪行。

总之，不管特古斯一伙怎样設置种种伪装，以期骗人，然而欲盖弥彰，适得其反。越是撒謊越漏洞百出，越是廻避越惹人注目，越使人发现其中之鬼。

结　束　语

冰冻三尺，非一日之寒。

特古斯一伙所以如此狗胆包天地对抗毛主席的英明指示，狡猾地施展舍車馬保主帅、假检查真复辟的反革命政治阴謀，是他們十七年来在烏兰夫、哈丰阿的庇护和支持下，反党、反社会主义、反毛泽东思想，大搞民族分裂活动的继续，是在新的形势下的花样。

他們糾合在烏兰夫、哈丰阿的黑旗下，信仰着共同的主义——反革命修正主义、民族分裂主义！

是誰在五七年，当原出版社社长、民族右派特布信向党进攻时，予以幕后指揮，全力支持的？是特古斯！

是誰在五七年，当特布信抛出反汉排外的"环境同化論"时，跳出来为之擂鼓助威，兴风作浪的？是道尔吉宁布！

这两个漏网右派上下勾結起来，公然包庇老牌民族分裂主义分子額尔敦陶克陶、索特納木之流是很自然的，是不足为奇的。

特古斯操纵的这群大小狗奴才，从来都是互相勾結，狠狠为奸的，从来都是向右倒，朝左攻的。

暫且不談額尔敦陶克陶、索特納木这两条落水狗，仅拿落了水而至今还拼命往岸上爬的道尔吉宁布为例就够了。他在其黑主子特古斯的势力范围內，如"实践杂志社"、"內蒙古日报社"等，都走遍了，哪里需要"加强工作"，特古斯就往那里安插他。然而狗走千里不忘吃屎。道尔吉宁布在出版社，是五七年漏网的民族右派；在五九年，也以"图书检查"的形式，抛出洋洋万言的黑《总結》，配合右傾机会主义，恶毒攻击党的总路綫，一笔抹煞五八年大跃进；六一年到报社负責蒙文报第三版期间，在特古斯之流的支持下开辟了有关成吉思汗的专栏，并且发表影射我国暫时經济困难时期，攻击三面紅旗的大毒草《丑年》；紧接着由索特納木出面"請求"，由特古斯点头批准，調回出版社之后，继續出版为右傾机会主义分子翻案的大毒草《海瑞报恩》，以及吳晗主編的《中国历史常識小丛书》；同一个时期，还是根据特古斯的布置，同索特納木合伙炮制出《(1962—1967)五年出版规划》为乌兰夫廿周年反革命政变，爭取最后五年，大造輿論，鸣鑼开道。

特古斯指使这样一个一貫极右的死党，出面导演1963、1964年的两个所謂"检查"，搖身一变成为"左派"，成为"毛主席革命路綫的捍卫者"，是可能的嗎？

姚文元同志在《評反革命两面派周揚》一文中說："識别这种两面派，要看他在重大关键时刻的政治立場，特别是資产阶級向无产阶級猖狂进攻时的政治立場，不能相信那些順风轉向的表面文章。"我們必須运用这个方法，观察特古斯这一伙老狐狸搞的两个所謂"检查"，拆穿他們掩盖十七年黑綫的西洋鏡，識破他們对抗毛主席的政治阴謀，揪出他們这一小撮昏头昏脑、倒行逆施的历史罪人！

我們决心将革命进行到底，不把特古斯及其死党、叛国分子額尔敦陶克陶、索特納木、道尔吉宁布之流打翻在地，不杀出一个毛泽东思想伟大紅旗高高飄揚的、嶄新的人民出版社，死不瞑目！死不瞑目！！

"要扫除一切害人虫，全无敌。"

內蒙古人民出版社"一〇一"总部《海燕》《前哨》

特古斯是乌兰夫反党叛国集团
在內蒙古史学界大搞民族分裂的黑后台

二十年来,乌兰夫、哈丰阿反革命修正主义、民族分裂主义集团控制了整个內蒙古文化界。內蒙古史学界也是他們制造反革命修正主义、民族分裂主义舆論的重要阵地。他们招降纳叛,结党营私,霸占史学领域,借研究蒙古史为名,炮制和宣揚一整套为反革命修正主义、民族分裂主义服务的反动史学观点,替他们分裂祖国的罪恶活动提供所謂"历史根据"。在他们的把持下,內蒙古史学界真是群魔乱舞,妖风遍起,毒草丛生,乌烟瘴气。

罪大恶极的"当代王爷"乌兰夫一贯叫嚣:"由于历史上民族矛盾一直为主要矛盾,要求摆脱帝国主义大汉族主义异民族的统治,要求自己的民族独立自主,始終成为蒙古民族的根本要求"。早在二十年前,臭名昭著,反动透頂的內蒙古人民革命党在其"党綱"中就赤裸裸地提出了"实现全蒙古民族的团結、統一和独立"的政治綱領。乌兰夫、哈丰阿及其在史学界的爪牙们,就是根据这个"实现全蒙古民族的团結、統一和独立"的反革命政治綱領,无耻地歪曲和捏造历史,炮制了一整套所謂蒙古史体系。他们胡说什么:蒙古民族自古以来是统一的,独立的;蒙古从来不是中国的一部分;外蒙古是蒙古族历史活动的中心;历史上蒙汉一貫是斗爭的;內蒙古是清朝的殖民地,近代內蒙古社会的主要矛盾是蒙汉民族矛盾。他们别有用心地把一切有害于祖国统一或反汉排汉的历史人物表彰为"民族英雄";歌頌帝国主义操纵策动的一系列所謂"独立"、"自治"运动;甚至鼓吹什么"內蒙古人民革命党"的成立是"內蒙古之政治轉換期",等等。这一套反动的、民族分裂主义的史学观点,在內蒙古史学界长期泛滥,流毒极广,危害极大。

特古斯,这个內蒙古人民革命党的党魁,乌兰夫、哈丰阿反革命修正主义、民族分裂主义集团的干将,內蒙古的周揚,就是乌兰夫反党叛国集团在內蒙古史学界大搞民族分裂主义活动的黑后台。

我们伟大领袖毛主席痛斥那些文艺界的反革命修正主义分子,一針見血地指出:**"他们对于一切牛鬼蛇神却放手让其出籠,多年来塞满了我们的报紙、广播、刊物、书籍、教科书、讲演、文艺作品、电影、戏剧、曲艺、美术、音乐、舞蹈等等,从不提倡要受无产阶級的领导,从来也不要批准。"**特古斯就是这样一个把一切牛鬼蛇神放出籠来的人物。多年来,他控制了內蒙古的报紙、广播、出版、刊物、教育等阵地,安插亲信,网罗爪牙,大肆散布他们那一套反动历史观点,大造民族分裂主义舆論,其罪恶之大,罄竹难书。

特古斯之流从一九四六年以来就控制了《內蒙古自治报》、《群众报》、《內蒙古日报》等重要宣传阵地,一方面大量轉載蒙修的民族主义历史作品,一方面大量编发充满民族分裂主义毒素的蒙古史文章。如苏、蒙反动御用文人写的《蒙古人民共和国通史》,就是一株浸透了"泛蒙古主义"反动史观的大毒草。它在叙述沙俄策划的哲布尊丹巴"独立"运动时,公然宣称:"……外蒙古事件推动了內蒙古的解放斗爭,在那里几乎所有的旗都发生了起义。……规模最大的运动发生在巴尔虎,在那里起义者于一九一二年初占領了首府海拉尔。巴尔虎宣布与外蒙古合并。內蒙古的三十五个旗很快地追步了巴尔虎的后尘"。《內蒙古日报》却把这样的书视为至宝,连篇转载,并加编者按,吹嘘这部书是用"馬克思主义观点"写成的蒙古史书。又如蒙修反动文人头目之一策·达木丁苏伦在他的黑报告里大肆宣扬"虽然蒙古人居住在从貝加尔湖到万里长城,从嫩江到青海的辽闊的土地上,但是人数少,只有几百万人。……因此,蒙古諸部应通力合作,以共同的力量发展自己的文化和語言"。《內蒙古日报》也全文照登,广为传播。

特古斯还开辟了《蒙古語言文学历史》、《內蒙古教育》、《花的原野》、《草原》这样一些杂志陣地,組織一批御用文人,或编造历史,宣扬民族分裂,或借古讽今,攻击伟大的中国共产党、伟大的社会主义祖国。在《蒙古語言文学历史》杂志上,从一九五四年到一九六〇年,共发表几十篇蒙古史文章,不是直接贩卖蒙修的黑货,就是刊登义都合西格之流的毒草,公开宣称內蒙古自古以来就是一个"独立国家",只是从一六四四年以后才"成为中国領土的一个部分"。这完全是帝国主义分子矢野仁一,蒙修头目泽登巴尔之流所謂"蒙古非中国"謬論的翻版!

特古斯这个可耻的帝修文化买办,二十年来操纵內蒙古日报社、內蒙古人民出版社和內蒙古教育出版社,大量出版外蒙古的民族主义历史著作。如从一九四八年开始几次出版蒙古反动历史学家编著的《剛毅英雄陶克陶传略》,把一个大肆反汉排汉、背叛祖国的民族败类陶克陶称頌为"剛毅英雄",說什么"陶克陶及其同志們都参加当时成为蒙古人为争取独立的中心——我們喀尔喀蒙古的伟大的民族解放运动,积极地参加了为脱离满清中国而建立蒙古国的事业"。又如出版外蒙古的《蒙古人民为自己的独立和自由而斗爭》一书,大吹特吹成吉思汗、林丹汗,公开叫嚣"我們条件成熟的时候,向巴尔虎,內

蒙古人民伸出手来,等待支持他們建立自由统一的蒙古的时机"。这本书还一度被用作內蒙古自治区小学历史教科书,毒害青少年一代。还出版了《茫賚巴托尔达木丁苏伦传略》一书,歌頌內蒙古巴尔虎的一个民族分裂主义者,該书序言中說什么:"茫賚巴托尔达木丁苏伦是为蒙古国家的独立而貢献出自己一切力量和天才的人,并且为它貢献出自已的生命的人"。凡此种种,不胜枚举。

在自治区成立后出版的蒙文小学教科书里,竟然有这样的课文:"我是一个蒙古人,我的祖国是蒙古人民共和国,我的首都是烏兰巴托"!一九六〇年发行三万六千册的《內蒙古自治区中学历史乡土教材》(代用课本)竟然在第一课中把当代王爷烏兰夫及其同伙的活动,标作"伟大的起点"!特古斯之流妄图向青少年从小灌輸民族分裂主义毒素,树立烏兰夫"个人威望"的罪恶居心,到了多么卑鄙恶毒的程度!

特古斯之流不滿足于上述一系列反革命罪恶活动,还到处引朋結党,物色牛鬼蛇神,专門編写出版民族分裂主义的蒙古史书。

一九五七年四月,也就是资产阶级右派分子、民族分裂主义分子向党、向社会主义祖国发动猖狂进攻的时候,旧宣传部亲自批准,由內蒙古人民出版社抛出了陶克涛所著《內蒙古发展概述》(上册)一书。这是上述民族分裂主义历史观点系的代表作。陶克涛也就是黄靜涛,是一个反动透頂的反革命修正主义、民族分裂主义分子。他在这本书的前言中表明要向讀者提供"系统的蒙古历史知識","使大家較容易地回顾我們祖先的經历及他們的命运,从而更珍视我們的现在,并为更好的将来而奋斗"。实际上,这本书通篇都散布着民族分裂主义的毒素。书中写道:"蒙古族是由长久历史形成的而具有显著特征的稳固的人們共同体";"內蒙古族向来就有其独特的社会經济結构和他們特殊

的经济生活"；"内蒙古人民虽在异族长期反动统治下，仍然未曾屈服于暴力之下，他们仍然全力地保持着自己全族的自豪心，全族的风俗习惯与'民族情感'，并力图建立自己独立的自由的生活"。

《内蒙古发展概述》还有中册和下册，由于遭到革命群众的抵制，没有继续出版。在中、下册中，黄静涛更为反革命的、叛国投敌的内蒙古人民革命党树碑立传，拚命地为内蒙古人民革命党争历史地位，胡说什么内蒙古人民革命党的成立是"内蒙古之政治转换期"，甚至把内蒙古人民革命党代表大会的民族分裂主义纲领、执行委员会的全部名单都一一载入史册。

一九六二年，内蒙古史学界开了一个纪念成吉思汗八百周年的大黑会，黄静涛急急忙忙从青海赶来大放厥词，叫嚷："研究成吉思汗""就得研究从成吉思汗那里继承什么遗产，取得什么前车之鉴，蒙古民族要走什么道路"。

同志们可以看得很清楚，特古斯、黄静涛之流要读者们回顾什么样的历史呢？为什么样的将来而奋斗呢？一句话，特古斯、黄静涛之流干脆就是煽动和号召牛鬼蛇神进行背叛祖国的民族分裂主义的罪恶活动。尤有甚者，出版社的索特纳木在其后台特古斯的助长下，将这部露骨地鼓吹民族分裂的叛国大毒草视若至宝，不仅出了汉文版，还积极筹划出这本书的蒙文版。

《内蒙古发展概述》出笼以后，遭到了历史学界和广大革命群众的抵制和批判。一九六○年以来，一再有人提出要公开批判这株大毒草。一九六五年，历史学界革命群众曾整理出详细材料，并打报告给原内蒙党委宣传部，要求公开批判，以肃清其流毒。但是所有这些革命的要求和行动，都被特古斯这个黑阎王压了下来。

二十年来，特古斯之流为了贯彻他们反革命修正主义、民族分裂主义的黑线，分裂祖国，复辟资本主义，就这样一再凶恶地扑灭历史学界革命批判的火花，蓄意包庇和出版反党反社会主义、鼓吹民族分裂的大毒草。

在特古斯的策划和纵容下，紧接着，一九五八年又出版了余元盦的《内蒙古历史概要》。这本书虽然是在上海出版，但却是内蒙古史学界的民族分裂主义活动的组成部分。这部书是民族分裂主义头目哈丰阿直接委托余元盦写成的。古代部分，贩卖了《蒙古人民共和国通史》"泛蒙古主义"的基本观点。近代部分，则是根据桑杰扎布、义都合西格之流提供的资料和意见而写成的。书中竟把帝国主义直接策划的一系列叛国罪恶活动称作是什么"民主自治运动"，是什么"起义"，狂热地鼓吹蒙古族的"独立"和"自治"。一直到一九六五年，哈丰阿在组织人马把这部书翻译成蒙文后还一再计划出版，因遭到了革命群众的反对才未能得逞。

要彻底批判史学界的民族分裂主义黑线，必须要提到义都合西格其人及其毒草。义都是特古斯安排在内蒙古史学界的爪牙，曾是历史语文所历史组的主任，《蒙古语文文学历史》杂志历史方面的编辑，从一九五八年到现在一直是内蒙古历史学会的副会长。他除了在《蒙古语文文学历史》杂志上编发了一大堆毒草外，他还亲自抛出八篇文章、两本书，为民族分裂主义大造舆论。义都在宣扬乌兰夫之流钦定的"民族英雄"方面特别卖力。他简直成了陶克陶胡、嘎达梅林专家，在陶克陶胡、嘎达梅林身上做了大量文章，秉承乌兰夫的意旨，千方百计把叛国投敌分子、土匪头目描绘成"民族英雄"。义都三次发表有关陶克陶胡的著述。特别是一九六二年，在特古斯的支持下，配合国内外敌人的猖狂进攻，整理出版了陶克陶胡的专著，大肆颂扬陶克陶胡反汉排汉、叛国投敌的罪恶活动，甚至公开煽动蒙古族起来"打游击"，妄图制造民族分裂，破坏祖国统一。

这还不算，一九五九年特古斯更赤膊上阵，亲自主编、出版了《内蒙古自治区

· 25 ·

概况》这株大毒草。这部书的第二章是特古斯自己执笔写成的。他把内蒙古自治区的成立说成是"由于历代反动统治阶级的压迫而分裂了三百多年的内蒙古民族统一起来了，这块历来就是内蒙古民族居住的被分割的地方也连成了一片"。还说什么"内蒙古民族的统一，政治、经济、文化领导中心的确立，大大地增强了蒙古民族内部的团结和自信心……"。他把内蒙古革命归结为"蒙古民族和区内各族人民寻求民族解放，实现区域自治的过程"。蒙古民族"统一起来"，"连成一片"，"寻求民族解放"，这就是这本书的中心，也就是他的"蒙古族统一和独立"的反动政治纲领在书中的体现。这部书除了鼓吹"全蒙古族统一和独立"外，还系统地总结了"当代王爷"乌兰夫的反革命修正主义思想，为他们梦想实现"独立"，复辟资本主义制造反革命理论。实际上，乌兰夫的"三个基础"的黑货，在这部书中已历历可见。难怪直到一九六五年，当乌兰夫黑帮集团加紧策划反革命政变的时候，乌兰夫还亲自圈定把这部书修改后再次出版，作为所谓二十周年重点献礼项目之一。其他的书可以一一删去，但这株大毒草非留下来不可！

特古斯在这部书中更玩弄卑鄙的手法抹杀和歪曲历史，替他们那个反革命的"内蒙人民革命党"打掩护。他把他们妄图用"人民革命党"取代中国共产党的滔天罪行，轻描淡写地说成只是什么"资产阶级的民族主义的错误"。他闭口不谈抗日战争胜利后"内蒙人民革命党"的一系列罪恶行径，以为这样一来便可以把这些反革命丑史掩盖下去，他们这伙民族分裂主义分子也就可以悄悄地隐蔽下来。他在书中佯称自己一再坚持的反革命道路"彻底的失败了"，企图装死躺下，麻痹革命群众。实际上，他们早已摇身一变，投靠了乌兰夫，形成了乌兰夫反革命修正主义、民族分裂主义集团的一支骨干力量。他们钻进

了中国共产党内部，但始终干着反革命修正主义、民族分裂主义的罪恶勾当。

同志们，这是一幅多么触目惊心的阶级斗争的图景啊！特古斯及其安插在史学界的黑爪牙就是这么猖狂、这么毒辣地以研究历史为名，来宣扬他们的民族分裂主义的政治纲领的，就是这样地用歪曲历史的手法来掩盖他们的反革命罪行并为他们坚持进行反革命活动而鸣锣开道的！

令人奇怪的是，特古斯被揪出来以前，史学界似乎风平浪静。特古斯刚一揪出来，史学界就刮出种种歪风，企图混淆视听，搅乱阵线。甚至出现了这样的说法："史学界的大批判重点在五八年以后，五八年以后成体系"。

根据江青同志指示的精神，在内蒙古史学界一定要彻底清算二十年来的反革命修正主义、民族分裂主义的黑货，不管是五八年以后的，还是五八年以前的，一概都要清算！五八年以后的要彻底清算，五八年以前欠下的账难道就不要还了吗？说什么五八年以后才成体系，那么五八年以前的那一套民族分裂主义的历史观点，难道不是体系吗？

毛主席教导我们："**凡是错误的思想，凡是毒草，凡是牛鬼蛇神，都应该进行批判，决不能让它们自由泛滥。**"一年多来，在毛泽东思想伟大红旗的指引下，无产阶级革命派把乌兰夫、哈丰阿、特古斯这伙狐群狗党统统揪出来示众了，这是大快人心的好事！但乌兰夫之流在史学界的反革命修正主义、民族分裂主义黑线还远远没有肃清、批透。今天，是彻底清算他们的罪恶行径的时候了！无产阶级革命派的战友们，让我们遵循伟大领袖毛主席的教导，彻底肃清乌兰夫、哈丰阿、特古斯在内蒙史学界的残党余孽及其流毒，把他们窃取的史学界大权统统夺回来，让毛泽东思想的伟大红旗在内蒙古史学阵地上高高飘扬，永远飘扬！

内蒙古大学井冈山"八一"战斗队

· 26 ·

特古斯罪恶简史

照妖镜

反革命修正主义、民族分裂主义分子特古斯，是日本帝国主义的奴才，蒙修的特务，是乌兰夫、哈丰阿反党叛国集团的忠实走狗。但是，特古斯一贯自我吹嘘，说他是"老革命"，今天，我们把他放在毛泽东思想照妖镜下，看看他到底是人还是鬼？

（一）

毛主席教导我们："一切勾结帝国主义的军阀、官僚、买办阶级、大地主阶级以及附属于他们的一部分反动知识界，是我们的敌人。"

特古斯就出生在一个勾结日本帝国主义的大官僚、大地主、大贵族家庭，他自己又是日本帝国主义的爪牙。

他的父亲李青龙是哲盟科左中旗一带臭名昭著的恶霸地主，日本、伪满政权科左中旗旗长。其叔父是罪行累累的李天霸，也是大恶霸地主、警察署长、大土匪头子。是哈丰阿父亲"北霸天"的同僚。

特古斯的狗爸爸和狠叔叔，依仗日本帝国主义的势力，在地方上横行霸道，为非作歹，烧杀淫掠，无恶不作。解放后，李天霸因过去强奸妇女甚多，罪大恶极，被贫下中农抓住一锥一锥刺死，结果了狗命。特古斯的父亲这个罪该万死的混蛋，因有特古斯包庇一直逍遥法外。特古斯就生长在这样一个十恶不赦的黑家庭里。

对于特古斯这个全身黑透了的狗崽子，日本帝国主义及其走狗哈丰阿特别欣赏。一九四二年特意送他到伪满"建国大学""深造"。伪满"建国大学"是日本帝国主义专门培养法西斯党徒的最高学府，校长就是卖国汉奸战争罪犯、伪满国务院总理张景惠。

特古斯没有辜负他日本主子的栽培，早在抗日战争时期，他就组织了"兴蒙党"大肆鼓吹日本帝国主义的"满蒙非中国"论，打着"民族复兴"的破旗，反对中国共产党，背叛伟大祖国。为日本帝国主义"分而治之"的侵略政策效尽犬马之劳。

很清楚，特古斯是勾结帝国主义的反动势力，是各族人民不共戴天的仇敌。

（二）

毛主席教导我们："为着消灭日本侵略者，为着防止内战，为着建设新中国，必须将分裂的中国变为统一的中国，这是中国人民的历史任务。"

特古斯明目张胆地反对毛主席这一光辉思想。抗日战争胜利之后，特古斯这个日本帝国主义丧家的乏走狗又与老民族分裂主义分子哈丰阿同流合污，大搞分裂祖国的罪恶活动。

他们扯起"内蒙古人民革命党"的反革命黑旗，大肆宣扬"内外蒙合并"，妄图把内蒙古从祖国大家庭中分裂出去，建立地主、牧主、资产阶级专政的蒙古帝国。特古斯是这个反革命叛国党的头面人物，担任中央执行常委、青年部部长、兼"人民革命党青年同盟"总书记。还任内蒙古人民革命党机关报的社长和总编。内蒙古人民革命党的党章党纲就是特古斯起草的，并把蒙文稿翻成汉文。人民革命党青年团的团歌也是他制定的。

一九四五年冬，特古斯和哈丰阿等，积极倡议并亲自组织领导"内外蒙合并"签名运动。为了大造"内外蒙合并"的舆论，他们极端无耻的让一个人签好几个人的名字，虚报人数，向蒙修讨好。签名运动失败后，一九四五年末或一九四六年初，特古斯畏罪潜逃蒙修，逃至海拉尔时被扣留。

一九四六年二月，哈丰阿、特古斯筹

备以分裂祖国为目的的"东蒙自治政府"。为了取得国民党支持，哈丰阿、特古斯經大特务阿成噶介绍，到长春拜訪了国民党东北行辕副主任董彦平和国民党兴安省省长吴焕章。

一九四六年三月，哈丰阿、特古斯受蒙修唆使，解散了公开的"内蒙古人民革命党"，組織了秘密的"新人民革命党"。特古斯就是六名中央执委之一。

一九四六年五月一日，特古斯伙同哈丰阿以及蒙修派来的特务，以"人民革命党"建党綱領在乌兰浩特正式成立"东蒙自治政府"，为所謂"内外蒙合并"迈出第一步，并通电人民公敌蒋介石，又派七人代表团去南京进見蒋該死。

一九四七年初，乌兰夫黑帮逃避国内战争，从张家口跑到乌兰浩特"避难"，特古斯伙同哈丰阿，象迎接皇帝一样迎接了乌兰夫。在迎接乌兰夫时，特古斯一伙高喊"云泽万岁"，"哈丰阿万岁"，并把这样的标语贴到内蒙东部广大城市和乡村。他們还組織文艺演出，高唱"太阳从西北面照过来"，"乔巴山的子弟們团结在一起"甚至干脆改为"云泽的子弟們团结在一起"，特古斯肉麻地吹捧独夫民贼乌兰夫到了何等嚣张的地步！

特古斯如此不要脸地分裂我們伟大祖国，眞是罪該万死！

（三）

毛主席教导我们，"混进党里、政府里、军队里和各种文化界的资产阶级代表人物，是一批反革命的修正主义分子，一旦时机成熟，他们就会要夺取政权，由无产阶级专政变为资产阶级专政。这些人物，有些已被我们識破了，有些則还没有被識破，有些正在受到我们信用，被培养为我們的接班人，例如赫鲁晓夫那样的人物，他们现正睡在我们的身旁，各级党委必须充分注意这一点。"

特古斯这个老反革命混进共产党以后，猖狂地进行篡夺我們党的領導权的活动。在他权力所及的地方和部門，变无产阶级专政为资产阶级专政。

早在一九四六年乌兰夫、哈丰阿大作

政治交易的"四·三"承德会議上，乌兰夫把哈丰阿、特古斯这一伙家伙通通拉入共产党。一九四七年"五·一"大会以后，特古斯以善于投机钻营，阿諛奉承，溜沟子，拍馬屁的本事博得了乌兰夫的宠爱。他平步青云，飞黄騰达，首先担任了"自治的内蒙古"报的总編輯，继而"荣任"东蒙党校副教育长，东部区党委委员。后又"晋升"为中共内蒙党委宣传部的秘书长、教育厅副厅长。一九五四年乌兰夫又調他担任哲盟盟委书記。一九五七年二月特古斯又加升为中共内蒙党委委员、宣传部常务副部长，还成为我们党"八大"的代表。多年来特古斯披着共产党员的外衣，利用职权之便，在内蒙古文化界飞揚跋扈，横行霸道，大搞反党叛国活动。他控制了内蒙古的报刊、广播、出版、教育各部門的大权，在文学、艺术、历史、美术各界，为乌兰夫分裂祖国、复辟资本主义大造舆論。在历次政治运动中，他都玩弄反革命两面派手法，頑固地反对毛主席的无产阶級革命路綫。在国际活动中，特古斯則同蒙修眉来眼去，公开勾结，通过特务关系为蒙修提供我国各种情报，肆无忌惮地大搞内外蒙合并。

特古斯在解放后的叛国活动，有些是人所共知的，有些則是秘密的。他們有組織，有綱領，有計划地进行地下活动，甚至还在发展組織。

特古斯的现行反党叛国活动，罪行累累，鉄案如山。这里不打算詳談。今后，我们将陆续专题揭发、批判。

統观特古斯的罪恶史，不难定案：特古斯是一个地地道道的反革命修正主义、民族分裂主义分子。特古斯自己和他的心腹广为散布謠言，吹牛皮說："特古斯是好人"完全是历史的騙局。一切革命同志千万不要听他們那一套骗人的鬼话！

我们也警告那些造謠专家們，特古斯这个大坏蛋沒有好下场，你們死保特古斯也絕沒有好结果。到头来只能捞个"保皇"帽戴，成为令人嗤笑的小丑。

内大井岡山《八一》战斗队根据
"揪叛"联絡站有关材料摘要整理

特古斯论「特古斯」

編者按：特古斯是一只一度落水、復又上岸、再次落水的落水狗。文化大革命初期，他就被揪了出来。因为一度落水，頗有些狠狽，故技一时施展不开，所以被迫作了点"检查交待"，也是吞吞吐吐，避重就輕，百般狡辩抵賴，总算蒙混过了关。后来，此人突然发迹，当了"革命領导干部"，爬上岸来了。于是死不认帐，把"十七年""五十天"統統一推六二五，反回头来却大罵革命造反派不敢斗"私"，不解放"干部"（实则是不解放黑帮），向文教界各单位伸出了他那毛茸茸的黑手，大耍阴謀詭計。結果，革命造反派被这只上岸的落水狗濺了一身泥。

现在，特古斯再度落水，眼看要沉下去，到十分不干淨的地方去了。应该給他留一幅"自画相"。最近，我們根据他一度落水后的几次检查交代，加以摘抄編排，略加按語，集成这份材料。因均系特某人自供之詞，別人未曾改动一字一句，故起名曰"特古斯論'特古斯'"。现在公布出来，以饗讀者。

（一）漏网的乌兰夫分子

乌兰夫一直是器重我，信任我的。一九五〇年提为东部区党委委员，一九五六年被选为自治区党委候补委员，一九六三年又被选为正式委员，选举时代表們有意见，乌兰夫还出来解释、說明。这固然是党委集体討論的，但是如果乌兰夫不支持，无論如何提不到候选名单中去的。乌兰夫为什么重用我，是由于我听他的話，忠实地执行他的修正主义、民族分裂主义路綫。（按：一个漏网乌兰夫分子的招供！）

……也从那时开始（一九四七年三月）崇拜乌兰夫，认为他不仅是党中央候补委員，同蒙古也有联系，是一个国际活动家。……建国以后，烏当了中央民委主任，他的报告是民族政策的重要文件，认为他是我党民族问题方面的权威。八大被选为政治局候补委員，当了国务院副总理；几次代表党中央和国务院出国；几次的反党集团都和他沒有联系；（按：胡說！烏早就是刘少奇"北方局"的重要黑綫人物）几个少数民族地区出问题，唯有内蒙沒出大问題（按：又胡說！内蒙出的"大问題"还少嗎？）等等。这些都使我更加崇拜他，认为他对党中央和毛主席忠实，整体观念强，从不向中央讲价錢；认为他是一貫正确的，政治上对他絕对信任；……所以一貫地盲目（按：应改为"自觉"）执行了他的修正主义、民族分裂主义路綫，干了不少不利于党和人民的事情。

乌兰夫是一貫强調民族語文的，这也是我敬佩他的一点。我去哲盟时，乌兰夫找我談話，說哲盟蒙族人口多，一定要重視民族語文，对我印象很深。到了哲盟由于中心工作紧张，民族語文总是排不上队，总感到欠了一大笔帐。（按：此乃奴才心理的典型反映）

乌兰夫大叫大嚷民族語文工作领导不力，党委的每次会議上都嚷这个问題。他下令扩大各級翻譯机构，大大調高翻譯人员的級別待遇，恢复学习与使用蒙古語文奖励制度，大搞物质刺激。我完全同意并积极执行了乌兰夫这些修正主义、民族分裂主义的措施。（按：是特古斯从北京回来向乌兰夫"进諫"，埋怨内蒙翻譯級別太低。乌兰夫"納諫"，叫嚷："内蒙古自治区成立二十年，連个一等翻譯也沒有！""翻譯一本书，連个烧餅也买不着！"主唱奴随，特古斯立即伙同額尔敦陶克陶大搞翻譯級別調整方案，并付諸执行。）

强調民族特点，强調把民族政策貫穿到各項工作中去，照搬了乌兰夫的七大特点，蒙族干部三条，汉族干部三条，不談共产主义化。这些东西都是乌兰夫的黑綫，

· 29 ·

我全接受了，有些地方还有发挥（按："全接受了"，又有"发挥"。特古斯追随乌兰夫可谓"鞠躬尽瘁"！）

在讲民族特点和地区特点时，把乌兰夫的七条搬过来，指出我们的革命和建设工作都要从这些特点出发，任何部门、任何地区都不能脱离这些特点。

乌兰夫叫我在改变草原面貌和牧业过关上走出一条路来。我忠实地执行了乌兰夫的这个指示，……贯彻执行了以生产建设冲击四清运动的路线。（按：乌兰夫不是叫嚷要在内蒙古"踏出自己的路"吗？特古斯就是乌兰夫的铁蹄在牧区的踏路人！）

乌兰夫在牧区工作上制定了一套方针政策，有些东西还上了中央文件，我过去对这些也是深信不疑的。……写材料、作报告，大力宣传了这些方针、政策，忠实地执行了这些方针、政策。由于执行了这些东西，在牧区社教运动中干扰和抵制了十条决定和二十三条的执行，给牧区社教运动造成了很大损失。（按："革命领导干部"特古斯不是自吹在牧区社教中抵制了乌兰夫的反革命修正主义路线吗？看看他的夫子自道！）

一九六二年乌兰夫去呼盟决定闭地，停办大批农场，把宾馆改成牧民招待所，大力改善物资供应情况。我很敬佩，认为乌兰夫深知牧区，掌握政策稳，别的人解决不了这个问题。

执行乌兰夫反四清的路线，给东苏旗四清运动造成了严重损失，在这里我是负主要责任的（按：特古斯不是动辄挂出"在牧区四清中反乌兰夫路线"这个羊头，当做他并非乌兰夫黑线人物的"资本"吗？上述招供，是特古斯的自嘲。）

由于我忠实于乌兰夫，直到今年四月的常委扩大会议上大反大汉族主义，大攻书记处的几个同志，也没有看出他们的阴谋来。……讨论王铎问题是乌兰夫的一大阴谋，我当时不了解这个情况，表示：根据材料认定王铎是阶级异己分子，宣传部

对王铎历史问题的错误结论要检查，张鲁同志不听乌兰夫的指示是错误的。这样给乌兰夫黑帮投了一票，参与了他们的阴谋活动。（按：一条乌兰夫的忠实走狗！）

这次回来参加文化大革命时，知道乌兰夫黑帮被揪出来了，回来以后最初一时期有侥幸心理。随着运动的逐步深入，已经打消了这种侥幸心理。（按：因一度漏网，故有"侥幸心理"；今天终于落网，故这种"侥幸心理"应该彻底"打消了"。

（二）地地道道的反革命修正主义分子、民族分裂主义分子。

……内蒙最初参加到革命队伍来的蒙古干部中，有相当多的一批人都是从旧摊子接受过来的，其中不少的是剥削阶级家庭出身的旧知识分子，甚至还有伪官僚、伪军官、伪警察和伪职员。这种人在文教系统更多一些。他们都是带着很多反动阶级的思想和严重的民族主义思想到革命队伍里来，甚至入了党，当了领导干部。我就是其中的一个。（按：内蒙古文教界，二十年来是被哈丰阿的死党专了我们的政。特古斯是这伙人的执掌实权的头目。）

……我依靠的那些专家、权威，有不少的是民族分裂主义分子，他们不是干革命，而是在利用职权进行民族分裂主义活动。

……事实证明，我是保护了资产阶级反动权威和民族分裂主义分子，压制了新生的革命力量。（未完待续）

内蒙古语委《东方红》

· 30 ·

点鬼台

特古斯的「老搭当」——额大麻子

额尔敦陶克陶，是罪恶滔天的乌兰夫黑王朝里一员得力的干将，是乌兰夫"大蒙古国"的吹鼓手，大搞内外蒙合并反党叛国活动的急先锋。

伪满时期，额贼乳臭未干就进了日本帝国主义开办的兴安学院学习，投在了日本特务门下。由于额贼甘当日寇的忠实奴才，为帝国主义效劳卖力有方，深受日本帝国主义的赏识。他曾作为"内蒙古典型的大东亚优秀青年"，先后三次往日本"参观访问"，并出席了日本帝国主义举办的"大东亚青年联欢会。"故而额贼被人称为"二日本"。

额贼得到日寇如此抬举，感激涕零。为讨好日本帝国主义，他大肆宣扬"日本人比汉人好"，"内蒙古之祖国非中国"等反动论调，并直接参与了日寇发动的"诺门汗"侵略战争。一九四〇年之后，额贼在"开鲁蒙文学会"又主编蒙奸布和合希格创办的《丙寅》杂志，并大量出版了《青史演义》、《一层楼》等大毒草，宣扬民族分裂、反汉排汉的反动观点，直接为日本帝国主义瓜分侵略中国服务。

中国人民的八年抗战，打败了日寇侵略者。老主子一倒台，额贼便一头扎入老民族分裂主义分子哈丰阿的怀抱，参加了臭名昭著的"内蒙古人民革命党"，成为这个罪恶集团的要员。他伙同哈丰阿、特古斯炮制了反动透顶的《内蒙古人民解放宣言》，亲自起草了许多"内蒙古人民革命党"叛国活动的秘密材料及向蒙修要求援助的"请求书"并递交蒙修。一九四五年额贼做为哈丰阿的秘书，随同哈丰阿、博彦满都一起赴蒙"请愿"，要求内外蒙合并。在此期间，额贼受蒙古之重托，开始充当蒙修的情报员。为了便于窃取我党情报，一九四六年额贼隐瞒了他的罪恶历史和反革命真面目混入我党。此后，更伙同潜入我国的蒙特班扎拉格其和必力贡格日勒窃取我国重要情报。

一九四七年，在乌兰夫与哈丰阿的狗咬狗的争斗中，额贼眼看哈丰阿不能取胜，便以特古斯为榜样，随风转舵，投了乌兰夫的票。从此又脖圈换记，充当了乌记走狗。在乌兰夫王朝里，额贼大肆宣扬"在云泽的旗帜下前进"，"乌兰夫是内蒙人民的领袖。"因而又深受乌兰夫青睐，乃平步青云，不断加官进爵，先后控制报社、出版社、语委等部门，兼任过几十个重要职务，并三次被乌兰夫派往蒙古"朝圣"，与蒙修勾勾搭搭，密谋叛国之方。

在乌兰夫和内蒙宣教口的活阎王特古斯纵恿下，额贼利用他把持的报刊、出版、科研等单位，大肆编辑出版反对毛泽东思想及伟大祖国社会主义革命事业的毒草，疯狂鼓吹民族分裂，内外蒙合并，为乌兰夫的叛国罪恶活动大造舆论。

三十余年来，额贼三易其主，干尽了反党反人民，叛卖祖国的罪恶勾当。今天终于被革命派揪了出来，让其反革命的真面目暴露于光天化日之下，同他的新老主子一样，变成了不齿于人类的狗屎堆。

特古斯的"老伙计"——索特纳木

索特纳木，蒙奸、民族分裂主义分子、混进党内的阶级异己分子、蒙修老牌特务，哈丰阿、特古斯的死党。伪官吏出身。抗战胜利后，投入乌兰夫门下，因从事分裂祖国的活动有功，被乌兰夫赏识。此后一直做为乌兰夫的忠实走狗被安插在文教部门，历任内蒙文教部社教处处长、编译处副处长、出版局副局长、文化局副局长兼出版社社长等职。一九五六年被蒙修特务额尔敦陶克陶等拉入党内。长期以来，伙同额尔敦陶克陶、道尔吉宁布等人把持内蒙古人民出版社为封建主义、反革命修正主义、民族分裂主义的大毒草大开绿灯；公然勾结叛国分子和苏、蒙修文化特务继续进行叛国活动，把内蒙古人民出版社变成了针插不进、水泼不进的封建主义、反革命修正主义、民族分裂主义三位一体的大黑店和名副其实的乌兰巴托分社。文化大革命以来，索特纳木这只狡猾的老狐狸，装出一副假老实、真进攻的恶相，企图蒙混过关。到了最近文艺界大"乱"之后，索特纳木感到实在混不下去了，才开始交待实质问题。

· 32 ·

討 特 專 号

目 錄

江青同志在北京文艺座谈会上的讲话 …………………………………（1）

短评 风吹老月天不动 浪打船头道不移……………**本刊評論員**（4）

是"老左派"还是大右派？

　　——从反右斗争看特古斯的反革命两面派嘴脸

　　　　　　　…………內蒙古大学井岡山《八一》战斗队（6）

看！特古斯把持下的"乌兰巴托分社"

　　　　　　…………內蒙古人民出版社《一〇一》总部《海燕》（11）

假检查　真包庇

　　——评特古斯1963、1964年布置的两次"图书检查"

　　　　　………內蒙古人民出版社《一〇一》总部《海燕》《前哨》（14）

特古斯是乌兰夫反党叛国集团在内蒙古史学界大搞民族分

　　裂的黑后台…………內蒙古大学井岡山《八一》战斗队（23）

照妖镜：特古斯罪恶簡史 ………………………………………（27）

　　　　特古斯论"特古斯"………………內蒙古語委《东方紅》（29）

点鬼台：特古斯的"老搭当"额大麻子………………………………（31）

　　　　特古斯的"老伙計"索特納木………………………………（32）

内蒙古出版界大批判联絡站
内蒙古大学井岡山
内蒙古人民出版社"一〇一"总部
《出版战綫》編輯組編
（地址：呼和浩特东风区西落风街28号）

出版日期：１９６８年１月

四-22

打倒
索特纳木！

内蒙古人民出版社
101 总部
1968.4.1.

最高指示

"混进党里、政府里、军队里和各种文化界的资产阶级代表人物，是一批反革命的修正主义分子，一旦时机成熟，他们就会要夺取政权，由无产阶级专政变为资产阶级专政。"

"民族斗争，说到底，是一个阶级斗争问题。"

旧内蒙古文化局党组成员、文化局付局长、内蒙古人民出版社々长索特纳木扎木苏（以下简称索特纳木），是一个混进我们党里和政府里的资产阶级代表人物，是反革命修正主义分子、民族分裂主义分子、日本帝国主义的走狗、苏修间谍、乌兰夫叛国集团的一员干将。

索特纳木，本是一个不学无术的政治投机商，苟且偷生就是娘是他的处世哲学；他一走进社会就是一个汉奸和日特的混合体；稍后，又充当了苏修的间谍；后来，又投靠了乌兰夫，成为乌兰夫叛国集团在出版界的头目。索特纳木投靠乌兰夫以后，二十年来，伙同额尔敦陶克陶、道尔吉宁布等人，在出版界的民族语文战线上，犯下了一系列反党、反社会主义、反毛泽东思想、搞民族分裂、叛国的滔天罪行。一九六三年，出版社图书质量检查时，革命群众已经揭发出来了他的大男罪状，矛正把矛头对准这个老民族分裂主义分子，追究他的政治问题时，乌兰夫叛国集团唯恐挖出他们的老根子，赶快派他们的干将特古斯以内蒙党委宣传部的名义把责任揽了过去，实际上就是压制群众不让再追下去，把这个三反分子包庇过了关。一九六四年文艺正风运动中，文艺界的革命群众再度揭发检举了这个坏家伙，可是又在乌兰夫的"太子"布赫的庇护下混过了关。无产阶级文化大革命初期，这个三反分子又被革命群众揪了出来。但是，这个狡猾的老狐狸却装出一副"老实巴交"的可怜相，妄图再一次蒙混过关。但用毛泽东思想武装起来的革命群众，识破了他的假相和诡计，揪住了他的狐狸尾巴，穷追猛打。目前，索特纳木已经和他的黑主子乌兰夫一道，陷在革命群众挖黑线的人民战争的汪洋大海之中，真正成了一只落水狗。然而，索特纳木这只老狐狸隐藏得很深，他的许多反革命活动还没有被揭发出来，他利用出版图书搞民族分裂、散布封建主义、资本主义、修正主义的流毒还远々没有肃清。我们必须再接再厉，更广泛地发动群众，作深入细致的调查研究，把他挖深揭透、斗倒批臭，让他这个不齿于人类的家伙，永远不得翻身。

现根据目前我们已经掌握的材料，将索特纳木投足社会三十年的主要反革命罪恶史实初步整理公布于下。

日帝走狗、蒙修特务、乌兰夫叛国集团的干将

老牌特务索特纳木武翎于原察哈尔盟明安旗的一个剥削阶级家庭，专年时曾入国民党培养封建上层子弟的北京蒙藏学院读书，和内蒙"当代王爷"乌兰夫是先后同学。索特纳木从他的剥削阶级立场出发，离开学校大门不久就投入了日本帝国主义的怀抱，先后充当了日帝邪翼下的伪"蒙疆自治联邦"行政院长、大蒙奸哈德宝扎布和吴鹤龄的秘书。由于索特纳木充当走狗卖国有功，被送往日本东京早稻田大学研究部"深造"一年。回国后，即被任为伪明安旗总务科长，不久即升为正参领（扎兰）。伪旗长病故后，索即代行旗长职权。

索特纳木为了替日帝搜集特报，网罗蒙奸和镇压爱国专年，于1942年在日本顾问的授意下，伙同一些蒙奸发起组织反动的"蒙疆蒙古青年同盟"，并充该盟的组织部长（索久文特误写参误写）。该组织公开的反动纲领的大意是："在日本帮助下，成吉思汗的子孙团结起来，振兴蒙古民族"；实际上，该组织是日本特务组织"央亚同盟"下的一个分支机构，其大权完全掌握在日特组织"兴亚同盟"手里。日特利用该组织测探蒙古专年的政治思想面貌，亲日的予以重用，亲共爱国的就加以镇压。该组织的活动范围并不限于蒙盟，甚至日帝本土也设有支部。在该反动组织的成立大会上，索特纳木讲了话，并谄媚地亲自充当日本顾问讲话时的翻译，还曾在该组织的刊物上发表反动文章，表示"庆贺"。

日本帝国主义投降前后，日本特务和蒙修特务拉日瓦喇嘛在明安旗以组织俱乐部为名，从事特务勾当，索特纳木也积极参与了活动，并曾伙同拉日瓦喇嘛、蒙奸纳·富奇朝克图（当时名窝春阿）以及一些伪蒙疆高级军政头目去多伦会见蒙修代表拉玛扎布，参予筹建伪蒙盟政府的活动。

一九四五年八·一五日本垮台，索特纳木的靠山倒了，但是，这个坚决与人民为敌的老卖国贼，又施展了他狐狸般的勾结钻营的伎俩，竟又和蒙修特务负责人拉玛扎布、顿呼尔扎布（蒙修内务部长）拉上了关系，从一九四五年九月开始，又卖身投靠充当了蒙修的特报员，化名苏荣，以他的一只银戒指为接头的证据。索特纳木伙同几个蒙修特报员组成了一个特报小组，索是这个特报小组的负责人。特报组共五人：一是索特纳木，当时任明安旗旗长、二道尔

吉永荣，当时任明安旗政府科长；三乌金，是特报组的交通员；四翁改，原十六师八十团的副团长；五巴达尔呼，已死。该特报组从四六年春开始，约两月一次，多次向蒙修递送扒面特报，均由交通员乌日金去蒙古境内哈更图救色庙所交给一名沙日勒的人。一年内经乌日金手就送过四次特报。头两次特报都是索特纳木亲自交给乌日金的。甚到一九四九年逃国以后，索特纳木仍通过另一老牌蒙修特务色彦同蒙修派到内蒙公安部的特务旺丹接过头，并在同旺丹接头时，接受了旺丹给的报酬一身衣料。

老牌民族分裂特务分子索特纳木和色彦互相包庇，把他们做蒙修特务的历史一直隐瞒下来。一九六七年十一月，老牌蒙修特务色彦被揪出来，索特纳木闻风后，才被迫不得不在十一月三十日向革命群众组织作了部分交待。而在这之前不久，索特纳木还狡猾地施展他的老狐狸伎俩，向革命群众反扑，声称他没有什么要交待的问题，只不过是工作上犯了错误而已。

一九四五年十一月，索特纳木以"察盟代表"身份到张家口参加内蒙自治运动联合会时，遇见了"内蒙当代王爷"乌兰夫，初初便是娘的索特纳木，凭他反革命的灵敏嗅觉，一眼就看出了这是他"飞黄腾达"的好机会，于是行前趋后，嘘寒问暖，四处张罗，大献殷勤，唯恐谄媚阿谀之不足。反革命修正主义分子、民族分裂主义的头目乌兰夫为了它的"大蒙古帝国"的"丰功伟业"，也正在到处搜罗牛鬼蛇神，充实班底的时候，对这个找上门来的宝贝，自然一见"钟情"，一拍即合，当即在会上委索做他的翻译，并"选"索为内蒙自治运动联合会执行委员会的常务委员兼专年部长。气后，索特纳木和乌兰夫集团的干将陈炳宇一起返回察盟成立自治运动联合会察盟分会，并在陈炳宇（盟长）手下充当民政处长。

国民党向解放区大举进攻时，察盟政府随军队北撤，中途，索特纳木嚣伙同一些人离队住在五国（蒙、日、美、西德、瑞士）特务马代欣里，巨块他人均投敌叛变，索的形迹极为可疑。

一九四六年，索特纳木去贝子庙（锡林浩特）又见到了乌兰夫，这个老狐狸自然不会放过谄须拍马的任何机会，又跑前跑后地给乌兰夫当了翻译，并跟随乌兰夫去了东部区。一九四七年五月，内蒙成立自治区政府时，索特纳木也因和乌兰夫的关系参加了大会，并被任命为文教部社会教育司长。由于索特纳木紧紧地攀上了"当代王爷"乌兰夫，找到了向上爬的阶梯，于是飞黄腾达，青云直上，由民安旗长而察盟民政处长、文教部社会教育司长、教科书编译处副处长、教科书编审、出版社副总编、副社长、出版局副局长、文化局副局长兼出版社长，并被挂上了政协委员、语委委员、作协理事、毛选蒙文出版委员会委员，内蒙人大代表等头衔；一九五六年，还把这个老特务拉入党内，披上了中国共产党员的外衣，没有几年，就当上了乌兰夫"太子"布赫文化局烂党组的成员。真是一登龙门，身价十倍，索特纳木感激涕零，特地在家里长期挂着乌兰夫和乔巴山的巨幅象片，以便顶礼膜拜，晨昏定省，真是一副十足的奴才相，反动透顶！

一九六一年以后，民族分裂主义分子布仁密哲、通福、额尔敦毕力格外通些修，在内勾结乌兰夫、哈丰阿等，乘国家三年自然灾害困难之机，秘密组织反革命的"民族统一革命党"，其党徒大部是隐藏在内蒙文化教育界的老牌蒙奸、卖国贼、特务等。索特纳木这个老牌蒙修特务又闻风而动，加入该反革命组织并充当驻出版界的负责人，大搞反革命民族分裂的秘密活动。对索特纳木的这段反革命活动的罪恶历史，必须彻底清算！

恶毒地诬蔑咒骂我们伟大的党和毛泽东思想，抵制毛主席著作的出版，竭力贬低伟大领袖毛主席的崇高威信，吹捧乌兰夫。

伟大、光荣、正确的中国共产党是领导中国人民和全世界革命人民走向社会主义、共产主义的核心力量。毛泽东思想是在帝国主义走向全面崩溃，社会主义走向全世界胜利的时代的马克思主义。毛泽东思想是反对帝国主义的强大思想武器，是反对修正主义和教条主义的强大的思想武器。毛泽东思想是全党、全军和全国一切工作的指导方针。因此，帝修反和一切敌人总是对我们的伟大的党和光焰无际的毛泽东思想恨之入骨，总是象狂犬吠日一般地恶毒地诬蔑、咒骂我们的党和毛泽东思想。

帝国主义和修正主义的走狗，隐藏多年的老牌特务、民族分裂主义分子索特纳木同一切敌人一样，十分仇恨我们伟大的党和毛泽东思想，他利用窃踞的出版大权，千方百计地抵制毛主席伟大著作的出版。十七年来，内蒙古人民出版社共出版两亿多册书，其中毒草丛生，泛滥成灾。索特纳木等一伙对他们的黑主子反革命修正主义分子、民族分裂主义分子乌兰夫贩卖民族分裂的黑货是有求必集，有画必出些以两种文字，真是做到了鞠躬尽瘁，效尽犬马之劳；而对于我们心中最红最红的红太阳毛主席的雄文四卷，却只在一九五八年前示过32900册，以后就以种种说不出的理由推给民族出版社，干脆一本也不出版了，加上一九五九年出版过《毛主席诗词》5000册，以及后来迫不得已印了一些毛主席著作的单行本，一共也不到出版总数的百分之一，他们抵制毛主席伟大著作的出版，阻碍毛泽东思想传播的狼子野心，岂不是昭然若揭吗？

更有甚者，由"民族统一党"之徒巴布道尔吉整理，经索特纳木"审查"出版的毛依罕的好力宝《党和母亲》一书，是一支射向党中央、毛主席和毛泽东思想的毒箭，如其中的三节叫道：

"穿着红缎子衣裳的，鲜艳夺目的世界；

认为自己比别人聪明，事事争先开口的世界。

穿着兰缎子衣裳的，翩翩起舞的世界；

认为自己比别人才多识广，开口说空话的世界。

容貌虽然俊俏，性格却古怪的世界；

话语虽然悦耳中听，主义却反动的世界。"

这几个反动的家伙，竟敢和"三家村"的邓拓唱一个调子，利用出版物搞反革命活动，用最恶毒的语言，诬蔑和咒骂我们的党和毛泽东思想。是可忍，孰不可忍！

我们伟大的领袖毛主席是当代最伟大的马克思列宁主义者，是全世界革命人民心中最红最红的红太阳。可是老牌民族分裂主义分子索特纳木为了达到他们搞内外蒙合并，分裂祖国的目的，长期以来，却在乌兰夫、哈丰阿、特古斯的暗中支持下，伙同额尔敦陶克陶、道尔吉守布等人，利用职权，通过一切机会，极力吹捧和抬高其黑主子"内蒙当代王爷"乌兰夫，以贬低我们伟大领袖毛主席在内蒙人民心中的崇高威望，妄图实现以乌兰夫代替我们心中最红最红的红太阳毛主席的卑鄙阴谋。

远在一九五〇年，索特纳木在内蒙文教部教科书编译处负责期间，就伙同额尔敦陶克陶、道尔吉宁布等人在出版的蒙语小学课本和民校课本中，把乌兰夫的狗象同我们伟大领袖毛主席的像并列，并吹捧乌兰夫是"内蒙人民的领袖"。他们还大量印制了乌兰夫的狗像广为发行，以树立乌贼的"威望"。

一九五一年，索特纳木在出版社担任编审期间，在出版的蒙文农历上，除去毛主席的像以外，又放上了乌兰夫的狗像。

一九五三年，出版社印毛主席的彩色像时，索特纳木又与额尔敦陶克陶等同谋策划印制了乌兰夫的彩色狗像，企图在内蒙大量发行。后因未被批准，才没得逞。

一九五七年，为庆祝内蒙古自治区成立十周年拟出版一批献礼图书，其时索特纳木已升任出版社副总编辑，在编制献礼图书计划时，索特纳木又极力主张出版《乌兰夫选集》，企图与计划中将要出版的蒙文《毛泽东选集》分庭抗礼，以进一步抬高和吹嘘乌兰夫。后也因未获批准才未能实现。

一九五八年，索特纳木分工负责出版的《民间口头文学集》一书中，有一首题为"升起了的太阳"的诗中写道：

"升起了的太阳是草原上的灯笼（灯塔），
毛泽东同志是我们群众的灯笼；
红色的太阳是山野的灯笼；
乌兰夫主席是我们群众的灯笼。"

这首诗竟混蛋地把乌兰夫放在毛主席之上，称毛主席是同志，而称乌兰夫是主席；把毛主席才比做是升起了的太阳，而把乌兰夫倒比做红色的太阳。索特纳木企图在内蒙古人民心目中贬低伟大领袖毛主席的崇高威望，而把反革命修正主义分子、民族分裂主义分子乌兰夫吹捧于毛主席之上的罪恶阴谋不是十分明显吗？

里通外国，勾结苏蒙修，不遗余力地搞文化特务的黑勾当

索特纳木利用他窃踞的出版社地位和权力，背着外文部门的有关领导机关，肆意地勾结苏蒙修文化特务，与他们互通情报，建立秘密航道，不遗余力地为他们服务。在某种程度上，内蒙人民出版社已经名副其实地成了乌兰巴托在内蒙古的分社。实质上，索特纳木等人就是苏蒙修文化特务在内蒙古出版界的代理人。

一九五六年，臭名昭著的蒙修文化特务头子策·达木丁苏荣来我区活动，修正主义的主子大驾光临，索特纳木这个奴才喜欢怠慢，立即恭请达木丁苏荣给内蒙出版界机关语文工作者作《关于蒙古语文的改进问题》的黑报告，以趁机替达木丁苏荣大肆吹捧。达木丁苏荣在这个黑报告里恣意放毒，公开配合乌兰夫搞内外蒙语文统一的阴谋，竟然宣称要以喀尔喀蒙古语为中心，统一整个蒙古族语文。同时，达木丁苏荣还俨然以主子的身份，用书面"指示"出版社应该注意和重视民族文化遗产"（即《关于出版古典书籍的提纲》）。该提纲散发了大量的修正主义、民族分裂主义的毒素，维持了大批糟粕，"指示"出版社大胆地为死人、古人翻案，替死人恢复名誉，要把死人的事迹写出来和作品一起出版，并公开骂我国批判古典作品的人是"把自己的父母祖先也描绘成都是野蛮动物"的人。索特纳木对这个黑指示提纲视为金规玉律，特意把它复写给蒙编室编辑室学习，并立即把黑指示奉为行动纲领，伙同额尔敦陶克陶组成一个古典书籍编译组，大放其毒。封建文人尹湛纳希的几本大毒草《一层楼》《泣红亭》《青史演义》等就是根据这个黑指示提纲出笼的。额尔敦陶克陶还根据达木丁苏荣的"指示"，亲自去尹湛纳希的故乡采访，为尹湛纳希写了一本传记，和尹湛纳希的大毒草一齐出笼。又逆照

"指示"给他们这个封建主义、民族分裂主义的祖师爷"恢复名誉"，专门在云版社内举办了"尹湛纳希生平事迹展览会"。尹湛纳希家前香烟缭绕，这些尹湛纳希的徒子徒孙们则恭敬肃穆地膜拜于下，简直是丑态百出。为了给达木丁苏荣这个蒙修文化特务增加资本，索特纳木和额尔敦陶克陶共同策划，放纵达木丁苏荣在伊金霍洛旗盗走了许多珍贵文物。

一九五七年夏，蒙古军医"专家"杜鲁姆苏荣回国时，蒙修特务纳·赛奇朝克图设宴践行，索特纳木自然也出席作陪。席间，修正主义主子和奴才频频举杯，互相祝酒，促膝谈心，叙述悲欢离合之情，的确是"水乳交融""心投意合"。酒过数巡，索特纳木这个老牌民族分裂主义者、修正主义的奴才竟然情不自禁地流下了眼泪，衷心地对他的主子表示了他继续出卖祖国，甘心做文化特务的决心。

一九五八年，蒙修出版局负责人达尔玛旺楚克来我区活动时，索特纳木特地召集云版社副总编、室主任以及校对、云版等部门负责人举行座谈，表示热烈欢迎。达尔玛旺楚克露骨地说："我们不要受外交路线的约束，蒙古同内蒙应该加强联系，个人和个人之间应建立直接联系。"索特纳木这个修正主义的奴才赶忙表示赞同，连声地说："是！是！对！对！"。

主子有令，奴才焉敢不听，自然遵照办理。于是索特纳木背着有关外事部门和蒙修建立了交换资料的秘密航道，仅一九五八、五九两年不完全统计，索特纳木指示有关人员赠给蒙修云版社、图书馆以及蒙修的"博士""作家"策·达木丁苏荣、博·仁亲、塔尔瓦、普列布道尔吉等人图书资料先后就有十余次，二百种左右。一九六〇年，蒙修"专家"马力吉胡图克回国时，索特纳木专人找人用毛笔缮写了一份《内蒙古云版史料》（鲜放前部分）送给他。并恬不知耻地说："来我国帮助的专家都有任务，回国后，他们都要发表研究学术论文，需要些参攷资料，我们应当互相支援。"实际上就是通过他的手让蒙修分子盗走我国的珍贵云版史料。这个蒙修分子回国后，索特纳木还继续指示云版社给他寄《卓史演义》《一层楼》《泣红亭》等鼓吹封建迷信、民族分裂的所谓"名著"。

对蒙修的主子苏修分子，索特纳木自然更加不敢怠慢，倍加巴结。

一九五六年，索特纳木、额尔敦陶克陶就和苏修分子孔古勒夫建立了关系，这个苏修分子犒赏给他们一些赃品，对此，索、额受宠若惊，即由索特纳木执笔，以额尔敦陶克陶的名义给孔古勒夫写了一封肉麻的信，"感谢"孔古勒夫对云版工作的"支持"，并求他们的修正主义主子给予"指示"。代表国家云版社的社长，竟然"感谢"

苏修分子的"支持",并从这样的"支持"中得到"很大的激励和鼓干",还要请求苏修分子"经常给予指示",他们究竟干的是什么黑勾当,不是一清二楚吗?该仗原文如下:

尊敬的作家古孔勒夫同志:

兹同您问候的同时谨告您:来仗收悉,并接到您的尚像以及其他照片,使我们由衷高兴,您对我们云版工作的这样支持,给我们很大的激励和鼓干。我们今年从您的作品《阿拉坦塔拉》中选择了几篇文章,云版了一本小册子,供我们内芒古人民阅读和欣赏。现在我们计划明年将您的作品《阿拉坦塔拉》同俄文版一样全部出版,以供人民阅读,同时计划将您写的关于库尔茨克城的作品《安加拉河上的山城》寄来后,尽另在明年或为后年予以云版。现在我们为尊敬的作家同志您,作为纪念将我们《内芒古画册》《谚语》各赠一本,请您查收。我们很希望您今后对我们的云版工作经常给予指示、批评和支持。

此致

敬礼

内芒古人民出版社々民

额尔敦陶克陶 1956.x.x.

正像仗中所写的一样,当年,他们就把芒修已云版过的孔古勒夫的《沙格德尔》《草龙上的歌手》两扮用旧芒文改写出版。一九五七年十一月,索特纳木被特古斯派去参加中国少数民族云版工作者代表团赴苏联访问时,特地借机登门朝拜了这个苏修分子。孔古勒夫犒赏了索一本俄文词典,又交索带回一部稿件。索特纳木回国后,第二年就把前两本扮加上《阿拉坦塔拉》编在一起,给孔古勒夫云版了一本合集。一九六0年,该合集又重印了一次。由于索特纳木对孔古勒夫这样的五体投地,敬若神明,修正主义的主子和奴才之间建立了极为密切的黑关系。1963年,孔古勒夫六十狗寿的时候,特地用"庆祝委员会"的名义通知了索特纳木。孔古勒夫还寄来他的狗像,以示宠爱。

索特纳木参加中国少数民族云版工作者代表团赴苏访问时,还特地到苏修"语文学家"桑杰耶夫家朝拜,并从桑杰耶夫处带回反映喇嘛教和黄教斗争有关的宗教历史黑货《汗哈冉惠传》,奉为至宝,给予云版。

就是这样,他们的主子有时还嫌奴才服务得很不够。1962年,芒修分子博·仁钦给额尔敦陶克陶来仗发脾气说:"你们如果考虑整个芒古民族的话,《三十二个木头人的故事》一扮,不应该云版的那样少!"额转告索特纳木后,索诚惶诚恐地马上就重印了这本毒草。

根据不完全统计,至1962底,内芒古人民出版社给芒修云版的图书竟达一百四五十种，给苏修云版的图书也近一百种。对兰修是"最惠国待迁"，上至兰修头子泽登巴尔的政治报告，下至无名小卒的《长寿法》之类的东西，几乎是咒到兰修的书就出版。有时兰修还没来得及云版的，索特纳木等从兰修剪理报上咒到了就抢先云版。有些连兰修都不属于云版的东西，"乌兰巴托分社"却优先给予云版了。甚至本来是中国人写的作品，因为被兰修云版后，索特纳木等也按外国作品待遇，按兰修的译本再翻译过来给予云版。兰修的所谓三大"作家"：策·达木丁苏荣、那楚克道尔吉、僧格的作品当然更要优待，都给云版了专集。对兰修文化特务头子策·达木丁苏荣更是有文必录，给他一个人就云版了十五种。兰修的作者，在内兰古人民云版社云版过作品的竟达一百三十人之多。

索特纳木这个苏兰修的奴才、文化特务、苏兰修集团文化特务在内兰古云版界的代理人，就是这样把社会主义国家的云版社，变成了修正主义的分支机构，鞠躬尽瘁地为他们的修正主义主子服务的。

利用窃踞的出版大权，大量抛售民族分裂主义的毒草，为乌兰夫集团叛变祖国，搞内外兰合并，大造反革命舆论。

内兰"当代王爷"、反革命修正主义分子、民族分裂主义分子乌兰夫，一心想当二十卅纪的成吉思汗，搞他的"大兰古帝国"的"伟业"，早在内兰古自治区成立不久的1948年七月，他《在内兰古干部会议上的总结提纲》里就曾经叫嚷："内兰古自辛亥革命以来，尤其是'五四'运动以来，受中国革命的影响，兰古民族产生了民族主义的新思想，更由于历史上民族矛盾一直为主要矛盾，要求摆脱帝国主义、大汉族主义异民族的统治，要求自己的民族独立自主，始终成为兰古民族的基本要求。""历史上帝国主义、大汉族主义，对于兰古统治与压榨的目的，在奴役兰古民族，剥弱以至消灭兰古，把兰古变成异族统治者的臣隶，变为掠夺的殖民地。"在这里，这个民族分裂主义分子首先把兰古民族同中国分开，给人灌输一种假象好象兰古民族不是中国的一个民族，而是异国的民族；其次，他就脱离当前无产阶级革命的时代背景，笼统地把资产阶级民族主义涂上胭脂，擦上粉，说成是新思想，又给人另一种假象，好象当前时代，资产阶级的民族主义不是什么反动的东西，还应该是一种值得颂扬的新思想似的。然后，他就抽去毛主席教导我们的"民族斗争，说到底，是一个阶级斗争问题。"的阶级实质，左一个大汉族主义压殖，右一个异民族的统治，声嘶力竭的大叫大喊大汉族主义对蒙古统治与压迫的目的，在于奴役蒙古民族，削弱以至消灭蒙古。危言耸听，极力煽动民族主义情绪，以便达到他搞民族分裂、内外蒙合并的罪恶目的。

索特纳木、额尔敦陶克陶这两个蒙古民族的败类，卖国贼、乌兰夫"蒙古帝国事业"的追随者，对他们主子的黑话自然心领神会，一点便通。于是他们伙同道尔吉宁布、诺尔布等人，禀承乌兰夫、哈丰阿的旨意，在特古斯、布赫的直接指挥下，二十年来，利用窃踞的出版大权，拚命出版民族分裂主义的毒草，通过出版物大造舆论，为乌兰夫叛国集团搞内外蒙合并的阴谋，起到了吹鼓手的作用。

乌兰夫叫嚣上述黑话不久，当时掌握出版大权的额尔敦陶克陶、道尔吉宁布、纳·赛音朝克图等人就接二连三地抛出了《人民无敌英雄玛克斯尔扎布传略》《刚毅英雄陶克陶传略》《勇冠英雄达木丁色仍传略》等大毒草，把同蒙古资产阶级上层人物勾结，阴谋分裂祖国，和大反汉族搞呼伦贝尔"独立"的人物，统统地吹嘘为"英雄"，说什么："内蒙古要从汉人的殖民统治下分离出去，跟血肉相连的外蒙合并成立统一的国家。"又在另外抛出的蒙修分子吉楼戚扎布的毒草《马列主义关于民族问题的几个问题》中公然说："我们同一民族的蒙古人民（指内蒙），长期受帝国主义的压迫和剥削，不久以前苏蒙军的联合力量打垮了日本帝国主义以后，才得到了解放，他们现在为着自己的自由、独立而斗争，这是天经地义的正义事业。"不但只字不提伟大的中国共产党领导的抗日战争的胜利给内蒙人民带来的解放，企图把内蒙古的解放完全归功于苏蒙军，以抬高苏蒙军——更确切地说是抬高蒙古——在内蒙古人民心中的地位；而且在中国共产党的领导下，已经获得了自由和解放的内蒙人民还要什么"自由"和"独立"？向谁要"自由"和"独立"？同谁作斗争？他们掀起这次出版民族分裂主义毒草高潮的目的，就是为了紧跟乌兰夫，制造民族分裂的舆论，为乌兰夫集团搞内外蒙合并鸣锣开道。

索特纳木这个老民族分裂主义分子自然也不甘落后，他在内蒙文教部教科书编译处负责期间，就通过教科书大放其毒。当时老牌民族分裂的头目哈丰阿兼任内蒙文教部长，正是他的顶头上司，经过请示哈丰阿，他就以内蒙文教部的名义，伙同额尔敦陶克陶等人，原封不动地翻译出版了蒙修的《蒙语正字法字典》。在解放了的中国，该字典公然把中国的首都说成是南京，把我们伟大的首都北京叫做北平；把祖国神圣领土的一部份台湾，按照帝国主义的意愿标为"福摩萨"；把祖国大家庭的一部份西藏说成是一个国家，而把拉萨市解释为西藏的首都。又公然宣称："我们的首都是乌兰巴托""

我们的革命领袖苏赫巴托尔。"像这样的大毒草，一直到1962年以后，索特纳木等人还要原封不动地予以再版。当时由索特纳木负责编审的中小学课本中，公然塞进了苦修的国旗、国徽和国歌，苦修分子那楚克道尔吉宣扬的苦修的诗歌"我的故乡"也塞进了课本里让学生早晚诵读。再版这些毒草的目的是显而易见的，就是为了通过耳濡目染在内蒙古青少年心目中抬高苦修的地位，给青少年灌输苦修是他们的"祖国"、故乡"，苦修头目是他们的"革命领袖"的概念，让他们从幼年时起，心目中就只有苦修，而没有我们心中最红最红的红太阳毛主席和伟大的中国共产党的光辉形象，因而为他们搞内外蒙合并分裂祖国的阴谋服务。无怪乎有些小学教员受了毒害后说："经济上我们比苦古强，政治上不一定，文化上肯定不如人家。"还有的人受毒后不承认北京是自己的首都，而承认乌兰巴托是首都。当有的同志提出意见时，索特纳木还恬不知耻地为自己遮掩说："本来就是别人的东西嘛！为什么要改人家的东西呀！""把苦古作家那楚克道尔吉的诗——"我的故乡"等放进课本是错误的；但是把苦古的作品当做外国文学作品，以一般的读物形式再版，在社会上发行，就没有什么问题。"一副典型的卖国奴才相，欲盖弥彰。

二十年来，索特纳木伙同额尔敦陶克陶、道尔吉宇布、诺尔布等人，把持内蒙人民出版社的大权，在一般读物的再版工作中，更是按照乌兰夫、哈丰阿的黑旨意，在特古斯、布林的指挥下，贯穿了一条民族分裂主义的黑线。

一九五六年，索特纳木、额尔敦陶克陶读苦修文化特务头子策·达木丁苏荣对内蒙语文界作《关于苦古语文的改进问题》的报告。达木丁苏荣露骨地说："苦古人不仅希望统一文字，而也希望统一或接近语音来形成和发展自己的文学语言。""我们制止自己语言互相脱离的趋向，向统一的方向积极努力。""语言文化的发展，不应该象树枝那样分枝歧节，而应该象水一样汇合奔流。""从贝加尔湖到万里长城，从嫩江到青海……各地苦古应同心协力，以共同的力量来发展自己的文化和语言，成为有统一语言的、有文化的民族，同世界各民族并肩齐驱地进入社会主义和共产主义社会。"对这个公开煽动内外蒙合并的黑报告，自然很合乎索特纳木、额尔敦陶克陶的口味，他们简直如获至宝，除发动编辑人员学习外，立即给予再版。的确，他们在翻译工作上，是同达木丁苏荣的黑指示精神一脉相承的。他们以前再版的《新名词解释》、《蒙汉简略辞典》等工具书，就是完全秉着"挖"、"创"和排斥汉语借词的方向进行工作的。最典型的是《新名词解释》，书中仅有一个汉语借词，同时却大借苦修使用的俄语词。为了同苦修搞语言、文字、名词术语的三统一，额尔敦陶克陶在达木丁苏荣作了黑报告之后，还胡诌了一套反动的理论根据，他在一九五七年的文章中公开说什么使用汉语借词上，北方民族与南方民族不同，文字历史悠久的民族与文字历史年轻的民族不同。言外之意，文字悠久的民族的语言中，可以不借汉语词，在他心目中，蒙古语当然是文字悠久的民族，可以不借汉语词了。索特纳木也紧跟在额尔敦陶克陶之后，极力主张"稳"和"慢"，叫喊什么"内蒙的语言丰富，绝大部份新事物都能以自己民族语言表达出来"。对坚决主张采用汉语借词的同志则横加斥责，说什么"民族出版社的那几个蒙古人在胡闹，长期住在北京不了解内蒙的语言实际。"实际上就是少借汉语词或者干脆不借汉语词，以便更有利于同蒙古搞"三统一"。索特纳木对达木丁苏荣的这个黑报告的死稿也视同珍宝，亲自把它交给资料室，并嘱咐"要作特藏资料保管"。相反，他对《毛主席诗词》的死稿和英文版资料却毫不注意，出版以后，全部遗失。索特纳木的爱憎是再清楚不过的了。就是这个蒙修特务文化头子达木丁苏荣，在他写的另一作品《蒙古文学史》里介绍各国对《蒙古秘史》的研究情况时，竟然把内蒙对《蒙古秘史》的研究，没有写在中国的研究部份里，却写在蒙古的研究部份里。而索特纳木等人竟然把这种东西也公然予以出版。他们搞民族分裂的用心，不是昭然若揭吗？

臭名昭著的大蒙奸、文化特务纳·赛音朝克图是乌兰夫的宠儿，被索特纳木、额尔敦陶克陶等吹捧为"内蒙的大诗人"。对他搞民族分裂的大毒草"我们的雄壮呼声"，竟给评为"一等奖"。选进该诗集中的东西除去他在蒙奸德王时代当御用文人时的旧作外，就是他当蒙修特务时的卖国作品。令人气愤的是索特纳木竟把他在一九四六年在蒙古当特务时歌颂蒙修的一首"乌兰巴托颂"，选进庆祝内蒙自治区成立十周年的献礼书《诗选》里，并列为头一首。从时间上看，这首臭诗本是在内蒙古自治区成立以前写就的，根本不在十年范围之内；而且既然是庆祝内蒙古自治区成立十周年的《诗选》顾名思义，头一首理当是歌颂伟大领袖毛主席，歌颂伟大光荣正确的中国共产党，歌颂世界革命人民的圣地、毛主席居住的地方、伟大的中华人民共和国的首都北京的，怎么风马牛不相关地歌颂起乌兰巴托来了呢？索特纳木把这首臭诗选进庆祝内蒙自治区十周年献礼书之内，并把它放在头一首，是有他的打算的。原来蒙奸纳·赛音朝克图的这首臭诗就是把乌兰巴托说成是所有蒙古人的首都的，并且还无耻地吹嘘说乌兰巴托是"亚洲的心脏""高举列宁旗帜的革命的中心"。索特纳木的阴谋就是故意混淆视听、借机制造舆论，为他们叫嚣的"以蒙古为中心，成吉思汗的子孙团结起来，复兴蒙古民族，"搞民族分裂的内外蒙合伴的"事业"服务。就是这个大坏纳·窗音朝克图和索特纳木是莫逆之交，索对他十分吹捧，照顾得无微不至。纳·窗音的稿子是每投必云，而且编辑无权修改。索胡说什么这是巩固"权威"、搞好同"专家"的关系。从1954——1964年，十年间，竟给他出版了专集十一种，而且又合集出版，让这个大坏纳、文化特务恣意放毒。索特纳木把他的毒草放在《诗选》的头一篇自然是"理所当然"的了。

成吉思汗，这个十二世纪蒙古帝国侵略成性的暴君的僵尸，一直是乌兰夫和内蒙古一切民族分裂主义分子心目中搞大蒙古帝国的偶像和样板，远在1954年，乌兰夫就在这个僵尸身上大做文章，从青海运回他的遗物，大修成吉思汗陵墓，不放过一切机会来颂扬他，而历代的蒙奸都是利用"成吉思汗的子孙团结起来，复兴蒙古民族"的反动口号来煽动具有资产阶级民族主义情绪的人跟着他们跑的。索特纳木给日帝当特务时就曾经利用过这个口号，为了乌兰夫的"大蒙古帝国"的建立，他当然能够体会乌兰夫的意图，更能合乎时宜地更加隐蔽地加以运用了。

经哈丰阿批准出版，被索特纳木、额尔敦陶克陶奉为至宝，一再重版的《蒙史演义》，就是他们借尸还魂的一个典型。《蒙史演义》全书共六十九回，其中有六十四部是描写颂扬成吉思汗的。书中说"大元太祖，本是金册天子，皇泽统系，乃渊源于长生天霍光之神仙圣人也。""今者全然不知开创蒙古基业之成吉思汗，何以为圣为仙，及六十六年平天下，创基业之事蹟甚多，岂不可惜。""圣祖皇帝，安治天下一百六十二年。""敌秋毫有犯平民之家者，处斩""不得杀害所占城池之平民"等等。索特纳木等人抬出这个侵略成性的暴君僵尸后，怕别人一时不能理解他们的意图，还特意在《蒙史演义》的重版说明中号召人们向《蒙史演义》学习，特别号召人们要向《蒙史演义》的序言学习。究竟《蒙史演义》的序言里有什么值得今天社会主义国家的人们学习，需要他们这些"先知者"大声疾呼呢？原来序言里写道："古话有云、君子不忘其本。""瞪着两眼，不读本族史书、传记，不知先人祖辈之统系，为人而不知自家根本，岂非蠢类乎？台吉而不知自家祖宗，岂非畜类乎？有眼而不观自家历史，岂非瞎眼乎？为事而不思自家流派，岂非懵懂乎？""长城外之我这蒙古一族之地，北与俄国接壤，东至黑龙江，西临青海，括有内六盟、外四部、喀尔喀、青海、察哈尔、巴尔虎、维利特、杜尔伯特、伊犁、科布多等，广及五千里，袤及万里，如此之大""不料，紫微星主降生于北国沙漠之地，圣武皇帝成吉思汗，如同霹雳群威一声，开创了一百六十三年天下，奴役了中死这般汉人，无奈这般嫉妒成性之汉人……又不得恨此怨仇，遂借其溢妇之鹦喉……胡诌蒙古这般可恶，那般奸诈，如此不仁，如彼无知云云。"查版说明还语重心长地问读者介绍这本排汉的小说作者说："二十岁以后，他开始学习并研究历史，这不仅为他以后的写作《蒙史演义》打下了基础，同时也是促进他具有民族觉悟的一个重要因素。"原来如此，蒙特纳木等人大声疾呼号召人们学习的就是《蒙史演义》作者的那种"不忘其本"的精神，也就是不忘记成吉思汗统治162年的天下，奴役"嫉妒成性之汉人"这段历史之本；而学习研究这段历史，也是为了像《蒙史演义》作者那样，"促使"人们"具有民族觉悟，因而继够像历史上的成吉思汗那样统一"广及五千里，袤及万里"的"居长城外之蒙古一族之地"，奴役具有"溢妇之鹦喉"的汉人，简单一句话，就是跟着乌兰夫大搞"大蒙古帝国"。

九六二年，乌兰夫叛国集团又以纪念成吉思汗诞生八百周年古源流》发表三百周年为名，大造声势。大肆宣扬这具僵尸不仅在报纸、杂志、电台上辟专栏，登文章，横消息广为介旦还麇集了一批史学界的资产阶级"权威"，特别是以"研数民族历史为名的牛鬼蛇神翁独健、金仙然、蔡美彪、于北浦之流，以"蒙古史研究、击版工作问题座谈会"的名义，分子潮洛苗的主持下，大张旗鼓地开了一个纪念成吉思汗诞周年暨《蒙古源流》发表三百周年的大黑会。反革命修正主，以写作大毒草《内蒙古发展概述》而臭名远扬的黄静涛，旦从青海急急忙忙赶来在黑会上大放厥词，叫嚷什么："研思汗——就得研究从成吉思汗那里继承什么遗产，取得什么鉴，蒙古民族要有什么满政。"

宗特纳木积极参加了这次宣扬成吉思汗的大合唱。他还在特邑裟徒下，伙同迪来吉宁布炮制了《1962—1967五年击版规划》之个黑击版纲领中，不仅象《青史演义》这样的东西还要加以再度击笼；而且根据上述黑会的决定，以"继承遗产"为幌还要"挖掘"象《蒙古源流》《青旂》《成吉思汗的两匹骏马》之》《俺答汗史料》《卫拉特法典》《水晶鉴》等一系列的草给予击版。为了配合纪念《蒙古源流》发表三百周年的大合素特纳木集中力量提前击版了内蒙版本的《蒙古源流》。因为持旧版本的尾状，不惜工本，把封面染成几百年苍老的尾色。这不满足，索特纳木还要出版蒙古的另一种版本，后以到看清买才作止出版。

八九五七年，正是资产阶级右派分子、民族分裂主义分子何党社会主义制度进攻的时候，由旧内蒙宣传部批准，出版社抛出革命修正主义分子、民族分裂主义分子陶克涛（即黄静涛）著内蒙古发展概述》（上册）这本大毒草。它通篇都散发着资产民族主义的真毒和民族分裂主义的毒素。如书中写道："蒙古由久远历史形成的而具有显著特征的稳固的人们共同体"；"古族向来就有其独特的社会经济结构和他们特殊的经济生活"内蒙古人民尽在异族长期发动统制沿下，仍然未尝屈服于暴力，他们仍然全力地保持着自己全族的骨象心，全族的风俗习惯民族情感，并力图述立自己独立的生活"。黄静涛在这本大毒书言中语重心长地说：他是为了向读者提供"系统的蒙古历史尺"，"够大家较容易地回顾我们祖先的经历及他们的命运从而透视我们的现状，并为更好的将来而奋斗。"不难看出，这同索内木对在《青史演义》的重版说明中的调子是收异曲同工之妙用

8

的。索特纳木甚至在其黑后台持古斯的助威下，对这部大毒草视若至宝，不仅出了汉文版，还积极筹划出蒙文版。《内蒙古发展概述》还有中册和下册。在中下册中，英静诗文猖狂地为反革命的、叛国投敌的内蒙古人民革命党（简称"内人党"）树碑立传，拼命地为"内人党"争历史地位，胡说什么"内人党"的成立是内蒙古之政治转换期"，还竟把"内人党"代表大会的民族分裂主义纲领，机构委员会的全部名单都——载入"史册"。中下册由于遭到革命群众的抵制，没有让他们如愿抛出来继续放毒。

一九五八年，上海出版了由哈丰阿直接委托余元盒写的《内蒙古历史概要》一书。这本书的古代部分，贩卖了《蒙古人民共和国通史》"泛蒙古主义"的基本观点；近代部分，则是很好杂杰布、义部合西梅文说权限的资料衣意见删与成的。书中竟把帝国主义直接策划的一系列叛国罪恶活动称作是什么"民主自治运动"，是什么"起义"，狂热地鼓吹蒙古族的"独立"和"自治"。一九六二年，哈丰阿为了更加广泛地散布这本书的毒素，为他搞民族分裂制造舆论，采用指示索特纳木用蒙文翻译出版，并几次用电话催促。索特纳木自然"遵旨"办理，赶快指派一个编辑（右派分子）加速出版。后因遭到革命群众的反对才未能得逞。

一九五八年，额尔敦陶克陶伏问纳·高音朝克图抛出了他们合作的大毒草《蒙古谚语》。一九五九年，索特纳木又把它译成汉文出版。当着广大的蒙古族劳动人民在中国共产党和各族人民的伟大领袖毛主席的阳光、雨露滋润下，正沿着社会主义的康庄大道奋勇前进，过着自由幸福的新生活的时候，他们却通过谚语说："不自由的幸福，不如自由的受苦""宁按自己的自由喝冷水，别按人家的志愿喝奶油。"看！他们竟然把蒙古族劳动人民今天的幸福生活诬蔑为"不自由的幸福"，是按着人家（即中国共产党）的志愿喝奶油。"他们对中国共产党的领导是多么仇恨啊！然则他们要的是什么"自由"呢？很显然，就是分裂祖国、脱离祖国、叛背祖国的自由，就是内外蒙合并的自由，就是"踏出自己的路"搞"独立王国"，让他们这些蒙奸、卖国贼、民族上层重新骑在蒙古族劳动人民头上作威作福的自由。他们通过《谚语》告诉人们说："恭敬爸爸别忘权，孝顺妈妈别忘舅。"咬～咬哪个指夫，哪个都是一样疼。"意思就是：要记住你的"血统"，不要"忘本"，天下蒙族是一家，要记住你的"弟兄们"。在这里，他们露骨地宣扬起阶级的、狭隘的民族观念与血统观念，为他们搞民族分裂、内外蒙合并制造反动的理论根据。

他们还通过《谚语》挑拨蒙汉劳动人民的团结，说什么"别让狸猫守肥肉，别让猫子守泰田"，"笑脸抚摩人家的头，都为了吸取人家的脑。"别看是给嘴里送给一个枣，却瓦来给颈上砍下一把刀。"他们一再告诫同"汉人"打交道时千万要小心谨慎，"别把甜言蜜语当作进口的药"，劝别"只要落了圈套网，捶胸号啕也发晚。"反议挑汉，只害怕蒙族劳动人民跟着共产党走，挑拨蒙汉劳动人民之间的阶级团结，猖狂反对抵制中国共产党对内蒙古的领导的反革命咀脸简直是溢于言表，暴露无遗。

一九五七年，叛国分子特木尔其林抛来一部《维吾儿同蒙古史》，这个来是茅芝的资产阶级的所谓"学者"写的乱七八糟的东西，如他在书中写道："采教没有进入西藏之荔，该地没有宗教，是黑脸强盗们所住的地区。"；"维吾儿的大多数人被蒙古人同化，少教将被汉人同化"；"现在的维吾儿人们忘掉了自己的历史，形成了愚蠢的人们"；"古代有文化的维吾儿人们逐渐成了一个仅剩至名的维吾儿了。"就是这样一些胡言乱语，只是因为它可以煽动资产阶级民族主义情绪，破坏民族团结，对乌兰夫集团分裂祖国统一的"大业"有利可图，索特纳木就予以出版，并特意请叛国分子特木尔其林写了奇言，专门赞扬你书，肯定这部作品。

一九五八年，由叛国分子巴塔编写的《儿童诗选》，也是一个蛊物民族仇恨，制造民族分裂的毒草。书中还有巴塔亲自写的"自己民族语言"一首，公开给蒙族儿童灌输要让蒙古语言纯洁地发展，不受其他民族语言（指汉族语言）形响的反动的资产阶级民族主义的思想。索特纳木对这个破坏蒙汉团结的毒草当然要赶快出版了。

二十年来，内蒙图书出版大权在索特纳木、颜尔敦闹克闹、道尔吉宁布、诺尔布等人的把持下，大量抛售民族分裂主义的毒草，为乌兰夫集团搞内外蒙合併大造反革命舆论曾有过三次放毒的高潮。第一次是正当解放战争全面胜利的进国前后，内蒙两条道路的斗争十分尖锐，是跟着毛主席、中国共产党走社会主义民族团结的道路，还是搞内外蒙合併走资产阶级民族主义的道路呢？索特纳木等这群钻进革命队伍的民族上层人物选择的是后一条道路，因此他们就大树资产阶级民族主义的"英雄"，大肆吹嘘蒙古及其头目，大造民族分裂的舆论，为乌兰夫、哈丰阿集团搞内外蒙合併大吹大擂。第二次是一九五七年春冬，正当资产阶级右派向党向社会主义疯狂进攻时，索特纳木等人又借着庆祝内蒙古自治区成立十周年为名，伴随着一些民族右派的大喊大叫，抛出了一系列象《乌兰巴托颂》《青史演义》《试蒙古语文的改进问题》《成吉思汗的两匹骏马》《内蒙古发展概述》（上）《蒙古谚语》多多的大毒草，因而再一次地给乌兰夫集团搞民族分裂内外蒙合併制造了反革命的舆论。第三次是经历了三年自然灾害，右倾机会主义分子们亡反扑，蒋介石匪帮叫嚣窜犯大陆。国内外阶级斗争非常尖锐的一九六二年在这种情况下，他们又借着纪念成吉思汗诞生八百周年和《蒙古秘史》发表七百周年之名，大量地抛出《蒙古秘史》一系列的大毒草，又一次地充当了乌兰夫集团搞内外蒙合併的吹鼓手。而且总结了十几年出版反党分裂主义毒草的"经验"，承先启后地炮制出来《1962—1967五年出版规划》这个黑纲领，准备秋乌兰夫集团搞民族分裂的关键时刻大张旗鼓地制造反革命舆论。但随着乌兰夫王朝的垮台，索特纳木等人的反革命黑纲领才未能全部实现。

招降纳叛，搜罗社会渣滓，大肆散布封建主义资本主义、修正主义的毒素，为资本主义复辟鸣锣开道

索特纳木等人，为了大量地散布封建主义、资本主义、修正主义的毒素，为他们的黑主子搞资本主义复辟鸣锣开道，就到处招降纳叛，搜罗社会上的渣滓，把出版社变成了藏垢纳污的避风港。

一九五六年，费修文化特务头子策·沃木丁寿荣来内蒙活动，索特纳木等人不仅恭恭敬敬地请他给直属机关讲义又作为作了《关于蒙古语文的改进问题》的黑报告，而且根据该报告中"要大胆的为死人、古人翻案，替死人、古人恢复名誉"的黑指示，立即行动起来，经过精心策划，网罗了一批牛鬼蛇神、社会渣滓，专门从秋内成立了一个古典书及编辑组。组长是特木尔达什。他是帝国主义犬帝伪蒙疆政府后，他依然犯大费奸诈天的"主席府"先专御用文人，替这个战犯树碑立传，涂脂抹粉；解放前夕，被伪奸派表蒙古书"御使"，后即当执蒙古科学院替类修工作，从那里搜查纳委。一九五六年突然摸要回国。周他和索特纳木一起为违费奸，于是索特纳木就丰通额尔敦阁克陶把他收养起来。不经过任何试用，给予十七级的优厚待遇。组员张拴喜，地主分子，反革命分子，后那自奔；巴彦，封建王公的御用文人，伪满"青桦"拔秋的职员；阿敏，地主分子，封建天爷府的牧林，伪满的努图克达。从这个牛鬼蛇神的古典书及编译组的"努力"下，毒草接二连三地被炮制了出来。于是封建文人尸谌纳希鼓吹帆心主义因果关系、废元缥缈四大皆空的《一層楼》《泣红亭》，吹嘘成吉思汗的《青史演义》等相继出笼了，宣扬宗教迷信、色情荒诞的《三十二个木头人的故事》由组成特木尔达什亲手整理并加写序

……言扬出卖门，还有什么宣扬众生义、宿命论的《母布喜地》《喜地……》之类写入楷的弟回，那蒙着面一样地公卖出来了。如《……喜地》中写道："如虔恭敬思体佑的好喇嘛，不论今去或后去，如同须弥山的鸟儿，偕山辉而闪发金光一般。""为……仙菩萨之佑，倚依奉那些那门外道之流，好比不欲入宝……甘水，却喝那泥沙浅井之水一般。""凡众生灵，何待这，由苦无缘分走，俞中若无此福分，跳断脑也归徒劳。"《榕斯尔的故事》一书中说："凡人俗夫，不能治理世界大乱，只有受佛命和天旨下凡的人才能治理。"索特纳木为了保持蒙文原版的"风修"，交揽集中地表现内容，不远数千里，从乌兰浩特找来蒙古的佑图：观者菩萨在山洞里尖坛，教徒们何地下跪叩头，放在《喜地呼尔》的廊页上。《亲布喜地》的封面上，也印了喇嘛常用的八宝图案。

很多书又散布了色情、荒诞、庸俗、低级的趣味。《五十二个木头人的故事》中竟有"女人裸体进入男人的被窝是自然的道理""吃荣药，一夜能性交十五次"的内容。《青史演义》中好多处细、庸俗、肉麻地描写性生活，使人无法卒读。《红楼》《浴红》绘声绘色地描写青年男女缠绵伤感的爱情，虚无悲观的人生观，并用欣赏的笔调着力地描树封近贵族腐朽的寄生虫生活。如果不翻阅上述书后的版权，你简直难以相信这是社会主义国家出版社的出版物。

敦煌分子乌兰夫等蒙疆的反动草寇，解放呼和浩特时长罪逃蒙，忽又突然回国，被索特纳木等人着中，搜罗来出版社，给了十大级的优厚待遇。索特纳木这个叛国分子编写了竟三本大毒草。一本是宣扬氏族仇恨，划进氏族分裂的《儿童诗选》；另一本是吹嘘寿修的《幼儿园教师手册》；还有一本是恶毒地歪曲和诬蔑大跃进成就的《中学生作文指导》。三年困难时期，这个家伙又第二次叛国，逃到他的蒙修主子那里去了。

流氓分子那木吉勒色眠是两次叛逃蒙古，以致谓研究《青史演义》号称"专家"、"权威"的蒙修"副博士"又是老牌氏族分裂主义头子哈丰阿的干儿子，前几年被索特纳木出力笔，并被道尔吉布校入党内，以……蒙古氏族语文的统一"卖尽了力气。一九六二年，索特纳木底这个"专家"处钻到内蒙古大字去了。……《英雄儿沁段尔庆》观一本蒙修一九四四年出版的杂志。其中有一篇《英雄儿沁段尔庆》，是把叛徒、怯夫赞为"其雄"，大肆宣扬阶级和调与和平主义的典型修正主义货色。被索特纳木一眼看中，如获至宝，义入青年选题内，并特清内蒙古师范学院民族分裂主义分子持……

木尔巴根的手下干将托门写了长达十一页的序言，予以出版。

索特纳木对于一些不能搜罗来出版社的牛鬼蛇神、社会渣滓，为了发挥他们的"才能"和"作用"，就专门"延聘"他们"整理"毒草，或以写序言、翻译等方式，让他们"大显神通"。

叛国分子特木尔其林是伪蒙疆"行政院长"盼佳宣扎布的儿子。索特纳木在伪蒙疆时给盼佳宣扎布当过秘书，讨到了盼佳宣扎布的赏识和信任。为了报答他的"恩情"，解放后，索特纳木还特地把女儿许给特木尔其林的弟弟为妻。对这样一个亲戚，索特纳木"当然"要照顾备至，给予他大显"神通"的机会，让他以整理、写序言等方式，抛出了好几个大毒草。如破坏民族团结的《维吾儿简史》，宣扬因果论的《盘又四塔尔》等。一九五七年，索特纳木出国到苏联，学习乘修分子桑杰耶夫手里弄来一部反映藏满教和黄教斗争的有关宗教历史的糟糊《汉哈典鲁传》，如获至宝，特请特木尔其林整理并加写长达八页的序言。尤严重的是，一九六二年该书出版时，特木尔其林已叛国逃亡，而索特纳木在"出版者的话里"，还要向这个叛国分子"致以衷心的感谢"，活画出了他这个美化特务的丑恶嘴脸。

民族分裂主义分子钦达木尼被打为右派后，撤职降级，只因欠几个零花钱，就要块说要搪补营"下牧区劳动"。索特纳木秉承旧内蒙宣传部副部长反革命修正主义分子沈湘汉的黑单指示，为了挽治他，就以编辑翻译为名，给予生活上的照顾，先后以翻译《不怕鬼的故事》《牛蛇》两部书件的方式，给他稿费千余元，使这个民族分裂主义分子赖在城市，继续活动。

一九六二年，索特纳木从社会上搜罗来已退职的特务枚林、地主分子阿敬和劳改释放犯仁欽美佳修，给这两个家伙设立专门办公室，以几千元稿费让他们整理翻译死人的东西。

除上述外，索特纳木当人还把一些枚主分子、劳政释放犯、叛徒、费修特务、伪蒙疆军政、"内人党"党徒苦搜罗来出版社，对有的人还委以重任，掌握一定的出版权力。在索特纳木当的把持下，通过这些人的"辛助劳动"，出版社简直成了毒出制造所。如《英雄格斯尔》中说："格斯尔降生的时候，右翘脚朝上，足奥起宗教的征兆，紧握右手，是统治众凡的征兆。"把一个荒淫无耻的剥削阶级头子，打扮成奉"天命"下凡"解救万民""护佑人类"的救苦天神。将日勒朝克图的"跨"把内蒙的解放全部归功于异蒙革，完全抹然了在党的领导下八路军解放内蒙的功绩，全书贯串着一条反动的民族主义的黑线，象这样的大毒草，都被索特纳木当人棒为内蒙古自治区成立十周年的评奖"优秀"作品。《肥大的衣服》中有一首"祝福青年"的诗说:"祝愿你们能够听不到枪声中太平地成长。"《哀思》中说:"厌恶枪声和硝烟味,逃避航脏的战争和那君的虐杀,烧掉丰产的花朵和华丽的近讯,美丽的鸽子,飞翔在苍天,肮脏的战争永远消天,枪支干戈收藏博物馆,那太平美丽的日子,不久就要诞于女。"《鸟达氏歌》里竟把日本帝国主义的侵略军队称做"黑乌鸦"。英修分子达·修的《和平鸽子卖和平主义,反对革命战争的东西。英修分子达木丁苏荣的《我的母亲》足宣扬资产阶级"人性论"的货色。还有什么莠修的《一个人的遭遇》《作家的生活》《涉修风采》《军院上的歌手》《不屈的人们》,美国的《金色》《玩耍马》,西班牙的《桎梏制造的生活》,德国的《黄蜂学历险记》,丹麦的《安徒生童话记》,英国的《鲁滨逊飘流记》等等、等等都是一些资产阶级、修正主义五花八门乌七八糟的货色。

一九六二年,苏特纳木根据赫古哗的指示,伙同贾尔吉宁布,总结了十几年放毒的"功绩"和"经验",为了更加有计划地、系统地放毒,放写乌兰夫集团的叛国"乐曲"的繁荣发展中发挥文大、交积极的作用,炮制出一个《1962—1967五年出版规划》。这个黑规划纯粹是个典型的打着"红旗"反红旗,挂羊头卖狗肉的东西,如他们在"说明"中说:"为了提高我区广大干部的马克思列宁主义水平,花五年内翻译和蒙时校订出版英明的马克思列宁主义的经典著义,我们伟大领袖毛主席的著作却一本也未列入。"说明"中说:"有计划有重点的翻译出版社会主义兄弟国家的优秀文学作品。界名号",竟然把规划的多时,我们把莠修的才简单飞公开了,可是规划中列入的"社会主义兄弟国家的优秀文学作品马"仍然是莠修英修的货色;而所谓的"世界名著"也是一些帝国主义国家化资修正主义上升时代的破烂玩艺。规划的"说明"还打着团结的"抢救分裂主义的黑帽子,可是列入规划的尽是封建主义、资本主义民族分裂之装主义、民族分裂主义的黑货。这个规划集大、洋、古,封资修、民族分裂主义黑货之大成,是一个地地道道的乌兰夫集团搞资本主义复辟,搞民族分裂,专为吹鼓手的黑纲领。为了把这个黑规划规制搞更加有系统,苏特纳木还特请了钻进语委的伪荧骥银行总载奖布根巴特尔给乌兰芙义编辑人关作了关于英方蒙文字遗产的黑报告。

黑规划出笼不久,我们伟大的领袖就入声地发出指示,英明地指出义化部门被"死人统治着","跃到了修正主义的边缘""决心抵偿铢逛美义和资本主义的艺术",俊得他们不能随心欲欲地"

发挥交大、文教级的作用"了。从旧中宣部、旧文化部的黑指示下，在特古斯的操纵下，索特纳木等人赶快布置了一连串的伪图书"行动"，以掩耳盗铃，炎蔽群众。这个黑规划楼他们自己的话说是"自然作废"了。实际上黑规划劳为致那方珍稀致地宣扬了，倪是他们还在硬银文长姗的黑规划，其手搞民族分裂的活动都始终没有停止过一天，仍然情々地抛出了很多毒箭。

× × × × × × ×

二十年来，索特纳木伙同领尔敦陶克陶、道尔吉宁布、诺尔布之流，在上听从旧中宣部、旧文化部陆定一、周扬岁黑帮之傍，在内蒙则东承其黑主子乌兰夫、哈丰阿、特古斯、布赫等人的旨意，在国际上为帝国主义、修正主义服务，在国内为民族分裂主义，地富反坏右服务，干了无数的坏马，散枥了大量的毒素，必酒对这了日帝和蒙修的特务、卖奸、责国贼、老牌民族分裂主义分子的罪行加以彻底的清祢。

打倒索特纳木

内蒙古人民出版社一〇一总部
《海燕》《前哨》

四-23

教育战鼓

呼和浩特革命教职工代表大会《教育战鼓》编辑部

1968年1月28日 第六期 共四版

最高指示

民族斗争，说到底，是一个阶级斗争问题。

毛泽东

打倒王再天、戈瓦，揪尽乌兰夫残党余孽

本报编辑部

"横扫千军如卷席"。彻底肃清乌兰夫残党余孽的一场歼灭战开始了。乌兰夫的死党骨干，公、检、法的头号走资派、反革命修正主义民族分裂主义分子王再天，以及乌兰夫安插在教育部门的代理人，疯狂的民族分裂主义急先锋戈瓦被揪出来了。这是战无不胜的毛泽东思想的又一新的胜利，是我区无产阶级文化大革命向纵深发展的重要标志，我区无产阶级文化大革命的形势更加好上加好。

王再天这个反革命两面派，一直就是乌兰夫死党的核心骨干，是乌兰夫王朝的公、检、法全权大臣，除奎璧、吉雅泰左右丞相而外，与王逸伦、王铎鼎足而三，被称作乌兰夫王朝的三王支柱。就是这个家伙，疯狂推行乌兰夫的反革命修正主义民族分裂主义路线，使公、检、法系统，成为公开包庇民族分裂主义集团，叛国投修分子和地富反坏的合法机关。就是这个家伙，在乌兰夫王朝已被摧垮之后，极力包庇乌兰夫的残党余孽，妄图继续积蓄力量，伺机东山再起、罪证如山，死有余辜的老特务，老反革命，不把他打入十八层地狱更待何时?!

反革命修正主义民族分裂主义分子戈瓦，是乌兰夫王朝的全权教育大臣，与活阎王特古斯合称乌兰夫王爷的一对黑"秀才"。就是这个戈瓦，对社会主义对伟大的毛泽东思想怀有刻骨仇恨，疯狂破坏毛主席的无产阶级教育路线，大肆推行修正主义民族分裂主义教育路线，大肆毒害蒙族青少年，为乌

兰夫王朝招兵买马、发展党羽，培养民族分裂主义接班人，就是这个死了也得把骨灰送到外蒙才能瞑目的戈瓦，在乌兰夫王朝被摧垮之后，竟也冒充乌兰夫的"受害者"妄图钻入我们内部，休养生息，以期卷土重来。这样的反动家伙，不把他彻底打翻在地更待何时?!

我们必须看到：乌兰夫死党是由多种反革命势力组成的。一股是乌兰夫嫡系核心，如奎璧、吉雅泰、王铎，及少壮派布赫、潮洛蒙等。一股是抗日战争胜利后招降纳叛而来的以哈丰阿、特古斯为代表的内蒙人民革命党叛国集团。王再天戈瓦则是与上述两种势力均有密切关系的双料货。另一股是钻进党内的阶级异己分子、蜕化变质的走资派，如王逸伦、李贵、张如岗之流。再就是解放战争胜利后包下来的一小撮国民党反动派顽固分子，付作义的老班底。这帮家伙里勾外连，上下串通，为了一个共同的复辟资本主义的反革命目的，搅成一股黑泥。这帮家伙有用有谋，有文有武。他们已渗入到我们各行各业的各个重要部门，长期窃据了我们的党政财文大权，以合法的身份，进行非法的反革命活动。他们有一套一套的班子，搞掉一套、又换一套。他们有长期的反革命经验，既会躺下装死，麻痹你的斗志，又会利用一切可乘之机进行拼死的反扑。特别是在他们已成瓮中之鳖，死命注定的时候，他们可能狗急跳墙，进行疯狂的报复和破坏，甚至进行暴乱式活动。因而，这场斗争必将是十分激

烈、尖锐而复杂的。我们万万不可粗心大意，务必不可松懈我们的警惕性。

"天兵怒气冲霄汉"。广大革命造反派已经积极行动起来，战阵似铁、闯将如云，一个个横刀跃马、意气风发，横扫乌兰夫残党余孽的红色狂飙已经遍地卷起。

但是，也有那么一些同志，他们竟由于节节胜利而冲昏了头脑，由于在几次反"左"过程中损易了大量右的因素而变的麻木起来。他们以为大权在握，可以闭起门来睡觉了。有的甚至把过去的光荣斗争史变成了包袱，怕这、怕那，变成了"策略派"。他们开始对当前社会上的许多重大政治斗争隔膜冷淡，反感起来，生怕新的革命风暴会打烂什么坛坛罐罐。正是因为这样一种右倾机会主义的堕性，严重影响着运动的进一步纵深发展。有的甚至由于滑得得太远，他们的调子正在趋向与四面楚歌的阶级敌人共鸣合拍，这是阶级敌人所以能长期隐藏逍遥法外的重要原因，必须严肃注意。

"战地黄花分外香"。阶级敌人已经陷入人民战争的汪洋大海。看，围歼战的红色信号已经高升在天。听！炮声响处已经捷报频传。一切决心把无产阶级文化大革命进行到底的无产阶级革命派，都将在这场新的决战中经受严峻考验。让我们统一认识，携起手来，把稳反右防"左"的船舵，乘东风、破巨浪，为人民去建立新的功勋吧！

数风流人物还看今朝

东风吹，红旗午，山踊跃，人欢呼。在迎接六八年无产阶级文化大革命全面胜利的大好形势下，呼和浩特教代会在元月十日到十八日胜利召开了市区、郊区小学和幼教系统学习毛主席著作先进集体和积极分子代表大会。这是毛主席革命路线的又一曲凯歌，这是小教和幼教战线的一件大喜事！

教代会代表会于元月十日上午在红色剧场举行了开幕式。全体代表和亲捧红彤彤的毛主席语录，怀着对伟大领袖毛主席无限热爱、无限信仰、无限崇拜、无限忠诚的心情，祝愿毛主席万寿无疆！万寿无疆！！

大会由主席团致了开幕词。他说，这个大会是革命教职工活学活用毛主席著作的结晶，是总结一年来学习毛主席著作的大会，是夺取六八年文化大革命全面胜利的誓师大会。"大海航行靠舵手，干革命靠毛泽东思想"。我们靠毛泽东思想，取得了文化大革命一个一个的胜利，今后也必将取得文化大革命的全面胜利、呼市革委付主任戈瓦哈在大会上讲话。他勉励代表们要戒骄戒躁，谦虚谨慎，以"老三篇"为座右铭，做到用毛泽东思想统帅我们生命的每一分钟。

内蒙革命委员会常委王金宝同志代表内蒙革命委员会讲话。他指出，教育革命是文化大革命的一项重要任务，必须不折不扣地贯彻《毛

主席论教育革命》。要克服来自党内走资派和资产阶级反动学术"权威"等一切阻力，极力排除右的或"左"的干扰，更高地举起毛泽东思想伟大红旗，在教育战线上立新功，彻底改变资产阶级知识分子统治我们学校的现象，将教育革命进行到底。

在学代会期间，代表们认真学习了《毛主席论教育革命》和元旦社论等文件，听取了内蒙革委会主任滕海清同志给各学代会所作的报告和政治部付主任郭以青同志"关于教育革命"的报告，并进行了热烈的讨论。

在学代会期间，通过小组会、大会发言交流了活学活用毛主席著作和毛主席最新指示的经验和体会。东风东向卯路小学、红旗区太平街小学、郊区榆林学校、南栗火市小学五区教改组等单位和个人介绍了在二、三月黑风里活学活用毛主席著作，顶黑风、战恶浪的体会，介绍了紧跟毛主席的伟大战略部署，活学活用毛主席最新指示，实现和巩固革命大联合的经验和体会，以及解放干部实现革命"三结合"的经验和体会。与会同志受到了很大教育和启发。

学代会在元月十八日上午举行了闭幕式。参加闭幕式的除代表外，还有内蒙革委会常

委政治部主任权星垣同志，呼市革委会主任高增贵、付主任杨鸿文等同志。会上，表彰了学习毛主席著作的先进集体和积极分子。大会给先进集体发了奖状，给积极分子发了宝书——毛主席语录。与会同志以万分激动的心情不断高呼：毛主席万岁！万万岁！！

闭幕式上内蒙革命委员会政治部主任权星垣同志做了重要讲话。他指出，当前形势一片大好，整个形势比以往任何时候都好。形势好的主要标志，形势好的根本，就是全党、全国、全民掀起了空前的学习毛主席著作的群众运动，认真学习毛主席的最新指示。教育战线也和其他各条战线一样，形势大好，群众逐步发动起来了；但还发动得不够深入，对教育战线上的中国赫鲁晓夫的代理人及其所推行的修正主义路线的大批判，还不够深入，广泛，某些学校和教育行政部门阶级斗争的盖子还没有彻底揭开。还有阻力。主要来自"走资派"，同时来自内部的或"左"的干扰，要发动群众揭露敌人阴谋，排除来自"左"的和右的干扰，掀起一个学习执行《毛主席论教育革命》的群众运动，把教育革命进行到底。

大会在热烈的掌声中通过了给毛主席的致敬电，通过了给全区关于立即掀起教育革命新高潮的倡议书。

向毛主席宣誓后，大会胜利闭幕。

烏兰夫王朝的教育大臣——戈瓦

內蒙师院《东纵》砸教育黑线联队

万里东风扫残云。

光輝的一九六八年，新年伊始，毛主席的最新指示，《人民日报》、《紅旗》杂志、《解放軍报》元旦社論，为紅太阳照耀着的內蒙古草原送来了浩蕩东风，一个横扫烏兰夫反党叛国集团残云敗翳的伟大斗爭开始了。

在教育战綫，这个斗爭旗开得胜。烏兰夫的忠实代理人，反革命修正主义、民族分裂主义分子，前教育厅付厅长、党組付书記戈瓦被首先从革命队伍里揪了出来。这是毛泽东思想的胜利，是无产阶級文化大革命向纵深发展的成果。

教育战綫，担負着培养接班人的重任，是意識形态領域的一个极其重要的前哨陣地。教育領导权掌握在誰手里，这是关系到国家前途的大事。烏兰夫为了实現他的資本主义复辟和民族分裂的罪恶目的，早就把他的魔爪伸进教育战綫，死死抓住教育部門的領导权。哈丰阿、潮洛蒙、特古斯、石琳、韓明、特木尔巴根，还有戈瓦，就是烏兰夫按插在內蒙古教育战綫的黑班底。

戈瓦，是一个削尖脑袋钻进革命队伍的烏兰夫死党，是忠实执行烏兰夫反革命修正主义民族分裂主义教育黑綫的主要头目之一。戈瓦作为烏兰夫集团的黑秀才，与烏兰夫的嫡系班底，与烏兰夫——哈丰阿黑綫，与烏兰夫——王再天黑綫都有极其密切的联系。

在无产阶級文化大革命的急风暴雨中，戈瓦打着“受烏兰夫迫害”的幌子迷惑了不少人。在二月黑风期間，他坐在沙发椅上观“虎斗”，到三月底，眼見三司为代表的无产阶級革命派已經胜券在握，戈瓦便假惺惺地出来支持三司、还恬不知耻地到我院东风楼来住了几天，經过这番渡金，严然掛起了“革命領导干部”的招牌，**“假的就是假的，伪裝应当剝去。”**現在是到了撕下他的画皮、挖出他的黑心黑肝示众的时候了。看看这位敢于和烏兰夫作“斗爭”的“革命領导干部”究竟是个什么东西。

戈瓦出身于地主家庭，压根就是个狂热的民族分裂主义分子。早在中学学习期間，就拚凑了一个什么“兴蒙党”，要在日本帝国主义的卵翼下“复兴”蒙古，重建成吉思汗大帝国。实际上就是要把內蒙古从祖国大家庭中分裂出去，从而摆脫中国共产党的領导，使內蒙古成为日本帝国主义的独占殖民地。

抗日战爭胜利后，当伟大的中国人民解放軍，在伟大統帅毛主席的英明領导下，以雷霆万鈞之势向国民党反动派展开了强劲的进攻，蔣介石小朝廷风雨飘搖之时，戈瓦凭着他的反动阶級本能，予感到末日的来临，于是，他积极投靠烏兰夫、哈丰阿，乔装打扮，搖身一变，钻进了中国共产党。

但是，狐狸再狡猾也要时时显露它的尾巴。廾年来，每当阶級斗爭的紧要关头，在那阴风陣陣、烏云翻滚的日子里，戈瓦总要带着刻骨的阶級仇恨出来表演一番。从而也暴露出他那猙獰的原形。

1957年，右派分子猖狂向党进攻，牛鬼蛇神紛紛出籠，一时間群魔乱午，天昏地暗。戈瓦以为时机已到，再也按奈不住久久深藏的叛国的念头。二月十七日，这个狂热的民族分裂主义分子，在他的同伙面前欣然吐露真情。民族分裂主义分子大流氓特木尔巴根的日記这样写道：“他（指戈瓦）表示現在产生着侨居蒙古的思想，很坦率地向我說出了他这心情。”除此而外，就是这个戈瓦，还当着特木尔巴根及另外一些同志，公然咬牙切齿地声言：“我工作期間去不了蒙古，退休后也要去蒙古；退休后去不了，死了以后骨灰也要埋到蒙古去。”这是一般的“民族情緒”嗎？絕对不是！对伟大的社会主义祖国是如此地深恶痛絕，对修正主义的蒙古又是如此强烈的向往。乃至死了后骨灰也要叛国外逃，这是百分之百，千分之千的地地道道的祖国叛徒，民族的敗类。就是这个戈瓦，还主动邀請一个叛国外逃分子开怀暢飲，并“为三个蒙古合并而干杯！”真是反动透頂，囂张之极。但是，好景不长，伟大的反右斗爭开始了，和右派一起搞垮党，搞垮社会主义的美梦破灭了。于是，这家伙竟又敏感地来了个180°大轉弯，立即改变策略，伪装做反右“英雄”大杀大砍起来。就这样狡猾地躲在烏兰夫的黑伞下，混过了这一关。

1959年以后，我国遭受連續三年自然災害，国际帝国主义和各国反动派相互勾結，演出了一場反华大合唱、国內的地富反坏右，牛鬼蛇神紛紛出籠，妄图內外夹攻顚复无产阶級专政。在这密鑼鼓之中，戈瓦再一次被反革命的狂热冲昏了头脑，馬上赤膊上陣，口吐白沫，恶毒攻击三面紅旗。他胡說什么：“这几年牛皮吹得真不少啊！口头吹不算，报紙上、文件上、报告上也不少，幸亏是吹，如果吹的那些都实現了，那就成問題了，”恶狠狠地責問革命群众：“三面紅旗照耀了你們語文課、数学課的哪个地方？！”他不放棄一切机会，到处煽阴风、点鬼火，竭力煽动一些别有用心的人向党向社会主义进攻。在一次学习会上，他公开号召与会者要“出气”，还說什么：“在学习过程中，出了气，心情比較舒暢。气不要留下，都出完了再走吧！”甚至还出面保证：“学习会是不抓辮子，不扣帽子，不打棍子”“有人怕登簡报，誰怕登，說一声不登就是了。”唯恐阶級异己分子、牛鬼蛇神不敢大胆向党向社会主义进攻，极尽蠱惑煽动之能事。

就在这个期間，戈瓦的民族分裂活动也达到了新的高峯。他故意把蒙修特权阶层的奢侈生活，說成是蒙古广大人民生活如何如何好，并感慨万分地表示：“不管我們那里怎么着，在这里（指蒙修）有这样的水平，真把我滿足了。”同时还无耻地宣揚：“誰服务好，誰就是祖国”的卖国賊的混旦邏輯，肆无忌憚地为反党叛国活动进行輿論准备。特别需要指出，戈瓦翻譯的大毒草《一层楼》也正是在这期間出籠的，戈瓦借助于老牌民族分裂主义分子尹湛納希的阴魂，来为他的反党叛国活动服务的阴謀是昭然若揭的。这笔帐是必須彻底清算的。

就是这样一个猖狂的民族分裂主义分子戈瓦，早就被烏兰夫一眼相中，作为烏兰夫的“黑秀才”而青云直上。1957年，戈瓦被当作哈丰阿的继承人，升上了教育厅党組付书記和付厅长的宝座，主管民族教育和普通教育。直到1964年，烏兰夫眼看他在語委的代理人額尔敦陶克陶的反革命面目已經充分暴露，再也掩盖不下去了。就連忙把他的得力干將戈瓦調到語委，继續控制这个要害部門。

戈瓦在教育厅的七年，作为烏兰夫王朝的全权教育大臣，一方面公开地疯狂地反对毛主席的无产阶級革命教育路綫，另方面却狂热地、忠实地貫彻执行烏兰夫的反革命修正主义民族分裂主义教育路綫，甚至还在不少方面添枝加叶，有所发展。真是罪恶多端，多不胜数。

戈瓦疯狂地反对毛主席的无产阶級革命路綫。首先是反对突出无产阶級政治，反对“**教育为无产阶級政治服务，教育与生产劳动相結合**”的伟大教育方針，妄图从根本上动搖毛主席的伟大教育思想。真是狗胆包天，狂妄之极。

毛主席教导我們說：“**政治是統帅、是灵魂，是一切工作的生命綫。**”戈瓦却胡說什么：“学校是学习知識的地方，所以应該以提高知識质量为前提。”还說什么：“教学就是传授知識”。“教学为主就是传授基本知識为主。”直接和毛主席的伟大教导唱反調。甚至还公开提出：“政治是头脑，但要为教学服务”的反革命混旦邏輯，为了在教育領域里排除无产阶級政治。他还大肆叫嚷：“政治是党委部門管的，我們是业务部門，只管业务不管政治。”为了反对政治掛帅，他恶毒地宣称“重要的东西不一定就多，脑袋重要，只能一个，不能多了，多了就成了妖精”等等。由此可見，戈瓦为了反对突出无产阶級政治，已疯狂到何种程度，真可算是处心积虑，挖空了心思，但是，他真是要突出业务嗎？是单純的智育第一嗎？当然不是。他和一切阶級敌人一样，是要在标榜业务第一，智育第一的幌子下，突出資产阶級政治，突出他們的民族分裂主义政治。事实正是这样，就是同一个戈瓦，一方面要求在教材中选入大量的蒙修苏修，以及封建主义、資本主义的大量毒草；一方面又要求教师讲課不能脫离課文“外加政治”。大喊大叫要“以文求道”、“精文求道”。这不就是要从封、資、修的“文”中，去求封、資、修的“道”，也就是封、資、修的政治嗎？这不就是既要排除无产阶級政治，又要为封、資、修的政治大开綠灯嗎？！

反革命修正主义民族分裂主义分子戈瓦，对于“**教育与生产劳动相結合**”也是深恶痛絕百般抵制，他千方百計恶毒污蔑一九五八年的教育革命，疯狂咒駡毛主席关于：“**学校是工厂，工厂也是学校**”“**我們当然也只能是一面教，一面学，一面当先生，一面当学生。**”的伟大教导。他狂妄地叫囂說：“有人說工厂是学校、学校是工厂……学生就是教师，教师就是学生，这是錯誤的，事物之間要有差别，不能随便乱叫。”他攻击說：“社会活动多，劳动多，搞起来常常超过规定”破坏了教学秩序。与此同时，他大力提倡要多多讀书，提倡“讀书破万卷，下笔如有神。”提倡“生产劳动也要为教学服务，”請看，这个反动家伙就是这样公开的針鋒相对的与毛主席的伟大教导相对抗的，真是反动成性，恶毒透頂。

他还攻击1958年的教育革命是“光要精神，否认科学”是有点飘飘然”了，是“試驗不出名堂来的”。他公开替修正主义教育学的祖师爷凯洛夫辯护，胡說什么：“量力性原則过去很倒霉，弄得灰灰溜溜的，但根本不要是不行的。……系統性原則还是要的，巩固性原則还是要的，……這反它孔夫子有意見，他說过，溫故而知新，可以为师矣。”“教学环节过去崇拜的不行，以后要扔了。我看还是要的，不可能沒环节。”可見他对修正主义教育

（下轉第三版）

1968.1.28　·3·　教育战鼓

为小幼教系統教育革命的全面胜利而战斗

——热烈祝贺教代会学代会的召开

社論　在夺取无产阶级文化大革命全面胜利的伟大战斗中，胜利召开了呼和浩特教代会市区、郊区小学和幼敎系統学习毛主席著作先进集体和积极分子代表大会，这是一个高举毛泽东思想红旗的大会，是向毛主席汇报的大会，是落实毛主席最新指示的大会，是学习和执行《毛主席論敎育革命》的誓师大会。这个大会好得很，让我们以无限兴奋的心情热烈祝贺敎代会学代会的胜利召开! 热烈欢呼毛泽东思想的伟大胜利!

敎代会学代会的召开，互相交流、互相学习了活学活用毛泽东思想的經驗和体会，将促使敎育战線上掀起更广泛、更深入的学习毛主席著作的群众运动，落实《毛主席論敎育革命》，推动敎育革命新高潮的到来，推动敎职员工在思想革命化的大道上前进一步。

毛主席敎导我们: "即使我们的工作得到了极其伟大的成績，也没有任何值得驕傲自大的理由、虚心使人进步，驕傲使人落后，我们应当永远記住这个真理。"学代会的代表和革命敎职工，虽然过去活学活用毛主席著作取得了一定成績，但是离毛主席对我们的期望差得很远，我们一定要牢記毛主席的敎导，戒驕戒躁，乘胜前进，夺取敎育战線无产阶级文化大革命的全面胜利。

首先，要活学活用毛主席关于无产阶级文化大革命的最新指示和《毛主席論敎育革命》。《毛主席論敎育革命》继承和发展了馬列主义的敎育理論，最全面、最深刻、最精辟、最科学地闡明了无产阶级敎育革命的路線、方針、政策和方法。《毛主席論敎育革命》是无产阶级敎育革命的伟大綱領，是批判中国赫鲁晓夫的无比锐利的武器，是复課鬧革命的根本方针。毛主席的最新指示是进行无产阶级文化大革命的伟大綱領、广大革命敎职工，要活学活用，学一点，用一点，句句落实，全面落实《毛主席論敎育革命》和一系列最新指示。

第二，要落实《毛主席論敎育革命》，继續深入开展革命的大批判，促进巩固革命的大联合和革命的三結合，深入开展各学校的斗、批、改。

要以《毛主席論敎育革命》为武器，进一步揭露中国的赫鲁晓夫和"当代王爷"乌兰夫及其在敎育战線的代理人，推行修正主义、民族分裂主义敎育路線的滔天罪行; 揭露乌兰夫反党集团的残余余孽，使他们现形于光天化日之下; 彻底批判修正主义、民族分裂主义敎育路線，肃清它的流毒。

毛主席敎导我们: "正确地对待干部問題，是实行革命三結合，巩固革命大联合，搞好本单位斗、批、改的关键問題。一定要解决好。"革命敎职工，对犯錯誤的干部实行"一看二帮"的方針，帮助犯錯誤的革命干部，正确地对待群众，正确地对待自己，把犯有錯誤而认真改正的革命干部扶上馬。

派性是无产阶级的敌人，革命敎职工一定要以"老五篇"为座右銘，大破資产阶级、小資产阶级派性，大立无产阶级党性，促进和巩固革命的大联合。

在已建立革命委員会的学校和幼儿園，必须以《毛主席論敎育革命》为綱，搞好本单位的斗、批、改，要改革敎育，改革学制、敎学內容和敎学方法，彻底改变資产阶级知識分子統治我们学校的现象，建立崭新的无产阶级敎育制度，把各小学和幼儿園办成紅彤彤的毛泽东思想大学校。

第三，毛主席敎导我们: "党組織应是无产阶级先进分子組成，应能領导无产阶级和革命群众对于阶级敌人进行战斗的朝气蓬勃的先鋒队組織。"这是我们整党、建党的綱領，广大革命敎职工一定要貫彻执行。在整党的同时，革命群众組織和敎师队伍从思想上、組織上也要进行整頓。敎师大部分是旧敎育制度培养出来的知識分子，从世界观来說，基本上属于資产阶级，改造思想的任务是十分繁重的。广大革命敎职工，一定要活学活用毛主席著作，大破"私"字，大立"公"字。做坚决把无产阶级文化大革命进行到底的无产阶级革命派。把那些叛徒、特务、頑固不化的"走資派"和牛鬼蛇神，从革命組織內，从敎育战線上清除出去。

广大的革命敎职工同志们，为夺取敎育战線上的无产阶级文化大革命的全面胜利而英勇奋斗吧!

最后，让我们高呼:

毛主席革命路線胜利万岁!

无产阶级敎育革命胜利万岁!

乌兰夫王朝的敎育大臣——戈瓦

（上接第二版）是多么牵腸掛肚，情深誼长。

在反对突出无产阶级政治、反对敎育与生产劳动相結合的同时，他又大搞智育第一，大搞片面追求升学率。特别是在1960年的赤峯现場会議上，戈瓦强鬧以统考成績为标准，展开各学校的評比竞賽。从此，在我区掀起了一个為时五年之久的片面追求升学率的黑浪潮，成为解放后敎育史上的最黑暗时期。严重破坏了党的敎育方針，造成学生负担过重，影响身体健康，排斥生产劳动，只专不紅，分数掛帅等一系列严重后果。但是，直到1963年，就是这个戈瓦，还公开宣称"統考的成績是应該肯定的。"他就是这样与毛主席的敎育方針路線死命抵抗的，是可忍，熟不可忍? 这充分說明，这个家伙，的确是比凱洛夫还要凱洛夫，比陆定一还要陆定一。这笔帐是一定要向他彻底清算的。

推行民族分裂主义敎育路線，是乌兰夫爷給予戈瓦的特殊使命。戈瓦果然不辜负主子的期望，真是鞠躬尽瘁，死而后已。

由于与乌兰夫共同的反动阶级本能的联系，戈瓦是最能領会乌王爷的意图的。戈瓦多次强調: "乌兰夫同志是經常注意民族特点的，他有一条經驗就是不断强調民族特点。有人說他是民族工作的专家，毛主席是点头的，不注意特点是要发生偏差的，我们不只要注意，而且还要研究。"戈瓦就是打着强調民族特点，注意民族特点，研究民族特点的旗号，而大肆推行分裂主义敎育路線的。

就是从"民族特点"出发，戈瓦大力推行所謂独立的民族敎育体系，以便更肆无忌憚地进行民族分裂主义敎育，为此，戈瓦一再策划在高等学校要搞两种語文授課，反对蒙汉合校，一再提出要把呼二中、师院附中蒙古学生集中起来，支持附中搞蒙汉分校。他叫嚷說: "现在蒙古学生有通票、没有通車"，（指高等学校沒有蒙文授課）。千方百計为乌兰夫的民族分裂，搞两套敎育体制搖旗吶喊，鳴鑼开道。与此同时，他大肆攻击一九五八年以来忽視了民族敎育、說什么: "一般敎育和民族敎育发展的比例关系掌握不好，这不是缺点，而是錯誤，""經常使用上也有問題，有那么一部分有名无实。"他还公开鼓动蒙族中学生向党进攻，胡說什么: "如蒙語文削減过多，应該說話、"从此也不难看出，他想制造蒙汉民族矛盾的恶毒用心，是比比可見的。

此外，他还借口"民族特点"制造了，"民族敎育第一"，"民族敎育重点論"，"民族敎育优先发展論"等謬說，他一再强調: "民族学校里，蒙語文是主要課程。""发展民族語言文字倒是个方向"他想通过这种手段进一步传布民族分裂主义思想情緒。他还对蒙族同志讲: "民族敎育里的重大問題是敎材問題"，"蒙文課本是个大事啊! 是关系到民族存亡的大事啊! 汉族敎师对敎材等很关心，我們蒙族敎师迷迷糊糊，真是心神安在!"显然，这是恶毒煽动民族分裂主义情緒的一段黑話，是要用反动的民族分裂主义思想去占領敎材陣地。正是从这一目的出发，他要求在蒙語文敎材中大量选入蒙修的作品，他胡說什么: "蒙古人民共和国的作品可以放手选用，不但他们的创作是我们学习的榜样，翻譯也是学习榜样，都可以当作原作品看待。"相反，对于毛主席的著作，却百般排斥，强調什么: "加强毛泽东思想的指导作用，也不等于把毛主席的文章选得越多越好，不要把語文課当成政治課。""对毛主席著作学生可以学，但要注意不要增加学生负担。"可見，戈瓦的反动政治意图，不是明白如画吗?! 正是从同一目的出发，他还借口发揚民族遺产，通过《內蒙古敎育》大量选登"蒙古秘史""黄金史""青史演义"和成吉思汗的"四大战役"。大肆宣揚成吉思汗，給青少年注入大量的民族分裂主义毒素。

正是在戈瓦等所推行的民族分裂主义敎育路線的长期統治下，使不少蒙族青少年受到严重毒害，有的逐漸模糊了祖国的界綫，不知道那里是祖国的首都，甚至叛国投修。这难道不正說明戈瓦这位乌兰夫王朝的全权敎育大臣的"丰功伟蹟"吗?

够了! 反革命修正主义民族分裂主义分子戈瓦的滔天罪行，决不是三五篇文章所能繹得完的，仅此数点，已不难看出为这个反动家伙无比险恶无比猙獰的反动面目。他的特点就是，公开的、直接的、針鋒相对地反对我们最敬爱的伟大領袖毛主席的敎育方針和路線，語言是无比的恶毒，反动性无比的露骨; 与此同时，他却十分积极、十分自覚地紧跟乌兰夫，公开提出"紧跟乌兰夫思想"，为乌兰夫王朝的民族分裂主义敎育事业，立下了汗馬功劳。象这样的反动家伙，不把他打入十八层地獄更待何时?!

所有决心把无产阶级文化大革命进行到底的同志们，让我们奋起毛泽东思想的千鈞棒，彻底砸烂乌兰夫、戈瓦的反革命修正主义民族分裂主义敎育路線。让光焰无际的毛泽东敎育思想紅旗，在內蒙古的敎育陣地上，千秋万代，永远飘揚。

四-24

教育战报 .4.

1968.1.20.

彻底砸烂乌兰夫推行民族分裂主义的黑基地——蒙专

——兼揭民族分裂主义分子戈瓦

蒙专《东方红》

（一）

反革命修正主义、民族分裂主义分子、内蒙"当代王爷"乌兰夫，多年来利用职权网罗了一批王公贵族、蒙奸特务、变节投敌分子，结成了一个庞大的反党叛国集团，妄图在内蒙古自治区实现资本主义复辟，把我们伟大祖国不可分割的一部分——内蒙古自治区分裂出去。用"民族问题"掩盖阶级斗争的实质，大搞其民族分裂的罪恶活动。内蒙古蒙文专科学校，就是他们进行反革命修正主义、民族分裂主义的一块黑基地。

下面我们从组织路线方面给予揭发和批判。

①蒙专成立之后，一直是乌兰夫苦心经营的据点，铁证如山，事实俱在。请看，蒙专第一任名誉校长，是"内人党"党魁之一、老牌民族分裂分子特古斯；校长是"内人党"另一个首脑人物，蒙修情报员额尔敦陶克陶；第二任校长是"内人党"头目特古斯的妹交、坏分子，在押犯崔宝，崔崇任蒙专时，由特古斯、额尔敦陶克陶用小卧车接来；第三任校长是蒙青年团团员、蒙修情报员、日本特务组织安会成员莎音乌力吉；第四任校长是成吉思汗党组织大旗、参加内外蒙合并签名运动的积极分子、三反分子、自杀叛党变节分子呼群；还有一个，是院民族分裂分子特木尔巴根的得力助手阿古拉。在蒙专安插这些民族敗类当中，有的是戈瓦所敬类或亲自安插的。权力掌握在这一些老牌民族分裂分子手中，乌兰夫集团还嫌不够，所以又一度采取了由党委宣传部、语委、教育厅分管蒙专某些权限的办法，这样就做到了特古斯、额尔敦陶克陶、戈瓦之流，虽然不在蒙专兼职，但实际仍是蒙专的实权操纵者，这就从组织路线上，保证了蒙专能够沿着民族分裂的政治路线发展。

②蒙专从诞生之日，乌兰夫及党叛国集团，就用一批牛鬼蛇神统治教学阵地，疯狂地争夺青年一代，贩卖苏蒙修以及乌兰夫黑货，毒害蒙古族的新生一代。请看蒙专早期的教师队伍：有蒙修特务那·赛音超克图、右派分子阿斯尔图、民族分裂分子罗卜陈、反动学术权威清格尔泰、右派分子普日布、民族分裂分子那达木德、蒙奸德王的儿子嘎拉森、逃劳改叛变苏荣。此外，不少从蒙修回国的人，都被塞到蒙专阵地，其中有哈丰阿的儿子却精扎布等五人，他们回国之后，特古斯、哈丰阿亲自接待，嘉奖勉励而后分配工作。总之，不论蒙奸、特务、国大代表、反蒙察巡官，都可以在蒙专找到一个席位，甚至待以上宾之礼，拉入党内。乌兰夫之流走是通过这一批敗家伙，为篡夺、把持蒙专政财文大权，制造更大的便利。

③乌兰夫叛国大集团，恶毒地篡改毛主席的教育方针，疯狂地推行民族分裂主义教育路线。内人党党魁、老牌民族分裂分子哈丰阿，在祝贺蒙专成立时说道："内蒙古蒙文专科学校成立，是继承文工作者会议的发展民族语言文字的第二个有力的措施。"而这一切为蒙专的新生入学或毕业典礼时，特古斯、额尔敦陶克陶、戈瓦之流，都要亲临祝贺，做一番黑指示。此后，几乎在每次的蒙专典礼时，强调"蒙汉兼通"，强调发展民族语言文字，就是不谈阶级斗争，不谈毛主席的"我们的教育方针，应该使受教育者在德育、智育、体育几方面都得到发展，成为有社会主义觉悟的有文化的劳动者。"乌兰夫本人，也特别注重于蒙专的工作，他在六三年蒙专成立十周年时，不但亲临祝贺，而且做了指示，说什么蒙专风要办好，办得好，但民族形式体现得不够。实际上是要求他在蒙专的代理人，在民族分裂主义教育路线方面，走得更坚决、更彻底。这时民族分裂主义分子戈瓦紧跟在其主子乌兰夫屁股后头，点头哈腰，才一付奴才相。

事实说明，蒙专做为乌兰夫实行民族分裂的黑基地，"成绩"已经是大为可观了。

（二）

反革命修正主义、民族分裂主义分子戈瓦，他既是乌兰夫安排在教育界、内蒙古文化学术界的大名鼎鼎的权威人物，又是乌兰夫修正主义民族分裂主义教育黑线的黑管家，也是蒙专走资派的靠山。

①从戈瓦与蒙专现任两个走资派的关系上加以分析：戈瓦于一九五七年任教育厅副厅长后，主管普通教育和民族教育，蒙专现任校长莎音乌力吉是一九五九年由教育厅业余教育处副处长调任蒙专的。莎音乌力吉是戈瓦安插在根据戈瓦的旨意走马上任的。蒙专另一个走资派呼群，原任锡盟中学副校长，是戈瓦的黑爪牙，属戈瓦直接管辖，而呼群从锡盟中学调呼市原第二师范，恰恰是一九五七年，这也不是个偶然的事。莎音乌力吉、呼群，对嘎瓦一贯崇拜的五体投地，历年来，蒙专大事小事，无不向戈瓦请示报告，每当节日与学生毕业之际，戈瓦必亲赴酒宴，举杯把盏，快活一番。莎音乌力吉、呼群，还经常向戈瓦赋腊送礼，并登门拜访，戈瓦甚至关心到呼群对蒙语文的深造问题，并给予当面指点，而呼群也向戈瓦谈吐心腹，毕

恭毕敬。透过这些现象，不难看出在他们之间存在着极为融洽的政治关系，一个"兴蒙党"的头目，一个"成吉思开党"的头目，一个蒙修情报员，都是一丘之貉。

②从戈瓦对蒙专的事务过问关系上来加以分析：蒙专干部的调出调入，往往是先过戈瓦这一关，其实给教育厅的课程安排、教学方法，戈瓦也不辞辛劳，加以具体指点；蒙专招生、毕业、事业调整，例如一九六二年蒙专与原教师进修学校合并，也是戈瓦亲自做过动员，然后才付之于行动。甚至蒙走资派呼群不安心工作，请求调动，也先向戈瓦私下陈述；而另一个走资莎音乌力吉发生了所谓生活困难，请求补助，也由戈瓦批准。戈瓦对蒙专，可谓事无巨细，必亲自检点，妥为安置。请看下面事实：

其一，他派莎音乌力吉直接替坏分子、在押犯崔宝时，莎音乌力吉同时肩负着处理崔宝在蒙专奸污现役军人家属及大量反党、反社会主义罪行的问题，莎音乌力吉在他的指使下，不许调崔宝，以软的办法，压制崔宝，以不了了之的方法，把崔调离蒙专，又担任了开鲁中学校长，其实质是因为崔宝是特古斯的干将，是乌兰夫的一个黑爪牙，也是党的亲信。他伙同特古斯等人，包庇了崔宝，并使其继续为非做歹，直至被捕。

其二，一九五七年当右派分子向党进攻，公开提出"内外蒙合并"的反动口号，在蒙专有些师生认识不清，提出一些问题，请戈瓦做报告消毒时，他竟利用合法的讲坛，口头上也说"不能合并"但又胡说，什么"国内有许多少数民族，如果他吞尔族也要同其他国家合并，藏族也要合并⋯⋯"，借以煽动更多的民族搞分裂，其用心之毒，昭然若揭。

其三，一九六三年在二中举办蒙文教员训练班，戈瓦一连做了三次报告，恶毒地鼓吹民族分裂，放手让牛鬼蛇神出笼，当那些乌龟王八拍桌子、吵架，说什么"呼市蒙古人被同化了，要划分蒙汉居住区，以防止同化"的时

（上接第三版）

妄图以此蒙蔽群众，控制着局面。另外，他们还利用种种关系，请来头面人物给群众"讲话"，其实给教育厅刚刚起来的革命群众施加压力，扣上"老保翻天"的大帽子，强压住阵脚，将革命的火种扑灭！

"蚂蚁缘槐夸大国，蚍蜉撼树谈何易。"革命的烈火越烧越旺，革命的洪流滚滚向前。当打倒特古斯的局面已全肯定了时，他们无可奈何说"揪斗特古斯是革命行动，我们不反对"，进而又说"我们支持"，最后忍痛割掉了"打倒特古斯"的标语。可是，直到最后，他们还没有拿出像样的揭发材料，而是"王顾左右而言它"。同时，十天以前在自称第一把手的"造反派头头"的玻璃板下边，还堂堂正正的摆着他与特古斯等人的合影照片。难道这是偶然的吗？联系以前发生的事情，岂不可以发人深醒了吗？

对揪斗乌兰夫及党叛国集团的漏网分子，大军阀、大蒙奸、反革命两面派王再天的前前后后的态度，又使我们看得清楚不少问题。本来他们早就知道王再天是一个罪恶累累的乌兰夫反革命集团的核心人物，也予感到革命的风暴即将来临，于是就利用各种机会宣扬"再天同志是革命领导干部"，"再天同志"即"受乌兰夫迫害"，"再天同志是站在三司这边最早的一个"⋯⋯等等，拼命的为王再天鼓吹，大造反革命人物制造舆论，气势汹汹说"打王再天是别有用心，我们反对"，"是极左思潮"，也表示要"顶住"，还说"打倒王再天头头是对准革命委员会的"是方向性错误。妄图以其保护乌兰夫反党叛国集团的这个核心人物保护起来。

树连藤、藤连瓜，乌兰夫的残余势力，为什么在教育厅这么嚣张？因为，他们有黑后台，这个黑后台就是乌兰夫、王再天之流，其真的阶级斗争盖子，一直不揭开？因为，特古斯、王再天之流的黑手伸进了教育厅。因此，不打倒特古斯、王再天之流，不斩断黑手，无产阶级斗争的盖子，就不可能揭开了。乌兰夫的残党余孽，就不可能挖净，流毒不能肃清；教育厅的无产阶级文大化革命就会动，也就不可能彻底进行。

"金猴奋起干钧棒，玉宇澄清万里埃"，无产阶级革命派的战友们，革命的同志们，让我们高举毛泽东思想的伟大红旗，紧跟伟大统帅毛主席的战略部署，贯彻毛泽东思想的干钧棒，击垮阶级敌人的破坏，冲破旧习惯势力的抵抗，起来"大闹天宫"吧！将旧教育厅砸它个稀巴烂；将乌兰夫的我党余孽挖净肃清；将内蒙古教育厅办成红彤彤的毛泽东思想的大学校！

我们的目的一定要达到。我们的目的一定能够达到。我们心中最红最红的红太阳毛主席万岁！万岁！万万岁！

一九八六年一月二十七日

候，而他却高唱不揪辫子，不打棍子等三不政策，并对一部分不附和这种反动逆流而采取抵制态度的教师，施加压力，说他们是"不说心里话"。这次训练班给蒙专带来了一股邪风，流毒甚广。

其四，一九六三年，在牧区小学校长训练班，戈瓦公然侮蔑"大跃进吹牛吹多了"，并鼓励一切牛鬼蛇神向党进攻，说，"有气要出够，不要带回去"，这又是为什么？此后，蒙专走资派根据他的黑指示，在每年假期期满，开学后畅谈友村、牧区所见、所闻，让各种反动思潮大肆泛滥，而不加处理，不批判消毒，这又说明了什么？蒙专历年来在学生中都出现过一些民族分裂情绪严重的人，蒙专革命教师曾据实向蒙专走资派反映，请他们严肃处理，而蒙专走资派竟说："这些问题很难办，牧区校长会上放下了那么多毒，还不是就那么拉倒了嘛"，这又说明了什么？从这些事例，不难看出蒙专走资派的所做所为，完全秉承了戈瓦的意旨。

其五，戈瓦在对蒙专的课程设置上，不止一次地鼓吹厚古薄今，重洋轻中，照搬蒙修一套，什么蒙古文学史，中国文学史，古典文学、逻辑学，什么波仁钦的作品，一切一切，兼收并蓄。蒙专走资派根据戈瓦的黑指示，领导教学工作以来，一些人和蒙专学者、名流书来信往；甚至模仿波仁钦小说，写出长篇小说"迎着火红的太阳"，叫出了"波仁钦万岁"的口号，沉醉于一本书主义的个人奋斗的迷梦；而蒙专当权派，也在校庆十周年时，大展而特展戈瓦文学创作，教材编、著撰，夸耀精神贵族的财富。

其六，当戈瓦翻译和出版了"一层楼"之后，又在蒙专鼓吹蒙古古典文学的重要性，以致民族分裂主义、修正主义的作品，充斥了学生课外阅读生活，什么"蒙古秘史"、"茫茫的草原"、"和平鸽"、"一个人的遭遇"等毒草大肆泛滥，毒害了广大青年学生。

打倒戈瓦！

教代会师院蒙专等单位召开批斗民族分裂主义分子戈瓦大会

斩断乌兰夫在教育战线的黑手——戈瓦

欢迎批评、指导　　　教育战鼓编辑部　　　地址：内蒙林业厅三楼　电话3882

追穷寇

第六期
内蒙古教育出版社
《追穷寇》战斗队
1968年4月9日

最高指示

民族斗争，说到底，是一个阶级斗争问题。在美国压迫黑人的，只是白色人种中的反动统治集团。他们绝不能代表白色人种中占绝大多数的工人、农民、革命知识分子和其他开明人士。

彻底清算反革命修正主义、民族分裂主义分子戈瓦在教育出版社所犯下的滔天罪行

内蒙古教育出版社，自从于1960年创建以来，通过各种出版物，如教学大纲、教科书、教育刊物、课外读物等，为乌兰夫复辟资本主义、进行民族分裂的阴谋，制造了大量的舆论准备，使社会主义的教育出版阵地，变成了乌兰夫反党叛国集团的一个黑据点。而这个黑据点的直接指挥者，不是别人，正是这个反革命修正主义、民族分裂主义分子戈瓦。毛主席教导我们说："凡是要推翻一个政权，总要先造成舆论，总要先做意识形态方面的工作。革命的阶级是这样，反革命的阶级也是这样。"戈瓦出于他反革命的立场，对于这个道理，颇有体会。因此，他在控制指挥教育出版社期间，或者自告奋勇，捏笔上阵，大放厥词，流毒全区；或者指挥其在教育出版社的

代理人颜尔和之流，发挥他们的积极性，演出了异曲同工的表演。

内蒙古教育出版社的成立，以及使它变成乌兰夫反党叛国集团的一个黑据点，这应该归功于戈瓦。这个自称乌兰夫的"不是驾辕的，也算是一个拉套"的人物，在为其主子乌兰夫效劳的时候，很需要有一个用武之地。很早以前，戈瓦就渴望成立一个由他一手控制的舆论阵地，好为主子大显身手。早在1958年4月份，戈瓦就指示龙干以教育厅党组、文化局党组的名义起草了一个"专设内蒙古教育出版社的报告"，上报党委、人委。在这个报告中毫不隐蔽地提出"社长由一位副厅长兼任，专设一位副社长"。这个副厅长，不言而喻，就是指的戈瓦。戈瓦为什么主张专设一个教育出版社呢？在报告中提出四条理由：第一，从组织设置上，便于教育厅对教材工作的直接领导，实现教育行政部门抓教学内容这一重要环节，有效的提高民族教育质量。第二，具体掌握编译任务和人员编制的统一和相适应的问题。第三，因为民族学校学制的改革，编译出版的任务更加繁重。第四，编乡土教材。总之，一句话，由他直接抓教材等出版物，便于在各种出版物中塞进他们的私货。戈瓦的这一野心，直到1960年才得以实现。1960年4月，教育出版社正式成立，戈瓦虽然未能兼任社长，但他与反革命修正主义分子石琳密谋，把顽固不化的走资派颜尔和从赤峰调来充任社长，为自己找到了忠实代理人。因而他就心满意足了。这个顽固不化的走资派颜尔和，按其主子戈瓦的意图网罗了一批漏网右派、逃蒙未遂分子、国民党员、叛徒、反动文人等牛鬼蛇神组成了一个领导核心，又网罗了一些蒙修特务、历史反革命、右派、三青团骨干等社会败类组成了一个基干编辑队伍，因而，这个主管教育出版社的副厅长、反革命修正主义民族分裂主义分子戈瓦，在出版社有了雄厚的社会基础，他推销修正主义民族分裂主义黑货，那是畅通无阻的了。于是，戈瓦亲临出版社蹲点，狠抓教学大纲、教科书、教育刊物、课外读物的炮制工作，向党向社会主义发射出一支又一支毒箭，开始了教育出版社这个大黑店的经营。

戈瓦向教育出版社伸进黑手，利用各种出版物，进行反党叛国活动，是无孔不入的。从教学大纲到教科书，教育刊物，乃至课外读物，哪一样没有伸进他的黑手？事实俱在，戈瓦想赖掉是不可能的。

教育出版社成立后不久，于1962年初，戈瓦到出版社长期蹲点，首先抓了制定语文教学大纲的工作。教学大纲，对于教材和教学具有法律的约束，戈瓦首先抓大纲的制定是有缘故的。在戈瓦的亲自策划下，从各地调兵遣将，经过几十天的苦干，炮制出了蒙汉语文甲乙类课本的四种大纲。这些大纲中明显地贯串着刘、邓、周扬、陆定一、乌兰夫一伙的反革命修正主义、民族分裂主义的黑线。这些大纲中，无论教学要求，教学内容，还是选材标准，教材的编排体系，教学上应注意的几点，以及大纲选定的课文篇目，无一不是贯串这条黑线。这些大纲，反对突出无产阶级政治，反对党的教育方针，宣扬教学为主，智育第一的破烂货；反对通过语文教学向学生进行毛泽东思想教育，宣扬语文课是工具课，什么双基教学，什么字、词、句、章，说穿了就是使语文教学脱离无产阶级政治，为资产阶级服务。这些大纲，反对教材的内容体系的编排，鼓吹双基教学体系的编排。为什么呢？在大纲的编写工作总结中解释道："过去因为偏重于内容体系的安排，小学一年级第一册课本刚学完字母即出现"毛主席万岁"，"大跃进万岁"等……对学生带来了极大的困难，教学脱离了学生实际，违背了教学原理，教学质量自然'很难保证'。"他们的反革命旗帜多么鲜明，他们竟敢把教学质量的不高，归罪于课本中出现了"毛主席万岁"等字样。而他们根据这一大纲的精神，编出来的小学语文第一册课本中，通篇不见毛主席三个字。真是反动透顶。关于这一点，反革命修正主义民族分裂主义分子戈瓦，以后在《内蒙古教育》上发表的一篇文章中大加赞扬地说："在教材的编排上，要按着基础知识和基本技能的训练体系进行编排，现在能够这样做，是总结过去工作经验的结果。"看主仆一唱一合，真是不打自招。

这些大纲宣扬乌兰夫的"蒙汉兼通"论，说什么学习汉语文是为了"发展蒙古族文化"，大纲还要求汉语文课本中选入"有利于培养学生热爱内蒙古的思想感情和加强他们建设内蒙古的信心"的乡土教材，明目张胆地为乌兰夫的民族分裂的阴谋制造舆论。蒙古语文教学大纲还为蒙修作品在课本中泛滥大开绿灯，在大纲选定的篇目中蒙修作品仅中学就有十几篇。这就在法律上给蒙修作品找到了合法地位，并在大纲的总结中埋怨编辑对蒙修作品"有了戒备心理"。所有这一切，都是戈瓦亲自指挥策划的。而如今戈瓦竟矢口否认，在给滕海青同志和高锦明同志的信中瞒天过海的说什么"在62、63年，我分管民族教育时，发现了这个问题（指蒙修作品），砍掉了，如此而已。"事实真相果真是这样的吗？上述事实已完全揭穿了他这个谎言。

在制定出教学大纲以后，戈瓦对教材内容的具体安排也绞尽了脑汁。教材是对青少年一代直接灌输某种思想观点的阵地。如果无产阶级不去占领，资产阶级就乘空而入；不是宣传毛泽东思想，就是灌输资产阶级思想。戈瓦从他的反革命的需要出发，怎能放过这一重要环节呢？事实上是没有放过的。通过教材制造复辟资本主义、搞民族分裂的舆论准备方面，戈瓦确实有超群绝伦的贡献。正如上边所谈到的，戈瓦对蒙修作品在课本中的合法地位，制造了法律根据，任其泛滥，这是从来没有过的。到了1963年，蒙修面目业已公开，不便继续滥用蒙修作品了。这一下，为其主子乌兰夫制造民族分裂的舆论准备靠什么进行呢？然而，这个老奸巨猾的戈瓦，并不甘心。于是戈瓦就举起"体现民族特点"的破旗，只好求助于他的祖宗成吉思汗和封建文人伊湛纳希的亡灵了。对这一点，戈瓦自己表白的很清楚，他在《内蒙古教育》上发表的题为"关于提高民族语文教学质量的问题"的大毒草中写道："体现民族特点，就是选用原蒙文作品，……一是从古典文言文（如《蒙古秘史》）、近代文言文（如伊湛纳希的作品）中选用可做教材的部分……"。这就一语道出了他的天机，原来，他所宣扬的体现民族特点，就是借助于封建皇帝、封建文人的亡灵，继续制造民族分裂的舆论准备。毛主席曾经指出："许多共产党人热心提倡封建主义和资本主义的艺术，却不热心提倡社会主义的艺术，岂非咄咄怪事。"戈瓦正是干出这样咄咄怪事的家伙。

戈瓦一方面通过教育列物下达指示，另一方面不辞辛苦地亲自节选、翻释他认为"可做教材的部分"，推荐给编辑人员采用。他所节选的"可做教材的部分"是什么货色呢？我们不妨举出几篇看一看。如：从《蒙秘史》中节选的"阿润格娃母亲"，这篇文章的内容是说，因为几个儿子不团结，阿润格娃母亲就给他们每人一支箭，他们很容易就折断了，母亲又把五支箭捆在一起叫他们折，没有一个人能折折，于是母亲就借题发挥教训儿子们说："你们都是从我肚皮里出来的，如一个一个的分散开，就象一支箭会被别人击败，如能团结一致，就象一捆箭，牢不可破。"这是蒙古族古言祖语。戈瓦用此来古喻今，含沙射影地宣扬蒙古人是一个母亲的儿子，不得分离。又如："传位"这篇文章内容是说成吉思汗出征中亚细亚时，按受了妃子也遂的建议，讨论了传位问题，成吉思汗的儿子们发生了争执。这时有个大臣起来说："你们是有同样温暖心肝的索完贴木真的儿子；你们是有同样火热心肠的同胞兄弟"。这个大臣叫成吉思汗的子孙不要忘了"神明汉父"建立国家的艰辛，不要忘了"聪慧的母亲"抚育的大恩。于是兄弟们和解了，表示要继承父亲的事业，子孙万代团结一致如果有谁违犯了成吉思汗的旨意，那将是"虽然包着草，但牛也不吃；虽然包着肉，但狗也不吃"的东西。

戈瓦用这些封建王公们的"庭训"来呼唤"成吉思汗的子孙们团结起来"，以达到为内外蒙合併制造舆论的目的。象这样戈瓦亲自节选推荐编入课本的古典文言文共有十来篇。戈瓦出于同样的目的，采用同样的手法把伊湛纳希的亡灵请到课本中。伊湛纳希是出生在一个蒙古族封建贵族家庭的反动的封建文人，也是一个老牌的民族分裂主义分子。因为戈瓦同伊湛纳希臭味相投，对于伊湛纳希及其作品是五体投地的崇拜，他不仅把伊湛纳希的作品汉译出版，而且把他认为"可做教材的部分"指示选入语文课本中。如："悯农"，"白云"，"醉汉"，"有这样一个怪东西"等，比比皆是。马克思有一段名言，说"他们战战兢兢地请出亡灵来给他们以帮助，借用他们的名字、战斗口号和衣服，以便穿着这种久受崇敬的服装，用这种借来的语言，演出世界历史的新场面。"戈瓦请出成吉思汗、伊湛纳希的亡灵，想要演出的"新场面"就是妄图实行内外蒙合併，建立蒙古大帝国。

戈瓦把他的黑手也伸进了课外读物的编辑出版工作中。毛主席教导我们说："利用小说进行反党，是一大发明。"62年前后，当国内外阶级敌人蠢蠢欲动，兴风作浪，刮起一股反共反华的逆流的时候，盘据在教育战线上的阶级敌人，也相互呼应，争先恐后地投入了这一大合唱。正在这时，乌兰夫在教育界的忠实代理人戈瓦又找到了为其主子效尽犬马之劳的好机会，立刻披挂上阵，干起他"利用小说进行反党"的勾当了。港心炮制出来大量印行的蒙汉文版《中学生作文选》就是这一阴谋勾当的产物。蒙汉文版《中学生作文选》完全是戈瓦一手炮制出笼的。戈瓦从全区邀集了不少所谓有经验的语文教师，专门搞《中学生作文选》的炮制工作。而他自己亲临督战，并为作文选撰写了序言。戈瓦为了使《作文选》符合自己的口味，确实费了不少心血。每篇作文都由戈瓦亲自过目，甚至在文字上都加以推敲。戈瓦为什么如此重视《中学生作文选》的炮制出笼呢？我们只要看一看《中学生作文选》的一个侧面就清楚了。反革命修正主义民族分裂主义分子戈瓦亲笔为作文选写的序言中宣弹他那语文是工具，是学习和工作的工具，语文教学的目的是培养学生阅读和写作能力等等修正主义的论点，而只字不提语文课的阶级性，不提语文是阶级斗争的工具，更不提语文课是宣传和学习毛泽东思想的陈地。我们再看一看，入选作文竟是一些什么货色。有一篇"读过秦论"一文，一开头就说"这篇文章阐述的某些观点，今天看来仍有一定的积极意义"。有什么积极意义呢？作者说："如果对人民的统治愈加残暴，那么反动阶级的灭亡就愈加迅速"。试问，这对今天我们伟大领袖毛主席领导下的新中国有什么"积极意义"呢？这不明么是恶毒攻击我们伟大领袖毛主席，攻击无产阶级专政，又是什么呢？还有一篇"一次音乐欣赏"一文，作者是一个女学生，她是看了影片"梁山伯与祝英台"

以后，写这篇作文的。文章中写道："大提琴抑扬顿挫……梁山伯忠厚的外貌，善良的性格，呈现在我的眼前；小提琴悠扬婉转……我好象看见祝英台那多情的面容，听到了那含蓄缠绵的谈吐。《十八相送》一章很好地表现出了一个有情试探，一个无意对答的情景"。看吧，这个女学生中毒多深啊！然而，反革命修正主义民族分裂主义分子戈瓦，看到这一修正主义的苗子，简直是喜出望外，立即把她树起来，妄图把广大青少年引入歧途，其用心又何其毒也！又有一篇"我最敬爱的老师"一文。作者最敬爱的老师是什么样的老师呢？文章中说他"带病指导我们复习课程，使我们二十几个同学都考入了五年级"。戈瓦企图通过这篇作文树立起最敬爱的老师的样版，这不是明目张胆地鼓吹"智育第一"、"升学第一"的修正主义谬论吗？！够了，用不着多费唇舌了。从这一侧面，我们不难看出《中学生作文选》货什么货色了。也不难看出戈瓦为什么如些重视《作文选》的出笼了。《作文选》是一株疯狂反对毛泽东思想，推销刘邓乌兰夫修正主义教育路线，培养资产阶级接班人的大毒草。这也就是戈瓦的用心所在。特别应当指出的是，当作文选第一集出笼后，受到读者的严厉批判，山西省有一位读者给我社寄来了批判稿。从出版作文选的作法到文章内容，都进行了深刻地批判。然而，就是这个戈瓦置若罔闻，不加理采，还继续出版了汉文版第二集。还打算出蒙文版第二集。胡说什么汉文版出了，蒙文版不出，这是关系到民族政策的问题。直到他调离教育厅到浩委以后，还念念不忘作文选的出版，委托他的忠实代理人额尔和，一定要给他出版。出版社顽固不化的走资派额尔和，为了表现他对主子的忠诚，几次开会研究蒙文版第二集的出版问题，只是由于受到了广大革命群众的抵制，才未能得逞。

中共中央五月十六日通知指出：他们对于一切牛鬼蛇神却放手让其出笼，多年来塞满了我们的报纸、广播、刊物、书籍、教科书、讲演、文艺作品、电影、戏剧、曲艺、美术、音乐、舞蹈等等，从不提倡要受无产阶级的领导，从来也不要批准。

《内蒙古教育》刊物，是戈氏在教育出版社的一个黑店。反革命修正主义民族分裂主义分子戈瓦就是这家黑店的大老板。在1962年，阶级斗争异常尖锐，牛鬼蛇神纷纷出笼的时候，戈瓦就阴谋恢复了《内蒙古教育》刊物，并自任编审委员会主任委员。这个编审委员会里有叛徒、叛乱分子朝克松，有叛徒宝音佈仁，有内人党骨干索不多，有漏网右派反动的资产阶级知识分子栝西东日布，有额尔敦陶克陶的御用文人曹都，还有龙干、呼格、德吉德。基本上一小撮乌龟王八蛋组成的编审委员会，在戈瓦的率领下，在《内蒙古教育》复刊后的一个时期内，群魔乱舞，各显其能，他们各个都是专栏作家，从他们各自的爱好和特长出发，著书论说，鼓吹邪门列道，使《内蒙古教育》这个宣传贯彻党的教育方针政策的舆论阵地，变成了为乌兰夫复辟资本主义搞民族分裂制造舆论的黑店。《内蒙古教育》是这些老爷们用以反党反社会主义反毛泽东思想，破坏祖国统一的桥头堡，又是他们发财致富的走私市场。他们当中最为突出的算是这家刊物的老板戈瓦本人。

《内蒙古教育》复刊之时，正是我国教育事业发展史上大反复的时期，是大反1958年教育大革命的时候，特别是围绕着语文教学刮起了一股反对突出无产阶级政治的黑风，什么说"语文教学的目的"，什么"反对把语文课教成政治课"，什么"语文课只能教语文"等大毒草纷纷出笼，戈瓦乘机跳了出来，立即卷入这一黑风。《内蒙古教育》复刊后不几天，戈瓦亲自向各高等学校和报社、出版社等单位的所谓蒙古语文专家们发出通知，邀请他们到他的办公室，他亲自主持开会，研究蒙古语文教学问题。会上布置所谓的专家们每人写一篇东西。后在刊物上以《蒙古语文工作者谈蒙古语文教学》的大标题发表综合报导，极端恶毒地反对语文教学中突出无产阶级政治，反对通过语文教学宣传毛泽东思想、向学生进行政治思想教育。还指示参加会议的报社记者，在报纸上报导这次会议，以扩大影响。嗣后，戈瓦便赤膊上阵，在刊物上连续抛出一系列大毒草。从1962年复刊到戈瓦调离教育厅的近两年的时间内，戈瓦在《内蒙古教育》上抛售了

16篇文章。他以自己的实际行动，通过这些毒章奠定了《内蒙古教育》的修正主义民族分裂主义办刊方向。戈氏通过《内蒙古教育》杂志进行修正主义民族分裂主义的宣传鼓动，主要是靠他在刊物上开辟的两个专栏来完成的。一个专栏是以他的堂堂副厅长名义，撰写又长又臭的所谓指导性文章，在那里发号施令。这样的文章共有五篇，依次是：①桃李被春风——十五年来内蒙古教育事业的发展；②关于提高中小学教学质量的几个问题；③关于提高民族学校教学质量的几个问题；④关于提高民族语文教学质量的问题；⑤正确贯彻党的教育方针全面提高中小学教学质量。戈氏的这五篇长篇文章是戈氏修正主义民族分裂主义教育路线的代表作，他们所推行的反革命修正主义民族分裂主义教育路线，在这五篇所谓"指导性"文章中得到了充分而系统的阐述。加上戈氏的伙计们根据他的这些"指导性"文章的精神，撰写了一系列的社论、专论、评论、短论，以及"讲座"、"讲话"等加以渲染，扩大宣传，操纵了整个刊物的宣传报导方向。

戈氏推行他的修正主义民族分裂主义教育路线的时候，首先把矛头对准由我们伟大领袖毛主席亲自制定的教育方针。戈氏明目张胆地歪曲、篡改和反对党的教育方针。毛主席提出"我们的教育方针应该使受教育者在德育、智育、体育几方面都得到发展，成为有社会主义觉悟的有文化的劳动者"。"教育为无产阶级政治服务，教育与生产劳动相结合"的英明正确的方针。而戈氏胡说什么"在学校中以主要力量搞好教学，使学生学好了本领，就是为无产阶级政治服务"，又说"教学与生产劳动相结合，是为了使学生对所学知识理解的更深刻，掌握得更透彻，更巩固。"这明之是胡说八道，是对党的教育方针的极大的歪曲和篡改！戈氏对1958年教育大革命的伟大成就也极端仇视，他说："几年来……影响提高教学质的主要问题，是社会活动过多、生产劳动过多！"又说："参加生产劳动和社会活动的目的，是为了更好地理解学生所学的知识，如果做不好，不仅不起积极作用，反而会影响教学质量"，住嘴！难道学生参加三大革命运动的实践，就影响教学质量吗？毛主席教导我们："无产阶级革命事业的接班人，应该在群众斗争的大风大浪中成长"。而戈瓦主张学生不要参加阶级斗争和生产斗争的实践,他要培养什么样的接班人,不是很清楚吗?毛主席教导我们说:"政治工作是一切经济工作的生命线",又教导我们说:"没有正确的政治观点就等于没有灵魂"。而戈瓦说"思想政治工作、生产劳动……都要为教学服务。这些工作如果与教学发生矛盾,在一般情况下应该为教学让路"。这不明是取消无产阶级政治,取消毛泽东思想吗?他所说的教学是怎么一回事呢?戈瓦说:"什么叫教学?教学就是传授知识"。这就一语道出了他们宣扬的"保证教学"原来是妄图把学生培养成没有灵魂的书呆子。也就不难看出戈瓦鼓吹左一个保证教学,右一个提高质量的用心何在了。戈瓦反对毛主席的无产阶级教育路线的罪行,我们一定要彻底清算,他通过《内蒙古教育》杂志所散布的反动论点,举不胜举,并且自成体系,这里就不一一说了。这里需要指出的是,戈瓦对其主子乌兰夫民族分裂主义教育路线的宣扬和推行方面,确实很卖力气,在他的这五篇文章中不厌其烦地强调民族特点、地区特点、民族教育特殊论,什么"民族教育是自治区教育事业的特点,也是重点",什么"民族教育是衡量我区教育事业的十分重要的方面",什么"发展民族教育的时候,应该掌握政策界限,否则,民族教育的特点就被埋没了"。不一而足,总之,他是极力要在教育方面,踏出自己的路。

戈瓦通过《内蒙古教育》进行民族分裂主义的舆论准的另一个专栏,叫"古典精典散文选"。当代王爷乌兰夫阴谋进行内外蒙合并,妄想建立"蒙古大帝国"的时候,戈瓦便迎合主子的意图,从1962年末开始在《内蒙古教育》上,连续发表了选自《蒙古秘史》的八篇古文。这八篇是:"也速该之被害"、"帖木真的被俘"、"包拉合拉战役"、"回腾战役"、"毛温都尔战役"、"阿阑豁阿母亲"、"阿尔泰战役"、"传位"。还发表了一篇选自《黄金史》的"乌力吉图高娃皇妃子"。由于原文古奥难懂,戈瓦作了详细注释,心力交瘁,有时比原文还长。这九篇绝不是断编残简,随心所欲,而是经过精心安排,自成体系的产物,包括成吉思汗的家世、青年时代、进行的四大战役"，统一蒙古的过程，以及选拔接班人这样重大问题。按着戈瓦原来的计划，第一步，连载在《内蒙古教育》上，让广大教师和干部学习；第二步通过他在教育出版社的忠实代理人额尔和，把它塞进课本中，使广大学生中毒；第三步，印成集子发往区内外，以扩大影响。前两步业已得逞，第三步由于文化大革命已开展，戈瓦见势不妙，未敢冒险。这里应该指出的是"阿南黠阿母亲"按着次序应放在第一篇，但是戈瓦把它安排在第六篇，这是因为在1963年8月份，召开了臭名昭著的二中会议，会上民族分裂主义分子极为猖狂，戈瓦为了配合行动，就把这篇极为恶毒的部分临时安排在专门报道这次会议的第九期《内蒙古教育》上。这是一个很大的阴谋，也是戈瓦为什么开辟这一专栏的一次说明。

同志们：反革命修正主义民族分裂主义分子戈瓦在教育出版社干出来的阴谋勾当，铁证如山，罄竹难书！以上仅就他插手各种出版物所犯下的反党反社会主义反毛泽东思想的滔天罪行做了一些初步揭发批判。除此以外，他对出版社人事安排、组织体系、社务活动等各方面都进行了密谋策划。他是教育出版社这个乌兰夫反党叛国集团黑据点的黑后台，是直接指挥者。

让我们奋起毛泽东思想的千钧棒，彻底肃清戈瓦在我社的一切流毒，连同他的代理人额尔和之流都批倒批臭，誓把这场挖乌兰夫黑线清乌兰夫流毒的人民战争进行到底！不获全胜，决不罢休！

内蒙古教育出版社《追穷寇》战斗队
《教育黑线批判组》
1968年4月9日

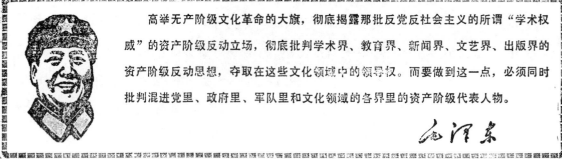

高举无产阶级文化革命的大旗,彻底揭露那批反党反社会主义的所谓"学术权威"的资产阶级反动立场,彻底批判学术界、教育界、新闻界、文艺界、出版界的资产阶级反动思想,夺取在这些文化领域中的领导权。而要做到这一点,必须同时批判混进党里、政府里、军队里和文化领域的各界里的资产阶级代表人物。

毛泽东

把乌兰夫王朝的教育大臣——戈瓦批倒、批臭!

本报评论员

目前,我区的挖乌兰夫黑线、肃乌兰夫流毒的人民战争已经进入了向一小撮阶级敌人展开总攻击的新阶段,一个群众性的革命大批判的新高潮正在形成。汹涌澎湃的革命怒潮正将乌兰夫王朝全部淹没,彻底埋葬。无产阶级文化大革命接近全面胜利的革命形势一派大好!

毛主席教导我们说:"过去说是一批单纯的文化人,不对了。他们的人钻进了政治、军事、经济、文化、教育各个部门里。过去说他们好像是一批明火执仗的革命党,不对了,他们的人大都是有严重问题的。他们的基本队伍,或是帝国主义、国民党的特务,或是托洛茨基分子,或是反动军官,或是共产党的叛徒,由这些人做骨干组成了一个暗藏在革命阵营的反革命派别,一个地下的独立王国。"两年来的无产阶级文化大革命的阶级斗争实践,完全证明了毛主席的英明论断。所谓的文化人戈瓦,就是乌兰夫反党叛国集团在我区教育界的代理人,长期以来,他和哈丰阿、特古斯、石琳、韩明等人为乌兰夫反党叛国集团进行民族分裂、实行"宫廷政变"的反革命事业,做尽了反革命的舆论工作。

但时至如今,一些乌烂死党分子还念念有词地复其死保戈瓦的滥调。其一曰:戈瓦在一个短时期内"执行陆定一的反革命修正主义路线",而且"根子在上面,责任不能完全加在戈瓦身上。"这真是欺人之谈。戈瓦不仅是在长时期内执行刘邓的反革命修正主义路线,而且伙同哈丰阿、特古斯之流,炮制了一系列民族分裂主义教育黑纲领,为乌兰夫反党叛国集团的民族分裂主义教育路线提供了理论根据,并把它具体化了。铁的历史事实,是不容抵赖的。

其二曰:戈瓦的"主要错误是钻业务,轻政治,有资产阶级学术思想。"——住口!这个老狐狸,或以开办训练班为名,煽动民族情绪,鼓动右派分子向党进攻,或以视察为名,周游全区,到处放毒,妖言惑众,极反对毛主席和毛主席教育路线之能事。以善黑书、立妖论见称的戈瓦不仅是言者,而且是行者,是道道地地的资产阶级反动学术权威。

其三曰:戈瓦是"反乌兰夫的英雄","是大节好的革命领导干部。"这更是恶毒的歪曲。戈瓦是"兴蒙党"的党棍,"内人党"的骨干,是乌兰夫反党叛国集团的核心人物。多少年来,戈瓦为乌兰夫反党叛国集团在教育界,网罗了大批的特务、叛徒、地富反坏右和形形色色的牛鬼蛇神,组织成一套又一套的反革命教育班底。通过挖、肃斗争所揭露出来大量事实证明,戈瓦就是乌兰夫第二套班子里的一个重要人物。所以他才能在运动开始被揪出来后,疯狂地向广大革命群众反攻倒算,举行反扑,所以他才能假造什么"揭发四十三人委员会"的口实,招摇过市,蒙混过关;所以他才能纠集人马,对抗挖、肃斗争。

毛主席教导我们说:"资产阶级右派就是前面说的反共反人民反社会主义的资产阶级反动派,这是科学的合乎实际情况的说明。这一小撮人,……在这次大风浪中表现出来了。"老于反共的老牌民族分裂主义分子戈瓦在这次阶级斗争大风浪中,其狰狞面目暴露在光天化日之下,被揪了出来,这是阶级斗争的客观规律。随着革命大批判的风暴的勇猛到来,一个很重要的问题是:高举毛泽东思想的革命批判大旗,进一步揭露和批判乌兰夫王朝的教育大臣——戈瓦,并彻底摧垮乌兰夫反党叛国集团的教育班底和肃清它的流毒。

正是根据革命斗争的需要,本报刊登了蒙专《揪戈专案组》、教育厅《险峰纵队》等单位所整理的"彻底清算乌兰夫教育大臣戈瓦在教育界的滔天罪行"这份材料。全文虽然很长,但是惊魂动魄的阶级斗争事实会给读者极为生动的教育。值得广大革命群众,特别是教育界的革命同志们读一读,并作为革命大批判的参考。

宜将剩勇追穷寇,不可沽名学霸王。让我们乘胜前进,高举起毛泽东思想的革命批判大旗,掀起万丈狂澜,彻底埋葬乌兰夫王朝,夺取挖黑线、肃流毒的革命斗争的全面胜利,将无产阶级文化大革命进行到底!

彻底清算乌兰夫教育大臣 戈瓦在教育界的滔天罪行

飙战斗队

内蒙古蒙文专科学校《揪戈瓦专案组》、内蒙教育厅《险峰纵队》、内蒙古呼和浩特《教代会》蒙教育厅《险峰纵队》、内蒙古呼和浩特《教代会》

戈瓦是反革命修正主义分子,老牌民族分裂主义分子,乌兰夫死党分子。从1957年3月到1964年9月,他窃据内蒙教育厅副厅长,厅党委书记等要职,把持教育厅党政大权,前后达八年之久。他的罪恶令人发指,罄竹难书。为了彻底清算他在教育厅的滔天罪行,我们怀着无比愤怒的心情,整理了这份材料,供同志们在革命大批判时作参考。

为了对付戈瓦以及死党分子的抵赖,我们在揭发时采取"实录形式"按时间先后顺序安排,尽可能地标明文件号码和材料出处。白纸黑字,铁证如山,想要狡赖,那是绝对办不到的。

一九五七年

2月17日 据民族分裂主义分子特木尔巴根日记载:"老戈的闲谈又占去了不少时间。他表示现在产生着侨居蒙古的思想,很坦率地向我说出了他的心情,""他是希望到蒙古去,如在职时去不了,希望退休后能去,如退休后不能去,希望死后葬在蒙古国土上。"这段自述,充分暴露出戈瓦叛国投敌的丑恶面目。

3月12日 反革命修正主义分子戈瓦伙同老牌民族分裂主义分子,蒙修、苏修特务哈丰阿,以内蒙人委会备函上报国务院,要求继续聘请原在内蒙师范学院讲学的蒙修特务帕利业,让他特别内蒙古大学任教,继续从事间谍活动。同时,他们还要向蒙外另聘一名任教蒙古文学的专家。(见(57)蒙办主哈字第166号)

3月23日 乌哈反党集团在内蒙人委第22次会议上通过提案,把戈瓦安插到教育厅当副厅长。

4月 戈瓦去中央教育部参加了教育行政会议。

5月5日 戈瓦和特木尔巴根与蒙修专家会餐。据特木尔巴根日记中载:"大家喝的相当畅。饭后前者戈到专家房子里呆了一会儿,我把那天谈苏伦扎布的致词时的情绪又流露出来,专家也讲了一句和我们想的完全一样的话,蒙古的知识分子的头脑里正在酝酿着一种共同的观念。"由此可见,他们梦寐以求的是搞内外蒙合并。

5月8日 由内蒙主席联合办公会议决定,成立内蒙中小学毕业生升学和从事劳动生产指导委员会。主任是哈丰阿,副主任除戈瓦外,还有反革命修正主义分子

蒙修特务特古斯。这个名单是戈瓦伙同哈丰阿、特古斯一手炮制的,并以教育厅名义提交内蒙人委审批。

×月 戈瓦见到普教处名义(教普字第143号)致函内蒙人委,请示《编绘出版蒙古中小学、师范、业余教育教学用书的几个问题》,主张"改编中小学、师范蒙古语法的教学大纲和教材,以蒙古人民共和国教学用书为蓝本",继续推行教材全盘蒙化的政策。他们顽固地推行反革命的"一比二创三借"的方针,规定"教学用书里的名词术语要注意发掘整理蒙古固有应用的名词,创造或翻译新名词和适当的借用外来语。"在文稿的"外来语只借用少数。"竭力反对汉语借词。

×月 戈瓦和龙干以她普字第144号文,批答《内蒙古人民出版社教材书编室有关教学用书编撰方针原则等几个问题》。在此示中,戈瓦说:"蒙古人民共和国人民的语言是和内蒙古蒙族人民的语言是统一的,同时我

教育战鼓

讨戈专号

呼和浩特教职工代表大会
《教育战鼓》编辑部

第廿二期　　一九六八年六月十七日

第二版　　　　　　　　　　敬祝毛主席万寿无疆　　　　　　　　一九六八年六月十七日

们已决定推行在蒙古人民共和国通行之有效的新蒙文，并规定发展以哈拉哈为民族共同标准语。这就给我们创造了以蒙古人民共和国中、小学语法课本为蓝本编写教科书的条件。因为语言文字是统一的，在文学课本选材方面也有直接吸收蒙古人民共和国中、小学文学课本中某些作品的方便。"戈瓦这样搞"内外蒙教科书统一"。是为内外蒙合并作舆论准备。

7月25日 戈瓦以教高字第64号公文，下达蒙古师范速成班教学计划的通知。7月27日，以教普字第80号文，发出《1957——1958学年度蒙古小学教学计划》的通知。7月29日，以教普字第81号文，发出《1957——1958学年级蒙古中学教学计划》的通知，学习新蒙文正字法。要求小学在1958年秋季开学时，各年级各科全部过渡到新蒙文教学；中学和师范在1960年秋季开学时，各年级各科全部过渡到新蒙文教学。千方百计妄图早日实现内外蒙文字统一的罪恶阴谋。

1957年 秋天，戈瓦调反革命修正主义分子，呼群为蒙专校长。

10月——12月 戈瓦率领人马去锡盟"视察"教育，行经锡林浩特，东、西乌珠，阿巴嘎旗，东、西苏旗，主要是研究学生流动的原因及其解决办法。本来，学生大量流动是阶级斗争的反映，是集中办学、脱离政治、脱离生产劳动、脱离实际的资产阶级办学路线所造成的，但戈瓦却竭力强调学生流动是由于牧民群众"思想落后"，"经济力量不足"，由于存在"领导一般化的倾向"，"结合牧区特点不够"。戈瓦提出的解决办法首先是靠行政力量，"保证完成招生任务"，"防止流动"。其次是调整助学金，"牧区教育经费应适当增加"。第三是"施行奖学制度"，"品学兼优者，发给奖学金"，"不缺课的学生发给奖章"，总之，戈瓦竭力掩盖牧区教育中的阶级斗争，兜售他历来主张的资产阶级办学方针。（见《锡林郭勒盟教育视察报告》）戈瓦在锡盟期间，从不深入牧民群众，相反却与蒙奸德王的儿子和叛国分子葛瓦等人往来密切，搞了许多不可告人的罪恶勾当。

12月 乌哈反党叛国集团以纪念尹湛纳希诞生120周年为名义，大搞民族分裂主义宣传，老牌民族分裂主义分子、蒙修分子额尔敦陶克陶抛出了大毒草蒙文版《青史演义》、《一层楼》、《泣红亭》。戈瓦也不甘落后，急如星火地汉译《一层楼》。

一九五八年

元月 戈瓦拟定了《高教处1958年的任务》的提纲，他的打算是"着手研究民族教育，改进民族高教和中教的体系，修订蒙专教学计划，师院蒙文各科的计划，研究内大语文系办学制，组织专家研究蒙文学校的计划"。（见戈瓦笔记本）先抓教学计划，这是戈瓦惯用伎俩。戈瓦想依靠资产阶级学者专家，着手把民族教育体系和教学计划纳入乌兰夫反革命修正主义、民族分裂主义教育黑线的轨道。

元月7日 戈瓦在教育厅全体干部会议上作报告，说："右派进攻时，有些知识分子跟着跑了，这些人中间原也有些全心全意为人民服务的。"他公开为右派分子鸣冤叫屈，诬蔑反右斗争。

2月3日 戈瓦与特木尔巴根为民族分裂主义分子鸣不平，据特木尔巴根日记记载："我们闲谈了一会儿，主要话题是关于民族右派分子问题，老戈的民族情绪也是不小的，但现在他不再流露这个情绪了。"

2月17日 戈瓦拟定了《赴蒙古人民共和国教育参观用工作计划》。参观团由戈瓦、那日布、呼盟文教处长赛音三人组成，任务是"学习他们先进经验，有重点地了解蒙古人民共和国的整个教育事业的发展情况，并学习他们在事业发展中所遇到的主要问题和解决这些问题的经验，作为我区教育建设特别是牧区教育建设和民族教育的参考。"说的是"参考"，实际上是使我区教育从制学、奖惩制度到科系设置、科学研究，进一步全盘蒙化。戈瓦历来想搞蒙古史的研究工作，因此，在这个工作计划中，戈瓦还特别强调要研究蒙修"蒙古史方面的科学研究工作"，要到外蒙"搜集蒙古史教材、蒙古语文教材和蒙古史料。"

3月19日 乌哈反党集团把"蒙古文字改革委员会"改为"蒙古语文工作委员会"，由哈丰阿主持召开内蒙人委第31次会议通过组成人员名单，主任委员是哈丰阿，副主任委员有老牌民族分裂主义分子、蒙修分子额尔敦陶克陶、嘎如布等人，还有反动学者清格尔泰，大蒙奸德王的御用文人那·赛音朝克图仍郭旗王爷其尔胡雅，民族分裂主义分子葛日勒朝克图布赫。

由戈瓦亲自主持，龙干起草《关于专设内蒙古教育出版社的报告》，以教育厅党组、内蒙文化局党组名义上报内蒙党委、人委。戈瓦等人建立教育出版社，是为了思招牌的版，安插亲信，是为了能更直接抓教材，通过教材搞民族分裂活动。报告中还说："社长由一

副厅长兼任"。这实际上是自己想控制教育出版社。

4月5日 由戈瓦主持制定，由龙干起草，并经反革命修正主义分子特古斯批准了《内蒙古自治区民族中等学校民族政策、民族团结教育用》以教育党组名义发布，规定让中学生学习乌兰夫的民族政策，为这个独夫民贼歌功颂德，纲目中赞吹"自治机关的民族化是实现各民族自治、地方自治权力的根本问题，民族化的中心环节是自治机关的'干部民族化'。"公开反对毛主席"干部共产主义化"的教导，推行乌兰夫民族分裂主义的干部路线。纲目中说："各少数民族要发展成为社会主义民族"，"根本的关键要在他们的地区发展现代工业。"这是掩盖阶级斗争，不让劳动人民革地主、牧主、封建王公的命。在纲目所规定的学习文件中，毛主席著作只提到一篇，而大量的参考文件则是乌兰夫、王再天、特古斯的文章。

夏天 戈瓦发出教普字第90号文，以教育厅名义颁布《关于制定内蒙古自治区蒙古中小学学制改革方案的通知》。在全国人民响应毛主席的号召进行教育革命的形式下，戈瓦伙同特古斯等人却在《通知》中规定："以蒙语文授课的蒙族中小学学习年限延长一年，中、小学均实行七年制，即普通教育本修业年限为十四年。"并妄图迅速退出全区推行。在通知中还命令在呼市指定师院附中和二师附小为实验学校。

8月11日 戈瓦在我区人代大会二届二次会上发言说："中学要巩固提高全日制中学，特别是努力办好重点中学。戈戈认为重点学校的任务就是"为高一级学校输送合格的新生"，要培养"尖子人材"，与陆定一唱的是同一个调子（见《内蒙古日报》），当年暑假他在全区扫盲普及教育积极分子代表大会上也作了报告，大喊"两条腿跑到一个裤腿里去了"。忧忡忡办他的公办流诉。

12月 1958年是大跃进的一年，可戈瓦的注意力集中在汉译《一层楼》上，在他的笔记本上写满了《一层楼》诗，《一层楼散诗》、《一层楼》21章的目录，废寝忘食地在泡制大毒草。

12月10日 戈瓦，贡嘎参加由中央教育部组织的"赴蒙古人民共和国教育考察团"。1959年元月2日回国，共访问了23天，在3月31日，戈瓦亲自起草《赴蒙教育考察团报告》。

报告分五个部分。第一部分介绍访问活动，将蒙修的拉视视为礼遇，因欢迎，欢送时有副部长级干部而受宠若席。

第二部分以介绍蒙修教育沿革，来吹捧办学由国家包下来的政策，说蒙修学生"衣食居全部费用都由国家供给，而在首都以外的学校中都实行了'住宿制'。"他特别鼓吹蒙修用物质刺激的办法来进行扫盲，说用这种办法，他们"已完成了13——45岁的人的扫盲任务。"

在第三部分中，戈瓦百般美化蒙修教育现状。说蒙修幼儿园的孩子"都很干净、活泼、健康。"而中小学"有全国通用的教学计划、教学大纲、教材和规章制度"；教师都是"科班出身"，五年级以上的教师都是大学水平；"学校的教学设备条件也很好，可说是应尽有有。"这套黑货是全盘搬套苏修教育制的产物，而戈瓦却如获至宝，视为至圣。戈瓦最鼓吹蒙修高等学用金钱挂帅的办法，说"有学位的教师要增加工资25%"。不但教师有工资，学生也有工资待遇。不仅高等学校学生有工资，"中学专业学校学生也都有工资"。

戈瓦这样连篇累续地介绍蒙修教育现状，是为了吹捧蒙修，说"蒙古党政领导对后代的教育和知识分子是很重视的"。因此，"蒙古现在已成为教育普及程度和教育水平较高的国家。确有很多值得我们学习和参考的东西。"一句话，他叫我们向蒙修学习。使内蒙教育走上修正主义的道路。

戈瓦还主张加强内蒙和蒙修的直接联系，相互赠送材料，指定一部分高等院校和中学通信往来，派遣留学生去蒙古学习，等等。戈瓦处心积虑地想搞内外蒙教育统一，在这报告中已完全暴露无遗。

一九五九年

元月 戈瓦访问蒙修之后，利用各种场合，抓紧一切机会，从各方面吹捧蒙修。他说："蒙古非常好客，对蒙文研究很重视，如举办蒙文研究会，把世界各国的学者都邀请去了，美国的学者也被邀请参加。不管怎么说吧，蒙古四十年的革命经验。"

"蒙古的教育部长每月吃肉很多，蒙古的教育也有他自己的一套。""蒙古的小学校舍非常讲究，每所校舍的式样都相同""学校的勤杂工作都由女工去作。""这个国家的师资水平比我们高，小学教师都是大学毕业生。"

"蒙古的许多干部都有摩托，周末假日喝得醉熏熏的，驮着老婆、孩子在市郊游逛。""我国援蒙工人在蒙古想吃菜都吃不到，每天都是白面和肉。""我们在

乌兰巴托受到热烈的欢迎，每当走到各校门口时，服装华丽的男女学生，每人捧一架照相机，照我们的像。"

从这些吹捧中，我们可看出这个蒙修效才造谣欺骗的丑恶嘴脸。

元月16日 由龙干起草，戈瓦批准，以教育厅党组名义给内蒙党委写了《关于蒙古族学生学好蒙汉两种语文问题的报告》，强调"蒙汉兼通"是个方针性问题，是贯彻党的教育方针和民族政策的一个关键性措施，文中还说："1959年新学年开始，普遍推行'双七制新学制'。"

×月 成立了内蒙人委直属机关党委，下设教育党委（包括教育厅、语委、教育出版社、蒙文专科学校、教干校）由戈瓦任党委书记，额尔敦陶克陶任副书记。

4月 戈瓦派龙干等人去海拉尔，研究民族学校蒙汉语文教学问题，门后以教育厅党组工作组名义向全区发布《加强汉语教学，改进汉语教学方法的几点意见》、《海拉尔第一中学蒙古语文教学情况和问题》等四个文件，主要目的是为了贯彻乌哈提出的"初中毕业生基本上掌握蒙汉两种语文，达到蒙汉兼通，高中逐步过渡到汉语文教学的要求"。

×月 戈瓦鉴发《高初中毕业生实行统一分配的意见》一文，规定对蒙族学生"必须加以妥善安排，为了照顾他们学习条件和生活方便，应集中的分配在基础比较好的老学校和规模较大的学校里学习"。

8月1日 由大特务大坏蛋王逸伦主持主席联合办公会议，通过《内蒙古自治区学习和使用蒙古语文奖励暂行办法》，9月18日乌哈鉴发蒙语文哈字第18号文颁发此项办法，戈瓦参加了泡制这个黑文件，用物质制激的方法推动蒙语文学习。

8月6日 由龙干和特古斯主持，由戈瓦起草，以教育厅党组、内蒙文化局党组名义给内蒙党委写了《关于编辑出版各级各类学校教材问题的报告》，提出组织教科书编辑出版委员会，负责整个教材的编辑、出版、印刷、发行等工作。委员会设13名委员：主任委员是特古斯，副主任委员是戈瓦，还有大叛徒席之政。委员中有乌兰夫的军事秘书阿尔，老牌民族分裂主义分子索德那木，传化义的高级军官孙英年，哈特黑线人物拉西东日布，"成吉思开党"党魁胡果吉夫，还有龙干邢顺等人。

8月10日 由龙干起草、由戈瓦主持和修改，以厅党组以名义给内蒙党委写《关于蒙古族学校学制改革问题和学好蒙汉两种语文的报告》，主要是报告执行乌兰夫"蒙汉兼通"黑指示的情况，要求"蒙古师生规定都学习蒙汉两种语文外，也提倡汉族师生自愿学习蒙语蒙文"。

9月14日 戈瓦在中学教学工作会议上攻击大跃进，他说："五八年到五九年上半年是不是大跃进了？说是大跃进了理由何在？说没有跃进理由何在？如果承认是跃进，那么特点究竟惊洪为什么会产生？"他还攻击一九五八年的教育革命，说是"对基础知识教学抓得不紧，对学生要求不严，不注意把课讲好。"他规定学校"以教学为主"，"教研组的主要任务，是研究教学工作"。

在这年下半年，由戈瓦主持召开全区各科教学研究会，主要是抓基础知识和基本训练，反对突出政治。

9月19日 哈丰阿、额尔敦陶克陶和戈瓦等人炮制了《关于制定和统一蒙语新词术语原则的通知》，竭力反对汉语借词。推行乌哈反党叛国的"一挖二创三借"的黑纲领。

秋天 戈瓦调"内人党"党徒莎音乌力吉为蒙专校长。

10月 戈瓦、尤干以教育厅教学研究室的名义向全区公布《中学蒙古语文教学中存在的问题和改进意见》、《蒙古中、小学汉语文教学要求》（试行草案）、大跃进以来教学质量降低了，要重视基础知识，加强基本训练。

12月8日 从八日到十一日，蒙修教育工作者代表团来呼市参观。团长是戈瓦等，团长是第一副部长霍尔齐。本来决定让石琳作接待工作，但戈瓦却钻进宾馆，与霍尔齐同吃同住，搞了不少阴谋勾当。

12月21日 戈瓦给内蒙党委写了《关于蒙古中小学试验改革学制和推行新学制的报告》，文中说"很多人认为延长学制是非常正确的"，"十四年制比十二年制优越"，竭力反对教学改革，主张延长学制。

一九六〇年

元月 从一九五九年八月以后，戈瓦和尤干大抓乡土教材，一九六〇年又出版了《中学历史乡土教材》，这是两本宣扬民族分裂主义的大毒草。在《中学历史乡土教材》序言中说："自从清朝统治中国以来，在过去三百多年间，内蒙古人民丧失了民族的统一和主

一九六八年六月十七日　　　　　敬祝毛主席万寿无疆　　　　　第三版

权，饱受清朝、军阀、国民党反动派和帝国主义的压迫"。这是明目张胆地宣扬内蒙古是个主权国家，宣扬内蒙本来不属于中国的版图，这种反动论调，是为了给乌兰夫进行民族分裂制造历史根据。教材中竭力为乌兰夫、奎璧、吉雅泰歌功颂德，鼓吹蒙藏镇压是内蒙古革命的"伟大的起点"，把乌兰夫、吉雅泰的投敌叛变，为反动派效劳等罪行，总之是为乌兰夫的民族分裂和宫廷政变制造舆论。

元月24日 戈瓦签发教部字第四号文《关于加强高三毕业班工作问题的报告》，文中说："一九五九年全国高考期间，我区在廿四个省市区中名列第十三，据此了解，许多省市从那次以后都大抓毕业班工作，他们动手早，决心大，措施具体，实际上，一个努力提高毕业生质量，力争全国上游的社会主义劳动竞赛已经开始了。"他要求全区立即行动起来，以抓毕业班工作，片面追求升学率，以后向蒙人委还转发了这一文件，在全区大刮片面追求升学率的妖风。

2月20日 戈瓦在赤峰主持召开内蒙古中学教育现场会议，并作了总结报告。这次会议提出了刘、邓、陆定一的黑指示，以高考成绩为衡量教育工作好坏的唯一标准，在全区刮片面追求升学率的妖风，以此来冲击全国轰轰烈烈开展着的学习毛主席著作的群众运动。戈瓦提出要切实抓好教学，"领导要抓课渗透"，要以"毕业班工作带全校工作"，"培养教师以教研组为基地，以老教师为骨干，在会上，戈瓦宣布当年要举行中学各年级统考，还组织各盟市代表展开挑应战，把挑应战书印成单行材料。会后戈瓦还派人在赤峰二中编各科高考、统考复习提纲。

3月 戈瓦与阿尔、龙干主持了大林农中现场会议，由大林农中作了经验介绍，戈瓦又组织各盟市代表展开挑应战，提出了"学江苏，赶大林，学生成绩赶晋中"的口号，戈瓦、特古斯等人抵制毛主席关于半工半读的指示，将农中办学方向引入歧途。

3月22日 戈瓦、石琳伙同王再天，经内蒙人委第八次会议通过，任命混进共产党内的国民党分陈荣生为高教局副局长，任命大叛徒、大特务、大地刘进行为教育厅办公室副主任。

4月20日 戈瓦主持召开全区中小学教学改革讨论会，要求贯彻陆定一的"四个适当"的精神，戈瓦在总结报告时，还说："大力提高师资是教学改革的中心问题"，说要成立"教育学院""民族教师进修学校"等等。

4月 由戈瓦主持正式建立内蒙古教育出版社工作，他伙同哈丰阿、特古斯，任命那顺为教育出版社副社长兼党支部书记，任命哈、特藏线人物资产阶级"学术权威"拉西东日布为副社长。任命额尔敦陶克陶的亲信、资产阶级学术权威曹部比格称为蒙文编辑室主任，任命哈特藏线人物，参加过叛乱的艾日布为自然编辑室主任。就这样，戈瓦亲手建立了这个乌哈反党叛国集团的黑据点，乌兰巴托民族分裂主义黑伙的分销店。

5月 戈瓦等人向全区发出《今年全区全日制中学试行统一考试的意见》，规定"从初一到高三，一律实行全区通考"并宣布要"按成绩进行排队"。

6月15日 戈瓦和特木尔巴根交谈，他们说："蒙古知识分子共产党员的思想是最矛盾的场所，他们既有马列主义思想，也有民族情感，这两个东西在目前情况下是很难共处的。我们这一代人是竭力企图使它们共处下去，矛盾和苦恼的根源就在这里。"由此可见，这两个民族分裂主义分子是一丘之貉。

8月 戈瓦在内蒙人代会上发言，题目是《把教学改革进行到底》，大肆宣扬陆定一的谬论，对抗教学改革。

8月3日 戈瓦还在八百名中学教师暑假学习会上作报告，重复上述论调。

8月17日 戈瓦主持了全区中小学教学改革试点工作座谈会，座谈贯彻陆定一、杨秀峰黑指示和贯彻乌兰夫"蒙汉兼通"的黑指示的经验，与此同时，戈瓦还根据陆定一的黑指示，要求各盟市也大办学习班，当年参加学习的有数万七千多人。

11月 戈瓦和石琳把额尔和从昭盟调到教育出版社当社长兼党支部书记，并让他当了厅党组成员，又给他提级提薪。从此以后，额尔和就成了乌势力与戈瓦在教育出版社的忠实代理人。

叛国投敌分子巴探亲为名潜往外蒙，事先得到石琳、戈瓦的批准。以后，还发给他一千多元退职费。

这一年戈瓦还把蒙特务额尔敦巴特尔安插到教育出版社当编辑兼党支部青年委员，当时戈瓦还想把蒙特务、版国分子布仁赛音也调到出版社来，后因布仁赛音被捕而未成。

一九六〇年夏——一九六一年夏，戈瓦到武川搞整社，主要活动在乡下，在厅内的罪恶活动相应减少。但是他常到盟里和自治区开会，一些重要事务他仍然插手。

一九六一年

5月 为了大搞民族分裂主义教育，乌兰夫、哈丰阿特地把戈瓦从武川乡下调回，从此以后，戈瓦也就温性变为。大干特干。

5——6月 戈瓦派龙干带领工作组去锡盟搞调查研究，让他收集"牧区学生大量流动"的材料，并以此为借口，要求"国家办学"，"集中办学"。

X月 戈瓦把他在伪兴安学院"兴蒙党"同党反革命逃亡主义分子达木仁调到呼市二中当副校长。

秋天 戈瓦与龙干炮制了《关于蒙汉学校语文教学问题研究提纲》，规定"小学绝大部分用藏文原作品"初高中在全国通用教材中"加原文百分之三十至四十"。

9月6日 戈瓦在教育出版社江传达陆定一、周扬在文科教材会议上的讲话。他反对编选教材以毛泽东思想为指导，说什么"加强毛泽东思想的指导作用，也不等于把毛主席选得越多越好，更要把诵文课本编选政治课本"。戈瓦还说："历史就得厚古薄今"，"历史的时间很长久，所以古的东西毕竟是比今的东西多。"他主张在"中学课本里应该选些陶潜、李清照的文章"。

9月20日 戈瓦与韩明以教育厅党组名义，向内蒙党委和华北局文办报送一份材料：《内蒙古自治区重点中小学及部分重点学校的特点》，略述自治区重点中学二十一所，重点小学十七所的历史和特点，其中包括呼市一中、二中、师院附中、免俗召中学、苏虎街小学、宜外沙小学等次。说它们的"教学成绩好"，"基础好，规模大"，不少学校"历史悠久"，闭口不谈是否突出无产阶级政治和是否用彻党的教育方针，他们大搞"不宜席"，培养资产阶级精神贵族。

10月14日 由戈瓦主持，由龙干起草了《民族教育工作汇报提纲》，向乌哈反党叛国集团汇报工作。主要谈"蒙汉兼通"问题。第一，宣扬"蒙汉兼通"的重要性，认为这是"民族教育工作中的中心问题"，"是在教育工作中贯彻党的民族政策的重要方针"，因此必须"蒙汉兼通"，才能"更好地健康地发展和提高民族教育工作"。第二，他们确定了"蒙汉兼通"的重要途径：一是加强蒙汉语文教学，合理安排蒙汉语文的教学比例；一是，正确地解决蒙汉语文以外其它学科的授课语文问题；第三，他们提出"蒙汉兼通"的主要措施，必须要采取几项重大措施：要"办好出版社"，"要办好师范学校""要有一支专门队伍，经常总结研究"蒙汉兼通"的问题"，要召开第二次民族教育会议和牧区教育会议"等。总之，戈瓦妄图用"蒙汉兼通"的方针来反对和替代毛主席的教育方针，要在民族教育领域内搞民族分裂主义。

10月 戈瓦在教干校学习会上说："蒙汉合校对蒙语文容易忽略，特别是汉生乡的学校，共同发展繁荣就成问题了。"他反对蒙汉合校，坚持民族分裂主义的教育路线。

11月 戈瓦与龙干以普教处处长编印了《普通教育学习资料》，（3）选印了鹤伯赞的《对处理若干历史问题的初步意见》，吴晗的《历史教材和历史研究的几个问题》等文章。在全区散布这些反革命修正主义分子的谬论。

11月 刘彭等人炮制的《六十条》，于九月份盗用中央名义正式下达，在此前后，《五十条》《四十条》讨论初稿也陆续发下。这些条例是在教育界实现资本主义复辟的纲领，是反革命宣言，也是刘山戈反赛的，是从一九五八年以来毛主席亲自发动的教育大革命的反攻倒算，乌兰夫、哈丰阿、特古斯看到这些条例如获至宝，马上指使韩明、戈瓦等人在十一月初分城镇、农村、牧区几个"蒙汉兼通"点进行了一番调查，为召开民族语文和民族教育会议，为炮制反革命教育纲领作准备工作。

当时，农村组由龙干率领去了哲里木盟。城市组由老反革命集钧率领去呼市，而牧区组则由戈瓦领头，到了锡盟。以后，他们写了《哲盟农区蒙古中小学蒙语文教学质量调查报告》，《锡盟牧区教育事业发展情况的调查报告》，《锡盟牧区中小学蒙汉语文教学质量调查报告》等。根据事先布置，他们主要为了找蒙语文教学当中存在的问题，一致认为教学质量低，在今后改进意见中，①必须加强对"蒙汉兼通"方针的教育；②提高教师的业务水平，调配教师；③加强"二基"教学，组织教师学苏修《教育学》；④积极解决教材和教学参考书问题，恢复《内蒙古教育》等等。总之，他们认为一九五八年以来的教育大革命"搞乱了，搞糟了"，降低了教学质量。

戈瓦还专门调查所谓牧区学生经济负担重，物质条件如何困难等等，并以此为根据，推行他从蒙修搬回来的由"国家包下来"的政策，在国家经济困难时期，要求拨款一百万元。

12月 由龙干起草，并经戈瓦修改了《关于蒙古中小学教育工作的报告》向乌兰夫、哈丰阿汇报去城镇、农村、牧区调查的情况。在报告中，他们总结了在民族教育中贯彻乌兰夫"特殊论"的经验，这就是必须执行"蒙汉兼通"的方针；必须有一套好教材，要不断提高教师的文化水平。他们认为当前存在的主要问题是知识质量差，蒙生与汉生比较，"成绩相差二十分"。

12月 在调查的基础上，由戈瓦主持，龙干起草，开始炮制以"蒙汉兼通"为核心的《蒙古族及其他少数民族中小学暂行工作补充条例》（草案）（即三十条）。他们以总结十几年的民族教育工作经验和改进工作为名，以刘邓彭陆的《六十条》《四十条》等反革命教育纲领为依据，加上乌兰夫的黑指示，炮制出这个民族教育的黑宪法、黑纲领。①纲领中只字不提毛主席的教导，只字不提用毛泽东思想教育师生，他们反对党对学校的领导，只提"有保证和监督的责任"。②反对毛主席的教育方针，歪吹"三个第一"，培养资产阶级接班人；③宣扬乌兰夫的"民族特点"、"地区特点"和"蒙汉兼通"，妄图取消阶级和阶级斗争；④反对学生参加阶级斗争和生产劳动，反对学生学习毛主席著作，反对政治挂帅；⑤反对对教师进行思想改造，鼓励他们当资产阶级专家，蒙汉兼通，妄图使资产阶级知识分子继续统治学校，蒙修的《三十条》，是彻头彻尾的大毒草，是乌哈反党叛国集团反革命修正主义、民族分裂主义教育纲领的"代表作"。

与此同时，在戈瓦的主持下，开始炮制另一个反革命修正主义教育纲领《牧区办学方案》。这个方案公开对抗毛主席勤俭办学和两条腿走路的方针。以反对一般化、加强民族教育为名，大搞反革命修正主义和经济主义。①他们规定牧区中学全部由国家来办，小学在实际上也是依靠国家办学，他们规定社办小学，旗办中学，盟办完中和师范，这种集中办学的方针，严重脱离政治，脱离群众，脱离生产，脱离实际。②他们规定"蒙汉分校，分灶"，制造民族分裂，破坏民族团结。③他们强调由国家投资在牧区修建成套的带走廊的学生宿舍、厨房、饭厅等，标准定额超过一般小学一倍以上。学校编制也要放宽。④他们反对教育与生产劳动相结合，只把办校场当作独善生活的措施，总之，《牧区办学方案》是修正主义，民族分裂主义的货色，是为培养资产阶级接班人服务的。由于这种反动的"牧区学校特殊论"，集中办学，国家办学，金钱挂帅，物质刺激，使我区牧区教育走上了邪路。

12月30日 戈瓦签发《请示恢复蒙文版《内蒙古教育》的报告》，要用这个刊物作为他反党叛国的工具。

一九六二年

元月 由哈丰阿、特古斯、戈瓦等人主持，以内蒙党委名义召开了全区民族语文暨民族教育会议。这是乌哈反党叛国集团猖狂地反党反社会主义反毛泽东思想的一次黑会，是贯彻反革命修正主义、民族分裂主义教育路线的黑会。这次会上形成了一整套反革命的文化教育纲领，在会上哈丰阿作了《目前形势和任务》的报告，特古斯作了《蒙古语文工作和民族教育工作的检查总结》额尔敦陶克陶对《蒙古语文工作暂行条例》（草案）作了解说，戈瓦对《全日制蒙古中小学暂行工作条例》等几个材料作了说明。他们相互配合，群魔乱舞，狂鬼腾腾。

戈瓦将一九六一年冬炮制的《全日制蒙古中小学暂行工作条例》、《牧区办学方案》、《锡盟牧区教育事业发展情况的调查报告》、《哲盟农区蒙古中小学蒙汉语文教学质量调查报告》、《蒙古中小学蒙汉语文教学和授课用语方案》等大毒草提交大会讨论通过，并得到乌、哈反党叛国集团的赞赏。戈瓦还伙同特古斯、额尔敦陶克陶等人炮制了《蒙古语文工作暂行条例》（草案）、《蒙古语名词术语的制定和统一办法》（初稿）、《调整蒙文翻译工作者级别待遇方案》（草案）等修正主义文件，提交大会修改讨论。这些文件反对对民族分裂主义进行批判，借口"蒙古语文的内部发展规律"，反对汉语借词，用金钱挂帅，物质刺激的办法，鼓动人们搞翻译工作。

在这次黑会上，哈丰阿、特古斯、戈瓦等人除了通过他们制造的关于民族教育的方针任务、教材教法、形式制度、师资培训、组织措施等修正主义纲领以外，他们还决定成立"蒙古语文学会"下设翻译、新词术语、辞书、文献资料、文字、蒙语等研究分会，决定出版《蒙古文库》、蒙汉辞典、蒙古史等，出版自古以来蒙古作家写的"一切具有一定价值的东西。"

总之，这次黑会大搞反革命修正主义，大搞民族分裂，想实现内外蒙的文化、教育、语言文字、历史的统一。他们乘我们处于暂时困难时期，配合国际国内的反动派，向党猖狂进攻。大刮阴风，妄图实现他们反党叛国的阴谋。

元月27日　戈瓦召集厅内外有关单位和人员开会，作出《关于一九六二年全区蒙古中小学工作的初步打算》。第一，决定编写教材和教学参考书的部署，第二，决定大力培养和提高民族教师，第三，要大换规章制度，大量出版调查材料，第四，要大办重点学校，大搞所谓民族教育研究工作，大闹轮训教育百万干部。总之，戈瓦竭力贯彻一月黑会的精神，疯狂地推行乌兰夫反革命教育路线。

2月　戈瓦让普教处整理《内蒙古自治区民族语文暨民族教育会议对民族教育工作提出的问题和建议》，把他们在会上所制造的反革命舆论整理成七大部分，准备付之实施，除了重复"学生流动"、"师生生活"、"办学形式"、"教师进修"等滥调外，又着重提出教材问题和领导问题，说"教材是教学的依据，是教学上的'经'"，主张"多选一些蒙古的文学作品"，"多选蒙文的文言文"，尽量少翻译，少借用汉语借词。为了"做好教材的基本建设工作"，更增加教育出版社的编制，还要从"各盟市抽调二十四名有经验的教师"，编订蒙汉语文的教学大纲。另外，他们强调领导上应克服"一般化领导作风"，注意"民族特点和地区特点"，研究民族教育的"特殊问题"。"为了改进民族教育的领导和加强研究工作，内蒙教育厅应设立专门的民族教育研究机构。

2月　由韩明、戈瓦主持厅务会议，通过了《关于全国性重点中小学材料的报告》，将呼市二中和苏木虎旗小学作为重点学校，上报中央党委。黑帮干将陈处生审批后，命送乌兰夫死党分子潮乐霖审查，潮同意上报，命令增加数额。在报告中说，这二所学校历史久，呼二中的易是傅作义的奋斗学校，规模大过长；学生政审好；骨干教师多，教龄长；领导力雄厚。报告中把他们安插在呼市二中的砰世纯、达木仁等反革命修正主义分子也大大美化了一番。

2月　戈瓦给内蒙党委写了一个报告，说是"为了更有效地提高中小学质量，我们计划办好一批蒙古中小学，其中打首先在呼和浩特办一所蒙古中学，做为培养为高等学校提供质量较高的后备力量的基地之一，同时也可为全区办好一批蒙古中学。"戈瓦坚持蒙汉分校，更办他的"拔尖"的纯蒙古中学。

2月　戈瓦、龙干编订《普通教育学习资料》，传播吉林、福建等地搞"三个第一"的经验，他们还把土旗美岱召中学大搞片面追求升学率的黑经验编印成册，让全区学习。

2月　在戈瓦的主持下，制定了《关于〈内蒙古教育〉蒙文版复刊方案》，该刊编辑委员会主任委员是戈瓦，副主任委员是龙干、拉西东日布，委员有戈瓦、龙干、宝音布仁、拉西东日布、胡格吉朝恩、索布多、曹都比利格、朝克松扎布，他们绝大多数是哈、特黑线上的人物，是戈瓦的亲信。

3月9日　由戈瓦主持和签发《关于蒙古中小学语文及汉语文教材编写方案》，以教育厅党组名义报内蒙党委宣传部根据一月黑会的决议，将"教材问题列为重点工作，集中力量加以解决。"方案中规定的教材原则不是以毛泽东思想为指导为纲，不等于把主席的文章选得越好越好，"以语文基本训练的顺序为主线索"，并要求"尽量多选蒙文原文"。方案中说："根据宣传部工作打算的意见，在今后一个时期由戈瓦同志负责具体抓这个工作。"

从二月到七月，戈瓦在教育出版社大抓教材，根据一月黑会的精神，精心炮制了《蒙古族中小学甲(乙)类语文教学大纲》，《蒙古族中小学甲(乙)类汉语文教学大纲》，《蒙古语文教学大纲编辑工作总结，《教科书编辑出版工作总结(一九四七至一九六一)》。这是反革命的四大纲领，全盘肯定过去反革命修正主义、民族分裂教材出版路线，成为此后指导教育出版社工作的黑文件。

第一，戈瓦通过这四大纲领抵制和反对毛泽东思想占领教材阵地，胡说什么"加强政治思想性，帮要选入一定份量的政论文，但不是政论文越多越好。加强毛泽东思想的指导作用，不等于把主席的文章选得越好越好。"他还反对一年级教材中选用"毛主席万岁"、"大跃进万岁"说这是"脱离了学生实际，违背了教学原理"。

第二，煽动民族分裂主义。胡说："忽视原著或乡土教材的适当选编"，"使我们的后代更不便更亲切的体会蒙古族人民精神"，他还攻击大跃进以后"对蒙古人民共和国的教材的选编更有了戒备心理，这样又脱离

6月30日　戈瓦签发教普字第56号文《关于办好全区住重点中小学的通知》，规定重点中，小学各十一所，

实际，他攻击一九五八年教育革命中编选的教材是"草率""浮夸"，"冲淡民族特点"。

第三，鼓吹艺术至上，智育第一，说什么入选的文章"要有语言和艺术的典范性，绝大多数篇目应选取经过教学实践并已有定论的作品"，这就是要选名家名作，反对选用反映三大斗争的革命作品。

第四，鼓励编辑人员埋头业务，走资产阶级成名成家的路道，一再强调业务挂帅，业务学习领先。他"规定书末注明责任编辑姓名"，使之能树扬名臭。

3月3日　戈瓦以教育厅名义向内蒙人委写了《关于蒙古专科学校招收在职民族教师进修班的请示报告》，竭力贯彻一月黑会的精神。

3月15日　戈瓦、龙干发出教普字第二十八号文，《关于继续加强应届初高中毕业生复习指导工作的通知》，责令各盟市、各中学大抓毕业班知识质量工作，并认为"这是学校教学工作的规律"，"也是广大毕业生的切身利益。"通知中还叫"认真总结几年来抓毕业生复习指导工作的经验"，并说应当"当作宝贵的财富加以利用。"

3月　戈瓦、龙干叫历史反革命分子马殿森主持全区统考评比工作，并让他写了《关于统考评比问题》，文中吹嘘统考评比工作"起了检查督促的作用"，"提高了教学质量"。

3月　戈瓦、龙干叫马殿森主持教改试验工作。四月份，由他拟制《报送全日制中小学教学改革试验工作总结》，戈瓦签发上报。

4月17日　戈瓦、韩阴与哈丰阿、特古斯以人委名义颁发《牧区小学人民助学金暂行办法》，其中规定"学业成绩优秀或出席率高的学生"予以评定助学金，只看学业成绩，不管学生的政治思想和阶级成分。

4月19日　哈丰阿、戈瓦抛出了他们长期精心炮制的《学习与运用蒙古语文奖励办法》，这个黑纲领经过反革命修正主义分子王铎、特古斯、刘景平的修改。他们大搞物质刺激，奖励范围极广。奖金分四等：一等一百元，二等八十元，三等六十元，四等四十元，一年奖一次，在以前试行过程中，有一年竟用去一百万元以上。

4月　为了迎接自治区成立十五周年，戈瓦叫陈××起草《桃李被春风》一文，并以他自己的名义，先发表《内蒙古教育》上，以后《内蒙古日报》、《实践》修改转载。这篇大毒草里，戈瓦总结了贯彻乌兰夫反党叛国集团反革命修正主义，民族分裂主义教育路线的经验，鼓吹民族教育的特殊性；鼓吹片面追求升学率；强调资务《五十条》、《四十条》、《三十条》；要教师"加强业务知识，加强基础知识教学和基本技能的训练"，对他在教育出版社炮制的大纲和教材进行自我吹嘘，说这是"提高教育质量的基础"。

5月10日　戈瓦签发《关于一九六二年初中毕业生升学考试大纲的通知》，五月三十一日又有《关于发送蒙古中小学汉语文教学复习参考提纲的通知》，大搞片面追求升学率。

5月25日　由反革命修正主义分子、大特务王再天主持人委第八次会议，通过了戈瓦等人炮制的《内蒙自治区牧区办学试行方案》，责令全区试行。

5月29日　由戈瓦签发教普字第四十八号文《关于一九六二年暑假全日制中学招生工作的指示》，以教育厅名义嘱令全区执行。制度森严，条文繁多，为大搞片面追求升学率大造声势。

6月4日　戈瓦、龙干签发普教字第五十七号文《关于"内蒙古自治区民族语文暨民族教育会议"有关民族教育的报告》，主要是报告执行一月黑会决议的情况，强调"民族教育是我区教育事业的重点工作。""牧区教育，是我区教育事业中的特殊部分"。强调贯彻乌兰夫"蒙汉兼通"的方针是个方向问题，而根本不提主席教育方针，他们还擅自规定师范院校招收民族学生的比例，师院占招生总数的百分之二十五至三十，师专可占百分之十五至四十，中专占百分之二十，对学生只强调民族成分不管阶级成分和政治表现。

6月22日　由哈丰阿签发蒙文办第四一四号文，《内蒙人委关于成立内蒙古自治区蒙古族中小学教材审查委员会的批复》。任命戈瓦为主任委员，付主任委员有索德那木、额尔和，委员中有戈瓦、龙干、托门(师院)、孙英年、拉西东日布、特格希(内大)、索德那木、莎音乌力吉、额尔和。秘书是拉西东日布。这个名单是哈丰阿，戈瓦于五月二十一日亲自制定的。

6月27日　韩明、戈瓦签发教普字五十八号文《关于做好中小学应届毕业生操行评定工作的意见》，借口反对"简单化"和"唯成份论"，规定"在高小和初中毕业生中，不搞政治审查，主要看学生的实际表现。""牧民子弟的家庭成份只填牧民。"

说它如存在的问题是"高初中毕业生考试成绩不理想，有的还不如一般学校，今后各校必须保质保量为国家培养成绩优良的毕业生，每年升入高一级学校的学生的收绩和人数，百分率，应高于本地区的一般中小学。"

7月3日　由龙干起草，由戈瓦签发的《关于民族教育当前急需解决的几个问题的报告》，其中写道："为了为牧区培养较高的专门人材，提供一批优秀的后备力量，内蒙师院附中，从一九六三年开始，初中一年级和高中一年级，由西部各盟牧区每年招收八十至一百名学生，除汉语以外，全部用蒙语文授课。""全区蒙古中学一律实行'九·三制'"，他们主张蒙汉分校，主张培养资产阶级精神贵族。

7月7日　由马殿森拟稿，由戈瓦签发《关于结合一九六二年高中招生考试分析应届毕业生知识质量的通知》，通知中规定"组织评卷人员就试题的要求，集体进行分析"，要求在上报的材料中有：全盟市录取新生平均总分，各个学校总平均成绩，录取人数比例等。由上而下地在全区继续刮片面追求升学率的妖风。

8月1日　戈瓦在一九六二年亲自抓干部轮训工作。五月十六日他在教育学院第四期行政班，八月一日在第五期师范班，八月二日在第五期民族中学班上都作了总结报告。这些总结报告是反动透顶的反革命言论。

第一，戈瓦赤裸裸上阵，反党，反社会主义，反毛泽东思想。他反对毛主席的"学校是工厂，工厂也是学校"和"要作好先生，首先要作好学生"的伟大指示，说这是"混淆了学校与其他部门的差异性"。他还反对政治挂帅，鼓吹政治是头脑，是统帅，但要为教学服务，"头脑重要，只能一个，不能多了，多了就成妖精。

戈瓦猖狂地反对党的领导，他说："并不是说只要是中央提出来就是正确，现在提倡'三不'嘛，如果真不正确的话，就说不正确呗！""党支部有条件的就领导，没条件的就保证监督，""领导是行家，对工作提高起决定作用，不懂不行，不指挥也不行，不懂还指挥，结果是瞎指挥。""不要争权，双方(指支书和校长)不要把无意识的问题当成问题看待。"

戈瓦恶毒地攻击大跃进和三面红旗，说："牛皮这几年吹的真不少啊！口头不算，在报纸上、文件上、报告上也不少。牵号是吹，如果吹的那些都实现就更成问题了。""太浮夸了，看来光有精神，否认科学是不行的。"

戈瓦还煽动资产阶级分子向党进攻，说"既然来了，就把气出完，不要把没出完的气带回去。""这回学习我们已经出了气，到娘家来可以随便发脾气，回去就要听人家的。"

第二，戈瓦宣扬民族分裂主义。他说："这几年执行政策上有问题，对民族问题的长期性、复杂性认识不足，结果造成忽视民族特点，工作上表现为一般化和急躁。""民族教育有不是过多的问题，而是有所忽视，有的人不敢说，怕成民族右派，有顾虑。"他还说："民族政策是消灭事实上的不平等，但实际工作中却忽略，甚至看不见"。

戈瓦别有用心地在民族语文和教材问题上大做文章，说："民族语言文字与民族文化的发展问题，这是民族的重要特点。""教材要搞好，民族语文发展是以学校为基础的。有人说它是民族兴亡的关键，虽然有些神乎其神，但是说得很重要，是提高教学质量的基础。"

他闭口不提毛主席的教导，却反复传达达乌兰夫的"指示"，吹捧他是"毛主席点头"的"民族工作专家""听蒙文能力却很强"，"关心"蒙古学习。甚至还吹捧奎壁、吉雅泰、王铎。

第三，反对毛主席的教育方针，推行反革命修正主义教育路线。他说学校以教学为主，"政治思想工作为教学服务"，"教学为主，是否以传授知识为主？我音是以传授知识为主，是以传授书本知识为主"。他还借口"社会活动过多"、"生产劳动过多"，反对教育为无产阶级政治服务，教育与生产劳动相结合。

他为资产阶级知识分子鸣冤叫屈，说对他们"缺点看得多，进步看得少；批判多，辩论多，耐心说服帮助少。"他主张对老教师应举行"庆祝活动"，对"业务上有一套"的教师，"应给予精神和物质的奖励"。

他反对教育大革命，说"教学改革是当中无数，人云亦云"，"教学秩序，总的来说，破的多，立的少"，"有的地方去掉了，有的地方砍偏了。我们批判了资产阶级量力性原则和教学五个环节。他也如考考妣，破口大骂。

戈瓦不仅在三期训练班上大放其毒，而且还把他煽动起来的"出气"的材料转发全区。七月二十一日，由戈瓦签发《转发〈内蒙古教育学院第四期学员对中小学教育工作提出的问题和建议纪要〉》，九月二十四日又《转

一九六八年六月十七日　　　　　　　　敬祝毛主席万寿无疆　　　　　　　　第五版

发"内蒙古教育学院第五期民族中学班学员对民族中小学教育提出的问题和建议纪要"的通知》。将他的反动观点用"学员的意见"的名义在全区宣扬。

8月12日　哈丰阿以人委名义批转了哈特黑线和戈瓦等人炮制的《关于蒙古语名词术语的制定和统一办法》八月二十七日又批转了《内蒙占自治区蒙古语文工作暂行条例》。戈瓦与哈丰阿等竭力反对汉语借词，大力推行乌兰夫的"蒙汉兼通"政策，并叫嚷要与蒙修进行文化竞赛，要培养忠心应手的奴才等。

8月20日　戈瓦、韩明提拔大叛徒、大特务朝克松扎布为教育厅办公室主任。提拔老牌民族分裂主义分子"成吉思汗党"党魁胡果吉夫为教育厅业余教育处副处长。提拔混进共产党内的国民党员、乌兰夫黑帮干将旷觉生为教育厅高教局局长。同年，戈瓦、韩明在王逸伦、刘景平的驱使下，把大地主、大叛徒、大特务刘进仁第三次拉入党内，当了办公室副主任。

8月23日　戈瓦签发普教字第七十五号文，《关于编印中学生作文选集征集优秀作文的通知》，在学校中推行右派分子丁玲的"一本书"主义，引导学生为成名成家而奋斗，鼓励语文教师、学校领导弄虚作假。

以后，戈瓦从全区调集一部分所谓有经验的"老教师"到教育出版社编辑《中学生作文选》，共选文四十九篇，戈瓦亲自写了《序言》。他只字不提党的教育方针，不高举毛泽东思想伟大红旗，竭力鼓吹"智育第一"。他极抹煞写作的立场观点和阶级性，鼓吹艺术至上，所入选的文章有的借古讽今，诽谤我们伟大领袖毛主席，攻击三面红旗；有的为才子佳人招魂，为封建帝王歌颂；有的宣扬资产阶级"人性论"，鼓吹生活方式。因此这本《作文选》是一株疯狂反对毛泽东思想的大毒草。戈瓦以此作为"样版"，妄图把全区语文教学引上反党反社会主义、反毛泽东思想的罪恶道路。出版以后，流毒区内区外，为害极大，引起广大师生极大愤怒，纷纷写文章，写信检举揭发，但这一切都被戈瓦凭借权势压制下来了。

8月27日　戈瓦、龙干以厅党组名义向内蒙党委写《关于蒙古中小学学制年限问题的报告》，说"蒙古中小学的学制年限仍维持'十二年制'，比较切合我区的情况。"与此同时，他还作了《海拉尔一中教改试点的批示》，决定停止十一年制试点工作，仍实行十二年制。他们千方百计反对缩短学制。

8月29日　戈瓦、龙干发出教普字第八十六号文，《关于对中学新生进行知识质量调查的通知》，大搞"智育第一"，反对突出无产阶级政治。他们还规定"从今年起，此项工作列为学校每年经常性工作之一"。

9月4日　戈瓦公布了龙干在八月十六日写的《关于民族教育工作的检查报告》，和过去一样，报告中仍然强调学生流动问题，生活问题，学业质量低问题，教材问题，以此来攻击一九五八年的教育大革命，攻击我们忽视"民族特点，地区特点"。他们提出一系列措施：第一，规定各校招生，蒙古族学生小学最低应占百分之十二，初中百分之十五，高中百分之十八，大专百分之二十。第二，砍掉了从农村下伸中学。第三，增加学生入城市后的供应点。第四，增加设备、经费和编制。规定牧区学生的助学金要提高，小学享受助学金的学生占百分之四十至五十，初中占百分之五十，高中占百分之六十至七十，大专占百分之九十至一百。第五，民族中小学一律实行"九三制"。这些措施是为了反对无产阶级的阶级路线，反对教育革命，竭力贯彻一月党会的精神。

9月5日　由龙干起草，由戈瓦签发《关于民族教育工作几个文件的说明》，对《三十条》、《牧区办学方案》、《牧区和民族中小学编制、经费方案》等黑纲领，作了"理论上"的阐述，他们强调"民族教育是自治区教育事业的重点，民族教育质量是自治区教育质量的重要标志"，并要建立"一支以领导骨干和一批民族教育的'专门家'为核心的"民族教育队伍，等等。

9月5日　戈瓦、龙干发出教普字第九十七号文，

《关于发送一九六二至一九六三学年度中小学教育工作要点的通知》，主要是为了贯彻修正主义教育路线，反对突出无产阶级政治，反对学生参加生产劳动，大抓"三基"教学。他们还规定"九三制"中小学毕业班实行全区统考，非毕业班实行全区抽考。通知中说的提高教师，也是强调业务，政治学习每周仅规定二小时，而业务文化学习时间则是八小时。

9月14日　戈瓦、龙干发出教普字第九十六号文，《关于分析高考试卷的通知》，将高考的各科的部分试卷发给各市，让组织力量对学生知识质量进行一次分析，研究其原因，总结经验和问题，提出改进教学的意见。他们规定各科试卷的质量分析总结，要在十月下旬以前报厅。这种作法是以高考成绩作为衡量学校办得好坏的根据，以试卷的要求作为教学要求。总之，是竭力推行"三个第一"，反对毛主席的教育方针。

9月　从六月到九月，韩明、戈瓦通过《内蒙古日报》、《内蒙古教育》大肆宣扬宝沙代小学的办学经验，介绍该校"每日两餐——顿顿有肉吃"的"舒适生活"，介绍该校雇佣工人办牧场的办法等。其实这个学校是个黑样版，最早是由大叛徒、大特务朝克松搞起来的。据群众揭发，该校领导是大牧主出身、叛徒，教师中有特务、右派、牧主、杀人犯。土地和牧畜都由工人来搞，用资本主义方式经营。但韩明、戈瓦却把这个学校当作"牧区办学的良好榜样"，号召各地学习照办。

10月17日　韩明、戈瓦发出教高字第一百四十号文，《关于"自治区建设成就及民族政策"列为我区高等学校的公共必修课的通知》。这门课的设立实际上是为了宣扬乌兰夫的黑指示，为乌兰夫歌功颂德。

10月　由戈瓦主持，以厅党组名义制订了《关于改进蒙族及其他少数民族教育工作的方案》。在改进的意见中，第一，按专款七百至八百万元修建校舍，添置设备，提高学生的助学金比例和标准，扩大人员编制。第二，强调"蒙汉兼通"是民族学校的教学工作的重要特点，全日制民族中小学必须实行"九三制"，要搞好教材工作和教师培训工作。第三，加强领导，克服"一般化"。总之，戈瓦强调民族教育特殊化，要金钱挂帅，要搞"智育第一"。

10月30日　戈瓦、龙干发出教办字第十九号文，《关于少数民族教育工作情况的汇报》，内容与上述大致相同。

11月　在一九六二年，哈丰阿、特古斯、韩明、戈瓦以人委名义批准了我区五个高等院校的院务委员会。元月份批准特木尔巴根为师院院务会副主任，院务委员会中有民族分裂主义分子桑杰扎布、图门等。二月份批准了内蒙古医学院院务委员会，蒙修特务木伦当主任委员兼院务委员会。三月份批准内蒙古大学院务委员会，除"当代王爷"乌兰夫自兼主任委员外，副主任委员中有民族分裂主义分子巴图，十一月份批准了内蒙古工学院院务委员会，大叛徒李大林是主任委员。委员中有民族分裂主义分子，蒙修特务阿成嘎、财喜朝力图。次年一月份批准了农牧学院院务委员会，主任委员兼党委副书记是"内人党"骨干首嘎丹佛布。由此可见，哈丰阿、特古斯、戈瓦让"内人党"骨干分子控制了我区五个高等院校。

11月11日　戈瓦随同乌兰夫、奎壁、吉雅泰、石琳等，参加土小建校五十五周年庆祝会。

11月16日　戈瓦和大叛徒、大特务秦丰川签发《农牧区中学工作条例》（33条），其基本内容是贯彻刘邓《五十条》和特特《三十条》的精神。规定"以教学为主"、"以课堂教学为基本形式"、"在教学中充分发挥教师的主导作用"。

11月　由戈瓦、秦丰川主持，炮制了《农牧民业余教育工作条例草案》（48条），规定业余教育"以文化教育为主"，要"适合民族地区特点"，"要办好一批重点业余学校"，"成为提高教学质量的标兵"。

11月20日　韩明、戈瓦要求在教干校举办旗县教育

局长学习班，贯彻刘邓和乌哈关于教育工作的黑指示，学习一系列的黑条例（如《五十条》、《三十条》等），研究如何控制教育领导权。哈丰阿在二十日以内蒙人委名义批准照办。

11月　韩明、戈瓦在哈丰阿、特古斯的支持下，并由哈丰阿以人委名义，在十一月二日，批准《教育厅关于建立高等学校蒙生预备班的报告》变相延长学制。在十一月九日，发出《关于改进和加强边境地区学校工作的指示》。在十一月二十七日，发出《关于今冬明春农村、牧区扫盲、业余教育工作的指示》。这些都是为了贯彻反革命修正主义教育路线。

11月　戈瓦发出教普字第一百一十四号文，《发送全日制中小学各种规章制度草案的重点试行的通知》，一连发出九个规章制度，责令在一九六三年全区推行。这就是《全日制中小学教学工作细则》，《班主任工作条例》，《操行评定暂行办法》，《学籍管理暂行办法》，《中学生奖励处分办法》，《中学生学业成绩考查办法》等等。这些条例和办法是在戈瓦主持下，根据刘邓和乌哈的黑指示炮制的，把封、资、修的教育破烂搅成一大地炉，冒充解放后教育"工作总结"，配套成龙强行贯彻，在学校中全面恢复一九五八年以前的旧教育制度，疯狂地反对毛主席的教育路线。

12月　戈瓦以教育厅党委书记身份，想拉索布多入党，索布多是"内人党"的头面人物，是日本的鹰犬，一贯反对反社会主义反毛泽东思想。可是戈瓦还让她填了入党志愿书。后因其男人财喜搞民族分裂主义事情败露，戈瓦的阴谋才未得逞。

12月　韩明、戈瓦签发教普字第一百二十七号文，《关于确定办好一批小学名单通知》，将重点小学由十一进一步扩大到二百五十所，并规定：重点小学校长必须在"行政二十二级以上，五年以上小学教令"；"教导主任必须熟悉教学业务"；教师"应具有中师毕业水平"；学校"不实行二部制"等等。

12月　戈瓦伙同龙干、额尔和制定了《〈内蒙古教育〉稿费条例》，用物质刺激来鼓励投稿。

一九六三年

元月8日　内蒙党委书记处第四百二十七次会议，决定戈瓦任教育厅党组副书记。

元月　戈瓦在包头召开各盟市教研室主任会议。

元月30日　戈瓦写信给内蒙党委和宣传部，要求调查作文学、历史的研究工作。他的要求事先得到王再天的同意。

元月　戈瓦参加了由特古斯等人主持召开的内蒙宣传文教工作会议。

2月　戈瓦与秦丰川主持炮制的《农牧民业余教育工作条例草案》（四十八条），《农牧业中学工作条例草案》（三十三条）正式出笼。

2月9日　戈瓦签发教普字第十一号文，《关于选定办好一批中小学校名单的报告》，重新选定了十四所中学，二百所小学，作为重点学校，上报中央教育部。

2月9日　哈丰阿、特古斯、戈瓦等人炮制了《关于加强民族教育卫生工作的若干规定（八条）》，以内蒙党委、人委的名义颁发。其中要求蒙族汉族学生和干部"蒙汉兼通"，"为了培养蒙汉兼通的教师，民族师范学校学制改为四年"；规定牧区一般"以公社为单位设小学，旗设初中，盟设高中，注意办好一批重点中小学"，"编制经费，每年要单列预算"。另外，还决定从高中毕业生中挑选一批人，由蒙专培养翻译人材。

3月1日　韩明和戈瓦召开全区教育行政会议，主要是为了贯彻内蒙宣传文教工作会议的精神。会议开始时哈丰阿、韩明、特古斯都作了报告，最后由戈瓦作总结报告。会议以普通教育为重点，以提高质量为中心。第一，强调学习和贯彻《五十条》、《四十条》、《三十条》，吹捧这几个条例是"解放以来教育工作的总结，是今后工作的纲"，并要求在八十所中学二百八十六所小学内试

第六版　　　　　　　　　　敬祝毛主席万寿无疆　　　　　　　一九六八年六月十七日

行。除了普遍学习以外，内蒙和盟市应有计划地、分期分批地轮训教育行政干部和中小学领导干部。第二，会议确定重点中学十八所，重点小学二百二十三所，定点中学一百六十四所，定点小学一千六百二十六所。要求"切实办好"，"并起示范作用"。还规定重点中学正副校长必须在行政十七级以上，具有相当于高中毕业以上的文化水平，熟悉教学业务。正副教导主任应在行政十九级以上，具有专科毕业以上文化水平和一定的教学经验。高中教师和初中主要学科的教师应具有本科毕业的实际水平。对重点小学的领导和教师亦作了规定。第三，加强师资培训工作，深入钻研业务。各地要建立优秀教师名册、树立榜样，有准备地召开教师代表会，提出"实行教令津贴"，对成绩显著的老教师要给予各种鼓励。第四，切实办好民族教育，学生要"蒙汉兼通"，要办好六所重点中学，五十所重点小学，和边境地区学校。第五，各级领导要改进工作作风，领导不能"一般化"，要"以教学为主"，全面安排工作。因此，这次会议是韩明、戈瓦大力推行反革命修正主义、民族分裂主义的教育路线的黑会。为了推行这一套黑货，他们决定在一九六三年全区上下大办学习班、训练班，大开专业会议。

3月19日　2月8日由哈丰阿以人委名义《批转教育厅关于一九六三年干部训练计划的报告》，训练中学师范校长书记四百八十人，教学主任三百八十人，重点小学和民族完小校长四百余人，完小校长约二千人。3月19日，由王逸伦主持人委第三次行政会议，同意教育厅召开中等数学教学专业会议、小学语文教学专业会议。5月8日，由王再天主持人委第六次行政会议，同意教育厅举办蒙古语中学蒙古语文教学专业会议。由此可见，韩明、戈瓦的这些活动是乌哈反党集团有组织有领导地进行的。

3月　戈瓦、龙干发出教普字第十七号文《关于加强中学蒙古语文教学工作中几个问题的通知》，规定蒙语文教学只是为了提高阅读和写作水平，反对突出无产阶级政治。

4月　戈瓦、韩明等人制定了《教育厅一九六三年工作计划》主要是为了贯彻《六十条》《五十条》《四十条》《三十条》，贯彻内蒙党委、乌兰夫《关于加强民族文教卫生工作的若干规定》等等。决定由戈瓦负责民族教育工作，干部训练工作，重点学校工作，还由他负责召开专业会议。

4月5日　由于群众检举揭发了蒙语文教材中大量的反党反社会主义反毛泽东思想的毒草，乌哈见机不妙，就派特古斯和戈瓦去教育出版社，他们对上掩盖其主子的罪恶，对下包庇亲信爪牙，把责任归之于"党委宣传部领导不力，有官僚主义，编辑人员有崇蒙思想而严重不问政治"。并说这次检查的目的是"主要是总结经验，提高认识"，"蒙古革命胜利呀，是社会主义国家，我们又是一个民族，向他们学习是好的，没有问题的。"

直到一九六三年，教材中还有大量的宣扬反革命修正主义和民族分裂主义的毒素如《在你的摇篮旁》《牧童及母》《白发老人》《在墓旁》《待我死以前交给党》、《白鸽篮旗》、《和平鸽子擦不掉》等等，这些文章把内蒙古和祖国分割开来，煽动民族情绪，鼓吹内外蒙合并。他们还用修正主义、和平主义来毒害广大青少年。

4月6日　由哈丰阿以人委名义，批准哈、特和戈瓦在一九六二年底炮制的《关于当前民族师范教育的几个问题的报告》决定民族中等师范的学制由三年改为四年，扩大人员编制，并直接由教育厅领导。

4月17日　戈瓦主持制定的《牧区小学人民助学金暂行办法》，由哈丰阿以人委名义颁发。

4月19日　特古斯到教育厅检查民族教育，指使戈瓦"民族中学的授课用语要按校落实，班级落实"，戈瓦就下达通知，在六十七所民族中学中，确定蒙古十三所均用蒙语授课，三所用汉语授课，十一所用蒙语和汉语授课，并规定"不得变动，如有变动要经教育厅批准"同时，他还要求全盟市，把小学的授课用语，也强行规

定下来。

4月　戈瓦、龙干绵印《普通教育工作参考资料》，刊登了一九六二年高考和中考的语文、数、理、化试卷质量分析的文章，大搞片面追求升学率。

5月2日　戈瓦、龙干签发教普字第三十五号文，《关于发送蒙古中小学蒙汉语文升级升学考试办法（草案）的通知》，用考试办法来强逼学生执行乌兰夫关于"蒙汉兼通"的黑指示。

5月13日　戈瓦、龙干签发教普字第三十七号文，《关于加强民族学校工作提高教学质量的通报》，表扬尼尔基中学大抓教学，并认为"这是民族学校的头等重要的政治任务。"

5月18日　戈瓦、龙干签发教普字第六十九号文，规定了《全日制民族中小学教育工作要点》。责令各校学习条例和各种规章制度，作好知识质量的调查摸底工作，建立正常的教学秩序，学校领导要以教学为中心安排工作。这个文件全面贯彻了三月黑会的精神。

5月25日　由王再天主持内蒙人委第八次会议，批发戈瓦、特古斯炮制的《牧区办学试行方案》，王再天还责令根据会上所提的意见，由文办、财办共同主持，召集有关部门进行修改，以人委名义批发各地试行。

5月29日　戈瓦、龙干发出《关于海拉尔一中的数学教学情况的通报》，以后六月十日，又发出《关于赤峰一中在理化教学方存在问题的通报》。大搞"智育第一"，"教学第一"。

6月4日　戈瓦、龙干签发教普字第六十二号特急文，《关于提高全日制中小学教育质量和重点办好九批中小学校的初步意见》，请中央办教育部，提出对创全日制学校"小宝塔"的规划，准备办好重点中学十八所，重点小学一百〇九所。

6月7日　戈瓦、陈觉生、龙干签发教普字第六十八号文，《关于送发办好重点中学问题座谈会纪要的通知》，将五月中旬在教干校召开的各重点中学的书记和校长的座谈会纪要发布全区，内容与上文相同，主要是要钱要人，大搞特殊化，大搞修正主义。

6月10日　第一期民族完小校长训练班开学，参加学习者共二百三十二人。接着九月十八日又举办了第二期民族完小校长训练班，参加学习者共二百一十五人。八月十三日，还开办了中学师范蒙语文教师学习会，参加学习者共一百七十人。这几次会议是乌哈反党集团精心策划的大黑会。并由哈丰阿、王再天、王逸伦亲自批准，由戈瓦和特古斯直接主持。第一步，戈瓦作动员报告，交代"三不政策"，煽动民族分裂主义分子大胆鸣放。第二步，戈瓦按预定阴谋出题引导，如"一个祖国还是两个祖国"、"自治区和祖国的关系，内外蒙的关系"、"自治区能否解决民族问题"、"蒙古族，蒙古语文发展的前途和命运"等。在这种蛊惑人心的引导下，牛鬼蛇神纷纷出笼。第三步，戈瓦、特古斯、额不察陶克陶以作辅导报告，总结报告为名，对民族分裂主义言论加以肯定和支持，推波助澜，使之流毒全区，他们与当时国际国内反华大合唱吼合，猖狂反党、反社会主义、反毛泽东思想。

在这些黑会上，毒液横溢。第一，在反修方面，他们认为"赫鲁晓夫不可能成为修正主义者"，说"赫鲁晓夫是修正主义者是因为他和毛主席争权"，"赫鲁晓夫是世界上最伟大的领袖"，"中苏论战不知谁对谁错"，"苏联对我们使用核武器，我们就将垮台"。

第二，对待蒙修的看法，他们认为"蒙古是一个统一的蒙古大帝国，起源于蒙古人民共和国"，"民族是历史发展中形成的，民族感情是用刀也割不断的"，"中国是汉人的祖国，蒙古人民共和国是我们蒙古人的祖国"，"对蒙修的批判，伤害了内外蒙人民之间的感情"，"内外蒙还是合并好"，"希望把自己的家乡划给蒙古人民共和国"。

第三，关于民族区域自治。他们认为"自治还是不如独立好"，"自治仅是形式而已，还是在大汉族主义的统治下，都是听中央的办理"，"内蒙古自治区行政

区比历史上的内蒙古划小了"，"分散蒙古人，事实上是分而自治"，"中国是从蒙古分出来的，中国是蒙古的土地，其产党是汉人的党，八路军是汉人的军队，日本完蛋了，来了汉人，这只不过是又换了一个娄娄罢了。"

第四，关于民族语文问题。他们说："蒙语文没有什么前途了"，"蒙古文字就要灭亡了，随着蒙古人也就被同化了"，"让蒙古人学习本民族语言文字，但又加强汉语文学习，汉人是否插羊头卖狗肉在欺骗我们"，"删除外蒙文学作品那最多是形式上删除了，而在心里却还是保留着它的。"

从上述简单举例，可见这三次学习会是地地道道的反党叛国的大黑会，戈瓦见阴谋已得逞，得意忘形，但内怕暴露了伪装多年的民族分裂主义的真面目，于是为了拖人耳目，作了美其名曰"消毒"的《关于修正主义和民族问题的报告》在这个报告里，他叫嚷民族问题的实质是阶级问题和民族特点问题。"谁服务的好，谁就是祖国"，"对民族问题，我们具体工作上有问题，就要具体研究解决，当然也是斗争。"，"嘎达梅林是民族英雄"，"删减蒙古教材的目的，有很大的盲目性。"可见戈瓦的这些言论不是在消毒，而是继续煽阴风，点鬼火，大放其毒。

除了搞民族分裂主义活动之外，戈瓦又组织学员学习条例。大学乌兰夫的黑指示和教育厅有关规章制度，把教学业务提到第一位，反对突出无产阶级政治。

这几次学习会，戈瓦还以他自己和龙干的名义给乌兰夫等人写了报告。这个报告，还在党委扩大会议上印发了。这证明戈瓦忠实地执行乌兰夫的指示，乌哈反党集团对他也格外赞赏。

6月13日　六月十一日到十三日，戈瓦在包头市主持召开全区中学、师范学校数学教学座谈会。在此以前，二月十五日到二十五日，戈瓦在集宁市主持召开全区中学师范文教学座谈会，以后，六月二十四日到七月二日，戈瓦在包头市主持召开全区小学语文教学座谈会。十二月二十一日到三十日，戈瓦在呼市主持召开全区蒙古族中学、师范汉语文教学座谈会。会前有开幕词，会后有总结报告。会议结束之后，又由戈瓦、韩明、陈觉生签发文件，将中小学语文、民族中学汉语文、中学师范数学等教学改进方案，以及戈瓦在这些会议上的讲话颁发全区，责令各地组织学习、统一认识，研究具体措施，制定计划。就这样，戈瓦把刘、邓、彭、陆和乌兰夫的黑指示直接贯彻到中小学教学实践中，为害极大。

戈瓦召开这些专业会议是为了反对毛泽东思想，以提高教学质量为名，来反对广大师生学习毛主席著作的运动。

戈瓦一再号召全区中小学教师都成为语文、数学和教育专家，成为优秀教师，他认为的优秀教师"主要的是教学效果高，能拿出经验来，其他条件也参考一下。"他认为教师的业务水平问题，是教育工作中的"关键问题"，"重大问题"，"根本问题"，因此他要求语文教师要向古人学习，并一再宣扬"做学问，有个秘诀就是勤奋"。戈瓦这样宣传是为了反对毛主席关于知识分子问题的指示，反对对知识分子进行思想改造，反对知识分子与工农群众相结合，反对知识分子学习毛主席著作，想把全区教师引向资产阶级、修正主义道路上去，并通过资产阶级知识分子为乌兰夫反党叛国培养接班人。在这些会上，戈瓦还让一些资产阶级权威、专家作报告和教学表演，为资产阶级知识分子统治我们的学校大造声势。

6月18日　由戈瓦主持，由胡格起草并经龙干修改了《关于请示"颁发"民族政策与内蒙古自治区建设教学提纲（草稿）》的报告。戈瓦审阅后，批曰："此件是重大问题。"因为这门课是根据乌兰夫的黑指示而开设的。在提纲中，戈瓦等人不谈民族问题的阶级实质，鼓吹"必须根据民族特点、地区特点建设自治区"，他们还说由于建立了"包括过去王公、活佛、起义人员在内的民族上层人士、宗教上层人士的统一战线"，"使我们顺利地完成了民主革命的任务，取得了社会主义革

一九六八年六月十七日　　　　　敬祝毛主席万寿无疆　　　　　第七版

命的决定性胜利和社会主义建设事业的巨大胜利"。公开美化剥削阶级，诬蔑党反动派。这个教学提纲在八月二十日以教育厅党组名义发表。

6月24日　戈瓦、龙干签发教普字第61号文，《关于进一步加强旗县教育行政部门对民族教育工作领导的通报》，要求各地具体贯彻乌哈的黑指示。

6月　戈瓦汉译本《一层楼》第一次出版，次年又再版，在此之前，他已在《草原》杂志上首先发表《一层楼序》、《一层楼诗》及若干篇章。此书是一九六三年出版是为了配合乌兰夫搞宫廷政变。在出版时，戈瓦起了一个刁钻古怪的名字，叫"甲乙木"，这个名字有二层意思，一是命不好的人，一是蓝色的意思。在新社会里感到命运不好的人，自然是地主、牧主和一切反动派。而蓝色则是象征东方蒙古民族。因此戈瓦汉译《一层楼》是为了号召那些命运不好的牧主、地主以及他们在党内的代理人打起蓝色的旗帜，恢复他们已经失去了的"天堂"。

7月3日　由王再天主持人委会议，原则批准戈瓦等人所拟定的《关于蒙族及其他少数民族中小学奖学办法》。哈丰阿、嘎如布僧格也出席了这次会议。

7月27日　乌兰夫找戈瓦、德宝（呼市教育局）、达木仁（呼二中）等人开黑会，并作了黑指示，乌兰夫说："蒙族学生有的蒙文通，汉文不通，有的汉文通，蒙文不通，文科蒙族学生较多，理科则很少。这些问题怎样办？""由于（高等）学校用汉文授课，学生听不懂，因此学生自动退学的很多"，"看来得把学制延长到六年，给补习一年汉文课""要知道内蒙古大学培养出来的学生要为内蒙社会主义革命和社会主义建设服务的。""对蒙文工作人员搞些什么工作，也是无计划的。""荣祥可以搞历史，巴彦满达呼可以搞字典吗？""蒙文也可以说成外国文，既是本国文，又是外国文。""首先把中小学补充条例抓紧搞出来，然后先给我看一看。""我们搞自治区就和山西、河北不同嘛！在自治条例上对军队、财政问题都解决了，为什么民族教育的编制问题解决不了？在哪里卡住了，是内蒙党委还是教育部？""已经决定从内蒙总收入中拿出百分之五的钱用在民族教育事业方面，这次解决了。""民族学校的经费编制，要分开报，分开计算。""我们要培养既懂蒙文，又懂汉文的人"，"蒙古人学习汉文可以，为什么汉人学习蒙古文不可以吗？""我看内大是高水平。什么是高水平？能解决内蒙的革命问题和建设问题，能从内蒙实际情况出发，就是高水平。""由一位副厅长来管民族教育"，"可以考虑办二所民族中学"等等。对于乌兰夫这一系列黑指示，戈瓦如获圣旨，有的他早已实行，有的则是千方设法贯彻执行。

8月1日　由戈瓦、龙干签发教普字第99号文，《关于动员适龄民族儿童入学和流动生复学的通知》，鼓吹民族分裂主义的教育路线和办学方法如何"正确"，强调学习技术文化，鼓励学生成名成家。他们"要求各级教育行政部门和学校"开展一次广泛深入的宣传工作。

8月5日　戈瓦签发教普字第101号文，根据三月黑会的决议，决定完全中学、少数条件较好的初中和重点小学，试行全日制中小学暂行工作条例并试行十二年制新教学计划。

8月8日　戈瓦主持制订教育厅《五反运动整改方案》，决定大学条例。"办好一批重点学校作为全区的示范""在呼市新创办一所象样子的民族完中"。他们认为"师资的培养提高是教育厅的经常的中心工作"，必须组成专案小组，并指定一名厅长负责抓好这一工作。

8月17日　哈丰阿以人委名义，发布哈、特和戈瓦

长期精心炮制的《牧区办学试行方案的通知》，责令各地"认真试行"。

8月21日　哈丰阿以人委名义批转戈瓦等人在五月三十日写的《关于呼和浩特市蒙古中小学蒙古语文教学工作情况、问题和今后意见的报告》，命令各地彻底执行一九六二年一月黑会的决定，加强蒙古中小学的蒙语文教学工作。

8月21日　由王再天主持人委行政会议，哈丰阿、戈瓦出席了会议。他们讨论了我区中等以上学校部分人民助学金的比例调整问题，认为"除贯彻阶级路线以外，还必须体现地区特点和民族特点"。"高等学校将属城市、农村的蒙古族和回、满、朝鲜族学生助学金比例恢复到百分之八十，将属牧区的蒙古族和鄂伦春、鄂温克、达斡尔族学生助学金比例定为百分之百。""中等学校少数民族学生一律不动，仍按百分之百执行。"

8月22日　戈瓦、陈觉生、龙干签发教普字第104号文，《关于发送"内蒙古自治区蒙族及其他少数民族中小学奖学试行办法"的通知》，说该办法已经人委第十二次行政会议批准试行。这种物质刺激，取消阶级路线的奖学办法是为了把学生引向死读书和脱离三大斗争的办法。以后在十二月二十一日，戈瓦和龙干还转发《昭乌达盟"关于蒙族及其他少数民族中小学奖学试行办法的补充办法"的通知》。

×月　在乌兰夫的授意下，在哈丰阿、特古斯直接策动下，戈瓦与额尔敦陶克陶大搞翻译套级、提级活动，提出《调整蒙文翻译工作者级别待遇的方案》，在翻译界推行"三名三高"政策。戈瓦将资产阶级学术权威拉西东日布的工资从一百二十五元提高到一百六十七元，将曹都的工资从八十九元提到一百四十四元。这不仅在经济上腐蚀收买一部分人，而更主要的是在政治上为搞民族分裂作了干部准备和组织准备。

9月17日　全区小学校长训练班在教干校开学，主要是为了学习条例，号召领导要抓业务，成为"专家"。

9月18日　戈瓦、龙干签发教普字第128号文，《关于发送一九六三至一九六四学年度全日制小学教育工作要点的通知》，规定逐步试行全日制小学暂行工作条例；保持正常的教学秩序，以教学为主，加强教学工作的领导；健全教师进修制度，加强教师的基本功训练；办好重点学校；等等。

9月25日　由王再天主持人委第二十一次行政会议，出席者是哈丰阿、戈瓦、石琳等人，听取了大战郭语委副主任郭文通《关于当前民族语文工作情况报告》，王再天向戈瓦等人作黑指示说："文教卫生选择干部，首先必须蒙汉兼通"；"盟以上的小学都要学蒙文"；"不重视蒙古语文，是不自觉，大不知不觉的大民族主义思想，是群众观点问题"；"蒙专令今后任务有反修斗争的任务，要把五百万蒙古人的共产主义任务担负起来。"哈丰阿也说："在汉人中也必须提倡学习蒙语，教育厅要专门研究一下，先试点，再全面推开。"戈瓦听了其主子的指示之后，也就竭力贯彻执行。

10月22日　戈瓦、龙干签发并亲自修改教普字第142号文，《关于从一九六四年起蒙古中学和高等学校招生考试加试蒙古语文的通知》贯彻一九六二年一月黑会和乌兰夫的黑指示精神。

10月26日　戈瓦以厅党组名义给乌兰夫、王再天写报告，向其主子汇报。说学校市局以国家办学、集中办学为主；授课用语方案已落实；学校工作以教学为主，实行"九三制"，贯彻蒙汉兼通的要求；办了大量训练班，培养教师和领导；草拟了民族政策教学大纲，健全了规章制度等。在建议中提到编制太紧，要给边境牧区教师普遍提一级，另外，要实行教龄津贴；要提高助学

金，增加土中士小助学金的比例；要专设民族教育教研室；要在呼市办好一所民族中学，等等。这一报告是根据七月二十七日乌兰夫的黑指示写成的。

11月9日　戈瓦龙干签发教普字第152号文，关于编选一九六三年蒙汉文《中学生作文选》征稿的《通知》与一九六二年一样，戈瓦等人在学生中大搞"一本书主义，鼓励学生成名成家"。

12月18日　戈瓦、韩明龙干签发《关于一九六四年工作任务的报告》，主要是为了贯彻乌兰夫的黑指示，他们便为了迎接自治区建立二十周年要作好"内蒙古民族实验训中学和内蒙古民族教育研究所的筹建工作"；要成立"教师进修学院，"负责进行教师的函授、进修和干部轮训工作"。

12月26日　戈瓦在教干校训练班上作了《关于民族问题的报告》。他明目张胆地反对毛主席关于"民族斗争，说到底，是一个阶级斗争问题"的伟大指示，说"民族问题也有不是阶级斗争的一个方面，主要是民族形式问题。民族形式是对的，必要的。"他还从历史上去找民族分裂的根据，说："蒙古民族部落时期在额尔古纳河一带，后来往西起，发展到蒙古，后来又发展到中国，甚至欧洲，建立元朝。"

12月　从一九六二年七月到一九六四年九月，戈瓦在自己控制的《内蒙古教育》上刊登了四篇所谓带有"指导性"的文章，即《关于提高民族学校教学质量的几个问题》、《正确贯彻党的教育方针，全面提高中小学的教学质量》等等。在这些文章里，戈瓦宣扬"教学第一"，宣扬"民族教育是我区工作的重点，是衡量我区教育工作成绩的一个十分重要方面。"宣扬"提高教师水平是提高教学质量的基础"，宣扬"领导上要抓业务，不能瞎指挥"。总之，他在文章里还是贩卖他那一套修正主义黑货。

从一九六二年到一九六四年，戈瓦在《内蒙古教育》上陆续登了狂热吹捧成吉思汗的九篇古文。它们依次是《也速该的被害》、《帖木真的被捕》、《包拉哈拉战役》、《回腾战役》、《毛温都尔战役》、《阿阑豁阿母亲》、《阿勒泰战役》、《乌力吉图高娃妃子》、《传位》。戈瓦在这九篇古文中吹捧成吉思汗，是为了要把大野心家、大阴谋家乌兰夫打扮成"成吉思汗第二"，为大搞内外蒙联合并建立蒙古大帝国作舆论准备。

一九六四年

元月　从一九六三年十一月末起，戈瓦等在教干校举办全区各旗县文教局长训练班。从一九六四年元月起，经王再天批准，教育厅就在训练班上全面安排一九六四年的工作。戈瓦在会上作了《关于一九六三年教育工作的估计和一九六四年的工作任务》的报告，将自己在一九六三年所犯下的滔天罪行，说成是工作上有"很大成绩"，把贯彻乌兰夫关于民族教育工作的黑指示，作为一九六四年教育工作的总任务。

元月——2月　戈瓦和龙干在一九六三年数次发出通知，要召开全区中学班主任工作座谈会。元月二十八日会议在呼市开幕，以后，由戈瓦、章叶频、龙干主持炮制出《对中学班主任工作的意见》（讨论稿）要求以《条例》、"班主任工作的行动纲领"，用种种清规戒律、繁琐哲学，来限制学生掌握伟大的毛泽东思想，抵制毛主席的春节指示。在四月份他们还编选了《中学班主任工作经验专辑》，将黑货推广全区。

元月25日——3月8日　戈瓦出席了由刘邓彭陆主持召开的，旨在抵制毛主席春节指示的全国教育厅局长会议。刘邓对会议作了黑指示，陆定一作了七次讲话，封锁、歪曲、删砍毛主席的指示，维护资产阶级教

第八版　　　　　　　　敬祝毛主席万寿无疆　　　　　　一九六八年六月十七日

育路线。会后，戈瓦向乌哈反党叛国集团作了汇报，认为这"是一次思想性、政治性很强、理论性很丰富的极其重要的会议。"

2月27日　特古斯、戈瓦、龙干长期策划的《民族政策与内蒙古自治区建设》一课程正式在高中一年级开设，在二月二十七日还正式颁发教学提纲。

3月2日　戈瓦、龙干在《关于上报学校领导干部学习各项政策指示情况的通知》中，规定必须反复学习教育部和教育厅在一九六三年制订的一系列的反革命修正主义纲领和规章制度。

3月26日　戈瓦发出《关于当前教研室工作的几点意见》，规定要研究学校工作条例中有关教学的各项规定，组织教师学习新的教学大纲，总结加强"二基"的经验等等，总之是大搞教学业务，反对突出政治。

3月28日　戈瓦签发教办字第八号文，《关于发送刘季平同志总结报告（记录）的函》。他不认真传达毛主席的春节讲话，却将刘季平根据刘邓黑指示在全国教育厅局长会议所作的长达三万余字的黑报告转发全区。刘季平在这个报告中只一般批判爱的教育、母爱教育和凯洛夫教育思想，认为"过去老解放区的教育经验比较粗"，而"过去国民党地区也有好经验。"他反复提到刘、邓、陆定一的黑指示，甚至还说，"工人农民没有知识，资产阶级知识分子有知识，要向他们学习"。戈瓦转发这个黑指示，目的就是为了用它来抵制毛主席的春节指示。

3月份　由于韩明、戈瓦大搞片面追求升学率，历年来各地连续发生试题泄密舞弊违法乱纪的现象，各地领导部门和广大群众纷纷来函来信揭发检举，可是教育厅听之任之，包庇不法之徒。如三月十七日昭盟喀喇沁旗文教科向教育厅上报《王府中学六〇年六一年连续两年泄露全区统考试题的材料》。三月三十一日昭盟文教处报来关于《王府中学在贯彻党的教育方针方面存在的几个问题》的报告，揭露该校校长××连续两年拆封传阅试题，使学生在统考中获得"优秀"成绩。为了掩盖这种劣等卑行为，他对教师采取了拉扰、压制、排挤等手段，对帮助他们骗取"荣誉"的教师加以吹捧、加薪提级，对坚持正义的教师则施行批判斗争，甚至劳动改造。可是韩明、戈瓦不加制止，直到当年年底因民愤难平，才发通报批评，以调动××的工作了事。对于发生类似情况的其他学校，韩明、戈瓦百般加以掩盖，其原因是因为他们是造成这些违法现象的罪魁祸首。

3月　戈瓦、龙干直接控制的普教处，大量编印《普通教育参考资料》　其中有乌盟教研室的一九六三年高中招生考试的《政治试卷质量分析》、《语文试卷质量分析》、《数学试卷质量分析》，有伊盟教研室的《评我盟一九六三年高中招生考试语文质量》。这些所谓分析，主要为了搞片面追求升学率，他们还编选了通辽一中、赤峰二中、乌盟教研室关于试行条例和学习语文数学教学大纲的所谓经验，用反革命修正主义的条例、大纲和戈瓦在一九六三年所作的报告和制定的文件来作为办学的指导思想，力求贯彻，明目张胆地反对毛主席的春节指示，反对毛主席的教育路线。

3月28日　戈瓦签发教办字第九号文《关于一九六四干部训练计划的报告》，为了贯彻全国教育厅局长会议的精神和刘邓的有关指示，计划在教干校分期分批训练六百人，对象是全区中小、师范、部分初中校长，党支部书记，重点小学校长和旗县教育科（局）长，业余教育专职干部。

4月1日　三月二十三日戈瓦以教育厅名义向内蒙人委写了《关于召开盟市教育局长会议贯彻全国教育厅局长会议精神的签报》。四月一日王再天亲自批准说："可以开会，如各盟教育处局长正在参加四清的不要，下一步到下面去传达，和各盟市商定。"

3月——5月　戈瓦奉王再天、哈丰阿之命周游全区，分片传达全国教育厅局长会议的精神。三月底到四月初曾在集宁乌盟党员中学校长会议上进行了传达，并组织讨论。四月中旬曾在呼和浩特市举行的中学校长会议上进行了传达，并召开了中小学教师座谈会；四月底曾在巴彦高勒市向巴盟、伊盟、锡盟和包头市的教育行政干部和中学校长作传达；五月上旬去赤峰市向昭盟、呼盟、哲盟的教育工作者进行传达。

在这一系列的会议上，戈瓦大肆贩卖刘邓彭陆的黑指示和刘季平的黑报告，一般地提到批判爱的教育、母爱教育和凯洛夫的教育思想。因此会议之后，不少教育领导干部和教师认为：减轻学生负担，改进教学方法是"赶浪头"，并且"行不通"；"分数是衡量教学质量的重要方面"，"反掉提高升学率，就无争上游的必要""反凯洛夫很不容易，就他那几个环节怎么也反不掉"等等。总之，戈瓦是点火于基层，宣扬对邓的黑指示是不遗余力，而对毛主席的春节指示则是封锁、抵制和歪曲，竭力破坏教育大革命。

在这一系列的会议上，戈瓦竭力为过去大搞片面追求升学率和"小宝塔"辩护。

在这一系列的会议上，戈瓦反对减轻学生负担。他说，"除了去掉额外增加的'苛捐杂税'外，还要大力提高课堂教学质量。""近来又产生一个新问题，课外活动过多，这也是负担重。""减轻负担是为了更好的提高质量，决不能降低教学质量。"

在这一系列的会议上，戈瓦也谈"革命化"问题，他认为"革命化"，"第一化官僚主义，化领导的官僚主义，也要化教师的官僚主义。""第二要化片面追求升学率"，……，他竭力反对革命化是用毛泽东思想来武装广大师生，反对学生学习毛主席著作。他说毛主席著作"学生也可以学，但要注意，不要增加学生负担。"这种话真是反动透顶。

4月14日　由戈瓦、龙干主持制定教普字第四十号文，《关于成立内蒙古自治区学制问题研究小组的请示报告》，上报给内蒙人委。研究小组组长是哈丰阿，副组长是戈瓦，小组成员有阿尔、田群、奕克、沙梯、特木尔巴根、戈瓦、龙干。小组的任务是"对我区蒙古中小学现行学制、教学计划，进行调查研究"。他们根据乌兰夫的"民族特点和地区特点"的理论，草似了学制改革方案。这个方案在四月二十五日经王再天批准，四月二十七日哈丰阿以人委名义转发全区。

5月7日　由哈丰阿主持召开自治区学制改革小组会议，戈瓦作了传达发言　龙干作了汇报。哈丰阿作了黑指示。

5月10日　由哈丰阿、戈瓦主持，由龙干起草了《内蒙古自治区关于蒙古中小学学制改革的初步设想》（讨论初稿）。文中写道：蒙古中小学"民族特点和地区特点突出"，"有一个基本主张，就是要比改革后的全国统一学制延长一年。""适当地提高民族学生助学金比例，切实地解决这个问题"。"加强师范院校的工作扩大民族学生招生比例"。"适当地扩大民族教师编制，减轻他们的负担"。"举办民族教师进修院校或班级"，

"成立民族教育研究机构，积极开展民族教育的研究工作。""进一步办好《内蒙古教育》（蒙文版）和创办《内蒙古教育》（汉文版）"，"在呼和浩特举办实验学校，进行民族学校工作的实验。""改善民族学校的物质条件，充实民族学校的人员力量，民族教育是重点事业，在人、财、物儿方面都要按重点对待"。"加强对民族学校的领导，克服领导一般化的毛病。""各级教育行政部门，要有专门管理民族教育的机构，或人员""对民族学校要经常组织力量进行调查研究和视导。""要定期召开民族教育会议"。"对民族学校的特殊问题，要做出专门的规定。"等等。这些都是哈丰阿反党叛国集团长期以来推行民族分裂主义教育路线的具体措施。戈瓦等人对此加以"系统总结"，妄图变本加厉，加以推行。

5月10日　戈瓦签发蒙生高考加试蒙文的报告，执行乌兰夫的黑指示，强迫学生一律学好蒙文。

5月11日　乌哈通过内蒙党委决定，任戈瓦为哲学社会科学研究所所长，联合党组书记，接替特古斯，总揽哲学社会科学、语文、历史的大权，控制乌哈反党叛国集团这个里通外国的重要黑据点，为乌兰夫进行"宫廷政变"加紧制造舆论。

6月6日　由哈丰阿主持召开学制改革会议，特木尔巴根、戈瓦参加了会议。

6月10日　戈瓦等人签发教普字第六六号文，《关于发送高中、师范、中专一九六四年招生考试试题的通知》，七月六日又发送各科评分标准的通知。这些试卷的试题和评分标准都是马殿森一手炮制的其基本精神是分数排榜，单搞知识质量，按条条点点给分，继续搞片面追求升学率。

6月16日　戈瓦等人签发教普字第六八号文，《关于一九六四年中等学校招生工作的通知》，这个通知是马殿森拟定的，其中规定录取新生"按考试成绩，从高分到低分'择优录取'"。至于政治质量只是"兼顾"而已。

6月　在全区各盟市旗县宣传部长会议上，特古斯叫戈瓦介绍一九六三年在牧区小学校长训练班和蒙语文教学会议上鼓动民族分裂主义的"经验"。他们还准备把这些放毒和煽动的经验整理成材料，散发到全区去。

7月21日　戈瓦与特木尔巴根等人共同修改《关于蒙古中小学学制改革的初步设想》。七月二十三日，戈瓦、特木尔巴根将此方案向乌兰夫、哈丰阿、特古斯审作了汇报。乌、哈大加赞赏，并通过了这个方案，乌兰夫亲自指定，让戈瓦去北京参加中央的工作会议。

8月20日　召开内蒙学制问题研究小组扩大会议，决定提拔特木尔巴根为小组副组长，并增加师院左智和教育出版社额尔和为小组成员。二十二日由龙干写了请示报告。以后，因哈丰阿离开内蒙，在十二月十一日又由龙干起草报告，要求由韩明担任组长，小组成员增加左智、陈觉生、额尔和三人。当时，戈瓦参加了这些密谋。

8月　以后，戈瓦正式离开教育厅去语委进行罪恶活动，但他仍通过他在教育厅的爪牙继续为非作歹。

在一九六四年，戈瓦与特古斯等人继续修改《三十条》他参加了厅党组会议，厅务会议，宣传部务会议；人委党委书记处会议，并由书记处最后讨论通过，在十二月以人委名义下达试行。戈瓦等人炮制这个大毒草前后整整化了三年时间。　　　　　（全文完）

四-27

·4· 祝毛主席万寿无疆 1968.7.6

彻底清算戈瓦在教育出版社的滔天罪行

教育出版社《追穷寇》战斗队《教育黑线》批判组

内蒙古教育出版社，自从一九六〇年创建以来，通过各种出版物，如教学大纲、教科书、教育刊物、课外读物等，为乌兰夫复辟资本主义、进行民族分裂的阴谋，制造了大量的舆论准备，使社会主义的教育出版阵地，变成了乌兰夫反党叛国集团的一个黑据点。

毛主席教导我们说："凡是要推翻一个政权，总要先造成舆论，总要先做意识形态方面的工作。革命的阶级是这样，反革命的阶级也是这样。"戈瓦出于他反革命的立场，在他控制指挥教育出版社期间，或者自告奋勇，挥笔上阵，大放厥词，流毒全区；或者指挥其在教育出版社的代理人额尔和之流，发挥他们的积极性，演出了异曲同工的表演。

内蒙古教育出版社的成立，以及使它变成乌兰夫反党叛国集团的一个黑据点，这应该归"功"于戈瓦。这个自称乌兰夫的"不是驾驶的，也算一个拉查"人物，早就渴望成立一个由他一手控制的舆论阵地。一九五八年四月份，戈瓦指示龙干，以教育厅党组、文化局党组的名义起草了一个"专设内蒙古教育出版社的报告"，上报党委、大委。在这个报告中提出"社长由一位副厅长兼任，专设一位副社长。"一个副厅长，不言而喻，就是指的戈瓦。戈瓦的野心，直到一九六〇年才得以实现。一九六〇年四月，教育出版社正式成立，戈瓦虽然未能兼任社长，但他为反革命修正主义分子石琳密谋，把顽固不化的走资派额尔和从赤峰调来充任社长，为自己找到了忠实代理人。这个顽固不化的走资派额尔和，按其主子戈瓦的意图网罗了一批漏网右派，逃蒙未遂分子、国民党、叛徒、双分文人等牛鬼蛇神组成了一个领导核心，又网罗了一些蒙族特务、历史反革命、右派、三青团骨干等社会败类组成了一个基干编辑队伍。组织上部署完成后，戈瓦亲临出版社蹲点，于是乎教育出版社这个大黑店立即开张营业。

教育出版社成立不久，戈瓦就到出版社长期蹲点。他首先抓了制定语文教学大纲的工作。在戈瓦的亲自策划下，从各地调兵遣将，经过几十天的苦干，炮制出了蒙汉语文甲、乙类课本的四种大纲。这些大纲中明显地贯串着刘、邓、周扬。陆定一，乌兰夫一伙反革命修正主义、民族分裂主义的黑线。这些大纲，反对突出无产阶级政治，反对党的教育方针，宣扬智育第一的破烂货；反对通过语文教学向学生进行毛泽东思想教育，宣扬语文课是工具课，什么双基教学，什么字、词、句、章，说穿了就是使语文教学脱离无产阶级政治，为资产阶级服务。甚至明目张胆地抵制战无不胜的毛泽东思想，在大纲的编写工作总结中解释道："过去因为偏重于内容体系的安排，小学一年级第一册课本刚学完字即出现'毛主席万岁'、'大跃进万岁'等……对学生带来了极大的困难，教学脱离了学生实际，违背了教学原理，教学质量自然很难保证。"他们竟敢把教学质量不高，归罪于课本中出现了"毛主席万岁"等字样，可见他们的反革命旗帜多么鲜明。根据这一大纲的精神，编出来的小学语文第一册课本中，竟连不见毛主席三个字。以后在《内蒙古教育》上发表的一篇文章中竟大加赞扬地说："在教材的编排上，要按着基础知识和基本技能的训练步骤来进行编排，现在能够这样做，是总结过去工作经验的结果。"真是猖狂之极，反动透顶。

这些大纲宣扬乌兰夫的"蒙汉兼通"论，说什么学习汉语文是为了"发展蒙古族文化"。大纲还要求汉语文课本中选入"有利于培养学生热爱内蒙古的思想感情和加强他们建设内蒙古的信心"的乡土教材，明目张胆地为乌兰夫的民族分裂的阴谋制造舆论。蒙汉语文教学大纲还为蒙修作品进入课本开绿灯，在大纲选定的篇目中蒙修作品占中学作文六篇，对于在大纲的选入中理想编辑对蒙修作品有了戒备心理。所有这一切，都是戈瓦亲自指挥策划的。而如今戈瓦竟矢口否认，在给滕海青同志和高锦明同志的信中满天过海的说什么"在六二六三年，我分管民族教育时，发现了这个问题（指蒙修作品），砍掉了，如此而已。"事实相果真是这样的吗？上述事实已完全揭穿了他这个流言。一九六三年，蒙修面目业已公开，不便继续滥用蒙修作品了。忽而，这个老奸巨猾的戈瓦，并不甘心。他举起"体现民族特

点"的破旗来助于他的祖宗成吉思汗和封建文人伊湛纳希的亡灵，继续大搞反革命勾当。戈瓦在《内蒙古教育》上发表的题为"关于提高民族语文教学质量的问题"的大毒草中写道："体现民族特点，就是选用原蒙文作品……一是古典文言文（如《蒙蒙秘史》），近代文言文（如伊湛纳希的作品）中选用可做教材的部分……"。这就一语道出了他的天机，原来，他所宣扬的体现"民族特点"，就是借助于封建皇帝、封建文人的亡灵，制造民族分裂的舆论。毛主席曾经指出："许多共产党人热心提倡封建主义和资本主义的艺术，却不热心提倡社会主义的艺术，岂非咄咄怪事。"戈瓦正是这样的家伙。在戈瓦的策划下，宣扬成吉思汗，鼓吹民族分裂的毒草纷纷出笼，充斥整个教材。

毛主席教导我们说："利用小说进行反党，是一大发明。"六二年前后，国内外阶级敌人猖蹶欲动，兴风作浪，掀起一股反共反华的逆流。盘踞在教育战线上的阶级敌人，也相互呼应，争先恐后地投入了这一大合唱。正在这时，乌兰夫在教育界的忠实代理人戈瓦又找到了为其主子效尽犬马之劳的好机会，立刻披挂上阵，干起他"利用小说进行反党"的勾当了。他精心炮制出来大量印行的蒙汉版《中学生作文选》就是这一阴谋勾当的产物。戈瓦不仅从全区邀集了不少所谓有经验的语文教师之力让《中学生作文选》的炮制工作，而且他亲临督战，为《作文选》撰写了序言。每篇作文都由戈瓦亲自过目，甚至在文字上都加以推敲，戈瓦为什么如此重视《中学生作文选》的炮制出笼呢！我们只要看一看入选的文章是什么货色就清楚了。有一篇"读过秦论"，一开头就说："这篇文章阐述的某些观点，今天看来仍有一定的积极意义"。有什么积极意义呢？作者说："如果对人民的统治愈加残暴那么反动阶级的灭亡就愈加迅速。"试问，今天我们伟大领袖毛主席领导下的新中国有什么"积极意义"呢？这不是恶毒攻击我们伟大领袖毛主席，攻击无产阶级专政，又是什么呢？还有一篇"一次音乐欣赏"，作者是一个女学生，她是看了影片"梁山伯与祝英台"后，写这篇文章的。文章中写道："大提琴抑扬顿挫……梁山伯忠厚的外貌，善良的性格，呈现在我的眼前；小提琴悠扬婉转……我好像看见英台那多情的面容，听到了那含蓄缠绵的谈吐。《十八相送》一章真很好地表现出一个有情试探，一个无意对答的情景。"看吧，这个女学生中毒有多深啊！忽而，反革命修正主义，民族分裂主义分子戈瓦，看到这一修正主义的苗子，简直是喜出望外，立即把她树起来，妄图把广大青少年引入歧途，用心何其毒也！又有一篇"我最敬爱的老师"，作者最敬爱的老师是什么样的老师呢？文章中说"他带病指导我们复习课程，使我们二十九个同习都考人了五年级"，又写企图通过这篇作文树立起最敬爱的老师的样版，这不是明目张胆地鼓吹"智育第一"、"升学第一"的修正主义谬论吗？！够了，用不着多费唇舌了，就从上述入选的几篇文章看，我们就可以看出，《作文选》是一株疯狂反对毛泽东思想，推销刘、邓、乌兰夫修正主义教育路线，培养资产阶级接班人的大毒草。这也就是戈瓦的用心所在。特别应当指出的是当作文选第一集出笼后，受到读者的严厉批判，山西省有一位读者给我社寄来了批判稿。从出版作文选的作法到文章内容都进行了深刻的批判。忽而他说这是传授智育思想，不加理采，还继续出版了汉文版第二集。还打算出蒙文版第二集。胡说什么汉文版出了，蒙文版不出，这是关系民族政策的问题。直到他调离教育厅到语委以后，还念念不忘作文选的出版，委托他的忠实代理人额尔和，一定要给他出版。

中共中央五月十六日通知指出：他们对于一切牛鬼蛇神却放手。其出笼，多年来塞满了我们的报纸、广播、刊物、书籍、教科书、讲演、文艺作品、电影、戏剧、曲艺、美术、音乐、舞蹈等等，从不提倡要受无产阶级的领导，从来也不批准。《内蒙古教育》刊物，就是戈瓦在教育出版社的这个黑店贩卖黑货的分销店。在一九六二年，阶级斗争异常尖锐，牛鬼蛇神纷纷出笼的时候，戈瓦就策划恢复《内蒙古教育》刊物，并自任编审委员会主任委员。这个编审委员会里有叛徒、叛乱分子朝克松，有自首变节分子宝×××，有内人党骨干索

不多，有漏网右派、反动的资产阶级知识分子拉西东日布，有老牌民族分裂分子额尔敦陶克陶的御用文人曹×，还有龙×，呼×，德××。这个乌七八槽的编审委员会，在戈瓦的率领下，在《内蒙古教育》复刊后的一个时期内，群魔乱舞，各显其能。他们各个都是专栏作家，从他们反动目的出发，著书论说，使《内蒙古教育》这个宣传贯彻党的教育方针政策的舆论阵地，变成了乌兰夫复辟资本主义、搞民族分裂制造舆论的工具。《内蒙古教育》复刊之时，正是我国教育事业发展史上大反revolutin的时期，是教育界的阶级敌人大反一九五八年教育大革命的时候，特别是围绕着语文教学刮起了一股反对突出无产阶级政治的黑风，什么"反对把语文课教成政治课"，什么"语文课只能教语文"等大毒草纷纷出笼，戈瓦则乘机跳出来，大肆活动，《内蒙古教育》复刊后不几天，戈瓦亲自向各高等学校和报社、出版社等单位的所谓蒙古语文教学专家们发出通知，邀请他们到他的办公室，由他亲自主持开会，研究蒙古语文教学问题。会上布置所谓的专家们每人写一篇东西。后在刊物上以《蒙古语文工作者谈蒙古语文教学》的大标题发表综合报导，极端恶毒地反对语文教学突出无产阶级政治。反对通过语文教学宣传毛泽东思想，向学生进行政治思想教育。还指示参加会议的报社记者在报纸上报导这次会议，以扩大影响，副后，戈瓦便赤膊上阵，在刊物上连续抛出《桃李被杏风——十五年来内蒙古教育事业的发展》、《关于提高中小学教学质量的几个问题》、《关于提高民族学校教学质量的几个问题》、《关于提高民族语文教学质量的问题》、《正确贯彻党的教育方针，全面提高中小学教学质量》等一系列大毒草，这是戈瓦推行修正主义、民族分裂主义路线的代表作。

戈瓦推行修正主义、民族分裂主义教育路线的时候，首先把矛头对准由我们伟大领袖毛主席亲自制定的教育方针。戈瓦明目张胆歪曲、篡改和反对党的教育方针。毛主席提出"我们的教育方针应该使受教育者在德育、智育、体育几方面都得到发展，成为有社会主义觉悟的有文化的劳动者。""教育为无产阶级政治服务，教育与生产劳动相结合"的教育方针，而戈瓦胡说什么"在学校中以主要力量搞好教学，使学生学好了本领，就是为无产阶级政治服务"，又说："教学与生产劳动相结合，是为了使学生对知识理解的更深刻，掌握得更透彻，更巩固。"并由此对体现党的教育方针的一九五八年教育大革命的伟大成就进行恶毒的攻击，他说："几年来……影响提高教学质量的主要问题，是社会活动过多，生产劳动过多！"又说："参加生产劳动和社会活动的目的，是为了更好地理解学生所学的知识，如果做不好，不仅不起积极作用，反而会影响教学质量"。住嘴！难道学生参加三大革命运动的实践，就影响教学质量吗？毛主席教导我们："无产阶级革命事业的接班人，应该在群众斗争的大风大浪中成长。"而戈瓦主张学生不要参加阶级斗争和生产斗争的实践，他要培养什么样的接班人，不是很清楚吗？毛主席教导我们说："政治工作是一切经济工作的生命线，"又教导我们说："没有正确的政治观点就等于没有灵魂"。而戈瓦说"思想政治工作，都要为教学服务，这些工作如果与教学发生矛盾，在一般情况下应该为教学让路"。这不明是取消无产阶级政治，取消毛泽东思想吗？他所说的教学是怎么一回事呢？戈瓦说："什么叫教学？教学就是传授知识"。这就一语道出了他们宣扬的"保证教学"原来是妄图把学生培养成没有灵魂的书呆子。也就不难看出戈瓦鼓吹保证教学，提高质量的居心何在了。戈瓦还秉承其主子乌兰夫的旨意竭力推行民族分裂主义教育路线，在他的这五篇文章中不厌其烦地强调民族特点、地区特点，宣扬民族教育特殊论，什么"民族教育是自治区教育事业的特点，也是重点"，什么民族教育是衡量我区教育事业的十分重要的方面，什么"发展民族教育的时候，应该掌握政策界限，否则，民族教育的特点就被埋没了"，一句话，就是要把党的民族教育引入他们大搞民族分裂的轨道。

反革命修正主义民族分裂主义分子戈瓦在教育出版社干出来的阴谋勾当，铁证如山，罄竹难书！让我们奋起毛泽东思想的千钧棒，彻底清算戈瓦在我社的一切流毒，连同他的代理人额尔和之流都批倒批臭，誓把流毒挖乌兰夫黑线、清乌兰夫流毒的人民战争进行到！不获全胜，决不罢休！

最 高 指 示

必须在各个工作部门中保持高度的警惕性，善于辨别那些伪装拥护革命而实际反对革命分子，把他们从我们的各个战线上清洗出去，这样来保卫我们已经取得的和将要取得的伟大的胜利。

揪斗老牌民族分裂主义分子，日本、苏、蒙修特务哎儒布僧格大会发言专辑

内蒙古人委机关揪叛国集团联络站

一九六八年一月

前　　言

"**千钧霹雳开新宇，万里东风扫残云。**"一坊从文艺界兴起的革命新风暴，正以摧枯拉朽之势，席捲正个内蒙古大地，向着乌兰夫反党叛国集团的残余代理人猛烈冲击。在这一派大好形势下，我们内蒙人委机关的无产阶级革命派和革命群众，终于冲破各种阻力，把乌兰夫、王再天、哈丰阿之流埋藏在内蒙人委机关的定时炸弹挖出来了，这是毛泽东思想在内蒙人委机关中的又一胜利。

嘎儒布僧格是个什么货色呢？他是日本帝国主义精心豢养出来的忠实走狗，内蒙古人民革命党的骨干分子，日本特务、苏蒙修情报员。就是这样一个罪恶累累的家伙，在乌兰夫、王再天之流的包庇下，不但没有受到人民的应有惩罚，反而青云直上，爬上了内蒙古人委付秘书长（分管文教工作）兼外事办公室付主任和语委付主任的宝座。就是这个坏家伙，在他钻入革命队伍的二十年中，一贯利用职权，大反毛泽东思想，忠实地为乌兰夫分裂祖国统一，破坏民族团结效劳，对党对人民犯下了滔天罪行。就是这样一个坏蛋，在这次无产阶级文化大革命运动初期虽已被揪了出来，但又被老奸巨猾的反革命两面派王再天，披着"左派书记"、"革命领导干部"的外衣，把他包庇下来，胡说什么"嘎儒布僧格是好干部"、"嘎历史上没有什么问题"、"嘎在二三月黑风中经受了考验"等等，对他一保再保，甚至企图把他塞进"三结合"红色革命政权。

现在，这个反动透顶的坏蛋，终于被揪出来了。一九六八年一月二十四日内蒙人委机关揪叛国集团联络站和内蒙计划口揪黑手联络站联合召开了揪斗老牌民族分裂主义分子，日本、苏、蒙修特务嘎儒布僧格大会。这个大会开得好，大长了无产阶级革命派的志气，大灭了敌人的威风。现在把大会上的发言稿录成册，供革命同志参考。

最　高　指　示

日本帝国主义的特务机关，时刻企图破坏我们的党，时刻企图利用暗藏的汉奸、托派、亲日派、腐化分子、投机分子、装扮积极面目，混入我们的党里来。对于这些分子的警惕和严防，一刻也不应該放松。

嘎儒布僧格的罪恶历史

原內蒙人委机关揪叛国集团联絡站发言

解放军同志们！无产阶级革命派的战友们，革命的同志们！

首先让我们以无限崇敬的心情，敬祝我们的伟大导师、伟大领袖、伟大统帅、伟大舵手，世界人民心中最红最红的红太阳毛主席万寿无疆！万寿无疆！万寿无疆！

嘎儒布僧格是个什么货色？我们可以概括地说，他是一个罪恶累累的三三制人物，即：他不仅是个三开分子，在日本帝国主义面前吃得开，在哈丰阿的东蒙自治政府里吃得开，在乌兰夫王朝中也吃得开。而且他是个三特分子，既是日本帝国主义的特务，又是苏修和蒙修的特务。他还是个货真价实的工贼人物，是內人党的骨干，老牌的民族分裂主义分子，乌哈反党叛国集团的残党余孽。因此，我们必须把嘎儒布僧格这个三料坏蛋，打翻在地，幷踏上千万只脚，叫他永世不得翻身。

毛主席说："国民党怎么样，看它的过去，就可以知道它的现在；看它的过去和现在，就可以知道它的将来。"现在，就让我们

— 3 —

按照毛主席的教导，来考察一下嘎儒布僧格的罪恶历史吧！

嘎儒布僧格出身于封建地主家庭。他从学生时代起，就全盘接受了日本帝国主义的奴化教育，就死心踏地地投靠日本帝国主义，认贼作父，甘当日寇侵华的鹰犬，对祖国对人民犯下了滔天罪行。

一九三六年九月，嘎儒布僧格这个中华民族的败类，进入伪满陆军兴安学校，拜倒在日本特务、北进派教官志歧、日高的门下，向他们学习屠杀祖国同胞的文才武艺。嘎儒布僧格在他的日本主子面前，奴性十足，服服贴贴极尽阿谀、奉称、献媚之能事，从而博得了日本鬼子的好印象。嘎儒布僧格还在那里结识了大蒙奸、大特务阿斯根，对阿斯根崇拜得五体投地，跟着阿斯根的脚跟走路，加速了他卖国求荣的步伐，干了不少见不得人的勾当。对此，嘎儒布僧格必须老实交待。

一九四〇年七月，嘎儒布僧格从伪满陆军学校毕业、因学习成绩"优异"，对日伪忠贞不二，儿皇帝傅仪奖给他御赐怀表一块，他受宠若惊，更加拼命地替日伪卖力，在日本军官的直接指挥下，先后给日伪训练新兵，修筑反苏要塞不知有多少祖国同胞死在了他们的铁蹄和屠刀之下。正因如此，日本鬼子对他就更加信任了，于一九四二年九月特意收他送往日本陆军士官学校深造，以便收其培养成更加得力的帮凶。

嘎儒布僧格的确不辜负他的日本主子的厚望，在日本留学期间，他不仅狠学日寇侵华反苏反共的战略战术，苦练武士道精神，而且和哈丰阿勾勾搭搭，秘密策划，组织了一个所谓勇士团——兴蒙团，打着民族主义的旗号，替日本鬼子拢络人心，替哈丰阿网罗党羽，替自己扩充势力，一箭三鵰。因此，这个组织虽然被日本陆军士官学校所发觉，但未予取缔，而是任其继续活动，可见它并不是什么反满抗日的秘密组织，而是货真价实的御用组织，反动组织。一九四四年春，嘎儒布僧格以优异成绩毕业于日本陆军士官学校，

— 4 —

得到了日本天皇奖尝的怀表一块。他把日本天皇和儿皇帝傅仪先后赐给他的两块怀表，视若珍宝，直到一九六六年无产阶级文化大革命初期，仍交替地随身携带，形影不离。毛主席教导我们说：**"世界上没有无缘无故的爱，也没有无缘无故的恨"**。嘎儒布僧格对于双手沾满中国人民鲜血的头号战犯——天皇和傅仪，尝给他的所谓奖品，实际上是他卖国求荣的铁证，怀有那样深厚的感情，可见他的反动立坊根本未变，是披着羊皮的豺狼。

一九四四年四月，嘎儒布僧格由日本回到了长春，首先到伪满军事部情报科，同日本大特务、大蒙奸阿斯根接头，然后被分配到伪满陆军兴安学校任中尉区队长，替日伪训练屠杀祖国同胞的爪牙和帮凶。在该校任职期间，他同日本特务日高、张尼玛、都固尔扎布之流打得火热，狼狈为奸。一九四五年五月德国投降后，日本眼看自己就要垮台，为进行绝望的垂死挣扎，在坚持侵华的同时，制定了一整套反苏反共的阴谋计划，其中之一就是由王爷庙（今乌兰浩特）的日本特务机关组织了一个秘密团体——《日蒙同命体》，炮制出一个对苏、蒙进行游击战争的计划，并开始付诸实行。嘎儒布僧格就是这个计划的积极参与者，他当时正是学校的值日官，却离开岗位，去与日本特务机关付机关长兼五三部队队长松浦、五三部队付队长志歧及日特日高、张尼玛、都固尔扎布等一起开会，替他的日本主子积极出谋划策，竭尽犬马之劳。物以类聚，人以群分，嘎儒布僧格同日本特务机关的关系是那么密切，那么，他是什么货色，岂不是再清楚不过了吗？！据揭发，日伪时期有个绝对秘密的高级间谍组织叫黑龙会，其任务是研究和制定反苏反共的战略和策略，嘎儒布僧格就是这个间谍组织的成员之一，把这些情况联系起来看，嘎儒布僧格的日本特务身份便是确凿无疑的了。

一九四五年八月八日，苏联政府宣布对日作战，在毛主席的英明领导下，中国人民也发起了战胜日寇的最后一战，于是，日本侵

— 5 —

略军迅速土崩瓦解，伪满官兵也纷纷缴械投降，但身为伪满陆军兴安学校中尉区队长的嘎儒布僧格，仍顽固坚持其反动透顶的蒙奸立场，把他随身佩带的战刀和驳壳枪掩埋起来，换上便衣，干起"窥测方向，以求一逞"的反革命勾当来了。正在这个时候，曾随日军撤退的大蒙奸、大日特，老牌民族分裂主义分子哈丰阿，忽然神密地回到了王爷庙恬不知耻地以抗日英雄自居，纠集蒙古族的反动王公贵族、蒙奸、特务，与蒋介石相互配合，丧心病狂地叫嚣"内蒙古独立"，要实行"高度自治"，以至"内外蒙合并"，公开地抢夺我国各族人民在毛主席领导下经过八年浴血战斗所取得的抗日战争胜利果实，建立他们的反动统治。于是，等待时机的嘎儒布僧格欢喜若狂，从阴暗的角落爬了出来，拿起日寇留给他的刀枪，使出日寇教给他的全部本领，追随哈丰阿疯狂地进行破坏祖国统一，分裂民族团结的反革命勾当，从而再一次对人民犯下了滔天罪行。嘎儒布僧格是从一九四三年起计算党令的内蒙古人民革命党党徒，他积极参加了一九四五年八月二十八日召开的该党东蒙党部首次党员大会，通过了该党的党章党纲，推选出该党的央央执行委员，追认了臭名昭著的818宣言，会后即受命与阿斯根、张尼玛一起，筹组起哈丰阿王朝的内防厅，从此便成了哈丰阿的情报大臣，极力包庇日特和国特，干了许多坏事。更有甚者，是他竟充当了苏联、蒙古的情报员，跟着哈丰阿的顾问、蒙古派来的谍报人员班斯日格其的指挥棒团团转，把所谓东蒙自治政府的内防机关，变成了蒙古内防部的分设机构。班斯日格其往返于乌兰巴托和乌兰浩特之间，几乎每次都是嘎儒布僧格接送，有材料证明，一九四五年冬哈丰阿、特木尔巴根、博彦满都等赴蒙进行内外蒙合并的叛国活动时，嘎儒布僧格曾作为警卫人员前去。一九四六年六月，蒙古当局邀请所谓的东蒙自治政府主席博彦满都去参加蒙古国庆，博彦满都立刻奉命前往，并由嘎儒布僧格随行。后因蒙古当局改变计划，派要员在哈拉哈河西岸的蒙古境内接待了他们。也就是这一次，蒙古当局又把日、蒙特务，哈丰阿的死党朋斯克派了回来，并由嘎儒布僧格护送其到乌兰浩特。

嘎儒布僧格不仅是老内人党的党徒，而且是新内人党的骨干。随着国内国际形势的发展，他凭着多年从事间谍特务活动所养成的政治敏感性，日益认识到继续公开同祖国人民为敌，就会迅速自取灭亡，于是便施展出两面派的手法，假充积极，把自己的罪恶历史统统隐瞒起来，于一九四六年九月钻到中国共产党内来，用共产党员的外衣来掩盖他的叛国行径。一九四七年四月一日，他在朋斯克家中参加黑会，慷慨激昂的发表演说，极力鼓吹成立内人党，气焰甚为嚣张，五一大会时，他扮演了一仆二主的角色，左右卖乖，既保持了同哈丰阿之流的旧好，又博得了乌兰夫、王再天的新欢，从此，在乌哈反党叛国集团的包庇下，他不但逃脱了应得的惩罚，而且飞黄腾达，青云直上，掌握了内蒙古自治区的外事大权，忠实地推行乌兰夫分裂祖国统一，破坏民族团结的反革命修正主义路线，疯狂地反对毛泽东思想，一再出卖祖国利益，讨好帝国主义、现代修正主义和各国反动派，罪恶累累，罄竹难书。

上述情况表明，嘎儒布僧格是个地地道道的混进党内来的历史反革命分子，阶级异己分子，里通外国分子，就是这样一个坏蛋，反革命修正主义分子王再天却视为宝贝蛋，胡说嘎儒布僧格历史没有什么问题，是个好干部，一再加以重用。在无产阶级文化大革命中，他又利用窃取来的"左派书记"、"革命领导干部"的头衔，欺骗和蒙蔽群众，竭力给嘎儒布僧格打保票，对要求揪斗嘎儒布僧格的革命群众施加压力，妄图把嘎儒布僧格塞进"三结合"的红色政权。现在，嘎儒布僧格终于被我们内蒙古人委机关的无产阶级革命派和革命群众揪出来了，一贯怂恿和包庇嘎儒布僧格的王再天也休想逃脱。

"**宜将剩勇追穷寇，不可沽名学霸王。**"让我们奋起毛泽东思想的千钧棒，痛打乌、哈反党叛国集团这只白骨精，不达目的，誓不罢休。

打倒刘、邓、陶！
打倒乌兰夫、王逸伦、王铎！
打倒哈丰阿、朋斯克、特古斯！
打倒王再天！打倒嘎儒布僧格！打倒德力格尔！
彻底铲除乌哈反党叛国集团的残党余孽！
伟大的中国人民解放军万岁！
我们心中最红最红的红太阳毛主席万岁！万岁！万万岁！

嘎儒布僧格在外事活动中的罪行

原内蒙古人委外办《毛泽东思想》战斗队发言

我代表原内蒙人委外事办公室"毛泽东思想"战斗队全体战士和外办革命群众，在这个大会上，愤怒揭发和批判这个从一九五六年到一九六四年统治内蒙外事机关达八年之久的老牌民族分裂主义分子，日本特务、苏、蒙修特务嘎儒布僧格在外事活动中的罪行。

一、利用外宾接待工作为乌兰夫反党叛国集团制造国际舆论；打着使外宾满意的幌子，为帝修反效劳。

乌兰夫、王再天反党叛国集团从一九五六年一开始建立内蒙第一个主管外宾接待工作的机构，就选中了他们的心腹干将嘎儒布僧格来把持这个阵地。乌兰夫、王再天为什么偏偏要选中这样一个日本特务，苏、蒙修特务老牌民族分裂主义分子来掌管外事工作呢？他们不正是想把内蒙的外宾接待工作变成为帝修反服务的工具吗？他们不正是想把内蒙的外事活动纳入他们反党叛国、大搞内外蒙合并的轨道吗？当然嘎儒布僧格对于他的新主子的这番安排，心领神会，于是，他就使出了从他的旧主子——日本帝国主义那里学来的全付本领，为他的新主子效劳了。

嘎儒布僧格为了掩饰他们企图把内蒙外宾接待工作变成为帝修反服务的实质，就用他从日寇那里学来的奴才哲学，炮制出一种谬论，竟然把外宾是否"满意"作为衡量这一工作的唯一标准。不管来的外宾是什么人，只要满意了，就算完成了任务，不满意，就没有完成任务，基本满意，就算基本完成任务。

如，一九五六年一个打着学术研究幌子来内蒙的苏修文化特务，来内蒙搜集材料，乌兰夫、吉雅太亲自接谈，嘎儒布僧格等人

— 9 —

为这个苏修特务"蒐集了有关内蒙的历史材料一百余本",并送给了这个特务所要的参考材料。还为这个特务提供了高级义务助手，最后，嘎儒布僧格还认为助手选得不够理想而感到遗憾。

再如，一九五六年，一个专搞内蒙情报的日本特务，钻到了呼和浩特，上级已有介绍，但嘎儒布僧格还是打着他那种"尊重客人的要求"的臭幌子，"他们提出要看的地方，基本都让他们看了，"这个日本特务要单独向哈丰阿提几个问题，就让和哈丰阿谈几个问题，使得这个日本特务大大地满意，满载而归。

再如，一九五五年，一个印度反动派的喉舌，打着和平主义的幌子来内蒙，我们的陪同人员对这个人的政治挑衅进行了回击，嘎事后反而说我们这位陪同人员对"求同存异"方针执行得不好。

一九五九年以来，乌兰夫、王再天反党叛国集团为了给他们推行民族分裂制造舆论准备，大力吹捧乌兰夫，为乌兰夫树碑立传，精心造出了三大件：1、内蒙古博物馆的展览，2、"今日内蒙古"电影，3、"今日内蒙古画册"。对此，嘎儒布僧格视若珍宝。于是，凡是来内蒙参观访问的外宾，首先参观一番内蒙古博物馆的展览，再看一坊"今日内蒙古"电影，最后还要赠送一本"今日内蒙古画册"。他们借此为乌兰夫的民族分裂主义制造国际舆论准备的阴谋不是再明显不过了吗？！

二、蒙修特务当上了与蒙古总领事馆打交道的外事处长，能不里通外国吗？

一九五七年四月至一九五九年二月，蒙古人民共和国在呼和浩特建立了总领事馆。内蒙人委外事处也由满州里迁来呼和浩特和蒙古总领事馆打交道。挑选谁来担任外事处处长呢？乌兰夫、王再天这邦丧心病狂的反党叛国集团又一次把这个日本特务、苏、蒙修特务嘎儒布僧格端了出来，让他担任外事处处长，于是，十年前站在**蒙古间谍班茨日格其**面前汇报情况，听取指示的嘎儒布僧格，今天

－10－

又披上了中华人民共和国外事人员的合法外衣，重新出现在蒙古总领事面前了。乌王反党叛国集团让这个老牌民族分裂主义分子，日、苏、蒙修特务来负担内蒙外事处处长，这件事情的本身就是他们向苏、蒙修正主义领导集团献媚的一种表示。这就是告诉苏、蒙修他们是不忘旧情的，他们是始终做着妄图把内蒙古从祖国大家庭中分裂出去，搞内外蒙合并，建立一个依服于苏修的蒙古独立王国的美梦的。果然从此以后嘎儒布僧格更加合法地独揽内蒙外事大权，与蒙修人员互相勾结，狼狈为奸，大搞民族分裂活动。但是有关外事纪律——地方上的对外联系要事先请示事后报告的规定，却限制了他们公开和蒙修的勾结。比如蒙古总领事馆初建时，就提出要建立总领事与乌兰夫和嘎儒布僧格的直通电话，请示上级后否定了他们的无理要求，当然他们对此，恨之入骨，于是嘎儒布僧格假借蒙古总领事对他说过什么："中国的自治区和兄弟国家往来，仍应广泛些、直接一些，不必事事都要经过中央。苏联布利亚特蒙古自治共和国和兄弟国家的往来很频繁，不受什么拘束"，一再向上级反映，借机向中央施加压力，多么猖狂，真是罪该万死！今天我们要质问嘎儒布僧格，蒙方人员怎么知道我们自治区和蒙古往来"事事都要经过中央"的呢？这不就是你这个老牌特务的自供状吗？

还有一次我们外事处的同志在一起议论，蒙古总领事馆人员对我蒙族干部亲切热情，但对我汉族干部态度冷淡，当时认为他们有民族主义情绪，但以后领馆人员态度有了明显变化，使我们很奇怪。我们在会上提出这个问题，嘎当时很生气地说"是我告诉他们的，提醒他们今后注意，有什么不好？我告诉他们的东西比这个还多呢"。嘎儒布僧格！你这个里通外国的特务分子，你向蒙修总领事馆提供了那些情况，洩露了什么机密，今天你要一椿椿、一件件向人民交待。

不仅如此，当蒙修人员的罪恶勾当太露骨了，嘎就为他们开

—11—

脱。

一九五七年蒙古总领事访问锡盟期间，向嘎说"内蒙的蒙古人被汉族同化了"。对蒙修这一挑拨我民族关系，破坏我民族团结的严重政治挑衅，外事处要向上反映，嘎说，这是酒后的话，不要当做正式材料反映了。

还有，也是在这次访问锡盟期间发生的，蒙古总领事达什几次与在锡盟出差的一位人民日报记者相遇，共同参加过一些活动，在临别宴会之后，达什邀记者到他的住房里强迫记者喝酒，达什装醉骂记者是"特务"，"想利用他酒醉之机套取材料"，嘎当时在场，但对这一严重政治挑衅，不批驳。事后向上报告时，还把达什骂记者是"特务"减轻为"来搜集材料"。并为达什开脱解释，胡说什么这是"总领事在思想认识上对汉人有一定程度的偏见和戒心而引起的。"更令人气愤的是，竟在同一报告中又把达什称赞了一番，说总领事"虚心"、"坦率"，等等。仅从以上几点事实看，嘎儒布僧格的丑恶咀脸，不是暴露得清清楚楚了吗？！

嘎儒布僧格勾结总领事馆人员，挑拨我民族关系，企图破坏我国统一的阴谋，暴露得最明显的还有一次。一九五七年六月，正当成吉思汗陵大祭时，他陪同总领事去成陵，和蒙修总领事一起，做为"大祭"的陪祭人，向成吉思汗各献全羊一只，并由总领事向参与祭典的伊盟牧民讲了话。事后嘎不打自招地说，这是"考虑成吉思汗是蒙古民族的祖先，按蒙族习惯举行仪式的缘故，才这样决定的"。一个真正共产党员、中华人民共和国外事处长能和一个外国总领事共同祭奠"共同的祖先"大奴隶主、大封建主成吉思汗吗？！从这里只能得出一个结论，就是嘎儒布僧格是个地地道道的、里通外国的老牌民族分裂主义分子。

三、在边境和边界工作中，出卖祖国利益，罪该万死！

一九五七年一月嘎儒布僧格作为内蒙古自治区的代表与蒙古东

— 1 2 —

戈壁省代表会谈，双方在一九五六年签定关于东戈壁省向我借用牧坊的"会谈纪要"执行情况时，违反这个纪要规定，超越授权范围，擅自同意蒙方要求，多借给他们一块长１００公里深３０公里的牧坊。这件事没有处理。

一九五八年一月，蒙古东戈壁省又因风雪灾害，有两万头大畜跑入我境。蒙古通过外交途径要求我国协助查找，并予以安置。上级指示内蒙与蒙方会谈，在上述范围内给予对方帮助。但是嘎儒布僧格在与蒙方会谈中，又超出授权范围，满足蒙方赶回一半大畜，另借给可容纳２万只小畜的好草坊。上级发现此事后，责令嘎写了检查。

一九六三年，中蒙联合勘界时，由于勘界用图与实地地形不符，双方××勘界队对×××号界椿点位发生争议，相持不下。推到上一级解决，我方派嘎儒布僧格为首席代表与蒙方谈判解决，并带去了经上级批准的解决这个界点的方案。到达现坊后，双方仍争执不下。在这种情况下，嘎儒布僧格就妥协了。并将妥协方案电报上级，（妥协方案连我原订最低方案也未达到）。但是还没等上级批示，他就擅自与蒙方达成了妥协的协议，将如再经过斗争还可能争取的一块领土划给了蒙古。

请看，嘎儒布僧格这个老牌民族分裂主义分子，对蒙修是多么"慷慨"、"大方"！做为一个外事处长，难道他就不懂得这些起码的外事纪律吗？！不是的！那么，他为什么还这样两次三番地擅自做主同蒙修达成出卖祖国利益的协议呢！这不正是暴露了他这个反动的民族分裂主义分子的反动本性吗！！

总之嘎儒布僧格在掌管内蒙外事工作的八年期间，压制民主，独断专行，秉承王再天的意旨，忠实地执行了乌兰夫的反党叛国修正主义路线，背叛无产阶级革命外交路线，媚外亲修，出卖祖国利益，犯下了累累罪行，今天我们必须和他彻底清算。

—１３—

嘎儒布僧格大反"四清"罪责难逃

原内蒙古人委办公厅《红旗》挖黑线办公室发言

一九六四年十一月至一九六六年五月，嘎儒布僧格在呼盟西新巴旗和东新巴旗四清期间，利用职权，疯狂地推行刘少奇、乌兰夫的反革命修正主义、民族分裂主义路线，歪曲诋毁毛主席亲自主持制定的"二十三条"；千方百计地庇护党内走资本主义道路当权派和民族分裂主义分子过关，借口抓生产，大反四清运动，犯下了种种罪行。

嘎儒布僧格是东新巴旗"四清"工作总团党委付书记，旗直属机关四清工作团政委。以旗委第一书记呼出吐，付书记额勒伯图尔为首的东旗旗委领导班子，是一个反党、反社会主义、反毛泽东思想，进行民族分裂的叛国集团。四清运动开始后，广大革命群众纷纷揭发说："旗委常委烂掉了"，"旗委有地下常委"，"民族分裂主义的根子在旗委。""旗里有电台"，"公安局有内线"等等。对于广大革命群众揭发出来这些触目惊心的问题，嘎儒布僧格不但不放手发动群众，让群众充分揭露这个反革命修正主义集团的罪恶活动，反而极力包庇，亲自主持召开了一个旗委常委扩大会议，让这一小撮反革命修正主义、民族分裂主义头目做"自我检查、互相包庇"，以便蒙混过关。

嘎儒布僧格这个混蛋为了让呼出吐这些坏蛋家伙，肆无忌惮地攻击伟大的四清运动，顺利地保护他们过关，在开这次会议之前还给广大四清工作队员和革命群众带上重重枷锁，实行资产阶级专政。他首先给参加旗委常委扩大会的四清工作团的同志，制订一条"多听少说，谈前有议，议后再说"的组织纪律，只许呼出图等一小撮反革命修正主义分子，向伟大的四清运动和革命群众进行反

—14—

扑，不许四清工作团的同志反击。会上，旗委常委，付旗长、民族分裂主义分子拉木苏荣说："别人说我是当权派，就算是当权派，我只不过是犯了一些缺点错误的社会主义当权派。有人说我是特务，就算是特务，我也是共产党的特务。"看！这伙民族分裂主义分子，在嘎儒布僧格的支持下，大反四清，到了何等嚣张的地步！

嘎儒布僧格还利用他四清工作团政委的合法身份，在会上公开为东旗旗委，这个民族分裂主义领导集团开脱罪责。他用威胁地口吻对四清工作团的同志说："你们要注意什么是民族感情、民族主义，民族分裂主义；什么是历史问题，什么是现实问题，过去两国是友好的，所以是友好的往来。"就这样把东旗旗委常委一小撮坏蛋的叛国罪恶活动，都用所谓"民族感情"，"历史问题"，"友好往来"勾消了。嘎儒布僧格还说："东旗不同于西旗，民族分裂活动和外逃的多，是内因还是外因？内因是主要的。群众认为旗委内部有根子，这是重大问题。现在不少人提出怀疑，但不能结论。"他还进一步威胁说"现在是否有人要借这次运动的机会，整当地的民族干部，要注意。我们四清工作队，都是外来的干部，更要注意。"嘎儒布僧格的这番话是多么恶毒！他完全和呼出图等一小撮反革命修正主义分子、民族分裂主义分子站在一起，矢口否认他们的罪恶活动，诬蔑伟大的四清运动，疯狂地向革命群众进行反扑。真是嚣张之极，不可一世！

我们伟大领袖毛主席说："**世界上没有无缘无故的爱，也没有无缘无故的恨。至于人类之爱，自从人类分化成为阶级后，就没有过这种统一的爱。**""**民族斗争，说到底，是一个阶级斗争问题。**"嘎儒布僧格的"民族感情"、"民族主义"、"外来干部整当地的民族干部"等等，和他的主子乌兰夫的"三基论"是一路货色，就是打着"民族"的幌子，掩盖阶级斗争的实质，把分裂祖国的罪

—15—

恶活动合法化。

一九六五年十二月一日，嘎儒布僧格这个混蛋以旂直属机关分团党委书记的身份，给东旂旂委常委这个反革命修正主义、民族分裂主义领导集团作出"常委基本上是马列主义的"，"常委基本是团结的"荒谬结论。东新巴旂反革命集团的总头目呼出图听了嘎儒布僧格的结论后，顿时眉飞色午，当坊表示："这个结论对旂委的评价很高，。"就这样在嘎儒布僧格的一手包庇下，东新巴旂委常委这一伙反革命修正主义分子，民族分裂主义分子，暂时逍遥法外。

会后，嘎儒布僧格还亲自执笔写了，所谓"旂委常委扩大会议情况报告"，吹捧他和一小撮反革命分子大反四清运动的黑经验。在这个报告里，嘎儒布僧格把拉木苏荣、呼出图等一小撮反革命修正主义分子疯狂反对四清运动，向革命群众进行反扑的反革命行为，说成"领导干部对群众有意见，有埋怨、抵触情绪，"我们帮助领导干部端正态度，以高标准进行自我检查"。还说：对群众揭露出的有关旂委和常委领导核心的严重问题，应如何看待也需要听听领导成员的意见和看法，以免偏听偏信"。又说："常委同志们的自我检查，专题讨论，对我们分团的同志也很有启发。帮助我们了解了很多重要情况和问题，使我们对旂委的领导核心状况和存在的问题比过去清楚了，群众对旂委常委揭发出来不少问题，有些问题提的很严重，如"常委烂掉了""有地下常委"，"民族分裂主义的根子在常委内部"，"旂委搞阶级调和"等等。这些问题听起来确实很严重，但事实究竟是怎样呢？我们认为常委基本上是马列主义的"。嘎儒布僧格这些话，象一支一支毒箭，射向广大的革命群众，公开为他们翻案。

在嘎儒布僧格和呼盟党内最大走资派杰尔格勒的阴谋策划下，东旂旗委常委这个反革命修正主义、民族分裂主义领导集团，不仅没有得到应有的制裁，反而把反党叛国集团的总头目呼出图，拉进四清工作总团，当了付团长。并且借口"抓生产"，反对四清运动。把生产领导权交给东旗旗委常委这个反党叛国集团，让广大的四清工作团员，在一小撮反革命修正主义、民族分裂主义分子的指挥棒下，全力以赴抓生产。

一九六六年一月初，在东旗四清工作团党委扩大会议上，嘎儒布僧格公然下达黑指示，"当前以抗灾保畜为中心任务，结合进行四清运动。如果四清运动与抗灾保畜发生矛盾，运动要为抗灾保畜让路。"这个坏蛋还明目张胆地阉割、歪曲毛主席亲自主持制定的"二十三条"，把搞好四清运动的标准，只说成："主要是看增产了还是没有增产。"他还一再强调说："必要时运动要为生产停车让路。"

我们伟大领袖毛主席一再教导我们：政治是统帅，是灵魂，是一切经济工作的生命线，嘎儒布僧格以抓生产为名，让四清运动，为生产让路是公开和毛主席"阶级斗争，一抓就灵"的英明论断唱反调，是赤裸裸地反对毛泽东思想的罪行。

其实，嘎儒布僧格强调生产第一是一个幌子，破坏四清运动，保护一小撮反革命修正主义、民族分裂主义分子是他的目的。就是这个嘎儒布僧格正当东旗直属机关广大革命群众，纷纷起来揭发东旗旗委，以呼出图为首的反革命修正主义、民族分裂主义集团的时候，为了保护这一小撮坏蛋，就作出了"由于目前旗的书记、旗长等人需要全力投入抗灾保畜斗争，所以，这些人的洗澡下楼暂停"的决定，以资产阶级政客的姿态出现，将方兴未艾的群众运动压了下去，何其毒也！

嘎儒布僧格在四清运动中还极力推销、美化乌兰夫的"不分不斗不划阶级"和"牧工牧主两利"的反革命政策。胡说："根据牧区生产特点，……实行不分，不斗，不划阶级，牧工牧主两利政

－17－

策，使劳动牧民摆脱了惨重的封建剥削，促进了畜牧业的发展。"
他又说："为什么过去不划阶级呢？（1）那时大部分牲畜掌握在
牧主手里，如果采取分的方法，有可能引起人为的大量死亡，损
失；（2）广大劳动牧民对划阶级的要求不如农区群众高"。大家
看看，在这里，嘎儒布僧格的反革命咀脸暴露的多么淋漓尽致；一
付封建、牧主阶级看家狗的面貌又是何等丑恶！

　　毛主席早在党的过渡时期的总路线的讲话中指出："党在这个
过渡时期的总路线和总任务，是要在一个相当长的时期内，逐步实
现国家的社会主义工业化，并逐步实现对农业、对手工业和对资本
主义工商业的社会主义改造。"可是，嘎儒布僧格这个乌兰夫的忠
实走卒，封建牧主的看家狗，在伟大的四清运动中，仍然继续贩卖
中国赫鲁晓夫"剥削有功"、"四大自由"的反革命修正主义黑
货，继续推行乌兰夫的"稳、长、宽"反革命政策，企图把一部分
牧主划成牧业劳动者，说将来有用。从此我们不难看出，嘎儒布僧
格那里是在搞"四清"，而是赤膊上阵，在牧区搞资本主义复辟。
如果嘎儒布僧格的阴谋得逞，那就正如毛主席指出的："**我们的国
家，如果不建立社会主义经济，那会是一种什么状况呢？就会变成
南斯拉夫那样的国家，变成实际上是资产阶级的国家，无产阶级专
政就会转化为资产阶级专政，而且会是反动的，法西斯式的专政。**
"这是多么危险的情景啊！

　　今天，我揭发的，仅仅是嘎儒布僧格大反四清，包庇反革命修
正主义、民族分裂主义集团，诋毁我们伟大领袖毛主席亲自主持的
"二十三条"罪行的一部分。但就上面这些罪恶事实，足可以说明
这个苏、蒙修、日特，老牌民族分裂主义分子，复辟资本主义的狼
子野心。

最 高 指 示

你們要关心国家大事，要把无产阶級文化大革命进行到底。

揭发嘎儒布僧格在
內蒙古人委办公厅的滔天罪行

原內蒙古人委办公厅挖黑綫联絡站发言

解放军同志们，无产阶级革命派的战友们，革命的同志们：

首先让我们共同敬祝，我们伟大的导师、伟大的领袖、伟大的统帅、伟大的舵手，我们各族人民心中最红最红的红太阳毛主席万寿无疆！万寿无疆！

下面我揭发原內蒙古人委副秘书长嘎儒布僧格在內蒙古人委办公厅犯下的滔天罪行：

一、嘎儒布僧格是推行乌兰夫民族分裂主义路线的黑干将

原內蒙古人委办公厅是我区政府机关的枢扭。但是，十几年来，在乌兰夫黑帮的干将、大叛徒鲁志浩和老牌民族分裂主义分子嘎儒布僧格等一小撮混蛋的把持下，却变成了牛鬼蛇神和民族分裂主义分子的防空洞。鲁志浩、嘎儒布僧格等一小撮混蛋，在干部问题上，完全推行了当代王爷乌兰夫的反革命民族分裂主义路线。他们打着"机关民族化"的黑旗，在办公厅招降纳叛，结党营私。在他们非民族干部不能当办公厅主任的反动逻辑指导下，一九六五年四月把乌兰夫黑帮分子晓波从包头调到办公厅当主任。晓波是一个出身于地主家庭的花花公子，混入革命队伍后，一贯道德败坏，屡犯政治错误。晓波到办公厅后和乌兰夫反党叛国集团干将陈炳宇、

—19—

云世英、厚和及包头市的墨志清、乔明礼、王光华等积极进行了民族分裂活动，罪行累累。

在晓波以前，曾提拔一个所谓民族干部乌瑞林为办公厅副主任。他也是一个出身地主家庭，犯了拉拢反革命分子，包庇其地主老子等严重政治错误，受到党纪处分的坏蛋。

另一个副主任潮露曾经在日本留学八年，其狗父吴春龄是喀喇沁的王爷、大恶霸地主。日本侵占热河时，吴又当上了宁城县伪县长，和朝阳县伪少将保安司令。一九四九年全国解放时，这个罪恶滔天的家伙，被我人民政府依法枪决。潮露就是在日本帝国主义和他的反革命家庭豢养长大的一只狗。这个坏蛋被乌兰夫、鲁志浩、嘎儒布僧格安插在办公厅后，丝毫没有改变他反动阶级的本性，是经常辱骂共产党、革命干部，逼死工人的祸首。

办公厅的领导权竟被鲁志浩、嘎儒布僧格、晓波、乌瑞林、潮露等这样一小撮坏蛋所窃取，这真是触目惊心啊！

嘎儒布僧格这个老牌民族分裂主义分子，为了给其主子乌兰夫、哈丰阿、王再天的"宫廷政变"网罗党羽曾几次命令党支部发展哈丰阿的外甥滕志一入党，还几次提出让滕志一任翻译处副处长。滕志一是一个什么东西呢？是一个出身于地主官仵家庭、国民党军队上尉军官的历史反革命分子。嘎儒布僧格还把蒙修高级特务班茨日格其的电报员、右派分子格根哈斯安插在翻译处，包庇使用。

我们伟大领袖毛主席教导我们说：**"蒙汉两族要亲密合作，要相信马克思主义。……不一定是本省人执政，不管那里人——南方或北方，这族或那族，只问那个有没有共产主义？共产主义有多少？这一点要向少数民族讲清楚"**。而嘎儒布僧格这个混蛋，却反其道而行之，打着他主子乌兰夫"机关民族化"的黑旗，不问阶级出身，不讲无产阶级政治，把一些特务、国民党军官、坏分子安插

—20—

1084

在办公厅，包庇重用，疯狂反对毛主席的干部路线，究竟想干些什么，其狼子野心不是昭然若揭了吗？！

二、反对攻击我们心中的红太阳毛主席

一九六二年，毛主席在北戴河会议上，天才地创造性的提出：在由资本主义过渡到共产主义的整个历史时期，存在着无产阶级和资产阶级之间的阶级斗争；存在着社会主义和资本主义这两条道路的斗争。这是毛主席对马列主义的伟大发展。形形色色的阶级敌人无不为之胆寒，怕得要死，恨得要命。嘎儒布僧格也不例外，在一次政法口厅局长会议上，他就恶狠狠地说："北戴河会议对形势的估计是错误的"。言下之意，就是毛主席根据当时的国际国内和国际共产主义运动的经验，所提出的上述英明论断是错误的。看！嘎儒布僧格是多么恶毒！多么疯狂！竟然反对、攻击我们心中最红最红的红太阳毛主席，真是罪该万死！

三、诬蔑、攻击三面红旗

总路线、大跃进、人民公社是我国社会主义建设的三面红旗，是通向共产主义社会的金桥。在伟大领袖毛主席的英明领导下，我国各族人民高举三面红旗，自力更生，奋发图强，在社会主义建设事业中取得了辉煌成就。但是乌兰夫、哈丰阿、王再天反党叛国的干将嘎儒布僧格，趁我国经济暂时困难之际，配合国际上的帝、修、反和中国赫鲁晓夫、地、富、反、坏右，肆无忌惮地诬蔑攻击三面红旗和总路线。一九六二年，嘎儒布僧格胡说："总路线考虑中国的实际情况不够，因而脑子热了，提出错误的口号。"又别有用心地说："不提大跃进的口号，我们的建设速度，会不会也可以达到这样的水平？""提两面红旗行不行？""什么也大办，无计划、无重点，结果百废俱兴，欲速则不达。"嘎儒布僧格如此疯狂攻击三面红旗和社会主义建设总路线，是可忍，孰不可忍！对于嘎儒布僧格这样顽固透顶的老反革命分子，我们坚决实行无产阶级专

—21—

政，把他打翻在地，踏上千万只脚，叫他永世不得翻身！

打倒刘、邓、陶！

打倒乌兰夫！

打倒王逸伦、王铎！

打倒王再天、哈丰阿、特古斯！

打倒鲁志浩、嘎儒布僧格！

无产阶级文化大革命全面胜利万岁！

我们心中最红最红的红太阳毛主席万岁！万岁！万万岁！

嘎儒布僧格在文化工作方面的罪行

原内蒙古人委文教办公室红旗战斗队发言

无产阶级革命派战友们！解放军同志们！

首先让我们共同敬祝我们各族人民最伟大的领袖，我们心中最红最红的红太阳毛主席万寿无疆！万寿无疆！万寿无疆！

毛主席说：**人民靠我们去組織。中国的反动分子，靠我们組織起人民去把他打倒。凡是反动的东西，你不打，他就不倒，这也和扫地一样，扫帚不到，灰尘照例不会自己跑掉。**

嘎儒布僧格是乌哈反党叛国集团的死党。多年来，他跟随乌哈反党叛国集团，不仅在外事方面干尽了里通苏、蒙修、日帝、叛卖祖国的坏事，在文教界也猖狂地进行民族分裂活动。

一、嘎儒布僧格除了身任外事要职外，俨然还是一个臭名远扬的，蒙古语文的反动权威。嘎挂着这个头衔，不遗余力的为其乌哈主子，实现内外蒙合并的梦想卖命。

内蒙古语委是乌哈反党叛国集团进行民族分裂活动的重要阵地。嘎儒布僧格虽然官衔不少，但在这块阵地上，仍然没有少了他。经乌哈一手提拔、安插他为内蒙语委付主任。他一面与其主子——臭名昭著的"内人党"党魁、语委主任哈丰阿，以其同伙语委付主任，民族分裂分子，蒙修特务额尔敦陶克陶打得火热，一面又与蒙修文化间谍秘密往来。

一九五九年，蒙修在乌兰巴托举行所谓第一届国际蒙古语言科学、文学科学讨论会。额尔敦陶克陶是蒙修早已选中的间谍，又是乌哈叛国集团在蒙古语文方面进行分裂祖国活动的心腹。当然，在这样一个打着蒙古语学术的幌子，旨在分裂我们伟大祖国的反革命黑会上，是少不了额尔敦陶克陶的。嘎儒布僧格深领主子——蒙修、

—23—

乌哈之流心意，公然狗胆包天，违背外事纪律，私引额尔敦陶克陶与蒙修领事馆人员会见。蒙修把邀请书直接交给了额贼本人。事后他们才把邀请信寄给中国科学院。他们这种先斩后奏的罪恶勾当，是公然里通外国，叛卖祖国的行径。

额尔敦陶克陶被蒙修邀请出国以后，领受其主子——蒙修、乌哈旨意，配合国际帝、修、反，大搞内外蒙合并的民族分裂活动。额贼在蒙期间到处大作特作，老牌民族分裂分子"伊湛纳希及其作品"的黑报告，博得了帝、修、反的喝采！这一所谓的大功告成，当然额贼不能独占，也要有嘎儒布僧格一分了。难怪蒙修一再翘起姆脂，称赞嘎儒布僧格："有水平！有功劳！"由此可见嘎儒布僧格是个地地道道的蒙修、乌哈之流的狗奴才！

一九六四年语委革命群众对"４３人委员会"的揭发，打开了乌、哈反党叛国集团罪恶活动的一个缺口。乌兰夫老狗怕罪行败露，连续派他的爪牙去语委坐阵。最后又选忠实亲信，反革命修正主义分子，民族分裂分子云照光，滚进语委，大肆镇压革命群众，妄图把已经点燃的革命烈火扑灭，掩盖他们叛国罪行。可是，"蚍蜉撼树谈何易"，云照光这个乌贼忠实的奴才，当被革命群众烧的无处躲藏的时候，耍了一个上访王铎、王再天的鬼把戏。云照光和其主子王铎、王再天象演剧一样，装模作样的一问一答，硬说没有"４３人委员会"。但是，在无产阶级文化大革命中，被伟大、战无不胜的毛泽东思想武装起来的革命群众，终于揭开了"４３人委员会"的黑幕。原来，乌兰夫、哈丰阿、王再天都是策划"４３人委员会"的罪魁祸首！王再天又是包庇"４３人委员会"叛国案件的黑后台！嘎儒布僧格是策划"４３人委员会"的黑干将！云照光是镇压揭发"４３人委员会"案件的刽子手！

同志们！让我们看一看，这样钻进党内的反革命修正主义分子，民族分裂主义分子，就是这样伙同一起，猖狂地进行民族分裂活动的！这是何等的触目惊心！

二、五七年，嘎儒布僧格忠实的遵从乌、哈主子，为成吉思汗树碑立传奔忙。他在策划成吉思汗陵寝壁画上，漏尽心血，泡制了一幅令人发指的反革命民族分裂的画图。

陵寝壁画内容，分为几个方面，贯串起来，就是大捧暴君成吉思汗；宣扬成吉思汗和他的子孙统一了蒙古；宣扬成吉思汗折箭教子，蒙古人团结起来；而更恶毒的是，他们颠倒历史黑白，说蒙族人民在这个暴君统治下，"安居乐业"，过着"幸福生活"。而后用阴险、毒辣的手法，画了一幅国民党烧、杀、抢、掳的坊景，借以公开恶毒影射伟大社会主义，公然挑拨民族关系，煽动民族分裂！接着，他们就露骨的给内蒙人民指出了"解放道路"，这个"解放道路"就是老牌民族分裂主义分子锡尼喇嘛领导的反汉的独贵龙运动。

同志们！历史那能让这帮小丑颠倒！解放内蒙人民的救星是伟大领袖毛主席！是伟大的中国共产党！

成吉思汗陵寝壁画，是地地道道的反党叛国宣言书！革命人民一眼就可看穿：旧日的成吉思汗，正是当代王爷乌兰夫；旧日成吉思汗折箭教子，正是今日当代王爷乌兰夫唱的"乔巴山，乌兰夫的子弟团结起来"；旧日成吉思汗子孙所谓统一蒙古，正是今日乌哈反党叛国集团，梦寐以求的内外蒙合并；美化旧日成吉思汗和人民如鱼似水，正是今日当代王爷用"民族问题"，掩盖阶级斗争的同一伎俩；旧日的锡尼喇嘛和独贵龙运动，正是今日乌哈叛国集团篡党、篡军、篡政，推行反革命修正主义，民族分裂主义的道路！

这幅壁画的泡制者，就是嘎儒布僧格！他对壁画的内容进行了精心修改，直至主子满意为止。

但是，乌哈之流觉得壁画还不够，又令其另一奴才，反革命修正主义分子，民族分裂主义分子云照光，将其蓄谋已久的电影大毒草"鄂尔多斯风暴"抛了出来，以加速民族分裂活动。这个电影大肆美化锡尼喇嘛和独贵龙运动，云怕太露马脚，硬把锡尼喇嘛更名改姓，给他披上了一件革命外衣，掩盖他们反党叛国的罪恶行径。

嘎、云一唱一和，紧锣密鼓为主子大搞民族分裂尽孝极忠！

三、嘎儒布僧格，极力利用文化、艺术为其反党叛国活动服务。嘎儒布僧格每当和蒙修饮宴到酒酣兴浓的时候，这个老于世故的狐狸，都要别有用心的提议并亲自指挥：唱一支蒙古古老歌曲，"助兴"。实际是"助兴"吗？不是！绝对不是！他们是借助歌声，共同抒发他们梦想内外蒙合并的狼子野心！

嘎儒布僧格既受蒙修的青睐，又得到乌哈之流的重用。嘎也尽忠于主子，亦步亦趋，肝脑涂地。

一九六二年乌哈反党叛国活动日益猖厥，打着民族特点的幌子，大搞蒙文翻译的提级活动，搞民族特殊化。嘎儒布僧格这个乌哈死党，当然不甘落后，他在办公厅亲自挂帅抓这项工作，于是有的蒙文翻译，竟破格跃升四级。

六三年召开先代会，乌兰夫老贼因为文件袋上没有印蒙文，大发雷霆，批评了胡××。嘎儒布僧格闻讯后，又耍了一个老于世故的惯伎，为了向当代王爷取宠献媚，慌忙召开厅、局办公室主任会议，首先顿足捶胸，做了带头检讨，然后，又虚张声势，故异悬虚的批评了别人，嘎的这一手，可谓一箭双雕，他一面向当代王爷取宠，秉以忠心，一面借机强调使用蒙文，搞民族分裂活动。

文化大革命前，乌哈之流梦想内外蒙合并心切，于是，反党、反毛泽东思想、反社会主义的黑心暴露的更加露骨。公然大肆提倡学蒙语，以冲击、抵制和反对广大革命干部，和革命群众对伟大的毛泽东思想的学习。为了达到这一罪恶目的，他们采取了修正主义的金钱刺激，谁蒙语学的好，就给谁奖金，奖金之高竟求百元以上，嘎儒布僧格在这件事情上，又首当其充的跳了出来，亲自上任，大抓特抓蒙文学习奖。

四、嘎儒布僧格对其另一主子哈丰阿，也是极尽阿谀、献媚之能事，远在一九四三年以前，嘎儒布僧格就是臭名昭著的内人党党魁，哈丰阿的老部下，老相识，老搭当了。哈嘎这一对老牌民族分裂分子，有着共同的反党叛国的黑心，他们早已结成了亲密的关系，哈丰阿调文办后，嘎儒布僧格亲为哈贼精选秘书。而更令人难以容忍的是，哈丰阿调京临走时，嘎给哈作了一份鉴定，哈贼本来是个老牌反党、反毛泽东思想，反社会主义的反革命修正主义分子，民族分裂主义分子。多年来他猖狂向党进攻，不断大放反革命厥词，六三年我国由于三年灾害，出现了暂时困难，哈贼认为时机已到，声嘶力竭的嚎叫："现在连伪满时期都不如了"此言何其毒也！然而嘎儒布僧格这个坏蛋，在给哈丰阿作鉴定时，竟颠倒黑白，满天过海，极尽美化之能事，硬把这个老牌反党叛国大盗，打扮成拥护三面红旗的人物，公然包庇哈贼，欺骗党！欺骗中央！是可忍熟不可忍！哈嘎狼狈为奸，罪该万死！

"奔腾急，万马战犹酣。"

革命的同志们！嘎儒布僧格这个反革命修正主义分子，民族分裂主义分子，终于被广大革命群众揪了出来，这是毛泽东思想的又一伟大胜利！**"宜将剩勇追穷寇，不可沽名学霸王，"**让我们更高举起毛泽东思想伟大红旗，全面落实毛主席最新指示，，认真贯彻元旦社论和内蒙革命委员会二次扩大会议精神，誓把乌哈叛国集团残党余孽，苏、蒙修、日特务彻底揪尽！誓把内蒙古无产阶级文化大革命进行到底！

打倒刘、邓、陶！

打倒乌兰夫！

打倒王铎、王逸伦！

打倒王再天！

打倒哈丰阿、特古斯！

打倒嘎儒布僧格、云照光！

彻底肃清乌、哈反党叛国集团的残党余孽！

无产阶级文化大革命全面胜利万岁！

毛主席革命路线胜利万岁！

伟大的战无不胜的毛泽东思想万岁！

伟大的、光荣的、正确的中国共产党万岁！

我们伟大导师、伟大领袖、伟大统帅、伟大舵手毛主席万岁！万岁！万万岁！

四-29

呼三司

1968年2月14日

王再天包庇嘎如布僧格罪责难逃

内蒙人委外事办公室毛泽东思想战斗队

嘎如布僧格出身于大地主家庭，本人是伪满军官，曾被日寇派赴日本留学军事，又是日本、苏、蒙修的特务，反动的内人党忠实干将，哈丰阿东蒙自治政府的侦察情报大员。就是这样一个罪行累累的反革命家伙，被王再天网罗到手之后，一直视若珍宝，让他在内蒙古外事活动中出头露面。

一九五七年蒙古在呼和浩特筹建总领事馆期间，王再天又一次把嘎捧了出来，让他出任内蒙外事处处长。老奸巨猾的反革命两面派王再天，明明知道让一个国际特务去充任外事处处长，肯定不会得到中央有关部门的批准，可能还会受到批评。于是耍了一个瞒天过海的花招，欺上瞒下，不向上级报请任命，就让他实际担当外事处处长职务。一九五八年内蒙成立外事办公室时，王再天又采用同样手段，让嘎当上了外办的副主任。就是这样，一直到王再天看到嘎如布僧格名声太臭，不得不起用另一个反革命修正主义、民族分裂主义分子德力格尔来代替他为止。嘎如布僧格在统治内蒙外办、外事处的六、七年期间，始终是一个未经报请上级任命的不合法的黑处长。请看王再天这个老牌民族分裂主义分子，为了挑选一个他所中意的忠实干将，来推行他们的反动叛国民族分裂主义、反革命修正主义路线，竟然狗胆包天，欺瞒中央到如此程度，真是罪该万死！

正如我们伟大领袖教导的那样**"以伪装出现的反革命分子，他们給人以假象，而将其眞象蔽蔽着，但是他们既要反革命，就不可能将其眞象蔽蔽得十分彻底。"**嘎如布僧格，这个老牌的民族分裂主义分子，日本、苏、蒙修特务，在做为内蒙古自治区的外事代表与蒙古方面进行交涉交往中，当然会竭忠殚智地去推行乌兰夫、王再天的那一条媚外亲修，吃里扒外的民族分裂主义路线。当他的罪行暴露得太露骨而受到上级或下级批评指责的时候，王再天就站出来对他进行包庇，为他辩护，为他开脱。

一九五七年嘎如布僧格受王再天委派，代表内蒙古自治区与蒙古东戈壁省代表会晤，商谈一九五六年双方签订的蒙方借我牧场的"会谈纪要"执行情况。这次会晤的任务是明确的，只能晤谈上次签订的并经双方政府核准的"会谈纪要"的执行情况，根本无权讨论"会谈纪要"规定以外的新问题。但蒙方代表不顾"纪要"的规定，提出了另外借给他们一块约达三万平方公里的新牧场的要求。嘎如布僧格，这个吃里扒外的蒙修特务，公然违反"纪要"规定，超越权限，不经请示就擅自同意了蒙古方的要求，签定了相应的协议。王再天对嘎如布僧格这种目无法纪，出卖祖国利益的行为，不但不追究，反而认为很好。一九五八年，又一次派出以嘎为首的代表团，去与蒙古东戈壁省代表团商谈协助蒙方查找并安置蒙方跑来我国境内的牲畜问题。在这次会谈中，嘎不经请示，竟和蒙方人员一同乘坐蒙方飞机在我国境内低落飞行降落，视察蒙方牧畜的散失情况和我方草场情况，经过这一番视察后，蒙方又提出了额外项目，要求另借给他们可容两只只小畜的过春草场。嘎在此情况下，根本不听团内的不同意见，既不经团内讨论，更不请示上级，就满口答应蒙方要求，签订了相应的协议。此事经中央有关部门发现后，对嘎提出了批评，责令他写书面检查。这时王再天恰好不在呼市。事后王回到呼市见到嘎后，不但不给予处分，反而安慰他说："我不在，你受挫折了。"

嘎如布僧格受到他的主子的这样宠爱、纵容和包庇，当然就更加卖力地去推行他们的反党叛国民族分裂主义路线了。此后在嘎与蒙古总领事馆的交往中更加露骨地内外不分、丧权辱国、积极配合蒙领馆人员大搞破坏我祖国统一，分裂我民族团结的罪恶活动。嘎不但自己对蒙古总领事献媚逢迎，甘当总领事的私人翻译和随从，还力图把内蒙外事处变成总领馆的总务处。对此我外事处同志有过反映，并对嘎

进行了批评斗争。王再天对此一概置之不理，反而利用职权把同志们对嘎的批评，压制下来，说什么"对嘎的问题是如何放手，让他大胆工作的问题。"就是这样让嘎继续逍遥法外，为非作歹。

据揭发，一九六二年内蒙公安厅曾经提出嘎不适于继续做外事工作的意见，内蒙党委常委也做过相应的决议。但王再天狗胆包天，继续包庇、纵容和重用嘎做外事工作，一九六三年中蒙边界谈判时，王再天又指派嘎出任我国边界代表团的顾问。又让嘎参加中蒙边界联合勘界委员会，充任我方委员。在勘界期间，嘎又一次违反外事纪律，不经批准擅自与蒙方达成了×××号界桩的协议，出卖了国家利益，受到上级的批评。但王再天对嘎的劣迹不仅不做处理，反而在一九六四年报请国务院任命嘎为内蒙古外事办公室副主任。

一九六五年，我们最敬爱的伟大领袖毛主席亲自领导下，一场震撼世界的无产阶级文化大革命开始了，革命人民起来清算乌兰夫、王再天、嘎如布僧格之流的日子来到了。王再天这个反革命两面派，狡猾的老狐狸，在北京前门饭店会议上费尽心机，要尽花招，勉强支撑过来，回到内蒙后，惟恐在嘎如布僧格问题上暴露出自己的反动面目，于是披着他那伴骗来的"左派书记"、"革命领导干部"的外衣四处伸出他那又粗又长的黑手，再一次企图包庇嘎如布僧格蒙混过关。首先，他打出了"当代王爷"乌兰夫那面又脏又臭的"民族问题"破旗，在许多场合声嘶力竭地喊叫什么"文化大革命要自始至终注意民族政策"，"政法口搞的大部都是蒙族"，"乌兰夫反党集团的核心是西部蒙族，东部蒙族不过是陪衬，点缀"等等谰言，来干扰运动的发展，妄图效法乌兰夫以民族问题掩盖阶级斗争的实质的伎俩，包庇他手下的嘎如布僧格之流的蒙族败类，也保护自己蒙混过关。同时另一面，这个一贯高官厚禄，养尊处优，尽管他的办公室和外事近在

咫尺都从未到外办来过一次的外办主任，忽然深入下层。在不长的时间内两次找外办同志们谈话。在谈话中，王再天竭力包庇嘎在外事方面的罪行。当同志们那时还很上不了纲地提出嘎在对蒙古领事馆工作中有内外不分的错误时，王故作惊讶地说："是吗！但那也要看在什么问题上，程度如何。"继而又企图为嘎开脱在勘界工作中的罪责，胡说"那是在内蒙权限以内的事。"同志据事实验问后，他又慌忙改口说："唉，我记错了！"以后随着运动的深入，每当揭发出嘎的新问题，王再天都想方设法给以辩解。当嘎在一九六四年的牧区四清中，包庇叛国集团的罪行被揭露后，王再天说"那是认识问题。"当嘎是蒙修情报员的问题提出后，王再天又说"那是革命的、光荣的、历史"，并绘色形声地描绘出一场嘎如布僧格和蒙古情报人员断绝关系的"英勇事迹"为嘎涂脂抹粉。以后当革命烈火猛烧，嘎感到要顶不住，找王求教时，王指点他说："你也可以利用大字报这个新式武器嘛！"嘎果然从此埋头写作，连篇累牍地写了十几张大字报，来为自己辩解，向革命群众反攻倒算，同时也演出了一出和鲁志浩、阎兆麟狗咬狗的活报剧。就是这样，在王再天的黑手包庇下，使嘎混过了一关又一关。"4.13"后，王再天又放出了"嘎在资本主义复辟逆流中站对了，"嘎在保守组织的遮供下没有胡说的空气，甚至不惜颠倒黑白地对外办同志们说："按品质来说，嘎在外办当权派中应当是最好的，"就是这样，经王亲自出马游说蒙骗群众，把嘎解放出来，还企图把他窜进三结合的红色革命政权。

"千钧霹雳开新宇，万里东风扫残云"在这一场挖乌兰夫黑风的新的革命风暴中继揪出特古斯、嘎如布僧格、德力格尔之后，又把他的黑后台王再天揪了出来，这是毛泽东思想的又一伟大胜利。我们一定要彻底清算王再天在外事战线上的滔天罪行，不把王再天斗倒、斗臭、斗垮誓不罢休！

（上接第一版）

正在参加呼和浩特市首届活学活用毛泽东思想先进集体、积极分子代表大会的全体代表也派代表在大会上发了言。他们除了热烈祝贺越南南方军民新春大捷，对越南南方军民深表敬意并慰问外，表示一定要以越南南方军民为榜样，努力开好学代会，一定将学代会开出新水平来，以实际行动支援越南人民。

内蒙古革命委员会常委高树华，呼和浩特市

革命委员会高增贵、杨鸿文等同志出席了大会。高树华、高增贵同志分别在会上做了重要讲话。

高增贵同志的发言在历数越南南方军民大捷的辉煌战绩续向越南南方军民表示敬意之后说："我们呼中国各族革命人民要牢记伟大领袖毛主席**'七亿中国人民是越南人民的坚强后盾，辽阔的中国领土是越南人民的可靠后方'**的教导，把支援越南人民的抗美救国战争作为自己义不容辞的国际义务。更高地举起毛泽东思想伟大红旗，全

面落实毛主席的最新指示，用最大的精力，最多的时间，抓活学活用毛泽东思想的学习……大力办好各种类型的毛泽东思想学习班……打倒派性，斩断黑手，整顿无产阶级队伍，加强无产阶级革命大军的组织建设和思想建设……实现各级革命委员会、各革命组织领导班子的思想革命化，用他伟大的无产阶级文化大革命进行到底的实际行动，支援越南人民把抗美救国战争进行到底！"

地址：内蒙古大学十一号楼　　电话：4807　　每份：二分　　欢迎订阅

四-30

〔仅供内部批判用〕

最 高 指 示

……这一场斗争，是一场阶级斗争，是过去十年社会主义革命过程中资产阶级与无产阶级两大对抗阶级的生死斗争的继续。在中国，在我党，这一类斗争，看来还得斗下去，至少还要斗二十年，可能要斗半个世纪，总之要斗到阶级完全消灭，斗争才会止息。

帝国主义者和国内反动派决不甘心于他们的失败。他们还要作最后的挣扎。在全国平定以后，他们也还会以各种方式从事破坏和捣乱，他们将每日每时企图在中国复辟。这是必然的，毫无疑义的，我们务必不要松懈自己的警惕性。

嘎如布僧格罪恶史

前言

日、蒙、苏修特务、老牌民族分裂主义分子、乌兰夫反党叛国集团的骨干成员嘎如布僧格，接受他反动地主阶级的衣钵，"几十年如一日"，一直为苏修、反做忠实走狗，一直为日本帝国主义、苏蒙修正主义提供我党、我国、我军的重要情报，一直大搞民族分裂活动和"内外蒙合并"。他干尽了卖国、害民、反党的罪恶勾当！

今天，是我们彻底向嘎如布僧格讨还血债的时候了！让我们揭开他的画皮，用毛泽东思想这面照妖镜，看看他血淋淋的罪恶历史吧！

第一部分：嘎如布僧格是个日本大特务

（一）

嘎贼于1919年出身在吉林省双辽县柳条沟屯一个大地主家庭里。他家祖宗三代都是大地主。有土地四千余亩，牛马成群，每年雇长工二、三十人，还有四个老管家。这还不算，万恶的地主为了镇压劳动人民的反抗，维护他的残重剥削，还养有家兵，拥有长短枪七支。

嘎如布僧格就出生在这样一个大地主家庭里！从小过着衣来伸手、饭来张口的寄生虫生活！

（二）

嘎父为了嘎贼继承他剥削阶级的衣钵，1930年把他送入学校读书。嘎贼在中学读书时期，正是日本军国主义侵占我国东北时期。他从小深受了日本军国主义奴化教育和民族主义教育的熏陶，滋长了为日本帝国主义忠实效劳的奴才思想和依靠日本帝国主义升官发财的狼子野心。

（三）

嘎贼为了实现他的狼子野心，于1936年随着招生官日本特务乡原中尉，跨入由日本特务机关操纵的伪兴安军校学习。这一举动，赤裸裸的暴露了嘎贼甘当奴才和蒙奸的反动咀脸。

（四）

嘎贼在军校期间，给日本鬼子卖尽谄媚，献尽奸心，和日本特务日高等人打的火热，因此，很受鬼子的赏识重用，在校连任排长，并多次参与学校日特组织"思想对策委员会"研究学生思想动态的会议，在鬼子眼中和五期生中嘎是第一号红人，毕业时得到一块"御赐"怀表的奖赏，真可畏出色的狗奴才！

（五）

由于嘎贼在军校期间对日本人一片"忠心"，因此很得日本特务机关长金川"器重"。在一九四〇年九月出校时，被金川招去，和×××、×××、××组成"特情小组"，特命嘎贼任组长，专门在暗中为鬼子搜集那些蒙古军官、士兵、学生为日"效忠"，那些人"不忠"的情报。

（六）

嘎贼出校后，在钱家店兴安步兵团见习以及在通辽兴安骑兵团，八面城兴安步兵团机枪连任少尉排长期间，成绩"显著"，为金川搜集情报功高，于1942年被选中留日深造。

（七）

一九四二年十月经日本一七七部队受法西斯训练三个月期满，受到伪满军专部大臣于琛徵、日本关东军司令官梅津"鼓励"，嘎贼被送入日本神奈川陆军士官学校学习。嘎贼在鬼子的器重下，对主子更是孝敬百倍。一九四三年嘎贼取得留日学生满生队中队长日本特务汇波少佐的支持，在日组成了"勇士团"，于四三年八月间在日本富士山麓宣告成立，成员十六名，由嘎贼担任团长，"勇士团"成员，不是特务的，后来也都逐个被嘎贼发展成特务。

（八）

嘎在留日期间，还与老牌民族分裂主义分子、大蒙奸、大日特住在东京的伪满文化参赞哈丰阿等人关系密切、勾当多端。

（九）

嘎贼于一九四四年七月八日回国，因留日卖国求荣"有功"，学习成绩"优等"，曾得日本天皇"御赐"怀表一块、战刀一把。

（十）

嘎贼回国后，受到伪满军事部大臣王静修、日本关东军司令官山田"鼓励"，到日本八八部队考验三月。考验前，参加了大蒙奸、大日特、伪满军事部上校科长阿思根、上尉科员张尼玛、兴安局总裁巴达玛拉布旦以及哈丰阿为伪满留学生召集的会议，鼓励这帮狗奴才为日忠实效劳。而这帮狗奴才也热一头扎到他们怀里为他们主子尽忠效劳。

（十一）

嘎贼在八八部队考验期满，被分配到伪满兴安军校任第九期生区队长，授衔"中尉"。嘎贼任区队长期间，曾对九期中的×××××××、×××、×××、×××等人，按照"勇士团"为日尽忠的宗旨，秘密作过所谓"启蒙宣传"，为日培养走狗真是做到"至忠至诚"。

（十二）

嘎贼在军校任职期间，鬼子日高经常向他们宣扬五期生海宝钰与八路军英勇作战"牺牲"的鬼话，嘎贼心领神会主子心意，便首先发起为海宝钰召开追悼会，经与鬼子日高等人请示，得到主子的支持，于四四年九、十月间，由"勇士团"召开了追悼会。借此在鬼子火七之前激发同帮们与八路军为敌到底的反革命精神。在会上，这帮狗奴才明知海宝钰没死还假泪真心地，借"悼念"还活着的"死人"海宝钰，为日本鬼子表尽"赤诚"，嘎贼还用日语讲了话，应邀参加了"追悼会"的鬼子

3.

日高，也借此机会大发感慨，激励他的奴才们说：好好学习海宝饪，为大东亚战争尽忠效劳。

（十三）

一九四五年春，日本鬼子组成一支"铁石部队"到唐山一带去作战。嘎贼的三名同学××、×××、×××(其中有两名"勇士团"成员)被编入该部队，出发之前，嘎和一帮狗特务为他们三人举办了"欢送会"。在会上，嘎贼慷慨陈词，激励他的同学与共产党、八路军血战到底。

（十四）

四五年五、六月间，嘎贼由日高通知，参加了由日本特务部队五三部队队长松甫和队副志歧召开的"日蒙同命体"最秘密会议，讨论了由日本特务张尼玛、嘎如布僧格、都固尔扎布等草拟的反苏、反共的"游击战计划"等项重大决策问题，这是日本在灭亡前夕，作垂死挣扎的极其罪恶的一项活动。嘎贼在会上还发了言，建议把调到唐山作战的"铁石部队"也调回抵抗苏联红军的反攻。嘎如布僧格这个日本特务机关的得力走狗，在日本灭亡之前，参加这类活动、这类会议，坚决与人民为敌的事，是很多很多的。

（十五）

在我们伟大领袖毛主席和中国共产党领导下的中国人民的抗日战争，于一九四五年八月十五日，赢得了彻底胜利！日本大特务嘎如布僧格这个七命之徒，感到气候变了，便摇身一变，装成"革命"的样子，于9月上旬加入"内蒙古人民革命党"，被"内人党"党魁、大日特哈丰阿以及特木尔巴根、博彦满都等一小撮民族反动派拉入由他们组成的"独立王国"　兴安总省的内防总局　工作，作侦察情报和审讯科长，这帮日本的狗特务，借着职权，有嘎如布僧格直接参与，将一些明摆着的日本特务闫振山、大石艮、小麻生等逮捕起来，不经破案，便急忙忙杀人灭口了。这样来保存他们一伙及嘎贼本人，潜伏下来，好暗中继续为他们主子日帝效劳。

第二部分：嘎如布僧格是现行的蒙修大特务，乌兰夫反党叛国集团的骨干分子

日本帝国主义的忠实走狗，日特分子，为日、满大帝国侵略中国、残杀中国人民效尽了犬马之劳的嘎如布僧格，在"八·一五"日帝投降后，本应受到人民的审判，但这个罪该万死的日特分子施尽了他老练的反革命伎俩，摇身一变，把自己乔装打扮成一个"反满抗日"的"英雄"。在以乌兰夫为首的反党叛国集团的卵翼下，不仅没有受到人民的处决，反而积极加入了"内人党"，又混入了中国共产党，披上了"革命"的外衣，被乌兰夫反党叛国集团视为掌上明珠，青云直上，飞黄腾达，步步高升，先后在"内人党"控制的"东蒙自治政府"的专政机关当侦察情报科科长、公安局长、司长；在内蒙古自卫军司令部当参谋处长；在内蒙自治区政府办公厅当处长、厅副主任，厅主任，副秘书长，外事处长，外办副主任等要职。二十年来，利用他窃取的合法身份，明明暗暗大搞了反党叛国的民族分裂活动，给苏、蒙修提供了大量情报，犯下了滔天罪行。请看：

（一）

一九四七年"五一"大会期间，"内人党"党魁哈丰阿在乌兰夫的大搞内外蒙合并。嘎如布僧格这个"内人党"的"红人"，和他的主子一唱一和，一步一趋，为反党叛国大显身手，大卖力气，在会上声嘶力竭地嚎叫："内蒙和外蒙一样，没有成立共产党的条件，应该成立人民革命党……"为内外蒙合并效尽犬马之劳。

直至一九六四年内蒙"人代会"期间，"内人党"的变种组织统

一党"的头子布仁赛音还通过特种关系和嘎如布僧格约会，接头密谈，大干反党叛国勾当。

（二）

这个"内人党"的骨干分子，乌兰夫反党叛国集团的干将嘎如布僧格，自然会被专搞颠复我国活动和"内外蒙合并"的苏蒙修情报机关相中，以利用他的合法身分，和他勾结起来进行反叛活动。在一九四六年初，嘎如布僧格在"内人党"控制的"内防总局"担任侦察情报科长等要职的时候，在与苏修情报组织"阿米道尔拉"建立情报关系并担任洮南、突泉情报点负责人的同时，又与蒙修特务班斯热克其打的火热，并利用本身工作的方便条件，不计其数地以口头或书面形式把内防系统破案情况；军事行动计划；东蒙自治政府成立情况；叛人的情况；"五一"大会的情况等等大量重要情报提供给蒙方。还在一九四六年四～六月两次越出国境，不辞"劳苦"地为蒙修护送情报和提供情报。

（三）

"钟山风雨起苍黄，百万雄师过大江"。一九四九年春，国民党已全线崩溃，解放战争已取得决定性的胜利。在全国一派大好形势下，这个有高度反革命嗅觉的老特务嘎如布僧格，一方面为骗取共产党信任，捞取政治资本；一方面又为迎合他主子的旨意，在新的形势下继续进行反党叛国活动，便于一九四九年四月以与蒙修断绝情报关系为名，先后在张家口与蒙修派来接替班斯热克其工作的蒙修内防部上校

2.

情报处长旺丹单独会见两次，并在一九五〇年旺丹回国前夕，嘎如布僧格又次与旺丹会见辞行。

（四）

奴才大力卖命，主子更加信用。由于这个受过日本特务高度训练的嘎如布僧格，具有一手搞情报的高超本领，加之反党叛国有功，就非常适应了乌兰夫反党叛国集团的政治需要，于是乎更被主子乌兰夫、王再天相中，一进共产党的政府，就令其当上秘书处长；从此就连年青云直上，很快就当上副秘书长兼管外事；一九五六年内蒙党委国际活动指导委员会成立后，又被任命为该委员会的秘书长；一九五七年外事处成立，又被王再天任命为该处的黑处长；一九五八年成立外事办公室，又兼任外办黑副主任，由朋斯克、王再天先后任主任。这样，这个蒙修大特务，在乌兰夫、王再天的私爱之下，便窃取了外事大权，被上了管"外事工作"的合法外衣，为其大搞民族分裂活动，里通外国，给蒙修提供情报，提供了极其便利的条件，成为乌兰夫、王再天反党叛国集团十分得力的一员干将。请看罪恶：

（1）

蒙修在向我国几次借草场当中，嘎如布僧格这个蒙修大特务，披着管"外事工作"的合法外衣，借口"正常的外事活动"，在乌兰夫反党叛国集团的庇护下，大干了反党叛国，里通外国的罪恶勾当。

⑴一九五七年一月，以嘎如布僧格为首的代表团，因五六年蒙修借用草场事宜，去蒙修扎门乌德同蒙修东戈壁省代表会谈。在会谈中，嘎贼狗胆包天，违背五六年关于借用草场问题"会谈纪要"的规定，

3.

不做请示，擅自将我国宽约100公里，深约30公里的大片牧场增让给蒙修使用。

(2)关于五六年这次借用草坊问题，双方在二连的又一次会谈中，蒙古东戈壁省公安处长向哈丰阿提出要和乌盟的旺庆苏荣（乌盟出席会谈的代表，蒙修特务）在中蒙边境上"单独会见"。嘎贼出于他特务的本分以及乌、哈反党叛国集团搞民族分裂活动的政治需要，借用"乌兰夫"的狗名，于一九五七年夏三次打电话给乌盟盟委说："允许旺庆苏荣到边境上和蒙方人员单独会见，这是乌兰夫"主席"的意见。"

(3)一九五八年一月，蒙修东戈壁省因风雪灾害，又次要求借用草坊。我方派出以嘎如布僧格为首的代表团，又在蒙修的扎门乌德同东戈壁省代表团举行会谈。在会谈中，嘎贼不请示上级，竟与他的主子蒙修人员一起乘坐飞机在我国任意飞行、降落勾当种种。后蒙修提出将跑入我境的大畜撤回一半，另借可容纳二万头小畜的草坊。而这个里通外国的蒙修老特务，再次背着上级，擅自答应了蒙修的要求。事后经外交部发现，进行追查，但其狗头上司王再天，立即跳入进行庇护，并给嘎贼里通外国之事继续打气，公然当众安慰说："我不在，你受磋折了"

（2）

一九五七年四月至一九五九年二月，蒙修在我呼和浩特设立了总领事馆。但这个所谓的"总领事馆"，一无侨务，二无商务，实际上是收集我国情报、对我国进行颠复破坏活动的特务机关。嘎如布僧格为适应乌兰夫反党叛国集团的需要，披上外事处长的外衣，当然要和总领事馆不分彼此，打得火热，借口"正常外事活动"大搞里通外国的罪恶活动。

(1)领馆建立，总领事一来呼市，便要求与反党叛国集团的总头目乌兰夫单独会见，乌兰夫自然满口答应，并与王贼再天亲自指定外事处黑处长嘎如布僧格作翻译好使乌贼与蒙修勾结更为适当。

(2)领馆一建立，为了活动方便，总领事提出要与乌兰夫、嘎如布僧格安装专用电话。嘎贼对他主子的这个别有用心的要求，当然十分"领会"，所以不仅不予驳回，反而一再向上反映、报告给中央施加压力；中央不批，总领事非常恶毒的说，"中国的自治区和兄弟国家往来，似应广泛一些、直接一些，不必事事要经过中央。"乌兰夫反党叛国集团对此公然分裂我国统一的挑衅行为，自然心领神会。

(3)领馆人员对我蒙族干部亲切热情，对我汉族干部冷淡。当时外事处的同志们开会研究有过反映，但此后就发现领馆人员的这种情况有了变化，大家奇怪，此时嘎如布僧格很生气地解释说："是我告诉他们的，提醒他们今后注意，有什么不好！"并不打自招的还说什么："我告诉他们的东西比这个还多呢；"这个蒙修老特务就是这样披着搞外事工作的合法外衣，明目张胆地私下里通外国，国与国之间全然勿视我国外交政策。

(4)领馆刚刚建立总领事就迫不及待的提出"拜会"各有关厅局，以此行收集情报之实。嘎如布僧格当然又要大卖力气。他为了使蒙修能够更好地得到准确情报，打着"交流经验"，互相学习"的幌子，利用职权，以人委名义亲自签发文件，要各厅局做好材料、接待等项准备。随后又亲自陪同并帮助他的蒙修主子总领事到文化局、商业厅、畜牧厅、邮电局等单位收集了很多难以得到的重要情报。

(5)总领事在其狗奴才噁如布僧格忠实效劳下，从自治区直属机关收集了所需要的情报后，怀着同样的目的，马上又提出到各盟"参观"，以此再次收集内蒙情报。噁贼又甘愿效劳，陪同总领事先后到巴、伊、锡、哲等盟进行活动。此外，还和蒙修主子一唱一合，大搞民族分裂活动。在伊盟，不经请示擅自决定让总领事参加"成陵大祭"，作陪祭人献羊背子，并向牧民讲了话，大肆进行民族分裂的反动宣传。在锡盟，蒙修总领事有意破坏民族团结，曾十分恶毒的说："内蒙的蒙古人被汉族同化了。"事后有的同志要把这一心怀恶意的挑衅向上反映，狗奴才噁如布僧格却为其主子百般袒护说："这是酒后的话，不要当正式材料反映了。"在锡盟期间，总领事还诬蔑和攻击我新华社记者是"特务"，噁如布僧格当时不仅不给批驳，反而事后向上报告说，总领事如何"虚心"，如何"坦率"云云，大加吹捧了事。

(6)总领事收集到大量情报以后，要亲自回国一趟。在回国前，噁贼又用他的心腹噁贼作翻译，会见了总领事，并介绍了他的"三不两利"和"稳长宽"等等。

(7)1958年蒙修特务噁如布僧格和领馆秘书昌巴到中后旗参加蒙古南戈壁省延长借用我国牧场的会谈中，昌巴反动气焰十分嚣张，大肆散布内外蒙合并的反动言论。说什么："双方牧民没有什么区别，语言、风俗习惯都一样，看样子还是回到老路上好。""苏联的乌克兰民族，曾分为两部分，第二次世界大战后又合在一起。"还说："苏赫巴特尔死前说过，内蒙革命只革了一半，外蒙解放了，内蒙尚未得到解放"。主子的这些话，也正是奴才心里要说的话，噁贼自然听得乐陶陶。

(8)1959年蒙修邀请我国科学院派代表团参加他们在乌兰巴托举行

的所謂第一屆蒙古語文科學討论会，其中指名要他们的特务、老牌民族分裂主义分子额尔敦陶克陶参加，但不是通过正常的外交途径邀請，而是要领事館直接把邀請书发给额贼本人。乌贼当然又要帮忙。他擅自允許蒙修領館人員去語委"参观"，并引見额尔敦陶克陶，让蒙修直接把邀請书遞交额贼；同时，乌贼还顺从主子需要，命語委把宣扬內外蒙合併的大毒草《历史語文研究》等书送給蒙修。

(3)

在六三年至六四年六月中蒙划界期间，乌如布僧格披着涉外工作的合法外衣，仗着勘界办公室主任的权势，不仅大搞了特务活动，而且将祖国大片大片的富饶土地奉送給蒙修。

(1)中蒙划界在二连会談期间，蒙修代表巴塔（曾当过蒙古內防部第四处处长，发展乌贼作蒙特的班斯热格其就在该处五科任职）提出要和他们的特务乌如布僧格"单独会見"，乌贼欣然应允，与巴塔一起干了不可告人的罪恶勾当。

(2)乌贼顺从蒙修扩展領土的野心，在談判中，劲气一直往蒙方使。曾說什么："我们提出的方案的依据是想出来的。"于是就按着主子蒙修的意思，竟丧失国家立场，不經争执，就把祖国美好河山奉送蒙修。乌贼亲自处理的314号界桩问题，就不經中央批准，擅自同蒙修达成协议，连我方最低方案都没有达到，比条約綫少划进1·24平方公里土地。对如此种种卖国行径，乌贼还美其名曰："表示我们的宽宏大量。"

(3)1963年中蒙勘界联委会在乌兰巴托开会时，一天下午，曾在原蒙古駐呼总領事館当过秘书的昌巳，既非我方代表，又非工作人員，却专门到乌贼住房"拜访"，干了不可告人的勾当。

(4)

1957年乌如布僧格陪同来参加內蒙古自治区成立十周年庆典的

蒙古政府代表团去北京参观时，利用合法身份和工作上的便利，把他事先得知由毛主席接见代表团的内部初步安排，泄露给代表团。由于这一里通外国行为，给后来改由周总理接见，造成不可挽救的政治影响。

(5)

1958年9月蒙修驻华大使馆参赞丹■苏伦来内蒙由■如布僧格陪同在呼市、包头、达茂旗、中后旗进行活动，并与■贼密谋偷越国境到蒙古南戈壁省汗宝格达苏木，■贼、丹贼居住一屋密■勾当。

(6)

1959年10月，因蒙修南戈壁省借用草场结束事宜■方向我国提出指派代表团到南戈壁省会晤，并指名"邀请"他们的狗特务■如布僧格前往。而乌兰夫反党叛国集团，也遵照蒙修意旨，安排■贼为代表团团长。奴才去见主子，当然要"献礼进宝"，特带情报，竟将我统计局印发的绝密资料"内蒙古自治区社会主义建设基本数字统计"等重要材料也带往蒙修。

代表团去蒙之后，■贼却随主子到乌兰巴托等地四处活动，交流情报。经过一周活动，才回到南戈壁省举行会谈。当晚蒙修主子还给代表团招待一场电影，特加演"彭德怀访问蒙古"一记录片，以此在彭德怀下台的情况下向我党挑衅。■贼当然看在眼里乐在心中，回来后也不作报告。会谈中蒙修人员说："内蒙古自治区在乌兰夫主席领导下有很大的发展，乌兰夫在内蒙很有威望……。■如布僧格团长亲自看望我牧民，在借给我草场的几次会谈中很卖力气……"■贼也当场应声而合，双方大吹特吹当代王爷乌兰夫，赤裸裸的暴露了内外蒙合并的狼子野心。

8.

（7）

嘎如布僧格这个蒙修大特务、乌兰夫反党叛国集团的骨干分子，出自他的反革命本性，对我们伟大领袖毛主席和中国共产党有刻骨的仇恨。

1954年成陵运回后，给西北局的感谢信的原稿中有一段写着"我们认为只有共产党领导之下，各民族之间才有这样坚固的团结和深厚的友宜"，这句话被嘎贼给砍掉了。这封感谢信的原稿中还有一句"中国共产党和毛主席的英明领导"的话，也被嘎贼砍掉了。

尤其疯狂的是，嘎贼趁我国三年自然灾害时期，同国际上的帝、修、反和中国的赫鲁晓夫、地、富、反、坏、右，一唱一和，大放猕词，恶毒地攻击三面红旗、毛主席和中国共产党的英明领导。如说什么：62年"北戴河会议对形势的估计是错误的。""总路线考虑中国的实际情况不够，因而脑子热了，提出错误的口号。""乌兰夫主席教育我们不要忘记在内蒙工作，内蒙的民族地区特别不要忘记了这是正确的，这几年来忽略这一点，不从内蒙的实际情况、内蒙特点出发……对上边来的东西，没有根据自己的情况加区别"。并露骨地狂吠"上边来的东西"："为什么顶不住呢？那股风来了，头碰破了也顶不住"，"顶了就是这个派，那个派的，一障风、一面倒"，"这教训要好好考虑。"……如此云云，反对中国共产党和毛主席的英明领导甚嚣尘上。

（五）

嘎如布僧格这个蒙修大特务、乌兰夫反党叛国集团的骨干分子，由于出卖祖国和反党叛国"功高"，因此，不仅很受反党叛国集团的总头目乌兰夫赏识，而且很受蒙修主子的欢心。二十多年来，光接受蒙修政府及私人的恩赏，就不计其数。

9.

什么手表，什么皮夹大衣，什么小口径步枪，什么图古力克……，是得到很多很多的。蒙修这样"宠爱"嘎贼，不正说明嘎贼孝敬主子十万分吗！

结 束 语

"金猴奋起千钧棒，玉宇澄清万里埃。"在我们伟大领袖毛主席亲自领导和发动的这场史无前例的无产阶级文化大革命运动中，广大的无产阶级革命派和革命群众，高举毛泽东思想伟大红旗，把这一小撮"害人虫"统统揪出来了！这是毛泽东思想的伟大胜利！

但是，敌人的孤立，并不等于我们的胜利。三料特务嘎如布僧格虽然运动初期就被揪出来了，但是出自他的反动本性，是不甘心灭亡的，是要作垂死挣扎的，一方面因他的主子王贼再天出面为他打保票，一方面他也极力往革命队伍里面钻，使展反革命伎俩，吹捧、拉拢、蒙蔽部分革命群众，为自己保驾。至今，这个狡猾的敌人，还没有被彻底搞臭，他的流毒还远远没有肃清，他的阴魂还在办公厅徘回。如果放松警惕，仍有复辟的危险。

"宜将剩勇追穷寇，不可沽名学霸王。"让我们更高地举起毛泽东思想伟大红旗，更加深入地开展革命大批判，从政治上、思想上把嘎如布僧格批倒批臭，批深批透，再踏上亿万只脚，让他和乌兰夫反党叛国集团同归于尽，永世不得翻身！

一九六八年八月二十四日

四-31

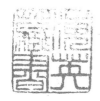

最 高 指 示

人民靠我们去组织。中国的反动分子，靠我们组织起人民去把他打倒。凡是反动的东西，你不打，他就不倒。这也和扫地一样，扫帚不到，灰尘照例不会自己跑掉。

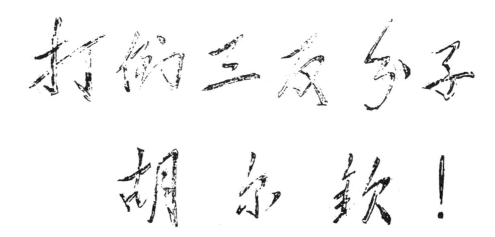

打倒三反分子

胡尔钦！

内蒙古自治区直属机关宣教口《鲁迅兵团》、《卫生总部》

内蒙古卫生厅《３１８》兵团

一九六八年元月十五日

最 高 指 示

混进党里、政府里、军队里和各种文化界的资产阶级代表人物，是一批反革命的修正主义分子，一旦时机成熟，他们就会要夺取政权，由无产阶级专政变为资产阶级专政。

前 言

在史无前例的无产阶级文化大革命中，我区卫生战线无产阶级革命派，高举毛泽东思想伟大红旗，发挥"舍得一身剐，敢把皇帝拉下马"的大无畏的革命造反精神，终于把"当代王爷"乌兰夫的忠实干将内蒙卫生部门党内头号走资派胡尔钦揪出来了。这是战无不胜的毛泽东思想的伟大胜利！是我区卫生战线无产阶级革命派和革命医药卫生工作者的一件大喜事！

原内蒙古自治区卫生厅厅长、卫生厅党组书记胡尔钦，是一个地地道道的"三开分子"、"三反分子"、反革命修正主义分子和民族分裂主义分子。他是蒋介石的宠儿，修王的走狗，日本帝国主义的奴才，乌兰夫的干将，党修的亲兄弟。二十年来，他追随"当代王爷"乌兰夫，隐藏在卫生部门，一贯反党、反社会主义、反毛泽东思想，大搞资本主义复辟活动，推行了一条反革命修正主义和民族分裂主义卫生黑线。

胡尔钦犯下的滔天罪行，罄竹难书，十恶不赦。现在，让我们剥开胡尔钦的画皮，把他的原形暴露在光天化日，大庭广众之下，看看他的咀脸多么丑恶，他的灵魂多么腐烂！

"万木霜天红烂漫，天兵怒气冲霄汉"。我们无产阶级革命派，遵照伟大领袖毛主席的教导，坚决把胡尔钦打倒在地，再踏上千万只脚，叫他永世不得翻身！

一部彻头彻尾的反革命史

胡尔钦，男，蒙族，现年52岁。一九一六年生于乌盟乌拉特西瓜旗企业尔胡洞传力要府。从十八岁起，他就开始委身投靠反动民族上层，揭开了反动政治生涯的丑恶历史。

一、蒋介石的宠儿

一九三四年八月，胡尔钦从伪三公小学毕业后，通过日势力的关系，考入伪中央政治学校费费分校简易师范部。当时伪中央政治学校的校长就是罪恶滔天的蒋介石。伪中央政治学校是培养蒋介石的嫡系班底，从此，胡尔钦就去当了蒋介石的宠儿，委身投靠给臭名昭著的"蒋委员长"。

二、日本帝国主义的奴才

一九三七年四月，正当日本法西斯发动芦沟桥事变，大举进犯华北的前夕，这个德王的走狗胡尔钦，被主子看中，由德王亲自主考：选派去日本留学，进一步地兼为日伪忠实效劳的奴才。胡尔钦到日本先入善邻商南特势予科学一年日语后，准备进入日本陆军士官学校深造"武士道"精神，但由某种原因，改学经济，又学医四年。胡尔钦在日本学了一身奴才本领和法西斯精神后，于一九四二年九月回国为主子效劳。

三、与日特机关、日特分子的密切交往

胡尔钦在留日时期，就参加了大汉奸哈丰阿组织的反动透顶的"留日生同乡会"并积极参与了"留日同乡会"搞的反动活动。

胡尔钦同日特、铁血团分子德力格尔朝克图有密切的勾搭，在日本就知道德力格尔朝克图是日特分子。一九四五年五月，胡尔钦秘密地参加了由德力格尔朝克图发起的"内蒙古青年革命党"。保地后，胡尔钦又把这个老 哪当德达尔朝克图拉到中医研究所当蒙医搞搏，前先后在私下进行了几次密谋。

据揭发，胡尔钦留学日本，是善邻学会介绍的；回国后又在善邻协会当医生。而善邻协会与日本特务机关有密切的关系。

胡尔钦从日本回国后，曾把自己的两张毕业证书和其他东西，交给国民党员、伪警官、伪蒙疆四期弘弟叫股长岳胡秀任伟，的一直任存到现在。解放前他们关系密切，解放后他们仍有来往。

4·

一九四三年三月，胡尔钦曾去北京，为日本特务机关经倒的法西斯影片"成吉思汉"充当蒙语解说员，并从伪蒙疆弘报局的特务经费中领取报酬300元。同年五月，又以医生身份，由伪蒙疆"医学代表团"去东京参加"东亚医学会议"，进行反革命活动。

一九四四年左右，胡尔钦在张家口，原伪蒙疆弘报局的一个特务分子李吉，曾秘密地告诉胡尔钦，要胡为他搜集旅馆情报。

四、德王的走狗

胡尔钦从伪中央政治学校蒙旗分校毕业后，被到德王政府办公厅秘书科文书股工作百巴学院工作，为日伪效劳。一九四二年九月，留学日本回国后，在德王政府伪中央医学院附院充当院正，德王保健所充当所长。在此期间，一方面他把自己的"医术"为日伪统治阶级效劳；另一方面，借医生的外衣，大搞反革命活动，如给日本特务机关摄制法西斯影片充当蒙语解说员，等。德王政府的几次搬迁搬到化德，搬到云王府，都一步一跟，不离德王的左右。

五、抢夺抗日胜利果实的民族败类

抗日战争胜利前夕，胡尔钦投靠的日本法西斯卵翼下的德木楚克东鲁普王朝，处于命在旦夕。是继续跟着日本、德王走，还是摇身一变，抢夺抗日胜利果实，另找出路，另打旗号，另立王朝呢？这是当时的伪官员、王公、贵族争吵纷纭的大问题。胡尔钦同那些反动的政治投机商密勾结在一起，共同划策，走上了第二条道路，扮演了抢夺抗日胜利果实民族强盗的脚色。

胡尔钦在给乌兰夫写的"六万言书"中供认，当时在西苏怎样处理的两个日本特务如何处理，发生了激烈的争吵。争吵的实质是，要保护德王的安全，还是要投靠苏蒙军的问题。他描绘当时争吵的情况时说："假如张家口没有得到解放，德主席就在日本手里，咱们处理了两个日本人，这个风声传到了张家口，那就等于帮助日本人结束了德主席的生命"；"在局势没有闹清楚之前，两步并一步走，在我这里是不会同意的，实际上也就是拖延几天的问题"。

胡尔钦供认，他们最后决定把这两个特务送交苏蒙军，是为了摆脚当时进退维谷的境地。"内蒙古民族解放委员会"付秘书长吉尔格郎说："一旦苏蒙军到达陶高商，咱们背后有持他人，出面迎接友军，咱们这个解放委员会，岂不成笑话吗，这不就是如同耳子病的瞎咋呼似的咋？

于是，胡尔钦充当了抢本抗日胜利果实民族败类的急先锋，伙同另一个败类亲手把这两个日本特务押送交给苏蒙军，从而骗取了苏蒙军的信任与支持。

胡尔钦供认，当时，"内蒙古民族解放委员会"委员长宝音达来（是王的弟弟，伪蒙疆政府最高法院院长）对"内蒙古青年革命党"曾讲说："现在苏联红军就要过来了，日本人退出了蒙古地方，我们蒙古青年们要起来革命的吧。但是当前的形势还没有最后敲定下来，革命吗，也还得看局势的发展呀，现在德王席本暗察口，还在日本人的手里。咱们在这里搞的风声大，走漏了消息（注：指对两个日本特务的处理），请主席的生命就很难安全了，咱们大家都有责任吧。"

胡尔钦还供认了当时"内蒙古民族解放委员会"出笼的天机，就是为了抢本抗日胜利果实。宝音达来亦曾说："和苏蒙红军联系，且以什么身份出面呀？咱们都是日本时代的官员，现在没有个新的政权形式，怎么和人家接头呀！"于是，"内蒙古民族解放委员会""内蒙古共和国临时政权"了随之脱壳而出。

胡尔钦最后供认："『八一五』解放当初，班在西部地区，便出现了一个时间在政治上的闹隙状态。当时内蒙古的封建上层便抓住了这个闹隙状态，并利用了当时蒙古青年派民族主义的倾向，聚取力量，积极建立政权，来添补这个闲隙。为了达到他们这个不可告人的目的，于是他们展开了他们的政治活动"。

（注：在这里胡尔钦竭力为自己脱胎抹扯，当然无济于事。）

六、"内蒙古青年革命党"的核心人物

一九四四年八月十四日，由日本特务、铁血分子、蒙奸德力格尔朝克图发起，秘密地成立了反动透顶的"内蒙古青年革命党"，这个青年党公开打出了所谓"解放内蒙古"实现"蒙古独立"和"内外蒙合併"的旗号。这个"青年党"的核心人物如世俗，都是日特、蒙奸、王公、喇嘛、伪官员、如牛鬼蛇神，是一个乌七八糟的大杂烩。胡尔钦于一九四五年五月加入了"青年党"。

"内蒙古青年革命党"的组织机构和核心人物

主席：德力格尔朝克图（日本特务、铁血团分子、汉奸）。
总书记：布彦密汗（伪蒙疆政府小学教员）。
组织部部长：罗布桑那尔布（宝音达来之子）。
文化宣传部部长：邵格尔扎布
武装部部长：西布（伪蒙疆少校军官，留日士官生）
卫生宣传部处长：胡尔钦（伪蒙疆保健所所长）。

胡尔钦在"青年党"里扮演了什么角色呢？

第一、他是"青年党"中的一个核心人物，任卫生宣传处处长；

第二、他当时宣称："我们蒙古人如果不和外蒙合并，则实现不了真正独立自主的国家"。他扬言："我们研究了当时的形势，苏联一出兵，日本一垮台，内蒙古解放，最后内外蒙合并，就是我们的任务"。

七、"内蒙古民族解放委员会"的策划者

"内蒙古民族解放委员会"于一九四五年八月十七日，是胡尔钦伙同蒙奸宝音达来日轴德力格尔朝克图等的直接策划下出笼的。宝音达来说："和苏蒙红军联系，要以什么身份出面呀？咱们都是日本时代的官员，现在没有个新的政权形式，怎么和人家搭头呀？这就是"内蒙古民族解放委员会"出笼的背景。也是胡存坤叛日投利果史的所谓"搭政权"的最初形式。

"内蒙古民族解放委员会"头目名单
委员长：宝音达来（德王的岔分，伪蒙疆巴林旗协理长）
付委员长：平索东（伪蒙疆旺生旗代表那的代表）
            穆古来宝（伪蒙疆农牧部长，接收办等）
            吉尔格拉（伪蒙疆组织部部长）

胡尔钦在"内蒙古民族解放委员会"里充当"委员"，扮演了一个可耻的角色。就是这个胡尔钦，伙同宝音达来等特划建立"内蒙古民族解放委员会"时，他接受了宝音达来的旨意，星夜纵出，专程找得古拉宝和吉尔格拉来商量，策划组织所谓"新政权形式"问题；就是这个胡尔钦，第一次直接与苏蒙红军取得联系，并骗取了苏蒙红军对"解放委员会"的信任与支持；

就是这个胡尔钦，步苏蒙红军接见"内蒙古民族解放委员会"时，他同宝音达来密策"讲话"内容，以便进一步骗取苏蒙红军的信任和支持；

还是这个胡尔钦，伙同德力格尔朝克图（日本特务）、都格尔苏荣（德王之子）等九人，向蒙军提出要求，去蒙古去参观学习。后德力格尔朝克图和都格尔苏荣被蒙古扣留，其他人未去成。

还是这个胡尔钦，在"内蒙古民族解放委员会"里曾单独与蒙军取得联系，多次"密谈"内外蒙合并"给蒙修作地下工作"等问题。

八、"内蒙古共和国临时政府"的一员干将

一九四五年九月二十九日，"内蒙古民族解放委员会"在温都尔庙召开代表会，宣布成立了所谓"内蒙古共和国临时政府"。这个"临时政府"是"解放委员会"的发展，是宝音达来等贩卖的"新政府"的最高形式。这个"临时政府"竭力鼓吹什么"不要自治，要自决"；建立一个什么"有外交的、高度的自治政府。"

这个所谓"临时政府"下辖一个院十一个部。"临时政府"主席是宝音达来，付主席是达木仁苏荣（伪满军第八师师长）；各部部长，都是伪蒙疆政府的部官，驻日代表和伪蒙军的高级军官；胡尔钦是"临时政府"的执行委员、内政部付部长。这个"临时政府"完全是日伪蒙疆的日特、蒙奸等官僚政客拼凑起来的班底，实质上是一个没有德王参加的德王政府。

胡尔钦在"临时政府"里，是一个忠实的干将。这个所谓"有外交的、高度的自治政府"，从酝酿到出笼，整个过程胡尔钦都参与了出谋划策和具体的筹建工作。

"临时政府"成立后，向苏联求蒙古援助五个师的军事装备，五十辆坦克，一百五十辆汽车，五十亿蒙币，以及电讯器材等。看！这帮民族败类的野心可谓大矣！

九、蒙修的孪兄弟

胡尔钦从参加"内蒙古青年革命党"起，到后来"当代王爷"乌兰夫，二十年来，一直干着分裂祖国，进行"内外蒙合并"的勾当，真不愧为蒙修的孪兄弟。

一九四五年八月二十三日，胡尔钦首次同蒙军取得联系时，蒙军一个中将同胡尔钦有这样一幅对话：

蒙匪中将问："你对蒙古人民共和国是什么看法？"

胡尔钦答："我们蒙古民族原来只有前四九旗，后五十旗的说法。岁终民国给我们中间划了个内蒙和外蒙的界限，但从民族感情上，他怎么也划不成两个半，所有不同的地方，就是哈拉哈蒙古得到了苏联的帮助，而独自独立了；而我们前四九旗的蒙古，没有闹成革命。……我们蒙古的青年和妇女，念念不忘你们，我们以为现在解放了，也就是内外蒙合伴的第一大进步么。"在胡尔钦回答问题时，这个蒙匪中将低声赞成："巨太！巨太！"（意思是"应该！应该！"）。

一九四五年八月，"内蒙古民族解放委员会"成立后，"解放委员会"献派德力格尔朝克图，邪荣尔茅荣，胡尔钦华九人"代表团"去蒙古参观学习。"代表团"到次劲防卡后，蒙匪分别对"代表团"成员谈话。最后一次是一个蒙军中将同胡尔钦谈话，他对胡尔钦说："将来国民党一旦来了，他们（指代表团其他成员）怕不怕死，能坚持合作工作吗？"胡尔钦回答："咱们不是主张内外蒙合伴吗，怎么又谈起国民党来问题了呢？"中将说："内外蒙合伴这是咱们蒙阿兄弟之情感，可是还有个时间的过程问题。"当时有人把胡尔钦的谈话作了记录，蒙匪中将在上面写上了"为蒙古民族解放事业服务"的字样并让胡尔钦签了字。

一九四五年九月上旬，一次蒙匪中将找胡尔钦密谈"内外蒙合伴"问题。蒙匪中将指示胡尔钦说："我们不久就要撤出中国，你们有什么打算？"胡尔钦回答："我打算在敌区北部搞革命活动，离你们边境不太远的地方。"中将又说："搞起来后，我们可以给你一、两部电台，以便联系，马上让只一人有一只就行了。先把秀云他们的起事……。"

一九四六年五月，驻蒙口的蒙古人民共和国联络部郝尔兵，一次私自找胡尔钦密谈，胡尔钦向他汇了报"内蒙古自治运动联合会"的情况。

一九五二年，胡尔钦公然叫嚣什么："还是拥护乌兰夫搞自治区，由中央帮助建设，给咱们建设工农业，文化教育林业，取代给，班该给药，他病要多少的，派放给多少，又给培养医生和各行各业人员，有了这些东西，搞民族独立才有可能实现，不然那是空想。"

一九五七年六月，蒙古卫生代表团赴内蒙古，本团回国前，胡尔钦对"代表团"大谈"内外蒙合伴"的心怀与理想。胡尔钦说："我们有着共同的誓言与共同的理想"，"临别在即，不胜依依"。

一九五八年胡尔钦同蒙修乌兰巴托锡勒图书长的见面大少，也上加少，已经一个房间，互相又大谈"内外蒙合併"的问题。陈巴对胡尔钦说："解放时，乔巴山本来意思参战，是为了内外蒙合併，因为那时候中国革命是无产阶级革命，所以会有意把内蒙兄弟们从中国分离出去。但在世界蒙古人的觉悟提高以后，今有一天统一起来的。蒙古人民共和国虽然是一个人口少的小国家，但在世界上仍保留着蒙古人的名称。我们好好做自己的工作，就会成为蒙古族的榜样。"胡尔钦听到陈巴的这番话时，联声赞曰："咖！咖！"（是的意思）

一九五八年九月，胡尔钦随中国卫生工作者代表团访问蒙古，曾私自答应：在蒙古建立10张中国休养疾床。代表团临走时，蒙古提出：

"在蒙古有中国的休养床10张请考虑如何利用？"当时代表团负责人贺彪说："带回而是研究。"可见，在蒙修设10张中国休养床，是胡尔钦同蒙修搞的鬼。

一九六一年八月，叛国投修分子沙格拉扎布随"蒙古卫生代表团"来内蒙访问时，沙对胡尔钦说："你是我的老首长，我现在虽然离开中国到蒙古去了，但也是建设社会主义，咱们都是为了社会主义么！"胡尔钦也连称"是！是！"

一九六二年一月，胡尔钦歪曲党的民族政策，从民族分裂主义出发，竭力鼓吹什么："少数民族地区的任何工作，终究是要主要依靠少数民族自己动手去做。大力培养民族干部，这不仅是体现了少数民族自己当家作主，而且，也只有依靠和通过民族干部，才能使卫生工作，密切联系本民族人民群众，得以迅速开展。这是党的民族政策的一个重要方面。"

十、胡尔钦反动政治生涯

一九四七年八月————一九三五年在伪中央政治学校包头分校师范部学习。

一九三五年————一九三六年四月在伪蒙疆徐王里政府伪百灵学院工作。

一九三六年一月"百灵庙起义"，胡尔钦跟拖徳王相阻逃到云王府（即达茂旗）。

一九三七年四月————一九四二年九月，留学日本，为日伪培养忠实奴才。胡尔钦在日本参加了"留日生同乡会，"并与日特、铁血团分子德力格尔朝克图等有过密切的往来。

一九四二年九月—— 一九四五年八月回国后，分配到伪市中央医学院附院当技正，四子王旗、西苏旗伪德王保健所当所长。在此期间，一九四三年三月曾到北京，为日本特务机关拍制法西斯影片"成吉思汗"亦当过蒙语讲解员并从弘报局特务经领取报酬300元。一九四三年五月，以翻译身份，随伪蒙疆"医学代表团"去东京参加""东亚医学会议"。秘密地加入了由锡力格尔朝克图发起的"内蒙古青年革命党"，并任该"党"卫生党役外外长。

一九四五年八月，"八一五"苏联红军进入西苏旗，为营救伪苏贵王陈等王政府伪官员，从温都尔庙逃到陶高庙。

一九四五年八月十七日，为了抢夺抗日胜利果实，胡尔钦伙同日特、蒙奸、汉奸、贵族、伪蒙疆官吏、成立了所谓"内蒙古民族解放委员会"胡尔钦亦当该"委员会"的"委员"。

一九四五年九月二十九日，胡尔钦伙同这批民族败类，积极策划和筹建"内蒙古共和国临时政府"。胡尔钦在"临时政府中亦当"执行委员"和"内政部付部长。"

一九四六年十一月胡尔钦护送一批家属到乌兰巴托，领取蒋介石的"炮弹"。

一九四五年十一月"内蒙古共和国临时政府"由乌兰夫一手策划的"内蒙古自治运动联合会"代替后，胡尔钦成为乌兰夫反党叛国集团合股公司的一个大"股东"并亦当"联合会"的组织部付部长、乌盟分会付主任。

"当代王爷"乌兰夫的忠实干将

1945年10月，乌兰夫到西苏旗后，同"内蒙古共和国临时政府"这群民族强盗打得火热。由于在先搞"自治运动"，后搞"民族独立"的共同目标下，臭味相投，很快就同流合污了。从此，胡尔钦就更换了主子，投靠了乌兰夫，加入了乌兰夫反党叛国集团的"合彩公司"。

一、乌兰夫反党叛国集团"合彩公司"的老"股东"

1946年"4·3"会议后，乌兰夫就把他的搞采老班底同另外一个旁系（"内蒙古人民革命党"和"内蒙古共和国临时政府"）纠合在一起，重新组织了反党叛国集团"合彩公司""内蒙古自治运动联合会"。乌兰夫供认："内蒙古自治运动联合会宗旨：本会以团结内蒙各阶层人士，联合中国共产党及各民主势力，发动组织内蒙古人民彻底肃清法西斯势力，坚决反对国民党内反动派之大汉族主义政策，建立内蒙古民族自治民主之政权。"（《内蒙古自治运动联合会会章》）他还扬言："内蒙古革命分三个阶段：即自治运动时期，自治政府时期，自由联邦时期。"（《在林东干部会议上的报告》1947年2月）

胡尔钦参加乌兰夫集团，筹建"内蒙古自治运动联合会"后，受到乌兰夫的赏识重用，当了"联合会"哲里木盟分会会长和乌盟分会付主任。

胡尔钦积极支持乌兰夫主张由"内蒙古自治运动联合会"代替"内蒙古共和国临时政府"，绝不是偶然的，是由于与乌兰夫的"三个时期"有共同的天机。胡尔钦露骨地说："还是跟着乌兰夫搞自治区，向中央要武器，……有了这些东西，搞民族独立，才有可能实现，不然都是幻想。"

二、全面篡夺卫生厅的领导大权

胡尔钦是原内蒙古卫生厅厅长，党组付书记。尽管身为正厅长，但因为不是坐原党组内的第一把交椅，不便放手推行乌兰夫的反革命修正主义和民族分裂主义路线。1959年，这个老奸巨猾的胡尔钦，窥测时机已到，就伙同"当代王爷"乌兰夫，施展反革命两面派的技术，硬把这个旁系集团的核心人物胡尔钦，塞在原卫生厅党组的第一把交椅上，从而勾结狼狈为奸于胡尔钦、包正、义达哦，就先后全面地篡夺了卫生厅的领导大权。

胡尔钦全面篡夺了卫生厅的领导大权后，自立方针，另打旗号，放肆推行乌兰夫的反革命修正主义和民族分裂主义路线。仅仅在几年之内，就基本上把我区卫生工作拖入到反革命修正主义和民族分裂主义的轨道。

三、"三次密谈"策划"宫廷"政变

1964年是乌兰夫大搞民族分裂公开大暴露的一年。这年夏天，乌兰夫和胡尔钦同在北戴河疗养，他们在私下多次倾吐当年的"共同天机"。

乌兰夫对胡尔钦意味深长地说："我们一同共事二十年，又是同志，又是朋友，老上下級关系，应该说互相很了解，有什么事情不可谈呢？！"乌兰夫直接了当地说："现在内蒙有些人封鎖我的消息。向我封鎖消息，我当第一书記怎么能做工作呢？老胡，你不会向我封鎖消息吧？！"

当胡尔欽被乌兰夫指为所謂"封鎖消息"，从北戴河回来后，就慌忙写了几份材料，上书乌兰夫，密报有关人员不满和反对乌兰夫的言論和行为。胡尔欽在一九六四年九月二十四日給乌兰夫的密件中，志应今后給当情报员。胡尔欽說："主席批評，不反映情況，封鎖消息。这对我又是一次深刻的教育，虚心的接受主席的批評，愿在今后坚决地改正这种錯誤的态度。"但乌兰夫却很不满足，又当面对胡尔欽說："老胡，你給我写的那个东西，还解决不了問題。"

話說回來，在北戴河的"三次密谈"中，他们还策划了"宮迁"政变的問題。

四、《六万言书》出謀献策

1965年，当乌兰夫进行反党叛国活动达到登峰造极的时候，乌兰夫的"高参"、情报员、妖精老婆云丽文，出于反革命的需要，亲自出馬，要胡尔欽給他们写一份《西苏旗"青年党"——"临时政府"情況纪实》——即《六万言书》。

胡尔欽的《六万言书》到底是什么貨色呢？

《六万言书》为乌兰夫反党叛国集团举行"宮迁"政变出謀划策。它描繪了这邦民族强盗是怎样搶夺抗日胜利果实的，为乌兰夫反党叛国集团举行"宮迁"政变提供反革命經驗；它献出了"内蒙古共和国临时政府"的等建經驗和組織机构，为"宮迁"政变后的乌家王朝提供兰图。

《六万言书》竭力为这伙民族强盗乔装打扮，为他自己涂脂抹粉。胡尔欽吹捧得力格尔朝克图、宝音达来之流搞的"内蒙古青年革命党"、"内蒙古民族解放委員会"和"内蒙古共和国临时政府"是为了"革命"，"走民族解放的道路"。他美化"青年党"是为了"废除封建公王制度，实行民主革命，走非資本的发展道路"；美化"民族解放委員会""临时政府"和热蒙军取得联系，是为了"打开解放局面"；美化他自己是青年革命派的代表，积极同上层人物做斗爭。

| 推行反革命修正主义和民族分裂主义路綫 |

胡尔欽是内蒙卫生部門党内头号走資派。十七年来，他秉承刘少奇、乌兰夫的旨意，在卫生工作中执行了一条又粗又黑的修正主义黑綫。

一、大树乌兰夫的黑影

十七年来，胡尔欽在卫生工作中，处处烙印着乌兰夫的黑影。乌兰夫怎么說，胡尔欽就怎么做，形影不离，把乌兰夫捧上了天。

乌兰夫說："要进一步貫彻全面予防，重点消灭的方針"。

胡尔欽呼应："乌兰夫指示，全面予防，重点消灭，我们必須坚决执行，要在一切工作中去体現这个指示。"

13·

乌兰夫又说："必须发展人口，繁荣人口，特别是发展蒙古族的人口 是个最大的问题，也是卫生工作一项中心任务，这是政治任务，我们计戏把蒙古族人口发展到千八百万！"

胡尔钦又呼应："乌兰夫主席的指示，今年这一任务更加明确了，必须在卫生工作中继续坚决贯彻"人畜两旺"政策，把发展与繁荣蒙古族人口和区内少数民族人口，作为一项中心任务，作为突出的重点任务之一，千方百计，采取一切措施，保证人旺的实现"。

胡尔钦在1959年全面篡夺卫生厅领导大权后，为了讨好主子的欢爱，在一九六〇年二月召开的全区医药卫生工作四级干部会议上，破天荒地大树特树乌兰夫的黑影。

胡尔钦特请乌兰夫向大会做了所谓"重要讲话"，系统的向全区医药卫生人员散布了在卫生工作方面的所谓"乌兰夫思想"。乌兰夫在这个"重要讲话"中，贩卖了"以繁荣人口为中心带动一切卫生工作"的黑纲领，兜售了"全面予防、重点消灭"的黑方针。从此党中央制定的卫生工作四大方针逐渐被冲淡、被代替，乌兰夫的黑纲领、黑方针的影响迅猛地在我区泛滥起来。

二、炮制修正主义和民族分裂主义的卫生工作黑方针

胡尔钦重来所谓"乌兰夫思想"，十七年来炮制了一系列的修正主义和民族分裂主义的卫生工作黑方针。

1、"以繁荣人口为中心带动一切卫生工作"的黑纲领；

2、"全面予防、重点消灭疾病"的黑方针；

3、"中医工作以蒙医为中心"的黑方针；

4、"由里向外，由点到面，逐步充实，重点提高"的牧业卫生工作黑方针；

5、"提高质量，加强基层，面向少数民族群众，更好地为保护劳动力和繁荣人口服务"的民族卫生工作黑方针；

6、"从重点病区开始，一片一片地防治，搞掉一片，巩固一片"的布鲁氏菌病防治黑方针；

7、"一方面是积极采取有效措施，使人口自然增加率迅速提高，另一方面是从区内外向牧区移入儿童"的繁荣民族人口黑方针；

8、"由外向里"的边境卫生工作黑方针；

9、"要向尖端科学迅速进军"的医学科学研究黑方针；

......

三、反对医药卫生面向农村

胡尔钦等党内走资派反对毛主席"把医疗卫生的重点放到农村去"的指示，到了不可容忍的地步。他叫嚣："1967年以前，在城市中普遍建立医院，地县保

建站等基层机构";"医务人员不要下放，主要搞医疗"。

胡尔欽等走资派反对医药卫生工作面向农村的铁证			
项目	总 数	城 市	农 村	城市与农村的%比
医 生	3000人	2000多人	100多人	96:4
病 床		4.41每人	0.51每人	90:10
经 费		81%	19%	81:19

一方面，反对把卫生工作面向农村，另一方面，却竭力推行修正主义保健制度，为乌兰夫反党集团效犬马之劳。1960年，胡尔欽等走资派怕现有高干疗养设备满足不了主子的要求，接受乌兰夫的黑指示，计划在呼和浩特风景区乌素图开辟一个规模巨大的疗养别墅区，建立一所富丽堂皇的高级疗养院。

这个别墅区的筹建计划，仅基建投资一项即达580万元，可买小米五千多万斤，供一万个农民吃十多年；可建公社卫生院七百个。计划中的基建项目，有特级疗养楼一栋，高级疗养楼八栋。此外，还有舞厅、电影厅、会议厅、球室、棋室，等等。还设计在疗养楼周围建园林四个，人工湖三个，湖心亭一个，滑水场一个，其它草亭、船坞、花房等等。甚至为了老爷们打猎消遣，还计划修建山路几段。真是样样俱全，跟资本家的别墅没有什么两样。

但是，这个修正主义的别墅规划，随着乌兰夫反党叛国集团的复灭而成了泡影。

以胡尔欽为首的老爷卫生厅，为乌兰夫等高级官老爷服务无微不至。1962年，为了让"当代王爷"乌兰夫长生不老，专门从那里花了100余元买了一棵灵芝草，实际上是一棵腐朽的蘑菇。云丽文为了延其狗寿，人参、鹿茸常不离口。1966年1至3月份就吃各种人参六斤，合款600余元，还给开了一个380元的燕窝处方。国家规定，贵重滋补营养药实行自费，但老爷卫生厅也给报销了。1964年云丽文从福建特请一名医，专门为"王爷"和"王后"看病。这次花的住房费100多元，招待费900元（包括送礼用的一件滩羊皮大衣一一0元）全由公家报销了。有一次，云丽文的女儿患麻疹，从北京请来名医生，光旅费，国家就开支1500元。

四、大搞资本主义复辟

十九年来，老爷卫生厅在胡尔欽等走资派的把持下，在卫生工作中大搞资本主义复辟。他们推行修正主义的卫生工作黑纲领、黑方针；反对党的绝对领导作用；树立修正主义的黑旗；复活封建残余势力；纵容坏人大搞投机倒把活动。

他们炮制和推行的修正主义卫生工作黑纲领、黑方针，什么"以繁荣人口为中心推动一切卫生工作"，什么"全面予防、重点消灭疾病"，什么"医院工作四十条"，什么"三权下放"，如此等等，全是反毛泽东思想的修正主义、民族分裂主义黑货，目的是为复辟资本主义。

他们反对党的绝对领导作用，积极在内蒙古医院实行科室主任负责制，撤消科室党支部专职书记，改为科主任领导下的科党书记。这样，就把科室党支部的领导作用剥夺干净，变成为资产阶级"学术权威"的附庸。在基层卫生组织中，他们配合刘少奇的"三自一包"，大肆贩卖"三权下放"、"自由开业"的黑货，致使基层卫生组织不纯，许多基层卫生组织被坏人篡夺了领导权。

他们树立修正主义的黑旗，竭力吹捧莎拉齐公社卫生院，把它誉为学习的"榜样"，妄在盟区掀起一个所谓"学、赶、超"莎拉齐公社卫生院的运动。所谓莎拉齐公社卫生院的"榜样"究竟是什么呢？它不是无产阶级掌权，而是坏人当道；它不是突出无产阶级权威，而是为右派分子王斌竖碑立传；它不是自力更生、白手起家，而是拔苗助长，国家扶助。

他们复活封建残余势力，提倡"蒲巴拉仓"，在召庙里招收蒙医徒弟，请大喇嘛为师，以经卷为教材，进行封建、宗教式的教学。这明明是恢复喇嘛制度，公开合法地为喇嘛传宗接代，复活封建残余势力。而胡尔钦却把它美其名曰："既能培养蒙医，又能继承遗产"。

196　年，胡尔钦勾结坏人宗长清，违反药品管理办法，私自批准给宗长清一公斤去氧麻黄素。宗得到去氧麻黄素后，转手进行投机倒把，获暴利一万四千余元。

五、扼杀中医政策的刽子手

胡尔钦是扼杀党的中医政策的刽子手。他从民族分裂需要出发，炮制了一条"中医工作以蒙医为中心"的黑方针，肆无忌惮地反对和拒不执行党的中医政策，阴谋把中（蒙）医一棍子打死。他胡说什么："内蒙没有几个出名的、高明的中医，我们没有多少研究和继承的工作。主要是研究和继承蒙医的问题。"因此，竭力反对学习、继承和发展中医工作。他到处叫嚣："不要统一组织学习中医，要自觉自愿"；还指责各单位学习中医是"强制的，不是自愿的，有盲目性。"他扼杀中医政策到如此程度，1962年擅自批准内蒙古医院撤消中（蒙）医病房，妄图把中（蒙）医赶出医院（因受抵制未遂）。他对中医系、中医研究所象踢皮球一样，滚来滚去，不加强领导，使中（蒙）医事业受到很大损失。

难道胡尔钦又果真是关心蒙医的继承和发展吗？也不是。他所关心的不是真正继承蒙医遗产的精华，而是经常吹捧某些反动喇嘛的神术；他不是真正为蒙医培养革命的接班人，而是搞什么"蒲巴拉仓"，复活封建教育制度，为封建喇嘛传宗接代；他不是真正挖掘蒙医力量整理祖国医学遗产，而是重用那些不懂蒙医的坏人，如把日特分子德力格尔朝克图拉到中（蒙）医研究所搞所谓研究整理工作。

党的中医（蒙）政策，由于在胡尔钦的破坏和扼杀下，十几年来，我区中（蒙）医事业发展很慢，有些遗产受到了很大损失。

六、反对突出无产阶级政治

胡尔钦一贯反对突出无产阶级政治，一贯反对活学活用毛主席著作。下面是他的奇谈怪论：

"医务人员学习政治要自愿参加，不能强求一律"。

"有些人就喜欢搞政治运动，好象不搞政治运动就活不下去。"

"政治必须通过业务来体现，业务学习时间每周不得少于四小时，政治学习时间每周不得超过二至四小时。"

"做为卫生部门来说，不只是要接受党的绝对领导，按党的方针、政策办事，还必须给党委（按：指乌兰夫控制的原内蒙古党委）当好参谋，做党的驯服工具。"

胡尔钦从来不过问甚至反对党的政治工作，开口是什么"学术权威"，闭口是什么"技术措施"，鼓吹"技术高于一切"。他胡说什么："八一五解放后就参加工作的民族干部，又是技术权威，对他们应加强工作，及早地解决×××的入党问题。"

七、推行修正主义干部路线

胡尔钦等党内走资派，秉承其主子乌兰夫的"包下来，提起来"的黑指示，在干部工作中招降纳叛，结党营私，包庇坏人，任人唯亲，竭力吹捧"学术权威"，片面强调"民族成份"，拒不执行毛主席提出的"任人为贤"的路线。

他们企图把一个逃亡地主分子散布旦提升为卫生厅付厅长；把强奸幼女犯色仍，从监狱提前保释出来加以重用，安排科主任，恢复原薪170元；把犯罪分子王岳武提前释放，专门为乌兰夫、云丽文治病；把一个上层喇嘛提为付厅长；给大右派分子王武摘了帽子，监报请任命把他提升为内蒙古医学院付院长；如此等等。

为了配合乌兰夫反党集团策划的"宫延"政变，胡尔钦当面接受乌兰夫的黑指示，以"学术权威"和"民族成份"为第一的黑纲领，在1962年亲手炮制了一个所谓《培养民族卫生专家规划》。这个《规划》要求到1967年，为乌家王朝培养一批所谓的"民族卫生专家"。由于在这个黑纲领的指导下，胡尔钦亲手选定的培养对象，其中有反革命分子，劳改释放犯，内人党徒，资产阶级学术权威和党内走资派等等。

八、腐朽的生活方式

反革命修正主义、民族分裂主义分子胡尔钦，在政治上，他既然是反动的，那末，在生活上，也必然腐朽的。

在历史上，胡尔钦有过三个老婆，喜新厌旧，吃喝嫖赌，糜烂透顶，狂热地追求资产阶级生活方式。

胡尔钦混进革命队伍后，恶性继续发作。1961年他利用职权，把医药公司收进的一架价值600多元的梅花鹿茸，窃为己有。胡尔钦是一个麻将迷。这几年虽不能带病工作，但却伙同其主子乌兰夫，经常"带病"玩麻将到深夜。胡尔钦是个不看报、不学习毛主席著作的政治庸人，但却致力于钻研喇嘛教和欣赏黄色小说。下面是他手不释卷的"读书单"：

《辞林广记》〔元〕；《蒙古踏查记》〔日〕；《蒙古和西藏》〔日〕；《西藏和蒙古的神话》；《蒙古佛教历史》；《喇嘛之国》；《蒙古佛教历史》；《9—19世纪蒙古历史》；《蒙古之真相》；《横断蒙古和中国的旅行》；《蒙古原流八卷》；《蒙古大观》；《西藏蒙古秘密喇嘛大观》；《西北蒙古四今昔》；《金瓶梅》等。

胡尔钦常以党内"专家"、"权威"自居。多年来，屈人一头的架子始终拉不下来，甚至在党内以特殊党员出现。他长期不过党的组织生活，从不主动来向交纳党费。

胡尔钦究竟是个什么东西？从上面初步揭露的材料来看，他是卖身投靠伪王、日帝、乌兰夫的"三开分子"。他是一个地地道道的反革命修正主义、民族分裂主义分子，是内蒙卫生部门党内头号走资派，是反党、反社会主义、反毛泽东思想的"三反分子"。

毛主席教导我们："敌人是不会自行消灭的。无论是中国的反动派，或是美国帝国主义在中国的侵略势力，都不会自行退出历史午台。""凡是反动的东西，你不打，他就不倒。"胡尔钦就是这样的反动分子。在无产阶级文化大革命中，直到今年一月，他对自己隐瞒过的重大历史问题，例如和日本特务的关系问题，和蒙修的关系问题，在日本的罪恶活动等等，仍拒不交代，真是个顽固不化的走资派。而且蒙修、乌兰夫的阴魂，在他的花岗岩脑子里凝结不散，大量保存他在乌兰巴托的留影和乌兰夫的互相。

是可忍，孰不可忍！我们无产阶级革命派必须给胡尔钦以毁灭性的打击，把胡尔钦彻底斗垮，斗臭，批深批透！

打倒刘邓陶！

打倒乌兰夫！

打倒三反分子胡尔钦！

无产阶级文化大革命全面胜利万岁！

战无不胜的毛泽东思想万岁！

我们心中最红最红的红太阳毛主席万岁！万岁！万万岁！

内蒙古自治区直属机关宣教口《督运兵团》、《卫生总部》

内蒙古卫生厅《318》兵团

一九六七年九月印发

一九六八年元月十五日正理重印

第 九 期
内蒙古教育厅《砸黑线》联络站
1967.12.31

痛打落水狗特木尔巴根
—— 兼驳特木尔巴根的翻案书

特木尔巴根和特古斯是一丘之貉

原内蒙师院党委书记、教育厅付厅长、老牌反革命修正主义、民族分裂主义分子特木尔巴根，早在64年就被师院革命委员会和广大革命群众揪出来了。但在反党叛国集团总头目乌兰夫及其死党特古斯之流的长期包庇下，一直没有处理。几年来，这个十恶不赦的坏家伙一直在伺机反扑，妄图卷土重来。伟大领袖毛主席教导我们说：阶级敌人"老是在研究对付我们的策略，'窥测方向'，以求一逞。有时他们会'装死躺下'，等待时机，'反攻过去'。他们有长期斗争经验，他们会做各种形式的斗争——合法的斗争和非法的斗争。我们革命党人必须懂得他们这一套，必须研究他们的策略，以便战胜他们，切不可书生气十足，把复杂的阶级斗争看的太简单了。"特木尔巴根就是这样一个狡猾的阶级敌人。新生的红色政权刚刚建立，乌兰夫的残党余孽远没有彻底扫清，有的如特古斯之流甚至乔装打扮，钻进了革命委员会内部，继续进行反党叛国、破坏文化大革命的罪恶活动。而那些躲在阴暗的角落里、长期"装死躺下"的阶级敌人如特木尔巴根之流也紧密配合，上窜下跳，大肆活动，实行反攻倒算。早在67年7月份，特木尔巴根就写了翻案书，向内蒙革命委员会等各小组和高锦明同志发动了攻势，10月底，又抛出了长达万言的翻案书，交给了师院东纵和教育厅《联委》。接着又去北京活动，扬言要上告中央文革。特木尔巴根向革委会群众的疯狂反扑，是毫无例外地得到特古斯的支持的。特木尔巴根去北京活动，就住在特古斯哥哥（哈丰阿诛夫）家里。特木尔巴根和特古斯长期互相勾结，狼狈为奸。他们不仅在政治上是一丘之貉，同是鸟合死党，就是在私人关系上也是亲密无间，互相勾结的。特古斯的叔父是罪恶累累的恶霸地主分子，特木尔巴根字也把他留在内蒙师院工作，本应退职监督劳动，特木尔巴根却按退休处理，月月用国家经费供养这个恶霸地主分子。而特古斯对特木尔巴根也同样是关怀备至，处处包庇。特木尔巴根这个大流氓，抛弃前妻，挖别人的墙角。当受害者告到内蒙党委宣传部时，特古斯不但不处理，反而组织调查组，了解女方够不够与特木尔巴根结婚的条件，并批准特木尔巴根结婚。种种事实证明，特木尔巴根的后台就是特古斯，特木尔巴根与特古斯是一丘之貉。如今，从文艺界揭起的革命风暴，正在扫荡着乌兰夫反党叛国集团的一切残渣余孽，特古斯被揪出来了，特木尔巴根的翻案活动也彻底破产了。特古斯必须斗倒批臭，特木尔巴根这条落水狗也必须狠打痛打！

(1)
恶毒的攻击，猖狂的反扑

特木尔巴根长达万言字的翻案书，是对革命群众的恶毒攻击和猖狂反扑，其矛头是直接指向革命群众、直接指向新生的红色政权的。特木尔巴根的万言书，是继续向党向革命群众猖狂进攻的罪证，是狡猾抵赖妄图翻案的宣言书。特木尔巴根的翻案书，必须彻底批判，特木尔巴根的新帐老帐，必须彻底清算。

特木尔巴根的翻案书，以反驳"特木尔巴根专案组"为幌子，矢口否认其反革命修正主义、民族分裂的罪恶活动。特木尔巴根猖狂叫嚣："我根本没有任何民族分裂罪行，……我用我日记中一些有缺点错误的言论，和我工作中的一些缺点错误大作文章，用夸大歪曲事实，繁琐哲学、无限上纲、逼、供、信和攻其一点不及其余的办法，给我捏造了种种莫须有的罪名，给我扣了'反党反社会主义的民族分裂分子'的帽子。"狂叫什么："所谓我'进行民族分裂活动的罪状'共三十一条。这三十一条有十四条是不符合事实的，有的甚至是完全捏造的。其余的十七条（其中大概有十三条是我过去日记中的言论）是我说过的错话和做过的错事，……但是，这些错误言行的性质是什么呢，是地方民族主义的错误呢，还是民族分裂活动呢？是人民内部矛盾呢，还是敌我矛盾呢？毫无疑问是前者，而不是后者。"看，特木尔巴根套用狡辩的语言，无赖的态度妄图抵赖他的罪行。他还极力混淆黑白，颠倒是非，甚至将自己打扮成"左派"，是和乌兰夫、王逸伦、王铎作斗争的"英雄"。叫嚷什么："其实我日记中的那些言论，是完全有道理的，是符合实际的，对乌兰夫、王逸伦、王铎等人批评，不满是应该的。"特木尔巴根这个乌兰夫叛国集团的死党，如此贼喊捉贼，妄图迷惑群众、蒙混过关、保存自己，那是万万办不到的。

特木尔巴根在他的反动的万言书中，还向革命群众射向了一支又一支的毒箭，恶毒诬蔑谩骂革命群众。他大肆叫喊什么"冤上加冤"，

"我是被乌兰夫迫害的一个典型。但直到现在没有人敢正视这一事实。"他恶毒地说什么：师范学院的"广大群众在文化大革命前就深受蒙蔽，而毫不了解事实真相。文化大革命后又继续受蒙蔽，而且随着不负责任的宣传的增多，所受的蒙蔽越来越深。在这种情况下，谁敢产生怀疑呢？谁敢发表不同意见呢！谁敢讲一句公道话呢！可是我的冤枉就越来越大，旧冤枉上又增加了新冤枉！"。这就是特木尔巴根眼里的革命群众。特木尔巴根向革命群众反攻倒算、恶毒攻击真是到了无以复加的地步，是可忍，孰不可忍。

特木尔巴根的罪行必须彻底清算

反革命修正主义、民族分裂主义分子特木尔巴根的罪行累累，罄竹难书。多年来窃据内蒙师院、教育厅付厅长的领导权，大肆干反党反社会主义反毛泽东思想的勾当，大搞民族分裂活动。事实俱在铁证如山、不能抵赖。下面略述一二，以见其反动面目。

一、特木尔巴根恶毒诬蔑诽谤我们伟大领袖毛主席，罪该万死。在一九五七年整风反右开始，他公然怀疑："毛主席的做法是不是完全正确呢？"恶毒污蔑毛主席"这次对马列主义的发展，可能与赫鲁晓夫批判斯大林的错误有同样的缺点。"攻击毛主席的矛盾论是："充满矛盾，文字晦涩"。等等。毛主席是我们心中最红最红的红太阳，毛泽东思想是当代最高最活的马列主义，是全世界人民战胜帝、修、反的最锐利的武器。全世界革命人民最热爱毛主席和毛泽东思想，只有阶级敌人才对毛主席和毛泽东思想怕得要死，恨的要命。特木尔巴根怀着地主阶级的仇恨，对我们伟大领袖所进行攻击污蔑，有如疯犬吠日，只能暴露其反动的真面目。

二、特木尔巴根猖狂反对攻击社会主义制度，罪责难逃。1959

年，他说："我们面前重大問題之一是：找到一个与我们的經济发展速度相适应的在政治生活上民主化、自由化的速度……。今天无产阶级的形式不应与过去完全一样。"公然要我们取消无产阶级专政，在政治生活上民主化、自由化。1958年，攻击总路綫"只有一化三改的目标，而沒有非常明确提高人民物质生活水平的目标"，"是令人苦恼的問題，是危險的笨拙表現。"他污蔑全国人民大煉鋼鉄，"象《一千零一夜》里把人变成牲口一样的可怕"，他攻击："人民公社早产了，就象女人怀胎，七个月就生下来一样。既然早产了，不能塞回去，这是为了照顧人民公社的国际影响。"还有很多攻击三面紅旗的恶毒語言、行为。真是听了令人发指。

三、吹捧、向往資本主义、修正主义，臭不可聞。

特木尔巴根疯狂反对社会主义、攻击三面红旗，对无限向往、竭力吹捧資本主义和修正主义。1957年，他看到报纸上关于英国、德国工人生活的文章说："我的生活（当时特月薪138元）不見得比那里的一个普通工人高到那里。"宣扬蒙修的生活比中国高，什么："一个普通的汽車司机的每月工資能买二十多袋白面，如做衣服可能做两套最上等料子的衣服。"把帝修捧到天上，表現了一付反党叛国的奴才相。

四、地地道道的民族分裂主义分子。

特木尔巴根是一个地地道道的民族分裂主义分子。在他的日記里公然讲：蒙古是他的"民族祖国"，"蒙古的繁荣发展是我的幸福之一"，"蒙古我为你过去骄傲，也为你現在悲哀"，因此要为"蒙古民族作生死斗爭"。他积极鼓吹内外蒙合併。他说："不管一个民族以次要角色生活其中的国家里有要么平等的地位，还不如以它为主的国家里发展制度制。"在师范学院的八年中，特高举民族主义旗帜，大搞民族分裂活动，包庇民族分裂分子和叛国分子。和蒙修特务、苏侨教师勾勾搭搭，大量泄露党的机密，为苏蒙修特务做了情报工作。

此外，特木尔巴根结党营私，争权夺利，生活上腐烂透顶，玩弄女性。真是罪恶累累，不可尽书。

毛主席教导我们："敌人是不会自行消灭的。无论是中国的反动派，或是美国帝国主义在中国的侵略势力，都不会自行退出历史舞台。"特木尔巴根也是如此。这只落水狗，不甘心自己的灭亡，在极力活动，妄想爬上岸来继续为非作歹，这是我们革命群众决不答应的。

对特木尔巴根这只落水狗，唯一的办法是继续痛打之，绝不留情，手软。

坚决打倒反革命修正主义、民族分裂主义分子特木尔巴根！

特木尔巴根的累累罪行必须彻底清算！

揪出乌、哈、特死党骨干分子巴图示众

内大《井冈山》八一战斗队

（编者按）12月23日教代会与师院、内大、农牧学院、医学院、蒙专等五所高等院校的革命师生联合召开了揭发、批判、斗争哈丰阿，特古斯及其安插在上述各高等院校的死党特木尔巴根、巴图、贡嘎、木伦、赛音乌力吉、呼翠大会。这个大会开得好。它显示了当前教育革命的一些新动向。新动向之一，就是把本校的斗批改同对乌兰夫——哈丰阿——特古斯的黑线的揭发、批判有机地结合起来了。会上，革命师生用大量的铁的事实揭发、批判了反革命修正主义、民族分裂主义分子特木尔巴根、巴图、贡嘎、木伦、赛音乌力吉、呼翠等受其主子的指示，推行反革命修正主义、民族分裂主义教育路线的滔天罪行；同时，也用大量的铁的事实，揭发了这些反革命修正主义、民族分裂主义分子几十年来同乌兰夫——哈丰阿——特古斯在政治上、思想上组织上的黑线联系，他们上下勾结，共同密谋进行民族分裂活动的事实。

新动向之二，是有关学校联合作战，上揭标，下揪庙。对乌兰夫——哈丰阿——特古斯黑线，发动彻底的围歼。上述高等院校的革命师生在揭发、批判特木尔巴根、巴图等本校反革命修正主义、民族分裂主义分子的基础上，向乌兰夫——哈丰阿——特古斯开火。挖掘毒根；反过来，又顺着乌兰夫——哈丰阿——特古斯黑线清除他们在各校的流毒，扫荡他们在各校的残党杂草。这样就把哈丰阿——特古斯这个乌兰夫集团反革命别动队的上下、左右、前前后后的根杆枝叶、来龙去脉全面清理出来，放在光天化日之下示众，使他们的反党叛国、反革命修正主义、民族分裂主义的面目暴露无遗。

这里我们选登了内大的发言。这篇发言有力地揭露了巴图的罪行及其同特古斯的关系，显示了上述特色。

我们伟大领袖毛主席指出：**"混进党里、政府里、军队里和各种文化界里的资产阶级代表人物，是一批反革命修正主义分子，一旦时机成熟，他们就会要夺取政权，由无产阶级专政变为资产阶级专政。"** 哈丰阿、特古斯民族分裂主义反革命集团的党徒们，就是这样一批反革命修正主义分子。他们在乌兰夫的包庇下，长期以来，就把持了整个内蒙古的文教宣传阵地。

在内大，哈、特死党巴图被安插为付校长兼党委付书记。

巴图起初并不愿意来内大，他觉得来内大不是第一把手，"又有卒子别着腿"，曾向特古斯诉苦，特古斯面授机宜说："内大是块很重要的阵地，我们要把内大做为一个点。"巴图心领神会，立即改变原来的主意，在内大抓起党政大权来了。

毛主席教导我们：**"世界上一切革命斗争，都是为着夺取政权，巩固政权。而反革命的拼死同革命势力斗争，也完全是为维持他们的统治。"** 巴图来内大后，分管教学工作，但不干，直言不讳地声称："我要管党政思想工作。"杀气腾腾，把黑手伸得老长，要霸占内大这块重要阵地。他把保卫处直接控制在自己手里，凌驾于党委之上，同时又独霸了文研班、蒙古史研究室等文化思想阵地的领导权。在乌、哈、特的支持下，巴图甚至一度还窃取了内大党委代理书记的要职。

巴图大权在握，于是依仗职权，大干起民族分裂主义的反革命活动。

他一贯包庇纵容民族分裂主义分子和反革命民族分裂事件。内大有名的民族分裂主义分子、蒙修特务布仁赛音被揭发出来以后，巴图千方百计加以包庇，首先提出不能在全校范围内批判，接着又企图把他定为人民内部矛盾，扬言要保留布的"讲师"席位，好让其逍遥法外，继续大搞民族分裂的罪恶活动。内大蒙语专业57级学生普日布，是个民族分裂的实干家和阴谋家，巴图一给他刚摘了右派帽子，乘放假回乡的机会就公然在呼盟边境煽动一部分人叛国投修，并妄图与蒙古驻华使馆取得联系，里通外国。63年当普日布的叛国阴谋被发现后，巴图等人严密封锁消息，既不向上级汇报，又不让群众批判，反而把他安排在师院附中当教员，保护起来，让其继续大搞民族分裂活动。巴图安全送走了普日布后，又为另一个具有严重民族分裂言行而未定性的×××开脱罪责说什么"认识问题"，"人民内部矛盾"。甚至在大会上还满口赞扬这个学生的"革命"精神，并要他不背包袱："年青人嘛，以后还要好好干"，把这个有民族分裂主义言行的人掩护下来。62年，在内大发现了一个民族分裂主义的反革命小集团，保卫处向巴图汇报，但巴图既不向党委反映，也不向公安部门报案，公然又将这个性质极端反动的小集团保护起来。巴图不仅包庇民族分裂主义活动，而且还竭力想把敌伪组织旧人员，王公贵族，以及有严重民族分裂主义思想的人拉入党内，招降纳叛，为乌、哈、特死党培植爪牙。

巴图的黑手还伸进了内蒙文艺界。早在内大文研班时，巴图就跟内蒙文联几个民族分裂主义反动文人打得火热。当时的文研班在巴图操纵下，变成了一个货真价实的裴多菲式的俱乐部。巴图依仗职权包庇了蒙修情报员纳·赛音朝克图等人。六四年文艺整风时期，巴图又千方百计保护了敖德斯尔，纳·赛音朝克图、玛拉沁夫等民族分裂主义反动文人。他还写文章肉麻地吹捧玛拉沁夫的大毒草作品《茫茫的草原》。

物以类聚，人以群分。巴图包庇坏蛋，并不奇怪。他本人就是个大搞民族分裂活动的实干家。

哈丰阿、特古斯、巴图、木伦、贡嘎等，组成的反党叛国、民族分裂的反革命集团，早在民主革命时期就已形成。

1942年，野心勃勃的巴图进了日本法西斯开办的伪满新京工业大学。此时，巴图拜倒在日本走狗，大蒙奸哈丰阿的脚下，成为哈丰阿的狂热追随者。巴图肉麻地吹捧哈丰阿是什么"蒙古族中杰出的青年"。当他入党以后，仍然念念不忘哈丰阿的所谓功绩，说他是九·一八前的老革命，说他"给日本人办事，总对蒙古民族做了不少好事"。"八·一五搞了那么多军队，没有哈丰阿东北就会乱呀，他功劳大呀！"等等。巴图把这个民族败类、大蒙奸、大特务简直吹上了天！也就在42年，巴图在哈丰阿家里结识了特古斯，他们在所谓"复兴蒙古"的幌子下，成了日本法西斯的忠实奴才。

抗日胜利后，中国革命进入一个新的历史阶段，当时中国处在两种命运、两种前途的决战时刻。就在这个历史的转折关头，大蒙奸哈丰阿为了篡夺抗战胜利的果实，又打起"内人党"这面破旗，与国民党反动派相勾结，鼓吹内外蒙合并。这时的巴图秉承哈丰阿的意旨积极活动，亲奔海拉尔，勾结蒙军一中校密谋内外蒙合并。蒙军授意巴图：你们可以请愿嘛！内外蒙合并要取决于内蒙人民的"民意"。这样，巴图就匆匆赶回乌兰浩特，向哈丰阿汇报，哈听后狂喜若狂，大加赞赏说："你带来好消息了！"于是在哈丰阿的主持下，搞了一个臭名昭著的内外蒙合并的"签名运动"。这个"签名运动"假造民意，把蒙古族中的封建上层、王公贵族的意志，强加在广大的蒙古族劳动人民头上。他们还拿这个所谓"签名书"，到外蒙请愿，妄图把内蒙古从祖国的大家庭中分裂出去。

之后，巴图又领受了哈丰阿的指示，回到了老家郭前旗，和陶特克等反动的民族上层勾搭接，为哈记集团招兵买马，扩充反革命武装，破坏当地的革命组织。

46年初，哈记集团感到老内人党实在太臭了，这面破旗再也打不下去了。于是，这帮家伙，一面宣布老内人党解散，一面又拼凑起一个换汤不换药的新内人党。值得注意的是，反动的新内人党，至今不仅未宣布过解散，而且还在活动。

"四·三"会议，"五·一"大会之后，野心勃勃的巴图，一面仍跟哈丰阿、特古斯保持密切联系，一面又投靠乌兰夫，混入中国共产党。从此，大搞民族分裂罪恶活动的巴图又涂上了一层"共产党员"的保护色。在乌兰夫的包庇重用下，巴图青云直上，窃据了党、政要职，更加疯狂地大搞民族分裂的反革命活动。

解放以来，巴图和哈丰阿、特古斯、木伦等"内人党"的党魁们，利用他们所窃取的职权，经常聚集一起，进行秘密活动。就在57年右派分子向党进攻时，前农牧学院党委书记贾嘎竟赤裸裸地对巴图说："我真想杀几个汉人！内蒙民族问题不杀几个汉人不能解决！"这样极端反动的话，巴图听了置若罔闻。六〇年春，巴图又和特古斯议论什么"乌兰夫是第一代，我们是第二代"，"工农干部不能搞宣传"，"老特慢慢就是文教书记了"，"内蒙项数宣传部工作好……"。看！这帮野心家的反革命民族分裂的种圣同盟是何等紧密！

巴图，这个野心家、阴谋家，凭着他大地主出身的反动阶级本能，二十多年来，从民主革命到社会主义革命，在革命发展的每个关键时刻，以至在这场无产阶级文化大革命期间，内蒙地区二、三月资本主义反革命复辟逆流中，一贯顽固地为乌兰夫、哈丰阿、特古斯死党的反革命活动效尽犬马之劳，是乌哈特死党的一个重要人物。

无产阶级文化大革命发展到今日，哈、特死党——这个乌兰夫反党叛国的别动队，被打个落花流水。他们安插在教育界的代理人，一个个地被揪出来示众了，这是毛泽东思想的伟大胜利！让我们更紧密地团结起来，排除一切阻力和干扰，乘东风，破互围，将乌、哈、特死党，揪尽挖绝！一个不留地将这一小撮民族败类、祖国的叛徒，统统扫进历史的垃圾堆去！

欢迎批评、欢迎指导　　　　　《教育战鼓》编辑部　　　　　地址：内蒙林业厅三楼　　　　　电话：3882

战报(4)　　　　68.3.8　　　　·3·

巴图与哈丰阿的丑史一段

物以类聚，人以群分。巴图这个反党叛国的大阴谋家，大野心家，阿朱和哈丰阿就是一丘之貉。与其狼狈为奸，结成死党，干了一系列反党叛国的罪恶勾当。巴图是哈记内人党的得力干将，是哈丰阿的得意门生。

早在1942年，巴图就结识了大蒙奸哈丰阿，拜倒在哈丰阿的脚下，成为哈丰阿的狂热追随者。巴图肉麻地吹捧哈丰阿是什么"蒙古族中杰出的青年"，当巴图入党后，还念念不忘哈丰阿的的遇功绩，说什么"哈丰阿是'九·一八'前的老革命，……总对蒙古人做了不少好事，……他的功劳大呀！"等等。看！巴图把哈丰阿简直吹上了天，可见他对大蒙奸、大特务、老牌民族分裂主义分子哈丰阿崇拜到何种地步！也就在这年，巴图通过哈丰阿结识了特古斯，他们一起投靠了日本法西斯，在所谓"复兴蒙古"的幌子下，成了日本侵略中国的帮凶。

1945年"八·一五"光复之后，在这个历史的转折关头，哈丰阿、特古斯、巴图之流与国民党政府相勾结，又打起了"内外蒙合并"的反革命破旗，妄想摘取内蒙抗日战争的胜利果实，把内蒙从祖国大家庭中分裂出去。当时他们到处打听蒙古军来中国的消息，巴图这个家伙，当他在扎兰屯一听到蒙军已到海拉尔的消息后，就邀请韩国盛一同急急忙忙去奔海拉尔，找到蒙古军中校，主动提出内外蒙合并的问题。巴图听取了蒙古军中校的意见后又奔乌兰浩特，找哈丰阿汇报说："蒙军中校认为，内外蒙合并取决于内蒙人民的民愿。他说，你们可以搞嘛。"哈丰阿听了之后，欢喜若狂地夸奖巴图说："你带来了好消息！"于是就强奸民意，在乌兰浩特搞起了臭名昭著的签名运动。妄图以此达到他们分裂祖国的罪恶目的。之后，巴图又带着其罪主子哈丰阿的意旨回到郭前旗，与大同会的反动上层特垤其等勾勾搭搭，为哈记豢用招兵买马，大抓反革命武装，打击当时的革命势力，破坏我党在郭前旗的革命工作。同年12月，巴图又和哈丰阿一同去长春见了苏军少校桑杰，桑杰是布利亚特蒙古人，一贯赞成内外蒙合并。他们见面后大谈内外蒙合并问题。1957年，桑杰、哈丰阿还勾勾搭搭。由于巴图为哈记死党反党叛国效尽犬马之劳，深得那些老牌民族分裂主义分子们的垂青，大蒙奸桑吉扎布就在哈丰阿面前夸奖巴图年轻能干，聪明有为，于是哈丰阿更是欢喜巴图，便亲自介绍他加入"老人民革命党"，并亲自布置其工作。真是巴对哈尊如慈父，哈对巴爱若宠儿。

巴图与哈丰阿心心相印，在哈记死党中上窜下跳，大显身手，于1946年便和哈丰阿一起筹建了"新人民革命党"，巴图青云直上，一跃成了"新人民革命党"的党魁，奉哈丰阿之命，到部队大抓兵权。从此，巴图大权在握，率领其喽啰，忽明忽暗，大肆进行反党叛国的活动。直到现在，巴图一直在乌、哈、王再天之间窜来窜去，四处串连，网罗牛鬼蛇神，大搞阴谋活动，以图其梦寐以求的夙愿——分裂祖国，内外蒙合并能够实现。

够了，从以上事实看，历史上的巴图是个什么人不就一目了然了吗！

战报（4）　　　　　08.3.8　　　　　·4·

小 议 挖

▲"小人物"就是曾经站错队的另种称呼吗？否。"小人物"是指那些革命的群众和一般的革命干部。这些同志不仅在站错队的同志中有，在造反派中更有。我们支持"小人物"起来造乌哈残党余孽的反，就是支持一切革命的群众和干部起来造乌哈残党余孽的反。目前，某些曾站错队的革命同志勇敢地冲杀出来向乌哈残党发起进攻，这是好事，我们坚决支持！但是，那种认为支持小人物仅仅就是支持曾经站错队的同志的看法，是不正确的。

现在，有些乌哈残党的大人物也削尖脑袋往小人物队伍里钻，使用孙悟空钻进牛皮的战术，妄图破坏这场挖黑线、肃流毒的斗争，一切革命的同志，务必充分注意，万万不可粗心大意。

▲打假洋鬼子是我们的大方向吗？否。我们的大方向只有一个，那就是挖乌兰夫黑线，肃乌兰夫流毒。有些同志，虽然不同程度地把有右倾错误，决不应把他们打成假洋鬼子。有个别头头，一时上了阶级敌人的当，只要认识了，就是好同志。而那些混进革命队伍中的坏头头，一定要坚决地揪出来，实行群众专政，这是两类不同性质的矛盾。

现在，有人恶意地煽动说："造反派就是假洋鬼子""造反派的头头就是假洋鬼子"其目的就是以揪斗面孔出现，转移斗争的大方向，破坏挖黑线、肃流毒的斗争。在要抓的阶级斗争中，一切同志都要冷静地分析每一个口号，揭穿阶级敌人的阴谋，牢牢掌握斗争的大方向。

（接3版）罪有根，恶有源。巴图反党叛国是由来已久的。让我们奋起毛泽东思想的千钧棒，打断民族分裂主义分子巴图的脊椎骨，彻底揭级乌哈反党叛国集团。

挖黑线联络站《巴图专案组》

内大《挖黑线联络站》进驻计划口的同志与滕办李良同志谈话要点：

在谈到运动阻力时，李良同志说，运动的阻力一方面来自走资派和阶级敌人，这是必然的。从他们身上挖根子还解决不了问题。另一方面来自造反派队伍本身，运动不转深入主要问题在造反派队伍自己，这个问题必须解决好。

在谈到计划口三个当权派问题时，李良同志说，我们先不给他下结论，根据你们反映的情况，问题是严重的。材料要进一步落实，但要实事求是，可向革委会核心组反映。

×××是结合干部，具体做法要讲究，可专门整材料，报给革委会核心组，叫他们表态，但材料要属实。如果是坏人，就是进了革委会，不管是第几把手，也要搞出来，可组织专案组，具体情况可与革委会核心组反映。

在谈到当前口（权）相持深入不下去时，李良同志说，你们的材料还不是群众向你们反映的嘛！不是你们到那里抓来的吧！群众既然有80%的注视这个问题，但又不敢说，这就需要多和群众接触，深入进行调查研究。

李良同志还谈到，造反派内部有坏人是少数，要摸清。

（未经本人审阅）

毛主席说：

"看它的过去，就可以知道他的现在；看他的过去和现在，就可以知道他的将来。"

巴图与文艺黑线

——布林贝赫揭发材料

哈特宛党巴图，在文化大革命中秘尽机关，要尽阴谋，利用各种机会欺骗不明真相的群众，一度把自己标榜成在文艺正风中反文艺黑线的模范，妄图翻案。事实果真是这样吗？绝对不是。从他的历史上看，一贯上看，本质上看，巴图都是反革命修正主义民族分裂主义文艺黑线的积极推行者和卫护者，是文艺界牛鬼蛇神的忠实代言人。

(一)、巴图在军区工作时

巴图还在军区工作时，就积极推行乌兰夫的民族分裂主义文艺黑线，利用职权，打着献礼的幌子，组织力量，大肆泡制反党叛国文学，为乌兰夫的反党叛国活动制造舆论，如肉麻地吹捧乌兰夫的《五月的道路》，葛日勒朝克图的大毒草《燃烧的光芒》，都是在他的关怀支持下泡制出来的。敖德斯尔的大毒草《骑士的荣誉》抛出后，一度曾受到广大群众的批判，但后来却在巴图之流的支持和关怀下，在军区召开了讨论会，巴图乘机鼓吹乌兰夫的修正主义建军路线，散布所谓内蒙古部队成长的特殊道路，完全否定了群众的批判，恢复了《骑士荣誉》的荣誉，为其重新出笼大开方便之门。

(二)　巴图与文研班

巴图到内大后，从他反动的阶级本性和反革命政治需要出发，不顾思想和党委分工，主动抓文研班，招网那些文艺界的牛鬼蛇神，组织黑队伍，培植个人势力，为实现其民族分裂主义政治野心积极创造条件。尤其在三年困难时期，巴图配合国内外阶级敌人的进攻，更主动更彻底地推行了文艺黑线，深受文艺界牛鬼蛇神的赞赏。巴图把文研班中的反动文人、资产阶级权威、民族分裂主义分子当成宝贝，政治上加以抬高，创作上给予方便，生活上特殊照顾，精神上竭力拉拢。这里仅举几例：

1)、选拔、支持、重用阶级异己分子、老右派孟和博彦。一度曾被取消了听党内报告的资格，巴图为了抬举他，亲自出马、四处奔波，首先给他解决听党内报告的问题。让孟写材料时巴还指示说："[illegible]部门[illegible]本人要[illegible]和自己反革命家属见面，[illegible]"（孟主动[illegible]家属到监狱探望其反革命父亲的）。内蒙古[illegible]党派官布对自己的级别待遇极端不满。巴图对他深表同情，亲自找

6　战报(四)

宣传部领导帮助解决

在三年困难时期，为玛拉沁夫之流大翻翻，大搞裴多菲俱乐部，巴图曾支持玛拉沁夫之流在文联建立独立党组的企图。

经过多方考察，巴图从文研班中精心物色选拔纳赛、孟和博彦和漠南等三人，当校担任重要的科研和教学工作，并迫不及待地找他们打气说："如果同意，咱们就把牌子挂出去。"巴图把复辟资本主义、培养自己接班人的希望完全寄托在这些人身上。

2)、向他们献计献策，为他们的出笼鸣锣开道，极力扩大他们的政治影响。

玛拉沁夫因要炮制《茫茫草原》的第二部，不愿当刊物主编，巴图为此也使过劲，后来玛拉沁夫为了躲避下乡，不得不当《草原》主编，这时巴唯恐其曾草不够很快出笼又给他捎话打气："你把第二部赶快写出来，不然就落在别人后头了。"

巴图认为敖德斯尔是内蒙文艺界拔尖作家，从在军区起，来往密切。巴图开书单给敖，敖出钱给巴图买书。巴图为其保持拔尖地位，特向敖献计说："你用蒙文写部队题材，这才不和别人重复。"文研班有些人对敖的创作有意见，巴却亲临上阵为他辩解："他搞不出点东西在文艺界还站不住脚吗！"由此可见，巴图和敖德斯尔究竟是什么关系？这不是一目了然了吗？

巴图想要推荐这些人，首先不制造舆地、不给他们翻案，不把他们搞香是不可能的，因此巴图甘心充当他们的吹鼓手，对茫茫的草原的吹捧，就是为玛拉沁夫之流及其反动作品鸣锣的第一炮，与其领心合，巴图的这篇文章向草原编辑部施加压力，他们对玛的《茫茫的草原》吹捧不力，对巴图的文章尊重不够（没登显露地位）。

3)、生活上多方照顾

过年，巴亲自登门给他们拜年，出门送行，请他们吃饭，给他们送礼，甚至文艺界开座谈晚会，巴图都放不过，从学校拨一部分开支表示热心。巴区声称，如有人想要印自己作品的讨论稿，学校可以出钱。巴图不但特令校方科给敖出差考，敖德斯尔一人各一间屋，而且巴亲自找石研给他们在文联的宿舍改善居住条件。

从上简述中可以看出，巴图、内蒙文艺黑线和黑线人物究竟是什么关系。玛拉沁夫之流对此感激之至，还曾谈到文不辱之任；巴图也直言不讳地声言："国家在这一起就把我们，我只要守正能他们在共同的地方，养他们帮助他们。"

这就是巴图与他们的内在关系。

这就是巴区步步为攻的图写。

(二)、巴图与反党联系。

（下转五版）

义分子"摸整"喊怨叫屈，把反动权威、右派分子作为依靠力量，包庇文艺界的民族分裂活动和民族分裂主义分子。

一如既往他把孟和博彦当做文艺整风中冲锋陷阵的英雄，认为他理论水平高，看问题尖锐，把他的发言打印出来，来自循着到各组织去唸。并委托他和漠南等人搞文艺界人事名单，排队摸底，把叛徒铲进如、蜕化变质分官布等人作为这的积极分子，在文艺整风中还推荐漠南到北京去写总结乌兰牧骑经验的文章。当时群众揭发了超克的不少问题，到出版社派人了解超克问题时满口保票。

更为突击、更为阴险的是，他在文艺整风中竭立抵制对民族分裂活动的揭发，百般包庇民族分裂活动、民族分裂主义分子和有严重民族分裂嫌疑的人。

巴图为此目的，首先以极左面目出现，乱提极左口号："有什么提什么，揭到谁称到谁。"'不革命，就是反革命。"'敌我矛盾上纲"'男女关系问题就是修正主义的开始。"……甚至他为了转移斗争目标还提出什么"这里的打字员为啥这样漂亮？"'把揭发出来的男女问题可写成一本书。"荒唐问题和要求紧接着就大抓男女关系，让歌午团的演员以性别、已婚和未婚分别编成若干小组，揭发交待男女关系，一度把群众的注意力完全引向生活作风问题上去。

与此同时，巴图还极力放空气，企图把民族分裂问题排除在文艺整风之外。文艺整风开始不久，整风领导小组的另一负责人在小组长会议上强调抓民族分裂问题，巴图却立即别有用心地补充说："既抓敌我矛盾，又抓人民内部矛盾。"借以抵制群众对民族分裂活动的揭发的目的。

当群众揭发出大量民族分裂活动时，他采取各种手段加以包庇。哈乎阿的民族分裂活动的调发材料要上简报，一向强调"揭到谁标谁"的巴图却一下改变了调子，在简报稿上却重托禾："查实后再上简报。"横加阻拦。五反运动后期，纳蚩单独找巴图交待了自己是蚩伪情报员。而且巴图亲自翻译了他的蚩文交待材料。但在文艺整风中搞纳蚩问题时，巴却装做糊涂，说什么纳蚩究竟有什么问题，我还不清楚，"纳蚩明明是个伪反动文人、蚩伪情报员，巴却十为是个老实人谁来认给谁干，不一定搞政治活动。"上报国文艺界民族分裂活动有牵连人员名单时，他把教德斯尔的名字擅自勾掉。违犯规定，未经审查，巴将自己的亲戚接插在民族问题专案小组。

上述事实证明：

在文艺整风中，巴图充当了文艺界牛鬼蛇、民族分裂分子代言人的角色。

这次内蚩文艺界红色风暴即将来临的时右，巴图从他反动的阶级本能出发，继续发奢罪，为内人党特古斯及其在文艺界的残党余孽涂脂抹粉，甚至为他们喊怨叫屈，把内人党美化成进步组织，把特古斯之流吹捧成老革命，把文艺界右派说成左派，把自己转拐成受害者，妄图达到搅乱阶级阵线，转移斗争目标，以便蚩混过关。

这就更加暴露了巴图自己的本来面目。

坚决打倒巴图！挖尽乌哈残党余孽！

布林贝赫

二月二十五日

康生同志接见吉林群众组织、代表专案组部分人员、军队代表时讲话（2.8）

"专案工作中的一些问题。青年团转党的问题，党的历史各个时期是不同的，不要拿你们现在这个标准去看整个历史上共青团转党。有时在历史上，在战争环境中，转党并没有履行什么固定的手续，他就参加党的工作了，参加党的会议了，就成了党员了。还有后补期问题，以前没有后补期，"七大"以后才有。开始时，青年团转党也没后补期，抗战以后把团取消了，才有后补期，在各个历史是不一样的。还有自首的问题，叛变的问题，被俘的问题，情况很复杂。一方面立场要坚定，给敌人供出东西来就是叛变。但在这个原则下要具体分析，有不同的情况，因此审查时就要注意了。所以我们做专案工作的，第一要掌握主席思想，辩证地看问题，千万不要主观主义。第二，阶级观点要明确，什么时候都不能对我们伟大的、光荣的、正确的党有丝毫的动摇。第三，要掌握政策。搞专案是很辛苦的，应当说你们成绩很大。在东北这方面成绩很大，黑龙江审查干部成绩很大，他们的报告中央批发了，又宁在沈阳军区领导下，各派联合审查敌伪档案，成绩也很大。你们吉林这方面不够，因此成立革委会以后，要抓这件事，根据黑龙江的经验，抓下去，要继续挖深。你们不要在专案上对干部争论不休，相反地要提高你们的敌情观念，这一点，东北同志应该特别注意，我觉得过去你们各派闹派性，搞武斗，敌情观念淡薄。"

地点：东西宾馆.

陪同首长：吴法宪、张秀川

陈锡联、宋任穷

毛主席的指示

> 必须在各个工作部门中保持高度的警惕性，善于辨别那些伪装拥护革命而实际反对革命的分子，把他们从我们的各个战线上清洗而去，这样来保卫我们已经取得的和将要取得的伟大的胜利。

要扫除一切害人虫，全无敌

（代发刊词）

阳光灿烂，五宇澄清。我们伟大领袖毛主席一系列最新指示的浩荡东风，吹遍祖国大地，无产阶级文化大革命的胜利凯歌，响彻万里长空，当今形势一片大好。

但是，阶级敌人不打不倒，不扫不走。当前摆在无产阶级革命派面前的一个重要任务，就是决不能容阶级敌人从网眼漏掉，必须主动出击，深入持久地开展革命的大批判，直到把一切害人虫扫除干净。

革命的深入发展，促使无产阶级的敌人来取更隐蔽、更狡猾的方式进行垂死挣扎，这是阶级斗争的客观规律。

我校通过两年多轰轰烈烈的文化大革命运动，揪出了巴图、开鲁章等一小撮党内走资派，一些躲在阴暗角落里、企图蒙混过关的坏蛋，也陷于"挖肃运动"人民战争的汪洋大海之中，濒于灭顶之灾。但是革命是一件长期的不容易的事情。我们必须认识到，能够幸免于这样伟大的群众运动的阶级敌人必定是一些伪装得更好、反革命手腕更高的更危险的家伙，他们会给人以逼真的假象，欺骗和蒙蔽一部分群众，诡诈取巧，试图象泥鳅一样从网眼里滑掉，以便伺机东山再起。

随着革命的深入发展，阶级敌人的真面目一定会暴露得更深刻，更清楚，这也是阶级斗争的客观规律。

浩格尔泰、史筠、林阳等人，到底是什么东西？是红的还是黑的，是灰的还是白的，众说纷纭，诸说不一，这是正常的现象。正如十六条中所指出的："几种不同意见的争论，是不可免的，是必要的，是有益的。"我们坚信，在洞悉万物、烛照一切的毛泽东思想的光辉照耀下，他们的面目最终要大白于天下的。

我们认为，浩格尔泰是乌兰夫反党叛国集团"大蒙古帝国"兰图测绘者的望需角色，是蒙族王朝"宫庭政变"的吹鼓手，是二、三月反革命复辟逆流的急干将，是为乌兰夫翻案的急先锋。浩格尔泰三十年的历史，就是始则投入德王怀抱，拜倒在日本法西斯脚下，继而追随大蒙奸哈丰阿，最终投靠"当代王爷"乌兰夫的反革命丑史，就是一心向往"大蒙古帝国"的卖国反汉、叛修叛国的反革命丑史。这样一个张牙大爪灼然可见的坏家伙，无论怎样在政治上为他粉刷、打气、输血，也是徒劳无力。如果对他认识不清，想在争论中了解，那尚可同情于万一。如果受阶级敌人利用，有意地为了保护阶级敌人，充当阶级敌人的保护伞、护身符，而不狠狠地溃烂阶级阵线，夺尽把水搅浑，这样的人充其量也不过是些蠢蠢蠕动的政治蛆虫。到头来一定会搬起石头砸自己的脚，要加以充分暴露他们庐山真面目而已。

有些人，为了达到他们不可告人的目的，颇不以我们的猛攻浩格尔泰之举为然，诸如什么《评炮》《且慢》之类的东西就极力吹捧浩格尔泰，冠之以"语文界的一面红旗""我校比较好的干部""受乌兰夫排挤的左派"等等美名，真可谓卷帙甚至，无以复加了。不宁唯是，他们还给揪浩的广大革命造反派和革命群众扣上"别有用心"、"反革命势力"等等大帽子。他们以为这样做，就可以把欣欣向荣、生生不已的轰轰烈烈大批判运动打下去，他们以为这样做，就可以把朝气蓬勃、如日方升的"门合联络站"压垮，他们以为这样做，就可以使浩格尔泰之流重温旧梦，出头有日，他们以为这样做，就可以在资本主义的断壁颓垣、残梁枯柱上加盖上瓦，重振乌家朝纲。总之，他们以为这样做，就可以一切尽如初期了。历史会作出最好的回答：这不过是可笑的一场情愿！

列宁说过："事实是顽强的东西。"唯其如是，我们才有所恃而无恐，唯其如是，阶级敌人才有所惧而不敢恣意妄为。敌意和事实相撞的人，千万不要因此失误，以至懊悔无及。

"要扫除一切害人虫，全无敌。"革命大批判的巨浪排山倒海，摧枯拉朽，无产阶级革命派，无坚不可摧，无高不可攀。以伪装隐蔽起来的阶级敌人，不要太高兴了，我们早晚会让你们的伪装威风扫地以尽，早晚会把你们的借以安身立命的基础荡涤干净，一新其面目。浩格尔泰之流，想死气白赖地赖在历史午台上吗？那好，我们就不客气了。"送他上西天"！

内蒙古大学井冈山 门合联络站 揪浩联络站
1968.6.24.《揪浩串联 1》 共2版

内蒙古大学井冈山总勤务站 关于清格尔泰问题的严正声明（摘要）

我们伟大领袖毛主席教导我们说："以伪装出现的反革命分子，他们给人以假象，而将真像隐蔽着。"内蒙"当代王爷"乌兰夫的掌上明珠——清格尔泰，就是这种以伪装出现的反革命分子，民族分裂主义分子。

清格尔泰是乌兰夫反党叛国集团安插在内蒙古大学的黑干将，是乌兰夫反党叛国集团大搞复辟资本主义复辟，大搞民族分裂主义，大搞叛国投修活动的急先锋，是为乌兰夫翻案、为巴图翻案的反革命分子。

清格尔泰那臭不可闻的历史就是投靠大蒙奸哈丰阿怀抱，找到当代王爷乌兰夫怀抱的历史，就是受到乌兰夫宠爱，效忠和他为乌兰夫效尽犬马之劳的反革命历史。

可是，清格尔泰死不要脸，胡疤阿，特古斯，巴图、确精扎布之流也四处给清格尔泰涂脂抹粉，毛主席说"假的就是假的，伪装应当剥去。"今天，广大无产阶级革命派在揪乌兰夫黑线，揪乌兰夫流毒，大反右倾翻案风的激战中，揪出乌兰夫的死党清格尔泰，撕破他"受乌兰夫迫害"的画皮的革命行动好得很！

揪清专业的广大无产阶级革命派方向完全正确，我们坚决支持劳语专业广大无产阶级革命派坚决打倒清格尔泰的革命行动！

在当前在揪清格尔泰的过程中，我们队伍中的一些同志认识尚不够。现在我们要大喝一声：同志，绝不能做像楔一样的蠢人。

内蒙古自治区革命委员会第二号通告，吹响了向以乌兰夫反党叛国集团为代表的一切反革命势力发动全面总攻击的进军号，让我们牢记毛主席"宜将剩勇追穷寇，不可沽名学霸王"的教导，向乌哈特反党叛国集团发动全面总攻击，我们一定能够取得这场揪乌兰夫黑线，肃乌兰夫流毒的人民战争的全面胜利！

内大井冈山《门合联络站》坚决打倒清格尔泰的严正声明（摘要）

在毛主席最新指示的巨大鼓午下，"门合联络站"的广大无产阶级革命派发扬门合同志无限忠于毛主席革命路线的大无畏精神，拨开了阶级敌人施下的层层迷雾，识破了阶级敌人玩弄的种种枪柄，以科学而严肃的态度，提出了响亮的革命战斗口号：坚决打倒清格尔泰！

清格尔泰那里是什么"语文界的一杆红旗"，他明明是把持了内蒙语文界而为乌兰夫反党叛国集团大造反革命舆论，宣扬"三个基石"歌颂成吉思汗，鼓吹内外蒙合併，把语文界搞得乌烟瘴气的反革命修正主义分子。

清格尔泰那里是什么"与额尔敦陶克陶斗争的英雄好汉"，他几次与额带着乌兰夫的"令箭"结伴赴微，与蒙修中共大长杨谈内外蒙合併问题，他们明明是一丘之貉，同是乌兰夫里通外国的黑使者。

清格尔泰那里是什么"受乌兰夫排挤的"受害者，他是乌兰夫宫庭政变臣的语委主任，是乌兰夫亲自点名提拔上来的内蒙党组文教口社教领导组成员，是乌兰夫专门派到语委假四清的，是乌兰夫泡制的刘少奇案件之一的主谋作案分子，他明明是一个一直追随乌哈，而被重用的乌兰夫死党分子。

清格尔泰几十年如一日地反对、贬低毛泽东思想，抵制毛主席著作学习，无耻吹捧当代王爷乌兰夫，甚至在无产阶级文化大革命中把我们伟大的领袖毛主席诬蔑为"毛"，是可忍，孰不可忍！

他长期从事为乌兰夫翻案的罪恶活动，否是华北局会议。君！清格尔泰分明是乌兰夫黑线上的人物，分明是乌兰夫的死党分子，这样的阶级敌人不打倒就是对毛主席革命路线最大的犯罪！

江山代代承阳在，长河滔滔志不衰，我们门合联络站"下定决心，不怕牺牲，排除万难"坚决把乌兰夫死党分子清格尔泰从阴沟里揪斗来，斗倒斗臭，叫他永世不得翻身！

要打倒清格尔泰，目前在我校阻力还是很大的，这种阻力主要是来自阶级敌人。乌兰夫死党分子清格尔泰的末日就要来临了！

四-36

最 高 指 示

时至今日，一切空话不必说了，还是做件切实的工作，借以立功自赎为好。

两条路摆在南京国民党政府及其军政人员的面前：一条是向蒋介石战犯集团及其主人美国帝国主义靠拢，这就是继续与人民为敌，而在人民解放战争中和蒋介石战犯集团同归于尽；一条是向人民靠拢，这就是与蒋介石战犯集团和美国帝国主义决裂，而在人民解放战争中立功赎罪，以求得人民的宽恕和谅解。第三条路是没有的。

《南京政府向何处去》（一九四九年四月四日）

严 正 警 告 巴 哲
反 革 命 一 伙

自滕海清同志6.28指示下达后，我校运动出现了新的局面，广大无产阶级革命派和革命群众纷纷起来大揭库校党委的阶级斗争和路线斗争的盖子，革命形势一片大好。

本来我们希望在这场斗争中，过去一些紧跟巴图的人能起来和巴图划清界限，揭发问题。哲博之流能主动交代问题低头认罪。但是，这些傢伙出自其反革命本性，非但不老实交待自己的问题，揭发巴哲反革命集团的反革命阴谋活动，反而利用群众普遍揭盖子的机会，颠倒黑白，大肆进行反攻倒算，向无产阶级革命派实行猖狂的、全面的反扑。

我们在"乘胜前进"的大字报中、以及在同其他兄弟战斗队共同发表的大字报中，已经从总的方面表明了我们对当前这场斗争的基本立场。但是对一些实质性的问题，我们还没有更明确地表出来。这是为了更充分地暴露矛盾，暴露敌人。给敌人以充分表演的机会，以便一举歼灭之。

妙得很，仅二十多天，他们果然表演得很不错。在他们看来，内大好像根本就不存在"巴哲反革命集团"，而倒好像有个什么"郭以青反革命集团"；过去内大党委在一系列问题上的争论，不是两个阶级、两条路线的斗争，而倒好像是郭以青为了色庇史筠等的一场狗咬狗的斗争；内大的主要敌人不是巴、牙、哲，而倒好像是郭以青，而我们的一些同志也被这些奇谈怪论所吹出来的假象所迷惑，以致使我校运动差点走上了歧路。

事情果真是这样吗？哲博之流你们就真是那么干净吗？真的什么问题也没有吗？如果说在两年前的今天，你们还可以打着红旗反红旗，制造迷雾骗人的话，那么，经过了两年的无产阶级文化大革命，经过了当前这场伟大的挖肃斗争，经过了我校无产阶级革命派足踏实地的跟苦奋战、日夜奋战后的今天，你们的伎俩，已被我们完全看穿了!这一点尽管你们到现在还可以去欺骗一部分人，但你们却是欺骗不了我们，可以明白地告诉你们，你们的末日就要到了!

毛主席教导我们："阶级敌人是一定要寻找机会表现他们自己的，他们对于亡国、共产党是不甘心的。"

内大的十年，是充满了触目惊心的阶级斗争的十年，两个阶级、两条道路、两条路线的斗争是极为尖锐，极为剧烈而复杂的。

早在建校之日，乌哈反党叛国集团就对内大打上了主意，他们一直把内大作为其整个反党叛国计划的一部分。巴图、哲博、特布信等等等等的调来内大都不是偶然的，他们从来的那一天起，在内大以及在社会上的一切活动都是不寻常的，都是另有来头的，都是为其反党叛国目的服务的。内大的问题，诸如64年社教问题，史籀问题，布仁宝音问题，文艺整风问题，蒙古史研究所问题等等，他们都是在阴暗的角落里经过精心策划而进行的，他们的一切行动都是有组织、有计划、有目的的，都是请示了他们那个地下反党叛国阴谋集团的黑司令部而进行的，在内大，离开了围绕着政权所进行的斗争，离开了这一方是在千方百计地进行着要搞民族分裂反党叛国篡党篡政，一方是在对这个反革命集团进行抵制和斗争，就永远也看不清内大一些问题究竟是怎么回事，就看不清内大过去十年来以及目前这场斗争的实质，就不可避免地要犯错误，就会成为政治上的庸人。

十年来特别是在巴图来校后，随着国际国内阶级斗争的日益尖锐，在帝修反一片反华逆流中，乌哈反党叛国集团在我校的反党叛国阴谋活动也日益加剧，他们一方面往内大派他们的集团分子亲信爪牙，一方面网罗收买培养一部分人纳入他们的直接控制之下，在内大阴谋篡权，作为他们实现其整个反党叛国计划的一个重要组成部分，把内大变为他们的重要基地之一，这就是内大问题的要害。揭开这个盖子是彻底揭开我校党委阶级斗争路线斗争的关键问题，我们希望一切革命的同志们，在滕海清同志指出我校的主要敌人之后，能够看清内大阶级斗争的这个实质问题，不要再上当了，我们希望过去犯错误的同志，不要再犯错误了。

我们也希望一切过去跟在巴哲反革命集团后面跑的人，被拖下水的人，在我们明白地亮出这个问题之后，能够赶快醒悟赶快起来揭发问题，交代问题，和巴哲划清界限，现在还为时不晚，机不可失，时不再来，如果你们一定还要继续顽固下去，那就随你们的便吧!

在此，我们要特别警告巴哲一伙，巴图是怎么走的，你们不会不清楚，你们不要以为你们搞的那些阴谋活动我们不知道，其实现在是你们清楚，我们也清楚，我们用了很大的耐心试图争取你们在揭盖子中主动交待，低头认罪，但是你们却本性不改，自作聪明，又来重演64年的丑剧，妄图再次制造混乱，蒙混过关，老实告诉你们，你们已经彻底完蛋了!今天，已非往日可比，你们还是趁早死了那条心吧!除了坦白交待别无出路，一切阴谋诡计都是注定要失败的，你们在64年以及在文化革命中已经和我们较量多次了，现在是又一次较量，是最后的一次较量。 给你们讲明白，彻底的灭亡和覆灭，早就在那里等待着你们。给你们讲明白，继续顽抗是没有好处的，无产阶级文化大革命的胜利是不可抗拒的，革命群众运动是不可抗拒的，群众充分发动起来揭开内大阶级斗争盖子之日，也就是你们彻底灭亡之时，我"八一"战斗队是不大多说话的，但说了是算数的。 坦白从宽，抗拒从严，主动赎罪!立大功受奖。顽固到底死路一条，何去何从，随你们的便，请谅在先，勿谓言之不予!

"八一"战斗队. 1968.7.22.

四-37

第四版

祝毛主席万寿无疆

一九六八年五月二十二日

逍遥派是资产阶级的一翼

本报评论员

无产阶级文化大革命是一场伟大的群众运动。群众运动的怒涛冲击到每一个角落，触及到社会上每一个人的灵魂，各种政治派别都在登台表演，都在自觉不自觉地亮明自己的政治观点，表明自己的政治态度。

然而在革命的进程中，特别是在革命的转折时期，两军对垒的关键时刻，却往往要出现一些"逍遥派"。别人都在参加火热的斗争，这些逍遥派却游离于斗争之外。你看他们有的牵出一付无所事事的样子，聚在一起谈天说地，手里打着毛衣，嘴里唠着家常；有的似乎闲得无聊，或是躲进小楼成一统，整天除了吃喝便是闭目养神，或是躺在家里嘴上叼着纸烟，手里翻着小说；还有的沉醉于小家庭的安乐，两耳不闻窗外事，一心只念油、盐、酱、醋、娃娃经；更有甚者，躲躲闪闪，秀村影，悠哉游哉，双双漫步。哪有一点革命的气氛！难道他们真是游离于阶级斗争之外的"超人"？不，完全不是这样，其实他们并不"逍遥"。

大凡这样的人，他们的思想状况不外乎有如下几种。

他们有的曾一度做过走资政的"红人"，犯过一些错误，革命到来，冲击了他们，背上了包袱，思前想后不敢轻举妄动，怕抓辫子，至于革命成败如何不甘的事，保"命"要紧；有的有各种各样的顾虑，怕犯错误，遇事不敢发表意见，唱唱喝喝，躲躲闪闪，大事不"沾边"，小事不"过问"；有的严重的个人主义，私欲熏心，总想钻营，他们只看风向，不看方向，有利可图时异常活跃，一旦斗争激烈危及到个人利益或是好梦破灭、私欲得不到满足时，便掉头丧气一反常态，"逍遥"起来；还有的见识短浅，动摇不定，特别是看到本单位情况复杂，就产生畏难情绪，对无产阶级文化大革命缺乏必胜的信心，认为反正不过如此，再干也搞不出什么名堂来，于是就撒了气的皮球再也蹦不起来了；还有的当过一个时期的造反派，刚刚翻了了身便认为身的大功告成，有老本可吃，有牌子可靠，于是放起了太平日子；还有的曾一度站错过队，之后，便一蹶不振，无精打采，晃晃荡荡。

诸如此类的例子当然还可以举出一些，不过思想根源基本上却是一个，都逃不出小资产阶级的劣根性。小资产阶级本身是一个动摇不定的阶级，在革命中是无产阶级的同盟军，是革命队伍中一支不可忽视的力量，特别在无产阶级专政的条件下更是如此。但是它又比较容易接受资产阶级的影响，表现的彷徨、动摇，容易满足，也容易颓废，缺乏革命的坚定性和革命的彻底性。"逍遥"实际上是小资产阶级投机性的一种表现，是从资产阶级那里继承来的个人主义作祟，"逍遥"是"私"字的表现形式之一。

毛主席教导我们说："在阶级社会中，每一个人都在一定的阶级地位中生活，各种思想无不打上阶级的烙印。"就世界观来说，不接受无产阶级的世界观，就必然接受资产阶级的世界观，舍此没有其他的道路。生在有阶级的社会而要做超阶级的人，"生在战斗的时代而要离开战斗而独立"，"这样的人，实在也是一个心造的幻影"，"要做这样的人，恰如用自己的手拔着头发，要离开地球一样"，不可能！想做"第三种人"的观点，实际上是资产阶级骗人的超阶级的观点。这种超阶级的观点就是资产阶级向无产阶级进攻的一种武器。在轰轰烈烈的无产阶级文化大革命中，在毛主席一系列最新指示的指引下，亿万革命群众目标明确，营垒分明，斗志昂扬，向资产阶级展开了全面总攻击，并取得了一个又一个的伟大胜利。在这样的分界外，在这样如火如荼的斗争中，却采取置之度外的超然态度，对敌人不恨，听任阶级敌人向无产阶级革命派反扑，这究竟帮了谁的忙，不是再清楚也没有了吗！逍遥派实际上充当了助纣为虐的角色。

小资产阶级本身存在着许多弱点，这些弱点被无产阶级视为病疵，却被资产阶级视为宝贝，资产阶级正是利用了这些弱点，用"私"字这个剥削阶级的顽固的习惯势力，腐蚀影响他们。逍遥派实际上已经向资产阶级迈进了一步，变想在激烈的阶级斗争中充当了资产阶级的同盟军，在激烈的阶级斗争中充当了资产阶级的一翼。

在革命斗争的进程中，只有具体的"逍遥派"，没有抽象的"逍遥派"。"逍遥派"也在不断地分化，他们之中的大多数人，在斗争中不断地改造自己的世界观，逐渐地认明方向，是完全可以加入到革命阵营里来，充当一分革命的力量；但是也不可否认有极个别的人，变想在第三条道路上钻营，若不回头，那么他迟早要彻底滑到资产阶级的泥坑里去。

在两个阶级、两条道路、两条路线尖锐、激烈的斗争中，不是你死就是我活，中间道路是没有的。我们必须向"逍遥派"大喝一声：赶快迷途知返，再走下去，前途是危险的！

从特木尔达西事件和《阿拉坦汗传》的遗失

看敦尔敦陶克陶的反党叛国罪行

毛主席教导我们说："只要世界上还存在着帝国主义和资产阶级，我国的反革命分子和资产阶级右派分子的活动，不但总是带着阶级斗争的性质，并且总是同国际上的反动派相呼应的。"

乌、哈反党叛国集团的忠实干将额尔敦陶克陶，是地地道道的里通外国分子，他在乌兰夫、哈丰阿、特古斯、王再天的卵翼下，干尽了反党叛国的罪恶勾当，他的罪行擢发难数，罄竹难书。在他盘占下的旧内蒙语委，聚集着乌、哈反党叛国集团的多种反革命势力，他们通过各种渠道与方式，或明或暗地为乌哈反党叛国集团效命，直接配合蒋、修、反，向我们强大的社会主义祖国不断地发动猖狂进攻，这里简直成了罪恶的渊薮，成了国际间谍猖狂活动的乐园，成了额尔敦陶克陶之流反党叛国的避风港。我们从特木尔达西这个神秘人物的来去和《阿拉坦汗传》的遗失不难窥见他们罪恶活动的一斑。

（一）

一九五六年，正当国际上修正主义泛滥的时候，一个神秘人物特木尔达西从蒙修溜回了祖国的北疆——内蒙古自治区。

这个特木尔达西，原是察哈尔盟镶黄旗人。他早就尾随德木楚克栋鲁普，充当了日本帝国主义的走狗，曾任伪蒙疆"德王"图书馆印刷厂厂长（实际是出版社社长）。一九四五年，日本法西斯垮台以后，特木尔达西为了逃避祖国人民对他的惩罚，在蒙修的怂恿下潜逃蒙修，改换门庭，投靠新主，把他安插在蒙古科学院图书馆里。

他一溜回内蒙，就利用过去在伪蒙疆时与素德那木扎木苏老相识的关系，来进行活动。素德那木扎木苏再三向额尔敦陶克陶吹嘘特木尔达西的经历，说他在外蒙十年搞资料工作，因此对资料工作如何熟悉等等。由于臭味相投，这个特木尔达西立即得到了额贼的赏识。额贼把他安插在出版社，按"调干"处理，定为编辑六级（103.50元）让他整理蒙古古典文学，整理尹湛纳希的作品《青史演义》、《一层楼》等，暗中为额尔敦陶克陶准备向党进攻的炮弹。

（二）

一九五七年，正当资产阶级右派分子向党、向社会主义猖狂进攻的时候，乌哈反党叛国集团出于了他们的反革命需要，把额尔敦陶克陶调来语委。额贼来语委，就迫不急待地把特木尔达西也调来语委。额贼和巴雅满达湖等人共同密谋之后，就把特木尔达西安插在语文资料室，让他搞图书分类、编目，以便让他全面熟悉语文资料室的编目的"家底"。

特木尔达西来到语委之后，额贼就大肆吹嘘他如何如何"熟悉"蒙文旧资料啦，是图书资料"专家"啦等等，为特木尔达西的猖狂活动大开方便之门。

在他熟悉了语文所图书资料室的家底以后，额贼就让他搞文学史资料，一九六〇年后，额贼又叫他搞蒙古文字史资料。据不完全统计，从一九六〇下半年至一九六一初的半年时间内，他借阅的重要资料，就有五十多种。

这个特木尔达西，尽管他自己伪装成"不关心政治"的样子，似乎对政治学习、政治运动不感兴趣，是个每日上班理头看资料的书呆子。这个特木尔达西究竟是什么人呢？

（三）

这个特木尔达西，就是蒙修派来的文化特务，而额尔敦陶克陶是有计划、有步骤地"协助"特木尔达西进行间谍活动的。

蒙修为了掩护这个特务的活动，为了便于他到内蒙招摇撞骗，特意发给他一个先进工作者的证件。值得注意的是，这个证件的填发时间就在他来内蒙前不久，这个证件的编号是第一号。可见，这个证件是蒙修有意发给他的。

为了便于他活动，蒙修还让他把家卷带来，把他的老婆是蒙修的侨民，就安插在蒙修驻呼和浩特领事馆（"小白楼"）当服务员。因此，特木尔达西也就以"合法"的借口，经常在领事馆进进出出，为特木尔达西和我们的资料提供给蒙修，大开了方便之门。

当时，特木尔达西还与蒙修的所谓"专家"们过从甚密，如在师范院的××、×，在内大的××、××等人，经常坐卧车到他家去。这些所谓"专家"有时也到语委找特木尔、额等"借阅"资料，据了解有一大批资料就在"借阅"的幌子下，被×××拿走复制。

至于特木尔达西的"资料工作"，也是与蒙修的研究计划相配合的。如当时额尔敦陶克陶布置特木尔达西搞文学史资料，正是配合蒙修的策·达木丁苏伦撰写《蒙古文学史》，又如额贼布置特木尔达西搞文字史资料，正是配合蒙修的博·仁钦撰写《蒙古文字史》。请看，额贼与蒙修配合的多么紧密呀！内蒙语委简直成了蒙古所的资料宝库。

额尔敦陶克陶的罪行，仅此为止吗？不，尤有甚者。额贼还赤课课地把珍贵资料直接拱手送给蒙修。是可忍，孰不可忍！

（四）

一九五九年，正当国际上帝、修、反反华大合唱甚嚣尘上的时候，蒙修的所谓历史学家纳楚克道尔吉来到了内蒙。

这个蒙修分子来到内蒙之后，住在小白楼，由额贼负责接待，额贼不断地到小白楼向这个蒙修分子献媚，有一天额贼从小白楼给特木尔达西来电话，叫他把《阿拉坦汗传》、《白史》等六、七种资料如数送到了小白楼。

在额贼拱手相送之下，造成了包括《阿拉坦汗传》在内的资料大量遗失，这是额尔敦陶克陶勾结蒙修、里通外国的又一铁证。

有关内蒙语委珍贵资料遗失的问题，曾几次检查过，但是在乌哈反党叛国集团的包庇下，始终没有全部查清。

（五）

特木尔达西就是蒙修安插到内蒙的文化特务。他的行为诡诈，时时、事事受着蒙修的指挥。特木尔达西除了经常与领事馆联系外，还每年去一次北京，到蒙修大使馆去。

此外，在一九五九年，特木尔达西以探亲为名，回锡盟一次。据说他根本没有回家去，而是在锡盟、张家口一带进行了不可告人的活动。

当他的反革命任务完成以后，就在一九六〇年大逃往蒙修的舆论，不断地向人放风，说小么"老婆在这里生活不惯吃不上肉"呀，"老婆身体不好，要走"呀，"经常闹病很麻烦"呀，还说"干脆把她送回去再回来"如此等等。他要逃往蒙修的打算，额尔敦陶克陶是心领神会的。一九六〇年额贼提出"准备精简他"，帮他制造外逃的舆论。

一九六一年秋，特木尔达西正式提出退职退窦，额贼立即批准他退职，还帮助他办了退职手续、出国护照，还发给他600多元的退职金。

临走前，特木尔达西把文字史资料的复写稿交来，当时有的同志向额贼反映；他既然复写，就一定要带走原稿。在大家的催促下，额贼才勉强同意向二连浩特关发电报，追回原稿。几天之后，二连浩关把追回的稿子寄来，但已经不全了。其实就是额贼故意特木尔达西叫他复制的，也是在额贼的掩护下得以逃走的。

从特木尔达西事件和《阿拉坦汗传》的遗失，可以看到额尔敦陶克陶反党叛国活动的一斑。乌、哈反党叛国集团的死党额尔敦陶克陶所把持的旧内蒙语委，是不折不扣的乌兰巴托分店。他在这里为乌、哈反党叛国集团大造舆论准备。什么语言文字"三统一"呀，什么叛国文学呀，什么叛国史学呀，全在这里炮制；什么"43人委员会"等等怪事，也都出现在这里。额贼的反党叛国活动铁证如山，罪恶累累！

额贼与特木尔达西都是蒙修的间谍分子，他们之间的关系，绝不是伙同起来盗窃几本资料的问题，也绝不是盗窃文化情报的问题，而是有着更大的政治阴谋。对于额贼的全部问题必须彻底搞清！对额贼必须坚决打倒！叫他永世不得翻身！

《教育战线》内蒙语委
《革命造反》战斗队

四-38

打倒安自治

初揭老牌民族分裂主义分子安自治的罪恶事实

内 蒙 古 文 化 局

《毛泽东思想学习小组》

及 部 分 革 命 群 众

1968、3、18

最 高 指 示

帝国主义者和国内反动派决不甘心于他们的失败，他们还要作最后的挣扎。在全国平定以后，他们也还会以各种方式从事破坏和捣乱，他们将每日每时企图在中国复辟。这是必然的，毫无疑义的，我们务必不要松懈自己的警惕性。

打倒老牌民族分裂主义分子安自治

当前，我区无产阶级文化大革命，在内蒙革命委员会的正确领导下，紧跟伟大领袖毛主席战略部署，以战无不胜的毛泽东思想为武器，正在打一场深挖乌兰夫残党余孽，清乌兰夫流毒的"人民战争"，这动正向纵深发展，乌兰夫残党余孽、反党叛国集团，已经被包围在"人民战争"的汪洋大海之中，乌、哈残党余孽，以反隐芝得不管怎样巧妙的苏修、蒙修、美蒋特务分子正在纷纷暴露，有的已被揪了示来。形势大好，而且越来越好。在挖乌兰夫黑线，清乌兰夫流毒中，内蒙文化局的革命群众揪而了老牌民族分裂主义分子安自治。这个革命行动好得很，就是好得很。

运动初期，文艺单位的革命群众曾揪斗过安自治，让他靠边站了一个时期。去年他趁着革命群众粉碎资产阶级反动路线反反革命复辟逆流时机，在反革命修正主义、民族分裂主义分子特古斯、沁涕包庇纵容下，又跳了出来，摇身一变把自己打扮成"资产阶级反动路线的受害者"，大刮"翻案风"，蒙蔽了一部分群众，一时闹得乌烟瘴气。

安自治到底是什么人呢？现在我们把他的一部分材料揭发出来。

让大众看看他的丑恶灵魂。

一、安自治是乌、哈反党叛国集团重用的"从壮派"，黑干将。

安自治，达斡尔族，1929年生。1945年入伪满军官学校，受过日本帝国主义训练。日本投降后，当年11月又投靠大蒙奸、大特务哈丰阿、朋斯克，参加了王爷庙（今乌兰浩特）"内政队"。1946年在富拉尔基参加内蒙自卫军第五师教导团，任战士、班长、排长。1947年被选送到乌兰夫举办的军政大学（乌兰夫任校长兼政委）深造，任区队长、队长，并参加了"内蒙人民革命青年团"。1949年（20岁）5月任纳盟青委干事，享受县团级待遇。同年十二月提升为呼纳盟青委青委付书记。在此期间经安自治、巴查巴根（　委付书记，已揪出）等人"审查"，将纳盟"内蒙人民革命青年团"四千余人，转为中国新民主主义青年团团员。由于在此期间安自治为乌兰夫、哈丰阿进行反党叛国，招降纳叛，扩充班底有功，于1950年又提升为青年团呼盟青委书记。1954年调内蒙中苏友协任付秘书长兼抗美援朝分会付秘书长。1955年又兼任内蒙党委国际活动指导委员会付秘书长、交际处付处长，宾馆付经理，参与外事活动，并三次出国活动，为乌哈反党叛国把守外事阵地。1958年中苏友协与内蒙文化局合署办公，任社会文化处长、办公室主任、基层党委付书记、党组成员。1965年乌兰夫搞宫廷政变，他被安插在内蒙艺术剧院当院长兼党总支书记，为乌、哈控制舆论阵地，掌握文艺战线的党、政、财、文大权。

安自治廿年来，一直紧跟反革命修正主义、民族分裂主义分子乌兰夫、哈丰阿、布赫之流，他与乌哈结成死党，为非作歹，狼狈为奸，成为乌澈王朝一员得力干将，颇受乌兰夫、哈丰阿宠爱，大力栽培，加官晋爵，步步青云，飞黄腾达。1954年他的级制17级，1956年就爬上了13级高于政治待遇那时他才26岁。

二、安自治是混进党内的老牌民族分裂主义分子，是内蒙最大民族分裂主义分子乌兰夫的得力干将。

毛主席教导我们说："民族斗争，说到底，是一个阶级斗争问题。"又说："要吃共产主义的饭，不要吃地方民族主义的饭。"我国是一个多民族的国家。各族人民在中国共产党和伟大领袖毛主席英明正确领导下，消灭了压在中国各族人民头上的三大敌人，建立了伟大的中华人民共和国。建国十七年来，中国各族人民，在中国共产党和伟大领袖毛主席的领导下，进行了剿匪反霸、土改、镇反、三反、五反、反右、肃反反社会主义改造和社会主义建设等重大政治运动，使我国由一个落后的穷国，一跃成为伟大富强的国家，屹立在世界东方。国内各民族之间，民族不分大小，人口不分多火，都得到了解放，政治上都是平等的，消除了过去剥削阶级挑拨离间而形成的民族之间的隔阂。但是，安自治却紧跟乌兰夫这个民族分裂主义分子的屁股后面，恶毒地挑拨民族关系，拼命地进行民族分裂活动。

（一）极力宣传乌兰夫的民族分裂主义，为乌兰夫搞民族分裂进行舆论准备。

安自治恶毒的攻击中国共产党不重视火数民族，不关心火数民族文字的发展，不重视牧业生产的发展。他在1957年2月15日中苏友协支部大会上恶毒地说："民族问题在内蒙地区是存在问题的，主体民族受重视不够，使用民族文字不够，内蒙地区蒙汉文都懂得的干部最好分配，不懂汉文的到处没有人要，许多书籍没有蒙文，許多会没有蒙文翻译，小孩也不愿学蒙文，这不但引起蒙古人民的不满，而且国际友人也有意见"，"自治区的工作存在重农轻牧，以农套牧……哲盟一挑盐换一个骡"。他还大肆贩卖乌兰夫、王铎反革命修正主义、民族分裂主义黑货，到处煽阴风，点鬼火。1957年9月安自治在传达王铎"报告"中说："①社会主义改造，各项社会主义改革也就是社会主道路和民族繁荣的关系，合作化是否快了？牧业社会主义改造是否需要？社会改革把民族特点改掉了，改掉了什么？民族联合问题，减火收入的问题怎么看？②中国各民族在历史发展过程中，政治、经济、文化上迫立了不可分立的关系，今后各民族的差别更加缩小，联系更加密切，我们对移民迎立工业基地的问题怎么看？③在中国实行民族区域自治政策，怎样正确认识和处理祖国的统一领导和民族区域自治的关系，对机关民族化怎样理解，如何实现民族化？④对统一的社会主义大家庭如何理解，两种民族主义的阶级实质对统一的大家庭和民族间的危害性怎样理解，对民族主义应加以分析，从我们掌握的材料地方民族主义多，大民族主义有没有？⑤关于民族语言文字对社会主义经济文化迎设和民族繁荣所起的作用如何估计？周总理提出统一符号（拉丁）如何理解？在内蒙怎么实行贯彻？⑥统一党的领导问题，解决民族问题，其余民族政策必须有党的领导。⑦和蒙古人共和国合併问题，也可以讨论。"

安自治传达反革命修正主义、民族分裂主义分子乌兰夫"报告"中说："①研究民族问题方面的右派和其言论，批判地方民族主义，大民族主义也要有批判。②对周（指周总理）的报告可以有不同意见，但要有道理。……移民问题可以讨论（怕同化），不让进，叫出去也要讨论。"

你们看，这个乌兰夫的走狗，为了给民族分裂制造舆论，说了多少黑话！

（二）为乌兰夫扩大"大蒙古帝国"版图，奔走呼号。

伟大的中国共产党和各族人民心中的红太阳毛主席，对少数民族的解放和发展一贯是关怀备至。对达族人民更是这样。1955年中央派调查团，对达族人口进行了调查。当时达族人口在全国来说虽然只有几万人，而且分布在内蒙、黑龙江、新疆等地，住地也很分散，还是确定达族是一个民族。内蒙的达族人民主要集中在莫力达瓦族，1956年中央就决定成立达族自治族。可是安自治等人在内蒙"当代王爷"乌兰夫、吉雅泰、王铎一小撮反革命修正主义、民族分裂主义分子纵容下，反对成立达族自治族，阴谋成立达族自治州，公开对抗中央决定，企图把黑龙江省的大片土地划归内蒙，为乌兰夫扩大"大蒙古帝国"版图，进行了一系列阴谋活动。

1956年5月中央在呼市召开〈蒙古语文工作会议〉，会上传达了中央关于创造达斡尔文字的问题，并确定同年十二月在呼市召开达斡尔语文工作会议〉。会后安自治（中苏友协付秘书长），乌如查业勒图（呼盟付盟长、盟委统战部长），赵鲁巴根（内蒙统战部付处长），朝克（民委付处长），吴自新等人进行反革命串连，开黑会，借研究达族语文之机，策划成立达斡尔自治州的问题。

1956年7月内蒙第一届党代会议期间，安自治、乌如查业勒图等人趁机召开参加党代会的达族代表座谈会，专门研究达族居住地区推行州一级自治问题。安自治在这个座谈会上为所谓建州"理由"定下了基调。他说："建州理由有三点：第一是统一达斡尔族历史上被人为的分割状态；第二点是推行州一级自治机关对推行达斡尔族文字有便利条件；第三点是州级自治机关能够更好的根据达斡尔族的特点来领导生产和发展生产。"座谈会结束后，决定由乌如垚业勒图在内蒙党代会议上发言，并决定把这个问题整理出提案，带到"八大"，向中央施加压力。

内蒙党代会议结束后，内蒙党委组织了以民族访问团，团长由三反分子吉雅泰、付团长由民族分裂主义分子乌如垚业勒图担任，下设四个分团，分别到鄂伦春族，莫力达瓦旗，布特哈旗，阿荣旗，前旗，乌兰浩特等旗市进行访问。安自治任布、阿、前旗分团々长。在访问期间，安自治、乌如垚业勒图、朝鲁巴根、官布、满都呼（农牧厅）、孟和等民族分裂主义分子，根本不贯彻中央关于成立达斡尔自治族的意见，宣传党的民族政策，加强民族团结，而是煽阴风，点鬼火，各开各种类型座谈会，煽动民族情绪，进行民族分裂活动。单是莫族一个地方，他们就自开了十九次座谈会，搞了三个"建州"方案，分别划了区划图。第一个方案：嫩江以西，齐々哈尔以北的地方，包括内蒙的莫、阿、郭、布、喜、额等族，黑龙江省的甘南县、龙江县、富裕县、齐々哈尔，人口大约70——100万，其中达斡尔族占5%左右；第二个方案，兴安岭以南，西至雅鲁河，东至嫩江的地方，包括内蒙的莫、阿、布族，黑龙江省甘南、龙江、富裕、齐々哈尔等县市，这个地区的人口大约40——50万，其中达族占6%；第三个方案，恢复日本时期纳乌木尔盟，即莫力达瓦族、阿荣族、布特哈族、黑龙省一部分，这个地区的人口大约30万，其中达族占10%。三个方案……是狂妄的要求把黑龙江省大片土地划归内蒙。

安自治等人"访问"阿荣旗后，他恶毒地攻击说："山区人民生……发展缓慢，有的群众反映生活不如解放前了。"解放后什么人的生……不如解放前了？很明显安自治是站在地主富农、王公贵族一边，为……些反动家伙叫苦喊冤。但是这个阴谋家却掩盖阶级斗争问题，进行……族分裂主义的煽动。

乌娜垚业勒图参加"八大"回到海拉尔，安自治听说后，就匆忙……到乌娜垚业勒图家里（当时安在海拉尔未回呼市），探听迆立达斡尔……自治州的消息，当时乌娜垚业勒图对安说："迆州问题已汇报给中……统战部和乌兰夫主席了，乌兰夫主席准备和黑龙江省第一书记欧阳……同志研究。"安自治听到主子乌兰夫又发话了，劲鼓的更足了，回……呼市后活动更加狂妄了。

1965年12月中旬《达斡尔语文工作会议》开幕了。参加这次……议的有内蒙各地的达族代表，黑龙江省的达族代表，新疆维吾尔自……区的达族代表，在我国工作的苏修文化间谍托达也娃也参于了这次……国活动，会议期间，安自治、乌娜垚业勒图、朝鲁巴根、朝克、孟……、满都呼等人以研究文学为名，行反党、进行民族分裂活动之实，……自治等人为了活动方便，还成立一个核心领导小组——临时党组。……组成员有乌娜垚业勒图（临时党组负责人）、安自治、苏荣扎布（旧……蒙党委宣传部）、乌珠尔（中央民族学院讲师）、孟和（内蒙出版社）、……罗巴根（党委统战部付处长）、朝克（民委付处长）、德力格尔（右派莫旂……部长）、當文华（新疆代表）、那木斯末（　　　　）、吳自新等人。会初步了解在安自治家里，乌姑查业勒图宿舍、饭馆就开了××次会。为了要挟中央，安自治、乌姑查业勒图、朝鲁巴根等人把×光研究员的迁州方案，强行争到语文工作会议上通过。当遭到齐々哈尔××代表反对时，安自治竟指责××不同意把齐々哈尔划归内蒙迤立达斡尔自治州是"不关心本民族事务"。事后，安自治、苏荣扎布、朝克、吴自新等人又在乌姑查业勒图宿舍开会，"统一思想，统一意见"，向黑龙江省代表××施加压力。事后又派吴自新对××进行谈话，让××放弃原来意见，让齐市划到内蒙。

达斡尔语文工作会议结束时，安自治、乌姑查业勒图、孟和、绰罗巴根等人为了在迁州问题上得到外地达族干部的支持，采取了软硬兼施手段，竟以请客吃饭开黑会，收买乌珠尔、巴达荣哦、布赫、荞哈、英日报。在吃饭中，他们大唱黑歌，大喊口号，大叫什么"为达族统一干杯"。

这次以吃饭为名的黑会上决定的问题是：第一、黑龙江省代表回去后，向黑龙江省委写个报告，要求把齐々哈尔，龙江县、富裕县一部分划归内蒙，并要求黑龙江省委按照他们的狂妄计划，向中央反映；第二、东部地区代表路过北京时，由乌珠尔和中央民委或科学院联系开座谈会，反映迁州问题；第三、内蒙的问题，由安自治、吴自新、绰罗巴根来活动。

以上我们公布的，仅是安自治等人在"八大"会议前后的一部分活动。安自治等人之所以迭声"八大"前后迫不及待地猖狂向党进攻，这不是偶然的，是有它的历史根源风政治基础和社会基础的。早在19 41年伪满时期，一些大蒙奸为了出卖民族、出卖祖国，勾日本帝国主义劲芳，就曾在黑龙江一带搞过达族往莫力达瓦族移民运动，这个移民是反动的。1945年"八·一五"日本投降后，由苏修和"内人党"合谋搞了一个五个族的联合自治州，当时是两股势力，一是哈丰阿，一是哈布台。但目的是一个："为内外蒙合并打基础，促进内外蒙合并"，或"成立达族共和国"。解放以后，达族人民的败类出卖达族人民利益的民族分裂主义、叛国分子安自治、乌如查业勒图、绰罗巴根、朝克、孟和、满都呼等人在乌兰夫、哈丰阿的支持下，长期以来一直进行着有计划、有组织、有目的民族分裂主义活动。

1959年革命群众对安自治等人的民族分裂主义罪行进行了揭发斗争，在铁的事实面前，乌兰夫、哈丰阿、布赫之流，为了掩人耳目，导演了一场假处理真包庇的丑剧。这一案件的性质，本来是属于有计划、有组织、有目的进行反党、破坏祖国统一的民族分裂主义活动，但是，乌兰夫之流却按民族情绪给予处理。安自治就是在这个大保护伞下，仅受到党内撤消一切职务，下放劳动锻炼的处分。可是这个民族分裂主义分子到生产队后，随即当上了党支部书记；"锻炼"一年回来后，又当上了文化局党组々员，基层党委付书记职务。过去由于乌兰夫、哈丰阿的包庇，无产阶级文化大革命以来，又受到乌、哈残党余孽地下黑司令的包庇，这个案件至今还没有彻底揭开。

三、安自治紧跟内蒙"当代王爷"乌兰夫、苏蒙修特务哈丰阿，盗窃国家机密，为苏蒙修提供内蒙情报，进行反党叛国活动。

毛主席教导我们说："一切勾结帝国主义的军阀、官僚、买办阶级、大地主阶级以及附尾于他们的一部分反动知识界，是我们的敌人"。安自治廿年来，一直紧跟大阴谋家、大野心家反革命修正主义、民族分裂主义分子乌兰夫、大蒙奸、大特务哈丰阿，大肆进行出卖祖国的罪恶活动，深受乌兰夫、哈丰阿青睐。安自治自当上了内蒙中苏友协付秘书长，国际活动指导委员会付秘书长，交际处付处长，宾馆付经理以后，忠实地执行了中国赫鲁晓夫刘火奇、内蒙"当代王爷"乌兰夫、大蒙奸、大特务哈丰阿反旧宣传部内一小撮走资派一整套反革命修正主义"三降一灭"投靠蒙修取宠苏修的投降主义政策。

1956年在乌兰夫和大蒙奸、大特务哈丰阿的黑旨意下，安自治为苏修集团搜集我区重要情报。1956年正是苏修赫鲁晓夫召开廿次代表大会大反斯大林的时候。赫鲁晓夫等一小撮反革命修正主义分子上台以后，把伟大的苏联共产党变成了一个修正主义的党，对伟大的中国共产党进行恶毒的诽谤攻击。苏修一小撮反革命分子对中国人民在中国共产党和毛主席的英明正确领导下，所取得的光辉成就，怕的要死，狠的要命，特别是对世界革命人民的领袖，我们各族人民心中最红最红的红太阳毛主席天才地、创造性地、全面地继承、捍卫和发展了马克思、列宁主义，把马克思、列宁主义提高到一个崭新的阶段，用以指导世界人民的革命运动，苏修更是恨之入骨，千方百计的进行破坏和捣乱，企图颠复伟大的中华人民共和国。就在这个关键时刻，大特务、大蒙奸哈丰阿伙同旧内蒙党委、人委内一小撮走资派，勾结老牌民族分裂主义分子安自治狼狈为奸，利用我权，大肆盗窃国家机密，为苏修运送情报，犯下了滔天罪行。

安自治1956年在任中苏友协付秘书长期间，苏修情报机关以英斯科大学地理系"中国"研究室地理学硕士×、××××的名义与乌兰夫及大蒙奸、大特务哈丰阿来信，以写"内蒙古"（书名）为名，要求提供自治区各方面的重要资料。

我们摘录一段苏修特务的信，看々他们要的是什么资料。

"请求您，哈半阿同志，同样能给我一些着手编写这本书所需要的合适的资料：

"1.按照经济各部门说明自治区的，正区和各盟各部门比重的资料，土地改革的总结或整区和盟其他的土改资料。

"2.各盟和旗在1953年人口调查的资料，城乡居民的民族成分，各民族居民点的特点和自治区经济、文化建设的资料。

"3.同时非常需要一些地图，如行政区分图等；需要一些好题材的照片。

"①关于八个盟各种不同地区的自然特性，兴安岭等大批森林的和植林区的照片，巨大的贝尔湖、达赉湖、克尔伦河、辽河和嫩江的照片。

"②畜牧方面的照片（可能的话越多越好）

"③各民族——汉族、蒙族、鄂伦春族等居住地的样式的照片，各民族生活的物品的照片，所有穿着民族服装的民族代表人物（最好有男的批女的）的照片。

"④工业和农业——国营农场、合作社、牧畜场等单独企业的照片，以及饲养牲畜品种的照片。

"⑤中心城市和各盟新建的学校、俱乐部和医院的照片、风景区和各别的街道，——最主要的城市，呼和浩特、包头、海拉尔；历史意义的乌兰浩特；历史意义的纪念碑、塔等照片。

"⑥自治区优秀人物——劳动英雄、战斗英雄，文学和艺术代表人物作家（如玛拉沁夫）社会活动家乌兰夫同志、哈丰阿同志等的照片。

"您对这书的批评、劝告、指示和上述我所需要的资料，最好能使我在1956年5月1日以前收到。"

哈丰阿这个苏蒙修特务在接到他的主子的"圣旨"后，便立即"指示"内蒙人委、旧党委宣传部内的一小撮走资派、特务、叛徒、民族分裂主义和中苏友协付秘书长老牌民族分裂主义安自治，他们互相勾结，开动机器，指令内蒙统计局、计委、工业厅、手工业管理局、交通厅、水利厅、农牧厅、商业厅、教育厅、卫生厅、文化局、广播电台、民委等党、政、国家机构为苏修搜集自治区成立九年以来及历治革全面资料。请革命的同志们分析一下，这是一件多么触目惊心的反革命事件呵！

现把内蒙中苏友协在安自治等人的主持下，以哈丰阿名义给苏修的一封信及窃取的国家机密材料目录公布于众：

"亲爱的 X、ΧΧΧΧ 同志：

"您的著作——《内蒙古》一书，恰当地、系统地描述了内蒙古自治区成立以来在各方面所获得的成就，这是真实的介绍内蒙古自治区的一本好书。请允许我们热忱关怀我国人民的伟大苏维埃人民和《内蒙古》一书作者——伟大盟帮苏维埃社会主义共和国地理系硕士Χ、ΧΧΧΧ同志致以崇高的敬意。

我们很高兴得知您将编写《内蒙古》一书的第二版，也很愿意秋报提供您所需要的一切资料，遗憾的是，我们各部门的工作还存在着不少缺点，主要是：各项统计资料，数字不全面，有些工作还缺乏系统的总结，这就拖长了资料搜集、核对的时间，延慢了供给资料的日期，影响了您的创作计划。并由于上述原因，就是所搜集到的资料，也恐不能满足您的要求，谨向您致歉。

现将已搜集的如附表目录所载的各种资料、照片寄给您，请作参考，不当之处，尚望多加批评指导。　此致

敬礼

中华人民共和国　内蒙古自治区中苏友好协会

会长哈丰阿　一九五六年九月十三日

寄给×、××××资料目录：

① 内蒙古自治区地方工业情况一分，

② 内蒙古自治区手工业情况一分，

③ 内蒙古自治区商业情况一分，

④ 内蒙古自治区交通运输事业的发展概况一分，

⑤ 内蒙古自治区农牧业生产概况一分，

⑥ 内蒙古自治区水利建设概况一分，

⑦ 内蒙古自治区林业概况一分，

⑧ 九年来内蒙古自治区文化工作情况一分，

⑨ 内蒙古自治区九年来教育事业的发展概况一分

⑩ 内蒙古广播事业发展概况一分，

⑪ 内蒙古自治区的民族卫生事业一分，

⑫ 中国人民保卫世界和平委员会内蒙古自治区分会工作简述一分

⑬ 内蒙古中苏友好协会工作概况一分，

⑭ 内蒙古自治区境内少数民族一般概况介绍一分，

⑮ 内蒙古自治区的人口调查资料一分。

⑯ 内蒙古自治区各经济部分比重的资料一分。

⑰ 内蒙古自治区概况介绍的有关资料一册。

⑱ 伟大祖国的一角——内蒙古自治区一册。

⑲ 内蒙古自治区经济地理一册。

⑳ 内蒙古调查（第一集）一册

㉑ 胜利前进中的内蒙古自治区一册。

㉒ 照片一六九张 并附有说明。

下面，我们再公布一部分照片说明：

照片一：内蒙古自治区呼和浩特毛纺厂。

照片二：××糖厂，具有高度的机械化、自动化和安全防护等

照片三：××新迫汽车修配厂，已经投入生产了，从此××的
　　　　汽车坏了不必再到北京、天津修理。这是工人们正在
　　　　修理汽车。

照片七：××皮革厂车间的一角。

照片八：×××市牛乳化学工厂外景。

照片九：×××市皮革工厂外景。

照片十：×××化学工厂。

照片十三：×××盟的天然碱。

照片十四、××××盟××××盐地，是个取之不尽的大自然、
　　　　　盐库，面积共有×××平方公里。

照片二十五：这是大雁种畜繁殖场的高大健壮的种马。

照片四十二：在水草肥美的×××河畔放牧的羊群。

照片七十一：集（宁）二（连）铁路，集宁站。

照片七十四：黄河中游内蒙段，第一隻浅水拖轮（先锋轮），在1955年10月6日在××南海子码头下水试航，《先锋轮》有××马力是我国工人根据黄河中游的特点制造的。

照片七十五：××××××山的森林。

照片七十七：×××贮木场的一角。

我国的木材宝库——大兴安岭区的森林面积达×平方公里，木材的蓄有量×亿多立方公尺。其中有珍贵的笔直的针松和阔叶树。

照片一百：达赉湖，出产很多的鲤鱼、鲫鱼、白鱼等，面积约××××平方公里。

照片一三七：呼和浩特市联营商店。

照片一四一：新兴的工业城市内蒙古包头市。

照片一四七：海拉尔市的街道。

照片一四八：海拉尔河畔。

照片一四九：扎兰屯吊桥。

照片一六八：内蒙自治区人民委员会主席乌兰夫。（这××原都是绝对数字我们为了不使国家再浪费，故用××表示。

同志们请看，这些资料包括内蒙的政治、经济、文化、教育、卫生、地理及民族关系等各方面的国家机密。天上地下人间，应有尽有。为了说明得更清楚一些，这些资料采取了文字叙述、统计表、地图及照片等多种形式。真是系统、完整极了。内蒙的情况，对苏修来说，

1161

已经没有什么秘密了。这些资料是敌人派一百一千个特务搞上几年也搞不到如此完整的，而哈丰阿、安自治利用职权就使苏修不费吹灰之力得到内蒙的全部情况。可是哈丰阿、安自治之流还嫌这样作的不够，在给苏修的回信中，还奴颜婢膝地反复作检讨，我们看要是内蒙古这块土地能够搬走的话，哈丰阿、安自治之流就会连这块土地也送到苏修那里去了。

我们大家知道，自治区是没有权力直接与外国发生联系的，更没有权力直接向外国提供各种资料。哈丰阿、安自治不经中央批准，私自提供内蒙全面资料，这本来就是窃取国家机密，为苏修提供情报的叛国活动，可是安自治直到今天还在疯狂抵赖。今年3月9日，我们责令其交待这一罪行时他竟说："我们供给的都是公开资料"，"寄送资料时，我的思想动机是……对外宣传我国人民在伟大领袖毛主席英明领导下，在社会主义建设的各个方面所取得的辉煌成就，……觉得苏联人替我们宣传，这是好事。"试问同志们看看，安自治这个民族分裂主义分子叛国罪犯，是如何疯狂狡猾。

四、疯狂抵制无产阶级文化大革命，镇压群众运动，转移斗争大方向，死保乌家王朝。

毛主席教导我们说："什么人站在革命人民方面，他就是革命派，什么人站在帝国主义 封建主义官僚资本主义方面，他就是反革命派。"安自治自无产阶级文化大革命开展以来，一直站在刘、邓司令部和刘、邓司令部安插在内蒙的代理人乌兰夫、王逸伦、王铎一边，积极贯彻反革命修正主义，民族分裂主义分子文艺界头号走资派乌兰夫的旨意。订条条，划框框，束缚群众手脚，把革命群众划入运动重点人名单，转移斗争大方向。

①、包庇乌兰夫揭系干将，文艺界活阎王布赫，电报界女霸王珠兰，日本特务反动"午幽泉"贾作光。运动初期，安自治利用我权公开布置不让给这些家伙写大字报，群众写了，也扣押起来，不予张贴。

②、打击革命群众，转移斗争大方向。运动初期，安自治、候菊梅是艺术剧院的当权派，核心领导成员，在运动中，他们不去放手发动群众，揭文艺界廿年来阶级斗争盖子，揭发乌兰夫、布赫反党罪恶，而是采取压制，封锁消息，炮制文艺单位二十三人黑名单，企图把斗争矛头转向群众，把乌家王朝保护起来。在1966年6月11日，安自治根据反革命修正主义分子赵戈锐的布置，对文艺界单位的走资派，反动学术权威、特务、叛徒、民族分裂主义分子等乌哈残党余孽也搞了一个名单，把一些牛鬼蛇神排为一二三类，颠倒是非，混淆黑白。请同志们看，他们把伊德新、业贺宝音孟和、孙垚排为一类；把束来、孟和、达木林排为二类；把米冠凡、张伟、吴振华排为三类；把候铁山、宝音巴图排为四类。这么多牛鬼蛇神都是一、二、三类，只把候铁山、宝音巴图拉出来应应场面。运动如按这个名单搞下去，那就不能触动乌兰夫、布赫王朝一根毫毛。

③、镇压内蒙出版社的文化大革命运动。1966年6月16日文化大革命运动刚刚开始不几天，黑文委布赫、赵戈锐予感灭顶之灾将临，便派出以宝音达来、安自治、莫尔吉乎、赵国华、宝音都冷等人组成的消防队，到出版社去扑救革命烈火。安自治等人去的目的，主要是捂着这个"乌兰巴托分社"之称的单位阶级斗争盖子，死保出版

社的走资派。宝音达来接受布赫黑旨意后，向安自治等人布置任务说："出版社'闹事'了，现在很紧张，群众说要么王英（原党支部书记）是反革命，要么我们是反革命，现在看来王英不是黑线，出版社党支部四分五裂了，党和群众没有界线了，成了全民党，××把公安厅的事都说了，公安厅阿木古郎很有意见，转告不要说公安厅的事。"安自治就是按着黑主子的旨意，来到了出版社，他到出版社后，根本不放手发动群众，不依靠无产阶级革命派，而依靠中间派，不让群众揪斗走资派，到出版社不到四十八时，就被出版社的革命群众揪了出来。

④、乌兰夫的代理人王逸伦、王铎在去年二月掀起了一股反革命资本主义复辟逆流时，安自治又跳了出来，站在乌兰夫、王逸伦一边，上窜下跳，安自治、候菊梅二人还成立了"不怕死"战斗队，看々他们何等嚣张，居然要和无产阶级革命决一死战，四月十三日一声霹雳，中央关于处理内蒙问题的八条决定下达了，宣佈了王逸伦、王铎的死刑。可是安自治这个变色龙，确摇身一变，在特古斯、沙弟等反革命修正主义、民族分裂主义包庇纵下，成了支持三司革命小将的"英雄"，更为滑稽的是也成了"资产阶级反动路线的受害者"。去年10月在特古斯举办的"学习班"中还担任了班长，在学习班大放其毒。

安自治虽然被揪出来了，受到了人民的审判，但是，他们人还在，心不死，还没有斗倒斗臭，还在煽阴风，点鬼火。我们必须奋起毛泽东思想千钧棒，穷追猛打这隻落水狗，刬除一切乌兰夫残党余孽。誓死保卫党中央，誓死保卫毛主席和毛主席无产阶级革命路线，誓死保卫红色政权，誓死保卫祖国统一。

打倒乌兰夫、王逸伦、王铎！

打倒哈丰阿、王再天、特古斯！

打倒布赫、郭绳佶之流！

打倒安子治！

彻底肃清乌哈残党余孽！

毛主席的无产阶级革命路线胜利万岁！

毛主席万岁！万岁！！万万岁！！！

内蒙古文化局

毛泽东思想学习小组

及部分革命群众

一九六八年三月十八日

四-39

打倒巴盟党内最大的走资本主义道路当权派
乌兰夫的代理人
巴图巴根

材料汇编（一）

巴盟东方红革命造反联合总指挥部

揪斗巴图巴根联络总站

一九六七年九月

最 高 指 示

　　人民靠我們去組織。中国的反动分子，靠我們組織起人民去把他打倒。凡是反动的东西，你不打，他就不倒。这也和扫地一样，扫帚不到，灰尘照例不会自己跑掉。

　　把党內一小撮走資本主义道路当权派揭露出来，把他們那套修正主义货色拿出来示众，彻底批判，把他們斗臭、斗垮、斗倒，对他們进行夺权斗爭，这就是无产阶級文化大革命所要解决的主要問題。这是斗爭的大方向。

　　要特别警惕象赫魯晓夫那样的个人野心家和阴謀家，防止这样的坏人篡夺党和国家的各級領导。

目　　录

前　　言……………………………………………（ 1 ）

（一）疯狂反对毛主席，反对毛泽东思想………………（ 1 ）

（二）积极追随乌兰夫，推行修正主义的干部路线…………（ 4 ）

（三）大肆进行民族分裂和叛国投敌活动………………（ 8 ）

（四）取消阶级斗争，极力反对社会主义革命……………（15）

（五）积极支持"1·28"，阴谋策划资本主义复辟……（20）

結 束 語…………………………………………………（27）

附件一　巴图巴根一份未发表的反革命大字报………………（28）

附件二　巴图巴根疯狂反击李志忠等七同志的叫战書………（29）

附件三　查干向梁滌尘談話記录稿……………………………（31）

前　　言

　　由毛主席亲自发起和領导的无产阶級文化大革命，"这是大海的狂涛，一切妖魔鬼怪都被冲走了，社会上各种人物的嘴脸，被区别得清清楚楚。"这奔騰咆哮的万丈狂澜，也冲卷去了巴图巴根的假面具，暴露了他狰獰的面目。

　　就是他，一貫极端仇視学习毛主席著作，反对光焰无际的毛泽东思想；就是他，招罗牛鬼蛇神，社会渣滓，結成死党，貫彻了一条修正主义的干部路綫，一条反革命复辟的組織路綫；就是他，忠实地执行乌兰夫的对内"寸土必爭"，对外"大片出卖"的黑指示，大搞民族分裂，破坏祖国统一的罪恶活动；就是他，創造性地推行乌兰夫的以民族問題代替阶級斗爭的"三和一代"的修正主义路綫，反对阶級斗爭，反对社会主义革命，反对无产阶級专政；就是他，实行"千条万条生产第一条"，物質刺激第一的經济主义和实用主义的修正主义政策；就是他，一直在頑固地执行資产阶級反动路綫，把巴盟轟轟烈烈的无产阶級文化大革命打了下去；也是他，做了"一·二八"反革命复辟的幕后策划者，巴盟反动的頑固势力的总后台。一言以蔽之，巴图巴根是巴盟党内最大的走資派，是乌兰夫在巴盟的代理人，是巴盟各族人民的死敌。

　　現在，到了彻底清算这个"土王爷"的时候了。我們把革命群众已經揭发出来的巴图巴根的反党反社会主义反毛泽东思想的首批材料示众，以便全党共討之，全民共誅之。

第 一 部 分
疯狂反对毛主席，反对毛泽东思想

　　林彪副主席指示我們："永远高举毛泽东思想伟大紅旗，用毛泽东思想武裝全国人民的头脑，坚持在一切工作中用毛泽东思想挂帅，是我党政治思想工作最根本的任务。"

　　可是，作为巴盟盟委第一書記的巴图巴根，长期以来和乌兰夫狼狽为奸，疯狂地反对毛主席，恶毒地攻击战无不胜的毛泽东思想。

一、用心阴毒地攻击我們伟大領袖毛主席

　　林副主席說："毛主席比馬克思、恩格斯、列宁、斯大林高得多。現在世界上沒有那个一人比得上毛主席的水平，""毛主席是当代最伟大的馬克思列宁主义者。"

　　巴图巴根伙同他的那个"珍妃"式的人物查干，平时张口"主席短"，閉口"主席长"，人們問他們指的是哪个主席？他們便眉飞色舞地答曰："乌兰夫主席"。

　　他的党徒还恶毒地攻击說："在民族問題上的馬列主义者沒有几个，只有一个乌兰夫，在盟里就是巴图巴根了。"巴听了之后，非但不制止，却飄飄然。一九六五年，乌

· 1 ·

兰夫对巴盟提出了所謂的"批評",狗嘴里吐不出象牙的,可是巴图巴根却說:"烏兰夫同志对我們的批评是非常正确的,許多同志感到批評的亲切、严厉、一針見血的痛击,打得狠,打中了要害,这是对我們的鞭策。"同時,还在当年把他的奴才吳振荣改名为"烏愍"。

从这里,我們不难看出巴图巴根反对毛主席,把他和他的祖师爷烏兰夫凌駕于毛主席之上的狼子野心。

二、疯狂反对学习毛主席著作,恶毒地制止印制《毛主席語录》。

1、林付統帅指出:"在馬克思列宁主义的經典著作中,我們要99％地学习毛泽东著作,这是革命的教科书,……。"

心毒手狠的巴图巴根,根本不認眞讀毛主席的書,一些重要的必讀的文章在哪一卷里他都不知道。还公然在学习毛主席著作的时間内,安排常委会,工作討論会,或者天南地北地高談闊論。有人在討論会上竟然恶毒地攻击三面紅旗說:"人民公社找不到一点优越性","三面紅旗只剩旗杆子了",巴图巴根亦是听之任之。一九六五年軍分区政治部要求和盟委宣传部联合发一个学习毛主席著作的通知,而被巴黑手控制的宣传部,拒絕了这个正确的要求。上級来检查盟委負責人学习毛主席著作情況时,巴逃之夭夭,讓别的書記替他顶杠子。他还挖空心思,多方覓策,用学习蒙文蒙語来对抗冲击大学毛主席著作的群众运动。一九六二年五月十六日巴图巴根在报告中說:"以蒙古民族为主体的盟,必須看到政治、經济等方面的特点。"他号召全体干部努力学习民族語言文字,并采取政治上压,物質方面刺激的卑劣手段,推行語言民族化。他的爪牙們也散布說:"学习蒙文蒙語是政治任务,在内蒙地区工作,不学蒙文蒙語是大汉族主义"等等謬論。

2、林副主席指示:"要象发武器一样把'毛主席著作选讀'和'毛主席語录'发给全軍每个战士。"

巴图巴根却反对印制毛主席語录。一九六五年第二批"四清"队員訓練班,在刘健同志主持下,参考当时解放軍内部閱讀的"毛主席語录",編印了一部"毛主席語录",并已将几千册发到了队員之手。可是,巴图巴根在内蒙得息后,怒不可遏,立即下令:"不能印制,这是不合法的,已发的全部收回。"此后,"四清"队員們再次强烈要求請通辽印刷厂代印,同样被巴矢口否决。相反,他却迫不及待地于一九六六年初印发了烏兰夫的彻头彻尾修正主义的"元旦""三基論"的講話二万五千册。

巴图巴根制止印制"毛主席語录",以"民族文化"冲击破坏学习毛主席著作的群众运动,他的目的正如列宁所說:"这些人通常都是在'民族文化'的幌子下,策划反无产阶级阴謀的。"

·2·

三、树假样板，立假标兵

多年来，巴图巴根在基层組織和群众中，树立的一些样板和标兵，大多数都露了眞象。現仅举一、二个例說明之。

我盟牧区"烏审召"式的样板錫林高勒公社，公社書記某某人，有一条人命問題尙未查清，报紙上报导的成績也不符合实际。有人向巴反映，巴声色俱厉地說："样板也有缺点嘛！你們要很好培养，不然就連一个样板也树不起来了。"出席內蒙"先代会"的斯仁吉，其丈夫有严重的政治历史問題，本人成份非貧牧，而是剝削阶級，群众揭发其解放前有隐蔽敌特活动。整天不劳动。对待学習毛主席著作，亦是阳奉阴违。而名赫多年的对岱，其丈夫是国民党員，国民党军官，牧主分子。对岱本人也是牧主分子。解放后，依然靠剝削为生，就是这样的大坏蛋，也被树为阿左旗、巴盟、內蒙的牧业标兵，还参加国庆观礼。

巴图巴根这样作，其目的就是为地富反坏牛鬼蛇神鳴鑼开道，培养和选拔資产阶級接班人。

四、反对突出政治，鼓吹生产第一

毛主席一再教导我們，政治是統帅，是灵魂，政治工作是一切經济工作的生命綫，"没有正确的政治观点，就等于沒有灵魂。"林副主席活学活用毛泽东思想，也明確指出："千条万条，突出毛泽东思想是第一条。"全国人民听毛主席的话，一九六六年初掀起了突出政治的大討論。正在这时，巴图巴根发揮了"烏兰夫思想"，提出"千条万条，发展生产是第一条"。在他亲自主持的盟委扩大会議上露骨地說："尽快地把农牧业生产搞上去，是摆在巴盟全党全民面前的一項突出的政治任务。"同时，扩大会議还抛出了一份攻击毛泽东思想，突出巴盟四年实现四百万亩亩产四百斤，过黄河的黑綱領。巴以此为幌子，到处招搖撞騙，販卖他的修正主义黑貨。一九六六年初，他借总結所謂春联蹲点經驗的机会登台表演，他說："一九六五年盟委扩大会議的决議，确实是集中反映了我盟各族群众要求改变巴盟地区农业生产落后面貌的强烈的革命要求和迫切愿望。这个决議一旦为群众所掌握，武裝了群众，就能发揮巨大的物質力量。"他又說："現在是突出政治，貫彻盟委的决議就是突出政治。"因此，"貫彻不貫彻盟委决議，就是貫彻不貫彻毛泽东思想的問題。"所以，"这个决議必須大力貫彻，要原原本本地和群众見面。""以盟委决議为武器，从总結当年生产和討論一九六七年的生产計划入手，发动群众揭开生产斗争的盖子。"同时下令："在进行'四清'的生产队，停下'四清'专門宣传、討論、落实盟委的决議。"还批評不执行他的黑指示的领导同志是阳奉阴违。他还說："有了粮食就是最大的备战，什么事情也好办，什么問題也好解决。""把大学毛主席著作落实到人，落实到田和工具上。"

巴图巴根正是那种"对于突出政治表示阳奉阴违，而自己另外散布一套折中主义（即机会主义）的人。"这是对毛泽东思想的最大背叛。

· 3 ·

五、抹杀阶级斗争，以民族問題代替阶级斗争

毛主席在党的八届十中全会上說："現在可以肯定，社会主义国家有阶級存在，阶級斗爭肯定是存在的。……所以我們从現在起，就必須年年講，月月講，天天講，开大会講，开党代表大会講，开全会講，开一次会就講一次，……。"同时，毛主席再一次向全党全民发出了千万不要忘記阶级斗争的伟大战斗号召。

可是，巴图巴根却反其道而行之。他明目张胆地攻击說："阶級斗爭不能乱套，不能把什么問題都联系上阶级斗争。"还强调說："这是刘少奇講的。"

同时，巴图巴根还和乌兰夫一步一趋，一唱一和，费尽心机抹杀民族問題的阶级內容。

乌兰夫說："民族問題是內蒙古自治区最大的政治，突出政治就是突出民族問題。突出民族問題就是最大的突出政治。"

巴图巴根說："內蒙地区突出政治，就是突出民族政策，民族政策貫彻不好，突出政治就搞不好。""具体在我盟說，一切工作都得以民族工作为前提。"

乌兰夫說："搞好'四清'运动的六条标准之外，还应再加上民族問題解决了，还是沒有解决这一条。"

巴图巴根說："民族問題不解决，四清工作队就不能撤。"

乌兰夫說："学习毛选要从自治区的实际出发，要有的放矢。……不从实际出发，不解决針对性問題，还不是教条！"

巴图巴根說："学了二十三条思想上綱了，但学不好民族政策，下到牧区也搞不好工作。"

乌兰夫說："离开了民族問題的具体事实，空談阶级斗争，实际上是一句空話。"

巴图巴根說："阶級斗爭不能乱套。"

乌兰夫說："农牧矛盾，实际上是民族矛盾。"

巴图巴根說："河套的民族矛盾，是由农牧矛盾引起的。"

凡此种种，不一而足。巴图巴根、乌兰夫大反毛泽东思想何其相似乃尔！

巴图巴根猖狂地反对毛主席，攻击战无不胜的毛泽东思想，其狼子野心，昭然若揭。把他碎尸万段也难消我們革命造反派的心头之恨！

第 二 部 分

积极追随乌兰夫，推行修正主义的干部路綫

乌兰夫反党反社会主义反毛泽东思想，大搞民族分裂，破坏祖国统一，自立王国的野心是由来已久的。为达此政治阴謀，他多年来处心积慮地招降納叛，結党营私，拼凑了一支庞大的黑帮集团。巴图巴根就是乌兰夫黑帮集团的一員干将。

• 4 •

一，烏兰夫的特使

一九五五年二月巴图巴根被烏記黑帮集团派駐巴晉浩特，是带着**特殊**使命的。

1、以烏兰夫的"三五宣言"为綱，把額旗、阿拉善旗、巴晉浩**特**和磴口县納入烏兰夫所控制的內蒙古的版图。

2、忠实执行烏兰夫的"团結、稳定、生产"三項任务。組織黑帮集团，按插亲信，控制巴盟党、政、軍、財、文大权，变巴盟为云家王朝的一个基地。

3、忠实地貫彻执行烏兰夫的保护王公貴族、宗教上层，民族分裂的"三不二政"策，和叛国投敌、复辟資本主义的一整套修正主义路綫。

經过巴图巴根十几年来的苦心經营，"出色"地完成了特殊使命。

二、巴图巴根和烏兰夫的奥妙关系

路人皆知，巴图巴根是烏兰夫的"八大名人"之一。巴被派往巴盟并被任命为第一書記，这是烏氏对巴最大的信任和重用。同时，在烏兰夫反革命复辟的新班子中，巴又被密謀为內蒙党委宣传部副部**长**，实际上是未来的正部**长**。

一次，巴去京，烏得訊后，立派自己的高級專用轎車迎进"烏公館"，待为上宾。

巴图巴根在当代王各面前如此受宠，他是心領神会的，因此对烏也甘效犬馬之劳。

巴十分欽佩烏兰夫"看問題尖銳"，"了不起"。还吹捧說："在华北局烏兰夫是第二書記，在中央开会，烏兰夫就在李雪峰前面。"

一九六〇年我国暫时經济困难时，烏兰夫到巴盟来所謂"視察"，巴极尽討好之能事，亲自搞招待，其規模之大，景況之盛，花錢之多，实为巴盟历史上所罕見。仅四、五天时间招待费一項就花去了七千五百余元。巴还亲抓演出，安排审查戏剧节目。同时大办空前的高級化装舞会，洒香水，点优質香，洒滑石粉，吃夜宵。跳舞的女演员都是經过党支部打保票，医院检查选定的。更令人恶心的还用專車請来一位人称"百里香"的大破鞋，專陪烏兰夫跳扭摆舞。走时还厚礼相送，例如只冰州石就相送足够一公斤，（注：此物一公斤国内售价为一万元，出口为二万元。）大懷国家之慨。另外，还借庆祝內蒙成立二十周年之机，揮霍人民的血汗达四十五万余元。

毛主席尖銳地指出："堅决反对任何人对于生产资料和生活资料的破坏和浪費，反对大吃大喝，""貪污和浪費是极大的犯罪。"巴图巴根为了向烏兰夫献媚取宠，如此揮霍，这不是犯罪是什么？

此外，巴还經常拿烏兰夫这块"王牌"压人。例如一次盟委研究黄河枢纽工程，巴威胁与会人說："如果不能提前完成这項工程，烏兰夫主席說要杀头的。"

一九六三年华北局在錫盟牧区搞"四清"，烏兰夫慎慎地对巴說："我不知道某某葫芦里装的什么藥？他們竟然在牧区搞'四清'，划阶级，我看他們哪个人能在牧区当中講十条，（注：指用蒙語講解前十条）在牧区搞这一套非大乱不可！"而巴图巴根也便打着烏兰夫的旗号，把这一席話原原本本地向盟委常委作了传达。

· 5 ·

临河"四清"结束后，华北局决定在临河搞试验县。对此，乌极力反对，巴也不支持。高锦明同志亲自到临河三次指示巴盟盟委给予大力支持，而巴置若罔闻，以示对抗。相反却在盟委提出："乌兰夫指示，巴盟在磴口县搞过黄河的试验县。"于是，乌兰夫、巴图巴根和华北局分庭对抗的试验县在磴口县搞起来了。高锦明同志发觉后，严厉地指出："你们在磴口县搞试验县，每亩地还另加化肥三十斤，这是和临河唱对台戏，这是明目张胆地拆华北局的台。"而巴图巴根根本不顾高锦明同志的批评和巴盟盟委刘健章同志的反对，磴口县的试验县还是搞下去了。

巴图巴根既然把乌兰夫奉若神明，那么，他也就必然处处保护乌兰夫过关。

一九五六年，内蒙党代会上有人给乌兰夫提了些意见，巴图巴根便组织一些人围攻、打击提意见的人，至使大会变成了压制民主，云家王朝一言堂的大会。

文化大革命初，巴图巴根参观了内蒙揭发乌兰夫的大字报。巴回盟后，非但不组织力量揭发乌兰夫的问题，相反却严密封锁消息。甚至公然破坏宪法，查封私人信件，凡涉及到有关乌兰夫问题的私人信件，巴令一律查收扣留。但是，对于一张为乌兰夫翻案的大字报，却广为宣传，逢人便说："内蒙也有人写了一张为乌兰夫辩护的大字报呢！"

毛主席说："世上决没有无缘无故的爱，也没有无缘无故的恨。"巴图巴根爱憎清楚，敌我分明。从巴图巴根所憎所爱，为敌为友，不是十分清楚地证明了他绝对不是毛主席司令部的人，而是刘少奇、乌兰夫黑司令部的人吗？

三、招降纳叛，结党营私，推行修正主义的干部路线

毛主席说："世界上一切革命斗争都是为着夺取政权，巩固政权。而反革命的拼死同革命势力斗争，也完全是为着维持他们的政权。"

列宁也尖锐地指出："政权在那一个阶级手里，这一点决定一切。"

巴图巴根既要追随乌兰夫，分裂祖国统一搞独立王国，那么他就必然首先抓权；而要抓权，也就必然要招降纳叛，结党营私，在要害部门安插他的亲信和党羽。

1、组织黑帮集团

巴盟的黑帮集团，以一九五五年二月随巴图巴根来巴盟的佈和（是巴策划民族分裂叛国投敌的前台核心人物，漏网的大右派。）、赛晋（乌兰夫、巴图巴根在额旗的代理人，一贯流氓成性。）、布和（地主成分，一贯乱搞两性关系，民族分裂叛国投敌分子。）、富珠烈（一贯道德败坏，民族分裂主义分子）查干（巴图巴根"珍妃"式的人物，忠实推行旧中宣部修正主义黑货，民族分裂主义分子）等为核心。他们先纠集了一九五三年乌兰夫首批派来蒙古族自治州的苏德保（牧主成分，乱搞两性关系，在蒙甘划界时带着他的原国民党官太太、一贯道三才的老婆丑事作绝。贪污盗窃投机倒把分子，私自贩卖子弹二万发，牟取暴利二千多元，民族分裂叛国投敌分子。）、洛卜僧（黑帮集团干将）等人。后又勾结了一九五八年以后来巴盟的骆长胜（地主成分，日伪劳工大队长，是策划民族分裂叛国投敌的急先锋。）、贤吉美图（策划叛国投敌分子）、博彦

·6·

（在統战工作上推行投降主义路綫，是策划民族分裂叛国投敌的参謀长）孝順嘎等人。

接着巴又亲从内蒙要来阶级复仇分子肇和斯图，在本地区又招納了巴图（阶級异己分子）、程希萍（三反分子，"一·二八"反革命政变鎮压革命造反派的主謀之一）、张学謙（黑帮集团要员）、額尔登格日勒（額旗封建小王爷，伪国民党少将副司令，国民党駐南京代表。蒙甘划界时，伪造满清宫廷文件，大搞民族分裂叛国投敌主謀之一——貫流氓成性。被巴拉入党內，幷重用为額旗旗长，旗委常委。）、岳特布克雅（伪保安队长，被巴重用为阿右旗武装部长。）等以及王公贵族宗教上层人士，于是，結成了一个反党反社会主义反毛泽东思想的死党。巴图巴根就是这个为烏兰夫效劳的死党的党魁。

2、安插亲信，控制党、政、軍要害部門

蒙古族自治州时，巴图巴根首先挤走李健，而篡夺了第一書記的要职。又把苏德保、佈和、富珠烈、布和拉进常委。接着任命佈和为州委秘書长兼統战部长，布和为組織部长。于是州委常委、办公室、統战部、組織部被巴控制。与此同时，还把賽音派駐額旗，富珠烈、苏德保等留守阿旗。这样自治州所辖三大旗及巴音浩特鎮掌握在巴图巴根的黑手中。至此，巴图巴根基本上独攬了自治州党、政、財、文大权。

一九五八年成立巴盟，巴图巴根又施阴謀耍权术，窃踞了巴盟第一書記的宝座，幷兼任軍分区政委，公安处长是他的心腹程希萍，于是巴图巴根軍权在握。接着把他的干将苏德保、博彦放进統战部，把查干挤进宣传部，办公室有他的秘書长史繼法和××，这样巴一手控制了統战部、宣传部和办公室。又通过阶级复仇分子肇和斯图（盟长）、老牌三反分子关保（付盟长）而掌握了盟公署。幷进一步策划把富珠烈、查干、駱长胜、苏德保、张学謙提升付盟长，还揚言提拔两名蒙族干部作付書記，把布和、苏德保、张学謙提升盟委常委。又借建立"五大委"之机，排除异己，安插党徒，进而控制了农牧、文卫、財委。

巴图巴根同时把他的魔爪伸向巴盟所辖六旗三县一市，被其黑帮集团盘踞的达五旗一县。就这样，巴图巴根这只烏兰夫的看家狗，独攬了巴盟的党、政、軍、財、文大权，成了巴盟的"土王爷"。

3、打击陷害革命的領导干部

前已叙及，自治州委第一書記李健是被巴图巴根一手挤走的。

一九五八年巴盟成立后，巴攻击的对象是第一書記郝平南。巴搞郝是在反对大汉族主义的幌子下进行的。其得心应手的工具是老反革命关保，以后，关氏也似乎有所悟地說："巴图巴根用我的手去抓毒蛇！"一九五九年巴亲赴内蒙，向烏氏集团陷告郝的大汉族主义，回盟后郝在会上揭了巴的老底說："老巴你想当第一書記說話就行了。"郝被挤走后，巴贼心不死，又在六四年内蒙三干会上对郝射出一支支冷箭，必欲致郝于死地而后快，用心何其毒也！

郝平南走后，巴图巴根便把鋒芒恶狠狠地指向刘健同志。

巴对駱长胜說："刘健好是好，就是好抗上。"此一語使我們悟得了巴图巴根所以

·7·

要打击陷害刘健同志的肮脏的内心世界。

巴对刘健同志的手段是阳一套，阴一套，挑拨离间；明一套，暗一套，阴谋陷害。比如：巴对同发起说："我对你没意见，主要是刘健对你过不去。"巴图巴根要提罗靖当付盟长，刘健同志不同意，巴便对许××说："罗靖三能干，我要提拔当副盟长，刘健不同意。"于是，这个许某人便把巴的话原原本本地告诉了罗靖。平时巴百般阻挠刘健同志下牧区，背后又议论说："刘健对牧区政策不懂，对牧区工作外行，又不愿下牧区。"巴图巴根主管牧业、统战等工作，刘健同志主管财贸，但巴图巴根对人说："刘健不懂民族政策，又对民族工作、统战工作不管，因此造成了巴盟民族主义倾向很严重。"更阴险的是文化大革命初期，巴指使××写陷害刘健同志的所谓男女作风问题的检举信，巴得信后，如获至宝，不经常委研究私自派石××到内蒙告发，又幸灾乐祸地对他的亲信说："刘健有这个问题也就完蛋了。"后来，问题展转到常委会上摊牌，巴图巴根狼狈不堪地承认"我是搞阴谋了"。

毛主席说："阳奉阴违，口是心非，当面说得好听，背后又在搞鬼，这就是两面派行为的表现。"巴图巴根就是这样的反革命的两面派。

综上所述，巴图巴根多年来一直追随乌兰夫，贯彻了一条修正主义的干部路线，一条反革命复辟的组织路线。招降纳叛结党营私，软硬兼施又拉又打，形成了一个由巴图巴根黑手经营的为乌兰夫大搞反革命政变的狼子野心效劳的"乌记"巴盟分店。

第 三 部 分
大肆进行民族分裂和叛国投敌活动

毛主席说："国家的统一，人民的团结，国内各民族的团结，这是我们的事业必定要胜利的基本保证。"又说："民族斗争，说到底是一个阶级斗争的问题。"多年来，巴图巴根一直和毛主席的伟大指示唱反调，利用他所窃踞的巴盟盟委第一书记的职权，以贯彻党的民族政策为名，拼凑民族分裂主义集团，大搞民族分裂活动。与此同时，他还勾结蒙修头目，频相往来，纵容包庇或亲自参与其集团成员叛国投敌活动。

一、大力贩卖乌兰夫民族分裂主义的黑货，煽动民族情绪，鼓吹民族分裂。

毛主席在党的八届十中全会上说过："凡是要推翻一个政权，总要先造成舆论，总要先做意识形态方面的工作。革命的阶级是这样，反革命的阶级也是这样。"巴图巴根这个乌兰夫的忠实走狗，多年来他就是极力煽动资产阶级民族情绪，为实现乌兰夫分裂祖国的罪恶阴谋大作舆论准备的。

1、乌兰夫多次别有用心地放毒说："农牧矛盾，实际上是民族矛盾。"巴图巴根也大喊大叫："河套的民族矛盾是由农牧矛盾引起的。"乌兰夫说："现在大汉族主义统治压迫蒙古族贫下中农。"巴盟民族分裂集团的另一个头目佈和也恶毒地说："巴盟

· 8 ·

的主要問題是民族問題，是汉人压迫蒙古人。"

2、1962年乌兰夫在內蒙古民族工作会議上，系統地散布了他修正主义、民族分裂主义的反动綱領，巴如获至宝，回盟后召开全盟民族工作会議，系統贩卖乌兰夫的黑貨，并以乌的講話为綱，拟定了检查巴盟民族工作的14个方案，从而使乌兰夫的修正主义民族分裂主义綱領得以更加具体的"創造性"地在巴盟地区貫彻执行。

3、1966年当乌兰夫抛出其反党反社会主义反毛泽东思想的"三基論"加緊进行民族分裂为叛国投敌大作准备的时候，巴图巴根欣喜若狂，他一反常态，亲自到五原巴彦特拉公社春联大队以四清蹲点为名大搞所謂民族調查，为分裂民族大造輿論。他背着盟委提出了一个以反"大汉族主义"为中心的調查提綱，編造了一份"調查报告"，給所謂"大汉族主义"定了七大罪状：

（1）扩大耕地盲目开荒。

（2）破坏牧場，草片退化。

（3）集体牲畜逐年下降。

（4）蒙民生产特点沒照顧。

（5）蒙民缺乏奶食，困难增加。

（6）牧民自留大畜逐年減少。

（7）县社領导很少貫彻民族政策。

这个报告不經盟委研究通过，便私自带去参加乌兰夫的"四月黑会"。

4、1963年底至1964年初，巴图巴根与反革命修正主义分子肇和斯图主持召开的全盟民族工作会議，是一次貫彻乌兰夫制造民族分裂，大搞独立王国的反革命修正主义綱領的黑会。毛主席說："无論是大汉族主义或地方民族主义 都不利于各族人民的团結。"又說："在存在有地方民族主义的少数民族中間，则应同时克服地方民族主义。"而巴图巴根却把盟委招集的大会变成散布地方民族主义，发洩资产阶级民族情緒，攻击党的民族政策的場所，为民族分裂主义分子提供了反党反社会主义的合法講坛。在这个会上，王公貴族、喇嘛台基、大放厥，他們恶毒地說："共产党是汉族的党，不是少数民族的党。""民族地区不象样了，汉族多，蒙族人沒有当家做主"。有的故做危言，煽动地說："現在有許多民族，将来融合成一个民族，又叫什么民族 是不是还叫汉族"？有的人对我們把蒙古称为"蒙修"感到惊訝，想不通。甚至有人竟反对我們反修，公然說什么"打一个牛角，一百个牛角疼"

5、編造民族矛盾，制造反动輿論。

1966年巴图巴根搞的一份所謂調查报告中說："那时（指1920年以前）这里牧場辽阔，草原丰富……。后来，由于蒙汉统治阶级勾結起来开荒种地，迫使蒙族群众迁移，而汉人迁来的则一年比一年多……。近十几年来，牧場草原逐漸縮小退化。放牧一年比一年困难。在这种情况下，有的舍牧搞农了，有的搬家迁户了"。巴图巴根在一次党組会上还煽动說："牧区草場退化了，蒙古人到哪里去呀："巴的女儿在学校也对同学說："汉人泛濫成灾了，汉人要造反了。"巴图巴根民族分裂主义集团分子布和

·9·

等也說："国民党时期，汉人把蒙古人从南往北赶，把蒙古人赶到沙窝里，现在汉人还不满足，又来了一大批，必须把他們赶回去，否則蒙古八都不能生活下去了。"蒙古人解放后牲畜减少，人口下降，生活困难，还不如日本人和国民党統治时期。"这些人甚至公然鼓吹分裂，丧心病狂地說："自治不如独立。"巴图巴根为了达到其分裂祖国統一的罪恶目的，竟公然反对毛主席对民族問題的指示，贩卖乌兰夫的黑貨，大造反革命輿論該当何罪！

二、 策划並支持民族分裂主义分子和民族反动上层，恶毒攻击党的民族政策，疯狂进行民族分裂活动。

毛主席指示說："究竟吃民族主义的飯，还是吃共产主义的飯？吃地方主义的飯，还是吃共产主义的飯？地方要，但不主义。"而巴图巴根却一貫采取打、拉、煽、捧的手段，以反"大汉族主义"为名，縱容并支持民族分裂主义分子向党进攻。

1、巴图巴根及其集团分子对拥护党的民族政策，坚决反对地方民族主义，一貫主持正义敢于抵制或批評其民族分裂活动的蒙族干部极端仇視，他們到处煽动說："有人出卖了民族。"并且把蒙古族領导干部分为"真蒙古""假蒙古"、拉一批，打一批，勾結一批，排斥一批，进行宗派活动和分裂活动。盟委书記和常委中有人提議讓一些同民族分裂主义分子做过斗爭的蒙族干部当組織部长，巴連連拒絕，还借机报复說："×××連副部长也当不成。"准备往外調。另外还經常散布說："×××需要到实际工作中鍛炼。"进行排挤。

2、1962年4月巴图巴根密謀召开的盟政协四届一次会議是一次精心策划的反汉排外，大搞民族分裂的黑会。巴图巴根、布和亲自传达了李維汉修正主义的报告。巴指示会議的精神是"放"，需要放多长时間就放多长时間。会議予期十天，为了放够放足，巴一再延长会期，一直开了三十二天，参加人数由一百二十多人增到一百五十余人，甚至請来了不是政协委員的公私合营牧场主场长。这些牛鬼蛇神在会上大肆攻击党和党的民族政策，胡說什么"共产党的民族政策还不如日寇侵略和国民党反动派統治时期"有个家伙竟說："剛开始接近共产党时，感到亲热，后来变成冷淡．最后发展到仇視。"这次会議还提出所謂"公私共事关系"，說什么"对民主人事，民族上层，喇嘛牧主，是有职无权，使用多教育少"等等，为其要职要权。在会議期間，巴举行宴会为那些牛鬼蛇神祝酒致贺。会議結束时，巴又赤膊上陣，用蒙汉两种语言做了长达三万余言的"政治报告"。这个"报告"极力迎合阶级敌人的需要，从政治、組織、文化、生活等方面放了很多的毒，博得了牛鬼蛇神的喝彩，那些家伙贊不絕口地說："解放以来第一次听到这样的报告真解渴。"

3、政协会后，巴图巴根感到还不满足，他又留下民族上层，开了七天所謂民族座談会，又一次为反动的民族宗教上层提供攻击党的民族政策的合法陣地。会上，热爱党拥护党的蒙族同志提了不同意見，关保就指着鼻子質問刘健同志說："民族座談会是革古人整蒙古人的会，是誰搞的？"巴也在場却喜存心里听之任之。为了給这次民族分裂大会做准备，还預謀讓博彦带了一个陣容庞大的工作組，到中后旗烏盖公社搞农牧矛盾的調查，会后指使布和带領民族上层人士到五原白民刀亥公社金旗大队調查农牧矛盾，检查民族政策貫彻情况。布和向盟委汇报时，竟将牧民五十年前反对国民党反动統治的歌子"小黃馬"拿出来攻击党的民族政策，胡說什么"现在牧民还不如五十年前"。

4、1962年×月，在民族党員处局长会議上，巴图巴根又指使布和等人，以反对"大汉族主义"解决民族問題为旗号，向盟委恶毒进攻。这个会議本应由巴主持，但他借故推托，退居幕后，一任他的集团分子胡閙。会上那些家伙大肆放毒說："机关民族化没有实现，民族干部没有当家做主"，"書記盟长不登民主人士的門，民族統战人士沒人管"，"民主人士有职无权"，"汉族書記不懂民族工作"。他們从民族特点、民族形式、民族語言以及民族服装等方面对党的民族政策进行了种种攻击，同时还著意刁难主持会議的同志，围攻、打击眞正維护党的民族政策的蒙族同志。把会議弄得烏烟瘴气，无法收场，而巴图巴根却站在远处观景。用心何其毒也！

5、1962年民族分裂分子布和、博彦等人糾集一伙人到刘健同志家里去进行示威。事前同巴图巴根研究，巴說："你們最好不要去，如果非要去的話，我也不管。"在巴的縱容下，布和等凶焰十丈，他們篏拥到刘家，厉声質問："你懂不懂民族政策？为什么盟府没有民族气味？为什么不关心民族文化？为什么不讓唱蒙古歌曲，为什么不貫彻民族統战政策？上层人士恐慌，有几个民族干部都是付职，蒙古人沒掌权，民族干部由于你們不用蒙文，不愿在这工作。"等等。大閙一通。閙事后，巴图巴根同这些人在宾館一起喝酒密談。不难看出这次閙事是由巴图巴根予謀策划，幕后牵綫的。

事实証明，巴图巴根等人幷不要"吃共产主义的飯"，他們的脑子里只有民族，根本沒有共产主义事业。他們就是要用民族分裂主义集团取代党的領导，要用地方民族主义冒充为党的民族政策。

三、实行蒙汉分队，破坏民族团結

毛主席在党的成都会議上指示說："蒙汉人民要密切合作。"各族人民的团結，是社会主义事业必定要胜利的基本保证。但巴图巴根一貫坚持民族分裂，他借口解决所謂"农牧（蒙汉）矛盾"以实现其破坏蒙汉劳动人民密切合作的罪恶目的，竟狂妄地提出"要在內蒙古自治区成立20周年以前解决巴盟地区的农牧矛盾"的口号，加紧实行蒙汉分队，破坏民族团結。

1、62年，巴图巴根組織的民族工作調查組重点調查所謂"农牧矛盾"，根据"調查的材料，巴提出了一个"农牧（蒙汉）分队"的修正主义方案，大量遣散农业人口，封田閉地。仅博彦所在的中后旗烏盖公社，一次就閉地五千亩，强令一百多戶，一千多汉族社員于两年內迁出牧場，返回原籍。此外布和还打着巴图巴根的旗帜用威胁手段硬讓五原白民刀亥公社金旗大队蒙汉分队，这个方案初步实施結果，幷没有从根本上解决

·11·

"农牧矛盾"，相反却引起蒙汉社员的强烈不满，严重破坏了农牧业生产的发展。

2、为了解决所谓"套内的农牧业矛盾"，仿效乌兰夫在土旗蹲点搞民族问题，巴亲自出马选择五原巴彦特拉公社春联大队蹲点，以"四清"为名，大搞其"民族调查"进行民族分裂活动。在蹲点和调查过程中，巴图巴根组织编写了一个调查报告，说什么"草场退化了""蒙民缺乏奶食，肉食和生活困难，是当前民族关系中的一个突出问题，这也是他们搬家迁户的重要原因"。还规定了四条在全大队执行：（1）实行蒙汉分队，以后不准汉人迁入。（2）对蒙民实行特殊照顾（无偿发给瑞士羊40支以解决牧民奶食问题）（3）实现蒙族当权（全队十三户蒙民，六户当了干部）（4）不准下放知识青年到该队。结果，挑起了民族纠纷，使蒙汉关系一时搞得很紧张。

3、在春联蹲点时，巴图巴根擅自命令，硬让一个本来和汉族社员相处得很好的联丰七队五户蒙族社员离开原来的队与春联大队的一个蒙族社员多的队合并（由于这五户蒙族社员的反对，后未得逞）破坏蒙汉人民的团结。

4、同时期，巴图巴根还把原来农牧结合，蒙汉合队，历年生产较好的五原金旗大队的生产方针改为"以牧为主，农业为辅"。杭锦后旗团结大队和中后旗乌盖公社之间发生农牧纠纷时，巴又让旗委领导做工作，封田闭地，给牧业让路。这样就更加扩大了矛盾，加深了隔阂，制造了蒙汉之间的不和。

几年来，巴图巴根一直不惜破坏生产，强制推行其分裂民族的反革命方案，直到这次无产阶级文化大革命开始，其反动锋芒仍然不减分毫，真是可恶可恨之极。

四、挑起边界纠纷，制造努尔盖流血事件。

乌兰夫在解决自治区与兄弟省区边界问题上，一贯主张"寸土必争，得寸进尺""只能划进，不能划出"。实行向毗邻省区争地争城的扩张主义方针。巴图巴根在处理巴盟与甘肃边界问题时，紧跟他的主子，也是一味扩张，寸步不让，一再挑起纠纷，以致酿成努儿盖边界流血事件。

1、由于种种历史原因，巴盟与甘肃的行政界线一直存在争论。对于真正的共产党人来说，应该本着互谅互让的精神，以有利于发展生产，有利于社会主义建设，有利于民族团结的方针，通过协商，妥善解决。但巴图巴根却秉承乌兰夫的旨意，死死抱住所谓"历史线"和"1953年线"不放，按乌兰夫"一个山头也不能让"的命令，同甘肃争起地盘。1960年"平山湖事件"后，巴图巴根纵容并支持旗社干部，拒不执行巴盟盟委关于制止边界闹事的五条决定，继续扩大事态，多次挑起边界纠纷。截至1964年前边界纠纷时紧时松，从未间断。

2、1964年4月15日，在阿右旗沿边努尔盖地区发生了一起骇人听闻的流血事件。甘肃方面被枪杀二人，伤六十一人（枪伤四人）。这次事件事先经民族分裂主义分子预谋策划，是巴图巴根坚持"寸土必争"的必然恶果。巴图巴根应负绝对责任。

3、对这一重大事件，巴图巴根按照乌兰夫黑帮头子奎壁的主意，站在资产阶级民族主义立场上极力隐瞒真象，制整假象，不作处理。

事件发生后，巴图巴根率領軍分区司令員公安处长等三十余人到了兰洲，請示了正在甘肃商談解决边界糾纷的奎壁，研究了解决办法。当时自治区民政厅长烏力都（划界代表）建議先处理打死人的問題，巴却一意坚持首先处理所謂牧民上山（据右旗报告說牧民要上山逃蒙）的問題，幷說"先不管他死人的事。"当甘肃方面提出要兇手时，巴又憤憤地說："我們找不到兇手，要抓叫他們自己来抓，出了問題由他們負責。"还說："甘肃有大汉族主义，打架是他們逼出来的。"

四月二十日巴图巴根一到阿右旗就宣布說："对这一事件不杀，不捕，不法办。"首先亲切慰問了杀人兇手布仁特古斯，幷說："我們的牧民就是利害。"并大肆散布流言說，"甘肃的人太欺負人，占了我們的草場，水井，把牧民赶到山上去了。"到桃花山又对几十个牧民說："甘肃真不象話，我們的牧民在这里住了几十年了，他們把地占了，把蒙古包也占了，要把牧民撵走1真残忍，使人看了掉淚。"繼續煽动民族情緒，制造民族矛盾。巴图巴根还指示这一事件的直接策划者巴雅尔俄模和搜集群众的反映和意見，甚至召开会議确定派内蒙公安厅；巴盟公安处的干部，采取偵察手段搞材料，为上中央打"官司"做准备。

事后，巴图巴根向盟委做了假报告，有意掩盖真相，包庇右旗，指責甘肃有"修正主义"有"大汉族主义"而对肇事的右旗只說"教育不够，制止不严。"杀人兇手拿着反革命修正主义分子李維汉的黑"五条"投案，名为認罪，实为告状，巴图巴根指示讓給兇手家属发救济费，按烈士家属待遇，另一兇手則安排为"四清"队員。这完全是欺騙党和人民的鬼把戏。

4、1964年底巴图巴根还煽动一些人說："你們有意見就告状嘛1"1965年春巴又在盟委扩大会議上說：甘肃人霸占阿右旗牧場，不但不讓人畜吃水，还合伙打牧民，往牧民嘴里尿尿，把牧民赶到山上去了。簡直和国民党时期的大汉族主义一样。"此外还多次鼓励不明真象的群众向中央告状；讓中央来人处理。

"努尔盖流血事件"是巴图巴根为了博功請賞为烏兰夫"把好大門，扩张地盘"罪恶活动中的一部分，仅此一例，就可以明显看出，巴图巴根在民族分裂主义道路上走到了何等遙远的地步。

五、勾結蒙修，阴謀叛国。

毛主席說："什么人站在革命人民方面，他就是革命派，什么人站在帝国主义、封建主义、官僚资本主义方面，他就是反革命派。"巴图巴根很早就和蒙修头头勾勾搭搭，遙往迎来，以后又縱容包庇幷亲自参与其民族分裂主义集团成員阴謀叛国活动，他們策划预謀于密室，煽风点火于四方，气焰囂张，不可一世。且看如下事实。

1、多次会唔蒙修人員，双方互送秋波。巴图巴根既有叛国的祸心，就要想方設法同蒙修人員接触。历年来巴与其集团分子和蒙修会唔的有："苏德保扎木苏经常出入蒙修設在我呼和浩特市的领事館。中后旗賢吉美图单独与蒙修联系。59年9月巴图巴根与布和、吳明等，还有內蒙黑帮分子嘎拉布僧格，得到烏兰夫的同意，披着中央名义私自和蒙修南戈壁省第一書記宁布挂勾，把他們待为上宾，互送礼物，临行摄影留念。同年，巴借回訪名义，又一次同宁布勾搭，并由宁布亲自駕駛飞机到烏兰巴托晉竭泽登曰尔，回来后大肆宣传反对蒙古人民的革命領袖乔巴山，积极贊揚蒙修头子泽登巴尔。他还散布說："宁布是好干部，年青有为。"后来据說宁布調离南戈壁省，巴又說："宁布是革命的，是被排挤走的。"由此可以想見，巴在蒙修干了些什么勾当。

60年7（8）月以巴图巴根为首和布和、博彦、賢吉美图，赵紅南等私自将蒙修宁布接来我中后旗海流图留往2——3天暗相勾結。关保在訪問蒙修时，对蒙奸德木楚克不胜惋念，当着宁布的面說什么："內蒙德王为紀念蒙古独立剪了辮子。"对蒙修奉迎阿諛，毕恭毕敬。还說："到了蒙古就等于回到家里啦，骨头都酥了。"实在令人作嘔。此外关保还要求从中后旗到蒙修南戈壁省修一条公路为与蒙修勾結，引狼入室打开通途。

2、泄露国家机密。

（1）关保在去蒙修参观訪問回国时，由宁布陪同，但关却不走我外交部指定路線，并把宁布拉到边城站过夜，暴露我边防軍事設施，公开为蒙修提供軍事情报。

（2）巴图巴根将我1959年出版的"国画集"作为私人礼物贈送給了宁布。

（3）1959年9月，不經中央同意，邀請来我額旗境內苏古淖尔地区作必須会晤的蒙修划界代表团人員，参观了我供銷社分銷店，临行还贈送貴重礼品。

（4）縱容蒙修人員来我国境內非法活动。几年来，阿左旗、額旗、中后旗沿边公社或旗府所在地都會有蒙修人員多次来往，其中借探亲来往的人竟能乘隙窜入我內地，如酒泉，兰州，呼和浩特"参观"。巴图巴根不予处理，大大助长了蒙修在我国从事盗取情报的間謀活动。

3、划割土地討好蒙修。中蒙划界前巴图巴根指定布和作內部勘界。勘界中布和不額国家利益，不听沿边居民的反对，将历史上习慣属于我国版图的若干土地（內有錫矿含量占50％以上和产水晶石的地方）划归蒙修。布和向巴汇报时，巴不作处理，听任将我大片美好的土地，拱手讓給蒙修。此外駱长胜也曾向巴建議，撤出額旗，說額旗是个賠錢地方，更說明他們叛卖祖国的行径。

4、拒絕国家在边境搞重点建設，巴的党徒煽动牧民将牲畜赶入禁区，有关首长来盟找巴商談巴借故不予解决，还說什么："牲口沒处放，牧业减产也是事实，"直逼到中央下令，方予解决。

5、密策密謀，投敌投修。

（1）1962年5月盟政协会議期間，巴图巴根及其集团中布和、博彦、富殊烈……等七人在宾館一楼甲房进行密談，布和公然提出："在这里受气不如去蒙古，到了蒙古照样可以穿呢子，当部长。"巴听了既不反駁也不向盟委汇报处理。

（2）1963年4月29日布和异常兴奋地跑到博彦的办公室对博說："在巴盟受气，我走呀"！博問："你去那里"？布和說："我去蒙古。"博又問："什么时候走？"布說："这次划界就走！"又說："你不要怕！我走后还有巴图巴根，他最了解

· 14 ·

我們的心情，他最熟悉我，最知道我的情况。"事后博向巴作了汇报，做为后台和窝主的巴图巴根当然不加过问。

（3）1963年5月，布和、博彦、駱长胜、賢吉美图等四人在駱家喝酒密談，布和扬言要去划界，何时回来不一定，并委托駱照看他的家。有人問他是不是要去蒙古，布就回答說："你去我也去。"巴图巴根听到之后，借口"发酒疯"姑息养奸，一再开脱。后来群众强烈要求处理，巴竟尽力庇护，并通过其他黑綫将叛国分子布和調离巴盟，当了內蒙社会主义学院副院长。而后內蒙来人調查布和的問題，巴写了个証明材料，"成績"說了許多，叛国投敌言論只字不提。

（4）巴盟其他民族分裂主义份子，如歌午闰××要到蒙古当文化部长，××計划到蒙古改国籍做大官。关保听見有人叛国逃往蒙修就高兴，巴都蔭庇不做处理。

（5）我盟叛国案件一再发生，巴一直拖延不予結理。如中后旗牵連四五十人的通敌叛国案，巴都迟迟不做追究，至今尚为悬案。

（6）巴指使其爪牙吳振荣（即拟更名为"烏恩"者）背着巴盟盟委备战小组，私自进行备战工作，調集并購置大批粮食、蔬荣、帐蓬、馬鞍等物資，为其叛国投敌大作物質准备。

（7）65年秋，巴图巴根带領他的狐群狗党，駱长胜、吳振荣、賢吉美图、馬席山等人，去中后旗以检查边界为名，在沿中蒙界椿地段（图日烏力吉敖包）瞭望了蒙古地形、草場、蒙古包，为他們叛国投敌侦察地形，选择路綫。

事实十分清楚，巴盟地区民族分裂主义，叛国投敌的总根子大老區就是巴图巴根。难怪叛国分子布和在63年全区牧区工作会議上要說："巴（巴图巴根）書記要調走，我們就不在巴盟工作。"

第 四 部 分
取消阶級斗爭，极力反对社会主义革命

十几年来，巴图巴根一直反对毛主席阶級斗爭的学說，竭力反对社会主义革命，背叛了无产阶級專政，滑到了修正主义的泥坑。

一、反对阶級斗爭，抵制和破坏历次政治运动

我們伟大的領袖毛主席一貫以社会主义时期的阶級，阶級矛盾和阶級斗爭的理論教导全党、全民，要我們紧抓阶級斗爭这个綱，作好一切工作，同时多次指示，各級党委領导要政治挂帅，在政治运动中要第一書記挂帅。可是巴图巴根却从不抓阶級斗爭，并反对阶級斗爭，他对历次重大的政治运动是采取了抵制和破坏的手段。

1、1957年的反右派斗爭，巴图巴根当时身为第一書記，自己不抓，却推給其他書記。运动中，群众揭发了反党叛国分子布和大批右派言行，并要求定案处理，但巴

• 15 •

却多方回护，百般包庇，讓布和这个大右派漏网法外。

2、1960年冬——1961年春"五个月革命"。运动的中心是把被坏人把持的政权夺回到无产阶级革命派手里来。对于这样重大的夺权斗争，巴图巴根只是参加了几次会议，就匆匆忙忙以检查督促为名下乡了。当乌兰夫、王鐸指示把运动中心轉向生产时，巴就又專抓起生活和生产来。华北局批評巴盟"五个月革命"搞的不彻底时，他拒絕批評，还在背后散布流言蜚語，至使"五个月革命"草草收场，中途夭折。

3、1963年冬的"五反"，巴图巴根又放弃领导，不发动群众揭他的問題。对于一些检查敷次下不了楼的当权派，巴指示讓做做群众工作，以便使之舒心畅快地过"元月"。更不能令人容忍的是对貪污盗窃，道德败坏的賀满堂，巴不仅不作处理，反而讓他去处理同甘肃的边界爭仪。事后巴又說："我沒有直接去抓'五反'，所以問題很大"。企图将"五反"运动沒有搞彻底的責任，嫁祸于人，自己乐得一身輕松。

4、1964年内蒙党委召开了反右上綱的"三干会"，大会批評了前期"四清"走了过場，各級領导干部在阶级斗争中旗帜不鲜明。巴对这个批評是反对的。并借想不通为名，不带头检查，在群众压力下，作了几次假检查，最后終由秘書代写了一份"检查"过了关，后来又翻了案。

5、农村牧区的"四清"（略如后）

总起来看，巴图巴根对历次重大政治运动有几个特点，即表面不介入，实际反对之；阳奉又阴违，拖延又逃避；抵制兼破坏，反对阶级斗争是实質。

二、在农村牧区大搞資本主义复辟

毛主席教导我們說："我們共产党人从来不隐瞞自己的政治主张。我們的将来綱領或最高綱領，是要将中国推进到社会主义社会和共产主义社会去的，这是确定的和毫无疑义的"因此，在广大农村"政治工作的基本任务是向农民群众不断地灌输社会主义思想，批評資本主义傾向。"而巴图巴根却完全是反其道而行之。

1、积极鼓吹在牧区实行"和平过渡"。反对社会主义革命；

乌兰夫反对在牧区进行社会主义革命，主张实行"和平过渡"，他在牧区坚持步子要稳，处理要寬，时间要长的"稳、寬、长"的政策，坚持"不斗，不分，不划阶级"的"三不政策"，說这条"和平改造的方针，在少数民族地区的社会主义改造中要自上到下，自始至終的貫彻执行"。多年来巴图巴根一直忠实地貫彻执行了乌兰夫的这一整套修正主义方针政策。

1962年巴图巴根指示盟委宣传部起草印发的"巴盟十二年的建設成就宣传提綱"中大肆宣揚并吹嘘"不斗，不分，不划阶级"的"优越性"，說什么"在牧区采取了'不分，不斗，不划阶级'的政策和自上而下和平改造的方式，实行了自由放牧，牧工牧主两利的原則，……实现了解放区化。"还硬把牧业增产的成績記到这个修正主义方针的帐上。

1964年牧区开展面上的"四清"运动。巴图巴根再三强调："四清要结合牧区

• 16 •

特点"，要"从实际出发"，并提出："打击面要尽量缩小，解放十几年了，（牧主）划多了没有什么好处。"

1965年7月10日在牧区四清工作队整训会上，巴又重弹他反对阶级斗争的老调，说什么："要抓共性的问题，也要抓住特殊性的问题，阶级斗争两条道路的斗争是共性问题，民族问题是个性问题，阶级斗争不能硬套，否则工作抓不住重点，一般化，就要犯教条主义的错误。"他还说："在有的地方搞过阶级，结果畜牧业生产受到了很大的损失。"

巴盟牧区，就在乌兰夫、巴图巴根的控制下，牧主、富牧的政治，经济地位根本没有触动。他们仍然雇着奴隶，过着剥削的生活。就连被巴图巴根拉入党内的所谓"共产党员"，例如额旗旗长额尔登格日勒，阿左旗旗委书记蔡楚鲁，阿右旗付书记额尔登达来，也一直吃着牲畜入社的定息和畜股报酬。其他如乌达宗别立公社书记顾长工放羊，中后旗60％的公社书记拿定息，吃畜股等等。这还不清楚吗，乌兰夫、巴图巴根的"和平过渡"就是要和平长入资本主义，和平恢复剥削制度。通过这个"和平过渡"，乌兰夫、巴图巴根丑恶的面目，不是自我暴露得淋漓尽致了吗？

2、企图在农村实行封建主义"井田制"的生产方式。

在我国三年暂时困难时期，中国赫鲁晓夫疯狂恶毒地攻击总路线，大跃进，人民公社，叫嚷，"我们的经济临近了崩溃的边缘"，目前，"不是大好形势"，"经济失调，" "三分天灾、七分人祸"……并极力鼓吹"三自一包"，大刮单干风，说什么"工业上要退够，农业上要退够，包括包产到户，单干！" "社会上产生一些资产阶级分子，并不可怕。不要怕资产阶级泛滥。"

巴图巴根这个资产阶级的孝子贤孙，出自他反动的阶级本能，立刻嗅到了他的祖师爷中国赫鲁晓夫的血雨腥风。于1962年在他亲自主持的盟委会议上，马上抛出了一份在巴盟农村全面复辟资本主义的"井田制"生产方案。这个方案的核心就是中国赫鲁晓夫鼓吹的"扩大三自留，放宽小自由，口粮靠自己，花钱靠集体"，"公私兼顾"，包产到户，单干！"等等修正主义黑货。

请看，方案对扩大"三自留"的规定。自留地除现有外，每人再增加一亩口粮田，实行基本口粮包干。发给养猪饲料基地，母猪每头一亩，肉猪每头半亩。拨给大畜和老弱牲畜饲料基地，每头一亩半，这些地加起来占总耕地面积的25％。大畜和老弱耕畜全部包产到户，或直接退到户。自留畜（主要是羊）在不影响劳动的情况下，发展不受限制。自留树，自1953年以来，凡社员个人种植的谁种归谁，以后社员利用荒地种树，每户2——3亩。

再看，对"小自由"放宽的规定：①今后只要完成征购，派购任务，不论何物由群众自行处理；②开放粮畜自由市场；③允许社员有一辆木车（或小胶车）和犁、耧、耙等大农具。

巴图巴根亲自主持制定的这个在巴盟广大农村系统而完整的复辟封建主义，资本主义的方案出笼后，不顾刘健等同志的批评和反对，亲自带着这本"圣经" "去参加中央

• 17 •

北戴河会議去了。

3、进行物質刺激，大刮經济主义黑风。

进行物質刺激，大刮經济主义妖风，这是中国赫鲁晓夫在我国进行社会主义革命的重大历史轉变关头，全面复辟資本主义的一个重要組成部分。巴图巴根同样卷入了中国赫鲁晓夫吹起的这股黑风之中。

几年来，巴图巴根多次指示，多給牧民供应大米，白面、烟、酒、茶等生活用品。1963年巴来到胜丰大队，給了庙上的喇嘛羊20只，牛五头，并以个人名义把集体的馬送給私人。巴說什么只有这样才能使"边界上不会跑人和死人。"

1960年冬，为了搶先完成粮食入庫任务，巴图巴根通过盟委决定拿出十万支羊牧为物質奖，按交售粮食的多少快慢，奖給社队或个人。在广大农村造成了极恶劣的影响。

1965年巴图巴根在临河太阳大队蹲点，私自决定給这个大队照顾十万斤化肥，由国家投資买羊粪四十万斤，小車七八十輛，电动加工米面小鋼磨一套，还无偿送给草木樨二千斤，黑豆五百斤。在春联蹲点除前述无偿拨給瑞士羊40只外还补助救济款八百元，在巴彦淖尔公林場补贴一万二千元。

毛主席教导我們說："政治工作是一切經济工作的生命线"。巴图巴根不按最高指示办事，却紧跟中国赫鲁晓夫，用物質、金錢等卑劣手段腐蝕拉攏广大貧下中农和貧苦牧民，究竟安的什么蛇蝎之心，他究竟要把巴盟广大貧下中农貧苦牧民引向何方还不十分清楚嗎？

三、竭力破坏四清运动

毛主席亲自主持制定的《中共中央关于目前农村工作中若干問题的决定》（即前十条）和《农村社会主义教育运动中目前提出的問題》（即二十三条）是农村四清运动中綱領性文件，是农村社会主义教育运动中的具体方針政策。巴图巴根在几年的"四清"工作中，不是貫彻执行毛主席的革命路綫而是积极推行刘少奇行左而实右的反革命修正主义路綫。甚至自立旗帜搞起他的一套所謂按照"地区特点"和"民族特点"搞"四清"的"經驗"，竭力破坏农村牧区的"四清"运动。

1、反对毛主席的革命路綫，积极推行刘少奇的反革命修正主义路綫。

从1963年开始，伟大的"四清"运动在巴盟地区迅速开展起来了。巴图巴根一又常态假做积极，实则打着"紅旗"反紅旗。

他对党内最大的一小撮"走資派"抛出来的"后十条"和王光美的"桃园經驗"視而珍宝到处宣揚。他把后十条捧了再捧說什么"这个规定是党中央关于'四清'的具体政策"还把这个黑货加以总结，提炼为所謂"一个綱、两个团结，三个结合，四个建委，五个要点，六个不忘，七个不准，"广为宣講。而对臭名昭著的"桃园經驗"又积极组织在十七級以上的党員干部和四清工作队員"鑽研"王光美的录音报告。并若有所悟地說："王光美的点蹲得好，这才是真正深入下去了，真正蹲下去了。"

但是，巴图巴根对毛主席的指示却完全是另一种态度。１９６３年他在杭后二道桥"四清"試点工作中，中央杭州工作会議的文件有２０个附件，而巴图巴根却根据他自己的"地区特点"，"民族特点"也搞了一个２０个附件、此外还在干部问题和对敌斗争问题上，对"前十条"做了若干篡改与中央文件唱对台戏，直接抵制毛主席的指示。他指示讓工作队员首先"解放"干部，吸收他們加入工作队，尽早实行"三結合"，讓他們抓生产促革命。对"走資派"和牛鬼蛇神不是发动群众进行面对面斗争，而是組織几个人搞"和平談判"。有的社队巩固队还没有撤走被赶下台的"走資派"就又当上了"劳模"，有的伪乡长还招开"四清座談会"。对領导干部"下楼"检查巴提出要达到群众領导和被处份的人"三滿意"搞合二而一。后来歪曲說："三結合和三滿意一样，""三結合的早，生产劲头大、没有后遗症，干部没有座冷板凳。"以此反对"前十条"。

１９６４年临河四清时巴身为"四清"工作团团长竟违背"前十条"和"二十三条"，提出所謂"选根、定根、評根、培根、确根、用好根，"的"六根法"，束縛广大群众手脚、形成"个别人忙乱，少数人打轉，多数人沒干"的冷冷清清的局面。

２、以民族问题代替阶级斗争。

在"四清工作中，巴图巴根又搬出了他的民族矛盾。１９６５年７月巴对"四清"工作团报告中說："学了'二十三条'思想上綱了，但学不好牧区政策下去也搞不好。"反民族分裂主义的斗争（按：主要指反对大汉族主义），成了我們这次牧区社会主义教育运动的重点和重要内容。……是我們突出的任务。"他还在搞好运动的六条标准之外便加了三条，（比烏兰夫还多了二条）；"在牧区"四清"运动的标准中要加上民族是团結了还是不团結，反对修正主义的问题是解决了还是没有解决，民族分裂主义（按：指所謂"大汉族主义"）是解决了还是没解决。"就是这次講話巴又一次规定："划阶级面不能太大，打击面不能扩大要縮小。"

１９６５年冬巴图巴根在五原春联蹲点在"四清"进入紧张决战时刻，烏兰夫的元旦"三基論"出籠了，巴硬讓停下四清，搞了一个多月"的所謂贯彻民族政策，宣传三基論的工作，一时臭名昭著的"三基論"满天飞，冲击和破坏了"四清"运动。

３、反对"抓革命,促生产"，以生产压"四清"，

在巴盟四年多的"四清"运动中巴图巴根提出了一套结合生产搞四清"，"从生产入手落脚于生产"，运动促进生产，生产巩固运动成果的修正主义方针，直接反对毛主席"抓革命，促生产"，和"四清"要落实在建设方面的指示。

１９６５年巴在太阳"蹲点"，仅投告抓生产"經驗"的大块文章就有四件。１９６５年１月至１９６６年４月的十六个月时间内，巴一口气写了十七件大块文章和投告，其中十五件談生产，一件談外流人口问题，另一件则是对别人"沒抓生产运动走了过场"的指挥书，而对于如何貫彻执行毛主席的革命路綫，如何突出政治，活学活用毛主席著作，搞好"四清"的經驗文章则一篇也沒有。

１９６５年８月，巴图巴根到中后旗开抗旱会議，巴非但不过问这个反修前哨阵地

· 19 ·

的"四清"情况,相反却指责说:"中后旗的'四清'工作团只搞'四清',不抓生产抗旱,后来竟索性停止"四清",把"四清"工作队改为抗旱工作队,参加牧区抗旱和馬匹倒場工作。

中国向何处去?是要以毛主席为代表的无产阶級司令部还是要以中国赫魯曉夫为首的資产阶級司令部 是走社会主义道路还是走資本主义道路:这是摆在每一个共产党員和七亿中国人民面前的一項极其重大的政治选择。

从巴图巴根的所做所为,雄辯地証明了这一点:在我国由社会主义革命每遇到一次重大的政治轉折的紧要关头,他都紧跟中国赫魯曉夫和当代王爷烏兰夫,取消阶級斗争,反对社会主义革命,反对无产阶級專政。就是說,巴图巴根需要的是以中国赫魯曉夫为首的資产阶級司令部,他所走的是資本主义道路。

第 五 部 分
积极支持 1.28"阴謀策划資本主义复辟

巴图巴根在巴盟掌权的十一年中 ,不仅按其黑主子烏兰夫的旨意 ,进行了一系列反党反社会主义反毛泽东思想的罪恶活动,而且,在无产阶級文化大革命发展到两个阶級、两条道路、两条路綫斗争的决战阶段,即无产阶級革命派联合起来,向党內走資本主义道路的当权派进行夺权斗争的关键时刻,他看到向革命派反攻倒算的时机已到,于是,迫不及待地跳了出来,站在反动的資产阶級立場上,和軍內、党內的走資本主义道路的当权派梁滌尘、聚和斯图、王建民、石生荣之流,以及保守組織的头头,狼狽为奸,互相勾結,乘內蒙地下黑司令部刮起二月資本主义反革命复辟逆流的黑风,共同策划了巴盟地区的"一。二八"反革命政变。政变实现后,巴图巴根又密切配合烏兰夫的代理人王逸伦、王鐸 ,大肆残酷鎮压东方紅总部等革命群众組織 ,挑拨破坏 民 族 关系,打击陷害革命的領导干部,顛倒是非,混淆黑白,围剿革命派 , 大 肆 吹捧 頌 揚"一、二八"反革命政变,为革命的所謂"三結合"临时机构拍手叫好,出謀献策,歌功頌德等等,又犯下了許多新的反对革命,鎮压群众运动的滔天罪行。

一、报社夺权后,公开抗拒盟委东縱的革命行动,为其 向 革命派实行反攻倒算大作 輿 論准备。

元月廿四日,当盟委东縱、报社工人造反队等十七个革命組織联合夺了原巴盟盟委的輿論工具,耳目喉舌《巴彦淖尔报》社的出版大权以后 ,巴图巴根和原盟委常委,軍內走資本主义道路的当权派梁滌尘之流,则十分憎恨,对造反派的革命行动 , 梁滌尘不 但 不按毛主席和中央軍委指示给予坚决支持,反而冒天下之大不違,公然违抗中央指示,公开表态反对造反派的革命行动,幷且利用职权,出动軍队,借口实行軍事接管,把巴盟报的大权从造反派手中重新夺了回去,拱手讓給保守組織"联总"掌管,用心何

•20•

其毒也，是可忍，熟不可忍！就在这样的关键时刻，对"东縱"等革命派怀有刻骨仇恨的三反分子巴图巴根喜出望外，一反常态，認为向革命派实行反革命的反攻倒算的时机已到，便迫不及待地跳了出来。于元月二十六日，当盟委"东縱"向他宣布，要老实向革命群众检查交代問題，不准乱說乱动，按时参加劳动，学习毛主席著作等命令时，巴图巴根，当即横眉瞪眼，伸拳抹胳膊地严加拒絕，并公然嚎叫什么，"我不是走資本主义道路的当权派，你們应当按同志对待我，我是共产党員，对我專政，按敌人对待，我不干，我不接受！"听！气焰多么嚣张，語言多么恶毒，反扑多么猖狂啊！但是，眞正的革命造反派是絕不会被敌人的气势兇兇所吓倒，当东縱队員挺身而出，对其反扑行为給予迎头痛斥之后，巴图巴根則更加疯狂地狂叫什么"我的問題不是事实，是一小撮人对我的陷害！"眞是穷兇极恶之至，"东縱"队員把他从大街拉到盟委二楼会議室进行說理斗爭时，他还頑固地叫嚷什么"我的問題不是事实，是一小撮人对我的陷害，现在到我說話的时候了，我不但在会上說，而且要到大街上說，到灯光場說，向全市、全盟人民說！"并且还向造反派威胁說，"你們不能以敌人对待我，应以同志对待！"当造反派义正詞严地駁斥他誰是你的同志时，他还恬不知恥歇斯底里地狂叫"我有我的同志，我的同志很多。"

毛主席教导我們說："人民靠我們去組織，中国的反动分子靠我們組織起人民去把他打倒。凡是反动的东西，你不打，他就不倒，这也和扫地一样，扫帚不到，灰尘照例不会自己跑掉。"巴图巴根这个反革命修正主义分子，在夺权的关键时刻，之所以敢于向革命造反派如此公开地猖狂反扑，除幻想有军內"走資派"梁滌尘这样一顶所謂强硬的保护伞，能帮助他轉危为安，保护他蒙混过关而外，而更重要的是通过这次歇斯底里的大发作，更加暴露了他頑固地站在资产阶級反动的立場上，反对革命，无视人民，决心和造反派为敌到底，抱着花崗岩脑袋至死不回头的反动本质。巴图巴根向造反派疯狂反扑的字字句句，都反映出他一貫仇視党中央，仇視毛主席，仇視毛主席革命路綫，仇視广大革命群众的肮脏丑恶的灵魂。面对这样极端反动的死硬分子，我們必须奋起毛泽东思想的千鈞棒，以痛打落水狗的革命精神，把他揪出来，放在广大的革命群众之中，把他斗倒斗垮斗臭。

二、极力吹捧"一·二八"反革命政变，为伪革委歌功頌德，拍手叫好。

"一·二八"反革命政变之后，巴图巴根策划在密室，点火于四野，他的家完全成了伪革委的联絡站，保守組織的接待所，来访者門庭如市，应接不暇，全是"一·二八"的鉄杆干将，和伪革委的高官要員，上至伪革委主任梁滌尘，保守組織总头头刘桂謙，下至战斗队勤务員，絡繹不絕，截至六月初，巴图巴根在他的狗窝里，先后接待了"一·二八"观点的来访者六、七十人，巴图巴根为伪革委和"一·二八"可謂卖力不小，貢献甚大，眞是做到了傾全身之力，絞满脑之汁，赤胆忠心，废寝忘食。

巴图巴根为了討好其主子的欢心，取得伪革委和联总的信任，敦促其县老婆奋于急

·17·

忙跑到伪革委进行了签名报到，公开亮明了他們拥护伪革委，支持"一·二八"的反革命修正主义旗号。

巴图巴根站在反动的資产阶級立場上，对"一·二八"反革命政变和伪革委关心备致，贊不絶口，极力为其歌功頌德，涂脂抹粉，他多次向走訪者介绍"一·二八"的大方向是对的，是在一月革命风暴的情况下夺的权，是符合当时无产阶级革命派大联合，向党内走资本主义道路当权派夺权的形势，我認为大方向是对的"。甚至当中央解决内蒙的决定下达很长时期，內蒙籌备小组公开表态支持东总后，巴图巴根仍然死抱住"一·二八"的僵尸不放，他說："一·二八不錯我不能把这么多的民族干部和学生丢下去支持东总，我支持一·二八观点不变，我的立場观点仍然站在 一·二八。" 还說："我同情联总，联总是些老实人，……。"

巴图巴根認为伪革委反革命的所謂三結合班子也是革命的， 只不过存在些問題而已，他說："石生荣来得晚，我認为这个人老实公道，沒什么問題，肇和斯图（伪革委付主任，党内走资派）是个和事老，旧职員出身，弟在香港，对其应加强教育，提高一步，郭全德年老脑子不够用，对政治斗争不力，罗靖脑子够用，有才能，但是是刘健的得力助手，张玉佩（保守組織的反动头头，伪革委付主任）是个好苗苗，很能干，王林堂、王建民不了解。"

巴图巴根为了表达其对伪革委的一片忠心，幷想站出来和伪革委战斗在一起，为伪革委建树新的功勋，为自己和黑帮分子翻案捞取政治资本，几次向梁滌尘约会，幷在三月五日唆使其 "外交大臣"、"先行官" 查干亲自去军分区向梁滌尘做了一次长达两小时的詳細"汇报"，这个所謂汇报是巴图巴根和查干預謀已久，精心泡制出来的一个系統全面的反革命宣言書，向革命派反攻倒算的黑綱領。（談話記录另附）就在这次所謂的汇报中，他向伪革委敬了不少的反革命之礼，献了不少的反革命之策，頗受梁滌尘的赏識，最后查干还奴顔卑膝地說什么"我們这样坐下去不象話，怎么办？ 經我兩研究、想站出来，我們站出来会不会给革委会带来負担？站好，还是不站好（还是繼續隐蔽）考慮的结果还是来找你，梁政委你看我們現在应該怎么办？"这一席出自內心的肺腹之談，完全暴露了巴图巴根这个老牌的反革命修正主义分子效忠伪革委，仇視革命派的反革命眞面目，正由于巴图巴根这样費尽心血，苦思冥想地为伪革委出謀献策，出力卖命，立下汗馬功劳，从而才换来了認定他不是三反分子，幷有組織、有計划、有步驟地为他翻案，找他结合的结果，这就不难看出，巴图巴根这个自称为"在家养病"，"閉門思过"，"沒有介入巴盟文化革命"的三反分子，和伪革委和"一·二八"究竟是什么关系。

以后的事实証明，伪革委、梁滌尘基本上是按巴图巴根之策大肆鎭压东方红等革命組織和疯狂反对中央处理內蒙問題的八条决定。

三、极力攻击、誣蔑、陷害革命組織和革命的領导干部，妄图把他們打成反革命，置于死地而后快。

三反分子巴图巴根，为了紧密配合巴盟地区实行資本主义反革命复辟的政治需要，为了实现他向革命造反派反攻倒算的狼子野心，坚决维护资产阶级的反动政权，他丧心病狂地施展了一系例颠倒是非，混淆黑白，围剿革命派的阴谋诡计。他对揭发他的罪恶事实并从呼市把他揪了回来，斗倒斗垮斗臭他的巴盟东总和盟委东纵的无产阶级革命派，以及支持东总、东纵革命行动的革命领导干部刘健等同志，一直嫉善如仇，怀恨在心，把他们视为洪水猛兽，想方设法，必置死地而后快。

三月五日，巴图巴根唆使查干向梁滌尘请示汇报问题的谈话中，极其恶毒地胡说什么"东总和盟委东纵是刘健一手搞起来的"，"东方红是保皇组织，大势所趋，早晚必垮。"巴图巴根对别人散布什么"东方红把我从呼市揪回来，没把我斗臭……"，查干说："我作为巴的高参斗了两个月，斗我时候难听的话都讲了，甚至管制起来，这都是东方红的干将和刘健搞的。"从这些话中，就清楚地看出巴图巴根这只老狐狸，对东总战士是何等的深恶痛绝，给革命的东总早已定了"保皇组织"的性质，并指出要"早晚必垮"的命运，伪革委梁滌尘，对巴图巴根是言听计从的，事后的实践证明之所以把东总打成反动组织，实行血腥镇压的政策，完全是采纳了巴图巴根的计策的。由此证明，巴图巴根就是巴盟资本主义反革命复辟的总后台，是镇压群众的罪魁祸首，罪责难逃，必须清算。

此外，巴图巴根为了逃脱罪责，实现其资本主义反革命复辟和反攻倒算的野心和目的，更不择手段地使用一条"打倒刘健，保护自己"的毒计，对已经站到革命群众方面的革命领导干部刘健同志，采取了造谣中伤、攻击诬蔑等各种卑劣手段，进行了一系列的政治陷害。

巴图巴根让查干给梁滌尘的汇报中，首要的就是刘健的问题，他诬蔑说："刘健不仅执行了刘邓、高锦明的反动路线，而且还有他自己的一套，有独创精神，在思想、组织、策略上都有他自己的打算"，恬不知耻颠倒是非的诬蔑说："刘健对单干风不让揭，说谁揭发就是搞阴谋，路线上刘健搞宗派主义，李桂芳、罗靖、马铭驹是他的急先锋，包庇的是李桂芳，对杨力生、关保、乔桂章是采取一边打、一边拉的手法，打倒巴图巴根。"还说什么"刘健过去执行乌兰夫路线非常积极，最突出的是中后旗搞四清，刘健同意下马"，巴图巴根作贼心虚，为了摆脱他和乌兰夫的亲密关系，竟造谣说："刘健参加过乌兰夫的宫廷政变会议，是指名让他去的，没让我去"，"刘健在华北局会议上不是积极反乌兰夫，对乌的问题揭发不多"，巴图巴根还到处散布说："刘健的问题是很严重的，他要是四类我就是三类，他要是三类，我就是二类"，说什么"刘健搞干部宗派主义，历次运动都是拉一派打一派"。从这里使人清楚地看出，阶级敌人为了他的政治需要，真是竭尽造谣诬蔑之能事，无耻到了极点，在上述问题上，正好暴露了他自己作贼心虚的恐慌心里。

巴图巴根，还向梁滌尘告密说："刘健在文化大革命中开过黑会，一·二八夺权后开过黑会，二月二日从盟医院回来，开过盟委会议。"其实这些会议还是三反分子梁滌尘欺骗强迫刘健召开的，真是搬起石头砸自己的脚。

巴图巴根站在反动的民族分裂主义的立场上，借反刘健之口，对巴盟的无产阶级文

·23·

化大革命进行了恶毒攻击，他唆使查干向梁滌尘說"运动初期，刘健对領导干部打的最狠最苦的是民族干部、原巴盟干部，把民族干部打成这个样子，是刘健的独創"，还說什么"別人說刘健保民族干部，这是对刘健的开脱"，妄图以反大汉族主义之名，行全盘否定巴盟文化大革命的伟大成績，替黑帮头子、当代王爷乌兰夫及其在巴盟的代理人巴图巴根彻底翻案之实，妄图繼續挑起民族矛盾，制造民族分裂和宗派活动。

三反分子巴图巴根为了打倒革命干部刘健同志，不惜出卖灵魂，给刘健同志編造了一大堆所謂的政治历史問題，他胡說什么"多年来，我是了解刘健的，刘健这个人很狡猾，他是旧商人出身，是个流氓无产者"，"大地主，叛徒"，还說什么"根据他（指刘健）平时的所作所为，根本不象个工农出身的干部，困难时期，从一次我和他上街买东西搞价錢問題就看出"，还造謠說："在华北局会議上，刘健搞了我的十大罪状，通过解学恭（当时华北局書記）揭发的。"真是卑鄙无耻到了极点，完全暴露了巴图巴根这个反革命修正主义分子，在政治上已堕落到何等悲慘的程度，是一个地地道道的资产阶級的个人野心家和阴謀家。

巴图巴根为了打倒刘健，把一些在白色恐怖前曾經支持过东总和中央八条下达后站在东总方面的环节干部，也做为刘健的黑帮黑綫进行了牵连，妄图打倒，他别有用心的钥說什么"在临河搞四清，刘健对华北局不满，李桂芳、罗靖是清楚的，沒有揭。""刘健搞宗派主义，李桂芳、罗靖、馬銘駒是他的急先鋒。"还說什么"白瑞卿是刘健認为最好的一个同志，在刘健眼里是唯一的共产主义干部，老婆是东方紅的，刘搞宗派，白瑞卿是知道的。"說什么"公署的环节干部李志忠、王緒民、柴天佑执行刘健的反动路綫，从形式上揭刘健，实际上是保刘健，开脱自己"，而对和巴图巴根一道反刘健的鎮压群众的劊子手、资本主义反革命复辟的急先鋒、巴的忠实走狗，三反分子程希萍等人則推荐备至、赞不絕口。他說什么"环节干部除××，程希萍揭的好外（指編造打倒刘健的材料）其他都不太好，沒揭什么問題。程希萍了解情况不多，但干劲大。"（指反革命干劲）說什么"史××被刘健整的够嗆，郭×是知情人（指知道刘健的問題）沒多大問題，受刘健打击，有些会不讓他做記录。"

"物以类聚，人以群分"，巴图巴根为什么对站在革命群众方面的刘健等革命干部这样仇視、这样恨之入骨，而对一貫忠于保守派坚定地站在"一·二八"方面的鉄杆干将、高参这样的評价高呢？理由只有一条，就是因为他們臭气相投，一貫站在刘邓乌方面，反党反社会主义、反毛泽东思想、反对毛主席革命路綫的反动的阶級本性所决定的。

毛主席說："凡是敌人反对的我們就要拥护，凡是敌人拥护的我們就要反对。"我們一定按照伟大領袖毛主席的教导，把三反分子巴图巴根及其大小爪牙揪出来斗倒斗垮斗臭。

四、挑拨民族关系，制造宗派活动。

巴图巴根长期以来，打着民族干部，貫彻党的民族政策的招牌，干了大量反对毛主席的民族政策，危害民族利益的罪恶勾当。在这次文化大革命中的站队问题上也是一样，他盗用党中央和毛主席的民族政策在群众中的崇高威信，蒙蔽、欺骗了大量的民族干部和群众，从事反对党中央、反对毛主席的罪恶活动。他唆使他手下忠于他制造民族分裂活动的亲信门徒，到处散布说，这次运动刘健和东方红是专门反对地方民族主义，是专门要打倒民族干部的反动言论，并且还别有用心地把运动初期，原盟委包括他在内，执行了刘邓路线，在干部问题上实行了"打击一大片，保护一小撮"的错误政策，也嫁祸于革命的东总身上，居心何其毒也！他就利用这些伪造的反动谬论，做为政治资本，挑拨民族关系，制造民族矛盾，煽动大量的蒙族干部和学生，与"东总"，"红司"等革命组织长期对立，从而发展到反对党中央、反对毛主席的反革命地步。甚至在中央解决内蒙问题的八条下达以后，别人劝他往出站，他还非常顽固的说什么"我的'一·二八'观点不变，联总有这么多蒙族干部和学生，绝不能把他们丢下退出"联总"。跑到东方红去"，后在毛主席、党中央解决内蒙问题决定的光辉照耀下，越来越多的受蒙蔽的蒙族干部和群众看清了形势，不再受他们的骗，上他们的当，纷纷退出保守组织的情况下，顽固透顶的巴图巴根，看到大势不好，自己完全陷入孤立的地位，才迫不得已，采取反革命两面派的手法，深有感叹地说什么"说实话吧，从感情上说我是"一·二八"感情，可是内蒙形势，三司形势越来越明显了，要往东总站呀，不站不行了！"就从以上的廖廖数语，即可看出对他参于策划的反革命复辟的"一·二八"伪政权是多么留恋，反动的阶级感情是多么深厚啊！

而后在他看到"一·二八"伪政权即将破产，保护他的御用组织即将垮台，受蒙蔽的群众即将失散，重新"登基"的黄梁美梦即将破灭的情况下，便一方面向内蒙古党委，向东方红总部写假支持革命组织革命群众的表态亮相信，一方面又收买操纵了一部份"一·二八"方面的铁杆保皇分子组织第三势力，以既不支持联总也不支持东总的面目出现，企图继续复辟资本主义，和党中央、毛主席相对抗，和革命组织革命群众相对抗，他们上窜下跳，召兵买马，派人到呼市串连，探听消息，了解情况，召开密秘会议，进行阴谋活动，后因革命群众及时识破了他们的阴谋，才未得逞，真是十恶不赦，罪该万死。

三反分子巴图巴根，为了达到打倒刘健，打倒一切革命干部的不可告人的罪恶目的，对盟委成员不是按毛泽东思想为标准，划分谁是资产阶级司令部的人，谁是无产阶级司令部的人，而仍按刘邓反动路线、反动观点，以地区、族别为标准分为几派，籍以制造宗派活动，反对毛主席的革命路线。他到处向别人介绍说"巴盟现有干部分三大派：第一派是以刘健为首的老河套干部，这部份人势力大，是五四年以前从河北调到河套地区的，其中包括罗靖、马铭驹等人，这部份人确有宗派主义，互相包庇，十分严重；第二派是以巴图巴根为首的原巴盟的干部，这部份人现在基本被打垮，不是民族分裂主义分子，就是三反分子，而且大部份都是民族干部；第三派是最近几年从外地调到巴盟的干部，如王林堂、石生荣等人，这些人时间不长，势力不大，基础不牢，情况不熟。"

"对付不了刘健。加之联总怕字当头，不如东总敢字当头，如果联总象东总那样我早就站过去了，联总就这样下去是支持不住的。"并且他还在他未发表的反革命大字报中说"在盟委內部早就分了蒙汉党委的界限"。请看，这些言論和观点，不是地地道道的反党反社会主义反毛泽东思想的反革命修正主义的言論、观点、思想和行动吗？

五、大肆反攻倒算，极力为自己和其他民族分裂主义分子翻案。

三反分子巴图巴根，在运动中被群众揪斗以来，态度蛮横无理，极不老实，一直狡猾抵赖，公开抗拒群众对他的批斗，被迫承認交待了一些問題，而又出尔反尔，一有机会就进行新的反扑。自去年十一月批判资产阶級反动路綫以来，他一方面隐居幕后，躲在阴沟密室，积极为"一·二八"反革命政变，出謀划策，进行资本主义复辟的罪恶活动；另一方面，又苦思冥想，日夜忙碌为自己和黑帮分子大書特書評功摆好的反案書，时至今日，他已写好了企图为自己翻案的洋洋万言的主件一本，附件十份，以其颠倒是非，混淆黑白的反革命貫用伎俩，全面否定了他在巴盟十一年来秉承其祖师爷、当代王爷黑帮总头目乌兰夫的密旨，所干的反党反社会主义、反毛泽东思想的滔天罪行，否定了巴盟文化大革命的伟大成就。

巴图巴根将其翻案材料，一方面向走訪他的軍內"走资派"梁滌尘，反革命复辟的急先鋒石生荣，他的铁杆保皇分子伪革委和联总的反动头头，以及受蒙蔽的群众，大肆宣传，广造翻案舆論而外，同时，还唆使其亲信門徒，将其翻案材料，加以复制，以第三势力和所謂革命群众的名义写成传单和大字报，广为散发张贴，欺騙蒙蔽群众，蠱惑人心，繼續和革命組織、革命群众对抗，进行破坏文化大革命的罪恶活动。

巴图巴根在这些材料中，矢口否認他是三反分子，拒不向革命群众低头認罪，全面否定他反对毛泽东思想，反对阶級斗争，在工农牧业文教卫生等方面忠实推行和发展了乌兰夫的反革命修正主义路綫，不承認在叛国投敌，努尔盖边界流血事件、干部路綫等方面的反革命罪行，他还胡說什么："我的大部份材料是在盟級机关处局长以上干部会議上，打了四十多天整理出来的，有很多是不符合事实的。"而且还恬不知恥地說，他在上述問題上，坚持了正确的立场、观点，是革命的領导干部，企图向革命群众进行彻底、全面的新反扑，是可忍，孰不可忍！

（詳細翻案材料另附）

巴图巴根除給自己翻案，还給别的民族分裂主义分子翻案，他讓他的臭老婆查干向梁滌尘說：布和、博彦不如孝順嘎的問題大，我認为真正保博彦还是行的因为出身貧苦牧民家，只在民族問題上犯錯誤，布和、博彦經过严肃批判后可以工作。苏德保除有民族問題，还有經济問題。可見，巴图巴根猖狂到何种程度。

看巴图巴根的过去，就可以知道他的现在，看他的现在，就可以預見他的未来。"

捣乱，失败，再捣乱，再失败，直至灭亡——这就是帝国主义和世界上一切反动派对待人民事业的逻辑，他们决不会违背这个逻辑的。"巴图巴根是决不会违背这一条毛泽东思想的定律的。

結 束 語

"倒海翻江卷巨澜，奔腾急，万马战犹酣。"一场革命大批判的暴风雨越来越猛烈，正席卷全国，席卷巴盟。

巴盟党内最大的走资派巴图巴根，和他的黑主子刘少奇、乌兰夫一样，虽然也曾是飞扬跋扈，嚣张一时的"庞然大物"，但是究竟逃脱不了被历史潮流淹没的命运。

巴图巴根及其黑帮集团被革命人民揪出，証明了他们也和一切中外反动派一样，都是纸老虎。但是，我们要切記毛主席的教导："这个仇恨共产党，仇恨人民，仇恨革命达到了疯狂程度的反动集团，绝不是真正放下武器，而是企图繼續用两面派的方式保存他们的'实力'等待时机，卷土重来。"

巴图巴根不正是这样嗎？他时而立目横眉，赤膊上陣；又时而"裝死躺下"，"等待时机，以求一逞"。如果有誰認为"不能打倒"而为之辯护，或者認为是一只"死老虎"，沒有再痛打的必要，那么，这些人不是别有用心，便是簡单无知。

"或者把老虎打死，或者被老虎吃掉，二者必居其一。"我们无产阶级革命派一定要切記毛主席"决不怜惜蛇一样的恶人"的教导，发扬鲁迅痛打"落水狗"的革命精神，彻底斩断刘邓、乌兰夫伸到巴盟的魔爪，彻底剷除巴图巴根及其黑帮集团在巴盟各旗县，广大农村牧区的流毒，从政治上、思想上、理論上彻底批深斗臭，使之遗臭万年，永世不得翻身。

"喚起工农千百万，同心干。"投入战斗吧，革命造反派的战友們！各族革命的同志們！在这革命大批判的高潮中，为人民立新功。

巴盟东方紅革命造反联合总指揮部揪斗巴图巴根联絡总站

一九六七年九月

三反分子巴图巴根反扑材料之一

按：这是巴图巴根在"一·二八"反革命政变以后，拟好的一张未发表的反革命大字报底稿。在这张大字报里，說出了他反对无产阶級文化大革命反对革命造反派，反对要革命的領导干部的反革命心里話。同时也暴露了他蓄謀已久精心策划的，对革命造反派实行反扑，实行反攻倒算，图谋打击陷害革命的領导干部，全盘否定巴盟无产阶級文化大革命的伟大成績，而給自己彻底翻案的反动本質。

这次文化大革命中經过七个多月的时間按照毛主席"共产党員对任何事情都要問一个为什么，都要經过自己头脑的周密思考，想一想它是否合乎实际，是否眞有道理，絕对不应盲从，絕对不应提倡奴隶主义。"的教导，以党人民的利益出发，从我的問题上看看盟委怎么样？难道不知道我的錯誤嗎？和你們无关嗎？究竟怎么样对待的？

1、在１９６６年８月１７日华北局会議上解学恭同志对民族政策上的指示和內蒙古党委在这方面多次指示是怎么样貫彻？眞貫彻执行？还是不执行？违抗党的政策？

2、我犯的錯誤仅仅我一个人空底挂底的事嗎？盟委的有些人无关嗎？說什么我是叛国投敌的"黑帮"头子，你們干什么了，反修斗爭上你怎么样？相反地抓了反修的人是叛国投敌分子，該怎么解释？对牧区四清怎么样对待的，右旗边界問题上是什么态度？你們在１９５９年宁夏划給了９千平方里的地方，现在又給甘肃划給了二万八千平方公里的地方但說什么我是寸土不讓？那么怎么解释呢？对犯錯誤的民族干部大大小小都是我包庇了因为我是民族干部？你們是眞正地馬列主义者干什么了？布和等人在我家閙过几次，你們什么也不說？去刘健家一次就是我讓去閙的，因为他們是民族干部，这会我才清楚了，在盟委内部早就分了蒙汉党委的界限？你們究竟是毛泽东思想挂帅？还是什么东西作怪？

当然幷不是說我沒有錯誤，应該承担的責任絲毫也不能推御，一个共产党員任何时候不能隐瞒自己的观点，逃避缺点錯誤但是也提出一点問题回答？最好灵魂深处挖挖，事情已經到了这个地步，怕什么？讓革命的群众来鑑别嗎？

有的同志可能問？这些問题你早不說现在才提出，我对这些問题上經过一番激烈的思想斗争，过去单純的从顾全大局考慮，等待牺牲我个人，今天勇敢的提出几个問题，相信革命的同志会欢迎的。而且允許我說話幷且讓把話說完的，不妥之处請革命的同志們批評糾正。

巴图巴根

• 28 •

三反分子巴图巴根反扑材料之二

按：这是巴图巴根针对李志忠等七同志，揭发他于"一。二八"反革命政变以后在巴盟资本主义复辟的反革命逆流中所犯的罪行，而写出的假检查真攻击的反革命大字报底稿。在这个大字报中，他以欺骗和反革命的两面手法，向革命干部和革命群众发起猖狂的进攻。并且还施展了拉大旗，做虎皮的贯用伎俩，妄图继续吓唬、欺骗、蒙蔽群众，掩盖自己反革命丑恶嘴脸的罪恶目的。

最 高 指 示

世界上的事情是复杂的，是由各方面的因素决定的。看问题要从各方面去看，不能从单方面看。

党内批评要防止主观武断和把批评庸俗化，说话要有证据批评要注意政治。

欢迎革命的同志们批评

看了李志忠等七同志的大字报，热烈的欢迎同志们这种大胆怀疑，敢于提出问题的精神，欢迎同志们继续揭发和批判我的问题。但我和"一。二八"没有任何关系。

大家都知道：我自去年九月十日回巴盟来检查我过去工作中的错误直到现在，除在去年十一月参加内蒙三干会之外一直是没有条件接触群众，也从没有参加过任何活动，对于"一。二八"抢权我更是毫无所知。只从大街上的大字报看到些情况。

自中央八条下来之后经过学习检查我这一段的思想状态，只是坐在家里"闭门思过"考虑过去工作中的问题，不过问这里的文化大革命，特别是对于巴盟已出现的"一。二八"资本主义反革命复辟这样重大政治事件认识不足，更没有挺身而出与革命造反派同志们站在一起进行反复辟斗争，这是个严重的错误，在这一点上我虚心接受同志们的批评，学习同志们的革命精神，愿在今后的斗争中努力赶上。

但我忠恳的向同志们申明，我和"一。二八"资本主义反革命复辟没有任何关系，"一。二八"夺权者联总这个组织我当时还是新听到的，由于我对"一。二八"的真实情况根本不了解，加之我原没有介入巴盟文化大革命的思想准备，只是想着什么时候弄清我的问题，什么时候就回呼市，所以我对"一。二八"没有报到，也没有表态支持，对"一。二八"从没亮过相，更谈不上为"一。二八"出力和效劳。至于第三势力我如今还不知道，也没想过搞第三势力。至于我是否真心支持东方红的问题，将另写大字报

·29·

再次亮我的思想認識过程，請革命造反派同志們、革命小将同志們审查，现就李志忠等同志大字报中提出的几个問題說明如下：

（1）"一·二八"之后在二月底的一个星期天梁滌尘石生荣二人一同来过我家一次，沒有交待来意，只一般的問了情况，問我做什么，对于形势的看法，我說我在准备自己的检查材料，对于当前形势毛主席号召自下而上的夺权斗争我坚决拥护，但对巴盟情况我不了解，而且我已調离巴盟，对我不存在报不报到的問題，我不知道他們为什么来，以后他們二人誰也沒来过，我也沒有說过話。

（2）农牧上有业喜来过我家两次。第一次在四月底来的，业喜对查干說我不代表誰，因熟人随便来的，你应起来革命，支持"一·二八"，你們的問題就那么多，那一派也打不倒，查干說你們要以支持"一·二八"为条件来解放我的話就別解放好了，第二次是五月七日，业喜說查干解放了，查干說保守派解放也不光荣，又給說了些呼市的情况走了。

洪耶辛也来过，問他是否联总的，他說不是，捍卫归队了，他說不代表任何組織我了解你的問題，我是三司观点，說了我的些情况走了。

（3）党校的松拉四月下旬有天下午来問我，东方红給你做工作沒？我說沒有，問对形势的看法，我講了中央八条是毛主席的革命路綫，必须坚决貫彻执行，"一·二八"有問題，肇和斯图有問題，沒坐几分鐘就走了。

（4）商业上的卜彦和馬中貴二人来过3次，第一次我沒有見，查干說"一·二八"有問題，肇和斯图有問題，五月来两次，我講了八条，东方红观点，以后卜彦一个人来一次，我詳细講了对八条的認識，"一。二八"是反革命复辟，东方红的大方向正确，应該站东方红一边。

（5）中田仓那木四月底来一次問了我的情况，問了肇和斯图的問題，对形势的看法，我說肇和斯图有历史問題，海外关系，和王逸伦是上下级关系，我看"一·二八"和王逸伦一条綫，另外我談了自己的問題。第二次查干叫来的（五月中旬）动员他們造伪革委的反，退出联总，支持东方红，不要繼續当他們的御用工具，你們赶呼三司，評呼三司的宣传队是錯誤的，应該欢迎和支持呼三司的同志們。

（6）歌舞团嘎瓦来过，他說受了反动路綫的迫害刚解放老习慣来坐坐。

（7）查干去呼市是因为妹妹有病，去呼和以后确实接触了些造反派的同志們，受到了很大的教育，上了反资本主义复辟的綱，回来以后对巴盟的情况又做了些进一步的了解，后于五月廿五日正式表态支持东方红的，比起別的同志們觉悟迟是事实，但四九二七部队是在六月一日支持东方红的，自然查干的表态不是在四九二七部队表态之后。

以上請来过我家的同志作证，如果我說了慌話，請同志們揭发好了。

事实是客观存在的，任何人也掩盖不了的，我永远坚信毛主席的教导："我們应当相信群众，我們应当相信党，这是两条根本的原理，如果怀疑这两条原理那就什么事情也做不成了。"

以毛主席为代表的无产阶级革命路綫万岁！
战无不胜的毛泽东思想万岁！
中国共产党万岁！
最最敬爱的毛主席万岁！万岁！！万万岁！！！

巴图巴根　　　1967年7月4日

· 30 ·

三反分子巴图巴根反扑材料之三

按："查干向梁滁尘談話記录"，是巴图巴根的一份反革命宣言书，是全面在巴盟推行資本主义复辟的总綱，是巴图巴根向东总革命造反派进行反攻倒算的宣言書，也充分暴露了巴图巴根反革命的狰狞面目。

这份"談話紀录"，句句是毒箭，他采取颠倒黑白，作贼栽脏的手法，矛头所向，以供状自白。他支持"一·二八"，拥护伪革委，并为巩固伪革委反革命政权献謀献策；他发洩阶级仇恨，对东总进行反攻倒算，他攻击革命領导干部高錦明同志，把高錦明强拉入刘邓資产阶級司令部；他对刘健同志十分仇視，給刘健同志扣上許多莫須有的罪名，进行政治陷害，一棒子打死，他大反"大汉族主义"，为他的反党黑帮集团翻案，重新篡夺巴盟党政大权。

梁滁尘对巴图巴根的代言人查干的这次談話，贊不絕口，奉若神明，梁常对他的高参人物講查干的講話："分析的精辟，抓住巴盟阶級斗爭的要害"。巴梁这两条毒蛇的心照，何其相思乃尔。事实上"一·二八"反革命政变以来，伪革委和联总的言行，都出自查干談話的宗旨。

八条下来后，巴图巴根又采取反革命两面手法，乔装打扮，通过他的臭老婆查干，上窜下跳，到处游說，招謠撞騙，說什么："我們早就是三司观点，东方红观点呀！""巴盟数巴图巴根頂得最好呀！"等等，一言以蔽之，巴图巴根是最坚定的革命領导干部。而文中所談，恰恰是他们自己給了自己当头一棒。自己揭了自己反革命丑恶的灵魂。可是时至今日还有那么一小撮人装着当世英雄的气量，为巴图巴根鳴寃叫屈，抱打不平，干着五个月前巴图巴根要干而沒有干的事情，成了巴图巴根的代言人、辯护士。我們对这一小撮人大喝一声，赶快觉醒，反戈一击，不要繼續犯罪了。

查干和梁滁尘談話記录

时間：一九六七年三月五日晚。

地点：軍分区接待室。

記录：那 逊、菅旺芝。

在文化大革命中被打、停职七个月，但我不是重点，我是被專政对象，了解情况不多。

一、对当前文化大革命中的一些看法：

1、对刘健的看法：我認为"1·28"夺权关鍵在于刘健身上，李桂芳、楊力生的問题揭的比較多，但起不了决定作用，楊力生沒有什么新問题。这时期在揭刘健問题，劲不大，从大字报揭发看，刘健大部份属文化大革命中的問題，还有少数听到的，說刘健坚持了反动路綫或頑固坚持了反动路綫。我想，刘健是否仅仅执行了刘邓路綫，还是自己有創造？是否光是文化大革命中的問題，还是过去也有問題？我認为，刘健不仅执行了刘邓、高錦明反动路綫，还有自己的一套，有独創精神，在思想上、組織上、策略上都有自己的打算。炮打司令部的报告，在巴盟文化革命中解决什么問題，不解决什么問題，刘健定了調子，有他的框框，据我看巴盟民族、农村单干风中有严重問題，文教上、干部上有和平演变，刘健对这个問題有他自己的做法，单干风不讓揭。誰揭就是搞阴謀，八、九日刘健在常委会上講話就說明这一問題。从組織上看，东总和盟委东縱是刘健有意搞出来的。从路綫上講，和上面有一样的，但有不同之处，宗派主义路綫，把刘吹捧得那么高，李桂芳、罗靖、馬銘駒是急先鋒。策略上講，手段很高明，刘健眞正包庇的是李桂芳，对楊力生、乔桂章、关保采取一边打一边拉的手法。目的达到倒向刘健一边，打倒巴图巴根。馬銘駒在八月会上講，楊、关应倒向刘健一边，打倒巴图巴根。刘健过去执行烏兰夫路綫非常积极，最突出的是中后旗开展四清，烏兰夫急得不行亲自給刘健打电話，盟委内部也有斗爭，刘健同意下馬，不讓搞四清，乔动摇，駱同意，賀同意（屬認識），我不主张下馬，巴图巴根去后才沒有下馬，去年五月烏兰夫开宫廷政变会，刘健搭拉着脑袋检討大汉族主义，把五月当做民族政策学习月，我們研究不安排，郭全德也同意，郭儒給刘健打电話，刘健坚决不同意。在华北局会議上刘健得了左派的名儿，但是他不积极反烏兰夫，对烏揭发不多，对其他常委揭的多，罗靖、馬銘駒配合很好。对农村問題，在困难时期，刘認为要恢复得七至八年，說人民公社是一大二公的大沒有了，在临河搞四清对华北局不满。刘健这些情况李桂芳、罗靖是清楚的，沒有揭。

2、对盟委盖子揭开沒有的看法："1·28"开始揭問題的盖子了，方向对头，对李桂芳多一些，但沒有彻底揭；（1）刘健問題过去的問題沒揭，文化革命中要害問題沒揭，刘健在文化革命开过黑会，"1·28"夺权后开过黑会，二月二日从医院回来开过盟委会議，对黑会未揭；（2）站出来表态支持"1·28"的常委和环节干部揭的問題看，眞正揭問題还不多，有的还不是眞心实意的，揭的比較好的我認为是郭儒和程希萍；（3）我拥护联总第三号通令，但对站出来的几位領导干部我有看法，石生荣来得晚，我認为这个人老实公道，沒有什么問題，王林堂不了解，肇和斯图是和事老，旧职員出身，两口子都是大地主，弟在香港，在此情况下，对其加强教育，提高一步，郭全德年老，脑子不够用，对政治斗爭不力，罗靖脑子够用，有才能，但是，是刘健的得力助手，对刘健最了解，知刘健底細，但现在未揭。环节干部除郭儒、程希萍揭发的好外，其他都不太好，沒揭什么問題，程希萍了解情况不多，但干劲大，郭儒是知情人，沒多大的問題，受刘健打击，有些会不讓他做記录，揭了些問題，如不做好工作，恐怕繼續揭发不下去。白瑞卿是刘健認为好的一个同志，在刘健眼里是唯一的共产主义干部，老婆是东方紅，刘健是善于整人的人，刘搞宗派，白瑞卿知道，白很为刘健效劳。文化大革命开始20名民族干部揭刘健的問題（表示支持的意思）。史繼法被刘健整得够嗆，从大字报上看沒站出来，可能是做紅遍全球的工作。公署环节干部李志忠、王緒民、柴天佑执行刘健反动路綫，从形式上揭刘健，实际上是保刘健，开脱自己。监委書記刘孔融在文革中追求刘健，执行刘邓路綫最积极，他也沒問題。乔、楊沒揭什么問題，乔怕字当头，不敢揭，楊与刘过去顶碰多，文革中刘不会保楊。

·32·

王建民与常振乐关系很好，对刘內幕不好了解。

东方红大势所趋，早晚必垮，保皇組織，刘、李在盟里势力很大，从现象上看两派斗爭，也許还有第三派，要看一看革委会。

3、对被批斗干部的看法：前一阶段挨打的处局长占６２％，蒙族干部占７２％，巴盟地区情况，干部情况很复杂，領导干部打的最苦最狠的是民族干部、原巴盟干部。这一问题需要很好分析，巴盟民族干部不多（上层多），挨打的多，这样做对下面很有影响，蒙族同志有反映。巴盟牧区除西藏外也是第二个落后区。作为民族干部来說应正确对待，作为党組織来說应正确对待民族干部。革命委员会不知如何对待民族干部，我認为应正确对待，不能說那么多都是黑帮，区别对待，对揭盟委有利（因有些知情者），巴盟打民族干部打成这个样子是刘健独創，别人說刘健保民族干部这是对刘健开脱。刘健保关保、孝顺嘎（父国民党校官，过去为日本服务）。布和、博彦不如孝的问题大，我認为眞正保博彦还是行的，因为出身于貧苦牧民家，只在民族问题上犯了錯誤，布和、博彦經严肃批判后，可以工作。苏德保除民族問题，还有經济问题。

4、生产问题：中后旗川井有一大队書記說（学代会期间），川井牲畜死亡多，群众生活困难，买不起粮食，革委会領导不了解牧区。

二、谈一下我个人问题：揪我开始主要是作风问题，博彦揪出后，涉及到巴图巴根，把我作为巴的高参斗了两个月，斗我时，什么难听的话都講了，甚至罵，要打倒，管制起来，家中老人小孩有病不讓治疗，这是东方红干将和刘健搞的，从上压下来，对我、巴完全是反动路綫搞的，突然袭击。我犯过一些錯誤，文教上贯彻了周扬的黑货，文化革命开始不上綱，作风上說我生活腐化，我男女作风上沒问题，家是雇农，巴图巴根三代是长工，我不是反党分子，刘健对我家迫害很厉害，赶我母亲走，和我有关系的人和我都逼供信，我說话不注意，沒负担，有自由主义，我說王光美沒什么了不起，就說我反党，我說过杨力生是怕事老，乔桂章是沒出息，搞过男女关系，把这些都說成是反党，把我当敌人搞，但我不是反党分子，我思想上作了准备，按林副主席指示办，把自己当作革命的一份力量，又当作革命的一份对象。我原想等着吧：巴、我二人回家也能生活（劳动）。我不是反党分子，打錯了就平反，红旗四期社論发表后，經我們俩研究想站出来，我們認为应该站出来革命，怕引起民族问题，我們特别注意了什名蒙族干部的传单，也不知革委会对我們俩怎么看法，我們站出来，会不会给革委会带来负担，我們出来看大字报都得考慮。对我可向盟党校、宣传部了解，我相信我在盟里不是最坏的，不是臭的。站好，还是不站好，考慮结果还是来找你，看梁政委我們现在应該怎么办？如果斗爭我們的时候，可不可以讓我們摆一些情况，能否通过大字报写出去，这不仅我們，还有别的环节干部。

• 33 •

1201

四-40

打倒巴盟党内最大的走资本主义道路当权派

乌兰夫的代理人——巴图巴根

材料汇编（二）

巴盟东方红革命造反联合总指挥部
揪斗巴图巴根联络总站

红司专揭老底联络站

一九六七年十月

更 正

1、第2頁倒数第5行"出籠。于……"应无"。"号

2、第3頁第6行"岂不是工业化多的……"应为"岂不是工业化了的……"。

3、第4頁第5·6行"究竟是吃民族主义的飯"以下为毛主席語录加引号。

4、第5頁第18行"三不"应为"五不"第21行同。

5、第6頁第7行"一不提阶級"句无"一"字。

6、第6頁第22行"盟委合并这次"应为"盟委召开这次"。

7、第7頁第12行"草率存事"应为"草率从事"。

8、第7頁倒7行"对于地区特点,生产特点不够"后有"重視"二字。

9、第8頁第1行和倒数第1行"一着双提"应为"一着双损"。

最 高 指 示

凡是錯誤的思想，凡是毒草，凡是牛鬼蛇神，都应該进行批判'决不能讓它們自由泛滥。

巴图巴根反动言論选編

(摘自一九六四年一月六日巴图巴根在全盟民族工作会議上的講話《巴盟当前的形势和党在民族工作方面的任务》

前 言

巴盟党内最大的走资派，乌兰夫的代理人巴图巴根，一直站在反动的资产阶级立场上，公然对抗以毛主席为代表的无产阶级革命路綫。在其黑主子乌兰夫的重用縱容下，长期以来，心領神会乌兰夫的黑指示，大搞反党反社会主义反毛泽东思想的罪恶勾当。特别在民族問題上，巴更是狗胆包天，不遺余力地为乌兰夫制造民族分裂，大搞独立王国，效尽犬馬之劳。一九六四年一月六日巴图巴根在全盟民族工作会議上所作的題为《巴盟当前的形势和党在民族工作方面的任务》的报告，就是典型的一例。

远在一九三八年十一月五日，我們伟大領袖毛主席就一針見血地指出：“在民族斗爭中，阶級斗爭是以民族斗爭的形式出現的。”二十年后，在一九五八年的成都会議上，毛主席听取乌兰夫汇报时对民族問題又作了重要指示：“蒙汉兩族要亲密合作，要相信馬克思主义。……不一定是本省人执政，不管那里人——南方或北方，这族或那族，只問那个有沒有共产主义？共产主义有多少？这一点要向少数民族講清楚”。

究竟吃民族主义的飯，还是吃共产主义的飯？吃地方主义的飯，还是吃共产主义的飯？首先应当吃共产主义的飯；地方要，但不要主义”。一九六二年八届十中全会上，毛主席向全党全軍全国发出“千万不要忘記阶級斗爭”的伟大号召。对此，乌兰夫之流

· 1 ·

竟冒天下之大不韙，利用窃踞到的职权，匆匆忙忙于一九六二年十二月至一九六三年一月，召开了內蒙民族工作会議。会上，乌喃喃不休地作了五个半天的报告，大放厥詞，胡說什么："阶級斗争的实質是民族問題。"明目张胆地和毛主席关于民族問題的論述大唱反調。

一九六三年毛主席又根据国內国际阶级斗争的形势英明地提出："任何时候都不可忘记阶级斗争，不可忘记无产阶级专政，……"并于同年九月，在毛主席的統帅下，对以赫鲁晓夫为首的修正主义集团的疯狂进攻，展开了全面地、系統地揭露和反击。这是毛主席对馬克思列宁主义学說的重大发展，天才地創造了在无产阶级专政条件下进行社会主义革命和建设以及国际共产主义运动的理論。就在这同一个时期，巴图巴根却秉承乌兰夫民族分裂主义黑会的意旨，派民族分裂主义分子博彥組織所謂"民族工作調查組"集中材料，为巴图巴根蓄謀已久的民族工作黑会做准备。一九六三年八月，毛主席再次指示："民族斗争，說到底，是一个阶級斗争的問題。"可是巴图巴根，就在同年十月，反骨毕露，兇象大白，責成专人起草这份典型的黑报告。对这項工作，巴十分珍視，絞尽脑汁，曾两次提出提纲，先后共四次大型修改，历经两月，后經巴盟民族分裂主义分子博彥主笔，巴审定而后成。在这个报告里，巴图巴根鹦鹉学舌般地搬来乌兰夫的黑貨，大肆鼓吹"阶級斗争熄灭論"、鼓吹"和平共处"、"和平过渡"；販卖、推行資产阶级民族主义和以民族問題代替阶级斗争；丧心病狂地攻击三面紅旗；恶毒地歪曲毛主席的干部政策和文艺方針……一言以蔽之，这个报告是乌兰夫主持的內蒙民族工作会議的翻板，是一株地地道道的大毒草。現在，我們把这个报告中的黑話按其性質，分条加按，拿出示众，以便全盟各族革命造反派和革命群众展开批判，肃清其流毒。

毛主席說："民族斗争，說到底，是一个阶級斗争問題。"

一、推行資产阶级民族主义，反对毛主席关于民族問題的論述

（一）民族問題与阶级問題的关系是什么呢？根据馬克思列宁主义民族問題的理論，在阶级社会里民族問題是和阶级問題相联系的。阶級剥削制度是民族間产生不平等、压迫、歧視，以至民族对立的根源，这样的民族关系，是阶级压迫关系的反映，实質是阶级問題。所以說民族問題的实質是阶級問題的道理就在这里。

按：

列宁說："談到和机会主义作斗争的时候，決不应当忘记整个現代机会主义在各个方面所表現出来的特征：模棱两可，含糊不清，不可捉摸。机会主义按其本性来說总是回避明確地肯定地提出問題……"。毛主席《支持美国黑人反对美帝国主义种族歧视的正义斗争的声明》发表于一九六三年八月八日，巴图巴根的这个报告出籠于一九六四年一月六日，毛主席說："民族斗争，說到底，是一个阶级斗争問題。"时隔五月，巴竟然把民族斗争的实質說成是："在阶级社会里民族問題和阶级問題相联系的""是阶级压迫关系的反映"，其机会主义的嘴脸暴露得多么清楚！

（二）十几年来，我們一直注意发展农牧业生产和其它各項經济建设事业，因为这

• 2 •

是消除历史上遗留下来的民族间事实上的不平等，逐步改变落后面貌的根本关键。

按：

根据毛主席的英明论断，民族间的不平等，就是阶级间的不平等，不消灭剥削阶级，那有劳动人民的平等可言呢？而巴却把"消除历史上遗留下来的民族间事实上的不平等"的根本关键归结在"发展农牧业生产和其它各项经济建设事业"，按他的说法，岂不是工业化多的美国民族间就消除了事实上的不平等了吗？真是胡说八道！

（三）我盟是一个以蒙古族为主体，汉族占多数的多民族地区，而主体民族当家作主实际上就是劳动人民当家做主。

培养民族干部，是各族人民当家作主的关键。各族人民当家作主是通过干部来实现的。

按：

毛主席说："蒙汉两族要亲密合作，要相信马克思主义。……不一定是本省人执政，不管那里人——南方或北方，这族或那族，只问那个有没有共产主义？共产主义有多少？这一点要向少数民族讲清楚。

究竟吃民族主义的饭，还是吃共产主义的饭？吃地方主义的饭，还是吃共产主义的饭？首先应当吃共产主义的饭；地方要，但不要主义。"而巴完全吃的是地方主义的饭！

（四）……始终从政治上，经济上不断巩固和加强工农（牧）联盟。这是解决民族问题，处理民族关系中，最基本的一条。

按：

"民族斗争，说到底，是一个阶级斗争问题。"在现时，就是指的："无产阶级和资产阶级之间的阶级斗争，各派政治力量之间的阶级斗争，无产阶级和资产阶级之间在意识形态方面的阶级斗争，还是长期的，曲折的，有时甚至是很激烈的。"而巴闭口不谈这些，却把民族问题简单地归结为工农（牧）关系问题。并且把加强工农（牧）联盟，做为解决民族问题最基本的一条。公然和毛主席的教导相对抗。

（五）同时，在处理民族关系中的一些问题的时候，凡与阶级问题有关的，都必须揭开民族关系是阶级关系的反映这一实质，才有助于人民群众弄清问题，提高认识，达到真正的劳动人民和无产阶级内部的团结。

按：

言外之意，在巴看来，民族问题一部分仅仅是与阶级问题有关的，一部分则是与阶级问题无关的。

毛主席说："共产党的干部政策，应是以能否坚决地执行党的路线，服从党的纪律，和群众有密切的联系，有独立的工作能力，积极肯干，不谋私利为标准，这就是任人唯贤的路线。"

二、反对毛主席的干部路线

衡量一个干部的基本原则是德、才，但这个原则不能离开当时当地的经济、文化发展水平和人民群众的思想觉悟水平，如果离开这些去要求干部，恰恰是违反了毛泽东思想，就是不从实际出发。

按：

言外之意，就是毛主席的干部政策在巴盟不适用！联系到他历来把所谓地区特点和民族特点强调到了不适当的程度，岂不是可以看出巴图巴根究竟是吃民族主义的饭，还是吃共产主义的饭？吃地方主义饭还是吃共产主义饭了吗？

毛主席说："我们的文学艺术都是为人民大众的，首先是为工农兵的，为工农兵而创作，为工农兵所利用的。"

三、反对毛主席的文艺路线

（一）在进行上述工作时（按：指有关民族语文，民族教育，民族卫生等工作。）不仅要适当注意数量的发展，而且特别注意质量的提高。质量的提高比数量的发展，是一项更为艰巨的任务。今后我们要集中主要力量，狠抓提高工作。事实证明：没有提高，就不能更好地普及提高指导；没有提高，就没有民族文化的繁荣发展；没有提高，也就不能完成文化革命的历史任务。

按：

公开与毛主席大唱反调！毛主席说："轻视和忽视普及工作的态度是错误的。"有些同志，在过去，是相当地或是严重地轻视了忽视了普及，他们不适当地太强调了提高。……我们前面所说的没有明确地解决为什么人的事实，在这一点上也表现出来了。"巴图巴根一味强调"提高"，实际上是站在资产阶级立场上，从资产阶级高度去提高，提高封建文化，提高资产阶级文化！

（二）提高文化的关键，在于进一步贯彻党对知识分子的改造和百花齐放，百家争鸣方针，调动广大文教工作者的积极性，提高文教队伍的水平。

按：

毛主席说："普及工作和提高工作是不能截然分开的。"又说："我们的提高，是在普及基础上的提高；我们的普及，是在提高指导下的普及。"巴只字不提普及，只字不提工农兵，在巴的眼里，根本没有工农兵大众，而只有资产阶级。

毛主席说："千万不要忘记阶级斗争"。

四、鼓吹阶级斗争熄灭论，鼓吹"和平共处"，"和平过渡"。

（一）在农业区，通过伟大的土地改革的群众运动，消灭了封建地主和封建制度……。在牧区，……逐渐地完成了社会民主改革，废除了封建特权……"。

按：公然与毛主席"被推翻的地主买办阶级的残余还是存在，资产阶级还是存在，小资产阶级刚刚在改造。阶级斗争并没有结束"的英明论断相对抗。

（二）……而社会主义革命的完成又把各民族的关系推上了一个新阶段，……

按：毛主席说："社会主义和资本主义之间谁胜谁负的问题还没有真正解决。"而在巴看来，社会主义革命已经"完成"了，典型的阶级斗争熄灭论。

• 4 •

（三）用統一战綫的方法，以人民內部矛盾处理的方法，对資产阶級和一切剝削阶級进行和平改造，采取又团結又斗争的方法，就能够最大限度地减少資产阶級的反抗、破坏，能使資产阶級不太勉强的接受改造，最大限度地孤立敌人，壮大革命的力量，能够使我們有足够的时间和力量比較稳步地进行經济、政治、思想战綫上的社会主义革命和社会主义建設，从而比較細致地彻底地消灭資产阶級。因此用統一战綫的方法是彻底消灭阶級的好方法。

按：毛主席教导我們說："阶級敌人是一定要寻找机会表现他們自己的。他們对于亡国、共产是不甘心的"。因此"决不可以認为反革命力量順从我們了，他們的反革命思想和反革命企图不存在了。决不要是这样。"而巴图巴根，对于資产阶級、对于地、富、反、坏、右，只字不提阶級斗争，只是采用"和平改造""統一战綫"（按：只統不战）的方法对待之，并且把这种方法作为"是彻底消灭阶級的好方法"，是"壮大革命力量"的好方法。这实质是为反动派复辟资本主义鳴罗开道。更为恶毒的是，把我們的阶級斗争，视为"比較稳步地进行經济、政治、思想战綫上的社会主义革命和社会主义建設"的干扰和破坏。是可忍孰不可忍！巴图巴根的"和平过度"論比起赫魯晓夫，刘少奇是有过之而无不及。

（四）在这种阶級斗争的形势下，我們在处理当前各族各界人士同我們的关系上，不是象一九五七年进行一次反右运动，而是要坚持貫彻中央提出来的在斗争策略上教育为主和执行"三自""三不"，和风細雨，"神仙会"的方针，并运用这一方针和斗争策略进行爱国主义、国际主义和社会主义教育。这是当前統一战綫工作的首要任务。

按：在巴图巴根看来，一九五七年的反右斗争，现在已經过时了，不适用了。对于牛鬼蛇神只有刘少奇、乌兰夫之流的"三自""三不"，和风細雨"神仙会"的方针，才是唯一"正确"的。可見，这是在"斗争策略"的幌子下，对于党的統一战綫的政策的歪曲和篡改。

（五）在社会主义革命和社会主义建設阶段，党的民族工作的任务是什么呢？总的說，主要有两条：

第一条是：在完成社会主义改造，消除封建压迫剝削根源的基础上，帮助各民族劳动人民得到彻底解放；

第二条是，进行社会主义建設，帮助各少数民族发展經济文化事业，逐步提高少数民族人民群众的物質文化生活水平，达到逐步消灭历史上遺留下来的事实上的不平等。

这两项任务是密切結合、交錯进行的，又与全盟整个工作是分不开的，而且在不同的阶段有不同的重点，經过解放以来十多年的努力前一个任务已經取得决定性的胜利和巨大成就，后一个任务虽已取得巨大成績，但还远沒有完成。为此，

今后我盟在民族工作方面的任务是：以毛泽东思想为綱，以阶級斗争为中心，在党中央和毛主席的民族政策的指导下，在內蒙党委的統一领导下，进一步密切团結全盟各民族人民，同全国和自治区各兄弟民族一起，高举三面紅旗，繼續进行社会主义革命和社会主义建設，消灭我盟蒙古族和其它少数民族历史上遺留下来的經济文化上的落后状

• 5 •

态，巩固人民民主专政，巩固祖国的统一，发展社会主义的民族关系，在把我们伟大祖国建设成为具有现代化工业现代化农业、现代化科学文化和现代化国防的社会主义强国的同时，把我盟建设成为各方面比较先进的社会主义的巴彦淖尔盟，使蒙古民族和盟内各民族踏上先进民族的行列。

按：典型的打着红旗反红旗。在巴看来，社会主义革命已经取得"决定性胜利"啦，现在的"重点"是发展经济文化事业，逐步提高少数民族人民群众的物质文化生活水平，达到逐步消灭历史上遗留下来的不平等。一不提阶级，只提民族，此其一；散布和平麻痹思想，此其二。故为十足的阶级调和，阶级斗争熄灭论。

（六）我盟是个民族地区，民族工作是前提，因此，民族具体工作与整个工作是分不开的。

按：民族工作是各项工作的前提，可见他所提的"以毛泽东思想为纲，以阶级斗争为中心"是假的。

（七）（认真做好统一战线工作，继续贯彻执行"包下来，包到底，安排使用，教育改造的根本政策，和宗教信仰自由的政策，并搞好合作共事关系。

（按：只统不战！包下来，让资产阶级、地主、富农、大牧主、牛鬼蛇神"和平长入"共产主义——巴图巴根和赫鲁晓夫毫无二致！）

毛主席说："我们的口号是要处处与敌人相对立，决不能有丝毫与敌人混同，一切与敌人混同的口号，都是媚敌降敌的谎言，一切与敌人相同的言论，都是助敌张目的滥调，任何人要是想肩起敌人的口号而又言抗敌，那只是欺人之谈，残酷的历史将给以严厉的证明。"

五、忠实地、积极地推行乌兰夫在民族问题上的分裂主义修正主义黑货

（一）进一步贯彻内蒙民族工作会议精神。盟委合并这次民族工作会议也是贯彻内蒙会议精神的继续，各地除应召开必要的会议贯彻外，农村、牧区应通过"四清"社会主义教育运动，认真地贯彻各项方案，结合解决在民族工作方面的实际具体问题，以使理论与实际行动结合起来，切实做到言必行，行必果。

（按：所谓内蒙民族工作会议，是乌兰夫推行民族分裂主义的黑会。这次会议以后，在乌兰夫的部署下，各地大反所谓大汉族主义，以抓所谓民族问题，放弃阶级斗争，搞地方民族主义，以反大汉族主义为名，严重的冲击四清运动，破坏民族团结。巴图巴根对贯彻这样一个修正主义、分裂主义黑会的精神，如此积极，真不愧为乌兰夫的忠实爪牙！65年他在五原县春联蹲点，真正做到了言必行，行必果。

（二）民族工作是无产阶级革命和无产阶级专政的一个重要方面，必须在党的领导下，才能从胜利走向胜利。我盟不论农村、牧区和城镇民族工作任务都是十分重要的，要想彻底解决民族问题，就必须加强党对民族工作的领导。怎样才算加强党的领导？我认为

• 6 •

1、具体在我盟說：一切工作都得以民族工作为前提，因此要求各级党委，各部門在考虑部署任何工作时，都必須注意民族問題，如果离开民族問題进行工作是不会把工作搞好的，为切实把民族工作抓起来，抓深抓透，各级党委应把民族工作做为一項重要內容列入党委工作議事日程，經常进行研究外，各级党委要有一名書記分管此項工作，并配备必要的干部力量，專抓民族工作，以防止在民族工作上的时紧时松时冷时热的偏向。

2、要使民族工作經常化。各旗县市委每年的"五一""十一"两个节日可做为重点抓好两次民族工作的时間，具体說，就是把这两个时間作为組織全体职工干部对民族政策的学习和检查民族政策貫彻执行情况的时間，通过总結經驗敎訓，以达提高認識，統一思想，更好地把民族工作做好。

3、結合党在农村，牧区各个时期的中心工作，把民族政策的宣传教育工作，做为一个重要課題、所謂結合，就是要抽出一定的时間来进行，决不能草率存事。

4、要切实解决民族方面的具体問題。各級党委要善于发现問題及时解决問題，决不能怕問題多而迴避問題；一定要根据需要与可能抓紧解决；有些問題暂时一下解决不了的，可根据輕重緩急有計划的逐步去解决。总之，要解决实际問題，对应該解决的問題必須抓紧时間不能拖的过长过远。

按：毛主席說："阶級斗争、生产斗争和科学实验，是建設社会主义强大国家的三項伟大革命运动。""阶級斗争，一抓就灵。"巴图巴根把民族工作作为一切工作的前提，并且要提到各級党委議事日程上来，还要有一名書記專管此項工作，其目的是很明确的，就是为了挤掉毛主席著作学习，反对抓阶級斗争。

毛主席說："从来也沒有看見人民群众象现在这样精神振奋，斗志昂揚意气风发。过去的剝削阶級完全陷落在劳动群众的汪洋大海中，他們不想变也得变。至死不变，愿意带着花崗岩头脑去見上帝的人，肯定是有的，那也无关大局"。

〔这是一九五八年四月毛主席对于三面紅旗巨大威力的高度評价。編者〕

六、反对三面紅旗

……（所发生的錯誤）究其原因，主要是在社会主义建設大跃进的情况下，在新干部大量增长的情况下，有些同志有忽视民族問題的傾向，对于民族工作的重要性重视不够，对于民族工作的长期性，复杂性認識不足，对于地区特点，生产特点不够，具体工作中，貫彻民主集中制方法不够……。

十几年来特别是五八年以来工作中具体的經驗敎訓：

主观想把建設速度搞快一些，早一点改变我盟在經济文化方面落后的状况，因此，就来了一个各項事业大办，结果使国民經济发展出现了一个不平衡，最后不得不返回头来进行調整。这就是說，任何事情不能单从主观愿望出发……。

五八年以后的一度期間，某些地区不适当地开了一些牧场，挤了畜牧业的发展，造成了牧場荒脊，农业背工，一着双提，也是造成了某些牧民对党的政策的誤解，发生了搬家，影响了民族关系。

按：

我国六零年以后，一度出現了經济上暂时的困难。其主要原因为：1、苏修領导集团背信弃义，撕毁了同我国的經济建設协定；2、連續三年的自然灾害，3、国內以刘少奇为首的党內一小撮走资本主义道路的当权派（包括巴图巴根在內）反对毛泽东思想，反对三面紅旗，推行修正主义路綫，倒行逆施。但是，在我們伟大領袖毛主席的領导下，在三面紅旗的光輝照耀下，我国人民自力更生，发愤图强，終于渡过了暂时困难时期，幷且在經济建設方面取得了伟大的成就。这是60年以后的事情。至于五八年的大跃进，那是我国各族人民在毛主席的領导下的一次伟大的創举，它的成績是伟大的。巴图巴根却把五八年描写得漆黑一团，把60年以后暂时困难的原因說成是大跃进造成的。什么"从主观愿望出发"，什么"多开了一些牧场，"什么"牧场荒脊，农业背工，一着双提"等等，純粹是反革命的語言。

· 8 ·

巴图巴根反动言論选編

《摘自巴图巴根一九六二年四月二十八日
在全盟牧区工作会議上的工作总結报告》

前　言

　　这个全盟牧区工作会議是六二年四月十一日——二十八日在巴彥高勒召开的，参加会議的有牧区公社党委第一書記和旗委委員以上的干部共一百多人。巴图巴根在此会議上作了关于几年来牧区工作的基本总結和一九六二年的几项主要任务的报告。

　　从这个报告中，不难看出巴图巴根是如何忠实积极地发揮了当代王爷——烏兰夫的"团結、稳定、生产"的三项黑指示。巴竭尽狂犬之能事，极力为其主子烏兰夫的"三和一代"、"物質挂帅"的修正主义綱領路綫搖旗开道。巴說什么："牧区工作，千条万条增加牲畜第一条"；鼓吹什么"在政治上爭取团結牧主阶級，上层喇嘛，旧官吏"的阶級投降路綫"是調动各方面积极因素"，把一些消极因素变为积极因素的重要經驗；大唱特唱牧区要根据地区特点"稳定、全面、高速度的发展生产"……。公开与毛主席的"政治工作是一切經济工作的生命綫"的指导思想相对抗；公开与毛主席的阶級斗爭学說相对抗；公开与多、快、好、省的社会主义建設总路綫相对抗。并且声嘶力竭地攻击辱罵三面紅旗，說什么"牧区盲目搬套了农区公社化中的若干办法，实际上也是一轟而起，发生了严重的强迫命令……"，把牧区公社說是一团糟，誣蔑党的收購政策过高了，过多地降低了牧民吃肉水平了，影响了蒙古包氈子的添制和修补了……；冗罵大跃进忽视了民族問題，党不重視地区特点，指揮畜牧业生产和牧区建設計划指标过高了，是盲目性瞎指揮了，头脑过热了；摆出其国民党官老爷式的訓政架式，大喊大叫什么，大搞群众运动搞得过于紧张了，浪費了群众的精力了，对工作带来损失了，今后要注意改进了；大罵我們反了"条件論"、"习慣論"反的"不适当"了，公开为右傾机会主义者喊寃叫屈。

　　因此，巴的这个所謂牧区工作总結报告是一个彻头彻尾的修正主义黑綱領总結，是对抗社会主义革命和社会主义建設的宣战書，是攻击三面紅旗、射向伟大領袖毛主席的一支毒箭。这报告是巴反革命修正主义眞面目的大暴露。

　　現将此报告中的主要部分摘抄如下，并逐条加了按語，供革命造反派和革命群众批判。

· 9 ·

毛主席說："沒有中国共产党的努力，没有中国共产党人做中国人民的中流砥柱，中国的独立和解放是不可能的，中国的工业化和农业近代化也是不可能的。"

一、积极吹捧乌兰夫，无视毛主席、党中央的英明领导

巴在这个报告中，开头就說：

解放以后在上级党委的正确領导下，由于正确地貫彻执行了党的民族政策和牧区的各項方針政策，……这些成就主要是：

（一）采用和平的方式和社会主义改造相結合，逐步地完成了牧区的民主改革，消灭了封建制度。

（二）在合作化的基础上实現了公社化，基本上完成了对畜牧业的社会主义改造。把个体牧业經济納入了集体經济組織，对牧主經济通过公社或公私合营牧场形式进行了改造。

（三）……部份地区虽然遭到了比較严重的旱灾和风雪灾害，畜牧业生产仍然获得了高速度的发展，……

（四）畜牧业生产建設有了很大发展。……

（五）牧区的工业交通、商业財貿，文敎卫生事业有了很大发展。……

（六）……社队的收入和社員的实际收入都有相应的增加。……

（七）……当地蒙族干部有很大增长。……

（八）蒙族人口有了很大的发展，……

（九）牧民群众的社会主义觉悟，爱国主义思想大大提高了。……

（十）……牧区的社会秩序进一步稳定了。……

……这是我們正确执行了党的总路綫和各項政策的结果，是牧区各級党委，全体干部艰苦工作，共同努力的结果，党派到牧区工作的汉族干部，……不少同志还学会了蒙文蒙語，……上述这些成就的取得也和他們的帮助和努力分不开。

按：巴图巴根这份黑講话出籠于１９６２年。从１９４９年中华人民共和国誕生到１９６２年的十四年当中，新中国起了翻天复地的变化，各項事业取得了极其伟大的成就，这一切成就的取得是我們伟大領袖毛主席英明正确領导的结果，是光焰无际的毛泽东思想的巨大威力，是毛主席提出的阶級和阶級斗爭、无产阶級專政的巨大威力，是总路綫、大跃进、人民公社的巨大威力。而巴图巴根在总结我盟牧区１４年来伟大成就时，用了二千三百多字，罗列了十条，却根本沒有提到毛主席的正确領导、毛泽东思想的巨大威力，矢口不提阶級和阶級斗爭以及无产阶級專政，更不提三面紅旗，而把这些成就的取得，一古脑归结在以乌兰夫为首的內蒙古黑帮集团的領导，归结在刘少奇、乌兰夫所推行的"和平的方式"的帐上，用心何其毒也！

• 10 •

毛主席說："敌人是不会自行消灭的。无論是中国的反动派，或是美国帝国主义在中国的侵略势力，都不会自行退出历史舞台"。

二、极力宣揚"不斗、不分、不划阶级"，"包下来，包到底"的阶級投降政策，鼓吹生产第一

（一）貫徹党在牧区"依靠劳动牧民，团結一切可以团結的力量"的阶級路線。

对于牧主阶級和上层喇嘛、旧官吏，采取了爭取团結教育改造的政策，在政治上爭取团結，不但不剥夺他们的公民权，对他们中間有一定威望的，影响較大的人物，在各級政权机关和政协机关还作了适当的安排。在经济上貫彻执行了贖买政策，有些人国家还給了生活补贴，对于德穆楚克李守信匪部人员，当他们投降以后，对他们的历史罪恶采取了不咎既往的政策，安排了他們的生产和工作，把他们的問題也当为人民內部問題来解决。

把牧区要打击的反动势力，只限于现行反革命分子和其它犯罪分子，这样做，就团結了牧区９５％以上的人，調动了各方面的积极因素把一些消极因素也变为积极因素，大大有利于牧区的革命和建設。

按：毛主席早在１９４９年就教导我们："帝国主义和国内反动派决不甘心于他们的失败，他们还要作最后的挣扎。在全国平定以后，他們也还会以各种方式从事破坏和搗乱，他们将每日每时企图在中国复辟。这是必然的，毫无疑义的，我們务必不要松懈自己的警惕性。"

根据毛主席的英明教导，那些牧主阶級、上层喇嘛、旧官吏，以及德穆楚克李守信匪部人员，他们根本不会改变他们的反共反人民反对社会主义的反动的阶級本性，他們所想的，他們所要做的是企图在中国复辟資本主义。可是巴图巴根对于这些人，非但不进行阶級斗爭和改造，相反，在政治上爭取团結，不但不剥夺公民权，还在政权机关和政协机关中大量安插使用，生活上还多方照顾，唯恐他們反党反人民反得不起劲。并且把他們列为团結９５％以上的主要对象，用和平爭取团結的方式，把他們的消极因素变为积极因素，把他們做为社会主义革命和社会主义建設的重要力量。在这里，巴图巴根团結的是谁，依靠的是谁，重用的是谁，到底为谁說话，不是十分清楚了嗎？巴图巴根打着团結９５％以上的招牌，实际上是彻底地站在王公贵族、喇嘛牧主、德李匪部等一小撮人的立場上，为其涂脂抹粉、鳴鑼开道。这就彻底地暴露了巴图巴根是地富反坏右、牛鬼蛇神的代言人。

（二）牧区工作，千条万条增加牲畜是第一条。

执行"以牧为主，結合畜牧业发展多种经济"的方針，把发展畜牧业生产列为牧区建設和牧区工作的中心任务。

•11•

不以牧为主，不重视发展畜牧业，就会犯重大錯誤。

按：毛主席一再教导我們，政治是統帅，是灵魂，政治工作是一切經济工作的生命綫。林付主席活学活用毛主席思想，也明确指出："千条万条，突出毛泽东思想是第一条。"可是巴图巴根一不抓突出毛泽东思想，二不抓阶级斗争，竟然提出"千条万条增加牲畜是第一条"，同时还提出了，"把发展畜牧业生产列为牧区建设和牧区工作的中心任务"，"不以牧为主，不重視发展畜牧业，就会犯重大錯誤"。巴图巴根的企图就是取消毛主席的領导，取消阶级斗爭，脫离无产阶级政治，从而使社会主义的中国复辟資本主义。

（三）衡量一个地区工作好坏，不仅要看牲畜是否发展了，而且要看人口是否增加了。

〔按：我們說，衡量一个地区工作的好坏，唯一的标准看其是否高举毛泽东思想伟大紅旗，是否突出无产阶级政治，而巴所极力主张的，就是反对突出政治，反对政治挂帅，主张鈔票挂帅、物質刺激。

毛主席說："在我国，巩固社会主义制度的斗爭，社会主义和资本主义誰战胜誰的斗争，还要經过一个很长的历史时期。但是，我們大家都应当看到，这个社会主义的新制度是一定会巩固起来的。我們一定会建设成一个具有现代工业，现代农业和现代科学文化的社会主义国家。"

三、恶毒地攻击三面紅旗，污蔑大跃进、人民公社是"一轟而起"、"盲目搬套"、"表面上的轟轟烈烈"

（一）在畜牧业社会主义改造方面，在公社化初期，对牧区特点、民族特点，畜牧业生产特点注意不够，对牧民觉悟程度估計过高，……在畜牧业生产和牧区建设上，忽視地区特点，計划指标过高，发生了一定的盲目性和瞎指揮。

按：毛主席說："我們应当相信群众，我們应当相信党，这是两条根本的原理。如果怀疑这两条原理，那就什么事情也做不成了。"在总路綫的光辉照耀下，在全国范围内掀起的大跃进人民公社，始終是在我們伟大領袖毛主席的直接領导下进行的，始終得到了广大革命群众，特别是广大貧下中农，贫苦牧民、不富裕牧民和工人阶级的最热烈的欢迎和最强有力的支持。可是巴图巴根一方面污蔑翻身做了主人的广大贫苦牧民、不富裕牧民觉悟程度低劣，另一方面又丧心病狂地大骂毛主席、党中央是"盲目性和瞎指揮"，其狼子野心昭然若揭。

（二）社队組織規模过大，形式过高，步驟上不够稳妥，沒有經过充分的醞醸和准备，……实际上也是一轟而起。

不从实际出发，不調查研究，盲目搬套农区的办法，或其它地区的办法，……合作

· 12 ·

化初期，我們犯过盲目搬套的错誤，在百母百仔的推行上，也犯过盲目搬套的错誤。

这几年来有的地方，一只注意表面上的轰轰烈烈，不注意实际工作效果，不注意建立经常工作，把群众运动当为群众路綫的唯一形式，什么事都大搞群众运动，搞的过于紧张，浪费了群众的精力，也对工作带来了一定的损失。

没有恰当地处理大集体和小集体，集体和个人之间的关系，有些地区不适当的取消了社员的自留畜，取消了畜股报酬和牧主的定息，在全公社的范围内实行了平均主义的供給制，刮了共产风，平调了社员的若干生产资料和生活资料，侵犯了生产队的集体所有制，违犯了按劳分配和等价交换的原则，个别地方还不适当地办了些托儿所，敬老院，公共食堂，集中定居大搬家，发生了严重的强迫命令。

在牲畜和畜产品收購方面、对于国家、集体、个人三方面的需要和利益安排不当，收購指标偏高，对于生产队和社員个人生产上和生活上的必须部份照顾不够，过多的降低了牧民的吃肉水平，影响了蒙古包、毡子的添制和修补、在一定程度上影响了群众的生活和生产情緒。

从主覌上检査，由于我們的同志特别是一些負責同志在一个时期头脑过热了一点，不如以前那样谨慎了，缺乏实事求是的精神，对于我盟的地区特点，自然特点，生产特点，缺乏深刻的调查研究，有的地方，不适当的反了"条件論"，"习慣論"，提出的一些措施和推广外地的經驗，没有充分的和牧民群众基层干部进行商量，对于他們的一些正确意见，不但没有采纳，反而视为右倾，进行了不适当的批評和斗争。

按：在我国基本完成了生产资料所有制的社会主义改造，取得了反右派斗争的伟大胜利之后，一九五八年，我們伟大領袖毛主席提出了鼓足干劲，力争上游，多快好省地建設社会主义的总路綫。在总路綫的光辉照耀下，我国人民在农村牧区中創造了人民公社这一崭新的社会組織形式，全国出现了蓬蓬勃勃的大跃进局面，社会主义正气高高飞揚，資本主义邪气受到沉重的打击。党的总路綫、大跃进和人民公社运动的伟大胜利，激起了国内外阶级敌人最激烈，最卑鄙、最疯狂的反抗。

在这种阶级斗争的形势下，反党分子彭德怀首先跳了出来，在廬山会議上，向党发起了猖狂进攻。他恶毒地攻击总路綫，是"左倾冒险主义"，大跃进是"升虚火"，"发高烧"，人民公社"办早了"，"搞糟了"。把毛主席领导的几亿人民的群众运动，污蔑为"小資产阶级的狂热性"。彭德怀之流被历史扔进垃圾堆了，他們的祖师爷刘少奇亦赤膊上陣了。他一方面为彭贼反党集团喊冤叫屈，另一方面恶毒地攻击总路綫、大跃进、人民公社，叫嚷我們的经济临近了崩潰的边綫，目前"不是大好形势"，"經济失調"，"三分天灾，七分人祸"，幷极力鼓吹"三自一包"，"单干"。就在这国內外阶级敌人疯狂地攻击三面紅旗的密鑼紧鼓声中，刘少奇乌兰夫在巴盟的代理人巴图巴根于1962年也登场表演了。他狂妄地污蔑大跃进人民公社是"一轰而起"，是"盲目搬套"，是"表面上轰轰烈烈"，是"强迫命令"，是"头脑过热"，是"缺乏实事求是精神"，同可破口大罵在毛主席亲自率領下几亿人民的伟大的群众运动"什么事都大搞群众运动，搞得过于紧张，浪费了群众的精力，对工作也带来了损失。"还公然

·13·

污蔑人民公社侵犯了"社員的自留畜","平調了社員的生产資料和生活資料","侵犯了生产队的集体所有制,违犯了按劳分配和等价交换的原则", 大罵我們大办托儿所、敬老院、公共食堂,疯狂地攻击人民公社就是"集中定居大搬家",而广大贫苦牧民、不富裕牧民的生活,由于"收購指标偏高","降低了吃肉水平", 甚至連蒙古包,毡子的添制和修补,也受到了影响。更恶毒的是大罵我們"取消了畜股报酬和牧主的定息",公然为王公貴族、牧主、喇嘛喊寃叫屈,替右傾机会主义分子喊寃叫屈。凡此种种,不一而足。相比之下,巴图巴根对于三面紅旗的猖狂进攻,比起彭德怀刘少奇更为系統、更为全面、也更为恶毒。在这里,巴图巴根丑恶的咀脸暴露得何等清楚啊!

•14•

四-41

反革命修正主义 民族分裂主义分子

李畄罪行选编

呼和浩特市革命委員会大会战指揮部材料組

一九六八年七月二十三日

毛 主 席 最 新 指 示

无产阶级文化大革命，实质上是在社会主义条件下，无产阶级反对资产阶级和一切剥削阶级的政治大革命，是中国共产党及其领导下的广大革命人民羣众和国民党反动派長期斗爭的繼續，是无产阶级和资产阶级阶級斗爭的繼續。

前　　言

毛主席教导我們說：“混进党里、政府里、軍队里和各种文化界的资产阶级代表人物，是一批反革命的修正主义分子。一旦时机成熟，他們就会要夺取政权，由无产阶级专政变为资产阶级专政。”反革命修正主义、民族分裂主义分子李貴就是这样的代表人物。李貴是內蒙古“当代王爷”烏兰夫的死党分子，是烏兰夫在呼市的代理人，是烏兰夫大搞民族分裂，破坏祖国統一的急先鋒，是一个地地道道的反党、反社会主义、反毛泽东思想的反革命修正主义分子，民族分裂主义分子，是党內走資本主义道路的当权派。

反革命修正主义、民族分裂主义分子李貴根据烏兰夫的黑指示伙同三反分子陈炳宇及其死党，采取阴謀手段，篡夺了呼市党政大权。这一小撮反革命修正主义、民族分裂主义分子，竭力推行烏兰夫反革命修正主义、民族分裂主义路綫，疯狂地反对光焰无际的毛泽东思想，反对毛主席的革命路綫，为烏兰夫分裂祖国統一，复辟資本主义，建立封建牧主、王公貴族、地主、資产阶级专政的“烏兰夫王朝”，在呼市搞了“試驗場”。李貴就是这个烏兰夫安插在呼市的穷兇极恶的反革命修正主义、民族分裂主义集团的头子。他与烏兰夫上下勾結，狼狽为奸，大搞民族分裂，复辟資本主义，罪恶滔天，磬竹难書。

为了将反革命修正主义、民族分裂主义分子李貴彻底批深批透，斗倒斗臭，进一步深入开展挖烏兰夫黑綫，肃烏兰夫流毒的斗争，夺取无产阶级文化大革命的全面胜利，现将广大群众揭发李貴的主要罪行选編于后，供广大的无产阶级革命派和革命群众大批判参考。

一、剥开李贵的画皮 洞察其丑恶的历史

我們伟大領袖毛主席教导我們說："什么人站在革命人民方面，他就是革命派，什么人站在帝国主义封建主义官僚资本主义方面，他就是反革命派。"我們剥开李貴的画皮，洞察其丑恶的历史。

（一）国民党、地主阶級的孝子賢孙

反革命修正主义、民族分裂主义分子李貴在一九一五年十一月出生于烏盟固阳县的一个地主阶級的家庭。兄弟四人按"荣华富貴"起名，李貴排行第四，故名叫"貴"。1925年其父李忠儒因与土匪有联系，暴露后为逃避法办，曾充当国民軍营部文書，全家迁居巴盟临河县。其父在临河任伪乡政府的書記員，以后又为大地主张宝小当了写帳先生。

一九三一年李貴在临河小学五年級时，經其校长高理亭介紹，在蔣介石的狗象下，集体加入了国民党。

一九三七年八月，日本帝国主义侵入中国后，李貴为了效忠国民党，投入了付作义組織的第七集团軍政訓处受訓。以后，政訓处解散，李貴又回到临河。

在"七、七"事变前后，他的家庭又发展为拥有土地两頃多，耕畜四、五头，并在临河城里开有磨房的富戶。兄弟四人都不从事生产劳动，大哥李荣管理土地，二哥李华經营磨房，三哥李富当国民党宪兵，李貴在原旧綏中学讀書。直至一九三八年李貴經大紳士、大叛徒刘进仁介紹加入共产党后，他仍然打麻将，跑暗娼，生活十分墮落。

李貴参加革命后，一直坚持地主阶級立场。一九四七年六月，李貴在山西省平魯县农村搞士改期間，在他领导的工作队的一个队員的母亲，是个地主婆，被群众斗爭。李貴得悉此事后，十分痛心，专門派人带了一块白洋、五百元票子和三尺白布前去慰問这个地主婆，并亲自写信給当地领导土改工作的另一同志，要求"在方法上，甚至吃粮上照顧一下"，为之求情。

（二）解放后重振地主"家业"

我們伟大領袖毛主席教导我們說："在我国社会主义革命取得基本胜利以后，社会上还有一部分人梦想恢复资本主义制度。"李貴参加革命后，他的家庭由于其兄等过惯了好逸恶劳的生活，逐渐由富变劳。解放后，李貴对他地主家庭的破产很不甘心。一九五〇年他窃踞河套公安处长职务后，就利用职权，伙同其兄，重振地主剝削阶級家庭。一九五〇年合作社組織小商小販下乡，由李貴作保，讓合作社賖給其兄李荣土布十疋，市布四疋下乡，搞投机倒把；又两次拿公安处的五百九十八万元（旧币）交給其兄去搞机关生产，使其从中牟利。并不顧党紀国法，利用职权，将公安处沒收的大烟、料面交其兄出售。一九五一年又讓李荣当了当时地委、专署、公安处等机关合营的建华商行付經理。同时其三兄李富也利用李荣当建华商行付經理之便，給建华販外买貨。这时他二兄也当了临河县委等机关合营的"公記号"經理。弟兄四人狼狽为奸，貪污盜竊，投机倒把，挪用公欵。就这样，使其家庭又变成了雇工两个，經营碾、磨房各一个，新盖房子五間半，騾、馬、牛八头，大小猪十七口，大小羊七十

· 1 ·

二只的显赫一时的富户,三个哥哥和嫂子又过起了剝削腐化 吸食和贩卖料面的剝削阶级的生活。

（三）三反运动中的"大老虎"

一九五二年,伟大的"三反"运动开始后,李贵这只"大老虎"被广大革命人民群众揪了出来,并在报纸上公开点名批判,给予了留党察看一年的处分。但在三反分子乌兰夫、王再天和杨植霖、黄巨俊的庇护下,不久即调回绥远公安厅当了处长,一九五六年又提为付厅长。在此期间,李贵对给他的处分,极为不满,一再翻案。包庇他的人,也一再为他开脱罪责,处分逐步降级,由留党察看一年降为撤销工作,又由撤销工作最后降为当众警告,直至感到一点处分也不给,实在也无法交待了,才算罢休。这时李贵的罪恶也不断大事化小,小事化了,直到最后,只留下以下几条:

1、严重的违法乱纪,损大公肥小公,将没收反革命的价值一亿五、六千万元(旧币)的财物,不经上级批准,擅自处理,投入机关生产。

2、执法犯法:以解决侦察经费为名,不顾党纪国法,将没收的大烟15两、料面2钱5分,交予其兄出售。包庇毒品犯,对料面犯康福不仅不加追究,严肃处理,反而释放。

3、严重的官僚主义作风:身为河套公安处长的李贵,对没收反革命的财物不严加管理,没有帐目,造成混乱;秘书科长违法乱纪、贪污放高利贷,李贵听到后还不相信;对一墙之隔的镇公安局,从局长到股长,贪脏枉法,制造和贩卖料面,更是不闻不问;劳改队私自修改砍伐木材的合同,双方发生纠纷后,亦不加严肃认真处理。

（四）在林区为王称霸，对抗毛主席

大兴安岭是祖国的森林宝库,乌兰夫反党叛国集团早已看准了这块地方,为了加强领导,整顿混乱,于一九五七年就把他的心腹干将李贵由公安厅调遣到林区当了内蒙林管局党委第一付书记兼局长。由于书记王林中养尊处优,长期不作工作,林管局的大权实际掌握在李贵一个人手里。

一九六〇年十月,"当代王爷"乌兰夫,到林区视察工作,发现林管局有大企业思想,对乌兰夫代理人把持的呼盟盟委有不服从领导的迹象,再加上林管局又是中央企业,这样下去,势必要妨碍乌兰夫建立一个"大蒙古帝国"梦想的实现。因而责令林业党委大反"分散主义"。林业党委经过十五天的党委扩大会议,揭发出李贵在林区工作期间的主要问题是:飞扬拔扈,独断专行,把自己置于党委之上,骄横傲慢,不可一世,使人"望而生畏","敬而远之",不论一般干部,还是党委委员,他们和李贵的关系,都是一种"猫鼠"关系。在生产上瞎指挥造成了很大的损失浪费。

更为突出的是李贵为了实现自己的个人野心,无视毛主席的"党委会工作方法"、"工作方法六十条"等有关工作方法的伟大指示,自己又标新立异,独出新裁地泡制了一个所谓"关于领导方法问题"(简称"十二条")与我们伟大领袖毛主席相对抗。这个"十二条"出笼后,未经党委讨论,李贵就两次在电话会议上作了贯彻,并盗用旗委、林业党委办公室的名义,分发各地,要求学习讨论。党校轮训各林场总支书记和党员主任,李贵就以他的"十二条"作为训练内容,亲自讲授。第一期结束后,他又责成党校写出材料,在"林区简报"上发表。训练全部结束后,李贵又盗用林业党委的名义,亲自批转了党校的训练总结报

• 2 •

1221

告。就在这个总结报告和有关"林区简报"上用了大量的篇幅吹捧李贵和他的"十二条"。說什么"十二条是毛主席工作方法六十条的具体化,是毛泽东思想的产物";"是林区多年来特别是大跃进以来工作經驗的结晶";甚至把"十二条"說成是"今后工作的法宝"。真是狂妄之极,彻底暴露了他的狼子野心。

李貴在林区紧跟其主子"对少数民族的历史問題要从寬处理"的黑旨意,对一个曾當瞞了当过日偽警务科特务股外勤,参加过对八路軍的討伐,并以战斗小組长、分队长身分搜捕八路軍,参与鎮压工人暴动等罪恶历史,混入党內的反革命分子,百般庇护,强調是少数民族,不清除出党,只给了留党察看二年的处分,直到一九六五年伟大的四清运动开始后,才清除出党。

林业党委虽然大反了"分散主义",但沒有解决烏兰夫要解决的問題,而是反了他的宠儿李貴。烏兰夫对此很不滿意,不仅对呼盟盟委給内蒙党委的"关于林业党委反分散主义的报告"置之不理,长期不作批复,反而又派了楊道霖去林区說情,做工作,百般包庇保护李貴过关。一九六二年四月,又将李貴調回林业厅,当了付厅长。李貴回林业厅后,烏兰夫还亲自召見李貴談話說:"看来我在林区說了一句話捅下个漏子"。向他的宠儿表示抱歉。

二、采取阴謀手段,網罗亲信,排除异已 实行大改組大換班

毛主席敎导我們說:"世界上一切革命斗爭都是为着夺取政权,巩固政权。而反革命的拚死同革命势力斗爭,也完全是为着維持他們的政权。"反革命修正主义、民族分裂主义分子李貴,带着烏兰夫的黑指示,一来呼市就大抓政权問題,采取阴謀手段,网罗亲信,排除异己,实行組織上的大改組、大換班,实现了"宫廷"政变。

(一)李貴利用檢查組篡夺了呼市大权,实现了"宫庭"政变

烏兰夫为了加速他的反党叛国步伐,确定呼市做他的"試驗場"。在一九六四年八月内蒙党委常委会上,由烏兰夫提名讓李貴任呼市第一書記上报中央,同时确定先以解决呼市市委不团結問題为名,派下了以沈新发、李貴等为首的内蒙检查組到呼市篡夺呼市大权,待大功告成后,就留李貴担任呼市委第一書記。

李貴来到呼市后,根据他的主子烏兰夫的黑指示,为了蒙蔽群众,把大叛徒、反革命修正主义分子赵汝霖(市委第二書記)和长期混进党內的双料国民党員、民族分裂主义分子陈炳宇(市委書記、付市长),这两个烏兰夫死党分子、反革命修正主义分子之間的争权夺利狗咬狗之爭,說成是"两个阶級,两条道路的斗爭",大造声势,为其实现大改組、大換班进而大搞民族分裂、复辟資本主义制造輿論。

反革命修正主义、民族分裂主义分子陈炳宇,是烏兰夫的老班底,是个反革命野心家,早在一九五八年烏兰夫就把他派到呼市担任書記兼付市长。他来呼市后,几年来,借口有病,长时間在家休养不做工作,利用机会,拨弄事非,大搞民族分裂,复辟資本主义,以达到其全面篡党篡政,实现其反党叛国的罪恶目的。

但是,烏兰夫、李貴之流,为了实现其反革命阴謀,根本无视广大群众对陈炳宇的强烈

反对，他們来呼市不久乌兰夫就給陈炳宇定了調子說，"是小是小非問题"。李貴也极力为乌兰夫的老班底陈炳宇涂脂抹粉，說他是"生活小节問题"，千方百計压制群众，不但把他包庇下来，不讓他在群众中检查，而且他們来呼市不久，于６４年１０月２２日就把陈炳宇提为市委黑代常委的書記，掌握了市委的大权。

对于赵汝霖这个大叛徒、老修正主义分子，他們为了适应大搞民族分裂的需要，对他的叛徒問题和反党、反社会主义、反毛泽东思想，招降納叛、結党营私、大搞資本主义复辟等罪行，都置之不顧。仅根据他們狗咬狗的情况，給他定了一个所謂"反党宗派活动"的罪名，大作文章。以肃清所謂赵汝霖的影响为幌子，大搞資产阶级专政，鎮压革命群众，推行其反革命修正主义、民族分裂主义路綫，为其反党叛国扫清道路。

他們就采取这种阴謀手法，于一九六五年五月根据沈新发、李貴、陈炳宇等人的提名，乌兰夫的批准，正式組成了以李貴为呼市委第一書記、陈炳宇为書記兼代市长，大叛徒高敬亭为書記等一小撮反革命修正主义分子为首的市委常委班子，篡夺了呼市党政大权，在呼市实现"宫廷"政变。

（二）排除異己，打击排挤外来干部

毛主席早在１９５８年成都会議上就指出："蒙汉两族要密切合作，要相信馬克思主义。……不一定是本省人执政，不管那里人——南方或北方，这族或那族，只問那个有沒有共产主义？共产主义有多少？这一点要向少数民族講清楚。"但李貴却公开地与毛主席的指示相对抗，在乌兰夫的"干部民族化"的修正主义路綫指导下，在組織上大搞地方主义、民族主义、宗派主义，极力排除异己，打击排挤外来干部。

李貴篡夺了呼市党的大权以后，乌兰夫就在一次李貴汇报呼市問题时，秘密指示他："你一手抓教育，一手抓組織措施，……利用这次四清把市委眞正成为"左派"的班子，……你要組織上采取这个措施，干部交流，搞付書記，你下个决心。"又說："怎么把本地人搞一批，特别基础（层），培养本地干部，发展一批党员，在基层逐漸代替这些人"，"公社这一级一定要掌握在革命派手中，特别是本地的革命派，外来的放在付職。"李貴根据乌兰夫的这一黑指示，在群众中大造輿論說：少数民族干部"特别能够代表自己民族的利益"，现在"眞正掌握实权的沒有民族干部"，并公开地提出："由于公社以上的领导干部大部分是外来干部，并且年令大了，市委决定要大力培养提拔一些本地的年輕干部到領导崗位上来。"决心要把外来干部换掉。

李貴为了排除异己，实现大换班，就与乌兰夫和調到內蒙党委担任了代理組織部长的陈炳宇上下勾結，狼狼为奸，采取了一系列阴謀手段。

他們为了給大换班作好准备，首先进行了所謂的"干部排队"。他們排队的标准，不是根据毛主席培养无产阶級革命事业接班人的五个条件按照阶級路綫排队，而是提出与赵汝霖有无关系和对待赵汝霖的态度为标准，对市区級机关科长以上干部进行了排队，攪乱了干部队伍的阶級陣綫，用民族斗争、宗派斗争代替了阶級斗争。

一九六六年一月李貴还根据云丽文的黑指示，又秘密給乌兰夫搞了一个黑报告。这个报告不但未經市委常委討論，連收发室也沒有經过，便派人直接送給乌兰夫。在这个报告中，同样用民族斗争、宗派斗争代替了阶級斗争，列了八十五个干部，分为赵汝霖、阮慕韓、习

· 4 ·

建华重用的和受打击排挤的两个部分，作为他们七改组大换班排除异己的依据。

与此同时，他们利用"交流干部"组织"过河队"、"大庆队"，成立"巡室视"，搞"四清"等机会，按照他们的需要，把一部分不合他们心意的干部也放了进去排挤了下去，大搞腾位子，换班子，排除异己。

他们为了排除异己，打击陷害革命领导干部，还搞了一个所谓"二毛案件"。一九六〇年三月五反运动中，二毛纺织厂工作组根据群众的揭发，确定了医务所张鹏斌（张解放前在郭长清匪部任职，又是一贯道点传师；解放后在其家乡，大量发展道徒，五二年因制料面被判处徒刑五年，五九年混入毛纺厂当了大夫，继续违法乱纪，倒卖麻黄精）为双反重点对象。但由于涉及到乌兰夫的死党分子曹文玉及他们的亲信，这就引起了以反党叛国总头目乌兰夫及其同伙们的仇恨，以邓图为首的政法工作组就给李贵写了个报告，李贵又向内蒙党委写了个报告，要求内蒙党委派人检查。接着乌兰夫就成立了毕力格巴图尔、云世英、李贵、尹吉生等人组成的检查组，在这个案子上大作文章，说什么这是"反土旗人"，"反蒙古人"，"反几十个厅长"，"反乌兰夫、奎璧"，"反党"的政治大案。指示其亲信爪牙对一百四十多名职工进行了非法审讯和审查，大追后台。他们的阴谋目的，就是企图通过这个案件，迫害内蒙党委权星垣同志和华北局池北卿书记。

（三）招降纳叛，结党营私

李贵反革命修正主义、民族分裂主义集团为了推行他们的主子乌兰夫的修正主义路线，实行了一套招降纳叛、结党营私的组织路线，他们为了网罗亲信，以老同事，老部下，私人关系等各种卑鄙非法手段，从内蒙直属机关和其他各盟市招兵买马，不问政治历史情况如何，安插到重要工作岗位上去，掌握大权。曹文玉是一个一贯反党反社会主义反毛泽东思想的分子，他们为了把他由内蒙林业厅调来，在乌兰夫的授意下，来取违犯组织原则的阴谋手段，先由市委向内蒙党委提名，然后党委讨论通过，就调来呼市担任了市委书记兼付市长。原内蒙古民委付主任云冶安，是一个缺德少才，一贯搞民族分裂的坏家伙，就因为他是乌兰夫的亲信，在桃花公社百什户大队和土旗前朱堡大队，推行民族分裂主义路线，搞反攻倒算有功，就调来呼市担任了市委书记兼付市长。同时还把乌兰夫的老班底徐史调来担任市委常委、郊区党委第一书记。这样就进一步充实和加强了以李贵、陈炳宇、曹文玉、云冶安、高敬亭等一小撮反革命修正主义、民族分裂主义分子为首的市委常委这个反革命修正主义班子。

李贵上台一年来，伙同陈炳宇、张露密谋策划，先后从外地外单位调的干部有曹文玉、云冶安、徐史、李晋潘、塞峰、邓图、马光敏、云庆华等四十二名，其中局处级干部就有十五名，有不少是他们的亲信，分别掌握了呼市各个方面的主要大权。其中有些人如云升阁、荣士章、云广林等等，还未到职，文化大革命就开始了

（四）安插亲信，提拔重用坏人

李贵根据乌兰夫的黑指示，，为了反党叛国的需要，他们除了从外地网罗亲信外，还以培养新生力量和民族干部为名，提拔了一些坏人，掌握了各方面的大权。例如把一个道德败坏，乱搞两性关系，在历史上跪倒在敌人面前缴械投降，受过留党察看处分的坏分子成

· 5 ·

义，就因为他是"民族学院"的，就被提任为市委组织部长，掌握了呼市的干部大权。

郭倩琮，历史上是个参加过兰衣社的特务分子，由于和李贵是老同事，因此，李贵一到呼市，就与他很快地结合在一起，在成立市人委临时代党组时，李贵亲自提名让其参加党组，以后设立五大委时，郭又被提名当上了城建委主任。当有人提出他在历史上有严重问题时，李贵却为其涂脂抹粉说："郭有文化能写，能干，有能力有才干，不是受处分，现在是内蒙一级的厅长了。"并说："那个处分不受限制使用"。还准备让他担任人委秘书长未成。

李、陈死党徐史的老婆孙××，原任街道办事处主任也不大称职，李贵上台后，在三个月内连提三次，直至提拔为人委人事处付处长，掌握了人委系统的人事大权。

在历史上参加过三青团、国民党、蒙古青年励志社等反动组织，而且是个民族分裂分子，在这次运动中又是个替乌兰夫翻案的"联社"骨干成员云庆华，在乌盟是个一般采购员，就因为他是"民族干部"，过去与李贵陈炳宇有联系，调到呼市后，就被提为向阳区文教科长，并利用调动工作的机会晋了一级。

又例如云子文历史上当过土匪，一贯大搞民族分裂，说什么："呼市百分之九十五是民族题问，只有百分之五是阶级问题"。这些问题李贵都很清楚，为了提拔"民族干部"，也把他提为郊区的付区长。

（五）从组织上进行大改组

一九六四年十月李贵为了实现大换班，就与沈新发，陈炳宇等共谋。借内蒙党委指示成立代常委之机，选择了他们的一部分亲信，安排到代常委中，掌握了呼市大权。

一九六五年三月李贵篡夺呼市党的领导权之后，当时市委常委会已基本健全，代常委没有继续存在的必要了，但李贵为了全面实现篡党篡政的阴谋，一直坚持代常委和常委两个常委并存的局面，由他主持常委会，陈炳宇主持代常委会。这个代常委一直到一九六五年十二月陈炳宇调内蒙工作，同时李贵的反革命修正主义常委班子，已经健全后，才自行消灭。

在全面篡夺了市委领导权之后，李贵与沈新发和陈炳宇共同策划，撤消了市委党组和工业、计划、财贸、文教、农业等五个分党组，重新成立了市人委代党组、由陈炳宇统一领导，又篡夺了人委各部门的党政大权。

在行政方面，李贵为了大改组大换班，一九六六年三月他借精简机构之名，撤消了市级机关的局处，成立了工交、财贸、文教、计划、城建等五大委，五大委都分别成立了党委会和政治部，政治部同时又是市委的政治部。把他们的一些亲信安插到五大委担任主要领导，借以全面控制了呼市各方面的主要领导权。

通过以上措施，李贵就完全篡夺和掌握了市级党政机关和各区各单位的领导实权，从而由上到下逐步把呼市党政大权掌握在他们这一小撮反革命修正主义、民族分裂主义分子手里。

（六）乌兰夫在呼市的情报网。

反革命修正主义、民族分裂主义总头目乌兰夫，为了彻底控制呼市，除了在呼市安排了他的代理人李贵、陈炳宇为首的一小撮走资本主义道路的当权派掌握了呼市党政大权，利用合法身份，打上"紅旗"反紅旗，大搞民族分裂、复辟資本主义外，烏兰夫为了彻底控制呼市、还搞了一个以内蒙民委办公室付主任云善祥为首的地下情报网。这个家伙直接受云丽文的亲自领导，专門給烏兰夫收集情报。其网罗的成員都是呼市各单位在历史上屡次受过严重处分对党不满的人。这些家伙，經常聚集在云善祥家进行秘密活动。云善祥通过他在呼市的地下情报网，把他收集到的秘密情报，化名为张一民报告云丽文。烏兰夫和云丽文接到送上的情报材料，在上面用紅鉛笔註上"呼市內幕"，然后轉交李貴，作为李貴策划实现呼市大改組大換班进行反党叛国活动的參考。

三、疯狂地反对毛澤东思想，破坏活学活用毛主席著作的群众运动

林彪同志說，"毛泽东思想是全党、全軍和全国一切工作的指导方針。因此，永远高举毛泽东思想伟大紅旗，用毛泽东思想武裝全国人民的头脑，坚持在一切工作中用毛泽东思想掛帅，是我党政治思想工作最根本的任务。"反革命修正主义分子李貴却反其道而行之，他为了分裂祖国统一、复辟資本主义，一来呼市就大抓所謂"民族問題"，用反动透頂的"烏兰夫思想"代替光焰无际的毛泽东思想，疯狂地反对用毛泽东思想统帅一切，破坏活学活用毛主席著作的群众运动。

（一）用反动透頂的"烏兰夫思想"代替光焰无际的毛泽东思想

李貴为了用反动透頂的"烏兰夫思想"代替光焰无际的毛泽东思想，进一步发展了烏兰夫的"突出政治就是突出民族問題"的反革命修正主义謬論，提出了一个："把貫彻民族政策放在各項政策的首位"的反动謬論，在呼市大力推广，公开地反对用毛泽东思想统帅一切。他說："呼市是自治区的首府，……就是要求我們必須把貫彻民族政策放在各項政策的首位。""在民族地区，認真貫彻党的民族政策，是做好工作的首要前提。"幷提出："把党的民族政策象一条紅綫一样貫穿到各項工作中去。"（註："他所謂的"民族政策"实际上就是"烏兰夫思想"的同意語）他狂妄地叫囂："这个会議（指民族分裂会議）开好了，什么問題都起作用。昨天徐史同志提出他們郊区打算今年不开政治工作会議了，我个人表示同意，因为貫彻好这个会議就行了，这就是毛泽东思想掛帅，这就叫政治工作。"甚至胡說什么只要貫彻好烏兰夫的大搞民族分裂的所謂"民族政策"，"就可以解决問題了，生产問題，打井問題，积肥問題，什么四百斤，过黄河都可以解决。"把反动透頂的"烏兰夫思想"說得神乎其神，簡直成了万能的狗皮膏葯。

（二）用学习他們的反动报告代替学习毛主席著作

李貴为了用反动透頂的"烏兰夫思想"毒害人民，他三令五申地要求全市所有的干部和职工学习烏兰夫和他自己的反动的民族問題的报告，幷鉛印成册，要人們当成"緊急任务"来学。甚至将市委党校学习毛主席著作的課程打乱，去掉"老三篇"，塞进烏兰夫和他的"民族問題报告"，組織学員学习。

· 7 ·

１９６５年１２月，为了給他即将召开的"民族分裂会議"大造輿論，他指令市委宣传部选編了一册《民族政策学习文件》，其中大量的选編了刘少奇、邓小平，烏兰夫的黑报告。李貴看了后，又讓加上党內敎条主义者假借毛主席名义发表的《三五宣言》，以实现其不可告人的目的。当文件快要印好的时候，他得悉华北局发現他們翻印《三五宣言》的阴謀，便偷偷派人抽了下来。

"民族分裂会議"后，在李貴亲自主持討論通过的《传达貫彻民族工作会議中几个問題的通知》中，公然提出："所有干部要从１月１２日开始，佔用两周的理論学习时間，結合毛主席著作的学习，学习市委宣传部編印的《民族政策学习文件》。"明目张胆地以学习刘、邓、烏的黑报告，代替学习毛主席著作。

（三）用学习蒙文蒙語冲击和破坏活学活用毛主席著作羣众运动

李貴为了冲击和破坏活学活用毛主席著作的群众运动，大力制造学习蒙文蒙語的热潮。他胡說什么："学习蒙文蒙語是开展工作的起碼条件""是否全心全意为人民服务，为少数民族服务的世界观問題。"幷定出規划，采取"逼"的办法，要求从小学一年級开始学蒙語。有的人提出根据毛主席的"七三"指示要减輕学生負担。李貴別有用心地說："中央規定减輕負担是正确的，但这是具体执行問題，从內蒙实际情况出发，具体运用，这就是毛泽东思想。"要求小学生"每周学习一至两三个小时，这样学到六年級毕业，普通蒙古語就可以学会。""經过二、三年的努力，全市干部职工都能說蒙語"。在他的指揮下，把财貿系統干部訓練班，也改成了蒙文蒙語訓練班。致使广大干部、职工、学生每天早、晚随着內蒙广播电台的蒙語广播講授，一片朗讀蒙語声，"掀起了一个大学蒙文蒙語的热潮"，严重地冲击和破坏了活学活用毛主席著作的群众运动。

（四）鼓吹生产至上，反对突出政治

李貴为了反对用毛泽东思想統帅一切，大力鼓吹反动的"生产至上論"，說什么，"搞好生产，就是馬列主义者"，"要改变呼市面貌，归根結底是要把生产搞好。""只要把生产搞好，……才能把目前郊区蒙汉群众中存在的矛盾彻底解决。"公开地反对毛主席"政治是統帅，是灵魂""政治工作是一切經济工作的生命錢"和"阶级斗爭一抓就灵"的伟大敎导。

（五）把自己与偉大領袖毛主席相提幷論

"毛泽东思想是反对帝国主义和现代修正主义的强大思想武器。"李貴却反其道而行之，在他的所謂《学习毛主席著作的情况和体会》的报告中，胡說什么，"只有反掉'和平演变'，才能把毛泽东思想学到手。"实际上就是不讓人們用毛泽东思想去反对"和平演变"。他还狂妄地說："批評自我批評，毛主席講过，我也多次講过"。把自己与我們伟大的領袖毛主席相提幷論，眞是狗胆包天，狂妄之极。

· 8 ·

四、極力推行烏兰夫的反革命修正主义黑货，为其分裂祖國統一，复辟資本主义大造輿論

毛主席教导我們說："凡是要推翻一个政权，总要先造成輿論，总要先做意訊形态方面的工作。革命的阶級是这样，反革命的阶級也是这样。"李貴带着烏兰夫的黑任务来到呼市后，打着貫彻党的民族政策的幌子，到处作报告，发指示，印材料，大造反革命輿論。現在仅在呼市已查到的由李貴参加的各种大型会議，市委書記处，常委会議，卽达一百二十六次，每次会上他都有报告、講話或发言，初步統計已印成文件的記录可查的卽有四十多万言，仅所謂"民族問題"的专题报告就作过八次，在其他报告中也总要联系到民族問題，竭力兜售烏兰夫的反革命修正主义，民族分裂主义黑货，挑拨民族关系，煽动民族仇視，为分裂祖国統一，复辟資本主义大造反革命輿論。

（一）主奴密謀，大造反革命輿論

1965年8月，李貴为了以民族問題代替阶級斗争，扭轉四清运动的大方向，就利用四清工作队整訓机会大講特講所謂"民族問題"。工作队員听了他的报告后，就針对他們所推行的一整套大搞民族分裂，复辟資本主义的路綫，提出了五十八个問題，要他解答。李貴看到事情不妙，就把他的报告記录和群众提出的五十八个問題一幷上报烏兰夫，一方面向烏兰夫表功請尝，另一方面向烏兰夫求計。烏兰夫在电話上对李貴大講所謂"民族問題"极力支持和贊尝，指示他說："过去我做了一些报告，你們可以看一看。"幷对一些具体問題如何解答，也进行了具体指示。对"土旗特殊"問題，尽管李貴大講所謂"承認历史、照顧实現"，群众也通不了。以后李貴卽与烏兰夫、云丽文密謀說："是否可以从革命历史上講，"講土旗出了烏兰夫等不少所謂"革命干部"等等，烏兰夫說："那当然是啦。"云丽文接着說："你就講这些嘛。"因此李貴卽大講烏兰夫如何領导土旗人民"革命"，极力地为他的主子涂脂抹粉。由此可見，在李貴的一系列所謂"民族問題"的报告中除了极力兜售烏兰夫的那一套反革命修正主义黑货外，他自己也有不少"創造发明"。

（二）大讲"承認历史，照顧现实"，为其主子所推行的一系列修正主义路綫辯护

毛主席說："阶級斗争，一些阶級胜利了，一些阶級消灭了，这就是历史，这就是几千年的文明史。"李貴为了大搞民族分裂，反对无产阶級革命，大講什么"承認历史"，从历史上极力地否認阶級斗争，突出民族矛盾。李貴說："咱們呼市二、三百年前是蒙古人所佔的地方，……現在的汉人是逐步一点一点的挤进来的。""我們这些人是外来戶，我們的祖宗对少数民族是不礼貌的，把蒙古人都挤跑了。"又說："土旗民族矛盾历史上是尖銳的，土旗蒙民一直沒走，蒙汉矛盾表現在农牧矛盾上，这一斗争很厉害，因为政权一直掌握在汉人

· 9 ·

手中。"他还說"少数民族从历史上就受压迫歧視，所以对汉人非常小心。"极力挑拨民族关系，破坏民族团結、分裂祖国統一。李貴还极力宣揚土默特旗历史上如何特殊，甚至蒙古人收地租也是有历史原因的，是合理的，还說什么"土改时汉族貧下中农从蒙古族地主手里分了二十五万亩土地。"把土旗的历史描繪成只有民族矛盾，沒有阶级斗爭的历史。

李貴大講特講"照顧現实"又是什么貨色呢？李貴把烏兰夫所推行的抹煞阶级斗爭，反对无产阶級专政，大搞物貿刺激，复辟資本主义的一系列反革命修正主义的政策，如在牧区推行的"稳、长、宽"，"不分不斗，不划阶級"的政策和在西部地区推行的多留两份自留地、包庇地主富农以及在区內几个自治地方实行所謂"經济上国家包下来"的修正主义政策等等，都說成是"从承認历史，照顧現实出发"幷"考虑到民族特点，地区特点"制定的。

李貴为了証实他的修正主义观点，还举例說："如貴德部这个头头，现在是旗长，日本人时期他也是头，日本投降后，还杀了我們不少人，这个民族，在内蒙有七、八百人。解放战爭时期，八路軍在森林中行軍，他們藏在暗处用枪打。到现在所有的孩子，都还叫他阿爸。而且他說一句話，沒有一个人不敢不听。现在你还得教育他，过去的血債累累不能斗他，还得讓他当旗长。"极力为他們的修正主义路綫辯护。

李貴在講到土旗和呼市的特点时，他提出一个极其反动的理論，他說："一个民族，能保存住經济基础，这个民族才能保存下来，因为經济是基础呀"。这就是說要把一个民族保存下来，就要保存旧的生产关系。

由此可見，李貴所講的"承認历史，照顧現实"就是要人們承認王公、貴族、牧主、地主压迫，剝削人民的历史，照顧他們繼續压迫剝削人民的現实，为其反对无产阶级革命，复辟資本主义的罪恶目的制造輿論。

（三）极力推行烏兰夫的"三个基础"

李貴为了大搞民族分裂，复辟資本主义，极力推行烏兰夫的抹煞阶级斗爭，否認社会主义方向的"三个基础"。李貴吹捧反动透頂的三个基础說："三个基础的建立，是社会主义革命和社会主义建设事业发展的必然要求，是各族人民的共同愿望，我們必須努力做好工作，促进三个基础的不断巩固和发展。"他为了貫彻烏兰夫的所謂"經济基础"胡說什么："民族关系上最突出的問題是农牧矛盾，"解决了这个問題"蒙汉团結在經济上就有了可靠的基础。"否認民族斗爭的实質是阶级斗爭問題。他为了貫彻"文化基础"还說什么："有了共同的語言，就有了共同的心里状态。就能在感情上更加接近。因此，我们应当努力办好有蒙文課的学校，发展民族文化艺术，广泛提倡，認真組織干部和职工群众学习蒙文蒙語。这样民族团結在文化上就有了可靠的基础。"公开主张通过学习蒙文蒙語，达到阶级溶合。他为了实现烏兰夫所謂的"政治基础"，极力推行烏兰夫的地方主义、民族主义、宗派主义的組織路綫，大搞結党营私，招降納叛。

（四）挑拨民族关系，破坏民族团結

李貴为了大搞民族分裂，极力挑拨民族关系，他說："呼和浩特市民族政策貫彻得很不好，民族关系比較紧张，斗爭比較激烈"幷借用烏兰夫的咀，說什么"搞得蒙古族貧下中农抬不起头来，使他們感到沒有前途。"他还說："汉族出身的人，不了解少数民族的情况，感情……正如男人很难理解女人，女人很难理解男人一样。"还胡說什么"历史上的民族問題，隔閡厉害，……共产党怎样？他們要看看。"极 力破坏党 与少数民族的血肉关系。

（五）恶毒地歪曲党的民族政策

我們知道，政策是有阶級性的，我們党的政策是代表无产阶級和广大劳动人民的根本利益的。而李貴却胡說什么："党的民族政策是根据民族特点制定的，是为了保护少数民族的利益，为了消灭事实上的不平等而制定的，实行区域自治就是这个意思。"并說 "民族政策与照顧是一回事。"他还說："从我們呼市来說，主体民族是蒙古民族，……各个部門在各項工作中首先应当研究和解决主体民族的問題，只有主体民族的問題解决的好，其他少数民族的問題，才能解决好。"这里党的阶級路綫，无产阶級专政根本沒有了，有的只是抽象的"民族利益"，"主体民族的問題"。

（六）鼓吹《三五宣言》

李貴在报告中大力宣揚教条主义者搞的《三五宣言》。他說：党中央在 1 6 3 5 年就划出了內蒙古自治区的地图，"为建立"烏兰夫王朝"向党要地盘。他还胡說什么"內蒙古自治区和苏修、蒙修是邻国。"少数民族干部"他們热爱祖国的同时，又热爱自己的民族，这正是具有爱国主义和国际主义的表現。"这里他已經把內蒙古自治区当成了一个"国家"，这是他狼子野心的自我暴露。

五、掀起大反所謂"大汉族主义"的妖风分裂祖国統一，复辟資本主义

毛主席說："国家的統一，人民的团結，国內各民族的团結，这是我們的事业必定要胜利的基本保证"。反革命修正主义、民族分裂主义分子李貴，打着"紅旗"反紅旗，他与他的黑主子上下勾結，狼狽为奸，采取混淆事非，顛倒黑白的手法，胡說什么"大汉族主义是当前呼市民族問題上的主要傾向"。爆起一股大反所謂"大汉族主义"的黑风，疯狂地反对毛主席的革命路綫，挑拨民族关系，分裂祖国統一，复辟資本主义。为烏兰夫在全区大搞民族分裂，复辟資本主义，总結了"經驗"，提供了"样板"。

（一）与烏兰夫狼狽为奸， 在全区吹起了 大反所謂 "大汉族主义"的进軍号。

（1）收集材料，向主子請功。

李貴为了把呼市搞成烏兰夫反党叛国的黑"样板"，他一来呼市就派他的特务、打手到处收集所謂"大汉族主义"的材料。除他亲自讀阅了市委、市人委、么检法有关少数民族群

・11・

众来访材料外，还派人查阅了一九六四年內蒙三干会期间，呼市农村四清工作队員的鸣放档案材料，一九六五年市委党員負責干部会議和各口党員干部会議印发的簡报。

他們翻开这些材料和簡报，发现广大党員和工作队員根据毛主席亲自主持制定的《二十三条》和《前十条》的精神，揭发了烏兰夫、奎璧之流大搞民族分裂，复辟資本主义，包庇坏人等大量罪恶事实。广大群众提出烏兰夫、奎璧就是內蒙大搞民族分裂、复辟資本主义的总根子。有的人还提出来"要成立挖根子机构"把这些老反革命挖出来。

他們看到这些材料后，非常害怕，就一反手来了个反攻倒算，李貴說："这是典型的大汉族主义"，命令下面一条一条地整理出来，整了七十来条，并写了一个题为《有关民族工作方面一部分問題的报告》，直送他的黑主子烏兰夫。他在这个报告中說群众这些意见是"捕风捉影，以訛传訛，甚至是无中生有，造謠中伤，恶毒地污蔑內蒙領导同志，猖狂地攻击內蒙党委，公开地进行反党活动，他們有不可告人的企图和目的。"除决定准备召开民族工作会議进行解决外，并要求各常委、代常委结合自己的工作"要認真批判这些錯誤的甚至是反党的言論"。

烏兰夫和云丽文看到这个报告后，就命令他的黑干将浩帆和云丽文精心策划了一个很长的批語，准备轉发各盟市，在全区掀起一个大反所謂"大汉族主义"的高潮，把敢于造他們这些反党叛国分子反的革命群众鎮压下去，为加速其反党叛国的步閥扫清道路。

（2）煞費苦心，欲盖淥彰

但烏兰夫这个老贼又一想，如果把这个报告原封不动地轉发下去，其中有不少是揭发他們自己的問題，岂不反而起了宣传作用。就命令李貴、陈炳宇要对这些問題进行"表态"。李貴就把报告拿回来，組織了几个人讓一条一条地加注了按語。报了上去，云丽文一看，很不"上綱"，又命令李、陈修改。李陈二人連家都沒顾上回，就坐在新城宾舘亲自进行了修改。說这条是"錯誤的"，那条是"恶毒的攻击"，"查清后認真严肃处理"。

謊言是掩盖不了事实的，他們的那些见不得人的事实，任凭他們怎样煞費苦心地按，也是按不住的，只能是欲盖淥彰，越描越黑。于是他們又决定把一条一条的事实材料統統的取掉，背着市委又讓他的手下重新写了一个籠而統之的报告，轉发下去。但他的主子一看还是不上"綱"，就干脆把他們早已写好的批語拿来照上写，李貴把这个批語交給他的手下人后，一方面对这个批語大为贊赏，說这个批語多么"上綱"；另一方面嘱咐写报告人說："这个批語誰也不能讓看"。写好后，他就冬用市委的名义报了上去。

（3）第二个黑报告說明了什么？

在这个黑报告中提出以下几个問題：

第一，黑报告对广大群众挖烏兰夫这个反革命根子的革命行动恨之入骨，咬牙切齿地說"有关民族方面的主要問題是：有些人由于对党不滿，恶毒地攻击和誹謗內蒙古党委和內蒙領导同志，特别是攻击和誹謗烏兰夫、奎璧等領导同志，他們无中生有，造謠中伤，以訛传訛，十分猖狂和阴險。"

第二，这个黑报告来取顛倒是非，混淆黑白的手法，胡說什么："他們所以攻击內蒙古党委和內蒙的領导同志，正是由于內蒙党委和烏兰夫同志听毛主席的話，坚决按毛主席的指示办事，坚决执行党中央制定的路綫、方針、政策，长期进行革命斗争，領导全区人民获得解

一九六八年七月二十八日　　　　工 人 风 雷　　　　第三版

李贵疯狂反对毛泽东思想
破坏活学活用毛主席著作群众运动罪该万死

李贵是内蒙党内最大的走资本主义道路的当权派乌兰夫在呼市的代理人，是乌兰夫大搞民族分裂，破坏祖国统一的急先锋，是一个地地道道的反党、反社会主义、反毛泽东思想的反革命修正主义民族分裂主义分子，是党内走资本主义道路的当权派。

反革命修正主义分子李贵伙同三反分子陈炳宇、曹文玉之流篡夺了呼市党政大权。这一小撮反革命修正主义、民族分裂主义分子，竭力推行乌兰夫民族分裂主义路线，疯狂地反对光焰无际的毛泽东思想，反对毛主席的革命路线，为乌兰夫分裂祖国统一，复辟资本主义建立封建牧主、王公、地主、资产阶级专政的"乌兰夫王朝"，在呼市搞了"试验场"。李贵是乌兰夫安插在呼市的穷凶极恶的反革命修正主义、民族分裂主义集团的头子。

八届十一中全会指出："毛泽东思想是全党全国一切工作的指导方针。……用毛泽东思想武装工农兵群众，革命知识分子和广大革命干部，进一步促进人的思想革命化，是防止修正主义，防止资本主义复辟，使我们社会主义和共产主义事业取得胜利的最根本的保证。"但是反革命修正主义分子李贵为了达到其分裂祖国统一复辟资本主义的罪恶目的，和他的主子内蒙古党内最大的走资本主义道路当权派乌兰夫一唱一和，疯狂地反对"毛泽东思想是全党全国一切工作的指导方针"，破坏活学活用毛主席著作的群众运动。

李贵来呼市后，为了用反动透顶的"乌兰夫思想"代替光焰无际的毛泽东思想，根据乌兰夫的"突出政治就是突出民族问题"的反革命修正主义谬论，他"创造性"地提出了一个"把贯彻民族政策放在各项政策的首位"的反动谬论，在呼市大力推广，用他的所谓"首位"，来反对用毛泽东思想统帅一切，用把活学活用毛主席著作放在各项工作的首位。一九六六年一月二十九日他在谈学习毛主席著作的体会时说："呼市是自治区的首府……，就是要求我们必须把贯彻民族政策放在各项政策的首位。"在他的一系列讲话和文章中大肆宣扬："在民族地区，认真贯彻党的民族政策，是做好工作的首要前提。""把党的民族政策象一条红线一样贯穿到各项工作中去。"由"首位"又提到了"前提"和"红线"。他还说："民族地区，自治区的首府，只要民族团结了，大家团结了，什么问题都好解决。"甚至狂妄地叫嚣"这个会议（指民族工作）会议开好了，什么问题都起作用。昨天徐史同志提出他们郊区打算今年不开政治工作会议了，

我个人表示同意，因为贯彻好这个会议就行了，这就是毛泽东思想挂帅，这就叫政治工作。"呵！这次会议明明是大搞民族分裂的会议，推行反动的"乌兰夫思想"的会议，而说成是"毛泽东思想挂帅"，"什么问题都起作用"，这不是打着"红旗"反红旗，公开地以"乌兰夫思想"代替毛泽东思想挂帅吗？他还胡说什么；只要贯彻好"民族政策"，"就可以解决问题了，生产问题，打井问题，积肥问题，什么四百斤，过黄河都可以解决。"真成了万能的狗皮膏药。我们知道各项工作的首位、红线，只能是毛泽东思想，只要用毛泽东思想武装了群众，什么问题都可以解决。李贵竟把他们推行民族分裂主义复辟资本主义的一套所谓"民族政策"提高到"首位"，"贯穿到各项工作中的红线""什么问题都可以解决"，这不是明目张胆地反对用毛泽东思想统帅一切，反对把活学活用毛主席著作放在一切工作的首位，又是什么？

李贵所谓的"民族政策"又是些什么货色呢？他说："民族政策是为了保护少数民族利益的"，"概括的说，党的民族政策就是巩固祖国统一，加强民族团结……进一步巩固与发展民族团结和祖国统一的政治、经济和文化三个基础……"，还说："民族政策与照顾是一回事。"这里党的领导，阶级斗争、无产阶级专政、社会主义道路统统没有了，有的是单纯地保护狭隘的民族利益，推行乌兰夫的"三个基础"。这就不难看出，李贵所讲的"民族政策"是与毛泽东思想指导下的党的民族政策根本对立的，不是为了"祖国统一"而是为了破坏祖国统一，不是为了民族团结，而是为了民族分裂，实际就是乌兰夫反党、反社会主义、反毛泽东思想，分裂祖国统一，复辟资本主义的"政策"。

李贵为了以反革命修正主义、民族分裂主义的反动"乌兰夫思想，他三令五申地要求全市所有干部和职工学习乌兰夫的所谓"民族政策"，学习他自己的反动的"民族问题的报告"，并且铅印成册，让人们当成"紧急任务"来学。甚至将市委党校学习毛主席著作的课程打乱，去掉"老三篇"，塞进他和乌兰夫的"民族问题报告"，组织学员学习。一九六五年十二月他指令市委宣传部造谣了一册《民族政策学习文件》，其中大量地选编了反革命修正主义分子刘少奇、邓小平和乌兰夫的修正主义黑货，他看了后很满意。而将选编的毛主席的十几条有关民族问题方面的语录，他一下就抹掉了，只留下一条，而加上了党内教条主义者假借毛主席名义发表的"三五宣言"（后被

华北局发现制止）。这不是明目张胆地反对毛泽东思想，用刘少奇、邓小平、乌兰夫等反革命修正主义思想，代替战无不胜的毛泽东思想又是什么？

李贵为了反对用毛泽东思想统帅一切，还鼓吹反动的"生产至上论"说什么"搞好生产，就是马列主义者。""要改变呼市面貌，归根结底是要把生产搞好。"公开反对毛主席关于政治是统帅，是灵魂，政治工作是一切经济工作的生命线的指示。

一切阶级敌人，一切走资派，他们对毛主席著作，对活学活用毛主席著作的群众运动，都怕得要死，恨得要命。正当一九六六年初全国掀起活学活用毛主席著作群众运动的新高潮之际，李贵丧心病狂地竭力推行乌兰夫的修正主义、民族分裂主义的反动纲领"三个基础"，大力制造学习蒙文蒙语的热潮，以此来破坏活学活用毛主席著作的群众运动。他胡说什么"推行蒙文蒙语是不断巩固民族团结的文化基础。""有了共同的语言，就有了共同的心里状态，就能在感情上更加接近。"这真是反动荒谬到了极点。林彪同志说"我国是一个伟大的无产阶级专政的社会主义国家，有七亿人口，需要有一个统一的思想，革命的思想，正确的思想，这就是毛泽东思想。因此，民族团结的基础，只能是毛泽东思想。我们说各民族之间互相学习语言文字是应该的，必要的，但语言文字仅仅是人类交流思想的一种工具，人们的心理状态，感情也都是有阶级性的，如果抽掉了阶级内容，想用推行蒙文蒙语，就可以达到"共同的心理状态""感情上接近"完全是资产阶级"平等、自由、博爱"的翻版。工人和资本家尽管都是说的一种语言，用的一种文字，但根本不能有共同的心理状态，也不会有什么感情上的接近。在各族人民内部，也只有在毛泽东思想的基础上统一起来，才能有真正的心理状态和感情。由此可见乌兰夫、李贵之流所以要把学习蒙文蒙语，提到如此荒谬的地步，一方面是为了分裂祖国统一、复辟资本主义，另一方面就是要以学习蒙文蒙语冲击和破坏活学活用毛主席著作的群众运动。

李贵为了达到他的这个罪恶目的，还声嘶力竭地喊叫什么"学习蒙文蒙语是开展工作的起码条件，是是否全心全意为人民服务，是少数民族服务的世界观问题。"并定出规划采取"逼"的办法，要求从小学一年级就开始学蒙语，在自治区成立二十周年时，全市各服务部门有百分之八十的职工和人民警察，会用蒙语接待顾客和服务于蒙民"，"经过二、三年的努力，全

市干部职工都能说蒙语"。在他的指挥下，财贸系统干部训练班，也改为蒙文蒙语训练班。全市许多干部、职工、学生在李贵的强迫下，不得不抓紧时间学习蒙文蒙语，而放松了毛主席著作的学习。李贵看到人们放松了学习毛主席著作，就满意地说："掀起了大学蒙语的热潮"。请看，这不是李贵明目张胆地用学蒙语的高潮，破坏活学活用毛主席著作的群众运动吗？

更恶毒的是李贵在《学习毛主席著作的情况和体会》的报告中，竟提出这样的口号，"只有反掉'和平演变'才能把毛泽东思想学到手。"我们知道"毛泽东思想是反对帝国主义和现代修正主义的强大思想武器"，李贵所以要反其道而行之设穿了就是不让人们学习毛主席著作。他还狂妄地说："批评和自我批评，毛主席讲过，我也多次讲过"，把自己与我们伟大的领袖毛主席相提并论，真是狗胆包天无耻至极。毛主席说："我们应当相信群众，我们应当相信党，这是两条根本的原理。如果怀疑这两条原理，那就什么事情也做不成了。"而李贵却无耻地说："我想，一个人只要相信党，相信群众，又能牺牲个人，就比较完善了，……。"看，这个家伙狂妄到了何种地步，竟敢篡改毛主席的伟大教导，真是反动透顶，罪该万死。

（原呼市市委"红色总部"供稿）

（上接四版）

把这颗鲜血淋淋的心抛到我身边来。说："这是你的同志给你的心。"（这时，赵壁同志热泪直流，说不下去了，大家起立为烈士致哀。）

同志们坐下，革命的江山是烈士们的鲜血换来的，是用生命换来的。同志们在毛主席领导下搞文化大革命，就是要保住我们的江山永不变色，我们一定要听毛主席的话，把无产阶级文化大革命进行到底！大家响应毛主席的号召，搞长征，是当年红军走过的道路，在毛主席开拓的道路上前进！

我很高兴，你们长征就是要有不怕牺牲，艰苦奋斗的精神，大家要锻炼成无产阶级革命事业的接班人，不图名，不图利，不怕苦，不怕死，一心为革命，一心为人民！当你们个人利益与集体利益发生矛盾的时候，比如毕业后工作分配不合自己的志愿时，你们应当好好回想一下我们先烈的英雄事迹。

毛主席教导我们："无数革命先烈为人民的利益牺牲了他们的生命，使我们每个活着的人想起他们就心里难过，难道我们还有什么个人利益不能牺牲，还有什么错误不能抛弃吗？"我们一定要牢记毛主席的教导，照毛主席的指示办事，全心全意为中国人民和全世界人民服务。

对不起，同志们！我今天讲故事，就讲到这里为止。

内モンゴル自治区の文化大革命
モンゴル人ジェノサイドに関する基礎資料

◆ 既刊シリーズ

1. 滕海清将軍の講話を中心に　2009年　風響社

2. 内モンゴル人民革命党粛清事件　2010年　風響社

3. 打倒ウラーンフー（烏蘭夫）　2011年　風響社

4. 毒草とされた民族自決の理論　2012年　風響社

5. 被害者報告書（1）　2013年　風響社

6. 被害者報告書（2）　2014年　風響社

　尚、本書は静岡大学人文社会科学部（今野喜和人学部長）研究成果刊行助成費をいただいて刊行されたものである。記して関係各位に深謝を申し上げる。

楊　海英（Yang Haiying）

日本国国立静岡大学人文社会科学部教授。専攻、文化人類学。

主な著書

『草原と馬とモンゴル人』（日本放送出版協会 2001年）

『チンギス・ハーン祭祀―試みとしての歴史人類学的再構成』（風響社 2004年）

『モンゴル草原の文人たち―手写本が語る民族誌』（平凡社 2005年）

『モンゴルとイスラーム的中国―民族形成をたどる歴史人類学紀行』（風響社 2007年）

『モンゴルのアルジャイ石窟―その興亡の歴史と出土文書』（風響社 2008年）

『墓標なき草原―内モンゴルにおける文化大革命・虐殺の記録』（上・下 岩波書店 2009年 第十四回司馬遼太郎賞受賞）

『続　墓標なき草原―内モンゴルにおける文化大革命・虐殺の記録』（岩波書店 2011年）

『植民地としてのモンゴル―中国の官制ナショナリズムと革命思想』（勉誠出版 2013年）

『中国とモンゴルのはざまで―ウラーンフーの実らなかった民族自決の夢』（岩波書店 2013年）

『ジェノサイドと文化大革命―内モンゴルの民族問題』（勉誠出版 2014年）

『チベットに舞う日本刀―モンゴル騎兵の現代史』（文藝春秋 2014年）

内モンゴル自治区の文化大革命7
静岡大学人文社会科学部研究叢書45
モンゴル人ジェノサイドに関する基礎資料⑺ ― 民族自決と民族問題

2015年 2 月12日　　印刷
2015年 2 月23日　　発行

著　者　楊　海英

発行者　石井　雅

発行所　株式会社　風響社

　　　　東京都北区田端4－14－9（〒114-0014）

　　　　03（3828）9249　　振替　00110－0－553554

印　刷　みどり美術印刷株式会社

Printed in Japan　　　ISBN978-4-89489-887-5　　　C3022